U0678887

城池部

題解

《春秋左傳・莊公二十八年》〔冬〕築郿，非都也。凡邑，有宗廟先君之主曰都，無曰邑。邑曰築，都曰城。

許慎《説文解字》卷一三下《土部》 城，以盛民也。从土，从成，成亦聲，氏征切。

墉，城垣也。从土，庸聲，余封切。

堞，城上女垣也。从土，葉聲，徒叶切。

《釋名》卷五《釋宫室》 城，盛也。盛，受國都也。郭，廓也。廓，落在城外也。城上垣曰睥、睨，言於其孔中睥睨非常也；亦曰陴，陴，裨也，言裨助城之高也；亦曰女墻，言其卑小，比之於城，若女子之於丈夫也。

高承《事物紀原》卷八《舟車帷幄部四十》 城：《吕氏春秋》曰：夏鮌作城。注云：兼作城郭也。《淮南子》曰：鮌作九仞之城。《吴越春秋》曰：堯聽鮌治水，鮌乃築城造郭以爲國固。《博物志》曰：東里槿責禹亂天下事，禹退而作三城。又曰：禹作城，强者攻，弱者守，敵者戰。城郭自禹始也。《軒轅本紀》曰：黄帝築城邑，造五城。《黄帝内傳》曰：帝既殺蚩尤，因之，築城闕。《史記》方士言於漢武帝曰：黄帝爲五城，然則城蓋始於黄帝也。《漢書》又云：神農之教有石城十仞，湯池百步。又城池之設，自炎帝始矣。

郭：《管子》曰：内謂之城，外謂之郭。《孟子》曰：三里之城，七里之郭。《吴越春秋》曰：鮌築城以衛君，造郭以守民。記以爲城郭之始。《世本》則云鮌作郭。按《軒轅本紀》，以謂黄帝築城邑，則鮌不作城，第爲郭而已。

徐炬《古今事物原始全書》卷三《地理・坊鎮》 《演義》云：坊者，方也。言人所居之里爲方也。《漢官闕》，洛陽故宫有九字坊，而太子之宫名曰春坊。按《史記》周末殺萇弘于蜀，其血碧色，數里之土色皆青，故蜀有青泥坊。然則坊之名始于周末時矣。按《周禮》注揚州會稽山、霍州霍山、青州沂山、幽州醫巫閭山、背山之重大者，謂之四鎮。史記云：唐有藩鎮，二朝雖有震之，名未以爲市鎮之設，至後周武帝始置之。

顧起元《説畧》卷二〇《居室》 城，古云：鮌作也。《吴越春秋》：鮌築城以衛君，造郭以居人。《淮南子》：鮌作三仞之城，諸侯倍之，禹壞城平地而海外賓服，四夷納職。而《博物志》云：禹作三城，强者攻，弱者守，敵者戰。城郭自禹始，不知茂先又於何據也。城上女墻，見《左傳・襄公六年》注。《廣雅》：睥睨，女墻也。《釋名》曰：言其卑小，比之於城，如女子之於丈夫也。城雉亦見《左傳》，都城過百雉，釋者謂一雉之墻，長三丈，高一丈。陸氏《埤雅》謂雉飛崇不過丈，長不過三丈。又，雉性妬，壟設疆，飛不越分域。一界之内，以一雉爲長。又，《西都賦》：金城萬雉，注：方丈爲堵，三丈爲雉，雉飛不過三丈。《公羊傳》五板而堵，五堵而雉，五雉而城。天子城千雉，高七雉。公侯百雉，高五雉。子男五十雉，高三雉。又，《五經異義》曰：天子城高九仞，公侯七仞，伯五仞，子男三仞。七雉爲七丈。九仞者，八尺曰仞，當七丈二尺也。五十雉者，凡一千五百丈。古者六尺爲步，一百八十丈爲里，則五十雉者爲八里之城也。百雉，十六里之城。千雉者，一百六十里也。古王制，大邑不過三國之一。中，五之一。小，九之一。蓋王城九里，公侯城三里，伯一里二百八十八步，子男一里也。

顧起元《説畧》卷二〇《居室》 今譙樓，舊言樓之別名。《莊子》：無盛鶴列於麗譙之間。麗，力知、力支二音。譙亦作嶕，謂華麗而嶕嶢也。或曰魏城門名也。又譙門，見《漢書》師古曰：門上爲高樓以望，故謂美麗之樓爲麗譙，亦呼爲巢如、巢車是也，亦作樵。趙充國爲木樵，宋時曰勅書樓。見淳化二年詔命。以藏所受詔勅，咸著於籍，違者論罪，此尊重王言，真良法也。今之詔勅，府州縣不知置何所矣。

論説

《春秋左傳・昭公十一年》〔十二月〕楚子城陳、蔡、不羹。使棄疾爲蔡公。王問於申無宇曰：「棄疾在蔡何如？」對曰：「擇子莫如父，擇臣莫如君。鄭莊公城櫟而寘子元焉，使昭公不立。齊桓公城穀而寘管仲焉，至于今賴之。臣聞五大不在邊，五細不在庭。親不在外，羇不在内。今棄疾在外，鄭丹在内，君其少戒！」王曰：「國有大城，何如？」對曰：「鄭京、櫟實殺曼伯，宋蕭、亳實殺子游，齊渠、丘實殺無知，衛蒲、戚實出獻公。若由是觀之，則害於國。末大必折，尾大不掉，君所知也。」

《春秋左傳・昭公二十三年》〔冬〕楚囊瓦爲令尹，城郢。沈尹戌曰：「子常必亡郢。苟不能衛，城無益也。古者，天子守在四夷；天子卑，守在諸侯。諸侯守在四鄰；諸侯卑，守在四竟。慎有四竟，結其四援，民狎其野，三務成功。民無内憂，而又無外懼，國焉用城？今吴是懼，而城於郢，守已小矣。卑之不獲，能無亡乎？昔梁伯溝其公宫而民潰，民棄其上，不亡何待？夫正其疆埸，修其土田，險其走集，親其民人，明其伍候，信其鄰國，慎其官守，守其交禮，不僭不貪，不懦不耆，完其守備，以待不虞，又何畏矣？《詩》曰：『無念爾祖，聿修厥德。』無亦監乎若敖、蚡冒至于武、文，土不過同，慎其四竟，猶不城郢。今土數圻而郢是城，不亦難乎？」

《春秋穀梁傳・隱公七年》夏，城中丘。城爲保民爲之也。范寧注：建國立城，邑有定所，高下大小，存乎王制。刺公不脩勤德政，更造城以安民。民衆城小則益城，益城無極。凡城之志，皆譏也。范寧注：夫保民以德，不以城也。如民衆而城小，輒益城，是無限極也。此發凡例，施之於城内邑。

《春秋穀梁傳・莊公二十八年》冬，築微。山林藪澤之利，所以與民共也。虞之，非正也。范寧注：虞，典禽獸之官。言規固而築之，又置官司以守之，是不與民共同利也。築不志，凡志皆譏也，築例時。楊士勛釋曰：成十八年「築鹿囿」，此築邑並云「虞之，非正也」者，彼直築囿以虞之，此築邑置官司以虞之，囿邑既殊，俱是虞之非正，故再起傳例。又釋曰：《周禮》澤虞掌田獵之事，《左傳》「皮冠以招虞人」，是虞人，典禽獸之官也。知「築不志，凡志皆譏也」者，三十一年「築臺于秦」，傳曰：「君子危之，故謹而志之也。」知志則譏也。此年與三十一年「春，築臺于郎」，「秋，築臺于秦」，皆不書月，是例時。

《管子・度地第五十七》昔者桓公問管仲曰：「寡人請問度地形而爲國者，其何如而可？」管仲對曰：「夷吾之所聞：能爲霸王者，蓋天子聖人也。故聖人之處國者，必於不傾之地。言其處深厚岡原復壯者，謂之不傾。而擇地形之肥饒者，鄉山，左右經水若澤，其國都或在山左，或向山右，及緣水澤然後建。内爲落渠之寫，因大川而注焉。謂於都内更爲落水之渠，以注於大川。乃以其天材，地之所生利，養其人以育六畜。天材，謂五穀之屬因天時而植者也。天下之人，皆歸其德而惠其義，惠，順。乃別制斷之。乃分別其地，制之斷之。州者謂之術，地數充爲州者，爲之術。不滿術者謂之里。不成術而餘者，謂之里。故百家爲里，里十爲術，術十爲州，州十爲都，都十爲霸國，不如霸國者國也，不成於霸國者，諸侯之國也。以奉天子。霸國率諸侯以奉天子也。天子有萬諸侯也，其中有公侯伯子男焉，天子中而處。此謂因天之固，所處之地，自然不傾，故曰因之。歸地之利，内爲之城，城外爲之郭，郭外爲之土閬，閬，謂隍。地高則溝之，下則堤之，命之曰金城。樹以荊棘，上相穡著者，所以爲固也。穡，鈎也。謂荊棘刺條相鈎連也。歲脩增而毋已，時脩增而無已，福及孫子。此謂人命萬世無窮之利，人君之葆守也。謹置國都，繕脩城郭，此人君所保全而守。臣服之以盡忠於君，君體有之，以臨天下。故能爲天下之民先也，此宰之任，則臣之義也。宰，謂執君之政者也。

桓寬《鹽鐵論》卷一〇《險固第五十》大夫曰：虎兕所以能執熊羆、服群獸者，爪牙利而攫取便也。秦所以超諸侯、吞天下、并敵國者，險阻固而勢居然也。故龜猖有介，狐貉不能禽；蝮蛇有螫，人忌而不輕。故有備則制人，無備則制于人。故仲山甫補衮職之闕，蒙公築長城之固，所以備寇難而折衝萬里之外也。今不固其外，欲安其内，猶家人不堅垣墻，狗吠夜驚，而暗昧妄行也。

文學曰：秦左殽函，右隴阺，前蜀漢，後山河，四塞以爲固，金城千里。良將勇士，設利器而守陘隧，墨子守雲梯之械也。以爲雖湯武復生，蚩尤復起，不輕攻也。然戍卒陳勝無將帥之任，師旅之衆，奮空拳而破百萬之師，無墻籬之難。故在德不在固。誠以仁義爲阻，道德爲塞，賢人爲兵，聖人爲守，則莫能入。如此則中國無狗吠之警，而邊境無鹿駭狼顧之憂矣。夫何妄行而之乎？

大夫曰：古者，爲國必察土地山陵阻險、天時地利，然後可以王霸。故制地城廓，飭溝壘，以禦寇固國。《春秋》曰：「冬浚洙。」修地利也。三軍順天時，以實擊虚，然困于阻險，敵于金城。楚莊之圍宋、秦師敗崤嶔崟是也。故曰「天時地利」。羌、胡固，近于邊，今不取，必爲四境長患。此季孫之所以憂顓臾，有句踐之變而爲强吴之所悔也。

桓寬《鹽鐵論》卷一〇《和親第四十八》大夫曰：昔徐偃王行義而滅，魯哀公好儒而削。知文而不知武，知一而不知二。故君子篤仁以行，然必築城以自守，設械以自備，爲不仁者之害己也。是以古者蒐獮振旅而數軍實焉，恐民之愉佚而亡戒難。故兵革者國之用，城壘者國之固也，而欲罷之，是去表見里，示匈奴心腹也。匈奴輕舉潛進，以襲空虚，是猶不介而當矢石之蹊，禍必不振。此邊境之所懼，而有司之所憂也。

桓寬《鹽鐵論》卷一二《詔聖第五十八》御史曰：嚴墻三刃，樓季難之；

山高于雲，牧豎登之。故峻則樓季難三刃，陵夷則牧豎易山巔。夫鑠金在爐，莊蹻不顧；錢刀在路，匹婦掇之。非匹婦貪而莊蹻廉也，輕重之制異，而利害之分明也。故法令可仰而不可踰，可臨而不可入。《詩》云：「不可暴虎，不敢馮河。」爲其無益也。魯好禮而有季、孟之難。燕噲好讓而有子之之亂。禮讓不足禁邪，而刑法可以止暴。明君據法，故能長制群下，而久守其國也。

《漢書》卷二四《食貨志上》 《洪範》八政，一曰食，二曰貨。食謂農殖嘉穀可食之物，貨謂布帛可衣，及金刀龜貝，所以分財布利通有無者也。二者，生民之本，興自神農之世。「斲木爲耜，煣木爲耒，耒耨之利以教天下」，而食足；「日中爲市，致天下之民，聚天下之貨，交易而退，各得其所」，而貨通。食足貨通，然後國實民富，而教化成。黄帝以下「通其變，使民不倦」。堯命四子以「敬授民時」，舜命后稷以「黎民祖飢」，是爲政首。禹平洪水，定九州，制土田，各因所生遠近，賦入貢棐，楙遷有無，萬國作乂。殷周之盛，《詩》《書》所述，要在安民，富而教之。故《易》稱「天地之大德曰生，聖人之大寶曰位；何以守位曰仁，何以聚人曰財。」財者，帝王所以聚人守位，養成羣生，奉順天德，治國安民之本也。故曰：「不患寡而患不均，不患貧而患不安。蓋均亡貧，和亡寡，安亡傾。」是以聖王域民，師古曰：「爲邦域。」築城郭以居之，制廬井以均之，師古曰：「井田之中爲屋廬。」開市肆以通之，師古曰：「肆，列也。」設庠序以教之；師古曰：「庠序，禮官養老之處。」士農工商，四民有業。學以居位曰士，闢土殖穀曰農，作巧成器曰工，通財鬻貨曰商。聖王量能授事，四民陳力受職，故朝亡廢官，邑亡敖民，地亡曠土。

理民之道，地著爲本。故必建步立畮，正其經界。六尺爲步，步百爲畮，畮百爲夫，夫三爲屋，屋三爲井，井方一里，是爲九夫。八家共之，各受私田百畮，公田十畮，是爲八百八十畮，餘二十畮以爲廬舍。師古曰：「廬，田中屋也，春夏居之，秋冬則去。」出入相友，守望相助，疾病(則)〔相〕救，民是以和睦，而教化齊同，力役生産可得而平也。

《戰國策》卷二〇《趙三·趙惠文王三十年》 馬服曰：「君非徒不達於兵也，又不明其時勢。夫吴干之劍，肉試則斷牛馬，金試則截盤匜；薄之柱上而擊之，則折爲三，質之石上而擊之，則碎爲百。今以三萬之衆而應强國之兵，是薄柱擊石之類也。且夫吴干之劍材，難夫毋脊之厚，而鋒不入；無脾之薄，而刃不斷。兼有是兩者，無釣罕鐔蒙須之便，操其刃而刺，則未入而手斷。君無十餘、二十萬之衆，而爲此釣罕鐔蒙須之便，而徒以三萬行於天下，君焉能乎？且古者，四海之内，分爲萬國。城雖大，無過三百丈者；人雖衆，無過三千家者。而以集兵三萬，距此奚難哉！今取古之爲萬國者，分以爲戰國七，能具數十萬之兵，曠日持久，數歲，即君之齊已。齊以二十萬之衆攻荆，五年乃罷。趙以二十萬之衆攻中山，五年乃歸。今者，齊、韓相方，而國圍攻焉，豈有敢曰，我其以三萬救是者乎哉？今千丈之城，萬家之邑相望也，而索以三萬之衆，圍千丈之城，不存其一角，而野戰不足用也，君將以此何之？」都平君喟然太息曰：「單不至也！」

范祖禹《范太史集》卷一五《論城濠》 臣伏聞開修京城濠，日役三四千人。雖和雇夫力，調發不及民，其錢不屬户部，然財出於民一也，豈可不計校愛惜，而枉費用之？臣聞開濠深二丈五尺，闊二百五十一步，廣於汴河三倍，自古未聞有此城池也。新城，周世宗所築，太祖因之，建都於此，百三十年，無山川之險可恃，所恃者在修德，在用人，在得民心，此三者，累聖所以遺後嗣子孫也。神宗時，宋用臣提舉修京城，大興土功，版築過當。小人之情，唯欲廣用民力，多費國財，上則徼幸爵賞，次則隱盜官物，故役無有不大，費無有不廣，此姦臣之所利，本非先帝意也。陛下始初聽政，散遣修城役夫，百姓皆歡呼鼓舞。今欲終成前功，但完之而已可也，何必廣作無益，以害有益乎？又京城外門，正門即爲方城，偏門即爲甕城，其外門皆用純鐵裹之，此祖宗時所無有也。甕城乃邊城之制，非所以施於京師。今東、西、南三面偏門，亦欲爲甕城，臣不知大臣以何見而爲此謀也。必以爲備北朝也，使北朝果渝盟南向，大臣將坐守此以受敵乎？春秋時，楚囊瓦爲令尹，城郢。沈尹戌曰：「子常必亡郢，苟不能衛，城無益也。古者天子守在四夷；天子卑，守在諸侯。諸侯守在四鄰；諸侯卑，守在四竟。慎其四竟，結其四援，民狎其野，三務成功。民無内憂，而又無外懼，國焉用城？今吴是懼而城於郢，守已小矣，卑之不獲，能無亡乎？昔梁伯溝其公宫而民潰，民棄其上，不亡何待？今大臣不修德政，而急於城池，此囊瓦城郢之計也。唐神龍中，張仁愿爲朔方總管，築三受降城，不置甕門、曲敵、戰格。或曰：邊城無守備，可乎？仁愿曰：兵貴攻取，賤退守，寇至，當併力出拒，敢回望城者斬。何事守備，退恇其心哉？後常元楷代爲總管，始築甕門。議者益重仁愿而輕元楷。今於京城爲受矢石之備，是不如張仁愿之守邊城也。自修城浚池以來，議者皆以爲無戎而城，無寇而溝公宫，此言不可不畏。此北門甕城已就，改之重勞，臣欲乞降指揮。東、西、南三面偏門，止爲方城，其濠廣闊可減三分之二，稍正王城之體，以惜民力，以省國用，取進止。

程頤《伊川易傳》卷二《周易上經》 天險，不可升也；地險，山川丘陵也。王公設險以守其國，險之時用大矣哉。高不可升者，天之險也。山川丘陵，地之險也。王公君人者，觀坎之象，知險之不可陵也，故設爲城郭溝池之險，以守其國，保其民人。是有用險之時，其用甚大，故贊其大矣哉。山河城池，設險之大端也。若夫尊卑之辨、貴賤之分，明等威，異物采，凡所以杜絶陵僭、限隔上下者，皆體險之用也。

佚名《周禮集説》卷六《夏官·司馬》 劉氏曰：《易》曰「城復于隍」，則是浚溝之土，所以爲城也。鑿池之土，所以爲郭也。溝池深於外，則城郭固於内，用其深以增其高也。渠又在其外，所以出水，因之設固，植木其上，守固之，材出焉。

丘浚《大學衍義補》卷八七《備規制·城池之守》 《易》坎之彖曰：天險，不可升也，地險，山川丘陵也。王公設險以守其國，險之時用大矣哉！

程頤曰：高不可升者，天之險也，山川丘陵，地之險也。王公，君人者，觀坎之象，知險之不可陵也，故設爲城郭湯池之險，以守其國，保其民人。是有用險之時，其用甚大，故贊其大矣哉。山河、城池，設險之大端。

吴澄曰：不可升者，無形之險，山川丘陵者，有形之險。王公因有形之險，爲無形之險，設此以固守其國，是謂人險。

臣按：自古帝王必依險以立國，所謂險者有三焉：天險也，地險也，人險也。天險者，本天之理；地險者，因地之勢；人險者，用人之力。是故，爲國者必明禮義，立紀綱，修法度，有階級而人不得以陵犯，有等威而人不敢以逾越，是所謂天險也。必因形勝增高深，扼要害，使出入也有所限截，來往也有所拘繫，是所謂地險也。是二險者，一本于天，一成于地，所以設而爲之者，則又在乎人焉。王公因天之道，順地之勢，爲之城郭，爲之湯池，爲之關隘，爲之亭障，皆所以守其國也。夫險者，易之反也。有其險也，則隨其險而補其所不足，疏其所不通。無其險也，則于其平夷之地，修爲險固之備，内焉而爲之垣墉，外焉而爲之城池，又遠焉而爲之藩籬，有門以謹其出入，有關以譏其往來，是則所謂人險也。夫既有自然之地險，以爲之關塞，又有當然之人險，以爲之捍蔽，則重關巨鎮之中，而有金城湯池之固，貔貅萬旅，虎豹九關，京師地大而人衆，宫闕邃密而深嚴，望之真如在天上而不可升矣。

《詩·烝民》之六章曰：王命仲山甫，城彼東方。

朱熹曰：宣王命樊侯仲山甫築城于齊，而尹吉甫作詩以送之。東方，齊也。傳曰：古者諸侯之居逼隘，則王者遷其邑而定其居，蓋去薄姑而遷于臨菑也。孔氏曰：《史記》齊獻公元年，徙薄姑都，治臨菑。計獻公當夷王之時，與此傳不合，豈徙于夷王之時，至是而始備其城郭之守歟？

《韓奕》之末章曰：溥大也。彼韓城，燕召公之國。師衆也。所完。以先祖受命，因時百蠻。王錫韓侯，其追其貊，追貊皆蠻夷國。奄受北國，因以其伯。實墉城也。實壑，池也。實畝實籍。稅也。獻其貔皮，赤豹黄羆。

朱熹曰：韓，國名，侯爵，武王之后也。韓初封時，召公爲司空，王命以其衆爲築此城，如召伯營謝，山甫城齊，春秋諸侯城邢、城楚丘之類也。王以韓侯之先，因是百蠻而長之，故錫之追貊，使爲之伯，以修其城池，治其田畝，正其稅法，而貢其所有于王也。

吕祖謙曰：春秋之時，城邢、城楚丘、城緣陵、城杞之類，皆合諸侯爲之，霸令尚如此，則周之盛時，命燕城韓，固常政也。

臣按：築城，大役也，本國之民不足以自成之，必須朝廷命鄰邦合力爲之。非但以其工程浩大，蓋以城郭之守不可以稽久，恐其或有意外之變，非徒一國之事，亦以其事體關係朝廷也。

《周禮》：掌固掌修城郭、溝池、樹渠之固，頒其士庶子及其衆庶之守，設其飾器，分其財用，均其稍食，任其萬民，用其材器，凡守者受法焉。

劉彝曰：《易》曰：城復于隍。則是浚溝之土，所以爲城也；鑿池之土，所以爲郭也。溝池深于外，則城郭固于内，用其深以增其高也。

司險掌九州之圖，以周知其山林川澤之阻。

鄭玄曰：固，國所依阻者也。在國曰固，在野曰險，掌固，掌修城郭、溝池、樹渠之固，并據國而言，司險，周知山林川澤之阻，并據野而言。

張栻曰：孟子謂域民不以封疆，固國不以山溪，威天下不以兵革，而先王封疆之制，甚詳于《周官》，設險守國與弧矢之利，并著于《易經》，何耶？蓋先王吉凶與民同患，其爲治也，體用兼備，本末具舉。道得于己，固有以一天下之心，而法制詳密，又有以周天下之慮，此其治所以長久而安固。若孟子之言，則推其本而言之耳。

臣按：掌固之職，掌修城郭、溝池、樹渠之固，蓋盡人力以固王畿于内者也，《易》所謂王公設險者，此也。司險之職，掌九州之圖，以周知山林川澤之阻，蓋因地勢以爲險阻于外者也，《易》所謂地險者，此也。夫人君爲治，固當本乎內治之修，而亦不可不爲外患之禦。內焉者既本城郭溝池以爲固，外焉者又因丘陵川澤以爲險。因其自然之勢，則易爲力，豫爲未然之防，則無外患，此《周官》所以有掌固、司險之設也。雖然，古人所以守其國者，則又不專在是，是故遠而有關塞，則守在四夷，近而有甸服，則守在九畿。有六官爲守國之人，有六典爲守國之法。而其險之所以不可升，固之所以不可攻者，則又在乎德禮仁義焉。不然，雖有高城深池，委而去之矣。

《禮運》曰：今大道既隱，天下爲家，各親其親，各子其子，貨力爲己，大人世及以爲禮，城郭溝池以爲固。

孔穎達曰：私力獨財，不免争奪，故設險以自衛固。

臣按：人生有欲，必有分辨界限之者，然後不争。所以界限之者，城郭溝池是也，四者皆出于人力之所爲。王公設險以守其國，此其切近而最要者也。

《春秋》：隱公七年夏，城中丘。

胡安國曰：程氏謂爲民立君，所以養之也。養民之道，在愛其力，民力足則生養遂，教化行，風俗美，故爲政以民力爲重也。《春秋》凡用民必書，其所興作不時害義固爲罪矣，雖時且義亦書，見勞民爲重事也。人君而知此義，則知慎重于用民力矣。凡書城者，完舊也；書築者，創始也。城中丘，使民不以時，非人君之心也。

吴澄曰：君之資于民者，資其力也；民之報其君者，報以力也。故無事，則資其力以用之于農，以足食生財；有事，則資其力而用之于兵，以敵愾禦侮。非農非兵而勞民之力，必以其時，以其禮，而不敢妄興，不得已而役之，亦必節其力而不盡也。《春秋》凡力役必書，重民力也。或問：《穀梁》云：「凡城之志皆譏。」《啖子》曰：「凡城，國之急務，但問時與不時，不應一切是譏。」《易》曰：「設險以守其國。」《禮》曰：「城池以爲固。」則《春秋》書城，果何意也？

九年夏，城郎。

胡安國曰：城者，禦暴保民之所。而城有制，役有時。大都不過三國之一，邑無百雉之城，制也。凡土功龍見而戒事，火見而致用，水昏正而栽〔音再。〕，日至而畢，時也。隱公城中丘，城郎，而皆以夏，則妨農務而非時矣。城不逾制，役不違時，又當分財用，平板干，稱畚築，程土物，議遠邇，略基址，揣厚薄，仞溝洫，具糇糧，度有司，量功命日，不衍于素，然後爲之可也。況失其時制，妄興大作，無愛養斯民之意者，其罪之輕重見矣。

臣按：有國者，城池之設固不可無，然非爲民生，則不可輕用民力，非甚不得已不爲也，況可非其時乎！是以善爲國者，恒于無事之時，而爲先事之備，籌之必于其早，爲之必以其漸，成之必緩其期，不至急遽倉卒。苟且爲之，此所以務不妨農，民不知勞，而役不再舉也。

莊公九年冬，浚洙。

胡安國曰：固國以保民爲本，輕用民力，妄興大作，邦本一摇，雖有長江巨川，限帶封域，洞庭、彭蠡、河、漢之險，猶不足憑，而況洙乎！書浚洙，見勞民于守國之末務，而不知本，爲後戒也。

臣按：因地險之川，浚而深之，以限外侮，有國者不可廢也。但事勢有緩急，農務有殷隙，方事勢稍緩，農務方殷，得已且已，可也。若非事勢逼切而不得已，不可廢農時也。

二十八年冬，築郿。

胡安國曰：郿，邑也。凡用功，大曰城，小曰築，故館則書築，臺則書築，囿則書築。郿邑而書築者，創作邑也。其志不視歲之豐凶，而輕用民力于其所不必爲也，則非人君之心矣。

臣按：先儒謂《春秋》，凡工役之多者，書之以城，工役之小者，書之以築。聖人于一邑之小者，必謹書之，以見民力雖小，不可輕用也。以示後世之爲民上者，使其用民力，非必不可已，非必不可無，雖一夫一役，决不可非時而輕費民力于無用不急之地也。

僖公二年，城楚丘。

胡安國曰：楚丘，衛邑，齊桓公帥諸侯城之而封衛也。不書桓公，不與諸侯專封也。桓公封衛而衛國忘亡，其有功于中華甚大，爲利于衛人甚博，宜有美辭發揚其事，今乃微之若此者，正其義不謀其利，明其道不計其功，略小惠存大節，《春秋》之法也。

臣按：諸侯不得專封，封國者，天子之事也。人臣奉命于外，凡事必請于天子，況遷國築城乎？若非奉專制之命，及甚大不得已，而存亡安危之幾决于此，緩則不及事，决不可也。

成公九年，城中城。

胡安國曰：經世安民，視道之得失，不倚城郭溝池以爲固也。穀梁子謂「凡城之志皆譏」，其説是矣。莒雖恃陋不設備，至使楚人入鄆。苟有令政，使民效死而不潰，寇亦豈能入也。城非《春秋》所貴，而書「城中城」，其爲散守益微矣。王公設險以守其國，非歟？曰「百雉之城，七里之郭」，設險之大端也。謹于禮以爲國，辨尊卑，分貴賤，明等威，异物采，凡所以杜絶陵僭，限隔上下者，乃體險之大用也，獨城郭溝池之足恃乎？

臣按：《易》曰「王公設險以守其國」，謂之設也，人爲之也。自古所以爲天下國家禍患者，盗賊也，夷狄也。人君設險以爲國家之屏蔽，城于外所以禦夷狄，城于中所以禦盗賊，皆不可無者也。故胡氏所謂不倚城郭溝池以爲固，益譏列國諸侯不務德政，而徒恃築城以勞民者爾，非通論天下之勢也。盍觀人家之備盗乎？藩籬垣墻，所以防外寇之攘奪者，固在所急，而緘縢扃鐍，所以防家人之竊剽者，亦不可少也。國家之備寇盗，曷异是哉！

襄公二年，城虎牢。

胡安國曰：虎牢，鄭地，故稱制邑，至漢爲成皋，今爲汜水縣，岩險聞于天下，猶虞之下陽，趙之上黨，魏之安邑，燕之榆關，吴之西陵，今夷陵。蜀之漢樂，今成固。地有所必據，城有所必守，而不可棄焉者也。有是險而不能守，故不係于鄭，然則據地設險亦所貴乎？天險，不可升也；地險，山川丘陵也。王公設險以守其國，大《易》之訓也。城郭溝池以爲固，亦君子之所謹也。鑿斯池，築斯城，與民固守，孟子之所以語滕君也。夫狡焉思啓封疆，而争地以戰，殺人盈野；争城以戰，殺人盈城。以戰殺人盈城者，固非《春秋》之所貴。守天子之土，繼先君之世，不能設險守國，將至于遷潰滅亡，亦非聖人之所與。

臣按：古者列國，其山川丘陵，各有險阻之處，往往據之以爲守。今天下一家，守在四夷，當以邊塞爲守，固無俟于内地之險也。然天造地設，分疆畫境，各有界限。凡其界限之處，必有天然之險，其不足者人力，因而城之，此自然之勢也，亦理之當然也。我國家分天下爲兩畿十三藩，于凡交界之處，祖宗各設衛以城守焉。如潼關，乃河南陝西交界也，則設潼關衛以守焉。然衛城介華陝之間，去京畿且遠，顧不以屬河陝二都司，而直隷京師，聖祖之意深矣。

七年，城費。

胡安國曰：費，季氏邑也。書「城費」，乃履霜堅冰之戒。强私家，弱公室之萌，用人不惟其賢而惟其世，豈不殆哉？

臣按：城城，天下之大事也，守藩服者非奉天子之命，而與其下私營之，可乎？此王法之所必不宥者也。履霜堅冰至，所宜深戒。

十九年，城西郛。

左氏曰：懼齊也。

哀公四年，城西郛。

杜預曰：魯西郛，備晉也。

臣按：先儒謂郛乃外城，此云西郛，實國都外城之西郛也。夫郛之在西，同一地也。前城左氏以爲懼齊，後城杜氏以爲備晉，不知果一地歟，而或異地也，無所于考。然以今地勢觀之，則齊境在魯之東，晉境在魯之西，杜氏之説似爲是焉。説者多咎魯安于不競，疲民以爲城，避難而城其國之郛，則郛之外，若郊若野，皆不可保矣。雖然，此以一事而論也。若夫守國之要，必先從近始而後及于遠。近者耳目所及且爾，况于郊野之外，封疆之遠乎。信如説者之論，則守家者專用力于藩桓，而門扃、四壁皆可以廢矣。

《左傳》宣公十一年，楚令尹蔿艾獵城沂，使封人慮事，以授司徒，量功命日，分財用，平板幹，稱畚築，程土物，議遠邇，略基址，具餱糧，度有司，事三旬而成，不愆于素。

杜預曰：不愆于素，不過素所慮之期也。傳言叔敖之能使民。

孔穎達曰：慮事者，謀慮城築之事，謂揆度前事也。

臣按：古人凡有興作修築，必先謀慮于其前，其所謀慮之事，「分財用」、「平板幹」以下數事是也。既謀慮矣，即量其功，而諏日以啓功，至于某日當訖也。凡其所成之功，計度其程限，皆不逾其所素定者。凡今日之所就，皆前日之所期者也。是以先王之世，事無過舉而治有成功。

漢高祖六年冬十月，令天下縣邑城。

吕祖謙曰：始皇并諸侯而隳壞城郭，高祖定天下而令縣邑城，心量之廣狹，世祚之長短，于是可卜矣。

臣按：郡邑有大小，民庶有衆寡，皆不可無保障，一也。所以保障而捍蔽之者，非城郭乎？始皇以天下吏民爲敵國，惟恐其有所捍蔽而得以拒我，高祖則以天下吏民爲一家，惟恐其無所捍蔽而或以喪生。此其心公私之异，而存亡所以分也歟。

孝惠元年，始作長安城西北方。三年，發諸侯王、列侯徒隷二萬人城長安。

五年，復發里中民城長安，三十日而罷。

呂祖謙曰：蕭何建都長安，兵革未息，未及城也。至是叛亂既平，始板築焉。始于西北方，先所急也。是後間一歲乃興役，凡三調發而城始成，所以休民力也。以三年、五年考之，發長安五百里内男女十四萬六千人城長安，三十日罷。地近則賫送弗勞，人衆則大事易集，罷速則農事不違。雖當曹參爲相，實何之規模。

臣按：國家凡有大役，皆如漢人此法爲之，用近地之民，不勞以久役，不急于近效，則事成而民不知勞矣。凡事皆然，非但築城一事也，而于築城尤爲切要。

五代周世宗顯德二年，世宗詔展外城，先立標幟，俟今冬農隙興板築，東作動，則罷之，俟次年以漸成之。且令自今葬埋，皆出所標七里之外，其標内俟縣官分畫街衢，倉場，營廨之外，聽民隨便築室。

臣按：世宗此舉，可爲後世開展城池之法，蓋爲之以漸，立之以準，使民不疲于用力，而豫知所以避就。凡有營繕，皆可准此以爲法，不但展城一事也。

宋仁宗慶曆二年，建大名府爲北京。景祐中，范仲淹建議城洛陽以備急難。及契丹渝盟，言事者請從仲淹之議。呂夷簡謂敵畏壯侮怯，遽城洛陽，無以示威，必長其勢，景德之役，非乘輿濟河，則虜未易服也，宜建都大名，示將親征，以伐其謀。詔既下，仲淹又言：此可張虚聲爾，未足恃也，城洛陽既弗及，請速修京城。議者多附仲淹議。夷簡曰：此囊瓦城郢計也，使虜得渡河，而固守京師，天下殆矣，故設備宜在河北，卒建北京。

臣按：仲淹欲修京城，恐虜之長驅也。夷簡之欲城大名，爲虜之鎮遏也。二議皆是也。當虜勢方張之時而修京城，似若示怯。然修外城而不足以扼其衝，則亦虚聲而已，無益實事也。仲淹之議，當于無事之時以漸而爲之，隨時而增補之。譬則人家之完其垣墉，非但備寇盜也，亦以爲障蔽焉耳。夫然，則已既得以爲固，亦不示人以怯矣。

慶曆四年，樞密副使韓琦、參知政事范仲淹，并對于崇政殿，上和戰守攻四策，請朝廷力行七事，以防大患，六曰修京城。諫官余靖言：大臣建議修京城，昔魏文侯恃險，吴起以爲失詞，願陛下舍此策，别議遠圖之術。

臣按：范仲淹建議修京城，所謂遠圖，無過此也。余靖言于仁宗，願舍此策，别議遠圖之術，其意蓋與呂夷簡同也。其後靖康之禍，金虜長驅，越過河北城鎮而不之顧，直抵京師，宋遂不支。所謂遠圖者，果安在哉！

以上城池之守。

章潢《圖書編》卷一二四《民堡説》 昔鼂錯爲文帝畫備戒之策，曰：遠方之卒，守塞一歲而更，不知北人之能。不如選常居者，家室田作，具以備之，以便爲之高城深塹，具藺石，布渠荅。又曰：要害之處，通川之道，調立城邑，毋下千家。夫錯通變審機權，漢智囊也。其所圖畫，城垣而已，則所謂實勝，不爲誇辭者。與夫自井田之制廢，而地險盡夷，封建之典隳而兵力大弱，塞鄙之地密邇異國，吞噬日聞。必待烽火徹于甘泉，六軍屯于細柳，然後徐興問罪，執言田禽，則塞地赤矣。故曰：百戰百勝，不若先爲不可勝以待之。先爲不可勝，則城其首務也。嗟夫，錯之爲文帝畫也，時值其難，姑舉其大。乃今而用錯畫，則時易而當致其詳，事半而功倍之者也。何者？楚漢兵争，燕代反復，漢其時塞口至絶少，夫錯首言更踐之無功，次陳謫戍之賈怨，立拜爵之科，開贖罪之路，多方以求，懼無人也；調立城邑，毋下千家，慮不守也。乃若今時，則生養既久，户田大滋，由塞垣以達畿輔，林林總總，不憂無人也。郡邑碁布，不憂不守也。所慮者村落之民、耕作之輩耳，徙之城市，則奪我農時，任其便安，則遭罹敵患。故必鄉爲之堡，而家教之守。鄉爲之堡，險在地也；家教之守，險在人也。在地者宜固，在人者宜周；蓋嘗尤諸前圖事者矣。宣德之間，邊警絶少，塞宜城也而不城。成化、弘治之間，塞田屢減，鄉宜堡也而不堡。弘治、正德之間，戎馬擾矣，民亦漸爲堡矣，官宜爲之制也而不制。塞宜城而不城，則疆埸伸縮之間，形勢之憾生矣。鄉宜爲堡而不堡，則牧馬數警之後，奔命之疲急矣。官宜爲之制而不制，則力徒勞財，徒費堡而不實矣。凡民，圖其近而忘其遠，安于常而不知變者也。官不爲制，則仍餘崇雉，數丈以爲廣，剥落以爲堅，危逼以爲安。又富者侈其慾，貧者玩其期，狡者舞其智，武斷者逞其僭。是故塞下堡無一可式者也。道里不干相去之遠近也，形勢不干首尾之應援也，丁口不干集聚之衆寡也，智勇不干夙昔之遴别也。古人曰：有生地，有死地。謂其可以生人，可以死人也。然則近日之堡，固非生人者，與今之言禦敵者。曰選精鋭以衝其中虚，是之謂戰。城塞垣以遏之境上，是之謂守。而必終之曰：堅壁清野。夫言戰曰養士矣，言守曰城塞矣，至言堅壁清野，則惟付之虚文可乎？夫民堡不固，是壁不堅也；敵入有獲，是野不清也。知戰而不知固民堡，不植其根而長其枝葉者也。知城塞而不知固民堡，不去其餌而欲止魚者也。烏可得乎？嗟夫，欲戰必先擇官，欲守必先清野。清野必先堅壁，一定之畫也。城民堡而約之制，團丁壯而教之戰。以民堡之固不固，稽守令保障之功，以團丁之精不精，察守令佚使之績，必使彼至塞不能入也，入無所掠也。不能入則勞費，無所掠則饑疲，衝其中虛，邀其惰歸，此其時也。或問民堡之制如何，曰：載在鄉約。

章潢《圖書編》卷一二四《長城説》 長城之築，起臨洮，至遼東，延袤萬餘里。非獨秦始皇築也，昭王時，已于隴西北地上郡築長城以備邊矣。亦非盡秦築也，起自代並陰山下，至高闕爲塞，燕自造至襄平，亦皆築長城矣。秦之後，若魏，若北齊，若隋，亦皆築焉。蓋天以山川險隘限，南北有所不足，增而補之，亦不爲過，且有爲民之意存焉。使後之人懲秦人起閭左之失慮，蒙恬絶地脉之禍，而廢其已成之功，非計也。但內政不修，而區區于外侮之禦，乃至于竭天下之財，以興無已之功，則不知所務耳。

方苞《方望溪先生全集·集外文》卷三《臺灣建城議》 臺灣府治建城，衆議皆以爲難，然不過慮其土疏，地時震，雖成易毁，工役甚大，勞費無已時耳。不知設守重洋與內地異，而臺灣亂皆自內作，非御外寇比也。

其地之門户曰鹿耳門，近府治，號稱天險。港容三舟，旁皆巨石，鋒稜如劍戟，舟行失尺寸，頃刻沉没。內設砲臺，所恃以爲固也，然往者王師平鄭克塽，近平朱一桂，皆乘風潮，水高港平，衆艘奔赴，毫無阻礙。大兵一入，即獲安平港，巨舟斷賊去路，而招撫府市人民，南北路農商聞風絡繹捆載而至，相依以自保。物力既充，軍氣自倍，賊戰不能勝，守無可據，惟散而逃耳。追而躡之，隱死無地，故旬日可坐定也。令朱一桂有城可據，收府市人民財物以固守，南北路隔絶不通，大兵雖入，攻之不拔，坐守安平，曠日相持，兵罷食盡。欲由鹿耳門饋餉濟師，則風潮不便，勢難更入。智勇俱困，自拔之不能，遑言克敵哉？

若謂築城以禦外寇，則又闇于形勢者也。兩征臺灣，皆先整兵泊舟澎湖之南風澳，以候風潮。風潮之便，歲不過一時，時不過數日，若盗賊竊發，或外番窺伺，泊舟于澎湖，則夕至而朝捕之矣。至南北二路，可通之地雖多，然如南路之燒港，北路之八掌溪、海翁港、鹿仔港、甲西、二林、三林、中港、竹塹、蓬山，惟小舟可入。其巨港大舟可入者，不過南路之打狗東港、北路之上淡水，其次則北路之笨港、鹹水港耳；地遠府治，縱有外寇，不取道于此，備設砲臺，增益汛兵，朝夕巡視足矣。大洋之中，舟難久停，循數推理，絶無萬有一然之慮也。

凡闇於事理之人，妄議建置更革，未有不滋後患者。國初以海賊入寇，議于海船可入處下梅花樁，不知黄河入海氣力峻猛，海船必不能溯流而上，妄于雲梯關下樁。覆舟敗葦遇樁而止，壅以濁流，數十年後淤爲平地，海口路塞，淮黄泛溢。聖祖仁皇帝親巡再三，指授方略，費國帑巨萬，僅乃復通。松江海潮出入之地，舊有戈船，底繫鐵索、鐵蒺、三角小毛，朝夕乘潮出入，不知所事，或奏罷之。其後沙停成港，海潮大入而不能出，漂流崇明、太倉諸州縣六七萬家。蓋害伏于無形，非明者不能見也。今議臺灣築城，毋乃類此？若不早遏，後此悔不可追矣！

沈垚《落帆樓文集》卷一《新疆私議》 自古制戎狄之道，無不以通西域爲事。漢置西域都護，斷匈奴右臂，而單于入朝。唐平高昌，滅焉耆，取龜兹，于闐、疏勒等屬國于突厥，列爲安西四鎮，扼諸蕃走集，則北不患突厥，南不患吐蕃。建武時，西域請復内屬，光武辭不許，意非不美也，而永平中匈奴卒脅諸國，共寇河西。明帝命將討匈奴，取伊吾盧地，卒通西域，而後寇息。武后時，吐蕃將論欽陵請罷四鎮兵，后從郭元振言不許。逮上元後，河西、隴右皆陷没，而李元忠守北庭，郭昕守安西，與沙陀、回鶻相依，吐蕃百計攻之不下。是時，唐室多難，强臣方命，而吐蕃兵終不能逾隴而東，固由鳳翔、涇原唐皆屯設重兵，亦未始非畏安西、北庭之議其後，有所牽制而不敢逞也。元定西域，而後取中國如拉朽。宋墮夏州，不救靈州，于是西域爲党項隔斷，而契丹不能制矣。明不阨玉門、陽關，而守嘉峪，于是中葉以後，蒙古諸部，北擾延綏、寧夏者，遂逾甘、凉，絶瓜、沙，據青海，而東擾河、洮、岷矣。然則隔絶羌胡奸通之路，使不得并力東寇，西域誠要地哉。而論者或謂竭內地以事外夷，散有用以資無用。不知外夷不守，防守將移在内地而費益不貲。西域地廣，饒水草，其處温和田美，種五穀與中國同時熟，誠廣行屯田積粟之法，即有軍興，可無須中國餽運。然則謂西域絶遠，得之不爲益，棄之不爲損，真迂士之論，而不審于漢唐之已事者矣。

然漢之都護雖統率南北二道，固非有其地也。唐所有者，僅車師前後國及焉耆地，而龜兹以西爲國如故也。我國家皇靈遠暢，威德遐宣，風行所及，日久以來，皆慕化輸誠，願爲臣妾。高宗皇帝平伊犁，定回疆，闢地二萬餘里。漢唐所謂烏孫，西突厥及葱嶺東城郭諸國，均編入内地，有重臣鎮守，則昔之羌種寨種，今皆天子生全長育之民。昔之窮荒極遠，界在區外之國，今皆國家出貢賦、列亭障之地矣。夫漢不有西域地，然棄西域，則河西受敵。唐不有龜兹以西地，然棄四鎮，則伊、西、庭三州單弱。故當時君臣深謀遠慮，悉力與匈奴、吐蕃爭而不肯棄也。況地皆王土，民皆王臣，隸版圖已久，涵濡醲化已深者哉？

前年逆回張格爾叛，攻陷喀什噶爾等四城。西陲自蕩平後，休養生息六十餘年，一旦逆賊猖獗，調兵籌餉，羽書旁午，加以地界窮邊，冰雪滿山，戈壁亘地，輓粟飛芻，轉運艱阻，大臣以其懸遠難守，欲棄四城。皇上深仁覃復，不忍置遠方于城外，謂英吉沙爾爲外蕃各國入回疆之總道，棄之則朝貢路斷。和闐南通後藏葉爾羌等城，歲解伊犁銅、布、棉數萬，棄之則伊犁經費有缺。夫回部諸城，北界雪山，西界葱嶺，四城據葱嶺之要。無四城，是西面無門户也。由喀什噶爾而東，據烏什而北鈔，則伊犁之兵列城障而守；由和闐而東，渡河而北，則庫車以東諸城危；渡河而東，經故曲先衛，歷白龍堆而東鈔，則安西、敦煌諸州縣城盡守矣；四城不可不復，非一勞不能永逸。且祖宗開辟之地，尺寸不可失。赫然震怒，命將出師，揚威將軍長齡等承聖旨，統勁旅，躍馬崑山之西，投鞭計式之水，三戰皆捷，遂復四城。曾未幾時，逆首就獲，安集延、布魯特諸蕃益懾皇威，稽首恐後。葱丘以西至于海曲，莫不震迭，咸修職貢。高宗皇帝開創新疆，遠拓邊塞于萬里之外。皇上敬繩祖武，天戈所指，屯掃塵清，誠所謂聖人之達孝、善繼善述者矣。然而元惡就擒，撫綏爲急，善後事宜，方勞聖慮。

夫議者之所以欲棄四城，恐其空竭中國也。自軍興以來，所費誠不少矣。然漢不有其地，而都護、校尉等官擥入諸國兵攻匈奴，未嘗勞費內地。諸國未屬漢時，匈奴置童僕都尉，收賦税，取富給焉；及既屬漢，則發畜食食漢軍，負水擔糧，雖苦迎送，然未嘗不給。漢所置田官，僅渠犁、北胥鞬數處，然未嘗匱乏；即間有匱乏，亦不過發酒泉、敦煌驢槖佗負食出玉門而已，未嘗擾及天下也。國家回疆諸城，東西六千餘里，南北亦數千里。張格爾亡虜小醜，非漢鄯善，莎車王有國有民者比，一朝竊發，朝廷以軍餉爲慮。昔之西域，分爲三十六國，國小地隘，然尚以自奉之餘，奉匈奴、奉漢而無不足。今之回疆，以阿克蘇以東數千里膏腴沃衍之地，而不能足軍食以備一小醜，何古今懸絶若斯邪？則以回疆鎮守諸臣，不講求于屯田積穀之道故也。

西域經準噶爾霍吉占之亂，人户死亡略盡；大兵平定後，招集流離，漸就完準。夫龜兹有東西川，焉耆有敦薨水，皆左右其國城，水流徑通，枝津布濩。桑弘羊言：輪臺以東，水可溉田五千頃以上，誠穀食易給足，不可乏之國也。故匈奴賦税之使長居焉耆、尉犁、危須間，而漢都護治烏壘，與渠犁田官相近。昭帝用弘羊前議，復田輪臺，亦與渠犁相連。今之庫車，古之龜兹也；今之布古爾，古之烏壘、渠犁也；今之哈拉沙爾，古之焉耆、尉犁、危須也；今之渭干河，齊召南《水道提綱》所謂南源東流經枯察北者，古之龜兹東川也；今之海多河，在哈拉沙爾西者，古之敦薨水也。哈拉沙爾等城有灌溉之利，蒲魚蘆雁之饒，詳《葱嶺南北河考》。而所安插之土爾扈特、霍碩特二部不能力本農務耕作，唯以盜竊爲事。新疆初定時，荆榛彌望，墾荒之人聊無村落，故賦税鮮少，僅足支各官禄米，伊犁兵食須仰給内地。其後荒地日闢，生齒日增，則經制亦當漸備。鎮守諸臣誠以時度地形，益治溝洫，廣田畜，務儲積，則內地之轉輸可罷。蓄積益多，兵食益足，緩急有備，則雖犁大宛、蹈康居、斬郅支亦非甚難事；何至以回疆奉回疆，而不能制一小醜哉？不知經久大計，令有以待卒然之變，但奉行成例，歲歲仰關內脂膏，以贍防守之卒，是守外徒以耗內，非衛內也。平時尚不免耗內，況有事乎？不欲耗內，則必棄外，此議者所以有四城懸遠難守之説也。

然則遠終不可守乎？非也，不盡其守之之道，故不可得。而守也，不守遠必守近，而守近之費不減于遠，或更甚焉；則何如盡守之之術，以守遠，不棄可耕之地于外夷之爲得也。夫所謂守之之道，則屯田積穀而已矣。四城兵火之後，田廬蕪没，邑郭空虛，宜及時量留官兵田要地，徙他處回户實四城，益墾荒廢之土。不足，則募民無田而壯健敢遠徙者詣田所，就耕墾爲本業。又令于閒暇時習騎射戰陣之法，使人皆可用，且耕且守，有變不至遥遥于萬里外勞敝索倫兵，庶幾威服西國。四城灌浸之水，有葱嶺南北河，又有于闐河，膏壤數千里。誠皆開設屯堡，卒有外寇，蓄積足爲戰守之備，又何至開口望哺于關內有司，致虛耗中國也。漢徙渠犁田官披莎車地，田北胥鞬，僅一隅耳；然都護尚得以蓄聚之富，時出兵以威外夷。況今合疏勒、莎車、于闐諸國數千里地，而盡田之乎？四城屯政既舉，即當益治阿克蘇以東之田。漢元帝置戊巳校尉，屯田車師前王庭；明帝置宜禾都尉，屯田伊吾盧。西域水甘泉肥，無地不可耕，即鄯善號爲沙鹵少田矣，而伊循城肥美，則漢置田官。《水經注》稱敦煌索勱斷注賓河，灌樓蘭田，遂成沃壤，田三年，積粟百萬。今羅布淖爾即古蒲昌海，海西南故樓蘭國也，其處回人以魚爲糧，不知稼穡，由班固、酈道元之言觀之，則固亦可耕之土。漢車師前王國治交河城。《元和郡縣志》西州交河縣：交河出縣北天山，水分流于城下，因以爲名。《水道提綱》所疑爲古交河有三：一在吐魯番城西三百里，一在城西百餘里，一在城西二十里，在西二十里者近之。然其言曰：河自北而南，經吐魯番城西，其南兩源，皆出巴巾圖西南中，合而北與會，長二百里，舊疑爲古交河。考古所謂交河，一水分流于城下，如齊説兩水合流于城西，與古不合。《太平寰宇記》西州交河縣：交河源出縣東北天山，東南入高昌縣。又曰：高昌縣交河水，西北自交河縣界流入。然則古之交河，自今吐魯番城東南流經哈剌和卓界。高昌縣，天寶元年改爲前庭縣，故《元和志》言交河在前庭縣西。齊所指之三水皆非古交河，然其地水泉之多，田之良沃可見矣。《元和郡縣志》伊州伊吾縣，本後漢伊吾屯。納職縣，東北至州百二十里，後漢明帝曾于比置宜禾都尉。柔遠縣，西北至州二百四十里。《水道提綱》：哈密古伊吾地，沙地逢水泉爲聚落，無大川澤，唯哈密有一河，在城東南，南北長百里許。按此疑即《元和志》之柳谷水有東西二源，出縣東北天山，南流十五里合。《唐書・地理志》：自沙州壽昌縣西十里至陽關故城，又西至蒲昌海南岸千里。自蒲昌海南岸西經七屯城，漢伊修城也；又西八十里至石城鎮，漢樓蘭國也，亦名鄯善，在蒲昌海南三百里，康艷典爲鎮使以通西城者。又西二百里至新城，亦謂之弩支城，艷典所築。又西經悉利支井、襖井、勿遮水，五百里至于闐東蘭城守捉。又西經移杜堡、彭懷堡、坎城守捉，三百里至于闐。又特勒井，渡且末河，五百里至播仙鎮，故且末城也，高宗上元中更名。又西經悉利支井、襖井、曰：于闐東三百九十里有建德力河，東七百里有精絶國。又：于闐東三百里有坎城鎮，東六百里有蘭城鎮，西二百里有固城鎮，西三百九十里有吉良鎮，于闐東距且末鎮千六百里。《元和郡縣志》：沙州西至石城鎮一千五百里。按伊修即伊循之訛，史書中循修二字每相混。《漢書・地理志》武都郡循成道，《魏書・地形志》作修城。羅布淖爾亦曰賀卜諾爾，《水道提綱》謂之洛普鄂摸，戴校《水經注》謂之羅布淖爾。

夫回部者，安西關內之藩籬也；四城者，又回部之藩籬也。藩籬固則腹心安，腹心實則藩籬益固。今當實阿克蘇以東諸城，令皆有積聚，足待四城不虞之用；即當實安西以東諸府州，以待回疆不虞之用。必使回疆有警，但取給于回疆，而不罷敝關內，而後關內安。不得已而征及關內，但如漢時取給于酒泉、敦煌等郡，而不擾及天下，而後天下安。酒泉有呼蠶水，敦煌有南籍端水、氐置水，皆可溉田，宜禾、效穀著於前史，故李暠以一隅地，而能自立于群雄竊據之時。使長吏皆如崔不意之力田積粟，富盛可指日待也。如是，則何遠之不可守，而守遠又何有耗內之患哉？

《漢書・地理志》酒泉郡福禄縣：呼蠶水出南羌中，東北至會水入羌谷。會水故城在故鎮彝所城西北，鎮彝城在高臺縣西北百二十里，呼蠶水今曰討來河，所入之羌谷水，即至合黎之弱水也。《太平寰宇記》肅州酒泉縣：呼蠶水一名潛水，俗又謂福禄河，西南自吐谷渾界流入。《水道提綱》：卯來河源出肅州西南邊外青海西北境，有三源：東源西北流，中源北流，西源最大而遠，東北流數百里始與二源水會東北流。又東合一水，又東北經重山，入肅州南邊，經卯來堡，曰卯來河。又東北經州城南境，又東北，有水西南自嘉峪關東北流，經州西北境來注之。又東北至古城堡南，臨水堡北，當西長城斷處出邊，東北流經金塔寺營西北，又東北折正北流，經衛魯西、火燒屯東，又北折東北，流至王公營北，又東北入刪丹水。以下即弱水下流矣。《水道提綱》又曰：刪丹水既合卯來水，東北經花墻鎮驛北，又東北至毛母西，折西北流，經雙城西，又折東北流，經平所驛、沙馬營西，又西北，折東北而北流，經什莊西。又西北，有昆都倫水自東北來注之。又北爲二巨澤：西北曰索廓克鄂模，周九十里；其東北曰索博鄂模，周六十餘里，即古居延海也。計自滔來發源至此，北行二千二百五十里，按卯來水，經肅州東北瀦爲白亭海，在州東北四十里。《元和郡縣志》：居延海在甘州張掖縣東北一千六百里，寧寇軍在居延水兩叉中。《漢書・地理志》敦煌郡冥安縣：南籍端水出南羌中，西北入其澤，溉民田。龍勒縣：氐置水出南羌中，東北入澤，溉民田。按冥安即唐瓜州晉昌縣，在今安西州東。龍勒即唐沙州壽昌縣，在今敦煌縣西南。《太平寰宇記》：南籍端水一名冥水。《元和郡縣志》：冥水自吐谷渾界流入大澤，東西二百六十里，南北六十里。豐水草，宜畜牧。《水道提綱》曰：布隆凡勒河自靖逆廳西南境平地，兩源合而北流七十里，有小水二自東來會。折而西流，有小水八，俱南自柳溝衛北流注之。又西數十里至雙塔南，有小水，南自真拖來地北注之。又西三百餘里，經安西府北，又西百里，至古沙州北境有西拉葛金河，自南經州東而北來注之。西拉葛金河源出安西廳南邊界大山，西北流，折而北百七十里，折而西百二十餘里，有察罕烏蘇水自西南來會，又北流八十里，經沙州東。又北五十里與布隆幾勒河會。又西北流，曲曲而西三百里，瀦爲巨澤，曰哈勒池，周六十餘里，池東南多大山。按布隆幾勒上源曰昌馬河，至柳溝衛會南境北來之十道溝，曰蘇賴河，即漢時南籍端水。西拉葛金即漢時氐置水也，亦曰黨河。垚按：靖逆廳乾隆二十六年改置玉門縣，安西府三十八年降爲州，沙州衛二十五年改置敦煌縣。玉門縣西至州二百九十五里，敦煌縣東北至州二百七十里。氐置水在漢龍勒縣，則當在唐壽昌縣地。壽昌東北至沙州百五十里，水不應反在沙州之東。又《漢志》言東北入澤，而此水自東南而西北，亦與《漢志》不合，疑黨河非即古氐置水。《太平寰宇記》沙州敦煌縣：懸泉水一名神泉，在縣西一百三十里，出龍勒山腹。此水西與龍勒近，然《漢志》言出南羌中，而懸泉水近出龍勒山腹，則亦不合。今黨河之西，又無他水可當氐置水。柳溝衛在安西州東二百三十里。《漢志》敦煌郡廣至縣：宜禾都尉治崑崙障。效谷縣：故漁澤障也。桑欽説，孝武元封六年濟南崔不意爲漁澤尉，教力田，以勤效得谷，因立爲縣名。《太平寰宇記》：廣至故城在瓜州常樂縣西北，宜禾都尉城在晉昌縣西北界。按常樂縣東至瓜州一百十五里，今爲安西州地。廣至故城在州西，效谷故城在敦煌縣西。

然欲使回疆永靖，則在綏輯諸臣矣。回民雖不嫻教訓，然頗知敬官長。安全至樂也，人命至重也，舍保性命，全身家之至計，而反樂于從逆，即極愚蠢當不至此。然卒至此者，蓋有由矣。鎮守諸臣不仰體皇上安邊柔遠之心，宣布朝廷威德，乃恣爲貪酷，侵奪其財貨，虜辱其婦女，以積其愁苦冤怨之氣，然猶未遽叛也，一有桀黠凶悍之人乘機鼓扇，而後向之窮志無聊者皆揭竿起矣。不觀後漢之多羌患乎？西羌之雜居内地者，多則萬餘人，少或不滿千人，皆役屬郡縣豪右，不爲寇也。豪右既奴虜使之，小吏黠人又侵掠之，郡縣又淫毒之，于是東羌、西羌不勝其憤，相率皆叛，連及河首諸羌，東犯趙、魏，南寇梁益，朝廷爲之移徙郡縣，以避其鋒，民不樂徙，則刈禾稼，徹室屋，移壘壁以驅迫之。不戰不守之守令竟忍視民之捐老弱，沿道死亡而不恤也。民多死亡，羌寇轉熾，延及桓帝。數征數叛，段熲轉戰連年，盡殺之乃止，而漢之府庫已空竭矣，并、凉二州已虚耗矣。讀范書《西羌傳》，見鄧隲、任尚諸人措置乖謬，屢爲之廢書嘆也。使當日任虞詡以平羌之事，何至棄數千里險阻沃饒之地以資寇哉？使二千石令長皆馬不入廐，金不入懷之人，則羌亦一氣所生，何至屢征屢叛，必誅盡而始息哉？明之失交趾也，以鎮守中官之貪黷也。使得廉吏以撫之，交趾且至今爲冠帶之邦矣。故欲使西陲無事，必自鎮守諸臣能仰體皇上安邊柔遠之心始。

龔景瀚《澹静齋文鈔》卷二《甘肅會城議》 甘肅布政使司治蘭州府，而陝甘總督亦駐節焉。蘭州固河西、隴右一都會也，然而地介河山之間，方平不能數十里。自大吏移駐，新疆繼辟。衣冠所會，商賈輻輳。其城小不足以容之，則展其外廓，西逼華林山，居高臨下，城中一覽可盡也。乾隆四十六年，撒拉逆回據之，幾至不守。事平，議包山爲城，以費巨中止。遂于龍尾山建五砲臺，又置華林營游擊領兵屯守。然愚嘗論之，兵多則不能容，兵少則無以守，賊至有棄而走耳，反爲所據，乘之攻城，是資寇兵而賫盗糧也。然則將奈何？曰：蘭州非會城地也。劉巡撫斗始移駐之，一時權宜之計耳，其後布政司亦治焉。乾隆初，元巡撫展成始奏升州爲府，置皋蘭縣，皆因仍目前，未嘗計及久遠者也。其山童而土斥鹵，十里外皆溝澗沙礫，地方所出，不足以供萬家之聚，薪米日艱，百物涌貴，數十年來山川之氣泄而無餘矣。雖據黄河之固，而規模迫狹，移城則無其地，包山則無其力，不如遷之便。

蓋甘肅形勝之地莫如凉州，畜牧富饒，地土平沃，又有水泉之利。南據天山，北臨廣(漢)〔漠〕，以控制西域，隔絶北部，屏蔽中土，高屋建瓴之勢也。其次莫如平番縣，漢之金城郡治，前凉之廣武郡也。西達甘凉，南牽鄯廓，北通寧夏，東蔽蘭鞏，四通五達之區，形勢足以聯絡，聲息足以響應。其地寬平衍沃數百里，又有連城樹木之利，亦西陲奥區也。會城既遷，甘肅提督移于肅州，而凉州、肅州二鎮可省，蘭州仍降爲州，屬于河州。升河州爲府，以控馭諸蕃，與西寧相應，則西南之門户固矣。且自平凉至蘭州，越六盤、青嵐、車道三大山，崎嶇上下，中涉溝澗百餘，夏秋水漲，冲决無時，歲歲勞民修治。安定、會寧又乏水泉，行旅苦之。若會城遷，則驛路改由固原，鹽茶渡靖遠城外黄河，一葦可杭，自腦泉、尾泉以達凉州，或由蘆塘速罕兎以達平蕃，平坦無山溪之阻，水草便利。自漢以來通西域者皆出此，今商賈亦由此道，無跋涉之苦，無水潦之虞，利孰大焉？

或曰：平凉、慶陽，無乃鞭長莫及乎？曰：古之分界，皆以名山大川，今美高、六盤諸山脉皆自隴州來，北至固原，古之大隴山也。隴關在西，蕭關在北，關中得名蓋以此。故此二府地漢屬司隸，唐屬京畿採訪使，皆爲畿輔，其水皆東流至西安，人情之所向也。若以六盤爲界，六盤以東降涇州爲州，同其所屬隸于平凉，合慶陽一府隸之西安布政司；六盤以北固原升爲直隸州，州北曠數百里無官，當于豫望城增置一縣，鹽茶廳有土有民，正其名，改爲縣，俱屬之。六盤以西静寧亦升爲直隸州；莊浪要地也，復爲縣，與隆德皆屬之。二州仍隸甘肅布政司。如此有三利焉，順地勢，協人情；而甘肅勞瘠之區，平凉、涇州爲甚，歸之陝西，易于調劑，官得休息，而民亦蒙其利。一轉移間，其所益者多矣。

綜述

《周禮・夏官・掌固》 掌固掌脩城郭、溝池、樹渠之固，頒其士庶子及其衆庶之守，設其飾器，分其財用，均其稍食，任其萬民，用其材器。凡守者受灋焉，以通守政，有移甲，與其役，財用唯是得通，與國有司帥之，以贊其不足者。晝三巡之，夜亦如之，夜三鼜以號戒。若造都邑，則治其固與其守灋。凡國都之竟有溝樹之固，郊亦如之，民皆有職焉。若有山川，則因之。

《春秋左傳・宣公十一年》 〔夏〕楚左尹子重侵宋，王待諸郔。令尹蒍艾獵城沂，使封人慮事，以授司徒。量功命日，分財用，平板榦，稱畚築，程土物，議遠邇，略基趾，具餱糧，度有司。事三旬而成，不愆于素。

《春秋左傳・襄公九年》 九年春，宋災。樂喜爲司城以爲政，使伯氏司里。火所未至，徹小屋，塗大屋，陳畚挶；具綆缶，備水器；量輕重，蓄水潦，積土塗；巡丈城，繕守備，表火道。使華臣具正徒，令隧正納郊保，奔火所。使華閲討右官，官庀其司。向戍討左，亦如之。使樂遄庀刑器，亦如之。使皇鄖命校正出馬，工正出車，備甲兵，庀武守。使西鉏吾庀府守，令司宮、巷伯儆宮。二師令四鄉正敬享，祝宗用馬于四墉，祀盤庚于西門之外。

《春秋公羊傳・定公十二年》 雉者何？五板而堵，八尺曰板，堵凡四十尺。五堵而雉，二百尺。百雉而城。范寧注：二萬尺，凡周十一里三十三步二尺，公侯之制也。禮，天子千雉，蓋受百雉之城十，伯七十雉，子男五十雉；天子周城，諸侯軒城。軒城者，缺南面以受過也。

《國語・周語中》 定王使單襄公聘于宋，遂假道于陳，以聘于楚。火朝覿矣，道茀不可行也。候不在疆，司空不視塗，澤不陂，川不梁，野有庾積，場功未畢，道無列樹，墾田若蓺，膳宰不致餼，司里不授館，國無寄寓，縣無旅舍，民將築臺于夏氏。及陳，陳靈公與孔寧、儀行父南冠以如夏氏，留賓弗見。

單子歸，告王曰：「陳侯不有大咎，國必亡。」王曰：「何故？」對曰：「夫辰角見而雨畢，天根見而水涸，本見而草木節解，駟見而隕霜，火見而清風戒寒。故先王之教曰：『雨畢而除道，水涸而成梁，草木節解而備藏，隕霜而冬裘具，清風至而修城郭宮室。』故夏令曰：『九月除道，十月成梁。』其時儆曰：『收而場功，偫而畚挶，營室之中，土功其始。火之初見，期于司里。』此先王之所以不用財賄，而廣施德于天下者也。今陳國，火朝覿矣，而道路若塞，野場若棄，澤不陂障，川無舟梁，是廢先王之教也。」

周制有之曰：「列樹以表道，立鄙食以守路。國有郊牧，疆有寓望，藪有圃草，囿有林池，所以禦災也。其餘無非谷土，民無懸耜，野無奧草，不奪農時，不蔑民功。有優無匱，有逸無罷。國有班事，縣有序民。」今陳國道路不可知，田在草間，功在而不收，民罷于逸樂，是棄先王之法制也。

《漢書》卷四九《晁錯傳》 陛下幸憂邊境，遣將吏發卒以治塞，甚大惠也。然令遠方之卒守塞，一歲而更，不知胡人之能，不如選常居者，家室田作，且以備之。以便爲之高城深塹，具藺石，布渠荅，復爲一城其內，城間百五十步。要害之處，通川之道，調立城邑，毋下千家，爲中周虎落。先爲室屋，具田器，乃募辠人及免徒復作令居之；不足，募以丁奴婢贖辠及輸奴婢欲以拜爵者；不足，及募民之欲往者。皆賜高爵，復其家。予冬夏衣，廩食，能自給而止。郡縣之民得買其爵，以自增至卿。其亡夫若妻者，縣官買予之。人情非有匹敵，不能久安其處。塞下之民，祿利不厚，不可使久居危難之地。胡人入驅而能止其所驅者，以其半予之，縣官爲贖其民。如是，則邑里相救助，赴胡不避死。非以德上也，欲全親戚而利其財也。此與東方之(戎)〔戍〕卒不習地勢而心畏胡者，功相萬也。以陛下之時，徙民實邊，使遠方無屯戍之事，塞下之民父子相保，亡係虜之患，利施後世，名稱聖明，其與秦之行怨民，相去遠矣。

《通典》卷一五二《守衛・守拒法》 凡築城，下闊與高倍，上闊與下倍。城高五丈，下闊二丈五尺，上闊一丈二尺五寸。高下闊狹，以此爲準。料功：上闊加下闊，得三丈七尺五寸，半之，得一丈八尺七寸五分；以高五丈乘之，一尺之城，積數得九十三丈七尺五寸。每一功，日築土二尺，計功約四十七人。一步五尺之城，計役二百三十五人；一百步，計功二萬三千五百人；三百步，計功七萬五百人。率一里，則十里可知。其出土負簣，並計之大功之內。以城中壯男爲一軍，壯女爲一軍，老弱爲一軍，三軍無令相遇。壯男遇壯女，則志散而力不專。遇老弱，則老使壯悲，弱使强憐。悲憐在心，則勇人更慮，壯夫不戰。【略】城壕，面闊二丈，深一丈，底闊一丈，以面闊加底積數大半之，得數一丈五尺，以深一丈乘之，鑿壕一尺，得數一十五丈。每一人功，日出三丈，計功五人；一步五尺，計功二十五人；十步，計功二百五十人；百步，計功二千五百人；一里，計功七萬五百人。以此爲率，則百里可知。

曾公亮等《武經總要》前集卷一二《守城》 兵法曰：守城之道，無恃其不來，恃吾有以待之；無恃其不攻，恃吾有所不可攻。故善守者，敵不知所攻，非獨爲城高池深、卒彊糧足而已，必在乎智慮周密，計謀百變。或彼不來攻而我守，或彼不挑戰而我擊，或多方以謀彼師，或屢出以疲彼師，或彼求鬭而我不出，或彼欲去而懼我。若此者，皆古人所以坐而役使敵國之道也。此雖得禦攻之計，然又要先審可守之利害。凡守城之道有五敗：一曰壯大寡、小弱衆，二曰城大而人少，三曰糧寡而人衆，四曰蓄貨積於外，五曰豪彊不用命。加之外水高而城內低，土脈疎而池隍淺，守具未足，薪水不供，雖有高城，宜棄勿守。亦有五全：一曰城隍修，二曰器械具，三曰人少而粟多，四曰上下相親，五曰刑嚴賞重。加之得大山之下，廣川之上，高不近旱而水用足，下不近水而溝防省，因天財，就地理，土堅水流，險阻可恃，兼此形勢，守則有餘。故兵法曰：城有不可攻。又曰：善守者藏於九地之下。皆謂此也。凡守之道，敵來逼城，靜默而待，無輒出拒，候其矢石可及，則以術破之。若遇主將自臨，度其便利，以彊弩叢射，飛石併擊，斃之，則軍聲阻喪，其勢必遁。若得敵人稱降及和，切勿弛備，當益加守禦，防其詐我。若敵攻已久，不拔而去，此爲疲師，可躡而襲之，必破。此又寄之明哲，見利而行，不可羈以常檢也。古法曰：三里之城，萬家守之，足矣。今若遇敵逼近，人力不暇者，即且約容一軍人馬，如築於閒時，須稍寬闊，作四門，二開二閉。門外築甕城，城外鑿壕，去大城約三十步，上施釣橋。壕之内岸築羊馬城，去大城約十步。凡城上皆有女墻，每十步及馬面，皆上設敵棚、敵團、敵樓。甕城敵團城角也。有戰棚，棚樓之上有白露屋。城門重門、插版、鑿扇，城之外四面有弩臺。自敵棚至城門，常設兵守，以觀候敵人。圖形於左。

右平陸築城，下闊與上倍，其高又與下倍。假如城高五丈，則下闊二丈五尺，上闊一丈二尺五寸。其城外甕城，或圓或方，視地形爲之，高厚與城等，惟偏開一門，左右各隨其便。

羊馬城，高可一丈以下，八尺以上，亦偏開一門，與甕城門相背，若甕城門在左，即羊馬城門在右也。女墻高可五尺。壕面各隨其地爲闊狹，大要在面闊底狹，其深及泉，使箭砲難及即住。

壕橋直對羊馬城門，若城門汲水須在城外，則甕城、羊馬城各更對開一門，以通汲路，惟不得對大城門。若依山帶河，地勢不便，則大城須爲偃月形，開三門而已，餘不改平陸之制。

甕城上各設戰棚，其制與敵樓同，間數視城之廣狹。其山城，則又擇前後左右，以去大城近處，隨山形别築一城，令與大城相接，必盡據高地，外亦開塹。兩城之中，或設烽臺以爲遠候，賊至，即以兵專守，免先爲賊所據，下窺城中虛實。今秦州、邠州城皆若是也。

一説築城之法，每下闊一丈，上收四尺。凡城，高五丈，底闊五丈，上收二丈，尤堅固矣。

沈括《夢溪筆談》卷一一《官政一》 延州故豐林縣城，赫連勃勃所築，至今謂之赫連城。緊密如石，斸之皆火出。其城不甚厚，但馬面極長且密，予親使人步之，馬面皆長四丈，相去六七丈。以（爲）〔其〕馬面密，則城不須太厚，人力亦難攻也。予曾親見攻城，若馬面長則可反射城下攻者，兼密則矢石相及，敵人至城下，則四面矢石臨之。須使敵人不能到城下，乃爲良法。今邊城雖厚，而馬面極短且疏，若敵人可到城下，則城雖厚，終爲危道。其間更多刓其角，謂之團敵，此尤無益。全藉倚樓角以發矢石，以覆護城脚，但使敵人（見）備處多，則自不可存立。赫連之城，深（可爲）〔爲可〕法也。

陳規《守城録》卷一 築城之制，城面上必作女頭墻，女頭中間立狗脚木一條，每兩女頭中掛搭篦籬。惟可以遮隔弓箭，於砲石則難以遮隔。若改作平頭墻，不用篦籬，只於近下留品字方空眼，與女頭相似，亦甚濟用。

或問何以備禦城外脚下？自有馬面墻，兩邊皆見城外脚下，於墻頭之上下害敵之物。當敵人初到城下，觀其攻械，勢恐難遏，宜便於城裏脚下取土爲深闊裏壕，去壕數丈，再築裏城一重。對舊城門，更不作門，却於新築城下緣裏壕入三二里地新城上開門，使人入得大城，直行不得，須於裏壕垠上新城脚下繚繞行三二里，方始入門。若此，則假使敵善填壕，止不過填得裏壕。若由門入城，須行新城脚下裏壕垠上。新城上人直下臨敵，何物不可施用？正是敵人死地，必不敢入。由正門入城尚且不敢，則豈肯用命打城？但只如此爲備，則敵兵雖多，攻械百種，誠可談笑以待之矣。又況京師舊城，亦自可守，若逐急措置，便可使勢如金湯，有不可犯之理。兼京城之内，軍兵百姓，金銀粟帛，計以億兆之數亦莫能盡。若令竭力修作，不獨添築一城一壕，可不日而成，假令添築城壕數重，亦不勞而辦。重城重壕既備，然後招敵人入城議事，彼若見之，必不攻而自退。俗諺云：求人不如求己。古人云：上策莫如自治。又：事貴制人，不貴制於人。皆此之謂也。

京城周圍，地約一百二十里，聞當時敵在城外，諸門多閉，有以土實者，止開三兩門通人出入。如此乃是自閉生路，而爲敵開其生路也。爲守之計，不獨大啓諸門，仍於兩門之間，更開三兩門，使周圍有門數十座齊門，於城内運土出入，填壕作路，使戰兵出入，無至自礙。城上覘望敵人空隙，稍得便處，即遣兵擊殺。或夜出兵，使敵在外所備處多，晝夜備戰，無有休息，彼自不能久攻。兼既城内創開城門，自運土填壕，欲爲出兵計，則其在外填壕欲入之計，不攻自破。然所以敢自剏開城門出填壕者，非謂敵兵可欺，蓋恃其自於城内設險已備，引敵入城，而敵必死耳。晉王浚遣都護王昌及鮮卑段疾陸眷、末柸等部五萬之衆，以討石勒。諸將皆勸勒固守以疲寇，獨張賓、張萇以爲可速鑿北壘，爲突門二十餘道。勒即以萇爲攻戰都督，造突門於北城。鮮卑入屯北壘，勒候其陳未定，躬帥將士鼓譟於城上，會孔萇突諸門伏兵俱出擊之，生擒末柸，疾陸眷等衆皆奔散。萇乘勝追擊，枕尸三十餘里，獲鎧馬五千匹。此乃守中有攻，可謂善守城者也。後之守城者，何憚而不法歟？

州郡城池之制，人皆以爲盡善。城上有敵樓，而敵人用大砲摧擊；城高數丈，而敵人用天橋、鵝車、對樓、慢道、雲梯等攻具登城。據其城池之製作，可以自謂堅固，前古所未有。奈何敵人攻械之備，亦前古所未有。故事貴乎仍舊，而人憚於改作，皆不可必者。古人所謂「利不百者不變法，功不十者不易器」。以今城池之制觀之，雖利不至於百，功不至於十，然自古聖人之法，未嘗有一定之制，可則因，否則革也。爲今之計，如敵樓者，不可仍舊制也。宜於馬面上築高厚墻，下留品字樣方徑及尺空眼，以備覘望及設施槍路。墻裏近下，以細木蓋一兩架瓦棚，可令守禦人避寒暑風雨。屋在墻裏，比墻低下，則砲在外雖大而數多，施設千萬，悉莫能及人。

壕上作橋，橋中作弔橋，暫時隔敵則可，若出兵則不能無礙。宜爲實橋，則兵出入俱利。

城門宜迂迴曲折，移向裏百餘步置。不獨敵人矢石不入，其舊作門樓處，行入一步向裏，便是敵人落於阱。何謂落阱？蓋百步内兩壁城上，下臨敵人，應敵之具皆可設施。又於舊門前横築護門墻，高丈餘，兩頭遮過門三二丈。城門啓閉，人馬出入，壕外人皆不見，孰敢窺伺？

城外脚下，去城二丈臨壕垠上，宜築高厚羊馬墻，高及一丈，厚及六尺。墻脚下亦築鵲臺，高二三尺，闊四尺。鵲臺上立羊馬墻，上亦留品字空眼，以備覘望及通槍路。亦如大城上女頭墻，墻裏鵲臺上栽埋排叉木，以備敵填平壕塹。及攻破羊馬墻至城脚下，則敵於羊馬墻内兩邊受敵，頭上大城向下所施矢石，即是敵當一面，而守城人三面禦之。羊馬墻内兵，賴羊馬墻遮隔壕外矢石。是羊馬墻與大城，係是上下兩城，相乘濟用，使敵人雖破羊馬墻而無敢入者。故羊馬墻比大城雖甚低薄，其捍禦堅守之效，不在大城之下也。又羊馬墻内所置之兵，正依城下寨以當伏兵，不知敵人以何術可解？若此，則既有羊馬墻，而鹿角木可以不用。仍於大城上多設暗門，以備遣兵於羊馬墻内出入。又羊馬墻脚去大城脚止於二丈，不令太遠者，慮大城上拋擲磚石，難過墻外，反害墻内人；又不令太近者，慮其大窄，難以回轉長槍。又於大城裏城脚下作深闊裏壕，裏壕上向裏度地五七丈，可作來往路外，築裏城，排叉木，但多備下敵攻城應敵處。用此以設備，雖使敵人善攻，不足畏也。墨翟，宋大夫，善守禦。公輸般爲雲梯之械，將攻宋。墨子見之，乃解帶爲城，以褋爲械。九設攻城之機，墨子九拒之。公輸般攻械盡，墨子守有餘。公輸屈，曰：吾知所以拒我者。以此見攻械者，宜乎古人以爲策之下也。夫守城者，每見敵人設一攻械，而無數策以拒之者，未之思也。規嘗聞《孫子》曰：兵者，國之大事，死生之地，存亡之道，不可不察也。又以爲：兵者，詭也。用無中形，詭詐爲道。故能而示之不能，用而示之不用，近而示之遠，遠而示之近。攻其不備，出其不意。此兵家之勝，不可先傳也。然而有傳之於家，而達之於遠，有利而無害，有得而無失者，不可不先傳也。嗟乎！靖康丙午，金人以兒戲之具攻城，守禦者一時失計，遂致城拔。迄及一紀有餘，而金人猶不思當時幸勝，尚以驕氣相陵。規於未知金人攻城設砲之前，每見人云：金人攻城，大砲對樓，勢豈可當？貴顯言之，則快然而不敢辯；衆人言之，則亦不敢痛折。今既知其詳，則豈可不盡曲折，剖其所見而言之？然用兵之道，以正合，以奇勝，善出奇者無窮，如天地不竭，如江海千變萬化，人何能窮之？今止據金人攻城施設，畧舉捍禦之策。至於盡精微，致敵殺敵之方，雖不憚於文繁，而有所謂真不可示人者，未之傳也。又況雖欲傳之，有不可得而傳者矣。惟在乎守城之人，於敵未至之前，精加思索應變之術，預爲之備耳。區區管見，輒序於《僉言》之後。紹興十年五月日陳規序。

梁克家《淳熙三山志》卷四《城塗》 州城九軌之塗四，州至寧越門，鳳池坊至行春門，依仁坊至開元，遵義坊至豐樂門。六軌之塗三，行春門至天慶觀，寧越門至合沙門，興賢坊至羅山寺東。四軌之塗八，清泰門至儒宗坊，拱星坊至羅山寺西，侯官坊至延祥前，豐樂門至迎仙門，壽帥坊至旌隱坊，登瀛坊至水步門，慶成寺前至乾元寺前。三軌之塗七，美政坊至通仙門，聚英坊至登俊坊，忠順坊至閩縣棣華坊，安善門至鹿頂門。其他率增減於二軌之間，雖窮僻側足，皆石也。

施宿等《會稽志》卷一《城郭》 築城之法：城身高四丈，城闊五丈，上斂二丈。若城身高三丈五尺，則趾闊四丈三尺七寸，上斂一丈七尺。城外築瓮城，去大城十五步。瓮城圓一面包城，高厚與大城之數相等也。瓮城外鑿壕，去大城三十步，上施釣橋。凡爲三壕：第一重闊二十步，深二丈，水深四尺至七尺；第二、第三重遞減五尺。壕之内岸，築養馬城，去大城五步，高八尺，址闊五尺，上斂二尺，自上三尺，開箭牕，外至壕垠留一步，埋設鹿角。大城上，每三十步置馬面、敵樓各一座，女墻相去各十步。凡樓櫓之法，曰垂鐘版，曰拐子木，曰伏兔子，曰手把腰楅，曰鷹架，曰踏空版，曰扠柱版，曰護柱版，曰猢猻柱，曰鄣水版，曰馬面，曰梯，曰馬垠踏道，曰娥眉甎踏道，曰笆，曰草槔，曰牛革，曰氈，曰大小索，曰鐵鴈鈎。此其名數之大略也。並塞控扼之地，人人習知，故其築城也，易爲力而堅緻可守。内地既非臨邊，又郡邑安固，無寇盗之虞者久，雖興版築，或出草創。故略書梗槩，欲在官者知城池之不可忽如此。劉忠顯以其久在兵間，身履西陲要害之地，至於城壁制度，尤其所悉，故在會稽修葺郡城，雖用功不多，而寇至可以無恐。使他人爲之，雖有才智，亦未必能也。

羅城周回一十四里步二百五十。熙寧中，郡守沈立爲《會稽圖》，其叙如此。而《舊經》云四十三里者，非也。厥今州城以步計之，八千八百二十有八，按度地法，步三百六十是爲一里，舉今步數總歸於里，亦二十有四，餘步百八十八，較之圖叙，所損六十有二。宣和初，劉忠顯治城禦方寇，嘗稍縮其西隅。然則今所損步，或者自是時也。《舊經》有云，城不爲壕。今城外故有壕，但不甚深廣耳。皇祐中，有詔濬湟，太守王逵始治其事。《舊經》成於祥符，不及知也。城之四面高厚之數，則《舊經》大略如之。《舊經》：城東面高二丈四尺，其厚三丈。西面高一丈六尺，其厚八尺。南面高二丈一尺，其厚一丈八尺。北面高二丈二尺，其厚二丈六尺。故老云：後雖間有墮圮，尋復繕治。舊北面在，不能甚加損也。城門九：東曰都賜門，有都賜埭，山門之名蓋久矣。見《南史·何胤傳》。曰五雲門；東南曰東郭門，有東郭埭。曰稽山門；正南曰殖利門；有南埭。西南曰西偏門，有陶家埭。曰常喜門；州城至此與子城會，門在其上，蓋九門之一也。正西曰迎恩門；北曰三江門。凡城東、南門有埭，皆以護湖水，使不入河，西門因渠漕屬於江，以達行在所，北門引衆水入於海。

施宿等《會稽志》卷一《子城》 《舊經》云：子城周十里，東面高二丈二尺，厚四丈一尺；南面高二丈五尺，厚三丈九尺；西、北二面皆因重山以爲城，不爲壕塹。嘉祐中，刁約守越，《奏修子城記》云：城成，高二十尺，北因卧龍山，環屬於南，西抵於堙尾，凡長九千八百尺。城之門有五。熙寧中，沈立爲《越州圖序》云：楊素築子城十里。《越絶書》云：越王臣於吴，故城北向，以東爲右，西爲左。小城周三里七十步，陸門四，水門一。《吴越春秋》云：小城周千一百二十步，一員三方。西北飛翼樓以象天門，東南伏漏石竇以象地户，陵門四達，以象八風。又云：城南近湖，去湖百餘步。會稽治山陰以來，此城即爲郡城。按：今子城陵門亦四：曰鎮東軍門，曰秦望門，曰常喜子城門，曰酒務橋門。水門亦一，即酒務橋北水門是也。其南秦望門，去湖亦僅百步。雖未必盡與古同，然其大略不相遠矣。由秦望門而入，直北曰蓮花橋，又北走，即府治所也。秦望門街之東曰雄節營，曰五通廟，曰酒務坊，曰夏麥倉，曰都酒務街。之西曰第七營，曰第四營，曰車水橋巷，曰提舉司幹辦公事廳。循城而西，曰念三營。繇酒務坊而東，經豐宜館、今爲察判廳。三聖廟之前，東走酒務橋門。繇車水橋巷而西，過橋之南，有大池曰龍噴池，池正方，可三十畝。池北曰僉判廳，池西曰社壇。自此西走，踰大郎橋，會於常喜門。蓮花橋北街之東曰司理院，西曰卧龍坊。繇卧龍坊而西數百步，西南走威果營，又數百步抵城隍廟路及西園。南趨清泠橋，出常喜門。府治之南，左曰提刑司幹辦公事廳，曰作院，右曰通判南廳。舊爲判官廳。熙寧間，張大山新建判官廳、壽樂堂。東坡先生爲賦詩者，即此是也。其後至淳熙間，以舊通判南廳爲武提刑治所，故南廳遂徙於此。繇府治而右，手詔亭下少西，曰府院，曰下馬院。繇府治而左，頒春亭下東走，即鎮東軍門街。之北曰簽廳，少東曰通判北廳，南豐曾先生倅越時，有卧龍齋，見於《元豐類藁》。宣和間，禁臣稱龍、天、君、主等字，或撤其扁，堂亦尋廢。桂堂在便廳之南，吴興施宿所建，今紳袁尚書起巖書其扁。又有緑橘亭，《亭記》顔魯公所書，事見碑陰。今亭與石皆不存。街南曰通判東廳。此即舊所謂通判南廳，今爲添差通判廳。

魏了翁《春秋左傳要義》卷二《隱公元年》 諸説「雉」不同，杜以長三丈爲正定十二年《公羊傳》曰：雉者何？五板而堵，五堵而雉。何休以爲堵四十尺，雉二百尺。許慎《五經異義》、《戴禮》及《韓詩》説八尺爲板，五板爲堵，五堵爲雉。板廣二尺，積高五板爲一丈。五堵爲雉，雉長四丈。古《周禮》及《左氏》説一丈爲板，板廣二尺。五板爲堵，一堵之墻，長丈高丈。三堵爲雉，一雉之墻，長三丈，高一丈。以度其長者用其長，以度其高者用其高也。諸説不同，必以雉長三丈爲正者。以鄭是伯爵城方五里，大都三國之一，其城不過百雉，則百雉是大都定制。因而三之則侯伯之城。當三百雉，計五里，積千五百步。步長六尺，是九百丈也。以九百丈而爲三百雉，則雉長三丈。賈逵、馬融、鄭玄、王肅之徒，爲古學者，皆云雉長三丈。故杜依用之。

章潢《圖書編》卷一二四 按：營國，每旁三門，城、郭各十二門。城内縱横大道各二，界爲井字。中之州有九，其餘道塗九經九緯，各有區。城中爲王宫，前朝後市，左祖右社。凡制禮，大物不過十二，賈氏之説得之。匠人云九里，蓋有闕誤，不足爲據。然所謂十二里者，必以道計，四面皆如其數，然後可以容百官府之次，舍賓客之旅，寓工商之廛肆。苟以方計之，則每面止三里，尚足爲王者之都乎？

城制

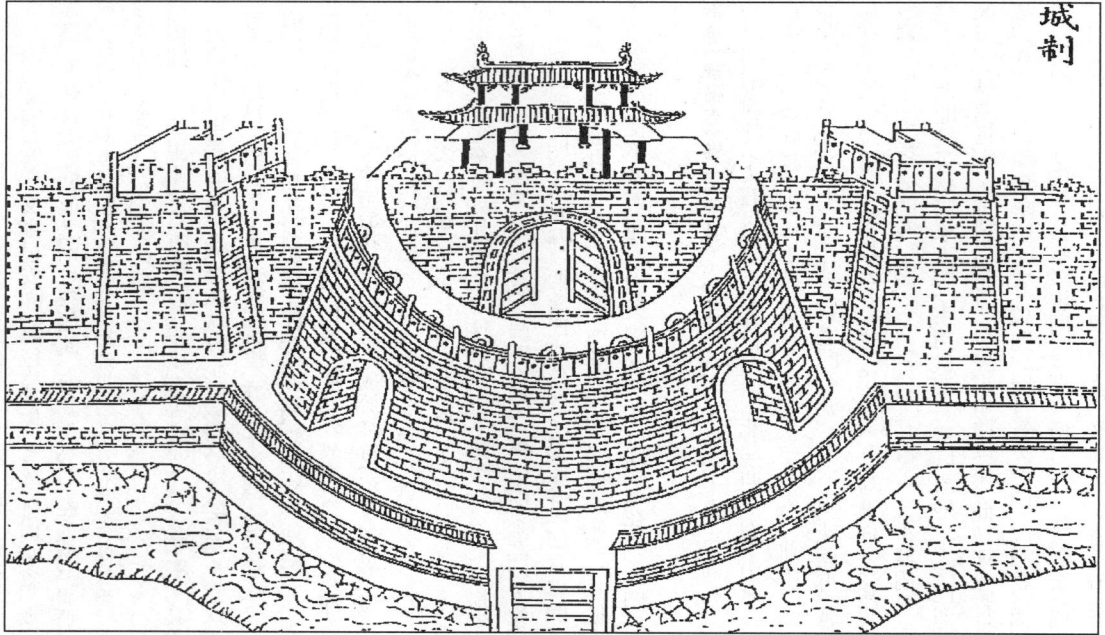

營國九州經緯圖

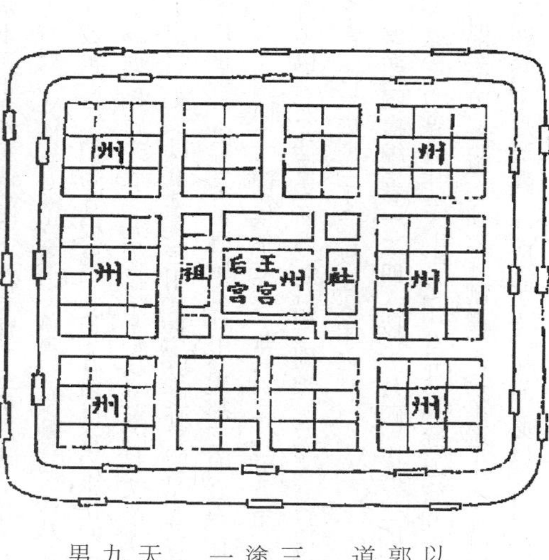

量人掌建國之法，以分國爲九州，營國城郭，營后宮，量市朝道巷。

匠人營國九里，旁三門，國中九經九緯，經塗九軌，左祖右社，市朝一夫。

賈氏《典命》疏曰：天子城方十二里，公宜九里，侯伯宜七里，子、男宜五里。

章潢《圖書編》卷一二四《邊方堡制議》 堡制者，非無制之難也，能全其制之難也。夫善守者，因天之財，就地之利，故敵有不攻，藏於九地之下。古人曰：收其伍全，遠其五敗。又曰：故三約堡制，其目有四：一、圍垣：闊與上倍，高與下倍。今之民堡豈知是哉？曲直無拘，但取內容丁衆，外遠俯逼而已。然大不如小，小則堅；直不若曲，曲則易守。故宋藝祖筆塗趙韓王城圖，不使端直；金粘沒喝一覩汴城，便謂易攻也。又古人垣制，多以高五丈，下闊二丈五尺，上闊一丈二尺五寸爲式。今時民堡，則大率高一丈五尺，加陴院爲二丈，下闊丈餘，上闊五六尺而已。垣太低則矢石易及，陴院難保。近敵攻堡，多飛石墜其陴，則人不敢垣立，而後蟻附以登。今制以垣高二丈，加陴院五尺，共二丈五尺，視古制爲半；下上收闊亦如之。庶中道也。二、敵臺：圍垣既立，則敵臺宜講也。夫垣之棄守，全在敵臺。垣雖方直，有臺則守；垣雖委曲，無臺亦棄。然敵臺宜多，多則護垣爲易；宜高，則四擊不礙。古制謂敵臺高與垣等者，以垣高五丈也。今垣僅及其半，則臺宜加高。先年肅敏公論塞垣敵臺曰：每一里一臺，以爲火器，所擊不下三百步。夫火力縱及，豈能一一盡中？中空過寬，來往鮮力矣，則又宜加多。今時民堡敵臺全不如制，受病甚多。如角臺，本宜平直，即以東北角論之，則循北垣而東，築臺若干丈尺；亦當循東垣而北，築臺若干丈尺。若欲以垣相附，以省工費，則附東垣矣，不得更附北垣；附北垣矣，不得附東垣。縱使兩垣俱附，亦須爲臺三四，附墻者半，專面者倍，如以磬直向外、磬折向内然者。今皆不循垣直出，又不以磬直向外，但叠土兩垣之間，斜附而上，地置既繆，矢道皆斜，臺以塞垣，而矢石不及，何以爲守？又一面止築一臺。夫臺之多寡，以堡之大小爲之，堡大則多，堡小則少，大抵兩空不得過五十步。又堡有垂角而出，縮腹而入者，亦須量勢爲臺，必使相及。今一面止築一臺，不論遠近出入，矢石縱及，亦弱而無力，倏忽之間，爲敵乘矣。又高與垣等，而收頂不及一丈。夫垣陴恒爲敵墜者，垣低石可及也。今臺高與垣等，則臺陴亦不易呈，收頂止一丈，所容寧幾人，發矢發火器何以展布？又臺陴不五六，敵以兩弓注一陴，則臺人不敢伸首出望，與無臺等矣。此皆害人之大者。今制臺高三丈，高于垣一丈，收頂方二丈，皆東南直出陴墻，至三尺而止，順立柱木二尺餘，上加横木，復爲墻尺許，中空，遍置木牌，外爲附眉，内加轉撥，或開或閉，惟吾所欲。彼注矢于此，吾則啓牌于彼。夫陴畏注矢，以陴無一定也；牌啓無常，斯不畏注矢矣。此專爲發火箭與矢。若夫礮石，則踰墻四出，不必凝望忖度也。三、陴院：敵臺既就，則陴院宜講也。夫垣既不高，陴復削薄，遇攻則不支，其衝竿飛石之往來，自守又無以久，縣石縣木之上下，一有損墜，即將以赤身之人立于孤垣之上，聲弦可顛矣。邊人曰：敵飛石墜陴，則以竿裹衣爲人形，加革帽，高揭之以惑人。衆見喧曰：敵登矣。争先自投，敵徐蟻登。此陴之害也。今民間率用土坯，殖土以成曰土坯。又率立植，其易墜，故宜近有議用磚者。磚質狹小，亦與立植與坯何異？但多費耳。今制必用泥坯，水和土模成者曰泥坯。横卧爲陴，外以茅泥多入泥以草或麥稾，曰茅泥。固之，庶堅厚可賴也。四、甕城：陴院既成，則甕城宜講也。夫民堡之破，半咎于門，何者？鐵裹以禦火也，今鐵葉至薄，不禁薰灼，鐵熱木焚，爲力不難，而門上無懸樓以遠擊，無漏槽以下水。嘗計人力擲草，幾至十步，千人齊擲，草且成丘，發火以焚，無不鎔壞，門壞則雖有人乎垣，無及矣。故必有甕城，高厚與堡同，内外俱爲陴院，旁開一門，亦用鐵扇已，併廢堡之門，取以爲用可也。夫甕城高厚與垣等，内外皆陴，則雖洞其外門，亦無敵敢入者，而况爲重門邪？甕城門亦備漏槽下水。

邊方堡制

角臺圖，舊失。兩垣附上矢道皆斜。

今制：附東垣，不附北垣。附北垣，不附西垣。

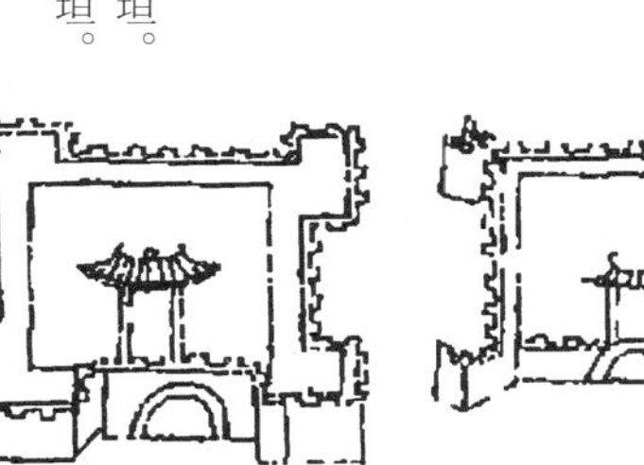

循内垣直出。磬折向内，直向外。

敵臺圖

小堡一面爲一臺。

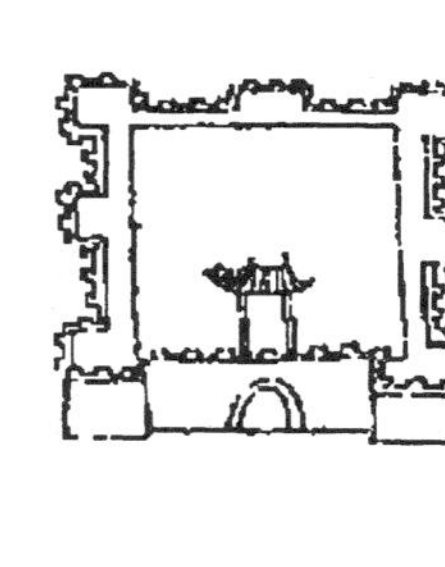

大堡一面爲二臺。

敵臺懸板圖

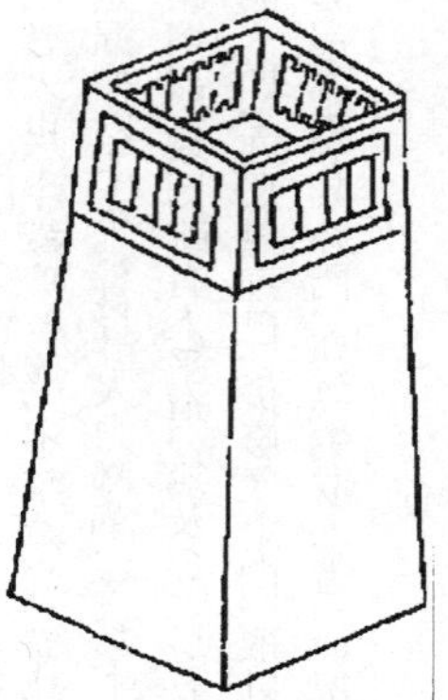

陣院圖，舊失。

今制：仍以茅泥固之。

甕城圖

小堡有甕城，面不用敵臺。大堡仍爲之。甕城不必太大，大則更須角臺。

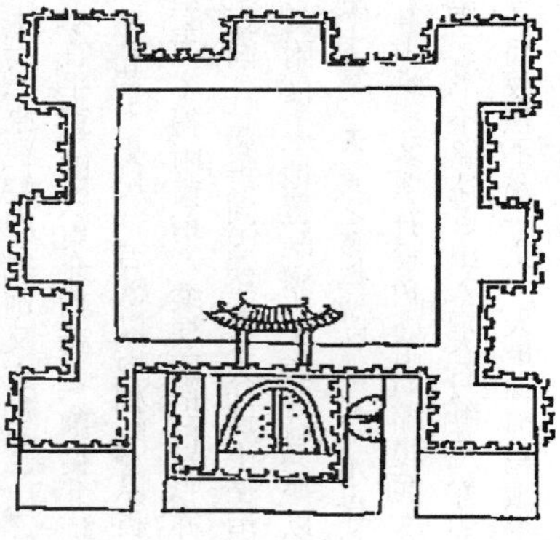

茅元儀《掌記》卷四　造城之法，因地制形。古人各有深意，近年人惟能築方城耳。成祖曰：「方陣四面受敵，豈足取勝？我以精兵攻其一隅，一隅敗，餘自潰矣。」此論陣法可通于城也。

紀事

天津

《〔光緒〕重修天津府志》卷二三《輿地五·城鄉》　府城圖說：

城垣九里十三步，高三丈五尺，開設四門，門上建樓。前志。明永樂二年，工部尚書黃福、平江伯陳瑄、都指揮陳逵築。按《衛志》：都指揮僉事凌雲、同知黃綱築，陳逵用磚包砌。弘治閒，副使劉福甃以磚石，廣二丈五尺。至萬曆十四年，寖壞，天津道副使王來貴重修。國朝順治十年，大水滂城，坍塌二面，總兵甘應祥、副使梁應元重修。康熙十三年，總鎮趙良棟因城樓內藏火藥，深爲不便，令民居逼近城墻者盡行拆毀，離城三丈改築，乃濬四面城濠，永禁填塞。城東南角石閘一座，引海河潮水，週城四面，由南城水門入城，水門上有「引汲受福」四字。石閘歲久坍塌，乾隆二年，知府程鳳文重修，以時啓閉。《碑記》附後。雍正三年，城濠皆壞，巡鹽御史莽鵠立題請商人安尚義、安岐父子情願捐修，奉旨俞允，仍令同城官實心幫助。就舊基築城濬濠，城周圍一千六百二十六丈六尺，垣高一丈九尺八寸，垛高四尺二寸，共高二丈四尺；基廣三丈二尺，上廣一丈九尺，共計垛一千四百五十有四。東西長五百零四丈，計二里八分；南北長三百一十五丈，計一里八分；周圍九里二分。東去海河二百二十步，北抵衛河二百步。舊城四門有樓，舊額曰鎮東，曰定南，曰安西，曰拱北。康熙十三年，改曰東連滄海，南達江淮，西引太行，北拱神京。四角有樓，其東南角樓即魁星樓也。新城四門：東曰鎮海，南曰歸極，北曰帶河，西門奉旨賜名衛安。乾隆十一年，運司飭蘆商捐銀修理。乾隆十七年，運司飭蘆商捐銀修理。乾隆二十四年，總督飭蘆商捐銀修理。乾隆二十九年，總督發查茂德罰項修理。乾隆三十一年，總督飭天津縣以辦差餘銀修理。乾隆三十九年，總督發銀修理。乾隆四十九年，總督發銀修理。乾隆五十五年，總督發銀修理。嘉慶六年，河水漲發，浸漫城根，城東、西、北三面坍塌，長數丈、十餘丈至數十丈不等，西南、西北兩角樓亦傾圮坼裂。總督奏請修理。

外郭圖說：

咸豐十年，統兵大臣親王僧格林沁築建濠墻，距城里餘至五六里不等，營門凡十一：東沈家莊，東北錦衣衛、橋窰窪，北玉皇廟，西北佟家樓、教軍場，西岸善慶菴、三官廟，南海光寺，東南梁家園、行宫。圍長共三十六里，濠如之。同治七年春，捻匪北竄，畿南各州縣多遭蹂躪。上命通商大臣、兵部侍郎崇厚督辦津郡海防軍務，以津郡無險可扼，賊勢飄忽，必先限其奔突以頓之，於是修墻濬濠，親臨督催，剋期完竣，於各垛口排列擡鎗礮車，凡守禦之具，無不精備。迨四月初，賊大股長驅回竄，勢將直撲郡城。時兵力單，援軍未集，幸有濠墻，足資固守。賊偵知防禦嚴，不敢逼，麕聚於南鄉之八里臺一帶，疊次衝撲不能犯，郡城賴以安堵。衆始知濠墻足恃，而服修濬之先見焉。賊退後，請帑加高培厚，濠又濬而深之，從此郡城固於金湯矣。《縣志》。

海防同知新城圖說：

水師營新城在海口盧家嘴，土城南北二百二十六丈，東西二百六十丈。《前志》。營裁後廢。同治十一年，重建大沽協署。《采訪册》。

同治十三年，於大沽後路三十里之新城地方建築新城，與大沽礮臺前後接應。《新通志》。 一、新城距天津城八十里，現建築甎城一道，周圍計長九百八十四丈。甎高一丈九尺，海漫高二尺五寸，上加築三合土疊墻，高五尺五寸，共高二丈七尺。城脚寬七丈五尺，頂寬五丈五尺，疊墻寬二丈二尺。一、裏城門臺四座，亦仿礮臺做法，與他處門樓不同。每座脚寬十三丈，址寬十二丈六尺，頂寬十一丈六尺。門臺址進身長十四丈九尺，門臺頂進身長十三丈九尺，甎砌高一丈九尺，上加三合土一丈二尺，共高三丈一尺。甎券用曲式。門臺頂中做大礮棚一座，寬六丈四尺，進身五丈四尺，高一丈五尺；中空五丈，高九尺，進身四丈；四圍亦用排柱，上用托廪，中用大擎柱；上覆三合土。礮棚前面做明礮臺兩處，三面疊墻，中做藥庫三處。四門門臺皆同一樣。一、內城四拐角礮臺四座，每座隔堆三箇，中貯藥庫三所，安礮兩門。每臺兵房三間，下做大藥庫一所。四角做法一樣。一、內城墻周圍小礮臺七十一座，每座安小藥庫兩箇。一、城內大礮臺三座，每座周圍下脚六十四丈八尺，上頂周圍四十八丈二尺，高五丈二尺。臺之四周係券洞，空心，外有大券暗馬道，從內盤旋而上。每臺橫券十道，每券藥庫一箇，直券九箇，四面皆通，可住礮兵。臺砌甎高一丈六尺，上加三合土一丈八尺，安有大礮門九處，上有明礮臺九箇，每門有小藥庫兩所。礮門相間有大隔堆四箇，中可走通藏人。臺頂心有大礮棚一座，棚脚周圍十六丈二尺，築三合土，高一丈七尺，棚內用大木擎柱，並排廪排柱，上蓋用三合土；周圍又有女墻十一丈四尺，高三丈，厚三尺，上有天橋一道。三座臺式皆同，高厚尺寸均係一樣。一、護城門臺址寬十丈，進身二丈四尺；頂寬九丈四尺，進身二丈一尺。甎券門洞幫築三合土，高二丈一尺，上面明礮臺兩處。外門臺灰土月城三面，合長二十四丈，墻寬三丈八尺。礮眼兩箇，門券一箇。四處護城門一樣做法。一、外三合土護城一道，周圍計長一千一百二十八丈，高一丈七尺，腳寬五丈，頂寬三丈五尺。一、護城四角拐礮臺四座，每角礮洞三箇，隔堆四箇，小藥庫八處，裏邊另有小礮臺一處。四角做法一樣。一、護城裏面兵房十四處，每處五間。城門裏面卡房八處。護城內卡房八處，每處三間。一、東、西水關兩處。一、東、西水閘兩處。一、南、北門大橋各一道，城內小橋十二道。一、護城河周圍合長一千八百七十一丈五尺，面寬十二丈，底寬五丈五尺，深一丈七尺。一、新建欽差行臺一所，倉廒一所，北門東北拐大藥庫一所，海防同知、守備衙署各一所，小衙署兩所，四城門武汛衙署各一所。一、南門外新建武廟一所，慈航菴一所，義學一所，城內城隍廟一所。一、東門外軍裝局一所。一、南門東西新河大橋三道，曰懷新橋，曰東新橋，西新橋。同上。

河北

《〔光緒〕祁州續志》卷一《建置志・城池》 州城之里數，自元及明之沿革，並屢次重修。舊志已載。自明崇禎間，外甃以甎，始稱壯麗。迄今歷年既久，坍缺實多，門亦剥朽。同治三年，牧伯姜公籌款重修。內外六門，宏敞堅固。並於各月城內添置門房兩間，派人住守，以司啓閉。四面城池，亦即於是年挑濬深闊。

《〔光緒〕唐山縣志》卷二《建置志・城池》 城週圍三里許，池稱是。前無考，惟金闉八里。元至正間，縣令齊光祖以紅巾亂，民寡難守，就東南隅城焉，即金城也。明成化中，知縣祈司葺之，厚八尺，高三丈餘。後知縣貢珊、和承芳各加修葺。嘉靖間，知縣張天禄始建南北城樓及四角樓，制始完備。至庚戌，知縣冀國又增修之，雖基域未拓，而加高、加廣，甓丙墻，益重門，增所未有，屹然永賴矣。萬曆壬午，南城樓圮，知縣李應奎重建。丁未，知縣楊于國修葺。崇禎六年，知縣劉經理以正北門文星不輝，改置乾向，修北城樓。崇禎七年，知縣謝汝明修南城。皆高舊樓一倍。皇清順治戊子，泜水衝城。康熙八、九年間，知縣孫纘修葺。城之南隅，接有附城，廣如縣城之制而袤倍之，崇僅殺半。闢立三門，啓閉一如內城。蓋嘉靖初知縣盛鼎所創建。戊子，泜河泛溢，周圍墻垣十壞八九。康熙十年，知縣孫纘重修，復立三門，亦如舊制焉。咸豐年間，因賊氛北竄，屢加修葺。至同治癸亥、丁卯，賊匪屢竄邊界，民不安堵。計唯重修濠墻，庶可救急目前。當修城之餘，家喻户曉，計日興工，而插畚雲合，捄度雷動，不旬日，厥功告成。復立三門，墻外樹柳。現城池墻垣屹立，附城俱圮，惟土壘基址尚存，柳樹亦爲樵夫竊伐殆盡。

按：唐山城，堯山之保障也。前無所考，惟金圍八里。元至正間，縣令齊光祖以紅巾亂，民寡難守，就東南隅城焉，即今城也。自元至明，幾經修葺，縣志所載備矣。週圍三里，設立兩門：南曰迎薰，北曰拱辰。子午相衡，水火既濟。北望古山，巍巍以彰其勢；南臨泜水，蕩蕩以表其誠，佳局也。崇禎六年，知縣劉經理以正北門文星不耀，改置乾向，修北城樓，題其名曰「乾元資始」，以爲山與門對峙而勢益壯也，與門環抱而氣愈雄，此北門所由改作也。惟是斯城也，提封古冀，受采陶唐，通齊晉之捷徑，當真廣之衝途。東至隆平縣界十里，南至任縣界二十五里，西至内邱縣界二十里，北至柏鄉縣界十八里。絶長補短，廣袤僅四十餘里，崛起五山，雄踞其半，涸河如帶，繚繞荒村。附城三四里許，地多浮沙，難耕者石田，易漏者沙磧。地薄糧重，家無蓋藏，良有以也。邑人賈天球識。

《〔康熙〕遵化州志》卷三《建置志·城池》 州城，舊時土築。明洪武十一年，指揮周寶拓城西地，外甃以甕。嘉靖元年，巡撫都御史孟公春重修，增建東南一樓及四門坊。萬曆九年，總理戚公繼光用主客兵撤而更築之，内外以甓營方闕，如幞頭式，謂之幞城。巖巖仡仡，周一千三百五十一丈，計六里有奇；基廣三十尺，高四蕁有半；堞一千三百四十有一，陴高三尺；外郭高九尺，内垣高六尺。爲門四：東鎮海，南時薰，西戴京，北清漠。爲門樓四。東門之北爲簪纓一，爲角樓四，爲月城四，戊舖五十有五，門左右爲蟻置馬道。八門，内爲屋以居守者；外池深二丈，廣三丈，周一千五百二十丈，木梁跨池者四，爲木關三，樹以石柱，塞以鐵門，門廢，知縣張杰重修。國朝順治九年，沙河水溢，决壩没城，連年塌坍，殆將過半。知縣孫錫蕃勸助捐輸修補，又知縣范蓋及邑紳士捐資修完。

《〔弘治〕永平府志》卷一《城池》 郡城，周圍九里十三步，高三丈，闊二丈，舊惟土城，洪武四年，奏准，指揮費愚等廓其東而大之，易土以磚。城四門，東曰高明，西曰鎮平，南曰得勝，北曰拱辰。門各有樓。其制相埒，歲久頽敝。景泰二年，巡撫都御史鄒來學、總兵官宗勝、左參將胡鏞奏准重脩，又於東墉高處置三樓，以望烽火。城外泊岸，歲久水激而圮，弘治十年，知府吴傑重脩。岸實而城固，功倍於前。盧龍縣，見《府志》下。遷安縣城，周圍五里，高二丈一尺。池深一丈二尺。舊惟土城，景泰二年，都御史鄒來學以邊塞偪臨，不堪保障，包以磚石。儒學舊在東門外，成化四年，教諭胡憲奏准增築新城以包之，其規模制度加舊之半。東城舊無券門，弘治十二年，知縣張濟增建。撫寧縣城，周圍一千一百五丈，高一丈五尺。舊有土城二座。在洋河東二里，名陽樂城，實本縣故基。洪武十一年，知縣婁大方因山寇擾掠，率吏民避兵兔耳山。寇平，請于朝，即山之東南以爲縣治。永樂三年，建撫寧衛於東土城内。成化初，都御史李秉以衛，縣異處，應務不便彼此，土城倉卒不備，遂相地制宜，廓東南而大之，增築土城，包以磚石。同年劉遂、指揮陳愷、百户郝名、醫官陳中分領其事，肇工於成化三年九月，訖工於四年五月。城門四座，敵臺一座，月城四座，焕然一新。弘治七年，雨水坍塌，知縣李海、指揮使陳勳重脩。昌黎縣城，周圍四里，高二丈。舊惟土城，弘治八年，知縣殷玘包以磚。上建樓二座，高一丈五尺。雉堞一千一百座，高四尺。城外鑿池，深、闊各一丈。欒州城，周圍四里一百步，高二丈七尺，□一丈。金河保機築土城以居其民，歲□□□□泰二年，都御史鄒來學等奏准重脩，遂易以磚，四面□立一門，門外鑿池，深三丈。同知揚雄實綜埋之。成化二十二年，知州李智增立四樓，以望烽火。弘治壬子秋，陰雨彌旬，墻復頽壞。同知孔經重脩。樂亭縣城，周圍五百五十三步。舊惟土城，歲久圮壞。成化乙酉，都御史閻本命、知縣元弘易土以磚，高二丈，廣一丈。成化壬寅，知縣李瀚又建立四門，每門設二鋪，以防守之。弘治己未，知縣田登建樓設堞，翼以女墻。城外舊有池，深、闊各二丈。

《〔弘治〕永平府志》卷六《古迹》 長城在府城北沿邊一帶，即秦太子扶蘇、將軍蒙恬所築，以備羗胡。自晉淪入五胡，代爲戎地。迨我皇明，汛掃腥羶，統一寰宇，太傅魏國公徐達因秦遺址，間設關營墩臺，以便守望承平。日久，傾頽荐臻。弘治十一年，巡撫都御史張准躬督恭將白琮、指揮羅綱、推官周瑄率領官軍舍余民壯於大茅山等處，捫蘿躡險，極力脩治，功未就緒而張卒于邊。弘治十二年，都御史洪鍾撫涖兹土，經營規畫，圖爲國家億萬年之計，召募軍民劉俊等創脩長城二千四十八丈，仍命推官周瑄沿邊丈量，每丈給銀一兩，以償其勞。弘治十三年春，復檄參將高瑛、白琮，同知邵逵，督率軍舍民壯一萬餘人，自山海關迤西至李家谷止，延袤三百餘里，憑山據嶺，伐木塹石，分工創脩長城二萬八千一百七十丈，復於山川要害處所，相其高下之宜，創立寨堡，及用石包砌城垣四十二座。不踰年而工成，屹乎華夷之界限，巍乎軍民之保障也。

《〔乾隆〕宣化府志》卷八《城堡志》 府城，《宣化縣志》：即元宣德府城。明洪武二十七年展築，方二十四里有奇，南一關四里。《畿輔通志》：各王命所司展築，高二丈四尺，廣如之，門四。舊有七門：東曰定安；西曰泰新；南曰昌平，曰宣德，曰承安；北曰廣靈，曰高遠。永樂時，止留四門，宣德、承安、高遠三門並窒。正統五年，磚甃。《兩鎮三關志》：都御史羅亨信奏請。城厚四丈五尺，址甃石三層，高二丈八尺，雉堞高七尺，通高三丈五尺。面闊減基之一丈七尺。四門外各環甕城，甕城外又築墻，作門，設釣橋，外又有隍塹。隆慶二年，加修。崇禎六年，築城外四圍土垣。七年，修四甕城樓，製四面垛口。本朝康熙十五年，直隸巡撫金世德疏請重修。三十八年，知縣周德榮補修。四十六年，知縣陳坦詳請重修。雍正十二年，知府呂守曾詳請撥藩庫銀兩，修建四門城樓，添建四角樓，四面垛口、海墁，又續修東、西、北三面坍塌城垣、土牛，西門外月城、石壩。雍正十三年七月二十六日，知縣馮宗洙興工。乾隆元年春，知縣張秉恪接修，於六月二十日完工。乾隆七年，直隸總督高斌題準撥司庫銀兩修西門甕城一段，現在興工。

案《明史・趙彝傳》，洪武二十三年，彝從潁國公征沙漠還，城宣府、萬全、懷來，疑洪武初元舊城已毁。至是趙彝修築。二十七年，又展築之。

《〔光緒〕保定府志》卷三五《工政略一・城池》　城周十二里三百三十步，高三丈五尺，上廣一丈五尺。門四：東曰望瀛，南曰迎薰，西曰瞻岳，北曰拱極。水門四。池深一丈，闊三丈，引一畝泉水注之。舊土城，元大將軍張柔重築。明建文四年，都督孟善以磚石甃甕城，增垛口。隆慶初，知府張烈文、賈淇、章時鸞相繼改修磚城。國朝順治中，知府胡延年重加修葺。雍正七年，知縣徐德泰葺城垣，築四門馬道。《雍正通志》。咸豐三年，總督訥爾經額復修，濬池。同治十年，總督李鴻章重修，一律完整。

《〔乾隆〕順德府志》卷一《建置》　城舊圍九里三十步，厚二丈。《隋圖經》謂石勒所築，號建平大城。豈春秋時齊桓公率曹衛所城，而石勒增之？是未可知矣。沈存中又謂郭進守西山時所築，厚六丈，上可卧牛，俗呼爲卧牛城。又傳城西南有拴牛石，東北有牛尾河，故名。未知孰是。隍深丈許，闊五丈，舊引達活泉水入城，周流街市。舊志：城中有板、石二橋。此其徵也。今水久不通，橋亦湮廢無存。城門舊止二重，天順四年，郡守濟寧楊浩各增甓城二重，起層樓其上，東曰朝陽，西曰阜安，南曰通遠，北曰拱辰。成化二十一年，寶雞林恭復築堞，四隅起樓并箭樓、邏鋪，東、南、北門外復築三石橋。改題門，東曰宏濟，南曰來薰，西曰挹秀，北曰承恩。嘉靖元年，弘農王言重修。三年，通判袁咨濬隍，又深於昔，植柳千株。萬曆十年，嵩縣王守誠始易磚石。石基高丈，磚□三復，厚入七進，高三丈五尺，厚五丈有奇，圍十三里二十丈。樓臺、警鋪逐一改作，視昔倍三之一也。又於四隅、西門共添馬道五。改題南門曰率賓，取合九省而北達京師之義；東曰□齊，以齊有城邢之功；西曰歸安，以邢西有夷儀之遷；北曰鴛水，厥水在北，因以爲名。濬隍，視昔更深且闊，仍於堤上築墻以防剪伐。推官王宣化署府又樹柳，凡數千株。本朝乾隆十五年，知府徐景曾修南北二門，仍以拱辰名北，來薰名南。

《〔正德〕大名府志》卷一《疆域志・城池》　大名府土方城，周九里，高三丈，池深、闊視之。洪武三十四年九月，都指揮吴成營築。有體仁、樂義、崇禮、端智四門。成化八年，知府熊祥建層樓。弘治間，御史韓福、石禄相繼守郡，復增築高厚，至女墻、警鋪、角樓之屬，皆斬新焉。大名縣舊有金屯營土城，元徙縣居焉。國初因之，後漸頹圮。景泰紀元，典史郜容重築。周五里有奇，高二丈有奇。東、西二門：曰崇仁、廣義，皆翼以樓。池深、廣各一丈有奇。教授毛瓚記。又三年，知縣陸彝繼葺。弘治十六年，知縣徐士彬併門樓、角樓新之。

《〔道光〕承德府志》卷二一《古迹》　富峪故城，在平泉州北。明初築富峪城，置守禦千户所，後改置富峪衛。永樂初廢。《欽定熱河志》。富峪城門四，城周九百丈。濠長九百八丈二尺，深一丈三尺。《明太祖實録》。富峪城距行都司一百二十里。《明史・地理志》。

會州故城，會州城門四，城周一千一百二十八丈。濠長一千一百八十九丈二尺，深一丈八尺。《明太祖實録》。青城即新城，西南至會州一百二十里。會州西南至喜峯口二百里。《薊州考》。會州城在大寧衛西南二百四十里，明初置。又二百四十里，即遵化縣之喜峯口也。志云：喜峯口北六十里爲椵木谷砦，又六十里至富民城，松亭關在焉。其相近者曰寬河，自是而東北曰松山，曰會州，各六十里。由會州而東曰東莊，曰富峪驛；又東北至新城大寧，亦各六十里。洪武二十年，馮勝北征納哈，出松亭關，築大寧、寬河、會州、富峪四城是也。建文初，燕王取大寧，還至會州，簡閱將士。宣德二年，兀良哈犯大寧，經會州，將及寬河。時上親歷諸關砦，駐蹕薊州之石門驛，聞之，曰：今出喜峯口，路隘且險，當出其不意擒之。遂北至寬河進戰，兀良哈大敗，誅其渠帥。遂進，次冷嶺，又北至會州，班師是也。《方輿紀要》。會州城在平泉州南二十里，《方輿紀要》與《薊門考》互異計里，北至大寧一百五十里之方位相合。又其東接朝陽縣屬土默特，右翼旗界爲建州地，其南接建昌縣屬喀喇沁，左翼旗界爲利州及和衆縣地，當爲故富庶城。《欽定熱河志》。

白川州故城，在朝陽縣東北六十七里。遼置川州，會同中，詔爲白川州。後省。白川州治咸康縣，並領宏理、宜民二縣。尋省宏理縣。金大定六年，廢州，惟存宜民，以縣屬懿州。二年，復置川州，治宜民縣。泰和四年，又廢州，以縣屬興中府。元復置川州，以宜民縣省入，屬大寧路。明初廢。《武經總要》謂白川州西南至霸州七十里。今土默特右翼旗北一百五里，地名四角坂，有廢城址，東西一百五丈，南北一百六十丈，周不及三里，蒙古名卓索喀喇城。其西南距縣治六十七里，與《武經總要》所記方位正合。城内有遼開泰二年佛頂尊勝陀羅尼石幢，記爲白川州官吏所建，知即遼時故白川州城。

建州故城，在大寧衛東南。唐武德初，嘗置昌樂縣，屬營州。五代初，契丹置建州保静軍於此。漢乾祐初，故晉李太后請於契丹主耶律兀欲，願依漢人城砦之側，給田以耕桑自贍。許之。乃自黄龍府遷於建州南四十里，給地五十頃，令從者耕以自給。《遼志》：州在靈河南，屢遭水患。契丹主隆緒時，又遷於河北，即唐之故崇州城治焉。初曰武寧郡，後曰保静軍。金因之。元亦曰建州城。明初廢。《方輿紀要》。建州故城在朝陽縣西。遼太祖置建州，治永霸縣，州初在淩河之南，聖宗遷於河北。金因之。元以永霸縣省入。明初廢。《元一統志》謂建州東至興中府；西南至利州，西至富庶縣，北至金源縣。今土默特右翼旗西至百七十里，地名黄河灘，有廢城址，東西二百七十丈，南北三百六十丈，周十里有奇，四門，蒙古名喀喇城。城西北有浮圖十七級，周十二丈。其旁又有小浮圖七級，周四丈。其東距縣治爲興中州地，其西南達大城子爲利州地，當爲故建州城。又有荆岸，在建州東。《元一統志》：以建州東有荆水，昔人決岸溉田，故名。《欽定熱河志》。案：《五代史》稱自遼陽行十數日，過義州、霸州，至建州。《北蕃地理志》稱建州東北至霸州九十里，南至渝州五十里，西南至小淩河十里。又胡嶠《陷北記》稱，建州之南爲義州，建州之北則土河，土河之北則契丹中京大定府也。路振《金人疆域圖》稱，建州南至燕京千二百四十五里。皆與今黄河灘之廢城址方位相合。

《〔嘉靖〕河間府志》卷二《建置志・城池》　河間府城池：土城周迴十六里，宋熙寧中，安撫使李肅之城此。城之上爲敵樓、戰屋，凡四千六百間。歲久傾圮，城壁猶存。今城高二丈五尺，城門之上爲敵樓四，角樓四。壘石雉墻之下，池闊五丈，深二丈。宋曾鞏撰《瀛州興造記》：熙寧元年七月甲申，河北地大震，壞城郭屋室，瀛州爲甚。是日再震，民訛言大水且至，驚欲出走。諫議大夫李公肅之爲高陽關路都總管安撫使，知瀛州事，使人分出曉諭，訛言乃止。是日大雨，公私暴露，倉儲庫積無所覆冐。公開示便宜，使有攸處，遂行倉庫經營蓋障。雨止，粟以石數之，至一百三十萬，兵器他物稱是無壞者。初變作，公命授兵警備，訖於既息，人無争偷，里巷安輯。惟北邊自通使契丹，城壁樓櫓禦守之具，寖弛不治，習以爲故。公因災變之後，以興壞起廢爲己任，知民之不可重困也，迺請于朝，力取于旁路之羨卒，費取于備河之餘財，又以錢千萬市木于真定。既集，乃築新城，方十五里，廣平堅壯，率加于舊。凡圮壞之屋，莫不繕理，復其故常。又以其餘力爲南北甬道若干里，人去汙淖，即夷塗。自七月庚子始事，至十月己丑落成。事聞，有詔嘉奬。昔鄭大夫子産救災補敗，得宜當理，史實書之。衛有狄人之難，文公治其城市宫室，合于時制，詩人歌之。今瀛地震之所摧敗，與鄭人火災、衛人寇難無異，公禦備搆築，不失其方，亦由古也。故瀛之士大夫皆欲刻石著公之功，而予之從父兄適與軍政，在公幕府，迺以書來屬。予不得辭，故爲之記，尚俾來世知公之嘗勤于是邦也。

《〔光緒〕昌平州志》卷三《土地記》　州故永安城。明景泰元年，築東、西、南三門，俱重門。甕城内外，各有層樓。周一千四百九十二丈九尺八寸，高二丈一尺。徙長、獻、景三陵衛於内，以護陵寢。三年，并昌平治徙焉。天順三年，天壽山守備廖鏞奏建譙樓於城中。萬曆元年，因陵衛續設益多，於城南復築一城連之。墻減舊城四尺，只有南門。甕城箭樓亦微小，東西南三面共八十四丈五尺。後屢經營造。兩城皆甃以甎。至崇禎九年，兵部侍郎張元佐拆舊城南面甎石，修補東城門樓，城遂合而爲一。周一十里二十四步，池深廣各二丈許。國朝康熙十四年重築。新舊城均高三丈，池深八尺，闊三丈。

《〔光緒〕臨榆縣志》卷一〇《建置・城池》　縣城高四丈一尺，厚二丈，周八里百三十七步四尺。土築甎包。其外門四：東曰鎮東，西曰迎恩，南曰望洋，北曰威遠，俱設重鍵。水門三，居東南、西南、西北三隅，以洩城中積水。明中山王徐達創衛立榆關始建此城。其歷年增修者，嘉靖中，管關兵部主事吕廕、陳綰、孫應元；萬曆中，王邦俊、楊植、員外郎邵可立、副將劉孔尹；國朝乾隆三年，永平府知府梁錫藩；十八年，臨榆縣知縣鍾和梅，二十九年，知縣袁鯤化。道光二十二年，海氛不靖，城久失修，知府彭玉雯詳委知縣陸爲棣勸捐修整，計裏外城牆、城樓、馬道及城河，一律完固，外隍甎城，見方六百二十餘丈；内隍土城，見方三百四十餘丈，各門礮樓四座，築護城隄二段，挖城河一段，共工料銀二萬四千五百五十五兩餘。知府彭捐廉一千兩，知縣陸一千兩，接任知府陳之驥一千兩，勸捐二萬餘兩，不敷一千餘兩，知縣陸捐廉補足。東門建樓高三丈，凡二層，上層廣五丈，下廣六丈，深各半之，有額曰「天下第一關」。

《〔道光〕太原縣志》卷二《城垣》　太原縣城，即古晉陽之南關基也。明洪武八年改爲太原縣。景泰元年，知縣劉敏因舊基始築城。周圍七里，高三丈。濠深一丈。門四：東曰觀瀾，西曰望翠，南曰進賢，北曰奉宣。外城門額：東曰東汾聚秀，西曰西兑金湯，南曰桐蔭晉陽，北曰古原屏翰。正德七年，邑人少師王恭襄公倡議重修，建城樓、角樓，經知縣白晟暨梅寧相繼落成。十四年，公復倡縣令吳方作埤以磚，其崇六尺，廣五丈。嘉靖二十有一年，患寇入境，邑人高汝行、王朝立等勸衆輸財鳩工，更加補葺，外增敵臺三十二座。隆慶二年，知縣王世業增城一丈。萬曆十八年，知縣陳增美舊濠外築女墻，墻外濬濠，闊十丈，深三丈，植柳環岸，西北湧水注東南，城賴以固。崇禎間，知縣朱萬欽與鄉紳李中馥等，勸率士庶捐金，甃城以磚。功未竟。國朝順治五年，知縣郜煥元始克成之。康熙十七年，北城毁，知縣孫閎達重修。二十年，西城毁，孫令又復修築。四十七年，知縣胡鳳翥濬濠植柳，又修城一十五丈。乾隆十五年，知縣梁卿雲修北城數十丈。廿九年，知縣李鳳集修西南城一十八丈五尺，東城六丈五尺。重修魁星閣而鋭其上。三十三年七月初三日夜，大雨如注，風峪水暴發，浪高數丈，怒吼如雷，西郊尹公祠戲樓逐波傾圮，居民廬舍爲之一空，壞西城四十餘丈。越明年，知縣江二儀始爲補葺，七閱月而工乃竣。

《〔光緒〕續太原縣志》卷上《城垣》　太原城垣，自乾隆三十四年知縣江二儀修葺後，迄今又百餘年矣，睥睨樓堞，時有坍陊。同治六年，逆回犯順，十二月，黄河冰偷渡。爲窺伺計，平陽一帶烽火相望，太郡戒嚴。知縣胡祖望盧保障之不足恃也，集紳士籌欵，議重修。惟是咸豐三四年來，潢池弄兵未已，捐貲助饟，民力已殫，一旦興大工，恐力有弗逮，且時當冬令，荒度良難，姑以蘆席作帳房爲巡哨所，女墻低者甎砌之，欹者暫用牮，衆志成城，居民恃以無恐。越明年春，開局勸捐，捐生咸踴躍，得銀一萬二千餘兩。知縣胡下令曰：毋侵冒，毋退縮，出納必登簿。勤稽核，毋假胥吏手。監工督役，自備乾餱。局中無薪水，免浮費。天雖寒，赴工所宜早，毋作輟廢乃事。衆咸應曰：諾。庀材鳩工，土木大作。無何，胡調任去。署縣魏象乾巡城周視，甎朽者易之，隍夷者浚之，言言仡仡，實堅實崇，而功乃大備。經始於同治七年三月，告成於光緒元年四月。重修四城垛墻，長八百五十四丈，高四尺五寸。補築東南馬道九十一丈，西南馬道八十七丈，北馬道三十二丈，東馬道七十丈，南馬道一百二十丈。重修北城外墻，長三十一丈，高三丈一尺，俱包以甎。補東門石砼一層。補修四城門扉一十六頁，俱裹以鐵。補修四城外城基二十丈。重建四角礮樓四座，共計二十四間，高一丈五尺，深一丈七尺，闊二十八丈八尺。補修城樓四座。補修外城甎墻殘缺者，俱用磁灰嵌而堅之。共用銀一萬二千七十五兩七錢一釐。

《〔道光〕大同縣志》卷五《營建・城池》　明洪武五年，大將軍徐達因舊土城增築。周十三里，高四丈二尺，址砌以石，墻甃以甎。門四：東曰和陽，南曰永泰，西曰清遠，北曰武定。門各建樓，角樓四，望樓五十有四，窩鋪九十有六。西半屬大同前衛，東半屬大同後衛。西北角樓較益雄壯，匾曰「乾樓」。景泰間，巡撫年富於城北築小城，周六里，高三丈八尺。東、南、北門凡三：東曰長春，南曰大夏，北曰元冬。天順間，巡撫韓雍續築東小城、南小城各周五里，池深一丈五尺。東小城門凡三，南小城門凡四。嘉靖三十九年，巡撫李文進加高南小城八尺。隆慶間，巡撫劉應箕增高一丈，增厚八尺，石砌甎包，建門樓四。萬曆二十年，南小城北門樓改建文昌閣。二十八年，總兵郭琥甎甃女墻。三十年，巡撫房守士重修。國朝順治五年，移鎮陽和，大同廢，不立官。六年，議移府治於陽和，移縣治於西安。八年，總督佟養量，巡按薛陳偉合疏，陳請復還大同。嗣是隨時補治。乾隆十二年，知縣謝廷俞詳請重修大城、南小城、北小城。二十八年，知縣宋乾金詳請重修南關城門、弔橋、基址，大城女墻、西門馬道、弔橋、南門、西門。二十九年，重修北門城樓。三十九年，知縣吳麟重修八角樓，即乾樓。洪字樓，在乾樓東。南門城樓、東門、南門、北門、甕城。現今城垣上存角樓四，望樓十，城樓二十有一，窩鋪八。

大同府大同縣爲通詳修理城垣事。竊查卑縣城垣建自何時，無案可稽。撿查舊卷，有乾隆五十一年及五十七年，前縣程令并孫令各任内，請修小東門門洞、大城裡面週圍女墻暨東南門甕城等工。迄今四十餘載，並未請修。遇有小工，雖經前任暨卑職及時捐辦，無奈歷年久遠，墻根臌裂，磚石虧爛。而本年秋雨過大，致將大城裡外二面并週圍女墻土胎，以及東關草廠城、甕城等處，多有臌裂坍塌。卑職親詣查勘，四面大城羅城共塌三十八段，湊長二百二十七丈餘。大城裡面週圍女墻共塌落一百一十段，湊長一千一百二十餘丈。週圍土胎共塌三十二段，計長一百二十七丈餘。東關係土城，緊靠玉河，被北來山水將東北角沖塌三十七丈餘。南面塌落土墻二段，計長六十三丈餘。南關磚城週圍塌落四段，共計長六十三丈餘。

垜口塌落三十一丈。東小門門洞塌落。草廠城週圍塌落五段，共計長七十八丈。女墻塌落一千一百丈，週圍根脚護城臺塌落五十九丈。若不亟時修理，勢必坍塌愈甚，將來修築需費更多。且卑縣北臨口外，地逼邊墻，不特三關之藩籬，且爲全晉之保障，形勢最爲險要，非雁門以内各州縣城墻可比。必須詳請興修，以資捍衛。惟工程浩大，卑職未敢擅便，擬合具文詳請。

《〔乾隆〕潞安府志》卷五《城池》　隋置上黨縣。西北有子城，傳爲隋創，大城應亦隋建。門四，上各有樓：東曰潞陽，南曰德化，西曰威遠，北曰保寧。西北隅樓二，曰看花，曰梳洗；而看花尤高。相傳唐明皇爲别駕時，常游覽焉。西南有長子樓，舊有門，通長子縣。稍東有八義樓，舊有門，通八義鎮。明洪武間，指揮張懷甎甃四門，各建小月城，築敵臺八。嘉靖七年，知州周昊請發公帑，甃以甎石，四面興役，三時告成。計周二十四里，高三丈五尺，厚二丈。增修城樓，置敵臺三十七，窩舖一百二十一。隆慶時，知縣熊鎡修濬城隍，四周俱疏掘及泉，深四丈，闊如之。國朝順治九年，西門樓燬於火。知縣王功成重修。康熙九年，霪雨，垣圮。知縣姜愃加修。乾隆三十一年，因墻垣垜口傾頹，知府張淑渠詳請動帑重修，奉委長子知縣李翔鱗修四門城瓮並四外磚城；長治知縣吴名琅修城内土胎、垜口、海墁、馬道并城樓角樓十五座。于乾隆三十二年工竣。城濠歲久淤壅，丁亥八月，長治知縣馮埏鳩工浚濠，周三千一百九十七丈，桃闊二丈，深如之，次年二月工竣。現在西南城濠經年有水，壯麗完固，屹然保障矣。

《〔雍正〕澤州府志》卷一六《營建》　唐貞觀初築。明洪武間，千户吴材脩。十四年，張規甎甃。弘治、正德間，知州吴必顯、趙錦相繼脩葺。周九里三十步，高三丈五尺。池深二丈。東、西、南三門。隆慶四年，知州顧顯仁增築敵臺二十三，創敵樓二十三，北城樓一座。重脩角樓四，東、西、南城樓各二，上列女墻，覆砌甎。孟雷記。萬曆三十三年，知州賀盛瑞重脩。崇禎十二年，知州張天維復脩。國朝康熙間，知州景文魁脩。乙亥地震，樓堞圮毁。四十四年，知州陶自悦重脩，補築城上女墻。五十八年，知州佟國瓏倡捐，加脩正樓七，角樓四，奎樓一，敵樓二十三，月城三面，馬道三條，女墻攔馬，周城九里三十步。并疏濬城壕，甃城中石街東西三百丈，南北三百丈。里人王廷揚記。

《〔雍正〕朔平府志》卷四《建置志・城池》　明洪武二十五年初，設定邊衛築城，未幾衛省。永樂七年，復設大同右衛，築完。正統間，以邊外玉林衛内徙，附入爲右玉林衛。嘉靖四十五年重修。萬曆三年，磚包，周九里八分，高連女墻四丈二尺，闊三丈五尺。國朝康熙年間，兩次重修。雍正三年，省右衛，置朔平府，右玉縣附郭。七、八、九三年重修。内土外磚，墻垣四門樓，三角樓，西南角缺。敵臺二十八，垜口五百六十四，守鋪八。門四：東和陽，南永寧，西武定，北鎮朔。門外各有月城。西月城近河新修。南有關廂。南、北、東門外有八旗營房。城内駐劄將軍、都統、府縣參守等官，及鑲黄、正黄兩旗官兵，爲關外重地。

《〔光緒〕遼州志》卷二上《城池》　古遼陽城在今城之北，相傳爲帝顓頊之子祝融所建。唐武德三年，因淇河逼近，移建於兹。元院判賀宗直重築。明景泰中知州黄鉞，成化中知州王鉞、胡源，同知李朝，正德中知州楊惠，代有修葺。周圍四里三十步，高三丈，厚約一丈八尺。濠深八尺，闊三丈。門有三：東曰永清，南曰陽和，西曰長樂。門樓三座。嘉靖甲子，知州康清因望氣者言城以北爲主，北無門，因無樓，主勢弱。乃幫築敵臺，創建城樓一座。隆慶元年，知州趙雲程增築，高計三丈七尺，厚二丈。敵臺二十五座。濠設内外重墻。四面城樓，各扁其上：東曰「東接大行，青陽發育」；南曰「南帶漳水，昭德文明」；西曰「西鎖晉疆，金德歸城」；北曰「北拱神京，元功歛肅」。崇禎癸未，冀甯道畢拱辰濬濠池，設女墻，規模視昔稱雄矣。國朝康熙二十三年，漳水漂没城垣西南約半里許。知州宋德芳、楊天錫、王景亮屢加補葺，隨築隨衝，卒無成功。知州沈紹祖築城六十餘丈，雉堞二百垜。雖舊址未復，聊爲完城。若濬漳河以防漂衝，誠今日之急務也。雍正十年，知州徐三俊據合郡呈詞，詳請陸續捐修，以備不虞。道光二十九年，知州祥麟補修城垣城門，並修四城樓。歷久，爲風雨剥損，坍塌大缺口二處，小缺口十數處，出入可不由門。光緒五年，知州陳棟藉工代賑，補築東南城垣十餘丈，西南城垣十餘丈。又於周圍之缺者咸加補葺，比前較爲完密。嗣後隨加修補，深有厚望焉。

《〔雍正〕朔州志》卷四《建置志・城池》　州城，即古馬邑城址。建置詳《沿革志》。古城舊基九里十三步。元至正末，右丞相孛羅帖木耳駐兵大同，使其將姚樞副守朔州。以兵少城闊，省去西北，築東南一隅以便備守。未完，孛羅帖木耳入朝，姚樞副棄城從之。明洪武三年，鄖陽侯指揮鄭遇春奉勅開設朔州衛，依姚樞副所築舊址修完，甎劵四門。二十年，指揮薛壽甎包城，高三丈六尺，堞高六尺，共四丈二尺。頂闊四丈，脚闊八丈，周圍一千二百丈，堞口三千一百三十五。池深三丈五尺，闊一十二丈，周圍一千六百八十丈。甕城四座，各周圍一百三十八丈。敵樓一十二座，門樓四座，角樓四座，舖樓二十四座，烟墩四座。門四：東曰文德，西曰武定，南曰承恩，北曰鎮塞。外連弔橋，各樹危樓。萬曆十三年，守道李釆菲、知州張守訓重修。三十四年，守道徐準、通判郭如松濬池，池以内築護城墻，以外築馬駿墻，屹然稱金湯焉。崇禎二年，南樓圮。五年，西城崩十餘丈。守道竇可進，通判萬代新，知州翁應□，守備計應課、□國祚，重修。國初順治六年，姜瓖逆黨嬰城而守，大兵攻破後，雖修補，非前□矣。内駐□知州吏目都□等官。

《〔光緒〕忻州志》卷九《城池》 州城始築於後漢末，西跨九原。後魏肅宗熙平二年九月，又城肆州所治九原。唐宋因而新之。周九里二十步，城高二丈五尺，池深一丈七尺。明洪武三年，知州鍾友諒重修。嘉靖十六年，知州李用中加修。二十八年，周夢綵濬隍治垣，增設敵臺。復以積雨，城圮十之六七。倡議捐修，躬親督視，衆力丕作，旬日而大壞者完，浹辰而半頹者葺，增卑繕陋，逾月訖工。萬曆二十四年，巡撫魏公允貞捐課金以甃磚石，檄委太原府同知賈一敬、知州張堯行董其事。經始於四月，訖工於二十六年十月。磚厚七重，石基八尺，高四丈二尺，周二千一百九十丈有奇。隍三重，深二丈，闊丈餘。四門：東迎暉，更名永豐；南康阜，更名景賢；西留映，更名新興；北鎮遠，更名拱辰。宗伯余繼登記。東北角隍三重蹟存，餘止一重。南、北門外皆有關廂築郛。

《〔乾隆〕寧武府志》卷三《城池》 寧武府城，縣倚郭。築于成化二年。初爲關城，巡撫都御史李侃請即古寧化軍口置關，設都指揮領車守備。乃以是年丁亥三月始事，明年四月城訖，以總兵鎮之，遂爲鎮城。城北踞華蓋山，因其高而俯其東、南、西三面。周四里許，基五丈，面廣半之，高三丈有奇，門其東、西、南三面而閉其北。東門曰仁勝，西曰人和，南曰迎薰。上建重樓。〔弘〕治十一年，巡撫魏紳拓廣之，周七里一百二十步，增埤五尺。加闢北門，亦建飛樓于上，名之曰鎮朔。城狹于南北，長于東西，其形科橢，望之若敷巾幅然，然皆土築。萬〔曆〕元年，巡撫趙某議包以石，益加增高，連女墻四丈二尺。然未果行。至三十四年，寧武道郭光復始甃以磚，又築東、西關城，皆磚甃，共長一千七十餘丈，高三丈五尺。西關門曰永寧，其南出者曰阜財。東關門曰久安，其南出者曰解慍。下有塹。先是，萬〔曆〕二年，寧武守備某築護城墩于城北山上，方廣二十八丈，高二丈爲基，基上爲臺。臺上爲樓三重，樓外列堞二十四，登之可眺百里。臺下周以磚墻，直一丈，環廣四十丈，墻上列垛四十，屹然與城表裡。巡撫魏允貞所使也。今樓垛已廢。一國朝置府城，因其舊寧武營在焉。乾隆六年，東關門樓圮，知府魏元樞重葺之，顏曰「望華」，並修南北二角樓。城南接鳳凰山，寧武人又呼爲鳳城。

《〔乾隆〕蒲州府志》卷四《城池》 郡城舊爲州城。《平陽府志》謂即虞都舊城，《通志》因之。蓋傳説之誤，而未嘗考其始築在元魏之世。魏置河東郡，治蒲阪，又改秦州行臺在焉。周、隋因之。至唐爲河中節度軍使鎮城，安禄山將崔乾祐及李懷光所據，郭子儀所取，馬燧、渾瑊所攻，並是此城。五代漢李守貞反，河中使郭威討之。威曰：城臨大河，樓堞完固，未可易尅。千載已遠，形勢猶是。舊城所築，其周幾二十里。金哀宗正大八年，元兵攻河中府。金將草火訛可以兵少力不能守，乃截其半爲内城以守，周八里三百四十九步，則今城是矣。或以城爲李守貞反時所斷，非也。自訛可時城多殘破，元代葺之。元至正十年，宣慰使賽因赤答忽懷遠與守禦宣撫同知危國英增修。明洪武四年，千户張蓋重築，用甎裹堞，城高三丈八尺，堞高七尺。門四：東曰迎熙，南曰首陽，西曰蒲津，北曰振威。上各建樓一，樓皆三重，觀甚壯。其樓東曰景虞，西曰鳳儀，南曰卿雲，北曰鑑光。又設角樓四，敵臺七，土庫五，窩舖五十七。門外各建月城，西臨黄河，東、南、北三面，池深一丈五尺，闊十丈，環六里四十五步。嘉靖三十四年，地震，城壞。河東道趙祖元、知州邊像重修。隆慶元年，河東道歐陽穀、知州宋訓復加甎甓。至康熙元年癸卯，知州侯康民重修。賽因赤答忽懷遠之修也，鍾廸爲之記。邊像之修也，尚書盧申爲之記，而康民則自爲記，舊志皆載之。

《〔雍正〕平陽府志》卷七《城池》 昔傳魏王豹建。唐武德元年，移治白馬城。貞觀十二年，又移治於平陽古城。後徙今治。明洪武初，因舊城重築。景泰初修。周十一里二百二十八步，高四丈五尺，外包以甎。池深二丈五尺。門四：東曰武定，西曰和義，南曰明德，北曰鎮朔。外各建月城，上各建樓。角樓四座，敵臺八座，窩舖九十七座。國朝康熙三十四年，地震，盡塌。奉旨發内帑，命工部員外郎倭倫、平陽府知府王□□築，共一千五百八十四垛。四十六年，南門外西角墻圮。知府劉棨倡屬捐俸重修。

東關城正德七年，同知李滄築。周一千二百六十四丈，高二丈五尺，上廣九尺，下基二丈。敵臺八座，正門、小門七座。嘉靖二十一年，知府聶豹稍重修之，邑人王瑞董其事。隆慶二年，知府毛自道重修，王瑞子、舉人王嘉禮董其事。增高爲三丈二尺，上廣一丈八尺，下基三丈，外包以磚。正門、小門、樓臺俱增高廣，添角樓臺四□，敵臺爲一十七座。國朝康熙三十四年，地□邑紳王名轂買鎔、蔣□統倡首，捐貲重築。

《（乾隆）汾州府志》卷五《城池》　府城，故汾州城也。元至正十二年，知州朱賨重築。周九里十三步，崇三丈二尺，門四，濠深廣不一。明景泰二年修。嘉靖十九年，以東門外居民殷衆，知州張瑄築東郭堡，周九里，崇三丈，門六。二十一年，復築南郭堡，知州曹寵竟其事。周五里十三步，崇三丈，門四。隆慶三年，知州寧策修城，增其高厚，崇凡四丈八尺，下厚四丈二尺，上厚丈八尺。又築北郭堡，周二里有奇，崇三丈二尺，門四。五年，始甓城。萬曆六年，知州張一敬甓東郭堡。十二年，知州白夏築西郭堡，周三里，崇二丈五尺，門四。堡皆如城之制。國朝乾隆十七年，汾陽縣民賈誠等十六人捐資繕北城，三十七丈五尺有奇，知縣陶敦仁督修完固。

《城邑考》云：汾州舊城，世傳曹魏所築。舊志云：俗名四陽城，言日四面照也。又名祝融城者，亦此義。案：《水經》：原公水出茲氏縣西羊頭山東，過其縣北。酈道元注云：縣故秦置也。《魏書・地形志》「西河郡」下云：治茲氏城，自秦漢至北魏。所謂茲氏城者，在今府治南十五里。然則謂今城創自三國魏，不審信也。北魏孝昌二年，西河郡僑置平陽界，而汾州尋移治西河，未知即治茲氏城與否。至唐宋之汾州，考之實爲今府治。更不詳北徙十五里其城築自何年，要在北魏以後矣。

遼寧

《（乾隆）盛京通志》卷二九《城池一・撫西城》　城東八十里，舊名撫順城。明洪武二十一年設千户所，亦曰撫順關。其城週圍一里七百三十六步，池深一丈，闊二丈。門一。今則週圍三里，東、南、北三門。蓋明初爲千户所，復改爲鎮城時重修也。本朝康熙二十九年，設章京駐防。乾隆四十三年，奉旨重修。四十八年，有《御製撫順城詩》，恭載天章門。

《（乾隆）盛京通志》卷二九《城池一・遼陽州》　州城即明遼東都司城也。洪武五年，都指揮馬雲、葉旺因元遺址修築。週圍十六里有奇，門六。十六年，都指揮潘敬展築東城，迤北又築土城。永樂十四年，都指揮王真復改築北城。南北一里，東西四里，門二。合之共週圍二十四里二百八十五步，高三丈三尺，池深一丈五尺。門九：南二，西一，東二，東北一，外東、西、北各一。乾隆四十三年，奉旨估勘舊址重修。

《（乾隆）盛京通志》卷二九《城池一・海城縣》　縣城即明海州衛，舊係土城。明洪武九年，指揮劉成等甃築。週圍六里五十三步有奇，高三丈四尺。門四：東曰鎮武，南曰廣威，西曰臨清，北曰來遠。池深一丈一尺，廣三丈五尺。後城毀池淤。本朝天命八年，即舊城東南隅建新城。週圍二里一百七十六步，增建一門。縣治仍設於舊城内。乾隆四十三年，奉旨重修。

《（乾隆）盛京通志》卷二九《城池一・蓋平縣》　縣城即明蓋州衛城也。洪武五年，指揮吴玉因舊土城修築。九年，展拓南面，甃築。週圍七里三步，高一丈五尺。門三：東曰順清，南曰廣恩，西曰寧海。鐘鼓樓在城中衢。池深一丈五尺，廣一丈八尺。乾隆四十三年，奉旨重修。

《（乾隆）盛京通志》卷二九《城池一・開原縣》　縣城本元開元路地。明洪武二十二年設三萬衛，二十五年設遼海衛，因舊土城之東甃築。週圍十三里二十步，高三丈五尺。門四：東曰陽和，西曰慶雲，南曰迎恩，北曰安遠。角樓四。鼓樓在中街。池深一丈，廣四丈。乾隆四十三年，奉旨重修。

《（乾隆）盛京通志》卷二九《城池一・寧海縣》　縣城即明金州衛城也，舊係土城。明洪武四年，指揮馬雲、葉旺增築。十年，指揮韋富甃築。週圍五里二百十六步，高三丈五尺。門四：東曰春和，南曰承恩，西曰寧海，北曰永安。池深一丈七尺，廣六丈五尺。本朝初隸蓋平縣，雍正十二年設寧海縣。乾隆四十三年，奉旨重修。

《（乾隆）盛京通志》卷二九《城池一・鳳凰城》　城築於明成化十七年，因朝鮮使臣還國，道經鳳凰山下，遇掠，奏乞於舊路南别開一路，以便往還，遂築此城，設官兵，爲邊關要地。週圍三里八十步，南一門。本朝設城守章京駐防。乾隆四十一年，復設岫巖城通判兼轄，並設巡檢司駐防。

《（乾隆）盛京通志》卷三〇《城池二・錦州府》　府城即明廣寧中左二屯衛城也。遼置錦州，金、元因之。明洪武二十四年，指揮曹奉即舊城址修築。週圍五里三百二十步，高二丈五尺。成化十二年，都指揮王鍇增展南北四十五丈，東西九十五丈。弘治十七年，參將胡忠併築南關，週圍六里二十三步，形勢若盤，俗謂之盤城。門四：東曰寧遠，南曰永安，西曰廣順，北曰鎮北。鐘鼓樓在中街。池週圍七里五百七十三步，闊三丈五尺，深一丈二尺。今城仍舊，週圍五里一百二十步。東有關廂小城相附，舊載三里一百六十步，高一丈五尺。門三：曰小東門、小南門、小北門。其增築之年無考，今按城基週圍二里。乾隆四十三年奉旨重修。

《〔康熙〕寧遠州志》卷二《城池》　城本廣寧前屯、中屯二衛地，明宣德三年，總兵巫凱請建寧遠衛，於此築城。週圍五里一百九十六步，高三丈。池週圍七里八步，深一丈五尺。門四：東曰春和，南曰延暉，西曰永寧，北曰威遠。外城週圍九里一百二十四步，高如內城。明季增築門四：東曰遠安，南曰水清，西曰迎恩，北曰大定。四角俱設層樓。今按：內城週圍五里一百九十步，外城週圍九里一百二十四步，城樓俱頹。

《〔乾隆〕盛京通志》卷三〇《城池二・寧遠縣》　縣城即明廣寧中、左、右三衛地。金時置廣寧府，元爲廣寧路。明洪武間，指揮王雄因舊址修築，都督劉真甃砌。永樂間，總兵劉江增展東南關。弘治間，備禦胡忠展西隅。正德間，備禦李溱展南關，週圍五百四十六丈，池深一丈五尺，廣二丈，週圍十一里四十五步。後展新城週圍十七里，門六：東曰永安，南曰迎恩，西曰拱鎮，北曰靖遠，東南曰泰安。其西南一門土塞。角樓四座：西曰瞻秀，北曰鎮朔，東南曰柔遠，西南曰望京。鐘樓在大市東街，鼓樓在大市北街。嘉靖丁酉，都御史任洛、總兵馬永重修。今按：城週圍十里二百八十步，高三丈五尺，厚一丈五尺。南關廂三面週圍三里二百二十步，門三：東曰宣化，南曰迎恩，西曰振武。內城與關廂共十四里二百四十步。乾隆四十三年，奉旨重修。

《〔乾隆〕盛京通志》卷三〇《城池二・義州》　州城本明義州及廣寧、後屯二衛地。遼時爲宜州崇義軍，金改義州，統弘政、開義、同昌三縣。元因之，明改衛。洪武二十二年，指揮何浩仍舊修築。永樂、宣德間，都指揮楚勇甃砌。週圍九里十步，高三丈。門四：東曰熙春，南曰永清，西曰慶豐，北曰安泰。池深一丈五尺，廣三丈八尺，週圍九里一百六十六步。本朝初屬廣寧。康熙十六年，陸續修葺，置城守及巡檢司。雍正十二年，設義州。乾隆四十三年，奉旨重修。

楊賓《柳邊紀略》卷一　山海關，唐太宗時築城五，所謂五花城是也。元時爲遷民鎮。明洪武十四年，大將軍徐公達建山海關城堡一座，周九里，高三丈五尺。又建山海衛，領所八，設指揮十三員，千户十九員，百户二十三員，鎮撫二員，經歷一員。宣德九年，置守關兵部分司，設主事一員。嘉靖四年，設巡關御史一員。隆慶二年，裁革。三年，建山海關營，屬薊鎮。設參將一員，領中軍一員，千把總五員，額兵一千四百一名，尖哨三十名，夜不收三十名，額馬騾二百匹頭。關外即屬遼鎮，設二十五衛。則此關固東北一咽喉也，額曰「天下第一關」。

船廠即小吴喇。南臨混同江，東、西、北三面舊有木城，北二百八十九步，東、西各二百五十步，東、西、北各一門。城外鑿池，池外築土墻，週七里一百八十步，東、西門各一，北門二。康熙十二年建造。今皆圮，惟東、西、北三木樓在耳。康熙十五年春，移寧古塔將軍鎮之。中土流人千餘家，西關百貨湊集，旗亭戲館，無一不有，亦邊外一都會也。

船廠設於順治十八年，昂邦章京薩兒吴代造船於此，所以征俄羅斯也。而鄞縣萬季野以爲即明永樂間船廠。永樂間，發匠卒數千造船，將以開邊。未幾，成祖崩，仁祖即位，罷歸。宣德時又造，宣宗崩，乃終罷。余初未以爲然，既而至寧古塔，聞前省中陳敬尹曰：吾初至小吴喇，尚無造船之命。而穿井輒得敗船板乃銹鐵釘，又井水或鐵臭，季野之言乃信。

吴喇國舊城，人號大吴喇，以今之船廠亦名吴喇故也。週十五里，四門。內有小城，週二里，東西各一門，中有土臺。城臨江，江邊有菴曰保寧。

吉林

《〔乾隆〕盛京通志》卷三一《城池三・吉林》　城在奉天府東北八百餘里，舊名船廠城。康熙十二年，副都統安珠瑚監築南臨松花江東、西、北三面，豎松木爲墻。高八尺。北面二百八十九步，東、西二面各二百五十步。每面一門。城外週圍有池，外有土墻爲邊，邊墻東西亦依河岸。週圍七里一百八十步。雍正五年，於境內增設永吉州。乾隆十二年，奉裁改設理事同知。今存土城，西仍一門，東與北各二門。

《〔道光〕吉林外記》卷二《城池》　吉林城，東、西、北三面築土爲墻，共一千四百五十一丈，基寬五尺，頂寬二尺五寸，高一丈。南面倚江，無墻。西一門；東二門：偏北曰大東門，偏南曰小東門；北二門：偏西曰大北門，偏東曰巴爾虎門。康熙十二年，兵力修建。乾隆七年，改爲官修。城內五街：由將軍公署通大東門曰河南街，通小東門曰糧米行街，通大北門曰北街，通西門曰西街、大西街。每街由吉林廳挑放鄉地各一，專管呈報軍民命盜事件。街道俱用木板鋪墊；按左右翼適中地界，均有各旗堆撥輪派官兵防守稽察。鋪商惟北街、西街最盛。

《〔乾隆〕盛京通志》卷三一《城池三・寧古塔》　城在吉林東南五百四十餘里瑚爾哈河北岸，植松木爲墻，中實以土。高二丈餘，週圍一里半，東、西、南三門。城外邊墻週圍十里，門四，南瀕瑚爾哈河。本朝康熙五年，自舊城遷此，將軍巴海監造。十五年，將軍移駐吉林，設副都統鎮守。雍正五年，置泰寧縣治於此。七年，裁泰寧縣，仍歸副都統專鎮。

舊寧古塔城：城西北五十里海蘭河南，石城，高一丈餘，週圍一里，東西二門。城外邊墻週圍五里餘，門四。國初時一等子武巴海巴圖魯監造，今設汛焉。

《〔道光〕吉林外記》卷二《城池》 寧古塔城，四圍土坯砌城，內外細泥圬飾，方五百八十五丈。基寬二尺，頂寬一尺八寸，高六尺五寸。東、西、南各一門，北無城門。康熙五年，兵力修建。乾隆四十二年，改爲官修。城內無市廛，居民、鋪商俱在東、西、南門外，惟東門外尤爲叢集，居民俱在南門半里許沿江一帶。

寧古塔所屬之琿春無城。

《〔道光〕吉林外記》卷九《古蹟》 寧古塔，金上京宮殿。《大金國志》：國初，城郭散居，呼曰皇帝寨，國相寨，太子莊。後昇曰會寧府，建爲上京。其遼之上京改作北京，城邑宮室無異中原，州縣廨宇制度草刱。又云：皇統六年春三月，上以上京會寧舊內太狹，役五路工匠撤而新之，規模悉倣汴京。

楊賓《柳邊紀略》卷一 寧古塔四面皆山，虎兒哈河繞其前。木城週二里半，東、西、南各一門。外爲土城，土城本週十里，四面有門，今皆圮，惟臨河西南面壁立耳。公衙門及梅勒章京居在木城內，餘官兵及民皆散住東西南土城內，合計不過四三百家。屋皆東南向，立破木爲墻，《金志》：以木爲墻壁。覆以莎草，厚二尺許。草根當簷際若斬，綯大索牽其上，更壓以木，蔽風雨，出瓦上，開户多東南。《金志》：獨開東南一扉。土炕高尺五寸，週南西北三面，空其東，就南北炕頭作竈。上下、男女各據炕一面，《金志》：穿土爲床，煴火其下，而寢食起居其上。夜臥南爲尊，西次之，北爲卑。曉起則疊被褥置一隅，覆以氈，或青布。客至，共坐其中，不相避。西南窻皆如炕大，糊高麗紙，寒閉暑開。兩廂爲碾房，爲倉房，滿語曰哈勢。爲樓房。用貯食物。四面立木若城，名曰障子。而以栅爲門，《金志》：聯木爲栅。或編樺枝，或以橫木。廬舍規模無貴賤皆然，惟有力者大而整耳。

《〔道光〕吉林外記》卷二《城池》 伯都訥城，四圍土坯砌墻，兩面細泥圬飾，方一千三百五十丈。基寬三尺五寸，頂寬二尺五寸，高八尺。東、西、南、北各一門。康熙三十二年，兵力修建。乾隆三十九年，改爲官修。城內鋪商均在南街，北街無市，東即星散，西尤蕭疎。

伯都訥所屬之孤榆樹無城。

三姓城，四圍築土爲墻，方一千二十六丈。基寬五尺，頂寬二尺五寸，高七尺。東、西、南、北各一門。康熙五十四年，兵力修建。乾隆十七年，改爲官修。城內無街市，惟西門外街市甚盛。

阿勒楚哈城，四圍板墻，方七百四十五丈。乾隆四十八年，改爲土墻，基寬三尺，頂寬一尺六寸，高七尺。東、西、南、北各一門。雍正七年，兵力修建。乾隆三十五年，改爲官修。城內無街市，惟西門外商賈輻輳。街道俱係石板鋪墊，近亦傾圮，不便行旅。

城南二里許，有金顯祖建都故城，俗稱白城。有謂爲五國城者，誤。方四十里，高丈餘。城壕深六尺許，東、西、南、北各一門，內有小城及宮殿舊址。該處居民嘗挖得金玉硐磁諸器及古銅錢，現在猶有在之者。該處仕宦住宅腳石及鋪街石板，凡有雕花文者，俱由此城攜去。今過此地，滿城稼穡，一望荒涼。城西門外二里許，有土崗一座，高丈餘，相傳爲當時點將臺云。

雙城堡城基方丈，城壕挖竣，尚未修城。

烏拉城，築土爲墻，週圍八里。基寬三尺，高八尺。東、西、南、北各一門。康熙四十二年建。城內無市廛，惟西門外有向西及南北街市，商賈輻輳。

黑龍江

《〔乾隆〕盛京通志》卷三二《城池四・齊齊哈爾》 城在奉天府東北一千八百餘里，亦曰奇察哈哩。內城植松木爲墻，中實以土。高一丈八尺，週圍一千三十步。門四。城外有郭，用土坯包砌，週圍十里，東、南、北各一門，西二門。環城有重濠，廣一丈五尺。本嫩江南宿伯克依莊地。本朝康熙三十年，副都統瑪布岱監築。三十八年，移黑龍江將軍駐此。乾隆四十五年，奉旨重修。

《〔嘉慶〕黑龍江外記》卷二 齊齊哈爾內城排木爲重垣，實以土，具（雖）〔雉〕堞之觀，四門皆有樓櫓，方一千三十步，崇丈八尺。外郭因沙阜高下，甃以土垈，方十里。東、南、北各一門，西二之有大、小西門之稱。康熙三十一年築。

《〔光緒〕黑龍江述略》卷二 齊齊哈爾本舊站名，距今城十五里。站移今城，名亦因之。一名卜魁。康熙二十八年，設副都統同鎮。三十二年，將軍由墨爾根城奏准移此，定爲黑龍江省，與副都統同鎮守。而呼倫貝爾、布特哈、呼蘭、墨爾根、黑龍江諸城隸焉。內木城建於康熙三十年，外包土城，周十里有餘。分四門出入，門各有樓。光緒十三年，改建內磚城，如內省制。

《〔乾隆〕盛京通志》卷三二《城池四・墨爾根》　城在齊齊哈爾北四百三十五里。内城植松木爲墻，中實以土。高一丈八尺，週圍一千三十步。門四。四隅皆有角樓。城外有郭，土砌。週圍十里，東、西、南各一門，北二門。本朝康熙二十五年，奉天副都統寶鼎監築。二十九年，移黑龍江將軍駐此。三十八年，將軍移駐齊齊哈爾。四十九年，設副都統等官駐防。乾隆八年，奉旨重修。

《〔嘉慶〕黑龍江外記》卷二　墨爾根内城四隅亦有樓櫓，餘與齊齊哈爾同。外郭築土爲之，方十里。五門，而二居北。康熙二十五年築。

《〔乾隆〕盛京通志》卷三二《城池四・黑龍江》　城在齊齊哈爾東北八百餘里。内城植松木爲墻，中實以土。高一丈八尺，週圍一千三十步。門四。西、南、北三面植木爲郭。南一門，西、北各二門。東面臨江，週圍十里。本朝康熙二十三年，將軍薩布蘇監築，設將軍副都統鎮守。後將軍移駐墨爾根，裁副都統。雍正八年，復設副都統鎮守。乾隆八年，奉旨重修。

《〔宣統〕呼蘭府志》卷一《地理略》　呼蘭府城在府境偏南，北距邊九十里，東、西各百里，南距松花江四十五里。呼蘭河北岸。東西兩面皆平原，西面距河二三里不等。城之中央爲十字式大街，南北大街長五里又二分里之一，東西大街西端，宣統三年知府王順存劃正。長五里三分。南北牌樓各一，在南北大街。官署俱在東城，商場在十字大街。府無城，有濠有隄。濠寬八尺，深一尺。堤在濠之裏，方高八九尺。俱光緒二十六年防俄兵侵軼而設。濠緣隄身環府三面，形如覆鐘，通一千一百二十五丈。愈南愈張，其南兩端距河岸各百十丈。濠内地積十三方里又十分方里之六。

《〔宣統〕呼蘭府志》卷一《地理略・古蹟》　穆昆城在府東宮家溝西二十里，《水道提綱》作木兒昆城。城之南爲後官屯，其北爲宮家溝屯，南北袤三百二十步。一門南向。金制：百夫長謂之穆昆。金世宗時，以胡剌渾水即呼蘭河，詳見《河川門》。地廣而腴，遷率賓胡里改，各明安、穆昆以實之。穆兒昆城當爲穆昆城，實金時舊蹟也。府境古城皆以土爲垣，無用磚者。

《〔宣統〕呼蘭府志》卷一《地理略・古蹟》　巴彦州城在州境偏南，東距邊三十里，西距邊四十里，南距松花江三十里，北至濠河百三十里。烏裊河之北。州城正方形，以土爲垣。凡七門：南門曰明覆；偏於左方。東二門，北興仁，南得勝；西二門，北阜財，南德化；北二門，左文治，右厚載。城内大街從横各二，如井字式；小街亦從衡有序，不相淩雜。官署在南街，商場在大街。城基南北袤四里三分，東西寬五里三分。北、西、南三面，以烏裊河爲濠。

《〔宣統〕呼蘭府志》卷一《地理略・古蹟》　鈕勒城，曹氏廷杰謂即奴兒子城。今訛爲女兒城，在縣東北六十五里，呼蘭府北一百四十里。周廣五里餘，以土爲垣，一門在東南隅，南向，中有佛殿。建、毁時期均不可考，惟土墻尚存，厚磚闊瓦，狼籍滿目。同治朝，呼蘭人王小布耕於其地，掘得羅漢銅像十八尊，高各三尺餘，毁而鬻之。其後濮姓復得銅像七，高各二尺，中有觀音大士像一尊，後歸湖北曹君廷杰云。

蒙古魯山古城，在縣西北九十里蒙古魯山之巔，面積三萬二千四百餘方丈。前有石壁，高四十丈，其後有小山二，山外環以土壕，更瀕大石頭河，形勢險要。《金史》麻産據暮稜水以抗金主意者，此其遺址歟？

山東

《〔道光〕濟南府志》卷八《城池》　舊志云：即戰國之歷下。自西漢建國，治東平陵，至南宋孝建中移爲郡城。宋曾鞏北水門有記。沿至明初，内外甃以磚石。周圍十二里四十八丈，高三丈二尺。池闊五丈，深三丈。四門：東曰齊川；西曰濼源；南曰舜田，今改歷山；北曰會波。成化四年，分巡濟南道僉事張珩重修。十九年，巡按御史宋經重修。萬曆二十年，巡撫宋應昌重修。天啓五年，巡撫吕純如重修。崇禎七年，巡撫朱大典重修。國朝康熙十四年，巡撫趙祥星重修。二十七年，巡撫錢珏重修。

《通志》云：濟南府城歷城縣附郭，元魏爲濟南郡治，唐復置齊州，宋陞爲府，建今治。本土城，明洪武四年，内外甃以磚石。東、西、南各有重關，北爲水門，衆流環會，崇墉深塹，居然金湯之勝。

《歷城舊志》云：郡城形如盆盎，雉堞巍峩，鯨波環繞，天險截。歷城之城建自漢，歷晉永嘉間，從平陵移於此，而城始大。明洪武四年，始内外甃以磚石。衆水環縈，居然天塹。西南高亢，則以二牐蓄焉。城北又建利田等。四牐以時蓄泄。東、西、南有重關，而北爲水門，每歲啓以季春，閉於孟冬。城樓南城前、後各一，巍峩軒敞，屹然大觀。東、西城亦如之，北城惟一，四隅各一。而東南城勢偪狹，迺委折以因其勢，上有九峯，俗名三角樓，又名九女樓，結搆天然，製自名手。南城迆西爲觀風樓，西迆北、東迆南、東迆北各一，凡一十四座。東、西、南敵樓各一。其南諸樓，遠眺名山，廣睨萬畝，獨踞一方之勝。其東諸樓，俯瞰三齊，遥觀出日。顔其額，一曰「永安」，一曰「鎮海」。其西諸樓，傍挹趵水，直瞭黄崗，民廛錯列，羣波環縈。昔年樓中貯礮自鳴，因額曰「先聲如雷」，又後額曰「拱宸」。至於北樓，下踞大明湖，俯臨會波橋。南瞻函歷之雲嵐，北醉峼華之煙雨。外則秧鍼剌水，萬畝雲屯；内則桂棹泝波，千頃繡列。顔曰「河山一覽」，洵勝地也。旗臺共五十五座，旗因方色，竿皆長桅。敵臺共一十三座。萬曆中，宋中丞應昌創建。崇禎庚辰，又於西北增置四座。垜口共三千三百五十個。馬道凡五處，崇禎己卯創設一處，在撫院前。磚陂城以石爲趾，磚爲膚，土爲骨；闊凡五丈，近内者多；陂上覆以甓，各三尺許，所以防水潦之浸灌也。橋東、西、南三門，各有弔橋，有警則引絙樓上，綢繆甚固。西門橋外復有濼源橋。東、西、南三門皆列排柵，非獨美觀，亦以防行人冗塞，恐致覆溺也。列陴以下，皆有護隍，東方高聳，北方寬衍，廣至數丈。近遂環水建演武場，東、西各一。東、南二甕城各設子門二，各放軍門。壬申，葉憲副大受毅然塞之。夫古人建置，良有深意，率然有警，修復惟艱。君子所以貴舊貫之仍也。

《歷城新志》云：舊志作於前明之季，屬疆埸多故，其志城池也，惴惴乎有復隍之慮焉。今國家太平日久，百餘年來父老不見兵革，衆志成城，固於金湯矣，又何藉乎增埤築隍，以爲高深哉？然於舊志所載，猶必謹紀之者。古者城郭溝池，樹渠之固，掌於司馬，固不以無事而或疎也。

按：郡城城垣、樓座、子門，及旗臺、敵臺、陂城、垜口、馬道，竝池河闊深等制，皆全録府縣舊志之文。現今是否仍存共舊，抑有改易不符之處，應逐細查明記註，以昭現制。《濟南府舊志》云：城周十二里四十八丈。今查里數符而丈數多，蓋舊基未動，步量或疎也。又云：高三丈二尺。今查東、南二面高四丈至三丈一二尺不等，西、北二面高三丈至二丈四五尺不等。蓋城根之土，陡則刷，而城之高益增；平則壅，而城之高亦減也。又云：厚三丈。今查城基寬而城頂狹，上、下核計，大數相符。又云：城樓四門四座，東、西、南甕城敵樓三座，北門無甕城敵樓。今查仍舊制。又云：東、南二甕城内各有子門二，俱堵塞。今查東甕城内之二子門及南甕城内之東子門皆外塞而内通，南甕城内之西子門宛轉内向，竝未堵塞，内有鐵門關閉。又云：四隅城樓各一，又有觀風等樓數座。今查東南隅三角樓修整如舊，餘皆無存。又云：旗臺五十五座。今查臺在城内，其制凸出城墻内面，今名跕臺，數仍五十五座。又云：敵臺十七座。今查臺在城外，其制凸出城墻外面，今名礮臺，續添八座，現共二十五座。又云：有磚陂城。今查城西南角有空心樓一座，名爲樓而上無覆，即陂城之變制也。其制凸出城外，與礮臺等而空其中，一面附城，三面向外，各有礮眼，可箭可銃。有事駐兵防守，則板級其中，可上可下。今空洞無物，如陷阱焉。此制傳於西洋人，穆尼閣所謂正敵臺造於城垣者也。府屬惟郡城及淄川有之。正西、西北各一座，制度略同，所謂扁敵臺造於城角者也。又云：垜口三千三百五十。今查現存二千零九十二。明季本有併垜之議，嗣後隨時修併，祇存今數。又云：馬道四門共六處。今查四門馬道各一，共四處。又《濟南府舊志》云：池闊五丈，深三丈。《歷城縣舊志》云：池闊五丈，深三尺。今查東、南城河闊皆五丈以外，西、北城河闊皆五丈以内，南門外橋下至河底一丈七尺，東門外橋下至河底一丈六尺，西門外橋下至河底一丈六尺，北門外坊前河岸至河底六尺五寸。蓋地勢南高北下，故池亦南深北淺。鑿池之土以築城，城高則池必深，初制三丈或不虚，至三尺則太淺矣，蓋「丈」訛爲「尺」云。道光十六年，挑濬之後，池之闊深丈尺，如現查之數。

《〔道光〕濟南府志》卷一一《古迹二》 平原郡城，舊志云：繞陵縣城之外，即古平原郡城也。《通志》云：在縣城外，高五丈，周二十里。隋平原郡治安德，唐因之，爲德州平原郡。顔真卿守平原，河朔盡陷，惟平原拒守，即此城也。縣志云：在新城外，高五丈，周二十里，約百餘雉。樓櫓女墻，今雖盡廢，而壁立巍峩，尚不改舊。遥望之，若危巒疊嶂然。

《〔咸豐〕青州府志》卷二五《營建考一·城池》 青州府城，南陽城故址也。建始之年不可考。唐宋以來皆因之。本土城，明洪武三年，守禦都指揮葉大旺甃以甓石，增崇數尺，周十三里有奇，高三丈五尺。池廣亦如之，深丈有五尺。門四：東曰海晏，舊名海岱。南曰阜財，舊名雲山。西曰岱宗，舊名泰北。北曰瞻辰。舊名淩霜。天順間，都指揮高源，知府趙偉、徐郁，修城樓壹鋪。正德七年僉事牛鸞、知府朱鑑，嘉靖八年知府江珊，相繼修。嘉靖十三年，兵備僉事康天爵增築西城月城。國朝康熙五十五年，知府陶錦修城東門及南門樓，又修東南隅文昌樓。六十年，重建樓垣。乾隆四十七年，知府李濤請帑修。道光二十一年、二十二年，知府方用儀署知府英桂倡捐重修。

博山縣城地本顔神鎮。明嘉靖三十六年，分巡青州兵備道王世貞始議築城。三十八年三月經始，五月竣事。城周三里，高二丈三尺。縣志池無深廣尺度。門四：東曰荆山，南曰龍泉，西曰禹石，北曰范河。世貞自爲銘，歷城李攀龍爲之記。崇禎十二年，通判董重捷建八瞭臺，今存其六。國朝雍正十二年，改曰縣城。乾隆二年，請帑葺之。縣志無重修官名。有水門三：在龍泉之西，范河之東，禹石之北。又鑿荆山門下爲小水門，引二女泉以爲池。

孫廷銓《顔山雜記》卷一　石城，嘉靖三十六年，本鎮舉人趙敬簡等議：本鎮雖有捕盜通判一員，出入無僚佐可屬，進退無城池可守，誠所謂獨坐窮山，放虎自衛者也。請建石城，保安地方。兵備道副使王世貞據以上請，巡撫都御史傅頤、巡按御史段顧言，行青州府知府李尚智、本廳通判倪雲鵰、諸城知縣李永康、臨淄知縣衛心，親詣本鎮，率耆儒鄉民，踏勘卜吉，督工建城，閲三月而告竣。周五百丈，門四。南曰龍泉，北曰范河，東曰荆山，西曰禹石。水門三：一偏龍泉而西，一偏禹石而北，一偏范河而東。崇禎間，添作瞭臺八，小水門一，當荆山門下，南受二女泉水，入城分爲二：一沿城脚而西，入于文廟泮池，出逕石橋，又北逕府館，折而西，出西水門；一北流至于隅首，又分爲二：一沿西街而西，至石橋，與泮水合；一北流，逕東隅首，出北水門，東受范水，西流至于隅首，與二女泉水合。府館在城西街，文廟在其南，行臺在其東，城隍廟在南門内，義學在北街。此城中之大畧也。

城西之民夾禹石門而西，至于隅首，有横街，北出郭門而近，南出郭門而遠，東負郭稍，南負峩岩，西枕孝河，是爲大街。大街北出亂河而西，起于西寺之崖，陂陀而下，北至于叠道，西負崖，東枕孝河，爲西冶，言琉璃之罏冶也。其民多業琉璃。大街南出，過山峽石橋，山房高下，環泉而居，炊烟三接，水石間之，北負峩岩，西依鳳山之麓，南望黑石之灣，爲神頭。城東之民夾荆山門而東，南負峩岩，北枕范河，抵澗道折而南，至于雙泉，爲秋谷口。城南之民傍峩嶺之阿，屈曲斜連，以逐龍泉之分流，爲南道。城北之民起于范河橋北，跨大河之伏流，又北倚于灘，東連荆阜，抵于石洞，爲北關。北嶺其民多業瓷窑。河灘之西起于叠道，北至于沙溝，爲税務司街。其民多販瓷器。此附郭居民之大畧也。

《（康熙）蒙陰縣志》卷一《建置志・城池》　原設石城一座，週圍一里零二百步，内外俱石塊包壘墻，連垛口共高一丈六尺，城門樓三座，角舖四所，窩舖四箇，磚垜五百七十四箇。内馬道一丈，外馬道八尺。濠深三尺，闊八尺。東門樓名曰望海，西門樓名曰瞻岱，南門樓名曰文昌。故城創建無考。明洪武三十年，百户龍勝重修，止有東西二門。成化三年，知縣白良輔拓南門一座，名曰正觀。正德九年，知縣梁緒始將故城甃以石，改正觀門曰文昌。嘉靖四年，知縣王鋭重修東門。至崇禎五年，知縣趙珍增修外墻。八年，知縣許連榜又加修葺。國朝定鼎，因明季寇亂，城多剥落。順治三年，知縣崔對重脩。九年大雨，城圮有半。十年，知縣陳崇詰重修。康熙七年地震，城圮十之九，知縣詹龍翔重修。惟東門樓尚缺。十三年，知縣屈逸乘重修，二十四年秋七月，大風雨數晝夜，城圮剥殆盡，知縣劉德芳重修。原舊簡簿無存，今按順治五年簡簿，垛口開于左，東門一座，垛口八箇。

《（道光）重修平度州志》卷九《建置》　《通志》：平度州城本隋膠水縣治。舊志：平度州城，元末修築，洪武二十二年，知州劉厚重修。府志云：劉厚築。蓋元末兵毁，厚重建耳。《通志》以爲隋膠水舊治，蓋祖《寰宇記》之説，謂唐後更無改置明文。然州志以爲劉厚築，明人事近，恐府志、州志所傳亦較切如。成化十二年，知州林恭修城，有官廉記。而《通志》遺之，知《通志》未詳考也。周五里有奇，高三丈，厚一丈五尺，闊一丈八尺，深九尺。三門：東曰迎陽，西曰安慶，南曰永寧。成化十二年，知州林恭修，州人户部郎中官廉爲記。崇禎十年，知州杜志攀傅以甎石，高厚均加三尺，置三門樓櫓。有坊文志其事，見《金石》。

《（道光）重修膠州志》卷一三《建置》　州城。舊志《沿革》云：故城在今治西北里許，俗名土城口。元順帝至正十七年，毛貴陷膠州，城廢。移治今所，乃元置兵馬分司也。張謙宜據《高密志》謂蒙古憲宗蒙哥七年建。詳見《辨訛》。舊志：本土城，明洪武二年，千户袁貞重築；八年，千户申義甃以甎石。周四里，高二丈五尺，厚一丈二尺。池闊二丈五尺，深一丈五尺。三門：東曰迎陽，南曰鎮海，西曰用成。門各有樓、角樓，鋪舍十七所。正德六年，值流賊之變，千户匡允中嬰城守禦，繕其傾圮。萬曆元年，知州王炎重修。二十五年，知州楊位令、巡檢申萬金展東北隅基址，修理完固。國朝順治十六年，久雨浸淫，東隅崩塌數十丈。知州趙民善補修。康熙七年，地震，傾頽。十二年，知州孫蘊韜補修。五十一年，知州龔大良重修。五十八年，大雨，傾圮過半。乾隆三十一年，知州藍應桂修，署州事濰縣知縣李奉翰繼修。歲久頽敗。道光二十四年，知州張同聲重修。

靈山衛城，《衛志》：在膠州南九十七里。明洪武五年，府志、舊志皆作三十五年。誤。魏國公徐達府志作徐煇祖。調指揮僉事朱興築土城以備倭。周圍三里，高二丈五尺，厚半之。門四。池深二丈五尺，廣二丈。永樂二年，指揮僉事郭崇舊志作郭景。重修，外包以甎，周方加二里，四門加樓，增鋪舍十餘所。後漸圮。弘治元年，分巡副使趙鶴齡檄指揮使張某重修。名其四門：東曰朝陽，西曰閲武，南曰鎮海，北曰承恩。今傾圮過半。

《〔同治〕即墨縣志》卷二《建置志・城池》 即墨縣城，隋開皇十六年建，歷唐宋五季。舊志無考。元至正十一年，知縣呂俊土築。周四里，高一丈六尺五寸，厚一丈二尺。門三：東曰望海，南曰景岱，西曰臨川。池深七尺，廣二丈。郭四：東曰寅東，北曰拱辰，西、南石刻無考。明正德二年，流賊逼境，知縣高允中重修。邑御史藍田有《修城銘》。萬曆六年，知縣許鋌、縣丞楊元果重修，磚砌三門，城、堞、埤、墻皆極整固。二十八年，倭寇屢警。知府龍文明檄委知縣劉應旂易土以磚，三門改題舊額：東潮海，南環秀，西通濟。大理寺丞董基有《修城記》。崇正十五年，邑紳藍再茂捐修東城，長九十尺。國朝康熙二十六年，知縣高上達重修。四十三年，知縣鄒瑄重修。六十一年，知縣段昌總重修。乾隆二十五年，知縣尤淑孝重修。詳《修城記》。乾隆五十一年，知縣葉棲鳳重修。咸豐三年，知縣鄭鳴岡倡修，至九年，署知縣李雲鏕繼之，工始竣。詳《城垣碑記》。

鰲山衛城，縣東四十里。明洪武二十一年，魏國公徐輝祖檄指揮僉事廉高築磚城以備倭。周五里，高三丈五尺，厚半之。門四：東曰鎮海，南曰安遠，西曰迎恩，北曰維山。池深一丈五尺，廣二丈五尺。國朝雍正十二年，裁併即墨縣。

《〔乾隆〕淄川縣志》卷二上《建置志・城池》 創始不可考。自漢興置縣。舊志云：城週迴七里三十步，墉高二丈，廣稱之。池深一丈五尺，闊稱之。四門甃(一)〔以〕磚，各設更樓。樓有扁，東曰迎仙，南曰迎薰，西曰迎清，北曰迎□。弘治十四年，知縣楊公武重修，邑益壯。嘉靖十四年，知縣享公性再修，加磚垛。然尚淺迫，無月城，自外視之，則見市。至萬曆七年，知縣王公九儀重加拓治，始搆以重門，門上自下爲河。然每歲修築，遇雨輒傾。崇禎九年，知縣韓公承宣始議建石城，分堵計工，紳民競勸，不三月，蓋成。通計城高官尺三丈二尺，基廣六尺，頂剡五尺，女墻至邊共闊一丈六尺，周圍八里，共七十七百七十四尺。城下築岸二丈餘，塹石護之，外作濠，深一丈五尺，闊一丈。四門以石，内外堅緻，東内曰釁山，東向外曰書帶；南向南内曰甘泉，南向外曰淑聖；西向西内曰孝水，外曰沙堤，皆西向；北内曰萬年，北向外曰拱極。西向外門設樓，稱雄麗焉。邑張相國有記，見《藝文》。崇禎十一年，知縣楊公蕙芳建空心樓十一座，附城四面，中設砲眼各二十四，用防近城蟻附者，上覆敵樓，益屹然金湯矣。王茂德之亂，數萬衆戰城下者，三月卒獲保全，石城力也。順治四年，謝寇陷城，官兵烘之，旋圮旋築。康熙七年六月，地震，城樓崩圮，裂墻八丈，損垛口一千三百餘。昔時鉅觀，一夕墮壞。經本省督具題，事下所司，估計四千餘金。工部題覆三千餘金。後二十一年，大雨，又復崩，損城墻三十餘丈。闔邑公議，募化捐修，興役于知縣汪公龍，竣事于知縣張公嵋。雇工庀材，僅費七百餘，不起一夫，不筲一户，而麗堞墉，焕然如故。此役也，闔邑所省不下三千餘金。《易》曰：不傷財，不害民。庶幾兼而有之矣。高司寇有記，載《藝文》。

《〔乾隆〕德州志》卷五《建置志・城郭》 明洪武元年，降陵州爲陵縣。七年，廢陵縣，移德州治於此。九年，改守禦千户所爲德州衛。十六年，詔天下都司衛所築城。三十年，定武臣役軍之制，於時築衛城於河東。永樂九年，移州治八衛城，即今州城也。萬曆四十年，重修。我朝乾隆八年，以工代賑，發帑金十四萬有奇重修。週迴一十里一百八十步，高三丈七尺，厚三丈。池深一丈，闊五尺。城門五：東曰長樂，通德平陵縣路；南曰朝陽，通恩縣平原路；西曰聚秀，本名穴邊，萬曆四十年改今名。通衡水故城路；西北曰廣川，通景州路；北曰拱極，通景州吴橋路。門樓四，小西門無。角樓四，敵樓四，南門無。甕城四。小西門無。

《〔光緒〕增修登州府志》卷七《城池》 登州府，蓬萊縣附郭。唐於蓬萊鎮南一里立登州治，并改鎮爲縣，此建城之始。宋、元皆因其舊。東門即望仙門。明初升州爲府，并立衛，遂拓而大之。舊南門在上水門西，遺蹟猶存。周九里，高三丈五尺，厚二丈，皆甎石。門四：東曰春生，南曰朝天，西曰迎恩，北曰鎮海。樓七，鋪五十六。池闊二丈，深一丈。水門三：南曰上水門，黑水、密水所入；東曰小水門，密分水所入；西北曰下水門，三水合流而出。明洪武間指揮謝觀、《通志》作「規」。戚斌，永樂間指揮王宏，相繼修之。萬曆間，倭犯朝鮮。增築敵臺二十八。崇禎間，知府桂略、戴憲明先後增高三尺五寸。國朝乾隆五十八年，知縣安奎文請帑重修。道光二十年，知縣王文燾勸捐興修。咸豐九年，知府汪承鏞勸捐修南、北城樓。十一年，知府戴肇辰倡捐，重修四城及東、西城樓，一律完整。同治四年，秋雨，舊墻間有坍塌。知縣馮澍勸捐修葺。九年，知縣彭九齡繼之，工始竣。光緒五年，知府賈瑚，知縣王朝穀、江瑞采，復修東、南二城樓及殘缺處。

《〔乾隆〕萊州府志》卷二《城池》 府城，漢因萊子故國置東萊郡。城之修廢，明以前莫可考。洪武四年，萊州衛指揮使茆貴建築此城，後圮壞日甚。萬曆二十六年，朝鮮倭警，分守副使于仕廉、郡守王一言、縣令衛三省同議大修，尋皆遷去。副使盛稔、郡守龍文明、縣令劉蔚相繼董其事，三年之内，大工告成，規模倍於創建。凡周九里有奇，高三丈五尺，厚二丈。門四：東曰澄清，南曰景暘，西曰武定，北曰定海。四門各有門樓，四隅各有角樓，鋪舍二十四所。城下爲池，深二丈，闊倍之。詳大理寺丞董基《修城志》。有都御史趙燿、檢討周如砥、吏部主事姜仲軾記。崇禎五年，兵變圍城，攻破西北隅。防海都御史徐從治、謝璉，知府朱萬年，率兵民築守，城卒保全。國朝康熙三十一年，知府楊聲遠復行修葺。四十九年，景暘樓圮，知縣李密重修。雍正二年，東北角樓圮。十三年，知府嚴有禧重脩。

《〔乾隆〕兖州府志》卷四《建置志》 城周一十四里二百步，高三丈七尺，厚二丈四尺。門四。東曰宗魯，西曰襟濟，南曰瞻嶧，北曰拱極。池深一丈二尺，廣二丈。隋魯郡，宋襲慶府，元兖州，皆治此。明洪武十八年，封建魯藩，復陞爲府。命武定侯郭英經營，開拓創建磚城，外有帶郭，以泗水支流爲池。詳見《金口壩滋陽縣附郭》。

《〔乾隆〕泰安府志》卷六《建置志・城池》 泰安府城舊爲岱嶽鎮。宋開寶五年，移築乾封縣城於此。大中祥符元年，改名奉符，因築新城於東南三里，舊城廢。金大定二年，復還舊治。元以後因之。明嘉靖間，濟南通判王雲興奉檄修築，易土以石。周七里六十步，高二丈五尺，厚二丈。池闊三丈，深二丈。四門：東曰静封，西曰望封，南曰乾封，北曰登封。郡人馬經有記，刻石登封門内。三十二年，沂州兵備任希祖檄知州鄭聚東重修。崇禎十二年，守道蔡懋德增修，四隅各出稜角，周圍三丈許，創四樓。今東南角樓尚存，祀魁星其上。城以岱麓爲基，城外東北皆曠野。國朝順治十一年，知州傅鎮邦、張錫懌相繼招徠營房舍以衛之，遂成市巷。乾隆十三年春，知縣湯任奉旨重修，培以土石，高厚方廣如故。改四門名：東迎暄，西嶽晏，南泰安，北仰聖。又各建敵樓，并石橋四座。

《〔光緒〕山東通志》卷一九《城池・臨清州》 後魏置清淵縣在衛河西岸，宋建炎中遷曹仁鎮。明洪武二年，徙縣治，汶衛環流，未及城。正統十四年，兵部尚書于謙建議築城，平江侯陳豫都、御史孫曰良董其役，會年饑罷築。景泰元年，巡撫洪瑛協力治之，卜今地，緣廣積倉爲基，故其西北凸出，俗謂之幞頭。城圍九里一百步，高三丈二尺，厚二丈有奇，甃以甎。爲門四：東曰威武，西曰廣積，南曰永清，北曰鎮定。正隅爲戍樓八、戍鋪四十六。人馬陟降處爲蛾眉甬道，鑿濠深廣皆九尺，周于城。弘治八年，兵備副使陳璧增置女墻，築月城，疊石爲四橋，因門命名。正德五年，兵備副使趙繼爵增葺城身。六年，復築邊墻於城外西南。八年，兵備副使李充嗣補葺。國朝順治十年，副使傅維麟重修舊城。康熙二十四年，知州佟世禄復修。

《〔乾隆〕曹州府志》卷三《輿地志・城池》 曹州府城，自明正統十一年，巡撫張驥、知州范希正、學博徐思學創建城於乘氏地，天順間，知州伍禮、州同張浩、判官翟湛建四門及城樓，成化二年告成。門四：東曰宜春，南曰迎薰，西曰豐樂，北曰朝天。歲久傾頹。正德六年夏四月，兖西道吴學奉敕整兵，命州同孫環督工，知州李貫、吴瓚相繼繕修，判官王經、邵能，吏目劉槩協理，七年告成。城周十二里，高二丈五尺，堞垣高五尺，趾闊三丈。池深一丈五尺，廣四尺。城門左右四隅皆築敵臺，沿池及四關皆繚以郛郭，環以溝塹。城門外有弔橋，有郭門，有關門。扁其東曰東秩，西曰西成，南曰阜民，北曰拱辰。其上建戍樓，左、右隅皆設窩鋪。嘉靖元年，知州沈韓離城五里周圍築大堤防水護城。二十三年，兵備道金清王傳以邊檄告急，准知州王重申請重修，增築城高七尺，添建門樓、角樓、更鋪凡二十八、堞垣凡二千餘。萬曆二十一年，知州許恩重加修飾。三十三年，以大雨，城樓鋪堞俱就傾圮。知州周爀重修。四十八年，分巡道許鼎臣以邊儆，復告檄州加葺城面，以一丈爲度。城樓、角樓、敵臺、窩鋪恐釐然整飾。扁四城樓：東曰春波旭日，南曰風入虞弦，西曰鳳臺霜曉，北曰雲裏蓬萊。復於城門額嵌石爲扁：東曰雙河，南曰南華，西曰鳳山，北曰濟陰。乾隆元年，改府城。

《〔咸豐〕武定府志》卷六《城池》 府城舊基歷有徙置。今城初爲陽信之喬氏莊，宋大中祥符八年徙此。崇寧元年，始詔工部牛保修築。週圍十二里，崇二仞有二尺，闊丈餘，基倍之。按：惠民册周圍九里十三步。門凡四，各三重，門額東青陽，西明遠，南金景，北靖安。上建樓，東爲春風，南爲明遠，西爲景山，北爲紫微。復浚濠瀦水，深三丈，闊五丈。有飛橋，又築護城堤，延袤三十餘里。金大定十九年，詔守臣修葺。明成化五年，知州衛述重修。弘治十四年，知州趙永禎與千户所分修。正德八年僉事許逵、嘉靖十四年僉事王璣重修更樓，額四：東曰眺海，南曰仰岱，西曰帶河，北曰拱京。城外舊惟土，乃各易以磚。門之外又各壘以墻，兩翼與橋相接，并葺四關門。南關直綽楔題曰「古齊北鎮」。天啓元年知州南拱極，崇禎十一年副使曾棟、知州王永積，相繼重修。國朝康熙二十七年，知州董鼐重修。乾隆九年，惠民縣知縣張維垣奉文修築，領帑八萬一千餘兩，閲五年，工竣。五十七年知縣王修齡、五十八年署知縣熊官梅領帑重修。嘉慶十八年，知縣興昌修排墻、垜口。咸豐二年，知府程伊湄捐廉修北城。三年，知縣余棨捐廉修城池。所費甚鉅。

《〔乾隆〕威海衛志》卷二《建置志・城池》 威海衛城，明洪武三十一年立衛。永樂元年建城，磚石相間，高三丈，闊二丈，週六里一十八步。動寧海、文登夫役，軍三民七修之。門四，樓鋪二十。池闊一丈五尺，深八尺。弘治二年，巡海道副使趙鶴齡疏動太山香錢數百金重修。崇禎九年，防院楊文岳同監視軍門下把牌太監楊欽、周從善，請帑金二千餘兩，並起附近文登縣匠役人夫，軍三民七，專委文登知縣韓士俊協同本衛指揮陶運化重修。國朝康熙中，奉文隨便補葺頽城，守備李標撥丁夫修之。雍正九年，守備張懋昭重修四城門。

《〔光緒〕日照縣志》卷二《營建志》 一城池。金改日照鎮爲縣，始築土城。元至元十七年，縣人相士安倡衆增修。周二里，高二丈有奇。明正德七年，署縣事王伯安重修。門二：東曰永安，西曰太平。萬曆二十一年，知縣杜一岸砌以甎，高二丈六尺，上闊八尺。增築甕城重門，敵臺四座。穿濠，深廣皆丈。先是，嘉靖三十六年，知縣張執中附城西築土城三面：南門曰朝陽，北曰拱極，西曰振武。至崇禎三年，知縣鄭麟喻砌以石，與舊城爲一。周四里，共敵臺十二，垜口一千四百八十有三。國朝順治九年，知縣吕補衮於新城外浚濠，深丈二尺，廣如之，圍以馬墻。惟地脈入城處不鑿濠。康熙七年，地震，城圮。十三年，知縣楊士雄修之。五十一年，知縣成永健重修，於西門側鑿濠。乾隆二十五年知縣李綬，嘉慶五年知縣賀孟逵，皆因舊修補。咸豐十一年，知縣張書升、縣紳丁守存等重修。光緒十一年，知縣陳懋復修焉。安東衛城，明洪武時信國湯和築。周五百三十丈，高二丈一尺，門樓四座。嘉靖間，經歷司何亨修補。國朝康熙七年圮。咸豐十一年，都司桂斌同衛紳士重修石臼所城，周三里有奇，高丈四尺，南、北、西三門。千總缺裁後遂廢。同治六年，避寇復修。光緒十一年，重修夾倉鎮巡檢司城，周六十丈。久圮。咸豐十一年，鎮人修以避寇，安家口城。即龍汪口。雍正五年，知縣劉書翰奉文修築。有外委駐守。

《〔嘉慶〕東昌府志》卷五《建置一・城池》 府城在漕河西岸。宋淳化三年，自巢陵遷此。熙寧三年，建城市。舊築以土，明洪武五年，守禦指揮陳鏞陶甓甃焉。周七里有奇，高三丈五尺，基厚二丈。門四：東曰寅賓，南曰南薰，西曰納日，北曰鎖鑰。樓櫓二十有五，環城更廬四十有七。附城爲郭，郭外各爲水門、釣橋，横跨水上。池深二丈，闊倍之。三護城堤，延亘二十里。萬曆七年，知府莫與齊奉撫按檄，重修敵樓二十七座，垜口二千七百有奇，窩舖四十八座。國朝雍正九年，重修護城堤。舊志，《通志》。乾隆五十五年三月，巡撫長麟奏准借帑生息，修築通省城垣，於乾隆五十七年，聊城縣知縣科普通武承修。

《〔嘉慶〕東昌府志》卷四三《古迹一》 蕭城，在縣東南五里。宋景德元年，遼主殂，蕭后攝國事，率其弟撻覽侵澶淵，築城於此，即歇馬城。時寇準請帝幸澶淵，撻覽方布陣城上，遣狀子弩射殺之。遼人大挫衂，請盟而退，壘址尚存。城周圍十餘里，高三丈，四門俱存，内有二將臺。土人名曰新城，又曰古城。

江蘇

《〔乾隆〕江南通志》卷三〇《輿地志・古迹一》 石頭城在上元縣石城門西北。《金陵志》云：周顯王三十八年，楚城石頭，曰金陵邑。漢建安十七年，吴改爲石頭城。《丹陽記》云：吴時土塢，後因山加甓爲城，因江爲池，地形最爲險固。

冶城在上元縣治西。《金陵圖考》云：春秋時，金陵未有城邑，惟石頭東有冶城，相傳夫差鑄劒於此。《南畿志》云：孫吴冶鑄之所在宋天慶觀，即今朝天宫。《雅游編》云：晉孝武建冶城寺，安帝以寺爲苑。傍有卞將軍墓，謝安、王羲之同登處。亦曰冶亭。宋義熙十一年，劉鍾領石頭戍事，屯冶亭是也。別有東冶亭，史稱王導遷冶於縣東七里，蓋東冶也。

金城在上元縣東北三十五里，相傳孫吴所築。《金陵新志》云：上元縣金陵鄉舊名金城戍，晉太原八年，謝安勞師于金城，即此。或稱琅邪城。咸康初，桓温爲琅邪内史，鎮金城。《齊書》云：南琅邪本治金城，永明中移白下。戚氏以爲金城即句容之琅邪城是也。今句容縣有琅邪鄉。古都城在上元縣秦淮北五里，吴大帝所築，周迴二十里十九步。其城門悉用洛陽舊名，自東晉始。《建康實録》云：都城三重，外重六門：宣陽，廣陽，津陽，清明，建陽，西明也。後增置十二門。《宮苑記》云：南四門：最西曰陵陽，後改廣陽；正門曰宣陽；稍東曰開陽，後改津陽；最東曰清明。東面二門：東曰東陽；北曰建春，後改建陽。西面二門：南曰閶闔，北曰西明。北四門：西曰大夏；中曰玄武，齊時改曰宣平；稍東曰廣莫，陳改北捷；最東曰延熹。又自晉以來，秦淮南北兩岸設籬門五十六，所謂之效門。又有國門，梁天監中作，在越城東南，亦曰望國門。

臺城在上元縣治北玄武湖側。《輿地紀勝》云：一曰苑城，本吴後苑城也。晉咸和中，作新宫，遂爲宫城。下及梁、陳，宫皆在此。晉宋時，謂朝廷禁，省爲臺，故謂宫城爲臺城。城周六里百一十步。有門六：南曰大司馬；東曰萬春，曰東華；西曰西華，曰大陽；北曰承明。又自晉以後，宫門初不立闕。至梁天監七年，始立石闕二於端門外，陸倕爲銘。《南都志》云：今四十八衛以南，天津橋大街以北，即臺城故處。

《〔光緒〕蘇州府志》卷三五《古蹟》 越城在吴縣西南胥門外横山下。一云越王城，又云勾踐城。越伐吴，吴王在姑蘇，越築此城以逼之。城堞髣髴具在，高者猶丈餘，闊亦三丈，而幅員不甚廣。《史記正義》「吴東門解」引《吴俗傳》云：子胥亡後，越從松江北開渠至横山東北，築城伐吴。即此地也。盧《志》。元高文度《詠越城》：古意猶堪弔，南湖不憚遥。闔閭開國地，勾踐進兵橋。城郭高低黍，英靈旦暮潮。蒼茫逋獨立，斜日下魚樵。

《〔乾隆〕江寧新志》卷一一《古迹志》 越城，一名范蠡城，在聚寶門外，報恩寺西。《宫苑記》：周元王四年，越相范蠡所築，在瓦棺寺東南，國門橋西北。《圖經》云：城周迴二里八十步，在秣陵縣長干里。今江寧縣尉廨後，遺址猶存，俗呼爲越臺。《金陵故事》云：范蠡佐越滅吴，欲圖霸中國，立城于金陵，以强威勢。《郡國志》「東甌越王所立」，《嘉祐實録》注云：越王築城江上鎮，今淮水南一里半，廢越城池是也。按：《越絶書》：城東南角近故城，望國門橋，其西北，即吴牙門將軍陸機宅。故機入晉作《懷舊賦》：西望東城之紆餘。即此城，在三井崗東南一里，今瓦棺寺閣在崗東偏也。《六朝事跡》云：南門外越臺，與天禧寺相對，見作軍寨處。近時詩人指越臺爲越女取越土築臺者，非也。

《〔嘉慶〕重刊江寧府志》卷八《古迹》 臺城在上元縣治北。本吴秣陵、晉建業故城址，晉元渡江，因修居之。《世説》載王丞相營建康，或於舊城稍加增擴焉。魏晉謂天子所居禁省爲臺，故遂名爲臺城。當時草創江東，粗爲宫衛，不備都城之制，故其所立門用西京宫掖之舊名。又不設立城門校尉，蓋以備制江外，無故都之思，斯爲足恥。王丞相遠指牛首，不立雙闕，特其託辭耳。蓋其旨，猶以臺城之居爲暫託也。及謝太傅於孝武時改建宫室，略備制度。逮宋齊以後，臺城固爲都城矣。所謂臺城，當北倚山岡，岡外爲苑，苑外爲湖。今北極閣雞鳴寺正是其北城所届，故雞鳴寺東猶存一段古城。城下有門，俗曰臺城門，此殊不誤，意即古北掖門矣。其宫城之西北爲華林園，園中有景陽山。其前則有宣陽門、朱雀門，門向朱雀航。二門皆有樓，蓋在當路，而非城門也。臺城右爲石頭城，其左東府城。兩城據地蓋不多，故《世説》載會稽王繞東府城行散也。兩城皆前臨淮，而淮流又曲遶石頭西入江。六朝凡兵自南來者，先取石頭、東府，乃後取臺城。惟自京口來者，直先取臺城矣。宋武帝、崔慧景、賀若弼之師，皆自京口南取臺城，而武帝、慧景行蔣山之北，今姚坊門路也。賀若弼行蔣山之南，今麒麟門路也。

《〔乾隆〕江南通志》卷三〇《輿地志・古迹一》 東府城在江寧縣舊皇城西安門外，青溪橋東，南臨淮水。晉會稽王領揚州宅在州東，故曰東府。《輿地志》云：東府城，安帝時築，宋以後常爲宰相府第。每建康有事，必置兵守此。亦謂之東城。梁末燬。陳天嘉末，徙治府東三里齊安寺，西臨淮水。

西州城在上元縣治，晉揚州刺史治所，王導所剏也。及會稽王道子領揚州，居東府，故以此爲西州城。西則冶城，東則運瀆。胡三省《通鑑注》云：揚州治所在臺城西，故謂之西州。

《〔乾隆〕江寧新志》卷一一《古迹志》 秣陵城，縣東南五十里，秦縣。東晉凡□徙。義熙中，移于鬭場栢社。《建康實録》云：在江寧縣東南，度長樂橋，古丹陽郡是也。元熙元年，省揚州禁防三軍移治其處。《圖經》云：在宫城南八里小長干巷内。故治今爲秣陵關，設巡檢。按：周顯王三十六年，越爲楚所滅，乃因山立號，置金陵邑。楚威王後，秦滅楚，分天下，作三十六郡，以金陵爲鄣郡。後改金陵邑爲秣陵縣，梁、宋、北齊皆爲秣陵故城。跨淮立橋栅，當是其地。隋併入江寧。

江寧故城，縣西南六十里。《宋書》云：晉太康初，分秣陵，立臨江縣，尋更名江寧。其治臨江濱，南爲江寧浦。隋開皇十年，移於冶城，故城始廢。今有江寧鎮，置驛。按：冶城所移，一謂之舊江寧縣。

丹陽郡城，《元和郡國志》：丹陽郡故城在今江寧縣東南。《古圖》云：長樂橋東，今桐林灣軍寨處。《建康志》：在長樂東一里，周一頃，有東、南、北三門。漢元封二年，置丹陽郡，至晉太康中，始築城。宋、齊、梁、陳因之，不改。

《〔乾隆〕江南通志》卷三一《輿地志・古迹二》 吴大城，今府治是。《漢書志》云：吴本國，周太伯所邑。《元和志》云：闔閭自梅里始遷都於此。《吴地記》云：壽夢始別築城，爲宫室，於平門西北二里。周敬王六年，闔閭使子胥築大城，亦曰闔閭城，城周四十七里，郭周六十八里。隋開皇間，楊素徙於古城西南橫山之東，俗所謂新郭也。唐初復故。又曰羅城，作亞字形，中有大河，三橫四直。

吴小城在長洲縣，即子城，在大城内。《吴越春秋》云：子胥築小城，周十里。不闢東門，以絶越也。《越絶書》云：小城周十二里，門三，水門二。楚封春申君於吴，因城吴故墟以爲都邑。元末張士誠入據，建太尉府，後曰王府。今俗稱王府基是也。

八門：闔閭使子胥築大城，陸門八，水門八，《吴都賦》所謂「通門二八，水道陸衢」是也。西北曰閶門。《文選註》云：象天閶闔門。《吴越春秋》又曰：昌門亦名破楚門，伐楚出此門。西曰胥門。《吴地記》謂本伍子胥宅，因名。西南曰盤門。《吴地記》云：水陸縈回，故謂之盤。又名蟠門，刻木作蟠龍以鎮越。東南曰蛇門。《吴郡志》云：在巳方，故名。又云：越在巳地，吴作木蛇北向，示越屬吴也。東曰匠門，本名干將門。《吴地記》云：吴王使干將鑄劍於此。後訛爲匠門。又東曰婁門。《吴郡志》云：秦婁縣所值，又謂之瞜，即今崑山也。東北曰齊門。《越絶書》曰：闔閭伐齊，大克，取齊女爲質子，爲造齊門。又《吴越春秋》云：闔閭爲太子波聘齊女，女少思齊而病，乃起北門，名曰望齊。北曰平門。《吴地記》云：子胥平齊，大軍從此出，故名。東北三里有巫咸墳，亦號巫門。《吴郡志》云：巫、平，字畫相近。此所謂八門也。又匠門南三里有葑門。《續圖經》云：當作封門，取封禺之山以爲名。葑門相近有赤門，在城正南，今猶有赤門灣。又東南有魴鱮門。此三門皆非八門之數。至宋，惟存閶、胥、盤、葑、婁、齊六門，水陸共十二。淳熙後，胥門水陸俱塞。元初，城郭盡毁。至正中，復繕完，仍闢水陸門十一，惟胥獨無水門。聖祖御製《吴閶詩》、《至閶門詩》。恭載首卷。

莫城在常熟縣東南十二里，相傳莫邪鑄劍處。亦謂之劍城，又謂之莫邪城。今有廟曰莫邪大王，有塘曰莫門，又縣東四十里有莫城。《寰宇記》云：漢莫寵築以壯海防者。

闔閭城在華亭縣南六十五里。夾江又有城二，相傳闔閭所築以備越。《漢書志》注云：婁縣有南武城，闔閭所起以候越。當即此城。

金山城在金山縣。舊《圖經》云：周康王南遊，築此城鎮大海，南接金山，故名。又相傳吴越錢氏築此爲戍守處。

《（康熙）常州府志》卷二〇《古蹟》 闔閭城在無錫縣西南五十里富安鄉。《越絶書》：伍員取利浦及黄瀆土築闔閭城。《吴地記》：闔閭城，周敬王六年，伍員伐楚還，運潤州利湖土築之，不足，又取黄瀆土。爲大小二城。以闔閭伐楚回，故以爲號。小城在縣富安鄉者，地名閭江，邊湖，其城猶在。土人至今有城裏城外之稱。

袁康《越絶書》卷八《越絶外傳記越地傳第十》 昔者，越之先君無餘，乃禹之世，别封于越，以守禹冢。【略】無餘初封大越，都秦餘望南，千有餘歲而至句踐。句踐徙治山北，引屬東海，内、外越别封削焉。句踐伐吴，霸關東，徙瑯琊，起觀臺，臺周七里，以望東海。死士八千人，戈船三百艘。居無幾，躬求賢聖。孔子從弟子七十人，奉先王雅琴，治禮往奏。句踐乃身被賜夷之甲，帶步光之劍，杖物盧之矛，出死士三百人，爲陣關下。孔子有頃姚稽到越。越王曰：「唯唯。夫子何以教之？」孔子對曰：「丘能述五帝三王之道，故奉雅琴至大王所。」句踐喟然嘆曰：「夫越性脆而愚，水行而山處，以船爲車，以楫爲馬，往若飄風，去則難從，鋭兵任死，越之常性也。夫子異則不可。」於是孔子辭，弟子莫能從乎。

越王夫鐔以上至無餘，久遠，世不可紀也。夫鐔子允常。允常子句踐，大霸稱王，徙瑯琊，都也。句踐子與夷，時霸。與夷子子翁，時霸。子翁子不揚，時霸。不揚子無疆，時霸，伐楚，威王滅無疆。無疆子之侯，竊自立爲君長。之侯子尊，時君長。尊子親，失衆，楚伐之，走南山。親以上至句踐，凡八君，都瑯琊二百二十四歲。無疆以上，霸，稱王。之侯以下微弱，稱君長。

句踐小城，山陰城也。周二里二百二十三步，陸門四，水門一。今倉庫是其宫臺處也。周六百二十步，柱長三丈五尺三寸，霤高丈六尺。宫有百户，高丈二尺五寸。大城周二十里七十二步，不築北面。而滅吴，徙治姑胥臺。

山陰大城者，范蠡所築治也，今傳謂之蠡城。陸門三，水門三，決西北，亦有事。到始建國時，蠡城盡。

稷山者，句踐齋戒臺也。

龜山者，句踐起怪游臺也。東南司馬門，因以炤龜。又仰望天氣，觀天怪也。高四十六丈五尺二寸，周五百三十二步，今東武里。一曰怪山。怪山者，往古一夜自來，民怪之，故謂怪山。

駕臺，周六百步，今安城里。

離臺，周五百六十步，今淮陽里丘。

美人宮，周五百九十步，陸門二，水門一，今北壇利里丘土城，句踐所習教美女西施、鄭旦宮臺也。女出於苧蘿山，欲獻於吴，自謂東垂僻陋，恐女樸鄙，故近大道居。去縣五里。

樂野者，越之弋獵處，大樂，故謂樂野。其山上石室，句踐所休謀也。去縣七里。

袁康《越絶書》卷二《越絶外傳記越地傳第三》 昔者，吴之先君太伯，周之世，武王封太伯於吴，到夫差，計二十六世，且千歲。闔廬之時，大霸，築吴越城。城中有小城二。徙治胥山。後二世而至夫差，立二十三年，越王句踐滅之。

闔廬宮，在高平里。

射臺二，一在華池昌里，一在安陽里。

南城宮，在長樂里，東到春申君府。

秋冬治城中，春夏治姑胥之臺。旦食於紐山，晝遊於胥母，射於鷗陂，馳於遊臺，興樂石城，走犬長洲。

吴王大霸，楚昭王、孔子時也。

吴大城，周四十七里二百一十步二尺。陸門八，其二有樓。水門八。南面十里四十二步五尺，西面七里百一十二步三尺，北面八里二百二十六步三尺，東面十一里七十九步一尺。闔廬所造也。吴郭周六十八里六十步。

吴小城，周十二里。其下廣二丈七尺，高四丈七尺。門三，皆有樓，其二增水門二，其一有樓，一增柴路。

東宮周一里二百七十步。路西宮在長秋，周一里二十六步。秦始皇帝十一年，守宮者照燕失火，燒之。

伍子胥城，周九里二百七十步。

小城東西從武里，面從小城北。

邑中徑從閶門到婁門，九里七十二步，陸道廣二十三步，平門到蛇門，十里七十五步，陸道廣三十三步。水道廣二十八步。

吴古故陸道，出胥門，奏出土山，度灌邑，奏高頸，過猶山，奏太湖，隨北顧以西，度陽下溪，過歷山陽、龍尾西大決，通安湖。

吴古故水道，出平門，上郭池，入瀆，出巢湖，上歷地，過梅亭，入楊湖，出漁浦，入大江，奏廣陵。

吴古故從由拳辟塞，度會夷，奏山陰。辟塞者，吴備候塞也。

無錫城，周二里十九步，高二丈七尺，門一樓四。其郭周十一里百二十八步，墻一丈七尺，門皆有屋。

趙煜《吴越春秋》卷五《勾踐歸國外傳第八》 越王勾踐臣吴至歸越，勾踐七年也。百姓拜之於道，曰：「君王獨無苦矣。今王受天之福，復於越國，霸王之迹，自斯而起。」王曰：「寡人不慎天教，無德於民，今勞萬姓，擁於岐路，將何德化以報國人？」顧謂范蠡曰：「今十有二月己巳之日，時加禺中，孤欲以此到國，何如？」蠡曰：「大王且留，以臣卜日。」於是范蠡進曰：「異哉！大王之擇日也。王當疾趨，車馳人走。」越王策馬飛輿，遂復宮闕。吴封地百里於越，東至炭瀆，西止周宗，南造於山，北薄於海。越王謂范蠡曰：「孤獲辱連年，勢足以死，得相國之策，再返南鄉。今欲定國立城，人民不足，其功不可以興，爲之奈何？」范蠡對曰：「唐、虞卜地，夏、殷封國，古公營城，周雒威折萬里，德致八極。豈直欲破彊敵，收鄰國乎？」越王曰：「孤不能承前君之制，修德自守。亡衆棲於會稽之山，請命乞恩，受辱被恥，囚結吴宫。幸來歸國，追以百里之封。將遵前君之意，復於會稽之上，而宜釋吴之地。」范蠡曰：「昔公劉去邰，而德彰於夏。亶父讓地，而名發於岐。今大王欲國樹都，并敵國之境，不處平易之都，據四達之地，將焉立霸王之業？」越王曰：「寡人之計，未有決定。欲築城立郭，分設里閭，欲委屬於相國。」於是范蠡乃觀天文，擬法於紫宮，築作小城，周千一百二十二步，一圓三方。西北立龍飛翼之樓，以象天門。東南伏漏石竇，以象地户。陵門四達，以象八風。外郭築城而缺西北，示服事吴也，不敢壅塞。内以取吴，故缺西北，而吴不知也。北向稱臣，委命吴國。左右易處，不得其位，明臣屬也。城既成，而怪山自至。怪山者，琅琊東武海中山也，一夕自來，百姓怪之，故名怪山。范蠡曰：「臣之築城也，其應天矣。崑崙之象存焉。」越王曰：「寡人聞崑崙之山，乃天地之鎮柱，上承皇天，氣吐宇内，下處后土，稟受無外，滋聖生神，嘔養帝會。故五帝處其陽陸，三王居其正地。吾之國也，扁天地之壤，乘東南之維，斗去極北，非糞土之城，何能與王者比隆盛哉？」范蠡曰：「君徒見外，未見於内。臣乃承天門制城，合氣於后土，嶽象已設，崑崙故出，越之霸也。」越王曰：「苟如相國之言，孤之命也。」范蠡曰：「天地卒號，以著其實。」名東武，起游臺其上。東南爲司馬門。立增樓，冠其山巔，以爲靈臺。起離宮於淮陽。中宿臺在於高平。駕臺在於成丘。立苑於樂野。燕臺在於石室。齋臺在於襟山。勾踐之出游也，休息石室，食於冰廚。

陸廣微《吳地記》 闔閭城，周敬王六年伍子胥築。大城周迴四十二里三十步，小城八里二百六十步。陸門八，以象天之八風；水門八，以象地之八卦。《吳都賦》云「通門二八，水道六衢」是也。西閶、胥二門，南盤、蛇二門，東婁、匠二門，北齊、平二門。不開東門者，爲絶越之故也。

閶門，亦號破楚門，吳伐楚，大軍從此門出。陸機詩曰：「閶門勢嵯峩，飛閣跨通波。」又孔子登山，望東吳閶門，歎曰：「吳門有白氣如練。」今置曳練坊及望舒坊因此。胥門，本伍子胥宅，因名。石碑見存。出太湖等道水陸二路，今陸廢。門南三里有儲城，越疑作吳。王貯糧處。十五里有魚城，越王養魚處。門西五里有越來溪。

盤門，古作蟠門。嘗刻木作蟠龍，以此鎮越。又云水陸相半，沿洄屈曲，故名盤門。又云吳大帝蟠龍，故名。門内有武烈大帝廟，在祀典。東北二里有後漢破虜將軍孫堅墳，又有討虜將軍孫策墳。

蛇門南面，有陸無水。春申君造以禦越軍，在巳地，以屬蛇，因號蛇門。前漢梅福，字子貞，爲南昌尉，避王莽亂政，稱得仙，棄妻子，易姓名。有人見福隱市卒，即此門也。

匠門，又名干將門。東南水陸二路，今陸路廢。出海道，通大萊，沿松江，下滬瀆。闔閭使干將於此鑄劍，材五山之精，合五金之英，使童女三百人祭爐神，鼓橐，金銀不銷，鐵汁不下，其妻莫邪曰：「鐵汁不下，寧有計？」干將曰：「先師歐冶鑄劍之頴不銷，親鑠耳。以〔然〕成物〔吾何難哉？〕」可女人聘爐神，當得之。」莫耶聞語，投入爐中，鐵汁出，遂成二劍：雄號干將，作龜文；雌號莫耶，鰻文。餘鑄得三千，竝號〔作龜〕文劍。干將進雄劍於吳王，而藏雌劍，時時悲鳴，憶其雄也。門南三里有葑門、赤門，有赤欄將軍墳。在蚰門東，陸無水道，故名赤門。東南角又有魴鱮門，吳曾魴鱮見，因號，竝非八門之數也。婁門，本號疁門。東南，秦時有古疁縣。至漢王莽改爲婁縣。東南二里有漢吳郡太守朱梁墳，本名趙，避後漢和帝諱改爲梁，今吳郡朱氏皆梁之後。塘北有顧三老墳，見存。

齊門北通毗陵，昔齊景公女聘吳太子終纍，闔閭長子、夫差兄也。齊女喪夫，每思家國，因號齊門。後葬常熟海隅山東南嶺，與仲雍固章等墳相近。葬畢，化白龍冲天而去，今號爲母塚墳。門東二里有廬江太守闞臻墳。

平門北面，有水陸通毗陵，子胥平齊，大軍從此門出，故號平門。東北三里有殷賢臣申公巫咸墳，亦號巫門。西北二里有吳偏將軍孫武墳。西北三里有醬醋城，漢劉濞築。東北三里有潁川太守陸宏墳。

范成大《吳郡志》卷三《城郭》 闔閭城，吳王闔閭自梅里徙都，即今郡城。始闔閭舉伍子胥於耕野，以爲行人。以客禮事之，與謀國政。問子胥曰：「寡人欲强國霸王，何由而事濟？」子胥對曰：「臣聞治國之道，安君理民爲上。」闔閭曰：「其術奈何？」子胥曰：「凡欲安君治民，興霸成王，從近制遠，必先立城郭。設守備，實倉廩，治兵庫，斯則其術也。」闔閭曰：「善夫！築城郭，立倉庫，因地制宜。其有天氣之數，以威鄰國者乎？」子胥曰：「有」。闔閭曰：「寡人委計於子。」乃使相土嘗水，象天法地。築大城，周迴四十七里。陸門八，以象天之八風。水門八，以法地之八卦。築小門。俗傳昌〔閶〕門，魯班所造。又傳楚封春申君於吳，破楚，改曰昌〔閶〕門。」亦非是。小説或謂名望齊門，乃與齊門相犯，非是。陸機《吳趨行》云：「吳趨自有始，請從閶門起。」《文選注》引《吳地記》：「昌〔閶〕門者，闔閭所作，名曰閶闔門，高樓閣道。」按陸機所賦，此門在晉時樓閣之盛如此。本朝承平時，門上亦有樓三間，甚宏敞。蘇舜欽嘗題詩於上，今廢。

齊門。齊景公與吳戰，不勝，以少女嫁吳太子終纍，所謂涕泣而女於吳者。終纍，闔閭長子，夫差兄也，早亡。齊女思家，吳王於此作九層飛閣，令女登以望齊，故名。陸廣微《吳地記》。

婁門，秦婁縣所直，又謂之疁，今謂之崑山。崑山縣東北三百里許，有村落名婁縣，蓋古縣治所寓也。

胥門，伍子胥宅在其傍。《吳地記》云：「石碑見在，今亡。」此門出太湖道也。今水陸二門皆塞，而新姑蘇臺館乃據其上。

盤門。《吳地記》云：「吳嘗名蟠門，刻木作蟠龍以鎮此。」又云：「水陸縈回，徘徊屈曲，故謂之盤。」補注：門有樓，寶慶三年秋大風雨，樓門俱壞。紹定二年冬，郡守李壽朋新作之，規制視舊有加。

蛇門，在巳方，故云。又云：越在巳地，吳作木蛇北向，示越屬吳也。《吳地記》謂有陸無水，即與陸門八之説相迕。然今巳位正是漕河通過，安得無水？但門已廢，不可考爾。

匠門，又曰干將門，《續經》止曰將門。吳王使干將鑄劍於此，故曰將門。今謂之匠，音之訛。此門本出海道，通大海，沿松江下滬瀆。今廢。

葑門，《續經》曰當作封門，取封禺之山以爲名。故屬吴郡，今屬吴興。今但曰葑門，葑門陸路嘗塞，范文正公開之，今俗或訛呼富門。

赤門、平門，《續經》謂不在八門之數。平門一名巫門，巫咸所葬。「巫」「平」字畫相近。今猶有赤門灣，近葑門。《吴地記》又云，又有葑門、赤門、栗門、魴鱮門。葑、赤已見上。魴鱮之類，皆無所據。

《開胥蛇門議》，胡舜申所作。其説甚詳，今具載之。舜申，乃舜陟之弟也。通風土陰陽之術，世所傳《江西地里新法》：出於舜申。紹興間，自績溪徙居吴。暇日，以其術行四郭而相之，以爲蛇門不當塞。作《吴門忠告》一篇曰：「吴城以乾亥山爲主，陽山是也。山在城西北，屹然獨高，爲衆山祖，傑立三十里之外。其餘岡阜纍纍，如群馬南馳，皆其支隴。城居隴前，平夷如掌。所謂勢來形止，全氣之地也。如祇自城中觀之，則城中之地，亦唯西北最高，是乾亥無疑。乾爲天亥，則紫微帝座所次，是謂貴龍。此城既主是山，法當用金局，乾亥於大五行屬金故也。山如此水，則當與山相應。此邦水勢，自東南貪狼，西南及正西武曲，以至西北巨門等位來，其來皆聚於太湖。由正北廉貞，及正東、東北禄存而去，以入于江，而歸之海。其來去無一，不合金局之法，故自古常爲大郡國，今爲行都藩輔。而吴中人物繁夥，冠蓋崢嶸，所以常甲於東南。今觀水之流派，常自閶、盤二門入，即西南、西北水也。由葑、婁、齊三門出，即正東、正北、東北水也。其於來去之法固合。然所以導迎善祥氣者，尚有缺然。蓋胥塘自正西帝旺來，是謂武曲之水，本由胥門入。運河自吴江東南長生來，是謂貪狼之水，本由蛇門入。頃歲乃塞胥、蛇二門，而生旺之水，遂不得朝鄉城中。此其爲害，明陰陽風水者，常嘆息於斯。胥塘之水，尚由閶、盤二門委曲而入城。東南長生之水，乃環城而東，徑由葑門之外，以出於城中，了不相關，此尤可歎惜。故自頃以來，城市蕭條，人物衰歇，富室無幾，且無三世能保其居安士宦達者，比承平時寖少。至建炎之禍，一切掃地，至舉城無區宅能存，數百千年未之有也。按《地里法》：生旺二水，利害最切。猶人身氣血榮衛，今塞絶之，能安强乎？明知者願圖回其事，復開二門，導水入城，以幸此邦，可也。胥門適當姑蘇新館，勢不可動。又武曲但主財富而已。蛇門之水爲貪狼，王〔主〕文筆官職之事，於理〔埋〕爲重，復開之便，政和修城，於諸故門雖已塞，然皆刻石於右以識。今石刻具存。但襲府圖之誤，以蛇門爲赤門爾。蛇門在城之巳方，故以蛇名。赤門以在城正南至陽之地，其義可考。況蛇門直南，正對吴江運河。今舟船自南來，非東入葑門，即西入盤門。皆迂遠十數里，於水行非便。昔吴王闔廬始作城，伍子胥實規畫之。立陸門八，以象八風；水門八，以象八封。其後諸門開閉不常，吴時欲以絶越，遂不開東南門，即蛇門也。不知塞絶生氣，故終爲越所滅，茲亦明効大驗。至吴、晉、李唐時，諸門未嘗不開。故左太冲賦《吴都》有：「通門二八，水道陸衢」之語。劉夢得詩亦曰：「二八城門開道路。」故晉、唐時，吴下最爲雄盛。今所啓門者五，餘皆閉塞。而甚不可塞者，唯蛇門。究所以閉塞，《圖經》之説爲其多途，艱於守衛幾禁。噫！抑末矣。今清蹕暫駐錢塘，吴尤當開東南之門，以伸朝拱之義焉。吴城門不常啓閉，舊矣。昔年蓋嘗於八門之外，又開赤、平二門。而葑門陸衢，蓋嘗塞矣。范文正公守郡，始命闢之，往來至今爲便。誠能遠迹晉、唐，近効文正，復闢蛇門。東南虚秀之氣，疏導迅發，儒道利亨，文物之盛，非復今日吴下矣。」乾道甲申冬，直祕閣沈度守郡，與舜申舊同寮。知其説，心善之。明年春，邦人以爲請，度即命官吏行視其處，將以十二月乙丑啓蛇門。部署已定，會屬邑輒呼帶郭民户，悉具畚锸，刻期赴役號召。隱然有異意者，以爲擾民，度避謗乃止。淳熙乙未春，祕閣修撰韓彦古起復爲守。其秋，邦人申前請，彦古欣然從之。卜以九月十二日庚寅差役。八月，彦古罷。是時舜申年八十五矣，慨然惋惜！謂天時人事難合如此。復爲後序告來者，詞贅不録。

《〔乾隆〕江南通志》卷三二《輿地志・古迹三》 淹城在陽湖縣延政鄉。《越絶書》云：毘陵縣南城，故淹君城也。其城三重，周廣十五里。今外城多圮，内濠亦堙，而内城、中城屹然，中濠、外濠廣可十五丈。又留城在淹城東五里。相傳吴王囚越質子，淹留於此，故名。

《〔乾隆〕江南通志》卷三三《輿地志・古迹四》 廣陵城在府東北，去江四十里。戰國楚邑。《史記》云：楚懷王十年，城廣陵。秦置廣陵縣。漢吴王濞都此，爲江都國。後漢爲廣陵郡。隋曰揚州。故城西據蜀岡，北包雷陂，外有大城，中爲子城，亦曰牙城。周顯德四年，韓令坤以城大難守，築故城東南隅爲小城，以治之。既而李重進始改築於故城南二十里。宋建炎三年，郭棣知揚州，以故城憑高臨下，四面險固，即遺址建築，謂之大城。明初，於大城西南隅改築，而故城廢。《府志》云：北濠即今柴河，其上城基培塿可尋。南濠即運河。今云蔡家山者，即其南角樓也。東門在東水關内。

呂梁故城在府東。《元和志》云：呂梁故城在彭城縣東五十七里，即故呂縣也。城臨泗水，其東二里有三城：一在水南，一在水中東上，一在水北。並高齊所築立鎮以防陳寇。又呂城東十里，呂梁洪上有二城：一曰雲夢，一曰梁王。土人謂雲夢爲韓信，梁王即彭越。又洪西岸有尉遲城。唐尉遲敬德督徐州，嘗鑿呂梁洪，因築此城。

邗溝城在甘泉縣蜀岡上。《左傳》杜預注云：吴將伐齊，自廣陵城東築邗城，城下掘深溝，謂之邗溝。城與縣城在甘泉縣，漢置，屬臨淮郡。

彭城在府東南。堯封彭祖於彭城，號大彭氏，國於此。《水經注》云：大城内有金城，東北又有小城，小城西又有一城，大司馬琅琊王所修。《元和志》云：州内城，貞觀五年築。其外城，即古大彭氏國也。

《(同治)徐州府志》卷一八下《古迹考》 下邳故城，《州志》：在舊邳城東三里，西距葛嶧山六里，古國秦縣，梁改歸政，旋復名下邳，元省。見《沿革紀事表》。宋武《北征記》：下邳城凡三重：大城周十二里半，《寰宇記》作十里半。其南門曰白門；中城周四里，呂布所築；又有小城，周二里。州城西又有一小城，周三百四十步。相傳皆石崇所築。胡氏渭《禹貢錐指》：下邳故城在今邳州東三十里。尋攷諸書，更無他證。蓋「十」字衍文也。

《(乾隆)江南通志》卷三三《輿地志·古迹四》 下邳城在邳州東三里。春秋時邳國。應劭曰：邳在薛後徙於此，故曰下邳。秦置下邳縣。漢封韓信爲楚王，都此。《寰宇記》云：下邳有三城，大城、中城，呂布築；小城，石崇築。

塢城在嘉定縣南。《越絶書》云：婁門外有鴻城者，故越王城也，去吴縣一百五十里。《姑蘇志》謂在嘉定縣南五十里，吴淞江南。相傳吴王所築。鴻、塢字相類，道里亦相近，蓋即一城也。

太倉即今州治。相傳孫吴置倉於此，舊名東倉。元至元十九年，建海運倉於此。是時海外諸番交通市易，謂之六國馬頭。舊無城，張士誠始築城守禦。明洪武中，置太倉衛。弘治十年，始割崑山、常熟、嘉定三縣地，置州，即故酒庫司爲州治。按：太倉緣始，舊説各異。詳見《城池》。

古州城在州城東，前接高山，後枕積水。其山半壘石爲城，東、南面海。《地理新書》以爲即古海州。其山之巔爲孔望山，明御史黄國用建亭於上，曰孔望亭。《南畿志》云：下有龍洞，東有浴龍池。古今題咏石刻甚多。

《(乾隆)江南通志》卷二〇《城池一·松江府》 上海縣，明嘉靖間，知府方廉因倭亂築城。圍九里，高二丈四尺，門大小凡六，堞三千六百有奇。濠廣六丈，深一丈七尺。同知羅拱辰於四門益以敵樓、箭臺，環濠爲土墻。萬曆中，知縣許汝魁奉檄城加五尺，開小南門水關，引薛家浜水以通市河。民利賴焉。後知縣徐可求、劉一爌相繼甃石。

府城，元末張士誠據吴時築。明洪武間，因而葺之。周九里一百七十三步，高丈有八尺。濠廣十丈，深七尺。門四：東曰披雲，西曰谷陽，南曰集仙，北曰通波。門有樓，樓外爲月城。城倚九峯，面黄浦，左大海，而右三江。上建敵臺、窩鋪，雉堞三千三百八十九。嘉靖間知府方廉，萬曆間華亭知縣王廷錫，聶紹昌，崇禎時知府方岳貢，相繼修築。國朝康熙二年，霖雨傾圮。巡撫韓世琦、提督梁化鳳率屬捐修，舊堞併三爲一。府城西門外有西倉城，周二里，高一丈八尺，陸門四，濠廣六丈，深三尺餘。嘉靖間築以衛漕糧。萬曆中，知縣章允儒、崇禎時知府方岳貢相繼增修。國朝順治十五年，奉旨准官收官兑，按圖增造倉厫數十間於水次，以便小民交納焉。

華亭縣附郭。柘林城，明嘉靖中以倭警，巡按尚維持建議築。周圍四里，高一丈八尺，門三。池深一丈五尺，闊十丈。國朝康熙十三年修。二十二年，上海知縣史彩重葺。

奉賢縣，府城東九十里有青村城。明洪武十九年，安遠侯築。周六里，高二丈五尺。門四，各有樓。外有月城。永樂中，都指揮使谷祥增修。萬曆間，巡撫趙可懷修。濬池深一丈六尺，闊十丈。國朝康熙十三年重修。二十二年，華亭知縣南夢班重葺。雍正三年，分華亭，設今縣，以青村城爲治。九年，署知縣舒慕芬重濬城濠。

常州舊有羅城，後唐天祐間築。明洪武二年，中山侯湯和改築新城於其内，視舊狹五之三。周圍十里二百八十四步，高二丈五尺，廣二丈，甃以磚石。門七：東曰通吴，南曰德安，西曰朝京，北曰青山；次東曰懷德，次南曰廣化，次北曰和政。門各有樓。水關四，池深二丈，闊十六丈。成化十八年，巡撫王恕奉朝命檄知府孫仁修其傾圮，以巨石重甃之，加高三尺，壯麗增於舊觀。正德間知府李嵩、嘉靖中知府金豪、萬曆時通判趙堪相繼修葺。國朝康熙九年，知縣張令望重修垣堞。雍正八年，知府包括修葺城門、水關。

《(同治)徐州府志》卷一六《建置考》 先王制治未亂，設險守國，猝有寇變，市廛不驚，憑固崇墉，所以控地勢，一民心也。徐州府治銅山縣，古有四城。一曰外城，相傳古大彭國，即春秋之彭城也。《城邑攷》謂漢楚元王交所築，内有金城。又東北有小城，《水經注》謂劉公更開廣之，壘石高四丈，列塹環之。小城西又有一城，《水經注》：晉義熙十二年，汴水溢，城壞，乃更築之，悉以磚壘，宏壯堅峻，樓櫓赫弈，南北所無。城西有小市門，《宋書·張暢傳》暢與李孝伯應對處也。宋王元謨稱爲城隍峻整，魏尉元亦稱其險固。《水經注》：宋薛安都舉城歸魏，邑閣如初，觀不異昔。自後毁拆，一時俱盡。閒遺工雕鏤尚存，龍雲逞勢，奇爲精妙矣。唐貞觀五年，重築。龐勛之亂，徐州有羅城子城。《通鑑》其外城南門曰南白門。宋熙寧中，郡守蘇軾增築各門子城。金哀宗正大初，徐帥完顔仲德疊石爲基，增城之半，復浚隍引水爲固。《金史》本傳。元改置武安州，於東南二里許。即今廣運倉地。明洪武初，復治舊城。疊石甃甓，周九里有奇，高三丈三尺，址廣如之，顛僅三之一。三面阻水，即汴、泗爲池，獨南可通車馬。濠深廣各二丈許，堞凡二千六百三十八，角樓三。門四，東曰河清，西曰通汴，北曰武寧，南曰迎恩。萬曆初，副使舒應龍、知州劉順之環增護隄，又建閘洩潦於城南，城得不潰。十八年，副使陳文燧開支河以洩城中積水。四十二年，參議袁應泰重修四門，各增箭樓。更門之名，東曰明德，南曰奎光，西曰威遠，北曰拱極。天啓四年六月甲申，河決奎山隄，夜半由東南壞城，百姓溺死無數。明年，移築州城於雲龍山東，去舊城二里。《方輿紀要》。兵備楊廷槐署州事，司乃疆請遷於南二十里鋪。已興役十餘月，會給事中陸文獻上《徐州不宜遷六議》，遂罷。崇禎元年，兵備唐焕復修。改門名，東曰河清，西曰武安，南曰奎光，北曰武寧。七年，參議徐標補葺之。三面鑿池，南北增敵臺，四城周九里。國朝順治十八年，兵備項錫允重繕。康熙七年六月甲申，地震，城又圮。雍正二年，知州孫詔始修葺完固。咸豐九年，兵備道王夢齡加築。李芬《咸豐重修碑記》：徐州古用武地也，秦楚懷王自盱眙徙都於此，歷代相沿，史稱城隍峻整，襟衛周圍。元魏尉元云：彭城宋之要蕃，南師來莫不因之，以陵諸夏。迨後黄河勢日南趨，元明而降，濁流泛漲，屢爲城患。遂於郭外環築護隄爲衛，逐歲加增。近且隄岸高若建瓴，城郭卑同覆鬴，守斯土者，競以河防爲務，多不以城垣置意矣。咸豐壬子，豐工漫溢，河失故道，城外停潦沮洳，不待褰裳而涉。城雖免水之患，地則失河之險。比年皖匪嘯聚，出没無時，疊擾徐方，意存窺伺，不有堅城，民將何恃。觀察王公，莅徐七載，籌餉督師，長策要算，興廢舉墜，心力交瘁。既就護隄加建女墻，調撥河兵戍守，又亟亟與太守趙公、銅沛司馬張公、銅山令高公籌商經費，修復城隍，以固吾圉。先是城基避水屢徙，今城未知建自何時。巡訪城上，東門樓下有「康熙二年包元辰大修徐城記」石碣，其事與文，志乘皆所不載。惟載順治十八年兵備項錫允《重修碑記》云：閱三載始成。旋於康熙七年因地震而圮。雍正二年知州孫詔、乾隆七年及十六年知縣王琮等，疊次領銀，修葺鞏固。嗣至嘉慶二年，知縣福慶、劉祖志、丁觀堂等，始更詳請動項，閒段修治。計城垣週長一千五百五十九丈有奇，垜口連列一千二百八十二堵，趾廣三丈三尺，頂寬三分之一。迄今六十餘年，其閒雖亦屢議葺理，奉行不力，隨作輒壞，堞殘櫓敝，傾圮實多。且城垣内僅以土築，歲久坍卸，一經有事，兵民登陴，幾無容足之地。城垜高僅及肩，豎旂秉炬，不能隱蔽。蓋承平日久，講求戰守之術者多疎塞瑕補闕，其能緩乎？惟時連年兵革，籌餉維艱。既不可請，比户虔劉，逃亡未復。又不可勞，遽動鉅工，實難經始。於是選於衆，而得大令胡君，勇敢有爲，操守廉潔，相與熟籌慎估，撙節營謀。城外舊有巡河行館，現已久廢，凡有剩甓卷石，悉輦之，以無用爲用。城内新設守衛總局，勸獎輸將，凡有權贏贖鍰，綜核之，俾因公濟公。遇有好義急公、踴躍捐資者，皆入告於朝，予以優敘，寵之爵秩。殫竭心思，幾同腋集。遂克日庀材鳩工，聚徒給廩，風雨不輟，寒燠無閒。内垣甃巨石以堅之，薄者斯厚，除列伍置竈外，其寬尚堪盤馬排垜。砌條石而廣之，卑者斯崇，除架礮伏甲外，其高仍使過人。他如棄礫平坑，即因之治道；循壕取土，正所以濬隍。力不重勞，工無偷息。興事於戊午三月二日，蕆事於己未九月既望。初議本云擇要修葺，今則所謂週長之一千五百五十九丈者，無尺壤不施畚鍤；連列之一千二百八十二堵者，無半墉不加以杇墁。以逮四門大樓，中衢鼓樓，瓦木拆損，灰堊漫漶，咸飾之，還其舊觀。飛甍傑構，歸乎焕乎。是役也，倘使泥於成格，詳告上臺，飭委勘估，派員分段安棚募夫，則曠日持久，實且緩不濟急。茲惟觀察知人善用，置腹推心，坦然付託，雖有浮言而不問。亦惟大令勇往直前，胼手胝足，毅然擔任，雖有勞怨而不辭。乃能不動聲色，費倍省而功愈速，閱十九月，而告厥成功。時人兩美之云。觀察名夢齡，號雨山。太守名作賓，號介山。司馬名用熙，號介純。大令名丙謀，號在午。大令名容本，號雪塘。其城外土垣，東北面築於咸豐五年，八年接築西南面，九年加築燕子樓、南土城。外城門凡六。又城北壩子街土城，周千二十七丈，門四，亦八年築。皆夢齡督建。

《〔光緒〕蘇州府志》卷四《城池》　府城爲闔閭故都。自泰伯城梅里平墟，諸樊徙都於此。迨闔閭時，伍子胥謀國，始相土嘗水，象天法地，以築大城，周迴四十七里。《吴地記》四十三里三十步。《寰宇記》三十里。陸門八，以象天之八風。水門八，以象地之八卦。門之名皆子胥所制。時周敬王六年也。《吴越春秋》：闔閭謂子胥曰：吾國僻遠，顧在東南之地，險阻潤溼，又有江海之害，内無守禦，民無所依，倉庫不設，田疇不墾，爲之奈何？子胥對曰：臣聞治國之道，安君治民，興霸成王，從近制遠，必先立城郭，設守備，實倉廩，治兵庫，斯則其術也。闔閭曰：善。夫築城郭，立倉庫，因地制宜，豈有天氣之數以威鄰國者乎？子胥曰：有。闔閭曰：寡人委計於子。乃使相土嘗水，象天法地，築大城，周迴四十七里；築小城，周十里。《越絶書》：吴大城周四十七里二百一十步二尺。陸門八，其二有樓。水門八。南面十里四十二步五尺，西面七里百一十二步三尺，北面八里二百二十六步三尺，東面十一里七十九步一尺。吴郭周六十八里六十步。吴小城周十二里，其下廣二丈七尺，高四丈七尺。門三，皆有樓。其二增水門，其一有樓，一增柴路。

伍子胥城周九里二百七十步，小城東面從武里，西從小城北。邑中徑從閶門到婁門九里七十二步，陸道廣二十三步；平門到蛇門十里七十五步，陸道廣三十三步；水道廣二十八步。其西曰閶門，《吳越春秋》：城立閶門者，象天通閶闔風也。闔閭欲西破楚，楚在西北，故立閶門以通天氣。又名破楚門。《文選注》：吳王闔閭立閶門，象天閶闔門。《越絶書》作昌門。《吳郡志》謂《南史》及傳記中或書作昌門，蓋字之訛。孫堅母夢腸繞昌門。傳俗昌門，魯班所造，或謂名望齊門，乃與齊門相犯，非是。陸機《吳趨行》：吳趨自有始，請從閶門起。晉時高樓閣，道其盛如此。宋承平時，亦有樓三間，甚宏敞，蘇舜欽嘗題詩其上。《圖經續記》：此門舊有李陽冰篆額。建炎中，門廢。寶祐二年，趙汝曆復建。《姑蘇志》或謂春申君諱破楚之名，改昌門。又謂孔子登東山望吳閶門者，皆非。又《越絶書》：別有楚門，以爲春申所造，楚人從之，故云。恐即破楚門耳。曰胥門《越絶書》：姑胥門又云胥門，外有九曲路，闔閭造，以遊姑胥之臺，以望太湖，蓋取姑胥山爲名也。《吳地記》：胥門水陸二路。今陸路廢，其後水陸二途皆塞。宋紹興中作驛館，其上亦號姑蘇臺，今廢。《姑蘇志》引《祥符圖經》云：子胥家於此，後抉目懸於門，因名。案：子胥云懸目東門，而此門在西，又門名即子胥所命，亦不應以巳居稱。又《續記》云：夫差伐齊，胥門巢將上軍，以巢所居爲號。案：巢在子胥後，其説亦非。及《吳越春秋》稱吳懸子胥頭以懼越軍，尤不可信。南曰盤門，《吳地記》：舊曰蟠門，蓋嘗刻木爲蟠龍，以厭越也。《後記》云：以水陸縈回屈曲，改字爲盤。又云：常有龍潛伏於此，以鼓仗擊逐之，即今五樓門是也。《續志》云：舊有樓，吳説題額。視寶祐新作諸門，最爲宏壯。寶慶三年秋，大風雨，樓門俱壞。紹定二年冬，李壽朋重建，規制尤偉。《姑蘇志》謂《祥符圖經》以此爲蛇門者，誤。曰蛇門《吳越春秋》：闔閭立蛇門以象地户，欲并越。越在東南，故立此以制之。吳在辰，其位爲龍，故子城南門上反羽爲兩鯢，繞以象龍角。越在巳，其位爲蛇，故南大門置木蛇，北首向内，示越屬吳也。又云：句踐歸國，夫差送於蛇門之外。《吳地記》：春申君作蛇門以禦越軍。《舊經》云：門格南上有蛇象而作龍形，句踐作雷門以勝之。《樂書》又謂越擊鼓雷門，而蛇門聞之。此數説不足據也。《吳地記》謂蛇門南面有陸無水。《吳郡志》以此言爲即與陸門八之説相迕。今巳位正是漕河，通過安得無水。但門已廢，不可攷爾。東曰婁門，《吳地記》：婁門本號疁門，東南秦時有古疁縣，至漢王莽改爲婁縣。《吳郡志》從之云：今謂之崑山。崑山縣東北三里許，有村落名婁縣，蓋古縣治所寓也。盧熊《志》引顧夷《吳地記》：松江東北入海爲婁江，今北門東指古婁江。則名縣之義，蓋以此耳。曰匠門，又曰干將門。《吳地記》：水陸二路。今陸門廢，出海道通大萊城，沿松江下滬瀆。闔閭使干將於此置冶鑄劍。《圖經續記》：今謂之匠，聲之變也。盧《志》：門南有封門、赤門，門東南又有鱄鮄門。今外濠葑婁之間，猶有匠門塘，其旁有歐冶廟、干將墓。《姑蘇志》：或云將門，意聲之譌，或省稱也。今久廢。北曰齊門，《吳越春秋》：闔閭十年既破齊，齊以女爲質，吳爲太子波聘之。齊女少，日夜號泣成病。闔閭乃造北門，名曰望齊門，令女往遊其上。女思不止，病益甚，曰：死必葬我虞山之巔，以望齊國。《越絶書》：闔閭伐齊，取齊女爲質子，爲造齊門，置於水海虛。其臺在車道左、水海右。此即齊景公涕泣女吳事。《吳郡志》引《吳地記》謂齊嫁少女於太子終纍，吳王作九層飛閣，令女登以望齊。盧《志》及《姑蘇志》皆以其説爲不可從，是也。曰平門，《吳地記》：平門北面有水陸通毗陵，子胥平齊，大軍從此門出，故號平門。東北三里有殷賢臣申公巫咸墳，亦號巫門。今有平門塘。門久廢。《乾隆志》云：今東南門曰葑門，古爲封門。《圖經》云：取封、禺二山爲名。《續記》云：山故屬吳郡，今在吳興。方言謂封曰葑。葑者，茭上樛結可以種植者也。盧《志》、《康熙志》引《史記正義·吳世家·吳東門解》云：闔閭城無東門。《吳俗傳》：伍子胥見夢越軍，令從東南入，越乃回，向三江口岸築壇祭子胥，開渠自羅城東，開門入吳。至今猶名示浦，門曰鱄鮄。又《伍子胥傳·吳東門解》云：東門鱄門謂鮄門也，今名葑門。越軍開示浦，子胥以濤蕩羅城，開此門，有鱄鮄隨濤入，故名。顧野王云：鱄魚，一名江豚，欲風則涌。據此，鮄、葑，音相近也。《埤倉》：鮄，鯸魚也。《説文》：鯸魚，一名江豚。鱄與鯆同。陸廣微亦云：葑門，一名鱄鮄門。今有浮墩，非八門之數。又云：赤門，今葑門。非也。赤門，正南門也。《續志》云：南方屬火，故在午位。今郡城南城下有大溝，號水溝頭，外濠水從此屈曲北入星橋、祝橋，出凈河橋而東流。近年此道湮塞，乃自祝橋而西出燕家橋矣。即古赤門水道也。至今盤、葑之間有赤門灣，乃誤指蛇爲赤，蓋承《府圖》而然。《吳地記》：又有栗門、魴鮄門。《越絶書》：又有楚門，春申君所造。考之於今，皆無所據。故八門之名從《吳地記》，而注葑門於其下。案：城門之號，見於《吳越春秋》，水陸各有八門，而僅書閶、蛇、望齊。《越絶書》作閶、婁、平、蛇、巫、胥、齊、匠，具八門之數。《吳地記》西閶、胥，南盤、蛇，東婁、匠，北齊、平，而封、赤不預。《圖經續記》作閶、胥、盤、蛇、婁、匠、齊、平，而封、赤不預。盧《志》謂自唐末之亂，廢置不常。《寰宇記》載，宋初惟閶、胥、婁、齊、盤、封六門。後胥門又廢。迨元至正時，又重立胥門。各門皆有水門，惟胥門無。明平吳，仍元之舊。國朝亦因之焉。自秦漢以來，皆仍其舊。至隋開皇中，楊素徙城於城西横山下，黄山之東。《乾隆志》：楊素平江南羣盜。以郡嘗被圍，非設險之地，欲空其舊城，奏徙之。案：其地即今所謂新郭是也。唐武德九年，復還舊城，分城之東析置長洲縣。乾符二年王郢之亂，刺史張搏重築羅城。《吳地記》：羅城如亞字形，南北十二里，東西九里。城内大河三横四直，郡郭三百餘巷。梁龍德二年，錢氏復以磚甃，高二丈四尺，厚二丈五尺，裏外有濠。宋政和中，復修治之。其故門廢塞者，皆刻石爲識。《圖經續記》：當吳時，不開東面之門，欲以絶越。其後，稍或閉塞，蓋其多塗，則艱於守衛，幾禁也。全所啓者五而已。封門陸衢，中或湮塞，范文正公命闢之爲門，往來至今，大以爲便。《吳郡志》：唐時八門悉啓。劉夢得詩云：二八城門開道路。許渾詩云：共醉八門回畫舸。今惟啓五門。宣和五年，詔重甃。經建炎兵燹，淳熙中，知府謝師稷又繕完之。至開禧間，隤圮殆半，而池隍亦多爲菱蕩稻畦侵齧。時史彌遠提舉常平，圖復之。嘉定十六年，彌遠作相，遂奏請得賜錢粟，知府趙汝述、沈皡相繼修治，爲一路城池之最。寶祐二年，知府趙汝曆增置女墻，補建葑、婁、齊三門樓。開慶元年，詔復增築。景定末，風壞婁、齊二門樓。咸淳初重建。元既定江南，凡城池悉命夷堙，雖設五門，蕩無防蔽。至正十一年，兵起，詔天下繕完城郭。平江路廉訪使李帖木兒謀於監郡六十、太守高履，城之築壘、開濠倍加深廣。掘土姑蘇驛下，得石鐫「胥門」二字，重闢胥門。至張士誠入據，增置月城。明初平吴，更加修築。城爲亞字形，内外長濠廣至數丈，門皆有釣橋，以通出入。遂爲蘇州府城。《姑蘇志》：城周三十四里五十三步九分，高二丈三尺。女墻高六尺，基廣三丈五尺。自閶門南至胥門六百三十九丈五尺。自胥門南至盤門三百八十八丈七尺。自盤門東至葑門一千一百一十八丈。自葑門北至婁門八百六十四丈二尺。自婁門北至齊門五百八十丈。自齊門西至閶門八百九十二丈二尺五寸。總計四千四百八十二丈六尺五寸，爲一萬二千二百九十三步九分。南北二十二里，東西九里。城内大河三横四直。各門上爲畫樓，周循雉堞。每十步爲鋪舍。崇禎十五年，推官倪長圩重加修葺。國朝康熙元年，巡撫韓世琦改築城垣，并拓女墻。今城周四十五里，長五千六百五丈，高二丈八尺，廣一丈八尺。女墻高六尺。爲門六。葑、婁、齊、閶、盤各有水陸門，惟胥無水門。每門有樓，建官廳、軍器庫，凡窩鋪一百五十七，敵臺五十七，雉堞三千五十一。門有守門官公館及營房，而鎖鑰則歸總捕同知焉。始秦置吴縣於郡城，唐析置長洲縣，國朝雍正二年，又析長洲地置元和縣。自是附郭有三縣。雍正七年，浙江總督李衛暨署江蘇巡撫張坦麟檄委修繕傾圮。八年，巡撫尹繼善復檄補修。道光十八年，增修，海寧查侍御元偁協貲助工。咸豐十年，粵匪陷城，六門俱經改築。事平，以次修復。惟閶門月城尚未復舊制。

《〔光緒〕蘇州府志》卷五《坊巷》 南濠水衖，北曰同善衖，自牌坊至踏垛止，計長三十四步，前街闊計兩步三寸，中闊計三步八寸，後河闊計兩步五寸，内有水神閣。中曰中正衖，自牌坊至踏垛止，計長三十二步，前街闊計三步二尺五寸，中段闊計三步三尺一寸，後河闊計兩步三尺。南曰興仁衖，自牌坊至踏垛止，計長二十九步，前街闊計兩步三尺三寸，中段闊計兩步三尺，後河闊計兩步二尺。乾隆縣志云：乾隆八年癸亥夏四月，巡撫陳大受、知府覺羅雅爾哈善建。南濠水衖凡五，防火災也。廣其舊者，曰信心，曰姚家。擴其新者三，曰同善，曰中正，曰興仁。南濠向稱闤闠，百貨所萃，又地窄而重樓，一失火則濠在咫尺而水無自起，蔓延者動數百家。巡撫仁心爲質，知府亦誠心愛民，思弭患預防，爲後來久遠之計，倡捐千金。適有陳天鈺、金宗浩等好義之士買宅營構，約費白金三千金，遂成巨功。商民頌德，億年永賴云。

《〔乾隆〕江南通志》卷二〇《城池一·通州》 通州城，周顯德六年，静海制置巡檢副使王德麟始築土壘，繼復甃以陶甓。周圍六里七十步，爲門三。宋建隆中，設戍樓。寶祐中，賈似道增築甕城。明初，守禦千户楊清、姜榮相繼修築，設三釣橋，又開三水關，以通市河。嘉靖三十四年，知州翟澄浚爲深濠，匝以穹堤。隆慶二年，知州鄭舜臣重加修治。是爲舊城。萬曆二十六年，知州王之城以備倭請築新城，南以望江樓爲門，北抵舊城，延袤七百六十丈，高一丈九尺。然外雖甃石以成，内實沙土，霪雨易傾，頗煩修築。國朝，屢加葺治。海門鄉舊爲縣，猶有遺址。明嘉靖三十三年築城。周圍五里三分，高二丈五尺。門四，各有戍樓、水關。池廣六丈。國朝康熙十一年，爲海水所圮，縣省入通州。附元周衡《修城記》：昔周世宗以顯德五年遣師擊南唐，南唐主盡獻江北地。明年，始築通州城而甓之。宋高宗南渡，其臣吕祉以爲通州與平江崑山縣福山對岸，趦順風不半日可至，須預爲之防。於是置水軍，起許浦以至顧涇。由此言之，則通實平江襟喉，爲今要害抗扼之地，而其城築，視他處尤所當先者也。定遠大將軍李侯天禄以至正十六年統兵作鎮，念城久隳，欲事版築。深惟民力自兵興之後有所弗堪，迺經營計度，水甓灰石，積之於漸。起丙申春三月建己亥春，迺始鳩工命材，從事楨幹畚鍤，而副元帥陳忠又爲之協力贊襄。於是杵築應和，工力堅密，遂爲名城，屹然金湯，爲國藩屏矣。侯其有見於設險守國之義乎！侯天挺英邁，馭軍牧民，恩威竝著。通之民咸願紀侯之美，以爲非勒之金石，無以章示永久，乃請於衡，因不辭而爲之記。

《〔光緒〕淮安府志》卷三《城池》 淮安府城，山陽縣附郭。舊城周十一里，東西徑五百二十五丈，南北徑五百二十五丈，高三十尺。爲門五：東曰觀風，南曰迎遠，西曰望雲，北曰朝宗，西南稍北舊有門曰清風，此舊署也。今東曰瞻岱，南曰迎薰，西曰慶成，北曰承恩。元兵渡淮時，守臣孫虎臣塞之。今廢。四門皆有子城。城上大樓四座，角樓三座，窩鋪五十三座，雉堞二千九百九十六垛。水門三。秦漢以來，本無城郭。東晉安帝義熙中，始立山陽郡，乃於此地築城。見《宋史·李大性傳》。《金石録》有唐上元二年《楚州修城記》，《文苑英華》有唐大中十四年，御史中丞李旬修楚州城南門，鄭吉記，皆今日郡治舊城也。南宋郡守吴曦欲徹城移他所，通判李大性謂：楚城實晉義熙間所築，最堅，奈何以脆薄易堅厚乎？力持不可。乃止。宋孝宗時，守臣陳敏重加修葺。北使過淮，見雉堞堅新，稱爲銀鑄城。嘉定初，復圮。知楚州趙仲葺之。九年，知楚州應純之填塞窪坎，浚池洩水，城益堅完。元至正間，江淮兵亂，守臣因土城之舊，稍加補築。明初，增修，包以甎甓，周置樓櫓，始成今制。正德十三年，漕撫叢蘭檄知府薛鍪重修。嘉靖間，知府劉崇文再修。隆慶間，漕撫王宗沐建樓於西門子城上，額曰「舉遠」，登以治漕。萬曆三十三年，倭亂，邊海戒嚴。署府事推官曹于汴添設敵樓四座。三十八年，西門城樓災。知府姚鉉重建。四十八年，南門燬於雷火。知府宋統殷重建。崇禎間，漕撫朱大典遍修三城。嗣後城樓圮。國朝康熙初，漕督林起龍徹而新之，城垣殘缺者修補之。二十三年，漕督邵甘重建西門樓。二十八年，漕督董訥重建南門樓。後漕督興永朝桑格屢加葺理。年久塌卸。乾隆元年，督撫題准發帑修理，知縣沈光曾承修。九年，金秉祚於各門添建兵堡營房三間。嘉慶二年，復經修補。道光十五年，漕督周天爵建西、南二城樓。二十二年，復集貲大修，新建礮臺二，重建過街樓四，又擴造北城圈及東、北二樓。咸豐、同治中，間加修補。又於東城建敵樓一所，及四城踐更窩鋪。今圮。同治十二年，漕督文彬重建西門樓。光緒七年，署漕督譚鈞培重修東、南、北三門樓。

新城在舊城北一里許，高二丈八尺，圍七里零二十丈，東西徑三百二十六丈，南北徑三百三十四丈。爲門五：東曰望洋，西曰覽運，南曰迎薰，北曰拱極，小北門曰戴辰。門各有樓，惟小北門無。東、西有子城、角樓四，南、北水門二，窩鋪四十八座，雉堞一千二百垛。按：新城即古北辰鎮地，西瞰運河，東南接馬家蕩，北俯長、淮。元末，張士誠將史文炳守淮安，始築土城。明洪武十年，指揮時禹取寶應廢城甎石築之。永樂二十一年，用工部言土城低薄，令軍士增築，門上建樓。正德二年，總兵郭鋐重建。隆慶五年，知府陳文燭重修。萬曆二十三年，倭警。署府事推官曹于汴添設敵臺四座。後俱頹壞，城垣傾圮殆盡。國朝乾隆十一年，督撫題准發帑飭知縣金秉祚承修，裏墻戧土加幫寬厚。在明季，城内居民尚有萬家。國朝乾隆中，猶稱蕃盛。今城堞街坊圮廢略盡。咸豐十年後，皖寇疊擾，鄉民頗屯聚其中，並得安全，苟有大力者修而築之，亦舊城輔車之助云。

聯城在新、舊二城之間，俗呼夾城。東長二百五十六丈三尺，起舊城東北隅，接新城東南隅。西長二百二十五丈五尺，起舊城西北隅，接新城西南隅。爲門四：東南曰天衢，通澗河路。東北曰阜城，久塞，西南曰平成，通運河隄路。西北亦曰天衢。通北關廂各處。東、西水門四，初高一丈四五尺有差，後加高六七尺，加厚四五尺。樓大小四座，雉堞六百二十垛。其地本爲運道，所經今陸家池、馬路池、紙房頭等處，皆糧船屯集之地。明嘉靖三十九年，倭寇犯境。漕運都御史章煥疏請建造聯城，自爲文以紀之。初議築此城時，知府范檟力言其不便狀。及工成，舉宴，檟不往，曰：非吾意，且他日淮難爲守計矣。萬曆二十一年，倭警屢聞。鄉官胡效謨等議請加高，巡撫尚書李戴疏請於朝，始加高厚焉。二十三年，署府推官曹于汴添設敵臺四座。其後，日就傾圮。國朝乾隆九年，督撫題准發帑飭知縣金秉祚承修，樓櫓雉堞煥然一新。今歲久圮廢。

《〔乾隆〕江南通志》卷二〇《城池一·揚州府》 府城自吳王夫差城邗、楚王熊槐城廣陵始，其後歲久殘毀。周世宗命韓令坤別築新城。宋高宗南渡，詔吕頤浩修揚州城，周二千二百八十丈，蓋即古城遺址也。明初僉院張林守揚州，以宋城太大，改築西南隅。周九里七百五十七丈五尺，高三丈，厚半之。門五：南曰安江，北曰鎮淮，西曰通泗，東曰寧海，東南曰小東。俱有甕城、樓櫓、雉堞、警鋪、敵臺，相望南北，水門二。是爲舊城。新城則創於嘉靖丙辰，以倭患，用副使何城等議築之。西接舊城，周十里千五百四十一丈九尺，高、厚與舊城等。七門：南曰挹江，鈔關在焉；又南爲便門；東南曰通濟；東曰利津；東北爲便門；北亦曰鎮淮，後改廣儲；又北曰拱辰。南、北即舊城濠口，爲二水門。東南即運河爲濠，北濠引水注焉。萬曆中，知府吳秀、郭光浚池，增城堞、敵臺。國朝順治四年知縣郭知遜、十八年知縣熊明遂、雍正四年知縣王元穉、七年知縣陸朝璣相繼修葺。

瓜洲城在府南四十五里，大江之濱。宋乾道中築，後圮。明嘉靖間復築。城東西跨壩，周一千五百四十三丈有奇，高二丈一尺，厚半之。門四，便門一。江都縣附郭。

高郵州有新、舊二城，今城即宋舊城也。周十里三百十六步，高二丈五尺，闊一丈五尺。門四，濠塹環之。地形四面下而城基獨高，狀如覆盂，故名盂城。開寶四年，知軍事高凝祐築。淳熙十三年，郡守范嗣蠡建樓於四門；開南北二水門，通市河。開禧中，增以重濠。元時知府李齊修築。明洪武時，復甃以磚，增設櫓、堞。嘉靖間，知州趙和補其卑缺。後知州劉峻請於撫，按州修其七，衛修其三，城益固。國朝順治十五年知州吳之俊、雍正二年知州張德盛俱葺之。其新城，則宋咸淳初，揚州制置使畢侯築，在舊城東北二門外。

泰州，南唐刺史褚仁規始築羅城二十五里。周顯德中，團練使荊罕儒增子城於東北隅，更築羅城，合西南舊城周十里，即今城是也。宋建炎中，通判馬尚增修，甃其外爲四門。紹興初，城圮。端平後，州守許堪別創堡城於湖蕩沮洳中，去城五里，曰新城。元末張士誠據新城。明初，復修舊城，尋建州治新城。遂圮。今城周二千三丈二尺，高二丈七尺。門樓四，水關二，池廣五十二丈，袤二千三十餘丈，爲防海要害。萬曆中，水患，傾圮。州守譚默修築。國朝康熙十三年，知府金鎮、知州嚴愈重修。海安城在州治東百二十里。周三里三十步，甃甓表裏。明常遇春築以屯兵。後圮。嘉靖間，巡撫唐順之暨海道劉景韶重建土城六里許。

《〔乾隆〕江南通志》卷二〇《城池一・鎮江府》　鎮江古有京城，吴有鐵甕城，又有東、西夾城，建於唐。俱詳《古蹟》。唐乾符中，潤帥周寶更築羅城二十餘里。宋、元因之。明初，元帥耿再成因遺址重建，指揮宋禮奉勅甃以磚石。周九里十三步，高二丈六尺。門四：東曰朝陽，南曰虎踞，西曰金銀，北曰定波。水關二，其池自西至南通漕河，自北至拖板橋，行舟楫。萬曆中，城垣周遭加高三尺。國朝康熙元年，鎮海大將軍劉之源重修。

《〔咸豐〕邳州志》卷三《建置・城池》　舊城西距葛嶧山三里，東距下邳故城三里，南距黃河四里，北至今州城九十里，蓋金所築土城，史未有聞也。金天眷中，宋將岳飛圍邳州，守將求救於東平尹奔睹。奔睹曰：城西南隅有塹丈許，速實之。時當宋南渡之初，則未知爲漢之故城，爲金所築之城。宣宗時，完顏仲德刺邳州，增築城壁，滙水環之，州由是可守。元光二年，納合六哥之叛，札也胡魯拔邳州南城，又高顯侯進共誅，六哥縋城降，牙吾塔入城撫慰。宋嘉定十六年，李全攻丕，四面阻水，李二措積勁弩備之，全不得進。皆是此舊城矣。自金興定迄元中統二十餘年，外羅襖賊之亂，內有汝霖、六哥、杜政、國用安之變，至夏貴來攻，杲哥出降，並見《官師志》及《雜記》。於是城垣殘破。中統三年十月，命忽都、虎懷都、何總管三人修完城郭，因土城之舊。明興，洪武十三年，衛指揮王恒加甎甃焉。城高二丈九尺，周五里二十步，《淮安志》作三十。雉堞一千五百二十六，《淮安志》作三十六。角樓四，鋪三十。城有三門，北曰鎮北，舊志作鎮壖。從淮、徐二府志。西曰通沂，南曰望淮。門各有樓，環以子城，周迴甃池，闊二丈，深八尺。昔者曹氏嘗擁沂、泗以灌州矣，洎乎！仲德以滙水環城，二措用積水阻敵。故知防禦之阻，尤賴水險，或攻而克，或守而固，雖曰地利，蓋亦關諸人事焉。正德七年，流賊劉六擾亂郯邳，周尚化禦之，以城西南二面阻沂、泗，可守，乃築西北、東南二隅，上建三樓，南曰皇華，東南曰永康，西北曰金勝。賊平，傾圮。嘉靖十五年，陳栢悉完其舊。大清順治八年，知州事陳璧增加修築。及康熙七年六月，河水大上，城陷，居民罕有免者。免者獨一二百家，並棲止岸阜，餘則巨浸矣，亦終亡之於水也。

舊城雖陷没，而其建寘有可攷者。知州署在城內，元舊址也。洪武三年，知州馬拯重建。二十九年，同知耿固修。成化七年判官曹卿、弘治初知州李惟聰重修。

《〔嘉慶〕海州直隸州志》卷一四《建置考・城池》　海州城，張峰《州志》：舊爲土城。相傳梁天監十一年，馬仙琕築。宋紹興三十二年，魏勝下海州，復築城濬隍，以備金人。寶祐三年，李壇又加修築。舊志：有東、西二城。東城高二丈七尺，周圍三里，有東、西二門。西城元季兵廢。至明洪武二十三年，淮安衛分中、前千户所，千户魏玉等守禦。因西城故址修築土城，與東城相連爲一城。永樂十六年，千户殷軾砌以磚石，並女墻高二丈五尺，周圍九里一百三十步，女墻共二千四百九十六堞，城鋪二十八座。東、西、南、北四門：東曰鎮海，西曰通淮，南曰朐陽，北曰臨洪。東、北二門月城二。西設池，深六尺，弔橋三座，在東、西、北三門外。嘉靖間，知州吴必學復因城堙增拓，環以鋪舍，翼以柵門。署通判范永官、李維東，知州錢騰蛟、高瑶、楊本駿相繼修葺，未成。隆慶壬申，知州鄭復亨修築沿西一帶，始爲完城。陳宣《州志》：萬曆壬辰，有倭警。知州周燧將西、南二門舖築月城，仍周圍築敵臺九座，四隅角樓四座，以便守禦。萬曆壬子，恒雨，城墻圮三之一。知州楊鳳補葺完固。天啓二年，鄒滕妖人弄兵。知州劉夢松慮沿西一帶城卑難守，首捐俸率錢，加增各三尺，共五百餘丈。東門距西門二里一百九十步，南門距北門二里一百一十九步，屹然鞏固。我朝順治初，經雨，間有傾圮。知州陳培基、陳爾靖修補稍完。康熙七年，地震，城傾十之二三。至二十四年，大水，圮者十六七，內外幾無藩蔽。趙開裕《續志》：乾隆二年，知州鄭謙請帑興修，工未及半，遽解任去。今按：自康熙以來，修葺無考。乾隆三十一年，知州福通阿詳准領五分工料，工未興，緣事去官。三十二年，州判彭方周奉文同權知州沈漣修築，凡三月而竣，費帑金六千七百八十九兩有奇。今尚屬完固云。

池即城外濠。陳《志》：東門至南門深六尺，闊一十四丈，長一里一百一十步。南門至西門深五尺，闊一十四丈，長二里三百步。西門至北門深六尺，闊四十一丈，長二里一百九十步。北門至東門深五尺，闊三十七丈，長三里二百一十五步。弔橋三座，在東、西、北門外，跨城濠之上。南門外有磚橋。今按：自白虎山西北皆沙土，西門至北門已無河形，東北城河與新開甲子河相通。

安徽

《(乾隆)江南通志》卷二一《輿地志·城池二·寧國府》 府城初創於晉内史桓彝。隋開皇間，刺史王選始大展拓之。宋建炎三年，郡守吕好問繕修。元至正中，廉訪使道童重加甃甓。城高二丈五尺，厚三丈，周延九里一十三步。門五：東曰陽德，東偏曰泰和，南曰薰化，西曰寶成，北曰拱極。西北據山阜，東南跨原隰。宛、句二水合流，不經疏鑿。明知府鞠騰霄、宋獻葉錫益飭治焉。舊堞一萬三千有奇，崇禎時，知縣梁應奇併三爲二，今共八千九百七十垜。原鋪一十三所，今計增設一百二十九所。國朝順治中，知府管起鳳、秦宗堯，知縣王同春修築。康熙七年，東南隅城圮，知府孔貞來修之。十九年，知府王國柱、知縣鄧性復加修整。

《(乾隆)江南通志》卷二一《輿地志·城池二·安慶府》 府舊城即今潛山縣城地也。《通典》云：楚靈王所建，歷代因之。宋嘉定十年，黄幹知安慶府，以金兵破光州，請諸朝，徙城於盛唐灣宜城渡之陰，去舊治百四十里。其城北負大龍，南瞰長江，東阻湖，西限河，周九里一十三步。門五：東曰樅陽；東南曰康濟；南曰盛唐，今改鎮海；西曰正觀；北曰集賢。元至正丙申，守帥余闕增高至二丈有六，濬重濠三，引江水環繞。明洪武庚午，指揮戈預重修，濬池深至一丈。嘉靖辛丑，知府吴麟於城内周圍加甃以甓。天啓癸亥，知府陳鏕、通判歐陽騰霄大加修葺。崇禎乙亥，知府皮應舉補其傾圮。知縣黄配元續砌周城馬道北關一帶，增高雉堞，建敵臺，濬舊濠。其後，五城樓燼於兵火。國朝順治二年，知府桑開第重建。七年，夏淫雨，城圮。操撫李日芃、知府王廷賓、知縣賈壯修補復故。十七年，操撫宜永貴重修女墻，合舊四爲一；設立窩鋪，以備守禦。康熙四十九年，巡撫葉九思修築。懷寧縣附郭。

《(乾隆)江南通志》卷二一《輿地志·城池二·徽州府》 府城在烏聊山麓，唐汪華築。東半抱山，西半據平麓。歷宋至元，代有修補。明初，總兵鄧愈加築。周九里七十步，高三丈二尺，廣一丈五尺。東、西、北三面有濠，闊二丈四尺，深一丈二尺。南及東南以山險，無濠。爲門五：東曰得勝，西曰潮水，南曰南山，北曰鎮安，東北曰臨溪。自北門而東至南門爲敵樓七，門外各設兵馬司房，窩鋪三十有三。嘉靖四十五年，知府何東序增修，加高三尺。又建南山、鎮安二門月城，增築西門外敵臺。國朝康熙二十一年，徽寧道黄懷玉、知府林國柱修葺。歙縣治舊在郡城外，無城。明嘉靖三十三年，倭入寇，知縣史桂芳始議建城。周七里有奇，高三丈，廣二丈。西南以郡城爲屏蔽，餘三面皆山，不池而險。爲四門，門側各有連弩之臺，守陴之舍二十有四，瞭望樓二所。

《(乾隆)江南通志》卷二一《輿地志·城池二·池州府》 府城相傳唐永泰間刺史李芃築。黄巢破後，刺史竇潏修復之。南宋知州李彦卿、李思重、趙炎、陳覃、傅伯召、葉永漸、徐橋、程宗仁相繼營葺。嘉定中，知州史定之復於城外西偏築新城，如偃月狀。元堙。明正德十二年，郡守何紹正建磚城，西北仍舊址，而拓東南隅三百餘丈。共周一千四百二十八丈，高二丈三尺，厚倍之。立門七：南曰通遠，南左曰毓秀，右曰鍾英，東曰九華，西曰秀山，北左曰迎恩，右曰望京。門各有樓，有月城。濬濠之堙爲民業者。萬曆初，兵備副使馮叔吉、太守王頤復增而高之。國朝康熙十年，通遠門大觀樓圮。郡守樸懷玉、貴池令張應薇重建。

《(乾隆)江南通志》卷二一《輿地志·城池二·太平府》 府城肇築於吴黄武間。東晉太和七年，桓温重築。唐保大三年，復高廣之。高三丈，周十五里，跨姑溪河。宋建炎中，知州郭偉改築新城，割姑溪於城外，減舊三分之一，爲今制。周六里，高三丈六尺，厚稱是。門六：東曰行春，正南曰南津，南左曰龍津，南右曰姑孰，西曰澄江，北曰清源。明初，屢有修治。崇禎十六年，巡按御史鄭崑貞甃以青石。四隅設堞樓，增窩鋪五十一所。沿城爲濠，由東南開渠引水，作新壩，東北出水。爲梅莊牐，以時啓閉。水深而城益高。

國朝康熙中，知縣寇明允、高起龍繕修。

《(乾隆)江南通志》卷二一《輿地志·城池二·廬州府》 古皆土城。唐廬州刺史路應求加甓焉。城初據金斗河爲池，宋乾道間，郭振帥淮西以鎮大城，小拓其地，跨河立水關二。元末，城圮。僉事馬世德請發公私錢十萬貫修之。明仍其舊城，周四千七百六丈，高三丈，闊四丈。門七：東曰威武，曰時雍；南曰南薰，曰德勝；西曰西平，曰水西；北曰拱辰。四面濠俱深廣。二關，上跨水西門，下跨時雍門，爲金斗河流出入之處。正德中，劇盜劉六等起。知府徐鈺慮水關難守，築埭障之，而導水爲外濠，以自固。郡址西高而東下，蜀山、雞鳴山、土山諸水匯於水西門，逕城中，金斗河每春夏水溢，則東關受害爲甚。後知府張瀚濬流以殺其勢，知縣胡震亨建牐以防其涸，民便之。合肥縣附郭。

《〔乾隆〕江南通志》卷二一《輿地志·城池二·鳳陽府》 府城明洪武七年建。周五十里四百四十三步，高丈餘。皆土築，惟東北磚壘四里有奇。門十有二：曰洪武，朝陽，獨山，塗山，父道，子順，長春，長秋，南左甲第，北左甲第，前右甲第，後右甲第。其長秋、父道、子順三門後裁，九門名猶存。池本無水，軍民分種爲田。

鳳陽縣附郭，明洪武五年建。外城周圍九里三十步，高二丈許，門四。內城周圍六里許，高二丈五尺。二城皆磚築。內城東、南及西三面有池。舊爲皇城，崇禎八年，守監王裕民以流寇犯鳳，奏請鳳無城郭，令民得聚居於此。國朝康熙六年，置縣治。

《〔乾隆〕江南通志》卷二一《輿地志·城池二·潁州府》 潁州舊城周四里，高一丈八尺。明洪武間，指揮僉事李勝建北城。萬曆二年，知州趙世相稍移西，築南城，與舊合爲一，周五里四十四步。北門仍舊，東、西、南三門俱在新城，南曰迎薰，東曰宣陽，西曰宜秋。俱有樓，有月城。正德甲戌，兵備孫磐始甃以磚，北倚潁水爲隍。嘉靖二十年兵備蘇志皋、萬曆初知州謝詔濬隍置牐。

《〔乾隆〕江南通志》卷二一《輿地志·城池二·滁州》 州舊有子城、羅城，相傳唐宋間築。明洪武中，拓爲今城。周九里十八步，高一丈七尺。門六：東曰化日，小東曰環漪，西曰永豐，小西曰觀德，南曰江淮保障，北曰拱極。有月城，又有上、下水關，建於宋嘉定。明洪武中修，跨沙河爲池。國朝，知州甯鳴玉、鄭邦相、余國楷、王賜魁相繼修葺。

《〔乾隆〕江南通志》卷二一《輿地志·城池二·和州》 州舊有城，相傳范增所築。明初，知州張純誠重修。周一十一里，高二丈四尺。門六，上皆有樓：東曰朝陽，西曰臨湖，偏西曰横山，南曰横江，偏南曰環江，北曰香泉。水關二，濠塹深廣。萬曆元年，知州康誥於六門築重城，各周十五丈，內外皆磚，上爲女墻。崇禎時，陷於流寇。知州萬民戴重葺。國朝康熙中，屢經雨，圮。知州夏瑋、王瑄繕治。

《〔乾隆〕江南通志》卷二一《輿地志·城池二·廣德州》 明洪武初，元帥趙繼祖、邵榮鎮此，始建城垣。周八里，高一丈五尺，廣八尺。門六：東曰迎春，西曰崇德，南曰明威，北曰閱武，東南曰石溪，東北曰常州。即今水關。池深八尺，闊一丈六尺。嘉靖中，始甃以磚。自正德後，知州劉節、莊士元、吳同春、段猷顯屢修，屢圮。國朝康熙二年，知州楊苞又修之。其六門之名改爲熙春、安貞、麗正、拱辰、鍾秀，惟常州仍其舊稱焉。

《〔乾隆〕江南通志》卷二一《輿地志·城池二·六安州》 州舊有土城，明初，指揮王志甃以石。正德中，毁於寇。知州李衮、指揮劉芳撤而新之，增置敵臺二十七座。周一千一十丈，高二丈三尺，闊如之。門四：東曰朝京，南曰鎮南，西曰通濟，北曰武定。後增文昌門。有樓，有月城。池深一丈四尺，闊七丈。崇禎末，爲張獻忠所陷。通判羅傑、知州徐潘等修補，未竟。國朝，知州劉克孔、王所善、王廷曾、李懋仁相繼修之。

《〔乾隆〕江南通志》卷二一《輿地志·城池二·泗州》 宋有東、西二土城，明初，甃以甎石，始合爲一。汴河貫其中。周九里三十步，高二丈五尺。東、西、南、北四門；西南又一門，名香花。隆慶中巡按蔡應暘，萬曆中巡按李時成、邵陛，相繼修築。環城有濠，外有石堤，建牐啓閉。崇禎時，大水灌城，郡守李希椟穴城以洩水。國朝康熙十二年，知州李德燿修城及堤。其後淮湖泛漲，堤不能支，城遂淪陷。寄治於盱眙山。

浙江

《〔乾隆〕杭州府志》卷二三《古蹟一·吳越子城》 錢氏築羅城，周七十里。城中又有子城，有門曰朝天門，曰炭橋新門，曰鹽橋門，今並廢。土人猶以門稱焉。《乾道志》。子城之南爲通越門，北爲雙門。錢氏納土，後二門猶存。《吳越國治攷》。按：《吳越備史》稱，唐大順元年，王命築新夾城，環包艮山暨秦望山，周回凡五十里。景福二年，王率十三都兵洎役徒新築羅城。自秦望山由夾城東亘江干，洎錢塘湖霍山范浦，凡七十里。《乾道志》所稱周七十里者，應即景福二年所築。

宋禁城，建炎三年二月，詔以州治爲行宮。紹興元年十一月，詔守臣徐康國措置草創。二年九月南門成，詔名曰行宮之門。十八年名南門曰麗正，北門曰和寧，東苑門曰東華。二十八年增築，又設西華、東便二門。其城周回九里。行在所録。王同祖《夜步内門》詩：靜夜高燈人未眠，等閒行過內門前。一聲唱徹連珠喏，璧月朱欄緑柳邊。按：古州城、吳越子城、宋禁城，包絡于今城內外。今俱列府城以便觀覽。

《〔乾隆〕紹興府志》卷七一《古蹟志一·越古城》 《吳越春秋》：越王曰：寡人欲築城立郭，分設里閭。欲委屬於相國。於是范蠡乃觀天文，擬法於紫宮，築作小城。周千一百二十一步，一圓三方。西北立龍飛翼之樓，以象天門；東南伏漏石竇，以象地户；陵門四達，以象八風。外郭築城而缺西北，示服事吴也，不敢壅塞。内以取吴，故缺西北，而吴不知也。城既成而怪山自來。范蠡曰：臣之築城也，其應天矣。崑崙之象存焉。《太平寰宇記》：廢郡城在山陰縣南三里。

《〔乾隆〕杭州府志》卷四《城池》　《樂史》載：杭州築城，始于隋開皇十年。自隋以前，無可考矣。唐末改建羅城，自秦望山至范浦凡七十里。讀羅隱《羅城記》，當時之興建，固有深意哉。宋增築内外城，秖爲一時權宜之計。至元末而嬴縮，始有定制。明代因之。皇朝敉寧六宇，設駐防營於會城，爲浙江總轄。各州縣城垣，因舊制修繕，護及鄉里，所由永奠金甌，于是乎在。

府錢塘、仁和附郭。府城周三十五里有奇。西南屬錢塘縣治，東北屬仁和縣治。門十：東曰候潮，曰望江，正東曰清泰，南曰鳳山，皆近江。正西曰湧金，西南曰清波，西北曰錢塘，皆近湖。北曰武林，東曰慶春，曰艮山。又水門四，其濠東起永昌壩，並清泰至慶春門，長一千丈九尺。自慶春門歷艮山、武林至錢塘門，長二千六百二十三丈。《大清一統志》。隋楊素創州城，周回三十六里九十步。《元豐九域志》。隋置州在餘杭縣。開皇十年移州居錢塘城。十一年復移州于柳浦西，依山築城，即今郡是也。《太平寰宇記》。方隋築城時，吴山東南皆江，西北尚鑿石爲棧道，《七修類藁》。唐因之。成化舊志。昭宗大順元年閏九月，杭州防禦使錢鏐築新夾城，環包家山洎秦望山而迴，凡五十餘里。皆穿林架險而版築焉。鏐親勞役徒，因自運一甓，由是駿從者争運之，役徒莫不畢力。景福二年七月，蘇杭等州觀察處置使開國侯錢鏐率十三都兵洎役徒二十餘萬衆，新築羅城。自秦望山由夾城東亘江干洎錢塘湖霍山范浦，凡七十里。乾寧二年，安仁義、田頵攻我，請淮帥楊行密携一僧來瞰城，僧曰此腰鼓城也，擊之終不可得。行密乃歸。《吴越備史》。錢氏舊門，南曰龍山，東曰竹車、南土、北土、保德，北曰北關，西曰涵水、西關。《乾道志》。時城垣南北展而東西縮，故曰腰皷城。《七修類藁》。梁開平四年八月，吴越王錢鏐定捍海塘基，復建候潮、通江等城門。初王親禱胥山祠，仍爲詩一章，函鑰置于海門。略曰：爲報龍神并水府，錢江借取築錢城。既而潮頭遂趨西陵。王乃命運巨石，盛以竹籠，植巨材捍之，城基始定。其重濠累塹，通衢廣陌，亦由是而成焉。《吴越備史》。是歲，廣杭城大修臺館，築子城。有人夜署府門曰：没了期，没了期，修城財了又開池。王出見之，命易其句云：没了期，没了期，春衣財罷又冬衣。嗟怨者遽罷。《十國春秋》。宋紹興二年春正月己未，修臨安府城。《宋史·高宗紀》。時霖雨城壞，詔以修内司所集湖、秀等五州役卒就築之。嘉靖《浙江通志》。二十八年增築内城及東南之外城，附于舊城。爲門十有三，萬曆舊志。城東曰便門、候潮門、保安門、新門、崇新門、東青門、艮山門，城西曰錢湖門、清波門、豐豫門、錢塘門，城南曰嘉會門，城北曰餘杭門。又有水門曰保安門、南水門、北水門、天宗門、餘杭門。《咸淳志》。諸門内便門、東青門、艮山門皆無甕城，水門皆平屋，其餘旱門皆造樓閣。諸城壁各高二丈餘，横闊丈餘。禁約嚴切，人不敢登。《夢餘録》。車駕駐臨安府，其東門絶無民居，彌望者菜圃。西門則引湖水入城中，以小舟散給坊市。嚴陵富陽之柴，聚于江下，由南門而入。蘇秀米則來自北關。故諺云：東門菜，西門水，南門柴，北門米。《二老堂雜志》。元既取宋，禁天下修城，以示一統。而内外城日爲居民所平。至正十六年，張氏陷姑蘇，據浙西五郡。十九年發松江、嘉興、湖州、杭州民夫復築焉。自艮山門至螺螄門以東，視舊則拓開三里，而絡市河于内。自候潮門則縮入二里而截鳳山于外。門仍一十有三，東無便門、保安二門，北增天宗、北新二門，南嘉會門改曰和寧門。成化舊志。故報國寺，宋宫址也，今已截于外城。内稱鹽法察院，前爲城頭，正宋舊東城之基矣。《七修類稿》。貢師泰《杭州新城碑》：至正十八年，上因江浙行省左丞相達實特穆爾請，詔賜臣張士誠光禄大夫爵。太尉設僚屬開府中吴士信榮禄大夫江浙等處行中書省平章政事。明年春，平章謁太尉曰：錢塘東南重鎮，地當衝要，城郭不完，其何以守？太尉曰：然。兹實大役，汝其白之丞相。丞相謂天方旱，民將勿堪。議久未决。則又曰：丞相無憂也，當有以處之。遂詣太尉，請出粟二十萬石，以始興築。命郡守謝節考觀圖志，以諮故實；度地植表，以正方位。視民力上下田賦多寡，授之丈尺，以均其徭。發姑蘇、吴興、嘉興、松江四郡及一州兩縣四隅之民，更相作息，以亟其成。猶慮夫趨事之或怠也，則督部將先築錢塘門並湖者數百丈，爲之程勸。且誓群有司曰：凡今之爲，非徒勞民且費也，勞之將以休其力，費之將以衛其財。諸君其勉喻之。吾且日視其勤惰矣。其自候潮門步至東青門，則平江守周仁治之。自錢塘門步至豐豫門，則吴興通守陸大本、判官張士俊治之。餘杭則嘉興通守繆思恭治之。艮山、北新、清波則松江通守謝禮、推官馬玉麟治之。和寧與錢湖則屬之海寧州仁和縣。而總其役者，實謝節也。令下之日，風馳電驅，小大奔走，莫敢不共伐石于山，浮木于江，舟輪輦載，千里相屬。荷鍤揮杵，萬堵皆興。不三月而功已告成。凡用石之工一百六十二萬，木之工一十五萬，圬之工一百八萬，金之工二萬。徒一千三百五十萬，土石、磚甓、灰鐵、木植、麻枲之數，累鉅萬億而不可勝紀也。城之周六萬四千二十尺，高三十尺，厚視高加十尺而殺其上得厚四之三焉。甃以貞甓，錮以堅珉，礦塈堊塗，雪立虹貫。舊城包山距河，故南北長。今則截鳳山于外，絡市河于内，故東西廣，而廣輪適中焉。爲門一十有三：東曰候潮、曰新門、曰崇新、曰東青、曰艮山，西曰錢湖、曰清波、曰豐豫、曰錢塘，南曰和寧，北曰餘杭、曰天宗、曰北新。上各建飛樓四楹而外爲甕城。門皆左右闢。其餘艮山、清波各爲月城，環旋出入，互相屏蔽。甃石爲樞，冶鐵爲扇金鋪銅環，啓閉有則。懸以飛梁，塹以重壕。內凡二百步設磴道，以上下人馬；外凡百餘步岌方臺，以便矢石。其上則發號之亭，邏卒之舍，睥睨樓櫓，連輥飛礮，靡不畢具。于是崇墉堅壁，若天造地設，而形勢爲之一新矣。經始于十九年七月十三日，迄功于是年十月某日。平章乃諏吉日，戎服上馬，監軍司馬，握刀抽矢，從以鼓吹，登城合樂，以大落之。既事。其賓僚將佐，相率請文，以垂顯刻。固辭不獲，而其請益堅。遂爲之詩曰：睠茲錢塘，左湖右江。提封千里，實爲大邦。曰隋楊素，載興版築。五季之際，保于武肅。宋復休養，生齒日繁。仁漸義摩，則維我元。盛極則否，民亦瘁止。狂童口潫，四郊多壘。不有嚴城，其何以寧。乃究乃度，乃經乃營。乃名長史，乃集將校。令出維行，是則是傚。按圖審勢，庀財鳩工。師徒嚮應，役夫景從。荷鍤成雲，揮杵如雨。分程攷工，各立部伍。樹幹林比，聚甓山巍。縣梯輓石，鬼運神移。力作堯堯，和聲許許。並驅齊興，千雉萬堵。崇墉既起，壯我雄藩。甃樞承鍵，截鐵成闢。虎符魚鑰，式嚴啓閉。動静應時，內外合制。昔也無城，民何所依。今也城成，安堵而居。昔也我民，朝警夕備。今也我民，户不夜閉。我有室家，于以康之。我有粟帛，于以藏之。我作我息，我出我入。變呻爲謳，伊誰之力。伊誰之力，相臣將臣。固我金湯，以衛我人。吳山蒼蒼，海波不驚。天子萬壽，四方底平。楊維楨《築杭城杵歌》：羅城一百廿里長，京藩恃此作金湯。舊基更展三十里，莫剩西門一樹樟。劉基《築城辭》：君不見，杭州無城賊直入，台州有城賊不入。重門擊柝自古來，而況四郊多警急。愚民莫可與慮始，見説築城多不喜。一朝城成不可踰，挈家却向城中居。寄語築城人，城高固自好，更須足食仍足兵。不然劍閣潼關且難保。獨不念，至元延祐年，天下無城亦無盜。明太祖命朱文忠取杭州，守將潘原明以全城內附，遂因之爲省城。門省爲十，東城五門：曰候潮、曰永昌、曰清泰、曰慶春、曰艮山；西城三門：曰清波、曰湧金、曰錢塘；南城一門，曰鳳山；北城一門，曰武林。爲水門四，在鳳山、候潮、艮山、武林各門之旁。凡城門各有二樓，惟湧金無月城，止一樓。共十有九。水門有樓者，武林、艮山而已。總共雉堞九千八百三十三堵，將臺五十座，警舖一百七十一所。舊《浙江通志》。杭州前衛百户吳東昇，善楷書，憲宗時負重名，杭城十門皆其題額。《兩浙名賢録》。成化十一年，左布政使甯良議，于錢塘門、湧金門右開九渠之一爲河，以導湖水。鎮守太監李義上其事，從之。于是開爲水門，闊七尺，高九尺，入深四丈九尺。嘉靖三十三年，巡撫都御史李天寵清負城馬路之侵没者，自鳳山門迤西北至清波門，闊凡三丈餘，長不可計。三十四年二月，倭將犯杭。提學副使阮鶚增築錢塘門月城，雉堞高二尺。十二月，督撫胡宗憲于清波門南城上築帶湖樓，東南城上築定南樓，鳳山門西城築襟江樓各一座。按：艮山門南城上有望海樓，俗呼跨海樓，當亦是時同築。三十五年，武林、錢塘二門外，各浚濠塹，閘上搆弔橋，環城皆闢有深池。是年四月霖雨，湖水衝圮錢塘門北城三十餘丈，乃塞濠，并毀橋閘焉。湧金、錢塘二門相去數里，中舊有磴道，以便守城者上下。頻年盜賊踰城，多由于此。隆慶五年十月，督撫鄔連令于城之西上築嚴警樓一座，分營兵直宿。萬曆二年二月，督撫謝鵬舉令所司夷毀磴道。萬曆舊志。慶春門有水門，萬曆二十二年督撫常居敬、郡丞凃文奎開。三十一年督撫尹應元、右布政范淶議大修城。凡二年竣役。《〔萬曆〕錢塘縣志》。杭城計九千八百五十三堞，萬曆四十年間，每堞議用魚脊石板一片覆之，用銀一千七百兩有奇。此法儘可通行。《湧幢小品》崇正十五年，巡撫董象恒用督學副使王應華形家言，塞十門城穴十分之二。舊志。本朝順治七年，增築滿洲駐防營于城内西北隅。周十里，凡五門。《大清一統志》。順治十五年，總督李率泰檄府增高女墻，併二爲一。兼檄各府州縣修城。舊《浙江通志》。康熙五年，永昌門燬。總督趙廷臣重建，改永昌曰望江。八年，清泰門圮。知縣何玉如捐俸鼎新。《錢塘縣志》。二十四年，巡撫趙士麟以城久頹壞，樓櫓俱圮，捐俸委府倅靳衮宋德深等修造。雉堞既崇，翬彩復麗，屹然稱天險焉。《舊志》。

鳳山門在城南。其地内屬錢塘，外屬仁和。唐末錢鏐築羅城，環包家山，東亘江干，名南門曰龍山門。門即在包家山下。《七修類稿》謂六和塔西，臆度説也。南宋名曰嘉會，時南城包絡宮城，最爲長，展西際慈雲嶺，東沿包家山，其門則較今偏近于東。《夢粱録》云，嘉會門城樓絢麗，爲諸門冠。遇南郊，五輅由此幸郊臺路。元末改築城，縮入二里，因宋宮城北之和寧門以爲南門，即以和寧名之。並開水門抵龍山閘，以通江濱，綱運出入。明初易名鳳山，俗以其當治南，呼曰正陽。大清定杭，陸門水門皆因之。舊志。陸游《四鼓出嘉會門赴南郊齋宿》詩：客游梁益半吾生，不死還能見太平。初喜夢魂朝帝所，更驚老眼看都城。九重宮闕晨霜冷，十里樓臺落月明。白髮蒼顔君勿笑，少年慣聽舜韶聲。

《〔乾隆〕杭州府志》卷四《城池・海寧州》 州城周七里，有奇門五。元末因宋址築。濠廣五丈，南臨海無濠。《大清一統志》。祥符舊志云：鹽官縣城周四百六十步，高二丈，唐永徽六年築。《咸淳志》。舊城入元圮，至正十九年，江浙行省命左右司都事陳元龍重築，高一丈五尺，周七里九十步。萬曆舊志。貢師泰《城海寧州詩序》：海寧故鹽官縣，入國朝，以户衆陞爲州。其後又以潮決，南崖州將盡入于海。民吏驚懼，捍以數郡之力而決猶不止。朝廷遣使投璧沉馬而祝祭之，幸得寧，遂改今名。大抵境内地下淖沮洳，高者又皆沙土，故城址漫無存者。至正十九年春，江浙分省，檄左右司都事陳君元龍相其地勢而興築焉。君至則下令，聽民自定其力之上下，以均其徭，有不實輒治之，并以坐吏。于是奸豪懾服，貧懦感慰，小大相勸，萬手並作。不數月而堅壁高壘，屹然爲東南保障矣。城既落成，州之寓公及其大夫士咸歌詩以美之，而屬予序首簡。胡奎《築城謠》：漢無鹽官城，隋有鹽官城。唐有鹽官城，宋無鹽官城。荒城蕪没知何代，惟有東流水長在。蓬萊清淺幾桑田，精衛年年塞東海。前年無城禦邊烽，去年無城機杼空。今年長城高百尺，誰其主者陳元龍。重城鐵鎖黄金鑰，刁斗無聲夜停柝。七星掛城明月低，萬户千門慘清角。何當四海車書同，蒼生樂育康衢中。明年開城看歌舞，城南城北春花紅。明洪武二十年，沿海設衛所備倭。信國公湯和增築城五尺。永樂十五年，都指揮谷祥加堞二尺，共計高二丈二尺。城門五：東曰春熙，南曰鎮海，西曰安戌，北曰拱辰。東北曰宣德。每門有樓，樓左右翼以箭樓。而環城列窩鋪者四十有九。每門有官廨，而廨之外繚以月墻。門之側有水門三：一在拱辰門西，一在宣德門北，一在安戌門南門外。各有板橋跨濠，以通水陸。嘉靖三十四年，邑令蔡完以倭警後加高城塼五尺，增添女墻及巡警鋪四十五所，敵臺二十四座。又浚城河，加深五尺，共深一丈有五尺。舊《海寧縣志》。國朝順治十一年，令秦嘉系繕城浚濠，又搆層樓于拱辰門。舊志。秦嘉系《北城城樓》詩：鰲極天開峙海隅，嚴關鎖鑰愧分符。聲中白馬朝昏辨，檻外青峯左右圖。桑野耕耘連北郭，人家飲濯半西湖。綢繆豈爲窮登覽，望闕心懸萬里凫。康熙十三年，知縣許三禮修城九鋪。十五年，久雨城壞，重加繕葺。《海寧縣志》雍正五年，欽奉上諭檄知縣胡杲修築完竣。雉堞整固，樓櫓一新。《浙江通志》。

《(雍正)寧波府志》卷八《城隍・大嵩城》 在鄞十一都地，原屬定海衛，今衛所盡廢，故屬鄞縣。大嵩東接海口，南滙江流，西北跨山，距郡東九十里。高一丈七尺，址廣一丈二尺，周圍七百四十丈，延袤四里有奇。闢東西南北四門，門各有樓。穴水門於西之側，設以弔橋，羅以月城。城之上有雉堞、敵樓、警鋪，外自東南抵北，凡三百三十二丈爲濠，自西以北際石山不設。明洪武二十年，信國公湯和築。永樂十五年，都指揮谷祥加修。萬曆三十六年，海道副使鄒希賢又修。國朝順治十五年，併高雉堞。今廢。衛所城爲前營游擊駐防。雍正八年，移清軍同知分駐其地。

《(雍正)寧波府志》卷八《城隍・威遠城》 招寶山雄據海口，與竹山相對峙，爲江海之咽喉，郡治之門户，誠保障要害處也。明嘉靖間，鎮守都督盧鏜與海道副使譚綸，議以招寶俯瞰縣城，相隔不數十武，賊一登據，置火砲其上，縣城可不攻而破。即倭船絡繹，御尾入關，我軍亦無以制之。故守郡非據險不可，而據險非成城不可。乃請於總制胡宗憲，於招寶山之巔築建城堡。越三月告竣。名城凡二百丈，高二丈二尺，厚一丈。設雉堞，東西爲門二，内建戍屋四十餘楹，名威遠城。復於山麓西南展築靖海營堡，周圍二百四十丈，建屋四十餘楹，以時教閲。於大小浹口分布戰艦，以嚴扃鑰，置鐵發貢五千斤者四座，銅發貢三百斤者百餘座，諸戰守器械，靡不畢具。國朝順治十五年修城，併雉堞加築焉。

《(雍正)寧波府志》卷八《城隍・定海》 定邑自唐開元置明州，始析鄮地置翁山縣。旋廢於袁晁之亂。宋熙寧時復建昌國縣，築城鑿隍。元至元中陞州，然未有兵守，第置簿尉及都巡檢等官而已。明洪武十二年，復州爲縣，故立衛所。指揮慕成建城五百丈，未就。越明年，指揮許友展跨鰲山，恢復舊制。十七年，信國公湯和經理東南，徙昌國三鄉，止存在城四里，立二所四巡檢守之。而徙衛於象山縣之東門。二十七年改隷定海衛，仍故城設兵防禦。永樂十五年，都指揮谷祥加修。正統八年，朝議以城大兵少，裁東北隅二里，有七里三十步，濠隨城廣。城門凡四：南文明，東豐阜，西太和，北永安。西北跨鎮鰲山，東抱霞山，餘皆平陸。成化間，指揮張勇葺之。嘉靖三十三年，倭入據城。及寇平，總兵梁鳳加崇焉。後都督盧鏜、海道譚綸又增築敵樓。歲久傾圮，萬曆十三年，副將張可大增修。國朝順治八年，大兵破舟山，未設鎮，寇旋據之。及大兵再至，寇遂墮其城而去。康熙二十六年，海宇蕩平，新設定海縣。二十九年，奉文建造城池，循舊址築之。周圍一千二百十六丈，城高二丈，址廣一丈五尺，羅月城四，城身四十八丈四尺，雉堞一千二百八十，高四尺。仍東南西北四門，門上飛樓四座，窩鋪三十八座，其南設水門一座，外爲濠。

《(乾隆)温州府志》卷五《城池》 城周一十八里。據甌江東，西依山，南臨會昌湖，即東晉時郭璞相度舊址。歷代因之。後五代時，錢氏嘗增築内城，外曰羅城。宋宣和、嘉定，元至正，明洪武、嘉靖屢修。萬曆中增繕，築城門七：東曰鎮海，俗名石窟。南曰瑞安，俗名大南。又曰永寧，俗名小南，二門旁俱有水門。西南曰來福，俗名三角。西北曰迎恩，俗名西郭。又曰永清，俗名麻行。北曰拱宸，俗名雙門，今改望江。旁有水門曰奉恩，久塞。至雍正間，巡道王歛福重開。又城西北有二陸門，曰安定，曰江山。今並塞。東壕長五百七十六丈，南臨大河，爲壕五百丈，西壕長六百七十丈五尺。北臨大江，爲壕五百七十一丈。國朝順治十五年，倍加浚築。雍正七年重修。萬曆志：晉明帝太寧元年癸未置郡始城，悉用石甃。方議建時，郭璞登西郭山，望海壇、華蓋、松臺、積穀，諸山錯立，如北斗，謂父老曰：若城繞山外，當驟富盛，然不免兵戈水火。城於山則寇不入斗，可長保安逸。因跨山爲城，名斗城。時有白鹿銜花之瑞，故又名鹿城。鑿井二十有八，以象列宿。宋、齊、梁、陳、隋、唐因之。後梁開平初，錢氏增築內外城，旁通壕塹。宋宣和間，方臘圍城。教授劉士英謂城東負山，北倚江，可無患，惟西南低薄，宜增繕，乃取甓加築二千九百四十七步。建炎間，增置樓櫓馬面。嘉定間留守元剛重修，建十門。元禁城郭，毋得擅修，歲久圮。至正庚寅冬，海寇登岸，郡守左答納失里禦之。明年辛卯重築，建戰棚、窩鋪、敵臺、砲座。明洪武十七年，指揮王銘增築。嘉靖三十七年，倭寇併力攻城，城樓夜燬，通判楊岳備禦有方得免。三十八年繕治，城堞樓櫓一新。四面築敵臺八座。萬曆二十五年，郡守劉芳譽又增築敵臺一十五座。城周一十八里，計二千七百七十七丈八尺；高三丈五尺，址闊三丈二尺。廣九百七十六丈四尺，袤九百九十六丈四尺。城共七門。舊志。國朝順治十五年，海警，移總督衙門駐温州。倍加浚築，雉堞并兩爲一。城面添闢馬路，葺神威火器置各山巔。《浙江通志》。雍正七年，知府秦炌督縣重修。

《〔光緒〕嘉興府志》卷四《城池》

府城，唐乾寧三年，嘉興鎮將曹信築。柳志引宋嘉禾記。案《吴越備史》，唐文德元年，吴越武肅王命制置使阮結築。前志二說並載。據吴志，五代吴越古蹟有阮結城，原注引舊經云：嘉興縣城，周二百二十五步，宋淳熙間，僅餘百步。今無之。然阮結之築，恐非舊經所云縣城，吴志誤引也。又考，曹信於唐末自臨平移鎮嘉興，始城其地。子珪嗣嘉興都將。乾寧中淮南人圍城，珪登樓張樂縱飲，矢石交加，晏如也。乾寧改元僅四年，信築城當在乾寧之前。記云三年，似亦有誤。五代晉天福四年，升縣爲州。五年，吴越王元瓘拓爲州城。宋謂之軍城，元謂之路城，又謂羅城。柳志。周圍一十二里，高一丈二尺，厚一丈五尺。案：明洪武中重築府城西南隅，一府縮三里，即今所云九里十三步也。凡四門，門各分水旱，上各有樓。東門舊曰青龍，後改春波。明徐一夔《過春波門詩》：春波門外春波緑，萬柳亭邊萬柳絲。今日樓臺斜照裏，滄桑風景記當時。西門舊曰永安，後改通越。李日華云：蘇舜欽《過秀州通越門詩小序》云：通越門外八九里，臨水，多佳木茂林。舜欽，元符間人，則知青龍、永安等名，吴越築城時，所命而春波、通越等名，乃宋初內附時改之耳。趙圖記謂元所改，誤。南門舊曰廣濟，後改澄海。北門舊曰望京，後改望雲，續改望吴。案鄒志：東春波以其接雙溪之水，西通越以其通越王臺，南澄海以其通海北，望吴以其通姑蘇臺。宋宣和年間，案：柳志作七年。知州宋昭年嘗更築。徐珉作亂，遂廢澄海水門樓。案嘉興湯志：建炎三年，秀州軍卒徐明作亂。珉一作明。德祐元年，守臣余安裕重修，諮議劉漢傑董其役，且增築保障。元至元十三年，隳郡縣城，羅城遂平，惟子城存。至元志參趙圖記。案秀水黄志時，議隳江淮城壘，嘉興屬江淮行中書省，故並隳。元末兵起，守臣議防禦。至正十六年，路推方道叡案：各志俱作方叡，今考碑碣名道叡。復營羅城。甲辰，案：二十四年。同知繆思恭重築，未就。柳志。案：宋濂集有删《烏城志》一篇，紀其事云：吴僧本誠著《烏城志》，予删以附集。篇曰：元至正七年冬，嘉禾地西有烏數千營巢于地，圍八尺，崇五尺，晝夜弗休，若有迫之者。未幾，大盗養兵，紅巾繼起，江淮皆驛騷，朝廷遂詔州郡築城。築城自嘉禾始。明興，太守吕文燧謝節始竟其役，較舊縮三里。案今西南隅一角。高倍于舊二尺，面闊一丈，敵樓二十五，女墻三千四百一十五。增置月城四、釣橋四、城樓四、城門四。水門同。其城下隙地，聽民置房屋，歲課入灰爲繕城之費。趙圖記。嘉興何志：四門上各有禽獸人物刻石，藏于墻內，爲厭術。相傳西門有鳳凰石像，故俗名鳳城。或曰西門獨昂向南，如鳳脛云。明徐發《嘉禾鳳城詩》：嘉禾秀水擁名城，丹鳳回翔此哺鳴。較勝蟠門空一戰，放閒范蠡傲韓彭。原注：闔閭城有蟠門，嘗刻木作蟠龍以鎮越，今名盤門。嘉靖三十三年，倭冠猝至，知府劉慤繕修城隍。案嘉興湯志，知府劉慤，允里人竇卿請修城防倭，即申乞工費。今嘉秀二縣各築其半，每縣分二十四作，各委義民監督，不期年而成。嘉興何志：寇至，慤命，賊在東門，則開西門受民；賊在南門，則開北門受民。全活甚衆。三十九年，知府侯東萊奉檄增築。案嘉興何志，巡撫周際嚴檄知府侯東萊興築，增高城一丈二尺，幫岸三尺，計周城一千九百餘丈，括公帑銀一萬八千六百餘兩有奇。知縣嘉興何源、秀水張翰翔董其役。改春波門曰澄霽，通越門曰阜成，澄海門曰迎薰，望吴門曰拱辰。重建敵樓二十七座。明吴鵬修城記略：江東之郡以十數，嘉興稱腴壤，人垂老不識兵革，視城且贅也。國家承平日久，人情狃于晏安，玩細娱而忽遠慮，城郭講池之固，廢而莫之講。自島夷內寇，民惶駭棄戈，蒲伏疲茶，相枕弩戮，即數十百人，不足以當倭夷一二。灰燼室廬，魚肉民命，又虜子女，括玉帛，持粱飲醇，相謂入寇。晚江南北，並受其毒。大都無城者屠，城敝而不爲備者陷。當是時，寇數蹂躪，薄嘉興城下。城之弗陷，蓋天幸焉。嘉靖己未，侍郎周公際嚴奉天子命來按全浙，行部周覽曰：城弗修，猶亡城也。檄知府侯君東萊使修築之。乃下令曰：往者郡繫三罪人，子察之有冤狀，其贖三罪人以襄城事。守乃按行隱度，委帑緡于三人，使具諸費而躬爲之。量工程，日以考其成焉。計所修城，周一千九百餘丈，高視舊加一丈二尺，厚以高計三之一。又改爲城樓者四。凡守之具，故所有者，今無不飭；其所無者，必備之。始事於某月某日，越五旬而迄工。飛閣崇墉，薄上阻下，憑高氣倍。跳梁環望者，卻步而回首。于是鄉大夫范君言輩，咸樂其成。爲狀馳使京師，請予記之。予，嘉産也。睹期役之成，不獨爲邦人慶，實惟東南無疆之休。遂書以貽之，使鏤諸石，爲後來告焉。邑人范言有《修南城樓記》。萬曆初，城漸圮。案秀水任志，萬曆七年，城間有拆泐，知縣朱來遠修城一十八丈三尺。十六年，知縣郭如川勘治近城隙地，令民築舍以防禦。二十年，知縣李培又以城多拆泐，大加葺治，計三十四丈二尺。嗣令排年開報，相繼修葺。城堵分轄兩縣，遇有傾圮，即爲補葺。額定歲修城銀兩。四十七年，知府莊祖誨、同知劉可訓、知縣蔣允儀、湯齊、范文若議嘉、秀二縣，分築城垣。八月而竣。案嘉興湯志，勘得城身周圍二千丈，通加二尺，并蓋造窩鋪、箭樓、馬坡等項，約須工料銀四千五百八十五兩，申請動支修城貼役銀，并各屬欠解海塘夫銀充用。嘉興縣管修城凡一千一百七十二丈八尺，分爲八號。秀水管修城凡七百八十丈七尺二寸。分爲七號。又秀水任志，城中俱屬秀水，而城工則又分管。當宣德中分縣劃境之日，未知何所見而然。萬曆二十四年，兵備湯日昭持議，欲中分其地，以半屬本縣。已詳二院，允行。未及題請，會湯遷去，議寢。湯議略曰，議得嘉興爲財賦奥區，號稱名郡，而逼近海壖，三面受敵。先年倭奴入犯，直抵城下，室廬生聚，焚劫無遺，勢亦岌岌矣。蓋環城九里而遥，雉堞以千萬計，而在城營兵，不過四百。所軍自轉漕而外，僅老弱數十人，何濟于用。所恃乘埤而守者，合二縣之編氓，家取而户役之，僅給于數。而其人之堪用與否，不暇計焉。但郡城以内，盡秀水轄地。而嘉興僅寄一縣治其間，此外無立錐焉。則城内者，各自爲室廬妻子計，守之必力。而城外者强之入守，則無所顧慮，有掉臂而去耳。是嘉、秀二縣，雖其居一城，而内外異形，心力不一。若非同舟之人，期于共濟者，比一旦有急，鮮不僨事矣。職愚以爲，此二縣者，既同城而居，應分地而守。姑無遠引，即近而杭之仁錢、湖之歸烏、蘇之長吴，俱各據郡城之半，左右相提而輔翊，郡治平居無事，則若指臂相承，血脈易貫。一旦有急，如手足捍衛，外侮難侵。蓋古者設官建置，原有深意，柰何于嘉郡而獨不然？職甚訝之。間嘗詢之父老及鄉縉紳先生，咸謂此雖祖制已定然，亦不妨通變以宜民，請以郡前一河爲界，而中分之，在東南隅者屬之嘉興，在西北隅者屬之秀水。中間計所割之坊里户口，悉令嘉興照數補還，務不失其原額。是在一變通之間，而分土分民，官無折閲不均之歎。可常可變，民有同心共濟之休，尚何防守之足慮哉！四十七年，嘉興兵備道王鐘岱修城外西北隅幫築石岸。案嘉興湯志，四十八年，嘉興知縣蔣允儀、秀水知縣湯齊會議歲修之法。向來外城有圮，官支原編修城銀買料給工。其内城腳分泒各區見年里長，凡遇坍損，照分定城段，各自修理。而里長又散斂于里閭，多所苛刻。姦匠視爲利藪，每修時預留罅隙，年修年築，徒爲里中之累。因議改徵見年銀，每名一兩五錢貯庫，遇有損壞，發銀選料修城。通詳允行。天啓二年，知縣湯齊、范文若修築。袁志。國朝順治十年，澄霽門城樓燬，嘉興知縣張厥修重建。十五年奉檄增高城垛，合二爲一。康熙四年，迎薰門水關圮，嘉興知縣林逵重築。案原注：十六年，里户金珩等，呈請每年各里輸城磚五十塊，石灰一百觔貯修城。嘉興何志：二十三年，嘉興知縣何鋕、秀水知縣任之鼎分修城垣、門樓、壕堤。四十九年，築水關于西城，在秀水縣治西。案原注：俗呼小西門，明有舊址。于四十七年始工，四十九年竣。又案：乾隆十九年，里民呈乞以小西門，自明嘉靖以來，議開議閉，不便居民，議詳請開。奉巡撫覺羅推爾哈善批，允永遠開行，一體撥兵防守。城内建集鳳橋，城外建通裕橋。吴志。雍正五年，巡撫李衛檄委衢州知府靳樹德，協同嘉興府知府閻堯熙，併力修葺，重建門樓四座。每座增加一層，各題其額：東曰樓觀滄海，南曰澄海凝秀，西曰浙西鎖鑰，北曰咫尺雲天。又于澄海門之東，春波門之西，創建魁星閣一座。《浙江通志》。乾隆二十七年，風潮異漲，城根受淹鬆裂。嘉興知縣李化、秀水知縣孫爾周，各勘所轄坍城城樓城圈。二十七年，工部題准。三十一年興工修竣。伊志。嘉慶十三年，署嘉興縣陸玉書詳請捐修。于志。道光間，海氛不靖，知府徐敬勘修内外城身、垛口、城圈、城樓、水關及附城砲臺三十三。二十四年經始，二十七年工竣。用銀八萬八千七百有奇，紳民捐辦。浙江巡撫梁寶常奏請議敘報可。同治三年春，官軍攻剿粤匪，轟坍北門城垣，并及東西南各門。知府李甫田、紳士張清泰修築城身、垛口及附城砲臺二十八。四年，知府許瑶光重建南門城樓。五年，又修小西門、大西門，及南門月城内城身。八年，嘉興縣所轄城垣垛口間段傾圮，知縣臧均之詳准修葺。新纂。

《(同治)湖州府志》卷一七《輿地略·城池》 府城，烏程、歸安二縣附郭。子城當秦時爲項王故城，談志引統記。即今府治。周一里三百六十七步，東西二百三十七步，南北一百三十六步。勞志。宋太平興國三年奉敕拆毁。羅城，唐武德四年李孝恭築，周二十四里，東西十里，南北十四里。開九門。放生池側有閭門，景福二年刺史李師悦修，宋紹興三十一年知州事陳之茂重修，嘉泰元年知州事李景和又修。其門東曰迎春，南曰定安，西北曰迎禧，北曰奉勝，水陸各一。西曰清源，東北曰臨湖，止有水門。談志引統記舊圖經。元至正丁酉，僞周平章潘原明以舊城多圮，按《舊州府志》云：元定江南，凡在城池，悉許夷堙。且寬而不固，乃築小之，東縮半里，西縮一里，南北各縮數丈，四圍亦各有所縮。周十三里一百三十八步，以石砌壘。更鑿濠塹，開臨湖門之陸門，築迎禧門，有陸門無水門，復建樓櫓於上。府治沿革碑及勞志。宇文公諒饒介作記。文見金石。清源門亦有陸門，獨無記。按此當亦原明所開。明嘉靖三十二年，烏程知縣張冕築西清源門之甕門，知府徐洛乃偏與治葺，樓櫓雉堞俱得完固。明張冕記：嘉靖三十二年夏月中，倭寇犯南直隸地。方時浙西未遭其患，而干鄰之震可慮也。湖州城垣卑且壞，予懼，急欲修增而高之。唐一庵先生與諸縉紳并諸好義之民咸樂助成，各用銀米以贊予工，而烏程之城遂得葺而囿，增而高焉。繼而太守徐公莅任，亦將湖州所城垣修築，併歸安之城，修高亦如之。乙卯春正月，寇果犯湖境，民恃城以無恐，則諸縉紳義民倡義之功，烏可以無紀也，爲是立石以紀之。三十五年知府李敏德增修，明徐獻忠《湖守李公增建郡城碑》：吴興城建自東晉，不數里而遥。至唐李師悦以平黄巢功陞郡爲忠國軍而建節于此，置四廂録事司參軍，始擴其城至二十四里。元季用兵，僞吴築而小之，僅及其半，即今制也。歲久頽敝。近年倭亂，士民憂之，前太守徐公督歸、烏二縣料理，而財無從出，僅飾女墻、補穿塌而已。歲丙辰，潞安李公下車，立大箭臺七座，單臺四十一座。其南北水關受餘不苕溪之衝，舊設三門，而單薄頽甚，迺增厚城而一丈六尺，脚厚一丈八尺，城身加高五尺，兩旁各設箭臺，委烏程知縣蔣君某、歸安縣李君某分界督造，二縣監生某等及殷户某等願効力者，共若千人。丁巳八月落成。距其經始，共若干時。顧應祥《臨湖門修記》：臨湖門在郡治東北，距太湖一舍而近，故謂之臨湖。潞南李侯來握郡章，首閲城池圖，所以爲增築之計，量物度費，庫帑及贖金若千，行糧折銀若千。經畧已定，而貳守羅陽劉君、通守雲谷左君、竹湖蔡君、作齋楊君、推守會川吴君，協謀僉同，乃集境内士民之好義而有心計者，給以官價，授之成算，分董其役。肇工於嘉靖丙辰十月，越明年八月而就緒。並舊垣而加厚，下廣丈有八尺，上廣殺二尺。併舊垣增高爲尺者五，長三十三丈。爲瞭臺者二，左右相望。計費白金爲兩者二千二百四十有奇。工皆取諸募而弗役於民。於是，卑者以高，薄者以厚，巍然爲一方壯觀矣。李君以侯之功不可泯也，徵予文勒諸石。閔如霖《南門修城記》：湖州知府潞南李公之來，既逾月，理甚無事，登城周望，曰：嗟乎！湖之爲郡，山川環闤，清遠殷賑，而其城若此弗稱，吾其可以已乎！乃召其僚屬而謀之，鳩工庀材，增高培薄，創築箭臺五十有二。其南北水門庳而圮，南受百川之匯，舳艫往來，尤爲要衝。公檄歸安知縣李子任其北，烏程知縣蔣子任其南，蔣子則奉公區畫，朝夕匪懈。夾城而堤，戽以百車。洞其深淵，化爲平陸。乃下巨木以負貞石，洞開三門。厚加於舊尋有四尺，高加三尺，上建二亭，翼如焕如。凡用金三千五百有奇，而公實捐俸以助之。其工肇於嘉靖丙辰十月二十日，迄於戊午三月二十日。乃鑱二石於亭中，屬予記其事。予以示永久。公諱敏德。同知劉君鳳、通判左君文麟、蔡君芝、楊君睿、推官吴君朝儀、蔣子宏德、李子從教，凡有事於兹役，法當書者，列於右亭之石。濠周羅城外，李孝恭築城時所鑿。今濠潘原明改築城時所開也。勞志。國朝順治十五年，增高併堵。雍正五年，巡撫李衛奉敕委知府唐紹祖督修。胡志。高二丈六尺，闊二丈五尺。烏程分轄郡城之半，起自西門，至東北之秤錘潭爲界。西曰清源，水門，一通苕溪。陸有甕城門二重。北曰奉勝，俗名霸王。水陸共一門，上有樓。東北曰臨湖，水門三，出霅溪，大流入太湖。陸有甕城門，上有樓。西北曰迎禧，止有陸門一，曰青塘門。俗名青銅。其南之定安門，東之迎春門，屬歸安。烏程羅志。按羅志載：崇禎十年，知縣劉沂春築奉勝門重城，今無之，并無樓。迎禧、定安、迎春三門，皆有。甕城門二重。迎春門有樓，清源門南城墻上有石碑，鐫「歸安」，城垣四字，是其分界處。咸豐間，郡人徐有壬、趙景賢守城，增脩共五千六百堵有奇。同治十年，知府宗源瀚督修。新纂。

《〔乾隆〕紹興府志》卷七《建置志一·城池》 府城，山陰會稽附郭。《吴越春秋》：越王謂范蠡曰：寡人欲築城立郭，委屬于相國。於是范蠡乃觀天文，擬法于紫宫，築作小城。周千一百二十一步，一圓三方。西北立龍飛翼之樓，以象天門；東南伏漏石竇，以象地户。陸門四達，以象八風。外郭築城而缺西北，示服事吴也，不敢壅塞。内以取吴，故缺西北而吴不知也。北向稱臣，委命吴國，左右易處，不得其位，明臣屬也。《越絶書》：句踐小城，山陰城也。周三里二百二十三步，陸門四，水門一。今倉庫是其宫臺處也。周六百二十步，柱長三丈五尺三寸，霤高丈六尺。宫有百户，高丈二尺五寸。大城周二十里七十二步。不築北面而滅吴。又云：山陰大城者，范蠡所築治也，今傳謂之蠡城。陸門三，水門三。又云：吴王夫差伐越有其邦，句踐服爲臣三年。吴王復還，封句踐于越，東西百里，北鄉，臣事吴。東爲右，西爲左。《太平寰宇記》：隋開皇十一年，越國公楊素築。嘉泰志：舊經云，子城周十里。東面高二丈二尺，厚四丈一尺。南面高二丈五尺，厚三丈九尺。西、北二面皆因重山以爲城，不爲壕塹。嘉祐中，刁約守越，奏修子城。記云：城成，高二十丈。壯案：壯，當是北字之譌。因卧龍山環屬于南，西抵于堙尾，凡長九千八百尺。城之門有五。沈立爲《越州圖序》云：楊素築子城十里。《越絶書》云：小城陸門四，水門一。《圖序》又云：城南近湖，去湖百餘步。會稽治山陰以來，此城即爲郡城。按：今子城，陸門亦四：曰鎮東軍門，曰秦望門，曰常禧子門，曰酒務橋門。水門亦一，即酒務橋北水門也。其南秦望門，去湖亦僅百步。雖未必盡與古同，然其大略不相遠矣。嘉泰志：羅城周回一十四里，步二百五十。熙寧中，郡守沈立爲會稽圖，其敘如此。而舊經云四十三里者，非也。厥今州城以步計之，八千八百二十有八。按度地法，步三百六十是爲一里。舉今步數總歸于里，亦二十有四餘步百八十八，較之《圖序》，所損六十有二。宣和初，劉忠顯治城禦方寇，嘗稍縮其西隅，則今所損步，自是時也。皇祐中，有詔浚湟，太守王逵始治其事。舊經成于祥符，不及知也。城之四面高厚之數，則舊經大畧如之。《寶慶會稽續志》：唐乾寧中，錢王鏐重修。萬曆志：宋嘉定十三年，守吴格雖加葺而旋復摧剥。十六年，守汪綱乃按羅城重加繕治，并修諸城門。東曰五雲門，又稍北不二里許曰都賜門，南不二里許曰東郭門，二門皆水門，此向東三門也。東南逼隅曰稽山門，由此門達禹陵。正南曰殖利門。又直西三里許，稍曲而北，其門面西，畧稍斜向南，曰偏門。蓋適當西南隅縮處，與殖利皆水門。又稍西不一里面南曰常喜門。舊志云：州城至此與子城會，門在其上。三門向南而一門向西南間，其中此城南面四門也。又西轉而北約五里，面西，曰迎恩門，有水陸二門。又由此北轉而東，直過蕺山，幾六里，面北，曰三江門，亦水陸二門。西、北二向俱止一門，而俱兼水陸焉。凡門在東南者，皆有堤護湖，使不入河。西門引渠漕屬于江，以達于杭。北門引衆水入于海。元至正十三年，浙江廉訪僉事篤滿帖睦爾增築加廣，規一鄉入城内。始甃以石，開塹遶之。城身之高，東一丈四尺，西一丈五尺，南一丈六尺，北一丈四尺。其厚也，面則東一丈八尺，西一丈七尺，南一丈五尺，北一丈八尺。脚則東二丈一尺，西一丈九尺五寸，南一丈九尺，北二丈二尺。城樓九，敵樓五，月城十三。兵馬司廳九，窩鋪一百二十五，女墻八千五百四十。至正十八年，樞密副使吕珍鎮越，增浚濠塹。明嘉靖二年秋，颶風大作，城之樓堞半圮。知府南大吉悉修復之。三年冬，又修其傾頽者，女墻悉易以新磚，高四尺六寸，厚一尺。復濬鑿内外池。外池東廣十丈，深一丈；西廣八丈，深一丈二尺；南廣八丈八尺，深九尺；北廣五丈，深八尺。内池俱廣一丈八尺，深七尺。俞志：崇禎十六年秋，金華山賊許都聚衆倡亂，時震鄰鄉紳余煌建議請于署府事推官陳子龍，增設耳城五處以捍之。一統志：紹興府城周二十里有奇，門五，水門四。元至正中增築，西南隸山陰，東北隸會稽。俞志：國朝順治十五年，部都院李率泰檄府增高女墻六尺四寸，并二爲一，約廣一丈。中設孔竇，可發矢銃。凡女墻十則置砲臺一，稱壯觀矣。積久不治，漸就傾圮。至康熙六十年間，臺灣有匪類竊發海上告儆，知府俞卿以紹興濱海郡，疆圉宜固，遂僇力修城。補頽垣，易朽壤，計築城七百四十九丈有餘。

都泗門：俞志：即都賜門。《會稽志》：水門曰都泗，元名元陽。《十道志》：又有督護門。云晉中將軍王愔，成帝時拜爲督護，到郡開此門出入。時人貴之，因以爲名。梁元帝《玄覽賦》：御史之牀猶在，督護之門不修。督護，一作都督。萬曆志：今不知何所，豈即都賜門耶。

五雲門：《太平寰宇記》：郡國志云，句踐所立，以吴有蛇門，得雷而發，表事吴之意。吴以越在辰巳之地，作蛇門焉。有蛇象而龍角，越以鼓威于龍也。《輿地志》：句踐應門之上有大鼓，名之爲雷鼓，以威于龍也。《會稽記》云：雷門上有大鼓，圍二丈八尺。鼓聞洛陽孫恩之亂，軍人斫破，有雙白鶴飛出後不鳴。《湘洲記》：泉陵山在大石鼓處。昔神鶴飛入會稽雷門中，鼓因大鳴。《漢書》曰：毋持布鼓過雷門也。萬曆志：即古雷門也。其改五雲，則以王獻之宅五色雲見之故。《會稽縣志》：東曰五雲。《水經注》：山陰康樂里有地名邑中者，是越事吴處，故北其門。以東爲右，西爲左，故雙闕在北門外。闕北百步有雷門樓兩層，句踐所造。時有越之舊木矣。州郡館宇，屋之大瓦，亦多是越時故物。

東郭門：《會稽縣志》：水門曰東郭，元名東明。

稽山門：《會稽縣志》：東南曰稽山，元名鎮遠。由此門達禹陵。按：郡城自水門外，其他諸門並有月城一座以護，而稽山門獨倍之，左右翼遶接其門。先是，倭人入内地頗逼，知府劉錫恐寇階以登，用郡人言墮缺之。鍤稍深，得石匣一，啓之，有骸一具，鐵索錮其項；復有木匣函其顱，索錮如之，而骸與匣並新鮮如昨。瘞是門，屬東南爲巽隅，地形家所稱避賊鋒者，而今若此，意取賊軀以壓勝耳。人相傳，自來郡城中無剽寇，自墮月城後，始漸有。以爲犯勝，理或然也。

殖利門：俞志：俗呼南堰門。《山陰縣志》：南曰植利門。

水偏門：俞志：即偏門。

常禧門：俞志：即常喜門，俗呼岸偏門。《山陰縣志》：西南曰常禧門。注：俗謂岸偏門、水偏門，二門相隔一里。《吴越備史》：錢鏐攻亭山及申光門，相傳此門是。

西郭門：《山陰縣志》：西曰迎恩門，俗謂西郭門。萬曆志：錢鏐攻董昌，兵三萬，屯迎恩門，望樓再拜而諭之。即此。

昌安門：俞志：即三江門。《山陰縣志》北曰三江門，即今昌安門。

俞志：各城門名皆仍明代之舊，惟迎恩易爲西郭，從俗所稱，以配東郭云。

知府俞卿碑記：紹興，古越州地。宋高宗南渡駐蹕于此，因易今名。郡城周環二十三里有奇。舊經言四十餘里，未覈實也。陸五門：曰五雲，古雷門也；曰稽山；曰常禧；曰西郭，古卧薪處也；曰昌安。水六門：曰都賜，曰東郭，曰殖利，曰水偏，曰西郭，昌安。門外月城，月城外八卦城。始于越王范大夫蠡，而開拓于隋楊越公素嗣，後廢興不一。國朝定鼎以來，海隅向化之日久矣。太平優游，民樂無事，城垣不俟修葺，有夜户不閉之風。而定例，遞年責成地方官報修，或移高而補低，或毁内而甃外，掩飾一時，習爲故套。城日修而日壞，幾無城矣。余于康熙五十一年抵任，同邑令閱之，城墻傾大半，譙樓署有存者，門不堪啓閉。是歲六月，郡人小聞他儆，頗不安堵，用集紳士耆民于城隍廟而告之曰：城不固奈何？衆人言，非太守修之不可。曰費無可出，帑無可動，又奈何？衆人相顧唏嘘，鼓掌願助。余倡捐二百兩，山會二縣各捐百兩。衆曰：工役浩繁，非二萬金不可。余曰：無庸也，官不侵漁，役不中飽，匠不破冒，爾等但量力樂輸，其不足者太守自任之。衆皆欣然。工興于六月，不半載而告成。樓櫓雉堞，耳城濠堤，以及兵役防守之所，纖悉具備，巍然盡改舊觀。使余畏事之難，避謗之興，因循不舉，將破壁頽墉，于國家設險固圉之義何補焉？計補城七百四十九丈一尺六寸，石料工價銀共七千九百兩零。署山邑別駕李君天植、山陰令丁君宏、會稽令張君我觀、縣丞李憑、吳學禮均執勞者，宜附姓名。《浙江通志》：雍正七年正月，總督管巡撫事李衛欽奉上諭，檄紹興府知府顧濟美確勘興修。《山陰縣册》：乾隆十一年，知縣林其茂遵旨修理郡城。二十三年八月，風潮冲壞城垣。三十五年七月，知縣萬以敦修葺。《會稽縣册》：乾隆三十一年，知縣舒希忠重修。嘉泰志。宋劉忠顯《修築郡城説》：凡築城之法，身高四丈，城闊五丈，上斂二丈。若城身高三丈五尺，則址闊四丈三尺七寸，上斂一丈七尺。城外築瓮城，去大城十五步。瓮城圍一面，包城高厚與大城之數相等。瓮城外鑿壕，去大城三十步，上施釣橋。凡爲三壕：第一重闊二十步，深二丈，水深四尺至七尺。第二、第三重遞減五尺。壕之内岸築養馬城，去大城五步，高八尺，址闊五尺，上斂二尺。自上三尺開箭窟，外至壕垠，留一步埋設鹿角。大城上每三十步置馬面敵樓各一座，女墻相去各十步。凡樓櫓之法：曰垂鐘版，曰拐子木，曰伏兔子，曰手把腰楅，曰鷹架，曰踏空版，曰叉柱版，曰護柱版，曰猢猻柱，曰鄣水版，曰馬面，曰梯，曰馬垠踏道，曰蛾眉甎踏道，曰笆，曰草椁，曰牛革，曰氈，曰大小索，曰鋉雁鈎。此其名數之大畧也。並塞控阨之地，人人習知，故其築城也易，爲力而堅緻可守。内地既非臨邊，又郡邑安固，無寇盜之虞者久。雖興版築成，出草創故，畧書梗概，欲在官者知城池之不可忽如此。

三江巡檢司城　《於越新編》：在府城北四十里，浮山北麓，與三江所城對峙，一門西出。嘉靖年間，有倭寇始增治之。《山陰縣志》：湯和所築。方一里二十步，高二丈，厚一丈八尺。城樓一，窩鋪四，女墻三百六十六。

白洋巡檢司城　萬曆志：在府城西北五十里，大海之上。山陰境有白洋之山，緣山而城之。舊《浙江通志》：湯和所築。方一百一十丈，高一丈五尺，厚一丈。城門一，譙樓一，窩鋪四，女墻一百七十六。

黄家堰巡檢司城　萬曆志：在府城東北八十里，會稽上虞之界，曰纂風鎮。爲方一百四十丈，高一丈三尺，厚二丈五尺。南北環以月城。城樓一，窩鋪四，女墻一百一十。城下有池，深一丈二尺，廣四丈五尺。舊在府城東北六十里黄家堰。洪武二十年徙瀝海所西，爲海潮所齧。弘治間徙今所，故址尚存。

三江所城　《山陰縣志》明洪武二十年，信國公湯和築。萬曆志：在府城北三十里，山陰浮山之陽，踐山背海。爲方三里二十步，高一丈八尺，厚如之。水門一，陸門四，北則堵焉。城樓四，敵樓三，月城三。引河爲池，可通舟楫。兵馬司廳四，窩鋪二十，女墻六百五十八，墩臺七。《山陰縣册》：乾隆九年，山陰縣林其茂詳司撥欵重修。二十三年八月，風潮冲壞三江所城。三十五年七月，知縣萬以敦重修。

瀝海所城　《於越新編》：在府城東北七十里，會稽三十三都之薛家瀝。萬曆志：爲方三里三十步，高二丈二尺，厚一丈八尺。城門、城樓、角樓、敵樓、月城各四。池深一丈五尺，廣五丈五尺。兵馬司廳四，窩鋪十六，女墻六百十一，墩臺四。《浙江通志》。國朝雍正八年檄署會稽縣知縣楊沛重修。

江南城　《萬曆志》：嘉靖三十六年以倭患建。周一千四百四十丈有奇，陸門四：東泰、西成、南明、北固。小陸門二：恩波、流澤。水門二：左通、右達。四門之上皆有重樓。而北固樓枕江，與舊城舜江樓相直，通濟橋亘其中。南北皆爲月城，通兩城爲一。俞志。國朝順治十五年增修，例如舊城。

三山所城　《萬曆志》：在餘姚縣東北四十里，梅川一都之滸山。爲方三里一百二十八步，高一丈六尺。永樂十六年增六尺，址厚四丈五尺，面二丈二尺。陸門四，水門一，城樓、月樓、敵樓各四，月城四。池深一丈三尺，廣三丈八尺。弔橋四，兵馬司廳三，更樓一，窩鋪六，女墻六百三十五，墩臺七。

眉山巡檢司城　萬曆志：舊在餘姚之眉山，洪武二十年徙之孝義二都之湖海頭東南，去縣四十里。爲方一百八十四丈，高一丈八尺，厚二丈。城門、城樓、更樓、望海樓各一，窩鋪四，女墻一百二十。

臨山衛城　萬曆志：洪武二十年二月，信國公湯和經畫浙東，以餘姚東北控大海，慮島夷或竊發上虞，非要津也，乃奏徙上虞。故嵩城于餘姚西北五十里廟山之上，並海而城之，是爲臨山衛。初用土石半。其秋，指揮同知武瑛督築，乃盡用石。爲方五里三十步，高一丈八尺。永樂十六年增五尺，址厚四丈五尺，面半之。陸門四，水門一，城樓大五、小三，敵樓十四，月城三。池深一丈五尺，廣五丈五尺。弔橋四，窩鋪三十八，女墻九百九十，兵馬司廳七，瞭望臺一，墩臺一。

龍山所城　萬曆志：在餘姚縣東北一百二十里定海縣之境。爲方四里二百七十步。陸門三，水門一。舊《浙江通志》：城樓、角樓各四，月樓三，敵樓十七。池深一丈二尺，廣三丈五尺。窩鋪九，弔橋四，女墻四百六十，墩臺五。

三山巡檢司城　萬曆志：舊在餘姚之金家山。洪武二十年徙之上林一都之破山西南，去縣六十里。爲方三百五十丈有奇，高一丈五尺，厚二丈。城門一，城樓一，窩鋪四，女墻一百二十五。

廟山巡檢司城　萬曆志：舊在餘姚之廟山。洪武二十年徙之上虞縣第五都之中堰東南，去餘姚縣六十里。方一百四十丈，高二丈五尺，厚二丈二尺。城門一，城樓一，月城二，窩鋪四，女墻一百一十。

《〔康熙〕金華府志》卷二《城池》 府城，舊周九里一百步，高一丈五尺，厚二丈八尺。宋宣和四年，知州范之才重築。周十里，基三丈，面廣三之一，高倍之。元至元間，詔天下隳城防，於是羅城盡隳。至正十二年，廉訪副使伯嘉納等仍其故址重築。厚二尋有四尺，高二尋有一尺，周一萬七千七百九十尺。黄溍、王禕各有記。城舊門十一，后窒其三，雙溪城南。至道清河，並城東南。今存門八，東曰赤松，舊名梅花。西曰迎恩，舊名蘭谿。南曰清波、舊名柴埠。長仙、舊名水門。通遠、舊名望門。八詠。舊名元暢。北旌孝、天皇。國朝順治十四年孫公丕承奉憲修改。城垜堞凡二千四百五十有四，敵臺十有五，守望之廬五十。本鎮官兵司城門鎖鑰，内各爲盤詰之舍。設礮石及新干戈。壕南因大漠以爲險。北東西三面環城，鑿河以爲固。跨釣橋以通行路。故兩浙城池惟婺爲首稱。但康熙甲寅後，以兵燹未及修葺，二十一年春大雨頽壞，有至十餘丈者。郡守張公藎力爲增繕而防守加密焉。

《〔康熙〕衢州府志》卷四《城池》 宋宣和三年辛丑，方臘陷衢州。知州高至臨始城。龜峯高一丈六尺五寸，廣一丈一尺。週迴四千五十步。爲門六，東曰迎和，南曰禮賢，西曰航遠，北曰永清，小南曰清輝，小西曰和豐。門之上各建樓。城之外三面浚濠，西阻溪。《趙鏜府志》紹興十四年甲子大水，城圮。郡守林待聘修築。同上。嘉定三年庚午又水，城圮幾五之一。知州孫子直修築，廣袤凡五千三十有二尺。會侯以春祠云。明年春知州綦奎成之。同上。十一年戊寅，知州魏豹文新六門城樓。同上。元至正間，監郡伯顔忽都因子城舊址築新城，週迴九里三十步。又於迎和、通仙、光遠、拱辰四門外包以月城，復建層樓於各門之上。同上。鄭辰清《節祠記》，月城層樓，俱明初知府黄爽建。明弘治十二年己未，新城歲久，傾圮。知府沈杰修築，引城南石室堰水入濠。同上。

廷望按，此則今之府城，即忽都增築之子城矣。而葉志古蹟復云，子城在城之東，監郡伯顔忽都因舊築爲新城。今存荒址，是今城之外另有子城。豈古蹟志所言，尚仍成化舊志，葉君未及爲之改正耶？是不可考也。

嘉靖三十九年知府楊準修。同上。萬曆中知府洪纖若、天啓初知府林應翔相繼修之。葉秉敬府志。崇禎十三年知府張文達修城濬濠。張文達有記。國朝順治五年知府韓養醇修。《浙江通志》。十六年總督李率泰又修。同上。康熙二年，朝京樓燬，知縣李忱重建。《西安縣志》十八年總督李之芳修西南城樓女墻。同上。四十八年知府楊廷望修。

《〔天啓〕舟山志》卷一《城池》 王公設險以守其國，蓋言高深之可恃也。方城漢水，楚號雄都；湼滄昆池，漢稱堅壁。宏惟我明，爰重維城。翁洲懸居溟渤，土宇不廣，然因山爲墉，就海爲濠，所以固其圉者，非守土之責歟。舊邑曰翁山，宋志云縣城周廣五里。熙寧六年，析三鄉益之，改名曰昌國，始築城鑿池。至元中陞昌國爲州。自宋元以來，倭夷微弱，不足爲患。畊漁之民，惟知供賦，各安其生。國初夷氛漸熾，我太祖絶其朝貢，嚴以備之。洪武二年，增葺昌國城池，改州爲縣。設立衛所，練兵恤民，以固封守。城高二丈四尺，址廣一丈，周圍一千二百一十六丈。延袤五里，闢東西南北四門。門各有樓穴水門。於東南各置吊橋，羅以月城。城之上有雉堞二千六百七十三，警鋪六十。外爲濠，自東南及西一千二百六十丈，北際山，不設。十七年改昌國衛。二十年湯信國公徙衛於象山縣之東，存中中中左二千户，所屬定海。衛革縣，存民五百餘户，屬定海縣，勑命總帥居守。永樂十六年，都指揮谷祥以地衝要，重加修繕。正統八年户部侍郎焦公宏以城大兵少，裁東北隅半里。今廣四里半，濠隨城廣。城門凡四，門各署名。南曰文明，濠橋外木栅曰迎恩。東曰豐阜，外木栅曰賓陽。西曰太和，外曰西安，北曰永安，外曰北固。西北跨鎮鰲山，東抱霞山，餘皆平陸。嘉靖四十年，都督盧公鏜、海道譚公綸增築敵臺二十處，以備用武。歲久傾圮。萬曆甲寅年副鎮張公可大修築增埤濬隍以次受工修完。城身九十八丈九尺，女墻一千四百十丈三尺，四門大城樓四座，兵馬司房四座，箭樓五座，敵臺八座。鐵木門十八扇，吊橋二座，石堤四十一丈。此因其舊而葺之者。又南門月城一座，二十丈。水門一座，九丈。兵馬司房二座，總臺鋪二座，箭樓四座，敵樓五座，窩鋪三十八座，此創自今而補昔所不備者。麗譙巍焕，墉塹高深，屹然爲漭瀁中雄鎮矣。

《〔天啓〕舟山志》卷一《兵防》 八斗關一曰舟山關，在城南二里。隘六：曰螺頭、曰碇齒、曰小沙、曰路口嶺、曰岱山、曰大展。寨三：曰沈家門、曰西碶、曰干礀。烽堠二十八：曰舟山、曰外湖、曰螺頭、曰鹿頸、曰蒲沙、曰西山、曰碇齒、曰崎嶴、曰郎家碶、曰袁家碶、曰三江、曰干礀、曰朱家尖。以上屬中中所，凡一十三處。曰青雷、曰謝浦、曰石墻、曰包家、曰石衕、曰沈家門、曰接待、曰赤石、曰小展、曰釣嶼、曰程家、曰石墠、曰塘頭、曰西碶、曰順母塗。以上屬中左所，凡一十五處。咸設旗軍以瞭望聲息。永樂初，置演武亭於城外西南二里，以時簡教。隆慶三年，參將梅魁請於部院，議將二所精壯丁餘五百名，設把總官而馭以五哨官，月於三六九操習兵器，四時交會，日則東兵齎糒於海涯四際，縱其馳逐止齊，以諳擊刺。議上而可其請。命其名曰舟山營。萬曆三年，參將徐正令團操指揮李環率中軍官鮑繼宣，增新堂宇，築壘圍二百八十餘丈，高七尺厚半。之南立柵門，額曰振揚威武堂。之左建立關聖祠，右立中軍旗牌廳。大汛之期，每年以清明前各區官兵齊集定海關，海憲會同總鎮參遊祀江發汛。海上無警，於六月終收撤。將各區大小船隻分爲二班。七八月輪流哨守，至九月則曰小汛，照春防事例，海憲會集祀江發汛。於十一月中收撤。十二月、正月亦照前分班，輪流巡哨。陳師置旅，據險守要。所以備禦者，亦稱密矣。

上海

《(同治)上海縣志》卷二《建置·城池》 城周圍凡九里，高二丈四尺，門舊六新一，凡大小七：東曰朝宗，南曰跨龍，西曰儀鳳，北曰晏海，跨龍門迤東爲小南門曰朝陽，朝宗門迤北爲小東門曰寶帶，晏海門迤東爲新北門曰障川。水門四：東西門者跨肇嘉浜，小東門者跨方浜，小南門者跨薛家浜。堞三千六百有奇，箭臺二十所。濠環抱城外，長一千五百餘丈，廣可三丈。舊志云：廣六丈，今目驗止此。濠內地九十七畝六分七釐三毫，由營出租。舊從肇嘉浜、薛家浜、方浜分流灌注，今西商於方浜北新開一浜，又於城西溝通周涇焉。元建縣後二百六十餘年，猶無城，故前明倭寇數躪焉。嘉靖三十二年，邑人顧從禮疏請建城，知府方廉始築之。顧從禮奏疏略：上海，宋市舶司所駐之地，元至元二十九年設縣治。原無城垣可守，蓋一則事出草創，庫藏錢糧未多；一則地方之人半是海洋貿易之輩，武藝素所通習，海寇不敢輕犯，雖未設城，自無他患。今編户六百餘，里殷實家率多在市，錢糧四十餘萬，四方輻輳，貨物尤多，而縣門外不過一里即黃浦，潮勢迅急，最難防禦，所以嘉靖戊子等年，屢被賊劫燒殺，傷地方鄉官商人居民不下百有餘家。蓋賊自海入，乘潮劫掠，如取囊中，皆由無城之故。伏望軫念錢糧之難聚、百姓之哀苦，敕工部會議開築城垣，以爲經久可守之計。潘恩《築城記》略：上海故未有城，嘉靖癸丑，海寇肆虐者數矣，羣凶覬覦，攘臂首至，民無固心，受禍尤酷。郡侯方公憂之，曰：斯城不築，是以民委之盗也。乃建議城之。公以忠誠之心，集衆思之益，酌以義，布以公，發以果，於用取田賦之裨益者，於工取傭民之受直者，於費不足，附以庫錢之羨者，計日商工，勸分庀役，不愆於素，故大功遄舉，民罔告勞云。三十六年，同知羅拱辰於四門益以敵樓，先是，惟大小東門有之。沿城益箭臺，環濠益土墻，東北要害處益高臺層樓。今萬軍制勝振武三臺是也。振，顏志作鎮。萬曆二十六年，知縣許汝魁奉巡撫趙光懷檄，加高城五尺，開小南門水關，引薛家浜水通市河。先是，惟大小東門、西門有水關，茲益以小南門而四。後知縣徐可求、劉一爌相繼脩大南門，內迤東至北門，甃以巨石，凡十餘年告成。三十六年，久雨，圮數十處，知縣李繼周脩之。四十六年，知縣呂濬又增脩焉。按前志，但有「四十六年增置川廊八十間」之語。今見董其昌《呂侯續脩城記》云：城袤一千五百七十餘丈，高視舊約十之二，廣視舊約十之四，則擴而大之，皆呂力也。國朝康熙十九年，風雨圮大南門城垣，知縣史彩葺之。乾隆十八年，知縣李希舜濬濠環城，可通舟楫。二十六年，雷雨圮大南門城堞二丈。無何，海風壞西南隅城堞十餘丈。三十一、二年，又圮城垣數十處，知縣清泰葺之。道光元年，巡道龔麗正等倡勸重脩，并於西門益箭臺一所，即今大境。十九年，海疆不靖，勸捐重脩。咸豐三年，巡道吴健彰重建月城內營房，撥兵守之。八月，閩廣亂民據城，叛毀數十處。五年，城復。七月，巡道趙德轍等提善後捐，繕葺如舊。十年，粤寇逼境，巡道吴煦於城上箭臺撥兵置礮，并於振武臺右闢小北門，以便西兵出入。同治五年，巡道應寶時添築小北門月城，并整葺各門營房、敵樓、弔橋如制。巡道應寶時《上海北城障川門記》：上海，古滬瀆，東連大洋，瓌貨充盈，番檣鱗比，宇內負海之邑，此爲奥區。城周九里，列門六，明嘉靖以來未之改。咸豐十年夏，粤寇以數十萬衆犯蘇松，時泰西兵駐洋涇浜，我師扼險要，爲犄角之勢。西人以駐兵處距北城晏海門少遠、踈於斥堠爲虞，請在晏海門迤東里許就堞開門，將以利其馳禦也。顧議者不一，守經之士以爲徇一時之急，於常制外增置一門，不可以示當時、傳後世。而審時度勢者則又以爲不然，當疆圉孔棘之際，城之安危、兆民之存亡繫焉，苟能利吾城與民，何待西人之請而始增此門乎？爲所當爲，毅然爲之而已矣。前觀察吴公煦韙其言門之。秋七月，粤寇逼城下，六門嚴閉，而兵民無枵腹虞，則有斯門之通其轉輸也。在西人不過圖一時之便，而我則獲萬安之益。門之所繫，豈淺鮮與。皇上御宇之元年，中丞肅毅伯合肥李公統援師臨滬，轉戰二年，悉復全省地。而當其始至，藉以進兵者，惟幸彈丸之僅存，而究其所以得存者，仍斯門之啓之力。軍事平議是門之應闢闔者，持論亦不一。余讀《宋史》，包孝肅至雄州新開便門一事，竊謂無事。時古人亦嘗有是舉，今益六門而七，事無不便則不必廢，功有足紀則不可廢。惟當日倉卒舉事，門無名，城以外無重闉，城以上無敵樓，金湯萬雉，版築弗施，非所以嚴守禦、壯觀瞻也。適有潮州郭郎中學玩願助工役，遂率邑令王宗濂、葛令繩孝暨邑人賈訓導履上治其事，始於同治五年七月，蕆於是年十二月，并衛城河之壅者濬之，堤之土者石之，橋之隘者擴充而更新之，統用工料銀八千七百七十餘兩，皆出自郭郎中。余落成之日，躬馳瞻望，有屹其墉，有翼其樓，北門鎖鑰，從此其永固乎！於是郵請肅毅伯名其門，曰障川。蓋取昌黎「挽狂瀾，障百川」之語，而憂深思遠之意，亦於是乎在，豈惟是銘其勳伐云爾哉！遂記之。

福建

《〔乾隆〕福建通志》卷六《城池・福州府》 府城自漢閩越王無諸開建以都冶，曰冶城，在今府治北。晉太康四年，郡守嚴高以舊城隘，不足以廣聚，乃圖山川形勢以咨郭璞，璞指越王山南之小山阜曰：是宜城，五百年當大盛。遂遷焉，是爲子城。唐中和間，觀察使鄭鎰脩拓其東南隅。文德元年，陳巖恢其形勢，甃以磚石。王氏國閩外築羅城四十里。五代梁開平三年，復築南北夾城，謂之南月城、北月城。後歸吴越，錢氏更築東南夾城以益之。宋太平興國三年，錢氏納土詔，盡墮其城。皇祐三年，復詔郡守曹頴叔漸次興築，始築百五十丈。熙寧二年，郡守程師孟乃據子城舊基脩築，復增築西南隅。八年，郡守元積中甃以重甓，密置候樓。咸淳九年，詔增築外城。元初復漸墮廢。至正十四年，平章陳友定稍繕完之。明洪武四年，命駙馬都尉王恭因址修築，北跨爲樓，曰樣樓；南則因故外城逶九仙烏石之麓，廣袤方十里，高二丈一尺有奇，厚一丈七尺，周三千三百四十九丈。城上敵樓六十有二，堞樓二千六百八十有四，女墻四千八百有五，警舖九十有八，爲戰屋以間之表裏。闢夾道各二丈許。形家謂，郡城爲鳳穴，登山俯眺，首尾兩翼形勢宛然。成化十九年，閩大風雨，敵樓、戰屋併守宿之舖，摧毀殆盡。巡按汪奎及方岳重臣規畫繕理，悉復其舊。嘉靖三十八年，防倭增置外敵臺三十有六，環城三面塹壕，深七尺五寸，廣十丈，延袤三千三百四十六丈有奇。萬曆十年，重修舊子城之門七：南虎節門，門外還珠門；東南定安門；南康泰門；西豐樂門，門內宜興門；西南清泰門。羅城之門七：南利涉門，東南通津門，東海宴門，東北延遠門，北永安門，西北安善門，西南清遠門。夾城之門七：南寧越門，東南美化門，門內水部門，東北井樓門，北嚴勝門，西北遺愛門，西迎仙門。外城之門六：南合沙門，東南通仙門，東行春門，東北湯井門，船塲門，西怡山門。明時城門七：曰南門，曰北門，曰東門，曰西門，曰水部門，曰湯門，曰井樓門。城中水關四：一在水部門，東引南臺江潮由水關入城，凡三十有六曲，弘治中鎮守內臣議鑿新港，而三十六灣始廢。形家以爲非宜，郡人給事謝蕡奏復，不果。一在西門之南，引洪塘江潮由西水關入城，亦三十有六曲，城中河數十丈，瀠洄民居，前後舟航隨潮汐往來。其在北門、湯門二關，則但以蓄洩潦水而已。國朝順治十八年，總督李率泰折換城屋，增築垣墉，高二丈四尺，厚一丈九尺。窩舖二百六十有四，砲臺九十有三，垛口三千有奇，馬道五千五百三十丈。康熙三十四年，總督郭世隆重建西南二城樓。雍正五年重修七門城垣。九年增築女墻，繕葺雉堞，丹堊焕然，屹若金湯云。

《〔乾隆〕福建通志》卷六《城池・興化府》 府城，宋太平興國八年築。內爲子城，周二里許，覆以屋，環以通衢，外築土垣，茅覆而已。宣和三年，始更築，甃以磚甓，周七里有奇。引北澗水爲濠，繞城而達於東南，與西南溝塹合。爲門五：東曰望海，南曰望仙，西曰肅清，北曰望京，東北曰寧真。各建樓其上。歲久寖廢。紹定間，盜起，郡人學士陳宓創議修築，知軍趙汝固疏於朝，賜祠牒五千助役，未至而汝固去。知軍曾用虎繼成之。崇袤稍加於舊，表裏石砌，覆之以磚。郡人尚書劉克莊爲記。元至正間，兵亂，城圮。同知闞保因舊址重修。明洪武初，衛指揮李春繕治。十二年，指揮程昇以增設軍士，城隘難容，奏闢之。乃越舊壕，跨烏石山東下，歷前埭後埭，與舊城合。延袤一十一里，周二千八百三十丈，基廣一丈六尺，墻高二丈四尺。表裏砌以石，爲女墻二千九百六十有二，窩舖四十有九，敵樓二十有七。廢寧真。爲門四，東西仍舊名，南改迎仙，北改拱辰。水關二，東通舟楫，西低小欄以石盾，僅容水入而已。城外壕池，左起東北隅，折而南，引壽溪水注之；右起西南隅，折而東，引木蘭溪水注之。二水交合，共長一千七百七十丈，廣二丈六尺，深一丈。西北負山鑿爲旱壕，長五百九十三丈，廣二丈六尺，深二丈。成化七年，巡撫張瑄檄知府潘琴重修。嘉靖三十七年，倭寇薄城下，參政萬衣增腰墻砌垜子，稍闊之。四十一年，倭大集，城陷。知府易道談新至急城，其東、北、南三面力不給，郡人御史林潤奏乞帑金三萬佐之。四十三年，總兵戚繼光請於巡撫譚綸，令城外西北築墻，高七尺；北門至西水關築土墻四百五十丈，西水關至西門築石墻六百三十四丈五尺，添設敵樓六。隆慶元年，知縣徐執策設垜口、副堵以便立守。五年，分守陰武卿重修東、北二門，改東曰鎮海，西曰永清，南曰迎和，北仍拱辰。萬曆九年，知府陸通霄以城西北一隅跨山腰之半，而遺其高者於外，倭寇昔乘此越入，乃申請院道，重拓西北城垣，將高岡圍入城內，長八十五丈五尺，高二丈，厚一丈。建敵樓一，窩舖二，方門二，垛子一百八十有二。以新城爲外險，以舊城爲內關。國朝因之。

《〔乾隆〕福建通志》卷六《城池・泉州府》 府城，郡舊有子城，有衙城，有羅城，有翼城。子城，唐天祐間王審知命築，周三里許，高一丈，門凡四：東曰行春，南曰崇陽，西曰肅清，北曰泉山。衙城在子城內。羅城在子城外，俱留從効所築。羅城周二十餘里，高丈八尺，門凡六：東曰仁風，南曰鎮南，西曰義成，北曰朝天，西南曰臨漳，曰通津。別有水門曰通淮。宋宣和二年，郡守陸藻增築，外磚內石，基橫二丈，高過之。翼城在羅城外，東自浯浦，西抵甘棠橋，爲石城四百三十八丈，高一丈，厚八尺，則宋紹定三年守游九功所築也。歲久，諸城先後傾圮。元至正十二年，以淮西盜起，命州郡修濬城池，於是監郡偰玉立會僚屬議，東、西、北仍羅城，南仍翼城舊址，役僧道編氓分築。周三十里，高二丈一尺。城東、西、北基各廣二丈四尺，外甃以石；南基廣二丈，內外皆石。爲門七，廢通淮門，而於德濟、仁風之間建門，曰南薰門。上各有樓，外環以濠，闊三丈七尺，深一丈八尺，潮汐通自西南，至東北盤石而止。明洪武初，衛指揮同知李山增高舊城五尺，基俱廣二丈四尺，內外皆甃以石。建月城六，戰樓五，窩鋪百四十。壕加濬治。弘治十三年，臨漳門東半里許水齧城下路數丈，且及城，知府張濂築二壩障之。嘉靖末，德濟門災，知府熊汝達重建，改南薰門曰迎春。萬曆三十二年，地大震，城多圮。副使姚尚德、知府姜志禮修治之。國朝順治十五年，照依關東式改造築砌，爲垛子二千三百有十，月城垛子二百有五。每垛長七尺，厚三尺，寬一丈五尺，垛口寬一尺八寸。康熙三年六月，被水，垣塌。四年，重修城上窩鋪一百四十，改爲高廠九十有四。十一、十二年，復加修葺。十七年，海寇圍攻，自南門連東門一帶，垛子被砲壞。八月，大兵解圍，知府張仲舉、知縣沈朝聘重修。雍正九年，奉旨修葺。

《（乾隆）福建通志》卷六《城池・漳州府》 府城，郡舊築土爲子城，周四里，爲門六：東曰名第，曰清漳，西曰登仙，曰朝真，南曰雲霄，北曰慶豐。宋咸平二年，始浚壕環抱子城外。大中祥符六年，郡守王冕加浚西河，又於西南隅鑿水門接潮汐通舟楫。其外城惟竪木柵，周十五里。紹興間，守張成大毀子城，撤外城東、西、北三面木柵，築以土。獨南一面阻溪，而子城之壕在城內矣。嘉定四年，守趙汝讜砌東門以石，高十級，長五百餘丈。紹定三年，倅林有宗復砌西、南、北三面，長二千五百餘丈，高一丈七尺，建樓櫓，浚河湟。闢門七：東曰朝天，西曰安豐，南曰通津，北曰貢珠，西北曰小關門，西南曰龍溪門，東南曰朝宗門。城上建堠亭二，下爲閘三。守江模成之。淳祐九年，守章大任重建東、西、北門，增築城背，併砌石路，與城相周匝。元至正二十六年，省丞陳友定改築東、西、北三面，而縮入之，獨南一面仍舊。周二千一百七十三丈，高三丈五尺；西北一隅依山，高二丈三尺。月城各周五十丈。浚壕三百五十九丈，東深二丈，廣五丈；西深一丈八尺，廣四丈。南臨大溪，北依山而塹之爲乾壕門，惟以東、西、南、北爲稱。其南偏作東、西二水關。明洪武初，四門置月城，各建樓其上。正統七年，重建西、北內外樓。天順五年，東門內外樓爲颶風所拔，明年重建外樓。成化五年，重建內樓。城東南角址，溪流衝射，舊築土堤捍之，然潦至輒壞。九年，巡撫張瑄作石堤址，始固。十八年，知府姜諒復築外堤，作亭其上，匾曰保安。弘治十四年，指揮同知侯汴於西北建威鎮亭踞登高山上。歲久城壞。正德、嘉靖年間，遞有修治。隆慶元年，以城北芝山後地僻，修窩舖三間守之。五年，修各城垣敵臺及四門月城，又於巽方撤舊樓，改建八角樓，扁曰威鎮閣，以配威鎮亭。萬曆十九年，城南樓災，尋重修。三十七年，改名南門曰三台，東曰文昌，西曰太平，北曰太初。國朝順治十二年，海寇陷城，悉沉砌石於海中。是年，世子王恢復從新興築，周一千九百七十一丈，垛子一千二十有四，窩舖七十有七。康熙八年，副將袁如桂於城上增設火藥局十八間，改南門曰時阜。十年，巡海道陳啓泰修築東門樓。三十六年，龍溪令田廣英修築南門樓。五十年，重修廢窩舖及諸雉堞。五十三年，知府魏荔彤因威鎮亭故址築萬壽亭。先是，嘉靖間因防倭閉塞東西二水關，城內河道淤遏，潮水不通。隆慶六年，始行挑濬，歲久復壅，每遇洪潦，輒有昏墊之患。雍正七年，知府李治國大加疏濬，由東閘至西閘一帶，舟行無阻，水不爲災，商民便之。九年，郡人候選通判郭元龍捐修四門內外樓。雍正十一年，巡撫趙國麟修葺。

《（乾隆）延平府志》卷一《城池》 延平府城，宋始刱築，周圍九里一百八十步。爲門十有一：曰鐔津門，在子城東；曰開平門，在子城南；曰延安門，在子城西；曰崇化門，在子城北；曰延平門，曰延清門，曰披雲門，俱臨溪；曰建安門，在城東；曰將順門，在城西；曰通福門，在城南；曰延泰門，在城北。至明，城仍舊，門則更而爲九：曰建寧門，即舊建安門，有城樓。萬曆二十七年，爲洪水所漂，知府倪朝賓重建；曰壚坑門，二門俱城東。曰建寧小水門，曰福州小水門，有城樓，二門俱臨溪。曰延福門，俗名福州門，即舊通福門，有城樓。曰西水門，即舊將順門。曰四鶴門，即舊延安門。曰大北門，即舊延泰門；曰小北門，二門俱近山。小北門後塞。自建寧門抵延福門臨建溪；自延福門抵西水門臨樵川；自西水門抵大北門臨山磵；自大北門抵建寧門，城壁延袤，環高岡之巔。其將順門俗名爲南門，有城樓，萬曆三十七年，爲洪水所漂，知府倪朝賓重建窩舖六十一座。國朝仍之。康熙十九年，延福城樓燬，南平縣徐哲建。五十六年，復燬。知縣朱夔重建。乾隆二十九年四月，雨水沖壞城垣七十八丈，知縣衛克堉奉檄募捐修葺。

《（乾隆）福建通志》卷六《城池・建寧府》　府城，自漢景耀三年，吴以王蕃爲建安郡守，始築於溪南覆船山下。劉宋元嘉初，遷於黄華山麓。梁末爲長沙侯蕭基所焚，陳刺史駱文廣復徙覆船山下。唐天寶中，有張刺史者始建樓閣。建中元年，刺史陸長源復築城於黄華山麓，延袤九里三百九十步，高一丈，廣一丈二尺，爲門九：南曰建溪，東南曰資化，西南曰建安，東曰寧遠，西曰水西，水西之東曰西津，西津之南曰臨江，東南隅曰通安，北曰朝天。天祐中，刺史孟威築南羅城。五代晉天福中，僞閩王延政又增築。宋改水西門曰平政。建炎間，盗葉儂、范汝爲相繼作亂，城遂壞。紹興十四年，復圮於水。明年，守張銖修築，重建寧遠門。二十年，守黄軺重建朝天門。淳熙元年，守傅自得重建通安門。端平二年，守姚瑶重建建溪、資化、建安、水西、臨江、萬石六門。元罷守禦，城日圮。至正十二年，紅巾入寇，守趙節因舊址修築，周九里三十步，改門寧遠曰高門，萬石曰西門，通安曰捲秋，建溪曰南門，資化曰長橋，建安曰市門，又改爲管門。其臨江、平政、朝天三門仍舊。二十年，陳友諒入寇，參政阮德柔擊敗之，復加修築。明洪武二年，指揮沐英又拓其西南隅，改高門仍爲寧遠，捲秋爲政和，長橋爲通僊，南門爲廣德，管門爲通濟，西門爲威武。其臨江、平政、朝天三門仍依舊。十九年，指揮時禹復增廣之，自威武門抵朝天之北，包黄華山于城中，增闢二門，曰拱北，曰朝陽。周二千七十九丈三尺有奇，高一丈九尺。爲樓二十有四，窩舖七十有六，女墻三千一百三十有八。塹壕長五百三十一丈一尺，深一丈五尺，闊五丈五尺。正北依山，西溪濱大溪。永樂間，以正北朝陽二門僻寂，閉之。國朝康熙五年知縣余光魯、章可程，二十五年知縣王崇道、鄧其文，五十年知縣崔銑，各有修建。城垣高二丈八尺，女墻高六尺，城樓八，垜三千八百。城内壕水導自黄華泉，至水街頭而分。歲久湮塞。康熙元年重疏。

《（乾隆）福建通志》卷六《城池・邵武府》　府城，郡舊有烏坂城，在今城東三里許，越王所築也。宋太平興國四年，置邵武軍治今所，乃别築土城於紫雲溪南，西跨熙春山，三面臨溪。周十里有奇，闢門七。建炎後，兩遭兵燬。紹定中，守趙以夫倅王埜因舊高之。元初，盡隳江南城壁。至正十二年，盗據其區，總管吴阿勒坦布哈復之。十九年，總管魏劉家奴修築，壘以陶甓，自西之南視舊址收入里許，東北仍舊。爲門四：東曰行春；西曰鎮安；南曰武寧，後改通泰；北曰樵溪。二十四年，守常瓚更築之，基用石，上用陶甓。明洪武初，因舊而修濬焉。周一千三百三十八丈八尺，高二丈八尺。壕東、西、南深一丈五尺有奇，廣倍之；北臨大溪，深二丈許，廣四十二丈。五年，指揮蔡玉建門樓四，敵樓四十有六。九年，指揮車濟建城上廊房，以間計之，凡一千一百一十有二。又建窩舖五十。永樂十四年，大水圮其半，尋修築。成化十二年，知府馮孜奏請依宋城舊址更築，跨熙春山，不特可避水患，外寇亦不得據熙春之險，以瞰城中。不果。國朝順治五年，山寇竊發，增高環城垜口二尺。康熙六年，又增高三尺，造砲臺四十有二。十五年，燬於寇。重建，周九里十三步，高二丈五尺，闊一丈八尺，垜口一千有奇，敵臺二十有七。雍正九年，署府王德純重修。

《（乾隆）汀州府志》卷五《城池》　汀州府城，唐大曆四年，刺史陳劍遷築。西北負山，東瀕河，南據山麓。大中初，刺史劉岐創敵樓一百七十九間。宋治平三年，守劉均拓而廣之。周五里二百五十四步，高一丈八尺。濬三濠，深一丈五尺，西引南拕溪水，流東以繞之。闢門六：東曰濟川，西曰秋成，南曰頒條、曰鄞江，東南曰通遠，東北曰興賢。紹興間，贛卒叛，守黄武增修。隆興元年，守吴南老又增修敵樓五百一十五間。明洪武四年，衛指揮同知王珪塞頒條門，改濟川爲麗春，秋成爲通津，通遠爲鎮南，鄞江爲廣儲，興賢爲朝天。周城包以磚石。城北卧龍山巔創總舖一，窩舖八十一，女墻一千一百九十五，箭眼八百一十四。弘治己未，衛指揮張韜建廣儲門樓。庚申，又建麗春門樓。初，知府吴文度以郡城内大半皆山，縣治民居環列城外，議自通津門西去數百丈，逶邐而南東，訖濟川一帶，立城圍之。以秩滿去。嘉靖間，知府楊世芳始因前議，築土爲縣城，列七門：曰會川，後改挹清。曰五通，後改環雁。曰惠吉，今改正笏。曰富有，曰常豐，後改寶珠。曰西瑞，曰通金。今塞。周六百一十九丈九尺，堞二千一百八十有奇。隆慶間，知縣陳金陶磚包砌。然垣甚卑薄，郡城鎮南、廣儲二門，横贅在縣城中。崇禎四年，增修縣城，自挹清門至通津門俱加崇闊，撤鎮南、廣儲二門，蓋合郡縣爲一矣。八年，增修東、西、北三面。十年，築寶珠門月城，增擴惠吉門。國朝康熙三十六年，知府王廷掄重濬舊濠。

上杭縣，宋端平元年，令趙時鉞創築。周一百六十步，覆以茅竹。轉車激水，注爲濠池。尋燬。淳祐間，令趙希緄更築，縮其址而小之。復圮于水。寶祐二年，令潘景丑乃址以石，甃以磚，覆以瓦。元至正間，頹圮殆盡。攝尹鄭從吉拓舊址復築之，周五百一十五丈，高一丈。爲門七，各建樓其上。後復圮。明洪武十八年，邑人鍾子仁作亂，知縣鄧致中修築甫畢而賊至，民賴以全。久復圮。景泰三年，知縣黄希禮復拓舊址更築。天順六年，溪南闕永華亂，乃調汀州衛右千户所官軍捍禦其地。成化二年，巡按朱賢以城狹不足以居軍，檄知縣胡鉞斥而大之，凡八年，工成。周一千四百二十四丈六尺，基廣二丈。南臨大溪，砌以石，高三丈有奇；東、西、北竝砌以磚，高減于南三之一。濠廣二丈，深半之。爲門七：東曰昭陽，西曰通駟，南曰通濟，北曰迎恩，上南曰興文，中南曰陽明，下南曰太平。各建敵樓其上，窩鋪三十有三。萬曆間，知縣李自華修葺。崇禎間，知縣盧躍龍增城垛五尺，東、西、北三門，築郭護之。國朝康熙初，知縣寧維邦、蔣廷銓，先後重修撫民舘城，在上杭縣溪南三圖中坪。明嘉靖間，知府徐中行創築，周一百七十二丈，高一丈六尺，北門一。萬曆間，於溪南四圖河頭坪築撫民公舘城，周四百三十七丈，高一丈八尺，開東、西、南三門，北爲水門。

《（乾隆）福建通志》卷六《城池·福寧府》 府城，在龍首山下。明洪武二年，海寇侵境。明年，海寇復爲亂，鎮守駙馬都尉王恭檄百户甯祥，先後討平之。又明年，始築城。周三里，高一丈九尺，厚一丈。東北隅穴水門以洩澗水。二十年，置衛，江夏侯周德興撤東壁，拓廣里許，增高三尺。周四里，垛一千五十有二，窩鋪二十有九。永樂五年，海寇復熾，御史韓瑜、都指揮谷祥命增築四門月城，復增高城垣三尺。四門各有樓，城内外有走馬路。沿城壕塹，闊二丈，深六尺。歲久，四門樓圮。成化十七年，指揮朱珍重修。正德中，知州萬廷彩、歐陽嵩先後浚壕。嘉靖三十四年，知州鍾一元以郭西民移在城外，數被寇，復拓城二里。三十六年，知州柴應賓依内城造東北敵臺。三十七年，夏潦城壞，分守顧翀拆卸舊城，增高四尺，厚三尺。明年，倭逼城，又值霪潦，城工方新，崩塌無完堞。都司張漢令軍兵取雜木環城立柵，結戰棚爲守具。倭遁去，分巡舒春芳復修築。周一千五十八丈，高二丈三尺，厚一丈三尺，東、西、南、北爲門四。四十一年，知州夏汝礪造敵臺八，增窩鋪三十。隆慶二年，分守李純命州同王守中毁西城舊址，葺其土石築東敵臺，號泰平臺。知州陸垓建籌邊樓於其上，復設東北敵臺并西廠樓。萬曆十三年，分巡徐用檢令甃城，下用石，上用磚。知州祝永壽、高汝梅相繼成之。國朝順治十八年，分巡周文華、總鎮吴萬福重修城壁，增高城三尺，併城垛爲七百有三，窩鋪四十有八，砲臺二十有九，大城樓、角樓各四，泰平砲臺、東敵臺、八角樓、水關樓各一，戰樓十有一，復浚城壕，植柳焉。

《（乾隆）福建通志》卷六《城池·永春州》 州城，舊無城。明嘉靖初，汀漳寇至，知縣柴鑣始建永輝、永豐、永薰三門。三十九年，倭突入，縣失守，始議築城，委德化令張大綱督之。砌以石，高丈許。四十年，賊呂尚四攻陷，乃增築周五百十八丈二尺，廣八丈，高一丈九尺。四十一年，知縣林萬春始成四門。城外浚壕，周圍如城數。西南隅濱溪，水漸齧。知縣謝袠甃石壖捍其衝。又於東南城隅各建敵樓一，後令許兼善、楊允升各有增築。國朝順治四年，被山寇剗平。署令歐陽思、知縣鄭名王共贍相繼修完。

《（乾隆）福建通志》卷六《城池·龍巖州》 州城，初編竹爲限，後易以土墻。宋紹定三年，邑令趙性夫作西砦避寇。淳祐間，令趙崇揆甃以石。元至元間，尹黄士龍即砦麓築土城，縣治乃在城東。寇至輒燬。至正四年，尹趙昱築城，包縣治，於是有上下二城。二十一年，達嚕噶齊索珠律聯築爲一，鑿壕以護。後尹高璉以西逼山拓大之。周八百七十二丈，高二丈一尺，壕九百五十九丈。明洪武八年，修濬，爲門六：東曰寅賓，西曰西成，南曰南門、曰南津，北曰北門、曰北關。城南闢水門，各建樓其上。正統間，沙寇亂官，民居皆燼。成化八年，知縣韋濟、伍星奎先後修築。周一千九十二丈，高二丈一尺。爲門五，各以其方建敵樓，設窩鋪十。水門一，壕環之。改名門，東曰賓陽，西曰迎薰，南曰留暉，北曰拱極，西北曰永寧。嘉靖四十年，復增高城垣五尺，鑿壕廣一丈五尺，增敵樓四十有一，建最高亭於西北隅。其後數被水患，修築不一。國朝順治十四年，知縣王有容重建南門，更名文明。康熙二十年，知縣左峴增修東門城樓。五十二年，大水，南、北、西門城垣皆圮，知縣陳人文重修。雍正九年，知縣萬物睹重葺。

《（乾隆）寧德縣志》卷二《城池》 邑舊爲感德場，自僞閩龍啓元年，為五代唐長興四年。陞場置縣，始築土城。初擇地在四都陳塘洋，以土疎水輕，廼城於白鶴山陽，即今所。立四門：東曰崇仁，西曰和義，南曰德化，北曰朝天。歲久而圮。宋時環以木柵。明正德元年，分巡道僉事院公賓府志作阮賓。檄高令，應易以甎，開五門：東曰跨鰲，西曰憇亭，南曰清宴，北曰朝天，增小東門曰登瀛。上各建樓。嘉靖四年，縣丞李詔鑿石廂北門及西南隅。辛酉陷於倭，夷爲平地。四十二年，林令時芳，采石重造，闢四門：東曰鎮静，西曰崇順，南曰永寧，北曰遵化。塞登瀛門。周五百九十二丈，高二丈一尺，廣一丈六尺，遊廊六百九十有九，敵臺四十。内外馬道，環以深濠。上通山澗，下接海潮，勢屹然矣。國朝初年，復登瀛門。其四門名，仍五代之舊。順治十二年，李令即龍於西、南、北三門各設砲臺一座。十六年，張令承瑞又於正東門添設砲臺一座，西北隅添設砲臺一座。康熙二年，張令承瑞奉檄捐修，增高三尺，垛三百四十，遊廊六百四十。雍正初，圮於大風。九年，費令璜修。乾隆初，城堞多壞。十八年，朱令景英署爲修葺。二十五年，郡守李公拔檄楚令文璟，率紳士捐修，制度一新。

《〔乾隆〕福州府志》卷六《城池》　海口鎮民城，在方民里。明嘉靖間造。周八百四十四丈，女墻一千六百有五，警舖二十四，敵臺七，闢門五。嘉靖三十四年，倭寇犯鎮，民多死者。御史吉澄請帑金七千七百餘兩賑之，鎮民願以所賑築城。萬曆十年，知縣羅萬程請帑修之。三十五年，知縣凌漢翀修西南沿江一帶。四十三年，知縣汪泗論增高東北一帶，添設敵臺一，警舖四。四十六年，久雨復圮。知縣王命卿重修。國朝順治間，海寇據城，旋平，後立有寨。

萬安所城，在平南里。明洪武二十年，江夏侯周德興造。垣高一丈八尺，周五百二十五丈，女墻八百二十有七，警舖十有三，敵樓十有八，東、西、南爲門，上皆建樓。今沿其舊，設兵防守。

鎮東衛城，在方民新安二里。明洪武二十年，江夏侯周德興造。垣高二丈三尺，厚一丈，周八百八十餘丈。爲門四，警舖四十有三，女墻一千三百四十有九，敵樓三十有一。國朝改爲寨，分撥長福營左軍守備，移駐城內。

梅花所城，在新開里，去縣治東北四十餘里。明洪武二十年造。三面距海，東爲城門，西爲水關，南連沙岡爲南門，延袤三里，計六百四十八丈，高一丈八尺，厚六尺，女墻一千二百二十，敵樓二十有四，窩舖二十。潮至則舟皆抵城，潮退則平沙彌望。

《〔道光〕福建通志》卷一八《城池》　臺灣縣城：東倚層巒，西迫巨浸。雍正元年，臺灣知縣周鍾瑄創建，以木柵爲城，周二千六百六十二丈，設東、西、南、北大門四，東、南、北小門三，各建臺，臺上建樓。雍正十一年，總督郝玉麟、巡撫逍國麟令周植刺竹。乾隆元年，易七門以石雉堞，打鐵皮樓護女墻，爲警鋪十有五。二十三年，木柵損壞，署縣同知宋清源修。二十四年，知縣夏瑚於刺竹外更植綠珊瑚，環護木柵。五十三年，大師平逆匪林爽文，大學士侯福康安欽奉諭旨改建。以西面逼海，潮汐衝刷，難以立基，縮進二百五十二丈有奇。南、北、東三面俱依舊址，高一丈八尺，底廣二丈，面廣一丈五尺。舊城臺七，一律加高。添設西門一，建臺一，砌排垛墻鋪。建城樓八、卡房十有六、看守兵房八。

臺鎮城即臺鎮營：國朝乾隆五年，總兵何勉築土堡，內外砌以灰磚，周三百三十丈，高一丈一尺。道光十二年平張丙之亂，總督程祖洛奏請添築石城。十三年，知府周彥倡在城紳士鳩捐添築子城六座，礮臺七座。又小西門起至小北門止，一帶沿海外城數百丈，以次蕆功。

鳳山縣城：在興龍莊龜、蛇二山間，外有半屏、打鼓二山環抱。自康熙六十一年署縣劉光泗創築土城，周八百一十丈，高一丈三尺，門四，外濬濠塹。雍正十二年，知縣錢洙環植刺竹。乾隆二十五年，知縣王瑛曾於四門各建礮臺一。五十一年，逆匪莊大田陷城，官民居蕩盡。五十三年，大學士侯福康安以縣城逼近龜山，可俯而瞰，奏請於城東十五里埤頭建新城，環植刺竹；仍於舊城龜山設石卡，設兵駐守。嘉慶十年，海寇蔡牽攻臺灣，逆黨吳淮泗乘間陷埤頭新城。議者言埤頭土薄水淺，地苦潮溼，不如舊城爽塏，負山面海，形勢雄壯。將軍賽沖阿請移回舊治。十五年，總督方維甸至臺相視，奏如賽議，改建以石。並請圍龜山於城中，以免外瞰，費巨未行。道光四年，巡撫孫爾準巡臺，復采衆議奏建。知府方傳穟請官捐以爲民倡，知縣杜紹祁督築，紳士黃化鯉、吳尚新、黃名標、劉伊仲董其事。以五年七月經始，六年八月工竣。爲石城，周八百六十四丈，高一丈四尺，基廣一丈五尺，面廣一丈三尺，女墻一千四百六十有八，並築水洞以通城內之水，仍舊闢四門，建敵樓、礮臺各四。

嘉義縣城：原名諸羅縣，在諸羅山。康熙四十三年，署縣宋永清始建木柵，周六百八十丈，門四。雍正元年，知縣孫魯改建土城，周七百九十五丈二尺，乾隆五十一年奏案作長七百四十四丈有餘。基廣二丈四尺，城上馬道闊一丈四尺，穴城爲水涵五，濬濠溝離城四丈，周八百三十五丈五尺，廣二丈四尺，深一丈四尺。五年，知縣劉良璧重建門：東曰襟山，西曰帶海，南曰崇陽，北曰拱辰；並砌水涵。十二年，知縣陸鶴於土城外環植刺竹。乾隆五十一年，逆匪林爽文作亂陷城，官兵復之，士民竭力固守，奉諭旨改名嘉義。五十三年，大學士侯福康安欽奉諭旨重築，加高增厚，添建城樓敵臺。

彰化縣城：在半線堡。雍正元年，臺灣御史吳達禮以諸羅爲臺郡北路，袤延千里，請於縣北二百八十里設立縣治，即今治也。十二年知縣秦士望環植刺竹，周七百七十九丈三尺，設東、西、南、北四門，警鋪一十有三。乾隆十三年，知縣陸廣霖修。五十一年，逆匪林爽文平定後重修。又於八卦山上添設石卡，捍衛縣城。嘉慶十四年，士民請造磚城，知縣楊桂森倡捐創築，周九百二十二丈二尺，高一丈二尺八寸，基厚一丈五尺，面廣一丈，建城樓四、礮臺十有二、堞七百八十有三、水洞六、守城兵房四。八卦山仍建寨設兵。

《〔同治〕淡水廳志》卷三《建置志·城池》 廳城，在竹塹三台山下。雍正十一年，同知徐治民環植刺竹，周圍四百四十餘丈；設樓四座，凡四門。乾隆二十四年，同知楊愚增四城礮臺各一座。舊址刺竹旋朽，僅存四樓。嘉慶十一年蔡牽亂，民築土圍。十八年，同知查廷華就土圍加高鑲寬，周圍一千四百餘丈，高一丈、闊一丈。城外闊一丈，植竹；竹外闊一丈，開溝，溝深亦一丈。民自派工供食，捐茅草。董事林超英、林光成、吴國步等並議改造四城門樓，添建窩舖、堆房，需費按照田甲勻捐。道光六年，總督孫爾準，蒞臺，同知李慎彝准紳士鄭用錫等所請，稟詳改建；奏入，報可。臺灣道孔昭虔履勘度基，以原建太狹，土圍太寬；乃拆毁内外，更定周圍四里，計八百六十丈。墻高一丈五尺，添垜三尺，共一丈八尺；厚頂一丈二尺，基寬一丈六尺，深一丈。雉堞九百七十四垜，砌石爲之；上間有甎。仍建四門：東曰迎曦、西曰挹爽、南曰歌薰、北曰拱宸。城樓四座；座二層，高一丈九尺。東、西、南三門礮臺、水洞各一，北門礮臺、水洞各二。四門内堆房各一座，座四間。改設四城道路各闊一丈二尺，共長七百七十二丈三尺。東、西城外吊橋各一，各長二丈六尺、闊五尺。城外濠溝周圍亦八百六十丈；南闊二丈二尺，東、西、北俱闊八尺，深各七尺。七年六月興工，九年八月竣。監造者李慎彝、易金杓等，總理者鄭用錫及林平侯之子國華、林紹賢之子祥麟等。官民捐貲，共費銀一十四萬七千四百九十八兩有奇。賸銀番九百二十四圓零，官諭紳等購舊北門基、新北門内業户王世傑公地，創蓋瓦屋七座計十一間；僉舉殷紳鄭恒利等八户遞年掌收，賃税生息爲歲修費。

《〔乾隆〕續修臺灣府志》卷二《城池·附考》 臺灣府無城，别有城在西南，曰紅毛。鄭氏僭時，宮殿在焉。今設副將一員，統兵三千駐之，距臺二十里。《居易録》臺地初闢，原卜築城於永康里，後不行，鳳諸三縣各築土堡，郡治居民亦欲倣而行之。西南臨海，議自南下林子、土墼埕、鬼子山、春牛埔、上帝廟、坑中營埔、萬壽亭、中樓子、北教場，直至北海尾，將南北東三面圍築堡墻，約高一丈，底寬一丈八尺，上寬一丈，每丈用土十四方；墻頂高三尺，寬一尺五寸，用土半方，共土十四方半。每丈八層，每層用茅竿草四擔，共三十二擔。墻長一千七百八十丈，每丈約費銀六兩八錢零，計共需銀一萬一千二百四十六兩有奇。《赤嵌筆談》 雍正十一年上諭：從前鄂彌達條奏，臺灣地方僻處海中，向無城池，宜建築城垣砲臺，以資保障。經大學士等議覆，令福建督撫妥議具奏。今據郝玉麟等奏稱，臺灣建城工費浩繁，臣等再四思維，或可因地制宜，先於見定城基之外買備刺竹栽植數層，根深蟠結，可資捍衛。再於刺竹圍内建造城垣，工作亦易興舉等語。朕覽郝玉麟等所奏，不過慮其地濱入海，土疏沙淤，工費浩繁，城工非易，故有茨竹籓籬之議。殊不知城垣之設，所以防外患，如必當建城，雖重費何惜？而臺灣變亂，率皆自内生，非禦外寇比，不但城可以不建，且建城實有所不可也。臺郡門户曰鹿耳門，與府治近，號稱天險。港容三舟，旁皆巨石，峯稜如劍戟，舟行矢尺寸，頃刻沉没。内設砲臺，可恃以爲固，其法最善。從前平定鄭克塽、朱一貴，皆乘風潮，舟行入港，水高港平，衆艘奔赴，無所阻礙，大兵一入，即獲安平港之巨舟，賊無去路。而撫其府市人民，南北路商賈一聞官軍至，絡繹擁載而來，相依以自保。物力既充，軍氣自倍，賊進不能勝，退無可守，各鳥獸散，終無所逃遁，故旬日可以坐定。向使賊衆有城可據，收府市人民財物以自固，大兵雖入，攻之不拔，坐守安平，曠日相持，克敵不易。蓋重洋形勢，與内地異，此即明效大驗，固未可更議建制也。若謂臺灣築城，即以禦臺灣外寇，是又不然。從前兩征臺灣，皆先整兵泊舟於澎湖之南風澳，又候風潮之便。歲不過一時，時不過數日，若盜賊竊發，或外番窺伺，泊舟澎湖，則夕至而朝捕之。至南北二路可通之地雖多，然如南路之蟯港，北路之八掌溪、海豐港、鹿子港、太甲、二林、三林、中港，竹塹蓬山，惟小舟可入其巨港，大舟可入者不過南路之打鼓果港、北路之上淡水，其次則北路之笨港、鹹水港，去府治較遠，縱有外寇亦不取道於此，備設砲臺，派撥汛兵，朝夕巡視，自足以資控禦。今郝玉麟等請於見定城基之外栽種刺竹，藉爲籓籬，實因地制宜，甚有裨益。其淡水等處砲臺，務須建造，各屬並應增脩，不可惜費省工，或致潦草。應如何舉行之處，着郝玉麟、趙國麟妥協定議具奏。欽此。續據該督郝玉麟等題，准臺灣府治自小北門起，至南水門止，俱屬沙土，堪以栽種刺竹。其西面一帶，迫臨海濱，潮汐往來，難以種竹，應建大砲臺兩座，設立敵臺、城門、望樓等項。至府治西北一方，見有鎮營駐劄營盤，惟東南一處並未設立，議於大東門内設立營盤一處，小南門邊設立營盤一處，仍命各營盤一體圍植刺竹，並南路之茹藤港等處建砲臺十座，府治西面一帶砲臺空隙處所設立木栅，以資捍蔽。咨稿

《〔乾隆〕續修臺灣府志》卷二《城池》 諸羅縣城，在諸羅山。康熙四十三年，署縣宋永清始建木栅，周圍廣袤六百八十丈，設四門。雍正元年，知縣孫魯改建土城，周圍七百九十五丈二尺，基闊二丈四尺，城上馬道闊一丈四尺，濠溝

離城四丈，周圍八百三十五丈五尺，深各一丈四尺，廣各三丈四尺，水涵五。雍正五年，知縣劉良璧重建門樓，砌水涵，東曰襟山，西曰帶海，南曰崇陽，北曰拱辰，各安砲二位。雍正十二年，知縣陸鶴於上城外環植刺竹。

《〔乾隆〕續修臺灣府志》卷一九《雜記》 康熙庚申十月，僞鄭毁雞籠城。雞籠係海嶼，隸臺灣北山，居淡水上游，其澳堪泊百餘艘。先時，吕宋化人裔占據此城，與土番貿易，因出米稀少，遠餽不給，棄去。後紅毛及鄭成功據臺灣，皆不守。癸卯，總督李率泰召紅毛合攻兩島，約復臺灣後許貢，就閩省交商。紅毛於乙巳年重脩雞籠城，圖復臺灣。丙午，鄭經令勇衛黄安督水陸諸軍進攻，僞鎮林鳳戰死，紅毛慮無外援，隨棄去。至是，有傳我師欲從北飛渡，恐踞此城，乃遣右武衛北哨密令督兵將城折毁。辛酉，令僞鎮何祐等北汛雞籠，驅兵負土就舊址砌築，并于大山别立老營，以爲犄角。《海上事畧》

《〔乾隆〕續修臺灣府志》卷一九《雜記》 紅毛城，在安平鎮，亦名安平城，又名赤嵌城。荷蘭于一鯤身頂築小城，又遶其麓而周築之爲外城。城垣用糖水調灰，疊磚堅埒于石。凡三層，下一層入地丈餘，而空其中，凡食物及備用者悉貯之。雉堞俱釘以鐵，廣二百七十七丈六尺，高三丈有奇。女陴更寮，星聯内城，樓屋曲折，高低棟樑，壂巨灰飾，精緻瞭亭，螺梯風洞，機井鬼工奇絶。近海短墻，年久傾圮。潮水輙至城下。東南由瀨口陸行，歷鯤身三十里，可至鎮渡頭。

安平城，一名甎城。紅毛相其地脉，爲龜蛇相會穴。城基入地丈餘，雉堞俱釘以鐵，今郡中居民墻垣每用鐵以束之，似仍祖其制也。城上置大礮十五位，年久難於演放。澎湖亦有紅毛城，久廢。《赤嵌筆談》

安平鎮城，東抵灣街渡頭，西畔沙坡抵大海，南至二鯤身，北有海門，原紅毛夾板船出入之處。井泉鹹淡不一，另有一井僅小孔，桶不能入，水從壁上流下。其西南畔一帶，原係沙墩，紅毛載石堅築，水衝不崩。《臺灣紀畧》

澎湖暗澳城，明都督俞大猷所築。嘉靖間，林道乾作亂，大猷追之。道乾遁入臺灣，大猷因留師澎湖，築城于暗澳以守。今故址尚存。

瓦硐港銃城，荷蘭所築。明時澎湖屬同安縣，轄分金門哨，汛兵駐防于此城。今圮。

《〔咸豐〕噶瑪蘭廳志》卷二《規制·城池》 蘭城爲五圍適中之地，有民居兩列，皆東向，餘悉新墾田。初無城寨，嘉慶十五年收入版圖，委辦知府楊廷理始植竹爲城，環以九芎樹木。十七年冬，新任通判翟淦加栽莿竹，並搭四門弔橋各一座。城基坐北向南，西瞰員山、東臨大海，週圍三里許，長六百四十丈，南北相距一百八十丈，東西相距數亦如之。垣高六尺餘，共有東西南北四門，門各隨其方向以爲名。四門城樓，二十四年通判高大鏞建；道光十年，署通判薩廉重修。城中舊有水圳兩道，自西而東，引灌田園，因開作城濠，改由城外與濠合流。城濠深七尺，廣丈有五尺，上接内山水，下達溪流。

河南

《〔光緒〕開州志》卷二《建置志·城池》 州城，舊志：五代梁時李存審所建，夾河爲柵，南北二城相直。後晉天福三年，自舊澶州移治夾河。宋熙寧十年，南城圮於水，獨守北城。前方列而後拱形，如卧虎，周二十四里。明弘治十三年，知州李嘉祥增築。高三丈五尺，廣三丈，門四。池深一丈五尺，闊三丈。嘉靖十三年，知州孫巨鯨奉檄重修。二十五年，知州李一元增修城鋪八十四座，城角建敵樓四座；以土坏不固，易以陶甓。州人晁瑮有記。隆慶元年秋，大水衝壞城西樓，知州湯希閔重建。萬曆二十年，城北樓壞，知州張三聘重修。州人朱爵有記。二十二年，知州沈堯中重修，以南門爲開德，東門爲濮陽，西門爲繁陽，北門爲鎮寧，仍前張三聘所定也。三十六年，知州李之藻重修，更西門曰昆吾。崔景榮有記。崇禎五年，知州王直臣重修門樓，增築墻垛。國朝順治七年，大水，城樓傾圮。康熙五年六月，地震。七月，大雨，垛口坍塌，鋪舍、角樓盡圮。七年，知州孫棨捐俸，修葺城頭鋪舍八十餘所，雉堞千有餘奇。嘉慶元年，知州楊自强重修。改濮陽門曰得勝，昆吾門曰永安。道光二十七年，知州焦家麟重修。改永安門曰阜安，於東南隅建文峯塔。咸豐十一年，因東匪之亂，知州金秉忠率紳董勸捐，添建周圍女墻。同治七年，知州葉增慶飭護城各莊挑挖城濠，以其土修濠裏圍墻，並建橋裏大門，與圍墻接。光緒三年，知州陳兆麟建西南隅圭樓。

《〔嘉靖〕鄧州志》卷九《創設志·城池》 鄧州有内外二城。内城，國朝洪武二年，金吾衛鎮撫知鄧州事孔顯築。週肆里叁拾柒步，高叁丈，基廣叁丈伍尺。池深壹丈伍尺，廣伍尺。内馬道廣壹丈伍尺。闢肆門：東迎恩，南拱陽，西平夷，北忌閉無名。六年，始甃以磚，建門樓四，角樓四，月城小樓四，甕城小樓三，窩鋪三十三，女墻一千三百九十一。架池橋，東、西、南三。郡人王誼記畧：鄧在《禹貢》豫州西南隅，面荆腋雍，三王之化存焉。境以禹、湯名山，皆廟祀。周綱不紐，穀伯、鄧侯朝魯，猶有望周公之餘思。秦邑爲穰，嘗封魏冉曰穰侯。漢隸南陽郡。隋唐以來，復鄧州，又曰武勝軍，置節度、觀察等使。宋金因之。風厚土沃，名賢牧守，載籍可稽也。元初，都督史公以其境接襄漢，更築外城貳拾肆里以威。宋時，河南北、山東西兵駐於此，從兵商賈亦家焉。因目今城曰子城。南服承平，子城日圮。元末有寇王權據是城，殺戮甚酷，遺民蕩析。及元兵至，寇葺外城以抗敵，糧盡自潰。元將失剌把都恐復據而不能剋，毀其城，火其廬，無居守者貳拾年，鞠爲茂叢區矣。皇明啓運，掃除群兇。蕩民懷土來歸者，復以西境弗靖，率皆逃匿山野，猶鹿豕然。洪武貳年冬拾壹月，上命金吾右衛鎮撫孔侯顯守禦是州，兼知州事，集軍民，理郡邑，仍以文史張居岱、兵士湯明輩伍拾人從之。抵襄，詢鄧流寓，得麋裘樵者，導至刁河，還得耆民劉孝先，喻之來意，謀及所止，乃曰：先是，官惟居此，他無往也。前訪古蹟，至梵塔之左，指林莽蔽翳處曰：此舊市之中阜也。侯即駐節，斬木通道，除地爲營。命衆士撒貳縣分方招集，民始附之，西鄙强暴之氣沮矣。時復饑歉，軍士餒之。侯規畫百至，已而相今城之址，除治如法，坑者平而缺者補，然後計餱糧，具畚鍤，度丈數，揣高低，板之築之，陾陾登登，弗亟弗徐，其城乃成。遂辟闤闠，畫市井，創廨宇，樹居廬，移軍署。士民之附者，日益衆焉。四年冬，籍軍千人，民千七百户。六年秋，朝廷以功擢侯千夫長，掌印專軍，不煩州政，蓋優之也。且調南陽衛千户李侯德副之，同寅協恭，經營益力，瀋膏煉灰，甓甃周緻，浚濠池，架輿梁，砌女墻，通馳道，兵廬棊布，樓觀翬飛，旌旗皷折，日嚴夜警，戢暴防姦，城民衛衆之計備矣。抑不惟是，壇廟、庠序、屯田、武場，凡干于公者，靡不完焉。外城則弘治拾貳年，知州吳大有築。週壹拾伍里柒分，高壹丈，廣伍尺。議以軍叁民柒分修，民當東、西、南叁面，軍當北壹面。其内馬道廣肆丈。因舊爲伍門，曰大東，小東，南門，小西，大西；門各建樓。又内畫爲伍關，曰大東關，小東關，南關，小西關，大西關。爲六街，曰泮宮，時雍，咸熙，嘉靖，民夫，永康。其市靡定，處諸關街，輪曰遞遷。外池亦架橋，東、西、南三，而各以店附焉。大有自記略：外城經始紫金山之麓，週圍壹拾伍里柒分，爲伍千陸百伍拾貳步。東、西、南叁面壹拾壹里捌分，爲肆千貳百壹拾捌步，爲墻壹千捌百壹拾叁堵，俱州築；北壹面叁里玖分，爲壹千肆百叁拾肆步，爲墻柒百壹拾柒堵。前所築，按軍叁民柒之例也。州夫起于鄉甿，所夫役乎屯種，各有總率，因鄉泒人，因人分地，因地計墻。關内有力者，量爲勸借。不足于用，又區畫以益之。貳城馬道，舊多豪猾吞占，今悉清退。内城道闊壹丈伍尺，外城道闊肆尺，立以排柵，永爲定制。正德六年，知州于寬增修。城高叁丈，基廣貳丈伍尺。重建門樓伍，月樓伍。浚池，深貳丈，闊陸尺。引刁河水灌之。學正華綸記略：正德庚午，咸寧于公寬值流賊猖獗，所過州縣殘滅，公浚河鑿隍，修堰引水。賊竟不敢窺伺，境内安堵。已又謀於衆曰：外城雖可恃，恐薄小，不能禦。乃請廣其制，州築東、南、西，所築北屬，義士李珍等董其役。公朝夕閲視獎勸，故民皆樂於趨事。不三月而城成，高叁丈，闊伍丈，視昔之制十加七焉。時同知朱君潤、判官胡君銓、吏目李君復興同心協力，仍設重門，淬米煉石，以灌以甃。又砌女墻，通馳道，布兵廬，聳樓觀。工力計費，過於内城，而河水深廣，足以禦敵，魚菱豐殖，是以興利云。嘉靖三十二年，知州王道行又增修創置。角樓四，窩鋪貳拾壹，垜口壹千柒拾。復引靈山水以灌池内。郡人藍瑞記略：外城之修，軍叁而民柒。軍三當北隅一面，皆濱湍水，土柔善崩，歲久，傾圮。嘉靖辛亥，太原王公來守兹土。再閲歲，爲癸丑，時河南流賊警嚴，且留襄葉而鄧益報急。公則日夜練軍馬，飭器械，浚池引水，多方設備，爲城守計，民得恃以無恐。暨賊勢稍熄，公巡城至北，曰：昨固惟此是虞，今可修矣。左右以軍修對，公曰：即有事，何界於軍民？且吾既守於兹，皆吾牧也。其終修之，乃矩其壅，繩其缺，培其薄，補葺其湮頽，臺增以鋪，陴俱以磚，不再月而城成。其長以步計，壹千肆百肆拾；其高以丈計，凡貳；其闊以尺計，壹拾有貳。垜口高闊俱伍尺，以數計，壹千柒拾。敵臺以方計，壹拾有八。窩鋪以座計，與敵臺若干。于是舍人李晴等請記，曰：事尚出謀，功歸作始。是城也，軍有執畚之勞，而公寔謀之；軍有樂成之慶，而公寔始之，是公功也。予曰：《春秋》壹臺壹門，雖小必書，所以重民力垂法戒，至深遠也。顧兹城爲一方保障，積久之廢舉於一。且使不有記，則何以識日月，紀經費，俾後之人繼圖於勿壞哉？公庚戌進士，少年文學，日精吏事，修陂堰，新廟學，清屯田，正民俗，造士類，皆卓有成績，誠近世之循良也。而禦流賊一事，尤爲闔郡所倚賴云。三十五年，知州張僊復修五樓，改南月城門，由舊路。唐子儀詩：鄧侯城壘漢江干，自爲深根百世安。不用三甥謀楚計，臨危方覺噬臍難。元好問詩：鄧州城下湍水流，鄧州城隅多古丘。隆中布衣不復見，浮雲西北空悠悠。長鯨駕空海波立，老鶴叫月蒼烟愁。自古江山感遊子，今人誰解賦登樓。知州余承業詩：鄧城遥接漢江斜，秦楚風煙共物華。檻迥誤疑浮海閣，樓虚直欲泛星槎。中原牛馬消烽火，邊塞弦歌廢皷笳。日暮風烟還縱目，河陽依舊滿林花。內鄉舉人李宗木詩：向夕穰封駐客軺，城池環固翼新譙。清涵夜月臨堪濯，高倚青天望不摇。一代巨川歸牧伯，萬年雄鎮屬明朝。朔方維翰功先試，散處甲兵寇亦銷。

《〔嘉靖〕鄧城縣志》卷一《城池》 城周圍九里三十步，高二丈五尺。相傳爲古鄧子國，縣東有遺址，蓋受封之城。今城未詳始築。成化十八年，知縣鐵鼐重修。門五。北曰望汴，南曰溵江、歌薰，東曰涉澧，西曰通襄。門各有樓。池深九尺，闊二丈。

《〔康熙〕濮州志》卷一《郡治考》 按：濮土城，明景泰三年，知州毛晟徙築於此。周圍七里，高二丈四尺。池闊四丈，深一丈五尺。城中間爲通衢者六，别爲民廛者十有二。有副使甘澤、學士許彬記。正德六年，知州王棟當巨寇劉六入境，築城捍守，創起努臺、敵樓拒之，民安如堵。其後，知州李緝、張寰相繼修葺。有鄧鞁記。李烱以磚易土堞，至今有賴。郡人桑廉訪、周知府作記。俱見《藝文志》。

《〔康熙〕商邱縣志》卷一《城池》 府城，春秋宋國城也。其城東門曰揚門，

《禮·檀弓》：元公入自揚門。《左傳·昭二十一年》：宋元公以華、向之亂，公自揚門見公徒，下而巡之。漢時東門曰揚門。又東北門曰蒙門，《左傳·襄二十七年》：宋公及諸侯之大夫盟于蒙門之外。是也。南門曰盧門，《左傳·桓十四年》：宋伐鄭，取大宫之椽，歸爲盧門之椽。又《昭二十一年》：華氏居盧門，以南里叛。杜預曰：睢陽有盧門亭。東南門曰垤澤門，即《孟子》魯君所呼門也。《括地志》：宋東城南門曰澤門。《左傳·襄十七年》，宋皇國父爲平公築臺，築者謳「澤門之皙，實興我役」者也。魯君所呼當在此。西北門曰曹門，《左傳·成十八年》：鄭伯侵宋，及曹門外。是也。北門曰桐門，《左傳·襄十年》：楚及鄭圍宋門于桐門。又《昭二十五年》：宋樂太心居桐門，稱桐門右師。又《哀二十六年》：宋景公無子，晉公孫周之子得與啓。景公卒，啓立，得夢啓北有兩殿于盧門之外，已爲鳥而集與其上，味加于南門，尾加于桐門。是也。又外城門曰桑林門。《左傳·昭二十一年》：宋城舊鄘及桑林之門而守之。又鄗門，或曰東郊外門。宋武公時，鄗班御皇父充石，獲長秋緣斯，宋公以門賞鄗班，使食其征，謂之鄗門，是也。漢梁孝王都於此。本封太守，以地卑濕，徙睢陽。《北征記》：城方三十七里，南臨濊水，即睢水。凡二十四門。《漢書》：孝王築東苑，方三百餘里，廣睢陽城七十里。《太康地記》：城方三十里。唐建中時，亦爲宣武軍城，城有三。長慶二年，宣武叛將李岕攻宋州，陷南城。刺史高承簡保北二城，與賊戰，却之。咸通十年，徐賊龐勛襲攻宋州，陶南城。刺史鄭處冲守北城以拒賊。宋爲南京城。城周十五里四十步。東二門：南曰延和，北曰昭仁；西二門：南曰順城，北曰回鑾；南一門曰崇禮，北一門曰静安。内爲宫城，周二里三百六十步，門曰重熙、頒慶。京城中有隔城，門二：東曰承慶，西曰祥輝。東有關城，東面外城也。周二十五里八十三步，東、南、北各有一門。金之將亡也，以汴京危急，謀出幸。或言歸德四面皆水，可以自保，既而金主出頓歸德，復走蔡州。志曰：舊城周十二里三百六十步。明初，少裁四分之一。弘治十五年，圮於水。正德六年，重築，乃徙而北之。今南門即舊北門故址也。知州楊泰修，周冕繼之，始克竣事。圍七里二分五釐，共一千三百四丈二尺五寸，高二丈，頂闊二丈，址闊三丈。八年，知州劉信建四門外樓四座，及東南門内樓二座。其在西北者尚缺。嘉靖三十四年，知府王有爲補足之，又增置角樓四，敵臺二十三，警舖三十二。三十七年，巡撫都御史章焕檄知府陳學夔包以磚。門四：東賓陽，西垤澤，南拱陽，北拱辰。水門二：一在南門東，知州王範建；一在南門西，指揮梅旻建。國朝康熙二十六年，知縣周宗義重修，復建門樓。池距城丈餘，闊五丈二尺，深二丈。

《(乾隆)信陽州志》卷二《建置志·城池》 州舊惟土城。元末，汝潁兵起，燹轢更甚。明洪武十三年，千户張用展拓舊址，外甃以甓，内實以土，高三丈，厚一丈，週圍九里三十步。樓櫓、月城、警舖甚具。成化十四年，守備李槿於各門外增護垣、弔橋。然雉堞頗瘅，流賊屠吴房、柏舉時，人情洶懼。正德八年，兵憲寧公河首議增築，未彊半而去。閻公欽繼之。又三年，落成，則十年冬也。何大復公景明爲記。城形如船，東門名望京，後易曰靈門；南門名鎮遠，後易曰郢門；西門名望堅，後易曰浉門；北門名望淮，後易曰淮門。浉門去郢門稍遠，增一小南門，向封以土。萬曆二十二年，兵憲王公任、知州朱家法詢謀而啓之，顔其樓曰「群山拱秀」，且以便樵汲焉。歲久，瓴甋善毁，葺或不以時，遂分西北屬州、東南屬衛。城既面浉，西、北、東濬爲隍，廣深不等，皆丈有尋云。崇禎十四年，獻賊乘夜襲城，城陷，屠民十之七八，官署民舍咸盡於燼，驅未盡婦穉拆毁垣堞。其時城之短者不及肩。汝陽主簿吴公士紳來視，州篆督率有方，不數月，垣堞頓還舊觀，樓櫓未暇及也。至順治之十年，兵憲管公起鳳、郡守高公天爵始建四門樓，輪奂屹然矣。迨今十六年，西城圮數十丈，郡守王公廷伊督修之，堅厚有加云。康熙四十五年，西門南偏城傾數丈。雍正七年，郡守郭公士英監修。乾隆四年，郡守朱公汝琳重建四門譙樓。

《(乾隆)濟源縣志》卷三《建置·城池》 城周圍五里二百五十步，池如之。城高二丈五尺。池深一丈，闊二丈五尺。隋開皇十六年建。明景泰四年，知縣李珩增築。成化十九年，重脩。崇禎十一年，知縣盧時昇甃以磚石。見《河南通志》。國朝以來，時加脩葺，今猶完固。城制四門，南、北、西皆正向，獨東門闢向東北隅。

《(光緒)靈寶縣志》卷二《建置·城池》 按：縣城始建未詳。明景泰元年，邑令夏永寧重建。城週三里六十步，高二丈五尺，厚一丈七尺，垛口一千。其門三：東曰來紫，西曰拱華，南曰歌薰。至南之東，又有門三：中曰洙泗，宫墻左曰禮門，右曰義路。前臨泮池，諸生遊泮時始啓。嘉靖八年，教諭李淑洪重修。崇禎年間，邑令谷萬方修城時，併垛口一千爲五百，用磚包西城一面，東城十之七，南城四十丈，北城二十丈。因遭流寇，工未告成。池本寬深一丈有半。國朝順治十三年，前令梁儒重鑿。康熙十五年，大水，復淤。前令尚天禄添建城樓三座：東曰仙令閣，西曰觀瀾樓，北曰介眉樓。二十三年，前令江爇又於南城建樓，曰三異樓。復鑿池，沿壕植柳數百株。雍正五年，前令程世綏加築土堤。嘉慶二十四年九月，地震，城坍。前令吕子珏請帑重修，共用工料銀二萬三千九百餘兩，較前完固。

《〔宣統〕項城縣志》卷七《建置志・城池》 縣城，舊在槐坊店古黄河之濱，去今縣東北六十里。《通志》稱爲楚項羽所築。明洪武末，河流衝圮。宣德三年，始遷今治。正統三年，知縣胡璉始修城池。城週圍七里有奇，高二丈五尺，廣一丈二尺。池深一丈二尺，廣一丈三尺。其四門：東曰來和，南曰至善，西曰重興，北曰忠順。各建樓於上。天順元年，知縣王輔重修。正德六年，流賊劉六輩攻燬。知縣張論增築，始甃以甎。嘉靖三十六年，流賊師尚詔逼城時，訓導宋世相率衆力守，增建月城門四座。後知縣趙麟修葺。四十二年，知縣張師尹復修葺。隆慶元年，南門圮，知縣魏勳重修。萬曆元年，知縣賈明遠復修。五年，城堞傾圮，知縣陳萬言增修。九年，大雨，城週圍傾頹。知縣顔若愚補修。十六年，知縣徐東漸建南、北二門外木弔橋各一座三空，廣一丈二尺，長三丈；東、西二門外甎橋各一座一空，廣一丈三尺。又二十三年夏五月，霪雨，城傾幾半。知縣王欽誥募工修築，並增修門外各橋。崇禎十六年，流寇大隊數攻城。知縣張應弘週圍修堅，增高舊垛二尺許。國朝順治十三年，陰雨，傾圮。知縣鄭羽侯重修，補築裏城，濬深外隍。十八年，城内外傾頹，池水竭。知縣黄陛修濬。康熙二十四年，霪雨浹旬，南、北、西各城樓盡圮。知縣顧芳宗修建。二十六年，甎城、土城皆崩裂。知縣顧芳宗捐俸，修築甎城一十一丈一尺，垛口六十九座，土城五百四十丈。五十二年，知縣劉其時倡捐，修築甎城並土城，内外完固。又雍正六年，知縣王奎申請三年内自行捐修。至乾隆七年，雨水連月，坍塌甚多。經知縣錢國寶詳明估工，候題補修。咸豐十年，皖匪猝至，直逼城下。城上開礮擊之，不能中賊，遂飽掠去。紳董公議創建礮樓數座，使賊不敢傅城，苦無甎石。高君沅之因先人曾修高邱寺，舊橋路他徙，石無用，商諸族人盡充此工，得石七百餘車。復與張君静齋勸捐，共建礮樓九座。宣統三年，川鄂軍民之變，烽煙四起，城垣坍塌六十餘丈，待補修者數十丈。南、西二門傾圮，幾至不能行車。闔縣紳董集議補修，時值甎價昂貴，無處購買。城鄉諸紳會商，將閻氏先人所修白衣閣三間及于步青倡修軒轅廟三間已圮之故甎，充工督修。自九月迄十一月，始竣。

湖北

《〔嘉靖〕漢陽府志》卷三《創置志・城垣》 舊志云：古城門八，東迎春，南沙洲，西孝感，北漢廣，東南朝天，西南漢南，東北慶和，西北下汉。又云：古城周迴一千七十二丈，東南枕大江，北控陂湖。《水經》云：翼際山有吴時江夏太守陸涣所治城。註云：翼際山即魯山，唐《元和郡志》：即漢陽軍城。宋宣和三年四月，水漲城毁，郡守具奏修築。按趙志，則漢陽古已有城，但所註八門者，不知何代城。今城東南臨大江，西北跨鳳棲，周圍七百五十六丈。門四：東朝宗，南南紀，西鳳山，北朝元。今塞朝元。明禮部尚書黎淳《記》：劉家隔爲漢川縣舊址，距今縣三十里，相傳宋知軍事劉誼隔岸種荻，因名。或云楚人稱水濱爲隔土，業如劉氏也。地卑下，每歲墊於春漲，逮秋，始涸，榛蕪沮洳，人鮮居之。然地脉來自應城，蜿蜒起伏，走一日之程及此，衍爲平原。周廣四十里餘，而襄水、漢水、湞水、郢水、臼水五派合流，環爲一區。我國朝闢爲通衢，人遂樂業，其始居民十數家，宣德正統間商賈占籍者億萬計生齒日繁貿遷益衆，卒成巨鎮。今編垙六里，駐節有館，送使有舟，可見其民人之盛。其始，行貨者肩負，居貨者蓬廬，至是連艫縻艦，百貨雲來，重屋累棟，五金山積，日易數千紙猶未艾，而登壟罔利，以乾没于官者三百人，可見其財産之盛。其始，農漁耄倪，質猶勝文，至是巷陌有經生，澤宫有貢士，每遇歲歉，輒往勸分。今大司馬南宫白公嘗繇都憲來巡撫，募白金一萬五千，易粟賑濟，官義士十九人。後巡撫南昌，羅公再募白金五千，濟公用官義士九人。歲己酉，藩臬群卿念歲盛極憂，圖保豊大，乃請于朝，設巡檢司。成化庚寅，都察院右僉都御史繁昌吴公來兼巡撫，即定程度檄巡檢高俊劉伯剛經營改作，召義官楊守言等勸募于衆材，選堅良工鳩智巧昇，建皷樓三楹，高丈五尺，廳事三楹，高二丈二尺，深各倍高之。二兩向樹廡，四周崇垣。肇造辛卯三月，訖工是歲八月，輪奂偉然富完。踰月，都憲公再登焉，乃仰而思之，歎曰：昔九州一壑，匪仗禹功，江漢易平？而小别大别，春秋爲鏖戰之場，在三國爲必争之地，中間賢豪整頓肅清，不知幾更化矣，未有留心斯土者，天豈藏靈秘奇，必待今日始發乎？維時官屬吏士將校兵卒黧老童稚填溢公門，舞躍歡呼，願記成績垂億萬年，公固不許，乃相與歌于市曰：江漢湯湯，萬古朝宗。願以此水，流公之忠。荆衡峩峩，流靈宇内。願以此山表公之愛公身歸朝公績在兹公毋我遺，我寧不思？時太史氏適歸故鄉，通判金鎬走告焉，且介原祖徵爲記，太史氏不咈衆，因合輿論而載其事，俾勒貞珉垂訓後來。

《〔雍正〕湖廣通志》卷一五《城池志・武昌府》 武昌府城舊在黄鵠山，孫吴赤烏中築，謂之夏口。城墉山塹江，周二三里。對岸爲沔津，故以夏口名。宋、齊、梁、陳皆因之。劉宋郢州治此，更名郢城。唐牛僧孺始陶甓甃之。宋皇祐中，知州李堯俞修。又有古萬人敵城，在黄鵠山頂，據勝設險。元因之，明洪武四年，江夏侯周德興增拓修築，周十七里有奇，計三千九十八丈，東南高二丈一尺，西北高二丈九尺。池周三千三百四十三丈，深一丈九尺，闊二丈九尺。池外餘十丈許，南有龍窩，西即大江。爲門九：東曰大東、曰小東，西曰竹簰、曰漢陽，曰平湖，南曰新南，曰保安，曰望澤，北曰草埠。嘉靖十四年，都御史顧璘重修，門仍九：易大東曰賓陽，小東曰忠孝；西易竹簰曰□□，曰漢陽，曰平湖；南易新南曰中和，曰保安，易望澤曰望山；北易草埠曰武勝。皇清總督祖澤遠增修，雍正六年重修。

《（康熙）均州志》卷二《城池》 磚城一座，前代無考。洪武年，守禦千户修築，周迴六里一百五十三步二尺，高二丈五尺，闊一丈二尺。四門有樓，東曰宗海，左右設水門，以便挈汲。南曰望岳。西曰夕照，閉而不開，避山勢壯也。北曰拱辰。東以漢水爲濠，西南北俱鑿濠，深一丈五尺，廣稱之。明季城池卑淺，天啓年間，流寇大亂，知均州事胡承熙築城濬池，以備防守。四門城樓，上下三層，最極高聳後遺惠。副將南逃，火焚東樓，兵賊肆虐，三樓俱燼。至康熙三年，知州佟國玉署州事，本府同知程塤、知州江圍續修。

《（同治）宜昌府志》卷四上《建置志·城池》 郡城即彝陵州城。初治下牢戍。唐貞觀九年，乃移建步闡壘。宋南渡初，遷於江右，傍紫陽山。建炎中，復移治石鼻山。紹興中，復舊。端平中，徙江南。元復移於大江左，因唐舊基，明亦因之，即今城是也。其制，舊八門，今七門。正東東湖門即今大東門，正南南藩門即今大南門，西南文昌門即今小南門，正西西上門即今中水門，西北之西爲西塞門，即今鎮川門，西北之北爲北左門，即今小北門，正北北望門即今大北門。東湖門至西塞門一里有奇，南藩門至北望門三里有奇。舊尚有小東門，因形家言，遂閉其一，且爲臺鎮之士人呼威風臺云。東湖附郭。

洪武十二年，彝陵守禦千户所許勝、知州吴冲霄、紳士易思陳永福等率衆修砌城垣，高二丈二尺，周圍八百六十三丈，垛口三千九百零三垛，已上州志。東南北三面皆濠，闊四丈五尺，深二丈西，一面臨大江。出通志。成化四年，知州周正、千户常垕復修，高五丈，外砌石，横直勾連，彼此相制。內築土爲卧羊坡，下遶以圍，堪容走馬。崇禎十七年甲申三月初八日，逆賊張獻忠自荆入彝，據其城。十九日，驅婦女平城，官私衙舍焚燬無遺。大清順治四年，州歸版圖，兵民自河西還城中。十二年，荆州鎮鄭四維率屬登城踏驗，通計崩塌一百二十餘丈。順治十三年，請發帑銀，委彝左營遊擊張琦修葺城垣，方有啓閉。十四年，總鎮張大元及知州孔斯和捐貲重修。康熙三年，淫雨彌月，城圮。六年，知州鮑孜繕修。已上州志。雍正五年，霖雨，倒塌一百六十丈有零。知州何廣廷奉文發帑興修。出通志。乾隆二十四年，陸續倒塌城垜二百一十丈零，城墻四十一丈八尺，垜口數如之，知縣蔡本桧詳請帑銀重修。二十六年，復倒塌城垜六十四丈九尺五寸，城墻三段，共十丈七尺，小北門城樓一座，知縣林有席詳請並修，有記。道光二十六年，東門城樓，前知府陳熙晉重修建，有碑記。咸豐二年，南門城樓，今中丞前縣令嚴公樹森增修建，有碑記。咸豐十年夏，江漲盛，泛城垣，東門內圮者五丈餘，小南門外圮者六丈餘，前署令劉浚勸捐修復。同治元年，城垣加高培厚，新建砲臺六處，前署知府唐協和倡修建，有碑記。以上東湖附郭。

《（光緒）襄陽府志》卷六《建置志·城池》 城周一十二里一百三步二尺，凡二千二百二十一丈七尺，高二丈五尺，上闊一丈五尺，下倍之。門六，東陽春，南文昌，西西成，北臨漢。俗呼小北門。又北曰拱宸，俗呼大北門。又北而東曰震華，俗呼長門。門各有樓堞四千二百一十，窩鋪七十有四，礮臺二十有九。池北以漢水爲之，凡四百丈，東西南鑿濠，凡二千一百一十二丈三尺，闊二十九丈，深二丈五尺。爲閘四，曰南閘北閘，在城西九宮山下，引襄渠之水以達於濠，北司入，南司出，濠得三焉，渠得七焉，曰震華門外閘，俗呼閘口。以通漢於濠，曰震華門右閘以通濠於鏡湖。案，後漢獻帝初，自宜城移荆州，刺史來治，即今治。前代建置無考，明初鄧愈築舊城，別拓東北角，由舊大北門外東繞今長門環，屬東城爲新城，今舊大北門甕門僅存，尚是故蹟。正德十一年夏，漢溢，破新城三十餘丈，巡道聶賢築城，並捐甃岸隄，精堅逾舊。別詳隄坊。嘉靖三十年，漢溢，巡道陳紹儒、守道雷賀修復。三十九年，大水，知府汪道昆繼修。隆慶二年，隄潰，壞新城，巡道徐學謨檄知府陳洙、同知高持益築土門子隄。萬曆元年，巡道楊一魁甃老龍石隄成，自爾城居始安。崇禎十四年春，獻賊寇襄，城燬，撫治袁繼咸督標兵修城堞，王永祚建城樓。十六年冬，復燬。國朝順治二年，撫治徐起元檄邑紳、同知賈若愚，由西北至南門各險要處，石築礮臺二十有九。五年，撫治趙兆麟檄巡道蘇宗貴等重修城樓并城外三橋濠岸敵樓。道光六年，知府周凱重修六門城樓。十二年，漢水衝齧城址，知府阿爾琫阿修復。咸豐四年，知府多山建城上兵房七十四所。八年，知府啓芳濬濠，由西門至震華門，分段督工，檄知縣梁照量濠面立石柱二十四處，以清岸界。十一年，添建兵房八所，又於東西南及震華門外，甃甎爲壘。同治八年西南隅濠淤，知府恩聯商請提督郭松林派兵挑濬，自西門至南門，長五百丈，深一丈，廣十丈。光緒元年，久雨，城多圮者，知縣吴耀斗興修。二年，知縣勞慶藩續修。七年知縣梅冠林竣工。

《（光緒）黄州府志》卷四《建置志·城池》 黄州府城，黄岡附郭。宋元遺址在今城南二里許，張耒《雜志》云：黃名爲州而無城郭，西以江爲固，其三隅略有垣壁，閒爲藩籬，城中居民纔十二三，餘皆積水荒田，民耕漁其中。西臨大江，東傍湖泊，水漲湮没不常。王志云：舊城門曰朝宗、向日、龍鳳，餘無考。宋王禹偁《請修城垣疏》，伏以體國經野，王者保邦之制也。《易》曰：「王公設險，以守其國。」自五季亂離，各據城壘，豆分瓜剖，七十餘年。太祖太宗，削平僭僞，天下一家。當時議者乃令江淮諸郡，毀城隍，收兵甲，徹武備者二十餘年。書生領州大郡，給二十人，小郡減五人，以充常役，號曰長吏，實同旅人，名爲郡城，蕩若平地。雖則尊京師而抑郡縣，爲强幹弱枝之術，亦匪得其中道也。臣比在滁州，值發兵挽漕，關城無人守禦，止以白直代主開閉，城池頹圮，鎧仗不完。及徙維揚，稱爲重鎮，乃與滁州無異。嘗出鎧甲三十副，與巡警使臣，彀弩張弓，十損四五，蓋不敢擅有修治，上下因循，遂至於此。今黃州城雉器甲，復不及滁揚萬一，水旱爲災，盜賊竊發，雖思禦備，何以枝梧。蓋太祖削諸侯跋扈之勢，太宗杜僭僞覬望之心，不得不爾。其如設法救世，久則弊生，救弊之道，在乎從宜。疾若轉規，固不可膠柱而鼓瑟也。今江淮諸州大患有三：城池墮圮，一也；兵仗不完，二也；軍不服習，三也。濮賊之興，慢防可見，望陛下特抒宸斷，許江淮諸郡酌民户衆寡、城池大小，並置守捉，軍士多不過五百人，閲習弓劍，然後漸葺城壁，繕完甲胄，則郡國有禦侮之備，長吏免剽略之虞矣。鄭獬《黃州重建門記》，見金石。明洪武元年，指揮黃榮移築今處，後指揮曹奉郭顯相繼修，高二丈一尺，厚依山，不可計，周一千八百二丈八尺有奇，繚以濠塹。警鋪三十，雉堞二千一百一十有九。門四，東曰清淮，南曰一字，西南曰清源，西北曰漢川，樓各三間。正德中，漢川門圮，知府鄭信修。萬曆十三年，清源門火，知府范可奇修。崇禎八年，知縣李希沆倡率士民深濬增築。十年，僉事袁繼咸分巡黃州，與黃岡知縣徐調元築城六十餘丈。十六年春，流賊張獻忠掩至，從東北隅緣梯入，驅婦女剷城，旋殺以填塹，城存不及肩。秋，知府周大啓回郡任事。先是，亂民詹瑞甫、汪咸一各以舟二十艘降賊，爲賊鄉導，賊喜，恣其掠貲鉅萬。賊去，大啓執瑞甫、咸一，責以修城貸死。二人因陋就簡，視舊制低五尺有奇，廣如其舊。

國朝順治二年，知縣汪士衡次第修理。四年，知府牛銓建譙樓。康熙十一年，知縣董元俊捐俸重修雉堞、戍樓、警鋪之屬。十四年，大風，清源門樓毀，知府于成龍修。四十五年，大水，城圮，知府李彦瑁修葺，知縣鍾葦續修。雍正二年，久雨，城圮，清源清淮門樓壞，知府康忱捐修。十一年，清源門敵樓以年久將圮，知縣暢于熊同七州縣捐貲重修。乾隆十三年，城東北圮四丈餘，知縣邵豐鍭修，池久淤塞，知府禹殿鼇濬之。禹殿鼇《疏濬濠隍記》：古之立國者，必審其形勝以定邦域。形勝者，山川環繞，精靈聚毓，可以殷阜民物者也。《公劉》之詩曰：相其陰陽，觀其流泉。陰陽以便燥溼，流泉以資灌溉，而水利興焉矣。夫水，萬物所以資生，流行之地，聚散多少，豐儉分焉。在原埜者，溝洫川澮以潤畎畝，在城郭者，濠隍隧徑以洩淤坌，而形勝在是矣。黃州，古齊安郡，其城倚山面江，形勝鴻敞，古所稱蛟翔鸞峙之地。附郭首邑是曰黃岡，人文甲天下，絃歌之聲，十室而五。但閭閻生資，不見充殖，千金之家，蓋寥寥焉。匪獨民淳士拙，不善治生，亦邦域之形勝，清秀多而蓄積少也。余承簡命，來守是邦，期年以來，舉廢補偏，次第就理，閒登城凭眺，見大江泱漭，奮迅東去，於郡城略無環繞，而附郭之水，其北東自聚寶山，來者至南關一字門外織染橋下，直走入江，亦無回顧，而西南城下所謂濠隍者，皆平實淤塞，溝徑盡堙，正郭璞《青囊經》所謂水去無情，財貨不生者也。訊之耆民，皆曰：古有濠瀆，年久而淤，倘一疏導，引南門下之水繞城而西，同匯於觀風橋下，次第北向以入大江，則水法有情而回繞城郭，始成形勢。余然其說，因令濠畔居民自一字門外至清源門下者，各濬其門前古瀆，寬必以丈，深亦如之。人易爲力，工亦不煩，乃民情踴躍，不市月而告厥成功焉。雖所以愛養休息之道，不徒特此而宣幽導滯，非奠厥攸居之一端乎？今而後，水既有情，地自毓秀，扶輿之順氣，與國家之景運，輻湊於民閒，而美利日興焉。秀者懋登進之庸，樸者增積之阜，庶沃土之民富且益穀，非長民者之所至樂哉！更戒嗣後居民，糞除者勿委之濠中，動作者勿圮其隍岸而長此疏通焉可也因記其事於石，立之濠畔，以戒居民云。乾隆十年乙丑歲夏五月日。乾隆二十三年，漢川門右圮二丈七尺，知縣劉熤修，又清源門左圮八丈餘，知府錢鋆修。此後郡屬分段管理，隨圮隨修。嘉慶四年，知縣張其章，十三年，知縣汪慕鍾先後疏濬隍渠。二十年，城身皴裂過甚，知縣鄭家屏請款奉文交知府吳之勷承修。至二十二年，工竣，計修外墻共六十八段，長六百六十一丈五尺，裏墻共十四段，長一百七十八丈五尺。二十三年，知府吳之勷、知縣蔣祖暄深濬濠溝。李鈞簡《勸修安國寺塔及疏濬城河文》：黃州自宋刺史王元之、副使蘇子瞻莅茲土，《竹樓記》、《赤壁》二賦流傳至今近千年，海內人士束髮受書，即莫不膾炙斯篇，如神往其地者。蓋江山勝跡，地以人傳，急雨、密雪、明月、清風，光景常新而文章不朽，宜乎人之低徊不置。至今古蹟遺基，有關於士氣之盛衰，民生之利弊，必將爲之興廢舉墜，以培其本而固其脈，其亟宜修濬，以垂諸久遠者，又何如也。郡城之南安國寺有南塔者，亦稱文峯塔，即昔之青雲塔也。自前明神宗時創始，越三十餘年而壞，其上五層，飛入卯湖。是塔爲武昌漢陽諸郡上游水口作鎮，又爲本郡之文星起峯，詳具於當時晏考功秦徵序中。今邑志僅載其文，而後之踵事經營者，已不可考。郡城之水，自城外出者明水三，自城內出者暗水四，皆拱衛環曲，自右轉左，匯於塔前，又由塔溝達羅星湖以注之江。是其形勢之相爲表裏，固自然而無可易者。塔之說，余少時聞鄉先輩之言甚習，數十年來，衆議罔不同，然因循少成事。今則水之環流者，直而衝，水之順流者，逆而汜。去余曩時之所見，又懸絶矣。《詩》曰：崧高維嶽，生甫及申。此即峯之挺拔峻起者，必有靈秀鍾毓之驗也。又曰：相其陰陽，觀其流泉。此即正位奠居，必審乎順逆同背之理也。形家之言，近於術，地理之訓，本乎經，豈不彰明較著哉！於是塔之宜增高，水之宜利導，邑人士咸有志於斯役。嘉慶庚午夏，余將以服闋赴都，道郡城，因得謁郭伊齋觀察、吴淦厓郡伯、汪潔亭邑侯，而爲之請，皆欣然應曰：斯舉也，固籌之久矣，將先定其規模，而後從事。俾鈞一言，以爲之引，且爲闔郡勸。當是時，賢便君政和民理，公暇諮詢，方大有造於我邦，而邑之人士又各竭其忱，輸其力，鼓舞踴躍而聽命焉，豈非事之興，率有時不謀而合，莫之然而然歟！異時者，塔之峩峩，聳然而出於霄漢；流之汩汩，悠然而匯於溝渠。經始某年月日，落成某年月日。相與歌頌於勿諼，較之前賢，當不僅登臨覽觀之樂爲可言也。鈞不敏，猶得援筆而記之。吴之勸《勸諭捐輸疏復水道南塔引》：形家之説，近於術；地理之訓，本乎經。岡屬附郭，據崎山舉水之雄，扼夏隩龍邱之勝，前代每臻殷富。國初，兼盛科名，固氣運之鼎新，實形勝所漸致。乃自康熙而後，士鮮大魁，民無巨富。凡登仕版，終少錦衣之歸；稍有田廬旋非素封之舊。家道則起落立見，子弟亦淑慝並生。種種不宜，合邑共悉。所以然者，三臺北下之龍楓香，掘而中斷；一字西流之水纖染，建而南飛。赤壁磯重湖宛轉，不順其流；青雲塔七級嵯峨，未存其半。風水已多遷變，富貴焉能爲常。夫察地之理者準人之情。身體以血脈爲精神，郡邑即以山川爲血脈。血脈之氣弗貫，未有身體不受其傷者。山川之氣弗通，未有郡邑不蒙其害者。邑之咎體，顯而易見。本府自下車巡視，不勝瞿然。比聞李少宰曾議修復於前，汪舊令因而勸輸於後。其時城鄉善士，捐金有差，舉而未竟，已十數年。茲者歲豐人和，邑之士民，有志斯役。矢公矢慎，實事實心。相度悉出於官，經理不由乎吏。誠合邑快心之務，得以復元氣而去沈疴者也。惟事煩費重，難於周知。其仰賴於捐輸者，雖少之不遺，實多之爲美。非數千金，必數百金，最少需數十金，庶有志之竟成，亦衆擎乃易舉。首士籲請，剴切勸輸，本府守土於斯，亦與有責，除城南隍渠、楓香龍脈，現就存□督率興作外，所有疏復東北水道、修建橋梁以及增補南塔數層所需銀兩，既多且急，爰舉顛末，敬告邑人首領，莫存畏事之心，衆人勉效，急公之義，趁此農隙，重解囊金，彼此勸成，踴躍竣事，出有餘之力，奏無量之功，卑者崇焉，閼者通焉，使岡屬山水，磅礴蜿蜒，灣環縈繞。雖銀盃盞注，富若季倫；玉帶金魚，貴如叔則。其稱於形家者，原不可信，而以質之山澤通氣之説，陰陽流泉之觀，其必有裨益當時，利及後嗣者。氣脈聚而衣食豐，山川靈而人材出，安見不超軼於前而永振自今也。本府亦惟率屬鳩成，從而考核之，獎勵之，立案勒石，與郡人士相附於不朽爾已。此引。道光二十六年，城身復裂，署縣金雲門詳請修理，知府祁宿藻、知縣俞昌烈暨府屬牧令紳商捐貲重修，計城身四十五段，長三百四十六丈。咸豐間，粵匪竄擾，城凡四陷，日就傾圮，知府周炳鑑、知縣薛元啓勸捐修補。同治五年，知府黄益杰復勸紳民捐貲增修，殘闕一百五十二處，臌裂十二處，總計周圍長一千二百九十四丈二尺，並濬濠溝。黄益杰《重修黄州府城碑記》：黄郡介江淮間，宋元無城郭，略有垣壁，間爲藩籬，舊址在今城南二里許，明初始築城。今處咸豐用兵以來，城凡四陷，日就傾圮。余以辛酉冬涖郡，時甫收復，城中無半椽宦屋，漸次安集，乃得八百餘户，而生計未裕，善後事宜，無從著手。又無歲無賊，至幸皆春夏秋時，内湖有水，外江舟師可以駛入拒賊。乙丑冬，湖涸，捻逆由麻城猝至，徑趨近郭，予與士民登陴以守，歷三月而賊退，乃知此城宜亟修也。案，城舊爲門四，東曰清淮，南曰一字，西曰清源，北曰漢川，周一千二百九十四丈二尺，今皆增修，高逾舊城，或五六尺，或七八尺，或丈有奇。城上皆石修馬道，寬五尺至七八尺有差，東西北三隅，有咸豐間所掘地道十二，巨穴各深數丈，寬數尺，或十餘丈。城日下陷，皆一律拆修，清淮、一字、清源三門月城，各建樓三間。漢川門，舊有樓，亦加葺治。城北大士閣上，築大礮臺一座，俯對城外龍王玉几諸山。一字門，右爲培風亭，左有奎星閣廢址，今將亭加葺，閣亦重建，均築大礮臺。此外又修小礮臺十二座，又督匠於城裂之處盡爲折補，於是垣墉堅固，樓櫓翼却。以丙寅五月興工，十一月告成，用錢八千六百五十五串有奇。是役也，初因城防經費有餘，又曾收集守具石十數萬，遂謀補修。乃傾圮過甚，工程愈大，使非黄岡士紳續有捐金修府學，又撙節有餘，可以分濟，則集費必難，非士人指引，搜掘龍王玉几諸山及北城火藥局一帶賊壘窖石百六十餘萬，可值七萬餘緡，則無論無此購石巨資，其運費工費亦難且購之，亦斷非數月可辦。又非官紳數十人同心協力，杜盡虛浮，竟至半年之久，無飲城工一杯水者，亦斷難以八千數百串之費，迅速成此鉅工。而予心有未盡者，城下積土尚多，必得剷平。城腳有爲雨水齧露者，必運土培，因費絀，而予又卸篆，不能議此，是所望於後之守土者矣。城外濠水，舊從東北龍王山來，城内溝隧之水，亦出於濠。道光間，爲邑紳掘水南去，而附城蓄田者，利濠灌溉，復任意挖掘濠隧就湮。予乃改濬龍王山之水，由東而南而西，又北至赤壁下始入江，而爲閘以限某流，盡塞從前外泄之道，四時有水，環城如帶。惟濠隄尚須涪築，赤壁閘，今歲大水，爲江濤衝損，亦須修補。後之人以時治之，是亦設險之一助也。同治八年夏，大雨，城間段傾圮，知府英啓率知縣恒琛暨七州縣牧令籌款修補，計修城身八段，長一百二十七丈，及清源、漢川、一字三門，並府前明溝暗溝，均疏通。

《〔萬曆〕承天府志》卷四《城郭》 承天府城即舊安陸州城。唐崔耿記云：古石城戍。圖經云：子城三面，墉基皆天造，正西絕壁下臨漢江。石城舊有白雪樓，今遺址在焉。宋乾道淳熙間，都統趙、樽郭果相繼增築，有子城羅城堡寨。門四，曰行春，曰富水，曰宣風，曰雄楚。元末丘墟，乙巳歲，大軍克復襄陽，指揮使吴復屯駐於此，始復創築，因石城故址而拓之。東北並跨山岡，南抵草市，西連漢水，内外悉甃以甓。周迴計一千六十丈有六尺，里以五計奇三百二十有一步，四面崇高各以地勢微異，總不踰二丈五尺。女墻一千三百九十有八。門五，南曰陽春，東曰威武，閱武，西曰石城，北曰拱辰。門各有樓，而陽春石城各有月城一，凡烏樓七，戍舖七十有二。濠深約二丈，廣約十餘丈，其威武拱辰之間，爲舊邸沼課之所。肅皇帝又鼎建陽春門及月城重門，門各有樓，壘基以石，高麗弘敞，榜正樓曰顯親達孝，金書輝煥。月城門顏以陽春，尚仍其故。翬飛鳥革，翼翼乎，三楚具瞻，與京師等。

《〔光緒〕荆州府志》卷八《建置志·城池》 府故楚郢都，今城，楚船官地，春秋之渚宮。按《楚都紀》，南平王所築之郢，在今縣東北，其始建今城不知起於何時。秦既拔郢，置南郡，漢因之三國初屬蜀漢。舊城，關某所築，某北攻曹仁，吕蒙襲而據之，某曰：此城吾所築不可攻也。乃引而退。以上俱見《水經注》。晉永和元年，桓温督荆州鎮夏口。八年，還江陵，始大營城櫓。見《晉書·桓温傳》。宋齊以來，常爲東南重鎮。梁太清三年，臺城不守，時元帝爲荆州刺史，命於江陵四旁七十里，樹木爲柵，掘塹三重而守之，見《資治通鑑》。設十二門，皆名以建康舊名。見《元和志》。後都此爲西魏所陷，後梁蕭詧稱藩於魏，亦都此。按詧時有東西二城，詧所居者爲東城，詳古蹟。隋唐修建無考，五代時爲東平王高季興國江陵。當唐之末，爲諸道所侵，兵火之後，井邑凋零。後梁乾化二年，季興大築重城，復建雄楚樓、望沙樓爲扞蔽，執畚鍤者十數萬人，將校賓友皆負土相助。郭外五十里冢墓，多發掘取甎以甃城。工畢，陰慘之夜，常聞鬼泣及見燐火焉。見《五代史·南平世家》。龍德元年，季興遣都指揮使倪可福督修外郭，自巡城，責功程之慢，杖之。後唐天成二年，又築内城以自固，名曰子城。見《十國春秋》。宋經靖康之難，雉堞圮毁，池隍亦多淤塞。淳熙間，安撫使趙雄奏請修築，始於十二年九月，越明年七月乃成，爲塼城二十一里，營敵樓戰屋一千餘間。見葉適記。淳祐十年五月，總領賈似道檄興山主簿王登浚築城濠。見《宋史·理宗紀》。元世祖至元十三年，詔隳襄漢荆湖諸城。見《元史·世祖紀》。明太祖甲辰年，平章楊璟依舊基修築，周一十八里三百八十一步，高二丈六尺五寸。嘉靖九年重修，爲門六，東爲新東門、公安門，舊名楚望。南爲南紀門，西爲西門，舊名龍山。北爲小北門、舊名維城。大北門。舊名柳門。濠闊一丈六尺，深一丈許，東通沙橋，西通秘師，北通龍跛諸水。萬曆初，拓城北隅，後仍修復如舊制。崇禎十六年，流賊張獻忠陷荆州，夷城垣。國朝順治三年，荆南道李棲鳳鎮荆，總兵官鄭四維率兵民重築，悉如舊址。康熙二十二年，特設將軍都統，統滿洲八旗兵鎮守荆州等處，駐城内東偏，遷官署民廛於城西偏中，設間墻，南曰南新城門，北曰北新城門。雍正五年，零雨，垣圮。六年，給帑銀三千兩有奇，修築。七年，給帑銀六百兩，修駐防城間墻。乾隆二十一年，奉部文給帑重葺城垣，勘估工料銀二萬兩有奇，荆宜施道來謙鳴、知府葉仰高監修，知縣李豫承修，六閱月，畢工。五十三年六月二十日，萬城隄決，水從西門入城垣，傾圮。欽差大學士阿桂、工部侍郎德成會同湖廣總督舒常、畢沅相度形勢，估工修築水津門，小北門衝塌最甚，地勢窪陷，俱退入數十丈，城東南角退入十數丈，重建東西大小北門城樓，公安東門兩處，吊橋歸併一處，餘悉依舊址補修，共費帑銀二十萬兩零六千有奇，知府張方理監造，改鎮流門爲寅賓，古漕門爲拱極，拱辰門爲遠安，龍山門爲安瀾。自五十四年二月興工，至五十七年九月竣工。光緒四年，知縣柳正笏籌修南門月城，有碑記。

《〔嘉靖〕沔陽志》卷七《創設》 沔陽城，國初乙巳，指揮沈友仁循故址築。正德戊寅，知州濂葺之，周千一百有六丈，厚丈二尺，高倍之。門五，東曰仁風，舊曰大東。南曰南紀，舊曰荆南。西曰長夏，舊曰栢樹。北曰建興，舊曰大北。曰楚望，舊曰小北，俱叙更名。城東倚蓮花二池，西南北皆倚河。朱昂云環城皆水，因河爲濠，形若螃蟹是也。按，沔陽在漢晉並爲雲杜縣地。郡縣志：沔陽縣即楚王城，今故志有廢沔陽縣，當即今所也。梁置沔陽郡，故志即雲杜城，或不在今所。西魏置建興縣，周復州治于此，即今治也，則城亦當創於是時矣。祭酒鐸記沔故有衛，與州治同城。城不知起何時，由今自沔而觀，寔不可以一日無城也。城之盛民，猶舟焉，舟任萬斛而釁及分寸，則不得爲舟同濟者共命，殆矣。然則有城不繕治，又尚得爲城哉！矧一日不可無城之地，而亦使其城不得爲城，不待智者視，猶殆舟矣。沔間江漢以爲州，江實受湘江。湘以上，爲荆岳，爲巴蜀，爲辰沅、長沙、衡永。漢以上爲安陸，爲襄鄖，爲南鄧。漢中由沔而下，則漢陽、武黄、九江諸郡，不勝計也。是故海内之人，水陸交集，寇賊姦宄，恒發平時。若屬有潢池之孽，遠相根蔓，則喉襟重輕，實兹焉是繫，故曰：不可一日無城也。正德丙子，祥符李川府以奉訓大夫來守沔，未三月，屬江漢合漲，没城，趾二尺，風雨彌月，助爲崩齧患，大夫憂之，列柵以守重民，飢未遑治也。明年，水復大至城壞四百丈，大夫曰：民連飢，雖賜租與賑，未甦也。城今大壞，完之，則民方病；不完，是以殆。舟共濟，如之何？則可出而謀之寮友，寮友曰：財力在民，今其若民，何謀之衛使？衛使曰：吾士之病久矣，大夫入而復自謀焉。既而得之曰：患吾城者，水也。吾誰謀，其反謀之水乎？乃移書諸當路曰：沔多陂澤，水傷農，陂澤滋利矣，請以征魚之羡爲城費，許焉。時都御史吴公獻臣奉命以便宜行荒政，至，聞之曰：猶之爲民也。助其費，幾三之一。於是白金以鍰計得凡百八有奇。故事，城有役，軍民同之。大夫乃使度城，三分壞之二，於民自餘以遺軍士，併以兩計白金八十給之，約日即工出納，敦事咸選擇人使之，遂庀財用募丁壯，執鍤荷杵負土石就事者，足相躧，以至大夫既授之方法，時復乘城眡勸犒徒匠胥勤績，用以瞬而異肇手。於戊寅三月之丙寅爲日，二百二十有八而訖，工縝實完好，至樓櫓竿幟，奂焉改觀。時巡撫都御史秦公國聲、僉事孟公望之按沔，問民隱於諸里居暨諸生者，諸里居暨諸生述大夫所以裕民。及之二公登視焉，有歌於其野者曰：瞻彼新城，乃忘厥舊。安吾爲宗，急吾知所。走胡不吾聞，吾于力是助。復有和之者，曰：新城有嚴，奄失故所。雖有奸虓，孰敢予侮。而今而後，釋予斯釋。予斧爰肆，力於畦畝。秦公顧孟公曰：予聽之，歲大侵久矣，吾宜怨咨之聞也，乃今舉大役而民有不知者，而庇及於卒伍，政可知矣。守人不當如是乎？有官吾郡縣，皆令若茲，吾豈其復犯風露，是不可不丕視厥類，使繼今有聞也。諸里居介其學之師賓，走諸生於東閭魯鐸，請記諸樂石。鐸雖病憊，嘗攝筆從紀事之後，其得謂在家不知爲記之。大夫名濂，舉中士爲第一人，出身進士，有文學顯名。今名復顯於有政，修城其一也。自公之暇，輒留意書史，爲文章蔚然成家。孔子曰：學而優則仕，仕而優則學。又曰：有文事者必有武備，其大夫之謂也。時正德歲在庚辰五月七日立石。

景陵即漢雲杜縣，隋唐宋皆爲郡治，其城最久。故志，國初指揮琛、知縣天麟築。洪武己巳，大水壞。成化乙未，知縣繼宗重築土城。壬寅，知縣綰。弘治己未，知縣端相繼修，久之圮。正德甲戌，知縣良玉築甃，高厚統二丈，周六百八十有五丈。門四，曰南薰，舊曰荆南。曰東陽，舊曰馬人。曰西成，舊曰鴈叫。曰北拱，舊曰北。城四面皆湖，因以爲隍，祭酒鐸記：景陵舊有衛，蓋襄荆以東漢沔以北，隨郢以南，此最廣衍，足牲鮮絲卉稻粱之利，自古四方有事，所爭趣也。衣食招徠，備九州之人。雖平時，不無蘖芽其間者，是故宜有城。國朝，調衛金州城，猶無恙，民所恃如故。洪武己巳，水決隄，城壞，雖第爲周垣，實不能爲有無。以予所聞見，景泰二年，盜入，刦縣庫。弘治四年，既刦庫，復斫獄取劇盜去。正德庚午，盜自獄山，因嘯聚屠掠村鄉，虜女婦，刦丁壯爲徒，晝踏闤，呼官府，示將直入狀，以挾取所怨及庫實富民所移徙。三司長副集官民富慰兵，數閱月僅乃殲之，此皆城壞以後事也。陳侯以辛未名進士，下車之明年，適河北大盜起，詔有司不得無城，侯慨然欲爲永久計，屬父老語之，父老曰：所願也，第如勞費何？時庚府皆如懸罄，侯乃召富民大賈曰：城爲汝蓋藏也，財没於盜，孰與？出十一以助吾築。召丁壯曰：城實汝保障也，身没於盜，孰與？分力以助吾築，皆應曰惟命。侯既自捐俸若干，僚屬所捐又各若干，四境之内翕然響應，富民以緡錢至，丁壯以畚鍤至，樵荻爲薪，烈石爲灰者，以舟車至，侯悉以籍登記，令公實員役司之。既乃闕隄固湖，覆舊築爲城趾，窑於縣周，凡百一十有二，煙縷四合上，糾爲雲霧者連數月。甎成，重每一鈞，少窳者輒弗舉焉。百爾云具，人伍既集，乃署爲十有四工，象以散聚之節，負者蟻升，築者鱗積，甃焉衡從，適均灌焉，燥濕得所，督作者心同，服役者力齊，萬手繽紛，歌謡隱耳，知事事而不知勞也。侯旦暮臨眡，有慰無亟，蓋若父兄率子弟治其垣墉室廬，而意及其曾雲者也。戒事於九年之七月，以十年之八月告成，所需例爲白金計之，爲兩者三千六百七十有八，民所赴工，積五十一萬二千九百四十有二。城高二丈有奇，厚加於高者五尺。周迴六百八十五丈。四門高二丈四尺，其深幾倍之，樓高不及城者二尺。門扉皆以鐵衣之，門之内，各爲屋三楹於傍，以居門者。闢城内外地各丈許，責所居得訶禁汙踐。又增築外隄，舍民其上，伺不虞也。復於南樓置鐘鼓，以警昏曉。城外襟湖帶河，若天設隍塹。鄉邑民大和，會下復登諦觀焉，富民曰：今而後，貲誠吾有矣。丁壯曰：今而後，身誠吾有矣。女婦曰：今而後，保吾所家，而定吾所歸矣。其嘗罹盜者，則泣且歎曰：向使侯來不莫吾寧有疇昔，蓋不啻家室成而婦子相慶也夫。天下之事，備害防患，以衛民生者，莫如爲城，其勞實稱之，民鮮弗病且怨者。景陵城廢百三十年來，躬自失恃，如向所云者知幾令矣。侯至纔三載，而百年之大功成於朞月，人惟樂有所恃，而不知勞與費焉，非其賢遠於人，有如是乎！是年，朝廷以臺員之缺召侯，縣人士攀卧不得留。既去，而思之益深，斲石爲碑，屬汪淵曾明輩來求予記之。嗚呼！吾行天下，見所謂賢守令多矣，求夫誠心爲民如侯不多見也，侯之爲政，廉公明恕，爲吾人所思者，豈勝紀，述建城其遠且大者也，姑書而鐫之石，用慰所思。侯名良玉，字德夫，蜀之富類人。與侯協心者，嚴君輔、胡君洪、孫君炫、蔡君德器、劉君翹其，一時僚佐師賓也。凡預是役者，悉於碑陰勒之。分司東門内曰按察，中爲堂，後爲軒，爲後堂。前爲東西序，爲儀門，爲門。都御史餘姚陳雍詩：要使官清民自安，莅官以往莅民寬。井泉自守來無盡，膏血于今剥已殘。心事備懷何處寫，眉頭終日爲誰攢。行途不必論牛喘，一雨翻成五月寒。副使江暘詩：到處民生尚未安，寸心那得片時寬。非才司國驚鬢白，終日征途嘆歲殘。遥望翠華空目斷，夢迴萱樹幾眉攢。清燈公暇幽懷切，且酌盃醪敵夜寒。

《（同治）增修施南府志》卷五《建置志·城池》 恩施爲附郭，首邑縣城即郡城也。周圍五里七分有奇，崇二丈四尺五寸。門四：東曰迎恩，南曰朝陽，西曰金華，北曰拱辰。東北臨清江，西北環溪水，串樓、警鋪、雉堞鱗列。門上各有飛簷危樓，樓中各有屋三楹。東門樓上建官倉數十廒，南門樓祀關帝於其上。按，宋淳佑三年五月，詔施州創築土城及關隘六十餘所，本州將士及忠州戍卒執役三年者，各補轉一官。宋舊城即今象牙山及瑞獅巖，因山爲之，元仍其舊。明洪武十四年，指揮使朱采永拓址甃石，周九里有奇，高三丈五尺。國朝乾隆二十六年，知縣李汝遜領費修城，周圍丈量，計長一千零三十一丈。石甃，城身高二丈。磚甃，女墻高四尺五寸。三十七年，復詳驗重修，其廣崇較明朱永所修僅三之一，即今城是也。道光五年，知府孫仲清率士民重建西北兩樓，補修西北城傾圮數處，甃砌周環雉堞，有碑。道光十一年，知縣姒朝綰補修，並勸士民助修。咸豐二年，知府何大經、知縣任海晏重修西門城樓及屋三楹，周環雉堞，皆覆以青石。十年，知府黄益杰勸修坍塌挫裂凡六處。同治三年，知縣翁鍵勸捐修理三處。

鼓樓在城内府署左，久圮。乾隆三十六年，知府張映熹謂其地宜建樓，成石基數尺，旋以解任中止。同治乙丑，知府夏錫麒捐廉率士民鋭意成之。是年夏，即有尹壽衡南宫之捷。縣志。同治八年，知縣朱三恪勸修坍塌西北隅數處。舊西城樓簷溜，當日建修，皆係滴於女墻内。咸豐二年重修，改其溜滴於女墻外，城中婦女遂多病血瘵。同治八年，紳耆意以改簷滴所致，因稟請松太守復修如舊，婦女亦漸無病瘵者。

湖南

《〔乾隆〕長沙府志》卷九《城池》 自漢至元，仍舊址。元以前，築以土墁，覆以甓。明初，守禦指揮邱廣乃壘址以石。尋以上至女墻嶺，以甓城用宅固。址之廣三丈，嶺僅四之一，高二丈四尺，周圍度計二千六百三十九丈五尺，里計一十四奇二百八十步，女墻四千六百七十九，（堞）〔雉〕堞崇二尺。東二門，曰小吴、瀏陽，南一門曰南門，世稱黄道。西四門：曰德潤，今稱小西門；驛步，今稱大西門；潮宗，今稱草陽門；通貨。北二門，曰新開、湘春，今稱北門。門各有樓。其濠自南門之右，深一丈五尺，廣十丈。西下德闊，深一丈，廣三丈，延四百八十丈之驛步，延一百六十二丈之潮宗，延二百八十丈五尺，深一丈，廣六丈之通貨，延一百丈五尺，深一丈三尺之湘春，延二百四十五丈，深一丈，俱廣八丈二尺之新開，延五十九丈五尺。濠爲地二段，各深一丈一尺，廣二十四丈之小吴，延四百九十八丈深一丈九尺廣二十一丈之瀏陽，延二百七十七丈之南門，延四百三十八丈深二丈廣二十五丈。城之上，更樓六七座，九門之巨建不與焉。樓垣年久頹圮，靡常時加修建，惟城外隍池自南門起至草塲門止，小民填培隍池，建造樓屋，去城僅數里。明崇禎丁丑，臨藍賊猝至，兵道高斗樞、知府雷起龍盡撤其居燬之。寇去，清復舊址，開濬隍池，深若干丈周圍環繞，去石橋而易以木，城上舊有窩舖，湫隘不堪，知府雷起龍捐俸置營房若干楹。辛巳，知府屠引錫始奉旨以修續儲備四事增築月城。癸未，流賊張獻忠由武昌揚帆入湘。八月二十五日，城陷，在城居民悉被屠戮，聞左良玉自南昌拔營而來，始宵遁，既而左其蹂躪倍於獻逆。迨國朝順治丁亥，總鎮徐男、知府張弘猷於圮泐者加修焉。甲午，經畧内院洪承疇復修之。康熙乙巳，部院周召南增設四門。壬戌春，霪雨連月，江水溢浸西城數尺，城垣頹傾一百七十丈，工程浩大，約費二千數百金，知府任紹爌請詳部院韓世琦，七府二州各衛捐修，堅固踰昔。年久多圮，今仍舊額，設九門，城樓九座。東自小吴門起，由北面西至新開門、北門、通貨門、草塲門大西門止，内有通貨門新開門久閉，其新開門城樓朽爛存基，通貨門城樓存，共現存城樓五座，城身計長一千一百八十六丈，係長沙縣分轄管理。東自小吴門起，由南而西至瀏陽門、南門、小西門、大西門止，城樓四座，城身計長一千四百五十三丈，係善化縣分轄管理。乾隆十年七月，内奉巡撫楊錫紱請動項三千兩修理，於乾隆十一年准動司庫，湘潭縣李松入官銀一千兩，外在實南局鼓鑄錢文餘息，内動支銀二千兩，共三千兩，飭行到府，轉行長善二縣，領發前項銀兩。於乾隆十一年十一月初二日興工，於乾隆十二年四月初二日修理完竣。

《〔同治〕茶陵州志》卷四《城池》 茶自宋遷今治，初未有城。紹定中，劉子邁知縣事，湖南安撫余嶸命子邁城之。南東枕江水，衝蕩不能城，子邁括鐵數千斤鑄爲犀，置江岸以殺水勢，列木石其下而土其上，城乃成，闊凡五里一十三步，址廣爲尺十三，顛廣損之，高爲尺二十有五。爲五門，東南因江爲險，西以北爲濠，濠深爲尺一十有五，闊爲尺六十有五，南導江流，灌注其中，北復會於江，環遶若帶，邑用保弗憂。元增立萬户府，知州顧復名其門，東曰聚星，南曰迎薰，北曰朝天，西曰紫微，又西曰通湘。至正庚子，江西袁州僞王歐祥據之。明吴元年甲辰，因元萬户府置爲衛，以指揮范谷保領之，劉海、楊林相繼修葺。洪武二十二年，從都督李勝請命指揮趙才、知縣李士謙於城西展築之，視舊廣加三之一，高如之，仍爲五門，門覆以重樓，增以月城，惟南濱江，無月城。爲敵樓八，爲角樓四，爲更樓二十有二，爲堞二千三百六十六。城甃以石，堞甃以甓，門冐以鐵，西北仍周以濠，深闊視舊城。舊有記，宋葉水心撰。

《〔乾隆〕衡州府志》卷八《城池》 唐以前無考，周顯德閒，始立木柵。宋咸平紹興，版築工未畢。景定中，知州趙興説始成之。明洪武初，指揮龐虎督工繕修。成化閒，知府何珣廓而增之，高二丈五尺，周一千二百七十丈八尺，合七里三十步，甃以石，蔭以串屋。爲門者七，曰回雁，今南門。曰閲江，今鐵爐門。曰賓日，今柴埠門。曰瀟湘，今仍名。曰安西，今大西門。曰望湖，今小西門。曰瞻嶽，今北門。各建樓其上。崇禎十五年，復興城工，增高五尺，培厚六尺。役甫竣而張獻忠陷衡城，樓燬。本朝順治十八年，巡撫袁廓宇、知府李光座、通判吕之繹重修。嗣康熙八年至二十年，知府張奇勛、譚宏憲先後增修。雍正七年，知府陳沆、知縣姚奮翼，乾隆二十六年，衡永道孔傳祖、知府饒佺、知縣陶易、江恂奉文重修。城圍計一千二百七十丈八尺，自南門東至北門，計六百七丈，屬清泉縣經營。自南門西至北門，計六百六十三丈八尺，屬衡陽縣經營。城故有濠，自南而西至北門，袤八百二十六丈，深四尺，闊一十三丈，環西南而匯流於東北。迤東則湘水旋繞爲塹。萬曆二十一年，郡人士因灰土填積，濠水壅閼，呈請疏濬。知府陸志孝條開濬之議於上憲，既得請，檄衡陽知縣王崇本等增設弔橋於南門之東，導濠水會於湘，得不壅。自萬曆濬濠後，距康熙庚戌垂八十載，城南弔橋悉列廛肆，而南濠遺址幾不可尋。沿及西濠，淺隘易盈，每春霖水漲，西城往往以傾圮告。康熙庚午，知府崔鳴鷟據紳士呈請，飭各捐貲疏濬，嚴諭居民毋得户外堆積壤礫，濠始復舊。顧自康熙庚午至今，又多歷年所，濠滋塞矣，官斯土者與居斯土者，其加之意焉。

《（乾隆）岳州府志》卷六《城池》 岳州府城池，漢以前無考。按，戊申舊志，春秋時楚子使王孫由于城麇通典岳爲麇國地，但未知城在何處。三國吳，魯肅城巴邱，按，《水經注》云：巴邱有邸閣城，即今邵城也。晉，陶侃築城於東八里。按戊申舊志：侃破蘇峻，楚人歸附，亦城巴邱，然非今城址。南北朝，宋元嘉十六年，築巴陵郡城，按，戊申舊志：因魯肅舊城增築，内跨岡嶺，濱阻二江，歷代仍之。有門三，曰楚澤、碧湘、會泉。按，酈道元注：巴陵岸上城郭隘迫，所容不過數千人，而官舍民居在其内。隋以後至元無考。按杜甫《泊岳陽城下》詩云：山城僅百層。孟浩然詩云：波撼岳陽城。此唐城之形勢。《風土記》云：湖水嗽齧，去城數十步即江岸，父老相傳今江心古闤闠也，北津舊去城角數百步，今通近石觜，蓋荆江日嗽而南，湘江日嗽而北，此宋城之形勢。明洪武四年，拓城基而築之。二十五年，指揮音亮重加甃砌。週一千八百六丈有奇，計七里，高二丈六尺有奇，雉堞一千三百六十有五，各高四尺。爲門六，曰迎陽、昌江、岳陽、即西門，上爲岳陽樓，從古有之，樓制詳古蹟。水西門、南門、北門，門皆有月城。按，戊申舊志云：東南門外各爲橋者，一曰弔橋，橋頭釘鐵圜，繫以繩，城上作轆轤引之，遇警，轉繩拽去。其橋今失厥制，反架屋其上。北鑿汴河，繞東南。週千餘丈，深二丈，闊十餘丈，蓄水衛城。永樂間，塞昌江門。嘉靖間，西城倒塌，知府王柄、趙之屏、金藩、姜繼增相繼修葺。按，戊申舊志云：費帑萬計，迄無成功。北門月城築臺其上，立四賢祠。隆慶初，分巡副使施篤臣、知府李時漸重修，別築土隄護之。按，戊申舊志云：施篤臣創議自江濱起築城基，壁立直上，而別築土隄禦水，李時漸奉行，所費鉅萬。六年，署府事同知鍾崇文加砌女墻。自南遶北，週數百丈，高六尺許。萬曆末，塞水西門。崇禎末，流寇毀壞。國朝康熙八年，巴陵縣知縣李炌重建城樓四，東曰迎暉，南曰迎薰，北曰迎恩，西仍曰岳陽。按，舊志，門有九水澄清石額，今失。五十四年，巴陵縣知縣王國英奉發帑金修葺。郡自十三年，吴逆踞城掘濠築壘以守，垣墻反多缺陷。恢復後，屢經補砌，卒難完固，至是乃大修之。雍正四年，巡撫布蘭泰發銀重修。後爲湖水衝塌。乾隆五年，總督班第奏撥舵桿州歲修銀兩修葺頽垣，知府田爾易、知縣張世芳承修。今制，週一千六百二十五丈，計六里三分。凡修城垣八十三處，東南北城門三座，西門岳陽樓一座，砲臺十二座，馬道一十三處，垛口一百六十四箇，動支銀六千兩有奇。改東門曰迎暉，南曰瞻嶽，北曰拱極，西仍曰岳陽。

附街巷，城内街凡八，曰府前街，在府治前，直至西門，南通柴家嶺，東通巴山巷，西通岳陽樓，爲十字街。府西街，在府治西，直至北門。鐵鑪街，在憲司巷南，直通衛前街。縣衛前街，在衛署前，横自麻家坡，西通巴山巷。縣東街，在縣署左，直自火神廟通東門。縣前街，在縣署前横至北司。學前街，在府學前，横通道嶺巷。柴家嶺街。在南門内，斜通府前十字街。巷凡一十四，曰兵馬司巷，有府治後横通北門。憲司巷，在府前坡東，横通火藥局。報馬巷，在衛前街南直通顏家巷。巴山巷，在巴山廟前横通府前十字街。麻家坡巷，在城東北隅，直通縣東街。雙井巷，在林家坡南，直通顏家巷。蕭家巷，在雙井巷南，直通縣前街。顏家巷，在衛前街南，横通府前十字街。準提巷，在黄土坡西，横通府前十字街。天皇巷，在黄土坡西，斜通柴家嶺。護國寺巷，在黄土坡西，斜通柴家嶺。祁家巷，在守府署右，横通柴家嶺。道嶺巷，在北司右，斜通柴家嶺。驛馬巷。在學前街西，横通南門。城外街凡八，曰東門街，在東門外。南門十字街，大街，東大街，西墖前街，街河口舊縣前，俱在南門外。北門街。在北門外。巷北七，曰茶巷，魚巷，猪市巷，全家巷，君山巷，黑路巷，楊柳巷。俱在南門外。

《（嘉慶）常德府志》卷七《建置考·城池》 常德府城，在沅水之陽。《湖廣通志》：周赧王三十七年，秦昭王遣白起入楚，取黔中地。楚人張若築城以拒。《湖南通志》：六國時，楚遣張若築城，即今府城址也。舊志：後唐副將沈如常於城之西南百步、東南一里，各造二石櫃，以捍水固城。宋元豐間，李湜開溝渠，置三斗門，後並圮。《龍志》：張若城在治東一百步。宋紹定四年二月乙亥，吕文德浚築鄂州常澧城池。訖事，詔奬之。《理宗本紀》。

舊志：城高二丈五尺，週迴一千七百三十三丈，九里十三步。串樓一千五百八十三間，警鋪一百五十七所。今殺其半。雉堞三千二百四十八垛。其六門：東曰永安，上南曰神鼎，下南曰臨沅，正西曰清平，西北曰常武，北曰拱辰。南臨大江，東西北三面環濠池。東北二門有月城，西有橋，石基木板，上有舖房。拱辰、常武兩門外皆石橋。又有三斗門，上在清平門内後營，中在武陵縣學之右，下在舊衛署後漏，皆北向。水繞城背，然後往東合襟，堪輿稱吉，理或然也。

按：三斗門建自宋元豐五年，將作監主簿李湜所開，以洩城中之積水。又城外上下石櫃，建自後唐，則唐時已有城。但世遠年湮，失於記載。今之城垣，係明仍宋代故址所築，而明初胡汝、孫德即因宋之舊城更從而加修者也。

元至順三年，常德路監路玓璘不花築土城，未就，軍帥將大不花續成之。舊志。至元二十四年甲辰，明太祖滅僞漢陳友諒，取常德路，總制胡汝即舊城修之。明洪武六年，常德衛指揮孫德再闢舊基，壘以磚石，覆以串樓，作六門，浚濠池，而制始備。永樂十三年，指揮李忠重修城垣，加以樓櫓。正統十年，指揮夏宣補修城垣。正德二年，指揮段輔修砌城墉江岸。十一年，指揮陳鼎重建西門城樓。嘉靖十二年，大水，城圮。十三年，巡撫林大輅檄飭本府通判聶璜協同常德衛修之，重建清平門城樓。崇禎四年，指揮周東修砌府學城垣，復於城下壘石爲堤，高八尺，亘延如城。歷年修補不一。舊志。崇禎十一年七月，奉勅修常德府城。

舊志：崇禎十年，楊太傅嗣昌以丁父憂家居，嗣昌夜坐，見白氣犯翼軫，奮起曰：賊將及吾郡。聞流賊將犯楚，遂作請修常德城稿，授紳士轉呈巡方御史白士琳奏之。嗣昌以費巨，遂暫撤鎮遠總税，以司理陳景頤管之。撤舊易新，三年而工完，極其壯飾。楊嗣昌疏畧曰：竊照臣於本年二月内具題，南方盜賊漸起，綢繆陰雨，宜先等事内開。《書》稱「事事有備」，《詩》稱「陰雨綢繆」，皆莫要於聖諭修繕城池、置造守具、團練鄉兵、儲蓄糧草之四事。臣謹遵前諭旨，再加發明，懇祈聖鑒，嚴勅責成直省撫按司道等官等因。奉有欽依通行。去後，各該直省撫按未見片紙回文，猶曰道路修阻，奉行伊始，未能驟舉其概也。乃有建議，踰年鳩工。數月紛争道旁之舍，戲摶童子之沙，如臣鄉常德府修城之事可異焉。臣鄉常德，一府四縣，蕞爾小邦，然而濱臨洞庭，接壤谿峒，爲華彝襟帶，雲貴咽喉。古來有事必争之地。頃者南征北討，漢土官兵動輒盈千盈萬，出入其間，嗷嗷索哺，洶洶思鬬，凡二十載。榮藩帶礪，怵惕不寧，士農工商，奔避無所。臣前歸里，率諸紳衿，具呈撫按兩院，請留本衛絶溢屯租銀兩，繕城募兵。按臣余應桂業題奉旨行之久矣。臣入都受事，慮湖南、湖北無人照管，請設偏沅撫臣。值臨藍盜賊突出披猖，次陳捍禦六議。稔知親藩封國，城敝不堪，猶恐絶溢屯租資用不足，再留臣部驛裁銀兩俾之，完一城後再完一城。又以南方修鍊無法，特遣邊官郭惠明等前去提調繕城，柴自禹等教練成造火器火藥，以爲禦侮之備。題奉明旨，郭惠明等繕城除器，併前議六欵，通著該撫道等官恪實力行，務期守禦有備，以靖地方。欽此。各官去經半載，修鍊茫未有聞。臣又移書偏撫内開四欵：一修城取之驛裁，如一年之足，則二年三年接續用之，數原不少，但恐一年不能徵數年之銀。則本部近題南方盜賊漸起，疏内加糧抽税二事，斷斷可行，即糧或止可量加而税則不妨全，復俟城成即止。此本部題奏欽依通行考課不容遲誤者也。臣問南來之人，則今歲春夏起工，四個月修城僅八丈，建臺纔半座，皆憑無知衛弁撓亂把持，不用灰漿，純以黄泥浸灌，苟且了事。遇雨傾倒，畧無一成，可爲浩歎。臣不知屯租驛裁如許銀兩，俱在何處，而令有司束手坐困，無從措處。金錢置辦磚灰，雇覓工匠，僅役民夫一二十人，夯杵鍬钁等件，器具無一堪者，如此繕城，雖十年必無成功，徒敝精神，滋勞怨而無益也。臣爲此懼不敢不摘舉上聞，懇祈聖鑒。修備儲練四事，俱不容緩，而尤以修城爲根本。苟非高非堅，城不足恃，則備儲練三事俱無所憑依。而親藩重地，彝夏要衝，城垣高僅八尺，亦决無有如常德之甚者。乞勅該撫按坐委本府節推專董其事，一切追催錢糧，督僱夫匠，全倣邊城欵式實辦。磚灰物件，修砌堅久工程，本官近稟該道，遠詳撫按，酌妥而行，不許闒茸弁流把持横議。其募兵一事，不能兼舉，先將屯租歸併修城，與湖南北驛裁，嚴行催解。如再不足，則量抽府河商税，斷斷可行。有此三者，辦料鳩工，不致束手坐困。而夫匠必給見銀，如民間點工應役，始收子來之效。萬萬不宜派之地方，使滋口實，無益有害也。此事勒限年終，奏報城工，稍有次第，然後募兵儲備，照依前議舉行。各該撫道等官，前奉恪實力行之旨已誤，不容再誤。臣部考成之法，首從親切見聞之處，確實勸懲，不敢以本省地方引嫌蒙飭。

國朝順治十四年十月，常德衛守備張靖修北門城門洞一座，鐵葉城門二扇。舊志。康熙四年，衛守備張靖鼎建臨沅門神，鼎門城樓、鐵葉門扇。五年，鼎建北門城樓。六年，府經歷許尚忠鼎建西門城樓。九年，知府胡向華鼎修大南門城樓，並建南城下調元樓。城濠起西門，歷北門，至東門，水滙出七里澗，其南皆臨江。

《〔嘉慶〕郴州總志》卷八《城池》 直隸郴州城池，秦以前無考。漢太守楊璆肇建，晋以後至唐無考。後周顯德三年，增築子城。宋淳熙己酉，太守丁逢肇造城樓。嘉定庚午，葉崇繼之而作衛頭。元無考。明洪武己酉，羅福亂，調茶陵衛劉保討平之，立守禦千户所，築今城。正德七年，千户胡勳增修城郭。嘉靖乙丑，知州趙恂創築外城。東、西、南三門皆立月城，有記。景泰間，千户高景春重修爲門四，東曰朝陽，西曰瞻成，南曰鎮南，北曰仙桂，旋塞。樓三。東曰來鶴，西曰爽極，南曰迎薰。國朝康熙五十三年，知州范廷謀修葺。五十九年，知州佟國元重修南門、迎薰樓。雍正十一年，知州華文振修砌東西二角城墻。乾隆二十一年，知州吕正音重修週圍城垣及來鶴、爽極二樓。今制，週三里五分，計六百三十丈有奇，□日四百六十有六，高二丈，厚八尺。濠闊丈□，深五尺。嘉慶十六年，知州朱偓補修。

四牌樓在城南門外十字街，地主文明原建，年久傾圮。乾隆四十八年，知州李之拭增修，移東山生星像供奉樓上，培植文風，後燬於火。嘉慶二十二年，知州朱偓率同紳士重修，比舊制加宏廠焉。附街巷，城内街凡二，曰州前街，在州治前，左出東城門，通蘇仙橋；右出西城門，通古丁字街。正街。在州治右，直出南門。巷凡三，一考棚前，通防守署前，出西門；一考棚有，通育嬰堂，出西門；一關帝廟前，通常平倉，出東門。城外街凡十三，曰古渡街，在東門外。丁字街，在西門外，北通永興，東南連西塔街。大街，由鎮南門直至四牌樓。東塔街，自四牌樓直至馬頭市。西塔街，自四牌樓直至八角橋。下星街，自四牌樓直至黄泥橋之南。謝家井街，出東塔街，分左通杙上街，右通法寶寺，半邊街直通後街。法寶寺街，左連杙上街，右連半邊街。杙上街，直通河街。河街，分三截，自烏石磯至馬頭市爲一截，馬頭市至化龍橋爲一截，化龍橋至愈泉門爲一截。半邊街，左通法寶寺，北通社倉巷，出東塔街；右通西塔街，北通下星街。正一街，北通黄泥橋，西達鳳德鄉，東南達後街。後街，分三截，自清淑橋至愈泉門爲一截，又至觀音橋爲一截，又至朱家□爲一截，俱在南門外。巷凡十二，曰張家巷，在南門左南通□塔街，東□烏石磯，北通□□。田家巷，在南門右，西通丁字街，南通西塔街。天官坊巷，東通烏石磯，南出東塔街，西出大街。社倉巷，北出東塔街，南通法寶寺及半邊街。陳家巷，北出西塔街，南達康家橋。濂溪巷，北通田家巷，南出西塔街。鄧家巷，北通西塔街，南□五通橋。姬家巷，南由江岸通五通廟達各街，北出米廠，達西街。羅家巷，有井名羅家井，北出西塔街。水圳巷，東通田家巷，出大街，西達燕子泉，北通西門。又通開元寺，出古丁字街，俱在南門外。三公巷，由三公祠左通東門街。仙橋巷，在仙橋古渡，南通鹽埠，西通大街，俱在東門外。

永興縣城池，元以前無。明天順元年，知縣江常初築土垣。正德二年，苗寇猖獗，邑被蹂躪，守禦指揮周輔申詳請築，知縣程仁周佩相繼董成。城濠南臨江，東臨深溪，北連民塘，西逼民居，向未鑿池。舊志因止言城。國朝順治丙申，爲洪水傾圮，知縣閆之麟重修。建東、西、南城樓三座。康熙甲寅，吴逆叛據，城壞。戊午，大兵恢復。至庚申，知縣王典重修，旋圮一十四丈九尺。乾隆四年，知縣侯國正估計詳報，奉准部咨，侯有水旱不齊，動帑興修。十一年，知縣吕宣曾捐修，重建東門樓。週二里四分，計六百一十九丈，後墻高二丈二尺，闊一丈。前泊堘高二丈六尺，闊六尺。堘口六百一十九箇。設門七，東曰永安，西曰永興，上南曰便江，下南曰太平，久塞。北曰長慶。水門二，俱在南，今塞一。二十五年，知縣沈維基詳修。嘉慶十二年，知縣陳永圖册報週圍共五百四十二丈五尺，積三里零一釐。

《（嘉慶）郴州總志》卷八《堡城垣》 黄沙堡城在縣西南九十里，明洪武二十七年築，城高二丈有奇，縱横各六十七丈，週圍二百零四丈，計一里三分。粟源堡城在縣南四十里，明洪武二十七年築，城高一丈二尺，厚一丈，週圍二百零四丈，計一里三分，南北城門二。

《（道光）永州府志》卷三上《建置志・城池》 永州府城，今之城也，即漢零陵郡。城創於武帝元鼎六年，至宋紹興中，趙善謐增修裏城。開慶咸淳，增築式廓。元因其舊。洪武六年，永州衛指揮更拓之，圍九里二十七步，高三丈，闊一丈四尺五寸。門七，曰正東、正南、正西、正北、大平、永安、瀟湘，各建樓於其上，復增得勝樓、望江樓、鎮永樓、五間樓，雉堞二千九百四十二舖，舍七十六，以千百户官分守之。無事則專修葺，有事，坐爲汛地，故有敵樓三十五間，串樓一千三百九十六間，後俱毁廢。國朝新建敵樓七間，城西以瀟水爲濠塹，由南而東，隄水爲池，自東至於北隅，鑿土爲濠，自北至西隅，聯屬爲池，高下遠近，一因地勢，歲久不疏，半已淤墊矣。自康熙時，零陵令朱爾介與八屬邑公修。乾隆二年至五十九年，零陵令王欽命叢之鍾先後靖帑重修。嘉慶二十二年，宗霈籌項增葺。

《（同治）沅州府志》卷六《城池》 府城，自五代馬氏置懿州。宋熙寧初，五溪蠻田元猛據此。五年，遣章惇經制荆湖。明年，平懿州，置潭陽郡，時收復方始先築倚西一面，繼築東、南、北三面，此城所自起也。按，《宋史・蠻夷傳》：惇進兵，破懿州、南江州，峝悉平，遂置沅州，以懿州新城爲治所。又舊州志謂西面爲惇夜築。紹興中，知州汪長源增築東、南、北甕城。嘉泰間，知州潘景運以城池傾圮，請給度牒一十五道爲工役費。見舊州志。嘉定間，知州方公輔，淳祐間，知州林挺相繼增築。元末，李興祖據城叛，明太祖克復，設衛鎮之。洪武六年，江夏侯周德興因宋故址拓二里許，築上城。舊府志。《明史・周德興傳》：洪武三年，封江夏侯。是歲，慈利土酋連茅岡諸砦爲亂，長沙峝苗俱煽動，太祖命德興爲征蠻將軍，帥師討平之。明年，伐蜀，復副鄧愈爲征南右將軍，出南寧，平棼鳳諸州蠻。十四年，五溪蠻亂，德興已老，力請行，帝壯而遣之。至五溪，蠻悉散走。十八年，楚王楨討思州五開蠻，復以德興爲副將軍。

德興在楚久，所用皆楚卒，威震蠻中，定武昌等十五衛。又決荆山嶽山壩以溉田，歲增官租，楚人德之。德興前後在楚事具於此，無六年在沅事，又攷《明通鑑綱目》，洪武五年，以鄧愈爲征南將軍，討湖南廣西蠻，辰、澧諸蠻作亂，命愈往討，以周德興、吳良副之。愈出澧州，德興出南寧，良出靖州討會同，五開，潭溪古州諸蠻悉平之。然則五年征蠻，惟吳良出此一路，而周德興自平廣西蠻也，茲據舊州志，以六年周德興拓城築之，而本朝《一統志》又載是年因宋故址築土城，姑兩從之，俟考。弘治七年，副使顧源始建城樓四，東南曰澄霽，西南曰籌邊，東北曰秀水，西北曰威遠。四樓下各開塘，聚水以防不虞。正德十六年，兵道黄天爵以西城一帶瀕江，常苦水齧，因砌石壘岸以固城垣，因名爲黄公堤。規制粗備，仍係土基，甃以亂石，上覆庳屋，易圮，戍樓似欹，衛人歲修葺未善也。嘉靖三十三年，總督馮岳始議改築，盡徹舊貫表裏，壘以甓石，周衺一千三十五丈，戍樓、雉堞綿屬，周遭東南北三面城濠，疏浚深闊，迤西則大江爲池，生成天險。明季兵亂，城垣頹毁，樓櫓亦摧燒畧盡。國朝順治年間，巡撫袁廓宇疏請修築。康熙二年，巡撫周召南踵成厥功。是年，兵道李世鐸濬濠池，禁壅塞，金湯復整。八年，城西面稍圮，知州謝龍重葺，中遭吳逆蹂躪，樓堞有傾頹者。二十一年，巡道王舜年繕復其舊。至乾隆六年，西南復隊，知府朱琰率芷江縣知縣袁守定重修。十八年夏，霖雨兼旬，四城多圮，西面尤甚，知府瑭珠率芷江縣知縣王雲萬捐貲繕完之。城東西廣一里有奇，南北袤二里有奇，周五里有奇，高二丈三尺，厚一丈五尺，雉堞七百三十有六，馬道寬九尺，長如其周之數。凡爲四門，曰東門，曰西門，曰南門，曰北門。門各有樓有表，東曰東來紫氣，西曰西楚咽喉，南曰南天鎖鑰，北曰北斗平臨。東南北各有甕墟，東城迤南有水門曰水東門，用以洩郡治左支之水。名雄溪。其右之水，名雌溪。則自西城暗渠出焉。乾隆二十年，巡道黄凝道與知府瑭珠周覽形勝，於水東門建奎文閣，詳見學校。內外更增築以翼之，密甃巨石，跗萼相銜，堅厚倍於舊。三十七年，西、南、北三面城身間段倒塌，共長一百零七丈八尺，女墻坍塌五百八十三丈，北門城樓圮，東西南城樓亦多朽壞。三十九年四月，大雨連綿，續倒城身二十八丈五尺，芷江縣知縣曾應詔、金成華、莊士寬先後詳請修理。經布政司鄭大進勘明，共估銀二萬六千九百九十兩零，巡撫覺羅敦福題允，芷江縣知縣吳璜領帑興修，隨以城西面逼臨大江，黔水匯歸，向無堅岸城根，漸爲水齧，請於北龍洲下建石墩磯岸八十三丈，以殺水勢。復經勘估題允，委靖州知州裴直方，會同縣知縣彭鳳堯，領帑五萬四千三百五十兩分修，逾年，工竣。四十五年，知縣張五典以前修磯岸止於緊要處間段，估修中間未修者，尚有七十七丈，若不接砌連絡，恐水勢汕刷，於前次工程大有妨礙，具詳布政司陳用敷轉詳巡撫劉墉題允，領帑二萬九千七百一十兩零，於四十六年八月興修。閱七月，工竣。自是沿江一帶，長堤屹立，固於金湯。明王炯《修城記》。國朝鄧廷羅《銘》，見《藝文》。

《〔乾隆〕辰州府志》卷七《城池考》 辰州府城開自漢初。按：沅陵縣故城在今縣治之南岸，詳古蹟中。今城遷建及歷代增修俱無可考。姑仍舊志。宋嘉祐二年，知辰州竇舜卿請築州城，不擾而辦。從《宋史·列傳》補。隆興間，漲水洊頹，城覆於隍。明洪武初，參軍詹彦中來守辰州，始採石而更築之。成化五年，復圮。衛指揮高翔增修之。城高一丈九尺，寬厚九尺，周環統九百六十六丈，東西復開廣三百四十七丈，統設六門，建譙樓、串房於其上。遶郭浚池，深一丈，寬五尺。又於西北隅設外城，爲衛營官舍，兵弁悉居之。規制視昔有加。弘治十一年，譙樓、串房火。是歲，知府汪正更建大樓，東門曰朝陽，西門曰通河，上南門曰環碧，中南門曰木星，下南門曰沐波，北門曰拱辰。又創二小樓，在府學東曰文游，在府城南曰凝翠。月城小樓二，敵樓十有八，串樓八百七十一，窩鋪十有八。角樓四：東北曰雙蓮，西北曰飛霞，西南曰靖遠，東南曰觀瀾。一時之壯觀也。弘治末，知府張濂改觀瀾樓爲文昌閣，開文昌門。嘉靖二十六年，城樓火。次年，守道王崇、知府李淳修之，不及成而去。時苗寇思州，辰人震恐。二十八年，守道陶欽夔、知府徐楚、沅陵知縣高昇率軍民修築，去屋爲露城，凡三月而大備。其東北、西北二隅功未竟者，分作三歲成之。郡人王世隆有記。國初，衛城廢，四角樓圮，城垣女墻日就崩毁。順治十八年，知府鄢翼明始加修理。後吳逆僞將踞城，閉塞文昌門。康熙二十一年，知府劉應中捐千餘金，同知張士佺、通判羅拱辰、沅陵知縣傅以新、經歷秦齊聲、照磨孫榮祚、縣丞鄭權、副將郭忠孝各捐俸以助。周城堅厚，六樓更新，月城及角樓亦盡增修，統費二千二百金有奇。後城樓頹。四十年，知府朱國柱復採石補葺舊城，新西北二城樓。四十一年，上南城樓火。四十四年夏，雨水漲陷城南二門，女墻皆崩。知府遲煓捐俸大加修理，令照磨葉廷棟專司其事。城垣完固，六門各廷守。雍正八年，知府白豐、沅陵知縣趙念曾復建文昌門，仍立閣於其上，統爲七門。城基北跨鶴鳴、桐木、飛霞、天寧諸山，南臨於河，五江五溪之水，皆滙於其前。東西長，南北稍隘，內爲武陵荆襄屏障，外阨承順、保靖咽喉，雲貴酉陽，道所必經，湖南最要之區也。

《(同治)永順府志》卷三《城池》　永順府城，先議建於舊司椰溪河内，因其地勢險隘，跨溪環嶺，所費不貲，且無建置祠廟營肆之所，顆砂司治雖稍寬廠，而去河遠，惟舊司治西北三十里之猛洞地方，廣闊平坦，且近溪，可疏濬以通舟。雍正七年，巡撫唐、巡撫趙率文武官僚相度，以土司呈獻官莊田地與土民互易，領帑建築，費帑銀一萬七千二十一兩零。知府袁承寵捐銀三千兩，知縣李瑾捐銀一千五百餘兩。甃以磚石，週圍五里三分，高一丈九尺，加女墻三尺，東西南三面俱有溪河縈繞，北倚玉屏山。設五門，東曰朝陽，南曰文昌，大西門曰來儀，小西門曰義和，北門曰拱辰。砲樓一十四座。

《(同治)永順府志》卷三《城池續編》　永順府城，原建詳前編。道光及咸豐初年，知府諸嘉杏、梁芸滋，知縣裕麟、陳秉鈞前後迭修。六年，東門城樓火，知府黄其表、知縣孫翹澤修城，砌以石，高丈餘，長十餘丈。同治四年，署知府周簳修正西礮樓。一十年，知府魏式曾倡捐，率屬重修，一律完固。十二年六月，蛟水衝毀數百丈，知府魏式曾捐銀八百兩，知縣唐賡、董耀焜各捐銀三百兩，復奉文四屬捐辦。十二月，署知縣董耀焜稟勘大西門外應築堤護城，委分府試用巡檢周炳南一體督修。十三年九月，工竣。

江西

《(同治)南昌府志》卷九《建置·城池·南昌府》　南昌府城，即江西會省，南昌、新建二縣附郭。漢潁陰侯灌嬰築豫章城，廣十里八十四步；闢六門，南曰南門，松陽門，西曰皋門，昌門，東、北二門各以方名，詳見雷次宗《豫章記》。晉太元中，太守范寧更闢東北、西北二門，合前八門。舊志。唐初，築城西南隅，四分之一即今府治所也。垂拱元年，洪州都督李景嘉增築之，凡八門，吏部侍郎越州徐浩題額。元和四年，刺史韋丹更築城東北隅，廣比漢城倍之，置敵樓於上。其東門樓久頹，亦改建焉。貞元十四年，觀察使李巽闢東南樓而新之，號避暑樓，夏日會宴於此。南唐保大十年，建南都於此。宋洪州城，周三十一里，門十六：直南曰撫州，繚而西轉曰宫步，一名遵道。曰寺步，曰柴步，曰井步，一名德遂。曰章江，曰倉步，一名惠濆。曰觀步，曰洪喬，曰廣恩，曰北郭，十門皆濱江；繚而東轉曰琉璃，曰壇頭，曰故豐，曰廣豐，曰望雲，五門皆平陸。熙寧十一年，太守元積中修城東門。曾鞏有記。紹興六年，李綱來帥，以城北歲壅江沙，遂橫截東隅入三里許，其廣豐、北郭、廣恩、故豐四門廢，門凡十二。元仍宋舊。明初壬寅歲，定洪都，大都督朱文正以城西濱江，不利守禦，改築移入，去江三十步，展東南二里許，視舊城殺五之一。周二千七十丈有奇，高二丈九尺，厚二丈一尺。東、南、北三隅浚濠，長三千四丈有奇，闊十一丈，深一丈五尺。宫步、井步、倉步、觀步、洪喬五門廢。建七門：東曰永和，又名澹臺，以門内有澹臺墓。舊名壇頭，有仙人黄紫庭之壇在焉。東南曰順化，舊名琉璃，以門内延慶寺有琉璃佛像。南曰進賢，舊名撫州，以道路相通得名。又曰望仙，以漢梅尉故廨在門外。又南曰惠民，運米惠民倉由此。舊名寺步，以門近隆興寺。西南曰廣潤，西曰章江，以在江濱，故名。舊曰南昌，孫策遣虞翻與郡守華歆交語於此。北曰德勝。舊名望雲門，李綱移築於此。又名新城。門樓七，角樓四，舖七十座，陴堞二千六百八丈。分廣潤、惠民、進賢、順化四門屬南昌，永和、章江、德勝三門屬新建。有水關閘，在城南廣、惠二門之間，城内湖水於此出城，濠外别有閘，以蔽江水，明初壬寅年浚濠時置。萬曆七年，巡撫劉斯潔屬知府王三錫，撤去廣潤、惠民、章江三門月城内舖廊，并拆傍墻篷舍，以防寇賊踰越。三十六年，巡撫衛承芳屬知府盧廷選，清查城内古跡、火巷還官，拆傍墻屋舍。國朝定鼎，悉仍明制。順治十五年，巡撫張朝璘疏請捐修。康熙四年，巡撫董衛國捐修。十八年冬，章江門外居民失火，延燒三百餘家。新建知縣楊周憲以商賈輻輳，市廛逼近官街，遂逐户清查，各退出二三尺，置火巷，以防後災。五十三年，德勝門燬，重建。六十一年，廣潤門燬，巡撫王企靖重建。雍正七年，布政使李蘭重建章江門城樓。乾隆七年，廣潤門城樓復燬。巡撫陳宏謀、布政使彭家屏清查傍城各舖所占街道，擴修火巷，以備火災。十三年，新建知縣邸蘭標奉檄修理。嗣後，南昌縣所屬城垣於乾隆十九年因廣潤門城樓被焚，城墻間有坍損，大修一次。二十四年，小有粘補，新建所屬於二十四、二十六兩年修理。至四十六年，巡撫郝碩題請動支公項銀一萬四千八百餘兩，令署南昌知縣龔珠、新建知縣邱堂分領興修。舊志。嘉慶六年，南昌知縣黎承惠及新建縣紳士倡捐興修。十三年，南昌知縣龍澍、新建知縣寧瑞詳請題修。道光十四年，知府張寅倡捐重修。南昌、新建縣志。咸豐二年壬子，巡撫張芾因粤逆構亂，思患豫防，撥欵加高培堅附城，築牛馬墻，墻内築空心礮臺，墻外浚濠深丈餘，濠岸兩沿砌石；當城門處編板橋，無事則妥置以通往來，有警則撤去以慎封守。年終報竣。明年癸丑五月，賊圍城，屢掘地道，卒不能陷，至八月望後宵遁。至今頌張公修城濬池之德於弗替。咸豐八年，知府楊咏斶奉檄領款，修城濬濠，備臻深固。南昌、新建縣志。

《〔同治〕南昌府志》卷九《建置・城池・義寧州》 義寧州城，自唐貞元間，析武寧置分寧縣，建於常洲亥市。東至旌陽渡，西至犀津渡，南至上坑渡，北至鳳凰山，東西相距四里，周圍一十餘里。按舊志：故土城垣周四百八十步。明洪武三年，知州項中宣因故址築土城。正德三年，知州沈暕建設箭樓十二所。六年，知州林文琛更築建三敵樓於東、西、南門。萬曆三年，知州陳以忠甃之以石，周圍十二里，計一千一十八丈七尺，共二千三十七垛，上闊八尺。爲四門：東曰迎恩，西曰通遠，南曰廣魁，北曰鳳巘。又爲水門七：東曰龍泉，西曰聯璧，曰遺清，曰崇仁，南曰仁義，曰青雲，北曰秀水。門上立八敵樓，窩鋪四所。按舊志：水門八。其南尚有黃甲一門。國朝康熙三年，改修大垛三百有零。通遠門、青雲門城樓圮，六年，知州徐永齡捐俸重修，增建窩鋪十四所。十三年，知州任暄猷重修，增高垛口。二十五年，西門譙樓火，知州班衣錦捐資修葺。三十四年，大水，南門圮。門舊制對州署，有街直出，緣明萬曆三年修造石城，移改南門，街被佔廢，甲寅寇發，知州任以守城乏人，塞南門，至是，水衝適在南門故地。三十六年，知州程起周捐修，重開門，接埠道，又置買署前舖基一間，欲復古制。三十八年夏，大水，新開南門、城樓、垛口又圮，遂不果復。自後城屢圮。五十五年，洪水，城圮，東、西、南三面計長五百七十七丈六尺。知州祖維衡經修。乾隆二十三年，知州周作哲奉文酌議修葺，勸衆輸銀，共修補一百九十二丈，並城樓五座。城北負山無濠，東、西、南三面臨河爲池；城北有秀水，自鳳凰山來，入城中，繞西由南往東而出，城北立有水竇，近寖沙塞。舊犀角津箭樓一所，臨河畔，壘石高丈許，廣倍之，依山留巷一條，以板横鋪，下建城門，上建樓房，爲一方扼要。嘉靖末燬，遺蹟尚存。舊協佑廟箭樓一所，今廢。嘉慶三年，署知州劉光勸衆輸銀修葺，併將北門砌塞。二十三年，知州周澍沧任，見城垣坍塌，勸諭紳民捐金修葺，自戊寅二月起工，至己卯六月告竣。共計修補內外傾缺六百餘丈，建立譙樓六座，復開舊南門，閉塞萬曆時移改之南門，又開舊閉之秀水門，通濬秀水溝渠，清理城垣內外馬道，規模焕然一新，約費銀一萬七千有奇。道光二十一年，知州周玉衡蒞任，見水衝多處，倡捐修葺，於本年十一月興工，至明年十二月告竣。共計修補二百九十四丈零，添修砲臺五座，約費銀一萬二千有奇。同治四年，署知州鄧國恩以西匪未靖，勸諭捐修，共計修葺墻垣二千二百一十二丈，垛口一千零三十六個，大小城樓十一座，砲臺四座。復開舊南門，閉塞嘉慶間移改之南門，又開舊閉之龍泉門。襲舊增新，約費銀五萬七千四百兩有奇。舊志、《州志》。

《〔同治〕南昌府志》卷九《建置・城池・銅鼓城》 銅鼓城，州治南一百五十里武鄉二十四都。明萬曆四年，因山賊嘯聚流劫，奉院調取鄱湖守備鄧子龍，督率標兵暨寧武、奉靖、新萬各州縣土兵勦平之。巡撫潘季馴、兵巡僉事周思敬檄知州石漢酌議善後事宜，於銅鼓石爲瀏平、新萬各州縣適中之地建設銅鼓營，守備官一員。州判丁景芳奉委量度城垣周圍土，築東、南、西三門，建城三座，後巡警小樓一座。國朝雍正二年，巡撫裴𢌿度捐俸倡率，檄委知州劉世豪改砌磚石，周圍共計二百六十五丈，垛口三百六十七，高一丈四尺，馬道闊三尺。乾隆十九年，署知州孟毓蕃修理東北角外墻一段，計長二丈六尺，高一丈五尺。

《〔同治〕贛州府志》卷三《城池》 贛州府城，晉永和五年，太守高琰始建土城於章、貢二水間。義熙二年，徙贛水東。宋爲南康國，城於雩都。梁承聖初，復故處。舊城在秋華坊，今古城巷尚有城基。唐末，盧光稠斥廣其東、西、南三隅，鑿址爲隍，三面阻水。《通志》。宋熙寧中，州守劉彝開水牕以防水患。《通志》。州守孔宗翰因貢水直趨東北隅，城屢衝决，甃石當其衝，冶鐵錮基，上峙八境臺。後守梁繼祖、趙善繼、趙公偁、陳輝、高夔、張貴謨、楊長孺、鄭信之，相繼加葺。張志。元時圮。至正十三年，監郡全普庵撒里重修。十八年，僞漢兵攻五閱月，城陷。其將熊天瑞據之，稍加修理。明初，吴二年指揮楊廉重修。《通志》。成化二十一年知府李璡、弘治六年知府周鳳繼修。九年，都御史金澤開鎮於贛，檄知府何珖、推官張瓛增高三尺。十三年，都御史韓邦問葺之。正德六年，贛撫周南繕治一新。周迴十三里，共二千五百十二丈，崇三丈。爲警鋪六十三，雉堞四千九百五十二。地形南衍而北鋭，東北二面阻江爲險。自西津門起至鎮南門有濠，計長五百五十二丈，闊十三丈；又自南門起至百勝門，計三百八十五丈，深五尺有奇，闊十四丈。舊有十三門，其永平、後津、朝天、永通、貢川、安教、巽川、興賢八門已塞，今開者五：東曰百勝，南曰鎮南，西曰西津，東北曰建春，北曰湧金。各建樓其上。百勝、鎮南闉閣各二層，置大砲二座。十年春，霖圮一千三百餘丈。十三年夏，久雨，圮六百三十八丈。張志。知府邢珣先後白贛撫蔣昇、王守仁，兵備楊璋，修補完整。《通志》。明年，復圮三百四十餘丈。張志。兵備王度檄知府盛茂重修。嘉靖十三年，贛撫陳察重修，羅欽順、鄒守益俱有記。《通志》。三十五年，大水，圮，贛撫汪尚寧、兵備游震得、知府王春復大修。四十一年，贛撫陸穩以形家言開興賢門，尋塞。嘉靖末知府黃扆，萬曆間知府徐應奎、黃克纘、柯鳳翔，相繼修。三十五年，各城樓鋪頹圮，贛撫李汝華檄知府陸化淳，委經歷戴金臺、縣丞李乾蔭督修，縻帑金九百七十兩有奇。三十七年，贛撫牛應元復開興賢門，未久，復塞。四十二年，水，各門俱有倒塌。贛撫孟一脈發帑金四百七十兩，委典史陳一訓董築。四十四年，復遭水，圮。又發帑一千九百五十三兩，檄知府楊瑩重修。天啓元年春夏，淫雨衝壞。知府余文龍申請守道王化行贛撫周應秋，支税銀一千九百八十兩修。崇禎十三年，贛撫王之良易雉堞爲平垜，增高三尺。國朝順治三年，建春、湧金、西津各門樓俱焚。十二年，知府郎永清修復建春、西津二樓。康熙二年，望江樓火焚，贛鎮姚自强修建。丙辰丁巳間，贛撫佟國正、守道王紫綬檄知府郭毓秀修葺。張志。四十三年，水圮，知府朱光圜倡各縣令捐俸補修，計貲七百餘兩。張志。五十八年，知縣張瀚修葺。乾隆八年，知縣張照乘、署知縣馮淳請支帑銀九千一百五十三兩修葺，並繕治八境臺及各門城樓。後復圮九十餘丈。二十五年，知府朱扆、知縣沈均安勸捐銀三千五百八十兩修葺。舊志。五十二年，知縣張昉重修。嘉慶十九年，大水，城傾四十餘丈。知縣劉臻理倡勸捐修。《縣志》。道光十五年，署縣事鹿傳先勸捐，修葺城一百九十七丈，堞一百二十餘，城樓五，護城石隄一百十六丈，有記。二十七年，知府周玉衡勸修。李志。咸豐四年，水圮，知縣叢占鼇倡修。同治七年，知縣韓懿章、黃德溥先後支公項，修築湧金門外及西門外護城河岸，並東、西兩門城樓，並修傾塌之西城外濠溝、上西城門灣塘、西門内下首、又考棚右首、拜將臺下首等處城墻五處。參《縣志》增。

《〔同治〕南安府志》卷四《城池》 南安府城，創始於宋淳化二年，周圍頗寛廣，而墉與堞勢皆卑且薄。淳熙九年，知軍管鋭增高厚焉。紹定中，知軍尚振英、陳疇相繼修築，址仍舊，高、厚益增。咸淳四年，知軍趙孟邈重修，址亦仍舊，計延袤一十里一百五步。其南門即今驛使門，其西南隅即今城隍廟背，郡人猶稱土城背。蓋是時章江自西而南，折若規圓然，城因之。元時大水，城中斷分爲二。元至正十二年，同知薛理始築今城。次年，甃以石。又次年，乃作四門樓櫓。南瀕章江，東北帶溪，惟西稍高爲隍。城狹而長，微鋭類魚，故名魚城。後圮。明正統十四年，流寇亂，巡撫侍郎楊寧奏准修築。景泰元年，知府金潤繼修之。五年，春雨，復圮。都御史韓雍檄千户夏忠補葺。其後東北漸崩。成化間，知府張弼築石隄捍之。弘治十三年，知府吕律補築。萬曆十六年，復壞，知府杜伸甃補。城周圍計四里一百三十步，計丈八百五十；高丈有三尺，闊一丈。濠深五尺，廣一丈。景泰間，復增築高二十尺，厚一十六尺，女墻高五尺，堞一千五百，巡鋪三十有四。周圍丈尺濠如故城。凡四門，門各有樓，東、南、北有橋。南門外有濯纓亭，門有樓名江山佳麗樓，知府金潤建，並自爲記。南隅上爲閣，今在東門上。成化十六年，知府張弼名曰金鼇，因龍母祠右舊有金鼇樓，樓廢，而移以名之也。城門東曰就日，南宣化，西寶峰，北朝天。弘治中，知府鄧應仁易東曰敬道，取《史記》引《堯典》「敬道日出」，又近泮宫也。南曰率章，取《漢書》引《詩》「率由舊章」，又門臨章江也。北曰聯玉，取《舜典》「四朝五玉」，又門外有朝天橋，而山脈聯玉枕也。惟西近寶珠山，又告成之義於寶豐，不改云。國朝初，經兵寇，頗坍圮。雍正間，知府張淮、知縣張琢捐修，完固如初。十二年，知縣沈懋學領項承修。乾隆十八、十九兩年，水衝塌學背等處。二十五年，知縣周文權、署縣郭孫錦節次倡修。二十九年，南門下城身又圮，知縣任震遠修復之。咸豐八年，被兵，復圮。同治間，知府黃鳴珂重修。詳《新造録》。

《〔同治〕南安府志》卷三二《新造録》 一、修城池。南安二城，老城東北面皆水，北至西皆水田，天然城壕也。惟西至南寛處距大河里許，窄處亦數十丈，前此居民附郭而居，屋宇鱗次。咸豐八年，粤匪即由此開地道轟城，因無城濠也。知府黃鳴珂於西門至南門約六百餘丈開濠，上寛二丈有奇，深丈餘，即無水亦不能躍而過，計工費六百餘千，皆籌欵經理。

月城在南門外，爲商賈聚集地，店鋪約百餘間。雖經八年焚燬，賊退即行修造。無如距城大近，同治元年，賊至不能不燒撤之，一免藏賊匪，二免遮槍礟。然撤之易，而造之難也。知府黃鳴珂因前署府黎罰上游蔡某捐須追繳，得四百餘金，爰謀築一月城，周圍四百餘丈，如空心礟臺式。常則可以保護居民，有事四面可開槍礟，賊不能開地道。計工費千餘金，蔡某之捐不足，於大上崇紙行捐貲完工。

水城西門外無濠，祥字營劉鎮軍共議，由大河開一濠至西門，約數百丈。皆其兵勇出力，惟鋤筐及犒賞等費約計二百千文，由官籌欵給之。

《〔同治〕九江府志》卷一〇《建置志・城池》 府城，漢高祖六年灌嬰築于湓浦口。胡志謂梁始遷城江南，非漢築，殆據《太平寰宇記》成帝咸通元年移江州理湓城而言。案：梁無成帝，亦無咸通年號，似未足據。宜再考。唐乾符間司馬白居易修。宋開禧間知軍事余崇龜，元總管李黼，各因圮新之。明洪武癸丑，增治。陳友諒據江爲都，無不峻犖雉堞之理。舊志列木引水之説，疑訛。永樂十年，知府孔復、指揮鍾信環甓甃之，建五門，覆以樓，城趾濬水竇六處。知府余福、蘇致中、牛本，指揮董綱等，各再修。弘治三年，知府童潮更新各門：曰磐石，今爲古東門。曰溢浦，今爲迎恩門。曰文明，曰福星，曰望京。正德六年，兵備馮顯、知府李從正崇三尺。十四年，宸濠兵據之。明年，知府王念甃補毀敝。嘉靖三年，淫雨，圮四之一。七年，知府馮會復崇三尺。癸丑，鎮府陳仁和以舊無月城，令各屬分門增築。詳余文獻記。萬曆十二年，郡守吴秀始建南薰門。舊志謂葛寅亮開者，非。癸丑，兵備葛寅亮閉迎春門，開舊東門。癸亥，葛寅亮仍開迎春，閉東作。按葛記，循南薰而東且北爲舊東門，所從來至遠，閉自何人，今不可考。又曰：相距百餘丈有迎春門。迎春由來亦久，大抵閉舊東門者，爲之别設也。查癸丑始閉迎春。開舊東門曰東作，則東作即舊東門。舊志載癸丑閉舊東門，别開東作，癸亥仍開東門。與記不符。國初，兵巡黄澍修治。康熙十一年，知府江殷道修。雍正八年，知府蔡學灝、知縣張思恬修。舊志：各門置兵馬司二所，左守門官軍，右灰庫砲樓四。今置汛防營兵守之。乾隆十七年，知府朱若炳、德化縣知縣高植開東作門，修築月城。高植有記。五十五年，德化縣知縣俞光豫修。今制城門七，東西縱五里，南北横四里，周圍十二里二百二十四步，崇二丈有奇，上廣可容騎射。

府署後城下舊有柳林、池塘、蘆洲。明萬曆，兵備葛寅亮會楚黄，從北岸上流築堤，固北關洲，地遂淤塞，支派合流，掃府背餘地，盡決。國朝乾隆七年，部援前守蔡學灝昕請檄知府施廷翰、德化縣知縣景師毅，動帑三萬八千有零，沿江築護城石磡，從鎖江樓至關口竹簰嘴五里許，高一、二丈不等，城郭因恃以固焉。咸豐壬子二年，知府陳景曾復修。癸丑三年，粤逆二次入城，負固五載。八年四月，經官軍克復後，府縣官登城履勘，七門、周圍城身、垛墻，均被礮穿瞰裂；礮臺、月城、營房，一律坍圮；七門城樓，惟西、北兩門僅存木架，其餘均燬壞無存。東南角城墻轟坍二段，東北角轟坍一段，丈量共長一百三丈。城根陷爲泥窪，淤泥深十餘丈，計地道長二里許。又有官兵自外挖進，踞賊自内挖出地道多處，逆匪又於護城濠溝外添挖外濠，官軍於此外又開挖長濠。繕修事宜，最關緊要，計城身長二千二百七十六丈，高二丈二尺，厚一丈八尺。垛墻高六尺，垛口一千八百四十六箇。經署知府程元瑞、知府福緜先後稟請，奉各大憲議准就地籌費，五縣捐修。於八年六月十一日起工，至十二月十七日工竣。添設兵房更樓共四十七所。置城上大小礮臺四十六座：内大礮臺三十座，每座均高三尺，横寬一丈八尺，進深八尺；小礮臺十六座，均高三尺，横長一丈二尺，進深六尺。城廂内外地道一律填平。共用工料銀一萬七千五百餘兩，經委員吴城鎮、同知蔡錦青查勘核實，具報在案。咸豐九年十月初十日，岳師門外老灌塘經冬水涸，露出地洞一處，深自二三丈至四五丈不等，計長十餘丈，其地一面濱江，一面近城。又西門迤南城下向有大水洞，外通甘棠湖，内通府學前蓮花池，洞内石柱被水冲損數條。兩處修築完固，共計用過工料銀七百三十餘兩，係撥用程守所存修城餘欵内銀六百五十兩，餘八十五兩，亦仍在城工餘欵内撥出。

《（同治）廣信府志》卷二之一《建置・城池》 廣信府城，唐乾元始建。宋信州城舊基，周圍七里五十步，高二丈一尺，址廣二丈有奇，崇廣如制。宋皇祐二年，大水，城圮。州守晉陵張衡修築九百丈。王安石記，見《祥異》。中爲子城，圍一里二百八十三步，高二丈五尺。後亦圮。淳熙七年，州守林枒因舊址築牙門。淳祐十二年，復罹洚水，坍塌甚於皇祐。寶祐三年，州守陳世昌重修。初置四門：曰廣信，靈山，闤闠，玉溪。大觀三年，闢八門：曰望雲，信溪，葛溪，玉溪，香濠，緑津，春浦，三港。元因宋舊。明洪武初，始築羅城，圍九里二十步，高二丈二尺，廣一丈五尺。塞望雲三門，留春浦，復初置四門舊名，門覆以樓，樓外爲月城，城上列睥睨、敵樓、警舍。正德六年，南門樓燬，知府陸徵、朱嘉會相繼修葺。萬曆七年，南門樓復燬，知府錢拱辰重建。十年，整飭城垣，委千户張忠加高三尺。國朝順治五年，東南隅屢圮，參將康時昇舊志：知府張鳳儀。力加修葺，睥睨加厚半寸。十六年，守道胡昇猷、知府欒斯美相繼修葺。惟北城樓久廢。康熙十一年，知府高夢説重建，額曰「萬笏」。記見《上饒縣志》。以春浦門直府學宫前，宜通爽，爲修復之。甲寅、乙卯間，春浦門復塞。二十年，東城樓圮，旋修復。雍正十年，知府蘇祉修葺。十三年，復開春浦門。道光二十二年，知府鹿傳先以浙東警，稟請飭各屬分段捐修。較舊加高三四尺或五六尺，通計圍一千一百六十三丈六尺，高二丈四五尺及二丈六七尺不等，厚一丈九尺及二丈三四尺不等。置海墁，增築内墻宇。門仍五：東玉溪，西寶澤，南信陽，北靈山，東南春浦。繼任姚熊飛踵蕆厥功。咸豐八年，知府耿曰恂建西、南二門月城，並虚敵臺各一。十年，知府鍾世楨添建東北隅虚敵臺、北門虚敵臺各一。

《（咸豐）袁州府志》卷一五《營建・城池》 袁郡自漢高帝五年，大將軍灌嬰定豫章郡，六年，令天下郡邑皆築城，袁之有城昉諸此。按古《圖經》：隋大業末，蕭銑陷城。唐武德四年九月，安撫使李大亮建築郡城，高二丈，周回四百八十四步；東、南、西面開壕，闊七丈；北以江爲壕。城外甓內土爲露屋，皆覆以瓦。至長壽二年，刺史魏元表遷州治出城東北二百步。開元八年，刺史房琯以城基卑濕，欲遷州治於江北袁山之南，建築城壘。廉使慮其勤民，俾仍舊，遂展故城直南二百餘步，更諸爽塏，刱立廨宇。昭宗乾寧二年，刺史揭鎮築羅城一千五百餘丈，又增築外城，濬治壕塹。其後司空彭彥章展東南面城，通舊計一千二百七十二間。僞吴乾正二年，頓金知州事，又於四郭城門外置鋪栅、羅城諸門，以備守禦。太和五年，韋建又築開羅城二百餘間，濬壕五百餘丈。後劉仁贍修東南面子城西，用磚石。宋大中祥符間修。《袁州圖經》云：城周圍七里二十步，高三丈八尺；子城周圍一里一百二十步，高三丈七尺。北枕秀江，三面壕深四丈。建炎初，升郡爲次要，城池樓櫓務合堅險，仍給牒許勸有力者入貲以助。知州事汪希旦、治中邱霖，革舊城，一新之。城基周三千三百一十五步，高增置二丈，女墻三千五百，敵樓戰栅五十，總六百五十間。阮閱記。開禧間，知州事羅克開復增治，張嗣古記。其後知州事鄭自誠、李觀民、方岳皆嘗繕修。元仍宋舊。至正壬辰末，爲天完將歐祥所據，壬寅始納欵於明。洪武四年，知府劉伯起增修城堞，浚壕立栅，刱四門城樓，門外增修月城，覆以串房，間以箭樓。天順七年，水溢，城圮。知府劉懋同、指揮石旻、邵琦等繕修。弘治六年，南門壞，知府王俊重修。正德七年，東、西二門月城圮，知府姚汀重修。正德九年，城西門樓屋俱壞。知府徐璉增修城，串樓一千七百餘間，各置栅欄、垛口四千餘，又置板榙，防範周密，人不能越。正德十五年，城東北隅傾圮，知府羅輅重修，編修嚴嵩記。嘉靖中，知府范欽、劉廷誥、袁龔裳，以修治串樓爲費不貲，且非城制，先後請於上官，乃撤厺串樓，甃馬道以甓。編修張春記。歲久，圮。萬曆中，知府鄭惇典遍加修葺，增高雉垛，重新城樓；嚴兵，曉夜添設四兵馬司。萬曆己未，北門外東、西月城并水耳門傾圮。知府黄鳴喬重砌河岸，上造城垣、圈門等屋、左右月城，仡然改觀。崇禎庚午辛未，知府田有年因永新寇警，增修城垣。丁丑冬，臨藍流賊數千，自楚入萍趨袁，城中堅守獲全。癸未秋，獻賊陷長沙，萬載天井窩賊民邱仰寰等應賊，賊悉衆攻城，城遂空。是年十月二十五日，張獻忠自吉踞袁，署官屬。至乙酉，署府事推官廖文英、同知李時興稍葺城，爲守備。五月，國乾定江西。九月，金聲桓將何鳴陛、蓋遇時等，先後克袁。未幾，楚帥黄朝宣於城西鳳凰山築土城，開濠，爲持久計。順治三年，鎮將郭天才拆民屋，置甕城，增修敵樓。五年，金聲桓將湯執中、蓋遇時分踞郡城。袁郡頻遭兵寇，城遂圮。知府吴南岱、推官王延礿，後先修築。康熙三年四月十七夜，霪雨爲災，北門城圮入江潭，計三十八丈。五月，守道施閏章、知府李芳春等，詣潭祭告，遴匠興築，重修四門城樓暨週圍垛口，備造箭簾守具。四年六月始竣工，郡守李芳春記。二十一年五月十五夜，暴雨河漲。北城下臨江滸，古有龍潭，挾江漲潰湧，每爲城患。是夜，塌陷新舊城垣二十八丈。知縣王光烈詳請以龍潭地面退出，別築新垣，紆接舊陴，爲一勞永逸之計。而工費十倍，議遂寢。卒動項修築完舊，各官捐助有差，始克告成。三十四年，各城樓先後毁，宜春知縣江爲龍詳請四邑分認迭修。四十四年，水圮北城十餘丈，萬載知縣孫國柱任修。年久，迭有傾塌。乾隆十一年，知府程文華重修東、西、南三城。惟北城迤西日積坍塌，工程尤鉅。乾隆二十四年，知府陳廷枚親臨營度，首倡捐修，勸諭士民樂助，飭知縣郭人傑專司其役，典史吴思德督理木石工匠，尤不時親按指示。城四門：東曰宜陽，舊名安仁。通分宜縣；西曰萍實，通萍鄉縣；南曰大仰，舊名神通。通仰山古廟；北曰袁山，通萬載縣。皆新其門樓，重揭題額，雉堞樓櫓一新，屹然保障。

《〔同治〕瑞州府志》卷三《建置・城池》 瑞郡建城之初，跨錦水兩崖，中通以橋，此北城、南城所由名也。城之建既殊他郡，故自漢迄隋，地號建城，義或有取，但唐以前代遠失考。志載武德間，安撫使李大亮始撤土築城，環以濠。自後，昪元初高安令陳承昭，保大十年刺史王顔，宋元豐間太守毛維瞻，建炎間太守黄次山，元至正末總兵元帥張岳、平章火逆赤，皆嘗修治。歲久，圮塞。明正德間，華林盜兩寇府治。郡守鄺璠至，履榛莽，尋舊址，復築城濬濠。惟太平門素患水，乃徙今處。並濬市南谿，建三石閘，以時蓄洩。而城跨其上，崇墉鞏固之功，實始於此。

北城週迴計一千一百二十四丈八尺，垛一千六百零四，濠長八百丈。城門五：東迎恩，舊名豫章，通省城。西鍾秀，舊名太平，又名宣政，通新昌。南鳴鳳，舊名瑞陽，經浮橋達市南。北阜城，舊名朝天，今移建稍西；東北拱辰，舊名望仙：二門皆通奉新。

南城週迴計一千六百一十三丈二尺，垛二千六百五十九，濠長八百六十七丈。城門六：東朝陽，舊名行春，元名迎恩，通豐城。南高明，舊名康樂，通臨江。西靖安，舊名上蔡，通上高。西南西安，舊名筠陽。西北舊有蜀江門，今廢。北通濟，萬曆間易名錦江，經浮橋達北市，後改名濯錦，又名澄江，今仍名錦江，其門由四腳牌坊直通高明門。

按：宋南北城一十二門，元仍之。明弘治十二年，兵備僉事王純、郡守周津北改爲迎恩、拱辰、朝天、太平四門，南改爲朝陽、靖安二門，而於高明門則增飾之，但無城垣可守。正德五年，華林盜起，太守鄺璠築城浚池，規制嚴整。然倉卒省費，壘土駕木易就圮壞，繼此者治署倉庫是重，惟北城易以磚石，南則浸久浸頽。嘉靖庚申，天下郡縣皆築城，吴文端公山在朝貽書當事，趣修南城，函金助費，爲桑梓倡。郡守韓子允董其役，韓入覲，方邦慶代續，集工趨事，至癸亥告竣。高一丈三尺，廣一千六百七十丈，厚七尺。内培以土，高與城齊。外浚濠，深七尺，廣九尺。舊閘二，新閘三，水門四，皆石。城門六。樓櫓雉堞，森齊整密。越四載，方公又集紳耆，將北城亦增高三尺。兩城對峙，屹然重鎮。崇正八年，推官張大烈增修北城。十一年，郡守楊大名增修南城。國朝康熙二年，總督張公朝璘、巡撫董公衛國檄各郡縣修城，分巡周公體觀經紀其事。北城增高二尺，迎恩一門加峻以扼形勢，二垛並一，撤附居之私女墻者。北城樓五，郡守葛全忠、郡丞蔣允修。別駕王廷翰、司理張鳳翥各捐俸分葺南城高明一門，蔣公專葺朝陽、西安、靖安三門。康熙六年，知縣張文旦次第捐修。一時金湯巍煥，頓起觀焉。少宰西昌熊文舉有《修城記》，見《藝文》。

南城自康熙六年修葺後，至康熙五十三年甲午，洪水衝決，漸至傾圮過半。迨乾隆九年甲子秋，邑紳徐濟言會集合城士民，倡議興修，醵金得二千有奇，請於太守沈瀾，始丁卯訖己巳，凡三年，修築告竣，城之完繕乃如故。徐濟言有記，見《藝文》。道光二十七年丁未，紳富捐修南、北兩城。咸豐五年乙卯，逆匪竄踞，毁南城以修北城，故北城增高，南城惟斷續基址焉。同治元年壬戌，因兵後復修北城，善後局紳士等經理其事。旋於濱江處傾四十四丈有奇，城樓垛口礮臺亦多傾圮。十年辛未，知府黄廷金率屬捐廉，修葺完固。

《〔同治〕臨江府志》卷五《建置志上・城池》 臨江昔無城池，蓋治枕大江，地勢卑下。郡中之渠穿岸而東注于江者凡七，深廣各數丈，岸易頽，基弗克就。元大德間，郡守李偶始伐石修築陂障，水患僅免。至正間，守臣保童始築城浚濠。後東一面没于江，西、北、南亦就圮。明弘治丁巳，知府吴敘復度故址而增築之。正德辛未，華林賊寇城，知府熊希古始改築爲甎城。周一千五百六十七丈三尺，高一丈四尺，上覆串樓。外浚以濠，長八百丈，闊一丈五尺，深一丈，積水護城。後東南復爲江水所壞。嘉靖元年知府徐問，十四年知府徐顥，先後重修。三十九年，巡撫何遷按郡後，增高四尺，建宿樓三十一所，敵臺十五座。崇禎八年，知縣王心純復修。十四年、十五年，水患相繼，城凡三圮，計二百餘丈。知府胡永清、毛之儁，知縣秦鏞，以次修築。國朝順治八年，清波門石坎壞，城陷九丈，知縣洪其清重築。康熙二年，總督張朝璘按郡，以城卑，會道府議，又檄知縣張曣增高三尺。六年四月，大雨，清波、富壽二門城壞數十丈。湖西道施閏章，知府王撫民，同知李一盛，通判温如璜，推官張亨升，知縣屈有信，捐資重築。城門十：東曰廣濟，南曰南薰，舊名鍾秀。西曰西成，舊名望仙。北曰朝天，舊名朝京。曰富壽，在富壽岡得名。曰丹鳳，今更文明。曰清波，即鐵鑪門。曰萬勝，舊名利涉。曰興化，舊名囿化。曰育賢。今廢。乾隆二十三年，知縣沈廷標改建門樓雉堞。咸豐五年冬，粵匪踞城，七年冬，官軍克復。城池傾塌甚多，知府胡天墀、許應鑅，知縣馮棫、陳紀麟，相繼補葺。

《〔同治〕撫州府志》卷一四《建置志・城池一》 唐舊城，相傳在西津赤岡。寶應中，刺史王圓始移治於連樊小溪之西陲。乾符間，王仙芝亂，鍾傳入據州城，南城人危全諷起兵討捕，詔授本州刺史。全諷以郡宅仄倚城西，低臨水際，非建治之所，乃徙於羊角山。中有子城，外有羅城。子城周一里二百二十五步，西湊羅城，立三門：東曰承春；南曰通教，一曰觀風；北曰望雲。羅城周十五里二十六步，址廣三尋，高兩尋，建八門。今失其名。南唐昇元間，太守周宏祚闢而修之，加長五里，浚濠深三丈，廣六倍有奇，建十三門，門各有樓。黄德茂撰記。宋建炎中，州守王仲山葺之。紹興中，州守張滉重修。廢四門，存九門：東曰朝京，舊名通遠。直文昌橋；東南曰清風；水門卸鹽之地。又東南曰鳳鳴；曰金谿；南曰順化；西南曰安豐；西曰迎恩；北曰進賢；東北曰安仁。各有樓。紹定庚寅，州守黄炳修築，高廣如全諷、宏祚時，浚濠深闊視昔數倍。景定癸亥，州守家坤翁重葺。咸淳庚午，州守繆元德重修。元塞清風門。至正中，監郡完帖木兒重葺羅城西門。明初，鄧愈克撫州。因兵火後蕩析，始削西南城約六里，僅存九里許三十步。今自青雲峯迤西至後湖田平岡一帶，皆其遺址。廢五門，存四門：東曰文昌，西曰武安，南曰順化，北曰進賢。門各有樓。城下有路可馳馬，臨濠環繞皆種樹。城週一千七百九十八丈四尺，垛頭二千九百七十四，高二丈五尺。宣德間，知府王昇補葺。成化間，知府周瑛於城下溝口鑄鐵栅欄以禦盜。弘治間，知府胡孝加葺羅城。又集木石各料將欲新子城，未就而去。國朝康熙二年，知府劉玉瓚重修，增築馬道垛口。康熙十九年，雨水暴漲，衝圮南隅城墻，臨川知縣胡亦堂獨力捐修。乾隆五年，知府劉永錫、知縣李廷友重修，復開清風門，建城樓。自是，郡城有五門。嘉慶十八年七月，知縣秦沆修坍塌城垣十九段，計一百二十六丈五尺四寸。修順化門内外城樓二座，鋪房二間；進賢門内外城樓二座，鋪房二間；武安門内城樓二座，鋪房二間；清風門内城樓一座，鋪房二間。至十九年八月，工竣。道光二十三年，知府朱煒、知縣王嘉麟、都司張得功重修，至二十七年，知府倉景恬、知縣張炳堃任工竣。總計新創城樓九座，甕門七座，砲臺五座，月城四，水門四；全修城二百四十二丈一尺二寸，垛口九百四十九；補修城二百六十九丈五尺，垛口五百一十八；馬道、濠溝全身墊砌，東、北二門一帶護城河岸用石修砌。計銀六百七十兩，制錢三萬七千零。同治元年，知府吴祖昌督同知縣楊照藜、縣丞田志詒、千總吴德成，修造馬道一千五百餘丈，兵房壹百五十間。

《〔同治〕建昌府志》卷二之一《建置志・城池》　建昌府城，唐乾符中，姦宄竊發，汝南公提兵撫定之。遷南康太守，臨行築羅城，跨盱江爲之，周迴一十三里，厚一丈六尺，高二雉，爲露屋一千一百三十七間，敵樓三十二所，東西八門，南北二門。不二旬而畢工，時大順二年也。刁尚能《羅城記》稱汝南公築城，而不著其姓名。其後各志多以汝南公爲危全諷，然全諷在撫州二十餘年，未嘗他徙，汝南乃遷南康太守以去，安得强合爲一乎？闕之爲是。宋開寶二年，南唐李崇瞻制置建武，乃於羅城内增築制院。城周一百六十丈，作門樓四所，所三楹，高二丈三尺；東曰來遠，西曰永豐，南曰祈山，北曰朝天。城上敵樓凡二十有四。元豐中，廖恩據邵武爲亂，太守鄭琰請於朝，築新城以備不虞。斂東而展西，周九里三十步，東甃以石，西、南、北甃以磚，爲門十：東曰太平，曰安濟，曰合江，曰天酒；《正德志》及前志作三門：盱江，合江，天酒。而以太平、安濟屬南門。西曰紅泉，曰清輝；南曰祈山，曰膏露；前志作四門：祈仙，膏露，太平，安濟。北曰朝天，曰盱江。前志作一門，曰朝天，以盱江屬東門。東去舊城一里許，界盱水爲池。西闢紅泉門外數百丈，城壁堅緻。建炎後數被兵，城卒不可破。紹興二十七年，太守胡舜舉載葺之。寶祐六年、開慶元年，太守曾壄先後葺治，作新南門，周迴修築五十餘丈，皆補完其缺圮。明初，僞漢將王溥歸附，命守是城。時章益謙糾敗兵圍城，凡五十四日而解。溥以西南一隅地勢卑而城基稍薄，幾失守，遂併東而增築之。因天酒門爲東門，易名曰武勝；紅泉門爲西門，易名曰儀鳳；祈仙門爲南門，易名曰通會；朝天門爲北門，易名曰朝京。餘門皆塞之。城高二丈五尺，厚一丈九尺，基廣二丈九尺。自武勝而南厚殺尺許；通勝而西高殺尺許，基殺尺之四；儀鳳而北高亦殺尺許；朝京而東基亦殺尺許。東濠因江流西、南、北，濬濠深丈許，廣丈四尺。視前規制大備。洪武元年，指揮使耿顯忠來鎮，作城樓四，增築西、南、北甕城。正德八年，知府安奎補築東門甕城，名曰固本；於城隅改作四樓：曰盱江，曰望仙，曰來薰，曰鳳山。又以江流齧岸，慮及城基，叠石隄之。嘉靖廿七年，武勝門毁，知府陳公陞建。四十三年，知府張國珍扁東門曰東川，西曰儀鳳，南曰南薰，北曰拱北。萬曆廿年，知府路雲龍增高二尺許。三十六年，推官陸鍵捐俸修塞爬口，禁私越。儀鳳門暨寒滴閣俱各補葺。三十七年，東川門外居民火，延及閣樓。知府鄔鳴雷、推官陸鍵重建，顔曰「四照樓」。初，北城下有三水道，每遇暴漲，水自外入壅激，爲官民廬舍患。是年，經道、府、縣通議，於三圳會流處以石砌之，患遂息。國朝康熙十一年，知府高天爵增葺藩垣，城完而閩寇至，民賴以安。四十年，知縣范長發修朝京門。五十八年，武勝門堞樓傾圮，知縣任廷用重修，改「四照」顔爲「襟江」。雍正十年，知縣蔣尚德修儀鳳、通會、朝京三門。乾隆十一年，知縣趙淵復修通會門。歲久木腐，旋修旋塌。二十三年，知府孟炤、南城縣知縣蔣有道重修。五十七年，知縣黄永綸集貲，修四門樓堞。道光四年，知縣張景撥公貲，修東、北門二城樓。五年，知縣時式敷亦撥公項，修南城門樓。六年，續修西城門樓。咸豐初年軍興，合邑增葺城堞，南隅增築空心砲臺一座，東南俱結女城，西北門城甕外加砌女墻，西北附城濠田概濬深溝。田廢，稅免。

《〔同治〕饒州府志》卷四《建置志・城池》　饒州府城，周九里三十步，左東湖，右蟛洲，前帶郡江，後阻芝山。高丈八，厚四之三；垛墻三千四百二十六。其外有隍，深廣丈餘，跨城隍弔橋三。門六：北曰靈芝，東曰永平，南曰鄱江，西南曰月波，西曰蟛洲，東北曰朝天。樓十二，守廳六，甕樓一，窩鋪七十六。其司開闔，明則守禦所，後掌於郡守，掌於縣令，掌於城守營千總。舊城秦番君所築，周七里。吴周魴守郡時，山越負固修，增至九里三十步。梁大通中，鮮于琮叛，内史陸襄繕城爲保障。計隋唐以來，更革頗殊。宋建炎初，舒城劉文舜寇，饒知州連南夫繕治禦之。紹興水壞，史定之修，增至十二里。咸淳間，孫炳炎葺其垝者，黄震有記。見《鄱陽邑志》。元至正兵亂，守者旋爲葺壘。辛丑，明太祖克江州，因幸鄱，書城隍之神於鄱江門外，祀以少牢。既乃翼騎入登郡治南城，即廢千户所前甕樓。見父老有年九十者，大悦，以爲守臣保障力。甲辰二年，大水，城圮。總制宋炳、知府陶安修葺之，閩寇至，賴以無虞。四年，千户趙堅、伍城、湯禮相繼繕治。嘉靖元年，大水，城多爲水所嚙。兵備副使范輅措畫工力，遇缺興築。

六門之樓蠹壞，知府彭辨之修建。六年，大水，城有覆者，兵備副使沈良佐議完之。復圮繕不一。萬曆二十三年，知府林欲厦繕修。三十年，月波門火，樓燬。三十四年，鄱江門火，樓燬。三十六年夏，大水，城多圮。分守參政應汝化議爲繕治，建二門樓，修築城共計二百二十二丈有奇。國朝初年，月波門樓燬，順治十五年，守道張思明捐貲重建。康熙甲寅，雨久城圮，秋冬復爲賊墮。戊午，知府黄家遴捐貲修築。壬戌，大水，復圮。冬，月波門樓災。癸亥，守道查培繼、知府黄家遴暨各官捐貲修建。鄱令王克生有記，見邑志。又節年大水，屢傾屢修。二十年冬，月波門樓燬，二十一年復建。厥後修圮不一。四十七年，水圮，守道龔嶸率鄱陽知縣靳乾亨捐貲修築。五十四年，久雨城圮，知縣吴廷案詳請修理。雍正五年，永平門火，樓燬，知縣王守敬詳請重修。乾隆三年，城多傾圮，知縣蔡如杞估修，動項一萬二千零；復於八年，經知縣楊志道領項重修。四十一年，知縣陳聖修率士民修月波門一帶。嘉慶十九年，知縣馮履晉率士民捐修。二十五年，續修。道光年閒，屢歲大水，城盡圮。咸豐二年，知縣沈衍慶合紳民勸捐興修。三年，髮逆告警，停工。

廣東

《〔道光〕廣東通志》卷二一六《古蹟略一・番禺故城》 番禺故城。《通曆》：周夷王八年，楚子熊渠伐揚越，自是南海事楚，有楚亭。亦作庭。《舊圖經》：廣州城始築自越人公師隅，號曰南武。《吴越春秋》：闔閭子孫避越嶺外，築西武城。後楚滅越，越王子孫避入始興，公師隅脩吴故南武城是也。秦以任囂爲南海尉，初居瀧口西岸，俗名萬人城。既乃入治番山隅，因楚亭之舊，俗謂之任囂城。又相傳南海人高固爲楚威王相時，有五羊銜穀穗於楚亭，遂增築南武城，周十里，號五羊城。及趙佗代囂，益廣囂所築城，今謂之趙佗城。漢平南越，改築番禺縣于郡南六十里，爲南海郡治，今龍灣石壩之間也，號趙佗城，亦曰越城。後漢建安十五年，步騭爲交州刺史，廓番山之北爲番禺城，後又遷州治于此，自是不改。《城塚記》：郡南城，步騭遷州時規制尚隘，唐廣明間，爲黄巢所焚。天祐間，清海節度劉隱更築，鑿平禺山以益之。宋慶曆四年，經略使魏瓘增築子城，周五里。皇祐四年，儂智高寇廣州，不能陷。命瓘再知廣州，瓘復環城濬池，築東、西、南三門甕城。熙寧三年，經略使吕居簡議脩東城，未果。轉運使王靖城之，袤四里，合於子城。明年，經略使程師孟築西城，周十三里。紹興二十二年，經略使方滋脩中城及東、西二城，以禦寇。嘉定二年，經略使陳峴以南城闤闠稠密，無所捍蔽，乃增築兩翅以衛民居。東長九十丈，西五十丈，又謂之雁翅城。紹定六年，經略方大琮增脩。端平二年、開慶元年，皆嘗葺治。景炎三年，蒙古攻廣州，州將張鎮孫以城降。明年，蒙古毁天下城隍，廣州城獨無恙。洪武三年，因舊壘脩葺。十三年，永嘉侯朱亮祖等以舊城低隘，乃改築府城，連三城爲一，東北包粤王臺山，北連馬鞍，至於白雲山之麓，岡阜相連不斷。又建五層樓于北城上，高八丈，名鎮海樓，稱爲雄勝。《方輿紀要》。

謹案：顧氏之説本諸戴、黄二志，所引《通曆》乃唐馬總所著。熊渠伐揚越事見《史記・楚世家》。其文云：熊渠興兵伐庸、揚粤，至於鄂。《索隱》曰：有本作揚雩。據記文與注則揚雩當在房、鄧之間，乃江上楚蠻之地，未必是今之粤東也。《通曆》世無足本，不可考矣。《圖經》所云公師隅事，《吴越春秋》、《越絶書》皆無此文，他書亦無佐證，疑以存疑録之，備考。

《〔道光〕廣東通志》卷二一六《古蹟略一・任囂故城》 任囂故城。瀧口西岸有任將軍城，南海都尉任囂所築也。囂死，尉佗自龍川徙居之。《水經注》。在縣南五里。秦楚之際，南海都尉因中國方亂，欲據嶺南，故築此城以圖進取。囂死，此城尉佗因之，遂有南越。《元和郡縣志》。

樂昌廢縣在縣西南二里，周迴五里，即任囂所築。今瀧口有任將軍城。《輿地紀勝》。

謹案：《水經注》：瀧口任囂城即樂昌廢縣也。《輿地紀勝》又載《元和志》之任囂城，分而爲二，未知孰是。

《〔道光〕廣東通志》卷二一七《古蹟略二・庾勝城》 庾勝城，虔州大庾嶺。《南康記》云：前漢南越不賓，遣監軍庾姓者討之，築城于此，因之爲名。隋以爲鎮，神龍初改爲縣。《元和郡縣志》。漢樓船將軍楊僕出豫章，擊南越，裨將庾勝城而戍之，故嶺名大庾。其東四十里，勝弟所守，故名小庾。《保昌縣志》。

謹案：庾嶺半屬始興，半屬大庾。

《〔道光〕廣東通志》卷二一七《古蹟略二・越王故城》 越王故城在梅嶺。秦并六國，越復稱王，自皋鄉踰零陵至南海。梅鋗從之，築城湞水上，奉王居之。湞水出梅嶺，築城當在嶺間，故梅嶺亦稱越王山。《南雄府志》。

謹案：梅鋗事見於《史記》、《漢書》無奉越王築城湞水上之説，然舊志本之唐宋《圖經》，必非肊造也。

《〔道光〕廣東通志》卷一二五《建置略一・廣州府》 府城後倚粵秀，前臨珠江。府志。舊有三城，明洪武十三年，永嘉侯朱亮祖以舊城低隘，請連三城爲一，闢東北山麓以廣之。《番禺縣志》。即今内城是也，謂之舊城。《南海縣志》。周二十一里三十二步，《大清一統志》。高二丈八尺，上廣二丈，下廣三丈五尺。爲門七：曰正北，稍東曰小北，曰正東，曰正西，曰正南，稍東曰定海，西曰歸德。城樓敵樓七，警舖九十七。城東、西之外，因舊浚池。惟北一面枕粵秀山，乃於正北門外築甕城以蔽之。於山左建五層樓，名曰鎮海。成化二年，總督韓雍築南城、歸德二門月城，各延三十八丈。嘉靖十三年，增築定海門月城。郝志。明黄佐《新建定海門輔城記畧》：嘉靖甲午，莅我邦者建議，此邦左荆湘，右蒼梧，航浮索引之國，彎弧縱矛之夷，不時獷動，必自東關大海，當其衝則定海門也。今正東、正南二門皆有子城，而此乃孤壁，思患預防必此焉。先乃上其事於督府、巡院，皆如所請。丙申冬，檄衛之掌兵者董其事，越丁酉春，告成。長二十一丈有奇，高二丈四尺。萬曆二十七年，於正南門迤東闢門一，曰文明。國朝順治七年閉。康熙八年，復開。十三年，因滇逆之變，復閉。二十五年，巡撫李士正以郡學前門，文明宜啓，復開。《南海縣志》。

外城剏築於明嘉靖四十二年，總督吴桂芳自西南角樓以及五羊驛，環遶東南角樓，以固防禦。郝志。長一千一百二十四丈，《大清一統志》。高二丈八尺，周三千七百八十六丈。爲門八：其東曰永安，西曰太平，南曰小南，曰永清，曰五仙，曰靖海，曰油欄，曰竹欄。按：竹欄門舊閉，今開。是爲新城。《南海縣志》。何彦《總督吴公築省外城序畧》：廣城東南濱海，黄木之灣，扶胥之口，接於海門，通及島夷，海孽一作，巨艦揚帆，直指會城。且城以外民廛稠聚，海船鱗凑，富商異貨咸萃於斯，羣賊每窺伺垂涎。邇年如黄許諸賊屯據海口，去會城尚遠，而羣情洶洶，内外戒嚴，外城不可不築，斯其明騐也。先是，倭奴自閩入寇潮境，聖天子廑南顧之憂，乃簡命自湖吴公總督二廣。公至，移鎮惠陽，以次擒滅。未幾，拓林叛卒勾結白石賊黨，刼掠河下，雖不敢逼進内城，而擁衆連艦，肆焉無忌。公乃回鎮省下，設策調兵，逾月而叛卒賊黨首惡悉擒。公出鎮海樓，周覽城郭，嘆曰：瀕海一帶無垣壁可恃，思患預防，城守爲重，外城不可不築。遂檄藩臬諸司，疏聞，報可。乃以事事，復浚永安橋諸濠水，環抱以入於江。國朝順治四年冬，總督佟養甲築東、西二翼城，各長二十餘丈，直至海旁；高二丈，厚一丈五尺，各爲門一。郝志。其東南曰正東，其西南曰安瀾，即今外城東、西臨海二城也。《南海縣志》。康熙九年，修五仙門。十一年，修歸德門。府志。乾隆八年、十二年、十六年、十七年，嘉慶五年、十二年，俱題准部覆，動項修葺。司册。其池隍曰清水濠，環遶内城，自東而西。東則穴新城而入，按：朱亮祖浚濠時，於東門置水關一。西則出新城以達珠江。長二千三百五十六丈五尺，廣二丈。府志。新城臨江無濠。《廣東輿圖》。謹按：廣州城之有池，自宋大中祥符邵煜始。其後魏瓘、王靖、陳峴、高紳、方大琮各有疏浚。曰南濠，曰西濠，曰東濠，曰清水濠。舊志以爲古東、西澳也，明洪武築城時已合爲一，今謂之玉帶河。其舊濠已湮者同廢城，詳載《古蹟》。

六脈渠：廣州城内古渠有六脈渠，通於濠，濠通於海。六脈通而城中無水患，守此土者常疏濬之。水閘：明洪武時，展築城池，改甃濠南舊水關，廣僅六尺，下鐵柱兩重，以嚴防禦。按：舊《通志》云：水閘，宋嘉定間陳峴所築，在東西雁翅城濠口。紹定間，方大琮增築之。兩岸石甃長二十餘丈，中爲重閘，闊丈餘，以通舟楫。國朝康熙二十二年，布政使郎廷樞疏濬啓閘，復通舟楫。郝志。乾隆五十六年，總督福康安飭議疏通會城内渠。嘉慶七年，布政使康基田委員疏濬城南門外玉帶河，及疏挑城内六脈渠。十五年，布政使曾燠詳濬西關官濠。二十一年，巡撫董教增飭議疏濬玉帶河、六脈渠。司册。礮臺在城北者五：曰保釐，永寧，耆定，保極，拱極。城南礮臺一，曰海珠。城東礮臺一，曰東水。城西礮臺三：曰西寧，西關，永清。《南海縣志》。又南海縣屬礮臺三：曰石灣，銀帶沙，白鷺洲。番禺縣屬礮臺二：曰烏猪岡，龍灣。俱嘉慶十五年士民捐建。司按署：嘉慶十四年，洋匪滋擾，竄入内河，各鄉協力防堵。衆議請於扼要口岸捐建礮臺，以資防禦。總督百齡委員查明，分晰開列首事姓名，何勤輝等匯請議叙獎勵。又番禺縣屬獵德礮臺，嘉慶二十二年，總督蔣攸銛奏准添建。司按署：嘉慶二十二年，總督蔣攸銛奏，番禺縣屬獵德地方，爲各夷赴省往來總路，應請於此處設立礮臺，爲中權扼要。奏明於商捐預備礮臺工料項内，動給興建，委員候補通判吉安、署南雄州知州余保純承建，於二十三年六月完竣。又番禺縣屬大黄滘龜岡礮臺，嘉慶二十二年，總督臣阮元奏准添建。奏署：嘉慶二十二年十二月，兩廣總督臣阮元會同巡撫陳若霖附片謹奏：臣阮元此次徧閲内港外海礮臺、兵房，俱爲得力，惟内港大黄滘地方有大河一道，南通香山，東南通黄埔、虎門，爲商船之所必經，若由大黄滘直抵省城，即可不由東南之獵德，是僅建獵德礮臺，不足以嚴兩路門户。臣阮元親自相度，大黄滘有小石山，土名龜岡，四面皆水，堪以添建礮臺。又獅子洋外大虎山係中路外洋進口要道大溜，逼近山脚舊建横檔、鎮遠礮臺爲第一層門户。若於大虎山脚添建礮臺一座，更成重門之勢。詢據文武各員及附近士民，衆論僉同。現飭司委員勘估，查照前督臣蔣攸銛原奏，在於商捐木欵項下動支興建，勒限來年正月興工，四月完工，等因一摺片稿到司，札遵分別委員勘估辦理。

南海分治西境，以内城之正北、正西、歸德，外城之太平、竹欄、油欄、靖海、五仙，八門屬焉。

番禺分治東境，以内城之正東、小北、正南、文明、定海、新城之永安、小南、永清，八門屬焉。《南海縣志》。

謹按：廣州建城，自越築南武，其後任囂、趙佗相繼增築，是爲越城。漢刺史步騭闢番山之北，廣故越城。唐節度使劉隱鑿禺山，以益南城。宋經畧使魏瓘加築子城，又築東、西、南甕城。知州張田築東城。熙寧初，呂居簡、王靖重修東城，合子城爲一。陳師孟築西城。嘉定三年，經畧使陳峴以城南闤闠稠密，無所捍蔽，乃增築兩翅城，名雁翅城。開慶元年，經畧謝子强大修城壁，城外築羊馬墻，高六尺；雁翅城下植以水柵，翼而至海。凡諸規址，至明築城時多不存。今斷自明始，其宋以前事具入《古蹟》。

《〔道光〕廣東通志》卷一二五《建置略一・韶州府》 府城周圍九里三十步，高二丈五尺，府志。北倚筆峯山，西臨武水，南漢時築。《大清一統志》。謹按：《方輿紀要》：韶州府城即始興故城。漢城在湞水東蓮花嶺下。隋城在武水西，地勢卑濕。五代南漢移治於中。白龍二年，始築州城。宋皇祐以後，屢加增修。明洪武三年，因故址修築。明初，知府徐真復建五門：曰湘江門，乾門，東門，南門，西門。西門即古望京樓。永樂初，樓壞，城圮。十五年，千户趙銘修之。天順七年，參政劉煒、都指揮裘忠重作五門城樓。成化五年，都御史韓雍命千户趙雄、推官余鐸刱串樓一千一百五十三，敵樓二十六。弘治十四年，知府曾涣清刱蓋房屋三百四十六間，園地八十三丈五尺，每年賃納租銀以備修城之用。勒石紀於凝青堂。嘉靖四年，知府唐昇修築傾圮城垣二十餘處，各門敵樓共六百有奇。按：府志作三百六十間。二十年，知府符錫重修五門大樓：按：府志皆作四年唐昇所修。東曰聞韶，西曰鎮遠，新開門曰望京，湘江門曰迎恩，南曰阜民。天啓四年，知府吴兆元另開新東門，冀接青陽之氣。後以未得正脈，崇正九年，稍遷上數十武，俾水隱通泮池。《曲江縣志》。國朝康熙十六年，北門添築子城，高三丈五尺。四十七年，知府薛戴德改爲陽城。五十二年，知府胡范修復陰城。郝志。《嶺南雜記》：韶州城上周圍俱蓋房舍，兵環居之，不作女墻，謂之陰城。康熙乙卯，吴逆遣吴國柱、馬寶攻之，年餘不能克。乾隆十年、十三年，俱題准部覆，動項修葺。司册。嘉慶十九年，巡撫董教增飭遵曲江等六縣捐修。司册。其池東南長六百一丈，西臨武水，無濠，北倚筆峯山，東北長四百四丈。《廣東輿圖》。國朝康熙十六年，開北門濠一道，廣二丈四尺，長八十丈。雍正五年，知府黄文煒捐資，自東至西築九十丈，高五尺。郝志。

《〔光緒〕惠州府志》卷六《建置志・城池》 惠州府城，在省城東南三百里。明洪武三年，知府萬迪始建，故城甚隘，今鐘樓即南門，平湖橋西門，城隍廟北門。同守禦千户朱永率軍民分築。二十二年，既立衛，乃擴今城，爲門七：東曰惠陽，西曰西湖，南曰横岡，北曰朝京，小東門曰合江，小西門曰東昇，水門曰會源。門上爲敵樓，旁列窩鋪二十八。嘉靖十七年，颶風作，樓堞咸圮。嘉靖二十年，知府李玘重修。三十五年，知府姚良弼、通判吴晉請增築。軍城起水門，止小西門，三百八十丈五尺；民城起都督坊，止武安坊，三百五十七丈九尺；約高三尺，費三百六十四兩。府衛共之。三十八年，知府顧言復增築。增高一尺五寸，易雉堞之鋭者爲平，費一千八百八十八兩。崇禎十三年，知府梁招孟奉詔增築。高三尺，幫厚五尺，捐貲五百兩。守道楊鴻捐一百兩，推官鮑文宏捐三十兩。加高周圍羊橋馬路。國朝順治十八年，重修。康熙二十四年，知府呂應奎重修，凡城垣、門樓、窩鋪、馬路、水關、礟臺，咸新之。雍正七年，提督奉行督修。乾隆三年、八年，俱奉准部咨，動項修葺周圍一千三百二十六丈，高二丈二尺。道光二十八年，知府江國霖倡率官民，照舊基一律重新。改西門曰平湖，小西門曰環山，南門曰遵海，惟北門、水門、小東門、東門仍之。是役所費皆紳民捐輸，計餘金二千有奇，發商生息，爲隨時修葺之用，以紳士紀其事。東北濱江，西南濱湖，無濠。

《〔道光〕廣東通志》卷一二六《建置略二・建平州》 在府治東北四百里。明崇正六年，平九連山寇，總制熊文燦、巡按錢士廉分割河源、和平、長寧、翁源四邑地建立州治。司理吴希哲督永安知縣牟應綬、長寧知縣陳國正築城，經始於六年十月，告成於七年十二月。按：黄士俊有《鼎建州治碑記》。今不録。周六百三十五丈，高二丈一尺，厚一丈六尺，雉堞一千一百五十九，府志。窩鋪三十八，礟臺五。東南大水關一，正北、正西、東北、南，小水關共四。爲門四。東鎮連，西鎮英，南玉驄，北彩鳳。牟應綬任内詳建東、西、南三門，加甕城，横十九丈，高如舊城，旁開兩門，按時啓閉，各建月樓一間。後旁門塞，月樓廢，惟内、外正中二門直出，惟東城外門形家言宜開艮門，康熙十年，知州高光國開之。二十五年，知州佟國瑞始從輿論，仍復正門。後傾圮。國朝順治十年，知州陳鄴重修。康熙二十四年，奉旨增葺。五十七年，知州徐旭旦率士民公捐修築，嵌石砌灰，周圍共一千二百三十餘弓。縣志。有溪無池。《廣東輿圖》。

《〔道光〕肇慶府志》卷五《建置一・城池》 宋皇祐中，儂智高反，始築子城，僅容廨宇。政和癸巳，郡守鄭敦義乃築塼城，周八百七十一丈，高二丈，厚一丈。開四門：東曰宋崇，西曰鎮西，南曰端溪，北曰朝天。明洪武元年，江西行省郎中黃本初來掌府事，請加修築，改宋崇曰正東門，鎮西曰景星門。其後，千户郭純以城南隅濱江，用石甃河畔，高二丈，與城址並捍水患。景泰間，西賊犯闞。天順間，知府黃瑜濬池，植栅周城之外，栅外護以刺竹，栅内環以敵樓。工畢而寇適至，莫能犯。成化元年，城上增置串樓八百一十間。自是，防守不患風雨。三年冬，建披雲樓於城上西北隅。四年，建南門樓。五年，建東、西二門樓及四隅角樓，皆三層，重簷叠拱。又欲拓北城至静明寺，會水災，不果。後參將楊廣建北門樓。十一年，知府李璲以披雲樓近濠，增築塼城七十餘丈，厚一丈，高並舊城。改四門額：東曰慶雲，西曰景星，南曰南薰，北曰朝天。正德六年，知府程杲重修串樓。歲久而敝。嘉靖七年，兵備僉事李香與知府鄭璋撤串樓修雉堞。三十九年，風雨連旬，城東北隅傾陷，兵備僉事皇甫涣、知府徐鵠修築。崇正二年，城西門樓圮，知府陸鏊修復。十四年，督府張鏡心、知縣蕭琦發帑築高三尺五寸，改築四門月城。舊制止有垣墻，無馬路，至是，改築之，高厚與城並，馬路廣闊亦如之。吳志。國朝順治八年，總兵許爾顯、知府張之璧增城上礮臺六座，礮房二十七間，窩舖一百四十八間。水城礮臺二所，東、西各自河畔城垣至水次，東長十二丈，西長十四丈五尺，並高一丈二尺，厚八尺。撤麗城之屋，相去四丈，增葺樓堞。康熙六年，東北隅及披雲樓圮，知府楊萬春、閔子奇相繼修復。康熙十一年，知府史樹駿修。乾隆三年、八年，俱題准部覆，動帑修葺。十九年，知府吳繩年修。嘉慶十二年，肇羅道竇國華，知府慶德、張純賢，修四門樓。道光三年，總督阮元奏，於南門外重建礮臺二所，並修垣墉樓櫓。知縣韓際飛董之。《高要志》。明楊子春《重修石城記》：洪武元年夏四月，征南大將軍榮禄、大夫中書平章政事兼太子同知詹事院廖永忠、征南副將軍中奉大夫浙江行省參知政事朱亮祖，奉命南征，攻取廣東、西。城邑之未下者，由海道入南粵，兵甲精鋭，令行禁止，列城望風欵服，沿海豪民違令者誅，來歸者宥。威振廣西，皆遣使請命。兵不留行，百粤悉服。乃遴選守令，以撫安元元，以前江西省郎中黃君本初，忠厚廉敏，達於從政，委攝肇慶府。黃君下車即布令修政，百廢具興，加以惠愛，曾未期月，吏民爲之改觀。君謂肇慶乃古端郡，控扼海道，蕃屏上流，地居衝要，依律禀命於省，請修城郭，具器械，嚴守備。且言瀕海之寇不時竊發，當有以待之。平章公深以爲然，既得請，按行郡城，廣袤四里三十步有奇，舊制設敵樓三十五所，近皆頹廢，城東南角及西南崩圮者八十餘丈，行者不便。君念端民重困之餘，日不暇給，乃勸率民之好義者，第其産之厚薄，力之多寡，户滿三十者同一役，或二十者共一工。磚石木植，灰瓦之用，皆官給之。選吏督其事，城之坭者築石爲基，纍磚以甃其隙，鱗次櫛比，端方周正。度城五丈餘，建樓四楹，爲間二百有一十；復因舊址，重建敵樓三十五。經制之費，民無預焉。經始於今年之孟秋，落成於秋之季月，閲九旬而訖工。樓櫓戰格，焕然一新，睥睨女墻，百堵斯立，黃君可謂知先務矣。雖然，民保於城，城保於德，古有是言矣。是以忠信之長，慈愛之師，撫民以仁，摩民以義，導之以禮樂，養之以德惠，齊之以刑政，斯民親其親，長其長，一旦事出非常，率吾尊君親上之民以守之，此地利人和之説也。端之人咸謂城守重事也，不可以不書，請予文以刻諸石，使觀風者有考焉。公名德明，字本初，河中人，僑居穗石。是役也，贊其事者，經歷王智；督工者，前部事趙元帥府判徐寳童；知縣戴允恭、主簿蔣殼真、縣尉阮良、典史梁宗德與有勞焉。洪武元年九月九日丙午。

池南臨大江，西南隅至東南隅三面濬濠，周四百五十八丈，廣二丈八尺。《欽定廣東輿圖》、吳志云：深一丈，闊十丈。俱誤。自西門外遶而北，至東門外謂之外濠，長四百五十八丈，深一丈，闊十丈；西門内小水通竇過南門街，至清軍館後今清軍館兑爲民居。謂之上濠；復通竇過塘基頭街下注謂之下濠；下濠又通竇出城，接外濠而達於江，自西門石嘴引江水而入者謂之西濠，乃官船避風之所。此數濠，自明天順間知府黃瑜修濬，深闊各有尺寸。歲久，漸爲民居兩傍侵削，西城上濠日漸淤塞。其内外濠塘佃銀遞年在府輸納。古澳在東門外，通大江，可以藏舟楫，避風濤。今後爲潮沙所壅。宋乾道六年，郡守曹總修復，設澳田若干畝，歲收爲淘浚資。今田廢而澳亦湮。自東門水步頭起至天寧寺前，上接内濠水達江乃其故址，亦謂之外濠。先是，城東外街原在城脚，明知府夏應台改出濠邊至北門止。城西外街亦在城脚，知府夏應台改出濠邊至披雲樓後新基及北門止。城北外濠舊從西門外遶披雲樓後轉東，明萬曆三十七年，知府陳濂以府治龍脉自西來，命工築塞培脉，分北河爲兩截。城北内濠原有監軍道左渠消水，日久，民作舖其上，淤塞，三十八年，知府江中楠拆舖修濬。崇正二年，知府張明熙復濬之。國朝順治四年，總鎮羅成耀重濬外濠，自東門水步頭起，直循而北，復折而西，直抵西門水步，通廣一丈五尺，深一丈，周九百七十二丈。八年，總鎮許爾顯令離城一丈重挑濠塹，廣八尺，深六尺，東、西及北三面遶城。康熙七年，督府周有德重濬内濠，由塘基頭張衙巷通竇出城，接外濠而注於江。吳志。

礮臺二座，在南門東、西月城。道光三年，總督阮檄高要知縣韓際飛修建。採訪册。

《〔道光〕廣東通志》卷一二七《建置略三・德慶州》 德慶古無城池。按：《方輿紀要》：德慶州即端溪廢縣。宋皇祐六年，儂智高亂，始築子城。元至正間，重修竣之。即今州治四圍墻垣。明洪武元年，守禦千户邵成以舊城狹隘，具聞於朝，改立城址，甃以磚石。高三丈，厚一丈五尺，周一千一百丈。外環以濠，深一丈，闊三丈，周一千一百五十丈。城上置串樓七百二十，敵樓三十九。城門五：東二門曰東勝、曰忠順，南二門曰廣惠、曰鎮南，北一門曰香山，俱設門樓。後又撤去串樓。明衡守敬《德慶新築城垣記畧》：晉康古百粤之地，依山瀕海，西接桂林、象郡，東控夷島諸蕃。自宋儂寇犯境，倉卒築城，僅百餘丈，環圍倉庫而已。前元因之，莫能改也。洪武初，命武德將軍正千户邵成統兵來鎮之，侯抵郡，慮城偏隘，不足以容兵，度山川形勝，會本府官屬僉議上聞，撤而大之，周圍一千餘丈。軍民協力，逾年而城完，雉堞樓櫓，延袤壯麗，雄蓋一方，萬年之福也。景泰七年，重修，周城增高三尺。成化七年、十五年，各重修。嘉靖五年，築香山門月城。後多傾圮。隆慶五年，知州楊士中修浚，引香山之泉注濠，增周城雉堞。六年，刱東勝門月城。萬曆元年，刱正南門月城。以忠順門僻在東北，奸宄難防，且門屬艮位，堪輿謂之鬼門，遂閉塞不開。二十年，知州陳榮祖復開之，果不利。二十七年，仍閉之。崇正六年，知州商朝仕重修，周增城垣三尺；於忠順門樓右建文昌閣，以爲控扼。後并祀商公神像。國朝康熙五年，東北城陷，知州秦世科修復。又修北門樓一座。十二年、四十年、五十六年，屢有修葺。雍正九年，知州王玉璿勸各紳士捐修東北角城垣一百一十餘丈。乾隆十二年，知州施德宏請帑修葺北門城樓，及周圍城垣、馬路、窩舖。十六年，西城坍塌。十七年，知州宋錦修復，并修各門城垣、樓座。州志。池周圍一千一百五十丈，廣三丈。《廣東輿圖》。

《〔光緒〕高州府志》卷八《建置一・城池》 高州府，唐時始築土城，宋元因之。案：《方輿紀要》：高州府治廢潘州。明洪武十四年，千户陳富於舊城之外重築新城，包以木栅。三十一年，千户張真始甃以磚，周六百一十四丈，計三里一百八十四步，高一丈四尺。《廣東輿圖》：周圍六百七十一丈，高一丈五尺。今案：周七百三十四丈，高一丈七八尺不等。爲門五：東曰迎陽，南曰廣濟，西曰通川，北曰北門，又一門曰小西門。上俱有樓。成化元年，東、南、北三門毀於寇。三年，知府孔鏞、守備指揮歐磐復建。四年，指揮李信增修，高四尺。千户潘英創串樓六百有奇。嘉靖四年，知府莊科廓城東，包學宫入城中，周圍築子城。十一年，署府事肇慶府同知林春澤塞小西門。十三年，僉事黄澄廢子城，爲敵樓二十七所。是年，知府石簡塞舊南門，作新南門，改曰高明。由濠岸西行，轉南合舊門通衢。十五年，知府鄭絅闢南街，直行稍轉而西接通衢，建門曰履坦。二十五年，知府歐陽烈復啓小阮《通志》作水，誤。西門，扁阮《通志》脱扁字。曰「高辛」。二十七年，大水，南隍岸崩，及城西南樓基浸塌。遂自大西門至舊南門埠頭，叢椿實土，填築隍岸，修整南樓。萬曆間，知府熊廷相開舊南門，塞新門，於小西門外建樓一座，加門一重。三十七年，知府李甫文復改如石簡制。三十九年，知府蔣希禹復開、塞如熊廷相時，而基址猶存。四十二年，知府曹志遇將新南門遺址鏟去，悉復舊制。曾陳易有記。天啓間，道光志作元年。參議蘇宇庶以古東門利於離明，新北門偏於龍背，遂復舊東門，塞新東門。而形家更謂郡治主山較弱，宜建層樓以壯郡脈。國朝康熙十七年，將軍舒恕會同高、雷、廉總兵馬雲程修整四城樓櫓，於城腳環樹排栅。乾隆八年，題准部覆動項修葺。三十六年，紳士張士彦等願捐貲創開文明門，并南門外層城，門改直南向，以正方位。督撫批准。嗣因工費不敷，停止。嘉慶五年，張士彦等復願捐輸以竟前工，經府詳准，總督吉慶遂以是年開設。十六年，巡撫韓崶行令茂名縣會同各屬，照嘉慶六年例，公捐修葺。道光三年，高廉道葉申萬督修。光緒十五年，道府札六邑紳士合貲大脩。採訪册。池周五百四十丈，深一丈二尺，闊加八尺。明成化三年，知府孔鏞、守備指揮歐磐復濬之，闊三丈，深一丈六尺。惟大西門以江爲塹。阮《通志》、道光志參修。

《〔道光〕廣東通志》卷一二七《建置略三・化州》 古羅州城。宋紹興三十一年，郡守李丹始甃以磚石。北際江，二面環以池。元末燬。明正統十三年，西賊犯境，知州鄧敏增築磚城，周圍八百七十丈，高一丈六尺。沿城開濠塹。成化四年，僉事陳貴、知府孔鏞、指揮董翔重修，復增高之。十年，又改砌舊城而小之，舊城四門，周四里有奇。今城周四里有奇，計内跨寶山五百六十三丈，高一丈九尺；止開二門，東曰賓陽，南曰南薰，各建樓；窩舖三十，敵樓、角樓各四。嘉靖四十一年，州同知築南門月城。四十四年，知州張冕築南門月城。萬曆二十六年，知州沈冰修。州志，兼採《方輿紀要》。國朝康熙六年，知州邱宗文重建東、南門樓。雍正八年，知州孔傅祖大修。郝志。乾隆二年知州李祖旦，十二年知州楊芬，先後詳奉修葺。現在州城周圍五百六十三丈，高一丈九尺，垛口八百四十有二。縣志。西臨山麓，北臨大江。《大清一統志》。東南濠共長二百二十丈，廣二丈八尺。北臨江，西近山麓，無濠。《廣東輿圖》。

謹按：楊洪《重修化州治記畧》稱：州治有石如龍，首在州治前左，尾在治後，江中水涸乃見之，郡以石龍名者以此；又以龍有變化之義，故稱化州。

《〔道光〕廣東通志》卷一二七《建置略三・廉州府》 府城在廉江東，郝志。周圍一千六百七十丈，高三丈三尺，厚一丈九尺。垛口一千六百七十，城樓三座，串樓二座。城門四：東曰朝陽，西曰金肅，南曰鎮海。於乾隆十八年新開小南門，即文明門。塞北門。縣册。按：通志、府志、縣志諸書，皆稱周圍八百零二丈，《廣東輿圖》稱府城周七百六十八丈七尺，皆誤。創於宋元祐，修於紹聖，皆土築。明洪武三年，百户劉春增築西城六百九十丈五尺，是爲舊城。二十八年，指揮孫全復移東城一百五十丈，增廣土城四百一十八丈。宣德間指揮王斌磚甃之，是爲新城。爲門三。城濠一千五十一丈，闊二丈五尺，深七尺。成化初，陷於西賊。二年，陞任海北兵備道知府林錦以舊城狹隘，請於撫按，命指揮張福展築東、南、北三面，并增敵樓、串樓、南北樓。以西門外河道通海，防寇患，加築月城。正德間，議定府衛分修，自西南而東屬衛，自東北而西屬府。嘉靖二十一年，知府詹文光撤串樓，改陽城。三十四年，知府何御增築東、南二門月城。隆慶二年，知府徐柏修城樓，同知昌應會建敵臺。萬曆七年，知府周宗武修葺，自南而西北四百二十六丈，增高廣百餘丈，置窩舖一百零六。十年，知府沈應科修，自北而東南四百餘丈，增高二百丈。崇正八年，圮於水。九年，傾於颶。知府鄭抱素捐修。國朝順治十八年，知府孫昌裔修西城樓。康熙四年，總兵張偉修東城樓。六年、十年、十一年，屢有修葺。考舊制，城垣周圍八百零二丈，高三丈二尺，外濠長一千零五十一丈，門樓四座，東、西、南月城樓三座，串樓二十四間，窩舖六十三間，瞭整一百，垛口一千六百六十九。明季之亂，頽圮過半。遞年修復城樓一十六間，窩舖二十四，望樓三十二，垛口全。二十二年，知府佟國勷、知縣楊昶增高西城三尺。六十年，知府徐成棟建復三城門樓。雍正七年，布政使奉行督修。府志。池廣三丈五尺。《大清一統志》。明宣德間，王斌浚。成化二年，林錦浚外濠七百五十五丈，深倍於前。郝志。

《〔道光〕廣東通志》卷一二七《建置略三・欽州》　州城周圍六百丈，厚二丈，高二丈八尺。東、南城樓各一，窩舖二十二間，垛口八百二十。濠塹周四百二十六丈，闊二丈七尺。東門月城周一十八丈，高二丈，敵樓一，垛口二十二。南門月城周一十六丈，高二丈二尺，垛口三十三，水關四。新設西門月城周一十八丈，高一丈五尺，垛口三十一。州册：舊址東、西、南三門。其西門明代久塞。乾隆三十七年，知州康基田謂一州秀氣皆在西方，且城止二門，衆民出入不便，因詳請開復，不果。嘉慶八年，康復陞任廣東布政使，廉州府以欽州應開西門詳請，始奉准開行，民人便之。州城舊在靈山縣思林都。宋天聖元年，推官徐的遷於近海白沙之東，即今治。明洪武二十八年，增築。周五百九十四丈五尺，高二丈四尺。爲門三：東曰朝陽，南曰觀海，西曰鎮遠。景泰三年，指揮尹通增高三尺。成化六年，知州傅鑑增築門樓、串樓、敵樓，更新東城門樓。弘治四年，塞西門。正德十四年，知州李純浚濠築堤。嘉靖四年，改建串樓。十三年，建窩舖二十八。先是，西門橋壞，路因塞，十七年，知州林希元開之，建橋設墟。三十三年，知州鄧以和塞西門。按《方輿紀要》：欽州城本宋之安京縣治靈山縣思林都，今名舊州墟。天聖元年，遷於濱海白沙之東都。今治所蓋安遠廢縣地。洪武十八年，始築州城。景泰七年，增築。成化六年，復營治，并植竻竹於城外。自隆慶以後，皆嘗修治，周三里有奇。萬曆四十年，知州阮以臨拆東門子城，修西門子城。四十二年，署知州李秀時復東門子城。天啓七年，知州李五美浚濠，改東門月城。國朝康熙二十三年，颶風壞西北門城，知州馬世禄修。二十九年，東門子城及正東城垣圮，知州汪源澤修。三十七年，知州程鼎復修東門子城。三十八年，知州喬光先修東門子城及四面城垣。四十七年知州李淑沆，五十一年知州金章，各修城垣，浚濠池。六十年，知州董紹美復修。節署府志。乾隆八年、十六年，題准部覆，動項修葺。司册。池周七百八十一丈五尺。按：此與《輿圖》載係舊濠丈尺，今當以州册爲據。明洪武間浚，其後李純、李淑沆、金章俱重濬。郝志。

《〔道光〕廣東通志》卷一二七《建置略三・雷州府》　府城始建於南漢乾亨間。東漢建武中，伏波將軍馬援始築徐聞城。梁改南合州，唐改雷州，遷徙未定。至南漢始建於此。宋淳化五年，《方輿紀要》作至道二年。知軍事楊維新增築子城。紹興十五年，知軍事王趯復築外城，作女墻，闢四門。二十二年黄勳、二十四年趙伯桯，相繼成之。胡銓《築雷州郡城記畧》：紹興八年春，海寇陳旺犯雷城，縱火大掠。居民驚潰，争保子城，由是邦人始以無外城爲病。十五年，右朝散郎王趯爲邦伯，視事之初，規創外城，期年計畫始定。乃因民之餘力，於歲杪賦役，起自那廬，至西湖及赤嶺岡築城，大闢四門。功未就而去官。更兩載，不克繕。二十二年，右承議郎黄勳爲州守，乃謀甃治。越明年，南北壁合甃四百二十二丈，而黄又代去。於是右朝奉郎趙伯桯來，乃命益陶磚瓦，自西北凡三百四十丈，而東北塹山削成又一百八十丈，逾年咸畢。時二十五年冬十日。厥後，曆元至順、元統間，屢有增修。明洪武七年，指揮張秉彝、朱永、周淵，通判李希祖，大築雷城，展舊基，加高大之，由東南沿西北壘石甃磚，至八年夏始訖工。周圍五里三百步，高二丈；腰墻雉堞高五尺，下闊三丈，上闊二丈七尺。闢四門，上各建重樓：東曰鎮洋，西曰中和，南曰廣運，北曰朝天。角樓四，窩舖四十四。正統五年，指揮魏讓築城上馳道。弘治十七年，海北道僉事方良永改建四門重樓。嘉靖八年、十八年、二十三年，屢有修葺。四十二年，同知蕭文清重築城外樓櫓。時山海賊每突至城下，文清始於四城門百步各建樓捍守。匾東曰安東，西曰靖西，南曰鎮南，北曰鞏北。四十三年夏,淫雨,南門及西北城并圮。知府陸瓚重修。副使莫天賦有記。今不録。四十四年,邑士莫經緯等呈請築南門外城。知府楊逢元、王子卿相繼竣工。布政使盧夢陽記。不録。隆慶三年,新城圮,知縣鮑際明修葺。國朝順治四年,初開雷州,冬,没於黄海如。八年,再定。是年及九年,颶風連壞城垣。十三年,知府陸彪大修。陸彪有記。今不録。康熙十年,城東垣崩數十餘丈,又颶風壞垛口、窩鋪十八九。知府吴盛藻率同紳士各捐修。四十九年知縣南君璋,乾隆五十九年知縣彭家梅,各重修。府志。嘉慶十一年,風雨坍城西南角三十八丈,紳民陳源泗等於十四年捐修完竣。十六年,奉准部覆,飭將應叙士民造具清册,送部分别獎勵。司册。濠廣五丈五尺,南漢時浚。《大清一統志》。明洪武時,濬濠塹周圍六里,闊六丈五尺,深一丈二尺。東、西、北三門各置石橋。南門無濠,嘉靖十一年濬濠溝,外環築土墻。康熙十一年,吴盛藻塞城濠溝。二十五年,協鎮張伏選開復。府志。

《〔道光〕廣東通志》卷一二八《建置略四·瓊州府》 瓊於三代無考。漢置珠崖郡,城在東潭。唐瓊州城在白石都。宋開寶五年,始徙今治,築城凡三里。即漢玳瑁縣地。紹興間,復築外羅城。元因宋舊。按《方輿紀要》:瓊州府即古崖州城。《城邑考》:今府城唐貞觀五年創置,宋、元因之。明洪武初,指揮孫安、張榮重築,自西北至東南隅,增廣六百丈,高二丈五尺。爲門三:東曰朝陽,南曰靖南,西曰順化。各建敵樓。城北無門,建樓曰望海。南築長堤,引溪爲濠,自東城下至拖淪港。七年,復擴城北,循東至南長三百四十四丈。改東門曰永泰。四隅增建角樓。十一年,指揮蔡玉復廣北面,自西至東四百餘丈。通計周圍一千二百五十三丈,高二丈七尺,廣二丈八尺。雉堞一千八百四十三,窩鋪五十七。十七年,指揮桑昭於城西增築土城三百八丈,開西、南、北三門,東謂之子城。成化九年,副使涂棐改題各門:東曰體仁,西曰歸義,南曰定海。十三年,僉事陳昭增築攔馬墻,修子城。嘉靖間,知府李慎易子城以石,旋圮。參議曹天祐、知縣曾仕隆、邑紳鄭廷鵠復甃以石,周三百十三丈,高一丈四尺。崇正十四年,知府蔣一鴻創建東門外月城,長八丈,高一丈,門一。南門外月城,周四丈,高闊如之。國朝順治十二年,兵備道林嗣環、知府朱之光、推官何澄、知縣孟信協捐修,增高雉堞一尺,厚五寸。康熙六年、八年、十一年、二十四年,屢修。三十一年,知府張萬言捐建南樓。三十三年,建東樓。雍正七年,颶風,傾圮城垣。乾隆三年,知縣張理詳請修復。四年、六年,疊遭颶風,傾圮。八年,知縣楊宗秉修復。歲久坍塌。三十七年,知府蕭應桂率屬修葺。《府志》。乾隆十二年、十六年,咨准部覆修葺。司册。池周一千二百八十七丈,深三丈,廣四丈八尺。《廣東輿圖》。

《〔道光〕廣東通志》卷一二八《建置略四·儋州》 漢儋耳城舊在高麻都滴灘浦,樓船將軍楊僕所築。唐初,始徙今治,去舊址三十里。宋、元因之。明洪武間,知州田章擴址築基,指揮周旺運石鳩工。謹按:《方輿紀要》:儋州治宜倫廢縣。《城邑考》:舊州城在今治西北三十里滴灘浦,相傳漢楊僕所築,亦謂之儋耳城。梁置義倫縣,亦治此。隋遷於高坡,即今治也。洪武六年,築石城。周四百七十二丈,廣一丈八尺,高二丈五尺。雉堞八百一十有四,窩鋪二十七。闢門四:東曰德化,南曰柔遠,西曰鎮海,北曰武定。上各建敵樓,外築月城。沿城浚濠,周四百七十七丈,闊五尺,深八尺。後相繼各有增飾。隆慶間,知州陳儦創建角樓四。今廢。國朝康熙二十四年,雨,圮。二十七年,知州沈一成捐修。府志。乾隆六年,咨准部覆修葺。司册。

《〔道光〕廣東通志》卷一二八《建置略四·萬州》 宋大觀間築。紹定間,砌以磚石。元攝州事鄭寬擴西北隅至南隅,加石固之。周三百三十二丈,高一丈八尺。啓東、西、南三門。明洪武間,千户劉才復擴之。謹按:《方輿紀要》:萬州治萬安廢縣。《城邑考》:宋紹定間築,廣袤不過半里,歷久傾圮。元時,土酋鄭寬攝州事,因舊址甃砌。洪武七年,始展擴舊城。周四百三十六丈,高二丈,廣一丈五尺。雉堞六百六十,窩鋪一十有二。啓門四:東朝陽,南鎮南,西德化,北拱北。各建敵樓。成化七年,指揮李泰築月城,門外設弔橋。崇正十五年,知州曾光祖復築月城及敵樓三。池周四百九十七丈,郝志。廣二丈五尺。《廣東輿圖》。

《〔道光〕廣東通志》卷一二八《建置略四·崖州》 宋以前皆土城。慶元間,始砌以磚,創雉堞。紹定六年,增擴,自東門至海南道止,周二百四十二丈,高一丈六尺。開東、西、南三門。元元統元年,判官李秘建譙樓。謹按:《方輿紀要》:崖州治寧遠廢縣。《城邑考》:州舊無城,僅以木栅備寇。宋慶元四年,始築土城。紹定六年,甃以磚瓦,周一里餘。元元統初,修葺。明年,甃以磚石。環城爲濠。明洪武間,知州劉斌重甃。十七年,儋州千户李遷復擴,自海南道至今西門止,共周五百一十三丈五尺,高二丈,廣九尺。十八年,千户李興復砌磚石,仍設門二,各建敵樓;雉堞一千一十七,窩鋪二十。城外浚濠,周五百五十七丈,深一丈五尺。千户周崇禮築月城。正統元年,千户陳政、洪瑜建弔橋。成化二十四年,千户王粲築欄馬墻。崇正十四年,知州瞿罕增高三尺。府志。國朝順治十八年,知州梅欽重建東城樓。康熙十一年，知州張擢士繼建南城樓，并濬濠塹。郝志。乾隆二年，題准部覆，動項修葺。司冊。

《〔道光〕廣東通志》卷一二八《建置略四·連州》　有老城，有新城。老城即今内城也，剏築於劉宋元徽間。宋皇祐四年，儂智高之亂，守將竇彤乃恢舊址新之。歷紹興、寶慶之世，凡三增築。按：《方輿紀要》：連州治桂陽廢縣。劉宋元徽中，湘州刺史劉魯宗創築。宋皇祐四年，因舊址增擴。元祐、紹興、寶慶間，皆嘗增擴。宋游烈興《治平修城記》，樓鐇有《開禧修城記》。不録。明洪武二十八年，守禦千户劉俊改舊土城，築以磚石。正德間，知州蔣淑增葺，覆以廊屋，凡三百六十一架。萬曆間，知州時一新再崇城垣，高二丈。《州志》。爲門三：南曰熙平，東北曰熙仁，西北曰熙安。崇正間，知州王立準改城門：南曰迎薰，東曰陽春，西曰澄清。郝志。國朝順治十五年，知州王彦賓修。康熙二十四年，知州安達理修，并重新北門樓。州人莫宏齡《重建連州城樓記畧》：城之北門不設，獨於上建高樓，奉北帝以鎮之。以州城近北一帶無崇山峻嶺，杜北門所以束其氣也。四十三年，又修。雍正十一年，知州陶德燾重修。計内城周五百四十八丈，高二丈三尺，上廣一丈，下廣二丈。城樓三，敵樓三，雉堞二千一百六十，警舖二十七間。州志。乾隆六年，題准部覆修葺。司冊。

外城，劉俊築城時所包砌增築者也，爲門五。後圮。郝志。天順中，副使陳濂尋舊址加土爲城，起翠峯寺東南，抵内城東北隅而止。崇正間，王立準改東隅門爲東勝門，移參將署鎮之。國朝康熙四十年，移防劉炳易以磚石，接内城迎薰門，自西而南，至東北濠止，周五百七十三丈。雉堞一千三十二，礮臺十二，警舖十六。馬路闊五尺。爲正門四：曰朝陽，鎮江，永勝，永安。臨河水門六：曰德政，文教，崇儒，濟川，昇俊，龍津。城垣外設礮臺者三：一在鎮江門外，一在玉皇閣前，一在玉皇閣後。雍正十年，知州陶德燾以外城崩塌，且規制未完，請之制府，籌費重修。十一年，工竣。改鎮江門爲南向，擴正東地十餘丈。填址另築於東北濠，建石堤，城跨其上，與内城環，合六堤，下以通水。添建礮臺一座以護堤。於西門外龍津渡口壘石作磡，高一丈許，以固垣墉。城三面臨湟，東北逵濠潤。州志。陶德燾《連州修築外城碑記》：升北山直視，州城負扆於北山，州治負扆於北山樓。北山樓者，城之北樓也，與正南迎薰相屏蔽。其道臨湟川，曰鎮江，則内外兩城門户也。外城包南半，腹朝南門，夾右迎薰，自西而東，闕其東北一面。蓋濠水據東北上游，當創造之初，工力維艱，意以城所不及障者，池足以限之乎？用是，楗石成堤，築城堤上，而兩城抱合矣。先是，制府來撫粤，刺史上其事。十年秋，制府撥鹽鐵饒平引千九百，下州商售其直，出贏錢三百餘緡。十一年冬，工竣。州民謁刺史，爲文記。刺史採州民之頌於碑。碑文不録。乾隆三十四年，積雨，城傾，知州楊楚枝捐修。州志。嘉慶二十年，總督蔣攸銛奏准以商捐存公銀兩興修，於二十一年八月工竣。司案。

《〔嘉靖〕南雄府志》卷下《城池》　府城僅環府治，宋皇祐壬辰，知州蕭渤闢之。爲門三：東曰春熙，西曰淩江，南曰政平。太常博士知端州丁寶臣記：開寶四年，王師克劉鋹，嶺外始被聖化，距今八十四年。阜安生息，不識戰鬥，東西部四十有五州，惟廣、桂、邕號大府，畧有城池之險，他皆闕如，問有亦庳陋不足爲固。蓋承平日久，四方弛武備，慮遠者欲豫爲之所，而俗好議論，往往以爲生事動民，故所在守長不敢議改作。皇祐四年夏五月，蠻人陷邕管。邕，疆埸也，會帥非其人，斥堠警備不治，賊至城下，殺掠吏民，乘鋭而東，破瀕江九郡，入廣攻城不能拔，引而還邕。時旁近郡悉集境内丁壯爲捍衛，南雄守殿中丞蕭侯渤議乘衆力治舊城而大之。或曰：兵興，民方騷然，又從而倡役，如重困何？侯曰：此豈得已而爲？以賊乘吾無備而來，諸州之所以殘，廣之所以獨完，利害較然，柰何復循覆車之軌乎？乃上其事，擇吏之幹者，軍事推官張處中督之。未幾，有詔城諸州。而南雄之工先稱辦，規模宏偉，又推甲焉。廣袤六千八百六十尺，下厚四十五尺，上殺二之一，崇二十五尺，加女墻六尺。用人之力一百八十萬。直南立正門，冠以麗譙，衛以甕城。東西二門如之，環城縱出，樓櫓相望。凡爲屋大小五十四區，二百六十楹，其他守械稱是。淳熙戊戌，知州李嶸修。嘉定甲戌，劉公亮修。州教授李韶記。丁丑，黄庶重建三門。通判曾準記。庚辰，孫宻修。保昌令傅烈記。甲申，趙汝鑰修。州教授李遇記。紹定癸巳，張友修。元至正丁酉，路總管密吏奢修。推官劉中孚記。乙巳，鎮守指揮王瑛修。改三門爲東、西、南，謂之斗城。增築外郛三百四十丈，崇一丈有奇，厚稱之。池如城之數，深如崇之數。東、南、北三門以小別之。謂之顧城。皇明成化丙戌，巡撫都御史韓雍、屬知府羅俊甃以石。己丑，屬僉事陳貴自小北門至牛軛潭築土城三百餘丈，沿河固以木栅。丙申，斗城西河決，知府璞築石堤禦之。弘治、正德間，流賊嘯聚。三年戊辰，知府珀請於都御史林廷選，奏發帑藏，甃土城以磚。九年甲戌，知府李吉成之增女墻六尺，門其東曰賓暘，謂之新城。郡人李昕記。嘉靖丙戌知府伍箕、甲午何岩修。教諭黄鍌記。己亥，鄭朝輔修。

按：斗城尚矣；顧城雖庳，猶可堅守。新城上無樓櫓，淫潦易傾，外無池隍，衝援可及，且南面濱卯，木栅難固，百夫嘯聚，與無城同，可不慎哉！

始興古今三遷，俱無城。皇明天順間，知縣謝濂築土爲埴。成化乙未，韓都御史雍廓而大之，甃以磚，周三百四十八丈，池稱之，高一丈五尺，厚一丈。東、西，南三門，各有樓。壬寅，知府璞建隍橋串樓。弘治壬戌通判留芳，正德甲戌知縣梁冠修。訓導陳良貴記。嘉靖癸未，河決，知縣高輔築堤禦之。乙未，汪慶舟重修。

《〔道光〕廣東通志》卷一二八《建置略四·南雄州》　州城即府城，本唐湞昌縣治，五代、南漢時改雄州，宋開寶名南雄州。宣和間，易湞昌曰保昌。元爲路，明改府，國朝因之。保昌首縣，附郭。嘉慶十一年，總督吳熊光奏請升嘉應直隸州爲府，改南雄府爲南雄直隸州，裁汰附郭保昌縣，歸併州治。十七年，總督松筠奏請復南雄爲府，仍設保昌一縣。十八年，總督蔣攸銛議奏南雄無庸復府，保昌一縣仍裁。司案署：嘉慶十七年，總督松筠奏稱：南雄州東界江西信豐，北界江西大庾，爲粵東緊要門户，文報往來，地實衝繁，而經通商賈最多。盜匪因之聚集，一遇兵役緝拿，則越境遁逃甚易。又其民俗頑獷，易於抗欠錢糧，現在遵旨查催積欠，惟南雄尤甚，而詞訟案件亦屬紛繁。自改爲直隸州，將保昌縣裁汰，實不足以資治理。必須仍舊設置府縣，始於地方有裨。從前南雄府止轄保昌、始興二縣，自改爲州，止轄始興一縣。查連界韶州府屬六縣，内翁源一縣距韶州府城較遠，應請移翁源一縣歸併管轄。十八年，總督蔣攸銛會同巡撫韓封議奏，前督臣松筠以南雄係江廣通衢，地居扼要，請復爲府，并擬割韶屬翁源一縣歸併管轄。旋據翁源士民赴臣韓封及藩司衙門具呈，以道遠不便，懇免改隸。迨臣蔣攸銛赴任，道經南雄，留心查看該處，自改州已數年，并無貽誤。現在亦無必須改府之處。并據藩、臬兩司暨該管南韶連道覆加勘議，公同悉心查核，南雄實以仍復爲州，毋庸改府爲便。

舊城有二：一曰斗城，斗城外爲顧城。斗城創築於宋皇祐四年，顧城築於元至正乙巳，今皆稱爲老城。周圍廣七百二十七丈，高二丈五尺五寸。爲門五：曰小東門，大南門，小南門，大北門，西門。宋皇祐四年，知州蕭渤修治舊城而大之，爲三門：東曰春熙，今爲鐘樓；西曰凌江，今名武定；南曰鎮平。知端州丁寶臣《修南雄城記略》：開寶四年，王師克劉鋹，嶺外始被聖化。皇祐四年，蠻人陷邕，管旁近郡悉集境内丁壯爲捍衛。南雄守殿中丞蕭侯渤議，乘衆力治舊城而大之，乃上其事，擇吏之幹者推官張處中督之。未幾，有詔城諸州，而南雄工稱先辦。廣袤六千八百六十尺，高二丈五尺，加女墻六尺。直南立正門，冠以麗譙，衛以甕城。東、西二門如之。環城縱出，樓櫓相望，凡爲屋大小五十四區，二百六十楹。其他守械稱是。其後屢有修葺。元至正乙巳，鎮守指揮王璵重修。名舊城曰斗城。於斗城外築土城三百四十丈，高一丈有奇。增建東、南、北三門：北曰拱極；東南以小別之，小東門今名朝陽，小南門今名迎薰。謂之顧城。明成化丙戌，巡撫韓雍檄令知府羅俊甃以石。新城刱築於明成化五年，迄於正德九年。水城刱於嘉靖四十三年。今皆稱爲新城。高與老城同，廣一千一百三十一丈七尺。爲門十一：曰小北門，賓陽門，文明門，正對巽峯。龍蹲閣水門，大馬頭水門，青雲水門，雲衢水門，皇華水門，槐花水門，太平門，小西門。成化己丑，巡撫韓雍命僉事陳貴，自小北門至牛軛潭，築土城三百餘丈，沿河固以木栅。正德中，土賊嘯聚，知府王栢請於都御史林延選，奏發帑甃土城以磚。甲戌，知府李吉增女墻六尺，門其東曰賓暘，東南曰文明，謂之新城。其池廣丈，深如之。郡人李暘有《新城記名》，舊志不載。嘉靖甲子，知府歐陽念倡郡民甃沿河水城，郡人譚尚書《太初甃沿河水城記略》：雄之爲州，自五代南漢乾和始。州之曰南，自宋開寶始。湞、昌二水合流，故附邑曰湞昌。易湞爲保，則自宋宣和始。元爲路，明革路爲府，縣因之。舊城凡三刱：於皇祐壬辰者曰斗城，築於至正乙巳者曰顧城，甃於正德戊辰者曰新城。斗城尚矣。顧城雖卑，猶可堅守。獨新城南面濱河，木栅雖固，百夫嘯聚，與無城同。士民合詞懇於當道，僉曰：修水城便。然時絀舉贏，上下難之。頃因翁源之師分巡兵憲劉公慮其侵軼，民且無恃，乃親臨相度，毅然以爲己任，移檄郡守安福歐陽公念，議既克協，則專屬之郡推桂林張公高，經始於乙丑冬十月，落成於丙寅春三月。東起小梅關，南抵西津橋，長凡五百八十丈，高凡二十有五丈。是役也，沿河居民有力者自辦工料，無力者計産相資，費罔官捐，役匪民妨云云。謹按：新城十門，據舊府志稱皇華門閉塞，故止十門。據《廣東輿圖》有小梅關，無槐花水門及龍蹲閣水門。又云文明、皇華門塞。今據皇華、文明現開行，并龍蹲共十一門。國朝順治八年，内、外二城傾倒，知府鄭龍光修。十四年，大水，斗城、顧城、新城俱陷水，城全圮。知府陸世楷修。陸世楷有記，不録。康熙十五年，内、外城俱圮。至二十四年，郡守黨居易補修。三十四年，知府羅衍嗣開文明門。雍正七年，知縣逯英動帑大修。十一年，知縣朱金山補修。乾隆九年，知縣范溶治動項補修。十三年、十六年，動項修葺。節府縣志署及司册。城濠廣一丈。新城無濠。《大清一統志》。

《〔乾隆〕潮州府志》卷六《城池》　潮州府舊有子城，後宸金山，山北而南繞以濠，東臨大江。外郭以土爲之。宋紹興十四年，知軍州事李廣文乃循濠流舊址甃砌焉。紹定、端平間，知軍州事王元應、許應龍、葉觀，相繼甃築完之，爲門十一。元大德間，總管大中怡里修東城，濱溪一帶謂之隄城。明洪武三年庚戌，指揮俞良輔闢其西南，砌以石，改門爲七，謂之鳳城。城高二丈五尺，基闊二丈二尺，城面一丈五尺，周圍一千七百六十三丈。東距溪曰廣濟門，曰上水門，左有涵洞一，引韓江水入府學泮池，經太平橋，繞海陽縣治，過潮頭橋，透西湖，出三利溪。後爲民居填塞。曰竹木門，曰下水門，南曰南門，前有涵溝通韓江，過城西出三利溪，灌溉附近田疇。西曰安定門，左有水關，引韓江水入下水門，經開元寺，繞小金山，會大街、新街、西街諸溝之水，而出西關；其門原廣五六尺，深亦如之，日久尾閭不洩，暴雨江漲，不便於民。北曰北門。門各有樓，内有兵馬司。東西南北四門今增爲義倉，外羅以月城，城有敵樓四十有四，窩舖六十有七，雉堞二千九百三十二。弘治八年乙卯，大水決城一百六十餘丈，城内行舟，官廨、民房坍塌無算。同知車份築之。嘉靖十三年甲午，知府湯昮重建南門城樓。萬曆二十四年丙申，兵備道王一乾修外城馬路。國朝雍正九年辛亥，知府胡恂、知縣張士璉請帑大修。乾隆二十四年己卯，揭陽分界内西關外砲樓坍二十餘丈，揭陽知縣王壂捐修。初，宋慶元三年，形家謂濠西不利，惑其説者鑿隄爲二闕，取石甃之，決河東流入於溪，地勢東仰西流如故。五年，溪漲隄潰，知軍州事沈杞率民塞之，濠復故流。日久，民漸侵占，填塞過半。開熙元年，知軍州事趙思岃疏闢，水復通三利溪。有水關石橋二所。

《〔道光〕廣東通志》卷一二八《建置略四・嘉應州》 本程鄉縣城，隸潮州府。國朝雍正十一年，總督鄂彌達奏請改程鄉縣爲直隸嘉應州，領興、長、平、鎮四縣，而縣城即爲州城。嘉慶十一年，總督吳熊光奏陞爲嘉應府，復設程鄉附郭首縣。十七年，總督松筠奏請仍復爲嘉應直隸州，程鄉一縣仍歸州治理，於十八年奉准部咨如議。司案署：嘉慶十六年，總督松筠奏：嘉慶十一年，前督臣吳熊光以惠州府連界之嘉應直隸州統屬四縣，議設大員治理，奏請將南雄府缺移設爲嘉應府。緣彼時提督雖駐惠州，因洋氛未靖，常在海面巡緝，難以兼顧。今既專設水師提督，陸路提督駐劄惠州，其嘉應地方實足以資彈壓。且查嘉應府在惠、潮二府腹地，俗崇學校，盜匪尚少，從前設立直隸州歷有年所，并無貽誤。應請將嘉應府復爲直隸州，程鄉一縣仍歸嘉應直隸州治理。宋以前建置無考。皇祐間，儂智高反，始築土城爲捍衛。周四百五十丈，即梅州城也。明洪武二年，省梅州，程鄉縣知縣樊思明自舊縣治遷於州治，即州城爲縣城。原程鄉縣治在梅州城西曾井之東。十八年，以饒隆海之亂，調兵守禦，稍擴大之，拆西城垣，易石爲址，上壘以磚。北倚金山，南臨梅水，周九百八十五丈，高二丈六尺，厚二丈。城門五，皆有樓，樓上置礮十二位。其南曰老南門，樓曰凌風；又南曰文瀾門，樓曰文昌；順治十年，知縣葛三陽議闢此門，未就。康熙十年，知縣王仕雲始闢之，建樓其上，名曰文昌。北曰北門，樓曰鐵漢，以祀劉元城；舊傳城内有元城書院，後人名曰鐵漢祠。廢不可考。明崇正十一年，知縣陳元翼祀元城塑像於北樓，遂以名之。東門、西門舊有樓。康熙十二年，知縣王仕雲重修。二十八年，知縣劉廣聰於文瀾門外建保障梅州閣，以祀水神。雍正十三年，於五門内建堆房五所。乾隆十一年，署知州王者輔於老南門外建含光樓，又建觀瀾樓於樓側。城上四隅敵樓四，窩舖十，雉堞九百一十七。其城濠自東繞北，又轉而西，共五百七十八丈，深一丈餘，闊二丈。州志。南臨河，東北爲濠。《大清一統志》。

《〔道光〕廣東通志》卷一二八《建置略四・南澳廳》 海防同知及鎮守福建閩粵漳潮南澳總兵駐劄所。《管册》。南澳城，明萬曆四年，副總兵晏繼芳建。高二丈二尺，厚五尺，周圍五百丈，廣七尺。皆甃以石。濠深八尺。門四：東曰朝旭；西曰揚盛；南曰金城，因傍金山不開；北曰候潮。十一年，副總兵于嵩修。二十八年，圮。總兵鄭惟藩重修，增建四樓。四十八年，總兵何斌臣重修。改東門曰泰始；西曰綏定；南曰安瀾，仍不開；北曰鎖鑰。明亡，海寇鄭成功黨陳豹、楊金木、杜輝先後踞之。國朝康熙三年，杜輝降，盡遷其民内附，城遂墮。二十三年，臺灣蕩平。二十四年，厦門總兵楊嘉瑞移鎮南澳，先建營房，屯住官兵。三十四年，復就舊址建城，至三十九年九月竣工。高二丈二尺，厚六尺，周圍六百一十九丈。西北三百一十九丈屬閩，東南三百丈屬粵。建門三：北曰觀瀾，西曰望霞，東曰迎紫。南仍不設門。雉堞六百一十四，譙樓門樓六，敵樓窩舖十四。後東南敵樓垜堞傾。乾隆二十五年，同知姜宏正重修。四十七年，颶風壞東門、北門城樓，同知齊翀修。《南澳志》。

廣西

《〔嘉靖〕南寧府志》卷二《地里志・城池》 南寧府城，自宋皇祐間始，經略使狄青征儂智高時所築，未獲地利，尋亦崩頹。後有劉郡守夢神人告以就蛇跡曲折處築之，離故城址數百步，績用果成。歷代修葺，廣闌周圍一千三十步，高一丈九尺。樓五，東門、鎮江門、倉西門、安塞門、迎恩門。兵馬司各一座，年久，樓門並司胥傾塌側廢。嘉靖十六年，兵備僉事鄔閲，檄府衛修葺城樓，重建各門兵馬司，竝立城上巡警舖共二十四間，規制遂備。城之東北隅，有臺突起，同知張貫作亭于上，名曰最高臺。舊有雲錦亭、籌邊樓、梯雲閣，俱廢。上下二濠繞城，有魚利銀兩歲入以供官帑。

宣化縣附府。城内，原有古溝，闊壹丈，深八尺，自四達坊起，旋繞儒學前，至水冲口止。凡城中諸水，由西南流匯于此。溝由水關達下濠，歷欒塘，過官塘，入于大江。遇壅塞，皆鎮撫司督率守五門軍校協力疏通，以免城中淹注之患。

横州舊土城，元至正丙戌夏，州判倪思敬始築磚城。明洪武二十二年，徐指揮復斥大之，周圍方十里一千二百一十步，高二丈，上闊一丈二尺，串樓一千二百一十間。南距大江，東西北有濠，闊一丈二尺，長九百九十五丈，城門有六，東涵春，西肅清，南鎮南，舊名□□，北清遠，東北迎宣，州前月江。俱各有樓。宣德十年指揮范信重修。進士吳□暫記。景泰二年，分巡道僉事蕭鸞、指揮鄧凱增建登高嶺敵樓一座。成化四年，知州謝環重修。見西角城小碑。嘉靖三十一年，本唐通調韓紹奕、指揮張啓元易串樓以垛堞。三十八年，西城圮，知州高士楠復修。

上思州大土城，延袤八百丈，周圍五百八十二丈，高一丈。弘治十八年，遷州江北，州同知曾昺始建，知州羅環繼完之。城有門四，東曰東定，西曰西寧，南曰南□，北曰□北。嘉靖十五年，知州黎磐、陳世瞻因遷學入城，增包數十丈。二十三年，知州周璞拓東南陬百丈門，甃以磚石，上建應樓，扁曰興賢、靖邊、阜民、拱辰。三十五年，署印上石西州知州羅汝涇重修，厚七尺，頂結四尺，高一丈二尺，增設。敵樓五，直各一丈二尺，民甚便之。左江道僉事吳元璧有記。

《〔雍正〕廣西通志》卷三四《城池・南寧府》 府城，宋皇祐間建築。州守劉初夢神告以依蛇形乃可成，翌日見一大烏蛇如龍狀盤繞於地，遂依其形築之。周一千五十步，高一丈九尺。闢五門，有樓，曰東門，曰迎恩，曰鎮江，曰倉西，曰安塞。明萬曆三十年，知府薛藩增開南門，並前共城樓六座。崇禎九年，知府吳紹志增高三尺。國朝雍正二年，知府慕國琠、知縣趙成章；七年，知府黑天池、知縣黃其炳，各捐修。現今城高三丈一尺，厚二丈五尺，周一千五丈。向有門七。其烟花門久已閉塞。今存六門：曰東門，曰南門，曰倉西，曰北門，曰安塞，曰水閘。垛口一千零九十六。池深一丈五尺。城垣濱江，土薄，經歲即多頹塌處。九年，方議修安塞門東，爲水漲所激，傾圮。左江道閻純璽、知府張漢以築城必先固岸，用原恩城土州吏目施敏政規畫興修完固。

《〔雍正〕廣西通志》卷三四《城池・桂林府》 府城在灕江西滸。唐武德中，嶺南撫慰大使李靖築子城，周三十里有八步，高一丈二尺。宋皇祐間，平儂智高後，經略使余靖築，爲六門：南曰寧遠，西曰平秩，曰利正，北曰迎恩，東曰行春，其一即子城東江門。王安石記。乾道間經略使李浩、淳熙間提點刑獄詹儀之、紹熙間經略使朱晞顔相繼修復。元至正十六年，廉訪使額爾吉納始甃以石，謂之新城。危素爲記。明洪武八年，增築南城。九年，塞西埧，開城濠，導陽江經新城西門，外通寧遠橋，分二派，一南注合雉山舊江，一東注經馬王閣後出象鼻山，與灕江合。爲門十二：曰東鎮，曰就日，曰癸水，曰行春，曰東江，曰武勝，曰定西，曰麗澤，曰寶賢，曰西清，曰寧遠，曰安定。歷至國朝，城垣歲久，屢有修葺。雍正二年，巡撫李紱復修築完固。其寶賢、西清二門久經封塞，今止行春、東江、武勝、寧遠、定西、麗澤、安定、東鎮、就日、癸水十門。東城高二丈五尺，南城高三丈，西城高二丈六尺，北城高二丈七尺。垛口一千三百四十。周圍四千六百一十九弓，計一十二里八分。其池東即灕江，西與南環陽江，濶八丈二尺，深一丈五尺。北無池。

《〔雍正〕廣西通志》卷三四《城池・柳州府》 府城，宋元祐間，知柳州畢君卿始建築土城。明洪武二年，指揮蘇銓等拓之，易以磚。東西三里，南北二里，高二丈，周圍七百四十八丈，窩鋪三十五間。爲門五：曰東門，西門，鎮南門，靖南門，北門。城外水環如帶。又有外羅城，起西環北至南，首尾皆際江，長五百九十丈，高一丈四尺。明末圮。國朝康熙五年，守道戴璣、知府劉永清、知縣閻興邦修。內城歲久倒塌。雍正三年，總督孔毓珣捐俸委官監督修築。

《〔雍正〕廣西通志》卷三四《城池・平樂府》 府城東跨鳳凰山嶺，南瞰大江，西北帶樂水。唐武德八年，樂州刺史江齊賢建。後圮。宋治平元年，太守汪齊建。築高二丈一尺，周四百一十六丈。乾道乙酉，太守葛永慶欲鑿州治後山為濠，不果。元初詔天下毀城池。郡累被寇。至正庚寅，監郡圖薩斂民間墻屋磚砌以城之，功未就而去。次年，通守趙士元繼完之。明洪武十三年，知府李誼與守禦所千户劉源等以城隘不足容軍，乃闢廣之，增高三尺，包砌以石。高二丈四尺，周五百四十一丈。環以濠塹。爲門三，有樓，曰安定，曰寧遠，曰鎮夷。冷鋪一十七間。弘治間，知府余玉復鑿城北二塹，外樹排栅。歲久頹壞。正德間，兵備道張宏宜復經修葺，增高三尺，共二丈八尺。城東北山嶺環植以松。嘉靖間，大水，西南隅城外砌磚崩卸，同知周訓修復。萬曆二十八年，知府歐陽東鳳見南門右、北門左馬道城垛逼窄，動支庫銀，督工增高城垛，開馬道四百三十四丈，重建三門城樓。其東城自鐘鼓樓至鳳凰樓一帶，枕於山嶺，馬道、窩鋪俱低下五六尺，難以瞭望城外。三十五年，知府陳啟孫委官於城外取土進城鎮築，加高五尺，用磚包砌完固，長計二百六十丈。國朝康熙六年，總督盧興祖、巡撫金光祖、左布政李迎春、右布政王原膴、按察使李月桂、兵備道胡朝賓、平樂知府王延禴、推官歐陽動生各捐俸，令知縣藍奮興修北門城樓一座、敵樓二座。九年，霪雨彌月，城垣傾頹一十三處，知府楊榮蔭、知縣陳光龍捐資修鳳凰樓後城垣一百一十五丈，西北一帶馬道九處六十餘丈。十年，修南門城樓。五十三年，知縣黃大成修補頽垣數處。五十七年，知府慕國琠捐造南、北、西三門城樓，及修周圍城垣。現今城高三丈，周四百八十七丈，垛口九百五十六。

案：城北濱河地最下，每值連雨，溪漲衝蝕，直逼市廛。明萬曆間，建龍頭磯堤以障之。歲久漸傾，尚須修築，守土之責也。

《〔雍正〕廣西通志》卷三四《城池・恩思府》 府城，明以前在寨城山内，距今城西南八十里，四面倚山，刻削如城，缺處壘石砌補。開四門，門外濠塹。今爲舊城土司城。明正統間，知府岑瑛遷於喬利，壘石爲城，距今城北四十里。嘉靖六年，新建伯王守仁遷建今所。荒田驛，四郊廣衍，江山環拱。高二丈二尺，濶一丈一尺，周圍三百一十二丈，垛口六百八十六。為門三，東鳴鳳，西悦化，南思正。城樓四座，四隅角樓四座。東西兩河至南門交合，儼然濠塹。北倚山麓，無濠池。九土司立丈尺起止界石，遇有頽壞，各依界修理。

《〔雍正〕廣西通志》卷三四《城池・潯州府》 府城在思靈山東，當左右二江之會。舊城踞思靈山半，崎嶇險阨。宋嘉祐間，始改建於平地，立土垣。嘉泰元年，知州周禧、知縣廖德明繼築。元至元庚辰，推官范埜撤而新之。明洪武六年，百户吳勝復廣舊城，周三百七十四丈。十五年，千户陶成西展百餘丈。十九年，知府沈忠復東展數百丈，東西開濠立栅，南北際江。立門六，南二，曰迎恩、寧遠；北二，曰宣武、威武；東拱辰；西安遠。成化三年，知府孫暲因砌以磚，高二丈，濶一丈二尺，樓六座，角樓、懸樓共五座，砲臺、窩舖共二十二。改拱辰門曰潯陽。今城高二丈，濶一丈二尺，周圍一千三百二十丈七尺，垛口一千九百九十五。

《〔雍正〕太平府志》卷一五《營建志・城池》 太平府城垣，明洪武五年，知府趙鑑委千户程良督屯軍築造。土垣高二丈一尺，廣一丈二尺，周圍六百四十二丈。城門有五，東曰長春，南曰鎮安，小西曰安遠，西曰鎮邊，北曰拱辰，各建樓於上。永樂六年七月，江水泛漲，淹塌城垣四百餘丈，千户王宣、通判王俊文督令軍民及行各州縣助修，易之以石。正德十四年，知府鄧炳以軍士調守潯州，難於防守，砌塞安遠門。隆慶五年，水漲，復傾，知府林廷顯補葺。萬曆年間，知府蔡迎恩通行修砌，其各流土與千户所俱有應修定界。工成，扁其南樓爲南薰樓。明末，民散城荒，傾頹大半。國朝順治十六年，始平定，知府遲焞、推官唐敬一及知府馬正午相繼修復。康熙七年四月，復因水漲傾圮四十四丈，知府高不矜捐俸，倡流土各屬修復，又建南樓一座。知縣連起文捐俸修復東樓一座，知縣張京鏜捐俸修復小西門一座，日久復傾。康熙五十八年，知府王濟倡流土各屬捐俸修復。

《〔乾隆〕梧州府志》卷五《建置志・城池》 府城在大雲山麓東北，跨山西，臨桂水，南繞大江。宋開寶六年，砌以磚，爲四門，周二里一百四十步，高一丈五尺。皇祐四年，儂智高叛，城毁。至和二年，展築，周三里二百三十七丈，闢四門。明洪武十二年，復展八百六十丈，爲門五，有樓，東曰正東；西曰西江，又名阜安；北曰大雲；南曰南薰；西南曰德政。覆以串樓一百九十六間，濠環城東西南三面，北因山爲險。正統十年，寇毁。十一年，知府諸忠重修，置刻漏於德政門樓上。景泰三年，復被寇毁。天順七年，大藤峽賊陷城。八年，知府袁衷重修。《蒼梧縣志》云：是年乃置刻漏於德政門樓上，未詳孰是。成化二年，都御史韓雍增高一丈，造串樓五百六十九間，城下設窩舖三十六間，宿守夜軍士。浚濠深三丈，闊一丈五尺，内外皆樹木，栅長三千三百五十丈。四年，作東南北門，甕城，重建五門樓、鐘鼓樓。正德初，都御史陳金重修。萬曆五年，南門樓、鐘鼓樓、串廊復毁，知府李橡重建。八年，知府陸萬垓重建德政門。十三年，知府林喬楠重修串樓五百二十五間。四十六年，南門、西門、德政門大樓復毁，知府陳鑑、石廷舉相繼重修，添設西門、甕城。天啓三年，知縣梁子璠改爲陽城，每城樓環設窩舖八間。崇禎八年，湖南寇熾，知府章金鉉加高城雉。國初，各門樓盡毁，蒼梧守道陳宏業、知府祖澤潤重建。康熙六年，知府黃龍修西南圮墻。二十五年，知府陳天植、知縣尹維旆重建城樓及北望樓。四十八年，城四圍各塌數十丈，知府李世孝修復。雍正十年，德政門城裂，知縣李振宗修。今城高二丈五尺，週圍八百六十丈，垛口一千零七十五，現俱完整。

《〔光緒〕鬱林州志》卷五《輿地略・城池》 宋至道二年，始築州城。案，《元豐九域志》云：開寶七年，廢黨、牢二州入南流縣，隸鬱林州。《文獻通攷》云：鬱林州治南流，是南流縣城即鬱林州城也。逮至道二年，自南流徙治於此，而鬱林始别有城，故舊志謂州故無城云。舊志云：鬱林州舊無城，宋至道二年始築子城，周二里八十步。

淳熙六年，陸川寇變，郡守黄齡增築州外城，旋毁於寇。案，《宋史》：淳熙六年六月辛亥，廣西妖賊李接破鬱林，州守臣李端卿棄城遁，命經畧劉焞討捕之。十月戊申，賊平。舊州志紀事以六月爲五月、十月爲九月，餘與《宋史》合，所謂妖賊李接即陸川寇也。

淳熙七年，郡守施埠重修州子城，蓋串樓三百二十七間，敵樓四，譙樓一。又繕水城，增築甕門。案，宋鬱林州州判廬陵譚景先，淳熙七年重修鬱林州城，記碑云：淳熙六年夏五月庚申，李接起陸川聚黨數百人。癸亥，刼調馬場，攻南那寨，殺都巡檢使，黨與日熾且萬人，僭名號部分僞將相。警報至鬱林，官兵往討，不敵而遁，太守以城不可守，先事退避。壬申，賊襲博白，繼攻陷鬱林。甲申，帥司水軍自雷州至，賊踰城走。乙酉，賊衆長驅趨容，又趨化，兩城堅壁，攻不能克，羽書上聞天子，亟命帥臣節制駐劄，調發軍兵，賊始分黨隊散保山險。秋七月辛巳，節制駐師鬱林。九月壬申，李接始就縛。冬十月己酉朔，班師，計六閱月矣。明年，天子命朝散郎施公埠分銅虎節來守是邦，慰安斯民。其時餘孽尚出没山谷間，烟火蕭然，公延見父老，宣德布政，造諭遠邇，捕逆儔，宥脅從。未踰月，賣劍買牛，咸就畎畒。惟鬱林自至道二年徙治南流，創建城堡，迨今八十有餘年，墉堞頽陷，濠塹湮塞，歲一繕修，不過增卑培薄而已。公鑒往事，具封事於朝，特詔帥臣，計其用度，以施行之。公計材鳩工，輦石運甓，浚深增高，率於脱誤。前，城周二百舊志作里。八十步，高一丈九尺，爲屋三百二十七間，敵樓四，城守之備、應敵之具，皆爲刱治。外城亦加繕理，且增築甕城而新其六門焉。自十月丁未始事，十二月甲子落成。署事推官符昌言、兵馬監押趙節實董其役，受成於公，經理觀督，不愆於素矣。夫鬱林爲州，由嶺以南，亦一都會，南連雷化，至於瓊管，西接廉欽，達於横山，爲海道之蔽翼，桂林之藩籬也。地平廣而無險，水紆迴而不深，况鹽利所在，舟車之會，巨商富賈於此聚居，所賴以固者，城池而已。今郡城既壯，樓櫓既設，器械既具，萬一有盜弄兵於潢池之中如寇接者，又豈輕爲窺矙之謀哉！昔忠獻韓魏公知秦州，夏人抄邊，遂增城勵兵以待賊，迄公去，不敢窺秦之塞。正獻吕申公知定州，地接契丹，嘗有邊患。其初，州城興築且四年，僅一面，公曰：定河之喉襟也，城役其可緩乎？竭力經營，不期年而成。今鬱林遭賊接之所蹂躙，與秦定之爲邊患者何異？公之備禦，不失其宜，亦二公之用心也。故鬱林士大夫皆欲刻之堅珉。景先敬叙本末，使百世之下，尚有攷焉。州城建置之始，惟賴此文得知其實，此碑刻所以足貴也。惜舊志傳寫尚有譌談，而碑刻竟不知所在，姑依舊志附録於此。

元至正三年，州判買木丁復修州子城。

明洪武十四年，桂林衛百户領軍守備鬱林楊遇、劉榮修州城串樓。案，舊志誤脱劉字，據《明史稾》增。今北門甕城外門左墻磚，鐫「洪武七年十一月初三日作用工夫至初九」凡十七字，以下模糊不可識，末又有立字，是明之修治城垣，已在洪武十四年以前也。

十九年，知州鄧文俊、千户費忠創築州之新城，周六百四十丈五尺，蓋串樓六百間，闢四門，東曰迎陽，西曰西鎮，南曰武安，北曰永寧。舊志。案，今門名仍舊。

二十九年，千户姚壽始浚州城濠。天順四年，千户施威修浚州城濠。七年，毁於寇。案，《明史・英宗後紀》：天順四年二月壬子，獞陷梧州。七年十一月癸酉，賊陷梧州。《梧州府志》：天順四年，藤縣民胡趙成造妖搆集大藤峽等山猺賊，攻陷諸縣，殺掠官民。七年，大藤賊陷梧城。《梧志》與《明史》合，攷明鬱林州隷梧州府，舊志稱修浚城濠，復毁於寇，並與陷梧州同時，蓋即一事也。舊志。

成化二年，都御史韓雍委官修築州城、欄馬墻，立瞭望樓十、鼓樓一。案，《明史・韓雍傳》：成化元年十二月，破大藤峽，生擒侯大狗，分兵擊餘黨，鬱林、陽江、洛容、博白，次第皆定。又《陶魯傳》：成化二年，從韓雍征大藤峽，所向奏捷，賊讐之，刼其鬱林故居，焚誥發塋，戕其族黨，是鬱林城遭賊黨殘毁特甚，故須修治。今博白北流志稱縣城亦曾經襄毅重修也。今瞭望樓、鼓樓皆圮，惟四門樓巍然高峙，而南樓尤爲寬廣云。舊志。

嘉靖四十年，知州李一德請發帑金一千兩重修州城，增高七尺，置四門、月城，又增敵樓二十間。萬曆十四年八月，知州江龍請發帑金重修州城。案，州志紀事云，是年大水，知州江龍發穀賑饑民，城蓋因大水重修也。

國朝康熙二十五年，知州賈有福率同城文武官捐俸重修州城樓、窩鋪。乾隆十八年十一月，知州叚汝舟修城垣二十八丈五尺。案，今州判署右城垣，有《記歐樟堡石脚堡民修城碑》。

三十八年六月，雨甚，南流江漲，浸州城，南墻崩數十丈，知州張中煜捐俸銀三百餘兩，檄委博白周羅司巡檢黎壽章監修。四十一年，署知州蔡葵捐俸修州城内四堆、一卡。五十六年，署知州邱桂山捐俸修補城垣一十八丈八尺。

案，今城周五百一十五丈，高一丈九尺，厚九尺，女墻九百零五，城門樓四。以上舊志。

道光十四年，知州王彦和倡捐，各士民共集銀肆萬餘兩，大修州城，基悉甃青石，高丈餘，上始砌磚，修女墻九百五十四，城門樓四，東仍曰迎陽，其三改用今名。西曰西成，南曰南薰，北曰拱辰。郡人蘇宗經撰《重修鬱林州城瑣記》：凡一功之成，莫不記以備考也，况修城乎？其煌煌大文，□花方伯既爲之，而事之瑣屑者，數年内身親之，眼見之，使不爲詳記之，俾後有所據稽，則亦任者之咎也。鬱林舊城，純磚無石，而磚大小不均，内墻之磚，十不存一，外墻亦坍塌甚多，而西北隅爲甚，處處成蹊，轎馬可以往來矣。溯其修葺年代，志於乘者，缺有間焉。今據東門之額，左無，右題「建文二年」五字。其建文二字剗去，畧存其影，此乃永樂篡位，削去建文年號，而天下奉行者也。南門之額，左題「大明永樂元年歲次癸未仲冬吉日誌」十五字，右題「鬱林守禦武畧將軍千户姚壽等建」十四字。西門之額，左題「洪武三十年孟冬吉日」九字，右題「鬱林千户所守禦官姚壽」十字。北門之額則破碎無存矣。自洪武三十年丁丑至永樂元年癸未之冬，七年之久，其間不知如何修葺，而功始成。然則修城豈易事哉！其當日工料所出，考據無由，而父老傳聞，俱説派之各堡。兹於城之正西，得高沙堡修城石碑一塊，高二尺餘，闊一尺，中鐫「北至歐樟堡界南至石脚堡界城墻長二十八丈窩鋪一間乾隆十八年十二月十五日立」三十八字。東北隅石碑一塊，高一尺五寸，闊八寸，中鐫「龍平堡題城墻長八丈至嶺頭堡止窩鋪一間乾隆十八年立」二十四字。其餘城墻之磚，往往各鐫。堡分西南隅，則江陽堡也，正南則羅漢堡與水路塘堡也。自南而東，則永定、茂林、寨塘等里也，餘則塌缺無存矣。四方甕城之子門，皆逆開如風車形，獨南城者不知何時改而西向，舊跡尚存，今改復之。其挹諸山之秀，而迎活水之來，不較西向者而善與？夫斯城也，自宋至道創始以來，中間或大修，或小修，有志所載者，有志所不載者，大抵皆補葺焉耳。此次仗五屬官民捐助之力，不用國帑一錢。普律重新，惟南城正門，因惜其樓，仍舊貫焉，其内墻起脚磚，厚四層。外墻起脚磚，厚六層，俱藏舊露新，昭一色也。其内城東南隅塘邊，甃石堤五十餘丈，外城自南而東，添甃塘邊石堤一百二十餘丈，固基址也。塞庚位之水關，改而丁位，與乙位者並流，利水法也。甃墻之石，高廣每尺錢二百文。大磚每塊錢二十一文。石灰，每拾觔錢一十八文，料不斷價也。甃匠合大小工算，每日每工錢七十文，役不派丁也。經於是役，每事與聞，力薄任艱，不能無愧，而又懼百世之後，欲考無由也，謹爲瑣屑述之，以泐于石。時道光十七年孟夏月立石。

道光二十九年，知州顧諧庚率同城文武捐俸，與州紳民捐助，共銀肆萬貳千叁百餘兩。重修州城，添窩鋪二十三間，礮臺二十一座，週圍馬道，用三合灰砂堅築蓋面。四城門及甕城門悉包裹鐵皮。西南二方，浚掘濠塹，深廣一丈。光緒四年，知州李學恂發罰項銀肆百兩，各團籌捐五百餘兩，修西城墻十二丈四尺，東南十二丈，西北四丈六尺，並西門卡房一間。光緒十四年，知州楊椿發公項銀六百三十兩，各紳民捐助錢貳千零九十貫，修西北隅城墻五丈一尺，正北二丈六尺，西南隅十六丈三尺，東南隅一丈四尺。光緒十七年，知州馮德材捐俸並充公項七百一十貫，修西北外城墻十丈八尺，東南内墻八丈五尺。光緒十八年，知州全文炳捐俸，修城南門左側城墻八丈。

《〔乾隆〕慶遠府志》卷二《建置志·城池》　慶遠府城，自東門至南門，長五十丈五尺，高八尺；南門至西門長二百五十丈二尺，高九尺二一；西門至北門，長二百零一丈五尺，高二丈三尺；北門至東門，長一百四十三丈，高二丈一尺，共計周六百四十五丈二尺。漢築土城，唐天寶元年，刺史吴懷忠易以磚石，周四里五十三步，爲門四，是謂舊城。明洪武二十九年，開設慶遠衛，拓東門外地，築城廣之，計五里五十八步，是謂新城。中通爲一，共周一千二百二十九丈。因宋時黄山谷謫宜州，居舊城小南門，有南樓之厄，民不忍行，塞之。新舊城門六：東曰永安，西曰永定，舊南曰鎮安，新曰武定，舊北曰拱辰，新曰泰和。弘治元年，知府汪溥以北城附江，其險可恃，獨東、西、南三關平曠受敵，傭工鑿濠，深二丈，闊一丈五尺，延袤三千丈，引官坡水注之。正德十四年，祲災，民多殍亡，樓焚城圮，指揮王璿中修之。明季丁亥，土賊覃鳴珂叛亂，多崩毁。國朝康熙十三年，滇變，益頹，新城闃無人居，遂廢。康熙二十三年，知府白啓明捐築舊城，斥東門外新城地六十五丈五尺廣之，仍四門。二十五年，復同副將江楊淮率各屬捐建西北兩門城樓及西門月城，高鋪一十二間，池深二丈，闊四丈五尺，有記，載《藝文》。乾隆十九年，知府李文琰現稟藩司議修。

《〔光緒〕鎮安府志》卷一三《建置志·城池》　舊城在今治西，謹案，《方輿紀要》：在鎮安廳感馱巖。宋設軍民宣撫司，元設鎮安路總管，在今鎮邊縣北一里。宋建，明初移建土城於今地。謹案，今地即宋湅州。明洪武間，岑天保移建。高一丈五尺，厚三尺，周二百四十丈，東西南三門有樓，北倚山爲城。國朝雍正十二年，謹案，韓孝潔、蘇在中碑文均稱雍正十二年。《通志》及舊志稱乾隆二年，誤。知府陳舜明請建石城，高一丈八尺，長二百八十丈。城外東西二水合流於南，爲城濠。乾隆六年，知府韓孝潔督建。十三年，知府沈嘉徵以城多火患，去南門樓，建魁星樓於城東隅。舊志。咸豐三年，署知縣蘇在中修。光緒三年，署知縣袁寶籙，十四年，知縣洪杰俱重修。採訪册。

《（康熙）雲南府志》卷三《建設志・城池》 城創自莊嶠，至唐蒙氏改築爲拓東城。明洪武十五年，重築拓基，周九里三分，高二丈九尺二寸。向南。城共六門，上各有樓，南門曰麗正，樓曰近日，原名向明，總督范承勳易今名；大東門曰咸和，樓曰殷春；小東門曰敷澤，樓曰璧光；北門曰拱辰，樓曰眺京；大西門曰寶成，樓曰拓邊；小西門威遠樓曰康阜。居南門西偏者爲鐘樓。環城有河，可通舟楫。外有重關，跨隘衢市，萬曆庚申，巡按御史潘濬建。本朝順治十七年以來，有頹壞即題請脩，所費悉知監税。康熙二十年，因大兵攻圍，傾圮，奉部文重脩。

《（康熙）嵩明州志》卷三《建設志・城池》 漢築金城，元土官高阿况移治南平陸，無城。明弘治九年，知州黄澄源建築土城。嘉靖六年，叛賊安銓攻毀。七年，題准築城置禦，時以交南兵變，不果。二十九年，聽選大使李大本、舉人楊鈞條議以築城、改河二事上請，報可，復值元江兵阻。隆慶二年，鄉宦楊松年及士民申請，巡撫陳大賓檄知州樂頌築磚城，週三里三分，闢四門，門上有樓，東曰迎嵩，南曰朝宗，西曰翔鳳，北曰拱極。

《（嘉靖）尋甸府志》卷上《城池》 府舊無城，至成化十九年，知府屈伸始築土城，置三門，出省志。狹隘殆甚，居者艱之。正德九年，知府戴鰲增拓之，周遭三里許，建置四門：東曰大有，西曰高岡，南曰清流，北曰鳳梧。去今城北僅半里。嘉靖六年，爲銓賊所破，當道者議移府設所，爲善後計，請于上，可之。嘉靖十一年，都御史顧、御史劉同都布按三司親詣，相度地宜，遂城於此。維時提調於上者按察司僉事劉，督工者本府知府劉秉仁、通判文誠、指揮王章等。其城雉堞高一丈九尺，周遭五百三十丈，垛頭九百一，座垛眼九百一空，皆磚石也。城門樓四座：東曰啓明，西曰寶成，南曰朝宗，北曰拱辰。城舖八座。有言言仡仡之狀，皆鳳梧所官軍守護啓閉，鎖鑰雖屬之所，而查點封號，府實主之也。

按，城以衛民，古制也，然君子猶有不顓恃於此者，何哉？蓋天時不如地利，地利不如人和。欲得人和，惟在發政施仁而已，故《詩》曰：懷德維寧，宗子維城。《傳》曰：在德不在險。此之謂也。況尋城既破於姦夷，而後車當戒乎前轍，有干城之寄者，毋徒曰新城有金湯之固也。

《（道光）廣南府志》卷一《城池》 廣南府城在平闊坡上，寶寧縣附郭。舊有城，久廢。明洪武十九年，建排栅，周四里，西南設二門。本朝雍正十年，巡撫張允隨委員估勘，建築磚城，周四里四分七釐六毫七絲，計八百零五丈八尺，高一丈六尺八寸，設垛口共一千六百零三，砲臺八座，東西南北四門，各設城樓。另設小南門，便民取水出入。城依山，無池。乾隆三年，知府陳克復、知縣古肇新領欵重修。十四年，署知府方廷英、知縣馬珩聲捐修。三十年知縣方天葆，四十六年知府單先國、知縣劉大鼎各捐修一次。道光十三年，地震坍塌。二十二年，知府施道生、知縣沈炳倡捐，率士民重修。

《（乾隆）廣西府志》卷六《城池》 府城，舊爲矣邦、生納二村，土官掌之。明成化十四年，改土設流，知府賀勳始築土城，尋圮。隆慶五年，知府戴時雍請易以磚石，周圍七百二十四丈，高一丈八尺，基廣一丈五尺，闢四門，建四城樓。明季爲沙定洲賊目李童索焚燬殆盡。僞嘗撥舊石壘砌垛口，建立城樓，然皆苟且之具，不可爲保障計。國朝康熙元年，知府萬裕祚捐七百金，所屬三州各捐六百金，自康熙五年起至六年止，計修築城垣砲樓周九百一十二丈，垛口一千二百零一，加高五尺。攔馬垛口、海磯背城，悉用磚石，重修四城樓。康熙二十四年，奉旨修城，知府高起龍捐俸修補完固，申報在案。康熙三十一年八月初二日，地震日久，城垣、城樓悉皆倒塌，通報在案。至康熙五十九年，知府周埰捐修東、西、南三城樓。乾隆元年，因設京局，題請發帑重修四樓，重增加背石，垛口四周完固。

《（光緒）順寧府志》卷八《建置志・城池》 順寧府城，順寧縣附郭。舊《雲南通志》：舊爲土府，有土城，在鳳山東南。至明，改土設流。萬曆二十八年，知府余懋學改築甎城，就鳳山爲高下，周五里八分，高三丈。《古今圖書集成》：周七百二十丈，高二丈一尺。設四門：東曰朝天，南曰慶雲，西曰永定，北曰隆昌。《順寧府志》：各有樓，止開三門，西閉不開，以固風脈。舊志：康熙三年，知府米璁建四城樓。府志：二十五年，南樓圮，知府郎廷極修。三十年，東西二樓茇，知府徐欐修。三十八年，北樓頹，知府董永茇修。舊志：雍正二年，知府范溥重修。府志：乾隆二十六年，知府劉埥請帑大修，周七百一十七丈三尺，高一丈五尺五寸，無池。順寧縣採訪：嘉慶六年，東樓傾圮，署知府張大鼎修。十四年，坍塌，署知府劉彰寬、知縣麟瑞捐廉重修。道光五年，久雨積潦，石洞傾陷，墻垣坍塌，知縣金澂借支養廉修葺，按年攤扣。採訪：咸豐七年丁巳，兵燹，東南北三城樓暨城垣皆多毀壞坍塌。光緒五年，知縣鄧瑶任内，(飾)〔飭〕地方籌欵重修。二十年，知府党吉新、知縣曹衍瀚任内，三城樓又復朽壞，復再飭地方籌欵重修。

《(康熙)永昌府志》卷七《城池》　永昌府城，西枕太保山。唐天寶二年，蒙氏皮羅閣創築土城。元至元十五年，都元帥段阿慶重築焉。明洪武十五年，指揮王真因舊基而重修之。十六年六月，爲逆酋思可所圮。十八年，雲南前衛指揮李觀守永昌，復因故址築之，甃以磚石，且于太保山頂爲子城，設兵以守。今俗呼爲寨子山者是。二十八年，指揮胡淵闢西城而廣之，羅太保山于内，倣金陵城包鍾山之制，東南北三隅，高二丈二尺，西城省三之一。嘉靖二十八年，副使韓廷偉檄同知戴希灝、指揮趙明臣、千户張軒增築西城，視舊高五尺許，周一十三里一十四步，凡八門：東曰昇陽，南曰鎮南，曰龍泉，西曰安定，曰永鎮，永安二門，俱在山上，雖設不開。北曰仁壽，曰通華，曰拱北。鎮南、拱北二門外，復爲子城，旁闢二小門，各門上皆有樓，高三丈有奇，周循爲角樓四、砲樓一、鐘樓鼓樓各一。城鋪六十有四。以上□樓舊治皆全廢。東南北之濠，各深五尺，廣二尺有奇，南濠即易羅池之滙流也。各門之外俱跨以橋，久而沙壅。嘉靖二十八年，指揮曹宗岱重鑿而深之。萬曆二十八年，知府華存禮又重濬修之。西即山塹以爲池焉。

《(乾隆)騰越州志》卷四《城署志·城池》　州城，故騰衝司城也。永樂九年，置守禦千户所，有土城。正統三年夏六月，爲思任發襲據之，沐昂統兵恢復，隨失。七年，尚書王驥征麓川復之。十年三月，升守禦所爲騰衝軍民指揮使司，議建石城，侍郎楊甯、侯璡相繼監督，率南征將士萬五千五，都指揮李昇爲首。築石城始於正統十年冬，落成於十三年春，時以爲極邊第一城。城形方整，周圍七里三分里之一，厚一丈八尺，高二丈五尺，甃以石。四門各闊丈四尺，高二丈六尺，深七丈，廣十二丈。門各有樓，各高四丈有奇，廣六丈四尺，重簷三滴，面三間，轉五垣二十八楹。城墉四面連雉，有閣樓，有守門。每門十三間，門扇包以鐵：東曰霑化，西曰永安，南曰靖邊，北曰溥潤。四門皆令守兵支更。工竣，侯璡記之碑，名新築騰衝司城，碑文曰：　仰惟皇上，纘承列聖，嗣登寶位，四彝八荒，莫不梯山航海，稽顙稱臣，述職納貢。《書》曰「萬邦黎獻，共惟帝臣」，《易》曰「聖人作而萬物覩」，正兹時也。越五載，麓川酋首思任偵邊守緩馭，遂肆倔彊，戢沓犬豕，侵軼疆埸，蹂躪氓彝。雲南守臣以聞，上乃勅廷臣曰：　蠻彝禽獸，不可以中國道理處，自古但羈縻而已。復申命守臣謹封域，戒斥堠，嚴備守，需招徠，俾賊去逆効順，轉禍爲福，仍守彼土，庶全草木命。實皇上好生之德，同天地之涵育，不忍加兵蠻彝者。誠以兵凶戰危，一壓境壤，脅從罔追，殃及無辜也。蠢兹思任，負固恃險，執迷頑梗，愈作跳梁，蟻聚蜂屯，乃掩我南甸，乃突我干崖，乃犯我騰衝，叛釁弗庭。適守帥孩以事聞，上軫念邊民，悉吾赤子，遘賊荼毒，匪加兵殛之，得以猖獗，獷猂不可拊也。不得已出師，命兵部尚書王驥行便宜事，總督戎務。定西伯蔣貴充總兵，簡偏裨，統虎賁、羽林、驍騎，各鎮士馬十有五萬徂征之。分路並進，窮擣賊巢，設奇制蠻，鼓譟齊鳴，士氣賈勇，左右夾攻，斬殺賊孽，噍類無遺。賊既敗衄，惟子思機狼狽夜潛，遁匿孟養。時正統辛酉十有二月十三日也。凱旋獻捷，朝廷嘉之，凡同征將士，陞賚有差。迨壬戌七月，上以麓賊平，諗無西顧矣，但雲南遐荒，去京萬里，百蠻雜處，叛服不常。自昔雖有武臣鎮臨，特乏文臣以佐耳，乃勅兵部左侍郎侯璡、刑部右侍郎楊甯迭更參贊戎務，用靖邊彝。時兵部尚書靖遠伯王公復總軍旅，仍行便宜事，節制雲南諸司，偕前總兵都督沐昂，同璡洎雲南方面官，僉謂騰衝去鎮二十有二程，山川限隔，險阨懸絶，彝獠環處，甲于西陲，實諸彝出入要害地。舊有千户兵防禦，力不支，而賊竊襲。今復其地，苟非鎮静，曷克慴遠彝、固疆圉、垂永久哉？乃請於上，可其奏，改立騰衝軍民指揮使司，調都指揮李昇控守以兵。乙丑十月，秋官楊公代璡參戎務，奉勅偕總兵鎮守官黔國公沐斌等，帥雲南將士萬五千築城故址，乃勅度地理民數，教士卒築方城，周匝七里三分。匪帴匪博，容民居也；前昂後偃，因形勝也；可規可萬，便守戍也。丙寅十月，璡再奉勅，統兵五千，用砌城垣。然兵燹草創，甎料艱就，乃與都指揮李昇教將士鑿石城西。山距七里，去地盈尺，得石堅美，用工寡，成就多，殆非人力强作，實天道保民默造耳。第匠作未備，工促三月，甕券四門，臺高二丈五尺，洞闊丈四尺，高丈六尺，邃七尺，廣十二丈，與城稱。越明年丁卯，總兵官黔國公沐斌、鎮守左監丞郝寧、參將都督僉事方瑛，偕璡奉勅，統兵萬五千駐操騰衝，振敭威武。復調木邦、緬甸、干崖、隴川、芒市、灣甸、鎮康彝兵，涉金沙江，進孟養，令伐賊。於時率領士卒，雲南都司指揮李昇、李友、李福、楊濬，司韶給足軍餉，布政司左布政賈詮、按察司副使鄭顒、僉事張清因選暇日，復督將士修城垣，鑿伊域，町屯田。斯役也，總帥諸公綜其事，方面諸官董其務，將士工師力其役。值天日冬霽，瘴候頓弭，人心協和，樂趨事工，罔覺倦苦，建城門樓四座，高四丈有奇，廣六丈四尺，重簷三滴三間，轉五亘三十八楹，剫用材木梗楠豫章，悉域此三十里，皆矗直精緻。城墉四面，連雉高二丈五尺，復劚西山古石包城。經營是歲庚戌月己酉日，落成戊辰年甲寅月甲午日。然而樓櫓芩麗，懾蠻狄之觀瞻；城池高深，保軍民之無虞，誠足壯封疆士旅之氣，劁彝醜窺覘之心矣。既而賊子就擒，邊氛靖息，民庶安堵，班師振旅，留兵戍守，將告厥功，咸謂予宜述大概始末，命工鏤石以紀歲月云。是碑文詞高古，備録之，以紀一時從事諸人姓名，示不忘也。當日取西山之石堅美，迨今四百年，雖小頽陊，隨時補修。康熙五年，知州王律補修。乾隆四十九年，知州朱錦昌重修。城壕池也，自建城時即有之，弘治五年曾疏濬。嘉靖二十九年，兵備道郭春震塹四圍，各闊二丈，深丈餘，其東南西則䃮石以通山泉，功未竟。舊志，水道自羅漢冲流經滿金邑，見有舊埂。議者謂此堤改築於古靈祠邊，可引泉注濠，時委府經歷方德卿等輕視重務，惜未底績。康熙五年，州牧王律重修，亦未訖工，有濠無水，則地脉不貫。又有《徐霞客遊記》云：州進士陳懿典《文昌閣記》内載，嘉靖壬子，城外週鑿濠隍，至正南迤東，竄地丈許，有絡石，工役斲截之，其石纍纍如脊骨，穿地而來，乃秀峰之正脉也。來鳳山之脉，東自黄坡矣比二坡，二坡之西皆平塢，而南抵羅生，脉從田塍中西度，土人不知，分濬羅漢冲水，一支北流入飲馬河而抵於城東。是此脉一傷於分流，再鑿於疏隍，升虚望楚者所當留心也。

北城水門。北門地勢窪下，舊穿城竄石作洞，引水注濠，值淫雨水漲，反從石竇灌入，通衢病潦。有州民鄭永生，彷閘式置水門，叠石爲溝，陰伏濠下，疏内泉遠洩，曰：澮閣濠與水門兩不相值，涸可立待云。按，今時水門依然，壕下之溝已莫可尋。四十二年，知州吴楷曾與州判甘士穀相度疏達，而故溝已莫可考矣。

南門月城。兵備鄒光祚以騰越南關居民倍於城中，議築外城，委提舉楊震量地計費，工將興，光祚爲文以告於神曰：曩聞麓川之亂，兵燹甚酷，賴天子命大司馬王公驥蕩平之，復命少司馬楊公寗、侯公琎經畧其地，遂創城垣，以保障邊鄙，屹然爲西南重鎮矣。然治平既久，生齒日繁，棟比千家，散居城外，使無外城以爲藩蔽，則卒然有警，何以待之？豈惟一方足虞，固全滇安危所繫也。光祚奉命整飭斯土，按節越甸，徘徊瞻顧，殊切隱憂，詢於士民耆老，咨於藩臯寅僚，僉曰：是役不可以已。乃與羣吏慮事量功，畧基飾器，揣厚薄，議財用，以聞於兩臺，咸辱嘉允。謹揆日經始，虔告於神，曲鑒中情，默加贊佑，俾經之營之，疫癘無作，實墉實壑，藩屏速成，庶上衛國家，下庇黎庶，而吏民亦得奠安。時隆慶二年也。旋以經費不敷，州衛重難其役，其議遂寢。明年夏，築月城於南門，高一丈六尺，廣三十二丈，厚一丈三尺，深與厚均。東西二券門，高一丈一尺。後壞，乾隆三十六年重修。

《〔康熙〕大理府志》卷六《城池》 大理府城，一名紫城，明洪武十五年，大理衛指揮使周能築。明年，都督馮誠率指揮使鄭祥廣而闊之。今城每方三里，高二丈五尺，厚二丈。磚表石裏，上置敵臺十五座，鋪三十九所，池闊四丈，深八尺。城内馳道闊二丈五尺。四門各有樓，東曰通海，南曰承恩，西曰蒼山，北曰安遠。四隅爲角樓，東北曰潁川，東南曰西平，西南曰孔明，西北曰長卿。南隅增一樓，曰懷姚，祀五賢，志不忘也，今廢。本朝康熙初年，提督張國柱、知府萬邦和重修，將垛口併三爲二。康熙三十一年，提督諾穆圖捐貲，併太和縣知縣張泰交撤四門樓新之，改東門通海樓曰永清，西門蒼山樓曰永鎮，題皷樓曰五華。五華遺址不可考，姑存其名云。

《〔咸豐〕鄧川州志》卷六《建置志・城池》 鄧川州城遷徙者屢矣。蒙、段氏無足論，自元代入版圖，設鄧川州治於中所。明洪武十七年，遷玉泉鄉。成化間，圮於潦，乃遷象山麓。隆慶間，知州周公文化築之，旋没於沙，知州鍾公大章遷於來鳳岡，無城。天啓間，徐公保泰遷於德源城，無水。崇禎十四年，敖公浤貞遷鄧川驛，埏城以土，背繞山半。國朝因之。乾隆二十八年，知州汪公斌截去繞山者，甃址以石，墻以磚，周三里七分，高一丈五尺，厚五尺。東門曰德源，西曰景徽，北曰觀化，南曰敷澤。城樓東匾曰玉案回環，西曰文明啓始，北曰江煙映日，南曰龍關擁翠。然已坍塌，不能修。又南門外，借西溪水轉東折北爲池，水挾沙至，溪底昻於麗譙矣。

論曰：築城鑿池，慎固封守之道也。昔異牟尋擊吐蕃，謂鄧當寇衝，峭山深塹，以爲之備。今則承平日久，守險不事，即向之所謂嬰堞帶涘者，亦聽其荒頽剥落焉。無他，數易則制儉，數勞則力疲，要皆陽侯之厲爲之也。竊嘗陟巘降原，求一可以經久之地而不得。無已，其大邑士登間乎，枕山帶海，形勢頗稱，兼無四山積潦之虞，姑記之，以質諸後來。若世傳大澗水入蓮花池，州基復舊之説，殆難遽信。

《〔宣統〕楚雄縣志》卷三《建置志・城池》 縣城即郡城之附，舊志云：晉爨蠻始築城，至雜蠻爲峨碌瞼。唐南詔蒙氏築楚州城。宋大理段氏築德江城。元至元十五年，立富民、净樂二縣。明洪武十八年，征蠻衛都督袁義以舊楚城南山高峻近郭，恐資敵，因繪圖上奏。御筆一抹，適當其巔，遂遷今地，築甎城。周七里有奇，高二丈五尺，厚一丈，深池一丈，設六門樓，費取公家，五年始成。後漸圮。隆慶二年，分巡道任惟鈞重修。萬曆二十八年，兵備道孟醇增修。崇禎五年，同知竇敬禹委百户姜興周重修，增高二尺。十七年甲申，武定土酋吾必奎叛，乙酉陷楚城，踞十八日，爲金滄道副使楊畏知克復。丙戌、丁亥間，阿遠土酋沙定洲叛，圍攻數次，城外焚燬。時畏知率指揮游擊王承憲、訓導郭崶、舉人杜天禎、沅江土官那簽調度戰守，士民以死協力，城賴以全，因建敵臺十五座。至國朝康熙五年，總鎮馬甯、知府史先鑑重修。十九年八月十九日，地大震，傾圮。二十二年，總鎮牛鳳翔、知府牛奂隨時請欵重建。雍正四年，知府李玉鋐堅土築之，上覆以甎。八年，知府儲之盤、知縣方廷英重修。乾隆五年，坍塌過半，知府張鈞、知縣趙屏晉請帑督修。二十五年，巡撫劉秉恬請帑，檄知縣張斯泉修。三十七年，大水淹頹。三十九年甲午，知縣杜鈞請帑監造。高二丈，周七里一百零八步，共垛口二千四百四十四齒，增礮臺三座，共十八座。建六門重樓：東曰山平，南曰廣運，西曰德勝，北曰勇鎮，東南曰德化，西南曰仁福。東、西、北三門皆建月城。嘉慶十年，墻坦毁，知縣何懷道捐修，並建東、西、北三門城樓。十二年，東城崩，知府于德裕、知縣何懷道捐修。十五年，知縣林樹恒修北門樓。十七年，知縣彭永思修南城樓。二十年，知縣張廷獻修東南門城樓。道光以來，恒有傾倒五六丈、十數丈不等，地方官紳百姓隨時出力完繕。咸豐十年庚申，逆回馬如龍寇楚，四月二十二日，以地砲轟塌西北角城甎八九丈，賊遂踞之，樓閣拆毁，池亦填平。後爲西逆跕踞，經李軍門維述恢復三次，墻堞樓閣崩倒無算，僅修東、西、北三門城樓。後以屢議修建，庫欵支絀，惟屢廹鄉民胼胝之勞，門砌而已。

《〔康熙〕鶴慶府志》卷七《城池》 舊城。一名龜城。鶴慶古屬要荒，漢稱靡莫，歷唐及元，或詔土人謂王爲詔。或路，南人多稱某路總管。沿革靡常。宋段氏時，高崑築城，形如龜。元末傾圮。至明洪武初，始設府治，統以土酋，守以禦所。洪武十五年，大理指揮脱列伯守禦，恢廓舊趾。然卑隘，僅容戎伍。正統間，易以文職。然郡而未城，非大觀也。嘉靖庚子，知府周集改築新城。

新城。府治原設舊城外，非制也。嘉靖十九年，知府周集請於朝，乃於嘉靖二十四年正月鳩工，創築新城。以舊禦城爲北重關焉，凡四年而城成。週圍東三百一十四丈，南六十丈四尺有奇，西增三百一十五丈，北續如之，增廣三十五丈。計五里五分，高二丈二尺，厚二丈。南門月城一座，週圍八十丈，高一丈四尺，厚九尺二寸。北門月城即舊城也。爲門四：南曰威遠，門樓曰來薰；北曰鎮遠，門樓曰拱極；東曰迎旭，門樓曰啓陽；西曰望庚門。本朝康熙二十九年，總兵林葵、知府盧宗義、通判僉應璧重捐修。

貴州

《〔道光〕貴陽府志》卷三四《城郭圖記》 貴陽府城，即元順元城也。順元舊設土城，東、西、南三面與今城同，北面僅至今鐘鼓樓。在大街王家巷口。白圭《鐘鼓樓記》云「鐘鼓樓爲順元北門城樓」，是也。明初爲宣慰司城。洪武十五年，《方輿紀要》作五年者，誤。都指揮馬煜廣其北面，依山麓爲址，即今北城。又改土城爲石城。周九里七分，高二丈二尺。門五：東曰昭文，南曰迎恩，西南曰廣濟，西曰振武，北曰布德。水關二，西南臨南明河，東北有池。天啓六年，總督張鶴鳴、巡撫王瑊，於北門外增砌外城六百餘丈，設威清、六廣、紅邊、小東四門。丁亥年，孫可望毁外城。順治十六年，總督趙廷臣、巡撫卞三元重修内城，增高三尺。十一年，總督甘文焜復修外城。雍正四年巡撫何世璂，十年巡撫張廣泗、元展成，前後修葺。見乾隆《通志》。乾隆六年，總督張廣泗請帑改建外城爲石城，城身高二丈，頂厚八尺，底厚一丈，垛口七百九十六。四十六年，補修内城東隅三尺。五十三年，補修内城西隅七尺。嘉慶九年，動項補修南門城垛口九丈。十九年，動項補修西門城身垛口二十餘丈。二十四年，地震，東城裂者四十餘丈，皆補修焉。道光元年、二年，補修南隅九丈。三年，補修外城新東、六廣、紅邊等門，湊合十餘丈。十一年，南隅爲水所圮者十餘丈；二十年，西北隅自圮者數處，皆報部補修。今履城垣而計之，内城自北門東行至北水門，約長三十六丈，有垛三十五。自北水門東至東北隅砲臺，約長百三十七丈，垛百四十七，砲臺一。自東北隅南至東門，約長百二十丈，垛百三十。東門月城約長二十八丈，垛二十四。自東門南至南門，約長二百二十丈，垛二百三十六。南門月城約長三十六丈，垛三十七。自南門西至南水門，約長百七十七丈，垛百九十八。自南水門西北至次南門，約長九十九丈，砲臺一，垛百有六。次南門月城約長三十一丈，砲臺一，垛三十七。自次南門北至西門，約長百七十六丈，垛百七十九。西門月城約長三十七丈，砲臺四，垛六十三。自西城西北行至西北隅砲臺，約長百五十六丈，砲臺三，垛百七十四。自西北隅東至北門，長百三丈，垛百十二。北門月城長三十三丈，垛三十三。内城門五，水門二，月城五。正城長千二百三十四丈，砲臺五，垛千三百二十五。月城長百二十六丈，砲臺五，垛百九十四。外城自東北隅砲臺西北至小水門，長七十八丈，垛八十五。自小水門西北至新東門，長六十四丈，垛六十四。自新東門西北至洪邊門，長百五十丈，垛百六十。自洪邊門西北至雙水門，長四十二丈，垛五十一。自雙水門西二十四丈至六廣門，垛二十二。自六廣門西南至威清門，長二百三十三丈，垛二百三十五。威清門月城長二十六丈，垛二十四。東傳於內城西北砲臺，長百六十四丈，垛百五十五。外城門四，水門二，月城一。正城約長七百五十六丈，有垛七百七十。有二月城，約長二十六丈，有垛二十有四。

其市廛，內外二城各分爲四保。內城曰東南，曰西南，曰東北，曰西北。外城曰東南，曰西南，曰東北，曰西北。內城東南保東至城南，至南門及大街，與西南保接；西至大街與西南保接；北至三浪坡、二浪坡、頭浪坡，與東北保接。西南保東至大街，東南至南門，皆與東南保接；南及西皆至城北，至五顯廟巷、花牌坊、尊德橋、興隆街，與西北保接。東北保東至城南，至頭浪坡、二浪坡、三浪坡，與東南保接；西至大街，與西北保接；北至城，逾城與外城東南保接。西北保東至大街，與東北保接；南至興隆街、尊德橋、花牌坊、五顯廟巷，與西南保接；西至城北至城，逾城與外城西南保接。

外城東南保，東至內城墻，南至內城北墻，逾城與內城東北保接；西南至內城北門月城，西至廣東街與外城西南保接；北至鮮魚巷，與外城東北保接。外城西南保，東至廣東街，與外城東南保接；東南至北門月城，南至內城北墻，逾城與內城西北保接；西至城北，至普定街，與外城西北保接。外城東北保，東至城南，至鮮魚巷，與外城東南保接；西至南京街，與外城西北保接；北至城。外城西南保，東至南京街，與外城東北保接；南至普定街，與外城西南保接；西及北皆至城。

內城街巷之在各保界者有七：曰大街，起自北門南，過北門橋，又南至大十字。其東爲東北保，西爲西北保；街之左有螺螄灣巷口，車家巷口，東嶽廟，顏家巷口，王家巷口，大撫坊口，銕局巷口，新街口，黑羊井口，三浪坡口；街之右有真武廟，沙井坎口，太平橋巷口，興隆街口。又東行，屈而東南達南門，爲東南、西南二保界，左有大興寺，壽佛寺，忠烈廟，獨獅子口，糧道巷口，常平倉、學政署二府巷口，順城街口；右有貫珠橋口，府巷口，都司橋口，天后宮，大馬槽口，吉祥寺，雙土地巷口。曰頭浪坡街，自東門西至東門小十字接二浪坡，街之左有文昌宮，雙槐樹巷口；右有浙江會館，蔡家坊口。曰二浪坡，自東小十字西至小十字，接三浪坡，街之右有洙泗巷口，金井街口；左有福德街口。曰三浪坡，自小十字西至大十字達大街，街之右有大道觀，左有三板橋巷口。此三街，其北爲東北保，南爲東南保。曰五顯廟街，自西門東行，屈而南，東接花牌坊，街之左有沙子城巷口，構皮灣口；街之右有華光廟，田家巷口。曰花牌坊，西接五顯廟街，東接遵德橋街，街之左有按察司署，道水槽口，按察照磨署，布政庫大使署，獅子橋巷口；右有轎夫巷口，府後街口。曰遵德橋街，西接花牌坊，東行過遵德橋，西至大十字達大街，街之左有玉河街口，貢院。三街之北爲西北保，南爲西南保。

東南保之街巷凡十九：曰順城街，南起大街南門口，北接雙槐樹街，街之左有倉後街口，大田壩橫巷口，大田壩巷口，正習書院，火藥局巷口，林家巷口；街之右有觀音菴，華光廟，指月堂巷口。曰雙槐樹街，北行至東門小十字，達頭浪坡、二浪坡，街之左有偏巖井巷口；右有殷家巷口，尚家巷口。曰倉後街，自順城街北行，接福德街，左有二府巷口，冬生局，狀元巷口；右有大田壩南巷口，中巷口，北巷口，大井坎口，新關帝廟。曰程德街，南接倉後街，北至小十字達二浪坡、三浪坡，街之左有茴香坡口；右有火藥局巷口，蘇家巷口，白沙巷口。曰獨獅子巷，自大街達糧道巷口，糧道巷自大街屈曲而東，北接茴香坡，左有獨獅子口，三板橋口；右有糧道署。曰茴香坡，西接糧道巷，東南達福德街。曰二府巷，自大街北東行，屈而東，達倉後街，左有大公館。曰三板橋，自糧道巷、茴香坡達三浪坡，右有皂角井。曰狀元巷，自倉後街西行而止。曰大田壩，自倉後街東北行，分一支巷西行，復至倉後街。正巷又東行，分一支巷東行。正巷南行，又分一支巷西達倉後街。正巷東行，又分一支巷東南達順城街。正巷東北達順城街，正巷之左有大井坎口。曰大井坎，自倉後街東行，分一支巷北達火藥局巷；正巷東行，又分二支巷，一北行達火藥局巷，一東行正巷，南行達大田壩之左有文昌宮，右有大井。曰火藥局巷，自福德街東行，達順城街，街之左有南華宮，炎帝宮；右有大井坎西巷口，大井坎中巷口。曰蘇家巷，自福德街東行而止。曰白沙井巷，自福德街東行，西接偏巖井。曰偏巖井巷，西接白沙井巷，東達雙槐樹街。曰林家巷，自順城街、雙槐樹西行而止。曰指月堂街，自順城街東行至城東墻，左有娘娘廟，指月堂。曰殷家巷，自雙槐樹街東行而止。曰尚家巷，自雙槐樹東行而止。

西南北街巷凡十七：曰貫珠橋，東起大街，西過貫珠橋，又西北達遵德橋街十字口，巷之左有育嬰堂。曰府巷口，起自大街，東過府橋達府前街，當街有文昌閣在府橋上，左有小河坎口；右有貴陽知府署府，經歷署，按察司獄署。曰都司橋街，起自大街東，過都司橋接衛坡，街之左有藥王宮巷口，小井坎巷口，大馬槽巷口；右有小河坎口，皇華驛，貴築知縣署，貴築典史署，貴陽營守備署。曰衛坡，西接都司橋，東至次南門，左有準提菴，珠石巷口；右有府前街口，府後街口。曰大馬槽巷，起自大街，東行過六硐橋，西北至貴陽營東轅門，又西過貴陽營南屈，而北達都司橋街，巷之左有潮音寺，永祥寺，雙土地巷口；右有藥王廟巷口。六硐橋西巷之左有珠石巷，右有貴陽營天駟宮。曰雙土地巷，起自大街，南行屈而西，又西北至六硐橋，達大馬槽，巷之右有華嚴巷口，黔明寺，三聖宮。曰小河坎，起府巷，屈曲而南達都司橋。曰藥王宮巷，起自都司橋，南至六硐橋，達大馬槽巷，右有藥王宮。曰小井坎，起自都司橋街，南達大馬槽巷。曰府前街，起自衛坡，北行屈而西，達府後街；街之右有府巷口。曰珠石巷，起自衛坡，屈曲而東南，達大馬槽巷。曰華嚴巷，起自雙土地巷，西行而止，巷之右有華嚴寺。曰府後街，起自花牌坊，南達衛坡，街之左有府前街口，觀音菴；右有田家巷口。曰田家巷，起自五顯廟，東南達府後街。

西北保街巷凡十一：曰沙井坎巷，自大街西行，屈而西南，接玉河街，巷之左有牛頭井，龍井巷口；右有撫標中軍署，沙子坡口。曰玉河街，北接沙井坎，南過盤橋，達花牌坊，左有太平橋，布政司署；右有小井坎口，悦來巷口，獅子橋横巷口。曰太平橋巷，自大街西行，歧爲二巷，其西巷，西行至太平橋，達玉帶河橋，接龍井巷；西巷之左有翠屏山，勾家井；北巷之右有江西會館。曰龍井巷，自沙井坎西南至玉帶橋，接太平橋北，巷右有龍王廟，龍井。曰沙子坡巷，自沙井坎西行，屈曲而南至西門，達五顯廟街，左有小井坎口，崔家坡口，構皮灣口；右有飛山廟，蕭曹廟，在飛山廟後。左營守備署。曰悦來巷，起自玉河街，東達圍墻後及導水槽。曰獅子横巷，自玉河街達花牌坊及遵德橋街。曰小井坎，自玉河街南行，屈而西，達沙子坡，右有圍墻後巷口。曰構皮灣，起自五顯廟街，西北至冷卡，接崔家坡。曰崔家坡。曰導水槽，起自花牌坊，北行接圍墻；右有布政經歷署，悦來巷口。曰圍墻後巷，南接導水槽，北行達小井坎巷。

東北保之巷凡二十五：曰螺獅灣，起自大街，東行歧爲南北二巷，南巷南行屈而東，歧爲南、北、中三小巷，其南小巷西南達車家巷，北小巷西北達北巷，中小巷東行至圓通寺，又南行折而東，復與北巷合；其北巷東行，又屈而東南，與南巷合，又南達圍墻後巷。南巷之左有圓通寺，北巷之左有堰塘坎口。曰車家巷，起自大街，東行接東嶽廟後巷，巷之左有螺螄灣南小巷口，右有棲流所。曰東嶽廟後巷，北接車家巷，南行接珠巢井，左有趙家巷口，圍墻後巷口；右有顔家巷口。曰珠巢井巷，北接東嶽廟後巷，南行接金井街，左有大撫坊；右有王家巷口，大撫坊口。曰金井街，北接珠巢井，南行至小十字，達二浪坡、三浪坡，街之左有晉禄寺街口，竹筒井巷口，右營守備署；右有銕局巷口，新街口。曰顔家巷，自大街東行，達東嶽廟後巷。曰王家巷，亦名鐘鼓樓，自大街東行，達珠巢井。曰大撫坊街，起自大街，東行達珠巢井，金井街，街之左有皇經閣。曰銕局巷，起自大街，東行達金井街。曰新街，起自大街，東行達金井街，右有桂金井。曰黑羊井巷，起自大街，東行而止。曰蔡家坊，起自東門小十字，北接文筆街，左有晉禄寺巷口，右有六座碑口。曰文筆街，南接蔡家坊，北接小堰塘坎，街之左有連升巷口，圍墻後巷口；右有右營遊擊署，皇宮卡巷口，縣學宮巷口。曰小堰塘坎，南接文筆街，北達大堰塘坎。曰竹筒井巷，起自金井街，東行而止，有竹筒井。曰晉禄寺巷，起自金井街，東行達文筆街，巷之左有晉禄寺，貴山書院，天駟宮；右有洙泗巷口，南巷口。曰連升巷，起自金井街、珠巢井，東行達文筆街，左有巡撫署，連升臺馬家巷口。曰撫署圍墻後巷，起自珠巢井東嶽廟後巷，東行達文筆街，左有趙家巷口，螺獅灣，馬家巷口。曰趙家巷，自東嶽廟後巷，東南曲曲行，達趙家巷。曰洙泗巷，起自晉禄寺巷，南達二浪坡。曰馬家巷，自連升巷北達撫署圍墻後巷。曰萬壽寺巷，起自東門，北行接堰塘坎，左有六座碑巷口；右有慈雲寺，萬壽寺。曰堰塘坎，南接萬壽寺巷，北行屈而西，達螺獅灣，左有皇宮卡巷，縣學宮巷；右有萬壽宮。曰六座碑街，起自蔡家坊、文筆街，東達萬壽寺街。曰皇宮卡巷，起自文筆街，東行達堰塘坎。曰縣學宮街，起自文筆街，東行達堰塘坎，左有教諭署，縣學宮。曰水關巷，東行四十餘丈，至城東而止。

外城街巷之爲各保界者凡五：曰南京街，自六廣門南行至十字口，接廣東街，街東爲東北保，街西爲西北保；街之左有洪邊街口，鮮魚巷口；右有軒轅宮，永樂巷口，正本書院，般若寺口，五顯廟巷口，普定街口。曰廣東街，北接南京街，南接黑石頭街，街之左有三才巷口，右有水溝巷口。黑石頭街西接廣東街，東行屈而南至北門。二街之東爲東南保，西爲西南保。曰鮮魚巷，有新東門西行至十字口，達南京、廣東二街，街南爲東南保，北爲東北保，當街有化龍橋，街之左有檀香寺，西會館街口，琵琶井巷口；右有粑粑巷口，老虎巷口，沿河巷口。曰普定街，自威清門東至十字口，達南京、廣東二街，街南爲西南保，北爲西北保；街之左有炎帝廟，至黑石頭街口，北關；右有玉皇閣巷口，水溝巷口，團井巷口。

東南保之街巷凡十：曰三才巷，自黑石頭東至小水關，當街有蘇家橋，街之左有四方井口，琵琶井巷口，西會館街口，方家巷口，尹家巷口，七家灣口；右有濟平橋巷口，永壽巷口。曰濟平橋巷，自三才巷南行，至濟平橋東北，至永壽橋，達永壽巷。曰永壽巷，自三才巷東過永壽橋，至城東墻。曰四方井巷，自三才巷北行至普惠橋，達琵琶井巷，左有四方井水巷口。曰琵琶井巷，自三才巷北行達鮮魚巷，左有四方井口，琵琶井，佑聖宫；右有長春巷口。曰西會館街，自三才巷北達鮮魚巷，街之右有山陝會館，江南會館，財神廟。曰方家巷，自三才巷北行而止。曰尹家巷，自三才巷北行而止。曰七家灣巷，自三才巷北行而止。曰水巷，自廣東街東達四方井。

西南保之街巷凡七：曰薛家井巷，自黑石頭、廣東街西行，歧爲南北爲二巷，北巷北行屈而西，南巷西行屈而北，與北巷合，接迴龍街。左有何家坡口，右有奎光閣，府學宫；南巷之右有薛家井；北巷之右有教授署，團井巷口，清真古寺。曰迴龍橋街，東接薛家井巷，西接三塊田街，右有水溝巷口。曰三塊田，東接迴龍街，西接玉皇閣，左有何家坡口。曰玉皇閣巷，南接三塊田，北達普定街，左有玉皇閣。曰何家坡，自薛家巷南行，抵内城北墻，又西行屈而北，曲曲行，達迴龍街三塊田。曰團井巷，自薛家井北達普定街，右有訓導署。

東北保街巷凡六：曰洪邊街，一名靈官閣街，自南京街東北至洪邊門，左有雙水關巷口；右有靈官閣，白鸚菴，右有沿河巷口，老虎巷口。曰沿河巷，自洪邊街南達鮮魚巷。曰雙水關巷，自洪邊街北行至雙水關。曰老虎巷，一名老古巷，自洪邊街南行達鮮魚巷，巷之右有粑粑巷口，毛家巷口。曰粑粑巷，自老虎巷東北行，屈而南達鮮魚巷。曰毛家巷，自老虎巷東行而止。

西北保之街巷凡七：曰黑神廟街，自普定街北行至黑神廟街，屈而東，接皮匠灣西巷，街之左有銅佛寺，新忠烈廟；右有皮匠灣口。曰五顯廟巷，自南京街西達莫家塘皮匠灣，街左有五顯廟。曰般若街，自南京街西行接莫家塘，街右有般若寺。曰莫家塘巷，北接般若街，南接皮匠灣，街左有五顯廟街口。曰皮匠灣巷，東接莫家塘，曲曲而西，分一小巷，北達永樂巷。又曲曲而西南，分一小巷，北接黑神廟街。又曲曲而西南，達黑神廟。曰永樂巷，自南京街西行，至外城西北墻，左有地藏菴，皮匠灣東巷口；右有新城汛巷口。曰新城汛巷，自永樂巷北行而止，右有新城汛署，養濟院。

近城之街巷凡八：曰打魚街，自南門外東北行，屈而東南至蟬翼橋，左有鄂公祠，武侯祠。橋上有甲秀樓，逾橋屈而南有觀音寺。曰馬棚街，自向陽橋屈而東南，左有南關元天宫，右有箭道街口。忠毅王公祠，八蜡廟，接官廳，普惠寺，觀音寺，南校場，昭忠祠，皆在街後數十步。曰箭道街，自馬棚街屈而西南，左有尚節堂，竹林寺在街後。曰次南門街，自次南門西行，屈而南，街之中有喬家橋，街之左有迴龍寺，錢局巷口。曰錢局巷，自次南門街屈而南，巷之右有雪崖洞，娘娘廟，錢局。曰西門街，自西門外西南至河，左有三元宫。曰威清街，自威清門屈而西，街之左有江西義園，右有接官廳。曰陸廣街，自六廣門屈而西北，街後有白雲寺，北教場。曰洪邊門外街，自洪邊門屈而北，左有三教寺。

貫城河自雙水關入外城，南至普陀橋，又南至化龍橋，又南至普惠橋，又南至蘇家橋，右合小水關，左合小水溝；又南至北水門入内城，又西至北門橋，又西至玉帶橋，又西南至太平橋，又東南過布政司署西，有盤橋，又東南過貢院，又西南至遵德橋，又東南至貫珠橋，又南過府署東，又南至府橋，又南至都司橋，又南至六硐橋，又西南出南水門，注南明河。小水關水自小水門入外城，西南至永壽橋，又西南至德濟橋，又西南注貫城河。小水溝自大濫橋塘之西北入外城，東南流至普定街十字口，又東南循水溝巷，又東南至迴龍橋，又東流循薛家巷，又東至廣東街三星橋，又東注於貫城河。

《（道光）貴陽府志》卷三四《城郭圖記·廣順新城》 崇禎二年分防都司陳謙建土城，在北岡上，有東、西、南三門。雍正時，移千總駐此。

貴定舊城，明萬曆三十三年建，周圍三百七十餘丈，高一丈，門四。舊爲平伐治，無城。總督郭子章題建縣治，越六年，工竣。康熙二十六年，移縣治於新添。乾隆二十三年，貢生向霖遠、生員宋世垂等倡捐重修一次，現駐防把總一員。

《（道光）貴陽府志》卷三四《城郭圖記·開州城》 崇禎三年河防道沈翹楚、知州黄嘉雋建。西南枕鼇頭山，周圍五百一十丈，高一丈二尺。門四：東曰布德，西曰永迎，南曰貴陽，北曰茶山。西北隅水門二，各有樓。崇禎十五年，苗叛，城多毀。十六年，流賊亂，毀各城樓。康熙元年，知州徐昌修復。乾隆三十四年，知州趙由坤重修，易以石，增修七百四十三丈，高一丈七尺，共費帑銀二萬三千五百六十兩五錢五分。易城門名，東曰迎旭，南曰向治，西曰湧金，北曰拱宸。重建城，增砲臺四，東西二門各建石屏一。

《〔道光〕貴陽府志》卷三四《城郭圖記・定番州》 元至元十六年置程番武勝軍安撫司，明初改置程番長官司，皆無城。成化十年，長官方勇等請設府治，從之，始置程番府。十三年，知府鄧廷瓚築土城。隆慶二年，移府治省城。萬曆十四年，置定番州於舊府治。十九年，知州范彬重修，砌以石，周圍三里二分，計五百一十丈，高一丈五尺。門四。北濱濛江，東襟丹、漣二水，西南枕楊梅坡。二十年，復濬西流合於東，以爲隍。雍正乙卯年，名其門，東曰東定，西曰西和，南曰南安。

《〔咸豐〕安順府志》卷一八《營建志・城郭・安順府城》 原普定衛城。洪武十四年，命安陸侯吴復擇地於阿達卜砦，建城事見安陸侯《建水西城碑》。十五年，城成，始置衛。按：城甃以石，周九里三分，高二丈五尺。門四：東曰朝天，西曰懷遠，南曰永安，北曰鎮夷。城樓四，水關三，水樓三，月城四。成化中，移安順州於普定衛城，同治。萬曆二十年，陞安順州爲府，遂爲府城。明末，毁於寇。康熙九年，知府彭錫纓等捐修完固。十一年，知府胡宗虞壘石增高，重修四城門，傅以鐵，普定縣爲附郭。乾隆二十年，知縣劉大賓請帑折修。三十六年，知縣王雨溥請帑折修四門城樓、城門及月城門。道光十一年，提督余步雲、署布政使司李文耕、分巡貴西道周廷授、知府經武濟、知縣劉國筠暨各府州縣捐廉補修城垣，折修四門、城樓、城門。十三年，知縣陳熙晉捐廉補修城垣。二十七年，知府常恩捐廉，補修西門月城及各廢垣。

《〔咸豐〕安順府志》卷一九《營建志・城郭・鎮寧城》 《方輿紀要》曰：查城驛在永寧州北八十里，與安莊、安南二衛接界。《一統志》曰：永寧州城周半里，門二，明洪武中建。康熙十二年，知州林華皖增築。周一百八十五丈，高一丈四尺。昔人稱州城爲楂城，以城内之頂箐山多楂樹故也。州志云：按洪武時，州治在打罕，今州治當未建城。然考查城站查城驛，設自洪武時，則是洪武時已有查城之名，今州城之創建，應如《一統志》所云洪武中建。考《通志・明閔繼廸碑記》：參政朱家民創建十一城，天啓六年肇工，崇禎四年城成。内有頂站，建鼎新城。據此則查城當爲朱家民創建。二説存參。城前朝楊家山，特特聳秀來拱；後屏迴龍山，折轉回抱。營盤坡爲右弼，西關坡爲左輔。西南有獅子山，其老幹抽一小枝，頓跌轉北而下，起小突山槽中，如毬飄帶形，是爲頂箐山。城即建於其上，故城内僅容街一道，自本州上下兩衕、監倉而外，居民未滿三十户。其餘烟户將五百，並營汛各廟，俱於城外錯處。東北西三面，横亘大街一道，爲赴滇所必經。

《〔咸豐〕安順府志》卷一九《營建志・城郭・郎岱城》 乾隆二十四年建。周三里五分有奇，高一丈三尺，長六百三十丈六尺。甃以石。門四：東曰近日，西曰迎爽，南曰來薰，北曰承恩。門樓四，礮臺四。

《〔咸豐〕安順府志》卷一九《營建志・城郭・歸化城》 《通志》云：歸化城，雍正八年題建石城，周六百丈，高一丈，厚四尺。《黔南識畧》曰：歸化城，周三里七分有奇，計五百二十五丈，甃以石。乾隆十三年建。按：廳城門四，上建櫓樓：東曰迎暉，南曰迎薰，西曰靖邊，北曰拱宸。通判宋龍圖、歸化營遊擊佘雄、守備程鵬、把總張連科監修。道光元年，通判鄒賢曹補修。

《〔咸豐〕安順府志》卷二〇《營建志・城郭・安平城》 《方輿紀要》曰：平壩城，今衛治，洪武二十三年建。有門四，周四里有奇。世襲指揮金鎮所建，依山爲城，甃以磚石，高一丈，厚六尺，門樓各四，月城一。《黔南識畧》曰：縣城周六里三分，計一千一百三十六丈有奇。甃以石，門四，水關二。縣志云：明以前爲盧唐三寨，無所謂城也。洪武十八年，設平壩衛。二十三年，世襲指揮金鎮始相度城基，依山爲城，甃以磚石。西枕天馬，東依東溪，臨平田，南包梵刹、奇崖及東嶽廟後山，北臨平川平田，西北緣文昌山而下，西南跨蚺蛇洞及西水關，東南臨平田，跨東水關，東北臨田。周九百一十丈。城基多巖石，不能爲濠。萬曆四十三年，掌印指揮黄運清詳請增修雉堞，高廣城樓。崇禎三年，總督朱燮元巡閲至衛，添建月樓二座。六年，柔西遊擊金良田，指揮韓憲忠，鄉宦黄運昌、譚先哲、陳達道、王之賢等，各捐銀，增修敵臺六座。順治四年，流賊孫可望入寇，城陷。乾隆二十年，知縣文中美詳請改修。七月，安順府知府周世紀會同估計造册，奏請撥帑二萬一千六百五十五兩九錢二分有零，計修今城垣方一千一百四十九丈八尺。除四門臺基，每座寬三丈三尺，實在城身一千一百三十六丈六尺，計六里三分八釐七毫。城脚入土二尺，身高一丈，脚寬墻厚各一丈，收頂七尺。俱以五面光石砌造，中填碎石，灌以灰漿。上安垛口一千零九十五箇，高四尺。門洞城樓四座，礮臺、礮房各四座。東南水關二道，每道寬一丈六尺，上跨城身垛口。城門四，鐵葉門扇八。洞深二丈二尺，外洞高一丈一尺，内洞高一丈五尺；外口寬一丈一尺，內口寬一丈四尺。嘉慶十七年，知縣陳嘉祚捐砌石柵。竝額四門城樓：東曰景春，西曰寶成，南曰通順，北曰承恩。

《〔道光〕遵義府志》卷六《城池》 遵義府郡治，羅山帶水，險峻天城。舊時設官爲守，便爲城郭。自周秦漢晉以迄明初，皆一蒼莽也。自明萬曆庚子平楊應龍，辛丑，議郡縣其地，例郡縣皆城，以內地之守守之。爾時民尚未集，士休於野，因以兵代役，給工餼，治郡城。西南繞山顛無濠，東北臨湘江爲池，前後俱高三丈，廣九百五十丈四尺，垛口一千七百八十二，設門四：東曰宣仁，南曰陽明，西曰懷德，北曰望京。各建樓于上。孫志。 知府孫敏政增更舖三十間，又別開小東門，後閉。自明迄國朝，增築補葺不一，其人或緣陞遷，或緣時變，皆未竟版築之功。陳志康熙五十八年，知府趙光榮、知縣邱紀重修。乾隆二十五年，知縣唐秉琰領帑項二萬一千五百九十七兩零，重修周圍一千三百七十一丈四尺，計七里六分，高一丈五尺，厚七尺，將臺一，砲臺十二，鎗眼九百九十九。四門：東曰景福，西曰懷德，南曰通貴，北曰寧永。上各建樓。小門三：一在東門左；一在西門左，並置柵不通行；一在東門右，瀉西門溝之水，通人出入，置柵兵，以時啓閉。西門今塞其小門，當水入之衝，外即崇山疊嶂，峭險無路。

《〔嘉靖〕思南府志》卷二《建置・城郭》 府依山麓，阻巨川，地值傾陂而漂没數患。城之役，蓋自有郡以來，守土者率難之也。弘治辛酉，知府羅璞始兆其制，前樹木柵，後築土牆，因地宜也。正德間，有蜀寇至，城亦就壞。知府甯閲乃繼脩之，又于城外鑿壕，壕寬五尺，深七尺，以防盜賊之攀緣。城門設小板橋，日以通樵採，夜輒撤之。公自以身爲保障，每夜暮，微服單騎，往來于河岸，遇居民有擔負而逃者，輒止，令勿去，以輯衆心。百爾隄防，罔弗周至，蓋自有無城之城矣。後群盜競逸，蠢食之禍免焉，寔甯公之賜也。嘉靖四年、十三年，知府周舉、推官董暈相繼脩葺，皆有勞焉。

西麓子曰：郡可無城矣，丘陵踞其背，大川繞其趾，二崖門之險，鳥道盤迂，昏黑難履。卓哉！天下之險域也。往年流賊擁數萬之衆，逼數舍之地，垂涎耽視者，數旬而去，雖守臣之功不可忘，而地險亦不可誣也。嗚呼，有事之日，安得長如甯守者爲我作長城哉。

《〔道光〕思南府續志》卷二《營建門・城池》 思南倚巖山以爲城，俯德水以爲池，地險即天險也。《易》有之：「王公設險以守其國。」郡內山川之阻，地利足憑。究之築城鑿池，事不可廢，蓋城以衛民，池以衛城。府自前明開設，而後間因狼烽告警，小有戒嚴。至我國朝二百年中，士不登陴，民皆安堵，其建置之原，不可不詳也。城至今五百餘年矣，前之人，先以土木，繼以磚石，由永樂迄嘉靖，歷年百有四十，始有完城。後此雖疊經重修，旋修旋圮，今則坍塌略盡，四無完堞，惟城身隆起，僅有石址可尋，欲復舊觀，談何容易。興大工，動大衆，是在乎大才力者肩之而已。崇百雉之規，杜三刻之踰，捍衛陸防，於是乎在。志《城池》。

明永樂十一年，設思南府。弘治辛酉年，知府羅璞樹木柵，築土牆。正德中，知府甯閲續修，始鑿濠，廣五尺，深七尺，城門設小板橋，警則撤。嘉靖三年，知府周舉、推官董暈續修。嘉靖二十八年，知府李夢祥加土坯，環以雉堞，如半月形，周圍七百七十丈，高一丈五尺，寬八尺，覆以串樓八百餘間，爲門五：東曰清州，南曰清江，西曰清溪，北曰清泉，東北曰遵化，皆有樓。又建水門二、樓一。嘉靖三十八年，知府宛嘉祥甃以石，女墻廣於前。萬曆二十年，知府趙恒重修。順治十八年，知府葉蕃重修。康熙十二年，知府陳龍巖復修。康熙十三年，知府姜登高接修。康熙二十九年，知府劉謙吉任內奉查估修，計周圍八百一十一丈九尺，高一丈五尺，脚寬一丈二尺，收面一丈，坍塌三百餘丈，當估費約四千餘金，工未舉。乾隆四年，安化知縣解韜於敬陳芻蕘事案內奉文估勘，計周圍四里六分，長八百三十六丈八尺，內除東、南、西、北、遵化五門。門洞空闊一十六丈五尺，外實計城八百一十六丈三尺，高一丈五尺，脚寬一丈四尺，收面一丈二尺，工未舉。乾隆十七年，安化知縣高星煥協同松桃同知袁振緒估勘，丈尺如前，詳奉行知彙奏列入應修項下。乾隆四十六年，署守凌任內奉文估勘，丈尺如前。乾隆五十二年，知府王雨溥任內奉文確勘詳明，城身大段均已坍塌，間有存留石址膨裂傾斜，應周身築砌，旋經奉文奏明，緩修，俟鉛舶節省銀兩充裕，再行奏辦。道光十六年，知府馬佑龍詳請估修，會調補貴陽府，事中止。

《〔道光〕大定府志》卷一九《治地志一》 大定府城，明崇禎九年，總兵方國安建。明季毀於賊。國朝康熙三年設府，即其故址重修。周圍九百三十四丈，高一丈五尺。門四：東曰朝陽，西曰寶城，南曰來薰，北曰拱宸。《貴州通志》。

明崇禎九年，水西宣慰使安位卒，無嗣，衆目阿烏迷、伐沙等議立，不合，即以其囤積土地入獻。上命總督朱燮元帥四總兵，改土設流，建立大方、水西、比喇三城，谷里、歸化二堡，各以兵守之。時總兵方國安鎮守大方，因創建，城基計九里三分，共一千六百三十九丈。未幾，衆目合謀，復立安氏，鼓兵圍城，兵單糧盡，城遂陷焉。康熙三年春，吴三桂攻勦水西。既平，改土設流。六年，知府甯雲鵬、總兵劉之復編爲坊廂：東忠義坊，南孝順坊，西阜民坊，北遵化坊。初建城垣，開四門：東曰朝陽門，外有天池；俗云堰塘，又稱靈塘。南曰來薰門，外有余家塘；西曰寶成門，外有蓮花池；北曰拱宸門，外有羅師塘。是時草率而成，未修女墻。十八年，安武圍城，兵民以木桶載石爲垜口。十九年，吴逆殘兵經過，兵民惶恐。正月十四夤夜，潰走逃蜀，城内坊廂，灰燼無存。二十四年，抽撥撫標中營兵丁一千四百名來鎮。今經七十餘載，城漸傾圮。乾隆十三年，總督張允隨巡撫孫紹武，題請發帑銀一萬一千六百九十七兩九錢零，交知府楊漼承修，旋升去，署知府諸徐孫接修。十三年二月起工，十四年正月工竣。城高一丈，女墻四尺。更朝陽門曰慶春，更寶成門爲豐登，小北門曰拱極。十五年，知府王允浩重修南北二門，名因之。各建城樓三楹，巍然郡治之規也。《大定志稿》。城爲明崇禎九年總兵方國安創築，尋毁。國朝康熙六年重建，值兵燹，傾圮。乾隆十三年修建，周九里三分，計一千六百三十九丈，高一丈五尺，甃以石。門五，水關三。《黔南識略》。【略】

平遠州城，國朝康熙三年，水西平，設平遠府。無城，竪木爲栅，周圍七百二十六丈，高一丈五尺。門四：東曰迎旭，西曰來爽，南曰毓秀，北曰永安。敵樓四。七年，知府邱業、總兵劉文進築土城，高八尺，周圍七百二十六丈。外鑿濠，深一丈，寬一丈二尺。《貴州通志》。平遠屬水西舊地，環山帶水，未有城池。明天啓乙亥，宣慰安氏絶嗣，各土目互相雄長，争權擅立，彼此獻土獻印。請副將一員劉鎮藩駐鎮於此。歲丙子，始建石城。未及一載，土目納恩、隴胯作叛，官兵莫能守，棄城而犇，城悉爲毁。國朝康熙四年，改設郡治，以茨爲城。五年，隴革白泥、阿沮等乘釁攻劫，遊擊侯才破之，始設大鎮，修建木城，開立東、南、西、北、小東五門，東曰迎旭，南曰毓秀，西曰來爽，北曰永安。七年，知府邱業、總兵劉文進築土城，高八尺，環七百二十六丈。城外鑿濠，深一丈，寬一丈二尺。兵民各分地界，隨壞隨修，自東南抵西屬民，自東北抵西屬兵，爲成例。士民多患之，議以營莊變價修理。舊志詳載，公文用心甚苦。至乾隆十三年，於遵旨議奏仰祈睿鑒事案内，奉文領帑，修建石城。署知州郭振領銀一萬八千餘兩，於是年正月動工興修，於乾隆十四年十一月報竣。城高加舊制二尺，長加舊制一百丈，而平遠遂有石城焉。自乾隆十三年新砌，石高一丈，周圍八百二十六丈，城門五，城樓五。城濠深一丈，寬一丈二尺。二則皆《平遠志》。城周四里五分，計八百二十六丈，門五，水關三。城濠深一丈，寬一丈五尺。環城皆山。《黔南識略》。【略】

黔西州城，原爲水西城，明洪武間，都督馬煜築。周圍九里三分，高一丈八尺，東西南北各一門。後毁於賊，知府王命來、總兵李如碧重修。國朝康熙二十五年，知州何縉、副將謝英復修。今圮，僅存其址。雍正五年，知州鮑尚忠建土垣，並建東西城樓。《貴州通志》。原爲水西城，明洪武間，都督馬煜築。周圍九里三分，高一丈八尺，東西南北各一門。後毁。康熙五年，知府王命來、總兵李如碧重修。二十五年，知州何縉、副將謝英復修。雍正四年，知州陳德滎重修。東西城門建石額二：東曰旭升，西曰寶成。八年，知州鮑尚忠築城，四圍土垣。今圮。乾隆七年，知州馮光宿修西門城樓，額曰「黔陽鎖鑰，水西保障」。乾隆二十四年，知州趙起楠復修石城門五。《黔西州志》。城舊爲水西城，僅存遺址。乾隆二十三年建，修甃以石，周四里三分；計八百六十七丈，門五。《黔南識略》。明《建城碑記》：安陸侯吴復，洪武十四年十二月二十日，欽依制旨，於普定府選揀地名阿達卜，建築城池，至洪武十五年閏二月十七日完備。當年三月初五日，仍領贛州等衛官軍，欽依制旨，至水西選揀地名郭張，興工築城，至五月某日完備。圍門守禦。指揮秦藝、蔡聚、張勝；留守中衛千户蔣源，瞿唐衛千户陶信。

烏撒城，今府治。洪武十四年，傅友德平烏撒，築城，甃以石，有門四，城周七里有奇。《方輿紀要》。威寧州城，原爲烏撒衛城，明洪武十四年建。周圍一千八十丈二尺，城基寬二丈，高一丈二尺，門四，城樓四。國朝康熙四年，增修。雍正十四年，重修。《貴州通志》。原爲烏撒衛城，明洪武十四年建。周圍一千八十丈二尺，基寬二丈，高一丈二尺，門四，樓四。國朝康熙四年增修。雍正十年重修。乾隆二十六年，貴陽府開州知州劉標捐金數百補修，内外堅固，城樓巍峩。乾隆五十年，知州袁制詳請重修。周圍一千二十六丈，五里七分，朶口九百五十七。高一丈二尺，朶口高五尺，共一丈七尺。厚二尺，海墁五尺。城樓四：東曰迎暉，西曰豐登，南曰延薰，北曰毓秀。《威寧志稾》。城本爲烏撒衛城，明洪武十四年，征南將軍傅友德克烏撒，始建城。周五里七分計一千八十丈有奇，高一丈二尺，門四。《黔南識略》。

黑章城，在黑章，明潁川侯傅友德築土城，方圍里許，設東西南北四門。《威寧志稾》。

可渡橋城，在河北，傅友德築。方圍里許，東西二門，西門設把總一員，汛兵三十四名，滇黔分界。《威寧志稾》。

畢節城，今衛治。洪武十六年，傅友德使別將湯昭立排栅爲守。二十年，始築衛城，甃以石，有門四，周三里有奇。《方輿紀要》。畢節縣城原爲畢節衛城。明洪武十六年，指揮湯昭始建排栅。二十年，命指揮李興、李隆、李煥修築，砌以磚石，周圍六里二分。二十三年，增拓二里，共八里二分，高一丈五尺，城基厚一丈五尺。門五：東曰武安，西曰定西，南曰鎮南，北曰拱北，東南曰通津。嘉靖七年，副使韓士英於通津門建月城，引水入内。萬曆六年，兵備副使黄鏌於月城外砌石堤二百丈，以障河泛。崇禎十年，水西夷目杓佐化沙叛。以城大難守，截去正西一壁及南北兩角，周圍僅得八百二十丈，東南有濠。國朝康熙二十六年，裁衛改縣，遂爲縣城。雍正九年，重修。《貴州通志》。畢節磚城，明洪武二十一年都指揮李煥建。周圍六里八分，高一丈三尺，寬一丈。爲門五：東曰武安，南曰鎮南，西曰西定，北曰拱北，東南曰通津。樓鋪三十二所，女墻二千七百餘朵。二十三年，雲南諸夷叛，都指揮湯昭隨太師討平之。歸而重加修築，擴二里許，共前八里有零，樓櫓城垜稱是。嘉靖七年，兵備道韓士英因芒部之變，於通津門外增築月城，鑿池其中，引入河水，以濟民用。萬曆六年，兵備道黄鏌以河水逼近城垣，水漲衝刷，築石堤數十丈以障之。天啓二年，水西安邦彦叛，挖掘殆盡。崇禎三年，兵備道鄭國棟請帑金一萬三千，委掌印指揮王九如重修，差復古制。崇禎十年，水西夷目杓佐化沙復叛，城寬難守，駐防都司李應忠截去西城半壁。明末流寇肆虐，駐防都司李時蘭折南北兩隅磚石，添築女墻，雖爲一時苟安之計，而規制曰積矣。國朝順治初，鎮守總兵高恩復建月城於西門外，合舊周圍僅四里許，約八百二十餘丈，女墻九百餘朵。樓櫓鋪舍無一存者。雍正八年，奉詔罰貴西道吴應龍修畢節城以贖罪，卒未成工。邇來户口殷繁，商賈輻輳，城内設寶黔鼓鑄局及運京楚鉛局，關係非淺，議者謂增陴濬隍以資保障，疏瀹水源以利灌溉，仍拓城半壁以度地居民，乃稱完善。《畢節縣志》。城周四里三分，計八百二十丈，甃以石，門四。本爲衛城，明洪武二十年築，國朝乾隆四十三年重建。《黔南識略》。畢節，明洪武初歸附。十五年，總兵官穎川侯傅友德征南，置烏撒衛於烏蒙府境内。十六年，班師至此，相厥攸居，路當衝要，可置衛，以控四夷。遂因畢節驛改建畢節衛，隸貴州都司，領千户所五，畢節周泥站二，奏繳烏蒙衛印信。二十年，命指揮李英、李隆統領官軍築衛城，甃以石，闢五門：東曰武安，南曰鎮南，西曰西定，北曰拱北，東南曰通津。各有城樓雉堞，周圍四里七分。《畢節采訪册》。

七星關城，明洪武十五年建，周圍四百五十丈，女墻八百餘朵。門二：東曰武寧，北曰大定。向(段)〔設〕守禦千户一員，軍二百名。今爲汛。《畢節志》。

層臺站城，明洪武十三年建，周圍六百丈，女墻一千二百餘朵。向爲衛，後設正副所官二員。今爲汛。《畢節志》。

周泥站城，明洪武十三年建，周圍四千餘丈。向設站以居民，供郵遞。今廢。《畢節志》。

白崖站城，明洪武十三年建，周圍六十餘丈。向設站以居民，供郵遞。今廢。《畢節志》。

赤水城，今衛治。洪武二十二年，築甃以石，有門五，周三里有奇。《方輿紀要》。

赤水河城，明洪武十二年建，周圍八百一十一丈，女墻一千七百朵。向設掌印都司指揮等官，兵燹之後，僅存南門一壁。近已改歸四川掣防，守汛員於南岸。《畢節志》。

《〔光緒〕黎平府志》卷二上《地理志・城池》 黎平府，開泰縣，同黎平營附。初爲湖廣五開衛城。明宣德十年，黎平府由官團寨遷治於此，故與衛同城。明洪武十九年，征虜前將軍周驥創築土城。二十三年指揮使姜瞻甃以石，城垣週圍一千二百二十四丈八尺，計六里八分二厘四毫零。城身高二丈一尺，脚寬一丈五尺，收頂寬一丈一尺。城門四：東曰青陽，西曰永寧，南曰迎薰，北曰拱辰。城樓四，高五丈有奇。城門卡房四，各三間，砲臺共五：自東至南，砲臺三；自南至西，砲臺一；自北至東，砲臺一。角樓五，在砲臺上。鋪樓三十七，串樓一千二百一十九間，入水硐五，出水硐八。惟毛家橋出水硐較寬，可通人行，須防宵小出入。永樂十二年，知府司祥增修。正德間知府祝壽，嘉靖間知府孫繼魯先後重修。萬曆十九年，知府袁表重修，改南門曰陽薰，東曰行春，西曰長庚。崇禎間，知府熊廷相于元葉先後重修。國朝乾隆十年，知府徐立御以明季之亂城垣半毁於兵，詳撫題請發帑增修，設垜墻七百五十七堵，鎗眼九百四十四個，改東門曰青陽，南曰嚮治，西曰永寧，北曰拱辰。自後定例：由南門右滴水起，歷西門、北門，至東門左滴水止，府屬修理。由東門右滴水起，至南門左滴水止，縣屬修理。光緒七年，知府鄧在鏞、知縣鍾昌杰以城身坍塌，城樓砲臺俱毁，請款興修，旋卸任。代理知府許乃興、署知縣胡承祖承領銀二千一百六十兩，於八月興工，修城垣二百三十二丈二尺，重修砲臺五座，補修城樓四座。八年五月，工竣，計用工料銀二千二百五十九兩零。十五年，城垣坍塌二十八丈零，知府俞渭、知縣趙一鶴照例分派各司寨屯所認修。十七年，工竣。開泰縣於雍正五年歸黔附郭。明洪武十九年，築外十所土城。天順元年，隆里所城重砌石。成化七年，巡撫吴琛命都指揮莊榮修新屯所城，重砌石。天啓七年，新化、黎平、銅鼓、中潮、平茶五所城圮，參將陳天策重修。景泰二年，隆慶六年，嘉靖十一年，萬曆十年十一年遞築堡城，是爲所城。堡城今多廢，黎平營王寨汛城久廢。隆里汛城在鼇魚廠，碎石砌城一座，開東西二門。平茶汛城在平茶所西門外，有城無墻。茅洞汛無城垣。

《〔咸豐〕興義府志》卷六《地理志·城郭》 興義府城，周七里三分，高一丈五尺，門五，東曰聚奎，南曰從風，西曰懷遠，北曰拱辰，其一爲西便門，曰凌雲。又郭門一，曰柔遠。《方輿紀要》云：安籠所，普安州東南三百里，安籠箐口。洪武二十二年，建城，周一里。按所城，洪武二十三年建，《通志》云：永樂二年建，非是。《通志》云：南籠府城，原爲安籠所城，按明時名安隆所，當作安籠。明永樂二年建，周圍二百八十七丈，高一丈八尺，舊志云一丈四尺。門四：東曰朝陽，西曰柔遠，南曰雍熙，北曰順天。久圮。康熙二年修，復圮。三十四年，舊志云二十五年。裁所，移安順通判分駐，總兵蔡成貴，捐金重修。五年，設府，遂爲府城。舊志云：府城，其基即古陵元堡也。舊制規模狹隘，府署倉獄，俱隸城外北隅。乾隆七年，題建石城，包舊城於内，周圍一千二百三丈，計七里三分，高一丈五尺，下寬一丈，上寬七尺，女墻長八尺，共雉堞一千二百有三。門五：東曰聚奎，西曰懷遠，南曰從風，北曰拱辰，其一爲西便門。城樓五，甚宏壯。城之形勢，西北踞於平陸，可借緑海以爲池，東南漸高，盤於龍井桅杆二山之腰，雉堞飛駐，峯巒突出，可畫疆而守，其據勝然也。然設險所以守國，而體險之義，有在於扼塞要害之外者。語曰：衆志成城。又不可不綢繆於未雨矣。

按：道光二十一年，鍈修西南二門城樓，及拱極亭。二十八年，拓修西便門，額曰凌雲。咸豐四年，又修城。

《〔乾隆〕獨山州志》卷四《營建志·城池》 明弘治七年設州，未建城。萬曆五年，知州歐陽輝諭令南北二街民各照界限修築土城，高一丈，厚三尺，以資保障。崇禎間，知州王希曾詳請建石城，大吏是其議，值公帑告匱，未准行。國朝康熙三十五年，知州趙完璧補葺土城。雍正十三年，知州陳于中增築土城。乾隆九年七月，知州謝國史、州同史金詔請領公帑築三脚坉，土城一座，週圍一百七十丈，東南西三門，城樓三座，砲臺四座。十年，張制軍廣泗題准建獨山石城。至十三年四月二十日，知州解韜領帑，八月十六日興工，十四年十二月工竣。週圍八百一十六丈，計四里五分零，内除東西南北四城門，各寬三丈三尺，共一十三丈二尺。又除小西門，寬二丈二尺二，共除去一十五丈四尺外，實修城身八百丈零六尺，每城身高一丈。又加垛口，高四尺，脚寬一丈，收頂七尺。東西南北四處城門，臺硐四座，每座高一丈六尺，寬三丈三尺，進深二丈二尺。捲硐中空，高一丈二尺，闊一丈一尺。城上砲臺四座。大小六門，各有題額：東門額曰善長門，南門額曰嘉會門，西門額曰義和門，北門額曰固城門，小東門曰次東門，小西門曰次西門。

案：州城分南北街二，編保甲十，自北門至學門，曰北街一甲。自學門至州署，曰北街二甲。自州署至營盤口，曰北街三甲。自營盤口至楊泗殿下，曰北街四甲。自楊泗殿下至小西門，曰北街五甲。自南門至舊營盤口，曰南街一甲。自舊營盤口至萬壽宫下，曰南街二甲。自萬壽宫下至新街口，曰南街三甲。自新街口至大東門，曰南街四甲。莫寨雞場，編作南街五甲。二十三年，東門右城垣坍，知州閻公銑補葺之。三十年，東門右城垣坍，知州劉岱捐葺之。三十二年，北門右城垣坍，知州劉岱捐葺之。

《〔乾隆〕石阡府志》卷二《城池》 按《省志》：郡城自明嘉靖元年，知府何邦憲修成土城，四十年，知府蕭立業甃以石。周圍六百六丈，高一丈八尺，廣一丈五尺。門四：東曰對旭，南曰迎恩，西曰澄清，北曰拱極。城樓四，水關四。四十二年，知府王管議增串樓，未准。年久，城傾圮。萬曆間，巡撫郭子章補修。國朝順治十八年，推官陳龍巖補修。乾隆二十八年，奉上諭，城垣爲地方保障之資，自應一律完固，以資捍衛。第地方官吏往往視爲具文，或任其坍塌不問，日久因循，或修葺有名無實，徒糜帑項，皆所不免。著各省督撫嗣後飭令該管道府，將所屬城垣細加查勘，如稍有坍卸，即隨時修補，按例保固。仍於每年歲底時，通省城垣是否完固之處，繕摺彙奏一次。欽此。乾隆二十八年十一月，内文思稟，勘查阡郡石城一座，建自明永樂年間，歷年久遠，城身坍塌，歷任估報請修。嗣奉文以偏僻之地，於農隙時督令民夫補葺在案。歷任雖隨時修補，無如工大費繁，不過量堵砌築。必得全行拆修，始能堅固等語。二十九年正月，内署貴州巡撫劉藻奏，查明通省城垣外有石阡等處城久已坍廢，列入稍緩，俟各處急工修竣，再行委勘興修。本年四月初七日，奉硃批：覽奏俱悉。欽此。

《〔乾隆〕南籠府志》卷四《營建·城池》 南籠府舊城，原爲安籠所城，隸安順府，明永樂二年建。週圍二百八十七丈一尺，高一丈四尺。其基即古稱陵元堡也。國朝康熙二年，重修，復圮。二十五年，改廳裁所，移安順府通判分駐於此。雍正五年，設府，遂爲府城，舊制因仍，規模狹隘，府署、倉獄俱隸城外北隅。乾隆七年，題建石城，將舊城包括於內。週圍一千二百零三丈，計七里三分，高一丈五尺，脚寬一丈，頂寬七尺，女墻長八尺，共一千二百零三垛。門五：東曰聚奎，西曰懷遠，南曰從風，北曰拱辰，其一爲西便門。城樓五，傑閣凌空，簷牙高啄，甚屬宏麗壯觀。城之形勢，西北踞于平陸，可借緑海以爲池；東南漸高，盤羅龍井、桅杆二山之腰，雉堞飛駐，峰巒突出；可畫疆而守，登陴而御，其據勝然也。然設險所以守國，而體險之義有在于扼塞要害之外者。語曰：衆志如城。又不可不綢繆于未雨矣。

《〔乾隆〕鎮遠府志》卷一〇《城池》　鎮遠府城。明正德間，生苗劫掠。知府程[火鄉]於治西木家灣，跨江據崖甃城四十五丈，高一丈五尺，直至屏山，高低不一，共垜口七十有六，城樓一。萬曆二十一年，苗襲府治，掠東西二關。巡按馮奕垣捐贖六百兩，檄知府張守讓，於木家灣城外築石一百二十丈，治右採樵小徑爲石圈洞門，又於治右老虎衝空凹處壘石塞之。崇禎十五年，知府張宗煒以施秉苗叛，又於西門臨關磯上砌石爲臺，高丈許。後東西兩關門傾頹。國朝康熙十年，知府張維堅重修。乾隆二年，題請修建，除臨河岸毋庸建城外，於山上隘口要路分築城關，列建砲臺，共四百四十四丈零。衛城沿河低處多遭水患，今將舊城加寬爲堤，堤上建城垣，高七尺。又塞兩北門硐，另建樓開門。可以永防水患。

四川

常璩《華陽國志》卷三《蜀志》　惠王二十七年，儀與若城成都，周迴十二里，高七丈。郫城周迴七里，高六丈。臨邛城周迴六里，高五丈。造作下倉，上皆有屋，而置觀樓、射圃。成都縣本治赤里街，若徙置少城內城，營廣府舍，置鹽鐵市官，并長丞。脩整里闠，市張列肆，與咸陽同制。其築城取土，去城十里，因以養魚，今萬歲池是也。

《〔雍正〕四川通志》卷四上《城池·成都府》　秦惠王二十七年，張儀築大城，周十二里。隋時，楊秀附舊城西南二隅增築少城，廣十里。唐僖宗時，高駢築羅城，周二十五里，高二丈六尺，外繞長堤二十六里。其後程勘、盧法原、王剛中、范成大先後修葺。明趙清甃以磚石，陳懷復浚池隍。崇禎末，圮。國朝康熙初，巡撫張德地、布政司郎廷相、按察司李翀霄、知府冀應熊、成都縣知縣張行、華陽縣知縣張暄，共捐貲重修。高三丈，厚一丈八尺；周二十二里三分，計四千一十四丈。垛口五千五百三十八。東西相距九里三分，南北相距七里七分。敵樓四，堆房十一。門四：東迎暉，南江橋，西清遠，北大安。外環以池。雍正五年，巡撫憲德增修，益固。

《〔雍正〕四川通志》卷四上《城池·滿城》　在成都府城西，康熙五十七年建築。城垣周四里五分，計八百一十一丈七尺三寸，高一丈三尺八寸。門五：大東門，小東門，北門，南門，大城西門。城樓四，共一十二間。每旗官街一條，披甲兵丁小衕衕三條，八旗官街共八條，兵丁衕衕共三十三條。

《〔乾隆〕涪州志》卷二《營建志·城隍》　城墻：涪城自前明宣德年間，州守邵賢創制。成化初，乃砌石作城，高一丈八尺，周四里，計五百四十丈。國朝康熙二十四年，修葺。乾隆二十九年，州牧陳于上奉旨監修。城垜：每城墻一丈上，接建垜頭一個。涪城共七百二十丈，共垜頭七百二十個。城門：東迎恩門，即大東門。西鎮武門，南懷德門，東北潮宗門，即小東門。北永安門。東北角，其形如鼓，名曰鼓兒城，臨江邊，舊謂五溪第一洞，是其處也。城樓：五門門樓，共計五座。城濠：涪城北臨大江，東臨涪陵江，西南則逼近民居，故向來舉未鑿池。舊志亦言城不言湟，謹爲補標於此。

《〔道光〕夔州府志》卷四《城池》　夔州府，奉節縣附郭，此古魚復治也。漢改曰永安，唐改曰奉節，與白帝、瞿唐關迭爲興廢。明成化十年，郡守李晟砌以磚石，東南四百八十七丈五尺，西北四百八十七丈五尺。爲門五：東門，郡守張廷柏匾曰「瞿唐天險」；西門，巡撫王大用匾曰「全蜀咽喉」；南門，副史王喬齡匾曰「縱目」；小南門，通判張世宜匾曰「觀瀾」；北門，郡守吴潛匾曰「肅威」。後枕高山，前臨大江，蓋全蜀重鎮也。西北一帶聚山峭屼，下窺通城，勢難守禦。萬曆二年，知府郭棐議建敵樓二座，詳允創建。今圮。北門亦閉。西有水洞門。國朝於康熙二十三年，本府同知王知人奉文查勘城垣一座，高一丈八尺，周圍五里四分，計九百七十五丈。開設五門：曰賓陽，薰德，時阜，來威，肅成。乾隆三十五年，前奉節縣王奕瞻、前雲陽縣詹仰請項承修。至四十四年，間有坍塌。經前府臣杜捐廉修補，迨後坍塌日甚。乾隆五十四年，前奉節縣沈達勘估貳百伍拾伍丈。又續坍叁丈，臌裂壹百叁拾丈零五尺。因地處腹内，詳請列入緩修項下，咨部有案。嗣後歷年久遠，又續坍貳拾丈零伍尺，合計先後共坍塌貳百柒拾捌丈伍尺，臌裂壹百叁拾丈零伍尺。經前府周景福、鄧熉二次補修坍塌處所共叁拾貳丈捌尺，臌裂處所共貳拾丈。又前府楊世英補修過坍塌處所拾叁丈，臌裂處所柒丈。知府恩成於道光三年到任，陸續補修過坍塌處所拾柒丈叁尺，臌裂處所貳拾壹丈陸尺。以上除各任前後補修外，實在計坍塌未修處所尚有貳百壹拾伍丈肆尺，臌裂未修處所捌拾壹丈玖尺，共需工料銀玖千肆百餘兩。又歐家缺濱臨大江，必須砌築保墈，共需工料銀貳千餘兩。又大南門城樓一座，早經坍壞，小南門城樓一座，亦俱倒塌，大東門、小東門、西門三處城樓均皆坍壞；計城樓新造兩座，補修叁座，共需工料銀壹千玖百叁拾餘兩。又大南門、小南門城圈臌裂，計折造城圈兩處，共需工料銀捌百柒拾餘兩。又城垛坍壞壹千餘座，需工料銀叁百兩。又海墁滲漏叁百餘丈，全行補整，需用工料銀肆百兩。又沿城舊保墈全行修整，需用工料銀伍百兩。通盤核算，連雜用共需銀壹萬伍千玖百餘兩。知府恩成認捐四成，以六成作爲按任攤款，具稟各大憲，批准有案。自道光四年十一月初一日興工，至道光六年十二月初一日工竣。因大南門、歐家缺一帶濱臨大江，土內石工甚巨，工程比原估較多；及馬王廟後身、西門右邊續行坍塌者補修二處，又北洞門內保墈一處，二項工程均在原報之外。通其實用夔城市秤紋銀二萬二千八百八十八兩零三分零五毫，折實庫秤紋銀二萬一千七百四十三兩六錢二分八釐九毫七絲五忽。除原估銀一萬五千九百餘十兩，合作成數一萬六千兩，實多用銀五千七百四十三兩零。前既未經估及，且攤數較多，恐致轇轕，所有多用銀五千七百四十三兩零，知府恩成捐廉賠出。至原估銀一萬五千九百餘十兩，合作成數一萬六千兩，仍認賠多用銀五千七百四十三兩零外，所有原估一萬六千兩內，仍照原議認捐四成並零數應認銀六千四百兩，尚有銀九千六百兩，請自道光六年十二月初一日工竣之日起，無論正署任，分作八年攤還。知府恩成實共捐銀一萬二千一百餘兩。工竣，復稟大憲，批准有案。

城池形勢説：《易》曰「王公設險，以守其國」，夔州城池可謂天設之險。後以卧龍山爲屏障，城跨山之半腰。前以岷江瞿唐爲天塹，諸葛武侯之八陣圖在焉。左以西瀼水爲環拱，西瀼水自千頃池來，源遠流長，南入大江，出口處恰有八陣磧阻之；瀼水折而西流，從東門繞南門入江，堪輿家以爲此富貴之象。右以閤風溪、三岔溪爲襟帶，文山、天馬山、勝已山在大江南岸爲文峰，東南赤甲、白鹽爲掛榜，山水出夔門，滙爲瞿唐峽。其砥柱中流者，灔澦堆也。白帝城馬嶺爲東路關隘，蓮花峯箭樓爲西路關隘，一夫當關，萬夫莫開。焉用鐵柱鎖江爲哉。

夔郡城內民房草屋居多，易招火患。道光三年，奉節縣萬承蔭捐資，將草房折蓋瓦房。知府恩成到任，陸續捐錢壹千七百千文，發給奉節縣承領，將草屋全行改造瓦房，連年來竟無火災。城中所少者水也。明郡守許宗鎰記曰：夔城舊故無井，居民悉汲飲於江，接筒引水，昉自漢武侯，迄宋有榷水錢，王梅溪氏倡罷之，其蹟今皆莫覈。我朝前張東坪公自侯家嶺引水至府治，官資其利，民江飲如故。予乃別踪水源。一自江家坪，會馬蝗溪下流，引以瓦筒。其山溪不可瓦埋之地，以木槽續之。凡泉行所經，爲溪者十有一，爲嶺者十有二，地以里計者如之。一自翟家坪，會馬蝗溪上流，引以石筧，迤嶺而下，尤爲徑直。來自山後正北，至城始與東坪公所引之水自西北來者異股合流，源始浩大，公私均給焉。仍沿山置守户，有若干人。夔城有池數口，曰流潤，曰化龍，曰武功，曰瀁翠，曰通濟，曰注香，曰利民，曰太平。舊甃以瀦匏水，歲久湮塞如平地，每春夏之交，雨澤覃降，水無委積。夫思患預防爲政者事，萬一城池有警，有此水涓滴皆民命，濬之不可獨後。矧夔地燥剛，山峭削，多火形，數池碁布星列，亦可以制服剛頑而和燮其氣。爰命工皆深其濬，化龍、瀁翠二池又繚以茨垣，俾無垢水，泓清可飲。兹各識其池之深、廣若干，與諸泉並列於碑，以俟後之同志者考焉。

按：此記言夔城水法源委悉備。大哉！繼武侯梅谿之功者，許公也。以後歷任間有修補，總不能復。許公之舊八池，今多湮没，僅存一二。道光三年，知縣萬承蔭爲濬利民池、潤澤池、桂花井，自於衙署置太平池；令城内居民舖户，各於街坊置太平池，時時貯水。知府恩成又製造救火器具，演習人夫，以備不虞，復於城西水洞門内掘得溥利井一眼，泉水甚旺，小民受福無窮也。

文峰塔在城東南山麓，去城五里，即古之瞿唐關也。嘉慶二十三年，調任成都府知府、原任夔州府知府楊世英捐銀數百兩，發交奉節縣知縣王如琯建立，名曰耀奎塔，以培風水。塔成後三科折桂者五人。董其事者，紳士樊璡、黎廷珖、胡珠、張鈐、劉忠誥、王有聲、冉崇恭、馬士夔、王士俊、徐鑑、丁儀山、李友鶴也，數人各有捐輸及募化銀兩，功無私焉。

《（嘉慶）漢州志》卷八《城池》

漢州，古廣漢郡治雒縣，蜀漢劉璋始築城，見李鼎《修城圖記》，載藝文。嗣廢。郡置州，唐宋因之。明洪武五年，指揮柴虎築建土垣，闊五里，高一丈八尺，池深五尺，建四門，設三所，官軍備禦。天順八年，知州李鼎、判官王瑛重修。弘治十年，知州萬璽重建東北門。正德六年，按察司簽事郝琯始甃以磚石，高一丈八尺，周貳千柒百肆拾壹丈，計玖里柒分。建樓伍座，池深八尺，闊壹丈伍尺，引雁水自西迤南而東。嘉靖二十六年，知州劉琮、判官王東周修葺復完，扁其門，東曰覺嶺延春，南曰山川環秀，西曰雄臨天府，北曰沱水呈祥，東北曰連峯獻翠。皇清乾隆三十六年，知州徐諗、松潘廳同知錢溥奉部領帑叁萬叁千伍百柒拾肆兩，分段承修。

一、城身，通計圍長壹千伍百伍拾叁丈叁尺，周圍計捌里陸分貳釐玖毫。

一、石脚，伍層高伍尺，砌大磚貳拾陸層，高柒尺。垛座高貳尺貳寸，垛口高壹尺捌寸，通高壹丈陸尺。

一、城脚厚貳丈伍尺，口面厚壹丈陸尺，上鋪墁，寬捌尺。

一、垛口叁千貳百柒拾壹座，每垛口長肆尺。

一、東南兩門樓墩，每座墩基寬叁丈伍尺，進深貳丈伍尺，高壹丈伍尺。外券門硐，寬壹丈壹尺，高壹丈壹尺，深伍尺。裏券門硐，寬壹丈貳尺，空高壹丈貳尺，深貳丈。肆面石脚陸層，每層高壹尺，計高陸尺，上砌火磚叁拾叁層，高玖尺。

一、西門樓墩，墩基寬肆丈肆尺，進深貳丈柒尺，高壹丈伍尺。外券門硐，寬壹丈壹尺，空高壹丈壹尺，深陸尺。裏券門硐，寬壹丈貳尺，空高壹丈貳尺，深貳丈壹尺。肆面石脚陸層，并磚高如東南。

一、北門樓墩，墩基寬伍丈，進深貳丈玖尺，高壹丈伍尺。外券門硐，寬壹丈壹尺，空高壹丈壹尺，深陸尺。裏券門硐，寬壹丈貳尺，空高壹丈貳尺，深貳丈叁尺。四面石脚，并磚高如西門。

一、池深捌尺，闊壹丈伍尺，引雁水自西迤南而東，如舊制。

一、週城水洞伍座。

一、上城馬道肆處。

一、城樓肆座，前後肆門，各建堆房壹間。

一、城門名，東曰朝陽，南曰薰風，西曰迎爽，北曰承恩。

《〔乾隆〕廣安州志》卷四《建置志・城池》 廣安傍山臨水，舊無城垣。明初樹木爲栅，依山爲墻。成化年間，刺史曾瑀許仁同知秦昇始築城，甃以磚石，高一丈二尺許，周圍一千八十丈。門六：東曰柔安，南曰鎮安，西曰清安，北曰寧安、小西門、小北門。自兵燹後，城垣傾圮，隨時修葺。雍正年間，知州曹蘊錦建城樓四。乾隆十八年，知州胡觀海因水患補修西南隅城爲新南門，建城樓。乾隆二十五年，渠水泛漲，捲洞城樓盡行坍塌，知州陳聖敬重修，較昔增高，其西北東南四城樓亦加修葺，然零星修補，未能一律堅固。乾隆三十年，引江南各省捐修事例，知州陸良瑜唱先勸諭士民捐貲重建，通屬鞏固，週圍共八百二丈，西北連山高一丈六尺，東南逼水高一丈七尺，池無可載。

《〔同治〕會理州志》卷二《營建志・城池》 舊會川衛，元以前有黃土城。明洪武十五年，因土城立守禦所，以隨征官軍守之。二十五年月，魯帖木兒作耗攻陷土城，上命凉國公藍玉、越嶲侯俞通淵討，平守禦所爲衛，遷治於土城，前立排栅。三十年，建土城。三十一年，指揮李毅包砌以石，高二丈三尺，周七里三分，計一千三百一十四丈，厚一丈二尺，垛口一千五百一十四个，城舖三十座。濠闊三丈，深八尺，廣一千三百二十二丈。門四，先惟北門建樓以司更鼓，崇禎五年，遊擊蕪廸添建三樓，建昌道沈題額，東曰扶桑，西曰洗甲，南曰南紀，北曰望帝。乾隆三十二年，淋雨，將西南北城坍塌三段，經知州鄭王臣補修。三十七年，坍塌東門北首城墻一段。四十年，又坍塌西門北首城墻一段，經知州魏超蕃補修。五十一年，知州郭聯奎捐貲重建四城樓，委生員王時中、張以介監修，額其樓東曰來紫，西曰挹爽，南曰引薰，北曰拱極。道光十八年，坍塌東北城墻一段，知州呂偉崍委武舉蘇必和補修。二十一年，北門城樓毁於火，坍塌西南北城墻數段，署知州何咸宜委武舉蘇必和補修。同治五年，署知州陸德培委雲南候補州馬宗龍等添修四門甕城暨東西礮臺四座，甕城題額：東曰泰啓三陽，西曰祥呈萬寶，南曰財阜羣黎，北曰恩來九陛。六年，署知州武廷鋆委貢生王繼曾等添修外城，自内城東北角起，至西北角止，周三方長五百一十二丈五尺，高一丈六尺，厚七尺，垛口四百五十六个。建東、西、北三門，題額曰東作、西成、瞻雲。城樓三座，鐘鼓樓一座，在城内十字大街。雍正十二年，知州羅國珠建修，磚石砌捲硐四，高二丈，闊三丈。乾隆二十一年，署知州蕭惟燿委生員張必煒、王廷瑞建樓二層，樓塑文昌、關帝魁星像。五十一年，知州郭聯奎補修，懸匾四面：東曰出震寅賓，西曰右文啓後，南曰中正以觀，北曰瞻雲就日。咸豐十年，滇狪陷城，毁於兵燹，今惟捲硐尚存。

《〔嘉慶〕資陽縣志》卷一《城池》 資陽舊城，自明復縣之後，成化十一年，知縣郭方加甃四門以石。二十年，知縣王澄奉文興築土城，下砌石基，上覆木瓦，高一丈尺原六，延袤一千二百八十丈，四門各建成樓而榜以名：東曰臨津，西曰通衢，南曰慶明，北曰環秀。正德壬申，知縣温舉重葺。十一年，知縣張鳳羽又用巨木增廣。嘉靖初，知縣聶文始於城内外各加石甃焉。壬申夏閏五月，江水暴漲，平地高丈餘，城垣以頽，知縣姜沂修砌，如其舊。明末，流寇屠戮，城郭崩塌。國朝定鼎以來，屢奉文飭修，因户少費艱，廣爲招徠。乾隆五年，知縣劉熾次第畧加補葺，四門竝建城樓，有《建修城樓記》勒於石。乾隆二十八年，知縣張德源重葺北門，題拱宸二字榜諸城樓。三十年，請帑重修城垣，方圓一千一百三十八丈五寸。

《〔光緒〕潼川府志》卷三《城池》 潼川府，明時爲潼川州。天順間，知州譚道生、蔣容相繼築城。嘉靖間，知州趙德宏重修，邑人王完有記。門四：東曰東流，西曰通蜀，南曰南薰，北曰川北。城高一丈六尺，周九里，計一千六百二十丈。環城有池，闊四丈，引西溪九曲水注於中。歲久湮廢。知州錢輪重加疏鑿，又於城東築隄三十餘丈。趙德宏砌隄以石，植柳萬株於外。國朝雍正十二年，升州爲府，設三臺縣附郭。乾隆三十一年，三臺縣知縣徐世楹、安岳縣知縣朱琦領帑金三萬，督工修築，並建城樓礮臺。仍爲四門：曰鳳山，龍頂，印臺，涪江。城高一丈四尺，厚六尺，周九里三分，計一千三百二十八丈有奇。攷潼郡西門向建後西街，徐世楹改建前西街。嘉慶五年，教匪滋事，士民稟請改復舊址，未行。道光二十三年，又請，仍未行。咸豐元年，又請，署知府楊玉堂稟准舉行，二年落成，名曰來儀門，於是潼城門有五矣。咸豐十年，藍逆圍城，知縣劉瑞琳諭令暫閉。後士民請開，屢有梗阻。至光緒十年，署知府熊紹璜到任，士民又請，批准重開。俗呼新西門，實即舊西門原址也。城樓有中江章宏保《修城記》。按：《元和志》：州城宋元嘉中築，又趙宋嘉定中築新城。見魏了翁銘。

《〔同治〕嘉定府志》卷八《城池》 樂山縣：附郭。周嘉州故城，歷代治此。宋開禧中重築。城東南臨江，多水患。明正統中，障以木柵。成化中，知州魏翰捍以石堤。正德中，知州胡準掘地甃石，深厚皆八尺餘；編柏爲柵，護以石。嘉靖中知州李輔，國朝康熙中上南道張能鱗、知州高仰崑，乾隆中知縣胡啓楷，先後增修。高一丈六尺，周圍一千二百九十九丈六尺。門十，曰：會江，涵春，福泉，迎恩，瞻峩，來薰，望洋，育賢，崇明，即拱宸。麗正。

《〔乾隆〕雅州府志》卷三《城池》 石城，明洪武初，千户余子正修築。高二丈五尺，周五里，計九百丈。門四：東曰明德，西曰鎮戎，南曰威恩，北曰迎恩，皆有樓。外環以濠，深一丈，闊八尺。

《〔光緒〕叙州府志》卷八《城池》 叙州府：唐德宗時，韋臯開都督府於三江口，創築土城。會昌三年，馬湖江水蕩圮，徙築江北。今名舊州，其城址猶存。宋末，元兵入蜀，安撫郭漢傑移治登高山。土城遺址尚存。至元十三年，復城於三江口。即今治。明洪武初，總兵曹國公設守禦千户所，增修外城，包舊城於内，砌以甎石。城高二丈七尺，厚一丈八尺，周六里，計一千八十七丈。門東曰麗陽，東之南曰合江，南曰七星，俗呼爲小南門。南之東曰建南，俗呼爲大南門。西曰文星，北曰武安。東南以岷江、馬湖江爲天塹。西北鑿濠，廣五丈，深一丈五尺。城内水道，各有暗溝，寬二尺，深三尺。溝内有井，深八尺。每三年淘井一次，以防淤塞。詳在舊案中。皇朝乾隆二十七年，知縣初元方培修，並建六城門樓垛口。嘉慶十六年，署知縣劉元熙重修六門城樓。《宜賓志》。咸豐九年，滇匪擾敘。後增修西、北兩門月城二座，又四隅砲臺七座，合江門外水城砲臺二座。【略】

馬邊廳：馬邊城，周三百五十丈，高一丈五尺，厚半之。門五：東陽和，西武定，南開建，北永賴；正西樓則培而高，以崇主山。閭閻廛市，分布井然。城之中又爲内城。萬曆十七年建。歷年久遠，被水冲壞，自行坍塌，僅存一百二十丈。乾隆二十九年，詳請興修，奉批：馬邊土堡不在城垣之例，未准。廳志。

雷波廳：廳城，雍正八年衛守備胡漪請欵建修。委潼川州知州徐遵義總理，順慶府同知管臚傳、宜賓知縣許王謨監築。土城高一丈二尺，周三里三分，計五百九十四丈。門四：迎恩，宣化，永安，拱辰；各置以樓，城外無壕。乾隆九年衛守備郭佩、六十年通判富森保、嘉慶六年通判方懷萱補修。道光十八年，通判劉耀庚重建石城，週圍長六百五十三丈，高一丈五尺六寸。門四：覲光，金帶，福喜，錦屏。砲臺六座。光緒八年，松潘鎮總兵李培榮捐銀一千，增修東西兩耳城。廳志。

《〔道光〕龍安府志》卷二下《城池》 龍安府平武縣：附郭。漢、唐、宋、元設州，有土城。明洪武七年，土知州薛文勝始建治于青川。二十三年，土知州薛繼賢奏遷今治，週以木柵。宣德五年，土知州薛忠義奏築磚城，高一丈八尺，周匝九里三分，計一千六百七十四丈。門四：東迎暉，南清平，西通遠，北拱宸。外環以濠，東關設迎恩樓，西關設鎮羌樓。三面瀕涪江，北枕箭樓山。

江油縣：昔治在舊州附郭，宋徙雍村。即舊縣壩。元時遷于武都。即今治。明天順六年，典史姜綱始築土城。成化初，知縣桑時用、馬月輝相繼修完，建永安、長寧二門。正德中，同知叚溥甃以石，高一丈五尺，周三里，計五百四十丈。門二：永安，長寧。嘉靖初，巡撫許廷光展修。萬曆初，知縣葉自新修益墻垛，知縣安祚復竪串房，環以濠。明末圮。國朝雍正元年，知縣彭阯修築，改永安門曰昇東，長寧門曰拱北。乾隆初年，知縣魏文、楊輔相繼修。二十四年，拱北樓圮，知縣瞿緝曾重建，復補修東、南二樓，易其額，東曰「近光」，南曰「迎薰」，北曰「拱極」。三十三年，知縣臧敬增修垛口。三十六年，知縣廖方皐復補修。嘉慶十一年，秋雨連綿，城圮一百二十餘丈。十二年，知縣陳慶嵩補修。

陝西

《〔雍正〕陝西通志》卷一四《城池・西安府》 府城即隋唐京城。隋文帝厭長安制小，納蘇威諫，召高熲等創建新都。其地在漢故城東南，南直終南子午谷，北枕龍首山，以據渭水，東臨滻灞。唐永徽五年，築羅城。天祐元年，匡國軍節度使韓建改築，約其制，謂之新城。宋、金、元皆因之。明洪武初，都督濮英增脩。周四十里，高三丈。門四：東曰長樂，西曰安定，南曰永寧，北曰安遠。四隅角樓四，敵樓九十八座。十七年，建鐘皷二樓於城内，東西相距半里許。正統五年脩葺。布政王暹爲記。嘉靖五年，巡撫王藎重脩城樓。有少保王用賓記。隆慶二年，巡撫張祉甃以甎。有布政曹金記。崇禎末，巡撫孫傳庭築四郭城。闖寇入關，焚東門樓及南月城樓。本朝順治十三年，巡撫陳極新脩葺如制。康熙元年，雨圮。總督白如梅、巡撫賈漢復重脩。三十八年，復脩城内皷樓。咸寧知縣董弘彪記之。

《〔乾隆〕興安府志》卷四《建置志・城池》 府城。《通志》：舊爲金州城，宋元以來並爲土築。明洪武間指揮李琛始甃以甎。周六里二十八步，高一丈七尺。門五：東曰朝陽，西曰寧遠，南曰安康，北曰通津，曰臨川。池深九尺，闊五尺。成化間巡撫藍章命漢中府推官趙清重修。金州城高二丈，池深一丈，門構一樓。萬曆十一年大水，城圮。十二年分守道劉致中請築新城於趙臺山下，易名興安州。周三里一百一十六步，高一丈八尺。門四：東曰喬遷，西曰安堵，南曰阜民，北曰拱辰。西南鑿池，池各有橋。崇禎十六年，守道張京復修舊城，未及竣。後流賊餘孽劉二虎陷新城，平其城隍。本朝順治四年，知州楊宗震復移舊城。總兵任珍建議截城之半，西門移入蕭家巷口。周七百二十八步，高二丈二尺。門四：東曰仁壽，西曰康阜，南曰嚮明，北曰拱辰。門各有樓，四角亦建樓，濬濠。十年，總兵趙先瑞加濬。十五年分守道曹叶卜、知州王章重加築濬。二十建四門甕城。康熙五年闢小北門。六年總兵喻明簡及章重脩垛口、敵臺。二十四年總兵程福亮、知州李翔鳳脩築。三十二年漢水瀑漲，城圮。脩築未竟，四十五年城復圮於水。四十六年奉旨動帑改建於趙臺山下。在舊城南三里。周七百三十三丈。府册：乾隆四十八年，州陞府爲興安府城，安康縣附郭。

《〔乾隆〕鳳翔府志》卷二《建置・城池・鳳翔府》 土城周一十二里三分。唐李茂貞築。明景泰、正德、萬曆間凡三修。高三丈，厚稱之，女墻甎砌。國朝乾隆十七年，縣令史曾奉檄重修，高厚仍舊。垛計四千二百有六。門四：東曰迎恩，南曰景明，西曰金鞏，北曰寧遠。門各有樓。南門迤東，舊有小南門，今塞。又其東，有文筆塔一座。西北城上有鳳凰樓，内懸大鍾一。週城窩舖八處。城外壕深二丈五尺，闊三丈。壕水起自城西北隅鳳凰泉，分東南二流繞城四圍，至三岔河合流入渭。

《〔乾隆〕鳳翔府志》卷二《建置・城池・隴州》 土城周五里三分。明景泰元年，知州錢日新增築，後陸續增修。高三丈，基厚二丈六尺，頂厚一丈。女墻甎砌，高五尺。國朝順治十七年，知州黃雲蒸重修。康熙五十二年，知州羅彰彝又修。城介兩河，每水冲輒壞。乾隆二十年，知州韓成基捐費補修。高厚仍舊。門四：東曰迎恩，西曰攬翠，南曰挹薰，北曰拱極。城外壕深二丈，闊一丈五尺。

《〔乾隆〕直隸商州志》卷四《城池》 州城秦孝公十一年城商塞。晉興寧末王靡之改築故城。宋令狐厲建樓城上，邵康節有詩。元安西路判官寡骨里拓修。周五里，高二丈五尺，池深二丈。形如鶴翔，面對龜山，謂之龜山鶴城。門三：東曰覲陽，西曰靖羌，南曰鎮遠。西南水門一，曰靖順。中各有樓。明洪武間，知縣陳榮祖重修。成化中知州孫昌復修。十八年吏目劉璽甃其半。嘉靖癸未，參議蘇乾悉甃以甎。有檢討段炅記。隆慶丁卯知州陳潞增修。萬曆丙子知州李石嶺添修敵臺、垛樓。庚子知州王邦俊修門樓。本朝順治二年，商洛道袁生芝重修，建譙樓於州治前。乾隆五年如玖重加修補。

《〔嘉慶〕漢陰廳志》卷三《城池》 明成化元年始築墻建門。司工者典史徐輝。二十三年知縣張大綸建四門樓。弘治九年知縣唐希介周圍拓寬四尺。正德七年知縣丁珣加高砌磚。嘉靖十四年知縣李時秀濬濠，題門：東曰迎暉，南曰南薰，西曰承恩，北曰拱宸。萬曆十二年及四十六年，知縣袁一翰、張啓蒙遞加補修。崇正十年閏四月，流賊陷城。十一年知縣張鵬翶增埤濬池。至本朝以年久崩圮，西南水刷一角。康熙二十五年，知縣趙世震補築復完。乾隆三十二年，知縣黃道嘉詳請重修。磚城統長五百九十五丈五尺，底寬一丈五尺，頂寬一丈，高一丈五尺。女墻七百五十二。北面無門，建三門：東曰日升，南曰文明，西曰肇慶。歷年既多，漸有剥損。嘉慶元年教匪滋擾，署通判高藍珍補修，十一年寧陝匪叛。十八年鄖匪警聞，通判錢鶴年見城池坍淤，北面更甚。捐廉勸輸幫土添磚，濬池寬尋深丈。引西河水繞北。及東南八月河四隅各建砲臺。因城北倚龍岡，易致窺偵，添建譙樓一，敵樓三，灰瓶石子粥竈湯鑊俱備，一時賴以無虞。貢生陳九齡有記。

《〔道光〕榆林府志》卷五《建置志・城池・榆林府縣城》 東倚駝山，西臨榆谿，南帶泥溝河，北鎖雄石峽，係極衝重地。明正統初，都督僉事王楨建榆林諸堡，時鎮在綏德，寇入輒不及禦。成化九年，巡撫余子俊徙鎮於此，依舊城剏脩。北城置衛所，設榆林衛指揮使司。二十二年，巡撫黄黻展北城。弘治五年，巡撫熊繡展南城，周十三里三百十四步。正德十年，總制鄧璋築南關外城。即今南城。隆慶元年，巡撫王遴築邏城。自水西門至訊敵樓，計七里。萬曆元年，巡撫張守中增築。上垣闊三丈，下闊五丈，高三丈六尺。池深一丈五尺。嘉靖間巡撫張珩，隆慶間巡撫郜光先，萬曆間巡撫宋守約、王汝梅，副使洪忻、趙雲翔，總兵傅津、賈國忠相繼甃以甎，號曰駝城。計大樓十五，腰舖四十七。門七，東二，振武門、威寧門，今威寧門廢。南一，鎮遠門。西四。新樂門、龍德門、宜威門、廣榆門，今龍德門廢。鼓樓二，一在南城大街，今廢，改爲新樓，一曰星明樓。一在中城大街。鐘樓在北城大街。邊垣長三十一里三百五十八步，墩臺七十四座。國朝城仍舊制。計東西各長一千九百五十步，南北各長七百二十七步，周圍共長五千三百五十四步。康熙六年，總兵韓應琦、榆林道周雲福重脩。十年總兵許占魁、副使高光祉、城堡同知譚吉璁，重脩中城鼓樓。十一年脩鐘樓，俱吉璁爲記。雍正九年改設府縣。乾隆十三年知縣邱時隨請脩。二十七年知縣徐元弼捐脩。

按：三拓榆城，先置者北城。今之上帝廟、高臺即當年南城基也。内有鐘樓一，今無，而土人猶稱爲鐘樓山焉。嗣將南城展至凱歌樓爲止。此樓即當年之南門，現有「古懷德門」四字。後復展至現在之南門爲止。故舊有北城、中城、南城之目。

《〔道光〕榆林府志》卷五《建置志・城池・葭州》 葭州，宋熙寧中置葭蘆寨，據山爲固，因河爲池，號鐵葭州。金元屢經繕脩。明洪武初，守禦千户王綱改建。自北而南截三分之一增築垣墉，分内城北郭。隆慶間知州章評增堞南郭外城周三里五分，高三丈。石甃。内城南北門二：南曰德安門，上爲德風樓，外有月城障之，山腰一門，東通黄河。北曰揚武門，上爲文昌樓。北郭下北門曰鎮遠。萬曆四年，知州尹際可建南郭東西二門：東曰天險，西曰通泰。水門各一。天啓中知州盧揚輝脩築。國朝城仍舊制。正城周圍共長四百二十五丈九尺八寸。北郭周圍共長一百六十八丈三尺五寸，南郭周圍共長八百一十四丈。順治十五年，知州武宏祖重脩，自爲文記之。康熙十六年，知州孫毓奇重建南北門樓，有李泰業記。乾隆三十二年，知州鄭仔請脩，與榆林知縣方應清、神木知縣方萬年分脩。四十七年，知州金之佩補脩北城之東城。五十一年，知州王石潤補脩北城之西南城。譙樓建州治前。

《〔道光〕榆林府志》卷六《建置志・關隘》 常樂堡。鎮志：在榆林縣東三十里。南至葭州一百四十里。北至大邊半里。東至雙山堡四十里。漢榆溪地，名岔河兒。明《世法録》：成化十一年，巡撫余子俊脩營堡十二座。常樂係創治。弘治二年，巡撫盧祥因其地沙磧無水，徙于北二十里，置今堡。東柳樹會官家岔之運道，西通鐵鑪莊殺草灣之炭窰。《明紀事本末》：嘉靖二十五年，虜犯常樂堡，遊擊高天吉等敗之。《延安府志》：城在平川，周三里零五十步，樓舖十五座。係極衝中地。萬曆六年重脩。高三丈五尺，邊垣長一十八里有奇，墩臺三十七座。本朝乾隆三十三年，知縣方應清請脩。有分防把總。邊外有白崖河，舊爲鎮軍草地。

雙山堡。鎮志：在榆林縣東少南七十里。南至葭州五十里，北至大邊十里，東至建安堡四十里。漢真鄉縣地。明正統間築水地寨。成化時余子俊移築今堡，併柳樹會兵守之。《圖書編》：嘉靖時曾銑言，自雙山起至龍州城，計四百九十八里，邊墻宜築。《名山藏》：成化元年，王越擊虜於雙山堡，敗之。《延安府志》：城在山岡，周三里九十步，高一丈九尺。東西南門三，樓舖二十四座。東北深溝，南面峻坡深壑，惟西稍平。係極衝中地。萬曆六年重脩，邊垣長三十里有奇，墩臺四十座。今有分防外委。邊外邵家梁，舊爲鎮軍草地。

歸德堡。鎮志：在榆林縣南四十里。南至魚河堡四十里，東至常樂堡四十里，西至響水堡四十里。唐《黨項州圖書編》：歸德、魚河在榆林鎮之南，適當河套之正中。《延安府志》：明成化中，巡撫余子俊建在半山半川。周二里六十七步。南北門二，樓舖十五座。係腹裏中地。嘉靖十九年增築西關。萬曆五六年重脩，高三丈。本朝乾隆二十三年，知縣徐元弼請脩。有分防外委。

魚河堡。鎮志：在榆林縣南八十里。南至米脂縣九十里，東至榆林石佛堂界六十里，西至響水堡四十里。地名黑土圪塔。明《世法録》：正統二年置魚河堡於九股水。成化十一年，巡撫余子俊移置今所。居無定，明堂兩河之會，撤魚兒河軍守之。《圖書編》：侍郎葉盛等請以魚河官軍移守，添築新堡。《延安府志》：城在半山。周三里三百步。南北門二，樓鋪十五座。係腹裏上地。隆慶六年增脩，高三丈。萬曆四年甎砌牌墻垜口。本朝乾隆三十三年，知縣方應清請脩。有分防把總外委。

保寧堡。鎮志：在榆林縣西三十里。南至歸德堡四十里，北至大邊一里，西至波羅堡四十里。古梁城地。《延安府志》：明成化間巡撫盧祥建。弘治二年巡撫劉忠移築今堡。嘉靖四十三年，巡撫胡志夔增脩。城在平川，周二里一百四十步，高一丈九尺。南門一，樓鋪七座。係極衝下地。萬曆六年重脩。九年參將臧士賢增築東關。邊垣長二十里，墩臺三十六座。今設守有大川口，在堡外二十五里，有分防把總。

建安堡。鎮志：在葭州北一百五十里。北至大邊五里，東至高家堡四十里。西至雙山堡五十里。地名崖寺子。《延安府志》：明成化十年巡撫余子俊增置。城在山畔，周二里一百七十二步，樓鋪十五座。係極衝上地。萬曆三十五年，巡撫涂宗濬用磚包砌，長二十里八十一步。墩臺二十三座。按，建安舊屬葭州。本朝乾隆二十三年，知州劉度昭請脩。二十七年改屬榆林，設有分防外委。

大柏油堡。鎮志：在神木縣西三十里。南至黄河一百二十里，北至大邊二里，西至柏林堡三十里。其地産柏多油，故名。《延安府志》：明弘治初置城在山上。周二里九十二步，高二丈。西南北門三，樓鋪十二座。係極衝下地。萬曆三十五年，巡撫涂宗濬用甎包砌。邊垣長四十三里一十六步。墩臺二十六座。舊設分防守備，今裁。

高家堡。在神木縣。西一百里。鎮志：北至大邊三里，東至柏林堡四十里，西至建安堡四十里。地名飛鴞州。《延安府志》：明正統四年巡撫陳鎰建。成化中巡撫余子俊展脩。城在平川，周三里二十九步，樓鋪十五座。係極衝上地。萬曆三十五年，巡撫涂宗濬用甎包砌。邊垣長四十二里二百三十八步，墩臺四十四座。按，高家堡舊屬葭州。本朝乾隆二十七年改屬神木。三十三年知縣方萬年請脩。設有分防都司外委。

孤山堡。縣册：在府谷縣西北四十里。西至鎮羌堡四十里，東至木瓜園四十里，南至黄河四十里，山西交界，北至大邊四十里。設守備一員防守。《延安府志》：本孤圪塔馬營。明正統二年置在西山。成化中移置，城在山畔。周三里三十四步，高二丈。南北門二。係次衝上地。背山俯川，城中無水泉。萬曆三十五年，巡撫涂宗濬砌以甎。邊垣長三十七里。樓鋪十四座，墩臺五十座。本朝乾隆三十六年知縣鄭居中請脩。設有分防千總外委。

鎮羌堡。鎮志：在府谷縣西北八十里。東至孤山堡四十里，西至永興堡四十里。縣册：南至黄河一百二十里。山西交界。北至邊墻十五里。明《世法録》：明初置在東村。成化二年，尚書王復奏，以東村堡移出高漢嶺。《延安府志》：城在山原。周二里零。係極衝中地。樓鋪十座。萬曆三十五年砌以磚。邊垣長四十五里，墩臺二十九座。本朝乾隆二十三年，知縣歐陽照請脩。設有分防都司外委。

木瓜園堡。縣册：在府谷縣北五十里。東至清水營三十里，南至孤山堡四十里，北至大邊三十里。《延安府志》：即明初木瓜園砦，成化十六年改置堡。二十三年展築中城。弘治十四年增新城在山上。周三里二十四步，高一丈七尺。東西南門三，樓鋪十七座。係次衝上地。萬曆三十五年，巡撫涂宗濬甃以磚。邊垣長三十三里，墩臺三十二座。本朝乾隆三十三年，知縣鄭居中請脩。四十七年，知縣麟書捐脩上東城。四十九年知縣宓元方、五十五年知縣吴瀚並請脩。設有分防守備外委。

黄甫川堡。縣册：在府谷縣東北七十里。東至黄河二十里，西至清水營十里，北至大邊二十里。《延安府志》：明天順中置，弘治中添設關城。周三里二百七十四步，高一丈八尺。樓鋪十六座。西北據山，東南臨川。係次衝中地。萬曆三十五年，巡撫涂宗濬甃以磚。邊垣長二十里二百十一步，墩臺二十八座。今設分防遊擊把總外委。按《延安府志》，黄甫川堡，東有暖泉砦，南有高崖寨，西南有柏林峁寨，皆古寨也。又黄甫川堡北六十里，有樓子營。城堞俱存。明初始移於河東河曲縣。散其民於賈家窟沱等處。

通秦砦。州志：在葭州西北五十里岔道舖西，葭蘆河東。《宋史·地理志》：地名昇囉嶺。元符二年賜今名。東至黄河二十九里，南至神泉砦四十二里，西至女萌骨堆界堠五十里，北至通秦堡二十七里。州册：元畢浩以義兵屯葭州通秦寨，即此。今誤名通心砦。前代爲砦，漢互市地。《元一統志》：通安晉安堡，隷通秦砦。

波羅堡。鎮志：在懷遠縣東四十里。南至綏德州二百二十五里，北至大邊十三里，東至響水堡四十里。漢白土縣地。正統十年巡撫馬恭置。以有波羅寺因名。明《世法録》：嘉靖三十二年，虜犯波羅堡。都御史王以旂擊敗之。《延安府志》：城在山畔。周二里二百七十步。東西門二，樓鋪十座。係極衝中地。萬曆元年重脩。六七年加高，共高三丈五尺。磚砌牌墻垜口。邊垣長三十五里四十七步，墩臺三十五座。本朝乾隆三十八年，知縣胡紹祖請脩。設有分防參將守備把總。

響水堡。鎮志：在懷遠縣東南八十里。南至綏德州一百二十里，北至大邊七十里，東至歸德堡四十里。漢圁陰地。明《世法録》：成化二年尚書王復移出黑河山，易名平夷。九年巡撫余子俊言，平夷水脉頓涸，其響水舊堡尚完好可居，乞還舊處。《延安府志》：城在山坡。周三里二百一十步。南北門二，樓鋪八座。係極衝中地。西南倚山。萬曆六七年增脩，高三丈。磚砌牌墻垜口。邊垣長十九里二百七十六步，墩臺二十二座。本朝乾隆三十八年，知縣胡紹祖請脩，設有分防外委。

清平堡。鎮志：在懷遠縣西八十里。南至延安衛屯七十里，北至大邊十五里，西至龍州城三十里。漢白土縣地，後爲磚營兒。明《世法録》：成化十一年，邊備尚書王復移白落城於磚營兒，易名清平。後巡撫余子俊言，清平去水太遠，乞仍舊處。其新堡撥兵守護。延綏參將房能奏，白落城北，地名甎營。塞門堡北，地名榆柳，依據險阻，水草便利，又與大兔鶻龍州城徑接。可將安定守軍併入白落。總制鄧璋言，清平堡大澗墩至中沙墩二十四里，邊墻宜脩。《明紀事本末》：嘉靖二十五年，虜入梁家墩，犯清平堡。遊擊高極追之陷伏，敗。隆慶元年，虜犯小芹河，復攻清平堡。遊擊郭鈎固守不下，乃引去。《延安府志》：城在山原。周三里八十步，南北門二，樓鋪十三座。係極衝中地。隆慶六年加高。萬曆六年增脩。高三丈二尺，甎砌牌墻垜口。邊垣長三十一里二百六十九步，墩臺三十一座。堡南平衍，通白落臥牛等城。東北有溝，有鮓鮑湖，在邊外五十里。其水貫墻而入，岸基傾圮。靖邊監司文作於邊外得石數丈，用以障水。鑿穴導流，石若梁焉。於石上施城墻，基遂固。今設分防外委。案，地名榆柳，一作榆林。非。

《〔道光〕寧陜廳志》卷二《城郭》　廳治，乾隆四十八年建設。舊無城垣。嘉慶三年賊匪滋擾，署通判左觀瀾勸廳民捐築土堡，資捍衛者八載。十一年七月老關口兵變，燬廳署及城内民房一空，土堡坍塌。十六年同知胡晉康請帑建脩。十七年興工，十九年報竣。城土身周圍五百六丈，根厚二丈，頂寬一丈一尺。海漫磚二層。垜墻高四尺八寸，女墻一尺六寸，垜口一千二十俱甃磚。敵臺十三座，馬道六處，堆房五間。門三：南曰治安，北曰迎恩，東曰清正。西跨廖家山，東臨長安河南，北因溝爲壕。城内北門自署前爲北街，署前自南門内爲南街。城内水泉不多，樵汲皆自東門。

《〔道光〕鄜州志》卷二《建置部·城郭》　鄜城，築於宋經畧安撫招討使范仲淹，金時吴知院爵里無考。加築。週貳百壹拾叁步，外城週拾里。西倚山，東濱洛。明嘉靖七年按察副使汪珊、知州杜蕙築堤以捍城，上建龍神廟。十六年副使吴瀚、知州金萬績植柳以固堤，號柳林城。十九年副使謝蘭，二十年副使劉宗仁、知州張旄增建角樓、門樓。二十九年副使宋用增築南北外城一層。四十一年水衝，東北城圮。副使張西銘、知州蘇時化補築衝垣，校舊基稍内移焉。四十二年，水又衝新舊城垣百餘丈，知州蘇璜又稍移内補築。四十五年，兵備馮舜漁增築外城一層，直以西山爲西城。自此南北有二重關矣。隆慶六年，兵備程鳴伊就新城增高四丈，睥睨皆砌以甎。改建南、北、東三城門，各建重樓，其外對樓各一，角樓、敵樓各二。萬曆六年，兵備李采菲、知州閻思孝捐廉，甎砌舊内城、舊外城門埤，又建重樓。崇禎六年，兵備王楫以流寇截斷第二層外城，保守第一層。十五年，兵備楊彤廷修西山爲寨，下因山麓作石頭城。亂後故城爲墟。國朝順治初，以故城寥落，屢受水患，又截斷第一層外城，保守内城。十七年，知州顧耿臣、分巡道許瑶、知府牛天宿、推官荆柯捐廉興修。十八年，分巡道李榮宗又捐廉，始竣厥工。康熙七年後，洛水漸就北關，向之柳堤反在河之東矣。二十五年，水大溢，官民廬舍悉歸烏有。雍正初漂没，僅存南關，即今州城也。此後隨灣砌石，截岸築城。水氾溢則用板木塞門。道光元年，水大入城，高阜屋宇淤痕，訖今尚浮壁半；低窪官民室廬，倒塌十之八九。州官及兩學吏目，俱賃民房居住。知州碩慶詳請沿河被淹地畝緩徵，修理城堤廟署外，於全塌半塌民房，俱酌給銀兩；被災大口小口，俱酌給口糧。二年，知州楊名颺築河堤一百七十丈，築城一百一十六丈。三年，水又衝新舊堤四十餘丈。四年，知州嚴淳詳請於新築城外又幫築一層。八年，鳴捷蒞任伊始，詳勘城垣河堤，以挑控引河，使水歸槽，估計請修在案。舊志：内城二里一百三十步，南北第一層關廂外城連山八里，南北第二層關廂外城連山九里三分。南二層外城門一重，南一層外城門一重，東南小水門一重，東水門一重，西城門一重，北内城門一重，東北小水門一重，北一層外城門一重，北二層外城門一重，内西城北門一重，南門一重，是大小有十二城門也。今存於南者内城門二重，扁曰「保鄜」。外有旅舍菜園數家。外城門二重，扁曰「迎熏」。池東大路，池西塋塚壘壘。存於東者城門一重，扁曰「鎮洛」。存於北者外城門二重，一則門樓，淤陷幾與地平；一則懸立洛岸，人蹤罕到，往來皆由舊北城穿一土洞遶出其西。内城門一重，扁曰「威朔」。存於西者，西南小門一重。此外又有東南小水門一重。僅八門而已。舊志，城濠深廣二丈，周匝城外。今惟南内城外東有城濠，並不深廣，爲出入東南小水門必由之路。城内由南門至北門，計袤延肆百叁拾肆弓。内南門至外南門，貳百玖拾貳弓。由東門至西山之麓，計袤延貳百陸拾捌弓。週圍城墻高貳丈肆伍尺，厚壹丈壹貳尺不等。入南門數拾弓右折爲城隍廟，小巷與大巷通；左折爲學巷，與出北門街通。再右折爲城隍廟，大巷與州治通。再左折爲文廟巷，再右折爲州治。再左折爲考院巷，再右折爲東巷。出東門再左折爲西巷，通舊街。北有鐘樓一座，名保大樓，唐置保大節度時所建，下通北門，上懸銅鐘。唐寶室寺鐘，貞觀三年鑄，有銘。自南門至此名大街，商賈列肆而居。出西巷有南北街一道，名舊街，民賈雜居。山麓至山腰，比屋鱗次，迆邐曲折。北邊有小泉巷、官泉巷，南邊有南關巷、瓦廠巷，通往來焉。

《〔光緒〕寧羌州志》卷二《建置・城池》 寧羌州治在白馬氏之東羊鹿坪。明洪武三十年建衛。成化二十三年增建州治，築城於衛治之南。四面繞流，地勢頗壯。建門四，東陽和，西永惠，南南薰，北通濟。嘉靖丙午，知州蕭遇祥、指揮岳喬各依分界增城樓。萬曆癸未知州盧大謨補繕。我朝乾隆二十四年，知州高自位請項修理。周四里四分，長七百九十二丈。外甎内土，高二丈，底寬一丈八尺，頂寬一丈二尺。堞墻垛墻共高五尺。城樓四座，月城四座，土城柵欄四道。嘉慶十五六年秋雨連綿，城身垛墻裏皮土牛並東西月城門洞，四門城樓，均有坍塌。知州鄭緒章領項修繕。同治二年兵燹後，知州汪炳煦、陳景修、羅驤、楊翰霄均隨時葺治之。

《〔光緒〕定遠廳志》卷六《建置志・城池》 定遠城秦以前無考。漢城西鄉。《後漢書》班超封侯詔云，其以漢中郡南鄭之西鄉户千爲定遠侯。舊注：定遠故城在今西鄉縣南二百里，久廢。三國蜀置南鄉縣城。按《通鑑》注，在西鄉縣東南歸仁山，即今漁渡壩。久廢，址存，曰古城堡。晉改西鄉縣城。西鄉名縣，自此始。屬漢川郡，宋齊仍之。北魏置洋州，洋用郡城。酈道元《水經注》洋水發源星子山，故名。山在廳治南，其城當是南鄉舊治。後魏改豐寧縣城。西魏分置懷昌郡。以上二城修築均無考。周降縣。隋復西鄉縣城。初廢郡。大業初廢州，縣復名，屬漢川郡。唐復置洋州城。武德七年置，洋源縣屬焉。天寶中又徙，西鄉縣屬之。寶曆初廢。五代仍復西鄉縣，即今之縣治。屬漢川郡，宋仍之，元徙治屬興元路，明屬漢中府。國朝初仍舊制。嘉慶七年，置廳於西鄉縣東之固縣壩。按城分新舊，先是都司張俊督兵民築土堡三百丈，是爲舊城。嘉慶八年，同知嚴如熤遵母命捐廉擴修，東接土堡，圍圓一百七十二丈二尺，底寬一丈二尺，頂寬八尺，高一丈二尺，女墻四尺。並建南、西、北三門樓，是爲新城。又捐貲重修舊堡，裹以石，兩城如合，共圍四百七十二丈二尺。是年八月經始，九年十月落成。十三年，同知李樞煥捐修東門樓。二十二年，山水沖坍東城，同知馬允剛請帑補修。有碑，見《藝文》。城内街凡十二：曰南街、西街、北街、沈家街、興隆街、上周家街、下周有街、景家街、張家街、馬王廟街、金家街、九道拐街。城外之街凡二：曰大南街、北關街。巷凡二：曰張家巷、龐家巷。

甘肅

《〔乾隆〕甘肅通志》卷七《城池・蘭州》 城自隋開皇初徙西，古城築皐蘭山北，少西濱河。明洪武十年，指揮同知王得增築。東西長一里二百八十步，南北長一里八十二步，周六里二百步，高三丈五尺，闊二丈六尺。東、西、南池深三丈，城北因河爲池。門四：東曰承恩，南曰崇文，西曰永寧，北曰廣源。上各建層樓。宣德間，僉事卜謙、指揮戴旺自城西北起至東築外郭城，凡一十四里二百三十一步。正統十二年，又增築承恩門外郭，自東至北七百九十七丈有奇，名曰新關。郭門九：東曰迎恩，東北曰天塹，又東北曰廣武，南曰拱蘭，東南曰通遠，西南曰永康，又西南曰靖安，西曰神川，北曰天水。弘治十年，都指揮梁瑄又築東郭外墻三百六十丈，爲遊兵營使居守之。萬曆八年，甃以磚石。皇清康熙五年，甘肅巡撫移駐。六年，都御史劉斗補修，重建城樓。

《〔乾隆〕甘肅通志》卷七《城池・臨洮府》 府城，自宋熙寧五年，王韶大破羌人，城武勝軍。金元因之，增修洮河上，故曰洮城。明洪武三年，指揮孫德增築。周圍九里三分，高三丈，池深一丈。門四：東曰大通，西曰永寧，南曰建安，北曰鎮遠。俱甃以甎。上建重樓、戍樓九，角樓四。二年，增築北郭。景泰四年，知府劉昭重修，闢東、西、北三門。隆慶三年，知府申維岱、知縣何常春重修。

《〔乾隆〕甘肅通志》卷七《城池·河州》 州城，秦苻堅建，元時逼近北塬。明洪武十二年，指揮使徐景改築。周九里三分，高五丈，厚三丈，池深三丈。門四：東曰平秩，南曰安遠，西曰定羌，北曰鎮邊。上各有敵樓。嘉靖時，知州聶守，中因防邊警創南郭，周三里有奇，郭門一，仍建重樓。康熙四十四年，知州王全臣同守備張祖淳重修。

《〔乾隆〕甘肅通志》卷七《城池·鞏昌府》 元中統二年，都總帥汪世顯即通遠軍拓其故址，甃以石。明洪武十二年，指揮劉顯重修。周九里一百二十步，高三丈一尺，池深三丈七尺。門四：東曰阜安，西曰静安，南曰武安，北曰靖安。皆建樓其上，角樓四、戍樓四，磚堞六尺。正德初，增築東、西、北三郭。嘉靖十二年，總制唐龍增葺。隆慶二年，隴右道李維楨又增築北郭，開東、西、北三門，建樓其上。

《〔乾隆〕甘肅通志》卷七《城池·岷州》 舊城築於西魏。明洪武十一年，指揮馬華始築新城。周九里三分，高三丈六尺，池深二丈。門四：東曰春熙，西曰安遠，南曰政和，北曰宸宿。上建層樓四，箭樓一，角樓五。弘治十一年，副使張泰重修。萬曆九年，羅維垣增築西營小城。隆慶二年，副使劉侃拓北隅。六年，副使呂鳴珂增修。

《〔乾隆〕甘肅通志》卷七《城池·洮州衛》 衛城，明洪武二年，曹國公李景隆建。周九里，高三丈，池深一丈五尺。四門，各覆以樓：東曰武定，西曰懷遠，南曰鎮南，北曰仁和。成化五年，指揮李隆重修。弘治十一年，副使張泰重修。萬曆十年，副總兵李煦改築北城。十二年，副總兵李芳增修新城。

《〔乾隆〕甘肅通志》卷七《城池·西固城》 古武都郡地，宋紹興二十年，福津令張俊良築。明洪武十四年，千户姚富展築，以舊城爲西關。周三里，高三丈，池深八尺。闢四門：東曰望陽，西曰戎服，南曰鎮静，北曰永泰。南、北、西三門俱覆以樓。東門在駝嶺上，無樓。萬曆三年增築。

《〔乾隆〕甘肅通志》卷七《城池·平涼府》 府城，自唐德宗令劉昌增築，元末李思齊部將袁亨分爲南北二城。明洪武六年，總兵官平涼侯費聚修復如舊。周九里三十步，高四丈，池深四丈。門四：東曰和陽，南曰萬安，西曰來遠，北曰定北。康熙八年，知府程憲、知縣李焕然重修。

《〔乾隆〕甘肅通志》卷七《城池·固原州》 州城土築，宋咸平三年，曹瑋所築鎮戎軍城也。金興定三年，地震，城圮。四年，重築。元末廢。明景泰三年修復，成化五年增修。周九里三分，高三丈五尺，有東、南二門：曰安邊，曰鎮夷。弘治十五年，總制秦竑更開西門，曰威遠。又築外城爲關，門四：南曰鎮秦，北曰靖朔，東曰安邊，西曰威遠。萬曆三年，始甃以磚。康熙四十九年，鎮綏將軍潘育龍重修大小樓二十四。外城周一十三里七分，高三丈六尺，池闊深各二丈。遂爲雄鎮。

《〔乾隆〕甘肅通志》卷七《城池·涇州》 州城土築，古建涇陽。元至正十九年，院判張庸築。明洪武三年，同知李彦恭改築。周三里計三百八十六步，高二丈五尺，池深一丈，南、北二門。成化十三年重修。隆慶二年，知州范岡增築西面。萬曆三年，知州趙行可增築南、北、東三面。六年，磚砌女墻，修南、北二樓。門三：曰東盛，曰承熙，曰永寧。雍正三年，知州楊文燦補修。七年，知州盧愈奇接修。

《〔乾隆〕甘肅通志》卷七《城池·静寧州》 州城建於宋。明天順初，知州蓋瑗重修，增築外垣及東西邏城，周七里八十六步。成化、嘉靖、萬曆中，俱相繼修葺。順治十年，知州劉瑞重築，周五里一分，高三丈四尺，池深一丈八尺。十七年，知州李聖民補築。雍正二年，知州李正發重修内城。門三：東曰迎春，西曰餞暉，南曰向離。關門二：西曰戢寧，南曰保障。又便門九。

《〔乾隆〕甘肅通志》卷七《城池·慶陽府》 城因原阜之勢，其形如鳳，謂之鳳凰城。周七里十三步，東高十三丈，西高十一丈，南、北高九丈。引東西二河之水爲隍池。門四：東曰安遠，西曰平定，南曰永春，北曰德勝。各覆以樓。明成化初，參政朱英修築，並建南關甕城，周三里。嘉靖三十五年，知府梁明翰重修。順治十五年，守道張元璘、知府楊藻鳳復修葺。

《〔乾隆〕甘肅通志》卷七《城池·寧州》 州城，五代梁隆德二年，刺史牛知業建。東倚山，南、西、北俱阻河爲池。周三里四十步，高四丈。門三：東曰賓暘，南曰朝天，西曰保寧。南關城周二里。明成化初，參政朱英、知州閻定之重修。萬曆初，知州馬彦卿易土堞以磚，更築關廂四面高城一道，增設北門。順治三年，知州程維新於郭城内築堡。順治五年，知州趙鳴喬重修。

《〔乾隆〕甘肅通志》卷七《城池·甘州府》 舊城周九里三十步。明洪武二十五年，都督宋晟於東偏增築新城，周三里三百二十七步，總一十二里三百五十七步，高三丈二尺，厚三丈七尺。門四：東曰延熙，西曰廣德，南曰延恩，北曰永寧。池闊三丈七尺，深一丈三尺。又於四面俱築關城。

《〔乾隆〕甘肅通志》卷七《城池・涼州府》 舊城，唐初李軌所築，周一十五里，高四丈八尺。明洪武十年，都指揮濮英改築，周一十一里一百八十步。舊有東、南、北三門，宋晟增闢西門，共四門。濠闊三丈，深二丈。萬曆二年，甃城以磚，增築東關，廂城長里許。

《〔乾隆〕甘肅通志》卷七《城池・寧夏府》 府城本趙德明舊址，元末寇亂難守，棄其西半。明正統間復築之，謂之新城。周一十八里，高三丈六尺，池深二丈。門六：東曰清和，南曰南薰，西南曰光化，西曰鎮遠，北曰德勝，西北曰振武。明萬曆三年，巡撫羅鳳翔重修。萬曆二十二年，巡撫周光錫增繕。後巡撫楊時寧、黄嘉善、崔景榮相繼補修。順治十三年，巡撫黄圖安修繕。康熙元年，巡撫劉秉政繼修。先是，垜口敵臺俱内向，康熙四十三年改築，俱向外。

《〔乾隆〕甘肅通志》卷七《城池・滿城》 在寧夏府城東北二里，周六里三分，高三丈六尺，池深二丈，闊六丈。門四：東曰奉訓，西曰嚴武，南曰秦安，北曰定邊。雍正元年築建。

《〔乾隆〕甘肅通志》卷七《城池・靈州》 城舊在黄河南。明洪武十七年，河水衝圮，移築河北七里。宣德三年又爲河水所衝，再移築於東北五里。景泰三年展築，並南郭周七里八分，高三丈，池深一丈。萬曆五年，巡撫羅鳳翔甃以磚石。門有四：東曰澄清，南曰宏化，西曰臨河，北曰定朔。上各有樓。

《〔乾隆〕甘肅通志》卷七《城池・西寧府》 舊城元末久廢。明洪武十九年，長興侯耿炳文因舊改築，周八里五十六丈，高五丈，門四，池闊二丈五尺，深一丈八尺。東關外城延一里許，爲門三。萬曆四年，兵備道董汝漢重修。康熙四十八年，衛守備廖騰煒補修。

《〔乾隆〕甘肅通志》卷七《城池・直隸秦州》 唐天寶五載，節度使王忠嗣築雄武城。宋知州羅拯增築東、西二城。明洪武六年，千户鮑成約西城舊址築大城，周四里一百二步，高三丈五尺，池深二丈。闢東、西二門：東長安，西咸寧。嘉靖十一年，又闢南、北二門。又大城之東爲東關城，占古城之半，門二。成化間重修大城之西爲中城，東接大城，西距羅玉河，門二。又西爲西關城。正德中，增築高廣，稍次中城，門四。又西爲小西關，亦曰伏羲城，以内建太昊宫也。門二。四城皆與大城聯屬。順治十一年皆重修。

《〔乾隆〕甘肅通志》卷七《城池・徽縣》 古河池縣舊址。明洪武初增修，周四里有奇，高二丈。土疏善圮。正德六年，蜀寇入陷，知州侯禋重加展築，周五里有奇，高三丈，有門四，池深一丈。後漸圮。嘉靖初，知州白松覆以屋八百餘間。二十二年，屋始頹壞，知州許釗始用磚甃撤屋而新之。又增置門樓：東曰望京，西曰鎮羌，南曰通蜀，北曰眺隴。康熙九年及二十九年，相繼修葺。

《〔乾隆〕甘肅通志》卷七《城池・直隸階州》 舊城在隴坻岡上。明洪武五年，知州簡原輔始建磚城，周二里高二丈四尺，池深八尺。門四：東曰望春，西曰鎮羌，南曰望江，北曰望辰。景泰間、正德間相繼重修。隆慶間復建土城於磚城之西，謂之西關城。周三里，高二丈，池深五尺。明末毁於寇。順治十三年，知州陳加論、副將羅映台復修。康熙八年，副將林忠、知州戴其貞重修。

《〔乾隆〕甘肅通志》卷七《城池・直隸肅州》 舊城周三里三百一十七步。明洪武二十八年，指揮裴成於東城展築四里八十步。周八里，高三丈五尺，東、南、北三門。池闊八丈三尺，深二丈。成化二年，巡撫徐廷璋增築東關廂，東西二里，南北一里五十步，高二丈，亦環以池。

《〔乾隆〕甘肅通志》卷七《城池・安西衛》 即安西鎮城。雍正六年建，周六里七分，高二丈七尺，外甃以磚。甕城四，東、西、南、北四門，城樓四。池闊七尺，深五尺。

《〔乾隆〕甘肅通志》卷七《城池・柳溝衛》 城於雍正元年建，周六里三分，高二丈二尺，東、西、南、北四門，城樓四。初爲安西鎮城，安西衛治此。六年，移建安西鎮城於大灣，亦移衛治於新城，此爲柳溝衛治。

《〔乾隆〕甘肅通志》卷七《城池・沙州衛》 沙州有故城，即漢敦煌郡，經黨水北衝圮其東面。雍正三年，於故城東另築沙州城，周三里三分，高一丈九尺。東、西、南三門，城樓四座。池深七尺。九年，於城東、南、北三面接築圍城，周五里五分。

《〔乾隆〕甘肅通志》卷七《城池・靖逆衛》 城於康熙五十七年建，周二里一分，高二丈六尺，南北二門，城樓各一。

《〔乾隆〕甘肅通志》卷七《城池・齊勤所》 舊城周一里一分，高二丈三尺，南門一。康熙五十六年，於舊城西面接築新城，周一里二分，高二丈，南北二門，共周二里三分。初爲衛城，雍正五年改所。

《〔道光〕循化廳志》卷二《城池》 循化聽，土城一座，周圍長六百八十丈，東西二面各長一百二十丈，南北二面各長二百二十丈。高二丈二尺，根厚二丈，收頂一丈七尺五寸。雍正八年，原任翰林院編修張綰効力建。

雍正七年閏七月河州知州顧詳七月二十六日同蘭州營張自河州出老鴉關，勘得離老鴉關一百六十里，有草灘壩一處，其西南一百五十里則爲上龍布，正西八十里則爲下龍布，其東八十里俱係撒喇地方，接連起臺堡，實爲番回適中之處。其地周圍二十餘里，南面大山，北臨黄河。河北亦有大山，係西寧所屬。其間地勢平衍，山水環抱，風和氣聚，土脉又甚堅厚，開渠引水亦屬便利，可以建築城垣。職等悉心相度，城垣周圍三里一分零，坐艮向坤，開設東西二門，足客官兵駐扎。需用木植，在上龍布白佛僧番子地方有大林木，離建城處約二百餘里，從河紮筏順流而下，可至工所。磚瓦、石灰、石條、石柱等項，僱募匠役，前赴彼地，俱可就近燒運。其建築城垣，修造官署、兵房，木植人工匠役，需用器具，各照實估計，約需銀四萬二千三百餘兩。另繪圖造册申報。但草灘壩建成之處，有回民耕熟之地，約百餘畝，現在河〔州〕廳納糧，其地自應給價除糧，庶使回民無累。州志。八月，寧遠大將軍岳咨：張縉係俸〔旨〕於川陝沿邊派修城垣一處，効力贖罪。今撒喇地方，現在議修城池、營房，擬合移咨轉飭張縉，自備資財前往河州口外撒喇地方，實心辦理城垣，効力贖罪。州卷。

按：張縉，陝西韓城縣人，其具呈稱，原任翰林院左中允。而甘撫題疏稱，原任翰林院編修。

蓋翰詹兩衙門，原有兼銜也。

十年閏五月，布政司詳本署司查河州口外新設循化管廳，建城垣、衙署、(朝)〔廟〕宇、兵房一千六百間，并保安堡添修守備一員衙署，及兵房四百間，二處所需工料等項，經詳委署河州協并河州公勘估報，續委鞏昌糧茶通判方可式前往監修，其所需銀兩，奉文着落原任翰林張縉自備資財効力贖罪在案。今所遣將工程建修告竣，又情願報捐銀三千兩爲新兵搬家之需。據河州廳協，鞏糧廳取其張縉造報用過工料銀兩清册，並循、保二營造報給過兵丁搬家各册。查册造建修循化營城垣、衙署、兵房、廟宇等項，共用過銀四萬四千八百六十六兩零，又修保安衙署、兵房等項，共用銀五千一百九十九兩零，二共用銀五萬六十五兩零。搬家報銷銀三千兩，除循化營散給銀一千一百五十八兩零，保安堡散給銀一百二十兩零，二共用銀一千二百七十九兩零，尚餘銀一千七百二十兩零。已據鞏糧廳起解司庫(廳)〔聽〕候撥用。所有蘭州廳王安仁奉委勘用取獲保固印結，並鞏糧廳遣朝佐取獲營員領散兵丁盤費各結，應同送到册，一併呈賫巡撫批，仰候會題。營卷。

按：教場亦張縉所修，(牌)〔碑〕文有之，司詳不具，蓋略之也。此案雖委洮岷道吴可偉監修，而實未到工。監修者鞏昌糧茶通判方可式及署河協副將張興老。營卷：八年二月動土，城垣、廟宇、衙署，本年即告竣。其營房至九年九月始竣工云。

遊擊胡璉建城記：雍正九年，歲在辛亥，以河湟關外撒喇地方新設營汛，特奉簡命，估修城池告竣。於是闔營屬員兵丁，請余勒石以記之。余惟經國之模莫大於防邊，而守邊之道莫要於建城。番性難制，我進則彼退，我去則彼來，以無定之行踪而與之騁逐沙漠，雖制勝於一(特)〔時〕，非計之得者也。欽惟我皇上御極十年，化治中外，間有邊寇竊發，則出師征討，旋發帑建城以嚴保障，謂番人水草爲宅，出没無常，城池一建，則土地漸闢，彼無所恃之利，自將潛踪斂跡，所謂哀旅截所，不戰而自屈者也。撒喇僻處河州西界，番回雜處，土俗驕悍，保安堡雖設守備彈壓，而營堡守兵仍屬番族部落，以致土千户王喇夫旦得挾其所恃，漸肆猖獗。我皇上特允少保公岳題請，遣河協副將冒爲統師，大通參將馬爲截殺，鎮標左營遊擊李爲監軍，分兵進剿，直搗巢穴，生擒土千戶王喇夫旦，而境以清。又念保安彈丸蕞爾，不足以樹威邊塞，更議内地募卒，去其番卒，增其式廓。適原任翰林左春坊左中允張，自以世受國恩，欲國報効，詳請捐修，奉旨以其事付之。大中丞擇僚才能者三人，俾襄厥事。時則有若洮岷道吴、署河協張、鞏糧廳方，相率協力，而工匠夫役亦皆趨事，甫一載，百堵皆興，而凡官升衙署，兵民營舍，俱已落成大部。奏請欽賜佳名循化，特設遊擊一員、千總一員、把總二員，馬步兵八百名，鎮撫其地。一(特)〔時〕聲靈所布，頑梗歸心，德化所孚，禎祥畢至，自積石至插漢打思河清百里，一洗撒喇濁穢。河州牧顧目覩瑞兆，申請各憲疏聞，命於城北建立龍神廟宇，以應天休，而撒喇之役遂垂不朽之宏功焉。余以西蜀武弁，謬爲□□器使，由四川署副將管建昌鎮，會鹽營遊擊事調補兹土，自愧譾劣，無能翊贊高深，幸勒貞岷，聊述一二，是爲記。時雍正十年，歲在壬子，仲秋桂月穀旦。碑在參將署。

按：插漢打思，即查漢大寺工也，語音之訛耳。保安堡，土城一座，周圍長六百八十四丈，東西二面各長二百二十四丈，南北二面各長一百一十八丈。高二丈五尺，根厚二丈，收頂一丈。明特建。保安堡，在河州西三百五十里，有城，明置保安站及保安操守所。本朝設守備。一統志。

按：城之建不知何時，聞其初，乃脱屯之堡也。

明初設官置兵，脱屯之人始散處城外。又舊册載：周圍長三百四十二丈，與今異，其後當又增築，亦未詳何時云。

起臺堡，土城一座，周圍長一百九十二丈，東西二面各長五十二丈，南北二面各長四十四丈。高四丈，根厚三丈，收頂二丈。明時建。東門外關廂三面，長一百四十丈，高一丈二尺。根厚五尺，收頂二尺。乾隆五年，奉文添建。

起臺堡在河州西一百五十里，有城關，萬曆中修築。周圍一百六十丈，高三丈五尺，設守備駐防。志省。

按營卷，明末流賊猖獗，因無聊絡，營汛守備脱凡移住口内之雙城堡。康熙十一年，河協副將陳建惺檄查守備馬文廣，覆以往來遊巡駐防，自是輾轉相沿。至乾隆三年，尚寄寓雙城也。總督查題奏，奉部文，起臺堡，守備令其仍歸起臺原汛住劄。其堡城窄小，准於舊堡之外接築關廂，建造衙署、兵房，地方官確估造報。而堡城四面皆有濠溝，難以接築，惟東門外關帝廟傍有古地一段，順二十六丈，横八丈，又有塌損小墻，可以添補。五年三月，河州知州劉鶴鳴臨勘，就地勢連築。於三月十六日興工，並建守備衙署一所，演武廳一座，兵房一百一十八間，蘆草灣等塘房七處，閏六月告竣。守備於四年五月帶兵歸起臺原汛駐札，其雙城舊署，呈交鎮憲行該管汛員查收。

王士翹《西關志・居庸》卷一《城池》 按居庸城垣，前代無考。洪武元年，徐達、常遇春北伐燕京，元主夜出居庸關北遁，二公遂於此規畫建立關城，以爲華夷之限。周圍一十三里有半二十八步有奇。東築於翠屏山，西築於金櫃山，南北二面築於兩山之下。各高四丈二尺，厚二丈五尺。南北各設券城，重門二座，城樓各五間，券城樓各三間。水門各二空，南城西水門閘樓三間。四面敵樓一十五座，共城樓五十七間。關城外南北山險處，共築護城墩六座，東南、西南各一座，東北二座，西北二座。烽堠墩一十八座。

隆慶衛地方：南口門。在關城南一十五里。其城上跨東西兩山，下當兩山之衝，爲堡城。周圍二百丈五尺。南北城門城樓二座，敵樓一座，偏左爲東西水門，各一空。護城東山墩一座，西山墩三座，烽堠九座。隆慶衛地方裏口，緊要。上關門。在關城北門外八里。其城上跨東西兩山，下當兩山之衝，爲堡城。周圍二百八十五丈。南北城門城樓二座，敵樓一座，偏左爲東、西水門，各一空。護城墩：東山二座，西山二座，烽堠一十二座。隆慶衛地方裏口，緊要。八達嶺。在關北三十里。其城上跨東西兩山，下當兩山之衝。高二丈五尺，厚一丈，長六百八十丈。南北城門城樓二座，敵樓二座，城舖二間，護城東山平胡墩一座，西山禦戎墩一座。弘治甲子秋七月，經略邊務大理寺右少卿吴一貫規畫剏立，逾年告成。至今每遇春秋，守關者率兵於城外抄掘偏坡、壕塹，以防虜寇。隆慶衛地方外口，尤爲緊要，失此不守，則居庸不可保矣。

中路隘口：雙泉口。正城一道，水門一空。賀伯口。正城一道，過門一空。陳友良口。正城一道，水門一空。黄土嶺口。正城一道。石佛寺口。正城一道，水門一空。青龍橋東口。正城一道，水門一空。青龍橋西口。正城一道，水門一空。攔馬墻一道。小嶺口。正城一道，過門一空。西水關。正城一道，水門二空。嚮閘口。正城一道，水過門二空。兩河口。正城一道，水門三空。堡城一座。過門一空。石縫山口。正城一道，水門一空。

北路隘口：化木梁口。正城一道，敵臺四座。東山邊城一道，西稍墻一道。于家衝口。正城一道，水門一空。東山邊城一道，稍城一道。花家窑口。正城一道，水門一空。敵臺三座，東西山邊城三道。石峽峪口。正城一道，水門一空。東稍墻一道，攔馬墻三道，東西山邊城三道，敵臺六座。有險可據。糜子峪口。正城一道，水門一空。東南西山邊城三道，敵臺四座。河合口。正城一道，過門一空，稍墻二道。

南路隘口：晏磨峪口。正城一道。大峪口。正城一道。湯峪口。正城一道，水門一空。水峪口。正城一道，水門一空。長水峪口。正城一道，水門一空。譚峪口。正城一道，水門一空。小峪口。正城一道，水門一空。蘇林口。正城一道，水門一空。鹿角灣口。正城一道，水門一空。黑淅澗口。正城一道，水門一空。小枯將口。正城一道，水門一空。大枯將口。正城一道，水門一空。

東路隘口：灰嶺口。永樂年間建立舊城一道。嘉靖十六年，駕幸其地，因其密邇陵寢，特命重脩正城一道，城樓一座，圈城重門一座，水門一空。養馬峪口。正城一道。虎峪口。正城一道，水門一空。攔馬墻一道。德勝口。正城一道，水門一空。攔馬墻一道。錐石口。正城一道，水門一空。鴈門口。正城一道，水門一空。賢莊口。正城一道，水門一空。門家峪口。正城一道，水門一空。棗園寨。敦一座。石城峪口。正城一道，攔馬墻一道。西水峪口。正城一道，水門二空。堡城一座，城舖一間，過門一空，攔馬墻一道。石湖峪口。正城一道，水門一空，城舖一間。撞道口。正城一道，堡城一座，過門一空。鷂子峪口。正城一道，城樓一間，水門二空。梢墻二道，敵臺二座。

西路隘口：白羊口堡城。原設舊城，景泰元年重建。堡城一座，上跨南北兩山，下當兩山之衝。城高二丈五尺，厚一丈二尺，周圍七百六十一丈五尺。東西城門樓二座，東月城門一空，敵樓四座，水旱門五空，城舖一十五間，護城墩二十二座。按：西城外有一山坡逼近城門，高峻寬平，可容千人。虜若據此，則一夫不敢登城，而西門不可守矣。爲今之計，必拓築西城，雄跨山坡，庶幾險在我也。次村楊公作紫荆考，以白羊爲慮，殆有見於是乎。清泉口。正城一道，水門一空。梢墻一道，攔馬墻二道。老姚城。攔馬墻一道。松湖片口。正城一道，過門一空。泥窩口。正城一道。卧子頭口。正城一道。桑木溝口。正城一道，梢城二道，敵臺二座。牛臘溝口。正城一道。石板衝口。正城一道。西山庵口。敵臺一座。

長峪城：正德十五年創立。堡城一座，東西跨山。其城上盤兩山，下據兩山之衝，爲堡城。高一丈八尺，周圍三百五十四丈。城門二座，水門二空，敵臺二座，角樓一座，城舖十間，邊城四道，護城墩六座。柞子溝口。正城一道。上常峪口。正城一道。水門一空。旛杆峪口。正城一道，水門一空。立石口。正城一道，水門一空。栢峪口。正城一道，水門三空，鬧樓二間，過門二空。雙石溝口。正城一道，水門一空。水峪臺口。正城一道，水門一空。勝仙峪口。正城一道，水門一空。大水峪口。正城一道，水門一空。小水峪口。正城一道，水門一空。石澗口。正城一道，水門一空。跳梢口。正城一道。水澗口。正城一道，水門一空。鰲魚口。正城一道，水門一空。溜石港口。正城一道。水門一空。横嶺口城。弘治十八年建立北城一道。正德八年添脩南城一道。共爲堡城一座。東西跨山，南北當兩山之衝。長五百二十丈，鐵門三座，水門二空，敵樓二座，鬧樓一間，弔橋一座，護城墩二座。北港口。正城一道，水門一空。小山口。正城一道，水門一空。陡嶺口。正城一道，水門一空。火石嶺口。正城一道，水門一空。倒撞口。正城一道，水門一空。東凉水泉口。正城一道。西凉水泉口。正城一道。寺兒梁口。正城一道。東核桃衝口。正城一道。西核桃衝口。正城一道。大石溝口。正城一道。倒翻衝口。正城一道。廟兒梁口。正城一道。

鎮邊城：正德十八年創立。堡城一座，東西跨山，高厚不等，而下據東口之衝。堡城高一丈八尺，周圍六百八十一丈。城門樓二座、角樓二座、水門二空、城舖一十三間。白崖子口。正城一道，攔馬墻一道。牛膝峪口。正城一道、水門一空，攔馬墻二道。堂兒庵口。正城一道，水門一空，水隄一道。熊兒峪口。正城一道，攔馬墻一道。東北街口。正城一道，水門一空，攔馬墻三道。西北街口。正城一道，水門一空，攔馬墻二道。柳樹溝口。正城一道。長城口。正城一道，過門一空，攔馬墻一道。北石羊口。正城一道。南石羊口。正城一道，攔馬墻一道。傍路口。正城一道，過門一空。堅子口。正城一道，西至渾河二里，即紫荆關界。常峪西口。正城一道，攔馬墻一道。常峪口。正城一道，過門一空。方良口。正城一道，過門一空。小凌峪口。正城一道，攔馬墻一道。高崖口。正城一道，過門一空，水門一空。新開口。正城一道，水門一空。灰關口。正城一道，水門一空。乾石澗口。正城一道，攔馬墻一道。白瀑溝口。正城一道，攔馬墻一道。董家口。正城一道，攔馬墻一道。榆林驛。堡城一座，洪武二十七年設立。土木驛。堡城一座，洪武二十七年設立。榆河驛。城無。洪武二十七年設立。居庸驛。一名灰嶺驛。城無。洪武二十七年設立。

王士翹《西關志・紫荆》卷一《城池》 按紫荆自正統初年設立舊城一座，長三百八十丈。夾城一道，長九十丈。南門樓二座，南水門三空，北門樓一座，圈城重門，東水門一空，城樓四座，城舖五間。景泰元年設立新城一座，長六百八丈五尺。夾城一道，長五十七丈。梢城一道，長八十丈。南門樓一座，圈城二十七丈。南水門一空，北水門一空，東門樓一座，角樓一座，敵樓一座，城舖八間。弘治二年添設本關河北迤西堡城一座，正城一道，長一百一十丈。夾城一道，長一十丈。梢墻一帶長一百六十丈。梢城一道，長六百四十四丈。東西門樓二座，角樓一座，敵臺二座。成化十一年建立南石門一座。成化二十一年建立鐘鼓譙樓二座。嘉靖二十年建立瞭虜臺一座。城西北夾江建立敵樓二座，俱有夾城，護城墩九座。易州地方。

金水口總：洪武三十四年建立正城三道，水門三空。嘉靖二十四年口北山頂修長城一道。小將溝口。正城一道。蕎麥石塘口。正城二道，水門一座。北齊仲口。正城二道，水門一空。南齊仲口。正城一道，攔馬墻一道。石塘口。正城二道。赭羅溝口。正城一道。

盤石口總：景泰二年建立圍城一座，東西門二座，西門外圈城一座，水道一空。周二溝口。正城一道。龍王堂口。正城一道。蔡家峪口。正城三道，東西門二座。瓦窯庵口。圍城一座，南過門一座，北水門一空。銀山口。正城二道。墳營臺口。正城一道。

黃土嶺口總：正統六年建立圍城一座，東西門二座，水門二空。聶門口。正城一道，水門一空。門關口。正城一道，水門二空。五虎嶺口。正城二道，過門一座，河口一空。

鷹捕嶺口：正城一道，水門一空。煙薫崖口。正城一道，水門一空。常家溝口。正城一道。水峪口。正城一道，水門一空。黃沙口。正城一道，水門一空。小龍門口。正城一道，水門一空。

奇峯口總：洪武三十四年建立正城二道，南北門二座。茶窩口。正城一道，過門一座。斜峪庵口。正城一道，水門一空。官座嶺口。正城三道，過門二座，水門一空。東峪口。正城一道，過門一空。峯門嶺口。正城二道，過門一座。水門一空。沙峪口。正城一道，過門一座，水門一空。東馬頭口。正城一道，過門一座。白馬灣口。正城一道，過門一座。乾河口。正城一道，過門一座，河口一空。

烏龍潭總：成化二十年建立南北城一道，過門二座。大峪口。正城一道，過門一座，水門一空。聖水峪口。正城一道，南北城一道，西水門一空。黃山店口。正城一道，過門一座，水門一空。王平口。正城一道，過門一座，水門一空。

馬水口總：景泰二年建立正城五道，山頂圈城一座，水門六空。定樂庵口。正城一道，水門一空。獨石口。正城一道，水門一空。大峪口。正城一道，水門一空。道水口。正城一道，水門一空。小道水口。正城一道。石羊港口。正城一道。巖崖寺口。正城一道。栢連澗口。正城一道，水門一空。

大龍門總：宣德二年建立設堡城一座，東西門二座。莊窠澗口。正城一道，東西門一座。鹿角口。正城二道，水門一空。黃石崖口。正城二道，中水門二空。南將軍石口。正城二道，過門一座，水門一空。老蒼溝口。正城二道，中水門一空。北將軍石口。正城一道，水門一空。蘭芳口。正城二道，水門一空。石莪口。正城三道，水門一空。馬頭崖口。正城二道，水門二空。叚口。正城三道，水門三空。

沿河口總：景泰二年建立正城二道，敵樓二座，水門二空。石港口。正城一道，東西過門一座，水門一空。東小龍門口。正城二道，東西過門二座。天津關口。堡城一座，北過門二座。東龍門口。正城一道，西北水門一空。天橋關口。正城二道，西北過門二座。梨園嶺口。正城一道，西北過門一座。天門關口。正城一道，東西水門三空。洪水口。正城二道，過門一座。南北水門二空。西小龍門口。正城三道，東西水門三空。支鍋石口。正城一道，東西過門一座，水門一空。

浮圖峪總：景泰二年建立正城一座，嘉靖二十四年添設西夾城一道，東西門二座，水門一空，圈城重門三座。嘉靖二十五年南北東山修長城一道。天橋溝口。正城一道，長城一道，過門一座，水門一空。獅子峪口。正城一道，長城一道。蜚孤口。正城二道，過門一座。

烏龍溝總：成化十五年建立正城一道。嘉靖二十四年添修長城一道，二十五年創建堡城一座，東西門二座，圈城重門。主腰石口。正城三道，長城一道。虎張石口。正城二道，長城一道。砲架溝口。正城二道，堡城一座，南門一座，西門一座，城樓三間，水門一空。煤窯溝口。正城一道，長城一道。雙陀兒溝口。正城一道，長城一道。忙兒溝口。正城一道，長城一道，水門一空。長嶺兒口。正城一道，長城一道，水門一空。長橋溝口。正城二道，長城一道，水門一空。

白石口總：正統十四年建立正城二道，過門二座，水門一空。正德二年添北門外正城一道，過門一座，水門一空。嘉靖二十四年添邊城一道。鶯歌峪口。正城一道，邊城一道。羊圈子口。正城一道，長城一道，過門一座，水門一空。白馬庵口。正城二道，長城一道，過門一座，水門一空。葫荄口。正城三道，長城一道，北門一座，重門一座，水門三空。歪嘴兒口。正城一道，長城一道，水門一空。西窯峪口。攔馬墻一道，邊城一道，水門一空。蘆子溝口。正城一道，長城一道，水門一空。寧靜庵口。正城一道，過門一座，水門一空。箔頭庵口。正城一道，長城一道。黃草庵口。正城一道。北崖溝口。正城一道。吊驢崖口。正城一道。

王士翹《西關志・倒馬》卷一《城池》 按倒馬關下城，自景泰初年相地于關南三里，曰桑園。天順末年，脩築正城一座，南跨崇岡，北臨巨川，即唐河城。周圍七百四十一丈，高厚不等，四面包砌以磚。成化弘治年間，相繼添設月城、敵臺、樓鋪而規制益備，東、西、北門三座，水門一空，月城三座，敵樓二座，城樓七座，鋪舍三間，護城墩八座，唐縣地方。

倒馬關上城：洪武初年建立。正城一座，磚石修砌，周圍七百六十四丈，東、西門二座，圈城二座，水門一空。嘉靖二十四年，於水關增修正城一道，長七十一丈，東山坡增修月城一道，長一十二丈，東山頂添修月城一道，長六十丈，東、西門二座，大墩一座，護城墩六座。夾馬石口。堡城一道，南北門二座。孟良臼口。堡城一座，南北門二座。

柳角庵口總：弘治十四年建立。正城一道，水門一空。柳角口。正城一道，水門一空。蒿地庵口。正城一道。吊驢崖口。正城一道。

插箭嶺：原係廣昌守禦千户所烽堠之處，弘治三年勘係本關要害地，創建城垣。弘治十七年，城漸增廣，後又展修圈城。重門堡城一座，周圍五百八十丈，東西樓二座，南北樓二座，門二座。嘉靖七年建立正城一道，十三年又設正城一道，與堡城相接，名曰西峯峪，舖樓東西各三楹，鐘鼓樓一座，新城門外壕二道，浮橋一座，垛墻一道。二十四年新設正城三道，共長六百二十三丈四尺，北城外城一道，門一座，東西峯峪相接，護城墩六座。東峯峪新城北門外，迤峪東，正城一道。西峯峪。新城北門外迤西，正城一道，水門一空，樓鋪一座，鐘鼓樓一座。黑石溝。正城一道。石城溝。正城一道。虎伏溝口。正城一道，水門一空。牛班溝口。正城一道，水門一空。東窑峪口。正城一道，水門一空。中窑峪口。在東西窑峪之間。趺馬崖口。正城一道，過門一空。六嶺口。正城二道，過門一空。白道庵口。正城二道，水門二空。

軍城總：始自宋太宗雍熙改元，甲申創立爲寨。神宗熙寧乙卯改寨爲邑，後未考何代而廢。正統己巳醜虜經此入寇，景泰三年增修堡城一座，周圍六百五十丈，垛口九百二十箇，敵樓一座，東北門二座，俱有圈城重門，南水門一空。周家堡口。正城二道，過門二空，水門二空。玉河庵口。正城一道，過門一空。營溝口。正城一道，水門一空。岳嶺口。正城一道，水門一空。夾耳庵口。正城一道，水門一空。大嶺口。正城一道，過門一空。小關城口。正城一道，過門一空，水門一空。

落路口總：正統四年建立。正城九道，長五十九丈五尺，過門七空，水門一空。蒸餅石口。正城一道，水門一空。夾折腰口。正城一道，水門一空。鐵嶺口。正城四道，水門四空。銅録崖口。正城一道，水門一空。漆林溝口。正城二道，水門一空。狼牙口。正城一道，水門一空。狼牙大嶺口。正城二道，過門一空。新古道口。正城一道，水門一空。羊攔城口。正城一道，水門一空。柴皮嶺口。正城一道，水門一空。六嶺兒口。正城一道，水門一空。黑鷹陀。正城一道，水門一空。

吴王口總：弘治十年建立。正城二道，水門二空。過道溝口。正城一道，水門一空。陡嶺兒口。正城一道，水門一空。魚兒創口。正城一道，水門一空。夾耳庵口。正城一道，過門一空。龍窩溝口。正城一道，水門一空。高石堂口。正城一道，水門一空。養馬樓口。正城一道，水門一空。鎗峯石口。正城一道，水門一空。黍查口。正城二道，水門一空。火炭溝口。正城一道，水門一空。門罕嶺口。正城一道，水門一空。香爐石口。正城一道，水門一空。艾葉嶺口。正城一道，水門一空。古道溝口。正城二道，水門二空。上竿嶺口。正城一道，水門一空。楊洪口。正城一道，水門一空。下竿嶺口。正城一道，水門一空。青羊溝口。正城一道，水門一空。

王士翹《西關志·故關》卷二《城池》 按故關新城，嘉靖二十一年建立。正城一座，周圍二十三丈五尺，高厚不等。北門一座，重門一座，水門一空。瓮城墻一道，長十五丈；東梢墻一道，長一千一百五十七丈，西梢墻一道，長一百二十八丈五尺。石梯子溝口新添西梢墻一道，長五百零一丈一尺。護城墩六座，山西平定州地方。

故關：舊城正統一年設立。磚城一座，城門二座。達滴崖口。正城一道，水門一空。牛道嶺口。正城一道。武功口。正城一道，水門一空。横河槽口。正城一道。險巖崖口。正城一道。娘子關。堡城一座，南北門二座。嘉峪溝口。正城一道，邊墻二道，南西門二座，南門一座，梨園坪城墻一道，西城門一座。龍黄溝口。正城一道，過門一空。驢橋嶺口。正城一道，過門一空。醉漢峪口。正城一道，過門一空。猢猻窰口。正城一道，過門一空。泉水頭口。正城一道，過門一空。殺羊磁口。正城一道。磨石崖口。乾石砌河兩岸墻二道。朱會溝口。正城一道。大石板口。正城一道。葦箔嶺口。正城一道，過門一空。白城口。正城一道，過門一空。青草峪口。正城一道，水門一空。孤撮嶺口。正城一道，過門一空。蒼巖嶺口。正城一道。短嶺兒口。正城一道，鴿子嶺、谷家岩各城墻一道。黄沙嶺口。正城一道，過門一空。段里口。正城一道，過門一空。廟兒崖口。正城一道，過門一空。小十八盤口。正城一道。老婆窰口。正城一道。泥凳子口。堡城一座，東西門二座。虎寨溝口。正城一道，水門一空。松樹磁口。正城一道，過門一空。不秃嶺口。正城一道，過門一空。後溝口。正城一道，過門一空。石榴嘴口。正城一道，過門一空。

龍泉關上城：景泰六年設立。正城一座，周圍四百七十丈，高厚不等。東門城樓一座，北門城樓一座，水門一空。西北城角樓一座，圈門一座，門樓一座，城舖六間。梢城一道，長七十丈。關外攔馬石墻一道，長十一丈。北門外護城井城一道，長九十八丈。井樓一座，井一眼。南崖東梢城一道，長四十五丈。西梢城一道長二十二丈，北崖東梢城一道，長十一丈。西梢城一道，長三十三丈。河内新添城一道，長六丈三尺。敵樓二座，梢城小舖二間，南敵臺一座，樓一座。北敵臺一座，樓一座護城墩二座。

下龍泉關：正統年間設立。東西正城一座。陡撞溝口。正城一道，水門一空。炕兒溝口。正城一道，水門一空。胡家莊口。正城一道，水門一空。龍八溝口。正城一道，水門一空。石胡溝口。正城一道，水門一空。八荅庵口。正城一道，水門一空。黑崖溝口。正城一道，水門一空。旛竿嶺口。正城一道，水門一空。舊路嶺口。正城二道，水門二空。盤道嶺口。正城一道，水門一空。印鈔石口。正城一道，水門一空。黄土坡口。正城一道，水門一空。胡八溝口。正城二道，水門二空。新路溝口。正城一道，水門一空。竄道溝口。正城一道，水門一空。各畧溝口。正城一道。青竿嶺口。正城二道，過門一空，水門一空。陽和門口。正城一道，水門一空。三關子口。正城二道，過門一空。

鵶子崖口總：正統九年設立。正城一座，東西過門二空。嘉靖二十一年新添正城一道，水門一空。白草溝口。正城一道，過門一空。古道溝口。正城一道。道庵嶺口。正城一道。車孤駝口。正城一道，水門一空。沙門嶺口。正城一道，水門一空。孤榆樹口。正城一道，水門一空。陡嶺口。正城二道，水門二空。方西溝口。正城一道，水門一空。桑園溝口。正城一道，過門一空。牛圈溝口。正城一道，過門一空。神堂嶺口。正城一道，過門一空。柴樹園口。正城一道。賀驢溝口。正城一道，水門一空。石槽溝口。正城一道，水門一空。北黑山口。正城一道，水門一空。黄土腦口。正城一道，水門一空。石盆溝口。正城一道，水門一空。白羊平口。正城一道，水門一空。津水崖口。正城一道,水門一空。白羊口。正城一道,水門一空。鮑子溝口。正城一道,水門一空。確窩口。正城一道,水門一空。紅沙崖口。正城一道,水門一空。

十八盤口總：正統二年設立。正城二道,過門二空。瓦岔溝口。正城一道,過門一空。各料溝口。正城一道,過門一空。米業溝口。正城一道,水門一空。南黑山口。正城一道,過門一空。菩薩崖口。正城一道。趙家寨口。正城一道。小黄庵口。正城一道。青陽溝口。正城一道。惡石口。正城一道,過門一空。宋家峪口。正城一道。寨門口。正城一道,水門一空。馬圈口。正城一道,水門一空。六嶺口。正城一道,水門一空。井子峪口。正城一道,水門一空。平闊溝口。正城一道。黄庵嶺口。正城一道,過門一空。漗漗水口。正城一道。清風嶺口。正城一道,過門一空。摘水口。正城一道。油瓮溝口。正城一道。

順德府地方隘口：馬嶺口總：嘉靖二十年設立。正城一道,東西門二座,西重門一座,敵樓三間,城角箭樓三間。錦綉堂口。邊墻一道。龍講溝口。石墻一堵。青沙崖口。正城一道。邢家峪口。正城一道。鶴度嶺口。月牙石城一座,過門一空。七里會口。石墻一堵。愛子崖口。石墻一堵。黄榆嶺口。正城一道,過門一空。明難溝口。石墻一堵。風門嶺口。正城一道。清風嶺口。正城二道,水門一空。際道兒口。邊墻一道。猪道闖口。邊墻一道。支鍋石口。邊墻一道。路羅嶺口。邊墻一道。青陽溝口。石墻一堵。王三舖口。石墻一堵。鹿路嶺口。石城一道。夫子巖口。石墻一道。莊兒角口。石墻一堵。貨郎神口。正城一道。黄背巖口。正城一道,過門一空。數道巖口。正城二道,過門一空。

新疆

傅恒等《皇輿西域圖志》卷一〇《疆域三》 迪化州治在烏魯木齊東,距鎮西府一千三百八十里,距京師八千八百九十里。居天山之陰,地當孔道,托克喇鄂拉博克達鄂拉環其東,烏可克達巴哲爾格斯鄂拉拱其南,鄂倫淖爾瀦其左,烏魯木齊郭勒經流其南北,山環水繞,土膏沃衍,宜種殖。舊爲準噶爾庫木諾雅特遊牧處,亦噶勒丹多爾濟之昂吉。乾隆二十年正月,大兵進討準噶爾,噶勒丹多爾濟率其屬望風降,地皆内屬。有舊城,周可三里,賜名迪化。別于舊城,北建迪化新城,門四：東曰惠孚,西曰豐慶,南曰肇阜,北曰憬諃。在阿勒塔齊郭勒東,支流環抱之内。新城内有萬壽宫、城隍廟,提督駐此。城東有關帝廟。舊城西亦有關帝廟、龍王廟。乾隆三十八年,改設直隸迪化州,于迪化城西三十里建鞏寧城,門四：東曰承曦,西曰宜穡,南曰軌同,北曰樞正。爲知州治。城内有萬壽宫、關帝廟、城隍廟、雷雨風神廟,城東爲文廟,城東南爲先農壇、龍王廟,鎮迪道駐此。阿勒塔齊郭勒東、西有新、舊二屯,見《屯政門》。共建六堡,堡各四門。曰惠徠堡：東憬德門,西宣威門,南迎陽門,北拱化門。曰屢豐堡：東皀風門,西調露門,南麗照門,北正衡門。曰宣仁堡：東元善門,西利和門,南依光門,北奉朔門。曰懷義堡：東登春門,西稔秋門,南薰溥門,北階平門。曰樂全堡：東引恬門,西遂成門,南大亨門,北永貞門。曰寶昌堡：東延韶門,西成泰門,南章教門,北翊辰門。州境東西一百四十里,東至博克達鄂拉,東北接阜康縣界,西至頭屯河,接昌吉縣界。南北五百里,南至根特克,接闢展界,北至葦湖。

傅恒等《皇輿西域圖志》卷一六《疆域九》 賽喇木舊對音爲賽里木,在赫色勒郭勒西四十里,東北距庫車城二百十里。城周一里九分,高一丈,南、北二門。距京師一萬二百九十里。乾隆二十三年,大兵圍庫車,其伯克阿瓜斯等傾心向化,遂以城降。所屬村莊凡十有一。

傅恒等《皇輿西域圖志》卷一七《疆域十》 烏什在阿克蘇西境,哲爾格哲克得西九十里,距京師一萬九百九十里。城周三里二分,高二丈五尺,東、西、南三門。三面踞山,其西面因山爲城,南崖陡峻,北帶長流,形勢絶勝。所屬村莊凡十有一。

傅恒等《皇輿西域圖志》卷一八《疆域十一》 葉爾羌舊對音葉爾奇木,或名葉爾欽,皆音之轉也。東南由阿克蘇八百里、西道由喀什噶爾五百里至其地,距京師一萬二千三百八十五里。城周十餘里,有六門,土岡環其東南,城踞岡上,規模宏敞,甲於回部。城中街巷屈曲錯雜,無有條理。居民以土垣屏蔽,穴垣爲户,高者三尺,傴僂出入。屋宇毗連處,咸有水坑,導城南哈喇烏蘇之水,達於城北,是資(飯)〔飲〕用。遠近所屬村城甚多,其最著者得二十有七。

《〔光緒〕新疆四道志·城郭·昌吉縣》 按：《元史·地理志》：西北地附録有彰八里,當即此昌八剌城。《耶律希亮傳》：中統元年阿里不哥反,希亮踰天山至北庭都護府,二年至昌八里城,夏踰瑪納斯河之東也。自鼈思以西,惟昌八剌、阿里馬爲大城,《長春真人西游記》：重九日,至回紇昌八剌城,其王畏午兒率衆來迎,既入,齋於台上泊,其夫人勸蒲萄酒,且獻西瓜,其重及稱甘瓜,如枕許,其香味蓋中國未有也。園蔬同中區,有僧來倚坐,使譯者問看何經典,僧云剃度,受戒禮佛爲師。蓋以此東西屬唐,故西去無僧道,回紇但禮西方耳。

《蒙古游牧補註》：綏來縣之東，有昌吉縣舊地，名昌吉，與昌八剌音相近。乾隆二十七年，於昌吉郭勒西建寧邊城，門四：東曰文同，西曰武定，南曰諧邇，北曰燮遐。《新疆志略》：曰寧邊城，爲昌吉縣治，距鞏寧城九十里。曰景化城，爲呼圖壁巡檢治，距鞏寧城二百里，乾隆二十九年建。曰蘆草溝堡，爲千總所駐，距鞏寧城一百一十里。同治三年逆回變亂，城堡均陷，光緒三年大軍克復後，雉碟坍塌，尚待經營。

《〔光緒〕新疆四道志·城郭·迪化縣》 迪化城，按：《新疆識略》：乾隆二十二年，平準部，定新疆北路，分建城邑，以烏魯木齊爲腹地，其都統所駐曰鞏寧城，乾隆三十七年建。提督所駐曰迪化城，乾隆三十年建，在鞏寧城東八里。同治初年，逆回變亂，二城均陷。光緒二年，大軍克復後，鞏寧城灰燼之餘，僅存廢址，惟廸化城略加修葺，謂之漢城。周四里五分有奇。又於城東北半里許建滿城，周三里五分。光緒十二年，新疆設省，以迪化城爲省會，將舊修滿、漢兩城貫通一氣，增加城垣堞齒，各就地勢修築，不成方圓。周二千七十四丈五尺，高二丈二尺，雉堞一千三百四十七，炮台十九座。城樓、月城並舊樓共十五座。門七：曰大南門，曰小南門，曰大西門，曰小西門，曰大北門，曰大東門，曰小東門。

輯懷城，在迪北城東北四十里。按《新疆識略》：曰輯懷城，爲古牧地中營屯。《西域圖志》云：古木在迪化州治東北四十里。乾隆二十七年，於其地建輯懷城。門四：東曰承恩，西敷信，南曰暘若，北曰星從。

嘉德城，今名達坂城，在迪化城東南一百八十里。按：《新疆識略》：曰嘉德城，爲喀喇巴爾噶遜守備所駐，乾隆四十七年建。自經兵燹，坍塌不堪。

屢豐堡，在迪化城東北二十里。按：《新疆識略》：曰屢豐堡，爲七道灣中營屯，乾隆二十七年建。自經兵燹，半多坍塌。

惠徠堡，在迪化城東北五里水磨溝地方。按：《新疆識略》：曰惠徠堡，爲六道灣中營屯，乾隆二十七年建。自經兵燹，已成廢壘。此外，按《新疆識略》：曰宣仁堡，爲中營頭工；曰懷義堡，爲中營二工；曰樂全堡，爲中營三工；曰寶昌堡，爲中營四工。以上四堡，均建自乾隆四十七年。自經兵燹，俱廢爲民地，即烏魯木齊河以西之頭工、二工、三工、四工，東宣仁、西宣仁等莊一帶地方。

《〔光緒〕新疆四道志·城郭·阜康縣》 按：《新疆識略》：曰阜康城，爲阜康縣治，乾隆二十八年建。周三里五分，高一丈六尺，門三。曰愷安城，爲濟木薩城縣丞治，在縣城東二百五十里。乾隆三十六年建，周約一里。曰保惠城，爲濟木薩參將所駐，與愷安城毗連，乾隆四十二年建，今查此城，自經兵燹以來廢壘。

附古跡：按紀文達公昀《槐西雜志》云：濟木薩有唐北庭都護府故城，則李衛公所築也。周四十里，皆以土墼壘成。每墼厚一尺，濶一尺五六寸。舊瓦亦廣尺餘，長一尺五六寸。城中一寺亦圮盡，石佛自腰以下陷入土，猶高七八尺。鐵鐘一，高出人頭，四圍皆有銘，銹澀模糊，一字不可辨識。惟刮視字棱相其波磔，似是八分書。再城中皆黑煤，掘一二尺乃見土。額魯特云：此城昔以火攻陷，四面炮台，即攻城時所築。其爲何代何人則不能言之，蓋在準噶爾前矣。城東南上一小城，與大城若相犄角。額魯特云：以此二城阻礙，攻之不克，乃以礮攻也。今查濟木薩東北數里户堡子莊地方，有大小破壘各一，土人相傳爲唐朝城舊址，迭經風霜，兵燹之餘，其寺瓦鐘佛等事，無從尋訪矣。

《〔光緒〕新疆四道志·城郭·鎮西》 鎮西廳城，按《新疆識略》：曰鎮西府城，爲鎮西府治，雍正九年建。與會寧城毗連。東門外有漢永和二年敦煌太守裴岑紀功碑。《蒙古游牧記》：城西北三里，别建關帝廟，廟前有裴岑碑。茲查建碑處與蒙古游牧記同，城長方形，周一千四百八十二丈，計八里二分，高一丈九尺，垛口三千六百箇，炮台七座，門四。

會寧城，按《新疆識略》：曰會寧城，爲巴里坤領隊大臣所駐，乾隆三十七年建。城長方形，周一千一百三十四丈，計六里三分，高一丈八尺，垛口一千一百六十一箇，炮台十二座，角樓四座，門四。

《〔光緒〕新疆四道志·城郭·吐魯番》 按：《新疆識略》：吐魯番，領隊大臣所駐，曰廣安城，乾隆四十六年建。於同治初年，四逆變亂，繼而安集延逆酋阿古柏復據二十餘年。光緒三年三月，大軍克復吐魯番城，雉堞半多傾圮。光緒十年，黄牧炳琨詳請重修。城方形，每方一百七十五丈七尺五寸，周圍共長七百三丈，城身高一丈九尺，門樓四座，炮台十二座，垛口七百八十四箇。

闢展城，在吐魯番城東二百一十里，爲巡檢所治，乾隆四十四年建。周圍三百三十四丈，高一丈六尺。

《〔光緒〕新疆四道志·城郭·奇台縣》 奇台縣城，按《新疆識略》：曰靖遠城，爲奇台縣治，距鞏寧城五百二十里，乾隆四十一年建。今查該城，高一丈七尺五寸，周六百五十四丈，垛口五百九十有九，炮台八座，門二。自經兵燹，坍塌處頗多。

《〔光緒〕新疆四道志·城郭·綏來縣》 按《新疆識略·輿圖》：曰康吉城，爲綏來縣治，距鞏寧城三百五十里。曰綏寧城，爲瑪納斯右營都司所駐，在康吉城南。兩城中間曰靖遠關邊城，舊名陽關。以上三城毗連，均建自乾隆四十二年。同治年間，逆回變亂，三城淪陷。光緒二年，大軍克復。十年，移綏來縣署於南城，即昔日瑪納斯右營都司所駐之綏寧城也。該城於是年續修。城方形，高一丈六尺，周七百三十六丈五尺，垛口八百一十有七，角樓四座，門四。其原建靖遠關城、康吉城亦於是年合兩城續修，通爲一城。東、西、北三面墻垣高一丈六尺，周七百一十二丈五尺，垛口七百二十有四。其南面則與綏寧城北墻，其内則閭閻聚居，商旅輻湊，今謂之北關城，取其在縣治城北也。東南隅有關門一，可通東道，南即縣治城北門。其西、北兩處門雖於而常關。又按《新疆識略》：曰塔西河堡，距鞏寧城二百九十里，爲千總所駐，乾隆四十二年建。又綏來庫爾喀喇烏蘇之間，尚有綏來堡、遂城堡、丰潤堡，此即昔日屯兵自築。自經兵燹以後，所有塔西河一帶城堡，均爲廢壘矣。又馬橋子地方有廢壘六座：曰馬橋子堡，在縣城東北二百餘里，該堡横跨於洛克倫河上，環以垣墻，儼然一守險之處；橋北偏西曰攀安堡；又西，恐太遠十里曰白安堡；又西四里，曰同安堡；又西十里，曰公安堡；橋南偏西曰義安堡，據該縣人民云，同治初年逆回攻陷縣城，該民等逃於此間，築堡開墾，屢獲豐年。每一石籽種竟能收百餘石秋糧，足供數千口日食之用。賊至則據險以守之，即此處也。迨大軍克復縣城後，悉歸故土，無復有至其地者。又橋南偏西三十餘里，有廢壘一座，云即錫大臣於同治年間在此處立臺。

《明太祖實録》卷七九 〔洪武六年三月戊子〕甲午，延安侯唐勝宗奏築潞州城，周五千七百七十四丈，計一夫築城二寸，合用二十八萬八千七百人。許之。

《明太祖實録》卷八三 〔洪武六年秋七月丙寅〕長興侯耿炳文、陝西行省參政楊思義、都指揮使濮英言：陝西城池已役軍士開拓，東大城五百三十二丈，南接舊城四百三十六丈。今欲再拓北大城一千一百五十七丈七尺，而軍力不足，西安之民耕穫已畢，乞令助築爲便。中書省以聞，上命使來年農隙興築，仍命中書考形勢規制爲圖以示之，使按圖增築，無令過制，以勞人力。

《明太祖實録》卷一七七 〔洪武十九年夏四月癸丑〕置雲南洱海衛指揮使司，并左、右、中、前、後五千户所，以賴鎮爲指揮僉事。洱海，本品甸地，經兵之餘，人民流亡，室廬無復存者。鎮至，修浚城隍，建譙樓，創廬舍，分市里，立屯堡，築隄防，嚴斥候。又開白鹽井以通課利。民始安輯。

《明太祖實録》卷一八七 〔洪武二十年十一月己丑〕信國公湯和奏言：寧海臨山諸衛濱海之地，見築五十九城，籍紹興等府民四丁以上者，以一丁爲戍兵，凡得兵五萬八千七百五十餘人。先是，命和往浙西沿海築城，籍兵戍守，以防倭寇。至是事畢，還奏之。

《明太祖實録》卷一九五 〔洪武二十二年正月〕壬午，會寧侯張温、北平行都指揮使司都指揮使周興奏：修拓大寧等城成，併上其規制：大寧城門五，城周三千六十丈；濠長三十千一百六十丈，深一丈九尺。會州城門四，城周一千一百二十八丈；濠長一千一百八十九丈二尺，深一丈八尺。富峪城門四，城周九百丈；濠長九百八丈二尺，深一丈三尺。寬河城門四，城周八百一十二丈；濠長八百五十九丈，深一丈五尺。創蓋倉廒四十七所，計五百五十間；營房計七千五百三十三間。

《明太祖實録》卷一九九 〔洪武二十三年春正月戊子〕中軍都督僉事蕭用、左都御史詹徵等奏：湖廣茶陵衛城庳隘，周圍僅四里。宜循城西排栅舊址開拓之，以壯一方形勢。上曰：凡事有可已而不必爲者，有不得已而必須爲者，要皆合於時宜。今茶陵城池足以容衆，軍民相安，亦事之可已者，何用開拓？儻有隳壞必須修理，亦俟秋成。

《明太祖實録》卷二五五 〔洪武三十年九月〕癸亥，城銅鼓，勑楚王楨、湘王栢曰：前命爾兄弟帥師征蠻，既不親臨戰陣，建立功勳。宜各以護衛軍一萬，銅鼓衛新軍一萬，靖州民夫三萬餘，築銅鼓城。每面三里，城池宜高深，坊巷宜寬正，營房行列宜整齊。期十一月訖工，令銅鼓衛指揮千百户守之。其銅鼓軍士，除留一千守衛，餘從總兵官征進，至耕種時仍還本衛。爾兄弟可率築城護衛軍士還國，繪圖來奏。

《明太宗實録》卷三七 〔永樂二年十二月〕庚午，宣府總兵官武安侯鄭亨等奏：修築宣府諸處屯堡成。先有勑，諭亨等於宣府、萬全、懷安諸處簡軍馬，堅壘壁，謹烽堠，慎防禦之務。每數堡擇一堡，爲高城深濠，城多置門。其中開井積水，以聚數堡之人馬輜重糧餉。晝夜瞭望，寇至夜則舉火，晝則舉砲爲信。以軍士堅守之，附近屯堡軍亦皆移入其中。亨等經營規畫，至是始備云。

《明太宗實録》卷一〇〇 〔永樂八年春正月〕丙戌，築北京至居庸關舖舍，關内關外每三十里築烟墩一所。

《明太宗實録》卷一四四 〔永樂十一年冬十月〕己酉，山西緣邊烟墩成。先是，從江陰侯吴高請，於緣邊修築烟墩。至是，東路自天城衛至榆林口，直抵西朔州衛煖會口；西路自忙牛嶺直抵東勝路，至黄河西對岸灰溝村，烟墩皆成。高五丈有奇，四圍城高一丈，外開壕塹吊橋，門道上置水櫃，煖月盛水，寒月積冰。墩置官軍三十一人守瞭，以繩梯上下。皆上所規畫也。

《明太宗實録》卷一五五 〔永樂十二年九月〕丁酉，命行在兵部都察院遣官按視寧夏、甘肅、大同、遼東等處屯堡。初，上命邊將置屯堡爲守備，計每小屯五七所或四五所。擇近便地築一大堡，環以土城，高七八尺或一二丈。城八門，周以濠塹，闊一丈或四五尺，深與闊等。聚各屯糧芻於內。其小屯量存逐日所用糧食。有警即人畜盡入大堡，併力固守。命下，久未有報，故命按視。

《明英宗實録》卷四〇 正統三年三月乙酉朔，行在刑部尚書魏源等奏：宣府等處，沿邊城堡軍裝多不整飭，蓋因總兵官都督譚廣年老，提督不周所致。上以爲然，勑都督僉事黄真充左參將，都指揮同知楊洪充右參將，協同廣提督。是日，洪奏欲將開平衛城增高五尺，龍門所城展寬一里；獨石地方東至潮河川，西抵宣府，增置煙墩六十座。會計工程浩大，乞將屯軍俱免一年屯種，協同守備官軍併力修築，以爲長久之計。從之。

《明英宗實録》卷六五 〔正統五年三月己未〕福建都司奏：福寧衛大金、定海二所，及鎮海衛六鰲、銅山二所五城，舊以碎石壘之，時時損壞，請造磚裹其外，爲經久計。從之。

《明英宗實録》卷一四四 〔正統十一年八月〕乙丑，大同參將都督僉事石亨奏：大同右、玉林二衛城極臨沙漠，而舊惟土築，臣請率軍士以石甃之。上從其請。

《明英宗實録》卷一八七 〔景泰元年春正月辛巳〕命於天壽山之南築城，周圍十二里，以居長陵、獻陵、景陵三衛官軍，并移昌平縣治于內。

《明英宗實録》卷二五四 〔景泰六年六月〕己丑，修居庸關城畢功，命工部造碑，翰林院撰文，刻置關上，以紀其蹟。

《明憲宗實録》卷三二 〔成化二年秋七月丙戌〕甘肅總兵等官、定西侯蔣琬等奏：築完莊浪西大通城堡。周四百三十六丈，高三丈二尺，下廣二丈二尺，上廣一丈一尺。壕廣二丈，深一丈五尺。爲城門三，月城一，敵臺一十三。

《明憲宗實録》卷三六 〔成化二年十一月己丑〕整飭邊備。兵部尚書王復奏：臣奉命整飭延綏、寧夏、甘凉一帶邊備，看得東自黄河岸府谷堡起，西至定邊營，連接寧夏花馬池邊界，東西縈紆二千餘里，險隘俱在腹裏，而境外臨邊無有屏障，止憑墩臺、城堡以爲守備。緣有舊城堡二十五處，原設地方或出或入，參差不齊。道路不均，遠至一百二十餘里，近止五六十里。軍馬屯操反居其內，人民耕牧多在其外。遇賊入境，傳報聲息，倉卒相接，比及調兵策應，軍民已被搶虜，達賊俱已出境。雖稱統領人馬，不過虚聲應援。及西南直抵慶陽等處，相離五六百里，烽火不接，人民不知防避。其北面沿邊一帶，墩臺皆稀疎空闊，難以瞭望。臣與鎮守延綏、慶陽等處總兵、巡撫等官計議，臨邊府谷等一十九堡，俱係極邊要地，必須增置郡移，庶爲易守。趙今聲息稍寧，先行摘發軍餘，採辦木植。候春煖土開，委官監督，併力興工。將府谷堡移出芭州舊城，東村堡移出高漢嶺，響水堡移出黑河山，土門堡移出十頃坪，大兔鶻堡移出響鈴塔，白洛城堡移出輒營兒，塞門堡移出務柳莊，不惟東西對直捷徑，而水草亦各利便。內高家堡至雙山堡，雙山堡至榆林城，寧塞營至安邊營，安邊營至定邊營，相去隔遠，合於各該交界地方：崖寺子、三眼泉、柳樹澗、瓦劄梁，各添哨堡一座，就於鄰近營堡量摘官軍哨守。又於安邊營起，每二十里築墩臺一座，通共二十四座，連接慶陽。定邊營起，每二十里築立墩臺一座，共十座，接連環縣。俱於附近軍民內量撥守瞭。北面沿邊一帶墩臺空遠者，各添墩臺一座，共三十四座。隨其形勢，以爲溝墻。必須高深，足以遮賊來路。因具舊堡，廣其規制。必須寬大，足以積糧草，容人馬。庶幾墩臺稠密，而易於瞭望；烽火相接，而人知防避；營堡聯絡，而緩急易於策應；聲勢相倚，而可以遥振軍威。從之。

《明憲宗實録》卷三七 〔成化二年十二月〕丙午，寧夏總兵官廣義伯吴琮等奏：修築寧夏三路墩臺三十五座，營堡十有七座；關墻溝塹四百五十三處，共長六千四百四十六丈有奇。

《明憲宗實録》卷四九 〔成化三年十二月〕丙午，鎮守寧夏總兵官廣義伯吴琮等奉兵部奏准事例，分撥官軍修完寧夏三路墩臺二十二座，關墻溝塹三百七十三處，共二萬二千一百三十七丈三尺。至是，具實以聞。

《明憲宗實録》卷一一三 〔成化九年二月〕戊子，陝西紀功兵部郎中劉洪陳備邊事宜：一、延慶自清水營至永濟堡一千五百餘里，險易相半，爲營堡十有九。自永清堡至靈州所五百餘里，俱平原沙漠，止有五營堡。其安邊東西三四十里。近參將岳嵩新設壕塹陷穽，虜頗知憚。惟定邊、花馬池等處，墩臺踈遠，瞭望不及，餽運爲難。宜及今虜馬瘦弱，起自永清直抵靈州，每一里半築一墩，共爲三百有奇。每墩下方十丈，上方六丈，高一丈五尺。上蓋土房一間，四角用板遮護，剜爲箭眼。墩中空處，倣嵩之法，設爲陷穽，築墻浚壕，以漸修舉。及觀興武一營，置於靈州、花馬池之間，偏出東北境外，道路迂遠。今宜遷入，與二堡適中，并於二堡間各增一小堡，摘寧夏中衛守備，西安官軍就近防守。仍令寧夏總兵或副總兵一員，專於興武營居中巡督。其永濟堡以東至清水營，倣都御史余子俊法，傍險剷削，内凡係平曠川原，俱爲里半一墩。但今陝西人民困苦已極，難再驅使，宜量摘各處客兵，與各堡官軍兼工修築，完日放回。一、榆林兵少，久留各處，客兵守之，本處兵因得互相推托，而客兵久留，又於人情不堪。今西安等府縣民，多係雲南、貴州軍籍，累年清觧，輒復脱逃，往往願聽榆林召募，而鎮守等官不敢違例收領。乞暫許自首免罪，發榆林衛食糧操練，仍行原衛所除其名籍，而以本地隣近布政司該發充軍囚犯補之。又鄜州離邊頗遠，見存西安左等衛守備官軍千餘，坐費糧餉。宜暫調安邊營操用，事寧之日，照例輪班。又延安等處士兵三千餘名，分派各邊營堡州縣，止令府州縣委官管領，無人操習，不堪調用。宜分送榆林、鎮羌、安邊三處操習，事寧之日，照舊放回。一、延慶臨邊軍民遷移邊外，就地耕牧，往往招寇，寧死不避。宜令緣邊各衛所府州縣差官會勘量其多寡遠近，擇取險地，督令修築砦堡。每砦堡推選衆所信服者一人，免其本身差操，定爲總甲。各備兵器，自相操演，從便戰守。有功則照例陞賞，所獲財物令自收用。如有失誤，罪其總甲。奏入，下兵部議擬覆奏，多施行之。

《明憲宗實録》卷一三〇 〔成化十年閏六月乙巳〕巡撫延綏都御史余子俊奏修築邊墻之數。東自清水營紫城砦，西至寧夏花馬池營界碑止，剷削山崖，及築垣掘塹。定邊營平地仍築小墩。其餘二三里之上，修築對角敵臺崖砦，接連巡警，險如墩臺。及於崖砦空内適中險處，築墻三堵，横一斜二如箕狀，以爲瞭空避箭及有警擊賊之所。及三山、石澇池、把都河俱添築一堡。凡事計能經久者始爲之。役兵四萬餘人，不三月功成八九，而榆林、孤山、平夷、安遠、新興等營堡尤爲莊麗。又移鎮靖堡出白塔澗口，絶佚灘河之流，環鎮靖堡之城，阻塞要害，其界石迤北直抵新修邊墻。内地俱已履畝起科，令軍民屯種，計田税六萬石有餘。凡修城堡一十二座：榆林城南一截舊有，北一截創修安邊營，及建安、常樂、把都河、永濟、安邊、新興、石澇池、三山、馬跑泉九堡俱創置，響水、鎮靖二堡俱移置。凡修邊墻東西長一千七百七十里一百二十三步，守護壕墻崖砦八百一十九座，守護壕墻小墩七十八座，邊墩一十五座。奏上，令所司知之。

《明憲宗實録》卷一九七 〔成化十五年十一月丁未〕命築寧夏沿河邊墻。鎮守寧夏太監龔榮奏：寧夏東路自花馬池至黄河，東至平山墩，西至黑山營，中間相去幾二百里，虜所出没。説者以爲前有黄河可恃，然春夏之時河可恃也，如冬月凍合，實爲可憂。今欲沿河修築邊墻，使東西相接。其西路，永安墩至西沙嘴，舊墻低薄頽壞，欲改築高厚，庶可保障地方。事下兵部，覆奏以爲便，遂役一萬人築之。

《明憲宗實録》卷二一六 〔成化十七年六月〕癸酉，築遼東鳳凰山等處城堡。初，朝鮮國使還，路經鳳凰山，爲建州野人所掠。奏乞於舊路以南新開一路，以便往還。詔下守臣議。至是，巡撫遼東都御史王宗彝等奏：鳳凰山前後實虜寇出没要途，距遼陽三百餘里，其間土地廣漠，舊無烽堠。請自山之東北至靉陽間築墩臺一十三座，自通遠堡東南至沿江間築墩臺二十二座。距山之西北一十五里，舊有古城遺址，於此築立一堡，名爲鳳凰城，屯駐軍馬一千。距城西六十里曰斜烈站，築立一堡，名鎮寧堡。距站之西北六十里曰新通遠堡，之南築立一堡，名寧夷堡。各屯駐軍馬五百，以爲鳳凰城聲援。如此則自遼陽直抵朝鮮，烽堠聯絡，首尾相應，一以拒虜賊東南之竊掠，一以便朝鮮使臣之往來。奏下兵部，請改鎮寧堡爲鎮東，寧夷堡爲鎮夷。餘悉如所奏。從之。

《明憲宗實録》卷二六六 〔成化二十一年五月丙子〕巡撫寧夏右僉都御史崔讓等奏：請於平虜城棗兒溝增築邊墻一道，塞堡一座，墩臺三座。廣武營移築墩臺一座，中衛河南增築墩臺三座，移築三座。兵部請從其奏。報可。

《明憲宗實録》卷二六八 〔成化二十一年秋七月〕壬戌，總督大同宣府軍務兵部尚書余子俊奏：去歲受命行邊，即以曩在延綏曾修邊墻事宜，建議聞奏，蒙賜允行。適歲歉而止。今會大同、山西、宣府一帶邊關内外文武守臣，隨方經畧，躬率士馬，遍歷邊境，登高履險，凡四十餘日。度地定基，東自四海冶起，西至黄河止，長竟一千三百二十里二百三十三步，舊有墩一百七十座。内該增築四百四十座，每座高廣俱三丈。宣府二百六十九座，宜甃以石，每座計用六百工，六日可成。大同一百五十四座，及偏頭關一十七座，宜築以土，每座計用一千工，十日可成。總計宣府人四萬，共二十五日；大同人四萬，共三十八日；偏頭關人六千，共二十八日，俱可畢工。大約今年八月始事，明年四月可以告成。

工人八萬六千，每人月給糧米六斗，銀三錢，鹽一斤，共糧一十五萬四千八百石，銀七萬七千四百兩，鹽二十五萬八千斤。馬六萬三千匹，於草青時，月每馬給料升半，共八萬五千五十石。視昔延綏修邊之費，雖曰有加，迹已然而驗之將然，實一勞永逸之功也。告成之日，仍遣科道官閱實，墩給手把銅銃十，鐵砲二。且請勅户、工二部議處糧料銀鹽銅鐵等物，以給前費。上下其奏於所司，兵部言：子俊前在延綏曾收明效，故今於宣府、大同、偏頭關一帶邊方，不惜勤勞，親歷艱險，畫圖具説，籌算詳明，蓋欲必成未畢之功，期收將來之效也。上然之。即勅所司預備器物，俟明年四月即工。然是奏子俊欲以築墩，責成於邊臣，而以閱實付任於科道，但計成算數目，言之可聽，而行之惟艱。且自欲還京，蓋不近人情者。是後物議諠然，不平怨謗之來，豈無所自云。

《明憲宗實録》卷二九〇 〔成化二十三年五月〕甲子，大同總兵官都督同知王璽等奏工役修築之數，凡邊墻壕崖共三萬九千二百三十二丈六尺，水口十，關門一，墩臺七。

《明世宗實録》卷二 〔正德十六年五月丁丑〕先是，經略邊關右副都御史李瓚，以居庸關西路灰嶺口、上常峪地方外接懷來，所轄隘口計一十二處，曾經達虜出没，請添設城堡，以控險要。乃築灰嶺口城六百八十丈有奇，上常峪城減十之五，各立樓櫓舖舍。至是功訖，議名灰嶺口曰鎮邊城，上常峪曰常峪城。調別堡軍士屯守，灰嶺口千人，上常峪三百人。改設守禦千户所，給印，推京衛千户二員往署。添設倉場官吏，支收芻糧。兵部覆奏，從之。

《明孝宗實録》卷八六 〔弘治七年三月丁巳〕山鎮守劉政，按察司兵備副使胡漢，守備署都指揮王儒、劉准，修築偏頭關邊墻一百二十五里，補黄河邊墻二千六百餘丈，添築寧武墩堡十座，挑浚橫山壕塹長二里，添築鴈關墻及剷削壕塹共五十八處。奏上，得旨，以政等修築有功，賜綵段有差。

《明孝宗實録》卷一〇一 〔弘治八年六月乙亥〕增築宣府永寧鵰鶚二堡間石墻四十餘里，墩臺十七座，堡一座。

《明世宗實録》卷一九〇 〔嘉靖十五年八月辛丑〕總制陝西侍郎劉天和奏陳邊事宜：【略】一、寧夏邊墻三百餘里，前尚書楊一清、王瓊、唐龍已相繼築之矣。但其中興武營一帶七十餘里，修築不堅。今當至處至于安邊、寧塞二營之間，大虜所由入者也。尚書唐龍嘗議，自定南八墩至寧朔墩十七里創築新墻，以杜乾溝深入之路；自寧朔墩至昌平墩九十里增修舊，以衛舊安邊孤懸之勢。而總兵官梁震奏於乾溝要路大加剷削，乾澗之中挑空壕塹，以制虜入。此二者皆要策也。總之三役，并興費不過二十餘萬，然臣猶未敢任也。請先其費少而要者。在延綏則乾溝、乾澗之工，以二萬六千；定南、寧朔十七里之工，以一萬六千；在寧夏則興武營邊墻七十里之工，以三萬三千。共柒萬餘金而足。目前之費不多，而將來之益則甚大矣。一、興武營之南有鐵柱泉者，方可百步。套虜每來，必至此飲馬，居數日而後入；及其驅掠而歸，亦至此飲牧數日而後出邊，誠一大要害也。臨泉故有小堡，請增築高大，包其泉於堡中。常以兵百人、令一校將之，據守其地。其堡外空地極多，令堡軍儘力開墾，三年之後從輕起科。又其旁石溝有鹽池，即令堡軍來食。使數百里無飲馬之地，其勢自不能深入矣。兵部覆奏。上皆從之。

《明世宗實録》卷三一八 〔嘉靖二十五年十二月〕庚子，總督陝西三邊曾銑，巡撫謝蘭、張問行等奏：延綏密與套虜爲鄰，自成化間都御史余子俊築邊墻，東自黄甫川起，西至定邊營止，延袤一千五百餘里，歲久傾頹，餘址間存，不異平地。嘉靖九年，總督尚書王瓊修花馬池邊墻一道，自寧夏横城接築至定邊營，約三百餘里。而自定邊營至黄甫川一帶，依舊無墻，連年虜入，率由是道，所當亟爲修繕。第地里廣遠，工程浩大，勢難責放朞月。宜分地定工，次第脩舉。西起自定邊營，而東至龍州堡，計長四百四十餘里，爲西段，迺環慶堡安要塞所當先築。自龍州堡而東至雙山堡，計長四百九十餘里，爲中段。自雙山堡而東至黄甫川，計長五百九十餘里，爲東段。歲修一段，期以三年竣事，庶幾保障功完，全陝攸賴。乞破常格發帑銀，如宣、大、山西故事。

《明世宗實録》卷三九九 〔嘉靖三十二年六月甲午〕經略邊務侍郎楊博言：薊鎮往歲連議合數村築一空堡，不惟收斂無及，亦且勞費不貲。乞如甘肅地方，五七家共築小城，中立一墩，上蓋樓房天棚，設攔馬墻、壍壕，懸置板橋。大村令其左右夾峙各築二墩或四墩、六墩，隨處可築，數人可守，而費不過百金。分置步兵，興土人相兼按伏，賊小入，可以邀擊。其昌平等六州縣被虜殘傷，不能舉役。乞發真定等府所輸民夫銀一萬兩助之。報可。博又言：閱過薊鎮平山營起至昌平居庸關沿河口止，修完邊墻，墩臺已踰大半，冷口關外極衝邊墻亦已增築。其未完邊城萬四千三百五十六丈，墩臺九十二座，附墻敵臺一百三座，房二百一十三間。乞命總督鎮巡官嚴督所司，及時修治，以固保障，候巡關御史閱奏。報可。博尋以事竣回京，疏辭憲職。許之。

《明穆宗實録》卷二九 〔隆慶三年正月癸未〕總督劉燾、兵部侍郎譚綸奏：薊、昌二鎮，東起山海關，西至鎮邊城，延袤二千四百餘里，乘障疎闊，防守甚艱。宜擇要害，酌緩急分十二路，或百步、三十五步，犬牙參錯，築一墩臺，共計三千座。計每歲可造千座，每座可費五十金，高三丈，闊十二丈，內可容五十人。無事則守墻、守臺之卒居此瞭望，有警則守墻者出禦所分之地，守臺者專擊聚攻之虜。二面設險，可保萬全。請下户部發大倉銀三萬五千兩，兵部馬價銀一萬五千，以給工費。兵部覆：綸所言誠守邊便計。得旨，允行。

《明神宗實録》卷四 〔隆慶六年八月丁卯〕薊遼總督劉應節題：【略】本鎮西自鎮邊，東抵山海，延袤二千一十七里，衝邊之處所建敵臺一千二百六座，每座置兵五十，共用六萬三百。邊墻每丈一垜一兵，計十二萬餘垜，則用兵六萬餘。中間出哨、擺撥、傳烽等項，可用六萬餘；各標、各營路策應轉戰，可用五萬餘。是本鎮用地制兵，似非三十萬不可。

《明神宗實録》卷二二 〔萬曆二年二月丁卯〕薊鎮督撫劉應節等題：修築遼東西臺墻共七百九十一里，調軍夫一萬，匠役六百，扣算須四十餘年報完，用官銀四十餘萬。兵部覆：該鎮勘估，先造土墻，乃甃之甎，又築之臺，又爲之鋪，邊長工鉅，爲力甚難。莫若先舉臺工，計地百丈建臺一座，如昌平鎮之制，空心實下，庶可經久。兩臺之間，止用磚與亂石爲墻，蓋有臺可據，即墻未高厚，亦可限隔。先修寧前西接石門一帶，次及錦義、廣寧以東。其工程衝緩，錢糧軍夫等項，再行該鎮估計會奏。從之。

《明神宗實録》卷二二 〔萬曆二年二月戊午〕兵部覆大同督撫官王崇古等題：修理大同沿邊墻垣，限以五年報完，渾源右衛工程限三年，廣靈、威遠限二年，合用口糧鹽菜等銀兩三十七萬五千二百四十兩六錢零。以户七兵三分派，在本部者照數議發，在户部者先發一半，餘俟興工後查明解發。但向來所築邊墻，俱欠堅固，又墩臺遠處邊墻之外，臨敵之際，守臺者勢既懸，不敢發一矢；擺邊者軍又單薄，不足當其聚攻之衆。宜查倣薊鎮之制，將沿邊墩臺改築在內。每里先騎墻築一座，每座三層，下層實心，中層發圈空心，各開箭眼，上層蓋屋立垜，俱用甎甃。兩臺之中，照議築墻，酌量衝緩，以次興工。中間臺座尚覺稀踈，五年後更議增築。報可。

《明神宗實録》卷三八七 〔萬曆三十一年八月戊申〕福建巡撫朱運昌陳備倭事宜。謂欲保閩海，莫若清野，清野莫若築堡，築堡莫若星羅碁布，使賊左顧右盼而莫知所攻。臣考國朝典制，大皇帝廣置邊屯，于四五屯內擇其一有水草者，四圍竣濠，廣丈有五，深如廣之半。築土城，高可二丈，開八門，以便出入。傍近四五屯錙重糧草皆聚于此，有警則驅牛羊入，虜無所掠。又先臣許逵治樂陵，令民間門各起墻，高過其簷，仍開墻竇如圭，僅可容人，家令二壯者執刃竇內以俟賊，賊相戒不敢入境。誠宜依倣此制，而周密布之。其鄉村建堡，一如建屯法，專其責于巡海憲臣，督率府廳州縣正官，期以三年，成此不朽之業。

《明神宗實録》卷五六五 〔萬曆四十六年正月乙酉〕南京兵部等衙門尚書黄克纘等，奏修築浦口城上。浦城築于洪武四年，隸以五衛，貯以三倉，爲南京保障。弘、正以來，水勢侵嚙，南城盡圮。今議依山補築，只圍應天衛及三倉在內，而龍虎、武德、横海三衛移入三倉隙地。共計應築城九百七十三丈。根脚挖闊七尺，深六尺，荒石四層，條石六層，中用釘鈎灌以灰漿，砌磚三十七層，高二丈。每丈料銀三十八兩九錢五釐，通共九百七十五丈，大約用銀三萬八千一十兩有奇。又估作南門及小城門二座，便門一座，甕城一座，水洞大小十座，築堤九百二十六丈。以上數項應費銀一萬一千五百兩有奇。拆軍民房一百一十三家，與遷移銀四百七兩九錢。擇于本年八月初十日興工，共估該費銀五萬九百二十兩有奇，以兵、户、工三部均出。而臺臣月輪一人監督之。用之有餘，將舊城一千六百餘丈接工修理。此事三奉明旨，今參公論度形勝，似斷斷有可成之功，故纘等以聞。

《明熹宗實録》卷一七 〔天啓元年十二月壬辰〕薊遼總督王象乾題：燕京以山海、居庸爲東西門户，惟是兵馬孱弱，壁壘空虛。請挈其最要者：一、設險隘，循南海至南山十有六里，請于城下設火城以傅城，城外設敵臺以衛城，臺外築土墻以衛臺，墻外建敵樓、疏濬水道以衛墻。每八十丈建臺一座，加以護門臺二座，通計臺四十二座。每臺南北兵二十五名，用兵一千五十名。槍砲綱輪、地雷地龍、品坑品窖，以次修建。仍于八里鋪嶺上再築土墻一道。京東半壁，若泰山四維矣。

《清太祖實録》卷七 〔天命六年閏二月〕癸未，築撒爾湖城工竣。

《清太宗實録》卷二八 〔天聰十年三月〕乙卯，遣貝勒阿濟格、阿巴泰率八固山額真，每甲喇官一員，每牛録小撥什庫一名，甲士十五人，往噶海築城。

【略】

庚申，内院諸臣倣明制擬新築開城，城門名曰揚威門、昭德門、永安門、興化門、定遠門，進呈御覽。

上曰：此等矜誇僭越之字，素與朕意不合，興之、揚之、定之，悉在於天，非人力所能强得也。凡事莫貴於務實，今當以字義切當者書之。遂更其名曰鞏固門、靖遠門、鎮西門。

《清太宗實録》卷三四 〔崇德二年三月〕戊午，蓋州城守梅勒章京李思忠奏言：臣等奉命管理蓋州，城垣俱係舊築，其土墻不堅者八十三丈，破裂者三十丈，未破裂而不堅者五十三丈。前已報知工部。據工部咨稱，已盡調漢人往北邊供役，蓋州破裂城垣可令滿、漢、蒙古兵餘丁自燒灰甎修砌，等語。又據滿、漢、蒙古兵丁呈稱，蓋州地處邊境，軍士防守共有十處，不分晝夜冬夏，每日偵探緝逃，修墻浚壕，防守鹽魚二場，至夜復登城巡視。今如令餘丁自燒灰甎興工修城，儻失農業，士馬何所恃以飽騰，等語。臣等三人會議，親赴工部告知孟阿圖，孟阿圖言俟皇上回鑾酌定。今我皇上平定朝鮮班師，臣等因思城垣破裂處所，當不時巡視。今若拆毁修砌，不過仍用土築，不若俟北工告成之後，仰乞皇上天恩，寬限三年，於凡土築及破裂處，俱用甎修砌，庶城垣可以永久堅固，而及今亦得盡力耕種，兵民各戴聖恩矣。上覽奏，命暫停今年工作，餘照議修築。

《清太宗實録》卷三八 〔崇德二年八月〕丙辰，以築都爾鼻城，命和碩睿親王多爾衮相度基址，多羅饒餘貝勒阿巴泰率八固山額真，每甲喇章京一員，每牛録甲士二十二人，夫役十名，前往興工。又遣甲喇章京伊爾德、訥爾特、敦拜、席翰、馬克圖、禧福、伊成格、俄里堪等率護軍四百人，防衛築城工役。

《清太宗實録》卷四一 〔崇德三年戊寅三月甲子〕是日，遣牛録章京法譚率八人齎敕諭留守盛京諸王，敕曰：寬温仁聖皇帝敕諭留守盛京諸王，朕曾有旨，命倣都爾鼻城規模築遼陽城。今觀都爾鼻城甚小，朕思大軍出征之後，遼陽乃駐防地，士馬繁衆，城小何以能容？今城基未築，可每面再廣十丈。朕籌畫再三，故有是命。

《清太宗實録》卷四一 〔崇德三年四月庚子〕是日，令每三丁出夫一名，竣都爾鼻城工，改名爲屏城，賜二門額：一曰安邊門，一曰廣邊門。

《清太宗實録》卷五二 〔崇德五年九月癸卯〕重修鳳凰城。

《清太宗實録》卷五五 〔崇德六年五月〕壬寅，敕諭駐防歸化城固山額真古禄格章京、杭古章京等曰：爾等所居城小壕狹，儻敵人來侵，難容屯駐。人口牲畜，有一被掠，實損軍威。爾等可於城外築墻，酌量足容爾部之人。其墻高一丈五尺，寬可駐營，墻上遍築垛口，四面留門，每門可俱置瓮城。況爾地産木甚多，門上及四角各建樓瞭望，墻外俱掘深壕。修理完備，爾等各率官屬兵丁登之，分汛防守。敵人若來，可立於垣上禦戰。今遣牛録章京萬塔什、筆帖式塞冷齎敕前往督工，完日方可令還，毋得違誤。

《清世祖實録》卷四七 〔順治七年七月〕乙卯，攝政王諭：京城建都年久，地污水鹹，春秋冬三季猶可居止，至於夏月，溽暑難堪。但念京城乃歷代都會之地，營建匪易，不可遷移。稽之遼、金、元，曾於邊外上都等城爲夏日避暑之地。予思若倣前代造建大城，恐縻費錢糧，重累百姓。今擬止建小城一座，以便往來避暑，庶幾易於成工，不致苦民。所需錢糧，官民人等宜協心并力，以襄厥事。

《清世祖實録》卷五三 〔順治八年二月〕辛卯，諭户部，邊外築城避暑，甚爲無用，且加派錢糧，民尤苦累。此工程著即停止。

《清聖祖實録》卷一五五 〔康熙三十一年四月乙巳〕議政王大臣等議覆：寧古塔將軍佟寶等疏言，圖什屯四十里外，有白都訥地方，係水陸通衢，可以開墾田土，應於此地修造木城一座。席北、卦爾察等所住鄉村，於此處甚近，俟城工完日，由水路搬移。查前議，科爾沁之王、台吉等，將所屬席北、卦爾察、打虎兒等一萬四千四百五十八丁進獻，内可以披甲當差者一萬一千八百五十餘名，分於上三旗安置。今議齊齊哈爾最爲緊要形勝之地，應於席北、卦爾察、打虎兒内揀選强壯者一名，令其披甲，並附丁二千名，一同鎮守齊齊哈爾地方，令副都統品級馬補代管轄。兩翼各設一防守尉，每旗各設防禦一員，俱屬將軍薩布素統領管攝。白都訥地方修造木城一座，將席北、卦爾察、打虎兒内揀選强壯者二千名，令其披甲，即住所造新城，令副都統巴爾達到彼教訓管轄。兩翼各設一防守尉，每旗各設防禦一員，俱屬將軍佟寶統領管攝。再將席北、卦爾察内與烏喇相近居住者，揀選三千名，移住烏喇地方，令一千名披甲，二千名爲附丁。從之。

《清聖祖實録》卷一六一 〔康熙三十二年十一月乙巳〕工部議覆：差往查勘盛京城垣工部左侍郎圖爾宸等疏言，盛京城垣坍塌之處，及城内舊池、舊溝俱應修理疏濬，揀選盛京四部官員協同盛京工部監修。應如所請。從之。

《清聖祖實録》卷一六七 〔康熙三十四年六月乙未〕遣官修築平陽府地震倒壞城樓、衙署、倉庫。

《清聖祖實録》卷一八七 〔康熙三十七年二月辛未〕河南巡撫李國亮疏

言：滎澤縣城，北臨黄河，丹沁二水，會歸黄流，逼城甚險，舊滎陽郡基址高阜，請將縣城移建此地，以免衝決。從之。

《清聖祖實録》卷二二九 〔康熙四十六年三月壬戌〕刑部議覆：陝西巡撫鄂海疏言，興安州被水衝塌城垣隄岸，請准令廢官捐造贖罪，應如所請。得旨，此城垣隄岸不必捐修，所需錢糧，著該撫明白估計，動正項錢糧修理。

《清聖祖實録》卷二七七 〔康熙五十七年二月庚寅〕兵部議覆：廣東廣西總督楊琳疏言，粤東沿海地方，東連福建，西達交趾，南面一路汪洋，諸番羅列，素稱險要，請於通省沿海泊船上岸之處，據高臨險，相地制宜，修築礮臺城垣，添設汛地，建造營房，分撥官兵，以靖海洋。應如所請。從之。

《清聖祖實録》卷二七九 〔康熙五十七年五月〕己未，兵部議覆：福建浙江總督覺羅滿保疏言，臺灣一郡有極衝口岸九處，應修築礮臺十一座，内如中路之鹿耳門，爲全臺咽喉，出入要口。安平鎮爲臺灣水師三營駐劄之所，舊有紅毛城一座，現在補築城垣，其餘等處亦現在修葺。有次衝口岸十五處，應修築礮臺一十八座。再查澎湖地方實爲臺灣門户，金厦藩籬，有極衝口岸四處，内如媽祖澳，原有新城一座，現在修葺。其餘等處，應築礮臺七座。有次衝口岸五處，應築礮臺三座。酌量派撥官兵建造營房，巡防分守，以固海疆。俱應如所請。從之。

《清聖祖實録》卷二八一 〔康熙五十七年閏八月〕乙卯，議政大臣等議覆：和卜多、烏闌古木等處築城駐兵，護衛喀爾喀，令發遣之人種地。謹奉諭旨遵行外，查將軍傅爾丹、祁里德等見在彼處駐紮年久，深知地方形勢，應行令將軍傅爾丹將和卜多、烏闌古木等處，果宜築城墾田及蓋造房屋之處，一并詳看具奏。至於設立驛站，甚屬緊要。查自殺虎口至和卜多、烏闌古木地方，均宜設立驛站，其車輛馬匹亦應照例添設，但未便懸擬。請遣堂官一員，前往會同詳視確擬具題，到日再議。得旨：依議。見今員外郎保住在彼不必另遣堂官，其築城墾地、添設驛站等項，俱交與保住會同將軍詳議具奏。

《清聖祖實録》卷二八二 〔康熙五十七年十二月庚午〕諭議政大臣等派黑龍江兵五百名、索倫打虎兒兵五百名、寧古塔兵五百名、船廠兵五百名、盛京兵一千名，共兵三千名，令於來年三四月間，青草發生時，各帶馬匹由索約爾濟地方至喀爾喀河下流，上克魯倫河而去。【略】再有派往取吐魯番之兵，今既不取，應於吐魯番界口，並烏闌烏蘇等形勢之處，著設兵一枝，修築城垣。

《清聖祖實録》卷二八三 〔康熙五十八年正月〕戊戌，議政大臣等議覆：振武將軍傅爾丹等疏言，鄂爾齋圖杲爾地方，田地肥饒，四時寒暑，與内地相同，宜於此處築城駐兵。其設立驛站之地，員外郎保住，已自殺虎口至鄂爾齋圖杲爾地方，一路詳視，水草甚佳，宜設三十六站，應如所奏。

《清聖祖實録》卷二八三 〔康熙五十八年二月〕壬戌，靖逆將軍富寧安遵旨議覆，烏闌烏蘇四面皆山，地方狹隘，不便修城多駐兵丁。有庫庫車爾地方，週圍遼闊，離烏闌烏蘇不遠，應在庫庫車爾左近有水草之處，修築城池，駐兵二千名，派大臣二員管理。鄂龍吉、噶順、喀桃等處，俱修築堡子，各駐兵一千名，每處各派大臣一員管理。約洛圖、烏闌烏虎爾渣圖二處，離噶順、喀桃不遠，亦修築堡子，各駐兵五百名；庫爾麥圖地方，亦修築堡子，駐兵三百名，俱令侍衛及副將等官管理。

《清聖祖實録》卷二八四 〔康熙五十八年五月丙戌〕兵部議覆：廣東廣西總督楊琳疏言，廣東沿海險要地方，修造礮臺、城垣、汛地共一百二十六處，蓋造營房共一千三百八十間，撥守官兵共三千九百九十一人，安礮八百零七位。但各礮臺悉係踞高臨險，海風潮氣易於殘缺，是必定歲修保固之法，方爲永遠善後之圖。請嗣後青成州縣官不時查看，一有損壞，立即修整。應如所請。從之。

《清世宗實録》卷九 〔雍正元年七月丙戌〕工部議覆：川陝總督年羹堯疏奏，布隆吉爾地方，北連哈密，西接沙州，去嘉峪關約五百餘里，請建城一座，屯兵駐守，則柳溝、赤金，始得屏捍。應如所請。從之。

《清世宗實録》卷八八 〔雍正七年十一月丙申〕工部奏：參革道員吴應龍修造威寧城工逾限，應照例治罪。得旨：凡官員居官聲名不好，有負任使者，間令於該地方工程効力，以示懲儆，非其人犯罪甚重，應籍没家貲者可比也。爲督撫者，於此等人員之身家，有餘不足，豈無聞見？自應審度伊等之力量，分别工程之大小，派令辦理。若不量其力而槩與以重大之工程，則伊等自度力不能完，即使竭蹶從事，仍不得免於罪譴，勢必觀望遲延，并其所有之力，并退縮不前矣，於工程有何裨益。嗣後凡有此等効力人員，著該督撫等詢問本人情願如何効力，再察其力量果與所認相符，然後派撥工程，具奏請旨。儻有欺誑推諉，不肯據實承認者，著該督撫題參，再行治罪。吴應龍既稱有産可變，著該撫詢問，令伊將實在力量據實供出，即照伊力量派委工程，令其速行修理。

《清世宗實録》卷九〇 〔雍正八年正月〕丁亥，諭内閣：山東青州府設立滿洲駐防官兵，所有建造城垣、營房工程，著御史偏武、候補道員陳豫朋前往會同地方官監督修造。其一應如何修造之處，著天津都統拉錫前往青州，相度經畫，定議交與偏武等辦理，拉錫仍回天津地方。拉錫有素知可以辦工之人，准其帶往工所，交與偏武等派委辦事，偏武所管倉工交與御史兆華監修，再著内務府總管常明兼管稽查。

《清世宗實録》卷一〇四〔雍正九年三月甲申〕大學士等議覆：靖邊大將軍傅爾丹奏言，北路軍營遵旨築城，查科布多地方接連布婁爾，與庫里野圖相近，係進兵大道，請於此處築城。應如所請。從之。

《清世宗實録》卷一〇七〔雍正九年六月庚戌〕寧遠大將軍岳鍾琪疏報：臣遵旨於巴爾庫爾相度地勢，建築城垣。城身周圍八里，高二丈，根寬二丈，頂一丈。擇於本年四月十五日興工，并月城、礮臺、角墩、垛牆一應土工，於五月二十九日俱已告竣。其四門城樓、石橋、角樓，見在次第建造。其工價等項，造册呈覽，請敕部核銷。下部知之。

《清世宗實録》卷一一五〔雍正十年二月辛卯〕又議覆：奉天將軍那蘇圖遵旨查奏，山海關外中後所舊城西邊地方，查出多餘之地五萬七千晌有餘，此處可以造城，駐兵四千名，於盛京所屬滿洲、漢軍餘丁内，每旗挑滿洲兵三百名，漢軍兵二百名居住，照例給與錢糧地畝等項，添設官員管理。應如所請。將盛京餘丁内挑選四千名，添設駐防。但此等餘丁，現在十六城居住，應令仍在各舊住處當差操演，不必另行築城設官。從之。

《清世宗實録》卷一二三〔雍正十年九月丙申〕工部議覆：湖南巡撫趙弘恩疏言，六里苗疆新設永綏協駐劄兵丁，查有吉多坪，地勢寬廣，實爲扼要，請建造城垣、官署，並設倉廒數間貯穀，以備兵食。至乾州向設百户，請照舊安設，令與汛弁一同居住。額徵雜糧，即令各百户按數徵收。

《清世宗實録》卷一三〇〔雍正十一年四月〕庚申，辦理軍機大臣等議覆：靖邊大將軍順承親王錫保等奏言，察罕叟爾地當阿爾泰數路通衢，極爲緊要，建設城垣，駐防大兵，於今多年。因柴草不敷，是以移駐阿爾達爾托羅海，後因柴草亦不敷用，於去年又移至烏里雅蘇泰。此外所有厄得爾齊德爾、特爾啓塔米爾等處，雖地方寬闊，俱係杭愛山陽，殊近内地，又特斯等處，僻在迤北，儻逆賊由南路來犯，邀截抵禦，呼應不靈，俱不便屯駐大兵。現今移駐之烏里雅蘇泰山頭，各建礮臺，滿洲、蒙古大兵駐在左近，且特斯台錫里又各有兵一萬駐劄，甚屬鞏固，賊兵斷不能逼近城垣。應請於烏里雅蘇泰地方，内外植木，中實土塊，建造城垣，於城内建設倉庫。明歲青草生時，調集官駝，將察罕叟爾所貯錢糧、米石、軍裝、火藥等項，陸續運送。均應如所請。從之。

《清世宗實録》卷一三八〔雍正十一年十二月〕戊午，諭内閣：從前廣東巡撫鄂彌達條奏，臺灣地方，僻處海中，向無城池，宜建築城垣、礮臺，以資保障。經大學士等議，令福建督撫妥議具奏。今據郝玉麟等奏稱，臺灣建城，工費浩繁，請於現定城基之外，買備茨竹，栽植數層，根深蟠結，可資捍衛。再於茨竹圍内，造建城垣，工作亦易興舉等語。郝玉麟不過慮其地濱大海，土疎沙淤，工費浩繁，成功非易，故有茨竹籓籬之議。殊不知城垣之設，所以防外患，如必當建城，雖重費何惜。而臺灣變亂，率自内生，非禦外寇比。不但城可以不建，且建城實有所不可也。臺郡門户曰鹿耳門，與府治近，號稱天險。港容三舟，傍皆巨石，鋒稜如劍戟，舟行失尺寸，頃刻沉没。内設礮臺，可恃以爲固。其法最善。從前平定鄭克塽、朱一貴，皆乘風潮，舟行入港，水高港平，衆艘奔赴，無所阻礙。大兵一入，即獲安平港之巨舟，賊無去路，而撫其府市人民。南北路商賈一聞官軍至，絡繹綑載而來，相依以自保。物力既充，軍氣自倍，賊進不能勝，退無可守，各鳥獸散，終無所逃遁，故旬日可以坐定。向使賊衆有城可據，收府治人民財物以自固。大兵雖入，攻之不拔，坐守安平，曠日相持，克敵不易。蓋重洋形勢，與内地異，此即明效大驗，固未可更議建置也。若謂臺灣築城，即以禦臺灣外寇，是又不然。從前兩征臺灣，皆先整兵泊舟於澎湖之南風澳，以候風潮。風潮之便，歲不過一時，時不過數日。若盜賊竊發，或外番窺伺，泊舟澎湖，則夕至而朝捕之矣。至南北二路可通之地雖多，然如南路之蟯港，北路之八掌溪、海翁港、鹿仔港、甲西、二林、三林、中港、竹塹、篷山，惟小舟可入，其巨港大舟可入者，不過南路之打狗中港、北路之上淡水，其次則北路之笨港、鹹水港，去府治較遠，縱有外寇，亦不取道於此。備設礮臺，派撥汛兵，朝夕巡視，自足以資控禦。今郝玉麟等請於現定城基之外，栽種茨竹，藉爲籓籬，實因地制宜，甚有裨益。其淡水等處礮臺，務須建造，各屬竝應增修，不可惜費省工，或致潦草。應如何舉行之處，著該督撫妥協定議具奏。

《清高宗實録》卷一二〔乾隆元年二月壬申〕又諭：良鄉縣密邇京師，其城垣久未修理，不足以肅觀瞻。著該督李衛，遴選賢員，料估奏聞，即行興修。其工費若干，於存公項内動支。如不敷用，即於正項錢糧内補足。准其報銷。

《清高宗實録》卷一六 〔乾隆元年四月甲戌〕總理事務王大臣議：稽察歸化城軍需工料掌印給事中永泰條奏，一、歸化舊城，修整完固，於城東門外，緊接舊城，築一新城。新舊兩城，搭蓋營房，連爲犄角，聲勢相援，便於呼應。一、右衛駐防兵丁，不宜遷移。鎮守仍照舊制，庶於地方有益。一、歸化城一帶地畝，不便改爲民種陞科。得旨：築城、開墾事件，交通智總管辦理。俟城工告竣之時，先派家選兵二千名，熱河兵一千名，前往駐防。其家選兵照八旗另記檔案人例，另記檔案。將來補授驍騎校等微職，不可用至大員。右衛兵丁，暫行停止遷移，仍著在本處駐防。歸化城週圍田地，悉行開墾。俟積穀充裕之時，於京城八旗閒散滿洲内，將情願者挑派三千名，以爲新城駐防兵丁。其錢糧家口米石，及拴養馬匹，俱著照熱河兵、家選兵例。右衛兵丁，既停止遷移，將軍、副都統、筆帖式等，俱仍駐本處。新城著設將軍一員，副都統二員。俟應行派往之時，著該部再行請旨具奏。筆帖式著照例補放遣往。

《清高宗實録》卷二〇 〔乾隆元年六月己巳〕署四川巡撫王士俊奏請直省督撫確查各州縣鄉村，有應用鳥鎗地方，照營兵鳥鎗尺寸製造，具呈該地方官編號登册，以備稽查。私造者，照例治罪。再貴州地方，鄰近苗疆之州縣，一切城垣，急宜修築，以資捍禦。從之。

《清高宗實録》卷二〇 〔乾隆元年六月丁丑〕兵部議准，山西巡撫石麟奏請，省南大路，平定州與直隸井陘縣交界起，至永濟縣與陝西潼關縣交界止；省北大路，天鎮縣與直隸懷安縣交界起，至保德州與陝西府谷縣交界止，添設墩臺七十八座，營房六百七十三間。烟墩三百八十五個，牌坊七十七座。從之。

《清高宗實録》卷二二 〔乾隆元年七月丙申〕工部議准，福建巡撫盧焯奏，福州等府屬各縣城垣、城樓，關係保障，有未修建者，請撥銀二萬七千一百餘兩興修。從之。

《清高宗實録》卷二二 〔乾隆元年七月〕丙午，兵部議准，山東巡撫岳濬奏裁歸膠州管轄之靈山衛、裁歸即墨之鼇山衛雄崖所、浮山所，各應建造衙署、營房、馬棚。從之。

《清高宗實録》卷二六 〔乾隆元年九月癸卯〕工部議准，廣西巡撫金鉷奏，請建築鎮安府石城。從之。

《清高宗實録》卷二七 〔乾隆元年九月〕湖南巡撫高其倬奏，辦理綏寧、城步苗猺，現與督臣史貽直、提臣楊凱商定，以多方緝擒爲先，至必不得已必待奏明，方行用兵。其應建卡房、瞭樓，及城步城垣，查明籌辦。得旨：好。應如是徐徐次第料理者。

《清高宗實録》卷三六 〔乾隆二年二月乙丑〕工部議准：辦理歸化城事務副都統瞻岱疏稱，歸化城建城，週一千九百六十丈，高二丈四尺，底寬三丈五尺，頂寬二丈三尺。將軍副都統官員等瓦房三千八十三間，土房一千六百五十三間，兵丁土房一萬二千間，鋪面房一千五百二十間，共估銀一百二十四萬一千九百兩有奇。請勅户部解發。再歸化城都統衙門，現存償還商人在軍營交納銀兩，又買馬餘剩銀共一十一萬五千一百兩有奇，請就近移作城工之用。從之。

《清高宗實録》卷六二 〔乾隆三年二月壬辰〕命修築山海關邊牆城垣，從署廣東巡撫、前任直隸布政使王謩請也。

《清高宗實録》卷六六 〔乾隆三年四月丁亥〕工部議准：青州將軍阿思海，疏請設青州城營房木柵，並挑濬城壕。從之。

《清高宗實録》卷六九 〔乾隆三年五月丁卯〕兩廣總督鄂彌達條奏惠、潮二郡切要四事：一、潮州府城西北隅之湖山，周廣一里，高五十丈，離城僅五十餘丈，中隔城壕，登巔可以俯瞰城内居民有戴户出汲之勢。舊築腰城，日久坍塌，且低薄不足防範，請即舊址築城一百二十五丈，且跨城壕，與郡城一式高厚，另開一門相通。城壕左右，安置弔橋，并另開水關三座，郡城西北兩角建敵樓三座，安設礮位，將城守營守備移駐。一、明時所築通判府城，今廢。其地相去州縣。俱鞭長莫及，應設一縣，將海陽縣屬之豐政都，并嘉應、大埔、揭陽、饒平等州縣鄰近田糧户口，酌割新縣管轄。其駐防武員，將現在駐劄嘉應州之潮鎮遊擊移駐新縣，駐劄平遠縣之平鎮遊擊移駐嘉應，駐劄鎮平縣之守備移駐平遠，改撥千總一員，帶兵百名，巡防鎮平。其關上嶺、言嶺俱極險要，各建關一座，酌撥千把二員，各帶兵三十名駐防。一、饒平、澄海二縣，爲潮郡濱海藩籬。東西一帶海面，四顧虚隙，應令白石嶺上建關一座，安設礮位，派千把一員，領兵五十名防守。其南洋守備兵丁移駐樟林，分轄鴻溝等處，即以樟林原駐兵移駐南洋。一、歸善縣屬墩頭港，面臨大洋，緊接惠州府城，延袤數百里，並無重汛。應於港口建礮臺一座，千把一員，領兵五十名駐劄。與大鵬、平海二營呼應。至海豐縣屬之羊蹄嶺，爲惠州外護，碣石後門，應於嶺巔建關一座，仍於惠州協撥把總一員，領兵五十名駐防。下部議行。

《清高宗實録》卷六九 〔乾隆三年五月庚午，大學士仍管川陝總督查郎阿〕

又奏報，涼州、莊浪建造滿城併衙署、營房，專委涼莊道阿炳安、榆葭道王凝總理，工程既能速蕆，帑項亦多節省，且番民土人習耐勤勞，是以事半功倍，節省銀至三萬二千九百餘兩之多。請即以此項餘銀修葺肅州城垣。得旨：卿若此據實陳奏，著照所請行。至阿炳安等辦理亦屬可嘉也。

《清高宗實録》卷七四〔乾隆三年八月己丑〕兵部議准：大學士管川陝總督事查郎阿奏稱，西寧府屬碾伯縣壤接番回，山徑叢錯。縣屬之擺羊戎，爲番民雜處之地，最關緊要，請建土城一座，設遊擊一員、千總一員、把總二員、馬兵二百名、步兵二百名，兼轄扎什巴、巴暖營，亦雜石莊、乩思觀、林千户莊、徐家莊、康家寨、甘都堂等營汛。即將巴暖營原設之遊擊一員、千總一員，移駐擺羊戎。其巴暖營改設守備一員、把總一員。原設兵三百名，裁一百名，以爲擺羊戎之需。扎什巴距擺羊戎不遠，止設千總一員、馬兵三十名、步兵七十名。甘都堂建土堡一座，設千總一員、馬兵五十名、步兵一百名，其亦雜石莊等處，駐劄官兵，照舊安設。仍於各處要隘酌建墩臺，每臺安兵三五名。至貴德所守禦千總一員，舊隸臨洮府；貴德營都司一員，舊隸河州鎮，各處相距均在八百里以外。查貴德與河北西寧接壤，請以貴德所守禦千總改隸西寧府，貴德營都司改隸西寧鎮，原設守兵一百五十名之外，添設馬兵三十名，即在西寧鎮營新兵內撥補。其分隸之處，清水河以北屬貴德，改隸西寧，清水河以南屬保安，仍隸河州。再阿哈旦、蘇胡、加阿路等三莊，俱在黄河北，舊屬河州廳，距三百餘里，新番盤詰爲難，納糧亦未免跋涉。今甘都堂既新設千總，請即令就近巡防，糧亦附近於碾伯縣倉交納。又丹噶爾一營，原爲巡查賊番而設，舊在日月山之北，未能要截要路，惟河拉庫托地方平衍，爲賊番出没之區，請築一小堡，設守備一員、把總一員，馬兵一百名、步兵一百名，歸丹噶爾參將統轄，所設兵亦在西寧營新兵內撥補。又河州城西口外一帶，自老鴉關出口至奇臺堡、循化營、保安堡等處，俱係塞外巖疆，舊設墩臺十餘處，路長墩少；請各路分添墩臺八座。又奇臺堡之土門關外橋溝寺，接連火兒藏地方，請於要處添設墩臺二座，每座安馬兵二名、步兵三名，共兵五十名，即於循化、保安、奇臺等營內，就近派撥。但保安、奇臺兩處，孤懸口外，額兵本屬單微，請於循化營撥馬兵十五名、步兵三十五名，添入保安，連原安兵共足二百五十名之數。再撥馬兵十五名、步兵三十五名，添入奇臺堡，連原設兵共足二百五十名之數。其寄居雙城地方之奇臺堡守備，令其駐劄奇臺。所有雙城汛地，相距甚遠，未便分管，請以河州二十四關爲界，關口以內歸鎮標之左右兩營管轄；關口以外分派循化、奇臺、保安等營，各按遠近分汛管轄。又西固城守一營，向設都司一員、馬步守兵二百一十七名，現在番回新附，族多地廣，請添設千總一員、把總一員、馬步兵八十三名，合原額共足三百名。至安西鎮屬之沙州協，所轄有路實一營，去沙州三百餘里，文移每稽時日，請就近改歸安西鎮管轄。峯疊城防禦之兵，舊派文縣營把總管轄，不相聯屬，請將峯疊城之文縣營把總仍徹回文縣。均應如所請。從之。

《清高宗實録》卷七九〔乾隆三年十月己亥〕工部議覆：調任福建巡撫盧焯疏言，福、興、延、建等府屬，城垣官署等項，水衝坍損，確估共須工料銀五萬一千三百六十六兩有奇，請動司庫存公銀興修。應如所請。從之。

《清高宗實録》卷七九〔乾隆三年十月庚子〕工部議准：署理蘇州巡撫許容疏報，沛縣城垣，年久頹廢，請確估分別修葺。從之。

《清高宗實録》卷七九〔乾隆三年十月辛丑〕工部議覆：大學士前總理浙江海塘管總督事嵇曾筠疏報：仁和縣湧金等各門，城垣坍損，請確估分別修葺。應如所請。從之。

《清高宗實録》卷七九〔乾隆三年十月，兩江總督那蘇圖〕奏：江蘇各屬本年被旱之州縣衛，業經題明蠲緩折徵，分别賑濟。惟是地廣民多，乾隆二年曾奉諭旨，令各省督撫將城郭工程豫爲估報，遇有水旱即可以工代賑。今查江蘇被災縣内并沿江沿海緊要處所，應修城垣，確估共需銀三十一萬一千餘兩。除可緩銀十七萬八千餘兩，急需工料銀十三萬三千餘兩。并前咨准部覆，各屬已經發修城工，應找銀九萬八千三百餘兩，共急需銀二十三萬一千三百餘兩，將存庫匣費儘數支給，尚缺銀一十六萬餘兩。請撥發正項，及時興修。工竣後，仍於匣費内陸續歸還。得旨：著照所請。具題辦理可也。

《清高宗實録》卷八二〔乾隆三年十二月甲申〕工部議准：署理蘇州巡撫許容疏報，濱江之金山衛，城垣坍塌，估需工料銀六千八百十七兩有奇。除動支司庫現存匣費銀三千九十七兩，給該管官加緊修理外，餘俟報有工次，再行續給。報部覈銷。從之。

《清高宗實録》卷八二〔乾隆三年十二月庚寅〕工部議覆：四川巡撫碩色疏報，舊保縣地方應修建城垣、衙署、營房、隄岸等項，共需工料銀二萬五百九十一兩有奇，請動支司庫地丁銀給修。其委員、匠夫及運解工料等費，於本年鹽菜耗羨銀内支給。應如所請。從之。

《清高宗實録》卷八五 〔乾隆四年正月乙未〕工部議覆：大學士仍管川陝總督事務查郎阿奏，修理寧夏城垣、衙署各工，請部中揀選諳練之員來寧確估。查寧夏工程，督理既有專司，協辦復有各官，若行再派京員，轉恐各懷意見，應仍責令原派官妥爲辦理。得旨：此次寧夏各項工程，甚屬繁劇，照該督等所請。著六部每部各派賢能司官一員，會同地方官，共理一切估修事務。事竣後，著該督將伊等勤敏之處，聲明具奏。餘依議。

《清高宗實録》卷八五 〔乾隆四年正月〕丁丑，議政大臣議覆：欽差兵部右侍郎班第奏，寧夏滿城，舊址低窪，重建難期鞏固，應如所請，移於漢城之西十里、平湖橋之東南，亟爲改築。其築城所圈民地，按户給價。得旨：依議速行。

《清高宗實録》卷八七 〔乾隆四年二月〕巡察歸化城太僕寺員外郎色楞奏：綏遠城至殺虎口，相距二百餘里，舊設七站，皆係蒙古員弁。請照内地蓋造墩臺，出派官兵看守。又歸化城因山設臺，以查偷販逃匪，請每臺添派兵五名，巡緝更爲嚴密。得旨：知道了。朕詳思再行辦理。

《清高宗實録》卷八九 〔乾隆四年三月壬申〕工部議覆：川陝總督鄂彌達奏，寧夏舊城，身薄址又近水，請照滿城高厚之式，於舊址内收進二十丈建築。所圈民地，即將官地照數撥補。如欲領價者，給價免糧。再，被災滿漢兵民五萬户，雖經給與房價，而器具多被損燬，無力購買，并請每户賞銀一兩。均應如所請。從之。

《清高宗實録》卷九一 〔乾隆四年四月〕丙申，工部議准：直隸總督孫嘉淦疏稱，修葺墩臺營房，除永清等二十三州縣，地非衝要，向未設立，并霸州等十一州縣，土墩土草營房均完固外，至東西南北四大路，并陵寢大道，五十州縣共土墩臺四百七十一座，土草營房五千三百六十八間，俱應勘估，改建磚瓦。再新設承德州於熱河地方，進口程途二百餘里，應請設汛十九處，墩臺十九座、營房一百九十間。從之。

《清高宗實録》卷九六 〔乾隆四年七月乙卯〕工部等部議准：陞任廣西巡撫楊超曾疏稱，廣西省桂林城垣陸續坍塌，應請興修。從之。

《清高宗實録》卷九六 〔乾隆四年七月戊申〕江蘇巡撫張渠疏稱：無錫縣城垣，坐落湖濱，年久坍塌，修葺難緩。下部議行。

〔乾隆四年七月丙辰〕工部等部議覆：浙江巡撫盧焯疏稱，金華府屬東陽縣地方，上年偶遇旱蟲災傷，已蒙蠲賑；惟是該縣種麥者少，全賴早晚二稻，今賑期將竣，收成尚遠，必須興舉城工，俾貧民傭工就食。查該縣城垣，先據原任總督嵇曾筠確估報部，令地方官於農隙及時修補，今該撫既有以工代賑之奏，應如所請。從之。

《清高宗實録》卷九七 〔乾隆四年七月戊辰〕工部等部議覆：兩廣總督馬爾泰疏稱：廣東連州三江界城垣，經前任布政使薩哈諒奏請，移建高良墟地方。部咨查明確估具題。又經右翼鎮總兵官王濤奏，與其改建，不若將舊城加高培厚，添築子城。奉旨交鄂彌達議奏。經鄂彌達飭布政司刁承祖，檄委理猺同知楊國棟等勘詳，查有文子墩地方，堪以建築。咨准部覆，將或應改築，或應加築之處，妥議具題。兹准司詳，高良墟地勢湫隘，三江舊城又逼近大山，亦難添築子城。惟文子墩地方，四面平寬，控八排之咽喉，爲三連之重鎮，形勢扼要，應於文子墩另建新城，將副將、都司、把總、衙署、軍器火藥器，俱建於新城之内。至舊城附郭，居民已久，不便拆毁，應仍令理猺同知與把總駐劄；其舊城都司衙署，令協標千總移駐；副將舊署，留作文武往來棲息之所；再千總所遺舊署，并舊存火藥局，示召居民價買。應如所請。從之。

《清高宗實録》卷九七 〔乾隆四年七月己巳〕陝西巡撫張楷奏：西安省城城垣，及四城門樓，必須修葺。下部議行。

《清高宗實録》卷九八 〔乾隆四年八月癸未〕江蘇巡撫張渠奏：揚州府城及所轄之瓜洲城，坐落沿江，年久坍塌。又太倉、鎮洋二州縣，同城合治，地處海濱，坍塌更甚，修葺均難遲緩。下部議行。

《清高宗實録》卷九九 〔乾隆四年八月己亥〕工部等部議覆：兩廣總督馬爾泰疏稱，議得册封安南正副使翰林院侍讀嵩壽、修撰陳倓條奏，廣西太平府屬之明江改築磚城，將寧明州治遷建明江，新太等協營添設兵丁，崇善至寧明增改塘汛。奉旨：勅部議覆行，令確查酌議。查明江雖爲土府舊治，乃係偏僻之區，不近水次。寧明爲太郡咽喉，水路扼要，應於寧明舊治建造磚城，不必遷移明江。至明江居五十村寨之中，應修築土城，以資捍衛。既建磚城於寧明，爲倉庫、監獄重地，自應添兵，應於寧明州添兵一百名，於楓門嶺添兵三十名，虎山汛添兵十五名。自崇善至寧明，自寧明至鎮南關，原設水陸各塘二十二處，又添設水塘十一處，無庸再議添設。應如所議。從之。

《清高宗實録》卷一〇〇 〔乾隆四年九月己酉〕又諭：據王常、王山等奏稱，建造綏遠城城垣、衙署、營房等項工程，工部原估工料銀一百七十五萬九千四百六十三兩零，經臣王山會同瞻岱等覆估，銀一百二十四萬一千九百九十二兩零，較原估已去銀五十一萬兩有餘。嗣又添兵房、窑瓦、城垣加灰以及增建衙署，署買地基等項，係續添於復估之外，已經奏明咨部在案。通計按例應增添銀五萬八千一百九十四兩零。臣等一時愚見，以物價尚有節省，即可抵用，未曾奏請錢糧，詎料物價較前騰貴，不敷採辦，各商紛紛陳訴。臣等前經具奏，奉硃批該部覈議，隨經部議，從前未經奏明，不准添給。伏查口外工程，非比内地，原無一定價值。瞻岱等招商認辦於前，臣等接辦於後，前後年歲豐歉不齊，近則連年歉收，米糧昂貴，人工、車脚以及物料之價值，亦因之而頓加，各商環繞籲懇添給。臣等細察情形，此中並無浮冒，仰祈照數飭發。仍請即於綏遠城糧餉庫貯開墾銀兩内暫那散給，統於工料册内匯總報銷，則商匠人等均得早回安業。臣等從前辦理疎忽，並請交部議處等語。王常、王山均係實心辦理工程之人，其所奏自是實情，無有浮冒，著照所請，增添銀五萬八千一百九十四兩零，即於綏遠城開墾銀兩暫那散給。王常等不必交部。

《清高宗實録》卷一〇〇〔乾隆四年九月辛亥〕工部等部議覆：署廣東巡撫王謩疏稱，惠來縣靖海、神泉二處城垣坍塌，先經具題請修，覆准在案。估報之後，復被風雨倒塌，請添撥銀二千五百八十二兩三錢興修。應如所請。從之。

《清高宗實録》卷一二四〔乾隆五年八月癸卯〕工部議覆：盛京工部侍郎偉璱奏，盛京土築邊墻，陸續倒壞六百八十六丈三尺，估需工料銀三百九十四兩零，請動項興修。應如所請。從之。

又議覆：前任都統補熙奏，查勘鴻臚寺卿王山承修綏遠城各工，實係草率，應將倉廒官兵房屋等工，勒限百日，令王山賠修。城樓等工，俟來年春融，再令興修。城墻等項，修城樓時，一併勒限賠修。至扣過平餘銀兩，俱入於銷算册内，並未侵蝕入己，應毋庸議。其冒銷磚瓦、灰觔等項銀兩，俟賠修工竣，再行核辦。應如所請。從之。

《清高宗實録》卷一二四〔乾隆五年八月戊申〕諭：聞得居庸關之北關，年久未曾修理，有傾圮殘缺之處。此係蒙古來往之路，關係觀瞻，可寄信與總督孫嘉淦，令其委員相度估計，應作何修治，酌量辦理。

《清高宗實録》卷一二四〔乾隆五年八月庚子〕工部議覆：調任江蘇巡撫張渠奏，山陽縣城垣，年久坍頽。委員會估，分別緊緩各工，共需銀三萬六千六百九十五兩零。請先動項，將緊工修築，其餘俟緊工完日，次第興修。應如所請。從之。

《清高宗實録》卷一二六〔乾隆五年九月辛未〕又議准：閩浙總督宗室德沛奏，乍浦滿洲水師營圈城，賴以區別兵民，從前建設時以竹籬爲障，年久朽爛，請改築磚城，即動項興建。從之。

《清高宗實録》卷一四一〔乾隆六年四月壬戌〕户部議覆：署理貴州總督兼管巡撫事務張允隨奏稱：【略】又銅仁府南門，前因城垣傾圮，民間造屋棲處，收納地租，現議修城，即需拆毁，請免納税。

《清高宗實録》卷一四三〔乾隆六年五月甲申〕工部等部議覆：署江西巡撫包括奏稱，宜春縣之太平關，萍鄉縣之案山插嶺石灰營關與湖廣連界，玉山縣之屏風關與浙江連界，皆在崇山峻嶺中，洵爲要害，今太平關石城殘缺，案山關坍毁無存，插嶺關、石灰營關、屏風關營房塘汛亦多傾圮，應分别修建。又貴溪縣之昂山關故址無存，不必重建，但需添設營汛防守。均應如所請。從之。

《清高宗實録》卷一四三〔乾隆六年五月辛卯〕工部議覆：署廣西巡撫楊錫紱疏言，太平府寧明州改築磚城，明江修築土城并營房塘汛，動項興建。應如所請。從之。

《清高宗實録》卷一四四〔乾隆六年六月己亥〕工部議覆：甘肅巡撫元展成疏言，寧夏府城垣、衙署、倉廒、監獄、廟宇等項，地震倒塌，請一併建造。查寧夏府城，計週二千七百五十四丈，照舊址分設六門，水簸箕六十二道，大城樓、甕城樓各六座，角樓四座，舖樓二十四座，城外河橋六座；寧夏道寧夏府理事同知、水利同知、夏朔二縣寧夏府教授訓導、夏朔二縣教諭、寧夏府經歷、夏朔二縣典史衙署各一所；寧夏鎮前營遊擊、左營遊擊、右營遊擊、城守營都司守備衙署各一所；文廟、關帝廟、城隍廟各一座；鼓樓、魁星閣、牌樓、演武廳各一座；六城門軍房六處，夏朔二縣倉廒、監獄各一所。應如所請，於部撥寧夏工程銀内動支興建。從之。

《清高宗實録》卷一四五〔乾隆六年六月乙卯〕工部議覆：直隸總督孫嘉淦奏稱，直隸關口要隘邊墻舊蹟頗多傾圮。京東一帶邊墻之外皆係崇山峻嶺，山口多有封閉，惟山海關爲薊遼鎖鑰，喜峰口當八溝通衢，古北口乃潮河要路，實屬衝要之地。京西一帶邊墻之外多係平原，曠野四通八達，邊口皆宜慎防，而張家口、獨石口尤爲極衝之所，二口之路皆歸并於居庸，故居庸一關乃中外之咽喉。岔道城當居庸之北口，昌平城當居庸之南口，此數處工程，皆當先行修理。

應如所請，查勘興工。從之。

《清高宗實録》卷一四七 〔乾隆六年七月乙酉〕工部議准：署貴州總督雲南巡撫張允隨疏稱，南籠廳改設府治，永豐添設知州，州同，州判，並捧鮓設營，建石城、土城，永豐宜建文廟，以重祀典。請撥銀建造。從之。

《清高宗實録》卷一四七 〔乾隆六年七月〕山東巡撫朱定元奏覆，東省並無關隘應修，亦無應添設防守之處，惟德州係省北門户，城垣久經頹缺，應飭確估興修。報聞。

《清高宗實録》卷一四九 〔乾隆六年八月己酉〕工部議准：原任江蘇巡撫徐士林疏稱，沛縣城垣，年久坍頽，前經題准部咨陸續修築，今被水浸激，續坍四十二丈，請撥項興修。從之。

《清高宗實録》卷一四九 〔乾隆六年八月壬子〕工部等部議准：直隸總督孫嘉淦奏稱，古北口關門城墻，年久坍塌，請撥銀修理。從之。

《清高宗實録》卷一五一 〔乾隆六年九月庚辰〕工部議准：原任浙江巡撫盧焯疏稱，省會城垣，關係綦重。所有仁和、錢塘二縣，城身、垛口、官廳等項，年久新坍，請撥項興修。從之。

《清高宗實録》卷一五三 〔乾隆六年十月己未〕工部議准：原署兩江總督楊超曾等奏請修築九江府及吉水縣城垣。從之。

《清高宗實録》卷一六五 〔乾隆七年四月乙卯〕工部議准：直隸總督高斌疏請，修理獨石口城垣，並挑築河壩各工，估需銀七萬七千四百九十餘兩。從之。

《清高宗實録》卷一六六 〔乾隆七年五月癸酉，大學士等〕又議覆：川陝總督尹繼善奏稱，寧夏應修城工統計二十四處，除寧夏滿漢兩城，靈州屬之靈沙堡，中衛縣屬之廣武營，寧朔縣屬之北鎮堡，俱經完竣。並將次告竣之中衛縣城所屬之棗園、石空、鎮羅三堡，寧朔縣之平羌堡，靈州屬之横城、紅山二堡，并平羅縣衙署角樓等。未完工程無幾。又靈州州城及所屬之清水營、花馬池、興武營、平羅縣屬之洪廣營，均邊塞重地，自應及時修理。惟寧朔縣屬之玉泉營，靈州屬之毛卜喇，平羅屬之鎮朔、威鎮二堡，尚有城身屹立，足資捍禦，應停緩。其中衛縣屬之寧安堡，并無弁兵駐防，居民情願自行粘補。又靈州屬之韋州堡，并無民人居住，已屬廢城，均可無庸修建。應如所奏辦理。從之。

《清高宗實録》卷一七八 〔乾隆七年十一月丁卯〕工部議准：浙江巡撫常安奏稱，玉環山城垣，於乾隆六年七月遭颶風坍壞城身、垛口、城樓。該地孤懸海外，非同内地，城垣最關緊要，亟宜修整，以資捍衛。請動支玉環經費銀興修。從之。

《清高宗實録》卷一八〇 〔乾隆七年十二月庚子〕工部議准：安徽巡撫張楷奏稱，滁州城垣，於估修後復多坍壞，應請動項速修。從之。

《清高宗實録》卷一八七 〔乾隆八年三月辛巳〕工部議准：江西巡撫陳宏謀奏請興修豐城、進賢、萬載、金谿、宜黄、南豐、廣昌、玉山、廣豐、鄱陽、餘干、建昌、湖口、彭澤、大庾、贛縣十六屬已坍城工，以代賑上年災民。從之。

《清高宗實録》卷一八九 〔乾隆八年四月丁未〕工部議准：貴州總督兼管巡撫事務張廣泗疏稱，上江之定旦、八開、平宇、都江、王嶺、八匡、下江、丙叔等汛，應建土城、城門、礮臺、礮樓、石梯，遊擊、守備、千總衙署，營房，外委住房，并吏目、縣丞衙署、倉厫。從之。

《清高宗實録》卷一八九 〔乾隆八年四月癸丑〕工部議准：甘肅巡撫黄廷桂疏稱，寧夏府城舊制，門外原建南北關廂，自乾隆三年地震倒塌後，修築郡城，未經一併估建。又護城濠一道亦因地震摇平，未估疏濬。請復舊制修理。從之。

《清高宗實録》卷一九二 〔乾隆八年五月庚寅〕又議准：署雲南總督張允隨奏稱，開化一府，懸處極邊，界連外域，外控安南，内制土夷，實爲要郡。其原築土城，日就單薄。近年安南國内難相仍，亂靡有定，三岐、安北、宣光、乾塘、洪水、保樂、安邊一帶，已爲賊巢。此數處距開化邊界，遠者二三百里，近者百里，數十里不等。原設額兵二千四百名，七汛安兵一千一十八名，存城一千三百八十二名。自安南有事，增設卡塘共四十七處，所需守卡兵丁俱於存城内抽撥。城中兵力既單，復無堅城可恃，殊非慎重邊疆之意。請易置磚城，添置雉堞、城樓、礮臺等項，以資捍衛。所需工費，即於銅息項内動支。從之。

《清高宗實録》卷二〇七 〔乾隆八年十二月丁卯〕工部議覆：浙閩總督那蘇圖等疏稱，崇安之分水關，路通江西，爲閩省西鄙屏蔽，關墻塘房，應請修造，撥兵八名防守。該地舊設巡檢一員，僦居縣城，亦應移駐大安舊驛，添建衙署。又光澤之杉關，直抵江西新城，地當衝要，舊設目兵四名，應添派把總一員，再抽兵六名稽查。又福鼎之分水關，界連浙江；詔安之分水關，地隣廣東，已設千總一員巡緝，關城亦應勘修。再浙省之仙霞、安民、草萍等關，地皆險要，城栅傾圮，均應修造。應如所請。從之。

《清高宗實録》卷二一一〔乾隆九年二月〕直隸總督高斌奏：面奉諭旨，天津、河間等處地方，若城垣有應行修築之處，興工代賑。今查大城、阜城二縣，本應修築，但磚城工大費繁，惟照景州、滄州土城之例，修築土工，小民得以力作餬口，爲合以工代賑之意。得旨：好。知道了。

《清高宗實録》卷二一三〔乾隆九年三月丁未山東巡撫喀爾吉善〕又奏：德州、海豐、惠民州在縣應修城垣，俾窮民相率趨事以資養贍。得旨：好。以工代賑，可行之事也。

《清高宗實録》卷二一四〔乾隆九年四月戊申朔〕直隸總督高斌奏覆：臣前於正月内面奏築城燒甎，僅有益於工匠，無益於貧民者，陳奏未能明晰。伏思以工貸賑，最有益於貧民者，首惟挑河，次築隄，次修土城，又次修甎城。蓋挑河，無論丁壯老幼男婦，均可赴工擡土；築隄，有夯硪潑水等工，多須丁壯；城工，則土城僱用夫工爲多，甎城備辦灰甎料物，工匠爲多，雖所用夫工，於窮民亦有益，但未若挑河擡土，民易趨赴。再永定河、石景山、興隆廟前，應修石工，挑挖引河，以及南岸修滚水草壩，北岸建滚水草壩，並永定河下口疏濬引河，挑挖淤墊工程，俱現在興工辦理。得旨：統計現今工程，可以稍濟窮民幾何。若所費不甚過多，河間城工，亦應議修耳。尋奏覆：河間府城，分別拆修、補修等工，估需銀七萬七千四百餘兩，即於司庫正項内，先撥銀五萬兩，備辦興工。報可。

《清高宗實録》卷二一四〔乾隆九年四月丁巳〕工部議准：河南巡撫碩色疏請，興修陽武、封邱、滎澤、孟縣、鞏縣、伊陽、長葛七縣城垣、文廟，以工代賑，所需工料銀兩，在乾隆八年耗羡銀内動支。從之。

《清高宗實録》卷二一五〔乾隆九年四月丁丑〕〔山東巡撫喀爾吉善〕又奏：興修德州等四處城垣，以工代賑，原爲補救良圖。若辦料需時，轉恐有名無實，請將各該處現在確估工料，即行動項購辦，及時興工。得旨：知道了。辦料速畢，即可圖工耳。

《清高宗實録》卷二一八〔乾隆九年六月庚戌〕直隸總督高斌奏，請修理天津府屬之静海、青縣、南皮、鹽山、慶雲、五縣，河間府屬之東光、交河、吴橋、寧津、故城五縣十處城垣，以工代賑。得旨：好。知道了。

《清高宗實録》卷二一八〔乾隆九年六月辛酉〕貴州總督張廣泗議奏，署貴州按察使宋厚條奏，苗地建城一事。黔省各處城垣，建自明季，迄今塌廢幾盡，甚有向無城垣者。其界在内地郡邑，自應以工代賑，猶可緩圖。惟下游新闢苗疆，除台拱、都江、朗洞、荔波、八弓、松桃等處，俱已建有石城；丹江地勢險峻，雖係土城，亦易防守，均毋庸議。至古州、清江、八寨三處，雖有土城，然係一時權宜之計，必應建造石城，方爲鞏固。又上游新闢苗疆長壩、捧鮓，俱有石城。其長寨營暨歸化營之威遠汛，皆深處苗穴，並無城垣可恃，議建亦不可緩。又如黎平、大定、都勻、安順四府城垣，年久傾頽；平遠、獨山二州以及草壩地方，原未建城，雖係内地，而四面環夷，亦應急修。共確估需銀二十四萬六千餘兩。但工費浩繁，若請動撥帑項，則從前經理苗疆軍需，以及修理鎮遠城垣所費已多，若俟水旱不齊，以工代賑，則又黔省之所罕覯。惟查黔省辦解京鉛，向係官爲收採，轉售京商運局，所獲餘息留爲本省公費、養廉。嗣於雍正十二年停止商辦，令黔省動帑收買，委員解京，除陸運脚價外，每百觔照例給水脚銀三兩，則官運既無餘息，養廉、公費無項補苴，因節據各運員册報，水脚每百觔只用一兩五六錢不等，節省原定之半。經臣題請，以此節省之項，留充公費、養廉。第乾隆八年以前，解鉛止一百七八十萬觔，水脚節省無多。嗣因京局添鑄，自乙丑年爲始，歲解黑白鉛四百五十四萬二千餘觔，則節省水脚較前加倍，歲可餘銀六萬餘兩。除公費、養廉外，尚可餘銀三萬餘兩，請即以此項爲修建城垣之用。又黔省兵額止共二萬三百六十名，迨雍正四年以後，有湖廣、四川、粵西等省先後改歸黔省之州縣十餘處，其額兵亦隨地改隸，更加以苗疆初定，添設營汛，是以共有四萬三千九百二十名。經臣密奏議裁四千六百名，現今苗境安帖，又可酌減一千餘名，歲可節省餉乾月米銀二萬餘兩。城垣既已修整，原不在多設兵丁，況城工需費於一時，較多設兵丁，長年糜餉，似於錢糧有益。得旨：所奏甚屬妥協，分案具題可也。

《清高宗實録》卷二二五〔乾隆九年九月癸卯〕直隸總督高斌奏：估修直屬各城，以工代賑。查冀州城垣頽缺，武强前歲被災，均請列爲要工。其深州、任邱、肅寧三處，請列爲緩工。又，天津府屬之慶雲縣，現以偏災查賑，亦請列爲要工。得旨：好。知道了。雖云以工代賑，亦不可聽不肖屬員，冒銷侵蝕，則工不固而民亦鮮得實惠，將兩無功矣。

《清高宗實録》卷二二七〔乾隆九年十月癸酉〕直隸總督高斌奏：勘估昌平州、居庸關、居庸上關、八達嶺南口、沙河、鞏華城、三河、薊州、玉田、豐潤、盧龍、撫寧十二處城工，應行修理。得旨：去年經過三河，看來尚屬整齊，豈即有坍塌，此城有保固否？查明再奏。餘依議修理。尋奏：遵旨查明三河縣城垣，雍正五年原未全修，乾隆三年亦祇將坍塌工段修整，俱滿三年保固例限。此次估修工段，係從前未修之處。得旨：知道了。三河仍照議修理可也。

《清高宗實録》卷二二八　〔乾隆九年十一月〕己卯，兵部議准：貴州總督張廣泗疏稱，古州鎮滚縱地方，於乾隆四年題准，將分防王嶺之鎮標右營守備一員、兵三百名移駐防守在案。查該汛深居苗穴，其屬要隘，應建石堡礮臺並衙署、營房等項工料，於黔省節省水脚銀内動支。從之。

《清高宗實録》卷二三一　〔乾隆九年十二月，直隸總督高斌〕又奏：修理直隸城垣，請將密雲、石匣、懷來三處列爲要工，東安、永清、固安、涿州、定興、新城、雄縣七處列爲緩工，分別估需動支，派員領辦承修。得旨：皆准興修，拱極城亦應畧爲修補。

《清高宗實録》卷二三七　〔乾隆十年三月〕署湖廣總督鄂彌達、湖北巡撫晏斯盛奏：武昌郡城内，貢院後之鳳凰山，地處高坡，應添設礮位，其尤要者，武勝門北城角，外對紫荆山，止隔一濠，居民稀少，應蓋造官房五間、兵房十間，添造礮房二間，礮門改向山後。循城而南爲白雲臺，應添造礮房一間、窩舖三間。漢陽門外黄鶴樓礮房，應改築高基。此外如蕭山磯、楚王臺諸要害，一切礮位、礮房、窩舖均有移置添設之處，請於奏准修理塘房項内通融湊辦。其看守兵丁，即於督撫兩標内就近撥防；礮位，將荆州府舊存大礮二十餘位移用。得旨：知道了。妥協辦理可也。

《清高宗實録》卷二三八　〔乾隆十年四月己酉〕工部等部議覆：江蘇巡撫陳大受疏稱，江都縣瓜洲城垣，因乾隆六年七、八月，狂風大雨，江潮漲漫，將護城石岸衝損，並致城垣倒卸。勘係江防要地，亟宜修固。估銀九百九十二兩，請於匣費項下，支給興修。應如所請辦理。從之。

《清高宗實録》卷二三八　〔乾隆十年四月辛亥〕工部等部議覆：貴州總督張廣泗疏稱，黔省上下兩游新闢、新設苗疆之古州、清江、八寨、長寨、歸化，及逼近新疆之黎平府、提臣駐劄之安順府都匀、大定、平遠、獨山、黄草壩等處各城垣，均關緊要，宜急興修。請將黔省辦運京鉛水脚節省銀内，除動支公費，尚有餘銀，酌量各該處工程緩急，次第興建。應如所題。從之。

《清高宗實録》卷二三八　〔乾隆十年四月丁巳〕大學士等議覆：四川巡撫紀山奏稱，川省城垣，於乾隆三年經調任撫臣碩色分別緩急工程，估需工料銀一百二十餘萬。部覆俟有水旱不齊之年，以工代賑。今查邊城實非可緩。臣於前咨報部，急工之中擇其至緊者：雅州府屬之雅安、清溪、名山、榮經四縣，龍安府屬之平武、石泉二縣，寧遠府屬之冕寧、越嶲二縣，衛敘州府屬之屏山縣，保寧府屬之劍州、綿州，並所屬之綿竹縣，或逼近番夷，或通省扼要，計十二州縣衛，均應先修。按報部册覈算，約費二十餘萬兩。川省實無可動之項，各州縣亦無額設公費可以次第興修，不得不因地制宜，酌開急公之例。伏查各省捐監，俱令於本地交納本色。川省土著少而流寓多，情形實與各省不同，似應變通辦理。其流寓商民合無照土方之例，准其照户部一百八兩之數，在川報捐。再，城工費重，止許流寓商民捐監，爲數無多，恐於事無濟，可否令各省官民並許在川捐納貢監、封典職銜，似於銓政無礙，於城工有益。俟捐有成數，足敷緊工一處之用，即先修一處。或待將來江省樂善好施，捐數收足時，即移歸川省收納，則款項更多，工程易集，雖需歲月，究不似以工代賑之無期等語。查開捐爲一時權宜之計，亦可暫行。但現在江南、直隸例尚未停，未便又開一例，且川省途路遥遠，即使開例，赴捐必少，恐屬有名無實，應將該撫紀山所請照土方例開捐之處，無庸議。至城垣修築，原議陸續辦理。川省現有征勦瞻對之事，大工亦難並興，應令紀山於城工緊要中擇尤急者，動項先行修葺。餘議次第興舉。從之。

《清高宗實録》卷二三九　〔乾隆十年四月庚申〕工部等部議覆：雲南總督張允隨疏稱：東川府會澤縣屬木欺古設汛派兵、移駐文武員弁一案，經題准建署。今查木欺古係新闢夷地，孤懸江外，並無城郭，應於設汛地方添建土堡，俾文武弁兵駐劄。應如所請。從之。又議覆前署安徽巡撫準泰疏稱：安省徽州府郡城、歙縣、休寧、婺源、績溪城，寧國府郡城、南陵、涇縣、蕪湖城，前經題請興修，今各屬俱被水災，實與以工代賑之例相符，請即於司庫修城本款匣費銀内，先給八分工料銀，及時購料興工，統限兩月内辦料。徽州府郡城、歙縣、婺源、績溪、南陵、蕪湖等六處，統限四個月完竣；休寧限六個月完竣；寧國府郡城限八個月完竣；涇縣限一年完竣。應如所題。從之。

《清高宗實録》卷二三九　〔乾隆十年四月丙寅〕工部等部議覆：協辦大學士吏部尚書暫署直隸總督劉於義疏稱，准督臣高斌移交題稿一件，内開：查冀州城垣頹缺甚多，武强縣係乾隆八年偏災稍重之地，元氣未復；又前估天津府屬之慶雲縣城，因該縣復被偏災，現在查賑應列爲要工，其應需銀兩於山東、河南、山西等省解到充公耗羡銀内動撥，先發十分之六購料興工。應如所題。

從之。

《清高宗實録》卷二三九 〔乾隆十年四月，山東巡撫喀爾吉善〕又議奏：東省城垣共一百十二州縣衛所，除現在完固無庸請修外，如章邱等九十一州縣，逐一確查，應行修理者共約需工料銀一百數十萬兩。惟范縣、高密二處，需費在千兩以内，餘俱自數千兩至數萬兩并十餘萬兩不等。需用浩繁，一時難以並舉，自應分别緩急，如附府巖邑，南北通衢，濱海要地，未便置爲緩圖，請酌動司庫存公銀按年陸續興修。如地非衝要，留俟水旱不齊之年，以工代賑。得旨：只可如此，從容次第料理也。

《清高宗實録》卷二四六 〔乾隆十年八月庚戌〕工部議准：欽差户部侍郎三和等奏稱，甘省各處邊牆城堡，坍損所在多有，第城垣爲兵民倚賴，較邊牆尤關緊要。應先修葺。查甘州、狄道、河州、平凉、固原、古浪等府州縣，或控制邊口，或路當孔道，請修建城垣。至肅州鎮屬金塔一協，設在邊外，其城垣改建之處，俟督臣查明辦理。從之。

《清高宗實録》卷二四六 〔乾隆十年八月癸丑〕工部議准：欽差户部侍郎三和陝西巡撫陳宏謀等奏稱，陝省各屬城垣，親往逐一查勘，如榆林、府谷、神、木、定邊四縣，城工坍損尤甚。第逼近邊疆，頗關緊要，即應動項修築。鄜州亦係咽喉要地，該城東北二面爲洛水衝刷，請添建石隄，即於隄上築城。安塞縣城外，山水陡逼，亦應築隄保護，並另開引河，以順水勢。其餘各處緩工，陸續興修。從之。

《清高宗實録》卷二四九 〔乾隆十年九月〕署兩江總督、協辦河務尹繼善等議奏：安省各屬城垣，應修葺者計三十九座。臣等酌情形之緩急，估銀數之多寡，挨次興工。先儘地當衝途、沿江沿河者修理。次及可緩工程，估計少者先修，多者後修。修竣，仍責成該管府州，每年親加履勘，並飭各州縣實力保護。得旨：知道了。修理之法照議。查察則仍汝等專責，不可謂一奏了事也。

《清高宗實録》卷二四九 〔乾隆十年九月〕貴州古州鎮總兵崔傑奏：臣屬各協營地方，秋禾大勢豐收，至古州城垣，文員現已督工修築。臣嚴飭將弁等留心巡查彈壓。得旨：所奏俱悉。古州尤不比他處，更宜加慎也。

《清高宗實録》卷二五〇 〔乾隆十年十月己酉〕工部等部議准：湖北巡撫晏斯盛疏稱，武昌省城坍塌，上年曾題估修，嗣因積雨，坍塌更多，請於原估外續加確保興修。從之。

《清高宗實録》卷二五一 〔乾隆十年十月庚寅〕户部等部議覆：河南巡撫碩色奏被水各屬一切賑卹事宜：【略】一、被災地方，宜以工代賑。應如所請。鹿邑、柘城、永城、商邱坍塌城垣，動項興修，夏邑積水未涸，城垣暫停興修。得旨：依議速行。

《清高宗實録》卷二五一 〔乾隆一〇年一〇月丁卯〕直隸總督那蘇圖奏：宣化府城，西門外連南北兩角，飛沙積與城齊，應急刨去。刨平後，於舊沙堆邊，挑壕一道。外築長隄，密種箕柳，沙可刷落，不至復堆城下。且宣化現在被災，來春動工，於窮民有益。得旨：著照所請行。各屬城垣，尚恐有似此者，徐徐留心辦理可也。

《清高宗實録》卷二五三 〔乾隆十年十一月乙酉〕户部議准：兩廣總督策楞疏稱，粤東南海、番禺、東莞、新安、新寧、清遠、花縣、增城、歸善、高要、恩平等十一縣，入秋猝被風雨，損傷沿海田禾。又化州、陽春、羅定三州縣及南澳同知所屬之隆澳，田畝被旱，所有應徵錢糧，一併緩徵，並借給貧民社倉穀石，秋後免息還倉。至南海等十一縣，風雨碎船、坍屋、壓没人口，照例分别撫卹。城垣、衙署等項，確估興修。得旨：依議速行。

《清高宗實録》卷二五三 〔乾隆十年十一月〕雲南總督兼管巡撫事張允隨覆奏：查修通省城垣，總計完固者五十六座，已興工改建者一座，現飭粘補者九座，題明以工代賑者十座，惟順寧、劒川、三府州城垣，年遠殘缺過多，必須重建。得旨：近復有旨，以明年豁免正供，各省工作不急之務，應節用以徐待有餘時辦理。卿其查照此旨行。

《清高宗實録》卷二五四 〔乾隆十年十二月〕己亥，工部議准：川陝總督公慶復等奏稱，天全州舊有紫石關，請移駐距關四里險要之仙人橋，建築高厚關墻，城樓，垛口，捲洞，關門，將原有塘房哨樓拆移修葺，即令紫石關分防汛兵移駐。又峨眉縣之太平墩一關，山川險要，請修建城堡，令現駐縣城守備移駐，並於事簡兵多營汛内，撥兵四十名彈壓，將捲木池經制把總移駐縣城，太平墩外委把總移駐捲木池。從之。

《清高宗實録》卷二五五 〔乾隆十年十二月丁巳〕工部議准：閩浙總督馬爾泰等覆奏，查明浙屬除向無城垣及現在堅固並尚可緩修者無容置議外，其沿海近海之平湖、鄞縣、慈谿、奉化、鎮海、象山、山陰、會稽、臨海、寧海、太平等十一縣城垣緊要，應即修理。從之。

《清高宗實録》卷二六〇 〔乾隆十一年三月戊辰〕禮科給事中劉方藹奏：前因直省城垣多缺，諭各督撫留心整飭。據撫臣碩色奏請，分別工程一千兩以上者，俟以工代賑之年，動項興修；一千兩以内者，令該州縣分年修補；除土方小工，酌用民力外，餘於公費項下支修。夫同此城垣，同爲編户，固當一視同仁，乃彼縣工程多者，給以夫直，此縣工程少者，俾任空勞，明明歧視，此疆彼界，何以平其心而使之帖然服役？且地方官，以酌用民力之呼應艱難，或寬估以就千兩以上之興修動項，則工程轉至多費。碩色所奏，原未能周詳允協，各督撫難於照辦。不得已而開捐土方，或官捐養廉，又請按田起夫，暫借税息，紛紛摺奏。在各督撫皆熟計土方小工，酌用民力，必不免偏累佃田之家、傭力之民，於勞則未均，於勢則難强，於事則難濟，所以合群策而不得一用民勿累民之善術也。臣愚以爲酌用民力，又窘於無法可設，勢必至增征力役。可否將州縣城垣，無論工程千兩上下，統令動項修補，俾天下佃田食力之窮民，勿致苦累。得旨：劉方藹所奏是。著照所請行。該部知道。

《清高宗實録》卷二六四 〔乾隆十一年四月壬申〕工部議准：山西巡撫阿里衮疏稱，大同、朔平二府所屬州縣，乾隆十年，夏雨愆期，秋禾復被偏災，業經題請賑恤，並將新舊錢糧，分別蠲、緩帶徵，復於閏三月加賑一月，小民已承厚澤。惟是地近塞垣，砂土瘠薄，氣候較遲，麥收須俟六七月，秋穫則在八九月，值災歉後，謀食艱難。該州縣地處邊疆，城垣自宜修整，若以工代賑，地方民生，均有裨益。查應州、大同、山陰、靈邱、陽高、天鎮、朔州、馬邑等八州縣城垣，均應修葺。飭令各州縣，務於四月初旬，同時興舉。該道府稽查，催儹完竣。庶災地窮黎，餬口有資；邊方城郭，乘時修葺鞏固。得旨：依議速行。

《清高宗實録》卷二六九 〔乾隆十一年六月〕兩江總督尹繼善奏：江西南昌、南康、袁州、臨江、南安等府，各屬稟報，四月二十五至五月初一二等日，陰雨連綿，山水陡發，溪河泛漲，沿河民房多坍，城垣、衙署、倉監亦有倒塌，低窪田畝荳苗淹浸損傷，間有淹斃人口。查被水各地方，雖係一隅偏災，而統計數州縣窮民受累者已屬不少，臣已飛飭速委確勘，分別已未成災，酌量撫恤，借給籽種，給與修房銀兩。其城垣、衙署、倉監等項，飭各地方勘估修整，並咨撫臣塞楞額就近妥辦。再，瑞州、吉安、廣信、饒州、等府各屬，亦有稟報被水之處，據稱水勢較小，田禾未甚受傷。臣恐所報不實，現在委員查勘，分別辦理。得旨：覽奏俱悉。

《清高宗實録》卷二七六 〔乾隆十一年十月丁卯〕工部等部議覆：雲南總督兼管巡撫事張允隨疏稱，東川府巧家地方逼近涼山，接壤川境，前將東川府經歷移駐其地，原建木柵防護。今金江開通，商旅衆多，應改築土堡，以垂久遠。又安機租一汛，分駐弁兵，向無藩籬保障，應建木柵捍衛，請動項興修，等語。應如所請。從之。

《清高宗實録》卷二七六 〔乾隆十一年十月庚午〕工部等部議覆：山西巡撫阿里衮疏稱：晉省衝僻二路墩臺内，除祁縣、趙城、霍州等州縣現俱堅固外，所有通省各屬，共應改建墩臺六百六十九座，請動項興修。再，未經改建之僻路墩臺，每座請兩年給與歲修銀一兩。應如所請。從之。

《清高宗實録》卷二九一 〔乾隆十二年五月丁卯〕山西巡撫愛必達奏：晉省墩兵，從前因邊方緊要，每墩設兵一二名。今各墩在腹裏，自應因地制宜，酌量撤留。除樓子營所管石城等墩臺一十六座，俱設在邊牆，或與邊垣附近，并保德營所管孫家梁等墩臺八座，附近黄河，商賈往來，自應照舊，毋庸議撤外，其偏關等營所管虎頭樓等墩臺八十七座，老營營等營所管左烽寺墩臺六十四座，水泉營所管護營峁等墩臺三十座，河保等營所管護城等墩臺二十六座，共兵四百二名，或偏僻山頭，商賈不通，或在腹裏附近塘汛，實屬虚設，同老營營原設巡邊兵二十名，及五眼井邊外偵探兵五名全裁，仍歸本營差操。再，河會營沙溝灘至河曲縣土溝七十里，未設塘汛。該處山路崎嶇，行人絡繹，應於適中之寺塢廟、峁子臺、子梁三處各設兵五名，添建塘房、官廳、墩臺、望樓、牌坊、烟墩，令該兵攜眷駐劄巡防。下部議行。

《清高宗實録》卷二九五 〔乾隆十二年七月戊午〕直隸總督那蘇圖又奏：雄縣城垣頽壞，亟應修整。又該縣南門外之瓦濟橋，年久坍塌，趙北口之易陽橋，亦多朽壞。均請動項興修。報聞。

《清高宗實録》卷二九五 〔乾隆十二年七月〕山東巡撫阿里衮奏：東省墩臺營房，年久破損，若拘泥成例，令地方官捐賠，恐事非急務，日漸傾頽。應動項興修，庶足以資守禦。前經委員查勘，所估銀數未免浮多，應酌量核減。中路自德州至臺莊，東路自德州至紅花埠，共一百三十六座，每座先發銀六十兩；沿河沿海地方六十一座，每座先發銀三十兩；僻路九十九座，每座先發銀二十兩；歷城縣黄岡地方，現係土墩草房，應改建磚瓦墩臺，先發銀一百兩；益都縣北關向無墩臺，亦應照僻路添建一座，先發銀五十兩，請於司庫餘平充公銀内動支。

如有不敷，再行增給。得旨：照汝核減之數修理，亦足以壯守禦而肅觀瞻，不必再增，仍督令毋得侵冒可也。

《清高宗實録》卷三〇一〔乾隆十二年十月癸未〕吏部等部會議：甘肅巡撫黄廷桂覆奏，布政使阿思哈請將通渭縣治仍移舊地一摺，據稱通渭縣署，從前移駐安定監地方，原係一時權宜，嗣後原治百姓憚其窵遠，從未一至彼處，以致累任縣令，不得不俯從民便，仍在原治駐劄，而新縣則往來其間，終非久計，不如仍復原治，等語。查設立縣治，原當四面適中，一切納糧聽訟等事，方順輿情，應如所請。安定監地方之通渭縣，准仍移舊地。又稱：舊縣城現俱完固，惟城樓、垛墻、門洞，約估修費銀七百兩，士民情願捐修。至一切祠廟，久經士民建於城外關廂内，應仍其舊。惟各官衙署以及倉庫、監獄，自應移建城内。除該縣倉廒二十四間，原在城内，無庸議改外，所有知縣、訓導、典史各衙署，向係民房，規模狹隘，今既移建城内，其木料磚瓦等項亦宜添補，均動正項興工，等語。亦應如所請行。至安定監地方原建倉廒一所，應准照各屬鄉倉之例，分貯糧石。其原建文廟及各官衙署，仍舊存留。從之。

《清高宗實録》卷三〇七〔乾隆十三年正月戊申〕諭軍機大臣等：從前河南巡撫碩色奏稱，豫省城垣工在一千兩以内者，於每年州縣額設公費銀内動用，分年修葺。經朕降旨，除直隸城垣現在辦理外，其餘各省督撫俱將此摺鈔録，寄與閲看，令其仿照辦理。各省督撫多以地方情形不同，一時難以仿照，惟就各本省情形分别緩急，酌量興修。今據碩色奏稱，原議分年興修各工，俱已依限完竣。碩色辦理此事，甚屬妥協。而各省估報之後，事曆數年，尚未有如碩色之及時竣工者。朕思北五省情形，大率相近，即州縣中無額設公費，而伊等原奏皆有酌量興修之處，何以不能依限完竣。著將碩色此摺再行鈔寄山東、山西、陝西、甘肅等省督撫閲看。如現在未修工程，有可以分别仿照河南之處，令其斟酌妥協，實心辦理，具摺奏聞。直隸總督那蘇圖亦著鈔寄，令其酌辦。

《清高宗實録》卷三一〇〔乾隆十三年閏七月〕辛酉，諭軍機大臣等：據管理萬年吉地工程大臣議覆，山東巡撫阿里衮辦解臨磚一摺，内稱揀剩存津之磚，請仍照舊例，交與直隸總督。查於附近地方，或修建城垣、廟宇，或河工、閘壩、橋梁等項工程，准其運用，仍照舊例，將價值銀兩交東省還款等語。朕已批令依議辦理，但此項駁換之磚四十萬餘塊，即或續加揀選，所餘尚多。直隸地方現在應修之城垣、廟宇、閘壩、橋梁等項，共有幾處？此項磚塊於何處應用？較該省現購磚價低昂若何？可傳諭那蘇圖令其逐一查明，具摺奏聞。尋奏，今年直隸河工並無修建閘壩、橋梁處所，各屬亦無廟宇興工，惟城垣現已開工者定州、安州二處，未開工者涿州、豐潤及沙河鞏華城三處。磚所必需，但須於附近水次之工方可運用。核計磚價、運脚，較安州現用城磚，每折方一丈，可省銀一錢零。安州離津尚近，約可用臨磚五萬塊。涿州、豐潤二處，俱水路可通，俟潘思榘、高山等遣人來直興工時，令其計算量用。沙河鞏華城及定州城工，離津窵遠，均難運用。報聞。又諭，著寄字與直隸總督那蘇圖，直省應行修補之城共有幾處？現在飭交徐杞、陳宏謀、陳德華、高山等個理之城工，約於何時告竣？若修理别處城垣，動用若干萬銀兩之處？著查明具奏。尋奏，直屬一百四十三州縣衛城垣，連沿邊關口及緊要城堡，共計一百六十四處。除已修四十六處外，現在陳宏謀承修之定州，因匠值農忙，量給假期，約於明年夏間告竣；陳德華承修之安州，於明年四月内可完工；至徐杞承修之沙河鞏華城、潘思榘承修之涿州、高山承修之豐潤，俱未興工；其餘前督臣高斌、任内估計城工，尚有二十處未修，共需銀三十九萬五千三百餘兩。其坍塌未經估報者，業已委員分路勘估，統俟報齊核計，分晰議奏。報聞。

《清高宗實録》卷三二八〔乾隆十三年十一月庚申〕工部等部議准：廣西巡撫鄂昌奏修靈川縣城垣。從之。

《清高宗實録》卷三三〇〔乾隆十三年十二月庚寅〕工部等部議准：貴州巡撫愛必達奏請修水衝之松桃廳城垣。從之。

《清高宗實録》卷三三〇〔乾隆十三年十二月辛卯〕工部等部議准：浙江巡撫方觀承奏，請修被風潮衝塌之海鹽縣城垣、衙署。從之。

《清高宗實録》卷三三一〔乾隆十三年十二月丙申〕工部等部議准：廣西巡撫鄂昌奏，請修被水衝塌之義寧縣城垣。從之。

《清高宗實録》卷三四五〔乾隆十四年七月乙亥〕工部議准：雲貴總督張允隨奏，順寧府緬寧地方，前經題准改土設流，其城垣、祠壇應建。從之。

《清高宗實録》卷三四五〔乾隆十四年七月丙子〕諭軍機大臣等：直隸各處城工，前經高斌奏明，有三省幫貼銀兩，此項曾否全數解到？修城用過幾何？修過城工幾處？有無别項那用？其餘剩未動銀兩若干？存貯何處？可傳諭署督陳大受，查明詳悉奏聞。再，近年來効力贖罪修城之人共若干員？修過城工幾何？已完若干？未完若干？直隸應修城工尚有若干處？并估修銀兩數目，俱著逐一查明具奏。尋奏，河南、山東、山西共幫貼銀七十萬兩，俱於乾隆九年全數解到。修過密雲等縣共三十二處。此項動用借給細數及効力贖罪之金文淳等十五員，指定城工十二處。已、未完繳細數，另具清摺呈覽。再，前督臣高斌、李衛任内，已估未修者尚有五十一處，另行確估籌辦。報聞。

《清高宗實録》卷三五三 〔乾隆十四年十一月甲戌〕署浙江巡撫永貴奏：浙江海塘各處工程，西自蕭山縣起，東至鎮海縣招寶山止，逐加勘視，無亟需興舉之工。惟鎮海縣城年久傾圮，經前撫臣常安請修，又經方觀承奏准，先修北城一面，與塘工并力兼修。舊城即在塘上，勢重難撼，工程愈固。今塘工告竣，城可隨辦。面飭乘此冬餘興修。得旨：覽奏俱悉。

《清高宗實録》卷三五九 〔乾隆十五年二月〕直隸總督方觀承奏：京南州縣城垣，向係里民自行分段修補，近皆蒙恩動帑。今趙州、沙河、邯鄲、磁州城垣，初次興修，請將磚灰、木植、匠工動帑，其土作夫工，仍歸民力。惟修城例當農隙分年粘補，今一時趕修，用力頗多，請於各州縣倉糧内，酌借口糧，以資工作。米給一升，穀則倍之，秋後免息還倉。至應官修需費之數，計現交城工捐贖一項，尚不敷用，請暫於協耗内借撥，另於捐贖項下歸款。再新城縣磚城坍塌之處，亦請動項併修。得旨：所有酌借口糧，著賞給，餘如議。

《清高宗實録》卷三七〇 〔乾隆十五年八月戊寅〕諭軍機大臣等：據長蘆鹽政麗柱奏，請動用運司庫貯商捐銀兩修理天津城垣一摺，著抄寄方觀承，令其將摺内事理詳悉議奏，有應行會同地方官修理之處，著即會同修理。尋奏：天津城，節經商人承修，今據該鹽政請於商捐餘剩銀動用，應如所奏。一面飭天津道督縣確估，並派熟諳工程之員會同分司，照估妥辦，仍令該道、運使公同稽查。至稱事竣造册報部核銷之處，查此項銀，平時原聽商竈借領，非正雜項錢糧可比。如造册送部，即應具題，似於體制未協，應令該鹽政於工完日核實具奏查覈，免其題銷。嗣後有應修處，亦應如所奏。令地方官報明鹽政，酌量興修。但或係商捐，或撥庫項，均應奏明辦理。報聞。

《清高宗實録》卷三九〇 〔乾隆十六年閏五月甲戌〕軍機大臣等議覆：河南巡撫鄂容安奏稱，豫省辦理工程差務，紳民樂輸，原議每正賦一兩出夫三名，折銀二錢四分，除上年被災地畝及軍屯不納外，通省應輸銀七十二萬八千九百餘兩。現未經交納者二十四萬一千三百餘兩，除陸續繳還司庫及酌留修理甘露寺工程等項，實存銀十九萬九千九百餘兩。前撫臣碩色奏明，豫省城垣應修理者三十餘處，估銀二十餘萬兩，請將此項辦理城工等語。查該省城垣，既經奏明，自應隨時興修，若日久續有坍塌，原估勢必加增，應如所請辦理。但三十餘處，似不必一時並修，且有續收銀兩，將來亦可動用，請將餘存銀兩一半留豫省修城之用，一半解交直督。查明直隸各處城垣有坍塌者，確估動修，俾近京小民得以傭工餬口，於直、豫二省城垣，均爲有益。從之。

《清高宗實録》卷三九〇 〔乾隆十六年閏五月戊寅〕又諭：山東、山西、河南三省，有歷年積餘耗羡銀兩。著將山東、山西各撥十萬兩，河南撥五萬兩，解交直隸，以爲修理城工之用。

《清高宗實録》卷四〇三 〔乾隆十六年十一月〕署兩廣總督、廣東巡撫蘇昌奏：粵東省内外重城，城上礮房四百四五十間，皆用細杉木作柱，雨淋蟲蛀，常需修葺。今秋復遭颶風，坍損過半，請將内城礮房改用磚柱及堅實木材。其依山瀕海險要之所，應酌量增修。帖近民居處減修一百餘間，共增建修造二百四十九間。在外城者，建造年淺，仍照舊修一百五間。城上馬道并應填築高厚。得旨：著照所請行，但期工歸實用可也。

《清高宗實録》卷四二八 〔乾隆十七年十二月己丑〕工部議覆：陝甘總督黄廷桂等奏稱，本年西、同等屬旱災，現今賑恤，然當來春青黄不接之時，仍恐民食拮据。查寧羌、靖邊、延川、米脂、長武等五州縣城垣，前經題准興修，又被災之永壽、武功、興平、富平、藍田、鳳翔、岐山、扶風、大荔等九縣城垣，應緩修。今爲調停民食起見，應將寧羌等五州縣城工暫停，其題准估項，移爲永壽等九縣修城之用；其寧羌等五州縣城垣，俟工竣再修。均應如所請。得旨：依議速行。

《清高宗實録》卷四七七 〔乾隆十九年十一月丙申〕吏部等部議覆：前任兩江總督鄂容安等疏稱，鳳陽府向未建城，於體制未協，應請添築。於鳳陽縣城内外舊存廢磚，拆運建造。又臨淮縣頻遭水患，城署衝坍，請歸併鳳陽縣轄，其臨淮縣知縣、縣丞、教諭、訓導、典史五缺，應裁。添設巡檢一員，駐臨淮舊城，專司遞解撥護及稽查地方。夫馬錢糧仍歸縣管，並設立弓兵十二名，民壯十八名，皂役二名，門子、馬夫各一名。鳳陽縣添設主簿一員，並設皂隸四名，門子、馬夫各一名。至臨邑防汛弁兵，沿途鋪兵，及額設孤貧，應請存留。其縣前鋪司二名，并門皂馬快等役，均裁，改設門軍八名，又新設主簿、巡檢。及向無衙署之鳳陽縣教諭、訓導，均應估建。鳳邑縣署亦應修理。至鳳邑監獄，如不敷，酌估添建。至養濟院，鳳、臨兩處，年久坍塌，向係散處寺廟空房，今請於鳳陽縣城内估建。再常平倉，鳳邑原貯米一萬八千石，毋庸加增，其臨邑貯米一萬四千石，併入府倉爲額。至二縣原定養廉各六百兩，今歸併一縣，應增四百兩，主簿、巡檢，各給養廉六十兩，等語。均應如所請。至所稱，兩邑入學并廩增各數，仍留舊額之處，查鳳陽額取二十五名，臨淮十六名，若歸一學取進，於額制未協，應將原隸臨邑生童另編爲臨淮鄉學字樣，照數取進。其廩增出貢，悉依舊例武童一體辦理，并將鳳邑訓導分撥臨淮。又稱，鳳陽府屬宿州，地方遼闊，請添設州判一員；臨渙鎮添設一汛，於宿州各汛内撥馬守兵十名，並於就近各營内酌派外委一員管束。又潁州府屬亳州，回漢雜處，請於義門集添設巡檢一員，並建衙署，等語。亦如所請行。從之。

《清高宗實録》卷四九二 〔乾隆二十年七月乙酉〕協辦陝甘總督尚書劉統勳奏覆：巴里坤城垣、房屋多係土工，未能經久，今可補修者尚有房一千餘間，所駐滿兵一千名，酌量添建，尚屬易辦，但現議駐兵，或係暫留彈壓，抑竟立駐防，俟奉旨辦理。得旨：已有旨諭。

《清高宗實録》卷四九九 〔乾隆二十年十月丁巳〕大學士管陝甘總督黄廷桂、四川總督開泰、四川提督岳鍾璜等又奏：打箭爐地當邊衝，向無城垣，宜建設。勘得城基，周六里餘，長千一百四十丈有奇，高自七八尺至一丈二三尺。請照番民壘砌法，砌石爲城，堅實者費。得旨：嘉奬。

《清高宗實録》卷五〇二 〔乾隆二十年十二月壬寅〕工部議准：四川總督開泰奏請，松潘鎮屬南坪營，添撥兵丁，應建木城、兵房、塘房、堆卡。從之。

《清高宗實録》卷五〇九 〔乾隆二十一年三月〕甘肅巡撫吴達善奏：準噶爾平定，西路即應駐兵，除巴里坤貯糧房屋已奏修，兹擬糧所添蓋庫房，以貯餉銀、茶封、緞疋。其土城一座，坍裂塌卸處，即宜修葺。哈密庫舊貯修城器具採買之件，約費一二百金。巴里坤防兵及修理山梁兵，可撥作工役，既有月支鹽菜口糧，毋庸另給工銀。請比照修理山梁例，日加麵四兩。得旨：好。

《清高宗實録》卷五三七 〔乾隆二十二年四月丁丑〕工部議准：貴州巡撫定長疏稱，黔省苗疆城堡，最關緊要，請將貴築等九處、定番州等五處、遵義縣等五處城垣，分別最急、次急，按三年興修。從之。

《清高宗實録》卷五五二 〔乾隆二十二年十二月癸酉〕改築直隸河間府景州城垣，從總督方觀承請也。

《清高宗實録》卷五六九 〔乾隆二十三年八月〕是月，直隸總督方觀承奏：天津地處虚濕，城垣易於蟄損，前鹽臣麗柱奏撥雍正十年商捐項下修葺，並請嗣後總歸鹽政衙門辦理。查商捐一項，係助窮乏商竈之用，現陸續借出，完納無多，此次修費，請於司庫動撥。嗣遇興修，亦酌動公項，或股商自願捐修者聽。從前捐項，仍留接助窮乏商竈。得旨：如所議行。

《清高宗實録》卷六〇〇 〔乾隆二十四年十一月癸丑〕諭軍機大臣等：劉慥題參静樂縣知縣陳景星本内，有估修城工銀兩，業經歷任各員及該員陸續備足，並不具報興工，明有捏報侵虧情弊一款。修葺城垣，自有一定程限，乃該縣以十九年估修之案何至遲延數載，尚未興工？且稱此案係照豫省奏明分限遞年修復之例。而豫省因何定例原委、並現在作何按限督催事理，均未明晰。直省各屬城工，向雖有分别緩急、次第修葺之議，但内有動帑修理者，亦有自行酌量修葺者。在動帑興修之工，固當嚴立章程，依限報竣，以防侵蝕；即係自行修葺之款，亦應按限察覈。或遇新舊交代未及興工者，將動用之項繳存藩庫，至應修時再行詳請領修，不得任其自行辦理，以致日久侵那轉成弊竇。況設立城垣，原以係衛民居，每遇小有損塌，地方官果能加意督率，隨宜修整，自不至費大工繁；此正爲民率作興事之意，並非派累閭閻也。若平時漫無經理，任其坍塌，且一聽匪民竊取磚石自用，而不爲拏禁，及届應修之期，輒假工程繁費爲詞，隨意遷延，實爲外省相沿陋習。身任封疆者理應及時悉心整理，毋稍懈弛。即如直隸所屬各城，向來應修之處頗多，近經設法修繕，以次整齊完固。其由坐臺繳贖充用各項，尤當隨時查明，督催辦理，不得聽其遲延，使地方緊要之工日就因循曠廢。著於各督撫奏事之使，詳悉傳諭，令其督率所屬，留心經理，實力從事。有應酌議奏聞者，即就各本省情形妥議規條，奏明辦理。其豫省分限定例，此時作何舉行，並直隸現應繳辦城工之項若干、及作何勒限興修報銷稽覈之處，該督撫一併查明具奏。

《清高宗實録》卷六〇一 〔乾隆二十四年十一月甲子〕又諭：前經降旨，令方觀承查明直省現應繳辦城工之用共有若干，並作何勒限興修稽覈之處，詳悉具奏。今查自乾隆十四年起至今，凡坐臺捐贖，交與直隸城工應用，共銀十九萬七千一百兩。又牛兆泰名下捐贖銀五萬兩，此等俱關係城工，計歷年所積銀兩，儘足敷繕修之項。現在各員是否按數繳足，不致久延，並本人各項完欠若何？或尚留直，或已回籍，其已交銀兩作何支銷存貯？至所修之工，何處已竣？何處正在興舉？雖非别項工程必須按例報部察覈者可比，但督催察覈亦應隨時聲明摺奏，庶公用皆歸實濟，而要工不致稽遲。將此一併傳諭方觀承，令其詳悉查明具奏。

《清高宗實録》卷六一一　〔乾隆二十五年四月癸卯〕諭軍機大臣等：據吴達善奏，甘省現在興修狄道等處城工，並分派道府大員，各經理一二處往來稽查督理等語。前此准該督等所請，修葺城垣，原因該省被災民人，得藉此就工覓食起見。今既經相度估計，有需帑至三萬兩及五六萬兩以上者，動用既多，而興工又非一處，自應實力責成董率大員，以杜侵蝕那移之漸。迺吴達善並未將所派道府等開列名單，各分處所，是雖有稽察之名，而無專任之實，其何以重帑項而杜侵肥？著傳諭吴達善，令其詳慎遴派，分段督修，仍不時親行悉心查覈，一面先行繕單奏明。倘不肖之員有從中滋弊，官帑不歸實用，以致年限未滿，工程不能堅固，在專督之大員，固罪無可逭，而該督身任總理，亦咎有攸歸也。

《清高宗實録》卷六一二　〔乾隆二十五年五月辛亥〕雲貴總督愛必達等奏：滇省各屬城垣，其給發工帑及既經修竣保固，並無庸修之處，謹就本省情形設立章程，酌擬條款，以期經久完善。一、原估銀數在千兩及萬兩以上者，先發五分，俟工程將半再發三分，收工時發一分，扣留一分，俟報部准銷，再行找發。如有覈減，即於此内扣除。一、工程銀數在千兩、五千兩以上者，定限六個月完工；一萬及二萬兩者，八個月；二萬至三萬兩者，一年；責成該管道府查催。一、未修城垣，小有坍塌，隨時可修整。如坍塌過多，即將丈尺通報立案，於農隙時酌撥民夫，次第修理。責成該地方官確估，不得扶揑。一、既修城工，保固三年，後責成現任地方官隨宜修葺，毋致積久傾圮。一、動用民夫，應查額糧若干，需用民夫若干，公平輪撥，不得藉端加派。一、滇省城垣，現經分年興修，即不應有坍塌，地方官交替時，遇有坍塌，新任官即行揭報，勒令前任賠修。一、滇省各府城垣，每年應責成迤東、迤西兩道巡查，其各廳、州、縣城垣，責成該管知府督查隨宜修繕。一、城工向有官民捐修之例，如遇坍損，地方官及富民紳士有急公好義者，應從其便，仍照定例分別辦理。得旨：如所議行。

《清高宗實録》卷六三八　〔乾隆二十六年六月辛巳〕又諭：工部議駁常鈞請停代賑城工一本，内稱安省乾隆二十四被災案内，請以工代賑之潛山、太湖二縣城工，何以不即興舉，接濟飢民，及遲亘二十六年，始行請帑興修？應令該撫據實查參等語。已降旨依議矣。以工代賑，原屬地方偶爾被災、隨宜調劑之一法，常鈞所言，固未免因噎廢食。但如原摺所指安省舊案，則事理實不可解。試思被災之年，既經題准，自應及早興修，以資災民口食，即云勘估請帑需時，亦不過旬月間耳，何以遲至三年，始議舉行？且其年正值豐收，何名代賑，尤足令人失笑。高晉前任安撫，素屬曉事，何以竟不自覺耶？著傳諭該督，令將前後辦理緣由，明白回奏。尋奏：查潛山、太湖二縣城垣，於乾隆二十四年，因該二處秋禾被災案内，附請興修，嗣因該二縣城垣原估之後，續有坍塌，詳請一併估修。當即勘估，需銀二十餘萬兩，較原估錢糧數倍，恐有浮冒情弊，駁飭藩司，另委妥員確估。臣去冬奉召入都，尚未詳到，是以不及辦理。此等實情，未經呈奏，咎實難辭，請將臣嚴加議處。得旨：該部察議具奏。

《清高宗實録》卷六三八　〔乾隆二十七年四月丙子〕軍機大臣等會同兩江總督尹繼善、江蘇巡撫陳宏謀議奏：蘇州布政使安寧奏稱，各州縣修城一千兩上下之工，均令州縣分年設法籌辦；二千兩以上，始准請帑等語。查城工至一千兩上下，若令地方官自辦，恐勉强奉行，有名無實，且易藉端派累。請嗣後城工在三百兩以内，令地方官自辦，其在千兩上下，報司勘估，動帑興修。從之。

《清高宗實録》卷六四一　〔乾隆二十六年七月〕廣東布政使史奕昂奏：粤東塘汛，舊制烟墩砌以碎石土磚，望樓用木建造，嗣經原任藩司石柱令俱改換青磚，日久風雨飄淋，仍易坍損，徒滋糜費，請仍遵舊例。得旨：石柱原不曉事，如汝所議行。

《清高宗實録》卷六五六　〔乾隆二十七年三月丁未〕諭軍機大臣等：納世通英廉奏，西直門南邊城墻一段，坍塌四丈九尺，原估新磚二進，舊磚四進，今拆卸查看，外面僅只整磚一進，背後俱係碎磚填砌，儘數選用，不過得舊磚二進，應再添新磚二進等語。是舊磚已少三進，其爲前此興工時浮冒開銷無疑。本朝百餘年來，於一切工程率經修葺，此項城工決非專沿前明之舊，所有前次承辦何人，自有檔案可考，縱或年代久遠，本人已故，即查伊子孫治罪，亦可儆從前以戒將來，俾浮冒者皆知所懲創。著傳諭納世通英廉即行遵照查明辦理，不得稍有含糊。

《清高宗實録》卷六六五　〔乾隆二十七年六月〕湖南巡撫馮鈐奏：前經奏准，寶南局加鑄錢，以餘息充修益陽等十八處城工之用。近因礦廠開採年久，銅苗未能全旺，局内餘銅僅敷本年加鑄，來年只供正卯及撥協北省之用，若因加卯，又向別省採買，再加運費，則餘息無幾。計二十六年加鑄起，至本年底，可得鼓鑄餘息銀七萬四千餘兩，加司庫原存銅價砂税等銀，共有銀十三萬二千餘兩，以之充修安仁、耒陽等十二處城垣，并茶陵等三處護城隄岸，已足敷用。惟益陽、攸縣、平江三處城工，需費無出，但俱在腹地，尚可稍緩修理，請將癸未年加卯暫行停止，每年正鑄錢文，除搭放兵餉外，尚得餘息八千餘兩，連每年所收銅價砂稅銀一萬四五千兩，積至四年，即可將益陽等三處城垣陸續修整。從之。

《清高宗實録》卷六六八　〔乾隆二十七年八月庚子〕參贊大臣阿桂奏：伊犂城垣公署於二月二十五日起工，七月初八日告竣，回人等在固勒扎建造城垣；與烏哈爾里克城相倣，所造房屋亦俱竣工。報聞。尋欽定烏哈爾里克城曰綏定；城門東曰仁熙，南曰利渠，西曰義集，北曰寧漠。固勒扎城曰安遠；城門東曰景旭，南曰嘉會，西曰環瀛，北曰歸極。

《清高宗實録》卷六七一　〔乾隆二十七年九月甲申〕又諭曰：旌額理等奏，烏嚕木齊建造城署、營房，派都司永海、革職總兵吴士勝等率領弁兵督催奮勉等語。永海著以應陞之缺即用，吴士勝以遊擊補用，用千總、把總十一人俱著酌量賞給，以示鼓勵。尋欽定城名曰寧邊，曰輯懷，堡名曰宣仁，曰懷義，曰樂全，曰寶昌，曰惠徠，曰屢豐。

《清高宗實録》卷六七三　〔乾隆二十七年十月乙巳〕諭軍機大臣等：扎拉豐阿奏稱，科布多屯田需用青稞籽種一百石，尚可向蒙古游牧貿易之商民等購買，不須運送等語。科布多既有内地商民行走，將來生聚必繁，今伊犂等處俱建造城堡，若照例興工，甚屬有益。科布多所有舊城基址，既稱地形卑溼，著傳諭扎拉豐阿伊現在安營於科布多之南哈勒巴山，即於該處擇高燥之地，計可容兵民若干，不必過爲寬大，派屯田緑旗兵從容興築。其如何辦理工程之處，會同成衮扎布酌議具奏。

《清高宗實録》卷六七四　〔乾隆二十七年十一月辛未〕喀什噶爾辦事尚書永貴等奏：前因喀什噶爾舊城地狹，奏請修築新城，於本年四月興工，八月告竣。計四門，周二里五分，造倉庫、房屋七十八間，所有官兵及錢糧、軍裝，俱行移駐。至臣等公署四百餘間。有布拉呢敦等入官房屋移至新城改建，其兵丁營房，據衆伯克等願捐木料三百間。臣等允其所請，俟交收全完，將税款贏餘酌量賞給，以示體卹。得旨：新城距舊城道里遠近，及駐劄處所，俱著繪圖呈覽。

《清高宗實録》卷六七八　〔乾隆二十八年正月辛酉〕諭軍機大臣等：新疆平定有年，伊犂應多駐官兵以籌久遠。昨諭將涼州、莊浪等處官兵攜眷遷移，交軍機大臣詳悉妥議。因念官兵三四千名，合之家口不下萬人，所有營房、糧餉俱當豫爲備辦，著傳諭明瑞等，將此項移駐官兵作何建造城垣、廬舍及給與糧餉之處，先行籌畫，一面辦理，即行具奏。尋奏，察哈爾、厄魯特兵，洲牧爲生，應仍其舊；索倫亦然，過冬自備棚房，産業再行議給。惟涼州、莊浪官兵房屋需七千餘間，烏哈爾里克新城僅敷現在官兵駐劄。查伊犂河岸高阜，地土堅凝，可築大城，在新城及固勒扎回城之間，糧運亦便，所産煤薪皆足用，計明春調兵起造。至乙酉年，城屋均可竣。現派伊犂兵游牧至阿布喇勒山伐木，咨遣内地工匠，製器應用。至糧餉，以伊犂收穫及回人所交糧計之，至丁亥年麥收，可支新舊兵三年食。更請以來年爲始，陸續增屯田兵一千五百名，耕穫自有盈餘，孳生牛羊在外，將來塔爾巴哈台駐兵亦可源源接濟。從之。

《清高宗實録》卷六八四　〔乾隆二十八年四月丁酉〕喀什噶爾辦事尚書都統永貴等奏：薩爾璘修建新城，工竣後將舊城官房拆卸，并回人捐備木料造官房七百餘間。報聞。

《清高宗實録》卷六九一　〔乾隆二十八年七月甲申〕又諭：據富明安奏，江省城垣，現在修理完竣，請嗣後令各道府查勘具結，每年歲底，督撫據實奏聞等語。城垣爲地方保障之資，自應一律完固，以資捍衛。第地方官吏往往視爲具文，或任其坍塌不問，日久因循，或修葺有名無實，徒糜帑項，皆所不免。著各省督撫，嗣後飭令該管道府，將所屬城垣細加查勘，如稍有坍塌，即隨時修補，按例保固。仍於每年歲底，將通省城垣是否完固之處，照奏報民穀數之例，繕摺匯奏一次。著於各督撫奏事之便，傳諭知之。

《清高宗實録》卷六九二　乾隆二十八年癸未八月乙酉朔，諭：據成衮扎布等奏，俄羅斯等在衛滿河源、布克圖爾瑪庫克烏蘇地方造屋樹柵，朕交軍機大臣將瑪木特提問，據稱實有其事，并色畢地方亦曾造屋樹柵。布克圖爾瑪庫克烏蘇係果勒卓輝舊游牧，色畢係呼圖克舊游牧，俱係準噶爾地方，俄羅斯雖已造屋樹柵，並未有人居住等語。準噶爾地方，此時均已内附，與俄羅斯無干，伊等豈可擅自造屋樹柵？觀此，足見俄羅斯漸有侵佔準部地方之意。著傳諭成衮扎布、車凌烏巴什等，派厄魯特兵一百名，察達克等派烏梁海兵一百名，令副都統扎拉豐阿帶領莫尼扎布、察達克二人，前往庫克烏蘇、色畢等地方，將俄羅斯木柵屋宇盡行拆毁。再瑪木特，現在所居游牧與色畢相距不遠，瑪木特投誠之意甚篤，因諭令前往，與察達克商酌。成衮扎布將此密諭扎拉豐阿等，俟瑪木特到時，伊等公同定議，留心妥協辦理。

《清高宗實録》卷六九二　〔乾隆二十八年八月癸巳〕烏嚕木齊辦事副都統侍郎旌額理等奏：烏嚕木齊駐劄舊城，初係土堡，周圍一里六分，現在街市、房屋漸加稠密，擬將城垣加高一丈六尺，厚一丈，添建四門，八月内即可告竣。再，特訥格爾，新開屯田，建造營房一千二百間，築城一座，規制相仿，計至冬初亦可竣事。仰懇照從前城堡之例，賜以嘉名。報聞。尋欽定烏嚕木齊城曰迪化城，城門東曰惠孚，西曰豐慶，南曰肇阜，北曰憬惠。特訥格爾城曰阜康城，城門東曰綏惠，西曰振威，南曰麗陽，北曰寧朔。

《清高宗實録》卷六九三　〔乾隆二十八年八月辛亥〕散秩大臣伍彌泰奏：上年阿思哈奏，晶河有舊堡一座，計房一百七十餘間，業經修理；庫爾喀喇烏蘇、瑪納斯所修官兵駐劄營房一百餘間，亦已告竣。伏思現在屯田處所，俱屬伊犁、烏嚕木齊要路，今該處商人等陸續前來，居人漸密，可否照伊犁等處之例，將庫爾喀喇烏蘇等三處增修堡座。計庫爾喀喇烏蘇一堡四門，晶河、瑪納斯皆一堡三門，請賜嘉名。報聞。尋欽定庫爾喀喇烏蘇曰綏來堡，門東曰延和，西曰迎顥，南曰調薰，北曰溥信。晶河曰豐潤堡，門曰咸寧，曰同軌，曰景風。瑪納斯曰遂成堡，門曰即敘，曰迪康，曰覃化。

《清高宗實録》卷六九五　〔乾隆二十八年九月癸未〕烏嚕木齊辦事副都統侍郎旌額理等奏：臣於上年十月，奏派兵二百名在特訥格爾伐木，備造房屋一千二百間，本年七月告竣，合計六堡所造兵房四千八百間，僅敷兵二千四百餘名居住。其陸續挈眷兵約六百名，仍需造房一千二百間。查羅克倫以西，地名呼圖畢，田畝廣闊，河水充裕，木植亦多，約可駐兵二千名。相其形勢，東至寧邊城七十一里，西至瑪納斯一百三十五里，爲哈薩克往來要路。臣等酌於本年冬季，砍伐木植，計足工料，運至造房處所，將羅克倫換班兵六百名移於呼圖畢屯田。所需農具、籽種、口糧，亦請於冬間運往。俟房屋工成，即遵築城垣。庶屯田兵三千名，聲勢聯絡，且多留地畝，備給召募民人，不致兵民參雜，似屬有益。得旨：如所請行。

《清高宗實録》卷六九八　〔乾隆二十八年十一月戊辰〕工部議奏：各省工程，從前送部物價成規，體例非一。江、浙、閩、川四省，一物開一價，餘省開緩、急二價，亦有開平、緩、急三價者。約計急價增二三成，緩價減二三成，平則酌緩急之中。但立案久，名目繁，弊竇即起。現在各省城工，不過量分先後，次第興修，乃竟有以先修者爲急工急價，次修者爲緩工平價，浮銷錢糧，章程日紊。嗣後除江、浙、閩、川止開一價，無庸議外，請將多開名目者，止准就緩價報銷，其平急名色，概令芟去。若臨時果有一二物料偶昂，該督撫於題估册内，將此物因何價昂緣由聲明，由部覈定，照本年京中工作暫時加價例酌減。從之。

《清高宗實録》卷七〇〇　〔乾隆二十八年十二月丁酉〕諭：據託庸奏，亳州、懷寧二城，現在修竣，將來如續有坍卸，即照今次捐修例，聽民自爲經理修補一摺。其言雖爲慎重工程起見，但此端一開，有司奉行不善，必致爲閭閻苦累，不可不防其漸。城垣所以衛民，如有應修之時，士民中有急公任事、出貲承修者，原有議敘之例，以示鼓勵。至現在完竣之處，保固自在工員與地方官，使竟定爲民修，不惟在事者得以藉口，且恐不肖胥吏，從中因緣苛派，所關尤非淺鮮。設現今修理之城垣，附近居民，轉或有偷竊磚料作踐等情事，自宜嚴禁，犯者治以應得之罪可耳，何得竟定爲閭閻認修之例，致滋弊累耶？託庸著飭行。仍將此通諭各督撫知之。

《清高宗實録》卷七〇〇　乾隆二十八年癸未十二月癸未朔，定邊左副將軍成衮扎布等奏：科布多修城，前定於屯田之暇舉行，兹據參贊大臣扎拉豐阿咨稱，種地之緑旗兵四百名，尚有餘力，請酌派八十名趕築，委員監視等語。原爲約束兵民起見，應如所咨辦理。從之。

《清高宗實録》卷七〇一　〔乾隆二十八年十二月〕巴里坤辦事、原任巡撫鐘音等奏：巴里坤臺站，由洮賚站起至那呼站止，相隔一百四五十里，因俱係戈壁，並無水泉，故未設立腰站。今委員踏看，掘出井水二處，請即於井旁各蓋房三間，從別站内通融派兵四名、馬八匹，分交二處，作爲腰站應付馳遞事件。報聞。

《清高宗實録》卷七〇五　〔乾隆二十九年二月〕大學士閩浙總督楊廷璋、福建巡撫定長奏：泉州府西倉同知衙署，勢極低窪，礙難棲止。查附近之石獅街民稠商聚，地方更屬適中，請將該同知移駐石獅，實於官民兩便。舊基舊料估抵外，需費無多，毋庸動項。得旨：如所議行。

《清高宗實録》卷七〇五　〔乾隆二十九年二月，陝甘總督楊應琚〕又覆奏：前任甘肅布政使吴紹詩，以上年甘涼等處偏災，奏請興修張掖等八州縣廳城垣，以工代賑。當飭司道查勘，内惟鎮番縣城議請緩修，其張掖、永昌、高臺、碾伯、撫彝、隆德、涇州七處，共需銀二十二萬八千餘兩，且各該處被災較重，均應動項興修，俾災民藉資餬口。得旨：如所議行。又奏：鎮番隣近邊塞，今東西北三面，內外砂與城齊，幾無城垣形跡。先當勸民刨運砂土，於近城處種柳成林，俟足禦風砂之後，始可徐議修葺。至鎮邑貧民，自可赴永昌等縣，就近傭工。得旨：此法甚善。宣化府城已得其利，宜亟力行之。

《清高宗實録》卷七〇七 〔乾隆二十九年三月戊寅〕軍機大臣等奏：將軍明瑞等將熱河移駐伊犁滿洲兵需用房屋、錢糧，盛京錫伯及厄魯特兵應給牲隻，錫伯兵編設佐領各事宜具奏。臣等遵旨定議，烏哈爾里克，舊修綏定城房屋，不敷居住，現在伊犁河修城起屋，熱河滿洲兵應即於此駐劄。屯田兵一千二百名，今年更換，請酌留六百名，一同修城，則十月內可竣。其熱河及涼州、莊浪滿洲兵，一處居住，尤便約束。應俱如所奏。惟是熱河兵到期尚遥，儘可從容成造，不必催促，務令堅固。

《清高宗實録》卷七〇九 〔乾隆二十九年四月庚子〕伊犁將軍明瑞等奏：前臣等將遷來伊犁回人三千二十户，交阿奇木公茂薩，派往各處屯田。惟令於巴爾托輝築一小城，仍以伊犁河北固勒扎城爲總滙。因回人安插甫定，又事版築，是以姑緩籌畫。今據茂薩呈稱，詳詢回人，俱稱巴爾托輝地方，泉甘土肥，情願出力築一大城，移往駐劄。臣等詳勘形勢，如回人所種之地，稍遷迤西，可空出摩垓圖、阿里瑪圖兩處水泉，爲滿洲兵屯田之用，且伊犁、哈什二水之間，築一大城，駐劄回衆，聲勢愈覺聯絡，於回人生計亦甚有益。嗣後即再添一二千户，亦自可容。請將伊犁河南海努克之二百户、河北固勒扎一千九百户內之八百户，仍駐劄；其河南和濟格爾之二百户、河北固勒扎之一千一百户、巴爾托輝之七百二十户，並續派呼倫貝爾兵一百户，共計二千一百二十户，俱令駐劄巴爾托輝，於今年屯田之暇，先造住房，明年築城。報聞。

《清高宗實録》卷七〇九 〔乾隆二十九年四月丙午〕科布多參贊大臣雅郎阿奏：前因參贊大臣扎拉豐阿商辦築城事宜。查屯田兵四百名內，以二十名備造器具，餘三百八十名，除屯田外，派出八十名築城。又於屯田兵三百名內，派出三十人協助，本年即可完竣。但喀爾喀兵俱依水草，離修城之地稍遠，未免有誤工作，請將烏里雅蘇台倉貯米茶賞給，城工得以速竣。報聞。

《清高宗實録》卷七一〇 〔乾隆二十九年五月甲寅〕軍機大臣等議奏：烏里雅蘇台將軍成衮扎布等奏：烏里雅蘇台舊城，年久傾圮，應行修築。其工作等項，請添派緑旗兵一百名前往等語。查科布多現在城工，所撥緑旗兵一百名，即係烏里雅蘇台派出。至該處舊城傾圮，請動工修築，於收貯錢糧，實爲有益。該處止有兵六十名看守倉庫，尚屬不足，自應酌復原額，以資差遣。其派出緑旗兵一百名，於宣化、大同等處調取。從之。

《清高宗實録》卷七二二 〔乾隆二十九年十一月癸丑〕塔爾巴哈台參贊大臣綽克托等奏：上年九月，臣旌額理等，請將羅克倫屯田兵移駐瑚圖畢，先蓋營房一千二百間，即贊築城垣。隨派參將吴士勝於十一月砍伐蘆葦木植，輓運口糧、籽種，本年三月興工，蓋造營房。臣等續奏，請將吴士勝派往塔爾巴哈台辦理城工，又派出原任主事伏魔保協辦瑚圖畢城工，至九月二十九日，瑚圖畢城垣、門樓、倉庫及哈薩克貿易館舍、公署、營房，俱已告竣。得旨：吴士勝、伏魔保俱著交部議叙。尋欽定瑚圖畢城名曰景化城，門東曰熙景，西曰寶成，南曰阜薰，北曰溥信。

《清高宗實録》卷七二三 〔乾隆二十九年十一月〕己巳，定邊左副將軍成衮扎布等奏：前經臣等奏准烏里雅蘇台築城一事，隨咨明山西巡撫派兵一百名，又據扎薩克圖汗等部落協助人夫、牛隻。臣等查烏里雅蘇台土性鬆浮，難興版築，似應照舊伐木造城。所有舊城，在齊格爾蘇特、烏里雅蘇台二河之間，擬加高一丈六尺，厚一丈，周圍共五百丈。內外排樹木栅，中實以土，東西南三面有門。北面近河，掘溝引水，以環三面，即以溝中餘土築城。此時先行伐木。其現到兵丁令於近山駐劄，俟春融興工。報聞。

《清高宗實録》卷七二三 〔乾隆二十九年十一月〕大學士官陝甘總督楊應琚等奏：巴里坤北山一帶地方，募民前往墾種，恐邊氓初至，人力難施。該處有泉河三道，臣等公同勘定，在頭二道舊渠之尾開渠二千丈，併將開渠之土建堡三座。一座周圍百丈，兩座周圍各六十丈。於八月二十一日興工，至九月十八日工竣。今户民陸續齊至巴里坤，因見有堡可居，有渠可灌，倍加欣喜，從此聞風接踵而至，於新疆大有裨益。報聞。又：四川總督阿爾泰奏：准部咨由西安移駐成都，滿洲蒙古兵一千五百名，匠役五十四名，官二十五員。按例覈給房間四千八百四十二間，并購買地基，展修城垣。行令川省估辦臣即親詣滿城勘查，於北門之西拆牆一百三十丈，南北築牆一百八十餘丈，可建房一千八百餘間。又西南隅空地可蓋房二千餘間，尚不敷移駐官兵居住。查該處城牆外，居民僅止數家，於此處裁取建蓋八百餘間，拆建百餘丈牆垣，併作滿城，庶可從容安置。至工料所需，查有寶川局，加卯鼓鑄，平價出易案內，積有利銀二十六萬兩，即於此項內動支辦理，擬於兩年內建蓋完竣。移咨西安將軍料理兵丁起程。報聞。

《清高宗實録》卷七二五　〔乾隆二十九年十二月〕護理貴州巡撫錢度奏：黔省城垣共八十五座，除全行完固六十餘處外，安南、普安、綏陽等三縣，坍塌無多，均經修整。惟貴陽府城及鎮寧州城應須拆修，又天柱、開州、廣順、石阡、思南、永寧、普安、畢節、甕安、湄潭、龍泉、婺川、印江等十三處城垣，均應修建。但黔省錢糧無幾，未便概行興修，俟明歲將貴陽、鎮寧酌辦後，再行分別緩急，次第辦理。報聞。

《清高宗實録》卷七二九　〔乾隆三十年二月〕是月，護理山西巡撫布政使文綬奏：山西通省所設墩汛九百六十餘處，塘房九千餘間，現多傾圮，請照借項修城例，於司庫公項内領借，確估興修，分年於該州縣繁費内扣還。得旨：如所議行。

《清高宗實録》卷七三一　〔乾隆三十年閏二月己巳〕伊犁將軍明瑞等，以伊犁河新築滿洲駐防城及哈什回人新築城工告竣，奏請賜以嘉名。尋定伊犁河駐防城曰惠遠，門東曰景仁，西曰説澤，南曰宣闓，北曰來安。哈什回城曰懷順。

《清高宗實録》卷七三三　〔乾隆三十年三月〕乙巳，諭：安徽修理城垣俱經報竣，所有該省收捐監生等項銀兩，除撥協江蘇城工外，尚有餘剩。現在直隸城工亦有應修葺之處，著該督等即於此内撥銀二十萬兩解交方觀承備用。

《清高宗實録》卷七三五　〔乾隆三十年四月癸酉〕軍機大臣等議覆：廣西提督許成麟疏稱，柳州城駐劄官兵，向來多住草房，易致火患，節經該處提臣先後奏請借帑修建瓦房，迄今漸就傾圮，請援例借銀修復等語。查柳州城人烟稠密，兵住草房，多致火患。乾隆二年，經提臣譚行義奏准，將營運生息銀二萬餘兩内領四千兩借給兵修建瓦房，每間九兩，三年扣還。嗣於十五年，提臣豆斌以城外兵房並未議及，復奏請將前次歸還四千兩内利銀一千三百八十兩零，借給城外兵，限五年内易蓋瓦房歸款在案。今該提既稱年久傾頽，兵丁無力修復，應如所奏，准將司庫息銀二千六百兩仍行借出，遵照臣等原奏，委中軍參將會同馬平縣修理。工竣報部查覈，並按六年定限分扣清款。從之。

《清高宗實録》卷七三六　〔乾隆三十年五月壬午〕塔爾巴哈台參贊大臣綽克托奏：臣至塔爾巴哈台，會同參贊大臣愛隆阿，以將軍明瑞所定築城屯田事宜，逐一指出。查現領緑旗兵六百名，即派五百四十名掘渠引水，開墾荒地；其餘六十名，以十名入山採取碾磨之石，餘同滿洲索倫兵砍取柳條，於營外周圍插護，營内各分院落，苫蓋寫舖，暫收糧餉、緞疋等物，設立堆撥看守。計自駐劄月餘以來，時雨數降，地畝開墾，次第播種。隨於三月二十六日令參將吴士勝、原任主事伏魔保領緑旗聽差兵興工，伐木刈葦，合土築城，仍於屯田兵内匀出協助。照明瑞所定玉爾、雅爾兩處築城，計周圍城垣二里四分，高一丈五尺，足敷兵一千五百名駐劄。所建官署、倉庫共六百餘間，仍有餘地以備添建。謹繪圖貼説，恭呈御覽。報聞。

《清高宗實録》卷七四三　〔乾隆三十年八月〕是月，大學士管兩江總督尹繼善奏：江蘇省修理城垣，現飭江寧、江蘇兩藩司分别緩急辦理，其修費浩繁處，督、撫、藩例應親勘，並擇通省佐雜中熟悉工程者，帶往確估。工費在萬兩以内者，責成本地方官承辦，道府往來督查；如數逾二三萬兩，除本地方官外，或委府屬丞倅，或派無城工處州縣，分段興修，同時畢舉，庶可剋期告竣。再修城物料，磚塊灰漿，俱關緊要。購辦後，本管道府親驗果否與估册相符、物料如式，如一時不能辦齊，俟續購有成數，再行報驗，毋許將未經驗過者偷用，並禁匠役挹彼注兹，那前掩後。修竣後，若徒丈量尺寸，即行收工，仍恐以舊作新，不能堅久，督、撫、藩須親往查勘，間段拆開，視其果否加式；稍有弊混，即將承辦及督查之員，一併參處，著令分賠。得旨：甚好。交高晉照此查驗。

《清高宗實録》卷七四八　〔乾隆三十年十一月丁丑〕諭：户部議奏各省修理城垣事宜，請停止勸捐，其直隸、山東、陝西、浙江、廣西、山西等省，估需不敷銀五百三十一萬餘兩，於該省偶遇水旱不齊之年，該督撫照以工代賑之意，酌量奏請辦理等語。所議停止勸捐之處，頗合朕意，但直隸等六省應修城工甚多，若俟該省水旱不齊之年再行奏請以工代賑，未免曠日持久，完工無期。而已經損塌之城垣，愈至艱於修整。據摺内所稱，直隸等省不敷銀不過五百餘萬兩，現在軍需已罷，各省多報有收，正府庫充盈之際，而朕所念者，庫中所存者多則外間所用者少，即當動撥官帑，俾得流通，而城工亦藉以整齊。且如户部收捐貢監一項，每年約計可得百餘萬，若以五年爲期，即可敷所需之數。著該部按照各該省需用銀數多寡，每年酌撥銀一百萬兩，統計五年，而各省城工遂可一律告竣。其如何分别省分酌量派撥之處，仍著該部妥議辦理。

《清高宗實録》卷七四八　〔乾隆三十年十一月己卯〕諭軍機大臣等：據高晉奏，託庸欲將安省修城餘剩銀二十七萬餘兩，全撥直隸協濟修城之用，與尹繼善原請撥給江蘇十四萬餘兩之奏不符，請旨遵行等語。安徽捐修餘剩之項，已准尹繼善所奏撥給江蘇十四萬餘兩，以補該省城工不足之數，今若全解直隸，則江蘇又須另爲籌辦；况直隸各省城工，現在降旨酌動帑項五百餘萬，分年撥修，更可無需多爲協濟。著傳諭高晉、託庸，直隸止須撥銀十萬兩，其撥給江蘇及酌留安徽備修城工之項，仍照各原奏辦理。並諭莊有恭、方觀承知之。

《清高宗實録》卷七五一　乾隆三十年乙酉十二月丁巳，諭曰：方觀承奏籌辦城工一摺，内稱界連驛路之懷安等縣土城，現在勘估改建磚城，其餘偏僻小邑仍就土城黏補修葺，工費較省等語。所奏尚未悉辦理城工之本意。前因各省應修城垣，費繁工鉅，特發庫帑五百萬兩分撥各省，一律興修，祇期於衛民有益，雖多費亦所不較。况頻歲年穀順成，庫藏極爲充裕，因思天下之財止有此數，庫中所積者多則民間所存者少，用是動撥官帑，俾得流通，而城工亦賴以完整。此朕本意也。且國家一應工作，料物皆按值購辦，食用亦計日給資，閭閻不但無力役之煩，而無業窮民並得藉力作以餬口，實寓以工贍民之意，是一舉而數善咸備。更無庸較量工費，意存節省。至土城改建磚城，雖現在爲費畧多，其實壯觀瞻而資鞏固，且省不時修葺之勞，視土城尤爲經久。即出於原估五百餘萬兩之外，正亦何妨？朕惟期有益於民，豈計所費之多寡乎？但承辦之地方官能實用實銷，不致浮開糜費，則工程自然堅固。而夫役工料等事，皆實發價值，絲毫不科派里下，庶於民生實有利賴。前已降旨，令各督撫遴委大員分辦經理，以專責成。如各省或有土城應改建磚城者，并著一體確估覈奏。該督撫等務飭督辦各員，實心查察。設致不肖有司，冒銷侵蝕，草率了事，及藉端擾累者，若經發覺，則該督撫不得辭重咎。著將此通行傳諭知之。

《清高宗實録》卷七五五　〔乾隆三十一年二月，直隸總督方承觀〕又奏：直隸通省應修城工共估需銀三百餘萬兩，分五年領辦，本年現修之通州、拱極、薊州、三河、盧龍、永年、磁州、獲鹿八處，又估辦之懷安、安肅、定興、望都、欒城、柏鄉、内邱七處，通計需銀六十四萬餘兩。除奉撥安徽省三十萬兩，並直隸水利節省等銀撥用外，尚需請領二十六萬九百餘兩，請將積存回贖旗地租銀内照數動撥，可省一領一解往返脚費。得旨：如所議行。

《清高宗實録》卷七五五　〔乾隆三十一年二月〕山東巡撫崔應階奏：東省城垣共一百零七處，除前撫臣阿爾泰查明完好者三十一處，勸民黏補者十九處，臣任内勸民黏補者九處，尚有應修城垣四十八處，内除曹縣、城武二縣城被黄水衝決，修費繁重，另請確估題修。又文登、蓬萊二處，因地處海疆，亦經專案題修外，其應修之四十四處，按地方之衝僻，定辦理之先後，共分五次興修。現令將第一次應修之齊河等六處，即動支藩庫錢糧給發，先行燒造磚灰，清釐基址，仍委司道分路稽查督辦。又查東省各縣土城共二十一處，如齊河、禹城、高、唐、恩縣，路當孔道利津；濱州地處海濱，菏澤爲曹州府治，以上七處，應請改建磚城。其餘似可仍循舊制。下部知之。

《清高宗實録》卷七五七　〔乾隆三十一年三月，刑部尚書署陝甘總督舒赫德〕又奏：甘肅應修急工城垣，如武威、肅州、西寧三處，本内土外磚，應仍用磚。其鞏昌府屬之會寧、寧遠、伏羌、通渭四處，柴薪既少，且不産煤，又敦煌、玉門、巴里坤均在嘉峪關外，且土帶沙性，難以燒磚，均應仍舊惟城圈女牆，應用磚，以期堅固而壯觀瞻。再口外工匠艱於雇覓，巴里坤城不臨大道，應俟敦煌、玉門工竣，再辦一切立定章程，使急公者遵循，不肖者無所施其伎倆。得旨：如所議行。

《清高宗實録》卷七六一　〔乾隆三十一年五月甲申〕又諭：前以儀封、夏邑、考城三處積水久未消退，諭令該撫相度情形，迅爲宣洩。若實在難以疏導，或酌量遷建城垣。所降諭旨甚明。兹該撫尚未親往查辦，遽稱現飭司道督同地方官另籌擇地重建等語，未能得此事要領。儀封等縣雖積久沮洳，必非全城盡容水占，竟無居民之理。且據稱，城隄堅厚，客水亦不能入，則是該處即遇夏秋河汛，可無外來浸漫之虞，止將城内積潦設法疏消，便可免於淤墊。或視積水最低地面，挑挖成湖，俾資瀦蓄，或就城外窪下處所，開引深溝，使水有歸宿，皆爲正辦。若遽議遷徙，匪但工程浩大，一切衙署、倉庫改建爲難，而居人日久相安，一旦驅之他徙，亦未免跡涉張皇。安土重遷，尤非恒情所願。向年江南邳州、臨淮等處，另建新城，該地民人至今仍聚居舊地，不聞以遷居新土爲樂，此固其明驗也。若以另建城垣之費，爲該地宣洩疏濬之用，通盤籌畫，自爲事半功倍，而舉從前積水之區，以次化爲膏壤，於民間尤爲至便，何必輕事紛更耶？著傳諭阿思哈切按實在情形，悉心籌度，另行妥議具奏。尋奏，儀封、考城、夏邑三城，積水已閱百年，其地勢外高内低，形同釜底，疏濬難施，若另建城垣，遷徙不易。兹查夏邑、考城，水逼城根，實難修理，幸城身堅厚，無虞衝漫，商民現在高處居住，相安無患，應請停修。儀封積水雖多，尚有露出城脚處，應就城根淺灘培壅，隔住積水，然後將城池修建完固。得旨：如所議行。

《清高宗實録》卷七六六　〔乾隆三十一年八月丁未〕直隸總督方觀承奏：居庸上關南門垜墊滲漏，雨零券中，並券洞深黑，往往藏虎爲患。八達嶺西門墻身坍塌，南首相連之牆裏外坍損，均應動帑修築。又居庸上關北十四里之彈琴峽地方，石道坑窪，一遇水發，行旅阻礙，應照南口山根石道，依傍東山添漫石道一段。得旨：著照所請行。

《清高宗實録》卷七六九 〔乾隆三十一年九月〕是月，兩江總督高晉、江蘇巡撫明德奏：安東縣城垣，歲久傾圮，現在估修。該處係濱海之區，地瘠民貧，本年被災較重，請趁此歉收之年，以工代賑。即於本年冬間，購辦物料，明春即行開工。得旨：嘉奬。

《清高宗實録》卷七七四 乾隆三十一年丙戌十二月丁酉朔，吏部等部議覆：陝西巡撫明山奏稱，洛川縣瀕臨深溝，城基塌陷，施工修築甚難。查距縣城四十里之鳳棲堡，地方遼闊，當縣治適中，堡城現俱完固，祇須加高幫厚，並將城身向北開展，移造衙署、倉庫、監獄、壇廟。均應如所請。從之。

《清高宗實録》卷七七七 〔乾隆三十二年正月甲午〕陝甘總督吴達善奏：甘省應修次急城工九處，内金縣等七處均經購料興工，惟安西府屬淵泉縣城，緣從前駐劄提督，規模宏敞，今提督已移駐烏嚕木齊，往來改由新路，該處竟成僻徑；且地勢潮礁，春冬消長不一，城垣率多坍塌，駐兵僅六百名，人烟無多，鋪户亦止二十餘家，似無需重費帑金，修此曠僻大城。現已飭該道府踏勘妥協地方，另爲籌議。至巴里坤城垣，經前督臣奏准，俟玉門、敦煌二城工竣接辦。查乾隆二十一年，係奏准派兵修理。今該處已非往來衝途，差使簡少，計需匠夫三萬七千二百二十餘工，仍應於存城鎮標兵内，挑其年力壯健者二百五十名，派撥諳練工程把總、外委各一員，管領督率。該兵等雖有坐糧，但既任以力役，應每名每日酌給銀六分，毋庸另給鹽菜口糧雜麪等項。其土坯木料，即令購買牛車，派做工兵拽拉，俟事竣變價歸款。得旨：如所議行。

《清高宗實録》卷七七七 〔乾隆三十二年正月甲午〕四川總督阿爾泰奏：川省應修城工，需費繁多，原議撥用鼓鑄餘息及餘茶生息等項。除將現存撥應急工外，其餘按年所獲，統計祇七八萬兩，若俟陸續撥用，城工未能速竣。查川省試銷餘鹽，量徵公費，經臣奏充辦理夷務。按年共收公費銀三萬四百餘兩，而夷務業經完結，與其另款久貯，不若撥爲修城之用。再各竈户配引外，又有零星餘鹽，自數十觔至一二百觔不等，若按井竈增課，於額引觔數不敷，請仍照試銷例一體報官，併湊成數，交商代銷，所徵公費銀統歸城工撥用。報聞。

《清高宗實録》卷七八一 〔乾隆三十二年三月癸巳，山東巡撫崔應階〕又奏：東省城工，原估未盡妥協，如東平州土城周圍十六里，估銀十八萬六千四百五十九兩零。惟導汶濟運以來，兖泰各處山泉俱歸汶河，環遶州城，每遇伏秋漲漫，土城易於浸塌。又居民稀少，西南隅多係空地，請將西面收擠二里三分，改土爲磚，城身祇高二丈，應改估銀十六萬五千四百餘兩。又臨清州磚城，原估銀十一萬二千八百五十五兩，係將西南二面拆修，東北間段挖補，但磚塊多係酥裂，應手坍落，若僅以挖補完結，恐新工甫竣，舊牆又坍，更費周章。應將原議城高二丈六尺之處，擠低五尺，即以所減項作東北二面全行拆修之費。又滕縣磚城，原估銀八萬三千九十三兩零，嗣因該縣知縣僅擬黏補殘缺，估銀一萬三千七百餘兩，目下現應興工，但城牆坍損不堪，實非黏補可完，即原估之數尚恐不敷，仍應據實另估題修。得旨：如所議行。

《清高宗實録》卷七九二 〔乾隆三十二年八月丁卯〕工部議覆：調任山東巡撫崔應階疏稱，泰安縣城垣，因三十一年七月大雨，衝塌六十三丈。業經委員勘估，懇請動項興修。應如所請。從之。

《清高宗實録》卷七九七 〔乾隆三十二年十月〕山東巡撫李清時奏：東省應修城垣四十四處，業經奏准動帑興修。查各處城基，原屬堅固，止須刨槽添换磚石，不必那動舊址。現在最應嚴查者，一在底面高寬，不得偷減尺寸；一在燒磚不得雜用沙土，及燒未透熟，易致剥落；一在裏皮中心灰土不得減少。若不及時督辦，俟告竣後始經查出，即將承辦之員參處，而已成之工不能復爲拆造，斷難經久。現飭各道府巡查，並多委試用知縣分段監工，臣仍與藩司不時親勘。得旨：好，實力爲之。

《清高宗實録》卷八一〇 〔乾隆三十三年五月〕己丑，陝西巡撫明山奏：延安、榆林二府屬，地處沿邊，向建堡城二十七座，除從前已修六座外，尚有未修二十一座。查延安屬堡城六座在靖邊、定邊二縣，相距不遠，均可同時興修。至榆林屬堡城一十五座，分隸榆林、懷遠、神木、府谷四縣，每縣三四堡不等，各堡相距甚遠，工料等件必須該管知縣親身督辦，若同時興修，照料難周，應分以年限。查榆林縣之漁河、常樂二堡，懷遠縣之波羅、嚮水二堡，神木縣之高家堡，及府谷縣之孤山、木瓜園二堡，俱當要路，即於本年興修。其榆林之保寧、雙山，懷遠之咸武、清平，神木之永興、大柏油，府谷之黄甫、清水，共八堡，地稍偏僻，俟明年再行續修。得旨：好，如所議行。

《清高宗實録》卷八二二 〔乾隆三十三年十一月戊戌〕諭軍機大臣等：前

以各省城垣工繁費鉅，特頒諭旨給發帑金修築，俾閭閻得資保護。而地方並肅觀瞻。司事之臣，益當實力奉行，屏除積弊。況屢經諭該督撫專派地方大員，督辦稽查，指名奏聞，俟報明工竣之日，朕當特派大臣前往查勘。如有侵冒草率諸弊，惟督撫及專派大員是問。所以提撕警覺之者，不啻至再至三。乃近日如江南之宿遷城工，現已查有不符原估之事，而湖南茶陵州亦有首報工册，多寡互異一案，俱已派員前往查辦。是各省辦工之員，總不能覈實釐剔，大概可知。現在雖未盡發覺，恐不止江、楚二省爲然。且聞不肖官吏，竟有視城工爲利藪，多思於中染指肥橐，喪良藐法，更不可問。著再傳諭各督撫嚴飭指派大員，將所屬城工已修者詳慎勘覈，未修者據實估查。總期工程益加堅致，而帑項不致浮糜。倘仍視爲具文，將來或經欽差查出，或別經發覺，該督撫恐不能當此重戾，亦斷難曲爲寬宥，毋謂朕言之不深切著明也。著於奏事之便，詳悉傳諭知之。

《清高宗實録》卷八二二 〔乾隆三十三年十一月戊戌〕又諭：近以江南宿遷縣、湖南茶陵州皆有承修城工情弊，因通諭各督撫實力嚴查矣。兹據楊廷璋奏，估辦己丑年城工五處一摺。直隸近在畿輔，司事之員或尚有所顧畏，不敢肆意侵冒，但該督初莅直省，見聞恐有未周，斷不可稍有疏略，致官吏等欺朦舞弊，逐漸開肥橐之端。著楊廷璋實力留心查辦，並將現辦五處城工詳加覈估，毋少輕忽自誤。

《清高宗實録》卷八二五 〔乾隆三十三年十二月甲戌〕改建山東東平、禹城二州縣磚城，從前任巡撫富尼漢請也。

《清高宗實録》卷八三六 〔乾隆三十四年六月辛酉〕諭曰：楊廷璋覆奏，查驗直省城工一摺，據稱與藩臬兩司親赴查覈，以期工歸實用，帑不虚糜。覈實辦公之道，固應如是。至所稱從前修葺，復稍殘缺者十九處，應黏補者五處。此項城垣修築未久，何以復有殘缺及應需黏補之處，非當日經手之員辦理草率，即係浮冒開銷，工無實濟，恃向例不過保固三年，僅爲敷衍目前之計，幸逾例限，即可脱然無累。似此隨修隨損，勢將何所底止。是從前帑項竟爲徒費，而工作不幾有名無實乎？且城牆自應堅厚牢築，非尋常牆垣、屋宇及細巧工作可比，一經鳩葺，自當屹峙數十年，何至蕆功未幾，又煩甃治？若不嚴以程限，將不肖之吏相習傚尤，止顧侵漁而罔思鞏固，豈朕發帑衛民之本意乎？著楊廷璋將甫修旋缺復需黏補各城，逐一查明係何年興修？何員承辦？如有應行整理之處，即著經手之員如式賠修。嗣後各省新修城工，總以三十年爲率。如未逾年限復需修整者，即照此著賠。其有原估磚工，酌改土城之處，並須加意確覈，毋任絲毫冒濫。近日山東濱州等處，改築土城，磚石各項，即有希冀混開者，經工部覈駁。地方官遇有城工，輒思從中取利，恐不獨山東一省爲然，不可不留心查察。若仍漫無稽覈，惟任劣員弊混，不特總辦、督辦之大員責有攸歸，即該督撫亦難辭咎也。並將此通諭知之。

《清高宗實録》卷八四二 〔乾隆三十四年九月辛巳〕又諭曰：富明安奏，曹縣、城武二處城垣，歷係民修，今據該二縣紳民呈請，情願仍照舊制，分股認修，而長山等十九州縣亦俱願乘此豐收，自按里社自行黏補等語。東省應修城工甚多，前恐民修無力，是以特發帑金百餘萬，分年修築，次第蕆工。今未經估修之各州縣紳衿士庶，既皆踴躍急公，情願分股加葺，當俯順輿情，聽其自行修理。但既出自士民誠悃，一切當從其便，地方官不得稍有勉强，致滋煩擾。其出力多者仍著據實查明，給予議敘，以示鼓舞。至遇有地方工作，每易藉端需索，或不肖有司從中染指，皆不可不嚴爲察禁，務令弊竇肅清，俾閭閻奉公興事之心，歡欣不倦，於城工永資鞏固，方爲妥協。該撫其善體朕懷，督率所屬，實心經理，並專派大員實力稽查。如有不法官吏營私滋弊者，即行嚴參重究。將此傳諭知之。

《清高宗實録》卷八六四 〔乾隆三十五年七月乙卯〕又諭：京師數日以來，間有陣雨，時作時止，未知古北口一帶地方晴雨光景若何？所有前此過水之處，曾否全行消涸？於城垣河道應行修理工程，有無妨礙？現在加緊辦理，約已有成數幾何？著傳諭伍訥璽等即速查明具奏。至和爾精額前奏，將應辦未盡之處，會同商定，即行復命等語。是籌辦工程等事，現有伍訥璽等在彼料理，和爾精額一經商定，即當回京，何以日内尚未見到？並著一併傳諭，令其奏覆。尋伍訥璽、王進泰覆奏：臣等清出城墻地面，現在築打地基，並丈量開河丈尺。和爾精額於初十日回京復命，十二日雨大，多有積水，當即戽淘，俟曬乾方可興工。得旨：知道了。俟和爾精額到彼，王進泰汝二人再詳商議奏。尋奏：臣等細勘關門至水門，城墻根基地面被水衝刷，比舊地面低至一丈二三尺不等，若築墊復舊，非特需用土灰甚多，即近處取土亦難。兹擬除内外關門本高，將月墻仍照舊基築砌外，將城墻自關門外，循依舊式，略向西南移於高坡，直對水門墩臺接砌，則地勢已遷高一丈三尺有餘，離河身亦寬遠二十六丈有餘，河水不能浸基。即偶爾大水，長至城根，而山水一二日即退，亦不致浸泡城垣。且從前擬開引河，原因水逼城根，今城墻遷高，離河已遠，無虞水患，則河道亦無須另行開挖。得旨：此所辦是，應即興工。

《清高宗實録》卷八七六〔乾隆三十六年正月辛亥〕工部奏：查京師内外城工，應分别緩修亟修，照内廷之例，估計辦理。得旨：此項城工，即著德成專辦，仍照新定各省城工之例，保固三十年。其原派之各大臣，毋庸兼管。

《清高宗實録》卷八九八〔乾隆三十六年十二月甲戌〕諭軍機大臣等：據阿爾泰奏，納溪縣士民自願修築城垣，應飭該縣督率，上緊修理完固等語，所辦非是。築城所以衛民，各省士民踴躍樂輸者，當地方無事時，原可准令捐修，俾申其急公之願。今川省現辦進勦小金川之事，雖一切軍需供用，絲毫不累閭閻，而輓運執役，亦不能不有資民力，正當示之體卹。納溪城工，有何迫不及待，而必於此時令其復操版築之勞？阿爾泰此奏，殊不知事體輕重。著傳諭桂林，即行查明，如該處尚未鳩工，即行停止。若工作已興，料物已備，民間不以兼顧爲難，或可聽從其便，否則不妨稍緩。前曾有旨，以桂林初任總督，令阿爾泰諸事相助，同心經理，此事著阿爾泰幫同桂林一體妥辦。將此遇有軍報之便，傳諭知之。

《清高宗實録》卷九〇一〔乾隆三十七年元月癸丑〕軍機大臣等議准：伊犁將軍舒赫德等奏，前因瑪納斯地處烏嚕木齊、伊犁適中，擬將派駐烏嚕木齊兵移駐。嗣因距巴里坤遠，奏請駐庫爾喀喇烏蘇、濟爾哈朗、布勒噶齊等處。兹勘明該處情形，雖可建城，但地不産煤，多兵難久駐。請將西安滿兵二千，移駐巴里坤。現派涼州、莊浪滿兵三千，全駐烏嚕木齊，隨時派往瑪納斯等處巡查。所需城垣、倉庫、兵房等項，酌定派内地緑營兵一千五百，春間趕赴烏嚕木齊修造，工竣，分撥屯田，歲收穀，支放兵糧。其應移烏嚕木齊兵，今秋移一半，餘俟來秋再移。從之。

《清高宗實録》卷九〇一〔乾隆三十七年元月乙丑〕陜甘總督文綬奏：准伊犁將軍舒赫德咨稱，烏嚕木齊移駐滿兵，前經奏明，挑選緑營兵一千五百，建築城署兵房，工竣屯田。查此項兵，本年春前即應挑抵烏嚕木齊，若於陜甘各營匀派，未免稽遲。酌於就近甘州、肅州、寧夏三提標營，每處派精壯兵五百；兵一百，派千、把各一，外委一，分領；派肅州鎮幹練遊、都各一，統率前往。報聞。

《清高宗實録》卷九六四〔乾隆三十九年八月戊子〕軍機大臣議覆：陜甘總督勒爾謹等奏稱，巴里坤原駐滿兵二千名，因糧料不敷，經臣奏准分撥一千名，移駐古城。但一切房屋城垣，必須另行修建。臣等酌勘，於新堡之西南里許，地勢平衍，井泉柴薪，足供取用，堪以建城駐劄。至工作之需，應照烏嚕木齊等處從前修建城房，酌用緑營兵丁例，支給鹽菜口糧，以省糜費。擬派員督令巴里坤鎮屬原建滿城兵丁，於明春興工，趕緊修建，來秋全行移駐。再查滿兵一千名，歲需糧料一萬八千七百八十餘石，按古城現貯餘糧及每年收成覈計，足敷搭放。惟查古城爲烏嚕木齊、巴里坤適中之地，北通烏里雅蘇臺，爲諸路總滙。若駐劄滿兵一千，應添設領隊大臣一員，就近彈壓。均應如所請。從之。

《清高宗實録》卷九六七〔乾隆三十九年九月丁丑〕吏部議准：陜甘總督勒爾謹奏稱，安西府屬淵泉縣城垣坍塌，乾隆三十三年經前督臣吴達善查勘，以該地低窪潮礆，無庸修復，另於舊城迤南二里許戈壁地方建築新城。前督臣明山往勘，復因舊城爲往來大道，官員衙署不便盡行遷移，議於新城移駐兵四百名，建蓋道員、參將等官衙署、兵房，而舊城仍留兵三百餘名，并備弁等官，俾資彈壓。臣赴古城會辦移駐滿兵事宜，路經安西，見舊城雖已殘破，而商民依然環處，新城孤立迤南，並無鋪户民房，緣新城並非大道，且戈壁水泉缺乏，以致商民裹足不前。臣查舊城居民稠密，商旅絡繹，雖西北一隅，間有春夏沮洳之患，究無大礙，輿情日久相安，是新城實屬無用，舊城應議重修。請將新城磚料仍行移建舊城，其新城已建之衙署、兵房估變歸款。至從前建築新城所費銀兩，應如數追賠。從之。

《清高宗實録》卷九七〇〔乾隆三十九年十一月辛酉〕又諭：據薩哈岱等奏，福州駐防水師旗營協領克星額，因上年六月，該營城墻、兵房被風損壞，並未詳稟，率行會同佐領等扣派兵丁餉銀修理，致兵丁窮苦乞憐，且是否均歸實用，有無從中染指情事？必須徹底清查，請旨革職質訊等語。克星額著革職，交與該督鍾音會同該將軍薩哈岱，提齊經手員弁，檢覈檔册，嚴行查審具奏。

《清高宗實録》卷九七〇〔乾隆三十九年十一月壬戌〕又諭：新疆一帶修建工程，均係派撥兵丁砍伐木植，築打土方，支給該處兵丁耕種所收米麪青稞等項。較之採買物料，僱覓匠夫者，本屬減省。今烏嚕木齊新建滿兵城房工程，既較内地應用銀數有減無浮，又何必復照内地之例覈算？所有用過銀兩，即著照數准銷，毋庸再行交部查覈。嗣後新疆等處工程，派撥兵丁及砍伐木植修建者，俱不必照依内地定例覈銷。

《清高宗實録》卷一〇一三〔乾隆四十一年七月庚寅〕諭軍機大臣曰：文

綏奏，據阜和營遊擊等禀報，打箭鑪一帶連日大雨，六月二十六日亥時，明正司地方海子山大水陡發，衝倒南門，城内文武衙署、監獄、兵房衝去數百間，化爲石灘，淹斃兵民甚多。又據榮經縣詳稱，六月二十七日山水暴發，沿山溝河多被衝壓，即日自省起程，親往查辦等語。看來此次打箭鑪被水情形較重，文綬既親身前往，即著查明，實力撫卹，毋致失所。至打箭鑪城内存貯錢糧、軍火器械甚多，其鑪關稅務亦屬緊要，文綬到彼，應將錢糧、軍火器械及關稅庫貯、衙署等項，作速清理。其存貯米石内，查明如有被水浸濕者，即行撈取，亦可酌量搭放賑卹。至該處係通藏衝途，及赴番地要路，其城垣、倉庫、官署、營房，均宜速行修葺。但鑪城舊基，適當山水頂衝，雖水發非常有之事，但既修葺城垣，自應悉心相度，擇其地勢較高，不當山水頂衝處所，將城垣另行移建，爲一勞永逸之計。並著文綬妥速籌辦，將此由五百里傳諭文綬知之。仍將作何辦理情形，迅速覆奏。

《清高宗實録》卷一〇一四 〔乾隆四十一年八月庚子〕諭軍機大臣曰：文綬奏，查勘打箭鑪一帶被水情形及分別籌辦一摺，所辦均屬妥協，已於摺内批示矣。各處村莊田畝被水衝淹，其應行撫卹者，著傳諭文綬即善爲經理，并董率所屬，照例賑卹，務使均霑實惠，毋致稍有失所。至摺内稱，鑪城被水衝塌，南門内外積石高並女牆，既不可因高加築，亦難搜挖舊基。東門一帶波流迅激，水道已改，日後亦難保無衝決之虞。現於城垣坍塌處所，即用水推積石，壘作石牆，暫爲禁限等語。披閲所奏單内，該城原建周圍一千一百餘丈，現被衝塌一百六十餘丈，不過十分之一，自毋庸另議移建。而曾被水衝之地，亦不便復行補築，或將舊城收小，讓出水道，壘作石牆，以爲限制。著將該處情形，即行繪圖呈覽。其各項衙署亦當各按地形，量爲修建。至瀘定橋爲打箭鑪外通諸番要津，修復亦不容緩，自應俟秋深水落，酌量情形，妥爲修整。仍將賑卹籌辦各事宜，隨時奏聞。將此由四百里傳諭知之。尋奏，查勘打箭鑪城内，河西山上，地名白土坳，平漫易開，可建千把總衙署四所、兵房三百八十間，尚少把總衙署一所、兵房四十一間。勘得北門内雅納溝地方，原有兵房，地高，現未被水，即於該處隙地添建。其監督衙署，有城内西北角郎卜院地方可建，附以筆帖式衙署。其同知衙署、倉庫、監獄、廒房及照磨衙署，於城内西北子耳坡地方建造。查該城地勢，河西高於河東，今衙署等項悉改建河西高地，可永保無虞。東、南二門城垣門樓，皆難仍舊。查舊城原依東西兩山高下築牆，今東門則於東山城上，開造門樓，就山腳築基，即建稅房。其南門，另於河西山上移建。得旨：知道了。具一圖貼説奏來，更覺明悉。又奏，此次被水，内地榮經、清溪二縣，衝淹田地不過數頃，業經飭令補種，現可有秋，尚不成災。瀘定橋、打箭鑪衝塌房屋及失業貧民，均已照例給卹。該處係土司地方，窮民原以雇工背運爲生，既撫卹銀米接濟，仍可自食其力，毋庸加賑。至駐鑪城兵丁借領米二百石，准其分季還倉。明正土司亦借給米一百石，兵民番衆均無失所。至瀘定橋鐵索橋座，已專委熟諳索橋工程之員前往估計辦料，俟水落修復。該處現有船隻濟渡，並無阻滯。報聞。

《清高宗實録》卷一〇六四 〔乾隆四十三年八月己巳〕諭：昨因盛京各處城垣多有坍塌，令軍機大臣會同將軍弘晌，將應行修築事宜，詳查妥議具奏。今據議稱，各屬城垣必應修築，共有十八處，分爲三次修葺，並請簡派大員稽查督辦等語，已依議行矣。此項工程，著派邁拉遜、德成督辦，伊等接奉諭旨，即馳驛前至行在，候朕面降諭旨，即可會同將軍、府尹赴各屬勘估，以便發帑興工。所有工部尚書事務，著金簡暫行署理。

《清高宗實録》卷一〇六九 〔乾隆四十三年十月〕甲戌，諭軍機大臣等：據德成奏，勘估奉天等處各屬城垣，邁拉遜但圖節省，反欲將鳳凰城等處城垣減至一丈，苟且塞責，其事實所難從，不得不據實陳奏等語。邁拉遜與德成承辦此事，朕早知二人必不睦，屢經訓諭，當和衷共濟，今仍如此各持己見，實屬可笑。邁拉遜、德成俱傳旨申飭，至盛京爲根本重地，所有應修各城垣，自應一律修築整齊鞏固，以壯觀瞻。況現今府庫充盈，此等工程即多用帑金，亦所不靳，但不可從中侵冒耳。若專以節省爲事，豈爲善體朕意乎？但邁拉遜、德成同辦一事，而各執己見如此，豈能妥協。著傳諭弘晌，即將各處城垣應全行修葺，或稍加黏補之處，詳加斟酌，另行妥議具奏。尋奏，臣現遵旨清查盛京銀庫，事竣即同德成等親往各城勘估議奏。報聞。

《清高宗實録》卷一〇七五 〔乾隆四十四年正月辛丑〕軍機大臣等議覆：伊犁將軍伊勒圖奏稱，伊犁屯田緑營官兵三千，現經改駐眷兵，需建城池、兵房，除綏定城祇須修補外，餘屯請於塔爾奇漢口外之烏可爾博爾蘇克、東察罕烏蘇、霍爾果斯、巴顔岱等處分別建築。應如所請。綏定城兵房修竣後，令總兵帶駐中營官兵，烏可爾博爾蘇克建城，駐左營官兵；東察罕烏蘇建城，駐右營官兵；霍爾果斯建城，專設一營，分駐參將一；巴顔岱建堡，專設一營，分駐都司一，並於塔爾奇堡内添房，分駐守備一。從之。

《清高宗實録》卷一〇七五 〔乾隆四十四年正月己酉〕直隸總督周元理

奏：直屬威縣土城年久坍塌，玉田縣磚城水衝蟄陷，均應估修。阜城、安州、新安三處土城，工不經久，請一體改建磚城，並動司庫旗租銀項，委員督辦。下部知之。

《清高宗實録》卷一〇八三〔乾隆四十四年五月〕戊申，定烏嚕木齊新建奇台縣城名曰靖寧，城門東曰延曦，西曰景顥，南曰薰阜，北曰徠安。

《清高宗實録》卷一〇八四〔乾隆四十四年六月己未〕又諭：據福康安奏，岫巖城兵役下鄉採買柴薪，藉端派擾，以致毆斃人命一摺，事關地方官辦料，縱役滋事，該府尹難辭失察之咎。若令其查審，不免瞻徇迴護，已有旨交盛京刑部侍郎穆精阿嚴審究擬矣。至府尹銘通，曾任太僕寺少卿，因赴商都等處查馬事竣，至熱河奏聞。朕召見時，看其人尚屬黽勉，且旋擢用爲奉天府尹。上年朕詣盛京召見，觀其人才不過中平，未必能大有出息，尚不知其在任辦事究屬如何，著福康安悉心體訪，據實覆奏。又據福康安奏，查勘岫巖舊城基址，週圍量長四百六十五丈五尺，飭令照例確實估計，較原估約計節省銀三萬餘兩等語。此項工程若原估後另有刪改之處，則覈減多至三萬餘兩，尚屬情理所有。若工段料物俱係照舊，即覈減節省止應在數千上下，何至三萬餘兩之多，是否原估浮冒，抑或另有別情？並著福康安查明，據實詳悉覆奏。將此由四百里諭令知之。尋奏，工部原咨內開，岫巖新修城垣一座，量長八百九十四丈，估計工料銀七萬四千五百七十一兩零。今查勘舊城基址，較原估新修城垣處所，地勢既高，而週圍城根土牛尚屬堅實，自應照舊城基址修築。隨量長四百六十五丈五尺，並將城根現存土牛折抵土方，實估計銀四萬一千二百六十七兩零，是以較原估節省，並非原估浮冒。

《清高宗實録》卷一一一一〔乾隆四十五年七月〕是月，欽差工部侍郎德成等奏：奉天海城縣、巨流河二處城工，原估裏皮包築灰土，今查該二處土性，浮面純實，下帶沙性，難以築打，請改用山石較爲堅固，約計工價亦有減無增。得旨：好，知道了。

《清高宗實録》卷一一一七〔乾隆四十五年十月甲戌〕定吐魯番新建城名曰廣安，東曰朗曦，南曰宣義，西曰殷阜，北曰利成。

《清高宗實録》卷一一三四〔乾隆四十六年六月〕甲申，諭軍機大臣：昨據阿桂等奏到圖內，賊匪所占之華林山並龍尾山，緊接蘭州西南一帶關廂，該處商賈湊集，最爲殷富，而蘭州省城本小，轉在山下，殊於形勢未協。朕意欲將西面城垣展寬至此山梁，俾西關一帶民居及現在賊營佔據之處一半包入城內，如此跨山臨水，既足以壯觀瞻，並可以資控制。至河北金城關，逼近黃河渡橋，形勢亦關緊要，將來添設兵丁時，亦應於該處多添兵丁，令將領大員駐劄，似更足資彈壓。且大河南北，聲勢聯絡，於巡緝防守等事尤爲有益。著傳諭阿桂、李侍堯將此二事入於善後事宜案內，一併妥議具奏。

《清高宗實録》卷一一三九〔乾隆四十六年八月丁亥〕欽差大學士公阿桂、署理陝甘總督李侍堯奏：臣等遵旨將蘭州城垣公商增建，其地北臨大河，西南兩面山嶺重疊，惟城東平衍，請將大城向東展寬，西自外城安定門起，由拱蘭門迤東至風神廟後；又自通遠門東南角起，由迎恩門至廣武門北角止，共添一千一百七十餘丈，所有大城甕城，俱多添一層，將西南二郭城拆去，兼勸諭兩關廂居民移住，空出地面，寬留火道。其城西華林山應築營堡一座，移督標右營官兵駐劄。再於西南擇據形勢，設空心大墩四處，亦飭右營兵丁輪流駐守。得旨：如所議行。

《清高宗實録》卷一一四五〔乾隆四十六年十一月辛酉〕諭：據袁守侗奏，密雲、石匣、順義三處城工，現在勘估修整，請發帑銀二十萬兩，以備工用等語。直隸州縣城垣，年久坍塌，自應及時修葺，且該省尚有已修各城，未領工料，均須找發，恐二十萬兩，不敷動用。著撥給廣儲司銀四十萬兩，發交該督派員請領。直省如有他處城工應修整者，亦著查明確估，於此項內動支修理。

《清高宗實録》卷一一四五〔乾隆四十六年十一月戊辰〕諭：本年豫省青龍岡漫口，黃水灌入東省湖河，江南之沛縣正當下游，受患較甚，該處城垣經漫水淹浸，不無坍損；居民避水移徙者，田廬亦間有漂没，從前已屢經降旨，加恩撫卹，現在豫省漫口業經合龍，所有該縣被淹地方，全可涸出，城垣、廬舍必須亟爲補葺。著於兩淮鹽課內撥給銀五十萬兩，交與薩載，將該處城垣修理完整。并查明移徙户口，設法招徠安撫，酌給寧家繕葺資費。該督務須董飭所屬，悉心勘估，實力上緊辦理，以副朕廑念災區，惠愛黎元之至意。

《清高宗實録》卷一一四七〔乾隆四十六年十二月〕丁亥，諭軍機大臣等：本日軍機大臣會同該部覈議侍郎德成勘估蘭州城垣營堡一摺，已依議行矣。蘭州外城西南兩面，緊接華林龍尾山麓，前此逆回蘇四十三等恃險跳梁，即由此施放鎗礮攻撲，竊據形勢，是以阿桂等議將此兩面外城拆去，俾城根距山稍遠，不致有俯瞰下壓之虞。原爲保護城隍起見，但從前華林山等處，並未設立塘汛屯兵駐守，逆匪因得據有險要，直逼蘭城。今既添建營堡墩臺，移駐重兵，則兩山聲勢聯絡，可以環衛大城。況成功不毁，何必復多費帑金將舊有土城拆去改繕，且西南兩關廂民居週密，若概令遷移，撤去房屋，小民恐多未便，即所議擴建之東城關廂，亦未必能安插許多烟户，自不若一切仍循其舊。從前德成勘估查奏時，朕已早經諭及。至營堡一項，軍機大臣等議用磚砌更爲堅實永久，請交該督另行覈實勘估。但華林諸山，岡阜聯絡，其中所産虎皮石料必多，若即用此項塊石，疊砌鈎抿，不特取攜較便，而工程尤爲鞏固。但該處採取石料是否便易，較之燒磚，工價孰爲節省，著傳諭李侍堯查明，據實確覈具奏。將此由五百里傳諭李侍堯，並諭阿桂知之。尋李侍堯奏，甘省營堡用土築建，儘可堅固，若改用虎皮石，需費太多，即磚工亦可無需。得旨：如此即築土堡可也。

《清高宗實録》卷一一四七〔乾隆四十六年十二月乙未〕諭軍機大臣等：據德成奏，現在已抵西安勘估城垣一摺，據稱，連日逐段查勘，但該省城垣坍塌過甚，工程浩大，帑項繁多，必得逐處逐件，細加丈量，斟酌做法，確覈辦理等語。陜省爲三秦扼要，漢唐建都之地，其城垣形勢本極崇閎壯麗，但歷年久遠，未經修整，自多坍卸之處。德成現經督率司道各員，詳慎勘估，不得存惜費之見。其一切築建基址，務從其舊，不可收小，以致規模狹隘，即費數十萬帑金亦不爲過。該侍郎在彼，必須詳悉指示，料理周妥，不必急於回京。至省城外灞橋，爲往來要路，亦聞年久塌損，均須一律修整，並著該侍郎勘估確覈辦理，以利行旅，毋廢舊觀。著將此由四百里傳諭德成，並諭畢沅知之。

《清高宗實録》卷一一五三〔乾隆四十七年三月〕是月，欽差工部左侍郎德成、陜西巡撫畢沅奏：西安省外磚内土城垣一座，因年久坍損，亟須拆修。查四門正樓四座、箭樓四座、外層礮樓四座、角樓四座、卡房九十八座、看守樓座官廳四座，週圍大城，併城臺、礮臺、角臺、外皮墻身，除揀選舊料抵用外，應添新木植、磚石等項，共估工料銀一百五十六萬六千餘兩。報聞。

《清高宗實録》卷一一五六〔乾隆四十七年五月癸卯〕定哈拉巴爾噶遜新建城名曰嘉德。城門東曰寅輝，西曰仰極，南曰成順，北曰遵道。

《清高宗實録》卷一一六六〔乾隆四十七年十月癸酉〕定庫爾喀喇烏蘇新建城名曰慶綏。城門東曰撫仁，西曰向義，南曰溥澤，北曰奉恩。

《清高宗實録》卷一一六六〔乾隆四十七年十月甲戌〕定晶河新建城名曰安阜。城門東曰登春，西曰永豐，南曰輯和，北曰保康。

《清高宗實録》卷一一七三〔乾隆四十八年正月戊申〕諭軍機大臣等：據福康安奏，四川成都城年久傾圮，恩准動項興修，酌定章程一摺，自應如此辦理。省會城垣工程浩大，動帑數十餘萬，自所必需。此項銀兩是否於軍需存剩銀兩動用，摺内聲敘並未明晰，著傳諭福康安再行詳悉查明，據實覆奏。

《清高宗實録》卷一一七七〔乾隆四十八年三月戊申〕又諭曰：江南徐州府屬之沛縣，連年因豫省黄水下注，被淹最重。節經降旨撫綏，並著加恩常予賑恤。今豫省漫口合龍，黄河已復故道，從此可以永慶安瀾。但沛縣當豫省下游，地勢低窪，現在僅能涸出基地，亦必重新修建，因思欲使閭閻永遠安堵，不得不酌籌遷移，爲一勞永逸之計。自應照豫省儀封、考城辦法，於沛縣境内各鄉履勘高燥地方，建立城垣，俾百姓易地安居，永無水患。該處民人屢經蕩析，自必樂從。著傳諭薩載相度地勢情形，如有高阜可遷處所，即親往履勘，妥爲經理，並一面奏聞，一面即鳩工庀材，作速興修，務於歲内辦理完竣，以備明春省方臨幸，方爲妥善。倘該處實無高阜可遷之處，亦即據實奏明，不必拘泥此旨。將此由六百里加緊傳諭薩載，仍著迅速覆奏。尋奏：查沛縣西南三十里有戚山，地勢較高，可移建新城；其北面太行隄，連年衝缺，應修復；南面縷水隄一道，東首疊路三十里均須加培。又該縣所轄之夏鎮，居民所輳，舊有磚城，並應估修。得旨：好，如所議行。

《清高宗實録》卷一一八二〔乾隆四十八年六月〕乙丑，諭軍機大臣等：據留京辦事王大臣等奏，初三日亥刻雷雨，體仁閣失火，初四日寅刻始行救熄，請將管庫郎中及該班參領等分別革職治罪，並自請議處一摺。此次失火，正值雷電交作，非尋常不戒於火可比，朕不但不敢稍存怨尤，而且深感天神默佑。蓋雷火先從西直門北角樓焚起，乃自西而東南，越過太和殿，殿基高於體仁閣，僅止將閣燒燬，究係旁座，且存貯物件，不過備賞緞匹等項，無關緊要，朕心實以爲幸。著派皇六子永瑢親往火神廟致祭，並派福隆安、金簡敬謹襄事，以答神庥。且此事正值朕駐蹕熱河，設或在京，自不免親往閲視，轉多煩勞也。至奮勉搶救出力保護之官兵、太監等，著交阿桂、福隆安，查照上年隆宗門内直房失火獎賞搶救出力官兵太監之例，分别擬賞，開單具奏。其所請將開庫郎中、司庫等及該班官兵交部治罪之處，固屬應得。第思體仁閣與西直門角樓、小井碑亭，三處同時轟燒，自係雷火所致，尚非捏飾，與上年内右門外直房遺火焚燒者不同。朕方以雷火越過正殿，仰賴神庥，虔申禳祭，豈轉肯以此加罪於人乎？此内除輪應值廊下兵丁，因避雨那至左翼門下數人，擅離汛守，自應懲治，然罪亦不過責革而止。其是日開庫之郎中、司庫等，及該班官兵，并步軍統領衙門奏請，將西直門角樓失火看守巡查之官兵治罪，俱著加恩，一概寬免。所有奏請議處之永瑢、阿桂、福隆安、德保、金簡、斌寧及代内務府大臣值班之郎中福成阿，並該六班之果郡王、散秩大臣公積拉堪等，俱著加恩寬免。將此諭令知之。

《清高宗實録》卷一一八三 〔乾隆四十八年六月〕陝西巡撫畢沅奏：西安重葺省垣，辦運灰甎木石等物已得十分之三，各項匠作亦陸續應雇來陝，從此一面興工，一面辦料，自可源源接濟，不致遲誤。今擇於六月十八日開工。臣身擔其任，惟有盡心講求，覈實妥辦。得旨：嘉奬。

《清高宗實録》卷一二二七 〔乾隆五十年三月〕四川總督李世傑奏：四川省會城垣年久傾圮，經前督臣福康安奏准發帑六十餘萬估修，現在外皮城牆將竣，所有城身裏皮，亦應次第刨築。但查裏皮舊址，根腳穩實，且歷年久遠，蔓草叢生，盤結牢固，若照原估另行刨築，一律加寬，究不如多年舊土之堅實。茲擬將城頂原估寬五丈收爲寬四丈，宇牆即砌於城身四丈之上，更足以資鞏固，并可節省銀七萬六千六百七十餘兩。得旨：好。知道了。

《清高宗實録》卷一二三七 〔乾隆五十年八月癸卯〕工部等部議覆：湖廣總督特成額奏稱，湖南鎮筸一鎮，控引苗疆，城垣狹隘，内無井泉，火藥局設於西門城外，位置亦未相宜。查該城西門外山坡一帶，兵民環住，隙地尚寬，並有井泉數處，請自西北城角起至西南城角止，展建石城二百四十五丈，火藥局一併移建其中。應如所請。從之。

《清高宗實録》卷一二四八 〔乾隆五十一年二月乙酉〕諭軍機大臣等：據雅德奏，浙省乍浦舊有臨海礮臺一座，上建閲操官廳三間，安設大礮四位，防禦海洋。於乾隆四十六年，猝遇風潮，礮臺、官廳盡被衝卸，礮位亦沉入海内，當經派撥弁兵撈獲，加謹收貯，必須另行建復礮臺，以重防禦。共估需工料銀三千九百餘兩，請於司庫餘平款内動用等語。朕先閲摺奏，即不明晰，繼覽圖說，更覺未當。臨海建築礮臺，本易受風潮衝刷，今所繪圖，乃作月牙形兜灣出於海，不易致衝刷乎？自當將臺基與石隄取直，使海水順過，尚可經久。覽圖内，乃係坐灣受衝，則水勢洶湧，逼近臺根，朝夕汕刷，無怪其易於坍卸。又據稱，舊料業已漂没無存，今臨海施工，用大料石逐層安砌，是工鉅費繁，所請動用銀三千餘兩，以朕觀之，若如所繪圖，雖費萬金，尚恐不敷用，又安能蓋造廳樓、安砌城垛？外省估勘工程，每多不實不盡，其中或有捐貲幫貼等情事，亦未據該督奏明。但如該督所進圖樣，如式建蓋，仍不免爲風潮衝卸，徒費無益。著將硃筆原圖發交閲看，令福崧親往相度形勢，將臺基取直，不受頂衝，方爲妥善。並著另行覈實勘估具奏。至摺内滿洲緑營，何須省此二字？乃庸幕省文惡習，已用硃筆抹出。前屢經降旨訓飭，雅德於陳奏事件，何不留心檢點，疎忽若此耶。將此傳諭知之。

《清高宗實録》卷一二五八 〔乾隆五十一年七月癸卯〕又諭：據奎林等奏稱，伊犂附近地方，接連數日地震，城垣、倉庫、兵房多有坍塌倒壞等語。此次伊犂地方，自五月二十三起至二十七日，接連數日地震，既城垣、倉庫、官兵住房致有坍塌倒壞，凡應行官修者，著動用公項銀兩修理。官兵住房除在城外游牧各部落外，其城内居住者，官員各有俸銀，著交奎林等酌量伊等住房内倒壞多寡，分別借給一二年，或數年俸銀修理。兵丁俱賴錢糧生理，著交奎林據實查覈，計算多寡，或賞給一二個月，或數月錢糧修理，以示朕優卹。

《清高宗實録》卷一二六六 〔乾隆五十一年十月丁未〕又諭曰：永保奏，陝西西安城垣於本年九月内一律修理完竣，請欽派大臣帶領熟諳工程之員來陝驗收等語。西安省會城垣，前因歷年久遠，多有坍損，於乾隆四十六年降旨令前撫臣畢沅動項興修，並派德成前往勘估籌辦，現在此項工程，已於九月内普津完竣，著仍派侍郎德成馳驛前往西安，將該處城工履勘查收，是否如式堅固之處，據實具奏。又永保另摺所奏，西安四門箭樓城臺券洞，原估本係黏補，嗣因東、西、北三面各磚塊酥鹻，經前撫臣畢沅勘明，令工員全拆改修完竣，增估銀一萬八千五百餘兩，請旨查勘驗收等語，並著德成一併查勘歸案，驗收辦理。所有隨帶司員，著一併馳驛。

《清高宗實録》卷一二六八 〔乾隆五十一年十一月丙子〕諭軍機大臣等：據保寧奏四川省會城垣工程，俱已全行完竣，請派大臣驗收等語。前經降旨，令工部侍郎德成前往西安，將該處城垣履勘查收，現在想已將次勘估完竣。該處距川省不遠，著傳諭德成於驗竣西安城工後，即前往四川，將該處城垣各工，是否如式堅固，及從前估計有無浮冒之處，據實查勘具奏。

《清高宗實録》卷一二七一 乾隆五十一年丙午十二月乙卯，上御乾清門聽政。諭軍機大臣等：據保寧奏，打箭鑪城自建築以來，屢修屢圮，緣其下皆係浮沙滚石，根脚本不堅實，易致傾頽。查打箭鑪地方，東界咱里等土司，直接内地，西南、西北關隘重重，捍禦層疊，外衛已屬謹嚴，本無庸築城，請仍照舊制，建立東、南、北三門，各築城牆四五十丈等語。所奏甚是，已照所請行矣。打箭鑪地方，西、南、北一帶，倚山爲固，卡隘星羅，本足以資捍衛，是以從前止建東、南、北三門，後經建立全城，屢致傾圮，徒滋勞費，無裨保障之實。今保寧詳查舊案，細察情形，將續增城工停其修築，而於東、南、北三門各築城牆四五十丈，以符舊制。所辦可嘉，著賞給鹿肉一分，並照賞御前侍衛等年例荷包，賞給一分，以示優獎。再閱圖内，東、西兩面接築護岸洋圈一百七十餘丈，係爲保護城根及附近居民起見，固應如此辦理。惟所建閘橋一座，自爲攔束水勢而設，但該處憑臨大山，水勢湧激，又無舟楫往來，設遇水勢陡發，閘座必致被衝，實屬無益。朕意似竟可無庸建閘，已用硃筆圈出。是否如此情形，並著保寧詳加覆勘，悉心籌酌，據實覆奏。

《清高宗實録》卷一二七二 〔乾隆五十二年正月癸酉〕又諭：據福康安奏，西安城内鐘鼓樓座及潼關城垣，年久坍損，請動項修理一摺。西安鐘鼓樓座及潼關城垣既已坍損，自應修葺完整，以壯觀瞻。德成現在川省驗收城工，巴延三業已陛見回任，著將原摺鈔寄德成，俟伊在川省收工完竣、回京之便，順道至西安潼關等處，會同巴延三詳悉履勘，覈實估計，奏聞辦理。除傳知巴延三外，將此由四百里傳諭德成知之。

《清高宗實録》卷一二九六 〔乾隆五十三年正月丁卯〕又諭：現在臺灣府廳縣應行改建城垣，德成於工程事務素爲熟諳，著即馳驛速赴臺灣，會同徐嗣曾，將該處應辦城工，悉心估勘。

《清高宗實録》卷一二九七 〔乾隆五十三年正月戊子，又諭〕臺灣遠隔重洋，又係五方雜處、游民聚集之地，難保其百年無事，自應深思遠慮，計出萬全。著福康安將改建城垣一事，詳悉籌酌。朕意，臺灣郡城爲根本之地，自應改建磚石城垣，與該處安平鎮向有城垣，互相聯絡，以資捍禦。至嘉義一縣，朕因該處民人隨同官兵竭力守城，錫以新名，用示嘉獎，該處城垣亦應一律或磚或石改建，務令堅固。此外如彰化、鳳山等縣，及現在應行添設官弁駐劄處所，不妨仍用莿桐、竹木等類栽插。惟聞各該處舊有城圍，多係依傍山麓，未能據扼形勢，現在雖令德成前往勘辦，但德成僅諳工程做法，相度形勢，非其所能。著福康安務須詳細履勘，或移建高阜，或因舊基跨山圍築。即舊城難以移動，亦須擇附近山頂形勝之處，設立磚石卡座，添設弁兵，以資控制，總期佔據要地，勿令有失形勢，使四外得以俯瞰城中，方爲妥善。福康安將應辦諸要務，立定章程，即可交徐嗣曾等在彼接辦。福康安約於朕萬壽前趕至熱河瞻覲，亦不爲遲。

《清高宗實録》卷一三〇四 〔乾隆五十三年五月癸亥〕欽差協辦大學士陝甘總督辦理將軍事務公福康安、工部侍郎德成、福建巡撫徐嗣曾奏：臺灣改建城垣，用磚既難拉運，用石尤易矬蟄，請築土城。高一丈八尺爲率，除南、北、東三面照依舊基外，惟西面一帶濱海，應收進一百五十餘丈。共添建城樓八座，西門券臺一座，卡房十六座，兵房八座。至鳳山縣城，逼近龜山之麓，地勢低窪，請移於十五里埤頭街地方，仍用莿竹圍插。其舊城基址與彰化縣西八卦山，均應添設石卡一座，駐兵防守。得旨：諸凡皆妥。知道了。

《清高宗實録》卷一三〇八 〔乾隆五十三年七月〕丁卯，諭軍機大臣等：前據圖桑阿、陳淮奏，荆江泛漲，府城被水衝淹，已屢諭令舒常等親往查勘，妥爲撫卹矣。其摺内稱，西刻隄塍潰決，江水直逼城下，遽將西、北兩門衝開等語。前次荆州被水時，水勢亦曾至城下，當將城門關閉，用土囤塞，城内並未衝入。此次水淹府城，若係衝塌城垣而入，尚可諉爲人力難施。今水逼城下，衝開西、北兩門，自由城門並未囤土，辦理不善所致。至隄塍各工，尤爲禦水而設，本日據軍機大臣查奏，四十四、六兩年，荆州兩次被水，俱曾借項興修隄塍，用銀七萬餘兩及四萬兩不等，分年於各業户名下徵還。該處隄工，因例歸民修，向無保固。督撫等既不慎重揀派妥員辦理，而承辦之員又以此項工程係動用民力，並不認真修築。外省官辦工程，尚有草率浮冒情弊，何況民修之工？官員等從中偷減浮開，尤屬事之所有，以致隄塍不能鞏固，屢被衝決，而此次被淹情形尤重。著傳諭該督等務遵前旨，即將現衝隄工係何員承修，查明嚴參著賠，以示懲儆。至該處被淹兵民，情狀可憫，該督務當遵照節次諭旨，詳悉查明，加意撫卹。所有此次撫卹被災户口，以及修理隄工、城垣、倉厫、監獄，併兵民房屋，除官員衙署可以分年借廉修補外，其餘共需銀若干之處，並著該督等即通盤約計大概，先行具奏。若錢糧不敷，又可速撥。該督等務當親加履勘，切實估計，不得一任屬員藉端浮冒，豫爲侵冒地步也。將此由六百里加緊諭令知之。仍將查辦情形，迅速覆奏，以慰廑注。

《清高宗實録》卷一三〇八 〔乾隆五十三年七月辛未〕諭：前據圖桑阿、陳淮奏，荆州江水泛漲，隄塍潰決，以致府城及滿城均被淹浸，覽之惕然惻然。已屢有旨。諭令舒常等迅速前往，詳晰查明，妥加撫卹矣。看來荆州被淹情形甚重。本日又據圖桑阿奏，該處城垣四十四、六兩年，曾兩次被淹，城垣亦不堅固，此次被淹更重等語。荆州城垣，既兩被水淹，此次因衝開西北兩門，水直入城，城内水深一丈餘尺，雖漸次消落，而城垣經此一番淹浸，基址必至鬆動閃錯，勢須另行修建。朕意，該處城垣既屢被水淹，自因江水頂衝之故，而城内水至丈餘，其地勢亦必低下可知。但該處爲古來重鎮，近乃屢被淹浸，殊非捍衛久安之道，或江路有所遷移乎？兹既另須修建，何必與水争地，莫若擇一地勢較高及非頂衝之處，酌量移建，庶可以一勞永逸。若該府民人安土重遷，或難改徙，不妨將城垣衙署，酌移高阜處所，收小改建，亦無不可。至該處城工既需另建，而衙署、倉廒、監獄，以及駐防官兵房屋一切，亦被水淹，均須查明分别修建。其被災人口，尤應亟行撫卹，需項浩繁，該省藩庫所存銀兩，必不敷用。著於户部庫内，動撥銀二百萬兩，並派户部司員二人，每人管解銀一百萬兩，徑送荆州應用。並著沿途各該督撫，速備人夫車馱。直隸著派梁肯堂、河南著派景安、湖北著派李天培，並各派出道府營員，一體護送，以期迅速解到。

《清高宗實録》卷一三〇九 〔乾隆五十三年七月戊寅〕又諭：據舒常奏，馳抵荆州查明被水情形一摺，並據繪圖呈覽。詳閲圖内，沿江隄工，漫潰至二十餘處，各寬十餘丈至數十丈不等，是此次荆州被淹較重，竟由隄塍不固所致。該處隄工於四十四、四十六兩年被水後，均曾借項興修。如果工程鞏固，何致屢被潰決？外官習氣不堪，官工尚且思肥己。況此項工程，例係民修，向無保固。承辦之員並不認真妥辦，草率從事，甚或侵漁入己，均屬事所必有。屢經降旨，交阿桂等查明嚴參。著阿桂到後即會同舒常等詳細查明，以十年爲限，所有現決之隄工，如在十年以内興修者，承修之員俱當從重治罪，仍著落賠補；其監修之該管道府及藩司督撫等，亦著一併查參，分别議罪著賠。嗣後並著定限保固十年，如在限内衝潰者，即照此嚴行參處，以示懲儆。此次荆州被淹，既因隄工不固之故，則該處城垣自以不移爲是，著德成到彼後，詳細察勘，堅實重修，以垂久遠。其衙署、倉監等項，並著阿桂、德成等會同確勘，分别勘借，以次興修。至該處隄塍，爲全郡保障，所關甚重，從前因係民修，以致地方官辦理不善，任意剋減，屢被衝淹，況該處人民現在被災較重，朕心方爲惻然，亦不忍再令其自行修理，所有此次應修各隄工，竟著動項興修，官爲辦理，並著阿桂、德成妥爲估計，務期加高培厚，認真修築，俾崇墉屹立，永資抵禦。其將來每歲修理，需費無多，再照例辦理，以示體卹。又據舒常、圖桑阿等奏，坍塌兵房，請借銀修復，分年扣還一摺。此次荆州被淹尤重，所有該兵丁修復房屋各費，朕亦不忍復令其扣還，前已有旨，竟全行賞給，並著阿桂等到彼後，即遵前旨，會同查明妥辦，仍酌量撫卹，俾無失所。

《清高宗實録》卷一三二六 〔乾隆五十四年四月癸巳〕諭軍機大臣曰：畢沅奏，荆州郡城水津門外，逼近護城河，萬城隄正在城之西面，上年江水漫溢，該處適當頂衝，請停止補建。查西門是佛第地方，設有水溝，爲宣洩西南各水之作，於乾隆二十一年被民房阻塞，現已查出舊時溝形，仍飭疏通，儘可宣洩積水等語。所辦好。是佛第一帶水溝，向爲宣洩積水之路，乃被居民分占阻塞，現經畢沅查出疏通，但恐日久弛懈，居民又復漸行侵佔，不可不永行禁止。著傳諭畢沅，即交地方官立碑嚴禁，並時刻留心查察，毋許附近居民在彼搭蓋房屋。如有仍前占住，以致阻礙水道者，惟該地方官是問。其另摺估修廟宇、考棚之處，亦所應辦，已如議行矣。將此傳諭知之。

《清高宗實録》卷一三三四 〔乾隆五十四年七月〕丙戌，諭軍機大臣等：據德成等奏，查勘嘉峪關一帶邊牆情形，該處多係浮沙，所有此項壕塹牆垣，修補挑挖仍屬不能經久，毋庸辦理。惟查嘉峪關係西陲門户，爲外藩朝賀來往通衢，舊有門樓等項，局面狹小，並有糟朽閃裂之處，應請另行修建等語。邊牆道里綿長，今昔異勢，且該處取水既難，沙性又復鬆浮，旋修旋圮，究屬不能經久，何必徒滋勞費？德成等所奏甚是。至嘉峪關，爲外藩朝賀必經之地，該侍郎等因舊有城樓等項規模狹小，年久未免糟朽閃裂，請另行修築，估需工價不過五萬餘兩，爲數無多，著即如所請辦理，以昭整肅而壯觀瞻。將此諭令知之。

《清高宗實録》卷一三三九 〔乾隆五十四年九月辛丑〕軍機大臣等議覆：直隸總督劉峩奏稱，河屯協左營駐劄熱河，原建兵房五百二十四間，每兵一名給房二間，嗣經增改裁撥，並添募名糧，現在實存兵三百三十一名，計不敷房一百三十八間。查該協右營，自土城子移駐熱河，設兵三百名，建兵房六百間，按名撥住。今左營兵加增，而原給住房不敷每名二間之數，兼有坍塌傾圮，請添建一百三十八間。糟舊兵房，一律修葺等語。糟舊兵房，准其修理。至所稱添建不敷兵房，查乾隆四十九年，甘肅循化等三營，從邊内募往新兵，每名給房一間。再查從前河屯協右營，初建新募兵房，原祗擬每名給房一間。其每名給房二間之處，係奉特旨賞給，未便援以爲例，應將該督所請添建兵房一百三十八間，照甘肅循化等三營例，每兵給房一間，准其添建六十九間。至名糧募補實兵以後，各省奏請添建兵房，兵、工等部議覆，惟令各該督撫酌辦，究恐不能畫一。請嗣後除緑營舊有兵房，悉循舊，毋庸另議外，其續有增募之兵，務令各營弁專募本處土著之人充補，自各有舊時捨宇，毋庸議給兵房。其實有孤懸邊外，不得不從內地募補者，均照甘肅循化等營例，每兵給房一間。惟由此地移駐彼地兵丁，如原有官房二間者，准如數建給。至各處官建兵房，當責成現住兵隨時粘補，不得援照熱河駐蹕之地，率請動項修葺。應交各該部通行直省，一體遵辦。從之。

《清高宗實録》卷一三六〇〔乾隆五十五年庚戌八月己酉朔〕諭：昨據長麟奏，濟南、東昌等府屬，因雨水過多，田禾被淹者共計四十一州縣，已傳諭該撫，督飭所屬，妥爲撫卹。第念東省此次被災之處較多，小民生計拮据，殊堪軫急。該省現在修理城工，需用繁多，藩庫款項恐不敷賑卹之用，著於部庫撥銀一百萬兩，照例解往，以備賑卹。如尚有不敷，再行奏請動撥。該撫務須督飭各屬，悉心經理，俾得均霑實惠，毋令一夫失所，以副朕軫卹閭閻至意。該部遵諭速行。

《清高宗實録》卷一三六三〔乾隆五十五年九月丙午〕諭軍機大臣曰：託倫奏，玉山縣城垣，自乾隆八年以後，迄今並未興修，城身間有臟裂塌陷，其城樓、水洞石𡒄亦皆坍卸，均應及時修葺，委員勘估，實需銀一萬三千七百四十餘兩等語。玉山縣城垣日久未修，間有坍塌，自應量爲修理，以肅觀瞻。今據託倫委員勘估，雖於摺內聲明，會同孫士毅合詞具奏，但孫士毅甫經到任，江西是其所轄，或於今冬明春無事之時，應前往江西查閲地方。著傳諭孫士毅即於查閲之便，就近赴玉山勘明，會同確切覈估，妥行辦理。

《清高宗實録》卷一三六八〔乾隆五十五年十二月〕庚戌，諭軍機大臣等：據惠齡匯奏通省城工一摺，內稱陽穀等縣四十二處，係前撫臣長麟奏准借帑生息興修。其福山縣一處，現據報本年雨水過多，坍塌城垣段落，已飭府查勘，另行辦理等語。東省應修之陽穀等縣四十二處城垣，經長麟奏明借帑交商生息，分限興修。此項工程浩大，爲各處地方保障，長麟前經估奏，未及興修，交與惠齡接辦。該撫務須按照章程，即行詳查，確加覈定，不得任聽屬員草率從事，致有偷減情弊。其福山縣城垣，既據奏稱坍塌段落，亦著該撫勘明，另行辦理。將此諭令知之。

《清高宗實録》卷一三六八〔乾隆五十五年十二月戊午〕又諭：昨據德成奏，甘肅皐蘭縣修建郭城一案，福康安原奏通行拆建，並未聲明改建，勒保造册題估，照舊式均有加增，實屬矇混。今該督題銷到部，始知估册與原奏不符，自應將多用銀二萬三千餘兩，照例删減。不意尚書金簡以估册既經叙入，亦可准銷，含糊支吾，不肯定案，意在規避處分，將錯就錯，違例准銷等語。本日召見軍機大臣及工部堂官等，面加詢問，金簡與德成各執一詞，意見不相符合。朕思工程報銷，全以估册爲憑，奏請興修摺內，原不能將做法丈尺瑣瑣聲叙。此案蘭州城工，福康安原奏明言拆建，即係拆去舊城，全行改建，與改造原無分別，豈有城墻改寬，城樓臺座仍照舊式興建之理。且勒保題估册內，已將一應做法詳細開列，所銷工價仍不出原估十八萬餘兩之外，而較之舊城式樣，城臺丈尺增加寬深，城樓一間者廣爲三間，單簷者添爲重簷，規模恢廓，辦理均無不合，原不當苛求駁減。若勒保題估果有浮冒，金簡違例議准，或竟有賄囑請託情弊，德成即當指出參奏，必將金簡、勒保革職研審，治以應得之罪。今所辦本無不合，德成惟以拆建、改建一二字瑣屑區別，嘵嘵争辯，明係固執己見，藉辭攬擾，以見其百折不回，不畏强禦，原非認真辦事之本意也。德成身係滿洲，尤不應有沽名要譽之習，即以家法杖責示懲，亦不爲過。姑念其平日尚屬勤慎，諳習工作，尚可量予從寬。德成著革去職任，仍加恩僅令其在工部侍郎上効力行走，以觀後效。所有皐蘭縣郭城一案，即著照估准銷。

《清高宗實録》卷一三八七〔乾隆五十六年九月戊子〕又諭：據勒保等奏，潼關城垣工程修理完竣，請派大臣前往驗收等語。潼關城垣，雖因年久多有坍損，但所需工料等項，何至用銀一百三十五萬餘兩之多？著派和琳馳驛前往，詳查確勘，大加删減，毋任稍有浮冒。

《清高宗實録》卷一三八七〔乾隆五十六年九月庚寅〕又諭：昨因勒保、秦承恩奏，潼關城垣修理完竣，所需工料等項用銀至一百三十五萬餘兩之多，已派和琳馳驛前往查勘，大加删減，覈實報銷。今復思勒保等摺內，有雇覓各項諳練匠作之語，察其語意，含而不露，其中似有情弊。此項工程原係德成前往勘估，豫料收工時亦必仍派伊前往，是以將包攬工程匠頭自京帶往，以爲冒銷弊混地步，而該省即用所帶匠役承修，任其浮冒開銷，不復過問。若祇係用本地土匠，則西安城工甫經修竣，何患匠役無人，又須向他處雇覓耶？朕於辦理要工，從不存惜費之見，即如西安城工，已不惜多費帑金，豈於潼關城垣轉爲斤斤較量。但因一城樓所用工料，多至一百三十五萬餘兩，其爲藉端浮冒，情弊顯然。且該督撫摺內字句，自露間隙，隱躍其詞，尤屬可疑。著傳諭秦承恩，即將修理潼關工程是否用德成所帶京中匠役，據實明白回奏。秦承恩曾任西安藩司，久在工所，督飭趲辦，並不將浮冒情弊隨時參奏，已有應得之咎，茲特降旨詢問，若再意存徇隱，一經察出，決不能再邀寬貸也。和琳此次奉命前往，務須將該處工程詳加覆覈删減，並將此項工程是否係德成帶往匠役修理之處，一併嚴查，據實具奏，勿稍徇隱干咎。此旨著交和琳開看後，仍發交秦承恩閲看，將此各諭知之。

《清高宗實録》卷一三八八 〔乾隆五十六年十月癸丑〕諭：據勒保等奏，潼關城垣工程修理完竣，請派大臣驗收，當經派和琳馳驛前往，詳查覆勘。據和琳奏稱，該處工程從前經巴延三、德成會同勘估，時將不應添修之水關泊岸等工率行浮估，並城上添建堆撥房七十二座，尤屬虚糜帑項，以致用銀一百三十餘萬兩之多，現擬大加删減等語。因令軍機大臣傳到巴延三、德成，面加詢問。伊等俱自認糊塗錯誤，咎無可辭，是其任意浮估，已屬顯然。現在和琳會同秦承恩在該處覈實查辦，巴延三、德成俱係革去頂戴之員，即著革任，自備資斧，速行前往潼關工所，眼同和琳等當面講注，以服其心。所有户部尚書員缺，著福長安調補；其工部滿尚書員缺，著金簡轉補；所遺工部漢尚書員缺，著加恩以彭元瑞補授。伊係甫經獲罪之人，念其學問尚優，自降用以來，辦理石渠寶笈，尚知奮勉，是以加恩録用。彭元瑞益當感激朕恩，倍加謹慎，勉圖後效，無負朕宥過施恩至意。

《清高宗實録》卷一三九三 〔乾隆五十六年十二月庚午〕陝西巡撫秦承恩奏：查勘潼關城垣，不應添修一案。所有删減原估銀兩，臣應分賠銀十萬一千四百五十五兩零。現完銀二萬四千兩，兑收貯庫，餘請分作三年交完。批：竟可作五年。此係汝附和之咎，以汝張皇錯辦，軍機大臣寫旨，令汝賠繳，朕俱寬免矣。

《清高宗實録》卷一四〇六 〔乾隆五十七年六月己卯〕又諭曰：書麟等奏瓜州江岸坍塌，會勘籌辦一摺，據稱瓜州城外迴瀾壩迤下江岸，於五月十八日裂縫坍塌，侵至城根，將四十一年收進之土城塌卸十四丈，現將迴瀾壩塌卸工尾，暨南門外灘嘴處所，用料裹護，並請將土城鑲進五六十丈，補還城垣，以復舊觀等語。瓜州城外江灘，因江流北徙，衝刷灘崖，坍及土城，該督等以城内西南隅並無民居，現在坍塌之處後身尚有隙地，擬讓進五六十丈，照舊補還土城，亦祇可如此辦理。但該處城垣於十一年業經收進五六十丈，此次又復鑲進，若不另籌挑護之法，則江流衝刷靡常，難保不再行塌進，豈有屢將城垣向内收進之理？閲圖内現做裹頭處所，自屬頂衝，何不於該處接靠壩根建築石磯，挑溜向東南下趨，俾瓜州城外灘岸不致衝刷塌卸，城垣可資保護。已於圖内用硃筆圖誌，但此係柴壩，江流甚深，溜勢湍急，若以壩根接做石磯，是否可能生根鞏固以資挑護之處，著該督等詳細履勘，是否可行，悉心籌酌，據實具奏。將此諭令知之。

《清高宗實録》卷一四〇九 〔乾隆五十七年七月〕壬戌，諭：給事中温常綬奏酌籌興修城垣以工代賑一摺，本年直隸省被旱較廣，經朕先事綢繆，截漕緩徵，並借糶煮賑，所有救荒之策已無不豫行籌備。今保定、天津、河間以及順、廣、大等府，既有應修城垣，該給事中請乘此興修，俾工程得以早完，而貧民趨事赴功，藉工代賑，免致外出。其事正屬可行，著交梁肯堂即查明各該州縣城工，如有應行急修之處，一面趕緊勘估，一面奏明辦理，以資貧民傭工口食。至該給事中所奏天氣漸寒，可否勅下順天府於空曠地面搭建席棚，以資棲止一節，各廠就食貧民，來去無常，若搭蓋席棚，不特於觀瞻有礙，且冬令風燥，火燭尤屬可虞，其事不可行。

《清高宗實録》卷一四一三 〔乾隆五十七年九月〕是月，湖廣總督畢沅奏，荆州府城工告竣。得旨：諸凡皆妥，欣慰覽之。

《清高宗純皇帝實録》卷一四一四 〔乾隆五十七年十月丙寅〕諭：前據梁肯堂奏請修雄縣駐防兵房一摺，恐係從前承修之員未能堅固如式，當經降旨飭查。茲據該督覆奏，此項兵房的係於康熙十二年建蓋，乾隆二十六年續修，今已坍塌黴壞。其續修工程自不及初建之堅固如式，前經防守尉阿爾景阿移會委員驗看屬實，所有估需銀一千八百兩零，請先在司庫動撥趕修。其二十六年動用之項，著落前任雄縣知縣李晪家屬名下照數追賠等語。駐防兵丁，官爲建蓋房屋，俾資棲止，免其自行租賃，已屬格外恩施，該兵丁等即當視同己業，加意愛護。或遇有水火之災，人力無從防護，如從前荆州滿營被衝，及本年熱河沙隄一帶猝被山水者，原不惜帑金爲之另行建葺。若不過每歲風雨飄摇，稍有滲漏殘損，該兵丁自應隨時黏補，免致欹傾，豈得視爲傳舍，任其年久塌壞，迨難以棲止，又請官爲辦理。似此屢圮屢修，帑項虚糜，伊於何底？况即如京城滿兵，惟健鋭、火器二營，並八旗之新舊營房，及圓明園之八旗營房，俱係官爲建蓋，此乃特恩。其餘八旗親軍、護軍、馬甲、步軍等，俱無官給房屋，伊等亦止藉錢糧各行租賃，並未見其露處，是各省駐防，得有官房居住，較之八旗兵丁等已屬從優，何得不知愛護，致令塌壞，率請官修？除雄縣兵房即照該督所請，著落前任知縣李晪家屬名下如數賠修外，防守尉阿爾景阿平時不能留心查察，一任兵丁等將房屋殘損，且不報所管大臣，即行文地方官，甚屬乖張，著罰俸三年，以示懲儆。

《清高宗實録》卷一四二〇 〔乾隆五十八年正月甲辰〕諭軍機大臣等：陜西潼關工程案内應賠銀兩，該督撫等，養廉優厚，自應將此項銀兩及早完交，以清帑項。乃事隔一年，尚未據一律全完，殊屬延緩。所有勒保名下未完銀五萬兩、秦承恩名下未完銀六萬兩，著限兩年，於本年完交一半，明年完交一半，毋得再有遲延，致干咎戾。其餘各員，除和寧名下應賠銀兩，已繳過半外，其未完銀一萬兩，亦著於本年一併完交。又原任華州知州李帶雙、汪以誠，洋縣知縣許光基名下，各應賠銀九千六百餘兩，爲數無多，乃該員等全未完交，實屬任意拖延。著該督撫即令該員等，於原籍、任所，勒限於本年内全數完繳，若本年再逾限不完，即將該員等革職監追治罪，斷不寬貸。

《清高宗實録》卷一四二〇 〔乾隆五十八年正月甲辰〕又諭：陜西潼關工程案内應賠銀兩，現任山西歸綏道恭安名下，應賠銀六萬八千七十餘兩，全未完繳。恭安係現任道員，兼管税務，乃並不上緊完繳，實屬任意延緩。著該撫飭令該員，將未完銀兩，勒限兩年，於本年完交一半，明年完交一半。若本年完不及半，即將該員革職監追治罪，決不寬貸。

《清高宗實録》卷一四三七 〔乾隆五十八年九月〕是月，護理山東巡撫布政使江蘭奏，東省沿海一帶礮臺、墩汛，自前撫臣丘濬修理後，已閱六十餘載，現據福山等各州縣陸續稟報，除間有塌損，業經修復外，尚有礮臺十七座、墩汛四十六處，亟應興工拆建，估需銀六千餘兩，請於三限城工生息銀兩節省餘剩項下動支。報聞。

《清高宗實録》卷一四五一 〔乾隆五十九年四月癸酉〕又諭：據吉慶奏，浙江省會仁和、錢塘二縣所轄城垣，間段坍損，應行及時修整等語。此項城工，若祇交地方官辦理，恐於工程多未諳悉。且一任承辦官吏浮冒開銷，未可憑信。全德近在同城，伊係内務府司員出身，於一切工程素所熟練。所有仁和、錢塘二縣應修城垣，著該鹽政會同該撫，確估督辦，以期工料堅固，實用實銷，毋任草率偷減，俾可久資捍衛。全德現在來京，除面行諭知外，將此傳諭吉慶知之。

《清高宗實録》卷一四五二 〔乾隆五十九年五月〕乙未，兵部等部議准：閩浙總督覺羅伍拉納疏稱，臺灣一廳四縣，前經將軍公福康安奏准添設兵一千二百名，請建營房三百二間、石卡兩座。從之。

《清高宗實録》卷一四七七 〔乾隆六十年四月癸卯〕諭軍機大臣等：前玉德奏請將清平縣原估土城改建磚工一摺，聲敘未能明晰，因降旨令其據實覆奏。兹據奏稱，該處土性浮鬆，若照原估打築土城，則另須遠運土方，所需腳費及打築工價，計應用銀三萬二千餘兩。如改建磚城，共計工料銀二萬七千餘兩，不惟可期久遠，亦且節省糜費。現將不敷工價，著落原估各員賠修等語。此項城工，既據該撫確切估計，應行改建磚工，自當如所奏辦理。但各處城工，務期一律堅實，方可長資鞏固。著傳諭該撫嚴飭各工員認真辦理，毋任草率從事。倘此次工竣後，未能保固，則惟承修各員及該撫是問也。

《清仁宗實録》卷一三 〔嘉慶二年正月壬戌〕改建貴州銅仁府屬嗅腦地方石城，從巡撫馮光熊請也。

《清仁宗實録》卷二四 〔嘉慶二年十一月辛巳〕軍機大臣等會部議覆：兩廣總督吉慶等奏廣西西隆州等處善後事宜：一、泗城府屬附府之凌雲縣，改建城門城樓各一座。西隆州八達地方原舊土城，加築高寬，海墁垛口俱用甎砌，四門建蓋城樓。【略】一、西隆州村民復業後，家産蕩然，應無分極貧、次貧，每瓦屋一間給銀一兩，草屋一間給銀五錢，草披一間給銀二錢五分，俾自行搭蓋棲止，並每户借給籽種穀五斗，賞給牛具銀一錢五分，以資耕作。一、再撥餉銀五十萬兩，以備賑卹及善後事宜之用。均應如所奏辦理。從之。

《清仁宗實録》卷三九 〔嘉慶四年二月辛卯〕工部議准：湖南巡撫姜晟請於永綏廳屬花園地方建石城一座，應如所請。從之。

《清仁宗實録》卷一〇二 〔嘉慶七年八月庚申〕工部議覆：閩浙總督玉德疏請，於廈門大小擔汛相度地勢，各建寨城一座，應如所請。從之。

《清仁宗實録》卷一一二 嘉慶八年癸亥四月庚辰，諭内閣：據富昌等奏，江寧京口駐防滿洲蒙古兵丁居住房屋，年久朽漏，懇請借餉修理一摺，江寧京口之駐防滿洲蒙古兵丁六千三百五十八名，所住房屋一萬四千九百八十四間，既已年久朽漏，著加恩照富昌等所請，每兵借給一年餉銀，共需銀十三萬一千八百零八兩，著於江寧蘇州藩庫動支。富昌等應揀派妥員修理堅固，此項銀兩由兵丁餉銀内分作八年扣完歸款，並著該藩司造册報部，以備查覈。再：各省駐防將軍、副都統等，凡有應奏事件，俱應用清字摺。蓋以滿洲等雖在外省，不令有失滿洲舊制。今富昌等聲明，以此事字句繁多，故用漢字摺等語，殊屬錯謬。此等事件若用清語，亦有何難？乃竟易用漢字奏摺。如此因循廢弛，外省駐防兵丁等，日久必致不諳清語，有失滿洲舊制，所關甚重。富昌等著申飭。

《清仁宗實録》卷一二二 〔嘉慶八年十月乙丑〕諭軍機大臣等：據多善等奏，葉爾羌城垣年久傾積，業經阿奇木伯克、阿克伯克等帶領回子等自行修理等語。葉爾羌城垣年久傾頽，自應勘估具奏，動用公項修理，不可稍累回民。即回子等感恩報効，亦應請旨興修。多善等並未先行具奏，任意擾累回民，修理城垣一千一百餘丈，殊屬非是。除將多善等嚴行申飭外，並通諭新疆各城將軍大臣等，嗣後凡遇工程，該將軍大臣等務須請旨遵辦，不可似多善並不具奏，即行擾累回民也。

《清仁宗實録》卷一四九 〔嘉慶十年八月壬寅〕以修葺興京、盛京各工完善，賞三品頂帶內務府大臣巴寧阿二品頂帶。

《清仁宗實録》卷一七三 〔嘉慶十二年正月壬戌〕又奏：陝西寧陝廳城，不得地勢，現又殘燬，應擇地移建。洋縣舊築土城，不能堅實，請改用灰土包築。留壩爲棧道要路，原築堡城，屢被山水衝刷，請另擇形勝，改建甎城。從之。

《清仁宗實録》卷一九一 〔嘉慶十三年正月丁巳〕諭內閣：金光悌奏請修省會城垣，仰懇捐辦一摺。據稱，江西省城工，自乾隆四十九年修葺之後，城身多有坍塌傾卸，並有應修護城城樓及添砌排垛等處，估需工料銀二萬四千五百餘兩，勘明實無浮冒。並稱此項城工，從前失於培護，原應分別著賠，是以不敢復請開銷，懇先於司庫減半平餘項下照數動借，在於該撫及兩司道府養廉內，分作六年攤捐還墊等語。所奏殊未明晰。城垣保障居民，省城更爲觀瞻所繫，既有坍塌等事，自應修理整齊。但向來辦理城工，均有一定年限，如在限內坍塌，自應著落賠修；如在限外興修，即應動支公項。其賠修者併當查明承修、查驗各員，照例分別辦理。今金光悌摺內但云此項城工從前失於培護，應行分別著賠，並未將限內、限外切實聲明，殊屬含混。至捐廉辦公，久經飭禁，此項城工如果查明係在限內塌損，即應查明從前經手各員，並近在同城不行查察之巡撫、司道、知府等員分別賠出；即本員身故，亦有代賠、分賠各定例。如金光悌到任未久之員，即可不必攤賠，其餘不同城之道府，更無關涉，又何得派令一體捐廉？有乖政體。所有此項城工應需工料銀兩，著先在司庫減半平餘項下動支，交該撫遴委妥員，一面興辦，仍著該撫一面確實查明究係限內、限外坍損，及應否著落賠修之處，詳悉奏明，分別覈辦。

《清仁宗實録》卷二〇七 〔嘉慶十四年二月丙辰〕諭軍機大臣等：韓崶奏查閲澳門夷民安堵並酌籌控制事宜一摺，澳門地面，西洋人舊設礮臺六座，其自伽思蘭礮臺至西望洋礮臺，迤南沿海一帶，本有石坎，因形勢低矮，上年暎咭利夷兵即由此爬越登岸，今擬加築女牆一道，增高四五尺，共長二百餘丈，經韓崶查閲指示，該夷民目等歡欣願辦，應即令其剋期興工，俾資防護。將此諭令知之。

《清仁宗實録》卷二三四 〔嘉慶十五年九月〕庚申，諭內閣：那彦成奏請修理城垣，以工代賑一摺，據稱甘肅固原等各州縣均有應修城工，業經報部，除涇州等處尚可從緩興修，惟臯蘭、固原二處，城身皺裂，亟宜趕修等語。臯蘭、固原城垣坍塌過甚，自難緩辦，且本年該處田禾被旱，現雖加恩賑濟，而來春青黃不接之時，必須豫爲籌畫。著照那彦成所請，於來年開凍後，即行修理臯蘭、固原二處城工，以工代賑，俾貧民得資餬口。至該督估需工料銀約計三十萬兩，請在辦賑銀一百萬兩內動支之處，亦照所請行。

《清仁宗實録》卷二四九 〔嘉慶十六年十月壬戌〕建福建臺灣噶瑪蘭城樓四座，北關一座，礮臺一座，並立山川社稷壇廟，設通判、縣丞、巡檢各一員，聽淡水同知就近控制。守備、千總各一員，把總、外委各二員，額外外委三員，戰兵二百五十五名，守兵一百四十名，歸艋舺營遊擊兼轄。建設衙署，給予關防。從總督汪志伊請也。

《清仁宗實録》卷二五五 〔嘉慶十七年三月〕戊子，諭內閣：董教增會同那彦成奏請改建寧陝廳城垣一摺，陝省寧陝廳新舊二城，前因舊城被燬，議將新城培築作爲廳治。嗣該處士民以新城取水較遠，舊城井泉甘美，居民稠密，呈請仍就舊城基址建築。經該撫委員查勘，情形屬實，著照所請，即依舊城基址建築城垣，以爲廳治。其應築正城五百五十餘丈，估需工料銀七萬九千八百餘兩，覈實興辦，照例題銷。至新城現駐官兵，就所存土堡收進一百四十餘丈，因山增堞，加修海漫，所需工費亦著一併估計覈銷，無庸該同知捐辦。

《清仁宗實録》卷二六一 〔嘉慶十七年九月丁丑〕建福建臺灣鹿耳、淡水等處礮臺三座，每座設兵房二十六間，從總督汪志伊請也。

《清仁宗實録》卷二六九 〔嘉慶十八年五月癸未〕諭軍機大臣等：百齡等奏詳勘徐城等處工程趕辦以資保護一摺。據稱徐州護城石工，因河底漸高，愈形卑矮，一經風浪，危險異常。現估辦石工二千五百七十九丈，加砌二三四五層，並於石工外添築越隄二百六十丈，包砌碎石，共計用銀九萬八千餘兩。又清江浦汰黄隄外加築重隄，以資保衛，俱屬必不可緩之工等語。該二處臨黄土石各工，既據該督等查明情形扼要，不能不趕緊興修，著即照所請辦理。該督等務督率工員認真修築，俾工堅料實，用資捍衛。惟是摺内聲稱，徐城東門一帶石工本高出城上，汰黄隄外灘面，現高於隄内民居、街市幾及二丈。該二處形勢若此，甚屬危險。總緣河底日高，隄防亦隨之增長。以目下情形而論，加高培厚，亦係不得不然之勢，但似此逐歲加增，將來伊於胡底？該督等總當探本窮源，盡心講求，能使河底刷滌日深，則水由地中，一切隄堰倍臻鞏固，即修防之費，亦所省實多，較之隨處補苴，不啻事半功倍。現在重運已全數渡黄，即日將禦黄壩堵閉，令黄流全勢東趨，兩岸固守隄防，正可收束水攻沙之益也。

《清仁宗實録》卷二九八　〔嘉慶十九年十月丁丑〕諭内閣：據蔣攸銛等奏，請將南澳、東莞等處原設礮臺擇要改建等語。粤省南澳接連閩洋，又東莞虎門海口爲夷商出入門户，向俱設立礮臺，駐兵防守。惟海道遷改，今昔形勢不同，自應因時制宜，扼要移建，以資防禦。著照所請，將南澳長山尾下礮臺裁徹，上礮臺改爲望樓，其礮位移設隆澳。東莞縣虎門南山西北角，添設礮臺一座，其横檔原設礮臺，即於該處東面城腳，增築月牆移置。該督等即派員勘估，於冬季興工，勒限完竣。所有弁兵、礮械，仍照原額酌量分派。應需工料銀兩，准其於普濟堂餘存經費内支給，工竣造册報部查覈。

《清仁宗實録》卷三一一　〔嘉慶二十年十月癸亥〕又諭：衡齡奏，河東運城並蒲州府解州及所屬各縣，同時地震，壓斃人口，飭藩司督同委員分投查勘撫卹一摺。本年九月二十一等日，山西省運城等處同時地震，文武廟宇、衙署、倉庫、城垣、監獄並居民房間，均有坍塌，壓斃人口至數千名之多，實堪憫惻，即應極力撫卹。著衡齡即飭吴邦慶督率各委員等迅速查明，分别被災輕重，比照向例，應蠲免錢糧者即奏請蠲免，應緩徵賑卹者即奏請緩徵賑卹，務令實惠及民，勿致一夫失所。查明後迅即由驛速奏，毋稍諱飾其掩埋人口、修理房間。並受傷人口，酌給醫藥；因傷致斃者，仍給掩埋銀兩；露處貧民，煑粥接濟等情，俱著妥速辦理。應給撫卹銀兩，即於河東道庫閒款銀内就近動撥。至城垣、廟宇、衙署、倉獄等項工程，分别緩急，另行估修。

《清宣宗實録》卷四　〔嘉慶二十五年九月丙寅〕修廣西省會城垣，並城樓、窩鋪、礮房。從巡撫趙慎畛請也。

《清宣宗實録》卷五〇　〔道光三年三月乙未〕修廣西慶遠府城垣，從巡撫成格請也。

《清宣宗實録》卷五一　〔道光三年四月己未〕修築齊齊哈爾木城，從黑龍江將軍禄成請也。

《清宣宗實録》卷五五　〔道光三年七月乙未〕又諭：晉昌等奏，水師營空閒房間，酌擬折變留居一摺。盛京金州旅順海口，從前設立水師兵丁、舵工、水手六百名，每名給予官房二間，共一千二百間，遇有坍塌滲漏，均係該兵等捐餉修補。兹據該將軍等查明，該處營兵，現在攜眷居住之兵僅有一百八名，餘皆隻身合夥居住，祇估用官房三百八十間，再以堪住官房二十間作爲官兵辦事公所，足敷應用，此外八百間俱屬黴朽損壞，空閒無用，若每年仍令兵丁捐餉修理，殊形苦累。著照所請，將原設官房一千二百間，擇其整齊者酌留四百間，俾資棲止，其餘著拆毁減價估變銀兩，解交盛京户部銀庫查收存貯。該部知道。

《清宣宗實録》卷六七　〔道光四年四月〕辛丑，諭内閣：趙慎畛等奏，臺灣鹿耳門等處，請毋庸添建礮臺一摺。臺灣鹿耳門等處，從前因海洋未靖，經該省議請添建礮臺，並建復卡堆、雉堞、望樓等項，原係因時制宜。兹據該督等查明，鹿耳、淡水兩口，並無地基堪以建築礮臺，其鹿耳門口兩旁沙汕，海潮衝漲靡定，亦難建築，且該處前已添造守港快船，由臺灣水師，歷年派定中左右三營知字號船十隻，每船各配兵五十名，俱駕赴鹿耳門常川在港巡防。其鹿港北岸地基，早已衝成港道，亦無餘地可以建復。現由該廳捐雇巡船，在彼常川哨探，俱各周備。至淡水海口滬尾地方，原有礮臺，本屬堅固，足資守禦。所有前議添建礮臺、兵房、卡堆、雉堞、望樓等項，著照所請，毋庸建造，以節糜費。

《清宣宗實録》卷七五　〔道光四年十一月丁未〕又諭：晉昌等奏，動用閒款銀兩，分年修竣各工，據實奏銷一摺。盛京應修橋道、溝池、衙署、房間等工，前經降旨，將查封木植變值，作爲閒款，以濟工用。兹據該將軍等奏稱，廣寧屬界老邊等處，添修木橋、疊道、土壩、開挖溝渠等工，共估工料銀一萬二千五百三十四兩零，内除支領舊有商捐生息銀兩外，動用木植閒款銀七千九百四兩零；挑修省城内地溝、城濠七十二池等工，共估工料銀一萬七百七十四兩零；修理將軍衙門屋宇，共估工料銀一萬四百三十七兩零。驗收各工，已陸續如式修竣，並無偷減情弊，俱照原估實用實銷，造册咨送工部查覈，據實奏銷。著即將衙署、房間移咨盛京工部，各依修竣年份，照例起限保固，以歸覈實。此項閒款銀兩，除各工動用外，賸存銀六十七兩零，著照歷年私木變價之例，咨送盛京工部，作爲歲修之用。

《清宣宗實録》卷七六 〔道光四年十二月癸亥〕修江蘇蘇州府城垣，從巡撫張師誠請也。

《清宣宗實録》卷八二 〔道光五年五月辛丑〕修廣東澳門關閘並演武亭，從總督阮元請也。

《清宣宗實録》卷八五 〔道光五年七月戊子〕修直隸保定府城垣、城樓、内外兵房及定州城樓。從大學士總督蔣攸銛請也。

《清宣宗實録》卷一二九 〔道光七年十一月乙巳〕又諭：【略】又另摺奏，善後大概情形，所請喀什噶爾另建城垣在迤南二十餘里之喀喇哈依地方，已於九月興工，並將逆産銀八萬三千六十兩撥用，俱著照所奏辦理。惟所稱英吉沙爾、葉爾羌二處，另築新城，建蓋兵房、衙署情形，殊未明晰，著各該大臣勘定分別辦理，由長齡分晰具奏，所請一切科派陋規，永遠革除，不准藉差攤派。譯寫簡明告示張貼，並著勒石以垂久遠，係必應查辦之事。至留兵一萬八千名，自係未經接奉前降諭旨，著俟長齡等覆奏到時，再行覈辦。再，前此諭旨内，巴爾楚克未准駐兵，惟查此地係葉爾羌前往阿克蘇要路，著長齡等酌量，是否應留弁兵駐守，據實具奏。所奏大河拐一帶屯田，及裁撤卡倫侍衛，改設緑營備弁兩條，著大學士軍機大臣會同兵部議奏，所請口外田地，不能科畝；房屋俱係土築，難照内地造册報部，著照所奏辦理。其新城東南建築土堡，駐劄伊犂滿兵，並將所占新城回子莊田，俟叛産撥還，並每户賞給銀兩，以爲遷移之資，俱著照所請行。前因四城辦事大臣，俱經簡放有人，是以降旨令長齡回京供職，現在武隆阿患病開缺，所有一切善後事宜，應辦者甚多，長齡著暫緩來京，督同楊芳等悉心辦理。如已啓程，即行趕緊折回。禮部新鑄喀什噶爾參贊大臣印信，著附便發去，長齡等轉飭該參贊祇領。將此由六百里加緊諭令知之。

《清宣宗實録》卷一三二 〔道光八年正月丙寅〕阿克蘇辦事大臣長清奏，阿克蘇舊設土城，周僅一里，請於西南隅至西北隅另築外郭，並礮臺各工。得旨：阿克蘇展寬城垣，修建兵房，自係應辦之工。惟應否於現在勘定處所增築修建，著那彦成到彼，悉心相度，妥議具奏，再行分別辦理。

《清宣宗實録》卷一三五 〔道光八年四月〕辛卯，諭内閣：那彦成等奏，查勘阿克蘇展寬城垣基址一摺。前因長清奏請展寬阿克蘇城垣，修建兵房，當降旨交那彦成相度具奏。茲據奏稱，舊城西門外隙地祇有客店三家，計房一百一間，估值銀四百三十餘兩，給價不多，無庸另建兵房存貯軍火器械，並可居住兵丁五百名。其濠溝三栅之外，尚有隙地一段，堪以分修兵房一百間，較爲寬展。城内兵丁駐紮，即用現在官買店房。此項節省，即修城外兵房，並都齊特等三處軍臺應修工程。通共原估工費，連房價銀四千五百餘兩，不須增添。著准其照原估興辦，在查出逆産變價内撥用，即責成長清督率工員，乘此夏日天長，趕緊興辦，限至秋間，一律完竣，務須工堅料實，毋得草率偷減。此項工程，免其造册報銷，以歸簡易。

《清宣宗實録》卷一三六 〔道光八年五月庚戌〕又諭：阮元等奏，應修城垣、營署等工銀兩，請分別捐辦報銷一摺。貴州鎮遠府城垣、兵房、衙署等工，前經奏明，亟應修理，先已動項給發興辦。嗣准部咨，因軍務概行停止，而該處各工肇即陸續修竣。茲據該督等查明，城垣、兵房竣事在已准部咨之後，承修知縣自願捐修。其武營各工修竣在前，且武員末弁難以賠繳，仍請報銷，自應分別辦理。著照所請。該處城垣、兵房修費銀五千六百餘兩，即由鎮遠縣知縣照估捐繳還款，委員驗收，免其造銷。所有修理營署、演武廳等項，動支留半養廉及公費銀兩，准其報銷，實用銀三千四百六十八兩零，以清工款。其删減之銀，仍令繳還，應造估銷各册，按例具題報部覈銷。該部知道。

《清宣宗實録》卷一三六 〔道光八年五月丁巳〕又諭：前據長齡等奏，移建葉爾羌城垣，並據恒敬等奏，勘定舊城迤西罕那里克地方界址，當經諭令俟那彦成到彼，相度形勢，再行辦理。茲據該督查明，該處滿城原建在回城之西隅，形勢逼仄，不足以壯觀瞻而資捍禦。復將恒敬等所勘舊城迤西三里許之罕那里克地基，詳加履勘，該處地勢高阜，渠流環繞，移建城垣、衙署，形勢亦復相宜。著照所請，准其在罕那里克地方另建新城。所需工費，即著在該城查抄逆産變價項下支撥，毋庸動用正項。

《清宣宗實録》卷一三七 〔道光八年六月乙亥〕又諭：那彦成等奏，查勘移建新城，並設兵情形一摺。喀什噶爾滿城，前經長齡奏准，在喀喇哈依地方改建。茲據那彦成等奏，新建城垣工程業已全竣，其去該處回城二十餘里之七里河，爲適中之地，應分設兵丁，形勢方爲聯絡。著照所請，准其於河口築堡，設兵六百名，並將舊城修葺，留兵二百名，以資防守。至英吉沙爾舊滿城，向在回城之内，地勢湫隘，兵回雜處，既多未便，且衙署、兵房俱經焚燬，與其修復舊城，不如擇地另建。現在新勘城基，距回城不及一里，著准其移建，俾官兵另居一城，一切俱照舊制辦理。所需工費，即在抄獲叛産内籌撥，無庸動支正項。

《清宣宗實録》卷一四一 〔道光八年八月甲午〕定喀什噶爾城名恢武，葉爾羌城名嘉藝，英吉沙爾城名輯遠，和闐城名威靖，阿克蘇城名普安，烏什城名孚化，庫車城名鞏平，喀喇沙爾城名協順，命繕滿洲、蒙古、漢文、回子四體字頒發。

《清宣宗實録》卷一四五 〔道光八年十月癸未〕又諭：那彦成等奏，移改軍臺道路，並擇地改建軍臺一摺，所辦俱是。阿克蘇至葉爾羌，向設軍臺處所，近年渾河水大，東注不暢，每當漫溢，大路不通，而河形遷徙，日久難免衝刷。兹據那彦成等查明，葉爾羌境喀拉塔克軍臺迆北，舊有徑路一道，與阿克蘇之渾巴什河相通，請動項遷移，爲一勞永逸之計。著照所請，所有阿克蘇境内移設軍臺二處，葉爾羌境内移設軍臺四處，裁撤軍臺二處，即各按新勘地面，如式建蓋。儻有占礙回子地畝，即行撥還，並將程途里數，由各該城大臣繪圖咨部查覈。又烏什所轄察哈拉克軍臺，地濱大河，土性鬆浮，尤難捍衛，著將臺西五里哈拉克齊地方之隙地一段，移建軍臺。除將察哈拉克舊房拆取料物添補外，估需工料銀四百七十餘兩，即在西四城叛産變價項下動支，毋庸報銷。該部知道。

《清宣宗實録》卷一四八 〔道光八年十二月辛未〕又諭：那彦成等奏，查明西四城先後抄獲逆産並叛産變價銀兩，動支城工、衙署各工費一摺，喀什噶爾、英吉沙爾、葉爾羌新建城垣、衙署、兵房等項工程，及和闐修補城工，先後完竣，所需工費，經那彦成等於抄獲逆犯資財及叛産變價銀内，共支銀十六萬六千餘兩，尚餘銀一萬四千九百餘兩，留爲未辦各工及官鋪資本之用。回疆工程，向無例價，此次均係實用實銷，並未動支正項，著免其造册報部覈銷。至辦理城工，該阿奇木伯克等捐備麪斤，供支工匠兵回食用，踴躍急公，殊堪嘉尚。喀什噶爾阿克木伯克伊薩克、英吉沙爾阿奇木伯克玉素普、葉爾羌阿奇木伯克阿布都爾滿、署和闐阿奇木伯克托克托呢雜爾，加恩各賞大緞四匹，由各城庫貯内支給，餘著照所議辦理。

《清宣宗實録》卷一五三 〔道光九年三月丁酉〕諭軍機大臣等：奕顥等奏，請修廣寧城垣並夏園、巨流河兩處廟宇工程一摺。盛京廣寧城工已逾保固例限，據奕顥等勘明，城東西兩面城樓，並鼓樓、甕城等處，急應修理。著照所請，將估需工料銀一千二百九十九兩零，准其於盛京户部銀庫内先行動支，發交地方官趕緊購料興修，務期完整堅固。工竣覈實驗收報銷。至夏園關帝廟及巨流河河神廟殿宇等工，既勘有殘圮情形，自應修整，以肅觀瞻，亦著准其擇要勘估，交奕經等一體興修。此兩處廟宇内，如向有御座房，不惟無庸估修，並可全行拆卸，以歸簡易。將此諭令知之。

《清宣宗實録》卷一八四 〔道光十一年二月丙午〕至另片奏：喀什噶爾城垣，須趁此春融，興工辦理。英吉沙爾城垣亦應一律修葺等語。著長齡即派委妥員前往查明，喀什噶爾城垣是否應行加高加厚，其壕塹、角樓、礮臺並城内衙署、兵房，及英吉沙爾城垣是否應行修理。如應即時修葺，一面具奏，一面派員查照上届建城章程，趕緊辦理。將此由五百里各諭令知之。尋奏，查喀什噶爾城垣亟須修築，前經派員將西北面城垣角樓加培包築，俟春融將周圍城垣角樓一律加高培厚，添築甕城，並於城外濬穵深壕。英吉沙爾城垣亦多剥損，已將周圍加高加厚，整砌垛口，穵掘深壕，添築護壕女牆，並將葉爾羌沿城舊壕穵深，添築護壕，女牆全行修整。兹復勘得，嘉藝城東北添築滿城一座，建蓋衙署、兵房，爲領隊大臣統率滿兵駐劄之所。又於巴爾楚克樹窩子通喀什噶爾牌斯巴特一帶，擬建築東西兩堡，中設塘汛，撥兵分駐。所有應行修築各事宜，悉遵上届章程辦理。從之。

《清宣宗實録》卷二〇四 〔道光十二年正月丁卯〕揚威將軍大學士長齡等奏，查勘喀什噶爾等城，應行修築，並添建滿城衙署、兵房，即將叛産變價興工。下部知之。

《清宣宗實録》卷二二三 〔道光十二年十月辛亥〕以修建葉爾羌城垣、衙署、兵房完竣，副將任貴邦等下部優敘，賞伯克毛拉黑孜滿花翎，伊斯拉木等藍翎，餘加銜升補有差。

《清宣宗實録》卷二三六 〔道光十三年四月戊午〕修伊犂惠遠城，並濬護城河道。從將軍特依順保等請也。

《清宣宗實録》卷二四六 〔道光十三年十二月己酉〕以捐修陝西蒲城等縣書院義學，予光禄寺署正銜王紱等議敘有差。

《清宣宗實録》卷二五四 〔道光十四年七月己卯〕以捐建安徽涇縣書院等工，予前任知縣趙仁基等議敘有差。

《清宣宗實録》卷二六〇 〔道光十四年十一月〕丙子，諭内閣：壁昌等奏請幫築城垣一摺，烏什爲臨邊緊要之區，其四面城垣均多頹裂鬆腐處所，急宜幫築，並須較原築城牆加高加厚，方資保障。惟該城地處偏隅，回户均係屯種納糧之家，並無閒散回户可用，亦無餘糧散給，勢不能不動用公項。據該大臣等查，該城庫貯歷年紬緞變價、房地租錢，曾經奏明作爲備貯之二千串，未便動用，仍應備貯外，其自十三年起截至今年底止，陸續積存紬緞、房租錢一千三百餘串，著准其提出動用。該大臣等即揀派妥實之員，於明歲春融，雇覓民夫，趕緊加築，務期工堅料實，毋許草率偷減。所有動用錢項，尤須撙節辦理，工竣覈實報銷。

《清宣宗實録》卷二六二〔道光十五年正月癸酉〕以修建貴州松桃廳廟定書院，予候補知府胡先達等議敘有差。

《清宣宗實録》卷二六三〔道光十五年二月丙申〕以捐修山西平陽府忻州城垣、廟宇、書院、考棚，予知府王茂松等獎敘有差。

《清宣宗實録》卷二七一〔道光十五年九月乙卯〕修直隸保定府城垣、橋座，從總督琦善請也。

《清宣宗實録》卷二七二〔道光十五年十月丙寅〕以捐修吐魯番城垣等工，予同知寶鋏等加銜升敘有差，賞回子郡王阿克拉依都、士撒拉克齊、邁瑪特沙底、扎齊魯克齊、阿哈滿提花翎。

《清宣宗實録》卷二七四〔道光十五年十一月丙戌〕以捐修福建泉州府城垣各工，予提督馬濟勝等議敘升賞有差。

《清宣宗實録》卷二七九〔道光十六年二月壬午〕貸福建布政使修理衙署養廉銀。

《清宣宗實録》卷二八一〔道光十六年四月丙辰〕以捐修陝西同官、南鄭、富平三縣城垣等工，予知縣劉用霖等議敘。

《清宣宗實録》卷二八九〔道光十六年九月乙巳〕以修葺烏什城垣、兵房，賞都司汪大成花翎，六品明伯克色勒克等藍翎，餘加銜升補有差。

《清宣宗實録》卷三〇四〔道光十七年十二月庚午〕以捐修湖北安陸府城垣，予知府周鳴鑾等優敘。

《清宣宗實録》卷三〇六〔道光十八年二月乙卯〕修喀喇沙爾城垣，從葉爾羌參贊大臣恩特亨額請也。

《清宣宗實録》卷三〇七〔道光十八年三月丁亥〕以捐修廣西鬱林州城垣，予候選教諭蘇宗經等選用有差。

《清宣宗實録》卷三一四〔道光十八年九月辛酉〕以修葺烏里雅蘇台城垣工竣，予郎中吉麟等升補有差。

《清宣宗實録》卷三一九〔道光十九年二月甲午〕以捐修貴州平越州文廟書院、城垣，予署知州徐鉉等議敘有差。

《清宣宗實録》卷三六四〔道光二十一年十二月丁酉〕以修理塔爾巴哈台城垣各工，賞遊擊楊萬春花翎，餘加銜升敘有差。

《清宣宗實録》卷三六五〔道光二十二年正月癸亥〕又諭：前經降旨，飭令奕山、齊慎、祁𡎴將現在辦理夷務情形，何時蕆事，各抒所見，分摺具奏。茲據奕山奏稱，廣東虎門礮臺不能不修，香港全島不能不取，現在香港漢奸頭目傾心報效者已有十之五六，必須順潮出其不意，方可一炬而燼等語。齊慎奏稱，已將水戰器械等物製備齊全，現在挑選兵勇，候新正風順，即水陸並進等語。祁𡎴奏稱，虎門礮臺未修，則香港不能復。現在合計新築及修復礮臺共七處，土臺、土牆約三十餘處，虎門礮臺十處，現亦剋期興工等語。所奏雖有主戰、主守之不同，而毫無確見則同，殊失朕望。奕山等自派委辦理夷務以來，已及年餘，何於此事竟全無把握。自古用兵之道，無論或戰或守，皆必確有把握，乃能迅速奏功。若如奕山所奏，既稱香港不能不取，何以又云必須能守而後能戰？祁𡎴稱爲嚴防省城，大局似可無虞。又云香港無陸路可通，不敢謂遽能得手。似此游移無定，徒以重兵坐擁，每月糜費軍需三十餘萬，毫無裨益，何所底止？據稱該省存貯及報捐銀數可敷數月之用，究竟可敷幾月，亦未聲明，仍係約略之詞。儻遷延日久，不能蕆功，再請軍需，豈能復邀允准耶？茲特再行申諭奕山、祁𡎴、梁寶常會同妥議，從長籌畫。如省河一帶漸次將礮臺、石樁等件修理鞏固，是否足以防禦外侮？即使逆夷由他省受創，豕突而來，無虞竄入，可以議守。抑或兵勇器械等件，均已訓練整齊，剋期進攻，必能操勝，可以議戰。均著據實覆奏，朕亦不爲遥制。若再徒託空言，支吾搪塞，自問當得何罪？又稱威遠等十處礮臺，如用石修築，兩月可竣，土築難以經久等語，自應用石堅築，以期久遠。將此由五百里各諭令知之。

《清宣宗實録》卷三八六〔道光二十二年十二月戊寅〕以捐修喀什噶爾城垣、倉厫等工，賞六品伯克密爾阿比提買斯瓦特等藍翎，餘升用加銜有差。

《清宣宗實録》卷三八九〔道光二十三年二月庚寅〕諭軍機大臣等：祁𡎴等奏修築虎門礮臺一摺，據奏，舊臺過低，難以制勝，有仍照舊基建築加高培厚者，有應添建以資策應者，有應連兩臺爲一臺添築礮牆者，有原舊地勢未合必須移建者。朕披閱圖說，臺形較舊加高，礮口亦多，所辦尚屬周密，著即照議辦理。惟防守礮臺，兵弁無多，其緊傍山麓者，設遇有警，應如何爲後路接應，以防抄襲。其孤懸海中之礮臺，尤不可無策應之兵。儻遇有警，應如何一呼即至，既可保護礮臺，並可出奇制勝，該督等均未議及。著祁㙺、程矞采、吴建勳體察情形，悉心妥議，再行具奏。務須層層慮及，確有把握，毋徒以工料堅實，遽信爲有備無患也。將此諭令知之。

《清宣宗實録》卷四〇五　〔道光二十四年五月己巳〕諭軍機大臣等：前據璧昌奏請於鵝鼻嘴等處修築礮城。旋據耆英奏，沿江礮臺，築以甎石，則工費浩繁，若以土築，又慮風雨剥蝕，宜節省建築之費，移爲造船練兵之用，均經諭令該署督等詳察情形，奏明妥辦。兹據御史曹履泰奏稱，鵝鼻嘴地方緊要，應於南北兩坪設立土壘土堡，外開濠溝，以開溝之土積之四面，可以迎敵施礮，且不用甎石，工價甚減等語。江防關繫極重，著璧昌、尤渤會同熟籌，妥爲定議具奏。又該御史奏，制勝之法，惟有擡礮、籐牌二種，其應如何分别演練，以期習熟，究竟籐牌一項，臨陣能否適用，著該署督等一併妥議具奏。原摺二條，鈔給閲看。將此各諭令知之。

《清宣宗實録》卷四〇六　〔道光二十四年六月〕丁巳，諭軍機大臣等：璧昌奏勘定沿江安設礮墩處所一摺，據奏，沿江南北兩岸必應安設兵礮，以固民心。現已勘明，省城太平門外之五龍山可以建築礮墩。鎮江北固山下築長隄一道，間段修築礮隄，對岸順江洲築礮隄一道，兩岸排列礮墩。圌山關之大磯頭、二磯頭築斜長土隄，並將舊有土礮墩加長，對岸東生洲並北岸三江口，分别添築土隄，鵝鼻嘴之大石灣築土隄一道，均經銜椿爲記，並於福山將總兵衙署、兵房勘定飭修，俱著照議妥爲辦理。江防關繫極重，現於扼要處所安設礮隄、礮墩，必須工程堅固，防守方能得力。著責成璧昌督飭，承辦各員認真經理，毋得草率了事，有名無實。如工竣後勘驗不能如式，或漸有剥蝕情形，即隨時指名參奏，飭令賠修。其小石灣劉聞沙現辦各工，已據署靖江縣知縣李炳照捐辦。經該署督勘明，劉聞沙隄上應排礮墩，飭令該員一手捐辦，統俟工竣後，由該署督覈明具奏。至所稱礮墩工程，需費不少，已諄飭地方官勸導官紳商民等捐資認辦。如果該官紳等好義急公，或認辦一段，或認辦數段，著該署督於驗收後，按照所捐銀數，分别請奬，候朕施恩。將此諭令知之。

《清宣宗實録》卷四三三　〔道光二十六年八月〕戊寅，諭内閣：梁寶常奏，浙西善後案内續建要工，籌款興辦一摺。浙江乍浦當南溟之衝，爲浙西第一門户，該處城垣、衙署等項工程，均關緊要，著即趕緊修建，以資捍衛。所需工料、運腳銀十四萬餘兩，即在善後捐輸餘存銀錢内支用，總期工歸實用，費不虚糜。一俟全竣，仍由該撫覈實驗收。儻查有草率偷減等弊，著即指名嚴參懲辦，斷不准視爲具文，稍存姑息。至此項工程，既據該撫奏稱，節省可爲鑄礮之用，即飭一面製模設廠，務須揀選鐵料並熟練工匠，如法鑄造。造成後，揀派熟習曉事之員，監視演放，總期一礮得一礮之用，不致有名無實，徒滋糜費。

《清宣宗實録》卷四三八　〔道光二十七年正月庚戌〕諭内閣：耆英等奏，捐建九龍城寨礮臺等工現辦情形一摺。此項工程，現在覈計捐數，已屬有贏無絀，其官紳捐輸著即停止，仍俟工竣後，覈明本案工程外尚有贏餘銀若干兩，再行奏明撥歸該省藩庫，以備要需。

《清宣宗實録》卷四五一　〔道光二十八年正月庚子〕以捐修烏嚕木齊城垣，予甘肅按察使雲麟等議敘有差。

《清宣宗實録》卷四七三　〔道光二十九年十月壬午〕諭軍機大臣等：舒精阿奏，喀喇沙爾修建城垣等工完竣一摺，另片請將捐辦並督工各員鼓勵，分别開單呈覽。喀喇沙爾城垣、兵房、衙署以及各項房屋，均因年久未修，坍塌過甚，現在一律修築完竣，該捐生並督工人等，自應酌加奬勵。惟所請未免過於優濫，著薩迎阿按照單開各員名，逐加訪察，妥爲酌覈，另行開單奏明請旨，不得少存瞻顧，務與從前伊拉里克開墾等工鼓勵之案相同，方爲允協。至現修之城垣等工，是否堅固，有無草率偷減，並著薩迎阿揀派妥員前往該處認真查驗，一併由該將軍覈實具奏。舒精阿所奏原單及另片，均著發給閲看。將此諭令知之。

《清文宗實録》卷五二　〔咸豐二年正月戊辰〕修湖北武昌府城垣，從總督程矞采等請也。

《清文宗實録》卷六一　〔咸豐二年五月壬戌〕修湖南長沙府城，從巡撫駱秉章請也。

《清文宗實録》卷一九七　〔咸豐六年五月丁巳〕以捐修盛京錦州府文廟、城垣等工，予副都統定福等升敘有差。

《清文宗實録》卷二六七　〔咸豐八年十月丁巳〕又諭：僧格林沁等奏，修理雙港海口等處礮臺、營牆，一律完竣，酌撤防兵，繪圖呈覽一摺。僧格林沁在大沽海口及雙港地方修築礮臺，安設營壘，並置木筏以扼海口要隘，各項工程已於本月十二日一律告竣。該大臣辦理海防已逾數月，夙夜辛勤，自應暫行回京，以節勞勩。所有操練水師、建蓋兵房等事，即交瑞麟、慶祺妥爲辦理，礮臺分設礮位，著即飭副將烏忠阿等，帶宣化鎮官兵一千名，協同大沽協官兵小心守護。至所調吉林、黑龍江、察哈爾等處官兵，程途遥遠，未便令其歸伍。此次回京後，應在何處駐劄，著僧格林沁籌議具奏。將此諭令知之。

《清穆宗實録》卷一一五　〔同治三年九月辛亥〕以江西廣信府城修築完竣，予知府鍾世楨等加級升敘有差。

《清穆宗實録》卷一八六　〔同治五年十月〕庚寅，以江西捐修城工，永廣九江府學額二名，湖口縣三名。

《清穆宗實録》卷二〇五　〔同治六年六月〕癸巳，盛京將軍都興阿等奏，動款培修奉天省外圍土城，以資捍衛。下部知之。

《清穆宗實録》卷二四四　〔同治七年十月〕乙卯，諭軍機大臣等：文麟奏，馳抵哈密，籌辦情形一摺。哈密自被賊擾後，城垣坍塌，地方彫敝，文麟現已抵任，自應將善後事宜，妥爲籌辦。應否改設城垣，或將舊城重加修葺？著即相度地勢，詳慎辦理。葫蘆溝等處，現有賊匪竄擾，並著派兵搜剿，毋任滋蔓。威儀等營，分紮哈密、塔爾納沁等處，如已足敷分布，即可將巴里坤派來之兵撤歸本城。惟哈密、巴里坤兩處，唇齒相依，文麟務當隨時咨商伊勒屯等，互相聯絡，以壯聲援。哈密軍食缺乏，全恃後路轉運。景廉現駐安西，著將安敦玉應辦糧石設法催齊，源源運解，並著文麟將蔡巴什湖屯田，認真興辦，暨塔爾納沁附近雪山一帶屯田，漸次推廣，俾資接濟。該城籌辦善後及應發兵餉，需用孔亟，著鄭敦謹將應解新疆餉銀寬爲籌撥，迅速報解，並著定安、麟興、榮全、錦丕、勒多爾濟於山西餉銀解到時，即行轉交該城催餉委員，押解赴營，毋稍延緩。嗣後遇有指撥哈密之餉，他處不得擅行截留，致誤要需。將此由五百里各諭令知之。

《清穆宗實録》卷三五六　〔同治十二年八月壬午〕修雲南麗江府城，從巡撫岑毓英請也。

《清德宗實録》卷一一　〔光緒元年六月〕己卯，西寧辦事大臣豫師奏，籌布碾伯地方情形，自去年夏間動工開渠，並添築外城及礮臺，現已諸務就緒，請移駐西寧，以期辦公便捷。允之。

《清德宗實録》卷一〇九　〔光緒六年二月壬子〕又奏：塔城邊防，勢難延緩，現在應增兵隊，修建城堡、倉庫，增築營壘，廣開屯田，以裕兵食，添備駝馬，以利轉運。請飭部先爲籌撥現款三十萬兩，以便早爲布置，下部速議。又奏：暫駐行營，分設辦事各公所，以救積弊。下所司知之。

《清德宗實録》卷一一三　〔光緒六年五月庚寅〕諭軍機大臣等：善慶等奏，寧夏滿營城垣等工，請先行提款擇要興修，並請飭浙江迅解欠款一摺。寧夏滿營修理城垣、衙署、兵房等工，前經户部奏明，在浙江釐金項下撥解銀三萬兩，擇要興修。現在浙江僅解到銀一萬兩，該處工程緊要，若必待款項解齊始行興修，轉致遲誤。善慶等請提銀三千兩，先行擇要興修。即照所請。著善慶、謙禧責成該協領等認真修理，不准稍有浮冒。此項工程，准其實用實銷。該處應修工程甚多，所需款項仍難稍緩，著譚鍾麟即將欠解之二萬兩，速行籌撥，俾資應用，毋再遲延。將此由四百里各諭令知之。

《清德宗實録》卷一二三　〔光緒六年十一月戊辰〕烏魯木齊都統恭鏜奏，派員招集南路駐防難裔，合計男女大小三百六十七丁口，分别安頓棲止。又奏，鞏寧城工告竣，並添築外郭，限於年内蕆事。均報聞。

《清德宗實録》卷一二五　〔光緒六年十二月戊申〕烏魯木齊都統恭鏜奏，移建鞏寧城郭，修築護城礮臺，工竣報銷，請免照例價造册，並繪呈鞏寧城圖。得旨：著准其開單報銷，免其造册。圖留覽。

《清德宗實録》卷一三一　〔光緒七年六月辛卯〕又諭：吴大澂奏，規畫邊防，擬設機廠礮臺，請飭部籌撥款項一摺。吉林地方緊要，現在整頓邊防，所有製造軍火、修築礮臺，均屬目前要務。吴大澂以該處本有鉛鐵礦煤窯，擬於省城開設機廠，製造洋藥彈子等件，並於琿春、寧古塔要隘地方分築小礮臺數處，於三姓之巴産通東面，沿江南北兩岸，仿照天津大沽口式樣，各築礮臺一座，以備江防。所籌尚妥，即著照所請行。

《清德宗實録》卷一七〇　〔光緒九年九月〕甲申，諭軍機大臣等：金順、升泰奏，妥籌索倫營駐防處所，暨興修拱宸城等項工程。金順奏請將暫駐塔爾巴哈台之索倫營官兵，分别留防、調回各摺片。伊犂拱宸城爲西北門户，與瞻德城相爲犄角，地方緊要。據金順等奏，擬請將索倫營官兵移紮拱宸城，酌給地畝屯種，並將拱宸城舊設緑營官兵移紮瞻德城，俾資防守等語。即著照所請行。所有拱宸城城池等項工程，著金順等督飭委員，妥爲修築，覈實辦理，毋稍虚糜。

《清德宗實録》卷二一四　〔光緒十一年八月癸未〕又奏：鎮南關城駐軍，合力助工，以期固圉節費，並隨時存撫義民。得旨：即著督飭員弁認真修築，並將流徙入關越民，隨時存撫，俟關城工竣後，即續圖貼説呈覽。

《清德宗實録》卷二一九〔光緒十一年十一月辛丑〕又諭：御史方汝紹奏，城濠修理整齊，請添立堆撥防護，並城内甬路兩旁貿易棚屋，請飭令照舊生理，不准再行添蓋各摺片。著步軍統領衙門酌覈辦理。

《清德宗實録》卷二七一〔光緒十五年六月辛巳〕福建臺灣巡撫劉銘傳奏：澎湖一島爲閩臺咽喉，形勢散漫。現經勘定，於碼宫地方憑海築城，聯絡礮臺，以資捍衛，下兵部知之。派工部左侍郎汪鳴鑾督修國子監太學門並東廂序工程，兵部右侍郎崇禮承修右翼宗學大門、穿堂、大堂等處工程。以監造臺灣大礮出力，予知府李經方獎敘。

《清德宗實録》卷二七六〔光緒十五年十一月戊申〕塔爾巴哈台參贊大臣額爾慶額春，塔爾巴哈台城工緊要，請將地方文武暫緩改歸巡撫專轄，以竟要工。從之。

《清德宗實録》卷四〇七〔光緒二十三年七月甲辰〕飭工部勘修朝陽門城樓。

《清德宗實録》卷四〇八〔光緒二十三年八月戊辰〕又奏：烏里雅蘇台城工告竣，純用土木夾築，略與行營築牆、築棚無異，開單報銷，請免造册。下部議。

《清德宗實録》卷四一七〔光緒二十四年閏三月辛酉〕派吏部右侍郎溥善承修朝陽門等工程。

《清德宗實録》卷四二八〔光緒二十四年八月乙巳〕又諭：奉天府府丞何乃瑩奏，京師城垣，諸多傾塌，壇廟圍牆基址均有刨挖情形，請一律修整等語。著工部查明具奏。

《清德宗實録》卷四三三〔光緒二十四年十一月〕癸亥，諭内閣：趙舒翹、英年奏，遵查京師城垣各工，分别情形輕重辦理一摺，著即派趙舒翹、英年在修，將所勘應修極重各工，分别緩急，從明歲起分作四年修葺。

《清德宗實録》卷四六七〔光緒二十六年七月己未〕又諭：貴恒奏，崇文門城樓至東角樓，垛口十三座，坍塌甚多，請迅速修理一摺，著派英年、溥良即日興修。

《清德宗實録》卷五〇八〔光緒二十八年十一月壬午〕命直隸總督袁世凱、順天府府尹陳璧估修正陽門工程。

《清德宗實録》卷五二〇〔光緒二十九年八月己未〕直隸總督袁世凱奏，永定門迤西，左安門四道垛口迤西，東便門角樓迤南，西便門角樓頭道垛口四處城牆，各有火車道豁口，請由鐵路局修葺整齊，各留門洞以通火車，所需工款由局報效。報聞。

藝文

鮑照《鮑明遠集》卷一《蕪城賦》　瀰池平原，南馳蒼梧漲海，北走紫塞雁門。柂以漕渠，軸以昆崗。重江復關之奥，四會五達之莊。當昔全盛之時，車挂轊，人駕肩，廛閈撲地，歌吹沸天。孳貨鹽田，鏟利銅山。才力雄富，士馬精妍。故能侈秦法，佚周令，劃崇墉，刳浚洫，圖修世以休命。是以板築雉堞之殷，井幹烽櫓之勤，格高五岳，袤廣三墳，崪若斷岸，矗似長雲。製磁石以禦衝，糊赬壤以飛文。觀基扃之固護，將萬祀而一君。出入三代，五百餘載，竟瓜剖而豆分。

澤葵依井，荒葛罥塗。壇羅虺蜮，階斗麏鼯。木魅山鬼，野鼠城狐。風嗥雨嘯，昏見晨趨。饑鷹厲吻，寒鴟嚇雛。伏虦藏虎，乳血飧膚。崩榛塞路，峥嶸古馗。白楊早落，塞草前衰。稜稜霜氣，蔌蔌風威。孤蓬自振，驚沙坐飛。灌莽杳而無際，叢薄紛其相依。通池既已夷，峻隅又以頽。直視千里外，唯見起黄埃。凝思寂聽，心傷已摧。

若夫藻扃黼帳，歌堂舞閣之基；璇淵碧樹，弋林釣渚之館；吳蔡齊秦之聲，魚龍爵馬之玩，皆熏歇燼滅，光沉響絶。東都妙姬，南國麗人，蕙心紈質，玉貌絳唇，莫不埋魂幽石，委骨窮塵，豈憶同輿之愉樂，離宫之苦辛哉？

天道如何，吞恨者多。抽琴命操，爲蕪城之歌。歌曰：邊城急兮城上寒，井徑滅兮丘隴殘。千齡兮萬代，共盡兮何言！

《全唐文》卷二六七盧倩《對築牆判》　洛陽縣申界内坊墻因雨頽倒，比令修築。坊人訴稱皆合當面自築。不伏，率坊内衆人共修。

帝王是宅，河洛之陽。雲闕岩岩，列綺城之萬雉；環途隱隱，分體國之九經。重閈交闠，樓台相距。屬陰風回扇，累日沉輝，灑洪雨于四溟，布族雲于千里。烟凝萬井，藻汎中衢。半露宫墻，坐見室家之好；全頽環堵，行瞻湫隘之居。且揆務黄圖，參榮赤縣，理雖謹察故典，遵牧黎人，必使溝洫廣開，垣墻基厚，因兹法令，正叶隨時。坊人以東里北郭，則邑居各異；黔婁猗頓，乃家産不佯。奚事薄言，佇遵恒式，既資衆力，須順人心。垣高不可及肩，板築何妨當面？

《文苑英華》卷四五徐彦伯《登長城賦》 班孟堅輟編史閣，掌記戎幕，坐燕阜之陽，覽長城之作，喟然而嘆曰：「傅翼下韝，視人則偷。鯨吞我寶鼎，蠶食我諸侯；鞭撻我上國，動摇我中州。所以二世而殞，職此之由乎？當其席卷之初，攻必勝，戰必克，因利乘便，追亡逐北，自以爲功勤三王，威攝萬國，重鐵鎖干戈于仁義，輕詩書禮樂于殘賊。然後馳海若以爲梁，斷陽紆以爲藪。犀象有形而採掇，珠玉無脛而奔走。朝則貪竪比肩，野則庶人鉗口。負關河千里之壯，言帝王一家之有。神告籙圖，亡秦者胡。實懵蕭墻之變，濫行高闕之誅。鑿臨洮之西徼，穿負海之東隅。猛將虎視，焉存綱紀；謫戍勃興，鈎繩亂起。連連塢壁，岌岌亭壘。飛芻而輓粟者十有二年，塹山而堙谷者三千餘里。黔首之死亡無日，白骨之悲哀不已。猶欲張伯翳之絶胤，馳撑犂之驕子。曾不知失全者易傾，逆用者無成，陳涉以閭左奔亡之師，項梁以全吴趫悍之兵。蓼驂徵其敗德，斬蛇驗其鴻名。板築未艾，君臣顛沛。六郡沙漠，五原旌旆。運歷金火，地分中外。因虐主而淫愎，成后王之要害。則知作之者勞，而居之者泰。」

歲次單閼，我行窮髮，眇默鷄田，幽陰馬窟。土色紫而關回，川氣黄而塞没。調噪鼓于海風，咽悲笳于隴月。試危坐以側聽，孰不銷魂而斷骨哉？況復日入青波，堅冰峨峨，危蓬殞蒂，森木静柯。群峰雪滿，聯峴霜多，龍北卧而銜燭，雁南飛以渡河。載馳載驟，彼亭之候。唯見玄洲無春，陰螯罷晝，鷙隼争擊，哀猱直透。饑鹿夜呴，乳虎晨斗，蟄熊舐掌，寒黿縮殼。悲壯圖之天遏，憫勞生之艱遘。

昔者韓信猜叛，李陵拘執，望極燕臺，山横馬邑。戰雲愁聚，衝飆晦急，莫不陵地脉以扣心，望天街以隕泣。亦有王昭直送，蔡琰未還，路盡南國，亭臨北蠻。貯漢月于衣袖，裛胡霜于髻鬟，雖寵盈氈幄，而魂斷蕭關。至若趙王遷逐，馬融幽放，去家離土，逾沙歷障。蓼蟰蛸之户側，坐蠮螉之塞上，桃李夕兮有所思，綺羅春兮遥相望。登毁垣以擗摽，坐頹隅以惆悵。是以衛青開幕，張遼闢土，校尉嫖姚，將軍捕虜。薙垣鋪障，鉏亭伐鼓，斬元于鐵防之門，流血于金河之浦。張虎牙以泄憤，虬蝟鬚以蓄怒。及夫中郎殉節，博望逾邊，取劍仆地，尋河際天。幽海上而萬里，竄胡中而幾年。銀車薦出，玉節仍旋，南向國以樂只，北違沙以莞然。

嗚呼！長城之設，載逾九百，古往今來，巋然陳迹。窮海戰士，孤亭戍客，登峻墉，陟窮石，嗟故里而不見，感殊方以隕魄者，亦何可勝道哉！嗟我羈淪，南庭苦辛，長懷壯士，永慕忠臣。經百戰之戎俗，對三邊之鬼鄰。徐樂則燕北書生，開偉詞而諭漢；賈誼則洛陽才子，飛雄論以過秦。歲峥嶸而將暮，實慷慨于窮塵。

《全唐文》卷二九六吕令問《雲中古城賦》 正北曰并，有唐作京，密近戎狄，張皇甲兵。尹也總居守之任，將也當節制之名，故卒乘輯睦，而王都肅清。于是斷武誼，按亭燧，雹轉前旌，風飄横吹，楊葉箭的，蓮花劍騎，下代郡而出雁門，抵平城而入胡地。挾纊稱暖，投醪必醉，則知撫之者誠難，用之者不易。

是時陰閉群山，寒凋衆木，川平塞迥，冰飲霜宿。慷慨乎大荒，倘佯乎游目，區脱潛遁，屠耆懾逐。訴古城之謂何？傳魏家之所築。伊昔晉京板蕩，海懸沸騰，不有所命，將何以興？王師赫怒，爰整其旅，霧集雲屯，龍驤鳳舉，棄萬里之沙漠，傍五原之風土，肇爲此都，實惟太祖。

夫其規典章，辨封疆，池桑乾之水，苑秦城之墻，百堵齊矗，九衢相望，歌臺舞榭，月殿雲堂。開儒士于璧沼，貯美人于玉房。翕習沸渭，熒熒煌煌。取威定霸，于是乎在；施令作法，罔或不臧。武破六州之内，文宅三川之陽：何其壯也！

既而年代倏忽，市朝遷徙。干戈鼙鼓之雄，綺羅絲竹之美，孰不烟散雨絶，沙埋灰委？樹名歡而詎存？鳥稱樂而俱死。危堞既覆，高墉復夷，寥落殘徑，依稀舊墀，榛棘蔓而未合，苔蘚紛乎相滋。伏熊斗鷽，騰麏聚麇，常鳴悍鶩，乍嘯愁鴟：不可勝紀，但令人悲。胡風起兮馬嘶急，漢月生兮雁飛入。可憐久戍人，懷歸空佇立。

有客志遠才雄，秉義由衷，負詩書禮樂之用，蘊蕭曹魏邴之風。虜庭高枕，河源鑿空，霜犯鬢而先白，塵染顔而少紅。三爲都護，五掌元戎，益封而廣國，事利而業崇。獨見淩雲而作賦，誰言坐樹而論功者哉？

《全唐文》卷三三三王諲《柱礎賦》 稽古太初，穴處巢居。則大壯之垂象，上棟下宇，成其室廬。迨于中葉，僭奢違道。木衣緹緗，土被文藻；列蟠螭于欄檻，拖長虹于欀橑。謂桂柱之不堅，施柱礎以侔其壽考；相萬祀而一人，階天地而相保。其始也，徵士尚方，聚徒岩畔；經回溪之紆鬱，梯嵯峨于大半。披林離之修蘿，刮莓苔之爛漫；曜雲霞之彩駁，嘉錦章之輝焕。圖嵌空，設妙算。或攻或鑿，叫嘯相贊；磓山成雷，擊石火散。初仿佛而縷析，忽砰碕以冰泮。五丁力殫，九牛流汗；自彼幽藪，登庸華觀。乃命王爾操繩，公輸削墨；規上成範，方下爲則。錯坎缺之參差，開青熒之古色。入紅壁，對朱扉。廊回月皎，殿廣星稀；隨風起潤，逐日呈輝。扣透迤之環佩，拂迴旋之舞衣。及夫荏苒時移，峥嶸歲久；堂惟荆棘，塵埋户牖。嗟建章之火流，何金石之可守？礎則不易，人將誰壽？礎兮礎兮全堅固，曾見深宫幾人故？

夫礎之爲德，既堅且貞；華而尚素，晦而尚清。象君子之待問，扣之則鳴；誠在位之有式，居必底平。平則可久，久則不傾。無靳固而守樸，非昭章而眩明。庶夫人之鋭意，覽兹物而篤誠。

《全唐文》卷六一九陸參《長城賦》　干城絶，長城列。秦民竭，秦君滅。嗚呼悲夫！可得而説。原夫恣無道，戮無辜。帝語其朕，亡秦者胡。不可知也，疑是匈奴。于是先蒙恬，次扶蘇。帥兵伍，役刑徒。千里萬里，雨驟而雲趨。入胡之鄉，却胡之王。北胡之黨，削胡之疆。然後自于洮，至于遼。江漢湯湯，將池焉而共浚；太山巍巍，將城焉而共高。欲限華夷，决安危。一世萬世，有中原而稱大帝。

想其初也，辟遐荒，窮下土，極九泉而深，望九霄而樹。千夫力殫，目不暇睹。有力如虎，亦不暇努。咫尺之間，或什而伍。離妻瞠瞠，亦不暇數。人氣氲氲，成一方之雲；灑汗瀟瀟，成半空之雨。駕肩而趨，踵步而履。紛紛囂囂，如日中之市。國不得而寧，役不得而停。伊朝繼夕，自昏達明。時若炎風熾烈，川原盡竭。枯肌外焚，内火中竭。是民咿咿，憂秦未拔。至若苦雪初霽，陰風雨霜。凍髭折鬢，冰寒夜腸。是民惶惶，憂秦未亡。民之既酷，載僵載仆。饑兮不粟，寒兮不服。病不暇休，蟣不暇沐。基人之骸，壓人之肉。少者不遑，老者不復。秦民嗚嗚，向城而哭。邊雲夜明，列雲鏵也。白日晝黑，揚塵沙也。築之登登，約之閣閣。遠而聽也，如長空散雹，蟄蟄而征，沓沓而營。遠而望也，如大江流萍。其呼號也，怒風訇訇。其鞭朴也，血流縱横。地祇業業，終朝忽聾。星辰悠悠，畏相其接。而况于夷狄，而况于臣妾。其運輪也，巷無居人，田無稼民。牛首濈濈，大車轔轔。輪不暇徙，蹄不暇奔。其傷財也，極民之賦，虐民之賂，糊口而供，赤立而赴。餓殍塞路，亦不我顧。其民呶呶，面天而訴。將以宏其基，恢其堵，盡韓齊之土；固其壁，崇其飾，竭億兆之力。太華方城，乃一拳之石。

既而岌嶫峥嶸，向秦而横。如山之成，如雲之平。繚繞無際，亘如長鯨。竪亥汲汲，步不可及；掩映天漢，勢不可算。邱陵峨峨，不及其半。影人沙磧，勢侵西域。殘陽不來，未昏而夕。其堅如金，其峻如林。崇高不可以目辨，遠大不可以數尋。鳥飛不前，其歸翩翩。雲不得施，其陰綿綿。風不得馳，其聲喧喧。下視關塞，蝸牛蟬聯。回顧宫闕，狀如微烟。胡人駢連，望之巍然。如登青天，如臨深淵。不敢久視，奡趨而旋。

嗟乎！城即高大，民惟艱難。聞之者攘臂而切齒，睹之者涕泣而長嘆。夫如是，刑不得不暴，政不得不煩。國不得不亂，民不得不殘。謂其城可以固宗社，謂其暴可以定人寰。奈何敵不在遠，憂不在胡。城未畢也，而秦已無。殊不知棄秦者身，寇秦者臣，喪秦者嗣，敵秦者民，而怒秦者鬼神，此可憂也。而秦弗忱，徒欲竭生民，壘胡塵。萬里而塗炭，十年而苦辛。然且喪其民，亡厥身，非城也？去仁義，積土石，非城也？是曰禍之門，是曰滅之根，安得而爲防？安得而稱長？！

嗚呼！謂險之可恃，城之可保，則右彭蠡，左洞庭，不爲堯之征；面伊闕，背羊腸，不爲湯之亡。是以處堯之宫，行堯之風，雖無是城也，不可得而亂，不可得而攻；用秦之威，布秦之非，雖有是城也，如藩垣之微，如閫閾之卑，尤以防其患，扞其師。不然者，秦無得而殃，城無得而荒。本以爲御，而反以爲亡者哉！

張籍《張司業集》卷二《築城詞》　築城處，千人萬人齊把杵。重重土堅試行錐，軍吏執鞭催作遲。來時一年深磧裏，盡著短衣渴無水。力盡不得拋杵聲，杵聲未定人皆死。家家養男當門户，今日作君城下土。

《全唐文》卷六八八符載《新廣雙城門頌》　貞元十四年，我常侍鍾陵之政成。繇賦均調，法令修理。男女大小，祗承教化。土地千里，蚩蚩浩浩。莫不剗心，化爲端良。然後覃思閒暇，將有改築，自我宫府，至於門臺，是用乘時，洗故作新。先是城有贅墉，横亘東西，盤護便地，甚曰無壯，瞻彼闉闍，亦特其門，崇未及雉，廣不容軌。公斸掘平夷垣，修塗壞，撤規模，巖巖四扉，每五夜將旦，候吏雲委，鼓鳴逢逢，輷然洞開。軒蓋絶塵而並騖，軍旅擁闕而坌人。旗過優游，馬不駢蹄，徘徊流覽，勝氣洋溢。改作之致，騰淩前人，真卓然之思也。君子謂公氣冥元極，智遊象鬱，以盛德統於大位，苟視民之弊。吾見其雍閼不和之氣，决防潰澤之不若也。豈復有煩冤淫濫之志，漸於風俗哉，循跡觀改，正在於是。公嘗自濡瀚，有所啓敘，實恐揮謙，休聲不揚，小子愚陋，選述銘頌，請刻於貞石之陰，使新門之績也皇皇然。頌曰：

鍾陵古城隘不工，麗譙隙穴廢崇墉。右貂作鎮寢前蹤，中央砥平豁蒙籠。嚴城朝旦日曈曈，高開四門車馬通。此邦此績垂無窮，敢紹華藻揚清風。

劉禹錫《劉夢得文集》卷一一《山陽城賦並序》 山陽故城，遺趾數雉，四百之運，終于此墟。裔孫作賦，蓋閔漢也。辭曰：

我止行車，隕涕于山陽之墟。是何蒼莽與慘悴，春陵之氣兮焉如？蹈昌運于四百，辭至尊而伍匹夫。有利器而倒持兮，曾何芒刃之足舒！懿王迹之肇基，暨坤維之再敷。邈汜陽與鄗上，恍蛇變而龍攄。痛人亡而事替，終此地焉忽諸。

嗟乎！積是爲治，積非成虐。文景之欲，處身以約。播其德芽，迄武乃獲。桓靈之欲，縱心于昏。爇其妖焰，逮獻而焚。彼伊周不世兮，奸雄乘釁而騰振。物象漼以易位，被虛號而陽尊。終世殫而事去，胡竊揖讓以爲文？嗚呼！維神器之至重兮，蓋如山之不騫。使人得譬乎逐鹿，固健步者所先。諒人事之云爾，孰云當涂之兆也自天？

亂曰：久矣莫可追，升彼墟兮噫嘻。躅遺武兮，貽后王之元龜。

《全唐文》卷七六三鄭吉《楚州修城南門記》 今上元年春正月，楚州新作内城之南門。何以言新？因舊之云也。何以言作？更從王制也。王制若何？曰天子諸侯臺門也。何稱内城？别於外郛也。《春秋傳》曰：南門者，法門也。南面而治者，政令之所出也。楚大邦也，日者草創。南雖設譙門，卑且陋，但闔兩扇，爲露棚於前。振軍旅焉，露棚不能蔽風雨，亟理而亟壞。由是刺史兼御史中丞李公新作之。公名荀，隴西成紀人，用文學德行進，嘗言於賓客曰：走前爲戎曹郎。白於執政曰：太平時天下有府兵。今散矣，而折衝果毅郎將戍官等輩尚冗食焉。艱難後天下有府兵，而軍籍多空名，庫兵皆刓腐。安不忘危，《易》道也。有備無患，軍志也。晉室尚清言，胡馬譟河洛，天寶怙富庶，燕盜腥中原。職司其守，言非出位，幸相公財之。當時執政雖似不爲意，他日揖走於列曰：泝淮而上達於潁。而州兵之益團練者，纚聯五郡焉。楚最東爲名郡，疆土綿遠，帶甲四千人，征賦二萬計，屯田五千頃，凡兵賦食三者相通也。公嘗亟言兵，願試鋒穎焉。召對延英，得列以聞，可脂轄矣。故遂授銅虎符竹使符來此。公始下朱轓，遽視城洫，簡兵甲，閲卒伍，若不適於意者。楚人再無歲，負租逋穀甚多，乃去鄉胥之啄害良民，斂賦與之緩期。人戴其惠，征租力人入矣。得善用籌者勾稽公物之出入，抉負財且二百萬。俾軍吏之敏察者覘公田之稼，得將隱謾之穀，不翅萬斛。掌公財而坐於市，占軍籍而蔽其家，計其入，僅足其廩食，牧財而斥其人。外厩有征馬，雖不滿四千蹄，而藁粟脂藥之用，圉牧將卒之列，繁且耗。公曰：幸天下無事，就有道。而此悉罷去之，月省費三萬，藏有埽財矣。乃完補卒伍，乃犀利甲兵，乃飫飽吏士，乃恢崇規制。掾曹有公膳，牙門有常饔，胥史有官厨，衛卒有給食，合而言之，曰廩餐錢者三百七十人。先是以歲用不足，常自正月迄于仲夏。凡曰廩餐錢者皆半之，俟斂新賦而後復之。或災沴水旱，賦不畢入，亦終歲不復，公曰：寧損他費，焉有責其盡力而使之歉復耶？悉賙之。仍筆於檢日用約若今歲，後或不易，羊羹之敗，其無虞乎。由是吏胥醺其德，將卒許之死矣。士伍寒燠，有若賜衣，詔以歲貢征緡賦之。嚮者泉輕而幣重，賦之以帛，而士得其贏。今也泉重而幣輕，猶賦之以帛，官受其利。公曰：吾心有不安焉。盍賦之以緡，苟不足，即與帛而時其物之價而直之。既聞令，讙聲動壁壘，皆曰：有君如此，使我蹈水火可也。乃新南門，巋然而樓，增以舊五之二焉。劃爲雙門，出者由左，入者由右。夾築高阜，類觀闕而非者九。軍壘皆爾，命之曰却敵。慮壚士之喜陂陁也，鱗臂而塗固之，周施檻循。其陽也，建大旆，嗚笳鼓，以司昏曉焉。其雨也，卷旆援枹於樓中。以謹擊柝，以嚴敦令，以壯都鄙，以張軍聲。爲理若此，足塞執政之云兵賦食三者相通試鋒穎之説矣。凡畚築攻木瓴甓塗暨者，無慮備於軍伍，而州閭人皆來縱觀耳。既休役勞工。顧謂吉曰：子學舊史，顯爲我記日月，不願黼飾空言。曰：古者國有史，舉事必書。國有詩，王者採之，知其國之風。自秦郡縣天下，史之與詩皆止矣，獨有銘功記事，文之金石者，近於國史國風之類歟。然言之不文，不能播遠，請將俟作者。公曰：否。子焉用辭。既不得命，乃考三實以書。往歲有將作少監李姓陽冰名，善籀書，尤工爲大字，瑰碩多力，郡邑省寺得其署題者，榮而葆之。大曆中，客有楚因大署州門。昔人措之於西偏，至是公易之於南門，以表揭遠近。或曰：宏制異蹟。公招期於數十年間，斯盛事也，不可以不識，故著之於末。仲春貞陵復土，羣臣上言，請御端門，赦天下改元，上思慕未許，故猶以大中紀年。十四年四月二十一日謹記。

《全唐文》卷六八八符載《蘄州新城門頌并序》 城于防，《春秋》書之，重時也。城于蘄，輿人誦之，美功也。何可謂之功？曰余得言之矣。大唐庚辰歲秋九月，岳鄂觀察使御史中丞鄭公前牧於蘄春，始佩銅虎符。是年冬十一月，蔡人不虔，天子詔諸侯之師誅破之。我有疆埸，與人腹背，慮禍甚劇，爲虞落然，民大愁恐，若寇暴至。是邦也，夙昔無事，人傲慢，垂百餘祀，城隍不張，頹墉壞堞，僅爲平野。公乃度舊址，量客土，備畚鍾，嘯丁壯，勃焉而興。於是謹刀布以索力，考鼙鼓以蕩氣，嚴進退以設令，立師伍以程課，烝徒雷呼，萬鎚星飛，誅惰聳勞，間無留時。凡甲子五癸，即崒然城成矣。墉高三雉，門容兩轍，周迴一千八百四十步，門臺睥睨，霞艴雲截，如崇山斷岸，邈不可嚮。議金湯者，我居首焉。日者嗣曹王皋討希烈之叛，於此嘗具板幹，作爲坯築，役徒巨億，經費稱是。樹而復潰，卒無能名。風俗耇老以爲蛟螭靈怪，蟠窟固護。使人不見其績也。公躬自省視，循理辨物，心禱且計，輔之至誠，遂用堅緻。嗚呼！蘄城，楚舊封也。疆淮蔡，邇申息，地當隘束，實生攻奪。若嚮時敵者驅鐵衣，出穆陵，襲我無備，搖脛而至，即江淮之南，吾見其波動矣。然俾夫大藩倚其固，屬郡抱其勢，千里士庶，高枕而臥，寇不致萌彎弓捻矢之意者，新城之謂也。繇是大君聽民間威聲聞望，以公有文武上才，秉心塞淵，可以防方隅，可以握權貴，故拔自倅牧，雄居盛府。山川幢蓋，皆舊物也。寄任之重，夐無其隣。夫賢爲世出，績因時達，微新坡，吾見公之力才事業，其堙鬱不揭乎？鯫生作頌，頌以後。辭曰：

庚辰之歲，鶉首有彗，人用五兵。維彼蘄下，疆及風馬，實啓戎情。在昔無虞，蔑其闉闍，埤堞頹傾。我公作守，恢拓荒舊，乃新其城。百堵言言，四阿孱顔，矗如雲平。扼衡據會，寇不敢過，生人休慼。維兹盛烈，遭時而發，鴻振芳名。我有貞石，不追不琢，孰聞風聲。是用作頌，冀兹不朽，與日永明。

陸龜蒙《甫里集》卷七《築城詞二首》 城上一培土，手中千萬杵。築城畏不堅，堅城在何處。

莫歎將軍逼，將軍要卻敵。城高功亦高，爾命何勞惜。

《(乾隆)江南通志》卷二一 韓熙載《宣州築新城記》 粵自結繩初代，爰申弧矢之威；執玉已旋，遞設金湯之險。逮至七雄鬭土，二霜專征。其或盟約未孚，則崇百雉而以尊王室；仇讎尚熾，復嚴八襲而用保邦家。由是九服畏威，諸侯述職。式閭懋德，仍垂裕於後昆；定鼎洪基，啓重光於奕世。及其素靈有國，炎政披圖，未嘗不廣樹藩防，久司方面。帶河阻險，將制敵以平艱；高壘深溝，遂取威而定霸。爾後五方分鼎，六代乘龍，咸皆高蹠前規，重席故範。雖復寢扃静柝，已無伺隙之虞；然後列郡通都，常有磐石之固。則知百王遺式，歷代所因。利用建侯，率由斯道者也。我唐中興三葉，聖曆再周。貞觀不違，飛沈自若。義聲騰於九有，靈光施於八埏。國步已康，而關防益謹。用張下武，大展雄圖。載習五兵，克殲勍敵。重營堅壁，以制不庭。乃詔寧國軍節度使、檢校太尉、同中書門下平章事、都督宣州諸軍事、宣州刺史濟南公築此新城者矣。公擢陰陽之秀氣，含川嶽之上靈，才爲時生，榮不世出，心堅鐵石，氣激風雲。森武庫之戈矛，杜私門之營壘。負流丹之勇，竟折鋭以摧堅；沉背水之機，必追奔而逐北。義征不諱，方圖烟閣之形；功濟多艱，更鏤昆吾之鼎。所以疊縻天爵，頻擁隼旟，政理浹旬，仁風載路。牙帳荷絶甘之惠，編閭興來幕之謡。況寧國重藩，宣城奥壤，星分牛斗，地控荆吴。扼天下之嗌喉，作關東之襟帶。雄加侯甸，必須良將之籌謀；勢壓江山，實假崇垣之壯麗。於是持飛鳳詔，命展金墉。公乃選五稼豐登，三農開隙，遂敷心計，因著土功。是以將校呈規，工徒獻藝，士皆樂往，民以悦來。荷長鍤以成雲，陳豐畚而翳日。因高就遠，以日繼時。萬堞才成，堅同石堡；四門始畢，儼若玉關。爰自壬戌歲二月興役，至癸亥年三月畢工。所築新城，自金光門西北，轉至舊城崇德門東北角，長五里三百三十三步；從崇德門以南，轉至金光門東，長四里二百三十步。新、舊城共長一十里一百九十三步。新築濠塹，亦從金光門遶新城，轉透出大溪，長八百九十四丈，深三丈有餘。造成大樓八所。其諸敵樓、橋、道等，不可殫書。公前在京口，日浚溝池，崇壁壘。洎移鎮撫，復繕城隍。凡標準地形，督責功力，委蛇延袤，必躬必親。日入而休，曾無倦意。牛酒犒士，絲綸賞功。士卒塗塈，日月相望。公又釀醪醴，豢犧牲，三日一餉軍夫，五日一享將校。由是萬民負畚，咸悦豫以忘勞；列校褰裳，禀威嚴而盡力。其動也，山迴地轉，勢若奔雷。其静也，雨息風恬，齊如剪紙。數年之役，期月而成。觀其千雉豐餘，重門静忽。飛閣神行而聳漢，璇題月照以羅空。層簷翼舒，雕楹虬躍。高陴矗而山屹，方櫳豁以洞開。排晝桷以星攢，下臨無地；走長廊而雲布，橫射遥天。而又(别)〔列〕一帶之寒江，自爲天塹；環千尋之深洫，宛是湯池。固可藩屏皇居，折衝萬里者也。懿哉乎，城之爲役也！暫勞永逸，既不騫而不崩；有備無虞，信可大而可久。銘功勒石，以播無窮。其詞曰：於赫有命，洪惟我唐。中興奕葉，三聖垂光。王猷允塞，靈貺孔章。賢士在位，猛士守方。王公設險，以守其國。重門擊柝，以待暴客。況此宣城，國之閫閾。不有金湯，何爲控扼。烈烈虎臣，爰兹鎮牧。廉問方期，仁風載沐。寅承廟算，允因玉燭。遂度上工，乃陳畚蕐。經之營之，壘堞疏流。萬尋澗引，千雉雲浮。石堡玉關，鐵瓮金甌。雄加九服，麗絶方州。飛簷鳳舉，畫栱龍游。疊碧鴛兮霧合，亘長雲兮翼舒。何巨防之可比，視方城其蔑如。勒勳績於貞石，作藩屏於皇居。癸亥歲十月五日。

《〔嘉靖〕欽州志》卷六萬人俊《新修欽州城記》 舊郡水土不利，朝野具聞。稼穡歲望而不登，嵐靄晝昏而罔霽，結成瘵疾，流害寖深。其有隸官而來，戎師比至，據鞍纔解，坐席未温，即憂懼之莫遑，漸淪胥之相繼。昨本路轉運使、司封員外郎鄭天益提轄之暇，經度海隅之地，抗疏封章，上聞宸聰。朝廷念兹遠俗，申明勸農使度支員外郎許式、副使成正忠、國子博士江澤從而審察，咸曰便宜。于是經之營之，果兆元亨之吉；遠者近者，咸爲墾闢之勞。屏强徒如葦蒲，救生民于塗炭。陰陽之利既博，封守之固永寧。而復命有聞，允詔斯下。桂林監護上閤宋侃、漕輸鄭天益，暨郡守符侍禁、朱正用、佐幕徐的共宣厥謀，俾集其事。由是命兹軌度，鳩工督繩。築之登登，盡興于百堵；椓之閣閣，咸列于群材。圖鼎革之著庸，嘉輪奐之濟美。民安編户，目駭外夷。斯蓋國家拓土于要荒，濟民于富壽。作爲可法，有周后子來之心；悦懌忘勞，無梁伯民罷之嘆。故築未浹旬，而工度咸備，幾五月而經營俱存。土厚水深，滌除于天災；家給户足，馴躋于禮樂。老安少懷，識遜畔讓路之化；上行下傚，異同川鼠穴之風。振喉領于一方，焕圖謀于千古。上棟下宇，名山大川。雉堞之窮崇，根基之堅固，橋梁濟達，户賦滋盈。備載于經，悉見其事。

宋庠《宋元憲集》卷一《夫人城賦并序》 昔晉將朱序守襄陽，爲苻丕所圍。序母韓氏自登城按履，謂西北角當先受弊，遂領百婢及城外中女丁於其角斜築二十餘丈。賊攻，西北果潰。衆固新城，丕遂引退，謂此爲夫人城。至今叢祠遺基巋然尚在，荆楚歲時鄉人祀焉。仰其高風，慨然爲賦，其詞曰：

循漢臯而西望兮，何層城之孤峙。披南烈之遺堞兮，號夫人之故壘。譙門堙而中塞兮，灌木森其相倚。勢鬱律以上出兮，下坡阤而榛圮。渺遺烈而未泯，眷高芬而可紀。昔典午之鼠首，屬苻丕之虎視。區區保乎江漢，峴一障乎北鄙。寇方甚於餓喙，地幾同於黑子。惟韓媪之慈訓，勵朱公之朴忠。仗天節以扞敵，據江域而臨戎。於時大羽若日，高旌如虹。桀黠同侮，跳梁四攻。防地中之甕缶，舞樓上之梯衝。伊君母之慷慨兮，誓喪元而靡悔。臨大難而克壯兮，儷危闉之先潰。率民婦而操築，培戰陴而相對。備之於條候之西北兮，豈神機之我昧？果前陷於厥角，率圖全於覆簣。嗟女子之綿薄兮，蓋中壺而是修。奉蘋蘩之常祀，承巾櫛之餘休。矧仗節而死難，非君子而可求。偉此母之挺操，亘終古而弗渝。趙指括以全宗，王勉陵而事劉。孟三徙以漸訓，介俱隱以無尤。雖先建於高躅兮，我無忝於前猷。若乃寶墉百尋，犀兵萬旅。推轂受命，建牙作輔。氣可蓋世，威能拉虎。或啗利而忘義，或飽飛而背主。輸天險於敵國，忍吾君之外侮。悲丈夫之竊號，曾緯嫠而無取。儻死者之可作兮，非夫人而誰與？詠明德而不已，聊盤桓以延佇。

胡宿《文恭集》卷一《正陽門賦》 有宋受命，惟皇建國。獲九金之神鼎，應五精之火德。將以定九廟之攸居，彌萬世而不易。陋洛陽之如掌，纔可以備離宫；謂函谷之扼關，不足以創宸極。于是即房心之廣野，據神明之華域。得天帝布政之廷，命司空度土之職。申畫郊圻，繕營宫室。建萬雉之都城，順五土之方色。王畿千里，俾日徑之傍開；君門九重，法天關之上闢。粤藝祖之創基，逮永熙之御曆。戰壘尚多，寅車未息。方且法神禹之卑宫，循姬文之旰食，重長府之仍貫，惜露臺之勞役。惟此應門，闕乎盛飾。屬三葉之承祧，配九皇而比迹。受萬玉之會朝，覽四海之圖籍。老上修歡，日際來格。風德周乎四面，言語重乎九譯。天業暉昌，國財厚積，通廣先猷，乃籲衆力。謂皇居之偪下，虧萬乘之尊嚴；謂寶儉之過中，非四方之表則。矧帝閽之峨峨，圖天象之奕奕。一開一闔，于以順乎陰陽；不壯不麗，何以威乎戎狄！于是申嚴戒告，條具章程。運松石于海岱，下杞梓于荆衡。瓌材畢至，美礎森呈。詔將作之利器，按堪輿之秘經。天老推策，石師督繩。晝則瞻乎陽景，夕則考之極星。雲漢昭回，正瑶光于神縣；山河表裏，裁寶勢于坤靈。築金椎兮堅重，置水槷兮端平。子來輸力，人謀獻能。千章兮俱度，萬斧兮並興。賦東山之悦使，造靈臺之樂成。挺庶物而首出，恍緣雲而上征。覆壓九軌，森倚萬楹，冠廣内以凝宇，標正陽而定名。寶篆鸞飛，耀煌煌之金刻；榮簷虬聳，壯翼翼之瑶京。崒兮天黨，屹若神行。麗譙横互，磴道階升。雲梁布藻，煙瓦摇青。方疏洞開，璇題彪列，藹若鮮雲，蔽嬋娟之素月；鏤檻周施，彤欄鉤折，宛在半空，横連蜷之雌霓。俯畢昴之中街，聳象魏之雙闕。觚稜上拂，隱日月之迴環；肇道相過，瞰煙雲之明滅。綴以昆金，飾之和璧。塗艧澄鮮，榮光射激。離朱奪其目精，計然喪其心畫。形半起而還正，勢將翔而復抑。跂而望之，若太陽御六龍，升扶桑而耀色；迫而察之，若威鳳將九雛，下丹山而接翼。東虬兮西獸，交鎮兮左右；南箕兮北斗，夾照兮前後。赫頳壞以周布，岌飛廊而却走。刻雕辰象，按宣夜之渾儀；圖狀神靈，選尚方之畫手。偓佺飛步，來曝于南榮；曼倩凝睛，下窺于朱牖。瑰譎萬態，于何不有！雄眗兮赫侈，磅礴兮穹崇。彈壓兮萬寓，冠映兮九宫。如衣服之有冕，譬鱗介之宗龍。配天之業兮，巍巍而蕩蕩；□□□□□，鬱鬱而葱葱。俯太行兮却倚，瞰洪河兮注東。漢圖五嶽之形，儼存于宇下；周制九丘之地，悉布于檻中。是知帝者之有爲也，闡元極，稽邃古，述作表聖明之功，擬議成變化之序。宅中肯構，法太紫之圓方；大壯取模，用高曾之規矩。故能御六辯，總群綱，安天下於置器，尊人主以如堂。鼓協氣而中出，導靈風而遠翔。納物于崇丘之富，躋民于壽域之康。樹闕中天，闡三正之教法；建瓴高屋，制萬國之侯王。若乃分至御辰，清寧貺吉，考太史之宏議，酌觀臺之故實。命保章之職，仰以占乎五雲；詔師摯之官，中以吹乎六律。此所以察羲易之時變，助箕疇之陰騭。又若禮罷神壇，詔回天乙。感人之樂，悅發于鈞霄；呼歲之聲，喧踰于少室。兹又恢一代之典禮，俾百王而祖述。大哉！三光之所照，九賦之所均，有宫室以安體，有衣冠而正身。穆穆中夏，眈眈紫宸。功崇則業大，德盛則禮尊。斯干詠于周家，落成百堵；建章營于漢代，麗極千門。况乃業包海岳，道格乾坤。踰蒼姬之拓統，超金卯之集動。撫和曠俗，惠養齊民。秋毫皆出帝力，率土莫非王臣。靈臺偃師，靡務先王之武；闔廬蔽雨，施及吾儕之人。故得中外畢力，大小懷欣。胥靡之工，驩趨乎版築；斲墁之匠，投衒其風斤。役不愆素，事俱中倫。彼土階載乎往牒，茅殿標乎舊文。或出墨家之瑣瑣，或主玉帶之云云。繩以大中之法度，彼又齷齪而奚足論？若乃考乎默定之理，剽諸故老之聞。正者所以建萬事之紀，陽者所以爲衆陰之君。鎮天安之路寢，壯帝宅之威神。豈人謀之經始？亦天意之冥存。蓋以恢久大之德業，崇燕謀于子孫。利貞元亨，四德扶于君位；謳歌獄訟，萬年繫于天閽。下臣委質盛期，棲蹤禁陌。睇閶闔之華峻，于青冥而烜赫。惕位貌之喧卑，悵威顔之疎隔。禁門引籍，非如司馬之朝臣；行在獻文，復愧甘泉之賦客。乃作系曰：

煌煌特闈，明明哲后。樹華構兮無疆，建豐規兮可久。拂倚杵之寥廓，鎮方輿之博厚。拓基鞏固，將金狄以同堅；卜世脩長，配神樞而不朽者也。

余靖《武溪集》卷七《筠州新砌街記》 予至筠州之明年，道者僧體謙袖謁及門，既坐，遂言本永嘉人，寓筠二年，去居廬山。筠之崇善者曰吴太元命之復來，募衆得錢一千萬，召工鑿山陶土，得石與塼若干千萬，砌成大道，北斷於江，其南西繚於闤闠，凡若干萬尺；横渠暗竇，爲橋以通之，凡若干所。喜捨之士以道計者，自五百尺至百尺，凡若干人；以錢計者，自三十萬至一萬，凡若干人；一萬而下，不可勝計。所得錢不以簪毫自私，皆寄某氏之帑，朱出墨入，悉某氏主之。麻衣草屩，以董衆役，暮宿甄舍，飢食於施者家，凡若干年而工畢，乞書其事而誌之。吁！今夫地征物賦，官司列榜笞，謹期會，上監下督，民猶有靳固而逋負者；至以西方之教，一呼於衆，則發畜積割珍愛，欣然無所惜，其故何哉？蓋儒以禮法御當世，使人遷善而去惡；佛以因果誨未來，使人修福而避禍。然世有積善而遇禍，積惡而蒙福者，雖有仁智，無如之何。釋之徒則曰：彼前世之所爲，今獲其報耳；今世之脩，報在來世。又言：没有天堂、地獄、苦樂之趣，次序纖悉。故無刑而威，無爵而勸，歸之者如川之流，壅之不停，去之不竭。其爲教大抵若是。其有竊佛之權，愚弄於衆，財未入手，先營其私，衣華暖，居宏麗，啖甘脆，極力肆意無畏憚者，十六七焉。彼上人者，獨弊衣糲食，苦其行而外其利，又能得開信同心，成此利益，使夫趨官曹、遊旅肆者，出滓泥、入清凈之境，真奉佛事、勵戒行而好方便者也，誌之無愧詞。

尹洙《河南先生文集》卷四《秦州新築東西城記》 城，武備之一，譬於兵爲器之大者也。古聖王捍患底民，弓矢甲胄，與城郭溝池交相爲用，以利後世，世人不推究古始，以爲王者專任德教，不必城守爲固。果如是，武庫甲兵將安用邪？聖人以不教戰爲棄民，兵不可得而廢，猶城之不可廢。嗚呼！世人未之思也。上之十六年，始用西(帥)〔師〕，邊將增壁壘，(寢)〔寖〕爲守備。又二年，虜犯塞，震動鄜延之師。自潼關以西，諸州悉城，(郡)〔群〕議靡然，無復立異者。然而事暴起，嚴期辦，甚者削制度，苟謀亟成。既而不免改作，重傷民力，(此)〔比〕之平時預爲之圖，勞費過半矣。秦州自昔爲用武地，城壘粗完，數十年戎落内屬益衆，物貨交會，閭井日繁，民頗附城而居。韓公作鎮之初年，籍城外居民暨屯營幾萬家。公曰：「是所以資寇也。」乃上其事，以益城爲請。詔從之。公擇材吏，授之規模，東西廣城四千一百步，高三丈五尺，基厚皆稱是，(以)〔内〕與舊城連屬，合爲一城。自十月至正月，以畢事聞，總工三百萬，秦人(北)〔壯〕之。是歲盡冬(元善)〔無甚〕寒，杵者聲(謙)〔謳〕，以致其樂焉。先是，郡有(罷)〔羅〕谷水，自北山而下，公導之，使西塞故道以致城，衆頗爲疑。明年夏，大雨，水循新隄，絶不爲城害，衆乃(報)〔服〕。或者以虜數敵中國，今作城，祇以自守，非制虜術。此大不然，今之所患，邊壘未能盡固耳。果盡固，雖虜至，吾兵得專力於外，勝勢多矣。如虜以吾城守既備，息其闚邊之謀，則《兵志》所謂「無智名，無勇功，善之善者」也。公忠國愛人之心，其在兹乎！自始事，公宴犒慰勞，無日不

（主）〔至〕。既成，由諸校而上，天子（文弟）〔又第〕其勞加賜焉。《春秋》，列國興作皆以書。城之四月，某得以州事佐公，故詳其實而書之。凡董役之長，暨勤事之吏，皆刻名於石陰。慶曆二年八月十五日記。

《（道光）南雄州志》卷一九丁寶臣《修南雄州城記至和元年》 開寶四年，王師克劉鋹，嶺外始被聖化，距今八十四年，阜安生息，不識戰鬭。東西部四十有五州，惟廣、桂、邕號大府，有金湯之險，他皆闕如，間有亦庳陋不足爲固。蓋承平日久，四方弛武備。慮遠者欲豫爲之所，而俗好議論，往往以爲生事動民，故所在守長不敢議改作。皇祐四年夏五月，蠻人陷邕管。邕，疆場也。禽帥非其人，斥堠警備不治，賊至城下，殺掠吏民，乘鋭而東破瀕江九郡。入廣，攻城不能拔，引而還邕。時旁近郡悉集境内丁壯爲捍衛，南雄守、殿中丞蕭侯渤議乘衆力治舊城而大之。或曰：「兵興，民方騷然，又從而倡役，如重困何？」侯曰：「此豈得已而爲？以賊乘吾無備而來，諸州之所以殘，廣之所以獨完，利害較然。奈何復循覆車之軌乎？」乃上其事，擇吏之幹者軍書推官張處中督之。未幾，有詔城諸州，而南雄之工先稱辦，規模宏偉，又推甲焉。廣袤六千八百六十尺，厚四十五尺，上殺二之一，崇二十五尺，加女墻六尺。用人之力一百八十萬。直南立正門，冠以麗譙，衛以甕城，東西二門如之。環城縱出，樓櫓相望。凡爲屋大小五十四區二百六十楹，其他守械稱是。

《（嘉慶）四川通志》卷四九李大臨《唐安修城記》 皇祐六年春王正月甲午，城唐安。朝廷從端明殿學士、知益州廣平程公之請，益之旁郡皆得從廣平之命而役焉。唐安郡將、駕部員外郎、清源王君以書屬大臨，且列其事，使紀其城之之謂，因得述其所以。唐安自唐垂拱初，分晉源縣爲州於斯，三百七十年無城。歲伐木刻而編之爲塞，從權宜作限禦，今俗之傳言曰「塞内」、「塞外」者是也。噫！蜀地皆富饒沃衍而忘他盜耶？大道之行，而民不奸也，俗淳而自化耶？政察而不敢踰者耶？作牧者繼至，而不可以爲而不爲之者耶？何製作因循之若此？古之建立州里，未有不先以城郭、溝池爲固，聖人之作法，豈虚也哉！彼苟安者不思之甚。君子則不然，事必謀於其始，而患必防之於未萌。幸蠻獠面内，兩川久泰，常無事時，不可忽於其備焉爾。駕部君强幹明敏，爲守土臣而盡力於城郭，乃可謂有能名者也。與蜀邑太常博士舒照亮，注簿内殿承制黎傳慶，監押、左侍禁石炳，軍事判官路諫，司理參軍董倚，更相共事，能身先風霜氛露。又多心匠善計，朝夕觀視其兵民。兵民四千八百，人樂且舞，以趨其勸。自鳩工至於其役，凡十旬有十日而城成。上丈有五尺，嶄然其高也；下丈有三尺，妥然其袤也。十里環然其周也，四門腹然其擁也。石柱架梁，道其水也；鐵牐水門，時其利也。如是，其壯大堅完，而又有所扞。倉廪府庫之積，營屯軍旅之戍，軍馬出入之節，商旅往來之征，蔽焉通焉，闔焉闢焉，皆得以專而司之。編民藏鏹百萬，蓄儲萬廂，聚而居，坐而愉，曾不有所恐而有所虞。於是老者、壯者、義者疊肩拍袂而喜，且賀曰：今而往，吾鄉、吾里、吾族、吾父子兄弟相親而相保，無緩急之警者，賴駕部君之庇始也。非惟吾民賴之，後守是邦者，實賴之矣。

曾鞏《元豐類稿》卷一七《繁昌縣興造記》 太宗二年，取宣之三縣爲太平州，而繁昌在籍中。繁昌者，故南陵地，唐昭宗始以爲縣。縣百四十餘年，無城垣而濱大江，常編竹爲障以自固，歲輒更之，用材與力一取於民，出入無門關，賓至無舍館。今治所雖有屋，而庳逼破露，至聽訟於廡下，案牘簿書，棲列無所，往往散亂不可省，而獄訟、賦役失其平。歷七代，爲令者不知幾人，恬不知改革，日入於壞。故世指繁昌爲陋縣，而仕者不肯來，行旅者不肯遊，政事愈以疵，市區愈以索寞，爲鄉老吏民者羞且憾之。事之窮必變，故今有能令出，因民之所欲爲，悉破去竹障，而垣其故基，爲門以通道往來，而屋以取固。即門之東北，構亭瞰江，以納四方之賓客。既又自大其治所，爲重門步廊。門之上爲樓，歛敕書置其中。廊之兩旁，爲群吏之舍，視事之廳，便坐之齋，寢廬庖湢，各以序爲。廳之東西隅，凡案牘簿書，室而藏之，於是乎在。自門至於寢廬，總爲屋凡若干區。自計材至於用工，總爲日凡二千三百九十六日而落成焉。夏希道太初，此令之姓名字也。慶曆七年十月二十三日，此成之年月日也。始繁昌爲縣，止三千户。九十年間，四聖之德澤，覆露生養，今幾至萬家。田利之入倍他壤有餘，魚、蝦、竹、葦、柿、栗之貨，足以自資，而無貧民。其江山又天下之勝處，可樂也。今復得能令，爲樹立如此，使得無歲費而有巨防，賓至不惟得以休，而耳目尚有以之爲觀。令居不惟得以安，而民吏之出入仰望者，益知尊且畏之。獄訟、賦役之書悉完，則是非倚而可定也。予知縣之去陋名，而仕者争欲來，行旅者争欲遊，昔之疵者日以减去，而索寞者日以富蓄。稱其縣之名，其必自此始。夏令用薦者爲是縣，至二十七日，而計材以至於落成，不惟興利除弊可法也，而其變因循，就功效，獨何其果且速與！昔孟子譏子産惠而不知爲政，嗚呼，如夏令者，庶幾所謂知爲政者與！於是過子産矣。凡縣之得能令爲難；幸而得能令，而興事尤難；幸而事興，而得後人不廢壞之又難也。今繁昌民既幸得其所難得，而令又幸無不便己者，得卒興其所尤難，皆可喜無憾也。惟其欲後人不廢壞之，未可必得也。故屬予紀，其不特以著其成，其亦有以警也。某月日，南豐曾鞏記。

曾鞏《元豐類稿》卷一八《瀛州興造記熙寧元年》　熙寧元年七月甲申，河北地大震，壞城郭屋室，瀛州爲甚。是日再震，民訛言大水且至，驚欲出走。諫議大夫李公肅之爲高陽關路都總管安撫使，知瀛州事，使人分出慰曉，訛言乃止。是日大雨，公私暴露，倉儲庫積，無所覆冒。公開示便宜，使有攸處，遂行倉庫，經營蓋障。雨止，粟以石數之，至一百三十萬，兵器他物稱是，無壞者。初變作，公命授兵警備，訖於既息，人無爭偷，里巷安輯。維北邊自通使契丹，城壁樓櫓禦守之具，寢弛不治，習以爲故。公因災變之後，以興壞起廢爲己任，知民之不可重困也，乃請於朝，力取於旁路之羨卒，費取於備河之餘材，又以錢千萬市木於真定。既集，乃築新城，方十五里，高廣堅壯，率加於舊。其上爲敵樓，戰屋凡四千六百間。先時，州之正門，弊在狹陋，及是始斥而大之。其餘凡圮壞之屋，莫不繕理，復其故常。周而覽之，簷斷有所，燕休有次，食有高廩，貨有深藏，賓屬士吏，各有寧宇。又以其餘力爲南北甬道若干里，人去污淖，即於夷塗。自七月庚子始事，至十月己未落成。其用人之力，積若干萬若干千若干百工；其竹葦木瓦之用，積若干萬若干千若干百。蓋遭變之初，財匱民流，此邦之人，以謂役鉅用艱，不累數稔，城壘室屋未可以復也。至於始作逾時，功以告具。蓋公經理勸督，内盡其心，外盡其力，故能易壞爲成，如是之敏。事聞，有詔嘉奬。昔鄭火，子産救災補敗，得宜當理，史實書之。衛有狄人之難，文公治其城市宫室，合於時制，詩人歌之。今瀛地震之所摧敗，與鄭之火災、衛之寇難無異。公禦備構築不失其方，亦猶古也。故瀛之士大夫皆欲刻石著公之功，而予之從父兄適與軍政，在公幕府，乃以書來，屬予記之。予不得辭，故爲之記，尚俾來世知公之嘗勤於是邦也。

劉敞《公是集》卷三九《城郢論》　子囊爲令尹，城郢，君子稱之曰：「忠矣，能衛社稷。」囊瓦爲令尹，城郢，君子譏之曰：「卑矣，必亡楚國。」夫楚，一也；子囊、囊瓦，令尹等也；城郢，均也。子囊以取褒，囊瓦不免於貶，何哉？君子者，固譽成而譏敗乎？論之曰：否。昔子囊之爲令尹也，修法制，舉賢才，附百姓，親鄰國。所以守其四封者已遂矣，惟郢之未城，於是城郢，則豫患而已矣，安得不謂之忠？囊瓦之爲令尹也則不然，遠忠直，比讒諂，貪愎無厭，遂過不更，百姓怨之，諸侯怒之。所以守其四封者已小矣，惟郢之可城，於是城郢，則外民而已矣，安得不謂之卑？夫外民，民亦外之。此囊瓦所以亡楚也。事固有同功而異情，同迹而異論者，此之謂也。《易》曰：「王公設險，以守其國。」夫設險之與恃險，豈得同哉？設險者彊，恃險者亡。故先王制城郭溝池，所以立固，而非固之本也。制鄉遂都鄙，所以便守，而非守之本也。制師旅卒乘，所以建威，而非威之本也。本之所在，在德義，在知人，在安民。必有其本，然後城郭溝池可得而固也，鄉遂都鄙可得而守也，軍旅卒乘可得而威也。故政有本末，事有先後，無後其所先，而先其所後，則天下可治，百官可任，萬民可附，四夷可服。惟明者而後及之，非囊瓦之所能見矣。

蘇頌《蘇魏公文集》卷六四《澶州重修北城記》　澶，古衛地也。在春秋時，嘗會十一諸侯盟於此。歷唐、五代暨我朝皆以名州，既而又表其軍曰鎮寧以重之。自京師在汴，是爲北門之屏。憑深搤衝，襟帶燕、魏，蓋河朔一都之會也。州本治頓丘，晉天福中，始徙於德勝寨。方其徙時，出多故倉猝間，即用舊址，挾河橋爲二城。其規橅固已陋矣，而河濱之土疎惡善隤；北城之隅，復當三埽之敝，夏秋洪流暴溢，浸淫泛濫，大爲州患。急則料民而繕治之，完而復圮者數矣。慶曆中，州使嘗有增築之議，更三太守，或營或止，卒不克就。治平三年三月，給事中、天章閣待制李公既領州事，患其所以然也，將踵前議而即新之。詢之屬僚，屬僚叶謀，請之朝廷，朝廷曰俞。於是工人程其能，群吏謹其職，揆以間月，授以事期。引鐵丘之土以易朽壞，市津門之木以增崇構。且也調赤籍之伍以紓民力，資回圖之錢以省官用。始築於九月二日甲子，考成於十一月二日甲子。兵馬鈐轄某官某、某官某實董其役，通判軍州事鄭某、田某總領而臨涖。大凡役六邑義勇，兩埽、河清諸鋪兵總若干人，爲城五千七百七十步有畸，而外郛水濠之長如之。爲輣樓五百一十一間，而團敵馬面之制隨之。西距河壖，别爲長堤三千五百三十步，所以止横水齧城之害也。并壕外向植桑若干株、棗若干株，所以代枳棘藩落之衛也。直城東西隔斷堤路，增二甕城，所以絶寇騎奔突之患也。惟是郭門之器，守禦之備，莫不增舊而加葺焉。臺高而塹深，下厚而上銳，其堅足以遏湍悍之流，其壯足以侈華裔之觀。非夫智以經之，仁以臨之，則渠能即卑爲崇，撤故爲新，舉一日之力而收永久之利耶？昔《春秋》所記諸侯之事，而土工無大小必書。然其美惡或不同者，皆指事示後以爲法戒也。其曰「夏，城中丘」者，以重其書也，謂其敝不早完，使至大壞。方夏勞衆，而城與始作無異，故重其事而譏之。其曰「冬，城諸及防」者，以時而書也。謂其戒民備物興徒，竣事皆在農隙之月，故謹其時以善之。是役也，因基於前謀，及城之未毀，戒夫《春秋》所謂重者也。自縮版至於工休，不盡中冬，合乎《春秋》所謂時者也。故作之不勞而成之如素，宜其書以告夫來者，嗣其休利而裕民於無窮也。公名中師，以文學政事陟從官。治澶踰年而召歸，方且大用矣。慶曆三太守者，某州防禦使郭公承祐、龍圖閣直學士張公奎、翰林侍讀學士葉公清臣也。

劉攽《彭城集》卷三二《曹州修城記》 曹與鄭、滑，故皆爲輔郡。今二州地入於王畿，維曹自若。夫曹，固古之成國也，故振鐸文王之昭。定陶、濟陰，二漢帝子之封。以至於今，董三軍之衆，建牙揭節，爲東藩首而親賢領之，其亦重矣哉。古之制禮者，貴其稱是，故諸侯臺門、門阿、城雉之數，皆有常制，所以爲威重不逾。國家承平歲久，天下之民，日服禮義，白首之老，不見兵革。自邊圉城守之固，或外户而不爲修。曹之壁壘隳頓，不如古制，亦何怪焉？雖然，是亦長民者之過也。《易》不云乎：「王公設險以守其國。」以爲可得已而不爲者，不智者也；以爲不可得已而直重勞惜費而不爲者，不仁者也。百姓之議如是，其可不畏哉！於是命工板築而更新之。營室之中立表庀事，期而告工休。凡周九里有畸，其高二十尺，其厚上殺下什七度以尋焉。益爲四門，門皆有亭。既成，擇令名之。夫古者作器能名，以爲德音之音，四方之賓至者，將以觀政焉。宜乎其名之必可言也，可無慎哉！自曹西行二百里，則至上都，間無異州郡。上都東北門亦曰曹，故名西門曰「陪京」，亭曰「承流」，見風化之所先被也。《詩》曰：「薈兮蔚兮，南山朝隮。」今南山雖庳，實曹之舊，薈蔚雖微，足以澤物。故名南門曰「隮雲」。自南門行百里，則至商丘。《衛風》曰：「誰謂宋遠，跂予望之。」故名亭曰「跂望」。河水東過定陶而爲汎。謂之汎者，欲其汎愛之道不可不廣，故名東門曰「廣汎」。古稱陶爲天下之中，陶多富人，故名亭曰「既富」。自曹東北三百里，則至岱宗。高山仰止，景行行止，非泰山，吾誰仰止乎！故名北門曰「岱陽」。朝日之所自出，故名亭曰「賓日」。昔衛文公之城楚丘，豈得其時制，詩人歌之，《大雅》亦云「溥彼韓城，燕師所完」、「王命仲山甫，城彼東方」。春秋築城，皆書於經，重興事，先民務也。記新城之役，蓋《春秋》、《風》、《雅》之旨云。於是書之。

《〔同治〕連州志》卷一〇游烈《連州修城記治平四年**》** 荆粤之偏，是爲連州。土壤寒殖，溪山岑峻，奇峰怪石，森若圖繪，蓋昔人所嘗游歷而諷道之者。治平二年冬十有二月，駕部林公至是郡，樂之曰：「予其少安，幸且閒，予則葺之，以無忝昔人。」海陽湖故爲亭十有二，而今之闕焉者四，命即營之。是春，連之人相與灑樂焉。少休，公以城居無水通溉，一日相其溪城壁之西勢，可以引之，爲官民之備。用是謀工計材，爲之車輪二，與城西并陂，且畎之，穴垣以達其宇。既又爲之令窑和工，浚鑿布甓。高庳廣袤，靡迤相望。若廪若帑，若池若圃，若居宇，莫不畦分棋列，周設環浹，會於城道，以達市衢。既又爲之易其故道與所不甓者溝之，火鑿而甌布之。中以横於庭，外以縱於門，北以連於湖，南以亘於津，縈行以回，砥望一道，蓋十里餘。城之顔有橋焉，制陋且圮，因命易之，而新之以亭，曰「通匯」，橋故名也。亭宇軒軒，截然中居，衆實便之。坡之外有大渡焉；梁二十舟於西，多所湍逸，一日命遷之於南，從故渡也。故又議其梁木久且敝，廢之，爲三十有二艇，制完以簡，綿聯横亘，欄楯□周，衆實利之。工之作，會其財蓋數萬計，得諸雜人與且輸責備罰者充之，民力有不與焉。噫！世之爲吏，固多因仍依紆不事事者，公於其事，惟興置之欲問，有不稱必徹新之，類若鷁艦、塵幕，更鉦亦具焉。始公之來，視其事以嚴，曰：「以一力之求，當衆多之欺，有不可得，得斯行之，彼其可以無事。」故至未數月，而民吏聳然以定。民吏定矣，曰：「事其可紓，彼其故，吾猶嚴俟之。」故行未期月，而民吏翕然以信。民吏信矣，然後一旦舉之，而數十年之利從之，此其才有以過於人乎！四年冬，公之及代也，其秩從事游烈與請書之石，曰：連之弊，公斯革之；連之陋，公斯革之。其作也，遨然以疑；其究也，怡然以嬉。維今之堂，泉音洋洋；維今之亭，而嗑營營；維今之衢，出處哻哻；維今之橋，往來囂囂。然則公之所喜，人之所恃，有不知者而忘之廢之乎？請觀其始。

郟亶《婁水文徵》卷一《廣州修東城記》 今天子即位之三年春三月乙巳，廣州新城成。其謀之於龍圖直學士呂公居簡之爲經略，而考之於太原王公靖之爲轉運使也。呂公之治廣，常患舊城不足以容民，而議爲西城者，皆以地處卑薄、毀民居者衆，而不可爲者。久之，因得郡治之東古城之遺址，將以益城爲請。會移滎陽，朝京師，遂上其事，天子可其奏。詔以王公經始而責成焉。命下之日，公即約古制，調廣民而借其力得七十萬，售材於屬縣得八萬，爲甓於北山得五百萬，皆因民之願爲浮圖者，請於上，得錢五千萬，以給其費。始於二年之十月庚子朔，而成於是。凡爲日一百二十有六，爲城袤四里，爲濠以環其外，爲樓櫓五十有一，爲門二，實舊濠之兩端，合子城而爲一。初役之興，議者皆謂籍列郡之材，積數年之功而後可成。及是，不資於公，不取於民，工雖踰時，而民之出力遠者不過十日。故廣之民見役之興，而不知其力之勞；列郡之民見城之成，而不知其役之興。議者始服以信。嗚呼！何始慮之精而收功之易耶！宋興，天下威德及遠，四夷萬里之貢，不絶於道。廣雖限在嶺徼，百年之内無雞鳴犬吠之警。近者十五六年，諰諰然日憂屠僇之慘，燔滅之暴。兹城之成，稺老相慶，固已按堵而無虞矣。夫興大役而不擾於上下，及其已成，一州之民得以去危厲之憂，而獲安全之幸，其爲利固豈小哉！亶既樂聞朝廷憫仁元元，思有以豫防其患，而又服公敏於有爲，故其用力少而成功多，宜有以詔於後，敢記其歲月云。時熙寧三年四月望日。

《〔同治〕南海縣志》卷二三唐坰《西城記略》 廣於五嶺，爲大府，地控蠻粵，列郡倚以爲重。其商船物貨之聚，盛比航益，而天下莫及。舊有城在州之東，規模迫隘，僅能藩籬官舍，暨中人數百餘家，而大賈巨室生齒之繁幾千萬，皆處其西，無以自庇。皇祐中，儂智高已寇邕州，心之所利，必冀得廣以自强。乃乘隙而東，連陷十有三郡，遂坐據城下。江南、荆湖等道悉視廣爲關要，當時莫不駭懼，朝廷至遣樞臣興兵以討，而蒙犯瘴癘，至先死亡相繼。窮出邊海，地形無戰斗之利，蠻獠多驍捷輕悍，不列行陣，持標牌走險阻，疾或飛鳥，官軍無以襲之，故其魁黨不克就擒，而所過焚掠，遂至凋弊。賊遁，朝廷屢選才臣，以寘南顧，思爲禦盜設險之術，其議數下，率謂近海土薄，功弗克就者。經十政幾三十年，至辛亥之春，公始領鎮，總提紀律，整葺頹廢，視民如己，而處公若家。暇日登高以望，喟然太息，顧謂僚屬曰：「事濟於果，隳於惑，吾適然見西城之可以作也。」蕃漢聞之，樂輸金帛以助其費。公一都却之，曰：「忍以公事重斂於下？」乃抗章丐祠部十道，鬻取其直，增以外計之所資，積二十萬緡，遂鳩材募夫，分列部伍。然羣情恟恟，猶以爲疑。一日公省按其下，親命於衆曰，某宜督某役，取某土，治某處。令下而輕重有無莫不均齊，吏民厭然，始服其斷而稱其明，乃知事興於外而經繪籌慮先已判於胸中者久矣。又南方炎卑，四時苦霖霪之患。先是，南海之神有功於國，數以感應，進封顯號。公復致誠請禱，由是終其役而雨潦不作。凡五十六日而基就，又九月而工畢。城圍十有三里一百八十步，高二丈有四尺，起門若樓櫓，一千八百四十有一間，用材一千七百三十七萬，累工一百五十八萬。環城之材，内結石爲構，覆石爲衢，其外周城以爲濠，道水俱入於海。朝廷奠枕，而遠服以安，士庶歡呼愛戴，相與立爲生祠以贊公壽，老幼同詞共祝之，子子孫孫不忘程公之休德。屢禁止而衆志莫奪，外夷遠俗慕義徙居者寖廣，其信重於民也如此。

洪适《盤州文集》卷三一《城廣州記》 域民必以郛郭，作室必以墻藩，三尺童子且知之，不足乎列也。莒恃陋而城惡不治，浹辰失其三都。《春秋》書城二十有九，或妨農，或踰制。穀梁子曰，凡城之志皆譏也。孫叔敖築沂，量功命日，不愆于素，君子韙之。蓋天下之事宜爲而不爲則廢，未可爲而爲之則弊，爲可爲於可爲之時則利。桐廬方公以奎文之直總戎南海，明而恕，威而不猛，剗剔秕蠹，日無逋事，圄犴屢空，枹鼓沉聲。郡有中城，合東西而三，其周十有九里。自中興洗兵，典邊者寢扃弛柝，弗以復隍遊慮。雉堞圮剥，不緄而登，灌木盤根，上侵睥睨。仍遭颶飆，闉闍頓仆，重門夕不可閉，越其國若將壓焉。主鑰吏無以孰何姦宄，衆迭請，公猶靳未議。紹興二十二年秋，盜發章貢。公既禡牙遣師，曰：城也時哉！則增陴繕關，躬行巡功，鎧甲弓刀，迺敹迺礪。盜果掃蟻穴南鄉，闖我五嶺。既攻大庾，諜者知吾有備而官軍且至，遂解圍宵遁。公不以盜去徹警，授規七邑，屬役賦丈，料材訪工，官出奇羨，纖介無斂。斤斲塈塗，弗秩自勉。以明年正月克成，闉以枚數者五十四，井幹、烽櫓以楹計者二千四百三十有四。木甓壯堅，金革剛壽，足以耐悠永。藺石、渠答，以守之具靡闕。山谷老稺始至近郊，遥望辟易，色然曰：「登山移蜃吐耶！」徐而察之，則麗譙曲敵，一新于崇墉之顛也。乃相與歌曰：我有荆榛，公薅翦之。我有茅茨，公安堵之。輿梁既成，如蹠通逵。提閧既作，舟遷其危。凡此巨防，屋垣持持。僉觀厥成，役不我知。父我母我，懼公之歸。抑又聞之，熙寧年諫省程公初築西郛，外臺閧然不息。至内閣孫公葺三城於宣和中，有旨漕臣同其畫，而時病其擾。今是役也，畢而民驚之，則材智方略，瞻前豈不相萬？某既墨筆記其事，竊謂李勣鎮并，賢於長城，惟公文武備足，折退衝於千里外，雖不城可也。然爲可爲於可爲之時，所以利後之人云。

張孝祥《于湖居士文集》卷一三《宣州修城記》 宣爲城，西南負山，東北踞溪流，幅員三千四百步。建炎中，侍御史、直龍圖閣會稽李公嘗守以支潰卒，圍閱月引去。公益治城，具器用，嚴爲之備。當是時，江、淮之間，靡焉騷動，惟宣以城堅好，故不被兵。宣之人德李公，尸而祝之，蓋距今辛巳餘三十年矣，而定陶任公亦以御史、直龍圖閣繼李之績。惟定陶公德成而行尊，實大而聲宏，剛方以立朝，豈弟以牧民。民聽既孚，吏虔弗媮，教條一施，事紇于理。乃視城壘，東傾西決；乃閱戎器，剥折蠹敗。公聳然懼曰：「吾惟守土，不此之務，吾失職矣。」即日出令，裒材揆功，易圮以堅，增庳爲崇。尺積寸會，役有成數，檄召下縣，使以徒集，程督有制，犒賜有時，無偏徭，無墮工，一月而栽，再月而畢。千雉雲矗，百樓山峙，屹業岋峨，若化而出。池隍險幽，門闉回阻，誰何周嚴，至者神沮。凡城所須，無一不給。既又治金伐石，刓革揉木，殺簳傅羽，濡筋削角，練工之良，大治兵械，戈劍弓矢，橐兜戟幟，視諸故府，乃易乃飭，枚計其凡四十萬有奇。邦人士女，四方賓客，駭嘆其成，天造鬼設。冬十月，虜疆絶淮，翦我合肥，蹂我歷陽，流柹投鞭，規濟天塹。並江列城，焦然以憂。公旦起聞諜，色不爲動，徐召賓佐，分界其職。某調某卒，某賦某甲，某守某險，米鹽薪芻，鐵炭布帛，瑣細之物，毛舉其目，嚴以待命。增斥堠，申火禁，察姦宄，詰逋逃。吏持筆牘，畢受成畫，號令明壹，奔走就事。邑居之豪，率其僮客，什伍相聯，以藝自達。受粟取傭，豐殺以宜，旬日得戰士五千，嚴兵登陴，部分整暇。驛聞諸朝，恩給臺仗，朝莫閱習，導以醲賞。四鄰繹騷，羽書交馳，吏駭人摇，滋不奠居。而吾宣城，晏起早眠，在都在鄙，弗震弗驚。邊之遷民，係路來歸，振廩授地，罔不得所。十有一月，首亮就斃，閫府文武，撰日解嚴。父兄子弟，惟公之勤，歡喜踴躍，願肖公象，置祠宇，如所以事李公者。公持不可。民不公之謀，亟營屋市中。公命撤之。邦人曰：「公德著聞，天子且奪公歸之朝，盍乞諸天子而留公？」則數百千人相與扶携走闕下拜疏，願借公十年。公又遣縣吏禁止。民從間道疾馳，卒上疏，乃已。或謂某：「子之居是邦也，宜知之矣。今吾父兄子弟將列公之事刻之金石，使子孫不忘公，文非子誰宜爲？」某謹應之曰：「不敢辭也。雖然，此公之細也。使公自是進而居可爲之地，一衆心以爲城，尊主威，隆國勢，以保障天下，此公之志也。而見於宣城者，公之細也，曾何足云勞苦？父兄幸教某，某不敢辭，願因父兄之言，書顛末以詔來今。」明年三月吉日，歷陽張某記。

李新《跨鼇集》卷一三《進潼川府修城圖狀》 臣等恭承政和八年五月日御筆，訪問梓州，城壁並無樓櫓、舍屋，官司玩習，殊失備禦。守臣未欲重行黜責，仰本路帥臣差官同本州當職官檢計，責立近限修立，令轉運司疾速應副財用。徽猷閣學士瀘南安撫使司龐某具晝一聞奏，奉聖旨特差臣盧某、臣蒲某充都大提舉修築，仍支公使錢一萬貫餘，並依奏劄，付龐某施行。臣等祗奉聖訓，即時至梓州會議，鳩工度材，下遂寧府等七州劄刷厢軍，止及若干。尋於梓州十縣和雇人工若干，分城爲十大料，每一大料分爲七小料，丈尺不等，均定工數興築。共役三十五萬二千三百九十六工。城周圍長二千六百九十步，高二丈五尺。舊基闊狹厚薄不一，隨基增築，面收一丈一尺爲準。臣依已得指揮不置馬面外，共立敵樓一百六十八座，女頭一千六百八十六箇，上鑿箭牕，連女頭共高七尺。鵲臺高二尺，面闊一尺五寸。女頭巾子及肩悉用一寸許石版，經久隔雨水。城上砌荷葉渠子，流放水若干所入溜瓦槽，至捍水臺上，以石版砌池子承之，再折水之裏壕。渠外築護險墻。敵樓兩傍露地，元檢計立瓦屋，後來奏乞罷瓦屋。又慮夏秋雨水，即權以茅苫。臣深慮茅苫城上不耐風雨，密近敵樓，招引火燭，因採石布城面一百七十六處，浚水入荷葉渠内，委是經久堅固。城基脚表裏皆築捍水臺。裏臺高五尺，闊三尺。外捍水臺高三尺，闊二尺。臺下又築裏堤脚，面闊八尺，高五尺至八尺，隨壕面闊窄淘出土三尺，運土出堤外。堤上栽柳若干。又立敵樓四座於四隅，每座二十間。别建外門樓四座，各七間。里門樓四座，各五間。於重和元年十月二十四日興役，至二年三月初十日畢工。樓櫓等並按《元豐城隍法式》，無毫髮差誤。潼川地産栢，一色以栢木爲之。臣等叨總役事，日夜究心，不敢苟簡滅裂，今具圖進呈。

李新《跨鼇集》卷一三《又進修城圖節畧狀》 潼川府城，臣等遵奉御筆修築。其城長一千三百四十五丈，高二丈五尺，隨舊基增築，面狀一丈一尺爲準。四門各建樓一座，每座十間。依元奏請，不置馬面。外立敵樓一百六十八座，每座五間。立女頭一千六百八十六箇，高五尺，鵲臺高二尺，共高七尺。敵樓兩邊城面露地，並以石布砌，共一百七十六處，置荷葉渠子放水。并築墻護險，城表裏皆築捍水臺。城壕舊深丈餘，比年山溪水吹沙淤填塞，今開淘三尺，運土出堤外。堤上栽楊柳若干。製造並依按《元豐城隍法式》，無毫髮差戾，今具圖進呈。

劉摯《忠肅集》卷一〇《荆南府圖序》 江陵府于《禹貢》爲荆州，于分野爲鶉首，于辰爲巳。于春秋屬楚，爲郢都，文王自丹陽徙之。于秦爲昭王所拔，徙置南郡。于漢爲荆州，武帝置刺史治于此。于魏，其地爲吴蜀所分，而荆州之名，南北兩立，魏治南陽，吴治江陵。晉以荆州治南郡。梁湘東王繹承號建都，尋爲元魏所陷。隋大業爲南郡。唐平蕭銑爲荆，乾元元年，置節度使，上元中爲南都。天復中，以高季興爲留後，梁祖授以節鉞，尋通吴蜀，築城壘爲僭竊計，後唐莊宗封南平王。季興卒，子從誨嗣；誨卒，傳子保融；融卒，傳弟保勗；勗傳融子繼沖，五世通五十七年。而皇朝一天下，建隆四年，沖納土趨覲闕下，移鎮徐州。府境東西五百五十里，南北七百五十里，領江陵、公安、監利、建寧、石首、松滋、枝江、潛江八縣，主客户總五萬四千。夏秋賦租通四十二萬三千貫斤石束匹兩，府縣官六十四員，牙吏若干，屯兵三十五指揮。外城周十八里二百一十六步，濠深一丈二尺，闊二十五丈。子城周四里三百一十五步，倉庫場務内外五十八，左右廂八，坊巷五十四，橋梁内外六十六，江湖四十七，祠廟七十一，宫觀二十七，寺院五百五十。《漢地志》曰：楚有江漢川澤山林之饒，民食魚稻，以漁獵山水爲業。《隋志》稱荆人勁悍決烈，蓋天性也。然地據上流，故三國争之，而民苦于兵，自唐至德以後，中原多故，鄧襄之民與兩都衣冠多趨荆楚，故人物始盛。乾符以來，遂爲戰巢，高氏于兵火瘡痍之餘，招徠撫集，數十年間逮爲王民，歷太平者又逾百年，教化涵養，安佚而富庶。凡浮江下于黔蜀，與夫陸驛自二廣湖湘以往來京師者，此爲咽喉。又兩蜀之人出而宦游者，多家于此。是以今最盛，爲西南一都會。其游觀獨龍山渚宫，號稱勝地。民間不務畜聚，不幸小遇乾溢，往往轉徙而瘠。其人尚鬼，病者先巫後藥，其亦習俗所安歟？暇日繪府爲圖，因題其概。治平甲辰觀察推官劉某序。

陸游《劍南詩稾》卷二八《古築城曲》

築城聲酸嘶，漢月傍城低。白骨若不掩，高與長城齊。

又

長城高際天，三十萬人守。一日詔書來，扶蘇先授首。

又

百丈築城身，千步掘城壕。咸陽三月火，始悔此徒勞。

又

嶧山訪秦碑，斷裂無完筆。惟有築城詞，哀怨如當日。

胡聘之《山右石刻叢編》卷一九楊舟《襄垣縣修城記天會十一年》 襄垣縣，古韓州也。封域宏廣，殆將百里而遥。東連巨鎮，比皆喬峰峻巘，大壑深岩，多人迹之所不能至者。國家收復之初，奸雄繼踵，蟻聚蜂屯，嘯集林谷，每黨不啻數千人，號曰「紅巾」。動則彌罔絡□，旌旗繽紛，鼙鼓震疊。數窺是邑，直欲鯨吞虎噬，立見虀粉。於時郊邑相通，舉無壁壘，洞然四達之地，故闔縣之民扶老携幼，奔走不暇，幸延朝夕之生。實賴令尹韓公，抱忠義之節，懷慘怛之愛，被堅執鋭，争爲先登，不顧矢石，前攻後突，若蹈無人之境。用能折馘執俘，殲厥渠魁，遂稍稍引去。於是命民興役，且戰且築，寇至則荷戈而禦敵，寇退則挈□而赴功，故内城不日而具。因□百姓萃居其中，得保首領，庶全族類，其利博哉！爾後比及二年，元凶群醜雖漸夷滅，尚有遺類爲吾民害。天會九年春，韓公□屬其耆老而議之，曰：「内城起於倉卒，姑濟一時之難，然地甚狹迫而不能容民畜衆。今將建大城以周其外，可復許乎？」故聞者無不欣然而從，遂經營構畫，計其貧富爲之等差，分部定力，咸適均平。故人皆踴躍盡瘁，吏相勸督，一無偷惰，曾不逾旬而百堵皆興。昔人謂「悦以使民，民忘其勞」，信斯言也。其城周環六里三十步，其墉高二丈，厚二尋之半，其壑深三仞，其上埤堄具焉。闢以四門，層樓上起，壯麗可觀。故倉廪府庫可得而長保也，神祠佛宫可得而致飾也，庠序可得而開設也，市井可得而陳列也，居民可得而安定也，編門咸喜，室家相慶，人人自謂得更生之福矣。嘗觀有建一橋梁以通險阻，達一水泉以利灌溉，善則善矣，其利亦小，然人且德而歌誦之，矧乃成城之功哉！夫城者所以保内捍外以聚人民，扃鐍土宇，緘縢地維，斯乃久大之功，無疆之利，雖著竹帛、勒鐘鼎，不爲過矣。韓公之築斯城也，鋭然亡優柔姑息之心，所以能興百世之利。由是觀之，則其爲政可知也。朝廷嘉其有功，遂致榮還。繼任迨今幾六年矣，政聲流美。噫！襄垣山水秀異，才士輩出，風俗淳厚，又得宰字之賢，政平訟理，一境無虞，四民按業，可不善而紀之耶。若僕者才荒學朽，言鄙行乖，過蒙青眼之觀，謾以白頭而獻，謹即其事而述之，非溢美耳。癸丑季夏初吉日，洪農楊舟記。

張金吾《金文最》卷七三靳康侯《鄠縣修城碑大定二十二年》 皇帝即位十有六年，遍敕城邑，令修完之。在南山諸縣，惟鄠最爲廢弛，完者不過乎尋尺，其頹毁缺壞，蹄痕轍迹四通而莫禁，雖上司屢督，臨政者多避難其事。越二十二年秋七月，彭城劉公以壽州酒使來鄠，首詢民之疾苦、事之利害，故多所廢置。惟時上司復坐奉朝旨以督縣，劉公既承其命，遂集邑民而曉諭之曰：「比者，承上司準省文上計二萬八千，限以三歲，每歲俟農隙以興之，此朝廷愛力恤民之意也。若乃不奉法，遷延歲月，因而貨賂，不惟負朝廷委付之意，吾民其何益焉。若能一舉而成，暫勞而永佚。」衆皆願之。經始於九月初，朝鼓而暮止。有早辦者，乃割己俸，必親撫而賞勞之，罷者退而願進其力。僉曰：「劉公之役，秋毫無所斂，劉公之役，未嘗笞一人，雖用力死而無恨。」乃相率其子弟丁屬，忻然具畢其事。即五旬而就成之，高二丈五尺，周二十步，五門從而亦成，皆以廣厦覆之。正東曰宜春，南曰仁智，西曰通濟，北曰望威，以安處其神就爽塏也。宜春之北曰長安，以利天府出入攸往者也。城壁始立，濠池既淵，環植以嘉禾異卉。引南山、皂栗、澇谷三水以注之入，餘者以充倉廪之備，又餘者令民間足用而不禁。又嘗親董其役，命童僕、走吏或閭巷願執其役者，以治縣庠之荒蕪、講肆之□朽。置師儒以訓顓蒙之童，庶幾他日青衿白袍濟濟於橋門，有取青紫而榮富貴者矣。城之東西二隅，因以龍臺。若乃山川之形勝，與夫雲霞之杳靄，陰晴變滅，千態萬狀，不遠於指顧之間。是以壯觀覽之富，備詩人登高而寫離騷也。於城之隙，依古壘以爲之園圃，度地勢以就其臺榭，引溪泉作漱玉琤琮之聲，栽花竹養風烟蒼苒之秀，斯皆非私於己，在於樂民也。既粉雉屏列，萬瓦鱗次，高棟層檐屹然聳峙者，此前日壞址頹垣而荒區也。或曲水池亭，奇花静院，或童蒙絃誦之聲日聞於人者，此前日烟露荆榛瓦礫之地也。良辰佳節，邑人士女登臨而眺遠，嘯歌而管絃，風俗熙熙，少長揖讓而往來者，樂斯成而化其政者也。萬口同詞，則曰：宣武修城，從命而下也。致使府尚焉，旁邑效焉，則劉令於此，信乎有力。大抵慮於民也深，則謀其始也精，故用力少而爲功多，製作壯而不逾矩。此君子之作，爲政之本也。豈有能端本而末不正者歟？可以書矣。因相與謀而屬筆於余焉。

元好問《遺山集》卷三三《順天府營建記》 清苑置于隋開皇末，歷唐、五代，爲鄭州屬縣。宋境與遼接，故改爲保塞，重兵所宿，常倍高陽諸戍。金朝既都燕，升縣爲州，州仍以保名，縣則復清苑之號，且置順天節度一軍。太行諸山，東走遼、碣，盤礴偃蹇，挾大川以入於海，而州居襟抱之下，壁壘崇峻，民物繁夥，輦轂而南，最爲雄鎮。貞祐初，中夏受兵，遂例有覆隍之變。今萬户張侯德剛之起定興也，初保西山之東流埚，隸經略苗公，累功至永定軍節度使、權元帥右都監。及苗公爲其副賈瑀所害，侯慷慨憤發，期必報瑀。會麾下何伯祥獻苗公符節，即推侯爲長。事聞，興定戊寅五月以侯留守中都，行元帥府事。國兵由紫荆而下，侯率所部陳於狼牙嶺，馬跌爲所執。大帥以侯骯髒無所屈，義而釋之，且復舊職。侯招降旁郡，威信并著，遂下雄、易、安、保諸州，留戍滿城。西山豪傑，皆授印號爲部曲，兵勢大振。滿城隘狹，有不能容者。歲丁亥，乃移軍順天，以遏信安行剽之黨。時順天爲蕪城者十五年矣。侯起堂，使宅之故基，將留居之，隨爲水軍所焚。侯曰：「盜所以來，揣我無固志耳。堂復成，吾且不歸矣！」於是立前鋒、左、右、中翼四營，以安戰士。置行幕荒穢中，披荆棘，拾瓦礫，力以營建爲事。適衣冠北渡，得大名毛居節正卿，知其材幹强敏，足任倚辦，署爲幕府計議官，兼領衆役。侯心計手授，具有成算。正卿悦於見知，勞不言倦。底蘊既展，百廢具興。承平時，州民以井泉鹹鹵不可飲食爲病。滿城之東有南北泉，南曰「鷄距」，以形似言；北曰「一畝」，以輪廣言。宋十八塘濼發源於此。二泉合流，由城外濠出，爲減水口。侯顧而嘆曰：「水限吾州跬步間耳！奇貨可居，乃棄之空虚無用之地。吾能指使之，則井泉有甘洌之變，溝澮流惡，又餘波之所及也。」乃度地之勢，作爲新渠，鑿西城以入水。水循市東行，由古清苑幾百舉武而北，别爲東流。垂及東城，又折而西。雙流交貫，由北水門而出。水之占城中者什之四。淵綿舒徐，青緑彌望，爲柳塘，爲西溪，爲南湖，爲北潭，爲雲錦。夏秋之交，荷芰如綉，水禽容與，飛鳴下上，若與游人共樂而不能去。舟行其中，投綱可以得魚。風雨鞍馬間，令人渺焉有吴兒洲渚之想。由是營守備。以甲乙次第之，則爲北衙，爲南宅。宅，侯所居，工材皆不資于官，役夫則以南征生口爲之，至别第悉然。爲南樓，因保塞故堞而爲之。位置高敞，可以盡一州之勝。西望郎山，如見吴嶽於汧水之上，青壁千仞，顔行而前；肩駢指比，歷歷可數；濃淡覆露，變態百出，信爲燕、趙之奇觀也。爲驛舍，爲將佐諸第，爲經歷司，爲倉庫，爲芻草場，爲商税務，爲祗供所，爲藥局，爲傳舍煖室，爲馬院。市陌紆曲者，侯所甚惡，必裁正之。爲坊十，增于舊者七，曰鷄泉、吴澤、懋遷、歸厚、循理、遷善、由義、富民、歸義、興文。爲橋十。而起樓者四：西曰來青，北曰浮空，南曰薰風，東曰分潮。爲水門二：西曰通津，北曰朝宗。爲譙樓四：北曰拱極，南曰蠡吾，西曰常山，東曰碣石。爲廟學一，增築堂廡，三倍其初。爲佛宇十五，曰栖隱、鴻福、天寧、興國、志法、洪濟、報恩、普濟、大雲、崇嚴，天王、興福、清安、浄土、永寧。大悲閣一。由栖隱而下，創者四，而十一復其舊，規制宏麗，初若不經毁者。獨大悲出侯新意，尤爲殊勝，金碧爛然，高出空際；唯燕中仁王佛壇成於國力，可等而上之耳。爲道院十一，曰神霄、天慶、清寧、洞元、玄武、全真、朝元、玄真、清爲、朝真、得一。創者九而復其舊者二。爲神祠四，曰三皇、岱宗、武安、城隍。爲酒館二，曰浮香、金臺。亭榭皆水中。爲樂棚二。爲園囿者四：西曰種香，北曰芳潤，南曰雪香，東曰壽春。城内外爲水磑者四。水既出朝宗門，又將引蒲水爲稻田于西南，波乃合九龍之末流。患其淺漫而不能載舟也，爲之十里一起閘，以便往來。每閘所在，亦皆有灌溉之利焉。城居既有定屬，即聽民築屋四關，以復州制。近而四郊，周泊千里，完保聚，植桑棗。樹藝之事，人有定數，歲有成課，屬吏實任其責。攬轡問涂，駸駸乎齊、魏之富矣。庚戌秋七月，予過順天，左副元帥賈輔良佐授侯經度之事，請記之於石，曰：「始吾城無寸甓尺楹之舊，而吾侯決意立之。民則新造而未集，寇則暫潰而復合。以戰以守，日不暇給。自常情度之，不牽於道旁築舍之惑，則必安於聚廬託處之陋矣。侯仁以繼絶，義以立懦，信以一異，智以乘時，技合力并，故能事之穎脱如此。夫立城市，營居室，前人良政，見於經、於史、於歌咏、於金石者多。今屬筆於子，其有意乎？」予因爲言：「自予來河朔，雅聞侯名，人謂其文武志膽，可謂當代侯伯之冠。起行陣間不十五年，取萬户侯、金虎符如探囊中物。統城三十，制詔以州爲府，別自爲一道，并控關、陝、汴、洛、淮、泗之重。將佐喬惟忠孝先而下，賜金銀符者十數人。光大震耀，當世莫及。夫佩金紫，秉節鉞，書旂常，著鐘鼎，古人之所重。奔馳角逐，筋疲力涸有不敢望者，侯則顧盼嚬呻而得之！况乎土木之計，力有可成者，豈不游刃恢恢有餘地哉？古有之：强可以作氣，堅可以立志。唯强也，故能舉天下之已廢；唯堅也，故能成天下之至難。非侯何以當之？是可書也已。雖然，端本者必以正其末，謹始者必以善其後。侯，人豪也，顧豈以城恒山、池滹沱、空大茂之林以爲楹，盡枹陽之石以爲礎，然後爲快歟？吾意其必以行水之智，移之于利物；作室之志，充之以立政。寬庸調以資貇辟，薄征斂以業單貧，黜功利以厚基本，尊文儒以變風俗，率輕典以致忠愛，崇儉素以養後福。蓋公清净之化，寇君愛利之實，于是乎張本。予雖老矣，如獲見其成，尚能爲侯屢書之。」

虞集《雍虞先生道園類稿》卷二六《江西憲司新門記》 宫室之有門，所以限内外，時啓閉，嚴出入，有備豫之道焉。古之有天下國家者，因其崇高，而爲之品節，以辨上下，以肅觀瞻，而儀制立焉。又以通達其聰明，屏斥其邪辟，毋或窺覬而有所僭踰，則門之所係亦大矣。况乎風紀之司，以天子之使臨制一方，其可無以致謹於户庭之近者哉？昔在世祖皇帝，置御史臺領邦憲，分道置使。其在江西湖東者，總治於豫章。於政事無所不得治，非分土列職，效一官領一事者之比也。至元二十八年，以肅政廉訪易提刑按察之名，然其聽政之堂，府史之舍，文書圖籍之儲，門垣之設，悉因其舊，以時完葺而無改焉。元統元年癸酉，普顔公之來監憲也，以爲外門前臨行道，與儀門相直而不相遠也，無以致嚴密尊重之體，度其東若干步，更置門焉。以舊門之地爲庫所，部有簠簋不飾之懲者，則庋焉以示戒。其爲門也，樹兩楹，設兩扉，限以中閫而已，無風雨之蔽，居十二年而木多朽。至正四年，中順大夫寧夏脱脱公，自行中書省郎中來副憲事，覩于門而歎曰：「是可以一日不葺乎！行道憧憧，幾與齊民爲比屋，何可無所表異。」規作新門，如儀門之制，命有司度材擇工而從事焉。乃於八月二十有一日，工役就序。次年二月，太中大夫張掖劉公沙剌班以監憲至，乃□□□梓人告具。明年正月九日甲午，定柱石。越十有四日丁未，升棟梁而作焉。公親率僚佐莅之，自行省以下，郡縣百司咸集。祝史陳辭，神人胥洽，工不待勸，翕然奏能。又七日癸丑，中順大夫河内李公守仁以憲使至，與二公志同道合而無間然。幕府贊之者，則經歷司君允德、知事張君汝遴、照磨高君克明也。六月五日丁巳，門成既，而中順大夫張公珪來僉憲事。門之爲屋，基崇於地三尺有五寸，極崇於基三十又三尺，南北之深四十尺，東西之廣如其深而贏二尺。鐵石木瓦丹雘工徒之用，出郡之經費，中統鈔百三十有五錠。門左石爲崇墉，高十有六尺八寸，長十有六丈，厚稱之。其費中統鈔八十有五錠，則憲司公膳之所節也。董其役者，憲史紀元翁、阿里沙，以有司治凡役者，南昌簿陸某也。憲府以集昔嘗待罪國史，僑其部内之野而老焉，雅有文學之好，乃命佐書黄鍾持書幣來，請記其事如此云。集乃爲之言曰：「天下治平久矣，政化已成，民事已定。聖天子視民如傷，出於至誠，無爲而治，本乎天性，履信思順，億兆賴之。顧念遠人於江湖之表，寄耳目之任者，四五君子，實以儒學爲政事，忠恕不欺爲主本。至公廓然，同聲相應，未有會合純備如今日者也。不以過察奪郡縣之政，不以過厲杜隱伏之情。旌别以謹審而防微，鎮静以悠久而成化。諸君子之用心，亦可以無愧於當時矣。環數千里間，年穀順成，邪慝不起，使斯民不以饑溺傷殘爲旦暮之虞者，此新門之作所以爲可記也。雖然，記爲門作也，請遂言之。門也者，一闔一闢之道也。闢者，陽也；闔者，陰也。陽有君子明通之善，陰有小人暗塞之咎焉。董仲舒所謂前有讒而不見，後有賊而不知者，則闇塞之所由生禍也。諸葛孔明，所謂開誠心，布公道，集衆思，廣忠益者，此君子之明通，所以能成社稷之功者乎！敢以爲出入是門者獻。」

黄溍《文獻集》卷七下《婺州路新城記》 婺在吴爲東陽郡，在梁爲金華郡，隋肇置婺州。國朝即州建路，設總管府。而郡城之創始，靡得而詳。圖誌載，宋宣和四年，知州事范之才重築，周十里，基三丈，面廣三之一，而高倍之。舊爲門十有一，後窒其四，而存其七：東曰赤松；南曰八詠，曰清波，曰長仙，曰通遠；西曰朝天；北曰旌孝。逮今二百有三十年，圮壞勿葺，非一日矣。聖人有作，一視同仁。八荒之内，莫非我室我闥。林林總總之衆，相安乎鑿飲耕食，無分乎此疆爾界，而皇靈所被，封守有截，隱然若天險之不可陵，不假參以人力也。顧以承平滋久，執事習於因循，忽於細微，不測之變起乎倉猝，中區俶擾，而旁州比縣，民譌不寧。于是行中書省用江東浙西列郡之請，俾治其故城而新之，以備非常。謂浙東地瀕鉅海，尤關於要害，併下其事於帥閫，令郡府相其便利，而講行脩築之政焉。婺實肅政廉訪司治所，今副使巴扎訥奉政公、僉事圖們特穆爾朝列公、奉議王公武暨照磨某官王君某，咸以爲有備乃可以無患，此古之良規，今之切務，屬總管太中陳侯巴延巴哈亟謀興作，僉事〔鐵穆迭爾〕奉議公適至，交贊其議。陳侯亦自任爲己責，而不敢後。爰頒其役于州縣，州縣之長吏，各率所部之民，來聽要束。資糧既具，匠傭既集，乃揆日以庀事。大家則量地而賦工，中産則輸材而佐費。廥落屏蔽，次第就緒。然以古之言地利者，蓋曰高城深池。今外濠堙塞，城已高，而池未深也，不可憚其勤，而諉於方來。由是役既輟而復舉，籍向之役所不及者，使出錢爲僦直，募閒民來即工，而官給其食。推求故道，疏鑿而濬滌之。州縣長吏，則更休迭進，以董其役。副使公首尾親臨督視，命寮屬某等，相繼總其功程，而爲之經畫勸相。經歷某官某繼至，副使公藉其(攸昉)〔攸助〕爲多焉。城之綿亘，悉仍其故址，以尺計者一萬七千七百九十，厚二尋有四尺，高二尋有二尺。以今昔之度準之，俱有加於舊，縝壯雄峻，則昔之所無也。七門並啓，扃鍵如式。而西北二門，皆環以甕城，甃石爲路，脩與城等。絫甓爲堞，其崇五尺。屋於門觀之上者七，以謹候望。屋於雉堞之間者三十有六，以嚴徼巡。其南因大溪以爲險，北東西三面，壕之脩以尺計者八千六百二十有五，廣六尋二尺有八寸，深二尋有六寸。跨以三釣橋，遏以三石壩。壤高水絶，則列樹七星樁，以防其空郄。屋於壕壍之旁者三十有六，而棲戍卒於其中。凡城之役，起至正十二年春閏三月己亥，訖其年秋七月乙酉，積日爲百有七。壕之役起是年冬十月丁卯，訖明年夏五月甲申，積日爲百九十有八，而畢潰於(城)〔成〕。居者有恃而無恐，往役者以分之所宜爲，而忘其勞。陳侯使序次顛末以授某曰：「其爲我書而鏤諸城隅，用昭示於後人。」某竊惟易於萃戒不虞，而重門擊柝，有取於豫。使節所莅，婺爲會府，民物萃聚，殷盛叢劇，儆戒無虞，而陰銷潛弭姦覦之萌，誠有不容緩者。鄰境之枹鼓相聞，而婺獨按堵如故，居安慮危，思患豫防。及是閒暇，而汲汲焉圖所以固吾圉，夫豈過計也哉？矧今風紀之司弘宣德化，而人知尊君親上；撫字之官博施恩信，而人樂趍事赴功。且將以民心爲垣墉，士氣爲樓櫓，精神翕合，與山川之脉絡相爲流通，益重金湯之勢，而於地利、人和兩盡之矣。國之保障，永永是賴，嗣爲政者所當知也。可無書乎？

黃溍《金華黃先生文集》卷九《紹興路新城記》 皇元建極，四方攸同，文恬武嬉，踰七十載。愚甿無知，因乘間竊出，而弄潢池之兵。釜中游魚，尚假息於海瀕，封豕長蛇，荐肆食於河洛。重山浚谷，野林荒墟，蜂屯螘聚之輩，往往相挺而起，蔓延及於杭城。而官府邑屋之盛麗，陸海珍異之富饒，一夕而燼，至正十二年秋七月十日也。紹興，故越地。杭、越相距百里而近，譌言相驚，人不自保，扶攜而去，閭井爲空。御史檄浙東廉訪司，分臨坐鎮之。於是僉事秃滿帖穆爾朝列公，乘傳星馳而至。時鄰境之遺孽猶未盡殄，公亟募義勇民丁，佐官軍扼其要衝，以遏其奔突。招集流散，復業者一萬五千餘家。士氣既充，民心亦寧，而未有以爲藩籬之固。公首輟俸貲，倡衆大治其羅城，聞者咸歡趨之。城之周迴四十五里，度其當修築者四千五百二十丈六尺九寸，賦於有田之家，俾隨苗税之高下而致其力。相城基之存否，而以一丈爲率。糧至二十石，則使因舊而繕完；糧至四十八石六斗，則使圖新而興作。糧不滿三石，則令助其費。每民田一畝，出鈔以錢計者三緡，官田則減於民田，而出其三之一。無田者，則令傭工就食，而仍給其直。城之址厚四尋，去其厚尋有四尺以爲城身之高，去其高七尺以爲城面之廣。身與面俱帖以石，而絫甓四尺以爲女墻，下設戍屋五區，上設巡鋪一百二十五座。夾城内外濱濠有路，以通騎士之往來。其内有慢坡，以便邏卒之登降。爲門者五，爲水門者六，皆錮以鐵。而水門之下，半爲鐵窗。正東與東南，正西與西北四門，各有甕城抱其外。正北則爲重門，以代甕城。門皆架石爲洞，高尋有六尺。水門亦如之。上各有樓。又建望亭及發號之廳於城北隅之蕺山。公以門之舊名乃前代所命，更製爲新名以易之。正東曰雲瑞，而水門在其北□里，曰朝陽；東南曰會稽，而水門在其北□里，曰東明；正西曰常禧，而水門曰澄清。西北曰承恩，而水門曰拱辰。正北曰泰安，而水門曰永定。正南惟水門，曰興利。始事於是年秋八月，而訖功於明年春三月。公既令州縣專官庀其役，復命總管府判官李若愚、推官錢德誠、録事判官瞿榮智爲總制官，以受役要，而判官高明、推官馮某、王某分督其工程，書吏伯岳觧、郭塤，奏差張與義則巡察其勤惰而勸勞之。今達魯花赤伯篤魯丁正議公初涖郡政，未遑它及，獨於兹役，尤盡心焉。謂不可無以序其成績，告于後人，爰命儒學教授杜易狀其實，而屬溍以記。溍竊惟越於三代爲建國。東漢立會稽郡，包跨二浙七閩之境，而提封益廣。唐以越爲浙江東道節度使治所，後改置觀察使，而以越州刺史領之，自是越常爲會府。兵衛之雄强，城池之嚴邃，悉與之稱。而其地東奄溟海，西界濤江，南巒北阜，環拱森列，山川形勝，千古一日。綢繆牖户，人事聿新。今之爲郡，雖同於支屬，風紀之司，則異時觀察使之任也。持節所屆，左控右引，事權合一，脉絡貫通，風采振揚，方面增重，隱然有不可犯之勢。而斯人之類，莫不倚爲磐石之安，豈非金湯之大者乎？凡所可記，不止於平板幹，程土物，議遠邇，揣厚薄，量功命日而已，庸弗辭而爲書。

鄭元祐《僑吴集》卷九《平江路新築郡城記》 吴自泰伯十九世至壽夢而吴始大，及王闔閭用伍子胥而吴之城郭宮室遂爲東南雄藩。世言泰伯城僅周三里二百步，在今梅里平墟。夫泰伯以天下讓，宜其不肯自大其城也。及闔閭徙都於今郡城，於是子胥相土嘗水，象天法地，築大城，周迴四十五里，其陸門八以象天八風，水門八以法地八卦。城邑既完，府庫既充，遂觀兵上國。一傳至夫差，而子胥以忠諫賜死，未幾，吴爲越併。漢亡，孫吴嘗建都於此矣，更江左六朝以迄於唐末五季，歷前後宋，要皆以吴爲大藩屏。世皇之一天下，以四海爲家，六合爲宮，不設險於區區之城郭也。至正十一年，紅巾賊起汝陽。明年，浙東海寇燒刦崑山。是年廉訪憲司僉朝鮮李公巡案吴下，深惟平江賦役供國家經費什之七，郡無城郭，何以禦寇？乃謀於監郡西夏六十公，郡太守真定高公，時百須之出於吴者日不暇給，然築城之役則不可已，於是會司屬僚佐驗民之家貲産厚薄，計量城之長短高下分築之。罷弱户則悉汰去之，常時役不及而豪强者，則糾率之。寧夏高公爲南臺御史大夫及太尉首捐貲以助役，水司亦捐官帑一千錠，漕府皆捐貲俸。然太平日久，一旦興大工役，民夫十餘萬，當盛暑，揮鉏如雲，下鍤如雨。城之大，綿延數百雉，漫不知何從列楨榦，於是公曉之以程度，示之以榘範，勉之以誠慤，必若是而後無善崩之憂。民志既齊，無敢或惰，遂經始於是年夏四月，畢工於秋八月。城四向，一仍子胥之舊，若水門則仍宋之舊，獨啓胥門上建忠孝王廟，餘五門之上亦皆祠神。蓋役興時，慮暑雨鬱爲民害，乃禱於神以祈佑，城既完，故列祠以答神貺。城之高，以尺計凡三十有三，城之趾則三十有五，疊石三層以爲固。城之面則廣丈六尺，皆甃以甓，仍甃大瓦作水溝。每門建戍樓，以謹斥候，嚴烽燧，當人馬陟降處皆列置蛾眉甬道，門内外構屋，設官居之，以察非常，城於是備矣。其先慮民力不給，爰給中統鈔二百五十貫，白米一千斛，至是合官民用財凡若干萬定，米若干萬斛。論者謂，是役非廉訪使公勇於敢爲則無以贖子胥之功於二千載之後也。城既完，吴民始大喜有依衛，則又相與嘆息，言曰：「明公非有一廛之田，一區之宅在吴也，然苦心焦思以完斯城者，蓋上以爲國，下以爲民也。」況吴東北瀕大海，西南枕震澤，於澤國四通五達之衢也，郛郭之内，官糧貯於廩庾者歲數百萬，設城郭不完，寇攘逼近，將何以爲國計乎？今既完城以爲民衛，繼今所以守禦之者，則在乎明有司承流宣化，蘇民之力以固結其心，使吴之民愛戴其上，如子弟之親父兄，手足之捍心腹，夫然後則其民以仁義爲干櫓，以禮樂爲甲冑，人心既固，則與此金城湯池併爲天險於無窮也已。李公名朵只，字仲善。

楊維楨《東維子文集》卷一二《紹興新城記》 至正十二年秋九月，越人築新城，明年春三月告成。郡高年余文昌等謁余錢唐次舍以記請，且道其事始末曰：城本宋南度蘄王韓世忠之所築，闢而廣之，周垣凡四十五里。入我朝七八十年，馴至圮廢。淮夷梗化，挻禍于大江之南，狼籍州郡如無人之境，守封疆者始思城郭之所恃。而我紹興距（築）〔錢〕唐僅百里近。錢唐既陷，越人皇皇焉，挈幼扶老，走山浮海以遁，不知長林大藪賊之烏合烏鈔者尤甚，則又犇播來歸，户以數計者，萬又五千。時則浙東肅政府分鎮于越，而僉事篤滿帖穆公勞徠吾民者，寔有以爲之倚也。既而集父老，喻之曰：「城池，大役也。豈易勞吾民？然勞于始而利厥終。錢唐大方面，賊直抵行垣者，以城池之廢也。始蘇界常湖賊越門而去者，以城池之新固也。汝民所自聞，幸相與懲苟且，思經久之圖。」民始難之。公又爲條告其貲力，先輟俸金，率郡縣吏，及郡之民饒於財者，不足則以田爲之，賦糧二十石上出若干緡錢，築若干丈尺，四十石上數倍之，三石五石助貲，辦各有差。無田者，傭工而就食。民乃悦來，如子聽父事，量功命日，不期月落其成。城爲趾厚凡四尋，爲身盡尋有四尺，面凡七尺，外銅鍵石，而又壘（辟）〔壁〕四尺爲埤堄。戍有木譙，衛有校聯，藺石渠答之具，無不整備。城爲趾門凡五，水門者六，四門又各爲甕城，唯趾爲重門，以代甕城，門皆梁石爲洞，上各置望樓，又倚北之蕺山爲伐虎之亭。城既新，門亦稍更舊名：東五瑞，〔今曰雲瑞〕，水曰朝宗。東南稽山，今曰會稽，水曰東（門）〔明〕。西常喜，今曰常禧，水曰澄清。西北西郭，今曰承恩，水曰拱辰。北曰昌安，今曰泰安，水曰永定。南水曰植利，今曰興利。役大事重，非名文家無以書吾子郡人也。幸有以屬比其事（干）〔于〕石，不唯識廢興歲月，且俾越之人萬子孫知有金湯不拔之固，（興）〔與〕民社相永永也。余惟《春秋》，城内與外者，凡二十有九，聖人一一書之，謹王制，重〔民〕力也。而城虎牢之書，責鄭有〔險〕而不守，覆棄爲寇資，則知城築興於要害者，固亦《春秋》之所許也，而況於越襟大海、肘長江，申禹氏之巡邸，句踐氏之伯基，有國者之雄藩也。其得與荒城野郭夷而眎之乎？吁，一方之役小，四海之繫大，一時之勞蹔，萬世之利永也。雖然，城之掌固者不易，城之守固者尤不易。守非直三巡三鼜之戒也，忠義爲之維，道德爲之維；道德爲之塞，衆心爲之憑，守固之上也。職於是者，尚思有以勵己德，結人心，攄卧薪之忠憤，以無忘昔人執仇之義，以雪吾大國之耻，其可也。不然，守政不修，舟人皆敵國也，雖有金湯，吾爲此懼！是爲記。公係出國族，通文史，嘗爲南臺監察，折獄辨訟，扶樹名理，嚴嚴有丰采云。

汪森《粤西文載》卷二二羅咸《修城池記》 郡有城，城有圖，所以述古而垂後也。百粤之間，連城數十。惟兹郡兼兵民之任，控西南之邊，隸五縣，羈縻十七州，扼東七十二寨。其俗悍騺鯁治，前乎作牧，登埤擊柝，日事捍禦，不遑他務。本年春，余來幕府，適丁寇亂，室廬俱毁，思所以輯寧之。公退之暇，周覽形勢，稽度力用，導官陂，疏龍塘衆流，匯於城南，引溉浸注，潴爲西壕，溢於東關，光涵玻璃，冷薄城址。鑿盤石於香山寺，囊括陂路，甃涵竇於五通廟，畜泄淫潦。又自西原廟之西，葺箐相土，隨地高下，植以排栅，繚以崇垣，纚聯櫛比，叢篁蔽虧，連絡龍溪，百堵皆作，人奮户趨。揭敵樓十餘所參錯其間，徼巡委於倅張侯，買料具什物。上溯浪浦，下逮彭步，延袤十里，江流激湍，相爲首尾。憑高墉以游目，則渺焉重湖，巨浸接天，群峰倒影，回波成紋，市廛鱗次，宛在空明，微茫浩蕩，若隔蓬島。雖武夫千群，不能超而越也。先世民間窺利，屢賄於官，欲墾爲田者，輒沮其事，發言盈耳，是用不就。余既集衆力以就緒，乃進父老而問，故龍江蜿蜒，石磧屏列，北山崇崒接九龍，青鳥、天門，左右翔翥，此山川之清淑也；馮三元以文章魁天下，黎特科以及第擅當時，三吴繼踵，二廖聯芳，或軼駕仙踪，或抗志武毅，或寄迹吏隱，皆生而名世，没而廟食，此人物之傑出也。又如清獻趙公，以政事著績，兖國吕公，以弭盗崇勛，蘇府君之節鉞威震乎殊俗，黄太史之流芳清風凛然。高閣雲樓，以飾以備，式崇明祀，景行先哲。又慮其久而或泯也，勒之堅珉。凡圖有未備，則載之於文；文有未悉，則見之於圖，俾同志者咸知所考證云。

李好文《長安志圖》卷中《圖志雜説》 龍首山。古志曰：「山長六十里，頭入渭水，尾達樊川，頭高二十丈，尾漸下可六七丈。」又曰：「漢取山土爲城，山之餘尾在城西南數里乃盡。」今按城南鼎門之西，南北附城有土嶺，可二三百步，望之隱然如城，俗名之曰土蛇嶺，此即山之餘土也。又漢臺殿城闕皆栽山土爲之，是以高大，數千年不圮。《西京賦》曰「疏龍首以抗殿」是也。山之餘尾，城南皆已湮平，坡陀豆出，復見於唐大安宮西，東西橫亘，迤邐而去。今大安宮城及内苑後牆、含元殿臺一帶俱在山上，下去平地可六七丈，南望城市俯而視焉。原自含元以東，其地漸平，不見垠崿。一日登秦冢，望之隱然而東，直際滻水，與白鹿諸原映帶，南去又自長樂坡下，其岡中斷，道出其間，其西廓然，率多塹掘。問之人，云：安西築邸時取其土也。

北斗城。《三輔舊事》及《周地國》曰：「長安城南爲南斗形，北爲北斗形。」今觀城形信然。然《漢志》及班、張二賦皆無此説。予嘗以事理考之，恐非有意爲也。蓋長樂、未央，酇侯所作，皆據岡阜之勢，周二十餘里，宮殿數十餘區。惠帝始築都城，酇侯已没，當時經營，必須包二宮在内。今南城及西，兩方凸出，正當二宮之地，不得不曲屈以避之也。其西二門以北，渭水向西南而來，其流北拒高原，千古無改，若取東城正方，不惟大寬，又當渭之中流。人有至其北城者，言其委曲迂迴之狀，蓋是順河之勢，不盡類斗之形。以是言之，豈後人偶以近似而目之也歟？

賦語，文人之詞，固多張誕。然身未嘗至，目未嘗覩，亦未可輒拒而不信。嘗讀漢人之賦，遂知西京臺觀之盛。班孟堅曰：「軼雲雨於太半，虹蜺迴帶於棼楣。」又曰：「攀井幹而未半，目眩轉而意迷。」張平子曰：「將乍往而未半，怵悼慄而聳兢。」王子淵曰：「若播岸而臨坑，登木杪以聞泉。」論者以爲皆危峴悚懼，非王公所宜乘履，誠爲確論。予至長安，親見漢宮故趾，皆因高爲基，突兀峻峙，崒然山出，如未央、神明、井幹之基皆然，望之使人神志不覺森竦。使夫當時樓觀在上，又當如何？由是觀之，則數公之言未可遽爲張大也。昔蔡九峰不信鳥鼠同穴，後人譏之，予恐不知而論，將使後人而復譏後人也。

小兒原。駱氏志載新説，唐皇子幼則居内，漸長成，於東内苑爲大宅，於外爲十六王宅，王宅外又置百孫院。王子王孫勿得出外，鬬雞走狗、蹴鞠彈射於苑中。龍首原俗號曰「小兒原」，或曰「今原」，東有西番浮圖，至元中所建，其下是一古冢，經營之始，塹之爲基，得一石椁，有篆文三，曰「小兒冢」。意者，原名以是，然今亦不知有此名矣。

郚名。長安、咸寧二縣民多，以故宮殿門闕名其所居，然訛謬不可盡記。志稱下馬陵，訛爲蝦蟇陵，秦壽陵訛爲韓生冢，建章宮訛爲貞女樓，翠華殿訛爲祭酒臺。不特是耳，至以漢城爲陽甲城，霸城門爲萬城門，覆盎門爲紅門，西安門爲黄門，正武殿爲講武殿。城中又有白盎殿，亦不知是何名。然亦有傳襲舊名而圖志不載者，如以宣平門爲玉女門，以其東有玉女山也。以西門爲金天門，亦非野人之語。若此之類，又恐前代舊有是名耳。有人嘗言於京師一朝官家見一雜書，載陽甲城之説曰：陽生於子而天方開。甲，始也。漢有天下，是爲一代開天之始，如陽始生，以期福禄於未艾。觀其宮名未央可見。愚案此説似爲有理。然如其言，則是陽甲之名，漢已有之，何故傳記曾無一言稱之？且陽甲，殷王，漢固不當以古帝王之名目其城也。宋次道《長安志》極爲精博，亦不見取，但言隋遷都，此城遂廢，俗呼曰楊廣城。此説是也。蓋煬帝弑父亡國，民斥其名，政猶「時日曷喪」云爾，復何疑乎？其後又轉而爲楊家也。

漢瓦形製古妙，工極精緻，雖塵壤漬蝕，殘缺漫患，破之如新。人有得其瓦頭者皆作古篆，盤屈隱起，以爲華藻。其文有曰「長樂未央」，有曰「長生無極」，有曰「漢并天下」，有曰「儲胥未央」，有曰「萬壽無疆」，有曰「永奉無疆」，亦有作「上林」字者。昔人有於陳倉得秦瓦，文曰「羽陽千歲」。羽陽，秦武王宮也，以是知古人製作不苟，雖一瓦甓，必有銘識，不特彝鼎爲然耳。又有得瓦作「楚」字者，亦秦瓦也。秦作六國宮室於咸陽北坂上，意者，必用其國號以別之歟？又未央字瓦，凡離宮故基亦皆有之，今杜陵碎瓦中，皆有「未央」、「長樂」等字，亦不知其何故也。

古瓦陽面多作小窩沱，狀如雨點，亦有作繩痕者。予嘗過其鹿臺下，見其敗瓦亦然，乃知秦漢已前製皆作此，但不知所以製之之意。或曰蓋仰用者以固泥也，説亦有理。又唐瓦有如漆者，蓋是碧瓦歲久而色變也。漢瓦皆素，獨故城中未央瓦表裏皆黑，堅如鐵錫，今不多得，其所得者皆離宮瓦也。由是言之，雖其宮室壯麗，猶爲近古尚質也歟？長楊闕中人家園圃池沼多植白楊，今九龍池尤多，皆大合抱，長數丈，葉原多風，恒如有雨，因憶唐人詩「朝元閣上西風急，都入長楊作雨聲」，正謂此樹，以見故宮悲涼之意也。説者以長楊爲漢宮，今宮在盩厔，去驪山百餘里，殊無相涉。且漢以木名宮，如桂宮、棠梨、豫章、五柞者非一，又安知長楊不以是木名耶？

樊川。本樊噲食邑，故名。又云今其墓在神禾南原上。長安名勝之地，周處士瓊、唐杜公牧之、祁國杜公、奇章牛公之居皆在焉。唐人語曰「城南韋杜，去天尺五」，可見昔時之盛。今雖殘廢之餘，而終南之神秀，原陸之澶漫，源泉之灌注，草木之葱蒨，近蜀之饒，固自若也。然古人勝遊之迹見於文章篇什者歷歷可考，變遷以來，蓋有名存而寔亡，有有其處而名不可知者。前輩有張茂中，同其友爲城南之遊，嘗作記以紀之，當時遺跡猶有存者。今欲訪之，尚能見其彷彿，據可知者別爲一圖，掇其遺漏以補其闕。曰杏園者，唐新進士宴遊之所，在曲江鴈塔之南，今皆耕爲民田。曰韓莊者，在韋曲之東，退之與孟郊賦時，又并其子讀書之所也。鄭莊又在其東南，鄭十八虔之居也。曰塔坡者，以有浮屠故名，在韋曲西何將軍之山林也。今其地出美稻，土人謂之塔坡米。蓮花洞在神禾原，即鄭駙馬之居，所謂主家陰洞者也。翠微寺在終南山。又有牛頭寺坡，少陵所謂「青山意不盡，衮衮上牛頭」者也。李抱玉碑在杜永邨，有墳。柳宗元碑、昌黎之文，在少陵原之北。人云陵西有子美故宅。蕭灌墓在焦邨，吐蕃論弓仁墓在趙邨，渾瑊墓亦在城之西南，餘皆不能備載。噫！高岸爲谷，深谷爲陵，而況區區之宅第邱壠哉？特以古人之名所仰止，不欲遺之故耳。樊川今有華嚴寺，人但謂之華嚴川云。其東十里許有興教寺在原半，企望南山，最爲名勝。

杜陵今在奉元城東南二十五里三趙邨，陵在高原之上，即所謂鴻固原也。陵之制正方，詢之居人，每方百二十步，據地六十畝，四面去陵十餘步，皆有觀闕基阯。其東南數十步又有一陵，形制差小，皇后王氏之陵也。案《漢史》，宣帝后許氏早崩，葬杜陵南園，去杜陵十八里，今在司馬邨少陵原上，俗呼曰司馬冢，豈以后□博陵所葬，遂誤稱耶？又霍后廢，立王倢伃爲后，後爲太皇太后，年七十餘，成帝時崩，合葬杜陵邨東園。其陪葬之冢，稍大者恐是淮陽憲王等母王倢伃之冢，其小者或貴人以下冢也。何以言之？若群臣附葬，必不在後宮之列，以是知之。其東陪葬數十冢，環拱森列，大小不等。其北里許，亂冢百餘，自是以北直至城南，東西延亘，高原之上，纍纍皆是，但不知其名耳。

前代陵冢，大明宮城北十里許，唐禁苑也。近漢城之東，有大陵十餘，制度雄偉，年代久遠，必古帝王陵也。其西南亂冢尤多，以予觀之，蓋是秦陵，何則？唐之禁苑非營葬之所，苻姚西魏，世代不遠，干戈相仍，恐無此承平之制。設爲當時帝王之陵，亦不當如此之近。且西魏孝武陵在渭南，文帝及後周文帝陵皆在富平。隋文陵在武功。煬帝陵在畢原。宇文陵在好畤。苻健嘆石安原而有終焉之志。周漢諸陵皆不在此。獨秦陵不見，今樗里子墓在漢城中，莊襄陵在今城東，始皇、扶蘇陵又在臨潼，正與此陵俱是一帶，予固以爲秦陵無疑也。其餘叢冢，以駱天驤所載，韓信冢在霸城門東三十里新店，則夫漢及苻姚以降諸臣或亦有之，不可知也。大抵古人陵冢，圖志雖載其處，然亦不敢必其所指，是亦知之之一道也。

華州亂石。華州東有亂石十里，蔽野橫路，馬闋幾不可行。其大者皆如岡阜而不成山，問之人，云少華山崩也。遂考諸《宋史》：熙寧五年九月，知華州呂大防言少華山前阜頭谷山嶺摧陷，其下平地東西五里、南北十里潰散墳裂，涌起堆阜，各高數丈，陷居民六社幾數百，後林木廬舍亦無存者。近山之民言數年以來，谷上常有雲氣，每遇風雨即隱隱有聲。是夜初昏，略無風雨，山上忽霧起，有聲漸大，地遂震動，食頃即有此變。金翰林應奉蘭泉張建有《石字坡賦》序云：坡在華州之東，宋熙寧間阜頭神所移也。皇統己巳春，道過其閒，覩而賦之。今其地有阜頭神廟，壁畫風雷山移之狀。因閲前史，漢獻帝初平四年，華山崩裂，世遠不可推究。唐武后垂拱二年，新豐有山湧出，初六七尺，漸高至三百尺，名曰慶山，今在臨潼東南三十五里，與此事皆在人耳目者，遂表出之。嗚呼！大化旋移，振盪迴薄。神變翕忽，何怪不有。夫以漢之獻帝、唐之武后、宋之神宗，而皆有此希聞之大異，則其爲國亦可知矣。

火餘碑。唐碑爲巢寇所燬，而尚存者三。其一華山碑，在西嶽廟，剥裂之餘，巉巖峭刻，勢轉奇特，初不類爲碑者，卓立而不仆者數百年矣。其一華萼樓碑，在九龍池南。其一右軍碑，在城西北。嗚呼！碑之壞，以屋累也。今其本欲傳遠，區區以屋覆之，其爲計也淺矣。

試官石，在九耀街武安王廟前，橫卧街側，色黑而瑩，長四五尺，高二三尺，世傳唐時舉人就試，以釘釘之，卜其中否。今觀石上有釘數十餘，釘頭皆露，亦有半入而上曲者。昔李將軍射石飲羽，蓋偶然爾，此豈偶然者耶？其理殆不可曉。

關中碑刻。自石鼓而下，秦漢以來，所在甚多，而唐碑尤盛。兵火之餘，殘毁無幾，或爲野人賣爲寺觀、墳墓之物，風紀亦嘗禁之，然終不能禁也。今文廟有趙明誠《金石目録》三十卷，而多不載所在。或云：又有田氏《京兆金石録》，亦不復見，唯儒士駱天驤嘗録石刻一編，附其所類。志後自言跋履荆莽，尋訪抄録垂六十年。終皇甫誕碑，今在鳴犢鎮，亦率更所書，字畫尤偉，而不及載，則所遺者多矣。余嘗命魯齋書院刊補駱志闕略，因增續得碑刻於後，而未暇也。後之博雅君子得無有志乎云爾。

圖制有宋呂公大防所訂，志中時亦引用。觀其布置，大段皆是，然其宮室臺榭門闕委曲之詳理，固不能盡也。近因刻梓，復加比較，見其與志微有不合，或與故跡顯然相戾者，略載一二。唐大安宮，高祖所以處秦王也。志曰在宮城之西，今乃在其西北，壞堞宛然，今人猶曰秦王府，圖本所載是也。宮城西偏，附城有小城垣，即掖庭宮也。今見其處，止可容置一宮，而圖乃以大倉雜處其中，大非所宜，又志亦不曾載。若此之類，必是碑本磨滅，後人不詳，誤附之者。又漢城中有石人、石馬、定心石之類，今皆去之。掖庭東北垣上有一方臺，不知何基，考之於志，恐所謂宮人教藝之所，名衆藝臺者也。注云舊圖有之，遺跡尚存，今圖本却無，不敢附入，其顯然相戾者。內苑北偏，半在龍首岡上，今其東乃是城墉，兩頭有二角樓基跡，皆高數丈，其南却是平地，全無係著。其北樓基西有小牆基，折而西去，即内苑之北牆也。其牆約二里許，直一大基，方廣數丈，牆亦自此而絕。其基正當大安宮之東北。以志考之，當是翠華殿基，所謂祭酒臺者是也。不然，是亦一樓基，其西南樓基歲久湮平，遂使後人疑也。今圖乃以禁苑之毬場誤置在此，其上頂所存城墉、樓基與畫本宮殿全不相合，然竟不曉當時之制果如何也。因記於此，欲使觀者必參志而求之，方見古人全盛之制。

《水磨賦》，浮休居士之所作也。華州廳壁有石刻，不著姓名。或曰宋張舜民，字芸叟，號浮休居士，未詳是否。序曰：浮休既投迹少陵，一日有以水磨求售者，相其地，乃古之宜春苑也，今謂之韋曲。自漢唐已來，諸韋居之，與後周逍遥公曬書臺，唐杜岐公、韓退之舊業，鄭都宮之園池鄰里，籬落垠堮皆在，人云李太白嘗居此也。仰終南之雲物，俯潏水之清湍，喬林隱天，修竹蔽日，真天下之奇處、關中之絶景也。暇日聊爲之賦云。粤自大樸既散，機事滋熾，抱瓮無譏，斲輪改制。脱大車之左轂，障横流之肆置。圭測深淺，審度面勢。覆厦屋之沉沉，釃長溪之沸沸。徒觀夫老稚咸集，麥禾山積，碓臼相直，齒牙相切。碾磨更易，晝夜不息。洶洶浩浩，砰砰⿰石力⿰石力。鼓浪揚浮，交相觸擊，飛屑起濤，雪翻冰折。仰而觀之，何天輪之右旋，覆轑膠戾，蟻行分寸，遲速間隔。俯而察之，何地軸之左行，消息斡運，措撑挺拔，千匝萬轉，而不差忒。逆而視之，修渠繩直，高岸壁立，沄沄漾漾，滉滉瀁瀁，如砥之平，如練之明，忽然走下，若衆壑之赴禹門也。順而索之，盈科後進，遇險斯止，瀲瀲灩灩，成文布理，汪澄淵默，乃見柔德，力盡而休，功成而退，若君子之善出處也。彼華山三峰之飛瀑，吕梁百步之噴沫，獨有賞心之玩，曾無利物之實。未若斯磨也，不踰尋丈之間，不匱一夫之力，曾無崇朝之久而可給千人之食。如是則驢馬不用，麥城任堅，農夫力穡，知者圖焉。故君子役其智，小人享其利，真爲一鄉之賴，豈止一家之事。賈生曰：水激則悍，矢激則遠，萬物迴薄，震蕩相轉。孔子觀於川流，莊生監於止水，因事會理，是謂道紀。況夫雍爲九州之沃壤，潏乃八水之上游，樊杜引其吭，豐鎬匯其尾，壽山禦其表，崇岡固其裏。空淡鳥没，木老天深，憑高四顧，騁望千里。其地産則動植飛潛，充牣旨美，亡所不備。天府取之而不竭，陸海探之而無底。其人物則有漢唐已來韋、杜二氏，軒冕相望，園池櫛比。逍遥公築臺而曬書，杜君卿鑿山而引水。韓退之之西鄰，鄭都官之北鄙。參以太白，忘機脱屣。雖時代之屢遷，顧風流之未弭。未有一叟，扶杖來止，非夷非惠，不農不仕，或釣或弋，翱翔徙倚，鶴髮鮐背，頽然而已矣。

補遺。昔愍帝建興元年，劉曜攻陷長安，入外城，焚□□及諸營還屯逍遥園。四年，曜攻陷長安外城，晉曲允退守小城。今按故城，止有大城二重，《長安志》亦不云有小城，惟載《帝王世紀》曰：漢初置長安，城本狹小，惠帝更築廣大，以是而惟恐初置者爲小城。惠帝所築，不是外城，即今故城是也。但歷代變遷，其迹不存耳。不然，豈有王者之都無外郭也？又長安城門名多重複，愚恐亦有内城門名，後世不詳，併指爲一城也。何以知之？志書「宣平門」注曰：王莽改曰春王門，民曰東城門，其外郭曰東都門。《西京賦》亦曰「經城洫營郭郛」，是其一證歟？又所引《漢舊儀》及《郡國志》，説漢城里數處必有誤字。龍尾營，退之詩亦曰「終南曉望蹋龍尾」。注曰：龍尾坡，長安地名。今案，龍首山頭入渭水，其尾則與杜陵諸原相去不遠矣。逍遥園，志載其名見於姚秦、西魏時，以晉史言，前世已有是園，但不言其處。又志爲記都長安者，西漢及駱天驤謂今圭峰草堂是也。予以還字推之，恐當在滻水之東。晉苻姚魏周隋唐，皆有宫闕，然劉曜亦都十年。史稱曜作酆明等宫及壽陵，周四里，後依霸陵制度，志則不書，今雖不知其處，覽古者亦當知之。晉愍帝時，盗發漢霸、杜二陵，及薄太后陵，得金帛甚多。案《漢史》，文帝治霸陵皆瓦器，不得以金銀銅錫爲飾，其儉至矣，然猶不免爲盗所禍，夫苟有封樹之迹者，豈信其儉而亡物哉？且所謂得金帛多者，豈景帝不能盡遵文帝之訓，或杜、薄二陵所有不可知也。唐之諸陵，亦皆遇盗，惟乾陵獨完，豈偶深秘，盗不知之。今其西北有大溝，人謂之黄巢溝，其發時掘也。俗又云乾陵之上，人有游戲慢侮，及取其瓦石者，輒有靈響，或别有他咎，往有騐者。夫武氏之威，震赫一時，百世之下，尚能驚動禍福人耶？余既爲秦陵辨矣，因閲《史記》具列秦先君葬所，其所名地有可知者，有不可知者，大概不出秦雍之域也。其可知者，圖志亦不盡載；其不可知者，今所在無名之冢，又安知非是耶？今叙《史記》所載以補志之闕，且見余言之不妄云。襄公、文公葬西垂。秦始立國，在岐之西，今隴西之西縣。寧公出子葬衙。馮翊有《衙縣記》曰：寧公徙居平陽，葬西山。注曰：郿之平陽。武公葬宣陽聚東南。《紀》云：葬雍平陽，初以人從死，死者六十六人。德公、宣成公葬陽，繆公葬雍。《皇覽》曰：冢在槖泉宫祈年觀下，從死者一百七十七人。康公葬竘社。共公葬康公南。桓公葬義里邱北。景公葬邱里南。一作僖公。畢公葬車里北。即哀公。夷公葬左宫。惠公葬車里。一云簡公子葬陵園。悼公葬僖公西城雍。龔公葬入里。一作人里。愚案：里者，二十五家之名，今槖里正在長安城中。久以里名者，恐亦有相近者。躁公葬悼公南。懷公葬櫟圉氏。靈公葬悼公西。簡公葬僖公西。出公葬雍。獻公葬嚚圉。孝公葬禹圉。惠文王始都咸陽，葬公陵。悼武王葬永陵。《皇覽》曰：秦武王冢在扶風，安陵西北畢陌大冢是也。人以爲周文王冢，非也。周文王冢在杜中。今案《咸陽圖》，畢有周文王冢。以是考之，則是秦武王冢矣。昭襄王葬茝陽。今霸陵也，自酈以西皆茝陽。《紀》又云：宣太后葬芷陽酈山。孝文王葬壽陵。莊襄王葬茝陽。今東門外呼韓生冢者是也。始皇葬酈邑。扶蘇冢亦在焉。二世葬宜春。《紀》曰：以黔首葬二世杜南宜春苑中。

秦瓦。御史宋宜之嘗於阿房故基得一古瓦，長二尺許，高廣六七寸，正方，漸殺如斧形，宛然若屋狀，堅厚如白石，隱隱遍作繩痕。其相接處，亦有笋距，如今瓦，但樸素耳。長安古迹，此類甚多，但不得盡見也。

《〔嘉慶〕廣西通志》卷一二六危素《静江路新城記》 静江路自秦置桂林郡，其後更革不常。國朝置元帥府、嶺南廣西道肅政廉訪司，設治於此。其城内城築自唐撫慰使李衛公，外城即今城，則宋經略安撫使余襄公所築、吾臨川王文公爲記者也。乾道間經略李公浩、淳熙間經略詹公儀之、紹熙間經略朱公晞顔皆嘗修之。至正十二年，紅巾盗至，廉訪使也兒吉尼公起兵抗敵於衡、永，四方兵亂者十年，而廣西之境晏然無虞。素備位政府，心竊異之，而莫究其詳也。適吴楚使者踵至京師，喜談樂道公之政績，信而有徵。至正十七年，廣西亦遣使麥澂等航海來言邊事，語及修城事甚詳，且致郡父老之辭曰：願有述。會江南行臺監察御史疏公之政宜刊碑，以示永久，御史大夫以聞。主上知其服勞王事，積功有年，東宫及大臣皆大稱賞，增秩正奉大夫，特賜御衣、内醖以寵嘉之。按至正十六年，公以靖江實廣海重鎮，宜嚴扞蔽，舊城率築土而被之以磚，閲歲滋久，頽圮殆盡，懼無以防衛生聚。始欲如古修營，則慮徒多版築陶埴之費，且非經久計；復欲括城中所有石，又駁雜弗齊，艱於締壘，況不及百千分之一。覃思積時，奄得良策。乃睇睨負郭山多美石，堅縝可用。遂教示匠石琢裁之法，巧運機繘，傭工舁之，力寡功夥，人以爲便。工日給鈔一百文，粟三升，匠者倍焉。其高二丈有奇，廣三丈，延袤三千七西餘丈，表裏衡結，通趾頂皆石，甃砌完密，雉堞樓櫓，莫不如制。其經費之大，皆出於公，省歲禄秩之入，爲鈔八百定，貿易海北鹽，規運轉輸，息至百倍，積萬餘引以給其役。時方募工，有司議役及避難之民，公止之曰：「非安之之道也。」於是城成而民弗告病。始於十六年十月，落成於二十年之八月。其錢糧磚石灰木工役之數，及贊佐從事次第品節之詳，悉載郡博士所述碑陰記，故不書。吁，桂林山川藏珍毓秀，何啻數千萬年，一旦逢偉人創建巍城，蓋天造地設，必有待乎賢哲製作而遂成立歟？嗚呼盛哉！始公以至正十一年奉旨貳茲臬司，其年十一月，武岡峒寇剽劫靈川縣，迫郡境，民憂之。宣帥阿魯輝親帥萬户孫思敬等討之，俘馘殆無餘類。明年春，潭、鄂俱陷，行省檄阿魯輝赴援，帥左江安撫使黄祖顯兵僮，倍道赴之。衆請堅守，公謂寇不數月横行千里者，由遏之不早耳，及其未至衡湘而撲滅之，則廣海安矣。乃以五萬户府所統兵八萬，即日戒行，僮三千餘人爲先鋒至衡，往定潭、鄂，留左江兵於衡。三月戊辰，禦寇於章水市，斬首數萬，餘黨奔潰。已而郴州、耒陽、衡山之寇繼至，連戰皆敗之。八月，道州寇陷全州，太守石亨祖來乞師，遣思敬洎千户唐勇龍兵救之。九月丁丑，復全州、連州。僚構紅巾，犯賀州，遄檄帥府調萬户也先發兵賀之信都鄉，卒擒戮之。臨桂縣盜作，勇龍與同知静江路事卜顔帖木兒獲其渠魁。十六年十月，峒寇攻義寧、靈川二縣，帥府兵既行，公憂其爲民害，乃出奉錢造銀碗，委憲史陳瑜勞軍，因督厲將士，撫安居民。俄千户石抹完者不花、鎮撫左江鄧留、卜顔帖木兒洎府判官王惟議始敗賊至義寧之鷄坡，又敗於靈川周村新橋，將士受賞感奮。十一月，武岡寇由融江六峒犯靈川之涂村，軍行遲回，公介冑上馬，驅民兵前行。諸軍甚恐，決勝而還。若此雖帥府所調，至於運籌制勝，發號施令，多聽命於公云。興安寇既退，大札，民莩死。公核餓者七千二百餘人，出粟四百餘石贍之，病者與之以藥，出鈔二萬五千貫，買牛五十餘頭散養各社。貧者給之牛，而無不耕之田矣。驛政廢，公又出鈔三千五百貫，買馬五噭畀縣，蘸千二百五十貫造船，畀白雲、小木三，蘸二千二百五十貫，則以供飲食，民甚便之。十三年夏旱，十六年春賀州災，明年春静江東門災，公皆賑恤之。若夫築靈渠、作陽橋、通鹽法、理冤獄，咸在可書，宜乎錫命之厚而優渥之至也。素紀新城而附之以平寇愛民之事者，孟子所謂地利人和，得道多助，觀乎廣西，可以信矣。我皇元有天下，立法垂制，本諸仁厚。爲之師帥者，其於承流宣化，蓋闕如也，是以民亂而情弗通，禍結而衆不悟，四方萬里，大而省府，小而縣鎮，鮮有能保而存之。廣西邃在百粵，承平之日猶稱凶獷而悖驁。顧今盜起十年，雖有小警，隨時芟夷，久而卧鼓滅烽，晏然無事，良由官府輯睦，政令靡愆，以致於此。素不佞，辭列鄉衮之次，多見其不自揆也。公字尚文，世居寧夏。至正二十年八月辛亥記。

《〔康熙〕紹興府志》卷二二汪文璟《修上虞城記》　至正二十四年，太尉方公與其賓佐僚屬議曰：「上虞是要害地，城池不設，何以奠民居、固士志？」即與貴介弟知行樞密院事國珉率賓佐、僚屬，將帥偕來，諏故實，相地宜，慮財用，以令役于近地之州縣，曰餘姚、奉化、昌國、鄞、慈谿、象山、定海，並上虞爲八邑。其役之贏縮，則視田賦所入爲之差。惟上虞當六之一焉。其築之之法，斬木爲杙，夾而列之。杙長二丈有四尺，陷其五之一于地中，其四出地上，因以崇土，土與杙等，則輂致巨石，縱横叠置，以護其外。至其面，則治使平正，以石帖之。於是規制既定，民庶子來，宵營晝作，鼛鼓弗勝。陸運川輸，材用山積。公與知縣及其賓佐、僚屬日周行城上，察工役勤惰而勸懲之。凡爲城十三里，其址之厚二丈有五尺，五分其厚之四以爲城身之高，十分其高之九以爲城面之廣。其上則每二十步架樓櫓，以宿巡警之卒；其下則于四隅列營房，以宅屯駐之士。罍甓爲陴，樹木爲栅，塹以深濠，懸以飛渠，守禦之具，無一不備。陸門五，水門三，皆環石爲洞。下闢重扉，上屹層閣，錮以金鐵，絢以丹艧，嚴嚴翼翼，既固既飭，而山川形勝，爲之一新矣。經始於是年之十月，踰月而告成。

《〔嘉慶〕廣西通志》卷一一八鍾世傳《横州修城記》　皇元統一華夏，普天率土，靡不臣妾。横州郡百粵分野，秦屬桂林。丙子平定，城池遂廢。甲寅秋，八寨夷江瑶僚，百千爲群，攻陷廣西、廣東、海南、北四路府州縣城池，劫取官庫民財，戮人盈野。逮三十有三年，雖慶、賓、柳、象、横、貴官設屯田萬户府、千户、百户，嚴加鎮遏，亦無如之何。太守趙筠齊召父老同城，商議去就，各執不決。太守愕然曰：「惜哉！爲之奈何？」至正丙戌五月，州判誠齋倪公下車之初，目擊城池崩塌，寇賊猖狂，民莫安枕，遂捐己俸，僚屬各助月俸，以資工費，每日給錢米，願執役者聽。於是鳩工度材，事皆立辦。州城及門，譙樓、鐘鼓，不日完麗。孟春，通守于公瞻到任，亦捐己俸，同寅共濟。中秋，公重命余鄰郡鄧經歷等，寧浦簿尉李實夫、照磨甘偉董工量城，方圍三里，池三百九十丈。計科才定，寧浦、永淳二邑百姓鼓舞興起，取磚於樂山古城，驗其記，磚乃東晉孝武帝時物也。今移之於横，各認地畝丈尺，修城開濠，築排栅。至正丁亥仲春落成，市道、坊巷、民居，各得所止。遷館驛，移縣治，惠民藥局，安置祀典、廟宇，州縣公廨，日有番直，夜有守衛，豈不比潤州之鐵瓮城耶？公今日樂横民之樂，憂横民之憂，斯民亦將樂公之樂、憂公之憂矣。後之來守是邦者，尚鑒茲哉！

《〔乾隆〕江南通志》卷二一余闕《合肥修城記》　至正十一年，寇起淮南，自浙西、江東西、湖南北以及閩、蜀之地，凡城所不完者皆陷。合肥之城久圮，倉卒爲栅以守。栅成，賊大至，民賴栅以完。其後僉憲馬君至，顧而曰：以栅完民，幸也，非所以固。迺白皇孫宣讓王及憲使高昌公，議修其城。遂發公私錢十萬貫，召富人之爲千夫長、百夫長者，傭小民，相所圮廢，盡築之。富人得官，發錢無甚費，咸喜助不足。小民方饑，得傭錢，奔來執事。鼛鼓不設，鞭扑不施，捧柴荷畚，纍至競作。自十三年二月朔戒事，九月畢。城四千七百有六丈，六門，環爲睥睨，設周廬，具飾器。門皆起樓櫓，相盜所必攻者甓之。計用木若干，甓四百四十八萬，用人之力七十七萬八千。城成而盜不至者，今期月矣。余生長合肥，知其俗之美與夫所不從亂而可與守者有三焉：其民質直而無二心，其俗勤生而無外慕之好，其材彊悍而無孱弱可乘之氣。當王師之取江南，所至諸郡望風降附，獨合肥終始爲其主守，至國亡乃出降。天下既定，南人争出仕，少不達則怨議其上而不可止。吾合肥之民，布衣蔬食，秀者治詩書，朴者服農賈，婚喪社飲，合坐數百人，無一顯者，無少疾怒不平之色。驅牛秉耒，雞鳴而耕，朝而息；日昃而耕，暮而息，不合耦而終十畝。負二石之米，日中超百里而無倦容。惟其質直而無二心，故盜不能欺；勤生而無外慕之好，故利不能誘；彊悍而無孱弱可乘之氣，故兵不能誅。昔者木栅猶足以力戰禦寇，而無肯失身於不義者。今而得賢使君，修其垣墉，救其疾苦，攜持撫摩以與民守之。而民之與君又歌呼愛戴，與君共守。自今至於後日，是雖無盜，有亦不足憂也。君前爲庸田僉事，城姑蘇；今憲淮南，又城合肥，一人之身而二郡之民賴之，以有無窮之固，儒者之利不其溥哉！君名世德，字元臣，由進士第歷官應奉翰林文字、樞密都事、中書檢校、庸田僉事。又其官與余前後爲史氏，城又余之所志而未成者也，因爲紀之。其執事與凡供役之人，則載之碑陰。

楊維楨《鐵崖古樂府補》卷四《鐵城謠》 張司業有《築城詞》，嫌其嘽緩，無沈痛迫切之警，今補之：

蒸土築城城上鐵，北風一夜吹作雪。君不見銅駞闗外鐵甕堆，中填白骨外塗血。髑髏作聲穿鬼穴，銅駞崩，鐵甕裂。

《（嘉慶）廣西通志》卷一二八鄒魯《修城記》 至正十二年，侯君文卿爲貴州幕，不三月，政和而理成。文卿復進父老士庶，與之永圖曰：「裸裼而戰，可乎？」曰：「不可也。」「都鄙郡邑，以囿生民，聚民非城弗可也。城弗完，豈爾民之安哉？由前至今，貴爲巨州，賓、象、潯、藤，疆土犬牙，溪猺峒獠，旦發夕至。州城不治，殆將百年，日月受敵，數傾於陷，吾爲若等倡大之。」衆喜且謝曰：「是足以保我子孫黎民，國家人社之利也，請具畚鍤以從。」侯君則出私帑，傭軍民築城以衛民，於是趨事子來，執功雲赴。君又禱於北山之神，得古石冢數千室於近郊，砌壘有餘，陶冶無費焉。版築之役，則城中之民第其物力而分築之，不給則又以己帑相之。城高十尺有奇，上爲女墻五尺有奇，土石填實，灰液膠固，周圍二萬餘尺。南距大江，三面浚池，深丈餘。城上之屋凡千間，東北西北二隅，東西二門，凡爲戰樓五，崇二丈，則四方之民驗其田賦而分構之，工無重科，人無餘力，瓦木堅好，以永弗壞。君所築之處，復作二樓，其高廣如東西二門，東南曰朝陽，西南曰江月，皆君所自建也。東西門之外，各爲墻斗，折内鄉以拒冲斥。南門之外，東西又各爲石門，門有敵樓，列巨栅，屯〔義〕兵（義）合守之，商廬賈肆，鱗列蟻傅焉。城完，乃籍居人佔其所築之地，分佈防禦，民以爲便。是役也，經始於是歲之六月，訖功於明年之二月，君與弟信卿日巡行城上，董治工役，諭民以理，作者千人，不加一杖而自勸，於是均土析基，覆屋以瓦，民始奠居，而知有生之樂矣。州學正靈川陳復伯禮、耆士楊榮祖等，與父兄子弟，既落其成，乃相帥爲狀，托潯州從事林君茂卿求文以記之。余聞君之爲州幕，政績昭灼，凡所備寇周防爲生民計者，莫不盡竭其心焉。方城之未完也，歲八月戊午，賊至萬塘，君即捐資募勇士，身先士卒，擒其酋黨八人，斬五人。明年五月庚午至於癸酉，七月丁卯至於己巳，賊皆數千人犯城壁，君與弟信卿帥義兵出門，連日逆戰，旦暮五六合，摧鋒陷敵。敵敗退奔，逐北，殺獲無算。於是廣西海北二司，薦剡交致，遣使亟鎮焉。至若出積斂以給民，興學校以勸士，均賦役，去凶暴，復流亡，決淹滯，又不可一二數，非其心忠以仁，其志果以達，而其天質之美有以異於人，烏能成其功業若是之盛哉？於戲！世之爲卿相，列方岳，爲國勛戚，爲時名臣，尊爵禄而都顯寵者，可勝嘆哉！邇者烏合蚋集之徒，竊發淮蔡間，肉食而桓圭者，委城郭如敝屣，曾不少顧恤，視之爲可以少愧矣。況嶺南去天萬里，吏於其土者，率自諉遠宦，以王事爲貨市，視公宇爲逆旅，汲汲焉漁獵其民，豐其家室不饜，又安有割己俸以爲城，捐軀命以禦暴，盡忠報上，若此其至者也？坐省府鎮藩維者如彼，而況於一郡之幕佐乎？若君者，誠所謂求十一於千百也。使君居廊廟，贊出納，用足以究才，位足以滿德，其功業又當何如耶？雖然，有德者必食其報，余於貴之士民望之。余聞州有紫水，出則爲守佐之應。君視事之初，泉觱沸出城下。噫！石發於郊，泉瑞於郭，非人力之所至也。賢者之獲於天，蓋如是夫！君名元采，文卿其字也。信卿名元忠。其先中原人，宦游桂林，因家焉。

劉基《誠意伯文集》卷二《築城詞》 君不見杭州無城賊直入，台州有城賊不入。重門擊柝自古來，而況四郊多警急。愚民莫可與慮始，且說築城俱不喜。一朝城成不可踰，挈家却向城中居。寄語築城人，城高固自好，更須足食仍足兵，不然劍閣潼關且難保。獨不念至元延祐年，天下無城亦不盜。

高啓《高青丘集》卷一四《晚登南岡望郡邑宮闕二首》 其一

落日登高望帝畿，龍蟠山下見龍飛。雲霄雙闕開黄道，烟樹三宫接翠微。沙苑馬閑秋獵罷，天街車斗晚朝歸。明朝欲獻升平頌，還逐仙班入瑣闈。

其二

秦金不厭氣佳哉，紫蓋黄旗此日開。殘雪已銷鳷鵲觀，浮雲不隱鳳凰臺。山如洛下層層出，江自巴中渺渺來。六代衣冠總成土，幸逢昌運莫興哀。

王禕《王忠文集》卷一〇《婺州新城記》 至正十四年七月十有五日，婺州新築羅城成，總管陳侯使以狀來，俾書其實，用紀成績。按《圖志》，婺在吴爲東陽郡，梁改爲金華郡。隋開皇九年乃易置婺州，而城之肇建莫詳所自。宋宣和四年，知州事范之才嘗重築之，逮今二百有三十年，圮壞弗葺，殆非一日。我國家誕受天命，奄有四海，際天開宇，極地闢疆，混一之盛，亘古所無。世祖皇帝念創造之難，懲攻取之勞，以爲天下既已一家，郡國城郭無所於用，而衆建省闑以作蕃翰，天下勢如運諸掌，隱然泰山盤石之安，天險所設，規模宏遠矣。然而晏安無虞，爲日滋久，爰自比歲，中區俶擾，所在郡國，民訛不寧。於是江浙行中書省議謂預備不虞，國之善政，城郭復建，於今爲宜。下其事列郡，令相其便利而講行興築之政焉。婺於浙東，今爲上路，後枕山阜，前臨溪流，最爲形勝，而肅政廉訪司實治於兹。副使伯嘉訥公與其僚屬議，咸謂有備斯可以無患，此古之良圖，今之切務。乃屬陳侯亟遵省檄，以謀興作。而陳侯亦自任爲己責，而不敢後。乃略基址，揣厚薄，集所屬州縣長吏躬役，要以同物力之度程。而副使公復選奏差錢元、處州總管府判官葉琛總視其役，察其勉與不勉者，而經畫勸相之。舊城周十里，基三丈，面廣三之一，而高倍其面。至是綿亘，悉仍乎舊，以丈計者一千四百七十有九，其高二丈，基之厚與面之廣皆二丈有二尺。以今昔之度準之，有增而無減。外包密石，而實土其中，土居其厚僅三之一。上累甓爲女牆，下甃石爲道，皆與城相周迴。舊有門十一，後窒其四，而存其七。東曰赤松，南曰八詠、曰清波、曰長仙、曰通遠，西曰朝天，北曰旌孝，今仍爲七門。其上皆架屋爲飛觀，以謹候望，而朝天、旌孝各環以甕城。版臿並興，雉堞崛起。庀事於閏三月二十有六日，爲日一百有七而遂訖工。其費一出於民，凡民有田苗米十石以上者，必來隸役。其不及十石，則出錢以爲助。蓋由陳侯躬勞率下，悅以使人，而州縣長吏盡心殫力，以承其志。上有風紀之司爲之倚重，所選總視其役者，又精知周慮，足以綜理之，以故執役不煩，而民不敢愛其力。量功命日，不愆於素；百年之蹟，指顧而還。於以待不常之虞，而永爲國家之保障，豈徒區畫封表，備侯邦之制而已乎。是故《春秋》之法，興作常事或不書，至於土功，必謹書之，重民力也。是役也，於制爲合義，於時爲得宜，用民之力雖悉，而民不告病，是其不可以不書。陳侯名以實，以太中大夫居今官。在任六年，政效昭著，有足稱者。州縣長吏受役要者：蘭谿知州唐棣、金華尹徐允益、義烏尹周思奉、浦江尹蕭文質、東陽丞蔣受益、永康主簿李煦、武義主簿陳以威、權録事司浦江主簿暗都剌。以郡僚主治文墨，書其役要者，提控案牘兼照磨孫彌德也。

金幼孜《六府廣記》卷四三《元夕賜午門觀燈》 鰲山高聳架層空，萬燭燒春瑞氣融。星動銀河浮菡萏，天垂瓊島綻芙蓉。行行綵隊穿華月，曲曲鸞笙度好風。自是太平多樂事，君王要與萬方同。

鳳輦初臨鼓吹喧，千官環侍紫宸邊。九門燈火雲霄上，午夜山河錦繡前。春散爐烟浮樹暖，月移寶仗映花妍。從臣忝預傳柑宴，既醉猶歌湛露篇。

天上紅雲濕翠旗，樓前燈影動罘罳。御筵花暖歌聲近，紫禁風清玉漏遲。中使傳宣還賜果，詞臣獻賦更陳詩。華夷盡道承恩澤，千載昌期際此時。

絳節氤氳上太清，紫烟縹緲冠層城。鵷行不動瑶墀影，鳳幄微聞玉藻聲。律應一陽璇象轉，福凝五位泰階平。禮成回蹕傳行漏，百尺華燈闕下明。

燈下薰天夾路旁，屬車旋處翠華張。非烟擁蓋璇霄麗，若月乘輪御陌長。十里香花連泰時，千門鼓吹徹昭陽。皇誠已自通天貺，萬祀應知寶祚昌。

紫氣葱葱繞禁廬，南郊近日履長初。皇王禮樂光前殿，侍從聲華滿後車。漢時龍鱗金匱紀，周臺雲物彩毫書。雄文亦是鄉人似，齊客談天恐不如。

《(天啓)滇志》卷二〇侯璡《新築騰冲司城記》 仰惟皇上，纘承列聖，嗣登寶位，四夷八荒，莫不梯山航海，稽顙稱臣，述職納貢。《書》曰：「萬邦黎獻，共惟帝臣。」《易》曰：「聖人作而萬物睹。」正兹時也。越五載，麓川酋長思任偵邊守緩馭，遂肆倔强，戢脅犬豕，侵軼疆場，厹爛氓夷。雲南守臣以聞，上乃敕廷臣曰：「夷狄禽獸，不可以中國道理處，自古但羈縻而已。」復申命守臣：「謹封域，戒斥堠，戒備守，需招徠，俾賊去逆效順，轉禍爲福，仍守彼土，庶全草木命。」實皇上好生之德同天生之涵育，不忍加兵蠻夷者，誠以兵凶戰危，一壓境壤，脅從罔逭，殃及無辜也。蠢兹思任，負固恃險，執迷頑梗，愈作跳梁，蟻聚蜂屯，乃捅我南甸，乃突我干崖，乃犯我騰冲，叛釁弗庭。適守帥[illegible]以事聞，上軫念邊民悉吾赤子，遘賊荼毒，匪加兵殛之，得以猖獗，獷悍不可附也。不得已出師，命兵部尚書王驥行便宜事總督戎務，定西伯蔣貴充總兵，簡偏裨，統虎賁、羽林、驍騎，各鎮士馬十有五萬徂征之。分路并進，窮搗賊巢；設奇制變，鼓噪齊鳴；士氣賈勇，左右夾攻；斬殺賊孽，噍類無遺。賊既敗衄，惟子思機狼狽夜潛，遁匿孟養。時正統辛酉十有二月十三日也。凱旋獻捷，朝廷嘉之，凡同征將士，升賚有差。迨壬戌七月，上以麓賊平，諗無西顧矣，但雲南遐荒，去京萬里，百蠻雜處，叛服不常，自昔雖有武臣鎮臨，特乏文臣以佐耳，乃敕兵部左侍郎侯璡、刑部右侍郎楊寧迭更參贊戎務，用靖邊夷。時兵部尚書靖遠伯王公復總軍旅，仍行便宜事節制雲南諸司，偕前總兵都督沐昂，同璡洎雲南方面官僉謂：「騰冲去鎮二十有二程，山川限隔，險厄懸絶，夷獠環處，甲于西陲，實諸夷出入要害地。舊有千户兵防禦，力不支，爲賊竊襲。今復其地，苟非鎮静，曷克懾遠夷、固疆圉、垂永久哉？」乃請于上，可其奏，改立騰冲軍民指揮使司，調都指揮李升控守以兵。乙丑十月，秋官楊公代璡參戎務，奉敕偕總兵鎮守官黔國公沐斌等，帥雲南將士萬五千城築故址，乃敷度地理民數，教士卒築方城，周匝七里三分。匪峨匪博，容民居也；前昂後偃，因形勝也；可規可萬，便守戍也。丙寅十月，璡再奉敕，統兵五千，用砌城垣。然兵燹草創，磚料艱就，乃與都指揮李升教將士鑿石城西。山距七里，去墜盈尺，得石堅美。用工寡，成就多，殆非人力强作，實天道保民默造耳。第匠作未備，工促三月，甕券四門，臺高二丈五尺，洞闊丈四尺、高丈六尺、邃七尺，廣十二丈，與城稱。越明年丁卯，總兵官黔國沐公斌、鎮守左監丞郝寧、參將都督僉事方瑛，偕璡奉敕，統兵萬五千駐操騰冲，振揚威武；復調木邦、緬甸、干崖、隴川、芒市、灣甸、鎮康夷兵涉金沙江，進孟養，令伐賊子。時率領士卒雲南都司指揮李升、李友、李福、楊浚、司韶給足軍餉，布政司左布政賈銓、按察司副使鄭顒、僉事張清因邇暇日，復督將士修城垣，鑿伊域，畇屯田。斯役也，總帥諸公綜其事，方面諸官董其務，將士工師力其役，值天日冬霽，瘴候頓弭，人心協和，樂趨事工，罔覺倦苦。建城門樓四座，高四丈有奇，廣六丈四尺，重檐三滴，三間轉五，亘三十八楹。剫用材木，楩楠豫章，悉域此三十里，皆矗直精微。城墉四面連雉，高二丈五尺；復劚西山右石包城。經營是歲甲辰月己酉日，落成戊辰年甲寅月甲午日。然而樓櫓棽麗，悚蠻狄之觀瞻；城池高深，保軍民之無虞。誠足壯封疆士旅之氣，剫夷醜窺覘之心矣。既而賊子就擒，邊氛靖息，民庶安堵，班師振旅，留兵戍守，將告厥功。咸謂予宜述大概始末，命工鏤石，以紀歲月云。

羅亨信《覺非集》卷三《宣府新城記》 邊城之建，所以壯中國威，遠□而安衆庶也。塞北宣府，古幽州屬地。元置宣德府，秦爲上谷郡。分野當析木之次，入尾一度。地土沃衍，四山明秀。洋河經其南，柳川出于陰。古今斯爲巨鎮，恒宿重氏以控禦北狄。我朝太祖高皇帝誕膺景命，奄有華□，遂電掃妖氛，殘□爲之遁迹。其地既入職方，然謂瀕于朔漠，盡徙居民，遷入内郡，兹土曠墟。洪武初歲，發兵營屯。二十五年壬申，始立宣府前、左、右三衛，遣將帥兵以鎮之。癸酉又命谷王來治焉，捍外衛内之意益嚴矣。舊城湊隘，不足以居。士卒□成，展築土城，方二十有四里，闢七門以通耕牧。東曰安定，西曰大新，南曰昌平、曰宣德、曰承安，北曰廣靈、曰高遠。歲己卯，太宗文皇帝舉靖難之師王遺城，還京時，止留四門，其宣德、承安、高遠并窒之，以慎所守。永樂甲辰秋，仁宗昭皇帝嗣大曆服，詔曰：「西北二□，狼子野心未易，□恩信結，不可不爲之備。」于是分遣將臣，大飭邊防。命永寧伯譚公廣佩鎮朔，將軍印充總兵官來鎮于斯，修營壘，繕甲兵，嚴斥堠。復命工甃圈四門，創建城樓、角樓各四座，以謹候望；屋于雉堞之間者又若干，以嚴巡徼。二十年間，邊燧不興，兵民安于無事。宣宗章皇帝復祚改元，宣德之五年庚戌，立萬全都指揮使司統攝宣府、萬全、懷保、蔚州、保安、懷來、永寧、龍門、開平等一十九衛所控地，東西千餘里。今皇帝繼登大寶，改元正統之五年庚申夏四月，予自内臺奉璽書出巡塞北，凡兵民安否、糧芻盈耗、邊務弛張、刑獄清濫，并聽釐而正之。睹其城土不堅，每雨輒傾圮，非直人疲于修築，遇警亦不利于戰守。因封章上聞，特命前都指揮使馬升，督屬分兵伐石陶甓，煉石爲灰，以包砌之。自辛酉夏啓工，時則有鎮守尚膳監、右少監趙公琮，備御中官陳公美，參將都督僉事朱公謙，都指揮紀公廣，參謀户部右侍郎劉公璉，同寅協恭，左右贊理。乙丑秋，又得今總戎武定侯郭公玹，以戚里世勛之重，來代譚公，委心自任，夙夜孜孜，督同都指揮使董斌暨諸官屬，嚴勵士卒，殫力竭誠，至丙寅秋九月，其工始完。城基厚四丈五寸，址甃石三層，餘用磚砌至垛口，高二丈八尺，雉堞又崇七尺，高三丈有五尺，而闊則減基之一丈七尺。四門之外，各環以瓮城，甃砌如正城之法。瓮城之外，又築墻作門，設釣橋，遇警則起，以絶奸路。隍塹淺狹，尚有待于浚滌。復即城東偏之中，築崇臺，建高樓七間，崇四丈七尺餘五寸，深四丈五尺，廣則加深之二丈五尺五寸焉。上置鼓角漏刻，以司曉昏、晝夜、十二時之節，俾人知儆動而不懈于經理。其櫓二級，南扁曰「鎮朔」，北扁曰「麗譙」，蓋取鎮静高華之義，其規制可謂弘麗而周密矣。總鎮諸公乃曰：「比歲□使來朝，動餘千數，邊鬮急于款遇，鎮城修築，人不憚勞，乃能成斯永固之功。苟無文以紀其本末，來者亦孰知修營之艱哉？」因速予爲之記。

予惟城池者，古今保民之藩屏也。粤自周公營洛邑，其制乃備。後世因之，以基太平之治。我國家列聖相承，措天下于泰山磐石之安者，亦推城池是賴。雖中州内郡，列城相望，而況于邊塞乎？諸公汲汲焉于斯，可謂真知邊務而不孤委任之重矣。嗟乎！欲建萬世不拔之基，必思久遠無窮之計。斯城之建，前人創之始，諸公成于終。雖勞力一時，實獲久安之利。自今以往，人望層城萬堞，樓櫓翬飛，雖古之金城天府，亦未多讓，外侮尚奚足慮哉！是用書其創修之由，勒之貞石，以昭示于無窮焉。系以詩曰：

北有名藩，曰惟上谷。原隰衍夷，山川清淑。三邊阨塞，斯爲要衝。内衛中國，外遏羌□。立之屏翰，鎮服疆圉。戍卒雲屯，如貔如虎。都城匪堅，鼎新砌甃。輦石連甓，六載而成。諸將效誠，衆功畢力。手足胼胝，一勞百逸。金湯鞏固，□□畏威。海晏河清，共樂雍熙。我作詩歌，紀功載政。萬世無虞，四方底定。聖人御極，壽禄無疆。永保家邦，地久天長。

黄宗羲《明文海》卷一二四劉定之《居庸關銘》 余觀自古帝王建極作都，君制華裔，維本於大德，以膺天命，結人心，而未嘗不據依形勝以自固，而謂扼天下之吭者也。彼侯國所恃，若齊穆陵關，楚武關，小不論之。而秦與西漢、唐都雍，周與東漢、晉都洛，乃宇内大都會，且傳世久遠，統御廣際者。然雍之險在函谷關，洛之險在成皋關，亦不過控臨中國而已。唯我皇明定鼎冀方，南向以御諸夏，北眺以威邊界，其介乎中外之關曰居庸，實爲覆載以内莫大要地。謹按地志：關在昌平西北四十里，元翰林學士王煇謂始皇築長城，居息庸徒於此，故以名焉。夫講求地理實蹟，而勤述其義，書生事也。況兹關重險鉅防，若前之云，可不銘乎？銘曰：

帝承天命，朔野是都。坤奠其軸，乾屹其樞。長城爲帶，自天繚繞。中聳雄關，洞城裏表。鐵壁谽谺，玉峽嶕嶢。俯壓博厚，仰矗層霄。冠以雉堞，守以虎旅。屏翰中華，畈章土宇。龍旗北伐，鼓行其中。如雷之震，以出太空。呼韓南來，欵塞其下。如蟻叩閽，以干天赦。昔秦興役，庸徒乃居。宋失其防，遼金長驅。曷若皇明，天所綏顧。不創而因，不嚴而固。一夫當之，萬夫莫前。一世開之，萬世其傳。攬翠爲書，席崖作碣。勒此銘章，以貽無極。

韓雍《襄毅文集》卷九《聚落新城記》 《易》曰：「王公設險，以守其國。」又曰：「重門擊柝，以待暴客。」聖人立言垂訓之意，蓋欲君人者必高城深池，以固其封守，豫備警戒，以防其外患。不然，廢弛怠荒，而患隨以生，防守亦難矣。大同，古云中郡，西北之重鎮，京師之藩籬也。而聚落去大同二舍許，居人叢集，密邇狄境，有驛傳而無城郭，往年邊庭充斥，少壯者奔伏草莽，鮮或能全，老稚女婦，死于鋒鏑、辱于驅逐者多矣，而驛吏騎卒，亦皆竄匿四馳，因之聲援弗通，道路梗塞，敵出遁去，莫敢遽歸，産破而業荒，君子惜之。天順庚辰秋，巡撫右副都御史大梁王公宇請于朝，謀築斯城。既而公以憂去，雍代之，而鎮守大監王公春，總兵官彰武伯楊公信，俱自延綏徙鎮于兹，相與謀曰：是果有益于邊計之大者，盍共成之！副總兵都督同知曹公安，守備中貴阮公、阿山羅公，副總督糧儲地官郎中羅君紳，巡按臨察御史朱君鉉，亦皆力贊，遂上其事，得請而興工焉。予與群公躬履其地，相厥地形，布立方位，依山而帶水。于是伐材鳩工，作城，周六百丈，高三丈一尺；作樓按卦位，以便瞭望；作門，扁其東曰鎮安，西曰懷遠；而復環以深隍，注以流泉，嚴整固密，屹然一形勝之區。經始于辛巳二月二十七日，落成于是歲八月十六日。既成，益兵卒以嚴戍守，積芻餉以備警急。于是戍卒耕夫比屋居止，芻牧種植以便以安；卒然患生，亦足防守；道路無梗塞之虞，驛使得寢處之安，誠于邊計大益也。衆率謂雍宜有言，以記其成。雍仰惟聖天子在位，道隆化洽，超卓萬古，覆載之間，有生之衆，罔不革心傾向。惟是北狄，雖異人之性，亦率皆畏威懷德，稱臣奉貢，弗敢違越。兹復從臣下之請，以城斯城，真安不忘危之盛心。況大監公曆事累朝，屢長邊鎮，練達老成，才望素著；楊公乃潁國武襄公之猶子，將略家傳，勇而有謀，卓然爲當時名將之稱首；而同事諸公又皆同心協謀，拳拳焉以奉宣威德、弭除邊患爲事，宜其克副聖心，而成功之速也。昔周之聖王命大將南仲城彼朔方，詩人咏之曰：「赫赫南仲，玁狁于襄。」蓋美其命將得人，城守之功成，而邊方之難除也。今斯城雖小，實當大同之冲，使大同羽翼壯而屏翰固。而鎮守、總兵諸公又皆得人若此，繼今以往，吾知陰山、瀚海之北，益皆革心向化，相引來歸，聖天子永無西顧之憂必矣。惟諸公慎終如始，兵政益修，邊備益嚴，以無負萬里長城之托，是所望也！用記之以紀歲月，且爲同志勸。

李東陽《李東陽集》卷五《天津衛城修造記》 天津及左右三衛，其地曰直沽。沽云者，小水入海之名也。蓋《禹貢》冀州之域，在天文爲箕尾之分。勝國以前，實海濱荒地，潞衛二河南北相接以入于海，胥此焉會。我朝太宗文皇帝兵下滄州，始立兹衛，築城浚池，立爲今名，則象車駕所渡處也。衛既武置，無州縣，承平之餘，故習未改，則肆爲强戾，訟獄繁起，越愬京師者殆無虚日。往來舟楫之費不統于一，下上病之。朝廷乃用議者，特置山東按察副使一人，專督兵備，而凡城池兵馬詞訟盜賊之事皆隸之。于時西蜀劉君實膺是選，承敕以行。君至則以爲城池最重，宜亟爲之處。顧乏帑積，勢不可猝辦，累歲而計，每事而處，徐而圖之。增城爲高，甓而扃之，隅方而準平。又構樓于門，曰鎮東，曰定南，曰安西，曰拱北，皆逾尋累丈，平看俯瞰，迥出塵垢。而北樓尤絶特相倍，往來命使及大夫士之有事于是者，登眺之際，神疏心暢。瞻宫闕之尊崇，覽畿甸之高腴。周諏隱幽，則嚚鬩不生；詢察吏治，則糾紛不作。于斯城也，可以觀政矣。夫城之爲制，實取諸設險守國之義，其來尚矣。是以預制于平居無事之日，乃可以保治于無窮。顧凡有民社兵馬之寄者，不加之意，日頽月塞，無復有經久制遠之具，固識者所深慮也。矧畿輔之近，喉襟之要，擁重兵，置群士，而無以控制統馭之，其可哉？且鈞是地也，鈞是政也，匪得人以理之，則治效不著。然則天津之治，亦罔可誣也哉！予又聞劉君積財穀，籍丁户，第差役。其所爲役，如治廟學，備祭器，辟射圃，立教場，及諸祠宇工局，類皆就緒，而城池尤重，是其始末不可以不紀也。天下之事，成于前必繼于後，乃可以久存而不壞。今廢之久而修之難如此，則繼是以往，惡可以不慎之哉！予嘗以使命夜道天津，見土石頽圮，兵士傳遞者越堞而行，若履平地，心甚訝之。感兹役之獲成也，故因諸衛戎官之請，爲之記。

李東陽《李東陽集》卷七《新修平陽府城記》 平陽城，國朝洪武三年都督馮公某所建也。歷百有餘年，日益圮廢，都察院右僉都御史魏公紳詢于布、按二司曰：「是不可不修也。」于是檄知府杜君忠領厥事，通判王鐸身董治之。會物爲費，計直受餼，丈累尺積，刻日而卒。肇工于庚申之春，迄辛酉之冬而成。凡爲城四面，周袤二十里。面各一門，門各爲樓一，四隅樓亦各一而差小。門又各爲二廂，共五十有六楹。爲鋪舍九十有六，門之馬道八十有九丈。城之上有垣，爲丈五百九十有六。惟東一面則衛指揮張瑨、錢清所修，而鐸之功實居其三。皆因舊爲新，增卑爲崇，拓隘爲閎，土石山積，畚鍤雲布。及其成而觀之，嶄然而高，截乎其方，堅厚嚴縝，卓爲巨麗。回視曩昔，若未始有者，而吏忘其勤，民不知勞。君子謂是役者，役之善者也。按漢《郡國志》：河東平陽，實堯之都。《晉地道記》云：堯城在焉。《説文》、《括地志》又稱：陶丘、濮州皆有堯城。去古既遠，未知孰是。而平陽之説爲近。然戰守版築之事，二典所不書，而茅茨土階見諸傳記，則雖宫闕有所不暇，于城何有。《博物志》以城爲禹所作，平成之後，武衛之奮，理或有之。堯之地或以都邑，故名之曰城，亦未可知也。世殊勢異，不得已于外攘設險。守國之義，至周大備，散見于《易》、《詩》、《春秋》、《禮記》之間者不絶，以爲不如是不足以爲國也。論者乃謂在德不在險，故城郭不修，猶以爲非國之災。然則恃此以爲治者，亦末矣。今天下藩府類多城郭，而西北尤備。平陽披山帶河，揹負關陝，戎衛所在，饋運所集，城之制尤所不可闕。爲有司者，遭際承平，狃于無事，坐視廢墜，不加之意，而顧以勞民爲解；或不能説以使民，而以無益之事勞之，其視此豈不遠哉！于此見巡撫之善令，藩憲之美政，良有司之各舉其職也。且平陽之民，舊稱勤儉服勞，温恭克讓，有堯之遺風。推是以往，富而教之，則凡利用後生之功，親上死長之效，將無不至，不止乎守内攘外之具已。惟天下之事，難成而易壞。事事而舉，時時而繼，然後可以言治。是役之難，亦豈非後來者之責哉！通判君以書來請紀歲月，因具述其事如此。

李東陽《李東陽集》卷一一《冀州城重修記》 冀，古州名也。自九州制廢，天下郡縣，代有沿革。今所謂冀州者，隸真定府，亦古冀域，分并州地也。州故築土爲城，環城東北有渠以泄滹沱、衡、漳諸水。每雨急，水溢渠不時泄，則城爲所浸，久益圮。成化壬寅夏六月，雨水大至。城自北門迤東，至于南門壞者二千二百餘丈。州人恟懼哀泣，闃不能定。莆田李君德美，實知州事，出諭民曰：「吾在，其毋恐，惟吾所令。」乃柵木畚土，囊瓦石以蔽水。冲水小却，迴薄于西門，門且壞。君露頂跣足，吁天而號。忽有栖苴數百乘流而下，比及門，覆土下墜，若與之會者。于是木石可藉而施，水不得入。乃徐决渠澮以殺其勢，越三日而水去。民相賀曰：「活我者，李侯也。」癸卯之春，沮溺未平，君乃議修復。會物計費，經略既定，告于部使府長，下令于州中帥丁男五千餘人，俾就役事。斷杶榆諸木，坎而橛之，蒴土瓦甓，以次而下。下廣上剡，屬于故垣。樓櫓睥睨，俱崇并峙，遂巋然爲完城焉。自是役之興，暘燠以時，未浹月而工畢。畢之夕，大雨如注，民賴城以益安。大夫士能詩者，皆賦而頌。君尤欲刻之金石，以紀歲月，乃屬君鄉人刑部主事林君俊以請于予。夫所貴乎守令者，能衛民生，捍民患，以爲之父母者也。水患之至，民之死生聚散，皆係乎城。城存而後民有所恃，故曰「城所以盛民也」。然則捍災補敝之責，非守土者，其誰望哉？災患之至，出乎天數。然必修人事以備之，應變于倉卒之時，而圖安于千百載之後，則雖患而不爲甚矣。蘇文忠公在徐，水患既去，以爲河之塞不塞，天也，乃修其城，曰：「水雖復至，不能以病徐也。」是之謂以人事備天數。滹沱之爲冀患，久矣。數十年以來，去歲爲盛。方水之窺城而入也，非栖苴之來，雖木石填委無所施其力。是城之全也，亦有所謂數焉。然非李君輯衆協力以爲之備，水雖少緩，未免浸淫之患，非其培植修葺，俾堅完而不缺，亦豈能豫災備患，垂百歲之利哉！且城之設，非直爲水患計也，設險守國之義，固于是乎在。冀畿輔地，干城保障之寄，不爲不重。君之功，亦豈但捍災補敝于旦夕間哉！姑記其事如此。

《（乾隆）江南通志》卷二〇李東陽《常州府修城碑記》 凡藩郡衛所，所治必建城郭，以宿兵守民，防禦奸宄。國家重熙累洽百五十年，武備寖緩，城不時葺，識治體者必先焉。常州府古毗陵郡，爲南都肘腋，吴越喉襟地，最要。且自晉太康初已有城，唐天祐間，增置外郭，歷代以降，修廢不常。我太祖下江南，命中山侯湯公和以重兵鎮之，始於郭内改築今城，周十里有奇。既久，爲霖潦所壞。成化間，知府孫侯仁修之，輒復壞，掌固之令視爲虚文。正德辛未冬，渤海李侯嵩來知府事，首議修築。時北方羣盗出没畿省間，城郭弗豫者多嬰其害。江南遠在數千里外，咸謂侯爲過計。侯曰：城因當修，修必豫備，雖勞吾民，亦佚道也，吾與樂成耳。乃白於巡撫都御史王君縝、巡按御史原君軒、巡捕御史楊君鳳，皆以爲宜。侯亟令於衆，第産賦金，量力授役，刻日定籍丈度尺，計分工而並作。聽政之暇，躬莅共勤，惰而懲勸之，補缺爲完，益卑爲崇，飾舊爲新。垣壞堅厚，廉角峻整，樓櫓扉闔，閎深壯麗。而又滌隍浚池，架梁成途。凡爲城之事，罔不備具。越三月而告畢。居者櫛比，行者輻輳。萬目改視，千夫增氣。吏慶於官，士頌於庠，民歌於野，皆幸其功之成。而猶或以爲無大損益者。居無何，北盗爲王師所迫，舍騎入舟，上溯江漢，承汛而下，越鎮江，踰孟瀆，急攻江陰。東南之民，安於富庶，不習兵革，流言夜驚，危不自保。侯以完城付寮屬暨兵衛，曰：是足以守，吾任其戰。躬帥吏士民兵拒於江，謀畫内定，勇敢外倡，厚爲募賞，而嚴其不用命。賊方貪利肆志，藐如無人，不虞其遽出也，我兵恃城爲本，倚守爲命，無不一當百，擒其醜若干人。賊引而退。月餘，再至，將殊死戰間，侯復出，竟不敢逼，西奔於狼山。會提督軍務都御史陸君完移兵江南，以舟師蹙，而城之事遂大定。向之惑者始相率而語曰：我侯之力，斯城之功也。蓋常之屬邑有五，而江陰當盗之衝，其去郡治不啻百里。使當是時，城不固，則守不敢出，出必不能展布心力以收成功。今一歲修而闔境無事，旁至吴越諸郡皆安堵貼席，獲免於驚擾之患，是其所係豈細故哉？天下之事，恒壞於因循，而成於豫備。使爲郡縣者皆能先事而虞，貞固而幹，乘高據深，披堅執鋭，固守而力禦，則保障之利，天下共之。彼蕞爾之寇，猝無之變，豈至燎原而焚石？然則斯役也，雖無所試，吾固將與之，況其明效顯驗，焯焯如此哉！且民保於城，城保於德。莒恃陋而不修城，魯恃城而不修政，《春秋》皆譏之。李侯之修，蓋有不徒然者。常之大夫士僉謂不可無所紀述以示來世。台州府同知、武進殷君鎰，予中表之鄗也，以侯予禮部所舉士，寓書於工部郎中、無錫顧君可學，上京師湖廣布政司參議、江陰夏君從壽，亦予所舉，道其事尤詳，因爲文及詩，寓而歸之俾刻焉。侯歷監察御史有聲，其爲郡治，行茂著比，以禦賊功加禄三品。佐斯役者，爲同知羅瑋，通判陳碧、温應璧、謝思道，推官栗登，故并書之。而諸執役出力之名氏，則列之碑陰。其詩曰：有城巖巖，有池潭潭，大江之南。築之隆隆，浚之溶溶，郡侯之功。侯之始謀，有廢必修，其民咻咻。侯心不移，爲所宜爲，曰匪吾私。澤流令行，既經既營，不日其成。人蕃物華，中孽以牙，於江之涯。兵强勢尊，賊徒既奔，我城固存。矧此一方，維城峨峨。壯哉山河，侯功不磨。

吴儼《吴文肅摘稿》卷四《新修寶坻城記》 寶坻在漢屬泉州，在五代爲鹽倉，金大定間始立爲縣，至我朝太宗文皇帝建都北京，遂爲畿内之地。縣故有城，其興廢多不可考。入版圖百餘年，四境乂安，守土者不思重門擊柝之戒，不復脩築，今則漸復於隍，遺阯之存者無幾矣。武進莊君誠之，以丙辰進士出宰是邑，顧瞻咨嗟，即欲有所爲，而猶恐民以爲厲己，未暇也。既二年，政成民和，乃以白於巡撫都憲洪公。公曰：「事在畿内，且去邊境不遠，保障之計，視他邑誠有不可緩者。顧惟財用將安出乎？爾其毋病小民，毋耗公帑，惟其富且義者圖之。」誠之承命惟謹，乃募民出粟補官，民皆歡然聽命，而貴戚大族寓於邑者，亦皆爲之助焉。於是經始於弘治庚申三月，甫朞而工畢。城高二丈有六尺，厚視其高廣四尺，長一千二十八丈。城外有池，池深二丈，廣倍之，而加其一焉。四面各有門，門覆以樓。東之門曰海濱，其樓曰觀瀾；西之門曰望都，其樓曰拱恩；南之門曰廣川，其樓曰迎薰；北之門曰渠陽，其樓曰威遠。門言其所嚮，而樓則因其門也。又爲水關二：北曰開源，南曰節流。北志其所入，南則志其所出也。又爲角樓四：左之前曰環碧，後曰挹青，右之前曰慶豐，後曰樂治。左指其所瞰，而右則期其所成也。合而名之曰拱都城，蓋取其密邇皇都也。天下之城孰不拱乎皇都者？而是邑乃擅其名，猶之水也，朝宗於海，天下所同也，而《禹貢》獨曰江漢朝宗於海，豈江漢之水獨異於天下之水哉？是固可以覘都憲公與君之所存矣。夫天下之事，人之有猷有爲者，亦皆足以任之。顧其心私而不公，則視所臨莅往往若傳舍，然如此城者，未始不堅。向使一石泐，從而易之；一雉崩，從而築之，雖至今存可也。誠之舉百年之廢墜於朞月之間，而又戾不及民，雖其才有過人者，而爲國之公亦惡可誣乎？然微都憲公能用誠之，則誠之雖欲自用以成斯役，亦不可得矣。《書》曰：「爾身在外，乃心罔不在王室。」公實有焉。儒學教諭齊濟周以書來請，於是乎記。

《〔嘉靖〕贛州府志》卷一一羅欽順《重修府城記》 凡郡邑所治，必有城焉，所以盛受民物也。民居于是乎奠圖籍，于是乎藏錢穀、甲兵，于是乎儲衣冠、文物，于是乎萃關于政體，誠亦重矣。故設險守國，聖經明以爲訓，况乎利害所係，有不止于一郡一邑者。其于圖惟經久，容不加之意哉。贛之爲郡，宅江西之上游，當五嶺之要會。其地與閩、廣、湖、湘諸郡邑犬牙相錯，萬山盤結，爛漫紛揉，杳莫窮其曲折。地既岩險，故其民或不盡馴。吏治稍惰，輒乘間弄兵以逞萌于激，錮于習，所從來遠矣。乃弘治八年，朝廷特置都御史一員，奉璽書、握兵符、建行臺于贛以鎮撫之。而兹郡遂爲重鎮，所賜履西起湖之郴、桂，以接于南安；南跨廣之雄、韶、惠、潮；東躡閩、汀、漳，以薄于海。凡爲道五，爲府若州九，爲縣五十八。自其三司而下，皆聽節制。贛城周十有三里，國初因前代之舊，繕治一新。百數十年來，隨壞隨葺。行臺既建，則議者多病其高厚不足，非所以重根本也。嘉靖癸巳，瓊山唐公平侯實當是任，爰採群議，將增築之。會移撫山東，于是常熟陳公原習來爲之代。議以克合，登城達觀，具得其實。蓋薄者十六七，卑者十二三，且探敵無串樓守望之舍，率淺陋而稀闊。經畫既定，乃令群工埤薄增卑，務令齊一。缺者補，陋者闢，無或不周。屬副使邵煉暨知府顧可久董治之，選文武吏士之才者通判陳琦、程文等分理其緒。公復時一臨視，以奬其勤。工興于是年季冬，至甲午仲冬始畢。所用磚堊木瓦諸物，共計若干，皆市以平價；人工計萬□千□百工，率均之募兵；費鹽稅白金七千百二十兩。樓櫓飭備，陴堞完新，廉隅峻整，內壯保釐之形努，外聳望走之觀瞻。風動萬山之中，庇及百城之遠，其所盛受者既大而爲利亦無窮矣。《詩》云：「迨天之未陰雨，徹彼桑土，綢繆牖户。今女下民，或敢侮予？」斯役也，于是詩其有合哉！公蓋深于《詩》者，節險正直，美儼羔羊；勞來安集，功光鴻雁。地利人和，于焉兩得之矣。欽順，吉人也。距贛伊邇，實同厥慶，故樂記斯役之成。爰授謝推官宗孔以歸，俾鐫諸石，庶幾來者念成功之不易，相與嗣守之惟謹云。

劉文徵《天啓滇志》卷二〇張志淳《新建尋甸府城記》 嘉靖十二年春，尋甸府城成，雲南巡撫都御史顧公，巡按御史楊公，命布政使胡君、范君具幣，以按察僉事劉君狀，遣使走千里授志淳，俾記諸石。按狀，城在舊治之西，逾一澗，內築以土，外甃以甓，漸殺與土準。以丈計周五百三十有奇，尺計崇一十有九、厚二十有五，下砌石厚五之一。開四門，南曰朝宗，北曰拱辰，東曰啓明，西曰寶成。凡并門及睥睨、馬面、墩臺皆甃，令甓如城。凡甃，皆先拱土，乃椓木，木堅乃納石，石實乃沈灰以沃，俾久不陷。東南二門，猶地卑而沮洳，工力數倍于西北，又開三隊以泄水而注之池，池即澗水爲之也。城內通衢四，縱一橫三，皆達城下，前一衢，置府所與學中，因舊衢以通于西北二門；後一衢，列行臺與守巡之署，而倉廩、城隍廟皆在焉。軍士之屋三百四十楹，徙雲南前衛指揮四人、千户五人、百户十人、土軍二百四十人，撮官軍舍，餘共四千四十有奇。官皆授地宅，軍皆授室屋于城內，屯田之軍受田如制。民間田以舊治地易之，不足則益以官田，又不足則償之以官價，俾各有居業。

府舊在雲南東北幾二百里，外接四川，內鄰武定、沾益諸夷。宋無紀，元仁德遺址在今城之東五里，其遷于舊治莫考，厥時領爲美、歸厚二縣。我朝洪武中，廢縣改今名，以安氏世襲知府統之。成化丙申，革置。癸卯，築土爲垣。嘉靖丁亥，安氏裔孫銓作亂入之，遂剕嵩明，鈒楊林，齟木密，膊馬龍，構武定，鳳朝文直逼雲南，爇西門市舍，雲南大震。戊子三月，征兵四集，始殲之。時按察使徐君集議，謂築城復縣，立千户所，以兵守之，總氏黔國沐公洎前巡撫藩臬皆是之。乃遣按察副使歐陽君往相度，歸言舊治隘，不可城，亂後民多死徙，不可縣，唯築城置所于舊治之左何見村爲宜。遂以疏聞，報可。是戊子十月也。將事，尋民胥怨，謂村地苦磽狹，又鑿井不泉，害將以生，乃群訴于巡撫都御史胡公。公云：「此大事也，可拂民乎？」遽命覆議，而民情牢不可破。公即以憂歸，自是寢不復議者幾三年矣。

辛卯五月，巡撫都御史顧公至，聞之，亟命按察僉事劉公從尋父兄子弟往質之，皆實；再引示所擇今地，皆懌；又別遣參議朱公往覘之，益符。遂以歸報。

則又有持異説以摇之者，公乃率提學僉事王君、都指揮樊泰及六衛指揮往，則尋父兄子弟已數百人迎伏道左，曰：「今生我矣！」乃陟山降原，遍歷舊地與何見村與新所議地，皆曰：「惟茲可以永生生矣。」遂以改地之狀及增漢軍、監士甲、設吏目、備官守洎前疏所遺者悉以聞，行征軍民會役，命左布政使高君慮財用，計徒庸，輸餱糧。用僉事劉君議，合千户所于城北坎位，則俾知府劉秉仁率僚屬告始事于城隍廟，用牛一、羊一、豕一。

二月，役者至，則以指揮王章同知府領提調，陳仲武領東門，胡紹領南門，周瑀領西門，張略領北門，蘇綗領中城，皆佐以千百户二人，給以廩餼，嚴以勸戒，申以賞罰，示以裒次。乃斬木于海尾、甸沙，伐石于石灣、麥冲，陶土而埴，煅石而灰，峙楨幹，鳩編管，架廬舍，引泉以陶，浚河以運。于是，築之畚者、蔂者、鍤者、捄者、舂者，甃之拱者、椓者、鑿者、圬者、納石實者、沈灰而沃者，繕之斧者、斤者、執尋引而審面曲直者，冶者、墁者、黝者、堊者、取材之肩者、負者、舁者、駢牛而車曳者，筟而浮舟而挽者，執雜役而奔走者，持旍旆而巡視者，罔不力，而主地之官復聯以什伍之法，均以老稚之宜，定以作息之節。是故六月土城成，九月四門立。時久旱饑而始有年，役者請獲稻未返，適御史楊公至，下令趣之，民趨歸如流，城樓并作，公私咸備。前所命都指揮金章、馮立，各率所統畢至。

越癸巳二月，甓城訖工。是故，金湯言言，兵衛嚴嚴，物類嗤嗤，民心忖忖，婦女懊懊，老稚訢訢，夷狄睢睢，士庶修修。大山長谷離逖之氓，趨觀仰嘆者，粥粥而馮馮矣。計役日二千人，歷一年又一月，共人八十萬，米一萬二千石，羡餘四千兩。爰茲惟顧公始之，中之終之，亦惟左布政使范君，按察使蔣君，參政祝君、謝君，副使初君輩先後殫心協力，故期年之間而地爲改觀，人爲更新，夷爲讋服，治爲興起，郡爲增重，而氣化人事交孚以升也。

狀之所具如此，志淳第撮其概以書，而于其叙功績之詳，謀猷之遠，經畫之細，悦以使民、忠以爲國之懿，尚弗克盡也。獨念成化丁酉志淳試場屋，策問尋甸之亂，莫可誰何。朝廷創設巡撫，選極名臣而隆其任，亂本始拔。今未五十年，而産禍滋大。顧如此，無亦是務乎？夫恃斯城者怵，忽斯役者慆，遠斯土者盤，夷斯民者荒，均非所以久之也。鑒往而懼，承今而惕，心爲民之心而不渝于久，此則諸公所同願，尋民所同仰，亦天人所同歸矣。高朗顯融，令聞長世，奚翅光照于茲石！

費宏《費宏集》卷八《城闕里記》 新築闕里城，衍聖公知德謂茲舉爲國家盛事，不可使無聞於後也，以書來屬宏爲記。

闕里與曲阜相去十里，故皆無城。而闕里尤爲孤曠，守望無所恃焉。正德辛未，盗入兖，以二月二十七日破曲阜。焚官寺、民居數百，虐燄所及，不崇朝縣治爲墟。是夕移營犯闕里，秣馬于庭，汙書于池。雖廟宇林墓幸而不虞，然族屬散走，神人震恐，岌岌乎危亦甚矣。監司議遣兵四百來戍，賊衆我寡，又望風輒潰，於防禦固無濟也。

維時今按察使潘君珍，方以僉事按行東兖，謂「縣廟必相以守，盍即廟爲城，而移縣附之」。旬甫浹遂疏于朝。會科道紀功茲土者亦以爲請，下之司徒。司徒曰：「是舉一而兩得，宜亟圖之。」下之撫按，撫按合藩臬咸曰：「境内之事，孰有重於是者，其何可緩？」群議既協，詔從之，爰命司空庀工而令役焉。其基周八里三十六步，而益以負郭之田。其版築用丁夫萬人，而取諸農務之隙。其材用爲銀三萬五千八百餘兩，多出於諸司罰鍰，而復募高貲好義者助之。經始於癸酉之秋七月，訖工於嘉靖壬午之春三月。視其外，則高墉深溝，與泰山、洙、泗映帶而縈迴。視其内，則廟貌公府，伉然中居。而縣治、儒校、行臺、分司以及市廛門巷，罫布環列，雅足以增宫墻之重。前此千百年之缺典，乃今始克舉之。後此千百年，而或有外侮焉，於是乎庶幾無患矣。

夫恃而不備，君子以爲莒罪。故勇夫重閉，王公設險，概有不容已焉者也。而《春秋》書城築數十，《傳》乃謂「凡急皆譏」。蓋養民在愛其力，非時與制而輕用之，聖人於此誠不能無慮焉。然事有至重且急，而關於天下之故，不可以勞民而但已。故虎牢之城，以夷夏之防所當嚴也，則許之。成周之城，以君臣之分所當正也，則善之。至若閟宫之復，泮宫之脩，以宗廟、學校爲有國者所當先務，則又録而不棄，是可以測聖人之深意也。萬世而下，三綱叙正而諸夏乂安，實惟夫子之道焉是賴。顧茲闕里，以廟則通祀之宗也，以學則立教之首也。因盗警而慎未然之防，城築以致尊崇之意，在今日惡得而緩？此諸臣之議、天子之詔，所以無悖於聖人之訓，而遂成千百年創見之功也。

宏不佞，無能爲役。幸執事從史氏後，於國之大事得述焉，故不辭而記之。當是時，與其議者，司徒則孫君交，司空則李君鐩，紀功則給事中柴君奇、御史吴君堂，巡撫都御史則今司空趙君璜，巡按御史則李君璣。在藩臬爲布政使、則今司徒秦君金，及按察使吴君學，參政孫君禎，副使王君金，參議閔君楷，僉事盛君儀、蔡君芝。董其役者，則知府童旭，同知李鉞，知縣孔承夏。於法皆牽聯得書者也。

費宏《費宏集》卷八《南康府新城記》 《春秋》書城築數十,《傳》謂「慎土功,重民力」,故雖時必書。然虎牢之書,特責鄭之不能有。蓋地所必據,城有所必守。虎牢巖邑,可以限荆楚,制諸侯。而鄭之君臣乃忽焉弗圖,卒以資敵取侮,豈足與論王公設險之義哉?

南康前瀦彭蠡,後擁匡廬,控楚引粤,爲江右喉襟最要地。顧九江置戍,聲援相及。平時城類可緩,恬嬉既久,芽孽莽伏,變起倉猝,則保聚罔所恃焉。前此北寇南侵,浮江奄至。守者猝于防遏,民苦焚掠,迄今尚心悸。太守陳侯時雨每慨然念之曰:「吾朝廷守土吏也,守之不固,責將誰諉耶?」乃請于巡撫都御史孫公燧、巡按御史屠公僑,及分守參議黄君宏、楊君學禮,分巡僉事師君夔、王君崇仁,募工伐石,築爲新城。始于戊寅正月,至明年五月成。其門五,潯陽、彭蠡、建昌、匡廬、星子也,而疏冰之關附焉。其環郭箭臺三十二,其周丈千,其高丈有八。其形勢壯偉,足以保障一方。其趾堅厚,可永久而無壞。侯之功於是大矣。

侯以正德丁卯由中臺來爲守,未幾以憂去。壬申復來,前後在郡凡十有餘年。嘗再築土垣,堙山實壑,崎嶇萬狀,輒壞于雨。易以疊石,久而壞于雨者又過半焉。及是乃就緒,其志可謂勤矣。侯欲後之人知所由始而圖其終,爰走使來徵予記。侯持己莅官,老成謹厚,政先惠利,務實遠名,久益孚于上下。故屢興大役,民不怨讟,當道皆以罰鍰帑金佐之。城事既畢,其功之著于人目,殆與山而俱崇;澤之洽于人心,殆與湖面俱深,又何俟於予之書之耶?

予獨有感焉。使侯不久于兹郡,則雖有志城築,亦無由盡其經畫之才。使侯如他吏,無愛民之誠,則雖才足以有成,而亦未必能勞官事如此其不懈也。於是知用世者必在於戴與才合,而用人者不必驟遷數易,必在於久任以責其成。夫然後天下之功可立,而天下之民可安矣。兹城也,陳侯始之。使來者皆侯之誠,能時而葺之,其爲民利庸有既乎?此則予之欲書而不容已焉者也。

侯字如霖,弘治癸丑進士,治郡多美政,屢膺剡薦,城特其一事。時相侯者,同知張君禄,通判某,推官某,而星子知縣王淵之則尤有勞於督役云。

《〔乾隆〕江南通志》卷一一 陳沂《金陵諸水圖考》 金陵在大江東南,自慈姥山下至蜀渡,古稱天塹(臣)〔巨〕浸之境也。秦鑿淮,吴鑿青溪、運瀆,楊吴鑿城濠,宋鑿獲龍河,宋元開新河,國朝開御河、城濠。今諸水交錯互流,文脈靡辨。據經考之,自方山之岡壟兩涯北流,西入通濟水門,南經武定、鎮淮、飲虹三橋,又西出三山水門,沿石城以達於江者,秦淮之故道也。自太平城下,由湖溝南流入大内,又西出竹橋,入濠而絶,又自舊内旁繞出清橋,與秦淮合者,青溪所存之一曲也。自陡門橋西北經乾道、太平諸橋,東連内橋,西連武衛、通濟城内,旁納秦淮,又自通濟城外,與秦淮分流,繞南經長干橋,至於三山水門外,與秦淮複合者,楊吴之城濠也。自昇平橋達於上元縣後,至虹橋,南接大市橋者,護龍河之遺跡也。自三山門外達於草鞋夾,經江東橋,出大城港,與陰山運道合者,皆新開河也。東出青龍橋,西出白虎橋,至柏川橋入濠者,今大内之御河也。若城外落馬澗諸水,不能悉載焉。

王守仁《王陽明全集》卷一五《處置八寨斷藤峽以圖永安疏》嘉靖七年七月十二日 照得臣於去歲奉命勘處思、田兩府,皆蒙皇上天地好生之仁,悉從寬宥。兩府人民今皆復業安居,化爲無事寧靖之地,自此可以永無反覆之患,而免於防守屯息之勞矣。惟是八寨及斷藤峽諸賊,積年痛毒生民,千百里内,塗炭已極。臣既目睹其害,不忍坐視而不救,遂遵奉敕諭事理,乘機舉兵征剿。仰賴神武威德,幸已剪滅蕩平;一方倒懸之苦,略已爲之一解。但將來之患,不可以不預防,而事機之會,亦不可以輕失。臣因督兵,親歷諸巢,見其形勢要害,各有宜改立衛所,開設縣治,以斷其脈絡而扼其咽喉者。若失今不爲,則數年之間,賊以漸復,歸聚生息,不過十年,又有地方之患矣。臣以多病之故,自度精神力量斷已不能了此;但已心知其事勢不得不然,不敢仰負陛下之託,俯貽地方之憂,輒已遵奉敕諭,便宜事理,一面相度舉行,不避煩瀆之誅,開陳上請,乞賜採擇施行,實地方之幸,臣等之幸。

計開:

一,移築南丹衛城於八寨。

臣等看得八寨之賊實爲柳、慶諸賊之根柢。蓋其東連柳州隴蛤、三都嶺、三北四等處賊峒以數十,北連慶遠忻城、東歐、莫往、八仙等處賊峒亦以數十,西連東蘭等州及夷江、土者等處賊峒以十數,南接思恩及賓州上林縣諸處賊村亦以十數。各處賊巢雖多,其小者僅百數人,大者不過數百人及千人而止。各賊巢穴皆有山溪之限,險阨之守,不相通和。至期有急,或欲有所攻劫,糾合會聚,然後有一二千之衆,多至數千者。惟八寨之賊每寨有衆千餘,四山環合,同據一險;無事則分路出劫,有警急奔入其巢;數千之衆皆不糾而聚,不約而同,不謀而合。故名雖爲「八」，實則一寨，此八寨之賊所以勢衆力大，而自來攻之有不能克者也。各巢之賊皆倚恃八寨爲逋逃主，每有緩急，一投八寨，即無所致其窮詰。八寨爲之一呼，則羣賊皆應聲而聚。故羣賊之於八寨，猶車輪之有軸，樹木之有本。若八寨不除，則羣賊決無衰息之期也。今幸八寨悉已破蕩，正宜乘此平靖之時，據其要害，建置衛所，以控馭羣賊。

臣等看得周安堡正當八寨之中，四方賊巢道路之所會，議於其地創築一城，度可以居數千之衆者，而移設南丹一衛於其間。蓋南丹衛舊在南丹州地方，爲廣西極邊窮苦之地，非中土之人所可居者。故自先年屢求内徙，今已三遷而至賓州，遂爲中土富樂之鄉。賓州既有守禦千户一所官軍，而又益以南丹一衛，自遠來徙，無片田尺土之籍，但惟安居坐食，取給於賓州。州城之内，皆職官旗舍之居；州民反避處於四遠村寨，每遇糧差徭役，然後入城。故州官號令不行於城中，而政事牽沮，地方益弊。今計一衛之官軍雖不滿五百之數，蓋盡移其家衆則亦不下二千。以二千之衆，而屯聚於一城，其氣勢亦已漸盛，足充守禦。遂清理屯田之在八寨者，使之屯種，又分撥各賊佔據之田，使各官軍得以爲業，以稍省俸給月糧之費，彼亦無不樂從。且賓州之城既空，又可以還聚居民，修復有司之治，亦事之兩便者也。

臣等又看得遷江八所皆土官、指揮、千百户等職，舊有狼兵數千，以分制八寨猺賊之勢。後因賊勢日盛，各官皆不敢復入，反遂與之交通結契，及爲之居停指引，分其劫掠之所得，共爲地方之害，已非一日。官府察知其奸，欲加懲究，則又倚賊爲重，不可根極。近臣督兵其地，悉將各官遵照敕諭事理，綁赴軍門，議欲斬首示衆，以警遠近。而各官哀求免死，願得殺賊立功自贖。然其時賊勢已平，遂許其各率土兵入屯八寨，就與該衛官軍分工效力，助築城垣。待城完之日，就與城外別築營堡，與南丹衛官軍掎角而守。亦各分撥賊田，使之耕種，以資衣糧。今八所土兵雖已比舊衰耗，然亦尚有四千餘衆；若留其微弱者四所於外，以分屯其所遺之田，而調其强盛者四所於内，合南丹一衛之衆以守，亦且四千有餘，隱然足爲柳、慶之間一巨鎮矣。此鎮一立，則各賊之脈絡斷，咽喉絶，自將沮喪震懾，其勢莫敢輕動；稍有反側者，據險出兵而撲之，夕發而旦至，各賊之交，自不能合，如取机上之肉，下筋無弗得者；此真破車輪之軸，而諸輻自解，伐樹木之本，而衆幹自枯。不過十年，柳、慶諸賊不必征剿，皆將效順而服化矣。伏乞聖明裁允。

一，改築思恩府城於荒田。

臣等看得思恩舊治原在寨城山内，尚歷高山數十餘里。其後土官岑濬始移出地名喬利，就巖險壘石爲城而居，四面皆斬山絶壁，府治亦在礌確之上，芒利碕砑之石衝射牴觸，如處戈矛劍戟之中。自岑濬被誅，繼是二十餘年，反者數起，曾不能有一歲之安。人皆以爲風氣所使，雖未可盡信，然頑石之上，不生嘉禾，而陰崖之下，必有狐鼠，要亦事理之有然者。況其地瘴霧昏塞，薄午始開，中土之人來居，輒生疾疫。自春初思、田歸附之後，臣時即已經營料理其事，竟未能有相應之地。近因督剿八寨，復親往相度，乃於未至橋利六十里外地名荒田者，其地四野寬衍，皆膏腴之田，而後山起伏蜿蜒，敷爲平原，環抱涵蓄，兩水夾繞後山而出，合流於前，屈曲數十里，入武緣江水達於南寧，四面山勢重疊盤迴，皆軒豁秀麗，真可以建立府治。臣因信宿其地，爲之景定方向，創設規則。諸夷來集，莫不踴躍歡喜，争先趨事赴工。遂令署府事同知桂鏊督令各役擇日興工。

蓋思恩舊治皆在萬山之中，水道不通，故各夷所須魚鹽諸貨類，皆遠出展轉鬻買，往反旬月，十不致一，常多匱絶。舊府既地險氣惡，又無所資食，故各夷終歲不一至府治，情益疏離，易生嫌隙。今府治既通江水，商貨自集，諸夷所須，皆仰給於府，朝夕絡繹，自然日加親附歸向。而武緣都里，舊嘗割屬思恩者，其始多因路險地隔，不供糧差；今荒田就係武緣止戈鄉一圖二圖之地，四望平野，坦然大道，朝往夕反，無復阻隔；則該府之官自可因城頭巡檢之制，循土俗以順各夷之情，又可開圖立里，用漢法以治武緣之衆。夷夏交和，公私兩便，則改築思恩府城於荒田者，是亦保治安民，勢不容已之事。伏乞聖明裁允。

一，改鳳化縣治於三里。

臣等勘得思恩舊有鳳化一縣，然無城郭縣治廨宇；選來知縣等官，多借居民村，或寄其家眷於賓州諸處，而遷徙無常，如流寓者然。上司憐其無所依泊，則委之管理別印，或以公務差遣，往來於外，以苟歲月。故鳳化之在思恩，徒寄虚名，而實無縣治。臣近督剿八寨，看得上林縣地名三里者，乃在八寨之間。其地平廣博衍，東西數里外，石山周圍，如城自厚，極高；石山之間，獨抽土山一脈，起頓昂伏，分爲兩股，環抱而前，遂有兩水夾流土山之外，當心交合，出水之口，石山十餘里，錯互回盤，轉折二三十里，極外；石山合爲城門，水從此出，是爲外隘。其間多良田茂林，村落相望，前此居民十餘家，皆極饒富，後爲寨賊所驅殺佔據，遂各四散逃亡，不敢歸視其土者，已二十餘年。今各賊既滅，遂空其地。不及今創設縣治以據其險，或有漏殄之賊潛回其間，日漸生息結聚，後阻石門之險，前守外隘之塞，不過數年，又將漸爲地方之梗矣。故臣以爲宜割上林上、下無虞鄉三里之地屬之思恩，而移設鳳化縣治於其內。量爲築立城垣廨宇，選委才能之官興督其役。遠近聞之，不過三四月，而逃亡之民將盡來歸，各修復其田業，供其糧差，蔚然遂可以成一方之保障。且其南通南丹新衛五六十里，南丹在石門之內，鳳化當石門之外，內外聲勢連合，而石門之險亡。西至思恩一百餘里，取道於那學，沿途村寨，荒塞日久，因此兩地之人往來絡繹，而道途益通。又上林舊在大鳴山與八寨各賊之間，勢極孤懸，今得鳳化爲之唇齒，氣勢日益，雖割三里之地以與鳳化，而緑茅、緑篠等村寨舊所亡失土田，皆將以次歸復，則亦失之於東而收於西矣。

及照思恩雖已設立流官知府，然其所屬皆土目巡檢，舊屬鳳化一縣亦皆徒寄空名，實未嘗有，今割武緣止戈一圖二圖之地改築思恩府城，而又割上林上、下無虞三里之地改設鳳化縣治，同於思恩亦已稍有資輔。但自鳳化三里至於思恩一百五六十里，中間尚隔上林一縣。臣以爲并割上林一縣而通以屬之思恩，似於事勢爲便，而於體統尤宜。何者？柳州一府所屬二州十縣，賓州蓋柳州所屬者，且有上林、遷江兩縣，今思恩既設流官知府，固亦一府之尊，而反不若柳州所屬之一州也，其於體統亦有所未稱矣。況賓州自有十五里，而又有遷江一縣，雖割上林以與思恩，其地猶倍於思恩，未爲遽損也。上林之屬賓州與屬思恩，均之爲一屬邑，亦未有所加損也。然以之屬於思恩，則思恩始可以成一府之規模，而其間有無相須，緩急相援，氣勢相倚，流官之體統益尊，則土俗之歸向益謹，郡縣之政化日新，則夷民之感發日易，固有不可盡言之益也。

夫立新縣以扼據地險，改屬縣以輔成府治，是皆所以乂安地方者也。伏乞聖明裁允。

一、添設流官縣治於思龍。

照得南寧自宣化縣至於田寧，逆流十日之程。宣化所屬如思龍、十圖等處，相去尚有五日六日，其間錯以土夷村寨，地既隔越，而窮鄉小民，畏見官府，故其糧差多在縣之宿奸老蠹與之包團，因而以一科十，小民不勝迫脅，往往逃入夷寨，土夷又從而暴之，地日凋殘，盜賊日起。近年以來，思龍之圖鄉民屢次奏乞添設縣治以便糧差。蓋亦內迫於縣民之奸，外苦於土夷之暴，不得已而然。臣因入撫田寧，親歷其所。民之擁道控告者以千數，因停舟其地，爲之經理相度。得村名那久者，其地亦寬中深厚，江水縈迴環匝；傍有一江來會，亦正於此合流。沿江民居千餘家，竹樹森翳，煙火相接，且向武各州道路皆經由其傍，亦爲四通之地。若於此分割宣化縣思龍一、五、六、七、八、九、十、十二及西鄉之六、八圖共十里之地而設立一縣治，則非獨以便窮鄉小民之糧差賦役，亦足以鎮據要害，消沮盜賊。其間小民村居，如那茄、馬坳、三顏、那排之類，未可悉數，皆久已淪入於夷，今若縣治一立，則此等村寨諸夷自不得而隱占，皆將漸次歸復流官，而其地遂接比於田寧，固可以所設之縣而遂以屬之田寧矣。

夫南寧一府所屬一州三縣。而宣化一縣自有五十二里，今雖分割十里之地以與田寧，而宣化尚有四十二里，一縣之地，猶四倍於一府也。況田寧又係新創流官府治，所統皆土目巡檢，今得此一屬縣爲之傍輔，又自不同。臣於前割上林以屬思恩之議，已略言之矣。且左江一帶，自蒼梧以達南寧，皆在流官腹裏之地；自南寧以達於田寧，自田寧以通於雲、貴、交趾，則皆夷村土寨。稍有疑傳，易成閼隔。今田寧、思恩二府既皆改設流官，與南寧鼎峙而立，而又得此新創一縣以疏附交連於其間，平居無事，商貨流通，厚生利用，一旦或有境外之役，道路所經，皆流官衙門，從門庭中度兵，更無阻隔之患。此亦安民經國之事，勢所當爲者也。伏乞聖明裁允，仍定賜縣名，選官給印，地方幸甚。

一、增築守鎮城堡於五屯。

照得斷藤峽諸賊既平，守巡各官議調土、漢官兵數千於潯州，以防不測。該臣看得各賊既滅，縱有一二漏網，其勢非三四年亦未能復聚。爲今之計，正宜剿撫並行。蓋破滅窮兇各賊者，所以懲惡，而撫恤向化諸傜者，所以勸善。今懲惡之餘，即宜急爲勸善之政，使軍衛有司各官分投遍歷向化村寨，慰勞而存恤之，給以告示，賜以魚鹽，因而爲之選立酋長；諭以朝廷所以征剿各巢者，爲其稔惡也，今爾等向化村寨，自安心樂業，益堅爲善之志；但有反側悖亂者，即宜擒送官府，自當重賞，以酬爾勞；其漏殄諸賊，果能誠心悔惡，亦皆許其歸附，待以良民。夫使向化者益勸於爲善而日加親附，則惡黨自孤，賊勢自散，不復能合；縱遺一二，終將屈而順服矣。乃今則不然，賊既破剿而猶屯兵不散，使漏殄之徒得以藉口搖惑遠近；其向化村分又略不加恤，奸惡之民復乘機而驅脅虐害之。彼見賊已破滅而復聚兵，已心懷驚疑矣，而又外惑於賊黨之扇搖，內激於奸民之驅脅，遂勾結相連而起也。近年以來所以亂始平而變復作，皆迷誤於相沿之弊而不察也。今各賊新破，勢決未敢輕出，雖屯數千之衆，不過困頓坐食，徒穢擾民居，耗竭糧餉，而實無益於事。今始一解其倒懸，又復自聚無用之兵以重困之，此豈計之得者哉？惟於各寨之中，相其要害之地，創立一鎮以控制之，此則事理之所當行，亦正宜乘此掃蕩之餘而速圖之者。

其在斷藤、牛腸諸處，則既切近潯州府衛，不必更有所設。至於四方各寨，遍歷其要害險阻，則惟五屯正當風門、佛子諸巢穴，而西通府江，北接荔浦各處傜賊，最爲緊要之區，宜設一鎮，以控禦遠邇。而舊已有千户所統率官兵，亦幾及一千之數，困於差傜，日漸躲避於附近土目村寨，官司失於清理，止有五百，其後上司不聞地方之艱難，又於五百之中分調哨守於他所，而所餘遂不滿二百。既而賊亂四起，守禦缺乏，則又取調潮州之兵數百以來協守五屯。事既紛亂，人無所遵，兼以統馭非人，故地方遂致大壞；且其屯堡牆垣亦甚卑隘，不足以壯威設險。今宜開拓其地，增築高城，度可以居二千之衆，而設守備衙門於其内；取回五百之中分調哨守於他所之兵，其自潮州調來協守者，則盡數發還原衛，以免兩地各兵背離鄉土之苦，往復道路之費；仍於附近土寨目兵之中，清查揀補其原避差役者，務足原數一千；選委智略忠勇之官一員重任而專責之，使之訓練撫摩，敷之以威信，而懷之以仁恩；務在地險既設而士心益和，自然動無不克而行無不利。參將兵備各官，又不時新至其地經理而振作之，或案行其村寨，或勸督其農耕，或召其頑梗而曲示訓懲，或進其善良而優加奬賜，或救恤其災患，或聽斷其是非，如農夫之去稂莠而養嘉禾，漸次耕耨而耘鋤之。無事之時，隨意取調附近土官兵款或百人或七八十人，以協同哨守爲名，使之兩月一更班，而絡繹往來於道路，以慣習遠近各巢之耳目。自後我兵出入，自將無所驚疑。果有兇梗，當事舉動，然後密調精悍可用土目一二千名，如尋常哨守然，以次潛集城中，畜力養鋭，相機而發。夫無事而屯數千之兵，則一月糧餉費踰千金，若每一年無屯軍之費，用之以築城設險，犒賞兵士，招來遠人，亦何軍不行，何工不就？此增築城堡以據要害，所謂謀成而敵自敗，城完而寇自解，險設而敵自摧，威震而奸自伏，正宜及今爲之，而亦事勢之不可已焉者也。伏乞聖明裁允。

毛伯温《毛東塘集》卷一《創立五堡疏》 臣訪得大同以北，川原平衍，既無山險可恃，又無城堡可守，原係無人之境，虜寇一入，漫無阻遏。議者每欲設立城堡，深爲有見，但行之偶乖，遂至激變。自是跡涉懲羹，心懷談虎，禁不復言。臣嘗深求其故，皆以爲富家重遷，强之使去；貧人樂從，沮之不容。今欲興復，必先召募。臣即移文先行出示召募。臣至聚落城，即差守備孫麒先詣各堡踏勘，及臣至大同，旬日之内，應召新軍共三千五百餘人。行委孫麒同大同府通判李禄查審，遂會同行邊使兵部尚書兼右都御史翟鑾、巡撫都御史史道，巡撫山西右副都御史路迎行委鴈門兵備副使郭宗皋、冀北道分守參議盧耿麒，分巡僉事郭時叙，採買木植將臣奏准解發銀二萬兩内先行支用。復行知州屈惟亨，通判尹竭，經歷楊大清、魏準，都司王濟衆，分投催運。總兵官梁震親詣各堡相度，勘得舊堡俱狹隘坍塌，且不係要害。止取弘賜堡居中，展修十分之六。迤東二十五里取鎮川堡，展修三分之一。又東二十五里，地名南車坊，新立一堡，名曰「正邊」，弘賜堡迤西二十五里，地名「護堡村」，新立一堡，名曰「鎮虜」。又西二十五里，地名「好女村」，新立一堡，名曰「鎮河」。以上五堡，俱當要害，且勢相聯絡。况地脉肥饒，便於耕種。隨行總兵官梁震、都御史史道、右少監楊進選取指揮五員。張昇委守弘賜堡，焦桂委守鎮川堡，顏世忠委守鎮邊堡，梁璽委守鎮虜堡，文漢委守鎮河堡。各部新召軍士，編成行伍。弘賜堡居中，展修廣闊。編軍一千一百名。鎮川等四堡，各六百名。俱於前銀内放支五月分糧銀，恐前銀不敷，查得臣奏准開中鹽銀三萬五百兩，俱宣府總理糧儲郎中劉繼先收貯，行委都指揮任俊領回二萬兩交大同府庫，聽候支用。又委都指揮劉環支銀五百兩，犒勞官軍，放支銀兩。委大同府通判張烈，查收木植。委指揮周宏，監督匠作。委指揮喬經，又委孫麒往來五堡及鎮城工所，時常催督各工併作，不日可成。

《〔雍正〕江西通志》卷一三一歐陽德《羊角水堡記》 江右列郡十三，贛州邊東南，當其上游，外控汀、漳、潮、惠、閩、廣之裔，壤地參錯，盤山藪盗，時出没剽劫，而安遠、會昌間，則羊角水爲之咽喉。盗踰羊角水以西，則襲長沙營，掠于都、信豐、贛，諸縣爲擾；以北，則攻會昌城；西犯吉，東侵撫、建，諸郡爲擾。故羊角水置堡屯戍卒，隸會昌守御千户所，與長沙營守備都指揮部兵，相爲聲援。蓋古者遮要害，遠斥堠之義，而堡卒單弱，盗來不能偵，至不能禦，則閉門自保。堡傍居民餘千家，數遭毒虐。守備官棄長沙營領所部，寓會昌城中，而堡益孤懸矣。嘉靖癸卯，大中丞東厓虞公撫臨兹土。既擒捕諸縣逋寇，乃修復長沙營，使守備守部兵還居之。次將議羊角水會，居民羣聚，來訴願自出力築城爲衛，而官董其成。公移書兵備副使薛君甲，薛君按行。還言堡以衛民，而僻枕山隈，與民居相去里所，緩急非益，譬以民委盗，而爲之資糧館舍者也。如城居民，移戍卒城中，民倚城爲固，藉卒爲壯。小警自可支，卒有大警，益增兵戍。上之相便，搗其巢窟；下之奮武，遏其奔突。盗至無所掠，欲深入又狼顧，恐吾詣其後，制勝之上也。報公，公可。聞之撫按，撫按稱善。申勅所司，并心一力，敬須公畫。乃度地計功，諸役競勸，百堵皆作，未踰時而城成。周三千尺，高三十尺有奇。闢門三面，公館中居。屹然巨鎮，表裏齒脣，盜不敢窺。郡縣吏士申民之情，來屬文紀事。始予惟事弗豫無備，弗因罔功。豫者先乎幾，因者順乎人。國家置總憲行臺，控江湖閩廣之交。簡命憲臣，提督四省軍務。所轄八府二州，官方民事，無所不得問者。然而奉璽書行便宜，曰兵機戎政，張弛緩急，四省倚爲安危。其最要者也，此八府二州，各統于其省之撫按官，而撫按官治之，視其他郡縣常略。以爲兵機戎政，璽書有專責焉，使一聽于提督，不可參也。爲提督者，或以其智之所及，無巨細，無所不問；爲撫按者，亦以其位之所臨，無詳略，無所不問。故智分于泛察，權撓于參差。惟東厓公略細而務大，提綱以振目。日惟簡軍實，搜卒伍，申賞罰，相機宜。摘發奸慝，落其牙距，薙厥由蘖，四履日靖，軍聲大振。猶懼變生所忽，顒顒以求，若將不暇乎其他！故能智無遺慮，炳幾灼情，動罔弗時。撫按諸公，亦惟忠于謀國，不私有己。凡公所畫，或聞而弗議，或議而弗遠，若將拱手以仰其成。故能乘時遘會，不牽道舍之謀。嗟夫！慮精于一荒于泛，功隳于參斅于需，獨此城也乎哉！是役也，費不甚巨，而所關至重；保障係乎一方，而其道可施之天下。故予樂誦其成，以爲理國者，率是道而由之，庶績可幾而凝，非謂東厓之功爲極乎此也。

《〔康熙〕鶴慶府志》卷二六李元陽《建新城記》 滇之爲省，在天下之西南陲。鶴慶府又在滇之西陲，視他郡尤爲要害，而獨未之城。嘉靖甲辰，蜀遂寧周公集以刑部郎來知府事，撫顧山川，喟然嘆曰：郡而不城，變誰與守？會分巡中江王公按部至止，聞而壯之，遂相與揣其高卑，物其土方，爰卜爰度，神人既協，事期有成。因而請於巡撫鍾祥劉公、巡按新城宋公，僉曰：宜城哉。因馳奏上聞，制許之。於是城役乃興，至歲丁未而城成。城周五里五分，幾千丈，高二丈二尺，基廣三丈。□石高五尺，磚之駢比而厚者爲層六，積累而高者層四十有五，土石内附，倚以爲固。城四門，南有郛，北因守禦舊城而門之，若重關焉。門各爲樓，四角如之。周廬二十有五，敵臺十。塹廣三丈，深丈五尺。穴城趺以仞，溝洫爲石孔十二。綱紀周密，巨細畢張。升其城也，則石磴齴齴，長堞馮馮，西南復西，藩垣用興，居者得庇，行者頌能。周公之初作城基也，掘地深五尺，闊三丈許，程以堅栗，障蟻穴也；沉以巨石，防潦泐也。於時城趺未盈尺而山石爲空，公帑未啓鑰而私俸已罄。此則公之求諸天，慊諸己，而不以售之人者也。然猶論説人殊，估費中匱。於時則有巡撫僊居應公、巡按蔚州郝公、慈谿劉公，主張衆論，臨覈不浮，伸縮補乏，奬勸激頹，由是費乃用裕，徒傭勃然矣。至如躬履其地，繼視其事，定章程，度規制，酌材用，書廩餼，各殫智慮，克成厥功。則分守閩中沈公，常熟朱公，南昌劉公，兵憲進賢曾公，宜賓卞公，分巡無錫安公其人也。是役也，木壁礪鍛鏃糧之直，以金數之，至三萬八千有奇。用人之力，以工數之，竟百餘□□，所以爲守城之具，無弗給焉。夫見小者隳大，自私□鮮功。是故勞惡其不己出也，不必歸己。貨惡其棄□地也，不必藏於己。聖王之有府庫，以爲民備也，建□置守，以爲民塈也。今城以域民，大政也；邊防，先務也。諸公忘己之勞，而歸功於郡守。國家不愛其費而貽民以安，其於爲政之本末，與其所先後，皆得之矣。在昔，周南仲城於朔方，則致王命以贊其決；仲山甫城於東方，則有吉甫以推其賢。是故下有赫赫之名，未有不本於上之能容；上有明明之功，未有不由□下之克任愚也。土著鄙人，幸兹城於已有桑梓之□，竊有感於諸公協恭之美，信無負於明命，思有述以告後來。會鶴之士大夫及耆老，不遠數百里至吾廬，取文將刻之城隅，以識歲月。遂忘其蕪陋，作《鶴慶府城記》。諸有勸於城者，載姓氏於碑陰。

翁萬達《翁萬達集》卷九《及時修武攘夷安夏以光聖治疏》 准提督雁門等關兼巡撫山西地方都察院右副都御史曾銑咨稱，據山西按察司雁門等關兵備副使劉璽呈開，委官太原府岢嵐州知州馮友，保德州知州王朝珍等，公同布政司照磨王澤，遼州同知濮江等，管理工程，經放錢糧。先自嘉靖二十三年六月初一日起，至本年九月初十日止，後自嘉靖二十四年三月初五日起，至本年八月初九日止。二年共計二百五十四日，創脩完東自老營堡丫角墩起，西至滑石澗水門墩止，邊牆共一萬六千六百二十九丈二尺，約長九十餘里，高二丈，底闊二丈，收頂一丈三尺，攔馬牆五尺。挑完壕塹一萬五千四百五十二丈八尺，約長八十餘里，深二丈及一丈五尺以上。口闊二丈及一丈五尺，底闊五尺以上。品窖三千箇。隨牆創築敵臺四十四座，上蓋煖鋪房六十二間。墩臺一座。羅漢洞一座。天棚煖鋪房一間。石砌水口一座，長一十丈，高二丈四尺。

太原府通判黃棟管理工程，經放錢糧，自嘉靖二十三年四月初七日起，至本年六月三十日止，計八十三日，補修完西自馬蘭口起，東至平刑關止邊牆，長闊高下不等，計長七千二十三丈，約長三十九里。挑完壕塹一道，長四百六十六丈五尺，約長二里有奇，深一丈，口闊八尺，底闊六尺。品窖一萬六千九百四十五箇。創築敵臺五座，上蓋煖鋪房各三間，共一十五間。平刑關堡內創蓋營房五十八間。

崞縣主簿高宗勳管理工程，經放錢糧。自嘉靖二十三年三月初十日起，至本年七月二十八日止，計一百三十八日，補修完東自石湖嶺起，西至野豬溝止邊牆，長、闊、高、下不等，計長一千二百一十一丈一尺，約長七里。剷濬壕塹一道，計長二百一十丈一尺，約一里有奇，深一丈二尺，口闊一丈，底闊八尺，品窖一萬六千八百二十二箇。創築敵臺二十八座，上蓋煖鋪房各三間，共八十四間。圪垯礶堡內創蓋官廳一所，安架營房四十間，石砌水口三座。

雁門關指揮李周管理工程，經放錢糧。自嘉靖二十三年三月三十日起，至本年七月初二日止，計九十二日，補修完東自胡峪口起，西至雕窩梁止邊牆，長、闊、高、下不等，計長九千七百五十三丈四尺，約長五十四里有奇。挑完壕塹一道，計長一十二丈八尺，深一丈二尺，口闊八尺，底闊六尺，創築敵臺二座，上蓋煖鋪房各三間，共六間。

山西都司副斷事曲實，太原前衛經歷于龍等管理工程，經放錢糧。自嘉靖二十四年四月二十二日起，至本年九月二十日止，計一百四十八日，創築完西自凌雲口菜樹溝起，東至太安嶺口閻家嶺止，土築邊牆長八千一百二十三丈，約長四十五里有奇，底闊二丈，收頂一丈五尺。斬削崖牆二千四百四十丈，約長一十三里有奇，俱高連朵口牆二丈五尺。塹鑿石壕一道，長一十九丈二尺，深八尺，闊六尺。創築敵臺一十八座，上蓋煖鋪房各三間，共五十四間。

吉州吏目李繼賢等管理工程，經放錢糧。自嘉靖二十四年四月十八日起，至本年六月二十日止，計六十二日，創用石砌完石廟兒視遠隘口迤北起，至周家山止邊牆，長六百九十丈，約四里，底闊一丈六尺，收頂一丈二尺，高述朵口牆二丈一尺。接連視遠隘口迤南起，至樊家窯止，取砌完舊日用石浮垛低薄不堪牆七百七十一丈，約四里有奇，裏口幫砌五尺，接高五尺，頂闊一丈二尺。

吉州同知李顯仁，臨汾縣千長王松管理工程，經放錢糧。自嘉靖二十四年五月二十六日起，至本年七月二十七日止，計六十一日，創用石砌完利民堡勒馬溝起，至八角堡界牌迤東官廳止邊牆，長五百三十九丈，約三里，底闊一丈六尺，收頂一丈三尺，高連朵口牆二丈三尺。石包砌敵臺六座，上蓋煖鋪房各三間，共一十八間。

河曲縣知縣齊恩，公同偏頭關守備李徵祥管理工程，經放錢糧。自嘉靖二十四年八月十九日起，至九月二十日止，計三十一日，補修完自西黃河樺林子起，唐家會止邊牆，長一千一百六十六丈二尺，約六里有奇。內土築牆一千八十六丈二尺，石砌牆八十丈。石砌水口一十二座。挑完壕塹一道，長三千五百五丈，約一十九里有奇。品窖三萬六千六百四十九箇，創築敵臺四座，上蓋煖鋪房四間。樓子營創蓋官廳一所。馬蓮大峪趙家沙坡水口四座，唐家會甎券水門一座。石包砌敵臺一座，上蓋懸樓一座。

汾州同知何萬春，文水縣主薄趙鶚等，公同北樓口遊擊王堂管理工程，經放錢糧。自嘉靖二十四年三月初八日起，至本年十月初二日止，計二百零五日，創修完北樓口堡一座，周圍牆長四百二十七丈八尺，底闊二丈五尺，收頂一丈五尺，高連朵口牆二丈七尺。北門越城一座，周圍牆長二十五丈五尺，底闊一丈六尺，收頂九尺，高連朵口牆二丈三尺。堡內創蓋營房三千間，券完南北城門二座。

襄陵縣縣丞孫良，洪洞縣主簿柳仲陽，公同平刑關守備田琦管理工程，經放錢糧。自嘉靖二十四年四月十五日起，至本年十月初七日止，計一百七十三日，創修完平刑關堡一座，周圍牆長三百三十六丈，底闊二丈五尺，收頂一丈五尺，高連朵口牆二丈八尺。券完南北城門二座。東小水門一座。堡內創蓋大小宮廳二所，營房一百四間，倉房九間。

原任參將李珍，分守岢嵐參將李涑，督同偏頭關守備李徵祥，西自李涑原任地方，接連偏頭關老牛灣黃河東岸起，至水泉營紅門隘口止，增築完敵臺一百一十五座，每座周圍二十二丈，收頂三丈五尺，高連朵口牆三丈，上蓋煖鋪房各三間，共三百四十五間。老營堡遊擊孫臏，督同守備解鏞，西至紅門隘口起，東至野豬溝止，增築完敵臺一百七十八座，每座周圍一十六丈，收頂三丈五尺，高連朵口牆三丈，上蓋煖鋪房各三間，共五百三十四間。補修完邊牆三百九十七處，各長、闊、高、下不等，計長二萬二千四百五十九丈九尺。內土築牆一萬八千三百三十三丈，約長一百餘里，石砌牆二千四百九十六丈，約長一十四里，斬削崖牆一千六百三十丈九尺，約長九里有奇。石砌水口四十四座。

分守西路參將葉滋，督同八角堡守備劉繼先，利民堡守備彭棟，西自野豬溝起，東至石湖嶺止，增築完敵臺九十二座，每座周圍一十二丈，收頂三丈，高連朵口牆三丈，上蓋煖鋪房各三間，共二百七十六間。補修完邊牆三十五處，各長、闊、高、下不等，計長一千二百七十八丈，內土築牆七百三十八丈，約四里有奇，石砌牆五百四丈，約二里有奇。暗門二座，石砌水口三座。

鎮守總兵官王繼祖除總理工程外，又督同神池堡署守備原任指揮僉事時元，寧武關守備張文西，自石湖嶺起，東至雕窩梁小西溝止，增築完敵臺八十六座，每座周圍一十六丈，收頂二丈七尺，高連朵口牆三丈，上蓋煖鋪房各三間，共二百五十八間。補修完邊牆五十八處，各長闊高下不等，計長一千一百九十五丈四尺，約六里有奇。挑完品窖七萬六千二百二十四箇。石砌水口一十一座，水洞三座，暗門二座。石砌山寨一座，周圍牆長四十丈，高一丈五尺。土寨一座，周圍牆長四十二丈，高連朵口牆二丈二尺。

原任分守東路參將李琦，并今任參將杜煇，督同廣武站守備、傅紀，西自夾柳樹西界小西溝起，東至水峪口鴉兒崖止，增築完敵臺一百座，每座周圍一十六丈，收頂二丈七尺，高連朵口牆三丈。上蓋煖鋪房各三間，共三百間。補修完邊牆一百九十二處，各長、闊、高、下不等，計長二千七百一十六丈九尺，約一十五里有奇。

暫署分守太原參將營事都司崔憲，并本營參將張紳，西自水峪口鴉兒崖起，東至馬蘭口東界霍家坡止，增築完敵臺九十六座，每座周圍一十六丈，收頂二丈七尺，高連朵口牆三丈。上蓋煖鋪房各三間，共二百八十八間。補修完邊牆五百一十處，各長闊高下不等，計長一萬三十二丈，約五十六里有奇。懸樓一座。挑完品窖五萬四千八百四十箇。

北樓口遊擊王堂，西自霍家坡起，東至凌雲口界黃沙坡止，增築完敵臺八十一座，每座周圍一十二丈，收頂二丈五尺，高連朵口牆三丈。上蓋煖鋪房各三間，共二百四十三間。補修完邊牆四十三處，各長闊高下不等，計長七百五十丈，約四里有奇。挑完品窖七千九百箇。

分守平陽參將沈一元，督同平刑關守備田琦，西自凌雲口西界黃沙坡起，東至長柴嶺與太安嶺盡境及葫蘆頭橫牆止，增完敵臺五十四座，每座周圍十二丈，收頂二丈五尺，高連朵口牆三丈。上蓋煖鋪房各三間，共一百六十二間。補修完石牆五處，各長闊高下不等，計長二十丈五尺。斬削崖牆五百丈，約二里有奇。挑完品窖六千九百二十四箇。

分守潞安參將李忠，西自太安嶺起，東至平刑關三嶺子盡境止，增築完敵臺八十九座，每座周圍一十二丈，收頂三丈，高連朵口牆三丈。上蓋煖鋪房各三間，共二百六十七間。補修完邊牆一十八處，各長、闊、高、下不等，計長七十三丈二尺。挑完品窖一萬四千七百四十八箇。

以上共創補修完土築邊牆共七萬七千六百六十四丈四尺，約四百二十餘里。石砌邊牆五千一百丈五尺，約長二十八里有奇。斬削崖牆四千五百七十丈九尺，約長二十五里有奇。土築敵臺九百九十二座，石包敵臺七座。墩臺一座，石寨一座，土寨一座。營房煖鋪六千八十二間。官廳四座。挑完土壕一萬九千六百四十八丈二尺，約長一百里有奇。甃修石壕一十九丈二尺。挑完品窖二十三萬四千五十二箇。石砌水口七十四座，倉房九間。水洞三座，羅漢洞一座，暗門四座，懸樓二座，土城二座，甎包城門并樓四座，水門一座。

除防邊軍壯自有本等行糧外，其雇募夫匠并調取借班軍壯，支用過工食口糧、鹽醬及搞賞鹽蒜等項，共用過京運修邊并本鎮贓罰銀共五萬七千五百七十七兩九錢二分二釐八毫四絲三忽八微一塵。俱經欽差查盤，給事中李文進、監察御史趙炳然委官踏勘，弔取卷簿查明等因到職。切惟修完前項邊工，有牆、有壕、有臺、有窖，煖鋪、營房、暗門、水口，俱各堅好，形勢聯絡，藩屏周固。近於防秋之期，分布軍壯人役，多設軍火器具，延袤千里，地利人力，堪資保障。今年七八月間，節據西路岢嵐等參遊守備等官葉滋等陸續報稱，東勝州、明水灣、柳赤鋪等處，遠賊營帳遍野，煙火滿川，盤住日久，番涎侵軼，時遣輕騎更番窺伺。委因總督軍門申飭號令，我兵加謹，邊牆高厚，軍器火藥，事事有備，虜遂徙營北遯。此皆仰賴我皇上威德及遠，神武不殺之所致。而本兵之臣，仰贊皇猷，修邊足兵，機宜備悉。户部之臣，請發帑銀，先事足給，趁時負買。故工程得以蚤完，保障恃以無恐，非偶然也。

夫趨事赴工，固臣子之分所當爲。但各人員先後在邊，風餐露宿，處於荆棘之中，以竭築鑿之力，日課月程，備歷艱苦，若不題請録賞，無以激勸將來。爲照鎮守山西等處地方兼提督代州三關總兵官前軍都督府都督僉事王繼祖，材識練達，操履公勤，間關道路，上下山坂，身親土木之功，志切保障之計。謀勇兼稱，邊關咸底輯寧；號令嚴明，將士悉遵約束。山西按察司雁門等關兵備副使劉璽，岢嵐兵備副使張鎬，分巡冀寧道僉事蒲澤，同心却虜，合力衛民。夙夜在公，豈畏寒暄之苦；黽勉就列，致忘寢食之時。用收保障之功，無忝屏翰之寄。與王繼祖俱應首録者也。巡按監察御史陳豪，查盤給事中李文進，監察御史趙炳然，目覩創殘之地，心切安攘之圖。稽查錢穀嚴明，莫敢或欺；振蕩風紀貞肅，舉知惕勵。協擒妖逆，掃除禍階，遍歷邊關，跋涉險阻。厥功亦宜次録者也。中間如陳豪者，昔巡湖廣，已效顯陵之勞；今按山西，不憚窮邊之苦。又不但以邊方工程例論也。再照前巡撫山西右副都御史陳講，志切先憂，力扞後患。其修邊之功，見經巡按監察御史陳豪勘報，恭候聖裁，不敢重舉。如接管巡撫右副都御史劉臬，右僉都御史李珏，先任山西布政司右參政今陞都察院右僉都御史蘇佑、張子立，前巡按山西監察御史侯度，心同報國，計協殄夷。工或興而去任，邊未就而交代。如原任山西布、按二司右參政三關備用今閑住胡松，分守冀寧道右參政王揚，雁門等關兵備副使王鎬，并僉事常時平、趙瀛，見任總理三關糧儲户部主事尹綸，或錢穀之攸關，或經營之贊助，事雖有間，共効勤勞。以上各官俱應賞賚者。中間如胡松之焦勞匪懈，建白周祥，三關備用而未盡其用，一旦投閑，不無可惜，尤宜甄拔，以勸臣工者也。

除具題外，今將管理工程兼放錢糧文武官員，理合開坐。計開先任山西太原府岢嵐州知州今謂本府忻州知州馮友，保德州知州王朝珍，太原府通判黄棟，河曲縣知縣齊恩，遼州同知濮江，山西布政司照磨所照磨王澤，山西都司斷事司副斷事曲實，太原前衛經歷司經歷于龍，守備偏頭關地方以都指揮體統行事指揮使李徵祥，守備山西八角堡地方以都指揮體統行事指揮使劉繼先，以上各官，或綜理工程，或出納錢穀，雖職任大小不同，咸承委修邊，勤勞匪懈，均宜加賞。内知州馮友、王朝珍，知縣齊恩，則又經營二年，皆身臨極邊，不畏險難，似宜量陞俸級。原任右參將革任閑住孫廷相，原任分守山西東路等處地方左參將今陞協守延綏副總兵李琦，見任分守山西東路等處地方左參將都指揮僉事杜輝，分守山西西路地方右參將都指揮僉事葉滋，暫署山西太原參將事山西都司署都指揮僉事崔憲，分守山西太原等處地方左參將都指揮僉事張紳，原任分守山西岢嵐石隰等處地方參將今革任李殄，見任分守山西岢嵐、石隰等處地方右參將都指揮僉事李浹，分守山西平陽等處地方右參將都指揮僉事沈一元，分守山西潞安等處地方右參將都指揮僉事李忠，山西北樓口遊擊將軍署都指揮僉事王堂，山西雁門等三關遊擊將軍署都指揮僉事孫臏，守備山西老營堡地方以都指揮體統行事指揮使解鏞，守備平刑關地方署都指揮僉事田琦，守備寧武關地方以都指揮體統行市指揮僉事張文，守備山西利民堡地方以都指揮體統行事指揮僉事彭棟，守備山西廣武城地方以都指揮體統行事指揮僉事傅紀，署神池堡守備原任指揮僉事時元，原任偏頭關守備後陞潞安參將今革任袁潔，雁門守禦千户所納級指揮僉事李周，平陽衛指擇僉事李勳，北樓口把總千户羅繼先，振武衛千户胡剛、夏鎮，本衛百户黄雲，汾州同知何萬春，吉州同知李顯仁，絳州判官文奎，石州判官孟曙，陵川縣縣丞李寶，襄陵縣縣丞孫良，崞縣主簿高崇勳，文水縣主簿趙鶚，洪洞縣主簿柳仲陽，吉州吏目李繼賢，平陸縣典史張崐，黎城縣典史張大器，臨汾縣千長王松，以上各官，或分布架梁而防範不失，或監修牆堡而工程無弊。比之馮友等，功雖有間，皆從事勤勞，亦宜量賞，等因。并將造完修過工程，用過錢糧等項數目緣由文册到臣案查。

臣到任之初，准兵部咨前事，該本部議擬：合無行總督侍郎翁萬達，督同各該鎮巡從長勘議，將各分屬地方備查，何處衝要即時先修，何處偏僻以次漸舉。合用工匠夫力，從便雇募。甎灰柴草，就近採取燒用。通算合用銀米若干，一面先將各鎮堪動錢糧動支，其不足之數明白開具，奏請本部與户部區處，解發應用，等因具題。節奉聖旨：山西、宣、大等處地方，還行與翁萬達同各撫鎮等官遂處，具奏定奪。欽此。欽遵。備咨准此。

彼時該臣查得接管卷内一件，爲預陳邊計以備虜患事，准兵部咨，該提督雁門等關兼巡撫山西地方都察院右僉都御史李珏題内一款應修邊隘。查得滑石間、老牛灣、水泉營等處邊牆，年久頽廢，不堪保障，欲動支代州庫收貯修邊用未盡，并布政司收寄户部發到補還募軍借用過修邊銀兩，修築邊牆，增蓋營房，添築墩臺等項，通完備細造册，奏繳青册，送部查考等因，該本部議擬，備咨前來，已行該鎮修理未據完報，一併咨行巡撫衙門，會同總兵官行委各該守巡、兵備等官，親詣所屬沿邊一帶，公同各該參遊、守備等官，逐一相度。要見某處應該築砌牆垣，或斬削偏坡，或填塞狹隘，或挑挖壕塹，或築立敵臺，或增添墩堡，或舊日修築低矮窄薄，今應接幫高厚者，就便計料，應修、應築工程丈尺若干，合用工匠人夫若干，作何派撥，甎灰柴草堪否就近採取燒用，或作何設處，作速施行去後。隨又該臣親詣山西，會同巡撫都御史曾銑，督同總兵參遊守備等官，沿邊閲視。有經前巡撫都御史陳講、劉臬、李珏督砌牆垣，中間尚少敵臺、營房，煖鋪者，或原未有邊牆者，有雖嘗修築而卑薄或雨水淋衝傾頽坍塌者，有應該斬削偏坡并蹊徑間道水溝等項，可以通行人馬往來者。俱已該都御史曾銑動支京運修邊并贓罰銀兩，行委守巡兵儲等官，雇募夫匠修理。臣復相與指授規畫，申嚴賞罰，以勸懲勤惰。及看得該鎮地方西北自偏頭關水泉營起，東南至平刑關止，沿邊一帶牆塹，暗門數少，相離寫遠，恐遇警急，兵馬迎敵，出入不便。帖仰總兵官王繼祖，食同巡撫衙門計議，相度整頓。間又准兵部咨，該工科給事中何雲雁題爲乞亟安内以隆聖治以圖攘外事，内開，一嚴青實以修邊防。伏願申勑各邊總督等官，今後興工修理，務須躬爲經略，責委度能公正官員，督率夫匠，必求高厚堅固，毋得苟且報完。其餘築完處所，各勒石刻名於上，守巡某人，管工官某人，工匠某人。勑行各該巡按巡關御史，不時閲視。如五、七年之内一有倒塌，即便查照原刻，指名參治。仍責令自備工食修補。官雖陞遷去任，在所不貸，匠雖歲遠人易，亦所必究等因。該本部議擬，題奉欽依。備咨前來，又經通行欽遵，著實舉行去後。

今准前因，除將都御史曾銑送到造完修邊文册另行奏繳外，爲照都御史曾銑咨稱，前項修邊効勞有功人員，如所叙列王繼祖、劉臬等，及所開坐馮友、孫廷相等，俱各詳當，既經具題，臣不敢重復論瀆。但惟三關牆塹增舊創新，延長幾五百里，皆完厚陡峻，溝濠坑窖，深闊相乘，營壘障臺，接聯不絶，設險已盡地利，觀者稱爲壯圖，使常戍之兵，不致敝缺，則固可以杜胡虜之衝突，厝全晉於永寧也。諸臣之功，委難泯滅。而思忠作幹，揮擢成能，則都御史曾銑者，揆方而循度，相動而戒期。以身率人，經畫至忘寢食；以人任事，程督過於胼胝。雖仄隘險蹊，必在在親歷。即軍火器械，亦種種可觀。往秋虜不南窺，未必不由兹役。斯封疆之良，而邦國之衛也。本官之功，尤在諸臣之上。臣故敢特言之。若臣萬達去年二月方始抵鎮，心分於務繁，力限於日淺。山西修邊事理，未任而役已過半，既任而工惟視成。雖恒戒因循，不敢玩愒。然僅可塞貸，何足云勞。如蒙乞敕該部查議都御史曾銑前項功蹟，及將本官原題効勞有功人員，分别等第，一併議請甄録，以爲邊臣明作趨事者之勸。謹題請旨。

翁萬達《翁東涯集》卷二《修築邊墻疏・大同修墻》 臣看得該鎮邊墻自陽和迤西靖虜堡起，至山西丫角山止，沿長五百餘里。雖經先年陸續修完，比之今年新修陽和迤東一帶，高低厚薄，委有不同。況入夏以來，雨水衝淋，尤多崩塌。擊築補修，工程必不容已。官兵不妨防秋，令操版築，就支本等行糧，止給鹽菜，爲費甚省。據所估計，每日每名該銀一分，共該銀二萬九千九百七十兩有零，數亦不多，但役使人力，全在鼓舞。若儘將前項銀一萬四千七百六十兩有奇，及時均給，日勤程督，務俾事速工倍，或亦足用，不必拘定一日一分之數，亦不必臨期議添，庶見邊臣撙節財用之意。即今人已赴工，撫鎮諸臣，已將鹽菜折銀，量爲給賞。開將前銀所買在倉糧米，准作今年防秋擺邊官軍應支行糧。揆之事體，俱屬相應，無容别議。其稱要將前銀五萬二千一百六十三兩有奇，補還先年節次借過賞功銀兩，亦當如擬。但大同地方逼臨虜巢，川原平衍，最稱難修。所恃邊墻，比之他鎮，尤爲緊要。今雖以防秋之卒，刻期擊修，人力有限，計終不能如陽和、天城新邊墻之高厚堅固也。若使高厚堅固，一如新墻，則山西丫角東南如寧武、鴈門、平刑關等處，賴此以爲外藩擺守之兵，自宜掣罷。顧以財用不繼，衆志未同，欲便舉行，輒爾中輟。近得巡撫山西都御史楊守謙議開：山西自黄河東岸老牛灣至丫角山邊牆，東接大同、井坪、平虜左右衛，弘賜等五堡周總兵所築邊墻，直至陽和迤東，軍門近所修完者，二鎮僅七百餘里，又自丫角山東，南至平刑關獨山西尚八百餘里，山西守邊官軍民壯屯夫，計六萬六千餘人。除丫角以西守邊外，東南八百餘里間，止五萬二千人守之，每里六十五人，半登牆而守，半在内候援虜之入常二三萬衆，拆墻登山，止須十丈，恐非此十餘人所能禦者。若山西將丫角東南八百里不必守移兵與大同共守七百餘里，所省過半。以山西今議兵六萬七千，合大同兵七萬五千，并調客兵，計十五萬四五千餘，丫角西墻既已高厚，其地又不通大舉，可用兵萬五千人。陽和東墻，再用兵二萬人。中止四五百里，已有丈餘墻，而以十二萬人守之，以四萬人防護，八萬人即舊墻增築之。高二丈，底闊一丈七八尺，收頂一丈二三尺；里爲二敵臺，臺高三丈。八萬人日築六里，月可一百八十里，八十日而訖工。且守且築，此邊既成，每歲防秋用八萬人，山西三萬，大同五萬，其内再用二鎮援兵三萬人。軍門居中調度，守謙與總兵并大同撫鎮各分百餘里，亦居中調度。左右止六七十里，參游守備止分二十餘里。一有緩急，援兵可以立至，事可萬全。凡山西之民壯，諸鎮之客兵，皆可漸掣。邊内多築堡寨，修廬舍，給牛種，募民徙耕之。凡内帑之轉輸，民間之供億，又皆可漸省等因。大意蓋欲撤寧鴈諸關之戍兵而併力於大同，不分彼此，相資也。不勞大費而所備者寡，所守者要也。是其志甚公，其慮甚詳，而其謀甚忠懇。以臣愚夙有此心，格於寡助。驟聞斯語，意輒躍然，願相從事。今秋時已逼迫，未敢遽陳。少待冬春，當會楊守謙及詹榮等將大同靖虜至丫角邊墻，及兩鎮合修守備，宜從長計議，期於一舉，永持至安。前項餘剩銀兩，合無存留以爲他日舉事之資。其借過賞功之數，户部查明開銷，惟復仍照詹榮前議照數補還賞功。伏乞勑下該部，查議上請定奪施行。

翁萬達《翁東涯集》卷二《修築邊墻疏》 議照形勢者，設險之所必因。而時勢者，兵家之所必不能違也。兵不審時，險不度地，未免於泛然而舉，倏然而罷，非所以揆事體而弭寇讐之道也。山西起保德州黄河岸，逶邐而東，歷偏關抵老營堡盡境，實二百五十四里；大同起西路丫角山，逶邐而北，東歷中北二路，抵東路之東陽河鎮口臺，實六百四十七里；宣府起西路西陽河，逶邐而東，北歷中北二路抵東路之永寧四海冶，實一千二十五里：共一千九百二十四里。皆逼臨胡虜，險在外者也，所謂極邊也。山西老營堡，轉南而東，歷寧武、鴈門、北樓至平刑關，盡境約八百里。又轉南而東爲保定之界，歷龍泉倒馬、紫荆之吴王口、插箭嶺、浮圖峪至沿河口，約一千七十餘里。又東北爲順天之界，歷高崖、白羊至居庸關，約一百八十餘里。共二千五十餘里。皆峻山層岡，險在内者也，所謂次邊也。我國家雖不守東勝，棄大寧，然重險天設，固猶在我也。外邊西連延綏，東距薊州，勢相犄角。至于爲京師屏蔽，則宣、大爲特重，非它鎮可比。即宣、大、山西外邊之地，有夷險迂直。合而言之，則大同最稱難守，次宣府，次山西之偏老，分而言之，則大同之最難守者，北路也，次中路，次西路、東路。宣府之最難守者，西路也，次中路，次北路，次東路。而山西偏關以西百五十里，恃河爲險，無待防秋。偏關以東之百有四里，則略與大同之西路同焉。内邊可通大舉，惟紫荆、寧鴈，次居庸、倒馬、龍泉、平刑諸關隘。要之内外二邊，皆所以扞蔽燕晉，保障黔黎。然外之不禦，内安可度？故論者有脣齒之喻，又有門户堂奥之喻。賊窺堂奥，必始門户。脣不危則齒不寒，理所易曉也。邇年以來，大虜屢寇山西，必自大同入，侵犯紫荆，必自宣府入，事所可徵也。蓋形勢之大略有如此者。古稱夷狄之衆，不能當中國數大郡。若智與謀，及戈盾火器之屬，長短相較，又萬萬不侔。然所以能爲中國患者，氈裘之族，鷙忿而雄使，出於風氣，異我漢人。又彼以騎射爲本業，抄掠爲生理，專於技，而無待於教。戰鬬之事，人人能也。而我事隸於羣牧，業分於四民，百一爲兵，勞於訓習，習且弗專，故亦多弗精也。彼聚寡爲衆，乘時而攻人；我散衆爲寡，畫地而自守。攻無定勢，所資驅疾騎而運之，飄忽如風雷。守有定形，遇賊必賫糧負甲而隨之，瞻顧而狼狽。彼去文字，簡號令，進無所驅，邏無所懾，而我則議論多端，號令多門，進邏繇人，上下牽制。故彼日拙巧，我日巧拙。又國初之時，我太祖、成祖抗稜遠斥，夷狄勢衰，竄伏莽榛，僅存喘息。正統以後，則生齒漸繁，種類日盛，近且併海賊，吞屬番，掠我居民爲彼捍隸。諸酋所部，約可二三十萬衆，視之國初，何啻倍蓰？沿邊戍卒，較以舊額未嘗加多。彼醜先年秋高入寇，控弦不滿數千，掠境不能百里。我兵臨時調遣，緩急仍收勝算。頃者每一大舉，動稱十餘萬人，蹂躪關南，侵駭京郡。循常師旅，莫敢遮邀。蓋時勢之大略有如此者。夫度形勢之便，則詳於外防正以扞内，量爲内備所以資外。揆時勢之難，則今所經略當異于昔，而後所經略當始于今。併力以守要，益兵以防秋，要皆事勢之不得不然者也。保定邊事，繇今之常，無大可更，但宜罷徵兵於内省，分鎮兵於外藩，便已得之，不敢贅論。山西防秋，先年止守外邊偏老一帶，歲發班軍六千人，專一備禦大同。而内邊寧鴈一帶，仍有官兵防守隘口，以爲大同聲援。及與宣、大各路守兵，舊皆屯駐城堡，但遇警報，相機防勦，原無分地擺守。比因虜越大同入山西，當時地方諸臣誤以大同爲難與共事也，乃獨築寧鴈以東至平刑邊墻八百里於腹裏，掣回大同備禦之兵以守諸關，已非建置邊防守要之意。繼因守兵不敷，添設太原等處參遊兵馬七營，召募新軍，及僉調新舊民壯屯夫弓兵，率已六萬餘人。公私轉輸，内地騷動，所謂財匱於兵衆，力分於備多者，正謂此耳。夫山西不藉備於大同，大同不需力於山西，計兩失之。宣府亦自虜犯西路，盡調本鎮兵馬，專備西中，而北路雖不用擺邊，然而兵馬已至空虛，不無可慮。連年三鎮防秋，徵調遼陝兵馬，遂不下五六枝，費用糧賞，及本鎮守兵芻餉以百四十萬計。費寔不貲，難於持久。併守之議，兹其所以爲善經也。外邊控虜，四時皆防；城堡之兵，各有分地；冬春徂夏，不必參錯，徵發自無不敷。秋高馬肥，虜可狂逞。若復拘泥遑事，散處城堡，臨時動調。近者數十里，遠者百餘里，倉卒遽難合營，首尾自不相應。欲以寡弱之兵，當衆强之虜，勢必不敵。萬一又如往年潰墻而入，越關而南，内地之人，素不習戰，即欲堅壁清野，或恐先被荼毒。及至京師震駭，君父殷憂，方始皇皇調徵，迫迫請討。即不愛吝，何益事機？是知形變不同，審固當預，守邊之兵，兹其所以難遽罷也。《易》曰：「王公設險，以守其國。」設之云者，築垣乘障，必資於人力之謂也。虜凡寇邊，地迂峻則易防，地平漫則難禦；有墻則易者愈易，而難者亦易；無墻則難者愈難，而易者亦難。今夫百人之堡，非千人不能攻者。堡有垣塹，則寡可敵衆，弱可制强。若遇虜於平曠之墟，則百人豚羊，千人狼虎，鮮不爲所吞噬。以是知山川之險，險與虜共也；垣塹之險，險爲我專也。我恃其所專，而奪其所共，修邊之役，兹其所以當再舉也。況查連年修築，如山西偏老一帶，委極高厚。大同各路與宣府之西、中二路，舊墻可因，亦已十之七八。再加工力，數月之内，可以告完。連亘千里，屹然長城，截然爲華夷之嚴界矣！而防秋之兵，所以必帶甲而登墻，列營而待敵者。臣等聞之，險而不設，與無險同；墻而不守，與無墻同。是故定規畫，度工費，一者修邊之事也。慎防秋，併兵力，重責成，量徵調，實邊堡，明出寨，計供億，節財用，八者守邊之事也。修邊因垂成之功，守邊貴濟時之急。邊墻欲圖其永利，兵馬不解於秋期，國家雖費，非得已也。而稽往慮來，就中揆策，如所條列于左者，雖皆常談，無甚高異，然自是而兵不甚勞，費可漸省，期以弭寇讐而固疆圉，要皆臣等之極思也。若必傾無量之費，忍百萬之師，分道遣將，深踐寇庭，滅此驕狂，然後朝食，斯固安攘之壯圖，亦臣等忠于陛下之職分。顧虜勢未衰，我力不足，謀須積久，事必待時。以故臣等但當圖其易，而不敢務其難；盡力於其所可爲，而不敢妄覬於其所不可必。

張衮《張水南集》卷一《楊舍城記》 東夷滑夏，三吳之地，環州縣而城者以百計。楊舍一隅，在縣治東，東際大海，至狼山，水勢漸分而爲江。楊舍枕江之上，界連姑熟諸港，滔滔會江爲險。左襟谷瀆，僅五里許，其爲屏捍。君子卒喜而大書之，與郡邑之城，相雄長焉。其故何也？固楊舍，所以固江陰也。由江陰而上，毘陵之有孟瀆河，河復城之。賊來窖路，犄角之勢成，其所防者遠矣。我太祖高皇帝嘗命信國公湯和，往備倭寇，詔諭惓惓，惟以議立城堡、相地宜爲事，神謀睿筭，用之迄有成功。嘉靖丁巳，監察御史羅山尚君維持，來按南服，痛我民生憔悴日甚，割爪及膚，救恤不暇。乃于誅罪黜貪之餘，巡行陵陸，周覽曲衍之中，得楊舍之爲要害，決意城守。適邑人薛憲副甲袁上其議，公以爲是，得邑人之情矣，治之益力。乃布條約，乃召傭徒，乃營原野。引繩立表，夷險塞窪，各各以意運之，受事者莫不如指。城凡三里，週遭五百二十丈有奇，高丈有八尺，趾闊丈若干尺，下紥堅礎，上傅以磚。崇墉甓甓，列雉翬翬，屹然巨鎮，藏民萬户，賢于戰兵百倍矣。城之費丈計帑金二十二兩，出臺中之贖眚，一不以煩于有司。借民之力，不過十之二三，兵居其半。而公復戒之以勿亟，慎之以勿傷，此作城之善事也。城之內有參府，有把總司，有巡檢司，有軍營，有廪庾。四向爲門，東曰某，西曰某，南曰某，北曰某，皆公所自署。門爲水關者一，引流東注。此城之節目也。工始于戊午某月，告成于是年之某月。薛憲副復爲文記之。杜令君退，而告于衮曰：「華也守工于茲，得吾賢監察作予之勤，而訖事。吾子可無一言，爲予、爲百姓德之？」予謝不能。既乃言曰：「夫有山川，斯有險阻。有險阻，斯有政事。是故王公設險以守國，其來尚矣。湯信國之受命聖祖，尚監察之祇承皇上德意，篤厚元元，豈非貞于謀國乎？始楊舍之未有城也，鹽販出没風濤之險，兵仗自隨，有迫之欻起，而爲他盜，村户夜驚。今即無虞，其利一也，民既有城以居，農得修其畝畒，商得通其貨賄，工得利其器用。父子嘻嘻，樂生興事。保有室家，無復曩時，獸奔鳥駭，無所逃匿。皇皇之命，寄于賊刃，其利二也。地遠于邑，民鮮知法。官署既飭，令君得以數至其地，敢斷爲公。暇則與參戎，上下其議，鞭撻戎虜之謀，哀矜淑問之事，皆于是乎出焉！其利三也。有此三利，法不當大書已乎？」

姚淶《明山先生存集》卷一《廣平府中新街記》 幽州之南爲洺，今廣平郡也。當元之季，歲以兵争山東，民困于寇。其入職方，則洪武改元之初；而列之封畿，則永樂之六年也，時民始遂蘇息。城府之地，室廬落落，未見其綺分而鱗次也。國家承平百餘年，散者欲聚，隘者欲闢矣，然皆即故廛而葺之。已而民益稠，市益喧，城中之隙地，則潦得以鍾，蒿得以叢。民雖甚病，卒莫敢規尺寸焉。乃者郡守蔣子原學以秋官郎來知是邦，閔敏矜恕，爲政有經，念前之非度而爲之改釐。于是，核田定税而賦始均，延師育材而士始振，建倉登粟而食始充，凡此數者，皆列城所未行也。至于勤民之隱，不逆其施，弱者翼，勞者節，逋者復，梗者鋤，媮者勵，民既植其生矣。偶一日登城，謂其僚曰：「曠城邑而不修，陋制也；茀道途而不治，廢政也。洺民之繁也，其居弗能容而猶襲舊，以爲安非父母？洺民意也。吾將斥而營之，以利吾民。」遂謀諸同事，下所司治之。聽民以其便，移于閑壤。營表既定，規畫有方，民競于卜而奠厥宅里。

連庶吉士礦爲之次其治狀，以永年令宋瑛之意來請記于余。余索圖觀之，城之南爲街曰「興行」，轉而東則曰「遵道」、曰「懷仁」、曰「近賢」；城之東爲街曰「遵義」，轉而北則曰「太和」、曰「懷德」、曰「時雍」；城之西爲街曰「德化」，轉而南則曰「存信」、曰「親睦」、曰「敦俗」；城之北爲街曰「樂户」，由是以西則曰「尚禮」、曰「禮讓」、曰「太平」、曰「返樸」、曰「新興」、曰「勸善」。城之四隅爲街，亦各有四，皆以角名之，從方言也。總一城論之，街之在北者爲多，四鄙九邑之衆，朝夕聚于府治以聽令于牧，宜民居之庶且密也。自興行以至勸善，街二十有三，皆今所新創而其舊弗列也。舊街自「承宣」、「牧民」之外，凡十有六，盡易以嘉名，亦自今始。名以義起，義以職思，屬之上者寓諸諷，屬之下者寓諸教。疏而布之，經緯相錯；曲而導之，長短相屬；表而析之，保助相守。

列肆羅隧，棼橑構焉；方軌納駟，冠蓋游焉；舉袂揮汗，質劑交焉；填城溢郭，士女嬉焉。洺始得以樂土稱美哉！三輔之巨麗也。

或曰：司空不視途，單子以是知陳政之衰。季春開通道路，毋有障塞，則《月令》之所誡也。蔣子之爲政，其得周人之遺意乎？然余觀當時所論，謂「道途已設，而懼其或墜厥功」，非如今日之創制爲也。蔣子慮以仁，斷以義，興不費之惠，舉不勞之役，開無窮之利，蓋得于周人法意之外而令德之則，垂之百年後之人，永庇而休焉。以世載其德而歌其功，必將與茲壤俱敝矣。吾是以記之。

胡松《胡莊肅公文集》卷二《陽方築城記》 西蜀陳公既受命上公，提督三關，兼巡撫山西地方。乃言于朝曰：「國家西北邊鎮，莫重宣、大、山西，雁門、寧武、偏頭與紫荆、倒馬諸關，爲國重險。國初以宣、大爲重，重兵大將，多在兩鎮。三關兵馬素少，又脆弱。往時恃大同爲捍蔽，故三關之備差緩。今時則異矣，使非設險據隘，其何恃而能守？今三關東起代之瓶形嶺，西暨保德河曲，地東西延袤千有餘里，在所皆路併當修築。然東有雁門、勾注之險，西有老營、偏頭之塞，阨嶇山谷，限隔黄河，虜賊大舉不甚便，工可竣時。臣閲寧武關之陽方口，東西長可百八十里，適當朔州大川之衝，平衍夷漫，虜雖擁數十萬騎，皆可成列以進。且比年賊寇内地，率徑斯，工當首舉，庶人有依而能立。臣查山西諸路民壯可得萬餘，忻、代、五臺諸郡邑榷金歲得數千，不足則取諸太原所部吏民贖鍰。費不傷乎正額，勞不及于齊民。説者或以版築之勞，臣竊以爲孰與殺掠之爲慘？暫時之費，孰與永世之攸寧！築之便。上下其奏兵部，兵部議如公指無異，乃以雁門兵備副使王鎬察奸經費，都司署都指揮同知王松、太原府同知邢倫總督工程，其下文武百執事，並選廉慎而有幹者，使攝。經始嘉靖十九年之春三月，畢工明年之夏六月有半。計役民壯七千九百五十人，借調旁近屯丁一千八百二十人。東起陽方口，經温嶺大小水口、神池、蕎麥川，迄于八角堡之野猪溝、老營堡之丫角墩，土築惟半，餘則斬山之崖爲之。計長三萬三千一十餘丈，可百八十里。無論土石，並高二丈有奇。下廣一丈五尺，上廣七尺加四尺爲女騎，可騎以馳，可蔽以擊。墻外壕塹深廣之度，畧如墻中。增敵臺四十三座，煖舖五十五間，暗門五座，重樓三座，護水堤臺稱之。包築流水溝洞百十二處，蓋三關中路之備。壯哉，盛矣！計用金五萬有奇。然中三萬猶皆民壯歲餼常供數云。始公之肇斯役也，諸以工大費鉅不可就。公執弗疑，詳其畫約，時其省視。諸如醫巫鹽蔬之細，靡不綜理加密；重以群賢宣力，萬手並作，故民不稱瘁而工卒孱。其秋八月，虜果大至。見陽方墉高塹闊，不可攻，乃從其東四十里麥柳樹侵入。夾柳故無墻，又平曠可馳，寔代州守備信地。公先是蓋嘗慮之，檄守備宋宸往量土物，宸耄而畏事，謂土疏惡不可築，遂不及爲，虜乃乘虚以入。蓋言者不諒不審而公去矣。公去而中丞劉公代，蓋即虜退之歲之冬。劉公奉廷議屬余與參政張君子立規計工事，補築東路三百里，按察司僉事趙君瀛補築西路黄河壖百五十里。諸其歲月、夫匠、財用之數，別有記，所缺惟水泉、滑石在老營之西樺林子堡東一帶。諸處。其地迫近虜穴，時且近秋，不及爲甋形、團城、泰安地在雁門以東，其東即靈丘飛狐塞界。三口。諸謂稍近内地，力有程限，不暇爲，然他有此無終屬罅缺。世有同心，計不容已。是歲之夏，余與張君視工過陽方口，覽公遺烈，相與感嘆。張君謂余于此專且近悉公行事，屬余記，而不敢以不文辭。公名講，字子學，遂寧縣人。劉公名臬，字憲甫，鍾祥縣人。

徐階《徐文貞公集》卷二《張家灣城記》 自都門東南行六十里，有地曰「張家灣」。凡四方之貢賦，與士大夫之造朝者，舟至於此，則市馬僦車，陸行以達都下。故其地水陸之會，而百物之所聚也。嘉靖癸亥冬，世宗皇帝以有虜警，詔發營兵戍之。先聲播聞，虜不敢犯。然戍者無所據依，晝夜被甲立，勢實不可以久。甲子春，順天府尹劉君畿因以城請，司空雷公禮上議曰：「城於戍便，於守固。」世宗報可。勅順天府丞郭汝霖、通判歐陽昱、内官太監桂琦，以二月二十二日始事。財取諸官之贖及士民之助者，木取諸營建之餘，甎取諸内官廠之積，石取諸道路橋梁之廢且圮者。夫取諸通州之衛卒及商若民之饒於貲者。工既舉而財不時集，階具以聞，詔光禄寺出膳羞之餘金三萬兩貸之。於是諸臣咸悦以奮，而巡按御史董君堯封、王君用楨，程督加嚴。越三月，遂以成告。周九百五丈有奇，厚一丈一尺，高視厚加一丈，内外皆甃以甎。東南濱潞河，阻水爲險；西北環以濠。爲門四，各冠以樓；又爲便門一，水關三，而城之制悉備。中建屋若干楹，遇警則以貯運舟之粟，且以爲避兵者之所舍。設守備一員，督軍五百守之。而灣之人、南北之縉紳、中國四夷朝貢之使、歲漕之將士，下逮商賈販傭，胥恃以無恐。至於京師，亦隱然有犄角之助矣。仰惟國家建都燕薊，百六十年於茲，乃灣之有城，實自世宗遺成之詔始。蓋世宗雄才大略，出於天縱，而訏謨睿算，又得於夙夜計安天下之心，非偶然者。其功在社稷，廟稱爲世，雖未易以名言，然此固其一也。夫覩河洛而思禹，情也，亦義也。今而後登茲城者，於世宗能無思乎？誠使文武吏士體保固郊圻之意，而殫謀以殿封疆。兵之守者，懷據依之便，居處之安，而竭力以奮武衛。其在賓旅，遡周防曲護之恩，而各修厥職以供朝廷之事，則庶幾爲能思世宗矣。階不敏，敢因紀成以規焉。

譚綸《譚襄敏奏議》卷六《再議增設重險以保萬世治安疏》隆慶四年四月十六日

題》准整飭薊州等處邊備兼巡撫順天等府地方都察院右僉都御史劉應節咨：准臣咨，查原會議題准建造敵臺，隆慶三年收到部發銀兩若干，分發各道若干，各造過敵臺若干，支用過若干，存剩若干；四年應造若干，應該請發若干，明白咨報，以憑會題，等因。准經行據整飭密雲兵備參政凌雲翼呈稱：查得隆慶三年，原分領部發銀一萬二千五百兩，春秋兩防各路造過敵臺一百五十五座，每座該銀五十兩，共該銀七千七百五十兩，又加賞過各臺工銀六千一百八十兩，白馬關買石條銀五十兩，未完臺一座已給過銀三十兩，通共用過銀一萬四千一十兩。除前發銀兩支盡外，尚欠未給銀一千五百一十兩，呈蒙軍門批，仰暫於犒賞銀内借支，仍呈撫院查取各道支剩銀兩補庫，依蒙已經借支密雲縣庫貯民兵犒賞銀一千五百一十兩，照數給散外。及查隆慶四年春秋兩防敵臺，共該派造一百五十八座半，每座該銀五十兩，共該銀七千九百二十五兩，造完之日比照見行規則，上上等加賞銀五十兩，上等加賞銀四十兩，銀數難以預定，約計每臺連加賞不下一百兩，共該銀一萬五千八百兩，等因。又據整飭薊州兵備參政楊錦呈稱：查得本道原分領部發銀一萬二千五百兩，本年馬蘭、太平、松棚三路春秋兩防共修過臺一百二十座，給過工料并加賞獎賞不等，共支過銀九千八百一兩二錢二釐五毫二絲，尚存剩銀二千六百九十八兩七錢九分七釐四毫八絲。隆慶四年，兩防大約該修臺一百三十座，約該用銀一萬五千餘兩，等因。又據整飭永平兵備副使楊兆呈稱：本道原分領部發銀一萬二千五百兩，内輕銀一百四十三兩九錢，實收銀一萬二千三百五十六兩一錢。今年春秋兩防，石門、臺頭、燕河三路共修完臺九十二座，支用過銀八千八百三兩四錢九分五釐七毫，支剩見在銀三千五百五十二兩六錢四釐三毫。隆慶四年，春秋兩防以主客兵力計之，亦僅可修造百座，合再發銀一萬兩，連前支剩銀兩凑用，倘或臨期不敷，另行呈請，等因。又據整飭昌平兵備僉事宋守約呈稱：本道所管黄花、居庸、横嶺三路，原議應修敵臺一百六十一座，後又議添二座，共一百六十三座。本年春秋兩防共修完臺一百零五座，尚有未修五十八座。原領部發銀一萬二千五百兩，已支過九千四百二十五兩，尚有存剩銀三千七十五兩。其隆慶四年應造之臺，或止修前議未完之數，或有無加添，未敢定擬，合無將前剩銀兩，聽來春興工支用，候臺數既定，銀兩不敷，臨時另請，等因。據此看得薊、永、昌三道雖各有支剩銀兩，數俱不敷。四年春秋兩防修臺支用密雲道銀兩，支用已盡，尚有借欠之數，合無查照原議，題請再發銀五萬兩前來，酌量分發各道，以備四年兩防修臺應用。如有剩餘，仍候下年凑用，等因。備咨到臣，准此，案照先准户部咨該臣會同巡撫都御史劉應節議，照薊、昌二鎮塞垣延長二千四百餘里，地方綿亘，擺守單薄，共增築墩臺三千座，共費官銀一十五萬，請乞每歲動支内帑五萬兩，解送臣應節處分，仍聽臣等與巡關御史將完過工程備查有無堅固，堪備守禦及各文武大小當事諸臣勤惰之狀，分別奏請，各加賞罰，以示勸懲，等因。題該户部會同兵部議，照薊、昌二鎮，層巒疊嶂，雖稱險阻，但地里遼闊，擺守未免稀疏，若一處之罅隙可乘，則地方之失事豈細，全在督撫官平時設備務極周詳，然後臨事防禦，方爲有賴。所據前項應修墩臺，誠爲保障至計，相應通行，依擬合候命下，每年户部於太倉銀庫動支銀三萬五千兩，兵部於馬價銀内動支一萬五千兩，各差官解送巡撫劉應節處分，發薊、密、永、昌四兵備道收貯。今歲先行給發，以後二年依次解運，聽督撫官嚴督各兵備與各主客將領，酌量官軍多寡，照數分給官銀，責令備料興工。大約每歲一十二路，務要築墩臺一千座，總限三年，通行完結，務要修築堅固如法，足堪保障。每歲督撫臣與各該巡關御史逐一親閲，所築墩臺是否堅固，銀兩有無虚冒。如果堅固並無虚冒，即將效勞員役，分別等第，具奏賞賚。如工程不堅，虚費錢糧，即將經管人員，應提問者提問，應參奏者參奏。處治通候三年工完，仍將築過墩臺，用過銀兩，造册奏繳，青册送部查考，等因。題奉聖旨：「是。這建築墩臺，誠薊昌修守至計，着該鎮督撫嚴督各該兵備等官作速及時興工，務要修築堅固，足堪保障。如或苟完悞事，經管員役，巡關御史指名參究。銀兩依擬以次給發。欽此。」欽遵，備咨前來。臣即通行密、薊、永、昌四兵備道遵照，於巡撫衙門分領部發銀兩，仍行委鎮協總副官分投，會同各兵備官前去各路相度地勢，定立基址，逐一畫圖貼説，酌量緩急，分別先後。查計各該主客官兵，大約以二百五十人修臺一座，照議給發工料、犒賞銀五十兩。及申布造築規條，嚴緊督飭，分委府縣佐貳等官稽覈催督。比各陸續有報完者，臣即會同巡撫都御史劉應節親詣沿邊，逐一閲視，其工程堅固，規制宏偉，較之民間，有五七百金及千金不能成者，所給官銀五十兩，不足以供雇募匠役之費，而効勞官軍曾未霑半毫之賞。遂行從公查驗，定其極於工緻者，列爲上上等，加給犒賞銀五十兩；次爲上等，加給犒賞銀四十兩；次爲中等，雖不逮上上等、上等偉麗，然朴素渾堅，亦遠出原擬制式之上，則加給犒賞銀二十五兩。以故人心鼓舞，争相勉勸。在三年春秋兩防，雖事當創始，時有警報，亦完臺至四百七十二座。已經臣等具題，伏蒙聖明優加恩賚外，所據四年春秋兩防臺工，又經臣等酌量分派。見在興築合用工料、犒賞銀，臣某竊計，上年當有盈餘，故行巡撫劉應節查明，以便請討。今准前因該臣會同整飭薊州等處邊備兼巡撫順天等府地方都察院右僉都御史劉應節議，照原議犒賞銀兩共該一十五萬，以三年爲率，每年該發銀五萬。其在本年似應遵照題准事理，咨行户、兵二部照數請發，無庸别議。而臣等復不能無言者，蓋緣初議薊、昌一十二路增建敵臺三千座，于時誠謂二千四百餘里之邊，不分通馬通步，但於緩處限以一百步、衝處三十五十步而置一臺，即增三千之數，而尚以爲少。後該臣等躬親踏看，分别夷險，計料情形，專扼其通馬之路，則臺數自可減省。又如古北口，原定敵臺一百九十三座，後於桃樹窪建臺五座衡截之，則自潮河川第七寨，西至陳家谷四十餘里之邊，盡不通馬，計可省臺五十餘座。又如松棚路之東西常谷，原定敵臺二十餘座，後於邊外長城嶺建臺三座控扼之，則自潘家口以西三十餘里之邊盡不通馬，計可減臺二十座。如此之類，殆難悉舉。以故，今計一十四路之間，止須建臺一千五百座，可將大舉要路盡行扼塞。此臺數之當議減者一也。初議每年築臺一千座，蓋以舊時墩臺計之，則謂每百人一防可建臺一座耳。今其規制迥異昔時，所資人力五百名，歷三月之久，僅得完臺一座，以兵力計之，每歲兩防僅可完臺三百數十座。至於秋防之際，一聞警報，又當停工休士待戰，故計此一千五百之臺，除上年已完及今春夏共可完一半外，其一半再須限以三年，乃人不告勞，工可畢就。此臺工之當議寬者二也。初議每臺一座，給與工料、犒賞銀五十兩，亦有見於舊日墩臺石不加斲，甃不用甎，灌不用灰，竊謂給此五十兩銀即可圖爲堅久矣。乃不期諸將一聞列等，競求壯麗，礱石磨甎，備極精美，即今沿邊一帶，纍纍貫珠，穹然巍然，甚聳觀視。臣等前後雖加賞銀五十、四十、二十五兩有差，其實不足償其勞費十分之一。且自去秋以來，皆爲上等、上上，無復中等之臺，此犒賞之當議增者三也。如蒙伏乞敕下該部再加查議，將臺數定以一千五百爲率。每年除班軍遊兵原係更番者，春秋兩防依舊並作，其主軍則春防建臺，秋防辦料，或量建數臺；入衛之軍如宣、大，如遼東，除春防照派修建外，今秋量行辦料，以待明春，時和日永，邊報稍寧，量行建築。如延綏、如寧夏固原，自五年爲始，特免修建，庶各以其餘力休息習戰。所完臺座，仍列等加賞，本年犒賞、工料，仍要查發五萬兩，或量減一萬，運發巡撫都御史劉應節處分，發各兵備道支用，待本年工完，通行磨筭，如有餘剩，聽於五年湊用。如此則工可勿亟，人思用命，而邊備爲有裨矣。

徐渭《徐渭集》卷二三《修郡衢記》 紹爲府，領縣者八，東南西三道綰錯而道於他府，號最衝。凡縣若他府有事於紹之府者，輿馬與人，蹄踵如織，雷轢而杵鳴，介然惟一衢乘之，而際府治者爲甚，故其圮也亦易於他衢。圮而霖則沃，不霖則傾，不特病於履，於觀亦陋。今庚午，或有新之之請。當其時，知府事者爲某，判爲某，推爲某，咸以爲比歲方饑，即衢矣，必且勞民；與其勞民，寧陋觀而病履也。而民之輩某某者相與謀曰：「三公明府以勞民而罷衢，即以毋庸於勞民而新衢者請，可得也。」於是某等以其辭請，諸公可之，遂衢。衢成，計府以南止橋，以東止閣之東，踰若干步，爲丈縱者若干，横者若干。計石若干，役工凡若干，銀爲兩者若干。銀所自出，上自閣之大老若卿大夫士，下至庶人，凡若干。出銀之等，多至若干，少亦不下若干。蓋所謂毋庸於勞民而便厥履，新厥觀者也。邑人某記。

高文、高成剛《四川歷代碑刻・張可述・八面山苟王寨修建記》 洪雅號山水區，而八面山在青衣江之南，廣長數里，屹爲巨鎮。凌晨渡江，卓午至苟王寨。才及山腰，後倚懸崖，前臨浚谷，其上置木梯以下云。往余以尚書郎在告，偕龔參軍嵩以探奇，登焉。相與坐崖洞間，見石壁多刻領兵人姓名，乃歲月則宋建炎、嘉熙時也。嘉熙距建炎凡五朝，高、孝亨國又久，以此知南渡後，邑常不靖。而苟王必此中著姓，團聚鄉兵據險拒賊者。參軍曰：「此先人世産也，天陰雨則鬼夜哭。以當時横離鋒鏑、或食盡而斃者多耳！弘治初，居人鑿大士像于壁，遂不復聞。此棟宇則嘉靖初比丘悟公者創構以居也。非遭遇時平主聖，吾與子得有今日之游哉？」嘆息者久之，始去。屈指今十三年，乃復再往，則木梯撤而壁成蹊矣！屋楹增十之五，相好增十之七，榱聯榮接，金爛霞蒸。詢之，皆參軍與鄉人喜施者捐金成之也。參軍又語余曰：「嵩，兹山人也，少負遠志，期自表竪，以貽身後名，庶幾于山之靈無愧焉。卒從卑宦，數月而罷。今老矣，壯心雖降，始願未畢。子嗜毫翰，其記工役勒之石乎！當令異時知有我輩也。」余應之曰：「寧獨君哉！余自束髮擢第，事今皇帝者十有五年。居則華甍，出則結駟，金緋被躬，肥甘足口，叨竊過矣，競無尺寸之效，而被言以歸。方灌園明農，終身丘壑，雖有千里之志，將安所酬？且平生知交，含杯酒笑語一堂者，今或不省記余，而况異世之後哉！兹山片石，即竹帛不啻矣。」因書其始末，而喜施者姓名并列于左方，後之覽者必將有感于斯矣！嘉靖四十三年歲舍甲子十一月長至日，賜進士第、朝列大夫、貴州布政使司右參議、前敕提督兩浙屯政、守尚書兵部職方員外郎、盧村張可述惟孝撰。

程國政《中國古代建築文獻集要》明代卷下册張佳胤《重修獨石三城記》

國家之有宣府，其右肩乎！宣府之有獨石，又不啻北門鎖鑰爲也。當宣德時，薛陽武行障塞，疏言大寧既棄，開平寡援，遂徙開平于獨石。因甃石爲城，草昧之初，未盡地利。正統中，虜數入寇，八城并陷，虜得長驅而有土木之變。則獨石之輕重安危可睹也。

隆慶辛未，大酋款塞，稽顙稱臣，迄今十有五年，邊鄙不聳，桑土豫徹。不穀往撫上谷，酋長滿五大，恃其凶狡，陰嗾婿銀定竊犯雲州諸堡，因而閉關問罪，挾計中阻，乃從張家口悔禍自贖，刑牲而盟，邊事益寧。

不穀乃周行塞垣，小者堡，大者城。崇墉仡仡，櫛比相望。然論要害，孰與獨石？猶之乎薛陽武所肇基也。不穀愀然拊膺，顧巡道僉憲劉公葵而嘆曰：「諸臣經略不遺餘力，何置獨石度外？豈以逼虜而工不易終耶？若失此時，化爲區脱，是大憂也。」相與計度，遂會督府鄭公上疏。其略曰：「臣頓首。陛下不以臣爲不肖，授臣以疆埸。竊見獨石三面鄰虜，僅有半壁店、猫兒峪二堡通南路一綫，爲獨石咽喉。獨石城故卑薄，歲久且有復隍之漸，二堡又皆斥鹵不可恃，今藉威靈，罰制酋首，無敢奸命。三城之役，宜以時舉。若城獨石而棄二堡，不如無城。夫取諸步軍，工食取諸班價，糧廪取諸正餉，期以四年，不徐不亟，可報成事。」疏入，下大司農議，報可。會不穀入貳本兵，泰安蕭公來代。

經始于萬曆十年某月。獨石城長一千三十一丈有奇，砲以石，累以磚。視舊城增一丈二尺，共高三丈五尺。外增敵臺一座，并墻共五十八丈。大小城樓十六座，廳事十八楹。南門楔棹一座。省糧二千五十六石八斗有奇，銀一千五百十二兩八錢。半壁店長一百十七丈，高如之。本堡産石，盡以石易磚，增修大小城樓八座。猫兒峪長二百九十三丈九尺，高如之，增修大小城樓十座。省糧七十九石有奇，銀二百十三兩五錢有奇。以萬曆十二年某月工竣。屈指而工，僅三年也。

報成，疏聞。蒙别有優録。兵憲劉公屬參將麻承勛礱石馳材官檀州以記請。惟兹三城之議，不穀實創之。幸觀厥成，安得無言？

嘗聞春秋重力役，有城必書，有築必書，凡以明不得已爾。邊城爲華夷大防，所謂不可已者，莫大于是。今三城之役，完不俟期，用不盡財。樓櫓雉堞，翬飛鼎峙，闞之家然。獨石，藩籬也，宣府堂皇也，京陵奧室也。一固舉固，謂獨石係天下安危非耶！夫中國而城，外夷所忌。往不穀馳使虜王俺答，則對使者言，爲我謝太師，聞內地亟治邊墻，墻猶堤也，以數千百里計，安能尺寸而固之，一潰皆潰，莫若繕城，城固我虜卒未易破也。不穀心德之。

又聞築三城時，虜酋青把都與其姊太松，咸具牛酒享士。夫虜人以所嘗試者，而授我以要領；以所深忌者，而樂爲之勸事。前代城邊者多矣，以詩書所稱，不穀則未之聞。

猗歟休哉！篳簬藍縷，以啓兹城，實惟諸大夫將軍拮据之力。然非國威震疊，令夷狄革心，恐諸大夫將軍亦無所措手，不穀且有私憂焉。古之言曰：「懷德維寧，宗子維城。」蓋言險不勝德也。今三城城矣，其將以邊事歸城耶？抑將因城以治內也。如城可恃，爲漆爲金，至今安在！又如天以塹之，美山河以固之，南北斗以形之，曾不救于敗亡之數。惟是諸大夫將軍，毋忘文德，洽此武功，則古人所稱申伯良翰，李績長城，不穀誠望之矣！

是役也，制府鄭公洛，始終持議，克壯大猷；中丞蕭公大亨，威懷茂彰，文武用命；兵憲劉公葵，夙夜經營，心力獨勞；故將軍麻公錦，與其子參將承勛，父子戮力，虜畏軍懷；户部郎中趙公以康、韓公取善，先後給餉，鼓舞衆心；其他效忠趨事，不盡紀，别具碑陰。銘曰：

北蔽上都，南引上谷。維石巖巖，而名曰獨。內夏外夷，兹焉綰轂。三城不備，其破若竹。以經以營，乃事版築。閣閣登登，萬堵斯興。一城二堡，爲鼎爲朋。龍門金閣，高厚并稱。在《易》有言，設險守國。衆心成城，天府四塞。大鎮雄圖，屏翰朔北。所恃伊何，武功文德。毋曰來王，弛而不張。龍盾文韔，厹矛鳥章。虎臣糾糾，小戎彭彭。百具孔武，莫之敢侮。石乎千秋，城乎萬古。敬告邊臣，同心報主。

《（康熙）嘉定縣志》卷二二王世貞《寶山堡記》　寶山者何？海堠也。其稱堡者何？志海防也。前文皇之十三年，而平江伯瑄上書言：嘉定南百里而遥，其海多沮洳，不利漕艘，宜哀土若山者以識之。詔曰可。俾以漕卒築，其高爲丈者三十，其方爲丈者百。天子至勒碑以記之。而中貴人和等海舶之收啓亦取標焉。

至萬曆之四年，整飭兵備右參政王公叔杲與副帥都督黃公應甲謀，以其地南距川沙、北距吳淞二鎮，皆五十里而近，吾吳門户也。初有旱寨，兵額四百餘，屬寨廢而徙在故寨左，曰新城。去山十餘里，不足以瞭望；去民家遠，緩急不足以收聚；城隘而出入僅一門，樵採之路，阨守不足以堅。其便毋若依山爲堡，廣其隍，崇其墉，堅其甓，既以北控川沙，而南控吳淞。諸戈船驃姚校尉詣幕府，受約束，分水陸出哨，而寶山之瞭指掌于數百里外，于形勢最便。乃奏記中丞宋公儀望，侍御邵公陛合疏主之，下大司馬議，報可。俾郡丞施君之藩總之城成，而版築陶冶、伐材採石諸瑣屑，則以委百户過聚輩。凡爲歲者再，而工告成。延袤四百九十五丈，爲門四，樓如之，月城三之，敵臺之在角四，樓如之；他敵臺十二，中丞署一，兵備署一，副帥署一，海防丞廳一，練兵廳一，千户所廳一，軍營舍六百五十楹。費金若干，一不以煩民。于是施君記其凡，而命辭于余，俾示永永。余竊惟茲堡爲東南最要害，湯信公之嫻兵修海戍，自越以至燕齊，且百而不及之。至平江伯而始請爲堠。後平江伯以至今百五十年，倭事起，首尾三十載，增戍者又百而不及之。至王公而始請爲鎮，乃今屹然保障矣。君子謂茲役也，真遠猷哉。

《〔乾隆〕江南通志》卷二一王世貞《太平府修城記》 太平，古金陵支邑也。後稍進爲郡，與金陵俱倚天塹而固。自金陵之爲帝者都，而太平之人民田土兵衛，不能當其十之一。然實據其上游，爲之儲胥禦圉而制其命，如古所謂左馮翊者。當天下之割而且合，北不得太平，不可以窺金陵；南不得太平，金陵不可以守。夫以太平之重若此。而自明興二百餘年以來，守土者安於平治之形，而不暇省其城低庳，使弱者憑二尋之衿，不必羽而登也；所甓僅表而毋及裏，陋不容軌，土惡善潰，不必淫霖而隳也。萬曆辛巳、壬午間，莆田林侯來爲守，恤民隱，搜吏弊，興士風，諸所以稱塞守狀良悉。顧以時周行睥睨間而憂之，謂卒有不虞，如柙櫝何？即不較征前人，苟簡及瓜，以俟後之君子，彼復紐我，將縣官何所賴哉？而會治兵使者程公按部來，與林侯筴合，乃上侯議，督撫中丞孫公、江防中丞呂公，巡按侍御陳公得報可，爲具疏聞之上，下大司馬大司徒議，報可，下中丞侍御已，復下程公，程公下侯所與倅陳某、當塗令楊某，規度所增築。爲堞者三千七百六十而贏，其崇二丈三尺而贏，襄垣之崇一丈六尺而贏，厚一丈七尺而贏，週曹爲丈一千六百六十而贏。所改飾爲麗譙者五，爲津關者三，爲戍廬者三百而贏。計直爲中金一萬七千七百九十而縮。謀之帑，不足則請諸郡減卒直八千四百四十餘金，爲之幹。不足，則陳公以千金益之，程公再以千金益之，孫公以五百金益之。又不足，林侯與楊令復率贖鍰千金益之。又不足，則爲勇爵賜級，以勸郡人某某及三千餘金益之。林侯乃率厲其屬，與士卒分功於版築間，蓋不閒歲而城成。以書屬余，俾記其事。余嘗憶《易》曰：「王公設險，以守其國。」未已，而又曰：「重門擊柝，以待暴客，蓋取諸豫。」夫以大聖人而當取卦尚象時，夫豈有暴客之足虞，而制爲重門擊柝？彼所以待暴客，預變之計，周且遠也。故曰：「繻有衣袽，終日戒。」又曰：「其亡其亡，繫於苞桑。」若世宗朝，寧不亦重熙累洽哉？一旦島寇卒起，而大江以南，佳麗之地，其無城者，城而庳且薄者，悉其子女玉帛以餧寇。三里之垣，苟不至隤，老弱荷擔而立，乘高下瞰賊，目飽氣盡而走耳。城之不可以已也如是。今幸臺察、監司諸大夫與林侯合筴而固太平，不至大損縣官帑。雖曰齊民之力，而善用之，説以先民，民忘其勞，咸相率赴事，不歲而成百歲之偉功。且因以爲金陵上游衛，其事豈淺小哉？雖然，所謂有形險也。無形之險在黔首心，林侯固已饒得之矣。請以是風倅令及後之君子，毋忽諸，則永永有賴哉。

高文、高成剛《四川歷代碑刻·劉耀·蜀王睿制天生城碑記》 蜀國古稱天府，據天下上游。主其地者戰則勝，守則固。誠能蓄威昭德，計得志而有餘。自胡騎入躪，逢燧頻仍，殷富之區，鞠爲茂草。予三次提師，兩逐笳聲，出水火而衽席之，漸有起色矣。永曆十年，歲在丙申。聖天子廑宸慮，推轂命余秉鉞專征，剪桐蜀土，爲根本之地。期于水陸分道，力恢陝豫，略定中原。因知義舉仁聞，執訊獲醜，如掃秋葉耳。乃既承寵錫，動須萬全。雖兵民異迹，家室偕情。欲攘外夷，先安内志。務使同仇敵愾者，無還顧之憂，則一鼓而前，士氣百倍。爰相厥宅，暫拔茅連茹以爲根本之計者，謂治國先治家也。從此長驅北伐，直搗黄龍，奏膚功以繪麟閣，期與諸將士指顧計之。因得洪雅城南二十里許，有勝地焉，舊名千秋坪。世傳漢昭烈與武侯會軍于此，雍闓賓服，干羽遂停，此隔岸止戈之名所自來矣。詢之父老，僉如其議。余始單騎登臨，豁然有仰接陽天、俯覽輿圖之慨。壯哉山河，帶礪金湯，無勞鑿築。自非主運昌隆，藩垣峻麗，何以遇此？遽命糾工，布列星拱；公侯衛尉，咸有寧宇。然後草治行營，居中調度，不一月而丹楹崇墉。工既畢，矢諸將士曰：「若輩知予所以營此故乎？往者，漢室式微，昭烈以中山靖王後，賴武侯佐命，君臣同心，共匡漢室，光留史册。余昭烈之胤也。昭烈于漢爲孝子，予于明爲忠臣，祖孫異代忠孝，分任其功。其光于列譜，不更大乎？雖然，武侯盡瘁，適當主少國疑，故壯猷弗竟。今我皇上，惇大英明，春秋鼎盛，風聲所到，前徒倒戈，方之武侯，事半功倍。諸將士奮鷹揚，務取燕雲安廟貌鐘簴而後已！寧拘蜀之一隅，而蜀其根本也。生聚訓練，政實先之。」特于千秋坪，因其不築而金、不鑿而湯者，字之曰「天生城」，用壽諸石，以教天下後世之忠孝者。永曆十一年丁酉仲春劉耀立。

楊博《楊襄毅公奏疏》卷一《議築簡便墩城疏》 臣惟腹裏城堡，固當爲堂室之圖。沿邊墻塹，尤當先門户之計。於是不避艱險，周歷諸隘，以次經略。除一切軍務事宜，各另具題外，復念蠢茲醜虜，擁衆遠來，其志原在搶掠。不遂其欲，不能但已，必然極力攻墻。萬一我兵力竭，一處不支，別墻盡屬無用。如嘉靖二十九年，既過黃榆溝、潮河川，突入密雲、懷柔一帶。但有城堡去處，苦不來攻。至于散居村落，任其殺擄，如入無人之境。事後雖嘗分遣僉事張鐸等修築城堡，於時倉卒舉事，計處未周，總合數村，築一空堡。有相去十餘里者，甚至有二三十里者。堡內既無井泉，理難持久。窮民各有家緣，豈肯輕棄，虜未至而先行收斂，妨廢不貲，虜已至而方行收斂，緩不及事。臣往年巡撫甘肅之時，嘗創爲墩城之法，即如五七家之村，令其近村合力築一小城。周迴止二十八丈，底闊一丈二尺，高連垛口二丈，收頂七尺。於中各築一墩，每座周圍八丈，高連垛口二丈五尺。實臺上蓋房一層，架樓一層，最上蓋天棚一層。此外更有欄馬墻壕二道，近墩又有漫道。將至墩門懸置板橋，防賊循道而上。大村則令其左右夾峙，各築二墩，或四墩六墩。蓋守禦之方，大則爲城，其次則爲堡。城非萬金不能成，堡非千金不能成，惟此墩城，通計不過百金。爲費甚少，隨處可築。大城必須數千人，堡須千人，方能拒守。惟此墩城，十數人可以守。虜少則勢力單弱，料彼不能攻宄；虜多則人馬稠密，懼我乘高擊打。縱使攻破一墩，必先自傷數十百人，所得不足以償其所失，虜必不肯爲之。況我之墩城，隨在皆設，虜勢雖重，豈能一一攻之？不煩收保之勞，坐收障蔽之益，此之謂家自爲守。且賊既入邊，勢必散搶，若各城之中分置步兵與土人相兼按伏，俟有零騎到墩，邀而擊之，自然可以成功。此之謂人自爲戰。先年大舉達虜嘗犯涼州，彼時墩城告完。臣適在彼調度，既無毫毛疎失，且有斬獲微功。是乃明效大驗。臣今奉命月餘，所過州縣見其閭里蕭條，財匱民勞，以故不敢輕率建議。徐而思之，利害有輕重，關係有大小。土木之害，較之搶殺爲小；殘破之患，比之勞費爲大。若使得人，綜理激勸有方，是雖不可慮始之民，亦當翕然感動。近日民間苦虜侵暴，亦有自爲之者，但與臣之規制少異。一二豪強之徒，又爲其私築，因而挾制，臣切痛之。如蒙乞勑兵部計議，如果相應，容臣畫一圖式，責成都御史吳嘉會、艾希淳、王輪，督同兵備及府州縣等官，將薊、保二鎮地方，審時度勢，不限以時，不拘以地，勸民以次修築。不宜過於嚴急，反致騷動。沿邊去處，就行總兵徐珏、成勳、張琮一體整理。中間或有土脉疎鹻，不堪修築，必須多用磚石包砌以圖經久，難以惜費。其昌平、懷柔、順義、密雲、三平谷曾經被虜州縣，仍乞不爲常例，量發官銀三四萬兩。如內帑不便，或于真、順等府解到民夫銀內，准其如數動支。聽吳嘉會、王輪審其人力果有十分不能自處者，量爲補助，以仰副我皇上日勤宵旰、愛護元元之意。然此雖有小費，果得民命曲全，比之調發客兵，日費千金，無益有損者萬萬不侔。臣無任懇切覬望之至。

《〔咸豐〕安順府志》卷四七閃繼迪《創建十一城碑記》 漢瀘之不行於黔也，非治黔而廢瀘不用，黔固未可以漢瀘治也。萬山林立，鋭首異軀，怪石猙獰，狼奔虎視，箭簇鎗攢，散無統紀。又山肥水瘠，剛柔數觭，逐隊東馳，環繞不定，生理窘蹙，而衣食以禦人，倘亦其形局使然。故初未嘗不鋭意殲洗，後迺不勝犯，不勝誅，何也？聚則抨弓露刀，怒爪磨牙；散則牧犢飲羊，鋤犂胼胝，皆吾人也。又或郊關之外，毒箐巉崖，我不得而至焉，囊篋腰纏，委之而去，倖以身免，歷險衝危，踉蹌呼籲，官兵疾馳，踪影滅没。甚者緊關阨要，伏奔鴟張，往往失利而返。是故始於剥商，近則目無官長；始於攫貨，近則人茹慘辱；何忍言也。蓋寨苗以水西爲頭額，水西以寨苗爲爪牙。反賊熾，則截路之寇滋；孔道迷，則中國之援絶。威清以南，跫然聲斷。滇之宦於四方，與四方之宦滇者，率北道建昌，南假交趾，冒瘴癘，經歲年而後達。文軌之世，頓若異域者，六七年矣。朱同人大參奉命監安普軍，蒙茸荆棘，重開一線，厥功綦偉。於是相地勢，酌遠近，創義建城者十有一座。則盤江、西坡、板橋、海子、馬場，諸要害地，皆蠻苗所據盤，而受指顧於水西者。諸城建則宿兵其中，出可攻，入可守，行李往來，收保足恃。且於地之中界，壘石爲樓，名曰望高。急則樹幟鳴金，連珠營可合併邀擊。賊乃不能施其飄風疾雨之故智，而我無深入覆敗之虞，聲應脉合，勢如臂指，蓋不血刃而盜賊止息。威清、鴨池間，水西賊無復有獷而飲馬者。閱二年，而安邦彦授首，餘孽惴惴請降矣。是故彼一時也，生理窮於山川，往來窮於盜賊，黔幾不可爲矣。公講求長策，嘔心竭智，用能使山澤祟消，光耀闇曶，寬然戴履，無致遺造物之憾。然則黔又何不可爲之有？甚矣，公之治黔，而長於任事也。藉使蚤得任事如公者，何至百餘年羣盜狎處！又何至燧煽水西，禍中全黔，而滇受其敝，加楚餉，請內帑，捐朝廷金錢千百萬者，且十餘禩於此也。公爲政好從塞處求通，糾結處作解。是役也，與盤江鐵橋並出人意表，肇工在天啓六年丙寅六月，迨崇禎四年辛未五月而城成。戍樓官廨，廟貌市廛，井井具備。費取諸節餉捐廩，役取諸營兵，董役取諸將領。無躊躇搜括之苦，無誅求侵尅之弊。崇墉相望，所在金湯。疏聞，天子嘉其勞績，更下大司馬覆議，錫之令名：盤江曰連雲，西坡曰有嘉，板橋曰靖氛，海子曰恬波，馬場曰奏膚。以上蒙賜名者五。又於歸集小黃河建龍新城，亦資孔建亦資孔城，頂站建鼎新城，定頭建定邊城，尾灑建維藩城，阿機建石基城。次第告成，共建十一座。蛇嗔豕突之區，霾霧昏慘，嚮所聚族不敢前。恫疑駴却者，一旦雉堞言言，旌旗金鼓，遠邇相屬，負販絡繹，烟火湊集。又重以欽名，規制赫然重已。不佞維君子之仕也，既已圭組，專制一方，庶幾利害便宜。是故裴行儉之碎葉，張仁愿之受降，遂使西域漢南，邊患頓絕。作法自我，安得謂古今之不相及也。

王士翹《西關志・居庸》卷六《添設墩堡疏》 巡按直隸監察御史臣孫元謹題，爲添設墩堡事。奉都察院勘合劄付前事，准兵部咨，該本部題，職方清吏司案呈，奉本部送兵科抄出，經畧東西二路邊關都察院左副都御史李瓚題，准兵部咨，奉欽依。議得居庸關東西二路外通宣府、懷來等處，最爲緊要。今欲添立墩堡，撥軍防守，必須專差大臣一員，親詣地方勘處等因。題奉武宗皇帝聖旨：「著李瓚去居庸、山海關東西二路直抵京師併北直隸，有空缺寬遠地方添設墩堡，寫勑與他。欽此。」欽遵。臣領勑前到居庸關，督同分守、守備等官親詣前項地方，勘得本關西路高崖口，內通橫嶺，地名灰嶺、上常峪，外接懷來，所轄隘口共一十二處，平川曠野，萬馬可容，曾經達賊往來出沒，正係空缺寬遠地方，應該添設堡城，可以抗扼虜患。其合用錢糧、鐵料、做工軍人口糧等項，節該題奉欽依，臣當調集本關所屬軍士與同京營旗軍行委指揮、通判等官李時節等四十八員管領興工。灰嶺城用過夫役二十八萬五千四百四十工。支過口糧二千五百七十一石二斗五升。修完城堡一座，周圍六百八十丈，高一丈八尺，闊一丈八尺，垛口俱全。穿完井四眼，深各一十八丈。起蓋過城樓、舖舍、營房共四百三十一間。上常峪城用過夫役一十一萬一千五百六十工。支過口糧一千六百七十二石四斗。修完堡城一座，周圍三百八十丈，高一丈八尺，闊一丈六尺，垛口俱全。穿完井二眼，深各五丈五尺。起蓋過城樓、舖舍、營房共一百三十七間。護城堡二座。將灰嶺口所築城名爲鎮邊城，上常峪所築城名爲上常峪城。及查居庸關中、東、西三路各有官軍防守，中東二路仍舊，其西路除白羊、橫嶺二口官軍不動外，高崖等二十七口官軍盡數掣入上常峪城。如或不足，就於本關撥補。灰嶺城防守官軍無從摘撥，有情願投當者陸續召募，收充軍役。食糧仍各給與子粒，牛具銀五兩，營房一間。仍於直隸隆慶衛中千户所摘撥千、百户前來，名爲隆慶衛守禦中千户所。合用印信、官吏，照例定奪。再行刑部、都察院等衙門，但有充軍人犯，俱編發灰嶺城充軍。及將守備指揮王駐移在灰嶺城住劄，管領本堡併白羊口、上常峪二堡及高崖等二十七口。官軍照舊守備內白羊口、上常峪二堡。將隆慶衛指揮同知王堂、僉事張奇、把總各統領本處官軍。該衛中千户所副千户張翼委掌守禦中千户所印信，王堂、張奇各給與劄付一道，與王駐俱在各口住劄，仍聽居庸關內外分守官節制。又差知縣等官關祺等踏勘過高崖等口空閒山地共一百七十餘頃，將前地土分派灰嶺、上常峪二堡併橫嶺口軍人，每名撥與三十畝耕種。其守備、指揮、千、百户等官亦各量撥養廉，合用盔甲什物併神鎗、銃砲，乞勑工部查給。又查得居庸關三路軍人每名每月行糧裏口四斗，外口三斗，相應查革，以爲新收軍人月糧之用。前項召軍銀兩，就於修邊餘剩銀內支給。一應事宜，行巡關御史查照督理，禁革姦弊，事完之日，具奏查考等因。奏奉武宗皇帝聖旨：「該部看了來説。欽此。」欽遵，抄出送司，案呈到部。看得都御史李瓚修築城堡已完，議處停當，伏乞聖裁，定立灰嶺口併上常峪二處城名，俟命下之日，將前項議奏事宜，悉依所擬施行。惟設立守禦千户所，要將千户張翼掌印一節，本部查有潮河川千户所事例，另於京衛相應官內推奏銓註。再照先年差官修邊工完，多蒙陞俸給賞。前項侍即陳玉等修邊工完，已蒙陞俸加賞。今都御史李瓚修完堡城二座，營房五百六十餘間，穿井六眼，區畫有方，工成費省，近京關口足資保障，勞蹟可録。再行巡關御史，將本官修過工程，行過事跡逐一閱視具奏，本部查例奏請應否陞俸給賞，取自上裁等因。題奉聖旨：「是二處城名併議奏事宜都依擬行。欽此。」欽遵，移咨備劄到臣。臣奉命巡關，各關邊隘俱嘗巡歷。灰嶺、上常峪二處內通橫嶺，外接懷來，實爲緊要。都御史李瓚深知邊務，議建堡城，區畫精詳，經理周密，財不多費而事有成，軍不久勞而工就緒。設官皆仍舊額，不至大有更張；募軍即減行糧，未嘗浪爲支給。法多穩便，事甚調停。內以保障軍民，外以禦防虜患，一勞久逸，暫費永寧。且遠涉邊關，久閱寒暑，可謂盡心邊事，不負簡命者也。臣奉前因遵依，到於居庸關，親詣鎮邊城、上常峪城二處閱視，得都御史李瓚修過城堡、營房、穿井工程及召軍給地等項事宜委的完固周詳，事堪經久，勞實可録。乞勅該部查議，將都御史李瓚或陞以俸級，或加以錫賞，則盡心邊事者亦知有所勸矣。

王士翹《西關志·故關》卷七姚守誠《大嶺口設險記》 天下雖安，忘備必危。是以明哲防患於未形，聖人履平而思陂。《易》言守國，《詩》戒不虞，良有以也。嘉靖庚子，北虜大舉寇雲中，越年則抵太原，剽掠益甚，民人患苦。雖主上命將出師驅逐境外，然豺狼無厭，覬覦叵測。時都憲東阿劉公，深爲此懼。以畿内距太原伊邇，中據太行爲之藩籬，而山麓關隘所當設險者無慮百數。其在順德屬邑沙河，有若黄背諸岩曲徑微竇，不豫爲備，如虜騎潛入，將曷禦諸。迺協謀大巡殷公計畫周悉，上其事於天子，下令郡守王侯主其事。二守郭侯督其役，聚材鳩工次第而舉，繚垣墉，建箭樓，設門鍵，樹墩臺，其輪工食、監夫匠則照磨曹永和、知縣王進禄、典史高文咸有勞焉，而文爲最。經始於嘉靖辛丑之冬，落成於明年壬寅之夏，金石土木之制秩如也。夫墩臺樹則烽燧可以招救援，門鍵設則奸宄無以投其隙，箭樓建則威武可以伏莽戎，垣墉繚則黎庶得以奠厥居。矧保甲之法，忠勇之選，器械之利，凡中國之所謂長技者，罔不纖悉備具。進可以攻，退可以守，彼雖有武騎千群，無所用矣。蠢爾醜虜，詎敢仇大邦哉。《詩》不云乎：「迨天之未陰雨，徹彼桑土，綢繆牖户。今此下民，或敢侮予。」此之謂也。因記之以彰國威，以先聲於北虜云。

王士翹《西關志·故關》卷七王朝賢《邢州西山關隘建修碑記》 古邢州，今爲順德府。城西百里崇山，即太行之支。巒嶂起伏蟠擁，削壁插空，巃嵸崒嵂，北拱燕雲，南連關陝，違沙漠之窟千里强半，隱然爲畿甸巨障。嘉靖辛丑，狄人入寇，陵轢山右，至圍太原，逼井陘，恒襄震動，謂其與接壤也。無何，虜還，雖邊關險塞、兵帥忠勇可恃，然而醜虜無厭，是故履霜之戒，桑土之徹，譬諸門墻堂寢，扃户鍵鑰，内外遠近，當無弗備。維時都憲東阿劉公，經畧三關六郡，相度山麓承平歲久，關隘漸爲通衢。其谿徑又爲樵牧商旅所開，皆納夷之間道也。迺鋭意建修，協諸巡察侍御殷公仰遵明旨，分檄府屬各理屬地，謂朝賢曰：「中丘以南，洺河以北，維邢藩籬。汝計材、徵役、遴官，汝惟勤。」謂同知曰：「汝專厥務。」謂通判、推官曰：「汝諧其猷。」於是通府張君秉義、節推周君怡、姚君汝籽先後贊襄，同府郭君從道尤殫心力，親歷險阻，得屬吏勤慎者若干人，分統九邑夫匠。廬居野處，隨山刊木，灰石甃礪取足於山，記公帑之費，僅十之一二。其規模控制，崇卑疎密之宜，悉郭君圖授指示。戾役者罰，勞力者犒。每隘築城，每城建樓，中設重門，以嚴啓閉。傍列營房，以便直宿。樹墩堡以備瞭望。繚垣墉以防越度。爲關通行者六，爲垣塞隘者二十有二，扁於關額曰「邢州外翰」，「馬嶺重關」曰「鶴度仙踪」、「黄榆古道」、「大嶺連雲」，曰「黄背蒼巖」，曰「神開地險」、「聖作風清」。事竣，屬朝賢爲文以記。余惟經曰：「天險不可升也，地險山川丘陵也。」又曰：「懷德維寧，宗子維城。」人和地利，實難偏廢。是故簡驍捷，時練習，除戎器，峙糗糒，積芻茭，在郡國弗可少弛。五者備，先之以教養之德，隱瘼之恤，以作其忠勇之氣而後克濟。昔者，越圖吴，令於國中，婚嫁喪葬，耕維孳牧，綏愛誨利周至，然後一鼓而舉全吴。否則，其誰與共功。諸君幸相與勗之，以不負九重守土之責，監使督委之勤，受若直無怠若事之理。僉曰：「罔弗允迪。」兹役也，險要之甚，工費之殷，無踰馬嶺，因勒石於斯，使續官者有取焉。覽而相與永圖之，損者葺，缺者補，庶幾靖共之意可期於無窮也。

王士翹《西關志·故關》卷七吴相《鶴度嶺邊城記》 距邑百七十里，崇巒挺崿，嶺名鶴度。蓬山故郡，險要也。古未以城聞。自嘉靖辛丑秋，虜賊深入山右，爲害甚酷。兵憲張公恐，肇倡兹議，豫險以障東方，致允當道。壬寅暮春，侯遂徵役於兹，鳩工飭材，經始誥洽。長可五十丈許，厚可二丈許，高可二丈五尺許，更約以垛口五尺，計三丈也。維時挈綱維以觀厥成者，郡太守太康王公也。躬督理播民和者，二守關中郭公也。中丘令尹杜公亦咸勤濟若事之官。其初也，厥民以蹊徑崛崎，若水、若土、若瓦木皆懸負數里，寔苦焉，不樂於趨，若莫終事。郭公因涕泣徧諭云：當道蓋爲衆藩垣謀，故峻此要害耳。豈於汝畜毒乃多，庶漸自領解始畫一，丕作盡力以從誥治，夏五月告厥成功。城有樓，樓下有門，門有勒石曰鶴度仙踪，蓋謂巖巖巉聳，上干翠霞，下籠丹壑，蒼然一鶴馭冲舉仙落也。夫此亦人跡罕到險莫踰矣。復增是建立以威此險，更僉以守卒，則崔嵬千仞之上，隱然虎豹據之險。匪謂徒且南抵夫子岩，北際沙烟里，量工命日，山蹊俱塞，是雖韃虜善馬，虜馬能山，鮮不自此還，部將飛度吾東方耶。用民力少，爲民計長，紀成若微，垂祐可大，廢時無多，備禦可久。所謂險其走集，捍城其民，而恒寧諒底之矣。王公設險守國之遺意，時諸公有焉，因合記之碑，以傳不朽。

王士翹《西關志·倒馬關》卷七侯英《建倒馬關城記》 倒馬北連飛狐、南擁鎮陽，控扼華夷，誠中原雄關也。國初惟設巡檢司，未遑命將守之。正統己巳，北虜犯邊，朝廷憂之，乃命内臣盧公義、都督劉公聚、參將顔公彪、都指揮陳公友握兵來戍，咸謂關城狹隘難以屯軍，將謀徙，乃隨山相宅，抵關東南三里奇，名曰桑園，地形高平，山阜漸遠，遂卜焉。既而都憲彭公誼、都閫戎公亨、趙公瑄後先區畫，板築土垣。天順丁丑歲，彭、戎、趙俱回京，厥後守備紫荆關都指揮左公能，相代兼督，因土城圮於風雨，非經久計，謀諸阮公，會監察御史張公海欲環砌以磚，由是揣高低，度厚薄，議遠邇，量事期，慮材用，輸糇糧，督工趨事，工未畢，亦各回。天順甲申歲，以斯關爲王畿右掖，故俾都帥王公信來守，威惠大行，百廢咸舉，毅然以建斯城爲己任，親董其役，人踴躍自效，若子弟趨父兄事然。成化紀元春三月落成，建城門有三，東西北各一焉。門上有樓，如其門之數，南則門與樓俱缺焉。城中通衢搠坊牌四：東曰居仁，西曰由義，宣威其北，振武其南也。衢之此搠，政府以出，今府之左則察院，以實按邊，憲臣也。衢之西北搠祠以奉神，祠之西則公館，以延往來賢士也。是以公宇翬飛，照耀丹碧，雉堞環繚，隱約敝虧。既補帑藏廩庾之類，靡不以次告完，公乃捐俸礱石，請予記之。予自按邊，行部所過，關城勝槩，覽其一二。若茲城之西，有水曰唐河，自關迤邐而來，環繞城北，復轉而南向，則城之東也。南則隨山峯巔剷削爲城，三面距河，有碧流清湍，映帶左右，南面對山，多浮嵐飄翠，布列上下，其氣象萬千，不可名狀。真能捍禦胡騎，而屏翰王室矣。諸葛武侯有曰：治世以大德，不以小惠。若斯城之建，其可謂上昭聖天子威德，下爲斯人立命者乎。威振遠人，功垂社稷，迨與斯城咸休於無窮矣。是爲記。

王士翹《西關志・紫荆》卷六朱希忠《周邊防以禦虜患疏》 巡按直隸監察御史臣袁鳳鳴謹題，爲周邊防以禦虜患事。行據易州兵備副使陳俎、天津兵備副使朱鴻漸、井陘兵備副使王崇、大名兵備副使喬瑞各呈，將保定、河間、真定、大名、廣平、順德六府所屬州縣，共雇募民夫四萬六百八十九名，匠作四千九百三十七名，脩完紫荆等關沿邊一帶正城共長一萬二千七百五丈三尺，稍牆九千八百七十四丈二尺，女牆一百八十五丈，泥頭牆九百六丈，夾道雙城五十丈，垛口三萬四千九百六十九箇，剷削七千九百七十三丈八尺，壕塹一百九十七丈，攔馬牆八百八丈，攔水堤五丈七尺，垛塞一十四丈二尺，石牆二丈，敵臺一百九十座，墩臺一百六十五座，石臺三座，敵樓二座，窩鋪九百二十二箇，城門樓房六間，城門三座，水門一十四座，營房官廳一百九十間，水槽三百八十九箇，鐵裹門一座，攔馬鐵索二條，城墩小房九十五間，郛頭十座。添脩長橋長嶺等處正城一千二百六十二丈，墩臺二座，敵臺一十四座，每座上蓋房三間，共用過工食等銀三萬九千六百一十六兩八錢八分五釐，粟米二千一百八十六石八斗三升，粟穀一千三百三石二斗二合，各數口併委官職名造册繳報到臣。據此，案照嘉靖二十四年二月十六日奉都察院勘劄准兵部咨，該巡撫都御史鄭重、巡按直隸監察御史楊本深、胡汝輔、黄洪毗各會同條陳八事內一款，邊關一帶路徑甚多，防守不足，而虜之突入多不於溝澗而於岡嶺，不於正口而於間道，故修治之法有二：一曰剷削偏坡，一曰修築墩牆。剷削舊規俱於山脚施功，山脚多土，一時雖易爲功，而水衝人踐未幾即就平漫，須於山脊近頂處用石工鑿石，除原係峻壁不可攀援外，除非壁立處俱鑿石高一丈，延袤一帶皆成峻壁，則人馬自不可越。北惟居庸有此剷削，而紫荆迤西皆無之，固可按而爲也。山脊既有偏坡，則山頂方可據守。除絶險天成處外，餘如上連岡阜、傍接隘口、下臨溝澗處，背築稍牆一道，五十步設敵臺一座，稍牆上砌垛口，下剷平地，使人可住立，以發矢石，敵臺上蓋小房三間，使人可依藉，以避風雨，以儲器械，以謹瞭望，各隘口正城低薄者增高加厚，緊要隘口未有周垣者築城一周，以居官軍於其中，懼賊之佚入而反攻也。然此所費當不貲，臣查所屬庫藏空虛，無可動支，地方災傷，勢難復派於民，乞勑該部議照宣、大、山西修邊事例，多發銀數萬兩，以濟此大工。其工匠量工雇募民匠，起集民夫，與常守調守軍民相兼興作，仍委各州縣賢能正官計度督責，務要堅固，用垂久遠，則金湯之勢成矣，等因。題奉聖旨：「該部知道，欽此。」該本部覆議移咨户部，題奉欽依，於太倉銀庫量發銀二萬兩，備咨前巡撫都御史鄭重差官給文領回，酌量分發各府與州縣積貯，贓罰銀兩米穀相兼支用，雇募夫匠，選委各屬正佐等官，各照派定工程分投督併，及令防守軍夫採柴積石燒灰，協同修築，去後。今據繳到，除覆查相同該臣巡視一年滿日，例應一併造册奏繳外，今臣會同巡撫保定等府地方兼提督紫荆等關都察院右僉都御史蘇祐議得紫荆等關，內屏京師，外連宣、大，延袤六七百里，緊要隘口亦百有餘處，但山形糾紛，頗難防禦，故黠虜窺伺，大肆憑陵。適今依形據勝，修築牆垣，剷削壕塹，堵塞間道，增蓋營房，官軍有所依憑，庶幾可備戰守。然甫及半載，工用報完，所據建議者始當籌畫之難，而督工者各著勤事之効，亦宜分別以示懲勸。除各州縣違慢等官隨時提問戒飭，及各掌印義散等官雖頗効勤，難以別處者，行□各該府州縣以禮奬勸，俱不開外，查得易州兵備副使陳俎、井陘兵備副使王崇、天津兵備副使朱鴻漸、大名兵備副使喬瑞，分工畫制各符建築之宜，而王崇、喬瑞會議工程尤著賢勞之績，似宜各照年資量加擢用者也。廣平府通判張倌入事邊關，親履危險，總理諸關工作，終始不隳，稽查六府錢糧，出納詳慎，盡心王事，宜以優論，所當量加陞賞者也。保定府通判左翼，真定府通判武宣，廣平府通判田雲，真定府同知今丁憂孫𡎚，各照派定工程而督率先分攝一府事宜，而料理極當，保定府通判今致仕張佑，河間府通判今陞真定府同知畢鸞，順德府通判李天倫督未完之工，而勤苦亦瘁，役久憊之民而駕馭尤難之數臣者，所當宜加賞賚，以酬其勞者。及照前巡撫今回籍聽調都御史鄭重分工創始，區畫悉心，勞亦難哉。如蒙乞勑兵部查議，上請施行，庶工程有稽，而臣工有勸矣。

王士翹《西關志・居庸》卷七彭時濟《遵奉聖諭疏》　巡按直隸監察御史臣王應謹題，爲遵奉聖諭事。據整飭密雲等處兵備山東按察司副使陳嘉言呈，蒙臣併整飭薊州等處邊備兼巡撫順天等府地方都察院右副都御史党以平、巡按直隸監察御史景溱、謝九儀會案，行據委官裕陵衛指揮使周錦、昌平州判官孫莒呈，依蒙親詣沙嶺兒等處，丈勘得鑽闊口攔墻一道，東西長一十三丈，高一丈二尺，闊厚根址二丈，收頂一丈五尺，該用泥水匠二百六十工，石灰二十六萬斤；大沙嶺口攔墻一道，東西長三丈，溝深七尺，長一丈五尺，橫闊填平二丈五尺，上墻長三丈，高一丈五尺，根址闊厚二丈，收頂一丈五尺，該用泥水匠九十一工，石灰九萬五千二百斤；西偏坡攔墻長二十丈，高七尺，闊厚一丈，收頂七尺，該用泥水匠二百工，石灰一萬四千斤；小沙嶺口二處，東西攔墻二道，共長一十二丈，俱高一丈，闊厚一丈，收頂七尺，該用泥水匠一百四十四工，石灰一十萬二千斤。通共泥水匠六百九十五工，每工工食銀八分，共銀五十五兩六錢；石灰四十七萬一千二百斤，每百斤價銀八分，共銀三百七十六兩九錢六分；通共該銀四百三十二兩五錢六分。內有礙樹，鑽闊口四株，大沙嶺口三株，小沙嶺口五株，相應砍伐等因。又據總理紫荆關等處兵備山西按察司副使於敖呈，蒙臣等案驗，行據保定府易州判官衛綸呈，會同居庸關分守署都指揮僉事徐珏親詣灰嶺口，估計得厚舊敵樓一間，今議改修歇山、轉角、兩滴水敵樓三間，東西長六丈，南北闊四丈，中以灰石，外俱磚包。舊城一道，長四十五丈，高一丈二尺，今增八尺，共高二丈，原根脚厚一丈五尺，今增五尺，共厚二丈，結頂一丈，上加女墻，高六尺，厚二尺，亦用磚灰壘砌。門用鐵裹。墻下水門一座，高八尺，闊一丈，門扇亦用鐵裹。除合用磚、灰撥軍燒造，及匠作工食照日支給，未敢預定外，買辦木梢等件合用銀二百五十兩二錢七分三釐。其做工人夫動調本關軍餘，每班四百名，輪流修理。合用土石就彼取用。干礙雜樹共一百一十株，相應砍伐，以便展修。原設守把軍士十名不敷應用，應於各口摘添九十名，新舊共一百名守把，其守口官員候工程完備，另行呈報等因，各轉呈到臣。案照先准兵部咨。該本部題，天壽山乃祖宗陵寢重地，但沙嶺等處通行徑路未曾堵截，誠恐愚下細民私竊往來，不無蹂踐瀆慢。灰嶺口等處敵樓一間，墻垣低薄，尤當改置以嚴關防。合候命下，移咨巡撫順天等處都御史党以平，會同巡按巡關御史督同內外守備等官親詣前項地方，相度險隘，量撥軍役，尅期興工；即將敵樓改造三間，使規模壯偉，墻垣堅厚。沙嶺等處修砌堵塞，不許私開。仍查照守口事例，撥軍防守，就於七陵選委能幹指揮一員，常川巡視等因。題奉聖旨：「這修塞隘口事宜都依擬行。便選委能幹官員常川巡視，不許人私竊往來。欽此。」欽遵。備劄到臣。已經會同整飭薊州等處邊備兼巡撫順天等府地方都察院右副都御史党以平、巡按直隸監察御史景溱、謝九儀督同兵備副使陳嘉言、于敖併守備周麟等親詣前項地方，相度得山陵道路與黃花鎮相通者二處：東則沙嶺兒至黑山寨等處，係私開徑路，屬天壽山守備所轄，往來踐瀆，委應寨堵；西則灰嶺口由門家峪等處，係官開大路，設有關堡、墩臺以隄防虜患、拱護陵寢，屬居庸關分守所轄。其巡邏山場仍該天壽山守備職掌，蓋所謂犬牙相制之意也。其敵樓一間，無以壯聳觀瞻，委應加修。城墻併水門俱卑隘損壞，亦宜量爲修整。原額軍十名，委不敷用，相應增添以備把守。及勘得各處俱有干礙樹株，應該砍伐。又經會行各官逐一查議估計去後。今據前因，臣等議照前項修塞隘口，凡以培固王氣，奠安陵寢，關係重大。修理固貴於堅久，而處置尤貴於周詳。既該各官查估明白，臣等欲照所擬丈尺、規模、堵塞、修理合用工食物料，沙嶺等處者於薊州等處官庫無礙官錢，灰嶺口者於隆慶衛等處贓罰銀內，各支取買辦。沙嶺等處撥七陵巡邏下班官軍、行委指揮周錦、判官孫莒，灰嶺口撥居庸關軍餘、行委指揮聶臣、判官衛綸各管理修塞。守備周麟、分守徐珏各往來監視。副使陳嘉言、於敖各照地方總理催督。務要工程堅固，規模壯偉，足以仰稱我皇上崇重陵寢至意。工完之日，臣等仍會同將沙嶺等處，於七陵選委能幹指揮一員，往來巡視，不許私開行走。灰嶺口再量添軍士五十名，連舊共六十名，於隆慶衛選委能幹指揮一員，專一在彼收掌鎖鑰，慎固防守。除天壽山官軍往來巡邏及黃花鎮傳報聲息，一應公差等項，聽其驗實出入，再不許縱容一人私竊往來，違者俱聽臣等查實參究。卜日興工間，緣據各官呈開，沙嶺等處應該砍伐樹一百一十二株，灰嶺口應該砍伐樹一百一十株。先該臣等會看得前樹皆土名不落木，高者不過尋丈，小者僅至拱把，既遠陵寢，委礙修塞，俱應砍伐；但係陵山樹木，未敢輕易。如蒙乞勅該部查議，合無將前項有礙樹株容臣等行令委官砍伐，以便修塞，其樹木就於修理應用。惟復別有定奪。

《〔康熙〕沔陽州志》卷一八王極《沔陽修城碑記》 沔城雖僻處一隅，然以郿阨爲屏蔽，襄郢爲門户，襟江帶漢，固屹然荆西一雄鎮也。國初爲直隸州，與十五郡等。迨肅皇帝起石城，而沔遂屬焉。其重則湯沐邑，其尊則股肱郡，較漢、晉而下，遞封公侯爵土，差爲勝之。邇者，甘泉烽火，外逼夷患，潢池弄兵，内苦流氛，而三楚之剥膚更甚。天子焦勞，屢以修練儲備四事，勤諭守令。乃自畿輔以暨各省，或苦殘破，或苦災荒，有應有不應，而詔旨之加督轉嚴。況吾沔適震鄰于郢、鄧、黄、鄖之諸寇，城垣修備爲守兹土者第一義。自承平習玩，頹垣圮壞，幾夷于塹。榣翳不剪，峻削失常，跛羊堪牧其上矣。識者慮之。郡侯章公崇禎十一年十月蒞任，不數月而政通民和，百廢俱興。十二年春，遽謀之紳衿耆老，慨然以增修城守爲急。蓋深有合于修練儲備之旨，上衛國，下庇民，徹桑遠侮。夫豈小補云乎哉！首捐俸爲士民倡，一切磚石瓦甓、土木材稍、工力匠作，咄嗟而辦，人咸驚爲霹靂手。邇時募贊董君敦其事，又潔己奉公，不遺餘力，是以子來恐後，而功成俄頃。從來役大費繁未有告成若此之速者。自是仁風樓仍遺舊址，小東門樓櫓聿新。凡建興、楚望、仁風、南紀四門，先是風伯損壞、祝融灰燼者，靡不次第補葺，塗之丹雘，焕然改觀。每五十垛建一窩，鈴鐸相聞。每十垛樹一杆，旌旗相望。内視則粉堞百雉，外視則金墉萬仞，真巍然江漢間一大保障也。非公明以鳩之，悦以使之，斷以成之，曷克有濟乎！且修不獨在一城也，嚴保甲，訓鄉兵，則修而練矣。積糧餉，貯火器，則儲而備矣。一事而兼舉四事，于地方爲勞，于吏治爲能，于士民爲德，于朝廷爲忠。即南仲之城朔方，仲山甫之城東國，何以加焉！王荆公曰：有其患而無其具，有其具而守之非其人，而治之無其法，得以久存而無敢者，未之前聞。今修練儲備，四事畢舉，豈云無具；剛毅惠和，神君慈母，豈云非人；區畫精當，大而可久，豈云無法。今而後，恃以不恐。殘黎獲有寧宇，公之功德，萬世永賴矣。釜魚阱獸，又胡窺伺之足慮哉？修城本末，不可不述之，以告後來之守兹土者。是宜有記，并鐫之石，以志不朽云。

《〔康熙〕常州府志》卷三四張汝華《靖江縣造縣歲月記》 楊子江中有地曰馬馱沙。蓋江源萬里，數道之水，一滙而注於海，至是海近，潮勢湯湯，江闊數倍，水岐而復合，中積成沙洲，適居水之中央。東西可五十里，南北可二十里，居民版籍五十有五，歲徵糧斛二萬五千嬴，舊隸常之江陰。成化辛卯，巡撫大臣以周圍風波不時，居民往來舟楫阽危，奏准開設靖江縣于沙之東土城，除授縣學正佐等官。汝華於是年十一月廿八日來任。維時土城内皆麥隴，高低溝洲，衡縮只有耕氓草屋四五區而已。姑即氓屋視事，相地潔基，召匠估計，維闢草廠於城之北隅，移居之，以便督役。越明年壬辰春二月十八日甲寅，梓工戒始。五月廿四日庚申，竪縣堂。秋七月十七日壬子，竪學宫。又明年癸巳夏四月十九日己卯，竪察院、總舖。秋八月三日壬戌，竪城隍神廟。冬十一月二十日丁未，竪公舘及迎接亭、倉廒。十二月初六日壬戌，營各壇。又再明年，甲午仲冬，始行文廟釋奠禮及壇祀。三月廿七日壬子，竪各齋房及存恤院。至冬十月十三日辛未，濬河修城。十一月廿一日癸酉，厥工告成。計房屋大小二百八十一間，二十四厦，池一口，井五口，板橋八所，内外墻垣九百七十丈。本府前後給發到料價及油漆綵繪裝塑等價共白金五千三百七十一兩二錢九分三釐一毫，放支工價食米六百一十二石六斗七升四合。其官物出納之際，天地鬼神臨之。若夫事之克成，則有賴于上官之嚴督，與下諸執事之効勞也。方經營之初，木料未至，有松木大而長者二株、短而方者二十七株，風潮逐於沙之南岸，資之以基其始。及事將竣，大材有闕，復有大木一十七株飄集于沙之北岸，資之以成其終。此又天之默相其成，以福我邑之民。第以碑石未立，恐遂遺忘，庸書其槩，揭于楣間，以志歲月。其或營建未備及有隳壞者，則有望于後之賢人君子，隨時增飾而修葺之，以期勝于今日。其得謂有其義于身者耶？是爲記。

吴振臣《寧古塔紀略》 寧古塔在大漠之東，過黄龍府七百里，與高麗之會寧府接壤，乃金阿骨打起兵之處。雖以塔名，實無塔。相傳昔有兄弟六個，各占一方。滿洲稱六爲寧古，個爲塔。其言寧古塔，猶華言六個也。有木城兩重，係國朝初年新築，去舊城六十餘里。内城周二里許，祇有東、西、南三門。其北因有將軍衙署，故不設門。内城中惟容將軍護從及守門兵丁，餘悉居外城。周八里，共四門，南門臨江。漢人各居東西兩門之外，餘家在東門外，有茅屋數椽，庭院寬曠。周圍皆木墻，沿街留一柴門。近窗牖處，俱栽花樹，餘地種瓜菜，家家如此。因無買處，必須自種。後因吴三桂造逆，調兵一空，令漢人俱徙入城中。余家因移住西門口。内有東西大街，人于此開店貿易。從此人烟稠密，貨物客商，絡繹不絕，居然有華夏風景。【略】當我父初到時，其地寒苦。自春初至三月，終日夜大風。如雷鳴電激，塵埃蔽天，咫尺皆迷。七月中有白鵝飛下，便不能復起。不數日即有濃霜，八月中即下大雪，九月中河盡凍，十月地裂盈尺。雪纔到地，即成堅冰。雖向日照灼不消。初至者必三襲裘，久居即重裘可禦寒矣。至三月終，凍始解，草木尚未萌芽。近來漢官到後，日向和暖，大異曩時。滿洲人云：「此暖是蠻子帶來。」可見天意垂憫流人，回此陽和也。

南門臨鴨綠江，江發源自長白山。西門外三里許，有石壁臨江，長十五里，高數千仞，名鷄林哈答。古木蒼松，横生倒插。白梨紅杏，參差掩映。端午左右，石崖下芍藥遍開。至秋深，楓葉萬樹，紅映滿江。江中有魚，極鮮肥而多有，形似縮項鯿，滿名發禄，滿洲人喜食之，夏間最多。余少時喜釣，每于哺夕，持竿垂釣，頃刻便得數尾而歸。又有一種生于江邊淺水處石子下者，上半身似蟹，下截似蝦，長二三寸，亦鮮美可食，名哈什馬。今上祭太廟，必用此物。亦有鰣鰉魚，他如青魚、鯉魚、鯿魚、鯽魚，其最多者也。【略】石壁之上別有一朗崗，即寧古鎮城。進京大路一百里，至沙嶺第一站，有金之上京，城臨馬耳河，宫殿基址尚存。殿前有大石臺，有八角井，有國學碑。僅存「天會紀元」數字，餘皆剥蝕不可辨識。

禁城外有蓮花石塔，微向東欹。塔之北有石佛，高二丈許。又有荷花池，長數里。東門外三里有村名覺羅，即我朝發祥地也。

自東而北、而西，沿城俱平原曠野，榛林玫瑰一望無際。五月間，玫瑰始開，香聞數里。予家採爲玫瑰糖，士人奇而珍之。【略】房屋大小不等，木料極大。祇一進或三間、五間，或有兩廂，俱用草蓋。草名蓋房草，極長細；有白泥泥墻，極滑，可睹墻厚幾尺。然冬間寒氣侵人，視之如霜。屋内南西北接繞三炕，炕上用蘆蓆，上鋪大紅氈，炕闊六尺，夜則横卧炕上，必并頭而卧。即出外，亦然橱箱被褥之類具靠西北墻安放。有南窗、西窗，門在南窗之旁，窗户俱從外閉，恐野闖虎來，易于撞進。靠東邊間以板壁隔斷，有南北二炕，有南窗，即爲内房矣。無椅杌，有炕桌，具盤膝坐。客來，俱坐南炕，内眷不避。

春秋二季，將軍令兵丁于各門城上，晨夕兩時吹笳，聲聞數里。冬至，令兵丁各山野燒，名曰放荒。如此則來年草木更盛。又每歲端午後，派八旗撥什庫一人，率兵丁幾名，將合寧古塔之馬，盡放于幾百里外有水草處。馬尾上繫木牌，刻某人名，至七月終方歸。此時馬已極肥，俱到衙門内，各認木牌牽回。四季常出獵打圍。有朝出暮歸者，有三兩日而歸者，謂之打小圍。秋間打野鷄圍，仲冬打大圍，按八旗排陣而行。成圍時，無令不得擅射。二十餘日乃歸。所得者虎、豹、猪、熊、獐、狐、鹿、兔、野鷄、雕羽等物。獵犬最猛，有能捉虎豹者。虎豹頗畏人，惟熊極猛，力能拔樹擲人。野鷄最肥，油厚寸許。遼東野鷄頗有名，然迥不及矣。每一獵，車載馬駝不知其數。鷹第一等，名海東青，能捉天鵝。一日能飛二千里。又有白鷹、蘆花鷹，俱極貴重，進上之物。餘則黄鷹、兔虎、鷂子，亦皆猛于他處。有雕極大而多，但用其翎毛爲箭。

余生長邊陲，入關之歲，已爲成人，其中風土人情，山川名勝，悉皆諳習，頗能記憶。今年近六旬，須髮漸白。回思患難時，不啻隔世。誠恐久而遺忘，子孫不復知乃祖父之閱歷艱危如此。長夏無事，筆之于紙，以爲《寧古塔紀略》。時康熙六十年辛丑歲七月也。

《〔乾隆〕續修臺灣府志》卷一九孫湘南《赤嵌城詩》　石樓盤百級，湧出似孤城。下岸臨滄海，依然禾黍生。《赤嵌集》。

《〔民國〕歸綏縣志·金石志九》通智《敕建綏遠城碑》　我朝道隆化洽，東漸於海，南被炎荒，西越崑崙，喁喁向内，重譯進九，北條尤踔遠。《山經》之所未載，聖人之所弗通，奔走率□，□□忱。天子嘉其意，撫之愈至，歸向益堅，遂飭兵部尚書管歸化城都統事務臣通智議建城駐兵，張控制之勢，昭一統之□焉。城在歸化城之東北五里許，大青之山擁其後，伊克圖爾根、巴罕圖爾根之水抱其前，喀爾沁之水帶其左，紅山口之水會其右。地勢寬平，山林拱嚮，實當翁穩嶺喀爾沁口軍營之衝。副都統臣瞻岱、户部員外郎□□文瀾、欽天監監副臣李廷耀、都統臣丹津涉獻在原相度既深，詢謀僉同，乃請於朝。奉旨令王常以右衛建威將軍移駐兹土，□臣正山代陞任古北提督，臣瞻岱□□□務，於乾隆丁巳季春三月即工，乾隆己未之夏六月工竣。欽定佳名曰綏遠城。周一千九百有六十丈，其高二丈有四尺，其巔之厚如其高，其址之厚增其高之三之一。砲臺四十有四，四十布四圍，四當四隅。睥睨之高五尺有七寸，女墻三尺五寸。城之門四，南曰承薰，北曰鎮寧，東曰迎旭，西曰阜安，皆出聖裁門之樓四，樓各五楹，箭樓四，樓各三楹，角樓四，樓各七楹。晝夜巡查兵之隊子房八，皆列城上。門外之橋各一，濠水河一，石橋二，甕城祠廟各一，隊子房各一。城内遵祀典建神祠關帝廟一、城隍廟一、旗纛廟一、馬神廟一，按職守以營寺舍倉庫一，將軍衙門一，兵、户司衙署各一，筆帖式住房四，副都統衙署二，理事廳衙門一，固山大住房十二，佐領住房六十，防禦住房六十，驍騎校住房六十，倉庫大使衙署各一，官學八，鐘鼓樓一，積貯之倉十有五，倉各七楹，合一百有五楹。在城之東南隅四街市房一千有五百有三十。城西教武場，場之内演武廳一，八旗之甲士各有家室，居處計一萬有二千間，以實其内焉。□此，城池、門樓、□祠、寺舍、倉庫之材□而後購，營繕之匠，瓴甓之陶，塗塈之用，必選用良材美而且堅。經畫無漏，董督有方，皆仰請聖訓而奉行惟謹，用成永固之基，爲軍民久安之所，以上副聖天子安内全外、一視同仁之至意。煌煌乎盛事也哉！總理工程事務建威將軍臣王常、管理工程事務内務府郎中臣正山，夙興夜寐，未嘗敢言瘁。而監工諸有司之勤，亦有不可没者，例得備書勒之於石，俾後之往來於斯與夫守斯土者，有所震動，恪恭而興起云。時乾隆四年己未六月之穀辰立。

紀昀《紀曉嵐文集》卷一四《烏魯木齊雜詩》 山圍芳草翠烟平，迢遞新城接舊城。行到叢祠歌舞榭，緑氍毹上看棋枰。

塵肆鱗鱗兩面分，門前官柳緑如雲。夜深燈火人歸後，幾處琵琶月下聞。

萬家烟火暖雲蒸，銷盡天山太古冰。臘雪清晨題牘背，紅絲研水不曾凝。

雲滿西山雨便來，田家占候不須猜。向來只怪東峰頂，曉日明霞一片開。

雪地冰天水自流，溶溶直瀉葦湖頭。殘冬曾到唐時壘，兩派清波緑似油。

白道飛流似建瓴，陂陀不礙浪花鳴。游人未到蕭關外，誰信山泉解倒行。

山田龍口引泉澆，泉水惟憑積雪消。頭白農夫年八十，不知春雨長禾苗。

半城高阜半城低，城内清泉盡向西。金井銀床無用處，隨心引取到花畦。

界破山光一片青，温暾流水碧泠泠。游人倘有風沂興，祗向將軍借幔亭。

亂山倒影碧沉沉，十里龍湫萬丈深。一自沉牛答雲雨，飛流不斷到如今。

長波一瀉細涓涓，截斷春山百尺泉。二道河旁親駐馬，方知世有漏沙田。

南北封疆畫界匀，雲根兩面翠嶙峋。中間巖壑無人迹，合付山靈作守臣。

峻坂連連叠七層，層層山骨翠崚嶒。行人祇作蠶叢看，却是西番下馬陵。

斷壁苔花十里長，何年雄鎮控西羌。金瓶舍利行人息，築塔當從阿育王。

古迹微茫半莫求，龍沙輿記定難收。如何千尺青崖上，殘字分明認火州。

南山口對紫泥泉，回鶻荒塍尚宛然。只恨秋風吹雪早，至今蔓草幂寒烟。

城南風穴近山坳，一片濤聲萬木梢。相約春來牢蓋屋，夜深時捲數重茅。

驚飈相戒避三泉，人馬輕如一葉旋。記得移營千戍卒，阻風港汊似江船。

良田易得水難求，水到秋深却漫流。我欲開渠建官閘，人言沙堰不能收。

銀瓶隨意汲寒漿，鑿井家家近户旁。只恨青春二三月，却携素綆上河梁。

開畦不問種花辰，早晚參差各自新。還憶年前木司馬，手栽小盎四時春。

秋禾春麥隴相連，緑到晶河路幾千。三十四屯如綉錯，何勞轉粟上青天。

全祖望《鮚埼亭集外編》卷一八《東四明地脈記》 四明二百八十峰，各據一面：東七十峰，連寧波之鄞、慈二縣境；西七十峰，連紹興之姚、虞二縣境；南七十峰，連寧、紹之奉化、嵊二縣境；北七十峰，亦姚、慈二縣之境也。而杖錫爲四明山心，居中以運之。然所謂二百八十峰之派，或比連，或中斷，或蔓延，或飛度，紛綸變化，不可究詰，雖昔人作圖經者，亦未能了然也。

予以陰陽之運，凝而爲山，融而爲水，實一氣也。水之所出，必本於山，山之所窮，即寄於水。故神禹未導水，先導山，今即以觀山者觀水，而其址界安所遁乎？以東四明之七十峰言之，正派爲鄞，支派爲慈。而鄞之派又分爲二：其在江之西南者，正派也；其在江之東南者，支派也。大江横貫其間，是犨山之尾閭也。西南之派，又分爲二：由杖錫至它山者爲正派，旁出抵大雷山者爲支派，而水道隨之以分。它山之水，導源由上虞之斤嶺，經小嶺、上莊、龔邨爲一支；其自上莊之南，出分水嶺至蘆棲坑又爲一支；其自分水嶺之南，歷杖錫、杜嶴、鄭巖又爲一支。鄭巖之水東流與蘆棲坑水合，至大皎。而龔邨之水至小皎分流，至鯨魚山前而合。於是至蜜巖，過樟邨。又一支自杖錫之南出天井，一支出灌頂，並至平水上下而合，所謂大谿者也。又東至於它山。其謂之它山者，水北皆山，而水南無之，至它山忽矗一小峰以相對，故得於此置堰。又東歷洞橋合嚮巖諸峰之水，入桓溪爲前港。未抵洞橋，自鳳山旁流入仲夏，合石臼諸峰之水，爲後港。二港之水，會於沙渚，又十里合鏡川、戚浦諸流，放乎櫟社，直抵長春門，瀦爲日、月雙湖。大雷山之水，自鳳嶴出，一自林邨出，稍東經望春、白鶴諸山下，其初有廣德湖以蓄水，既廢，遂合兩道之水，直抵望京門入月湖，與它山之水會。它山之水盛，則城外有行春、烏金、積瀆三碶以洩之江。大雷之水盛，則城外有保豐碶以洩之江。前此它山之未有堰也，溪流釃泄入江，而江潮深入内地。長春門外兩岸五十餘里之田，皆不可耕，而望京門外之田，賴廣德湖以得振。然猶恐桓溪前後港之水西向撞擊，此仲夏堰所以爲二水之界也。它山堰既立，而洞橋以東爲塘河，清流湛然。未幾廣德湖亦塞爲田，大雷之水横穿而至，不待入城，而後與它山之水會矣。蓋自仲夏斜行，一來會於沙渚，再來會於鏡川，三來會於櫟社，仲夏之堰由此而毁。既入長春門，而餘波在城外者，尚與西來之水會於崇法寺岡。是它山之全勢，實合大雷之水以行。其不盡收者，方沿白鶴諸山而出，合鳳嶴、林邨之流以爲望京門之渠耳。或疑它山在四明諸峰中不爲偉，不知萬山之水，賴此渺然者而奠，則尊矣。大雷本其別子，固宜朝宗之恐後也。黄南山僉事以鄞脈出於錫山，至桃源，次於崇法寺岡，入南門，歷鎮明嶺，直抵候濤山而止。考之宋、元人，皆無此説，且錫山在它山之西，大雷山之東，其岡隴左縈右拂，若爲兩山之介紹，而水勢亦兩相呼應，非能獨成巖壑者也，安得擅一城之脈乎？自南山以來，皆守其説，予竊以爲不然，故特詳之。

東南之派亦分爲二：太白爲正派，大梅爲支派，而水道亦因之以分。太白山之水，自大函、同谷、玉几、育王而下，爲寶幢河；由三谿而下，會於東吴，爲東吴河；由黄瓦溪而下，會於小白，爲小白河；皆至大函山下合寶幢河，溯江東諸碶閘以入江。而育王之背，則爲鎮海。三河所歷之山，莫高於太白者。大梅山之水，會於横溪，七十二流注焉，蓄爲東錢湖。而溪水溯湖之諸堰，亦自江東諸碶閘以入江。其中萬山錯互，而以金峩爲案，其背則奉化之交。其旁出者，由大嵩薄於海岸而止。《丹山圖咏》不知太白諸山亦屬東七十峰所有，而止收大梅，所謂罣一漏十者也。此鄞城之形勢也。蓋城外阻江以爲天險，而杖錫諸山之龍飛而鳳舞者，萃於城中之雙湖。故江東兩道之山，衹足以爲外衛，然猶恐城中之氣之閼也，則引雙湖之水自三喉出以通之，是其建置之精，古之鄮城所弗逮也。其自大隱而下，則屬之慈谿，然不過分東四明之十二，而車廏諸峰，則北面來注之者。

章學誠《章氏遺書》卷二二《文集七·濠上後游記》 游興未倦，越七日己未，是爲九月之朔，邀書院弟子王生奉謐、宋生廣啓及其童弟廣叙，與次子授史，買舟載酒，續前游也。

秋晴稍燠，時逗雲陰，登舟，日在禺中。由東門泛乎北郭，步自文殊之寺，門徑荒蕪，舊碑横臥，其文爲康熙四年鄉翰林百歲老人李目所撰。正殿題額爲康熙元年充祭告使光禄寺卿佟世器所書，而祭告之「告」作「誥」，「卿」作「正卿」，俱非是，豈托名者歟？東廡傾頽，西廡亦荒廢，多敗竈，官賑飢民，藉作公所故也。後殿重樓三出，連亘九棟。左爲藏經之樓，問其藏籍，猶完好也。寺僧迎款客堂，問寺中香火田尚數頃，僧衆十餘，生計當不乏，而前殿蕪廢不葺，知其未勤業矣。水環其外，秋草翳之，小艇閑横，自足野趣。門外曠地方百步許，柱礎離離，半蝕入土，當日故戲榭云。東行稍遠，回望寺中後樓最高，與前殿碧瓦浮影秋空，深静如窺鏡裏。

循東而北，訪大王廟，河神祠也。中經逵市，碑揭道旁，曰「滕文公見孟子處」。小屋數椽，曰「性善祠」，中有孟子神主，存故迹而已。北盡東轉，山門向南，大王廟也。濱河之區，水神祠宇有虔無怠，僧綱居之，香界亦自修潔。規模不如文殊寺廣大，則地逼市廛，無展處也。此間叢林梵刹，住僧多質魯不文。主僧款茶，少談河神故事。

反舟，酌酒泛自西門，泊舟梁下，就市家借炊。酣飲既暢，乃游南湖。蒹葭疏闊，雲水渟泓，斜陽逼下舂矣。

復游八關之亭，其地爲唐開元寺。旁舍牖下有康熙十四年府通判陳昌國《與劉公戩考功小集南湖草堂賦詩》刻石，西壁又有《古井重開》律詩刻石，後題葵顧道人大足，又題壬子歲次，而無年號。按康熙十一年爲壬子，若此詩與陳昌國詩先後刻石，當在是年，不知其是否也。王生云魯公書石幢下正壓古井，聞向者幢石趾有崩土，井氣旁通，汲水清冽，不知當年復塞，則葵顧道人所咏當指此。但不知道人姓氏，大足何所取義，當考也。詩詞俱平易，無甚佳處。又有明嘉靖年碑文，其字漫漶，不甚可辨。八關石刻見金石著録，故不復詳。寺産凡四五處，强半陷入土中，高不容人，惟後樓爲居人穿土出之，因以爲家。既無周垣，舊日位置多不可考。初游匆匆，此皆未筆録者，故勝地名區不厭往復，譬如好書不厭再三讀也。

于時欲重步文雅之臺，暝色催人，陰雲幕水面矣。乃由南門反棹東郭。晚凉殊佳，雲外秋曦，惜其不得稍駐。

《〔道光〕貴陽府志·餘編》卷九鄒有德《舊縣修城碑記》 竊惟國家設倉以輸將，設城以保障，二者皆爲民之大事，而城爲尤要。貴定舊治之城，建於萬曆三十三年，迄康熙二十六年，裁衛設縣，只因路當孔道，遂移官就驛站，建縣署於新添，其舊署倉厫仍循原制，條丁秋米就近征收，所以便民也。但城垣日久，無不傾圮。乾隆二十年，鄉耆郎元善、徐達、向懋原、宋德昌、張起鰲、李仕俸等，協願捐貲修築，請於邑侯徐公允准通詳，方欲舉工，適徐公以丁艱去任，事遂寢。至四十一年，周邑侯奉憲議修倉厫，以舊城倉遠，恐圮難守，詳請移並新添，蒙本府以便官不便民駁飭，仍改議常積穀新舊各半，咨部覆准在案，倉得不移。然倉存而城不得不修。以四十三年，附郭三土司屯堡呈叩史邑侯，各願捐貲，分作五股，具認興修，工已將半，有羅計等上控夫馬，辭連修城，本府即行飭禁，事緣中止。繼有生員郎大智、宋世垂，鄉民蔣元春、庭得台、王起倫、蘇朝珍等，訴經藩憲蒙批，責定縣查明妥議，由府詳報核奪，此係士民好義急公，毋任吏胥借端滋擾，史公繕詳府復沮抑，事乃仍見止。迨四十八年，張邑侯署篆，奉憲檄催，遂傳五股董事之人，各認興修，閱月有十而工乃竣。逸新石之遠近，從公酌定，始各拈鬮。附郭合永定、過化、風香、偏坡、新安，修城西墻，南交平伐司修界，西交大平司修界，共五十六丈，及西北二門門硐。平伐司合把平、劉家、黄土、通林、富落、尤溪新城，修城南墻，東交小平司修界，共八十一丈，及南門門硐。大平司東西二排合平伐營、守文、江北、紅毛、甘棠，修城西北墻，北交北門門硐，西交附郭修界，八十二丈。小平司修城東墻，南交平伐修界，東交坉堡修界，五十一丈，及東門門硐。屯修城東北墻，北交北門門硐，東交小平司修界，共九十六丈。是役也，始於丁酉之夏，中間人事間阻，至甲辰之冬乃得告成。除附郭一切襍費不計外，五股需用實費銀四千二百零。一時魏焕，雉堞整新，廨舍倉廒，重賁保障，其間若學宮，若義學，若防汛，文經武緯，依然昔日規模，輸將者無不欣欣和會，謂永無移解遠涉之虞也。

《〔乾隆〕衡州府志》卷三一饒佺《重修衡州府城記》 郡城控蒸湘上游，舊惟衡陽附郭。自丙子歲奏設清泉，版圖中分，城如其邑。隸衡者，起南門文昌閣，迤西至北門止，長六百七十一丈，高二丈八尺，闊一丈六尺。隸清者，起文昌閣，迤東至北門止，長六百七丈，其高闊視衡，週計七里三分。自明季增修後，今百餘年矣，風雨剥蝕，半就頹缺，所望於留心保障者，當非一日。歲辛巳，奉文修葺，衡陽令陶君易、清泉令江君恂，分肩其任，共領帑金七千九百七十兩有奇。衡計得五千四百九十兩零，清得二千四百八十一兩零。於是，伐石鳩工，相宜規度。殘缺者補之，荒頹者新之。又估册之外，衡邑增修西門甕城二處，内外城七十一丈，垛口九十七丈；清邑增修東門，内外城三十七丈一尺，垛口五十九丈，皆兩君捐俸爲之。自夏迄冬，越六月而告竣。完固周密，視昔有加。樓櫓雉堞，焕然改觀。言言仡仡，擬金湯焉。《易》曰：「王公設險，以守其國。」又曰：「其亡其亡，繫於苞桑。」蓋言固也。衡爲甌粤咽喉，荆襄鎖鑰，亦南國一都會。余下車以來，念切茲城久矣。頃蒙各上憲仰體聖天子安不忘危之盛心，爲百世不拔之至計，嘉惠我衡，奏請動項集事。於戲！厥功偉矣。今爲登城周覽，峥嶸綿亘，樓閣輝煌。俯湘流之奔注，望迴雁之岐嶷。而北門瞻嶽與石鼓争雄，炎鎮遥峙，尤屬一郡巨觀，爲陶君所屬意捐修而不留餘力者，其與余下車之初意，均有當乎。顧是役也，工雖浩而令不煩，事速成而下不擾。陶、江二君之經營，才畧實有過人者。余既親董其事而樂觀厥成也，爰次其巔末而鐫之石。

《〔光緒〕順寧府志》卷三三上王敬天《太守劉公重修郡城記》 乾隆二十五年冬，予代庖順郡學博。維時郡城重修，工興旁午，經始於是年四月，越明年四月蕆事。郡人士請於太守劉公曰：「公爲國爲民，辛苦備嘗，才力藆竭，食其福者永矢弗諼，烏可以無記？」公曰：「是固吾職，豈以見德？矧其事爲人制累，更非吾言文字可嗚盡也，焉用記？」諸君不得請，詣余而言曰：「至人無功，聖人無名。而所以歌其功、揚其名者，賴先生筆之。」余曰：「要終是也，不原其始，不知終之之難。請示以城之由來焉。」諸君曰：「此地昔爲猛氏土府，未有城也。萬曆二十五年，改置流官。二十八年，巡撫陳用賓行令知府余懋學，改築磚城，就鳳山爲上下，門開三面，西閉風脉。其時城垣雖建，甫當草創，基石零碎，譙樓未設。本朝康熙三年，知府米璁始建城樓焉。自後十餘年間，傾頹不一，其處歷經知府郎廷極、徐欐、董永艾先後補修。至乾隆二十三年，歲久傾甚。督撫會議，題請重修，經攝府事迆西道陳樹著偕景東府同知陳秋元會估造册，估銀二萬七百兩有奇。至二十四年夏，劉公甫莅任，奉布政使傅靖以原册一二項欵式未合，發回另造。時原估之陳丞已陞東川守，委現署景東同知李承鄴會勘，奉委後日久不至。憲檄頻催，劉公詳請飭催來勘，李至，取原册核減估造銀一萬四千八百九十一兩零。劉公拮据承造，諸務掣肘，萬里外措家貲千餘金，始得竣工。如原估，城脚用石五層，只言順砌。及砌至數十丈，頗不堅，始知每順砌二三條，須用丁石一條横杜其内，計多用石九百餘丈。每石一丈，原估運費用銀五錢，乃塹鑿工價每丈即用四錢。而雇夫擡運，近者用至二三錢，遠七八錢不等。四城出水涵洞，原估六處，每一洞高五寸，寬尺許，六洞共估銀十七兩零。及清出城脚浮土，實有涵洞十處，雖大小不一，未有僅高五寸，寬尺許者。而其最大之三處：一則高六尺，寬丈餘；一則高四尺，寬三尺餘；又一亦高四尺，寬二尺餘。用條石至六百餘。大磚灰匠工倣此三處，已費二百六七十金。較原估六處十七金，多數十倍矣，更無論十處也。自南門至西門，約六十餘丈，土皆潮濕鬆軟，地泉處處湧出，城脚不能立。取山木長八九尺至丈餘者，下梅花樁三千四五百株，加土石於上，始可砌磚石。此原估時，劉公曾謂其地卑濕，似宜下樁。而李以爲秋雨餘瀝，冬春自乾，無庸多費。伊時某等在旁觀者，慮公受累，而公恐忤同官意，不與力辨。今之樁木條條，硪聲高唱，先生所耳聞而目見也，此項之費蓋意外矣。查舊志載，城周圍長一千六十丈，攝府迆西道同前景東丞估造亦照此數，李丞只量七百五十丈七寸。城身連至垛口，高二丈一尺五寸，南門與樓拆造重建，北門挖補、增修各半，東門未經估入，亦加修整，城身及垛座垛口進深俱一尺五寸，海漫寬六尺，開水渠二十道。種種添造工程，不可殫述。諸君之言如此。余於課士暇，亦時往視工，與督工知事邱君談及亦云。然余觀順郡古慶甸，地在萬山中，界接灣甸，耿、馬、孟、定各土司爲緬甸咽喉。惟高其墉，濬其壕，謹其筦鑰啓閉，乃可保千百年鞏固之慶也。今者金湯言言，兵衛嚴嚴，老穉訢訢，蠻夷皥皥，大山長谷，離遏之氓，趨視仰嘆者，粥粥而馮馮。而劉公之辛苦洵備嘗矣，材力洵綦竭矣。爰撮其要而記諸石，俾後之食其福者知所以原始而要終，庶公之德不自見，而公之功可永傳也。劉公印埥號原圃，一字暢亭，中州新鄭人，康熙庚子副榜，乾隆二十四年己卯夏四月來守此郡。并志之。

王紹蘭《許鄭學廬存稾》卷七《重濬泉州府城八卦溝記》 流水之爲物也，猶人身之脈絡也，通鬯則安，邕滯則疾。川澤導夏，不聞昬墊之咨；汾澮宣晉，相傳流惡之美。所以時瀦洩、杜裁祲也。泉州地濱大海，潮汐常通。紹蘭通判馬家巷時，因公入郡，每值霪霖駭漲，窪下之地，褰裳見謳；圭竇之家，沈竈告歎。民不適有居，湫底生疾，獄訟繁興，人文衰茶，地治緐難。因召故老，訊之文學，僉曰：「是外水不入，而内水不出也。疏原道滯，鍾水豐物，其濬八卦溝乎？」問其義何取乎爾，則對曰：「舊以八卦鉼甕于溝之方維，由是得名。」宋淳熙、嘉定間，太守林公、真公先後濬之。明弘治十一年，御史張公重加疏瀹，掘地得巽鉼。其流分五道，曲折入府學池，泉之風會，烝烝日上，修廢無常，通塞亦異。乾隆初季，前守許公日熾、王公廷諍倡濬未果。歲月既久，洴出不流，夾溝之民，架屋而處，迄今不治，恐遂廢。紹蘭曰：「諾。」嘉慶七年，蒙恩擢泉州守。到官之日，宣教化，布恩信，與民休息。治稍有成，乃屬故老文學，告之曰：「其濬八卦溝乎？」僉曰：「濬哉！」遂與晉江令析津徐君汝瀾攷志乘，議醵鬘，仿西山先生弛民房租故事，令薦紳主之，約言曰：「一錢出入，不假吏手，豪猾阻撓，官治之。」僉曰：「諾。」畚挶既興，士民大和會，始于八年厶月，迄明年厶月，溝成。總計大小支溝長九千七百八十二丈，糜制錢一萬六千貫有奇。城内之水，由通淮門貫外濠達海。海之潮，復由通淮南薰，及臨漳之潮，皆由濠達城，而匯于學池。泉之人舉欣欣然有喜色，踵門而告曰：「外水入矣，鍾其美矣，内水出矣，滌其穢矣。譬如人身呼吸以時，吐故納新，血氣和平，膚革充盈。自是厥後，闔廛士著之民，熙熙于室；行李往來之客，坦坦于途。八卦成列，三時不害，人無重膇，户不産鼃，其利一也。逐末者流，水則資舟，搵櫝待盈，儋何永逸，五都致貨，容刀可通，三倍化居，抱布徑渡，轉輸既便，歡聲載騰，其利二也。横舍璧池，泉開流納，鐘鼓淵淵，衣冠濟濟。水深土厚，何潤之益無窮；原遠流長，海涵之執方大；烝爲霖雨，會作朝宗，其利三也。一舉而三善備，敢以告，蓋記諸。」紹蘭曰：「諾。」是役也，工繁而費鉅。邦人之醵錢，衆君子董役，無有遠邇，不辭勞讟。時徐令署厦門同知，倡捐俸錢，厦門富商大賈好義者競勸，績用有成，義得備書，以諗來哲。

龔自珍《龔自珍全集》第一輯《説居庸關》 居庸關者，古之談守者之言也。龔子曰：疑若可守然。何以疑若可守然？曰：出昌平州，山東西遠相望，俄然而相輳相赴，以至相蹙，居庸置其間，如因兩山以爲之門，故曰疑若可守然。

關凡四重，南口者下關也，爲之城，城南門至北門一里；出北門十五里，曰中關，又爲之城，城南門至北門一里；出此門又十五里，曰上關，又爲之城，城南門至北門一里；出北門又十五里，曰八達嶺，又爲之城，城南門至北門一里。蓋自南口之南門至於八達嶺之北門，凡四十八里，關之首尾具制如是，故曰疑若可守然。

下關最下，中關高倍之。八達嶺之俯南口也，如窺井形然，故曰疑若可守然。

自入南口城，甃有天竺字、蒙古字。上關之北門大書曰「居庸關」，景泰二年修。八達嶺之北門，大書曰「北門鎖鑰」，景泰三年建。自入南口，流水嚙吾馬蹄，涉之琮然鳴，弄之則忽涌忽伏而盡態，迹之則至乎八達嶺而窮。八達嶺者，古隰餘水之源也。自入南口，木多文杏、蘋婆、棠梨，皆怒華。

自入南口，或容十騎，或容兩騎，或容一騎。蒙古自北來，鞭槖駝，與余摩臂行，時時槖駝冲余騎顛。余亦撾蒙古帽，墮於槖駝前，蒙古大笑。余乃私嘆曰：若蒙古，古者建置居庸關之所以然，非以若耶？余江左士也，使余生趙宋世，目尚不得睹燕、趙，安得與反毳者相撾戲乎萬山間？生我聖清中外一家之世，豈不傲古人哉！蒙古來者，是歲克西克騰、蘇尼特，皆入京，詣理藩院交馬云。

自入南口，多霧若小雨，過中關，見稅亭焉。問其吏曰：「今法網寬大，稅有漏乎？」曰：「大筐小筐，大偷槖駝小偷羊。」余嘆曰：「信若是，是有間道矣。」

自入南口，四山之陂陀之隙，有護邊墻數十處，問之民，皆言是明時修。微稅吏言，吾固知有間道出没於此護邊墻之間。承平之世，漏稅而已，設生昔之世，與凡守關以爲險之世，有不大駭北兵自天而降者哉！

降自八達嶺，地遂平，又五里曰岔道。

魏源《古微堂外集》卷六《湖北堤防議》 荆州其川江、漢，據西南建瓴之勢，自古不聞爲患，而近災歲告，其堤防幾與河、淮并亟。蓋大江出峽，至江陵始漭泱横恣，而下游洞庭夏漲，又挾九江之水奔騰出口，以横截大江之去，又東則漢口截之，又東則彭蠡口截之，每相敵相匯，則回逆旁溢，而洲渚莫盛於荆，是爲江患。

漢水則發源漢中，挾興安、鄖陽萬山溪澗之水以東，又受德安、安陸之水於鄖口，皆山潦横暴，每夏秋汛，與江争漲，則分脈入江陵之長湖，下達潛、監、沔陽之沌口，港汊縱横，數百里彌望，是爲漢患。

斯二者，或委之天時焉：謂蛟水驟漲數丈，所至潰突，非汛水日長尺寸之比，則其發有時，固不應天災之歲告也。或委之人事焉：謂秦蜀老林棚民墾山，泥沙隨雨盡下，故漢之石水斗泥，幾同濁河，則承平生齒日倍，亦不能禁上游之不墾也。故今治江、漢者，則專從事於堤防，且歲咎於堤防之不固。烏乎！天下固有致患之由，執爲防患之術者乎？

江之在上世也，有七澤以漾之，有南雲、北夢八百里以分豬之。夏秋潦盛，則游波寬衍，有所休息。自宋世爲荆南留屯之計，陂堰成田，日就淤塞，而孟珙、汪葉之知江陵，尚修三海八堰，以設險而蓄水；又有九穴十三口以分泄江流，猶未盡奪水以地也。元、明以還，海堰盡占爲田，穴口止存其二，堤防夾南北岸數百里。而下游之洞庭又多占爲圩垸，容水之地盡化爲阻水之區，洲渚日增日闊，江面日狹日高，欲不軼溢爲害，得乎？漢自鐘祥以下，昔各有支河以殺其勢，民貪其肥濁易淤，凡灘唇洲尾，多方圍截以成圩，自襄陽南下千餘里，則皆大堤以障之。於是漢底亦日高，堤外地日下，潰則破缶，潦則側盂，人與水争地爲利，而欲水讓地不爲害，得乎？

且古之治水者，但聞疏浚以深川，不聞曲防以壑鄰。故曰：左堤强則右堤傷，右堤强則左堤傷，左右俱强則下游傷。泐其勢，不孫具理，雖神禹不能爲功。然今日而欲棄地于水，徙田墓、廬舍、邑里，決堤防以避之，固有所不能。然則如之何而可？曰：患在天者，人力無可如何。無已，則惟有相其決口之成川者，因而留之，加浚深廣，以復支河泄水之舊，庶因敗爲功之一策乎！患在人者，上游之開墾亦無如何，惟乘下游圩垸之潰甚者，因而禁之，永不修復，以存陂澤豬水之舊，亦因敗制宜之二策乎！棄少而救多，事半而功倍，雖江漢之淺深，洲渚之亘衰，非人力所能排浚，而水無所壅，則其力自足以攻沙而深川也！是之謂以水治水，其賢於堤防曲遏也，利害相百也。

道光九年，湖北大澇，婺源王君鳳生以舊運使奉檄赴楚，總理堤工。既而知其事不可成，引疾告退，因筆其利害，爲《江漢宣防圖説》二卷，《漢江紀程》一卷，總命之曰《楚輶紀略》。蓋身親曲折，始知天下事不渝其本原，而徒瞥偏撫弊之果不足爲也。得是説而通之，以治天下水無難焉，於江、漢何有？此代陶文毅叙王運使書也，存之以當水利議。

曾國藩《曾國藩全集·奏稿之三·廷寄安徽省城仍建安慶并添設安徽提督事着妥議具奏》 奏爲遵旨籌議，恭摺復陳，仰祈聖鑒事。

竊臣承準議政王軍機大臣字寄，咸豐十一年十二月初四日，奉上諭：「有人奏咸豐三年賊陷安慶，并未據守。自周天爵等奏請改建省會於廬州，賊窺安慶無備，始圖占踞，遂致全皖糜爛。查安慶古稱重鎮，若省會改於廬州，非惟於皖南鞭長莫及，亦距江較遠，無從設防。今幸安慶克復，應將安徽省城仍建該府。并宜添設提督，統轄水陸各營。其江西九江鎮，即就近歸新設安徽提督節制。查福建、廣東兩省均設有水陸提督，現在江防較海防吃緊，可否於該二省内，裁併一缺，移設安慶，則兵餉均無須另籌等語。賊匪據有長江之險，以致江皖糜爛。現在安慶克復，亟應整頓江防。所稱安徽省城仍應建於安慶，巡撫藩臬如前駐紮，并設立提督，統轄水陸官兵，九江鎮亦歸節制，則聲勢聯絡，江防更爲周密，均不爲無見。即着曾國藩、彭玉麟、毓科就現在地方軍務情形，悉心籌劃，會同妥議具奏！至所請於福建等省裁缺以資移設之處，應俟該大臣等復奏到日，再降諭旨等因。欽此。」

仰見皇上眷懷南服，慎重江防之至意。臣查安徽一省，跨乎大江。江以北四府，四州，江以南四府、一州。安慶府城處濱江適中之地，實爲形勢所必争。咸豐三年安慶城陷，江面悉爲賊有，千艘往來，飄忽莫測，官軍無一舟一筏可以應敵。周天爵等請以省城改建廬州，係屬一時權宜，捨此亦別無自全之策。是年臘月，廬州復陷，官軍屯於郡北定遠一帶。於是合肥以南之州縣盡淪於賊。而皖南中隔大江，賊氛遍布，文告梗阻，巡撫不復能過而問焉。咸豐四年諭旨，令徽寧等屬暫歸浙江巡撫兼轄。廷臣因上疏，請仿前明南贛、鄖陽之例，設立皖南巡撫。

文宗皇帝飭吏部核議，不設巡撫，而稍重皖南道之權，令其仿照臺灣道例，專摺奏事。另添皖南總兵一員。數載以來，皖南道一缺，例由兩江督臣保薦。皖南之錢糧、刑名不隸藩臬奏報，不歸巡撫，儼若另爲一省。而皖北撫藩等官，散處於潁、壽、臨、淮、泗州等處，幾無定所。公事廢擱，號令紛歧。改建省城之弊，此其明證。現在安慶已復，江路疏通。欲辦蘇浙之賊，必自力圖皖南始。欲辦皖南之賊，必自守定安慶始。臣愚以爲宜如原奏所請，安徽省城仍應建於安慶。巡撫藩臬如前駐紮，庶足以資控制，而一事權。

至所稱設立提督，統轄水陸官兵，江西九江鎮就近歸安徽提督節制一條。查水師、陸兵判然兩途，猶耕織皆所以資生，而不能使一人而治兩業。安徽壽春鎮所轄，内係群捻出没之地，皖南鎮所轄，又係萬山叢雜之區，皆與江防亳不相涉，應請仍歸安徽巡撫節制；江西九江鎮所轄，如撫州、建昌等處，距大江六七百里，亦係陸路專政，應請仍歸江西巡撫節制。該兩省巡撫，向兼提督銜，均應遵守舊章，無庸更改。

至江防屈面宏遠，事理重大。臣愚以爲應專設長江水師提督一員，目下大江水師歸彭玉麟、楊載福等統率者，船隻至千餘號之多，砲位至二三千尊之富。實賴逐年積累，成此巨觀。將來事定之後，利器不宜浪拋，勁旅不宜裁撤。必須添設額缺若干，安插此項水師，而即以壯我江防，永絶中外之窺伺。其提督衙門，或立安慶，或立蕪湖等處。自提督而下，總兵應設幾缺，副參以至千、把，各設幾缺，暨分汛、修艦各事宜，統俟諭旨允準之日，再由吏、兵等部詳核議奏。臣等如有所見，亦必續行奏咨，略參末議。至俸薪、口糧、修補船砲等項，當於長江酌留釐卡數處，請入爲出，不必另由户部籌款。其福建、廣東原設水師提督，似不必遽議裁缺，轉至疏防。所有遵旨籌議緣由，謹會同安徽巡撫臣李續宜、署江西巡撫臣李桓，恭摺復奏，伏乞皇上聖鑒訓示。謹奏。

郭嵩燾《郭嵩燾奏稿・修築廣東省城砲臺片》 再，户部尚書羅惇衍奏請修築廣東省城砲臺，經前署督臣晏端書、前撫臣黄贊湯，勘明城北永康、耆定、保釐、保極、拱極五臺，派員估修，勸捐籌辦，奏奉諭旨允准在案。旋以捐款所收無幾，各路軍餉隨時撥放，砲臺工程需費甚巨，至今未能興修。

伏查廣東沿海各口，嘉慶年間設立砲臺一百二十餘座，道光以後添修至一百六七餘座。由省河以達虎門，砲臺林立，添修者爲多，所以防洋船之出入也。道光二十一年，洋人攻毁虎門砲臺，次年重修砲臺十四座、内河砲臺四座，用銀四十一萬有奇，制備砲值亦不下數十萬。咸豐七年，洋人滋擾省城，大小砲臺復遭平毁，幾無存者。就廣東海洋大勢論之，西、北兩江之水經省河合東江南流，匯爲内洋，大虎山扼其衝，實踞全省形勝之地。而東、西江支流分注外洋，如順德之龍江、新會之熊海，皆上受西江之水以注於海。故論粵海形勢，以虎門爲東江正流，以新會之厓門爲西江正流，而香山之蕉門、涌口門、第一角海，新會之虎跳門等處，海船皆可出入。即虎門之大角、横檔、水軍寮、九宰山諸砲臺，峙立大洋，四面皆通舟楫，港汊紛歧，在處繞越，獨洋船入水最深，必經虎門，爲能扼之。其實自古設險之地，亦因天時人事與爲輕重。現今虎門之上，約百里爲大洲，洋人於此修造船隻；再上二十里爲黄埔，洋船於此屯泊；附城沙面地方，亦屬之洋人。所須防者，洋盗之駛入而已。虎門砲臺局勢雄闊，工程浩大，萬無經費可以籌辦，亦並非目前切要之舉。

伏讀聖諭，飭將省城内河及城北各地方砲臺擇要興修，誠爲扼要。臣等察看省河東、西兩江，一水襟帶，左右控扼。西路之大黄滘、沙腰砲臺二座，經於咸豐十一年修復。東路之中流沙、獵德等處，向設砲臺四座，亦應酌請修復。省城以北，陸路則白雲山、馬鞍山蜿蜒南趨，入城爲越秀峰，城垣横跨山腹。其外岡阜羅列，永康砲臺正當其北，俗謂之四方砲臺。稍東曰耆定，俗謂之圓砲臺，當白雲山飛鵝嶺之衝。又迤西曰拱極，曰保極，當三元里西村之衝，皆距城咫尺，次第修復，足資保障。又東北曰保釐，則距城較遠，應從緩議修。

專就省垣附近緊要各臺估計，爲數已巨。值庫款艱乏，捐輸疲難之際，各路軍餉隨處搜括，欲兼籌修理砲臺巨案，尤應通籌工料，有可移東補西者，不妨變通辦理。因查内河砲臺，基石全無，赴新安山中開採石料，頗屬艱煩。虎門砲臺十四座，加以兩岸新涌、蕉門二座，大半傾毁，而基石存留尚多。其間鎮遠、横檔、大角砲臺三四座，爲嘉慶年間基址，應酌量存留，以符舊制。其續經添造砲臺，本圖以壯觀瞻，不盡扼要，其勢萬難修復，所有殘廢基石，亦無庸存留。現在議修城北中流沙砲臺，需用石料，可否即將虎門砲臺殘廢基石，移爲内河各處工程之用，於費爲省，於工爲便。查虎門上至中流沙等處砲臺，向歸水師提標經管；城北等處及哲河東西砲臺，向歸廣州協標經管。現因省河西砲臺及虎門大角、大虎，並東岸内港之九宰、竹洲、新涌，兩岸内港之蕉門各砲臺，基址完全照舊，撥兵看守，支發口糧，亦應分别查勘是否地方均屬扼要，應行照舊存留，統候諭旨准將虎門殘廢砲臺基石移修内河砲臺，再由臣會商水師提督酌量辦理。

愚昧之見，是否有當，伏乞聖鑒訓示。謹奏。

虎門等處及各海口砲臺，原由水師各營派兵護守。道光二十二年，增修虎門以内砲臺，無故添設額兵數百千名，以其時清查溢坦，歲得租課數萬金，借此支銷。咸豐七年以後，砲臺全毁，而添設額兵支銷餉銀如故。鄙人以水陸額兵七萬有奇，欠餉過多，欲以此款改充正餉。水師提督持之甚力，至請制軍移咨，以相搪抵。聊以此摺一發鄙心之鬱結而已。自記。

李鴻章《李鴻章全集・奏議六・新城工程請獎片》 再，查新城地方前於雍正年間建立水師都統衙署，築有土城，嗣因員缺裁撤，城署久廢。此次周盛傳承辦要工，馳往相度，舊城基址已不可辨識，另行審擇地段扼要興修，當其版築之初，一片荒墟，事事皆同創始。濱海之地暑濕侵蒸，易生疾疫，斥鹵卑下，土質鬆浮，尤難措手；所築城垣砲臺，係參用西洋做法，與内地建造成法迥不相同，工力亦相去倍蓰。該軍自分認地段後，闔營哨弁兵夫，負土加硪，争先并力。登憑邪許之聲，往往更定月明，猶相應和，盛暑烈日，旁午弗休，竭萬人之力，逾兩年十閲月之久，胼胝經營，不辭况瘁，成此鉅工，鞏衛海疆。核其勞苦勛績，實較身臨前敵冲冒鋒刃者難易攸殊，城臺竣後，各國洋人往來查探，争相傳播新聞紙，於北洋海防聲勢增壯。周盛傳係現任總兵實缺大員，主持全工，獨爲其難，於餉需竭絀之際，既督弁勇以力作，復捐欠餉以圖成，體國之公忠，辦事之認真，布置之精密，皆非諸將所及。雖據稱不敢仰邀議叙，應請旨交軍機處另行存記，遇有提督缺出，先行簡放，以爲專閫出力者勸。至該軍統帶記名提督直隸通永鎮總兵唐仁廉、記名提督貴州安義鎮總兵周壽昌、記名提督署直隸通永鎮總兵吴殿元、記名提督衛汝貴、賈起勝，均謀勇兼優，堪勝專閫，擬請旨交部從優議叙，吴殿元、衛汝貴、賈起勝三員并請旨存記簡放實缺，提督銜記名總兵陳連陞、初發祥、孫顯寅均擬請俟得總兵實缺後，以提督記名簡放，記名總兵姚禮士、張兆海、宋冠軍、鄭才盛、周家瑞，均擬請賞加提督銜，總兵銜兩江補用副將周盛佑、杜萬青、周家泰，均擬請旨交部從優議叙，按察使銜山東候補道吴秉權，擬請賞加布政使銜，五品銜直隸試用知縣戴宗騫，擬請俟補缺後以直隸州知州補用，并賞加運同銜，以示鼓勵。其餘實在出力文武員弁，可否由臣查明擇尤保獎，俾勵戎行，伏乞聖鑒訓示。謹附片具奏。

光緒元年十二月二十一日，軍機大臣奉旨：周盛傳等均著照所請獎勵，餘依議。該部知道。欽此。

《（同治）永順府志》卷一二李瑾《永順府建城記》 永順，古荒服之地，舊隸土司宣慰司統三知州六長官司治之。本朝設流官同知、副將各一員彈壓其地，皆負險而居，未有城郭。雍正六年，原宣慰現任參將世襲拖沙喇哈番彭肇槐輸誠獻上，皇上准其請，勅部議奏，於是議改永順司爲永順府，以永順縣附郭，分設龍山縣。其保靖桑植，皆設縣，屬府管轄，所設員缺，皆就近簡選調補。而辰府憲袁，廉能素著，遂調永順。時瑾任沅陵，深愧德凉，濫膺民社，乃以附近永疆亦謬蒙各上憲簡調疏入，荷恩旨俞允。到任之日，詔發帑金建立城池。先是，巡察御史唐勘邊至永，以永順之地，曠闊平陽，宜建城垣。先行摺奏巡撫部院趙安輯六里率同文武等親臨相視，僉以爲可，指示建設事宜。以瑾爲附郭首邑，檄令董治其事。適有史書姚惟孝、陰陽學陳紹堯，皆善堪輿，隨同登山相視，始知此地自湖北八面山起祖，歷容美桑植，至永順。由武當山之東復折而西，蜿蜒起伏，至永順結玉屏開帳，頓起觀音山，層巒叠嶂，落脉平陽，結兹成局。而左右隨龍之水，直會於城局之南，流出辰方，且東則飛霞諸山，龍勢飛舞；西有掛榜諸山，如倉庫，如旗旛；南則文星羅列，水口完固，果天然一都會之地，千百年藏閟於此。今蒙皇上聖德神功，度越千古，始開建兹地。創造城垣，山明水秀，焕發於光天化日之中，固斯民出草昧而遊雍熙之幸，亦斯地闢混沌而入文明之會也。任是役者，敢不矢公矢慎，以奏乃績。然受事之始，初不知土性多砂，惟兢兢以物力維艱、冒破國帑爲念，請官莊以易民田，剪荆棘而平溝井，審視度量，命匠估計，佈成五里三分圍，長九百五十四丈，高一丈九尺。内外入土三尺，用石墊底。出土石砌三尺，土築一丈三尺，又加女墻三尺。東西南北議設五門，又設四水門。城之上設五樓、一十四砲樓，一千一百八十垛口。估計土城，詳憲咨部議允，發項興工。孰知經營伊始，各廟宇衙署所建垣墻，隨築隨圮，始知苗土砂多，未可以垂永遠。與其於事後而受賠補之累，不若於事先而爲一勞永逸之計。爰請命於府憲，躊躇會計，遂以改建石城具詳，除動用帑項外，有不敷，郡邑願捐養廉，蒙各憲允准。於是鳩合匠作，則有若攻石之工、枚木之工、攻鐵之工、塼埴之工、設色之工，皆聞風踵至。分辦人役，則有若董伐石者，董陶甓與堊者、董甃築者、董采運木料者，皆奔走趨事。架屋以宿工匠，其用五十有餘間。修石以砌外城，其用八萬四千二百一十塊有奇。丁石以横鉗，其用四萬六千八百塊有奇。大石以作靠，其用四萬八千三百六十塊有奇。内城純用荒石以壘築，其用五萬四千五百一十塊有奇。中用鵝石土泥夯築以實腹，其用二千一百九十四兩五錢有奇。頂用石板以蓋面，其用一千三百四十六兩有奇。至於絫甓以成牖，濡堊以甃甓，錘鐵以護重門，需材以版築，爲樓榭，爲車輪，爲門扉，爲磚模，爲鞏架，人工飯食，費用浩繁。他若開山有奠，肇基有祀，架梁有祀，修橋運載，以及廪給犒賞，工食優卹之類，備載籍中者，又不一而足。統計經費，除國帑照原估册奏報外，所有零用，府憲捐銀三千兩，瑾亦捐養廉銀九百九十二兩。經始於壬子之春，落成於癸丑之夏。不踰年，而猛崗非復曩時之景象矣。金湯在望，磐石永奠。樓閣峥嶸，烟火稠密。落成之日，諸父老僉謂余躬親勞苦，是宜有記，以垂來禩。殊不知，此皆我皇上至仁遠被，山川效靈，各上憲籌畫周詳，府憲躬親指授，故荒陬遠徼，頓成都邑。而瑾以菲材謬司其役，得附名以垂不朽，亦已幸矣，夫何敢自以爲功乎！是爲記。

《〔同治〕贛縣志》卷四九之四黄德溥《修福壽二溝記》 贛城有福壽二溝，蓋因形而名其制，縱横紆折，或伏或見，匯闔城之水以注於江。不知創自何年，或云宋太守劉彝所作也。歷時既久，故道浸湮。春夏之交，雨潦時降，潢汙渟集，疾病易生，民患苦之。

歲己巳，余承乏斯土，始視事，觀察文公首以此事相屬。考諸邑乘，有其説而不詳。爰厲邑紳劉君峙、徐君勤復等周歷循訪，得其遺迹，議爲修浚，而計工料之用非萬金不足以集事。余與諸紳議，謂「莫若令商賈、居民分段自修爲善。」言於觀察文公、郡伯魏公，咸是之，報可。

令下，民歡悦從事。遂自北城靈山廟始，窮源竟委，清其淤積，補其殘缺，使壽溝受北城之水，東南之水則由福溝而出。其旁支横絡，亦皆爲疏通。經始於同治八年十一月，越明年七月而工竣。凡祠廟公署及空闊無人之處，費出於公者，計制錢四百八十千有奇。

既卒事，劉、徐二君叙述水道所經，繪圖相質。余覽之，因嘆夫前制之盡善，遺迹之易湮，而後人興復之難也。蓋昔人創制城邑，經度土宜，其爲民生計者，無不周且備。後之人坐享其利，視爲固然。迨時移世改，故老無存，或且委於草莽。百數十年之後，若滅若没，其名僅存。即有志復古者，亦以無迹可求。廢然而返，比比然矣。如二溝者，非夫二公之命與夫二三子之力，何能旬月之間而使百年遺利廢而還復哉？爰書其事，并繪圖説於後，以爲後來者之考證焉。

雜録

《春秋左傳・僖公五年》 晉侯使以殺大子申生之故來告。

初，晉侯使士蔿爲二公子築蒲與屈，不慎，寘薪焉。夷吾訴之。公使讓之。士蔿稽首而對曰：「臣聞之：「無喪而慼，憂必讎焉；無戎而城，讎必保焉。寇讎之保，又何慎焉？守官廢命，不敬；固讎之保，不忠。失忠與敬，何以事君？《詩》云：『懷德惟寧，宗子惟城。』君其修德而固宗子，何城如之？三年將尋師焉，焉用慎？」退而賦曰：「狐裘尨茸，一國三公，吾誰適從？」

及難，公使寺人披伐蒲。重耳曰：「君父之命不校。」乃徇曰：「校者，吾讎也。」踰垣而走。披斬其袪。遂出奔翟。

陳轅宣仲怨鄭申侯之反己於召陵，故勸之城其賜邑，曰：「美城之，大名也，子孫不忘。吾助子請。」乃爲之請於諸侯而城之，美。遂譖諸鄭伯，曰：「美城其賜邑，將以叛也。」申侯由是得罪。

《春秋左傳・襄公六年》 十一月，齊侯滅萊，萊恃謀也。於鄭子國之來聘也，四月，晏弱城東陽，而遂圍萊。甲寅，堙之環城，傅於堞。

《呂氏春秋》卷一八《審應覽・不屈》 匡章謂惠子於魏王之前曰：「蝗螟，農夫得而殺之，奚故？爲其害稼也。今公行，多者數百乘，步者數百人；少者數十乘，步者數十人。此無耕而食者，其害稼亦甚矣。」惠王曰：「惠子施也，難以辭與公相應。雖然，請言其志。」惠子曰：「今之城者，或者操大築乎城上，或負畚而赴乎城下，或操表掇以善睎望。若施者，其操表掇者也。使工女化而爲絲，不能治絲；使大匠化而爲木，不能治木；使聖人化而爲農夫，不能治農夫。施而治農夫者也，公何事比施於螣螟乎？」惠子之治魏爲本，其治不治。當惠王之時，五十戰而二十敗，所殺者不可勝數，大將、愛子有禽者也。大術之愚，爲天下笑，得舉其諱，乃請令周太史更著其名。圍邯鄲三年而弗能取，士民罷潞，國家空虚，天下之兵四至，罪庶誹謗，諸侯不譽。謝于翟翦，而更聽其謀，社稷乃存。名寶散出，土地四削，魏國從此衰矣。仲父，大名也；讓國，大實也。説以不聽不信。聽而若此，不可謂工矣。不工而治，賊天下莫大焉。幸而獨聽於魏也，以賊天下爲實，以治之爲名，匡章之非，不亦可乎？

《呂氏春秋》卷二一《開春論・開春》 韓氏城新城，期十五日而成。段喬爲司空，有一縣後二日，段喬執其吏而囚之。囚者之子走告封人子高曰：「唯先生能活臣父之死，願委之先生。」封人子高曰：「諾。」乃見段喬，自扶而上城。封人子高左右望曰：「美哉城乎！一大功矣，子必有厚賞矣。自古及今，功若此其大也，而能無有罪戮者，未嘗有也。」封人子高出，段喬使人夜解其吏之束縛也而出之。故曰封人子高爲之言也，而匿己之爲而爲也；段喬聽而行之也，匿己之行而行也。説之行若此其精也，封人子高可謂善説矣。

《史記》卷一一〇《匈奴列傳》 自是之後百有餘年，晉悼公使魏絳和戎翟，戎翟朝晉。後百有餘年，趙襄子踰句注而破并、代以臨胡貉。其後既與韓、魏共滅智伯，分晉地而有之，則趙有代、句注之北，魏有河西、上郡，以與戎界邊。其後義渠之戎築城郭以自守，而秦稍蠶食，至於惠王，遂拔義渠二十五城。惠王擊魏，魏盡入西河及上郡于秦。秦昭王時，義渠戎王與宣太后亂，有二子。宣太后詐而殺義渠戎王於甘泉，遂起兵伐殘義渠。於是秦有隴西、北地、上郡，築長城以拒胡。而趙武靈王亦變俗胡服，習騎射，北破林胡、樓煩。築長城，自代並陰山下，至高闕爲塞。而置雲中、鴈門、代郡。其後燕有賢將秦開，爲質於胡，胡甚信之。歸而襲破走東胡，東胡卻千餘里。與荆軻刺秦王秦舞陽者，開之孫也。燕亦築長城，自造陽至襄平。置上谷、漁陽、右北平、遼西、遼東郡以拒胡。當是之時，冠帶戰國七，而三國邊於匈奴。其後趙將李牧時，匈奴不敢入趙邊。後秦滅六國，而始皇帝使蒙恬將十萬之衆北擊胡，悉收河南地。因河爲塞，築四十四縣城臨河，徙適戍以充之。而通直道，自九原至雲陽，因邊山險塹谿谷可繕者治之，起臨洮至遼東萬餘里。又度河據陽山北假中。

《戰國策》卷八《齊一・靖郭君將城薛》 靖郭君將城薛，客多以諫。靖郭君謂謁者，無爲客通。齊人有請者曰：「臣請三言而已矣！益一言，臣請烹。」靖郭君因見之。客趨而進曰：「海大魚。」因反走。君曰：「客有於此。」客曰：「鄙臣不敢以死爲戲。」君曰：「亡，更言之。」對曰：「君不聞大魚乎？網不能止，鈎不能牽，蕩而失水，則螻蟻得意焉。今夫齊，亦君之水也。君長有齊陰，奚以薛爲？（夫）〔失〕齊，雖隆薛之城到於天，猶之無益也。」君曰：「善。」乃輟城薛。

曹操《曹操集・孫子注》 下政攻城。

曹公曰：敵國以收其外糧，城以攻之，爲下政也。

攻城之法，爲不得已。修櫓轒輼，具器械，三月而後成，距闉又三月而後已。

曹公曰：修，治也；櫓，大楯也；轒輼者，轒牀也。轒牀其下四輪，從中推之至城下也。具，備也；器械者，機關攻守之總名，蜚。樓雲梯之屬；距闉者，踴土積高而前，以附其城也。

將不勝其忿而蟻附之，殺士三分之一，而城不拔者，此攻之災。

曹公曰：將忿不待攻城器，而使士卒緣城而上，如蟻之緣牆，殺傷士卒也。

故善用兵者，屈人之兵，而非戰也；拔人之城，而非攻也；毁人之國，而非久也。

曹公曰：毁滅人國，不久露師也。

必以全争於天下，故兵不頓而利可全，此謀攻之法也。

曹公曰：不與敵戰而必完全得之，立勝於天下，不頓兵血刃也。

故用兵之法，十則圍之，

曹公曰：以十敵一則圍之，是將智勇等而兵利鈍均也。若主弱客弱，不用十也，操所以倍兵圍下邳生擒吕布也。

五則攻之，

曹公曰：以五敵一，則三術爲正，二術爲奇。

倍則分之，

曹公曰：以二敵一，則一術爲正，一術爲奇。

敵則能戰之，

曹公曰：己與敵人衆等，善者猶當設伏奇以勝之。

少則能逃之。

曹公曰：高壁堅壘，勿與戰也。

王溥《唐會要》卷八八《市》 〔大中〕五年八月，《州縣職員令》：大都督府市令一人，掌市内交易，禁察非爲；通判市事丞一人，掌判市事；佐一人，史一人，師三人。掌分行檢察，州縣市各令准此。其月勑：「中縣户滿三千以上，置市令一人，史二人；其不滿三千户以上者，並不得置市官。若要路須置，舊來交易繁者，聽依三千户法置，仍申省。諸縣在州郭下，並置市官。又准户部格式，其市吏壁師之徒，聽于當州縣供官人市買。」

《新唐書》卷二一六上《吐蕃傳上》 太宗貞觀八年，始遣使者來朝，帝遣行人馮德遐下書臨撫。弄贊聞突厥、吐谷渾並得尚公主，乃遣使齎幣求昏，帝不許。使者還，妄語曰：「天子遇我厚，幾得公主，會吐谷渾王入朝，遂不許，殆有以間我乎？」弄贊怒，率羊同共擊吐谷渾，吐谷渾不能亢，走青海之陰，盡取其貲畜。又攻党項、白蘭羌，破之。勒兵二十萬入寇松州，命使者貢金甲，且言迎公主，謂左右曰：「公主不至，我且深入。」都督韓威輕出覘賊，反爲所敗，屬羌大擾，皆叛以應賊。乃詔吏部尚書侯君集爲行軍大總管，出當彌道，右領軍大將軍執失思力出白蘭道，右武衛大將軍牛進達出闊水道，右領軍將軍劉蘭出洮河道，並爲行軍總管，率步騎五萬進討。進達自松州夜壓其營，斬首千級。

初東寇也，連歲不解，其大臣請返國，不聽，自殺者八人。至是弄贊始懼，引而去，以使者來謝罪，固請昏，許之。遣大論薛禄東贊獻黄金五千兩，它寶稱是，以爲聘。

十五年，妻以宗女文成公主，詔江夏王道宗持節護送，築館河源王之國。弄贊率兵次柏海親迎，見道宗，執婿禮恭甚，見中國服飾之美，縮縮媿沮。歸國，自以其先未有昏帝女者，乃爲公主築一城以夸後世，遂立宫室以居。公主惡國人赭面，弄贊下令國中禁之。自褫氈罽，襲紈綃，爲華風。遣諸豪子弟入國學，習《詩》、《書》。又請儒者典書疏。

沈括《夢溪筆談》卷一一《官政一・赫連城》 延州故豐林縣城，赫連勃勃所築，至今謂之「赫連城」。緊密如石，斸之皆火出。其城不甚厚，但馬面極長且密。予親使人步之，馬面皆長四丈，相去六七丈。以其馬面密，則城不須太厚，人力亦難攻也。余曾親見攻城，若馬面長，則可反射城下攻者，兼密則矢石相及，敵人至城下，則四面矢石臨之。須使敵人不能到城下，乃爲良法。今邊城雖厚，而馬面極短且疏，若敵人可到城下，則城雖厚，終爲危道。其間更多刓其角，謂之「團敵」，此尤無益。全藉倚樓角以發矢石，以覆護城脚，但使敵人見備處多，則自不可存立。赫連之城，深可爲法也。

釋文瑩《玉壺清話》卷八 朝廷議城古威州，遣訪鄭文寶公，奏曰：「欲城威州，不若先建伯魚、青岡、清遠三城爲頓歸師之重地。俟秦民稍蘇，辟營田，積邊粟，修五原故積之地，党項之酋豪，爲我鷹犬。若爾，則不獨措注安西，亦可綏服河湟。此定邊之勝策也。」朝廷從之。建興三城之役，費緡粟數十萬計，西民苦之，一夕盡爲山水蕩去。又奏減解池鹽價，損課二十萬緡。貶藍山、枝江、長壽三縣令，累年方牽復工部員郎、轉運使。文瑩頃游郢中二邑，僧壁尚有公之詩，《郢城新亭》曰：「每到新亭即厭歸，野香經雨長松圍。四檐山色消繁暑，一局棋聲下翠微。冰片角巾簪澗月，錦紋拳石砌苔磯。近來學得籠中鶴，迴避流鶯笑不飛。」《寒食訪僧》云：「客舍愁經百五春，雨餘溪寺緑無塵。金花開處秋千鼓，粉頰誰家鬬草人。水上碧桃流片段，梁間新燕語逡巡。高僧不飲客携酒，來勸先朝放逐臣。」篇篇清絶，不能盡録。公聞雲州陷，衣胡服，引單騎，冒雪間道走清遠故城，得其實，奏請班師。

太宗居晉邸，知客押衙陳從信者，心計精敏，掌功官帑，輪指節以代運籌，絲忽無差。開寶初，有司秋奏：「倉儲止盡明年二月。」太宗因詰之。信曰：「但令起程即計往復日數，以糧券并支，可責其必歸之限。運至陳留，即預關主司，戒運徒先候於倉，無淹留之弊，每運可減二十日。楚、泗至京，舊限八十日，一歲止三運，每運出淹留虛程二十日，歲自可增一運。」太宗以白太祖，遂立爲永制。一歲，晉邸歲終籌攢年費，何啻數百萬計，惟失五百金，屢籌不出。一蒼頭偶記之：「晉王一日登府樓，遥觀尋橦者，賞嘆精捷，令某府取庫金與之。時信不在，後失告之。」魏丕爲作坊使，舊制，床子弩止七百步。上令丕增至千步，求規於信。信令懸弩於架，以重墜其兩端，弩勢負，取所墜之物較之，但於二分中增一分以墜新弩，則自可千步矣。如其製造，後果不差。

劉攽《中山詩話》 史著赫連勃勃之暴，蒸土築城，意謂釜甑熟之。然不知北方土工用春首聚土，陽氣蒸發，用築則堅牢特甚。（餅恐觸中字諱也）〔近有獻策築吴江爲甕堤，土人欲以巨甕〕實土，稍稍下之，不思土實則甕重，不可致虛，致水中則泛泛曷可止，雖執政亦惑之。然治河皆有甕堤，形似甕耳，不用陶器也。

陳師道《後山談叢》卷二 錢氏甓城，前後相押凡四重，號押塼，故久而不壞。司業黄君守徐新彭祖樓，砌用再重，使草不生。

陳師道《後山談叢》卷二 齊之龍山鎮，有平陸故城，高五丈四，方五里，附城有走馬臺，其高半之，闊五之三，上下如一，其西與南則在內，東北則在外也，莫曉其理。

周密《癸辛雜識・續集》上《黄蘆城幹》 長城之旁居人，以積雨後或有得堅木於城土中，識者謂名「黄蘆木」。乃當時用以爲城幹用者，性極堅勁，不畏水溼而耐久，至今一二千年猶有如楹大者，以之爲鎗幹最佳。蓋築城無以爲幹不可，所謂不謹而寘薪焉者，又何邪？

楊瑀《山居新語》 至正元年四月十九日，杭州火災，總計燒官民房屋公廨寺觀一方五千七百五十五間，六所七披，民房計一萬三千一百八間，官房一千四百二十四間，六所七披，寺觀一千一百三十間，功臣祠堂九十三間。被災人户一萬七百九十七户，大小三萬八千一百一十六口，可以自贍者一千一十三户，大小四千六十七口。燒死人口七十四口，每口給鈔一定，計七十四定。實合賑濟者計九千七百八十四户，大口二萬二千九百八十三口，每口米二斗，計米四千五百八十一石八斗；小口一萬一千六十六口，每口米一斗，計米一千一百六石六斗，總計米五千六百八十八石四斗。時江浙行省只力瓦歹平章移咨都省，云：「光禄大夫、江浙平章政事，切念當職荷國榮恩，受寄方岳，德薄才微，不能宣上德意，撫兹黎民。到任之初，適值闕官，獨員署事，一月有餘，政事未修，天變遽至。乃四月十九日丑寅之交，災起杭城。自東南延上西北近二十里，官民閭舍，焚蕩迨半。遂使繁華之地，鞠爲蓁蕪之墟。言之痛心，孰甚其咎！衰老之餘，甘就廢棄，當此重任，深愧不堪。已嘗移文告代，未蒙俞允，誠不敢久稽天罰，以塞賢路。謹守職待罪外，乞賜奏聞，早爲注代，生民幸甚！」明年四月一日，又復火災。宋治平三年正月己卯，温州火燒民屋一萬四千間，死者五千人。

松江夏義士者，乃甲户也，其家房門上有一西番塔影，蓋松江無西番塔，不知此影從何時得，人以爲異。《酉陽雜俎》云：「揚州東市塔影忽倒，老人言：海影翻則如此。」又沈存中以謂大抵塔有影必倒。陸放翁云：「予在福州見萬壽塔，成都見正法塔，蜀州見天目塔，皆有影，亦倒也。然塔之高如是，而影止三二尺，纖悉皆具。或自天窗中下，或在廊廡間，亦未易以理推也。」以上之説，因其塔所見影，然松江無此塔而有影見者，其理又不可得而究之。予嘗游平江虎丘寺，閣上檻窗下裙板中有一節孔，閣僧以紙屏照之，則一寺殿宇廊廡，悉備見於屏上，其影皆倒。餘山居與保叔塔鄰峰也，朔望點燈之夕，遇夜觀之，一塔燈光倒插於段橋湖中。大抵塔影皆倒，沈存中之説是也。

孔齊《至正直記》卷四《平江築城》 平江始築城時，某處城數丈，築而陷者三。於是深掘其地，偶得一石，方廣三尺，刻云：「三十六，十八子，寅卯年，至辰巳，合修張掖同音例。國不祥，不在常，不在洋，必須款款細思量。耳卜水，莫愁米，浮屠倒地莫扶起。修古岸，重開河，軍民拍手笑呵呵。日出屋東頭，鯉魚山上游。星從月裏過，會在午年頭。」末行云「唐癸丑三月三日立」。時至正辛卯秋冬之間，民相傳誦，竟不曉其讖。至丙申春城陷，張九四據之，明年秋納款，始有人云：「張起謀時止十八人，若火、周、李、嚴等也。」又，測「鯉魚山上游」者，高郵也。「星從月裏過」者，横舟也。「三十六」者，四九三十六也。皆未盡詳明其意，亦未知應在何事也。「開河」之説，却是賈魯平章爲之，天下遂亂。「浮屠倒地」者，自亂後寺觀皆廢，僧徒遁去，以置軍寨。此二事頗相應。嘗記杜清碧先生在杭城，時至正癸未歲，忽言天下不久當築城，築城後自此多事，南人多得大官，但恐得官時五更鷄叫天將明，無多時光也，自後皆驗。杜公，臨江人，寓武夷，善陰陽術數之學，長於天文地理，但心術未正，弄黄白左道，識者鄙之，尤好博古，能篆隸，予嘗從其問地理法。又杭城國初嘗有術者言：「此地當變荆棘，在八十年後。」今果如其術者云。

孔齊《至正直記》卷四《大興土木》 大興土木之工必主不祥。蓋土神好静，或動作則必不安，輕則工者僕役見咎，重則禍災及主人。吾嘗見長官好興土木修廟宇者，皆不得美任，雖未究其事理，亦勞民動衆，俾土神不安之所致也。人家承祖父舊居最好，不得已則修營無妨，然亦看《授時曆》，前所定諸神煞方外處，合宜避之，此不可不信也。雖云東家之西即西家之東，然亦不可執而忽之，當詳審耳。

朱國禎《湧幢小品》卷四《府縣城池》 太祖與張士誠相持，得常州、長興，皆殺城之半，以便守禦。湖州亦如之，惟江陰城，元初皆毁，後鄉民相率爲土城，因甃磚石，加女墻守之。

慶陽府土城七里三十步，因高阜斬削而成，東高一十丈三尺，西一十二丈，南門無城。成化初，參政朱英增築，記曰：「城之惟堅，池陴以完，深以如泉，高焉如山。」所謂削山爲城，因河爲池，張良臣所據以叛，易守而難攻者也。

凡城皆有濠在外，惟蘇州則内外有濠，而城之形爲亞字形，最難攻。以太祖神威，中山王合諸大將，用兵二十餘萬，圍之十月而後下，匪直士誠之善守也。

杭州城拓於張士誠，計九千八百五十三堞。萬曆四十年間，每堞議用魚脊石版一片覆之，該銀一千七百兩有奇，此法盡可通行。

西寧衛城高五丈，厚如之，蓋李軏所築。凉州衛高四丈九尺，洪武中指揮濮英增高三尺，厚六丈。城西二十里有獸文石，其一高五丈，長一丈三尺，周圍三丈三尺，上有牛形，二分鹿形，一分虎頭。餘石有狼形、羊形、鹿形者，凡五。

過無錫縣，見其城焕然一新，内白外藍，皆以石灰塗藻，宛若世家蕭墻一般。每丈約費銀二兩，計城可三四千丈，聞皆取辦於甲里者。夫修城，役軍不役民，制也，違制而動，又無益事實，其義何居。乃知秦二世欲漆其城，殊不足怪。或以余言爲過，曉曰：看兩京曾用此否？其人終不以爲然。未幾，湮頽如故。

朱國禎《湧幢小品》卷四《城門》 《輿地志》：「句踐應門之上有大鼓，名之爲雷鼓，以威於龍也。」《寰宇記》：「吴作蛇門，作蛇象而龍角。」《漢書・王尊傳》：「毋持布鼓過雷門。」注：「雷門，會稽城門也，有大鼓，越擊此鼓，聲聞洛陽。」《湘洲記》：「前陵山有大石鼓，云昔神鶴飛入會稽雷門中，鼓因大鳴。」《十道志》：「雷門上有大鼓，闊二丈八尺，聲聞百里。孫恩之亂，軍人砍破，有雙鶴飛出，後不鳴。」《晉書》亦載之。舊門去城百餘步，後改爲五雲門。

城門之名，自古有之。今天下名城數千，各自立名。然惟蘇州閶門及齊、葑、婁、盤、蛇與杭之錢塘最著，即兒童能言之。南則聚寶，北則哈答、任城乃元之舊名，而哈答改名崇文，任城改宣武，今皆稱舊不稱新，蓋業在人口角中，不能易耳。其有非城門而著，曰薊門、劍門、夔門、荆門、吴門、彭門、雁門。古號而最雅相傳者，春明門。

土司皆不許立城。

朱國禎《湧幢小品》卷四《權奇築城》 績溪胡大司空松，號承庵，先爲嘉興推官，署印平湖。適倭寇至，議城，公夜入幕府曰：「民難與慮始，請縛某居軍前禦倭，百姓受某恩，必相急，乃可舉事。」從之。民大震，各任版築，不閱月城成。權奇之妙乃爾。然非素得民心，即殺十署事官，民何急焉。同時有滁州胡柏泉，亦名松，官太宰。

陸深《春風堂隨筆》 北齊文宣天保七年，築長城東至於海，前後所築東西凡三十餘里。率十里一戍，其要害置州鎮，凡二十五所。是役頗安，近年又於長城内築重城，自庫洛拔而東，至於烏紇，凡四萬餘里。高洋備邊如此。

顧炎武《日知録》卷三一《長城》 春秋之世，田有封洫，故隨地可以設關。而阡陌之間，一縱一横，亦非戎車之利也。觀國佐之對晋人則可知矣。至於戰國，井田始廢，而車變爲騎，於是寇鈔易而防守難，不得已而有長城之築。《史記・蘇代傳》：「燕王曰齊有長城鉅防，足以爲塞。」《竹書紀年》：「梁惠成王二十年，齊閔王築防，以爲長城。」《續漢志》：「濟北國盧有長城至東海。」《泰山記》：「泰山西有長城，緣河經泰山一千餘里，至琅邪臺入海。」此齊之長城也。《史記・秦本紀》：「魏築長城，自鄭濱洛以北有上郡。」《蘇秦傳》：「説魏襄王曰：西有長城之界。」《竹書紀年》：「惠成王十二年，龍賈帥師築長城于西邊。」此魏之長城也。《續漢志》河南郡：「卷有長城，經陽武到密。」此韓之長城也。《水經注》：盛弘之云：「葉東界有故城，始犨縣，東至瀙水，達泚陽，南北數百里，號爲方城，一謂之長城。《郡國志》曰：葉縣有長城曰方城。」此楚之長城也。若《趙世家》：「成侯六年，中山築長城。」又言：「肅侯十七年，築長城。」則趙與中山亦有長城矣。以此言之，中國多有長城，不但北邊也。

其在北邊者，《史記・匈奴傳》：「秦宣太后起兵伐殘義渠，於是秦有隴西、北地、上郡，築長城以拒胡。」此秦之長城也。《魏世家》：惠王十九年「築長城，塞固陽」。此魏之長城也。《匈奴傳》又言：「趙武靈王北破林胡、樓煩，築長城，自代並陰山下至高闕爲塞，而置雲中、雁門、代郡。」此趙之長城也。「燕將秦開襲破東胡，東胡却千餘里，燕亦築長城，自造陽，至襄平，置上谷、漁陽、右北平、遼西、遼東郡以拒胡。」此燕之長城也。秦滅六國，而始皇帝使蒙恬將十萬之衆，北擊胡，悉收河南地，因河爲塞，築四十四縣城臨河，徙適戍以充之，而通直道。自九原至雲陽，因邊山險塹谿谷可繕者治之，起臨洮，至遼東萬餘里。又度河，據陽山北假中。此秦并天下之後所築之長城也。自此以後，則漢武帝元朔二年，遣將軍衛青等擊匈奴，取河南地，築朔方，復繕故秦時蒙恬所爲塞，因河爲固。魏明元帝泰常八年二月戊辰，築長城於長川之南，起自赤城，西至五原，延袤二千餘里。太武帝太平真君七年五月丙戌，發司、幽、定、冀四州十萬人築城，上塞圍，起上谷，西至河，廣袤皆千里。北齊文宣帝天保三年十月乙未，起長城，自黄櫨嶺北至社平戍，四百餘里，立三十六戍。六年，發民一百八十萬築長城，自幽州北夏口，至恒州九百餘里。先是自西河總秦戍，築長城，東至於海，前後所築，東西凡三千餘里，率十里一戍，其要害置州鎮，凡二十五所。八年，於長城内築重城，自庫洛拔而東，至於塢紇戍，凡四百餘里。而《斛律羡傳》云：「羡以北鹵屢犯邊，須備不虞。自庫堆戍東距於海，隨山屈曲二千餘里。其間二百里中，凡有險要，或斬山築城，或斷谷起障，并置立戍邏五十餘所。」周宣帝大象元年六月，發山東諸州民修長城，立亭障，西自雁門，東至碣石。隋文帝開皇元年四月，發稽胡修築長城。五年，使司農少卿崔仲方發丁三萬，於朔方靈武修長城，東距黄河，西至綏州，南至勃出嶺，綿歷七百里。六年二月丁亥，復令崔仲方發丁十五萬，於朔方以東，緣邊險要，築數十城。七年，發丁男十萬餘人修長城。大業三年七月，發丁男百餘萬築長城，西距榆林，東至紫河。四年七月辛巳，發丁男二十餘萬築長城，自榆林谷而東。此又後史所載繼築長城之事也。

葉夢珠《閲世編》卷三 沿浦自吴淞海口而入，率滸築土墩，高方數丈，上匝土牆，内蓋小房，謂之寨臺，前此無之。自順治十年，海寇入犯，因而簽役建築，並于浦之近邑入郡一面，約計數里，擇要害處，築臺撥兵防守。浦濱兩岸，大小水口，俱造橋梁，通馬步。凡遇寇至，則守禦官兵，夾岸堵截。十二年己未，閔行之捷，不無得力於此。然建立之初，臺有卒，哨有巡，人心猶知警備。迨日久懈弛，登陴無卒，臺上牆屋俱廢，甚者或潰於水，或宅於草，徒棄良田，空勞民力而已。其後更有架木爲臺，九里一建，置鼓其上，一聞寇警，鼓聲相應，以便官兵援捕，則官塘要路，在在有之，不但沿浦也。然法非不良，今亦或毁或廢，徒爲具文，寧獨一寨臺爲然哉！

圖録

京城

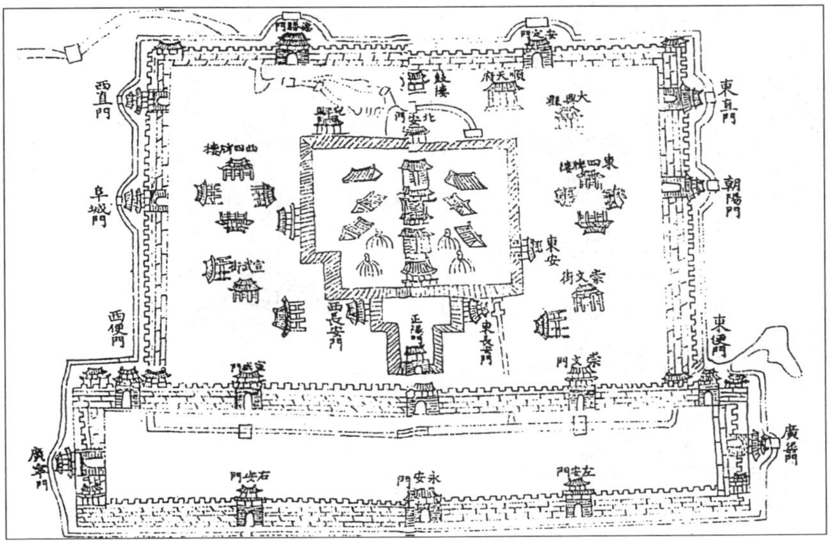

明・金門圖　《順天府志》（萬曆）

清・京城圖　《畿輔通志》（雍正）

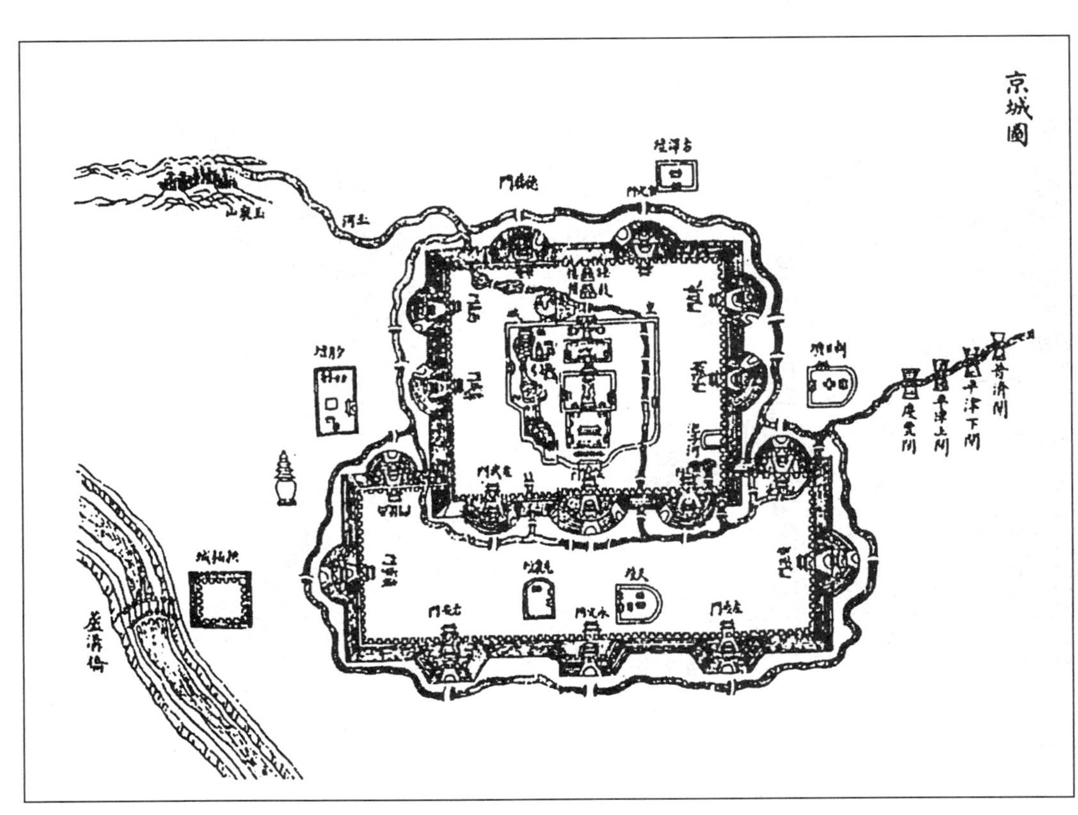

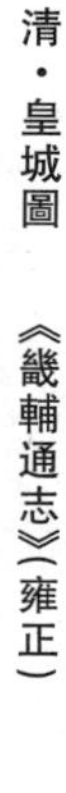

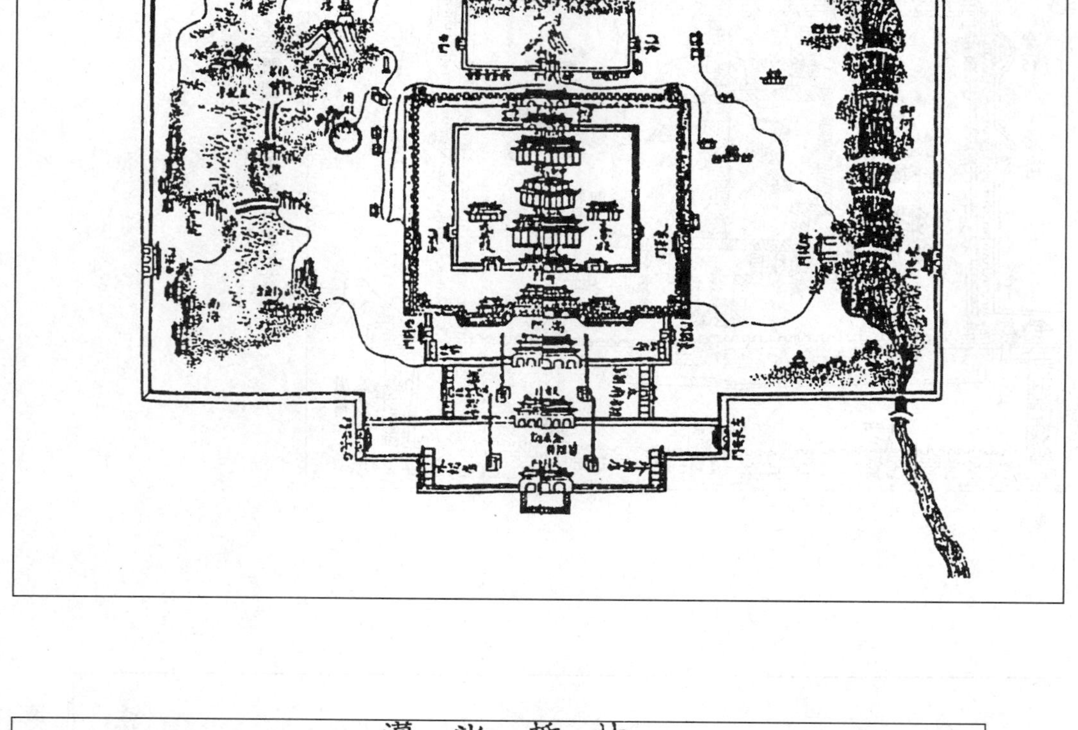

清・皇城圖　《畿輔通志》(雍正)

畿輔

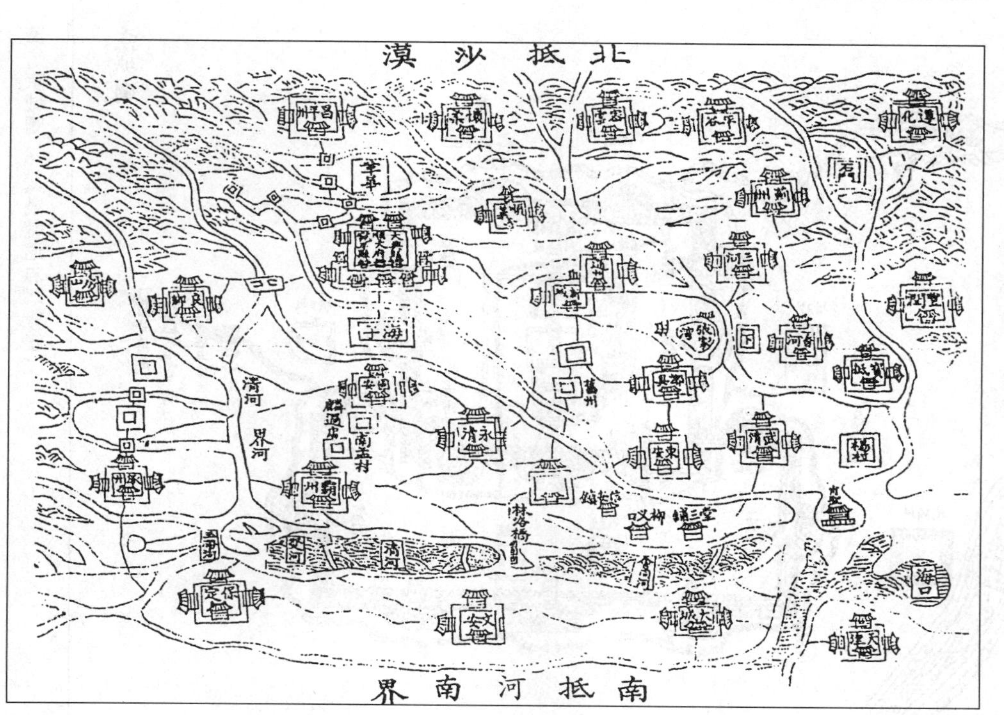

明・畿輔圖　《順天府志》(萬曆)

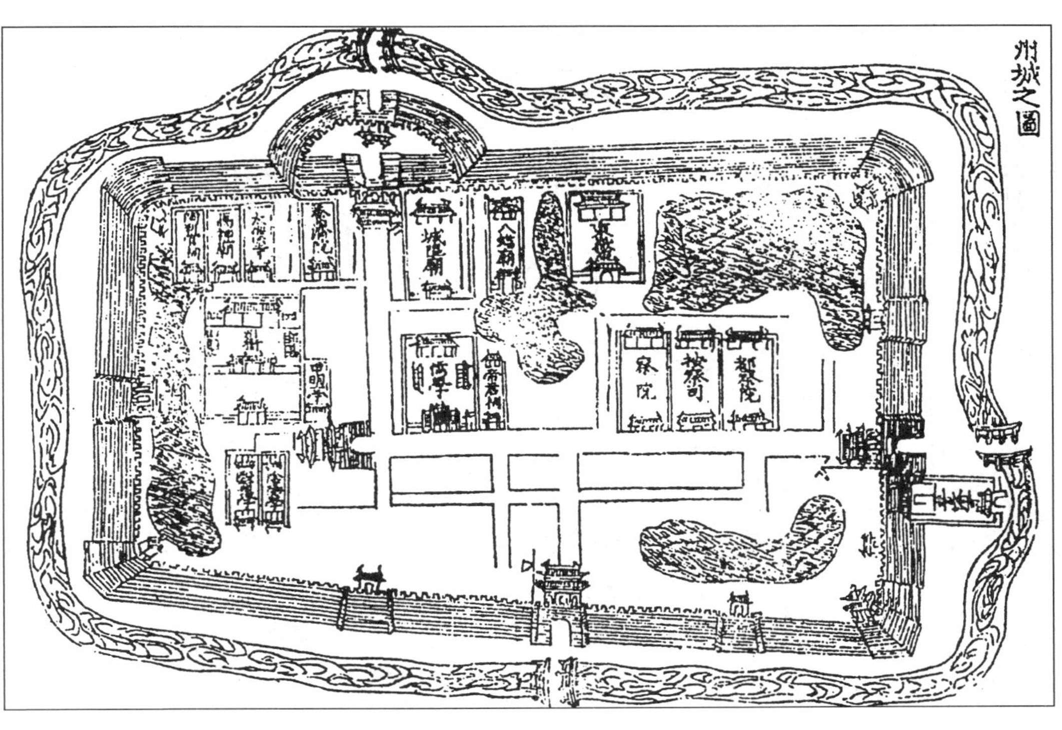

明・霸州城圖　《霸州志》（嘉靖）

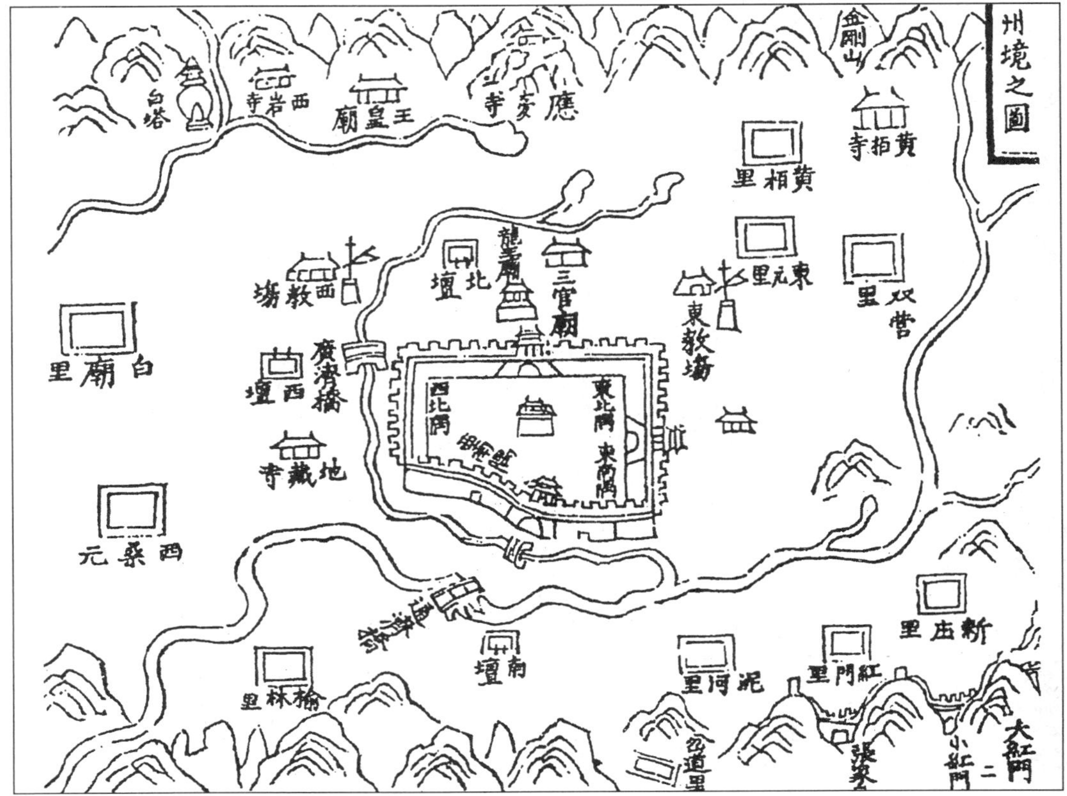

明・隆慶州境圖　《隆慶志》（嘉靖）

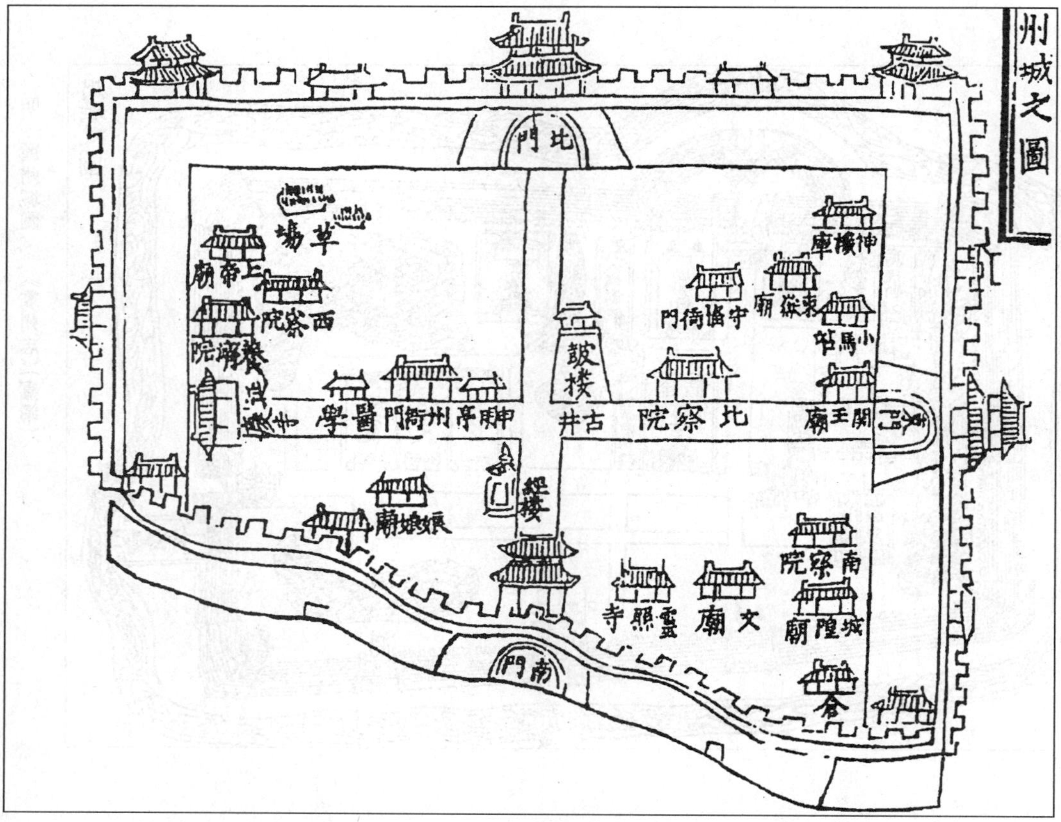

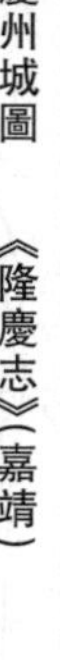

明・隆慶州城圖《隆慶志》（嘉靖）

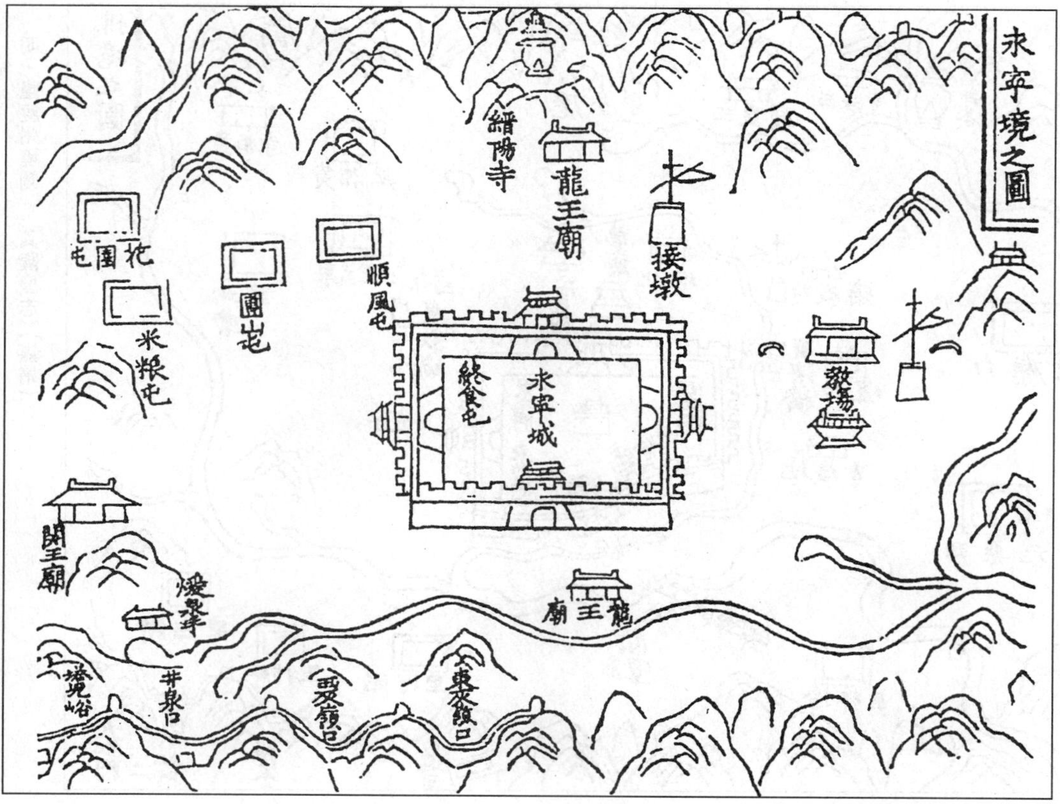

明・永寧境圖《隆慶志》（嘉靖）

永寧城之圖

明・永寧城圖　《隆慶志》（嘉靖）

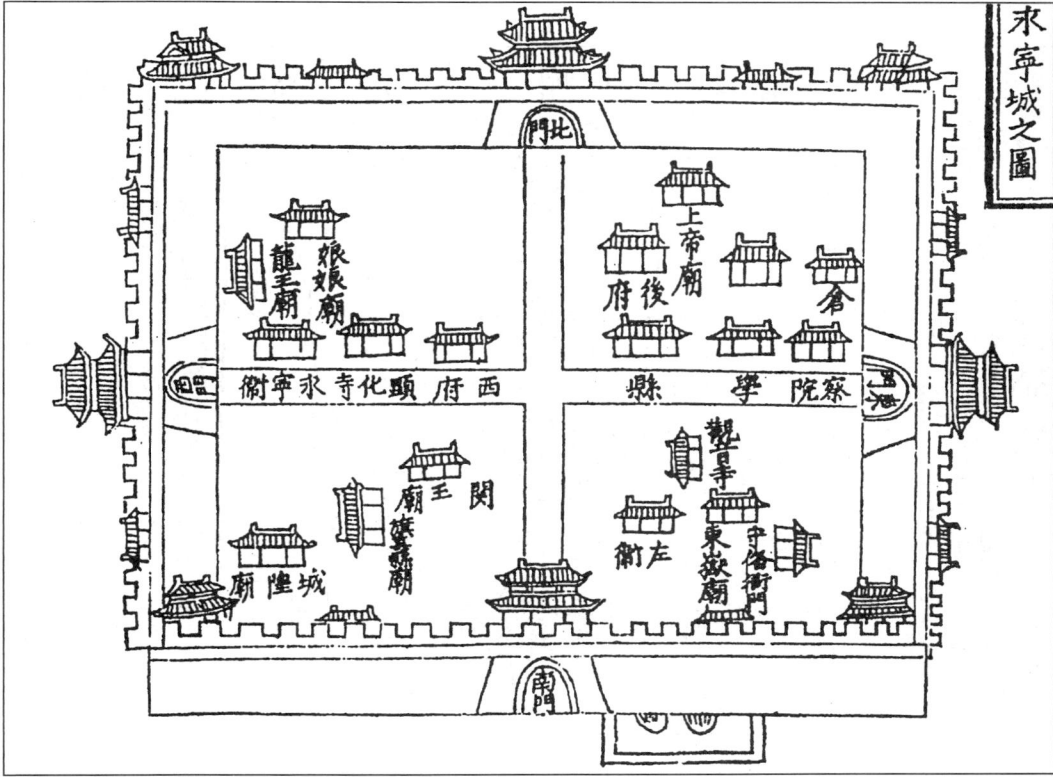

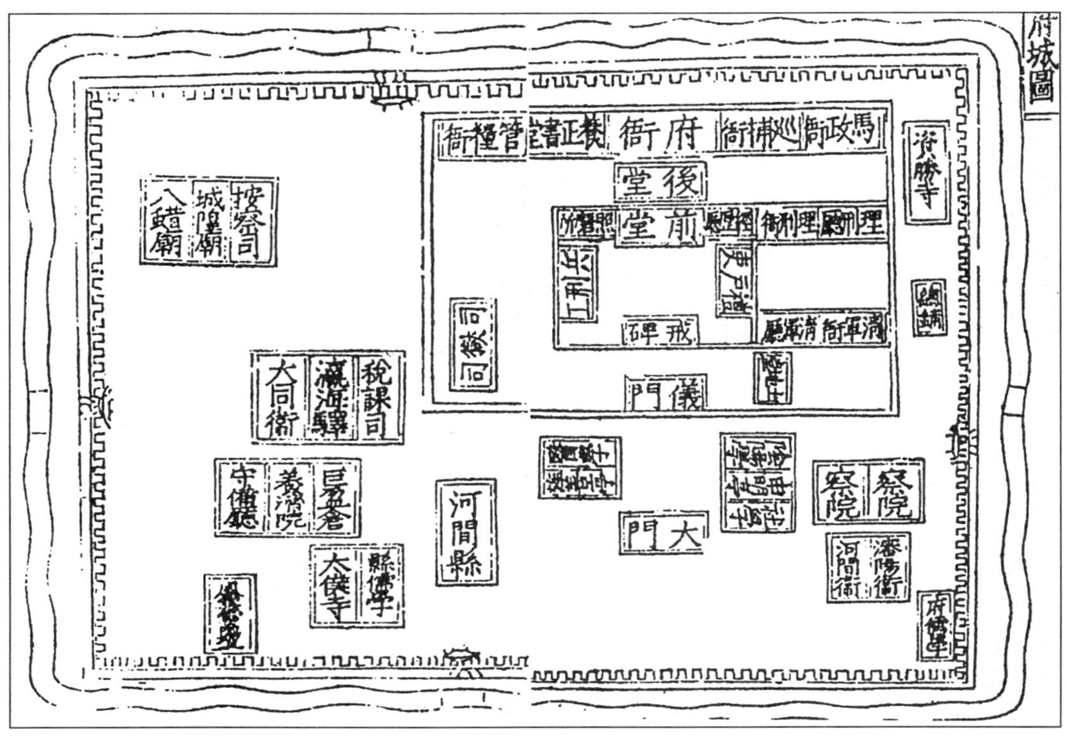

明・河間府城圖　《河間府志》（嘉靖）

明・冀州城池圖　《冀州志》（嘉靖）

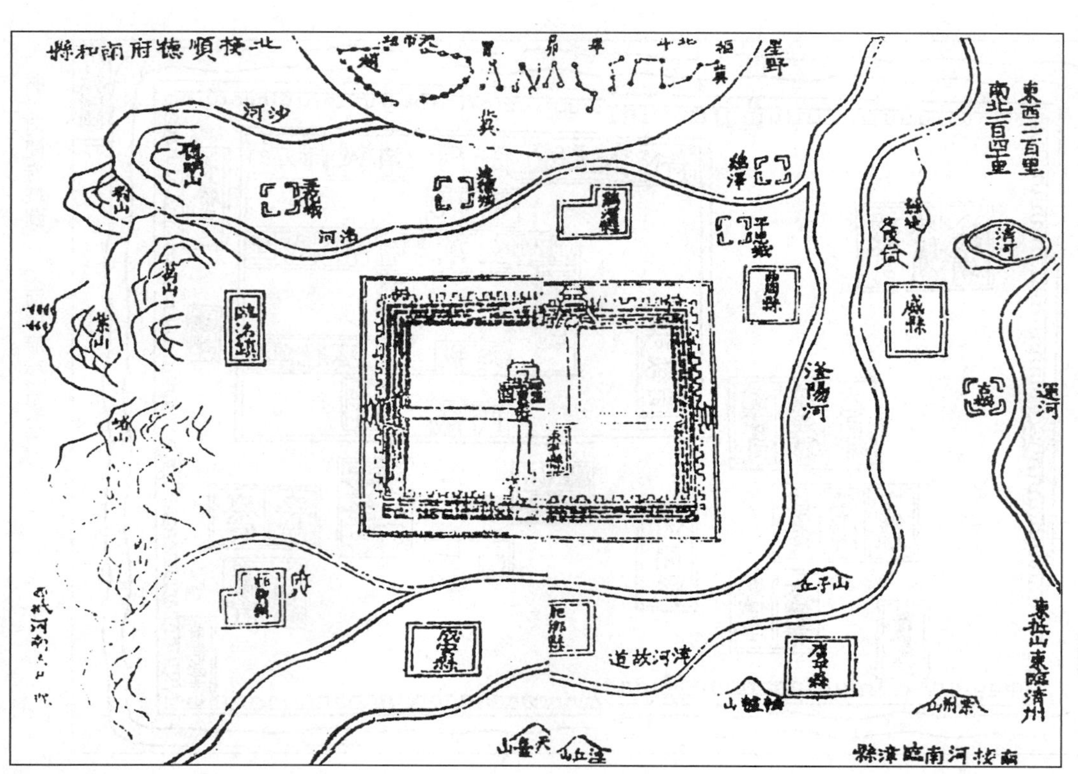

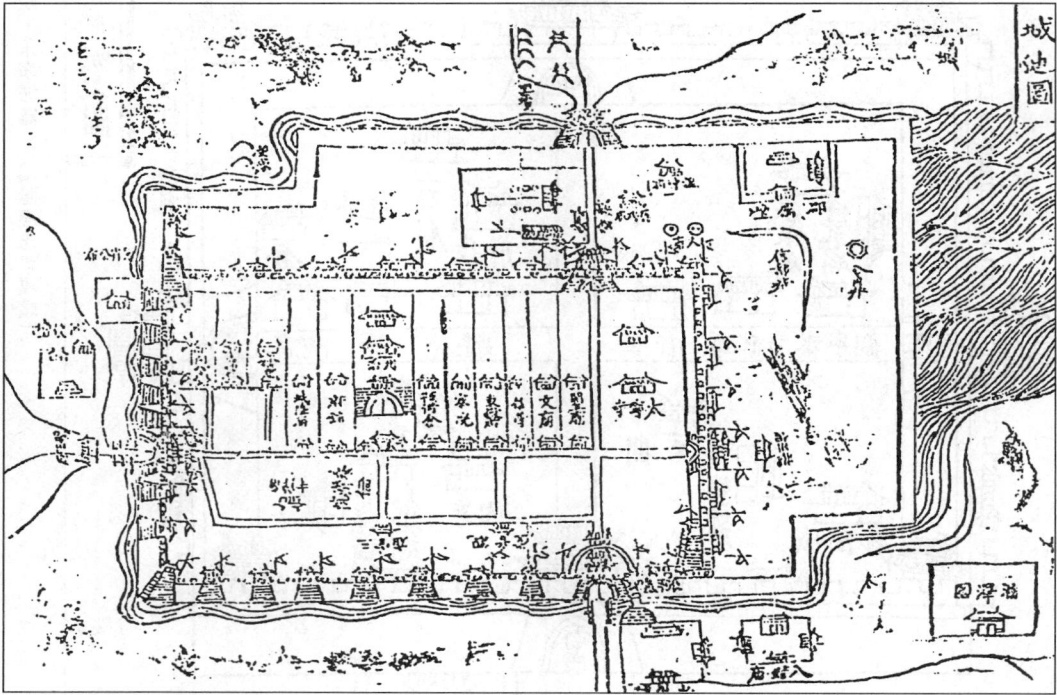

明・廣平府總圖　《廣平府志》（嘉靖）

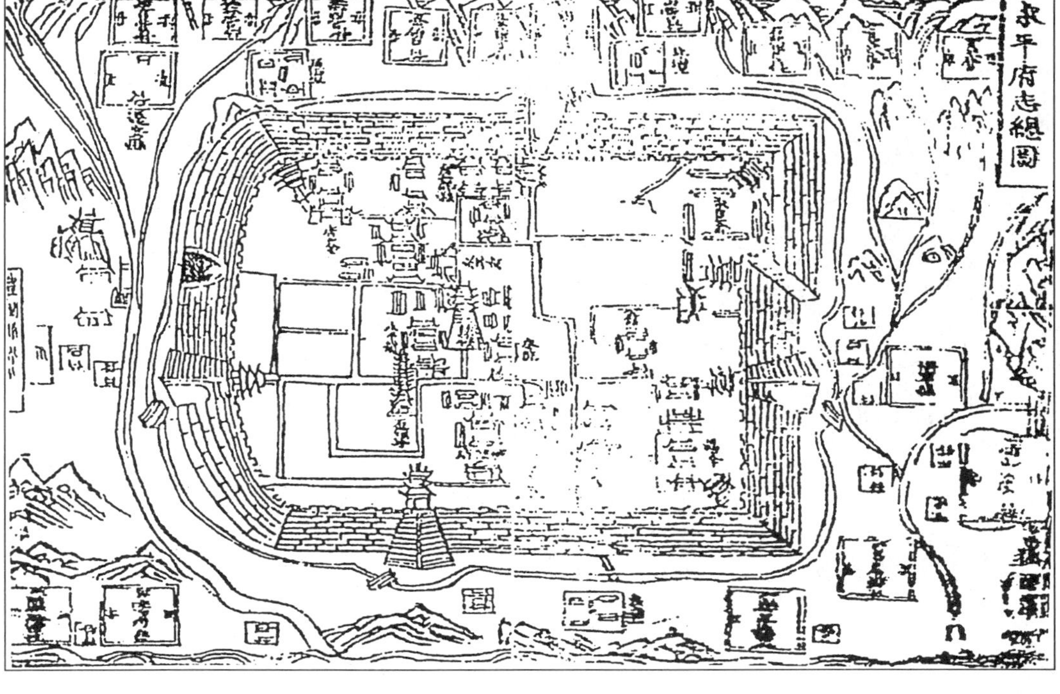

明・永平府總圖　《永平府志》（弘治）

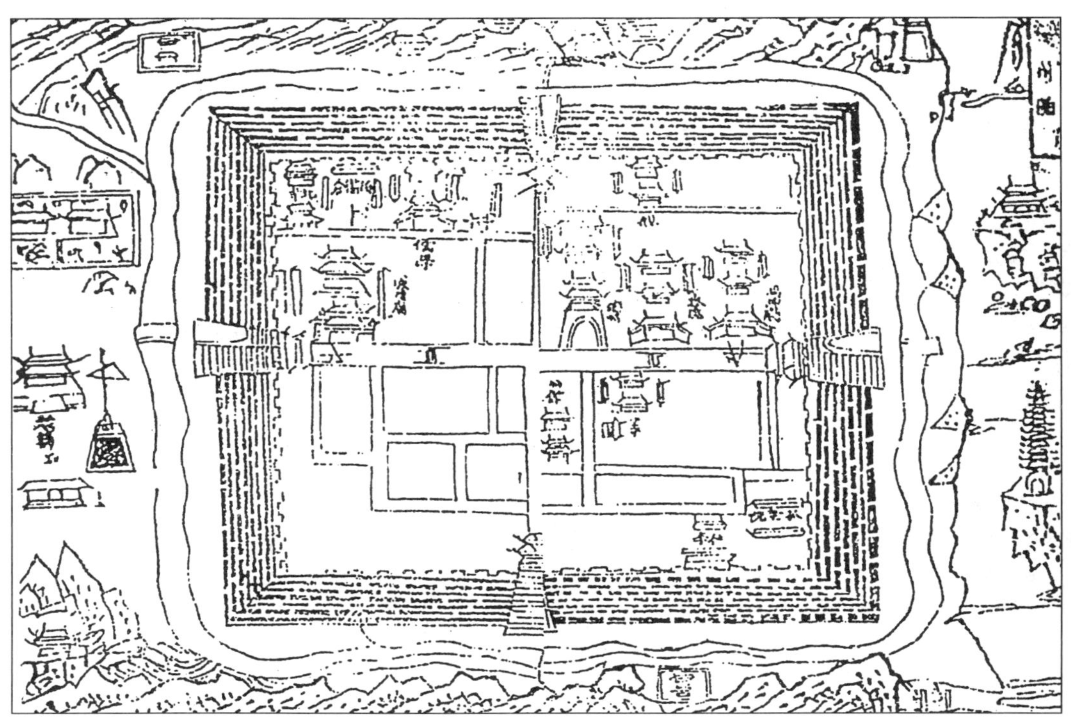

明・灤州圖　《永平府志》（弘治）

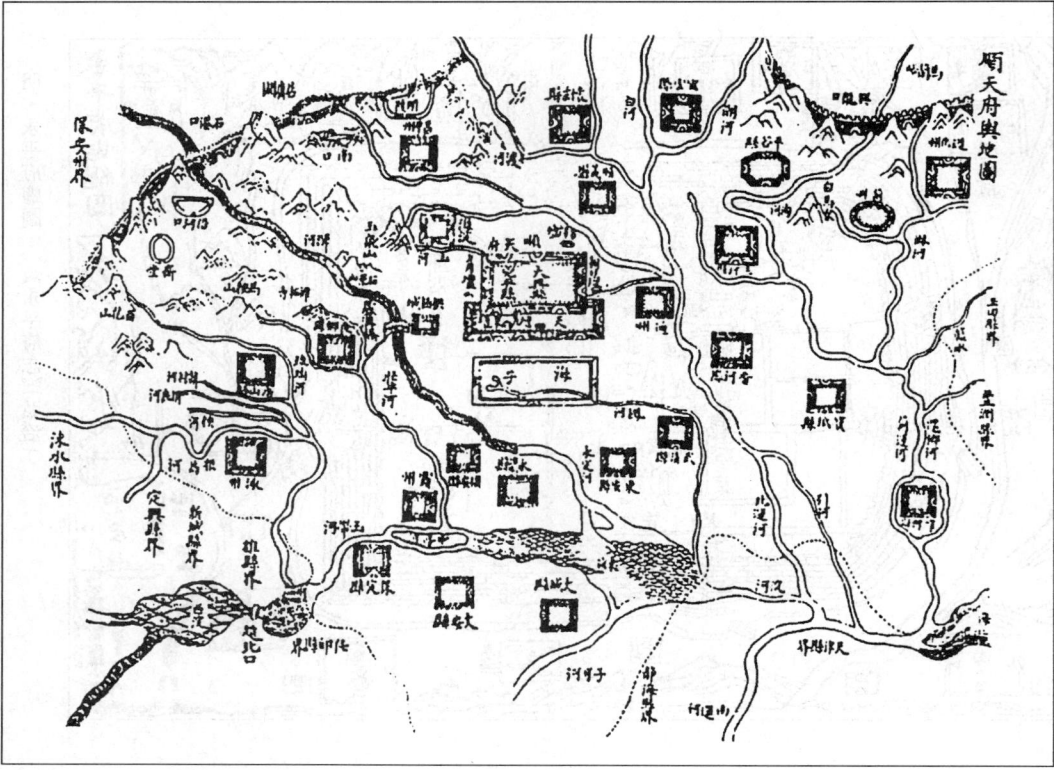

清・順天府圖　《畿輔通志》（雍正）

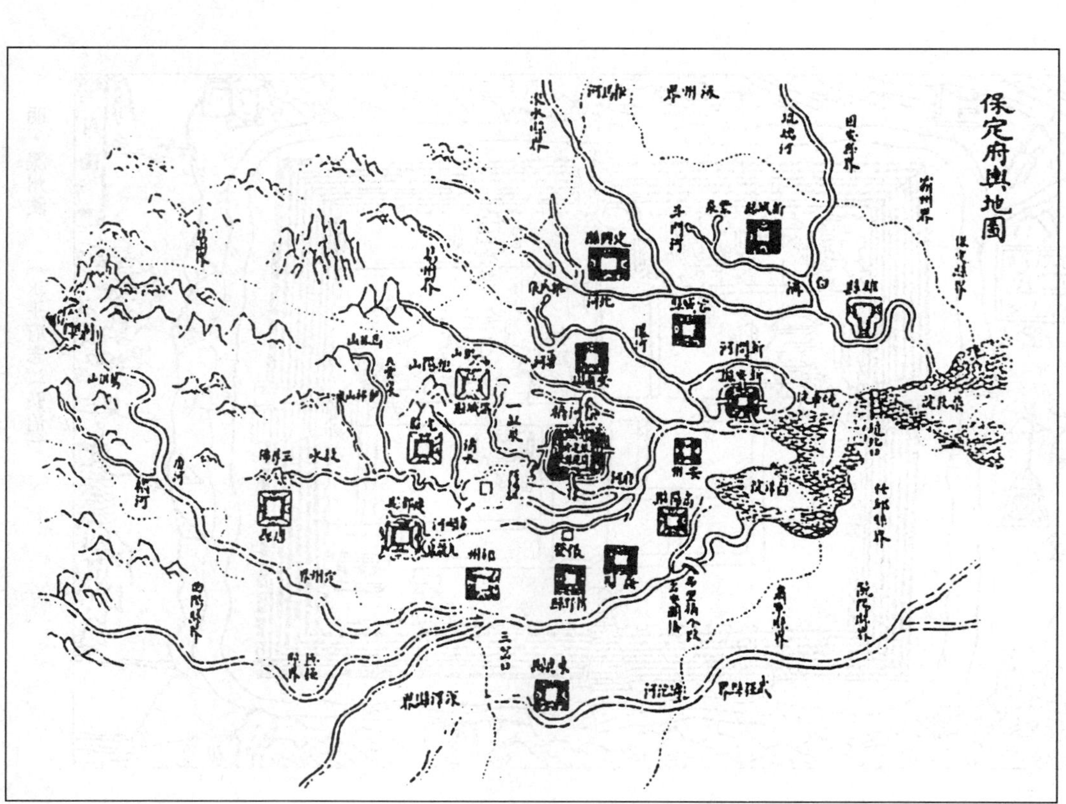

清・保定府圖　《畿輔通志》（雍正）

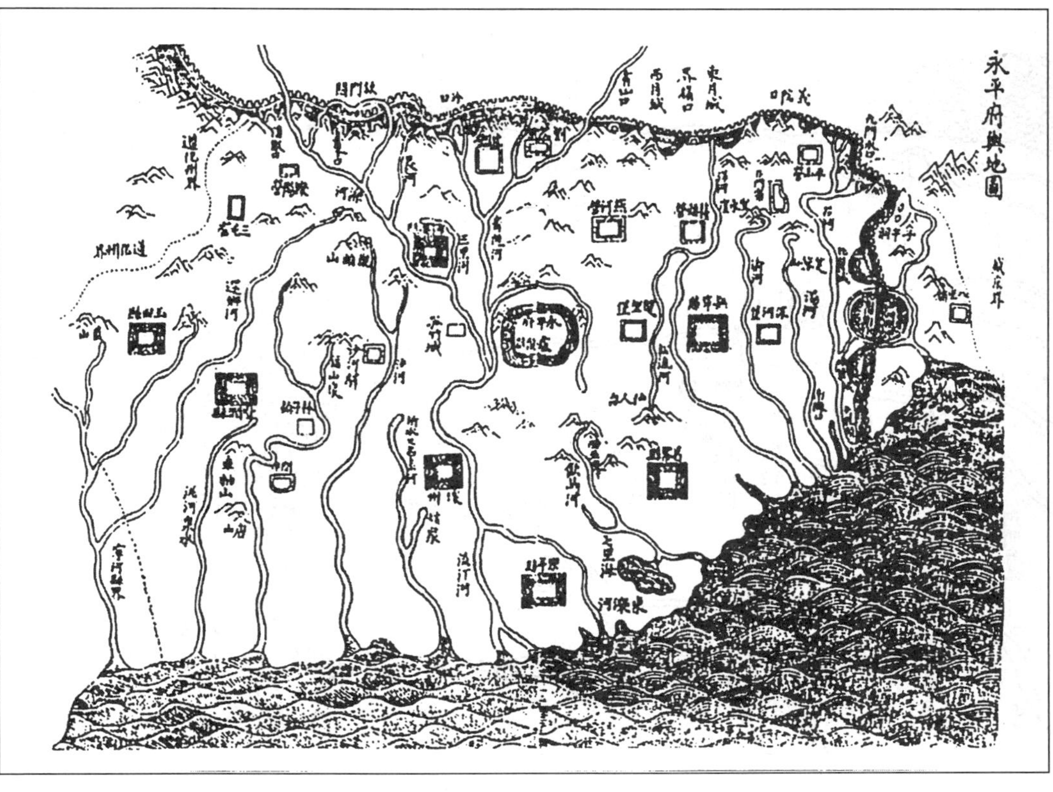

清・永平府圖　《畿輔通志》（雍正）

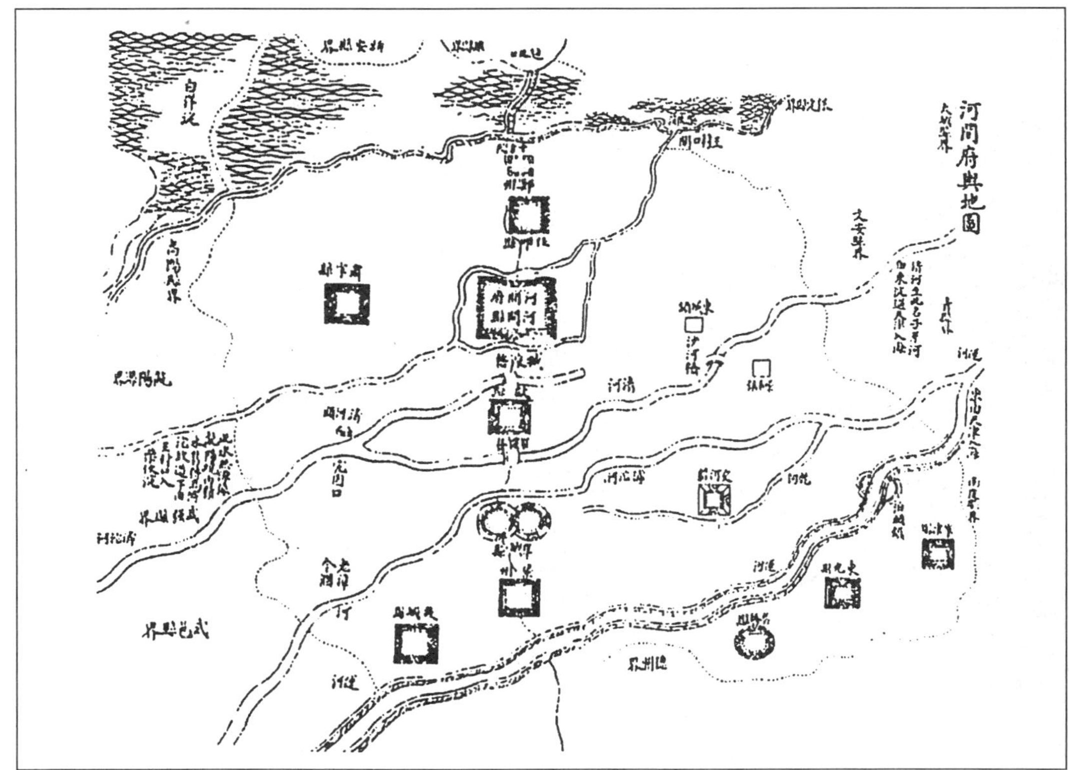

清・河間府圖　《畿輔通志》（雍正）

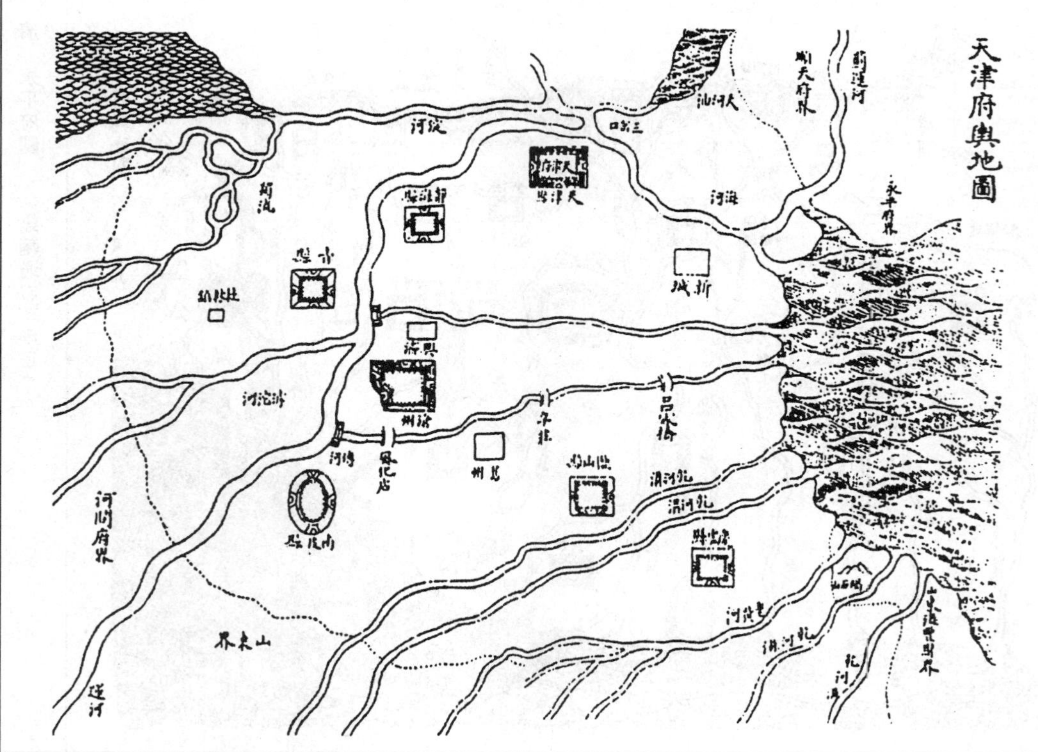

清・天津府圖　《畿輔通志》（雍正）

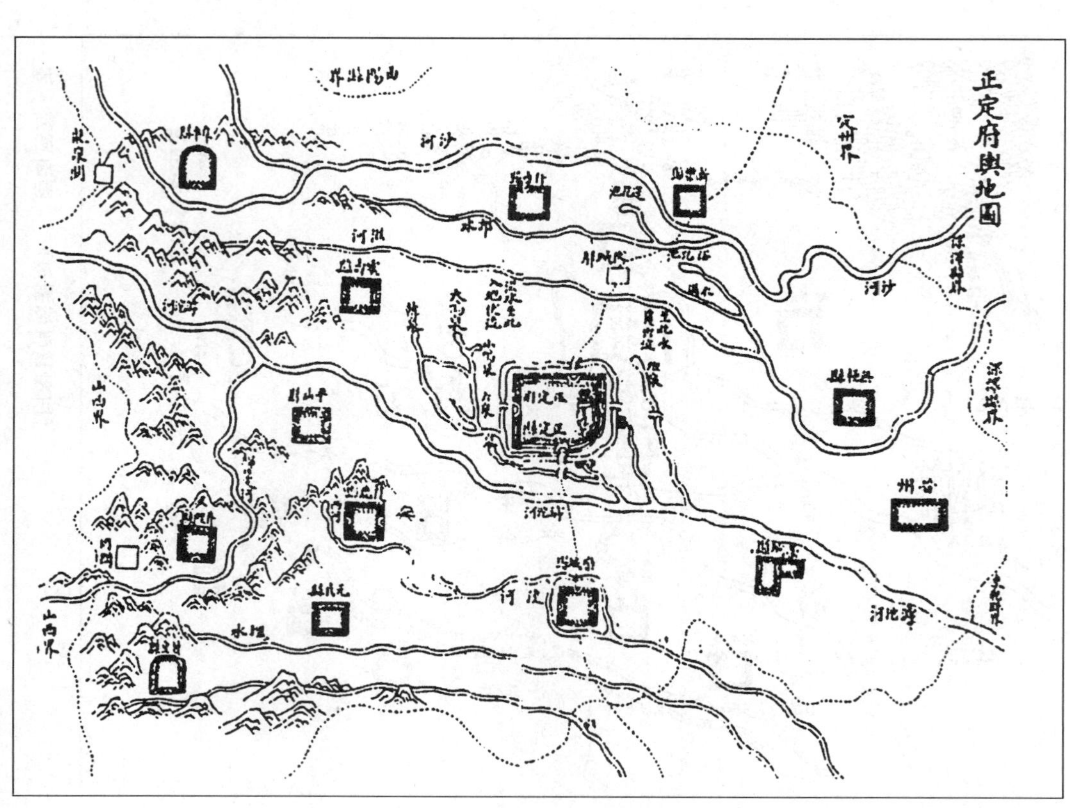

清・正定府圖　《畿輔通志》（雍正）

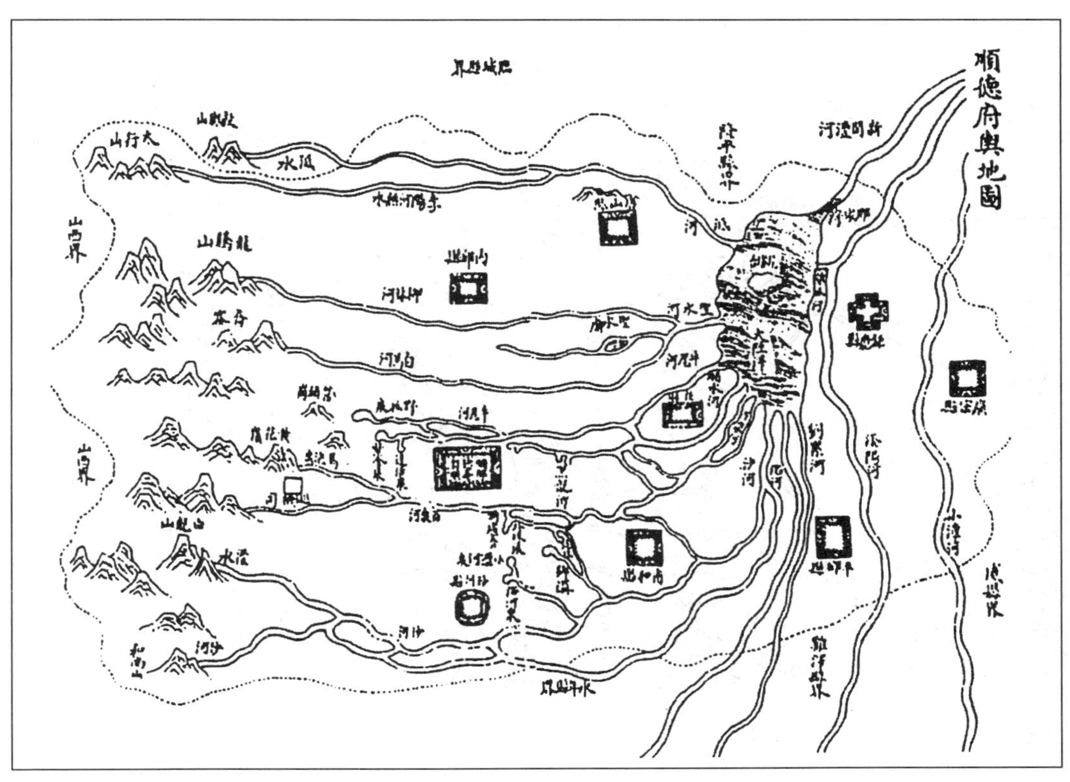

清・順德府圖　《畿輔通志》(雍正)

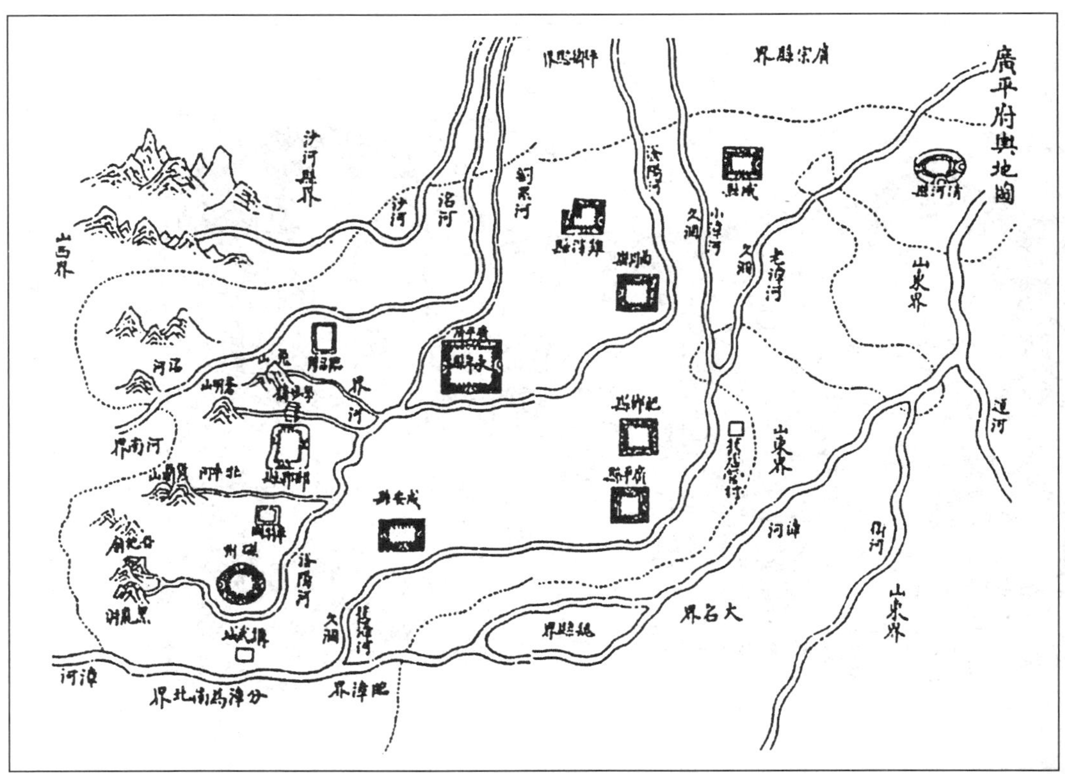

清・廣平府圖　《畿輔通志》(雍正)

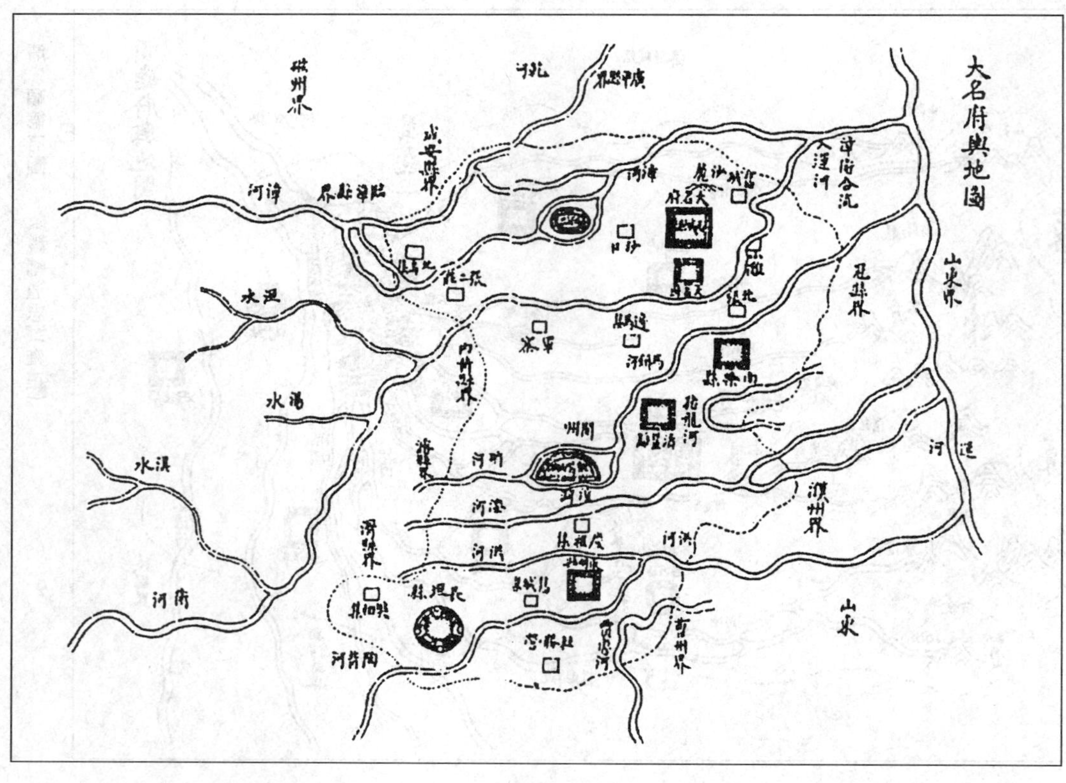

清・大名府圖　《畿輔通志》（雍正）

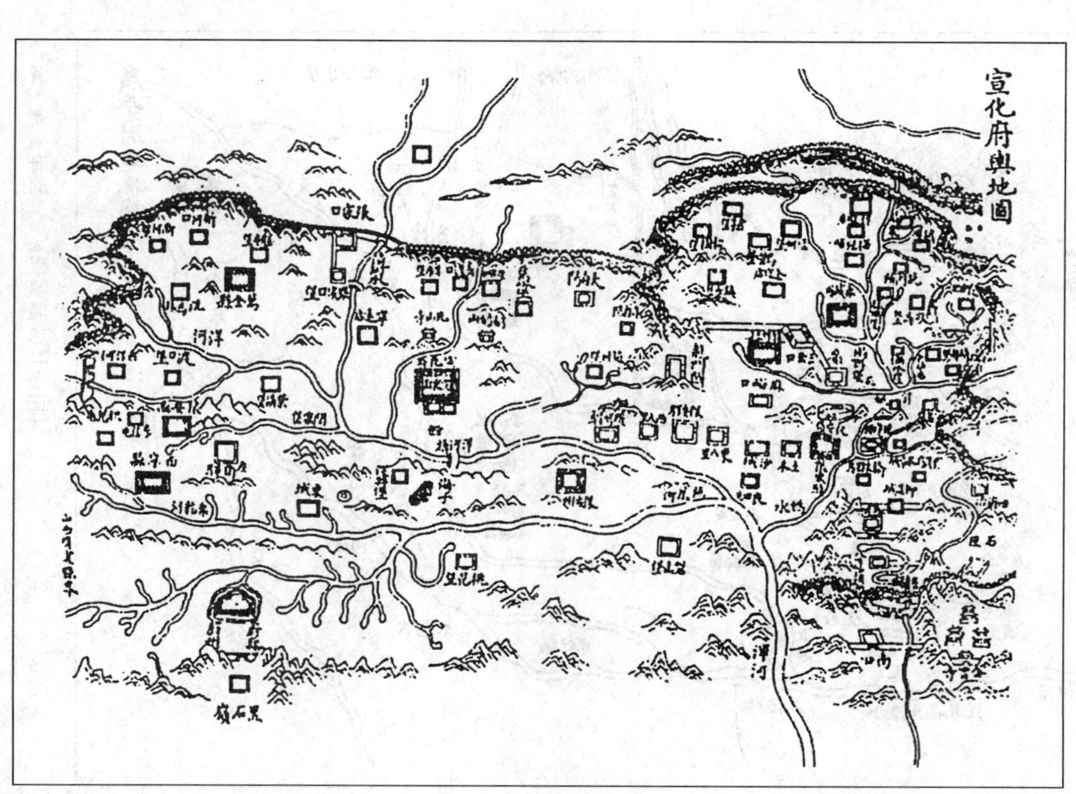

清・宣化府圖　《畿輔通志》（雍正）

清・易州圖　《畿輔通志》（雍正）

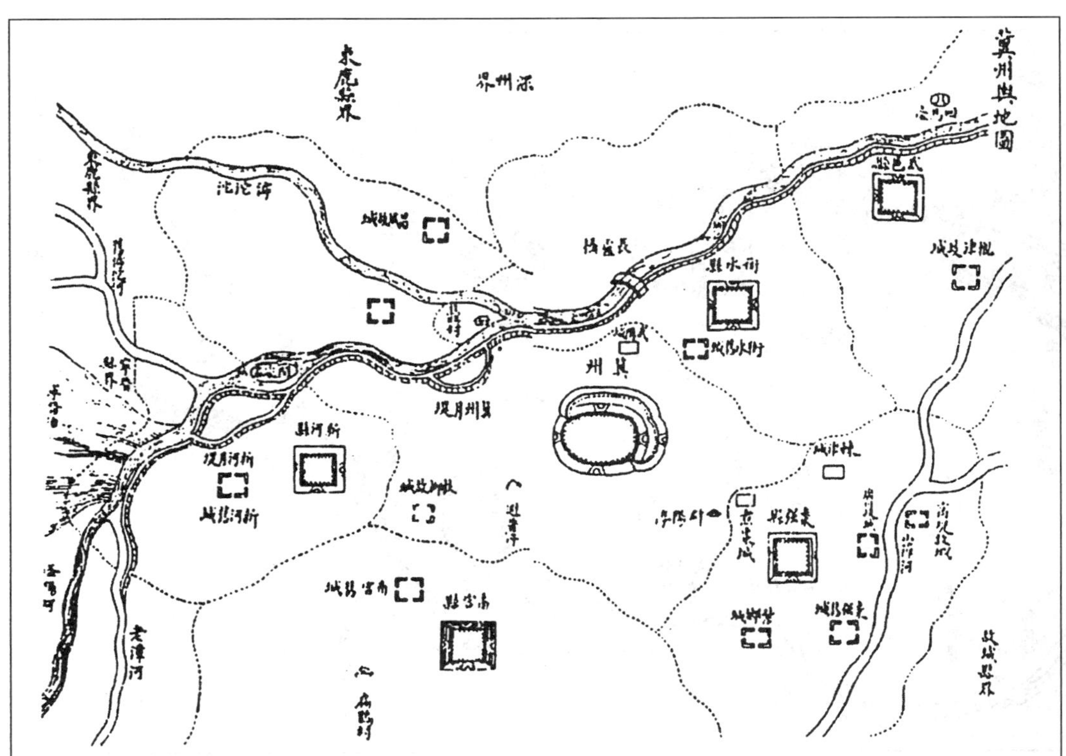

清・冀州圖　《畿輔通志》（雍正）

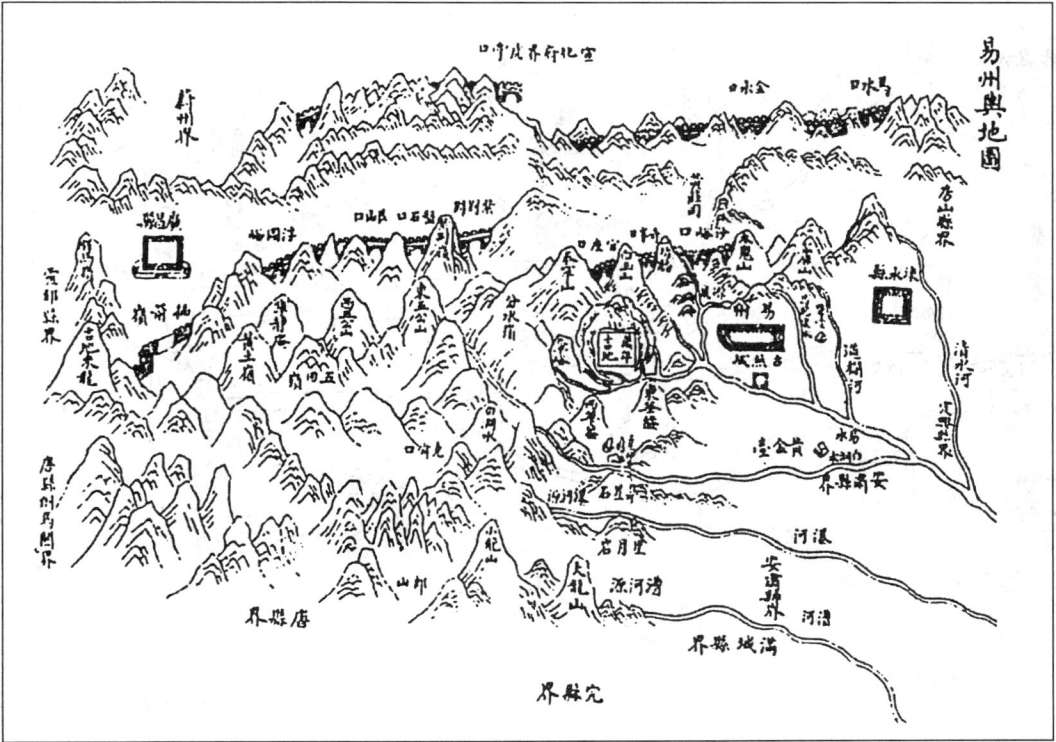

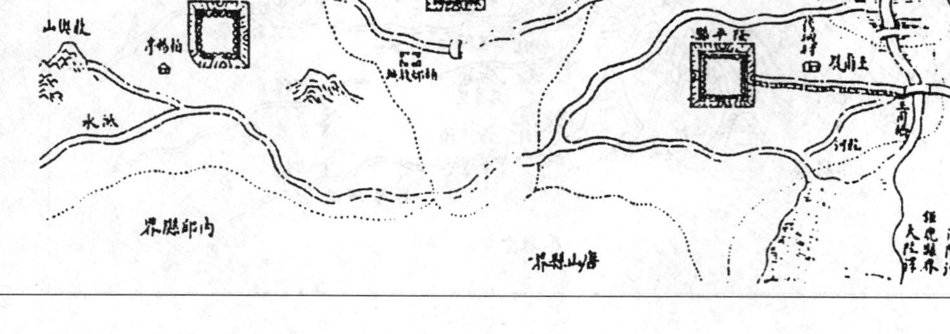

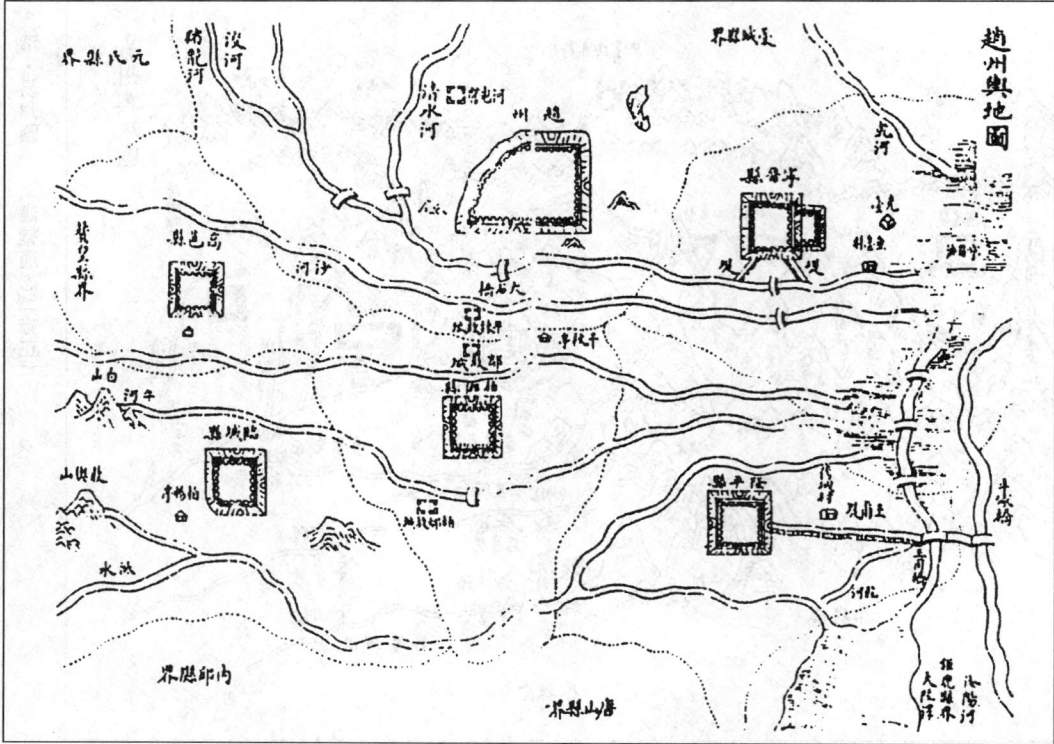

清・趙州圖　《畿輔通志》（雍正）

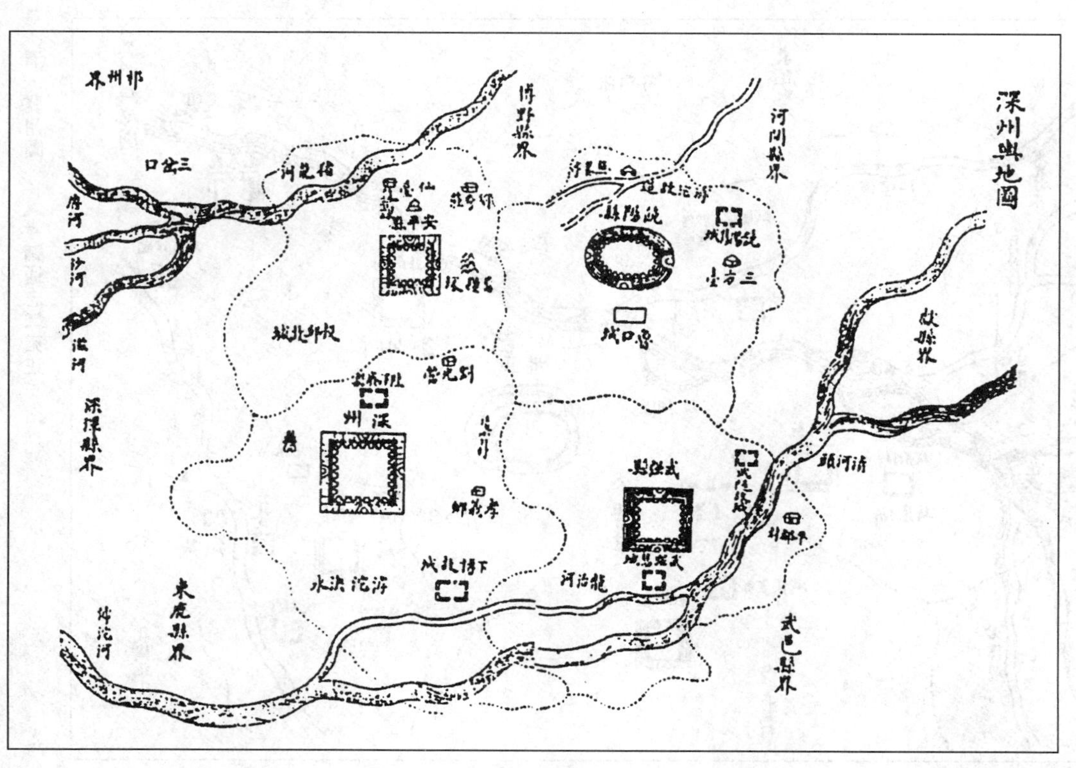

清・深州圖　《畿輔通志》（雍正）

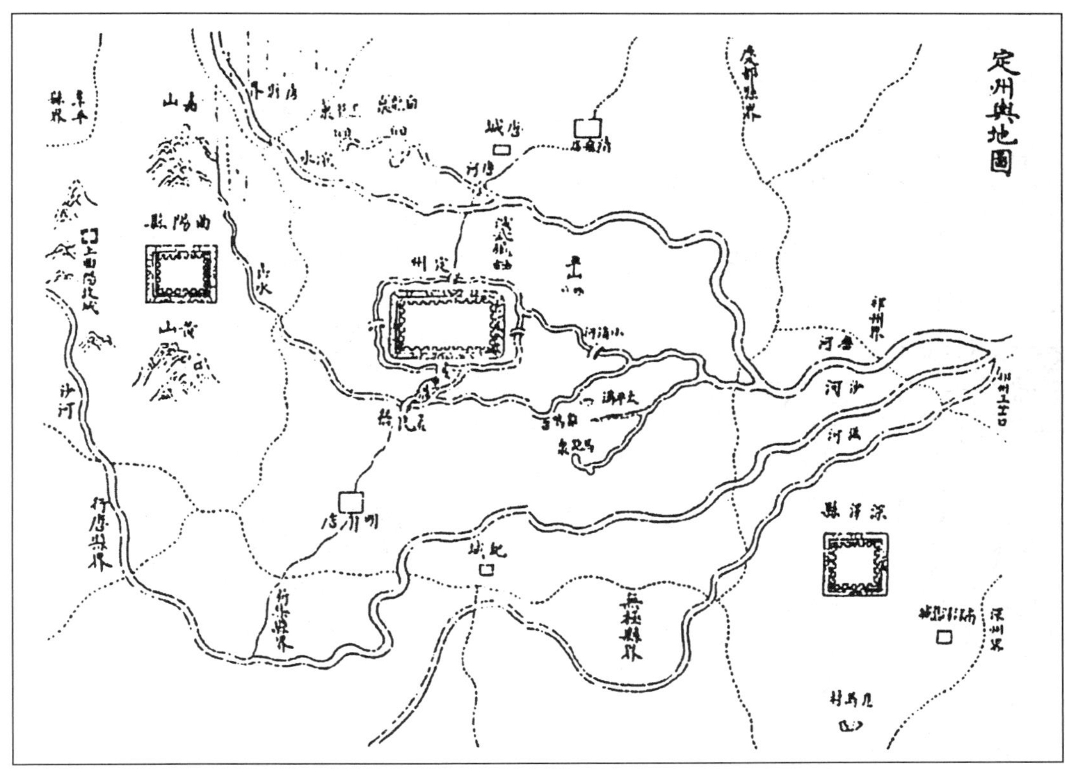

清・定州圖　《畿輔通志》（雍正）

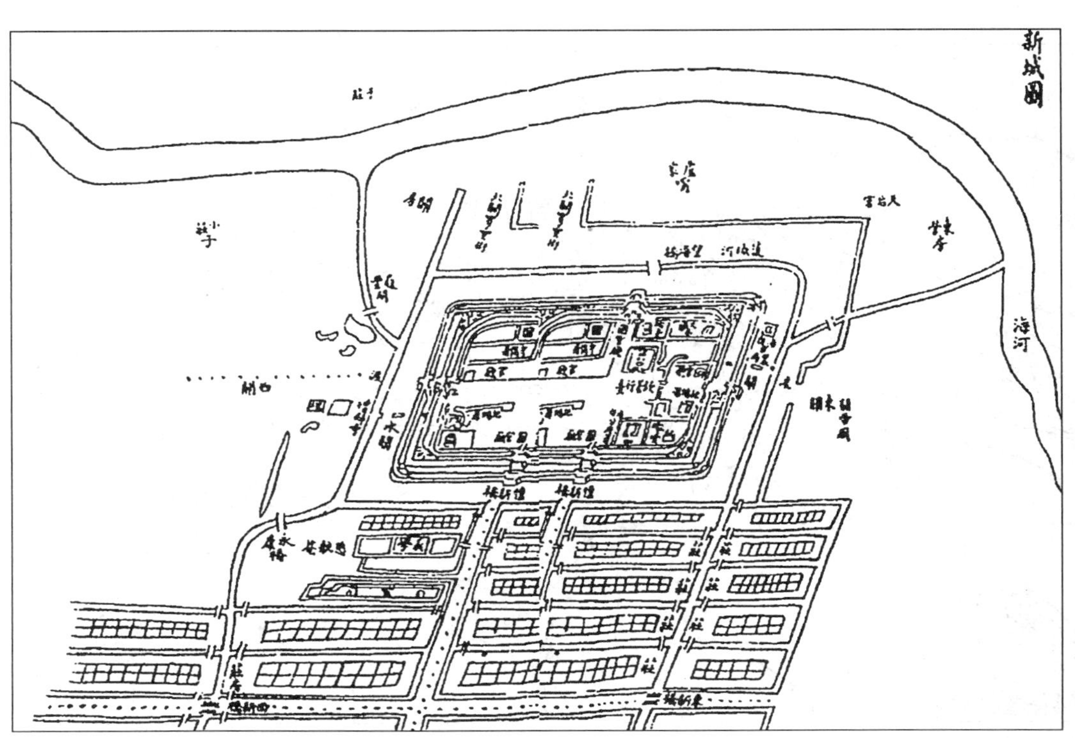

清・天津新城圖　《重修天津府志》（光緒）

明・太原縣城圖　《太原縣志》(嘉靖)

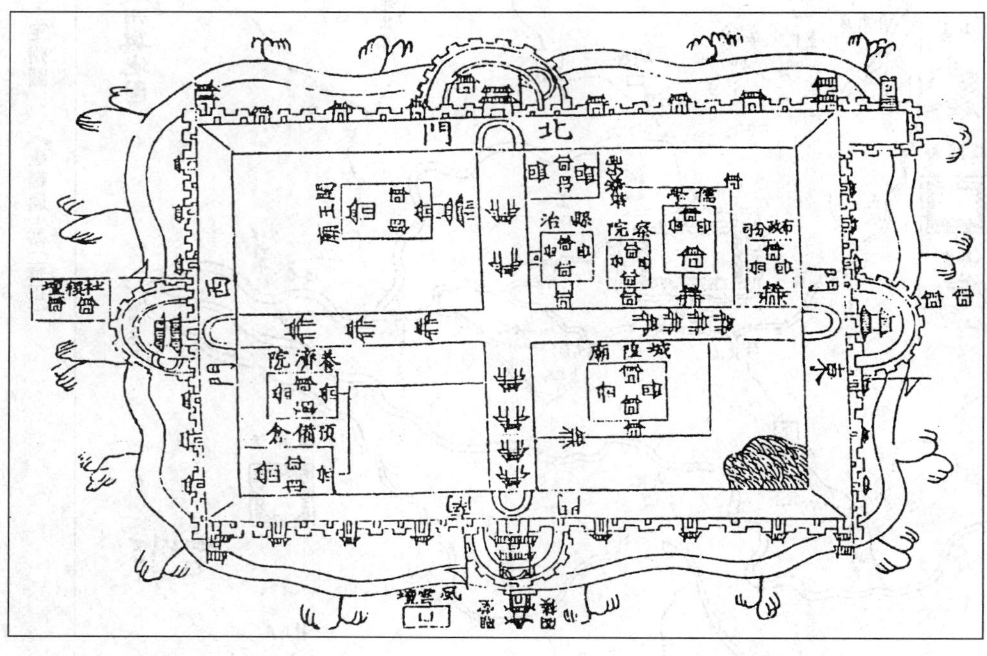

明・晉祠圖　《太原縣志》(嘉靖)

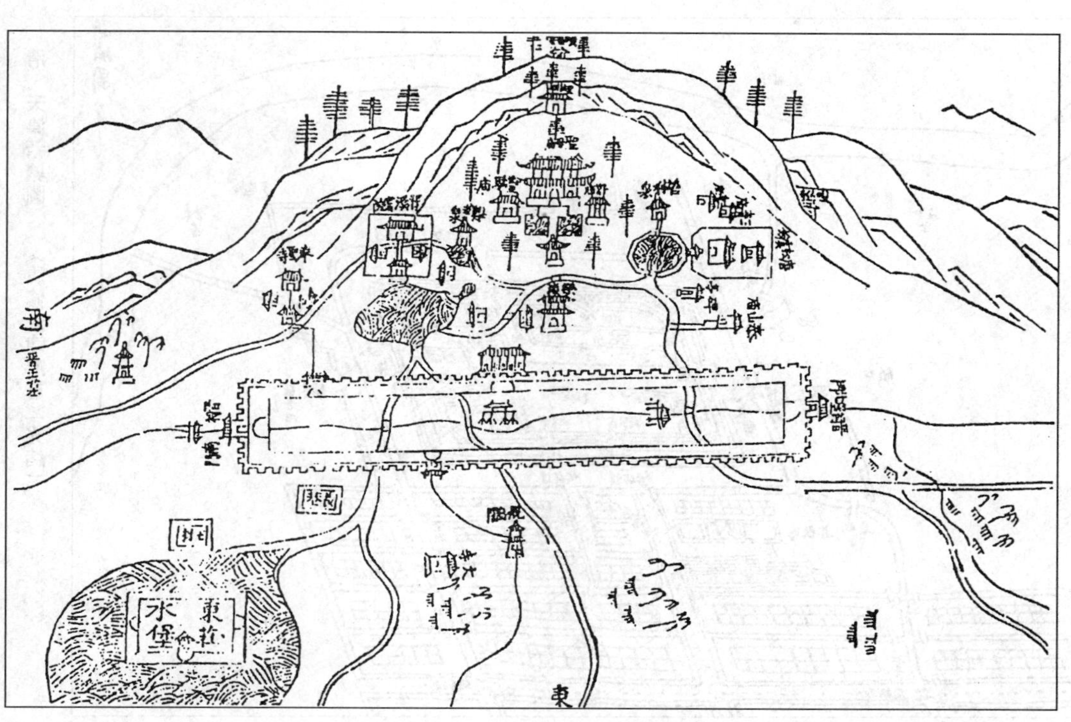

明・忻州城圖　《忻州志》（萬曆）

明・大同府境圖　《大同府志》（正德）

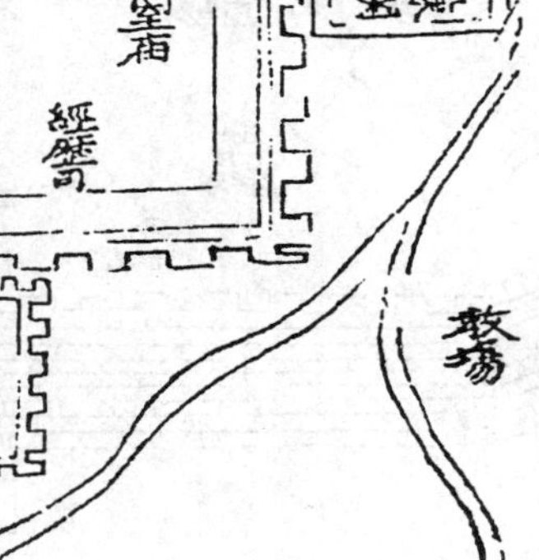

明·應州城圖　《應州志》(萬曆)

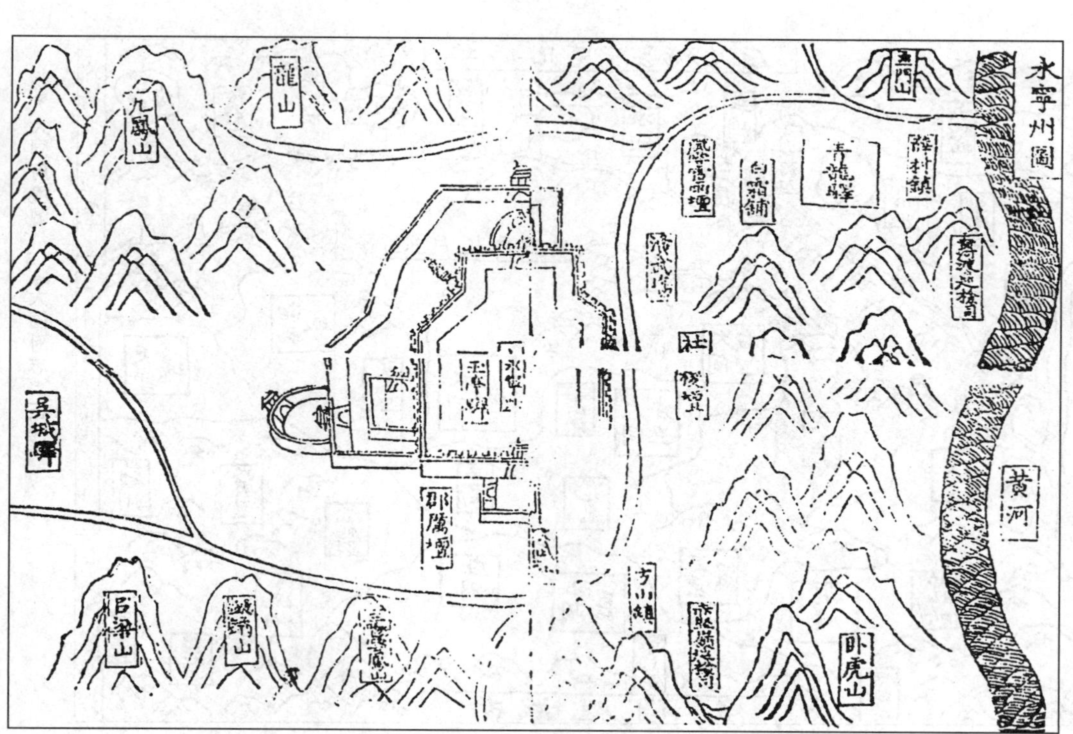

明·永寧州圖　《汾州府志》(萬曆)

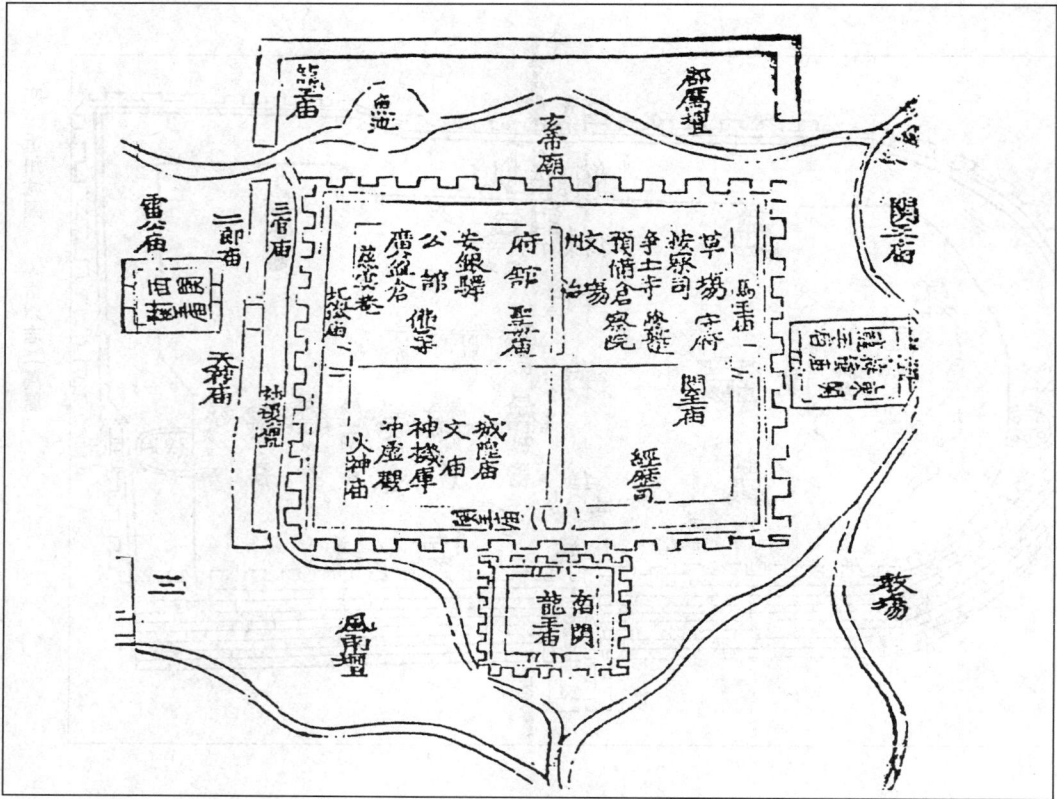

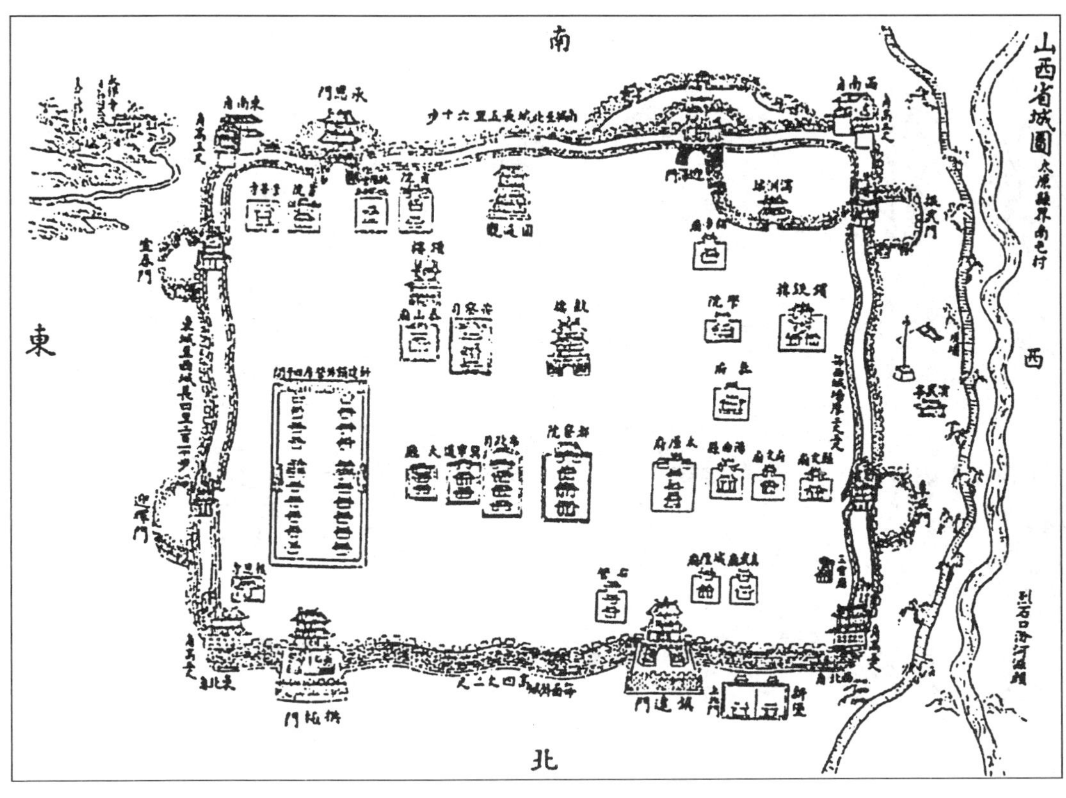

清・山西省城圖 《山西通志》(雍正)

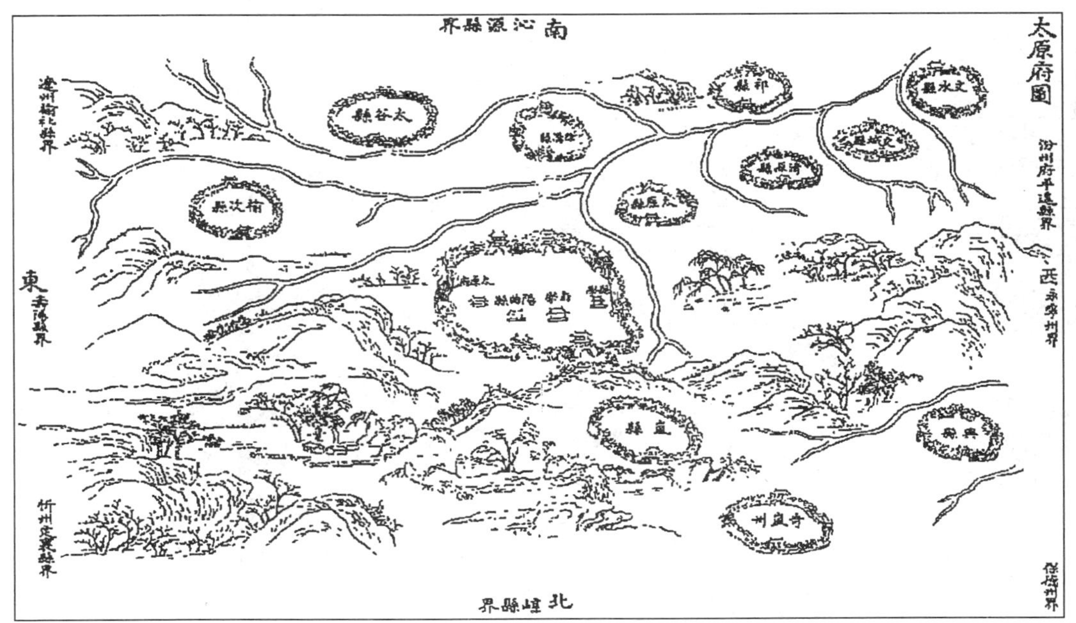

清・太原府圖 《山西通志》(雍正)

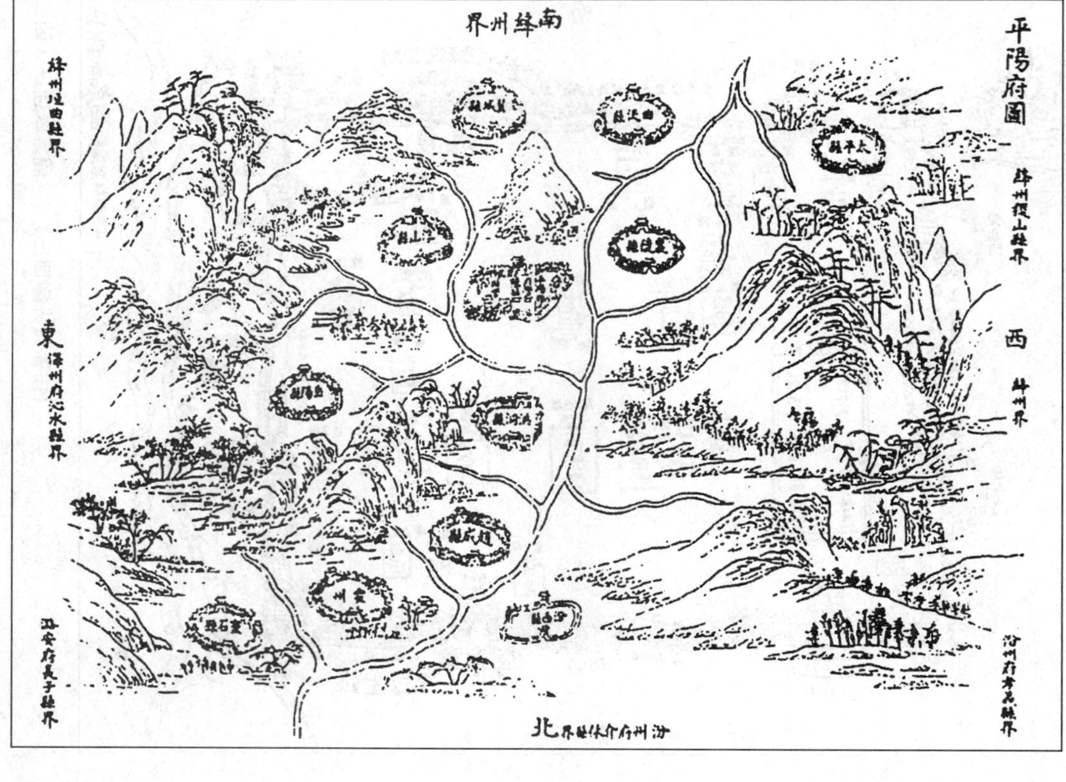

清・平陽府圖 《山西通志》（雍正）

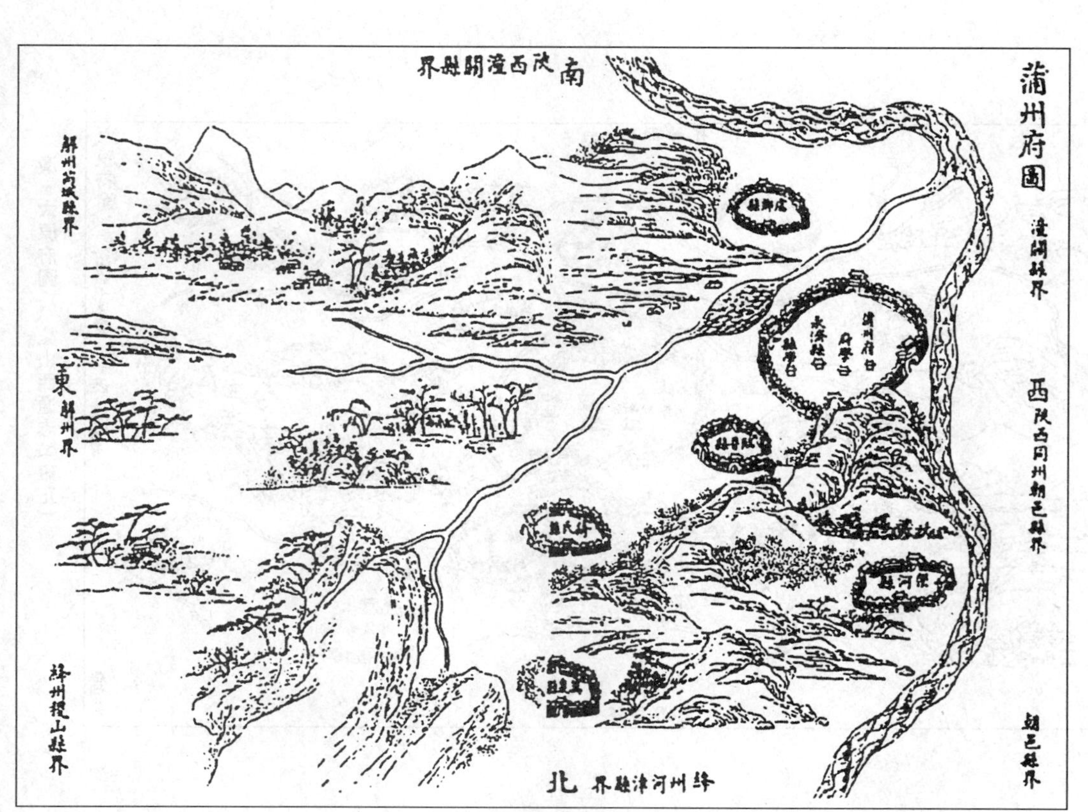

清・蒲州府圖 《山西通志》（雍正）

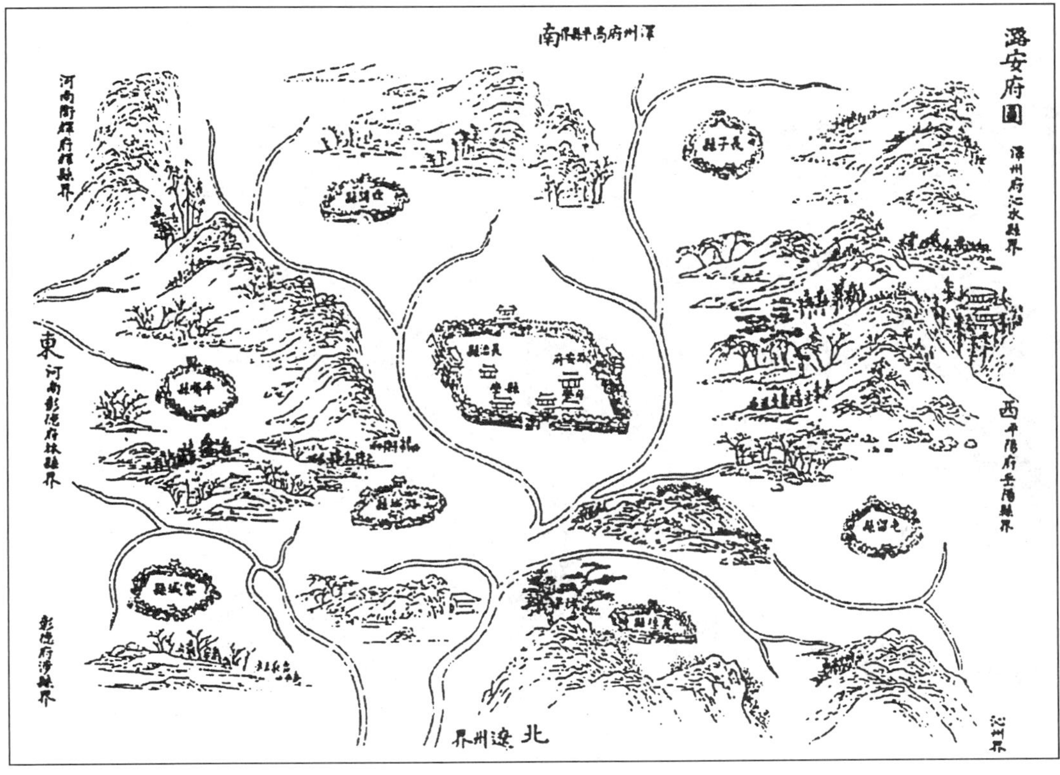

清・潞安府圖 《山西通志》(雍正)

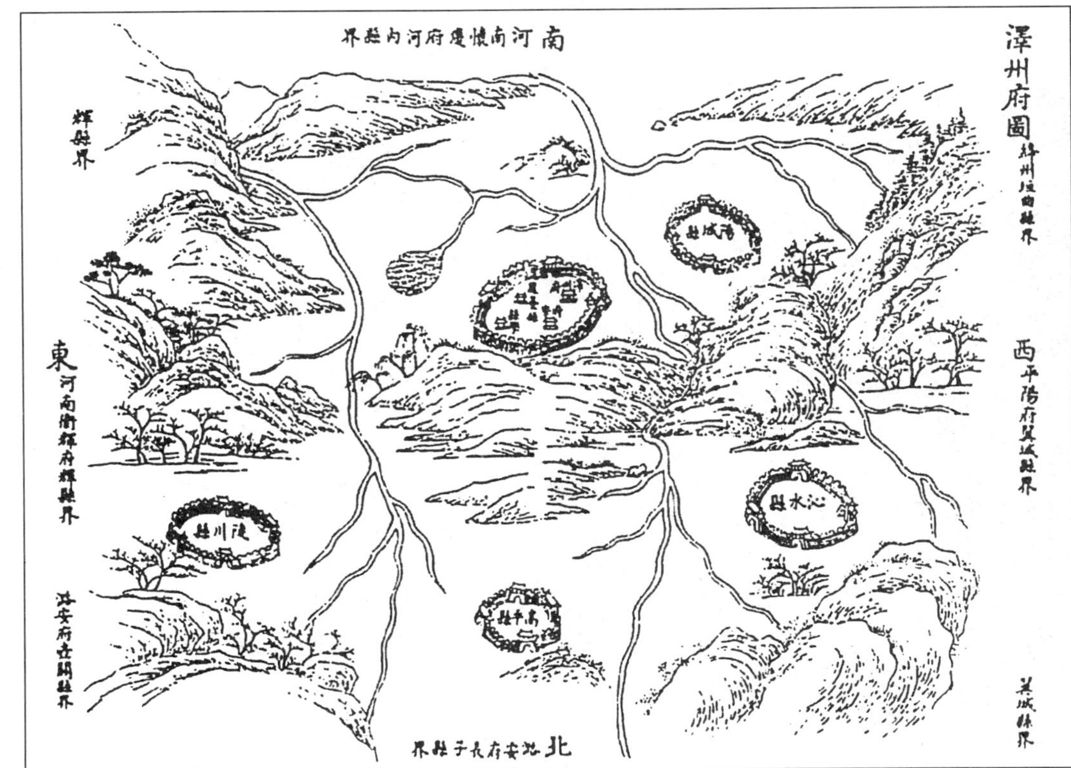

清・澤州府圖 《山西通志》(雍正)

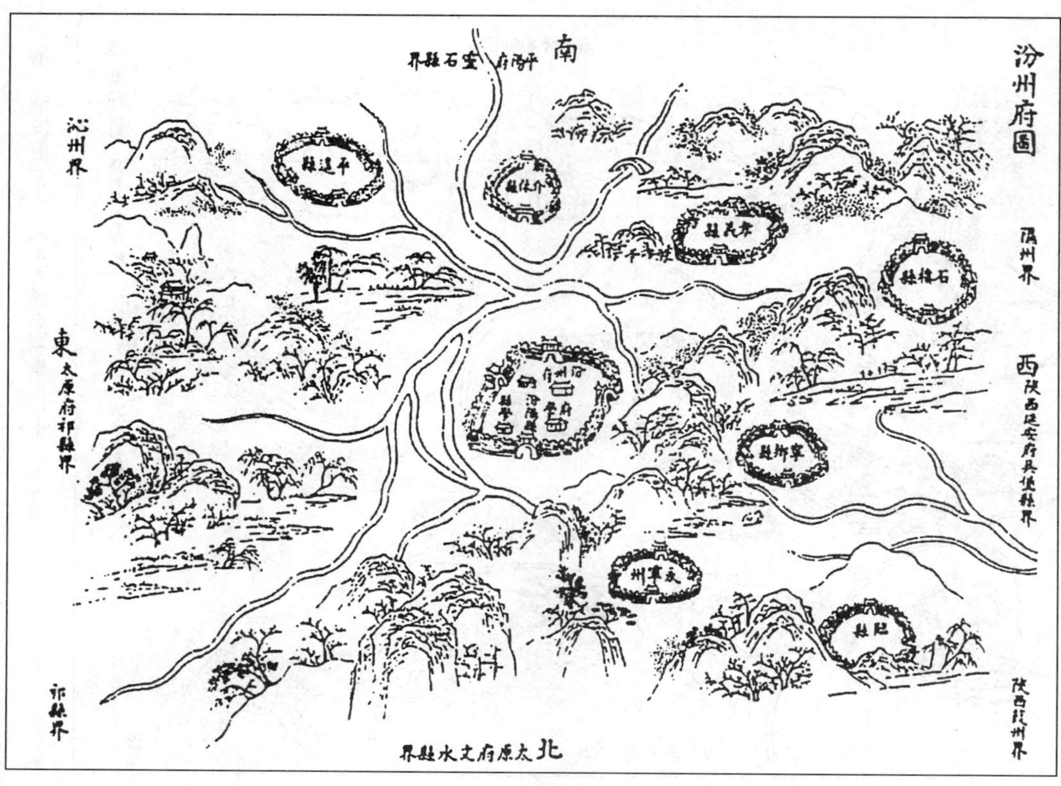

清·汾州府圖　《山西通志》(雍正)

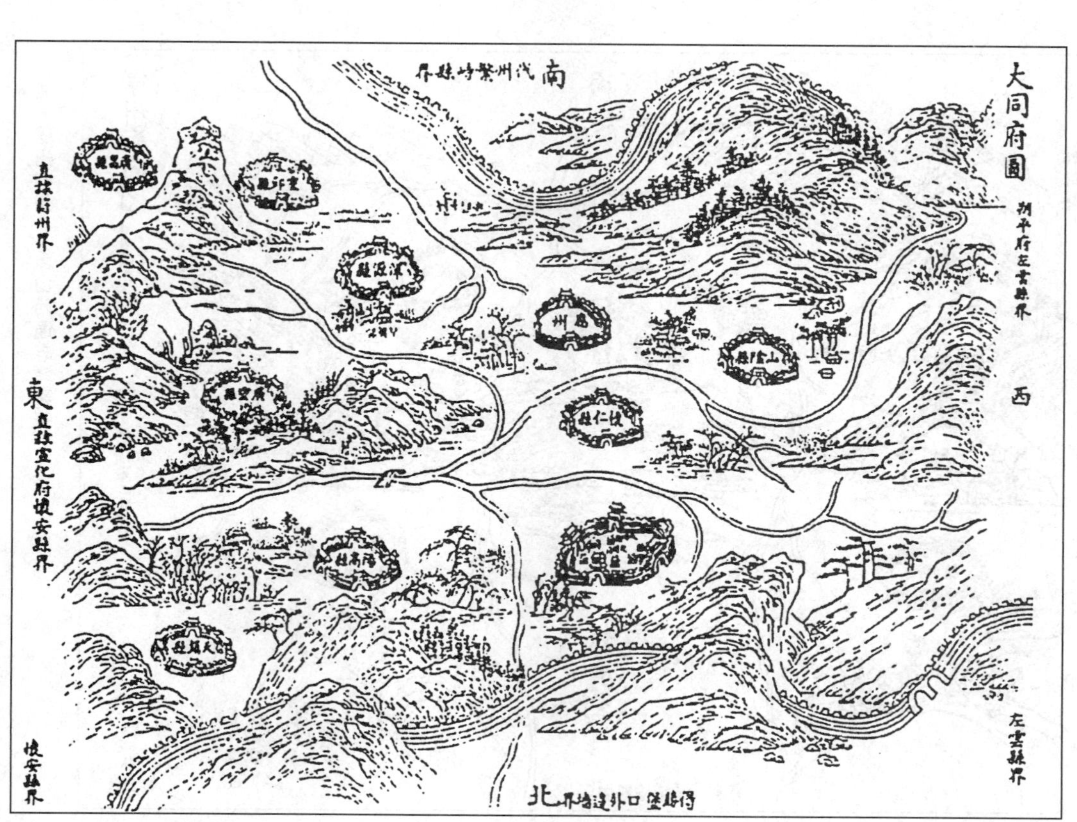

清·大同府圖　《山西通志》(雍正)

清・寧武府圖　《山西通志》(雍正)

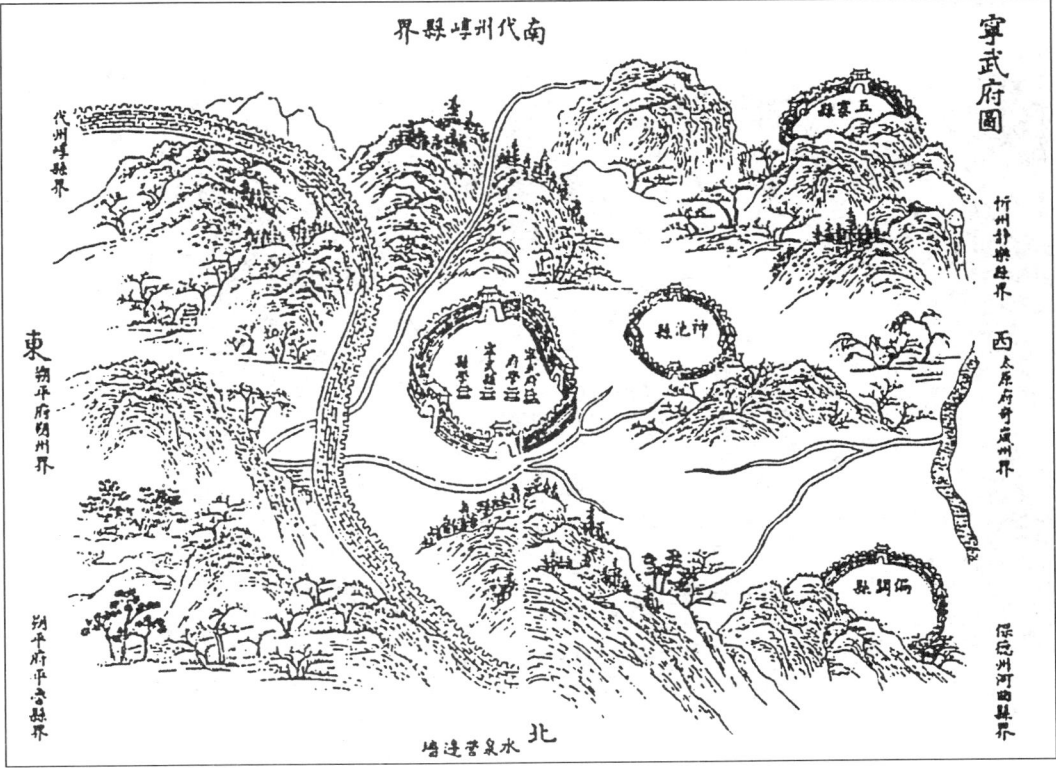

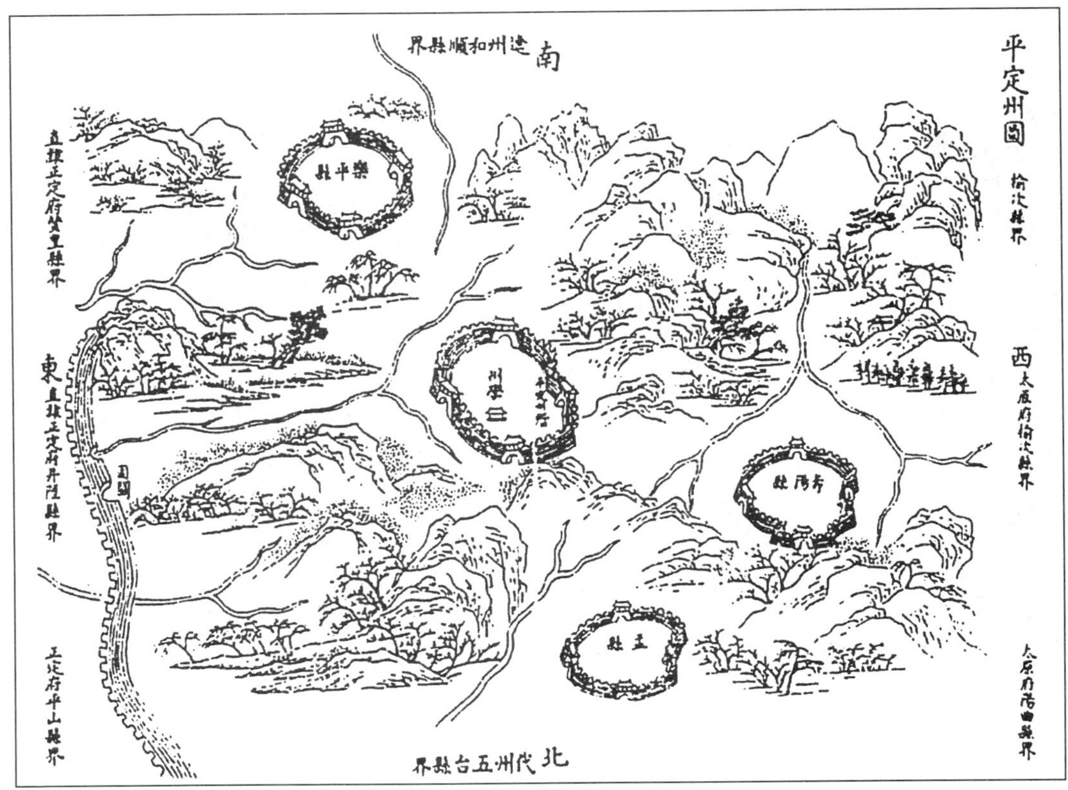

清・平定州圖　《山西通志》(雍正)

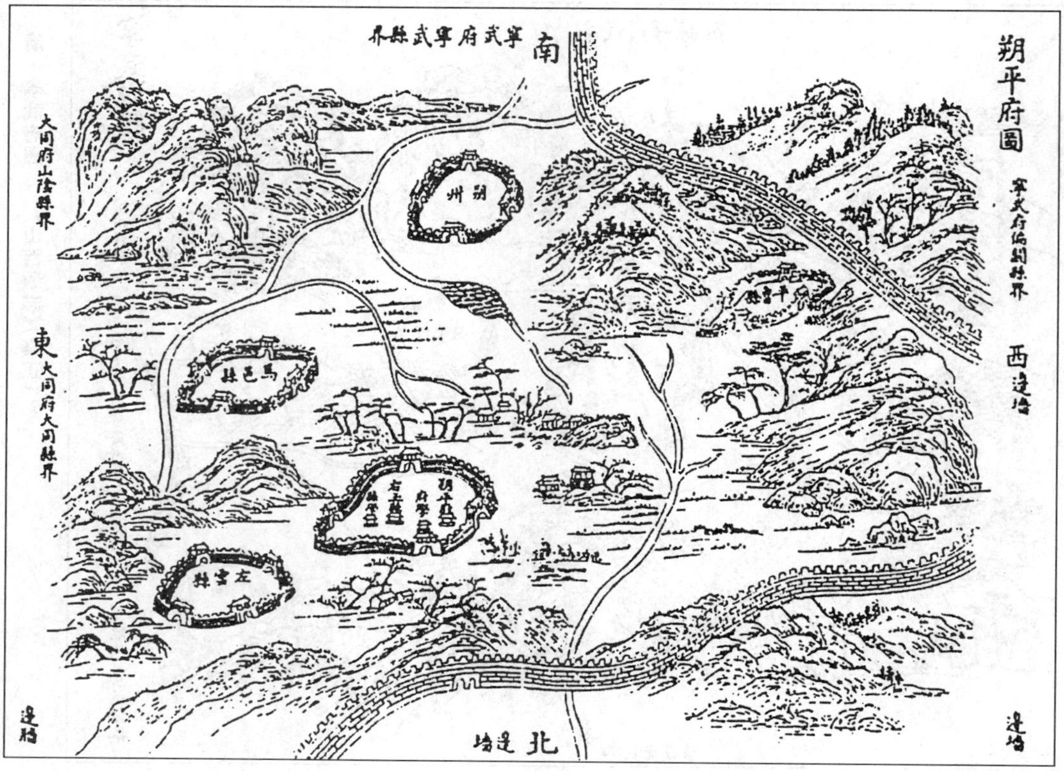

清・朔平府圖 《山西通志》（雍正）

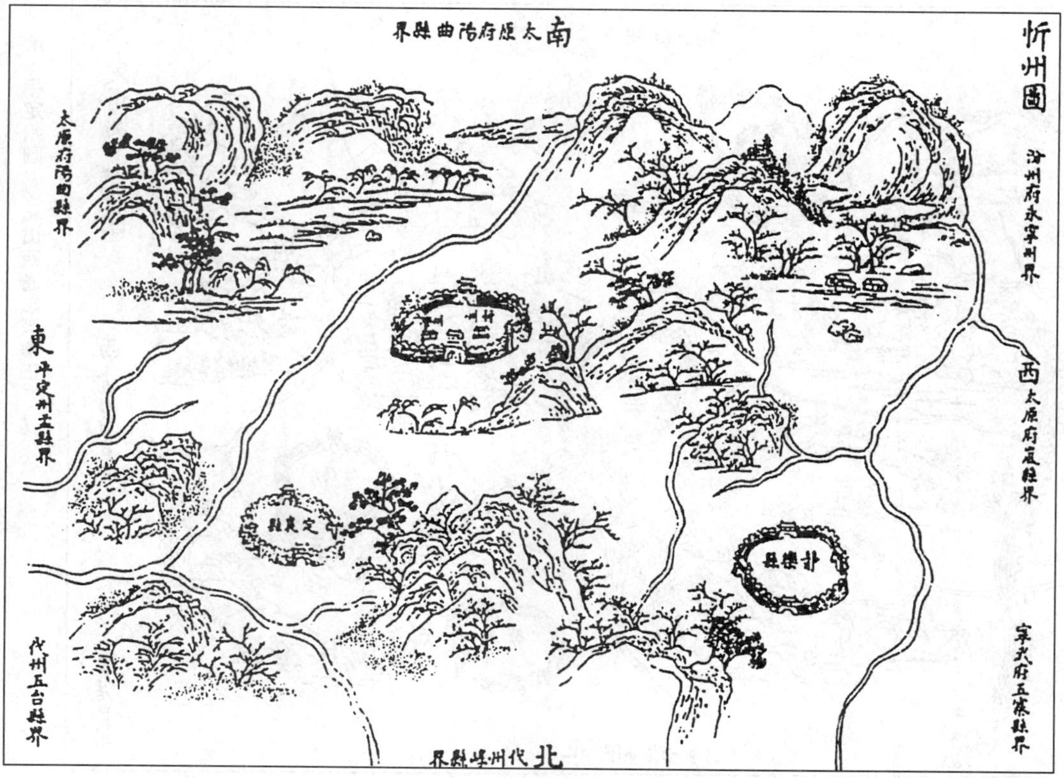

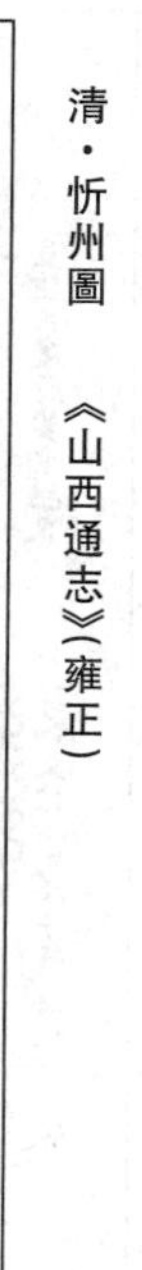

清・忻州圖 《山西通志》（雍正）

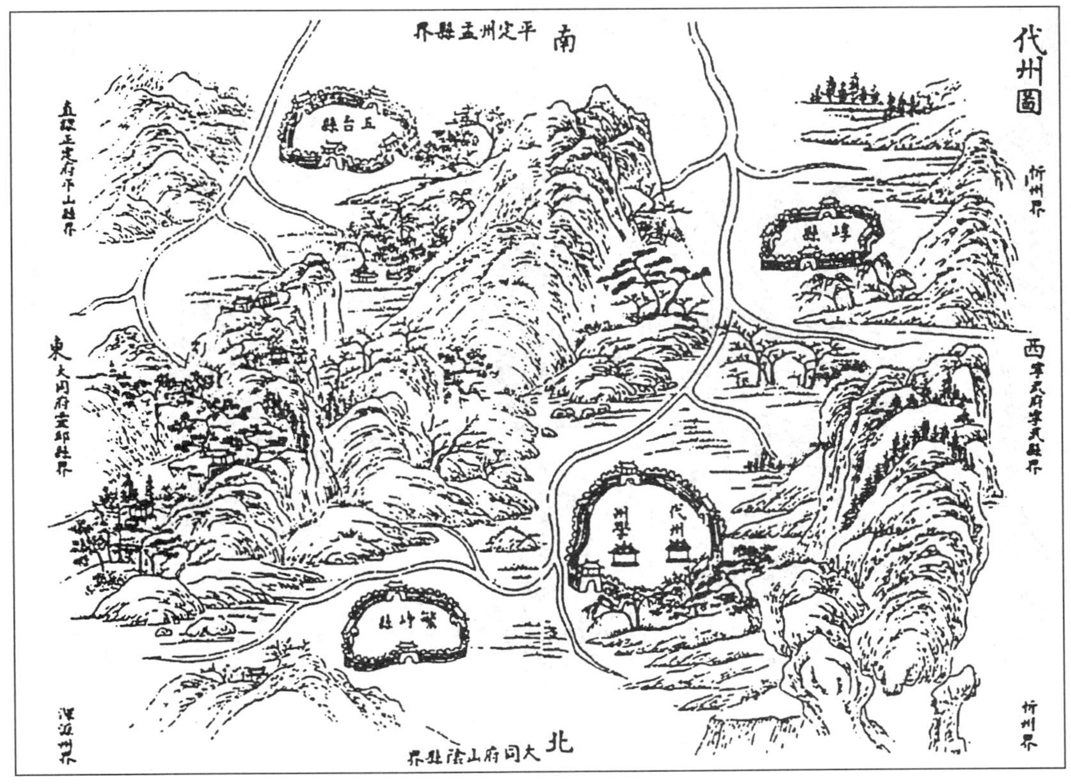

清・代州圖
《山西通志》(雍正)

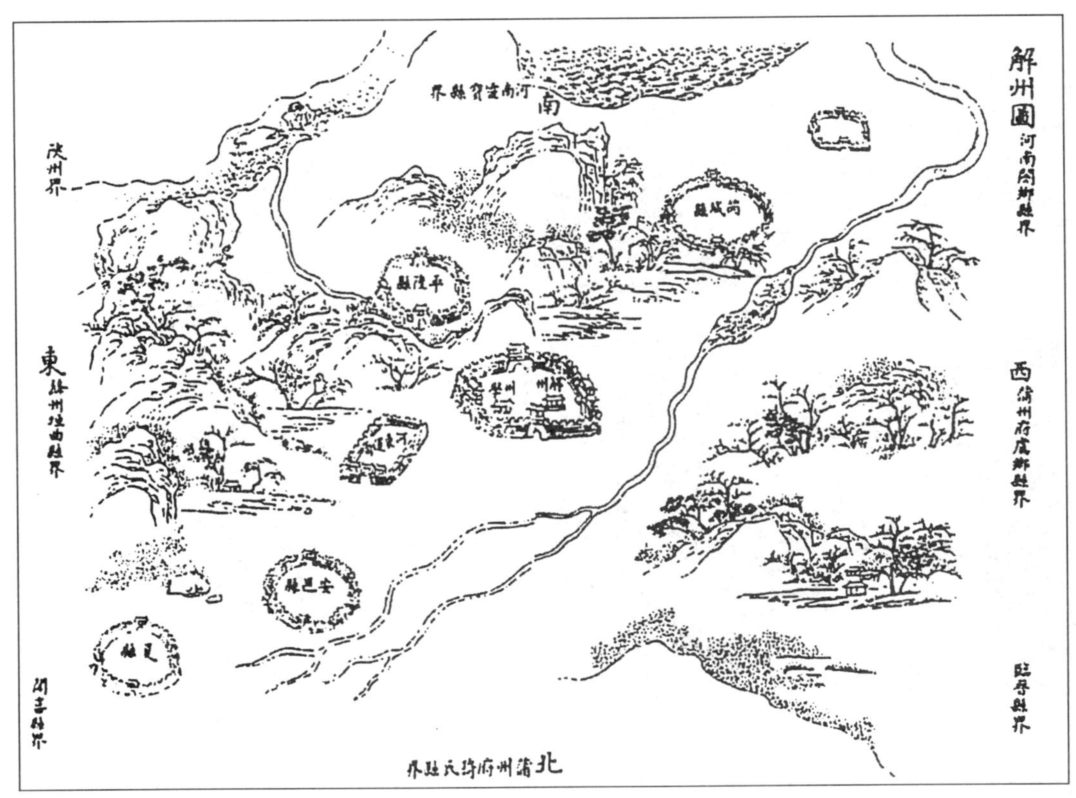

清・解州圖
《山西通志》(雍正)

清·絳州圖 《山西通志》(雍正)

清·沁州圖 《山西通志》(雍正)

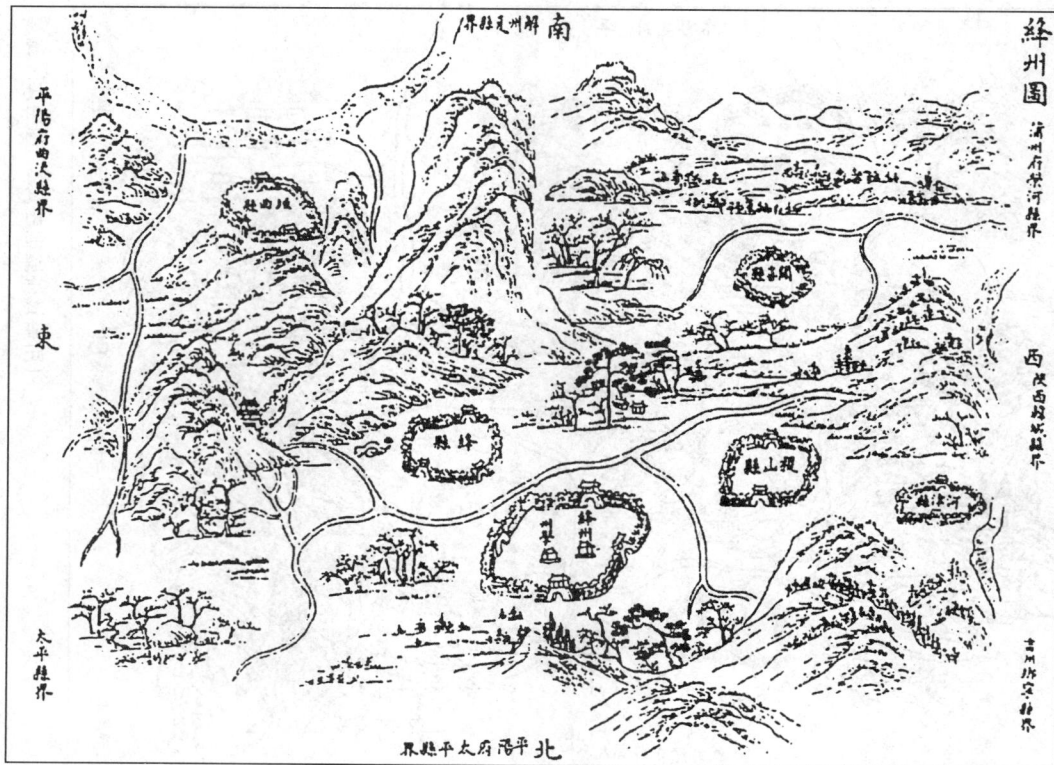

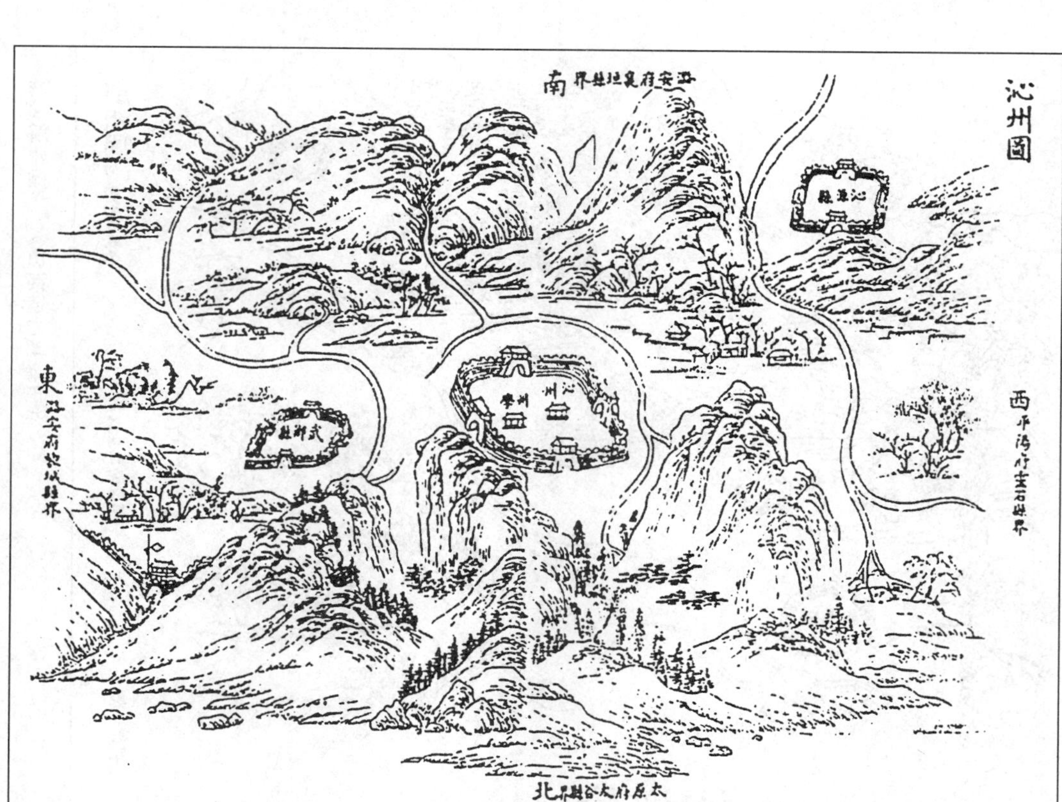

清・遼州圖　《山西通志》（雍正）

遼州圖

南沁州武鄉縣界

西太谷縣界

東河南彰德府武安縣界

北平定州樂平縣界

和順縣

榆社縣

清・保德州圖　《山西通志》（雍正）

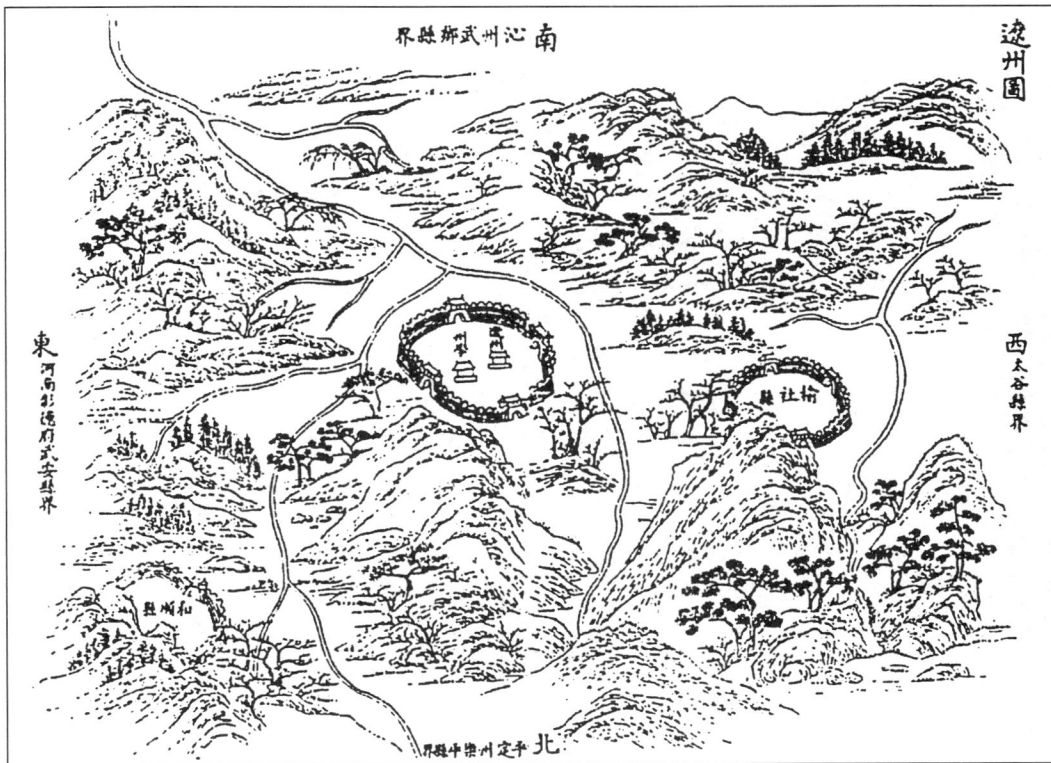

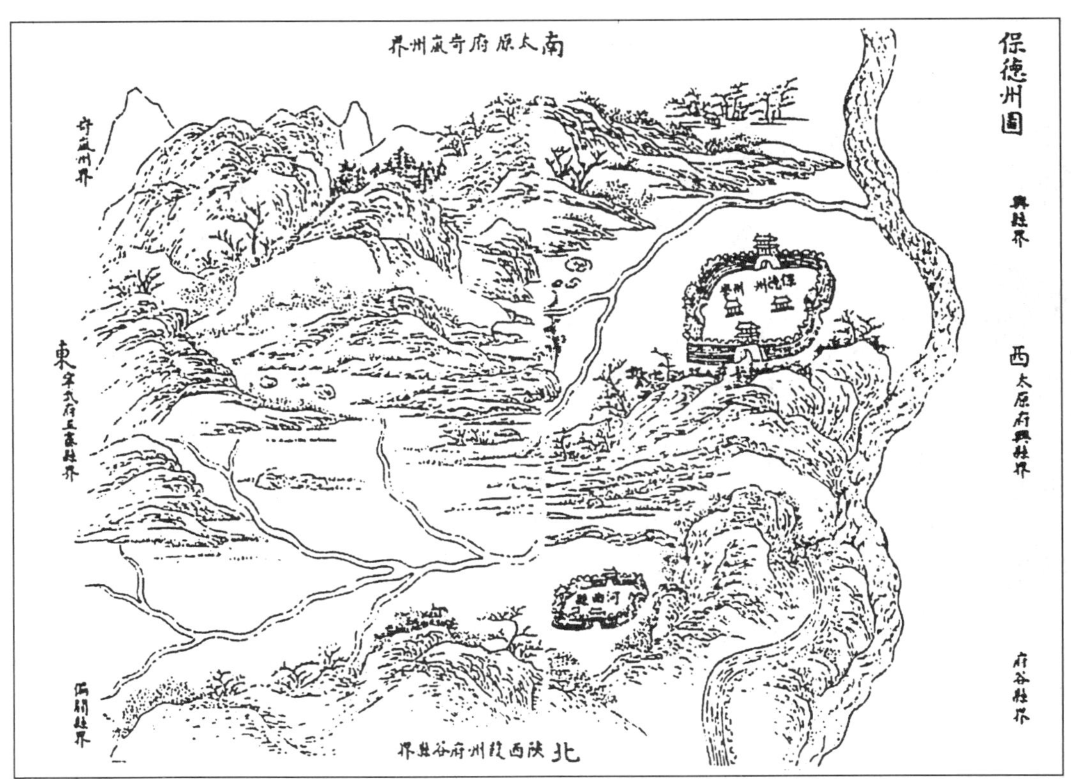

清・隰州圖　《山西通志》(雍正)

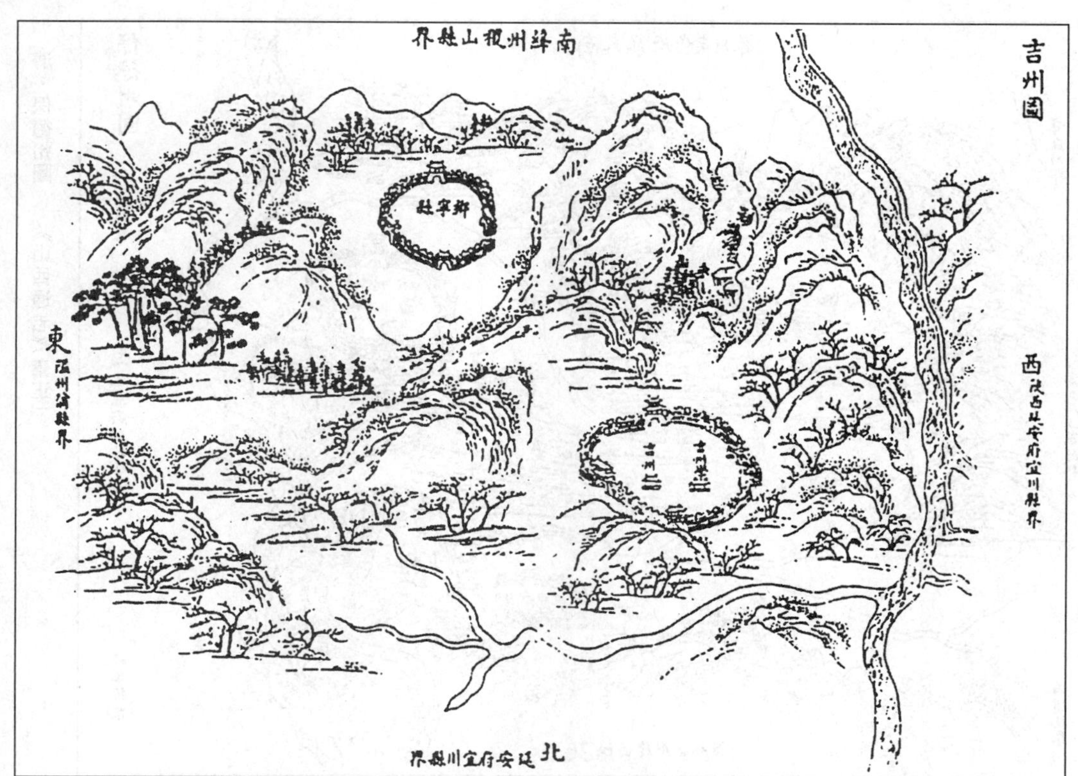

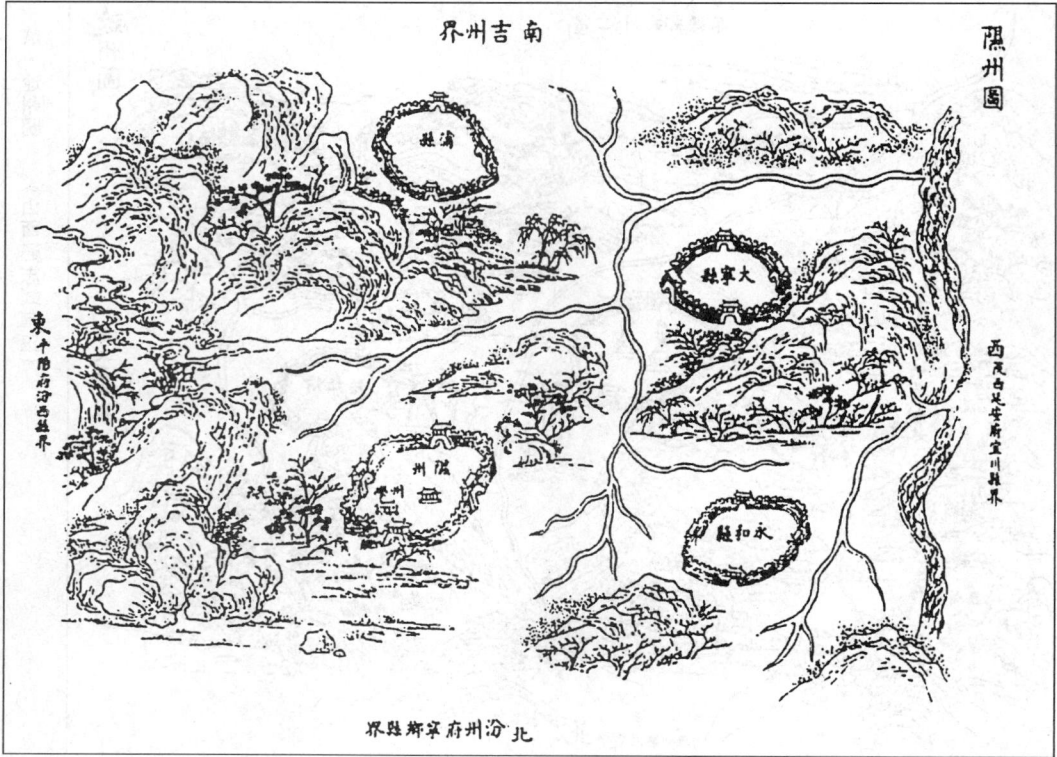

清・吉州圖　《山西通志》(雍正)

清・龍門圖　《山西通志》（雍正）

清・偏頭關圖　《山西通志》（雍正）

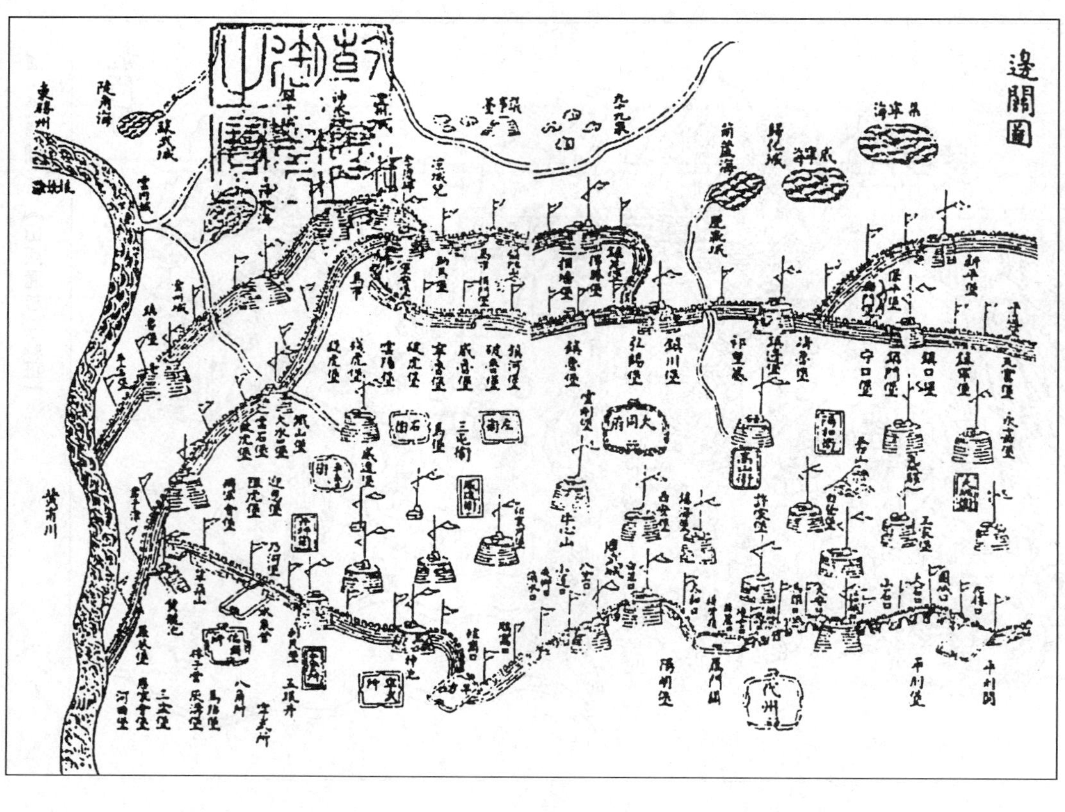

清・邊關圖《山西通志》(雍正)

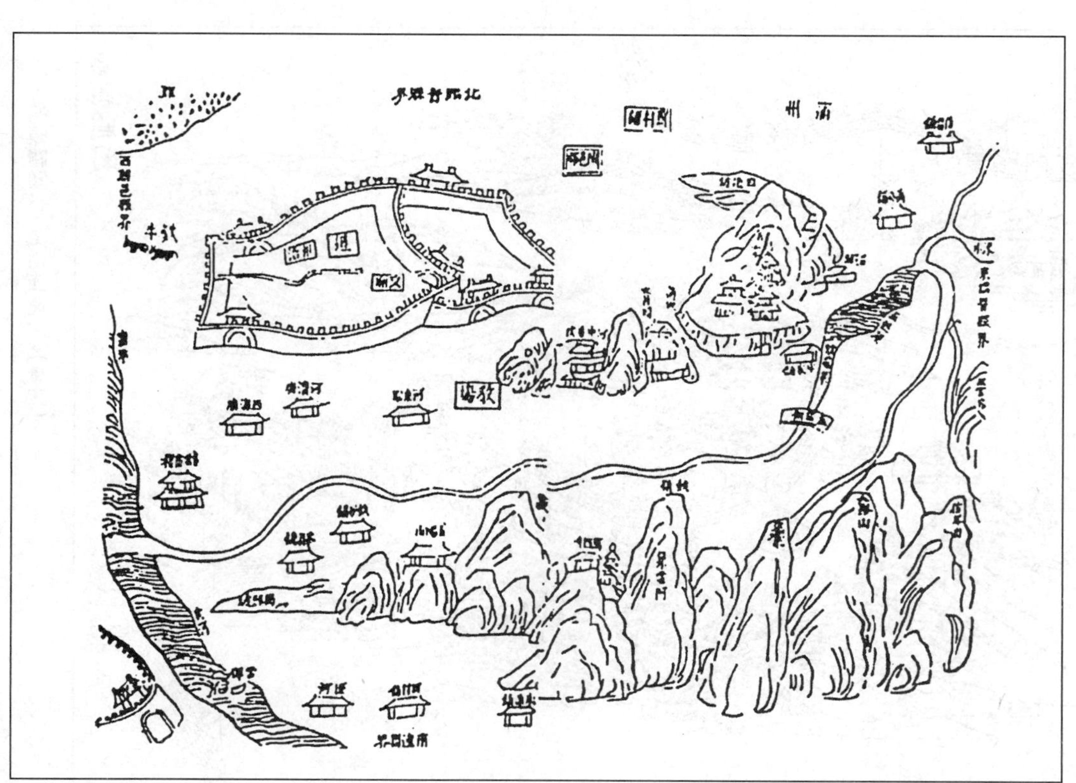

清・蒲州圖《平陽府志》(康熙)

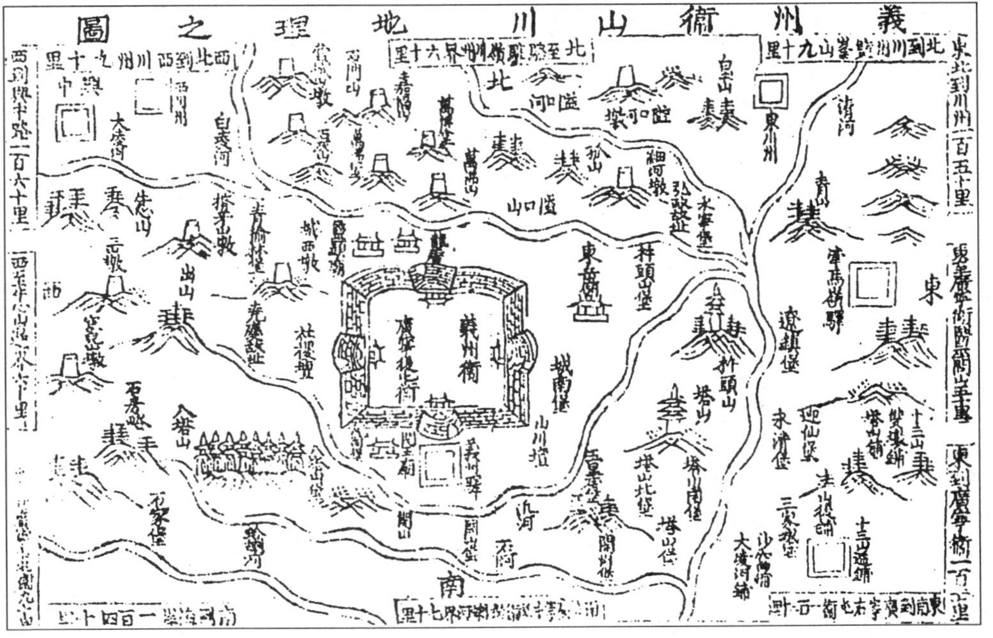

明・義州衛圖　《遼東志》（嘉靖）

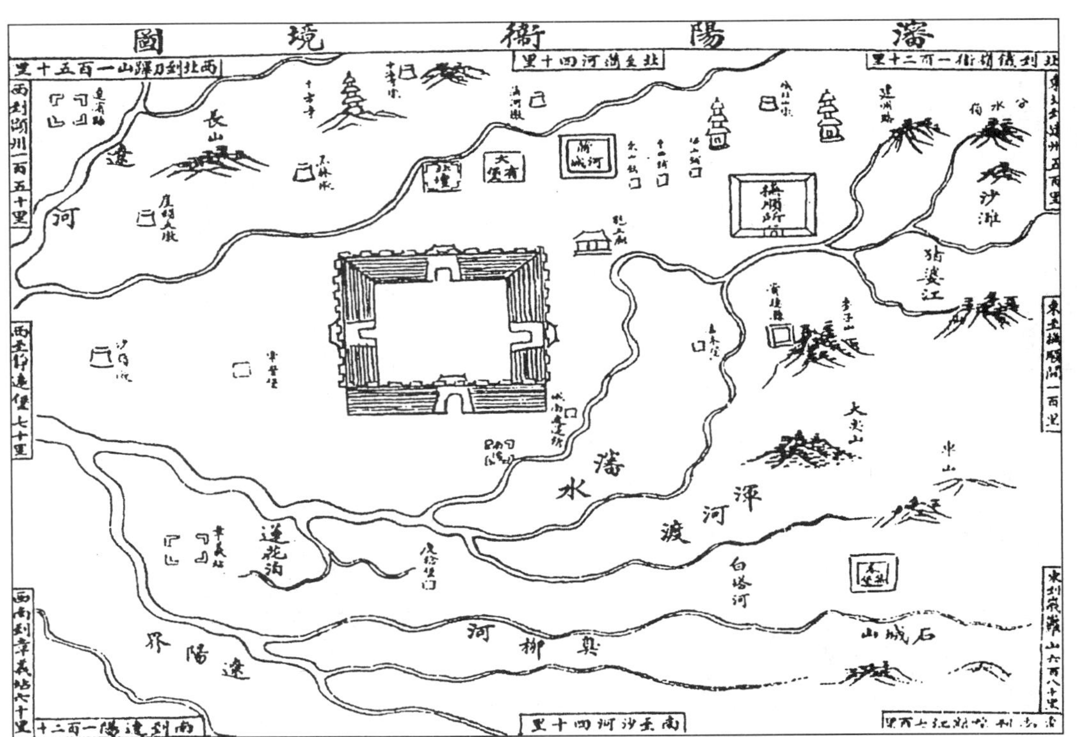

明・瀋陽衛境圖　《全遼志》（嘉靖）

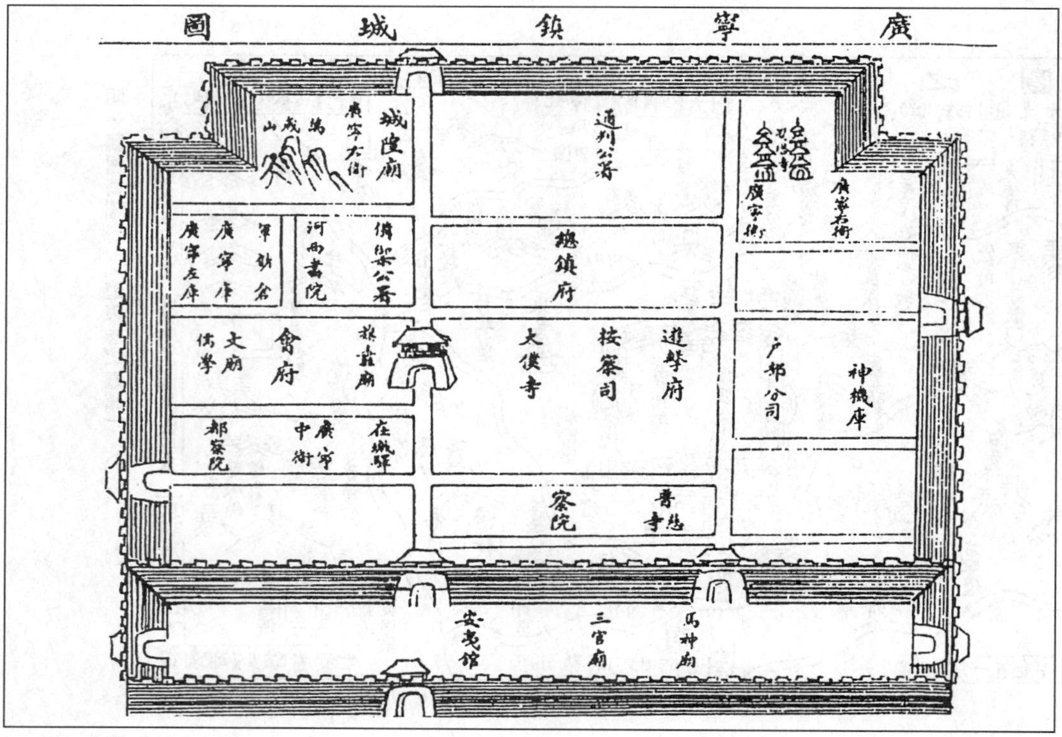

明·廣寧鎮城圖 《全遼志》(嘉靖)

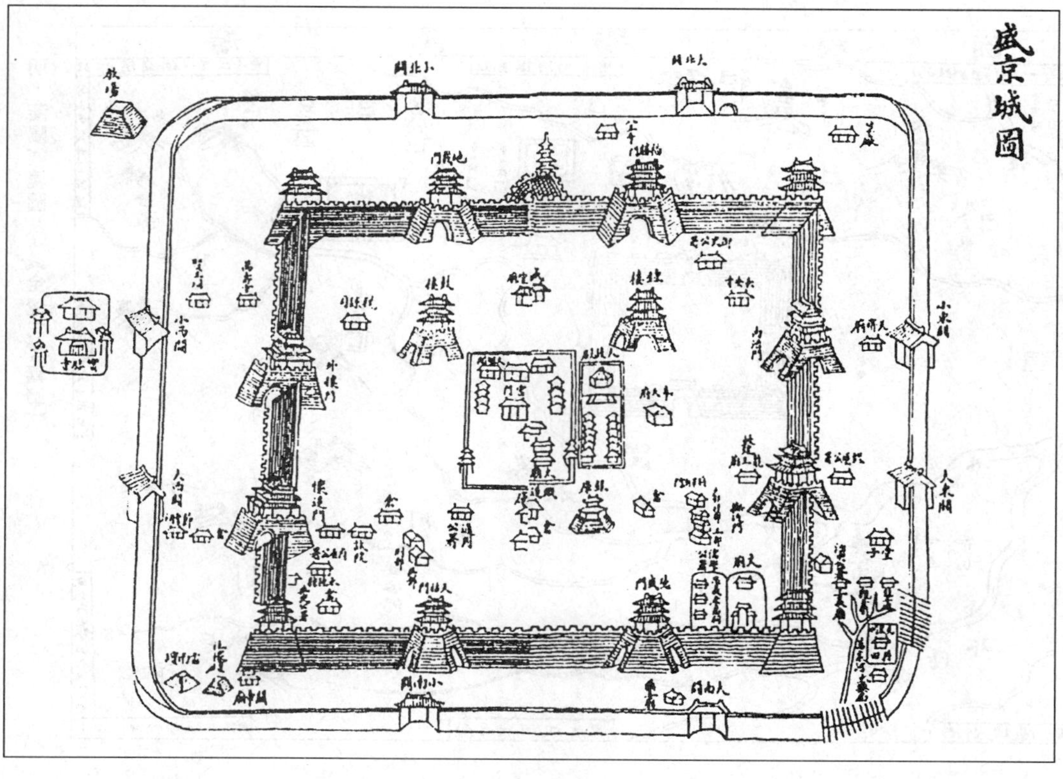

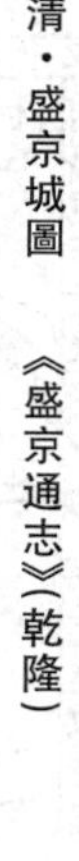

清·盛京城圖 《盛京通志》(乾隆)

清・錦州府圖　《盛京通志》（乾隆）

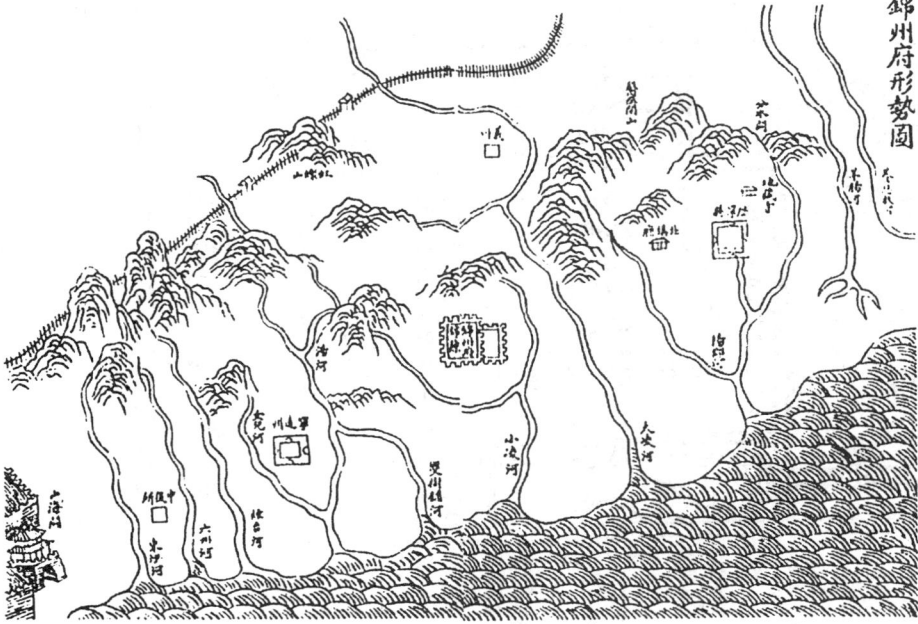

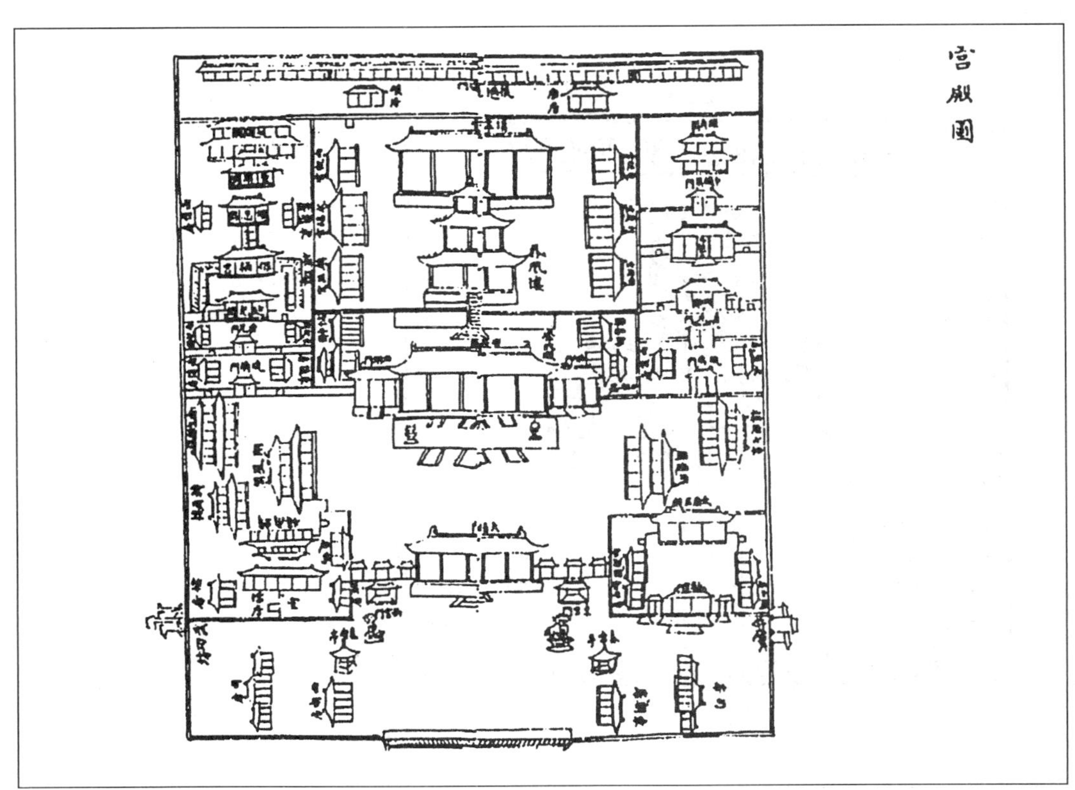

清・盛京宮殿圖　《盛京通志》（乾隆）

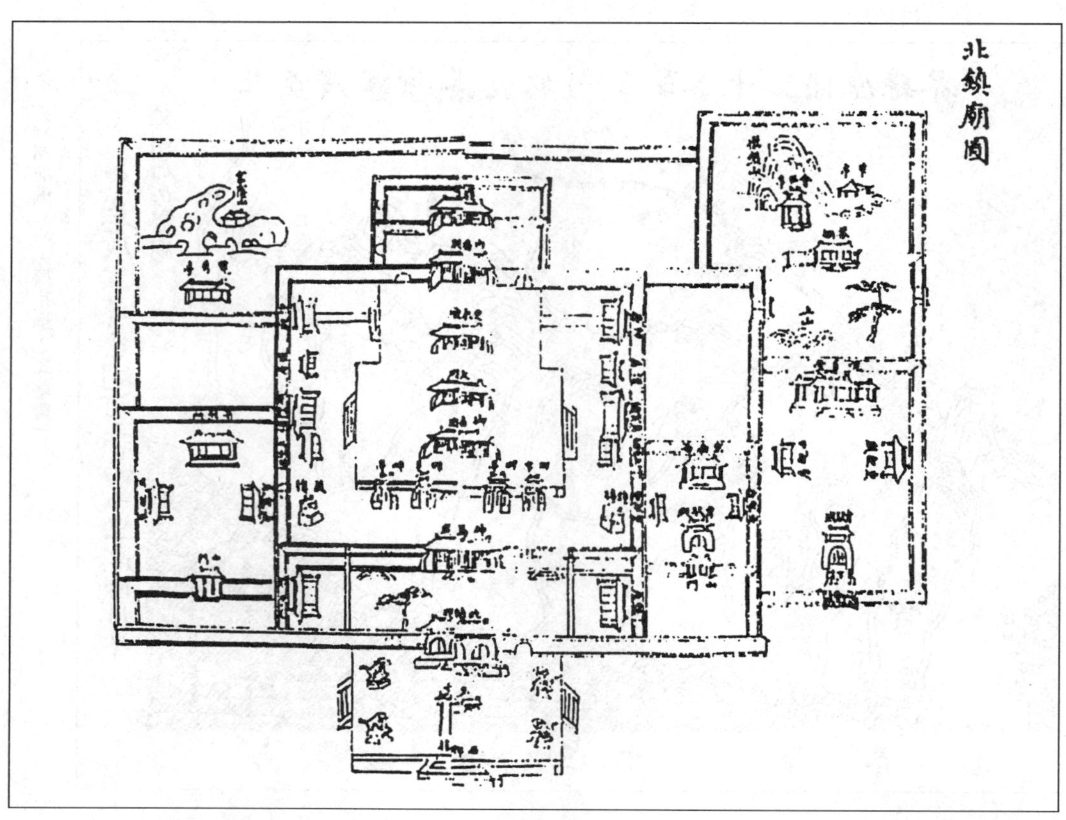

清・北鎮廟圖　《盛京通志》（乾隆）

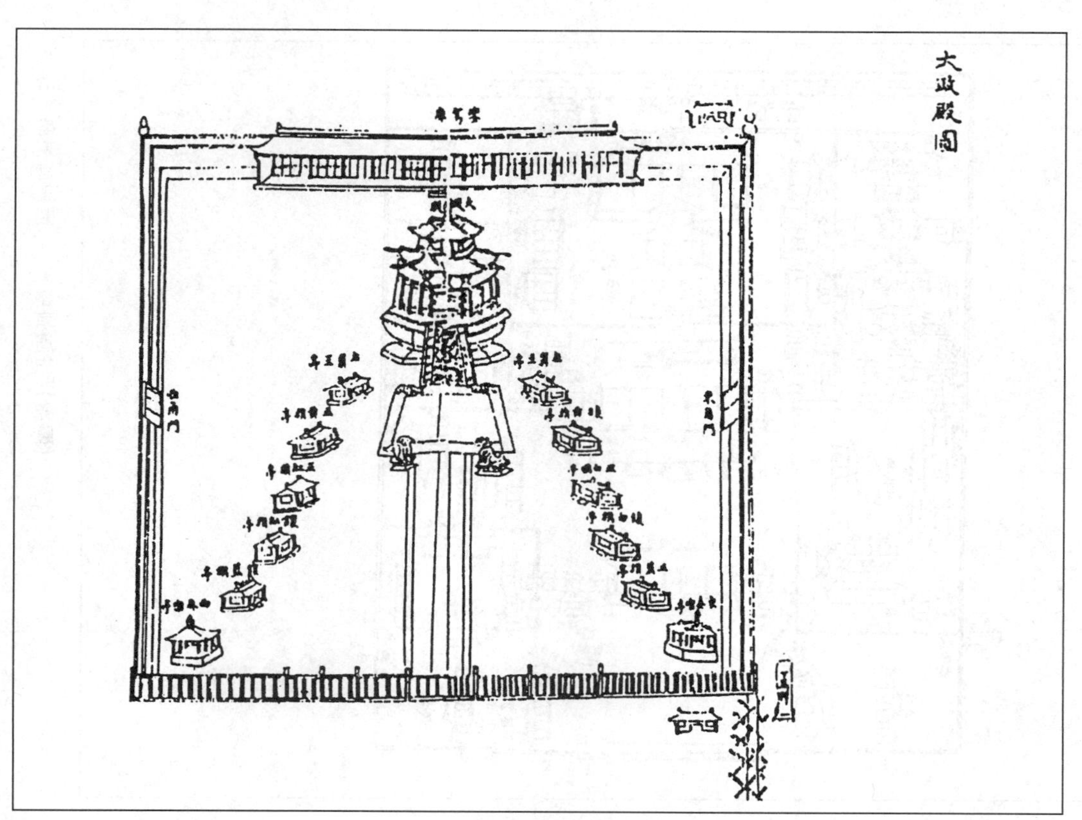

清・大政殿圖　《盛京通志》（乾隆）

清・文溯閣圖　《盛京通志》（乾隆）

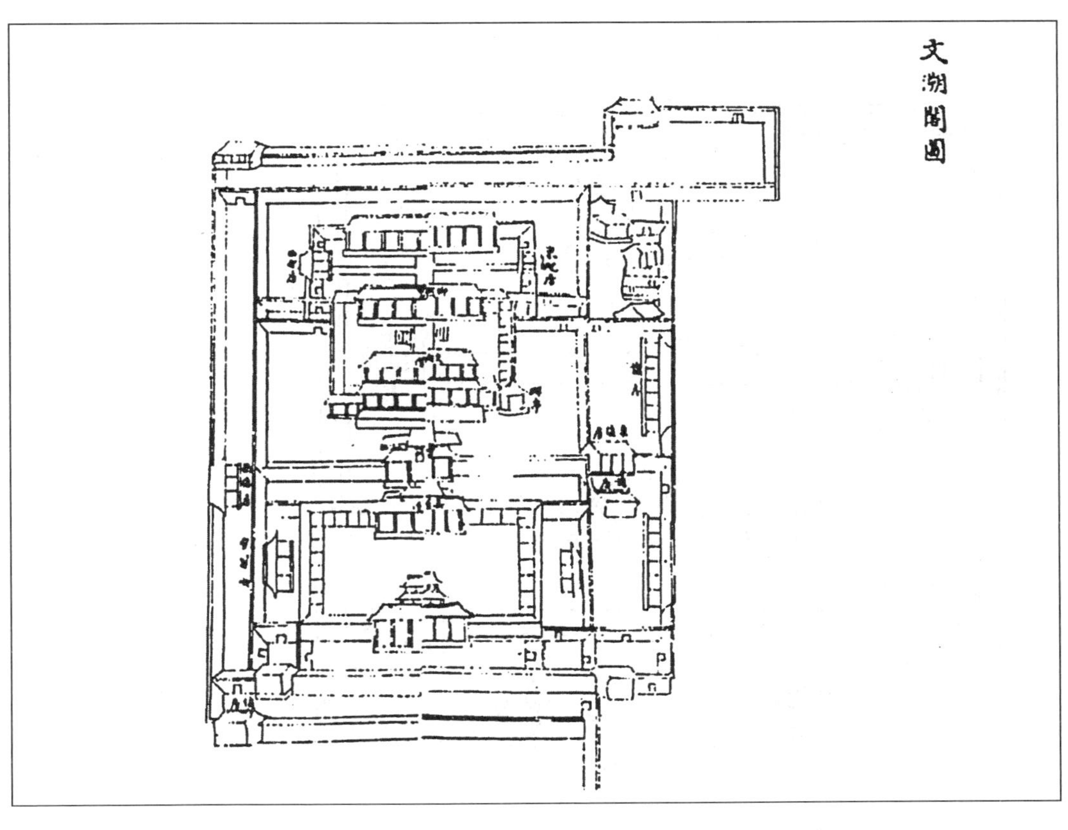

清・興京顯祐宫圖　《盛京通志》（乾隆）

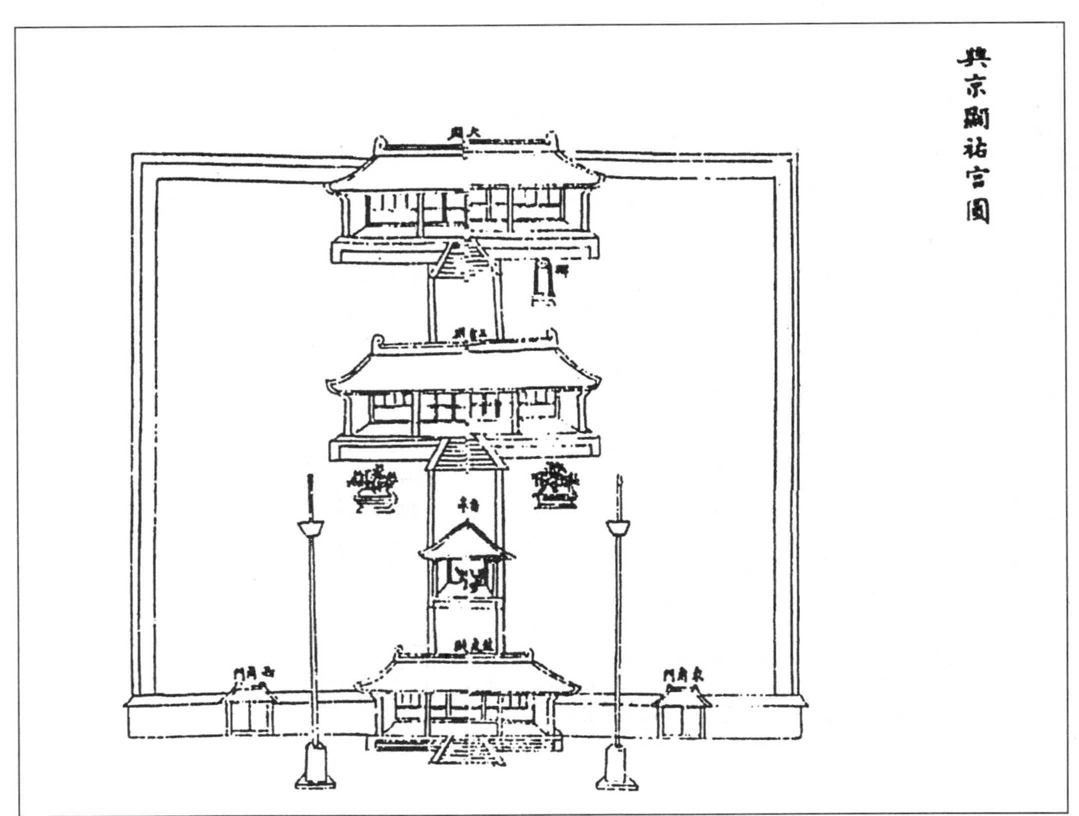

清·景祐宫圖　《盛京通志》（乾隆）

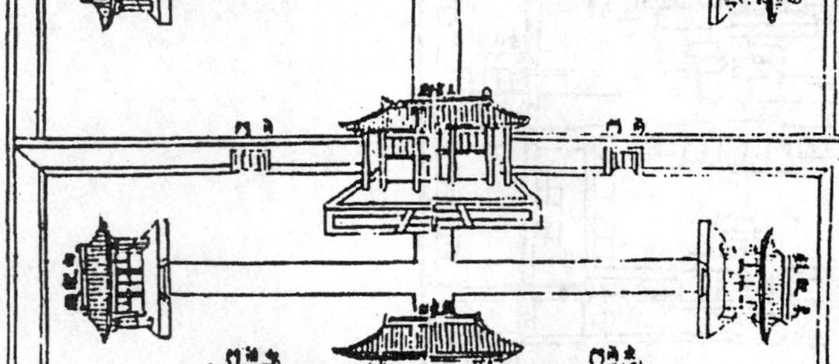

清·興京地藏寺圖　《盛京通志》（乾隆）

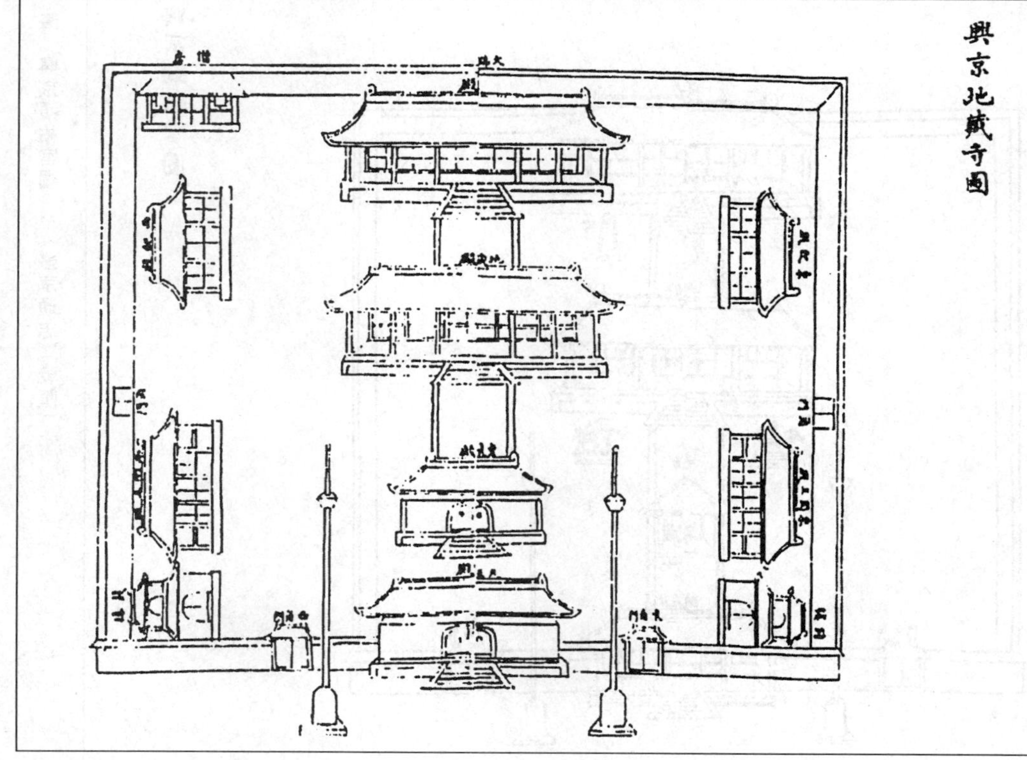

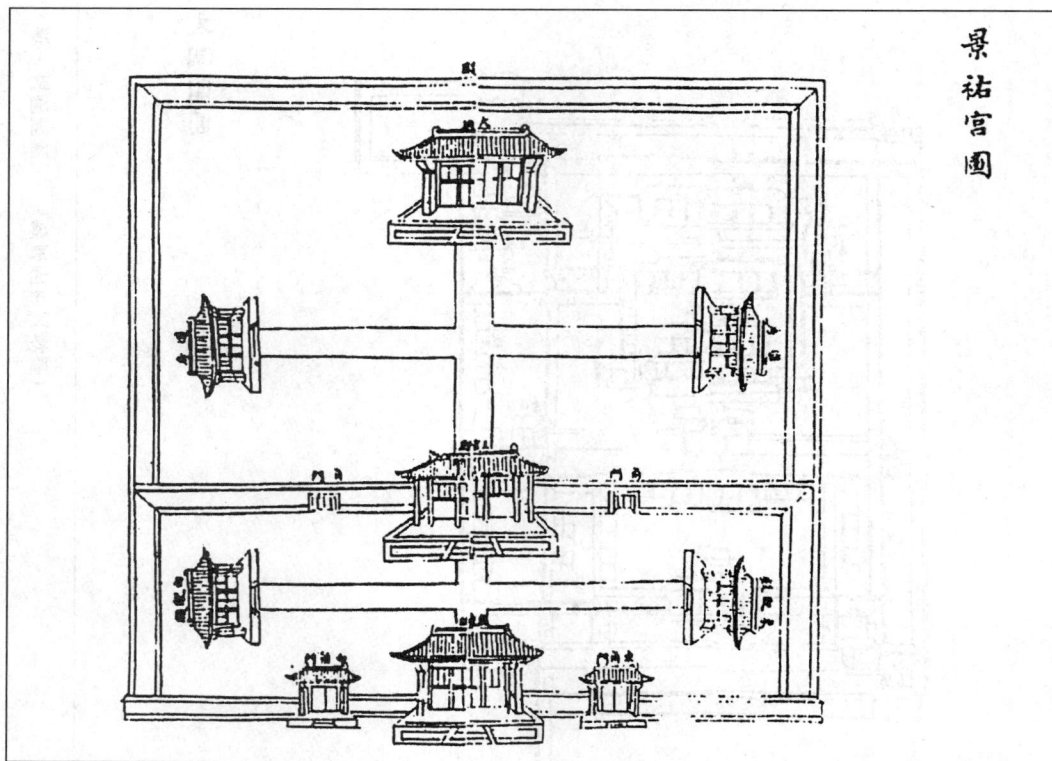

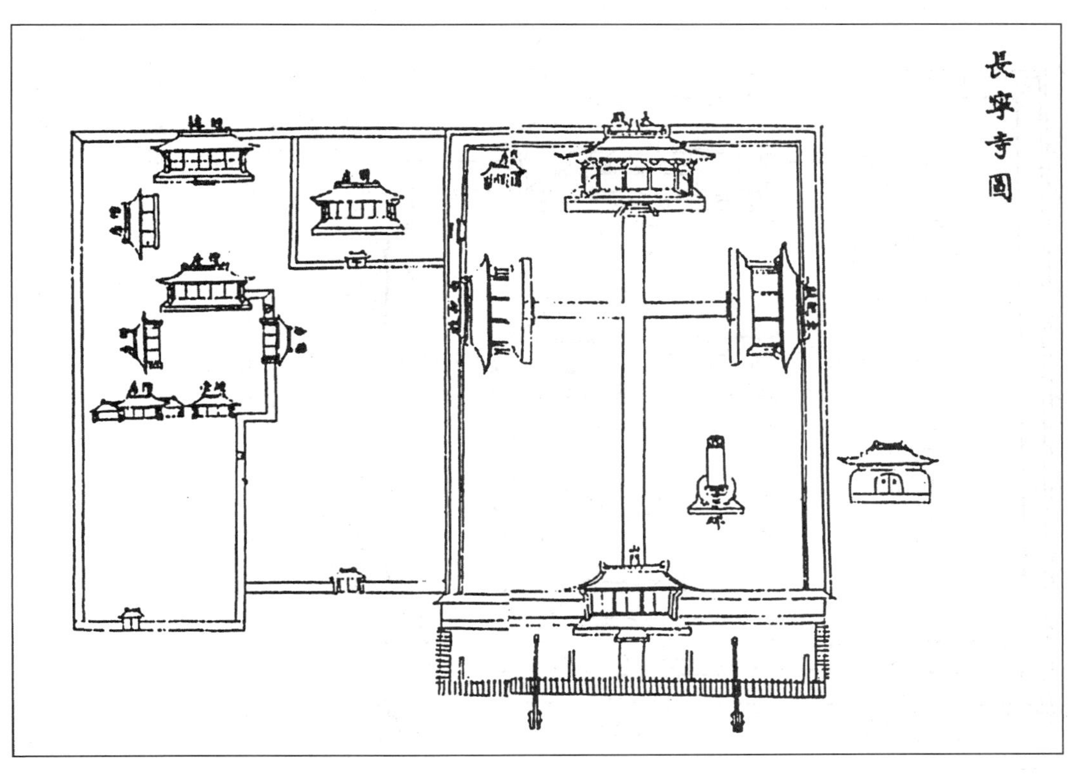

清·長寧寺圖 《盛京通志》(乾隆)

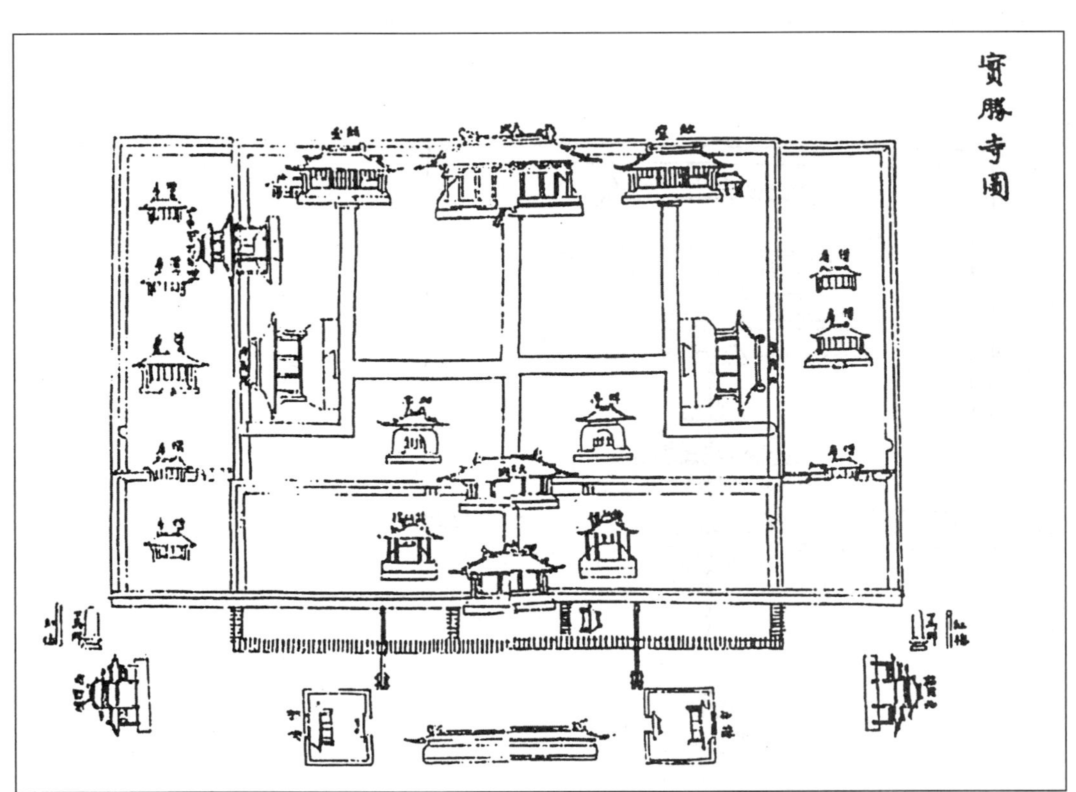

清·實勝寺圖 《盛京通志》(乾隆)

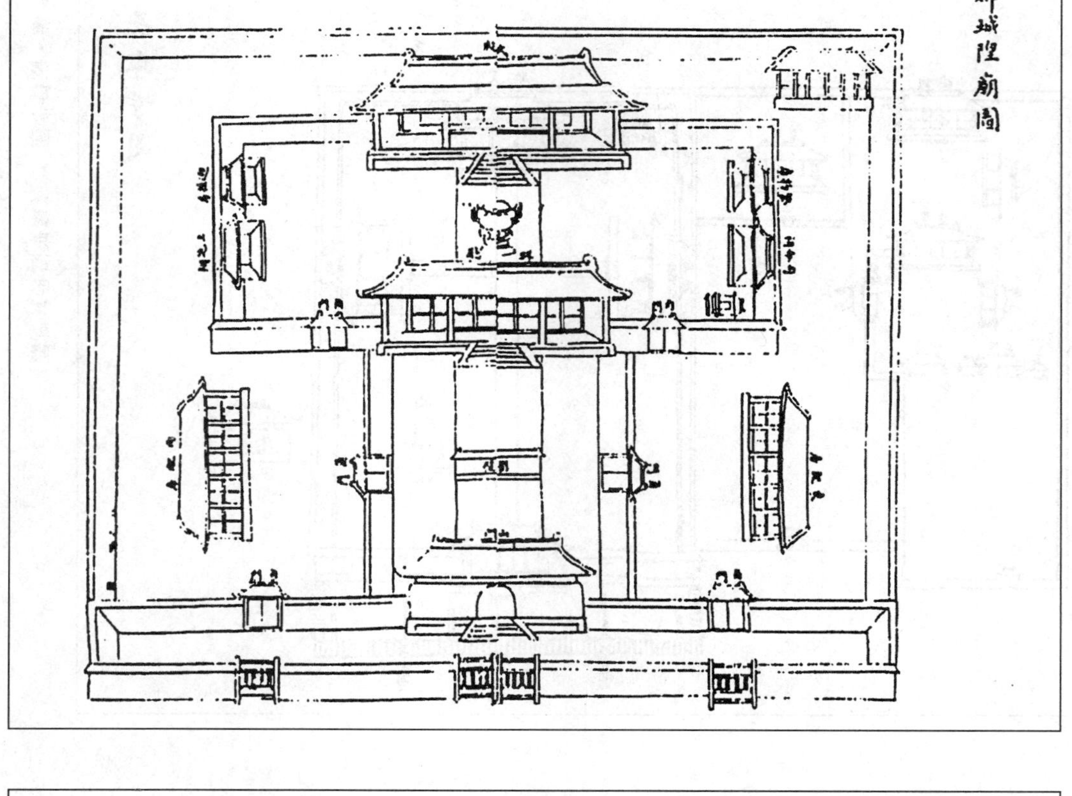

清・都城隍廟圖　《盛京通志》(乾隆)

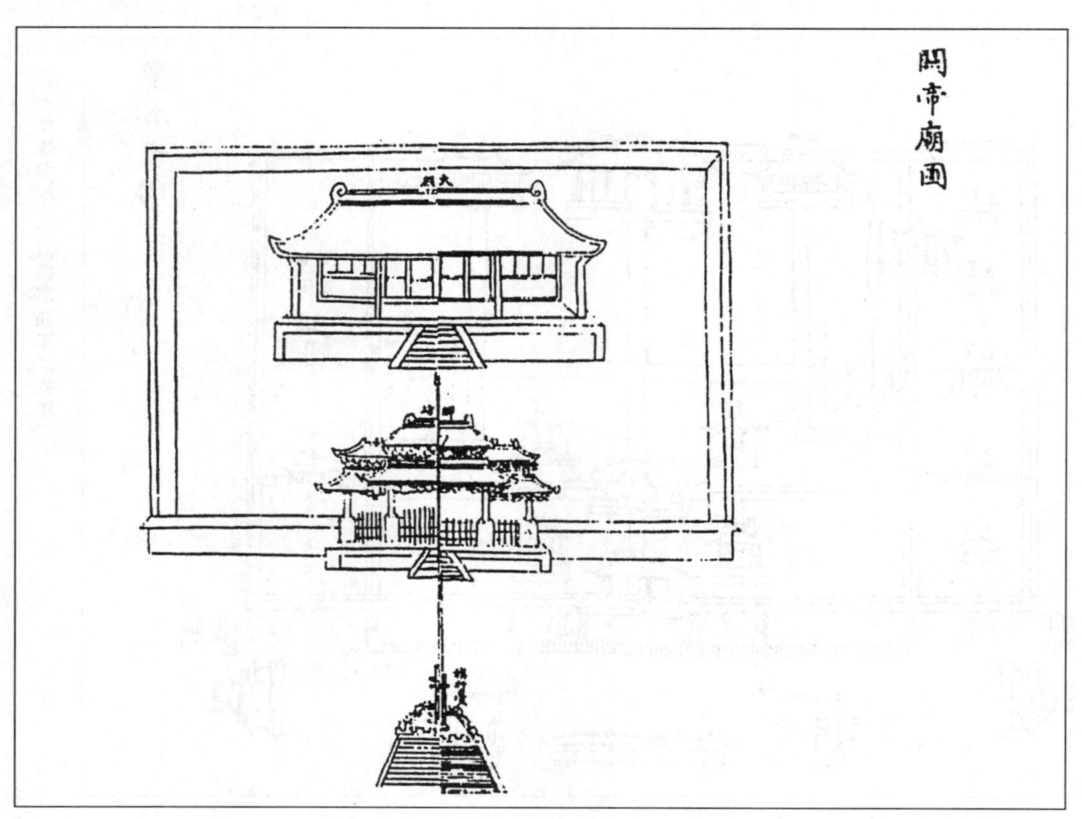

清・關帝廟圖　《盛京通志》(乾隆)

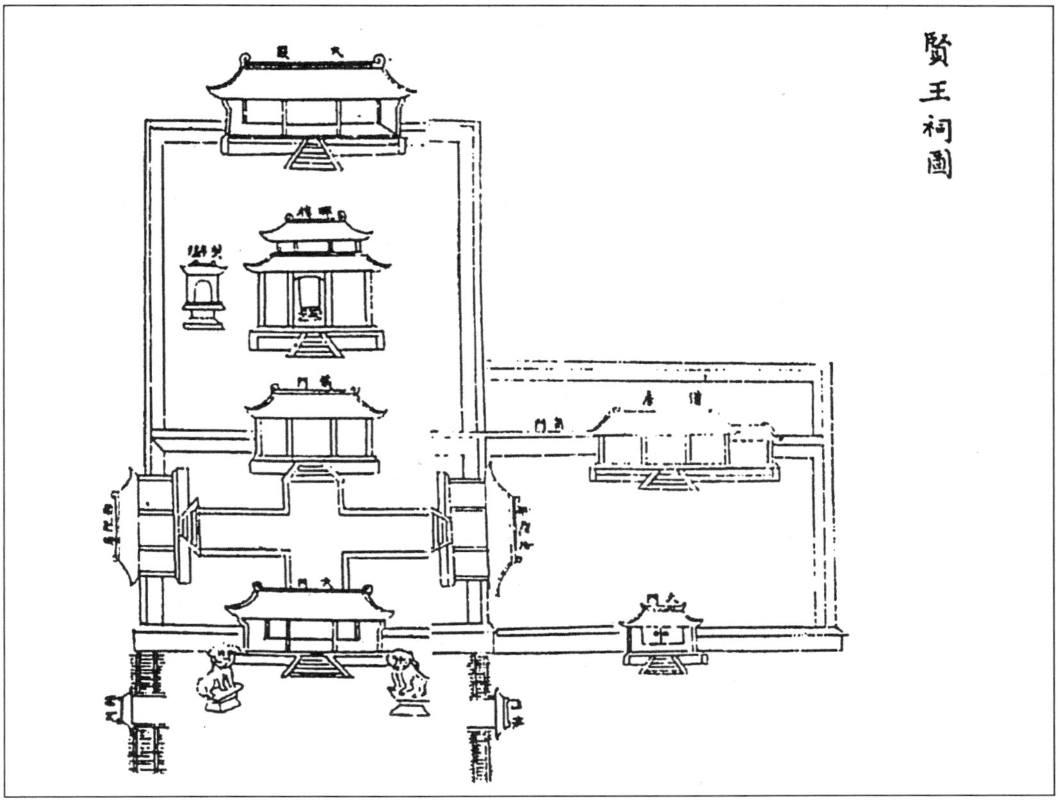

賢王祠圖

清・賢王祠圖　《盛京通志》(乾隆)

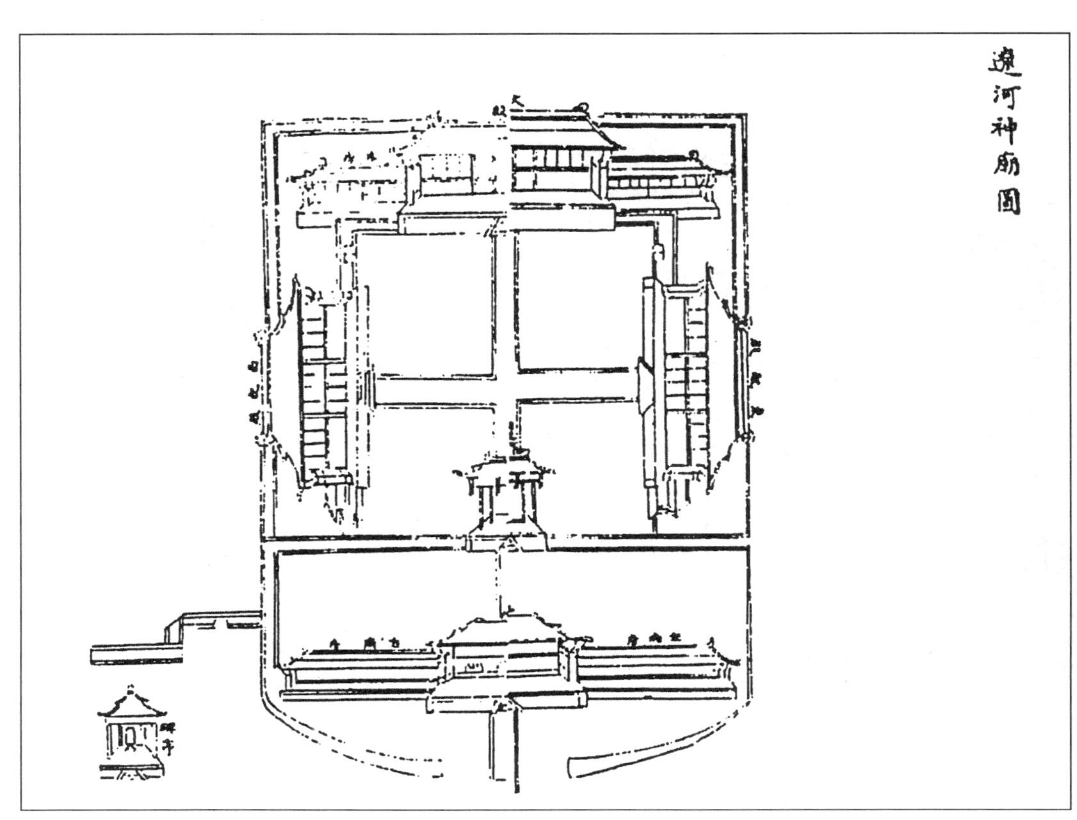

清・遼河神廟圖　《盛京通志》(乾隆)

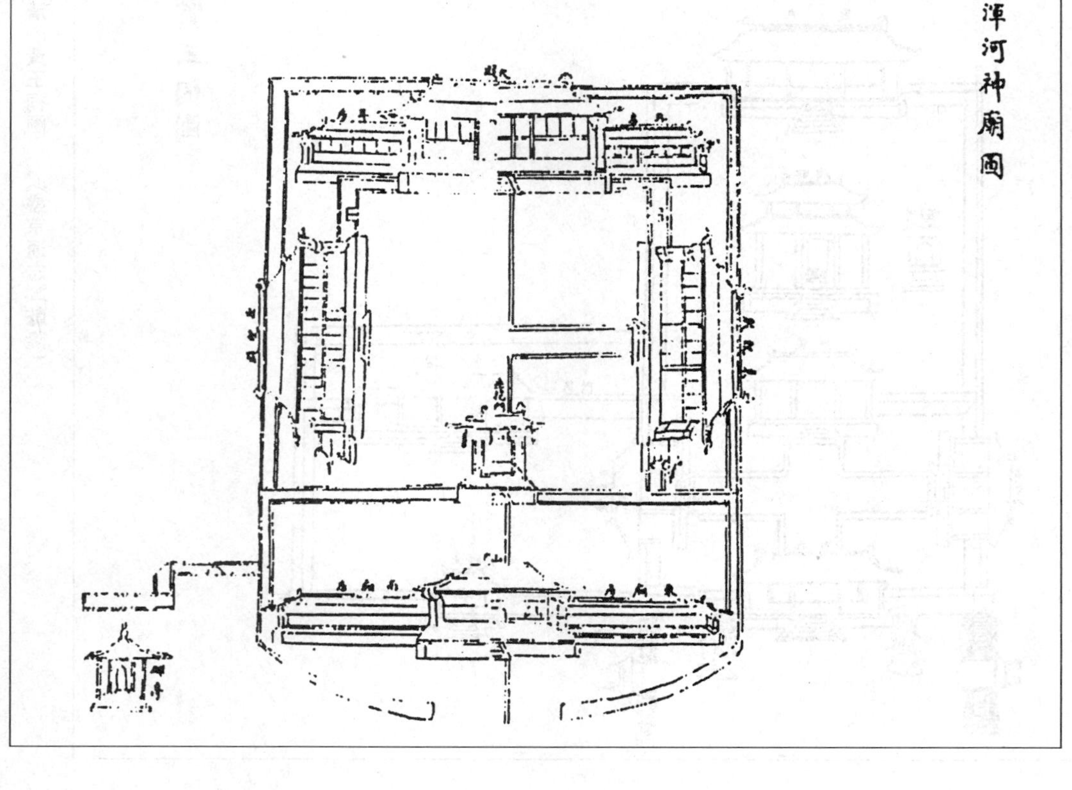

清・渾河神廟圖　《盛京通志》(乾隆)

山東

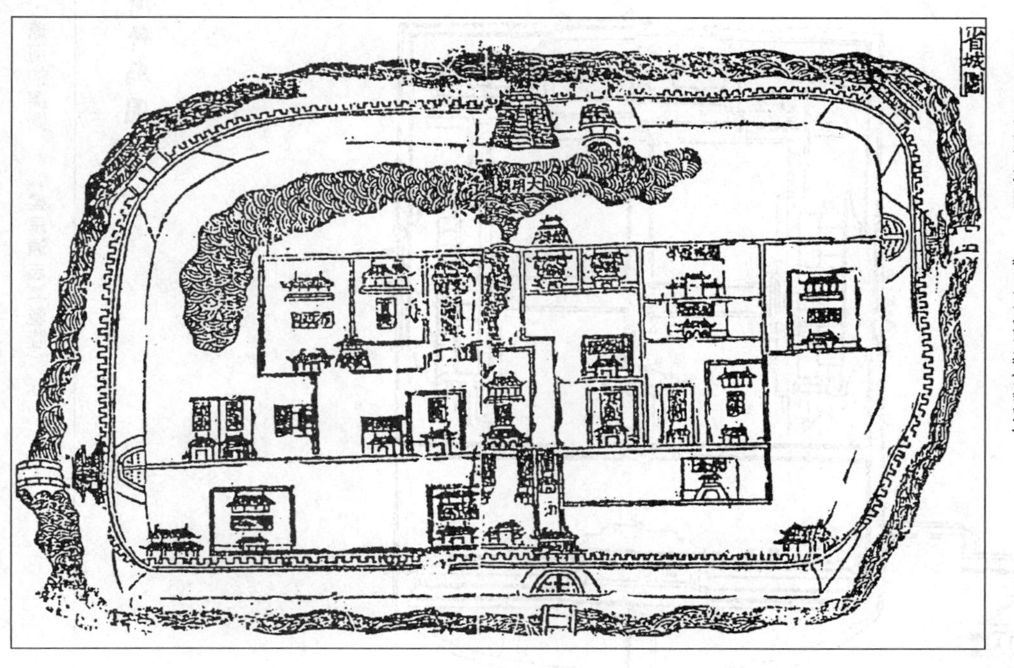

明・山東省城圖　《山東通志》(嘉靖)

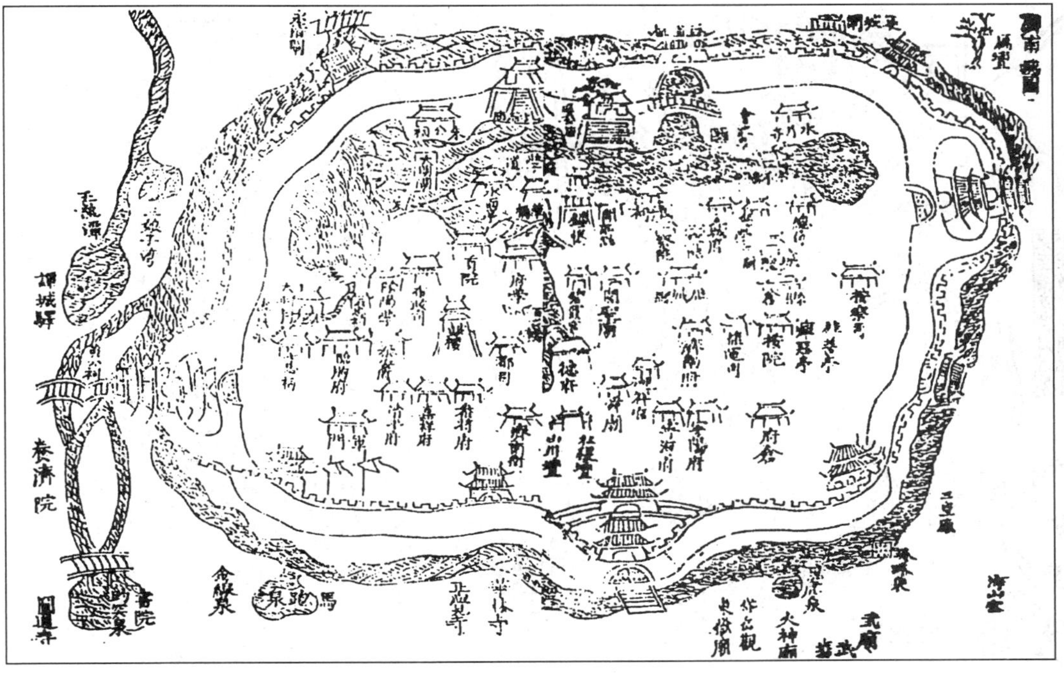

明・濟南城圖　《歷城縣志》（崇禎）

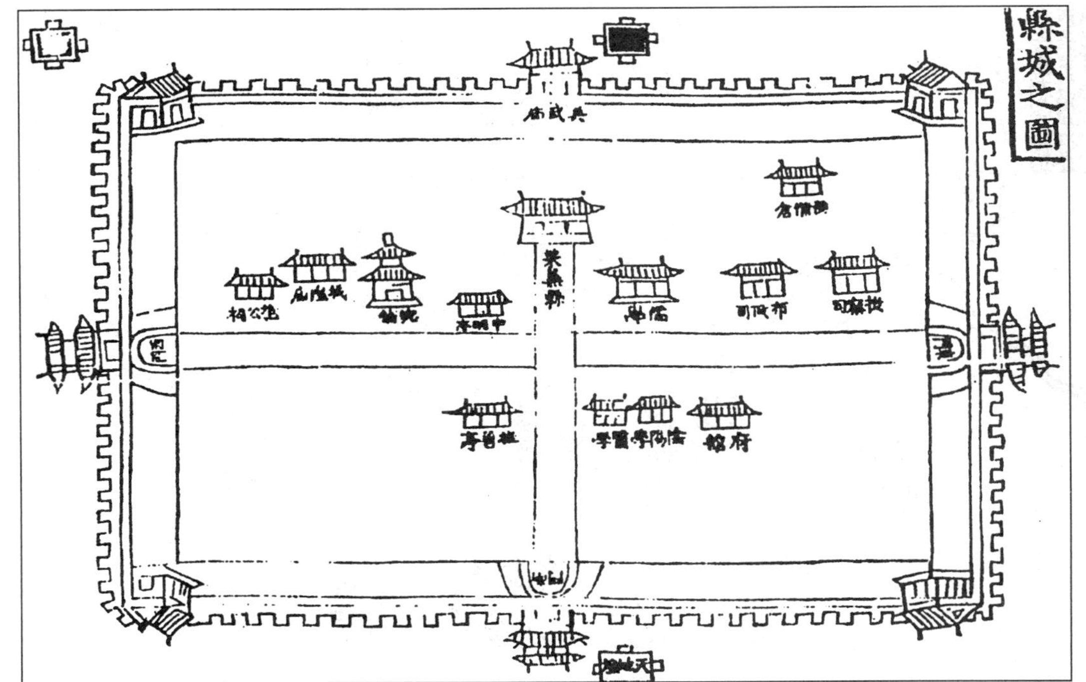

明・萊蕪縣城圖　《萊蕪縣志》（嘉靖）

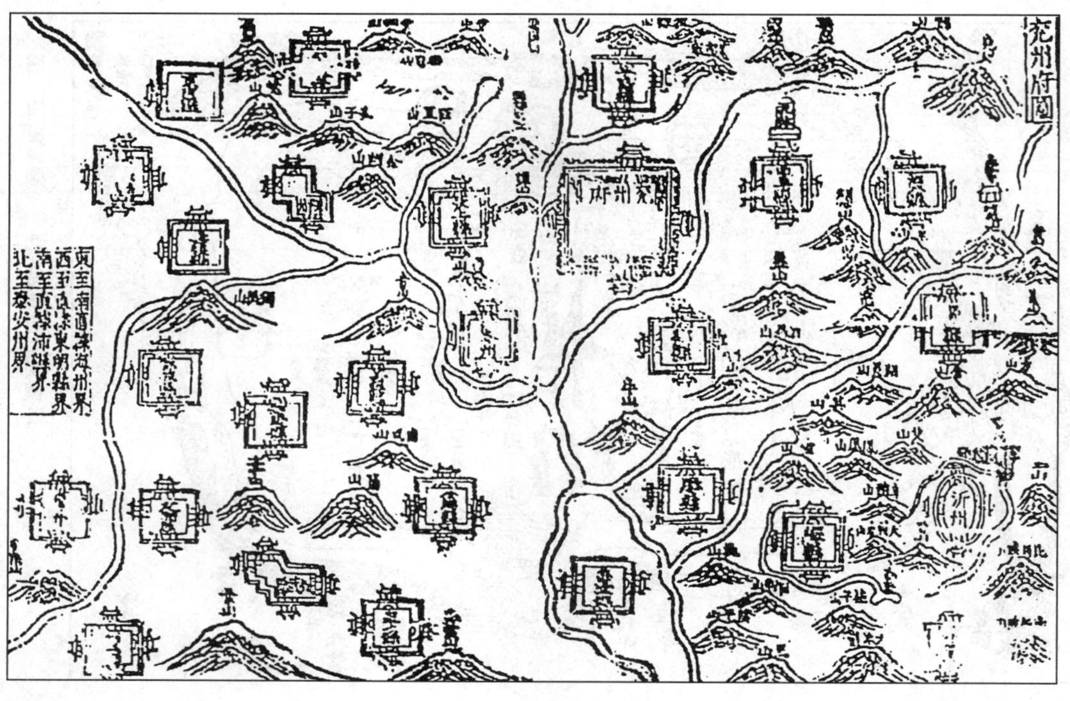

明・兗州府圖　《山東通志》(嘉靖)

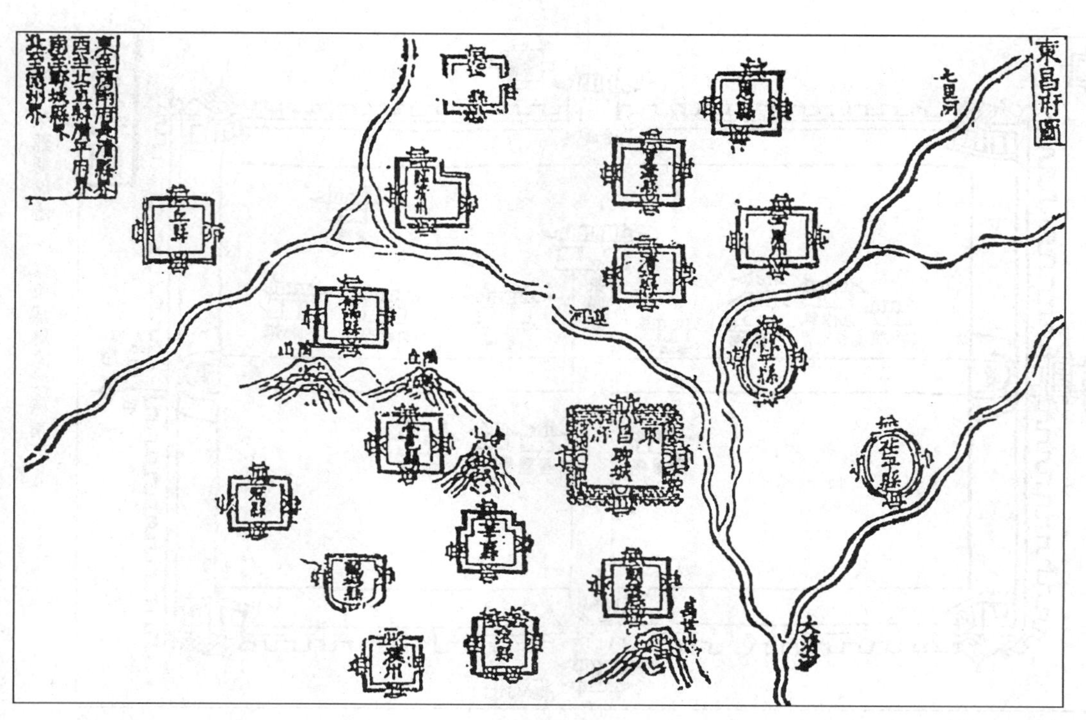

明・東昌府圖　《山東通志》(嘉靖)

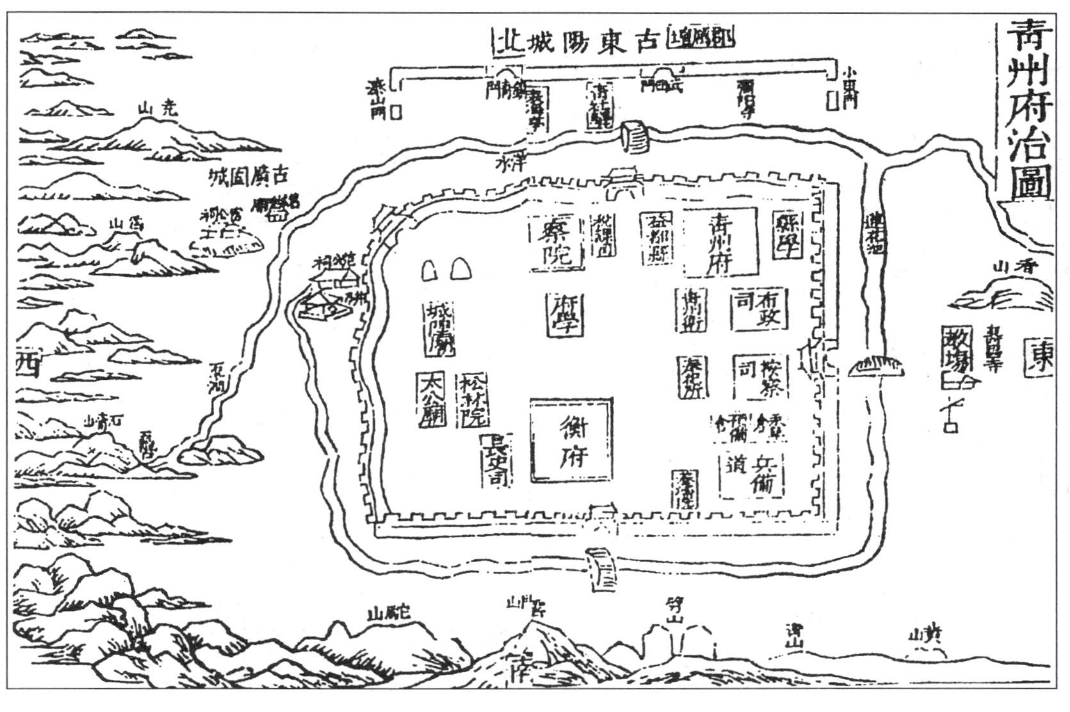

明・青州府治圖　《青州府志》（嘉靖）

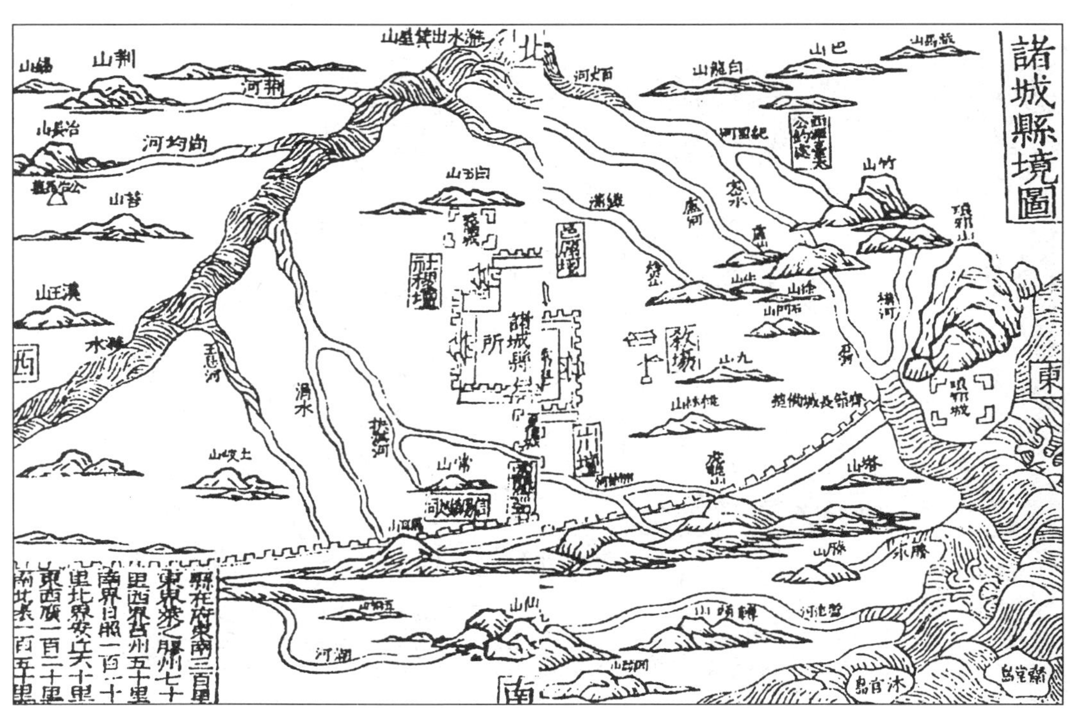

明・諸城縣境圖　《青州府志》（嘉靖）

明・日照縣境圖《青州府志》(嘉靖)

日照縣境圖

縣在州東一百五十里東界海口二十里西界州東一百里南界淮安贛榆九十里東北界諸城五十里東西廣一百二十里南北袤一百三十里

明・萊州府總圖《萊州府志》(萬曆)

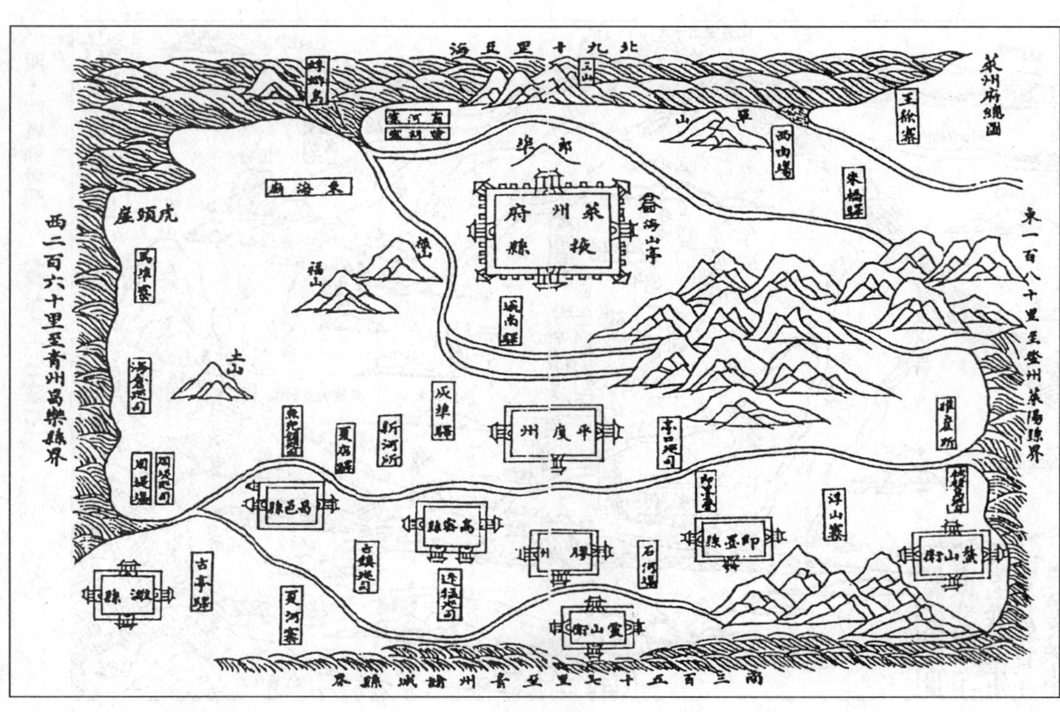

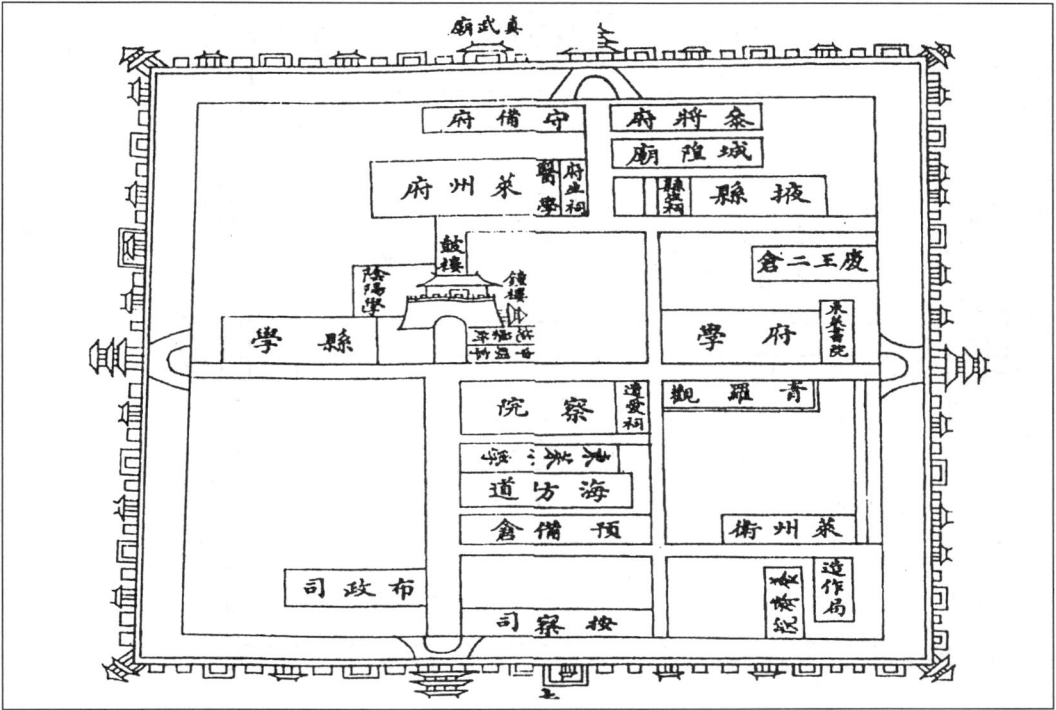

明・萊州府城圖　《萊州府志》（萬曆）

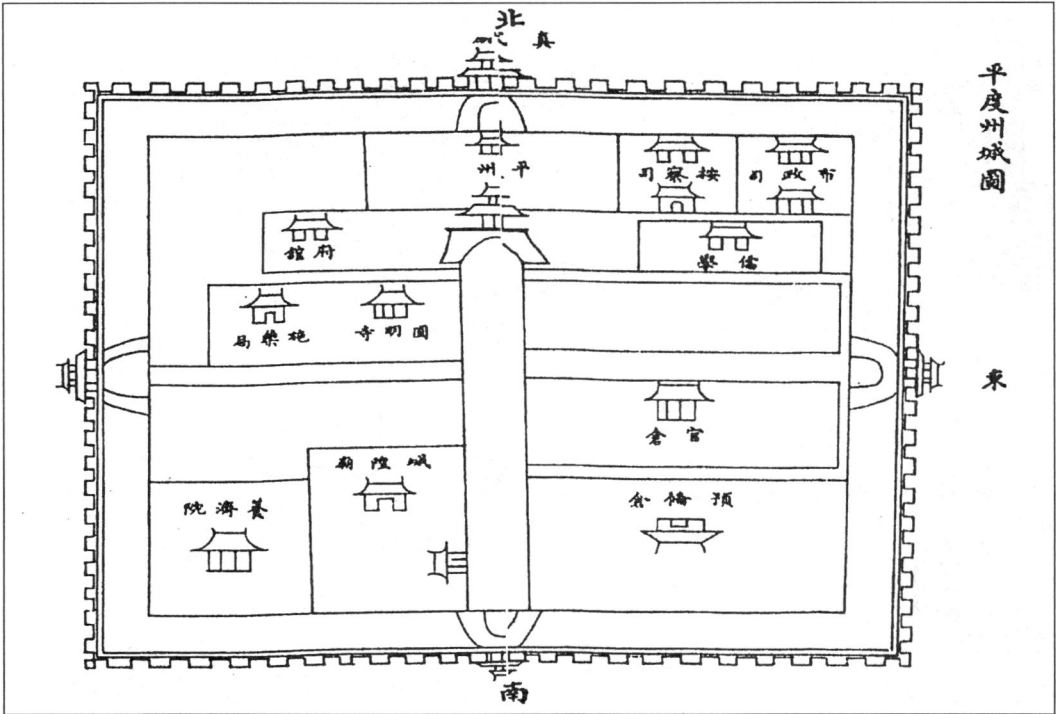

明・平度州城圖　《萊州府志》（萬曆）

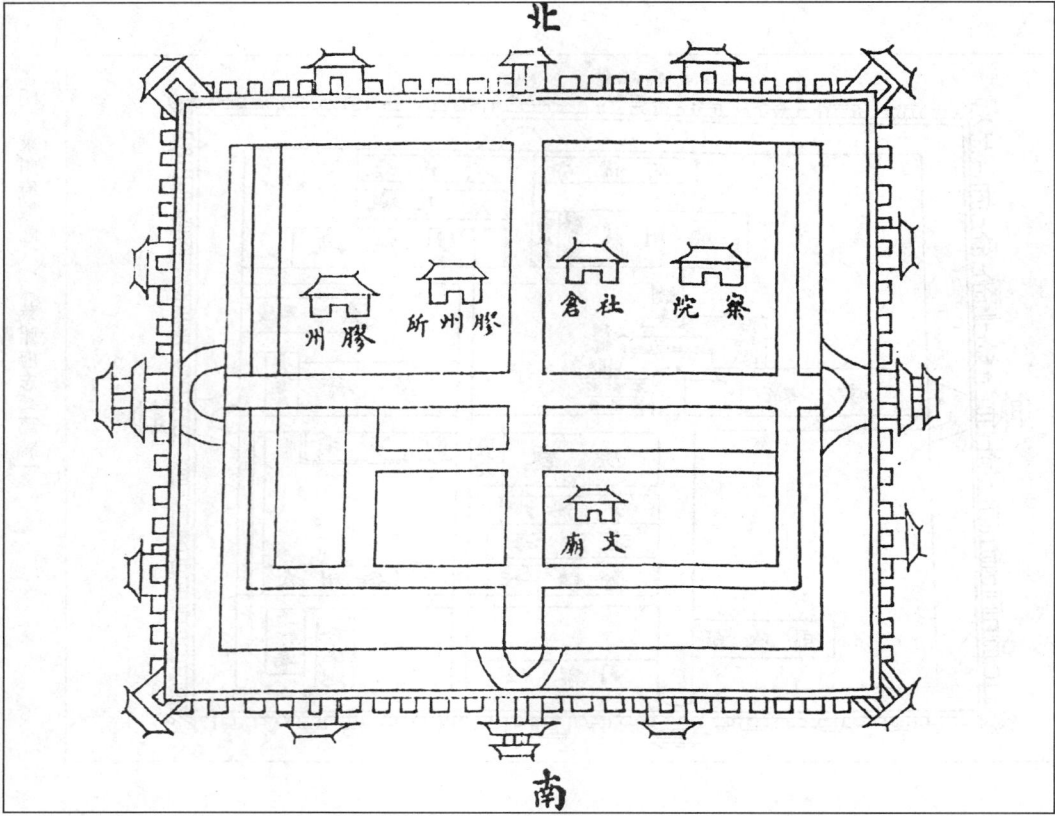

北

膠州　膠州所　社倉　察院

文廟

南

明・膠州城圖　《萊州府志》（萬曆）

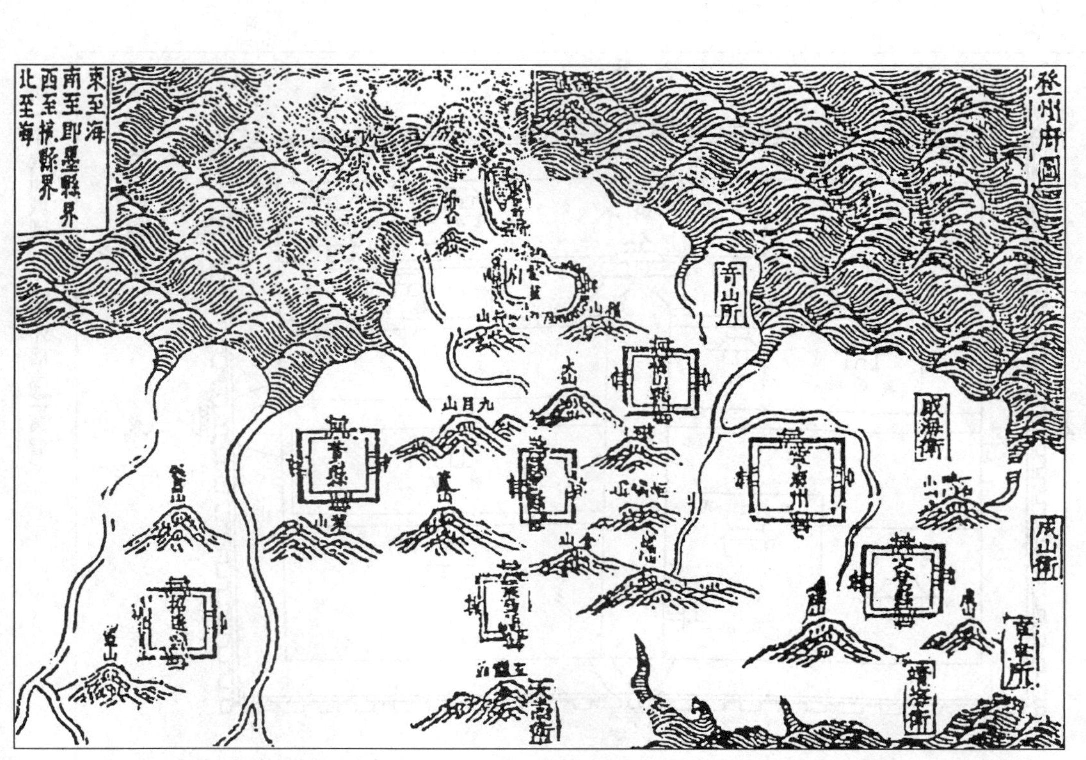

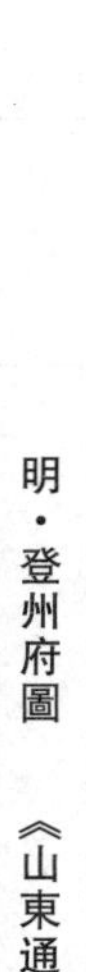

明・登州府圖　《山東通志》（嘉靖）

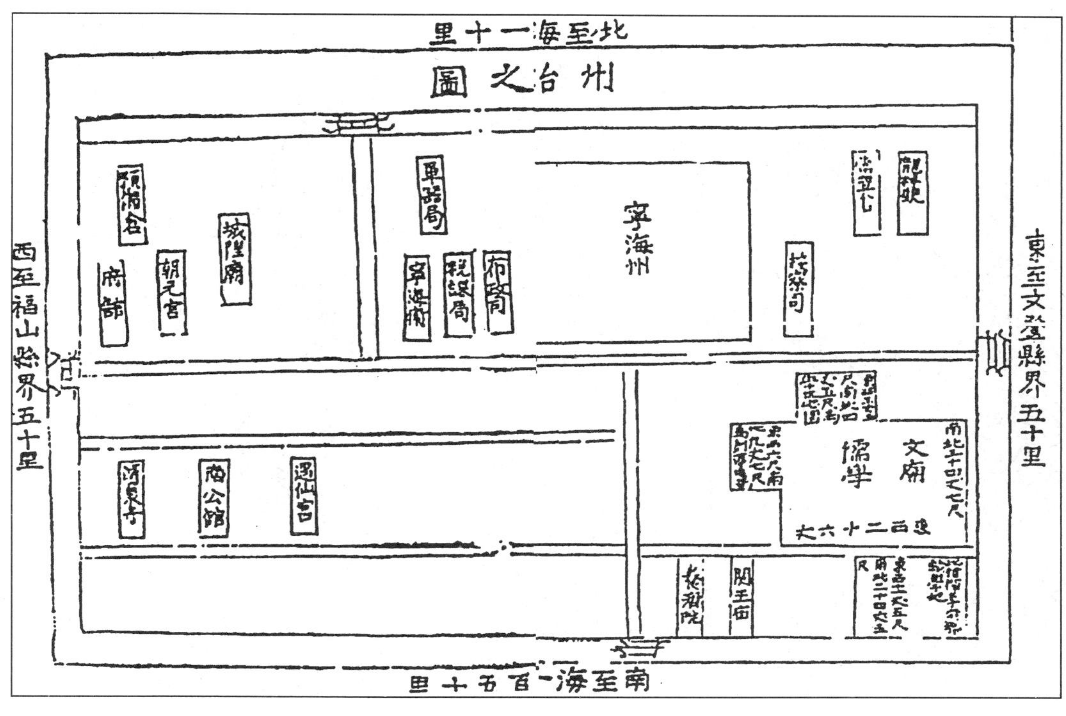

明·寧海州治圖　《寧海州志》(嘉靖)

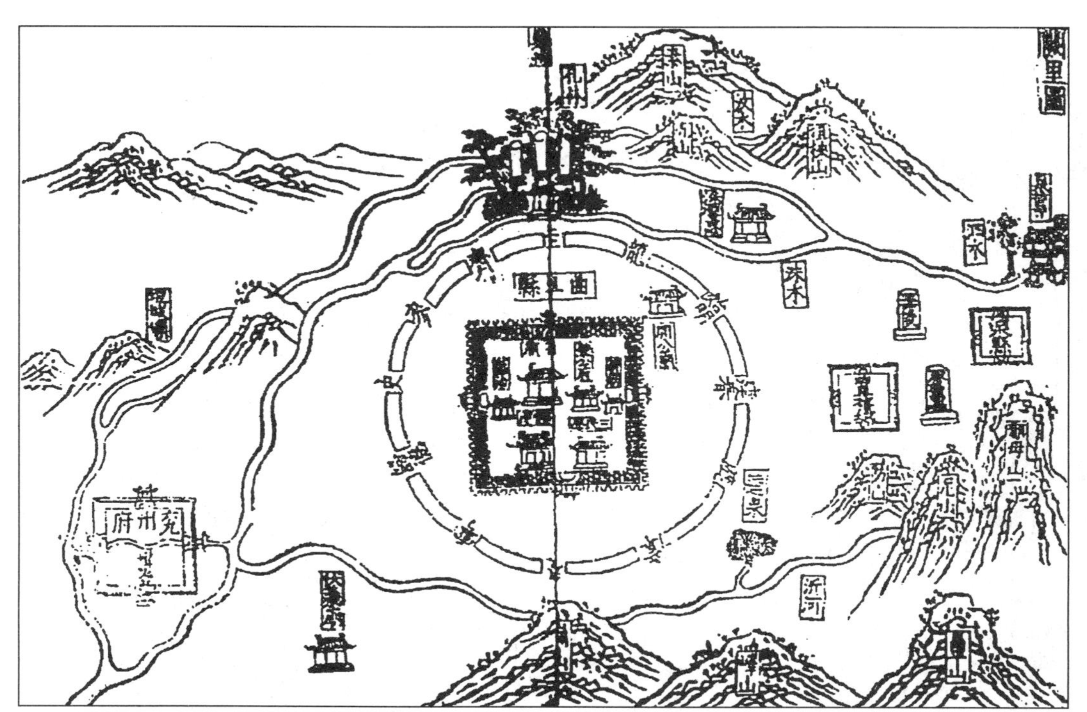

明·闕里圖　《山東通志》(嘉靖)

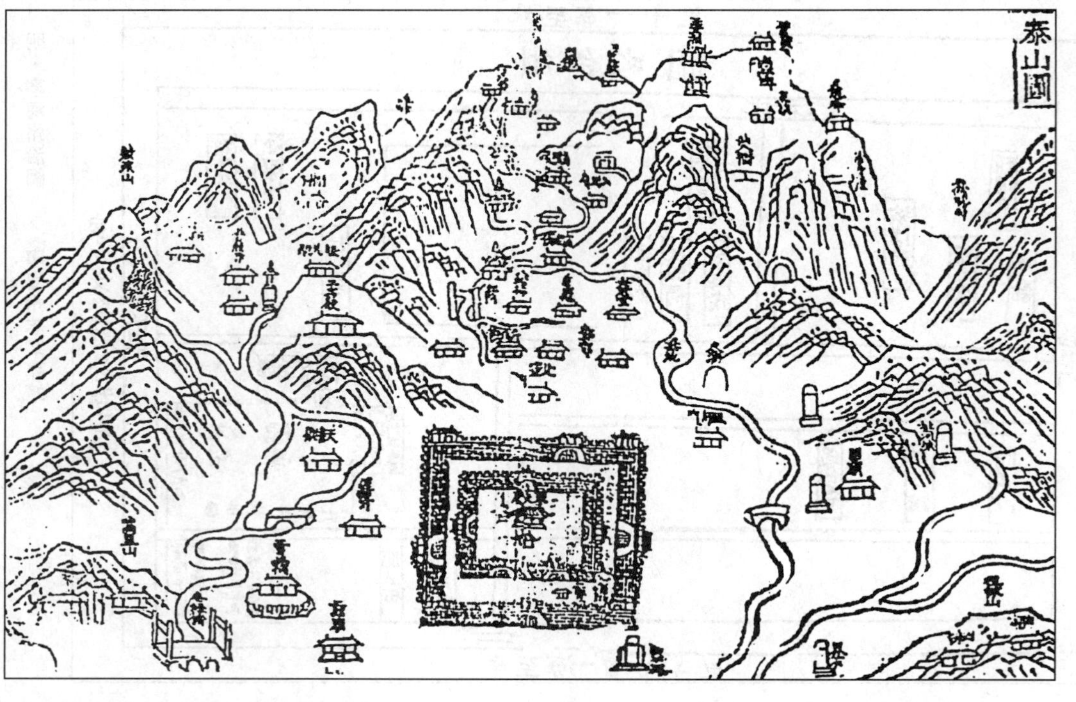

清・泰山圖 《南安縣志》(康熙)

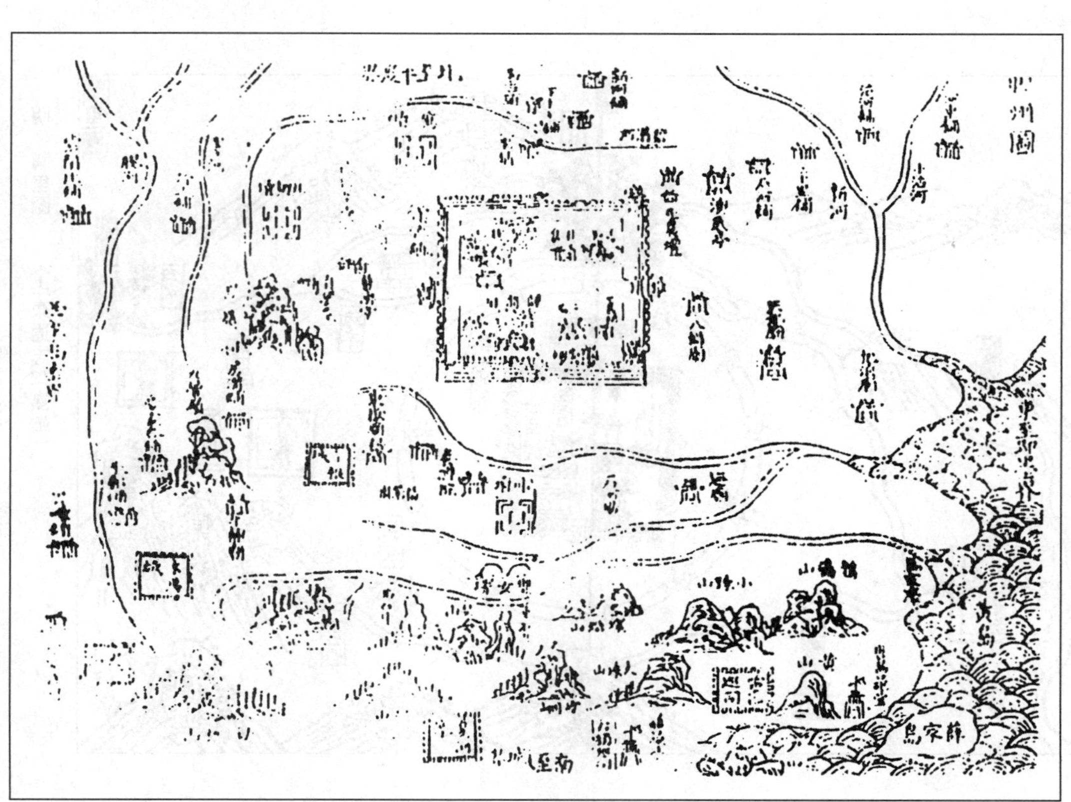

清・膠州圖 《萊州府志》(乾隆)

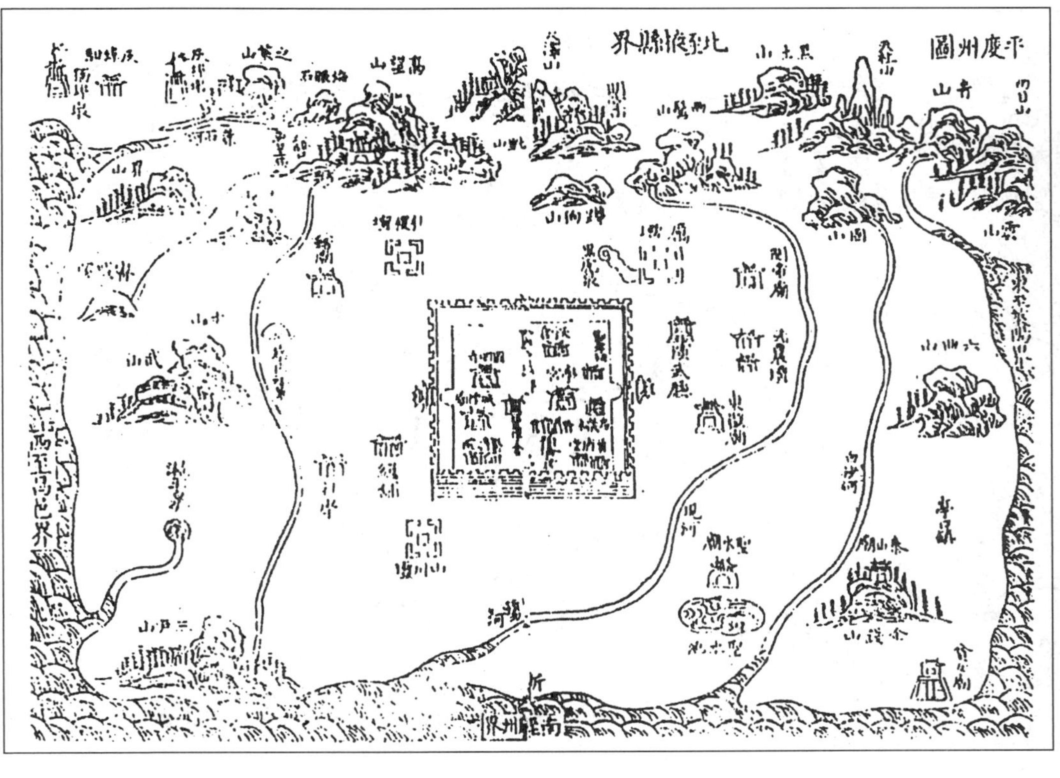

清・平度州圖　《萊州府志》（乾隆）

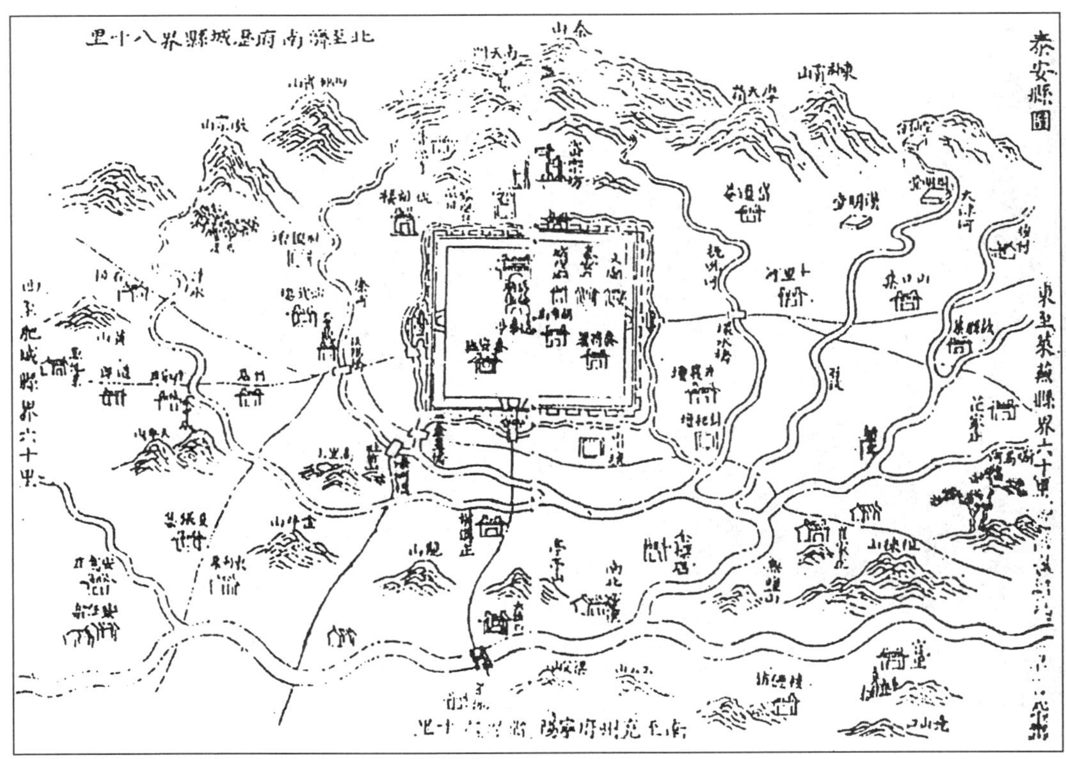

清・泰安縣圖　《泰安府志》（乾隆）

江蘇

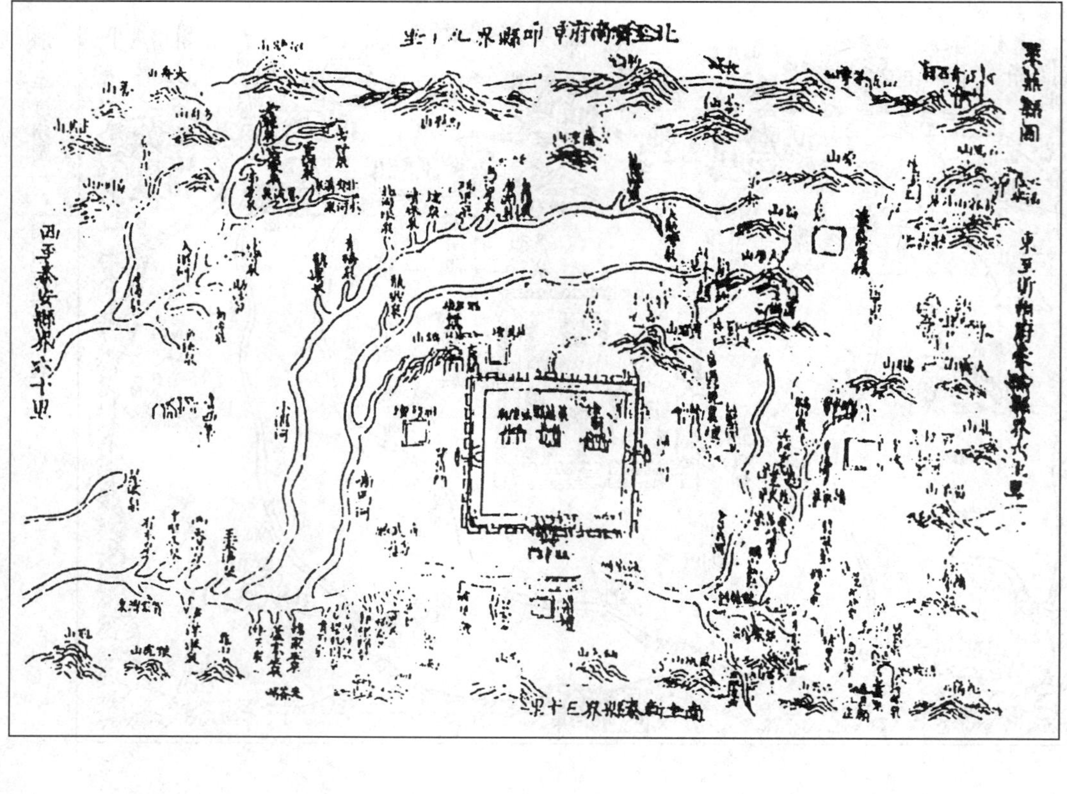

清・萊蕪縣圖　《泰安府志》（乾隆）

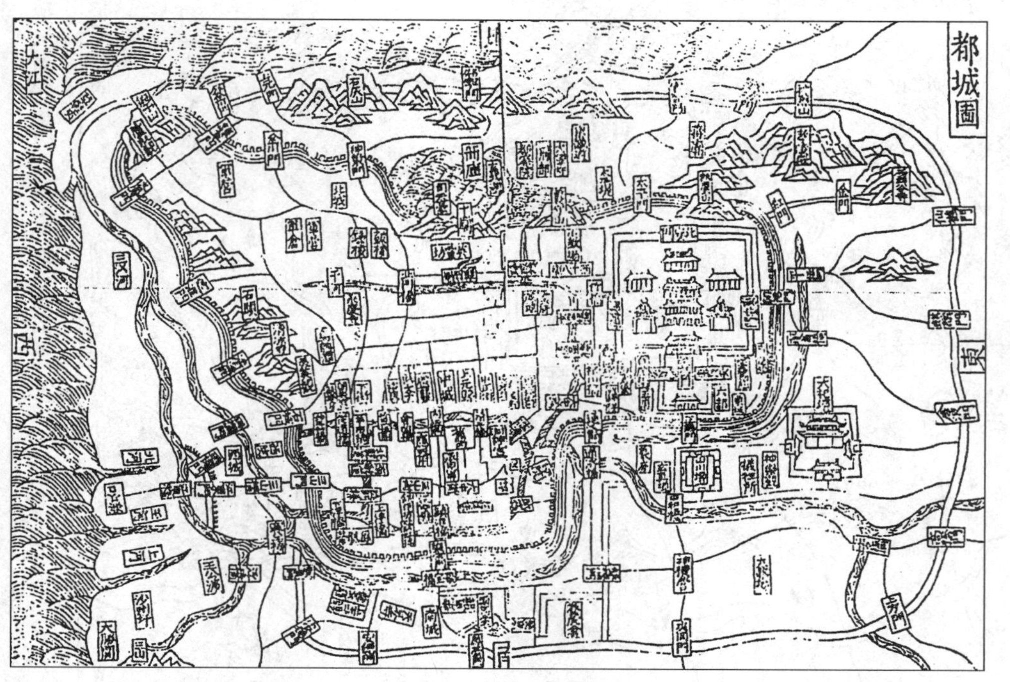

明・都城圖　《南畿志》（嘉靖）

明·京城圖　《上元縣志》（萬曆）

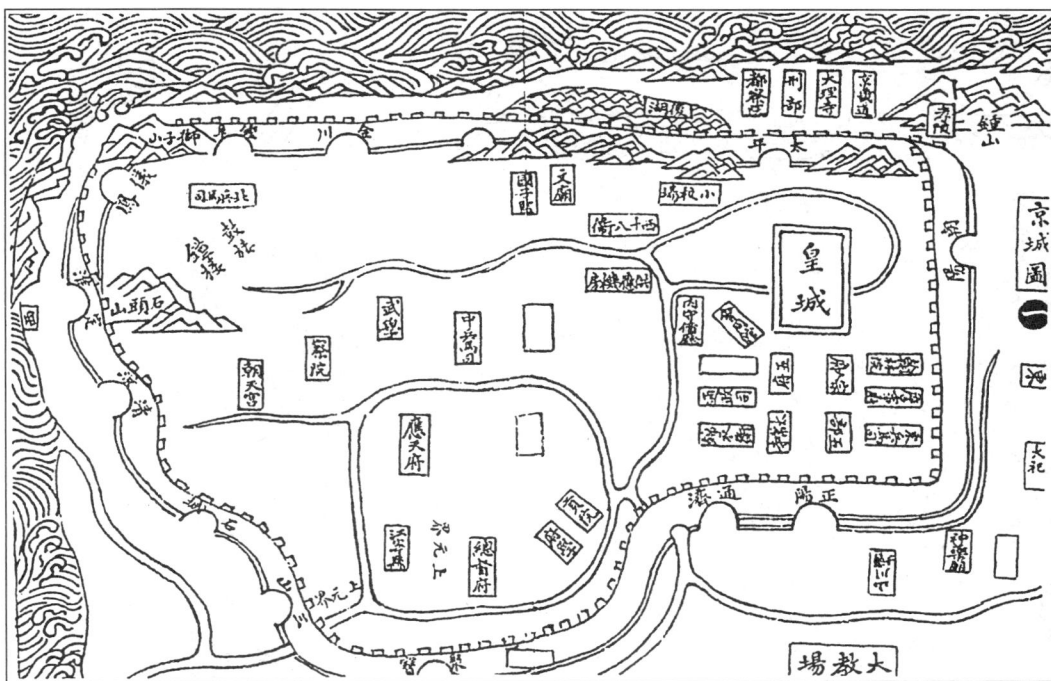

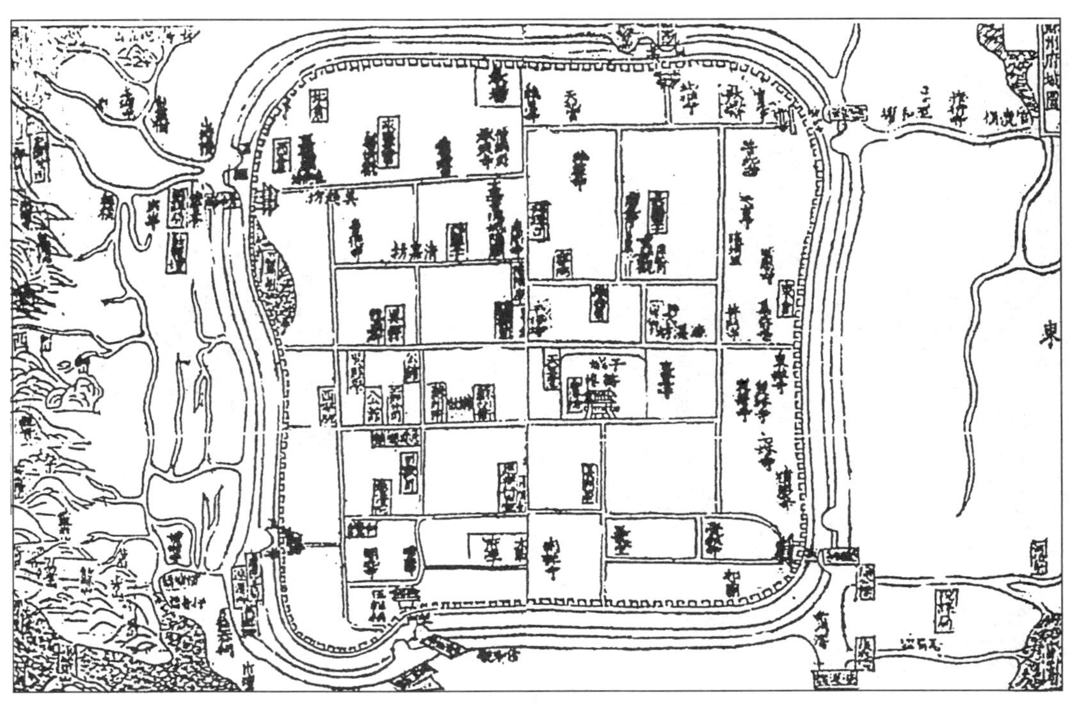

明·蘇州府城圖　《姑蘇志》（正德）

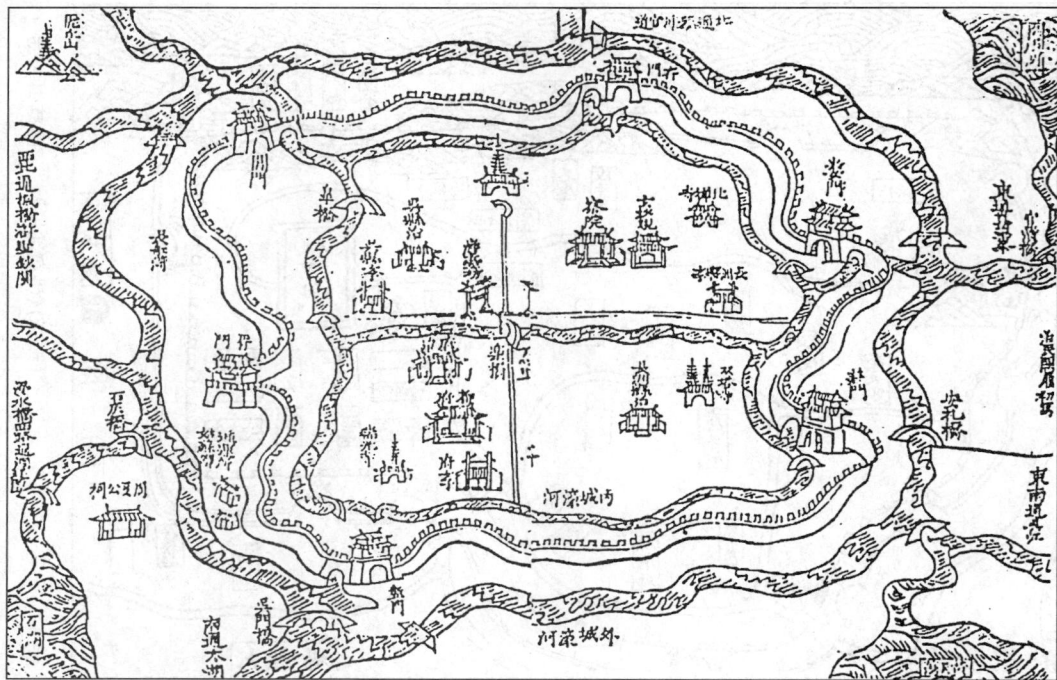

明・長洲縣境圖　《長洲縣志》(隆慶)

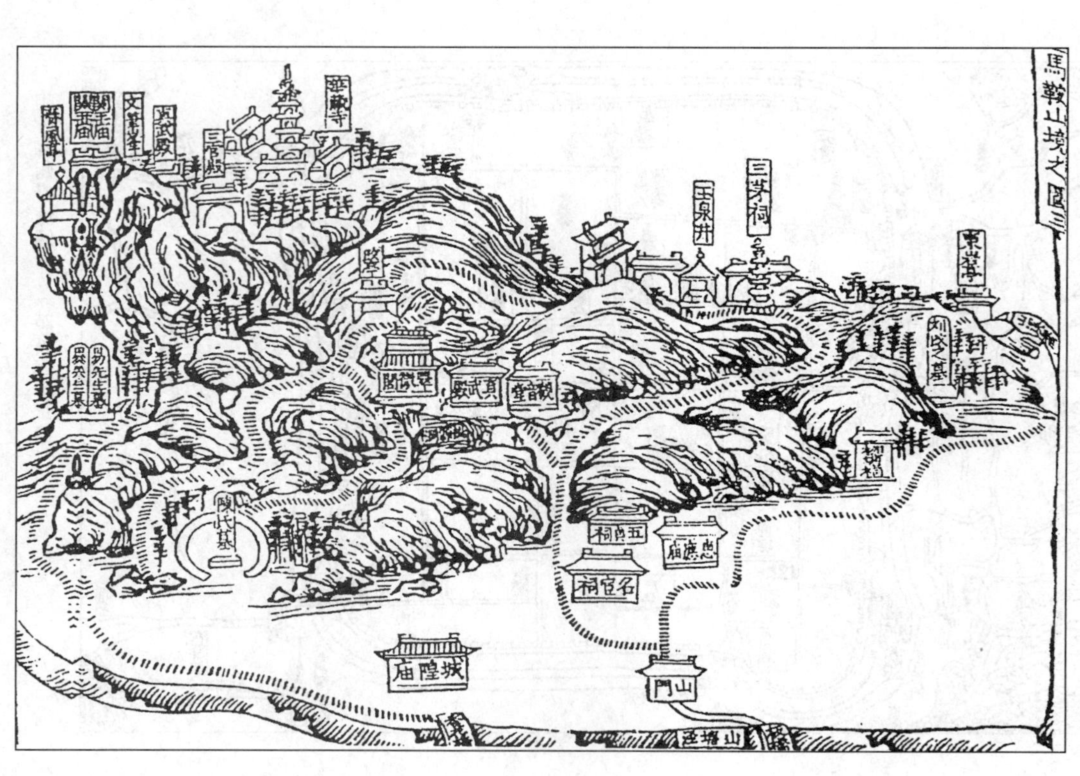

明・馬鞍山境圖　《崑山縣志》(嘉靖)

明・虞山北境舊圖　《常熟縣志》（弘治）

明・虞山北境新圖　《常熟縣志》（弘治）

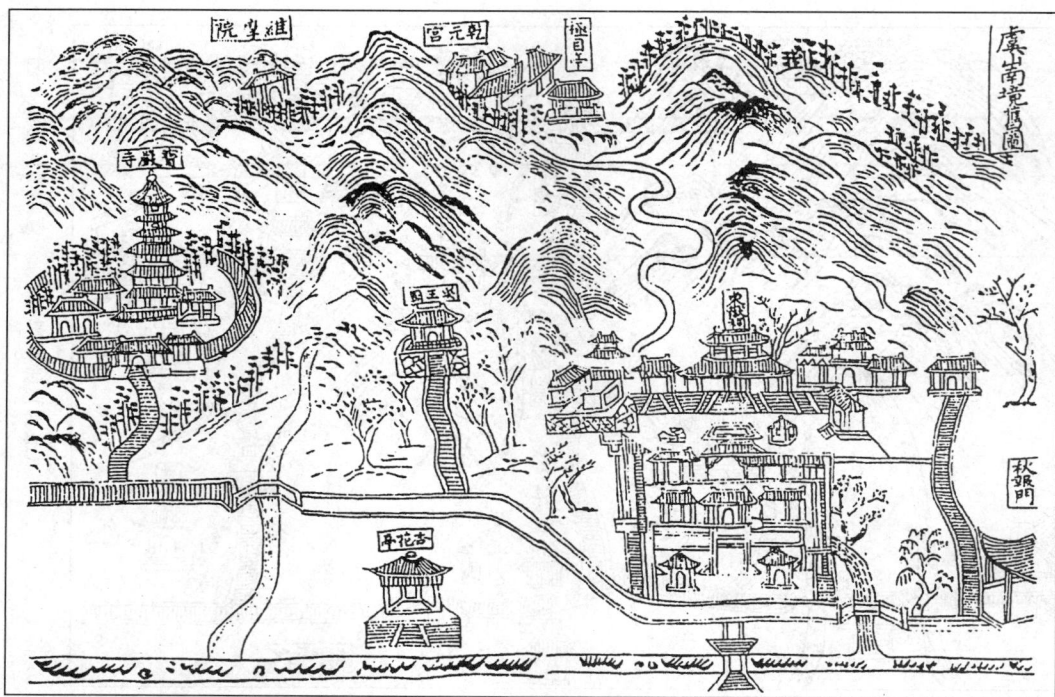

明・虞山南境舊圖　《常熟縣志》(弘治)

明・虞山南境新圖　《常熟縣志》(弘治)

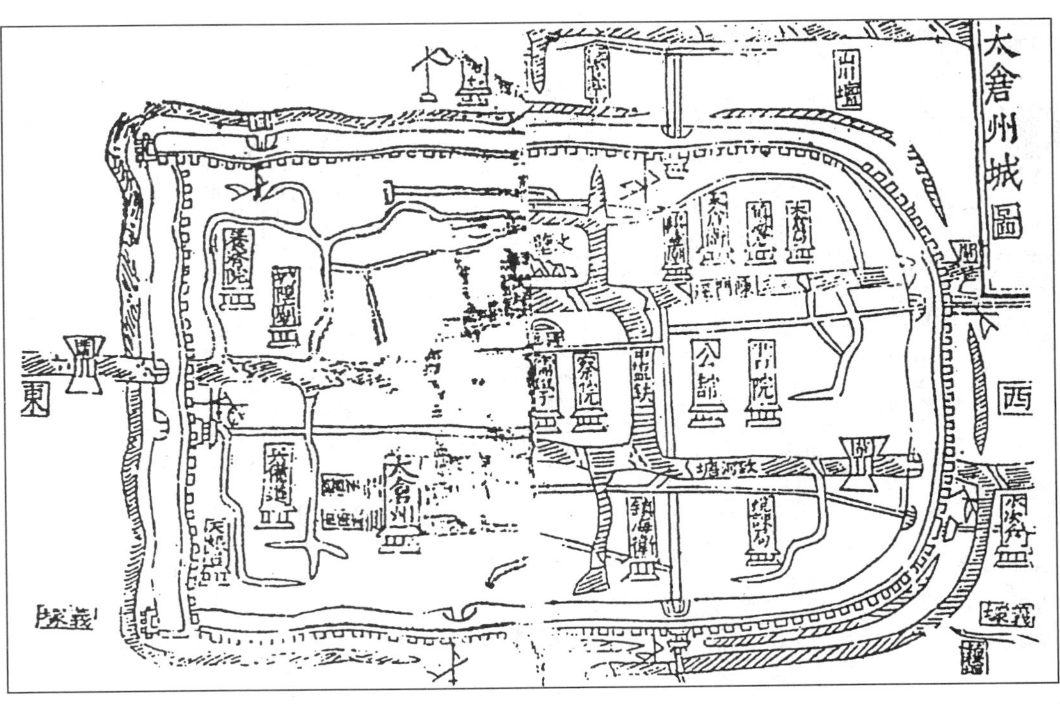

明・太倉州城圖　《太倉州志》（崇禎）

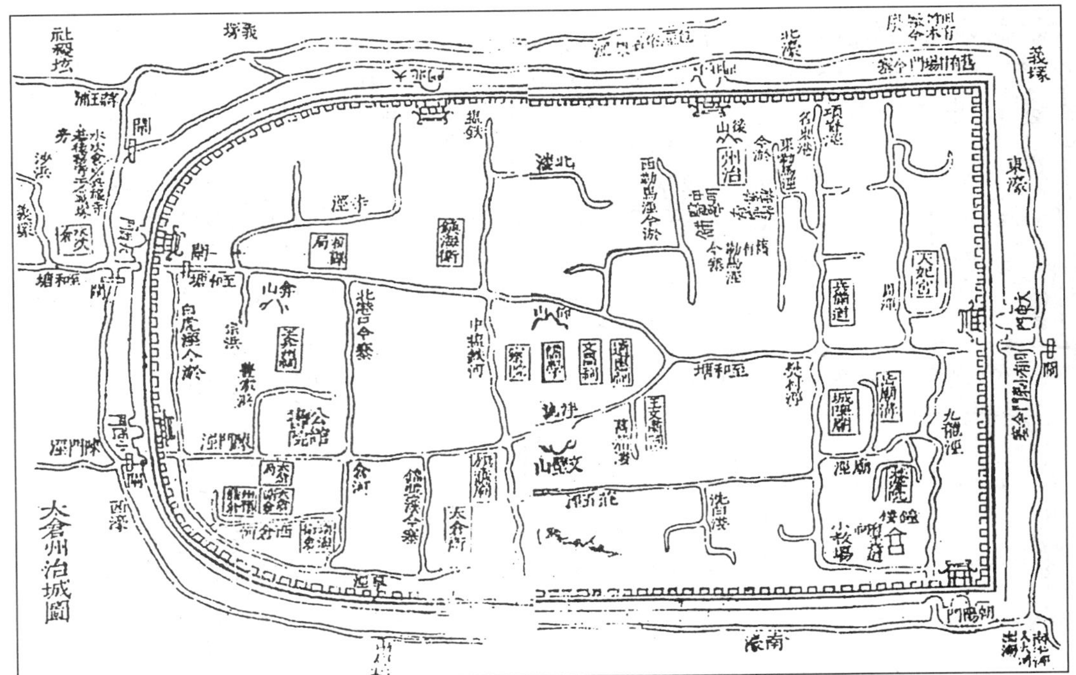

明・太倉州治城圖　《太倉州志》（崇禎）

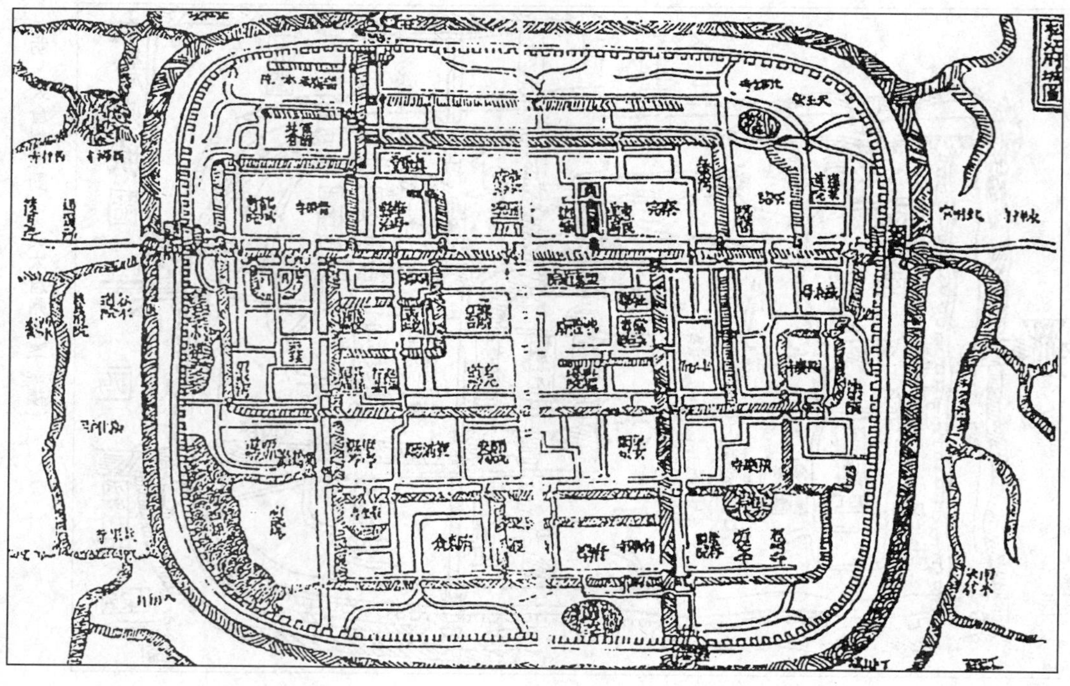

明・松江府城圖　《松江府志》（正德）

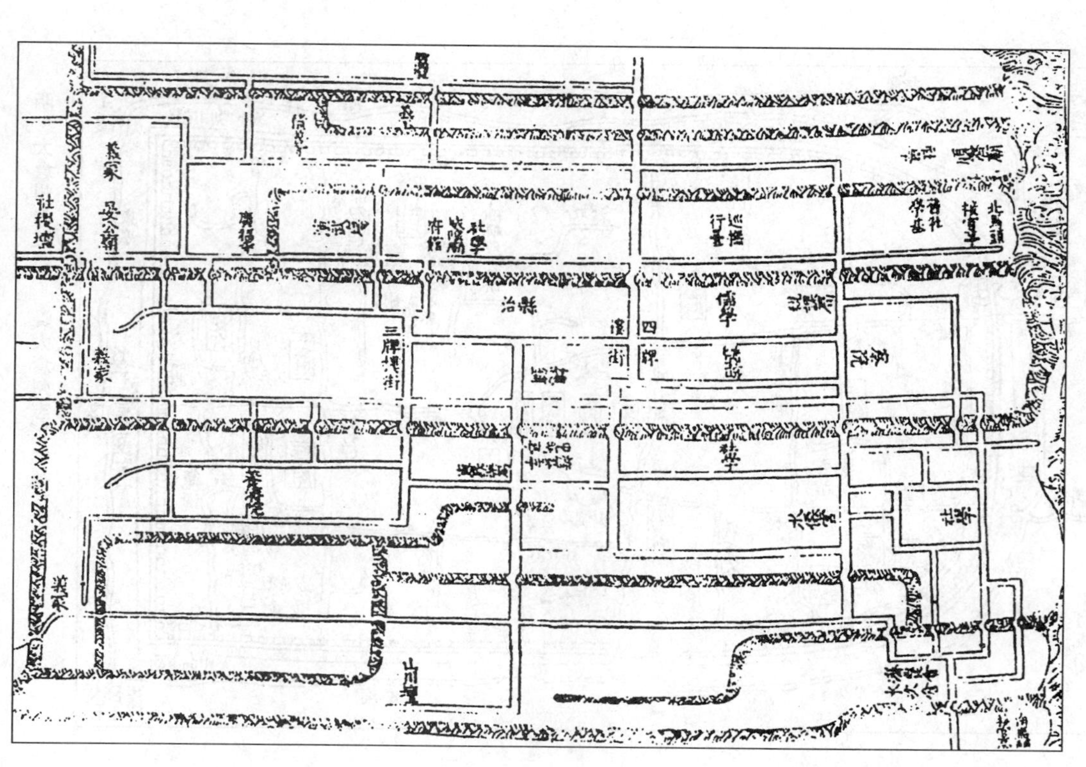

明・上海縣圖　《上海縣志》（嘉靖）

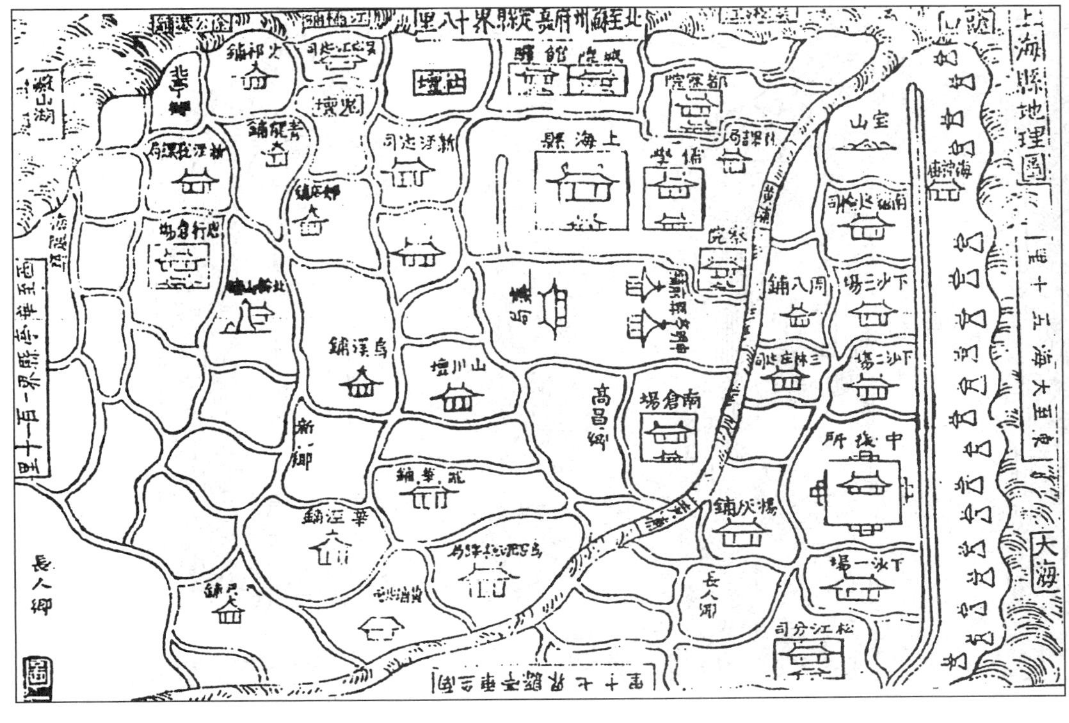

明・上海縣地理圖　《上海縣志》（弘治）

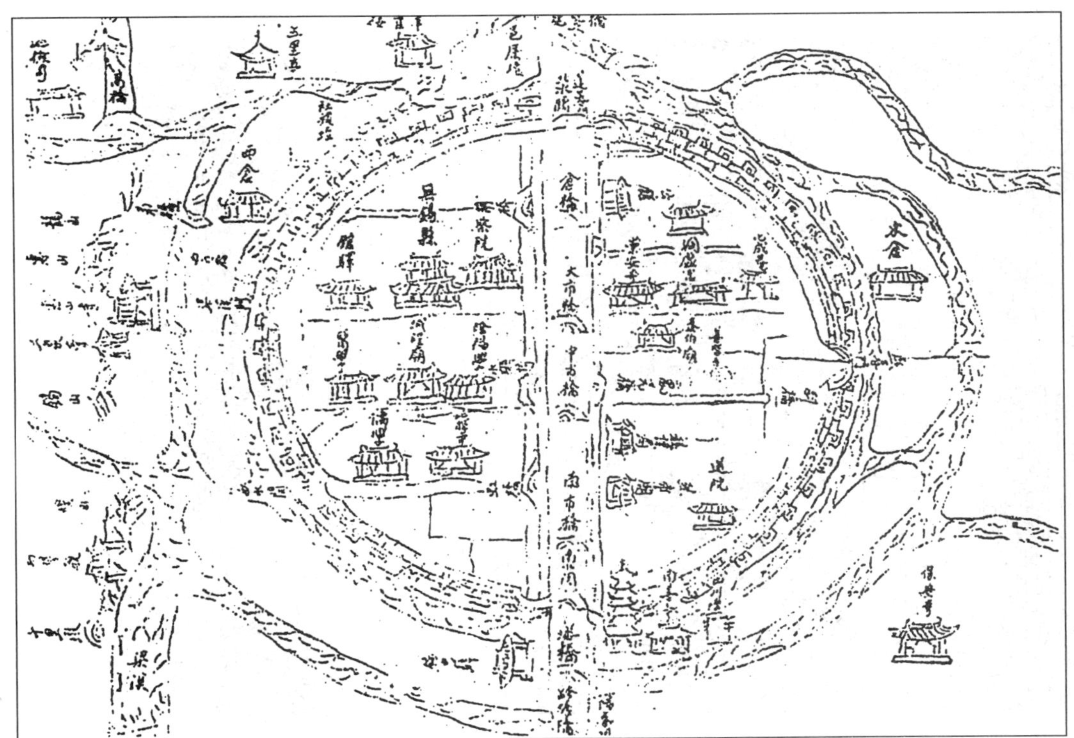

明・無錫縣城圖　《無錫縣志》（弘治）

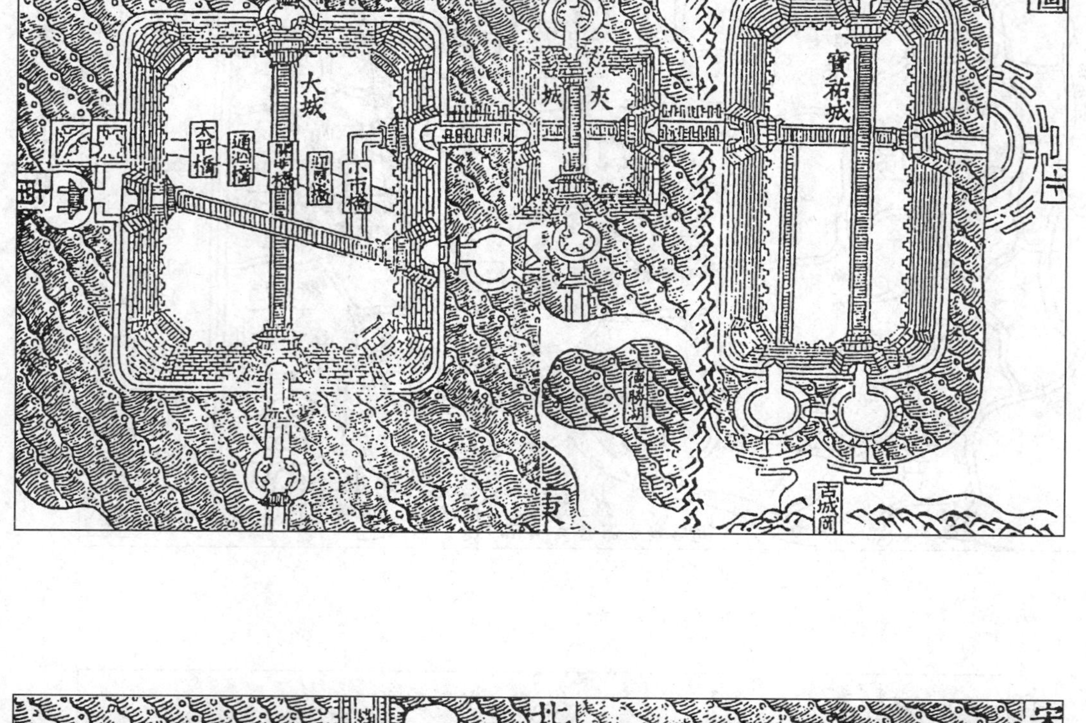

明・宋三城圖　《惟揚志》（嘉靖）

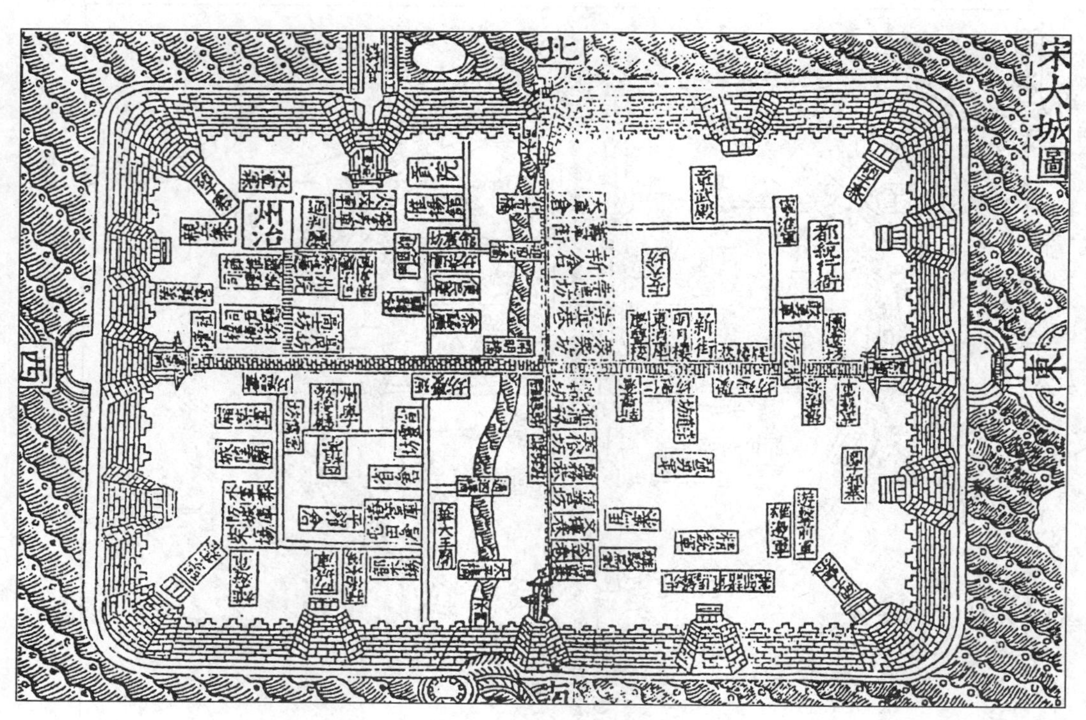

明・宋大城圖　《惟揚志》（嘉靖）

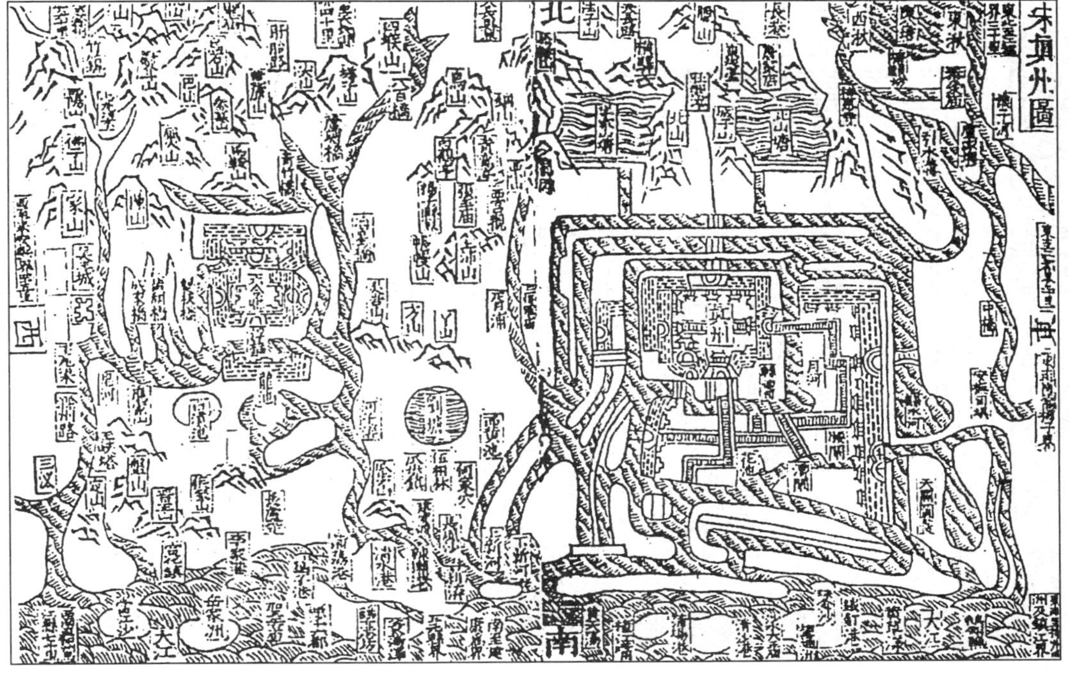

明・宋真州圖　《惟揚志》(嘉靖)

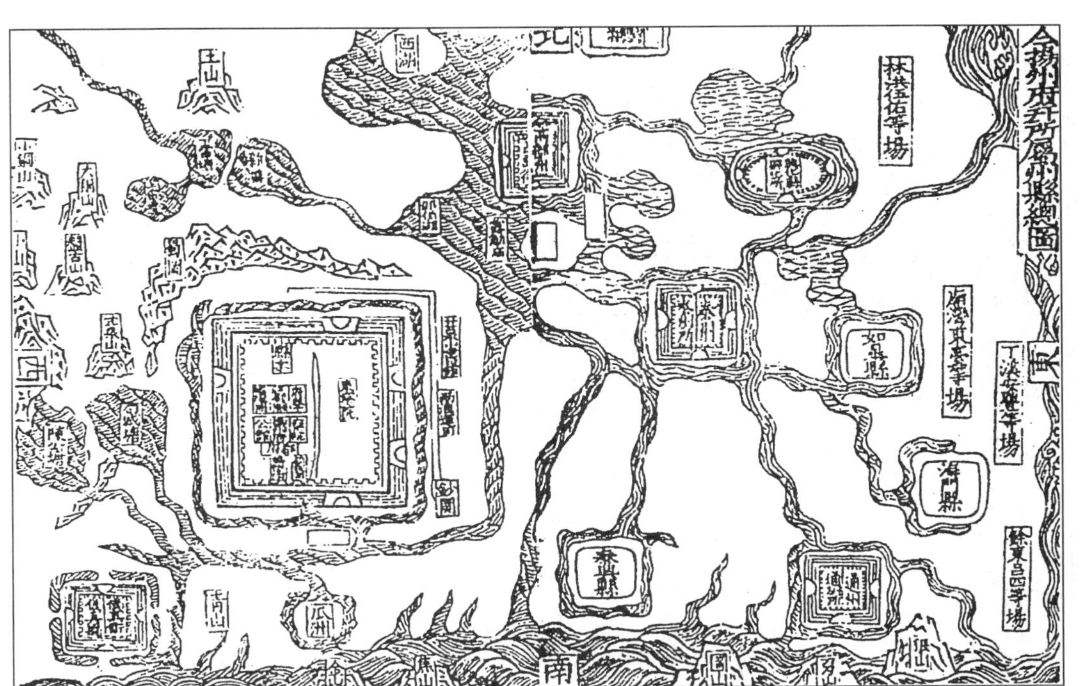

明・揚州府并所屬縣總圖　《惟揚志》(嘉靖)

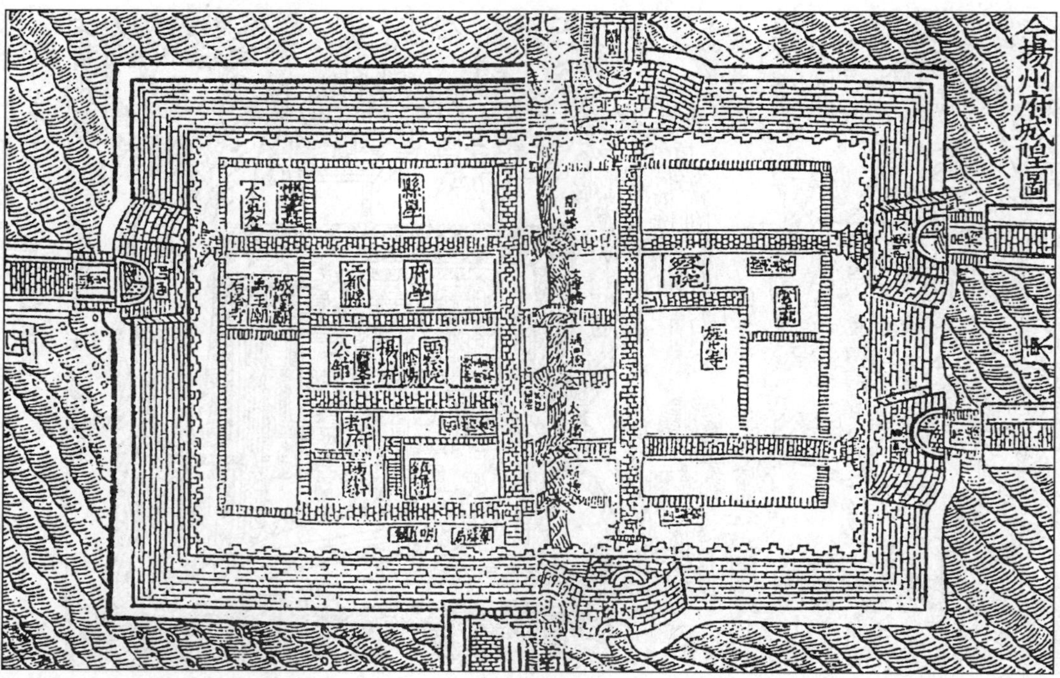

明・揚州府城隍圖　《惟揚志》（嘉靖）

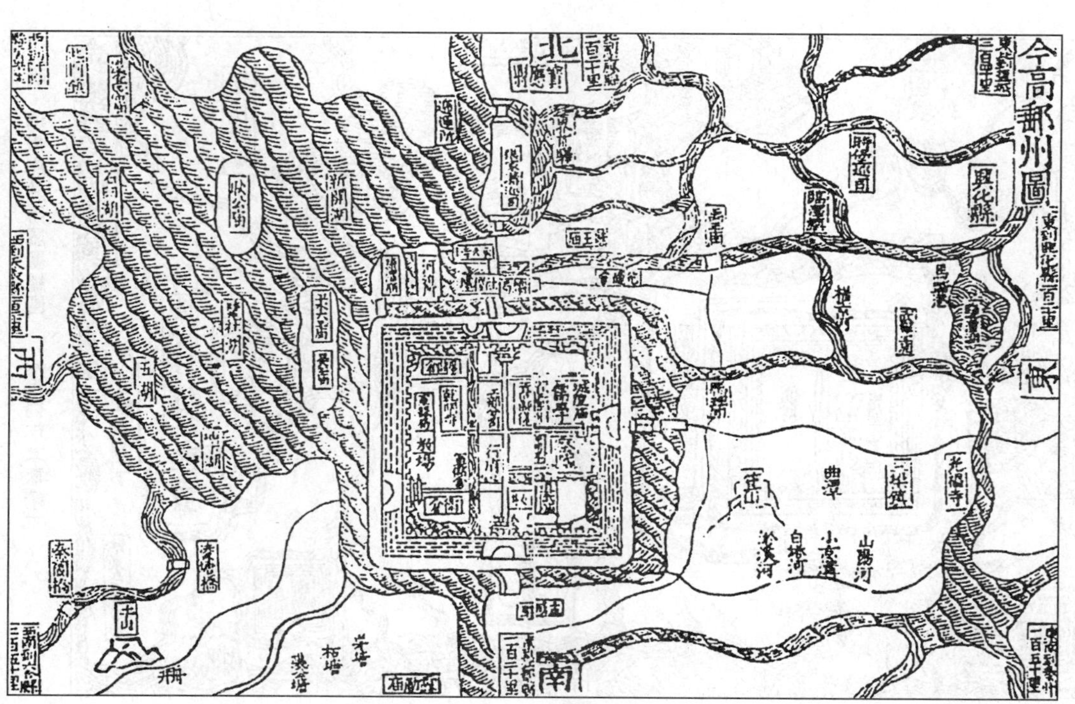

明・高郵州圖　《惟揚志》（嘉靖）

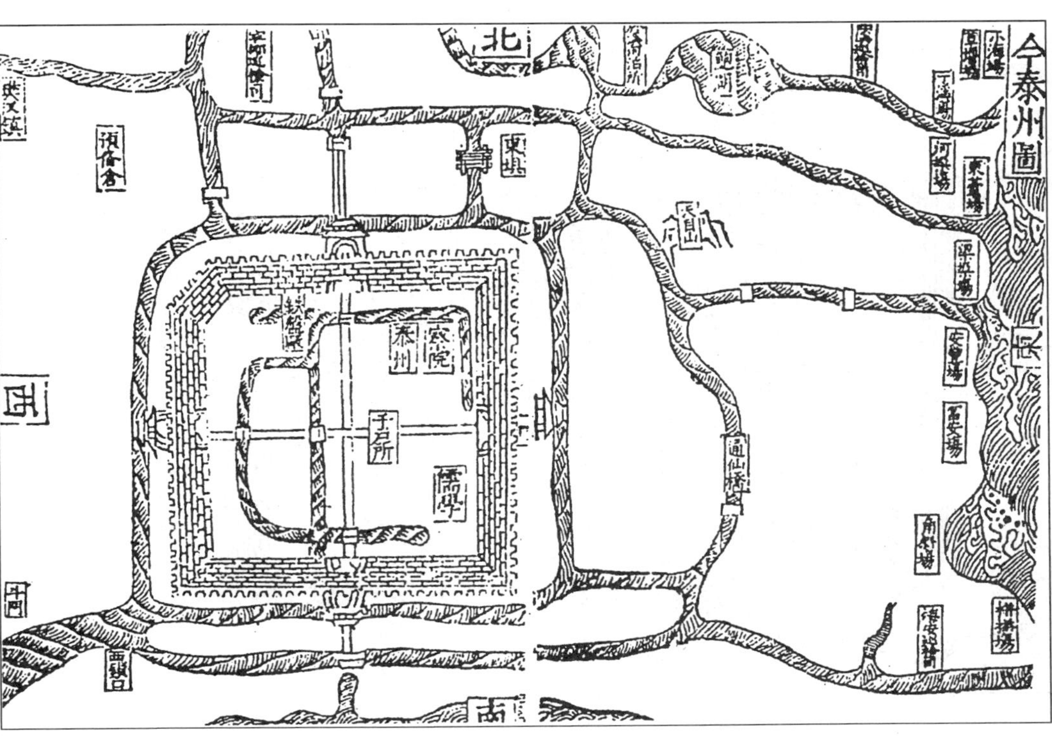

明・泰州圖　《惟揚志》（嘉靖）

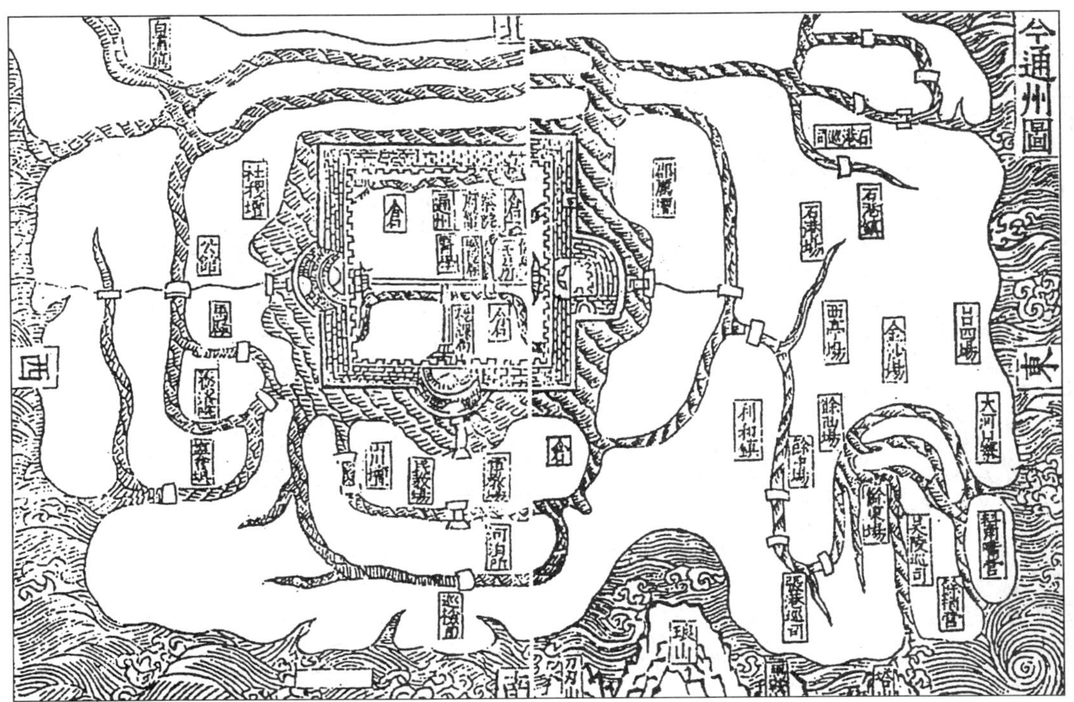

明・通州圖　《惟揚志》（嘉靖）

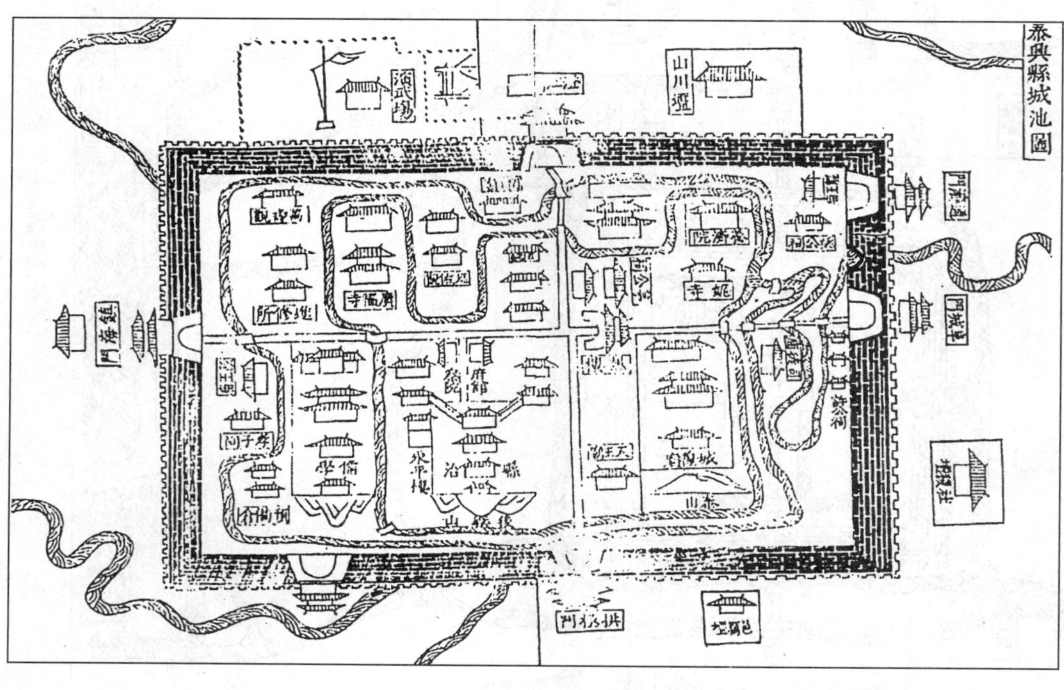

明・泰興縣城池圖 《揚州府志》(萬曆)

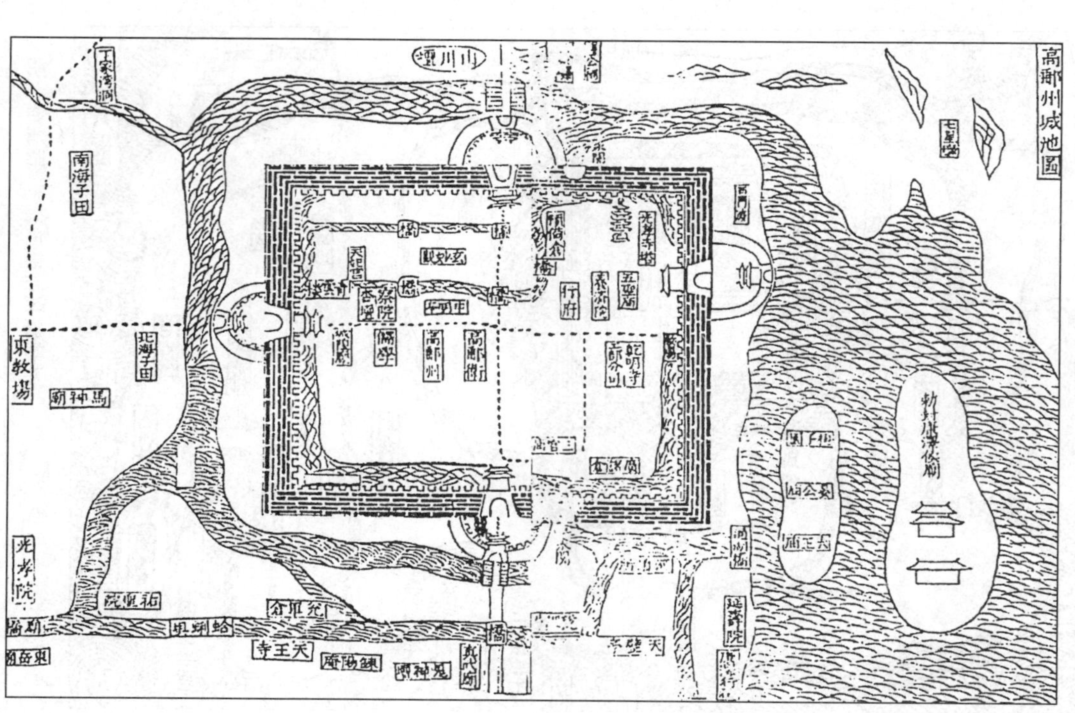

明・高郵州城池圖 《揚州府志》(萬曆)

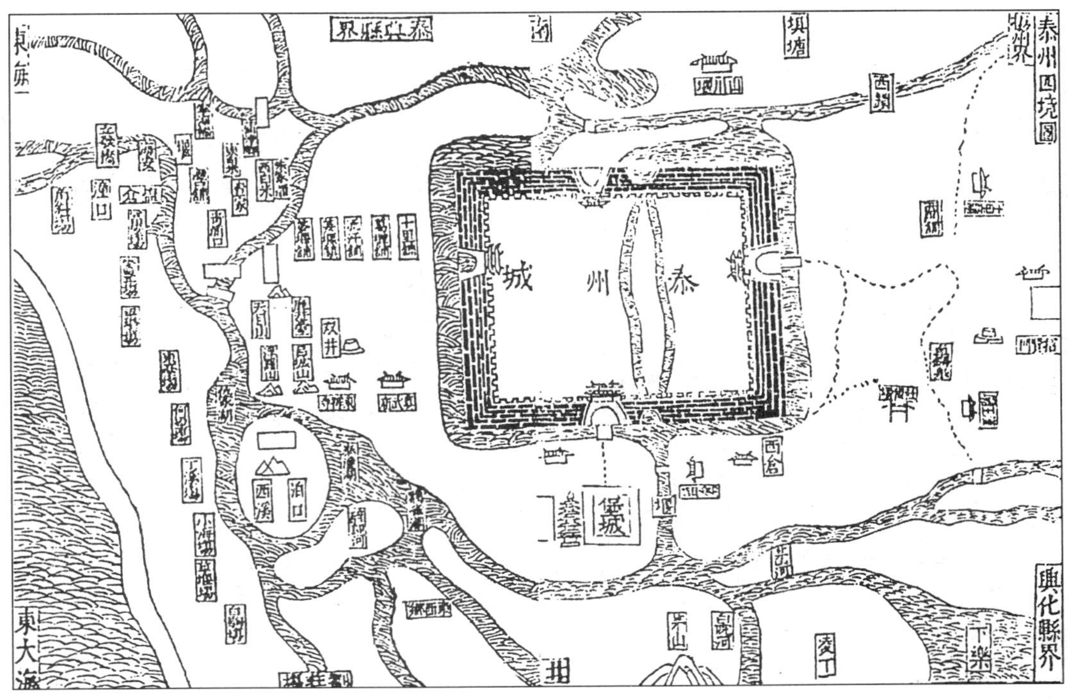

明・泰州四境圖　《揚州府志》（萬曆）

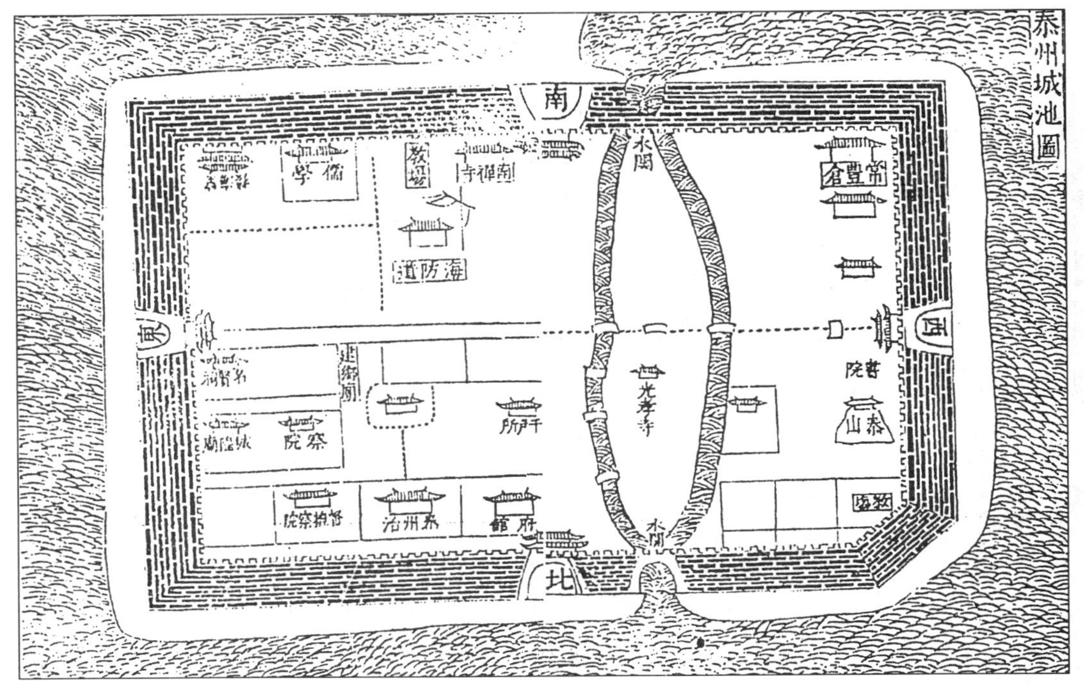

明・泰州城池圖　《揚州府志》（萬曆）

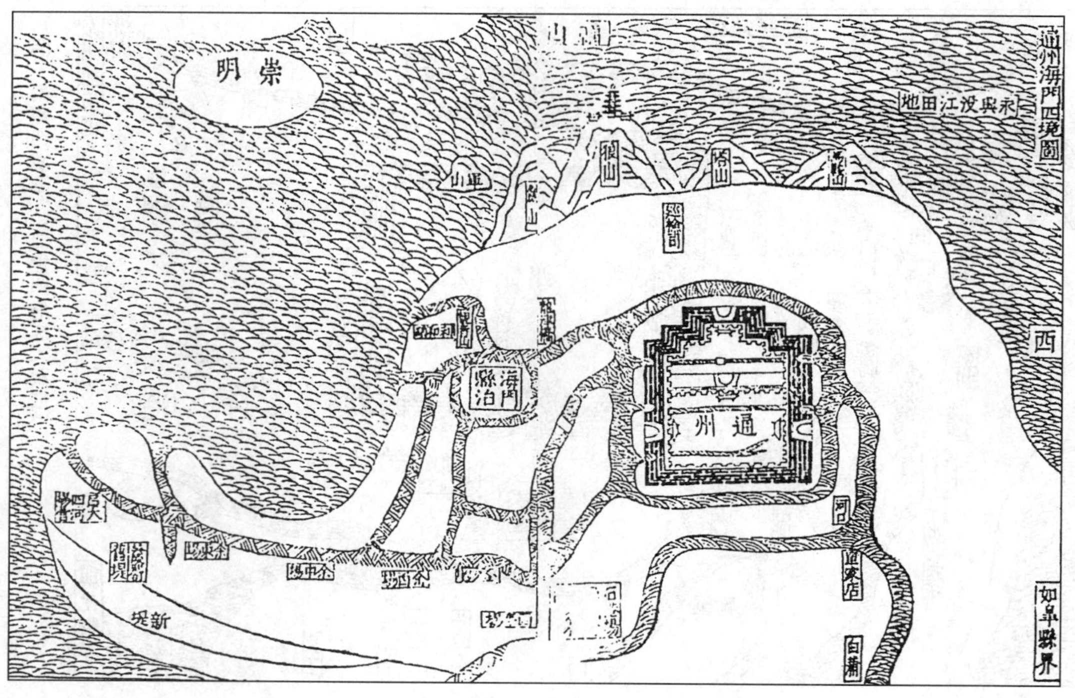

明・通州海門四境圖　《揚州府志》(萬曆)

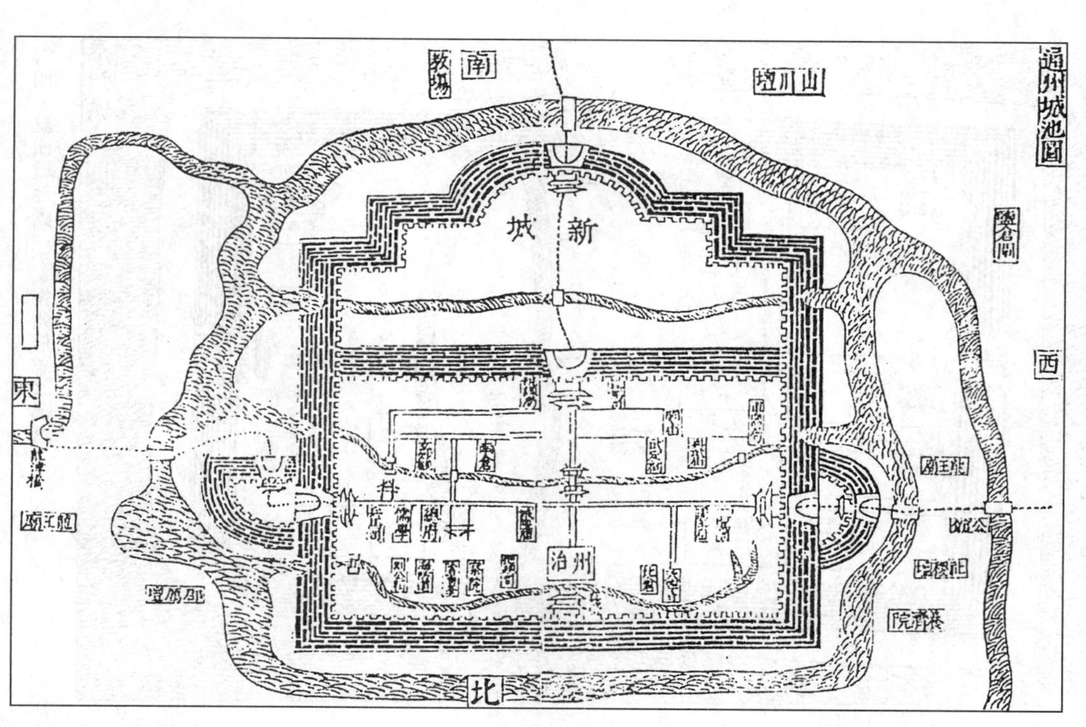

明・通州城池圖　《揚州府志》(萬曆)

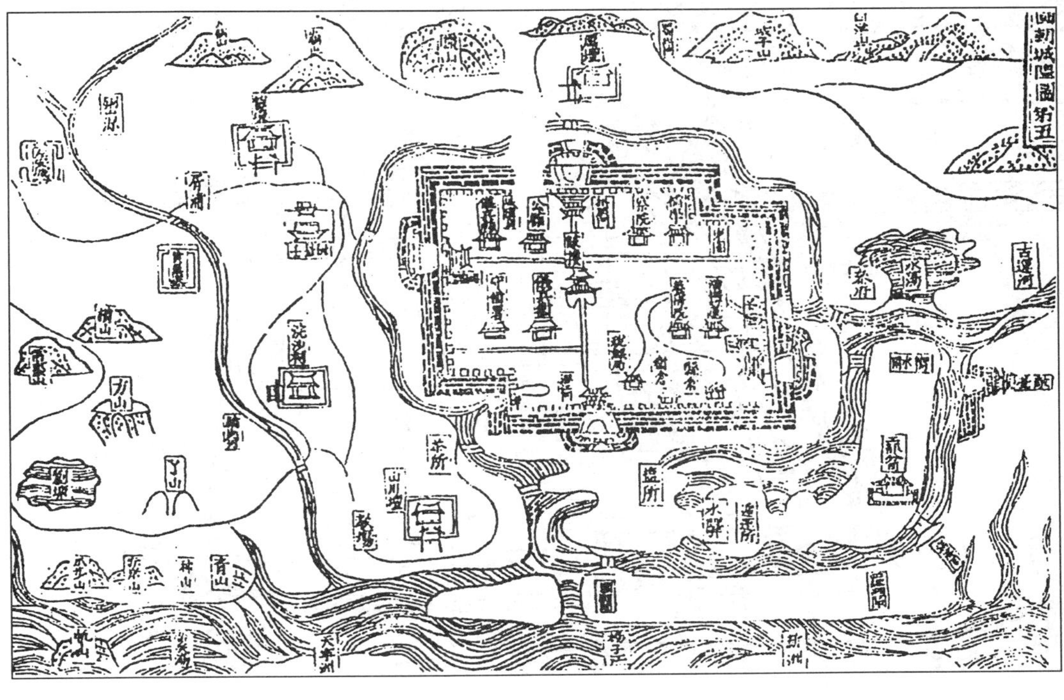

明・儀真城隍圖

《儀真縣志》（隆慶）

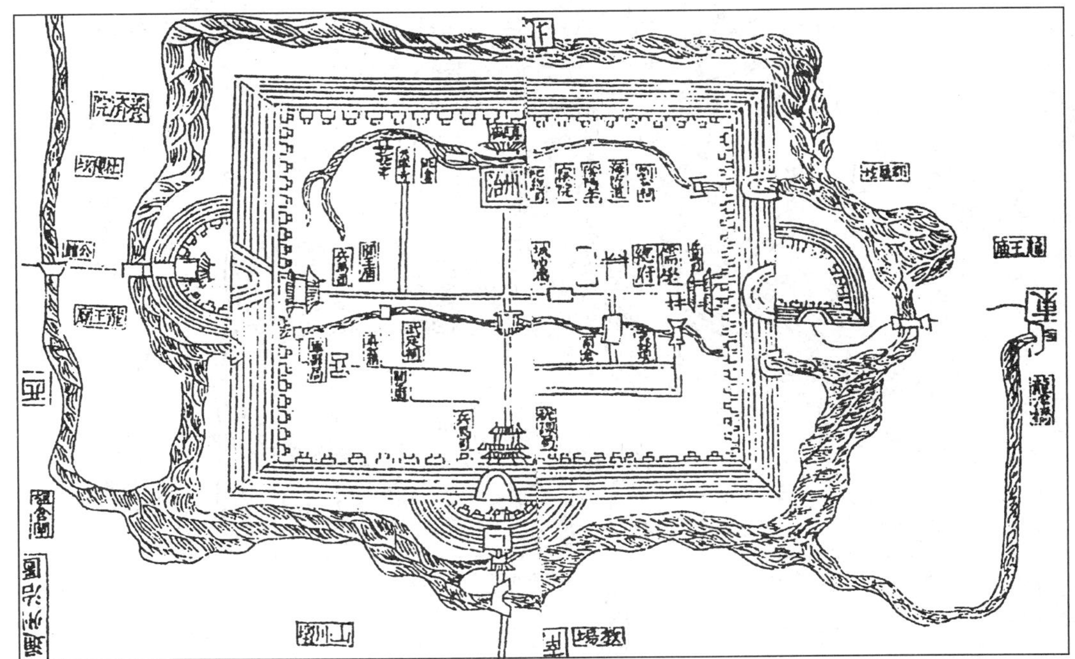

明・通州治圖

《通州志》（萬曆）

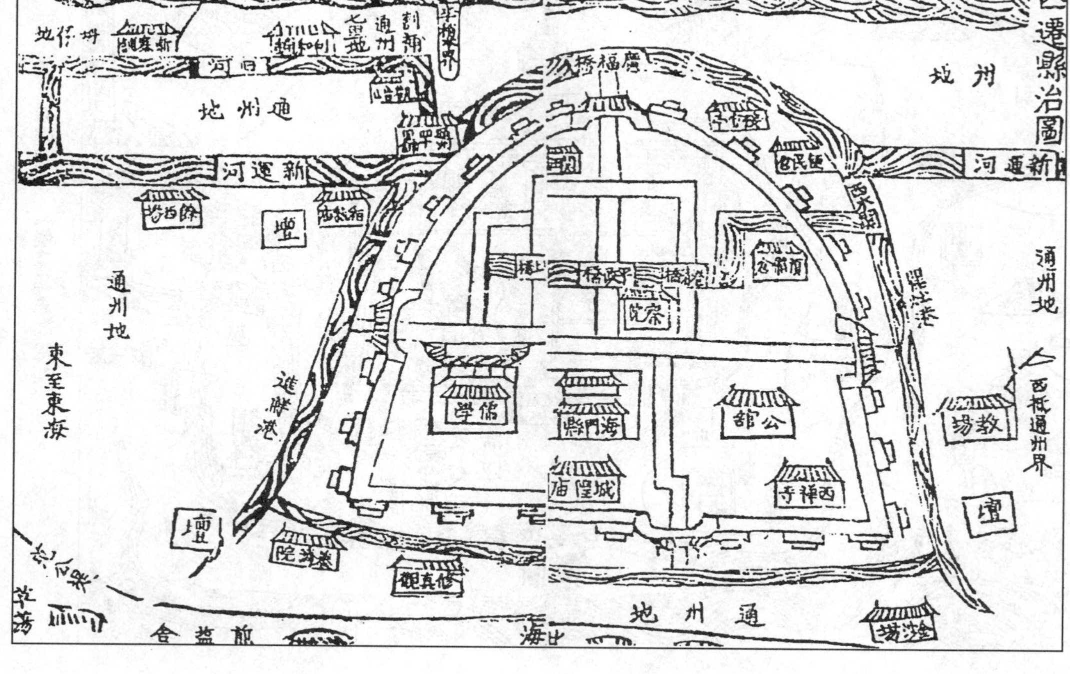

明・四遷縣治圖　《海門縣志》（嘉靖）

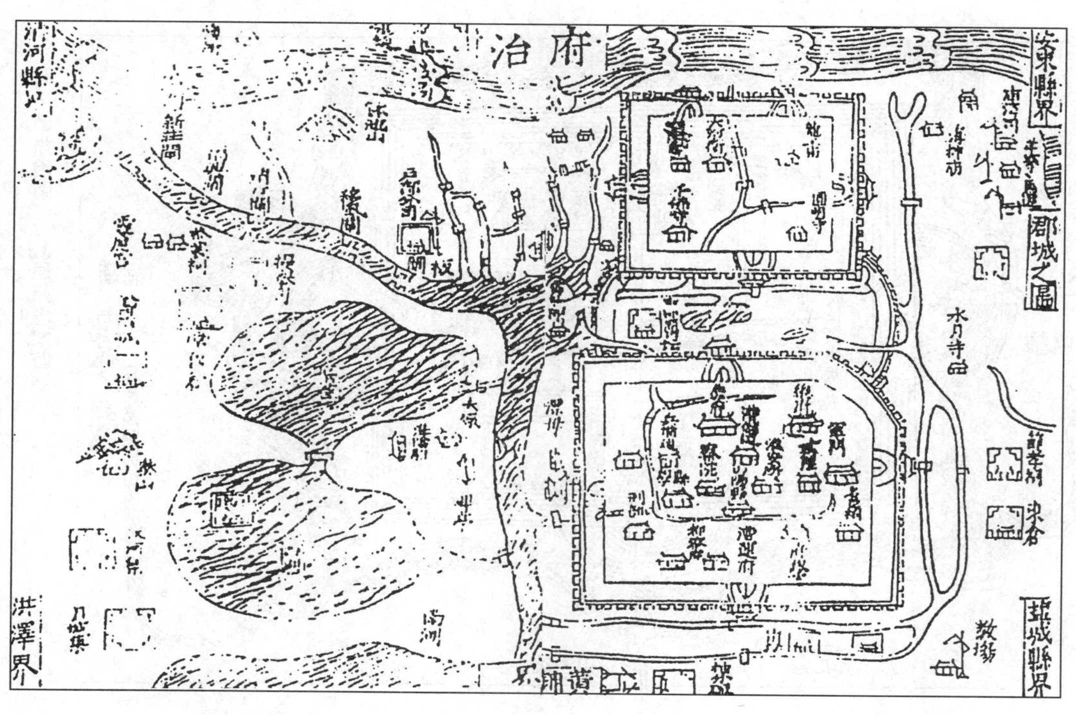

明・淮安府郡城圖　《淮安府志》（萬曆）

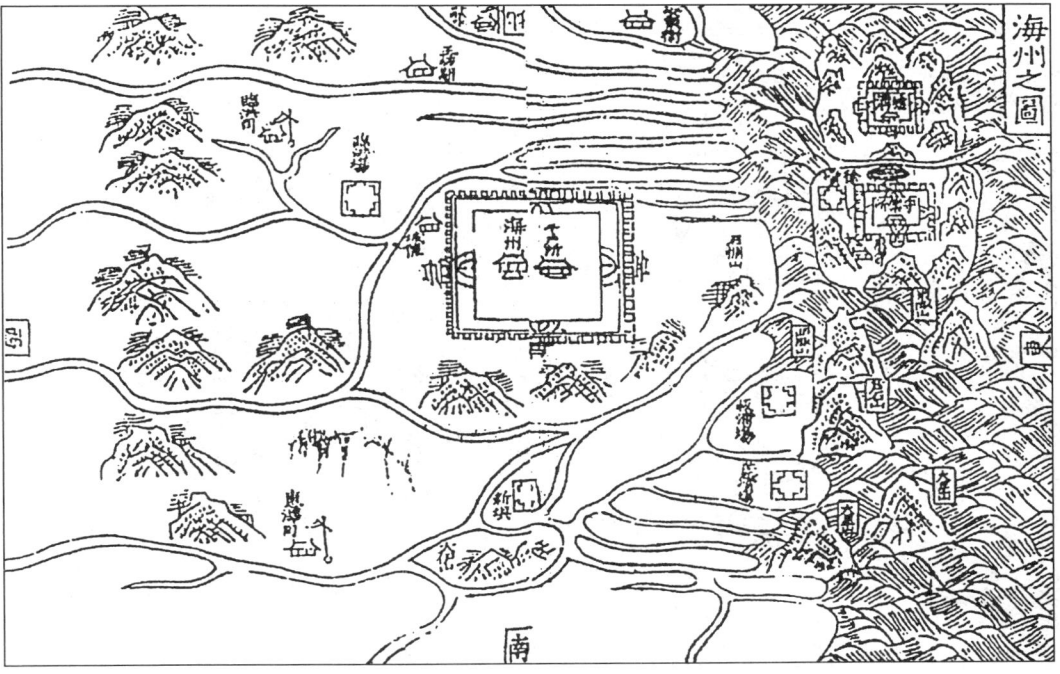

明・海州圖　《淮安府志》(萬曆)

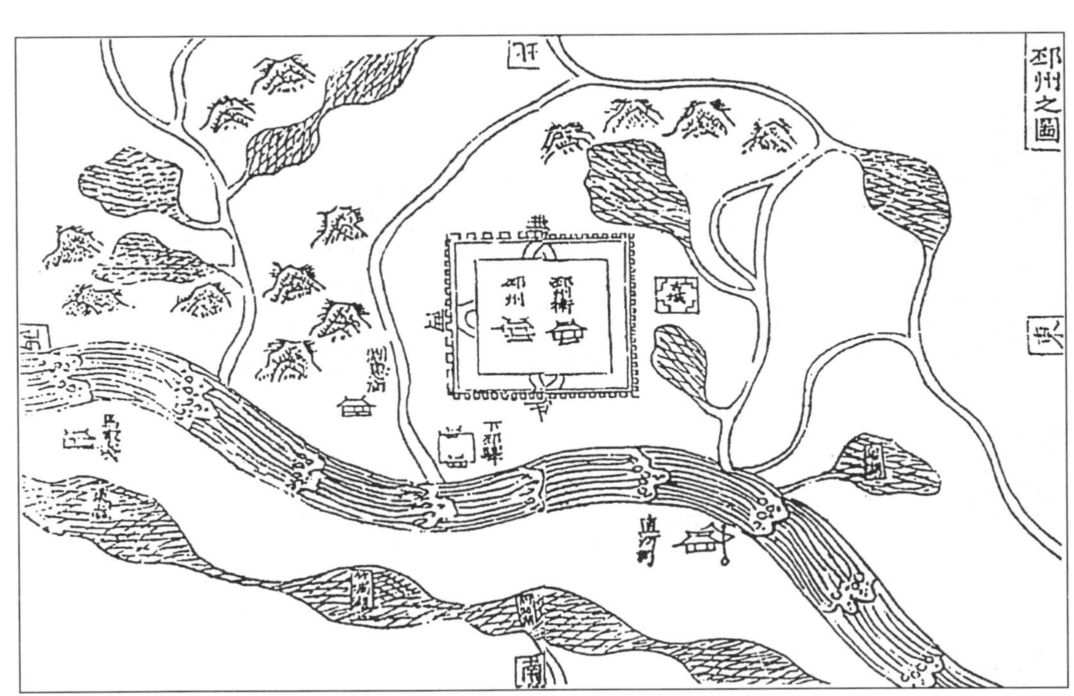

明・邳州圖　《淮安府志》(萬曆)

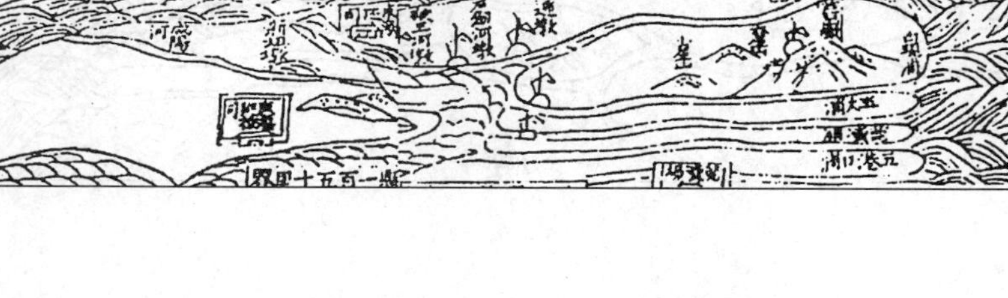

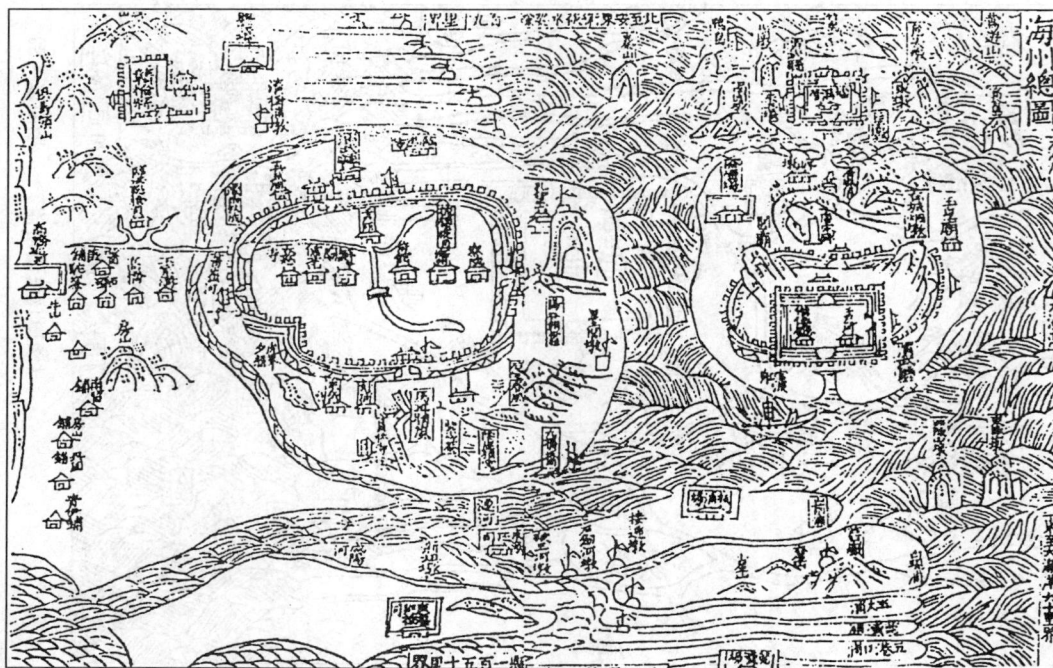

明・海州總圖 《海州志》（隆慶）

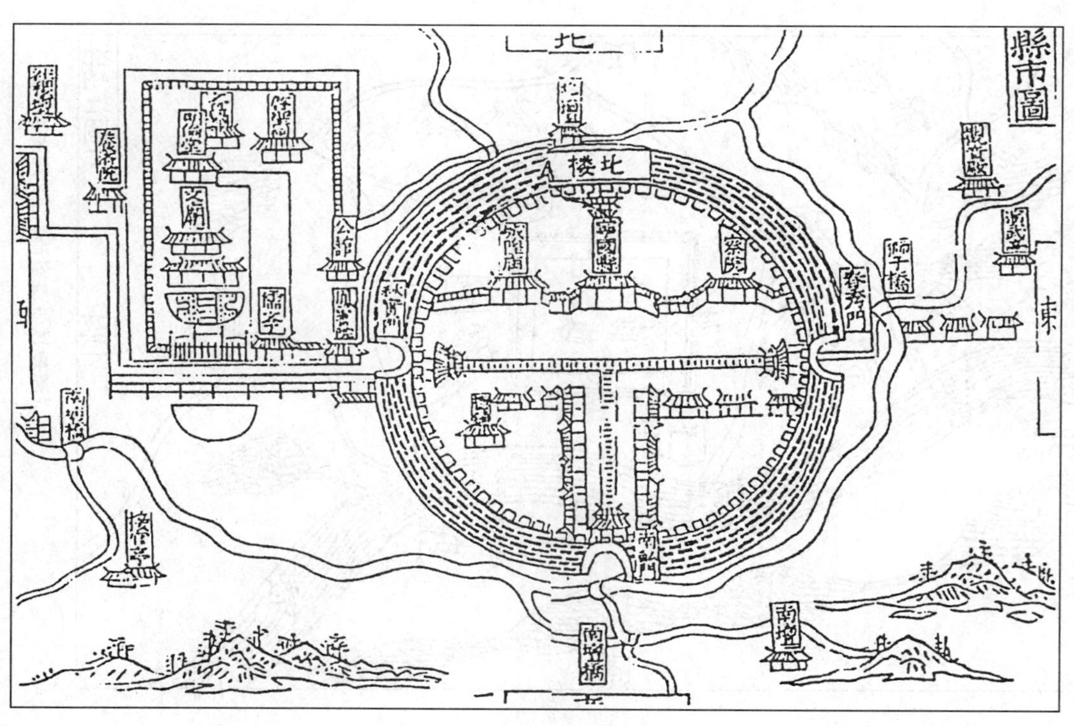

明・寧國縣市圖 《寧國縣志》（嘉靖）

江寧府統七縣圖

北至泗州天長縣界

西至和州界

東至鎮江府溧陽縣界

南至寧國府界

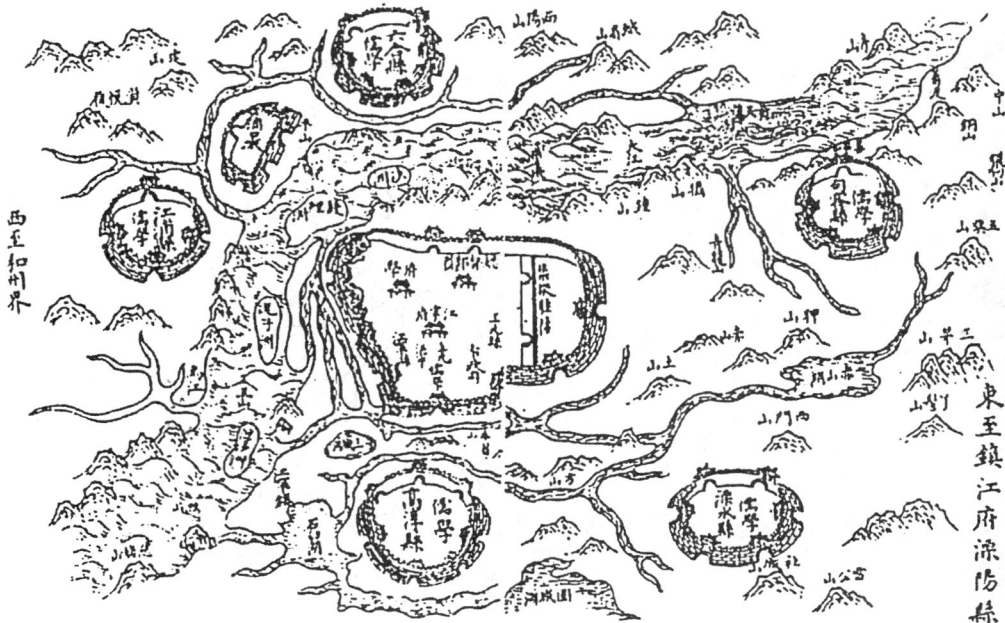

清・江寧府圖　《江南通志》（乾隆）

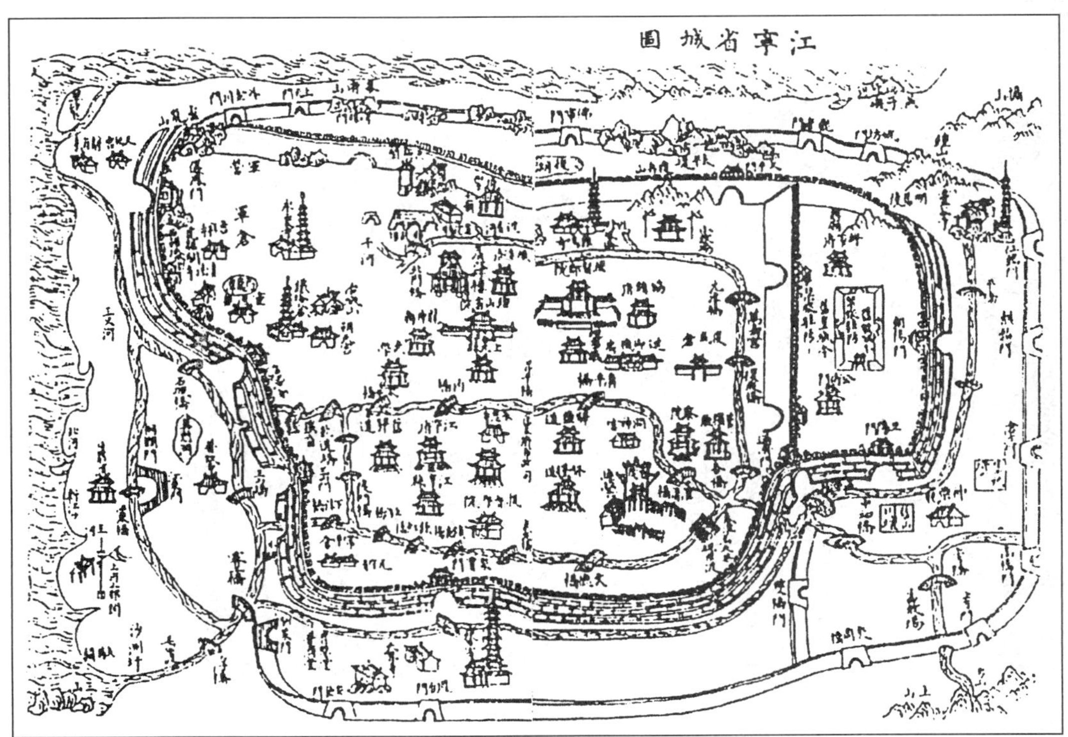

清・江寧省城圖　《江南通志》（乾隆）

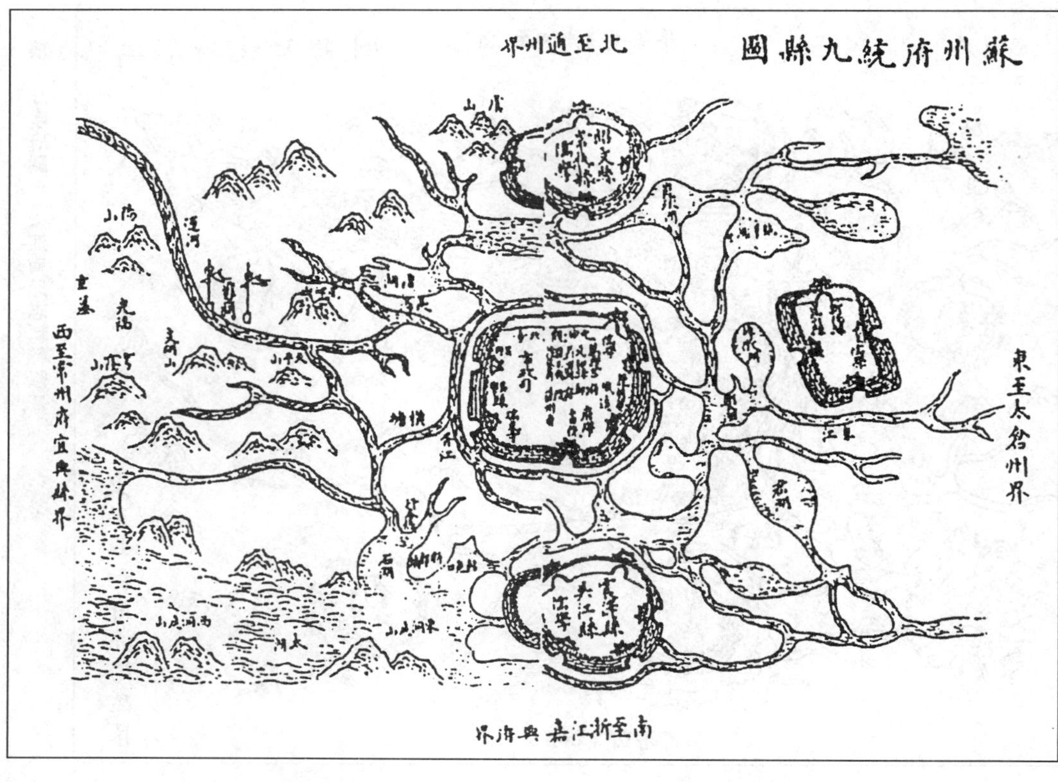

清・蘇州府圖　《江南通志》（乾隆）

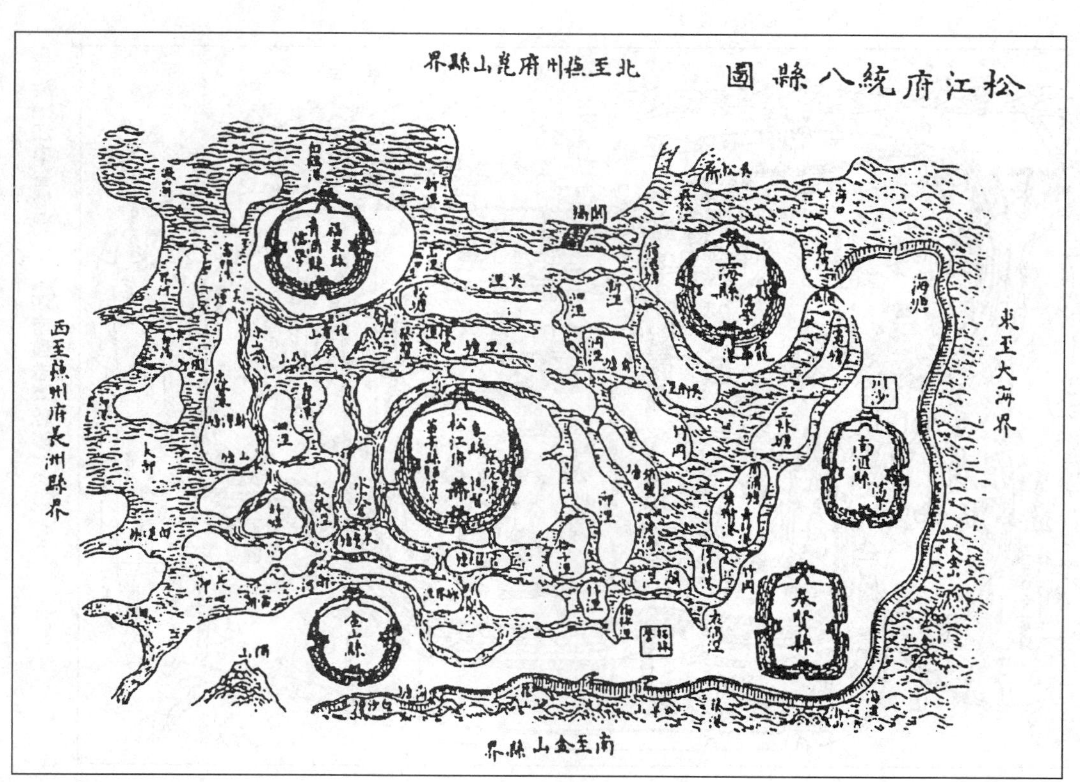

清・松江府圖　《江南通志》（乾隆）

府郡城圖

北至德澤鄉

東至孝仁鄉

南至安定西鄉

西至懷北鄉

清・常州府城圖　《江南通志》(乾隆)

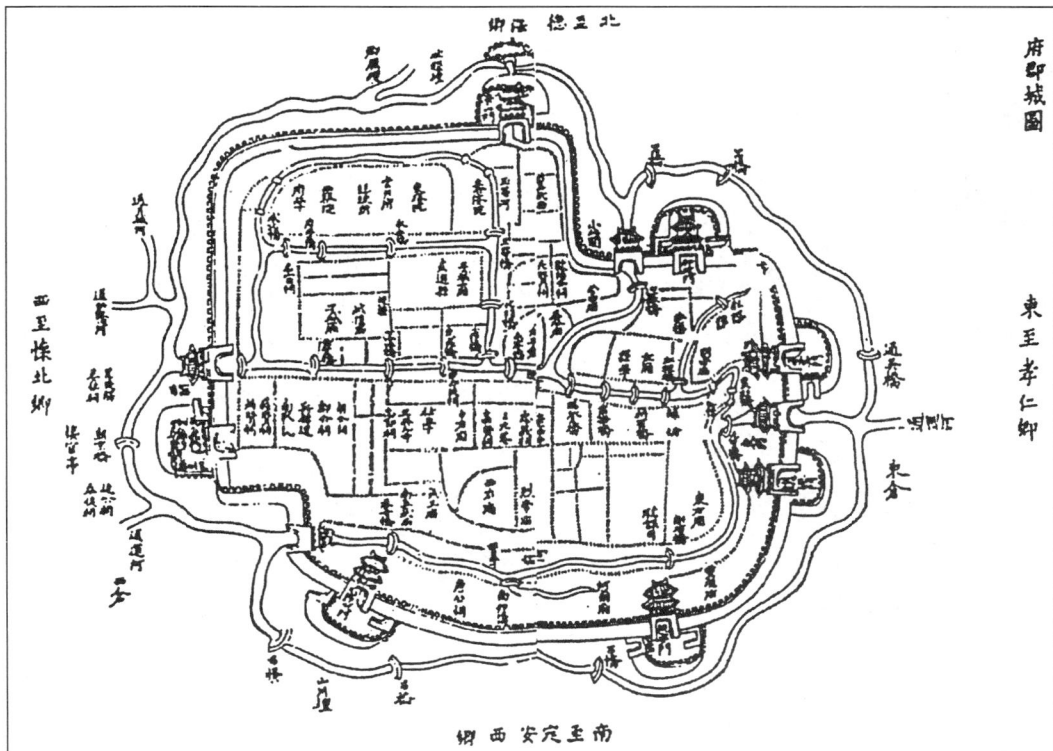

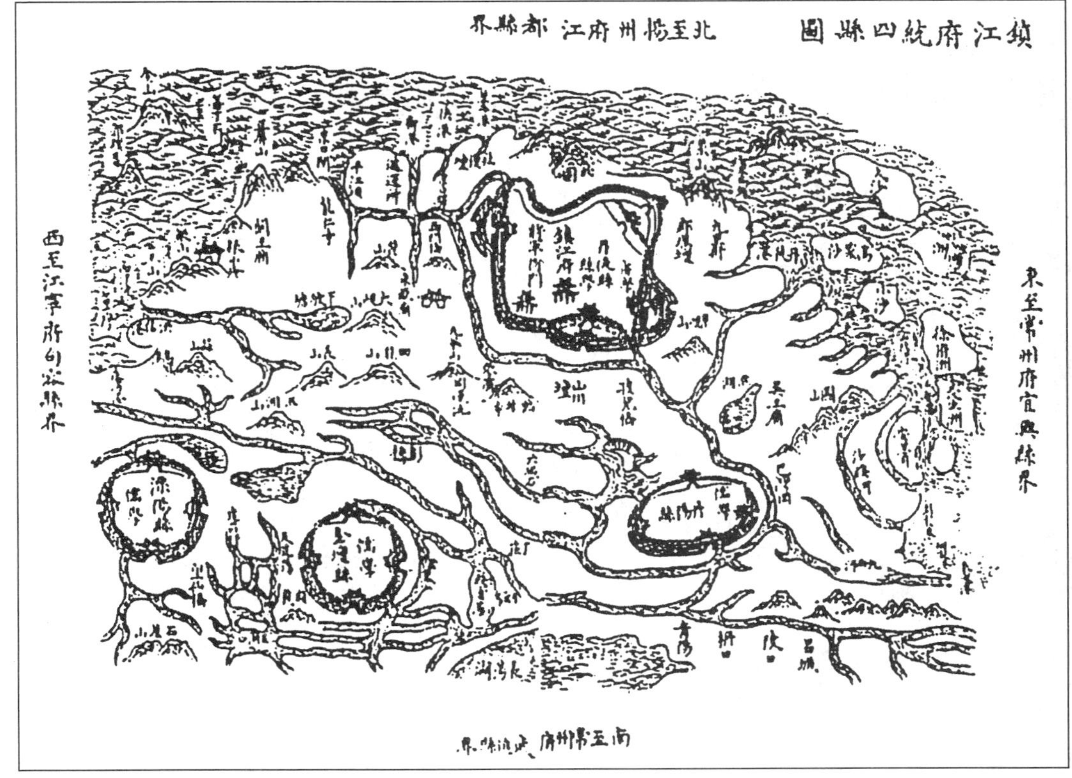

清・鎮江府圖　《江南通志》(乾隆)

清・淮安府圖　《江南通志》(乾隆)

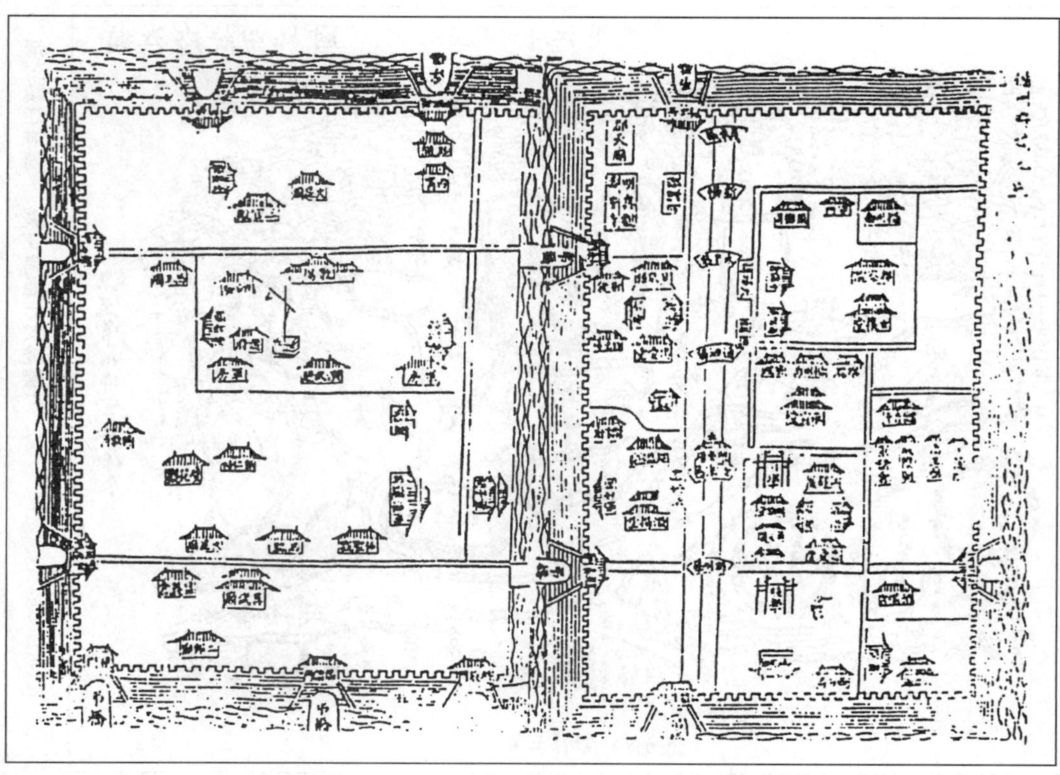

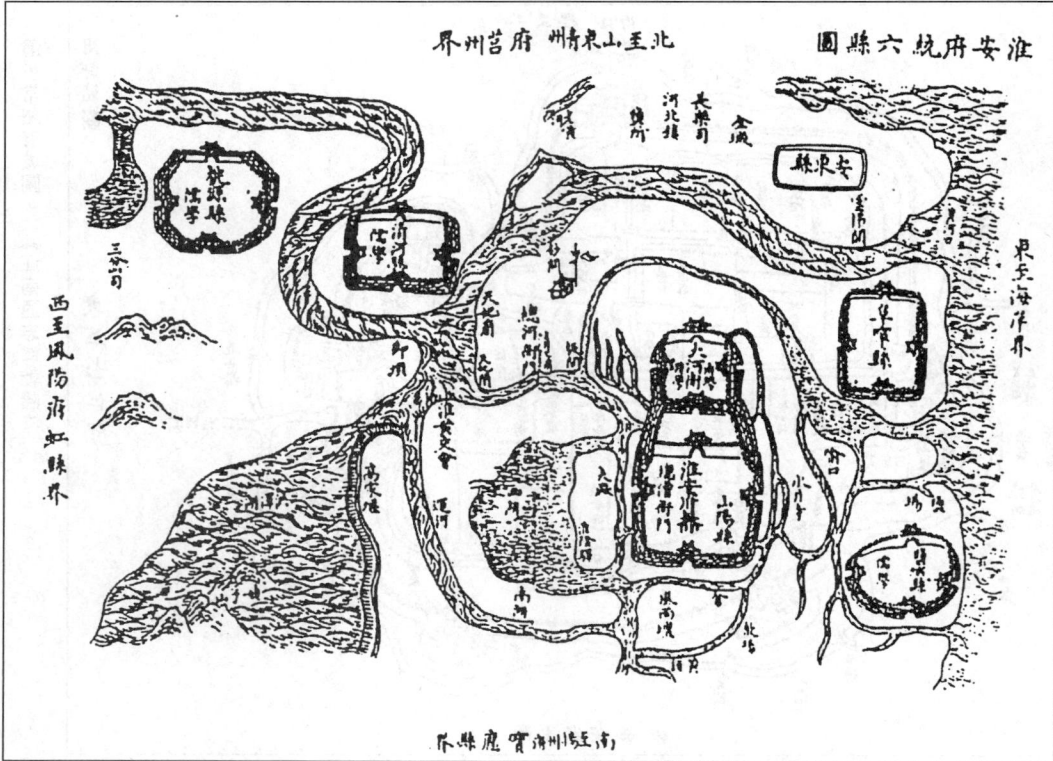

清・揚州府城圖　《揚州府志》(雍正)

徐州府統一州七縣圖

北至山東省兗州府滕縣界

東至海州沭陽縣界

西至河南省歸德府虞城縣界

南至鳳陽府宿州界

清・徐州府圖 《江南通志》（乾隆）

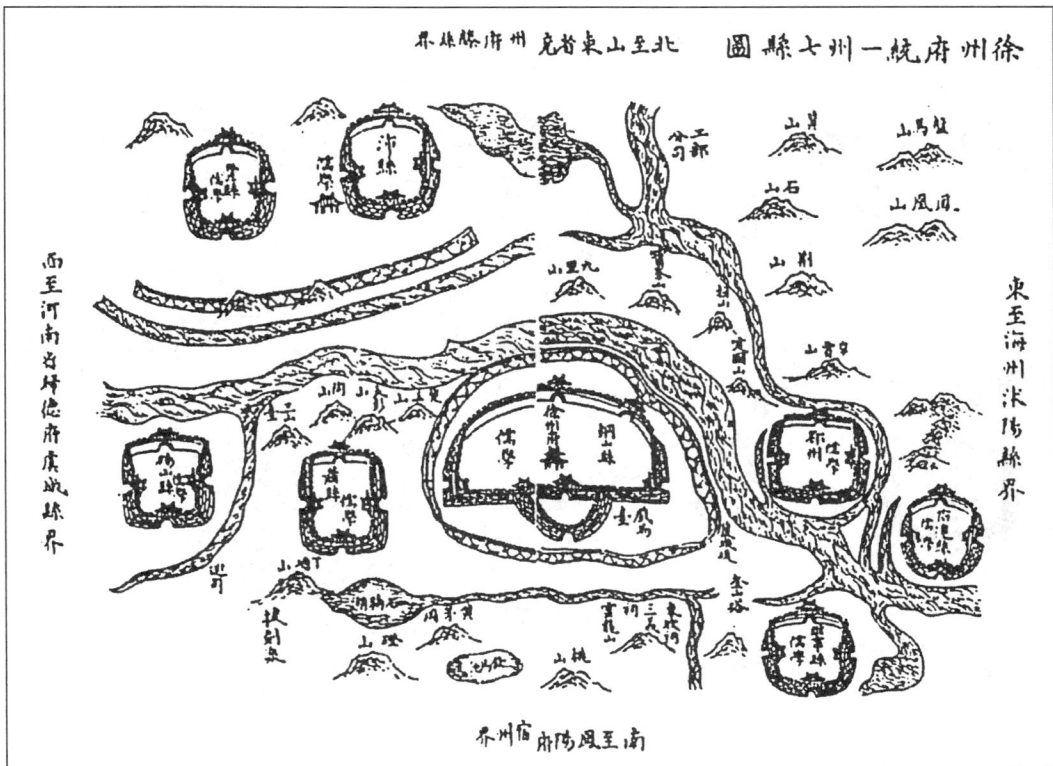

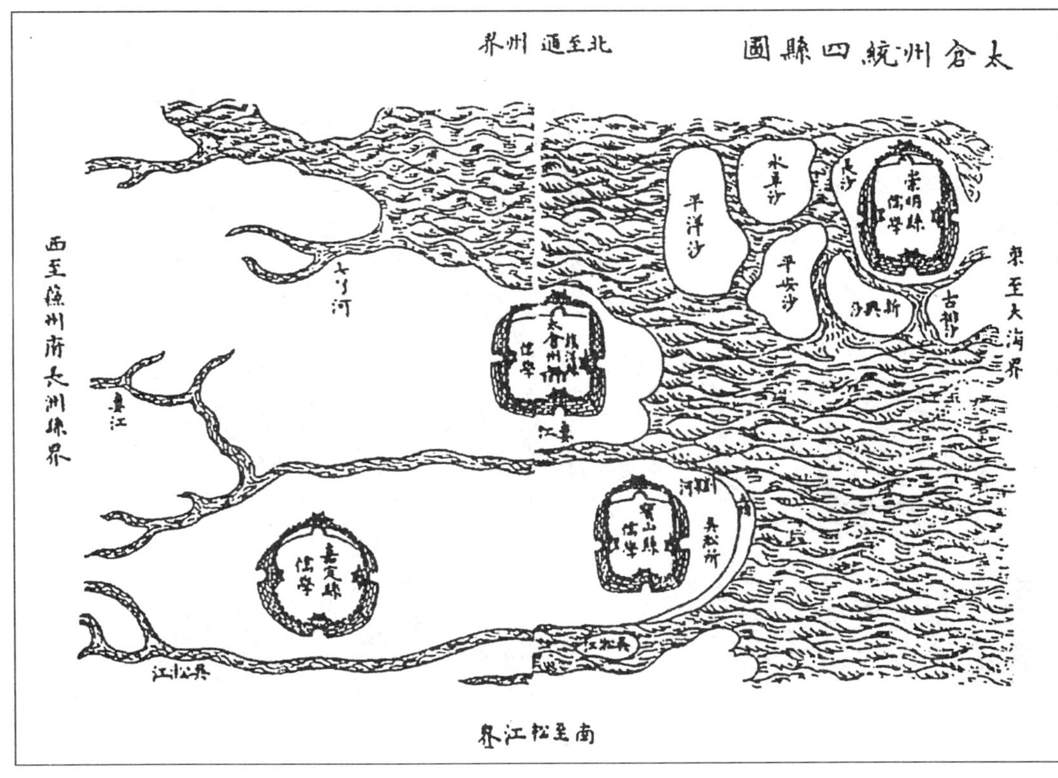

清・太倉州圖 《江南通志》（乾隆）

海州統二縣圖

北至山東沂州府界

西至徐州府宿遷縣界

東至海岸界

海州

儒學

清・海州圖　《江南通志》（乾隆）

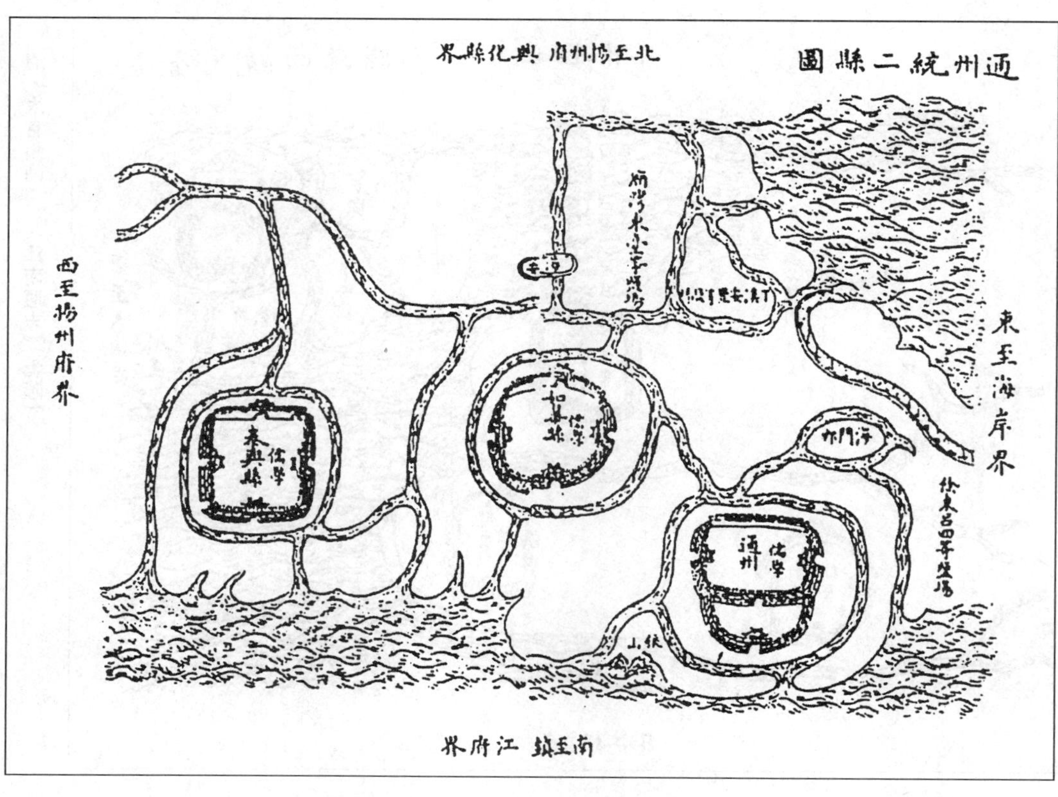

清・通州圖　《江南通志》（乾隆）

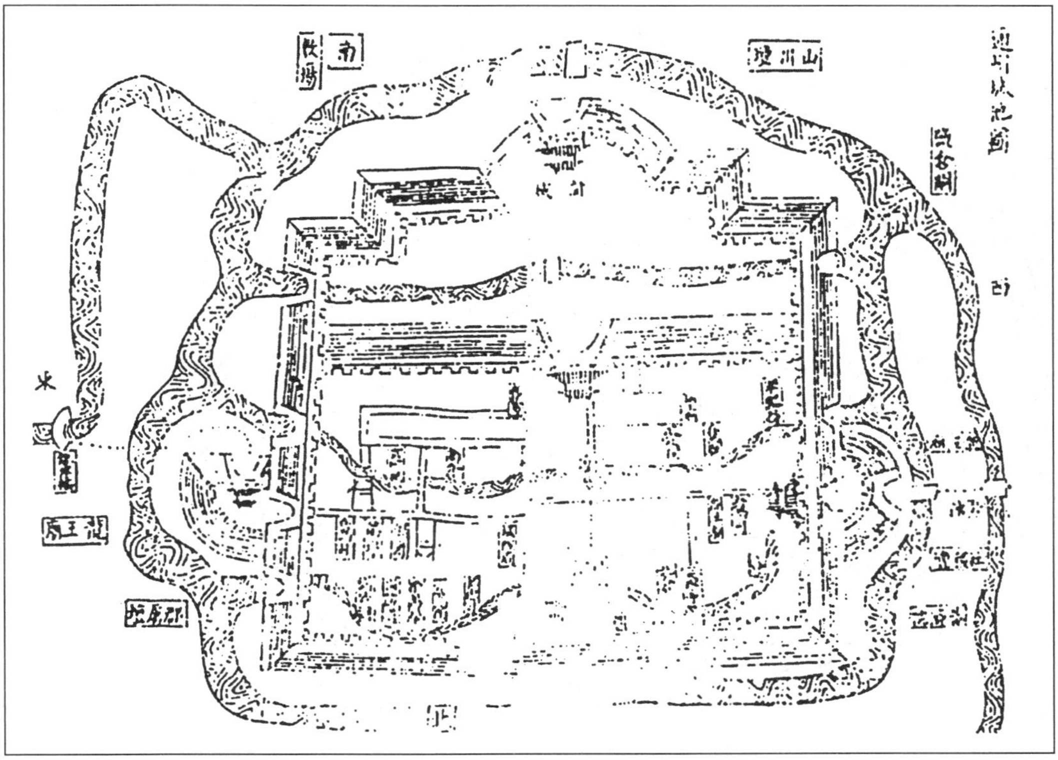

清・通州城圖　《揚州府志》（康熙）

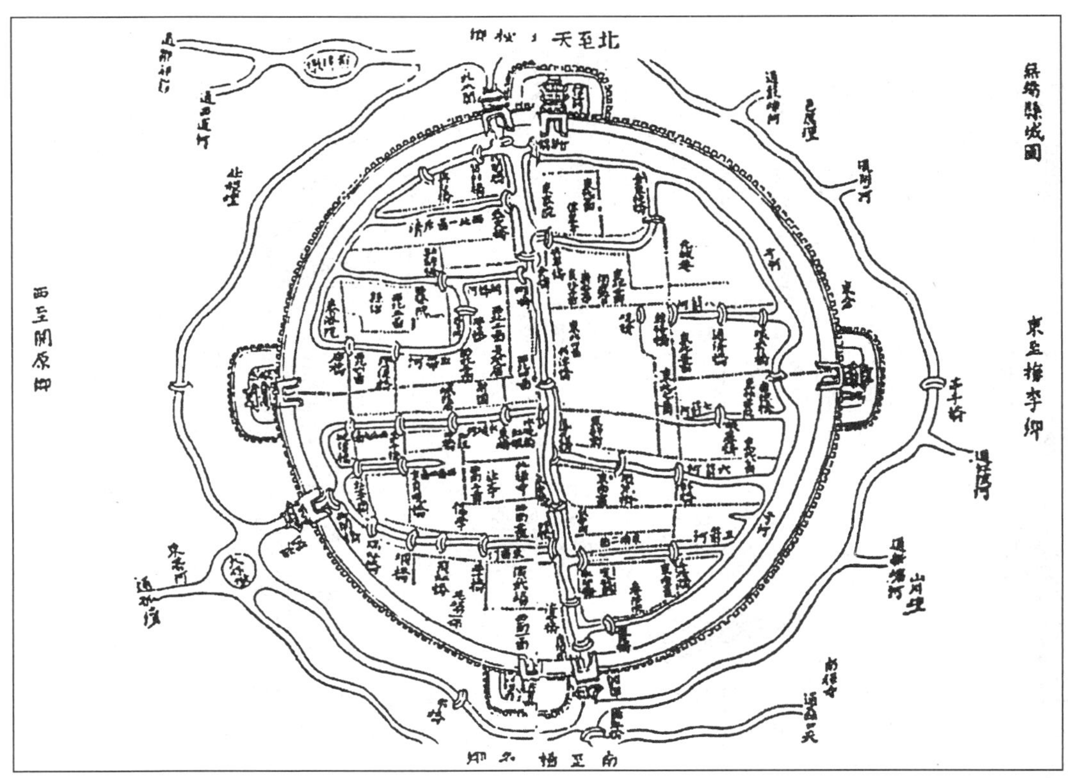

清・無錫縣城圖　《常州府志》（康熙）

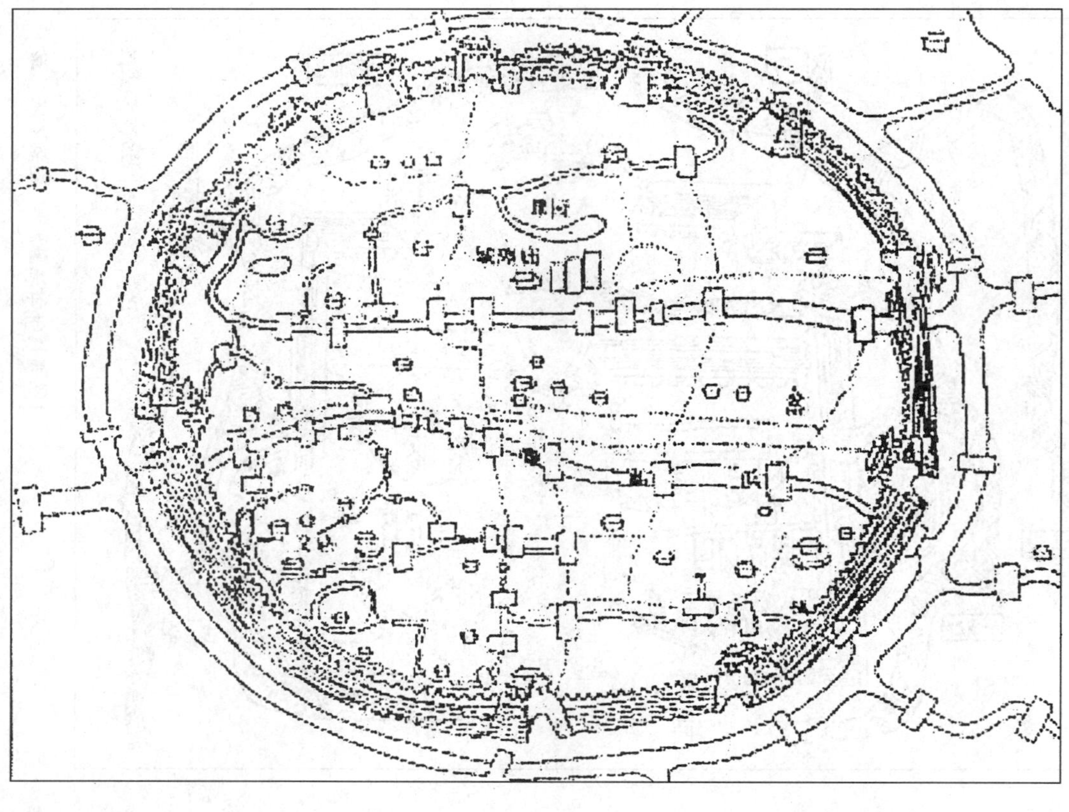

清・上海城圖　《上海縣志》(同治)

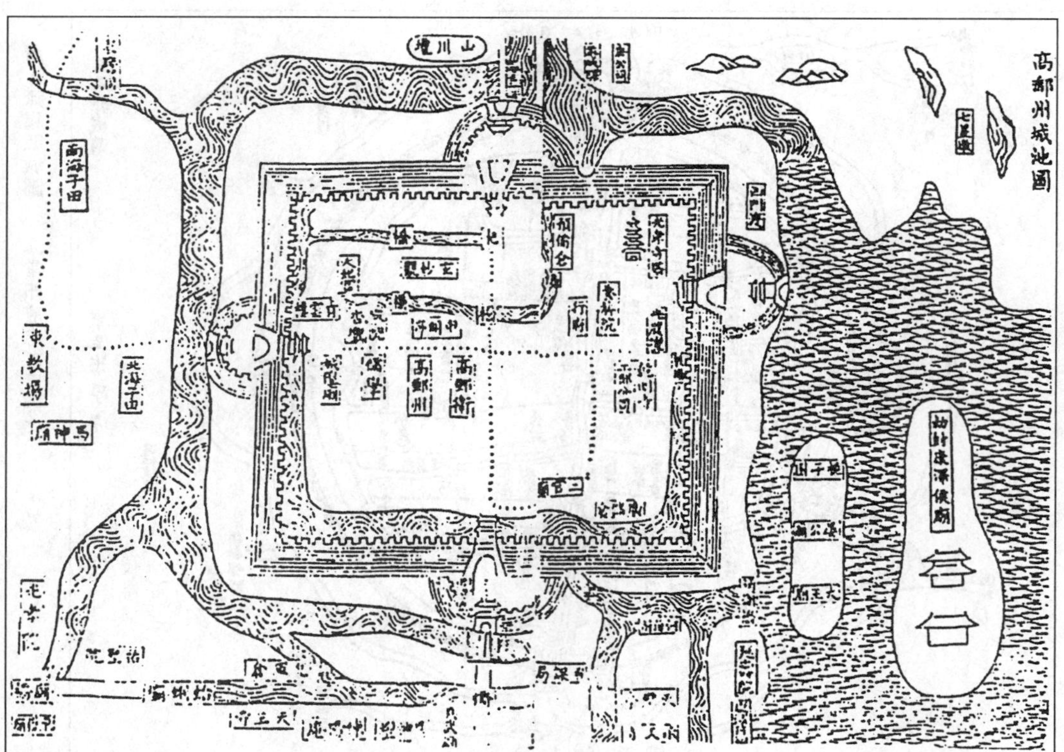

清・高郵州城池圖　《揚州府志》(雍正)

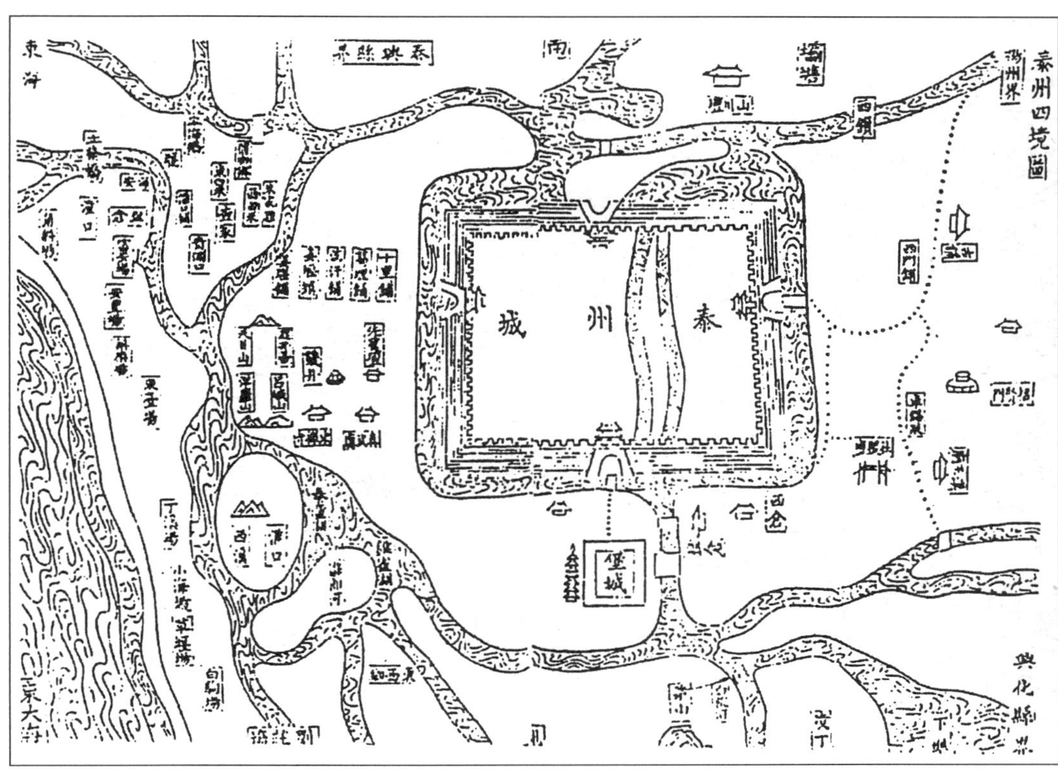

清・泰州四境圖　《揚州府志》（雍正）

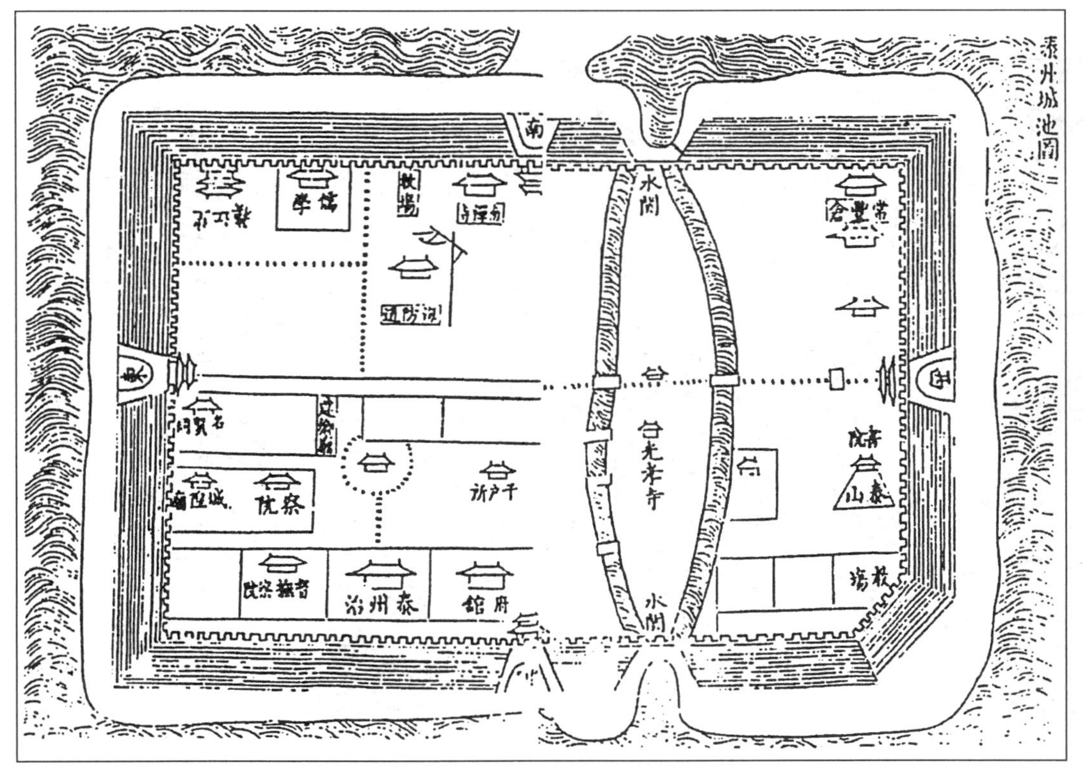

清・泰州城池圖　《揚州府志》（雍正）

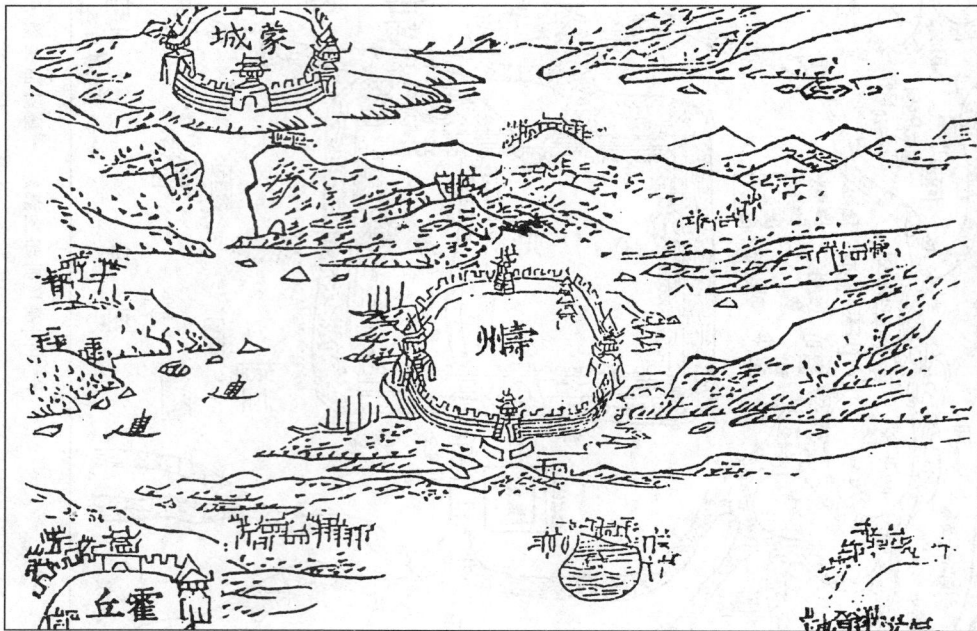

安徽

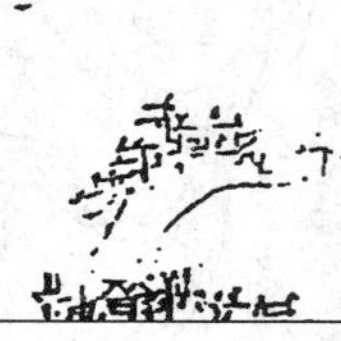

明・壽州疆域圖　《壽州志》(嘉靖)

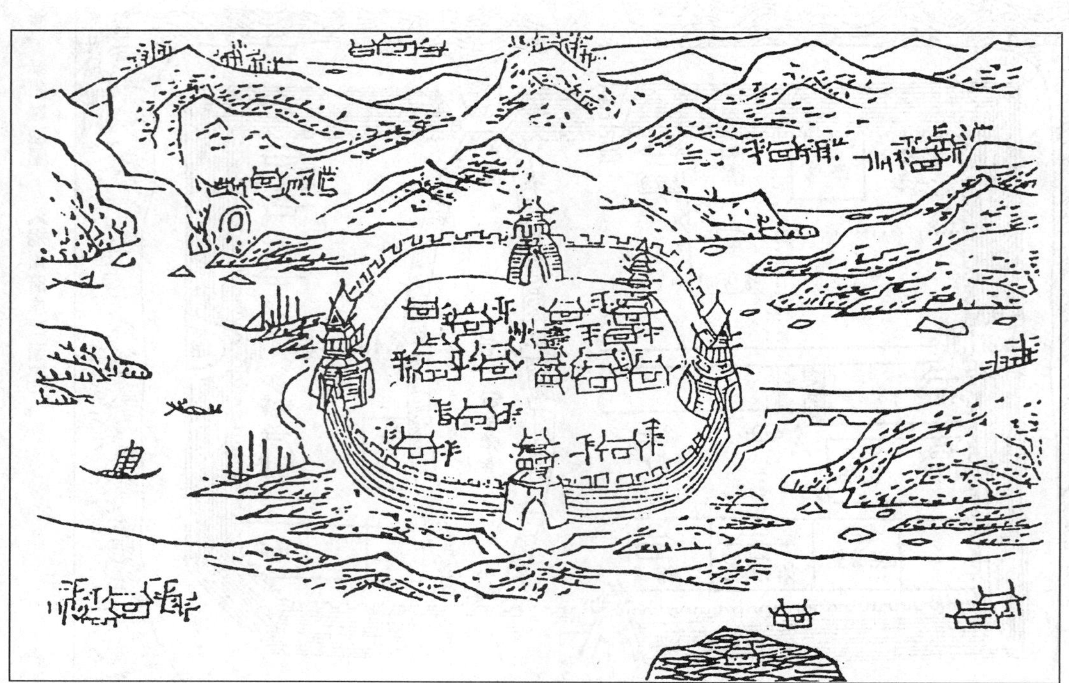

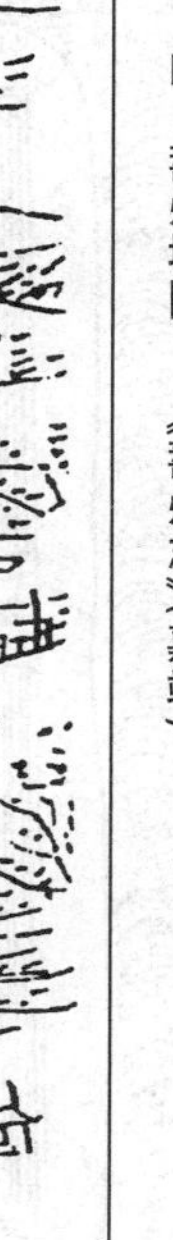

明・壽州境圖　《壽州志》(嘉靖)

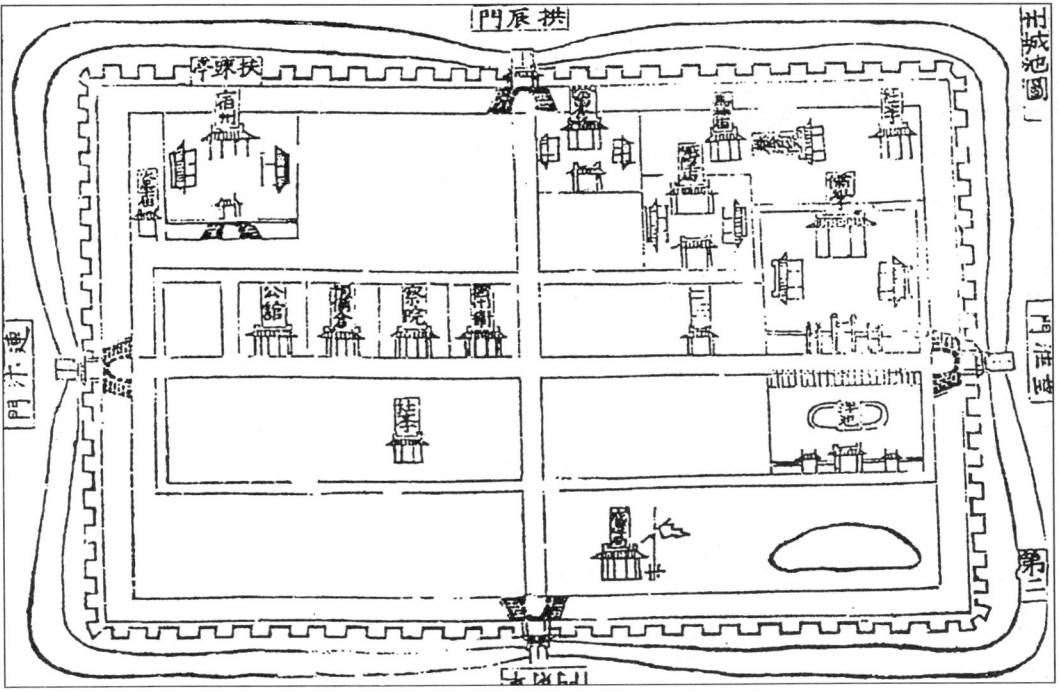

明・宿州城池圖　《宿州志》（嘉靖）

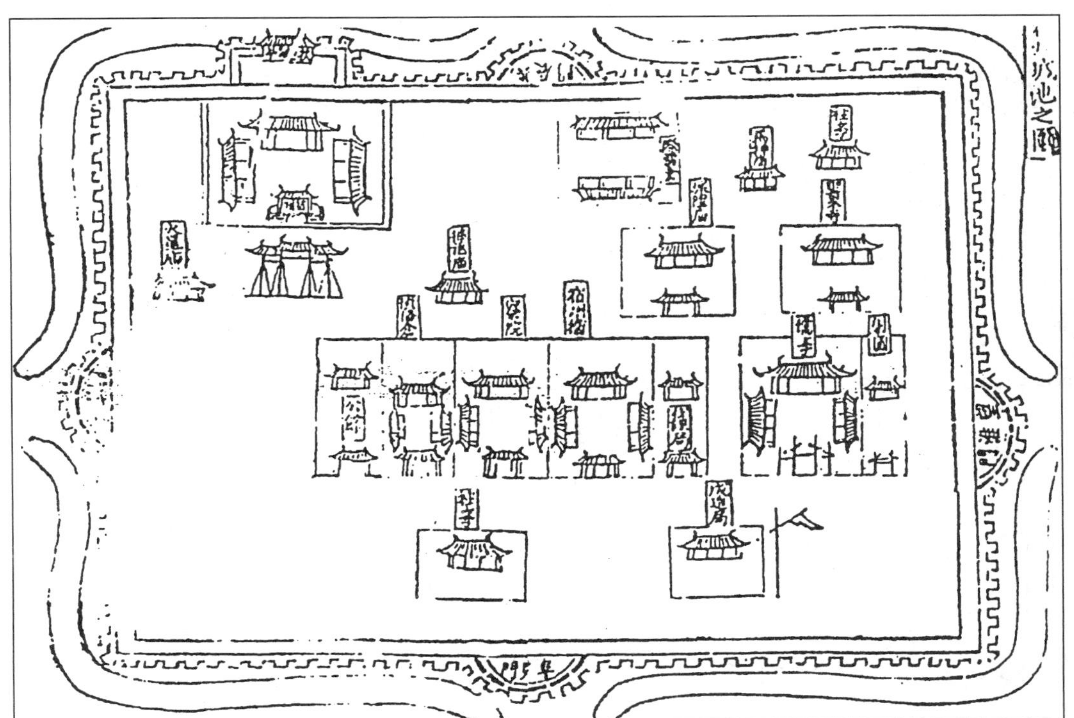

明・宿州城池圖　《直隸鳳陽府宿州志》（弘治）

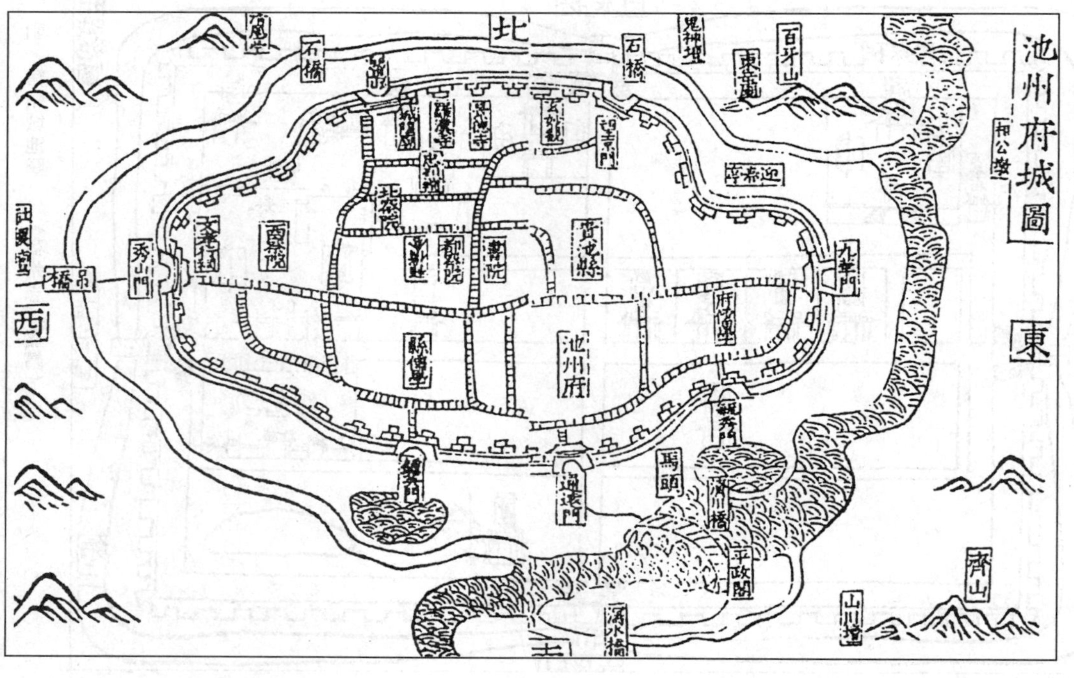

明·池州府城圖　《池州府志》（嘉靖）

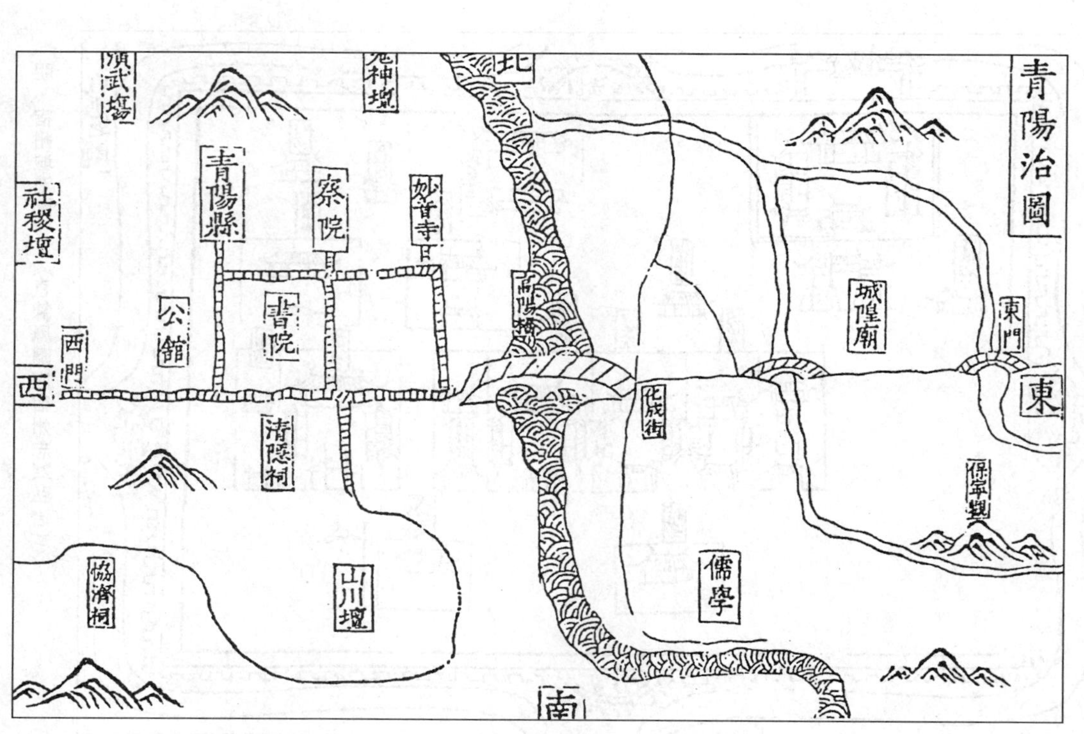

明·青陽治圖　《池州府志》（嘉靖）

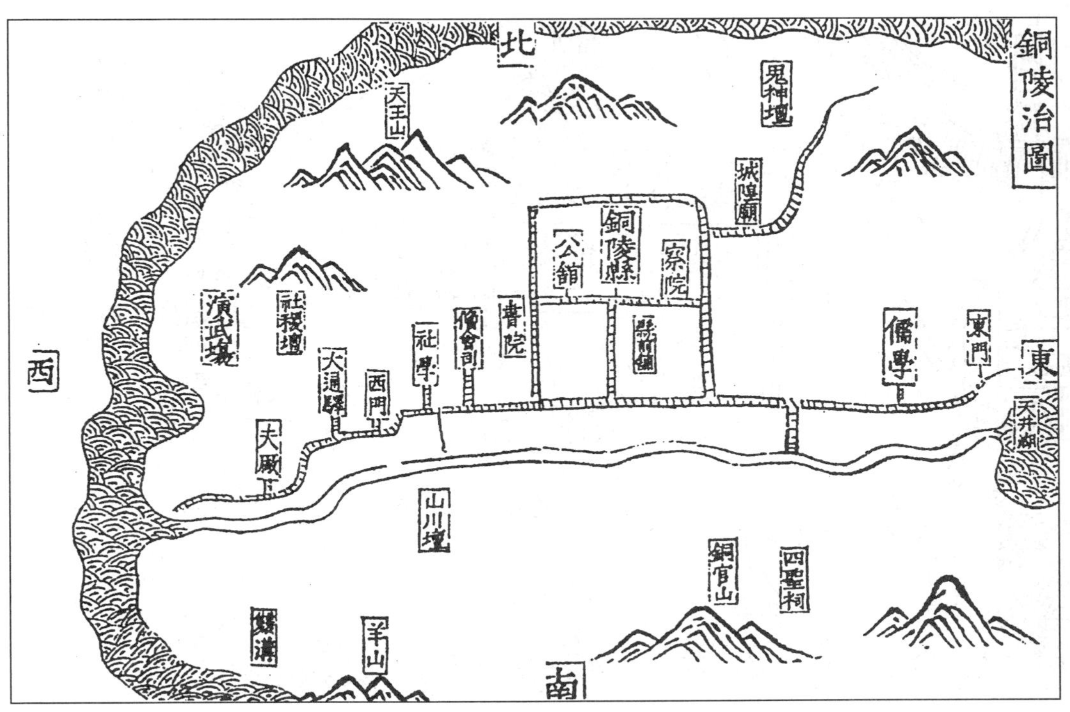

明・銅陵治圖　《池州府志》（嘉靖）

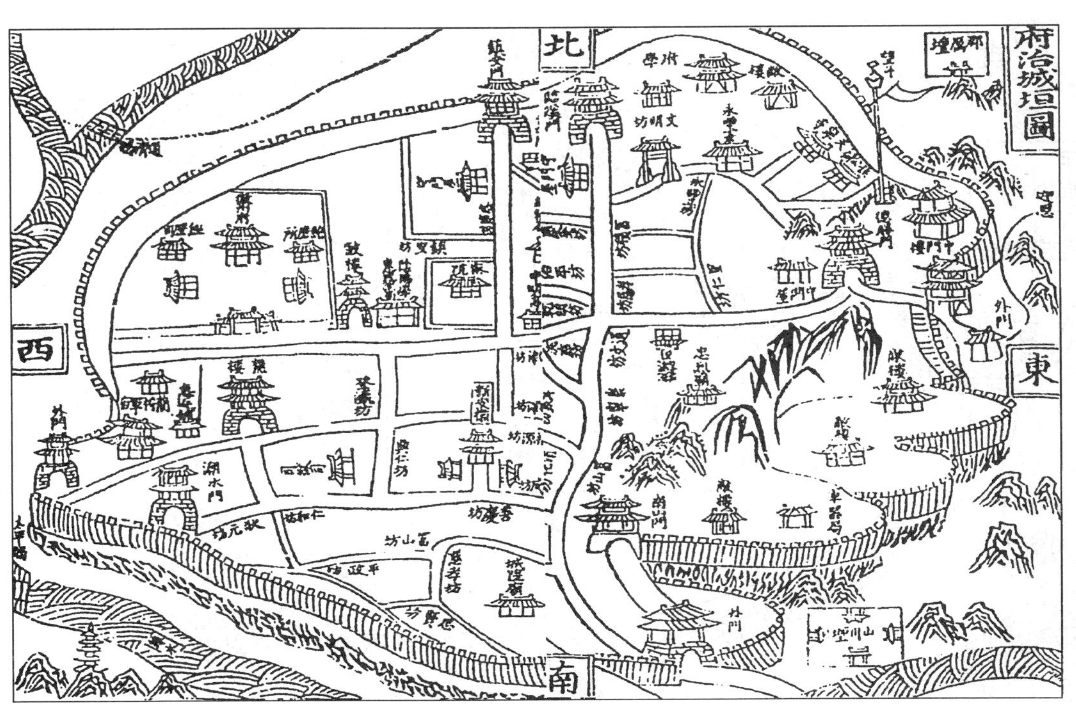

明・徽州府治城垣圖　《徽州府志》（弘治）

明・歙縣治圖　《徽州府志》(弘治)

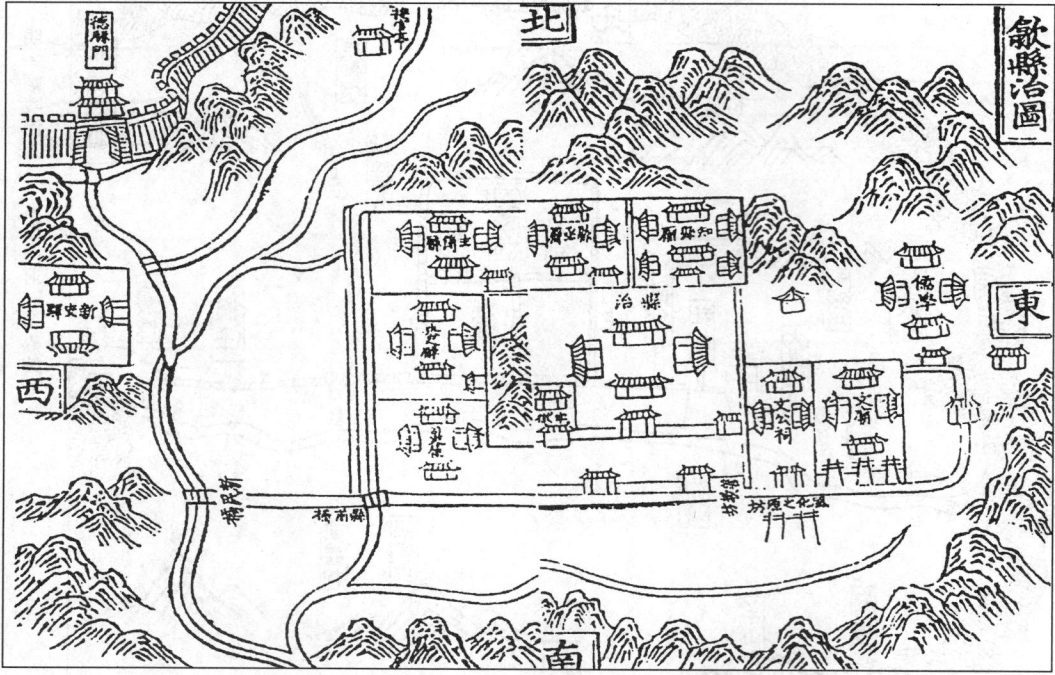

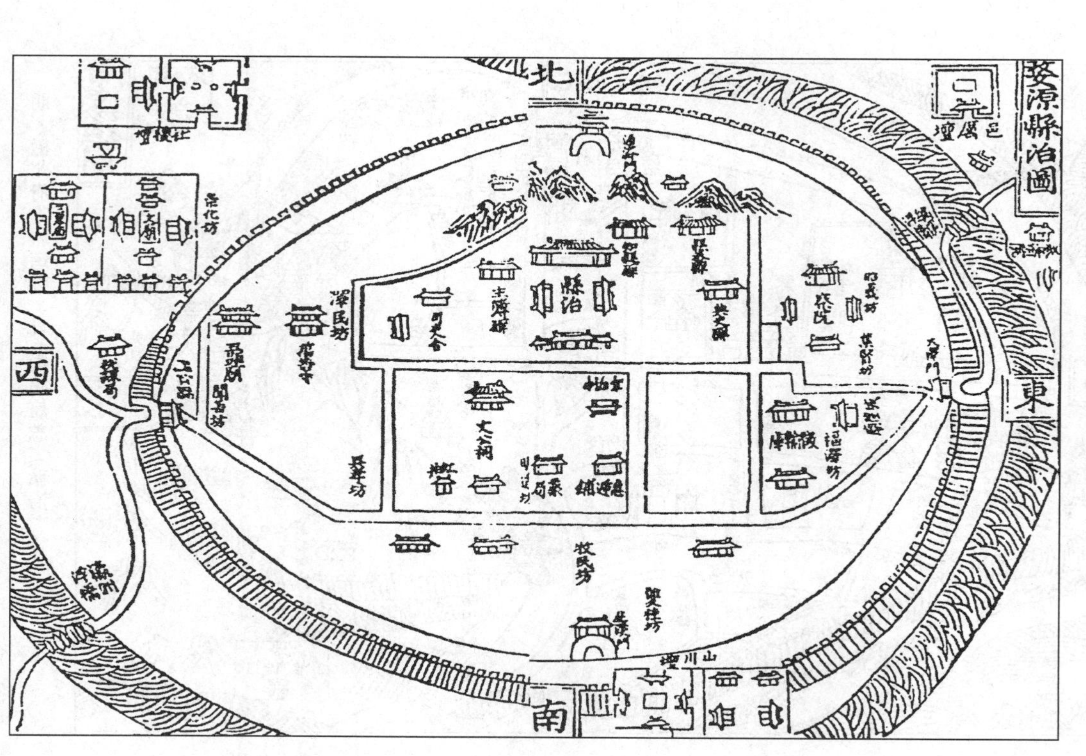

明・婺源縣治圖　《徽州府志》(弘治)

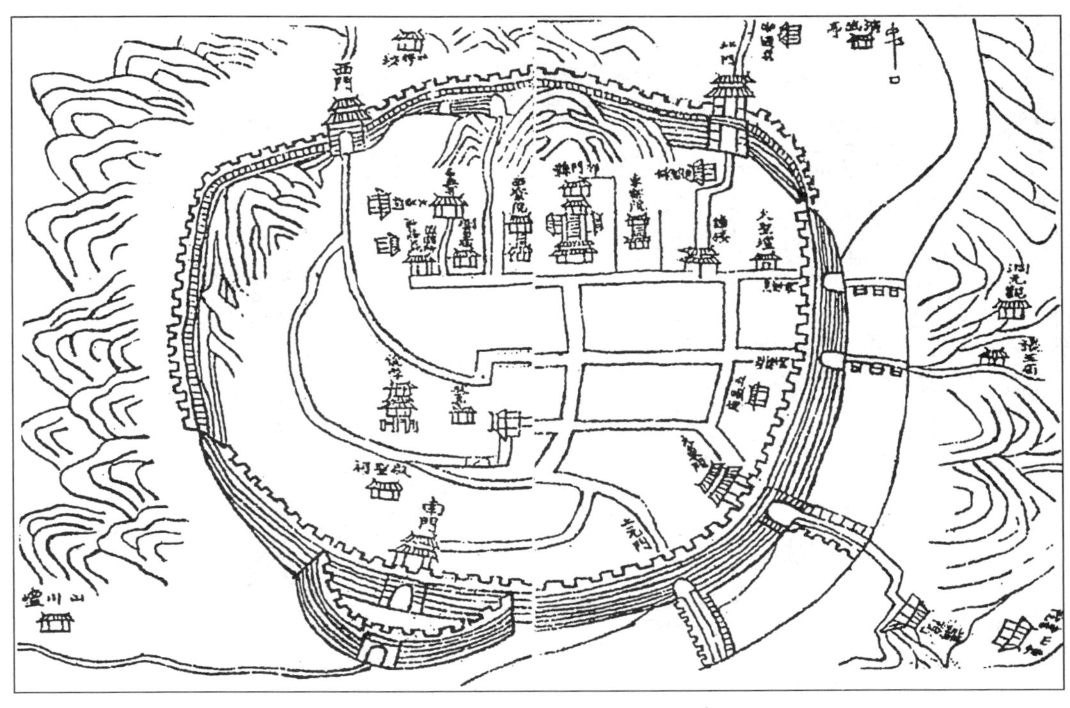

明・祁門城圖　《祁門志》(萬曆)

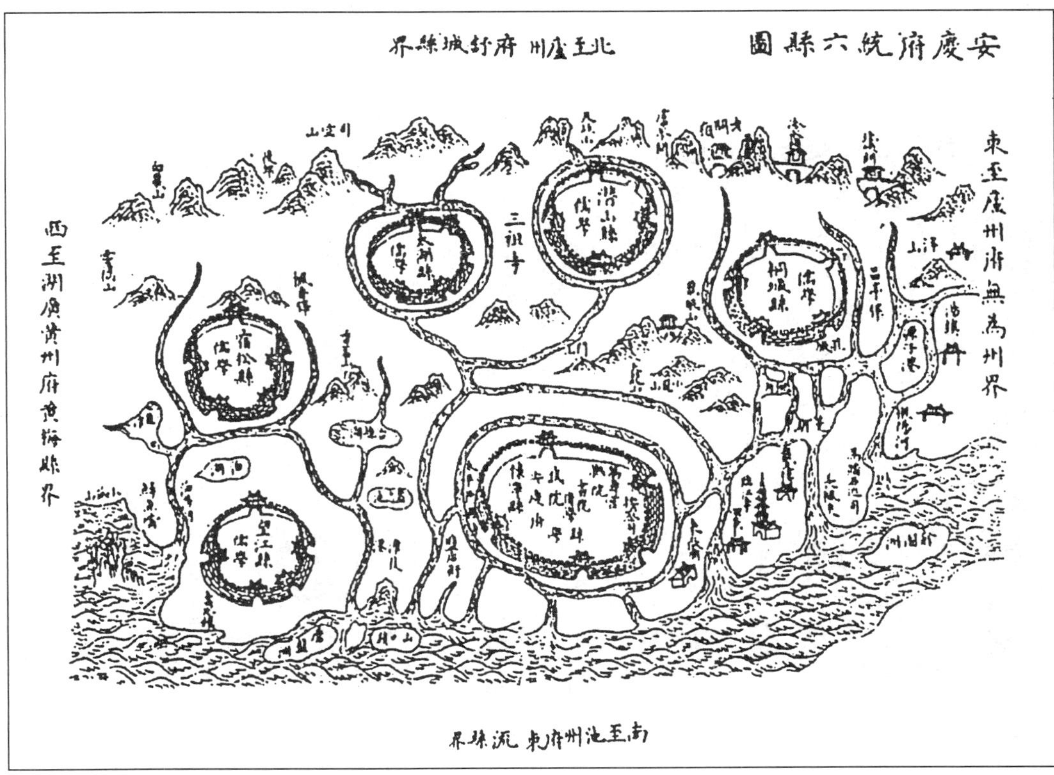

清・安慶府圖　《江南通志》(乾隆)

清・徽州府城圖　《徽州府志》(康熙)

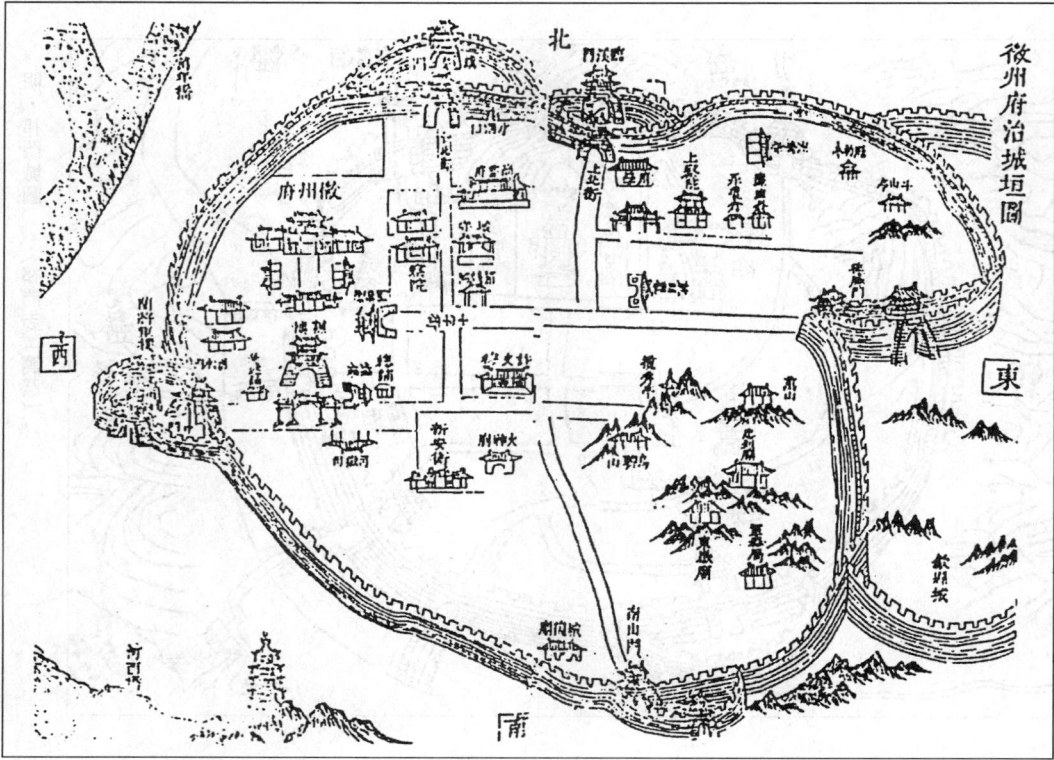

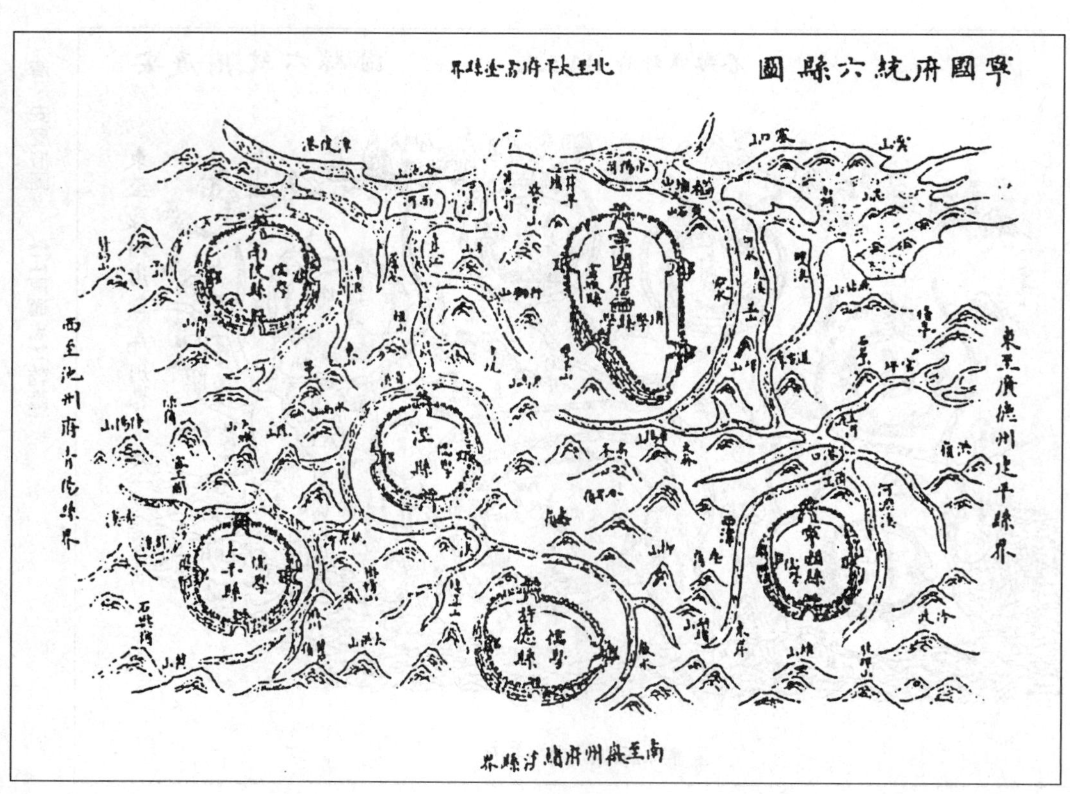

清・寧國府圖　《江南通志》(乾隆)

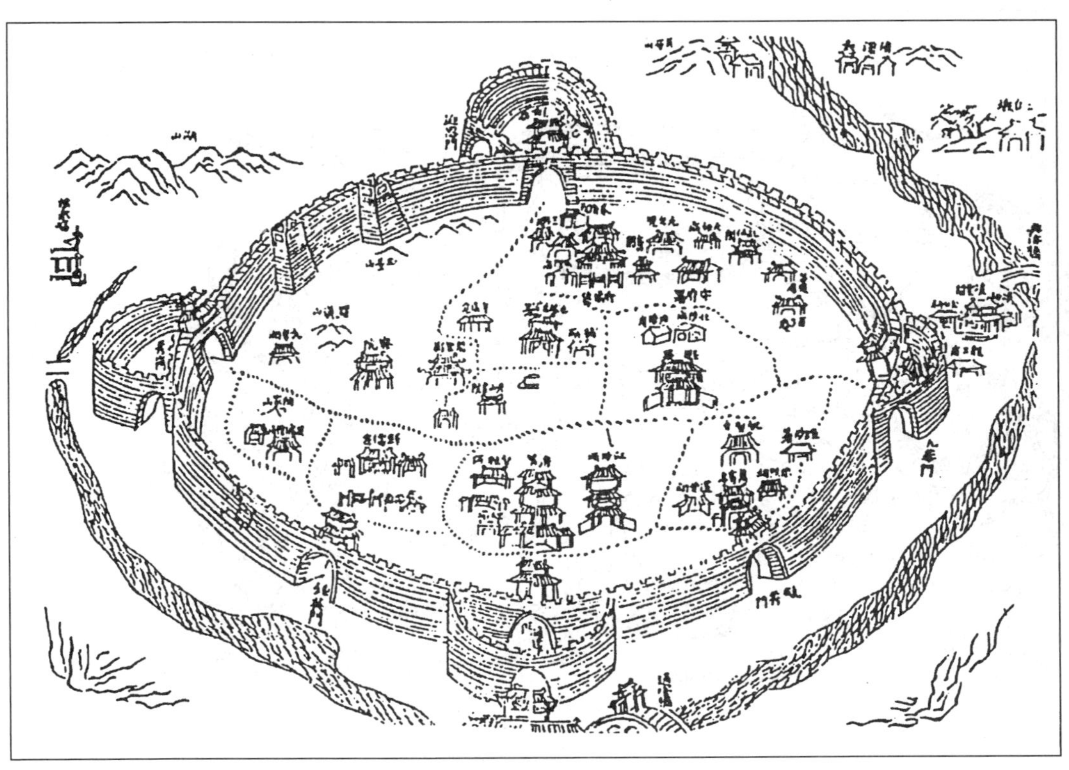

清・池州府城圖 《池州府志》(乾隆)

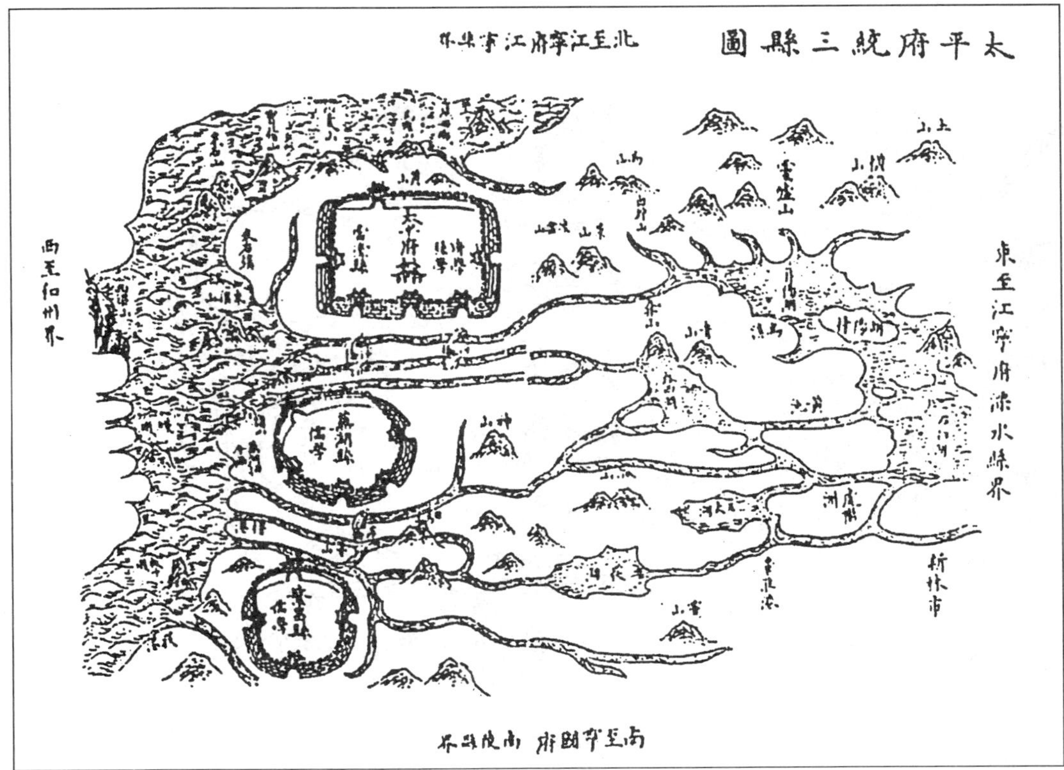

清・太平府圖 《江南通志》(乾隆)

廬州府統一州四縣圖

北至鳳陽府定遠縣界

東至和州含山縣界

西至六安州霍山縣界

南至安慶府桐城縣界

清・廬州府圖　《江南通志》（乾隆）

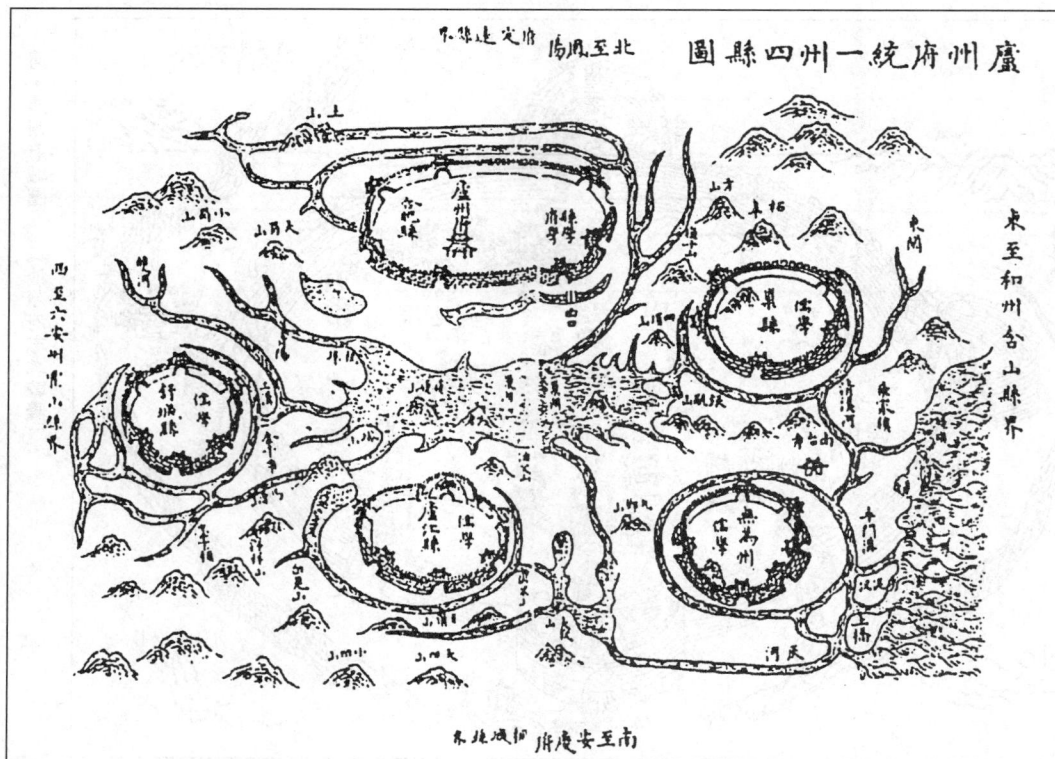

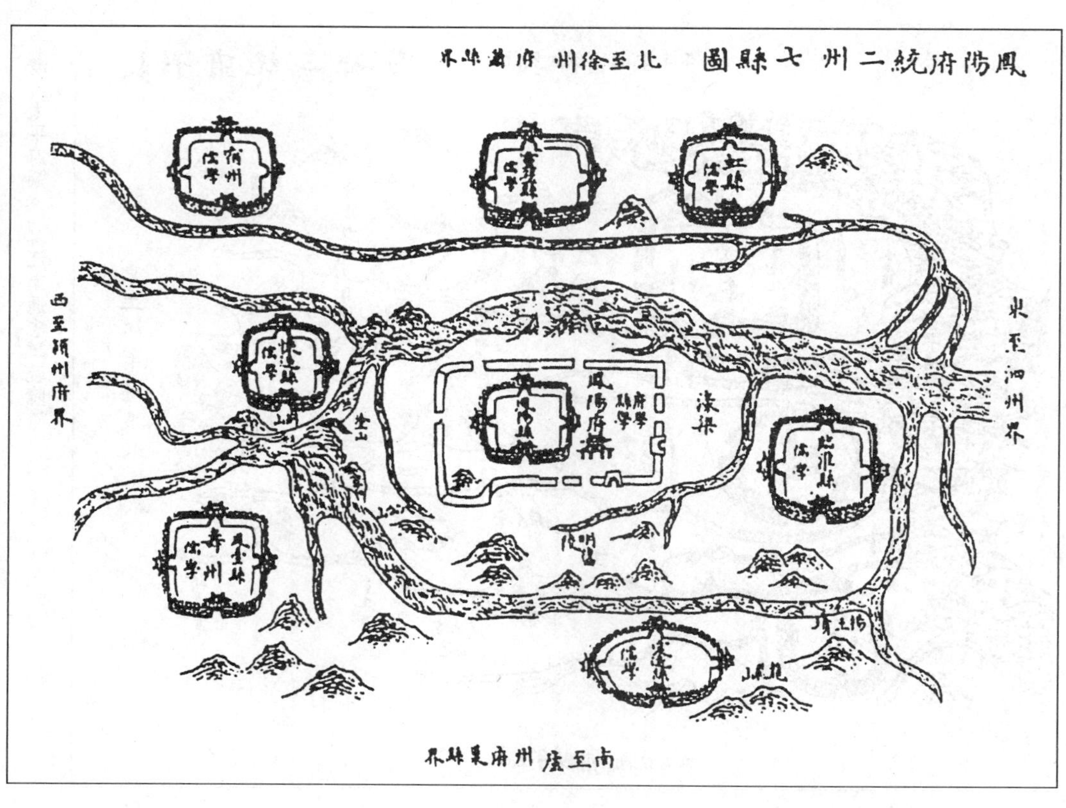

清・鳳陽府圖　《江南通志》（乾隆）

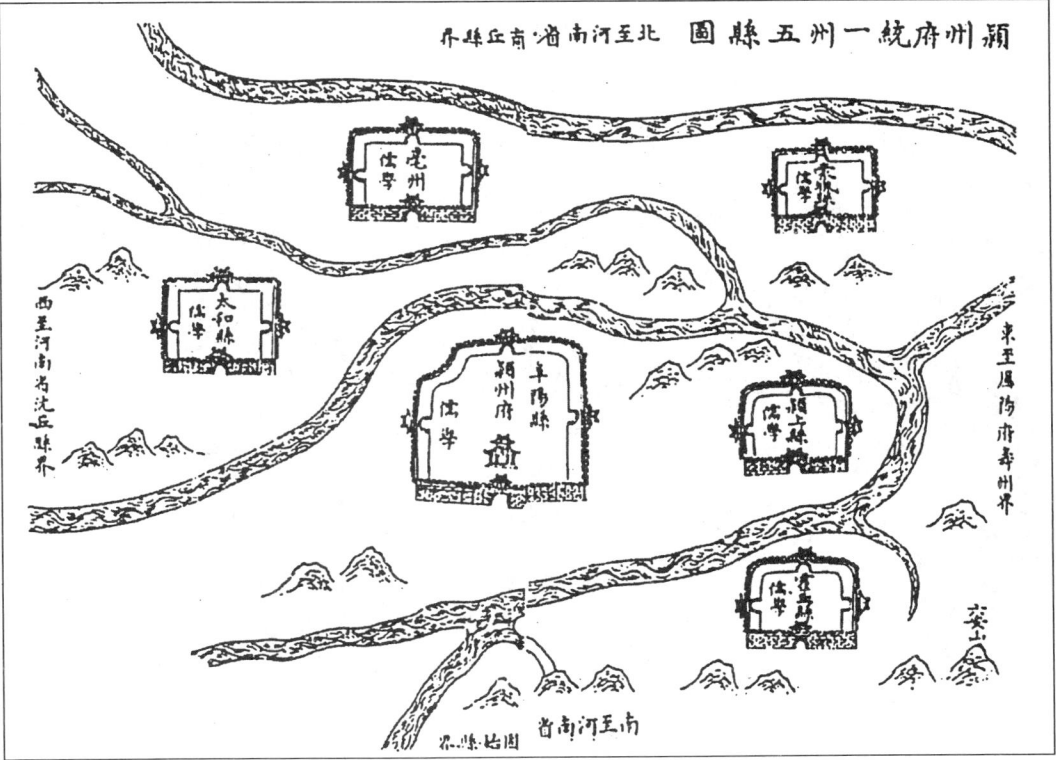

清・潁州府圖　《江南通志》（乾隆）

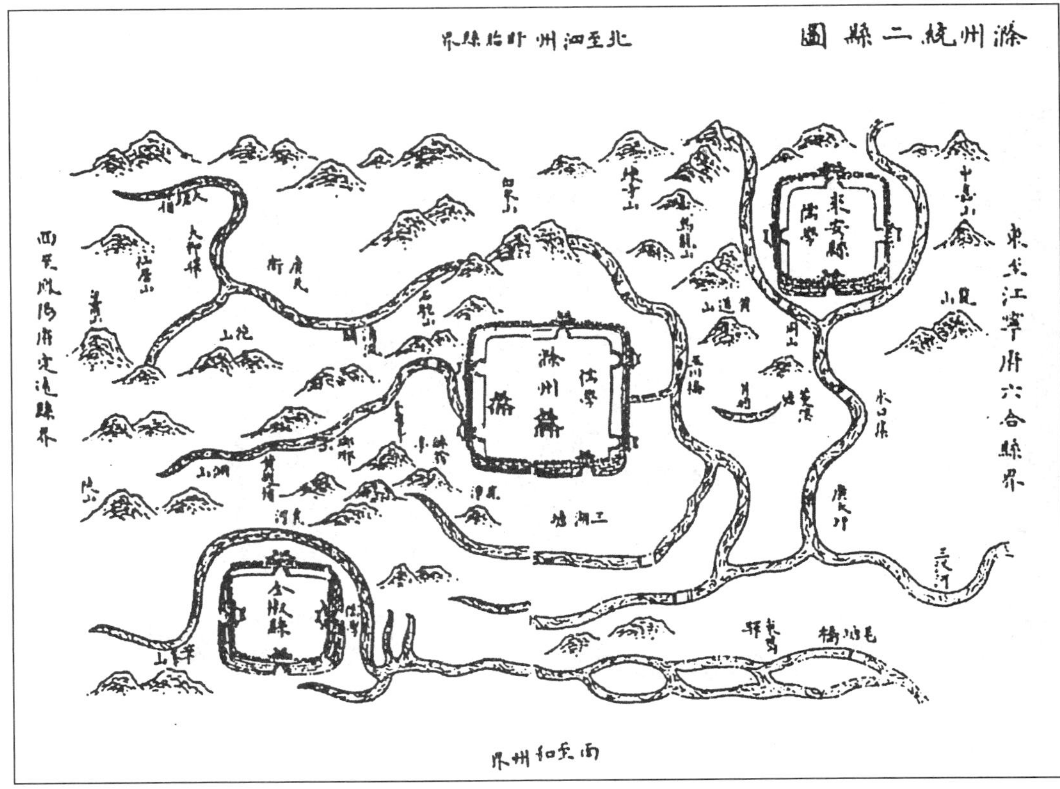

清・滁州圖　《江南通志》（乾隆）

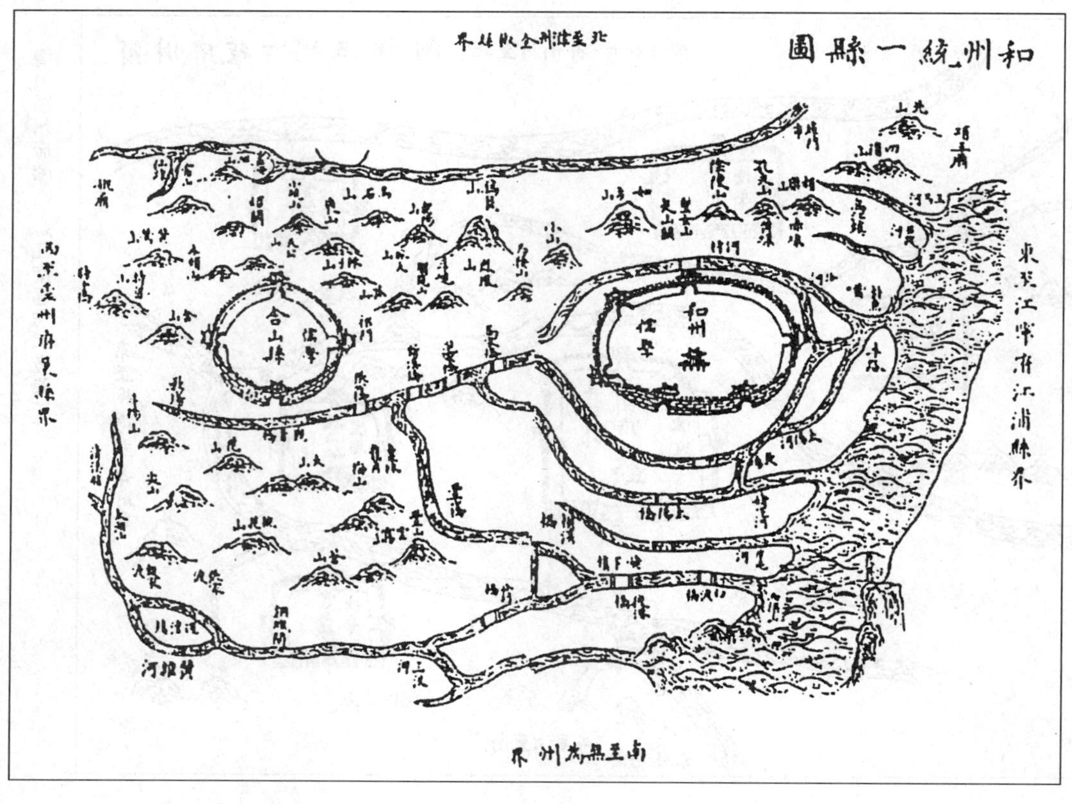

清・和州圖《江南通志》（乾隆）

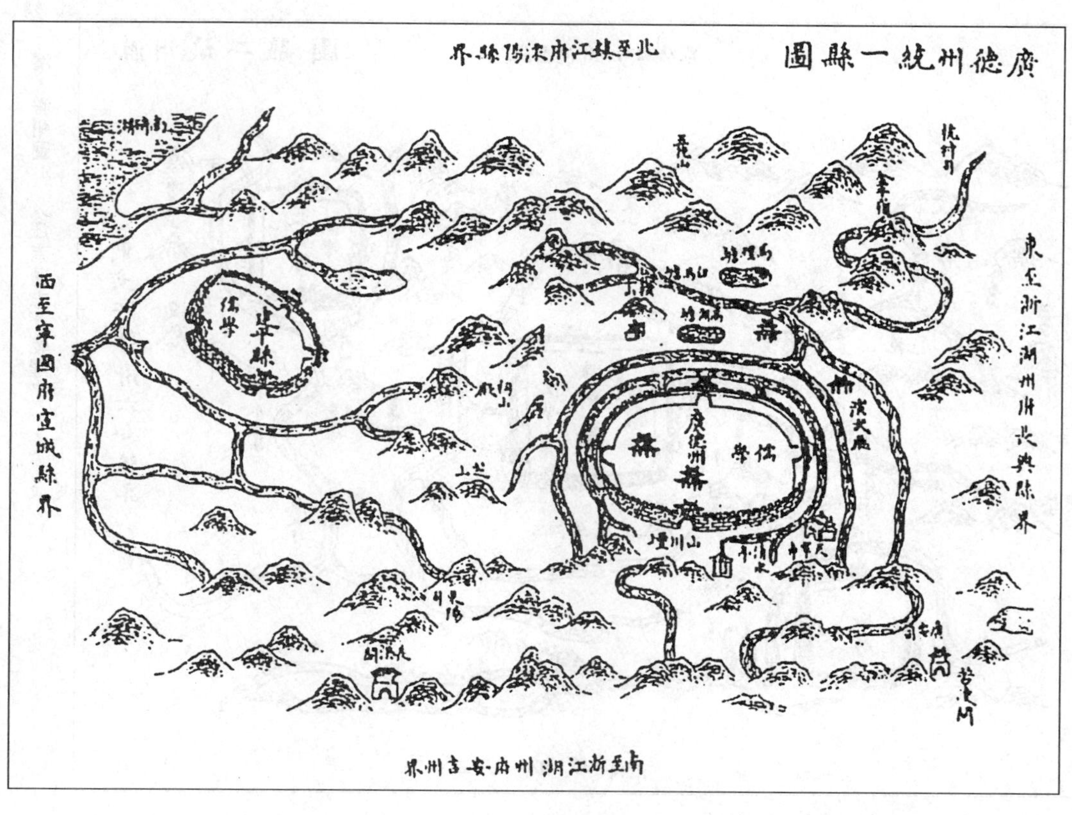

清・廣德州圖《江南通志》（乾隆）

六安州統二縣圖

北至鳳陽府定遠縣界

東至廬州府舒城縣界

西至河南汝寧府固始縣界

南至安慶府桐城縣界

六安州 儒學

英山縣 儒學

霍山縣 儒學

南嶽山

清・六安州圖　《江南通志》(乾隆)

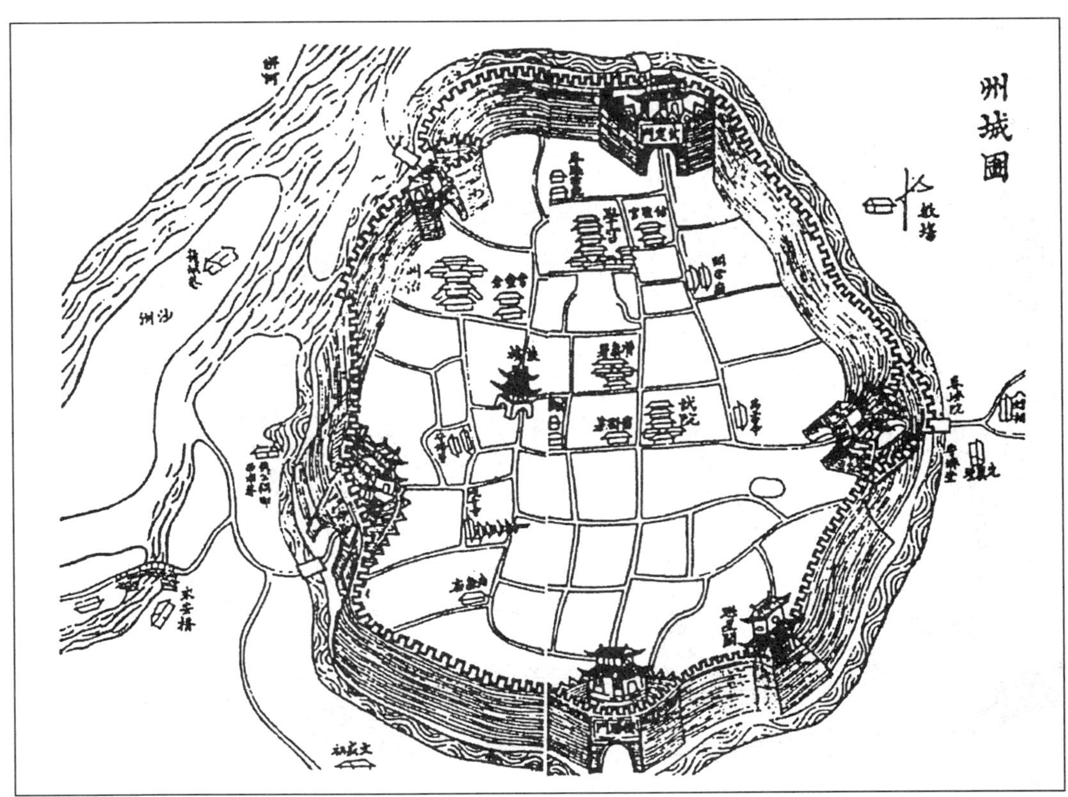

清・六安州城圖　《六安州志》(乾隆)

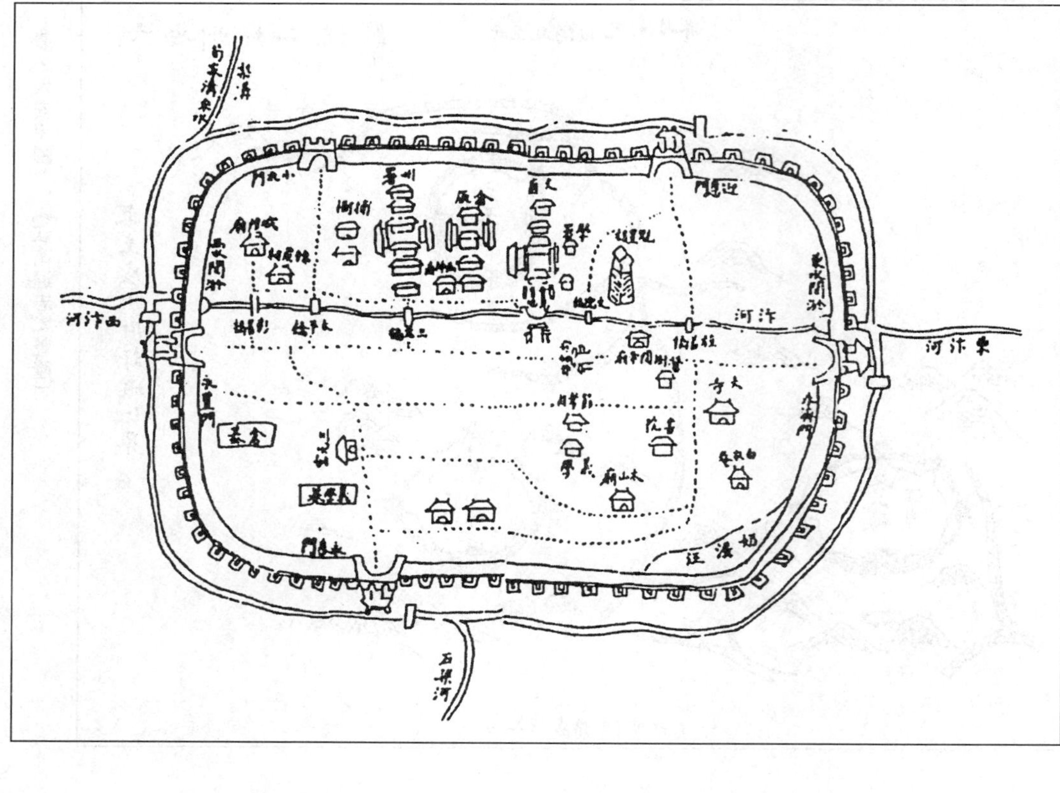

清・泗州城圖　《泗州志》(乾隆)

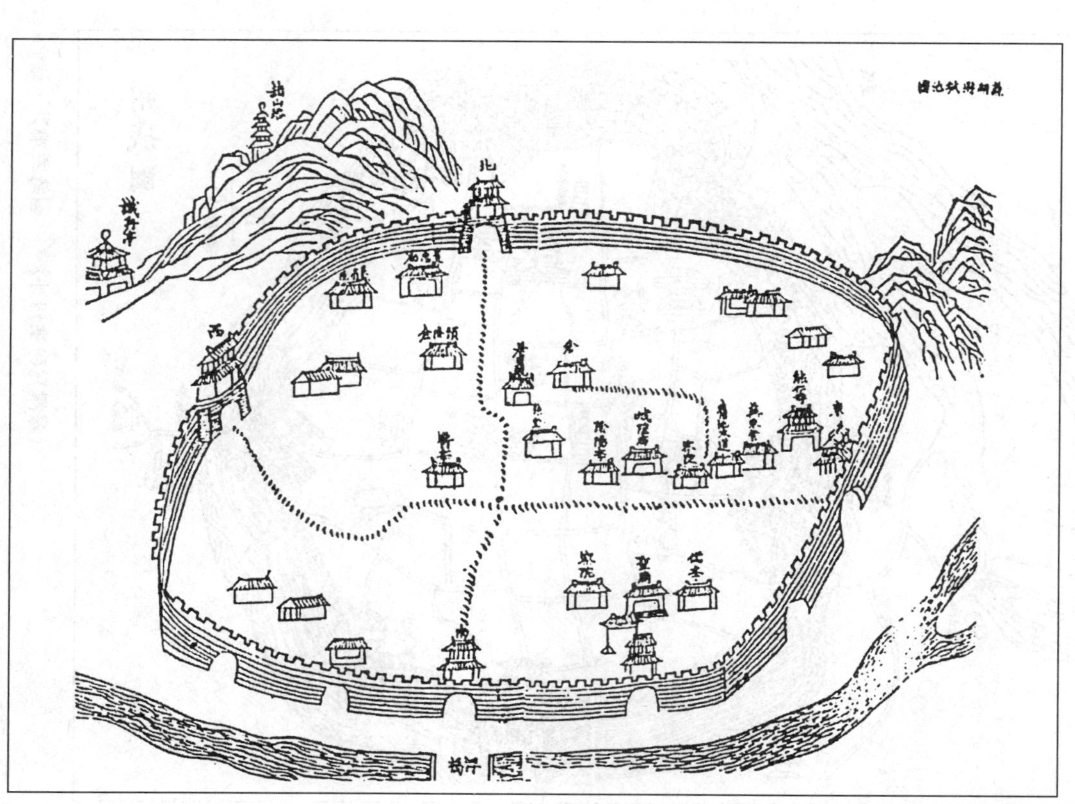

清・蕪湖縣城圖　《太平府志》(康熙)

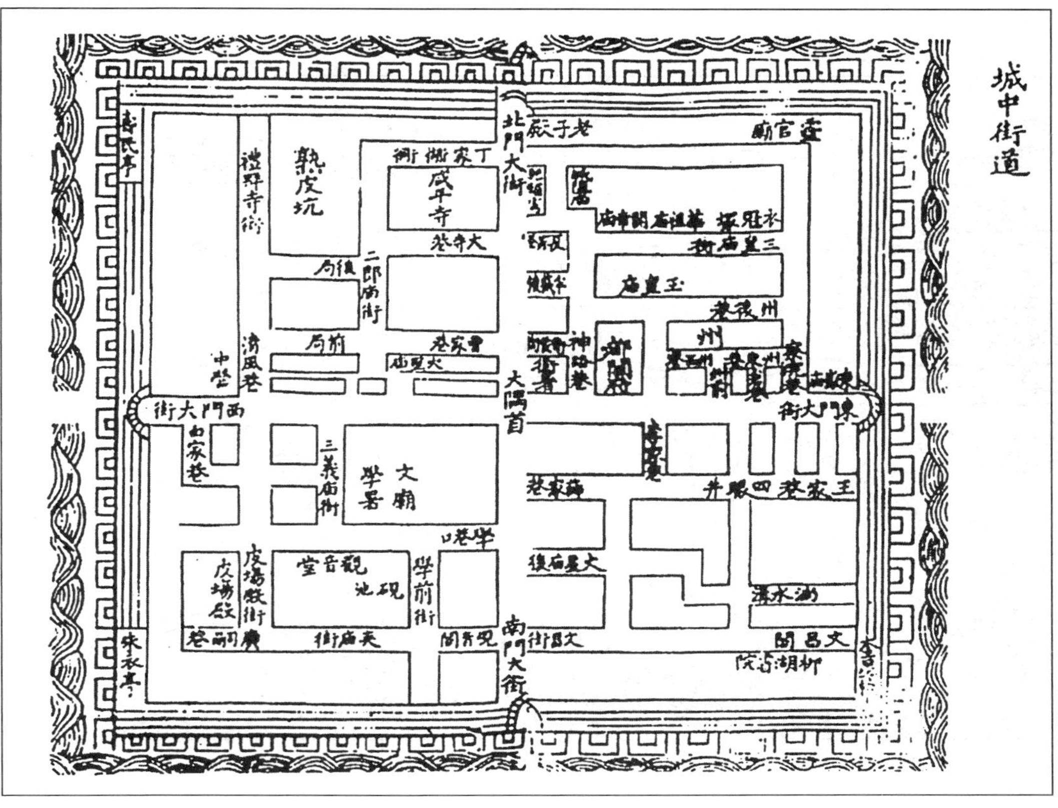

清·亳州城圖　《亳州志》（乾隆）

浙江

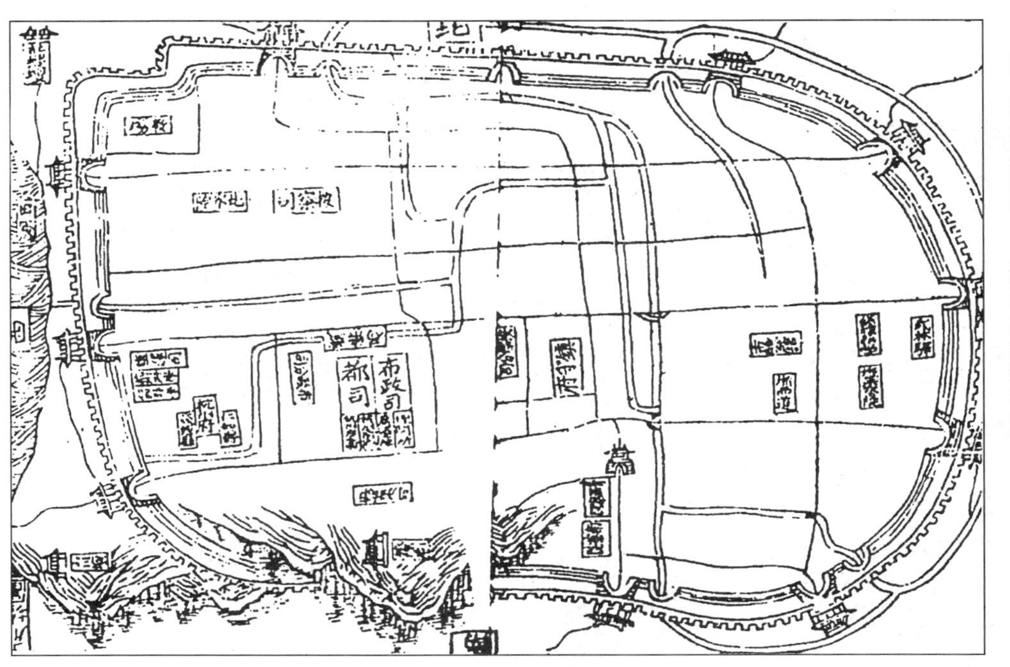

明·杭州府城圖　《杭州府志》（成化）

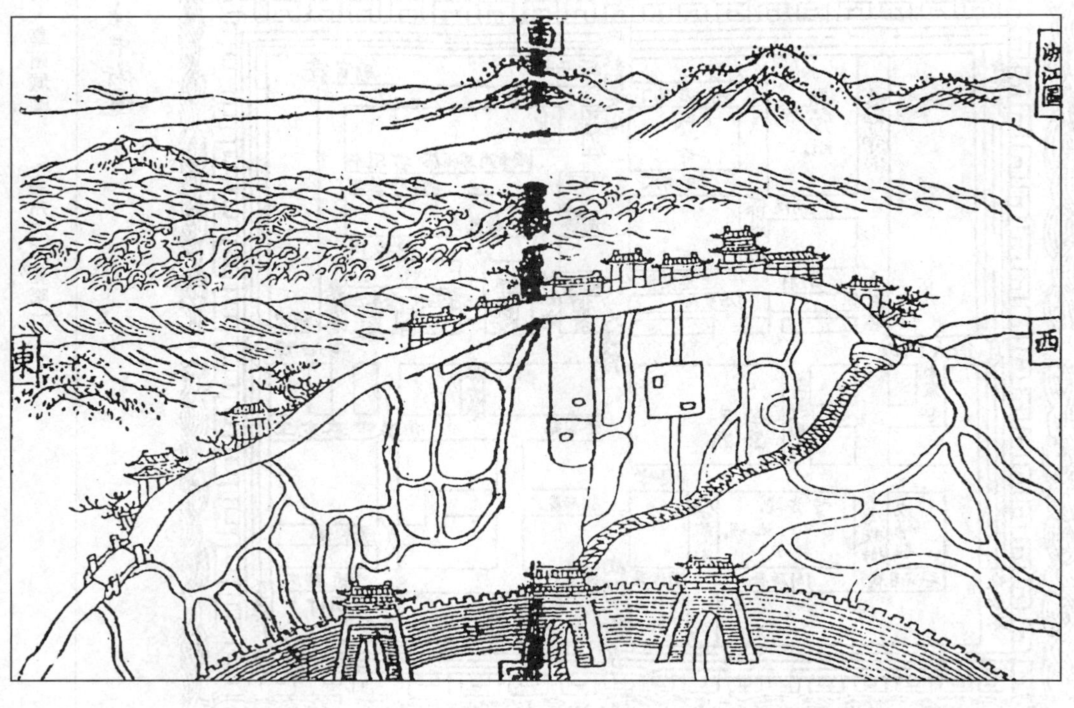

明·浙江圖　《杭州府志》（成化）

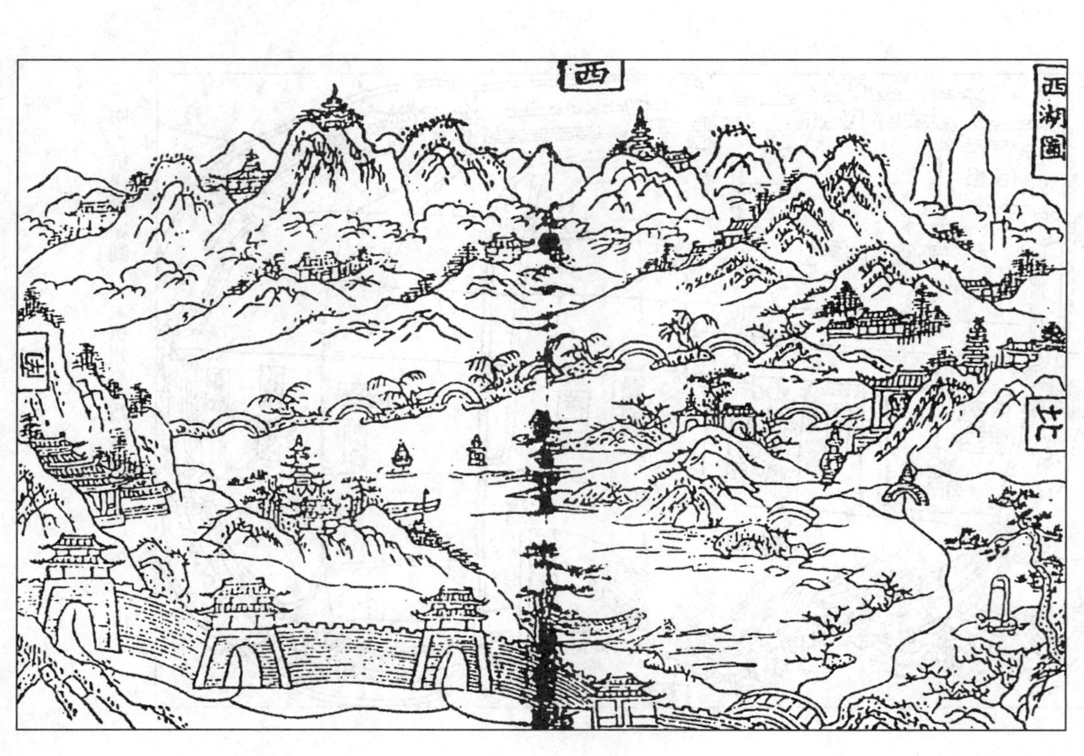

明·西湖圖　《杭州府志》（成化）

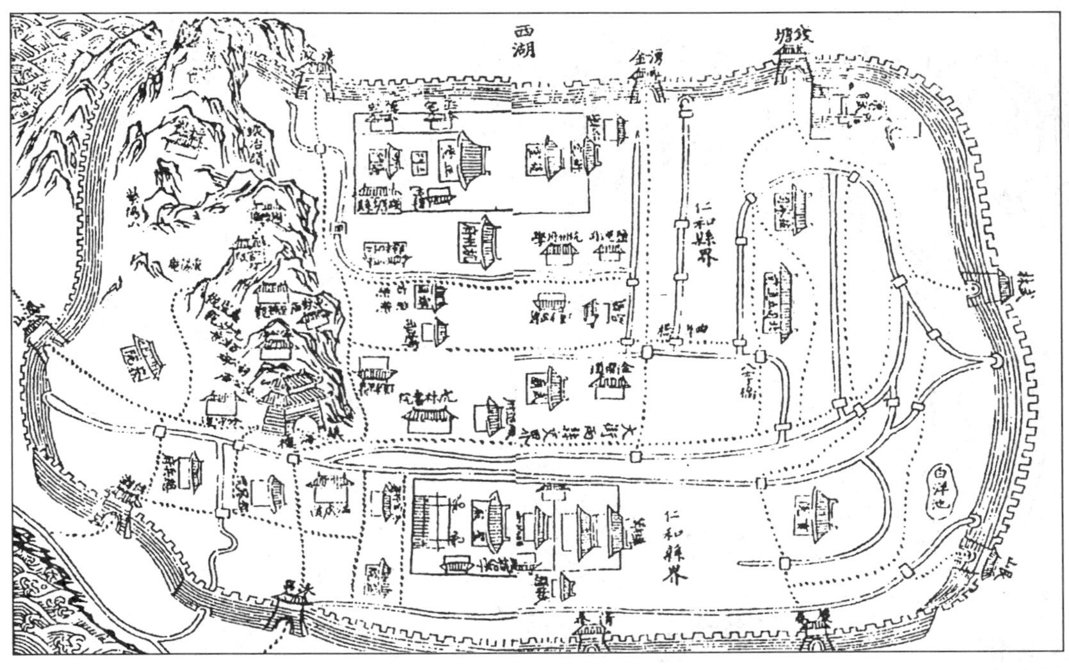

明・錢塘縣治圖　《錢塘縣志》(萬曆)

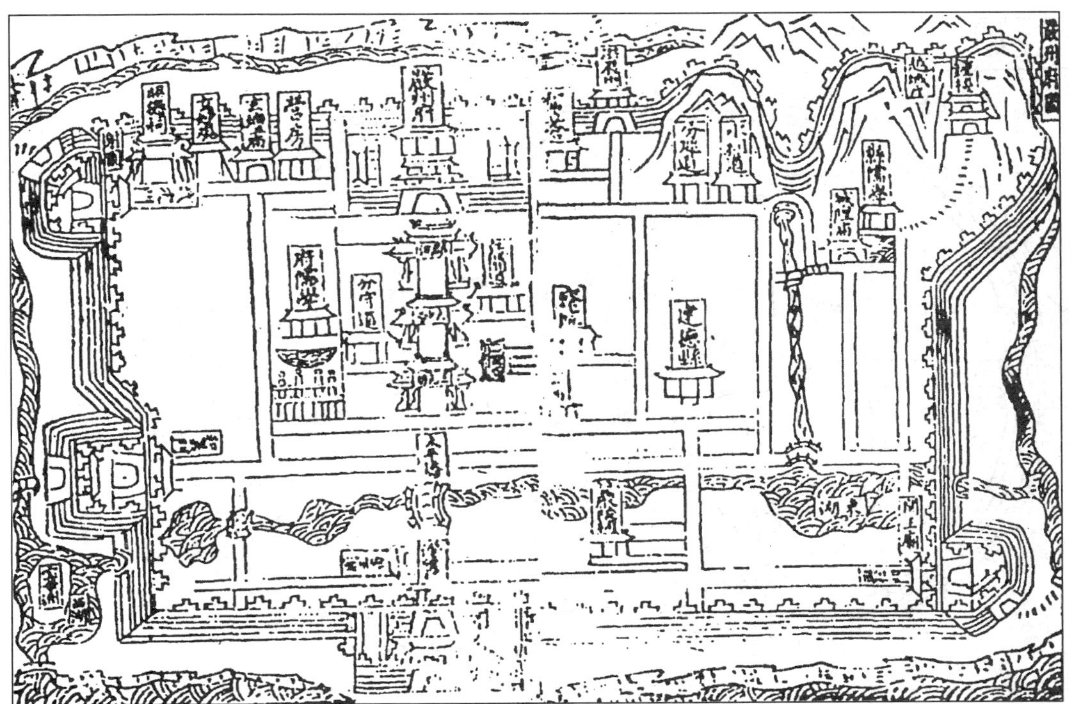

明・嚴州府圖　《續修嚴州府志》(萬曆)

明・海鹽縣城圖　《海鹽縣圖經》(天啓)

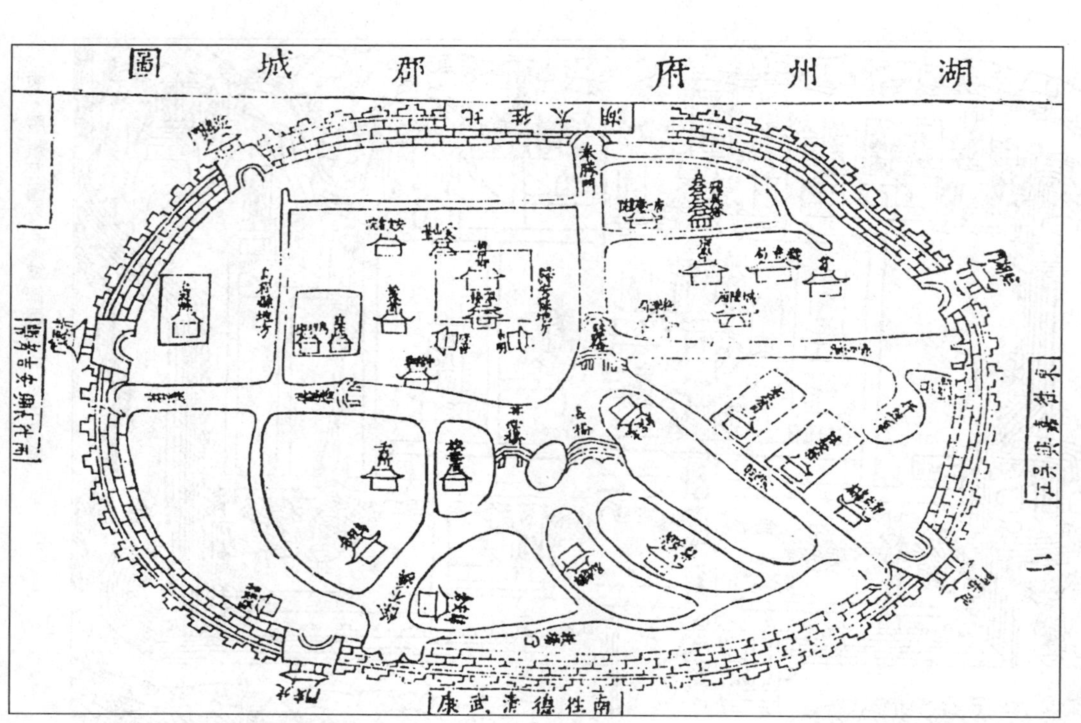

明・湖州府郡城圖　《湖州府志》(萬曆)

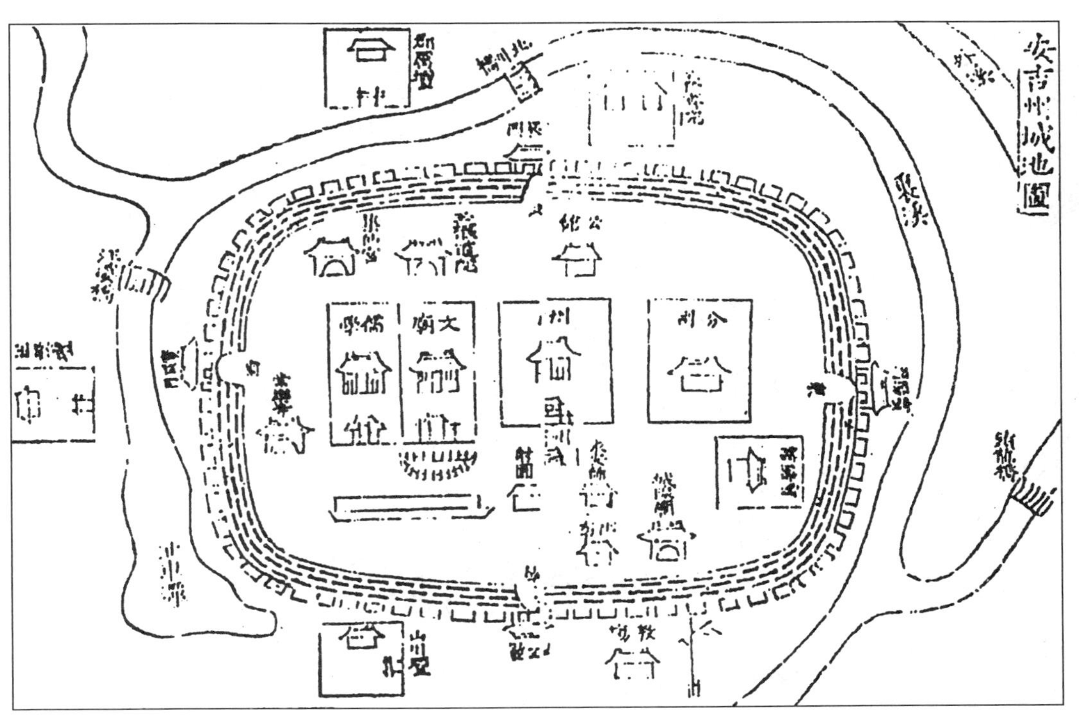

明·安吉州城池圖　《安吉州志》（嘉靖）

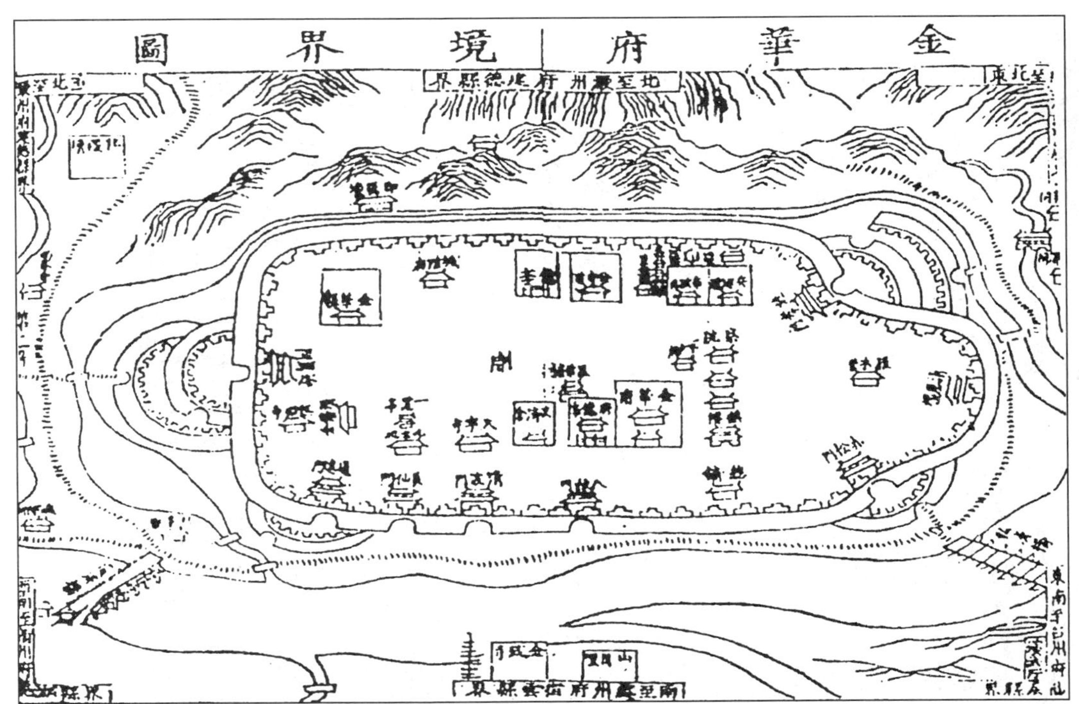

明·金華府境圖　《金華府志》（萬曆）

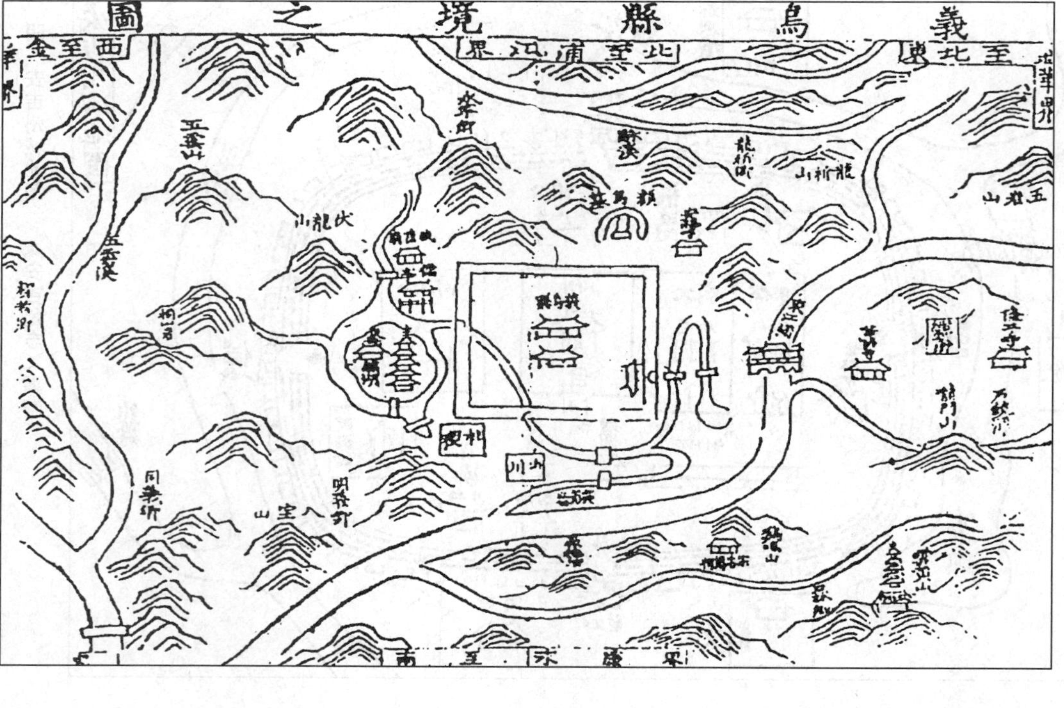

明・義烏縣境圖　《金華府志》（萬曆）

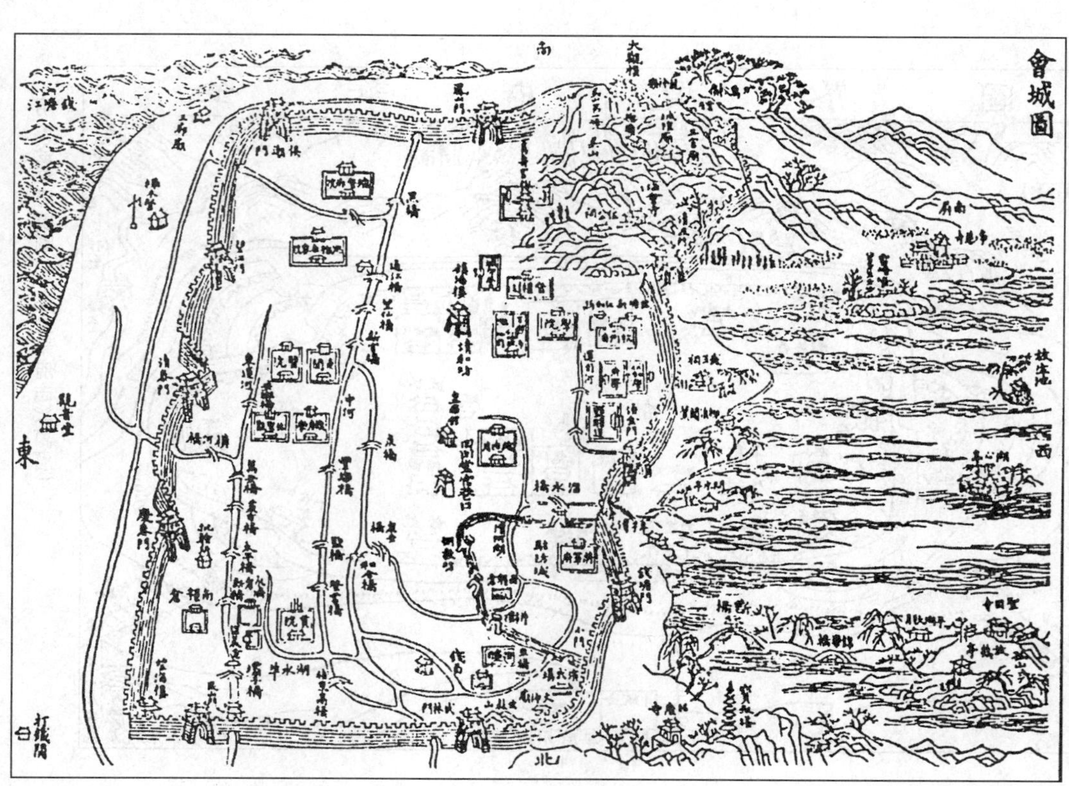

清・浙江省城圖　《浙江通志》（雍正）

清・杭州府圖　《浙江通志》(雍正)

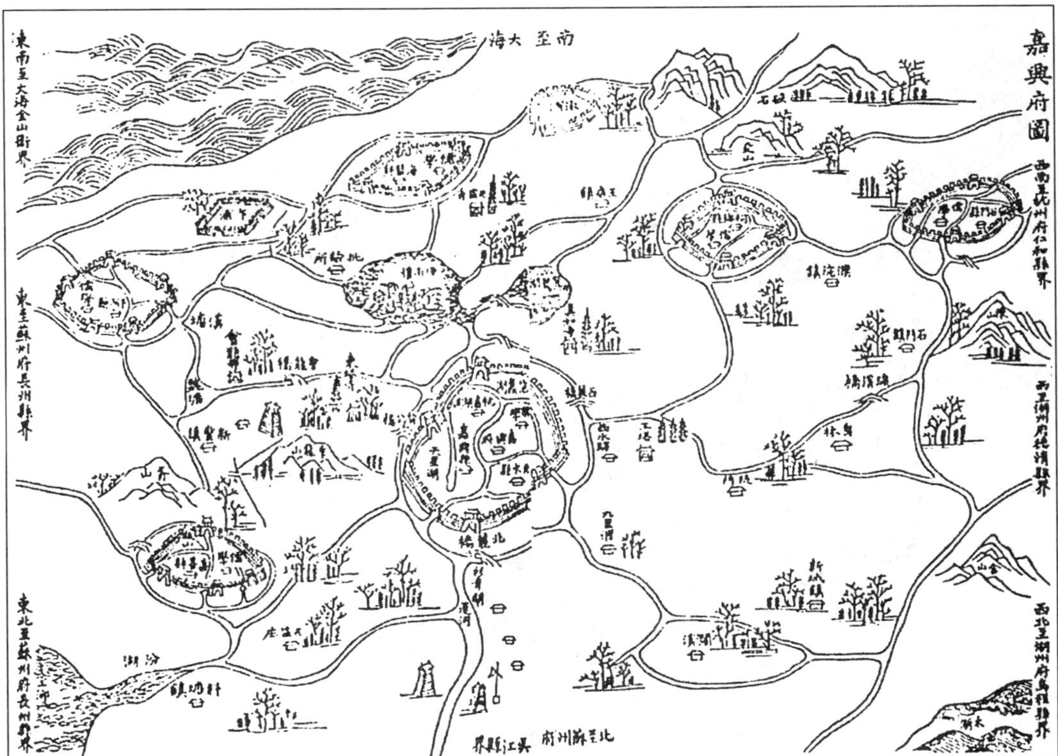

清・嘉興府圖　《浙江通志》(雍正)

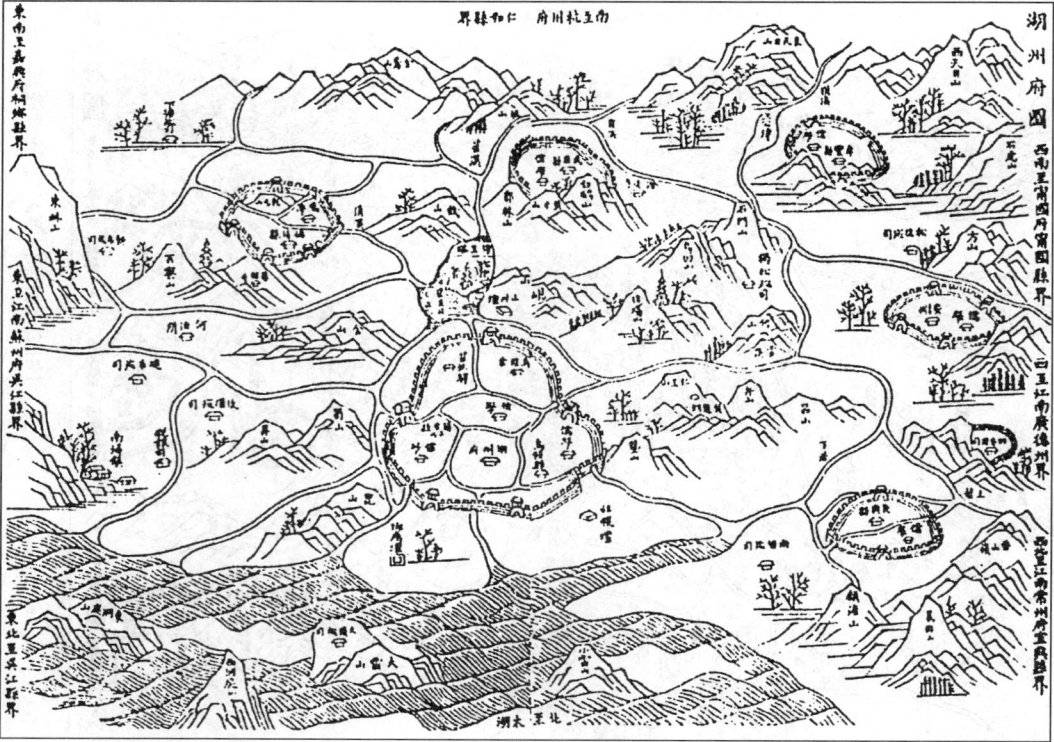

清・湖州府圖　《浙江通志》(雍正)

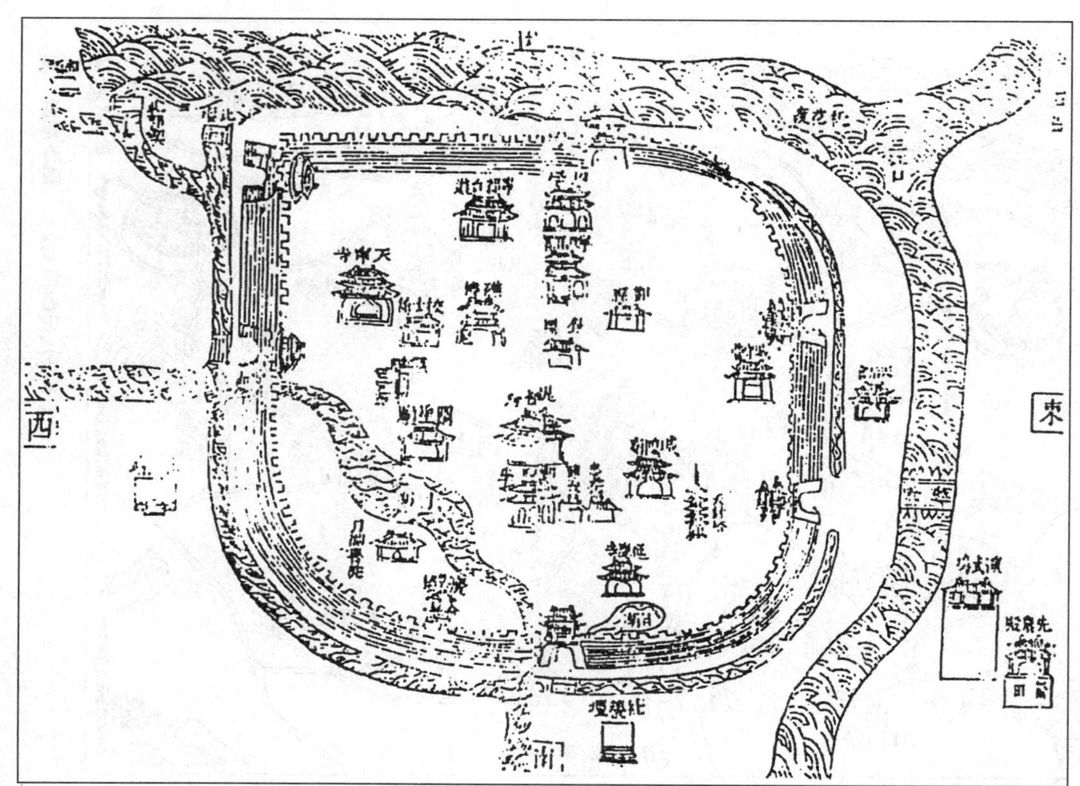

清・寧波府城圖　《宁波府志》(雍正)

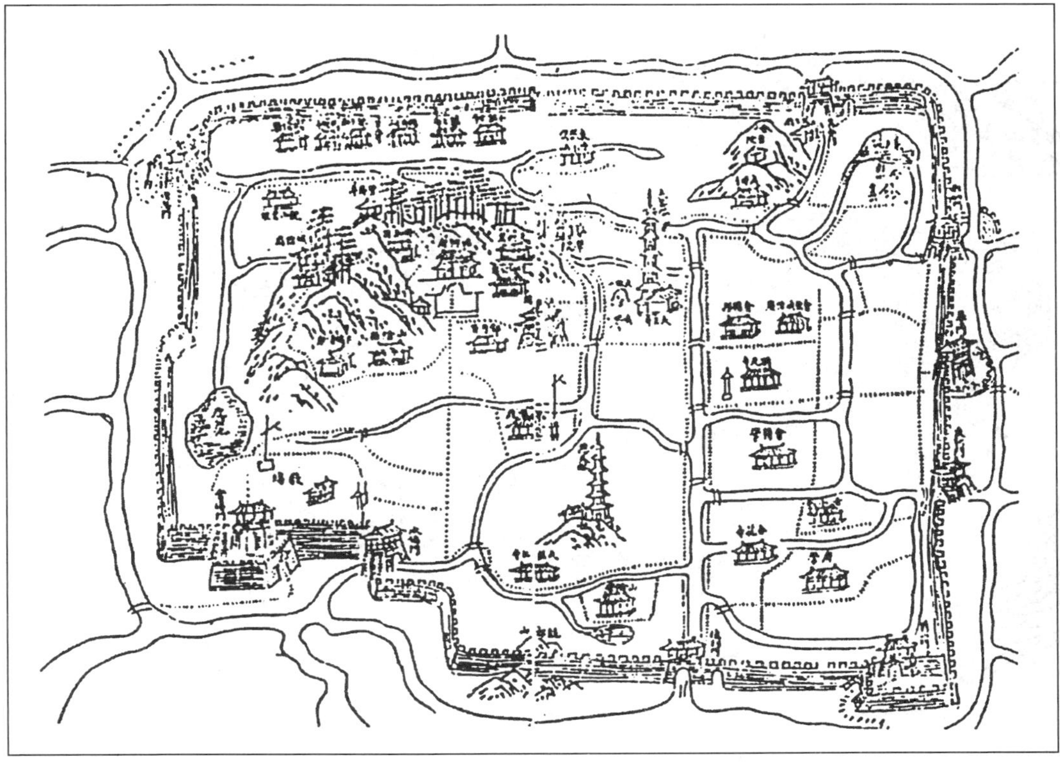

清・紹興府城圖　《紹興府志》（乾隆）

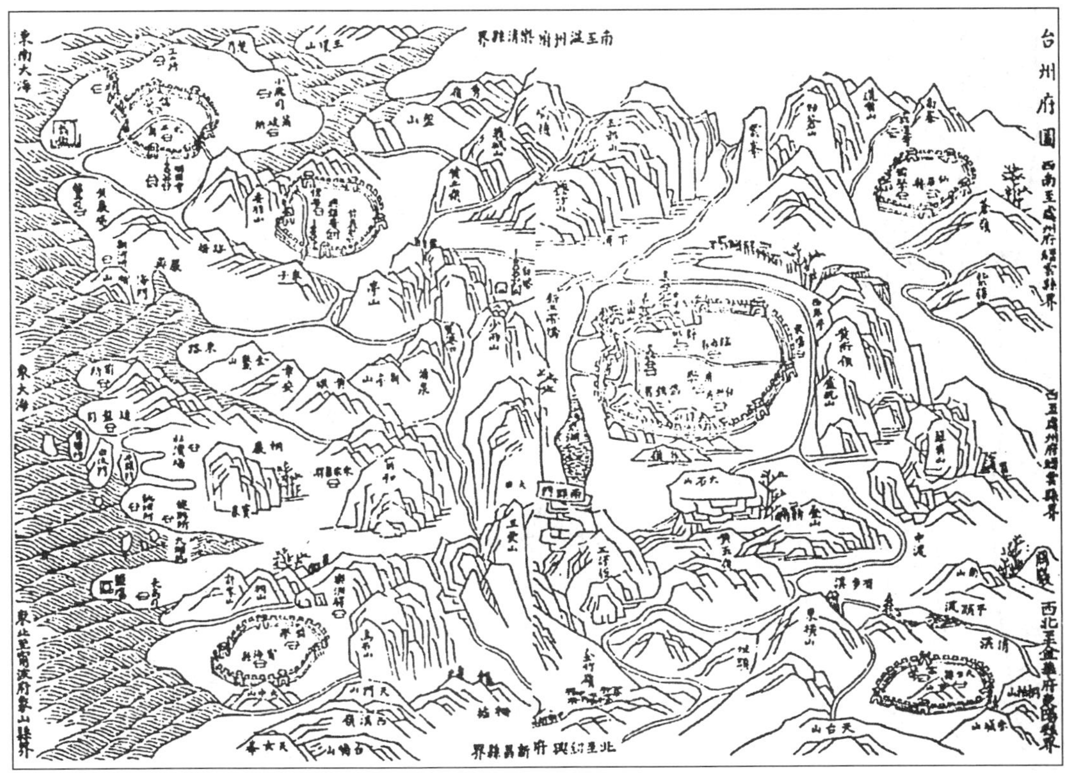

清・台州府圖　《浙江通志》（雍正）

清・金華府治圖　《金華府志》（康熙）

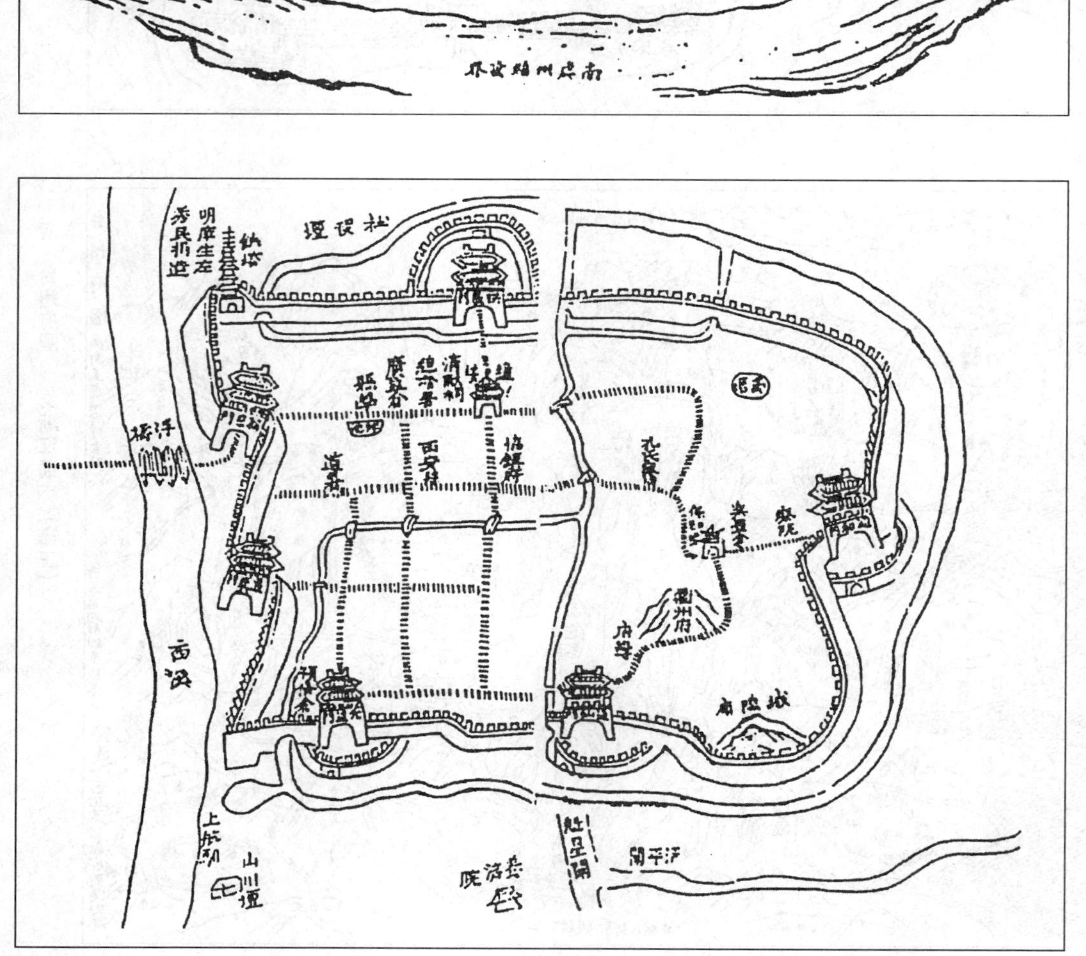

清・衢州府城圖　《衢州府志》（康熙）

清・嚴州府圖《浙江通志》(雍正)

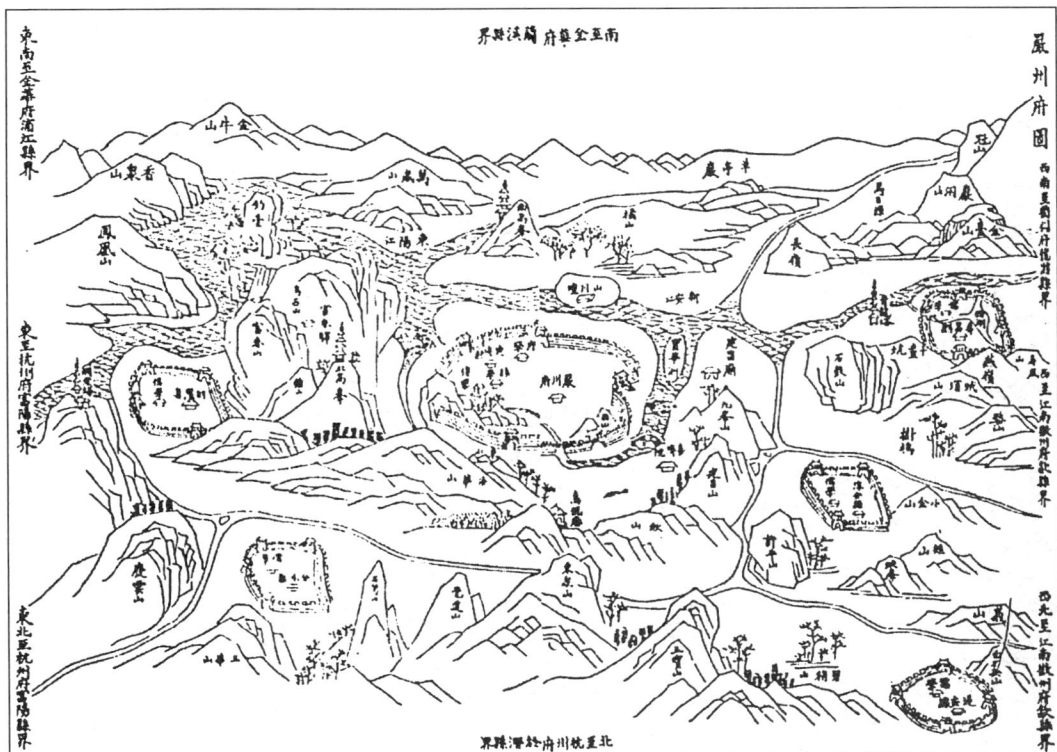

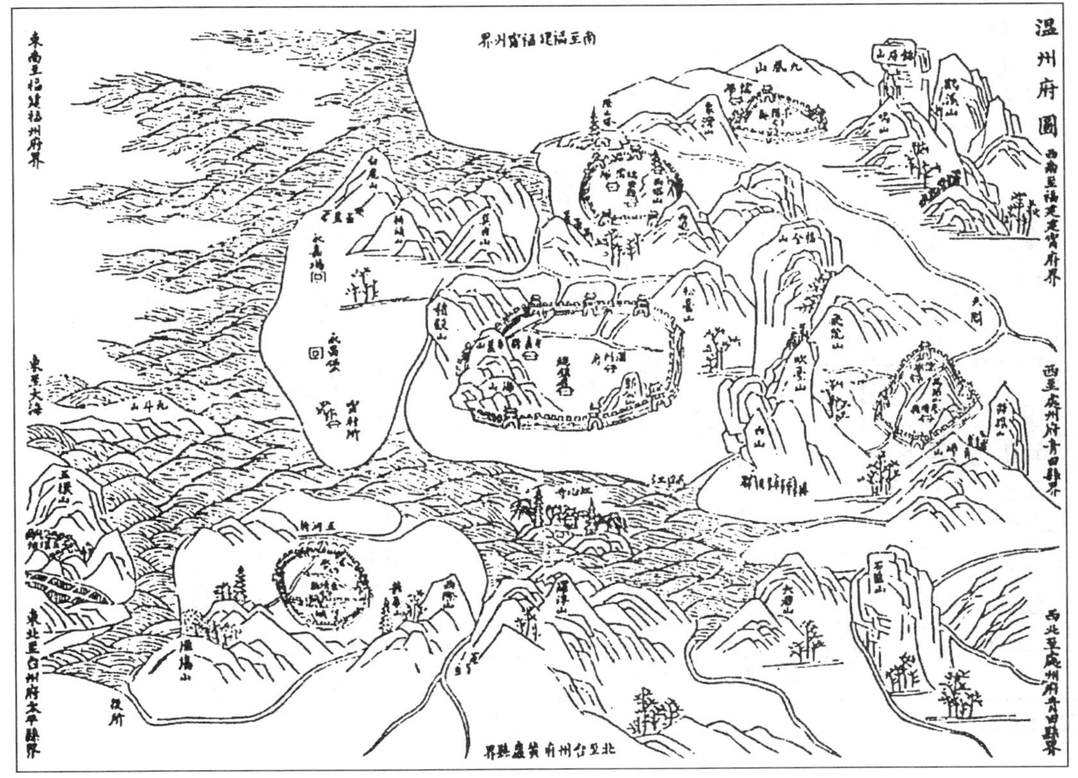

清・温州府圖《浙江通志》(雍正)

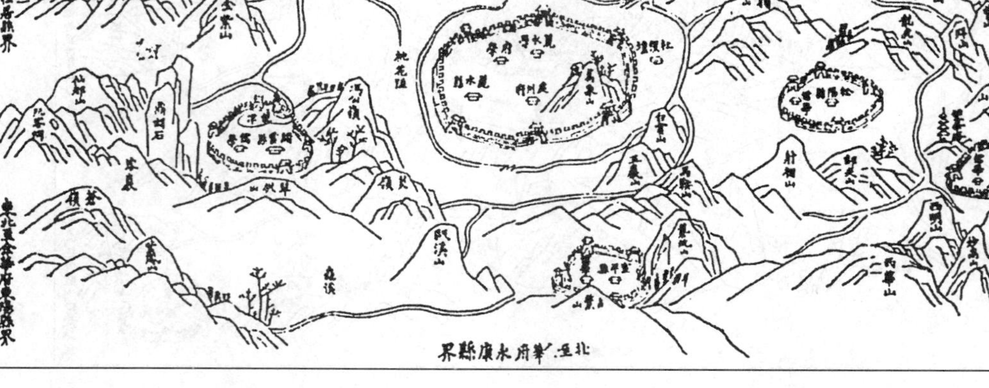

清・處州府圖　《浙江通志》（雍正）

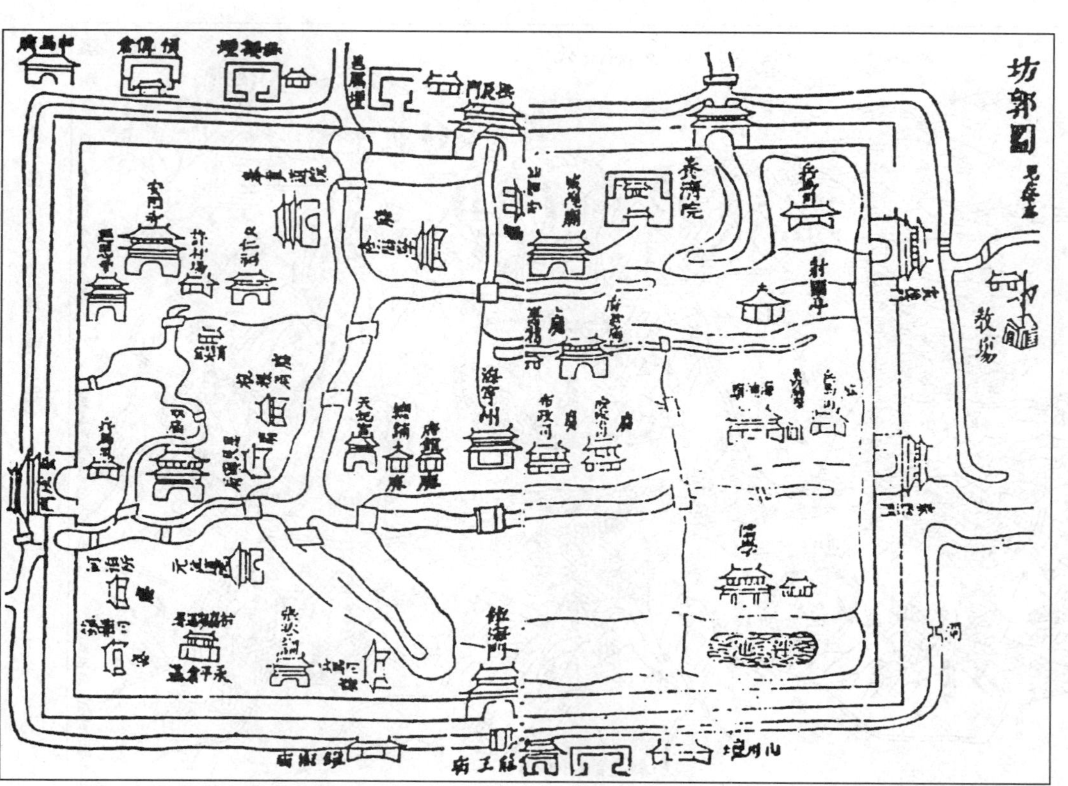

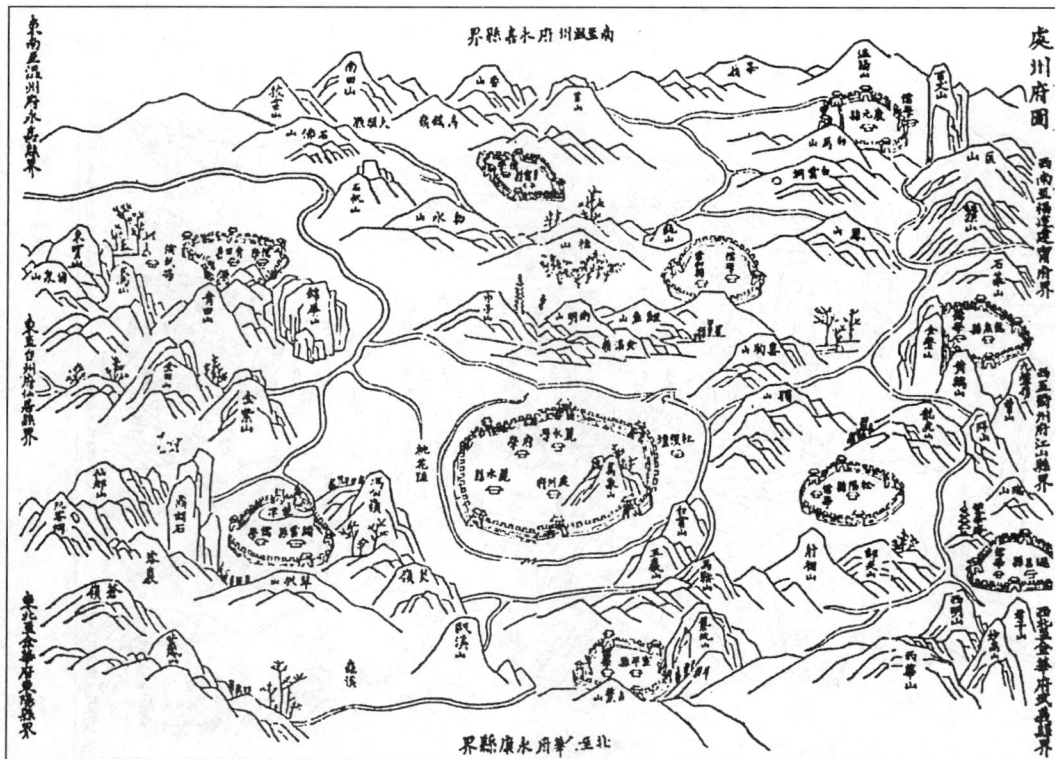

清・海寧州城圖　《海寧州志》（乾隆）

清・義烏縣圖　《金華府志》（康熙）

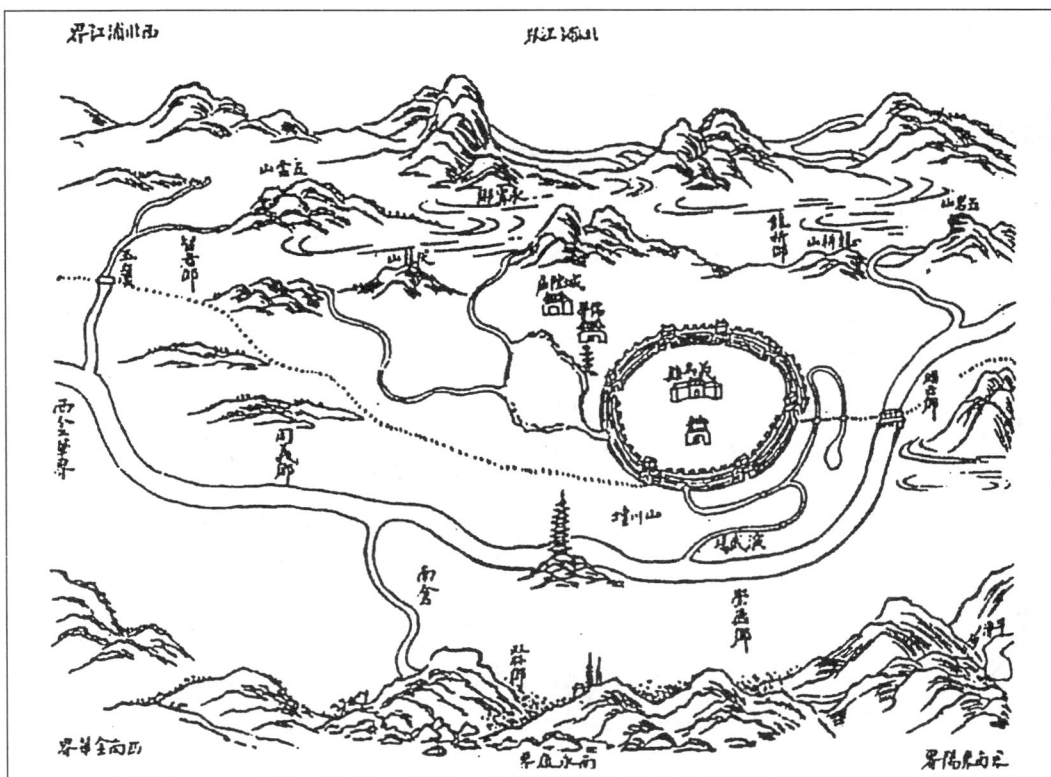

福建

明・安溪縣境圖　《安溪縣志》（嘉靖）

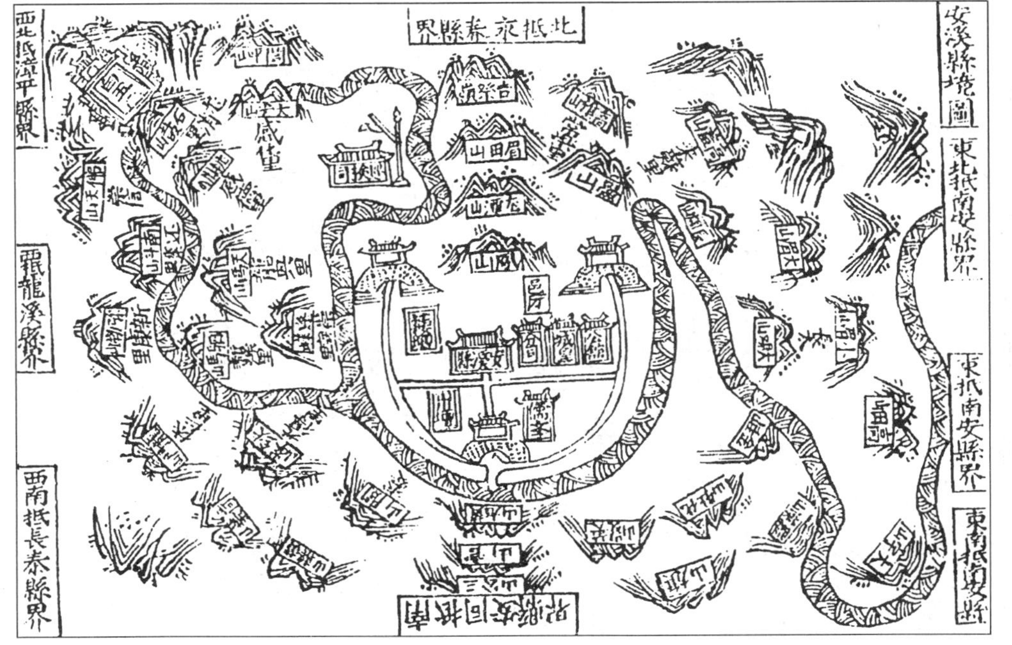

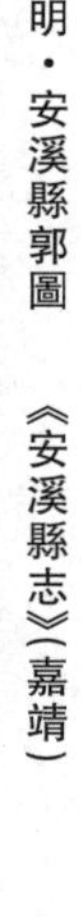

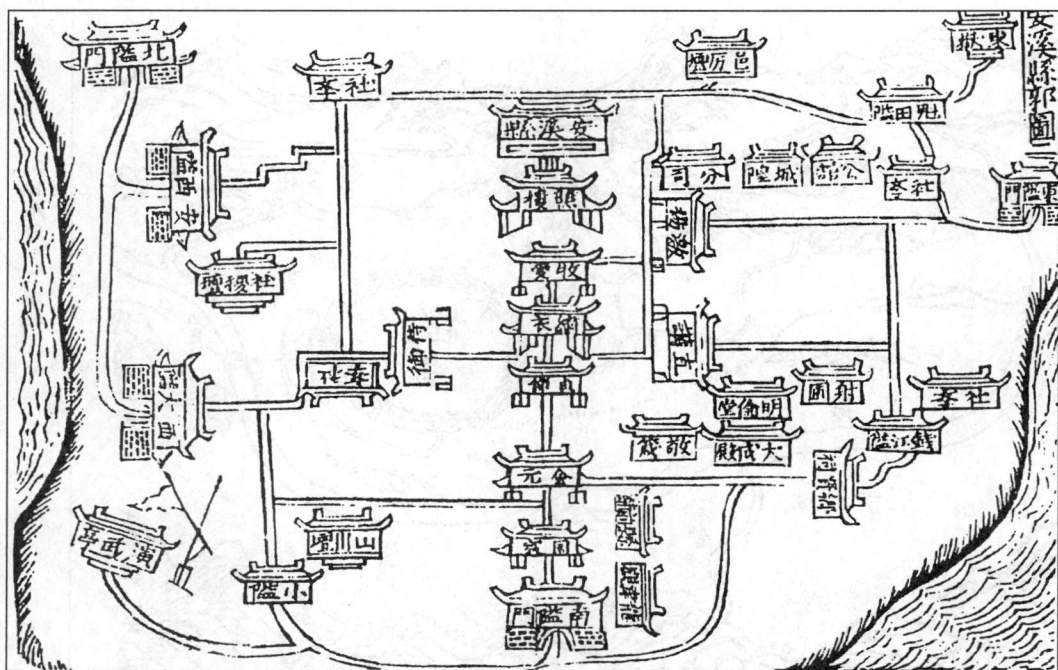

明・安溪縣郭圖　《安溪縣志》（嘉靖）

明・建寧府治圖　《建寧府志》（嘉靖）

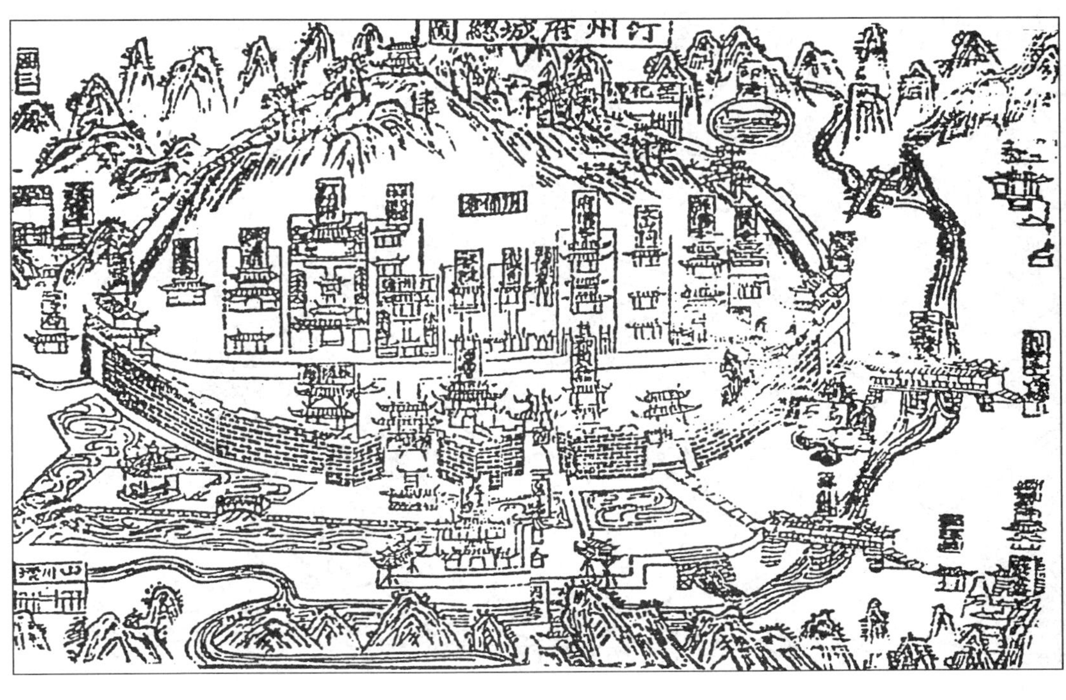

明・汀州府城總圖　《汀州府志》（嘉靖）

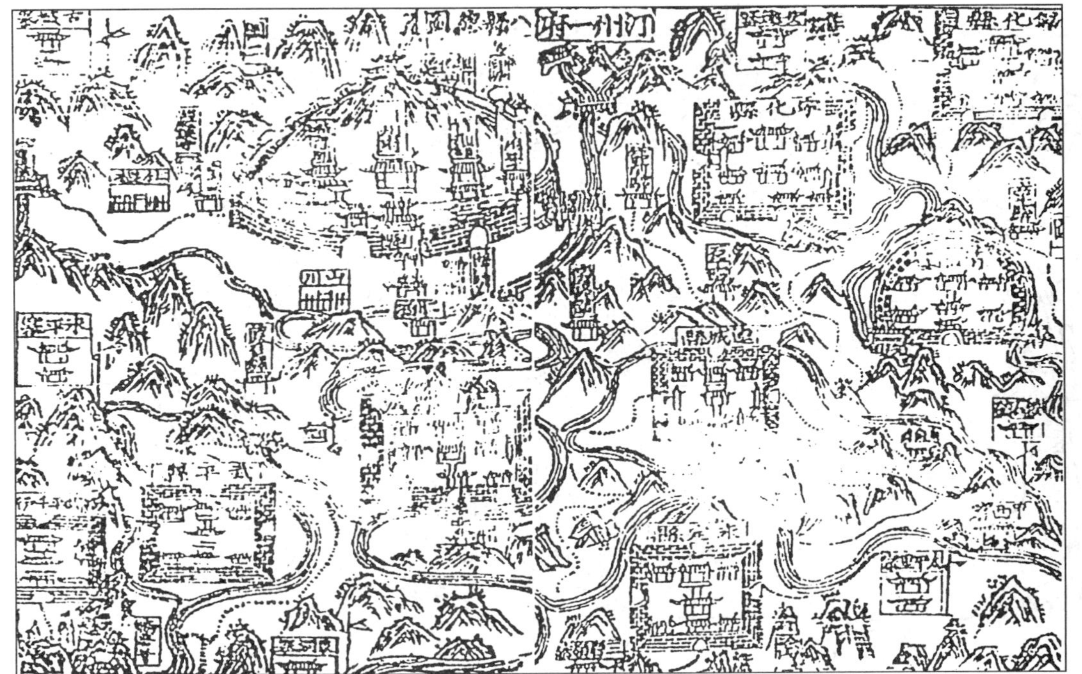

明・汀州府總圖　《汀州府志》（嘉靖）

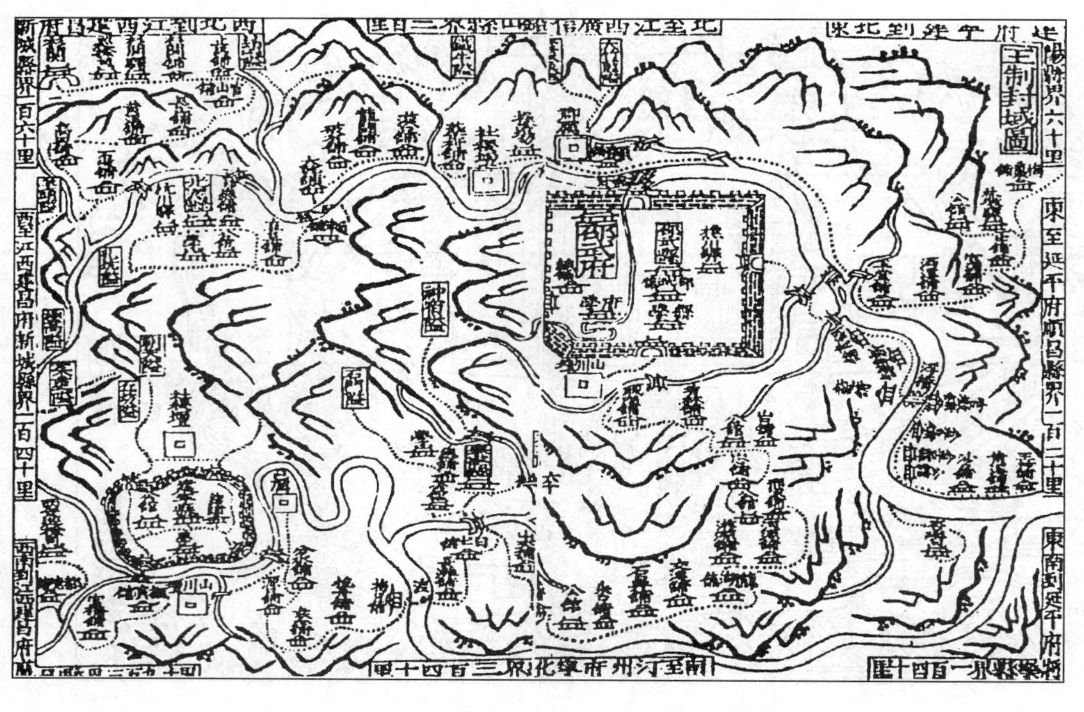

明·邵武王制封域圖　《邵武府志》（嘉靖）

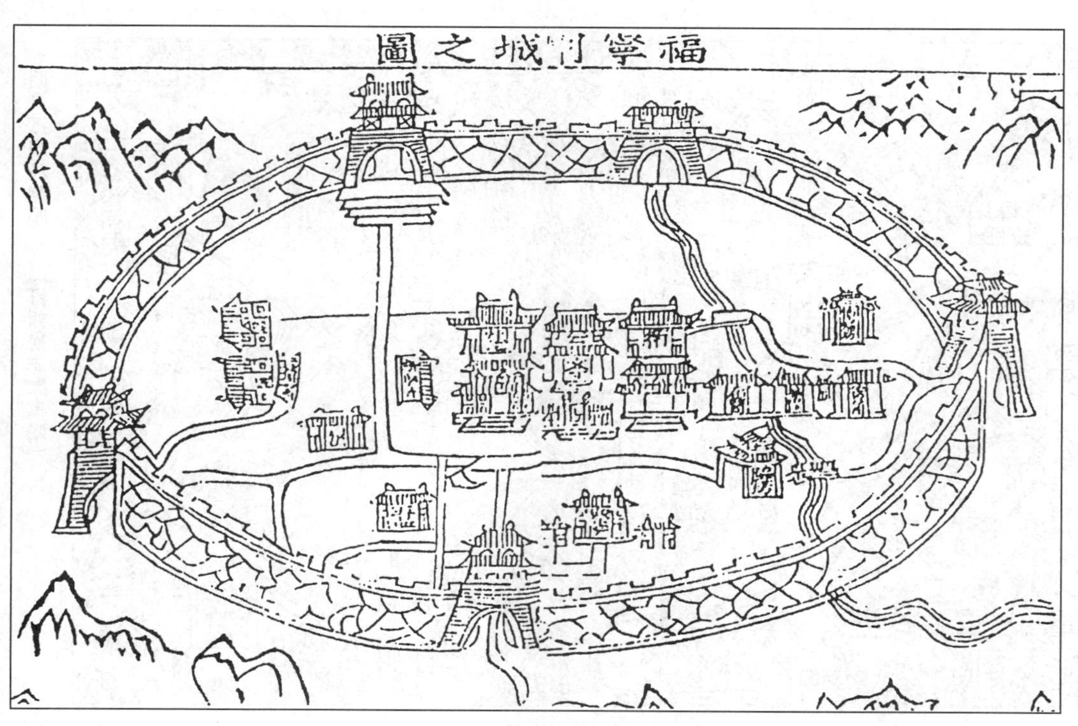

明·福寧州城圖　《福寧州志》（嘉靖）

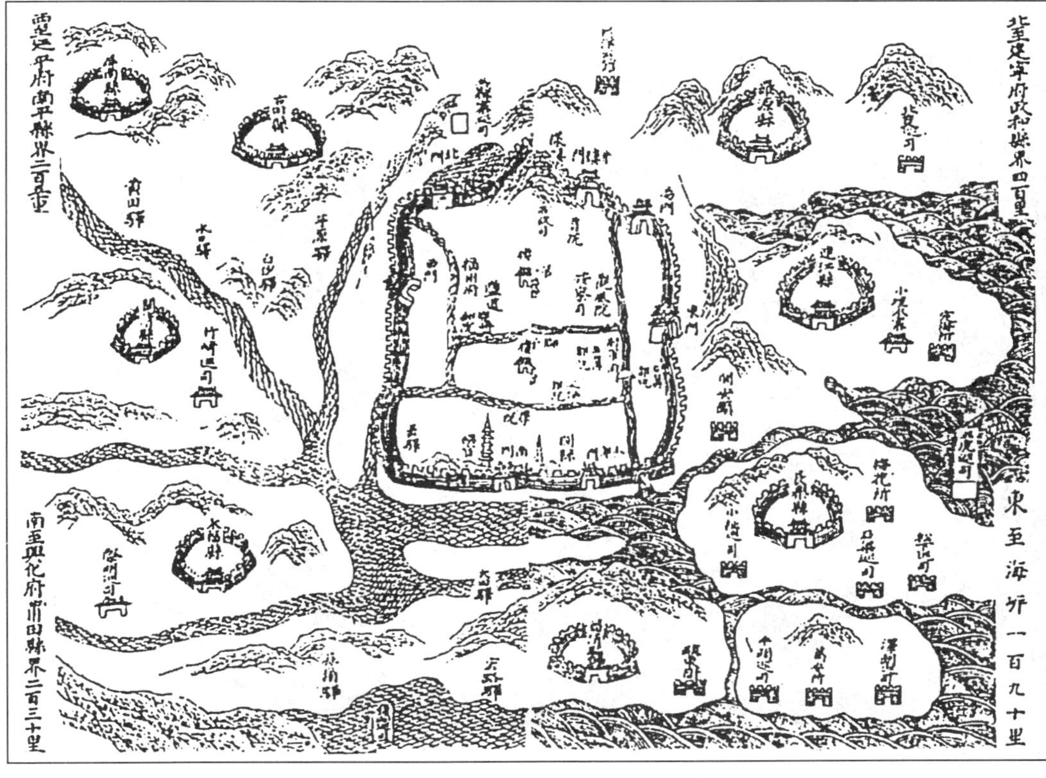

清·福州府圖　《福建通志》(乾隆)

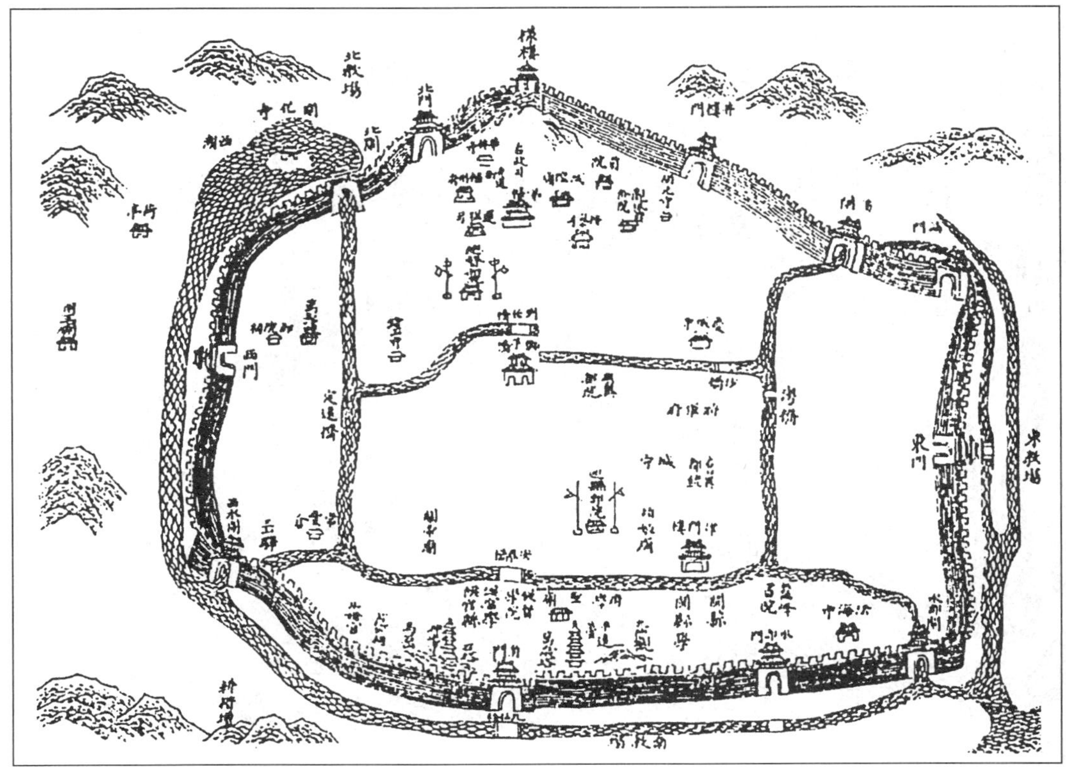

清·福州府城圖　《福建通志》(乾隆)

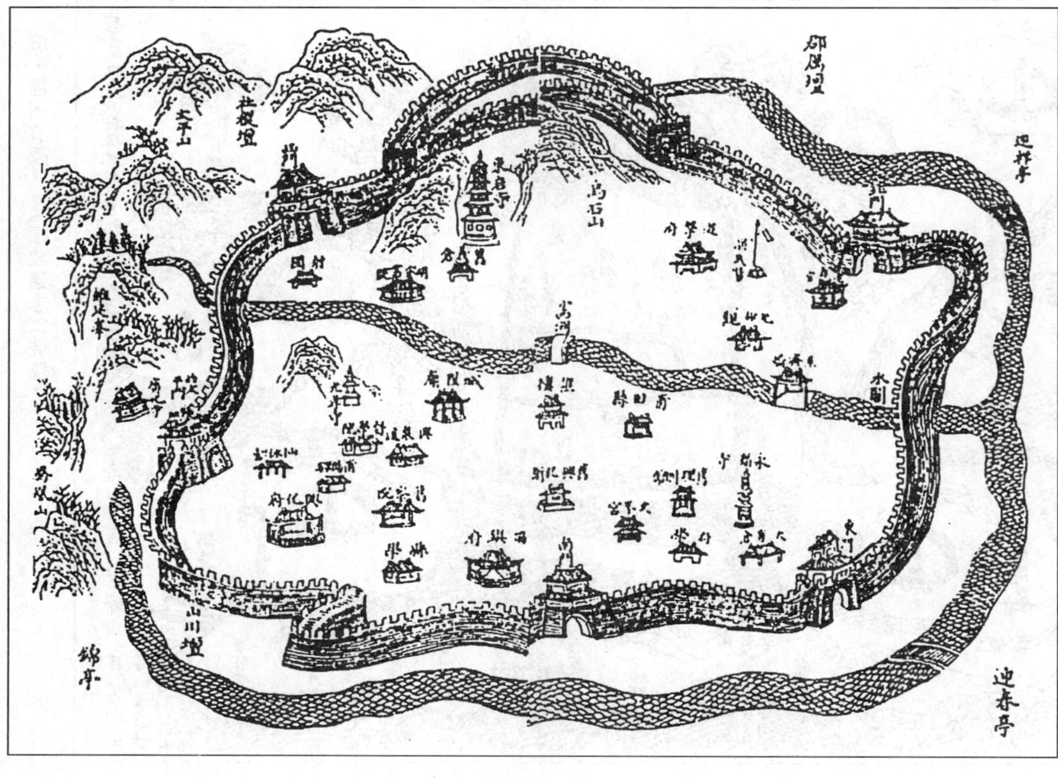

清·興化府城圖　《福建通志》(乾隆)

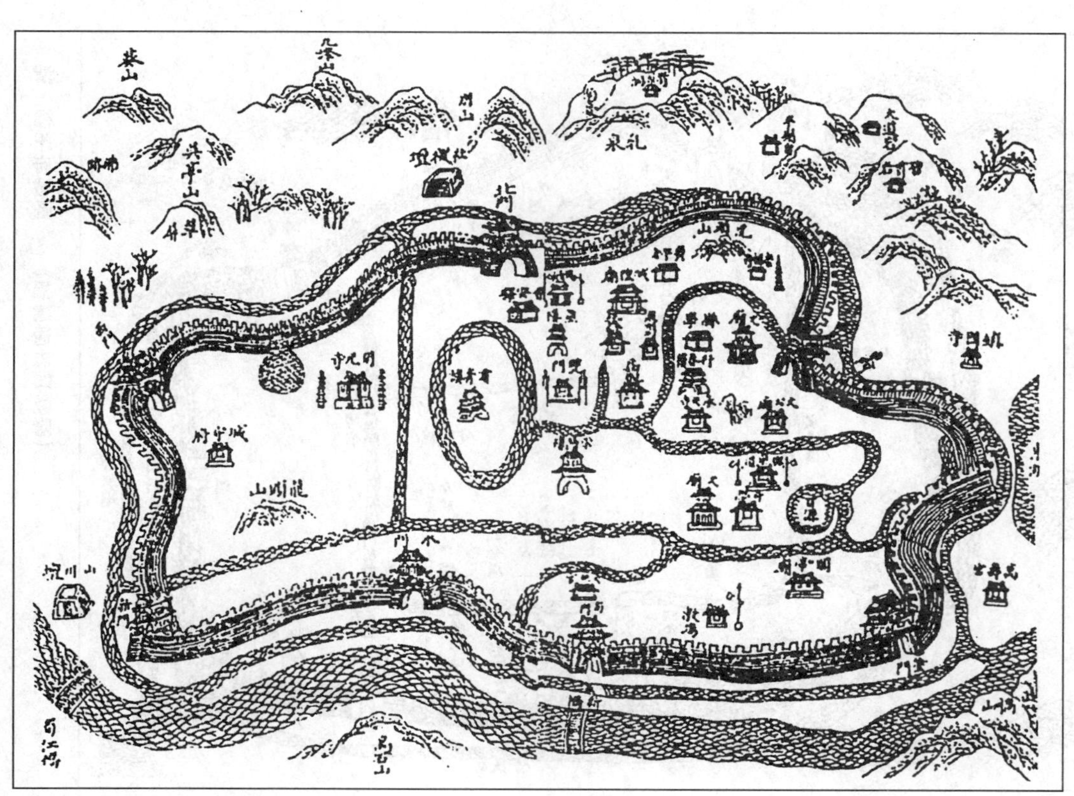

清·泉州府城圖　《福建通志》(乾隆)

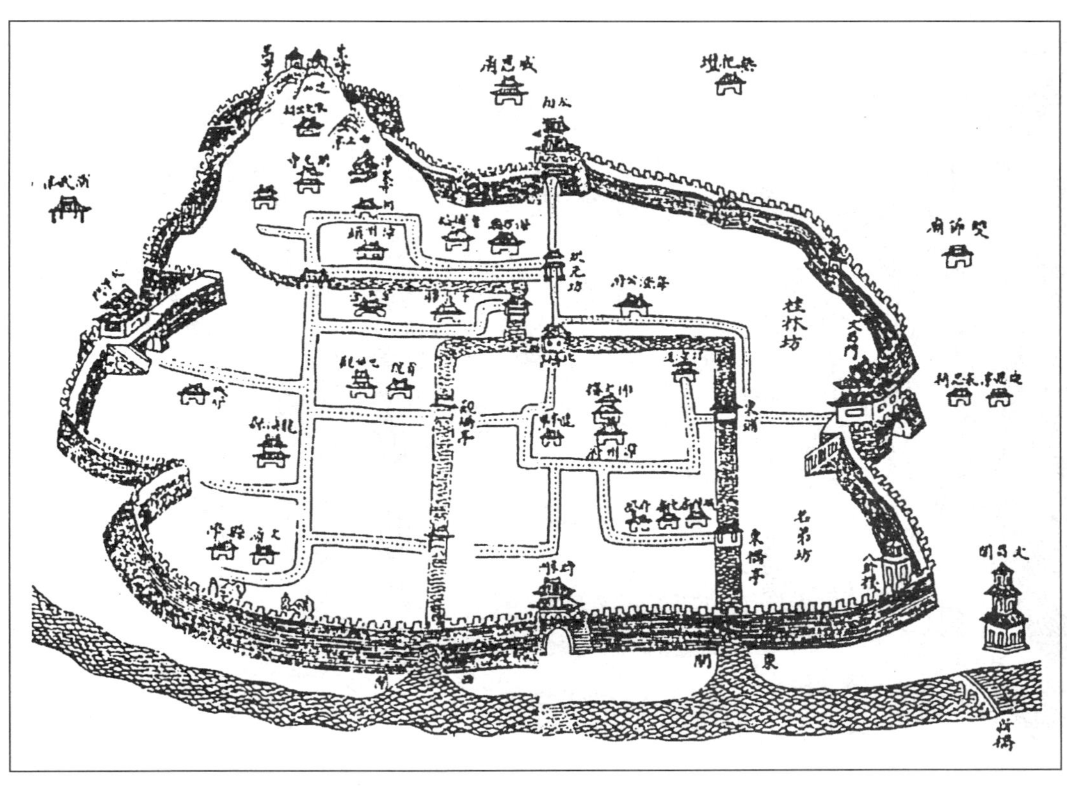

清・漳州府城圖　《福建通志》(乾隆)

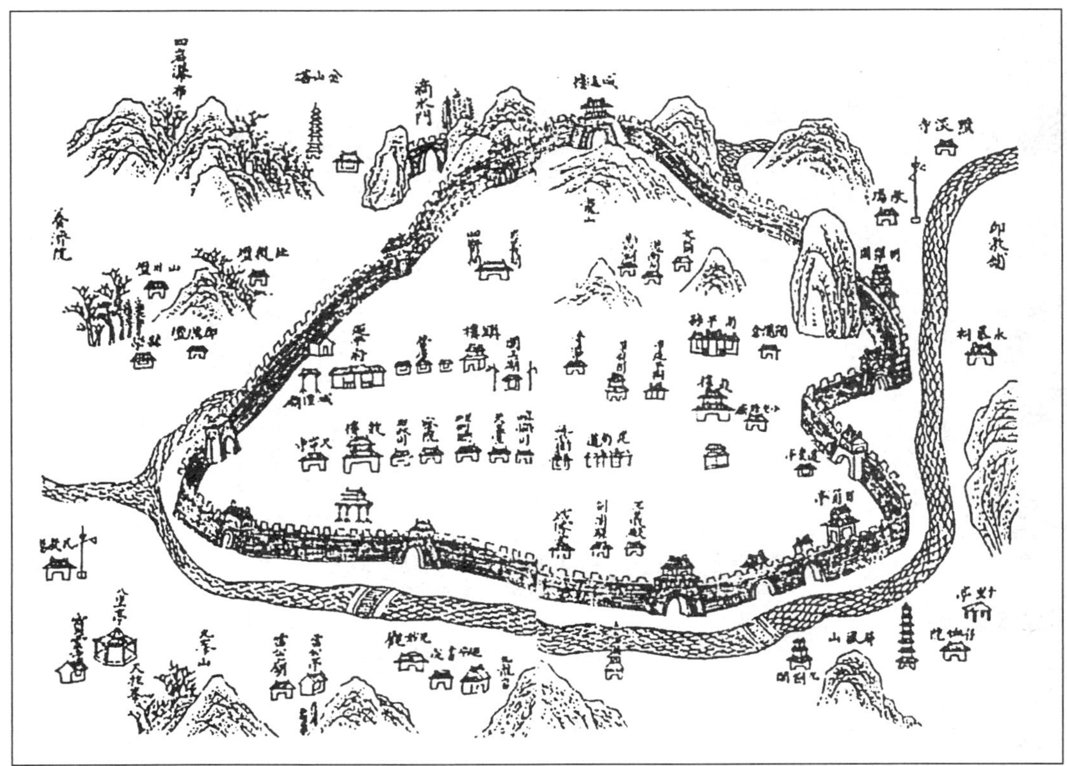

清・延平府城圖　《福建通志》(乾隆)

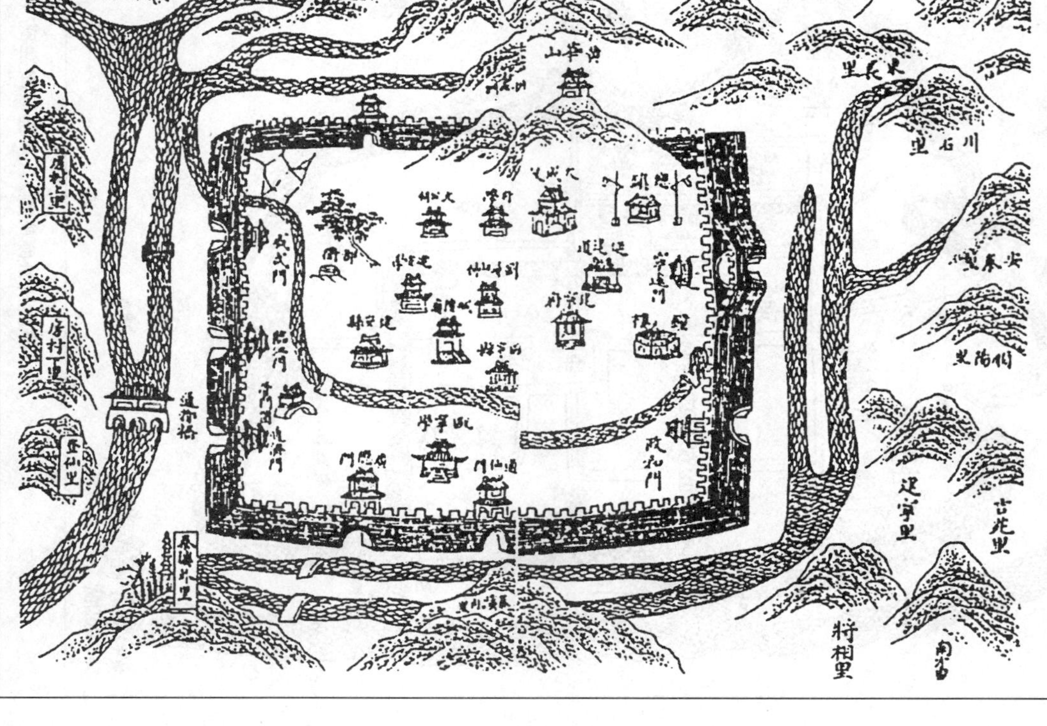

清・建寧府城圖　《福建通志》（乾隆）

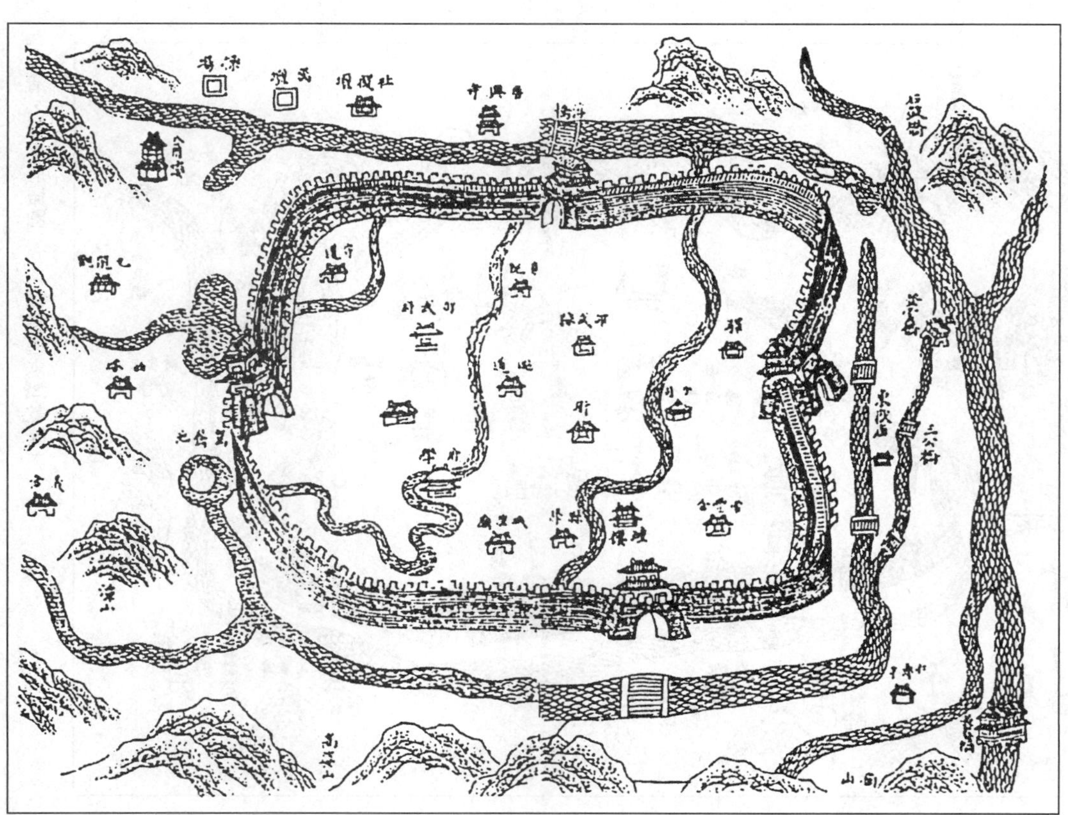

清・邵武府城圖　《福建通志》（乾隆）

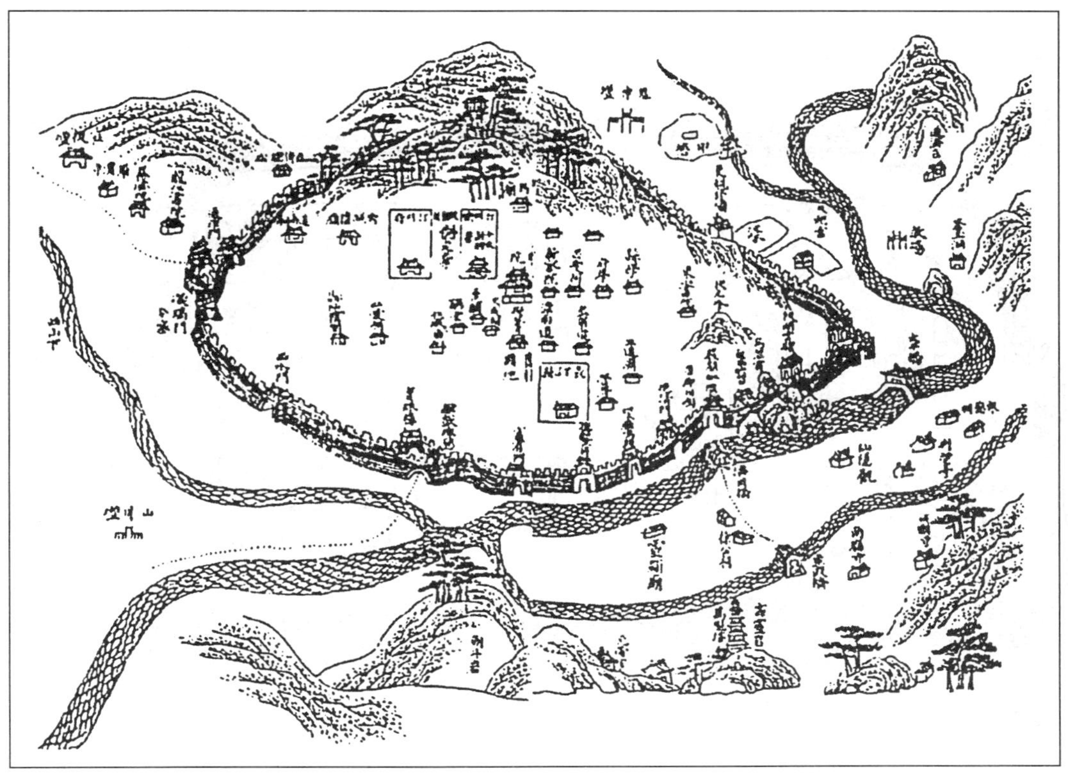

清・汀州府城圖 《福建通志》(乾隆)

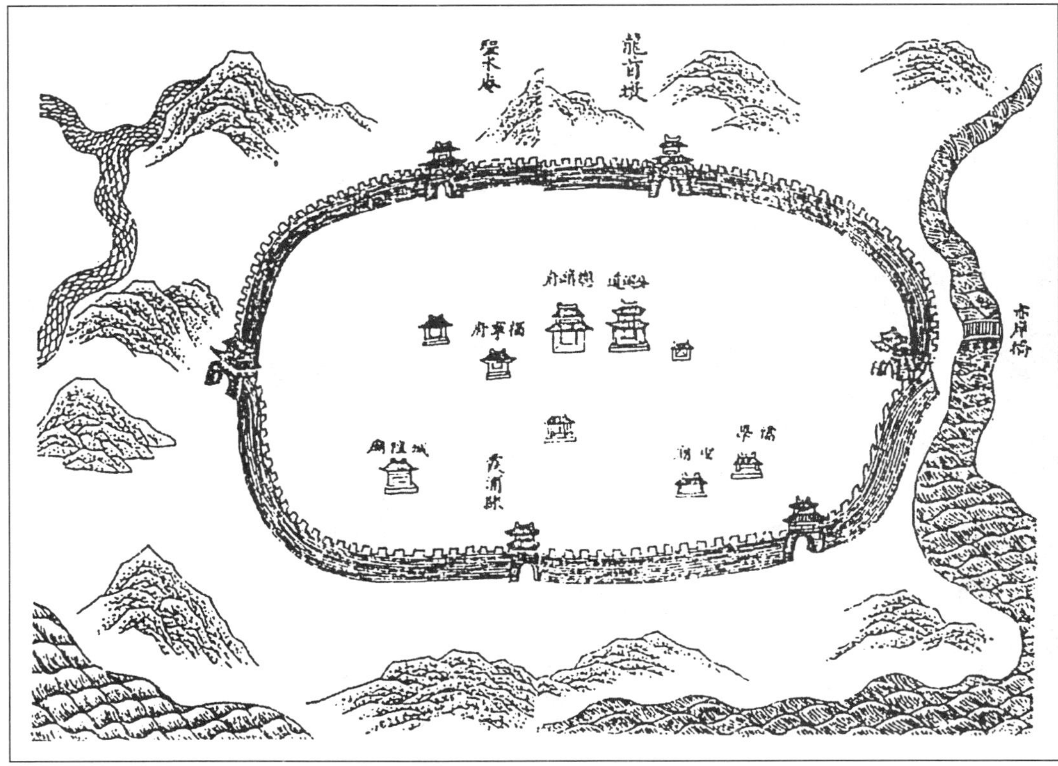

清・福寧府城圖 《福建通志》(乾隆)

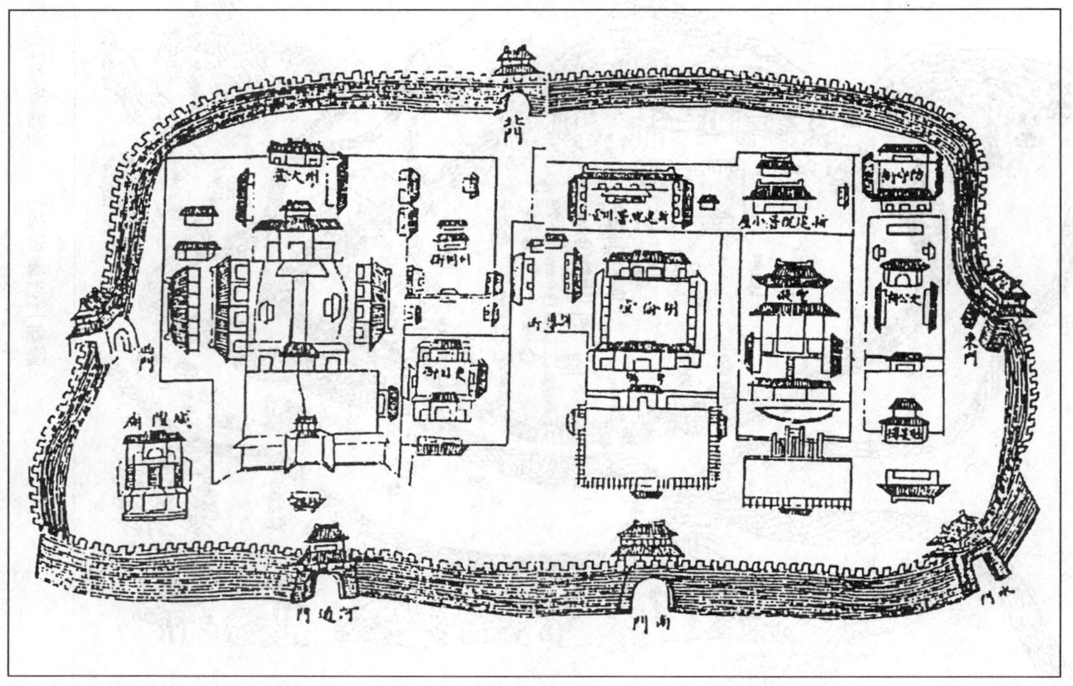

清・永春州城圖　《福建通志》(乾隆)

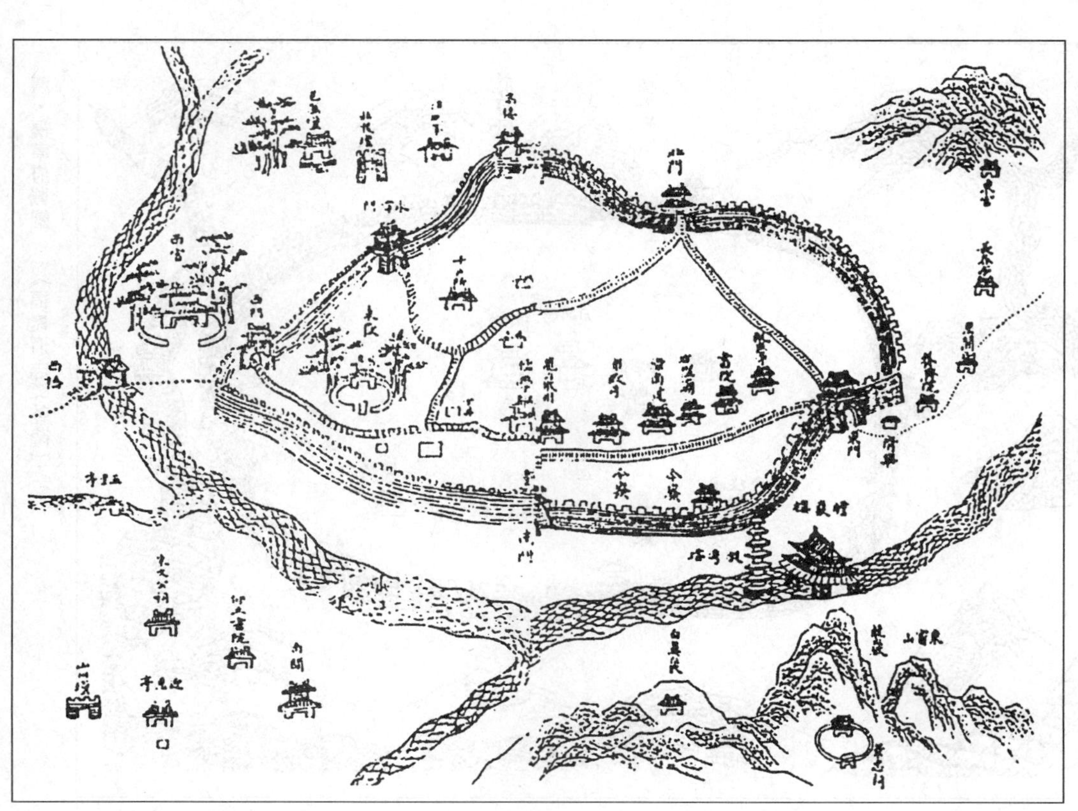

清・龍岩州城圖　《福建通志》(乾隆)

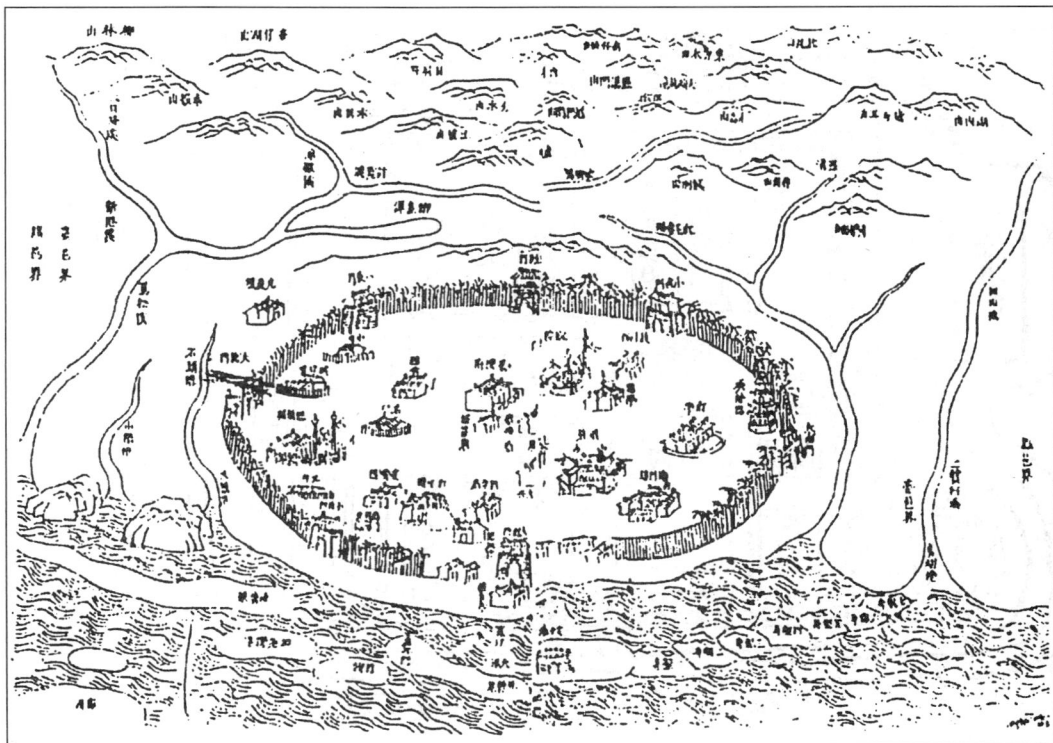

清・台灣縣圖　《台灣府志》（乾隆）

河南

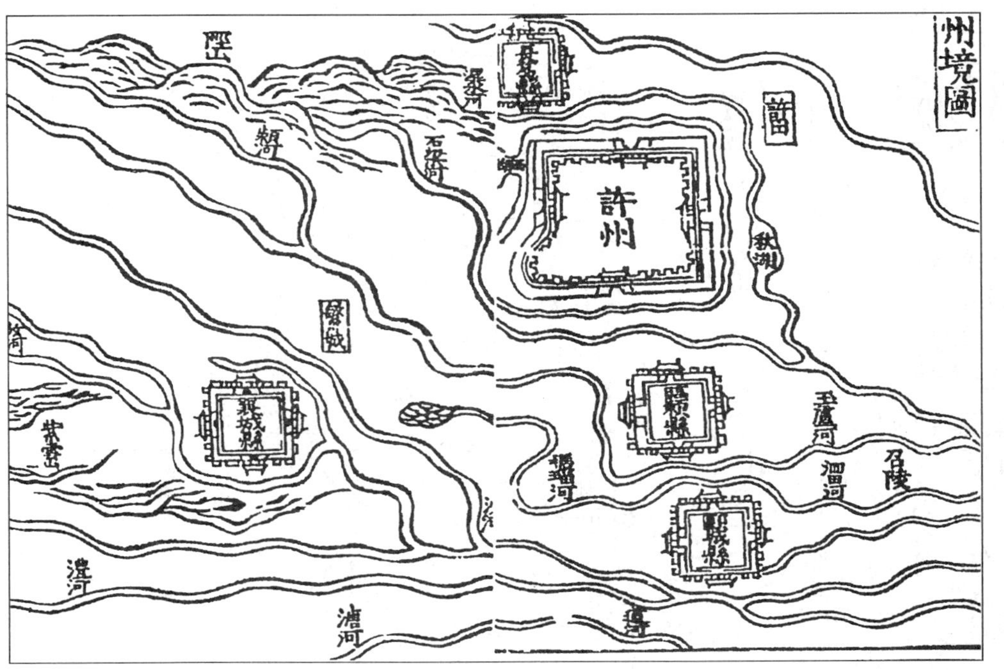

明・許州境圖　《許州志》（嘉靖）

明・許州城圖　《許州志》（嘉靖）

明・磁州境圖　《磁州志》（嘉靖）

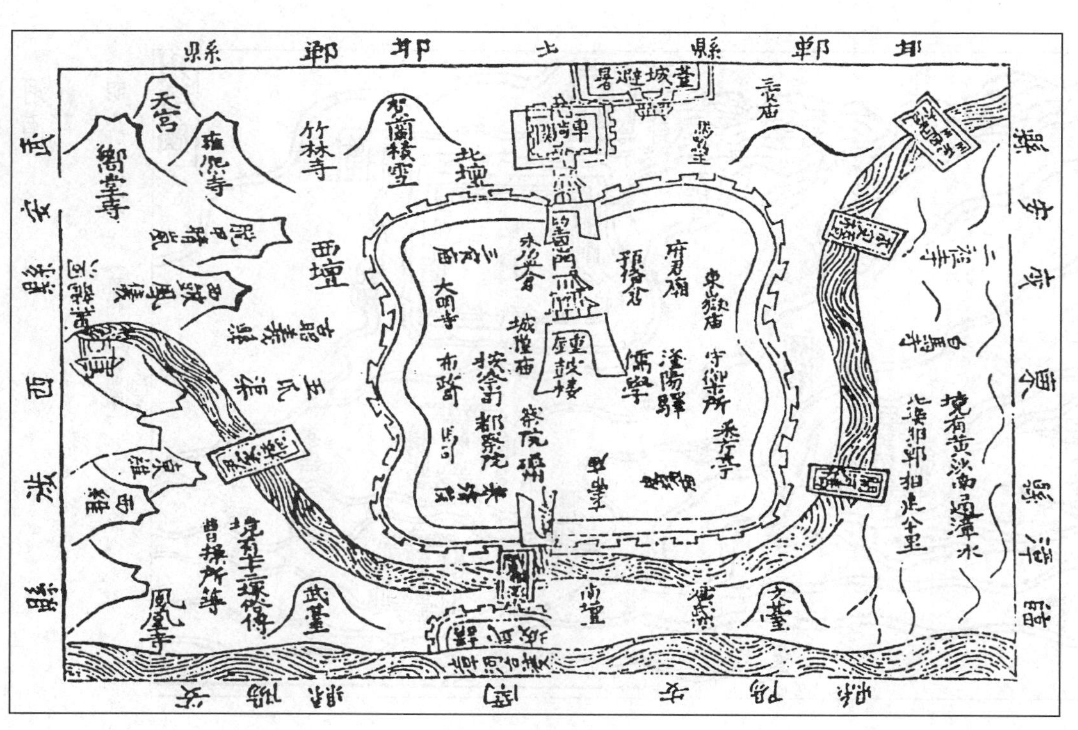

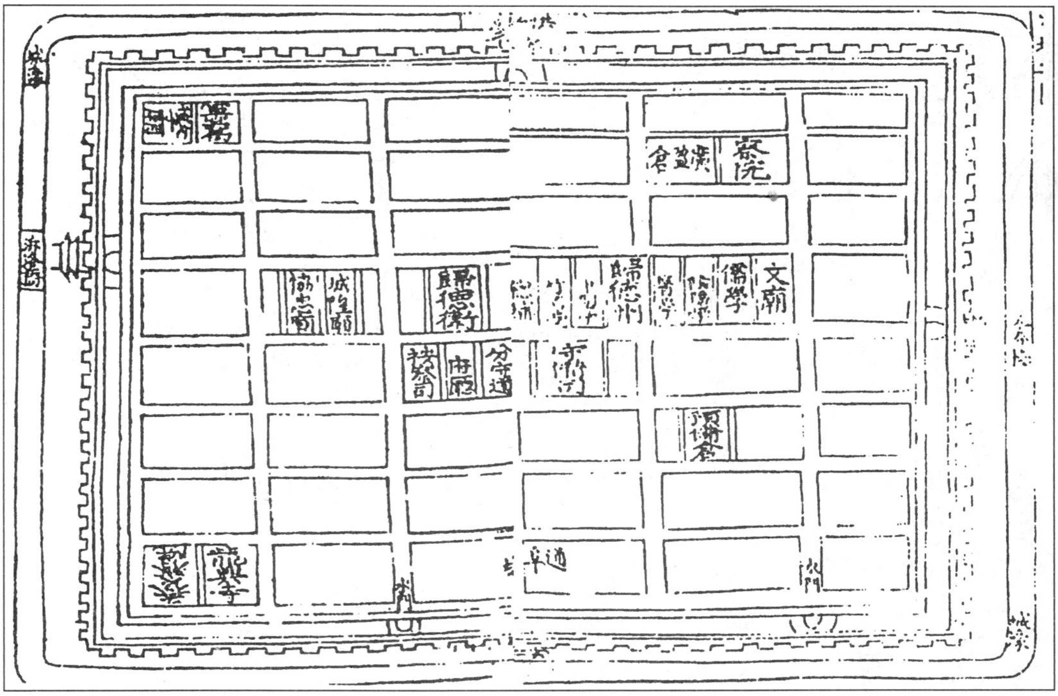

明・歸德州城圖　《歸德志》（嘉靖）

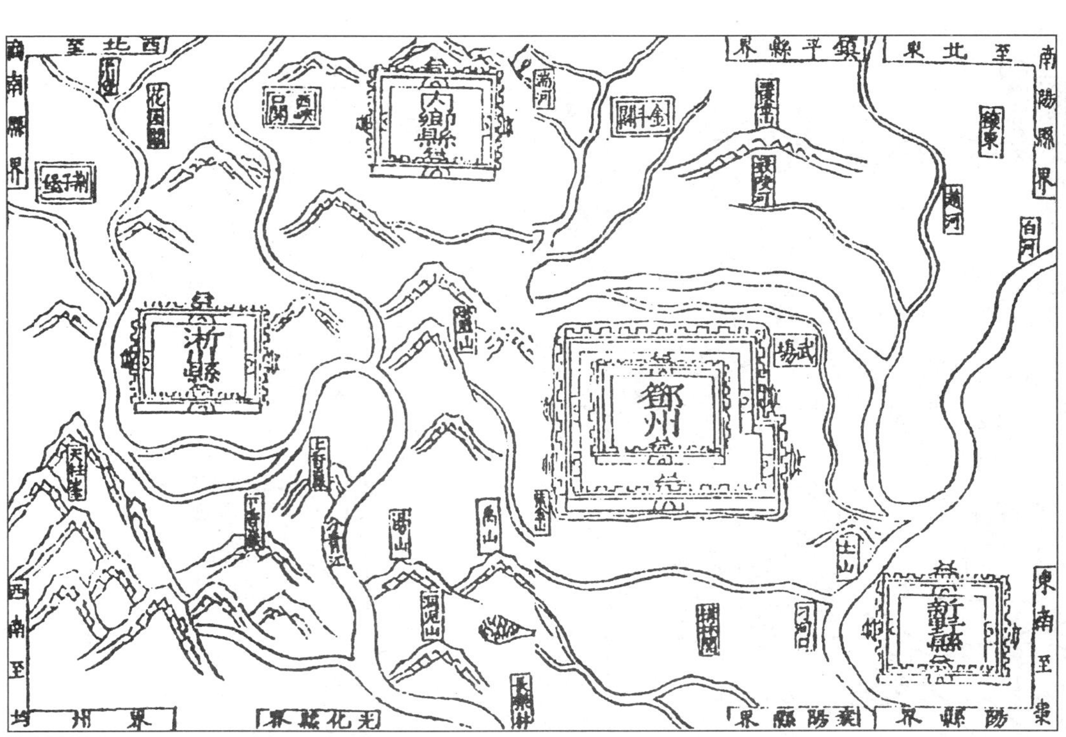

明・鄧州境圖　《鄧州志》（嘉靖）

明·鄧州城圖　《鄧州志》（嘉靖）

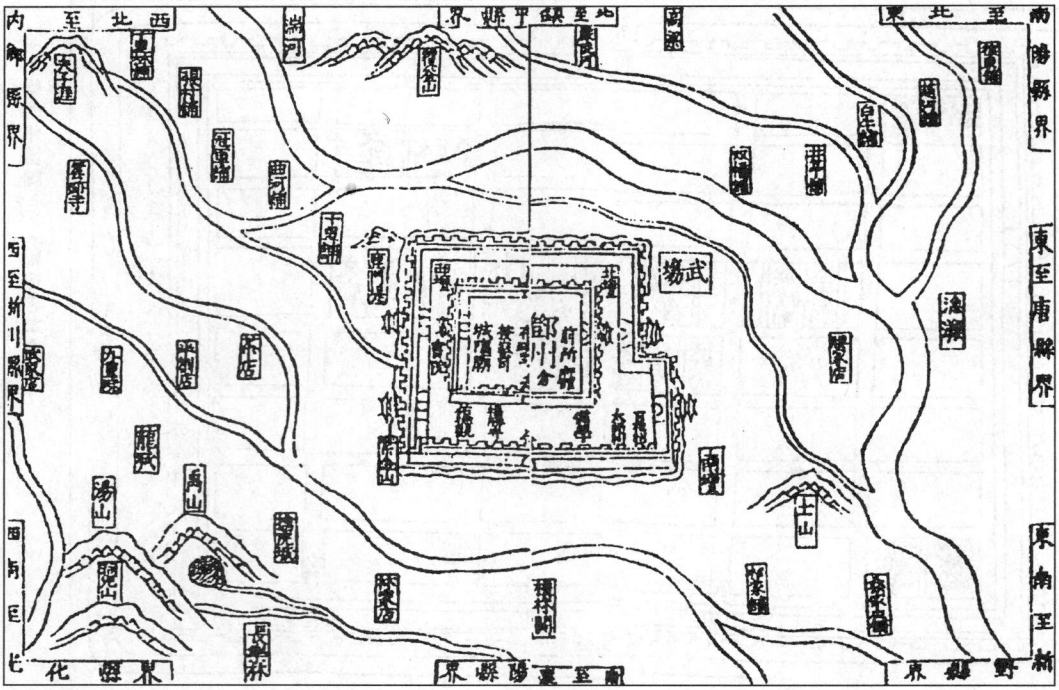

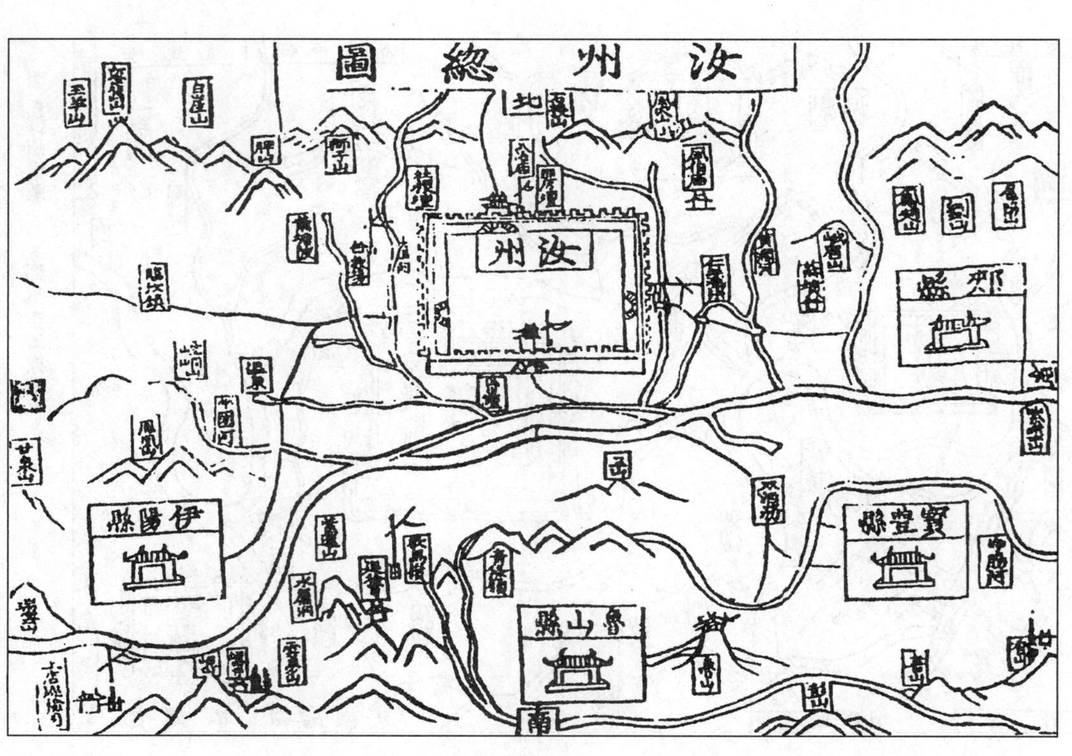

明·汝州總圖　《汝州志》（正德）

汝州之圖

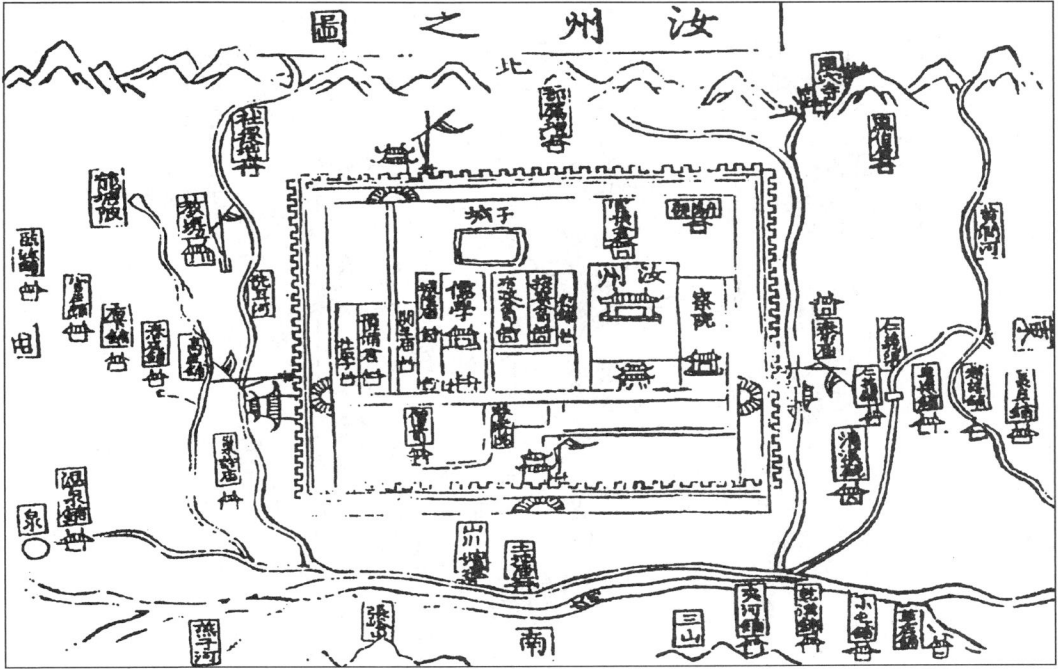

明・汝州圖　《汝州志》(正德)

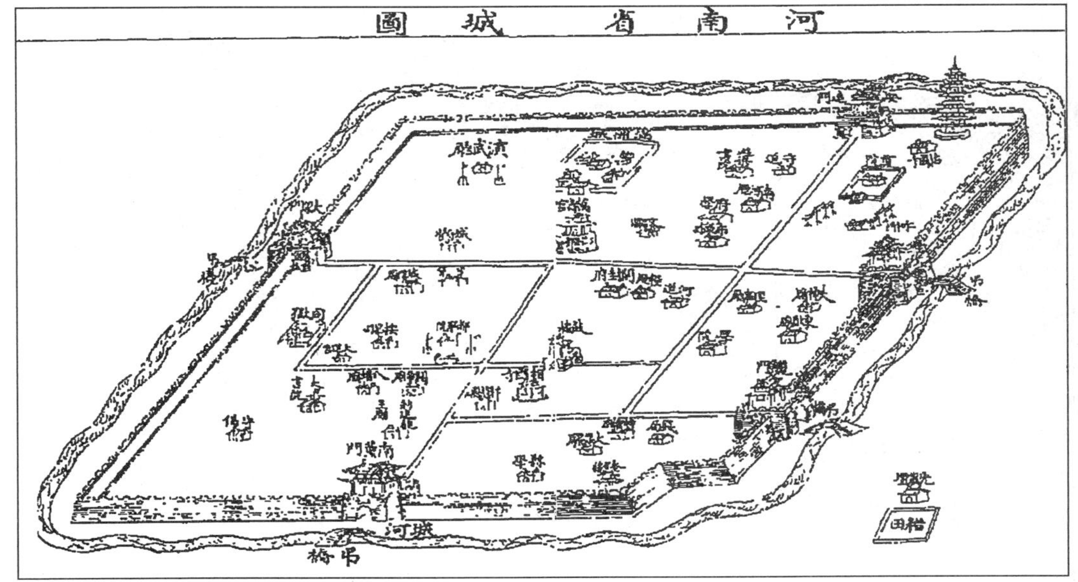

清・河南省城圖　《河南通志》(雍正)

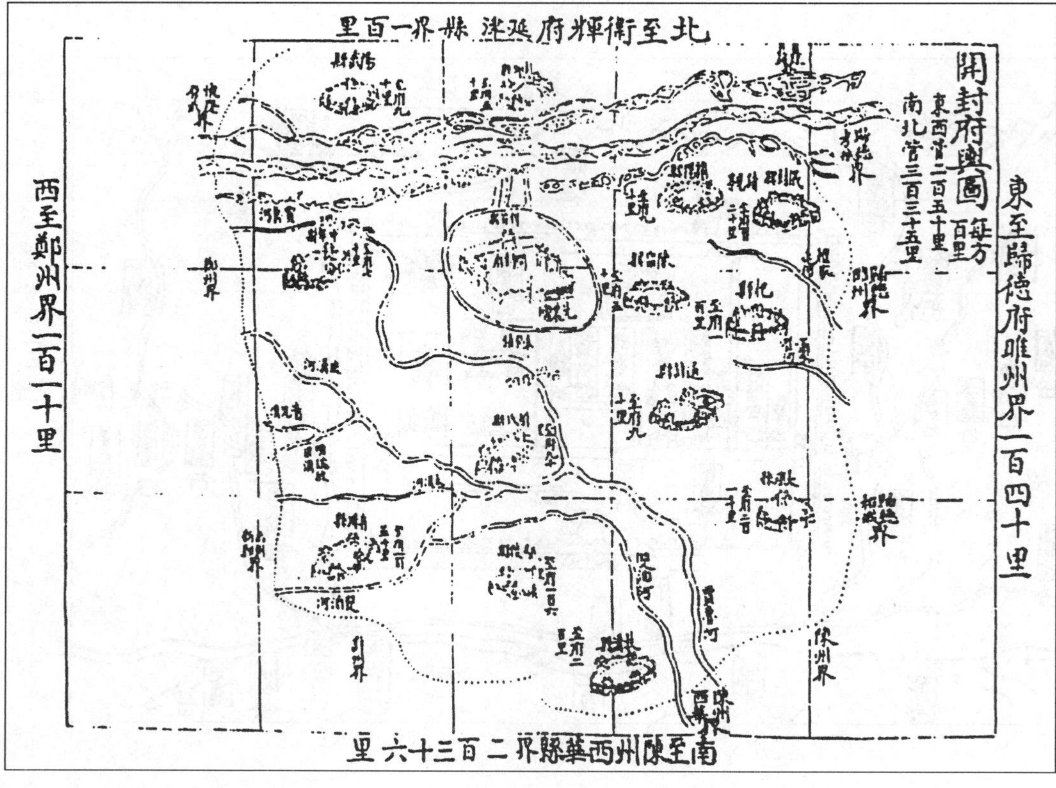

清・開封府圖　《河南通志》（雍正）

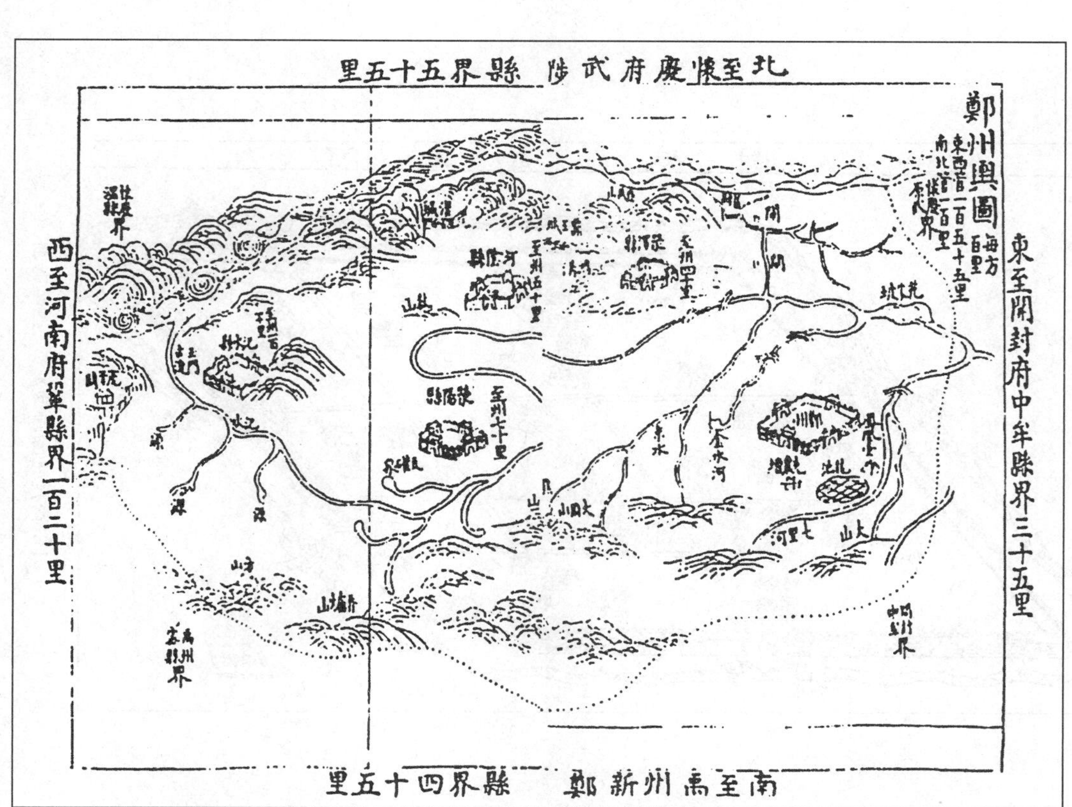

清・鄭州輿圖　《河南通志》（雍正）

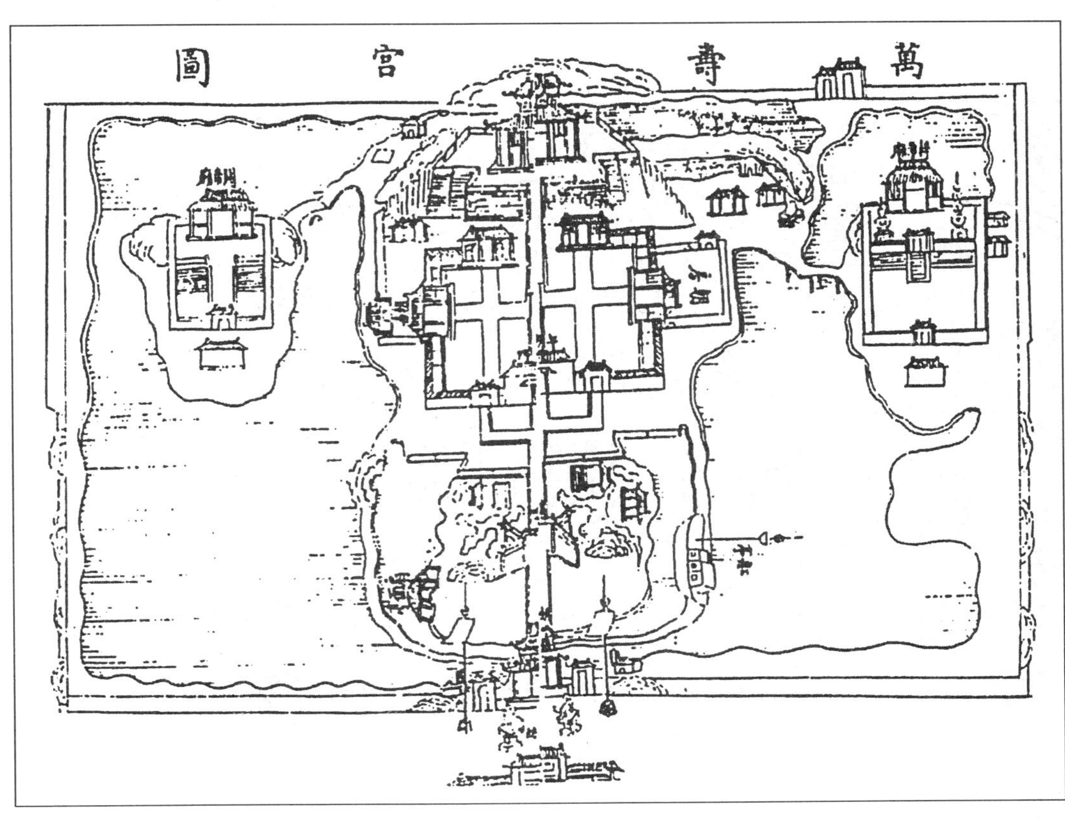
萬壽宮圖

清・萬壽宮圖　《河南通志》（雍正）

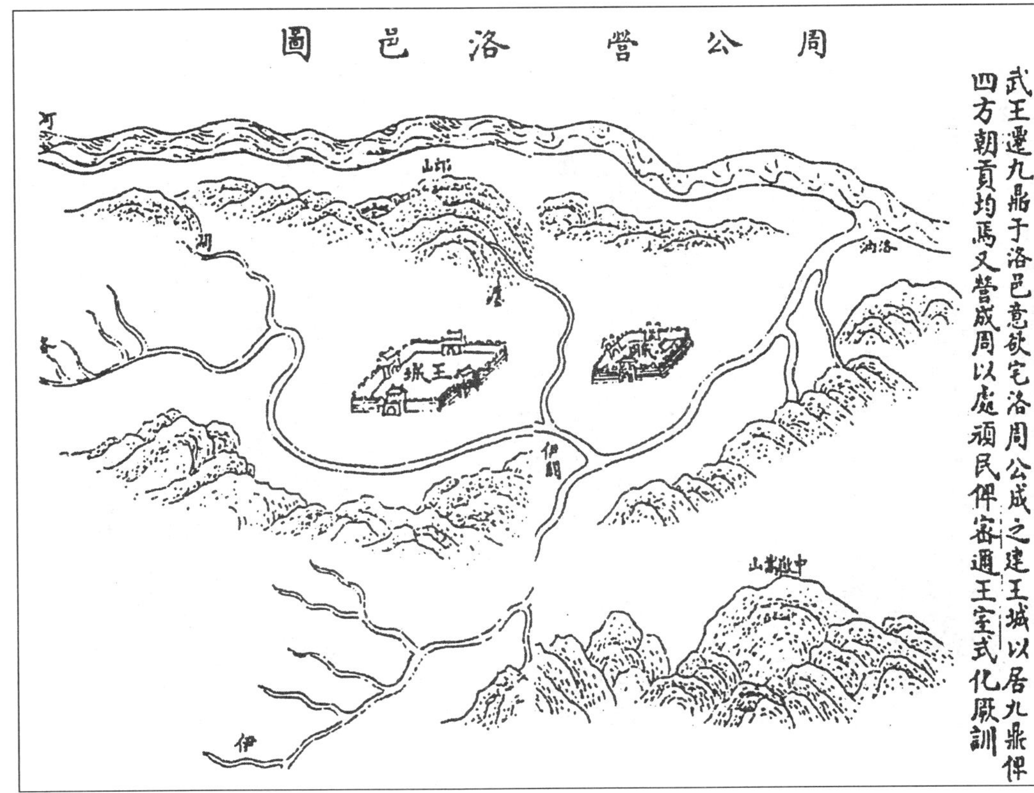
周公營洛邑圖
武王遷九鼎于洛邑意欲宅洛周公成之建王城以居九鼎俾
四方朝貢均焉又營成周以處頑民俾密邇王室式化厥訓
王城

清・周公營洛邑圖　《河南通志》（雍正）

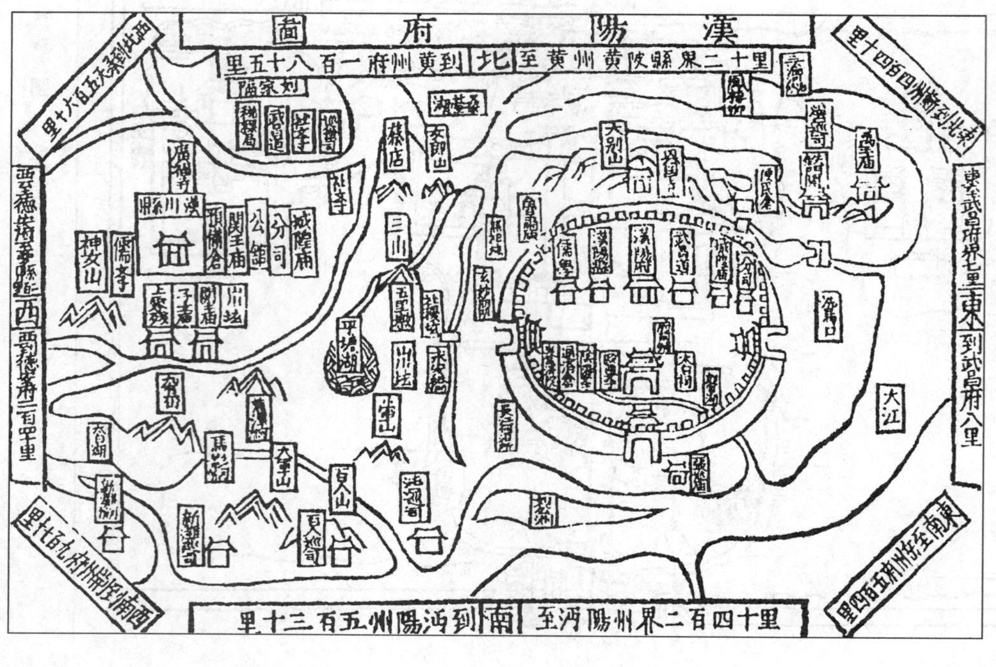

明・漢陽府圖　《漢陽府志》（嘉靖）

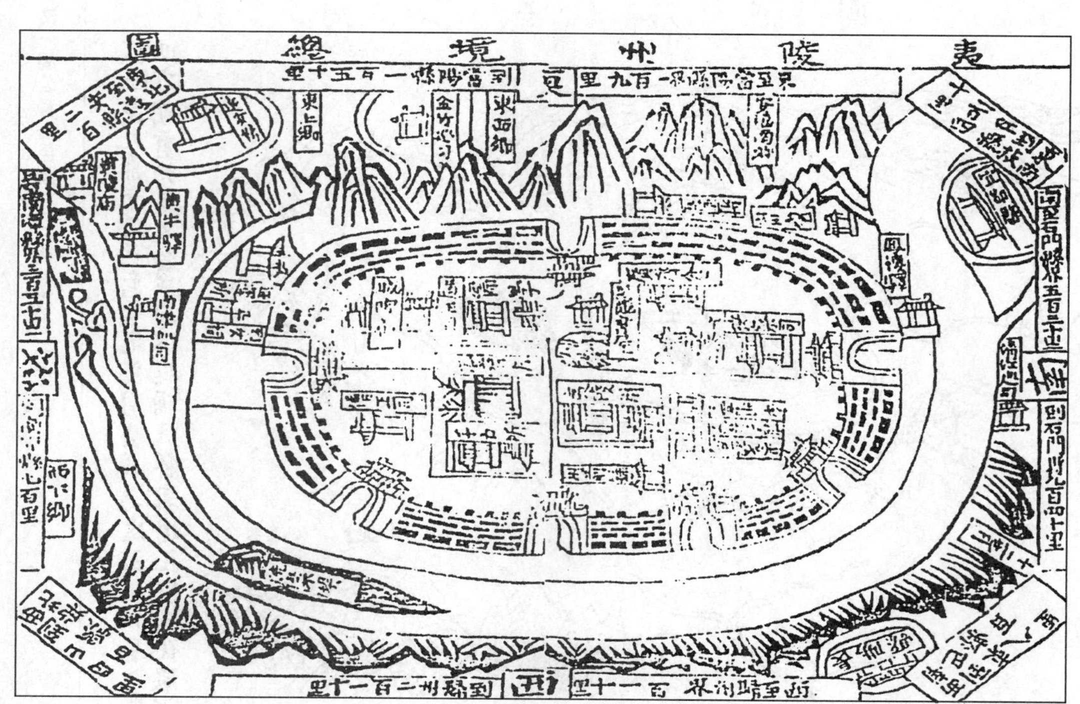

明・夷陵州境總圖　《夷陵州志》（弘治）

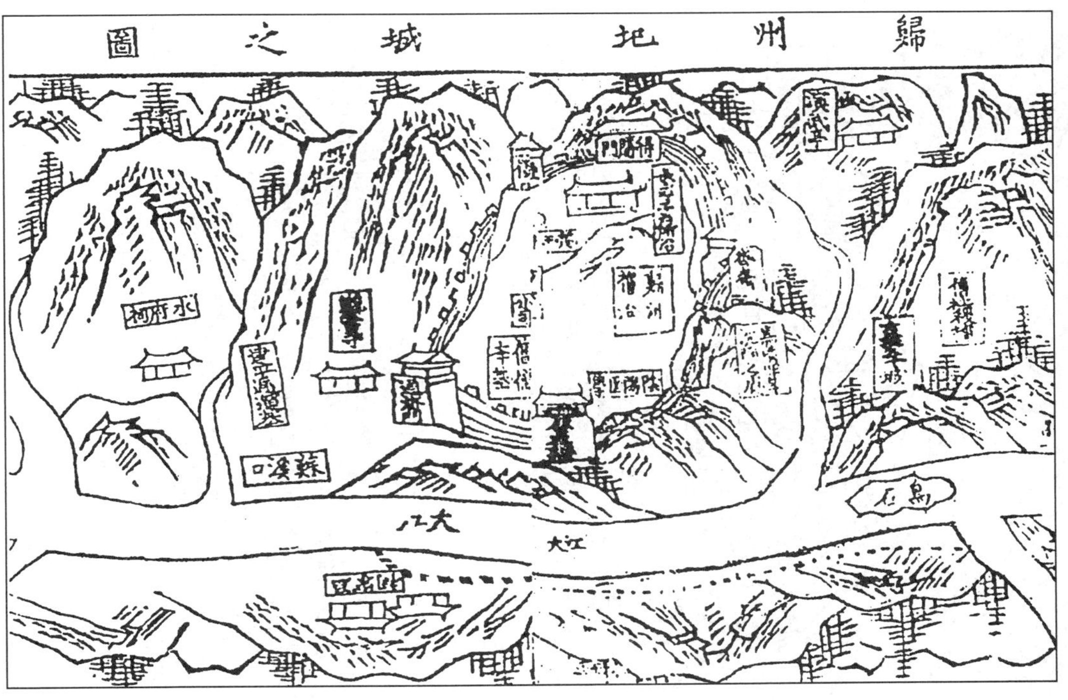

明・歸州坉城之圖　《巴東縣志》（嘉靖）

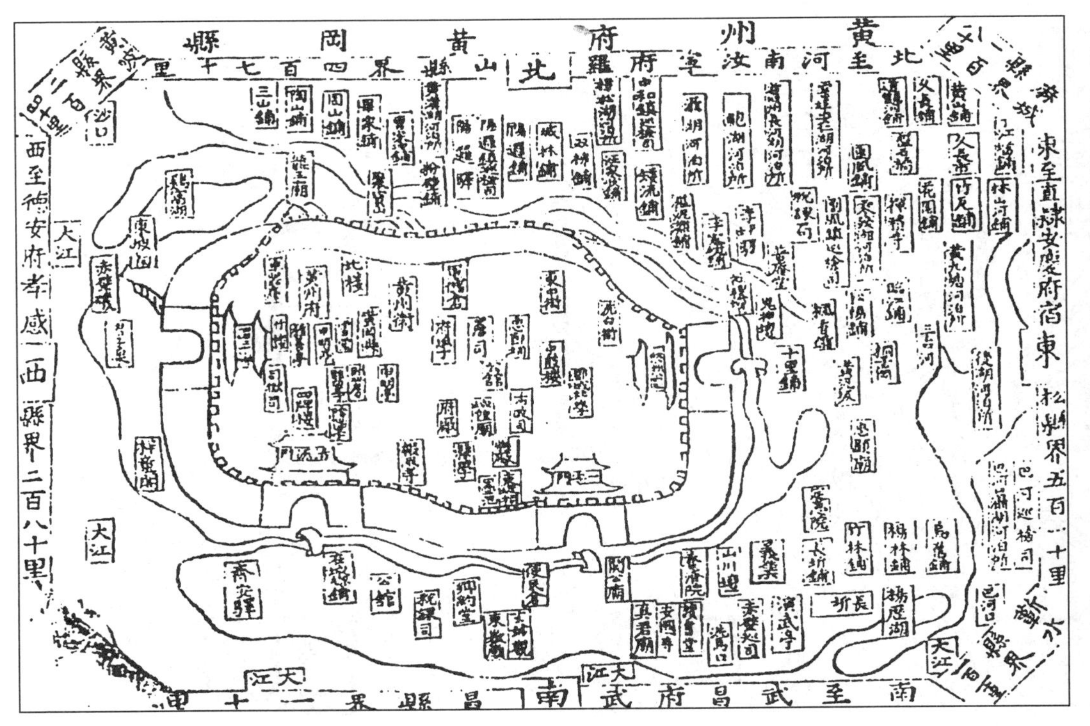

明・黄州府黄岡縣圖　《黄州府志》（弘治）

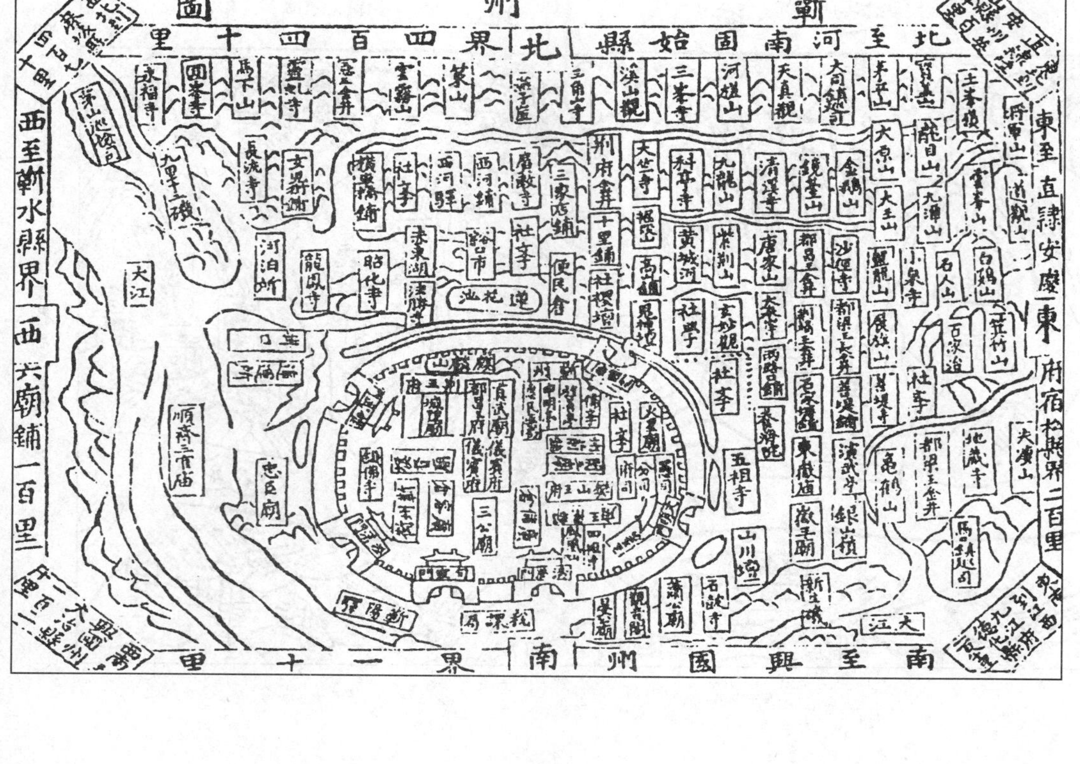

明・蘄州圖　《黄州府志》(弘治)

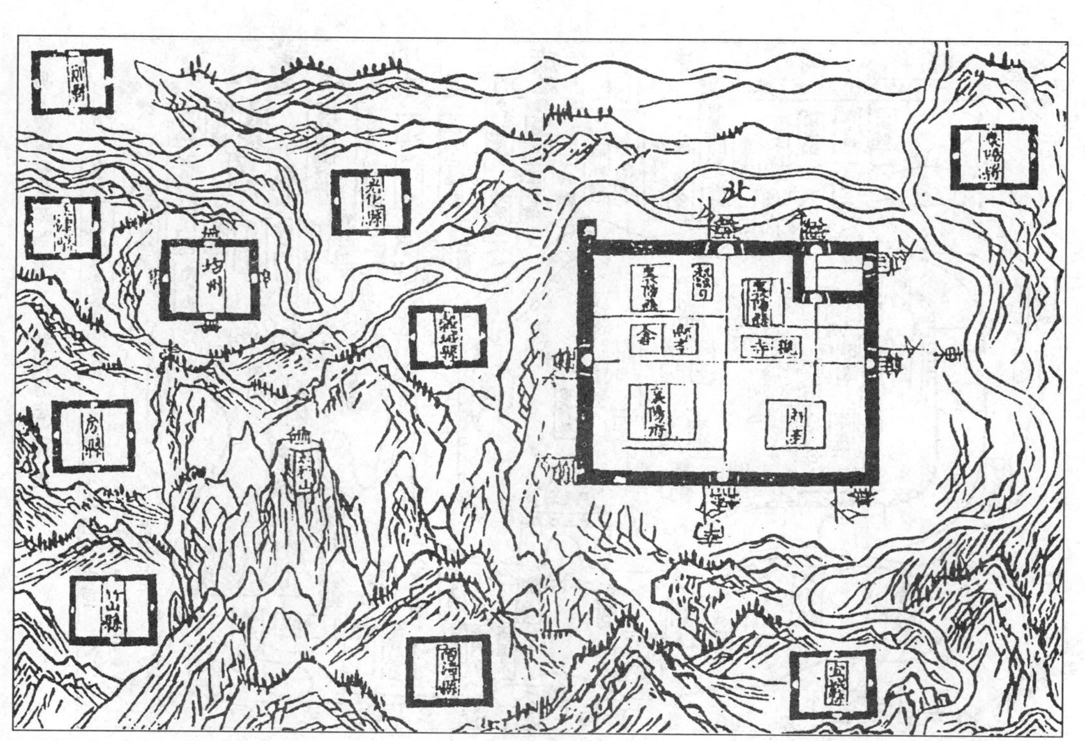

明・襄陽府境圖　《重刊襄陽郡志》(天順)

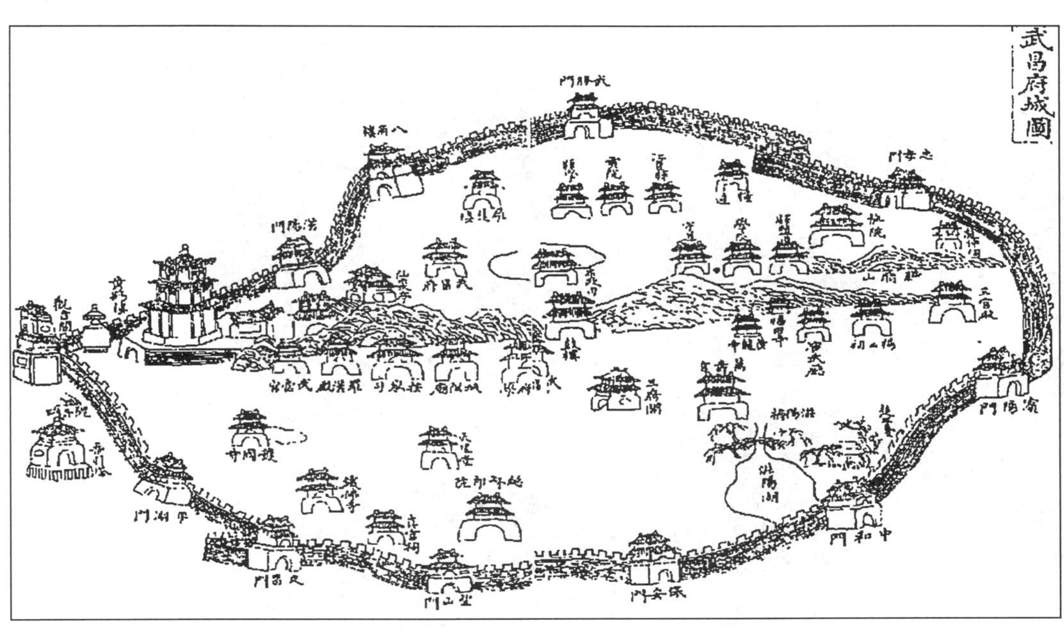

清・武昌府城圖　《湖廣通志》（雍正）

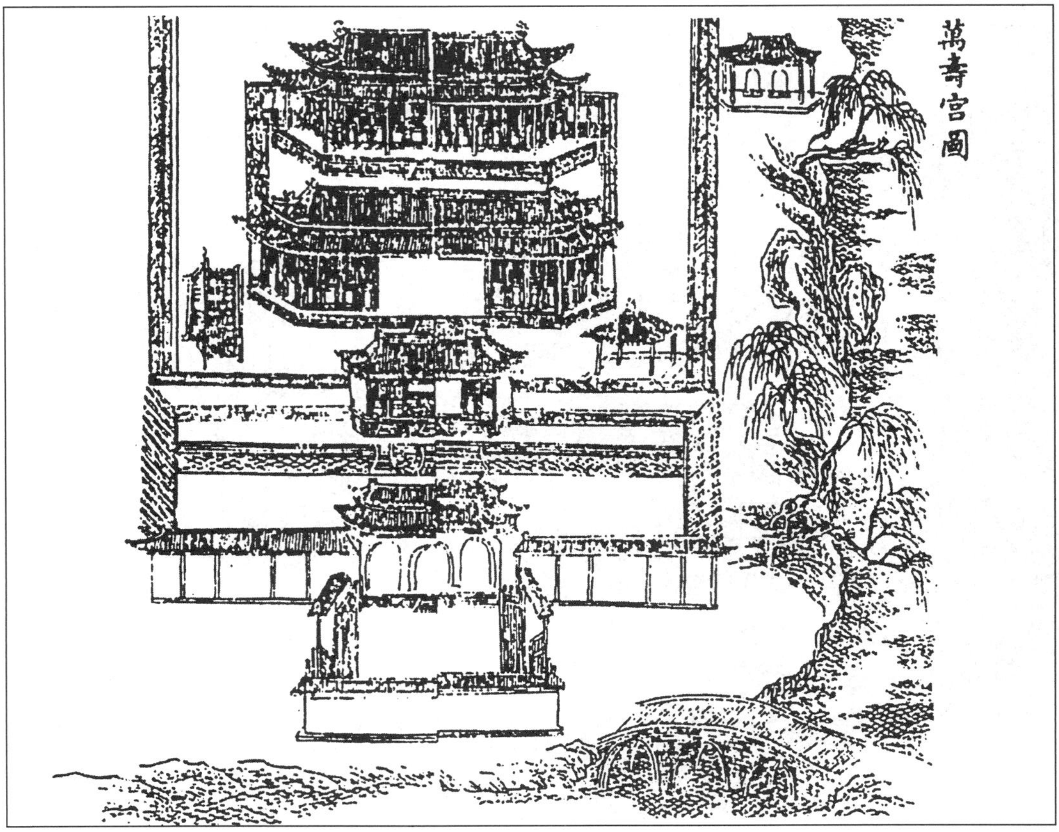

清・萬壽宮圖　《湖廣通志》（雍正）

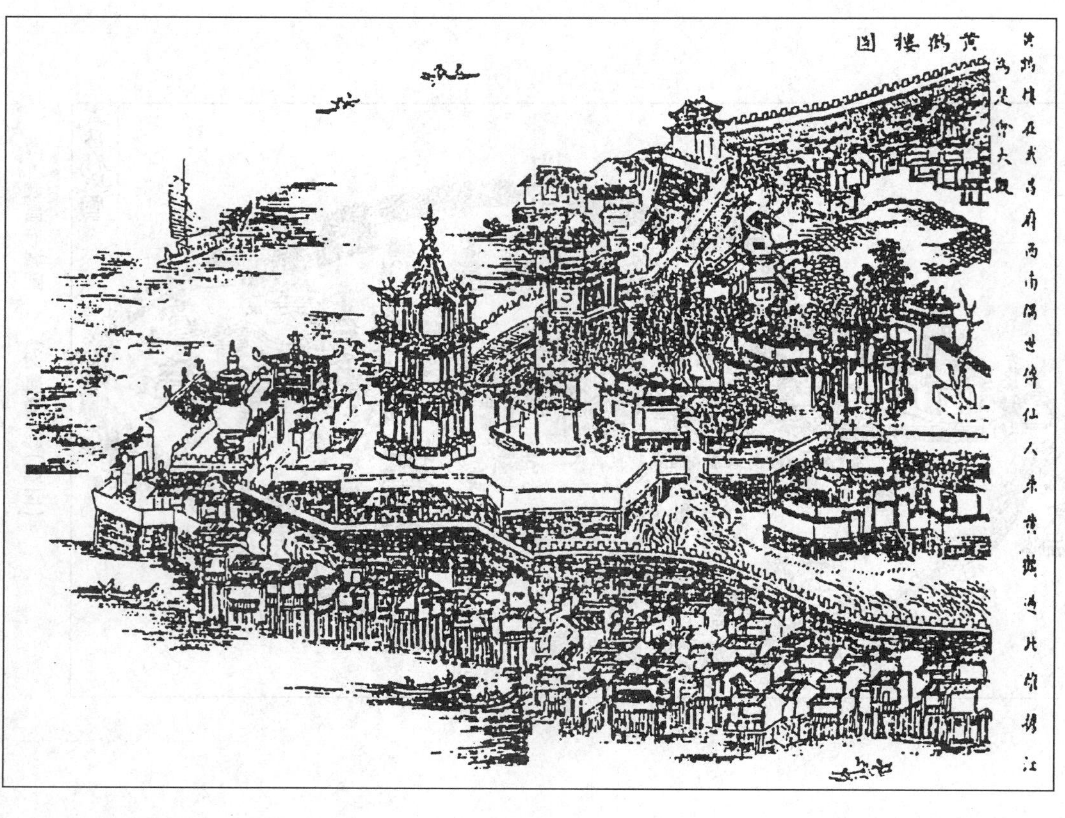

清・黃鶴樓圖　《湖廣通志》(雍正)

清・晴川閣圖　《湖廣通志》(雍正)

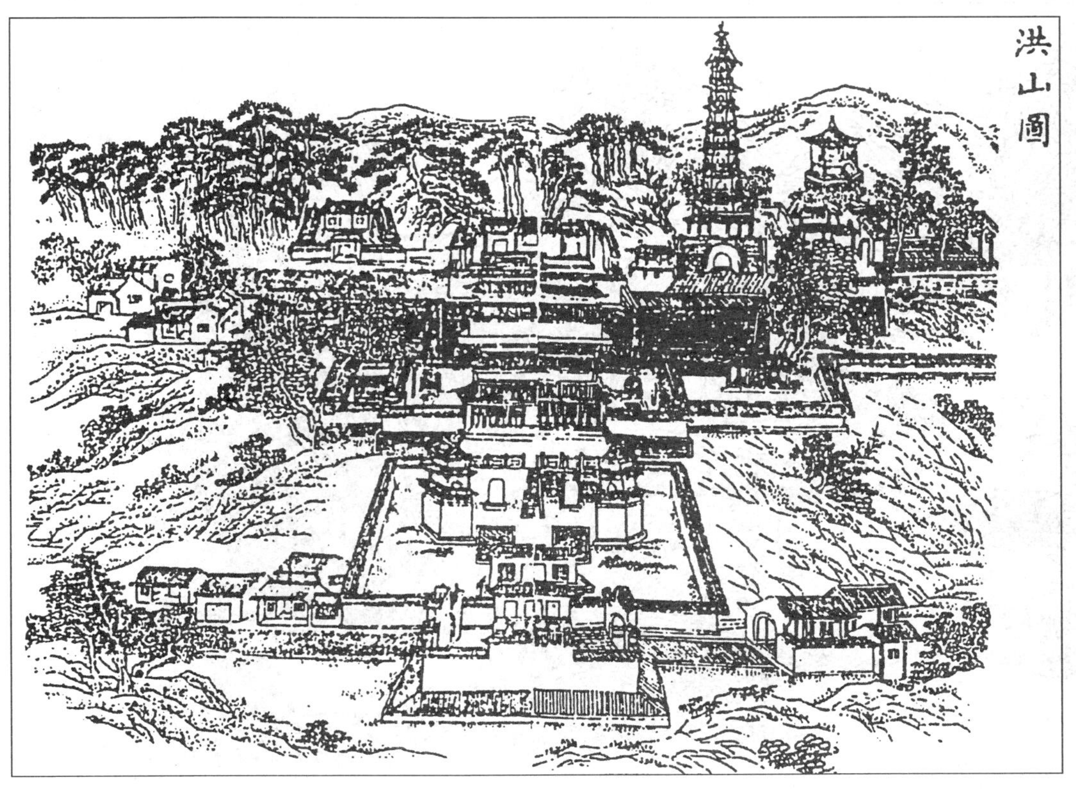

清·洪山圖　《湖廣通志》（雍正）

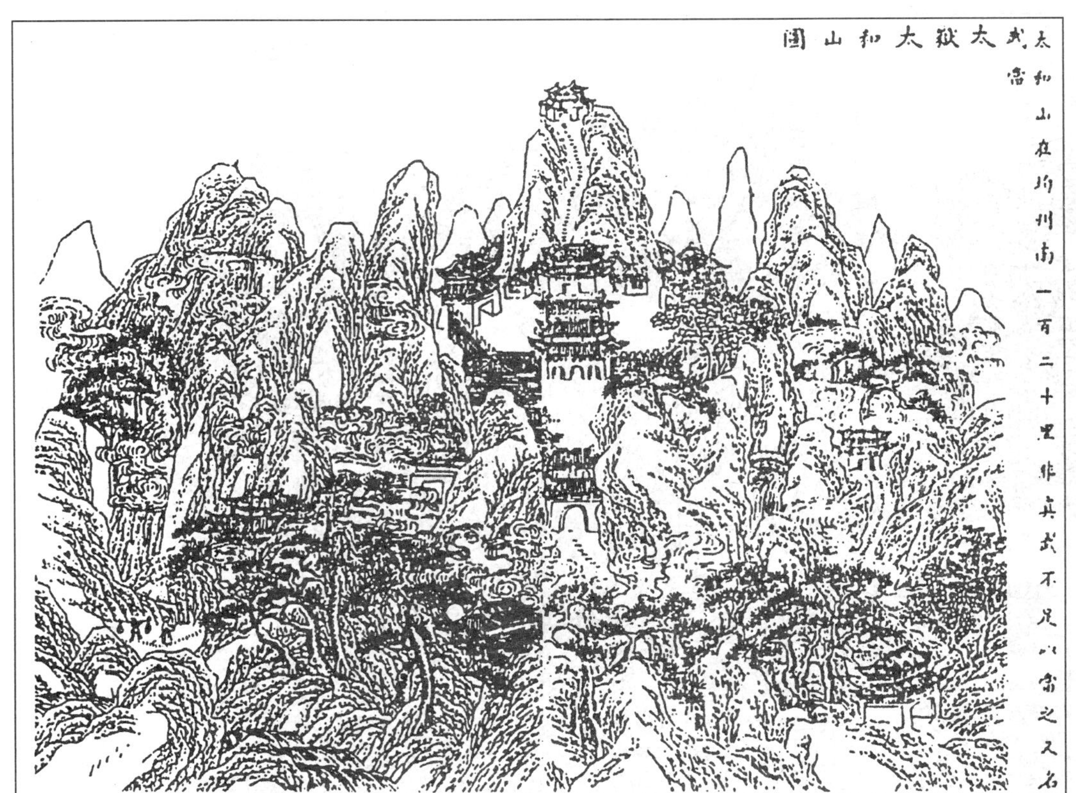

太嶽太和山圖
太和山在均州南一百二十里非真武不足以當之又名武當

清·太岳太和山圖　《湖廣通志》（雍正）

白雪樓圖
白雪樓在安陸府治西下臨漢江取宋玉對楚襄王問陽春白雪之歌名

清・白雪樓圖《湖廣通志》（雍正）

清・黄州赤壁圖《湖廣通志》（雍正）

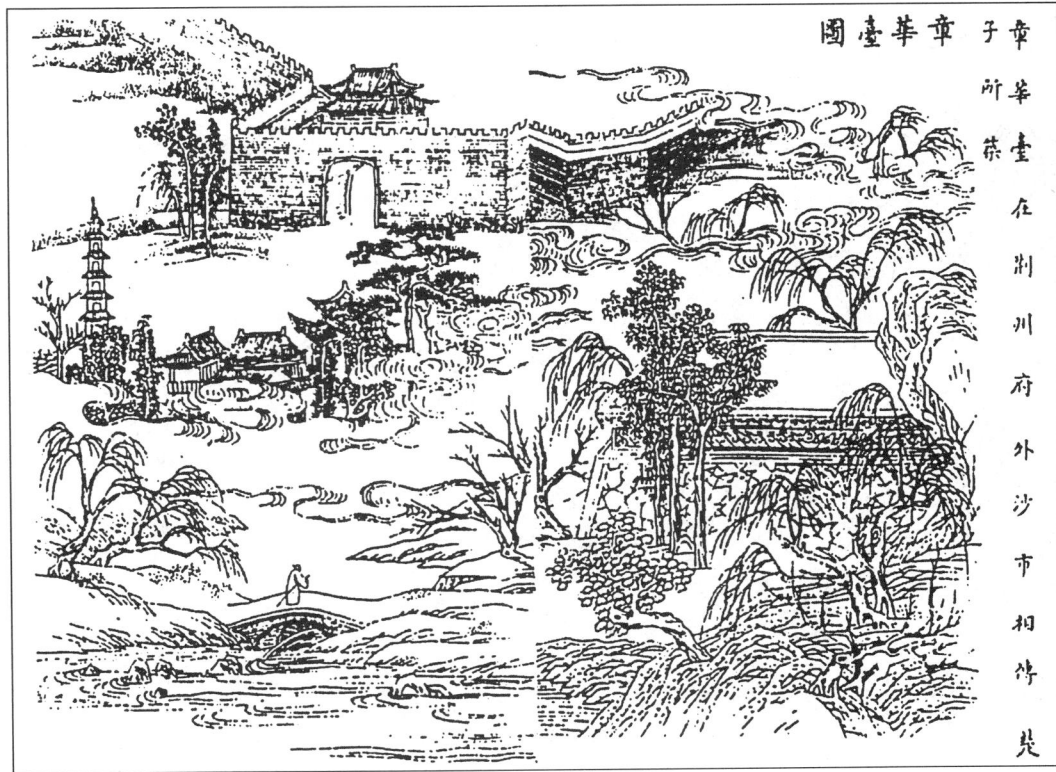

章華臺圖

章華臺在荆州府外沙市相傳楚子所築

清·章華臺圖　《湖廣通志》（雍正）

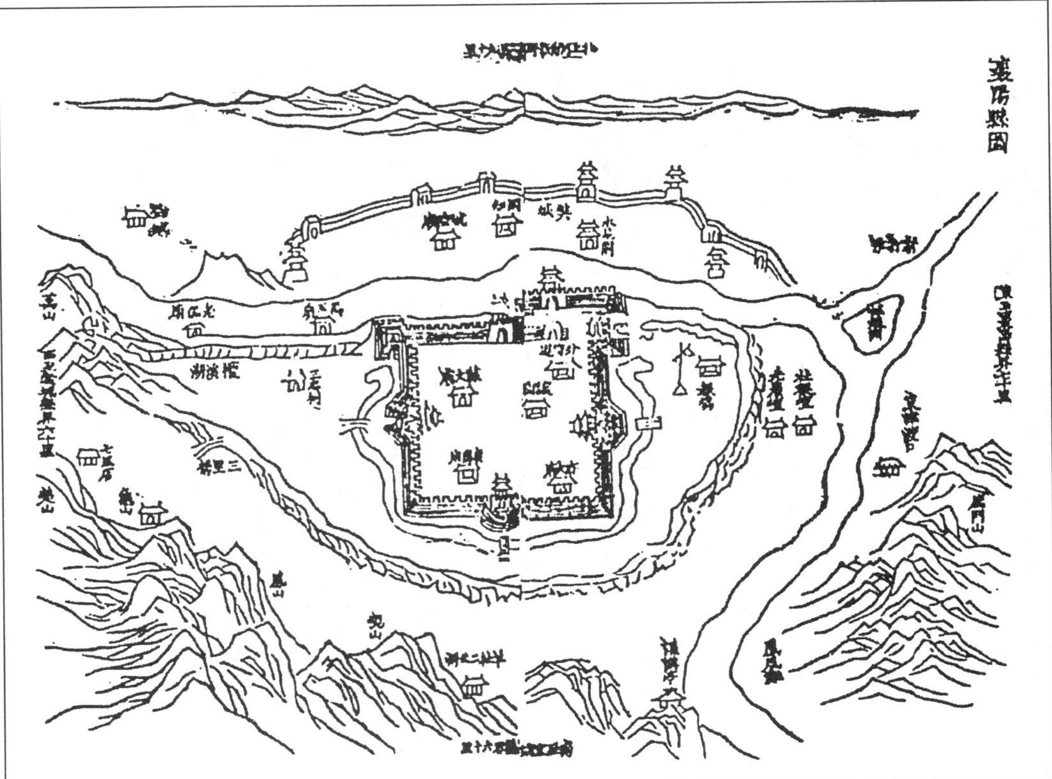

清·襄陽縣圖　《襄陽縣志》（乾隆）

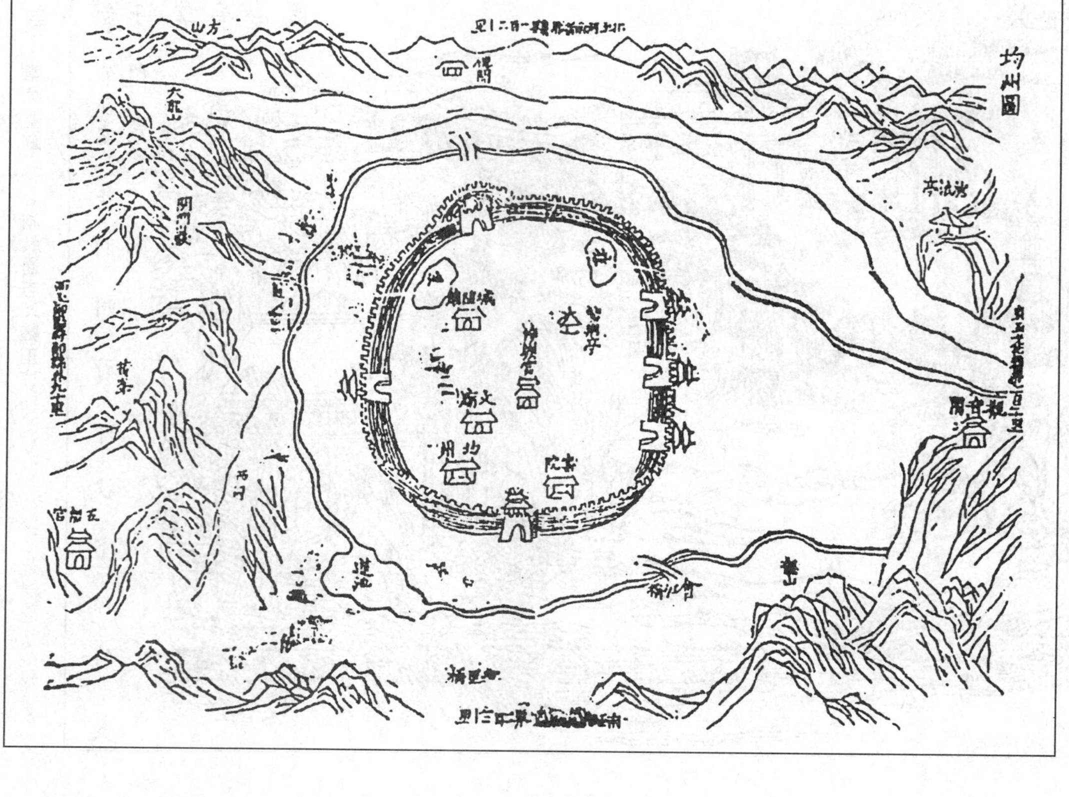

清・均州圖　《襄陽縣志》(乾隆)

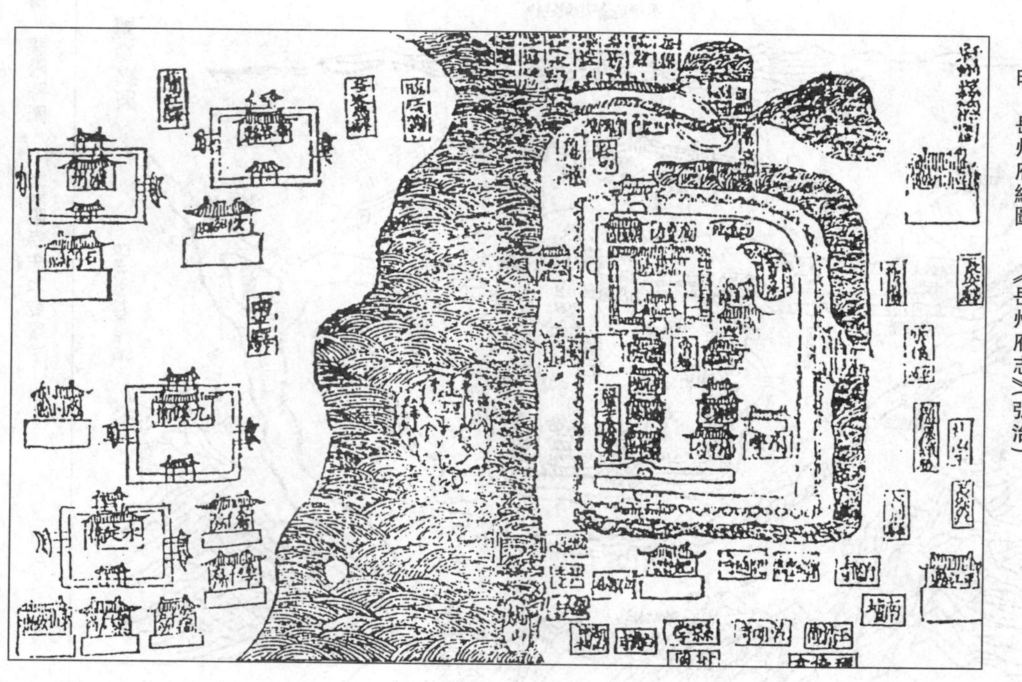

明・岳州府總圖　《岳州府志》(弘治)

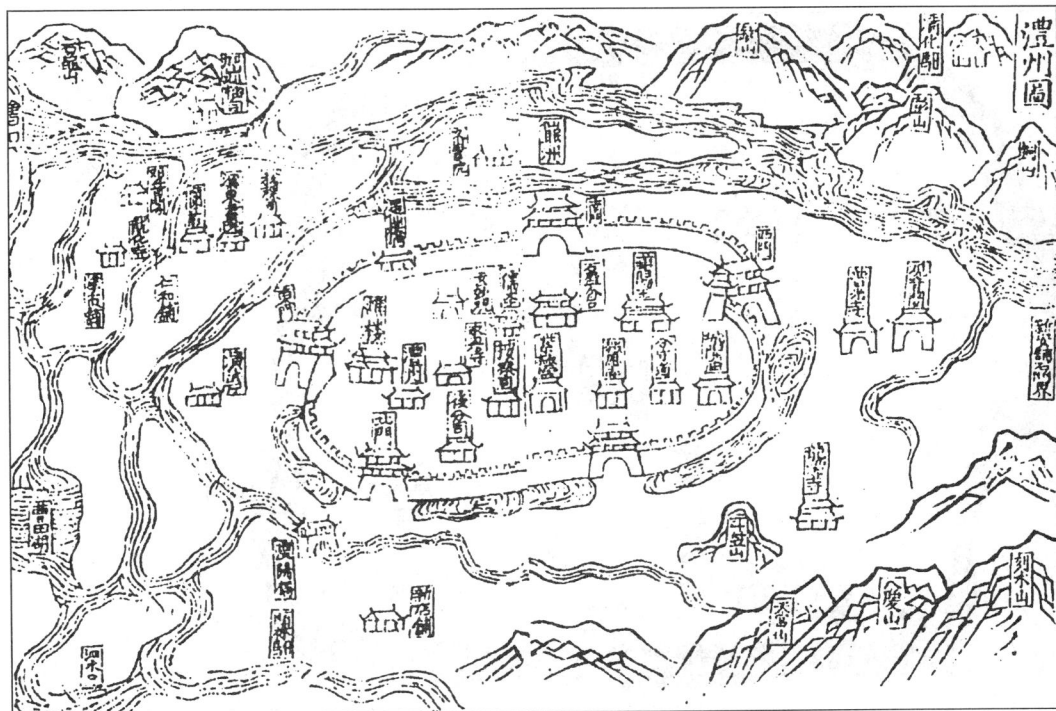

明・澧州圖　《岳州府志》（隆慶）

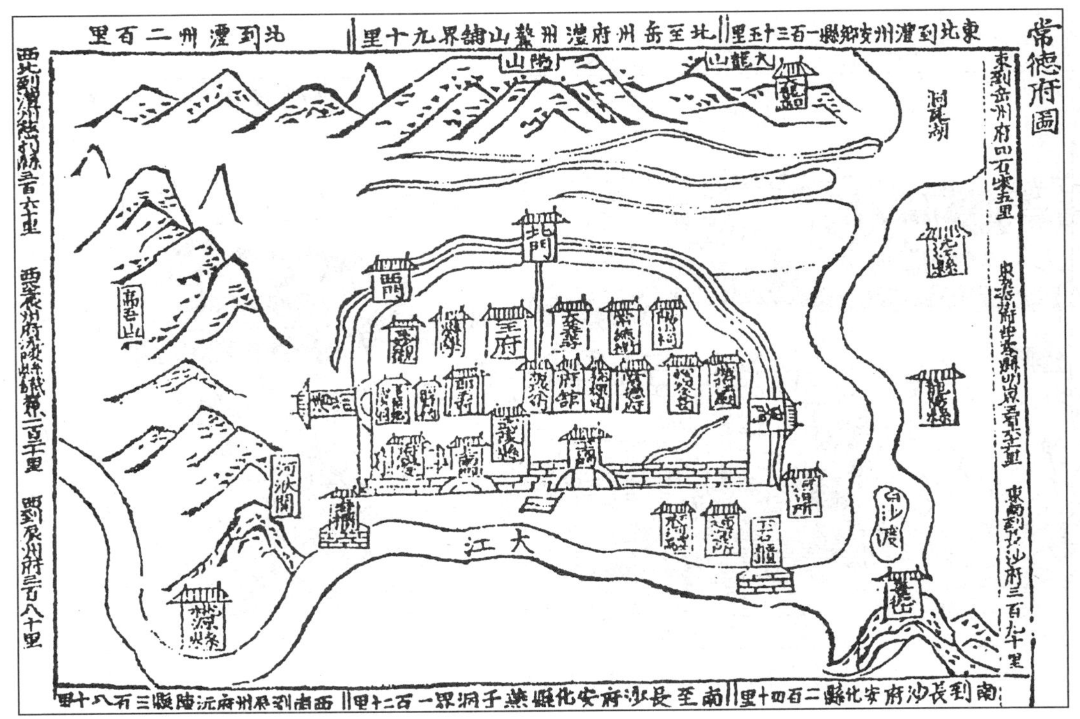

明・常德府圖　《常德府志》（嘉靖）

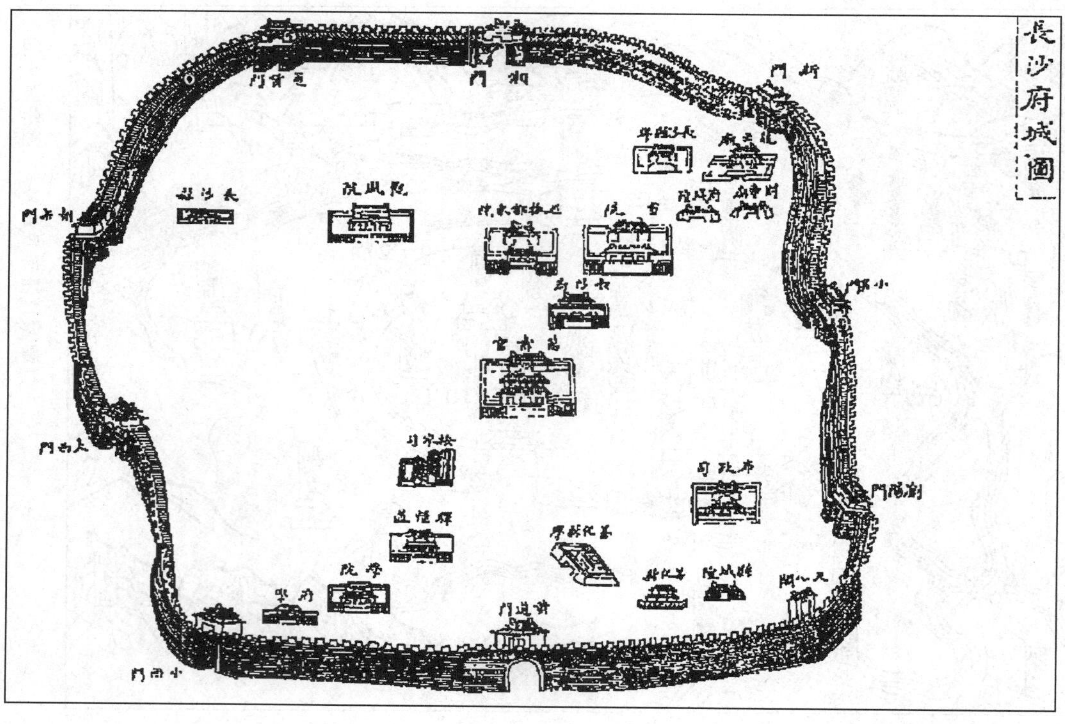

清・長沙府城圖　《湖廣通志》（雍正）

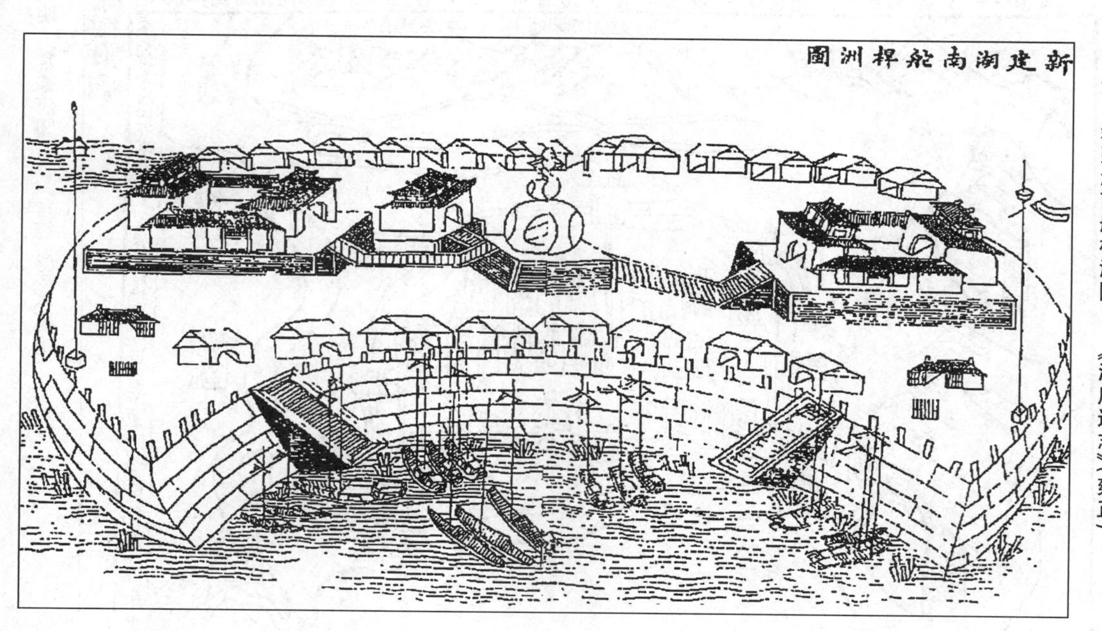

清・新建湖南舵桿洲圖　《湖廣通志》（雍正）

岳州府城圖

清・岳州府城圖　《岳州府志》（康熙）

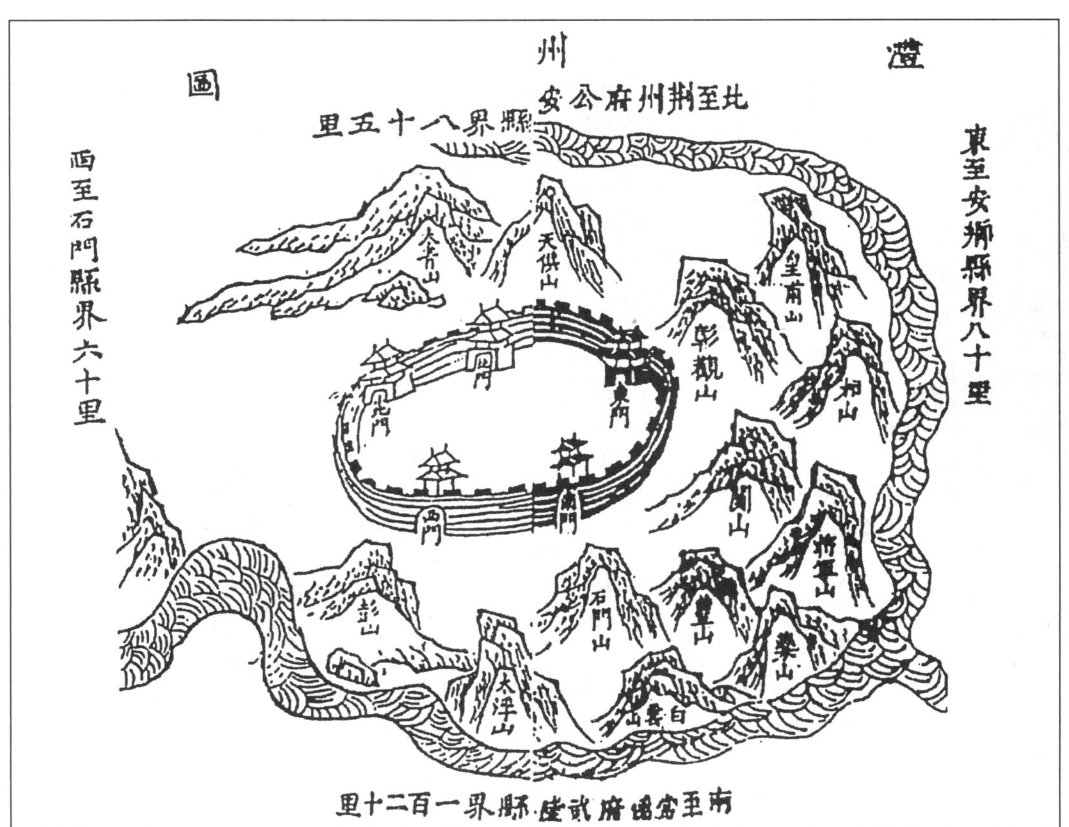

清・澧州圖　《岳州府志》（康熙）

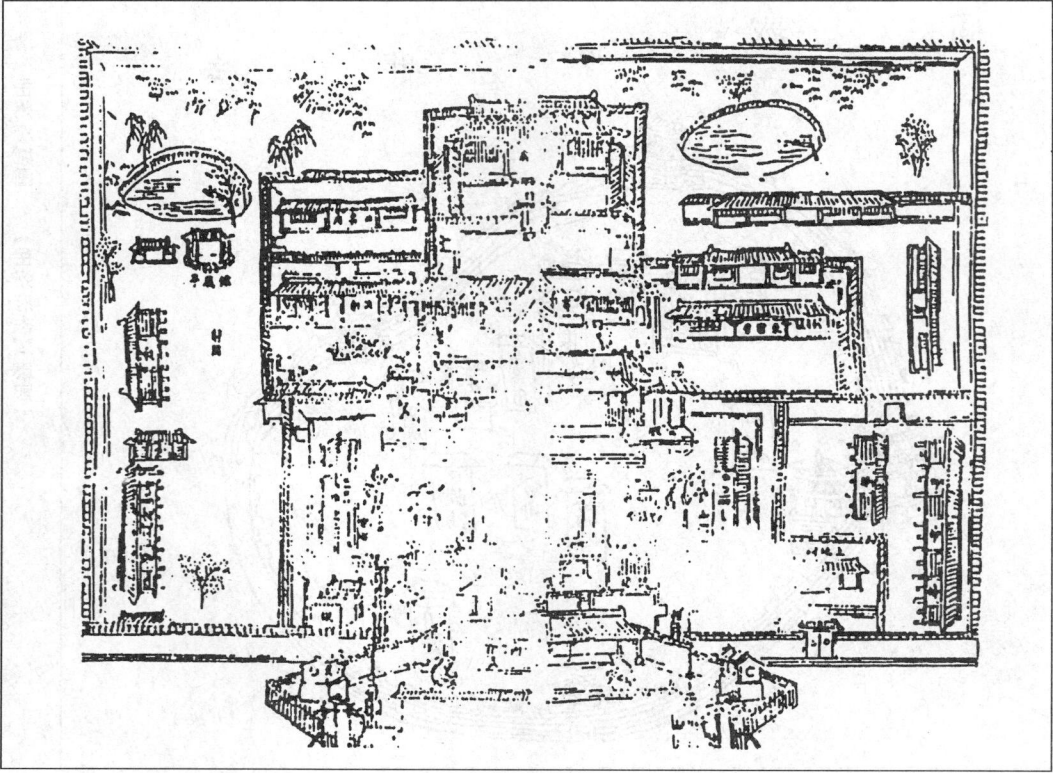

清・沅州府城圖　《沅州府志》(乾隆)

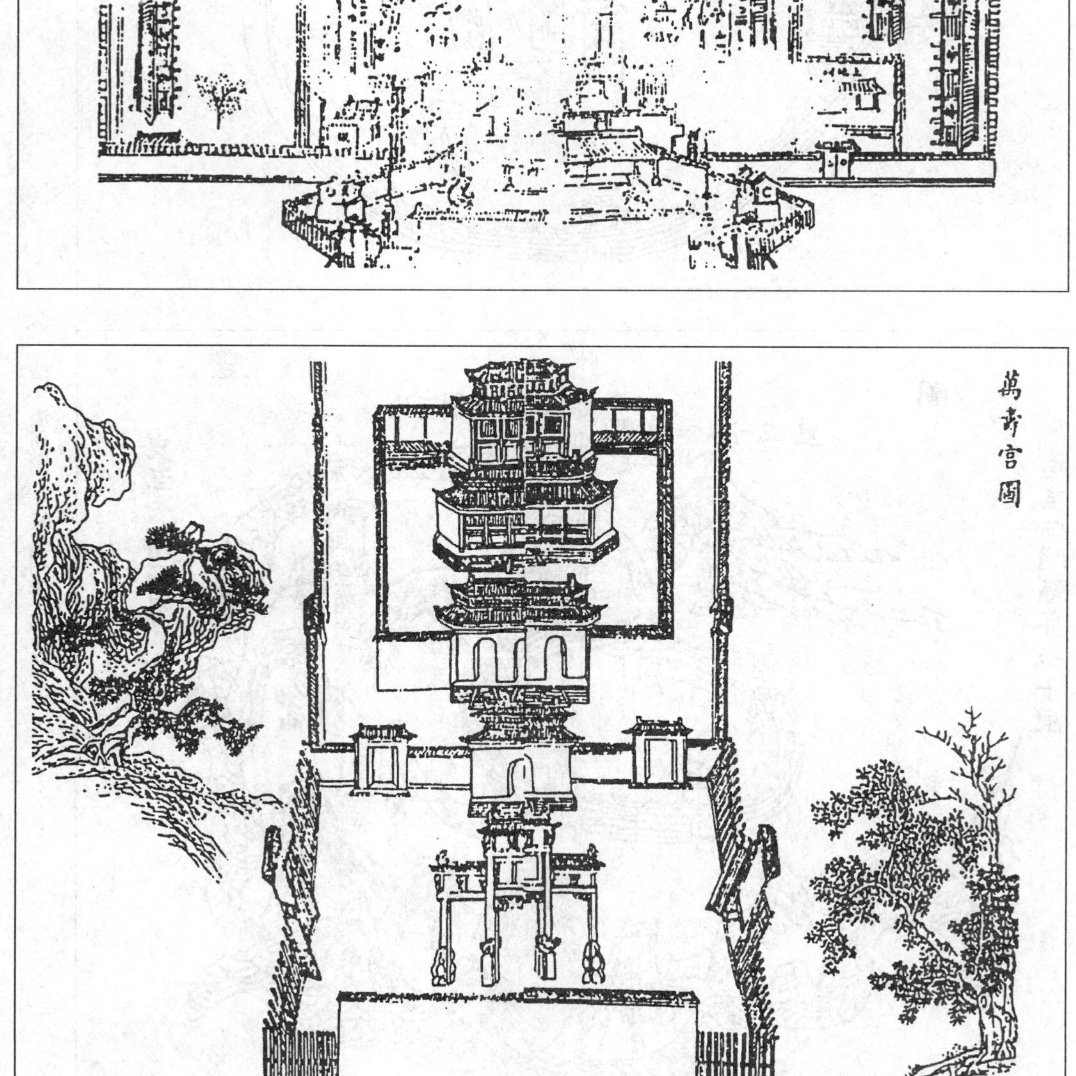

清・萬壽宮圖　《湖廣通志》(雍正)

清・嶽麓山圖　《湖廣通志》（雍正）

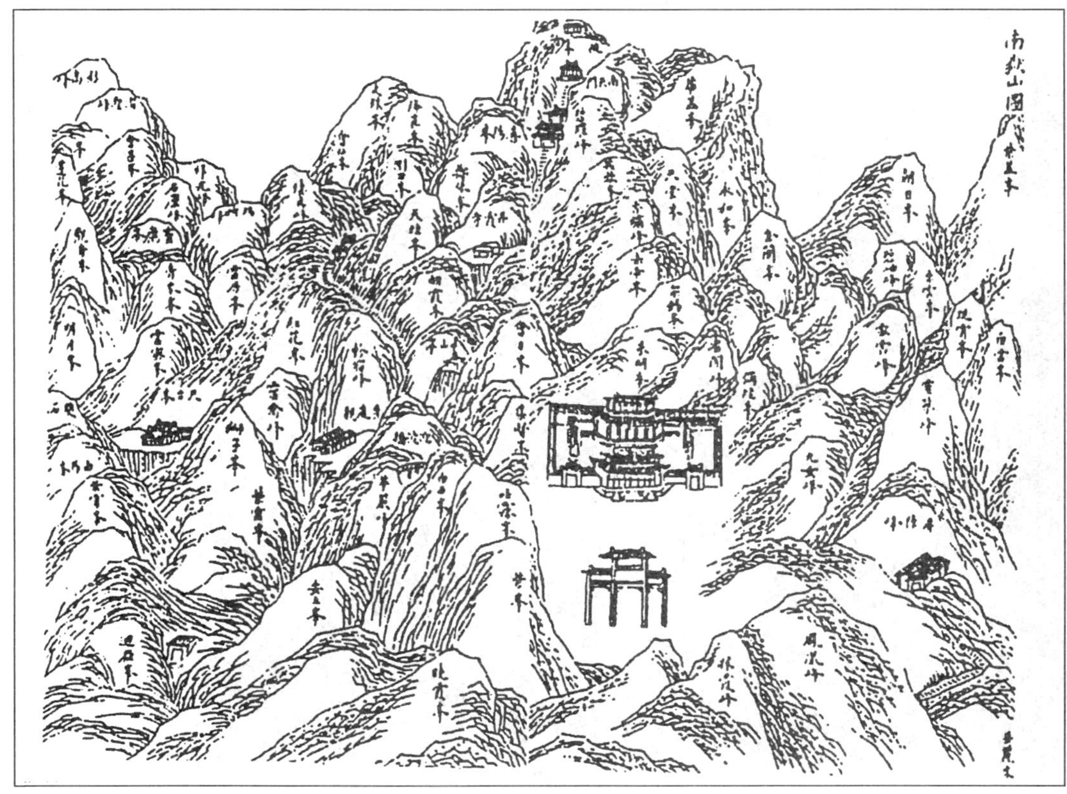

清・南嶽山圖　《湖廣通志》（雍正）

清·六亭山圖　《湖廣通志》（雍正）

清·岳陽樓圖　《湖廣通志》（雍正）

清・茶陵州圖《長沙府志》(康熙)

清・湘潭縣圖《長沙府志》(康熙)

清・寶慶府治圖　《寶慶府志》（康熙）

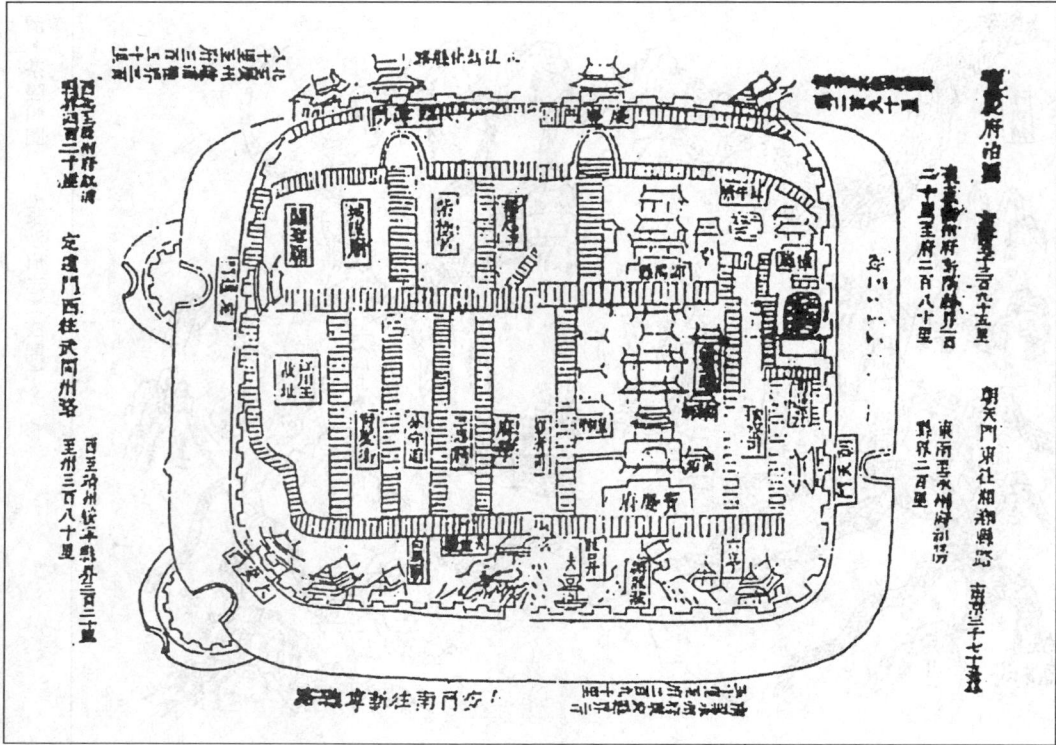

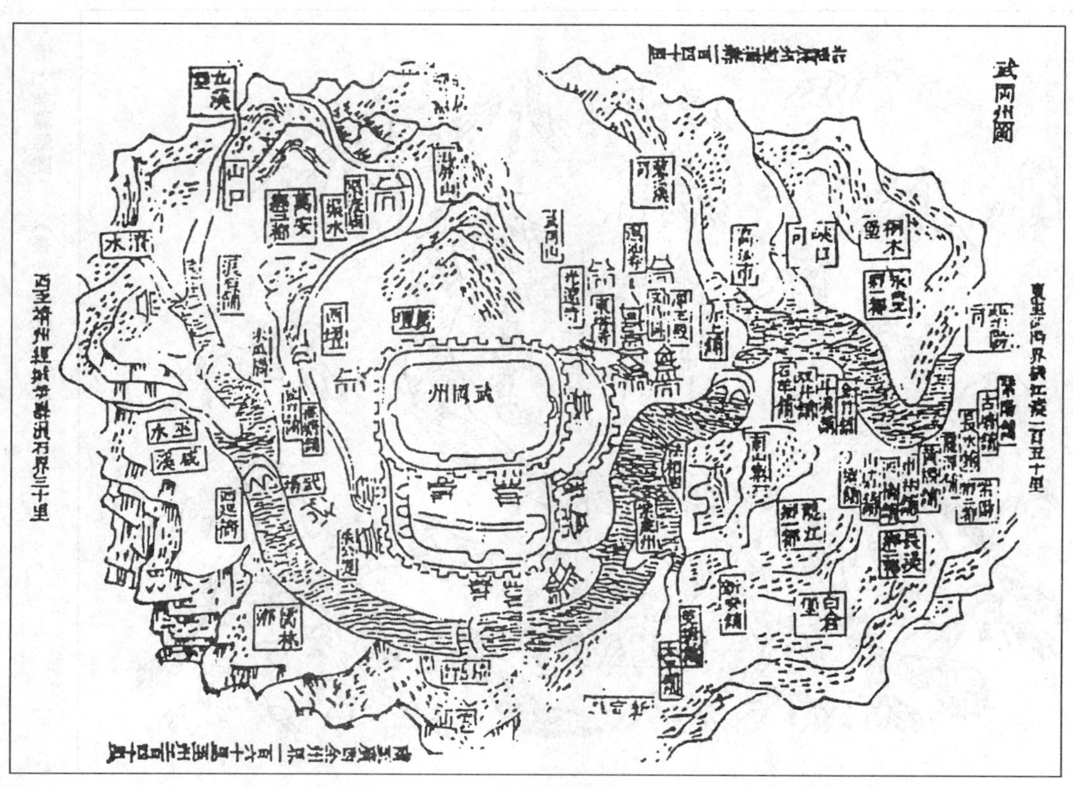

清・武岡州圖　《寶慶府志》（康熙）

清·道州四境圖　《永州府志》（康熙）

江西

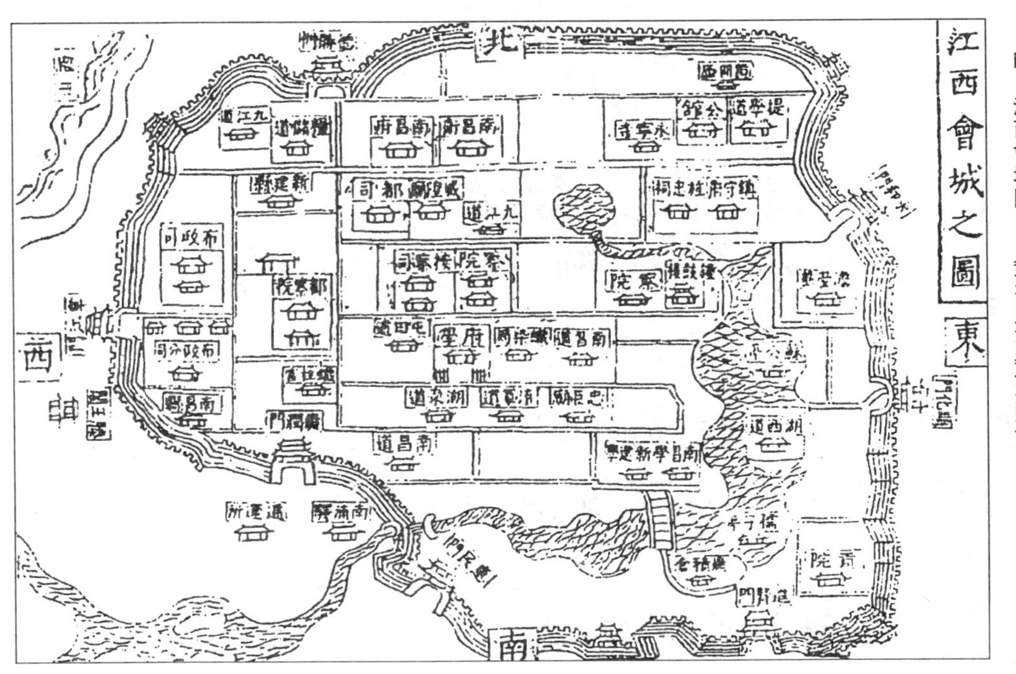

明·江西會城圖　《江西通志》（嘉靖）

明・饒州府輿地圖　《江西通志》（嘉靖）

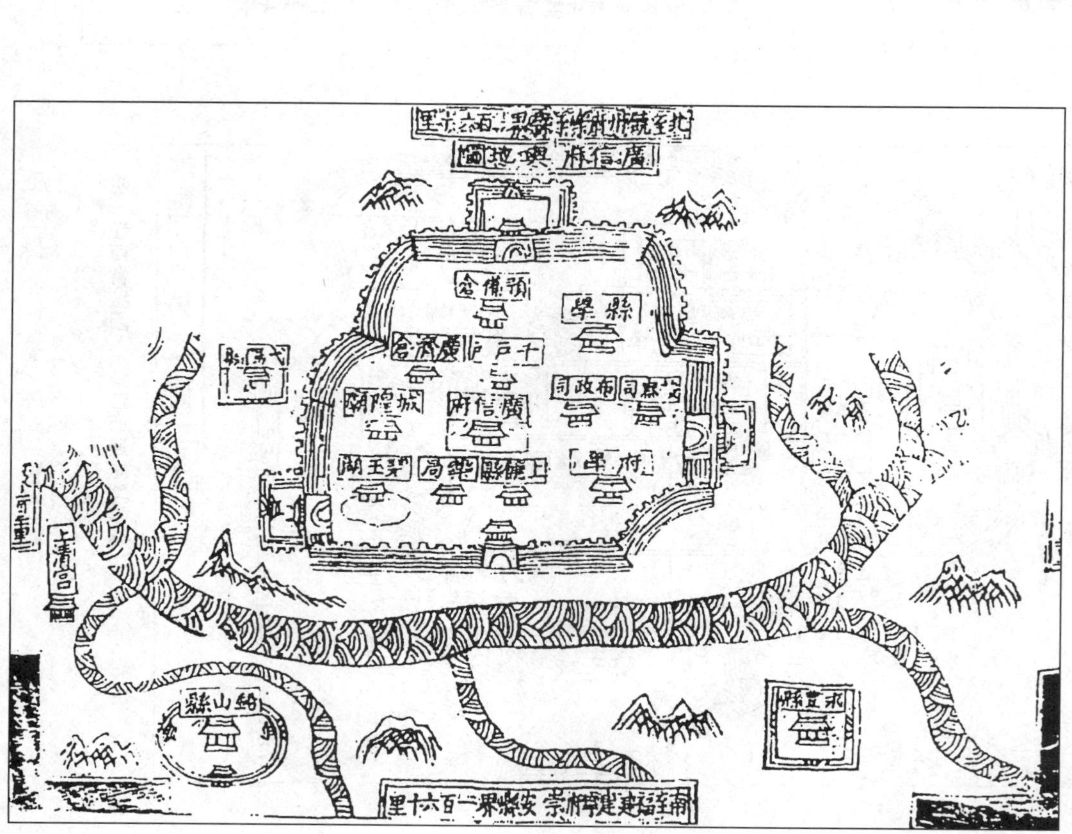

明・廣信府輿地圖　《江西通志》（嘉靖）

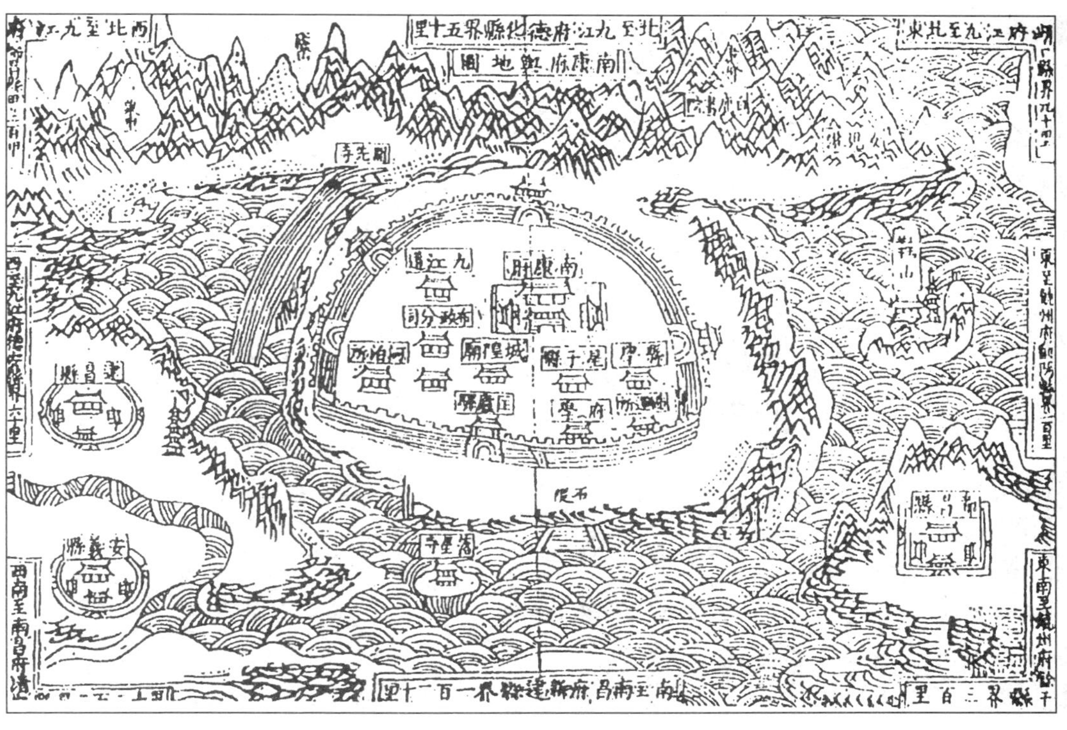

明・南康府輿地圖　《江西通志》(嘉靖)

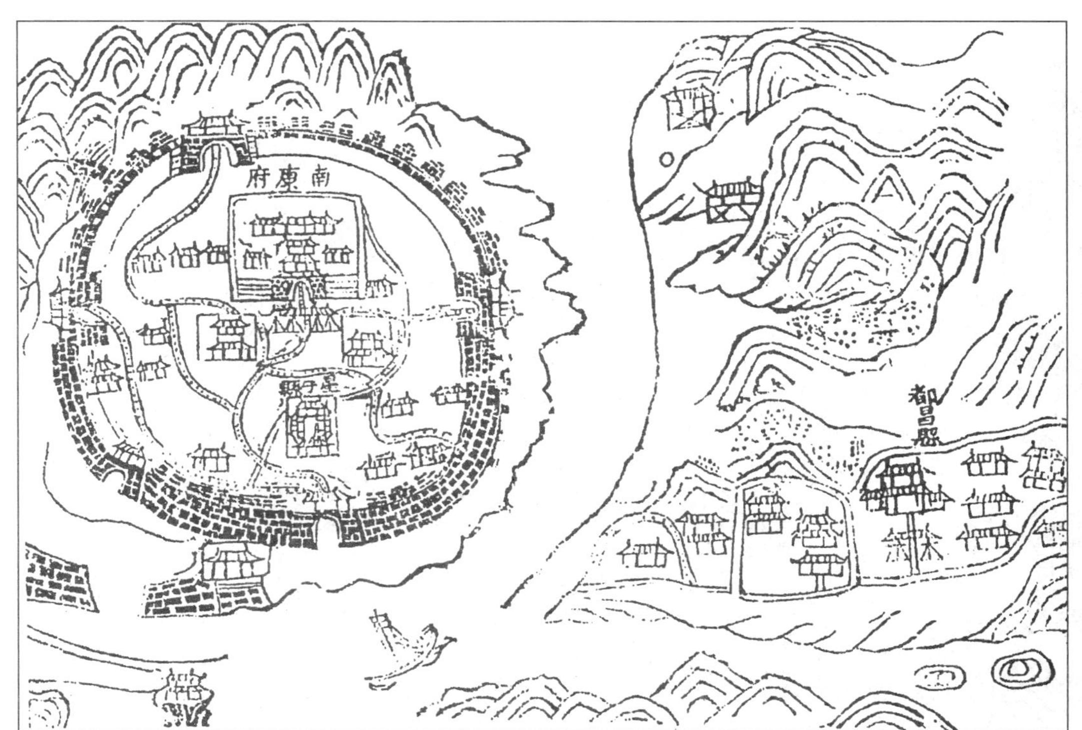

明・南康府境圖　《南康府志》(正德)

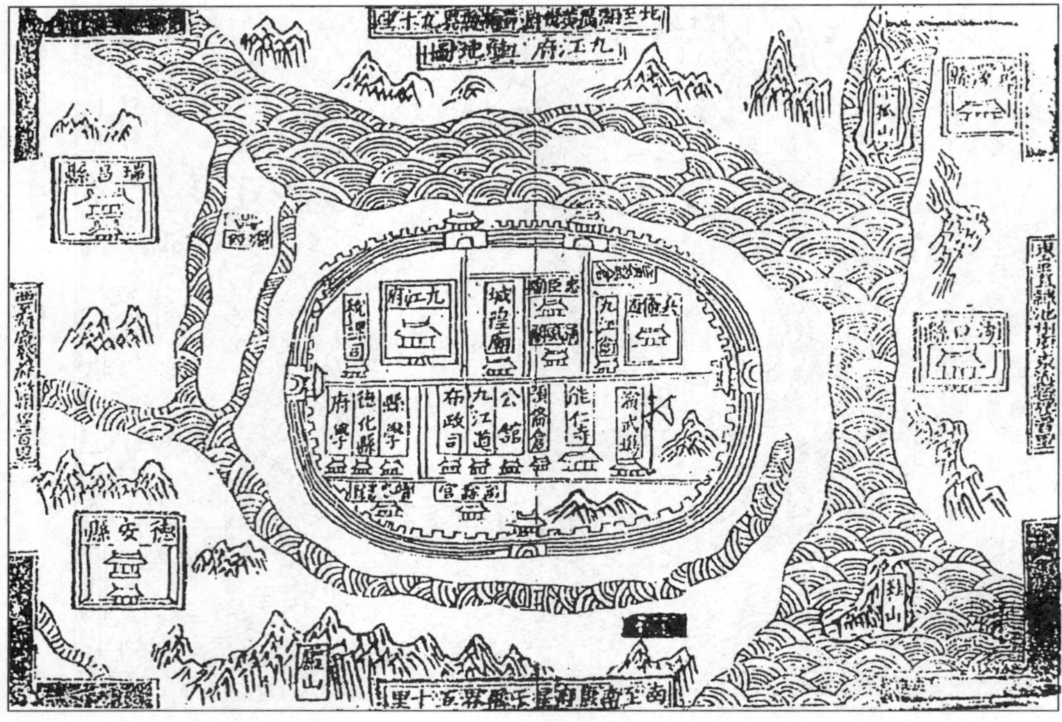

明·九江府輿地圖　《江西通志》(嘉靖)

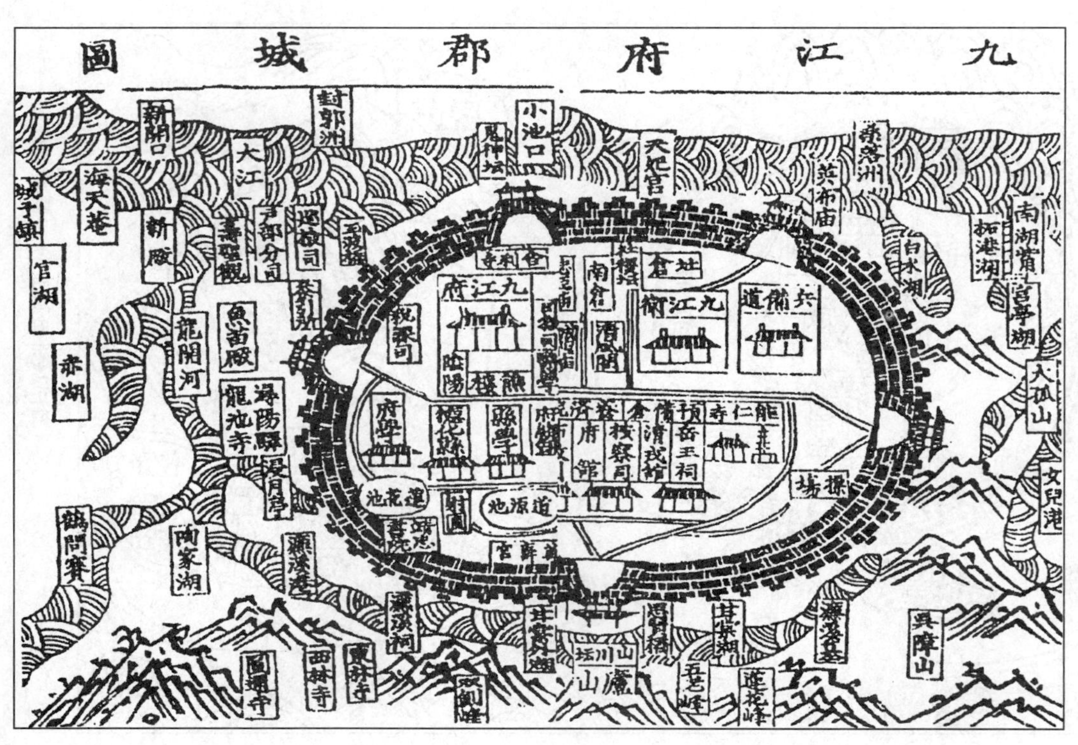

明·九江府郡城圖　《九江府志》(嘉靖)

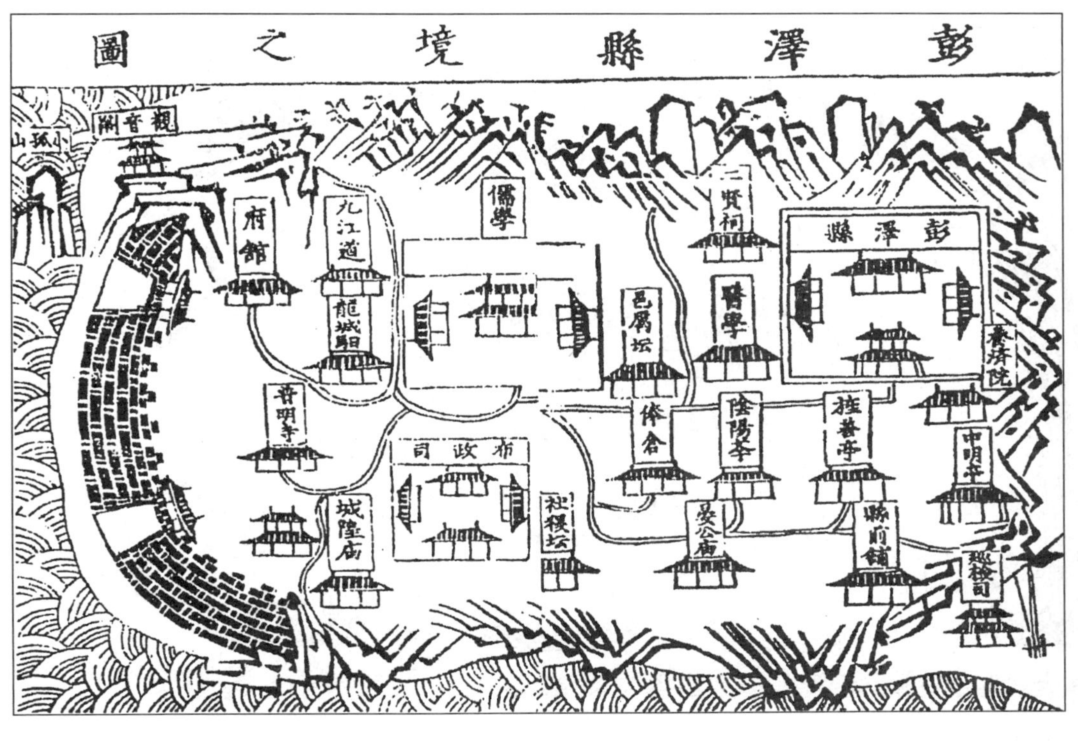

明・彭澤縣境圖　《九江府志》（嘉靖）

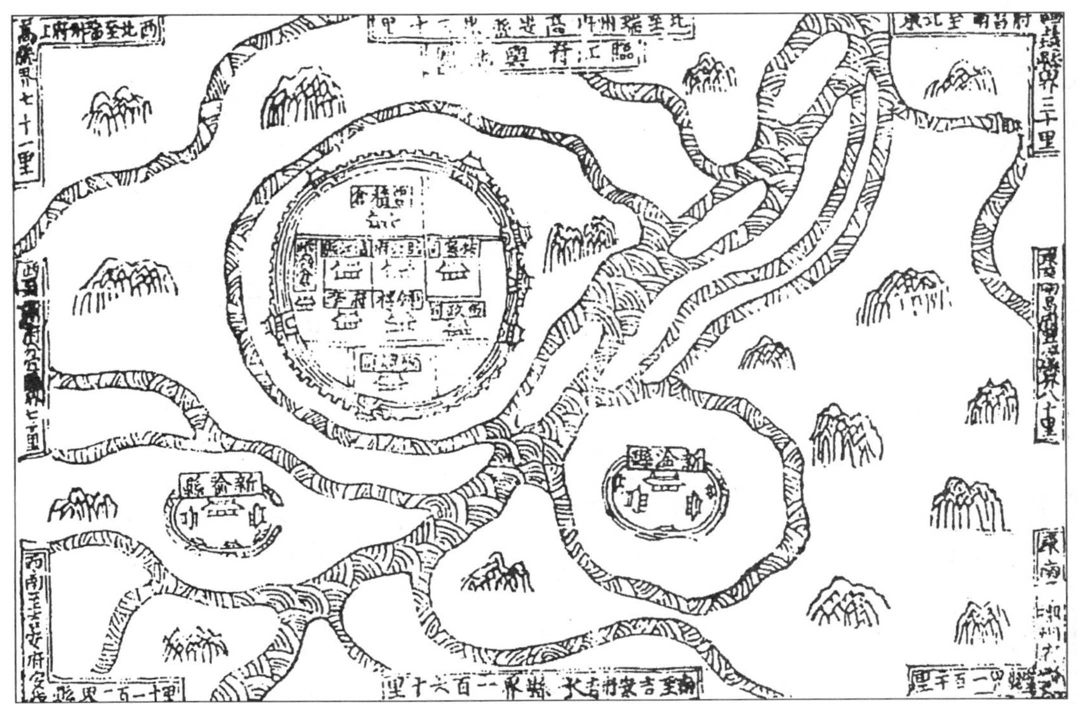

明・臨江府輿地圖　《江西通志》（嘉靖）

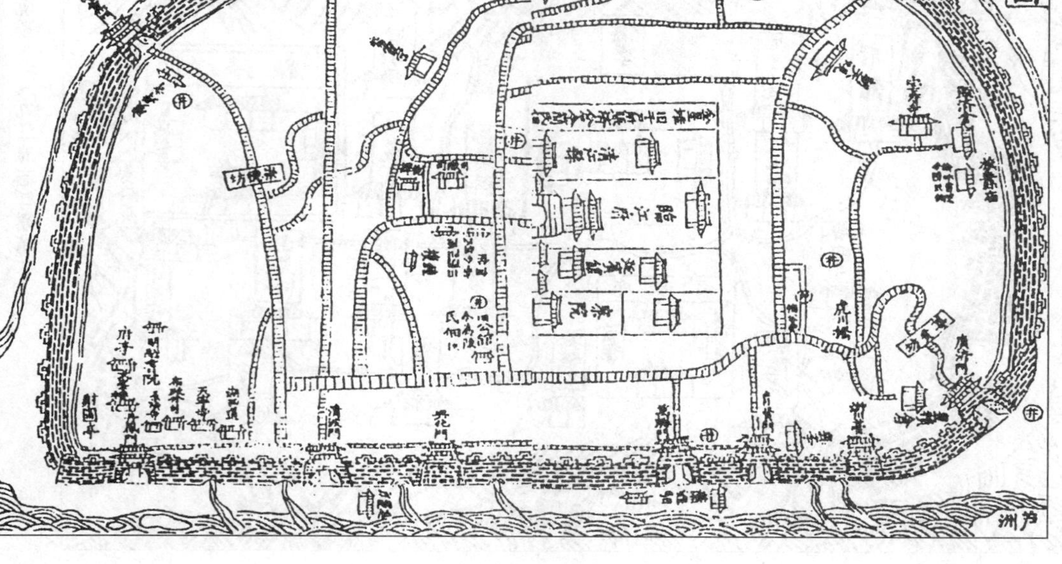

明・臨江郡城圖　《臨江府志》（隆慶）

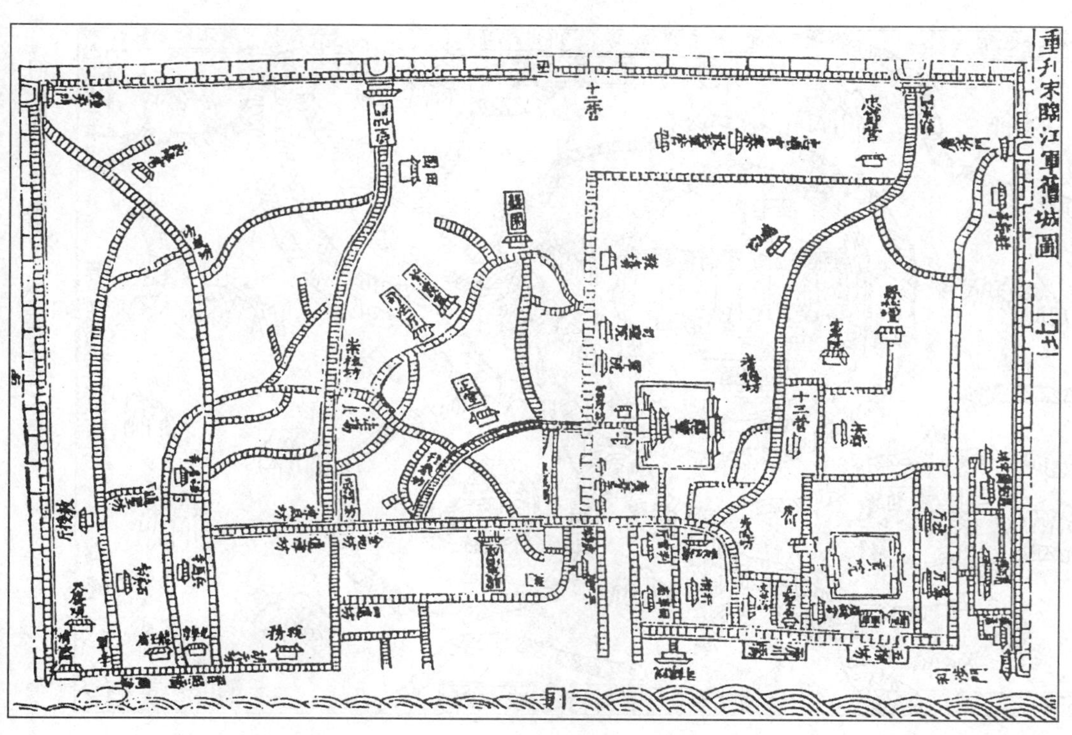

明・重刊宋臨江軍舊城圖　《臨江府志》（隆慶）

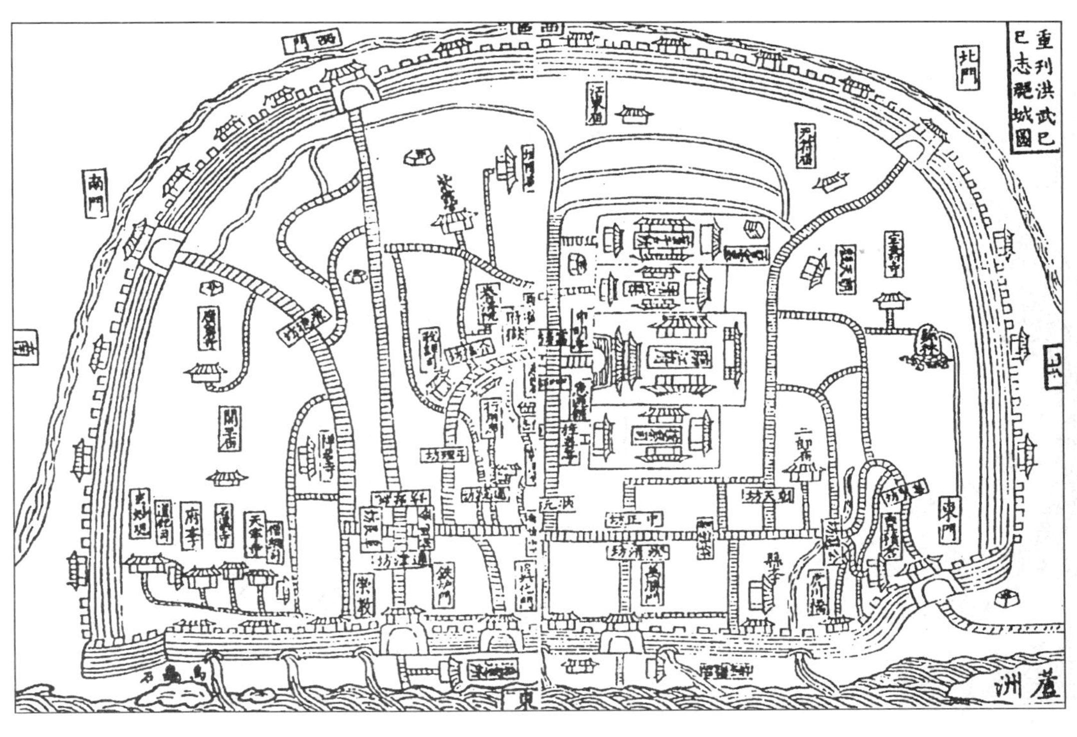

明·重刊洪武己巳志郡城圖　《臨江府志》（隆慶）

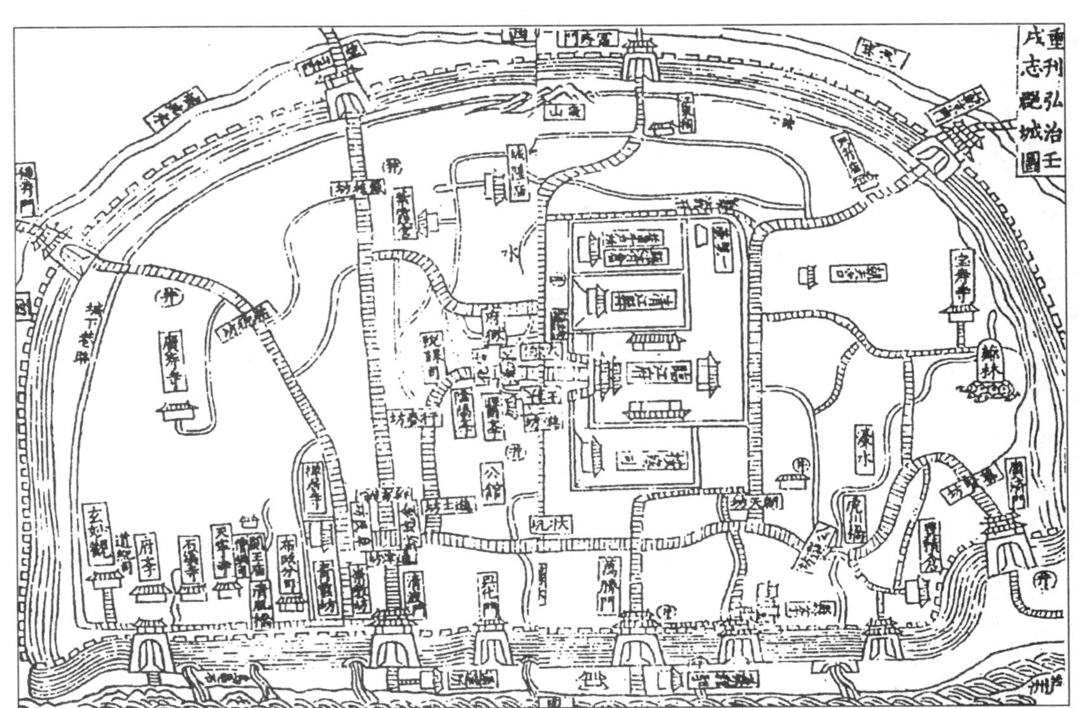

明·重刊弘治壬戌志郡城圖　《臨江府志》（隆慶）

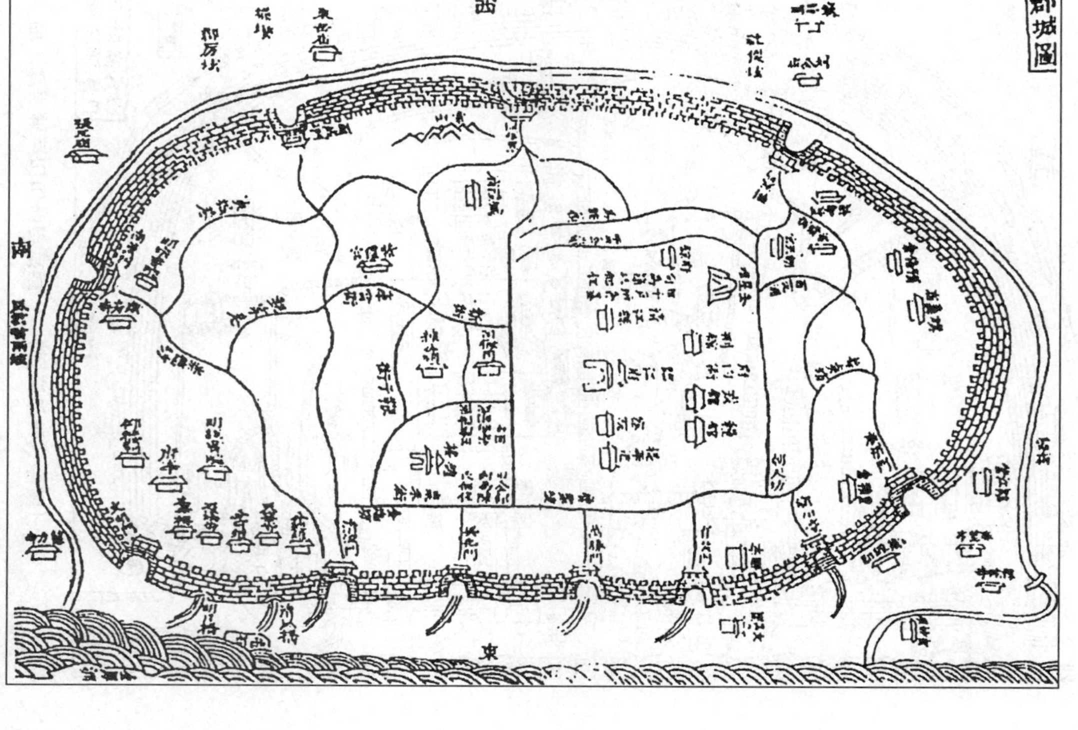

明・郡城圖　《清江縣志》（崇禎）

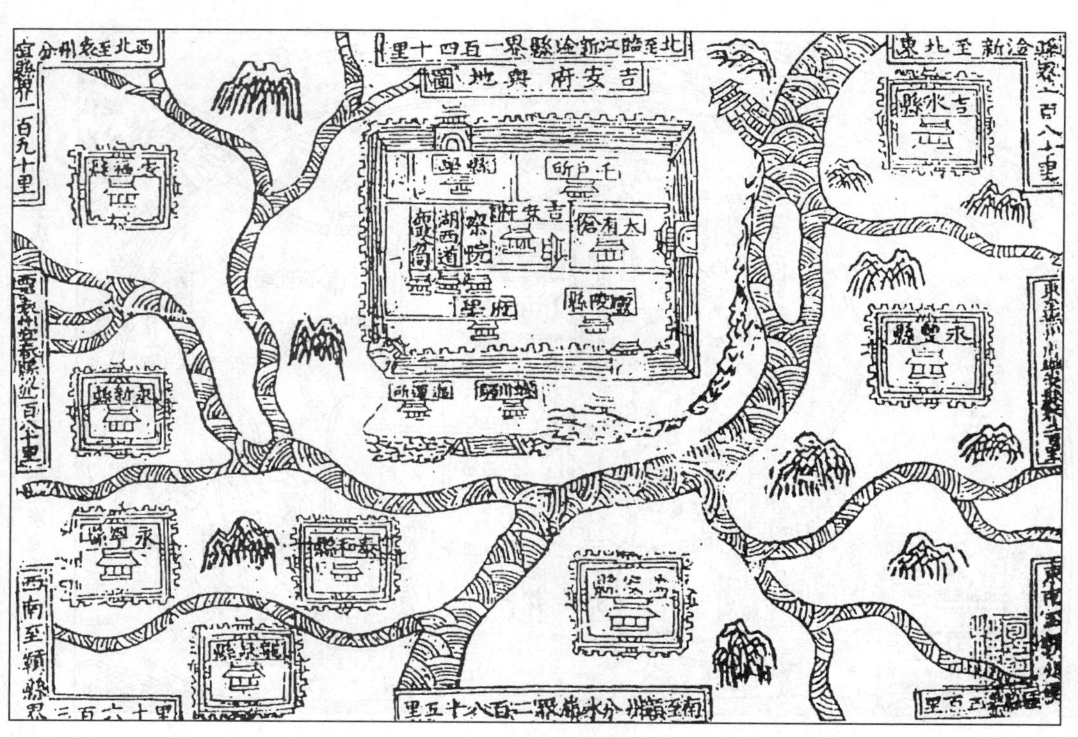

明・吉安府輿地圖　《江西通志》（嘉靖）

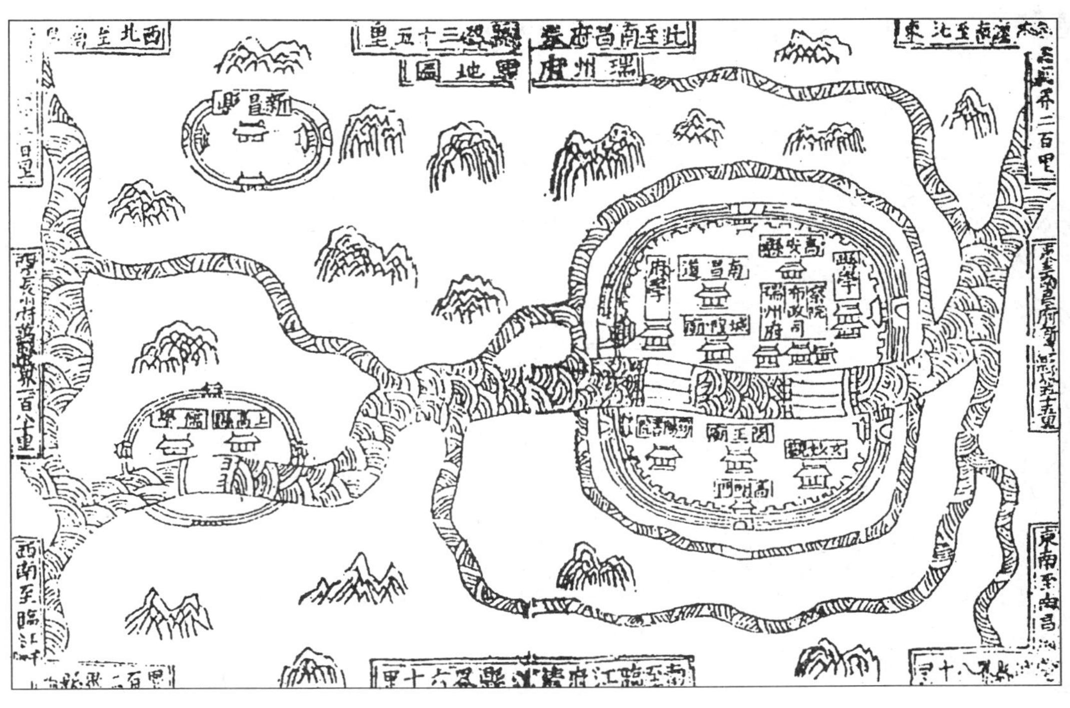

明・瑞州府輿地圖　《江西通志》（嘉靖）

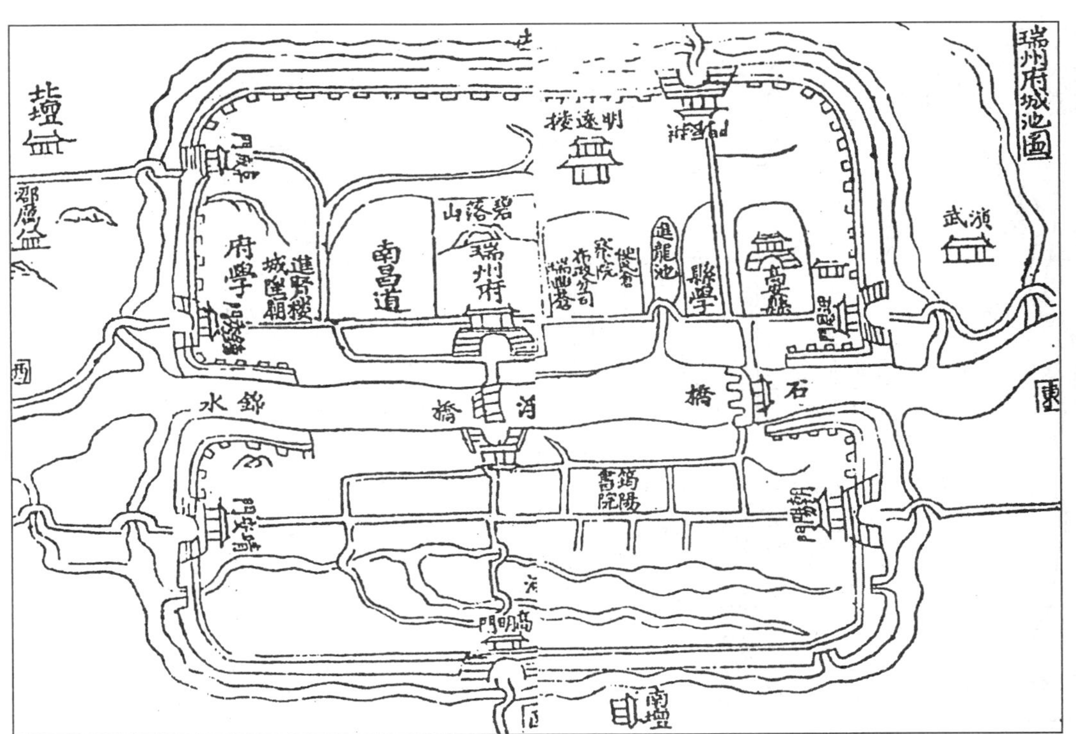

明・瑞州府城池圖　《瑞州府志》（正德）

明·袁州府輿地圖　《江西通志》(嘉靖)

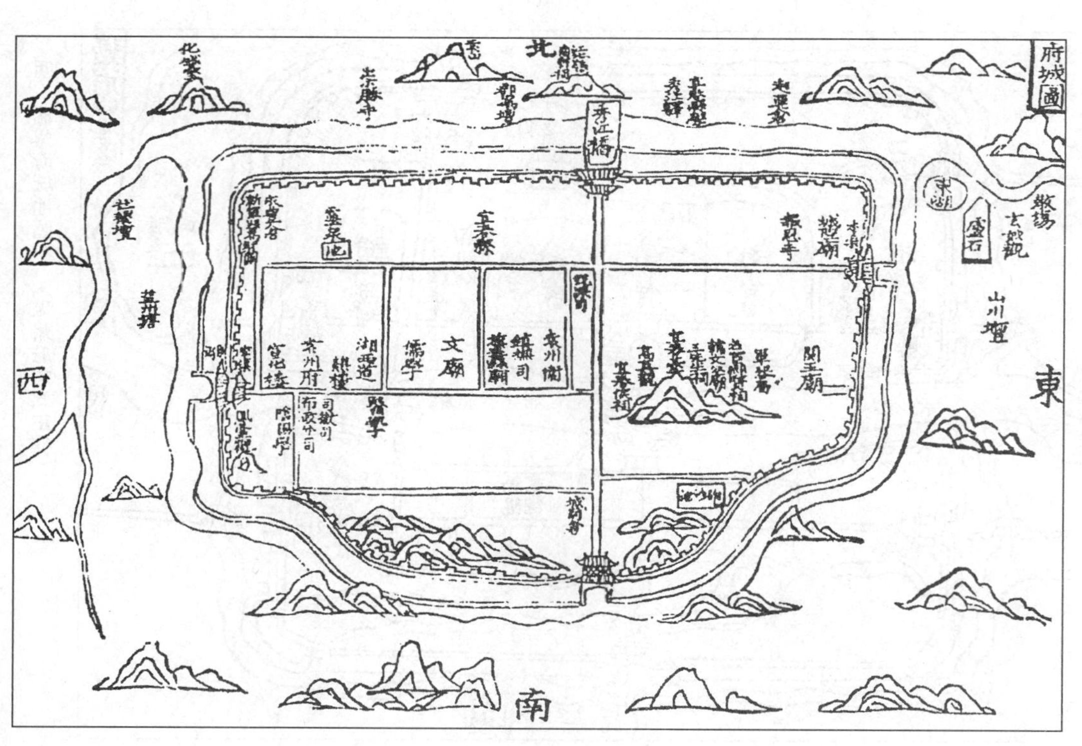

明·袁州府城圖　《袁州府志》(隆慶)

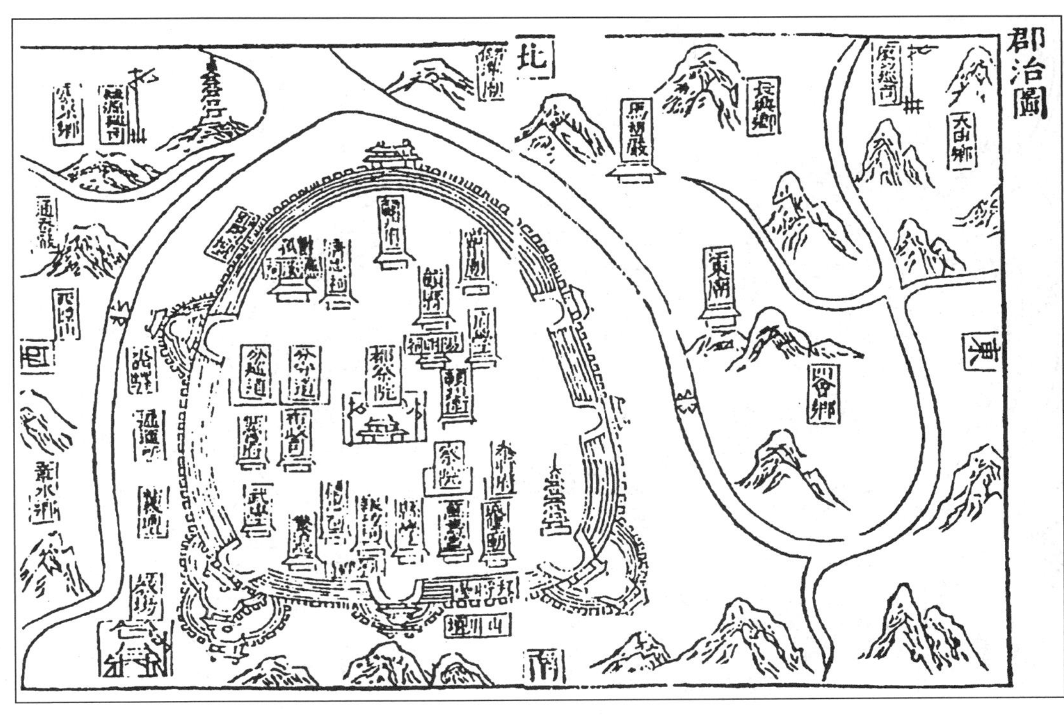

明・贛州郡治圖　《贛州府志》（嘉靖）

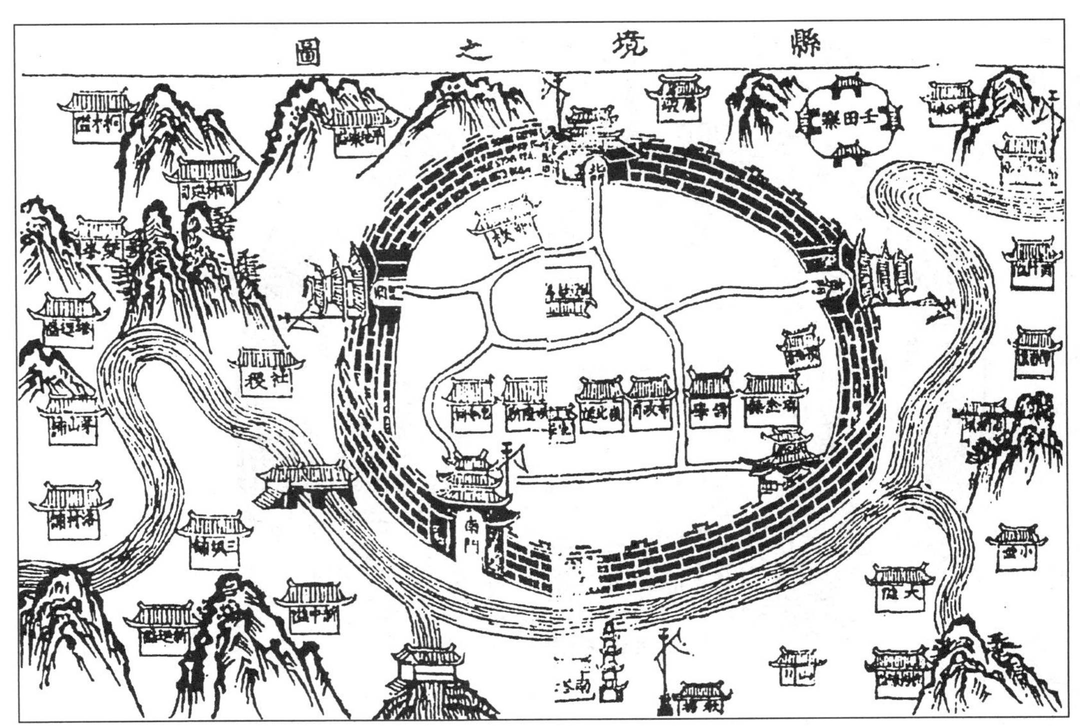

明・瑞金縣境圖　《瑞金縣志》（嘉靖）

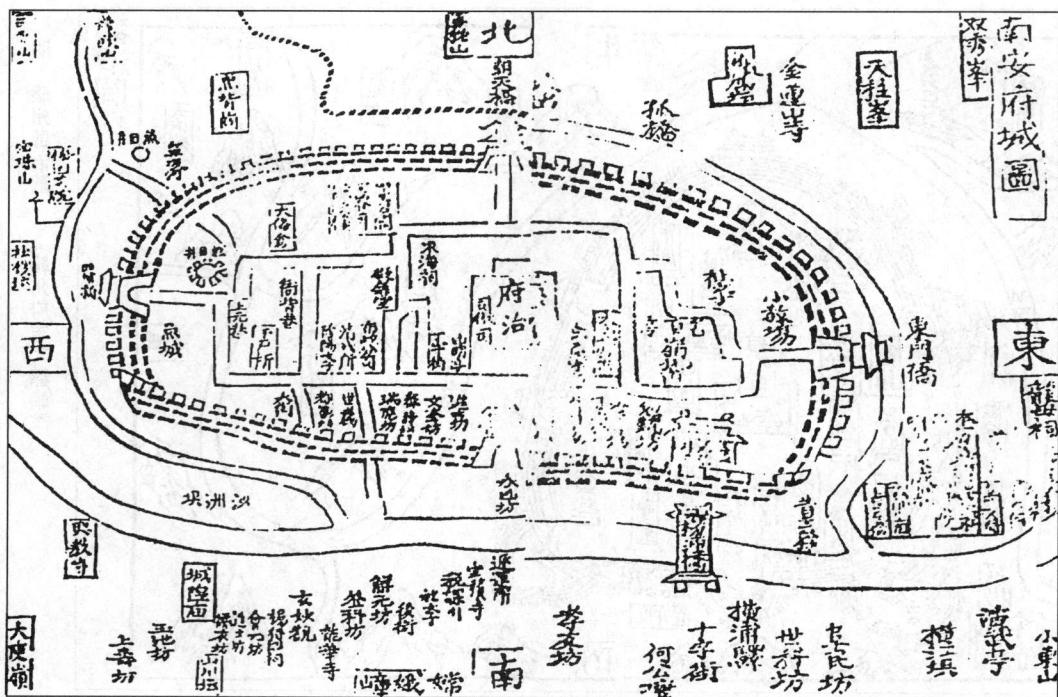

明・南安府城圖　《南安府志》（嘉靖）

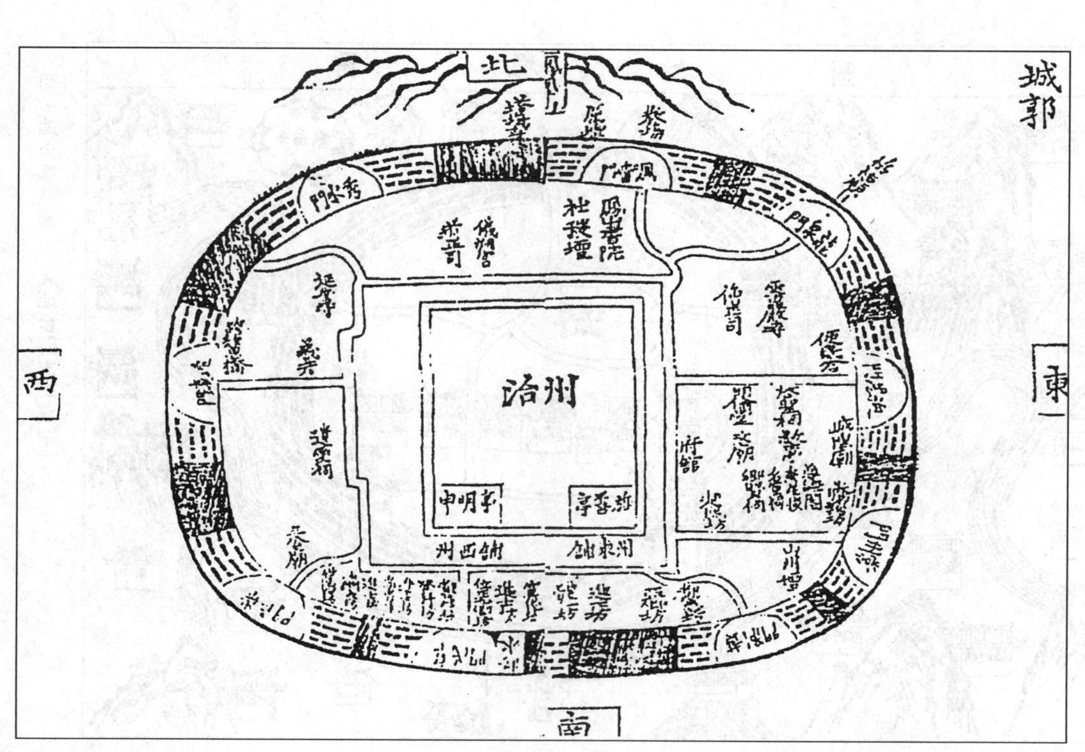

明・寧州城郭圖　《寧州志》（嘉靖）

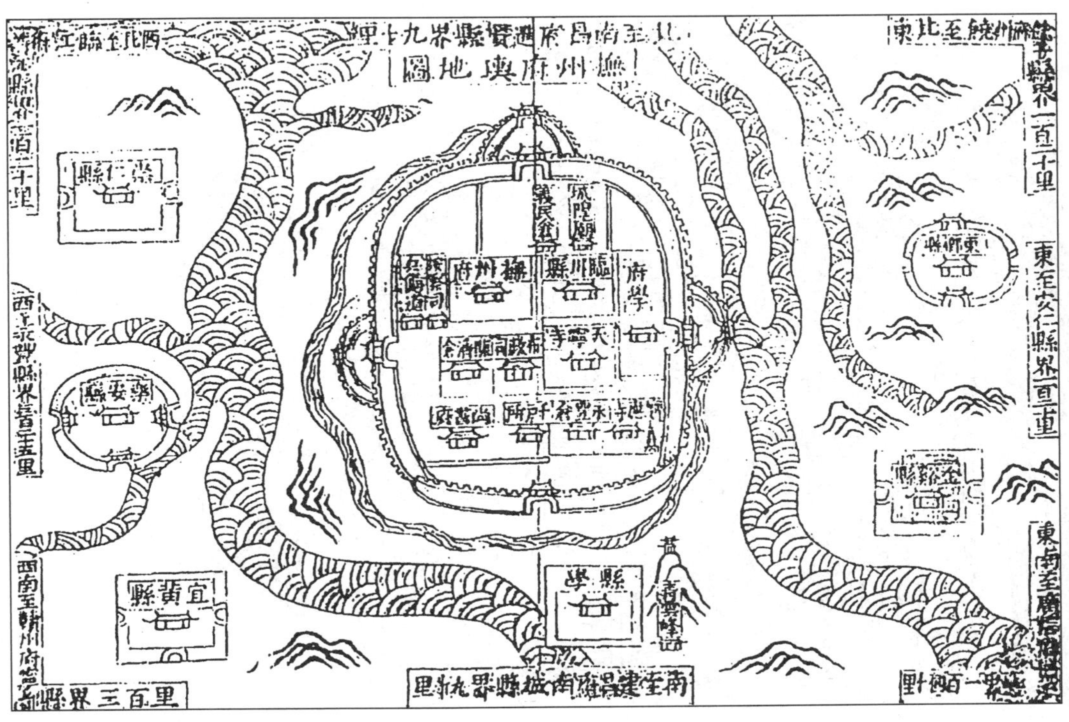

明・撫州府輿地圖　《江西通志》（嘉靖）

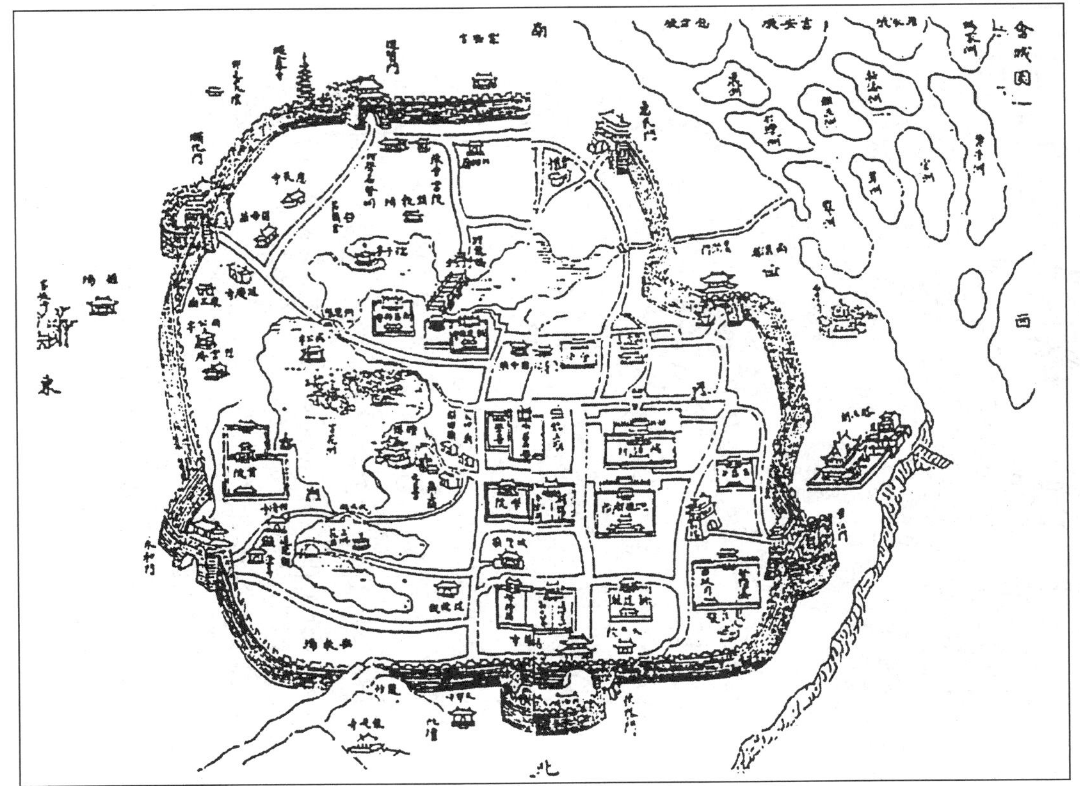

清・江西會城圖　《江西通志》（雍正）

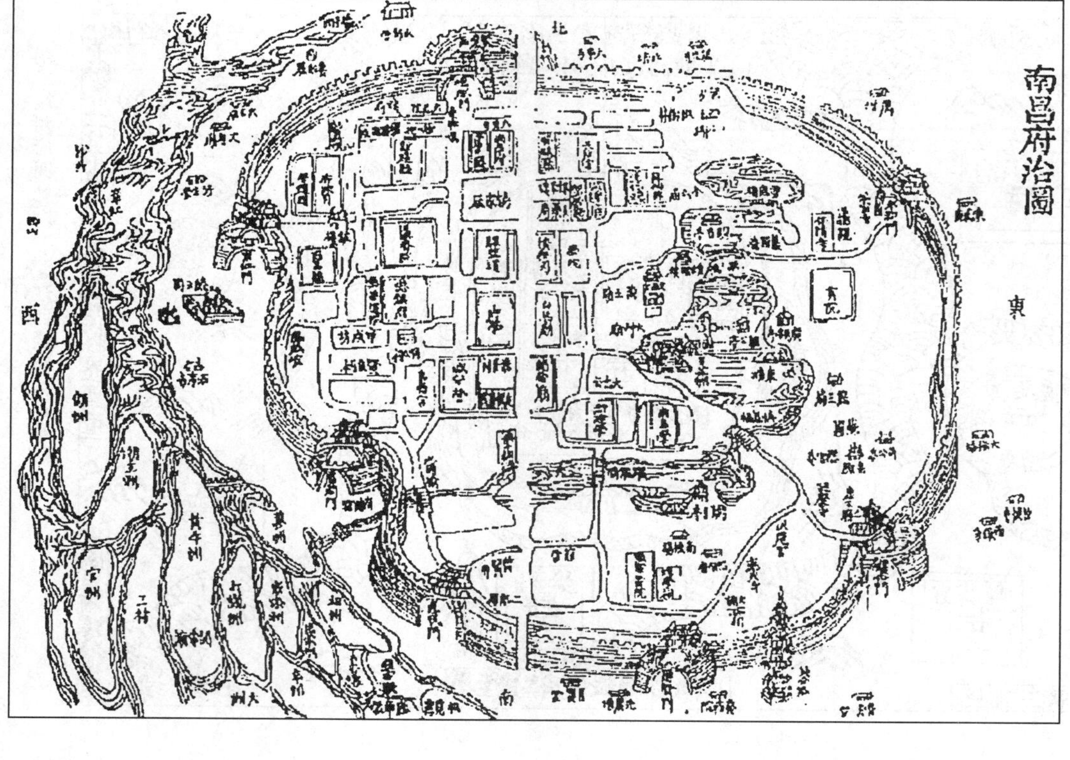

清・南昌府治圖　《南昌府志》(同治)

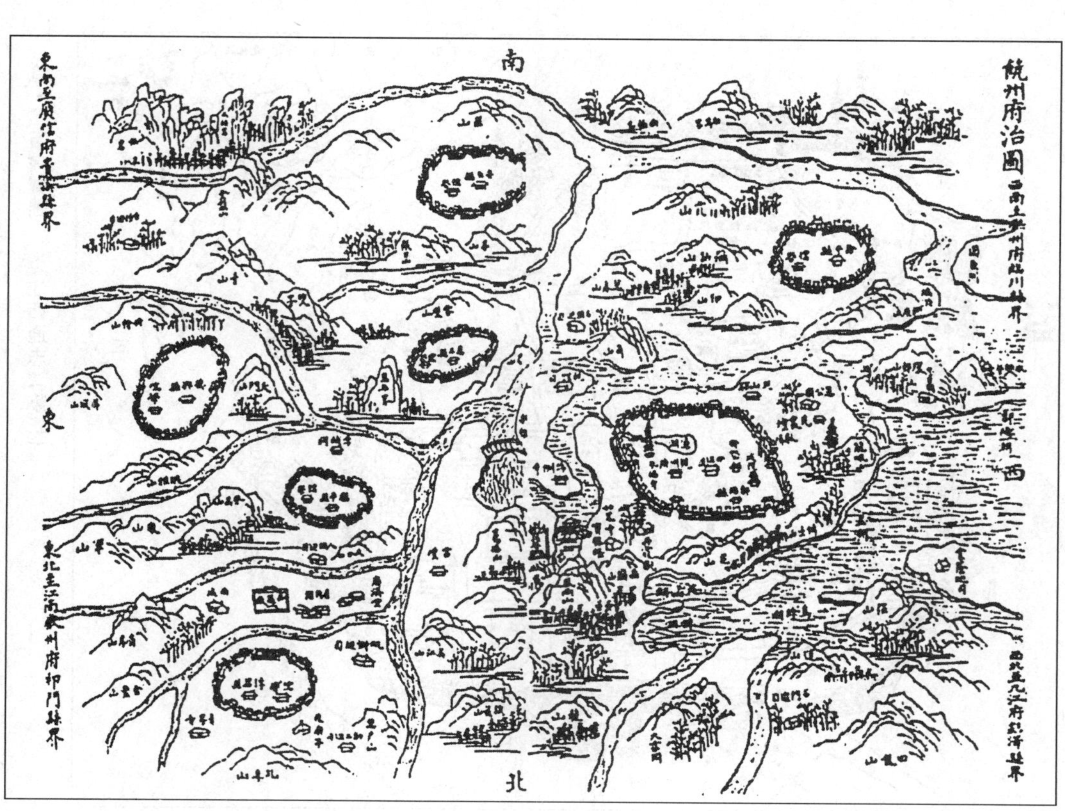

清・饒州府治圖　《江西通志》(雍正)

清・廣信府治圖 《江西通志》（雍正）

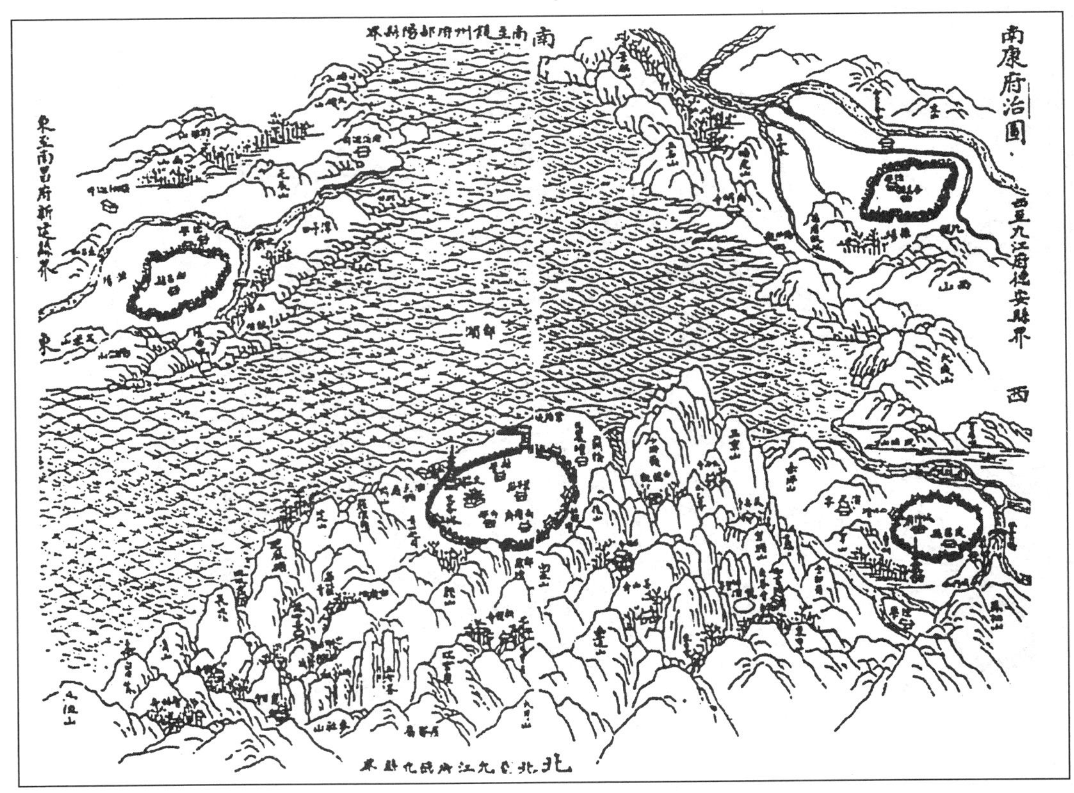

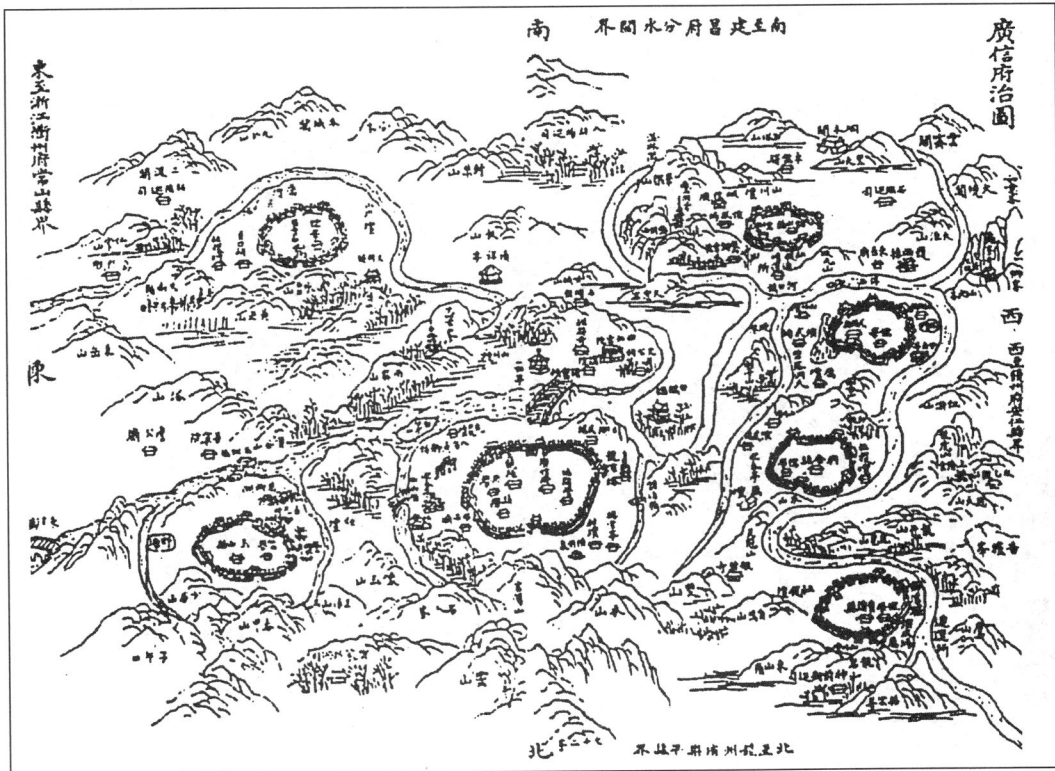

清・南康府治圖 《江西通志》（雍正）

清・九江府治圖　《江西通志》（雍正）

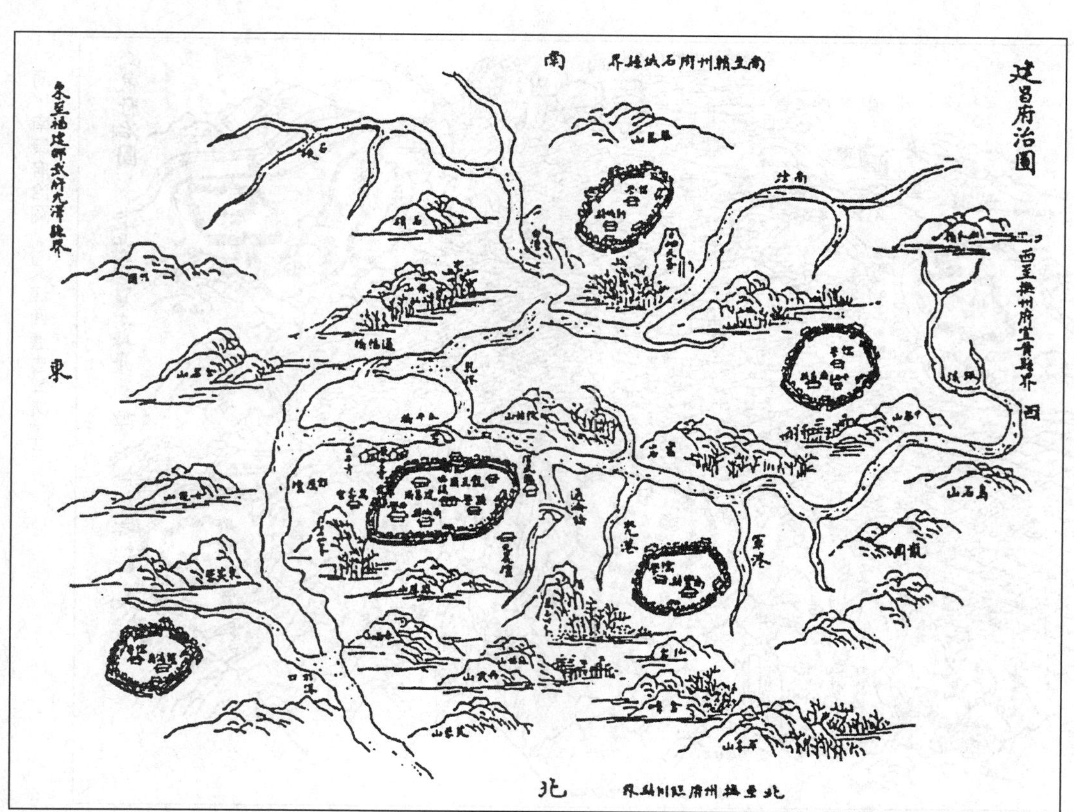

清・建昌府治圖　《江西通志》（雍正）

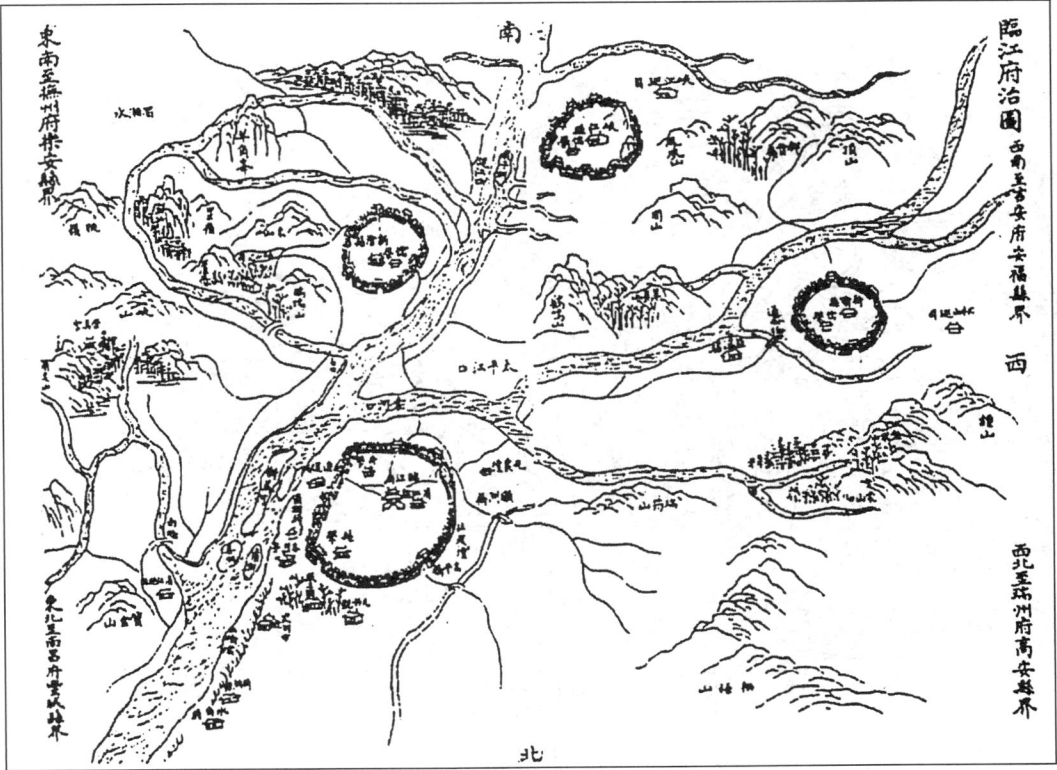

清・臨江府治圖　《江西通志》（雍正）

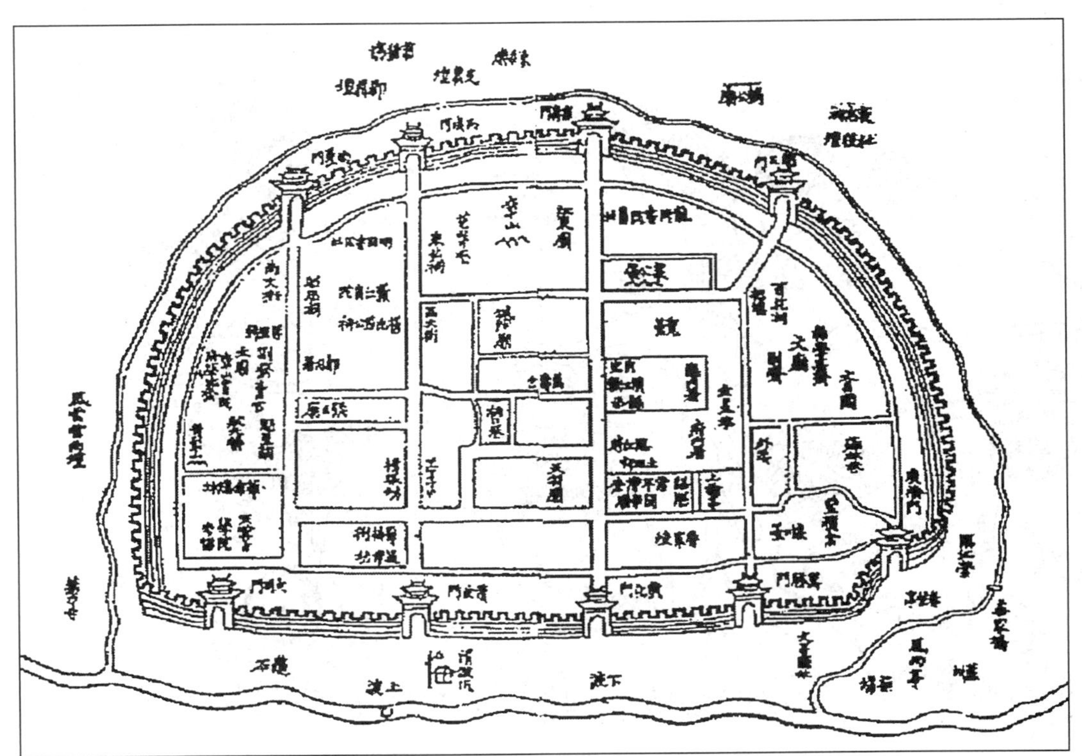

宋軍城圖　《臨江府志》（同治）

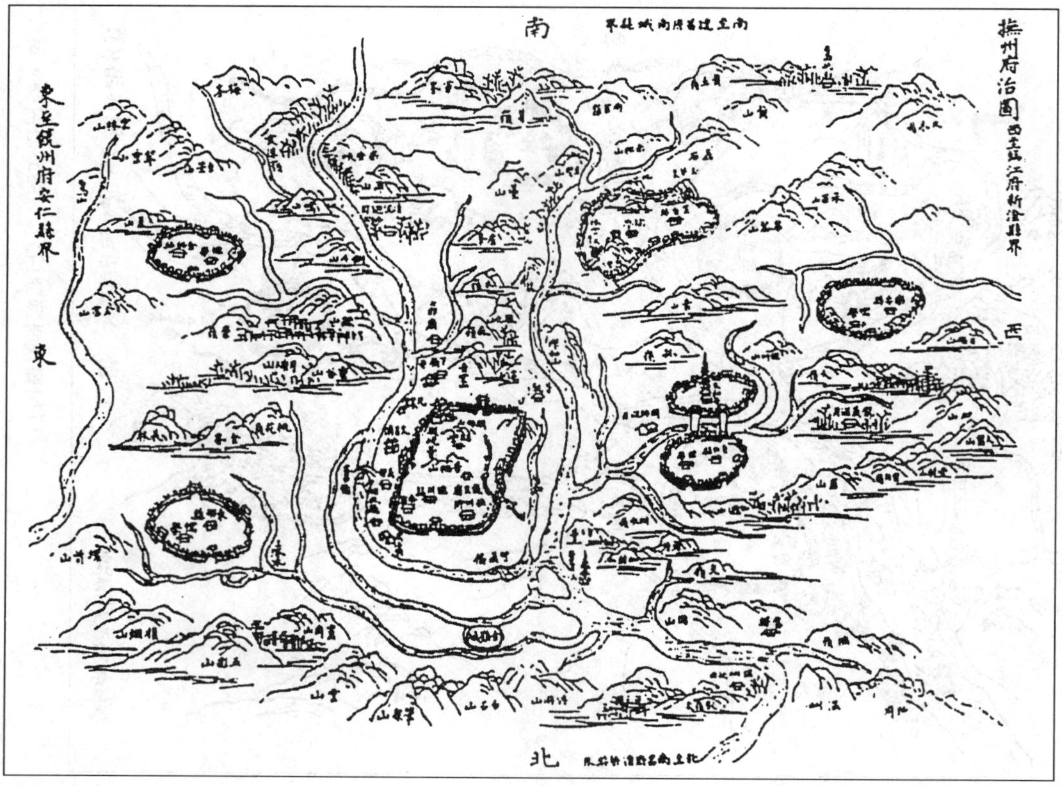

撫州府治圖　西至臨江府新淦縣界
南　南至建昌府南城縣界
東至饒州府安仁縣界
東
西
北　北至南昌府進賢縣界

清・撫州府治圖　《江西通志》(雍正)

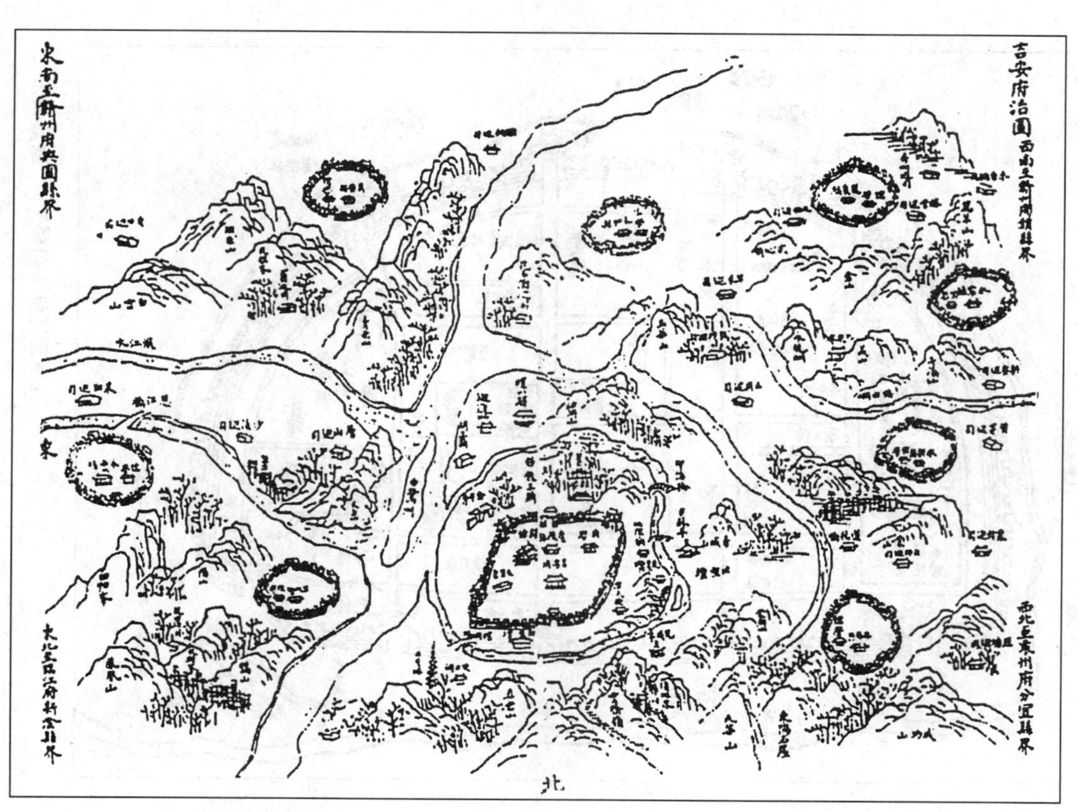

清・吉安府治圖　《江西通志》(雍正)

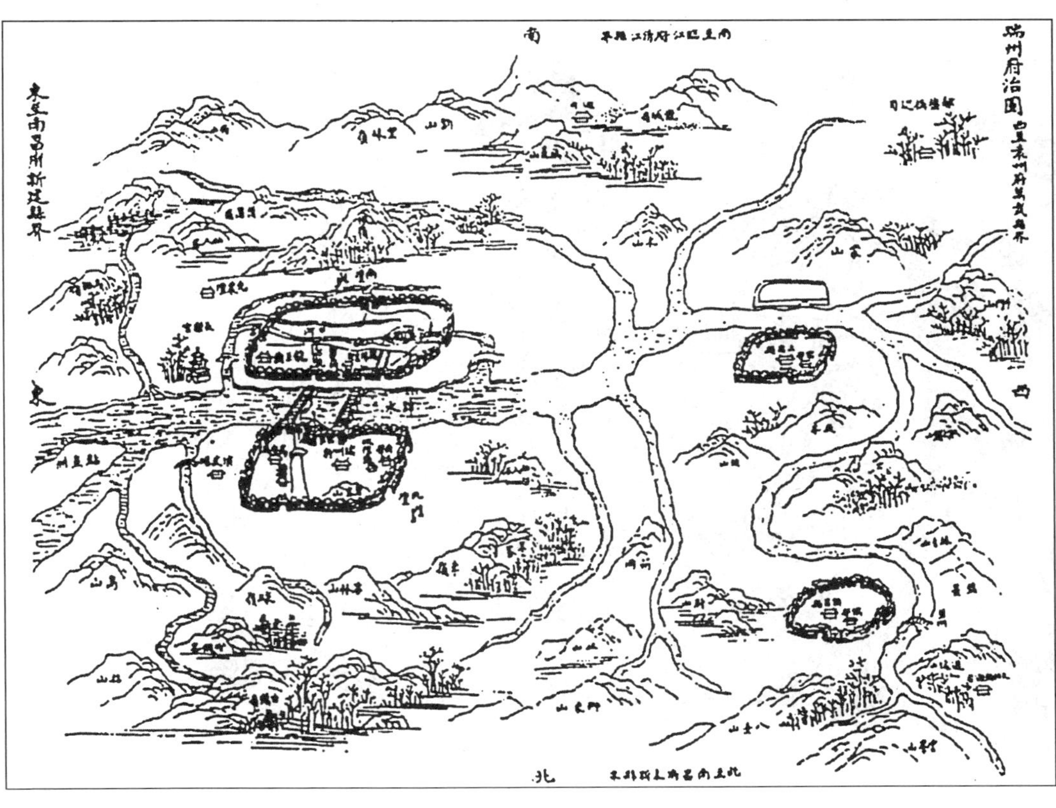

清・瑞州府治圖　《江西通志》（雍正）

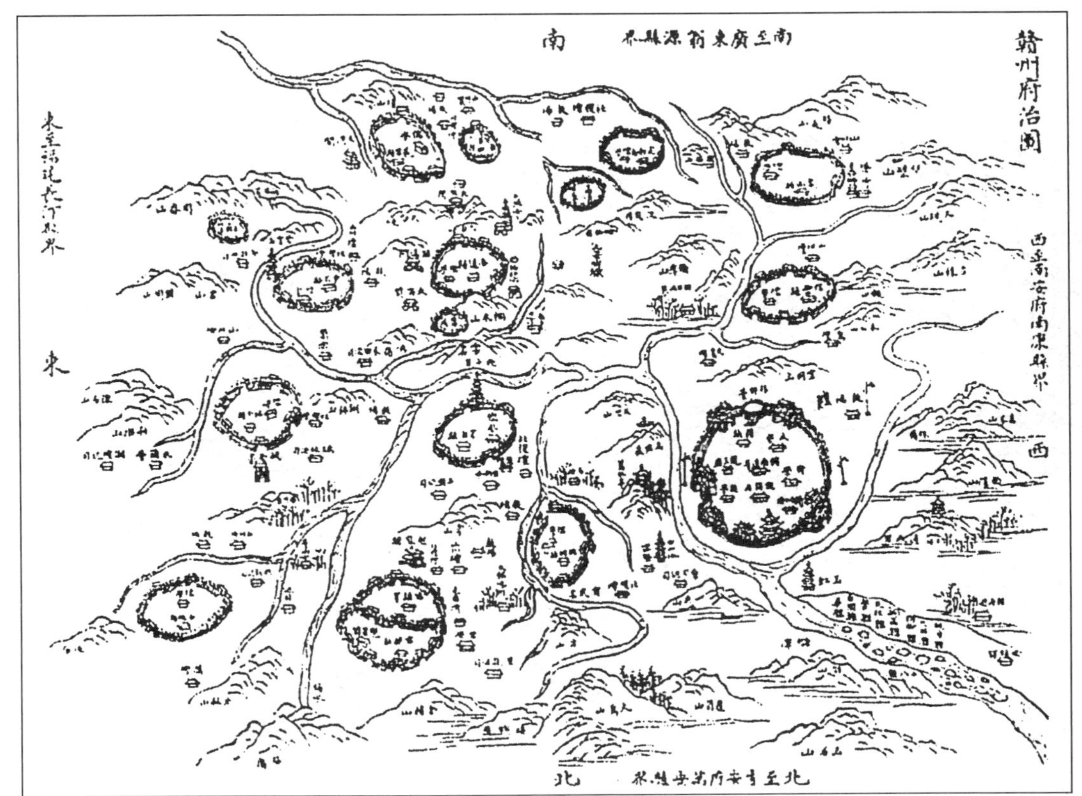

清・贛州府治圖　《江西通志》（雍正）

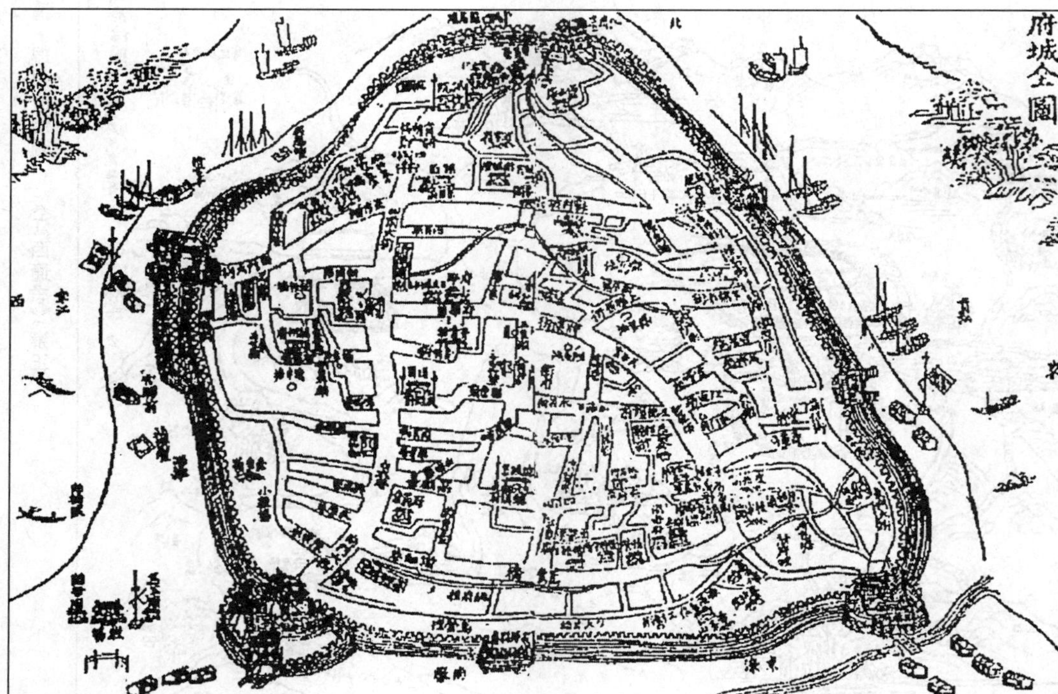

清・贛州府城全圖　《贛州府志》(同治)

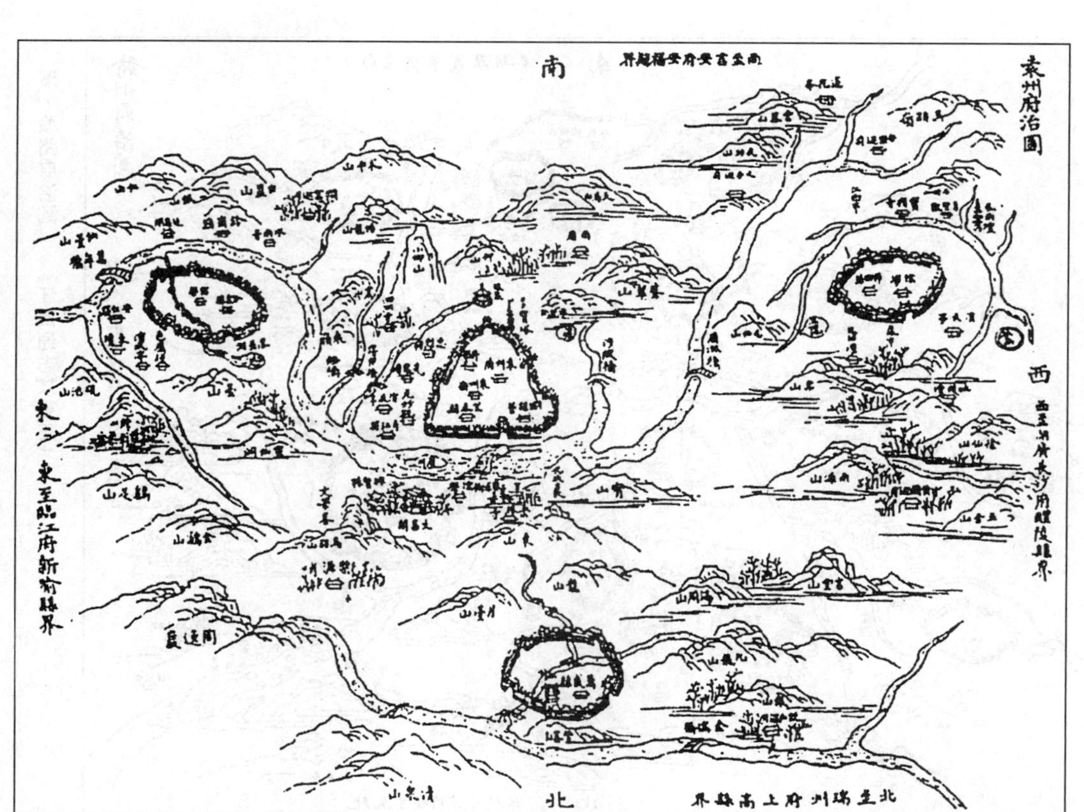

清・袁州府治圖　《江西通志》(雍正)

清・袁州府城圖 《袁州府志》(咸豐)

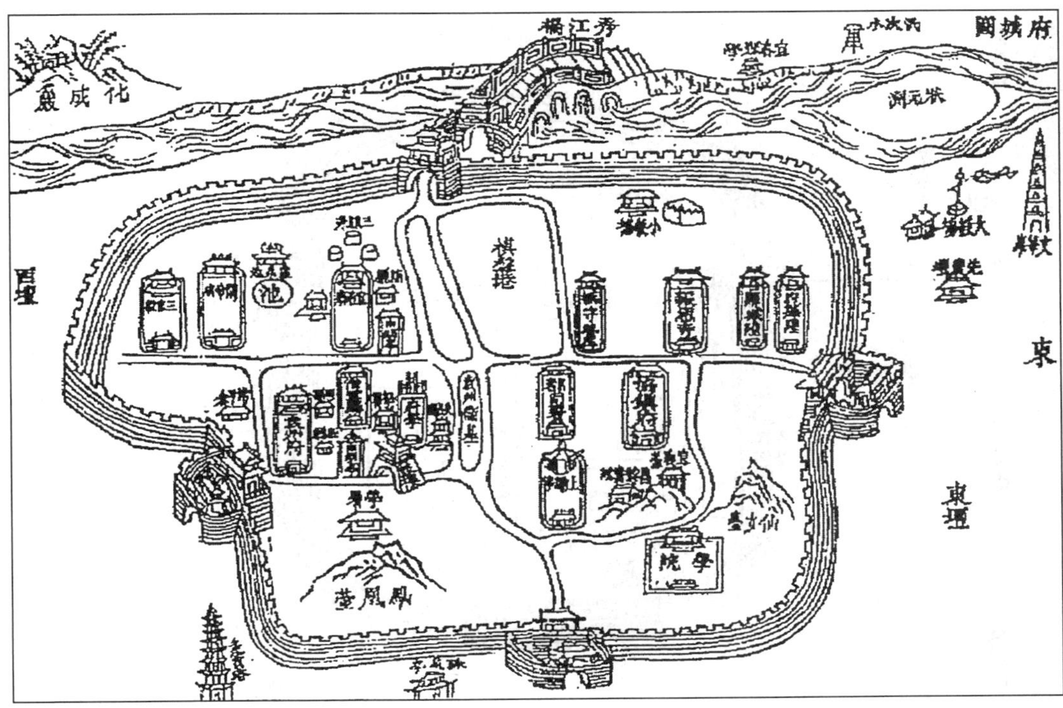

清・南安府治圖 《江西通志》(雍正)

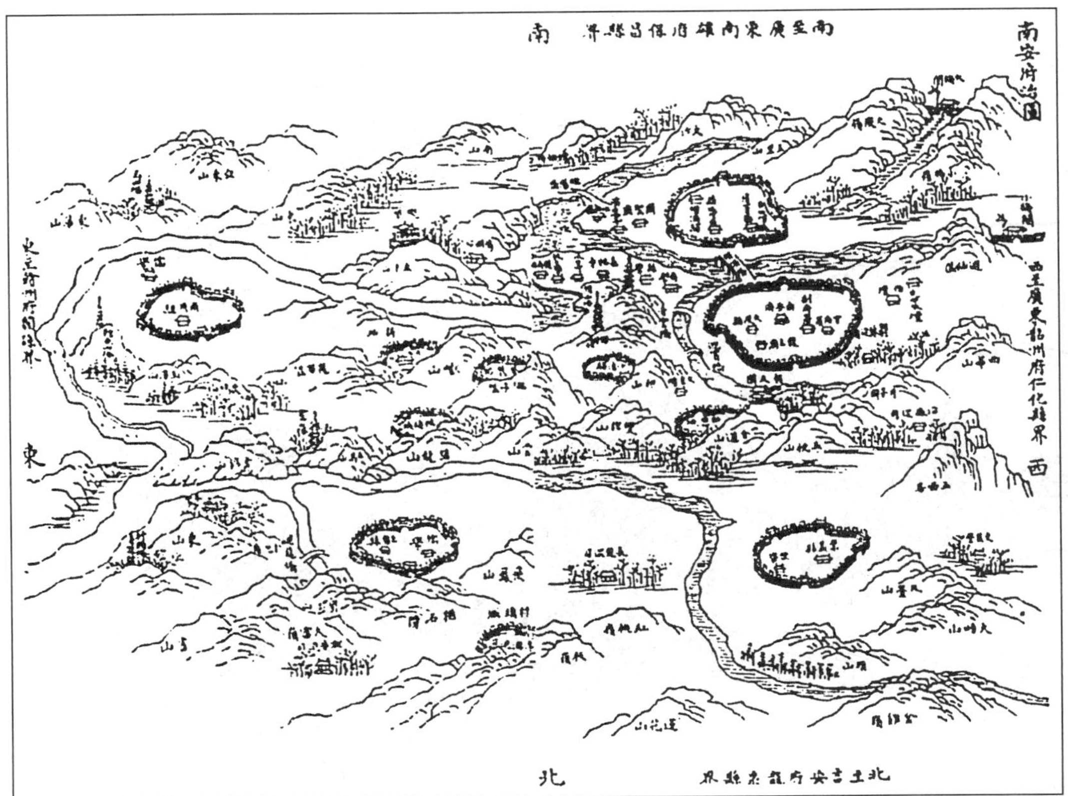

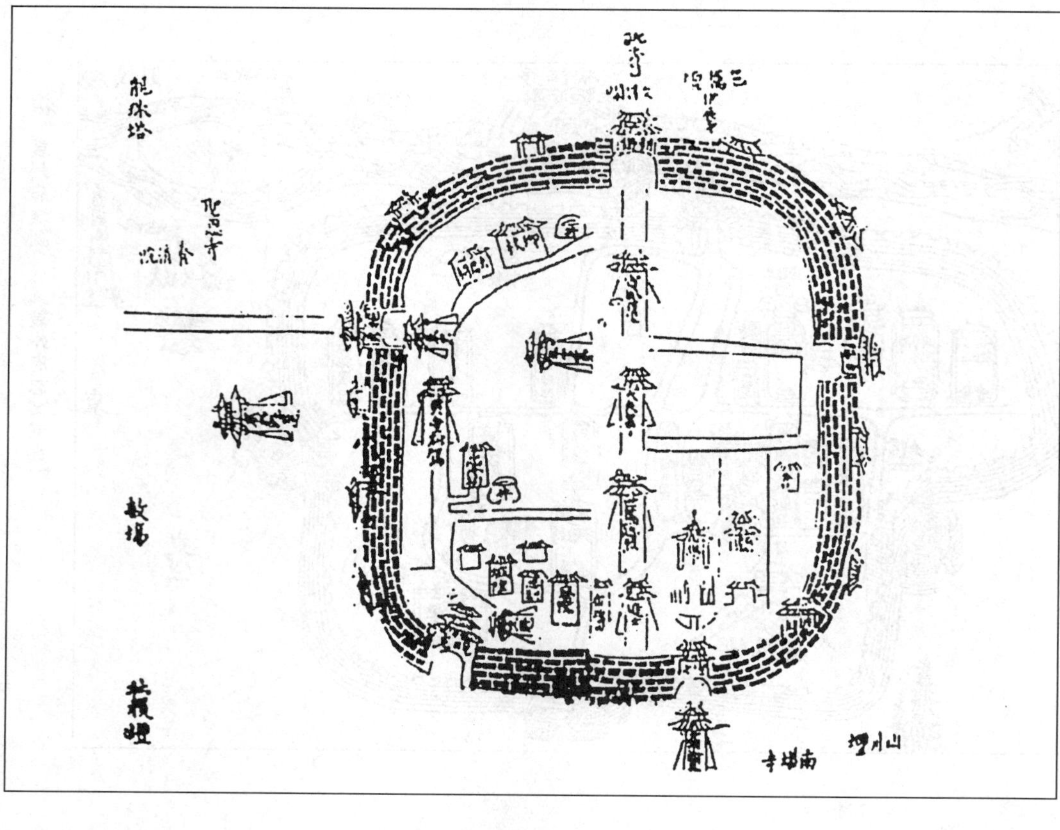

清・瑞金縣城圖　《瑞金縣志》（康熙）

清・豫章書院圖　《江西通志》（雍正）

清・鵝湖書院圖《江西通志》（雍正）

清・白鹿書院圖《江西通志》（雍正）

清·滕王閣圖 《江西通志》(雍正)

清·大上清宫圖 《江西通志》(雍正)

清・瞻雲寺圖　《江西通志》（雍正）

廣東

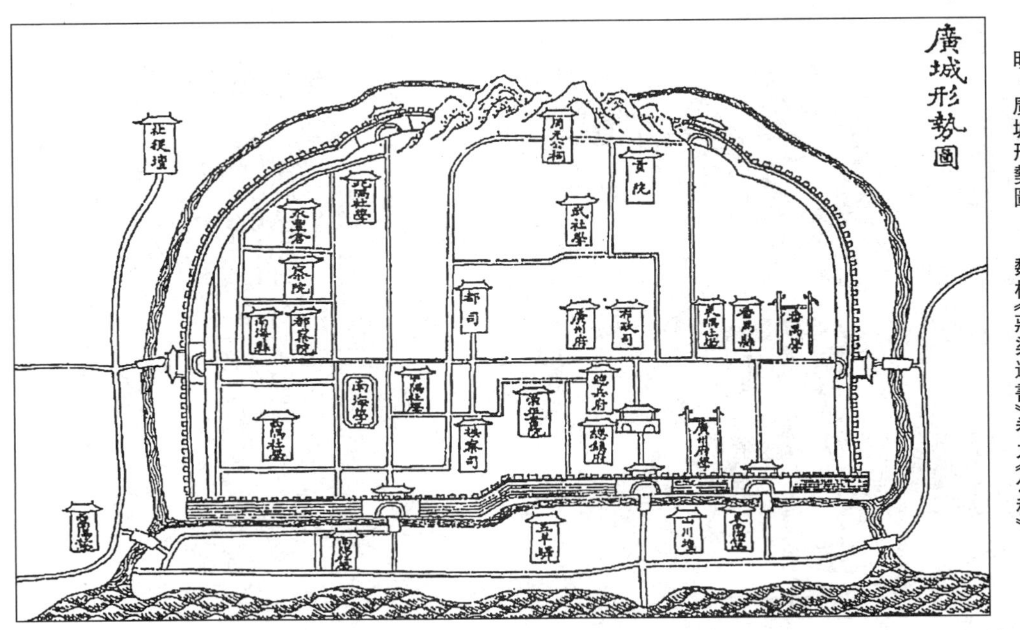

明・廣城形勢圖　魏校《莊渠遺書》卷九《公移》

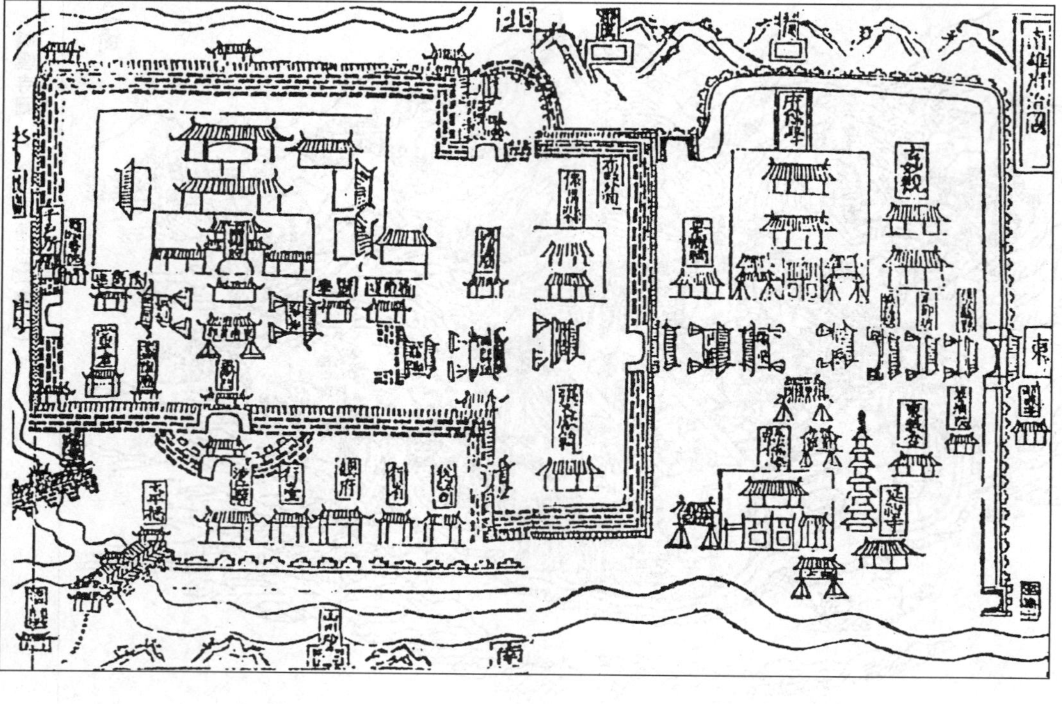

明·南雄府治圖　《南雄府志》（嘉靖）

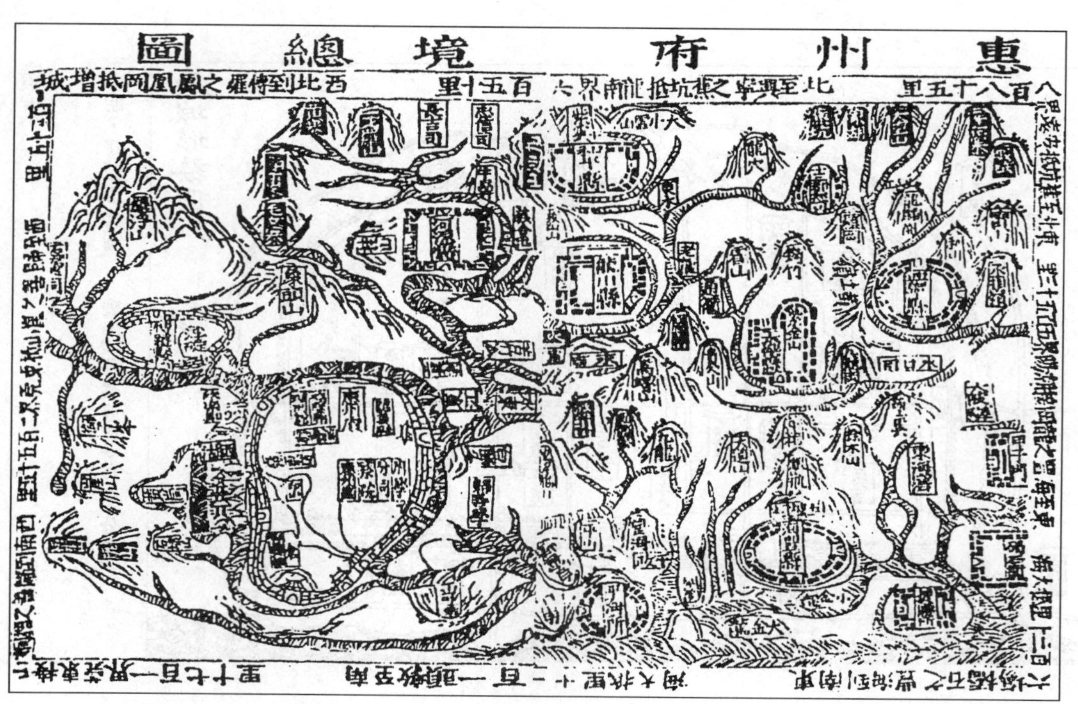

明·惠州府境總圖　《惠州府志》（嘉靖）

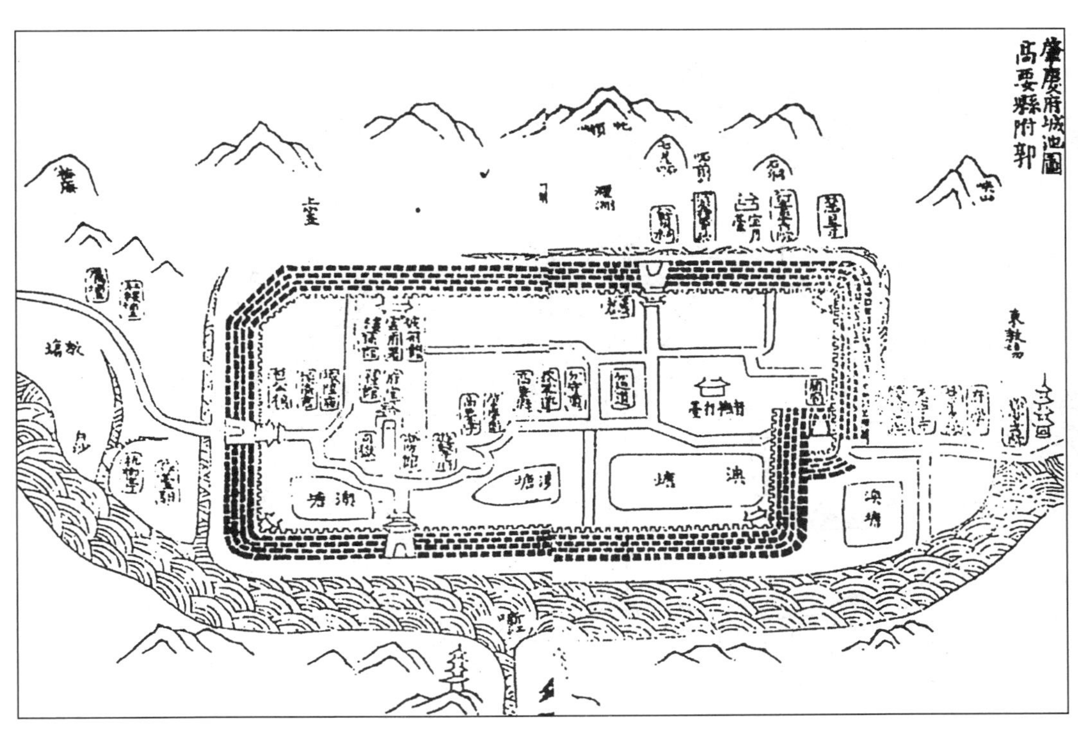

明・肇慶府城池圖　《肇慶府志》（崇禎）

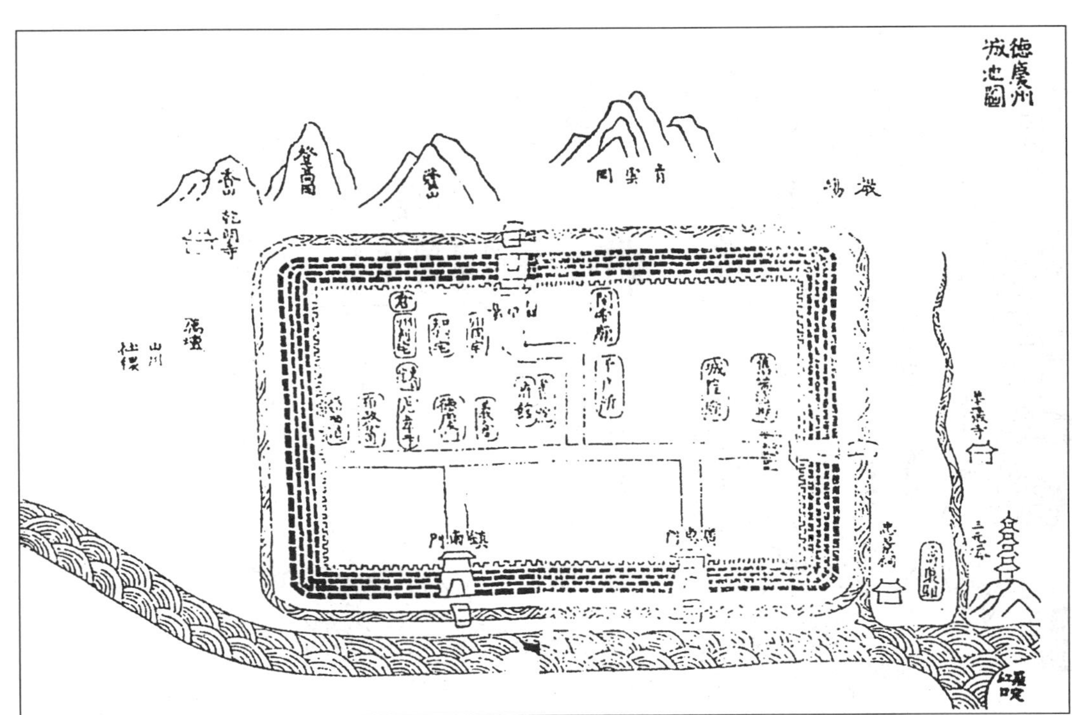

明・德慶州城池圖　《肇慶府志》（崇禎）

明・欽州城圖　《欽州志》（嘉靖）

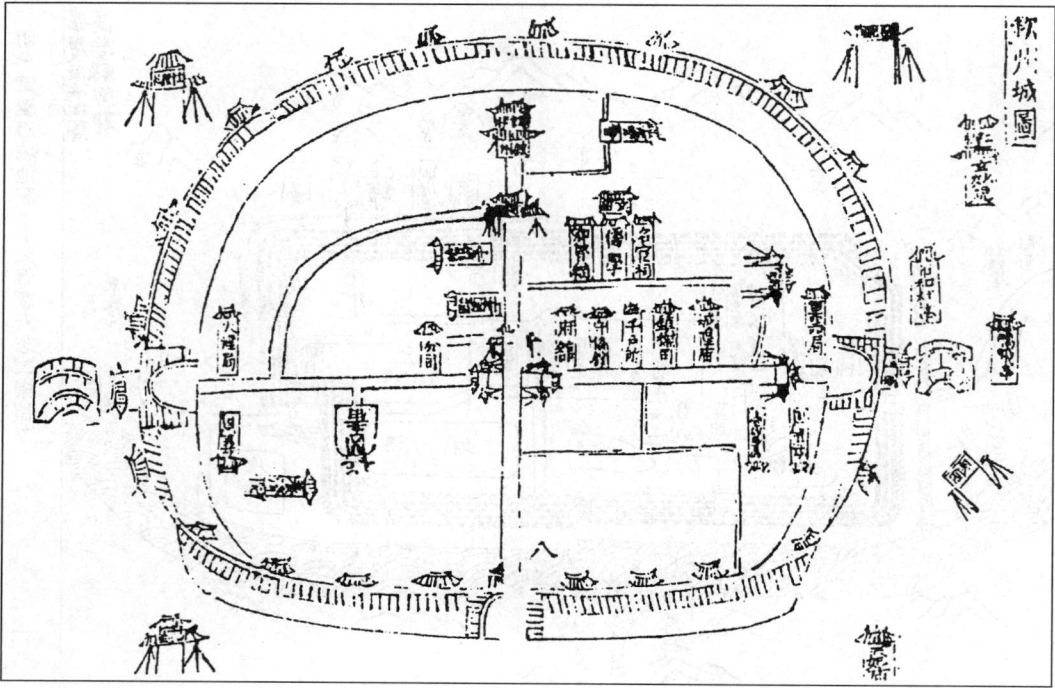

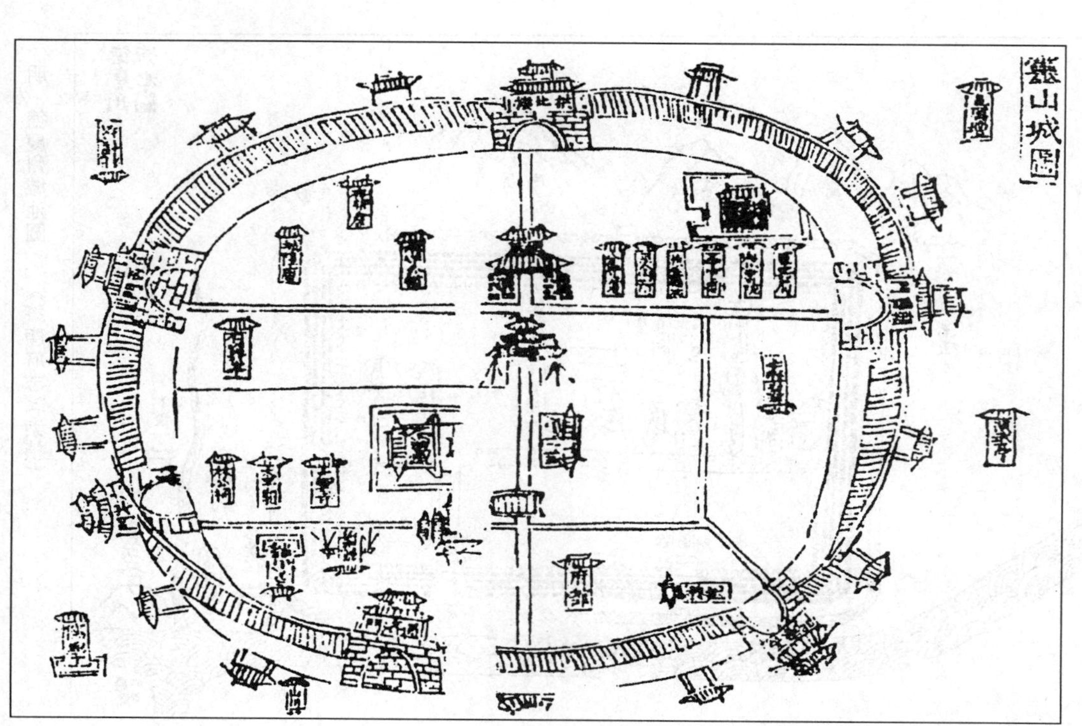

明・靈山城圖　《欽州志》（嘉靖）

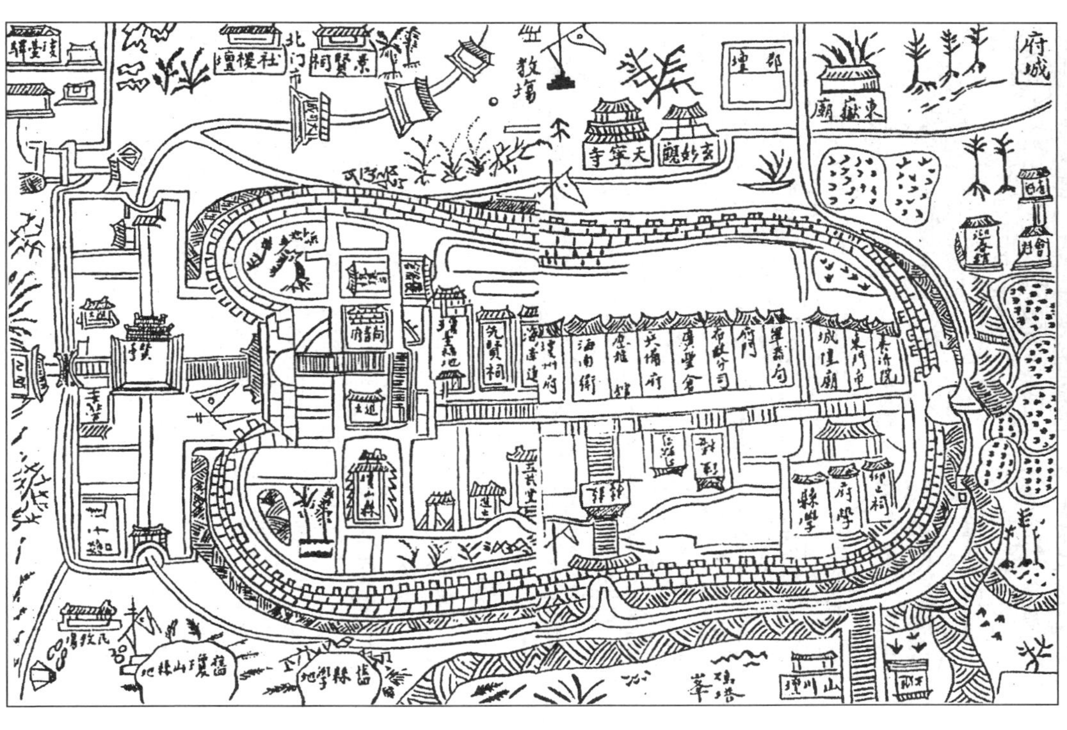

明・瓊州府城圖　《瓊臺志》（正德）

明・儋州境圖　《瓊臺志》（正德）

明・萬州境圖　《瓊臺志》（正德）

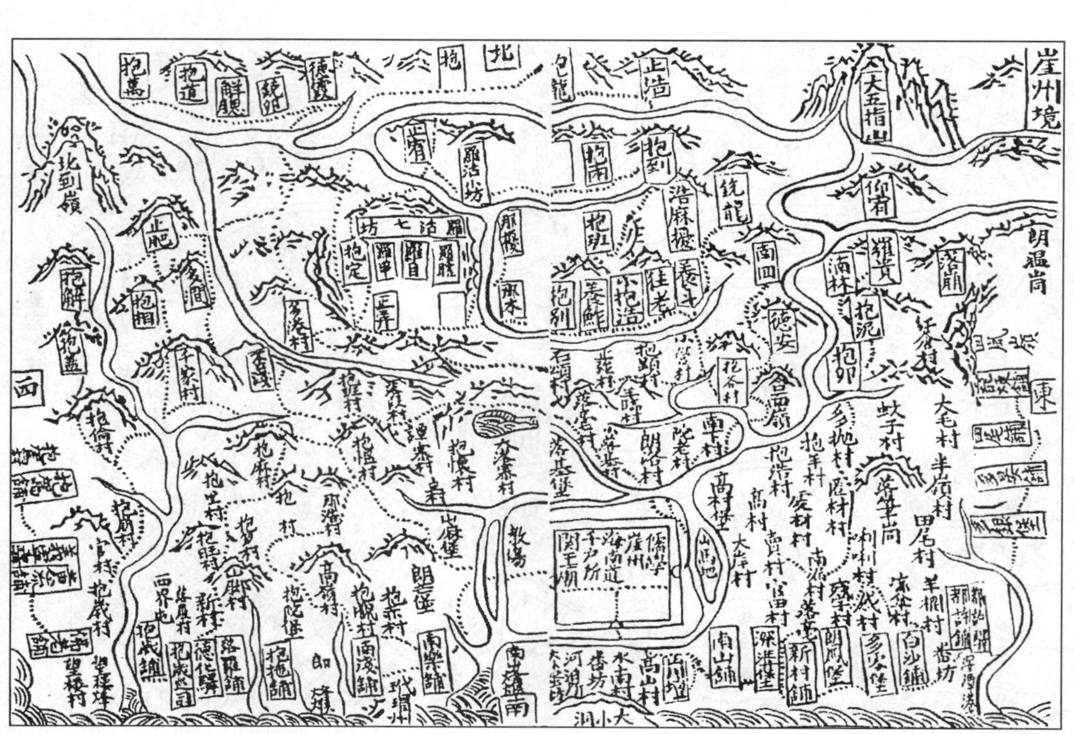

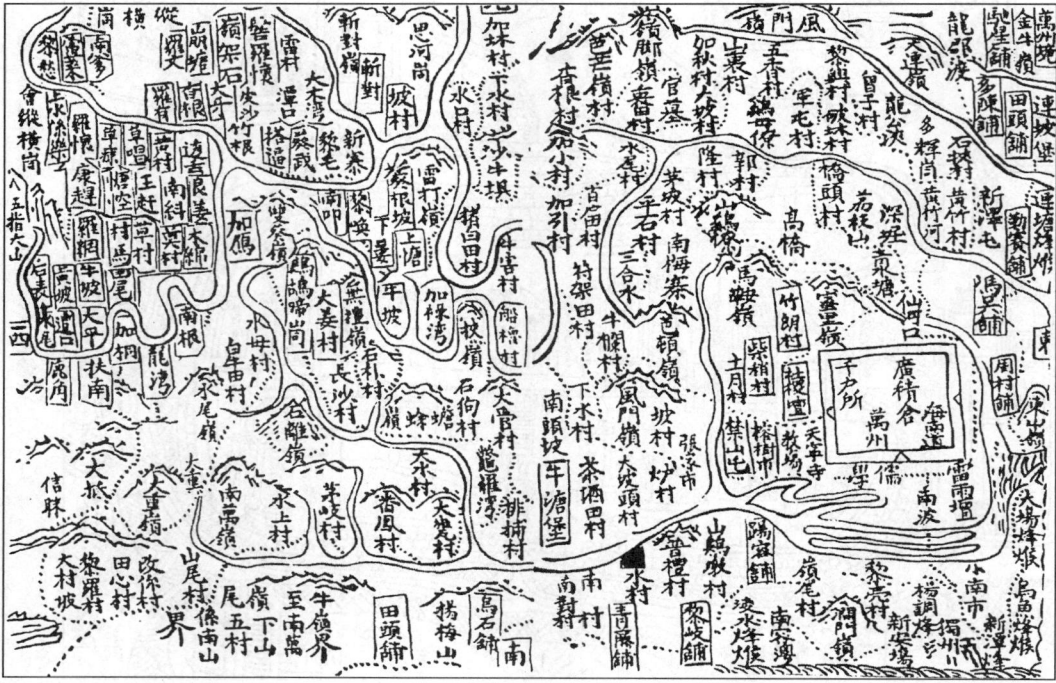

明・崖州境圖　《瓊臺志》（正德）

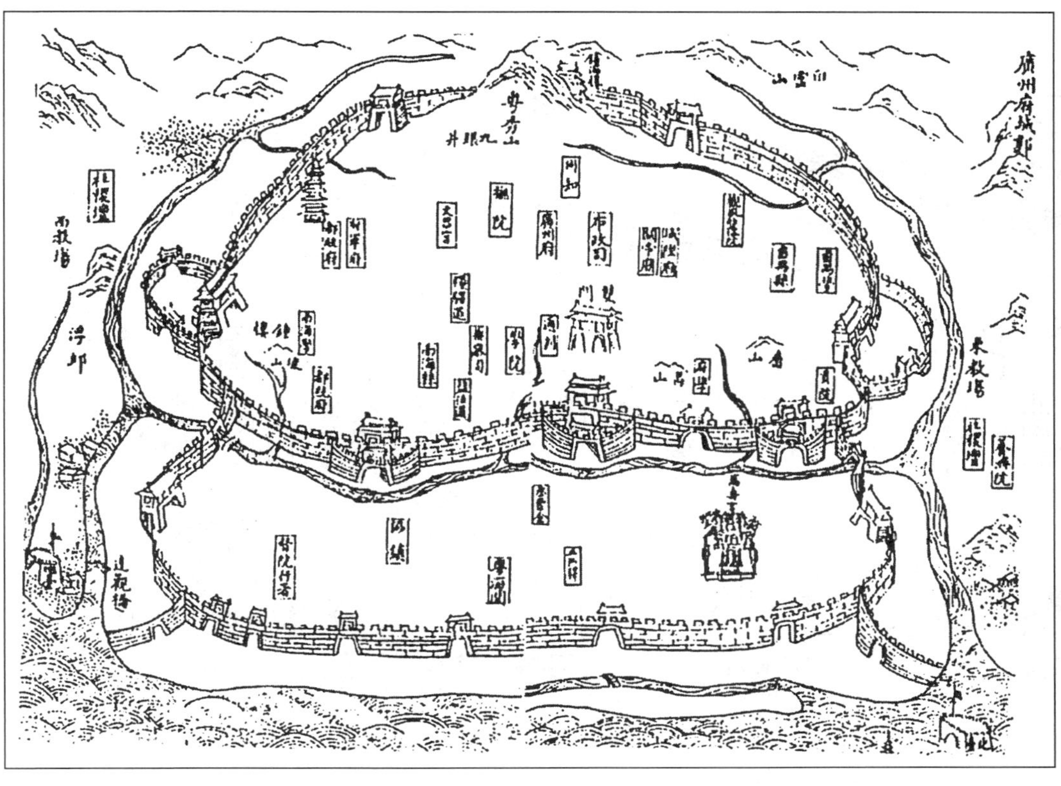

清・廣州府城郭圖　《廣東通志》（雍正）

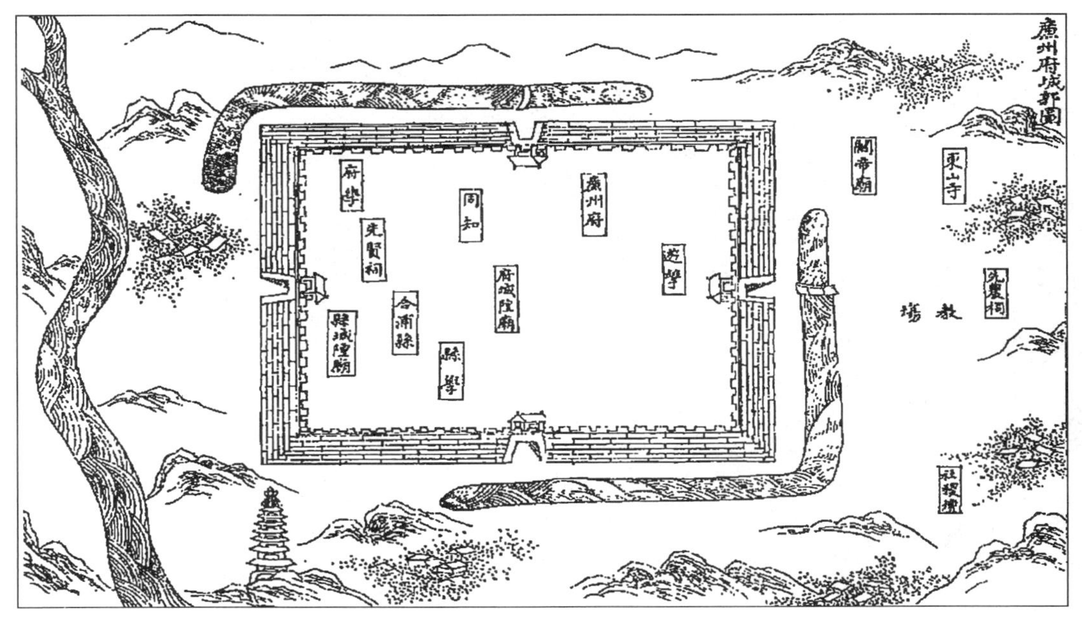

清・廉州府城郭圖　《廣東通志》（雍正）

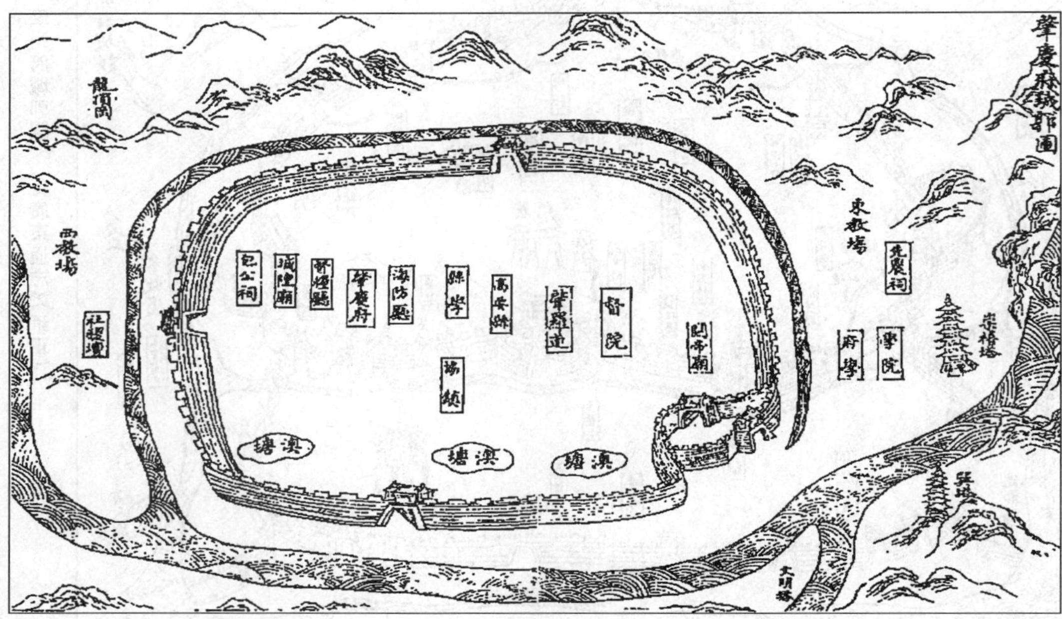

清·肇慶府城郭圖　《廣東通志》（雍正）

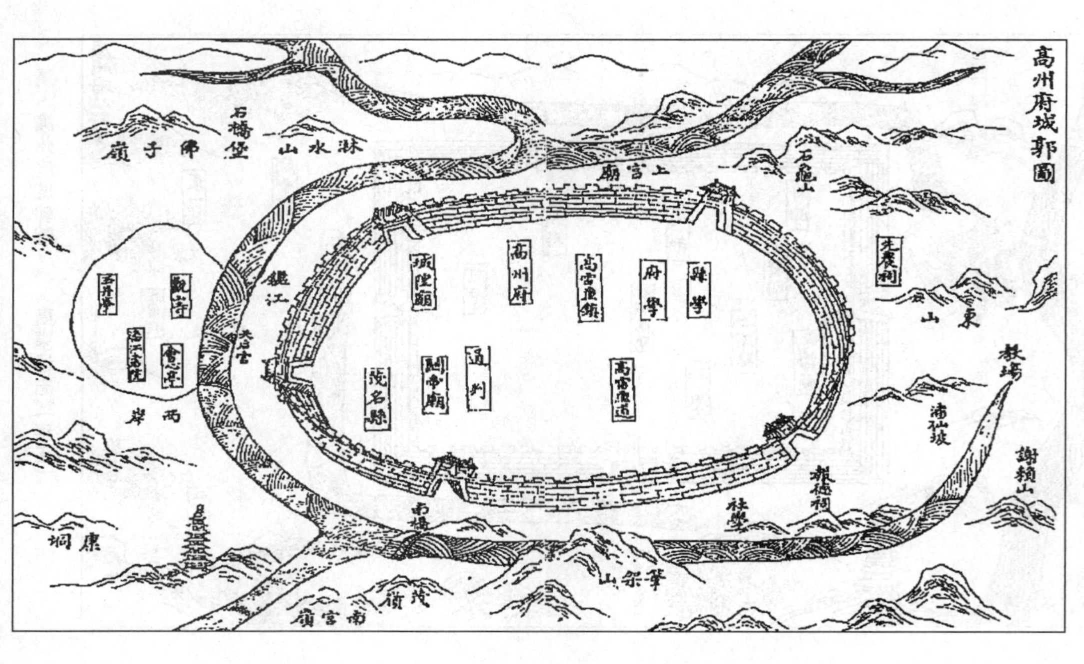

清·高州府城郭圖　《廣東通志》（雍正）

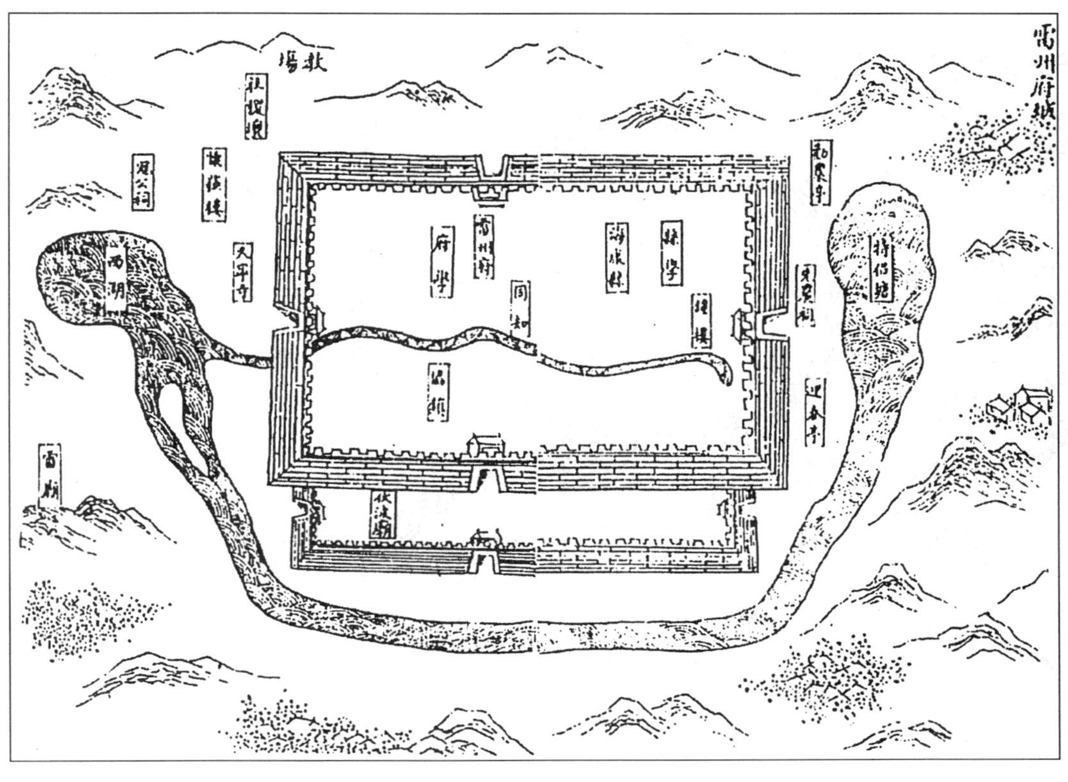

清・雷州府城圖　《廣東通志》(雍正)

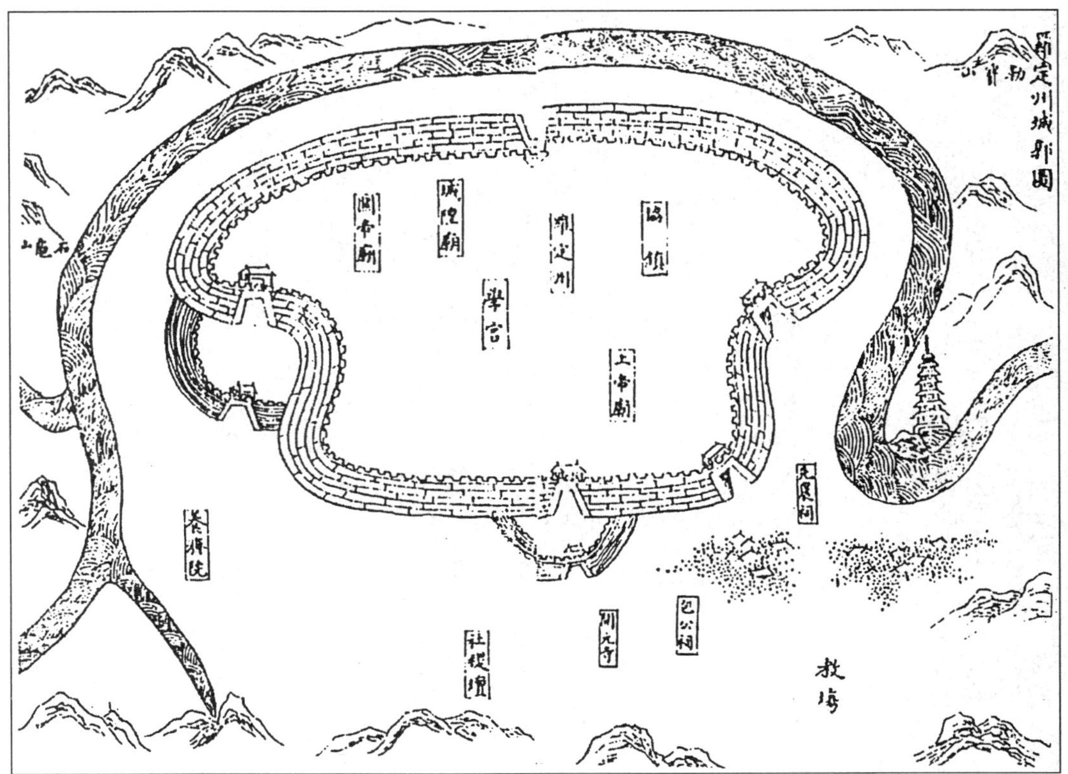

清・羅定州城郭圖　《廣東通志》(雍正)

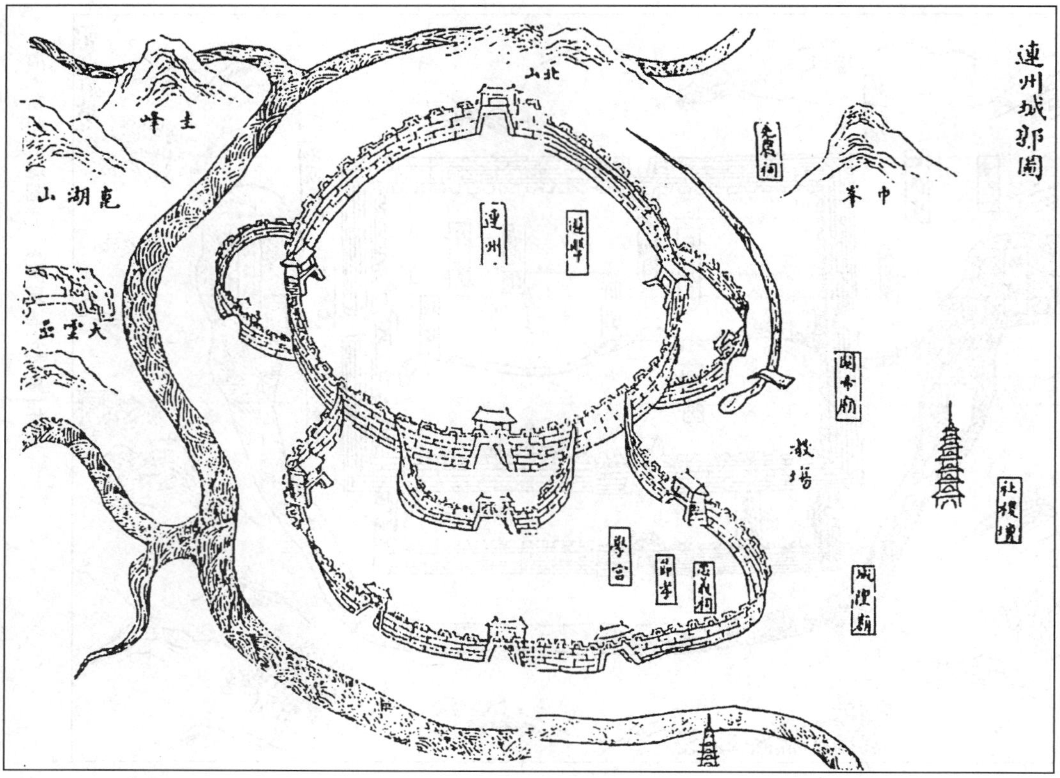

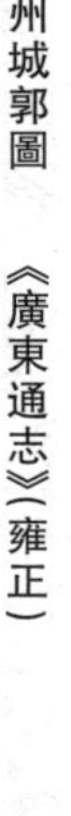

清・連州城郭圖　《廣東通志》（雍正）

清・澳門圖　《廣東通志》（雍正）

清・連平州圖　《廣東輿圖》（康熙）

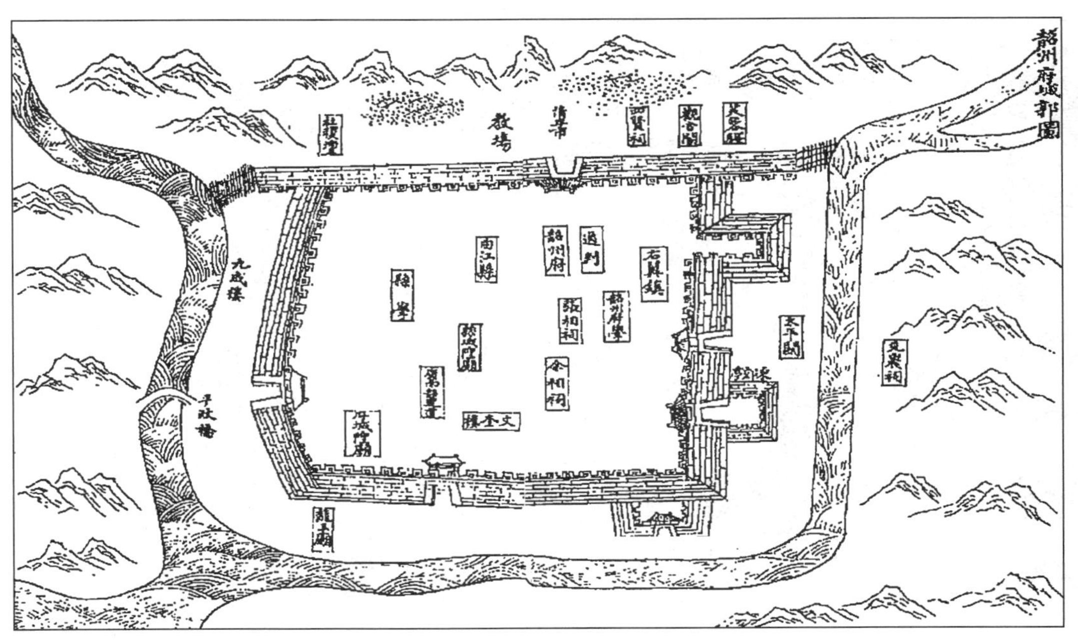

清・韶州府城郭圖　《廣東通志》（雍正）

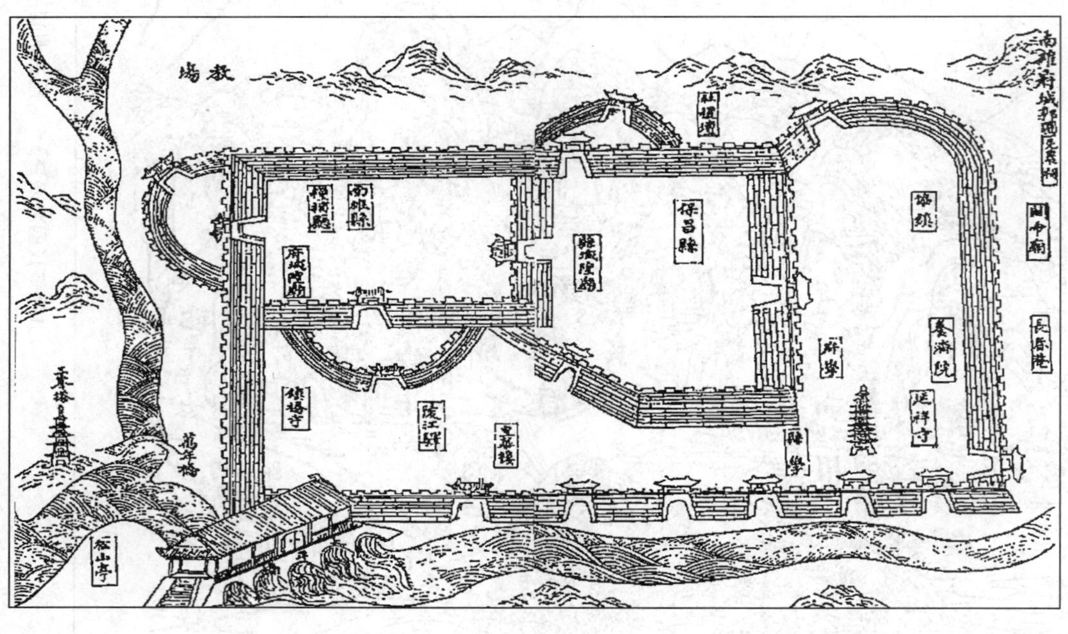

清・南雄府城郭圖　《廣東通志》（雍正）

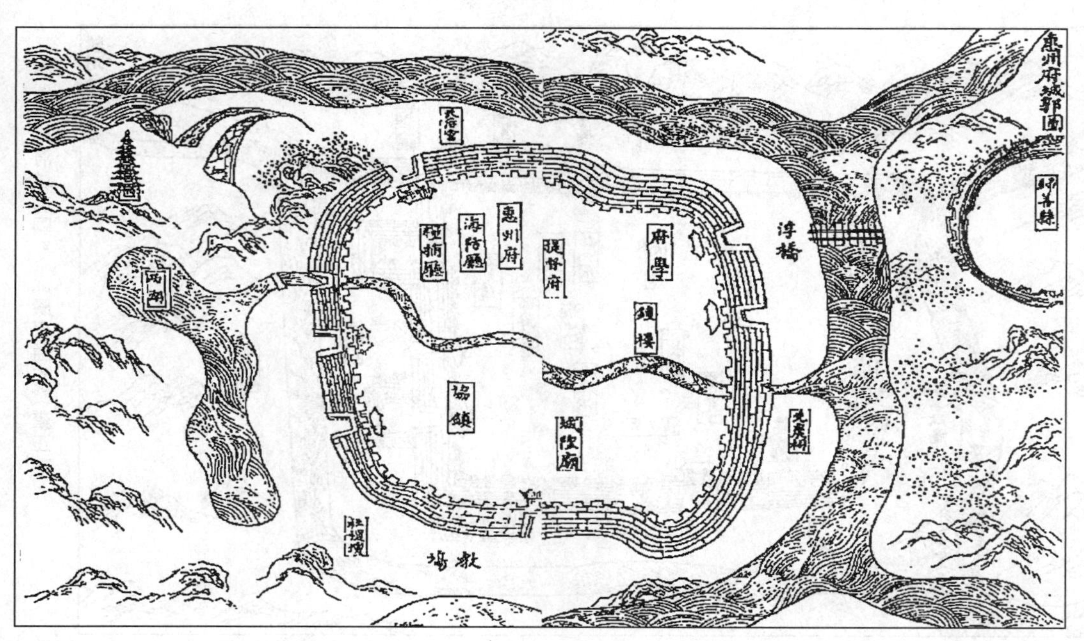

清・惠州府城郭圖　《廣東通志》（雍正）

清・潮州府城郭圖　《廣東通志》（雍正）

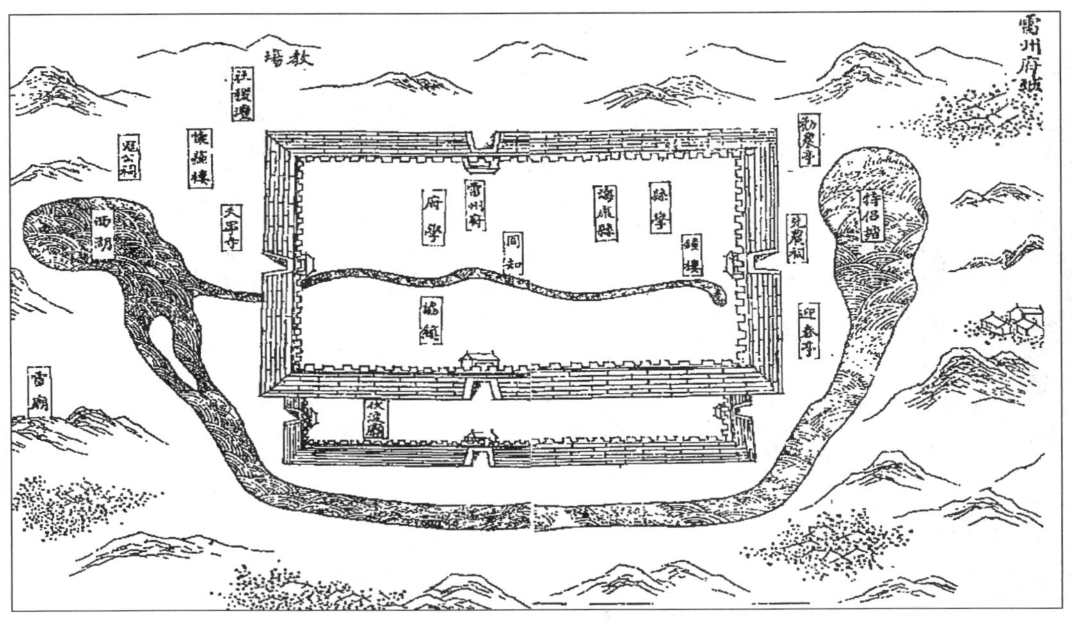

清・雷州府城圖　《廣東通志》（雍正）

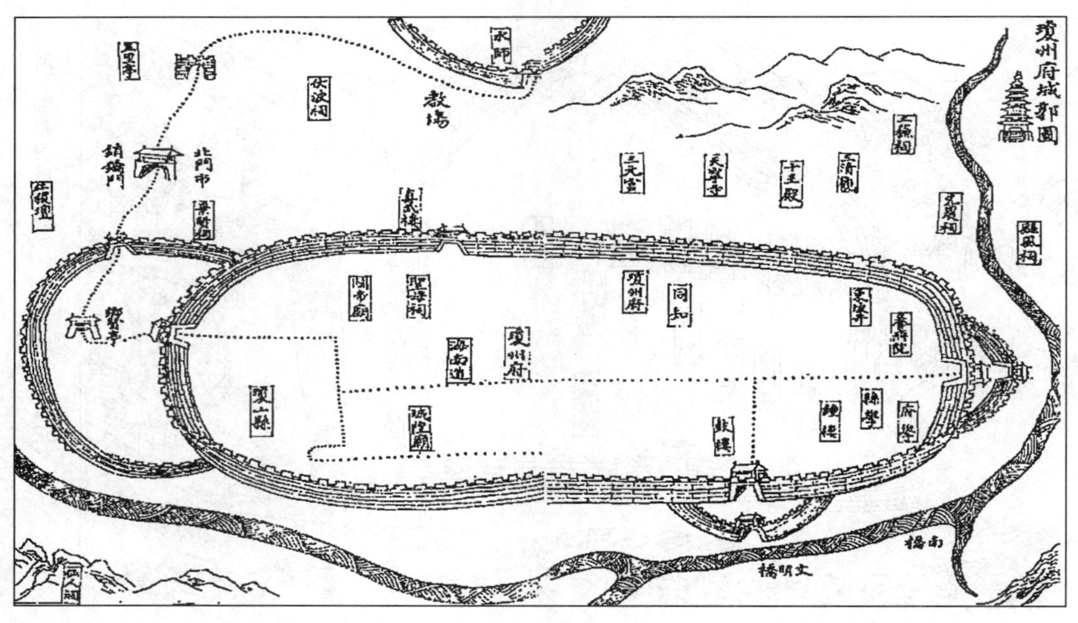
清·瓊州府城郭圖 《廣東通志》(雍正)

廣西

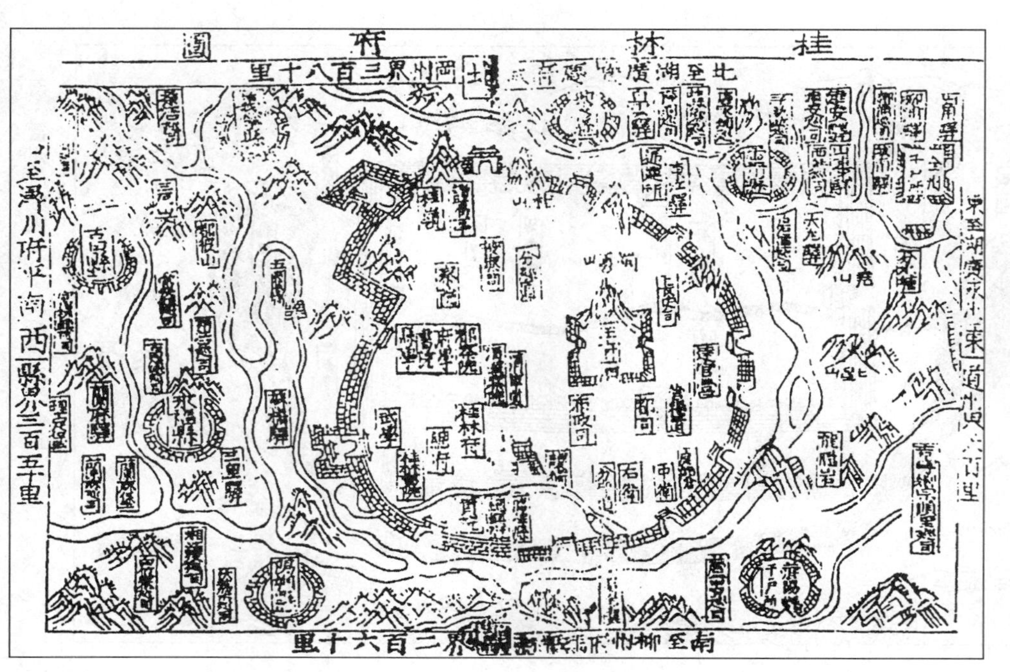
明·桂林府圖 《廣西通志》(嘉靖)

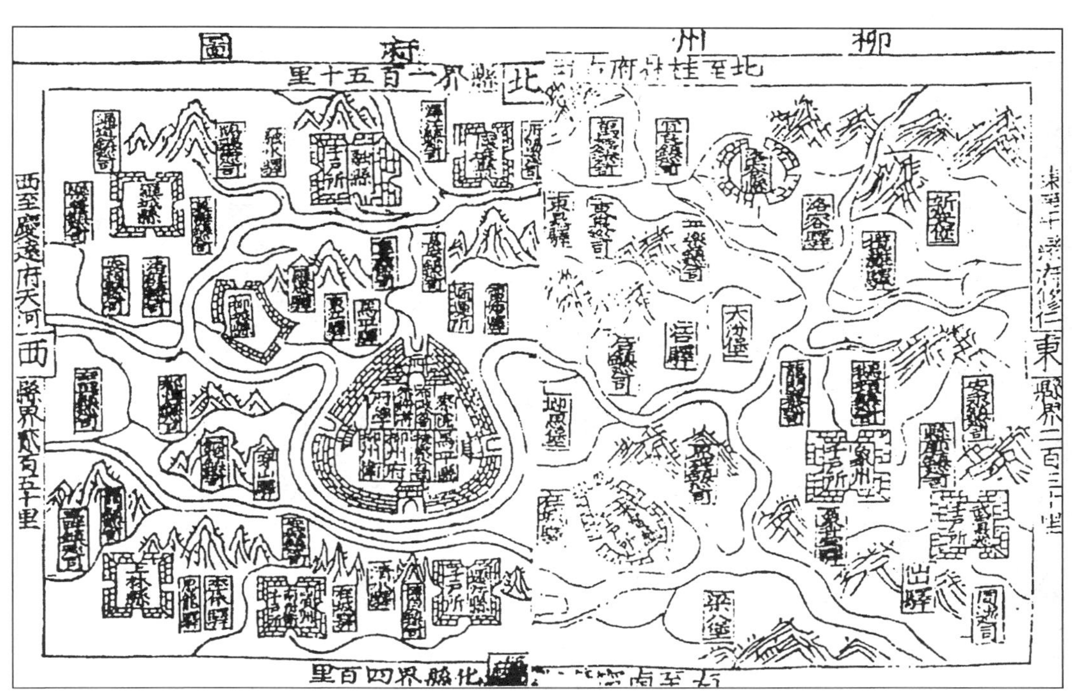

明・柳州府圖　《廣西通志》（嘉靖）

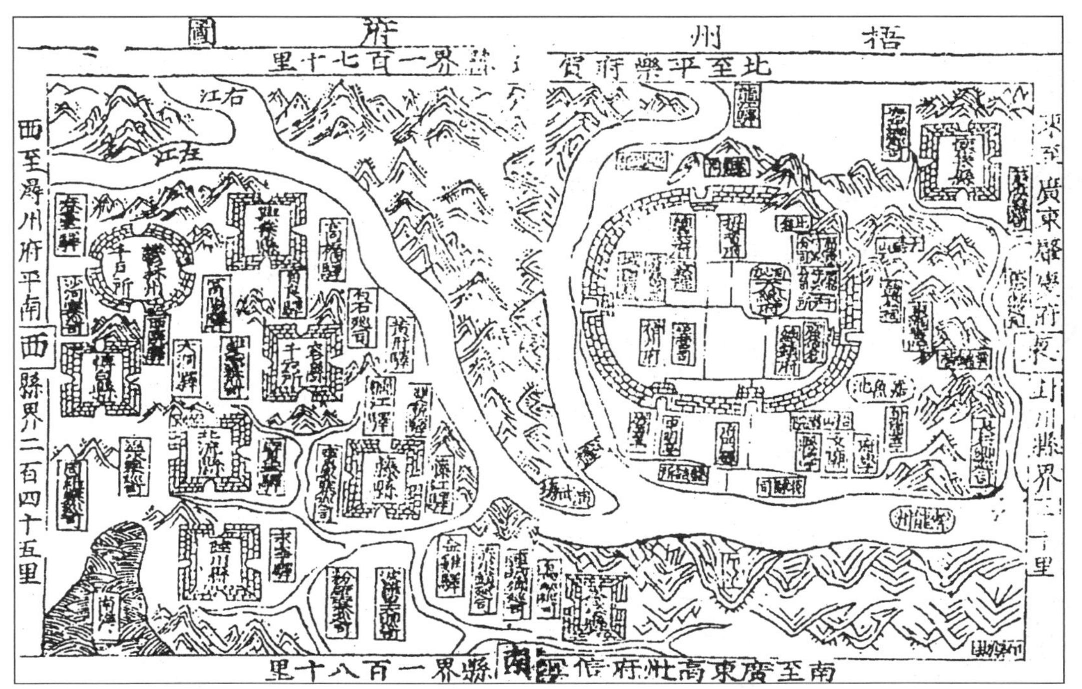

明・梧林府圖　《廣西通志》（嘉靖）

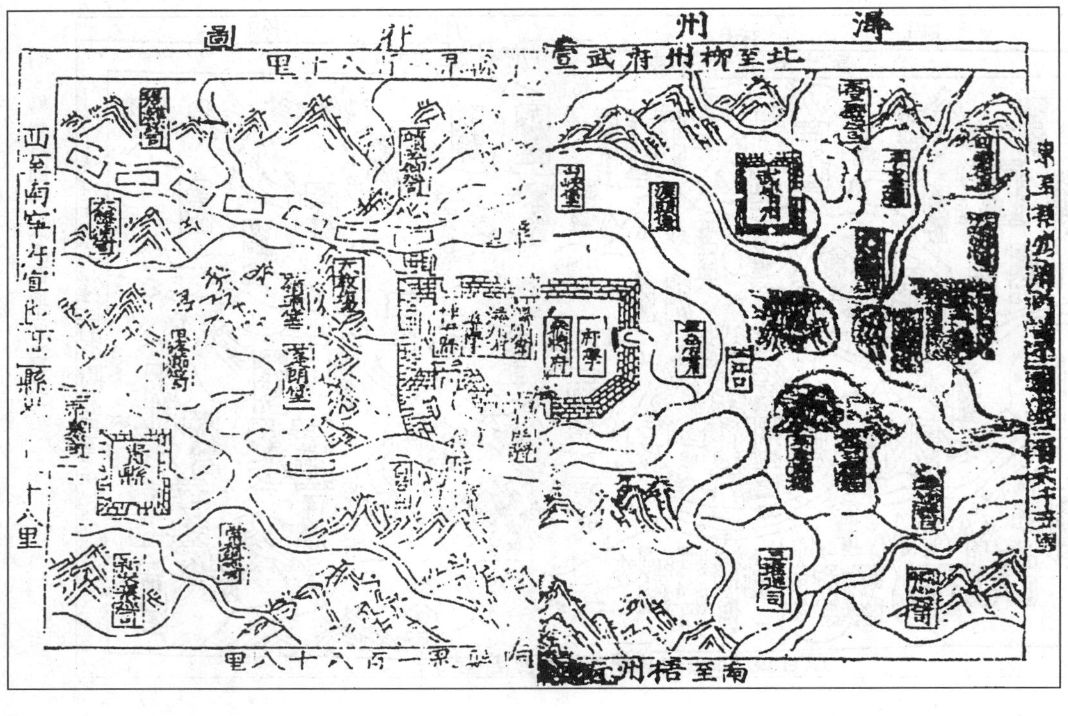

明・潯州府圖　《廣西通志》（嘉靖）

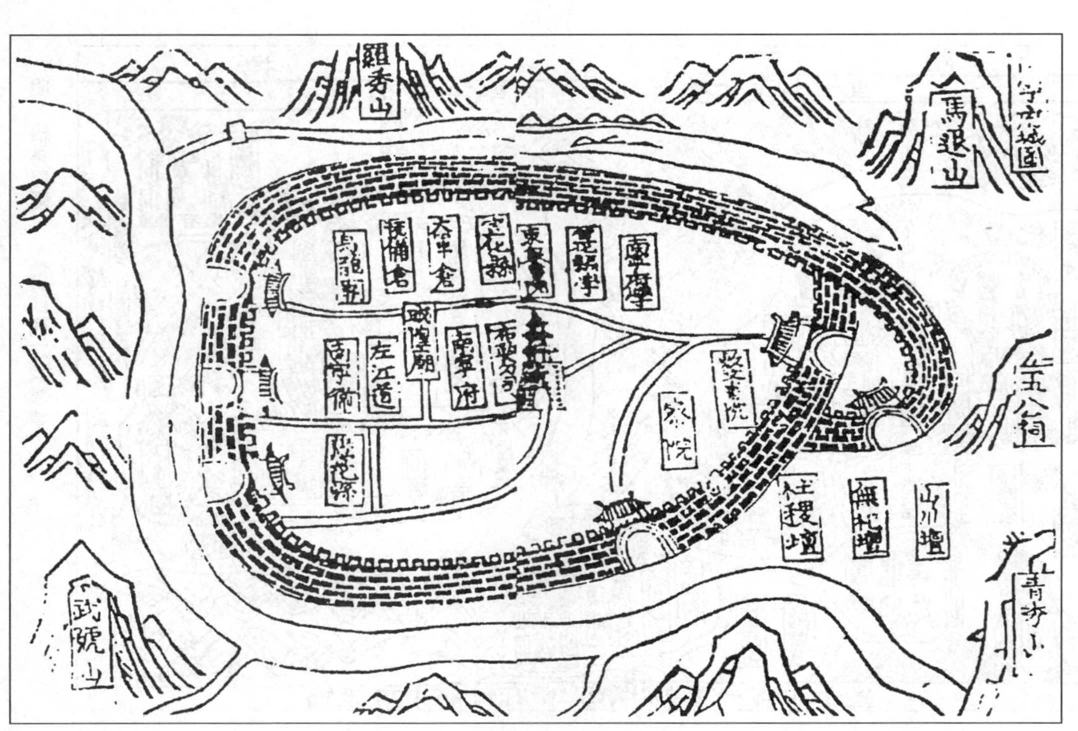

明・南寧府城圖　《南寧府志》（嘉靖）

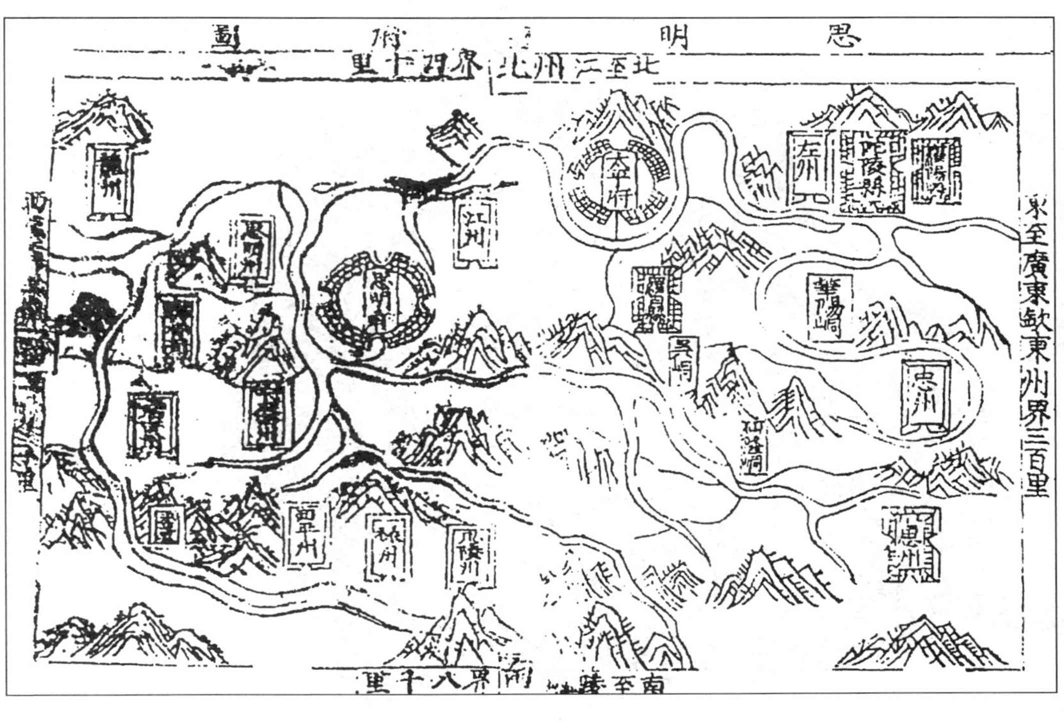

明・思明府圖　《廣西通志》（嘉靖）

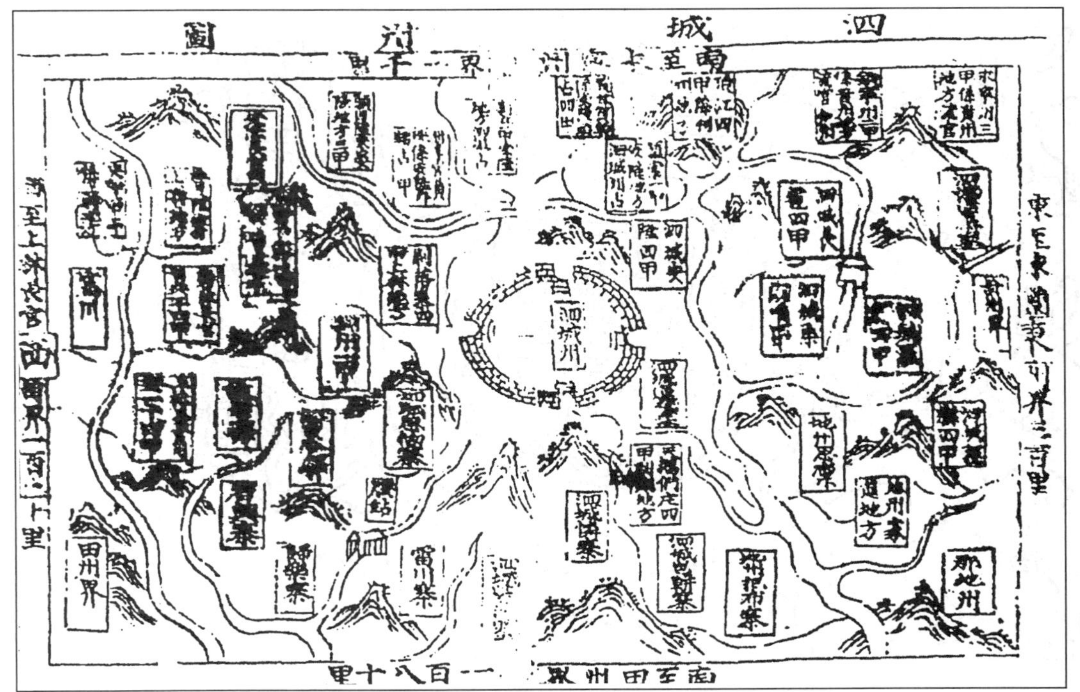

明・泗城州圖　《廣西通志》（嘉靖）

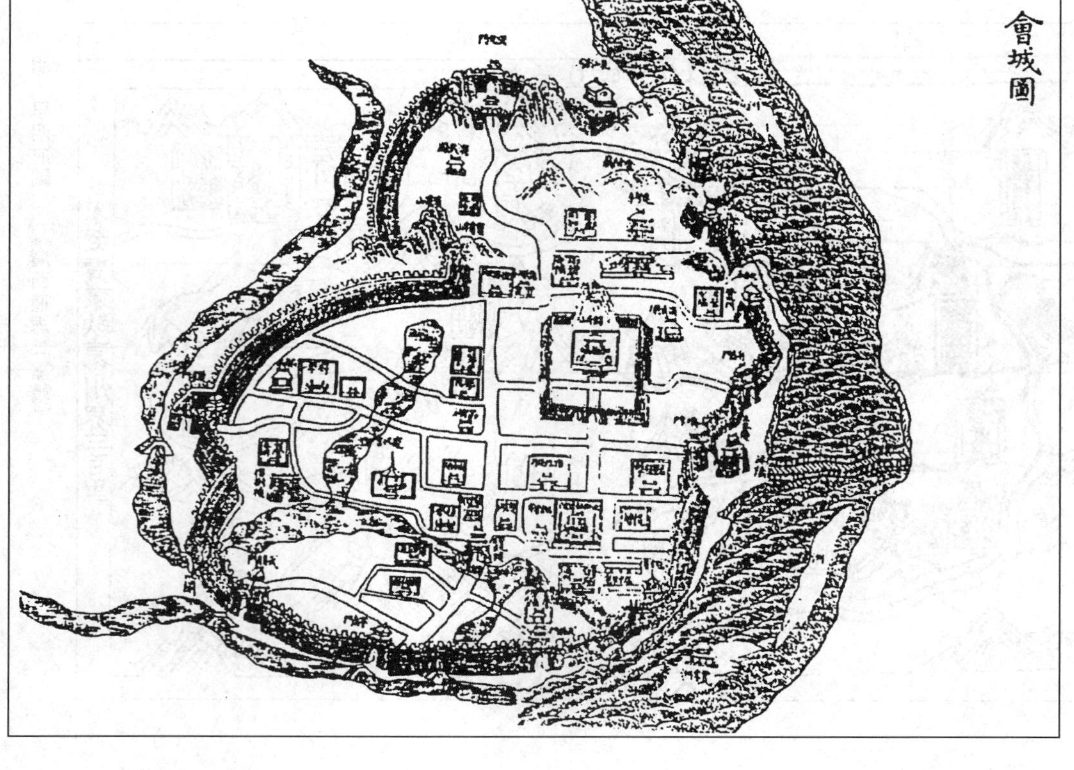

清・廣西會城圖　《廣西通志》(雍正)

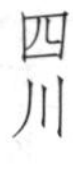
四川

明・蓬州形勝之圖　《蓬州志》(正德)

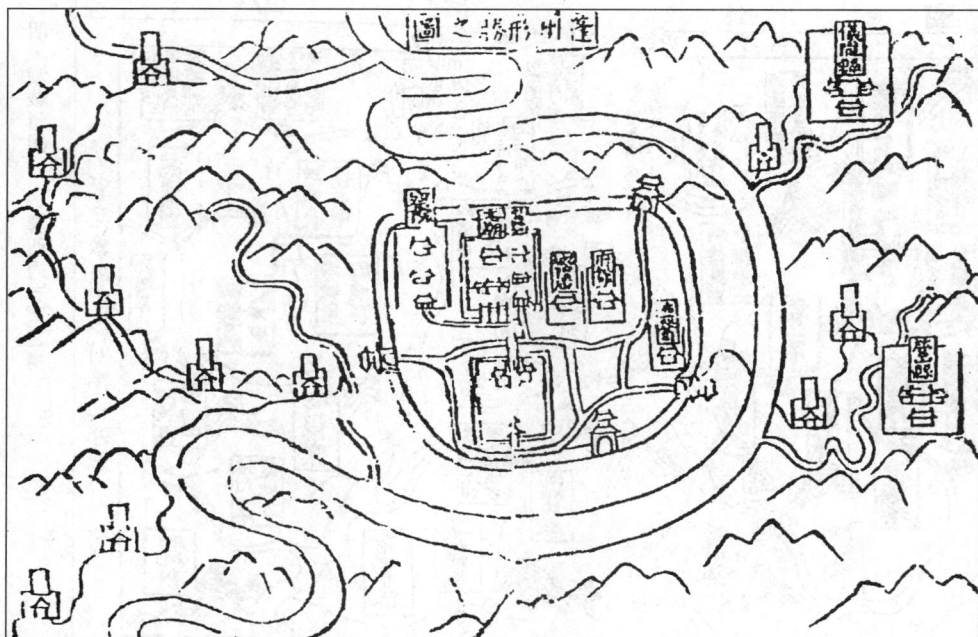

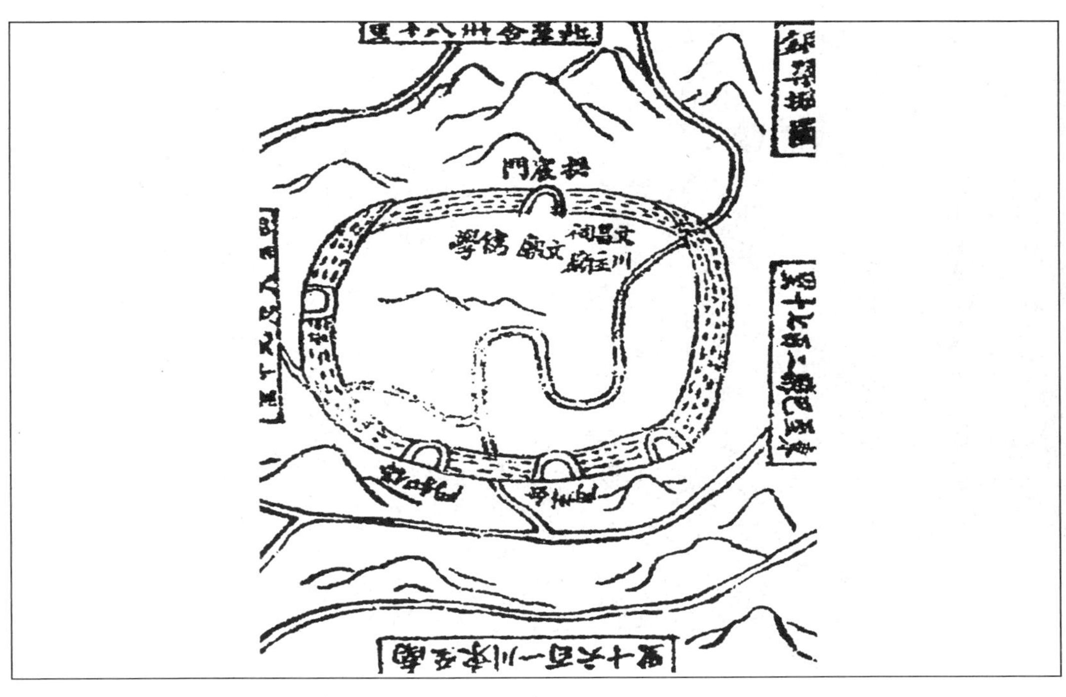

明·銅梁城圖　《合州志》(萬曆)

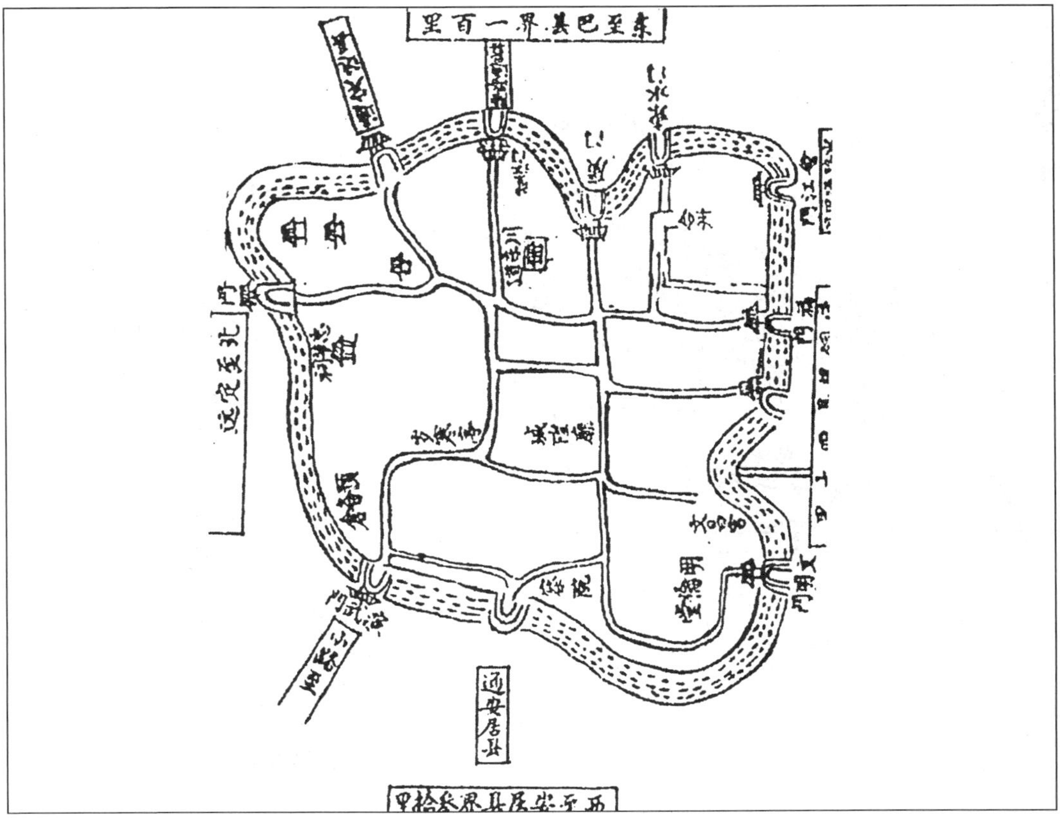

明·合州城圖　《合州志》(萬曆)

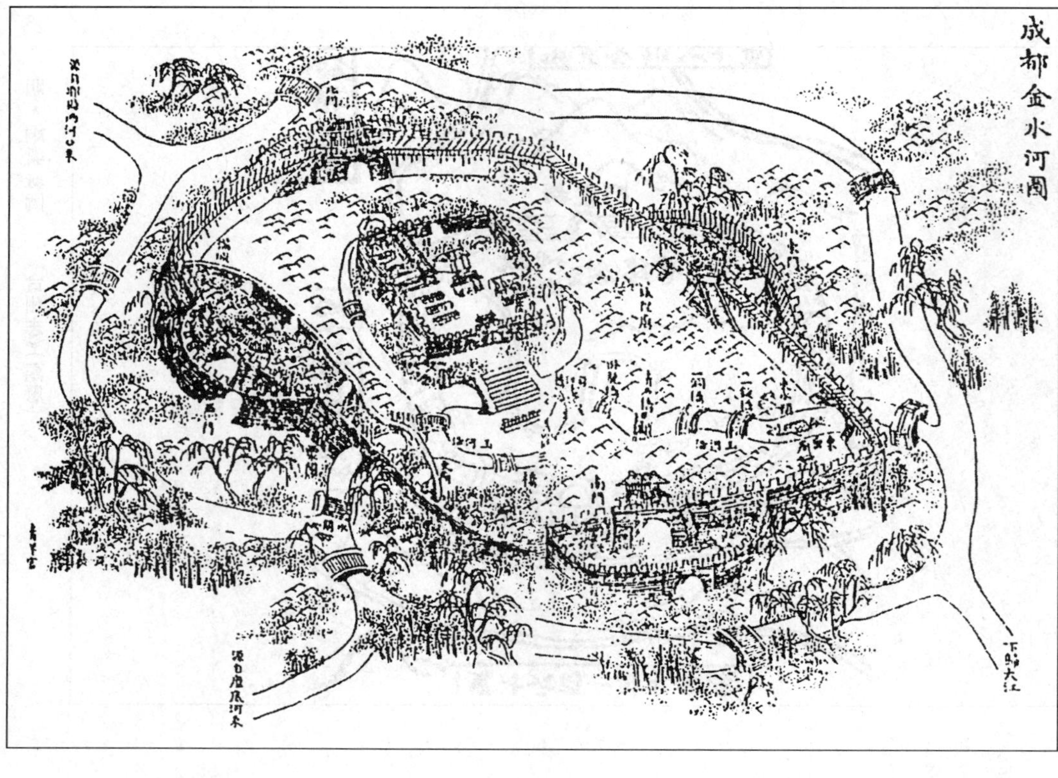

清・成都金水河圖　《四川通志》(雍正)

惠遠廟圖　《四川通志》(雍正)

清・涪州城圖　《重慶府涪州志》（康熙）

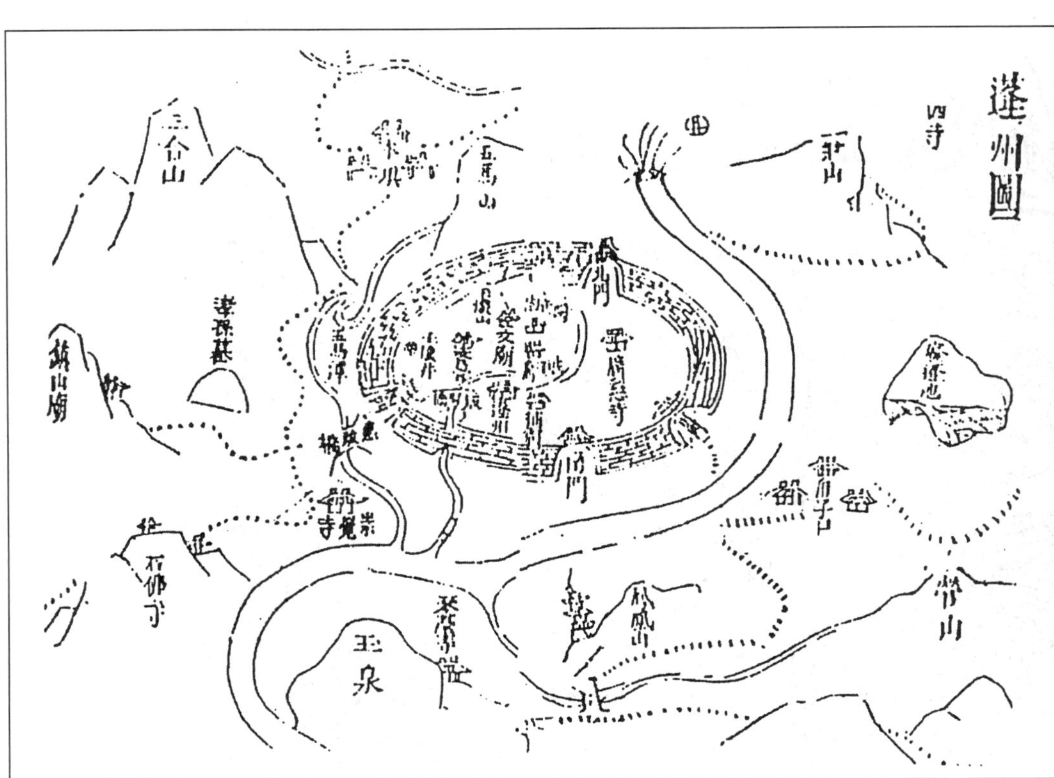

清・蓬州圖　《順慶府志》（康熙）

清・廣安州圖　《順慶府志》（康熙）

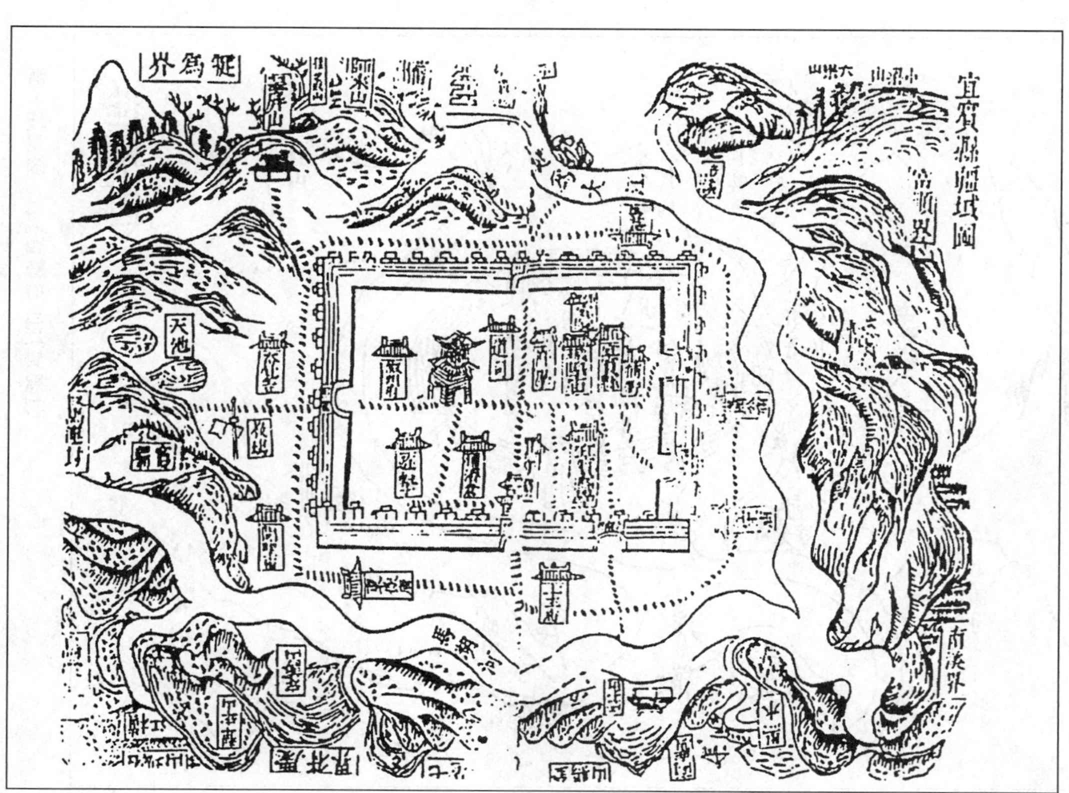

清・宜賓縣疆域圖　《叙州府志》（康熙）

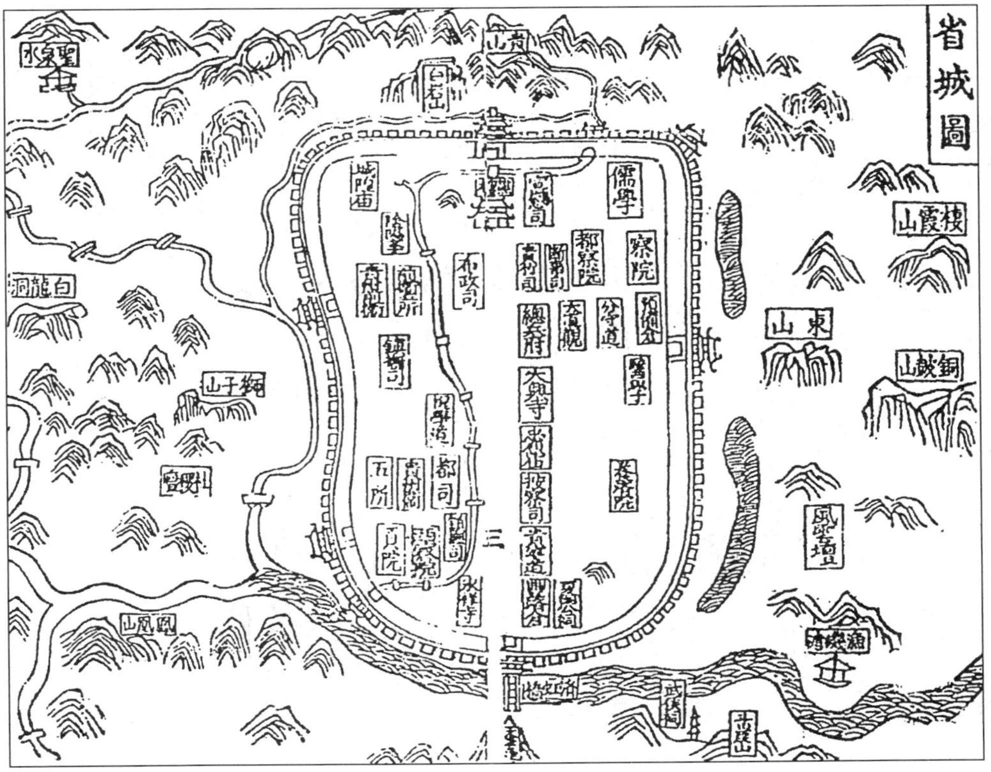

明・省城圖　《貴州通志》（嘉靖）

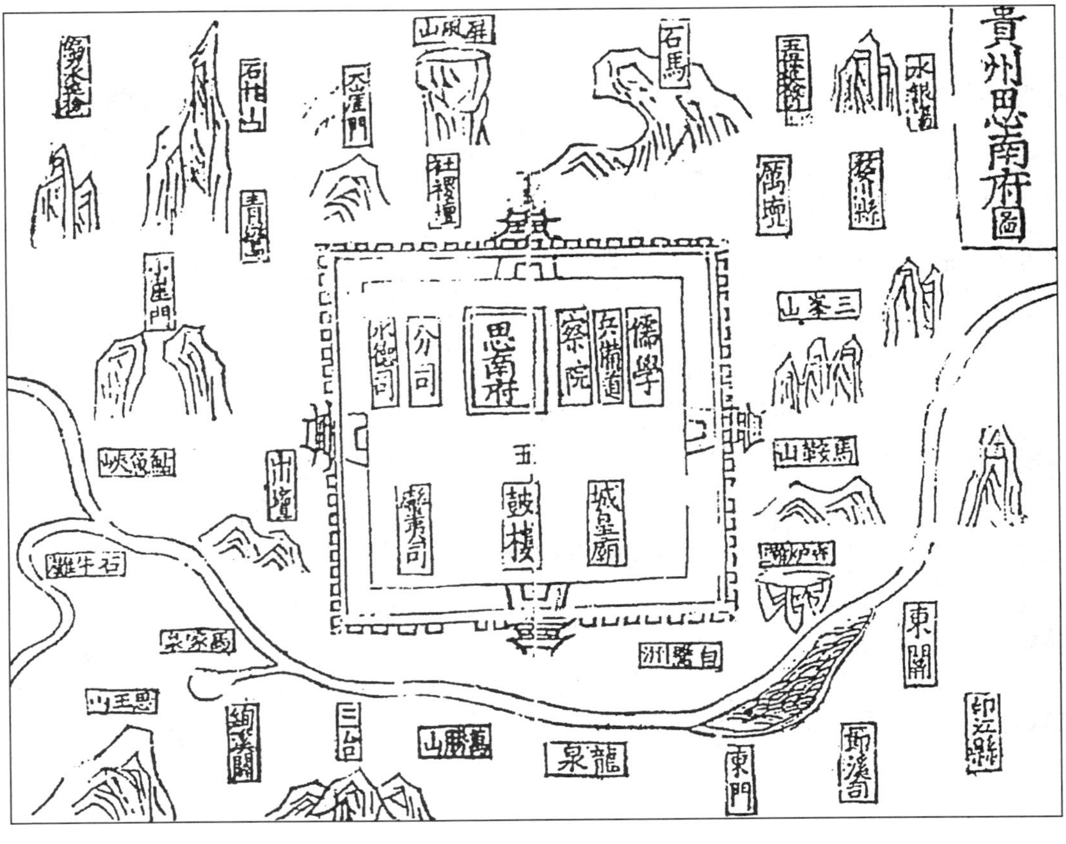

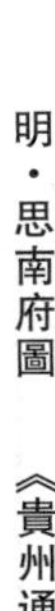

明・思南府圖　《貴州通志》（嘉靖）

明・貴州程番府圖　《貴州通志》（嘉靖）

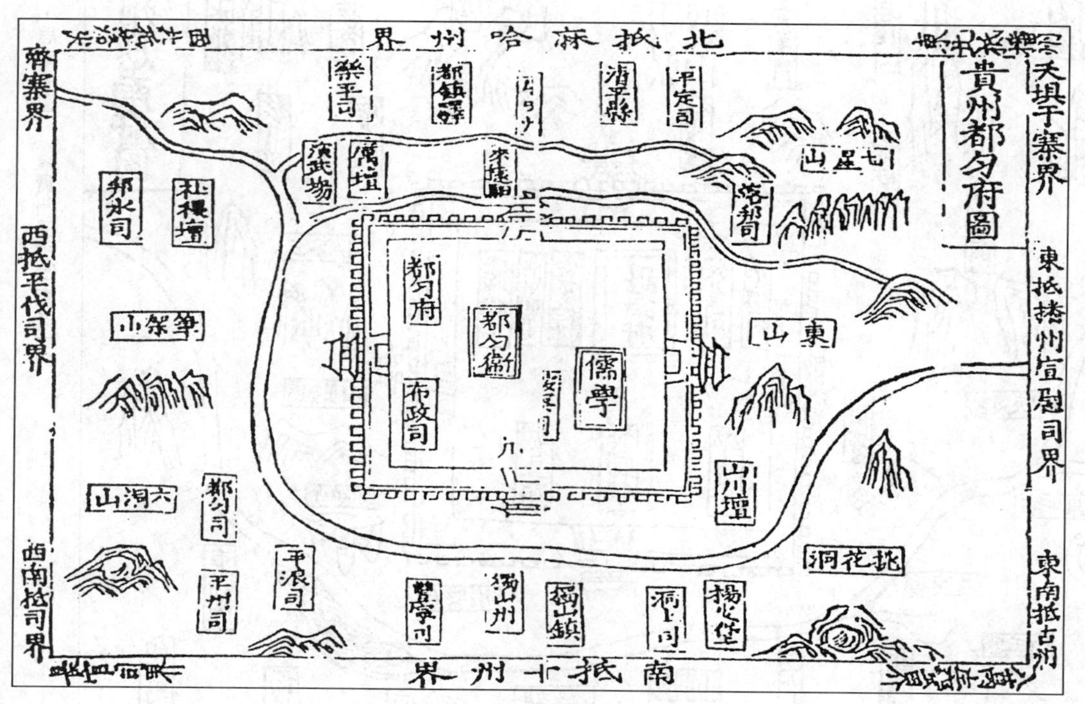

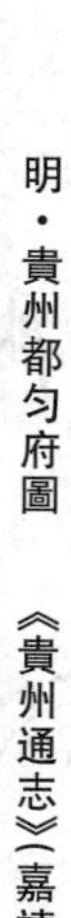
明・貴州都勻府圖　《貴州通志》（嘉靖）

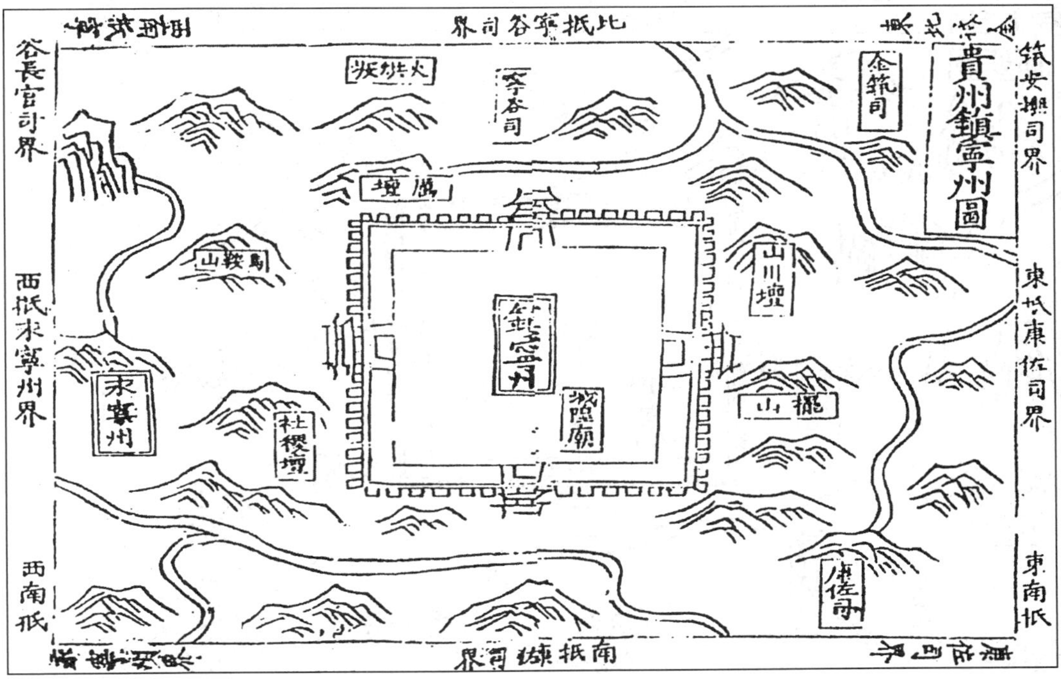

明・貴州鎮寧府圖　《貴州通志》（嘉靖）

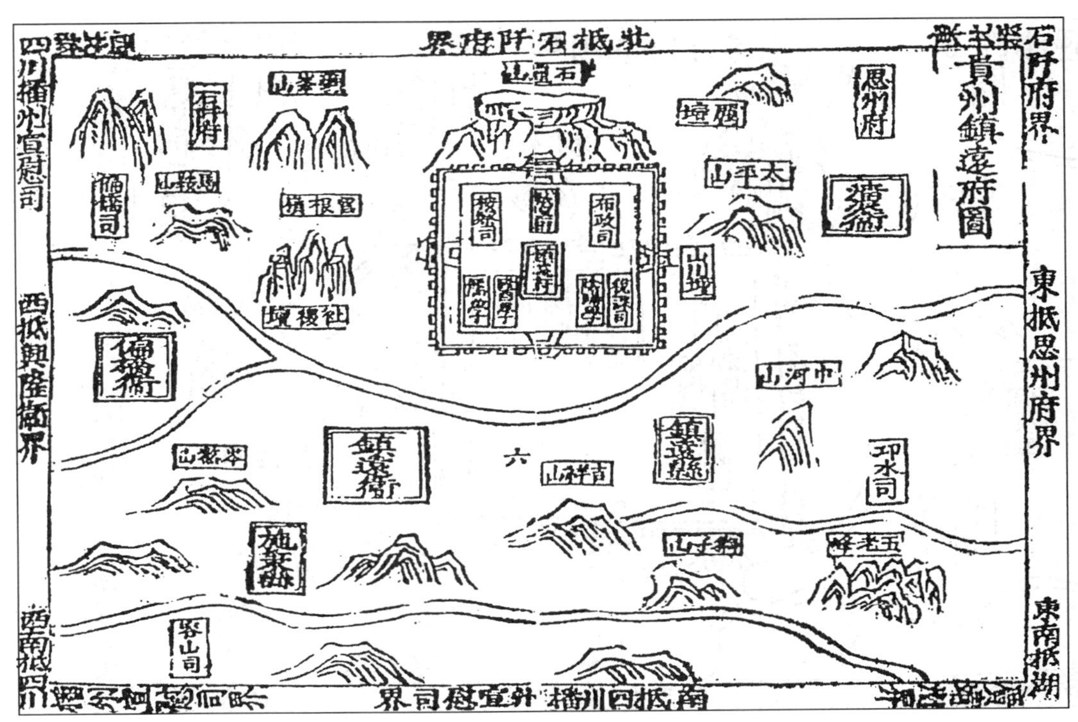

明・貴州鎮遠府圖　《貴州通志》（嘉靖）

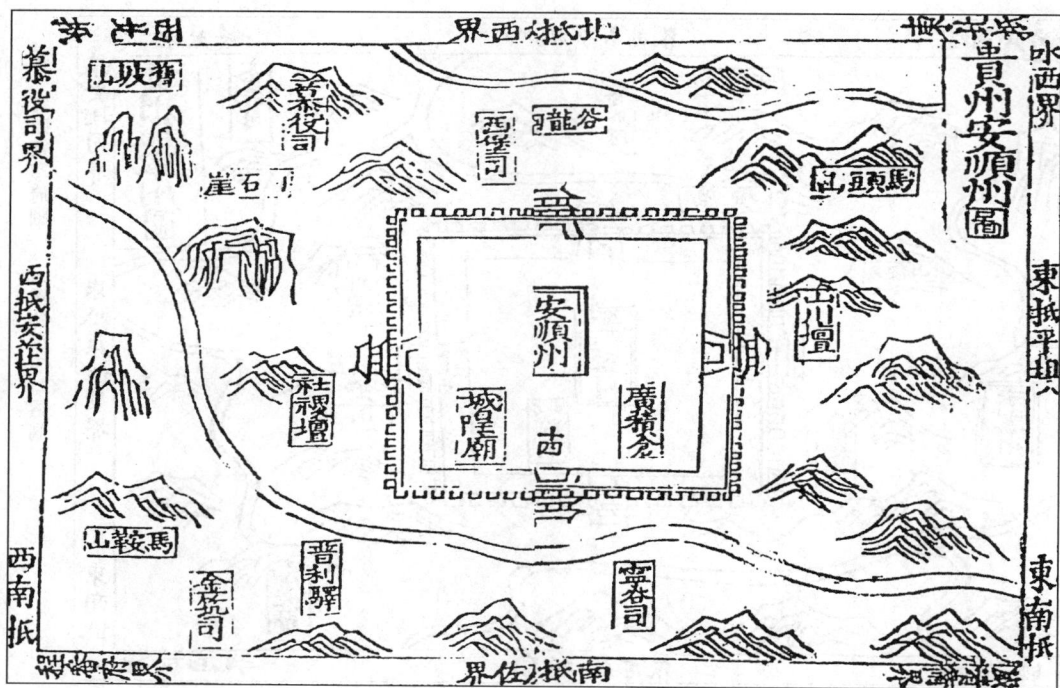

明·貴州安順州圖　《貴州通志》（嘉靖）

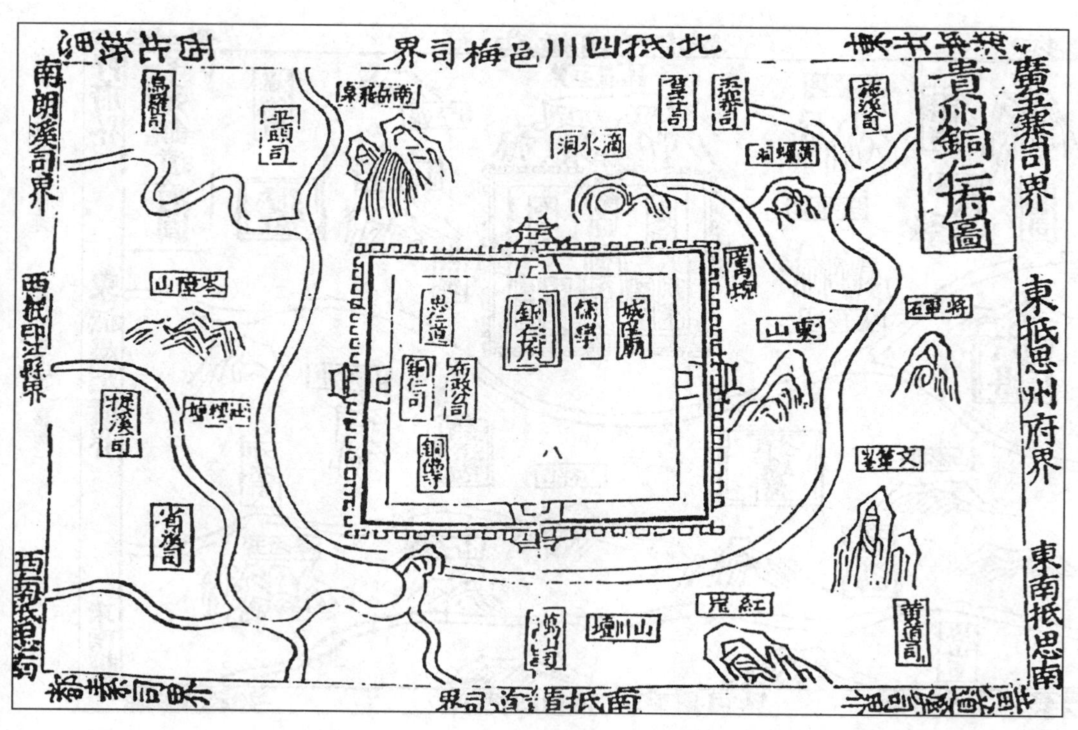

明·貴州銅仁府圖　《貴州通志》（嘉靖）

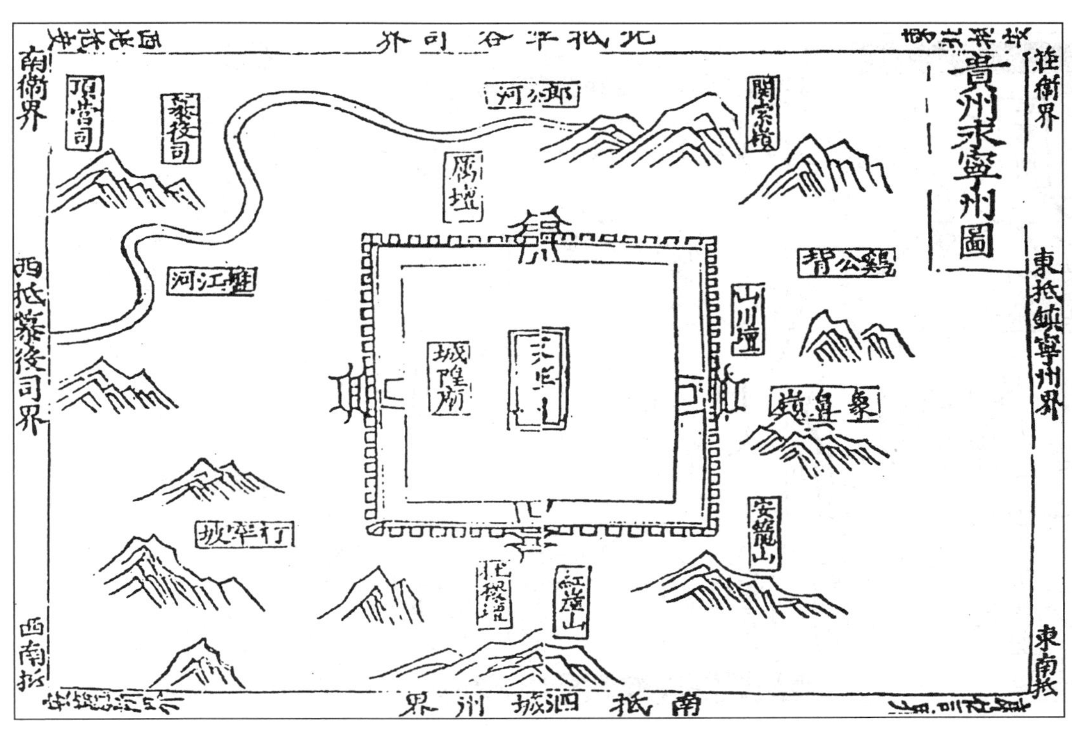

明·貴州永寧州圖 《貴州通志》(嘉靖)

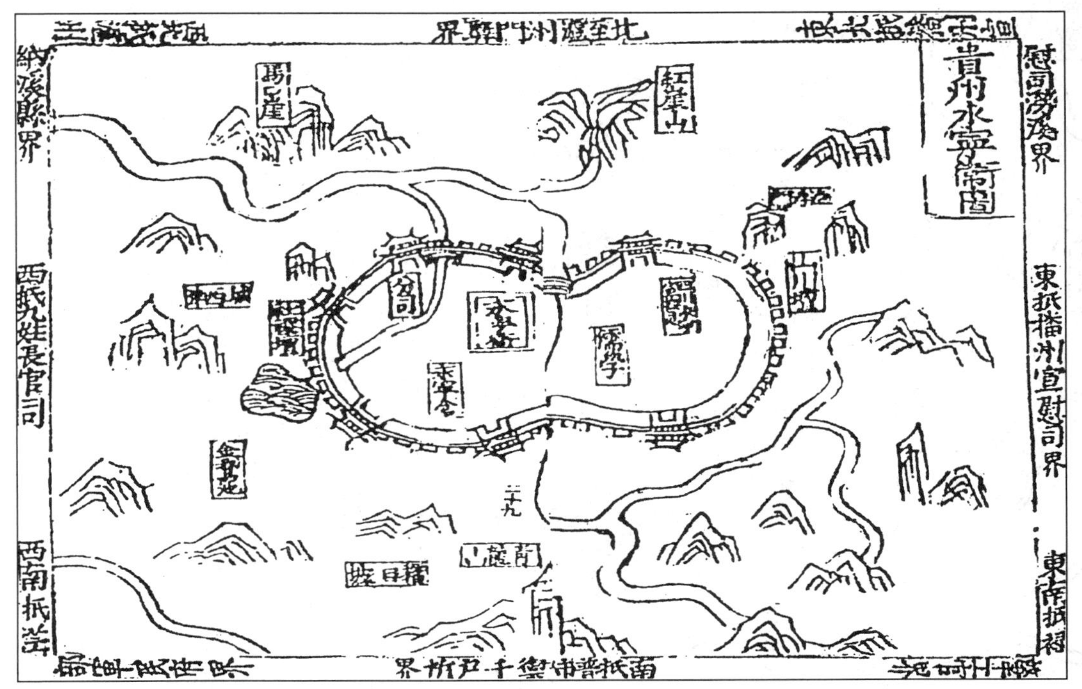

明·貴州永寧衛圖 《貴州通志》(嘉靖)

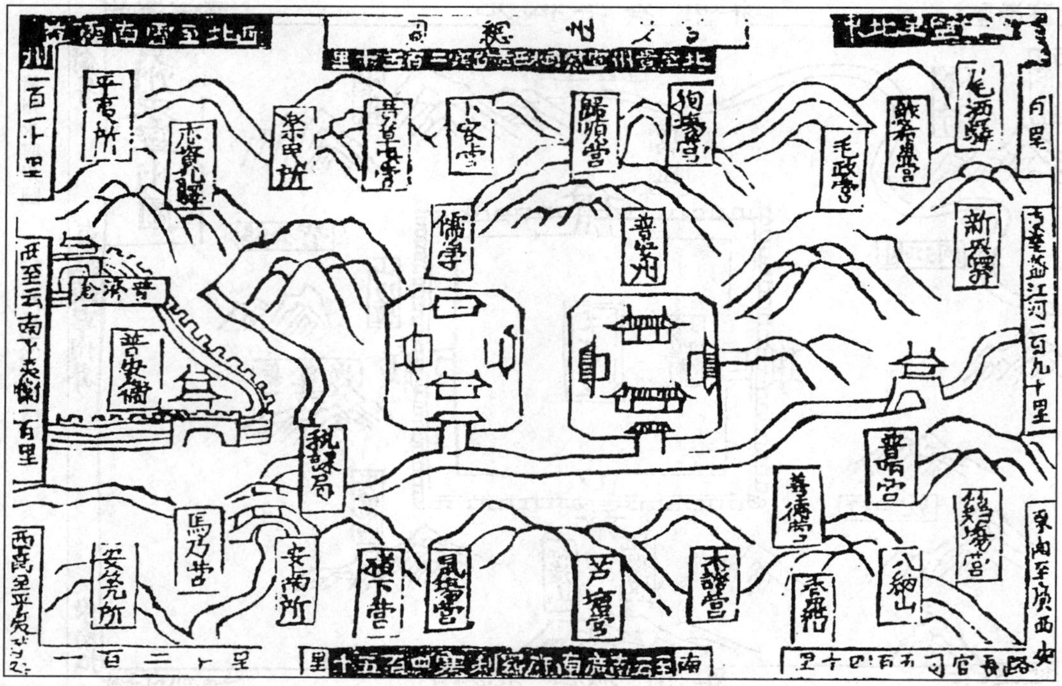

明·普安州總圖　《普安州志》（嘉靖）

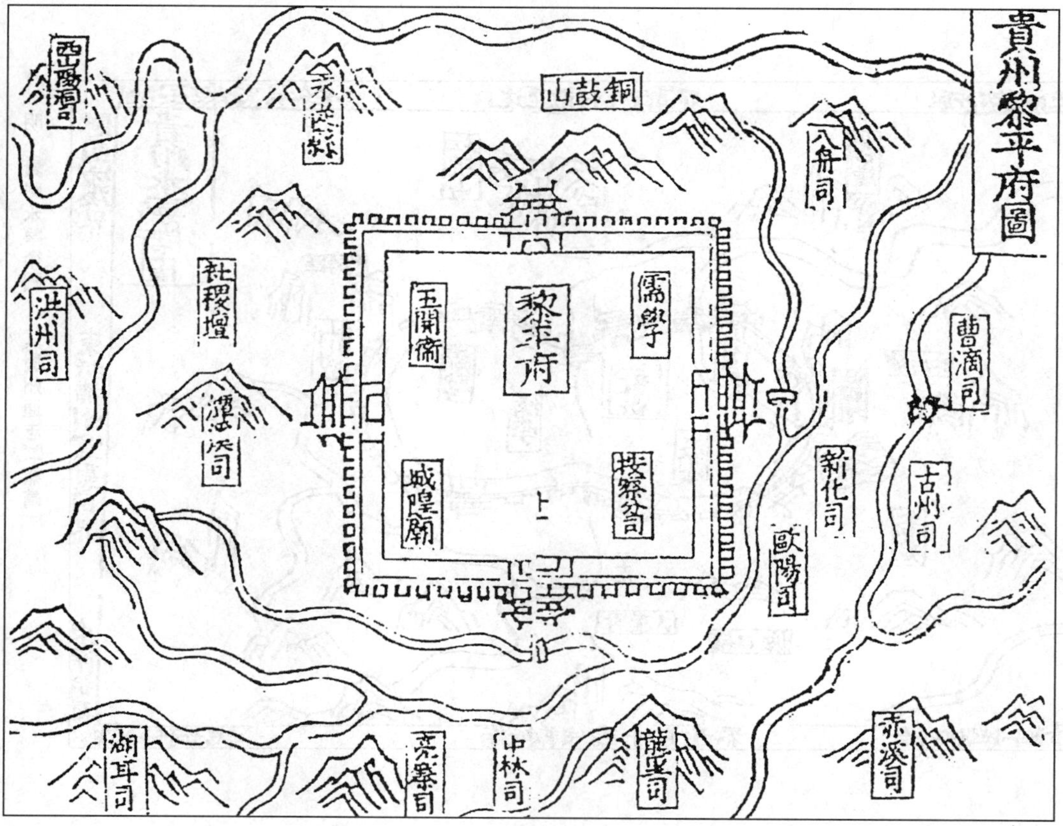

明·貴州黎平府圖　《貴州通志》（嘉靖）

明・貴州思州府圖　《貴州通志》（嘉靖）

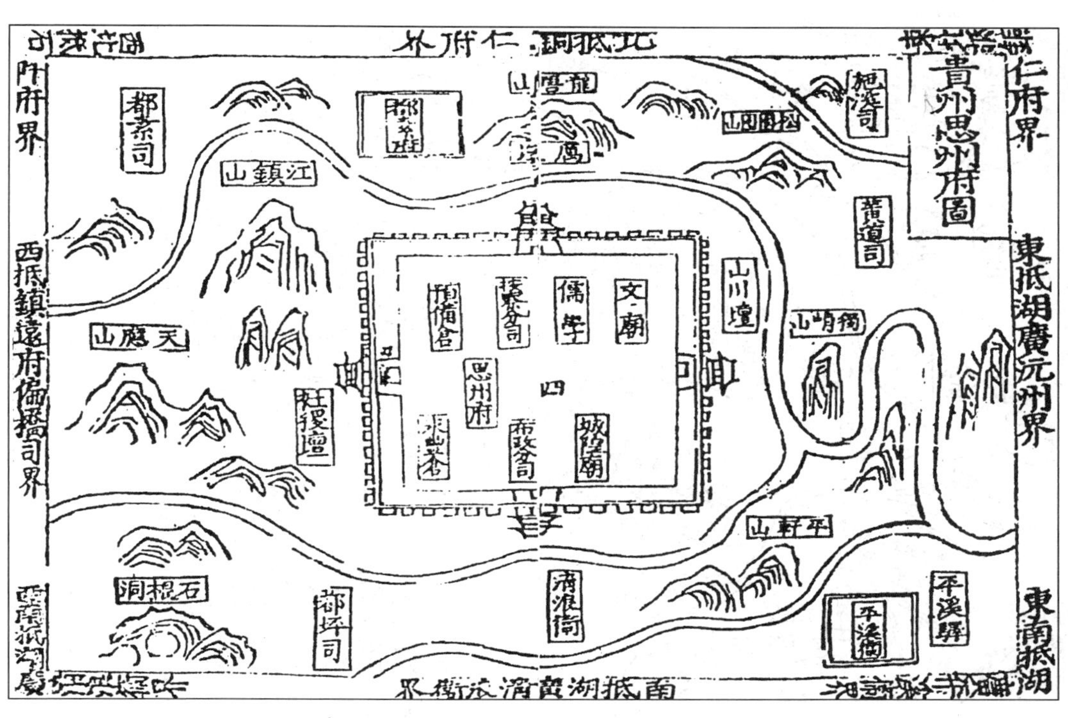

明・貴州石阡府圖　《貴州通志》（嘉靖）

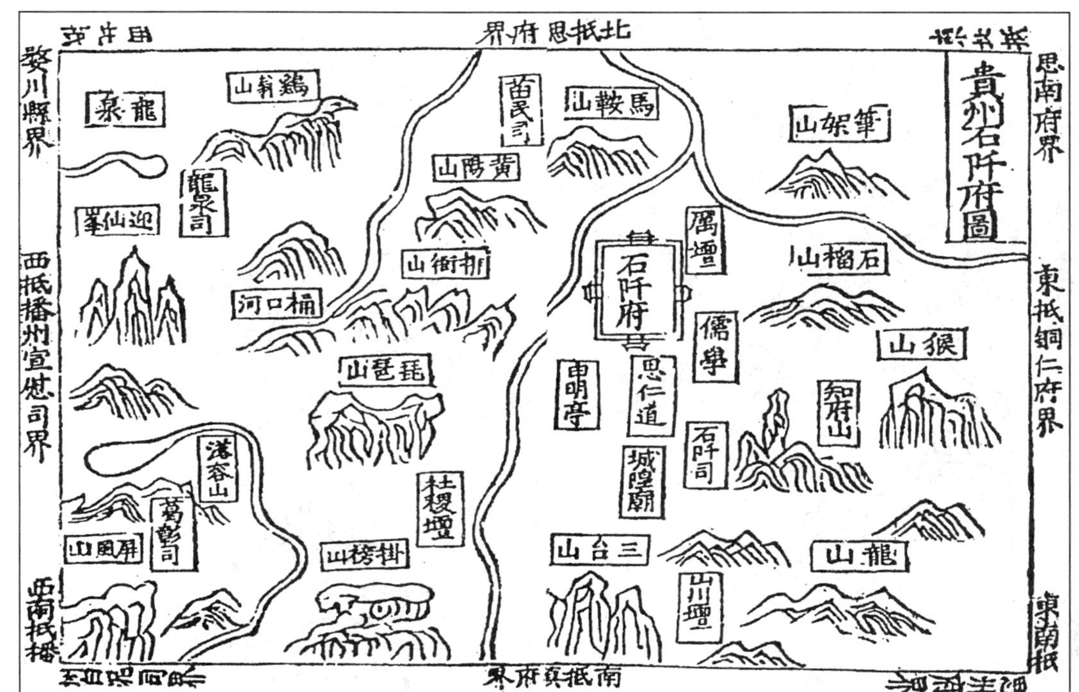

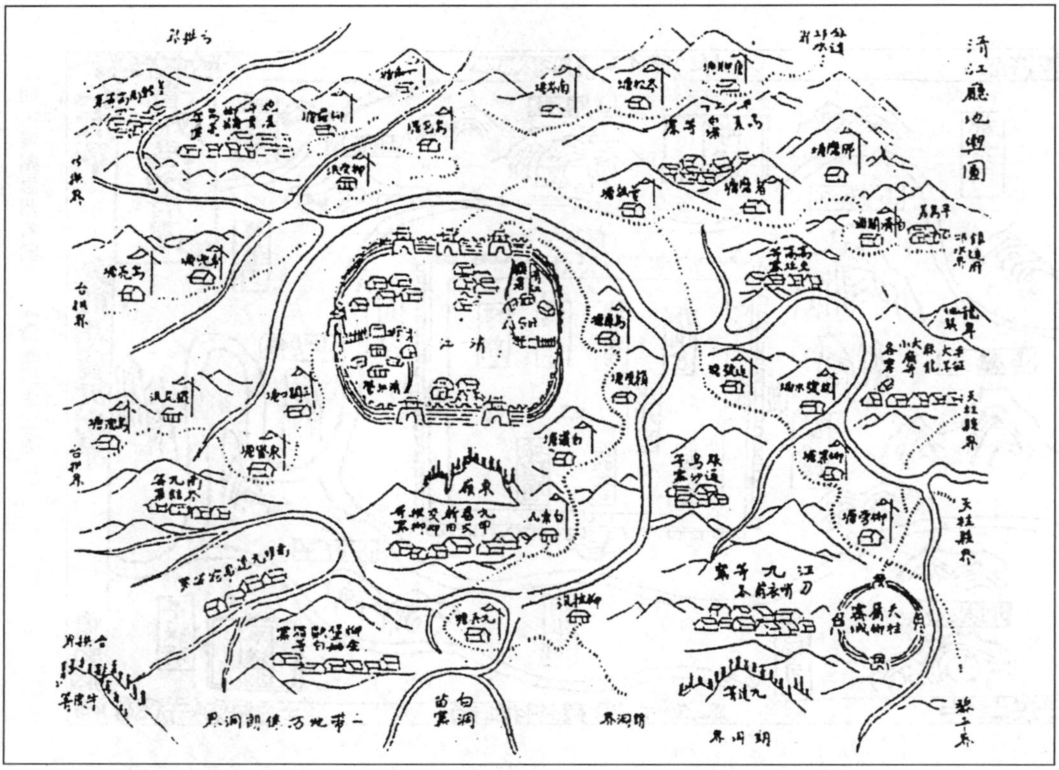

清·清江廳地輿圖　《鎮遠府志》(乾隆)

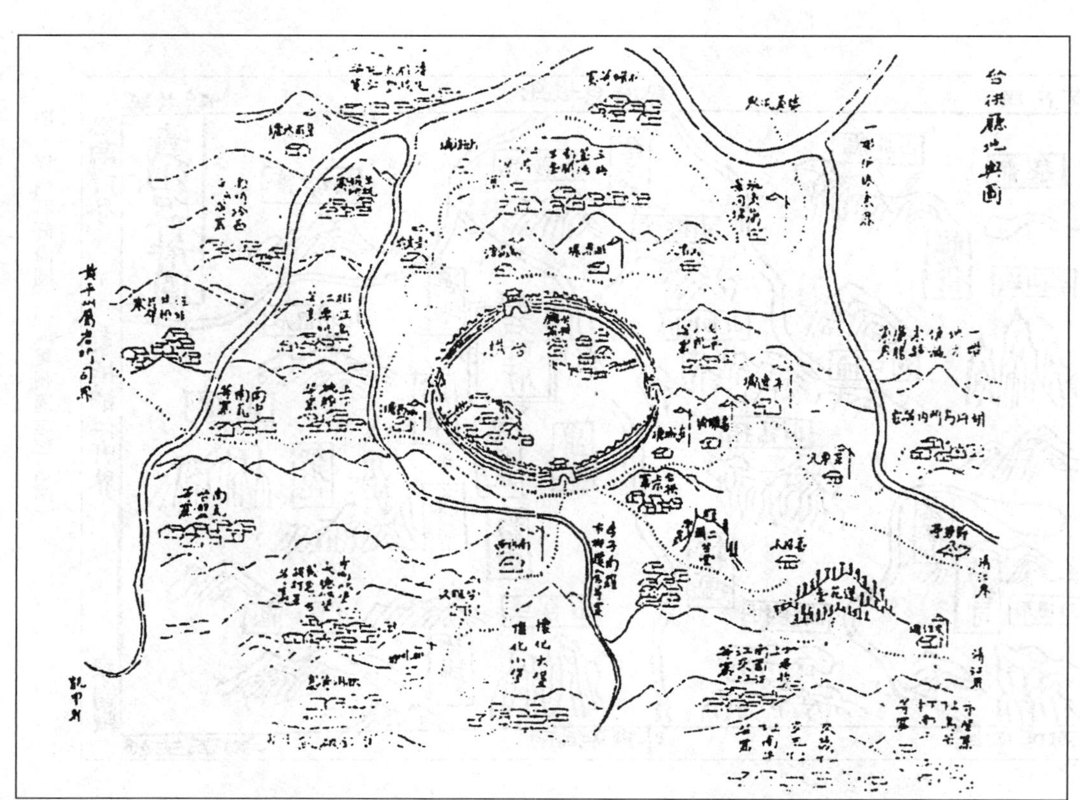

清·台拱廳地輿圖　《鎮遠府志》(乾隆)

清・鎮遠府分圖　《鎮遠府志》（乾隆）

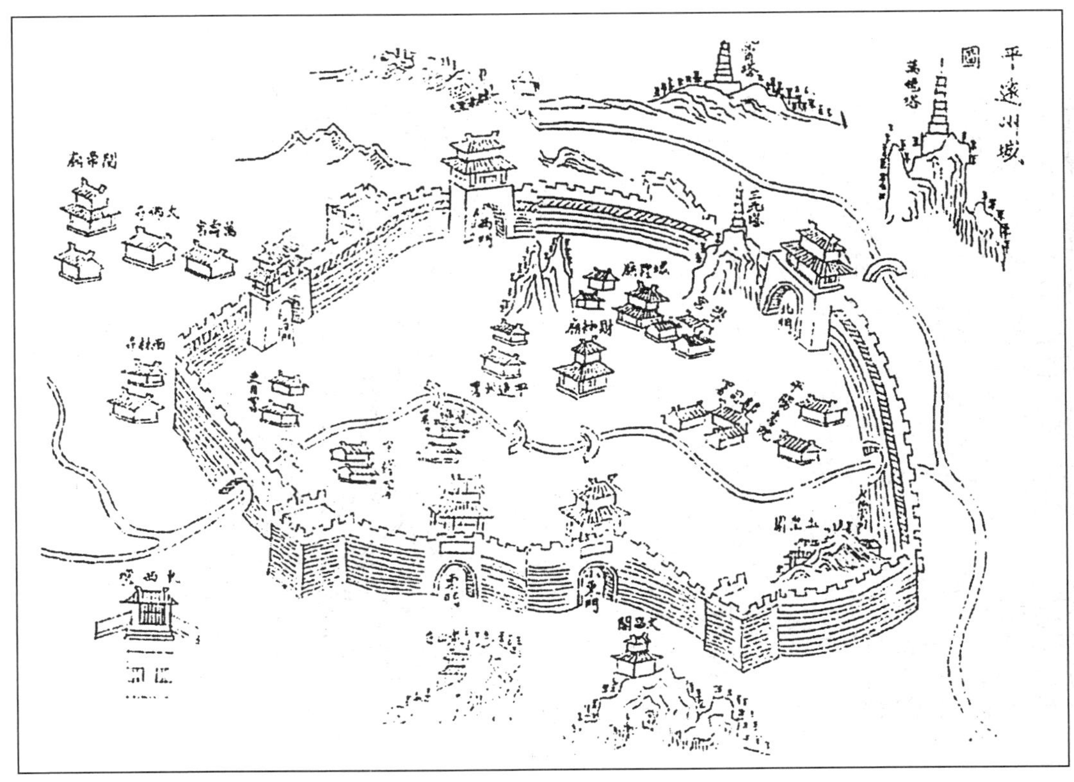

清・平遠州城圖　《平遠州志》（乾隆）

明・雲南府圖　《雲南通志》（萬曆）

明・永昌府圖　《雲南通志》（萬曆）

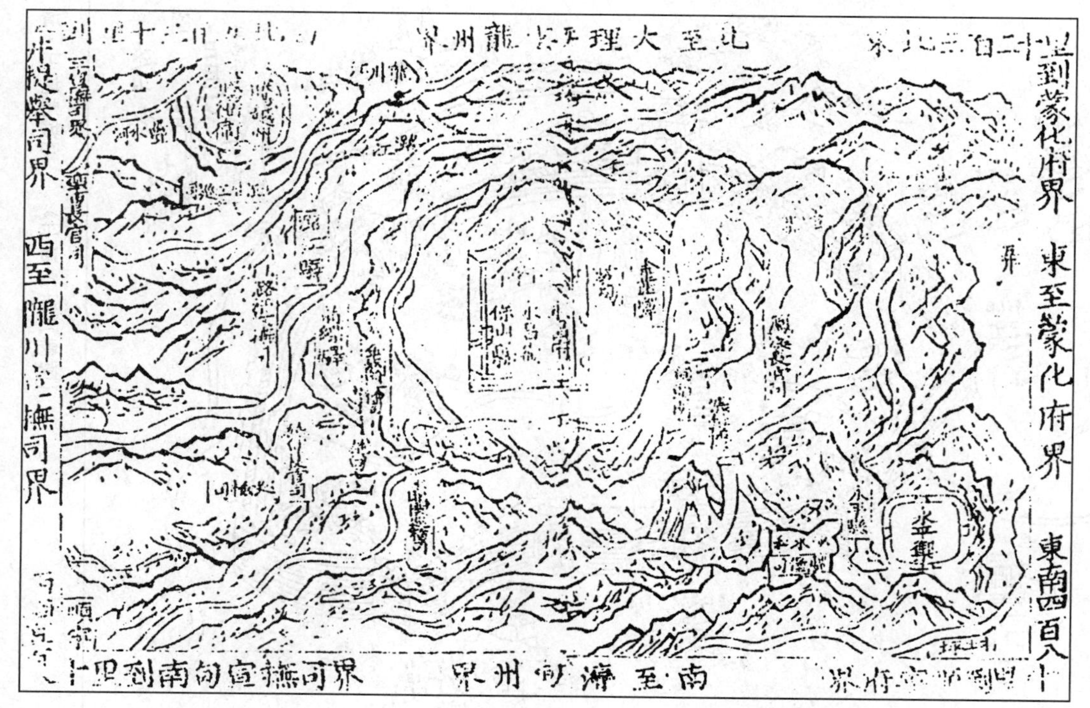

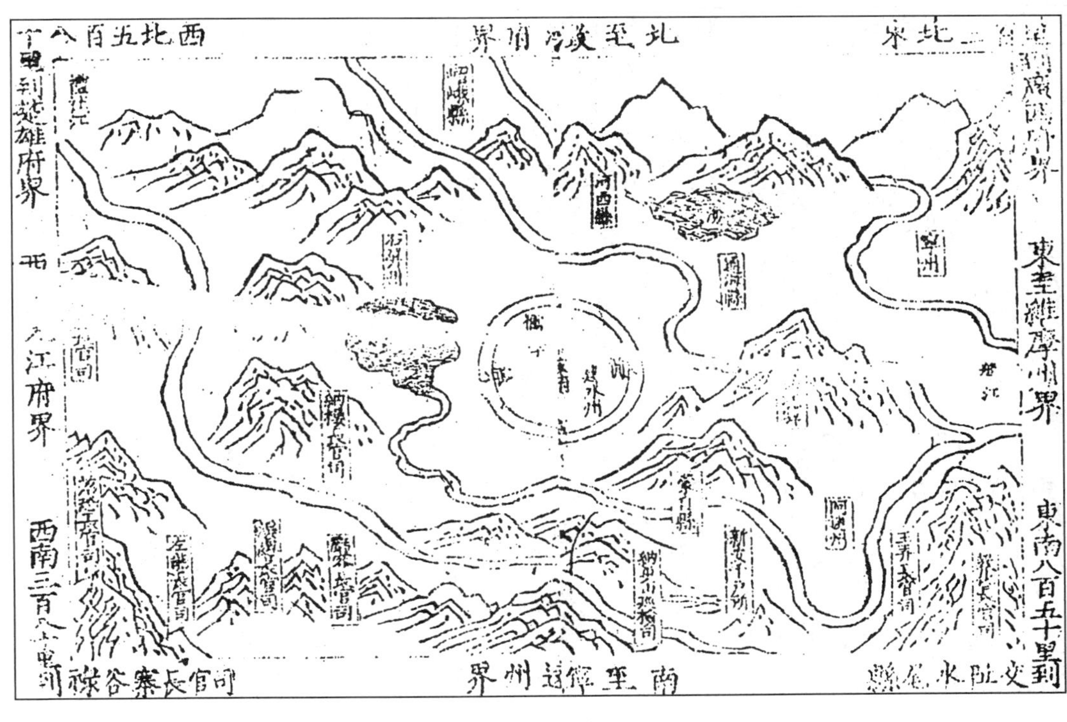

明・臨安府圖　《雲南通志》（萬曆）

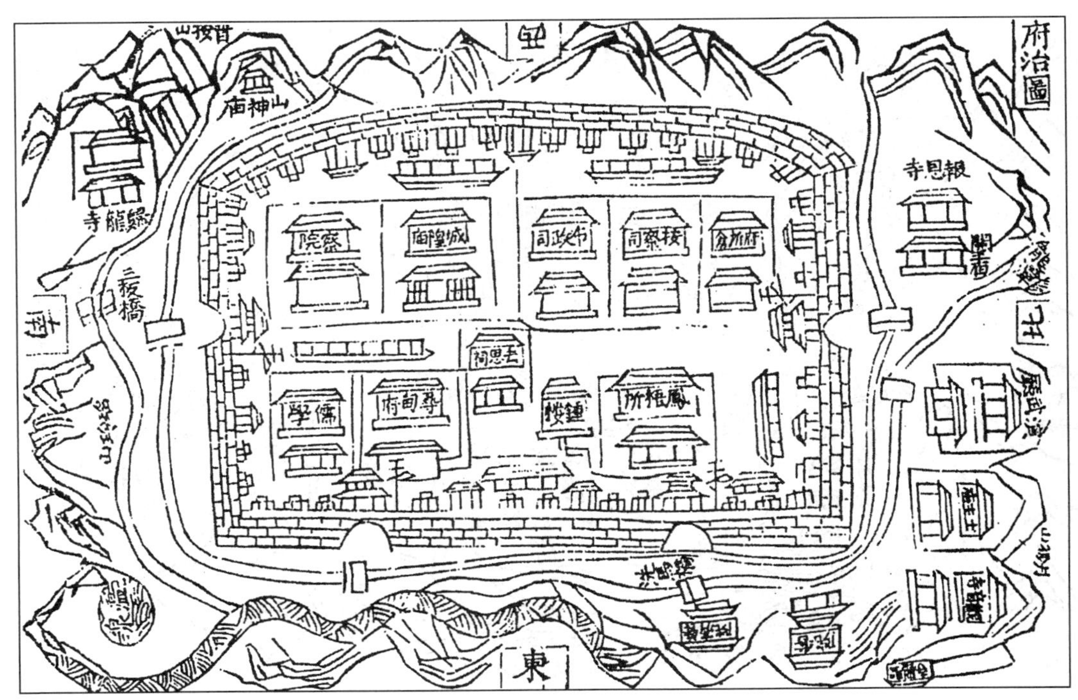

明・尋甸府治圖　《尋甸府志》（萬曆）

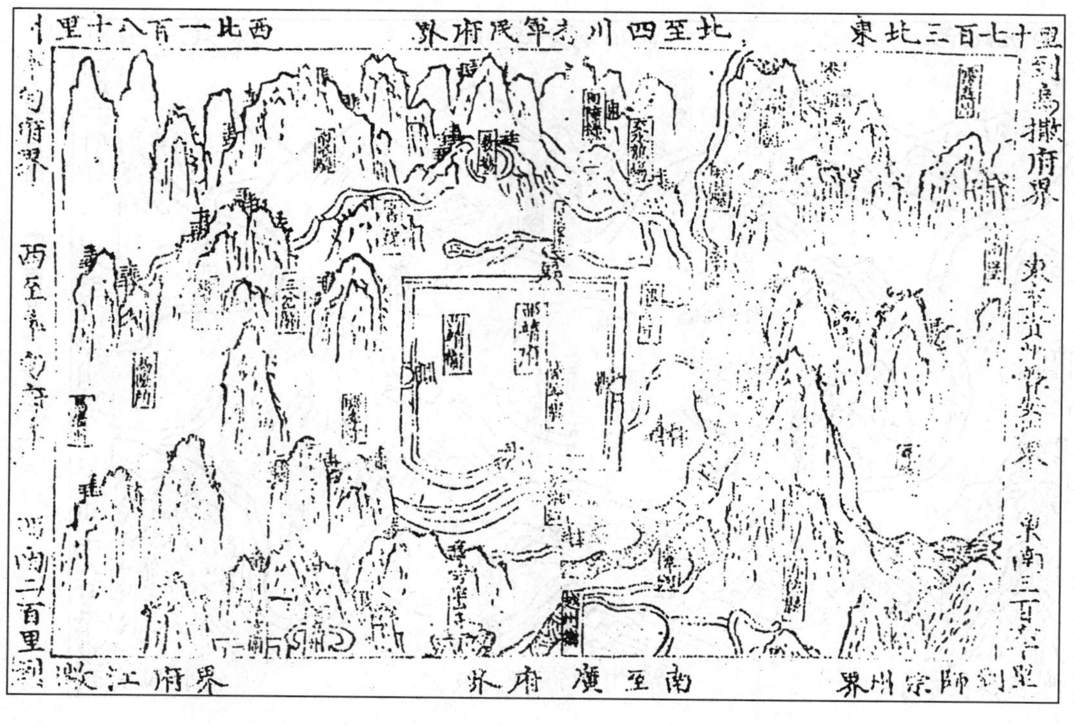

明・曲靖軍民府地圖　《雲南通志》（萬曆）

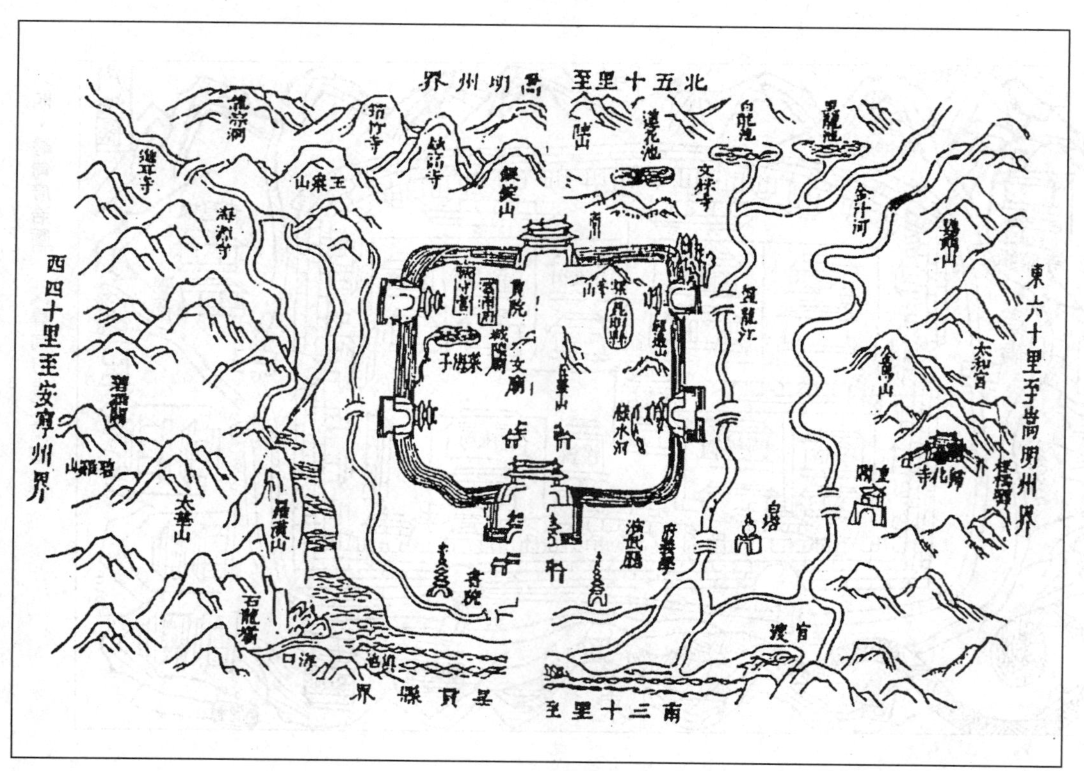

清・昆明縣圖　《雲南府志》（康熙）

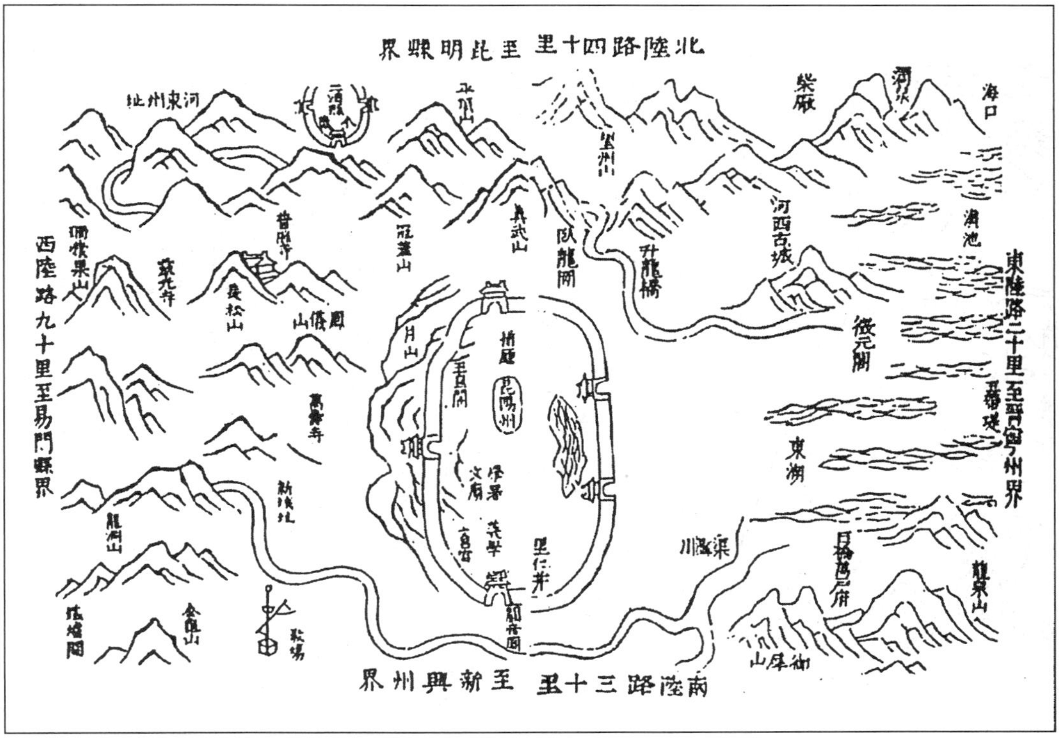

清·昆陽州圖 《雲南府志》（康熙）

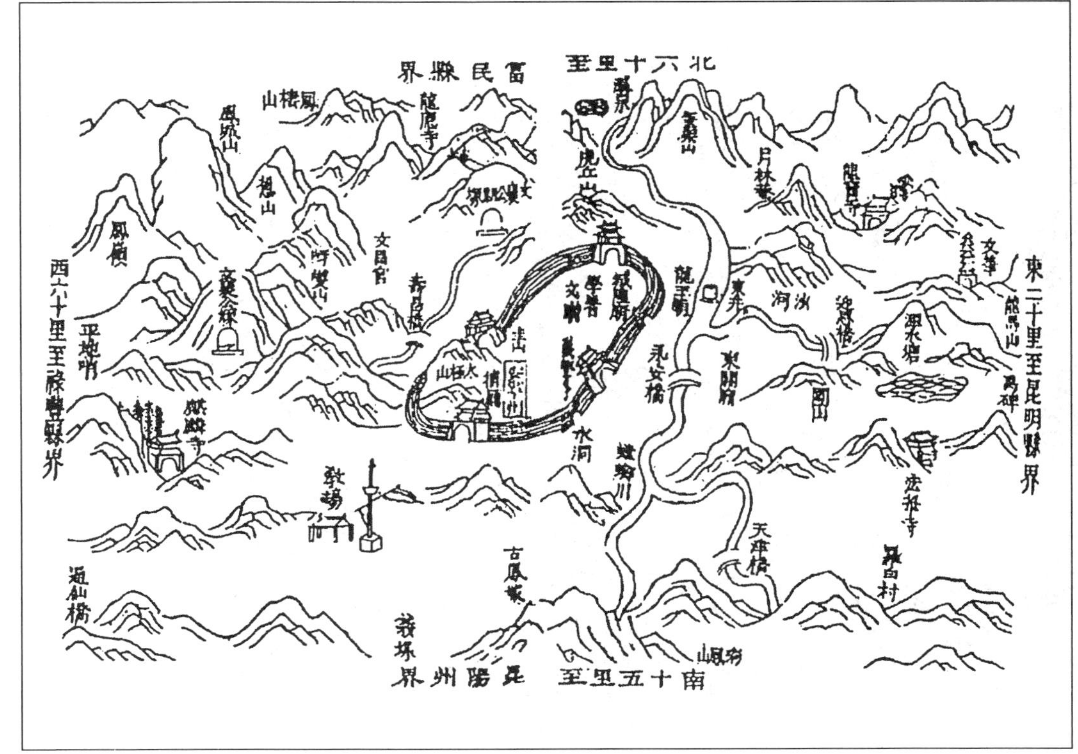

清·安寧州圖 《雲南府志》（康熙）

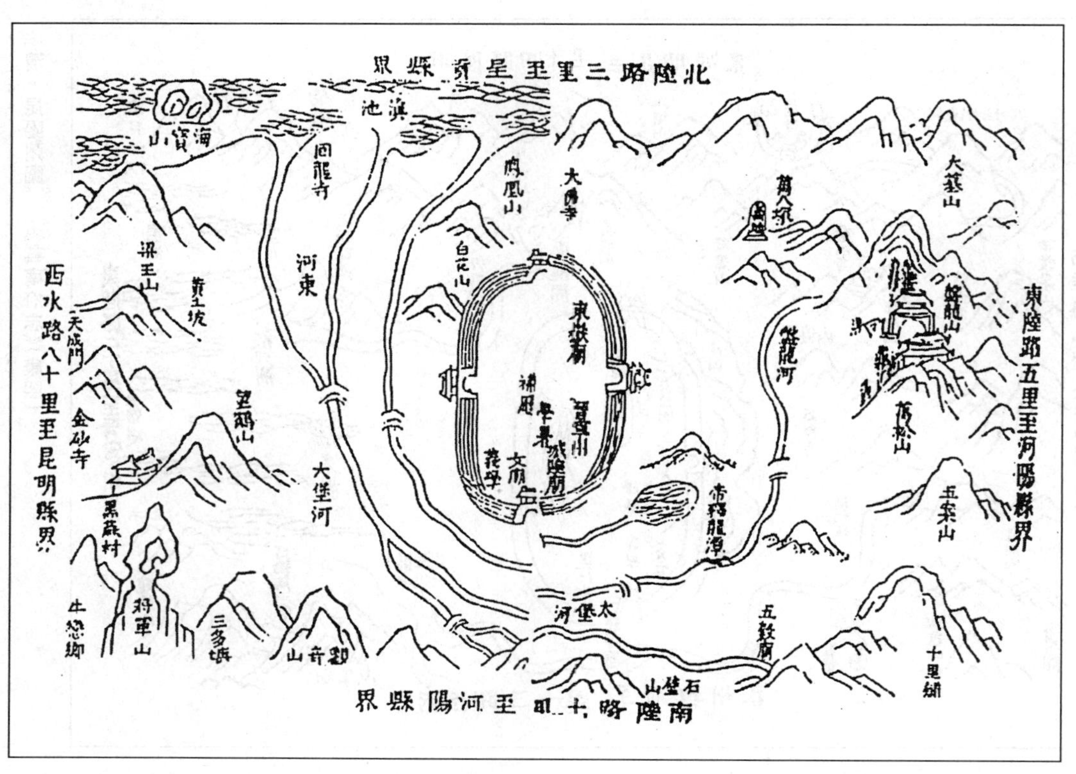

清・普寧州圖 《雲南府志》（康熙）

清・嵩明州圖 《雲南府志》（康熙）

清·廣西府治圖 《雲南通志》(乾隆)

廣西府治圖

北一百五十里至路南州界

東四百五十七里至廣南府界

南一百六十里至阿迷州界

西一百八十里至寧州界

北門 東門 西門 南門 文廟 山川廟 城隍廟 秀山

清·師宗州治圖 《廣西府志》(乾隆)

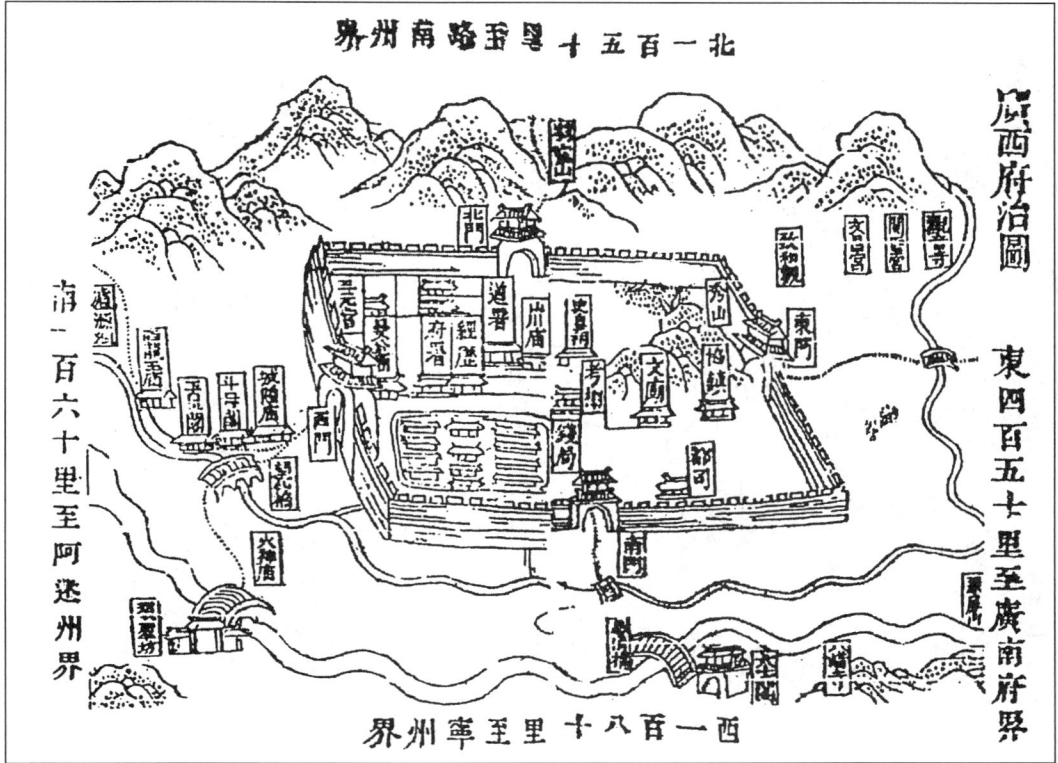

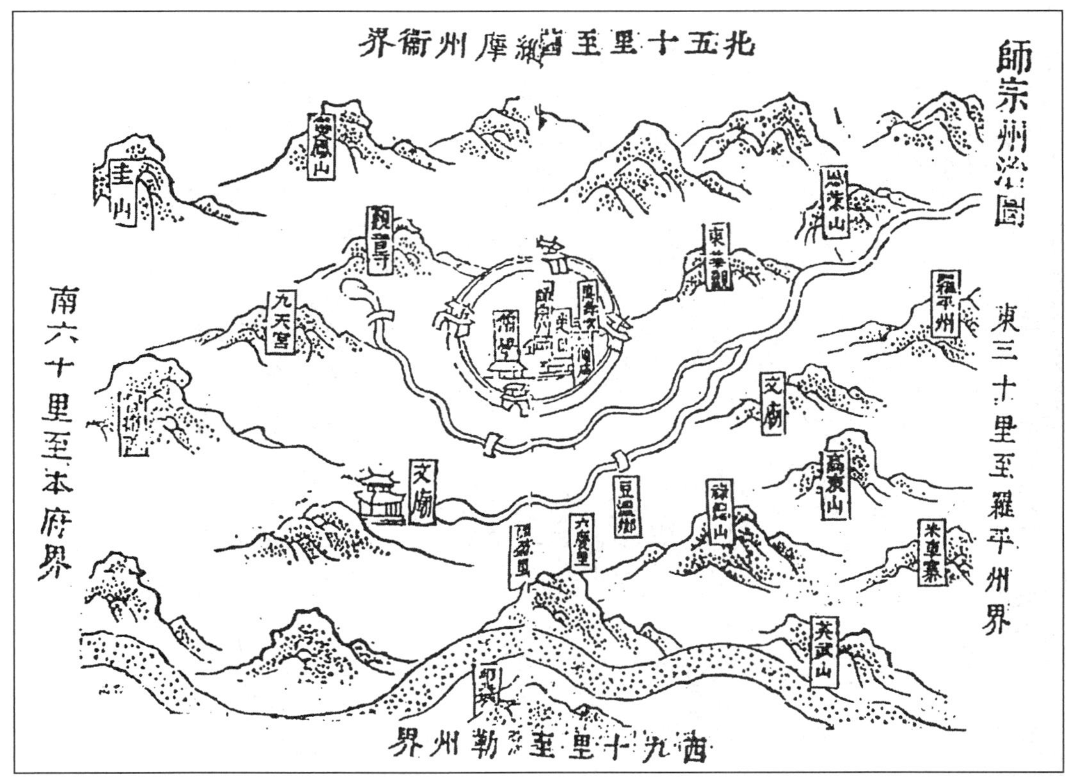

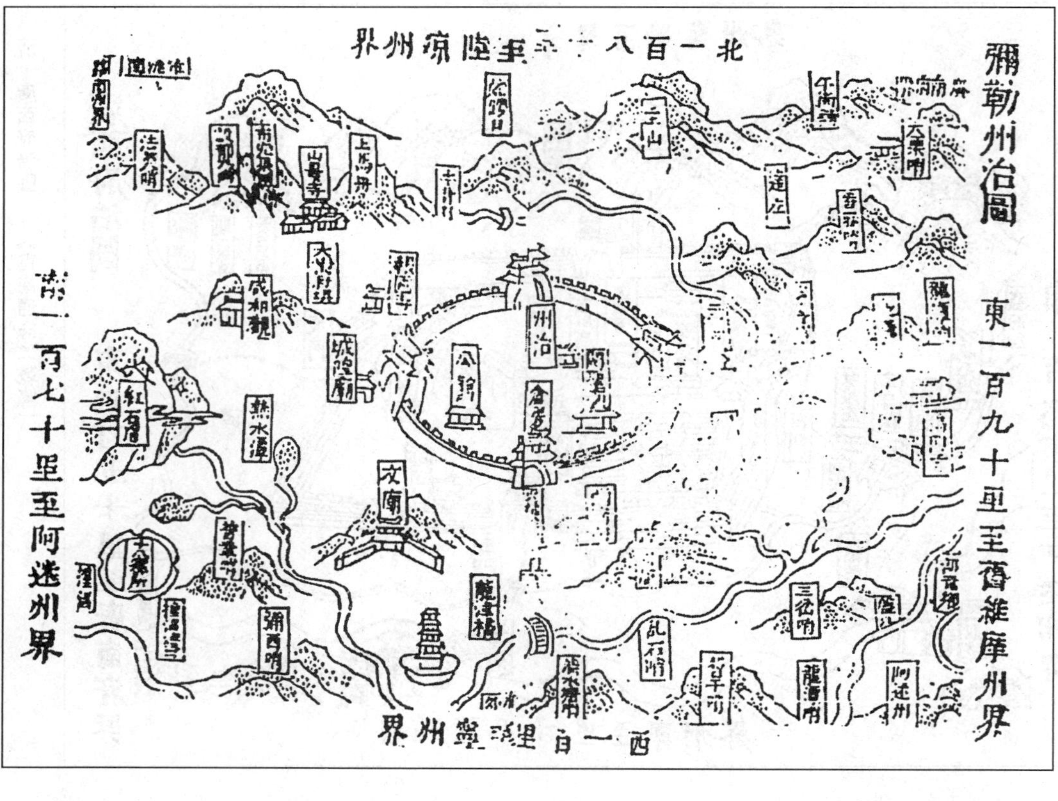

清・彌勒州治圖　《廣西府志》（乾隆）

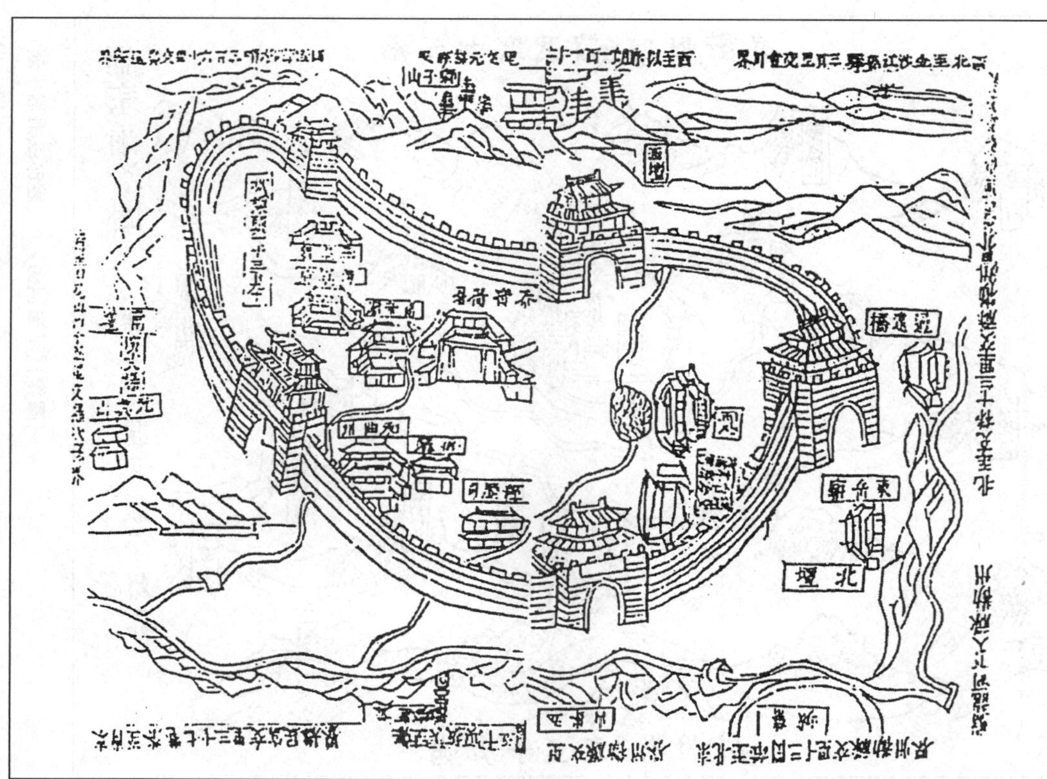

清・武定府城圖　《武定府志》（康熙）

清·和曲州圖　《武定府志》(康熙)

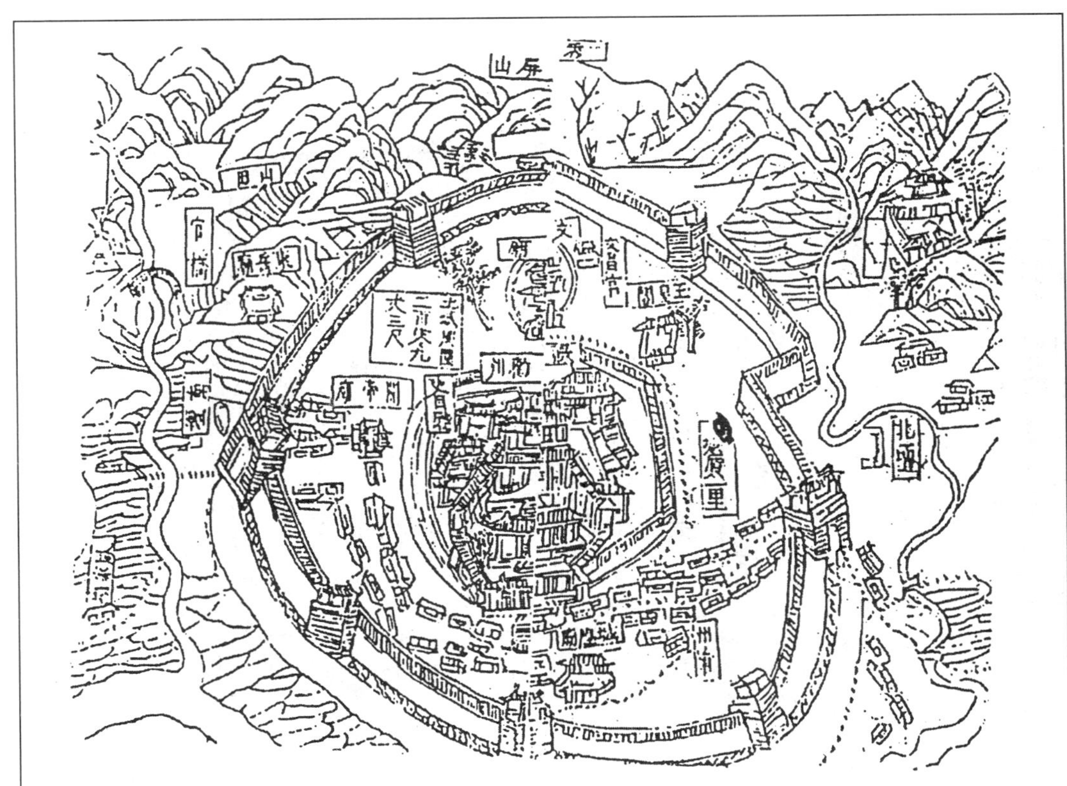

清·禄勸州城圖　《武定府志》(康熙)

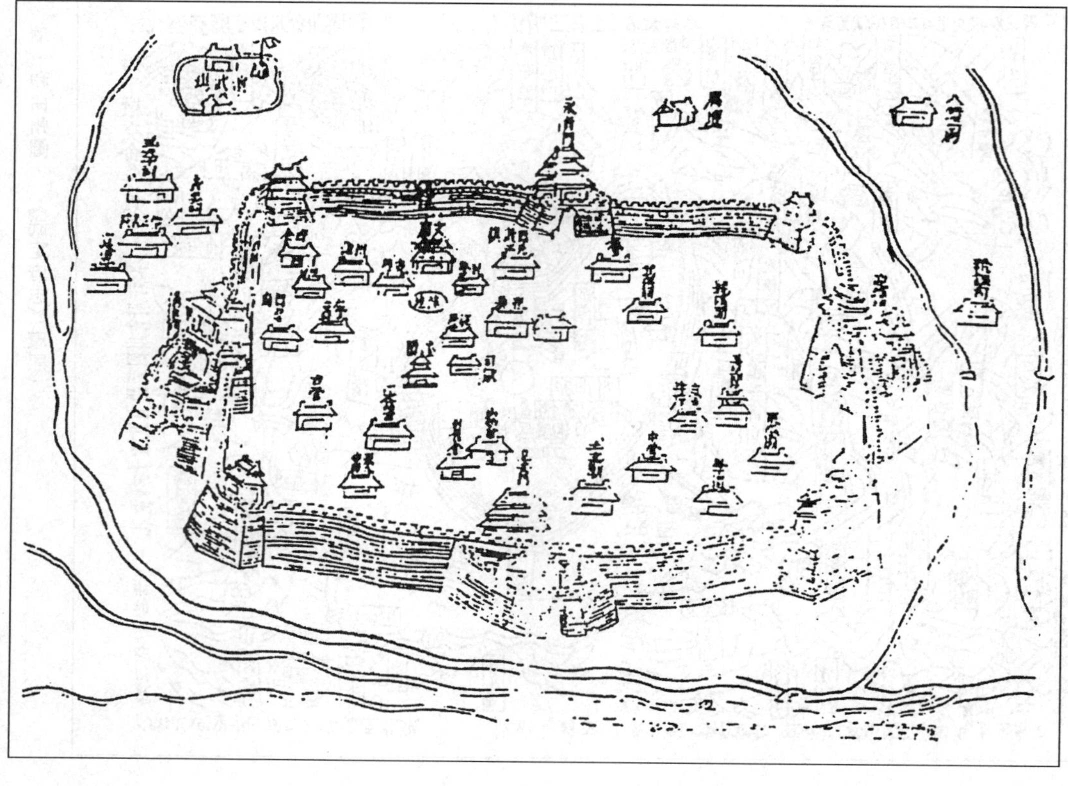

清・建水州城圖　《建水州志》（康熙）

陝西

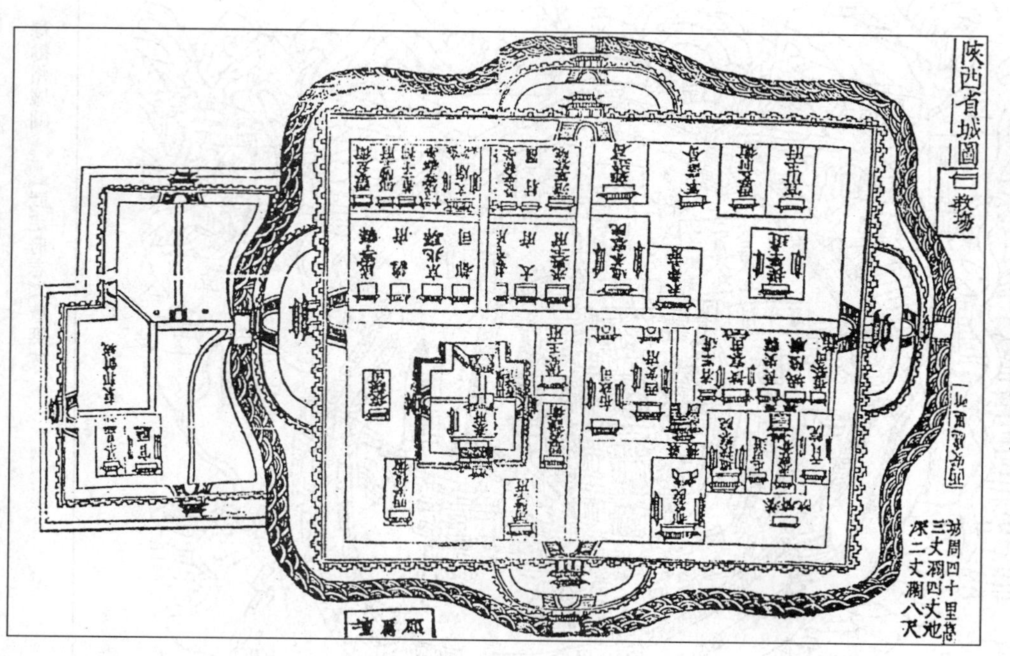

明・陝西省城圖　《陝西通志》（嘉靖）

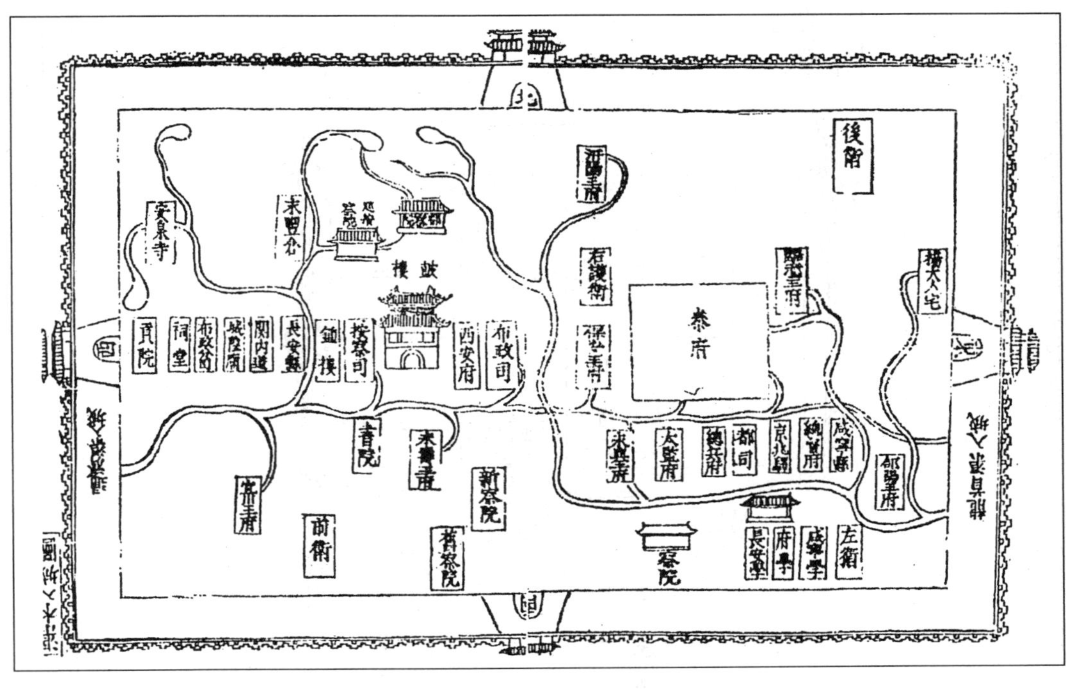

明・西安府城圖　《陝西通志》（嘉靖）

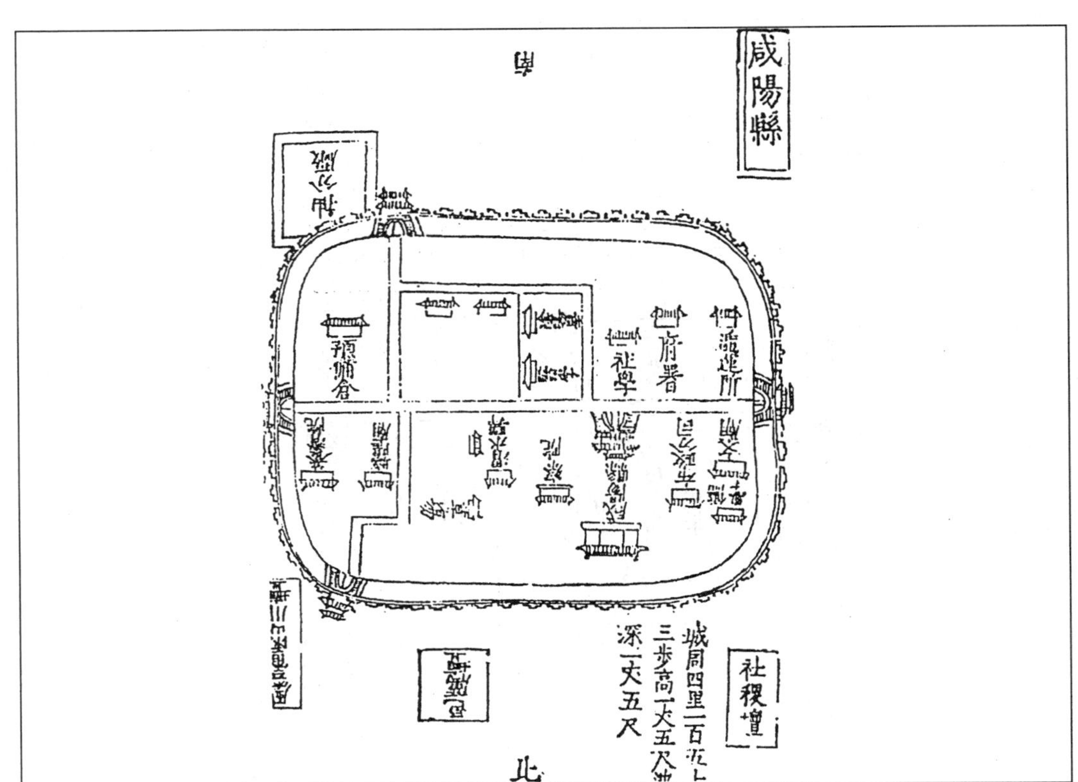

明・咸陽縣圖　《陝西通志》（嘉靖）

明·同州圖　《陝西通志》（嘉靖）

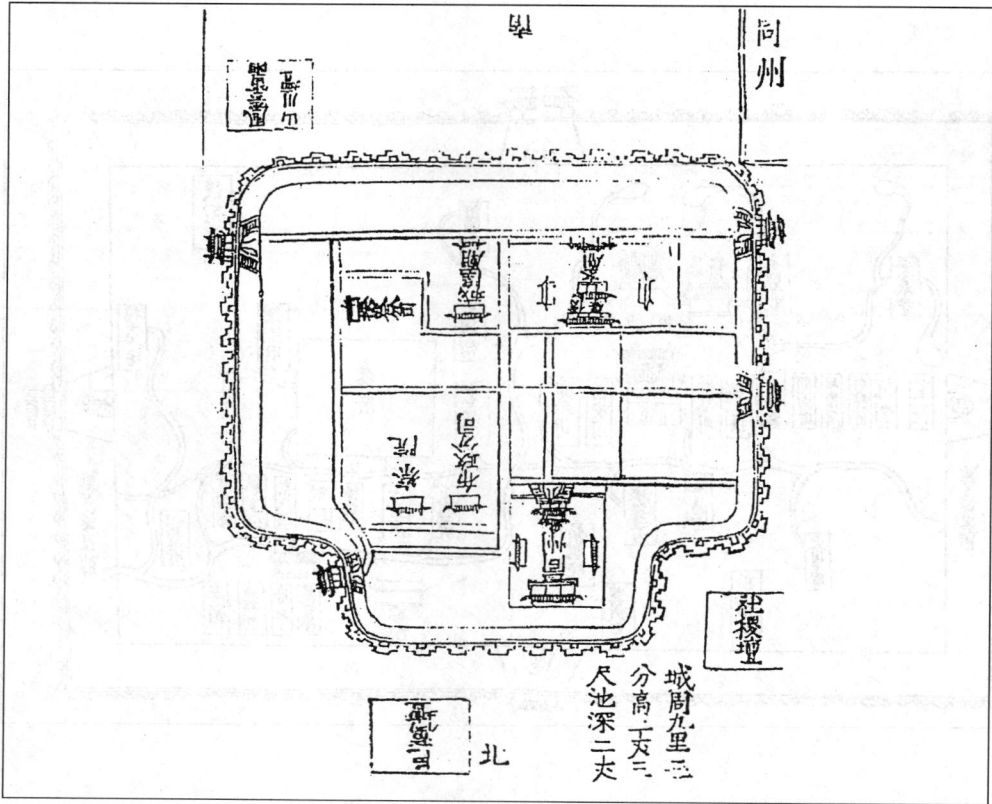

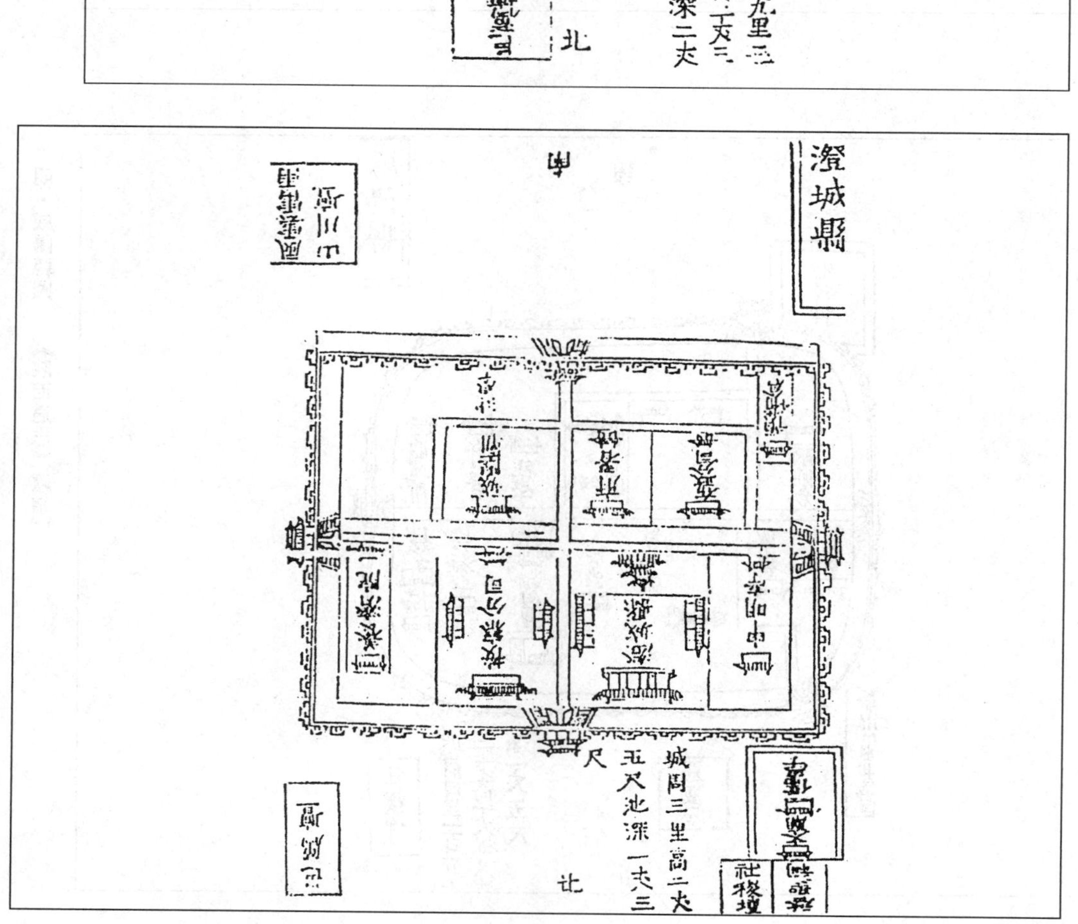

明·澄城縣圖　《陝西通志》（嘉靖）

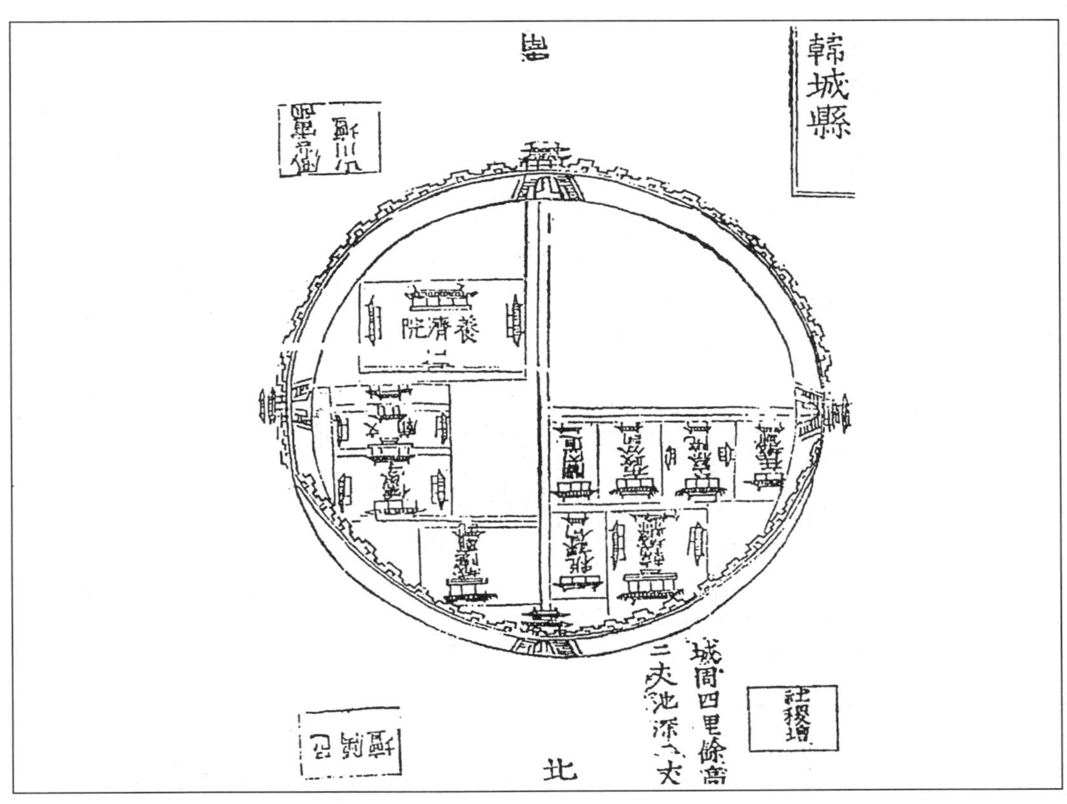

明・韓城縣圖　《陝西通志》（嘉靖）

明・華州圖　《陝西通志》（嘉靖）

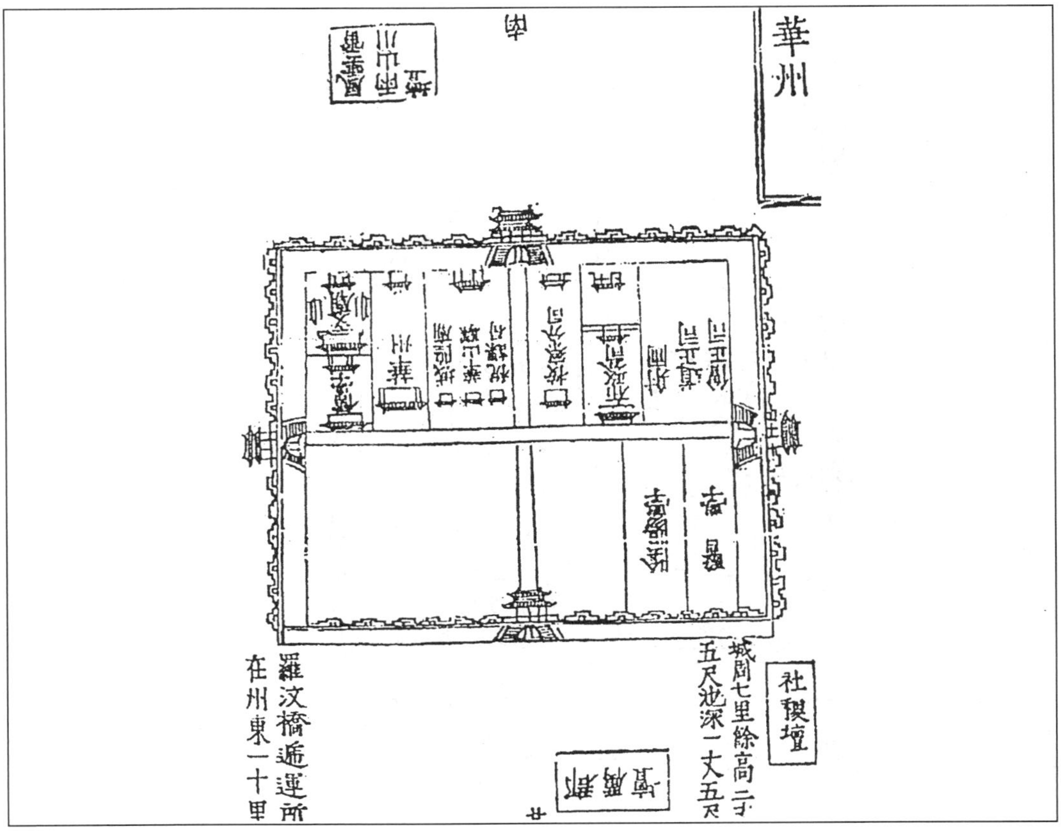

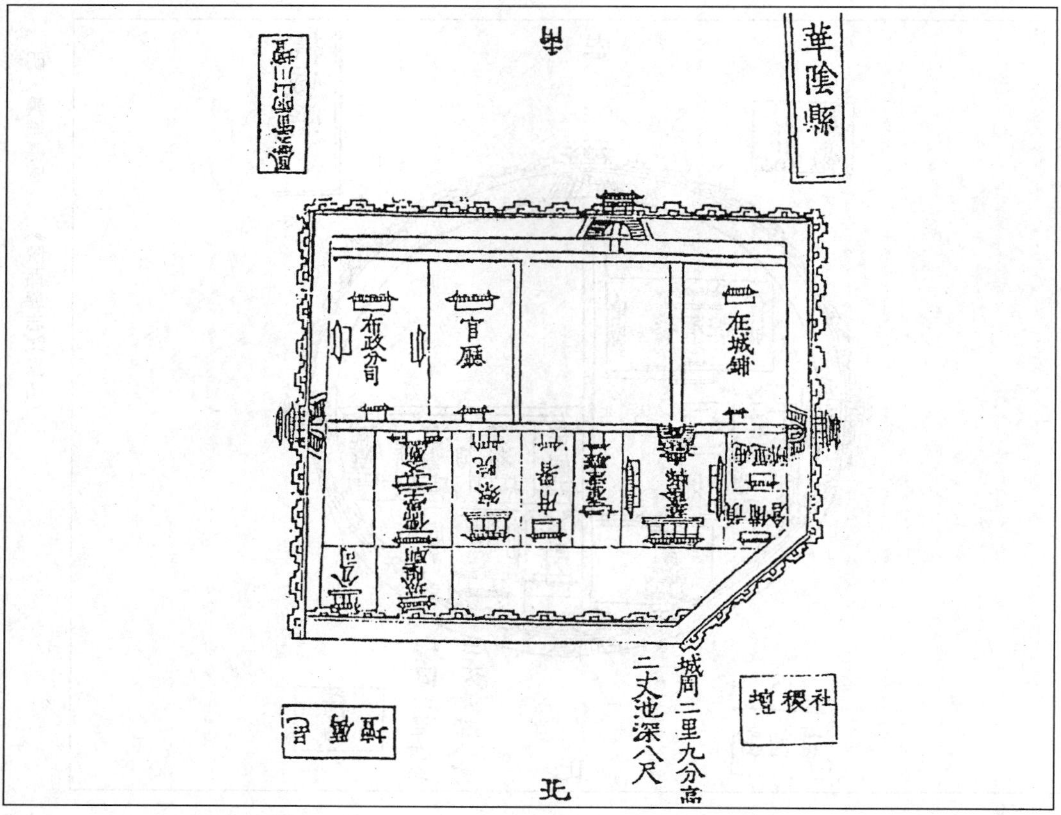

明·華陰縣圖　《陝西通志》(嘉靖)

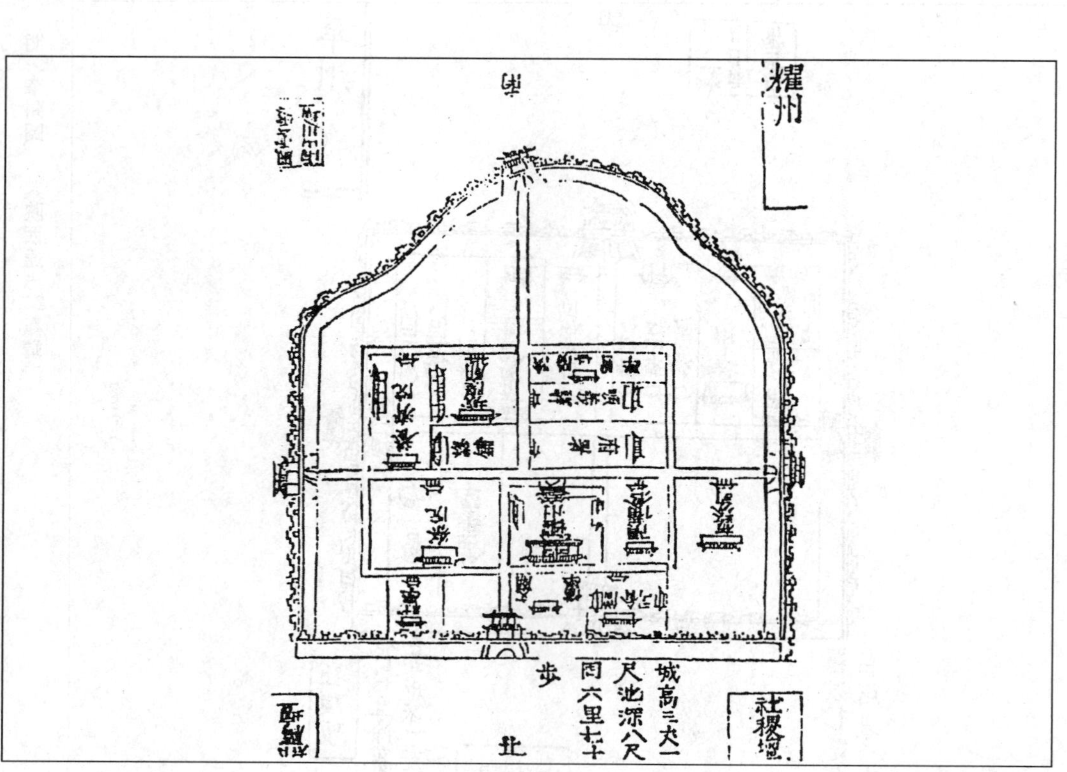

明·耀州圖　《陝西通志》(嘉靖)

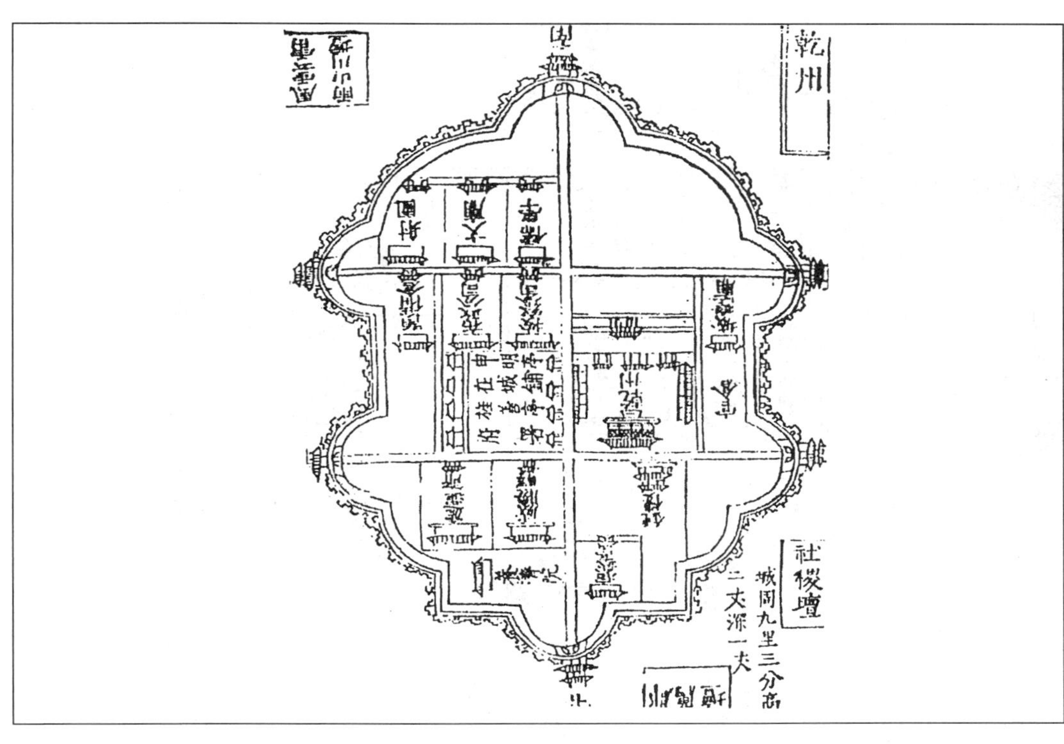

明・乾州圖　《陝西通志》(嘉靖)

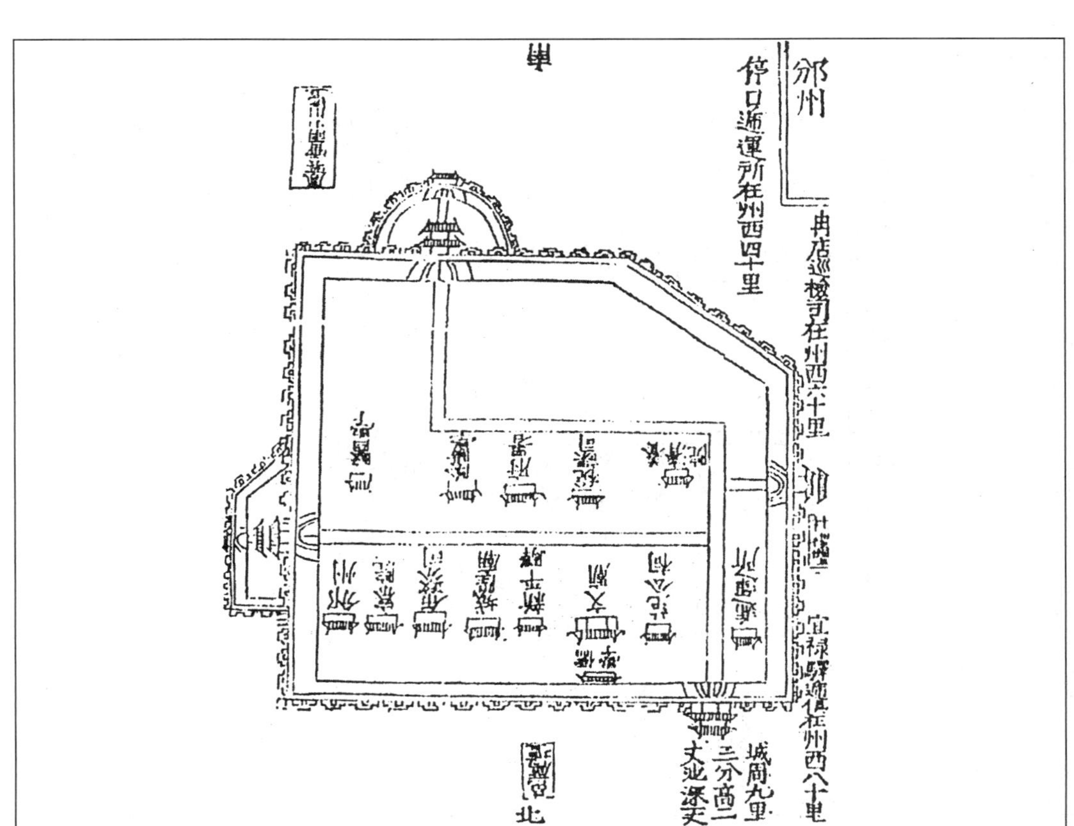

明・邠州圖　《陝西通志》(嘉靖)

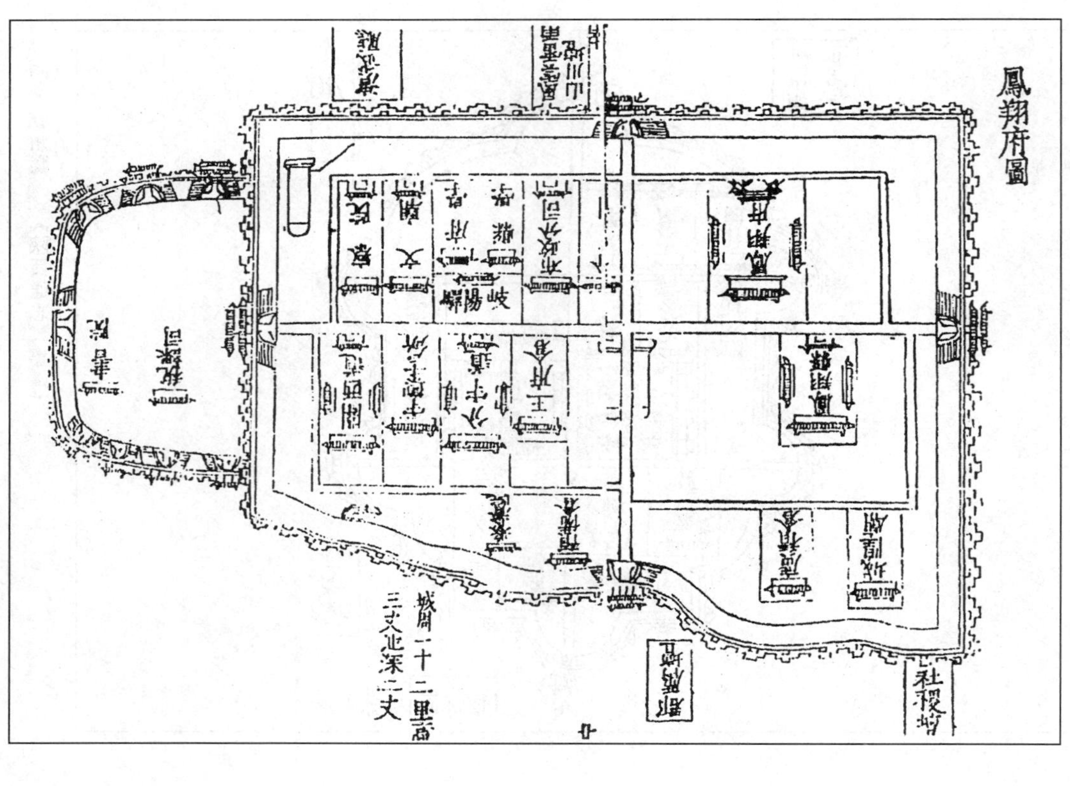

明・鳳翔府圖　《陝西通志》(嘉靖)

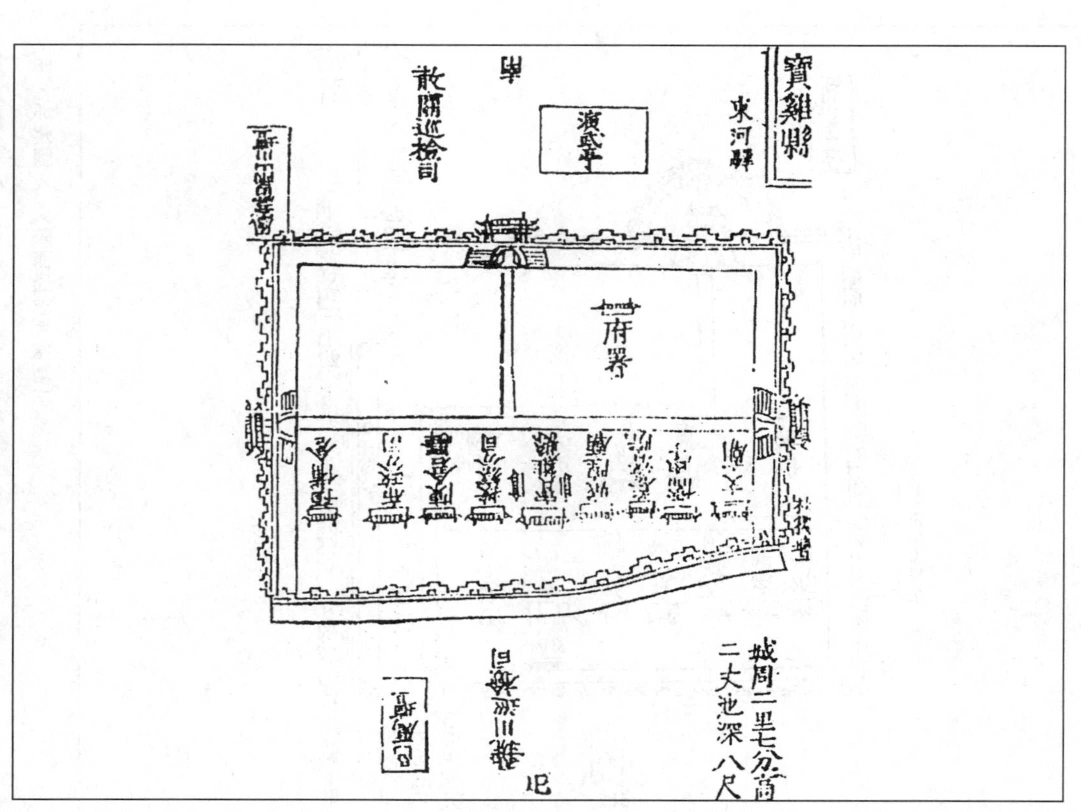

明・寶鷄縣圖　《陝西通志》(嘉靖)

隴州

社稷壇

城周五里三分

高二丈池深丈

南

北

明・隴州圖　《陝西通志》（嘉靖）

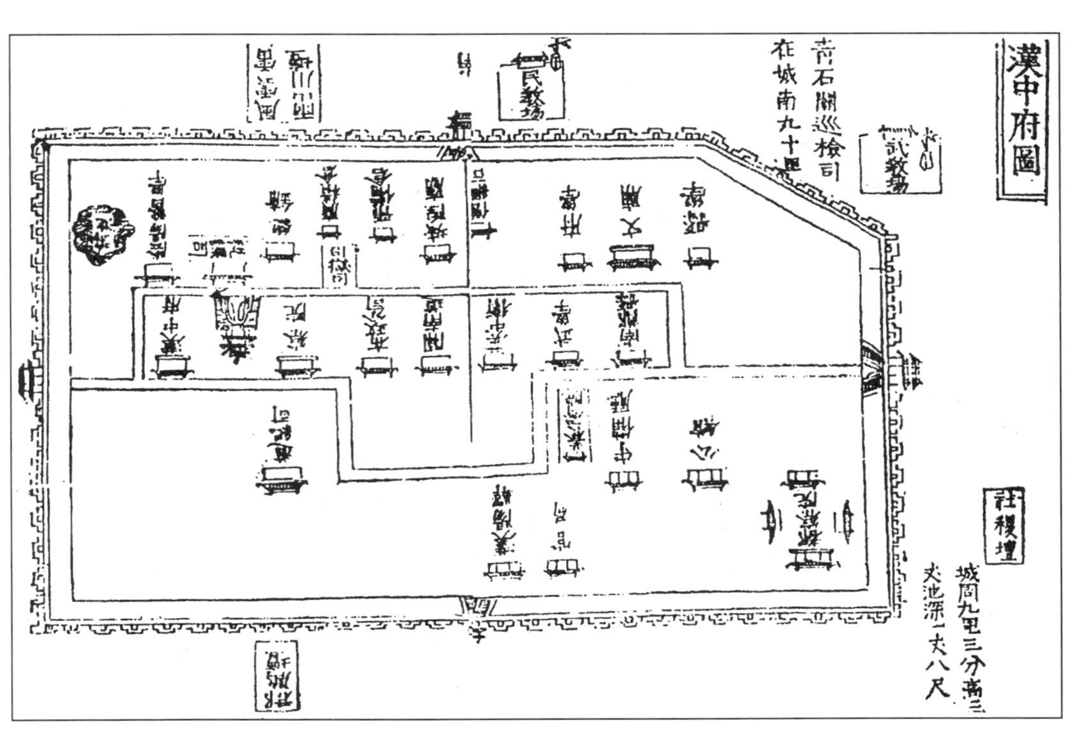

明・漢中府圖　《陝西通志》（嘉靖）

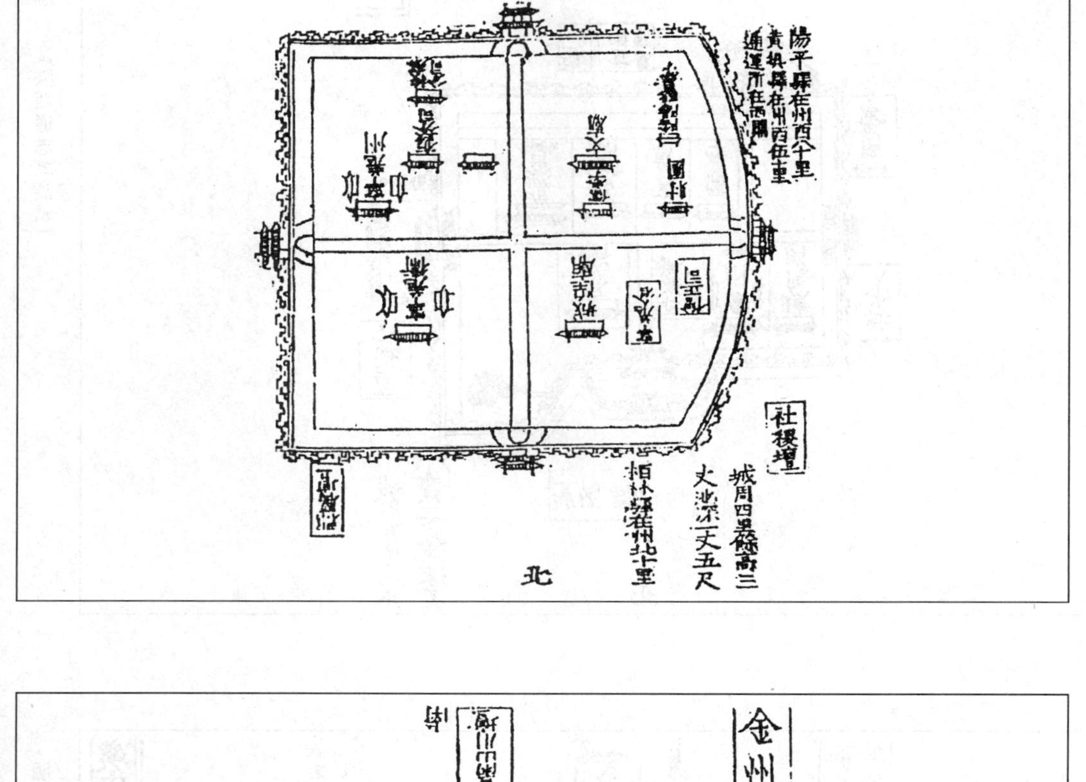

明・寧羌州圖　《陝西通志》(嘉靖)

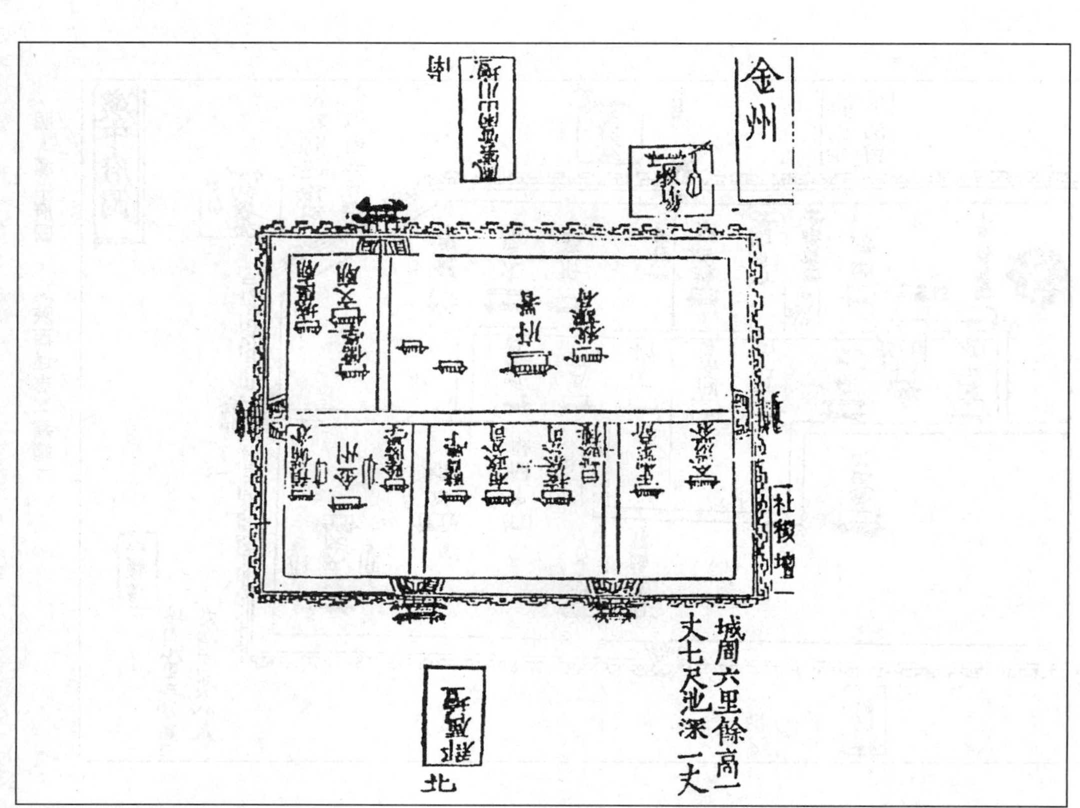

明・金州圖　《陝西通志》(嘉靖)

明・固原州圖　《陝西通志》(嘉靖)

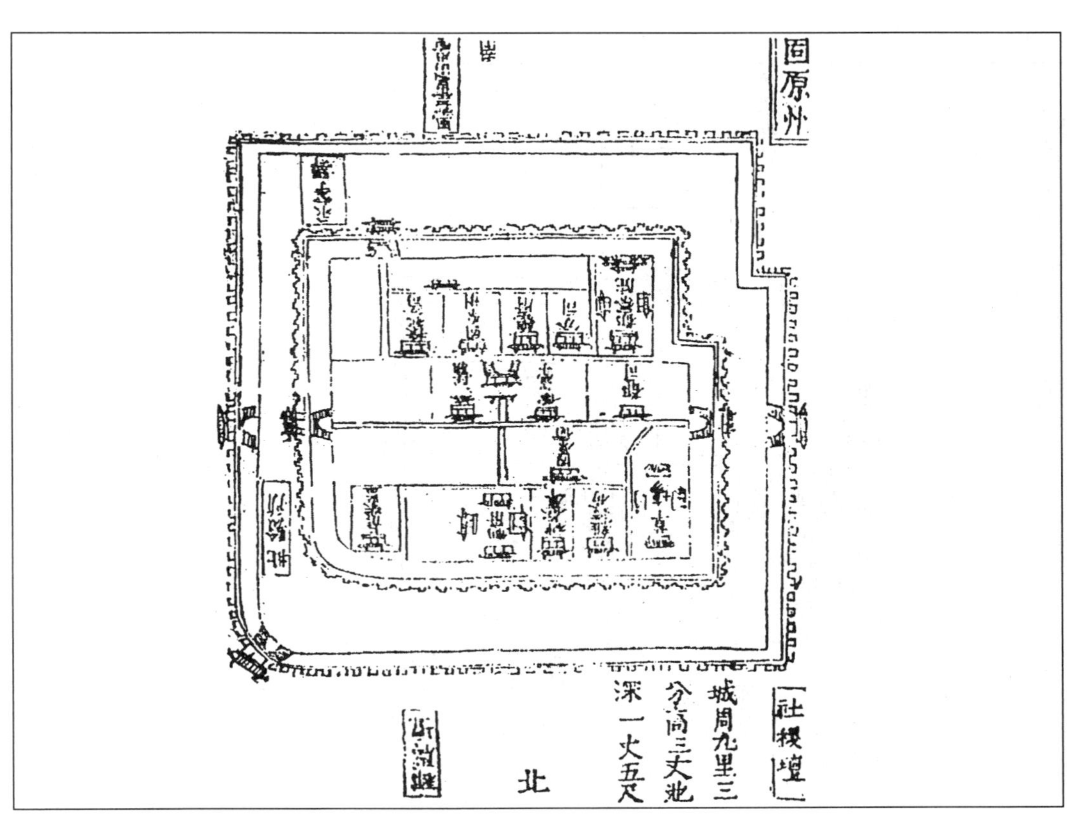

明・階州圖　《陝西通志》(嘉靖)

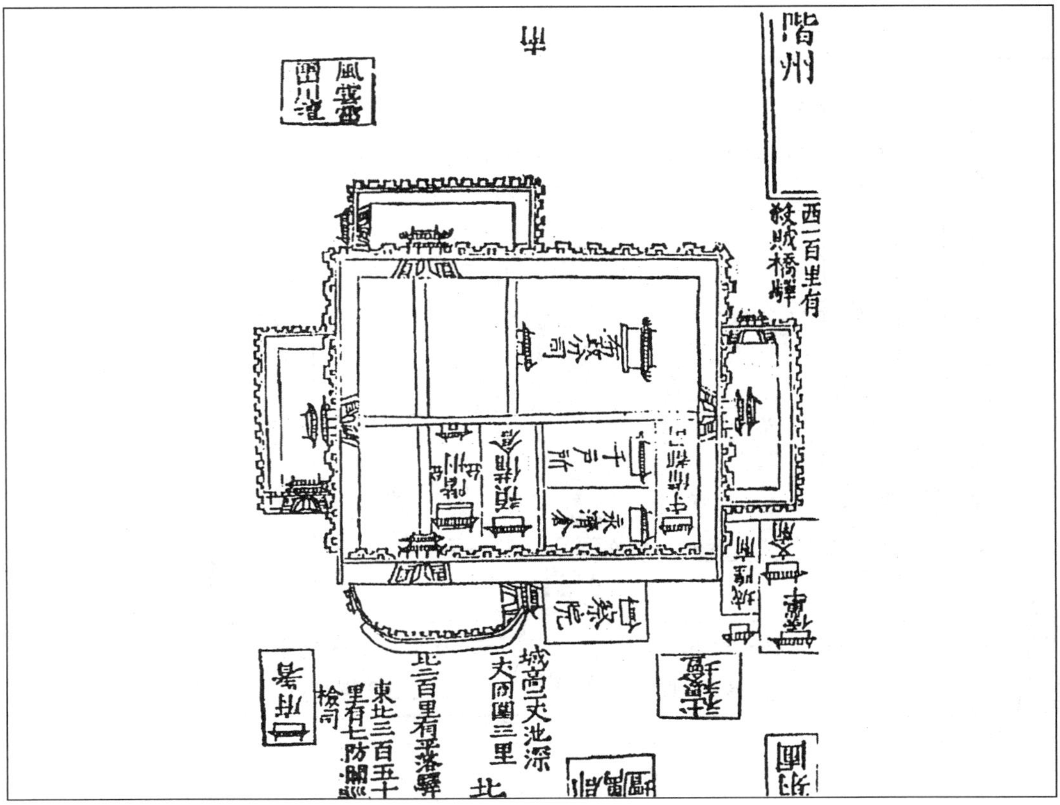

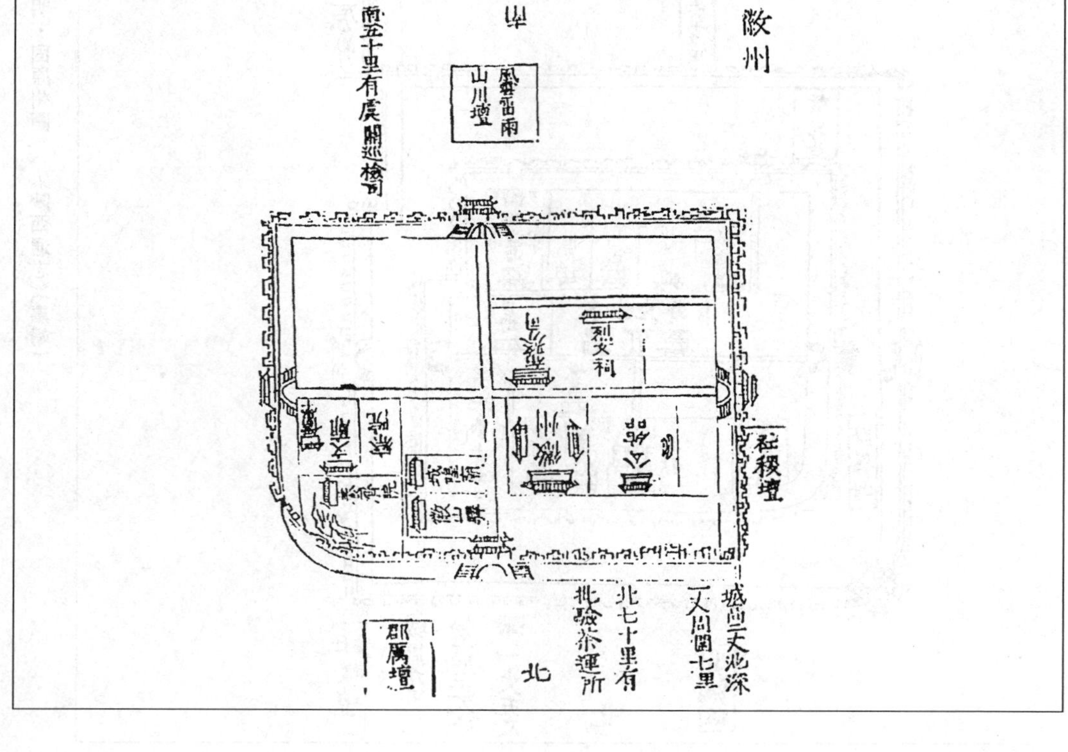

明・徽州圖　《陜西通志》（嘉靖）

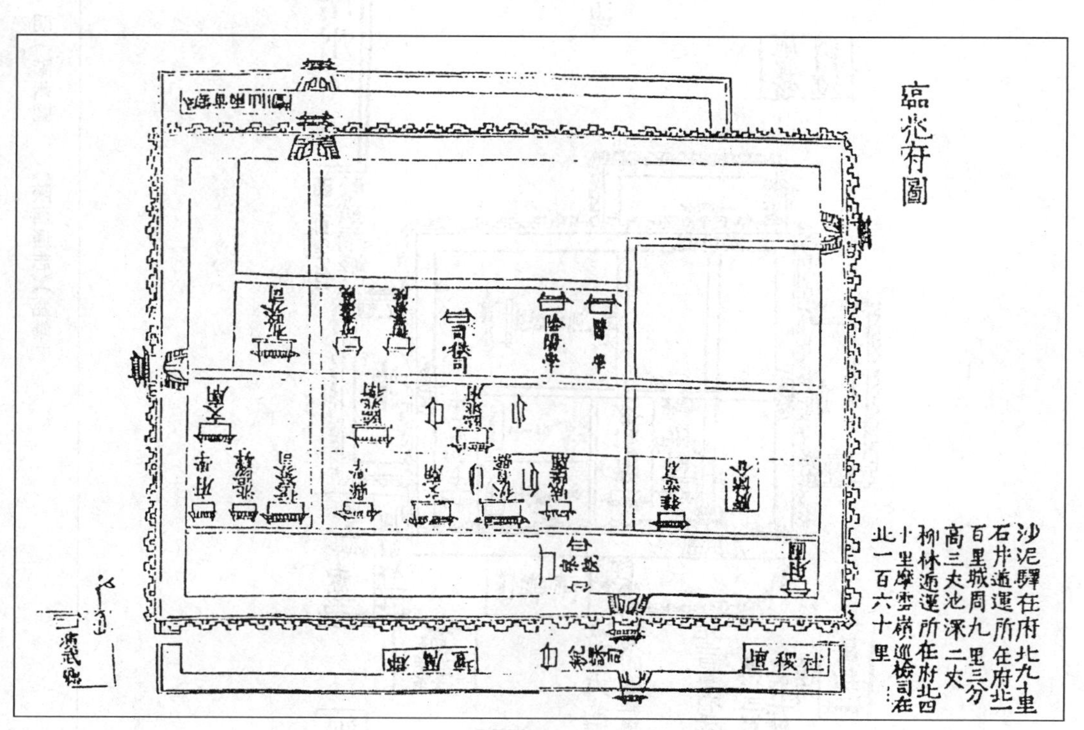

明・臨洮府圖　《陜西通志》（嘉靖）

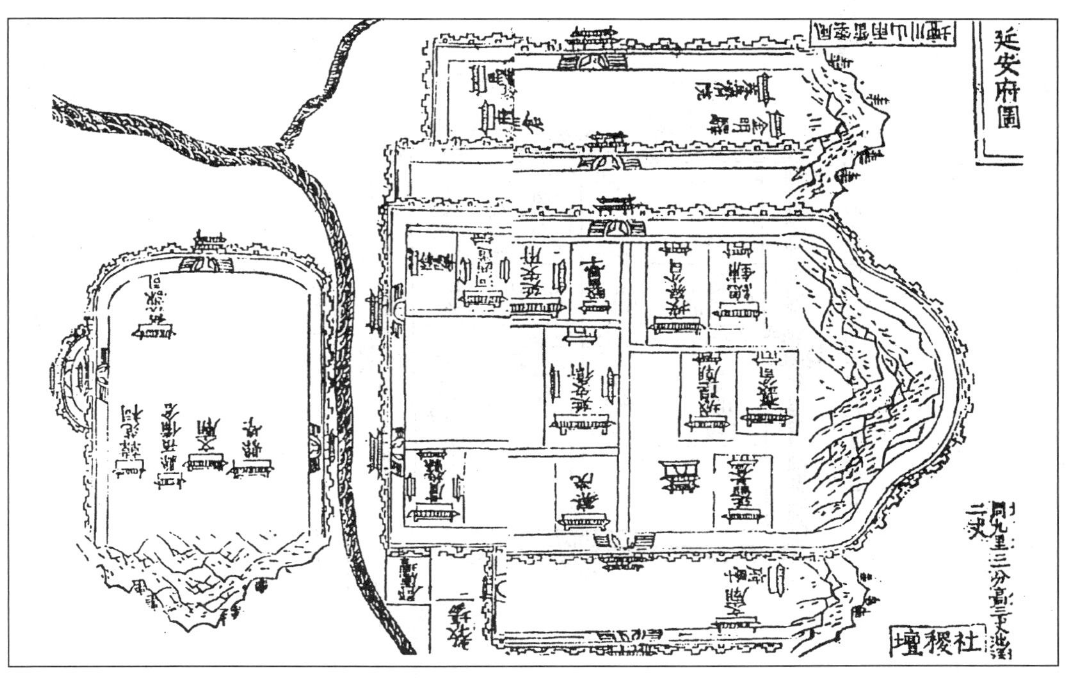

明・延安府圖　《陕西通志》(嘉靖)

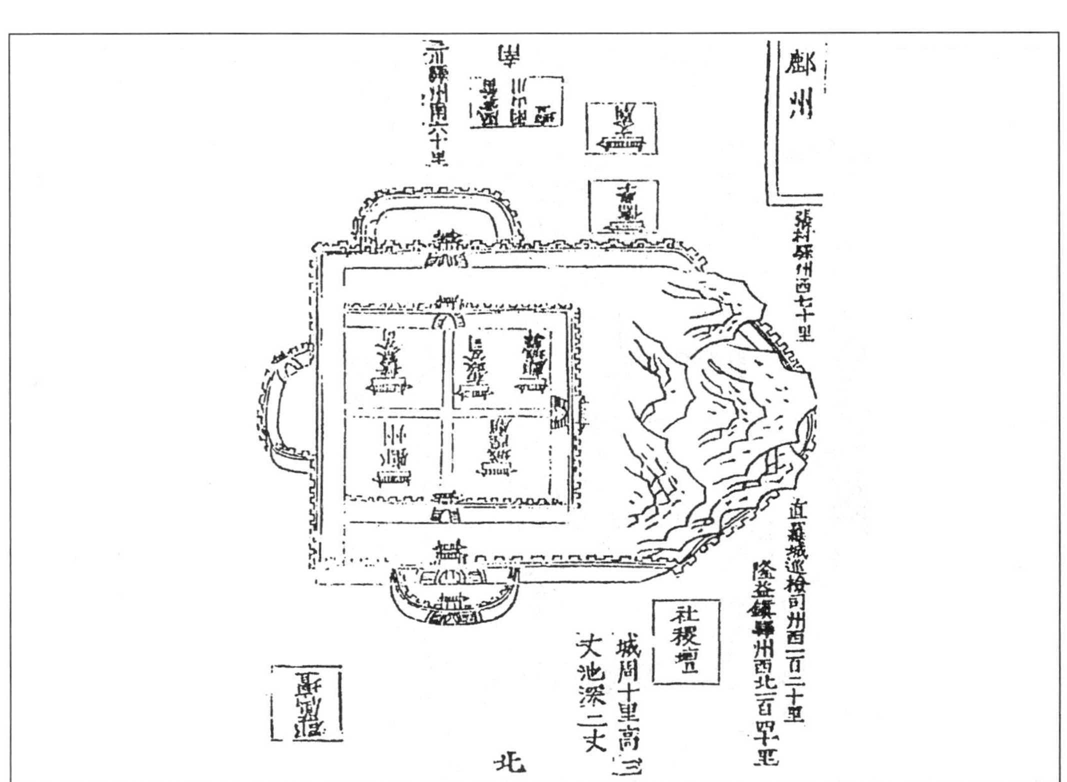

明・鄜州圖　《陕西通志》(嘉靖)

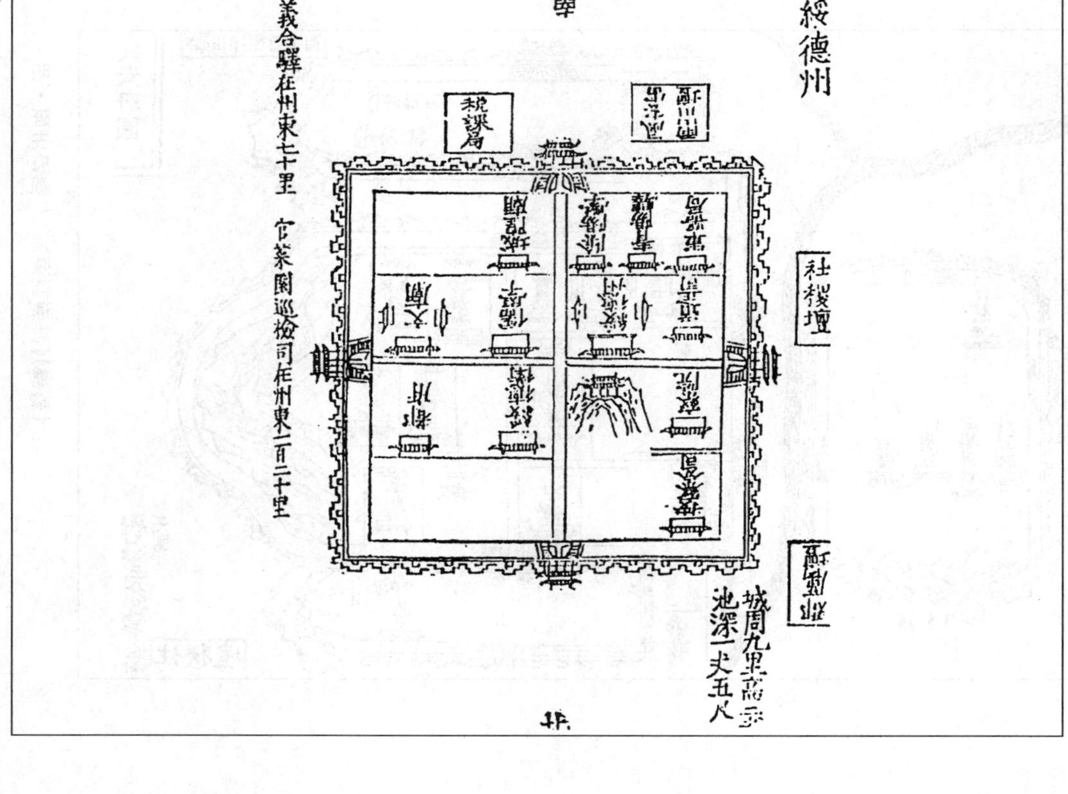

明·綏德州圖　《陝西通志》（嘉靖）

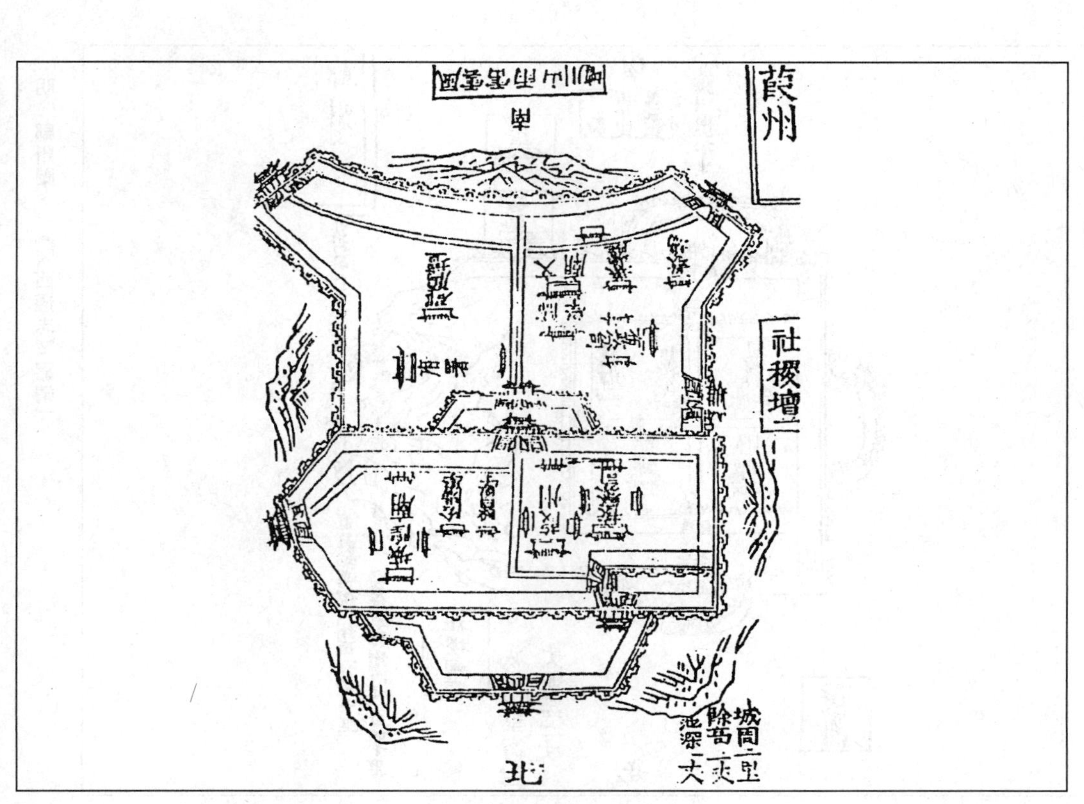

明·葭州圖　《陝西通志》（嘉靖）

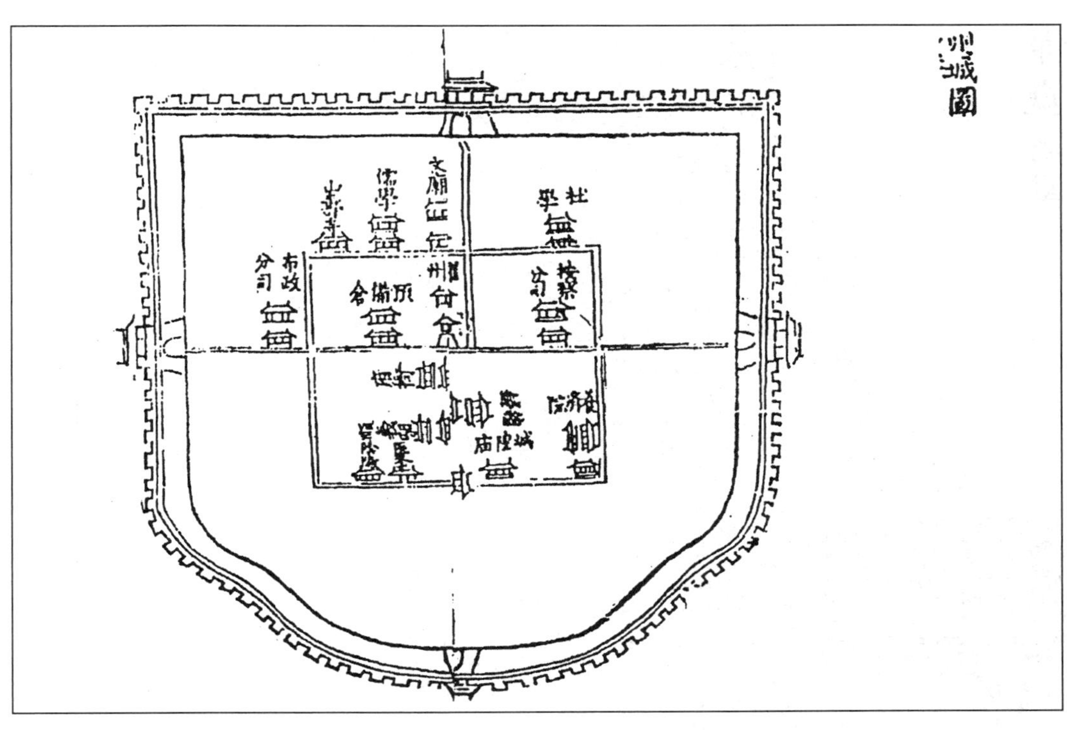

明・耀州城圖　《耀州志》(嘉靖)

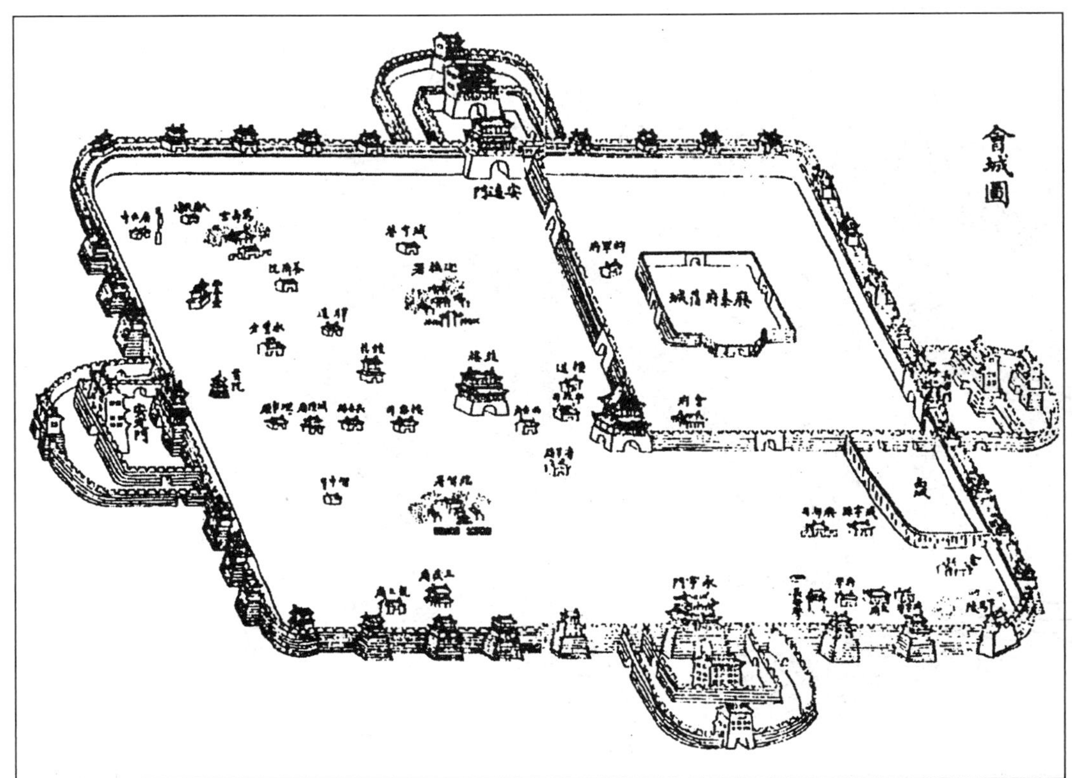

清・陝西會城圖　《陝西通志》(雍正)

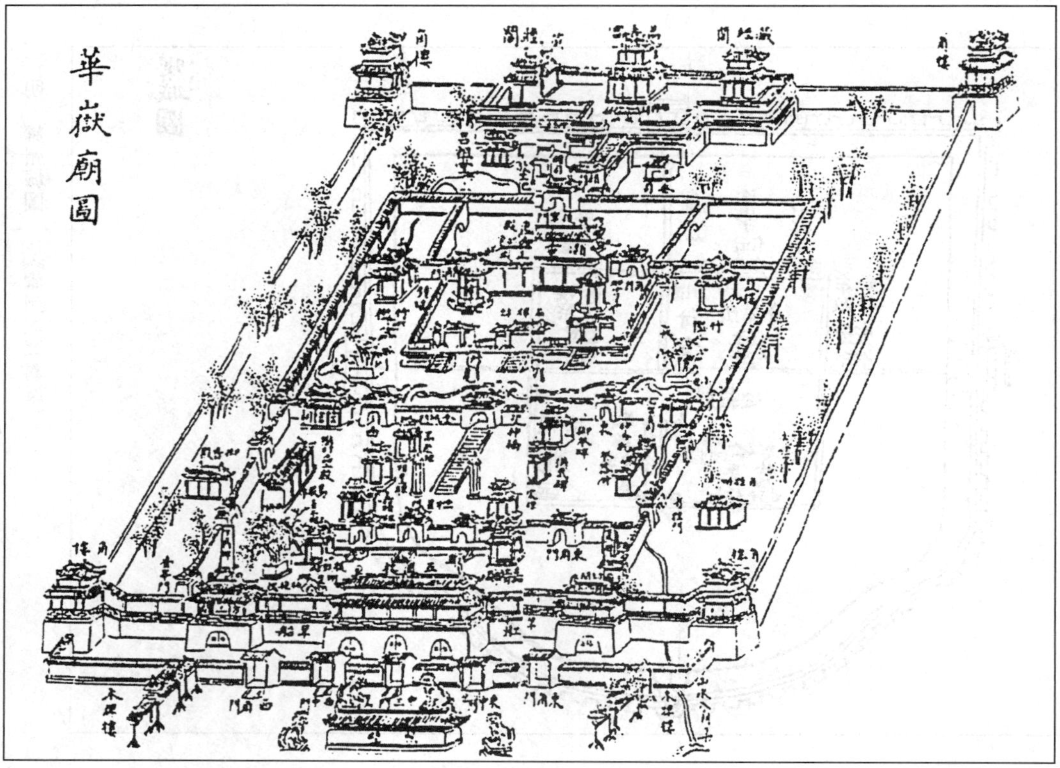

華嶽廟圖　《陝西通志》(雍正)

吴山廟圖　《陝西通志》(雍正)

咸陽縣疆域圖

北交涇陽界三十八里

東北交涇陽界四十里

西北交醴泉界四十里

西交興平界二十五里

東交長安界二十五里

西南交盩厔界三十里

東南交長安界二十五里

南交鄠縣界二十里

清・咸陽縣疆域圖　《陝西通志》（雍正）

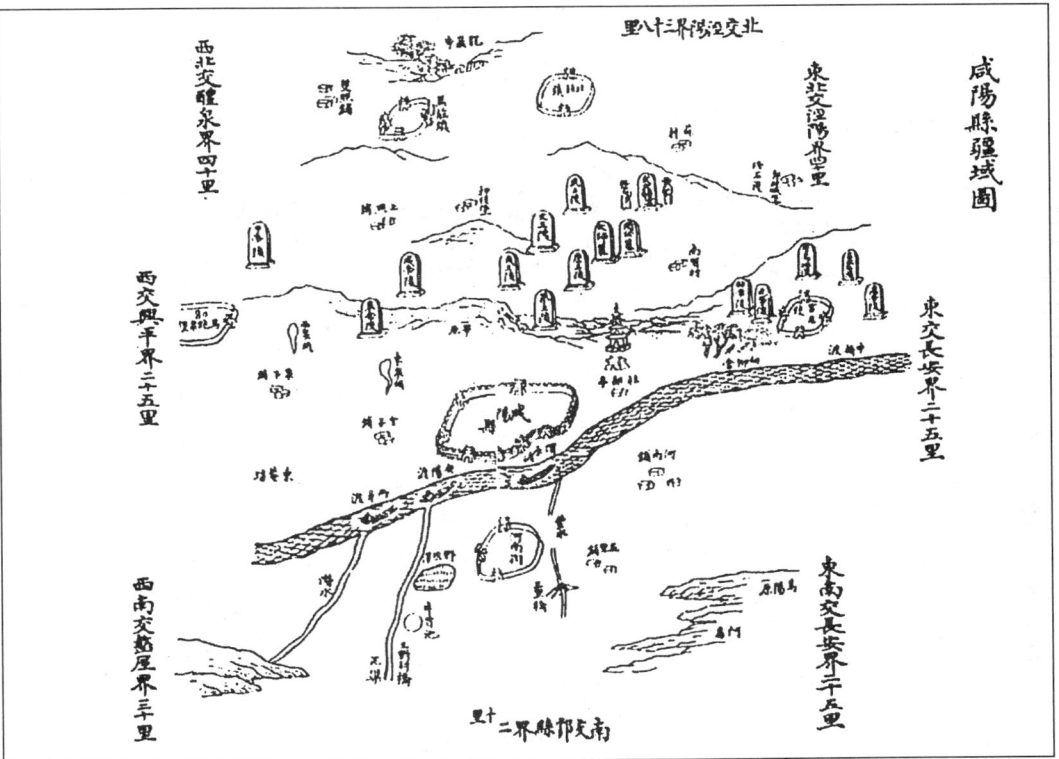

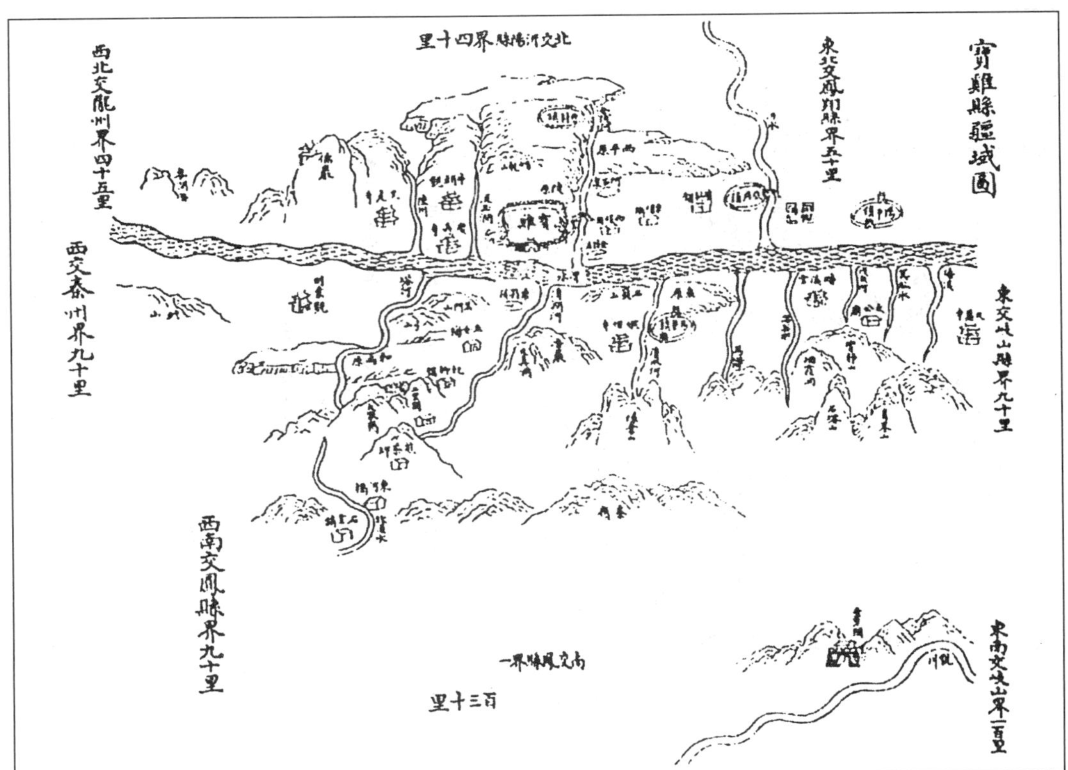

清・寶雞縣疆域圖　《陝西通志》（雍正）

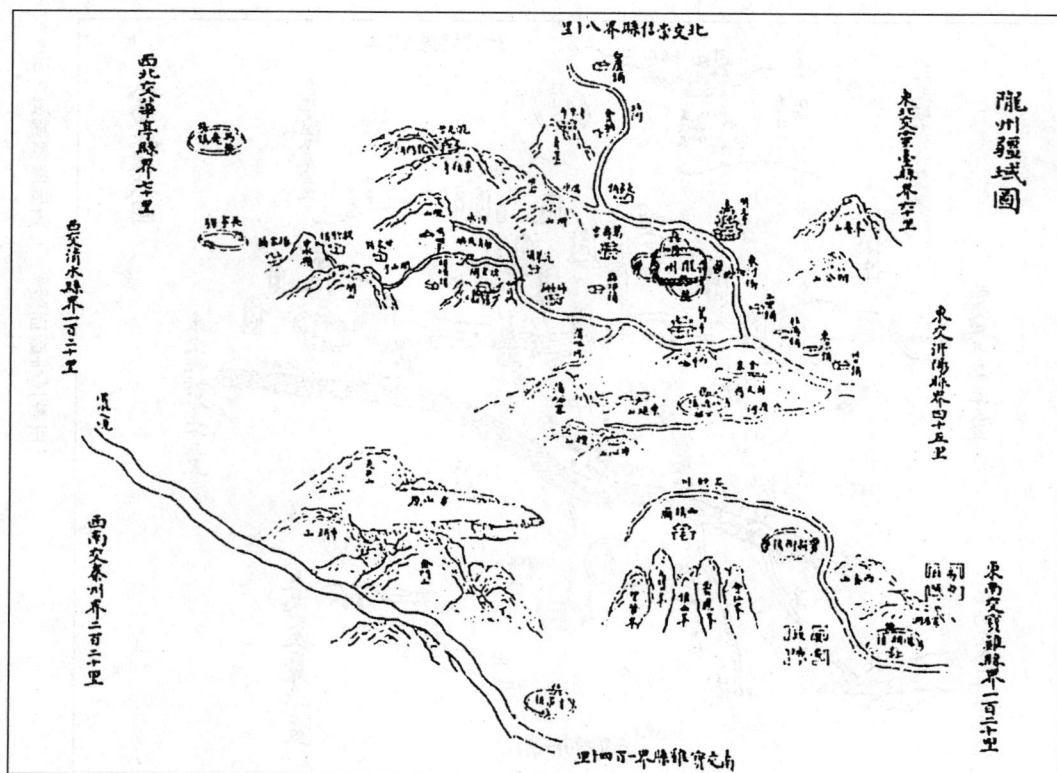

清・隴州疆域圖　《陝西通志》（雍正）

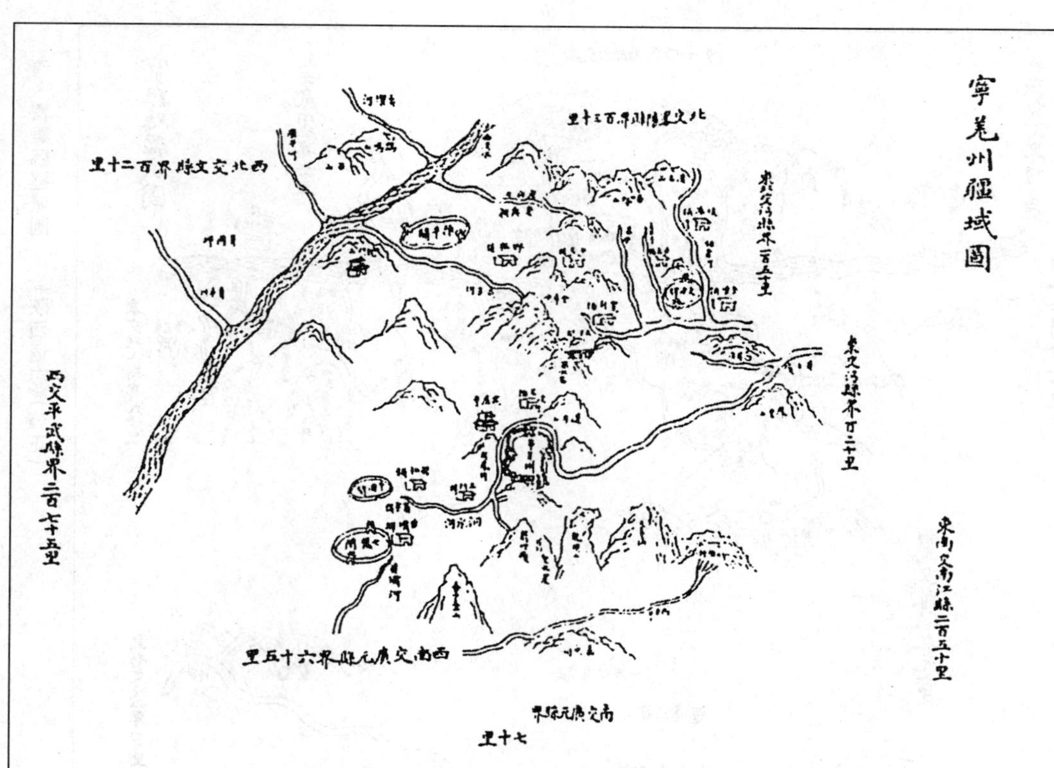

清・寧羌州疆域圖　《陝西通志》（雍正）

興安州疆域圖

北交鎮安縣界三百里
西北交漢陰縣界百四十里
西交漢陰縣界百五里
東北交洵陽縣界九十里
東交洵陽縣界七十里
東南交平利縣界四十里
南交平利縣界三十里
西南交紫陽縣界百六十里

清·興安州疆域圖《陝西通志》(雍正)

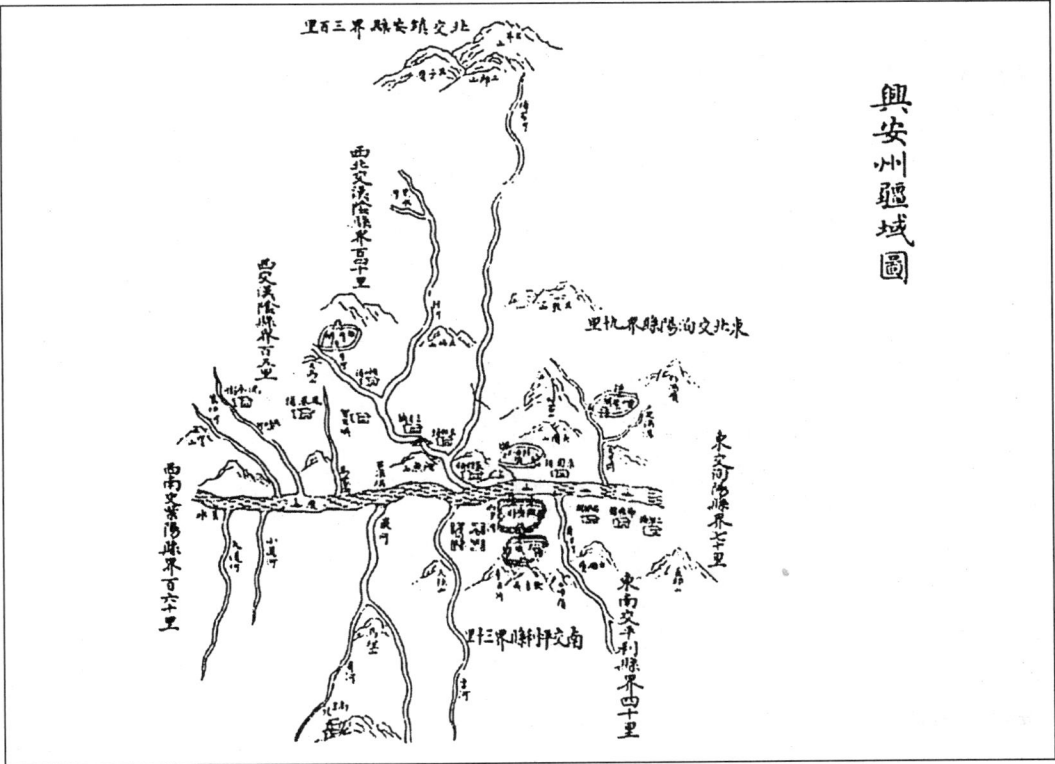

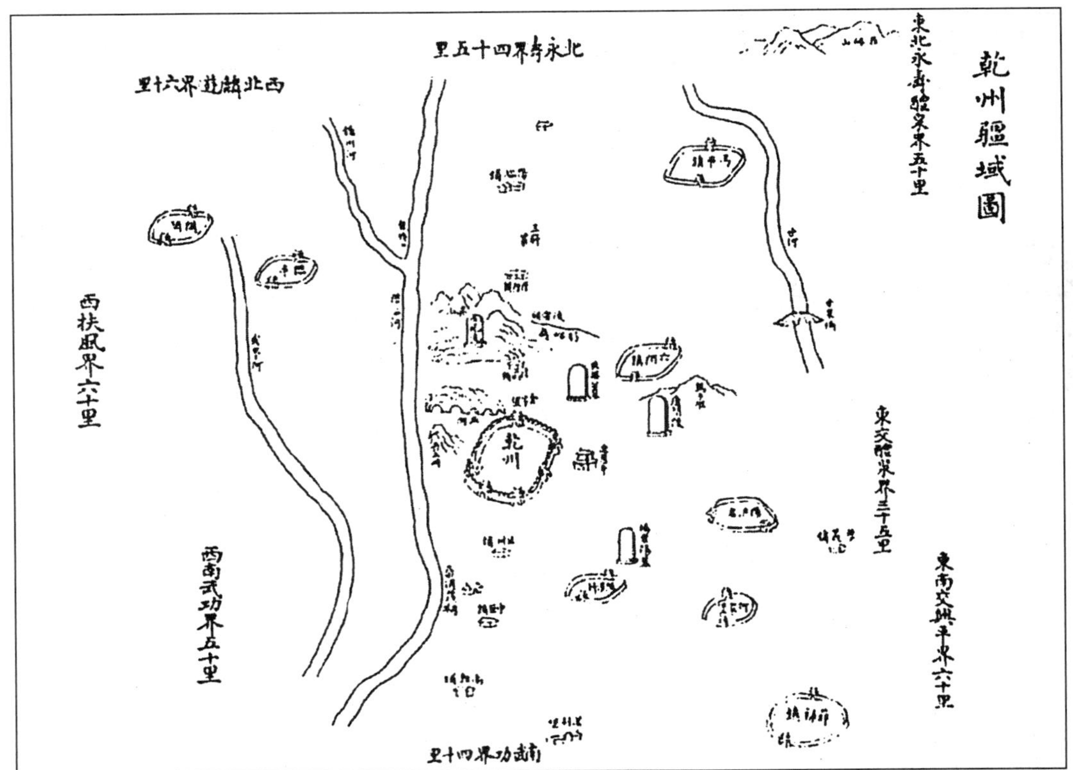

清·乾州疆域圖《陝西通志》(雍正)

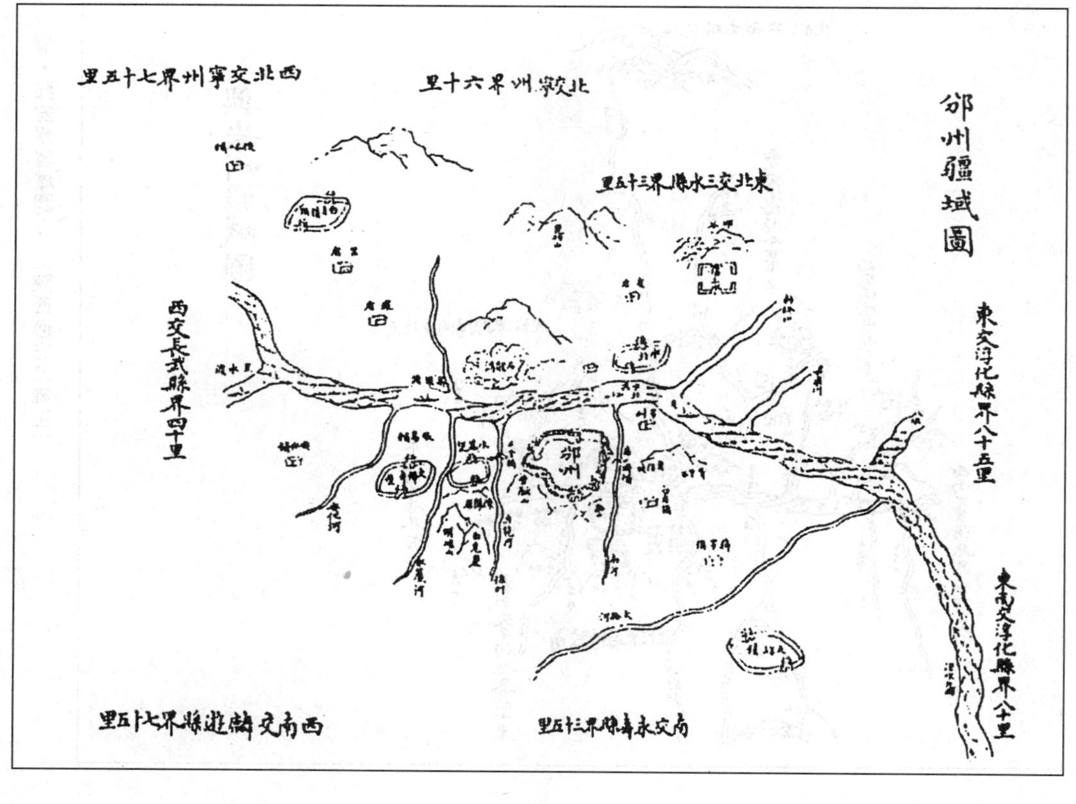

清・邠州疆域圖　《陝西通志》（雍正）

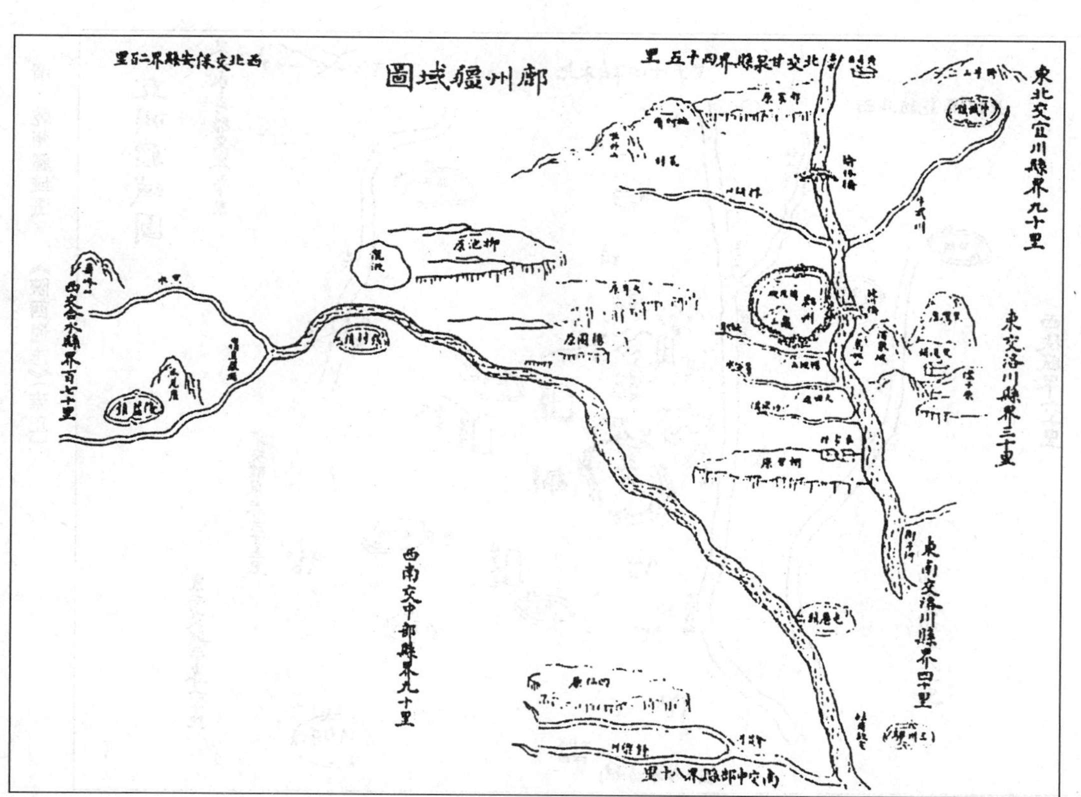

清・鄜州疆域圖　《陝西通志》（雍正）

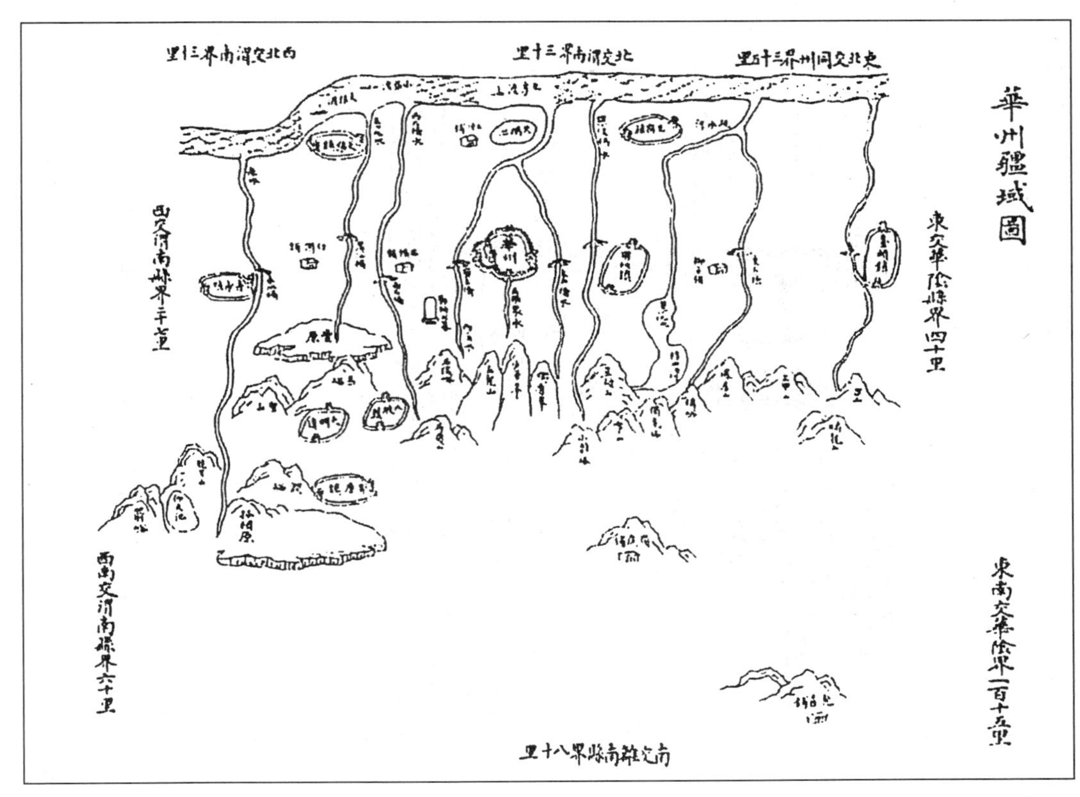

清·華州疆域圖 《陝西通志》(雍正)

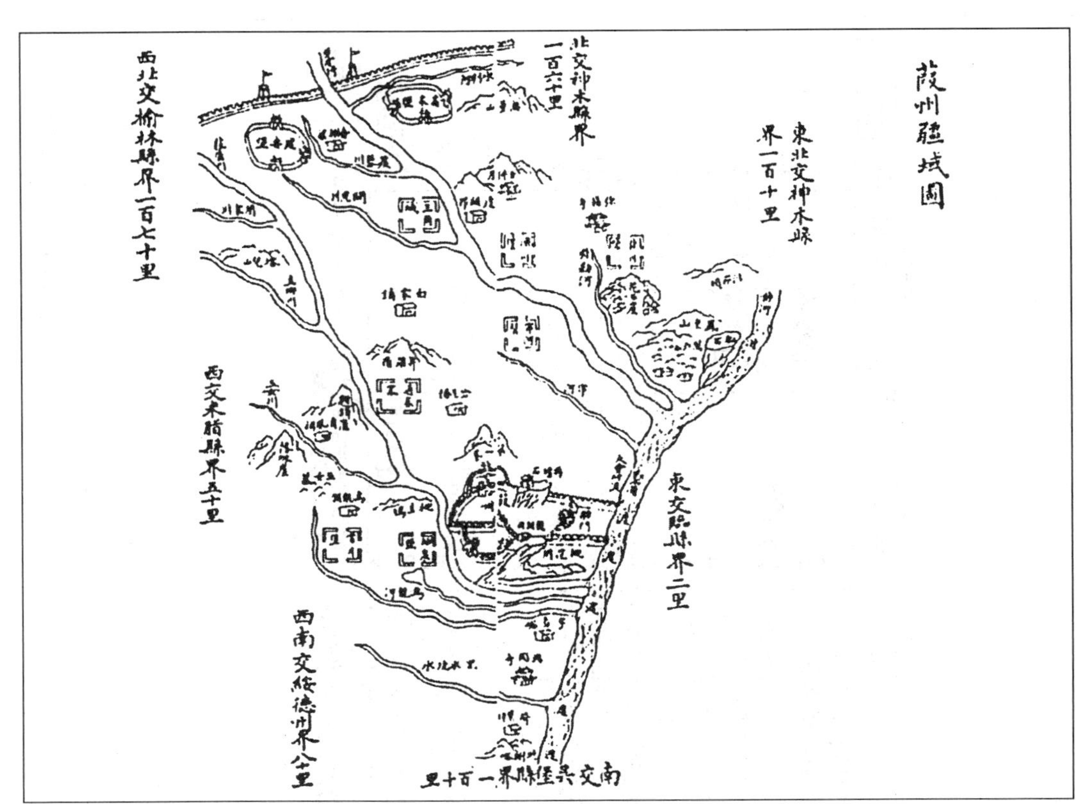

清·葭州疆域圖 《陝西通志》(雍正)

明·甘肅行都司圖　《陝西通志》(嘉靖)

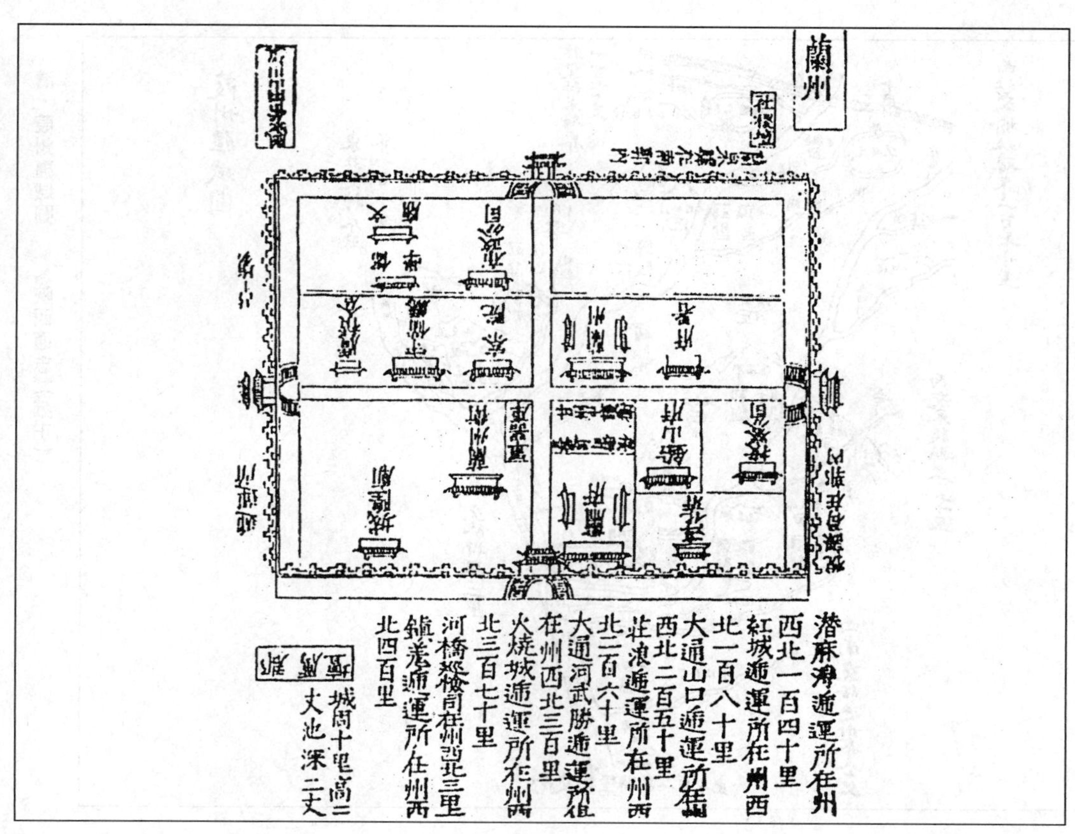

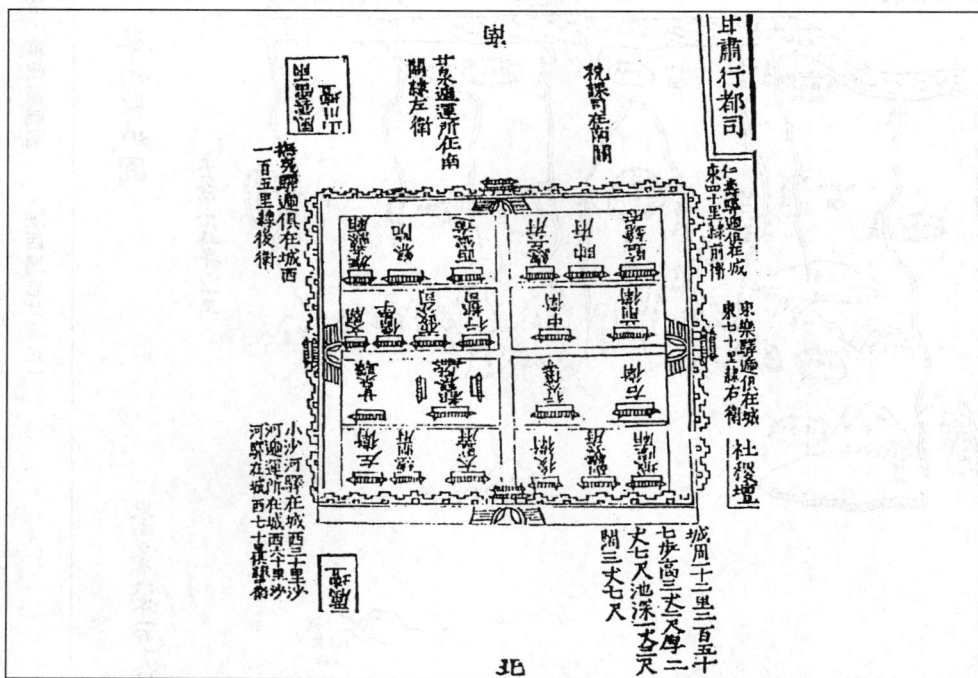

明·蘭州圖　《陝西通志》(嘉靖)

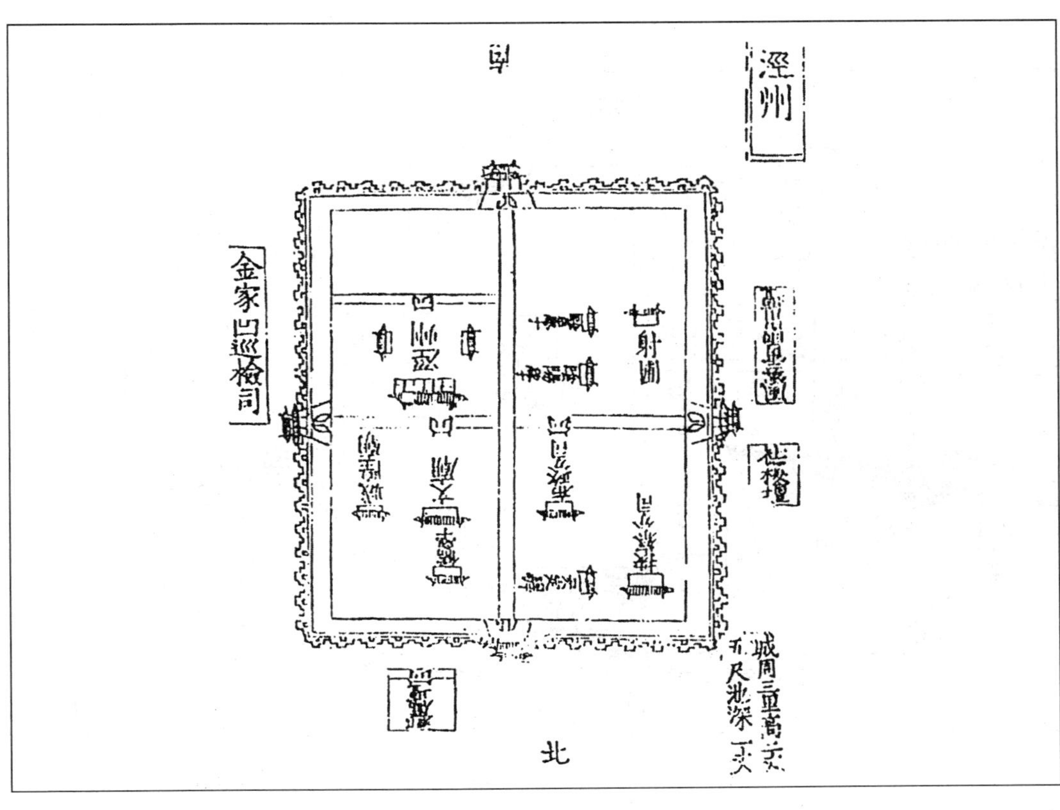

明・涇州圖　《陝西通志》(嘉靖)

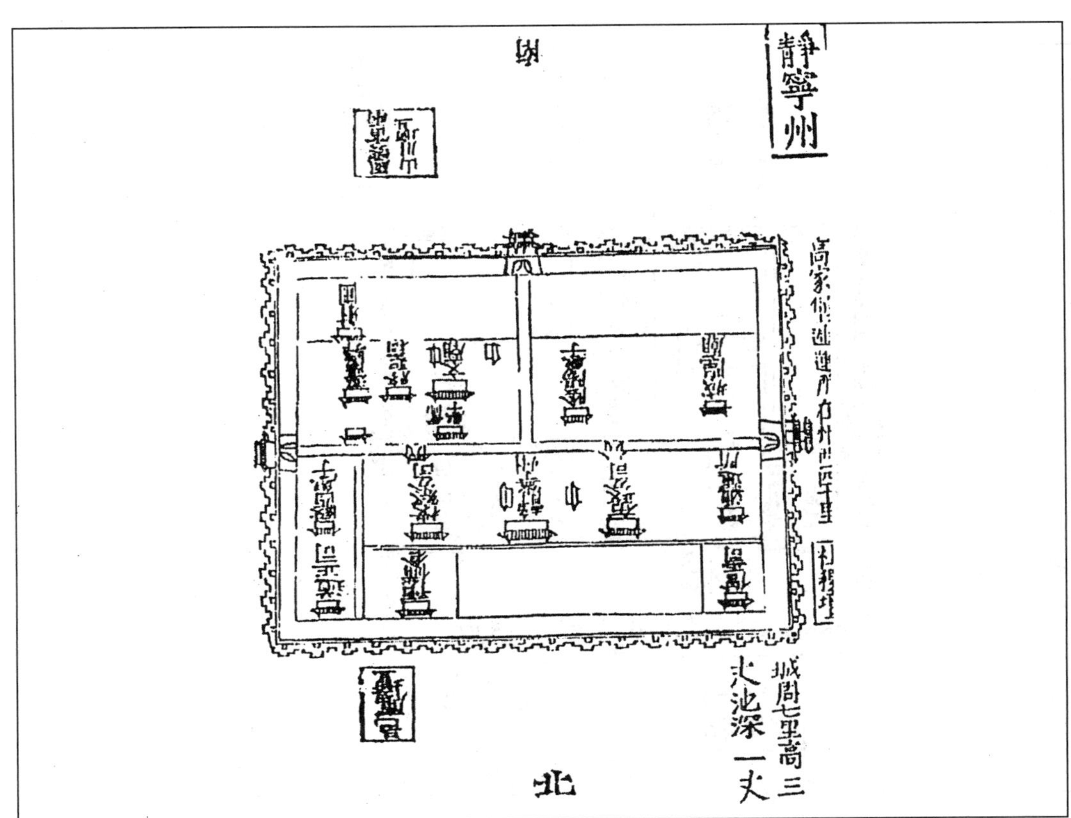

明・静寧州圖　《陝西通志》(嘉靖)

明・鞏昌府圖　《陝西通志》(嘉靖)

鞏昌府圖

城周九里高三丈池深二丈八尺

綿布嶺巡檢司所在府北六十里

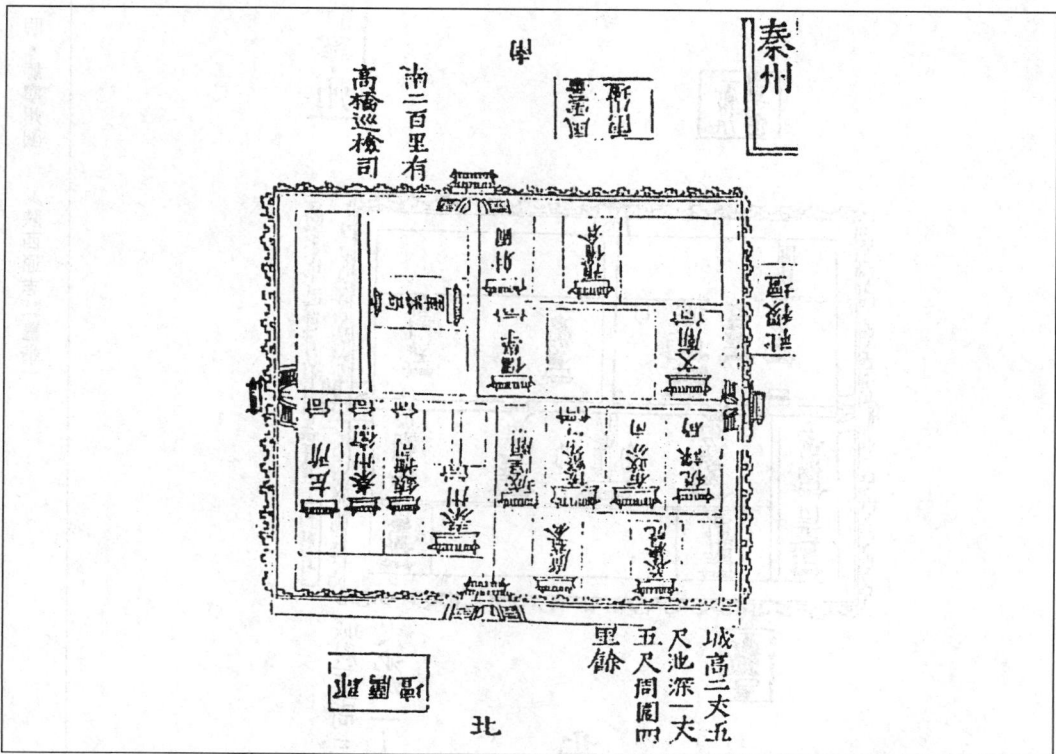

明・秦州圖　《陝西通志》(嘉靖)

秦州

南

南二百里有高橋巡檢司

城高二丈五尺池深一丈五尺周圍四里餘

北

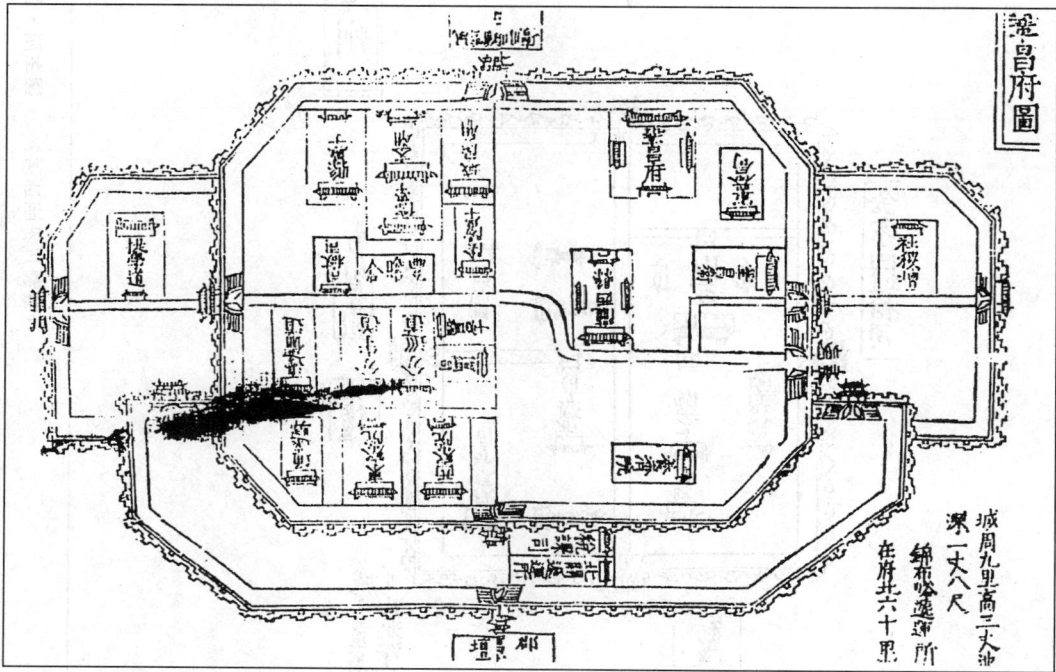

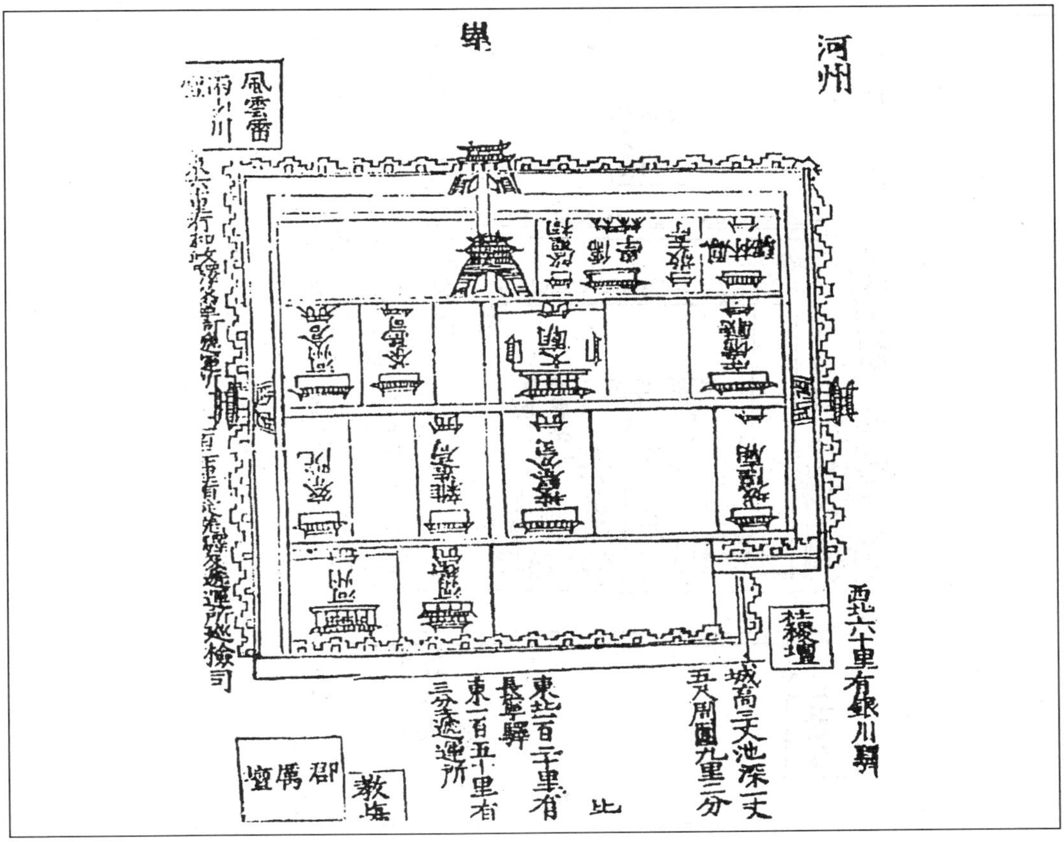

河州

風雲雷雨山川壇

西北六十里有銀川驛

城高三丈池深一丈五尺周圍九里三分

東北一百二十里有長寧驛

東一百五十里有三分遞運所

郡厲壇

明・河州圖 《陝西通志》（嘉靖）

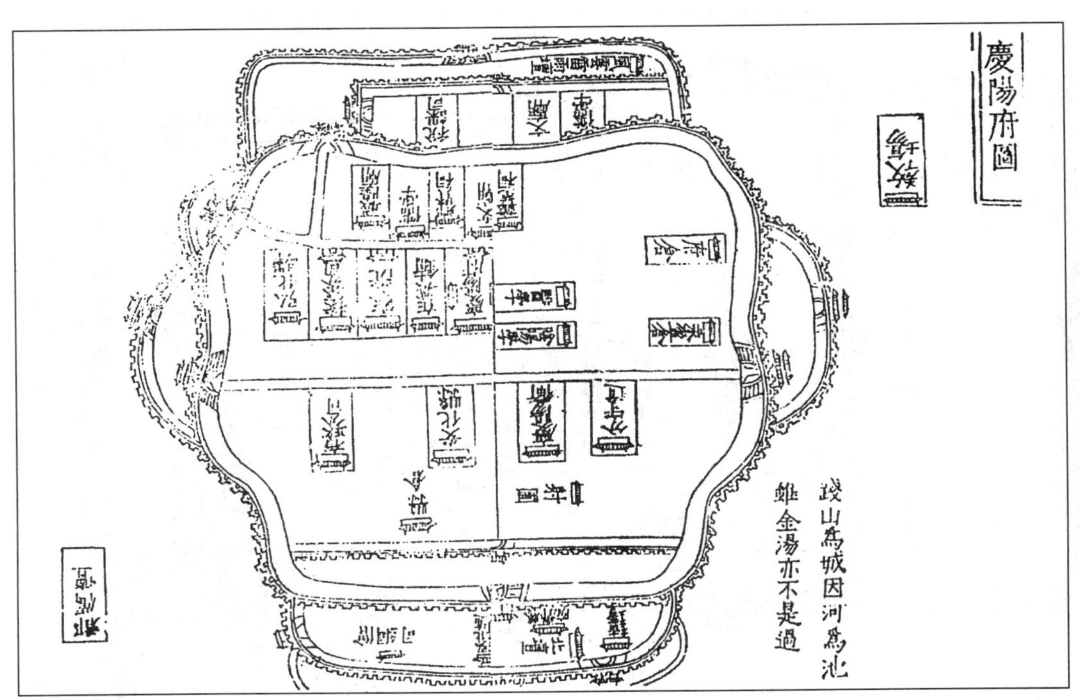

明・慶陽府圖 《陝西通志》（嘉靖）

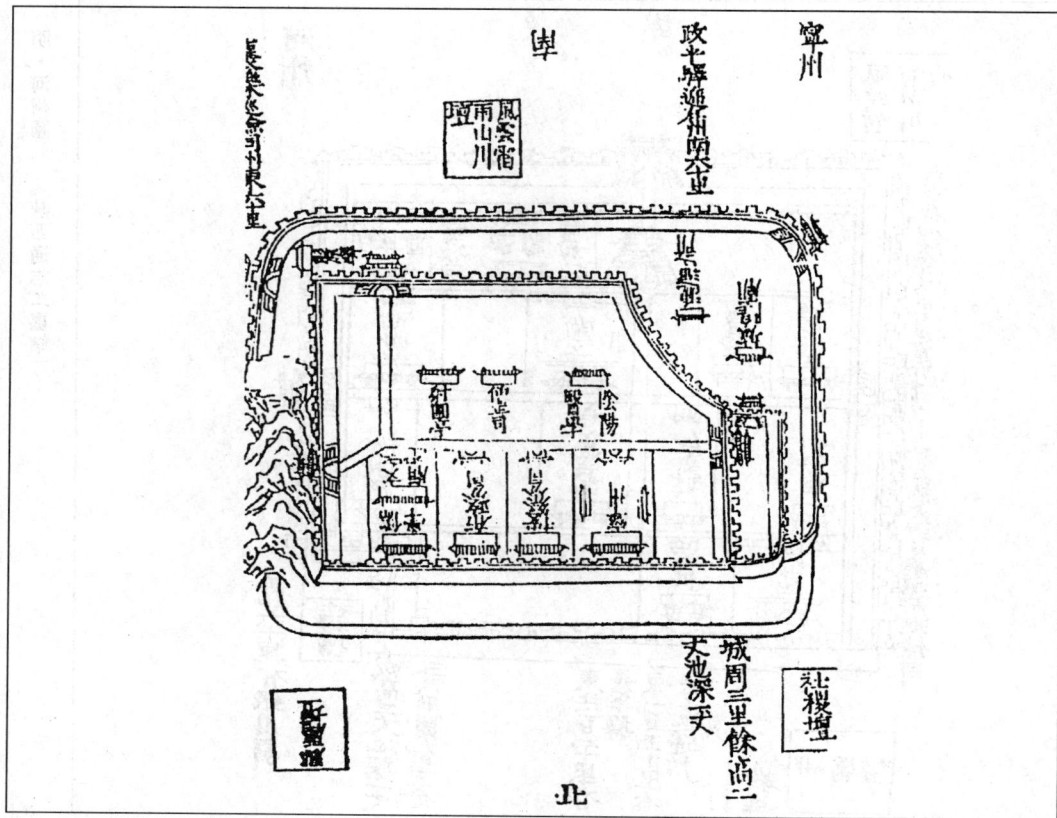

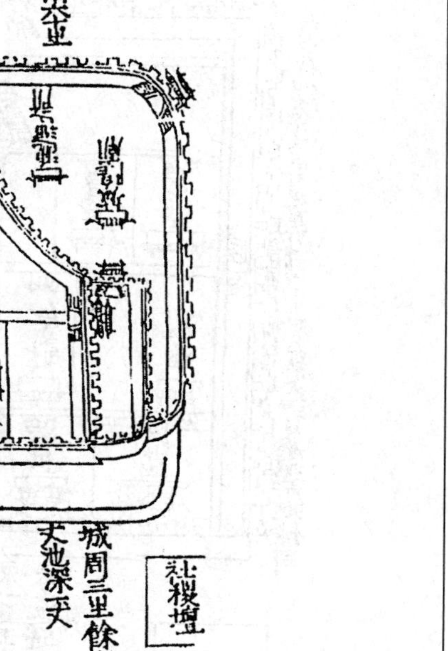

明・寧州圖　《陝西通志》（嘉靖）

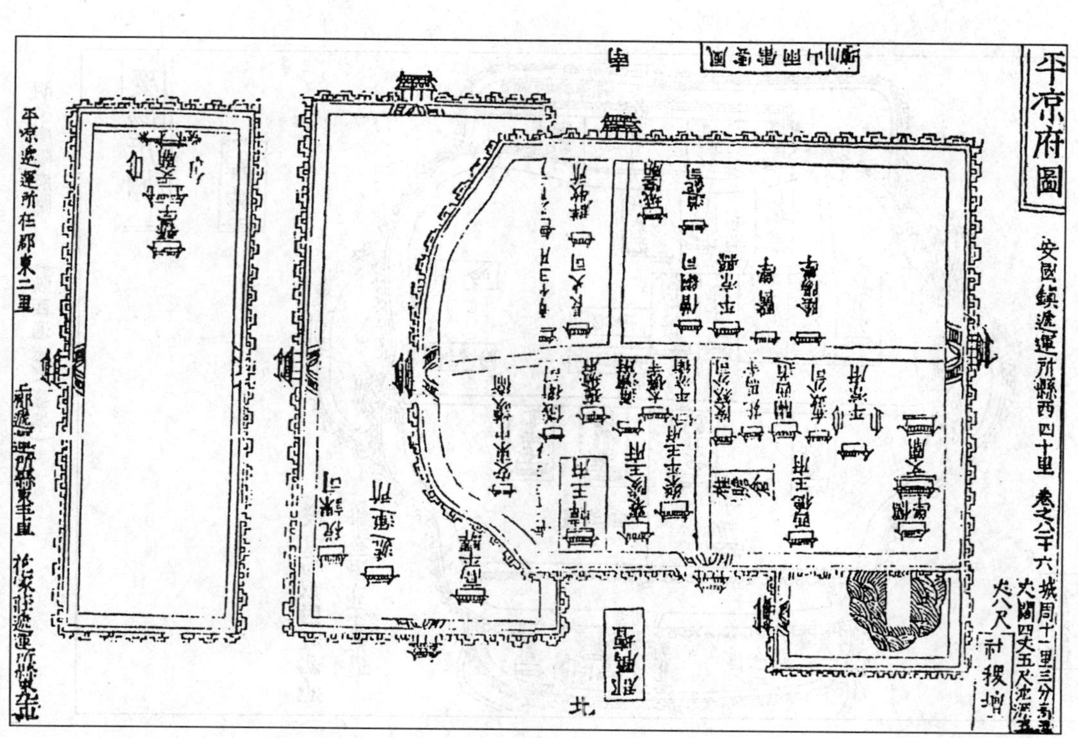

明・平凉府圖　《陝西通志》（嘉靖）

涼州衛

懷安驛遞俱在城西五十里

武威遞運所在城西十里

柔遠驛遞俱在城西九十里

社稷壇

城周十五里高四丈九尺加高三尺厚六尺

池深一丈三尺

城隍廟　儒學　文廟　西寧道　察院　布政分司

大河驛遞俱在城東四十里

靖邊驛遞俱在城東八十里

明・涼州衛圖　《陝西通志》（嘉靖）

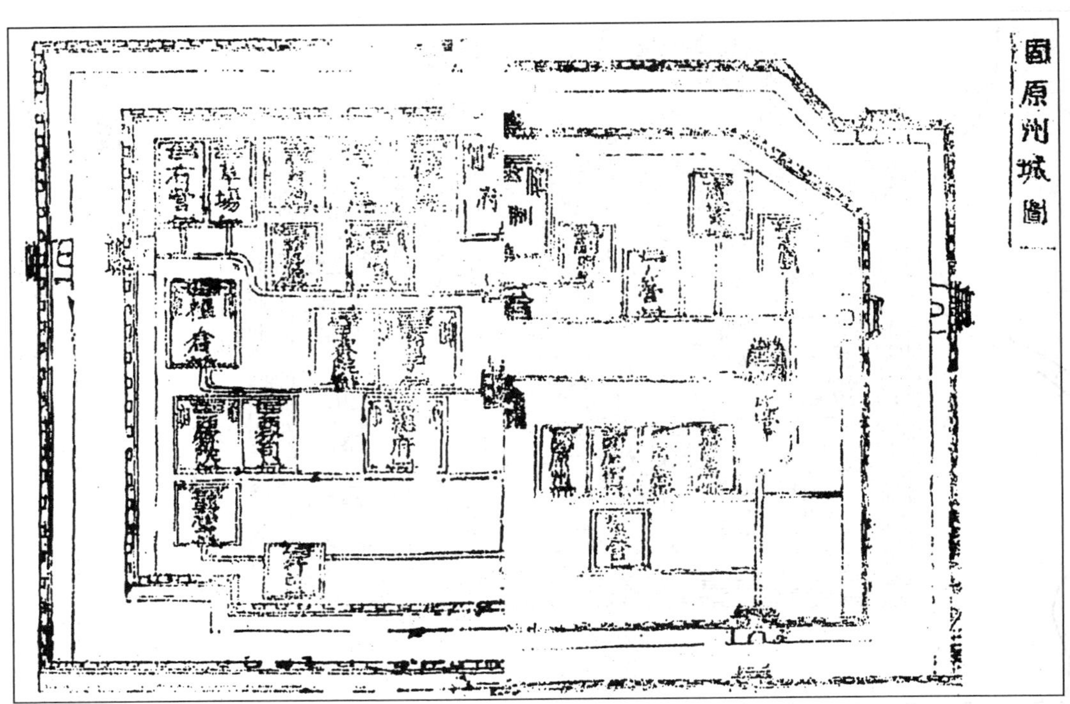

明・固原州城圖　《固原州志》（萬曆）

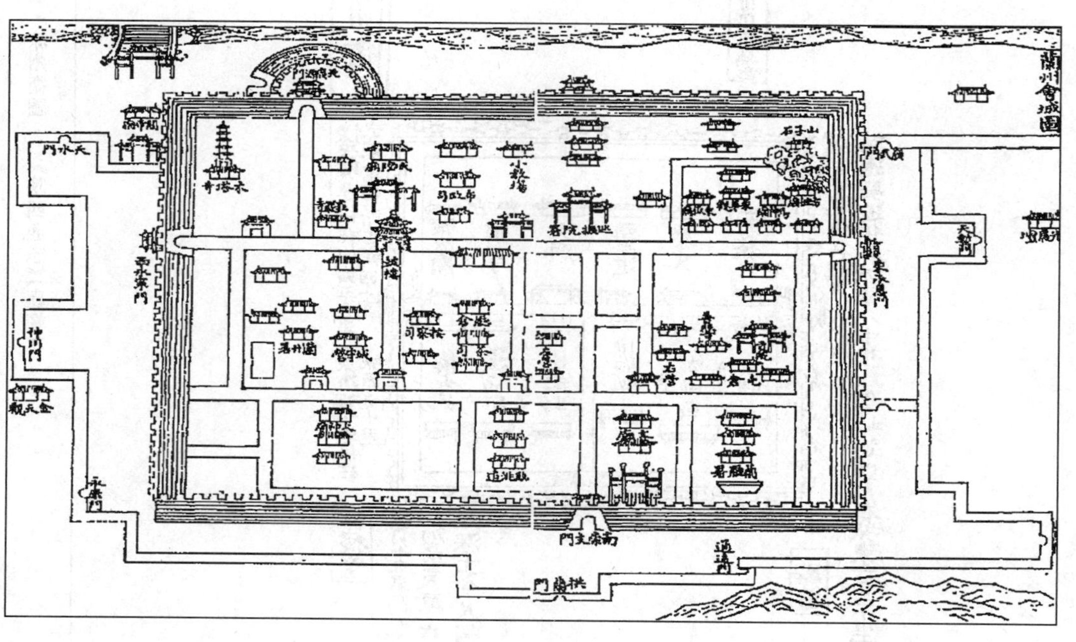

清·蘭州會城圖 《甘肅通志》(乾隆)

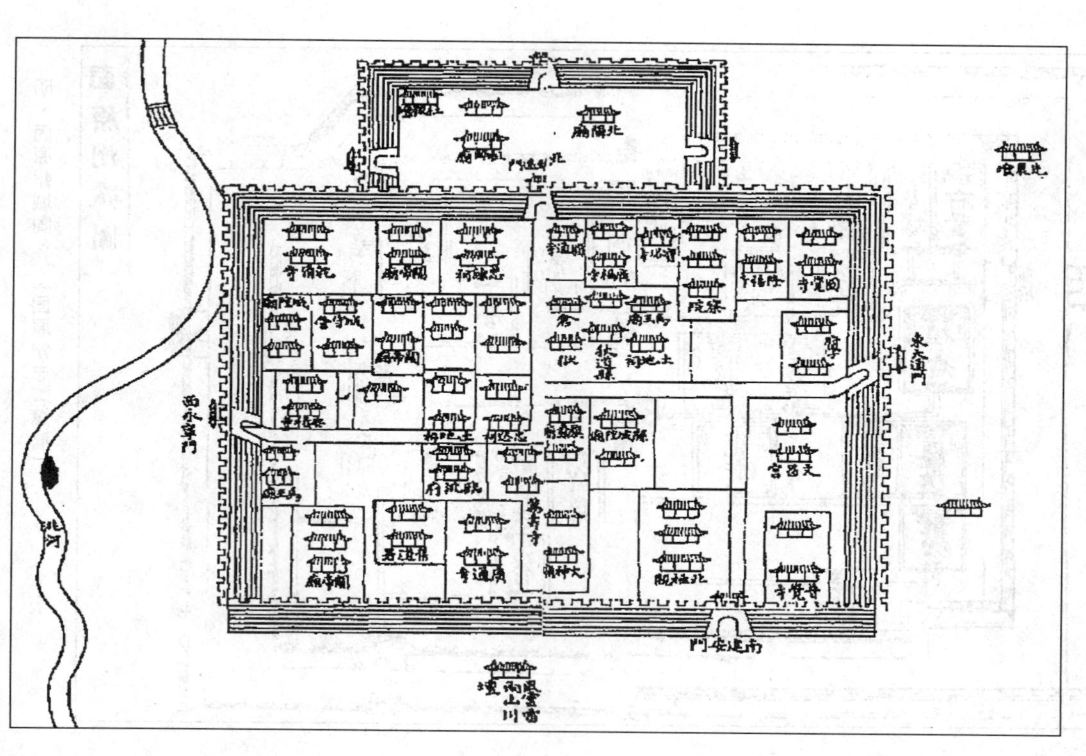

清·臨洮府城圖 《甘肅通志》(乾隆)

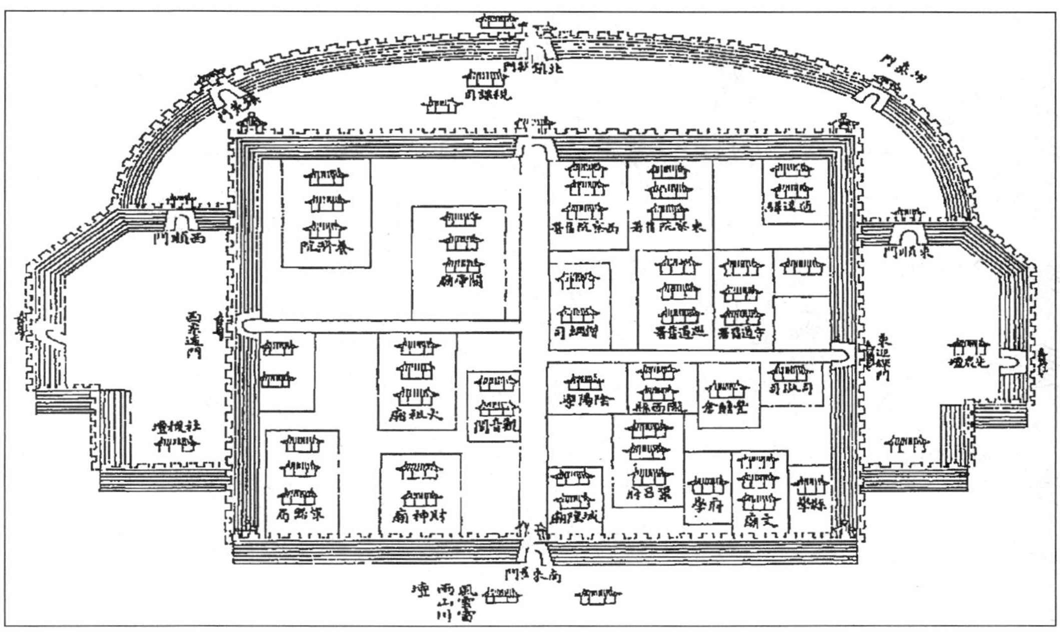

清・鞏昌府城圖　《甘肅通志》（乾隆）

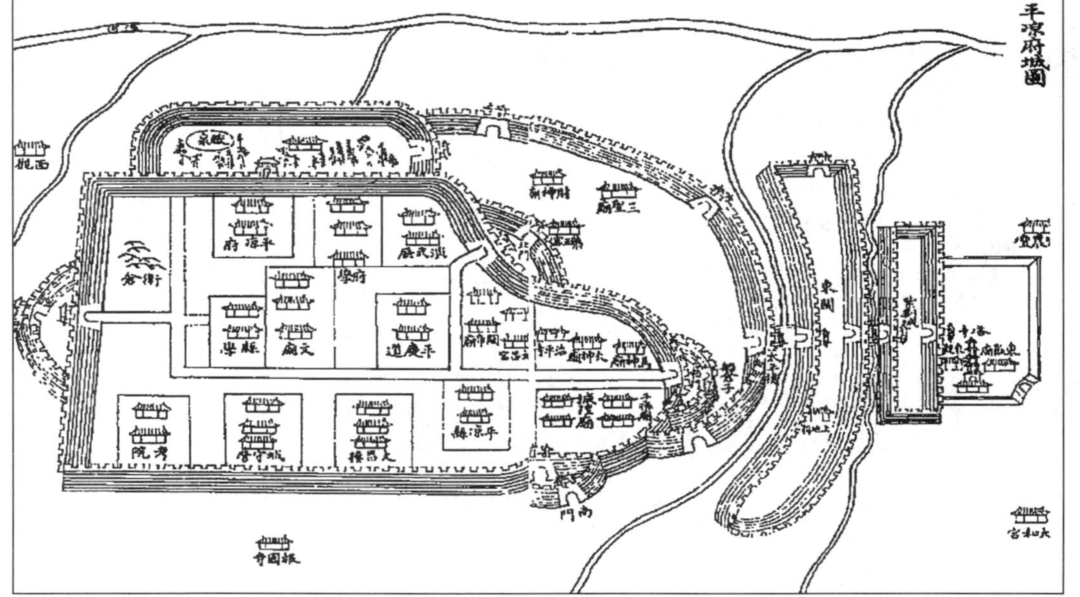

清・平涼府城圖　《甘肅通志》（乾隆）

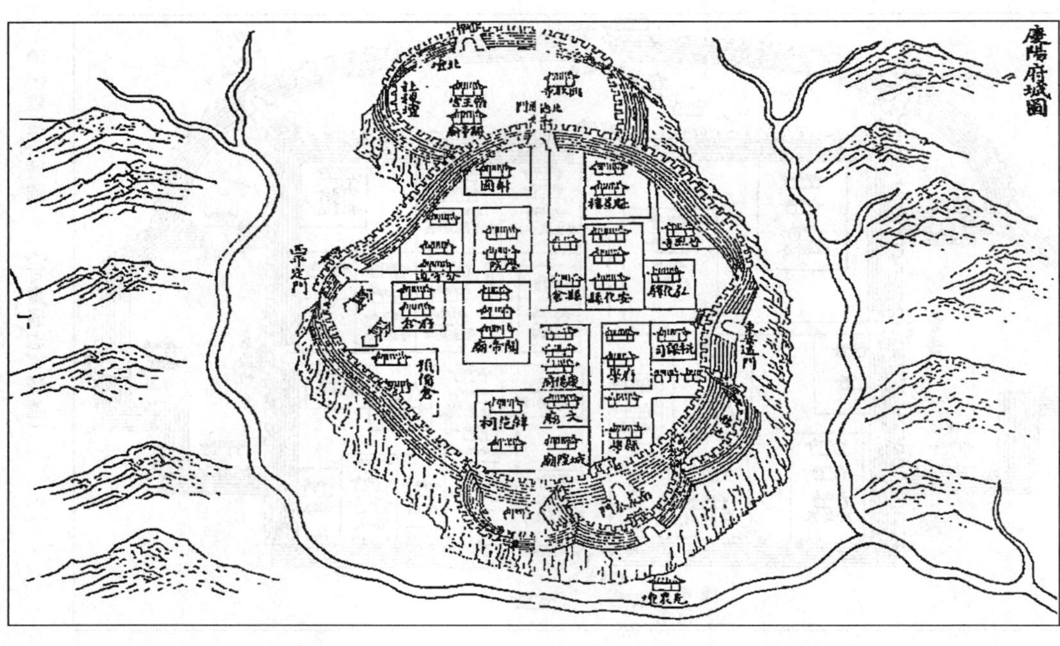

清·慶陽府城圖　《甘肅通志》（乾隆）

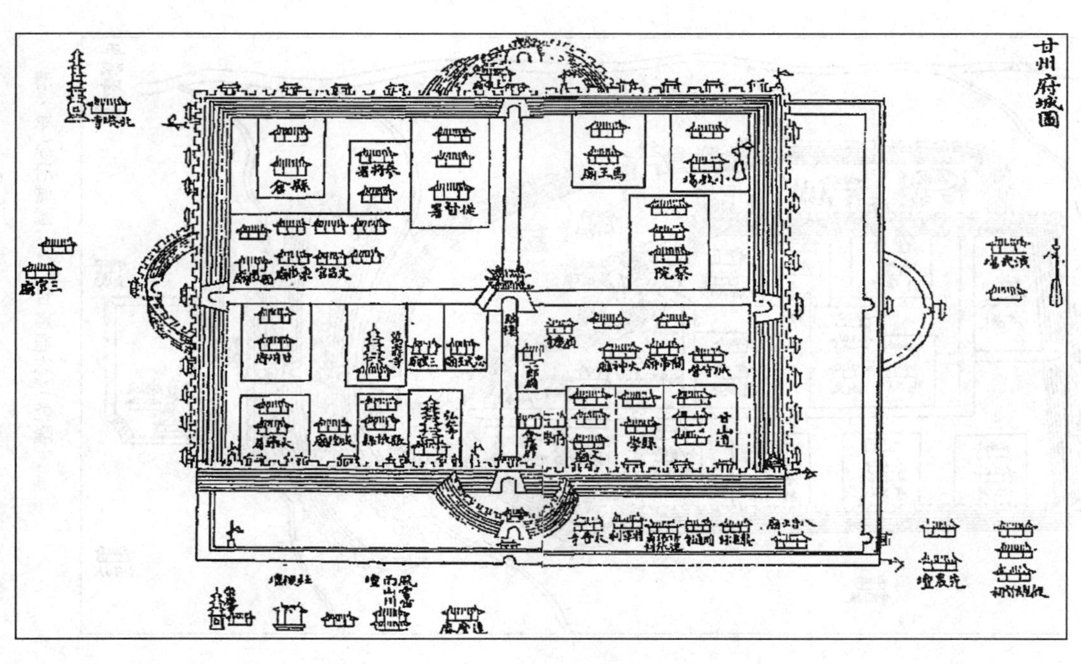

清·甘州府城圖　《甘肅通志》（乾隆）

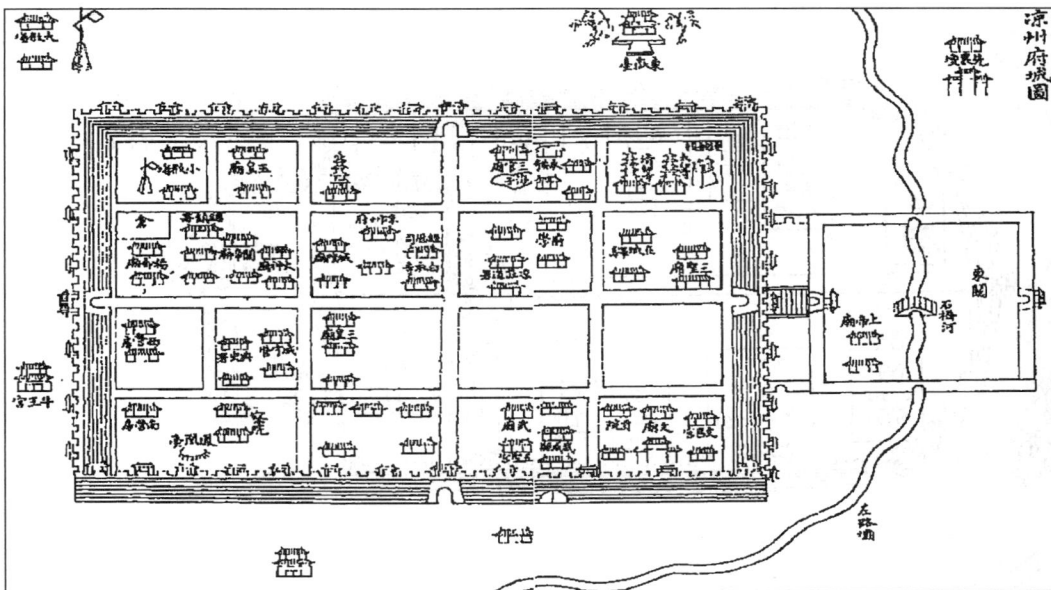

清・涼州府城圖　《甘肅通志》（乾隆）

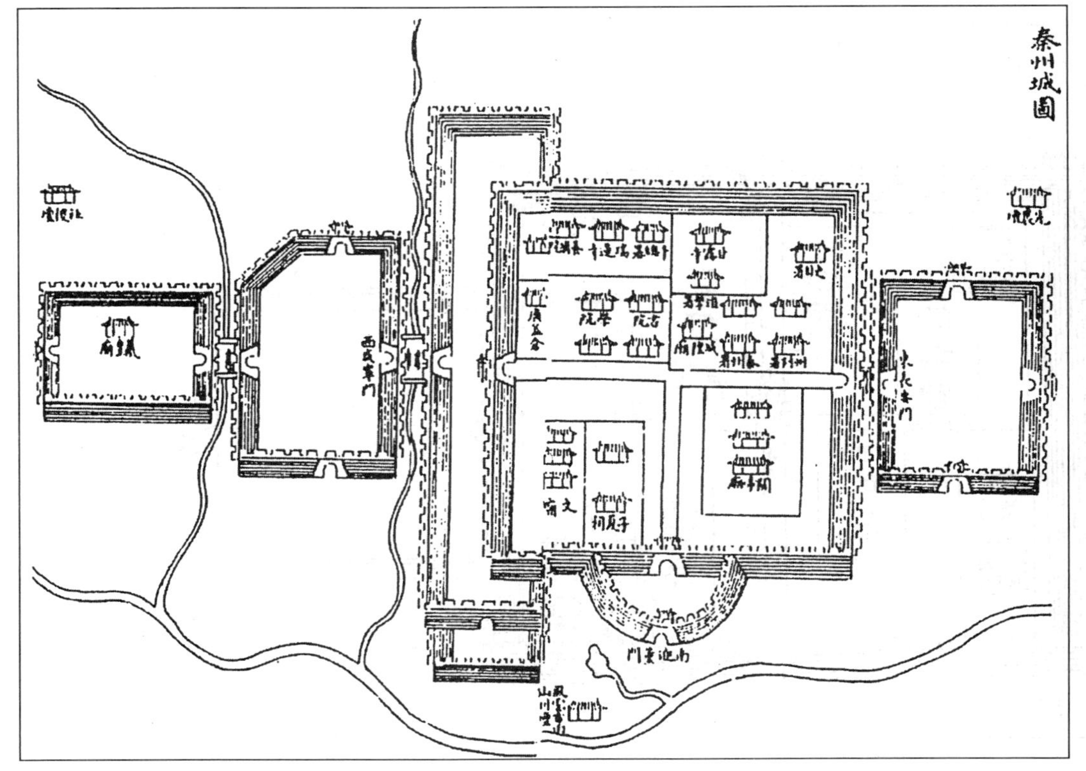

清・秦州城圖　《甘肅通志》（乾隆）

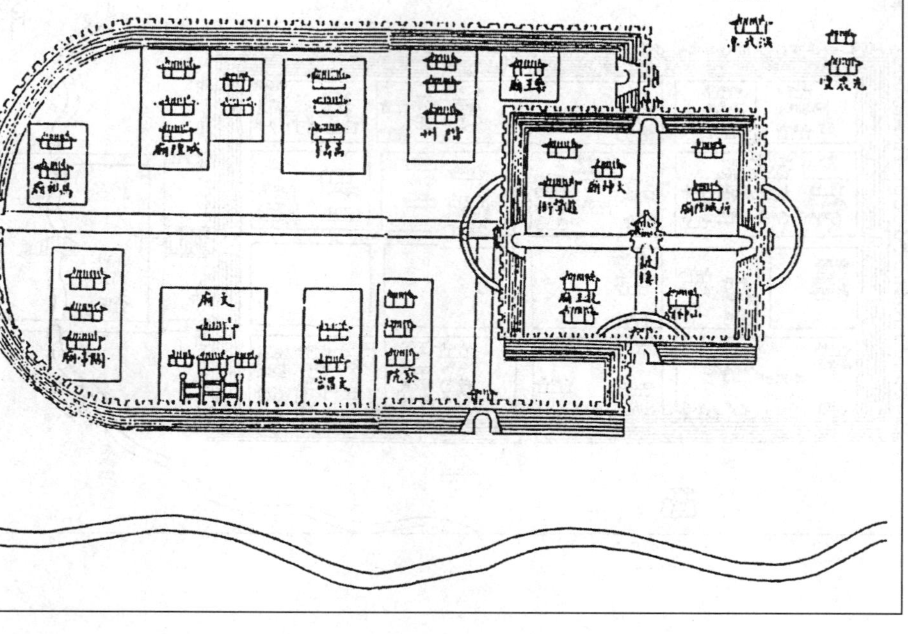

清・階州城圖 《甘肅通志》(乾隆)

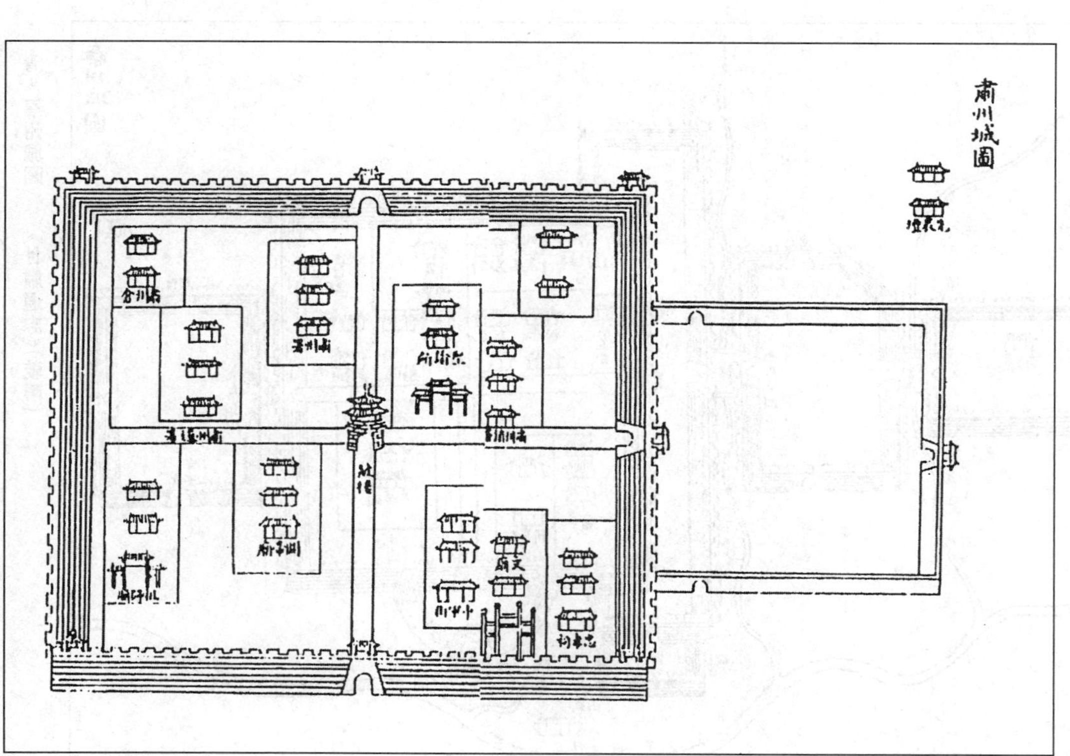

清・肅州城圖 《甘肅通志》(乾隆)

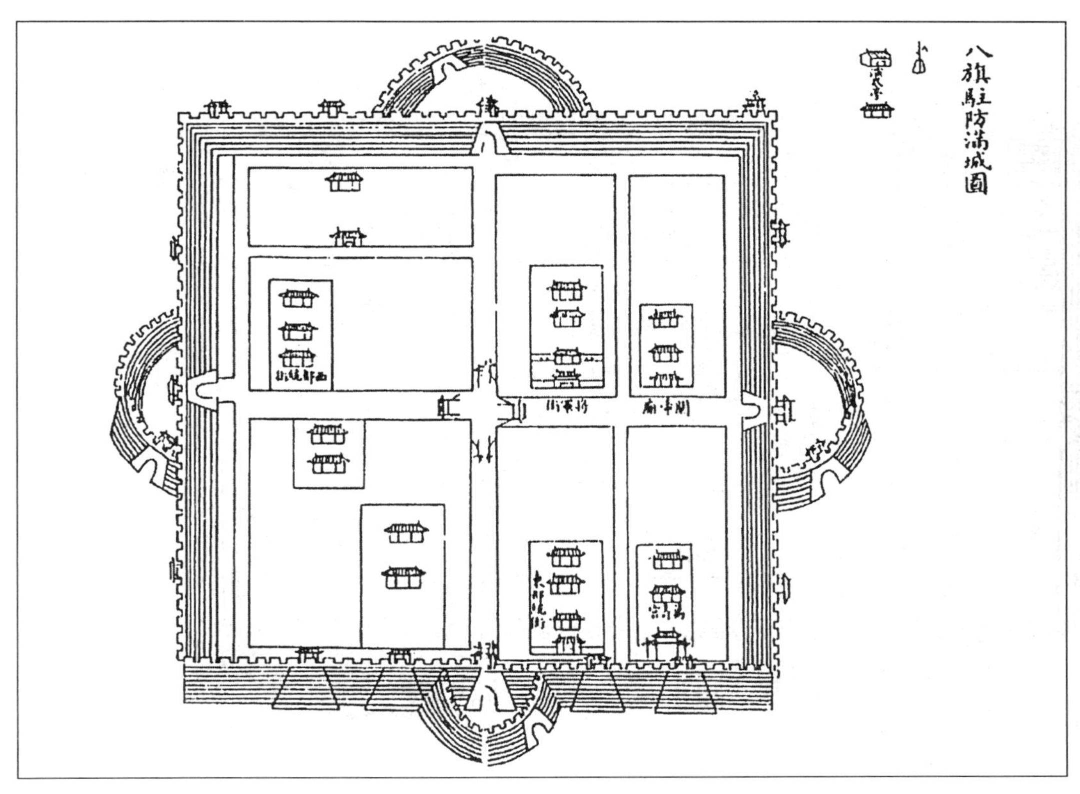

清·八旗駐防滿城圖　《甘肅通志》（乾隆）

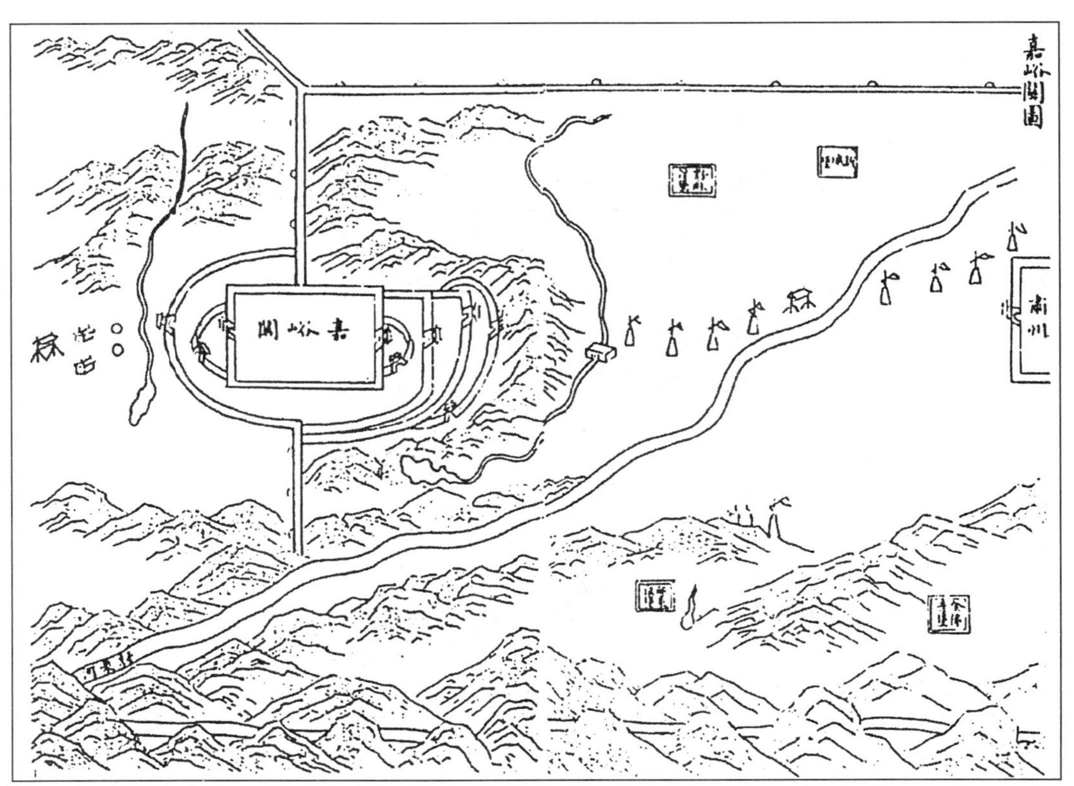

清·嘉峪關圖　《甘肅通志》（乾隆）

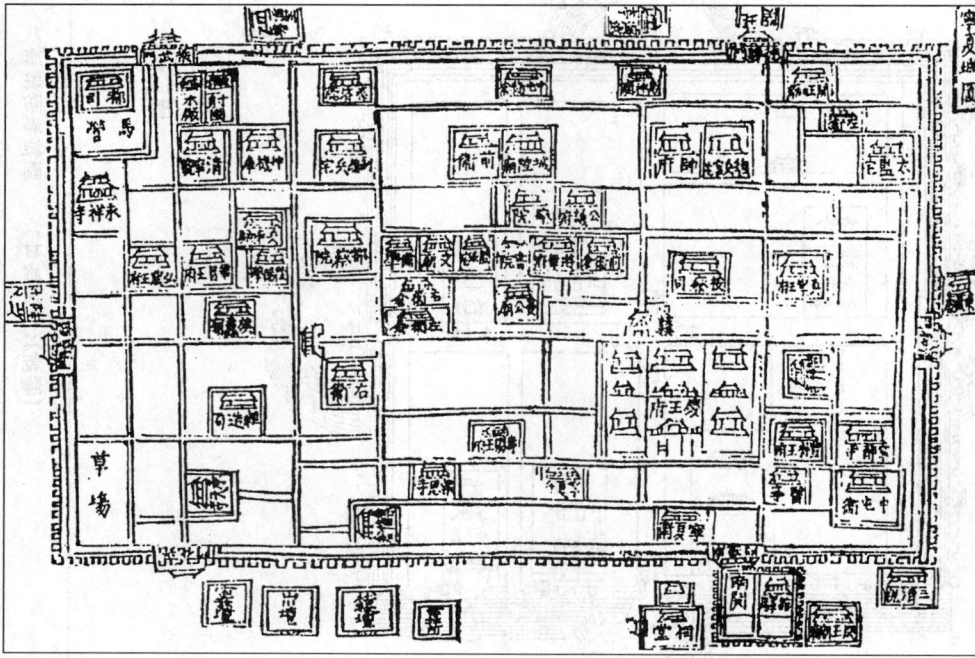

寧夏

明・寧夏城圖　《寧夏新志》(弘治)

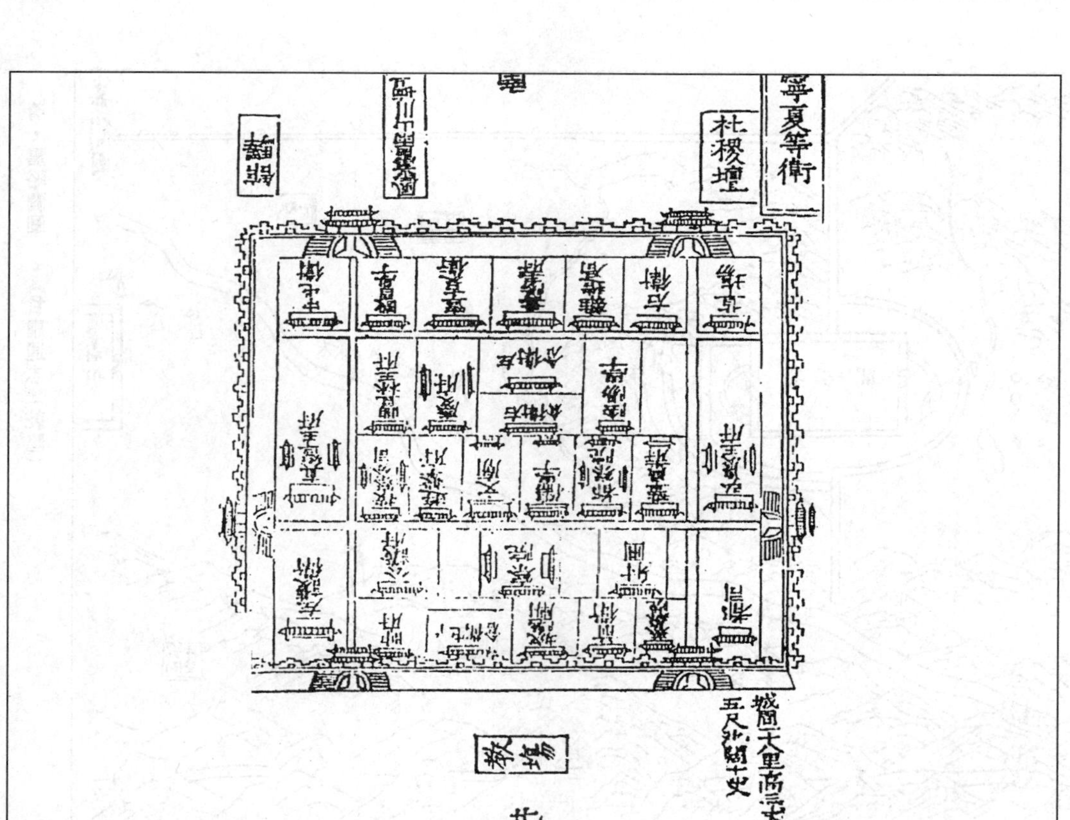

明・寧夏等衛圖　《陝西通志》(嘉靖)

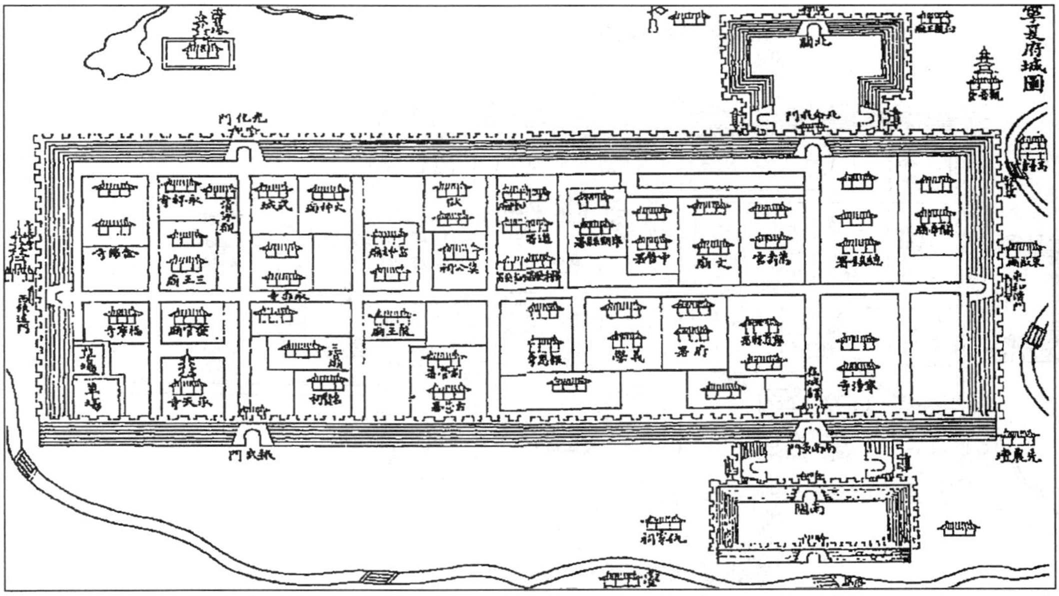

清・寧夏府城圖　《甘肅通志》(乾隆)

青海

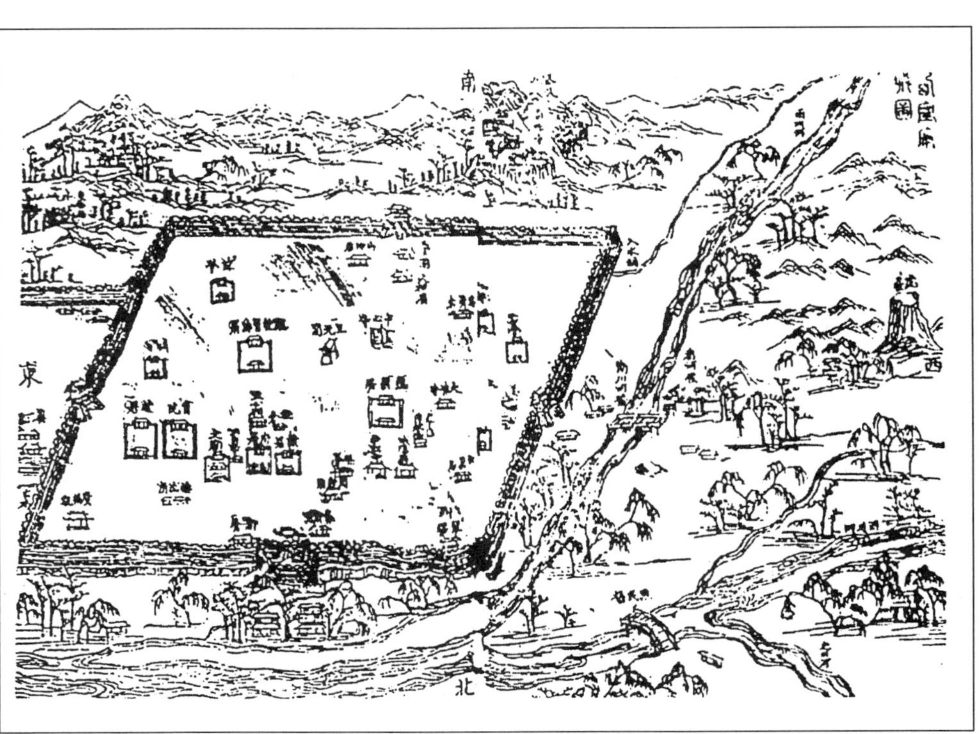

清・西寧縣城圖　《西寧府新志》(乾隆)

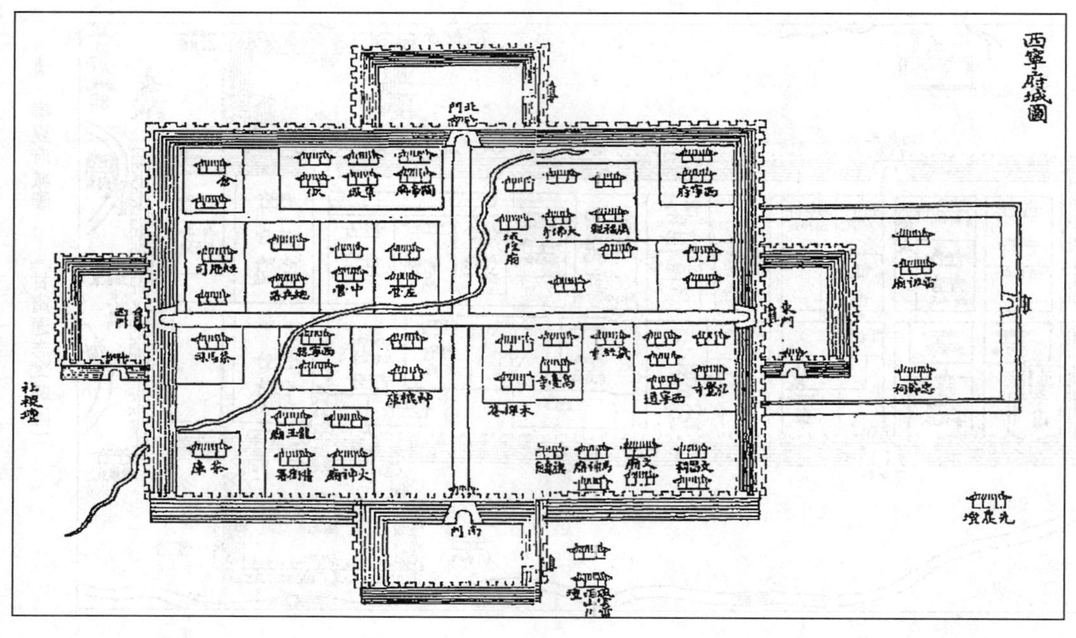

清・西寧府城圖　《甘肅通志》(乾隆)

壇廟總部

《壇廟總部》提要

敬天、祭祖乃我國主要的傳統信仰，《尚書·舜典》曰：「類于上帝，禋于六宗，望于山川，遍于群神。」祭祀活動成爲政治與社會生活的重要組成部分，因此歷來朝廷與民間對於壇廟建設相當重視。壇廟就其祭祀對象而言，可分爲兩大類：一是自然神，如天上的天帝、日月、星辰、風雨、雷電之神，地上的社稷、先農、嶽鎮、海瀆、城隍、土地、八蜡等；二是人神，如歷代明君、聖賢、烈士以及祖先等。《周禮》所謂「左祖右社」，表明周人壇廟營建是以太廟與社壇爲中核、分置衆神的格局。之後歷代沿襲未替，禮制更趨縝密。廟示人倫昭穆等第之別，其備有垣、門、殿、堂、室、廚，與宮室無異。社乃土地之主，國之所本，所以封國必立社。社爲壇壝，經歷代演進，其内涵與規制均有更大的發展，以明清爲最盛。社壇中置祭殿、拜殿，又有神庫、神廚、宰牲亭、齋舍等附屬建築。

本總部下設兩個部：《壇宇部》，輯録人們敬天畏神的思想根源、壇壝神廟規制變遷以及營建活動的相關資料。《祠廟部》，輯録歷代祠廟規制及營建活動的相關資料。

目録

壇宇部

題解

許慎《説文解字》卷一上《示部》 社，地主也。从示土。《春秋傳》曰：共工之子句龍爲社神。《周禮》：二十五家爲社，各樹其土所宜之木。聲常。

禪，祭天也。从示，單聲，時戰切。

祇，地祇提出萬物者也。从示，氏聲，巨支切。

許慎《説文解字》卷一三下《土部》 壇，祭壇場也。从土，亶聲。場，祭神道也。一曰田不耕，一曰治穀田也。从土，昜聲。

戴侗《六書故》卷三《示之會意五》 社𥘶，常者切。土神也，爲壇壝以祭。后土氏樹以其野之所宜木，故古文從土從木。共工氏之子句龍配食於社。

神，食鄰切。精靈曰：神，凡神由天來者也，故別而言之。天曰神，人曰鬼，地曰示，合而言之，通曰神。神，陽之爲也。鬼，陰之爲也。其於人也，魂其神而魄其鬼也。故記曰：氣也者，神之盛也。魄也者，鬼之盛也。人之五藏，心藏神引而申之，凡虛靈變化不測者，皆曰神。《易》曰：神也者，妙萬物而爲言也。

戴侗《六書故》卷三《火之疑四》 祇，凡神示之屬皆從示。又神至切顯設昭示也。《易》曰：夫乾確然示人易矣。《説文》曰：天垂象見吉凶，所以示人也。從上三垂象，日月星也。示神事也。示，古文。鄭漁仲曰：㫃，即旗也。象旗形，借爲神示也。示，按日月星三垂之象。牽强。漁仲近之。

羅願《爾雅翼》卷一《釋草》 稷者，五穀之長，故陶唐之世名農官爲后稷。其祀五穀之神，與社相配，亦以稷爲名。以爲五穀不可偏祭，祭其長以該之。稷所以爲五穀長者，以其中央之穀。《月令》中央土，食稷與牛。五行土爲尊，故五穀稷爲長。又古者號稷爲首種，孟春行冬令，則雪霜大摯，首種不入。蔡邕以首種爲麥，以麥常隔歲而種，故以爲首。而鄭康成以爲，稷者蓋以考《靈耀》云「日中星鳥，可以種稷」，是一歲之初所先種者唯稷，況又孟春正種稷之時。而云首種不入，即是極寒種不入土，不待歲收，然後爲入也。稷又名齋，或爲粢，故祭祀之號稷曰明粢。而言粢盛者，本之故諸穀，因皆有粢名。《小宗伯》所謂辨六齍之名物，與其用是也。杜子春又欲讀酒正五齊皆爲粢，以《禮運》有「粢醍在堂」意以粢穀爲醍，則餘四齊亦皆以粢穀爲之。然破五齊從一粢，於義不可，故後鄭但以爲齊者以度量節作之，更讀《禮運》「粢醍爲齊」，此説之不同者也。稷又名爲穄，《呂氏春秋》曰：飯之美者，有陽山之穄。高誘曰：關西謂之糜，冀州謂之緊。《説文》糜，穄也。《廣雅》曰：緊，穄也。《穆天子傳》曰：赤烏之人，獻穄百載。見今人皆謂之穄，然則稷也，粢也，穄也，特語音有輕重耳。大抵塞北最多，如黍黑色。稗有二種：一黄白，一紫黑。紫黑者芑有毛，北人呼爲烏禾。今人不甚珍此，惟祠事用之，農家種之，以備它穀不熟爲糧耳。

徐元太《喻林》卷六九《君道門九》 社，土地之主也。土地闊不可盡敬，故封土爲社，以報功也。稷，五穀之長也。穀衆不可偏祭，故立稷神以祭之。

綜述

《周易·下經·震》 《彖》曰：震，亨。「震來虩虩」，恐致福也。「笑言啞啞」，後有則也。「震驚百里」，驚遠而懼邇也。王弼注：威震驚乎百里，則惰者懼于近也。出可以守宗廟社稷，以爲祭主也。

《春秋左傳·襄公二十八年》 九月，鄭游吉如晉，告將朝于楚以從宋之盟。子産相鄭伯以如楚。舍不爲壇。外僕言曰：「昔先大夫相先君適四國，未嘗不爲壇。自是至今亦皆循之。今子草舍，無乃不可乎？」子産曰：「大適小，則爲壇；小適大，苟舍而已，焉用壇？僑聞之：大適小有五美，宥其罪戾，赦其過失，救其菑患，賞其德刑，教其不及。小國不困，懷服如歸，是故作壇以昭其功，宣告後人，無怠於德。小適大有五惡，説其罪戾，請其不足，行其政事，共其職貢，從其時命。不然，則重其幣帛，以賀其福而弔其凶，皆小國之禍也，焉用作壇以昭其禍？所以告子孫，無昭禍焉可也。」

《春秋左傳·昭公二十九年》 秋，龍見于絳郊。魏獻子問於蔡墨曰：「吾聞之，蟲莫知於龍，以其不生得也，謂之知，信乎？」對曰：「人實不知，非龍實知。古者畜龍，故國有豢龍氏，有御龍氏。」獻子曰：「是二氏者，吾亦聞之，而不知其故，是何謂也？」對曰：「昔有飂叔安，有裔子曰董父，實甚好龍，能求其耆欲以飲食之，龍多歸之，乃擾畜龍，以服事帝舜，帝賜之姓曰董，氏曰豢龍，封諸鬷川，鬷夷氏其後也。故帝舜氏世有畜龍。及有夏孔甲，擾于有帝，帝賜之乘龍，河、漢各二，各有雌雄。孔甲不能食，而未獲豢龍氏。有陶唐氏既衰，其後有劉累，學擾龍于豢龍氏，以事孔甲，能飲食之。夏后嘉之，賜氏曰御龍。以更豕韋之後。祝融之後。龍一雌死，潛醢以食夏后。夏后饗之，既而使求之。懼而遷于魯縣，范氏其後也。」獻子曰：「今何故無之？」對曰：「夫物，物有其官，官修其方，朝夕思之。一日失職，則死及之。失官不食。官宿其業，其物乃至。若泯棄之，物乃坻伏，鬱湮不育。故有五行之官，是謂五官，實列受氏姓，封爲上公，祀爲貴神。社稷五祀，是尊是奉。木正曰句芒，火正曰祝融，金正曰蓐收，水正曰玄冥，土正曰后土。龍，水物也，水官棄矣，故龍不生得。不然，《周易》有之：在《乾》䷀之《姤》䷫曰『潛龍勿用』；其同人䷌曰『見龍在田』；其《大有》䷍曰『飛龍在天』；其《夬》䷪曰『亢龍有悔』；其《坤》䷁曰『見羣龍無首，吉』；《坤》之《剝》䷖曰『龍戰于野』。若不朝夕見，誰能物之？」獻子曰：「社稷五祀，誰氏之五官也？」對曰：「少皞氏有四叔，曰重、曰該、曰修、曰熙，實能金、木及水。使重爲句芒，該爲蓐收，修及熙爲玄冥，世不失職，遂濟窮桑，此其三祀也。顓頊氏有子曰犁，爲祝融；共工氏有子曰句龍，爲后土，此其二祀也。后土爲社；稷，田正也。有烈山氏之子曰柱爲稷，自夏以上祀之。周棄亦爲稷，自商以來祀之。」

《春秋公羊傳・哀公四年》　六月，辛丑，蒲社災。　何休注：蒲社者何？亡國之社也。社者，封也。其言災何？亡國之社蓋揜之，揜其上而柴其下。蒲社災，何以書？記災也。

《春秋穀梁傳・哀公四年》卷二〇　六月，辛丑，亳社災。　范寧注：亳社者，亳之社也。亳，亡國也。亡國之社以爲廟屏，戒也。其屋亡國之社，不得上達也。

王嘉《拾遺記》卷一《炎帝神農》　炎帝始教民耒耜，躬勤畎畝之事，百穀滋阜。聖德所感，無不著焉。神芝發其異色，靈苗擢其嘉穎，陸地丹蕖，駢生如蓋，香露滴瀝，下流成池，因爲豢龍之圃。朱草蔓衍於街衢，卿雲蔚藹於叢薄，築圓丘以祀朝日，飾瑤階以揖夜光。奏九天之和樂，百獸率舞，八音克諧，木石潤澤，時有流雲灑液，是謂「霞漿」，服之得道，後天而老。有石璘之玉，號曰「夜明」，以闇投水，浮而不滅。當斯之時，漸革庖犧之朴，辨文物之用。時有丹雀銜九穗禾，其墜地者，帝乃拾之，以植於田，食者老而不死。採峻鍰之銅以爲器。峻鍰，山名也。下有金井，白氣冠其上。人升於其間，雷霆之聲，在於地下。井中之金柔弱，可以緘縢也。

林之奇《尚書全解》卷二《舜典》　肆類于上帝，禋于六宗，望于山川，徧于羣神。

肆，遂也。程氏云：猶後世作文者言於是也。類于上帝，禋于六宗，望于山川，徧于羣神，皆以攝位告也。類者，孔氏云攝位事類，其說不然。《周禮》肆師類造上帝。注云：類，祈，因郊祀而爲之。蓋郊祀者，祭昊天之常祭也。非常祭而祭告於天，則其禮依郊祀而爲之，故謂之類。武王伐商，類于上帝。《王制》曰：天子將出，類于上帝。皆非常祭是也。謂之類上帝者，孔氏云以攝位告天及五帝。蓋五天之說，起於漢，而出於緯書，詳於鄭康成。康成之說曰：昊天上帝，天皇大帝，北辰之星也。五帝，五行精氣之神也。東方青帝靈威仰，南方赤帝赤熛怒，中央黄帝含樞紐，西方白帝白招拒，北方黑帝叶光紀。孔氏謂：告天及五帝，皆本於此。而王肅諸儒皆以爲不然。王肅之言是也。士無二王，家無二主，尊無二上，天即帝也，帝即天也。二猶不可，況於五乎？天蒼蒼而在上，不可得而名言也。自其形體而言之，則謂之天；自其主宰而言之，則謂之帝，其實一也。必欲指其孰爲天，孰爲帝，抑何不思之甚也。然而有曰「昊天上帝」，又有曰「五帝」。五帝者，趙伯循曰：凡帝必及於五帝者，五帝之功多，遂爲五方之主，即《月令》「其帝太皞」等是也。以其功高，故歷代肇於四郊而祀之，次於天帝。此說甚是。類于上帝，但謂攝位告天矣。而曰告天及五帝，此皆漢儒之失。禋于六宗。禋者，精意以享之之謂也。六宗，先儒有九説，孔氏曰：四時也，寒暑也，日月也，星辰也，水旱也。而歐陽、大小夏侯皆云：上不謂天，下不謂地，旁不謂四方，在六者之間，助陰陽變化，實一而名六。宗，孔光、劉歆謂：乾坤六子，水、火、雷、風、山、澤也。賈逵以謂天宗日月星辰，地宗河海岱。馬融曰：天地四時。鄭玄以謂星辰、司中、司命、風師、雨師。司馬彪謂天宗日月，星辰、寒暑之屬也，地宗社稷、五祀之屬也，四方之宗四時五帝之屬。其說近於馬融。而孟康謂天地間遊神也。紛紛異同，幾於聚訟。惟張髦謂三昭三穆。學者多從其說。王氏、程氏亦皆從之，而二蘇獨取於孔氏而爲之說，曰：謂古者郊祭天地，必及於天地間所謂尊神者，此禋于六宗，望于山川，徧于羣神。蓋與類于上帝爲一禮耳。《祭法》曰：燔柴於泰壇，祭天也；瘞埋於泰折，祭地也。則此所謂類于上帝者也。埋少牢於泰昭，祭時也。相近於坎壇祭寒暑也，王宫祭日也，夜明祭月也，幽宗祭星也，雩宗祭水旱也，則此所謂禋于六宗也。四坎壇祭四方也，山林、川谷、邱陵，能出雲爲風雨，見怪物皆曰神。有天下者祭百神，此所謂「望于山川，偏于羣神」也。《祭法》所叙郊祀天地，從祀諸神之壇位者，《舜典》之章句義疏也。此説爲得之。而謂從祀天地諸神之壇位，則不然。夫舜之以攝位，告是亦即其常事而告耳，若以謂從祀天地，則泰壇坎壇之類，皆當合爲一處，恐無是理也。三昭三穆，然愚亦知其不然者。蓋七世之廟，自太祖而下謂之六宗，則不可。古者，祖有功，宗有德，必有德者而宗之，如云周之六宗是也。若以三昭三穆爲六宗，則七世之廟皆宗，古無是理也。而蘇氏謂受終之初，既有事于文祖，其勢必及餘廟，豈有獨祭文祖於齊七政之前，而祭餘廟於類上帝之後者乎？以此觀之，則張髦之説雖近似，不可從也。望于山川，偏于羣神，孔氏云：九州名山、大川、五岳、四瀆之屬，皆一時望祭之羣神。謂邱陵墳衍，古之聖賢皆祭之，此亦本於《祭法》而爲之説也。

章潢《圖書編》卷九四《祀天壝壇》 《周禮》至敬不壇，掃地而祭，特燔柴於泰壇而已。至秦則有四時之制，漢元始儀上帝圓壇，八觚，徑五丈，高九尺，茅營去壇十步。光武始百步，士營徑五百步，神靈壇各於其方面三丈，去茅營二十步。光武始爲郊兆於洛陽城南七里，圜丘八陛，中又爲重壇，其外爲壝，重營皆紫，以像紫宫。有四通道以爲門，中營四門，外營四門。營即壝也。隋制爲壇四成，唐因之。每成各高八尺一寸，下成廣二十丈，再成廣十五丈，三成廣十丈，四成廣五丈。凡二壝。宋初因唐制，熙寧中始增壝爲三，每壝三十五步，周垣四門。元制爲壇三成，以合陽奇之數。每成高八尺一寸，以合乾之九九。上成縱廣五丈，中成十丈，下成十五丈。四陛，陛十有二級。外設二壝，内壝去壇二十五步，外壝去内壝五十四步。各四門。壇設於丙巳之地，以就陽位。外垣南欞星門三，東西欞星門各一。中築圜壇，周圍上下俱護以甓。内壝、外壝各高五尺，壝四面，門三，俱塗以赤。國朝爲壇二成，下成闊七丈，高八尺一寸，四出陛。正南陛闊九尺五寸，九級；東西北陛俱闊八尺一寸，九級。上成闊五丈高八尺一寸，正南陛一丈二尺五寸，九級；東西北陛俱闊一丈一尺九寸五分，九級。壇上下甃以琉璃磚，四面作琉璃欄杆。壝去壇一十五丈，高八尺一寸，甃以磚。四面有欞星門。周圍外墻去壝一十五丈，四面亦有欞星門。天下神祇壇在東門外，天庫五間，在外垣北，南向。厨屋五間，在外壇東北，西向。庫屋五間，南向。宰牲房三間，天池一所。又在外庫房之東北，執事齋舍在壇外。壇之東南牌樓二，在外横甬道之東西。

章潢《圖書編》卷九四《燎壇燎牲附》 《周禮·大宗伯》以禋祀祀昊天上帝。禋，謂煙也。周人尚臭，故升煙以祀天。《祭法》又曰：燔柴於泰壇，謂寘牛柴上以焚之也。蓋陽祀自煙始，故升煙以致神，不可不在先及致神矣，方有事焉。至於禮畢，則以牲幣之屬焚之，然後爲禮之終也。唐燎壇在神壇之左，宋因唐制。燎壇方一丈，高一丈二尺，開上，南出户，方六尺，在壇南二十步丙地。庀燎壇高一丈二尺，四方各一丈，周圍護以甓，在外壝内丙巳之位，東西南三出陛，開上，南出户，上方六尺，深可容柴。國朝燎壇在内壝外東南丙地，高九尺，闊七尺，開上，南出户。其燎牲則漢用牛首，後魏同，左體。六朝用犢之九箇，唐、宋皆用牛首，元用馬首，國朝則用全犢，以燎配帝。

章潢《圖書編》卷九五《祭地壝壇》 《祭法》曰：瘞埋于泰折，封土祭地之處。折，曲也。言方丘之形四方，曲折象地。秦祀后土於高山之下，命曰時。漢武於澤中方丘立后土五壇，壇方五丈，高六尺。又於脽上立后土宫，宫曲入河，名曰太一旦丘。東漢北郊在洛陽城北四里，爲方壇，四陛，中營外營。隋方丘於宫城北十四里，丘再成，成高五尺。下成方十丈，上成方五丈。唐夏至祭皇地祇於方丘，其長安壇在宫城北十四里，洛陽壇在徽安門外道東一里。其壇在城，下成方十丈，上成方五丈，八陛。立冬後祭神州地祇于郊，其壇長安在光化門外黑帝壇之西，洛陽在徽安門外道東一里。高五尺，周四十八步。宋熙寧祀儀祭皇地祇，壇八角，三成，每等高四尺，上闊十六步，設八陛，上等陛廣八尺，中等陛廣一丈，下陛廣一丈二尺。三壝，每壝各二十五步。神州地祇壇廣四十八步，高五尺。兩壝，每二十五步。元方丘之制未及施行。國朝方丘壇制：第一層，壇面門六丈，高六尺，四出陛。南面陛闊一丈，八級；東面、北面、西面陛俱闊八尺，八級。第二層，壇面四圍皆闊二丈四尺，高六尺，四出陛。南面正陛闊一丈二尺，八級；東、北、西陛俱一丈，八級。壝去壇一十五丈，高六尺。正南靈星門三，正東、西、北靈星門各一。周圍以牆，面各六十四丈。正南又靈星門三，正東、北、西又靈星門各一。庫房五間，在外牆北靈星門外，以藏龍椅等物。厨房五間，宰牲房三間，天池一所，在外牆西靈星門外西南隅。齋次一所，在外靈星門外之東，三間在外靈星門外之西。浴室在東齋次之中。

陳耀文《天中記》卷四《社》 親地，天子曰：太社必受霜露風雨，以達天地之氣也。社所以親地也。地載萬物，天垂象，取財于地，取法于天，是以尊天而親地，教人美報焉。家主中霤而國主社，示本也。故言報本反始。盧植曰：諸王祭以土地，爲本也。中霤其神后土，即句龍也。既祀於社，又祀中霤。求福，王者諸侯所以立社稷者，爲萬人求福報功也。人非土不立，非穀不生，不可偏敬，故立社稷而祭焉。《孝經》説曰：社者土地之神，稷者能生五穀之神。《孝經援神契》云：稷乃原隰之中，能穀五穀之祇。今按本無正神，人感其功欲美報之，因以稷名，所以稷名神者，五穀之長故也。《通典》。

梅鼎祚《陳文紀》卷七 王元規《郊壇增修丈尺議》：宣帝以南北二郊卑下，更議增廣。太建十一年，尚書祠部郎王元規議，詔從。

按前漢《黄圖》，上帝壇徑五丈，高九尺；后土壇方五丈，高六尺。梁南郊壇上徑十一丈，下徑十八丈，高二丈七尺；北郊壇上方十丈，下方十二丈，高一丈。即日南郊壇廣十丈，高二丈二尺五寸；北郊壇廣九丈三尺，高一丈五寸。今議增南郊壇上徑十二丈，則天大數，下徑十八丈，取於三分益一，高二丈七尺，取三倍九尺之堂。北郊壇上方十丈，以則地義，下至十五丈，亦取二分益一，高一丈二尺，亦取二倍漢家之數。《禮記》云：爲高必因丘陵，爲下必因川澤。因名山升中于天，因吉土饗帝于郊。《周官》云：冬日至，祠天於地上之圜丘。夏日至，祭地於澤中之方丘。《祭法》云：燔柴於泰壇，祭天也。瘞埋於泰折，祭地也。《記》云：至敬不壇，埽地而祭。於其質也，以報覆燾持載之功。《爾雅》亦云丘，言非人所造爲。古圓方兩丘，並因見有而祭，本無高廣之數。後世隨事遷都，而建立郊禮。或有地吉，而未必有丘；或有見丘，而不必廣絜。故有築建之法，而制丈尺之儀。愚謂郊祀事，重圓方二丘，高下廣狹既無明文，但五帝不相沿，三王不相襲。今謹述漢、梁并即日三代壇不同及更增修丈尺如前。聽旨。尚書僕射臣繕，左户尚書臣元饒，左丞臣周確，舍人臣蕭淳，儀曹郎臣沈客卿，同元規議。《隋書》。

孫承澤《天府廣記》卷七蔣德璟《耤田考》 按耤字，《周禮》作籍，《禮記》作藉，《詩・載芟・小序》亦作耤，《説文》作籍，《大明會典》亦作耤。《周禮・天官》：甸師掌帥其屬耕耨王籍以時入之，以共粢盛。註：籍之言借也。《月令》：孟春天子以元日祈穀於上帝，乃擇元辰，天子親載耒耜，帥三公九卿諸侯大夫躬耕帝籍。天子三推，三公五推，卿諸侯九推。註：元辰，郊後吉辰也。帝籍者，爲天神借民力所治之田也。籍田共上帝粢盛，故云爲天神借民力也。箋云：籍之言借也，借民力治之。正義云：天子千畝，諸侯百畝，王一耕之而使庶人芸耔終之，是借民也。王者役人，自是常事，而謂之借者，言此田耕耨皆當王親爲之，但以聽政治民，有所不暇，故借人之力以爲己功。《漢書》：孝文籍田。應劭曰：籍田千畝，典籍之田。臣瓚曰：親耕親桑，率天下先，本不得以假借爲稱。然凡言典籍者，謂作事設法書而記之，或復追述前言號爲典法。比籍田在於公地，歲歲耕墾，何故以籍爲名？若以事載典籍即名籍田，則天下之事無非籍矣，何獨於此偏得籍名？瓚親耕之文即云不得假借，豈籍田千畝天子親耕之乎？《周禮》疏云：籍田之穀衆神皆用，獨言帝籍者，舉尊言之。自天子三推以下，示有恭敬鬼神之法，又示帥先天下，故暫時耕，終之者庶人也。《説文》曰：耤，帝耤千畝也，古者使民如借，故謂之耤，從耒昔聲，通作籍。韋昭曰：借民力治之以奉宗廟，且以勸率天下使務農也。盧植曰：籍耕也，《左傳》鄅人籍稻，故知籍爲耕。瓚曰：籍謂蹈藉也。師古曰：瓚説是。今《會典》作耤，蓋本之《説文》。

考先農 《詩・載芟》春籍田而祈社稷也。正義曰：周公成王太平之時，王者親耕籍田以勸農桑，又祈求社稷，使獲年豐歲稔，故序本其多獲所由，經則主説年豐不及籍社，所以經序有異也。《月令》：孟春，天子躬耕帝籍，仲春，擇元日命民社，大司馬仲春蒐田獻禽以祭社。然則天子祈社亦以仲春，與耕籍異月，而連言之者，俱在春時，故以春總之。《祭法》云：王爲羣姓立社曰泰社，王自爲立社曰王社，亦曰帝社，此二社皆應以春祈之，但此爲百姓祈祭，文當主於泰社，其稷與社共祭亦當爲泰社泰稷焉。鄭玄謂王社在籍田之中，按《大明集禮》云：《周官》籥章，凡國祈年於田祖，吹豳雅擊土鼓以樂田畯。鄭氏曰：田祖始耕田者，謂神農也。漢立官社，文帝令官祠先農。晉武詔復二社，北齊及隋又改曰先農。唐神龍中，禮官祝欽明議以禮典無先農之文，先農與社本是一神，妄爲改作，請改先農壇爲帝社壇，以應《禮經》王社之義。至開元定禮，又採齊隋之議復曰先農。宋陳祥道曰：先儒謂王社建於籍田，然《國語》王籍則司空除壇，農正陳籍禮。而歷代所祭先農而已，不聞祭社也。《詩》曰春籍田而祈社，非謂社稷建於籍田也。今按祝欽明云先農即社，陳祥道云社自社，先農自先農，籍田所祭，乃先農非社也。其説不同，其爲重農報本之義一也。

考祭與耕同日 享先農之禮，與躬耕同日，禮無明文。惟《周語》云：農正陳籍禮。而韋昭注謂：陳籍禮者，祭其神爲農祈也。至漢以籍田之日祀先農，而其禮始著。《漢舊儀》：春秋籍田，官祠先農，百官皆從，置籍田令丞。《東漢籍田儀》：正月始耕，常以乙日祠先農於田所，先農已享耕於其地。自晉魏至唐宋，其禮不廢。政和間，罷享先農爲中祀，命有司行事，止行親耕之禮。南渡後，復親祠。元不親行，僅命有司攝事而已。明高皇帝親祠躬耕，始復古禮，後改中祀，止遣應天府官致祭，不設配，祭畢親耕。惟登極初行耕耤禮則親祭云。

考不用亥　《月令》：孟春擇元辰。説者曰：元辰祈穀，郊後吉辰也。十二支謂之辰。郊天是陽，故用辛日；耕籍是陰，故用亥辰。知用亥者，正用亥爲天倉，以其耕事故用天倉也。《周語》：立春之日，農祥晨正，至二月初吉，王祼鬯而行籍禮。漢文用亥日耕籍，祠先農。明帝耕以二月，章帝耕以正月乙日，晉武帝以正月丁亥，宋文帝以正月上辛後吉亥，齊武帝時王儉謂親耕用立春後亥日，經無明文。何佟之云：《少牢饋食禮》禘太廟用丁亥，鄭玄以不必丁亥，今若不得丁則用己亥、辛亥，苟有亥焉可也。梁天監中議：《書》云以殷仲春，籍田理在建卯。於是改用二月。唐用孟春吉亥，宋用正月上辛後亥日。政和中，議禮局言孟春親耕，下太史局擇日，不必專用吉亥。元用孟春吉亥。國朝以仲春擇吉日行事。

考壇制　號文公云：籍田之制，司空除於籍。漢文帝立壇於田所，其制如社之壇。宋於宫之震地八里外，整制千畝，中間阡陌，立先農壇於中阡西陌南。梁移籍田於建康北岸，築兆域如南北郊。齊作祠壇於陌南阡西，廣輪三十尺，四陛三壝四門，又爲大營於外。唐高宗改籍天壇爲先農壇，神龍初復改先農壇爲帝社壇，於壇西立帝稷壇，禮同太社，唯不備方色，有異焉。壇高五尺，方五丈，四出陛，其色青。宋先農壇九尺四十步，飾以青，二壝。元壇制同社壇，縱廣十步，高五尺，四出陛，其色青，每方開欞星門。國朝壇在籍田之北，高五尺，闊五丈，四出陛。

考耕所　唐貞觀中，議籍田所在。給事中孔穎達曰：禮，天子籍於南郊，諸侯於東郊，晉武時於東南。今於城東，不合古禮。太宗曰：禮緣人情，何常之有？《虞書》之平秩東作，已在東矣。又乘青輅載黛耜者，所以順於春氣，故知合在東方也。於是遂定。宋初耕於東郊，神宗元豐中，議以天子爲籍於南郊，諸侯爲籍於東郊，是爲不易之典，而歷世帝王循用東郊之制。乃依古禮度地於京城東南，御耕位在先農壇壝門外東南。

考穀種　《周官・内宰》：上春詔王后帥六宫之人生穜稑之種而獻之王。先種後熟曰穜，後種先熟曰稑。必使后宫藏種者，以其有繁育之祥也。必生而獻之者，示能育之，使不傷敗，且佐王耕事供祭祀也。此項後惟宋文帝時行之。

考勞酒　周制：耕籍畢，反執爵於太寢，三公九卿諸侯大夫皆御，命曰勞酒。勞酒謂既耕而宴以勞羣臣也。太寢路寢，御侍也。《周語》號文公曰：耕畢膳夫陳享，膳宰監之，膳夫贊王，王歆太牢班嘗之，庶人終食。此禮唐宋皆行於還宫之次日，或擇日賜宴。明制耕畢皇帝置酒於大次，從耕大臣執事百官以及耆老村社皆蒙賜焉。弘治元年二月，上親耕籍田，禮畢，宴羣臣，時教坊司以雜劇承應，或出狎語。左都御史馬文升厲色曰：新天子當知稼穡艱難，豈宜以此瀆亂宸聽？即去之。

考大蜡　大蜡與籍田相爲終始，而本朝惟於此闕焉。因請當東作方興之始，既舉籍田之禮以祀先農於春，而以帥先農民，興其務本之心，則百穀告成之後，載舉大蜡之禮，以報先嗇於冬，而以勞來農民報其勤動之苦。惜未行。

葉夢珠《閲世編》卷三　府、縣城隍之神，向故各有廟貌以司香火，然亦重門複道，殿宇軒舉，備堂皇之制而已。自崇禎之初，府城隍前啓臺門，後營寢殿，壯麗特甚。而吾邑縣城隍廟亦于儀門上建樓，以備演劇，中堂後擴地，以造寢宫，稱並美焉。蓋自殿以前，規模不逮府廟，而後寢之制較勝，亦地勢使然耳。自是以後，郡鎮社廟，標門寢殿，亦紛紛並建，總不若府、縣城隍之規模弘遠也。

孫希旦《禮記集解》卷二五《郊特牲第十一之一》　社祭土而主陰氣也，君南鄉於北墉下，答陰之義也。日用甲，用日之始也。【略】天子大社，必受霜露風雨，以達天地之氣也。是故喪國之社屋之，不受天陽也。薄社北牖，使陰明也。

天子之社曰大社，尊之之辭也。達，通也。天秉陽，而霜露風雨，天之用也。地秉陰，而山川陵隰，地之體也。故大社不爲屋，使天之陽氣下通於地，以成生物之功也。喪國之社，即亳社也。薄、亳通，殷之舊都也。武王滅殷，班其社於諸侯，使各立之，以爲鑑戒。《穀梁傳》云「亡國之社，以爲廟屏，戒」，謂立之於廟門之外，以爲屏蔽，使人君見之而知戒懼也。薄社屋其上，使不得受風雨霜露之陽氣也。又塞其三面，惟開北牖，使其陰方偏明，所以通其陰而絶其陽也。陽主生而陰主殺，亡國之社如此，以其無事乎生物，而但用以示誡也。孔氏曰：「亡國之社亦有稷，故《士師》云：『若祭勝國之社稷，則爲之尸。』」

社所以神地之道也。地載萬物，天垂象，取財於地，取法於天，是以尊天而親地也，故教民美報焉。家主中霤而國主社，示本也。

紀事

漢

佚名《三輔黃圖》卷五《圜丘》 漢圜丘，在昆明故渠南，有漢故圜丘，高二丈，周迴百二十步。

《漢書》卷二五下《郊祀志下》 是時既滅兩粵，粵人勇之乃言：「粵人俗鬼，而其祠皆見鬼，數有效。昔東甌王敬鬼，壽百六十歲。後世怠嫚，故衰耗。」乃命粵巫立粵祝祠，安臺無壇，亦祠天神帝百鬼，而以雞卜。上信之，粵祠雞卜自此始用。

公孫卿曰：「僊人可見，上往常遽，以故不見。今陛下可為館如緱氏城，置脯棗，神人宜可致。且僊人好樓居。」於是上令長安則作飛廉、桂館，甘泉則作益壽、延壽館，使卿持節設具而候神人。乃作通天臺，置祠具其下，將招來神僊之屬。於是甘泉更置前殿，始廣諸宮室。夏，有芝生甘泉殿房內中。天子為塞河，興通天，若有光云，乃下詔赦天下。

其明年，伐朝鮮。夏，旱。公孫卿曰：「黃帝時封則天旱，乾封三年。」上乃下詔：「天旱，意乾封乎？其令天下尊祠靈星焉。」

明年，上郊雍五畤，通回中道，遂北出蕭關，歷獨鹿、鳴澤，自西河歸，幸河東祠后土。

明年冬，上巡南郡，至江陵而東。登禮灊之天柱山，號曰南嶽。浮江，自潯陽出樅陽，過彭蠡，禮其名山川。北至琅邪，並海上。四月，至奉高修封焉。

初，天子封泰山，泰山東北阯古時有明堂處，處險不敞。上欲治明堂奉高旁，未曉其制度。濟南人公玉帶上黃帝時明堂圖。明堂中有一殿，四面無壁，以茅蓋，通水，水圜宮垣，為複道，上有樓，從西南入，名曰昆侖，天子從之入，以拜祀上帝焉。於是上令奉高作明堂汶上，如帶圖。及是歲修封，則祠泰一、五帝於明堂上坐，合高皇帝祠坐對之。祠后土於下房，以二十太牢。天子從昆侖道入，始拜明堂如郊禮。畢，尞堂下。而上又上泰山，自有祕祠其顛。而泰山下祠五帝，各如其方，黃帝并赤帝所，有司侍祠焉。山上舉火，下悉應之。還幸甘泉，郊泰畤。春幸汾陰，祠后土。

明年，幸泰山，以十一月甲子朔旦冬至日祀上帝於明堂，（後每）〔毋〕修封。其贊饗曰：「天增授皇帝泰元神策，周而復始。皇帝敬拜泰一。」東至海上，考入海及方士求神者，莫驗，然益遣，幾遇之。乙酉，柏梁災。十二月甲午朔，上親禪高里，祠后土。臨勃海，將以望祀蓬萊之屬，幾至殊庭焉。

上還，以柏梁災故，受計甘泉。公孫卿曰：「黃帝就青靈臺，十二日燒，黃帝乃治明庭。明庭，甘泉也。」方士多言古帝王有都甘泉者。其後天子又朝諸侯甘泉，甘泉作諸侯邸。勇之乃曰：「粵俗有火災，復起屋，必以大，用勝服之。」於是作建章宮，度為千門萬戶前殿度高未央。其東則鳳闕，高二十餘丈。其西則商中，數十里虎圈。其北治大池，漸臺高二十餘丈，名曰泰液，池中有蓬萊、方丈、瀛州、壺梁，象海中神山龜魚之屬。其南有玉堂璧門大鳥之屬。立神明臺、井幹樓，高五十丈，輦道相屬焉。

夏，漢改曆，以正月為歲首，而色上黃，官更印章以五字，因為太初元年。是歲，西伐大宛，蝗大起。丁夫人、雒陽虞初等以方祠詛匈奴、大宛焉。

明年，有司言雍五畤無牢孰具，芬芳不備。乃令祠官進畤犢牢具，色食所勝，而以木寓馬代駒云。及諸名山川用駒者，悉以木寓馬代。獨行過親祠，乃用駒，它禮如故。

明年，東巡海上，考神僊之屬，未有驗者。方士有言黃帝時為五城十二樓，以候神人於執期，名曰迎年。上許作之如方，名曰明年。上親禮祠，上犢黃焉。

公玉帶曰：「黃帝時雖封泰山，然風后、封鉅、岐伯令黃帝封東泰山，禪凡山，合符，然後不死。」天子既令設祠具，至東泰山，東泰山卑小，不稱其聲，乃令祠官禮之，而不封焉。其後令帶奉祠候神物。復還泰山，修五年之禮如前，而加禪祠石閭。石閭者，在泰山下阯南方，方士言僊人閭也，故上親禪焉。

其後五年，復至泰山修封，還過祭恒山。

自封泰山後，十三歲而周徧於五嶽、四瀆矣。

後五年，復至泰山修封。東幸琅邪，禮日成山，登之罘，浮大海，用事八神延年。又祠神人於交門宮，若有鄉坐拜者云。

後五年，上復修封於泰山。東游東萊，臨大海。是歲，雍縣無雲如靁者三，或如虹氣蒼黃，若飛鳥集棫陽宮南，聲聞四百里。隕石二，黑如黳，有司以為美祥，以薦宗廟。而方士之候神入海求蓬萊者終無驗，公孫卿猶以大人之迹爲解。天子猶羈縻不絶，幾遇其真。

諸所興，如薄忌泰一及三一、冥羊、馬行、赤星，五(牀)。寬舒之祠(宮)〔官〕以歲時致禮。凡六祠，皆大祝領之。至如八神，諸明年、凡山它名祠，行過則祠，去則已。方士所興祠，各自主，其人終則已，祠官不主。它祠皆如故。甘泉泰一、汾陰后土，三年親郊祠，而泰山五年一修封。武帝凡五修封。昭帝即位，富於春秋，未嘗親巡祭云。

宣帝即位，由武帝正統興，故立三年，尊孝武廟爲世宗，行所巡狩郡國皆立廟。告祠世宗廟日，有白鶴集後庭。以立世宗廟告祠孝昭寢，有鴈五色集殿前。西河築世宗廟，神光興於殿旁，有鳥如白鶴，前赤後青。神光又興於房中，如燭狀。廣川國世宗廟殿上有鍾音，門户大開，夜有光，殿上盡明。上乃下詔赦天下。

時，大將軍霍光輔政，上共己正南面，非宗廟之祀不出。十二年，乃下詔曰：「蓋聞天子尊事天地，修祀山川，古今通禮也。間者，上帝之祠闕而不親十有餘年，朕甚懼焉。朕親飭躬齊戒，親奉祀，爲百姓蒙嘉氣，獲豐年焉。」

明年正月，上始幸甘泉，郊見泰畤，數有美祥。修武帝故事，盛車服，敬齊祠之禮，頗作詩歌。

其三月，幸河東，祠后土，有神爵集，改元爲神爵。制詔太常：「夫江海，百川之大者也，今闕焉無祠。其令祠官以禮爲歲事，以四時祠江海雒水，祈爲天下豐年焉。」自是五嶽、四瀆皆有常禮。東嶽泰山於博，中嶽泰室於嵩高，南嶽灊山於灊，西嶽華山於華陰，北嶽常山於上曲陽，河於臨晉，江於江都，淮於平氏，濟於臨邑界中，皆使者持節侍祠。唯泰山與河歲五祠，江水四，餘皆一禱而三祠云。

時，南郡獲白虎，獻其皮牙爪，上爲立祠。又以方士言，爲隨侯、劍寶、玉寶璧、周康寶鼎立四祠於未央宫中。又祠太室山於即墨，三户山於下密，祠天封苑火井於鴻門。又立歲星、辰星、太白、熒惑、南斗祠於長安城旁。又祠參山八神於曲城，蓬山石社石鼓於臨朐，之罘山於腄，成山於不夜，萊山於黄。成山祠日，萊山祠月。又祠四時於琅邪，蚩尤於壽良。京師近縣鄠，則有勞谷、五牀山、日月、五帝、僊人、玉女祠。雲陽有徑路神祠，祭休屠王也。又立五龍山僊人祠及黄帝、天神、帝原水，凡四祠於膚施。

或言益州有金馬碧雞之神，可醮祭而致，於是遣諫大夫王褒使持節而求之。大夫劉更生獻淮南枕中洪寶苑祕之方，令尚方鑄作。事不驗，更生坐論。京兆尹張敞上疏諫曰：「願明主時忘車馬之好，斥遠方士之虚語，游心帝王之術，太平庶幾可興也。」後尚方待詔皆罷。

是時，美陽得鼎，獻之。下有司議，多以爲宜薦見宗廟，如元鼎時故事。張敞好古文字，桉鼎銘勒而上議曰：「臣聞周祖始乎后稷，后稷封於斄，公劉發迹於豳，大王建國於郊梁，文武興於酆鎬。由此言之，則郊梁豐鎬之間周舊居也，固宜有宗廟壇場祭祀之臧。今鼎出於郊東，中有刻書曰：『王命尸臣：「官此栒邑，賜爾旂鸞黼黻琱戈。」尸臣拜手稽首曰：「敢對揚天子丕顯休命。」』臣愚不足以迹古文，竊以傳記言之。此鼎殆周之所以褒賜大臣，大臣子孫刻銘其先功，臧之於宫廟也。昔寶鼎之出於汾脽也，河東太守以聞，詔曰：『朕巡祭后土，祈爲百姓蒙豐年，今穀嗛未報，鼎焉爲出哉？』博問耆老，意舊臧與？誠欲考得事實也。有司驗脽上非舊臧處，鼎大八尺一寸，高三尺六寸，殊異於衆鼎。今此鼎細小，又有款識，不宜薦見於宗廟。」制曰：「京兆尹議是。」

上自幸河東之明年正月，鳳皇集祋祤，於所集處得玉寶，起步壽宫，乃下詔赦天下。後間歲，鳳皇神爵甘露降集京師，赦天下。其冬，鳳皇集上林，乃作鳳皇殿，以答嘉瑞。明年正月，復幸甘泉，郊泰畤，改元曰五鳳。明年，幸雍祠五畤。其明年春，幸河東，祠后土，赦天下。後間歲，改元爲甘露。正月，上幸甘泉，郊泰畤。其夏，黄龍見新豐。建章、未央、長樂宫鍾虡銅人皆生毛，長一寸所，時以爲美祥。後間歲正月，上郊泰畤，因朝單于於甘泉宫。後間歲，改元爲黄龍。正月，復幸甘泉，郊泰畤，又朝單于於甘泉宫。至冬而崩。鳳皇下郡國凡五十餘所。

元帝即位，遵舊儀，間歲正月，一幸甘泉郊泰畤，又東至河東祠后土，西至雍祠五畤。凡五奉泰畤、后土之祠。亦施恩澤，時所過毋出田租，賜百户牛酒，或賜爵，赦罪人。

元帝好儒，貢禹、韋玄成、匡衡等相繼爲公卿。禹建言漢家宗廟祭祀多不應古禮，上是其言。後韋玄成爲丞相，議罷郡國廟，自太上皇、孝惠帝諸園寢廟皆罷。後元帝寢疾，夢神靈譴罷諸廟祠，上遂復焉。後或罷或復，至哀、平不定。語在《韋玄成傳》。

成帝初即位，丞相衡、御史大夫譚奏言：「帝王之事莫大乎承天之序，承天之序莫重於郊祀，故聖王盡心極慮以建其制。祭天於南郊，就陽之義也；瘞地於北郊，即陰之象也。天之於天子也，因其所都而各饗焉。往者，孝武皇帝居甘泉宮，即於雲陽立泰畤，祭於宮南。今行常幸長安，郊見皇天反北之泰陰，祠后土反東之少陽，事與古制殊。又至雲陽，行谿谷中，阸陝且百里，汾陰則渡大川，有風波舟楫之危，皆非聖主所宜數乘。郡縣治道共張，吏民困苦，百官煩費。勞所保之民，行危險之地，難以奉神靈而祈福祐，殆未合於承天子民之意。昔者周文武郊於豐鄗，成王郊於雒邑。由此觀之，天隨王者所居而饗之，可見也。甘泉泰畤、河東后土之祠宜可徙置長安，合於古帝王。願與羣臣議定。」奏可。大司馬車騎將軍許嘉等八人以爲所從來久遠，宜如故。右將軍王商、博士師丹、議郎翟方進等五十人以爲《禮記》曰「燔柴於太壇，祭天也；瘞薶於大折，祭地也。」兆於南郊，所以定天位也。祭地於大折，在北郊，就陰位也。郊處各在聖王所都之南北。《書》曰「越三日丁巳，用牲於郊，牛二」。周公加牲，告徙新邑，定郊禮於雒。明王聖主，事天明，事地察。天地明察，神明章矣。天地以王者爲主，故聖王制祭天地之禮必於國郊。長安，聖主之居，皇天所觀視也。甘泉、河東之祠非神靈所饗，宜徙就正陽大陰之處。違俗復古，循聖制，定天位，如禮便。於是衡、譚奏議曰：「陛下聖德，悤明上通，承天之大，典覽羣下，使各悉心盡慮，議郊祀之處，天下幸甚。臣聞廣謀從衆，則合於天心，故《洪範》曰『三人占，則從二人言』，言少從多之義也。論當往古，宜於萬民，則依而從之；違道寡與，則廢而不行。今議者五十八人，其五十人言當徙之義，皆著於經傳，同於上世，便於吏民；八人不案經藝，考古制，而以爲不宜，無法之議，難以定吉凶。《太誓》曰：『正稽古立功立事，可以永年，丕天之大律。』《詩》曰『毋曰高高在上，陟降厥士，日監在茲』，言天之日監王者之處也。又曰『乃眷西顧，此維予宅』，言天以文王之都爲居也。宜於長安定南北郊，爲萬世基。」天子從之。

既定，衡言：「甘泉泰畤紫壇，八觚宣通象八方。五帝壇周環其下，又有羣神之壇。以《尚書》禋六宗、望山川、徧羣神之義，紫壇有文章采鏤黼黻之飾及玉、女樂，石壇、僊人祠，瘞鸞路、騂駒、寓龍馬，不能得其象於古。臣聞郊(紫壇)〔柴〕饗帝之義，埽地而祭，上質也。歌大呂舞《雲門》以竢天神，歌太蔟舞《咸池》以竢地祇，其牲用犢，其席稾稭，其器陶匏，皆因天地之性，貴誠上質，不敢修其文也。以爲神祇功德至大，雖修精微而備庶物，猶不足以報功，唯至誠爲可，(致)〔故〕上質不飾，以章天德。紫壇僞飾女樂、鸞路、騂駒、龍馬、石壇之屬，宜皆勿修。」

衡又言：「王者各以其禮制事天地，非因異世所立而繼之。今雍鄜、密、上下畤，本秦侯各以其意所立，非禮之所載術也。漢興之初，儀制未及定，即且因秦故祠，復立北畤。今既稽古，建定天地之大禮，郊見上帝，青赤白黃黑五方之帝皆畢陳，各有位饌，祭祀備具。諸侯所妄造，王者不當長遵。及北畤，未定時所立，不宜復修。」天子皆從焉。及陳寶祠，由是皆罷。

明年，上始祀南郊，赦奉郊之縣及中都官耐罪囚徒。是歲衡、譚復條奏：「長安廚官縣官給祠郡國候神方士使者所祠，凡六百八十三所，其二百八所應禮，及疑無明文，可奉祠如故。其餘四百七十五所不應禮，或復重，請皆罷。」奏可。本雍舊祠二百三所，唯山川諸星十五所爲應禮云。若諸布、諸嚴、諸逐，皆罷。杜主有五祠，置其一。又罷高祖所立梁、晉、秦、荊巫、九天、南山、萊中之屬，及孝文渭陽、孝武薄忌泰一、三一、黃帝、冥羊、馬行、泰一、皋山山君、武夷、夏后啓母石、萬里沙、八神、延年之屬，及孝宣參山、蓬山、之罘、成山、萊山、四時、蚩尤、勞谷、五牀、僊人、玉女、徑路、黃帝、天神、原水之屬，皆罷。候神方士使者副佐，本草待詔七十餘人皆歸家。

明年，匡衡坐事免官爵。衆庶多言不當變動祭祀者。又初罷甘泉泰畤作南郊日，大風壞甘泉竹宮，折拔畤中樹木十圍以上百餘。天子異之，以問劉向。對曰：「家人尚不欲絶種祠，況於國之神寶舊畤！且甘泉、汾陰及雍五畤始立，皆有神祇感應，然後營之，非苟而已也。武、宣之世，奉此三神，禮敬敕備，神光尤著。祖宗所立神祇舊位，誠未易動。及陳寶祠，自秦文公至今七百餘歲矣，漢興世世常來，光色赤黃，長四五丈，直祠而息，音聲砰隱，野雞皆雊。每見雍太祝祠以太牢，遣候者乘一乘傳馳詣行在所，以爲福祥。高祖時五來，文帝二十六來，武帝七十五來，宣帝二十五來，初元元年以來亦二十來。此陽氣舊祠也。及漢宗廟之禮，不得擅議，皆祖宗之君與賢臣所共定。古今異制，經無明文，至尊至重，難以疑說正也。前始納貢禹之議，後人相因，多所動搖。《易大傳》曰：『誣神者殃及三世。』恐其咎不獨止禹等。」上意恨之。

後上以無繼嗣故，令皇太后詔有司曰：「蓋聞王者承事天地，交接泰一，尊莫著於祭祀。孝武皇帝大聖通明，始建上下之祀，營泰畤於甘泉，定后土於汾陰，而神祇安之，饗國長久，子孫蕃滋，累世遵業，福流於今。今皇帝寬仁孝順，奉循聖緒，靡有大愆，而久無繼嗣。思其咎職，殆在徙南北郊，違先帝之制，改神祇舊位，失天地之心，以妨繼嗣之福。春秋六十，未見皇孫，食不甘味，寢不安席，朕甚悼焉。《春秋》大復古，善順祀。其復甘泉泰畤，汾陰后土如故，及雍五畤、陳寶祠在陳倉者。」天子復親郊禮如前。又復長安、雍及郡國祠著明者且半。

成帝末年頗好鬼神，亦以無繼嗣故，多上書言祭祀方術者，皆得待詔，祠祭上林苑中長安城旁，費用甚多，然無大貴盛者。谷永説上曰：「臣聞明於天地之性，不可或以神怪；知萬物之情，不可罔以非類。諸背仁義之正道，不遵《五經》之法言，而盛稱奇怪鬼神，廣崇祭祀之方，求報無福之祠，及言世有僊人，服食不終之藥，遥興輕舉，登遐倒景，覽觀縣圃，浮游蓬萊，耕耘五德，朝種暮穫，與山石無極，黄冶變化，堅冰淖溺，化色五倉之術者，皆姦人惑衆，挾左道，懷詐僞，以欺罔世主。聽其言，洋洋滿耳，若將可遇；求之，盪盪如係風捕景，終不可得。是以明王距而不聽，聖人絶而不語。昔周史萇弘欲以鬼神之術輔尊靈王會朝諸侯，而周室愈微，諸侯愈叛。楚懷王隆祭祀，事鬼神，欲以獲福助，卻秦師，而兵挫地削，身辱國危。秦始皇初并天下，甘心於神僊之道，遣徐福、韓終之屬多齎童男童女入海求神采藥，因逃不還，天下怨恨。漢興，新垣平、齊人少翁、公孫卿、欒大等，皆以僊人黄冶祭祠事鬼使物入海求神采藥貴幸，賞賜累千金。大尤尊盛，至妻公主，爵位重絫，震動海内。元鼎、元封之際，燕齊之間方士瞋目挖掔，言有神僊祭祀致福之術者以萬數。其後，平等皆以術窮詐得，誅夷伏辜。至初元中，有天淵玉女、鉅鹿神人、轑陽侯師張宗之姦，紛紛復起。夫周秦之末，三五之隆，已嘗專意散財，厚爵禄，竦精神，舉天下以求之矣。曠日經年，靡有毫氂之驗，足以揆今。經曰：『享多儀，儀不及物，惟曰不享。』《論語》説曰：『子不語怪神。』唯陛下距絶此類，毋令姦人有以窺朝者。」上善其言。

後成都侯王商爲大司馬衛將軍輔政，杜鄴説商曰：「『東鄰殺牛，不如西鄰之瀹祭』，言奉天之道，貴以誠質大得民心也。行穢祀豐，猶不蒙祐；德修薦薄，吉必大來。古者壇場有常處，尞禋有常用，贊見有常禮；犧牲玉帛雖備而財不匱，車輿臣役雖動而用不勞。是故每(奉)〔舉〕其禮，助者歡説，大路所歷，黎元不知。今甘泉、河東天地郊祀，咸失方位，違陰陽之宜。及雍五畤皆曠遠，奉尊之役休而復起，繕治共張無解已時，皇天著象殆可略知。前上甘泉，先敺失道；禮月之夕，奉引復迷。祠后土還，臨河當渡，疾風起波，船不可御。又雍大雨，壞平陽宫垣。乃三月甲子，震電災林光宫門。祥瑞未著，咎徵仍臻。迹三郡所奏，皆有變故。不答不饗，何以甚此！《詩》曰『率由舊章』。舊章，先王法度，文王以之，交神于祀，子孫千億。宜如異時公卿之議，復還長安南北郊。」

後數年，成帝崩，皇太后詔有司曰：「皇帝即位，思順天心，遵經義，定郊禮，天下説憙。懼未有皇孫，故復甘泉泰畤、汾陰后土，庶幾獲福。皇帝恨難之，卒未得其祐。其復南北郊長安如故，以順皇帝之意也。」

哀帝即位，寢疾，博徵方術士，京師諸縣皆有侍祠使者，盡復前世所常興諸神祠官，凡七百餘所，一歲三萬七千祠云。

明年，復令太皇太后詔有司曰：「皇帝孝順，奉承聖業，靡有解怠，而久疾未瘳。夙夜唯思，殆繼體之君不宜改作。其復甘泉泰畤、汾陰后土祠如故。」上亦不能親至，遣有司行事而禮祠焉。後三年，哀帝崩。

平帝元始五年，大司馬王莽奏言：「王者父事天，故爵稱天子。孔子曰：『人之行莫大於孝，孝莫大於嚴父，嚴父莫大於配天。』王者尊其考，欲以配天，緣考之意，欲尊祖，推而上之，遂及始祖。是以周公郊祀后稷以配天，宗祀文王於明堂以配上帝。《禮記》天子祭天地及山川，歲徧。《春秋穀梁傳》以十二月下辛卜，正月上辛郊。高皇帝受命，因雍四畤起北畤，而備五帝，未共天地之祀。孝文十六年用新垣平，初起渭陽五帝廟，祭泰一、地祇，以太祖高皇帝配。日冬至祠泰一，夏至祠地祇，皆并祠五帝，而共一牲，上親郊拜。後平伏誅，乃不復自親，而使有司行事。孝武皇帝祠雍，曰：『今上帝朕親郊，而后土無祠，則禮不答也。』於是元鼎四年十一月甲子始立后土祠於汾陰。或曰，五帝，泰一之佐，宜立泰一。五年十一月癸未始立泰一祠於甘泉，二歲一郊，與雍更祠，亦以高祖配，不歲事天，皆未應古制。建始元年，徙甘泉泰畤、河東后土於長安南北郊。永始元年三月，以未有皇孫，復甘泉、河東祠。綏和二年，以卒不獲祐，復長安南北郊。建平三年，懼孝哀皇帝之疾未瘳，復甘泉、汾陰祠，竟復無福。臣謹與太師孔光、長樂少府平晏、大司農左咸、中壘校尉劉歆、太中大夫朱陽、博士薛順、議郎國由等六十七人議，皆曰宜如建始時丞相衡等議，復長安南北郊如故。」

莽又頗改其祭禮，曰：「《周官》天墬之祀，樂有别有合。其合樂曰『以六律、六鐘、五聲、八音、六舞大合樂』，祀天神，祭墬祇，祀四望，祭山川，享先妣先祖。凡六樂，奏六歌，而天墬神祇之物皆至。四望，蓋謂日月星海也。三光高而不可得親，海廣大無限界，故其樂同。祀天則天文從，祭墬則墬理從。三光，天文也。山川，地理也。天地合祭，先祖配天，先妣配墬，其誼一也。天墬合精，夫婦判合。祭天南郊，則以墬配，一體之誼也。天墬位皆南鄉，同席，墬在東，共牢而食。高帝、高后配於壇上，西鄉，后在北，亦同席共牢。牲用繭栗，玄酒陶匏。

《禮記》曰天子籍田千晦以事天墬，繇是言之，宜有黍稷。天地用牲一，燔尞瘞薶用牲一，高帝、高后用牲一。天用牲左，及黍稷燔尞南郊；墬用牲右，及黍稷瘞於北郊。其旦，東鄉再拜朝日；其夕，西鄉再拜夕月。然後孝弟之道備，而神祇嘉享，萬福降輯。此天墬合祀，以祖妣配者也。其別樂曰『冬日至，於墬上之圜丘奏樂六變，則天神皆降；夏日至，於澤中之方丘奏樂八變，則墬祇皆出。』天墬有常位，不得常合，此其各特祀者也。陰陽之別於日冬夏至，其會也以孟春正月上辛若丁。天子親合祀天墬於南郊，以高帝、高后配。陰陽有離合，《易》曰『分陰分陽，迭用柔剛』。以日冬至使有司奉祭南郊，高帝配而望羣陽，日夏至使有司奉祭北郊，高后配而望羣陰，皆以助致微氣，通道幽弱。當此之時，后不省方，故天子不親而遣有司，所以正承天順地，復聖王之制，顯太祖之功也。渭陽祠勿復修。羣望未悉定，定復奏。」奏可。三十餘年間，天地之祠五徙焉。

後莽又奏言：「《書》曰『類於上帝，禋于六宗』。歐陽、大小夏侯三家說六宗，皆曰上不及天，下不及墬，旁不及四方，在六者之間，助陰陽變化，實一而名六，名實不相應。《禮記》祀典，功施於民則祀之。天文日月星辰，所昭仰也；地理山川海澤，所生殖也。《易》有八卦，《乾》《坤》六子，水火不相逮，靁風不相誖，山澤通氣，然後能變化，既成萬物也。臣前奏徙甘泉泰畤、汾陰后土皆復於南北郊。謹案《周官》『兆五帝於四郊』，山川各因其方，今五帝兆居在雍五畤，不合於古。又日月靁風山澤，《易》卦六子之尊氣，所謂六宗也。星辰水火溝瀆，皆六宗之屬也。今或未特祀，或無兆居。謹與太師光、大司徒宮、羲和歆等八十九人議，皆曰天子父事天，母事墬，今稱天神曰皇天上帝，泰一兆曰泰畤，而稱地祇曰后土，與中央黃靈同，又兆北郊未有尊稱。宜令地祇稱皇墬后祇，兆曰廣畤。《易》曰『方以類聚，物以羣分』。分羣神以類相從爲五部，兆天墬之別神：中央帝黃靈后土畤及日廟、北辰、北斗、填星、中宿中宮於長安城之未墬兆；東方帝太昊青靈勾芒畤及靁公、風伯廟、歲星、東宿東宮於東郊兆；南方炎帝赤靈祝融畤及熒惑星、南宿南宮於南郊兆；西方帝少皞白靈蓐收畤及太白星、西宿西宮於西郊兆；北方帝顓頊黑靈玄冥畤及月廟、雨師廟、辰星、北宿北宮於北郊兆。」奏可。於是長安旁諸廟兆畤甚盛矣。

莽又言：「帝王建立社稷，百王不易。社者，土也。宗廟，王者所居。稷者，百穀之主，所以奉宗廟，共粢盛，人所食以生活也。王者莫不尊重親祭，自爲之主，禮如宗廟。《詩》曰『乃立冢土』。又曰『以御田祖，以祈甘雨』。《禮記》曰『唯祭宗廟社稷，爲越紼而行事』。聖漢興，禮儀稍定，已有官社，未立官稷。」遂於官社後立官稷，以夏禹配食官社，后稷配食官稷。稷種穀樹。徐州牧歲貢五色土各一斗。

《後漢書・志第七・祭祀上》〔建武〕二年正月，初制郊兆於雒陽城南七里，依鄗。采元始中故事。爲圓壇八陛，中又爲重壇，天地位其上，皆南鄉，西上。其外壇上爲五帝位。青帝位在甲寅之地，赤帝位在丙巳之地，黃帝位在丁未之地，白帝位在庚申之地，黑帝位在壬亥之地。其外爲壝，重營皆紫，以像紫宮；有四通道以爲門。日月在中營內南道，日在東，月在西，北斗在北道之西，皆別位，不在羣神列中。八陛，陛五十八醊，合四百六十四醊。五帝陛郭，帝七十二醊，合三百六十醊。中營四門，門五十四神，合二百一十六神。外營四門，門百八神，合四百三十二神。皆背營內鄉。中營四門，門封神四，外營四門，門封神四，合三十二神。凡千五百一十四神。營即壝也。封，封土築也。背中營神，五星也，及中〔宮〕〔官〕宿五官神及五嶽之屬也。背外營神，二十八宿外〔宮〕〔官〕星，雷公、先農、風伯、雨師、四海、四瀆、名山、大川之屬也。

《後漢書・志第九・祭祀下》建武二年，立太社稷于雒陽，在宗廟之右，方壇，無屋，有牆門而已。二月八月及臘，一歲三祠，皆太牢具，使有司祠。《孝經援神契》曰：「社者，土地之主也。稷者，五穀之長也。」《禮記》及《國語》皆謂共工氏之子曰句龍，爲后土官，能平九土，故祀以爲社。烈山氏之子曰柱，能植百穀疏，自夏以上祀以爲稷，至殷以柱久遠，而堯時弃爲后稷，亦植百穀，故廢柱，祀弃爲稷。大司農鄭玄說，古者官有大功，則配食其神。故句龍配食於社，棄配食於稷。郡縣置社稷，太守、令、長侍祠，牲用羊豕。唯州所治有社無稷，以其使官。古者師行平有載社主，不載稷也。國家亦有五祀之祭，有司掌之，其禮簡於社稷云。

徐天麟《東漢會要》卷三《禮一・吉禮・郊祀》〔建武〕七年五月，詔三公曰：「漢當郊堯。其與卿大夫、博士議。」時侍御史杜林上疏，以爲「漢起不因緣堯，與殷、周異宜，而舊制以高帝配。方軍師在外，且可如元年郊祀故事」。上從之。語在《林傳》。

隴、蜀平後，乃增廣郊祀，高帝配食，位在中壇上，西面北上。天、地、高帝、黃帝各用犢一頭，青帝、赤帝共用犢一頭，白帝、黑帝共用犢一頭，凡用犢六頭。日、月、北斗共用牛一頭，四營羣神共用牛四頭，凡用牛五頭。凡樂奏《青陽》、

《朱明》、《西皓》、《玄冥》及《雲翹》、《育命》舞。中營四門，門用席十八枚，外營四門，門用席三十六枚，凡用席二百一十六枚，皆莞簟，率一席三神。日、月、北斗無陛郭醊。既送神，燎俎實於壇南巳地。

臣天麟按：三代祭祀之禮，至秦泯絶無餘。漢興之初，君子固望其復古矣。而考之于史，有可憾者。自高祖因秦四時立黑帝祠，而雍五時之祠始具。至文帝十五年，始行親郊之禮。又用新垣平言，立渭陽五帝廟，亦視郊拜焉。及平以詐誅，乃不復親祠，而使有司以時致禮。其後，武帝又立后土祠于汾陰，立泰一祠于甘泉。于是甘泉泰一、汾陰后土與雍五時之祠，間歲迭舉，而莫有議其非者。成帝即位，丞相匡衡、御史大夫張譚奏言：「周文武郊于豐鄗，成王郊于雒邑。天隨王者所居而饗之。甘泉泰時、河東后土之祠宜可徙置長安。」議者王商、師丹、翟方進等亦以爲聖王祭天地必於國郊，甘泉、河東之祠非神靈所享。天子從之。於是始定長安南北郊。建始二年，合祭天地，而甘泉、汾陰、五時、陳寶諸祠皆罷焉。其後，惑于禍福，或復或罷。迄于元始，而王莽復奏宜如建始時復南北郊祀。而莽又頗改其祭禮，謂《周禮》祀天地之樂有别有合，故以正月上辛若丁，天子親合祀天地于南郊，而以冬夏日至使有司别祀天地于南北郊。平帝雖可其奏，而不及躬行其禮。世祖中興，制兆于洛陽城南，頗采元始故事。凡配食之位，壇營之次，神示之兆，牲犢之數，秩然有序，其亦幾于古矣。然中元之初，又營兆郊于雒城之北而别祀地祇焉，則是天地之祠，復析爲二也。且五嶽、四海、四瀆、名山、大川之神，既已列敍於南郊矣，今北郊又復奉祀。禮煩則亂，事神則難，其斯之謂歟？班固作《郊祀志》而備載元始之制，亦可見其不以人廢言也。

三國

錢儀吉《三國會要》卷七《禮一・郊祀・魏郊》 時高堂隆表云：「古來娥、英、姜、姒，盛德之妃，未有配食于郊者也。漢文初祭地祇于渭陽，以高帝配；孝武立后土于汾陰，亦以高帝配；唯王莽引《周禮》『享先妣爲配地郊』，夏至以高后配地，自此始也。臣謂宜依古典，以武皇配天地。」魚豢議曰：「宜以宣后配地。」《通典》。

錢儀吉《三國會要》卷七《禮一・郊祀・蜀郊》 蜀漢章武元年即位，設壇于成都武擔之南，文曰：「皇帝備敢用玄牡昭告皇天上帝、后土神祇。」二年，詔丞相亮營南北郊于成都。

錢儀吉《三國會要》卷七《禮一・郊祀・吴郊》 吴孫權初稱尊號于武昌，祭南郊告天，用玄牡；《吴録》載告天文曰：「皇帝臣權敢用玄牡昭告于皇皇后帝。」後自以居非土中，不修設；嘉禾元年《注》引《江表傳》。末年南郊，追上父堅尊號爲吴始祖以配天。後王嗣位，終吴代不郊祀。

《宋志》：權始都武昌及建業，不立郊兆，至太元元年祭南郊，其地今秣陵縣南十餘里郊中是也。何承天曰：「權末年雖一南郊，遂無北郊之禮。」環氏《吴紀》：權思嚴父配天之義，上父堅尊號爲吴始祖以配天也。

錢儀吉《三國會要》卷七《禮一・五郊》 漢明帝據《月令》有五郊迎氣服色之禮，因采元始中故事，兆五郊于洛陽，祭其帝與神，車服各順方色；魏依之。《宋志》。按《續漢志》云：「于洛陽四方中兆在未，壇皆三尺，皆無等。」《王朗傳》註：天地掃地而祭，其餘則皆壇而埒之，七郊雖尊貴尚質，而猶有門宇便坐，足以避風雨。

《皇覽》曰：「迎禮春、夏、秋、冬之樂又順天道，是故距冬至四十六日，天子迎春于東堂，距邦八里，堂高八尺，堂階三等，《六藝流别》引《尚書大傳》作八等。青税八乘，旗旄尚青，田車載矛，號曰助天生，唱之以角，舞之以羽翟；自春分數四十六日迎夏于南堂，距邦七里，堂高七尺，堂階二等，《六藝流别》作七等。赤税七乘，旗旄尚赤，田車載戟，號曰助天養，唱之以徵，舞以鼓鞉；自夏至數四十六日迎秋于西堂，距邦九里，堂高九尺，堂階九等，白税九乘，旗旄尚白，田車載兵，號曰助天收，唱之以商，舞以干戚；自秋分數四十六日迎冬于北堂，距邦六里，堂高六尺，堂階六等，黑税六乘，旗旄尚黑，田車載鐵鍪，號曰助天誅，唱之以羽，舞以干戈。」《續漢志》注。

錢儀吉《三國會要》卷八《禮二・社稷》 魏但太社有稷，而官社無稷，故常二社一稷。至明帝景初中立帝社。《續漢志》注：孔晁謂漢及魏皆立一社一稷，至景初時，更立太社太稷，又特立帝社。祭社但稱皇帝。王肅議：太尉等祭祀但稱名不稱臣，有事須告，皆遣祝史。《通典》。《南齊書・禮志》：魏世，秦静使社稷别營，稱自漢以來相承南向。何佟之議：魏權漢社，社稷同營共門，稷壇在社壇北，後移宫南，自當。曹植《社頌》云：「於惟太社，官名后土。是曰句龍，功著上古。德配帝王，實爲靈主。克明播植，農正曰柱。尊以作稷，豐年是與。義與社同，方神北宇。」

錢儀吉《三國會要》卷八《禮二・高禖》 高禖壇石主。晉元康六年，禖壇石中破爲二，博士未知所由，後得高堂隆故事，魏青龍中造立此石。《隋志》。

王朗奏言：天地及五帝、六宗、宗廟、社稷，既因前代之兆域，天地則埽地而祭，其餘皆壇而埒之，明堂所以祀上帝，靈臺所以觀天文，辟雍所以修禮樂，太學所以集儒林，高禖所以祈休祥，舊皆在國之陽，並高棟夏宇，足以肆饗射，望雲物；七郊雖尚質，皆有門宇便坐，足以避風雨。《宋志》：高堂隆云：九日南郊，十日北郊，十一日明堂，十二日宗廟，是祭祀之次第也。

魏晉南北朝

《魏書》卷一〇八之一《禮志一》 天興元年，定都平城，即皇帝位，立壇兆告祭天地。

二年正月，帝親祀上帝于南郊，以始祖神元皇帝配。爲壇通四陛，爲壝埒三重。天位在其上，南面，神元西面。五精帝在壇内，壝内四帝，各於其方，一帝在未。日月五星、二十八宿、天一、太一、北斗、司中、司命、司禄、司民在中壝内，各因其方。其餘從食者合一千餘神，餟在外壝内。藉用藁秸，玉用四珪，幣用束帛，牲用黝犢，器用陶匏。上帝、神元用犢各一，五方帝共用犢一，日月等共用牛一。祭畢，燎牲體左於壇南巳地，從陽之義。其瘞地壇兆，制同南郊。明年正月辛酉，郊天。癸亥，瘞地於北郊，以神元竇皇后配。五岳名山在中壝内，四瀆大川於外壝内。后土、神元后，牲共用玄牡一，玉用兩珪，幣用束帛，五岳等用牛一。祭畢，瘞牲體右於壇之北亥地，從陰也。乙丑，赦京師畿内五歲刑以下。其後，冬至祭上帝于圓丘，夏至祭地于方澤，用牲幣之屬，與二郊同。

冬十月，平文、昭成、獻明廟成。歲五祭，用二至、二分、臘，牲用太牢，常遣宗正兼太尉率祀官侍祀。置太社、太稷、帝社於宗廟之右，爲方壇四陛。祀以二月、八月，用戊，皆太牢。句龍配社，周棄配稷，皆有司侍祀。立祖神，常以正月上未，設藉於端門内，祭牲用羊、豕、犬各一。又立神元、思帝、平文、昭成、獻明五帝廟於宫中，歲四祭，用正、冬、臘、九月，牲用馬、牛各一，太祖親祀宫中。立星神，一歲一祭，常以十二月，用馬薦各一，牛豕各二，雞一。

太祖初，有兩彗星見，劉后使占者占之，曰：「祈之則當掃定天下。」后從之，故立其祀。又立□□神十二，歲一祭，常以十一月，各用牛一、雞三。又立王神四，歲二祭，常以八月、十月，各用羊一。又置獻明以上所立天神四十所，歲二祭，亦以八月、十月。神尊者以馬，次以牛，小以羊，皆女巫行事。又於雲中及盛樂神元舊都祀神元以下七帝，歲三祭，正、冬、臘，用馬牛各一，祀官侍祀。明年春，帝始躬耕籍田，祭先農，用羊一。祀日於東郊，用騂牛一。秋分祭月於西郊，用白羊一。

天賜二年夏四月，復祀天于西郊，爲方壇一，置木主七於上。東爲二陛，無等；周垣四門，門各依其方色爲名。牲用白犢、黄駒、白羊各一。祭之日，帝御大駕，百官及賓國諸部大人畢從至郊所。帝立青門内近南壇西，内朝臣皆位於帝北，外朝臣及大人咸位於青門之外，后率六宫從黑門入，列於青門内近北，並西面。廪犧令掌牲，陳於壇前。女巫執鼓，立於陛之東，西面。選帝之十族子弟七人執酒，在巫南，西面北上。女巫升壇，摇鼓。帝拜，后肅拜，百官内外盡拜。祀訖，復拜。拜訖，乃殺牲。執酒七人西向，以酒灑天神主，復拜，如此者七。禮畢而返。自是之後，歲一祭。

太宗永興三年三月，帝禱于武周車輪二山。初清河王紹有寵於太祖，性凶悍，帝每以義責之，弗從。帝懼其變，乃於山上祈福於天地神祇。及即位壇兆，後因以爲常祀，歲一祭，牲用牛，帝皆親之，無常日。

明年，立太祖廟于白登山。歲一祭，具太牢，帝親之，亦無常月。兼祀皇天上帝，以山神配，旱則禱之，多有效。是歲，詔郡國於太祖巡幸行宫之所，各立壇，祭以太牢，歲一祭，皆牧守侍祀。又立太祖别廟於宫中，歲四祭，用牛馬羊各一。又加置天日月之神及諸小神二十八所於宫内，歲二祭，各用羊一。後二年，於白登西，太祖舊遊之處，立昭成、獻明、太祖廟，常以九月、十月之交，帝親祭，牲用馬、牛、羊，及親行貙劉之禮。别置天神等二十三於廟左右，其神大者以馬，小者以羊。華陰公主，帝姊也，元紹之爲逆，有保護功，故别立其廟於太祖廟垣後，因祭薦焉。又於雲中、盛樂、金陵三所，各立太廟，四時祀官侍祀。

泰常三年，爲五精帝兆於四郊，遠近依五行數。各爲方壇四陛，埒壝三重，通四門。以太皞等及諸佐隨配。侑祭黄帝，常以立秋前十八日。餘四帝，各以四立之日。牲各用牛一，有司主之。又六宗、靈星、風伯、雨師、司民、司禄、先農之壇，皆有别兆，祭有常日，牲用少牢。立春之日，遣有司迎春於東郊，祭用酒、脯、棗、栗，無牲幣。又立五岳四瀆廟於桑乾水之陰，春秋遣有司祭，有牲及幣。四瀆唯以牲牢，準古望秩云。其餘山川及海若諸神在州郡者，合三百二十四所，每歲十月，遣祀官詣州鎮遍祀。有水旱災厲，則牧守各隨其界内祈謁，其祭皆用牲。王畿内諸山川，皆列祀次祭，若有水旱則禱之。【略】

〔神䴥二年〕九月，立密皇太后廟於鄴，后之舊鄉也。置祀官太常博士、齋郎三十餘人，侍祀，歲五祭。

太延元年，立廟於恒岳、華岳、嵩岳上，各置侍祀九十人，歲時祈禱水旱。其春秋泮涸，遣官率刺史祭以牲牢，有玉幣。

魏先之居幽都也，鑿石爲祖宗之廟於烏洛侯國西北。自後南遷，其地隔遠。真君中，烏洛侯國遣使朝獻，云石廟如故，民常祈請，有神驗焉。其歲，遣中書侍郎李敞詣石室，告祭天地，以皇祖先妣配。祝曰：「天子燾謹遣敞等用駿足、一元大武敢昭告于皇天之靈。自啓闢之初，祐我皇祖，于彼土田。歷載億年，聿來南遷。惟祖惟父，光宅中原。克翦凶醜，拓定四邊。冲人纂業，德聲弗彰。豈謂幽遐，稽首來王。具知舊廟，弗毁弗亡。悠悠之懷，希仰餘光。王業之興，起自皇祖。綿綿瓜瓞，時惟多祜。敢以丕功，配饗于天。子子孫孫，福禄永延。」敞等既祭，斬樺木立之，以置牲體而還。後所立樺木生長成林，其民益神奉之。咸謂魏國感靈祇之應也。石室南距代京可四千餘里。

明年六月，司徒崔浩奏議：「神祀多不經，案祀典所宜祀，凡五十七所，餘復重及小神，請皆罷之。」奏可。

文成皇帝即位，二年正月，遣有司詣華岳修廟立碑。數十人在山上，聞虚中若有音聲，聲中稱萬歲云。

和平元年正月，帝東巡。歷橋山，祀黄帝；幸遼西，望祀醫無閭山。遂緣海西南，幸冀州，北至中山，過恒岳，禮其神而返。明年，帝南巡，過石門，遣使者用玉璧牲牢，禮恒岳。

四月旱，下詔州郡，於其界内神無大小，悉洒掃薦以酒脯。年登之後，各隨本秩，祭以牲牢。至是，羣祀先廢者皆復之。【略】

高祖延興二年，有司奏天地五郊、社稷已下及諸神，合一千七十五所，歲用牲七萬五千五百。顯祖深愍生命，乃詔曰：「朕承天事神，以育羣品，而咸秩處廣，用牲甚衆。夫神聰明正直，享德與信，何必在牲。《易》曰：『東隣殺牛，不如西隣之禴祭，實受其福。』苟誠感有著，雖行潦菜羹，可以致大嘏，何必多殺，然後獲祉福哉！其命有司，非郊天地、宗廟、社稷之祀，皆無用牲。」於是羣祀悉用酒脯。

先是，長安牧守常有事於周文、武廟。四年，坎地埋牲，廟玉發見。四月，詔東陽王丕祭文、武二廟。以廟玉露見，若即而埋之，或恐愚民將爲盜竊，敕近司收之府藏。

六月，顯祖以西郊舊事，歲增木主七，易世則更兆，其事無益於神明。初革前儀，定置主七，立碑於郊所。

太和二年，旱。帝親祈皇天、日月五星於苑中，祭之夕大雨，遂赦京師。【略】十二年閏九月，帝親築圓丘於南郊。【略】〔十五年〕四月，經始明堂，改營太廟。詔曰：「祖有功，宗有德，自非功德厚者，不得擅祖宗之名，居二祧之廟。仰惟先朝舊事，舛駁不同，難以取準。今將述遵先志，具詳禮典，宜制祖宗之號，定將來之法。烈祖有創基之功，世祖有開拓之德，宜爲祖宗，百世不遷。而遠祖平文功未多於昭成，然廟號爲太祖；道武建業之勳，高於平文，廟號爲烈祖。比功校德，以爲未允。朕今奉尊道武爲太祖，與顯祖爲二祧，餘者以次而遷。平文既遷，廟唯有六，始今七廟，一則無主。唯當朕躬此事，亦臣子所難言。夫生必有終，人之常理。朕以不德，忝承洪緒，若宗廟之靈，獲全首領以没于地，爲昭穆之次，心願畢矣。必不可豫，設可垂之文，示後必令遷之。」司空公、長樂王穆亮等奏言：「升平之會，事在於今。推功考德，實如明旨。但七廟之祀，備行日久，無宜闕一，虚有所待。臣等愚謂，依先尊祀，可垂文示後。理衷如此，不敢不言。」詔曰：「理或如此。比有間隙，當爲文相示。」

八月壬辰，詔郡國有時果可薦者，並送京師以供廟饗。

又詔曰：「《禮》云自外至者，無主不立。先朝以來，以正月吉日，於朝廷設幕，中置松栢樹，設五帝坐。此既無可祖配，揆之古典，實無所取，可去此祀。又探策之祭，既非禮典，可悉罷之。」

戊午詔曰：「國家自先朝以來，饗祀諸神，凡有一千二百餘處。今欲減省羣祀，務從簡約。昔漢高之初，所祀衆神及寢廟不少今日。至于元、成之際，匡衡執論，乃得減省。後至光武之世，禮儀始備，饗祀有序。凡祭不欲數，數則黷，黷則不敬。神聰明正直，不待煩祀也。」又詔曰：「明堂、太廟，並祀祖宗，配祭配享，於斯備矣。白登、崞山、雞鳴山廟唯遣有司行事。馮宣王誕生先后，復因在官長安，立廟宜異常等。可敕雍州，以時供祭。」又詔曰：「先恒有水火之神四十餘名，及城北星神。今圓丘之下，既祭風伯、雨師、司中、司命，明堂祭門、户、井、竈、中霤，每神皆有。此四十神計不須立，悉可罷之。」【略】

〔十六年〕十月己亥，詔曰：「夫先王制禮，所以經綸萬代，貽法後昆。至乃郊天享祖，莫不配祭，然而有節。白登廟者，有爲而興，昭穆不次。故太祖有三層之宇，已降無方丈之室。又常用季秋，躬駕展虔，祀禮或有褻慢之失，嘉樂頗涉野合之譏。今授衣之旦，享祭明堂；玄冬之始，奉烝太廟。若復致齋白登，便爲一月再駕，事成褻瀆。回詳二理，謂宜省一。白登之高，未若九室之美；幃次之華，未如清廟之盛。將欲廢彼東山之祀，成此二享之敬。可具敕有司，但令內典神者，攝行祭事。獻明、道武各有廟稱，可具依舊式。」自太宗諸帝，昔無殿宇，因停之。

十八年，南巡。正月，次殷比干墓，祭以太牢。

三月，詔罷西郊祭天。

十九年，帝南征。正月，車駕濟淮，命太常致祭。又詔祀岱岳。

二月癸亥，詔曰：「知太和廟已就，神儀靈主，宜時奉寧。可剋三月三日己巳，內奉遷於正廟。其出金墉之儀，一準出代都太和之式。入新廟之典，可依近至金墉之軌。其威儀鹵簿，如出代廟。百官奉遷，宜可省之。但令朝官四品已上，侍官五品已上及宗室奉迎。」

六月，相州刺史高閭表言：「伏惟太武皇帝發孝思之深誠，同渭陽之遠感，以鄴土舅氏之故鄉，有歸魂之舊宅，故爲密皇后立廟於城內，歲時祭祀，置廟戶十家，齋宫三十人。春秋烝嘗，冠服從事，刺史具威儀，親行薦酌，升降揖讓，與七廟同儀，禮畢，撤會而罷。今廟殿虧漏，門牆傾毀，簠簋故敗，行禮有闕。臣備職司，目所親覩。若以七廟惟新，明堂初制，配饗之儀，備於京邑者，便應罷壞，輟其常祭。如以功高特立，宜應新其靈宇。敢陳所見，伏請恩裁。」詔罷之。

【略】

二十年，立方澤於河陰，仍遣使者以太牢祭漢光武及明、章三帝陵。

《晉書》卷一九《禮志上》 魏明帝太和元年正月丁未，郊祀武帝以配天，宗祀文帝於明堂以配上帝。於是時，二漢郊禋之制具存，魏所損益可知。四年八月，天子東巡，過繁昌，使執金吾臧霸行太尉事，以特牛祠受禪壇。景初元年十月乙卯，始營洛陽南委粟山爲圜丘。詔曰：「昔漢氏之初，承秦滅學之後，採摭殘缺，以備郊祀。自甘泉后土，雍宮五畤，神祇兆位，多不經見，並以興廢無常，一彼一此，四百餘年，廢無禘禮，古代之所更立者，遂有闕焉。曹氏世系，出自有虞氏。今祀圜丘以始祖帝舜配，號圜丘曰皇皇帝天。方丘所祭曰皇皇后地，以舜妃伊氏配。天郊所祭曰皇天之神，以太祖武皇帝配。地郊所祭曰皇地之祇，以武宣皇后配。宗祀皇考高祖文皇帝於明堂，以配上帝。」十二月壬子冬至，始祀皇皇帝天于圜丘，以始祖有虞帝舜配。自正始以後，終魏世不復郊祀。【略】

魏元帝咸熙二年十二月甲子，使持節侍中太保鄭沖、兼太尉司隸校尉李憙奉皇帝璽綬策書，禪位于晉。丙寅，武皇帝設壇場于南郊，柴燎告類于上帝，是時尚未有祖配。泰始二年正月，詔曰：「有司前奏郊祀權用魏禮，朕不慮改作之難，令便爲永制，衆議紛互，遂不時定，不得以時供饗神祇，配以祖考。日夕難企，貶食忘安，其便郊祀。」時羣臣又議，五帝即天也，王氣時異，故殊其號，雖名有五，其實一神。明堂南郊，宜除五帝之坐，五郊改五精之號，皆同稱昊天上帝，各設一坐而已。地郊又除先后配祀。帝悉從之。二月丁丑，郊祀宣皇帝以配天，宗祀文皇帝於明堂以配上帝。是年十一月，有司又議奏，古者丘郊不異，宜并圓丘方丘於南北郊，更修立壇兆，其二至之祀合於二郊。帝又從之，一如宣帝所用王肅議也。是月庚寅冬至，帝親祠圓丘於南郊。自是後，圓丘方澤不別立。

太康三年正月，帝親郊祀，皇太子、皇子悉侍祠。十年十月，又詔曰：「《孝經》『郊祀后稷以配天，宗祀文王於明堂以配上帝』。而《周官》云『祀天旅上帝』，又曰『祀地旅四望』。望非地，則明堂上帝不得爲天也。往者衆議除明堂五帝位，考之禮文不正。且《詩序》曰『文武之功，起於后稷』，故推以配天焉。宣帝以神武創業，既已配天，復以先帝配天，於義亦所不安。其復明堂及南郊五帝位。」

愍帝都長安，未及立郊廟而敗。

元帝渡江，太興二年始議立郊祀儀。尚書令刁協、國子祭酒杜夷議，宜須旋都洛邑乃修之。司徒荀組據漢獻帝都許即便立郊，自宜於此修奉。驃騎王導、僕射荀崧、太常華恒、中書侍郎庾亮皆同組議，事遂施行，立南郊於巳地。其制度皆太常賀循所定，多依漢及晉初之儀。三月辛卯，帝親郊祀，饗配之禮一依武帝始郊故事。是時尚未立北壇，地祇衆神共在天郊。

明帝太寧三年七月，始詔立北郊，未及建而帝崩。及成帝咸和八年正月，追述前旨，於覆舟山南立之。天郊則五帝之佐，日月、五星、二十八宿，文昌、北斗、三台、司命、軒轅、后土、太一、天一、太微、句陳、北極、雨師、雷電、司空、風伯、老人，凡六十二神也。地郊則五嶽、四望、四海、四瀆、五湖、五帝之佐、沂山、嶽山、白山、霍山、醫無閭山、蔣山、松江、會稽山、錢唐江、先農，凡四十四神也。江南諸小山，蓋江左所立，猶如漢西京關中小水皆有祭秩也。是月辛未，祀北郊，始以宣穆張皇后配，此魏氏故事，非晉舊也。

康帝建元元年正月，將北郊，有疑議。太常顧和表：「泰始中，合二至之禮於二郊。北郊之月，古無明文，或以夏至，或同用陽復。漢光武正月辛未，始建北郊，此則與南郊同月。及中興草創，百度從簡，合七郊於一丘，憲章未備，權用斯禮，蓋時宜也。至咸和中，議別立北郊，同用正月。魏承後漢，正月祭天以地配。時高堂隆等以爲禮祭天不以地配，而稱《周禮》三王之郊一用夏正。」於是從和議。是月辛未南郊，辛巳北郊，帝皆親奉。【略】

禮，春分朝日於東，秋分夕月於西。漢武帝郊泰畤，平旦出竹宮，東向揖日，其夕西向揖月。即用郊日，又不在東西郊也。後遂旦夕常拜。故魏文帝詔曰：「漢氏不拜日於東郊，而旦夕常於殿下東西拜日月，煩褻似家人之事，非事天交神之道也。」黄初二年正月乙亥，朝日于東門之外，又違禮二分之義。魏明帝太和元年二月丁亥，朝日于東郊，八月己丑，夕月于西郊，始得古禮。及武帝太康二年，有司奏，春分依舊車駕朝日，寒温未適，可不親出。詔曰：「禮儀宜有常，若如所奏，與故太尉所撰不同，復爲無定制也。間者方難未平，故每從所奏，今戎事弭息，惟此爲大。」案此詔，帝復爲親朝日也。此後廢。

禮，「郊祀后稷以配天，宗祀文王於明堂以配上帝」。魏文帝即位，用漢明堂而未有配。明帝太和元年，始宗祀文帝於明堂，齊王亦行其禮。

晉初以文帝配，後復以宣帝，尋復還以文帝配，其餘無所變革。是則郊與明堂，同配異配，參差不同矣。摯虞議以爲：「漢魏故事，明堂祀五帝之神。新禮，五帝即上帝，即天帝也。明堂除五帝之位，惟祭上帝。案仲尼稱『郊祀后稷以配天，宗祀文王於明堂以配上帝』。《周禮》，祀天旅上帝，祀地旅四望。望非地，則上帝非天，斷可識矣。郊丘之祀，掃地而祭，牲用繭栗，器用陶匏，事反其始，故配以遠祖。明堂之祭，備物以薦，玉牲並陳，籩豆成列，禮同人鬼，故配以近考。郊堂兆位，居然異體，牲牢品物，質文殊趣。且祖考同配，非謂尊嚴之美，三日再祀，非謂不黷之義，其非一神，亦足明矣。昔在上古，生爲明王，没則配五行，故太昊配木，神農配火，少昊配金，顓頊配水，黄帝配土。此五帝者，配天之神，同兆之於四郊，報之於明堂。祀天，大裘而冕，祀五帝亦如之。或以爲五精之帝，佐天育物者也。前代相因，莫之或廢，晉初始從異議。《庚午詔書》，明堂及南郊除五帝之位，惟祀天神，新禮奉而用之。前太醫令韓楊上書，宜如舊祀五帝。太康十年，詔已施用。宜定新禮，明堂及郊祀五帝如舊儀。」詔從之。江左以後，未遑修建。【略】

《禮》：孟春之月，「乃擇元辰，天子親載耒耜，措之于參保介之御間，帥三公九卿諸侯大夫躬耕帝藉」。至秦滅學，其禮久廢。漢文帝之後，始行斯典。魏之三祖，亦皆親耕藉田。

及武帝泰始四年，有司奏始耕祠先農，可令有司行事。詔曰：「夫國之大事，在祀與農。是以古之聖王，躬耕帝藉，以供郊廟之粢盛，且以訓化天下。近世以來，耕藉止於數步之中，空有慕古之名，曾無供祀訓農之實，而有百官車徒之費。今修千畝之制，當與羣公卿士躬稼穡之艱難，以率先天下。主者詳具其制，下河南，處田地於東郊之南，洛水之北。若無官田，隨宜便换，而不得侵人也。」於是乘輿御木輅以耕，以太牢祀先農。自惠帝之後，其事便廢。

江左元帝將修耕藉，尚書符問「藉田至尊應躬祠先農不」？賀循答：「漢儀無正有至尊應躬祭之文，然則《周禮》王者祭四望則毳冕，祭社稷五祀則絺冕，以此不爲無親祭之義也。宜立兩儀注。」賀循等所上儀注又未詳允，事竟不行。後哀帝復欲行其典，亦不能遂。

漢儀，縣邑常以乙未日祠先農，乃耕於乙地，以丙戌日祠風伯於戌地，以己丑日祠雨師於丑地，牲用羊豕。立春之日，皆青幡幘迎春於東郊外野中。迎春至自野中出，則迎拜之而還，弗祭。三時不迎。

魏氏雖天子耕藉，藩鎮闕諸侯百畝之禮。及武帝末，有司奏：「古諸侯耕藉田百畝，躬執耒以奉社稷宗廟，以勸率農功。今諸王臨國，宜依修耕藉之義。」然竟未施行。

《周禮》，王后帥内外命婦蠶於北郊。漢儀，皇后親桑東郊苑中，蠶室祭蠶神，曰苑窳婦人、寓氏公主，祠用少牢。魏文帝黄初七年正月，命中宫蠶於北郊，依周典也。

及武帝太康六年，散騎常侍華嶠奏：「先王之制，天子諸侯親耕藉田千畝，后夫人躬蠶桑。今陛下以聖明至仁，修先王之緒，皇后體資生之德，合配乾之義，而坤道未光，蠶禮尚缺。以爲宜依古式，備斯盛典。」詔曰：「昔天子親藉，以供粢盛，后夫人躬蠶，以備祭服，所以聿遵孝敬，明教示訓也。今藉田有制，而蠶禮不修，由中間務多，未暇崇備。今天下無事，宜修禮以示四海。其詳依古典，及近代故事，以參今宜，明年施行。」於是蠶於西郊，蓋與藉田對其方也。乃使侍中成粲草定其儀。先蠶壇高一丈，方二丈，爲四出陛，陛廣五尺，在皇后採桑壇東南帷宫外門之外，而東南去帷宫十丈，在蠶室西南，桑林在其東。【略】前漢但置官社而無官稷，王莽置官稷，後復省。故漢至魏但太社有稷，而官社無稷，故常二社一稷也。

晉初仍魏，無所增損。至太康九年，改建宗廟，而社稷壇與廟俱徙。乃詔曰：「社實一神，其并二社之祀。」於是車騎司馬傅咸表曰：

《祭法》王社太社，各有其義。天子尊事郊廟，故冕而躬耕。躬耕也者，所以重孝享之粢盛。親耕故自報，自爲立社者，爲藉田而報者也。國以人爲本，人以穀爲命，故又爲百姓立社而祈報焉。事異報殊，此社之所以有二也。

王景侯之論王社，亦謂春祈藉田，秋而報之也。其論太社，則曰王者布下圻內，爲百姓立之，謂之太社，不自立之於京都也。景侯此論據《祭法》。《祭法》：「大夫以下成羣立社，曰置社。」景侯解曰「今之里社是也」。景侯解《祭法》，則以置社爲人間之社矣。而別論復以太社爲人間之社，未曉此旨也。太社，天子爲百姓而祀，故稱天子社。《郊特牲》曰：「天子太社，必受霜露風雨。」以羣姓之衆，王者通爲立社，故稱太社也。若夫置社，其數不一，蓋以里所爲名，《左氏傳》盟于清丘之社是也。衆庶之社，既已不稱太矣，若復不立之京都，當安所立乎！

《祭法》又曰，王爲羣姓立七祀，王自爲立七祀。言自爲者，自爲而祀也；爲羣姓者，爲羣姓而祀也。太社與七祀其文正等。說者窮此，因云墳籍但有五祀，無七祀也。案祭，五祀國之大祀，七者小祀。《周禮》所云祭凡小祀，則墨冕之屬也。景侯解大厲曰「如周杜伯，鬼有所歸，乃不爲厲」。今云無二社者稱景侯，《祭法》不謂無二，則曰「口傳無其文也」。夫以景侯之明，擬議而後爲解，而欲以口論除明文，如此非但二社當見思惟，景侯之後解亦未易除也。

前被敕，《尚書·召誥》乃社于新邑，惟一太牢，不二社之明義也。案《郊特牲》曰社稷太牢，必援一牢之文以明社之無二，則稷無牲矣。說者曰，舉社則稷可知。苟可舉社以明稷，何獨不舉一以明二？國之大事，在祀與戎。若有二而除之，不若過而存之。況存之有義，而除之無據乎？

《周禮》封人掌設社壝，無稷字。今帝社無稷，蓋出於此。然國主社稷，故經傳動稱社稷。《周禮》王祭社稷則絺冕，此王社有稷之文也。封人所掌社壝之無稷字，説者以爲略文，從可知也。謂宜仍舊立二社，而加立帝社之稷。

時成粲議稱景侯論太社不立京都，欲破鄭氏學。咸重表以爲：「如粲之論，景侯之解文以此壞。《大雅》云『乃立冢土』，毛公解曰『冢土，大社也』。景侯解《詩》，即用此說。《禹貢》『惟土五色』，景侯解曰『王者取五色土爲太社，封四方諸侯，各割其方色土者覆四方也』。如此，太社復爲立京都也。不知此論何從而出，而與解乖，上違經記明文，下壞景侯之解。臣雖頑蔽，少長學門，不能默已，謹復續上。」劉寔與咸議同。詔曰：「社實一神，而相襲二位，衆議不同，何必改作！其便仍舊，一如魏制。」

其後摯虞奏，以爲：「臣案《祭法》『王爲羣姓立社曰太社，王自爲立社曰王社』。《周禮》大司徒『設其社稷之壝』，又曰『以血祭祭社稷』，則太社也。又曰『封人掌設王之社壝』，又有軍旅宜乎社，則王社也。太社爲羣姓祈報，祈報有時，主不可廢。故凡被社釁鼓，主奉以從是也。此皆二社之明文，前代之所尊。以《尚書·召誥》社于新邑三牲各文，《詩》稱『乃立冢土』，無兩社之文，故廢帝社，惟立太社。《詩》《書》所稱，各指一事，又皆在公旦制作之前，未可以易《周禮》之明典，《祭法》之正義。前改建廟社，營一社之處，朝議斐然，執古匡今。世祖武皇帝躬發明詔，定二社之義，以爲永制。宜定新禮，從二禮。」詔從之。

至元帝建武元年，又依洛京立二社一稷。其太社之祝曰：「地德普施，惠存無疆。乃建太社，保祐萬邦。悠悠四海，咸賴嘉祥。」其帝社之祝曰：「坤德厚載，邦畿是保。乃建帝社，以神地道。明祀惟辰，景福來造。」【略】

《尚書》「禋于六宗」，諸儒互說，往往不同。王莽以《易》六子，遂立六宗祠。魏明帝時疑其事，以問王肅，亦以爲《易》六子，故不廢。及晉受命，司馬彪等表六宗之祀不應特立新禮，於是遂罷其祀。其後摯虞奏之，又以爲：「案舜受終，『類于上帝，禋于六宗，望于山川』，則六宗非上帝之神，又非山川之靈也。《周禮》肆師職曰：『用牲于社宗。』黨正職曰：『春秋祭禜亦如之。』肆師之宗，與社並列，則班與社同也。黨正之禜，文不繫社，則神與社異也。周之命祀，莫重郊社，宗同於社，則貴神明矣。又，《月令》孟冬祈于天宗，則《周禮》祭禜，《月令》天宗，六宗之神也。漢光武即位高邑，依《虞書》禋于六宗。安帝元初中，立祀乾位，禮同太社。魏氏因之，至景初二年，大議其神，朝士紛紜，各有所執。惟散騎常侍劉邵以爲萬物負陰而抱陽，沖氣以爲和。六宗者，太極沖和之氣，爲六氣之宗者也。《虞書》謂之六宗，《周書》謂之天宗。是時考論異同，而從其議。漢魏相仍，著爲貴祀。凡崇祀百神，放而不至，有其興之，則莫敢廢之。宜定新禮，祀六宗如舊。」詔從之。

《禮》，王爲羣姓立七祀，曰司命、中霤、國門、國行、大厲、戶、竈。仲春玄鳥至之日，以太牢祀高禖。《毛詩·絲衣篇》，高子曰靈星之尸。漢興，高帝亦立靈星祠。及武帝，以李少君故，始祠竈；及生戾太子，始立高禖。《漢儀》云，國家亦有五祀，有司行事，其禮頗輕於社稷，則亦存其典矣。又云，常以仲春之月，以高禖祠于城南，祀以特牲。又，是月也，祠老人星于國都南郊老人星廟。立夏祭竈，季秋祠心星于城南壇心星廟。元康時，洛陽猶有高禖壇，百姓祠其旁，或謂之落星。是後諸祀無聞。江左以來，不立七祀，靈星則配饗南郊，不復特置焉。

【略】

《周禮》，王者祭昊天上帝，日月星辰，司中司命，風伯雨師，社稷，五土，五嶽，山林川澤，四方百物，兆四類四望，亦如之。魏文帝黃初二年六月庚子，初禮五嶽四瀆，咸秩羣祀，瘞沈珪璧。六年七月，帝以舟軍入淮。九月壬戌，遣使者沈璧于淮。魏明帝太和四年八月，帝東巡，遣使者以特牛祠中嶽。魏元帝咸熙元年，行幸長安，使使者以璧幣禮祠華山。

及穆帝升平中，何琦論修五嶽祠曰：「唐虞之制，天子五載一巡狩，順時之方，柴燎五嶽，望于山川，徧于羣神，故曰，因名山升中于天，所以昭告神祇，饗報功德。是以災厲不作，而風雨寒暑以時。降及三代，年數雖殊，而其禮不易，五嶽視三公，四瀆視諸侯，著在經記，所謂『有其舉之，莫敢廢也』。及秦漢都西京，涇、渭、長水，雖不在祀典，以近咸陽故，盡得比大川之祠，而正立之祀可以闕哉！自永嘉之亂，神州傾覆，茲事替矣。惟潛之天柱，在王略之内也，舊臺選百户吏卒，以奉其職。中興之際，未有官守，廬江郡常遣大吏兼假四時禱賽，春釋寒而冬請冰。咸和迄今，又復隳替。計今非典之祠，可謂非一。考其正名，則淫昏之鬼；推其糜費，則百姓之蠹。而山川大神更爲簡缺，禮俗穨紊，人神雜擾，公私奔蹙，漸以繁滋。良由頃國家多難，日不暇給，草建廢滯，事有未遑。今元憝已殲，宜修舊典。嶽瀆之域，風教所被，來蘇之衆，咸蒙德澤。而神明禋祀，未之或甄，巡狩柴燎，其廢尚矣。崇明前典，將俟皇輿北旋，稽古憲章，大釐制度。俎豆牲牢，祝嘏文辭，舊章靡記，可令禮官作式，歸諸誠簡，以達明德馨香，如斯而已。其諸祅孽，可粗依法令，先去其甚，俾邪正不黷。」時不見省。

昔武王入殷，未及下車而封先代之後，蓋追思其德也。孔子以大聖而終於陪臣，未有封爵。至漢元帝，孔霸以帝師賜爵，號褒成君，奉孔子後。魏文帝黃初二年正月，詔以議郎孔羡爲宗聖侯，邑百户，奉孔子祀，令魯郡修舊廟，置百户吏卒以守衛之。及武帝泰始三年十一月，改封宗聖侯孔震爲奉聖亭侯。又詔太學及魯國，四時備三牲以祀孔子。明帝太寧三年，詔給奉聖亭侯孔亭四時祠孔子祭直，如泰始故事。

禮，始立學必先釋奠于先聖先師，及行事必用幣。漢世雖立學，斯禮無聞。魏齊王正始二年二月，帝講《論語》通，五年五月，講《尚書》通，七年十二月，講《禮記》通，並使太常釋奠，以太牢祠孔子於辟雍，以顏回配。武帝泰始七年，皇太子講《孝經》通。咸寧三年，講《詩》通，太康三年，講《禮記》通。惠帝元康三年，皇太子講《論語》通。元帝太興二年，皇太子講《論語》通。太子並親釋奠，以太牢祠孔子，以顏回配。成帝咸康元年，帝講《詩》通。穆帝升平元年三月，帝講《孝經》通。孝武寧康三年七月，帝講《孝經》通。並釋奠如故事，穆帝、孝武並權以中堂爲太學。

故事，祀皋陶於廷尉寺，新禮移祀於律署，以同祭先聖於太學也。故事，祀以社日，新禮改爲孟秋之月，以應秋政。摯虞以爲：「案《虞書》，皋陶作士師，惟明克允，國重其功，人思其當，是以獄官禮其神，繫者致其祭，功在斷獄之成，不在律令之始也。太學之設，義重太常，故祭于太學，是崇聖而從重也。律署之置，卑於廷尉，移祀於署，是去重而就輕也。律非正署，廢興無常，宜如舊祀於廷尉。又，祭用仲春，義取重生，改用孟秋，以應刑殺，理未足以相易。宜定新禮，皆如舊。」制：「可。」

歲旦常設葦茭桃梗，磔雞於宫及百寺之門，以禳惡氣。案漢儀則仲夏設之，有桃印，無磔雞。及魏明帝大修禳禮，故何晏禳祭議雞特牲供禳釁之事。磔雞宜起於魏，桃印本漢制，所以輔卯金，又宜魏所除也。但未詳改仲夏在歲旦之所起耳。魏明帝青龍元年，詔郡國，山川不在祀典者勿祠。

武帝泰始元年十二月，詔曰：「昔聖帝明王修五嶽四瀆、名山川澤，各有定制，所以報陰陽之功故也。然以道莅天下者，其鬼不神，其神不傷人，故祝史薦而無媿辭，是以其人敬慎幽冥而淫祀不作。末世信道不篤，僭禮瀆神，縱欲祈請，曾不敬而遠之，徒偷以求幸，祅妄相煽，舍正爲邪，故魏朝疾之。其案舊禮具爲之制，使功著於人者必有其報，而祅淫之鬼不亂其間。」二年正月，有司奏春分祠厲殃及禳祠，詔曰：「不在祀典，除之。」

《宋書》卷一四《禮志一》　孫權始都武昌及建業，不立郊兆。至末年太元元年十一月，祭南郊，其地今秣陵縣南十餘里郊中是也。晉氏南遷，立南郊於巳地，非禮所謂陽位之義也。宋孝武大明三年九月，尚書右丞徐爰議：「郊祀之位，遠古蔑聞。《禮記》『燔柴於泰壇，祭天也』。『兆於南郊，就陽位也』。漢初甘泉河東禋埋易位，終亦徙於長安南北。光武紹祚，定二郊洛陽南北。晉氏過江，悉在江。及郊兆之議，紛然不一。又南出道狹，未議開闡，遂於東南巳地創立丘壇。皇宋受命，因而弗改。且居民之中，非邑外之謂。今聖圖重造，舊章畢新，南驛開塗，陽路修遠。謂宜移郊正午，以定天位。」博士司馬興之、傅郁、太常丞陸澄並同爰議。乃移郊兆於秣陵牛頭山西，正在宫之午地。世祖崩，前廢帝即位，以郊舊地爲吉祥，移還本處。

《宋書》卷一七《禮志四》　漢時城陽國人以劉章有功於漢，爲之立祠。青州諸郡，轉相放效，濟南尤盛。至魏武帝爲濟南相，皆毁絶之。及秉大政，普加除翦，世之淫祀遂絶。至文帝黄初五年十一月，詔曰：「先王制禮，所以昭孝事祖，大則郊社，其次宗廟，三辰五行，名山川澤，非此族也，不在祀典。叔世衰亂，崇信巫史，至乃宫殿之内，户牖之間，無不沃酹，甚矣其惑也。自今其敢設非禮之祭，巫祝之言，皆以執左道論，著于令。」明帝青龍元年，又詔：「郡國山川不在祀典者，勿祠。」

朱銘盤《南朝宋會要・吉禮・南北郊》　孝武大明三年九月，移南郊壇於牛頭山，以正陽位。尚書右丞徐爰議：「晉氏過江，於東南巳地創立丘壇。皇宋受命，因而弗改。且居民之中，非邑外之謂。今聖圖重造，舊章畢新，南驛開塗，陽路修遠。謂宜移郊正午，以定天位。」博士司馬興之、傅郁、太常丞陸澄並同爰議。乃移郊兆於秣陵牛頭山西，正在宫之午地。世祖崩，前廢帝即位，以郊舊地爲吉祥，移還本處。《禮志一》

北郊，晉成帝世始立，本在覆舟山南。太祖以其地爲樂游苑，移於山西北。後以其地爲北湖，移於湖塘西北。其地卑下泥濕，又移於白石邨東。其地又以爲湖，乃移於鍾山北原道西，與南郊相對。後罷白石東湖，北郊還舊處。《南史》本紀，《禮志一》。

朱銘盤《南朝宋會要・吉禮・籍田》　帝將親耕，以其久廢，使何承天撰定儀注。史學生山謙之已私鳩集，因以奏聞。於是斟酌衆條，造定圖注。先立春九日，尚書宣攝内外，各使隨局從事。司空、大農、京尹、令、尉，度宫之辰地八里之外，整制千畝，開阡陌。立先農壇於中阡西陌南，御耕壇於中阡東陌北。將耕，宿設青幕于耕壇之上。皇后帥六宫之人出穜稑之種，付籍田令。耕日，太祝以一太牢告祠先農，悉如祠帝社之儀。孟春之月，擇上辛後吉亥日，御乘耕根三蓋車，駕蒼駟，青旂，著通天冠，青幘，朝服青衮，帶佩蒼玉。藩王以下至六百石皆衣青。唯三臺武衛不耕，不改服章。車駕出，衆事如郊廟之儀。車駕至籍田，侍中跪奏：「尊降車。」臨壇，大司農跪奏：「先農已享，請皇帝親耕。」太史令讚曰：「皇帝親耕。」三推三反。於是羣臣以次耕，王公五等開國諸侯五推五反，孤卿大夫七推七反，士九推九反。籍田令率其屬耕竟畝，灑種，即耰，禮畢。《禮志一》。

二十一年春，親耕，乃立先農壇於籍田中阡西陌南。高四尺，方二丈。爲四出陛。陛廣五尺，外加埒。去阡陌各二十丈。車駕未到，司空、大司農率太祝令及衆執事質明以一太牢告祠。祭器用祭社稷器。祠畢，班餘胙於奉祠者。舊典先農又常列於郊祭云。《禮志四》。

朱銘盤《南朝齊會要・吉禮・社稷》　十一年，兼祠部郎何佟之議：「案《禮記・郊特牲》『社祭土而主陰氣也，君南向於北墉下，答陰之義也』。鄭玄云『答猶對也』，『北墉，社内北牆也』。王肅云『陰氣北向，故君南向以答之。答之爲言是相對之稱』。知古祭社，北向設位，齋官南向明矣。近代相承，帝社南向，太社及稷竝東向，而齋官位在帝社壇北，西向，於神背後行禮。又名稷爲稷社，甚乖禮意。乃未知失在何時，原此理當未久。竊以皇齊改物，禮樂惟新，中國之神，莫貴於社，若遂仍前謬，懼虧盛典。謂二社，語其義則殊，論其神則一，位竝宜北向。稷若北向，則成相背。稷是百穀之總神，非陰氣之主，宜依先東向。齋官立社壇東北，南向立，東爲上，諸執事西向立，南爲上。稷依禮無兼稱，今若欲尊崇，正可名爲太稷耳，豈得謂爲稷社邪？臘祠太社日近，案奏事御，改定儀注。」儀曹稱治禮學士議曰：「《郊特牲》又云『君之南向，答陽也，臣之北向，答君也』。若以陽氣在南，則位應向北，陰氣在北，則位宜向南。今南北二郊，一限南向，皇帝黑瓚階東西向，故知壇墠無繫於陰陽，設位寧拘於南北。羣神小祠，類皆限南面，薦饗之時，北向行禮，蓋欲申靈祇之尊，表求幽之義。魏世秦静使社稷别營，稱自漢以來，相承南向。漢之於周，世代未遠，鄗上積基，商丘餘樹，猶應尚存，迷方失位，未至於此，通儒達職，不以爲非。庾蔚之昔已有此議，後徐爰、周景遠並不同，仍舊不改。」佟之議：「來難引君南向答陽，臣北向答君。敢問答之爲言，爲是相對？爲是相背？相背則社位南向，君亦南向，可如來議。《郊特牲》云『臣之北向答君』。復是君背臣。今言君南臣北，向相稱，則君南不得稱答矣，《記》何得云祭社君南向以答陰邪？社果同向，則君亦宜西向，何故在社南向？在郊西向邪？解則不然，《記》云，君之南向答陽，此明朝會之時，盛陽在南，故君南向對之，猶聖人南面而聽，向明而治之義耳，寧是祈祀天地之日乎？知祭社北向，君答故南向，祀天南向，君答宜北向矣。今皇帝黑瓚階東西向者，斯蓋始入之别位，非接對之時也。案《記》云『社所以神地之道也』。又云『社祭土而主陰氣」。又云「不用命，戮于社」。孔安國云「社主陰，陰主殺」。《傳》曰「日蝕，伐鼓于社」。杜預云「責羣陰也」。社主陰氣之盛，故北向設位，以本其義耳。餘祀雖亦地祇之貴，而不主此義，故位向不同。不得見餘陰祀不北向，便謂社應南向也。案《周禮》祭社南向，君求幽，宜北向，而《記》云君南向，答陰之義，求幽之論不乖歟？魏權漢社，社稷同營共門，稷壇在社壇北，皆非古制。後移宮南，自當如禮。静此言，乃是顯漢社失周法，見漢世舊事。爾時祭社南向，未審出何史籍。就如議者静所言是祭社位向仍漢舊法，漢又襲周成規，因而不改者，則社稷三座，竝應南向，今何改帝社南向，泰社及稷竝東向邪？」治禮又難佟之，凡三往反。至建武二年，有司議：「治禮無的然顯據。」佟之議乃行。《禮志上》。

朱銘盤《南朝梁會要・吉禮・南北郊》 梁南郊，爲圓壇，在國之南。高二丈七尺，上徑十一丈，下徑十八丈。其外再壝，四門。常與北郊間歲。正月上辛行事，用一特牛，祀天皇上帝之神於其上，以皇考太祖文帝配。禮以蒼璧制幣。五方上帝、五官之神、太一、天一、日、月、五星、二十八宿、太微、軒轅、文昌、北斗、三台、老人、風伯、司空、雷電、雨師，皆從祀。其二十八宿及雨師等座有坎，五帝亦如之，餘皆平地。器以陶匏，席用藁秸。太史設柴壇於丙地。皇帝齋於萬壽殿，乘玉輅，備大駕以行禮。禮畢，變服通天冠而還。北郊，爲方壇於北郊。上方十丈，下方十二丈，高一丈，四面各有陛。其外爲壝再重。與南郊間歲。正月上辛，以一特牛，祀后地之神於其上，以德后配。禮以黄琮制幣。五官之神、先農、五岳、沂山、嶽山、白石山、霍山、無閭山、蔣山、四海、四瀆、松江、會稽江、錢塘江、四望，皆從祀。太史設埋坎於壬地焉。《隋書・禮儀志一》。

張鵬一《晉令輯存》卷二《祠令第八》 郡國、縣祠社稷先農。《北史・劉芳傳》引《晉祠令》。《晉書・禮志》引《漢儀》：縣邑常以乙日祠先農，乃耕于乙地，以景戌日，祠風伯于戌地，以己丑日，祠雨師于丑地，牲用羊豕，立春之日，皆青幡幘。近春於東郊外野中，迎春至自野中，出則迎拜之，而還弗祭，三時不迎。

縣祠靈星。立秋後辰祀靈星於國城東南。

按《晉書・禮志》云：《漢儀》曰：「仲春之月，祠老人星于國都南，遂郊老人星廟；季秋祠心星於城南壇心星廟。江左靈星，則配饗南郊，不復特置焉。」《魏書・劉芳傳》芳曰：「靈星本非禮事，兆自漢初，專爲祈田，恒隸郡縣。」《郊祀志》云：高祖五年，制詔御史，其令天下立靈星祠，牲用太牢，縣邑令長，得祠。《晉祠令》云：郡縣國祠社稷先農，縣又祠靈星。此靈星在天下諸縣之明據也。

隋

《隋書》卷六《禮儀志一》 唐、虞之時，祭天之屬爲天禮，祭地之屬爲地禮，祭宗廟之屬爲人禮。故《書》云命伯夷典朕三禮，所以彌綸天地，經緯陰陽，辨幽賾而洞幾深，通百神而節萬事。殷因於夏，有所損益，旁垂祇訓，以勸生靈。商辛無道，雅章湮滅。周公救亂，弘制斯文，以吉禮敬鬼神，以凶禮哀邦國，以賓禮親賓客，以軍禮誅不虔，以嘉禮合姻好，謂之五禮。故曰「禮經三百，威儀三千，未有入室而不由户者」也。成、康由之，而刑厝不用。

自犬戎弑后，遷周削弱，禮失樂微，風凋俗敝。仲尼預蜡賓而歎曰：「丘有志焉，禹、湯、文、武、成王、周公未有不謹於禮者也。」於是緝禮興樂，欲救時弊。君棄不顧，道鬱不行。故敗國喪家亡人，必先廢其禮。昭公娶孟子而諱姓，楊侯竊女色而傷人。故曰婚姻之禮廢，則淫僻之罪多矣。羣飲而逸，不知其郵，鄉飲酒之禮廢，則争鬭之獄繁矣。魯侯逆五廟之祀，漢帝罷三年之制，喪祭之禮廢，則骨肉之恩薄矣。諸侯下堂於天子，五伯召君於河陽，朝聘之禮廢，則侵陵之漸起矣。

秦氏以戰勝之威，并吞九國，盡收其儀禮，歸之咸陽。唯採其尊君抑臣，以爲時用。至於退讓起於趨步，忠孝成於動止，華葉靡舉，鴻纖並擯。甚芻狗之棄路，若章甫之遊越，儒林道盡，《詩》、《書》爲煙。

漢高祖既平秦亂，初誅項羽，放賞元勳，未遑朝制。羣臣飲酒争功，或拔劍擊柱，高祖患之。叔孫通言曰：「儒者難與進取，可與守成。」於是請起朝儀而許焉，猶曰「度吾能行者爲之」。微習禮容，皆知順軌。若祖述文、武，憲章洙、泗，則良由不暇，自畏之也。武帝興典制而愛方術，至於鬼神之祭，流宕不歸。世祖中興，明皇纂位，祀明堂，襲冠冕，登靈臺，望雲物，得其時制，百姓悦之。而朝廷憲章，其來已舊，或得之於升平之運，或失之於凶荒之年，而世載遐邈，風流訛舛。必有人情，將移禮意，殷、周所以異軌，秦、漢於焉改轍。至於增輝風俗，廣樹隄防，非禮威嚴，亦何以尚！譬山祇之有嵩、岱，海若之有滄溟，飾以涓塵，不貽伊敗。而高堂生於所傳《士禮》亦謂之儀，弘暢人情，粉飾行事。洎西京以降，用相裁準，咸稱當世之美，自有周旋之節。黄初之詳定朝儀，太始之削除乖謬，則《宋書》言之備矣。

梁武始命羣儒，裁成大典。吉禮則明山賓，凶禮則嚴植之，軍禮則陸璉，賓禮則賀瑒，嘉禮則司馬褧。帝又命沈約、周捨、徐勉、何佟之等，咸在參詳。陳武克平建業，多準梁舊，仍詔尚書左丞江德藻、員外散騎常侍沈洙、博士沈文阿、中書舍人劉師知等，或因行事，隨時取捨。後齊則左僕射陽休之、度支尚書元修伯、鴻臚卿王晞、國子博士熊安生，在周則蘇綽、盧辯、宇文弼，並習於儀禮者也，平章國典，以爲時用。高祖命牛弘、辛彦之等採梁及北齊《儀注》，以爲五禮云。

《禮》曰：「萬物本乎天，人本乎祖，所以配上帝也。」秦人蕩六籍以爲煨燼，祭天之禮殘缺，儒者各守其所見物而爲之義焉。一云：祭天之數，終歲有九，祭地之數，一歲有二，圓丘、方澤，三年一行。若圓丘、方澤之年，祭天有九，祭地有二。若天不通圓丘之祭，終歲有八。地不通方澤之祭，終歲有一。此則鄭學之所宗也。一云：唯有昊天，無五精之帝。而一天歲二祭，壇位唯一。圓丘之祭，即是南郊，南郊之祭，即是圓丘。日南至，於其上以祭天，春又一祭，以祈農事，謂之二祭，無别天也。五時迎氣，皆是祭五行之人帝太皞之屬，非祭天也。天稱皇天，亦稱上帝，亦直稱帝。五行人帝亦得稱上帝，但不得稱天。故五時迎氣及文、武配祭明堂，皆祭人帝，非祭天也。此則王學之所宗也。梁、陳以降，以迄于隋，議者各宗所師，故郊丘互有變易。

梁南郊，爲圓壇，在國之南。高二丈七尺，上徑十一丈，下徑十八丈。其外再壝，四門。常與北郊間歲。正月上辛行事，用一特牛，祀天皇上帝之神於其上，以皇考太祖文帝配。禮以蒼璧制幣。五方上帝、五官之神、太一、天一、日、月、五星、二十八宿、太微、軒轅、文昌、北斗、三台、老人、風伯、司空、雷電、雨師，皆從祀。其二十八宿及雨師等座有坎，五帝亦如之，餘皆平地。器以陶匏，席用藁秸。太史設柴壇於丙地。皇帝齋於萬壽殿，乘玉輅，備大駕以行禮。禮畢，變服通天冠而還。

北郊，爲方壇於北郊。上方十丈，下方十二丈，高一丈。四面各有陛。其外爲壝再重。與南郊間歲。正月上辛，以一特牛，祀后地之神於其上，以德后配。禮以黄琮制幣。五官之神、先農、五岳、沂山、嶽山、白石山、霍山、無閭山、蔣山、四海、四瀆、松江、會稽江、錢塘江、四望，皆從祀。太史設埋坎於壬地焉。

天監三年，左丞吴操之啓稱：「《傳》云『啓蟄而郊』，郊應立春之後。」尚書左丞何佟之議：「今之郊祭，是報昔歲之功，而祈今年之福。故取歲首上辛，不拘立春之先後。周冬至於圓丘，大報天也。夏正又郊，以祈農事，故有啓蟄之説。自晉太始二年，并圓丘、方澤同於二郊。是知今之郊禋，禮兼祈報，不得限以一途也。」帝曰：「圓丘自是祭天，先農即是祈穀。但就陽之位，故在郊也。冬至之夜，陽氣起於甲子，既祭昊天，宜在冬至。祈穀時可依古，必須啓蟄。在一郊壇，分爲二祭。」自是冬至謂之祀天，啓蟄名爲祈穀。何佟之又啓：「案鬯者盛以六彝，覆以畫冪，備其文飾，施之宗廟。今南北二郊，《儀法》有裸，既乖尚質，謂宜革變。」博士明山賓議，以爲：「《表記》『天子親耕，粢盛秬鬯，以事上帝』，蓋明堂之裸耳。郊不應裸。」帝從之。又有司以爲祀竟，器席相承還庫，請依典燒埋之。佟之等議：「案《禮》『祭器弊則埋之』。今一用便埋，費而乖典。」帝曰：「薦藉輕物，陶匏賤器，方還付庫，容復穢惡。但敝則埋之，蓋謂四時祭器耳。」自是從有司議，燒埋之。

四年，佟之云：「《周禮》『天曰神，地曰祇』。今天不稱神，地不稱祇，天欑題宜曰皇天座，地欑宜曰后地座。又南郊明堂用沉香，取本天之質，陽所宜也。北郊用上和香，以地於人親，宜加雜馥。」帝並從之。

五年，明山賓稱：「伏尋制旨，周以建子祀天，五月祭地。殷以建丑祀天，六月祭地。夏以建寅祀天，七月祭地。自頃代以來，南北二郊，同用夏正。」詔更詳議。山賓以爲二儀並尊，三朝慶始，同以此日二郊爲允。并請迎五帝於郊，皆以始祖配饗。及郊廟受福，唯皇帝再拜，明上靈降祚，臣下不敢同也。詔並依議。

六年，議者以爲北郊有岳鎮海瀆之座，而又有四望之座，疑爲煩重。儀曹郎朱异議曰：「望是不即之名，豈容局於星海，拘於岳瀆？」明山賓曰：「《舜典》云『望于山川』。《春秋傳》曰『江、漢、沮、漳，楚之望也』。而今北郊設岳鎮海瀆，又立四望，竊謂煩黷，宜省。」徐勉曰：「岳瀆是山川之宗。至於望祀之義，不止於岳瀆也。若省四望，於義爲非。」議久不能決。至十六年，有事北郊，帝復下其議。於是八座奏省四望、松江、浙江、五湖等座。其鍾山、白石，既土地所在，並留如故。

七年，帝以一獻爲質，三獻則文，事天之道，理不應然，詔下詳議。博士陸瑋、明山賓，禮官司馬褧，以爲「宗祧三獻，義兼臣下，上天之禮，主在帝王，約理申義，一獻爲允」。自是天地之祭皆一獻，始省太尉亞獻，光禄終獻。又太常丞王僧崇稱：「五祀位在北郊，圓丘不宜重設。」帝曰：「五行之氣，天地俱有，故宜兩從。」僧崇又曰：「風伯、雨師，即箕、畢星矣。而今南郊祀箕、畢二星，復祭風師，雨師，恐乖祀典。」帝曰：「箕、畢自是二十八宿之名，風師、雨師自是箕、畢星下隸。兩祭非嫌。」

十一年，太祝牒，北郊止有一海，及二郊相承用柴俎盛牲，素案承玉。又制南北二郊壇下衆神之座，悉以白茅，詔下詳議。八座奏：「《禮》云『觀天下之物，無可以稱其德』，則知郊祭爲俎，理不應柴。又藉用白茅，禮無所出。皇天大帝坐既用俎，則知郊有俎義。」於是改用素俎，并北郊置四海座。五帝以下，悉用蒲席藁薦，并以素俎。又帝曰：「《禮》『祭月於坎』，良由月是陰義。今五帝天神，而更居坎。又《禮》云『祭日於壇，祭月於坎』，並是別祭，不關在郊，故得各從陰陽，而立壇坎。兆於南郊，就陽之義，居於北郊，就陰之義。既云就陽，義與陰異。星月與祭，理不爲坎。」八座奏曰：「五帝之義，不應居坎。良由齊代圓丘，小而且峻，邊無安神之所。今丘形既大，易可取安。請五帝座悉於壇上，外壝二十八宿及雨師等座，悉停爲坎。」自是南北二郊，悉無坎位矣。

十七年，帝以威仰、魄寶俱是天帝，於壇則尊，於下則卑。且南郊所祭天皇，其五帝別有明堂之祀，不煩重設。又郊祀二十八宿而無十二辰，於義闕然。於是南郊始除五帝祀，加十二辰座，與二十八宿各於其方而爲壇。

陳制，亦以間歲。正月上辛，用特牛一，祀天地於南北二郊。永定元年，武帝受禪，修南郊，圓壇高二丈二尺五寸，上廣十丈，柴燎告天。明年正月上辛，有事南郊，以皇考德皇帝配，除十二辰座，加五帝位，其餘準梁之舊。北郊爲壇，高一丈五尺，廣八丈，以皇妣昭后配，從祀亦準梁舊。及文帝天嘉中，南郊改以高祖配，北郊以德皇帝配天。

太中大夫、領大著作、攝太常卿許亨奏曰：「昔梁武帝云：『天數五，地數五，五行之氣，天地俱有。』故南北郊內，並祭五祀。臣按《周禮》：『以血祭社稷五祀。』鄭玄云：『陰祀自血起，貴氣臭也。五祀，五官之神也。』五神主五行，隸於地，故與埋沈副辜同爲陰祀。既非煙柴，無關陽祭。故何休云：『周爵五等者，法地有五行也。』五神位在北郊，圓丘不宜重設。」制曰：「可。」亨又奏曰：「梁武帝議，箕、畢自是二十八宿之名，風師、雨師自是箕、畢下隸，非即星也。故郊雩之所，皆兩祭之。臣案《周禮》大宗伯之職云：『槱燎祀司中、司命、風師、雨師。』鄭衆云：『風師，箕也；雨師，畢也。』《詩》云：『月離于畢，俾滂沱矣。』如此則風伯、雨師即箕、畢星矣。而今南郊祀箕、畢二星，復祭風伯、雨師，恐乖祀典。」制曰：「若郊設星位，任即除之。」亨又奏曰：「《梁儀注》曰：『一獻爲質，三獻爲文。事天之事，故不三獻。』臣案《周禮・司樽》所言，三獻施於宗祧，而鄭注『一獻施於羣小祀』。今用小祀之禮施於天神大帝，梁武此義爲不通矣。且樽俎之物，依於質文，拜獻之禮，主於虔敬。今請凡郊丘祀事，準於宗祧，三獻爲允。」制曰：「依議。」

廢帝光大中，又以昭后配北郊。及宣帝即位，以南北二郊卑下，更議增廣。久而不決。至太建十一年，尚書祠部郎王元規議曰：

案前漢《黃圖》，上帝壇徑五丈，高九尺；后土壇方五丈，高六尺。梁南郊壇上徑十一丈，下徑十八丈，高二丈七尺，北郊壇上方十丈，下方十二丈，高一丈。即日南郊壇廣十丈，高二丈二尺五寸，北郊壇廣九丈三尺，高一丈五寸。今議增南郊壇上徑十二丈，則天大數，下徑十八丈，取於三分益一，高二丈七尺，取三倍九尺之堂。北郊壇上方十丈，以則地義，下至十五丈，亦取二分益一，高一丈二尺，亦取二倍漢家之數。

《禮記》云：「爲高必因丘陵，爲下必因川澤。因名山升中于天，因吉土饗帝于郊。」《周官》云：「冬日至，祠天於地上之圓丘。夏日至，祭地於澤中之方丘。」《祭法》云：「燔柴於泰壇，祭天也。瘞埋於泰折，祭地也。」《記》云：「至敬不壇，掃地而祭。」於其質也，以報覆燾持載之功。《爾雅》亦云：「丘，言非人所造爲。」古圓方兩丘，並因見有而祭。本無高廣之數。後世隨事遷都，而建立郊禮。或有地吉而未必有丘，或有見丘而不必廣潔。故有築建之法，而制丈尺之儀。愚謂郊祀事重，圓方二丘，高下廣狹，既無明文，但五帝不相沿，三王不相襲。今謹述漢、梁并即日三代壇不同，及更增修丈尺如前。聽旨。

尚書僕射臣繕、左户尚書臣元饒、左丞臣周確、舍人臣蕭淳、儀曹郎臣沈客卿同元規議。詔遂依用。

後主嗣立，無意典禮之事，加舊儒碩學，漸以凋喪，至於朝亡，竟無改作。

後齊制，圓丘方澤，並三年一祭，謂之禘祀。圓丘在國南郊。丘下廣輪二百七十尺，上廣輪四十六尺，高四十五尺。三成，成高十五尺，上中二級，四面各一陛，下級方維八陛。周以三壝，去丘五十步。中壝去内壝，外壝去中壝，各二十五步。皆通八門。又爲大營於外壝之外，輪廣三百七十步。其營塹廣一十二尺，深一丈，四面各通一門。又爲燎壇於中壝之外，當丘之丙地。廣輪三十六尺，高三尺，四面各有陛。方澤爲壇在國北郊。廣輪四十尺，高四尺，面各一陛。其外爲三壝，相去廣狹同圓丘。壝外大營，廣輪三百二十步。營塹廣一十二尺，深一丈，四面各通一門。又爲瘞坎於壇之壬地，中壝之外，廣深一丈二尺。

圓丘則以蒼璧束帛，正月上辛，祀昊天上帝於其上，以高祖神武皇帝配。五精之帝，從祀於其中丘。面皆内向。日月、五星、北斗、二十八宿、司中、司命、司人、司禄、風師、雨師、靈星於下丘，爲衆星之位，遷於内壝之中。合用蒼牲九。夕牲之旦，太尉告廟，陳幣於神武廟訖，埋於兩楹間焉。皇帝初獻，太尉亞獻，光禄終獻。司徒獻五帝，司空獻日月、五星、二十八宿，太常丞已下薦衆星。方澤則以黄琮束帛，夏至之日，禘崐崙皇地祇於其上，以武明皇后配。其神州之神、社稷、岱岳、沂鎮、會稽鎮、云云山、亭亭山、蒙山、羽山、嶧山、崧岳、霍岳、衡鎮、荆山、内方山、大别山、敷淺原山、桐柏山、陪尾山、華岳、太岳鎮、積石山、龍門山、江山、岐山、荆山、嶓冢山、壺口山、雷首山、底柱山、析城山、王屋山、西傾朱圉山、鳥鼠同穴山、熊耳山、敦物山、蔡蒙山、梁山、岷山、武功山、太白山、恒岳、醫無閭山鎮、陰山、白登山、碣石山、太行山、狼山、封龍山、漳山、宣務山、閼山、方山、苟山、狹龍山、淮水、東海、泗水、沂水、淄水、濰水、江水、南海、漢水、穀水、洛水、伊水、漾水、沔水、河水、西海、黑水、澇水、渭水、涇水、酆水、濟水、北海、松水、京水、桑乾水、漳水、呼沲水、衛水、洹水、延水，並從祀。其神州位在青陛之北甲寅地，社位赤陛之西未地，稷位白陛之南庚地；自餘並内壝之内，内向，各如其方。合用牲十二，儀同圜丘。其後諸儒定禮，圓丘改以冬至云。

其南北郊則歲一祀，皆以正月上辛。南郊爲壇於國南，廣輪三十六尺，高九尺，四面各一陛。爲三壝，内壝去壇二十五步，中壝、外壝相去如内壝。四面各通一門。又爲大營於外壝之外，廣輪二百七十步。營塹廣一丈，深八尺，四面各一門。又爲燎壇於中壝之外丙地，廣輪二十七尺，高一尺八寸，四面各一陛。祀所感帝靈威仰於壇，以高祖神武皇帝配。禮用四圭有邸，幣各如方色。其上帝及配帝，各用騂特牲一，儀燎同圓丘。其北郊則爲壇如南郊壇，爲瘞坎如方澤坎，祀神州神於其上，以武明皇后配。禮用兩圭有邸，各用黄牲一，儀瘞如北郊。

後周憲章姬周，祭祀之式，多依《儀禮》。司量掌爲壇之制，圓丘三成，成崇一丈二尺，深二丈。上徑六丈，十有二階，每等十有二節。在國陽七里之郊。圓壝徑三百步，内壝半之。方一成，下崇一丈，徑六丈八尺，上崇五尺，方四丈，八方，方一階，階十級，級一尺。方丘在國陰六里之郊。丘一成，八方，下崇一丈，方六丈八尺，上崇五尺，方四丈。方一階，尺一級。其壝八面，徑百二十步，内壝半之。南郊爲方壇於國南五里。其崇一丈二尺，其廣四丈。其壝方百二十步，内壝半之。神州之壇，崇一丈，方四丈，在北郊方丘之右。其壝如方丘。

其祭圓丘及南郊，並正月上辛。圓丘則以其先炎帝神農氏配昊天上帝於其上。五方上帝、日月、内官、中官、外官、衆星，並從祀。皇帝乘蒼輅，載玄冕，備大駕而行。預祭者皆蒼服。南郊，以始祖獻侯莫那配所感帝靈威仰於其上。北郊方丘，則以神農配后地之祇。神州則以獻侯莫那配焉。

其用牲之制，祀昊天上帝，祭皇地祇及五帝、日月、五星、十二辰、四望、五官，各以其方色毛。宗廟以黄，社稷以黝，散祭祀用純，表貉磔禳用厖。

高祖受命，欲新制度。乃命國子祭酒辛彦之議定祀典。爲圓丘於國之南，太陽門外道東二里。其丘四成，各高八尺一寸。下成廣二十丈，再成廣十五丈，又三成廣十丈，四成廣五丈。再歲冬至之日，祀昊天上帝於其上，以太祖武元皇帝配。五方上帝、日月、五星、内官四十二座、次官一百三十六座、外官一百一十一座、衆星三百六十座，並皆從祀。上帝、日月在丘之第二等，北斗五星、十二辰、河漢、内官在丘第三等，二十八宿、中官在丘第四等，外官在内壝之内，衆星在内壝之外。其牲，上帝、配帝用蒼犢二，五帝、日月用方色犢各一，五星已下用羊豕各九。

爲方丘於宫城之北十四里。其丘再成，成高五尺，下成方十丈，上成方五丈。夏至之日，祭皇地祇於其上，以太祖配。神州、迎州、冀州、戎州、拾州、柱州、營州、咸州、陽州九州山、海、川、林、澤、丘陵、墳衍、原隰，並皆從祀。地祇及配帝在壇上，用黄犢二。神州九州神座於第二等八陛之間，神州東南方，迎州南方，冀州、戎州西南方，拾州西方，柱州西北方，營州北方，咸州東北方，陽州東方，各用方色犢一。九州山海已下，各依方面八陛之間。其冀州山林川澤，丘陵墳衍，於壇之南，少西，加羊豕各九。南郊爲壇於國之南，太陽門外道西一里。去宫十里。壇高七尺，廣四丈。孟春上辛，祠所感帝赤熛怒於其上，以太祖武元皇帝配。其禮四圭有邸，牲用騂犢二。北郊孟冬祭神州之神，以太祖武元皇帝配。牲用犢二。

凡大祀，齋官皆於其晨集尚書省，受誓戒。散齋四日，致齋三日。祭前一日，晝漏上水五刻，到祀所，沐浴，著明衣，咸不得聞見衰經哭泣。昊天上帝、五方上帝、日月、皇地祇、神州社稷、宗廟等爲大祀，星辰、五祀、四望等爲中祀，司中、司命、風師、雨師及諸星、諸山川等爲小祀。大祀養牲，在滌九旬，中祀三旬，小祀一旬。其牲方色難備者，聽以純色代。告祈之牲者不養。祭祀犧牲，不得捶扑。其死則埋之。

初帝既受周禪，恐黎元未愜，多説符瑞以耀之。其或造作而進者，不可勝計。仁壽元年冬至祠南郊，置昊天上帝及五方天帝位，並于壇上，如封禪禮。板曰：

維仁壽元年，歲次作噩，嗣天子臣堅，敢昭告于昊天上帝。璇璣運行，大明南至。臣蒙上天恩造，羣靈降福，撫臨率土，安養兆人。顧惟虛薄，德化未暢，夙夜憂懼，不敢荒怠。天地靈祇，降錫休瑞，鏡發區宇，昭彰耳目。爰始登極，蒙授龜圖，遷都定鼎，醴泉出地，平陳之歲，龍引舟師。省俗巡方，展禮東岳，盲者得視，瘖者得言，復有躄人，忽然能步。自開皇已來，日近北極，行於上道，晷度延長。天啓太平，獸見一角，改元仁壽，楊樹生松。石魚彰合符之徵，玉龜顯永昌之慶，山圖石瑞，前後繼出，皆載臣姓名，褒紀國祚。經典諸緯，爰及玉龜，文字義理，遞相符會。

宫城之内，及在山谷，石變爲玉，不可勝數。桃區一嶺，盡是琉璃，黄銀出於神山，碧玉生於瑞巘。多楊山響，三稱國興，連雲山聲，萬年臨國。野鵝降天，仍住池沼，神鹿入苑，頻賜引導。騶虞見質，遊麟在野，鹿角生於楊樹，龍湫出於荆谷。慶雲發彩，壽星垂耀。宫殿樓閣，咸出靈芝，山澤川原，多生寶物。威香散馥，零露凝甘。敦煌烏山，黑石變白，弘禄巖嶺，石華遠照。玄狐玄豹，白兔白狼，赤雀蒼烏，野蠶天豆，嘉禾合穗，珍木連理。神瑞休徵，洪恩景福，降賜無疆，不可具紀。此皆昊天上帝，爰降明靈，矜愍蒼生，寧静海内。故錫兹嘉慶，咸使安樂，豈臣微誠，所能上感。虔心奉謝，敬薦玉帛犧齊粢盛庶品，燔祀于昊天上帝。皇考太祖武元皇帝，配神作主。

《隋書》卷七《禮儀志二》 《春秋》「龍見而雩」，梁制不爲恒祀。四月後旱，則祈雨，行七事：一，理寃獄及失職者；二，振鰥寡孤獨者；三，省繇輕賦；四，舉進賢良；五，黜退貪邪；六，命會男女，恤怨曠；七，撤膳羞，弛樂懸而不作。天子又降法服。七日，乃祈社稷；七日，乃祈山林川澤常興雲雨者；七日，乃祈羣廟之主于太廟；七日，乃祈古來百辟卿士有益於人者；七日，乃大雩，祈上帝，徧祈所有事者。大雩禮，立圓壇於南郊之左，高及輪廣四丈，周十二丈，四陛。牲用黄牯牛一。祈五天帝及五人帝於其上，各依其方，以太祖配，位於青帝之南，五官配食於下。七日乃去樂。又徧祈社稷山林川澤，就故地處大雩。國南除地爲墠，舞童六十四人。祈百辟卿士於雩壇之左，除地爲墠，舞童六十四人，皆袨服，爲八列，各執羽翳。每列歌《雲漢》詩一章而畢。旱而祈澍，則報以太牢，皆有司行事。唯雩則不報。若郡國縣旱請雨，則五事同時並行：一，理寃獄失職；二，存鰥寡孤獨；三，省徭役；四，進賢良；五，進貪邪。守令皆潔齋三日，乃祈社稷。七日不雨，更齋祈如初。三變仍不雨，復齋祈其界内山林川澤常興雲雨者。祈而澍，亦各有報。

陳氏亦因梁制，祈而澍則報以少牢。武帝時，以德皇帝配，文帝時，以武帝配。廢帝即位，以文帝配青帝。牲用黄牯牛，而以清酒四升洗其首。其壇墠配饗歌舞，皆如梁禮。天子不親奉，則太宰、太常、光禄行三獻禮。其法皆採齊建武二年事也。

梁、陳制，諸祠官皆給除穢氣藥，先齋一日服之，以取清潔。

天監九年，有事雩壇。武帝以爲雨既類陰，而求之正陽，其謬已甚。東方既非盛陽，而爲生養之始，則雩壇應在東方，祈晴亦宜此地。於是遂移於東郊。

十年，帝又以雩祭燔柴，以火祈水，於理爲乖。儀曹郎朱异議曰：「案周宣《雲漢》之詩，毛注有瘞埋之文，不見有燔柴之説。若以五帝必柴，今明堂又無其事。」於是停用柴，從坎瘞典。

十一年，帝曰：「四望之祀，頃來遂絶。宜更議復。」朱异議：「鄭衆云：『四望謂日月星海。』鄭玄云：『謂五帝四鎮四瀆。』尋二鄭之説，互有不同。竊以望是不即之名，凡厥遥祭，皆有斯目。豈容局於星漢，拘於海瀆？請命司天，有關水旱之義，爰有四海名山大川，能興雲致雨，一皆備祭。」帝從之。又揚州主簿顧協又云：「《禮》『仲夏大雩』，《春秋》『龍見而雩』，則雩常祭也，水旱且又禱之，謂宜式備斯典。」太常博士亦從協議。祠部郎明巖卿以爲：「祈報之祀，已備郊禋，沿革有時，不必同揆。」帝從其議，依舊不改。

大同五年，又築雩壇於藉田兆内。有祈禜，則齋官寄藉田省云。

後齊以孟夏龍見而雩，祭太微五精帝於夏郊之東。爲圓壇，廣四十五尺，高九尺，四面各一陛。爲三壝外營，相去深淺，并燎壇，一如南郊。於其上祈穀實，以顯宗文宣帝配。青帝在甲寅之地，赤帝在丙巳之地，黄帝在己未之地，白帝在庚申之地，黑帝在壬亥之地。面皆内向，藉以藁秸。配帝在青帝之南，小退，藉以莞席，牲以騂。其儀同南郊。又祈禱者有九焉：一曰雩，二曰南郊，三曰堯廟，四曰孔、顔廟，五曰社稷，六曰五岳，七曰四瀆，八曰滏口，九曰豹祠。水旱癘疫，皆有事焉。無牲，皆以酒脯棗栗之饌。若建午、建未、建申之月不雨，則使三公祈五帝於雩壇。禮用玉幣，有燎，不設金石之樂，選伎工端潔善謳詠者，使歌《雲漢》詩於壇南。自餘同正雩。南郊則使三公祈五天帝於郊壇，有燎，座位如雩。五人帝各在天帝之左。其儀如郊禮。堯廟，則遣使祈於平陽。孔、顔廟，則遣使祈於國學，如堯廟。社稷如正祭。五岳，遣使祈於岳所。四瀆如祈五岳，滏口如祈堯廟，豹祠如祈滏口。

隋雩壇，國南十三里啓夏門外道左。高一丈，周百二十尺。孟夏之月，龍星見，則雩五方上帝，配以五人帝於上，以太祖武元帝配饗，五官從配於下。牲用犢十，各依方色。京師孟夏後旱，則祈雨，理冤獄失職，存鰥寡孤獨，振困乏，掩骼埋胔，省徭役，進賢良，舉直言，退佞諂，黜貪殘，命有司會男女，恤怨曠。七日，乃祈岳鎮海瀆及諸山川能興雲雨者；又七日，乃祈社稷及古來百辟卿士有益於人者；又七日，乃祈宗廟及古帝王有神祠者；又七日，乃修雩，祈神州；又七日，仍不雨，復從岳瀆已下祈如初典。秋分已後不雩，但禱而已。皆用酒脯。初請後二旬不雨者，即徙市禁屠。皇帝御素服，避正殿，減膳撤樂，或露坐聽政。百官斷傘扇。令人家造土龍。雨澍，則命有司報。州郡尉祈雨，則理冤獄，存鰥寡孤獨，掩骼埋胔，潔齋祈于社。七日，乃祈界内山川能興雨者，徙市斷屠如京師。祈而澍，亦各有報。霖雨則禜京城諸門，三禜不止，則祈山川岳鎮海瀆社稷。又不止，則祈宗廟神州。報以太牢。州郡縣苦雨，亦各禜其城門，不止則祈界内山川。及祈報，用羊豕。

《禮》，天子每以四立之日及季夏，乘玉輅，建大旂，服大裘，各於其方之近郊爲兆，迎其帝而祭之。所謂燔柴於泰壇，掃地而祭者也。春迎靈威仰者，三春之始，萬物稟之而生，莫不仰其靈德，服而畏之也。夏迎赤熛怒者，火色熛怒，其靈炎至明盛也。秋迎白招拒者，招集，拒大也，言秋時集成萬物，其功大也。冬迎叶光紀者，叶拾，光華，紀法也，言冬時收拾光華之色，伏而藏之，皆有法也。中迎含樞紐者，含容也，樞機有開闔之義，紐者結也。言土德之帝，能含容萬物，開闔有時，紐結有法也。然此五帝之號，皆以其德而名焉。梁、陳、後齊、後周及隋，制度相循，皆以其時之日，各於其郊迎，而以太皞之屬五人帝配祭。並以五官、三辰、七宿於其方從祀焉。

梁制，迎氣以始祖配，牲用特牛一，其儀同南郊。天監七年，尚書左丞司馬筠等議：「以昆蟲未蟄，不以火田，鳩化爲鷹，罻羅方設。仲春之月，祀不用牲，止珪璧皮幣。斯又事神之道，可以不殺，明矣。況今祀天，豈容尚此？請夏初迎氣，祭不用牲。」帝從之。八年，明山賓議曰：「《周官》祀昊天以大裘，祀五帝亦如之。頃代郊祀之服，皆用衮冕，是以前奏迎氣、祀五帝，亦服衮冕。愚謂迎氣、祀五帝亦宜用大裘，禮俱一獻。」帝從之。

陳迎氣之法，皆因梁制。

後齊五郊迎氣，爲壇各於四郊，又爲黄壇於未地。所祀天帝及配帝五官之神同梁。其玉帛牲各以其方色。其儀與南郊同。帝及后各以夕牲日之旦，太尉陳幣，告請其廟，以就配焉。其從祀之官，位皆南陛之東，西向。壇上設饌畢，太宰丞設饌於其座。亞獻畢，太常少卿乃於其所獻。事畢，皆撤。又云，立春前五日，於州大門外之東，造青土牛兩頭，耕夫犁具。立春，有司迎春於東郊，豎青幡於青牛之傍焉。

後周五郊壇，其崇及去國，如其行之數。其廣皆四丈，其方俱百二十步。内壝皆半之。祭配皆同後齊。星辰、七宿、岳鎮、海瀆、山林、川澤、丘陵、墳衍，亦各於其方配郊而祀之。其星辰爲壇，崇五尺，方二丈。岳鎮爲坎，方二丈，深二尺。山林已下，亦爲坎。壇，崇三尺，坎深一尺，俱方一丈。其儀頗同南郊。冢宰亞獻，宗伯終獻，禮畢。

隋五時迎氣。青郊爲壇，國東春明門外道北，去宫八里。高八尺。赤郊爲壇，國南明德門外道西，去宫十三里。高七尺。黄郊爲壇，國南安化門外道西，去宫十二里。高七尺。白郊爲壇，國西開遠門外道南，去宫八里。高九尺。黑郊爲壇，宫北十一里丑地。高六尺。並廣四丈。各以四方立日，黄郊以季夏土王日。祀其方之帝，各配以人帝，以太祖武元帝配。五官及星三辰七宿，亦各依其方從祀。其牲依方色，各用犢二，星辰加羊豕各一。其儀同南郊。其岳瀆鎮海，各依五時迎氣日，遣使就其所，祭之以太牢。

晋江左以後，乃至宋、齊，相承始受命之主，皆立六廟，虚太祖之位。宋武初爲宋王，立廟於彭城，但祭高祖已下四世。

中興二年，梁武初爲梁公。曹文思議：「天子受命之日，便祭七廟。諸侯始封，即祭五廟。」祠部郎謝廣等並駁之，遂不施用。乃建臺，於東城立四親廟，并妃郗氏而爲五廟。告祠之禮，並用太牢。其年四月，即皇帝位。謝廣又議，以爲初祭是四時常祭，首月既不可移易，宜依前剋日於東廟致齋。帝從之。遂於東城時祭訖，遷神主於太廟。始自皇祖太中府君、皇祖淮陰府君、皇高祖濟陰府君、皇曾祖中從事史府君、皇祖特進府君，并皇考，以爲三昭三穆。凡六廟。追尊皇考爲文皇帝，皇妣爲德皇后，廟號太祖。皇祖特進以上，皆不追尊。擬祖遷於上，而太祖之廟不毁，與六親廟爲七，皆同一堂，共庭而别室。春祀、夏礿、秋嘗、冬蒸并臘，一歲凡五，謂之時祭。三年一禘，五年一祫，謂之殷祭。禘以夏，祫以冬，皆以功臣配。其儀頗同南郊。又有小廟，太祖太夫人廟也。非嫡，故別立廟。皇帝每祭太廟訖，乃詣小廟，亦以一太牢，如太廟禮。

天監三年，尚書左丞何佟之議曰：「禘於首夏，物皆未成，故爲小。祫於秋冬，萬物皆成，其禮尤大。司勳列功臣有六，皆祭於大蒸，知祫尤大，乃及之也。近代禘祫，並及功臣，有乖典制。宜改。」詔從之。自是祫祭乃及功臣。是歲，都令史王景之，列自江左以來，郊廟祭祀，帝已入齋，百姓尚哭，以爲乖禮。佟之等奏：「案《禮》國門在皋門外，今之籬門是也。今古殊制，若禁凶服不得入籬門爲太遠，宜以六門爲斷。」詔曰：「六門之內，士庶甚多，四時蒸嘗，俱斷其哭。若有死者，棺器須來，既許其大，而不許其細也。到齋日，宜去廟二百步斷哭。」

四年，何佟之議：「案《禮》未祭一日，大宗伯省牲鑊，祭日之晨，君親牽牲麗碑。後代有冒暗之防，而人主猶必親奉，故有夕牲之禮。頃代人君，不復躬牽，相承丹陽尹牽牲，於古無取。宜依以未祭一日之暮，太常省牲視鑊，祭日之晨，使太尉牽牲出入也。《少牢饋食》殺牲於廟門外，今《儀注》詣厨烹牲，謂宜依舊。」帝可其奏。佟之又曰：「鄭玄云：『天子諸侯之祭禮，先有裸尸之事，乃迎牲。』今《儀注》乃至薦熟畢，太祝方執珪瓚裸地，違謬若斯。又近代人君，不復躬行裸禮。太尉既攝位，實宜親執其事，而越使卑賤太祝，甚乖舊典。愚謂祭日之晨，宜使太尉先行裸獻，乃後迎牲。」帝曰：「裸尸本使神有所附。今既無尸，裸將安設？」佟之曰：「如馬、鄭之意，裸雖獻尸，而義在求神。今雖無尸，求神之義，恐不可闕。」帝曰：「此本因尸以祀神。今若無尸，則宜立寄求之所。」裸義乃定。佟之曰：「《祭統》云：『獻之屬，莫重於裸。』今既存尸卒食之獻，則裸鬯之求，實不可闕。又送神更裸經記無文。宜依禮革。」奏未報而佟之卒。後明山賓復申其理。帝曰：「佟之既不復存，宜從其議也。」自是始使太尉使太祝行裸而又牽牲。太常任昉，又以未明九刻呈牲，又加太尉裸酒，三刻施饌，間中五刻，行儀不辦。近者臨祭從事，實以二更，至未明三刻方辦。明山賓議：「謂九刻已疑太早，況二更非復祭旦。」帝曰：「夜半子時，即是晨始。宜取三更省牲，餘依《儀注》。」又有司以爲三牲或離杙，依制埋瘞，猪羊死則不埋。請議其制。司馬褧等議，以爲「牲死則埋，必在滌矣。謂三牲在滌死，悉宜埋」。帝從之。

五年，明山賓議：「樽彝之制，《祭圖》唯有三樽：一曰象樽，周樽也；二曰山罍，夏樽也；三曰著樽，殷樽也。徒有彝名，竟無其器，直酌象樽之酒，以爲珪瓚之實。竊尋裸重於獻，不容共樽，宜循彝器，以備大典。案禮器有六彝，春祠夏礿，裸用雞彝鳥彝。王以珪瓚初裸，后以璋瓚亞裸，故春夏兩祭，俱用二彝。今古禮殊，無復亞裸，止循其二。春夏雞彝，秋冬斝彝，庶禮物備也。」帝曰：「雞是金禽，亦主巽位。但金火相伏，用之通夏，於義爲疑。」山賓曰：「臣愚管，不奉明詔，則終年乖舛。案鳥彝是南方之物，則主火位，木生於火，宜以鳥彝春夏兼用。」帝從之。

七年，舍人周捨以爲：「《禮》『玉輅以祀，金輅以賓』，則祭日應乘玉輅。」詔下其議。左丞孔休源議：「玉輅既有明文，而《儀注》金輅，當由宋、齊乖謬，宜依捨議。」帝從之。又禮官司馬筠議：「自今大事，遍告七廟，小事止告一室。」於是議以封禪，南、北郊，祀明堂，巡省四方，御臨戎出征，皇太子加元服，寇賊平蕩，築宮立闕，纂戎戒嚴、解嚴，合十一條，則遍告七廟。講武修宗廟明堂、臨軒封拜公王，四夷款化貢方物，諸公王以愆削封，及詔封王紹襲，合六條，則告一室。帝從之。

九年，詔簠簋之實，以藉田黑黍。

十二年，詔曰：「祭祀用洗匜中水盥，仍又滌爵。爵以禮神，宜窮精潔，而一器之內，雜用洗手，外可詳議。」於是御及三公應盥及洗爵，各用一匜。

十六年四月，詔曰：「夫神無常饗，饗于克誠，所以西鄰礿祭，實受其福。宗廟祭祀，猶有牲牢，無益至誠，有累冥道。自今四時蒸嘗外，可量代。」八座議：「以大脯代一元大武。」八座又奏：「既停宰殺，無復省牲之事，請立省饌儀。其衆官陪列，並同省牲。」帝從之。十月，詔曰：「今雖無復牲腥，猶有脯脩之類，即之幽明，義爲未盡。可更詳定，悉薦時蔬。」左丞司馬筠等參議：「大餅代大脯，餘悉用蔬菜。」帝從之。又舍人朱异議：「二廟祀，相承止有一鉶羹，蓋祭祀之禮，應有兩羹，相承止於一鉶，即禮爲乖。請加熬油蓴羹一鉶。」帝從之。於是起至敬殿、景陽臺，立七廟座。月中再設浄饌。自是訖於臺城破，諸廟遂不血食。

普通七年，祔皇太子所生丁貴嬪神主于小廟。其儀，未祔前，先修坎室，改塗。其日，有司行掃除，開坎室，奉皇考太夫人神主於坐。奠制幣訖，衆官入自東門，位定，祝告訖，撤幣，埋於兩楹間。有司遷太夫人神主於上，又奉穆貴嬪神主於下，陳祭器，如時祭儀。禮畢，納神主，閉于坎室。

陳制，立七廟，一歲五祠，謂春夏秋冬臘也。每祭共以一太牢，始祖以三牲首，餘唯骨體而已。五歲再殷，殷大祫而合祭也。初文帝入嗣，而皇考始興昭烈王廟在始興國，謂之東廟。天嘉四年，徙東廟神主，祔于梁之小廟，改曰國廟。祭用天子儀。

後齊文襄嗣位，猶爲魏臣，置王高祖秦州使君、王曾祖太尉武貞公、王祖太師文穆公、王考相國獻武王，凡四廟。文宣帝受禪，置六廟：曰皇祖司空公廟、皇祖吏部尚書廟、皇祖秦州使君廟、皇祖文穆皇帝廟、太祖獻武皇帝廟、世宗文襄皇帝廟，爲六廟。獻武已下不毁，已上則遞毁。並同廟而別室。既而遷神主於太廟。文襄、文宣，並太祖之子，文宣初疑其昭穆之次，欲別立廟。衆義不同。至二年秋，始祔太廟。春祠、夏礿、秋嘗、冬蒸，皆以孟月，并臘，凡五祭。禘祫如梁之制。每祭，室一太牢，始以皇后預祭。河清定令，四時祭廟禘祭及元日廟庭，並設庭燎二所。

王及五等開國，執事官、散官從三品已上，皆祀五世。五等散品及執事官、散官正三品已下從五品已上，祭三世。三品已上，牲用一太牢，五品已下，少牢。執事官正六品已下，從七品已上，祭二世，用特牲。正八品已下，達於庶人，祭於寢，牲用特肫，或亦祭祖禰。諸廟悉依其宅堂之制，其間數各依廟多少爲限。其牲皆子孫見官之牲。

後周之制，思復古之道，乃右宗廟而左社稷。置太祖之廟，并高祖已下二昭二穆，凡五。親盡則遷。其有德者謂之祧，廟亦不毁。閔帝受禪，追尊皇祖爲德皇帝，文王爲文皇帝，廟號太祖。擬已上三廟遞遷，至太祖不毁。其下相承置二昭二穆爲五廟。明帝崩，廟號世宗，武帝崩，廟號高祖，並爲祧廟而不毁。其時祭，各於其廟，祫禘則於太祖廟，亦以皇后預祭。其儀與後齊同。所異者，皇后亞獻訖，后又薦加豆之籩，其實菱芡芹菹兔醢。冢宰終獻訖，皇后親撤豆，降還板位。然後太祝撤焉。

高祖既受命，遣兼太保宇文善、兼太尉李詢，奉策詣同州，告皇考桓王廟，兼用女巫，同家人之禮。上皇考桓王尊號爲武元皇帝，皇妣尊號爲元明皇后，奉迎神主，歸于京師。犧牲尚赤，祭用日出。是時帝崇建社廟，改周制，左宗廟而右社稷。宗廟未言始祖，又無受命之祧，自高祖已下，置四親廟，同殿異室而已。一曰皇高祖太原府君廟，二曰皇曾祖康王廟，三曰皇祖獻王廟，四曰皇考太祖武元皇帝廟。擬祖遷於上，而太祖之廟不毁。各以孟月，饗以太牢。四時薦新於太廟，有司行事，而不出神主。祔祭之禮，並準時饗。其司命，户以春，竈以夏，門以秋，行以冬，各於享廟日，中霤則以季夏祀黄郊日，各命有司，祭於廟西門道南。牲以少牢。三年一祫，以孟冬，遷主、未遷主合食於太祖之廟。五年一禘，以孟夏，其遷主各食於所遷之廟，未遷之主各於其廟。禘祫之月，則停時饗，而陳諸瑞物及伐國所獲珍奇於廟庭，及以功臣配饗。并以其日，使祀先代王公帝堯於平陽，以契配；帝舜於河東，咎繇配；夏禹於安邑，伯益配；殷湯於汾陰，伊尹配；文王、武王於灃渭之郊，周公、召公配；漢高帝於長陵，蕭何配。各以一太牢而無樂。配者饗於廟庭。

大業元年，煬帝欲遵周法，營立七廟，詔有司詳定其禮。禮部侍郎、攝太常少卿許善心與博士褚亮等議曰：

謹案《禮記》：「天子七廟，三昭三穆，與太祖之廟而七。」鄭玄注曰：「此周制也。七者，太祖及文王、武王之祧，與親廟四也。殷則六廟，契及湯，與二昭二穆也。夏則五廟，無太祖，禹與二昭二穆而已。」玄又據王者禘其祖之所自出，而立四廟。案鄭玄義，天子唯立四親廟，并始祖而爲五。周以文、武爲受命之祖，特立二祧，是爲七廟。王肅注《禮記》：「尊者尊統上，卑者尊統下。故天子七廟，諸侯五廟。其有殊功異德，非太祖而不毁，不在七廟之數。」案王肅以爲天子七廟，是通百代之言，又據《王制》之文「天子七廟，諸侯五廟，大夫三廟」，降二爲差。是則天子立四親廟，又立高祖之父，高祖之祖，并太祖而爲七。周有文、武、姜嫄，合爲十廟。漢諸帝之廟各立，無迭毁之義，至元帝時，貢禹、匡衡之徒，始建其禮，以高帝爲太祖，而立四親廟，是爲五廟。唯劉歆以爲天子七廟，諸侯五廟，降殺以兩之義。七者，其正法，可常數也，宗不在數內，有功德則宗之，不可預設爲數也。是以班固稱，考論諸儒之議，劉歆博而篤矣。光武即位，建高廟於洛陽，乃立南頓君以上四廟，就祖宗而爲七。至魏初，高堂隆爲鄭學，議立親廟四，太祖武帝，猶在四親之內，乃虚置太祖及二祧，以待後代。至景初間，乃依王肅，更立五世、六世祖，就四親而爲六廟。晉武受禪，博議宗祀，自文帝以上六世祖征西府君，而宣帝亦序於昭穆，未升太祖，故祭止六也。江左中興，賀循知禮，至於寢廟之儀，皆依魏、晉舊事。宋武帝初受晉命爲王，依諸侯立親廟四。即位之後，增祠五世祖相國掾府君、六世祖右北平府君，止於六廟。逮身殁，主升從昭穆，猶太祖之位也。降及齊、梁，守而弗革，加崇迭毁，禮無違舊。

臣等又案姬周自太祖已下，皆别立廟，至於禘祫，俱合食於太祖。是以炎漢之初，諸廟各立，歲時嘗享，亦隨處而祭，所用廟樂，皆象功德而歌舞焉。至光武乃總立一堂，而羣主異室，斯則新承寇亂，欲從約省。自此以來，因循不變。伏惟高祖文皇帝，睿哲玄覽，神武應期，受命開基，垂統聖嗣，當文明之運，定祖宗之禮。且損益不同，沿襲異趣，時王所制，可以垂法。自歷代以來，雜用王、鄭二義，若尋其指歸，校以優劣，康成止論周代，非謂經通，子雍總貫皇王，事兼長遠。今請依據古典，崇建七廟。受命之祖，宜別立廟祧，百代之後，爲不毀之法。至於鑾駕親奉，申孝享於高廟，有司行事，竭誠敬於羣主，俾夫規模可則，嚴祀易遵，表有功而彰明德，大復古而貴能變。

臣又案周人立廟，亦無處置之文。據家人處職而言之，先王居中，以昭穆爲左右。阮忱撰《禮圖》，亦從此義。漢京諸廟既遠，又不序禘祫。今若依周制，理有未安，雜用漢儀，事難全採。謹詳立別圖，附之議末。

其圖，太祖、高祖各一殿，准周文武二祧，與始祖而三。餘並分室而祭。始祖及二祧之外，從迭毀之法。詔可，未及創制。

既營建洛邑，帝無心京師，乃於東都固本里北，起天經宮，以游高祖衣冠，四時致祭。於三年，有司奏，請準前議，於東京建立宗廟。帝謂祕書監柳䛒曰：「今始祖及二祧已具，今後子孫，處朕何所？」又下詔，唯議別立高祖之廟，屬有行役，遂復停寢。

自古帝王之興，皆禀五精之氣。每易姓而起，以致太平，必封乎太山，所以告成功也。封訖而禪乎梁甫，梁甫者，太山之支山卑下者也，能以其道配成高德。故禪乎梁甫，亦以告太平也。封禪者，高厚之謂也。天以高爲尊，地以厚爲德，增太山之高，以報天也，厚梁甫之基，以報地也。明天之所命，功成事就，有益於天地，若天地之更高厚云。《記》曰：「王者因天事天，因地事地。而名山升中于天，而鳳凰降，龜龍格。」齊桓公既霸而欲封禪，管仲言之詳矣。秦始皇既黜儒生，而封太山，禪梁甫，其封事皆祕之，不可得而傳也。漢武帝頗採方士之言，造爲玉牒，而編以金繩，封廣九尺，高一丈二尺。光武中興，聿遵其故。晉、宋、齊、梁及陳，皆未遑其議。後齊有巡狩之禮，并登封之儀，竟不之行也。

開皇十四年，羣臣請封禪。高祖不納。晉王廣又率百官抗表固請，帝命有司草《儀注》。於是牛弘、辛彦之、許善心、姚察、虞世基等創定其禮，奏之。帝逡巡其事，曰：「此事體大，朕何德以堪之。但當東狩，因拜岱山耳。」十五年春，行幸兖州，遂次岱岳。爲壇，如南郊，又壝外爲柴壇，飾神廟，展宮懸於庭。爲埋坎二，於南門外。又陳樂設位於青帝壇，如南郊。帝服衮冕，乘金輅，備法駕而行。禮畢，遂詣青帝壇而祭焉。

開皇十四年閏十月，詔東鎮沂山，南鎮會稽山，北鎮醫無閭山，冀州鎮霍山，並就山立祠。東海於會稽縣界，南海於南海鎮南，並近海立祠。及四瀆、吴山，並取側近巫一人，主知灑掃，並命多蒔松柏。其霍山，雩祀日遣使就焉。十六年正月，又詔北鎮於營州龍山立祠。東鎮晉州霍山鎮，若修造，並準西鎮吴山造神廟。

大業中，煬帝因幸晉陽，遂祭恒岳。其禮頗採高祖拜岱宗儀，增置二壇，命道士女官數十人，於壝中設醮。十年，幸東都，過祀華岳，築場於廟側。事乃不經，蓋非有司之定禮也。

《禮》天子以春分朝日於東郊，秋分夕月於西郊。漢法，不俟二分於東西郊，常以郊泰時。旦出竹宫東向揖日，其夕西向揖月。魏文譏其煩褻，似家人之事，而以正月朝日于東門之外。前史又以爲非時。及明帝太和元年二月丁亥，朝日于東郊。八月己丑，夕月于西郊。始合於古。

後周以春分朝日於國東門外，爲壇，如其郊。用特牲青幣，青圭有邸。皇帝乘青輅，及祀官俱青冕，執事者青弁。司徒亞獻，宗伯終獻。燔燎如圜丘。秋分夕月於國西門外，爲壇，於坎中，方四丈，深四尺，燔燎禮如朝日。

開皇初，於國東春明門外爲壇，如其郊。每以春分朝日。又於國西開遠門外爲坎，深三尺，廣四丈。爲壇於坎中，高一尺，廣四尺。每以秋分夕月。牲幣與周同。

凡人非土不生，非穀不食，土穀不可偏祭，故立社稷以主祀。古先聖王，法施於人則祀之，故以勾龍主社，周棄主稷而配焉。歲凡再祭，蓋春求而秋報，列於中門之外，外門之内，尊而親之，與先祖同也。然而古今既殊，禮亦異制。故左社稷而右宗廟者，得質之道也。右社稷而左宗廟者，文之道也。

梁社稷在太廟西，其初蓋晉元帝建武元年所創，有太社、帝社、太稷，凡三壇。門牆並隨其方色。每以仲春仲秋，并令郡國縣祠社稷、先農，縣又兼祀靈星、風伯、雨師之屬。及臘，又各祠社稷于壇。百姓則二十五家爲一社，其舊社及人稀者，不限其家。春秋祠水旱，禱祈祠具，隨其豐約。其郡國有五岳者，置宰祝三人，及有四瀆若海應祠者，皆以孟春仲冬祠之。

舊太社，廪犧吏牽牲，司農省牲，太祝吏讚牲。天監四年，明山賓議，以爲：「案郊廟省牲日，則廪犧令牽牲，司農省牲，太祝令讚牲。祭之日，則太尉牽牲。《郊特牲》云『社者神地之道』，國主社稷，義實爲重。今公卿貴臣，親執盛禮，而令微吏牽牲，頗爲輕末。且司農省牲，又非其義，太常禮官，實當斯職。《禮》，祭社稷無親事牽之文。謂宜以太常省牲，廩犧令牽牲，太祝令讚牲。」帝唯以太祝讚牲爲疑，又以司農省牲，於理似傷，犧吏執紖，即事成卑。議以太常丞牽牲，餘依明議。於是遂定。至大同初，又加官社、官稷，并前爲五壇焉。

陳制皆依梁舊。而帝社以三牲首，餘以骨體。薦粢盛爲六飯：粳以敦，稻以牟，黃粱以簠，白粱以簋，黍以瑚，粢以璉。又令太史署，常以二月八日，於署庭中，以太牢祠老人星，兼祠天皇大帝、太一、日月、五星、鉤陳、北極、北斗、三台、二十八宿、大人星、子孫星，都四十六坐。凡應預祠享之官，亦太醫給除穢氣散藥，先齋一日服之，以自潔。其儀本之齊制。

後齊立太社、帝社、太稷三壇於國右。每仲春仲秋月之元辰及臘，各以一太牢祭焉。皇帝親祭，則司農卿省牲進熟，司空亞獻，司農終獻。

後周社稷，皇帝親祀，則冢宰亞獻，宗伯終獻。

開皇初，社稷並列於含光門内之右，仲春仲秋吉戊，各以一太牢祭焉。牲色用黑。孟冬下亥，又臘祭之。州郡縣二仲月，並以少牢祭，百姓亦各爲社。又於國城東南七里延興門外，爲靈星壇，立秋後辰，令有司祠以一少牢。

古典有天子東耕儀。江左未暇，至宋始有其典。

梁初藉田，依宋、齊，以正月用事，不齋不祭。天監十二年，武帝以爲：「啓蟄而耕，則在二月節内。《書》云：『以殷仲春。』藉田理在建卯。」於是改用二月。「又《國語》云：『王即齋宫，與百官御事並齋三日。』乃有沐浴祼饗之事。前代當以耕而不祭，故闕此禮。《國語》又云：『稷臨之，太史讚之。』則知耕藉應有先農神座，兼有讚述耕旨。今藉田應散齋七日，致齋三日，兼於耕所設先農神座，陳薦羞之禮。讚辭如社稷法。」又曰：「齊代舊事，藉田使御史乘馬車，載耒耜，於五輅後。《禮》云：『親載耒耜，措于參保介之御間。』則置所乘輅上。若以今輅與古不同，則宜升之次輅，以明慎重。而遠在餘處，於義爲乖。且御史掌視，尤爲輕賤。自今宜以侍中奉耒耜，載於象輅，以隨木輅之後。」

普通二年，又移藉田於建康北岸，築兆域大小，列種梨柏，便殿及齋官省，如南北郊。別有望耕臺，在壇東。帝親耕畢，登此臺，以觀公卿之推伐。又有祈年殿云。

北齊藉於帝城東南千畝内，種赤粱、白穀、大豆、赤黍、小豆、黑穄、麻子、小麥，色別一頃。自餘一頃，地中通阡陌，作祠壇於陌南阡西，廣輪三十六尺，高九尺，四陛三壝四門。又爲大營於外，又設御耕壇於阡東陌北。每歲正月上辛後吉亥，使公卿以一太牢祠先農神農氏於壇上，無配饗。祭訖，親耕。先祠，司農進穜稑之種，六宫主之。行事之官并齋，設齋省。於壇所列宫懸。又置先農坐於壇上。衆官朝服，司空一獻，不燎。祠訖，皇帝乃服通天冠、青紗袍、黑介幘，佩蒼玉，黃綬，青帶、襪、舄，備法駕，乘木輅。耕官具朝服從。殿中監進御耒於壇南，百官定列。帝出便殿，升耕壇南陛，即御座。應耕者各進於列。帝降自南陛，至耕位，釋劍執耒，三推三反，升壇即坐。耕，官一品五推五反，二品七推七反，三品九推九反。藉田令帥其屬以牛耕，終千畝。以青箱奉穜稑種，跪呈司農，詣耕所灑之。耰訖，司農省功，奏事畢。皇帝降之便殿，更衣饗宴。禮畢，班賚而還。

隋制，於國南十四里啓夏門外，置地千畝，爲壇，孟春吉亥，祭先農於其上，以后稷配。牲用一太牢。皇帝服衮冕，備法駕，乘金根車。禮三獻訖，因耕。司農授耒，皇帝三推訖，執事者以授應耕者，各以班五推九推。而司徒帥其屬，終千畝。播殖九穀，納于神倉，以擬粢盛。穰稾以飼犧牲云。

《周禮》王后蠶於北郊，而漢法皇后蠶於東郊。魏遵《周禮》，蠶于北郊。吴韋昭制《西蠶頌》，則孫氏亦有其禮矣。晉太康六年，武帝楊皇后蠶于西郊，依漢故事。江左至宋孝武大明四年，始於臺城西白石里，爲西蠶設兆域。置大殿七間，又立蠶觀。自是有其禮。

後齊爲蠶坊於京城北之西，去皇宫十八里之外，方千步。蠶宫方九十步，牆高一丈五尺，被以棘。其中起蠶室二十七口，別殿一區。置蠶宫令丞佐史，皆宦者爲之。路西置皇后蠶壇，高四尺，方二丈，四出，陛廣八尺。置先蠶壇於桑壇東南，大路東，横路之南。壇高五尺，方二丈，四出，陛廣五尺。外兆方四十步，面開一門。有綠襜襦、褠衣、黃履，以供蠶母。每歲季春，穀雨後吉日，使公卿以一太牢祀先蠶黃帝軒轅氏於壇上，無配，如祀先農。禮訖，皇后因親桑於桑壇。備法駕，服鞠衣，乘重翟，帥六宫升桑壇東陛，即御座。女尚書執筐，女主衣執鉤，立壇下。皇后降自東陛，執筐者處右，執鉤者居左，蠶母在後。乃躬桑三條訖，升壇，即御座。内命婦以次就桑，鞠衣五條，展衣七條，褖衣九條，以授蠶母。還蠶室，切之授世婦，灑一簿。預桑者並復本位。后乃降壇，還便殿，改服，設勞酒，班賚而還。

後周制，皇后乘翠輅，率三妃、三㚤、御媛、御婉、三公夫人、三孤内子至蠶所，以一太牢親祭，進奠先蠶西陵氏神。禮畢，降壇，昭化嬪亞獻，淑嬪終獻，因以公桑焉。

隋制，於宫北三里爲壇，高四尺。季春上巳，皇后服鞠衣，乘重翟，率三夫人、九嬪、内外命婦，以一太牢制。幣，祭先蠶於壇上，用一獻禮。祭訖，就桑位於壇南，東面。尚功進金鉤，典制奉筐。皇后採三條，反鉤。命婦各依班採，五條九條而止。世婦亦有蠶母受切桑，灑訖，還依位。皇后乃還宫。

自後齊、後周及隋，其典大抵多依晉儀。然亦時有損益矣。

《禮》仲春以玄鳥至之日，用太牢祀于高禖。漢武帝年二十九，乃得太子，甚喜，爲立禖祠於城南，祀以特牲，因有其祀。晉惠帝元康六年，禖壇石中破爲二。詔問，石毁今應復不？博士議：「《禮》無高禖置石之文，未知造設所由，既已毁破，可無改造。」更下西府博議。而賊曹屬束皙議：「以石在壇上，蓋主道也。祭器弊則埋而置新，今宜埋而更造，不宜遂廢。」時此議不用。後得高堂隆故事，魏青龍中，造立此石，詔更鐫石，令如舊，置高禖壇上。埋破石入地一丈。

案梁太廟北門内道西有石，文如竹葉，小屋覆之，宋元嘉中修廟所得。陸澄以爲孝武時郊禖之石。然則江左亦有此禮矣。

後齊高禖，爲壇於南郊傍，廣輪二十六尺，高九尺，四陛三壝。每歲春分玄鳥至之日，皇帝親帥六宫，祀青帝於壇，以太昊配，而祀高禖之神以祈子。其儀，青帝北方南向，配帝東方西向，禖神壇下東陛之南西向。禮用青珪束帛，牲共以一太牢。祀日，皇帝服衮冕，乘玉輅。皇后服褘衣，乘重翟。皇帝初獻，降自東陛，皇后亞獻，降自西陛，並詣便坐。夫人終獻，上嬪獻于禖神訖。帝及后並詣欑位，乃送神。皇帝皇后及羣官皆拜。乃撤就燎，禮畢而還。

隋制亦以玄鳥至之日，祀高禖於南郊壇。牲用太牢一。

舊禮祀司中、司命、風師、雨師之法，皆隨其類而祭之。兆風師於西方者，就秋風之勁，而不從箕星之位。兆司中、司命於南郊，以天神是陽，故兆於南郊也。兆雨師於北郊者，就水位，在北也。

隋制，於國城西北十里亥地，爲司中、司命、司禄三壇，同壝。祀以立冬後亥。國城東北七里通化門外爲風師壇，祀以立春後丑。國城西南八里金光門外爲雨師壇，祀以立夏後申。壇皆三尺，牲並以一少牢。

昔伊耆氏始爲蜡。蜡者，索也。古之君子，使人必報之。故周法，以歲十二月，合聚萬物而索饗之。仁之至，義之盡也。其祭法，四方各自祭之。若不成之方，則闕而不祭。

後周亦存其典，常以十一月祭神農氏、伊耆氏、后稷氏、田畯、鱗、羽、臝、毛、介、水、墉、坊、郵、表、畷、獸、猫之神於五郊。五方上帝、地祇、五星、列宿、蒼龍、朱雀、白獸、玄武、五人帝、五官之神、岳鎮海瀆、山林川澤、丘陵墳衍原隰，各分其方，合祭之。日月、五方皆祭之。上帝、地祇、神農、伊耆、人帝於壇上，南郊則以神農既蜡，無其祀。三辰七宿則爲小壇於其側，岳鎮海瀆、山林川澤、丘陵墳衍原隰，則各爲坎，餘則於平地。皇帝初獻上帝、地祇、神農、伊耆及人帝，冢宰亞獻，宗伯終獻。上大夫獻三辰、五官、后稷、田畯、岳鎮海瀆，中大夫獻七宿、山林川澤已下。自天帝、人帝、田畯、羽、毛之類，牲幣玉帛皆從燎；地祇、郵、表、畷之類，皆從埋。祭畢，皇帝如南郊便殿致齋，明日乃蜡祭于南郊。如東郊儀。祭訖，又如黄郊便殿致齋，明日乃祭。祭訖，又如西郊便殿，明日乃祭。祭訖，又如北郊便殿，明日蜡祭訖，還宫。

隋初因周制，定令亦以孟冬下亥蜡百神，臘宗廟，祭社稷。其方不熟，則闕其方之蜡焉。

又以仲冬祭名源川澤於北郊，用一太牢。祭井於社宫，用一少牢。季冬藏冰，仲春開冰，並用黑牡秬黍，於冰室祭司寒神。開冰，加以桃弧棘矢。

開皇四年十一月，詔曰：「古稱臘者，接也。取新故交接。前周歲首，今之仲冬，建冬之月，稱蜡可也。後周用夏后之時，行姬氏之蜡。考諸先代，於義有違。其十月行蜡者停，可以十二月爲臘。」於是始革前制。

後齊，正月晦日，中書舍人奏祓除。年暮上臺，東宫奏擇吉日詣殿堂，貴臣與師行事所須，皆移尚書省備設云。

後主末年，祭非其鬼，至於躬自鼓儛，以事胡天。鄴中遂多淫祀，兹風至今不絶。後周欲招來西域，又有拜胡天制，皇帝親焉。其儀並從夷俗，淫僻不可紀也。

唐

《舊唐書》卷二三《禮儀志三》 高宗即位，公卿數請封禪，則天既立爲皇后，又密贊之。麟德二年二月，車駕發京，東巡狩，詔禮官、博士撰定封禪儀注：

有司於乾封元年正月戊辰朔。先是，有司齋戒。於前祀七日平旦，太尉誓百官於行從中臺，云：「來月一日封祀，二日登封泰山，三日禪社首。各揚其職，不供其事，國有常刑。」上齋於行宮四日，致齋三日。近侍之官應從升者，及從事羣官、諸方客使，各本司公館清齋一宿。前祀一日，諸衛令其屬：未後一刻，設黄麾半仗於外壝之外，與樂工人俱清齋一宿。

有司於太嶽南四里爲圓壇，三成、十二階，如圓丘之制。壇上飾以青，四面各依方色，并造燎壇及壝三重。又造玉策三枚，皆以金繩連編玉簡爲之。每簡長一尺二寸，廣一寸二分，厚三分，刻玉填金爲字。又爲玉匱一，以藏正座玉策，長一尺三寸。并玉檢方五寸，當繩處刻爲五道，當封璽處刻深二分，方一寸二分。又爲金匱二，以藏配座玉策，制度如玉匱。又爲黄金繩以纏金玉匱，各五周。爲金泥、玉匱、金匱。爲玉璽一枚，方一寸二分，文同受命璽，封玉匱、金匱。又爲石䃭，以藏玉匱。用方石再累，各方五尺，厚一尺。刻方石中令容玉匱。䃭旁施檢處，皆刻深三寸三分，闊一尺。當繩處皆刻深三分，闊一寸五分。爲石檢十枚，以檢石䃭，皆長三尺，闊一尺，厚七寸。皆刻爲印齒三道，深四寸。當封璽處方五寸，當通繩處闊一寸五分。皆有小石蓋，制與檢刻處相應，以檢擫封泥。其檢立於䃭旁，南方、北方各三，東方、西方各二，去䃭隅皆七寸。又爲金繩以纏石䃭，各五周，徑三分。爲石泥以泥石䃭，其泥，末石和方色土爲之。爲距石十二枚，分距䃭隅，皆再累，各闊二尺，長一丈，斜刻其首，令與䃭隅相應。

泰山之上，設登封之壇，上徑五丈，高九尺，四出陛。壇上飾以青，四面依方色。一壝，隨地之宜。其玉牒、玉匱、石䃭、石檢、距石，皆如封祀之制。又爲降禪壇於社首山上，方壇八隅，一成八陛，如方丘之制。壇上飾以黄，四面依方色。三壝，隨地之宜。其玉策、玉匱、石䃭、石檢、距石等，亦同封祀之制。【略】

三年正月，帝親享昊天上帝于山下，封祀之壇，如圓丘之儀。祭訖，親封玉策，置石䃭，聚五色土封之。圓徑一丈二尺，高九尺。其日，帝率侍臣已下升泰山。翌日，就山上登封之壇封玉策訖，復還山下之齋宮。其明日，親祀皇地祇於社首山上，降禪之壇，如方丘之儀。皇后爲亞獻，越國太妃燕氏爲終獻。翌日，上御朝覲壇以朝羣臣，如元日之儀。禮畢，讌文武百僚，大赦改元。初，上親享于降禪之壇，行初獻之禮畢，執事者皆趨而下。宦者執帷，皇后率六官以升，行禮。帷帟皆以錦繡爲之。百僚在位瞻望，或竊議焉。於是詔立登封、降禪、朝覲之碑，各於壇所。又詔名封祀壇爲舞鶴臺，介丘壇爲萬歲臺，降禪壇爲景雲臺，以紀當時所見之瑞焉。

高宗既封泰山之後，又欲遍封五岳。至永淳元年，於洛州嵩山之南，置崇陽縣。其年七月，敕其所造奉天宮。二年正月，駕幸奉天宮。至七月，下詔將以其年十一月封禪於嵩岳。詔國子司業李行偉、考工員外郎賈大隱、太常博士韋叔夏裴守貞輔抱素等詳定儀注。於是議：

立封祀壇，如圓丘之制。上飾以玄，四面依方色。爲圓壇，三成，高二丈四尺，每等高六尺。壇上徑一十六步，三等各闊四步。設十二陛，陛皆上闊八尺，下闊一丈四尺。爲三重壝，距外壝三十步，内壝距五十步。燎壇在壇東南外壝之内，高三尺，方一丈五尺，南出陛。

登封壇，圓徑五丈，高九尺。四出陛，爲一壝，飾以五色，準封祀。

禪祭壇，上飾以金，四面依方色，爲八角方壇，再成，高一丈二尺，每等高四尺。壇上方十六步，每等廣四步，設八陛。其上壇陛皆廣八尺，中等陛皆廣一丈，下等陛皆廣一丈二尺。爲三重壝之大小，準封祀。爲埋埳，在壇之未地外壝之内，方深取足容物，南出陛。

朝覲壇，於行宮之前爲壇。宮方三分。壝二，在南。壇方二十四丈，高九尺，南面兩陛，餘三面各一陛。

封祀、登封，五色土封石䃭爲圓封，上徑一丈二尺，下徑三丈，高九尺。禪祭，五色土封爲八角方封，大小準封祀制度。所用尺寸，準歷東封，並用古尺。諸壇並築土爲之，禮無用石之文。並度影以定方位。登封、降禪，四出陛各當四方之中，陛各上廣七尺，下廣一丈二尺。

《新唐書》卷一二《禮樂志二》　至於壇埳、神位、尊爵、玉幣、籩豆、簠簋、牲牢、册祝之數皆略依古。

四成，而成高八尺一寸，下成廣二十丈，而五減之，至于五丈，而十有二陛者，圓丘也。

八觚三成，成高四尺，上廣十有六步，設八陛，上陛廣八尺，中陛一丈，下陛丈有二尺者，方丘也。高、廣皆四丈者，神州之壇也。其廣皆四丈，而高八尺者青帝、七尺者赤帝、五尺者黄帝、九尺者白帝、六尺者黑帝之壇也。廣四丈，高八尺者，朝日之壇也。爲坎深三尺，縱廣四丈，壇於其中，高一尺，方廣四丈者，夕月之壇也。廣五丈，以五土爲之者，社稷之壇也。高尺，廣丈，蜡壇也。高五尺，周四十步者，先農、先蠶之壇也。其高皆三尺，廣皆丈者，小祀之壇也。嶽鎮、海瀆祭於其廟，無廟則爲之壇於坎，廣一丈，四向爲陛者，海瀆之壇也。廣二丈五尺，高三尺，四出陛者，古帝王之壇也。廣一丈，高一丈二尺，户方六尺者，大祀之燎壇也。廣八尺，高一丈，户方三尺者，中祀之燎壇也。廣五尺，户方二尺者，小祀之燎壇也。皆開上南出。瘞坎皆在内壝之外壬地，南出陛，方深足容物。此壇埳之制也。

《新唐書》卷一四《禮樂志四》 唐太宗已平突厥，而年穀屢豐，羣臣請封泰山。太宗初頗非之，已而遣中書侍郎杜正倫行太山上七十二君壇迹，以是歲兩河大水而止。其後羣臣言封禪者多，乃命祕書少監顔師古、諫議大夫朱子奢等集當時名儒博士雜議，不能決。於是左僕射房玄齡、特進魏徵、中書令楊師道博採衆議奏上之，其議曰：「爲壇於泰山下，祀昊天上帝。壇之廣十二丈，高丈二尺。玉牒長一尺三寸，廣、厚五寸。玉檢如之，厚減三寸。其印齒如璽，纏以金繩五周。玉策四，皆長一尺三寸，廣寸五分，厚五分，每策皆五簡，聯以金。昊天上帝配以太祖，皇地祇配以高祖。已祀而歸格于廟，盛以金匱。匱高六寸，廣足容之，制如表函，纏以金繩，封以金泥，印以受命之璽。而玉牒藏于山上，以方石三枚爲再累，纏以金繩，封以石泥，印以受命之璽。其山上之圓壇，土以五色，高九尺，廣五丈，四面爲一階。天子升自南階，而封玉牒。已封，而加以土，築爲封，高一丈二尺，廣二丈。其禪社首亦如之。其石檢封以受命璽，而玉檢別製璽，方一寸二分，文如受命璽。以石距非經，不用。又爲告至壇，方八十一尺，高三尺，四出陛，以燔柴告至，望秩羣神。」遂著于禮，其他降禪、朝覲皆不著。至十五年，將東幸，行至洛陽，而彗星見，乃止。

高宗乾封元年，封泰山，爲圓壇山南四里，如圓丘，三壝，壇上飾以青，四方如其色，號封祀壇。玉策三，以玉爲簡，長一尺二寸，廣一寸二分，厚三分，刻而金文。玉匱一，長一尺三寸，以藏上帝之册；金匱二，以藏配帝之册。纏以金繩五周，金泥、玉璽，璽方一寸二分，文如受命璽。石䃔以方石再累，皆方五尺，厚一尺，刻方其中以容玉匱。䃔旁施檢，刻深三寸三分，闊一尺，當繩刻深三分，闊一寸五分。石檢十枚，以檢石䃔，皆長三尺，闊一尺，厚七分；印齒三道，皆深四寸，當璽方五寸，當繩闊一寸五分。檢立於䃔旁，南方、北方皆三，東方、西方皆二，去䃔隅皆一尺。䃔纏以金繩五周，封以石泥。距石十二，分距䃔隅，皆再累，皆闊二尺，長一丈，斜刻其首，令與䃔隅相應。又爲壇於山上，廣五丈，高九尺，四出陛，一壝，號登封壇。玉牒、玉檢、石䃔、石距、玉匱、石檢皆如之。爲降禪壇於社首山上，八隅、一成、八陛如方丘，三壝。上飾以黄，四方如其色，其餘皆如登封。其議略定，而天子詔曰：「古今之制，文質不同。今封禪以玉牒、金繩，而瓦尊、匏爵、秸席，宜改從之。」於是昊天上帝褥以蒼，地祇褥以黄，配褥皆以紫，而尊爵亦更焉。【略】

玄宗開元十二年，四方治定，歲屢豐稔，羣臣多言封禪，中書令張説又固請，乃下制以十三年有事泰山。於是説與右散騎常侍徐堅、太常少卿韋縚、祕書少監康子元、國子博士侯行果刊定儀注。立圓臺於山上，廣五丈，高九尺，土色各依其方。又於圓臺上起方壇，廣一丈二尺，高九尺，其壇臺四面爲一階。又積柴爲燎壇於圓臺之東南，量地之宜，柴高一丈二尺，方一丈，開上，南出户六尺。又爲圓壇於山下，三成、十二階，如圓丘之制。又積柴於壇南爲燎壇，如山上。又爲玉册、玉匱、石䃔，皆如高宗之制。玄宗初以謂升中於崇山，精享也，不可諠譁。欲使亞獻已下皆行禮山下壇，召禮官講議。學士賀知章等言：「昊天上帝，君也。五方精帝，臣也。陛下享君於上，羣臣祀臣於下，可謂變禮之中。然禮成於三，亞、終之獻，不可異也。」於是三獻皆升山，而五方帝及諸神皆祭山下壇。玄宗問：「前世何爲祕玉牒？」知章曰：「玉牒以通意於天，前代或祈長年，希神仙，旨尚微密，故外莫知。」帝曰：「朕今爲民祈福，無一祕請，即出玉牒以示百寮。」乃祀昊天上帝於山上壇，以高祖配。祀五帝以下諸神於山下，其祀禮皆如圓丘。而卜日、告天及廟、社、大駕所經及告至、問百年、朝覲，皆如巡狩之禮。

《新唐書》卷一四《禮樂志四》 垂拱中，武后藉田壇曰先農壇。神龍元年，禮部尚書祝欽明議曰：「《周頌·載芟》：『春藉田而祈社稷。』《禮》：『天子爲藉千畝，諸侯百畝。』則緣田爲社，曰王社、侯社。今曰先農，失王社之義，宜正名爲帝社。」太常少卿韋叔夏、博士張齊賢等議曰：「《祭法》，王者立太社，然後立王社，所置之地，則無傳也。漢興已有官社，未立官稷，乃立于官社之後，以夏禹配官社，以后稷配官稷。臣瓚曰：『《高紀》，立漢社稷，所謂太社也。官社配以禹，所謂王社也。至光武乃不立官稷，相承至今。』魏以官社爲帝社，故摯虞謂魏氏故事立太社是也。晉或廢或置，皆無處所。或曰二社並處，而王社居西。崔氏、皇甫氏皆曰王社在藉田。桉衛宏《漢儀》『春始東耕於藉田，引詩先農，則神農也。』又《五經要義》曰：『壇於田，以祀先農如社。』魏秦静議風伯、雨師、靈星、先農、社、稷爲國六神。晉太始四年，耕於東郊，以太牢祀先農。周、隋舊儀及國朝先農皆祭神農于宗社，配以后稷。則王社、先農不可一也。今宜於藉田立帝社、帝稷，配以禹、棄，則先農、帝社並祠，叶於周之《載芟》之義。」欽明又議曰：「藉田之祭本王社。古之祀先農，句龍、后稷也。烈山之子亦謂之農，而周棄繼之，皆祀爲稷。共工之子曰后土，湯勝夏，欲遷而不可。故二神，社、稷主也。黄帝以降，不以羲、農列常祀，豈社、稷而祭神農乎？社、稷之祭，不取神農耒耜大功，而專於共工、烈山，蓋以三皇洪荒之迹，無取爲教。彼秦静何人，而知社稷、先農爲二，而藉田有二壇乎？先農、王社，一也，皆后稷、句龍異名而分祭，牲以四牢。」欽明又言：「漢祀禹，謬也。今欲正王社、先農之號而未決，乃更加二祀，不可。」叔夏、齊賢等乃奏言：「經無先農，《禮》曰『王自爲立社，曰王社。』先儒以爲在藉田也。永徽中猶曰藉田，垂拱後乃爲先農。然則先農與社一神，今先農壇請改曰帝社壇，以合古王社之義。其祭，準令以孟春吉亥祠后土，以句龍氏配。」於是爲帝社壇，又立帝稷壇於西，如太社、太稷，而壇不設方色，以異於太社。

王溥《唐會要》卷七《封禪》 高宗既封泰山之後，又欲遍封五岳。至永淳元年，于洛州嵩山之南置崇陽縣。其年七月，敕其所造奉天宫。二年正月，駕幸奉天宫。至七月，下詔將以其年十一月封禪於嵩岳。詔國子司業李行偉，考功員外郎賈大隱，太常博士韋叔夏、裴守貞、輔抱素等詳定儀注。於是議：「立封祀壇，如圜丘之制。上飾以玄，四面依方色。爲圜壇，三成，高二丈四尺，每等高六尺。壇上徑一十六步，三等各闊四步。設十二陛，陛皆上闊八尺，下闊一丈四尺。爲三重壝，距外壝三十步，内壝距五十步。燎壇在壇東南外壝之内，高三尺，方一丈五尺，南出陛。登封壇，圓徑五丈，高九尺。四出陛，爲一壝，飾以五色，準封祀禪祭壇。上飾以金，四面依方色，爲八角方壇，再成，高一丈二尺，每等高四尺。壇上方十六步，每等廣四步，設八陛。其上壇陛皆廣八尺，中等陛皆廣一丈，下等陛皆廣一丈二尺。爲三重壝之大小，準封祀。爲埋埳，在壇之末地外壝之内，方深取足容物，南出陛。朝覲壇，于行宫之前爲壇宫。方三分。壝二，在南。壇方二十四丈，高九尺，南面兩陛，餘三面各一陛。封祀、登封，五色土封石礎爲圜封，上徑一丈二尺，下徑三丈，高九尺。禪祭，五色土封爲八角方封，大小準封祀制度。所用尺寸，準歷東封，並用古尺。諸壇並築土爲之，禮無用石之文。並度影以定方位。登封、降禪，四出陛各當四方之中，陛各上廣七尺，下廣一丈二尺。封祀玉帛料，有蒼璧，四圭有邸，圭璧。禪祭有黄琮，兩圭有邸，無圭璧。又定登封、降禪、朝覲等日。準禮，冬至祭天于圜丘，其封祀請用十二日。準東封祀故事，十二日登封，十三日禪祭，十四日朝覲。若有故，須改登封已下期日，在禮無妨。」又輦輿料云：封祀、登封，皇帝出乘玉輅，還乘金輅。皇太子往還金輅。禪祭，皇帝、太子如封祀。又衣服料云：東封祀祭日，天皇服衮冕，近奉制，依《貞觀禮》，服大裘。又云：衮冕服一具，齋服之；通天冠服一具，迴服之；翼善冠服一具，馬上服之。皇太子衮冕服。又齋則服遠遊冠，受朝則公服遠遊冠服，馬上則進德冠服。

王溥《唐會要》卷七《封禪》 貞觀十一年，羣臣復勸封山，始議其禮。於是國子博士劉伯莊、睦州刺史徐令言等，各上封禪之事，互設疑議，所見不同。多言新禮中封禪儀注，簡略未周。太宗敕祕書少監顔師古、諫議大夫朱子奢等，與四方名儒博物之士參議得失。議者數十家，遞相駁難，紛紜久不決。於是左僕射房玄齡、特進魏徵、中書令楊師道博採衆議，堪行用而於舊禮不同者，奏之。其議昊天上帝壇曰：「將封先祭，義在告神，且備謁敬之儀，方展慶成之禮。固當於壇下阯，先申齊潔。贊享已畢，然後登封。既表重慎之深，兼示行事有漸。今請祭於泰山下，設壇以祀上帝，以景皇帝配享。壇長一十二丈，高一丈二尺。」又議製玉牒曰：「金玉重寶，質性貞堅，宗祀郊禋，皆充器幣，豈嫌華美，寔貴精確。況三神壯觀，萬代鴻名，禮極殷崇，事資藻縟。玉牒玉簡，式韞靈奇，傳之無窮，永存不朽。今請玉牒長一尺三寸，廣厚各五寸。玉簡厚二寸，長短闊狹一如玉牒。其印齒請隨璽大小，仍纏以金繩五周。」又議玉策曰：「封禪之祭，嚴配作主，皆奠玉策，肅奉誠虔。今玉策四枚，各長一尺三寸，廣一寸五分，厚五分。每策五簡，俱以金編。其一奠上帝，一奠太祖座，一奠皇地祇，一奠高祖座。」又議金匱曰：「登配之策，盛以金匱，歸格藝祖之廟室。今請長短令容玉策，高廣各六寸。形制如今之表函。纏以金繩，封以金泥，印以受命璽。」又議方石再累曰：「舊藏玉牒，止用石函，亦猶盛書篋笥，所以或呼石篋。今請方石三枚，以爲再累。其十枚石簡，刻方石四邊而立之。纏以金繩，封以石泥，印以受命璽。」又議泰山上圜壇曰：「四出開道，壇場通義，南面入升，於事爲允。今請介邱上圜壇廣五丈，高九尺，用五色土加之。四面各設一階。御位在壇南，升自南階，而就上封玉牒。」又議圜壇上土封曰：「凡言封者，皆是積土之名。利建分封，亦以班社立號。謂之封禪，厥義可知。今請於圜壇之上，安置方石，璽緘既畢，加土築以爲封。高一丈二尺，而廣二丈，以五色土益封，玉牒藏於其内。祀禪之土封，制亦同此。」又議玉璽曰：「謹詳前載方石緘封，玉檢金泥，必資印璽，以爲祕固。今請依令用受命璽，以封石檢。其玉檢既與石檢大小不同，請更造璽一枚，方一寸二分，文同受命璽，以封玉牒。石檢形制，依漢建武故事。」又議立碑曰：

「勒石紀號，顯揚功業，登封降禪，肆覲之壇，立碑紀之。」又議設告至壇曰：「既至山下，禮行告至，柴於東方上帝，望秩遍禮羣神。今請其壇方八丈一尺，高三尺，陛仍四出。其禪方壇及餘飾，請從今禮。仍請式柴祭、望秩，同時行事。」又議廢石闕及大小距石曰：「距石之設，意取牢固，本資寔用，豈云雕飾。今既積土厚封，足與天長地久。其小距環壇，石闕迴建，事非經誥，無益禮儀，煩而非要，請從減省。」太宗從其議，仍令附之於禮。《舊唐書·禮儀志》。【略】

貞觀十一年，顏師古封禪議：「將封先祭，義在告神，且備款謁《舊唐書》作「謁敬」。之儀，方展慶成之禮。固當爲《唐書》作「於」。壇下距，《唐書》作「阯」。預《通典》一作「先」。申齊潔。贊饗已畢，然後登封。既表重慎之深，兼示行事有漸。今請祭于山下，封于山上，四出開道，壇場通義，南面入升，於事爲允。今請山上圜壇，廣五尺，高九尺，用五色土爲之。《唐書》作「加」。四面各設一陛。《唐書》作「階」。御位在壇南，升自南階，《唐書》作「階」。而舊本作「宜」。就行事。「行事」，《唐書》作「上附玉牒」。舊藏玉牒，止用石函，亦猶書盛篋笥，所以或呼爲石篋。然其形大質重，轉徙非易。岱宗倘無此石，皆應取自他山，所以不爲混成。累輯而作，大要在於周固，稽其績舊本作「緝」。密。而近代儀注，更名『石磩』。『磩』非稽古之文，舊本作「稱」。本無義訓可尋，贏舊本作「盈」。縮之閒，貴在折中，舊本作「衷」。不煩紛議，更增疑惑。今請方石三枚，以爲再累。其十枚石檢，刻方石四邊而立之，纏以金繩，用備檢約。凡言封者，皆是積土之名，利建分封，亦以班社立號，謂之封禪，厥義可知。今若置牒壇上，止因累石，不加繕築，即以爲封，匪唯嚴祕之道，有妨簡率。亦乃名實不副，理恐乖爽。今請於圜壇之上，安置方石，封印《唐書》、《通典》作「重緘」。既紇，舊本作「畢」。加五色土築以爲封。高一丈二尺，而廣二丈。金玉重寶，質性堅貞，宗祀嚴禋，皆充器幣，豈嫌華美，寔貴精確。況乎三神壯觀，萬代鴻名，禮極殷崇，事資藻縟。玉牒玉檢，式韞靈奇，舊本作「事韜靈奇」。傳之無窮，永存舊本作「在」。不朽。至於廣袤之數，足以載文辭；緘束之方，務在申膠固。今宜立制，隨時損益。豐功厚德，既以跨躡前蹤；盛典宏規，無勞一遵曩式。今請玉牒長一尺三寸，廣厚各五寸，玉檢厚二寸。《唐書》有「長短闊狹一如玉牒」。其印齒疎密，隨印大小。距石之設，意取牢固，本資實用，豈云巧《唐書》作「雕」。飾。今既積土厚封，更無差動，天長地久，寧假支持？斜設横安，請並弗舊本作「不」。置。勒石紀號，垂裕後昆，美盛德之形容，闡后王之休烈，其義遠《通典》作「大」。矣，其事尚焉。我皇聲暢九垓，威横八極，靈祇不愛其寶，兆庶無得而稽，但當贊述希夷，以攄臣下之至。具舊本作「其」。祭壇之例，舊本作「制」。登封之所，肆覲萬國，受記舊本作「職」。百神，固宜刻頌，顯《通典》作「明」，舊本作「播」。揚功業。至於小距環壇，舊本作「闉」。石闕別樹，《唐書》作「迴建」。事非經據，無益禮儀，煩而非要，請從減省。神靈璽寶而弗用，由來無所施行。其六璽雖以封書，莫不披于羣下。受命之璽，登封則用昭事上元，表兹介福，休徵緯兆，豈因常貫。又封檢之璽，分寸不同，即事而言，請並更造，既順肅虔之理，永垂創制之名。禪壇制度，請從新禮。行事儀式，亦並依之。自外委細，不載于文者，職在所司，隨事量定。議曰：謹率愚管，其録如前，庸疑之言，不足觀採。但封禪大禮，舊典不存。秦、漢以來，頗有遺迹。闕而不備，難可甄詳。昔在元封，倪寬專贊其決；逮乎光武，梁松獨尸其事。搢紳雜議，不知所裁。至如流俗傳聞，記注臆説，未嘗從事，徒有空言，乖殊不一，曷足云也。且夫沿革不同，著之前誥，自君作古，聞諸往册。方今台鉉佐時，遠超風后，秩宗典職，追邁伯夷。究《六經》之妙旨，畢天下之能事，納于聖德，稟自宸衷，果斷而行，文質斯允。詔旨集公卿及儒生學士議登封事，謹依訪聞，具件如右。但封禪大禮，舊典不存。秦、漢以來，頗有遺跡。闕而不備，難可甄詳。昔在元封，時主博採羣論，建武有司，亦稟成規。至如記注近書，委巷浮説，不足憑據，無所取材。且夫沿革不同，著於往册，自君作古，寔惟令範。聖朝丕業，方貽萬載。臣下庸蔽，不敢專決。請垂鑒察，克斷宸衷。謹録奏聞，伏聽裁擇。謹議。」《文苑英華》。【略】

乾封元年，封泰山。爲圓壇山南四里，如圜丘，三壝。壇上飾以青，四方如其色，號封祀壇。玉策三，以玉爲簡，長一尺二寸、廣一寸二分、厚三分，刻以金文。玉匱一，長一尺三寸，以藏上帝之册。金匱二，以藏配帝之册，纏以金繩五周。金泥玉璽，璽方一寸二分，文如受命璽。石磩以方石再累，皆方五尺，厚一尺。刻方其中，以容玉匱。磩旁施檢刻，深三寸三分，闊一尺。當繩刻深三分，闊一寸五分。石檢十枚，以檢石磩，皆長三尺，闊一尺，厚七分。印齒三道，皆深四寸。當璽方五寸，當繩闊一寸五分。檢立于磩旁，南方、北方皆三，東方、西方皆二，去磩隅皆一尺。磩纏以金繩五周，封以石泥。距石十二，分距磩隅，皆再累，皆闊二尺，長一丈，斜刻其首，令與磩隅相應。又爲壇于山上，廣五丈，高九尺，四出陛。一壝，號登封壇。玉檢，玉牒，石磩，石距，玉匱，石檢，皆如之。爲降禪壇於社首山上，八隅，一成八階，加方丘三壝。上飾以黃，四方如其色。其餘皆如登封。其議略定，而天子詔曰：「古今之制，文質不同。今封禪以玉牒金繩，而瓦尊匏爵秸席，宜改從文。」於是昊天上帝褥以蒼，地祇褥以黃，配褥皆以紫，而尊爵亦更焉。是歲正月，天子祀昊天上帝于山下之封祀壇，以高祖、太宗配，如圜丘之禮。親封玉册，置石䃮，聚五色土封之。徑一丈二尺，高九尺。已事，升山。明日，又封玉册於登封壇。又明日，祀皇地祇于社首山之降禪壇，如方丘之禮，以太穆皇后、文德皇后配，而以皇后武氏爲亞獻，越國太妃燕氏爲終獻。率六宫以登，其帷帟皆錦繡，羣臣瞻望，多竊笑之。又明日，御朝覲壇，以朝羣臣，如元日之禮。乃詔立登封壇曰萬歲臺，降禪壇曰景雲臺，以紀瑞焉。其後將封嵩岳，以吐番、突厥寇邊而止。《禮樂志》。【略】

乾封元年正月，帝親享昊天上帝於山下封祀之壇，如圜丘之儀。祭訖，親封玉策，置石䃮，聚五色土封之。圜徑一丈二尺，高九尺。其日，帝率侍臣以下升泰山。翌日，就山上登封之壇，封玉策訖，復還山下之齋宫。其明日，親祀皇地祇於社首山上降禪之壇，如方丘之儀。皇后爲亞獻，越國太妃燕氏爲終獻。翌日，上御朝覲壇，以朝羣臣，如元日之儀。禮畢，讌文武百寮，大赦，改元。案《本紀》：「是年三月，改元遺章。」《舊唐書·禮儀志》。【略】

高宗既封泰山之後，又欲遍封五岳。至永淳元年，于洛州嵩山之南置崇陽縣。其年七月，勅其所造奉天宫。二年正月，駕幸奉天宫。至七月，下詔將以其年十一月封禪於嵩岳。詔國子司業李行偉，考功員外郎賈大隱，太常博士韋叔夏、裴守貞、輔抱素等詳定儀注。於是議：「立封祀壇，如圜丘之制。上飾以玄，四面依方色。爲圜壇，三成，高二丈四尺，每等高六尺。壇上徑一十六步，三等各闊四步。設十二陛，陛皆上闊八尺，下闊一丈四尺。爲三重壝，距外壝三十步，內壝距五十步。燎壇在壇東南外壝之內，高三尺，方一丈五尺，南出陛。登封壇，圓徑五丈，高九尺。四出陛，爲一壝，飾以五色，準封祀禪祭壇。上飾以金，四面依方色，爲八角方壇，再成，高一丈二尺，每等高四尺。壇上方十六步，每等廣四步，設八陛。其上壇陛皆廣八尺，中等陛皆廣一丈，下等陛皆廣一丈二尺。爲三重壝之大小，準封祀。爲埋埳，在壇之未地外壝之內，方深取足容物，南出陛。朝覲壇，于行宫之前爲壇宫。方三分。壝二，在南。壇方二十四丈，高九尺，南面兩陛，餘三面各一陛。封祀、登封，五色土封石䃮爲圓封，上徑一丈二尺，下徑三丈，高九尺。禪祭，五色土封爲八角方封，大小準封祀制度。所用尺寸，準歷東封，並用古尺。諸壇並築土爲之，禮無用石之文。並度影以定方位。登封、降禪，四出陛各當四方之中，陛各上廣七尺，下廣一丈二尺。封祀玉帛料，有蒼璧，四圭有邸，圭璧。禪祭有黃琮，兩圭有邸，無圭璧。又定登封、降禪、朝覲等日。準禮，冬至祭天于圜丘，其封祀請用十二日。準東封祀故事，十二日登封，十三日禪祭，十四日朝覲。若有故，須改登封已下期日，在禮無妨。」又輦輿料云：封祀、登封，皇帝出乘玉輅，還乘金輅。皇太子往還金輅。禪祭，皇帝、太子如封祀。又衣服料云：東封祀祭日，天皇服衮冕，近奉制，依《貞觀禮》，服大裘。又云：衮冕服一具，齋服之；通天冠服一具，迴服之；翼善冠服一具，馬上服之。皇太子衮冕服。又齋則服遠遊冠，受朝則公服遠遊冠服，馬上則進德冠服。《禮儀志》。

《唐會要》卷八《郊儀》 開元十二年，四方治定，歲屢豐稔，羣臣多言封禪，中書令張説又固請，乃下制以十三年有事泰山。於是説與右散騎常侍徐堅、太常少卿韋縚、秘書少監康子元、國子博士侯行果刊定儀注。立圓臺於山上，廣五丈，高九尺，土色各依其方。又於圓臺上起方壇，廣一丈二尺，高九尺，其壇臺四面爲一階。又積柴爲燎壇於圓臺之東南，量地之宜，柴高一丈二尺，方一丈，開上，南出户六尺。又爲圓壇於山下，三成，十二階，如圜丘之制。又積柴於壇南爲燎壇，如山上。又爲玉册、玉匱、石䃮，皆如高宗之制。玄宗初以謂升中於崇山，精義也，不可諠譁。欲使亞獻已下皆行禮山下壇，召禮官講議。學士賀知章等言：「昊天上帝，君也。五方精帝，臣也。陛下享君於上，羣臣祀臣於下，可謂變禮之中。然禮成於三，亞、終之獻，不可異也。」於是三獻皆升山，而五方帝及諸神皆祭山下壇。玄宗問：「前世何爲秘玉牒？」知章曰：「玉牒以通意於天，前代或祈長年，希神仙，旨尚微密，故外莫知。」帝曰：「朕爲民祈福，無一秘請，即出玉牒以示百寮。」乃祀昊天上帝于山上壇，以高祖配。祀五帝以下諸神于山下，其祀禮皆如圜丘。而卜日、告天及廟、社、大駕所經及告至、問百年、朝覲，皆如巡守之禮。其登山也，爲大次于中道，止休三刻而後升。其已祭燔燎，侍中前跪，稱：「具官臣某言，請封玉册。」皇帝升自南陛，北向立。太尉進昊天上帝神座前，跪取玉册，置于案以進。皇帝受玉册，跪內之玉匱，纏以金繩，封以金泥。侍中取受命寶跪以進。皇帝取寶以印玉匱，侍中受寶，以授符寶郎。太尉進，皇帝跪捧玉匱授太尉，太尉退，復位。太常卿前奏：「請再拜。」皇帝再拜，退入于次。太尉奉玉匱之案于石䃮南，北向立。執事者發石蓋，太尉奉玉匱，跪藏于石䃮內。執事者覆石蓋，檢以石檢，纏以金繩，封以石泥，以玉寶遍印，引降復位。

帥執事者以石距封固，又以五色土圜封。其配座玉牒封于金匱，皆如封玉匱。太尉奉金匱從降，俱復位。以金匱内太廟，藏于高祖神堯皇帝之石室。其禪于社首，皆如方丘之禮。《唐書·禮樂志》。【略】

制度　將作大匠先領徒於太山上立圜臺，廣五丈，高九尺，土色各依其方。又於圜臺上起方壇，廣一丈二尺，高九尺，其臺壇四面各爲一陛。玉版長一尺三寸，廣五寸，厚五寸。刻牒爲字，以金填之，用金匱盛。其玉牒文，中書門下取進止，所司承旨，請内鐫其名檢等，並如後制。郊社令積柴爲燎壇，於山上圜臺之東南，量地之宜，柴高一丈二尺，方一丈。開上，南出户，方六尺。又爲圓壇於山下，三成，十二陛，如圜丘之制，隨地之宜。壇上飾以玄，四面依方色。壇外爲三壝。郊社令又積柴於壇南燎，如山上之儀。又爲玉册，皆以金繩連編玉牒爲之，每牒長一尺二寸，廣一寸二分，厚三分，刻玉填金爲字。少府監量文多少爲之。又爲玉匱一，長一尺三寸，并檢方五寸，當纏繩處，刻爲五道，當封寶處，刻深二分，方取容受命寶印，以藏在座玉册，制度如玉匱，又爲黄金繩，以纏玉匱金匱。又爲石礪，以藏玉匱。用方石再累，各方五尺，厚一尺。縱鑿石中，廣深令容玉匱。礪旁施檢處，皆刻深三寸三分，闊一尺。南、北各二，東、西各三，去隅皆七寸。纏繩處皆刻深三分，闊一寸五分。爲石檢十枚。檢、石礪皆長三寸，闊一尺，厚七寸，皆刻爲三道，廣一寸五分，深四寸。當封處大小取容寶印，深二寸七分，皆有小石蓋，制與封刻處相應。以檢擫封印其檢，立於礪旁當刻處。又爲金繩三，以纏石礪，各五周，徑三分。爲石泥以封石礪。以石末和方色土爲其封。玉匱，金匱，石礪，同用受命寶，並所司量時，先奏請出之。爲石距十二枚，皆闊二尺，厚一尺，長一丈，邪刻其首，令與礪隅相應。分距礪四隅皆再累，爲五色土。圓封以封石礪，上徑一丈二尺，下徑三丈九尺。禪禮制度：將祭，將作先於社首山禪所爲禪祭壇，如方丘之制。八角，三成，每等高四尺，上闊十六步，設八陛。上等陛廣八尺，中等陛廣一丈，下等陛廣一丈二尺，爲三重壝。量地之宜，四面開門。玉册、石礪、玉匱、金匱、金泥、檢距、圓封、立碑等，並如封祀之儀。

王溥《唐會要》卷一〇下《九宫壇》　天寶三載，有術士蘇嘉慶上言，請于京東朝日壇東，置九宫貴神壇，其壇三成，成三尺，四階。其上依位置九壇，壇尺五寸。東南曰招摇，正東曰軒轅，東北曰太陰，正南曰天一，中央曰天符，正北曰太一，西南曰攝提，正西曰咸池，西北曰青龍。五爲中，戴九履一，左三右七，二四爲上，六八爲下，符于遁甲。四孟月祭，尊爲九宫貴神，禮次昊天上帝，而在太清宫，太廟上。用牲牢、璧幣，類于天地神祇。玄宗親祀之。如有司行事，即宰相爲之。肅宗乾元三年正月，又親祀之。初，九宫神位，四時改位，呼爲飛位。乾元之後，不易位。大和二年八月，監察御史舒元輿奏：「七月十八日，祀九宫貴神，臣次合監祭，職當檢察禮物。伏見祝版九片，臣伏讀既竟，竊見陛下親署御名及稱臣于九宫之神。臣伏以天子之尊，除祭天地、宗廟之外，無合稱臣者。王者父天母地，兄日姊月，此以九宫爲目，是宜分方而守其位。臣又觀其名號，及太一、天一、招摇、軒轅、咸池、青龍、太陰、天符、攝提。此九神，于天地猶子男也，于日月猶侯伯也。陛下尊爲天子，豈可反臣于天之子男耶！臣竊以爲過。縱陰陽者流言其合祀，則陛下當合稱皇帝遣某官致祭于九宫之神，不宜稱臣與名。臣實愚瞽，不知其可。伏緣行事在明日鷄初鳴時，成命已行，臣不敢滯。伏乞聖慈異日降明詔，禮官詳議，冀明萬乘之尊，無所虧降，悠久誤典，因此可正。」詔都省議，皆如元輿之議。乃降爲中祠，祝版稱皇帝，不署。會昌元年十二月，中書門下奏：「準天寶三載十月六日勅，九宫貴神，實司水旱，功佐上帝，德庇下民，冀嘉穀歲登，災害不作，每至四時初節，令中書門下往攝祭者。準禮，九宫次昊天上帝，壇在太清宫、太廟上，用牲牢、璧幣，類于天地。天寶三載十二月，玄宗親祠。乾元二年正月，肅宗親祠。伏自累年以來，水旱愆候，恐是有司禱請，誠敬稍虧。今屬孟春，合修祀典，望至明年正月祭日，差宰臣一人禱請。向後四時祭，並請差僕射、少師、少保、尚書、太常卿等官，所冀稍重其事，以申嚴敬。臣等十一月二十五日已于延英面奏，伏奉聖旨，令檢儀注進來者。今欲祭時，伏望令有司崇飾舊壇，務于嚴潔。」勅旨依奏。

《唐會要》卷二二《社稷》　舊儀注，祭犧牲不得捶扑傷損，死則埋之。若有創病者，别卜。

武德九年正月，親祀太社，詔曰：「吉日惟戊，親祀太社，率從百僚，以祈五穀。今既南畝俶載，東作方興，州縣致祀，宜盡祇肅。四方之人，咸勤殖藝，别其姓類，命爲宗社。京邑庶士，臺省羣官，里閈相從，共遵社法，以時供祀，各申祈報。具立節文，明爲典制。」

咸亨五年三月十日詔：「春秋二社，本以祈農。比聞除此之外，别立當宗及邑義諸色等社，遠集人衆，别有聚斂，遞相承糾，良有徵求。雖於吉凶之家，小有裨助；在於百姓，非無勞擾。自今以後，宜令官司禁斷。」

神龍元年五月，詔于東都建置太社。禮部尚書祝欽明問禮官、博士曰：

「《周禮・田主》各用所宜之木。今太社主用石，何也？」禮官太常少卿韋叔夏、國子司業郭山惲、太常博士張齊賢尹知章議曰：「《春秋傳》曰：『君以軍行，祓社釁鼓，祝奉以從。』《書》曰：『不用命，戮于社』，社之主蓋用石爲之，奉謂將行也。是鄭玄以社主用石。崔靈恩《三禮・義宗》曰：『社之神用石。』以土地所主最爲實，故用石也。又《吕氏春秋》云：『殷人之禮，其社用石。』《後魏書》云：『天平四年四月，太社石主遷于社宫。』是社主用石，古有明説。《周禮・田主》各有所宜之木者，彼謂人間之社，非太社也。」又檢舊社主長一尺六寸，方一尺七寸，付禮官博士等議其制度。禮官韋叔夏等又議曰：「社主制度長短，在禮無文。但天子親征，又載社主，謂之社事，則社之神主，可載而行。今詳議以爲主既可載，明非過重。按《郊特牲》云：『社祭土而主陰氣。』《韓詩外傳》云：『天子大社方五丈，諸侯半之。』蓋以五是土數，故壇方五丈。其社主請准五數，長五尺，准陰之二數，方二尺。剡其上以象物生，方其下以象地體，埋其半，以根在土中，而本末均也。則神道設教，法象有憑，其尺請用古尺。」又檢舊社稷壇上四方，設以方色，唯中央數尺，飾以黄土。韋叔夏等又議曰：「《韓詩外傳》云：『天子太社，廣五尺，各分置四方色訖，上冒以黄土。』説者云：『冒以黄土者，象王者覆被四方。』據此，則合用黄土遍覆壇上。今檢舊壇之上，亦備方色，唯中央數尺，飾以黄土，則是覆被之道，有所不及，既乖舊制，望請准古改造。」于是以方色飾壇之四而及四陛，其上則以黄土覆之。祝欽明又建議曰：「《周頌・載芟篇》敍曰：『春藉田而祈社稷也。』《禮記》：『天子爲藉千畝，諸侯爲藉百畝。』即此緣有藉田，自爲立社，王社侯社，因此有命。卿大夫以下無藉田，所以成羣置社。藉田壇祭，止是王社。往者直云『藉田』，近日改名『先農』之祭。不知王社根本，魏世妄設三牢，羣説紛紜，乍毁乍立。晉氏徒云省費，不知仍在藉田千畝。共迷其日固久，不詳經典，致此諠譁。今者創立社稷，理宜正名興故，請改儀注及式，將先農以爲帝社，使人聽不惑，古義具存，移前代之末學，表當今之準繩，豈不美歟！諸禮官審加詳議。」禮官韋叔夏、博士張齊賢等議曰：「謹按《祭法》云：『王者立太社。』然王社所祭之處，《書傳》無文。《漢書・郊祀志》：『漢興，已有官社，未立官稷。遂于官社後立官稷，以夏禹配食官社，以后稷配食官稷。』臣瓚云：『案《高紀》，立漢社稷，所謂太社也。時又有官社，配以夏禹，所謂王社也。見《漢祠令》。而未立官稷，至此始立之。光武中興，不立官稷，相承至今。』魏以官稷爲帝社，故摯虞議曰：『魏氏故事，立大社帝社』是也。晉初或廢或置，皆不言當時所置之處，或云兩社同處，王社在大社之西。崔氏、皇甫氏並云：『王社在藉田。』引《詩》藉田而祈社稷爲證。今謹按衛宏《漢舊儀》：『春始東耕於藉田，官祀先農，則神農也。』又《五經要義》云：『立壇于田所，以祠先農。壇之制度如壇。』魏秦静議云：『風伯、雨師、靈星、先農與社稷爲國之六神。晉太始四年，上耕于東郊，以太牢祀先農。』又周、隋舊儀及皇朝新禮，先農皆祭帝神農，配以后稷。是則王社先農，其來自遠，各在祀典，不可合而爲一。今欲崇立帝社，實違禮經，望於藉田之中，別立帝社、帝稷，配以禹、棄，則先農、帝社，兩祠咸秩。協《載芟》之義，符《祭法》之文。」祝欽明又議曰：「藉田之祭，本是王社，承前若祠先農，共是勾龍、后稷，烈山之子，亦謂之農。周棄繼之，皆祀爲稷。共工之子，后土主名，湯既勝夏，欲遷不可。社稷主祭，唯此二神，《祭法》所載，祀典皆存。自黄帝以下，羲、農二皇，不列常祀，豈有社稷之祭，上取炎皇，正經典籍，曾無此語；膚淺諸儒，妄爲曲説。假如蜡主先嗇，鄭玄云：『若神農，徒見易之揉木，即云若神農耳！如其遠推邃古，磨蜃在神農前，將爲先嗇，有何不可？』此鄭之謬妄，不尋《祭法》根源，後儒守株，即以爲定，始立社稷祈報，惟祭共工、烈山。神農未報大功，何不遠取祈報？即明三皇以上，樸略洪荒，帝王之道，無取爲教。魏秦静者，又何知社稷、先農，妄分爲二？且六宗之義，先儒猶且紛然，六神之言，秦静憑何分析？習俗迷謬，殊不可依，豈有一藉田中，置四壇墠！先農、王社，同貫異名，固是一種；后稷勾龍，更無二道。同途分祭，四牢徒費，豈是爾愛其羊！」又言：「漢祀禹神，此義更殊未得。若將禹平水土，其功大於勾龍，成湯革夏社時，何不替勾龍之祀？周棄既將易祀，夏禹寧可獨遺？漢德不逮殷湯，祀禹無乃爲諂，後王更無遵用，明其一時謬僻。禮官今欲效僻張禹，無乃迂乎？前以王社没于先農，欲依祀典正號，今乃更加兩祀，亦恐刺謬增多。退傳禮官，更加詳度，具依經訓，勿據俗儒。」於是韋叔夏、張齊賢等又奏曰：「謹按經典，無先農之文。《禮記・祭法》云：『王自爲立社曰王社。』先儒以爲其社在藉田之中。《詩・載芟》云『春藉田而祈社稷』，是也。永徽中，猶名。藉田。垂拱以後删定，始改爲『先農』，與社本是一神，妄有改張，以惑人聽。其先農壇且請改爲帝社壇，以應《禮記》。王社之義；其祭先農禮，改爲帝社禮，仍令用孟春吉亥；祀后土，以勾龍氏配之。」從之。於是改先農壇爲帝社壇，于帝社壇西置帝稷壇，禮太社同太稷。其壇不備方色，所以異于太社也。至開元定禮，除帝稷之議，祀神農氏於壇上，以后稷配，至今以爲常典也。

開元十九年正月二十日勅：「普天率土，崇德報功，饗祀惟殷，封割滋廣，非可以全惠養之道，協靈祇之心。其春秋二時社及釋奠，天下諸州府縣等，並停牲牢，惟用酒脯，務存修潔，足展誠敬，自今以爲常式。」至二十二年三月二十五日，勅：「春秋祈報，郡縣常禮，比不用牲，豈云血祭？陰祀貴臭，神何以歆？自今以後，州縣祭祀，特以牲牢，宜從常式。」其年六月二十八日勅：「大祀中祀，及州縣社稷，依式合用牲牢，餘並用酒脯。」至貞元五年九月十二日，國子祭酒包佶奏：「春祭社稷，准禮，天子社稷皆太牢。」至大曆六年十月三日，勅：「中祀少牢。社稷是中祀，至今未改。」勅旨：「宜准禮用太牢。」天寶元年十月九日勅：「社爲九土之尊，稷乃五穀之長，春祈秋報，祀典自尊。如聞祭官祇事，不全備禮，朕永惟典故，務在潔誠，俾官吏之盡心，庶蒼生之蒙福。今後祭官等，庶事之間，倍宜精潔，兩京委御史臺，諸郡委採訪使，有違犯者，具録聞奏。其社壇側近，仍款樵牧。其百姓私社，亦宜與官社同日致祭，所由檢校。」三載二月十四日詔：「社稷列爲中祀，頗紊大猷。自今以後，社稷及日月五星，並升爲大祀，仍以四時致祭。諸星爲中祀。」長慶三年正月，祠部員外、充太常禮院修撰王彦威奏：「謹按《禮》云：『社者，神地之道也。』《郊特牲》而社稷太牢。鄭玄以爲國中之神，莫貴于社，故前古爲大祀。至天寶三載二月十四日勅云：『祭祀之典，以陳至敬，名或不正，是相奪倫。況社稷孚祐，百世蒙福，列爲中祀，頗紊大猷，自今以後，昇爲大祀。』爾後因循，又依《開元禮》爲中祀。然而牲用太牢，太尉攝行事；祭之日不坐，並是大祀之義。列爲中祀，是因循謬誤，教人報本，未極尊嚴，有國之儀，唯此厭屈。今請准勅升爲大祀，庶合禮中。」從之。開成五年十一月，吏部奏：「准四年正月詔書，大祀並差三品以上官充祭，太社太稷，攝司徒、司空，並合差三品官行事。伏緣諸司三品官，員額絶少，其中或有假，故無官可差。其每年祭太稷攝司徒、司空，請准舊例，取左右庶子、少詹事及諸司少卿、監通攝。」制可。

五代

王溥《五代會要》卷二《廟儀》 周廣順三年九月，太常禮院奏：「准敕定郊廟制度，洛陽郊壇在城南七里丙巳之地，圜丘四成各高八尺一寸，下廣二十丈，再成廣十五丈，三成廣十丈，四成廣五丈。十有二陛，每節十二等。燎壇在泰壇之丙地，方一丈，高一丈二尺，闊上南出，户方六尺。請下所司修奉。」從之。時太祖將拜南郊，故修奉之。

王溥《五代會要》卷三《社稷》 周廣順三年九月，太常禮院奏：「社稷制度，社壇廣五丈，高五尺，五色土築之。稷壇制度如社壇之制度。社壇石主長五尺，方二尺，剡其上方，其下半根在土中。四垣華飾。每神門屋三間，一門，門二十四戟，四隅連飾罘罳，如太廟之制。中可樹槐。准禮，左宗廟，右社稷，在國城内。請下所司修奉。」從之。時太祖將行郊禮，故遷社稷于東京修之。

宋

王欽若等《册府元龜》卷五八〇《掌禮部》 《郊祀》云：「高祖五年，制詔御史，其令天下立靈星祠，牲用大牢，縣邑令長得祠。」《晉祠令》云：「郡縣國祠社稷、先農，縣又祠靈星。」靈星在天下諸縣之明據也。周公廟所以別在雒陽者，蓋姬旦創城雒邑，故傳世雒陽，崇祀不絶，以彰厥庸。夷齊廟者，亦世爲雒陽，界内神祀。今並移太常，恐乖其本。天下此類甚衆，皆當部郡縣修理，公私於此禱請。竊太常所司郊廟神祇，自有常限，無宜臨時斟酌以意，若遂爾妄營，則不免禋祀。二祠在太常，在洛陽，於國一也，然貴在審本。

李心傳《建炎以來朝野雜記》甲集卷二《郊廟・今圜丘》 今圜丘，在龍華寺之西，壇四成，上成縱横七丈，下成二十二丈；分十三陛，陛七十二級，壇及内壝凡九十步，中壝、外壝共二十五步。紹興十三年，楊存中領殿前司所築也。東都舊有青城齋宫，渡江後，以幕屋絞縛爲之，每郊費緡錢十餘萬。淳熙末，張端明杓爲京尹，始議築齋宫，可一勞而永逸。上從之。宇文寶學价時爲兵部尚書，因宿直奏曰：「陛下方經略河南，今築青城，是無中原意也。」上以爲然，亟命罷役。

《宋史》卷九九《禮志二》 南郊壇制。梁及後唐郊壇皆在洛陽。宋初始作壇於東都南薰門外，四成、十二陛、三壝。設燎壇於内壇之外丙地，高一丈二尺。設皇帝更衣大次於東壝東門之内道北，南向。仁宗天聖六年，始築外壝，周以短垣，置靈星門。親郊則立表於青城，表三壝。神宗熙寧七年，詔中書、門下參定青城殿宇門名。先是，每郊撰進，至是始定名，前門曰泰禋，東偏門曰迎禧，正東門曰祥曦，正西門曰景曜，後三門曰拱極，内東側門曰賓明，西側門曰肅成，殿曰端誠，殿前東、西門曰左右嘉德，便殿曰熙成，後園門曰寶華，著爲定式。元豐元年二月，詔内壝之外，衆星位周環，每二步植一杙，繚以青繩，以爲限域。既而，詳定奉祀禮文所言：「《周官》外祀皆有兆域，後世因之，稍增其制。國朝郊壇率循唐舊，雖儀注具載圜丘三壝，每壝二十五步，而有司乃以青繩代内壝，誠不足以等神位，序祀事，嚴内外之限也。伏請除去青繩，爲三壝之制。」從之。

徽宗政和三年，詔有司討論壇壝之制。十月，禮制局言：「壇舊制四成，一成二十丈，再成十五丈，三成十丈，四成五丈，成高八尺一寸；十有二陛，陛十有二級；三壝，二十五步。古所謂地上圜丘、澤中方丘，皆因地形之自然。王者建國，或無自然之丘，則於郊澤吉土以兆壇位。爲壇之制，當用陽數，今定爲壇三成，一成用九九之數，廣八十一丈，再成用六九之數，廣五十四丈，三成用三九之數，廣二十七丈；每成高二十七尺，三成總二百七十有六，《乾》之策也。爲三壝，壝三十六步，亦《乾》之策也。成與壝俱三，參天地之數也。」詔行之。

建炎二年，高宗至揚州，庶事草創，築壇於州南門内江都縣之東南，詔東京所屬官吏奉祭器、大樂、儀仗、法物赴行在所。紹興十三年，太常寺言：「國朝圓壇在國之東南，壇側建青城齋宮，以備郊宿。今宜於臨安府行宮東南修建。」於是，遂詔臨安府及殿前司修建圓壇，第一成縱廣七丈，第二成縱廣一十二丈，第三成縱廣一十七丈，第四成縱廣二十二丈；一十二陛，每陛七十二級，每成一十二級；三壝，第一壝去壇二十五步，中壝去内壝、外壝去中壝各半之。燎壇方一丈，高一丈二尺，開上南出户，方六尺，三出陛，在壇南二十步丙地。其青城及望祭殿與行事陪祠官宿齋幕次，並令絞縛，更不修蓋。先是，張杓爲京尹，議築齋宫，可一勞永逸，宇文价曰：「陛下方經略河南，今築青城，是無中原也。」遂罷役。

神位。元豐元年十一月，詳定郊廟奉祀禮文所言：「按東漢壇位，天神從祀者至千五百一十四，故外設重營，以爲等限。日月在中營内南道，而北斗在北道之西，至於五星中宫宿之屬，則其位皆中營，二十八宿外宫星之屬，則其位皆外營。然則爲重營者所以等神位也。唐因隋制，設爲三壝，天神列位不出内壝，而御位特設於壇下之東南。若夫公卿分獻、文武從祀，與夫樂架饌幔，則皆在中壝之内，而大次之設乃在外壝。然則爲三壝者，所以序祀事也。」

《宋史》卷一〇〇《禮志三》 北郊。宋初，方丘在宫城之北十四里，以夏至祭皇地祇；别爲壇於北郊，以孟冬祭神州地祇。建隆以來，迭奉四祖崇配二壇。太平興國以後，但以宣祖、太祖更配。真宗乃以太宗配方丘，宣祖配神州地祇。皇祐初，禮官言：「皇地祇壇四角再成，面廣四丈九尺，東西四丈六尺。上成高四尺五寸，下成高五尺，方五丈三尺，陛廣三尺五寸，卑陋不應典禮。請如唐制增廣之。」五年，諸壇皆改。嘉祐配位七十一，加羊、豕各五。慶曆用犢、羊、豕各一。既而諫官司馬光奏：「大行請謚于南郊，而皇地祇止於望告，失尊卑之序。」下禮院，定非次祭告皇地祇，請差官詣北郊行事。其神州之壇，方三丈一尺，皇祐增高三尺，廣四十八步，内壝四面以青繩代之。仍遣内臣降香，有司攝事如儀。

神宗元豐元年二月，郊廟奉祀禮文所言：「古者祀天於地上之圜丘，在國之南，祭地于澤中之方丘，在國之北，其牲幣禮樂亦皆不同，所以順陰陽、因高下而事之以其類也。由漢以來，乃有夫婦共牢，合祭天地之説，殆非所謂求神以類之意。本朝親祀上帝，即設皇地祇位，稽之典禮，有所未合。」遂詔詳定更改以聞。於是陳襄、王存、李清臣、張璪、黄履、陸佃、何洵直、楊完等議，或以當郊之歲，冬夏至日分祭南北郊，各一日而祀徧；或於圜丘之旁，别營方丘而望祭；或以夏至盛暑，天子不可親祭，改用十月；或欲親郊圜丘之歲，夏至日遣上公攝事於方丘，議久未決。【略】

政和三年，詔禮制局議方壇制度。是歲，新壇成。初，元豐三年七月，詔改北郊圜壇爲方丘。六年，命禮部、太常定北郊壇制。哲宗紹聖三年，權尚書侍郎黄裳等言：「南郊青城至壇所五百一十八步，自瑞聖園至皇地祇壇之東壇五百五十六步，相去不遠。其壇係國初所建，神靈顧享已久。元豐間，有司請地祇、神州並爲方壇，壇之外爲坎，詔止改圜壇爲方。請下有司，比類南郊增飾制度，除治四面稍令低下，以應澤中之制。」詔禮部再爲詳定，指畫興築。至是，禮制局言：「方壇舊制三成，第一成高三尺，第二成、第三成皆高二尺五寸，上廣八丈，下廣十有六丈。夫圜壇既則象於乾，則方壇當效法於坤。今議方壇定爲再成，一成廣三十六丈，再成廣二十四丈，每成崇十有八尺，積三十六尺，其廣與崇皆得六六之數，以坤用六故也。爲四陛，陛爲級一百四十有四，所謂坤之策百四十有四者也。爲再壝，壝二十有四步，取坤之策二十有四也。成與壝俱再，則兩地之義也。」齋宫大内門曰廣禋，東偏門曰東秩，西偏門曰西平，正東門曰含光，正西門曰咸亨，正北門曰至順，南内大殿門曰厚德，東曰左景華，西曰右景華，正殿曰厚德，便殿曰受福，曰坤珍，曰道光，亭曰承休，後又增四角樓爲定式。

《宋史》卷一〇〇《禮志三》 祈穀、雩祀。宋之祀天者凡四：孟春祈穀，孟夏大雩，皆於圜丘或别立壇；季秋大饗明堂；惟冬至之郊，則三歲一舉，合祭天地焉。開寶中，太祖幸西京，以四月有事南郊，躬行大雩之禮。淳化、至道，太宗亦以正月躬行祈穀之祀，悉如圜丘之禮。【略】初，祈穀、大雩，皆親祀上帝。由熙寧迄靖康，惟有司攝事而已。元豐中，禮官言：「慶曆大雩宗祀之儀，皆用犢、羊、豕各一，唯祈穀均祀昊天上帝止用犢一。請依雩祀、大享明堂牲牢儀，用犢、羊、豕各一。」

四年十月，詳定郊廟奉祀禮文所言：「近詔宗祀明堂以配上帝，其餘從祀羣神悉罷。今祈穀、大雩猶循舊制，皆羣神從祀，恐與詔旨相戾。請孟春祈穀、孟夏大雩，惟祀上帝，以太宗皇帝配，餘從祀羣神悉罷。又請改築雩壇於國南門，以嚴祀事。」並從之。

五年七月，禮部言：「雩壇當立於圜丘之左巳地，其高一丈，廣輪四丈，周十二丈，四出陛，爲三壝各二十五步，周垣四門，一如郊壇之制。」從之。

《宋史》卷一〇〇《禮志三》　五方帝。宋因前代之制，冬至祀昊天上帝于圜丘，以五方帝、日、月、五星以下諸神從祀。又以四郊迎氣及土王日專祀五方帝，以五人帝配，五官、三辰、七宿從祀。各建壇于國門之外：青帝之壇，其崇七尺，方六步四尺；赤帝之壇，其崇六尺，東西六步三尺，南北六步二尺；黄帝之壇，其崇四尺，方七步；白帝之壇，其崇七尺，方七步；黑帝之壇，其崇五尺，方三步七尺。天聖中，詔太常葺四郊宫，少府監遣吏齎祭服就給祠官，光禄進胙，監祭封題。慶曆用羊、豕各一，正位太尊、著尊各二，不用犧尊，增山罍爲二，壇上簠、簋、俎各增爲二。皇祐定壇如唐《郊祀録》，各廣四丈，其崇用五行八七五九六爲尺數。嘉祐加羊、豕各二。

《宋史》卷一〇〇《禮志三》　感生帝，即五帝之一也。帝王之興，必感其一。北齊、隋、唐皆祀之，而隋、唐以祖考升配，宋因其制。乾德元年，太常博士聶崇義言：「皇帝以火德上承正統，請奉赤帝爲感生帝。每歲正月，別壇而祭，以符火德。」事下尚書省集議，請如崇義奏。乃酌隋制，爲壇于南郊，高七尺，廣四丈，日用上辛，配以宣祖。牲用騂犢二，玉用四圭有邸，幣如方色。明年正月，有司言：「上辛祀昊天上帝，五方帝從祀。今既奉赤帝爲感生帝，一日之内，兩處俱祀，似爲煩數。況同時並祀，在禮非宜。昊天從祀，請不設赤帝坐。」從之。

《宋史》卷一〇二《禮志五》　社稷，自京師至州縣，皆有其祀。歲以春秋二仲月及臘日祭太社、太稷。州縣則春秋二祭，刺史、縣令初獻，上佐、縣丞亞獻，州博士、縣簿尉終獻。如有故，以次官攝，若長吏職官或少，即許通攝，或別差官代之。牲用少牢，禮行三獻，致齋三日。其禮器數：正配坐尊各二，籩、豆各八，簠、簋各二，俎三。從祀籩、豆各二，簠、簋、俎各一。太社壇廣五丈，高五尺，五色土爲之。稷壇在西，如其制。社以石爲主，形如鐘，長五尺，方二尺，剡其上，培其半。四面宫垣飾以方色，面各一屋，三門，每門二十四戟，四隅連飾罘罳，如廟之制，中植以槐。其壇三分宫之一，在南，無屋。慶曆用羊、豕各二，正配位籩、豆十二，山罍、簠、簋、俎二，祈報象尊一。

元豐三年，詳定所言：「社稷祝版、牲幣、饌物，請並瘗於坎，更不設燔燎。又《周禮・大宗伯》『以血祭社稷』，社爲陰祀，血者幽陰之物，是以類求神之意。郊天先薦血，次薦腥，次薦爓，次薦熟。社稷、五祀，先薦爓，次薦熟。至於羣小祀，薦熟而已。今社稷不用血祭，又不薦爓，皆違經禮。請以埋血爲始，先薦爓，次薦熟。古者祭社，君南向於北墉下，所以答陰也，今社稷壝内不設北墉，而有司攝事，乃設東向之位，非是。請設北墉，以備親祠南向答陰之位，有司攝事，則立北墉下少西。《王制》曰：『天子社稷皆太牢，諸侯社稷皆少牢。』今一用少牢，殊不應禮。夫爲一郡邑報功者，當用少牢；爲天下報功者，當用太牢。所有春秋祈報太社、太稷，請於羊豕外加角握牛二。」又言：「社稷之祭，有瘗玉而無禮玉。《開元禮》：奠太社、太稷，並以兩圭有邸。請下有司造兩圭有邸二，以爲禮神之器，仍詔於壇側建齋廳三楹，以備望祭。」

先是，州縣社主不以石。禮部以謂社稷不屋而壇，當受霜露風雨，以達天地之氣，故用石主，取其堅久。又禮，諸侯之壇半天子之制，請令州縣社主用石，尺寸廣長亦半太社之制。遂下太常，修入祀儀。元祐中，又從博士孫諤言：祭太社、太稷，皆設登歌樂。大觀，議禮局言：「太社獻官、太祝、奉禮，皆以法服；至于郡邑，則用常服。請下祭服制度於郡縣，俾其自製，弊則聽改造之。」

紹興元年，以春秋二仲及臘前祭太社、太稷於天慶觀，又望祭於臨安天寧觀。十四年，始築壇壝於觀橋之東，立石主，置太社令一員，備牲牢器幣，進熟、望燎如儀。

《宋史》卷一〇二《禮志五》　籍田之禮，歲不常講。雍熙四年，始詔以來年正月擇日有事於東郊，行籍田禮。所司詳定儀注：「依南郊置五使。除耕地朝陽門七里外爲先農壇，高九尺，四陛，周四十步，飾以青，二壝，寬博取足容御耕位。觀耕臺大次設樂縣、二舞。御耕位在壝門東南，諸侯耕位次之，庶人又次之。觀耕臺高五尺，周四十步，四陛，如壇色。其青城設於千畝之外。」【略】

元豐二年，詔於京城東南度田千畝爲籍田，置令一員，徙先農壇於中，神倉於東南，取卒之知田事者爲籍田兵。乃以郊社令辛公佑兼令。公佑請因舊鏺麥殿規地爲田，引蔡河水灌其中，并植果蔬，冬則藏冰，凡一歲祠祭之用取具焉。先薦獻而後進御，有餘，則貿錢以給雜費，輸其餘於内藏庫，著爲令。權管幹籍田王存等議，以南郊鐵麥殿前地及玉津園東南菱地并民田共千一百畝充籍田外，以百畝建先農壇兆，開阡陌溝洫，置神倉、齋宫并耕作人牛廬舍之屬，繪圖以進。已而殿成，詔以思文爲名。

《宋史》卷一〇二《禮志五》 先蠶之禮久廢，真宗從王欽若請，詔有司檢討故事以聞。按《開寶通禮》：「季春吉巳，享先蠶於公桑。前享五日，諸與享官散齋三日，致齋二日。享日未明五刻，設先蠶氏神坐於壇上北方，南向。尚宫初獻，尚儀亞獻，尚食終獻。女相引三獻之禮，女祝讀文，飲福、受胙如常儀。」又按《唐會要》：「皇帝遣有司享先蠶如先農可也。」乃詔：「自今依先農例，遣官攝事。」禮院又言：「《周禮》『蠶於北郊』，以純陰也。漢蠶於東郊，以春桑生也。請約附故事，築壇東郊，從桑生之義。壇高五尺，方二丈，四陛，陛各五尺；一壝，二十五步。祀禮如中祠。」【略】

政和禮局言：「《禮》：天子必有公桑蠶室，以興蠶事。歲既畢，則奉繭而繅，遂朱緑之，玄黄之，以爲郊廟之祭服。今既開籍田以供粢盛，而未有公桑蠶室以供祭服，尚爲闕禮。請倣古制，於先蠶壇側築蠶室，度地爲宫，四面爲牆，高仞有三尺，上被棘，中起蠶室二十七，别構殿一區爲親蠶之所。倣漢制，置繭館，立織室於宫中，養蠶千薄以上。度所用之數，爲桑林。築採桑壇於先蠶壇南，相距二十步，方三丈，高五尺，四陛。凡七事。置蠶官令、丞，以供郊廟之祭服。又《周官·内宰》：『詔后帥内外命婦蠶於北郊。』鄭氏謂：『婦人以純陰爲尊。』則蠶爲陰事可知。《開元禮》：享先蠶，幣以黑，蓋以陰祀之禮祀之也。請用黑幣，以合至陰之義。」詔從其議，命親蠶殿以無斁爲名。

《宋史》卷一〇二《禮志五》 祈報。《周官》：「太祝掌六祝之辭，以事鬼神，示其福祥。」於是歷代皆有禬禜之事。宋因之，有祈、有報。祈，用酒、脯、醢，郊廟、社稷，或用少牢；其報，如常祀。或親禱諸寺觀，或再幸，或徹樂、減膳、進蔬饌，或分遣官告天地、太廟、社稷、嶽鎮、海瀆，或望祭于南北郊，或五龍堂、城隍廟、九龍堂、浚溝廟，諸祠如子張、子夏、信陵君、段干木、扁鵲、張儀、吴起、單雄信等廟，亦祀之。或啓建道場於諸寺觀，或遣内臣分詣州郡，如河中之后土廟、太寧宫，亳之太清、明道宫，兗之會真景靈宫、太極觀，鳳翔之太平宫，舒州之靈僊觀，江州之太平觀，泗州之延祥觀，皆函香奉祝，驛往禱之。凡旱、蝗、水潦、無雪，皆禁禱焉。

咸平二年旱，詔有司祠雷師、雨師。内出李邕《祈雨法》：以甲乙日擇東方地作壇，取土造青龍，長吏齋三日，詣龍所，汲流水，設香案、茗果、餈餌，率羣吏、鄉老日再至祝酹，不得用音樂、巫覡。雨足，送龍水中。餘四方皆如之，飾以方色。大凡日干及建壇取土之里數，器之大小及龍之修廣，皆以五行成數焉。詔頒諸路。

景德三年五月旱，又以《畫龍祈雨法》，付有司刊行。其法擇潭洞或湫濼林木深邃之所，以庚、辛、壬、癸日，刺史、守令帥耆老齋潔，先以酒脯告社令訖，築方壇三級，高二尺，闊一丈三尺，壇外二十步，界以白繩。壇上植竹枝，張畫龍。其圖以縑素，上畫黑魚左顧，環以天龍十星；中爲白龍，吐雲黑色；下畫水波，有龜左顧，吐黑氣如綫，和金銀朱丹飾龍形。又設皂幡，刎鵝頸血置槃中，楊枝灑水龍上，俟雨足三日，祭以一豭，取畫龍投水中。大中祥符二年旱，遣司天少監史序祀玄冥五星於北郊，除地爲壇，望告。已而雨足，遣官報謝及社稷。

《宋史》卷一〇三《禮志六》 朝日、夕月。慶曆，用羊豕各二，籩豆十二，簠簋俎二。天禧初，太常禮院以監察御史王博文言，詳定：「準禮，春分朝日於東郊，秋分夕月於西郊。《國語》：『太采朝日，少采夕月。』又曰：『春朝朝日，秋夕夕月。』唐柳宗元論云：『夕之名者，朝拜之偶也。古者旦見曰朝，暮見曰夕。』按禮，秋分夕月。蓋其時晝夜平分，太陽當午而陰魄已生，遂行夕拜之祭以祀月。未前十刻，太官令率宰人割牲，未後三刻行禮。蓋是古禮以夕行朝祭之儀。又按禮云：從子至巳爲陽，從午至亥爲陰。參詳典禮，合於未後三刻行禮。」皇祐五年，定朝日壇，舊高七尺，東西六步一尺五寸；增爲八尺，廣四丈，如唐《郊祀録》。夕月壇與隋、唐制度不合，從舊則壇小，如唐則坎深。今定坎深三尺，廣四丈，壇高一尺，廣二丈，四方爲陛，降入坎深，然後升壇。壇皆兩壝，壝皆二十五步。增大明、夜明壇山罍二，籩豆十二。禮生引司天監官分獻，上香，奠幣、爵，再拜。嘉祐加羊豕各五。《五禮新儀》定二壇高廣、坎深如皇祐，無所改。中興同。

《宋史》卷一〇三《禮志六》 太一九宫神位，在國門之東郊。壇之制，四陛外，西南又爲一陛曰坤道，俾行事者升降由之。其九宫神壇再成，第一成東西南北各百二十尺，再成東西南北各一百尺，俱高三尺。壇上置小壇九，每壇高一尺五寸，縱廣八尺，各相去一丈六尺。初用中祀，咸平中改爲大祀，壇增兩壝，玉用兩圭有邸，藉用稾秸加褥如幣色，其御書祝，禮如社稷。尋以封禪，別建九宫壇泰山下行宮之東，壇二成，成一尺，面各長五丈二尺，四陛及坤道各廣五丈。上九小壇，相去各八尺，四隅各留五尺。壇下兩壝，依大祠禮。及祀汾陰，亦遣使祀焉。自後親郊恭謝，皆遣官於本壇別祭。

景祐二年，學士章得象等定司天監生于淵、役人單訓所請祀九宮太一依逐年飛移位次之法：「案郄良遇《九宮法》，有《飛棋立成圖》，每歲一移，推九州所主災福事。又唐術士蘇嘉慶始置九宮神壇，一成，高三尺，四陛。上依位次置九小壇：東南曰招搖，正東曰軒轅，東北曰太陰，正南曰天一，中央曰天符，北曰太一，西南曰攝提，正西曰咸池，西北曰青龍。五數爲中，戴九履一，左三右七，二四爲上，六八爲下，符於遁甲，此則九宮定位。歲祭以四孟，隨歲改位行棋，謂之飛位。自乾元以後，止依本位祭之，遂不飛易，仍減冬、夏二祭。國朝因之。今于淵等所請，合天寶初祭之理，又合良遇《飛棋之圖》。然其法本術家，時祭之文經禮不載。議者或謂不必飛宮，若日月星辰躔次周流而祭有常所，此則定位之祀所當從也。若其推數於回復，候神於恍忽，因方弭沴，隨氣考祥，則飛位之文固可遵用。請依唐禮，遇祭九宮之時遣司天監一員詣祠所，隨每年貴神飛棋之方，旋定祭位，仍自天聖己巳入曆，太一在一宮，歲進一位，飛棋巡行，周而復始。」詔可。慶曆儀，每坐籩豆十二，簠簋俎二。皇祐，增壇三成。又禮官言：「歲雩祀外，水旱稍久，皆遣官告天地、宗廟、社稷及諸寺觀、宮廟，九宮貴神今列大祀，亦宜準此。」

熙寧四年，司天中官正周琮言：「《太一經》推算，七年甲寅歲，太一陽九、百六之數，復元之初。故《經》言：『太歲有陽九之災，太一有百六之厄，皆在入元之初終。』今陽九、百六當癸丑、甲寅歲，爲災厄之會。然五福太一移入中都，可以消異爲祥。竊詳五福太一，自國朝雍熙元年甲申歲，入東南巽宮時，修東太一宮。天聖七年己巳歲，五福太一入西南坤位，修西太一宮。請稽詳故事，崇建祠宇，迎之京師。」詔建中太一宮於集禧觀。十太一神，並用通天冠、絳紗袍。元豐中，太常博士何洵直言：「熙寧祀儀，九宮貴神祝文稱『嗣天子臣某』，以禮秩論之，當與社稷爲比，請依祀儀爲大祠。其祝版即依會昌故事及《開寶通禮》，書御名不稱臣。又近制，諸祠祭牲數，正配以全體解割，各用一牢，貴神九位悉是正坐，異壇別祝，尊爲大祠，而共用二少牢，於腥熟之俎，骨體不備。謂宜每位一牢，凡九少牢。」詔下太常，修入祀儀。

元祐七年，監察御史安鼎言：「按漢武帝始祠太一一位，唐天寶初兼祀八宮，謂之九宮貴神。漢祀太一，日用一犢，凡七日而止；唐祀類於天地。今春秋祀九宮太一，用羊、豕，其四立祭太一宮十神，皆無牲，以素饌加酒焉。再詳《星經》：太一一星在紫宮門右，天一之南，號曰天之貴神。其佐曰五帝，飛行諸方，躡三能以上下，以天極星其一明者爲常居。主使十六神，知風雨、水旱、兵革、饑饉、疫疾、災害之事。《唐書》曰：『九宮貴神，實司水旱。太一掌十六神之法度，以輔人極。』《國朝會要》亦云：『天之尊神及十精、十六度，並主風雨。』由是觀之，十神太一、九宮太一與漢所祀太一共是一神。今十神皆用素饌，而九宮並薦羊豕，似非禮意。」詔禮官詳定：十神、九宮太一各有所主，即非一神，故自唐迄今皆用牲牢，別無祠壇用素食禮。遂依舊制。

崇寧三年，太常博士羅畸言：「九宮諸神位，無禮神玉，惟有燔玉。竊謂宜用禮神玉，少倣其幣之色薦於神坐。」議禮局言：「先王制禮，用圭璧以祀日月星辰，所謂圭璧者，圭，其邸爲璧，以取殺於上帝也。今九宮神皆星名，而其玉用兩圭有邸。夫兩圭有邸，祀地之玉，以祀星辰，非周禮也。乞改用圭璧以應古制。」

《政和新儀》：「立春日祀東太一宮；立夏、季夏土王日祀中太一宮；立秋日祀西太一宮；立冬日祀中太一宮，宮之真室殿，五福太一在中，君基太一在東，大游太一在西，俱南向。延休殿，四神太一。承釐殿，臣基太一在東，西向，北上。凝祐殿，直符太一。臻福殿，民基太一在西，東向，北上。膺慶殿，小游太一在中，天一太一在東，地一太一在西。靈貺殿，太歲在中，太陰在西，俱南向。三皇、五方帝、日月、五星、二十八宿、十日、十二辰、天地水三官、五行、九宮、八卦、五嶽、四海、四瀆、十二山神等，並爲從祀。東、西太一宮準此。東太一宮大殿，五福太一在東，君基太一在西，俱南向。大游太一殿在大殿之北，南向。臣基太一殿在南，北向。小游太一、直符太一、四神太一殿在大殿之東，西向，北上。天一太一、地一太一在大殿之西，東向，北上。西太一宮黃庭殿，五福在中，君基在東，大游在西；均福殿，小游在中，俱南向。延貺殿，天一在中，四神在南，巨基在北，俱西向。資祐殿，地一在中，四神在南，臣基在北，俱西向。資祐殿，地一在中，民基在南，直符在東北，俱東向。」九宮貴神壇三成，一成縱廣十四丈，再成縱廣十二丈，三成縱廣十丈，各高三尺。上依方位置小壇九，各高一尺五寸，縱廣八尺。四陛、坤道，兩壝，每壝二十五步，如舊制。

紹興十一年，太常丞朱畧言：「九宮貴神所主風、雨、霜、雪、雹、疫，所係甚重，請舉行祀典。」太常寺主簿林大鼐亦言：「十神太一，九宮太一，皆天之貴神，國朝分爲二，並爲大祀。比一新太一宮，而九宮貴神尚寓屋而不壇。」乃詔臨安府於國城之東，建築九宮壇壝，其儀如祀上帝。其太一宮，初議者請即行宮之北隅建祠，後命禮官考典故，擇地建宮。十八年，宮成，御書其榜。十太一位於殿上，南面，西上。從祀，東廡九十有八，西廡九十有七，皆北上。孝宗受禪，又建本命殿，名曰崇禧。光宗又遷介福殿像於挾室，而名新殿曰崇福。

《宋史》卷一〇三《禮志六》 高禖。初，仁宗未有嗣，景祐四年二月，以殿中侍御史張奎言，詔有司詳定。禮官以爲：「《月令》雖可據，然《周官》闕其文，《漢志》郊祀不及禖祠，獨《枚皐傳》言『皇子禖祝』而已。後漢至江左概見其事，而儀典委曲，不可周知。惟高齊禖祀最顯，妃嬪參享，黷而不蠲，恐不足爲後世法。唐明皇因舊《月令》，特存其事。開元定禮，已復不著。朝廷必欲行之，當築壇於南郊，春分之日以祀青帝，本《詩》『克禋以祓』之義也。配以伏羲、帝嚳，伏羲本始，嚳著祥也。以禖從祀，報古爲禖之先也。以石爲主，牲用太牢，樂以升歌，儀視先蠶，有司攝事，祝版所載，具言天子求嗣之意。乃以弓矢、弓韣致神前，祀已，與胙酒進內，以禮所御，使齋戒受之。仍歲令有司申請俟旨，命曰特祀。」即用其年春分，遣官致祭。爲圜壇高九尺，廣二丈六尺，四陛，三壝，陛廣五尺，壝各二十五步。主用青石，長三尺八寸，用木生成之數，形準廟社主，植壇上稍北，露其首三寸。青玉、青幣，牲用牛一、羊一、豕一，如盧植之説。樂章、祀儀並準青帝，尊器、神坐如勾芒，唯受福不飲，回授中人爲異。祀前一日，內侍請皇后宿齋於別寢，內臣引近侍宮嬪從。【略】

熙寧二年，皇子生，以太牢報祀高禖，惟不設弓矢、弓韣。既又從禮官言：「按祀儀，青帝壇廣四丈，高八尺。今祠高禖既以青帝爲主，其壇高廣，請如青帝之制。又祀天以高禖配，今郊禖壇祀青帝於南郊，以伏羲、高辛配，復於壇下設高禖位，殊爲爽誤。請準古郊禖，改祀上帝，以高禖配，改伏羲、高辛位爲高禖，而徹壇下位。」詔：「高禖典禮仍舊，壇制如所議，改犢爲角握牛，高禖祝版與配位並進書焉。」又言：「伏羲、高辛祝文並云『作主配神』。神無二主，伏羲既爲主，其高辛祝文請改云『配食于神』。」

《宋史》卷一〇三《禮志六》 大火之祀。康定初，南京鴻慶宮災，集賢校理胡宿請修其祀，而以閼伯配焉。禮官議：「閼伯爲高辛火正，實居商丘，主祀大火。後世因之，祀爲貴神，配火侑食，如周棄配稷、后土配社之比，下歷千載，遂爲重祀。祖宗以來，郊祀上帝，而大辰已在從祀，閼伯之廟，每因赦文及春秋，委京司長吏致奠，咸秩之典，未始云闕。然國家有天下之號實本於宋，五運之次，又感火德，宜因興王之地，商丘之舊，爲壇兆祀大火，以閼伯配。建辰、建戌出內之月，內降祝版，留司長吏奉祭行事。」乃上壇制：高五尺，廣二丈，四陛，陛廣五尺，一壝，四面距壇各二十五步。位牌以黑漆朱書曰大火位，配位曰閼伯位。牲用羊、豕一，器準中祠。歲以三月、九月擇日，令南京長吏以下分三獻，州、縣官攝太祝、奉禮。慶曆，獻官有祭服。

建中靖國元年又建陽德觀以祀熒惑。因翰林學士張康國言，天下崇寧觀並建火德真君殿，仍詔正殿以離明爲名。太常博士羅畸請宜倣太一宮，遣官薦獻，或立壇於南郊，如祀靈星、壽星之儀。有司請以閼伯從祀離明殿，又請增閼伯位。按《春秋傳》曰：五行之官封爲上公，祀爲貴神。祝融，高辛氏之火正也；閼伯，陶唐氏之火正也。祝融既爲上公，則閼伯亦當服上公衮冕九章之服。既又建熒惑壇於南郊赤帝壇壝外，令有司以時致祭，增用圭璧，火德、熒惑以閼伯配，俱南向。五方火精、神等爲從祀。壇廣四丈，高七尺，四陛，兩壝，壝二十五步，從《新儀》所定。

《宋史》卷一〇三《禮志六》 諸星祠，有壽星、周伯、靈星之祭。大中祥符二年，翰林天文邢中和言：「景德中，周伯星出亢宿下。按《天文志》，角、亢爲太山之根，果符上封之應。望於親郊日特置周伯星位於亢宿間。」詔禮官與司天監定議，且言：「周伯星出氐三度，然亢、氐相去不遠，並鄭分。兖州，壽星之次，宜如中和奏，設位氐宿之間，以爲永式。」景德三年，詔定壽星之祀。太常禮院言：「按《月令》：『八月命有司享壽星於南郊。』《注》云：『秋分日，祭壽星於南郊。壽星，南極老人星也。』《爾雅》云：『壽星，角，亢也。』《注》云：『數起角、亢，列宿之長，故云壽星。』唐開元中，特置壽星壇，常以千秋節日祭老人星及角、亢七宿。請用祀靈星小祠禮，其壇亦如靈星壇制，築於南郊，以秋分日祭之。」

元豐中，禮文所言：「時令秋分，享壽星于南郊。熙寧祀儀：於壇上設壽星一位，南向。又於壇下卯陛之南設角、亢、氐、房、心、尾、箕七位，東向。按《爾雅》所謂『壽星角、亢』，非此所謂秋分所享壽星也。今於壇下設角、亢位，以氐、房、心、尾、箕同祀，尤爲無名。又按《晉天文志》：『老人一星在弧南，一曰南極，常以秋分之旦見于丙，春分之夕没于丁，見則治平，主壽昌，常以秋分候之南郊。』後漢於國都南郊立老人星廟，常以仲秋祀之，則壽星謂老人矣。請依後漢，於壇上設壽星一位，南向，祀老人星。其壇下七宿位不宜復設。」

慶曆以立秋後辰日祀靈星，其壇東西丈三尺，南北丈二尺，壽星壇方丈八尺。皇祐定如唐制，二壇皆周八步四尺。其享禮，籩八，豆八，在神位前左右，重三行。俎二，在籩、豆外。簠、簋一，在二俎間。象尊二，在壇上東南隅，北向西上。七宿位，各設籩一，豆一，在神位前左右。俎一，在籩、豆外，中設簠一，簋一，在俎左右。爵一，在神位正前。壺尊二，在神位右。光禄實以法酒。

《政和新儀》改定：壇高三尺，東西袤丈三尺，南北袤丈二尺，四出陛，一壝，二十五步。初乾興祀靈星，值屠牲有禁，乃屠於城外。至是，敕有司：「凡祭祀牲牢，無避禁日，著爲令。」南渡後，靈星、壽星、風師、雨師、雷師及七祀、司寒、馬祖，並仍舊制。

《宋史》卷一〇三《禮志六》 風伯、雨師，諸州亦致祭。大中祥符初，詔惟邊地要劇者，令通判致祭，餘皆長吏親享。未幾，澤州請立風伯、雨師廟，乃令禮官考儀式頒之。有司言：「唐制，諸郡置風伯壇社壇之東，雨師壇于西，各稍北數十步，卑下於社壇。祠用羊一，籩、豆各八，簠、簋各二。」元豐詳定局言：「《周禮》：『小宗伯之職，兆五帝於四郊，四類亦如之。』鄭氏曰：『兆爲壇之營域。四類，日、月、星、辰，運行無常，以氣類爲之位，兆日於東郊，兆月與風師於西郊，兆司中、司命於南郊，兆雨師於北郊。』各以氣類祭之，謂之四類。漢儀，縣邑常以丙戌日祠風伯於戌地，以己丑日祀雨師於丑地，亦從其類故也。熙寧祀儀：兆日東郊，兆月西郊，是以氣類爲之位。至於兆風師於國城東北，兆雨師於國城西北，司中、司命於國城西北亥地，則是各從其星位，而不以氣類也。請稽舊禮，兆風師於西郊，祠以立春後丑日；兆雨師於北郊，祠以立夏後申日；兆司中、司命、司禄於南郊，祠以立冬後亥日。其壇兆則從其氣類，其祭辰則從其星位，仍依熙寧儀，以雷師從雨師之位，以司民從司中、司命、司禄之位。」

舊制，風師壇高四尺，東西四步三尺，南北減一尺。皇祐定高三尺，周三十三步；雨師壇、雷師壇高三尺，方一丈九尺。皇祐定周六步。政和之制，風壇廣二十三步，雨、雷壇廣十五步，皆高三尺，四陛，並一壝，二十五步。其雨師、雷師二壇同壝。司中、司命、司民、司禄爲四壇，各廣二十五步同壝。

《宋史》卷一〇三《禮志六》 大蜡之禮，自魏以來始定議。王者各隨其行，社以其盛，臘以其終。建隆初，以有司言：「周木德，木生火，宜以火德王，色尚赤。」遂以戌日爲臘。三年，戊戌臘，有司畫日，以七日辛卯。和峴奏議曰：「按蜡始於伊耆，後歷三代及漢，其名雖改而其實一也。漢火行，用戌臘，臘者接也，新故相接，畋獵禽獸以享百神，報終成之功也。王者因之，上享宗廟，旁及五祀，展其孝心，盡物示恭也。魏、晉以降，悉沿其制。唐乘土德，貞觀之際，以前寅日蜡百神，卯日祭社宫，辰日享宗廟。開元定禮，三祭皆於臘辰，以應土德。今以戌日爲臘，而以前七日辛卯行蜡禮，恐未爲宜。况宗廟社稷並遵臘享，獨蜡不以臘，請下禮官議。」議如峴言，今後蜡百神、祀社稷、享宗廟皆用戌臘一日。天聖三年，同知禮院陳詁言：「蜡祭一百九十二位，祝文内載一百八十二位，唯五方田畯、五方郵表畷一十位不載祝文。又《郊祀録》、《正辭録》、《司天監神位圖》皆以虎爲於菟，乃避唐諱，請仍爲虎。五方祝文，衆族之下增入田畯、郵表畷云。」

元豐，詳定所言：「《記》曰：『八蜡以祀四方，年不順成，八蜡不通。』歷代蜡祭，獨在南郊爲一壇，惟周、隋四郊之兆，乃合禮意。又《禮記・月令》以蜡與息民爲二祭，故隋、唐息民祭在蜡之後日。請蜡祭，四郊各爲一壇，以祀其方之神，有不順成之方則不修報。其息民祭仍在蜡祭之後。」先是，太常寺言：「四郊蜡祭，宜依百神制度築壇，其東西有不順成之方，即祭日月。其神農以下，更不設祭。又舊儀，神農、后稷並設位壇下，當移壇上。按《禮記正義》，伊耆氏，神農也。今壇下更設伊耆氏位，合除去之。」

《政和新儀》：臘前一日蜡百神。四方蜡壇廣四丈，高八尺，四出陛，兩壝，每壝二十五步。東方設大明位，西方設夜明位，以神農氏、后稷氏配，配位以北爲上。南北壇設神農位，以后稷配，五星、二十八宿、十二辰、五官、五嶽、五鎮、四海、四瀆及五方山林、川澤、丘陵、墳衍、原隰、井泉、田畯，倉龍、朱鳥、麒麟、白虎、玄武，五水庸、五坊、五虎、五鱗、五羽、五介、五毛、五郵表畷、五贏、五猫、五昆蟲從祀，各依其方設位。中方鎮星、后土、田畯設於南方蜡壇西階之西，中方嶽鎮以下設於南方蜡壇午階之西。伊耆設於北方蜡壇卯階之南，其位次於辰星。

紹興十九年，有司檢會《五禮新儀》，臘前一日蜡東方、西方爲大祀，蜡南方、北方爲中祀，並用牲牢。乾道四年，太常少卿王瀹又請於四郊各爲一壇，以祀其方之神，東西以日月爲主，各以神農、后稷配；南北皆以神農爲主，以后稷配。自五帝、星辰、嶽鎮、海瀆以至猫虎、昆蟲，各隨其方，分爲從祀。其後南蜡仍於圓壇望祭殿，北蜡於餘杭門外精進寺行禮。

《宋史》卷一〇三《禮志六》 馬祖。《祀典》，仲春祀馬祖，仲夏享先牧，仲秋祭馬社，仲冬祭馬步，並擇日。壇壝之制，三壇各廣九步，高三尺，四陛，一壝。

《宋史》卷一〇四《禮志七》 封禪【略】初，太平興國中，有得唐玄宗社首玉册、蒼璧，至是令瘞於舊所。其前代封禪壇址摧圮者，命修完之。山上置圜臺，徑五丈，高九尺，四陛，上飾以青，四面如其方色；一壝，廣一丈，圍以青繩三周。燎壇在其東南，高丈二尺，方一丈，開上南出户，方六尺。山下封祀壇，四成，十二陛，如圜丘制，上飾以玄，四面如方色；外爲三壝，燎壇如山上壇制。社首壇，八角；三成，每等高四尺，上闊十六步；八陛，上等廣八尺，中等廣一丈，下等廣一丈二尺；三壝四門：如方丘制。又爲瘞埳於壬地外壝之内。以玉爲五牒，牒各長尺二寸，廣五寸，厚一寸，刻字而填以金，聯以金繩，緘以玉匱，置石𥓂中。金脆難用，以金塗繩代之。正坐、配坐，用玉册六副，每簡長一尺二寸，廣一寸二分，厚三分，簡數量文多少。匱長一尺三寸。檢長如匱，厚二寸，闊五寸，纏金繩五周，當纏繩處刻爲五道，而封以金泥，泥和金粉、乳香爲之。印以受命寶。封匱當寶處，刻深二分，用石𥓂藏之。其𥓂用石再累，各方五尺，厚一尺，鑿中廣深，令容玉匱。𥓂旁施檢處，皆刻深七寸，闊一尺，南北各三，東西各二，去隅皆七寸，纏繩處皆刻三道，廣一寸五分，深三分。爲石檢十以擫𥓂，皆長三尺，闊一尺，厚七寸，刻三道，廣深如纏繩。其當封處，刻深二寸，取足容寶，皆有小石蓋，與封刻相應。其檢立𥓂旁，當刻處又爲金繩三以纏𥓂，皆五周，徑三分，爲石泥封𥓂。泥用石末和方色土爲之。用金鑄寶，曰「天下同文」，如御前寶，以封𥓂際。距石十二分，距四隅皆闊二尺，厚一尺，長一丈，斜刻其道，與𥓂隅相應，皆再累，爲五色土圜封𥓂，上徑一丈二尺，下徑三丈九尺。命直史館劉鍇、内侍張承素領徒封圜臺石𥓂，直集賢院宋皐、内侍郝昭信封社首石𥓂，並先往規度之。詳定所言：「朝覲壇在行宫南，方九丈六尺，高九尺，四陛。陛，南面兩陛，餘三面各一陛。一壝，二分在南，一分在北。」

《宋史》卷一〇四《禮志七》 汾陰后土。真宗東封之又明年，河中府言：「進士薛南及父老、僧道千二百人列狀乞赴闕，請親祠后土。」詔不允。已而，南又請，河南尹寧王元偓亦表請，文武百僚詣東上閤門三表以請。詔明年春有事於汾陰后土，命知樞密院陳堯叟爲祀汾陰經度制置使，翰林學士李宗諤副之，樞密直學士戚綸、昭宣使劉承珪計度發運，河北轉運使李士衡、鹽鐵副使林特計度糧草，龍圖閣待制王曙、西京左藏庫使張景宗、供備庫使藍繼宗修治行宫、道路，宰臣王旦爲大禮使，知樞密院王欽若爲禮儀使，參知政事馮拯爲儀仗使，趙安仁爲鹵簿使，陳堯叟爲橋道頓遞使。又以旦爲天書儀衛使，欽若、安仁副之，丁謂爲扶侍使，藍繼宗爲扶侍都監，内侍周懷政、皇甫繼明爲夾侍。發陝西、河東兵五千人赴汾陰給役，出厩馬，增傳置，命翰林、禮院詳定儀注，造玉册、祭器。先令堯叟詣后土祠祭告，分遣常參官告天地、廟社、嶽鎮、海瀆。

詳定所言：「祀汾陰后土，請如封禪，以太祖、太宗並配。其方丘之制，八角，三成，每等高四尺，上闊十六步。八陛，上陛廣八尺，中廣一丈，下廣一丈二尺。三重壝，四面開門。爲瘞坎於壇之壬地外壝之内，方深取足容物。其后土壇別無方色。正坐玉册，玉匱一副；配坐玉册，金匱二副；金泥，金繩。所用石匱并蓋三層，方廣五尺，下層高二尺，上開牙縫一周，闊四寸，深五寸，中容玉匱，其闊一尺，長一尺六寸。匱刻金繩道三周，各相去五寸，每纏繩處，闊一寸，深五分。上層厚一尺，仍於上四角更刻牙縫，長八寸，深四寸。每纏金繩處深四寸，方三寸五分，取容封寶。先以金繩三道南北絡石匱，候祀畢封匱訖，中書侍郎奉匱至廟，與太尉同置石匱中，將作監加蓋，繫金繩畢，各填以石泥，印以『天下同文』之寶，如社首封𥓂制。帝省視後，將作監率執事更加盝頂石蓋，然後封固如法。上爲小壇，如方丘狀，廣厚皆五尺。」

經度制置使詣脽上築壇如方丘，廟北古雙柏旁有堆阜，即其地爲之。有司請祭前七日遣祀河中府境内伏羲、神農、帝舜、成湯、周文武、漢文帝、周文廟及於脽下祭漢、唐六帝。

《宋史》卷一五四《輿服六》 幕殿，即《周官》大、小次也。東都時，郊壇大次謂之青城，祀前一日宿齋詣焉。其制，中有二殿，外有六門：前曰泰禋，後曰拱極，東曰祥曦，西曰景曜，東偏曰承和，西偏曰迎禧。大殿曰端誠，便殿曰熙成。中興後，以事天尚質，屢詔郊壇不得建齋宫，惟設幕屋而已。其制，架木而以葦爲障，上下四旁周以幄帟，以象宫室，謂之幕殿。及行事，又於壇所設小次。大、小次之外，又有望祭殿，遇雨則行事於中。東都時爲瓦屋五間，周圍重廊。中興後，惟設葦屋，蓋倣清廟茅屋之制也。

《〔乾隆〕杭州府志》卷二三《古蹟一》 宋郊廟。紹興四年，詔祀明堂作行禮殿于教場。五年，建太廟于臨安。十三年築圜丘。《宋史·高宗本紀》。郊丘在嘉會門外南四里。龍華寺西壇四成，分十三陛，陛七十二級。青城齋宫及望祭殿以幕屋爲之。大殿曰端誠，便殿曰熙成。外爲泰禋門。明堂即文德殿，紹興四年，親灑御墨書「明堂」及「明堂之門」六字。太廟在瑞石山左，正殿七楹，分十三室，太祖、太宗、真宗、仁宗、英宗、神宗、哲宗、徽宗、欽宗、高宗、孝宗、光宗、寧宗。諸室之西，奉僖、順、翼、宣四祖廟，有册寶殿、齋殿、致齋閤子。《咸淳志》。周紫芝《郊丘紀事》二首：紫壇煙煖不飛霜，壇下千官列雁行。雪色珠冠光射月，侍臣祠裏識君王。龍麝香從十里傳，繞墻紅蠟自生烟。纖雲不度人聲寂，風馬雲車下九天。任希夷《請御明堂齋殿》詩：肇舉明禋戒預期，請臨齋殿御簾帷。廊頭萬旅皆花帽，殿下千官盡絳衣。玉輅時嚴三歲禮，慶宵遥望五龍飛。小臣頭白供籩豆，親上虞廷覽德輝。

按：宋之郊廟諸壇及官署營屯廂壁，錯見于城内外，難以分列。俱附府治。

金

《金史》卷二八《禮志一》 南北郊：金之郊祀，本於其俗有拜天之禮。其後，太宗即位，乃告祀天地，蓋設位而祭也。天德以後，始有南北郊之制，大定、明昌其禮寖備。

南郊壇，在豐宜門外，當闕之巳地。圓壇三成，成十二陛，各按辰位。壝牆三匝，四面各三門。齋宮東北，厨庫在南。壇、壝皆以赤土圬之。

北郊方丘，在通玄門外，當闕之亥地。方壇三成，成爲子午卯酉四正陛。方壝三周，四面亦三門。

朝日壇曰大明，在施仁門外之東南，當闕之卯地，門壝之制皆同方丘。

夕月壇曰夜明，在彰義門外之西北，當闕之酉地，掘地汙之，爲壇其中。

《金史》卷二九《禮志二》 高禖：明昌六年，章宗未有子，尚書省臣奏行高禖之祀，乃築壇於景風門外東南端，當闕之卯辰地，與圜丘東西相望，壇如北郊之制。歲以春分日祀青帝、伏羲氏、女媧氏，凡三位，壇上南向，西上。姜嫄、簡狄位於壇之第二層，東向，北上。

《金史》卷三四《禮志七》 社稷：貞元元年閏十二月，有司奏建社稷壇于上京。大定七年七月，又奏建壇于中都。

社爲制，其外四周爲垣，南向開一神門，門三間。内又四周爲垣，東西南北各開一神門，門三間，各列二十四戟。四隅連飾罘罳，無屋，於中稍南爲壇位，令三方廣闊，一級四陛。以五色土各飾其方，中央覆以黄土，其廣五丈，高五尺。其主用白石，下廣二尺，剡其上，形如鐘，埋其半。壇南，栽栗以表之。

近西爲稷壇，如社壇之制而無石主。四壝門各五間，兩塾三門，門列十二戟。壝有角樓，樓之面皆隨方色飾之。饌幔四楹，在北壝門西，北向。神厨在西壝門外，南向。廨在南圍牆内，東西向。有望祭堂三楹，在其北，雨則於是堂望拜。堂之南北各爲屋二楹，三獻及司徒致齋幕次也。堂下南北相向有齋舍二十楹。外門止一間，不施鴟尾。【略】

風、雨、雷師。明昌五年，禮官言：「國之大事，莫重於祭。王者奉神靈，祈福祐，皆爲民也。我國家自祖廟禘祫五享外，惟社稷、嶽鎮海瀆定爲常祀，而天地日月風雨雷師其禮尚闕，宜詔有司講定儀注以聞。」尚書省奏：「天地日月，或親祀或令有司攝事。若風雨雷師乃中祀，合令有司攝之。且又州縣之所通祀者也，合先舉行。」制可。

乃爲壇於景豐門外東南，闕之巽地，歲以立春後丑日，以祀風師。牲、幣、進熟，如中祀儀。又爲壇於端禮門外西南，闕之坤地，以立夏後申日以祀雨師，其儀如中祀，羊豕各一。是日，祭雷師於位下，禮同小祀，一獻，羊一，無豕。其祝稱「天子謹遣臣某」云。【略】

嶽、鎮、海、瀆。大定四年，禮官言：「嶽鎮海瀆，當以五郊迎氣日祭之。」詔依典禮以四立、土王日就本廟致祭，其在他界者遥祀。立春，祭東嶽于泰安州、東鎮于益都府、東海于萊州、東瀆大淮于唐州。立夏，望祭南嶽衡山、南鎮會稽山于河南府，南海、南瀆大江于萊州。季夏土王日，祭中嶽于河南府、中鎮霍山于平陽府。立秋，祭西嶽華山于華州、西鎮吴山于隴州，望祭西海、西瀆大河于河中府。立冬，祭北嶽恒山于定州、北鎮醫巫閭山于廣寧府，望祭北海、北瀆大濟于孟州。其封爵並仍唐、宋之舊。明昌間，從沂山道士楊道全請，封沂山爲東安王，吴山爲成德王，霍山爲應靈王，會稽山爲永興王，醫巫閭山爲廣寧王，淮爲長源王，江爲會源王，河爲顯聖靈源王，濟爲清源王。

《金史》卷三五《禮志八》 長白山。大定十二年，有司言：「長白山在興王之地，禮合尊崇，議封爵，建廟宇。」十二月，禮部、太常、學士院奏奉勅旨封興國靈應王，即其山北地建廟宇。【略】

大房山。大定二十一年，勅封山陵地大房山神爲保陵公，冕八旒、服七章、圭、册、香、幣，使副持節行禮，並如册長白山之儀。其册文云：「皇帝若曰：古之建邦設都，必有名山大川以爲形勝。我國既定鼎於燕，西顧郊圻，巍然大房，秀拔混厚，雲雨之所出，萬民之所瞻，祖宗陵寢於是焉依。仰惟嶽鎮古有秩序，皆載祀典，矧兹大房，禮可闕歟？其爵號服章俾列于侯伯之上，庶足以稱。今遣某官某，備物册命神爲保陵公。申勑有司，歲時奉祀。其封域之内，禁無得樵採弋獵。著爲令。」是後，遣使山陵行禮畢，山陵官以一獻禮致奠。【略】

瀘溝河神。大定十九年，有司言：「瀘溝河水勢泛決，嚙民田，乞官爲封册神號。」禮官以祀典所不載，難之。已而特封安平侯，建廟。二十七年，奉旨：每歲委本縣長官春秋致祭。如令。【略】

昭應順濟聖后。大定十七年，都水監言：「陽武上埽黄河神聖后廟，宜依唐仲春祭五龍祠故事。」二十七年春正月，尚書省言：「鄭州河陰縣聖后廟，前代河水爲患，屢禱有應，嘗加封號廟額。今因禱祈，河遂安流，乞加褒贈。」上從其請，特加號曰昭應順濟聖后，廟曰靈德善利之廟。每歲委本縣長官春秋致祭，如令。【略】

貞獻郡王廟。明昌五年正月，陳言者謂「葉魯、谷神二賢創製女直文字，乞各封贈名爵，建立祠廟。令女直、漢人諸生隨拜孔子之後拜之」。有司謂葉魯難以致祭，若金源郡貞獻王谷神則既已配享太廟矣，亦難特立廟也。有旨，令再議之。禮官言：「前代無創製文字入孔子廟故事，如於廟後或左右置祠，令諸儒就拜，亦無害也。」尚書省謂「若如此，恐不副國家厚功臣之意」。遂詔令依蒼頡立廟于盩厔例，官爲立廟于上京納里渾莊，委本路官一員與本千户春秋致祭，所用諸物從宜給之。

元

《元史》卷七二《祭祀志一》　元之五禮，皆以國俗行之，惟祭祀稍稽諸古。然其郊廟之儀，禮官所考日益詳慎，而舊禮初未嘗廢，豈亦所謂不忘其初者歟。然自世祖以來，每難於親其事。英宗始有意親郊，而志弗克遂。久之，其禮乃成於文宗。至大間，大臣議立北郊而中輟，遂廢不講。然武宗親享于廟者三，英宗親享五。晉王在帝位四年矣，未嘗一廟見。文宗以後，乃復親享。豈以道釋禱祠薦禳之盛，竭生民之力以營寺宇者，前代所未有，有所重則有所輕歟。或曰，北陲之俗，敬天而畏鬼，其巫祝每以爲能親見所祭者，而知其喜怒，故天子非有察于幽明之故、禮俗之辨，則未能親格，豈其然歟？

自憲宗祭天日月山，追崇所生與太祖並配，世祖所建太廟，皇伯术赤、察合帶皆以家人禮祔于列室。既而太宗、定宗以世天下之君俱不獲廟享，而憲宗亦以不祀。則其因襲之弊，蓋有非禮官之議所能及者。而況乎不禰所受國之君，而兄弟共爲一世，乃有徵於前代者歟。夫郊廟國之大祀也，本原之際既已如此，則中祀以下，雖有闕略，無足言者。

其天子親遣使致祭者三：曰社稷，曰先農，曰宣聖。而嶽鎮海瀆，使者奉璽書即其處行事，稱代祀。其有司常祀者五：曰社稷，曰宣聖，曰三皇，曰嶽鎮海瀆，曰風師雨師。其非通祀者五：曰武成王，曰古帝王廟，曰周公廟，曰名山大川、忠臣義士之祠，曰功臣之祠，而大臣家廟不與焉。其儀皆禮官所擬，而議定于中書。日星始祭于司天臺，而回回司天臺遂以禜星爲職事。五福太乙有壇畤，以道流主之，皆所未詳。

《元史》卷七二《祭祀志一》　郊祀上。〔至元〕三十一年，成宗即位。夏四月壬寅，始爲壇于都城南七里。甲辰，遣司徒兀都帶率百官爲大行皇帝請謚南郊，爲告天請謚之始。大德六年春三月庚戌，合祭昊天上帝、皇地祇、五方帝于南郊，遣左丞相哈剌哈孫攝事，爲攝祀天地之始。

大德九年二月二十四日，右丞相哈剌哈孫等言：「去年地震星變，雨澤愆期，歲比不登。祈天保民之事，有天子親祀者三：曰天，曰祖宗，曰社稷。今宗廟、社稷，歲時攝官行事。祭天，國之大事也，陛下雖未及親祀，宜如宗廟、社稷，遣官攝祭，歲用冬至，儀物有司豫備，日期至則以聞。」制若曰：「卿言是也，其豫備儀物以待事。」

於是翰林、集賢、太常禮官皆會中書集議。博士疏曰：「冬至，圜丘惟祀昊天上帝，至西漢元始間，始合祭天地。歷東漢至宋千有餘年，分祭合祭，迄無定論。」集議曰：「《周禮》，冬至圜丘禮天，夏至方丘禮地，時既不同，禮樂亦異。王莽之制，何可法也。今當循唐、虞、三代之典，惟祀昊天上帝。其方丘祭地之禮，續議以聞。」按《周禮》，壇壝三成，近代增外四成，以廣天文從祀之位。集議曰：「依《周禮》三成之制。然《周禮》疏云每成一尺，不見縱廣之度。恐壇上陿隘，器物難容，擬四成制内減去一成，以合陽奇之數。每成高八尺一寸，以合乾之九九。上成縱廣五丈，中成十丈，下成十五丈。四陛，陛十有二級。外設二壝，内壝去壇二十五步，外壝去内壝五十四步，壝各四門。壇設於丙巳之地，以就陽位。」按古者，親祀冕無旒，服大裘而加衮。臣下從祀，冠服歷代所尚，其制不同。集議曰：「依宗廟見用冠服制度。」【略】

至大三年春正月，中書禮部移太常禮儀院，下博士擬定北郊從祀、朝日夕月禮儀。博士李之紹、蔣汝礪疏曰：「按方丘之禮，夏以五月，商以六月，周以夏至，其丘在國之北。禮神之玉以黄琮，牲用黄犢，幣用黄繒，配以后稷。其方壇之制，漢去都城四里，爲壇四陛。唐去宮城北十四里，爲方壇八角三成，每成高四尺，上闊十六步，設陛。上等陛廣八尺，中等陛一丈，下等陛廣一丈二尺。宋至徽宗始定爲再成。歷代制雖不同，然無出於三成之式。今擬取坤數用六之義，去都城北六里，於壬地選擇善地，於中爲方壇，三成四陛，外爲三壝。仍依古制，自外壝之外，治四面稍令低下，以應澤中之制。宮室、牆圍、器皿色，並用黄。其再成八角八陛，非古制，難用。其神州地祇以下從祀，自漢以來，歷代制度不一，至唐始因隋制，以嶽鎮海瀆、山林川澤、丘陵墳衍原隰，各從其方從祀。今盍參酌舉行。」秋九月，太常禮儀院復下博士，檢討合用器物。十一月丙申，有事於南郊，以太祖配，五方帝日月星辰從祀。

仁宗延祐元年夏四月丁亥，太常寺臣請立北郊。帝謙遜未遑，北郊之議遂輟。【略】

壇壝：地在麗正門外丙位，凡三百八畝有奇。壇三成，每成高八尺一寸，上成縱横五丈，中成十丈，下成十五丈。四陛午貫地子午卯酉四位陛十有二級。外設二壝。內壝去壇二十五步，外壝去內壝五十四步。壝各四內，外垣南櫺星門三，東西櫺星門各一。圜壇周圍上下俱護以甓，內外壝各高五尺，壝四面各有門三，俱塗以赤。至大三年冬至，以三成不足以容從祀版位，以青繩代一成。繩二百，各長二十五尺，以足四成之制。

燎壇在外壝內丙巳之位，高一丈二尺，四方各一丈，周圜亦護以甓，東西南三出陛，開上南出户，上方六尺，深可容柴。香殿三間，在外壝南門之外，少西，南向。饌幕殿五間，在外壝南門之外，少東，南向。省饌殿一間，在外壝東門之外，少北，南向。

外壝之東南爲別院。內神厨五間，南向；祠祭局三間，北向；酒庫三間，西向。獻官齋房二十間，在神厨南垣之外，西向。外壝南門之外，爲中神門五間，諸執事齋房六十間以翼之，皆北向。兩翼端皆有垣，以抵東西周垣，各爲門，以便出入。齊班廳五間，在獻官齋房之前，西向。儀鸞局三間，法物庫三間，都監庫五間，在外垣內之西北隅，皆西向。雅樂庫十間，在外垣西門之內，少南，東向。演樂堂七間，在外垣內之西南隅，東向。獻官厨三間，在外垣內之東南隅，西向。滌養犧牲所，在外垣南門之外，少東，西向。內犧牲房三間，南向。

《元史》卷七六《祭祀志五》 太社太稷。

至元七年十二月，有詔歲祀太社太稷。三十年正月，始用御史中丞崔彧言，於和義門內少南，得地四十畝，爲壝垣，近南爲二壇，壇高五丈，方廣如之。社東稷西，相去約五丈。社壇土用青赤白黑四色，依方位築之，中間實以常土，上以黄土覆之。築必堅實，依方面以五色泥飾之。四面當中，各設一陛道。其廣一丈，亦各依方色。稷壇一如社壇之制，惟土不用五色，其上四周純用一色黄土。壇皆北向，立北墉於社壇之北，以磚爲之，飾以黄泥；瘞坎二於稷壇之北，少西，深足容物。

二壇周圍壝垣，以磚爲之，高五丈，廣三十丈，四隅連飾。內壝垣櫺星門四所，外垣櫺星門二所，每所門三，列戟二十有四。外壝內北垣下屋七間，南望二壇，以備風雨，曰望祀堂。堂東屋五間，連厦三間，曰齊班廳。廳之南，西向屋八間，曰獻官幕。又南，西向屋三間，曰院官齋所。又其南，屋十間，自北而南，曰祠祭局，曰儀鸞庫，曰法物庫，曰都監庫，曰雅樂庫。又其南，北向屋三間，曰百官厨。外垣南門西壝垣西南，北向屋三間，曰太樂署。其西，東向屋三間，曰樂工房。又其北，北向屋一間，曰饌幕殿。又北，南向屋三間，曰饌幕。又北稍東，南向門一間。院內南，南向屋三間，曰神厨。東向屋三間，曰酒庫。近北少却，東向屋三間，曰犧牲房。井有亭。望祀堂後自西而東，南向屋九間，曰執事齋郎房。自北折而南，西向屋九間，曰監察執事房。此壇壝次舍之所也。

社主用白石，長五尺，廣二尺，剡其上如鍾。於社壇近南，北向，埋其半於土中。稷不用主。后土氏配社，后稷氏配稷。神位版二，用栗，素質黑書。社樹以松，於社稷二壇之南各一株。此作主樹木之法也。【略】

先農。先農之祀，始自至元九年二月，命祭先農如祭社之儀。十四年二月戊辰，祀先農東郊。十五年二月戊午，祀先農，以蒙古胄子代耕籍田。二十一年二月丁亥，又命翰林學士承旨撒里蠻祀先農于籍田。武宗至大三年夏四月，從大司農請，建農、蠶二壇。博士議：二壇之式與社稷同，縱廣一十步，高五尺，四出陛，外壝相去二十五步，每方有櫺星門；今先農、先蠶壇位在籍田內，若立外壝，恐妨千畝，其外壝勿築。是歲命祀先農如社稷，禮樂用登歌，日用仲春上丁，後或用上辛或甲日。祝文曰：「維某年月日，皇帝敬遣某官，昭告于帝神農氏。」配神曰「于后稷氏」。【略】

郡縣社稷。

至元十年八月甲辰朔，頒諸路立社稷壇壝儀式。十六年春三月，中書省下太常禮官，定郡縣社稷壇壝、祭器制度、祀祭儀式，圖寫成書，名《至元州郡通禮》。元貞二年冬，復下太常，議置壇於城西南二壇，方廣視太社、太稷，殺其半。壺尊二，籩豆皆八，而無樂。牲用羊豕，餘皆與太社、太稷同。三獻官以州長貳爲之。

孫承澤《天府廣記》卷六《郊壇》 遼建都燕京，而祭天地於木葉山，壇制不備。金初因遼俗，行拜天之禮，設位而祭。至海陵天德間，始於城南豐宜門外立南郊圜丘壇，圜壇三成，成十二陛，各按辰位。壝牆三匝，四面各三門，齋宮東北厨庫，南壇壝，皆以赤土圬之。常以冬至日合祀昊天上帝、皇地祇於圜丘。

世宗大定十一年，始郊，命宰臣議配享之禮。左丞石琚奏曰：按記：萬物本乎天，人本乎祖。此所以配上帝也。蓋配之者，侑神作主也。自外至者無主不止，故推祖考配天，尊之也。兩漢魏晉以來，皆配一祖，至唐高宗始以高祖、太宗並配。垂拱初，又加以高宗，遂有三祖同配之禮。至宋亦嘗以三帝配，後禮院上議，以爲對越天地，神無二主，由是止以太祖配。臣謂冬至親郊，宜從古禮。上曰：唐宋以私親不合，不足爲法，今止當以太祖配。乃詔以今年十一月十七日有事於南郊，於前一日徧見祖宗，告以郊祀之禮事，其日備法駕鹵簿，躬詣郊壇行禮。

元之初，祀禮皆因國俗。世祖十二年十二月，以受尊號，遣使諭告天地，下太常檢討唐宋金舊儀，於國陽麗正門東南七里建祭壇，設昊天上帝、皇地祇位二，行一獻禮。三十一年，成宗即位。夏四月壬寅，始於都城麗正門外南七里建壇壝，凡三百八步有奇。壇三成，每成高八尺一寸，上成縱横五丈，中成十丈，下成十五丈。四陛，階貫地子午卯酉四位。陛十有二級，外設二壝，内壝去壇二十五步，外壝去内壝五十四步，壝各四門。外垣南櫺星門三，東西櫺星門各一。圜壇周圍上下俱護以甓，内門壝各高五尺，壝四面各有門三，俱塗以赤。至大三年冬至，以三成不足以容從祀版位，以青繩代一成，繩二百各長二十五尺，以足四成之制。燎壇在外壝内丙巳之位，高一丈二尺，四方各一丈，周圍亦護以甓。東西南三出陛，開上南出户上方六尺，深可容柴。香殿三間在外壝南門之外少西，南向。饌幕殿五門，在外壝南門之外少東，南向。省饌殿一間，在外壝東門之外少北，南向。外壝之東南爲別院，内神厨五間南向，祠祭局三間北向，酒庫三間西向。獻官齋房二十間，在神厨南垣之外，西向。外壝南門之外爲中神門五間，諸執事齋房六十間以翼之，皆北向，兩翼端皆有垣，以抵東西周垣，各爲門以便出入。齊班廳五間在獻官齋房之前，西向。儀鸞局三間，法物庫三間，都監庫五間，在外垣内之西北隅，皆西向。雅樂庫十間，在外垣西門之内少南，東向。演樂堂七間，在外垣内之西南隅，東向。獻官厨三間在外垣内之東南隅，西向。滌養犧牲所在外垣南門之外少東，西向，内犧牲房三間南向。

大德初，合祀五方帝於南郊。翰林國史院檢閱官袁桷進十議曰：天無二日，日既不得有二，五帝不得謂之天，作昊天五帝議。祭天歲或爲九，或爲二，作祭天名數議。圜丘不見於五經，郊不見於周官，作圜丘非郊議。后土社也，作后土即社議。三歲一郊非古也，作祭天無間歲議。燔柴見於古經，周官以禋祀爲大，其議各有旨，作燔柴泰壇議。祭天之牛角繭栗，用牲於郊牛二，合配而言之，增羣祀而合祠，非周公之制矣，作郊不當立從祀議。郊質而尊之義也，明堂文而親之義也，作郊明堂禮儀異制議。郊用辛，魯禮也，卜不得常爲辛，作郊非辛日議。北郊見於三禮，尊地而遵北郊，鄭玄之説也，作北郊議。禮官推其博，多采用之。

明

《明太祖實録》卷三七 〔洪武元年十二月〕己丑，頒社稷壇制於天下郡邑。壇俱設於城西北，右社左稷。壇各方二丈五尺，高三尺。四出陛，三級。社以石爲主，其形如鍾，長二尺五寸，方一尺一寸，剡其上，培其下之半，在壇之南。方壇周圍築墻，四面各二十五步。祭用春、秋二仲月上戊日。各壇正配位各用籩四，豆四，簠、簋各二，登、鉶各一，俎二。牲正配位共用羊、豕各一。

《明太祖實録》卷三九 〔洪武二年二月〕壬午，上躬享先農，以后稷氏配祀畢，耕籍田于南郊。先農壇在籍田之北，高五尺，闊五丈，四出陛。籍田在皇城南門外，御耕籍位在先農壇東南，高三尺，闊二丈五尺，四出陛。其神位，先農正位南向，后稷配位西向，正、配位幣各用青色，其餘器物禮儀，並與社稷同。但不用玉，仍加登三。先農祝文曰：「惟神生於天地開闢之初，創田器，別嘉種，以肇興農事。古今億兆，非此不生，永爲世教。帝王典祀，敬不敢忘。某本庶民，因天下亂，集兵保民，一紀于兹。荷天地眷佑，海内一家，臨御稱尊，紀綱黎庶。考典崇祀，神載策書，今東作方興，禮宜祭告。謹命太常官，築壇於京城之陽，躬率百官，詣壇展禮。緬惟神明造化，萬世如斯。仰冀發太古之苗，實初生之粟，爲民立命，昭祀無疆。謹以制幣犧牲粢盛庶品，肅修常祀，式陳明薦。」以后稷氏配神作主。

《明太祖實録》卷四四 〔洪武二年八月〕甲申，上以每歲祀天地、社稷、嶽鎮、海瀆、靈星諸神，皆設壇，祭有定期。然祭之日，或爲風雨所飄，頓而升降出入之際，奔走百執事之人冠服沾濕，非惟不便於行事，又因以褻神。因諭禮官考求前代，有於壇爲殿屋、蔽風雨便於行事者。至是，禮部尚書崔亮奏：考宋祥符九年議，南郊壇祀昊天上帝，或值雨雪，則就大尉齋廳望祭。元《經世大典》載，社稷壇壝外垣之內、北垣之下，亦嘗建屋七間，南望二壇，以備風雨，曰望祀堂。請依此制，於圜丘、方丘壇南皆建殿九間，社稷壇北建殿七間，爲望祭之所，遇風雨則於此望祭焉。上從之。亮又奏：「靈星、壽星、司中、司命、司民、司禄諸神，即《周禮》幽禜之祭也。漢嘗立靈星祠以祀之。然星之祭所以壇而不屋者，將以通天地、風雨、霜露之氣也。屋而祭之，似乖於禮，故唐宋不用。然諸壇既爲殿屋，則靈星諸祠亦爲殿望祀爲便。上曰：「風雨星辰之神，其氣流通，其神無所不在。且祭壇有屋，所以棲神靈，風雨便於行事，何不可也？靈星諸神，其准漢制，於城南爲壇屋以祭。」亮又奏：「太常議，壽星於聖壽日致祭，同日祭司中、司命、司民、司禄，示與民同受其福也。八月望日，則祀靈星，皆遣官行禮，以爲常制。」從之。

《明太祖實録》卷四八 〔洪武三年春正月甲午〕禮部奏定朝日夕月禮。**【略】**命既以日月從祀於郊壇，當稽古者正祭之禮，各設壇專祀爲宜。其壇制，朝日壇宜築於城東門外，高八尺。夕月壇宜築於城西門外，高六尺。俱方廣四丈，兩壝，壝各二十五步。燎壇方八尺，高一丈，開上南出户，方三尺。神位以松栢爲之，長二尺五寸，闊五寸，趺高五寸，朱漆金字。朝日以春分日，夕月以秋分日，星辰則祈祭於月壇。從之。

《明太祖實録》卷五二 〔洪武三年五月〕乙巳，建齋宫於圜丘之西、方丘之東。前後皆爲殿，殿左右爲小殿，爲庖湢之所。外爲都墻，墻内外爲將士宿衛之所。又外爲渠，前爲靈星門，爲橋三，左、右及後各爲門一，爲橋一。

《明太祖實録》卷五三 〔洪武三年六月戊寅〕詔天下府州縣立城隍廟。其制高廣各視官署廳堂，其几案皆同，置神主於座。舊廟可用者，修改爲之。

《明太祖實録》卷五六 〔洪武三年九月〕戊子，京師城隍廟成。初，城隍舊祠卑隘，詔度地營築。既而中書省臣及尚書陶凱請以東嶽行祠改爲廟，上可之。修飾既備，建左右二司。凱復請如前代建六曹，曰吏、户、禮、兵、刑、工；二司，左曰左司之神，右曰右司之神。上命罷六曹，不必設左右司，止稱曰左司神、右司神。仍命製神主，主用丹漆，字塗以金，旁飾以龍文。及是始成。命凱等迎主入廟，用王者儀仗。上親爲文以告之，曰：「朕起布衣，自渡江左十有七年，今已削平群雄，統一天下。治民事神，惟稽古典，弗敢慢褻。惟京都城隍，乃天下都會之神，而閭巷軍民私竊禱祈，不由典禮，瀆玩滋甚，朕深惡之。故嘗更去舊號，俾稱其實，去邪導正，使諸神聽命於天，而衆鬼神聽命於神，庶天神權綱之不紊也。然祠廟卑隘，未稱朕禮神之意。遂命修飾岱宗行祠，迎神居之。特命禮部尚書陶凱率群僚奉安神位，神其鑒焉。」

《明太祖實録》卷六〇 〔洪武四年春正月〕庚寅，建圜丘、方丘、日月、社稷、山川壇及太廟于臨濠。禮部奏：「臨濠宗廟，宜如唐宋同堂異室之制，作前殿及寢殿俱一十五間。殿之前俱爲側堦，東西傍各二間爲夾室。如晉儒王肅所議。中三間通爲一室，奉德祖皇帝神主，以備祫祭。東一間爲一室，奉懿祖皇帝神主。西一間爲一室，奉熙祖皇帝神主。」從之。丙申，命中書省定王國宗廟及社稷壇壝之制。禮部尚書陶凱等議：「於王國宫垣内，左立宗廟，右爲社稷廟。爲殿五間，東西爲側堦，後爲寢殿五間，前爲門三間。社稷之制，古者王爵不以封，止有諸侯社稷之制。漢皇子始封爲王，得受茅土，而社稷之制無聞。其他封公侯者，無茅土而社以木。後世因之，以州縣比古諸侯，故其制皆方二丈五尺。唐制，州縣社稷壇方二丈五尺，高三尺五寸，四出陛，三等門，北、東、西三面各一，爲屋各三間，每門二十四戟，其南無屋。宋制，州縣社稷壇率如唐制，而高不及者五寸。其社主用石，如鐘形，長二尺五寸，方一尺，剡其上，培其下半。今定親王社稷壇方三丈五尺，高三尺五寸，四出陛，兩壇相去亦三丈五尺。壝四圍廣二十丈，壇居壝内稍南，居三分之一。壝墻高五尺，各置靈星門。外垣北、東、西門置屋，列十二戟，南門無屋。社主用石長二尺五寸，闊一尺五寸，剡其上，埋其半。已上丈尺並用營造尺，上不同於太社，下有異於州縣之制。」從之。

《明太祖實録》卷六二 〔洪武四年二月〕丙戌，詔改築圜丘、方丘壇。圜丘壇二成。上成面徑四丈五尺，高五尺二寸。下成周圍壇面皆廣一丈六尺五寸，高四尺九寸。上下二成，通徑七丈一尺，高一丈一寸。壇址至内壝墻，南、北、東、西各九丈八尺五寸。内壝墻至外壝墻，南十三丈九尺四寸，北十一丈，東、西各十一丈七尺。内壝墻高五尺，外壝墻高三尺六寸。方丘壇亦二成。上成面徑三丈九尺四寸，高三尺九寸。下成周圍每面廣一丈五尺五寸，高三尺八寸。上下二成，通徑七丈四寸，高七尺七寸。下成壇址至内壝墻，南、北、東、西各八丈九尺五寸。内壝墻至外壝墻，南、北、東、西各八丈二尺。内壝墻高四尺三寸，外壝墻高三尺三寸。

《明太祖實録》卷六五 〔洪武四年五月〕丙寅，詔立大社壇于中都。命工部取五方之土築之，直隸、應天等府并河南省進黄土，浙江、福建、廣東、廣西進赤土，江西、湖廣、陝西進白土，山東進青土，北平進黑土。天下郡縣計千三百餘城，每以土百斤爲率，仍命取之於名山高爽之地。

《明太祖實録》卷一〇三〔洪武九年春正月〕庚午，建太歲、風雲雷雨、嶽鎮、海瀆、鍾山、京畿山川、月將、京都城隍諸神壇壝殿成。初，山川壇建於正陽門外，合太歲、風雲雷雨、嶽鎮、海瀆、山川、城隍、旗纛諸神共祭之。至是，始定擬太歲、風雲雷雨、嶽鎮、海瀆、鍾山、京畿山川、四季月將、京都城隍，凡十三壇。建正殿、拜殿各八楹，東西廡二十四楹。壇西爲神厨六楹，神庫十一楹，井亭二，宰牲池亭一。西南建先農壇，東南建具服殿六楹，殿南爲藉田壇，東建旗纛廟六楹，南爲門四楹，後爲神倉六楹。繚以周垣七百一十二丈，東、西、北神門各四楹，皆甃以甓。垣東又别爲周垣，甃爲門一。垣内地七十畝，水田十畝，歲種黍、稷、稻、粱、來牟及菁、芹、葱、韭，以供祀事。是日成，上告祀焉。

《明太祖實録》卷一〇三〔洪武九年春正月壬午〕定王國祭祀之制。凡王國宫城外，左立宗廟，右立社稷。社稷之西，立風雲雷雨、山川神壇，壇西立旗纛廟。其宗廟許立五廟，二昭二穆，與始祖之廟爲五，以始封之王爲始祖。其社稷壇别建望殿，以虞風雨。山川壇建二殿，一以棲神，一以望拜。其社主用鍾山石。王之國則載以行，靖江王國則以南昌王爲始祖。四時之祭，皆用王者禮樂。其五祀則依時遣官，擇日致祭，牲用豕一。孟春祭司户之神，於王正宫門左設壇，以門官行禮。孟夏祭司竈之神，於厨舍設壇，以典膳所官行禮。季夏土旺日祭中霤之神，於宫前丹墀内近東設壇，以承奉司官行禮。孟秋祭司門之神，於承運門稍東設壇，亦以門官行禮。孟冬祭司井之神，於井邊設壇，以典膳所官行禮。著爲定制。仍命諸王國於外城東南立先農壇，以仲春之月擇日致祭，躬耕藉田。

《明太祖實録》卷一一四〔洪武十年八月癸丑〕命改建社稷壇。先是，上既改建太廟於雉闕之左，而以社稷國初所建，未盡合禮，又以大社、大稷分祭配祀，皆因前代之制，欲更建之，爲一代之典，遂命中書下禮部詳議其制。至是，禮部尚書張籌奏曰：「臣等奏詔考社稷配祀、合祭分祭之制，及社主之設，謹按《通典》，顓頊祀共工氏子勾龍爲后土，后土爲社；烈山氏子柱爲稷；稷，田正也。此社稷之祀所由始也。商湯以旱而遷社，以后稷代柱；欲遷勾龍，無可繼者，故止。然王肅謂社祭勾龍，稷祭后稷，皆人鬼非地神。而《陳氏禮書》又謂：『社所以祭五土之祇，稷所以祭五穀之神。』鄭康成亦謂：『社爲五土總神，稷爲原隰之神。』勾龍以有平水土之功，故配社祀之。稷以有播種之功，故配稷祀之。二説爲不同。漢元始五年，以夏禹配食官社，后稷配食官稷。唐、宋及元則又以勾龍配社，周棄配稷。蓋本鄭氏之説。此配祀之説緣於古昔，初無一定之論也。至於社稷分合之義，《書·召誥》言：『社于新邑。』孔氏註曰：『社稷共牢。』又：『封人掌設王之社壝。』註云：『不言稷者，舉社則稷從之。』如是，則當時社與稷固已合而一之矣。《陳氏禮書》曰：『稷非土無以生，土非稷無以見生生之效，故祭社必及稷，以其同功均利而養人也。』而《山堂考索》則曰：『土爰稼穡，其本一也。社爲九土之尊，稷爲五穀之長。稷生於土，則社與稷固不可岐而二之矣。』又曰：『祭主乎誠而已，誠苟不至，分祭何益？』是則社稷之祭合而一之，於古自有明證也。至於壇位，則考之周制，《小宗伯》：掌建國之神位，右社稷，左宗廟。起大事，動大衆，必先告于社而後出，其制在中門之外，外門之内，尊而親之，與先祖等。漢建官大社、大稷；光武立大社稷于洛陽，在宗廟之右；唐因隋制，建于含光門之右，大抵皆本成周左祖右社之意。社主之設，《周禮·大司徒》設其社稷之壝而樹之主，各以野之所宜木名其社。《小宗伯》立軍社。鄭氏注：『社主用石爲之，蓋以石者土地所生，最爲堅實故也。』《論語》：『哀公問社於宰我，宰我對曰：夏后氏以松，殷人以柏，周人以栗。』朱子云：「觀古人意，正以樹爲主，如今人稱神樹之類。」又曰：『社有主而稷無主，此不可曉，恐不可以己意增添。』唐神龍中，議立社，韋叔夏引鄭玄議，以爲社主用石。《韓詩外傳》云：『天子社主長五尺，方二尺，剡其上以象物生，方其下以象地體，埋其半以象根在土中而本末均也。』宋初，祭社稷，正配位用神位版，大社又以石爲主，其形如鍾，長五尺，方二尺，剡其上，培其下半，其中植槐，是則木主、石主前代蓋兼用矣。今擬社稷合祭，共爲一壇，皆設木主而丹漆之，祭則設于壇上，祭畢收藏，仍用石主埋壇之中，如唐、宋之制。至於以勾龍配社，以棄配稷，棄雖唐虞農官而勾龍共工氏之子也，祀之無義。商湯欲遷之而未果，漢嘗易以夏禹。而夏禹今已列祀帝王之次，棄稷亦配享先農。謂罷勾龍與棄配位。謹奉仁祖淳皇帝配享大社、大稷，以成一代之盛典，以明祖祀尊而親之之道。」上覽奏，稱善。遂命改作社稷壇于午門之右。其制：社、稷共爲一壇，壇二成，上廣五丈，下如上之數而加三尺，崇五尺。四出陛，築以五色土，色如其方而覆以黄土。壇四面皆甃以甓。石主崇五尺，埋壇之中，微露其末。外壝墻崇五尺，東西十九丈二尺五寸，南北如之。設靈星門於四面壝墻，各飾以方色，東青、西白、南赤、北黑。外爲周垣，東西廣六十六丈七尺五寸，南北廣八十六丈六尺五寸，垣皆飾以紅，覆以黄琉璃瓦。垣之北向設靈星門三，門之外爲祭殿，以虞風雨，凡六楹，深五丈九尺五寸，連延十丈九尺五寸。祭殿之北爲拜殿六楹，深三丈九尺五寸，連延十丈九尺五寸。拜殿之外復設靈星門三，垣之東、西、南三向設靈星門各一。西靈星門之内近南爲神厨六楹，深二丈九尺五寸，連延七丈五尺九寸。又其南爲神庫六楹，深廣如神廚。西靈星門之外爲宰牲房四楹，中爲滌牲池一，井一。

《明太祖實録》卷之一二〇 〔洪武十一年冬十月乙丑〕大祀殿成。初，郊祀之制，冬至祭天於圜丘，在鍾山之陽；夏至祭地於方丘，在鍾山之陰。至是，即圜丘舊址建大祀殿十二楹，中四楹飾以金，餘飾三采，正中作石臺，設上帝、皇祇神座于其上。每歲正月中旬，擇日合祭，上具冕服行禮，奉仁祖淳皇帝配享殿中。殿前爲東西廡三十二楹，正南爲大祀門六楹，接以步廊，與殿廡通。殿後爲庫六楹，以貯神御之物，名曰天庫。皆覆以黄琉璃瓦。設厨庫於殿東少北，設宰牲亭井於厨東又少北，皆以步廊通道。殿兩廡後繚以周墻，至南爲石門三洞，以達大祀門。内謂之内壇，外周垣九里三十步。石門三洞南爲甬道三：中曰神道，左曰御道，右曰王道。道之兩旁稍低爲從官之道。齋宫在外垣内之西南，東向。於是勅太常曰：近命三公率工部役梓人於京城之南創大祀殿，以合祀皇天、后土。冬十月，告功已成。特命禮部去前代之祭，期以歲止一祀。古人祀天於南郊，蓋以義起耳，故曰：南郊祀天以其陽生之月，北郊祭地以其陰生之月，孰不知至陽祭之於陽月，至陰祭之於陰月，於理可疑。且掃地而祭，其來甚遠，蓋言祀地尚實而不尚華。後世執古而不變，遂使天地之享反不(已)〔如〕人之享。若使人之享亦執古而不變，則當汙尊而抔飲，茹毛而飲血，巢居而穴處也。以今言之，世果可行乎？斯必不然也。今命太常每歲合祭天地於春首，正三陽交泰之時，人事之始也。其後，大祀殿復易以青琉璃瓦云。

《明太祖實録》卷一八九 〔洪武二十一年三月〕乙酉，增修南郊壇壝於大祀殿丹墀内，疊石爲臺四，東西相向，以爲日、月、星、辰四壇。又於内壝之外，亦東西相向疊石爲臺，凡二十，各高三丈有奇。周以石欄，陟降爲磴道。臺之上，琢石爲山形，鑿龕以置神位，以爲五嶽、五鎮、四海、四瀆并風雲雷雨、山川、太歲天下諸神及歷代帝王之壇。壇之後樹以松柏。外壝東南鑿池，凡二十區。冬月伐冰藏凌陰，以供夏秋祭祀之用。其歷代帝王及太歲、風、雲、雷、雨、嶽、鎮、海、瀆、山川、月將、城隍諸神並停春祭，每歲八月中旬擇日祭之。日、月、星、辰既已從祀，其朝日、夕月、禜星之祭悉罷之。仍命禮部更定郊廟社稷諸祀禮儀，著爲常式。

《明宣宗實録》卷一五 〔宣德元年三月戊戌〕行在工部言：彰德府奏趙府建社稷山川等壇應用材木，請官給之。然王之國之初，仁宗皇帝已賜材木一千株，今難再給。欲給，則量以近河所貯官木與之。上曰：立社，國之大事。況王國初建，百儒未備。可與材木一萬株，發軍民運送。

《明英宗實録》卷一五七 〔正統十二年八月〕甲申，重建京城東嶽廟成。御製碑文曰：朕惟天生萬物，必資五行四時之佑，而後能成生長收藏之功。君主萬民，必嚴五嶽四瀆之祀，而後能成惠養奠安之政。是故聖王之制祭祀，能禦大菑則祀之，能捍大患則祀之。觀於舜陟帝位，與夫巡守四方，必望秩于山川；武王大正于商，必告所過名山大川之類是也。而況君爲百神之主，國之大事，祀又爲之首乎？於乎！君必祀神以禮，則神爲君，於民所欲與聚，所惡勿施，不獨禦大菑，捍大患而已。神必庇民以惠，則君爲民，於神辨方秩祀，築宫肖像，不獨望而祭之、遇而告之而已。此東嶽廟所以建於都城也歟？天下之嶽有五，而泰山居其東。民之所以莫大於生，而東則生之所從始，故書稱泰山曰岱宗，以其以生萬物爲德，爲五嶽之尊也。廟而祀其神於都城之東，示欲厚民生也。國家祀典，於凡山川之神，春祈秋報，既享祀於郊矣。然惟天子得以親之，而非民庶所得瀆也。士女車徒，來尸來宗，得以盡其禳禬之私於歲時者，獨非有所望於廟乎？乃詔有司，治故地於朝陽門外，規以爲廟。中作二殿：前名岱嶽，以奉東嶽泰山之神；後名育德，俾作神寢。其前爲門，環以廊廡，分置如官司者八十有一，各有職掌。其間東、西、左、右，特起如殿者四，以居其輔神之貴者，皆肖像如其生。又前爲門者二，傍各有祠，以享其翊廟之神；有館，以舍其奉神之士。廟之廣深凡若干畝，爲屋總若干楹，壯偉宏麗。蓋始於正統十二年五月十八日，而落成於八月十五日。材出公之素備，工用役之常賦，而民無有知者。歲時致以香幣，冀神運生生之機於無窮，亦順民所欲之一也。乃勒祝神之辭於石，曰：自昔帝王，建國分方。封嶽爲五，以奠厥疆。神各受職，入陰出陽。運機膚寸，贊化被蒼。有若岱宗，峻臨陽谷。出雲敷雨，不疾而速。何枯不春，何焦不沃。弘帝之仁，錫民之福。其在五嶽，專職發生。蒼龍青旂，八極游行。或長或養，資其孳萌。凡百有就，實肇茲靈。秩視三公，嶽孰爲首？曰惟泰山，獨鍾神秀。徂徠新甫，峙其左右。咸効乃長，以相以佑。神煦其澤，雖曰自東。民之沐之，四海攸同。望祭有典，豆籩既豐。神之享之，惟鑒予恭。都人小大，皆感神惠。巖巖莫瞻，衷情曷慰？予允念茲，乃詔工民。爲神築工，城之震位。上以祠神，下以順民。民爲神式，神與民親。佑其孝弟，弭其甾屯。副其禱禳，昭神之仁。有堂翼然，有像儼若。神之臨之，如在岱嶽。匪徒庇民，衛我郊郭。疵癘弗興，兵祲不作。人理其陽，神司其陰。陰陽表裏，同此一心。生生之道，惟神是諶。以爲神職，神可不任。宜暘而暘，宜雨而雨。神之在山，則應下土。惟惡是奪，惟善是予。神之在廟，則翊予度。

《明世宗實録》卷一三一 〔嘉靖十年十月庚寅〕先是，上幸南城，召輔臣李時、翟鑾，尚書汪鋐、夏言至重華殿，諭之曰：「朕初欲建雩壇于南城，以此地乃遊觀之處，非祭天所，宜建壇圜丘之傍，乃合古禮。卿等其相度以聞。」于是，時等相圜丘東南、泰元門外大壇墻内地，議以四十五丈爲雩壇。南門在泰元門稍北，可三丈。壇在圜丘迤南斜亘可三十餘丈。壇制圓徑九尺，用周尺，高七尺，與神壇等。雩壇至圓壝墻，及圓壝至壇方墻相距各九丈。因繪圖上之。上命壇座圓廣仍用今尺五尺，高比神壇增五寸，待來春二月上旬擇日興工。

《〔弘治〕明會典》卷五四《禮部十三・明祖訓》 凡王國宮城外，立宗廟、社稷等壇。宗廟，立於王宫門左，與朝廷太廟位置同。社稷，立於王宫門右，與朝廷大社位置同。風、雲、雷、雨、山、川神壇，立於社稷壇西。旗纛廟。立於風、雲、雷、雨、山、川壇西，司旗者致祭。

《〔弘治〕明會典》卷八〇《禮部三十九・郊壇》 國初建圜丘于鍾山之陽，以冬至祀天；建方丘于鍾山之陰，以夏至祀地。洪武二年以後，俱奉仁祖淳皇帝，西向配享，而中都亦有南、北丘之制。十年春，始定合祀之禮。時天地壇大祀殿未成，暫合祀天地于奉天殿。至十二年正月，乃合祀于大祀殿。仁祖淳皇帝配享如前，命官分獻日月、星辰、嶽鎮、海瀆、山川諸神，凡一十四壇。二十一年又增修壇壝於大祀殿丹墀内，疊石爲臺，東西相向，爲日、月、星、辰四壇。又於内壝之外，以次爲壇二十，亦東西相向，爲五嶽五鎮、四海四瀆、風雲雷雨、山川太歲、天下神祇、歷代帝王諸壇。其日月星辰，初有朝日夕月禜星之祭，至是始罷。歷代帝王及太歲、風雲、雷雨、嶽鎮、海瀆、山川、月將、城隍諸神，初俱春秋二祭，至是亦停春祭。惟每歲八月中旬，擇日於山川壇及帝王廟祭之。三十二年以後郊壇，更奉太祖高皇帝配享。永樂八年後，巡幸北京，多命皇太子代祀。禮畢，遣本部尚書復命。十八年，北京天地壇成，復每歲親祀如儀。而南京壇有事，則遣官祭告。洪熙元年，奉太祖高皇帝、太宗文皇帝並配享。其儀注及牲帛祝號，具于諸司職掌。後有增定者，各附書于下太廟，社稷山川並同。

《〔弘治〕明會典》卷八六《禮部四十五・社稷府、州、縣同》 壇制：東西二丈五尺，南北二丈五尺，高三尺。俱用營造尺。四出陛，各三級。壇下前十二、又或九丈五尺，東西南各五丈，繚以周墻，四門紅油，北門入。石主長二尺五寸，方一尺，埋於壇南正中，去壇二尺五寸，止露圓尖，餘埋土中。

神號：各布政司寓治之所，雖係布政司官致祭，亦合稱府社、府稷。府稱府社之神，府稷之神。州稱州社之神，州稷之神。縣稱縣社之神，縣稷之神。

神牌二，以木爲之，硃漆青字。身高二尺二寸，闊四寸五分，厚九分。座高四寸五分，闊八寸五分，厚四寸五分。臨祭，設于壇上，以矮卓盛頓。祭畢，藏之。

房屋：神厨三間，用過梁通連。深二丈四尺。中一間闊一丈五尺九寸；傍兩間，每一間闊一丈二尺五寸。

鍋五口。每口二尺五寸。

庫房間架與神厨同。内用壁，不通連。

宰牲房三間。深二丈二尺五寸，三間通連。中一間闊一丈七尺五寸九分；傍二間，各闊一丈。于中一間正中鑿宰牲小池，長七尺，深二尺，闊三尺，磚砌四面，安頓木案于上。宰牲血水聚于池内，祭畢，擔去，仍用蓋。房門用鎖。宰牲房前舊有小池者，仍舊制，不必更改。無者，不必鑿池，止於井内取水。

《〔萬曆〕明會要》卷八《禮三・吉禮・城隍》 洪武二年，封京師及天下城隍。《圖書編》。是年，以城隍止合祀於城南諸神享祀之所，未有壇壝，非隆敬神祇之道，命禮官考古制以聞。禮官言：「國家開創之初，嘗以京都城隍及天下城隍祀於城南享祀之所，既非專祀，又室而不壇，非禮所宜。今宜以城隍及太歲、風雨等合爲一壇，春秋祀之。」詔可。《春明夢餘録》。三年，詔去封號，止稱某府、州、縣城隍之神，命從祀於山川壇。《會典》。九月戊子，京師城隍廟成，改東嶽行祠爲之。《大政記》。永樂中，建廟都城之西，曰大威靈祠。《禮志》。

《〔萬曆〕明會要》卷一一《禮六・吉禮・諸神祠》 明北京有真武廟、洪恩靈濟宫。成化十三年，詔建漢壽亭侯廟。又鳳陽有顯應廟、滁州有豐山廟、柏子潭廟、徐州靈源宏濟廟、河平神廟、平陽平水祠、汾水靈澤廟、沁州南山廟、焦龍神廟、龍泉神廟、兖州青山廟、安平鎮顯惠等廟、嚴州烏龍廟、宜春仰山廟、常德陽山廟、沅山顯應廟、長沙洞庭廟、馬湖顯應廟、福州靈濟宫、廣州天妃廟、南海真武廟、瓊州靈山廟、黿白靈湫廟、誠敬夫人祠，皆終明之世，有司歲時致祭不絶。《通典》。

《諸司職掌》（上）《儀部》

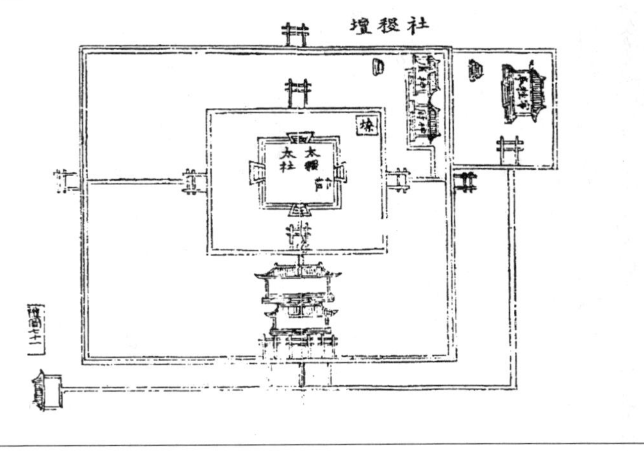

《大明律》卷一《名例律・十惡》　十惡：一曰謀反。謂謀危社稷。二曰謀大逆。謂謀毁宗廟山陵及宫闕。【略】

《大明律》卷一八《刑律一・賊道》　謀反大逆。凡謀反謂謀危社稷。及大逆，謂謀毁宗廟山陵及宫闕。但共謀者，不分首從，皆凌遲處死。祖父、父、子、孫、兄弟及同居之人，不分異姓，及伯叔父、兄弟之子，不限籍之同異，年十六以上，不論篤疾、廢疾，皆斬。其十五以下，及母、女、妻、妾、姊妹、若子之妻妾，給付功臣之家爲奴。財産入官。若女許嫁已定，歸其夫；子孫過房與人及聘妻未成者，俱不追坐。下條准此。知情故縱隱藏者，斬。有能捕獲者，民授以民官，軍授以軍職，仍將犯人財産全給充賞。知而首告，官爲捕獲者，止給財産；不首者，杖一百，流三千里。

《重修問刑條例・禮律一・祭祀・毁大祀丘壇條例》　天地等壇内，縱放牲畜作踐及私種籍田餘地，並奪取籍田禾把者，俱問罪，牲畜入官，犯人枷號一箇月發落。

章潢《圖書編》卷九四《圜丘壇》　在正陽門外五里許。制三成。壇面并週欄俱青琉璃。東西南北陛九級，俱白石。内櫺星門四，南門外東門砌緑燎爐燔柴焚祝帛，旁砌毛血池，西南築望燈臺，祭時懸大燈于竿末。外櫺星門四列，南門外，左設具服臺。東門外建神庫、神厨、祭器庫、宰牲亭。北門外，正北建皇穹宇。外又建四天門：東曰泰元，門東建崇雩壇，東建神庫；南曰昭亨，門左右石坊；西曰廣利，門西建鑾駕庫，西爲犧牲亭，北爲神樂觀；北曰成貞，門外西北建齋宫。歲冬至大祀天於圜丘。

章潢《圖書編》卷九四《圜丘總圖》

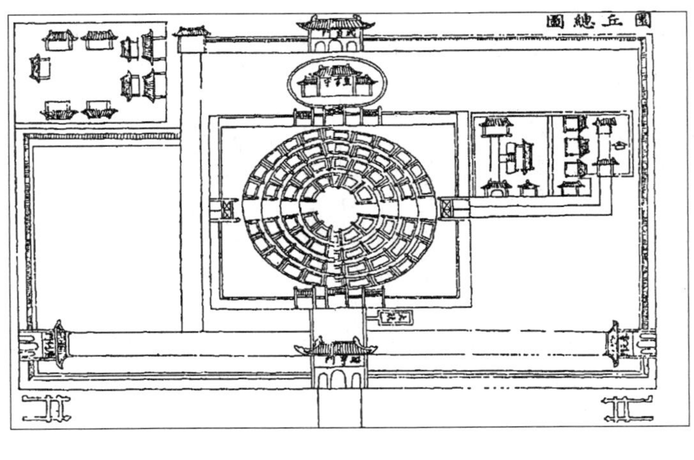

章潢《圖書編》卷九四《大祀殿南京》 吴元年，建圜丘壇於鍾山之陽，以祀天，壝崇尺許，方縱横五尺。壇不崇尺，方縱横各二丈，立配位壇。於壝内西南，相距數尺，壇亦不崇尺，方縱横一丈云，即高皇帝即位南郊所也。洪武十年春，合祀天地，即舊址改築壇，去壝約二丈。壝皆繞以女墻，崇約六尺。壇覆以屋，曰大祀殿，九間。中三間金飾，左右六間繪采。前後左右丹陛三級，琢石爲欄，斜廊。兩廡外，大祀門、南天門、中天路、左御路、右王路，東並四瀆壇，南址與壇齊。立具服殿。壝北通天庫；東通天厨；西降堦，通西御路。甬道右直西稍南，立齋宫，前立太和鍾樓；甬道左直東稍南，鑿池方里許，曰海子。歲十二月取水藏之，以供薦獻。歲首春合祀天地。

章潢《圖書編》卷九四《朝日壇》 嘉靖九年罷從祀，建壇朝陽門外二里許。爲制一成，壇面紅磂𥕢，東、西、南、北階九級，俱白石。内櫺星門四面，門外爲燎爐瘞池。西南爲具服殿，東北爲神庫、神厨、宰牲亭、燈庫、鐘樓，北爲遣官房。外建天門二，北天門外，西北爲禮神街坊，西天門外迤南北官齋、宿房。護壇地一百畝。

章潢《圖書編》卷九四《夕月壇》 嘉靖九年罷從祀，建壇阜城門外之南二里許。爲制一成，壇面白磂𥕢。東西南北階六級，俱白石。内櫺星門四，東門外爲瘞池，東北爲具服殿，南門外爲神庫，西南爲宰牲亭、神厨、祭器庫，北門外爲鐘樓、遣官房。外天門二，東門外北爲禮神街坊。護壇地三十六畝七分。

孫承澤《天府廣記》卷六《郊壇》 明太宗永樂十八年，於京師正陽門南之左建壇，繚以垣牆，周圍九里三十步。初遵洪武合祀天地之制，稱爲天地壇，後既分祀，乃始專稱天壇。按吴元年建圜丘，以冬至祀昊天上帝；建方丘，以夏至祀皇地祇；及即位，猶分祀如故。至洪武十年，因風雨不時，災異時見，覽京房災異對，始定合祀禮，采古明堂遺制，即圜丘舊壝作大祀殿，壇而屋之，罷方丘，而是歲即奉天殿行焉。十二年殿成，祀昊天上帝、皇地祇位，南向。仁祖配，西向。從祀丹墀四壇：曰大明，曰夜明，曰星辰，又曰星辰。内壝外二十壇：曰五嶽壇五，中嶽壇以鍾山附，曰五鎮壇五，曰四海壇四，曰四瀆，曰風雲雷雨，曰山川，曰太歲，曰天下神祇，曰歷代帝王，各壇一，凡二十四壇，大臣分獻。因命太常每歲祭天地於首春三陽交泰之時。二十一年，增修壇壝，殿丹墀中疊石爲臺，東西相向爲壇，内壝外爲壇二十，亦東西相向。罷朝日夕月禜星之祭，並罷太歲、風雲雷雨、嶽鎮、海瀆、山川、月將、城隍、歷代帝王之春祭。建文元年，撤仁祖位，奉太祖配。永樂十八年，京師大祀殿成，規制如南，行禮如前儀，增附天壽山於北嶽壇。洪熙元年，增文皇帝配位太祖下。嘉靖九年，從給事中夏言之議，遂於大祀殿之南建圜丘，爲制三成。祭時上帝南向，太祖西向，俱一成上。其從祀四壇：東一壇大明，西一壇夜明，東二壇二十八宿，西二壇風雲雷雨，俱二成上。别建地祇壇，壇制一成面徑五丈九尺，二成面徑九丈，高八尺一寸，三成面徑十二丈，高八尺一寸。各成面甎用一九七五陽數，及周圍欄板柱子皆青色琉璃，四出陛各九級，白石爲之，内壝圓牆九十七丈七尺五寸，高八尺一寸，厚二尺七寸五分。櫺星石門六，正南三，東西北各一。外壝方牆二百四丈八尺五寸，高九尺一寸，厚二尺七寸，櫺星門如前。又外圍方牆爲門四：南曰昭亨，東曰泰元，西曰廣利，北曰成貞。内櫺星門南門外東南砌緑瓷燎爐，旁毛血池，西南望燈臺，長竿懸大燈。外櫺星門南門外左設具服臺，東門外建神庫、神厨、祭器庫、宰牲亭。北門外正北建奉神殿，後改爲皇穹宇，藏上帝太祖之神版，翼以兩廡，藏從祀之神牌。又西爲鑾駕庫，又西爲犧牲所，北爲神樂觀，北曰成貞門，外爲齋宫，迤西爲壇門。壇稍北有舊天地壇在焉，即大祀殿也。嘉靖二十二年，改爲大享殿。殿後爲皇乾殿，以藏神版，以歲孟春上辛日祀上帝於大享殿，舉祈穀禮，季秋行大享禮，以二祖並配，至郊祀專奉太祖配。十年，改以啓蟄日行祈穀禮於圜丘，仍止奉太祖配。十七年，改昊天上帝稱皇天上帝，是年欲倣明堂之制，宗祀皇考以配上帝，詔舉大享禮於玄極寶殿，奉睿宗獻皇帝配。玄極寶殿者，大内欽安殿也，殿在乾清宫垣後。隆慶元年，罷大享祈穀禮，玄極殿仍改爲欽安殿。圜丘泰元門東有崇雩壇，爲制一成，東爲神庫。嘉靖中，以孟夏後祭天禱雨，祈穀壇成，未行而罷。

孫承澤《天府廣記》卷六《祈穀壇》 祈穀壇大享殿即大祀殿也。永樂十八年建，合祀天地於此。其制十二楹，中四楹飾以金，餘施三采。正中作石臺，設上帝皇祇神座於其上。殿前爲東西廡三十二楹，正南爲大祀門六楹，接以步廊，與殿廡通。殿後爲庫六楹，以貯神御之物，名曰天庫。皆覆以黄琉璃。其後大祀殿易以青琉璃瓦。壇之後樹以松柏，外壝東南鑿池凡二十區。冬月伐冰，藏凌陰，以供夏秋祭祀之用。悉如太祖舊制。至嘉靖二十一年，撤大祀殿，擬古明堂，名曰大享，每春行祈穀禮。隆慶元年，禮官言先農之祭即祈穀遺意，宜罷祈穀，於先農壇行事，大享禮亦宜罷。詔可。

孫承澤《天府廣記》卷六《齋宫》 齋宫在圜丘之西，前正殿，後寢殿，旁有浴室。四圍牆垣，以深池環之。皇帝親祀，散齋四日，致齋三日於齋宮。駕至南郊昭亨門降輿，至内壝恭視壇位，又入神庫視籩豆，至神厨視牲畢，出昭亨門，至齋宫。各官早朝午朝俱賜飯。臨祭由齋宮入壇門外大次脱舄升；其升壇執事、導駕、贊禮、讀祝並分獻、陪祭官皆脱舄於外，以次升壇供事；協律郎、樂舞生依前跣襪就位；祭畢降壇納舄。齋宮東北懸太和鐘，每郊祀，候駕起則鐘聲作，登壇則止。禮畢升駕又聲之。

孫承澤《天府廣記》卷六《神樂觀》 神樂觀在天壇内之西，設提點知觀，教習樂舞生。内有太和殿，遇祭則先期演樂於此。洪武初，御製圜丘方澤分祀樂章，後定合祀，更撰合祀樂章，禮成歌九章。已病音樂之未復古也，詔尚書詹同、尚書陶凱與協律郎冷謙定雅樂，而學士宋濂爲樂章。著令凡祀有樂，樂四等：曰九奏，曰八奏，曰七奏，曰六奏。樂有歌有舞，歌堂上，舞堂下，舞皆八佾，有文有武。郊廟皆奏中和韶樂，太常領之，協律郎司樂考協之。凡樂，淫聲、過聲、凶聲、慢聲若舞失節者，皆有糾禁。凡樂器不徙。凡園陵之祭無樂。

孫承澤《天府廣記》卷六《犧牲所》 犧牲所建於神樂觀之南。初爲神牲所，設千户並軍人專管牧養其牲。正房十一間，中五間爲大祀牲房，即正中房，左三間爲太廟牲房，右三間爲社稷牲房。前爲儀門，又前爲大門，門西南遇視牲之日設小次。大門東連房十二間，西連房十二間，前爲晾牲亭三間，東西有角門，東角門北爲北羊房五間，山羊房五間，又北爲煖屋，滌牲房五間，倉五間，大庫一間，西角門北爲北羊房五間，山羊房五間，穀倉二間，看牲房一間，黄豆倉一間，官廳三間。正牛房之北爲官廨十二間，東爲兔房三間，又東爲鹿房七間，鹿房前亦爲曬晾亭三間，又前爲石柵欄。官廨西爲便門，門西又爲官廨四間，又西爲小倉三間。東羊房後爲新牛房後牛房十間，餧中祀小祀牛，正北爲神祠。西羊房後正南房五間爲大祀猪圈，西房十間爲中祀小祀猪圈，北有井。又草廠東北爲司牲祠。神牲所設官二人，牧養神牲，祀前三月付廩犧令滌治如法，其中祀滌三十日，小祀滌十日者亦如之。

孫承澤《天府廣記》卷七《山川壇》 山川壇在正陽門南之右。永樂十八年建，繚以垣牆，周迴六里。洪武三年建山川壇於天地壇之西，正殿七壇：曰太歲，曰風雲雷雨，曰五嶽，曰四鎮，曰四海，曰四瀆，曰鍾山之神。兩廡從祀六壇：左京畿山川、夏冬季月將；右都城隍、春秋季月將。二十一年，各設壇於大祀殿，以孟春從祀，遂於山川壇惟仲秋一祭。永樂建壇北京，一如其制，進祀天壽山於鍾山下。嘉靖十一年，即山川壇爲天神、地祇二壇，以仲秋中旬致祭。別建太歲壇，專祀太歲，東廡爲春秋月將，西廡爲夏冬月將，各二壇。前爲拜殿宰牲亭，南爲川井，即山川壇舊井，有龍蟄其中。壇西南有先農壇，東旗纛廟，壇南耤田在焉。十年，定太歲月將祭期，歲於孟春享廟、歲暮祫祭之日，遣官行禮。隆慶元年，禮官議天神地祇既從祀南北郊，仲秋不宜復有神祇壇之祭，罷之，而太歲之祭如故。

孫承澤《天府廣記》卷七《神祇壇》 神祇壇，方廣五丈，高四尺五寸五分，四出陛，各九級，壝牆方二十四丈，高五尺五寸，厚二尺五寸。欞星門六，正南三，東西北各一。内設雲形青白石龕四於壇北，各高九尺二寸五分。

孫承澤《天府廣記》卷七《地祇壇》 地祇壇面闊十丈，進深六丈，高四尺，四出陛各六級，壝牆方二十四丈，高五尺五寸，厚二尺四寸，欞星門亦如神壇。内設青白石龕山形三、水形二於壇北，各高八尺二寸，左從位山水形各一於壇東，右從位山水形各一於壇西，各高七尺六寸。

孫承澤《天府廣記》卷七《太歲壇》 太歲壇在山川壇内，中爲太歲壇，東西兩廡，南爲拜殿。殿之東南砌燎爐，殿之西爲神庫、神厨、宰牲亭，亭南爲川井，外爲西天門。東門外爲齋宮、鑾駕庫，外爲東天門。

孫承澤《天府廣記》卷八《先農壇》 先農壇在山川壇内西南隅，永樂中建。按洪武元年，御史尋适請耕耤田，享先農，以勸天下，上從之。二年建壇。壇南爲耤田，北爲神倉。歲親祭先農，以后稷配，已而又奉仁祖配。八年，令府尹祭，不設配。永樂建壇京師，一如其制，建於太歲壇旁之西南，爲制一成，石包甎砌，方廣四丈七尺，高四尺五寸，四出陛。西爲瘗位，東爲齋宮、鑾駕庫，東北爲神倉，東南爲具服殿。殿前爲觀耕臺，用木，方五丈，高五尺，南東西三出陛，臺南爲耕田。護壇地六百畝，供黍稷及薦新品物。又地九十四畝有奇，每年額税四石七斗有奇，太常寺會同禮部收貯神倉，以備旱潦。又令壇官種一百九十畝，壇户二百六十六畝七分，上耕耤田親祭，餘年順天府尹祭。嘉靖中，建圓廩方倉以貯粢盛。耕之日，上具弁服詣壇躬祭如儀，更翼善冠黄袍，各官吉服。户部尚書進耒耜，順天府官進鞭。上秉耒耜，三推三返。部臣受耒耜，府臣受鞭，府官捧青箱，隨以種子播而覆之。上御觀耕臺坐觀，三公五推，九卿九推，府官率庶人終畝。

孫承澤《天府廣記》卷八《旗纛廟》 旗纛廟建於太歲殿之東，永樂建，規制如南京。神曰旗頭大將，曰六纛大神，曰五方旗神，曰主宰戰船之神，曰金鼓角銃砲之神，曰弓弩飛槍飛石之神，曰陣前陣後神祇五猖等衆，皆南向。

孫承澤《天府廣記》卷八《地壇》 地壇在安定門外之北，繚以垣牆。嘉靖九年，建方澤壇，爲制二成。夏至祭皇地祇，北向，太祖西向，俱一成上。東一壇，中嶽、東嶽、南嶽、西嶽、北嶽、基運山、翔聖山、神烈山，西向；西一壇，中鎮、東鎮、南鎮、西鎮、北鎮、天壽山、純德山，東向。東二壇，東海、南海、西海、北海，西向；西二壇，大江、大淮、大河、大漢，東向，俱二成。上壇制一成，面方六丈，高六尺，二成面方十丈六尺，高六尺，各成面甎用六八陰數，皆黄色琉璃，青白石包砌，四出陛各八級。周圍水渠一道，長四十九丈四尺四寸，深八尺六寸，闊六尺。內壝方牆二十七丈二尺，高六尺，厚二尺。內欞星門四，北門外西爲瘞位，瘞祝帛，配位帛則燎之。東爲燈臺，南門外爲皇祇室，藏神版，而太祖版則以祭之前一日請諸廟。外欞星門四，西門外迤西爲神庫、神厨、宰牲亭、祭器庫，北門外西北爲齋宫。又建四天門，西門外爲鑾駕庫、遣官房，南爲陪祀官房，又外爲壇門，又外爲泰折街牌坊。護壇地一千四百七十六畝。

明太祖未即大位之先，已建圜丘於正陽門外鍾山之陽，建方丘於太平門外鍾山之陰，分祀天地。元年，李善長等進方丘説曰：「按三代祭地之禮，見於經傳者，夏以五月，商以六月，周以夏至日祀之於澤中之方丘。蓋王者事天明，事地察，故冬至報天，夏至報地，所以順陰陽之義也。祭天於南郊之圜丘，祭地於北郊之方澤，所以順陰陽之位也。然先王親地有社存焉。《禮》曰：『享天於郊，祀社於國。』又曰：『郊所以明天道，社所以神地道。』又曰：『郊社所以祀上帝。』又曰：『明乎郊社之禮。』或以社對帝，或以社對郊，則祭社所以親地也。《書》曰：『敢昭告於皇天后土。』《左氏》曰：『戴皇天，履后土。』則古者亦命地祇爲后矣。曰地祇，曰后土，曰社，皆祭地也。此三代之正禮而釋經之正説。自鄭玄惑於緯書，而謂夏至於方丘之上祭崑崙之祇，七月於泰折之壇祭神州之祇，析而二之。後世宗焉，歲一祭。自漢武用祠官寬舒議，立后土祠於汾陰脽上，禮如祇祀，而後世又宗之，於北郊之外仍祠后土。元始間，王莽奏罷甘泉泰畤，復長安南北郊，以正月上辛若丁天子親合祀天地於南郊，而後世又因之，多合祭焉。由漢歷唐，千餘年間，親祀北郊者惟魏文帝之太和、周武帝之建德、隋高祖之開皇、唐玄宗之開元，四祭而已。宋元豐中，議專祭北郊，故政和中專祭者凡四。南渡以後，則惟攝祀而已。元皇慶間，議夏至專祭地，未及施行。今當以經爲正，擬今歲夏至日祀方丘，以五嶽、五鎮、四海、四瀆從祀。」上是之。四年三月，復改築圜丘、方丘二壇。七年七月，增圜丘、方丘從祀，更定其儀。十年，以分祭天地，揆之人情有所未安，命舉合祀之典，即圜丘舊址爲壇，而以屋覆之，名曰大祀殿。自是方丘之祭遂罷。永樂建天地壇於南郊，一如太祖更定之制。至嘉靖九年，議改諸祀。禮臣夏言因奏分祭天地本是古制，況壇於南郊，坎於北郊，就陰陽因高下，原無崇樹棟宇之文。至祖宗並配，舉行不於長至之日，而於孟春，俱不應古典。宜令羣臣博考會議，陛下稱制而裁定之，此中興大業也。」疏入，未報。給事中王汝梅等以言説非是，而霍韜詆之尤力。上怒，皆加切責，而又自爲説以示禮部。於是建方澤壇於安定門外，坐南向北，以高皇帝配，如洪武十年以前之制。潘簡肅潢議：「臣聞禮者體也，昔者聖人作《易》，設卦觀象，以乾爲天、爲君，爲父，以坤爲地、爲母、爲妻、爲臣，而系之曰：天尊地卑，乾坤定矣，卑高以陳，貴賤位矣。此禮所由生也。是故因天事天，祭地於郊，因地祀地，祭社於國。燔柴泰壇，崇效天地，瘞埋於泰折，異樂殊日，不與帝同牢，以卑法地。明王者父乾母坤，禮至而辨，示民嚴上焉。故孔子曰：天無二日，土無二王，禘嘗郊社，尊無二上。知其説者之於天下也，其如視諸斯乎！蓋慎之也。以此坊民，後世乃猶有合享分郊如新莽匡衡之云者，其於上也，不亦二乎？臣愚竊謂禮有貴多，亦有尚寡，文質無常，惟稱之適。圜丘不屋，致誠之極也，明堂大享，宜非所施，是故掃地之典，義不可曠。奕奕郊廟，列聖作之，踐位行禮，於今百祀，神靈之所依，祖宗精神之所聚，律之以春秋譏毁泉臺之法，而揆之以詩人勿剪勿拜之意，有其舉之，孰敢廢乎？是故大祀之殿義不可隳。按《尚書》、《孝經》、《春秋》，凡言郊不卜郊，郊祀用牲於郊，皆斷名之曰郊，不别云某郊，凡言郊以明天道，郊則天神格，祭天於郊，皆直繫之天，更不並云天地。是知祭天之外無郊，郊祭之中無地，易明也。匡衡徒見天子有兆於南郊之語，妄意祭地當於北郊，其言本孝經緯，於經無據。且北既陰方，地象母位，則郊配亦當以其類矣。嚴母莫大於配地，古有之乎？是故北郊之義，謬不可襲。王者受命有天下，謂之有土。是故古者天子大社，丘方五丈，封土五色，祭后土焉。凡封建諸侯則各割其方色之土，苴以白茅而錫之，使各立社，祭於其國，亦曰胙土。是天子太社五土，王社自祭畿內分土，諸侯獨得祭其方土而已。故曰：王者有分土祭天地，諸侯方祭祭土，而《尚書》、《周官》、《禮記》皆謂祭地曰社，或曰后土，曰冢土，祇曰大祇，亦曰地祇，又曰土示丘，方曰方丘，折曰泰折，天下之社莫大焉。曰大社，社所以明地道，列地利，命降乎社之謂殺地。社之爲大祇昭昭矣。自鄭玄諸儒牽附讖緯，誤分泰折爲祭崑崙，方丘爲祭神州，於是大社自爲五土之神，而夏至祭地別在北郊。夫五土之神非地而何？旅五帝獨非祭天耶？《周禮・宗伯》：甸師用牲於社，大祝大師大會同宜於社，小祝寇戎之事保郊祀於社，大司馬蒐田獻禽祭祇大合軍以先愷樂獻功於社，大司寇軍旅之事涖戮於社。類皆言社而不及稷。臣謂此天子大社也。張載曰：大社，王爲羣姓所立，必在國外；王社，王所自立，必在城内。夫大社既在國外，則小宗伯建國之神位，所謂右社稷左宗廟者，固王自立之社，而大社無稷矣。漢儒乃謂大社有稷，王社無稷，是無怪其以社爲地別體，而雜求諸泰折方丘，卒起後來紛紛之議。非胡宏、王炎諸臣相繼講正，流惑可勝慨乎？」

孫承澤《天府廣記》卷八《朝日壇》 朝日壇在朝陽門外，繚以垣牆。嘉靖九年建，西向，爲制一成。春分之日，祭大明之神，神西向。祭用太牢、玉，禮三獻，樂七奏，舞八佾。甲、丙、戊、庚、壬年，皇帝親祭，祭服拜跪，飲福受胙。餘年遣文大臣攝祭。壇方廣五丈，高五尺九寸，壇面用紅琉璃，階九級，俱白石。櫺星門西門外爲燎爐瘞池，西南爲具服殿，東北爲神庫、神厨，宰牲亭、燈庫、鐘樓，北爲遣官房，外爲天門二座，北天門外爲禮神坊，西天門外迤南爲陪祀齋宿房五十四間。護壇地一百畝。

孫承澤《天府廣記》卷八《夕月壇》 夕月壇在阜成門外，繚以垣牆。嘉靖九年建，東向，爲制一成。秋分之日，祭夜明之神，神東向。祭用牲、玉，獻舞如朝日儀，惟樂六奏，從祀二十八宿、木火土金水五星、周天星辰。丑、辰、未、戌年皇帝皮弁服親祀，亦如朝日儀，餘年遣武臣攝祭。壇方廣四丈，高四尺六寸，面白琉璃，階六級，俱白石。内櫺星門四，東門外爲瘞池，東北爲具服殿，南門外爲神庫，西南爲宰牲亭、神厨、祭器庫，北門外爲鐘樓、遣官房，外天門二座，東天門外北爲禮神坊。護壇地三十六畝。祭日之時以寅，祭月之時以亥。

孫承澤《天府廣記》卷八《先蠶壇》 先蠶壇，嘉靖中始建，在安定門外，後改於西苑。壇石包甎砌，方廣二丈六尺，高二尺四寸，四出陛。祭以歲仲春擇日，皇后祭。用少牢，禮三獻，樂六奏，去舞。公主、内外命婦陪祀。先期内尚儀奏祭祀，皇后内執事皆致齋，蠶宫令陳祭物，樂女生陳樂器。至日皇后乘肩輿出宫，至西華門升重翟車，女官奉鈎筐前行。至郊壇，皇后易禮服拜跪，瘞奠飲酒受胙如禮，畢，皇后易常服，遂視桑。

孫承澤《天府廣記》卷八《高禖臺》 高禖臺，明初無此祀。世宗嘉靖中始設木臺於皇城東永安門北震方。壇上昊天上帝南向，騂犢蒼璧，奉獻皇帝，配羊一、牛一、豕一，高禖臺壇下西向，牛一、羊一、豕一，禮三獻，樂九奏，陳八佾。皇帝位壇下北向，后妃位壇南數十丈外北向，用帷。壇下陳弓矢弧韣，如后妃嬪之數。祭畢，女官導后妃嬪至高禖前，跪取弓矢授后妃嬪，后妃嬪受而納於弧韣。

孫承澤《春明夢餘録》卷一四《天壇》 天壇，在正陽門南之左，永樂十八年建，繚以垣墻，周迴九里三十步。初遵洪武合祀天地之制，稱爲天地壇。後既分祀，乃始專稱天壇。按吴元年，建圜丘，以冬至祀昊天上帝；建方丘，以夏至祀皇地祇。及即位，猶分祀如故。至洪武十年，因風雨不時，災異時見，覽京房《災異對》，始定合祀禮，採古明堂遺制，即圜丘舊壝作大祀殿，壇而屋之，罷方丘，而是歲即奉天殿行焉。十二年，殿成，祀昊天上帝、皇地祇位，南嚮。仁祖配，西嚮從祀。丹墀四壇：曰大明，曰夜明，曰星辰，又曰星辰；内壝外二十壇：曰五嶽壇五，中嶽壇以鍾山附，曰五鎮壇五，曰四海壇四，曰四瀆，曰風雲雷雨，曰山川，曰太歲，曰天下神祇，曰歷代帝王，各壇一，凡二十四壇，大臣分獻。因命太常每歲祭天地于首春三陽交泰之時。二十一年，增修壇壝，殿丹墀中疊石爲臺，東西相向，爲壇四，内壝外爲壇二十，亦東西相向。罷朝日、夕月、禜星之祭，并罷太歲、風雲雷雨、嶽鎮、海瀆、山川、月將、城隍、歷代帝王之春祭。建文元年，撤仁祖位，奉太祖配。永樂十八年，京師大祀殿成，規制如南，行禮如前儀，增附天壽山於北嶽壇。洪熙元年，增文皇帝配位太祖下。嘉靖九年，從給事中夏言之議，遂於大祀殿之南建圜丘，爲制三成。祭時上帝南向，太祖西向，俱一成上。其從祀四壇：東一壇大明，西一壇夜明，東二壇二十八宿，西二壇風雲雷雨，俱二成上。別建地祇壇。壇制：一成面徑五丈九尺，高八尺一寸；二成面徑九丈，高八尺一寸；三成面徑十二丈，高八尺一寸。各成面甎用一九七五陽數，及周圍欄板、柱子皆青色琉璃。四出陛，各九級，白石爲之。内壝圓墻九十七丈七尺五寸，高八尺一寸，厚二尺七寸五分。櫺星石門六，正南三，東、西、北各一。外壝方墻二百四丈八尺五寸，高九尺一寸，厚二尺七寸。櫺星門如前。又外圍方墻爲門四：南曰昭亨，東曰泰元，西曰廣利，北曰成貞。内櫺星門南門外東南砌緑磁燎爐，傍毛血池，西南望燈臺長竿懸大燈。外櫺星門南門外左設具服臺，東門外建神庫、神厨、祭器庫、宰牲亭，北門外正北建泰神殿，後改爲皇穹宇，藏上帝太祖之神版，翼以兩廡，藏從祀之神牌，又西爲鑾駕庫，又西爲犧牲所，北爲神樂觀，北曰成貞門，外爲齋宫，迤西爲壇門。壇稍北，有舊天地壇在焉，即大祀殿也。嘉靖二十二年，改爲大享殿。殿後爲皇乾殿，以藏神版。以歲孟春上辛日祀上帝于大享殿，舉祈穀禮；季秋行大享禮，以二祖並配；至郊祀，專奉太祖配。十年，改以啓蟄日行祈穀禮于圜丘，仍止奉太祖配。十七年，改昊天上帝稱皇天上帝。是年，欲倣明堂之制，宗祀皇考，以配上帝，詔舉大享禮于玄極寶殿，奉睿宗獻皇帝配。玄極寶殿者，大内欽安殿也。殿在乾清宫垣後。隆慶元年，罷大享祈穀禮，玄極殿仍改爲欽安殿。圜丘泰元門東有崇雩壇，爲制一成，東爲神庫。嘉靖中，時以孟夏後祭天禱雨，祈穀壇成，未行而罷。

孫承澤《春明夢餘録》卷一九《社稷壇》　社稷壇，在闕之右，與太廟對。壇制二成，四面石階，各三級。上成用五色土，隨方築之。壇西砌瘞位，四面開櫺星門。西門外西南建神庫，庫南爲神厨；北門外爲拜殿。外天門四座，西門外南爲宰牲亭。

洪武元年，命儒臣定諸祀典。李善長等進社稷議曰：周制，小宗伯掌建國之神位，右社稷，左宗廟。社稷之祀，壇而不屋，必受霜、露、風、雨，以接天地之氣。凡起大事，動大衆，必先於社而後出。其禮可謂重矣。蓋古者天子社以祭五土之祇，稷以祭五穀之神。其制，在中門之外，外門之内，尊而親之，與先祖等。人非土不立，非穀不食，以其同功均利以養人，故祭社必及稷，所以爲天下祈福報功之道也。然天子有三社：爲羣姓而立者曰大社，其自爲立者曰王社；有所謂勝國之社，屋之不受天陽，國雖亡而存之，以重神也。後世天子之禮，惟立大社、大稷以祀之。社皆配以句龍，稷皆配以周棄。漢因高祖除亡秦社稷，立官大社、大稷，一歲各再祀。光武立大社、大稷於雒陽，在宗廟之右，春、秋二仲及臘，一歲三祀。唐因隋制，並建社稷爲大祀，仍以四時致祭。宋制，每歲以春、秋二仲月及臘日祭之。元世祖營社稷於和義門内少南，以春、秋二仲月上戊日致祭。今宜祀以春、秋仲月上戊日。皆從之。上親祭大社、大稷。大社設正位，在東，配以后土，西向；大稷設正位，在西，配以后稷，東向。各用玉兩邸，幣黑色。特用犢一、羊一、豕一，籩豆各十。后土、后稷位並同，不用玉。祭畢，賜羣臣享胙於奉天門。復議社稷壇創屋以備風雨。學士陶安奏：考諸禮天子大社，必受風、雨、霜、露，以達天地之氣，若亡國之社，則屋之，不受天陽也。今於壇創屋非宜。若祭而遇風雨，則於齋宫望祭。上是之。

帝社、帝稷，在西苑豳風亭之西，嘉靖十年建。其壇址高六尺，方廣二丈五尺，甃以細甎，實以浄土，繚以土垣。北爲櫺星門，高六尺八寸。神位以木爲之，各高一尺八寸，廣三寸，題曰帝社之神、帝稷之神，俱朱漆質金書。壇之南置石龕以藏神位，高六尺，廣二尺。壇之西爲祭器庫、樂器庫。壇之北樹二坊以表之，曰帝社街。每歲以仲春、秋次戊日，上躬行祈報禮。如次戊日在望日，則以上己日。臨期，命文武大臣十二員陪拜。建恒裕倉，儲以供粢盛。隆慶元年，禮官議罷。

孫承澤《春明夢餘録》卷二一《都城隍廟》　都城隍廟，在都城之西，永樂中建。中爲大威靈祠，後爲寢祠，左右爲二司，兩廡爲十八司。前爲闡威門，外左、右爲鐘鼓樓。又前爲順德門，又前爲都城隍門。廟中有石刻「北平府」三大字。按洪武二年，以《周禮》有司民之祭，封京師都城隍祭之。三年，正城隍神號，去封爵，命春、秋從祀于山川壇。三十年，改建廟。詔劉三吾曰：「朕設京師城隍，俾統各府、州、縣之神，以監察民之善惡而禍福之，俾幽明舉，不得僥倖而免，其書所由于石。」二十一年，復以從祀大祀殿，罷山川壇奉祭，惟仲秋祭。嘉靖九年，罷山川壇從祀，歲仲秋月，遣太常官祭。

高士奇《金鰲退食筆記》卷下　親蠶殿，在萬壽宫西南。有齋宫具服殿，蠶室繭館，皆如古制。蠶壇方可二丈六尺，叠二級，高二尺六寸，陛四出，東西北俱樹以桑柘。採桑臺高一尺四寸，廣一丈四尺。又有鑾駕庫，五間，墻圍方八十餘丈。按《明世宗實録》：禮部上言，皇后出郊親蠶不便。是日，召大學士張孚敬令與尚書李時議移之西苑。晡時，駕幸西苑，召二臣至太液池，使中官操舟渡之，入見于舊仁壽宫。上曰：「朕惟農桑重務，欲于宫前建土穀壇，宫後爲蠶壇，以時省觀，卿等視其可否？」二臣趨出視地。駕轉昭和殿，期二臣于此。昭和殿，今之瀛臺也。

《明史》卷四七《禮志一・壇壝之制》　明初，建圜丘於正陽門外，鍾山之陽，方丘於太平門外，鍾山之陰。圜丘壇二成。上成廣七丈，高八尺一寸，四出陛，各九級，正南廣九尺五寸，東、西、北八尺一寸。下成周圍壇面，縱横皆廣五丈，高視上成，陛皆九級，正南廣一丈二尺五寸，東、西、北殺五寸五分。甃磚闌楯，皆以琉璃爲之。壝去壇十五丈，高八尺一寸，四面靈星門，南三門，東、西、北各一。外垣去壝十五丈，門制同。天下神祇壇在東門外。神庫五楹，在外垣北，南向。厨房五楹，在外壇東北，西向。庫房五楹，南向。宰牲房三楹，天池一，又在外庫房之北。執事齋舍，在壇外垣之東南。坊二，在外門外横甬道之東西。燎壇在内壝外東南丙地，高九尺，廣七尺，開上南出户。方丘壇二成。上成，廣六丈，高六尺，四出陛，南一丈，東、西、北八尺，皆八級。下成，四面各廣二丈四尺，高六尺，四出陛，南丈二尺，東、西、北一丈，皆八級。壝去壇十五丈，高六尺。外垣四面各六十四丈，餘制同。南郊有浴室，瘞坎在内壝外壬地。

洪武四年改築圜丘。上成廣四丈五尺，高五尺二寸。下成每面廣一丈六尺五寸，高四尺九寸。二成通徑七丈八尺。壇至内壝牆，四面各九丈八尺五寸。内壝牆至外壝牆，南十三丈九尺四寸，北十一丈，東、西各十一丈七尺。方丘，上成廣三丈九尺四寸，高三尺九寸。下成每面廣丈五尺五寸，高三尺八寸，通徑七丈四寸。壇至内壝牆，四面皆八丈九尺五寸。内壝牆至外壝牆，四面各八丈二尺。

十年改定合祀之典。即圜丘舊制，而以屋覆之，名曰大祀殿，凡十二楹。中石臺設上帝、皇地祇座。東、西廣三十二楹。正南大祀門六楹，接以步廊，與殿廡通。殿後天庫六楹。瓦皆黄琉璃。廚庫在殿東北，宰牲亭井在廚東北，皆以步廊通殿兩廡，後繚以圍牆。南爲石門三洞以達大祀門，謂之内壇。外周垣九里三十步，石門三洞南爲甬道三，中神道，左御道，右王道。道兩旁稍低，爲從官之地。齋宫在外垣内西南，東向。其後殿瓦易青琉璃。二十一年增修壇壝，壇後樹松柏，外壝東南鑿池二十區，冬月伐冰藏凌陰，以供夏秋祭祀之用。成祖遷都北京，如其制。

嘉靖九年復改分祀。建圜丘壇於正陽門外五里許，大祀殿之南，方澤壇於安定門外之東。圜丘二成，壇面及欄俱青琉璃，邊角用白玉石，高廣尺寸皆遵祖制，而神路轉遠。内門四。南門外燎爐毛血池，西南望燎臺。外門亦四。南門外左具服臺，東門外神庫、神廚、祭器庫、宰牲亭，北門外正北泰神殿。正殿以藏上帝、太祖之主，配殿以藏從祀諸神之主。外建四天門。東曰泰元，南曰昭亨，西曰廣利。又西鑾駕庫，又西犧牲所，其北神樂觀。北曰成貞。北門外西北爲齋宫，迤西爲壇門。壇北，舊天地壇，即大祀殿也。十七年撤之，又改泰神殿曰皇穹宇。二十四年又即故大祀殿之址，建大享殿。方澤亦二成，壇面黄琉璃，陛增爲九級，用白石圍以方坎。内，北門外西瘞位，東燈臺，南門外皇祇室。外，西門外迤西神庫、神廚、宰牲亭、祭器庫，北門外西北齋宫。又外建四天門，西門外北爲鑾駕庫、遣官房、内陪祀官房。又外爲壇門，門外爲泰折街牌坊，護壇地千四百餘畝。

太社稷壇，在宫城西南，東西峙，明初建。廣五丈，高五尺，四出陛，皆五級。壇土五色隨其方，黄土覆之。壇相去五丈，壇南皆樹松。二壇同一壝，方廣三十丈，高五尺，甃磚，四門飾色隨其方。周垣四門，南靈星門三，北戟門五，東西戟門三。戟門各列戟二十四。洪武十年改壇午門右，社稷共一壇，爲二成。上成廣五丈，下成廣五丈三尺，崇五尺。外壝崇五尺，四面各十九丈有奇。外垣東西六十六丈有奇，南北八十六丈有奇。垣北三門，門外爲祭殿，其北爲拜殿。外復爲三門，垣東、西、南門各一。永樂中，建壇北京，如其制。帝社稷壇在西苑，壇址高六寸，方廣二丈五尺，甃細磚，實以浄土。壇北樹二坊，曰社街。王國社稷壇，高廣殺太社稷十之三。府、州、縣社稷壇，廣殺十之五，高殺十之四，陛三級。後皆定同壇合祭，如京師。

朝日、夕月壇，洪武三年建。朝日壇高八尺，夕月壇高六尺，俱方廣四丈。兩壝，壝各二十五步。二十一年罷。嘉靖九年復建，壇各一成。朝日壇紅琉璃，夕月壇用白。朝日壇陛九級，夕月壇六級，俱白石。各建天門二。

先農壇，高五尺，廣五丈，四出陛。御耕耤位，高三尺，廣二丈五尺，四出陛。

山川壇，洪武九年建。正殿、拜殿各八楹，東西廡二十四楹。西南先農壇，東南具服殿，殿南耤田壇，東旗纛廟，後爲神倉。周垣七百餘丈，垣内地歲種穀蔬，供祀事。嘉靖十年，改名天神地祇壇，分列左右。

太歲壇與嶽瀆同。嶽鎮海瀆山川城隍壇，據高阜，南向，高二尺五寸，方廣十倍，四出陛，南向五級，東西北三級。王國山川壇，高四尺，四出陛，方三丈五尺。天下山川所在壇，高三尺，四出陛，三級，方二丈五尺。

《明史》卷四九《禮志三・社稷》 社稷之祀，自京師以及王國府州縣皆有之。其壇在宫城西南者，曰太社稷。明初建太社在東，太稷在西，壇皆北向。洪武元年，中書省臣定議：「周制，小宗伯掌建國之神位，右社稷，左宗廟。社稷之祀，壇而不屋。其制在中門之外，外門之内。尊而親之，與先祖等。然天子有三社。爲羣姓立者曰太社。其自爲立者曰王社。又勝國之社屋之，國雖亡而存之，以重神也。後世天子惟立太社、太稷。漢高祖立官太社、太稷，一歲各再祀。光武立太社稷於洛陽宗廟之右，春秋二仲月及臘，一歲三祀。唐因隋制，並建社稷於含光門右，仲春、秋戊日祭之。玄宗升社稷爲大祀，仍令四時致祭。宋制如東漢時。元世祖營社稷於和義門内，以春秋二仲上戊日祭。今宜祀以春秋二仲月上戊日。」是年二月，太祖親祀太社、太稷。社配以后土，西向。稷配以后稷，東向。帝服皮弁服，省牲；通天冠、絳紗袍，行三獻禮。初，帝命中書省翰林院議創屋，備風雨。學士陶安言：「天子太社必受風雨霜露。亡國之社則屋之，不受天陽也。建屋非宜。若遇風雨，則請於齋宮望祭。」從之。三年，於壇北建祭殿五間，又北建拜殿五間，以備風雨。【略】

中都亦有太社壇，洪武四年建。取五方土以築。直隸、河南進黄土，浙江、福建、廣東、廣西進赤土，江西、湖廣、陝西進白土，山東進青土，北平進黑土。天下府縣千三百餘城，各土百觔，取於名山高爽之地。

王國社稷，洪武四年定。十一年，禮臣言：「太社稷既同壇合祭，王國各府州縣亦宜同壇，稱國社國稷之神，不設配位。」詔可。十三年九月復定制兩壇一壝如初式。十八年定王國祭社稷山川等儀，行十二拜禮。

府州縣社稷，洪武元年頒壇制於天下郡邑，俱設於本城西北，右社左稷。十一年，定同壇合祭如京師。獻官以守禦武臣爲初獻，文官爲亞獻、終獻。十三年，溧水縣祭社稷，以牛醢代鹿醢。禮部言：「定制，祭物缺者許以他物代。」帝曰：「所謂缺者，以非土地所産。溧水固有鹿，是有司故爲苟簡也。百司所以能理其職而盡民事者，以其常存敬懼之心耳。神猶忽之，於人事又何懼焉。」命論如律。乃敕禮部下天下郡邑，凡祭祀必備物，苟非地産、無從市鬻者，聽其缺。十四年令三獻皆以文職長官，武官不與。

里社，每里一百户立壇一所，祀五土五穀之神。

姚之駰《元明事類鈔》卷二九《宫室門》 夏言疏：圜丘之制，臣與匠民商確，以爲三成闌干，四旁轉角，宜用白玉石爲之。至於壇面墁甎，周遭墻基砌甎，悉用青色琉璃，庶可圖久。

清

《清會典》卷七一《壇廟》 凡壇廟規制，圜丘在正陽門外南郊，形圓，象天，南嚮，三成：上成徑九丈，高五尺七寸；二成徑十有五丈，高五尺二寸；三成徑二十一丈，高五尺。上成石面九重，自一九環甃遞加至九九；二成自九十遞加至百六十有二，三成自百七十有一遞加至二百四十有三，合一三五七九陽數。每成四出陛，皆白石九級。上成石闌七十有二，二成百有八，三成百八十，合三百六十周天之度，柱如之。内壝形圓，周百有六丈四尺，高五尺九寸。壝門四，皆六柱，三門柱及楣閾皆白石，扉皆朱櫺。壝外東南内地燔柴鑪一，高九尺，徑七尺，甃以緑琉璃。瘞坎一，東南燎鑪五，西南鐙杆三。外壝形方，周二百十丈一尺，高八尺六寸，門制與内壝同。燎鑪四，分設於壝東西門之左右。壝北門後爲皇穹宇，南嚮，環轉八柱，圓檐，上安金頂。基高九尺，徑五丈九尺九寸，石闌四十有九。東、西、南三出陛，各十有四級。左右廡各五間，一出陛。殿廡覆瓦均青色琉璃。圍垣形圓，周五十六丈六尺八寸，高丈有八寸。南設三門，崇基石闌。前後三出陛，各五級。外壝東門外東北隅，神庫、神厨各五間，井亭一，祭器庫、樂器庫、稷薦庫各三間。又東爲宰牲亭、井亭各一。壝外内垣門四，東曰泰元，南曰昭亨，西曰廣利，北曰成貞，皆朱扉，金釘縱横各九。昭亨門外，東西石坊各一。

《清會典》卷七一《壇廟》 祈年殿，在成貞門北。壇圓，三成，南嚮。上成徑二十一丈五尺，二成徑二十三丈二尺六寸，三成徑二十五丈。面甃金甎，圍以石，石闌四百二十。南、北三出陛，東、西一出陛，上成、二成各九級，三成十級。壇上建祈年殿，制圓。内、外柱各十有二，中龍井柱四，檐三重，上安金頂。左、右廡各九間，均覆青琉璃。前爲祈年門，崇基石闌。前、後三出陛，各十有一級。門外東南燔柴鑪一，瘞坎一，燎鑪五，制如圜丘。内壝周百九十丈七尺二寸，門四。北門後爲皇乾殿五間，上覆青琉璃，南嚮。正面三出陛，東、西一出陛，各九級。石闌五十有九。内壝東門外長廊七十二間，二十七間至神厨、井亭，又四十五間至宰牲亭。爲祭時進俎豆、避雨雪之用。壝外圍垣，東、西、北三面各有門，南接成貞門。成貞門外西北爲齋宫，東嚮，正殿五間。崇基石闌，三出陛。陛前左設齋戒銅人石亭一，右設時辰牌石亭一。後殿五間，左、右配殿各三間。内宫牆方百二十三丈九尺九寸，中三門，左、右各一門。牆外環池，前跨石梁三，左右各一。東北隅鐘樓一。外宫牆方二百九十八丈二尺，環以迴廊一百六十三間。復遶以深池，宫門、石梁均與内同。廣利門外西北爲神樂署，東嚮，大門三間。中凝禧殿五間，後顯佑殿七間。凡奉祀、協律各廨舍，均連檐通脊，分設廊廡中。西爲犧牲所，大門三間，南嚮，房九十三間。中祀犧牲之神，後爲官署，東、西列屋以飼牲牽。外垣内西南鐘樓一。

圜丘、祈年殿共圍垣二重。内垣高丈一尺，址厚九尺，頂厚七尺，周千二百八十六丈一尺五寸。外垣高丈一尺五寸，址厚八尺，頂厚六尺，周千九百八十七丈五尺。西嚮門二，南北並列，南入圜丘，北入祈年殿。皆三門，角門一。

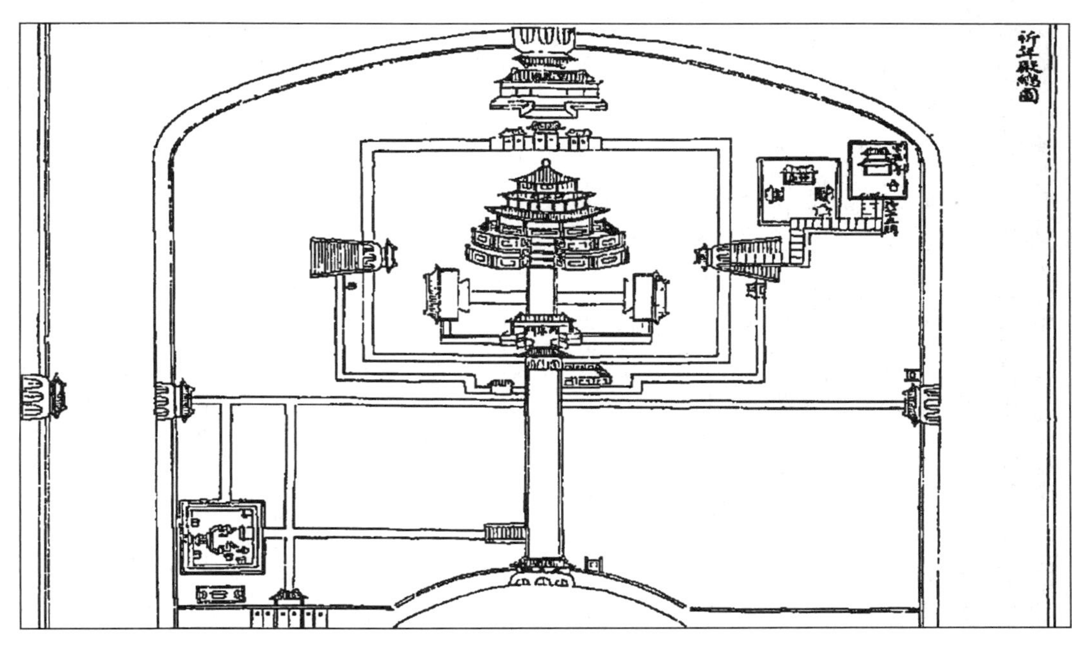

《清會典》卷三七《祈年殿總圖》

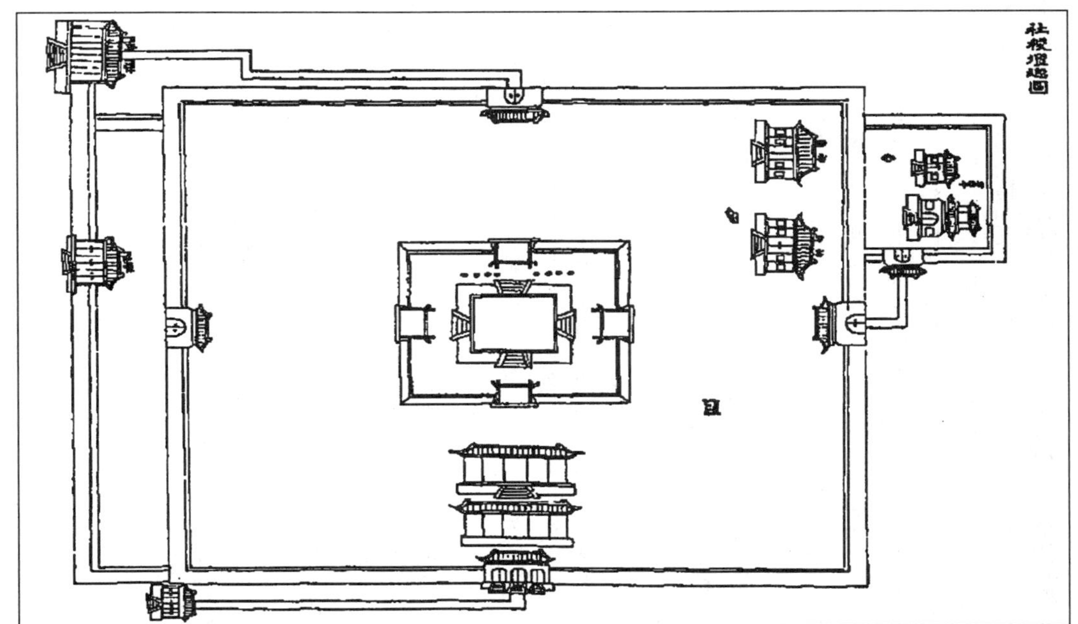

《清會典》卷四三《社稷壇總圖》

《清會典》卷七一《壇廟》　方澤在安定門外北郊。形方象地，方折四十九丈四尺四寸，深八尺六寸，闊六尺，澤中貯水。方丘北嚮，二成，上成方六丈，下成方十丈六尺，均高六尺。上成正中六六方甃，外八方均以八八積成縱橫各二十四路。二成倍上成八方八八之數，半徑各八路，以合六八陰數。皆甃以黄色琉璃。每成四出陛，各八級，皆白石。二成上南左、右設五嶽、五鎮五陵山石座，鑿山形；北左、右設四海、四瀆石座，鑿水形；均東西嚮。水形座下鑿池貯水以祭。内壝方二十七丈二尺，高六尺，厚二尺。壝北三門六柱，東、西、南各一門二柱，柱及楣閾皆白石，扉皆朱櫺。壝北門外，東北鐙杆一，西北瘞坎一，燎鑪五。外壝方四十二丈，高八尺，厚二尺四寸，門制與内壝同。東、西門内從壇瘞坎，南北各二。壝南門後皇祇室五間，北嚮，覆黄琉璃。圍垣正方，周四十四丈八尺，高丈一尺，北嚮設一門。外壝西門外神庫、神厨、祭器庫、樂器庫各五間，井亭二。又西爲宰牲亭，亭前井亭左、右各一。西北爲齋宫，東嚮，正殿七間。崇基石闌，五出陛。左右配殿各七間。内宫門三間，左、右門各一。外宫牆周百有十丈二尺，門三，東嚮。門東北鐘樓一。壇内垣周五百四十九丈四尺，北、西各三門，東、南各一門。外垣周七百六十五丈，西嚮門三，角門一。

社稷壇在闕右。壇制方，北嚮，二成，高四尺。上成方五丈，二成方五丈三尺，四出陛，各四級，皆白石。上成以五色土辨方分築。内壝方七十六丈四尺，高四尺，厚二尺，甃以四色琉璃甎，各隨方色；覆瓦亦如之。門四，各二柱。柱及楣閾皆白石，扉皆朱櫺。内壝西北瘞坎二。壇北拜殿，戟門各五門，戟門列戟七十有二，均上覆黄琉璃，前、後各三出陛。内壝西南，神庫、神厨各五間，井一。壇垣周二百六十八丈四尺，内外丹雘，覆以黄琉璃。北三門，東、西、南各一門。西門外宰牲亭一，井一。壇北門外東北隅正門一，左、右門各一。南門外，東南社稷街門五間，東北社稷左門三間，均東嚮。

日壇在朝陽門外東郊，制方，西嚮，一成。方五丈，高五尺九寸，面甃金甎。四出陛，皆白石，各九級。圓壝周七十六丈五尺，高八尺一寸，厚二尺三寸。壝正西三門六柱，東、南、北各一門二柱，柱及楣閾皆白石，扉皆朱櫺。壝西門外燎鑪一，瘞坎一，西北鐘樓一。壝北門外，東爲神庫、神厨各三間，宰牲亭、井亭各一；北爲祭器庫、樂器庫、樱薦庫各三間；西北爲具服殿正殿三間，南嚮；左、右配殿各三間，衛以宫牆，宫門三，南嚮。壇垣周二百九十丈五尺，西、北各門一，皆三門；北門西角門一，覆瓦均緑色琉璃。

月壇在阜成門外西郊，制方，東嚮，一成。方四丈，高四尺六寸，面甃金甎。四出陛，皆白石，各六級。方壝周九十四丈七尺，高八尺，厚二尺二寸。壝正東三門六柱，西、南、北各一門二柱，柱及楣閾皆白石，扉皆朱櫺。壝東門、北門外燎鑪各一，瘞坎一，東北鐘樓一。壝南門外，西爲神庫、神厨各三間，宰牲亭、井亭各一；南爲祭器庫、樂器庫各三間；東北爲具服殿正殿三間，南嚮；左、右配殿各三間，衛以宫牆，宫門三，南嚮。壇垣周二百三十五丈九尺五寸，東、北各門一，皆三門；北門東角門一，覆瓦均緑色琉璃。【略】

先農壇在正陽門外西南，制方，南嚮，一成。方四丈七尺，高四尺五寸，四出陛，各八級。東南爲瘞坎，壇北爲殿五間，以藏神牌。東神庫，西神厨，各五間。左、右井亭各一。東南爲觀耕臺，方廣五丈，高五尺，面甃金甎，四圍黄緑琉璃。南、東、西三出陛，各八級，繞以白石闌柱。前爲耤田，後爲具服殿五間，南嚮，三出陛，南九級，東、西各七級。東北爲神倉，中廪制圓，前爲收穀亭，左、右倉十有二間。後爲祭器庫。繚以周垣，南門一。

太歲殿在先農壇之東北。正殿七間，南嚮。三出陛，各六級。東、西廡各十有一間，前爲拜殿七間，拜殿東南燎鑪一。壇内垣南、北、東、西各三門。

神祇壇在先農壇内垣外之東南，正南三門，繚以重垣。東爲天神壇，制方，南嚮，一成。方五丈，高四尺五寸五分，四出陛，各九級。壇北設青白石龕四，鏤以雲形，各高九尺二寸五分，祀雲、雨、風、雷之神。壝方二十四丈，高五尺五寸。壝正南三門六柱，東、西、北各一門二柱，柱及楣閾皆白石，扉皆朱櫺。西爲地祇壇，制方，北嚮，一成。廣十丈，縱六丈，高四尺，四出陛，各六級。壇南設青白石龕五，内鏤山形者三，祭五嶽五鎮五山之祇。鏤水形者二，龕下四圍鑿池，祭則貯水，祭四海四瀆之祇。各高八尺二寸。壇東從位石龕山、水形各一，祭京畿名山大川之祇；西從位石龕山、水形各一，祭天下名山大川之祇；各高七尺六寸。壝方二十四丈，高五尺五寸。壝正北三門六柱，東、西、南各一門二柱，柱及楣閾皆白石，扉皆朱櫺。壇内垣東門外，北爲慶成宫，南嚮，正殿五間。崇基石闌，前、左、右三出陛，各九級。後殿五間，左、右配殿各三間。正殿前時辰牌石亭一。内宫牆南三門，東、西掖門各一。外宫牆南中三門，左、右各一門。東南鐘樓一。壇外垣周千三百六十八丈，東嚮門二，南北並列，南入先農壇，北入太歲殿，皆三門，角門一。

先蠶壇在西苑之東北，制方，南嚮，一成。徑四丈，高四尺，四出陛，各十級。

西北爲瘞坎。壇東南先蠶神殿三間，西嚮，朱扉，覆以緑琉璃。崇基，三出陛。左、右宰牲亭一，井亭一。北爲神庫，南爲神厨，各三間。壇東爲採桑臺，方廣三丈二尺，高四尺，臺面甃以金甎，圍以白石。南、東、西三出陛，各十級，繞以朱闌，前爲桑園。採桑臺後爲具服殿五間，南嚮，三出陛，各五級。東、西配殿各三間，後殿五間。東西配殿各三間，四周迴廊二十間，均覆以緑琉璃。宫牆自殿南東西轉北抵外垣，東、南、西各一門。浴蠶河在宫牆東，自外圍北垣流入，由南垣出。垣下各設牐啓閉。木橋二，橋東蠶署三間，蠶室二十七間，連檐通脊，均西嚮。壇垣周百六十丈。西南隅正門三，左、右門各一，西北隅角門一。壇垣南室二重，各五間，均西嚮。【略】

火神廟在地安門外。繚以周垣，廟門一間，東嚮。左、右門各一，内爲牌坊門。正殿三間，南嚮。西廡三間，東嚮。南殿三間，左、右各三間，東、西廡各一間，燎鑪一。正殿後閣五間，東、西各三間。後羣樓十有五間。廟門内南、北鐘鼓樓各一，廟門外牌坊一。門樓覆黄緑琉璃，殿覆緑琉璃，門楹丹雘，梁棟五采。

都城隍廟在宣武門内，南嚮。繚以周垣，廟門、順德門、闡威門凡三重，均三間，左、右門各一。前殿五間，東、西兩廡各三間，迴廊各二十二間，連檐通脊，前爲甬道。東御碑亭一，西燎鑪一。後殿五間。闡威門外，東爲治牲所三間，井亭一間；南東、西鐘鼓樓各一。凡殿宇、門廡覆甋瓦，門楹丹雘，梁棟五采。

東嶽廟在朝陽門外，南嚮。内、外圍垣二重，廟門三間，牌坊門三間，瞻岱門五間。正殿七間，兩廡各三間，迴廊各三十六間，連檐通脊，前爲甬道。左、右御碑亭各一，燎鑪二，左、右牆門各一。後殿五間，東西廡各三間，迴廊各七間，三面環樓三十三間。廟門内鐘、鼓樓各一，廟門外石梁三，左、右鐵獅各一，前建琉璃坊，東、西牌坊各一。凡殿宇、門廡均甋瓦，緑琉璃邊，門楹丹雘，梁棟五采。御碑亭覆黄琉璃，鐘鼓樓覆緑琉璃。

黑龍潭龍神廟在京西北三十里金山之西。正殿三間，東嚮，崇臺朱闌。殿左燎鑪一，前爲廟門，繚以朱垣。門外御碑亭二。又前爲牌坊，左、右碑亭各一。東北爲龍潭，水從山峽流出。繞潭迴廊三十三間，潭南小潭一，其外爲大門。自殿至大門凡五層，磴道百級。御碑亭、正殿、廟門、牌坊均覆以黄琉璃，餘均甋瓦，門楹丹雘，梁棟五采。神厨、治牲所皆在廟外之右。

玉泉龍神祠在京西玉泉山之麓。正殿三間，東嚮，覆以黄琉璃，門楹丹雘，梁棟飾以金碧。其下玉泉趵突，蕩漾成湖。殿階上下左右，御書碑各二，燎鑪一。

先醫廟在太醫院署内之左。圍垣一重，廟門一間，咸濟門三間，左、右更衣室各三間。景惠殿三間，南嚮。左、右步廊六間，東、西廡各五間，廟門南燎鑪一。凡正殿、門廡覆甋瓦，門楹丹雘，梁棟五采。

《清會典則例》卷一二六《工部・營繕清吏司・壇廟・規制》 圜丘在正陽門外。制圓，南嚮。三成，上成面徑五丈九尺，高八尺；二成面徑九丈，高八尺一寸；三成面徑十有二丈，高八尺一寸。每成面甎用一九七五陽數，周圍闌版及柱皆青色琉璃，四出陛，各九級，白石爲之。内壝周九十七丈七尺五寸，高八尺一寸，厚二尺七寸五分，四面皆三門。楔閾皆制以石，朱扉有欞。門外各石柱二；緑色琉璃燔柴鑪一，瘞坎一。外壝方二百四丈八尺五寸，高九尺一寸，厚二尺七寸，門制如前。高用周尺，餘用今尺。下同。 皇穹宇在圜丘後。制圓，八柱，旋轉重檐，上安金頂。基周十有三丈七寸，高九尺；闌版高三尺六寸。東、西、南三出陛，各十有四級。左、右廡各五間，一出陛，皆七級。殿廡闌檻均青色琉璃。圍垣周五十六丈六尺八寸，高丈有八寸，門三，南嚮。壇外壝門外東北爲神庫五間，南嚮。神厨五間；井亭一，六角，閑以朱欞，均西嚮。垣一，重間一，南嚮。祭器庫、樂器庫、椶薦庫，各三門，西嚮。垣一，重間一，南嚮。宰牲亭三門，南嚮。井亭一，六角，閑以朱欞，西嚮。垣一，重門一，南嚮。壇内垣東、西、南皆方正，北爲圓形；設四門，東曰泰元，南曰昭亨，西曰廣利，北曰成貞，皆三門。廣利門南角門一，昭亨門外東、西石牌坊各一；成貞門西大門一，左、右門各一，爲車駕詣壇宿齋宫出入之門。

祈年殿舊名大享殿。乾隆十六年改今名。在圜丘北。制圓，南嚮。外柱十有二，内柱十有二，中龍井柱四。圓頂三層，上覆青色，中黄色，下緑色琉璃；上安金頂。殿基三成，衛以白石闌版，南、北各三出陛，東、西各一出陛；上二成，各九級；三成，各十級。東、西兩廡二重，前各九間，後各七間，均覆緑琉璃。前爲祈年門，舊爲大享門。乾隆十六年改今名。五間，亦覆緑琉璃，崇基石闌，前後三出陛，各十有一級。門東南緑色琉璃燔柴鑪一，瘞坎一，南嚮。内壝方一百九十丈七尺二寸，東、西、南甎門三，各三門；北琉璃門三座。後爲皇乾殿，南嚮，五間。上覆青琉璃，下衛石闌。五出陛，各九級。東甎門外廊房七十二間，聯檐通脊。北爲神庫五間，南嚮。左右神厨各五間，東西嚮。井亭一，六角，閑以朱欞，西嚮。垣一，重門一，東爲宰牲亭五間，南嚮。井亭一，六角，閑以朱欞，西嚮。垣一，重門一，均南嚮。齋宮在成貞門外西北，東嚮。正殿五間，崇基石闌，三出陛，正面十有三級，左、右各十有五級。陛前設齋戒銅人石亭一，時辰牌石亭一。後殿五間，左右配殿各三間。內宮牆方一百二十三丈九尺九寸，中三門，左右各一門；宮門前跨三石梁，左右各一梁；鐘樓一座，迴廊一百六十三間。外宮牆方一百九十八丈二尺二寸，宮門、石梁均與內圍同。祈年殿內垣南接圜丘，東、西環轉至北爲圓形，東、西、北壇門各三間，西門南角門一。壇內垣共周千二百八十六丈一尺五寸，高丈一尺，趾厚九尺，頂厚七尺；壇門七座，每座三間。神樂署，舊名神樂觀。乾隆二十年改今名。東嚮。正中凝禧殿五間，舊名太和殿。康熙十二年改今名。崇基，三出陛，各六級，左、右步廊各二間。後顯佑殿七間，左、右各三間。殿後袍服庫二十三間，典禮署、奉祀堂南、北各三間，左、右門各三間。左門東通贊房、恪恭堂各三間，正倫堂、候公堂各五間，南轉穆佾所三間；右門東掌樂房、協律堂各三間，教師房、伶倫堂各五間，北轉昭佾所三間。前後均聯檐通脊。正門三間，三出陛，各四級。圍牆東西四十四丈四尺，南北二十丈七尺二寸。犧牲所，南嚮。大門三間，內花門一座，正房十有一間，中三間奉犧牲之神。左、右牧夫房各二間，牛房各二間。後屋十有六間，內滿漢所牧房各三間，所軍房一間，貯草房五間，草夫房四間。東邊兩重四十八間，內貯料房二間，貯草房三間，牛房十有五間，羊房五間，鹿房二十間，兔房三間。西邊一重十有五間，內庫房一間，泡料房、磨房各二間，豖房五間，牛房五間。鹿檻牛枋均分列屋之左右。西北隅官廳三間，東嚮，井一，北門一間。圍牆東西五十二丈，南北五十二丈五尺。壇外垣前方後圓周千九百八十七丈五尺，高一丈一尺五寸，趾厚八尺，頂厚六尺；西嚮門一，三門，角門一。

方澤在安定門外。制方，澤周四十九丈四尺四寸，深八尺六寸，闊六尺。祭日貯水，水深以過龍口爲度。澤中方壇北嚮，二成，上成方六丈，高六尺；二成方十丈六尺，高六尺；二成壇面均用黃色琉璃，合六八陰數，外環砌白石，每成四出陛，各八級。二成南左右設五嶽、五鎮、五山，北左右設四海、四瀆，各石座分刻山形、水形，均東西嚮。水形座周圍鑿池貯水以祭。內壝方二十七丈二尺，高六尺，厚二尺。壝正北三門，石柱六；東、西、南各一門，石柱二；楔闥皆制以石，朱扉有櫺。壝北門外西北隅瘞坎一，東、西門外南、北瘞坎各二。外壝方四十二丈，高八尺，厚二尺四寸，門制如前。皇祇室在方澤後，五間，北嚮。脊瓦均綠色琉璃。圍垣正方，周四十四丈八尺，高丈一尺，正門一間。神庫、樂器庫各五間，均北嚮。神厨、祭器庫各五間，東西嚮。井亭一，東嚮，四面閑以朱櫺。垣一，重門一，北嚮。宰牲亭三間，北嚮。井亭一，東嚮，四面閑以朱櫺。垣一，重門一，北嚮。西北爲齋宮，東嚮。正殿七門，崇基石闌。五出陛，中九級，左右各七級；南、北一出陛，各七級。左、右配殿各七間，侍直房南、北各七間。宮牆周百有十丈二尺，正門一，左、右門各一，均東嚮。西北鐘樓一，祠祭署三間，在內垣西門外，東嚮，左、右各三間，垣一，重門一。壇內垣周五百四十九丈四尺，北門三間，東、西、南門各一間，東、西角門各二間。壇外垣周七百六十五丈，西壇門三間，西北角門一。自壇外垣西門，南、北夾牆各七十一丈二尺。直西爲廣厚街，舊名泰折。雍正二年改今名。牌坊，坊前界以朱柵，長二十六丈。

太廟在闕左，南嚮。圍垣一重，琉璃甎門三間，左、右門各一，戟門五間，崇基石闌，中三間。前後均三出陛，中九級，左右七級。門內外列戟百有二十。左、右門各三間，前後均一出陛，各五級。前殿十有一間，重檐。階三成，繞以石闌，五出陛，一成均四級，二成均五級，三成中十有一級，左、右九級。東、西廡各十有五間，階均八級，燎鑪二。中殿九間，後殿九間，兩廡各十間，後殿東廡南燎鑪一。戟門外石橋五。橋北井亭二，六角，閑以朱櫺；橋南神庫五間，西嚮，神厨五間，東嚮。廟門外之西南奉祠署三間，東嚮。左、右房各三間，垣一，重門一，北嚮。東南宰牲亭三間，前治牲房五間，均西嚮。垣一，重門一，西嚮。井亭一，六角，閑以朱櫺。西南爲太廟街門五間，西北爲太廟右門三間，均西嚮。

社稷壇在闕右，北嚮。壇制方，二成，高四尺，上成方五丈，二成方五丈三尺；四出陛，皆白石，各四級。上成築五色土，中黃，東青，南赤，西白，北黑。土由涿、霸二州，房山、東安二縣，豫辦解部，同太常寺驗用。內壝四面各一門，楔闥皆制以石，朱扉有櫺，門外各石柱二，壝色亦各如其方。壝北門內西北瘞坎二。北爲拜殿，又北爲戟門，各五間；戟門內列戟七十有二。均覆黃琉璃。崇基，三出陛。壝外西南神庫五間，神厨五間，井一，均東嚮。壇垣周百五十三丈四尺。內外丹雘，覆黃琉璃。北門三間，東、西、南門各一間。循垣東北隅東嚮正門一，左、右門各一相對。闕右門爲乘輿躬祭出入之門。壇西門外宰牲亭三間，東嚮。井一，垣一，重門一，北嚮。西南奉祀署，東、西各三間，垣一，重門一，東嚮。東遣官房一間，南嚮。東南爲社稷街門，五間；東北爲社稷左門三間，均東嚮。

日壇在朝陽門外，制方，西嚮，一成。方五丈，高五尺九寸，壇面用紅色琉璃，四出陛，皆白石，各九級。圓壝周七十六丈五尺，高八尺一寸，厚二尺三寸。壝正西三門，石柱六；東、南、北各一門，石柱二。楔闑皆制以石，朱扉有櫺。燎鑪一，西南瘞坎一。壝北門外東神庫三間，西嚮。神厨三間，井亭一，四面閑以朱櫺，均南嚮。垣一，重門一，西嚮。宰牲亭三間，垣一，重門一，西嚮。北祭器庫、樂器庫、樱薦庫各三間，聯檐通脊，均南嚮。具服殿正殿三間，左、右配殿各三間，周衛宫牆，宫門三間，南嚮。西北鐘樓一座；祠祭署三間，東嚮，左、右各三間。壇西門、北門各三間，北門西角門一。壇垣前方後圓，周二百九十丈五尺，外圍牆西自坊西抵壇垣西南角，長三百八十二丈四尺，東自坊東抵壇垣東北角，長三百十有二丈四尺。直北爲景升街舊名禮神。雍正二年改今名。牌坊，坊前界以朱栅，長十有五丈。

月壇在阜成門外，制方，東嚮，一成。方四丈，高四尺六寸，面用白色琉璃，四出陛，皆白石，各六級。方壝周九十四丈七尺，高八尺，厚二尺二寸八分。壝正東三門，石柱六；西、南、北各一門，石柱二。楔闑皆制以石，朱扉有櫺。燎鑪二，東北瘞坎一。壝南門外西神庫三間，東嚮。神厨三間，井亭一，四面閑以朱櫺，均北嚮。垣一，重門一，東嚮。宰牲亭三間，垣一，重門一，東嚮。南祭器庫、樂器庫各三間，聯檐通脊，均北嚮。具服殿正殿三間，左、右配殿各三間，周衛宫牆，宫門三間，南嚮。祠祭署三間，北嚮，左右各三門。東北鐘樓一座。壇東門、北門各三間，北門東角門一。壇垣方二百三十五丈九尺五寸，外圍牆，東自坊東抵壇垣東南角，長二百六十丈，西自坊西抵壇垣西北角，長二百四十丈四尺。直北爲光恒街舊名禮神。雍正二年改今名。牌坊，坊前界以朱栅，長十有二丈八尺。

【略】

先農壇在正陽門外西南，制方，南嚮，一成。周四丈七尺，高四尺五寸，四出陛，各八級，東南瘞坎一。壇北神庫五間，南嚮。神厨五間，西嚮。樂器庫五間，東嚮。左、右井亭各一，六角，閑以朱櫺，垣一，重門一，南嚮。宰牲亭三間，川井一，均南嚮。壇東南爲觀耕臺，方廣五丈，高五尺，東、南、西三出陛，各七級，以木爲之。耕耤時由部安設。今改甃甎石。臺前爲耤田一畝三分。後爲具服殿五間，南嚮。殿臺三出陛，南九級，東、西各七級。儀門一間。東北爲神倉，中圓廩一座，收穀亭一座，左右倉前、後各三間，垣一，重門三間，南嚮。旗纛殿五間，南嚮。後爲祭器庫五間，左、右廡各五間，垣一，重門三間，南嚮。北門外東北隅旗竿一。今徹去。

太歲殿在先農壇之東北，南嚮。七間，三出陛，各六級。東、西廡各十有一間，一出陛，均四級。前爲拜殿七間，拜殿東南燎鑪一。壇内垣門四，各三間。

神祇壇在先農壇内垣南門外。神祇壇門三間，南嚮，繚以周垣。東爲天神壇，制方，南嚮。一成，方五丈，高四尺五寸五分，四出陛，各九級。壇北刻雲形青白石龕四座，各高九尺二寸五分。方壝，周二十四丈，高五尺五寸。壝正南三門，石柱六；東、西、北各一門，石柱二。楔闑皆制以石，朱扉有櫺，東南燎鑪一。西爲地祇壇，制方，北嚮。一成，廣十丈，縱六丈，高四尺；四出陛，各六級。壇南設青白石龕五：刻山形者三，均分五門；刻水形者二，均分四門；各高八尺二寸。壇東從位石龕刻山水形各一，西如之，各高七尺六寸。凡水形龕均周圍鑿池貯水以祭。方壝，周二十四丈，高五尺五寸。壝正北三門，石柱六；東、西、南各一門，石柱二。楔闑皆制以石，朱扉有櫺，西北瘞坎一。先農壇内垣東門外，北爲慶成宫乾隆二十年定。五間，南嚮。崇基石闌，三出陛，各九級。後殿五間，東、西配殿各三間，尚茶、尚膳房各五間。正殿前時辰牌亭一，殿西葦房五間，内宫門三間，南嚮。東、西掖門各一。外繚以宫牆，正門三間，左、右門各一。宫門東南鐘樓一座。垣後祠祭署前、後各五間，南嚮，左、右各三門。垣一，重門一，南嚮。壇外垣周千三百六十八丈，東嚮門二，南、北並列。南入先農壇，北入太歲殿，皆三門，角門一。靈明顯佑宫在地安門外，日中坊橋之東北，南嚮。廟甎門三間，門内東、西鐘鼓樓各一，顯佑門三間。正殿五間，崇基石闌，三出陛，中九級，東、西各七級。東、西廡各五間，碑亭各一，東南燎鑪一，後殿五間。廟門外元威聖烈牌坊一。

火神廟在地安門外，日中坊橋之西，南嚮。廟門一間，左、右門各一。壽國僊林牌坊門三間，均東嚮。南、北鐘鼓樓各一，正殿三間，南嚮。西配殿三間，南殿三間，左右各三間，東、西廡各一間，燎鑪一。殿後閣五間，東、西配殿各三間。閣後羣樓十有五間。廟門外離德昭德牌坊一。

都城隍廟在宣武門内，瞻雲坊之西，南嚮。廟門、順德門、闡威門三重，均三間，左、右門各一。順德門外，東、西鐘鼓樓各一。中爲甬道，殿東碑亭一，西燎鑪一。正殿五間，東、西廡各三間，迴廊各二十二間，後殿五間。闡威門外，東治牲所三間，井亭一，西嚮。大門外列木爲栅，塗以丹，城隍廟牌坊一。

東嶽廟在朝陽門外，南嚮。廟門三間，前石梁三，左、右鐵獅二。門内東、西鐘鼓樓各一。進爲光聯日觀牌坊門三間，左、右門各一。後爲瞻岱門五間，左、右門各一。中爲甬道，東、西御碑亭各一，燎鑪各一。正殿七間，兩廡各三間，東、西迴廊各三十六間。後殿五間，兩廡各三間，殿東、西迴廊各三間，後閣羣樓三十三間。廟門南秩祀岱宗琉璃牌坊一，東弘仁錫福牌坊一，西靈嶽崇祠牌坊一。

龍神廟在黑龍潭山頂偏北，去西直門三十餘里，東嚮。山門二重，碑亭二，牌坊一，殿門一間，左、右御書碑亭各一。正殿三間，燎鑪一。東北爲龍潭，潭西殿三間，繞潭迴廊三十三間；南祝版房三間；外治牲所、齋室各三間，垣一，重門一，均東嚮。循山繚以圍垣。

先醫廟在太醫院署内之左。圍垣一重，廟門一間，咸濟門三間，左、右更衣室各三間，景惠殿三間，南嚮。左、右步廊六間，東、西廡各五間。廟門東、西、南均列柵，塗丹。南燎鑪一。

關帝廟在地安門外，南嚮。廟門一間，前石梁一，左、右門各一，正門三間，前殿三間。殿臺中爲甬路，左、右各一出陛，均五級。東、西廡各三間，東廡南燎鑪一，廡北齋室三間，西嚮。後殿五間，東、西廡及燎鑪與前殿同。殿後東爲祭器庫，西爲治牲所，各三間。廟門外列木爲柵，塗以丹。

康熙十一年，建武壯王祠於廣寧門外。圍垣一重，大門三間，正屋三間，兩廡各三間，均覆黑琉璃。前立石碑一，門外列柵，塗丹。

十二年諭：神樂觀大殿所懸牌匾繫「太和殿」三字，著改爲「凝禧殿」。欽此。

十九年，建恪僖公祠於安定門外，制與武壯王祠同。

二十五年，御製《至聖先師孔子贊》，勒石於國學大成殿甬道之東。由部動支正項，委官料估監造。工竣，察覈報銷。

二十八年，御製《顔、曾、思、孟贊》，勒石於國學大成殿甬道之西。

四十三年，以平定朔漠，勒石於國學大成殿甬道之西。

雍正二年，奉旨：方澤壇外牌坊舊名泰折街，著改爲廣厚街。日壇外牌坊舊名禮神街，著改爲景升街。月壇外牌坊舊名禮神街，著改爲光恒街。又奏準：日壇西南、月壇東北二面地方均屬空闊，應各建照牆三座。【略】是年，建昭忠祠於崇文門内，就日坊之西，南嚮。圍垣一重，大門五間，中三門三階，前石獅二，左、右門各一。二門三間，左右碑亭各一。正殿七間七龕，東、西角門各一。左、右序各七間七龕，東、西樓各五間五龕，樓南東、西廡各三間三龕。殿前爲露臺，三面設階，中爲甬道。東燎鑪一，西嚮。殿後正屋五間五龕，東、西屋各三間三龕，正屋之左、右五間五龕，東、西屋之左右三間三龕，均南嚮。東南燎鑪一。二門外橋東門一，内齋戒亭一，齋室三間，南嚮。東祭器庫三間，西嚮。東北宰牲房三間，西嚮。西北治牲所五間，井亭一，均南嚮。東、西門各一門，南遣官房七間，左、右官廳各五間。

又，建勤襄公祠於朝陽門外，文襄公祠於德勝門外，制皆如武壯王祠。

三年，以平定青海，勒石於國學大成殿甬道之東。由部監造題銷。

五年，議準：京師爲首善之地，八旗忠孝節義應入祠者不少，應分別位次，以彰典禮。察王府大街官房一所二十三間，爲左翼忠孝祠；理藩院署後官房一所二十二間，爲左翼節孝祠；武定侯衚衕官房一所二十五間，爲右翼忠孝祠；按院衚衕官房一所二十三間，爲右翼節孝祠。皆於二門外立石碑一，大門外建牌坊一，祠内正屋、旁屋每間各設一龕。

七年，議準：帝王廟、關帝廟、都城隍廟均經修建，請御製碑文，各立豐碑一。

八年，建賢良祠於地安門外之西，南嚮。大門三間，二門三間，左、右門各一。正殿三間，東、西廡各三間，燎鑪一。後正屋五間，兩廡及燎鑪如前制，左、右門各一。内東治牲房三間，西宰牲房三間，均南嚮。二門外左、右御碑亭各一。大門以外列木爲柵，塗以丹。

十三年，議準：京師於北郊擇地建先蠶祠，每歲以季春已日遣官承祭。

乾隆二年諭：至聖先師孔子天縱聖神師表萬世尊崇之典，至我朝而極盛。皇考世宗憲皇帝尊師重道，禮敬尤隆，闕里聖廟特命易以黄瓦，鴻儀炳焕，超越前模。朕祗紹先猷，羹牆念切。思國子監爲首善觀瞻之地，辟廱規制宜加崇飾，大成殿大成門著用黄瓦，崇聖祠著用緑瓦，以昭展敬至意。欽此。遵旨，議準：太學大成門前之街門外照牆，均改用黄瓦；崇聖祠前之中門，均改爲緑瓦。其工程事宜，照例交與太常寺衙門，委官料估監修。工竣，報部覈銷。是年，建宏毅公祠於安定門外，制如恪僖公祠。

三年，奏準：先師廟大成殿大成門更用黄瓦，崇聖祠更用緑瓦，應建立石碑於大成殿甬道之東，交太常寺料估監造。工竣，報部覈銷。

七年，諭：日壇具服殿舊制建於壇南，臨祭時必經過神路始至殿所，似於誠敬之儀未協。著將具服殿移建壇之西北隅，其西北隅見有奉祀衙署，即移於具服殿地基蓋造。欽此。又議準：古制天子親耕南郊，以供粢盛；后親蠶北郊，以供祭服。親蠶之禮，原與親耕並重，是以前代舉行，具載史册。明嘉靖九年，作先蠶壇於北郊，在安定門外，以出入道遠，親涖未便，且其地水源不通，無浴蠶所，遺址久廢。考唐宋后妃親蠶多在宮苑之中，明代亦改建於西苑。伏讀聖祖仁皇帝御製《耕織圖序》：於豐澤園北治田數畦，環以溪水，隴畔樹桑，旁列蠶舍。育蠶之事，已詳悉繪圖。今相度蠶地，建立蠶壇桑田蠶宮從室之處，內務府會同工部等衙門辦理。

八年，奉旨：天壇燎鑪五座樣式不齊，著交太常寺畫一辦理。又奉旨，神樂觀改爲神樂所。

九年，建先蠶壇於西苑之東北隅，制方，南嚮。一成，方四丈，高四尺，四出陛，各十級。西北瘞次一。東南先蠶神殿三間，西嚮。左、右宰牲亭、井亭各一。神庫三間，神厨三間。東爲採桑臺，方廣三丈二尺，高四尺，東、西、南三出陛，各十級。東北正殿五間，爲具服殿，爲蠒館。殿基三出陛，各五級，東、西配殿各三間。後殿五間，爲織室。東、西配殿各三間。迴廊二十間，衛以宮牆，南門一間，東、西門各一間。浴蠶河在宮牆東，自外圍北牆流入，由南牆出，各設水關啓閉。直宮牆東門木橋一，又迤南木橋一。橋東蠶室二十七間，西嚮。外圍垣周一百六十丈，西南隅正門三間，左、右門各一，西北隅角門一。圍垣南陪祀公主福晉室五間，命婦室五間，外垣一，重門一，西嚮。

十四年，諭：稽古明禋肇祀，郊壇各以其色，地壇方色尚黃。今皇祇室乃用綠瓦，蓋仍前明舊制，未及致詳。兩郊大饗殿在勝國時合祀天地山川，故其上覆以青陽玉葉，次黃次綠，具有深意。且南郊用青，而地壇用綠，於義無取，其議更之。欽此。遵旨，議準，制禮從類，辨色從方，原屬不易之道，況棟宇榱桷乃以藏神祇而昭妥侑，其義尤謹。明代南北兩郊分祀，而皇祇室編次綠瓦，詳考《禮經》，並無證據。按：綠乃青黃間色，誠如聖諭，於義無取。坤卦：天玄地黃。《考工記》：天謂之玄，地謂之黃。二者實乾坤正色。今北郊壇甎壝瓦及牲幣帷幄，色皆用黃。乾隆十三年，遵旨，議定籩豆成式。地壇祭器色亦用黃，契合古制，寧神與歆神，不當有異。皇祇室舊用綠瓦，應遵旨易蓋黃琉璃瓦。又諭：圜丘壇上張幄次及陳祭品處過窄，可將圜丘三層壇面仍九五之數量加展寬，則執事者得以從容進退，益昭誠敬。欽此。遵旨，議準，展寬壇面，請依聖祖仁皇帝御製《律呂正義》所載古尺，上成徑九丈取九數，二成徑十有五丈取五數，三成徑二十一丈取三七之數；上成爲一九，二成爲三五，三成爲三七，以全一三五七九天數；且合九丈、十五丈、二十一丈，共成四十五丈，以符九五之義。至壇面甎數，原制上成九重，二成七重，三成五重；上成面甎取陽數之極，自一九起遞至環砌以至九九，二成、三成圍甎不拘，未免參差。今壇面既加展寬，二成、三成亦應用九重遞加環砌，二成自九十至百六十二，三成自百七十一至二百四十三。四周闌版，原制上成每面用九，二成每面十有七，取除十用七之義，三成每面積五用二十五，雖各成均屬陽數，而合計三成數目並無取義。今壇面展寬，請三成闌版共用三百六十，應周天度數。上成每面十有八，四面計七十二，各長二尺三寸有奇；二成每面二十七，四面計百有八，各長二尺六寸有奇；三成每面四十五，四面計百八十，各長二尺二寸有奇；每成每面亦皆與九數相合，總計三百六十，取義尤明。再，三成徑數均繫古尺，而所定中心圓面、周圍壓面及九重之長則皆繫今尺；至三成臺高，見今上成高五尺七寸，二成高五尺二寸，三成高五尺，並闌柱長闊高厚、階級闊深，亦繫今尺。再，壇面甃砌及闌版闌柱，舊皆青色琉璃，今改用艾葉青石，樸素渾堅，堪垂永久。飭令管工官於直隸房山縣開採選用。又奏準，地壇神庫宰牲亭之右，有井無亭，應照左旁增設井亭一。【略】

十五年，奏準：皇穹宇舊制臺面前檐壞砌青白石，周圍接墁天青色琉璃甎一路，每甎長二尺，闊一尺二寸五分。今圜丘業經議改青石，此處似宜一例改用青白石鋪墁。再，祈穀壇大享殿外三層壇面，從前屢經修補，甎色不一，請改用金甎墁砌。又奏準：方澤壇二成壇面甎舊用黃琉璃，惟中含六六陰數，其外悉繫小甎湊合，並無成法。今遵旨，照依圜丘壇改墁石塊，仍就壇面鑿成榫眼，安設幄次。請將石塊數目，上成正中仍照原制六六三十六，外八方均以八八積成縱橫各二十四路；二成倍上成八方八八之數，半徑各八路，以符地偶之義。至方澤壇正位幄次，舊制進深一丈六尺五寸，面闊一丈二尺；配位幄次，舊制進深一丈五尺，面闊一丈一尺，較之天壇幄次過大。而方澤壇正位牲匣設於幄內，配位牲匣又繫半在幄內，半在幄外，體制未免參差，執事官員趨蹌未便。請將正幄、配幄面闊尺寸照舊，無庸酌減，其進深尺寸均改爲一丈二尺；照圜丘之制，均於幄次之中安設牲匣，以昭畫一。再，皇祇室正殿覆瓦，已奉旨改用黃琉璃，其門樓圍垣亦應請改黃色琉璃，以昭畫一。又奏準：天壇皇穹宇、祈穀壇皇乾殿門樓圍垣亦皆綠色，並請改爲青琉璃，以符體制。至皇穹宇扇面牆上身抹飾青灰，今請改天青色琉璃甎成砌。又奏準：兩郊大祀陪祀官行禮處，嵌設品級拜石，百官屆時按班就次行禮。

十六年，建雙忠祠於崇文門內，就日坊之東北，南嚮。大門三間，左、右門各一；二門一間，正屋三間，東、西廡各三間，燎鑪一。二門外正中碑亭一，繚以朱垣。是年奏準，祈穀壇牌匾舊書「大享」二字，殿與門同，名義未協。蓋緣前明初建大祀殿合祀天地，至嘉靖九年，定南北郊二至分祀，罷大祀殿不用。十七年，議舉明堂秋饗，遂改大祀爲大享殿，國朝即於其地舉行祈穀之禮，舊有題額，襲用未改。考大享之名，與孟春祈穀異義，應請別薦嘉名。奉旨：改爲祈年殿。

十七年，奏準：祈年殿舊制三覆檐成造，上層青瓦，中層黄瓦，下層緑瓦。考明初合祀天神地祇，前代帝王是以瓦片分用三色；嗣舉季秋饗帝之禮，易爲大享殿，瓦色仍用初制；國朝改爲祈穀於上帝之所，瓦片仍用三色。今改爲祈年殿，所有殿及大門兩廡，均請改用青色琉璃。再，圜丘壇內外壝垣，舊制皆覆緑瓦，應均換青色琉璃。其東西南北壇門四座，以及祈穀壇門三座，及隨門圍垣，離壇稍遠，仍照舊制，蓋覆緑瓦。又奉旨：「圜丘壇青白石仰覆蓮座，安螭頭成造。皇穹宇單檐式成造，地面用青石鋪墁，牆身檻牆用臨清城甎，金柱準照轉枝蓮油飾。」

十八年，諭：先農壇外壖隙地，老圃於彼灌園，殊爲褻瀆。應多植松栢榆槐，俾成陰鬱翠，以昭虔妥靈。著該部會同該衙門繪圖具奏。欽此。」又奉旨：「先農壇舊有旗纛殿可徹去，將神倉移建於此。」又奉旨：「先農壇牆外隙地，前經降旨令栽種樹木。今天壇工竣，其北面隙地亦應一例栽種，交與工部妥協辦理。」

十九年，奉旨：「觀耕臺著改用甎石製造。」隨遵旨，議準，臺座用琉璃仰覆蓮式成造，前、左、右三出陛，砌青白石闌版，用白石臺面，鋪墁金甎。

二十年，以平定準噶爾，勒石於國學大成殿甬道之西。又奏準，日壇應行興修。詳細確估，計日壇一座，內壝門六，神庫、神厨各一，井亭一，祭器庫、宰牲亭各一，鐘樓一，西北壇門各一，牌坊一，地面、海墁、散水、甬路、月臺、燎鑪各垣牆等項，均應照舊制修理完整。至內垣原繫土牆，應照天壇之式，用甎兩面壤砌，以資鞏固。外垣原高七尺六寸，今應增高三尺，並增砌大甬路二道。

二十一年，奏準：社稷壇年久，應行重飾見新。並於南門外左、右增蓋看守房各三間，街門內左、右增蓋看守房各三間。瘞坎舊在壇壝之內，今移建於壇壝外西北隅。又奏準：社稷壇四面壝垣，向以五色土隨方塈色，請改爲四色琉璃甎瓦成砌。又奏準：月壇應行興修。詳細確估，計月壇一座，內壝門六，瘞坎一，神庫、神厨各一，井亭一，祭器庫、宰牲亭各一，鐘樓一，東、北壇門各一，牌坊一，均照舊修理。壝垣、地面、海墁、散水、甬路、月臺、燎鑪，亦應拆砌完整。至內垣亦應兩面砌甎，二進外垣增高三尺，增砌大甬路四道。一、修葺壇廟。順治十四年，發帑金三萬兩，修理京師先師廟。

十五年，覆準：各壇廟每屆祭祀，太常寺先期移文工部，酌量修理。

康熙二十三年，重修黑龍潭龍神廟宇。御製碑文，勒石。

二十九年，議準：順天府學先師廟遇有傾圮之處，著該府丞動用大宛二縣庫貯正項修葺，工完，報部題銷。

雍正元年，諭：「圜丘、方澤、日、月、社稷、先農各壇，及太廟、前代帝王廟、真武廟等處，著差給事中御史共九人，部院賢能司官工部司官共九人，敬謹堅固修理，仍令大臣九人，分工監修。再，各壇廟工程，從前修過者甚多，並未年久即至傾圮，皆浮冒錢糧之所致，一并嚴加確察。欽此。」

三年，議準：天壇舊有望鐙臺三座，鐙杆三根，因年久杆木朽爛，應行修建。又，方澤壇東北望鐙臺一座，亦應一并修建；其鐙杆四根，每根長九丈，大徑二尺七寸，小徑一尺二寸，朱紅油飾，祭時懸鐙。又奏準：月壇外牌坊兩邊牆垣雖傾頹已久，基址猶存，交部照舊修整。

五年，奉旨修理先農壇牆垣，嗣後著動正項。又諭：「各處修理壇廟，從前皆交與工部修理，嗣後不必交與工部。如有應行修理處，或令太常寺會同工部官估計，交與太常寺修理；或即交與太常寺估計，具題修理。其動用何處錢糧，並用過錢糧應於何處奏銷，著大學士會同太常寺議奏。欽此。」遵旨，議準，壇廟地方繫太常寺經管，嗣後應大修者，由太常寺會同工部估計具題，交太常寺委官修理，該管官不時稽察。倘工程不堅，冒銷錢糧，即指名題參。如有徇隱，經科道察出，將堂官一并議處。其應用錢糧，均由部支取，工竣，即繕黄册具題。至每歲祭祀前期小修，交太常寺詳計；一年需用錢糧若干，先期題請，由户部給發；年終亦繕黄册具題。又奏準，月壇牌坊兩邊牆垣，已於雍正二年遵旨修理。日壇牌坊兩邊牆垣，亦應照月壇增造，仍會部詳估，具奏興工。

乾隆五年，奏準：凡壇廟臨祭時糊飾及歲修工程，銀千兩以下者，仍由太常寺照例修理，年終彙銷。若千兩以上者，太常寺將應修理之處奏請，交部估計，奏聞，由部委官會同太常寺委官公同修理，該堂官仍不時察看。如工程草率，錢糧不清，即指名題參，交部議處。再，太常寺工程不拘大小，均令該堂官一人督率；該寺匠頭，亦由部於見在工役內，選老成諳練一人承役。如有違慢侵欺各弊，交部治罪換役。

七年，諭：「朕惟郊壇祭祀，必致誠敬，以薦明禋，歷來前期齋戒，悉遵舊制，住宿別殿。今郊壇建有齋宮，年久傾圮，未經繕修。其應如何修建之處，爾等即前往敬謹相視，繪圖呈覽。至興修之時，著委內務府熟悉工程之官，會同工部太常寺委官一同監修。所需錢糧，由工部行文户部支取。欽此。」又奉旨：「日、月壇舊有之具服殿，爾等亦前往相視，應如何修理，詳議具奏。」

八年，遵旨修理完竣天壇齋宮，新建正殿五間，左、右配殿六間，內宮門一座，迴廊六間。修理券殿一座，方亭一座，宮門六座，石橋十座，鐘樓一座，外圍廊房一百六十三間；拆墁月臺，修理河道、牆垣。地壇齋宮改建正殿七間，修理左、右配殿十有四間，宮門一座；增建內宮門三間，守衛房十有二間。日壇移建具服殿三間，左、右配殿六間，宮門一座，拆移衙署十有三間。月壇修理具服殿三間，左、右配殿六間，宮門一座，鐘樓一座。並各處拆建守衛房，成砌牆垣，鋪墁地面，甬路。

九年，奏準：凡壇廟工程，千兩以上者，仍照舊例具奏，交部會同太常寺修理。未及千兩以上之土工木作，均咨部委官會同監修。仍將工程丈尺造册，咨部覈實奏銷。其糊飾及歲修祭品各工，照例由太常寺委官修理，報部覈銷。

十年，奏準：天壇等處齋宮，遇有應行修理之處，由太常寺移咨內務府辦理。又奏準，先農壇內外牆垣，坍塌損壞處甚多，請將應行修理之處，交部會同太常寺計費興修。

十二年，奏準：天壇內垣長一千二百八十六丈一尺五寸，高丈一尺，趾厚九尺，頂厚七尺；外垣長一千九百八十七丈五尺，高丈一尺五寸，趾厚八尺，頂厚六尺；四圍牆頂牆身皆年久損壞，完固整齊者甚少。應將牆頂坍塌、椽題望版朽爛者更新，牆身劈裂者用甎包砌，其微覺完整者量加插補句抿。但如此修理未能周遍，間有剥落損壞，仍須隨時苫補；且損壞之處包砌城甎，見在完整處依舊土牆，觀瞻不一。應請一律拆修，外垣兩掖出檐各四尺四寸，酌收一尺二寸；牆身內外均鏟去浮土，上包城甎二進，下包城甎三進。舊有泊岸坍塌處用灰土築打，內垣裏外出廊外闊六尺八寸，舊有檐柱，因出檐較闊，不能負重，以致頭頂沉垂，雨水淋濕，檐柱朽爛。酌將裏外檐均改進四尺八寸，不用檐柱；牆身內外鏟去浮土，上包城甎二進，下包城甎三進。共需物料工價銀十萬兩有奇。又奏準，天壇內外垣至泰元門之東，見有廢垣一座，僅存甎石。詢知爲崇雩壇，乃前明嘉靖年間建置，歲旱則祀上帝以禱雨。壇成，未經行禮而罷。國朝祈雨既祀於圜丘，又於每歲孟夏龍見行常雩禮，大祀天於圜丘，是崇雩壇洵屬無用，請交部拆卸，亦可爲見今修理內外圍垣之用。

十四年，諭：「兩郊壇宇雖歲加塗塈，而經閱久遠，應勅所司省視所當修整者，敬謹從事。欽此。」遵旨詳勘，圜丘壇天青色琉璃闌版、門柱甎塊，方澤壇黃色琉璃瓦料，均有脱釉；門柱、椽題、望版門有應換，金碧采章殘舊不鮮，階級甎甓間有損闕，堊赤亦多漫漶，月臺、甬路、海墁、泊岸、水溝等處，甎瓦酥鹻，均應依式修整。請交部委官，逐欵詳細估計，覈定錢糧數目，奏聞，及時備辦物料，會同太常寺，依次敬謹興修。

十五年，諭：「大享殿前兩廡繫前後兩重，乃前明時祫祭所建。今祫祭之禮既不舉行，而前後兩廡又屬參差，俟興修時將後一層拆去。再，兩郊壇宇工程所用物料，皆令各省辦解；所需銅亦應著雲南省辦解。即酌定數目奏聞，行令該省辦解應用。欽此。」

十六年，諭：「京師玉泉靈源濬發，爲德水之樞紐，畿甸衆流環匯，皆從此瀠注。朕品歷名泉，實爲天下第一，其澤流潤廣惠濟者，博而遠矣。泉上有龍神祠，已命所司鳩工崇飾，宜列之祀典，其品式一視黑龍潭。該部具儀以聞。欽此。」遵旨，議準，維兹玉河，欽蒙諭旨，業經飭令所司，就泉上舊有龍神祠，鳩工崇飾，聿新廟貌，妥侑神靈。並請勅賜鴻文，勒石祠左，用以昭紀神功。

十七年，奏準：地壇工程業已告竣，各處殿宇牆垣皆新建整齊。惟從前舊有洩水溝渠，年久湮塞無存，一經雨水，無從宣洩，積潦難消。請交欽天監官詳加相度，於外垣之內，四面開土溝一道，使內外諸處雨水，各順地勢流入溝內，統於東南外垣下洩出，歸入護城河中，庶免雨水積聚之患，計溝長七百四十八丈。又，各處甬路下增堰過水小溝，地面起高平墊出水總匯處成砌券門。嗣後，交與太常寺，於每年未雨之先，飭令壇官董率壇户，先期疏濬，毋使壅積淤塞。

十八年諭：「朕每歲親耕耤田，而先農壇年久未加崇飾，不足稱祇肅明禋之意。今兩郊大工告竣，應將先農壇修繕鼎新。即令原督工大臣，敬謹將事。欽此。」

十九年，奏準：犧牲所房宇經年久遠，間有傾圮滲漏，交與修理兩壇工程處，覈估修理。又奉旨：天壇西面外垣之南，相對先農門處，增建門一座，垣內增建鐘樓一座，門外甬路一律成造。嗣後，遇祭天壇，即進新建之南門，祭祈年殿仍進北門。

二十年，奉旨：神樂所改爲神樂署。一、壇廟禁令。順治十四年覆準，天壇牆垣外壅積沙土，由部委官修治。完日，交兵部，令該營兵丁同守門軍役，每年春秋二季平治。

康熙五年，議準：各壇廟遇有損壞，該管官即行具報。如遲延不報，以致盜失甎石木植等物，將該管官題參議處。又題準，各壇廟十有五步之內，不許埋葬、開溝、栽種。其附近墳塋，令該城御史察勘，有力者自行遷葬，無力者報部，酌量給銀遷葬。

二十四年，奏準：犧牲所牧管理畜牧，準於天壇附近處給房居住。

三十三年，遵旨議準：天壇風沙淤壅之處，於大路旁栽種柳樹禦風，所栽之樹交巡捕三營看守。一、直省壇廟。康熙二十三年，詔直隸各省，修理文廟，銀照舊存留，以供修葺。其五嶽、五鎮、四海、四瀆廟宇傾頹者，令該地方官修理，以昭誠敬。

二十八年，奉旨：泰山祠宇舊有儲備修葺工銀，嗣後，著每歲分給東嶽廟、岱頂祠各二百兩，令守祠廟祝時加修葺。仍令山東巡撫稽察，毋使有司剋扣虛冒。

二十九年，奉旨：「修理闕里聖廟，所有物料工價，不必動支戶部庫銀，著照數發內庫銀採辦其物料，著回空糧船載運。」

三十四年，諭：「凡五嶽、五鎮、四海、四瀆神廟有傾頹者，該地方官估計價直，具奏修葺。欽此。」

四十二年，詔修嶽、鎮、海、瀆廟宇，如前諭。

四十六年，重修醫巫閭山北鎮廟，御製碑文，勒石。

四十七年，重修衡山南嶽廟，御書匾額，並勒碑文。

雍正元年，重修醫巫閭山北鎮廟。

二年，重建闕里先師大成殿。令山東巡撫動用藩庫銀，庀材鳩工，擇日興修，務期規制復舊，廟貌重新。凡殿廡門垣，特命易以黃色琉璃瓦。又奉旨，直省府州縣學宮、先師廟及祭器等項，如應行修葺，凡本籍科甲出身之人，及居家之進士、舉人、生監等，平時讀聖賢之書，有飲水思源不忘所自情願捐修者聽，不必限數，亦不必勉强。

四年，覆準：各直省督撫飭各府州縣衛所，於各該地方擇潔淨之地，置耤田四畝九分，內設立先農壇，壇高二尺一寸，方二丈五尺，並建神倉、神庫、神廚。

七年，奉旨：曲阜聖廟應建碑亭二座，著欽差等動支正項，鳩工興造。

乾隆元年，諭：「聞山西霍州中鎮廟殿宇年久未修，漸就傾圮，著該撫委官確估修葺，知會工部。欽此。」

二年，議準：各直省督撫轉飭各地方官，將境內各壇應行修理之處，詳估工料數目，報明督撫，咨部動用正項錢糧，如式修理，工竣報銷。至各壇祭器或製造未備，以及歲久損壞應行修理者，亦轉飭各地方官，照依會典開載數目，如式修造，以備祭饗。

十年，議準：各直省先農壇宇如有傾圮，及器具不備之州縣，即勒限地方官賠補，逾限題參。倘因循怠忽，除地方官照例議處外，該管道府照例降二級調用，撫司罰俸一年。

十五年，奏準：廣寧醫巫閭山之北鎮廟，正殿、後殿、神庫、神廚、鐘鼓樓、石牌坊等處，滲漏朽折，殿宇牆垣采畫塗飾多有剥落。委官確估，動用盛京戶部庫貯備用銀，及時興修。

高士奇《金鰲退食筆記》卷下 西海神祠在北閘口。明嘉靖十四年諭禮部尚書夏言曰：「西海子，歲以午日奉兩宮遊歸，止行望祀，宜特建祠宇于湧玉亭，以答神貺。」又曾命勳輔大臣禱雨于此。按禁城內西海子，古燕京積水潭也。源出西山，神山、一畝、馬眼諸泉，繞出甕山後，滙爲七里濼，入都城，由北安門外藥王廟西橋下入皇城，自北閘口延竟大內，出大通河，轉漕亦賴其利。《元史》：「海子，在皇城之北、萬壽山之陰，舊名積水潭。聚西北諸泉之水，流入都城，而滙于此，汪洋如海，都人因名焉。恣民漁採無禁。」又《元史・河渠志》：「通惠河，其源出于白浮、甕山諸泉水也。世祖至元二十八年，都水監郭守敬，奉詔興舉水利，因建言疏鑿通州至都河。改引渾水溉田，于舊牐河蹤跡，導清水，上自昌平縣白浮村引神山泉，西折南轉過雙塔、榆河、一畝、玉泉諸水，至西門入都城，南滙爲積水潭。東南出文明門，東至通州高麗莊入白河。」又曰金水河，其源出于宛平縣玉泉山，至大四年七月，引金水河水注之光天殿西花園石上前舊池，置牐四，以節水。又曰海子，岸上接龍王堂，以石甃其四周。海子一名積水潭，聚西北諸泉之水，流行入都城，而滙于此。」元仁宗延祐六年，都水監會計前後與元修舊石岸相接，凡用石三百有五，各長四尺，闊二尺五寸，厚一尺。石灰三千斤。該三百五工，丁夫五十，石工十。元許有壬詩云：「御溝流水曉潺潺，直似長虹曲似彎。流入宮墻才一尺，便分天上與人間。」歐陽玄詩云：「鼇山宴罷月溶溶，太液池邊湛露濃。不用金蓮送歸院，水晶宮出玉芙蓉。」皆西海子作也。葛邏禄廼賢《西華譚》詩云：「秋水清無底，涼風起綠波。錦帆非昨夢，玉樹憶清歌。帝子吹笙絶，漁郎把釣多。磯頭浣沙女，猶恐是宮娥。」下自註云：「金之太液池也。」

于敏中等《日下舊聞考》卷一〇《國朝宮室二》 社稷壇在闕右，北嚮。壇制方二成，高四尺，上成方五丈，二成方五丈三尺，四出陛，皆白石，各四級。上成築五色土，中黄、東青、南赤、西白、北黑。土由涿、霸二州，房山、東安二縣豫辦解部，同太常寺驗用。內壝四面各一門，楔闑皆制以石。朱扉，有檽。門外各石柱二，壝色亦各如其方。壝北門內西北瘞坎二，北爲拜殿。又北爲戟門各五間，戟門內列戟七十有二，均覆黄琉璃，崇基三出陛。壝外西南神庫五間，神廚五間，井一，均東嚮。壇垣周百五十三丈四尺，內外丹艧，覆黄琉璃。北門三間，東西南門各一間。循垣東北隅東嚮正門一，左右門各一，相對闕右門爲乘輿躬祭出入之門。壇西門外宰牲亭三間，東嚮。井一，垣一重，門一，北嚮。西南奉祀署東西各三間，垣一重，門一，東嚮。東遣官房一間，南嚮。東南爲社稷街門五間，東北爲社稷左門三間，均東嚮。《大清會典則例》。

凡祭社稷之禮，歲春祈秋報皆以仲月上戊日祭太社、太稷之神，以后土句龍氏、后稷氏配。太社位右，太稷位左，均北嚮。后土句龍氏東位西嚮。后稷氏西位東嚮。祭日，鑾儀衛陳法駕鹵簿於午門外，陳金輦於太和門階下，日出前四刻，太常卿詣乾清門告時。皇帝御祭服，陳禮輿出宮，內大臣侍衛前引後扈如常儀。至太和門階下降輿乘輦。駕發警蹕，午門鳴鐘，法駕鹵簿前導，導迎鼓吹，設而不作。皇帝由闕右門至壇北門外神路右降輦。贊引太常卿二人恭導入壇北門右門，詣戟門幄次。禮部尚書率太常官恭請神位安奉畢，太常卿奏請行禮。皇帝出幄次盥洗，贊引官恭導皇帝至內壝北門外拜位前南嚮立。武舞八佾進。贊引官奏就位，皇帝就拜位立。迺瘞毛血迎神，樂奏登平之章。贊引官恭導皇帝進內壝北門陞壇，詣太社位前上香，次詣太稷位前上香。奏復位，皇帝復位。贊引官奏跪拜興，皇帝行三跪九拜禮。王公百官均隨行禮。奠玉帛，行初獻禮。司玉帛官奉篚，司爵官奉爵，各升壇詣太社、太稷位前，奏茂平之章，舞干戚之舞。司玉帛官跪奠玉帛，三叩。司爵官跪獻爵，奠正中。司祝至祝案前跪，三叩，奉祝版，興，升壇稍西跪。樂暫止，皇帝跪，羣臣皆跪，司祝讀祝畢，詣太社位前跪，安於案，三叩，退。樂作，皇帝率羣臣行三拜禮，興，樂止。武功之舞退，文舞八佾進。行亞獻禮，奏育平之章，舞羽籥之舞。司爵官詣神位前跪，獻爵奠於左，儀如初獻。行終獻禮，奏敦平之章，司爵官跪獻爵奠於右，儀如亞獻。樂止，文德之舞退。太常官贊賜福胙，光禄卿二人自壇下西案奉福胙升壇，進至神位前拱舉，降階出內壝北門，立皇帝拜位之右，侍衛二人進，立於左。皇帝跪，左右執事官皆跪。右官進福酒，皇帝受爵拱舉，授左官，進胙、受胙亦如之。三拜興，率羣臣行三跪九拜禮。徹饌，奏博平之章，有司奉方珪退。送神，奏樂平之章，皇帝率羣臣行三跪九拜禮。有司奉祝，次帛，次饌，次香，恭送瘞所。皇帝轉立拜位旁西嚮，候祝帛過復位，迺望瘞，奏徵平之章。恭導皇帝詣望瘞位望瘞，奏禮成，恭導皇帝由戟門出。禮部尚書率太常官恭請神位還御。皇帝至壇北門外神路右陞禮輿，法駕鹵簿前導，導迎樂作，奏祐平之章，午門鳴鐘，皇帝還宮。《大清會典》。

臣等謹按：聖駕恭詣社稷壇及還宮儀注，乾隆三十六年大學士等奏，以聖壽周甲晉增，而昭事之忱愈貞悠久，當略裁縟度，益萃精心。奉諭更定。其稍別於舊儀者，有司先設幄次於拜殿內，皇帝乘輦由闕右門入東北門，至壇北門外御禮轎，入左門，循戟門東行，至拜殿東階下降輿至幄次。迨禮成，由幄次至東階下，升輿如上儀。【略】

天安門內兩廡之北，正中南嚮者爲端門。門制與天安門同。門之內東西兩廡各五間，其北東有太廟右門，西有社稷左門，迤北兩廡各四十二間，均聯檐通脊，爲六科垣舍及部院府寺監朝房。《大清會典》。

臣等謹按：六科垣舍及部院府寺監朝房分列之制，詳見官署門。

朝房北東出者爲闕左門，西出者爲闕右門。門北東西廡各三間，爲王公朝集之所。《大清會典》。

臣等謹按：凡九卿會議，揀選人員，驗看月官，俱集闕左門下，八旗都統會議俱集闕右門下。

午門爲紫禁城正門。門前左設嘉量，右設日圭。《大清會典》。【略】

紫禁城四門，南即午門，北曰神武，東曰東華，西曰西華，四維角樓各一。午門三闕，上覆重樓九間，南北彤扉各三十有六。左右設鐘鼓樓，明廊翼以兩觀，傑閣四聳。左右各一闕，西嚮者曰左掖，東嚮者曰右掖。《大清會典》。

臣等謹按：午門爲順治四年建，凡文武官出入由左，其右門惟宗室王公得行之。左右掖門各折而北，不常啓，惟陞殿視朝，百官各以東西班次由掖門入。殿試文武進士，鴻臚寺按中式名次引入，一名由左，二名由右，餘倣此。凡視朝則鳴鐘鼓以爲節，親祀壇廟，出午門則以鐘，祭享太廟則以鼓。如遇凱旋獻俘諸大典，皇上御午門樓行受俘禮。午門之前，凡頒朔宣旨及百官常朝，俱集於此。

于敏中等《日下舊聞考》卷五七 五月，作圜丘於天地壇，稍北爲皇穹宇。《明典彙》

圜丘第一層，壇闊七丈，高八尺一寸，四出陛。正南陛闊九尺五寸，九級，東西北面陛俱闊八尺一寸，九級，壇面及壇脚用琉璃闌干。第二層壇面周圍俱闊二丈五尺，高八尺一寸。正南陛一丈二尺五寸，九級，東西北面陛俱一丈一尺九寸五分，九級，壇面及壇脚用琉璃甎砌，四面用琉璃闌干。壝去壇一十五丈，高八尺一寸，用甎砌。正南櫺星門三座，中門闊一丈二尺五寸，左門闊一丈一尺五寸五分，右門東面櫺星門闊九尺五寸，北面西面尺寸同。燎壇一座，在壝外東南丙地，高九尺，闊七尺，上開南出户。壇脚東西南三面設陛，周圍外牆去壝一十五丈。正南櫺星門三座，中門闊一丈九尺五寸，門外正甬道闊丈尺同，左門闊一丈二尺五寸，門外左甬道丈尺同，右門闊一丈一尺九寸五分，門外右甬道丈尺同，東西北櫺星門闊一丈一尺九寸五分，甬道丈尺同。《存心録》。

禮臣言：圜丘之制，《大明集禮》壇上成闊五丈，《存心録》則第一層壇闊七丈，《集禮》二成闊七丈，《存心録》則第二層壇面周圍俱闊二丈五尺。蓋《集禮》之二成即《存心録》之一層，《存心録》之二成即集禮之一成矣。臣等無所適從，潤色參詳，是在皇上裁定。奉旨：圜丘第一層徑闊五丈九尺，高九尺，二層徑一十丈五尺，三層徑二十二丈，俱高八尺一寸，地面四方，滿墊起五尺。《明嘉靖祀典》。

圜丘外圍方牆，門四，南曰昭亨，東曰泰元，西曰廣利，北曰成貞。內櫺星門南門外東南砌緑磁燎鑪，傍毛血池，西南望燈臺長竿懸大燈。外櫺星門南門外左設具服臺，東門外建神庫、神廚、祭器庫、宰牲亭。北門外正北建泰神殿，後改爲皇穹宇，藏上帝太祖之神版，翼以兩廡，藏從祀之神牌。又西爲鑾駕庫，又西爲犧牲所，北爲神樂觀。成貞門外爲齋宮，迤西爲壇門。《春明夢餘録》。

皇天上帝正位南向，太祖配位西向，東一壇大明之神，西一壇夜明之神，東二壇二十八宿之神，西二壇雲師、雨師、風師、雷師之神。《明嘉靖祀典》。

圜丘第二層上設大明星辰位居東，夜明太歲位居西，內壝東設風雲雷雨師位，天下神祇壇在外壝之內。《存心録》。

昊天上帝配帝位，版長二尺五寸，闊五寸，厚闕寸，趺高五寸，黄質金字。大明之神金地硃書，夜明之神黄地素書，五星、二十八宿、周天星辰之神俱緑地金字，雲師、雨師、風師、雷師之神俱丹漆金書。《明嘉靖祀典》。

國朝於大祀殿祀昊天上帝，凡所謂天皇太乙之類，一切革去，三代以下祀典之正，所僅見也。《博物典彙》。

永樂十八年，北京天地壇成，每歲合祀。洪熙元年，奉太祖高皇帝、太宗文皇帝同配享。嘉靖九年，勅建圜丘於大祀殿之南，每冬至祀天，以大明、夜明、星辰、雲、雨、風、雷從祀。建方澤於安定門外，每歲夏至祀地，以五岳、五鎮、四海、四瀆、陵寢諸山從祀，俱止奉太祖一位配享，而罷太宗之配。其大祀殿則以孟春上辛日行祈穀祭，奉太祖、太宗同配。十年，又改以啓蟄日行祈穀禮於圜丘，仍止奉太祖一位配享。十七年秋九月，詔舉明堂大享禮於大內之元極寶殿，奉睿宗獻皇帝配享。元極寶殿即舊欽安殿也。是冬十一月，上皇天上帝尊號。十八年春，行祈穀禮於元極寶殿，不奉配。二十四年，拆大祀殿，改建大享殿。命禮部歲用季秋行大享殿禮，隨又命仍暫行於元極寶殿。隆慶元年，詔罷祈穀、大享二祭，復元極寶殿仍名欽安殿，而天地則分祀如世宗所更定云。《太岳集》。

圜丘琉璃闌干，詔用青色。《明嘉靖祀典》。

嘉靖十三年二月奉旨：圜丘、方澤今後稱天壇、地壇。同上

唐時明堂制度，其宇上圜，覆以清陽玉葉。清陽，色也；玉葉亦瓦之類。今大享殿及圜丘闌干皆用回青瓦，亦清陽玉葉之類。唐每郊祀啓南門，灌其樞用脂百斛。今都城南門亦閉不開，惟郊祀駕出方啓。《穀城山房筆麈》。

萬曆十三年四月十七日，上以天旱，禱於郊壇，自宮中步行而出，禱畢仍步還宮。《纍瓦編》。

于敏中等《日下舊聞考》卷五七 圜丘在正陽門外南郊，形圓象天。南嚮，三成。上成徑九丈，高五尺七寸；二成徑十有五丈，高五尺二寸；三成徑二十一丈，高五尺。上成石面九重，自一九環甃遞加至九九；二成自九十遞加至百六十有二；三成自百七十有一遞加至二百四十有三；合一三五七九陽數。每成四出陛，

皆白石，九級。上成石闌七十有二，二成百有八，三成百八十，合三百六十周天之度；柱如之。內壝形圓，周百有六丈四尺，高五尺九寸。壝門四，皆六柱三門，柱及楣閾皆白石，扉皆朱櫺。壝外東南丙地燔柴鑪一，高九尺，徑七尺，甃以綠琉璃。瘞坎一。東南燎鑪五。西南鐙杆三。外壝形方，周二百十丈一尺，高八尺六寸，門制與內壝同。燎鑪四，分設於壝東西門之左右。壝北門後爲皇穹宇，南嚮，環轉八柱，圓檐，上安金頂。基高九尺，徑五丈九尺九寸，石闌四十有九，東西南三出陛，各十有四級。左右廡各五間，一出陛，殿廡覆瓦，均青色琉璃。圍垣形圓，周五十六丈六尺八寸，高丈有八寸，南設三門，崇基石闌，前後三出陛，各五級。外壝東門外東北隅，神庫、神廚各五間，井亭一，祭器庫、樂器庫、稷薦庫各三間。又東爲宰牲亭、井亭各一。壝外內垣門四，東曰泰元，南曰昭亨，西曰廣利，北曰成貞，皆朱扉金釘，縱橫各九。昭亨門外東西石坊各一。《大清會典》。

臣等謹按：明嘉靖九年定分祀天地之議，於大祀殿南建圜丘，本朝因之，重加繕治，其制益備。乾隆十四年，上以圜丘壇位張幄次陳祭器處宜量加寬廣，命仍九五之數而展拓焉。十八年，復鼎新南郊壇宇，一切規模稟承指示，凡崇卑之制，象色之宜，無不斟酌盡善，仰見聖心昭格之虔至周至悉云。

于敏中等《日下舊聞考》卷五八　祈穀壇大享殿，即大祀殿也。永樂十八年建，合祀天地於此。其制十二楹，中四楹飾以金，餘施三采。正中作石臺，設上帝皇祇神座於其上。殿前爲東西廡三十二楹。正南爲大祀門六楹，接以步廡，與殿通。殿後爲庫六楹，以貯神御之物，名曰天庫，皆覆以黃琉璃。其後大殿易以青琉璃瓦。後之後樹以松柏，外壝東南鑿池，凡二十區。冬月伐冰藏凌陰，以供夏秋祭祀之用。至嘉靖二十一年，撤大祀殿擬古明堂，名曰大享，每春行祈穀禮。隆慶元年，禮官言先農之祭即祈穀遺意，宜罷祈穀，於先農壇行事。大享禮亦宜罷。詔可。至崇禎十四年正月上辛，復行祈穀禮。十五年正月上辛，即在朔日，禮部以朝賀不便，請改十一日中辛。得旨，於中辛日行禮。《春明夢餘録》。

祈年殿在成貞門北，壇圓，三成，南嚮。上成徑二十一丈五尺，二成徑二十三丈二尺六寸，三成徑二十五丈。面甃金甎，圍以石。石闌四百二十。南北三出陛，東西一出陛。上成二成各九級，三成十級。壇上建祈年殿，制圓，內外柱各十有二，中龍井柱四，檐三重，上金頂。左右廡各九間，均覆青琉璃。前爲祈年門，崇基石闌，前後三出陛，各有一級。門外東南燔柴鑪一，瘞坎一，燎鑪五，制如圜丘。《大清會典》。

臣等謹按：祈年殿、祈年門舊名大享殿、大享門，乾隆十六年改今名。

內壝周百九十丈七尺二寸，門四。北門後爲皇乾殿五間，上覆青琉璃，南嚮。正面三出陛，東西一出陛，各九級，石闌五十有九。《大清會典》。

內壝東門外長廊七十二間，二十七間至神廚、井亭，又四十五間至宰牲亭，爲祭時進俎豆、避雨雪之用。壝外圍垣東西北三面各有門，南接成貞門。同上。

于敏中等《日下舊聞考》卷五八　成貞門外西北爲齋宮，東嚮正殿五間，崇基石闌三出陛，陛前左設齋戒銅人石亭一，右設時辰牌石亭一，後殿五間，左右配殿各三間。內宮牆方百二十三丈九尺九寸。中三門，左右各一門。牆外環池，前跨石梁三，左右各一。東北隅鐘樓一。外宮牆方一百九十八丈二尺，環以迴廊一百六十三間，復繞以深池，宮門石梁均與內同。《大清會典》。

乾隆七年諭：天壇、地壇，舊制建有齋宮，年久傾圮，未經繕修。朕意於大祀前期，致誠赴壇齋宿行禮，其應如何修建之處，該部即前往相視，繪圖呈覽。至興修之時，著委內務府熟諳工程之人，仍會同工部太常寺委官一同監修。又諭：朕惟郊壇祭祀，必致誠敬，以篤明禋，歷來前期齋戒，悉遵舊制，住宿別殿。今郊壇建有齋宮，若於致祭之期親詣齋宮，更爲祇肅。該部詳酌妥議具奏。《大清會典則例》。

于敏中等《日下舊聞考》卷五八　神樂署東嚮，正中凝禧殿五間，崇基三出陛，各六級，左右步廊各二間。後顯佑殿七間，左右各三間。殿後袍服庫二十三間。典禮署奉祀堂南北各三間，左右門各三間，左門東通贊房、恪恭堂各三間，正倫堂、候公堂各五間，南轉穆佾所三間。右門東掌樂房、協律堂各三間，教師房、伶倫堂各五間，北轉昭佾所三間。前後均聯檐通脊。正門三間，三出陛，各四級。圍牆東西四十四丈四尺，南北二十丈七尺二寸。《大清會典則例》。

臣等謹按：神樂署舊名神樂觀，乾隆二十年改今名。凝禧殿舊名太和殿，康熙十二年改今名。

于敏中等《日下舊聞考》卷五八　犧牲所南嚮，大門三間，內花門一座，正房十有一間，中三間奉犧牲之神，左右牧夫房各二間，牛房各二間。後屋十有六間，內滿漢所牧房各三間，所軍房一間，貯草房五間，草夫房四間。東邊兩重四十八間，內貯料房二間，貯草房三間，牛房十有五間，羊房五間，鹿房二十間，兔房三間。西邊一重十有五間，內庫房一間，泡料房、磨房各二間，豕房五間，牛房五間，鹿檻、牛枋均分列屋之左右。西北隅官廳三間，東嚮。井一，北門一間。圍牆東西五十二丈，南北五十二丈五尺。壇外垣前方後圓，周千九百八十七丈五尺，高一丈一尺五寸，趾厚八尺，頂厚六尺，西嚮門一，三間，角門一。《大清會典則例》。

臣等謹按：大祀犧牲之事，向例掌於太常。乾隆二十六年奉諭，改隸内務府，每年復特派大臣經理之。詳見官署門太常寺條下。

《〔乾隆〕熱河志》卷八〇《寺廟四》 熱河城隍廟。熱河自聖祖仁皇帝締搆山莊，六十餘年爲畿輔，東北一大都會。乾隆三十七年，允督臣周元理請，恭建兹廟。四十三年，奉旨設立承德府神皋，鞏固秩禮攸宜。御書殿額曰「福蔭巖疆」，聯曰：和會視畿封妥斯苞茂，阜寧徵版籍報以馨香。左右配殿各一楹，又内後殿五楹，東西配殿各一楹。廟碑恭勒御製詩序。歲時展敬，靈貺惟昭矣。

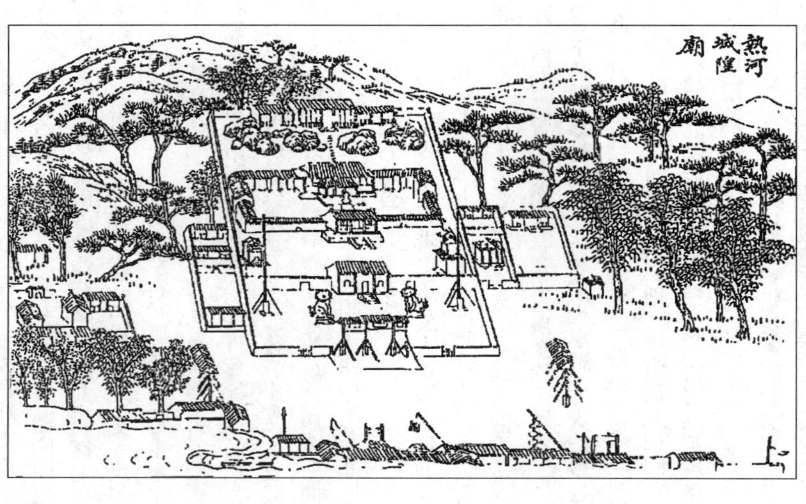

清·地方壇壝

《〔康熙〕常州府志》卷一八《壇遺》 社稷壇，在郡城北門外二里德澤鄉。舊經云：社稷壇在州南一里，風師壇在城東南，雨師壇在城西南。宋徙州治西南隅，與學相望。社、稷爲壇各一，倣唐制，以石爲主，其形如鐘，剡上而下，值于土。祥符二年，詔定諸州社稷模其狀分給。四年，頒壇制于天下。先是，渭州請建風雨壇。有司言唐制，諸郡各壇于社稷之東、西，稍北數十步，無立廟之文。今社稷後，風師、雷師、雨師爲壇各一，主亦以石制，稍殺焉。歐陽氏《集古録·闔還新社記》云：大中十年，闔西公遷社于坤，社、稷壇皆廣丈有五尺，高尺有五寸。風師壇如社稷，雨師壇廣丈而高尺，壇壝之制昉此。社以后土勾龍氏、稷以后稷氏配。元因之。壇南植栗木爲表。明洪武三年，知府孫用移建今地，社、稷分爲二壇。八年，遵定制併爲一壇，北向，東西二丈五尺，南北如之，高尺四寸四分。出陛，四陛三級，壇下九丈五尺，東、西、南各五丈，繚以周垣，四門，由北門入。石主高二尺五寸，方一尺一寸，剡其上，培其下于土中。木主二，高二尺二寸，方四寸五分。一題曰「府社之神」，居右。一題曰「府稷之神」，居左。旁有神厨齋舍等屋三十餘楹。歲以春秋仲月上戊日，有司前期二日齋戒，用羊二、豕二、祝一、帛二致祭。萬曆三十一年，知縣晏文輝重造府縣官廳二所，壇臺一座，頭門三間，宰牲房三間，廊房六間，墻垣一百六十丈，櫺星門六座。至國朝康熙二十三年，知府祖進朝重修。

《〔雍正〕朔州志》卷四《建置志·祠祀》 社稷壇。在州西關内。嘉靖十一年，知州畢鸞以五嶽廟變置，甎包壇址一所，庫、厨、齋房各三間，宰牲房二間，祭器俱全。後廢。萬曆三十六年，知州許爾忠重修垣牆壇址，建門坊一座。後廢。國朝雍正十年，知州汪嗣聖奉文建修社稷壇一座。横直俱寬二丈五尺，高三尺，四圍甎石砌齊，壇面方甎鋪平四尺，出陛各三級，繚以周牆。四門紅油。置石主一，長二尺五寸，方一尺，埋壇南正中，去壇二尺五寸，露圓尖，餘埋土中。神牌二，以木爲之，高二尺四寸，寬六寸。座高五寸，寬九寸五分。硃漆青字，填寫神號。收貯附近廟宇潔淨處所，祭時安設壇上。

風雲雷雨山川壇。在州南關外。嘉靖年，知州畢鸞以二郎廟變置，壇址一所，庫、厨、宰牲房各三間，祭器俱全。後廢。國朝雍正十年，知州汪嗣聖奉文建修風雲雷雨山川城隍壇一座，規制與社稷壇同。石主一，神牌三，規制亦與社稷同。

先農壇。在州東關道北。雍正五年，知州汪嗣聖奉文修建。置道人申清寧善地一塊十畝，内蓋正殿三間，東、西配房各一間，壇一所。藉田四畝九分。門二層。外繚以垣，門樓一座，上懸「先農壇」匾。

郡厲壇。舊在州北關外。壇址一所，神厨三間，大門一間。明嘉靖年，知州畢鸞重修。萬曆年，知州許爾忠改移於北關内，建門坊一座。今存壇。

關聖廟二。一在城東大街道北，創建無考。明弘治年中貴李名岑，嘉靖年州人任縉、王汝楫、解澤，國朝康熙年知州辛良器、陳士炯，捐俸倡募，相繼重修。俱有碑記，詳《藝文》。正殿三間，享殿三間。階前有臺，臺周有欄。東、西廊廡各七間，四隅有轉角川廊共十間。中甬道、甎橋。前春秋樓三間，中通前後，兩旁有角門。東、西鐘鼓樓二座。中牌坊一座。大門三間。外牌坊三座，在大門正中，大街左、右。樂樓三間，在大街南。一在城西街，背靠西城勒馬像，明宗廷壢建。

關聖三代祠。在東廟內左，另爲一所，雍正八年知州汪嗣聖奉文創建。正殿三間，中設關聖三代神位。道院二所，在殿西偏。一所居東內，正房三間，西廂房二間爲道院。一所居西內，正房三間，作住居。

城隍廟。在城西大街道北，明初洪武年創建。正德、嘉靖、萬曆、崇禎年通判王泮，知州閆鎧，畢鸞，范宗仁、張守訓、翁應祥，國朝康熙年知州張興午、李衷繡、羅南星，相繼重修。正殿五間，階前有臺，臺前有欄。左鼓樓，右鐘樓。內中牌坊一座三架，東、西六曹司各三間，皂隸房各二間，東、西畫廊六間，神樓三間，東、西畫廊各五間。前中牌坊一座三架。大門三間。左、右牌坊二座，在大街東、西。樂樓一座，在大街南。寢宮三間，在正殿後。東、西廊各二間。左壁書房院一所。三靈侯祠在廟院內左，殿廊門壁俱全。聖母祠在廟院內右，殿廊門壁俱全。廟西道院一所，內層正房三間，供三清神像。東、西廂房十間，二門一座。外層正房三間，大門一座。東曹後空地一塊。

《〔雍正〕連平州志》卷一《星野》 先農壇壹座，坐在東郊，高貳尺壹寸，寬貳丈伍尺，四面。結方。先農壇祠一座三間，正間一十七坑，儒間一十三坑；深二丈四尺，簷高一丈一尺，深二丈四尺。配房兩間，每間十三坑；深二丈四尺，簷高九尺。築土圍墻一百零三丈，高五尺五寸。門樓一間，南向，寬一十五坑，深九尺。先農祠一棟，深二丈四尺，寬三丈四尺。高一丈五尺，簷高一丈一尺。東西兩間配，各深一丈，寬一丈，高一丈。先農神牌一位，高二尺四寸，寬六寸；座高五尺，寬七寸五分。

忠義孝弟祠一所，祠宇一進，深二丈四尺，寬三丈四尺，高一丈五尺，簷高一丈一尺。東西兩廊，長八尺，深四尺。頭門，高一丈三尺，簷高九尺，深八尺，寬三丈三尺。八字墻共一丈。石碑一座。雍正四年五月建造。

節孝祠一所。祠宇一進，深一丈七尺，寬三丈四尺，高一十三尺。東西兩廊，長八尺，深四尺。頭門，高一丈三尺，簷高九尺，深八尺，寬三丈三尺。八字墻共一丈。牌坊一座，高一丈三尺，寬二丈四尺。雍正四年五月建造。

《〔乾隆〕汾州府志》卷五《壇壝》 社稷壇，汾陽、平遥二縣在城北之西，介休縣在城西里許，臨縣、永寧州在城西，孝義、石樓、寧鄉三縣在城北。壇之制，方二丈五尺，崇二尺一寸，階三，等周以垣，四門，位北嚮。瘞石於南以表位不至側二尺五寸，東西取中，社右稷左。石長二尺五寸，方尺。其瘞之也，惟石之頂見於土上。主以木，長二尺四寸，廣六寸，丹之青字，書某州縣社之神。稷亦如之。座厚五寸，廣九寸有半。祭用春秋二仲月之上戊，制：帛二，黑色鉶一，簠二，簋二，豆、籩各四，羊一，豕一。

《〔乾隆〕泰安府志》卷七《祠祀志》 岱廟，在府治西北隅。泰山有上、中、下三廟，在城中者，其下廟也，創於唐，恢拓於宋，重修於金、元、明，在方祀爲最著云。其制初爲遥參門，門與城南門和直，其前舊爲宋真宗警蹕之地。門北爲遥參亭，亭一名草參。凡有事岳者，拜於亭而後入，是爲入廟之始。自前明於亭中置祀元君，亭與廟隔，輦路始不相通矣。亭北爲廟，城墻高三丈，周三里。南五門。中爲嶽廟門，左、右爲掖門。掖門左爲仰高門，掖門右爲見大門。東一門曰青陽，又曰東華。西一門曰素景，又曰西華。北一門曰魯瞻，又曰後宰。凡門各有樓，而角樓亦四。由中門而上，北爲配天門，門之東爲靈侯殿，靈侯殿東爲炳靈殿。後唐長興四年，以泰山三郎爲威雄將軍，即此。宋真宗加封炳靈公，祀於別殿。殿前有古栢，傳云漢植。其門外則有宋宣和修廟碑。炳靈殿北爲三茅殿，祀三茅真人，即《集仙傳》所謂東嶽上卿茅盈及弟茅固、茅衷是也。門之西爲太尉殿，太尉殿西爲延禧殿，祀延禧真人。其中有古槐，傳云唐槐。其門外則有宋祥符加封碑。延禧殿北爲環詠亭，周垣各嵌石刻，皆宋、元、明人題詠。又亭左舊有御香亭，爲收貯御香之所，今廢。亭前舊有誠明堂，爲祭官齋宿之所，今亦廢。又北爲仁安門，門前左右碑石林立，國朝御祭碑十四。門北兩廡之間爲鐘鼓樓，樓之前，左右碑亭二座，碑臺四座。其在左者，金重修碑一，明告祭碑七，國朝告祭碑二。其在右者，宋天貺殿碑一，明修廟、告廟碑七，國朝康熙十七年布政使施天裔、武舉張所存修廟碑一。又有古碑一，制若石塔，剥蝕無字，俗以「無字碑」名之。其中靈瓏石九，每石皆有獻石人題名，今多漫漶不能辨。又北爲露臺，臺右有宋襲慶守錢伯言遊覽記碑一，明重修碑一。又北爲仁安殿，今額曰「峻極」，其神即泰山，唐元宗所封爲天齊王者也。宋真宗加封仁聖天齊帝，元世祖加封天齊大生仁聖帝。明興，改稱東嶽泰山之神，今仍之。凡歷代及國朝東巡秩祀於此。又北爲寢殿，其神爲東嶽大人，宋真宗册封淑明后。

《〔乾隆〕江南通志》卷三〇《輿地志・古迹一》 明天地壇，在上元縣洪武門外。明《京國圖志》云：太祖以王者父天母地，無異祀理，乃建壇於此，合而祀之。壇制闕四門，繚以朱垣；内復爲垣，圍列壇中；上爲大祀殿，前爲齋宮。今廢。

《〔乾隆〕江南通志》卷三二《輿地志・古迹三》 九斗壇，在荆溪縣善權洞山下，高三尺，周廣十三步。山有九峯，狀如覆斗。梁天監中，武帝禱雨，夢神告曰：陽羨九斗山有神張水曹。帝遣使築壇致祭，果得雨。

《〔乾隆〕福州府志》卷一四《壇廟》 府社稷壇，在郡城北拜郊山。初在城南，唐觀察使楊發遷於南澗寺東，五代閩王氏遷烏石山。宋元祐中，郡守柯述拓地重新。元初，遷法海寺北。明洪武六年，知府楊士英移建今所。國朝乾隆五年，重修。壇制，累石爲之，北向，縱横二丈五尺，高三尺四，出陛，各三級。繚以周垣，闢四門，旁設神庫、神厨、宰牲房、洗牲池、齋房。立石主一，於壇之南；又置木主二，高三尺三寸，曰府社之神，曰府稷之神。歲春秋仲月上戊日致祭。

風雲雷雨、境内山川、城隍神壇，在郡城南釣龍臺。明洪武三年，建於惠澤山。六年，移今所。國朝因之。壇制，縱横各二丈五尺，南向，四出階，各三級，門垣如社稷制。設神位三：中風雲雷雨之神，左境内山川之神，右府城隍之神。西隅附祀日本、琉球、渤泥山川之神。春秋仲月上巳日致祭。

《（乾隆）澎湖紀略》卷二《廟祀》 無祀祠。無祀祠者，蓋彷古者泰厲、公厲之祭也。其禮，始自明洪武三年頒其祭於天下，凡郡縣俱立壇於北郊。其制：廣丈五尺，高二尺，前陛三級，餘無階，繚以垣；蓋壇也，實非廟也。每歲清明、中元、十月朔，凡三祭。先期三日，牒告城隍；至日，迎城隍位於壇上以主之。設無祀鬼神牌於下，左右排列祭物，果品、羹飯、香燭、褚帛，冥衣數百具以祭焉。此定制也。今澎湖易壇以廟，雖非古制，而祭孤之禮，意則一也。其間祠祀，俱係歷任守土文武職官因感時事，捐俸創興；蓋以爲非廟則主無所依，而守廟之人亦無所居焉。亦何嫌於與古制之不相若也哉！一祠在媽宫澳海邊，土名西垵仔。廟中周歲燈油，俱係協營捐辦。祠左有一大墳，即埋瘞枯骨之處也。祠建於康熙二十三年，高不過尋，寬不及弓，於乾隆十五年前廳何器與協鎮邱有章等公捐增修廓大。二十九年，右營遊府戴福等又公捐重修焉。一祠在西嶼内外塹，適中道左。乾隆三十一年，余與左營遊府林雲、右營遊府戴福捐俸創建。蓋有感於三十年九月二十三日大風覆没商船，淹斃商民一百二十餘人之慘，立祠以祀，俾孤魂得所依焉。勒石祠前，以垂永久。

《（乾隆）衡州府志》卷一七《壇祠》 南嶽廟，在縣西北赤帝峯下，虞夏殷周咸望祀焉，秩視三公。歐陽氏《集古録》：漢西嶽華山碑云：孝武皇帝修封禪之禮，巡省五嶽，立宫其下。宫曰「集靈宫」，殿曰「存仙殿」，門曰「望仙門」。《漢書·郊祀志》云：「南嶽灊山於灊。」此後遂以灊爲南嶽。唐武德貞觀之制，五嶽四鎮四海，年別一祭，各以五郊迎氣日祭之。祀南嶽衡山於衡州，復古制也。天寶五載加王號。宋乾德六年，有司請祭南嶽於衡州，從之。大中祥符五年加帝號。明正號曰「南嶽衡山之神」。本朝因之。凡有大事，皆遣官祭告。廟制，唐以前無考。唐初，建司天霍王廟。開元十三年，建南嶽真君祠。開元十五年，廟火。宋大中祥符五年，立南嶽後殿。紹興二十五年，廟火，帥司重修之。元至正八年，長沙府尹劉光祖奉命重修。明成化六年，巡撫都御史吴琛定議出公帑大修。嘉靖二十一年，分守衡永道潘九齡勸募修葺。萬曆十年，分守衡永道管大勳開復水道，填接後龍。本朝順治五年，正殿燬。康熙四十四年，巡撫趙申喬奉諭旨大修。其制中爲正殿，後爲寢殿，注生宫、轄神祠。後北門左右爲東西廊，前爲御書樓、嘉應門、御碑亭，正南門櫺星門，鞏橋、香亭、碑亭、神厨，四隅角樓。周遭圍墻。

《（乾隆）梧州府志》卷七《建置志·壇廟》 社稷壇，祀五土五穀之神。山林、川澤、丘陵、墳衍、原隰五土也；黍、稷、稻、麥、菽，五穀也。郡壇建於洪武七年，在大雲門外。元至元二年，頒諸路立社稷壇壝式。貞元二年，議社稷二壇方廣，視太社太稷，殺其半，三獻官以州長貳爲之。明初，頒降圖式。國朝之制，壇高三尺四寸，陛四級，四方各二丈五尺。以北爲前，南爲後，繚以垣，而丹雘四門，由北門入。神以柱石爲主，長二尺五寸，方一尺，剡其頂，形如鐘，埋於壇南正中，去壇二尺五寸，上露員尖。一曰府、縣社之神，一曰府、縣稷之神，左稷右社。神牌以木爲之，朱漆青字，高二尺二寸，闊四寸五分。歲春秋二仲，上戊日，府縣官主祭，武官陪祭。

先農壇，《國語》農正陳耤禮。韋昭註云：祭其神，爲農祈也，漢因以耤田日祭先農。或謂先農即社。陳祥道曰：耤田所祭之先農，非社也。漢迄唐宋，祀不廢。元命有司祭先農如祭社稷儀，然不親行也。明洪武初，建壇在耤田内親祭，以后稷配。二十年，去配位。然禮行京師，未嘗及州縣也。至國朝雍正五年，詔郡縣建先農壇。其制高二尺一寸，闊二丈五尺。建先農廟正殿五間，中奉先農神主。東貯祭器，西貯神倉，配房二，大門一，耤田四畝九分。歲仲春，部頒致祭日。期，各官朝服行禮。祭畢，易蟒服，詣耕耤所，率農官耆老行九推禮。壇在府城西南，教場演武亭故址。雍正四年，知府徐嘉賓遵式建造，耕具祭器具備。

厲壇，祭無祀鬼神，倣古泰厲公厲之祭也。《春秋傳》曰：鬼有所歸，乃不爲厲，士喪禮疾病，禱於厲。鄭註謂漢時民間皆秋祀厲，則此祀達於上下矣，然後世皆不舉行。明初，命郡邑皆設壇。

國朝定制，壇廣一丈五尺，高三尺，前陛三級，餘無階，繚以垣。郡壇建於治北曠野，每歲清明日、七月十五日、十月一日三致祭，知府率僚屬同迎城隍神主於壇上，列無祀鬼神位於壇下兩旁。

《〔乾隆〕廣安州志》卷七《禮制志·壇壝》 社稷壇，《會典》：壇制坐南向北，方二丈五尺，高二尺。每歲仲春秋上戊日設二神牌位，清晨向南致祭。

先農壇，壇制高二尺一寸，寬二丈五尺，神牌照京師式樣，書先農之神位。每歲仲春，候部頒吉日致祭，舉行耕籍禮。

《〔乾隆〕涪州志》卷七《祀典志》 社稷壇。周制建，殷設都，左宗廟，右社稷。社稷之祀與宗廟同，重土穀也，人非土不立，非穀不生，故土穀之神，凡國邑皆立祀，樹以野所宜木。其社主用石，而稷無主，舉社則稷從之。明洪武初已有定制，至今因之，而壇制主式，則又自雍正十年始定，與先農諸壇等。壇制：廣闊各二丈五尺，高二尺一寸，四出陛，各三級。壇下前十二丈餘，三面各五丈，繚以週垣。四門紅油，由北門入。不建房屋，只樹其土之所宜木。今壇在州城外東。

先農。耕耤之典，天子三推，諸侯九推，凡以供粢盛也。又東郊於神，則祀先穡，所以報本而勸農。由來已久，自秦及元，典遂荒廢，迄於明初，乃建壇定祀，而末年又廢。我國家重農厚生，百廢俱舉。雍正四年，勅令天下府州縣衛，俱各率屬員、耆老、農夫恭祀先農之神，照九卿耕耤例，行九推之禮，甚盛典也。其壇制儀文例，得備書於册。壇制：高二尺一寸，深廣二丈五尺，後爲神廟，正房三間，中間供奉神牌。東間存貯祭器農具，西間收貯耤田米穀，左右廂房各一間，東間置辦祭品，西間令看守農夫居住。壇之外，週圍築土爲墻。神號曰先農之神。

《〔乾隆〕獨山州志》卷四《營建志·典禮》 社稷壇。在小西門外。案，壇制北向，東西南北各二丈高三尺四寸出陛各三級壇下制十二丈，東西南各五丈繚以之垣。四門紅油。由北門入壇。外建神厨、庫房、宰牲房、帛坎。案，今有壇壝，餘未如制。案，石主長二尺五寸，方一尺，埋於壇上正中近南，距壇邊二尺五寸，止露圓尖，餘埋土中。神牌二，以木爲之，硃漆青字，身高二尺二寸，闊四寸五分，厚九分。座高四寸五分，闊八寸五分，厚四寸五分。臨祭設壇上，祭畢，藏之神庫。

先農壇。在大西門內營盤旁。案，神壇木牌，高二尺四寸，闊六寸。座高五寸，闊七寸五分，紅地金字。臨祭，迎設壇上。祭畢，仍捧安神廟。案，壇制高二尺一寸，深廣二丈五尺，後爲神廟，正殿三間，東西房各一間，門樓一座，週圍繚以垣，壇廟門皆南向。雍正三年，州牧俞大坤修。乾隆三十一年，州牧劉岱補修。前爲藉田，計四畝九分，歲收穀六石。

《〔嘉慶〕東昌府志》卷一一《秩祀上·壇廟》 府社稷壇，舊志：在城西北，後移城北堤內。春秋仲戊日祭，知府主祭，府佐聊城縣官陪，牲帛祝號，俱如令甲。在各州縣，知州知縣奉祀如府，州縣里社各從其里。按：《永樂舊志》：社壇在聊城縣西關左，金大定間，瑞麥生焉。

按：《永樂舊志》：社稷壇在城西北。神厨房三間，庫房三間，宰牲房三間。宰牲池長七尺，闊三尺。洗牲池周圍一十丈，深一丈二尺五寸。井一口。社壇高三尺，南北長二丈五尺，東西闊二丈五尺；石主長二尺五寸，方一尺一寸。稷壇丈尺與社壇同。壝壇南北長一十九丈，東西闊一十五丈五尺，神門四座。風雲雷雨境焉由州壇在城南，神厨房三間，庫房三間，宰牲房三間。宰牲池長七尺，闊三尺。洗牲池周圍一十丈，深一丈二尺五寸，井一口。壇高三尺，南北長一丈五尺，東西闊一丈五尺。壇垣南北長一十七丈，東西闊一十二丈五尺，神門四座。凡州縣壇制畧同。

《〔嘉慶〕雷州府志》卷八《壇廟志》 社稷壇。元天曆二年，廉訪使賈煥建於郡西南三里。王士熙記。明初，遷於城西北天寧寺後。嘉靖二十五年，知府林恕重修。基崇三級，陛四出，東西三丈五尺，南北二丈五尺，旁設厨、庫、宰房。歲久傾圮，惟基址存焉。國朝嘉慶二年，知府陸維垣重修。壇陛如舊制，而厨、庫、宰房仍未復。

《〔嘉慶〕漢州志》卷一四《寺廟》 《會典》：壇制坐南向北，方二丈五尺，高二尺四，出陛各三級。壇前十二丈，或九丈五尺，東西南各五丈，繞以周墻。四門紅油，人從北左門入，右門出。石主長二尺五寸，方一尺，埋於壇上正中近南二尺四寸，露圓尖於外。每歲仲春秋上戊日清晨，向南致祭。二神牌位以木爲之，高二尺二寸，闊四寸五分，座高四寸五分，闊八寸五分，朱漆青字，寫州稷之神位、州社之神位。社神位於東，稷神位於西。祭畢風雲雷雨山川城隍，壇在北門外。

《〔道光〕吉林外記》卷六 先農壇。在城小東門外一里。正殿三楹，壇高三尺，面闊二丈四尺，雍正十年建。

《〔道光〕濟南府志》卷一八《祠祀》 社稷壇，在城南星宿廟前，社主土勾龍氏配，稷主穀后稷氏配。《通志》：壇高三尺，方廣二丈五尺，四出陛各三級。北向爲前，前九丈五尺，後、旁各五丈，繚以周垣，出入以北門。有庫房、神厨、宰牲房、齋宿所。社主以石，稷主以木。凡府、州、縣通用之儀，皆載首縣，餘不複。

先農壇，在府城東郊。《通志》：雍正四年，九卿議覆遵行直省、府、州、縣，各於東郊，照九卿所耕耤田四畝九分之數，擇地爲耤田。建壇，制高二尺五寸，寬二丈五尺。壇北正廳三間，中奉先農神牌，東貯祭器農具，西貯耤田租穀。廂屋二間，東備祭器，西住農民。南向大門一座，四面繚垣，隨壇田四畝九分周焉。

厲壇，在城東北一里。明洪武八年，定制設壇北郊外，周圍五丈五尺，高二尺四寸，前出陛三級，繚以周垣，門南向。按：通禮，直省、府、州、縣，歲三月寒食節，七月望日，十月朔日，祭厲壇於城北郊。前期，守土官飭所司具香燭、公服詣。

《〔道光〕廣東通志》卷一四五《建置略二十一·廣州府社稷壇》 社稷壇，在城西二里。康熙二十五年，巡撫李士楨檄縣查照舊址建復。《南海縣志》。附城兩縣俱從府致祭。《番禺縣志》。其制爲壇北向，四面各二丈五尺，高三尺四寸，出陛二級，以垣繚之。神庫三間，神厨三間，牲房三間，俱在壇之西北。以木爲主，每歲春秋二仲上戊日，設主於壇致祭，社西稷東，祭畢藏主於庫。府志。雍正八年，南海縣知縣劉庶修。郝志。

先農壇，雍正四年，准奉天府尹、直省督撫及所屬府、州、縣、衛，各於所治地方擇潔淨之地，設立先農壇及耤田。自雍正五年爲始，每歲仲春之日，各率所屬官及耆老、農夫致祭。《會典則例》。壇在東門外教場普濟堂後，雍正五年建。壇後爲堂，二層。正房三間，中奉神位，東貯祭器、農具，西貯耤穀。兩配房各一間，東置祭品，西居守壇老農。耤田四畝九分，在壇前。壇田之外，繚以周垣。府志。乾隆三十二年，奉准動項修葺。司册。

神祇壇，中設雲、雨、風、雷之位，左設本境山川之位，右設本境城隍之位。《會典》。壇在府城南門外，大忠祠西。康熙二十五年，巡撫李士楨檄查建復。《南海縣志》。雍正八年，番禺縣知縣龐嶼改建大東門外教場左，圍以垣牆，開設各門。門外東爲厨庫、牲房，西爲齋宿所，南爲正門。郝志。每歲春秋二仲上巳日，合祭。府志。

《〔道光〕肇慶府志》卷七《建置四·壇廟》 先農壇，雍正五年建。先在西郊，七年，遷東郊。壇高三尺，四周各三丈，磚砌。祠三間，左、右配房各一間，周以繚垣。耤田四畝九分，神倉一間，祭器耕具俱全。每年仲春亥日致祭，其辦祭銀兩在耤田穀價支銷，各州縣同。

《〔道光〕遵義府志》卷八《壇廟》 頒行社稷壇祀典，築城之南郊，座向北方，地廣義二畝有奇，壇方二丈五尺，高二丈四寸，出陛各三級。壇前九丈五尺，東西南各五尺，周繞以墻。石主長二尺五寸，方一尺，埋於壇上正中近南二尺五寸，露圓尖於外。神牌以木爲之，高二尺二寸，闊四寸五分，座高四寸五分，闊八寸五分，朱漆青字。祭畢，藏之。

《〔道光〕思南府續志》卷二《營建門·壇廟》 社稷壇，城北一里。明永樂十二年建，嘉靖十五年，知府洪價檄水德司正長官張輅重修。國朝雍正二年部頒壇式，高二尺一寸，縱横各二丈五尺，四出陛，各三級，繚以垣，四面爲門，飾以丹，從北出入。府州縣同，今如制。

山川風雲雷雨壇，城南二里。明永樂十三年建，高三尺，闊五丈，門牆畢備。嘉靖十五年，知府洪价檄、蠻彝司副長官李承祖重建。萬曆時知府陸從平建房三楹，拜亭一座。

先農壇，府治左，與縣文廟鄰。雍正四年，奉文建壇并廟壇，高二尺一寸，縱横各二丈五尺，正房三楹，東倉西庫各一。外爲耕耤所，繚以垣，甬牆一座，均如制額。置耤田四畝九分，耤田係廟右官田一坋，廟前官土一幅，益以知府吴穀、知縣蔣燧，蠻彝司長官安守仁，添買郭外觀音崖任家灣宋姓民田一分，載糧一升如額數，壇側有碑。

厲壇，城北二里，元天觀後，明永樂十二年建，内立承一事，繚以垣。嘉靖十五年知府洪价重建，國朝因之。文廟，在府治東北隅，大成殿三間，高四丈有奇，深五丈。明成化間知府王南建，正德二年，知府寧閲修。嘉靖元年，知府李文敏鼎新廟制，爲東西兩廡各七間，戟門五間，右甃育賢井，引泉入泮池，池外櫺星門一座。嘉靖九年，知府張鏢遵制改正孔子祀典，廟廡塑像代以木主，更大成殿曰先師殿。嘉靖十五年，知府洪价重修。隆慶六年，知府田稔重修，并植柏百餘株，郡人李渭有記，見《藝文》。萬曆二十年，知府趙恒重修。崇禎十四年，知府丁裕慶重修，郡人田仰有記，見《藝文》。嗣教授潘紱以櫺星門下臨街道客山高壓，改入泮池之上，國朝仍之。康熙十九年，知府姜登高重修。

《〔同治〕上海縣志》卷一〇《祠祀·秩祀》 先農壇，舊在北門外，雍正四年建。歲仲春吉亥，有司致祭耕藉如例，其八蜡之祭亦於是舉行焉。耤田四畝九分，壇壝一畝五分，高二尺一寸，寬二丈五尺。正殿三間，東西配房各一。今其地爲西人租去。咸豐十一年，知縣劉郇膏移建小南門外陸家浜南。

《〔同治〕增修施南府志》卷八《典禮志·壇廟》 先農壇在府城北門外馬鹿口。雍正四年，建今壇，垣久圮。壇高二尺一寸，寬二丈五尺。正房三間，中奉先農神牌，紅地金書，牌高二尺四寸，寬六寸，牌座高五寸，寬九寸五分。東貯祭器農具，西貯耤田米穀。配房二間，東置辦祭品，西守農居住。繚以周垣。

《〔同治〕南昌府志》卷一三《典祀·壇壝》 神祇壇，在進賢門外。舊名風雲雷雨山川城隍壇，嘉慶十六年，奉部文改今名。坐子向午，高二尺五寸，方闊二丈五尺。四出陛，午五級，子、卯、酉各三級。壇下四圍牆門與社稷壇同，俗稱南壇。每歲致祭，南昌、新建二縣合辦。增訂舊志。春秋仲月上戊日祭，用制帛七，俱白色，長一丈八尺。祭品祭儀俱同社稷。《會典》。

先農壇，在進賢門外。雍正四年，奉文建祭壇一座，高二尺一寸，廣二丈五尺。正房三間，配房二間，併祭器、樂器。置田四畝九分，備行耕耤禮。舊志。每歲仲春亥日，各府州縣至期舉行，祭品用制帛一，青色羊一，豕一，鉶一，籩豆四，簠、簋各二。農具赤色，牛黑色，耔種箱青色。府城知府秉耒，佐貳執青箱，知縣播種。外州縣正印官秉耒，佐貳執青箱播種。行耕時，耆老一人牽牛，農夫二人扶犁，九推九返，農夫終畝。所收米粟以供祭祀之粢盛。《會典》。

厲壇，在德勝門右，永和門左。壇高一丈六尺，闊二丈五尺，四出陛，各三級。壇下南九丈，東、西、北各五丈，繚以周垣。康熙十八年，知縣楊周憲建。自記。舊志。每歲清明日、七月十五日、十月朔日，祭無祀鬼神於北郭，設城隍神位以主其祀。城隍位於壇上，祭物羊一，豕一。無祀鬼神位於壇下左右，祭物羊二，豕二，羹飯等。《南昌縣志》。

《〔同治〕贛州府志》卷一一《祠廟》　社稷壇，在府西津門外，北向。明洪武三年，知府鄒奕建。景泰五年，知縣邵昕修。嘉靖初，知府羅輅重修。廣二丈五尺，袤亦如之，高四尺；東、西、南各三丈，繚以垣；北十有二丈。立石主於壇南正東，出土二尺五寸；別爲木主，左府社神，右府稷神。有神庫、神厨、宰牲養牲所、齋宿房，歲以春秋上戊日致祭。謝志。屋宇垣墉久圮，同治九年，全行重修。壇後爲神龕，以安木主，縣社稷神亦附祀，餘如舊式。額編祭銀八兩，由贛縣坐支。新增。

《〔同治〕瑞州府志》卷之三《建置・壇廟》　社稷壇，在阜城門外。奉部頒式，累石爲壇，東、西、南、北各二丈五尺，高三尺四寸，階各三級。壇下東、西、南各五丈，北十二丈或九丈五尺，繚以短垣，四面爲門，飾以丹，從北出入。壇設石主二，高二尺五寸，方一尺，立壇土中，不鐫神號。外置木主二，高二尺四寸，寬六寸；座高五寸，寬九寸五分。府書府社、府稷之神，縣書縣社、縣稷之神，每歲春秋二仲月上戊日，府官屬致祭。

先農壇，在迎恩門外。雍正四年設立先農壇，五年定壇位規制。壇高三尺一寸，縱、横各二丈五尺。上奉神牌高二尺四寸，寬六寸；座高五寸，寬九寸五分。紅牌金字，填寫先農之神，每歲仲春月亥日致祭。

《〔咸豐〕興義府志》卷三一《祠祀志・壇廟》　先農壇，在東門外黄土坡。舊志云，先農壇在府城東門外，雍正五年建壇位如制木主高二尺四寸，廣六寸，上書先農之神。每歲仲春，有司致祭，行耕耤禮。《通志》云，先農壇在東門外，雍正五年奉旨建。按舊壇圮，今之壇，乃道光二十二年，知府張鍈即東門外黄土坡之舊試院，修改爲壇，爲耕耤所，而社稷壇，風雲雷雨山川壇，即附焉。

社稷壇，舊在北門外，今附東門外先農壇。舊志云，社稷壇在府城北門外，壇制四方，各二丈五尺，高二尺一寸，四出，陛各三級。壇上立石主二，高二尺五寸，廣一尺，厚半之埋於壇之正中，上露圓尖。祭時，用木主二，各高二尺五寸，廣四寸五分。一書大社之神，居左；一書大稷之神，居右每歲春秋上戊日祭。《通志》云，社稷壇，在府城西門外。按舊壇圮，今移附先農壇。

風雲雷雨山川城隍壇，舊在南門外，今附東門外先農壇。舊志云，風雲雷雨山川壇，在南門外，壇位與社稷制同。木主三，高廣分寸，亦與社稷神主同。一書風雲雷雨之神，居中；一書山川之神，居左；一書城隍之神，居右。合祀風雲雷雨山川，仍奉城隍神共祭。按舊壇圮，今附祀先農壇。

厲壇，在北門外。舊志云，厲壇，在北門外，壇位如制。木主高二尺五寸，廣四寸五分，書府厲之神。祭以每歲春清明日、秋七月十五日、冬十月一日，迎城隍神主之。《通志》云，厲壇在北門外。

《〔光緒〕蘇州府志》卷三六《壇廟祠宇一》　府社稷壇，在閶門外義慈巷。地隸吳縣。宋時建在子城西南四里一百五十步，元徙盤門外。明洪武三年，知府陳寧移建閶門外石牌巷。地隸長洲縣。宣德八年，知府況鍾移今所。國朝乾隆二年敕修。咸豐十年，燬。同治十年，重建，附郭三縣統祭於此。壇制累石爲之，縱横各三丈，高四尺二寸。凡爲階三，各三級。前爲拜壇，高尺許，東西三丈二尺，《康熙志》「二」作「六」。南北二丈四尺。壇之西南爲神厨，南爲宰牲所，前有池。府縣齋房各二所，東西相向。壇之内垣東西三十五步，南北三十三步；外垣深二十四步，《康熙志》「二」作「六」。廣六十二步。北出爲大門一，儀門三。石主二：一埋壇南正中，一臥於地，長四尺二寸，徑一尺二寸。神牌二，高三尺三寸，曰府社之神，曰府稷之神。歲春秋仲月上戊日致祭。

先農壇，在南新橋西。長洲縣治南。國朝雍正五年敕建。咸豐十年，燬。同治四年，長洲縣知縣蒯德模重建。壇制在耤田後，累石爲之，高二丈一尺，寬二丈五尺。壇之正北中一室供先農神牌，東房貯祭器農具，西房收耤田米穀，東配房置辦祭器，西配房爲看守農夫所居。外繚以垣，門南向。耤田制四畝九分，歲仲春亥日致祭先農之神，禮畢，耕耤田。巡撫秉耒，知縣執青箱，知府播種。各縣正印官秉耒，佐貳執青箱播種。耆老一人牽牛，農夫二人扶犂，九推九反，農夫終畝。耕畢，官率耆老農夫望闕行禮。農具用赤色，牛黑色，箱青色，耔種以土之所宜。

《〔光緒〕襄陽府志》卷七《建置志・祠祀》 社稷壇，在郡城西門外少北一里許。甃甎爲之，縱横二丈五尺，高二尺一寸四，出陛各三級，繚以周垣。門北向，石主一，長二尺五寸，方一尺，埋於壇南。正中神牌二，以木爲之，臨祭設於壇，曰府社之神、府稷之神，歲以春秋仲月上戊日致祭。襄陽縣在府壇東，棗陽縣在城西半里，宜城縣在城西二里，南漳縣在城東一里，光化縣在城南，穀城縣在城西半里，均州在城北西岡屯。

《〔光緒〕高州府志》卷九《建置二・壇廟》 先農壇，在東門外潘坡之東。舊址在今文明門外菜圃中。光緒十三年，知府楊霽移建今所。東西貳丈捌尺有奇，南北如之，周以短垣。東頭餘地壹丈叁尺陸寸，西頭餘地貳丈柒尺叁寸，南頭餘地伍尺壹寸，北頭餘地貳尺陸寸。

《〔光緒〕惠州府志》卷一二《經政志・壇廟》 社稷壇，在府城北三里。明洪武二年立。東西二丈五尺，南北一丈五尺，高三尺四寸，陛三級。壇前十二丈，東、西、南、北各五丈，繚以周垣，紅門四達。由北入壇，左爲府社之神，右爲府稷之神，石主皆北向。

風雲雷雨、山川壇，在府城南二里，亦明洪武二年立，其規制與社稷壇同。由南入中爲風雲雷雨神，左爲境内山川神，右爲城隍神，木主皆南向。歲春秋二仲月上旬卜日祭，今相沿於祭社稷之明日祭。國朝道光十九年，知府楊希銓因神祇壇逼近民居，地勢湫隘，即社稷壇舊址規畫其地，縱十六丈五尺，横稱之，分爲二區，其南爲社稷壇，北向。其北建神祇壇，南向。二壇之間隔以照牆，繚以周垣，各二十二丈有奇。四門，壇四面共六丈有奇，高三尺，各歷三階。稍西建廟二楹，奉安神位。旁建小屋二楹，爲守壇人役棲止之所。同日舉祭。

先農壇，在府城南郊，道光十九年，知府楊希銓重建。壇四面各二丈，周垣共二十八丈有奇，廟五楹，中奉神位。東貯農器、祭器，西及廡給耕者居住。

《〔光緒〕嘉應州志》卷一七《祠祀》 社稷壇，在城西門外社甸甲，更衣亭一座。王志。元天曆二年，知州馮惟吉建於大覺寺南。洪武九年，御史沈復吉移創今所。中爲壇，磚砌四方一丈，高一尺，周圍蔽垣墻。康熙十一年，知縣王仕雲重修。劉志。每年春秋仲月上戊日致祭，與山川每祭共支均平銀七兩四錢三分三釐二毫八絲。王志。

先農壇，在城北門外，東西八丈，南北十丈二尺。祠宇正堂一間，左、右廂房各一間，更衣亭一間，大門一座。雍正十四年建。每年仲春月亥日致祭，支均平銀四兩八錢一分，領粢盛穀四斗。王志。先農壇每歲仲春亥日祭，紅牌金字，填寫先農神牌於壇，承祭官率所屬，俱於前期致齋二日，祭日各官俱穿朝服，一切禮儀陳設供品，悉照社稷壇之例行，祭祀經費在籍田穀價動支。嘉慶州並所屬，共支銀二十六兩二錢二分六釐。本州四兩八錢一分，興寧五兩四錢五分，長樂六兩三錢五分，平遠四兩五錢九分六釐，鎮平五兩二分。

《〔光緒〕黎平府志》卷二下《地理志・壇廟》 黎平府社稷壇，開泰縣同。在城西門外，官廳後。社，土地之主也，土地闊不可盡敬，故封社以報功。稷，五穀之長也，穀衆不可徧祭，故立稷以祭之。順治初定每年春秋二仲上戊日祭太社太稷。太社，以后土句龍氏配；太稷，以后稷配。各直省府州縣祭日同祭，前致齋三日，不理刑名。古之社稷皆有配位，《明會典》洪武十一年，詔定王府社稷無配位。今惟京師太社稷有配位，各直省皆無。雍正二年，准社稷壇，府稱府社神、府稷神，州稱州社神、州稷神，縣稱縣主神、縣稷神。壇制，東西二丈五尺，南北如之，高三尺一，成四圍，出陛各三尺，繚以周垣，四門朱色。今壇無周垣，亦無四門，皆有待於興修者也。神牌二，以木爲之，硃漆青字，高二尺四寸，廣六寸。座高五寸，廣九寸五分。一書社之神，居東；一書稷之神，居西。臨祭，設祭畢，藏之壇房，久圮，光緒十七年，知府俞渭、知縣趙一鶴籌款重修。

《〔宣統〕項城縣志》卷一〇《祠廟志》 社稷壇，在城西門外。壇制：東西二十五尺，南北亦二十五尺，高三尺或二尺一寸，俱用營造尺。四方陛各三級。壇下前十二丈或九丈五尺，東、西、南各五丈，繚以周垣，門四。由北門入。石主高二尺五寸，方一尺，剡其上，去壇南二尺五寸，正中埋之，露圓尖。神牌二，以木爲之，高二尺二寸，方四寸五分；座高四寸五分，寬八寸五分；硃漆青字，一書縣社之神，一書縣稷之神。每歲春秋仲月上戊日，出主於壇，南向祭之，祭畢藏之。

《〔宣統〕呼蘭府志》卷六《祠祀略》 呼蘭府先農壇，在城東南隅，乾隆元年建。初爲草房土壁，光緒十年，重修，始覆瓦砌磚。祭地三晌，南北長一百五十四弓，南端東西寬八十弓，中寬一百九弓，北端東西寬七十二弓，面積四百一十六弓。

清·地方神廟

《明英宗實録》卷七四 〔正統五年十二月庚午〕行在工部左侍郎李庸言：固安堤、通濟河皆已建祠設像，而祀典未秩，稱謂無名，請令禮官定議封號，太常歲修時祀。事下行在禮部議，尚書胡濙等言：「洪武中，以嶽鎮海瀆封爵不經，止稱爲某嶽某瀆之神，一洗相沿之陋。今固安、通濟無緣復襲繆典，至欲秩祀太常，則永樂中開濬濟寧通漕爲萬世利，其祠廟尚未有常祀，今崇報之典，不應有加於彼。請但於朔望，令耆老士人供奉香火，其固安堤稱爲瀘溝河之神，通濟河稱爲通濟河之神，於禮爲當。」從之。

《明太宗實録》卷七一 〔永樂五年九月〕戊午，新建龍江天妃廟成，遣太常寺少卿朱焯祭告。時太監鄭和使古里、滿剌加諸番國還，言神多感應，故有是命。

《明穆宗實録》卷四八 〔隆慶四年八月庚戌〕詔建河神祠，于夏鎮、梁山各一，賜名曰洪濟昭靈。命夏鎮閘、徐州洪主事以春秋致祭。先是，河道都御史翁大立欲濬至梁山河，禱于神，忽水落成渠，可以通舟。大立以爲此神助，非人力也，請建祠宇，領于有司，以答靈貺。故有是命。

《明孝宗實録》卷九八 〔弘治八年三月壬辰〕修築黄陵岡河口，功成，建黄河神祠以鎮之，賜額曰「昭應」，令有司春秋致祭。從太監李興等請也。

《明神宗實録》卷五二六 〔萬曆四十二年十一月〕庚申，上諭内閣：「朕先年朝謁聖母，恭見聖目少安，齋沐，竭誠露禱上帝；復命内官，祈禱于東嶽泰山之神。感其靈應，發帑命内官監太監崔登等鑄造聖像，并建寶殿告成，宜當用文恭紀其事，以彰朕之孝誠。卿可撰碑文來看。」擬勅建泰山天仙金闕碑文：「朕自御極以來，嶽瀆百神祀典咸秩，矧泰岱爲羣嶽長，鎮我東方，斯萬物始交之地，凡昭姓考瑞、登封降祥，咸兹在焉。碧霞元君名號，所從未遠，相傳黄帝肇建岱嶽觀，命元君雲裳羽衣迓西崑真人，焚修玉漚，遂証仙真，斯事寥邈，不可考已。宋真宗東封，清泉示異，玉像是崇，以迨于今，自京畿至方國，莫不祗事。恭惟我聖母慈聖皇太后保祐朕躬，廣建功德，嘗于京師重葺東嶽廟，朕欣承慈旨，□□斯工，美哉輪奂，廟貌赫矣。日者聖母目眚，朕心靡寧，夙夜冰兢，露禱于昊天上帝，復命内臣持節以祀東嶽泰山之神、天仙碧霞元君。祀事孔明，慈顔以豫，目眚遂蠲。則是泰山元君既赫厥靈，綏我聖母，以及朕躬，貺莫大焉。朕聞無言不酬，無德不報，况兹靈庥，慈闈之倚藉而盻饗之顯異者哉是。用秉度皈依，報答明貺，出内帑金錢若干，鍍金爲像，範銅爲殿，築石爲臺，奉元君奠居焉，爰錫嘉名曰天仙金闕。爲門四：東曰蒼華，南曰丹鳳，西曰皓靈，北曰玄通。其泰山後門曰北天。命内官監太監崔登等往董其役，經始于萬曆四十一年四月二十六日，越明年四月初四日已于事而竣。朕惟古者成民而致力于神，功成化洽，瑞應畢至，乃有事于泰山。朕眇躬淳德醇化未登，不敢侈七十二君之事，惟是祗奉慈闈，獲邀靈感。兹復不天，聖母升遐，宜與元君在帝左右。朕追慕方殷，深維聖母彌留之際，惟恤菑賜赦民事，爲兢兢泰山，具位于東。其德主仁，其氣主生。膚寸之雲，澤及萬國，惟泰山爲然。尚其匡佑我民，雨暘時若，年穀豐登，使各有寧宇，無逢其災害，朕一人實嘉賴之。元君廟食，亦且與國祚共相綿遠，豈不休哉？朕所爲酬往德而因乞靈者如此，庶幾承聖母之志，無所隕越，且俾朕孝思亦得垂之無窮云。乃勒碑記其事，而銘之曰：巖巖岱山，表兹東土。觸石興雲，遂遍寰宇。亦有元君，遊彼帝鄉。儷階秘靈，玉策耀祥。日觀崇祠，天齊巍闕。英爽洋洋，昭哉對越。翳我慈聖，懷柔百神。神之聽之，降福振振。靡叩不通，靡呼不□。嚮兹禋祀，慈顔有懌。景貺既彰，擁其明庥。廟食無疆，巨鬯一卣。乃命中涓，乃出内帑。奕奕新廟，是蒸是享。寢成孔安，永宅厥靈。幽感神衷，明德惟馨。眷予一人，受命不殆。既佑文母，燕及四海。燕及伊何，惠我黍麻。遏禳凶札，歛將休嘉。降福孔多，歲事有飭。于萬斯年，與國罔極。」

《〔嘉靖〕思南府志》卷四《祠祀》 城隍廟，舊在府治南。成化間，改建於治東北遷善橋。嘉靖元年，知府李文敏病其規制狹隘，乃於廟后創作三間，禮制抜拓；易前廟爲拜亭，外建大門三間。嘉靖二年，復於殿前增立廊房，左右各三間。

《〔康熙〕常州府志》卷一八《寺觀》 府城隍廟，在金斗門内街西，即城隍廟巷也。宋太平興國中建。淳熙十三年，賜額「嘉應」，元延祐三年，總管府知事趙奇修。明洪武初，詔去封號，塑像爲木主，題曰「常州府城隍之神」，春秋合祭山川壇。凡有司履任，必齋宿祭告，去亦辭焉。景泰六年，郡境告災。命巡撫都御史鄒來學以太牢致祭，曰：「朕恭承大命，重付眇躬。民社所依，災祥攸繫。志恒内省，政每外乖。或寒燠愆期，或雨暘踰度。田疇失利，穀麥不登。憂切民心，妨及國計。水旱疾疫，疊見此方。饑饉流亡，間臻累歲。究惟所自，良有在茲。然因咎致災，固朕躬罔避。而轉殃爲福，實神職當專。夫有咎無功，過將惟一。而轉殃爲福，功孰與均。特致懇祈，幸副懸望。謹告。」正德末，知府王教重修。萬曆初，知府施觀民再修。十六年，知府譚桂又清居民所侵地而還之廟，又爲建正殿，又寢樓、宰牲池，規制煥然。二十七年，又修有司齋宿公署。邑中以季子陳司徒東嶽祠，山五顯、瑯琊、營田，併城隍爲八廟云。國朝康熙六年，寢樓燬。八年，即其地重建。後堂香火益盛。

《〔康熙〕雲南府志》卷一六《祀典》 城隍廟，在治西南。明洪武二年，令有司祭城隍，仍前代禮。府封威靈公，州封靈佑侯，縣封顯佑伯。三年，改今稱。廟三楹，中祀雲南省都城隍之神，左祀雲南府城隍之神，右祀昆明縣城隍之神。

大靈廟，在城隍廟東，即土主廟。神爲摩訶迦羅。蒙氏城滇時，建廟，其像乃蜀匠羅都道太所造。有天竺僧菩提巴坡以祕咒丹書納像中，復以手中菩提念珠一枚種之庭前，後遂成樹。共神屢顯靈異，滇人奉爲土神，各村邑奉之，獨在官渡者，靈異與府廟同焉。本廟附立掩骼會。本朝康熙三十七年，總督王繼文、巡撫石文晟率同司道公捐置。買昆明境屯田七十七畝八分，屯地三畝。撥入河西縣開墾淤田三十二畝二分一釐。公捐置買嵩明州民田二頃七十畝一分七釐。本縣屯軍吴永嗣等，具報呈貢縣羊駱堡、昆明境高廟、小白廟等處開墾屯田七十畝。路南州民王佐施入并置買叛産地五十二頃三十七畝七分五釐，田六頃六十八畝二分三釐五毫。委之雲南府同知管理，買備棺木，施及孤寡。

龍王廟，在州北海門村牛舌洲上。明洪武末建，敕封總督惠濟龍王。本朝康熙三十一年，總督范承勳、巡撫王繼文臨視河道，捐俸重修。

《〔乾隆〕江寧府志》卷一〇《祀祠志》 天后廟，舊曰天妃宫，在上邑儀鳳門外。明初，中使渡海，風濤中賴天妃顯獲。永樂十四年，勅建斯宫，據山枕城，殿宇華峻，廊廡悉繪海中靈異，有御製「弘仁普濟天妃宫」之碑。又一在江東門外上新河北岸，洪武年建。一在安德門外，亦明代建。

《〔乾隆〕杭州府志》卷七《祠廟》 城隍廟，舊在鳳凰山，紹興九年移寶月山。三十年勑封保順通惠侯，賜額永固。《咸淳志》。咸淳間加號，曰「輔正康濟明德廣勝王」。明洪武元年冬，奉旨封各府城隍爲「監察司民城隍威靈公」。三年正祀典，詔各處府州縣城隍止稱某府州縣城隍之神。成化舊志。成化十年寢殿火。十一年，左布政寧良右布政杜謙重建。弘治十六年，御史夏景和重建。《萬曆錢塘縣志》。萬曆三十五年燬。邑人金中丞學曾請于制府劉一焜倡捐重建，杭守姚之蘭實董其成，張大猷爲記。國朝康熙六年，水師副將王虎重修，易殿柱爲石。三十一年，按察使孟卜重建牌坊，并新右司齋廳。三十六年，翰林學士揆敘重新廟制。山麓爲牌坊，歷坡而登，前爲廟門，進爲儀門。甬道而上爲月臺，中爲神殿，東西爲齋祓所。乾隆六年，鹽驛副使趙同敎捐俸置田十畝二分零給道士徐大紳等，挨房輪管，以供正殿香火。山麓別有城隍廟，未詳創始。《西湖志》。乾隆二十七年，皇上南巡，御題城隍廟匾，恭紀卷首。《南巡盛典》。**【略】**

按《通志》載：《錢塘縣志》云，永樂中勑封故按察使周新爲城隍之神。《明史》新按察浙江，屢有異政，廉聲震天下。後爲紀綱誣死，臨刑呼曰：生爲直臣，死爲直鬼，無憾矣！上尋悟其枉。他日見若有人被朱衣立庭中，問爲誰，曰：「臣周新也。上帝以臣剛直，命爲浙江城隍神，爲陛下治姦臣貪吏。」言訖不見。據此則杭民崇祀，有所自來。至《錢塘志》謂曾經永樂勑封，未知所據。

《〔乾隆〕紹興府志》卷三六《祠祀志一・壇廟》 府城隍廟，《嘉泰志》：城隍顯寧廟，在子城内臥龍山之西南。自昔紀載，皆云神姓龐，諱玉。按《唐書・忠義傳》，實龐堅四世祖也。京兆涇陽人，魁梧有力，明兵法。仕隋爲監門直閣。李密據洛口，寖逼東都，玉以關中鋭兵，屬王世充擊之，百戰不衄。煬帝崩，乃率萬騎歸唐。時唐室新造，諸將起於行伍。高祖以玉隋之舊臣，久宿衛，習朝廷制度，拜領軍武衛二大將軍，俾爲諸將模矱。秦王尤所親倚，常從征伐。薛舉寇涇州，拔高墌。舉死，子仁杲勢益張。秦王命梁實營淺水原賊將宗羅睺攻之甚力，玉於是奮擊，士卒殊死戰。秦王以勁兵擣其背，羅睺大敗，遂擒仁杲，平隴西。尋爲越州總管，威望甚著，盜不敢犯其境。武德二年，召還巴山。獠叛，除梁州都督，悉討平之。召爲監門大將軍。卒，太宗爲輟朝，贈工部尚書、幽州都督。初王鎮越，惠澤在民。既卒，邦人追懷之，祠以爲城隍神。梁開平二年，吴越武肅王上其事，封崇福侯。《五代會要》作開平元年。紹興元年，詔以駐蹕會稽。踰年，妖祲不作，行殿載寧，城隍崇福侯廟賜額顯封昭祐公。三十年，顯仁皇后靈駕渡江無虞，加號忠順。乾道五年加號孚應。八年加號顯惠。淳熙三年封忠應王。後又加號昭順靈濟孚祐。郡人奉祀甚謹，以九月十二日爲神生日，享薦尤盛。萬曆志：舊在臥龍山西南之巔。洪武三年，詔去前代封號，稱紹興府城隍之神，專祀于山麓下。其上存爲古勝槩焉。下廟殿之東有思敬堂，今改爲文昌祠。其前有凝碧池，池上爲石橋。上廟前大門，下臨絕壁。右有星宿閣，下有池。池之前有堂，今爲佛巖。右又有會善堂，今易名豁然堂。坐攬諸勝，爲臥龍山奇絶處。萬曆十二年，下廟殿災。知府蕭良幹重新之，視舊加壯麗焉。又府城西三十里柯亭北有城隍行祠。俞志：康熙五十四年，知府俞卿重修上下二廟。其上廟星宿閣久燬，惟池基畧存。

曹娥廟，朱娥諸娥祠附。嘉泰志：在縣東七十二里。熙寧十年，詔曹娥孝女墳廟載祀典。又有朱娥者朱回女，治平二年，太守章岷以其事聞，賜其家粟帛。會稽令董楷以娥配食曹娥。萬曆志：初屬上虞，後改隸會稽。在府城東九十二里。五年，高麗人來貢，借潮而應，加封昭順。淳祐六年，復加封純懿，且封其父爲和應侯，母爲慶善夫人。墓在廟傍。嘉定十七年，郡守汪綱叠石廟前爲堤七十丈，又建娥父曹府君及朱娥祠，俗呼救婆廟。端平中，會稽令董楷以朱娥配享共一廟。明因之不改。嘉靖四年，知府南大吉廓之。以合郡烈女從祀兩廡。萬曆四十五年，送諸娥配享，號三美祠。後圮。國朝順治五年，里紳沈文奎捐千金重建。鄉人以其餘資建祠廟側，祀文奎，名沈公祠。久之爲豪民巧佔。知府俞卿廉其實，以前三楹復爲祠。

《〔乾隆〕福州府志》卷一四《壇廟》 府城隍廟，在越王山之東。晉太康中，遷城後建。宋紹興二十七年，郡守沈調增創堂宇。淳熙五年，作更衣、肅儀兩亭。元季，亭燬。明洪武二年，封鑒察司民威靈公。十七年，改稱本府城隍之神。成化十八年，知府唐珣重修。正德十年，改外大門爲華表。萬曆十年，門廡火，尋建。歲無特祀，合祭於山川壇，厲祭則迎神主之。國朝增春、秋二祭。康熙二十年，重修。自後，里人相繼修葺。廟之東偏壁間，石刻歷代有功名宦諸神碑，曰唐光禄大夫樊公之神、宋少師忠惠蔡公之神、知武岡軍楊公之神、參知政事張公之神、直龍圖閣孫公之神、將軍盧公之神、烈士范公之神、元太尉忠獻董公之神、行省都事藍公之神、侍御史降公之神、英義侯闞公之神、楚國公李公之神、明大夫湯公之神。

漢閩越王廟，在釣龍臺西，祀閩越王騶無諸。漢高帝五年，封爲閩越王，受册於此。後人即其地立廟祀之。武帝時，閩越國亡，祀廢。唐大中十年，復建。宋時，賜號顯聖武勇王廟。左右二人，王牙將也。熙寧中，民兵出戍熙河，二將現雲端，戰遂克。政和間，復戍桂府，征蠻之際，二將復現雲端，降大雹、飛黄蜂以退蠻兵。宣和二年，浙寇竊發，連陷數州，將及郡境。提刑俞向自建康領兵南下，黄蜂數萬隨舟，居民咸謂神助，乃大新祠宇。建楹日，有青、紅二小蛇蜿蜒香几間；升梁及奉二王像入廟，二蛇屢見。廟成，俞向將臨視，前一夕，夢神人青色者來謝。祀畢，青蛇忽現左王之前，而神之容色一如所夢。有司以聞，賜廟額「武濟」。向自爲記。六年，追封爲鎮閩王。二將左封靈應侯，右封顯應侯。建炎四年，王加封武烈，靈應侯加封廣惠，顯應侯加封嘉澤。紹興三十一年，膠西之役，舟師禱於神，捷聞，王加封英護，左侯加協威，右侯加協忠。元更封真君。明洪武十年，布政使葉茂禱雨，獲應。疏聞，詔下禮官議，從神故封，稱漢閩越王之神。郡人唐濾爲記。廟有田，爲守者乾没。成化十六年，知府唐珣覈清之。左參政翟莊爲記。隆慶四年，巡撫都御史塗澤民會勦廣寇，禡於王，聞空中獵獵戰馬聲，師大捷。修祠以闡神庥。里人魏文焲爲記。廟故有井，通江潮，其深叵測，有龍居之，禱雨屢應。歲久，湮爲眢井。萬曆十七年，知府江鐸以旱禱，命工濬之。又有閩越王祖廟，在郡城南二里許。自唐大中間立廟釣龍臺，祠祭悉移於彼。於是祖廟漸圮，田園悉爲居民所侵。弘治間，有司覈正舊業，籍爲粢盛，重建殿寢。旋復圮。萬曆間，鄉人募資别建。廟旁一邱，或云即無諸塚。

天后宫在南臺山。宋宣和五年，賜廟額「順濟」。紹興二十六年，封靈惠夫人，賜廟額「靈應」。三十年，封靈惠昭應夫人。乾道二年，封靈惠昭應崇福夫人。淳熙十一年，封靈惠昭應崇福美利夫人。紹熙三年，封靈惠妃。慶元四年，封靈惠助順妃。嘉定元年，封靈惠助順顯衛妃。十一年，封靈惠助順顯衛英烈妃。嘉熙三年，封靈惠助順嘉應英烈妃。寶祐二年，封助順嘉應英烈協正妃。三年，封靈惠助順嘉應慈濟妃。四年，封靈惠協正嘉應慈濟妃。是年，又封靈惠協正嘉應善慶妃。景定三年，封靈惠顯濟嘉應善慶妃。元世祖至元十八年，封護國明著天妃，尋加顯佑號。大德三年，封輔聖庇民天妃。延祐中，封護國庇民廣濟明著天妃。天曆二年，加靈感助順福惠徽烈號，賜廟額「靈慈」。明洪武中，封昭孝純正孚濟感應聖妃。永樂七年，封護國庇民妙靈昭應弘仁普濟天妃。國朝康熙十九年，平定臺灣，神湧潮濟師。勅封護國庇民妙靈昭應弘仁普濟天妃。二十三年，封天后。五十九年，特予春秋致祭。舊有宫在郡水部門城下，建自前代明時，累經修葺。雍正十一年，總督郝玉麟、巡撫趙國麟重建。今所奏請扁額御賜「錫福安瀾」四字。乾隆十五年，巡撫潘思榘重修。一在閩安鎮，康熙十九年，總督姚啓聖、巡撫吴興祚建。【略】

善溪廣應廟，初名鱔溪，在桑溪里。山峽間有二潭，下潭廣六尺，深不可測，距上潭五里。相傳閩越王郢時，有大鱔長三丈，爲民害，郢第三子號白馬三郎，以勇力聞，射中之，鱔纏以尾，三郎人馬與鱔俱死，害遂絶。邑人立廟祀之。唐貞元十年，觀察使王翃禱雨有應，新其廟。咸通六年，觀察使李瓚奏封龍驤侯。五代，閩王審知奏封弘潤王。宋慶曆六年，旱，郡守蔡襄自爲文禱之，讀畢，大雨。修葺其廟。熙寧八年，勑封冲濟廣應王。紹興十七年秋，大雨，中夜水暴出，聲聞數十里。詰朝，有石高廣二丈，峙廟復如堵，水左右注，庭除無恙。人以爲異。紹定五年，加封孚佑王。淳祐八年，郡守陳塏以禱雨至，謂神親殺鱔，其靈在神不在鱔也，爲更今名。

《〔乾隆〕澎湖紀略》卷二《廟祀》　城隍廟　城隍神，元學士王惲作《汴梁城隍祠記》，謂世説秦功臣馮尚見夢於漢高帝曰：「奉天《帝令》，與王知領城隍事。」遂以爲城隍之祀，始於西漢焉。而南陽王鴻儒則以爲《周禮》八蜡之祭，有水庸之神。庸，城也；水，隍也。此爲祀城隍之始。且城復於隍已見於前，則周時已有此祀矣，固不獨漢也。自是而後，歷代皆有祠祀，惟唐爲著。至宋時，或賜封爵，或賜廟額，祠宇遂遍於天下。至有遷就附會，各指一人以爲神之姓名，如鎮江、慶元、太平、寧國、華亭、蕪湖諸郡邑，皆以爲紀信、龍沮。江西郡縣城隍，率祀漢潁陰侯灌嬰；考漢高六年命灌嬰下江南，定豫章，或平定之後奉以祀焉，未可知也。至於近世，郡稱威靈公，州稱顯佑侯，縣稱顯佑伯者，則自明洪武三年始也。凡守土官入境，必先祭城隍而後履任；及祈禱水旱，必先牒告而後禱於壇。即祭無祀，亦必前三日牒告；至日，迎城隍神位於壇，以主斯祭焉。今澎湖城隍廟在廳署之東，規模狹隘，不足以展敬，實限於地也。

關帝廟　廟在媽宫澳西偏，距廳治五里，日久傾圮。乾隆三十一年，余與協營諸公捐俸增修，祠宇式廓，今煥然一新焉。祀神勇關聖也。元至治時，封義勇武安王。明洪武都金陵，建一十四廟，一曰漢前將軍壽亭侯廟，以四孟朔日、歲暮除日，應天府官主祭；又有仲夏太常之祭。祭以少牢。自是香火遍天下，窮鄉僻壤皆祀之。嘉靖十年，太常卿黄芳始奏改稱漢前將軍漢壽亭侯。蓋漢壽本封邑，在今犍爲；亭侯爵第五等，曰徹侯、曰關内侯、曰縣侯、曰鄉侯、曰亭侯，是亭侯居第五等之末。今人以侯仕漢，以壽亭侯爲封爵非也。本謚壯繆；繆與穆同，用傷武功之不成。今人爲碑諱不書謚，亦非也。萬曆四十二年十月，司禮太監李思始齎九旒冠、玉帶、龍袍祀，金牌勅封爲帝，頒知天下。然太常祭祀，則仍舊稱。史官焦竑曰：稱漢前將軍侯，志也。天啓元年，太常少卿李宗延有修明祀典疏云：臣於本年正月親詣本廟，内標三界伏魔大帝神威遠鎮天尊關聖帝君，冠冕俱係帝服。然本寺職掌初無憑也，此封號所當考核者也。按此，則帝封非朝議矣。及天啓四年七月，禮部覆題得旨，祭始稱帝。至國朝順治九年，加封忠義神武之號。乾隆二十五年二月，廷議以原謚壯繆未協，請更定謚號，改謚神勇；歲祀用太牢，典禮與闕里並隆焉。乾隆三十三年三月，奉上諭：「加封忠義神武靈祐關聖大帝，其官建祠宇、秩在祀典者，並依新號設立神牌，以申崇奉。欽此」。澎湖自乾隆三年奉文起，每歲三祭，開支錢糧銀一十八兩。

天后宫　廟在媽宫澳，距廳治五里。天后林姓，世居莆之湄洲嶼，宋都巡檢林愿之第六女也。始生時，地變紫，有祥光異香。長能乘席渡海，乘雲遊島嶼間。宋雍熙四年二月十九日，昇化。是後常衣朱衣，飛翻海上，里人祀之。宣和癸卯，給事中路允迪使高麗，中流震風，七舟俱溺；獨路所乘神降於檣，安流以濟。使還，奏聞，特賜順濟廟號。紹興己卯，駕風掃海寇。乾道二年，又降於白湖，掘泉飲疫者；累封靈慧昭應崇神夫人。淳熙十一年，加封善利。紹興間，特封靈惠妃。慶元戊午，以霧遮大溪寇。開禧丙寅，解淮甸圍。莆民難食，米船阻於朔風，神反風即至。景定辛酉，海寇肆暴，醉臥廓廡間，神縱火焚之，又令風沙晝晦，跨淺而敗；累封助順、顯衛、英烈、協正、善慶等號。元以海漕得神助，賜額靈濟。明永樂間，累著靈蹟，命修祠宇，加封號。國朝康熙十九年，封爲護國庇民、妙靈昭應、宏仁普濟天妃，遣官致祭。二十二年，我師克澎湖，恍有神兵導引；及屯兵媽宫澳，靖海侯施琅謁廟，見神衣半濕，始悟實邀神助。又澳中水泉止可供數百口，是日駐師萬餘，忽湧甘泉，浥之不竭。施琅上其異，勅建神祠於其原籍湄洲，勒文以紀功德。二十三年，加封天后。六十年臺匪竊發，天后顯靈，鹿耳門水驟長數尺，舟師揚帆並進。七日，克復全臺。雍正四年，巡臺御史禪濟布奏聞，御賜「神昭海表」之額。十一年，又賜「錫福安瀾」匾額於福州南臺神祠，並令有江海各省一體葺祠致祭。乾隆二十二年五月，内閣交出天后封號，奉旨：「原封天后護國庇民、妙靈昭應、宏仁普濟、福佑群生，此次加封天后誠孚。欽此。」按天后即媽祖；凡海舟危難，有禱必應，洋中風雨暝晦，夜黑如墨，每於檣中見神燈示祐，亦靈異也哉！澎湖自乾隆四年奉文起，每歲三祭，開支錢糧銀十七兩。是年五月，前廳周于仁、協鎮顧元亮、左營遊府柳園共捐俸銀三十六兩，置買澳民黄明店屋，每月紋廣租銀六錢五分，交約正高士典等按月收租，以爲廟中香燈之費；勒石廟中，以垂永久。

《〔乾隆〕辰州府志》卷一八《壇廟考》　城隍廟在城東故分司署西。舊建於龍鬚巷中，隆慶六年，毁於水。萬曆元年，知縣王京以故廟址爲縣署，乃遷廟於今所。堂二楹，東西吏舍八間，門二楹，土地祠居門之東。康熙二十三年知縣宋逢盛，五十八年知縣王光夔，乾隆二年知縣周相，二十年知縣顧奎光，先後重修。

城隍廟在西城内飛霞山，創建歲月舊志弗詳。崇禎十年，知府王觀化捐百金重修，沅陵宋之龍記。國朝康熙八年，知府盧裕礪修。二十三年，知府劉應中捐俸重新，沅陵于湘記。殿二楹，東西兩廡列祀闔屬城隍，前爲門二楹。每歲春秋，附祭於風雲雷雨山川壇右。

天后宫在下南門内樂善坊。乾隆十年，福建客民捐貲購地，建以祀林女仙。正殿立神像，歲時伏臘，便於禱祀，東爲旁室一楹，前爲門。

《〔乾隆〕衡州府志》卷一七《壇祠》 水府廟在江東岸浮橋馬頭。按：水神之祀，《會典》載，龍神、江神皆有封號祭儀。乾隆九年，奉文飭直省舉行祀典。本縣水神，舊雖有廟數處，若三聖、三順、楊林丁三之類，皆民間私相崇奉，其神號多屬不經，非遵《會典》龍神、江神之廟可比，故守土亦無特祀。

《〔乾隆〕潮州府志》卷一七《古迹》 涸溪墖，即鳳凰墖，距郡城東南三十里。基圍十四丈四尺，高一十三丈七尺，共七層。創自明萬曆十四年丙戌。國朝康熙三十年辛未，知縣金一鳳修。

急水墖，即三元墖，距郡城東南六十里。基週圍十四丈，高十五丈三尺，共七層。創始於明萬曆三十三年乙巳，告成於三十五年丁未，邑人林熙春銘。

文光墖，在縣城内。舊爲千佛墖，宋咸淳二年，道人趙汝篪創建，及明崇正八年，知縣漆嘉祉重修。高十六丈，廣十二丈，八面七級，有石欄。崇正年修墖時，發其基，窖中有銀版盈尺，刻「紹興元年辛亥三月朔十五日壬子衆緣建造」。乃知前志相承之誤。窖中所藏古物皆編於籍，藏邑人郡丞吴士訓家廟内，時發異光。復置諸窖中，壓以巨石，光亦旋滅。國朝康熙二十八年七月十四日夜，被颶傾圮。康熙五十三年，知縣支森倡修僅一級，未竣，離任。

祥符墖，在縣西峽山頂，九級，高十二丈，廣九丈。明嘉靖二年，邑人柯良晉增修。後圮。萬曆二十五年，邑人大理寺卿周光鎬重建，有記。相傳建墖時，闢其基，獲古甆器，内有一錢，傾之不得出，就日視之，有「祥符」二字，遂以名墖。

涵元墖，在縣南二十里，坐落潮陽縣客埠山上，有關揭陽形勢。明天啓七年丁卯，知縣馮元飈倡建，工未竣，而元飈以升任去。越崇禎十三年庚辰，知縣張明弼成之。七級，高十六丈，廣十八丈。

《〔乾隆〕石阡府志》卷五《祭祀》 城隍廟，城内府署之左，萬曆三十四年，知府江大鯤建。順治十四年燬，重修。

康熙四十四年，郡守陳奕禧同守備黄璋重修正殿、後殿及兩廊、樂樓、頭門、舖面。有常住田三處，一新屯，一白塔寺，一高梘溝，共載糧六升七合，歲收田租穀大斗七石。又東城山後楊家溝山土一幅，歲納丁銀三錢。每年五月二十八日，官士商民祝城隍神。

《〔乾隆〕興安府志》卷一七《祠祀志》 虞廟：賈《通志》在州城南三里西城山，歲時奉祀。《帝王世紀》：西城縣有虞舜祠。《水經注》：西城縣故城内有虞舜祠、漢高帝廟。置户九户，歲時奉祀焉。州志，興安漢江之北舊爲姚墟。明隆慶己巳，土人耕田，得琉璃脊獸甬道暨剥落殘碣，依稀記大舜陶于河濱處。聞於朝，建祠，春秋享獻。緣在坰野，四無人居。風雨傾頽，牲牷俎豆，幾無陳所。萬曆中，知州許爾忠請修殿廡門垣，立碑以記。本朝康熙三十二年，知州王希舜議修。

《〔嘉慶〕海州直隸州志》卷一九《壇廟》 蒲神廟，陳宣《州志》：即八蜡廟，在南門外里許。舊止一茅屋。天啓壬戌，蝗蝻爲災。知州劉夢松禱於神，蝗不爲害。因擇南門外高敞處建祠宇三間，神門一座。順治六年，知州陳培基重修。祀唐太宗於中，左爲劉猛將軍，右爲姚崇。今案：乾隆二十五年，知州李永書重建大門一座，有歌舞樓，正祠三間，兩廊各三間。正祠後，爲文稼軒五間，西爲書室。道□東爲朐山書院，知州李逢春自城中移建於此。往時漕督校閲營伍，嘗爲行館。嘉慶九年，知州唐仲冕、董勸重修。國朝陳培基《修蒲神廟記》。石刻。

《〔嘉慶〕漢州志》卷一四《寺廟》 文昌宫在城内梓潼街。宋嘉泰中剏建，明成化、嘉靖兩朝累經重修，見周滿《文昌祠記》。萬曆十七年，知州胡應正增修啓聖宫，嗣是皆士民補葺。乾隆八年，知州張珽重修。四十五年，知州策丹增修樂樓。嘉慶三年，知州曹遽，九年，知州周偉業節次添修。十三年，知州狄夢鈞重修啓聖宫三楹，正殿五間，東西廊各五間，正廳三間，外廂房東西各五間，樂樓一座，外屏石栅東西各一。主，殿中位恭設。

城隍廟在廣驛街西，中古柏數株，皆三百年以上物。正殿五間，抱廳一，向東。西廊各五間，正德五間，鐘鼓樓、樂樓各一座。後寢宫三間，東西内廂房各三間，外廄二間，屏牆一座，碑房三楹，嘉慶三年知州曾先烈重修。

《〔嘉慶〕常德府志》卷一二《廟壇》 城隍廟，府治東一里。舊志。《禮記》八蜡注曰：水庸居七水隍也，庸城也。丘氏濬曰：洪武元年，加封爵，府曰公，州曰侯，縣曰伯。

三年，詔革去封號，止稱某府某州某縣城隍之神。各府州縣城隍廟宇俱如公廨，設立公座、筆硯，如其守令。

舊志：明洪武二年，知府張子俊建。時以助國有功勅建，勅書樓於會仙橋畔。右有火神祠，成化時知府楊宣修，正德十四年郡人李文修，嘉靖六年知府方仕修，萬曆間郡人龍德孚修。丙寅火，郡人羅尚質捐千金倡修。後經兵燹，國朝康熙七年，知府胡向華建頭門屏牆，助修前後殿宇。乾隆二十七年，武陵朱秉一、周日治等倡修，至五十三年始告竣。計正殿三間，後殿五間，勅書樓三間，東西各殿三間。供各縣城隍。

洪沾廟，縣東一百八十里洪沾洲上，祀洞庭湖神。舊志。按：洞庭神廟，濒湖所在有之。舊志：里人相傳云祀柳毅，廟側有柳毅井，凡舟楫往來過湖者，輒乞靈焉。唐昭宗天祐二年，勅封洞庭君爲「利涉侯」、青草湖君爲「安流侯」。《册府元龜》：後晉高祖天福二年五月，湖南馬希範奏，青草等四廟各乞進封，勅青草廟「安流侯」，進封「廣利公」。洞庭廟「利涉侯」，進封「靈濟公」。元致和元年，封洞庭廟神曰「忠惠順利靈濟昭佑王」。國朝康熙十八年，勅封洞庭湖神。

《（道光）吉林外記》卷六　城隍廟，在城内將軍公署東。前殿三楹，左、右配廡各三楹，寢殿三楹，鐘鼓樓二，大門三楹。里民修建。

崇禮龍王廟三：一在城小東門外一里江北岸，正殿三楹，配房三楹，大門一楹，乾隆二十五年重修。一在江南岸，正殿三楹，配房三楹，門宇四楹，乾隆五十七年增建。一在城東門十二里龍潭山，正殿三楹，山坡牌樓一座，乾隆十九年建。

馬神廟，在城西門外。正殿三楹，左、右配廡各五楹，大門三楹，康熙三十四年建。

北極廟，在城巴爾虎門外二里元天嶺。正殿三楹，配廡三楹，耳房三楹，大門二楹，乾隆三十年建。

藥王廟，在城北山關帝廟後。正殿三楹，左、右配廡各三楹，大門二楹，乾隆三年建。

財神廟，在城西北隅。正殿三楹，左、右配廡各三楹，禪房三楹，牌樓一座，戲樓一座，大門三楹，東、西角門二。嘉慶十二年，里民重修。

祖師廟二：一在城大東門内路南，正殿六楹，配廡六楹，禪房三楹，大門二楹，嘉慶十二年重建。一在城外北山藥王廟側，殿三楹。

三義廟，在城北隅。正殿三楹，配廡三楹，大門一楹，東、西角門二。乾隆二十年建。

關帝廟二：一在城小東門外一里，正殿三楹，享殿三楹，左、右配廡各八楹，鐘、鼓、戲樓各一，大門三楹，東、西角門二，乾隆九年建。一在城北門外二里北山，正殿三楹，鐘、鼓、戲樓各一，配廡三楹，禪房二楹，正殿恭懸乾隆十九年御書「靈著豳岐」匾額。

松花江神廟，在城小東門外一里江北岸。正殿五楹，牌樓二座，大門三楹，東、西門各一。乾隆四十三年建。

長白山望祭殿在城西門外九里温得赫恩山。正殿五楹，祭器樓二楹，牌樓二座，養祭鹿圈一。雍正十一年建。

《（道光）濟南府志》卷一八《祠祀》　神祇壇，祀雲雨風雷山川城隍之神，明時在德府前，今在城南星宿廟前。《通志》：壇高二尺五寸，方廣二丈五尺。四出各有陛，南陛五級，東、西、北皆三級。四面各十五丈，繚以周垣，出入以南門。有庫房、神廚、宰牲房、齋宿所等。制神牌各一，以木爲之，高二尺三寸，廣四寸五分，厚九分，趺高四寸五分。

《（道光）永州府志》卷六《秩祀志》　府城隍廟在府治東二百步。明洪武二年，封鑒察司民威靈公。十七年，更定禮制，革封號，稱本府城隍之神。歲無特祀，合祭於山川壇，厲祭則迎神主之。凡有司至，將視事，必齋宿於廟。國朝康熙七年，劉道著《重修記》云：丁未春，予奉命來守永州，莅任先一日，齋宿於城隍廟。廟在府治東，荒廢已久，予見棟宇傾頹，廊廡不葺，齋心自盟，展敬無所。因念神人雖殊，其理則一，今使居民上者堂室固陋，風雨不蔽，觀瞻無儀，人能自安乎？用是治事之餘，稍捐俸資，鳩工庀材，完治正殿三間，東西兩廡各十間。正殿之前作捲蓬一層，以爲官民覲禮之處。前又修二門正間，二門之前又爲重檐亭，凡是皆南向，從亭前西轉，臨大街爲大門。功始于康熙戊申年二月，告成于七月。雖不敢云美麗巍焕，然材取其堅，制取其朴，妥神靈而生敬畏，如是亦簏備矣。考城隍之文，著于《大易》，而祀始于漢，祠廟盛于唐，前後迭見史書。而唐張燕公有《祭荆州城隍文》，張曲江亦有《祭洪州城隍文》，則神之尊崇，其來久矣。宋元以來，歷加封號，或專指忠臣烈士，一人以當之，至明乃稱本府城隍之神，合祭于山川壇，厲祭則迎神主祀。國朝因之。大抵一郡之氓庶，惟神是依，凡社稷之安危，年歲之豐歉，士民之貞淫禍福，神實主之，幽冥相輔，陰陽之道，確有可憑。余忝爲一郡之守，實欲深自勗勵，潔己安人，以求仰答乎神明，非止侈土木以飾觀美也。故因茲落成之餘，立石紀事，以表斯志。

《〔道光〕廣東通志》卷一四五《建置略二十一・南海神廟》 南海神廟，在府東南八十里。謹按：《元和郡縣志》在縣東八十一里。建自隋世，唐封廣利王。府志。唐天寶十載册祭廣利王文，見祀典。韓愈《南海神廟碑》文見《金石略》。宋康定二年，加號洪聖。皇祐二年，以儂智高遁，賴神力，加號昭順。郝志。至和元年，加王冕九旒，儀物稱是。《嶺海聞見録》。紹興七年，復加威顯。元至元二十八年，詔尊神號廣利靈孚王。明洪武三年，始封南海之神，春秋二仲月壬日，遣官致祭。六年，賜黄金香盒重一十六兩。郝志。本朝康熙四十二年，御書「萬里波澄」四字，頒賜廟中。《大清一統志》。四十四年，重修廟宇，屢遣致祭。雍正三年，詔封南海昭明龍王之神，復修殿宇。中爲神祠，東爲厨庫、牲房，西爲齋宿所，南爲儀門。郝志。又南立石表爲望洋之所，每歲二月上壬日，致祭。《大清一統志》。嘉慶五年，賜「靈濯朝宗」匾額。《採訪册》。廟臨波羅江上，俗亦稱波羅廟云。郝志。廟有玉簡、玉簫、玉硯、象鞭，林靄所獻銅鼓，及宋真宗所賜玉帶，蕃國刻金書表，龍牙火浣布。元吴萊《南海古蹟記》。今皆不存。惟大、小銅鼓尚留殿東西耳。明葉盛《水東日記》：南海神廟中銅鼓二，黄冠煅其一，今存者一。徑尺寸，圍尺寸，高尺寸，面圓，不甚厚，邊突起，狀蟾蜍者六，邊地仍出口外寸許，以次層細加腰束，然下復大，與面等。面與四圍皆細波紋，中心高起寸許，圓圍寸徑寸分，蓋控擊處也。或曰二廣銅鼓皆爲伏波時作，南海天妃廟舊亦有之。大門内有宋太宗、明太祖二碑，其在香亭左、右則自前代至國朝祭告文，皆使臣所勒。韓碑在東廊。府志。助利侯廟，達奚司空也。宋王象之《輿地紀勝》。謹案：達奚司空像，今在南海神廟門外之左，蓋古有祠，而久廢矣。

《〔道光〕貴陽府志》卷四一《祠祀略第三》 國朝爲紅衣發貢之祭，關帝、火神、馬王皆在其中。馬王者，天駟星也。天下營標雖未明頒旗纛之祭，然霜降祀牙纛最爲營標大典，即所謂軍牙六纛之神也。此外，營標類多奉關帝、火神、馬王，則又倣祀云。而府州縣之外，凡有城堡者，悉祀城隍，亦倣祀也。撫標左營飛山廟在貴陽府城内西隅，奉關帝、炎帝、馬王。右營晉禄寺在貴陽府城内東隅，奉關帝、炎帝。天駟宫在貴陽府城内東隅，貴山書院左，奉馬王。貴陽營炎帝宫在貴陽府城内東南隅火藥局内，嘉慶十三年，遊擊史瀚重修。三聖宫又名三義廟，在貴陽府城内西南六硐橋，崇禎十五年剏建，乾隆中重修，奉關帝。天駟宫在貴陽府城内西南隅遊擊署右，奉馬王，道光二十三年，署遊擊王臻祐重修，撥本管教場旁隙地租銀九兩，以供香火祭祀之費，管兵刊其教文於碑，立之廟内。長寨營關帝宫在長寨城西門内，正殿三間，左右廂房各三間。炎帝廟、馬王廟同院，在長寨城北門内，正殿七間，左右廂房各三間，頭門三間，有門樓。龍里縣城東門内亦有馬王廟，蓋亦龍里汛弁兵所建也。凡此，皆紅衣發貢中所有之神，管標倣而祀之。定番大塘城有城隍廟在城南，羅斛城有城隍廟在城南，長寨城有城隍廟在西門外。正殿三間，左右廂房各三間，左右殿各二間，後殿三間。貴定舊縣城有城隍廟在城東南隅。修文六廣城有城隍廟在城内。崇禎末方仁龍建，後圮。康熙二十二年，濯靈所守禦千户裴袞錫及僧野雲重建。乾隆五十七年，有僧海照補修。息烽城有城隍廟在城内，崇禎中建，乾隆三十二年，僧清和重修。扎佐城有城隍廟在城中，康熙七年建，嘉慶元年，僧明鑨補修。九莊城有城隍廟在城東，崇禎四年建，嘉慶十四年，僧光明重修。而貴陽養龍里司内堡、廣順州谷增枝回龍寨、貴定平伐營、小平伐司、新安堡、小塲之千軍堡、仙山堡、沿山之牛市都盧坪、平伐塲，咸有城隍廟。

《〔道光〕重慶府志》卷一《山川》 大禹廟塗后祠。在塗山上。明曹汴記：今川東兵憲田公之駐節我郡也，開忠益之賓亭，廣咨諏之使務。於是，於郡東塗山之麓，得禹廟舊址，與元臣劉志道所題廟碑焉。顧碑漫缺不可讀。又乃於郡志得元臣賈易巖所譔碑，引東漢郡志及《華陽國志》諸古籍，辯禹之娶於塗山，實茲山也。其會諸侯乃在會稽塗山，而世遂以爲娶於彼，非也。其考既明備而核，足破近世膚聞之誤，而文復爾雅可傳。於是，公讀之，嘆曰：昔人睹河洛而思禹功，矧梁岷之高山迅川，其利鑿疏導之難，殆又倍於河洛。而今之享既蓺之利，而被安流之澤者，顧漫不思禹功也。縱令禹非蜀人，其娶非塗山，猶當郡爲之祠廟，以報厥萬世永賴之功。而舊籍之可考，班班若是，其舊址遺碑，今猶儼然焉，而顧坐視其鞠爲瓦礫草莽之墟，此豈非觀風守土者之責哉？遂毅然亟爲重建之舉，乃首以語我郡守朱君。君遂率郡二倅，與邑令尹躬視其址，以復於公。公乃隨以督建之役，委之衛使陳嘉勳，且復親爲之指授，曰：是舉也，基視舊址宜拓三之二，庶廟貌宏邃，足壯觀瞻。棟宇宜掄楩楠之材，庶無速朽，足垂久逖。禹位宜遵洪武七年帝王廟例，塑袞冕坐像，庶謁者如見，廟益藉以尊嚴。然茲山以塗后而傳，禮宜合祀，顧像則弗典。仍宜前設木主二，一稱夏大禹王神主，一稱夏后塗山氏神主，庶禹不獨血食，而山靈亦與榮矣。第其役計費，吾帑贖之餘若干，而足以此搆材，以此募役，可無更役夫里一人也。指授既定，乃遂移上撫臺鍾祥確菴曾公、按臺徽州環一郭公，既後先報可。而時爲分守少參汪公駐涪陵，公復以其事告之，亦欣然贊焉。於是嘉勳日在工督建唯亟，而城野之人顧晏然，若不知其有興作也。蓋拓基於萬曆甲戌之冬十有二月，至乙亥之春三月，廟乃訖工。廟基凡爲臺三，臺皆甃石爲之。前爲門，凡四楹。躡級而上爲亭，亦四楹。亭後左右各爲房，亦各四楹。又躡級而上，始爲廟四楹。而廟地勝棟隆，後依朝曦之輝，而挹郡基金碧之秀，龍門抱其下，塗洞峙其左，遮灘障其右，殆儼然古塗山國之故宮。而禹之像則考宋人所刻聖賢遺像爲之，復藹然錫圭，告成之，度如生也。公於是諏曰瓣香，爰率郡邑長貳，恭謁於廟而告成事。退乃顧汴城墟，命載筆焉。既而朱君復以公意申命之，而汴遂無容辭也。汴惟賈碑塗山辯甚詳，顧未暇及塗山氏之賢之有功於禹也。按：漢劉向《列女傳》稱：禹之治水而南也，塗山氏蓋賦「倚南之歌」，其後周之二南實取風焉。及生啓，禹弗子，塗山氏獨能教訓而使之化，至立庶子之官以翼之。故禹不惟獲告成功，而卒至啓能象賢，繼世以有天下。善乎遷、固之叙三代后妃之助曰：「夏之興也，以塗山。」然則今日之配享茲廟也，固以其生茲山之故，然實祀德祀功之典所弗可遺也。汴故繼叙之，用補前碑之缺，庶昭公之舉也。殆不獨使巴夔之間，睹廟貌而思禹，抑將使聞塗山氏之風者化不在周、召之南，而在川以東矣。其有裨風教豈小哉？於是碑方擬登刻，而學憲沔陽陳公適校士至渝，郭公按部偕汪公至，聞廟成，咸後先登謁。於是一時塗林之旌，無不躍然快觀也。然公之意，以山在江之東岸，猶石紐在蜀之西陬，皆冠蓋之所弗經，故其傳不甚著也。又欲倣之神禹鄉邦，樹石南紀之衢，題以塗山舊國，以告觀風者。而公去郡矣。至是，柱史任公來代，公出巡於是，朱公具以事白焉。任公乃遂諏日登謁，且面受嘉勳，亟成公之所未及葡也。而朱君亦以是月上丁四日登修嘗祀，以肇歲典。噫！山何幸，於數千載之下有茲曠遇哉！汪公名仲川，系黄岡。田公名子堅，系永寧。任公名惟一，系盩厔。朱公名孟震，系新淦。其郡貳趙侯方立、倅盧侯晉、梁侯棟、先侯崑推、王侯邦俊，暨邑令鄭侯宗學。或與經其始，或樂觀厥成。而嘉勳則重慶衛指揮僉事，蓋終役獨劾勞也。法固當備著於篇。龍門。在禹廟前大江水中。《明統志》：山址有石中分，名曰龍門。宋紹興中，左石楷書，右石行書，各鎸「龍門」二大字。斷處可容小艇出入，即俗所謂龍門浩也。

《（道光）鄜州志》卷二《建置部·祠宇》 城隍廟，前志在舊治西，今在州署東南隅。建始於洪武壬子，至永樂壬辰修，成化戊戌又修，嘉靖辛丑又修。壬戌大水衝没，癸亥重建。國朝康熙四年，副使馬元鮑開茂、知州顧耿臣重修。二十五年，洛溢城圮，廟隔河東。三十三年甲戌，州紳呼應高等始謀改建於南關，至四十年辛巳而落成，即今基址是也。乾隆五十七年壬子，知州五誠額等重修。二道光元年，水决，東西廡共一十八間、道房四間俱全坍，鐘鼓樓二座亦半坍。二年，知州楊名颺領帑修理。

《（道光）寧陜廳志》卷二《祠廟》 城隍廟在廳東北河洲中。乾隆五十年巡檢白純祖勸建。嘉慶十八年同知胡晉康請帑重脩。正殿三楹，獻殿三楹，東西廂各三間。鐘鼓亭二座，二門三間。碑亭二座，大門三間。照牆一。正殿後寢宮三楹。

《（咸豐）噶瑪蘭廳志》卷三《祀典》 城隍廟，在廳治西街後，南向。嘉慶十八年官民合建。廟凡兩進。諸司塑在兩廊，堂上三楹。左祀三寶佛，右祀土地神。氣宇嚴凝，觀瞻肅穆。道光十年署通判李廷璧額曰「明陰洞陽」。右旁結茅三椽，度僧安榻於此。香田在奇武蘭莊，一百四十七甲，歲收穀石如甲之數。香園在奇擇簡莊，一百零六甲，年折税洋銀五十三元，不論豐歉。又本街東畔地基税銀年二十餘兩，皆爲香燈齋糧之供。

天后廟，俗呼「媽祖宫」，在廳治南街，東向。嘉慶十三年，居民合建。中塑神像；左祀觀音菩薩，右安置萬壽龍亭。兩翼廊直達外户，皆護以木栅。闤闠，香烟侈盛。道光十年，署通判李廷璧額曰「寰海尊親」。有柱聯曰「救民於水，配德於天」。香田在抵美福莊，年租穀二十八石；又本街西畔地基税銀二十餘兩。西門外五結、東勢、二結、牛欄後及頭圍等處渡船，香燈銀共二十元、糧税十六元、大船税二十元，俱作香火之資；募僧住持。道光十四年改西向，規模較爲宏敞。一在廳治大堂之右，東向；一佛堂，一外廳，一庭院，前後俱三楹。中奉神及觀音塑像，左奉火神，右奉藥王牌位。嘉慶二十二年，官民合建。護通判范邦幹額曰「瀛海慈航」，通判高大鏞額曰「祥凝福海」。一在羅東街，居民合建。

文昌壇，在廳治西關帝殿後，南向。嘉慶二十三年，通判高大鏞倡建。原在前殿，居民稱文昌宫後移奉於此。繚以牆垣，雕以牕櫺，左右各有廂房。廳左祀倉頡神牌，右爲開蘭以來官長諸祿位。庭隅東址築敬字亭，四周護以石欄。文峯拱翠，修竹凌雲，亦勝概也。十年，署通判李廷璧額曰「仁孝維風」，官廳香園詳前。

案：道光二十五年，署通判朱材哲就前後殿原址，倡捐改建左、右二殿。左奉文昌，額曰「觀文化成」；右奉關帝，額曰「浩然正氣」。咸豐元年冬，士庶等再拓外牆，飾以照壁，重修外門，於是遇行祀禮，始恢恢乎有餘地矣。

關帝廟，在廳治西、文昌宫前殿，南向。嘉慶十三年，居民原祀在米市街。二十三年，文昌廟落成之日，通判高大鏞移奉同在前殿。至道光五年，陞倅呂志恒改以前殿奉神像，而移文昌神像於殿後。皆未妥協。蓋論神道則文昌爲高，而論祀典則關帝爲大。兩帝君廟制皆有後殿，追祀三代。同在前楹，既嫌於右武；移之後殿，豈待以先賓？則合祀之廟非矣。署通判李廷璧額曰「浩氣凌霄」，楹聯即用京都正陽門廟神所自作之句數定三分，扶炎漢削魏伐吴，辛苦備嘗，未了生平事業。志存一統，佐熙朝蕩魔伏寇，咸靈丕振，祇完當日忠貞。殿宇寬敞，幽邃静涵。左有官廳一座，北連仰山書院，十年署通判窿廉重修。右有香園一所，年税八金，並以渡船頭田宅曠地原税銀二十元作香火資。

《〔咸豐〕安順府志》卷一八《壇廟》 府城隍廟，在城内西南，創自元朝。明萬曆二年，重修。後燬於兵。十四年，僧宗泉募化安順州知州馬伯瞻，建造牌坊、屏壁，置買常住田地。安順軍民府王捐廉同修。四十五年，僧如泉、海應、海慧、海明，募化安順軍民府知府李時茂、朱萬年，威清兵巡道劉文徵，曹定衛守備黄士美等，重修。明末，復遭兵燹。康熙二十六年，貴州提督李芳述，安順府知府王國寶，原任安順府、山西河東鹽運司顏光猷，普定縣知縣汪世聯，建立戲樓，重修殿宇，製造石獅。乾隆五十七年，本廟城隍在京顯應，封護國威靈侯。七月二十四日，奉到封，提督彭廷棟、安順府知府程國璽、署安順府開州知州馮克鞏、普定縣知縣蕭若欽捐廉，命住持僧會元文修建，五十九年告竣，題後樓曰「浴雲樓」。嘉慶十三年，僧會元文復修。道光十三年，僧定尚重修二十四殿、大殿、戲樓。今住持定秀又重修二門、浴雲樓。

馬王廟，又名天駟宮，在城内西門，明初建。原向西大街，乾隆二年，提督王無黨建馬王廟於庵後，坐乾向巽。後又改觀音殿宇，並建兩廊，改名碧雲寺。今爲天駟宮。

《〔咸豐〕安順府志》卷二〇《安平壇廟》 城隍廟，在東門内。明天啓元年建，康熙五十七年，重修後殿。嘉慶十四年，重修正殿。道光三年，添建頭門、牌樓、左右兩廡、土地祠。又，齊伯房，明正統間建。後毁。康熙十三年，移祀於五顯廟前堂左。道光六年，知縣劉祖憲偕三排士民鳩建於文昌閣下，與蠶神、福德正神同祀。

峻石廟，在柔西玉林山。舊於石罅間建小屋二處，供佛像。漸即崩毁。道光六年，僧曷洪捐資重修，又添建上下殿、廂房二間。自山脚至頂，道路幽險，均爲修砌。

《〔同治〕永順府志》卷五《壇廟》 府城隍廟在城東門内。頭門一間，二門三間，戲臺一座。正殿三間，其神像係從土司城隍廟内移供，兩廂各三間。後殿三間，兩廂各二間。又後殿三間，中供真武，左右兩間作公館。乾隆二十八年，知府張天如以舊宇卑隘，同永順令陳惠疇捐資重建。永順縣廟，在城東門内。大殿三楹，兩廂各六間。大門三間，戲臺、牌坊各一座，外立照墻，後建寢宮，兩廂各一間，廚房一間。香火田一處，土名麻寮内，小地名他砂溪。水田四坵，火印種七升。荒熟山地共五十張，東至嚴忠地，南至嚴對山地，西至彭昇地，北至楓香樹路。又一處廟前香火田，火種三斗八坵，東至城墻，南至馬王廟圍墻，西至老坎，北至廟後圍墻。東門内舖房二間。

《〔同治〕永順府志》卷五《秩祀續編》 天王廟，向在禹王宫後半山。咸豐四年，土匪滋事，著有靈驗，移建於教場馬王廟右。同治六年，副將廖長明續修。

《〔光緒〕保定府志》卷三六《工政略二·壇廟一》 火神廟在府治東，嘉靖時建。《壇廟祀典》。國朝道光二十三年，總督訥爾經額重修。《府册》。

訥爾經額《重修火神廟碑記》：聖天子光闡鴻猷，咸秩羣祀，懷柔肅於典禮，昭報徧於百神。用是天暨垂休，億兆康乂，矧兹明明赫赫，正位南訛，協德表功，允斯作對。《堯典》崇致之義，羲《易》紀嚮明之象。膺五行之王氣，纂三元之命曆。爰自周漢唐宋以來，壇兆有制，大祀事孔明。宗伯奉赤璋以告虔，司樂奏朱明以侑爵。舉凡牲幣樂章，與夫祼鬯槱燎之制，大概與郊祀上帝相等，誠盛典也。保定爲畿輔首郡，炎帝神廟在城東左衛巷中，舊傳肇造於元代中葉，有明嘉靖辛丑及萬曆甲午歲，邑紳士一再修之。國朝自乾隆戊戌以迄今兹，六十有五載，經紳商等迭加繕葺，顧限於基址之隘，而終未極乎巍焕之觀也。庚子季秋，余仰承恩命，總制畿封。莅任後，敬蠲吉旦，肅謁庭墀，竊見堦除隘陜，殿宇庳陁，慮無以肅馨香而伸奏假之忱也，迺率同屬寮紳士人等，量力籌貲，興工修葺。率作於仲春之月，落成於杪秋之初。按：曩時舊址，南北袤長一十六丈，東西廛及五丈。今增購民房官地，擴而充之，南北增至二十三丈，東西益其三，計寬一十九丈。自正殿、左右配殿以暨公廨、月臺、井亭、庖湢之宇，眂舊屋凡增建房六十一間有半，堂塗坦直，宗桷翬飛，丹堊采飾之屬，炳炳麟麟，備昭輪奐之崇模焉。夫有梃有閑，則寢成孔安；來格來饗，斯百禄是荷。繼自今，行見神之格思，宏施庇佑，靖鬱攸之患，普發育之恩，繼照四方文明，以麗乎正。吁茶萬物，煦嫗而惠無疆，俾寰寓以内洎然，海隅日出之鄉，咸荷帡幪，羣歸燾覆於永永無極矣。工既竣，謹臚敘建制之始末，書而刊諸石，以諗來者。道光二十三年十月。

《〔光緒〕保定府志》卷三七《工政略三·壇廟二》 城隍廟在縣治西北。明隆慶元年，知縣景一元擴基重修。天啓六年，邑人湯友義補葺。國朝康熙十三年知縣李天機，雍正二年知縣劉紹曾，先後重修。俱有碑記。

明劉恩《重修城隍廟記略》：吾保郡慶都邑西北隅，舊有城隍廟，廟號猶常，神功特著，弭災禦寇，英烈赫然。人或不得其平，有禱輒應。邑人少參張君舜元記之詳矣。但廟制狹隘，未稱妥神。嘉靖乙亥三月，邑令遼陽張君世禄嘗一修之，亦多仍舊。己未三月，鄉耆趙甯輩議欲增修，以壯廟貌。貳尹山陰趙君夢賢、大尹聞喜景公一元先後繼至，寔相倡之。於是掄材鳩工，期於有成。建大殿三楹，穿堂、東西兩廡、儀門、甬路，規制略備。又續門房一楹，塑神像二座，後殿東西廊八楹，鐘鼓既設，爐磬一新。至於床帷鏡盂案椅龕輿，法所宜有，靡一不具。先少參君令族孫元與俎佩訟，乃子生員柏年，余壻也，丙寅六月，逮赴郡城，厥明投移聽理矣。夜有鼠移溺於井，欲誣柏年者，衆懼，反縣詣廟，祈發及鞠郡庭，鼠入直前，欸承若或使之，柏年等因免於累。即施觔銀，範神全體。元年正月，更募修大坊三楹，題曰「顯應侯神祠」，棟宇翬煥，像設莊嚴，規制大備，妥神斯宜，猗與盛哉。經始於嘉靖三十八年三月，訖工於隆慶元年六月。

《〔光緒〕祁州續志》卷一《建置志·祠廟》 藥王廟，舊在南關，靈迹俱載舊志。嘉慶二十三年，經本關廩貢生卜中節等勸募，增修名醫殿十楹，碑樓六楹，鐘、鼓樓各一，並牌坊、戲樓，規模始大。道光十二年，又樹鐵旗杆二，高七丈二尺。惟歷年既久，復漸就傾圮。至同治十二年，又經本關例貢生卜應昌等勸募重修，歷三四載，費數萬緡，前後左右煥然一新，洵一邑之勝蹟也。

《〔光緒〕蘇州府志》卷三八《壇廟祠宇三》 煥靈廟，在常熟縣西北頂山上，祀白龍之神。本破山龍堂，唐咸通十三年建。宋太平興國四年，知縣蔣文懌遷於頂山壽聖寺西偏。自爲記。大觀三年，縣丞陸韶之亦有記。政和二年，賜今額。紹興五年，封宣惠侯，遷祠於山腰龍池上。紹興中，加封通濟。淳熙中，加靈澤。紹熙中，加通濟孚應。《康熙志》無「通濟」二字。慶元初，知縣葉知幾重建。嘉定中，加廣利進爵公，封龍母爲靈應《康熙志》作「靈順」。慈穆顯祐普應夫人，作龍湫亭於上。明洪武四年，改封頂山龍池之神。有司春秋致祭。國朝雍正初重建。

靈惠廟，在縣治東南百步，俗稱周孝子廟。孝子爲縣人，姓周名容，事母至孝，歿而告母曰：兒已爲神，當輸忠朝廷，盡力鄉里。宋淳祐初，邑人鄉貢進士陳権簿建祠祀之。十二年，進士趙必錬等奏神靈跡，敕賜廟額。元泰定五年，建寢室奉神父母像。明洪武四年，封宋周孝子之神。盧《志》：歲以九月二十一日祀。國朝康熙九年重脩。龔立本《縣志》：舊傳淮南大疫，神往，施紫蘇湯，全活甚衆。有渡江相酬者尋見廟貌，始知爲神至。

《〔光緒〕嘉興府志》卷一〇《壇廟一》 城隍廟，在集慶坊，即天慶觀故址。吳志。舊在州樓上之東偏，晉天福四年立，後移於此。守臣劉炳爲之記。至元志。案劉炳《改建城隍廟碑記》。【略】元末兵燬。明洪武三年知府謝節即天慶觀址立廟。袁志。案柳志、趙圖記俱云：知府謝士毅即天福寺址爲之。考名宦傳，士毅即謝節之字，李日華《六研齋筆記》：天福寺即天慶觀。詔定神號稱某府縣城隍之神，著在祀典。趙圖記。案洪武二年正月丙申詔，封府城隍爲鑒察司民威靈公，秩正二品；縣城隍爲鑒察司民顯佑伯，秩四品。詞臣撰制文頒之，至明年五月丁巳乃更定神號云。宣德間，知府齊政重修。柳志。成化間，知府楊繼宗修之。嘉靖二十六年，知府趙瀛大加修葺，新增敞軒，省牲堂。左右齋廬屏垣凡十有二。兩廊各有祠三間，以居二縣城隍之神。至元志：嘉興縣城隍廟在縣治內。考證：舊在縣西二十步，晉天福四年立，後移在治內之東偏。知縣李時習重修。案：後併于府。徙諭祭碑亭于中道，左右別建亭樓焉。趙圖記。明陸杰記略：嘉興府重修城隍廟，伐石請紀其成。惟城隍捍外衛內，必有神焉默運于高深之外者。廟祀始于唐，上自國都，下迄郡邑，視號之數，視諸守土，法天道而治神人也。我高皇御極，初定封爵，隨復釐正從本號。嘉興府統地一千六百里，其屬皆聽命于城隍。太守爲守土之官，城隍爲守土之神，是故太守奉天子命，率其屬以賞罰治人；城隍奉天子命，率其屬以禍福治人。作善作不善，明有賞罰而幽有禍福，嚴矣哉！嘉興爲漕運之地，其神之職宜必加重，有司之所當知者也。今廟在郡治西北天慶觀之址。正統間，郡守齊公政嘗修之，歲久漸敝，神棲弗稱，太守左山趙公至，考圖經，恢前烈，疏濬堙淤，增廣益深，相度方隅，間爲培築。於是形勢益勝，遂有事于廟，命秀水令洪君遇、方君祥規度材用，而責成于耆民。梁用俞遜鈕鐸仍而葺之者，爲二門，爲正堂，爲後寢，間凡二十有三。撤而新之者，爲二門，爲兩廊，間凡四十有九。新作者，爲敞軒，爲省牲堂，爲左右齋廬，爲屏垣，間凡十有二。嘉秀附府之邑，舊不更廟，今即兩廊之中，各飾祠兩間，以居二縣城隍之神。徙諭祭碑亭于中道，左右別建亭棲碑焉。役取諸傭，費出諸贖，士民胥樂爲助。始嘉靖丁未秋七月，訖明年戊申秋八月。太守朔望率其屬謁廟已，縣令復率其屬各謁于所主之祠。制合于宜，事合于中，見者咸相觀喜，謂必如是而後朝廷命名之意始稱。夫神爲民物庇，事神者其誠無所寓而寓之廟。貌廟嚴則神靈赫，亦猶公庭壯則守勢尊。公其知務哉！公守嘉三載，于茲秉明慎勤，以倡厥屬，而嚴鄉約，均田賦，禁倡優，籍游手，蠹剔其本，利開其源，郡以稱治。其理人之道，所可爲者亦既盡之矣。而所不能爲者，則以望于神。神以聰明正直自命，公則有神之用，神獨無公之心乎！公之心爲民而已。茲舉爲民也，不與興作非時者類。法得書。公名瀛，嘉靖己丑進士、陝西三原人。嘉靖戊申八月既望。萬曆三十八年，知府吳國仕重修。伊志。四十三年，大殿災。次年知府莊祖誨重建。吳志。賀燦然《重修府城隍廟碑記》【略】。案秀水李志，署府同知劉可訓建。考《職官志》：莊祖誨丁巳任，劉可訓戊午任，蓋相與共成之。國朝順治間，復建二邑城隍行宮于殿之東西。秀水任志。康熙三十一年火燬。知府徐崇禮重建。吳志。道光二年，郡紳徐二存等捐輸歲修經費。十年、十四年、十八年先後修葺。于志。咸豐間燬，同治中里人重建。

《〔光緒〕嘉興府志》卷一〇《壇廟一》 順濟龍王廟，在郡西通越門外三里。

舊志在嘉興縣西五里，今屬秀水縣永樂鄉三十一都，去縣四里，景德禪寺之右，三塔灣之左。案至元志碑載，廟基下爲白龍潭，深險莫測，往往致風雨，壞帆檣。雨晴則有白光三道起水中。唐時異僧行雲，日運大石以實之，積久潭塞。遂于光起處建三塔以鎮之，祠爲伽藍神號。宋嘉定十年旱，邑人禱龍得雨，祠部爵龍靈澤侯，而祠曰順濟。宋嘉定中，封嘉興順濟廟神爲靈澤侯。勑云：「勑嘉興府嘉興縣順濟廟神。比歲禱旱，四方萬里以神應來諗者，袂相屬也。休稱美號，極其哀崇。既以侈神之休，抑以慰民望也。況神之靈著于輔郡，有禱輒應，民恃以無恐，則封爵之榮，庸可緩乎？國之于神也既厚，則民之望神也益切，神其有以慰秀民之望，則國之報神者，其有既乎？可特封靈澤侯，奉敕加右牒奉行。嘉定九年三月十八日。」案：此敕于嘉定九年三月施行，則秀州之旱當在八年，非十年。祥異志不備載，應以敕文爲據。案宋李時習《白龍潭記》云：漕渠出通越門直西三里，平折以北面其曲爲今景德寺，前有三塔枕其流，流之深倍左右四尺，龍之所宅也。寺有伽藍祠，號順濟龍王，蓋嘗有德爵，莫考其所以始。舊俗云：風檣雨櫂，淪溺不測，往來者謂險眡江湖間，乃相與琢石韞舍，利建浮屠，鼎足鎮之，所謂三塔者也。塔初成，靈光夜明，險害乃已。豈其依佛慧力，易暴以仁。如《華嚴經》所言，遂以福德，有此珠宮貝闕耶。淳熙元年夏五月，潭之所大雨雹，已而不雨。至秋七月，有旨禱羣望，最後築壇，刑白鵝歃血以祠，蘊隆如惔，郡刺史毗陵張公元成顧曰：將何以拯民憂？時習曰：歲旱取虎顱骨，納諸有龍湫潭中，可以致雨。法用長綆繫之，雨足即出之。先大夫嘗行諸京口，雨旋至，請加之于三塔之潭。公曰：諾。獻議者疑之。大事既亟矣，知之而不行，欲行之而不勇不誠，謂我民何？于是綿蕝如法。乙未，公從僚吏出禱，小雨隨之。越三日丁酉，禱畢，蜿蜒雲端，不終朝大雨，歲以大熟。邦人咸喜，乃即廟貌新之。此謂祠之建，莫考其所始，與至元志異。語詳《山川》。明洪武三年，詔定嶽鎮海瀆神號，改封順濟龍王。有司春秋二仲祀以中牢。宣德間，知府齊政重構，祠宇繪塑一新，有加于昔矣。柳志。案嘉興湯志：成化間，郡內大旱，知府徐霖召道士沈嵩亦用虎骨攬龍，不旋踵，大雨雹，田禾霑足，霖喜，謝道士詩曰：「道人掌上一瓢水，太守城中千頃禾。好雨四郊流帝澤，清風隨處聽吴歌。」崇禎七年重修。吴志。邑人陳懿典記略：歲甲戌五月，久旱不雨，人心皇皇。余隨諸紳從郡邑大夫虔禱于城隍廟，更訟言宜並禱于龍王祠，見廟宇上漏下濕，四壁傾頽，僅存神像，幾不能蔽，爲之慨然，遂發願重爲修整。不三日，蜿蜒雲端，甫禱畢而大雨如注。僮僕輿隸，居民行道，負濕歡呼。自此綿綿，得遂有秋。廟故載在祀典，修整係有司事，頻年公私交困，難以舉行。余立疏勸募，已則惟力是視。乃神則先示夢于門人，石生、騰霄生以千錢爲助。余不忍卻其誠，而獨任之意益堅。聚財鳩工，卜日經始，先期置石砌于旁，將以厥明，合衆支撑，然後安礎。乃石砌不煩人力，大顯神通，業已安然位置，衆皆駭異，奔告于余，謂非精虔感格，何以得此。余謝不敏，何敢貪天之功。然輪奂鼎新，面貌改觀，不可謂非神也。余考三塔爲古景德寺，號爲龍淵，原爲蛟龍所窟，鎮之以塔，因以龍神爲本寺護法，祈禱立應。宋淳熙間，嘉興令李時習崇飭其祠，有記其虎骨攬龍之事。我朝成化間，太守徐公霖因旱召道士沈嵩，嵩亦用虎頭骨，不旋踵大雨。今則不煩攬龍神，自降靈以甦此一方民，故不事請蠲請賑，而供億飛輓如故，豈非聖天子鋭志乂安、霖雨蒼生之所漸被哉！吾儕小人永拜億萬年太平之賜，敢忘帝德，敢忘神庥，是不可以不記。今祠三塔，寺內西偏。嘉慶元年，知府伊湯安重修。咸豐末燬。同治十二年夏，知府宗源瀚請欵建復。

《〔光緒〕黎平府志》卷二下《壇廟》　關帝廟，一在前所嶺鼓樓坡，光緒二年，知府袁開第重修。一在參將署左，光緒三年，參將劉德順重建。一在慶遠廂左，一在慶遠廂右。天甫、平屯所、洪州所、三里駲皆有之。順治元年，詔謚忠義神武關聖大帝，後加「靈佑」二字。雍正三年，追封三代：曾祖光昭公，祖裕昌公，父成忠公。五年，頒行武廟祀典。乾隆二十五年，改謚神勇。三十三年，改謚忠義神勇顯佑。嘉慶十九年，於「忠義神武靈佑」六字外，敬加「仁勇」二字。咸豐二年，加「護國」二字。三年，加「保民」二字，升中祀，樂用六成，舞用六佾。五年，封三代王爵。六年，加「精誠」二字。八年，頒御書「萬世人極」匾額。同治年，加「綏靖」二字，又加「翊贊」二字。光緒五年，加「宣德」二字。《會典》凡祭關帝之禮，歲以春秋仲月，諏吉官祭關帝於地安門外之西關帝廟；仲夏中旬三日，歲遣官致祭前殿後殿。直省府州縣春秋二仲及仲夏中旬三日，均祀關帝，禮儀均與祭京師關帝儀同。

附前代封號：漢建安五年，封漢壽亭侯。二十四年，昭烈即位漢中，封前將軍，假節鉞。景(輝)〔耀〕三年，謚壯繆侯。宋崇寧元年，謚忠惠公。大觀二年，封武安王。宣和五年，加義勇武安王。淳熙十四年，加壯繆義勇武安英濟王。元天曆元年，加顯靈二字。明洪武四年，加封真君。萬曆十年，加封協天大帝。四十二年，加封三界伏魔大帝。

《〔光緒〕定遠廳志》卷一二《祀典志一・廟祠》　關帝廟在廳南文昌廟右。正殿三間，過庭三間，牌樓一座，大門三間，後三代宮三間。嘉慶十九年同知馬允剛建。歷代封號漢建安五年封漢壽亭侯。二十四年昭烈帝即位，拜前將軍，假節鉞。景耀三年謚壯繆侯。宋哲宗紹聖三年，賜廟額曰顯烈。徽宗崇寧元年，追封忠勇公。大觀二年封武安王。宣和五年封義勇武安王。孝宗淳熙十四年，封義勇武安英濟王。元文宗天曆元年，加「靈顯」二字。明太祖洪武四年，封真君。神宗萬曆四年，加封協天大帝。十八年賜額曰顯佑。四十二年加封三界伏魔大帝神威遠鎮天尊。國朝順治九年封忠義神武關聖大帝。雍正三年追封關帝三代公爵官，其裔孫爲五經博士。乾隆三十二年加封「靈佑」二字。四十一年纂修《四庫全書》，改壯繆之謚爲「忠義」。嘉慶十九年加「仁勇」二字。道光八年加「威顯」二字。咸豐二年加「護國」二字。三年加「保民」二字。六年加「精誠」二字。七年加「綏靖」二字。九年御書「萬世人極」匾額，頒直省府州縣恭懸正殿。同治九年加「翊贊」二字，稱「忠義神武靈佑仁勇威顯護國保民精誠綏靖翊贊關聖大帝」。神牌高二尺四寸，廣六寸厚七分，座高五寸，廣七寸，厚四寸，砆地金書。

《〔宣統〕呼蘭府志》卷六《祠祀略》 呼蘭府城隍廟，在大街南頭西胡衕，舊城守尉府址也。宣統元年四月，郡紳李廣聞暨商務會募貲修建。正殿、後殿各三楹，東院正房三間，廟基面積十方丈。

呼蘭龍王廟，在大街南頭東胡衕。乾隆十七年，官莊丁同修。五十五年，屯官卓力善率官莊丁重修之。正殿三楹，享殿三楹，兩廊各三楹，更房一間，西院草房三間。光緒二十九年，商會增高南面磚牆，並建山門三楹。三十四年，住持僧復增蓋西院瓦房三間。廟基東西寬四十丈，南北長五十丈。廟有碑，道光五年立。

巴彥州龍王廟二：一在城内中興街路北，正殿三楹，配房兩楹，祭地五晌；一在南下坎屯，正殿三楹，配房兩楹，祭地四晌。

府城關帝廟，乾隆十五年四月建於東南河沿。在南倉南。嗣爲河水衝圮。道光五年丙戌，改建于大街東胡衕。正殿五楹，享殿三楹，東、西配房各三楹，二門一座，山門馬殿三楹，鍾鼓樓二座，西院正房三楹。光緒二十一年，添建二門牌樓一座，前院東、西配房各三楹，西院禪房數楹。將軍爲請於朝，宣宗成皇帝賜書「神功普佑」牌額一方。副都統倭克津泰、訓導許元各爲之記，詳《藝文志》。光緒三十三年，正殿、享殿均燬于火。三十四年，商□會暨郡紳李廣聞募貲修復如舊制。廟基東西寬三十五丈，南北長四十八丈。碑二座，鐘一具，乾隆十七年鑄。

鐵香爐一座，石獅一對。廟產草正房九間，廂房三間。

呼蘭地藏廟，俗稱鬼王廟。在府城大街北頭，光緒十五年三月建。正殿三楹，享殿三楹，東、西配房各三楹，更房二、門、山門各一楹。廟基東西寬十四丈，南北長十五丈。祭地十晌，均城商公議、公和兩會施置。

呼蘭太陽廟在河西太陽廟屯。光緒十六年，屯民劉青雲及姜道士募貲修建。正殿一楹，配房兩楹，廟基東西寬九丈，南北長十二丈，祭地一晌五畝。

藝文

陸耀遹《金石續編》卷一三裴麗澤《大宋新修南海廣利王廟碑銘并序》 臣聞海所以能爲百谷王者，以其善下故也。能善其下，故百川委輸歸往焉。亦猶山不自高，衆塵由是歸矣；海不自大，衆水所以宗焉。是知不積衆塵，無以崇其萬仞；不積衆水，何以成于四溟。溟則海也，以四夷分而言之，謂之四海，以大瀛總而言之，謂之裨海，其實一也。炎荒之極，南海在望，洪濤瀾漫，萬里無際，風潮洶涌，雲島相連，浴日浮天，乍合乍散。珊瑚生于波底，蘭桂蘗于洲上。其或天吴息浪，靈胥退濤，彼俗乃駕象牽犀，揀金拾翠。入千重之水，纍纍貫珠；披萬頃之沙，往往見寶。自古交阯七郡，貢獻上國，皆自海沿于江，達于淮，逾于洛，至于南河。故礪砥砮丹，羽毛齒革，底貢無虚歲矣。唐天寶十載，封爲廣利王，被之冕服，享以牢醴，每歲春秋致奠，略無闕焉。自有唐將季也，中朝多故，戎馬生郊，竊號假名，憑深恃險。五嶺外郡，遂爲劉氏所據，殆七十年。故玄纁璣組、包匭茅菁闕供于王祭矣，何暇禱祀岳瀆耶？嗚乎！物不終否，否極必泰。故我今皇帝受上玄之命，庇下土之民，協和萬邦，光被四表，率土之民，無遠弗屆。金狄十二，鄙秦帝威于四夷；黄龍一雙，約賓人來于萬里。故望雲馳奏，向日傾心，納貢藁街者日有所至，史不絶書。蠢兹炎陬，獨迷聲教，阻絶我琛賮，剳剥我生民，恣爲淫刑，濫行不道，遂至人怨神怒，衆叛親離，民懷徯后之心，俗有後予之怨。是則軒黄神聖，猶亟戰于阪泉；帝堯聰明，尚有征于丹浦。吊民問罪，可得行之。遂乃宜社出兵，鑿門命將。王師纔舉，如時雨之降，若大鵬之征，遍海岱而曾匪崇朝，渡南溟而止期一息。圓月未再，馳馹繼至，則曰韶廣之壘，今已平矣；渠魁之屬，悉以擒矣。下郡百餘所，拓土千萬里，沿海舊地，盡爲我有。未翌日，廣南道行營招討都部署潘美陳露布，僞廣主與官屬獻于闕下。夫高屋建瓴，下坂走丸，飛鴻之縱順風，商飆之隕槁葉，奚如是易也！若非我應天廣運聖文神武明道至德仁孝皇帝聖謨睿略之感應，曷能平蕩矣！豈直標其銅柱，俾馬援分于漢疆；未若走以長纓，覊尉佗獻于魏闕。既而海外有截，天下爲公。由是降德音，覃霈澤，繫囚未釋者俾其釋矣，流人不歸者咸使歸之。污俗濁而自清，亂法邪而復正。化獷土爲王土，變桀民作堯民。衆人熙熙，沐皇風如飲醇醴，睹聖政若享太牢。上曰：「彼民既蘇，彼俗既化，廣利王之廟自阻隔已來，寂寥莫睹。今既復其土地，可使視其廟貌，俾重崇葺焉。」乃命中使，往蒇其事，告帝王之旨，叙克服之意。蘋藻在薦，盞斝具陳。酒一奠而海若翕淪，祥風襲人，岳舞山轉，若來朝于百神；樂再奏而大壑溟涬，炎精不竟，浪息波怡，如恭聽于明命。似律召呂，疑谷應聲，影象相傳，肸蠁如在。林麓以之森聳，山川謂之清明。嗚乎！皇天無親，惟德是輔；陰雲不昧，有感必通。詎非睿哲之君，孰□靈長之德？豈直揚清激濁，粱簡文止迷于賦詞；乖鑾隔夷，謝惠連空陳于讚詠。式揚巨德，宜樹豐碑，虔奉綸音，謹爲銘曰：

無臯東峙，朱陵南望。極覽滄嶼，渺觀洪浪。鳳麟鎮其西，炎長洲其上。迴洑萬里，堆疊千嶂。滉滉漾漾，汪汪洋洋。源流地脉，派引天潢。限六蠻于外服，通七郡以來王。仁惟利涉，道乃靈長。我后睿聖，戴服洪荒。惟神正直，克饗馨香。靈胥之濤非怒，陽侯之波弗揚。善下其德，既濟其航。千年萬載，永享蒸嘗。

開寶六年，太歲癸酉，十月九日己丑書建。推誠宣力同德翊戴功臣、山南東道節度、襄均房復等州觀察處置兼三司水路發運橋道等使、南面行營兵馬都部署、廣南諸州計度轉運使、權知廣州軍府事、市舶使、金紫光禄大夫、檢校太保、使持節襄州諸軍事、襄州刺史、兼御史大夫、上柱國、滎陽郡開國侯、食邑二千户、食實封二百户潘美，推誠翊戴宣力功臣、金紫光禄大夫、檢校太保、使持節復州諸軍事、復州刺史、本州防禦使、南面行營兵馬都監、兼御史大夫、上柱國、沛郡開國公、食邑二千五百户朱憲，推誠翊戴功臣、起復正議大夫、秘省少監、使持節韶州諸軍事、韶州刺史、廣南諸州轉運副使、柱國、琅琊縣開國男、食邑三百户、賜紫金魚袋王明，都大提舉修廟、中散大夫、行尚書駕部員外郎、通判廣州軍府事兼市舶判官、柱國謝處玭，奉敕兼修廟、文林郎、守廣州録事參軍事林洵美。

王昶《金石萃編》卷一三一陳知微《增修中嶽中天崇聖帝廟碑銘并序》

臣聞融結斯分，岧嶤列峙，秀出奠方之勢，財成育物之功，嶽鎮之炳靈也。陰陽靡測，變化難窮，周大塊以無方，助鴻鈞而不宰，至神之妙用也。交修享祀，對越神祇，望秩于山川，薦馨于簋簠，有國之茂典也。尊崇顯號，增葺殊庭，備物以致嚴，祈褫而庇俗，帝王之精意也。四者還相爲用，然後能罄昭事而膺純錫矣。非聖人撫運，則何以臻于是乎？巖巖維嵩，作鎮中夏，控制轘轅之域，連延郲鄏之區。拳石流形，自胚運而特起；土圭測影，驗寒暑之無僭。《舜典》紀乎時巡，周《詩》壯其峻極，加以功宣化育，德輔沈潛。四象相生，惟土也周流乎八卦；羣山既列，惟崧也磅礴乎三川。居然神秀之姿，莫測窈高之狀。是使真仙攸託，珍瑞沓臻，石壇騰金壁之輝，天井濬蛟龍之穴。鳳笙鶴馭，嘉子晉之嬉游；石髓玉漿，見茂先之博識。草木以之而效異，峰巒由是而標奇。具葉扶疏，疑生于净土；神芝菌蠢，幾秀于中林。許由韜晦而不還，漢武封崇而有自。三臺峭拔，想翠輦以曾臨；二室穹隆，顧赤霄而可接。宜乎配天而比峻，鎮地而稱雄者也。體嫗煦洪惟至靈，宅玆勝壤，居中正位，受命于紫清；毓粹含章，顯仁于博厚。生成之造，茂聰明正直之偁。得一生三，冥符于道妙；知來藏往，莫究乎幾微。丕應屢彰，羣情斯屬，眷惟歷代，率勵明誠。顧名級以是分，亦典章而盡在。衮衣焜耀，視公爵于成周；羽蓋葳蕤，進王封于天寶。雖申仰心，未極推崇，允契昌辰，彌昭盛則。烈祖以建邦立極，禁暴勝殘，革五代之澆漓，副萬方之愛戴。啓炎靈之祚，本自一戎；宣震耀之威，咸清九服。蕩除僭僞，馴致治平，言念珍詞，實居温洛。式奉苾芬之祀，聿增輪奂之規，正乎信辭，分我殊祉。神宗以時膺下武，化洽同文，徹烽燧于邊陲，列膠庠于郡國。干戈載戢，美播乎聲詩；俎豆斯陳，動遵乎典禮。瞻彼靖冥之館，素緊陰隲之仁，寅奉有加，修營靡怠。資綿長于永曆，聳壯觀于黎氓。誕集蕃釐，爰鍾濬哲。崇文廣武感天尊道應真佑德欽明上聖仁孝皇帝，撫重熙之景運，嗣二聖之元基。觀乙夜之書，詳求治本；布陽春之澤，溥浸含生。鑑因革于前王，洽謳謡于庶品。參天兩地，法亭毒以無私；一日萬機，示躬親而靡倦。威加卉服，德被鴻荒。顓頊絜誠，必先乎祭祀；唐堯稽古，用廣乎文思。温恭既邁于有虞，勤儉更逾于伯禹。好問則裕，成湯唯務于永圖；建官惟賢，周武于焉而大定。升王猷于八表，武帝命于九圍。欽恤刑章，命輶軒于列郡；昭宣德化，賜束帛于高年。睦鄰遂息于征傜，教學谠臻于友悌。下勸農之詔，冀力稼而有秋；精取士之科，以得人而爲盛。仁心格乎動植，孝感達于幽遐。按蹕諸陵，肅展奉先之志；燔柴吉土，虔伸報本之儀。一變淳風，爰臻净治，然猶兢兢馭朽，翼翼持盈。端委嚮明，茂對重離之位；儲精垂思，深窮衆妙之門。黄屋非心，紫虚降鑑。元夷之使，戒之以先期；緑字之書，授之于獻歲。諭以大中之旨，崇乎清净之風。同河洛之秘文，冠皇王之嘉瑞。欽承寶命，迭舉鴻儀，檢玉岱宗，仰答慶靈之祐；莫琮脽壤，上祈豐楙之祥。秘祝無聞，蒸黎是賴。既畢頌祇之禮，仍覃在宥之恩。禹會斯嚴，俾諸侯之肆覲；秦川載覽，飭萬乘以言旋。惟法御之經塗，追祠官之舉職，皆申潔祭，咸秩無文。

矧彼崧高，鎮兹京邑。宅中圖大，斯惟定鼎之郊；生甫及申，實乃降神之嶽。夙存廟貌，多歷歲時，厥制未隆，斯民何仰？道不終否，時逢會昌。粤惟守土之臣，實奉保釐之寄。因崇祀事，周覽庭除，露奏以聞，冀加必葺。況升名帝籍，早奉于徽章；列像神皐，載嚴于恭館。重以覃研聖慮，彪炳乾文，奉神既折于微言，垂世永存于懿鑠。而宅靈之地，棟宇未崇；增肅宸襟，特頒明詔。大中祥符紀號之六年，癸丑歲季夏月，于是乎命中使登高丘，造嚴祠，敷睿旨，涓吉日，協靈辰，梓匠授其全謨，材衡度其貞幹。因乎舊制，焕以新規。礱巨石以瑰琦，廣餘基而顯豁。風斤載運，雲鍤偕興。鳩功靡奪于農時，經費咸資于御府。崇墉繚繞，屹若雲連；秘宇深沉，呀如洞啓。文榱鏤檻，燦琳碧以相輝；銀牓璇題，對煙霞而絢彩。而又神靈之迹，應見之徵，假繪事以章施，俾民瞻而竦畏。聿成壯麗，愈洽豐融。龍袞珠旒，端睟儀于正寢；褘衣闕翟，昭盛服于中闈。羽衛駢羅，簪裳拱侍，以至會同四岳，森列群神。環像設于回廊，赫威容于福地。嚴警巡之次，蓋法周廬；敞齋宿之宫，爰資潔志，若乃牲牷克備，鼎俎惟寅，嘉薦尚乎吉蠲，至誠通于肸蠁。垂鴻不朽，率禮無違。至乙卯歲季夏月，載歷炎凉，厥功告畢，增修殿宇并創造碑樓等共八百五十間，移塑尊像及裝修新舊功德畫壁等共四百七十所。至矣哉，薦興雲搆，載擁神休，真介福之奥區，乃集靈之邃宇也！宜乎茂昭純嘏，丕昌黎元。躋薈蔚之容，涵滋品彙；峻巍峨之質，等固蘿圖。必資鴻碩之流，式志修崇之美。而臣才非穎曜，學本空疎，徒塵切近之司，莫著揄揚之效。遽承芝檢，輒扣蕪音。徽黄絹之辭，誠慚麗藻；刻翠珉之字，曷暢徽猷。但謹歲時，敢爲銘曰：

太極肇判，二儀乃分。草木麗地，山川出雲。風雷噴薄，氣象絪緼。惟兹列鎮，實焕前聞。崧高峨峨，蟠亘千古。如轂處中，如日當午。遠控伊洛，挺生申甫。群嶽之宗，列真之府。崛起隆皐，削成奇峰。崔嵬既結，純粹攸鍾。山聲表瑞，漢益户封。土德符慶，唐致時雍。靈壤開基，明神是宅。廟貌斯存，威嚴有赫。雲惟高張，巖扉巨闢。輔彼柔祇，居爲勝域。粤惟往古，咸勵欽崇。軒裳孔異，爵秩增隆。國章雖盛，臣位攸同。允屬昌運，爰推至公。縟典有加，鴻儀載肅。濬發天衷，昭升帝籙。宸座斯皇，珠旒允穆。備極寅恭，惟新戩穀。祠庭夙設，歷歲滋深。金鋪雨駁，玉戺苔侵。宜崇偉觀，式契靈心。守臣飛奏，宸旨遐臨。乃降輶軒，爰徵梓匠。即舊謀新，重規大壯。架險陵虚，稱雄四望。神化難名，翬飛莫狀。虹梁偃蹇，藻井芬敷。雲羅掩映，霞綺縈紆。高齊絶巘，永鎮名區。刊諸琬琰，禁以樵蘇。籩豆有楚，犧牲是薦。筴祝陳信，罇彝致奠。能事斯畢，明靈乃眷。祚我皇圖，彌鍾錫羡。

乾興元年歲次壬戌六月己亥朔十六日甲寅建。御書院祗應臣沈政、臣□義等刻字。

黄瑞《台州金石録》卷二釋景堯《敕台州寧海縣龍母山玉溪院龍王記》 地誌云：臨海郡，吴朝所置，在州北大固山，縣鎮附焉。吴尚書屈晃宅是山。晃早殁，母氏遇一老丈，造之投宿，因通而孕。尋誕子名坦，長有神變，乃蛟螭之類也。一旦思川澤，興雷雨，與母氏往廣度東北山而隱，人莫測之，因號此山爲屈母山。山高一千五百丈，周一百三十里，中有三潭，即其窟宅也。潛躍自由，雲霧時起。隋平陳之後，更臨海郡爲海州。開皇九年，釋智者大師自建業適始豐，假道于兹。無何薄暮，睹一大厦，扣門良久，老母啓關。師他心已通，知非人境。于是老母具實而答。知師遠來，化潭爲宅以相待之，輒欲請師受戒，願聞正法。師徇其命，仍有屬焉：「郡邑間歲或大旱，汝可溥施甘澤，以濟民田。」龍母與眷屬唯唯而已。翫翌日登途，夜來所泊之處唯湫濼耳。自此或值亢陽，郡牧嚴備威儀，遠迎潭水，入城供養，感應聿彰已。至鄰州不無禱請，遺秉滯穗，可致豐登。唐武德二年，太史占星，改海州爲台，以屈氏之故第乃爲鈐閣，咸曰城隍神即其子也。洎元和五年，建湫水院，選僧住持，及創龍王殿，塑龍王像。長興三年，錢氏有國，武肅王改屈母山爲龍母山，謚龍王爲湫水通靈王。迄今生聚所依，蒸嘗不絶。院主慶祥積善修德，和衆安僧，真法器也。比丘惠儔，無諸人，戾止有年矣，常誦《孔雀王經》，以道自怡，于利不畜，一食終日，一衲終身，造立橋梁，開拓路徑，作大利益，爲出世因。屬以今聖皇帝纂嗣丕業，率服萬邦，以百姓爲心，無一物失所。戊申歲將封泰嶽，預降廣恩，應諸伽藍改賜敕額，兹院昔名湫水，今號玉溪。斯乃龍王之靈祐也。儔公欲紀歲序，請余爲文。余僶俛抽毫，得無愧色？時鉅宋大中祥符三年冬十二月望日記。陳文惠刊字。首座志明大□惠洪、知庫僧慶能、徒弟僧慶琮、同緣前教練使奚仁福、菩薩戒弟子葉善覺、徐仁澤、許居惠、祝師葉仁實。

宋祁《宋景文集》卷一《圜丘賦》 若夫天地之區，既奥而腴，王者所以作京焉；神明之隩，匪攻而築，上帝所以定位焉。我朝之擁歸運也，譏函、鎬保界之陋，鄙周、雒渟瀯之淵，乃據梁之芒芒，偵河之渾渾，畫邦畿之千里，於以宅天子之尊。然後翼翼乾乾，作邦孚先。禘其祖之所自出兮，遂有事乎昊天。占國南之七里，得高丘之崛然。自乾宇之初闢，保坤靈而不遷。藏偉兆於遐葉，震元符於兹年。此烈祖所以裒神之對，神宗所以旅物之蠲。真考之所陟降，丕后之所周旋。藹列聖以蒸衎，總萬靈而賓延。翕降監之厚福，焯巍巍而亡原。則晉考卜乎委粟，漢肸蠁乎甘泉。曾不得望我之末光絶炎，况并驅而齊肩哉！敢問圜丘之狀也，其何如矣？廣矣大矣，略可詳矣。上崔嵬以鬱律兮，外博敞而神麗。遡朱鳥以高蟠兮，概瑶魁而邪峙。休氣回復乎其椒兮，滎泉滋滲乎其趾。魑魅不若，泯伏於其遠兮；神明肅然，離衛乎其邇。於是攘之辟之，其菑其翳；修之平之，其坎其畷。上三陔以積高，外四門而疏陛。列道糊頳，重營界紫。無縮版以作勞，不藉劚而昭侈。因天質之自然，非人力之攸致。萃兮似高山之在周邦，巖焉若隆脽之亘汾澨。及夫涓日肇祀，於郊之宫。陶匏尚質，金石有容。璧奠縟以蒼蒼兮，鼎歆雲而隆隆。百神服食，蔓衍乎坎間兮；有司守燎，粲爛乎壝中。穆穆天子，相維辟公。咸盛氣以彊力，相升降兮穹崇。披大紫之莫莫，招翠黄之雍雍。合蕭薌於欽紫，曳高煙乎璇穹。塞天淵以隤祉，奮光明於無窮。竣乎已事，罔有不恭。若乃自内出者，無匹不行；自外至者，無主不止。故我率乎祖而推本，正乎位而升配。使禮動乎上則神饗，樂交乎下而人喜。畢九州以獻力，罄一純以盡意。君子曰，觀天下之物，無以稱其德，所以因天事天，取至誠爲貴。則斯丘也，實國家集福之清場，事神之寶畤。國聽之所憑厚，靈心之所翔會。駐魄寶於飈欻，賁黄圖之方志。彼草樓列仙之館，像設梵王之廬，豚蹄種祠之託，鱗長九淵之居，皆祠官之細，祀族之餘。尚且落成者鼓吻而極嘆，乞靈者舐筆而争書。叛宣父以語怪，溺丘明之好巫。獨圜丘巋而遺美，寧儒者佁儗而未之思歟！遂作頌曰：屹圓壇，赫昈昈，大盤盤兮。君之升，帝是饗，鞏而安兮。禮無違，福不回，委如山兮。聖繼聖，萬斯年，長監觀兮。

扈仲榮等《成都文類》卷三二田況《益州增修龍祠記》 《祭法》：「山林川谷丘陵，能出雲，爲風雨，見怪物，皆曰神。」鄭氏謂：「怪物，雲氣非常見者也。」愚謂既曰出雲爲風雨，又曰見怪物，是怪物非止於雲氣，但能聳動人耳目，靈應非常事皆是也。蜀之西山，有池曰滋茂，亦曰母慈，以其能興雲雨，救旱暵，楙養百穀，而得是名。唐開元中，章仇兼瓊既得平戎城，夢一女子謂曰：「我此城之龍也，今棄戎歸唐，願有以居我。」章仇異之，表爲立祠，在益州城西北隅。厥後水旱禳祈，蒙嘉應者數矣。逮高駢廣新城，其祠乃入城中。既而板築，至其處，輒有大風雨壞之。駢亦夢神女，自稱滋茂池龍君，求其祠限闉外，以便往來。駢寤而從之。蜀人記其事，傳爲信然。皇朝典是邦者，多爲民禱雨獲應，故其祠益嚴。予署事明年春三月，雨時[illegible][illegible]，僅沾土而復止。蕣麻被野，日燥以病，江流勢微，釃導者不足以溉，旁山群邑，尤懼失歲，群祀無不偏走。或曰：「西山滋茂湫，稔聞其異，意將有所待乎？願遣吏誠潔者取池水，具音樂，緇黄歌唄，迎而懇祠之，宜有冥感。」吏至其所，亟取水以走，謂爲偷湫。然雷風亦隨而起，及抵郛外，祠中雲色靉靆晦矣。是夕大雨，三之日，遠近告足，遂致有年。先是，祠之中扉前皆不屋，蒿榛汙塞，垣墻缺然。因命幹集工徒，慮物材，增完而敞大之，以答神之休。然欲作文記之，而未果也。明年春，復旱如初，又迎水而祈之，其應亦如初。予乃謂同僚曰：「是豈非《祭法》所謂神而非常事者耶？」退而爲之記。皇祐二年記。

陸耀遹《金石續編》卷一五章望之《重修南海廟碑》 天下之國，蕃夷皆小，中國之九州爲大。然而海暈於九州，中國之民受天地中和之氣，故其爲與禮義同生死亦智矣哉。天高矣而人窮其數，地厚矣而人探其變。舶海之人不一，而莫能知其所濱；潮汐之往來有期，而莫能究其所發。以海外之不可名，是殆與天地同其大其生育而秘異，無有竭然，則其神之所尸威靈，豈不盛哉！望祀山川之禮，權輿於《虞書》。夏、商、周悉嚴。四望則坎壇而祭，不先日月星辰之位爾，他神莫之與隆。及郊上帝，大雩大䄍又列享之。後之世復即嶽鎮海瀆之所，廟而祭之。庶荐□□禮，纖悉具存。凡兹廟制，咸有殿堂，像其神，南面而坐，爵號爲王公，神之冠服，禮如其名。今其風流緒狀，有儼然前日之餘□□□□□土以爲壇。每歲五郊迎氣之日，節以其方，修其時享。其爲祭之具，祭官及在位者，詔奠拜興，鈞從事於壇，尸殿像而無□□□□用以古法，是供而無降神之樂，禮之變豈一邪？南海神祠，舊隸廣州之域，今在扶胥鎮之西，曰東南道。水陸之行，里鈞八十，號其神曰「洪聖廣利昭順王」。立夏之節，天子前期致祝册文，命郡縣官以時謹祀事，犧牲器幣，務從法式，罔或不恭，典刑其臨汝。今之守是邦者，常節制一道，曰經略安撫使兼治州焉。其馭事大，其統地侈，朝廷必擇望人爲之。位既高，往往懈於事神，失虔上意，故海祠久之不葺。先時，此民與海中蕃夷、四方之商賈襍居焉。皇祐中，廣源州蠻來爲寇，民之被殺之餘，流散逮盡，後雖歸懷，無復昔時之饒□。及是嘉祐七年秋，風雨調若，五穀豐實，人無疫癘，海無颶風，九縣旁十有五洲，無盗賊之侵。民相與語曰：「兹吾府帥政□公平所召，亦南海大神之賜。」遂入謁府廷，曰：「海祠頽敗，願輸吾貲新之，用以答神嘉。」公曰：「是吾心也，不言，吾且有命。」乃以□之□□□□之屋三百餘間，宜革者舉新之。九月興役，明年五月事既。府命縣曰：「其以牲酒，告成於神。」府帥者誰？尚書左丞、集賢院學士余公也。公生始興，尤熟南俗，嘗破廣源之寇，又嘗爲帥桂林，又嘗以安撫使莅之。廣、桂一體也，其恩德固已浸淫此邦矣。下車之日，□自承風，故令易孚而和氣易洽。至其它美甚多，非廟所宜及。望之引避朝命，南游羅浮山，目公之寬裕宜人，知公之虔恪宜神，因道廟下稽首海德，作詩遺南人歌之。詩曰：

伊神孔碩，司海於南。河伯之元，嶽祇之參。誕惟厥靈，風雨不□。德實孚民，民依以瞻。惟海洋洋，允敷無外。川谷攸同，天地攸賴。哀惟時大，罄天爲對。育物之無名兮，其沖宜爾無盈兮。古之天子，以時望祀。肇廟其旁，越在後世。册以王爵，衮冕有偉。介珪是瑞，太牢是犧。嘉祐名元，新宫既績。惟斯民之力，惟令之職。惟元侯之□，惟元侯之德。由大君，錫神休，其無斁。

治平四年十月一日立。劉玉刊。屯田員外郎、前知番禺縣鄧中立重修。屯田員外郎、前知番禺縣王師元，屯田員外郎、知番禺縣事謝伯初，朝奉郎、守尚書職方員外郎、通判軍州、兼管勾市舶司、騎都尉、賜緋魚袋孫□先，朝奉郎、守尚書都官郎中、通判軍州、兼管勾市舶司、輕車都尉、賜緋魚袋陸□□，龍圖閣直學士、朝奉大夫、尚書兵部侍郎、知廣州、廣南東路兵馬都鈐轄、本路經略安撫使、上柱國、賜紫金魚袋吕居簡立石。

陸游《渭南文集》卷一九《會稽縣重建社壇記》 古者侯國，地之别三，爵之等五，皆有宗廟社稷。奏黜封建，置郡守縣令，于是古之命祀，惟社稷尚存。陵夷千餘載，士不知學古，吏不知習禮，其祀社稷，徒以法令從事，畿封壇壝，服器牲幣，一切苟且，取便于事，無所考法。宋興，文物寖盛，自朝廷達于下州蕞邑，社稷之祀，略皆復古。不幸中更犬戎之禍，兵氛南被吴楚，中興七十年，郡縣之吏，往往惟餉軍弭盜，簿書訟獄爲急。及吏以期告，漫應曰如令。至期，又或移疾弗至。雖朝廷所班令式，或未嘗一視，况三代之舊典禮乎？會稽之爲邑，實奉陵寢，且在安撫使、提點刑獄、提舉常平治所，有將迎造請之役，有符檄期會之煩，敕使内家及宗室近屬，一歲屢至。亭傳道路，舟車徒役，一有不治，責在會稽者十居七八。故令于祀事，尤不遑暇。縣社在禮神坊，曰社，曰稷，曰風師，曰雨師，曰雷神，凡五壇，皆茀不治，祀則芟舍以爲次。凡祀之費，一出于吏。雨則寓于吴越王祠之門。承議郎四明王君時會之來爲令，始至，周視壇所，喟然嘆曰：「幸爲政于此，得有人民社稷，事孰大于是者？」乃即其地爲垣八十丈，築屋四楹，有門以時其啓閉，有庫以儲其器物，用宋之櫟，豐之枌榆故事，藝松五十。又稽合制度，稿秸莞席，幣篚樽俎，豆籩、簠簋、勺冪，莫不如式，粢盛、酒醴、牲牢，莫不共給。獻有次，祝有位，齋有禁，省饌、食爵、尊幣、飲福、望燎、望瘞有儀，祝事各以其日。王君祇敬齋栗，與其僚從事，禮成而退，無違者。會稽歲比不登，及是雨暘時若，歲以大豐。民歌于途，農抃于野，皆曰：「吾令致力于神，神實饗答，吾其可忘？」于是父老子弟相與告予，請紀其事。予曰：爲政之道無他，知先後緩急之序而已。王君設施，知所先急如此，雖欲不治，得乎？雖然，是皆朝廷以班郡縣者，王君特能舉之爾，後來者顧獨不能耶？故予詳記始末，所以告無窮也。慶元二年五月二十日，中大夫、提舉建寧府武夷山冲佑觀、山陰縣開國男、食邑三百户陸某記。

周必大《平園續稿》卷一九《汀州長汀縣社壇記》 《載芟》春祈社稷，《良耜》秋報也。由都城達於郡邑，古今一揆，故壇壝有制，牲幣有數，蠡薧備物，酌獻以時，守令躬行，具存成憲。粵自釋老教行，神祠亦增，雕墻峻宇，殆徧城郭。一遇水旱，官吏奔走祈禳之不暇。於是五土五稷之壇誕寘遐僻寂寞之地，頽垣敗壁，蒲博所聚，荒蓁蔓草，牛羊踐焉，二仲時至，昉加薙葺，例委行事於掾佐。牲瘠酒酸，簠簋弗虔，姑應有司之文，過是蕪廢如初。承議郎天台謝周卿來治長汀，首致志焉。自邑徂壇，崎嶇沮洳，往來病之，乃爲相攸，以直易迂，甃爲通衢，二里而近。繚以長垣，總四十有三丈。東爲社壇，崇三尺五寸，廣丈有八尺，附風師壇於其傍。西爲稷壇，制與社等，雷雨二壇對峙其側。前闢門屋三間，後創齋廬亦如之。庀工以嘉泰二年閏臘之望，閱月告成，不遠千里以記爲請。予聞子路使子羔爲費宰，曰「有民人焉，有社稷焉」，是固然矣，繼以「何必讀書，然後爲學」，夫子亟黜其言。今君自大父以儒登科，臨民有聲，肆其先公，克紹世美，致位二府。君復傳父祖之學，爲長於斯，推仁心，濟敏政，治人事神，蓋兩得之。故書以告後之人，毋俾或壞。三年三月辛丑。

朱熹《晦庵先生朱文公文集》卷七九《鄂州社稷壇記》 淳熙十年春，朝奉郎、知鄂州事新安羅侯願以書來曰：「吾州羣祀之壇始在中軍寨，去年秋，通守清江劉君清之至而往謁焉，視其地褊迫洿下，燎瘞無所，不稱藩國欽崇命祀之意。且念比年郡多水旱札瘥之變，意其咎或在是，則言於州，請得度地，更置如律令。已而劉君行州事，遂以屬録事參軍周明仲，行視得城東黄鶴山下廢營地一區，東西十丈，南北倍差。按《政和五禮》，畫爲四壇，而屬其役事於兵馬監押趙伯烜。作治未半，而願適承乏，又屬都監王椿董之，以速其成焉。二月朔壇成，東社西稷居前，東風伯、西雨雷師居後少郤。壇皆三成，有壝，壝四門。前二壇趾皆方二丈五尺，崇尺二寸。後二壇趾皆方一丈六尺五寸，崇八寸。其再成方面皆殺尺，崇四分而去一。三成方殺如之，而崇不復殺。前二壝皆方四丈二尺，門六尺，間丈五尺。後二壝皆方二丈八尺，門五尺，間四丈九尺。其崇皆四尺。社有主，崇二尺五寸，方尺。剡其上，培其下半，石也。南五丈，爲門三間，北二丈有奇，爲齋廬五間。繚以重垣，甃以堅甓，而植以三代之所宜木。亦既練時日，屬寮吏、修祝號以告于神而妥之矣，則又與劉君謀，以吾子之嘗學於《禮》也，是以願請文以記之，俾後人之勿壞也。」熹按，社實山林川澤、丘陵墳衍、原隰五土之祇，而后土勾龍氏其配也。稷則專爲原隰之祇，能生五穀者，而后稷周棄氏其配也。風師箕也，雨師畢也，是皆著於《周禮》，領於大宗伯之官。唯社稷自天子之都至於國里通得祭，而風雨之神，則自唐以來諸郡始得祀焉。至於雷神，則又唐制所與雨師同壇共牲而祀者也。國朝禮文大抵多襲唐故，故今郡國祀典自先聖先師之外，唯是五者。蓋以爲二氣之良能，天地之功用，流行於覆載之間，以育萬物而民生賴焉者，其德惟此爲尤盛。是以於其壇壝時日之制，牲幣器服之品，降登饋奠之節，莫不參訂討論，著之禮象，頒下郡國，藏於禮官。有司歲舉行之，而部刺史又當以時循行，察其不如法者。蓋有國家者所以昭事明神，祈以降祥錫福于下，其勤如此。顧今之爲吏者，所知不過簿書期會之間，否則觴豆舞歌，相與放焉而不知反，其所敬畏崇飾而神事之者，非老子、釋氏之祠，則妖妄淫昏之鬼而已。其於先王之制、國家之典所以治人事神者，曷嘗有概於其心哉？嗚呼！人心之不正，風俗之不厚，年穀之不登，民生之不遂，其不亦以此歟？今羅侯之與劉君乃能相與汲汲乎此，非其學古愛民之志卓然有見乎流俗見聞之表，其孰能之？顧雖不文，不足以記事實，垂久遠，然二君子過以爲嘗從俎豆之事，不遠千里而屬筆焉，其得辭之乎？因爲書之，使以刻于麗牲之石，後有君子得以覽焉。羅侯方與劉君相率勸學劭農甚力，劉君又嘗請於前守李侯椷，禁境内無得奉大洪山淫祠者，其於教民善俗之事，力所可爲，無有不盡其心也。十一年春正月甲辰，宣教郎、直徽猷閣、主管台州崇道觀新安朱熹記。

張金吾《金文最》卷七三楊伯仁《重修東嶽廟碑大定二十二年》 臣聞嗜欲將至，有開必先。天降時雨，山川出雲，明神之所以昭聖德也。嶞山喬嶽，允猶翕河，敷天之下，裒時之對，聖人之所以昭神功也。豈非幽顯之感通、報施之明驗歟？昔我始祖景元皇帝肇基王迹，遂荒大東。迄我太祖仁兵一舉，爰革遼命。及我太宗繼伐徂□，奄定華夏。我主上亦由東都□纂大統，肇開中興，皆符帝出乎震之義也。乃睠岱宗之神，乘震乘籙，實司東方。東方者萬物之始，故爲群嶽之長。我國家受命之攸在，雖德自天啓，亦惟神之陰相哉！□聖在位之十有七年，内外晏清，禮樂修舉，祭帝於郊，而百神受職，民和物豐，靡有災害。凡嶽鎮、海瀆、名山、大川，率命有司崇飾其廟貌，嚴寅其祀事，歲時親署祝版，遣驛命守臣侍祠，皆首於岱宗。大定十八年歲在戊戌春，嶽廟災，雖門墻儼若，而堂室蕩然。主上聞之，震悼不已，俾治有司不戒之罪。既而歎曰：「神其或者以宫廟故敝，欲作新者乎？」乃敕庀工度材以聞。明年，以同知河北西路轉運使事徐偉就遷知泰安軍，專領其事，彰德軍節度判官王元忠佐之，皆選能也。命馳驛以圖來上，入受訓誡，示之期約，且擇尚方良工偕往營之。出内帑錢以貫計者十有六萬，黄金以兩計者二百四十有六，及民之願出資以助者幾十萬千。且運南都之材以足之，復詔其工役勿煩吾民，給以傭直，故皆悦而忘勞矣。二十一年辛丑冬告成，凡殿寢、門闥、亭觀、廊廡、齋庫，雖仍舊制，加壯麗焉。詔謂格神之道，所貴致潔，其當陽之像，毋用漆塑，以琢郡白玉石爲之。殿楹高敞，勿事蔽障，殿閾周□，設爲儲胥，俾四方士民遠致奠獻者，皆遂其瞻禱之心，而無褻黷之患。廟之西南隅，舊設舍館，賓客往來皆止焉。郡吏時率倡樂以娱之，因爲□□□□□□□□□□洞啓，或終夜歡嘩，詔以神靈静謐之宅，豈可使之污嫚如此。即其地更置廟庫，俾門禁加嚴，蓋所以崇肅敬也。自三觀而下十里達於廟，禁無樵薪。二十二年四月，制詔翰林侍講學士楊伯仁紀其事。臣伯仁承乏禁林，職在讚揚聖德，豈敢以鄙陋爲辭，謹書詔旨之始末與其經費之多寡敘之。拜手稽首而作頌曰：

東方曰仁，萬寶資始。神惟岱宗，爰主張是。雞鳴見日，其高巖巖。兗州之鎮，魯邦所瞻。觸石生雲，合於膚寸。曾不崇朝，天下膏潤。無懷而下，七十二君。咸登兹山，告厥成勛。於皇時金，肇迹東土。誕膺天命，實孚神佑。我后中興，出震應辰。禋祀上帝，懷柔百神。無文咸秩，矧此喬嶽。宫廟制度，天子禮樂。災之所生，然在不虞。舊或未舍，新何以圖。洪惟聖朝，監此神意。親授規摹，選能興事。宸衷簡在，民願攸同。不愆於素，案圖奏功。臺門將將，如鳥斯革。廣殿巍巍，增陛以級。牲酒圭幣，薦羞以時。敢獻善祝，神之聽之。聖人之德，聖人之壽。泰山之高，泰山之久。聖人之業，聖人之基。泰山之固，泰山之維。神居孔安，有饗是格。生甫及申，蕃宣方國。禮無不答，神罔時恫。於萬斯年，福祿來崇。

張金吾《金文最》卷八〇王希哲《三原縣后土廟碑》 竊原混沌既判，陰陽遂分。穹窿而在上者謂之天，盤礴而在下者謂之地。天氣資始而不能資生，能資生者莫大於地。地勢坤，坤至柔，以和順奉天，卒能生成於物。《易》曰：「至哉坤元，萬物資生，乃順承天。坤厚載物，德合無疆。」此贊美坤之爲用也。伊六合之外，邈無端倪，難以形詰，置而勿論。如以禹治九州之限論之，取人易信。內有嵩、泰、衡、華、恒五岳互列，江、河、淮、濟四瀆旁流，上、中、下三壤有叙，山林、川澤、丘陵、墳衍、原隰五土各殊。此上所產之物，并有所宜，皆坤輿所載而隸主之，可見祖萬物，子百靈，長養無極，含宏有餘者矣。略陳人所賴者：稼穡人之食，桑麻人之衣；棟宇取材於山林，器用運土於埏埴；珍藏有金玉珠璣，異貨有羽毛齒革。以至疾病有請禱之法，出入有所向之方。靜而思之，人生一世，未有須臾不資於地者。故《物理論》稱其德曰「母」、神曰「祇」，亦曰「媼」，大而名之曰「黃地祇」，小而名之曰「神州」，亦曰「后土」。「黃地祇」舉八極之外地，「神州」舉王畿千里之內，地所在皆得言之。凡立祠廟，尤所宜矣。若夫三原，乃漢池陽之舊境也。縣之東有后土廟，在神泉鄉，今名龍泉鄉。出郭門直行十餘里，至大王村，右轉北向，入浮山，或云釋典所載，取象西方佛國脾浮羅，原與此無異，可不偉歟！又名荆山，《禹貢》所載「導岍及岐，至於荆山」，疏云「在馮翊懷德縣南」是也。其實一山兩呼之。谷行不遠，已達於廟。清流遠徑，溉數頃以常收；古木凌空，歷四時而俱好。三門三間十二架。過樂臺，正殿曰坤柔，五間三十架。獻殿并撲水，八間二十架。仰瞻神像，以婦道配天，繪塑冠服，一如帝后之狀。側有五岳殿，三間十五架。兩廊，靈官堂、禁神位，子孫司、客廳，通計二十五間七十架。次東北隅，翼然有亭，三間十二架。以上屋宇，皆山節藻棁，曲盡其妙。亭下有湫，周圍與亭頗等，水色澄湛，深不可測。餘水出於正南，凡遇歲旱，至誠祈禱，即日雨作，生民蒙潤多矣。三輔間，聞往往取水於兹。登高四望，東連唐高祖憲陵，西接武宗端陵，二陵相照，屹然而起，爲廟之肘腋也。南對長川，瞰渭陽之春樹；北依大阜，背漆水之驚波；爲廟之襟帶也。谷中地勢，或掩或抱，或高或低，奇詭不一，難於具陳。據此形勝，實耀下之爲最也。每當季春中休前二日，張樂祀神，遠近之人，不期而會；居街坊者，傾市而來；處田里者，捨農而至。肩摩踵接，塞於廟下。不知是報神休而專奉香火，是縱己欲而徒爲佚游，何致民如是之繁夥哉！粵有里人梁再興、梁勝、梁玘昆仲等，嘗記遠祖創始之日，誠心所感，致有祥雲瑞靄垂覆於地。地系己業，即於其地南北取五十步，東西二十五步，不受鄉人助緣，獨力修成，人稱爲梁家廟，至今父老猶話其事。祖父梁棟於宋慶曆四年重修，父梁再成於紹興十年翻修。欽遇聖廟，太平日久，梁氏昆仲於大定二十五年、明昌元年、承安五年、泰和元年，四次添改修建，至於完備，一無所缺。克遵先訓，止辦家財，亦不假鄉社一毫之助。難乎其人矣！故世世相承，居處廟之右，出入廟之下，永爲廟主。噫！創廟成功，非是一朝之夕；勒碑頌德，庶傳千載之名。戒爾子孫，敬哉無替！先蒙求記，僕謂池陽多才俊，善屬文，老夫惛憒，不能爲也。其請益堅，謾索枯腸而書其大概云耳。時泰和五年乙丑歲季春上休日謹記。

李俊民《莊靖集》卷八《重修浮山女媧廟記》 澤之爲郡，在太行之頂，其四面亂山環列。東向望之，突然而起，孤高峻絶，不與衆峰相連者，曰浮山也。山之腹有巖穴，中有二像，廟而祭之，傳者以爲翁婆神。居民之爲嗣續計者，往往禱於是焉。按圖經，翁婆神在郡東南二十五里浮山北坡上，宋元祐六年建。計屋八間，共二十二椽，周圍七十五步。又，紹聖三年丙子，李旦亦言此廟自元祐六年。及觀至和二年郭寶碑，已重修矣。圖經所云元祐六年建，亦重建也。究其原，莫知所從來。或曰，女媧廟並無所據。按《淮南子》云：「女媧氏鍊五色石以補蒼天，斷鼇足以立四極，殺黑龍以濟冀州，積蘆灰以止淫水。蒼天補，四極正，淫水涸，冀州平。」此皆有功烈於民者也。民追而祀之，其以此耶？傳者通謂之浮山神。大定二十六年，郭道珙等增舊制而新之，蓋五載工始畢。值貞祐甲戌，兵火復毁。逮大朝庚子，本郡次官趙唐以其男山兒幼亡，不能忘情，因謁是廟，慨然有起廢之心。遂命耆老張珏輩庀工計費，又令總領景用與提控許堅督其役，斧斤者、瓦甓者、版築者，不召而從，不鳩而集。富者輸其財，貧者竭其力，不日而告成。自是公得男女三人，又從而起敬焉。辛丑歲三月十八日，會郡人而落之。索余紀其事，將刻之石，姑以前人所聞而書之。噫！人而無後，爲不孝之大。然人生於天地之間，果由人乎哉？或得之於卜，如成季者，生而有文在其手曰「友」；或得之於夢，如唐叔者，生而有文在其手曰「虞」。周之翰皆嵩嶽之神，魯之儒乃尼山之秀。是山也，果能以英靈之氣賦予於人者乎？求而得之者有之，不求而得者，神何與焉！天地，萬物父母也。物莫靈於人，天地之委蛻也，豈私於人哉！夫臧孫達之有後也以德，其所求者異於人。辛丑年三月十五日記。

《〔雍正〕山西通志》卷一九六毛麾《康澤王廟碑》 蓋聞《水經》云：「平水出平陽西壺口山，即《書》所謂壺口也。自壺口而西南二百餘里，曰平山。六潛出其下，曰平水。」州圖經亦曰：「晉水，其源亂泉如蜂房蟻穴，觱沸於淺沙平麓之間。未數十步，忽已驚湍怒濤，盈科漲溢。南北溉田數百頃，動碾磑百餘。東匯爲湖，曰平湖。秔稻菱芡，晉人取足焉。」其事見於宋名士謝景初記、宋敏求書。泉之旁有舊祠，世祀神龍，爲此水之主。相傳劉元海僭據時，重築陶唐金城。有韓媪得巨卵嬰兒化蛇之異，斬蛇尾而泉湧焉，遂資以灌溉。新舊圖經、《寰宇記》並載其事，後因祀之曰龍子祠。遇旱，致禱即應。宋熙寧八年，守臣奏請封澤民侯，廟額曰敏濟。崇寧五年再封靈濟公，宣和元年加康澤王。廟有唐天祐二年、宋寶元三年、政和四年感應碑，傳祀既久，官民崇敬。廟制寢廣，草木蔽翳，清流白石，爲州勝地。封連疃接，凡斷岸絶澗，則架以垂虹之橋；採蓮捕魚，則泛以畫鷁之舟。當春之時，花光柳色，作紅雲翠霞，蒸煦遠近。太守與州人來游，簫鼓相間，車馬相望於山水清輝之際，不知浣花、曲江之美，較此孰多。兵火蕩盡將四十餘年，民思所以興起而未有倡之者。江陵黄公來宰臨汾，理成化洽，匹古循良之吏。故能一新縣署，再創宣聖祠，繼大修陶唐祠。又審民心，欲成龍子祀而修之。創獻殿，設齋廳，置風師、雷師、山靈、河伯之殿，庇二庫以亭。前鑿養魚池，長廊周步，幾二百間。至於厨庫，靡不周備。廟門仍舊曰敏濟，中門三間曰善利，正殿曰康澤。後設龍母殿，以事韓媪。增葺溪上舊亭曰清音，取選詩「山水有清音」之意。然後見公善政與此山此水俱無窮焉。迺合衆願，以志於石，作迎神送神之曲以侑神云：

神之來兮風雨蕭蕭，不破塊兮不鳴條。滋多稼兮滿平皋，享血祀兮聞歌謡。
神之去兮日光沉，巖穴暝兮煙雲深。廟門闔兮來棲禽，空山水兮遺清音。

段成己《二妙集・重修岱宗祠碑》 方有岳，舊矣。考之傳記，不一書而足也。五方風土之異，古之聖人各以其山之峻極者，爲一方之鎮而名岳。岱爲岳之宗，國家有事於山川則先焉，天下既平則封焉，非僭也，宜也。五岳祀秩略同，而岱宗之祠獨周遍於天下者，以居乎秩之方，主長養之事故也。河中萬泉縣距縣治西北十五里，有岱祠存焉。地空曠元爽，南北袤百二十舉武，其廣五十，居綿、稷兩山之間，峨嵋之脊，故制瑰偉宏麗，神足以宇。正室七架，後以甬道通路寢尾覆其上，寢眠正室而卑兩偏各爲三架，以妥陰靈。廡東西二十八楹，面正室樂亭三架，應門、皋門如古封君之制，其内外等夷有差。門右西南隅樂房八間。周前後以間架計凡六十有四，其榱桷之數各視其屋大小爲稱。東南隅三清殿三間，舊有道宫以守廟者也。以積習之弊，久黜而不用。廟艱於水，鑿井於殿之左，得養而不窮之利，歲時之會使人不闕井飲。庭有唐石，刊言汗漫無稽，而建立之因故歲月，皆略而不書。夷考其時代，則知廟起在有唐之前，而始基之迹不可得明也。其主張祠事而不至失墜者，自古以來四村而已，他不與也。薛李村當廟之背，大善、上善居其右，百善居其左。合境之人，病疫則祈焉，水旱則禱焉，庇庥以福其人者，所從來遠矣。自天地大變，天下祠宇得免煨燼之厄者，百不一二，其此祠巍然獨存，非有護持，必不至此。喪亂以來，祭血之乾者五六十年，祈氓日慢，棟宇隊剥不治，圖像之威默昧就滅，神不顧享而人亦無依歸。四村之長老子弟合辭言曰：「此宇不修且壞，昔由吾鼻祖而基之攸久，不知經修治凡幾，而可見於今者，大定一役而已。今喪亂既平，海内爲一，百神之祠宇皆復，而幸得獨存之祠，復使壞於諸祠既復之日，可乎？然護持而存者，天也；成其功面使不至於墜者，人也。祖基之而後之子孫廢之，天存之而人不能有以成之，豈理也哉！此我輩夙夜汲汲，一日不敢怠也。」於是各出其力，鳩僝其功。棟楹梁桷，欂櫨侏儒之屬，腐敗拌折者，則易之；蓋瓦級磚頹缺者，則補之；漫漶不鮮者，潤色之。規模仍舊，丹碧一新。俶落於至元十一年甲戌之春，訖功於五年戊寅之夏。前期有客謁祠下徘徊者久之，乃言曰：「奂乎此宮，無辭以識其始末爲可惜。」未數日，圬人取土得素碑焉，贔屓外度尋有二尺，其衡半之，衆駭異，以爲天錫而察之，蓋古之人未及用，因亂以藏之，歲久而人不及知也，又何怪乎？然則適今重出焉，亦非偶然也。四村之人共推張、楊二老同衛生走平陽主生思永就余來謁文。余問主名，二老謝曰：「此由衆力攻而成之，敢獨尸其功乎？儕一名於衆足矣。」余嘉其讓，且重違二生之意，爲攟摭其實紀之。若其薦貨之多寡，出力之次第，自有成例，具列之碑陰，兹不書。

胡聘之《山右石刻叢編》卷二六高鳴《重修媧皇廟碑》 中統建元，有詔敕郡國名山大川、五嶽四瀆、聖帝明王載在祀典者，所在以時致祭，有司承流，將事惟謹。越至元四年四月，平陽趙城縣道士臣申志寬，奉其先師臣張志一治命，詣長春宫懇誠明真人臣志敬奏言：臣志一所居趙城東五里有媧皇廟，廟北有封崇二丈許，傳記爲媧皇冢，雖古無封樹之禮，不敢必其是，要出於古今相傳，識其廟之所當在爾。廟有碑，自宋以上率剥裂不可考，獨開寶六年所製者故在，具述奉敕重修始末，然則趙城之有媧皇廟，其來尚矣。廟廢於兵已久，臣以□戌歲承郡人禮召，始來住持，遂以其力芟草萊，掇瓦礫，庀徒蒇事，撤敝創新，以垣以基，以斲以構。逮乙卯歲，廟貌小成。廟舊以媧皇名，至是奉制改名補天宫，迄今又十三季，廢者益興，新者益飾。爲路寢一，小寢一，主廊過殿屬焉；恢綱門一，立極門次焉，餘三方有門，左□有廊，合九十楹；掖廟之左復爲觀，以居徒侣；大殿一，小殿一，堂廡廚庫備又合六十楹。層簷揭角，丹雘一新，繚以周垣，雲木森映，歲時香火之祀，四方之民率不遠千里而至，咨嗟踴躍，舉手加額，以爲天下偉觀。臣按上古之世，洪濛肇分，元氣始達，陽未足兼覆，陰不克周載，女媧氏興，乃煉石以補天，斷鰲以立極，狡蟲死，淫水涸，林林顓民始侗然得適其姓。微女媧氏，雖泯泯昏昏，以至於今，可□□然。有國有家，降及戴天覆地之人，無有遠邇，其於報本反始之祭，宜與天地相終始，況臣所居名爲陵寢之地，廟又可廢而不治哉？故不憚勞苦，歲增月葺，餘四十歲，賴國家威靈，迄用有成。乃者伏觀聖天子建元所頒之詔，臣愚區區不覺歡喜頓踣，自幸適與詔意會，誠得太史書其事於石，以示永久，臣不敢以爲榮，庶幾上彰朝廷尊禮百神之心，下順斯民報本反始之意，臣昧死以聞。制曰：「可。」直學士臣鳴當筆，敢拜手稽首而系之以銘詞曰：

乾端坤倪，固若是邪。輔相財成，抑有自耶。厥初鴻濛，陰闔陽披。元氣未周，有罔□□。惟大聖人，女媧氏作。監厥疵蠹，以攻以藥。以藥維何，五色石煉。以攻維何，六鰲足斷。兩儀既丌，斯民復生。古無聖皇，萬世窈冥。惟天地大，皇參其功。報本有典，與天始終。至元道洽，尊禮百神。臣一作廟，實相我君。我君神聖，奄奠八極。武德文功，爰與媧一。樂石煌煌，皇德既揚。昭我王度，共垂無疆。

王惲《秋澗集》卷三七《平陽路景行里新修岱嶽行祠記》 岱宗東方之鎮山，有國者得以旅焉。祭典下衰，世以神司命萬類死生禍福，幽明會歸，故所在駿奔奉祀，惟恐居後。去之遠者其敬篤，祀之肅者祠愈崇，蓋其風俗使然，復何怪焉。平陽故族張士信等，信之篤、事之尤謹者也，常以貌廟而匪之，不足妥靈揭虔，牖人於善也。於是傾貲擇勝，得東南陬景行里爽塏之地甚延，奠其神觀焉。實經始于辛卯歲之三月，落成于至元之戊辰。凡締屋幾三十楹，前殿後寢，兩廡廊翼，中設冥府諸像，曰昭惠君、蒿里相、祈嗣位、五重□直，及陰圄變相，擁衛環列，罔不畢備。巍巍煌煌，帝居輝光，俾觀者起敬加畏，知所勸戒，善油然而生于衷，洋洋焉對越靈威，如在其左右也。下至作樂有亭，省牲有湢，便户甃乎西，臺門敞其南，概瞻餘祠，號稱整肅。吁！勤亦至矣。一日來丐文於予，將紀其興建本末，洎信助者之名氏，永昭于後，因略爲論述之。嗚呼！古人以神道設教，今也作新祠宇，爲事理雖殊，而勢有固然者。自禮義亡而世教不明於下，一鄉之士，秉彝心而私淑人者，不爾則弗克悟陋民而儆薄俗，是則後人之意也歟？然神也者，聰明正直，福善禍淫，乃其職耳。奉之者歲時儀獻，能齋莊沐潔，遠惡遷善，可薦而不爲神羞，吾知夫朋酒斯饗，獲簡穰之祉矣。不然，慊負中積，象恭于神，雖鏘之以鐘鼓之音，腆之以牲幣之禮，芳菲滿堂，三獻具舉，神將厭而不顧，尚何福之有哉！幸來者詳特書之意，庶乎其遠黷矣。十有二年春二月，平陽路總管府判官汲郡王惲謹記。

王惲《秋澗集》卷四〇《汴梁路城隍廟記》 汴梁之廟事城隍神，其來尚矣。壬辰兵後，廢撤不存。河南路兵馬都總管劉侯福大懼無以妥靈揭虔，曰：「事神治人，守吏職也，可偏廢乎！」於是相新昌里爽塏地，西南二方界以通衢，劉侯私第鄰其東，北則抵居民萬氏。廣袤餘七畝，繚以(重)〔崇〕垣，中起正殿，像設有儼，前敞臺門，扃閟嚴肅，左右則環齋構室。敦請女冠孟景禮、向妙順、朱妙明輩相與住持，夤奉香火。景禮四元宗獻之女，童丱入道，以彤管之懿資，膺黄冠之妙選，享年八十有五，無疾而逝。妙順亦出名家，探賾玄理，解屬文辭，與孟同年仙去。景禮臨終貽屬妙明曰：「汝等祗嚴修潔、(益)〔善〕守廟祊，毋負劉侯付托。」妙明唯曰：「敢不敬承誨音。」歲甲辰，劉侯命侍人周氏、韓氏披戴禮棲雲王真人爲師，訓周曰「妙元」，韓曰「妙温」，與妙明爲徒侣。所需衣糧皆出劉侯資給。妙温、妙明俱壽臻期頤，相繼蟬蛻。既而劉侯第四子保定路總尹某卒，夫人圖克坦氏，痛伉儷之中暌，感榮華之易歇，聿來棲跡，法號妙真，道俗咨嘆，祠宇爲增重焉。妙元洎妙真罄刮粧奩資藉，刻苦撙節，遂重修正殿臺門，創建獻廡子孫司，及道衆寮舍、齋廚，輪奂一新。蒙洞明真人稱賞，加妙元以「純貞素德散人」之號，今年登七秩，日誦五千玄言爲課，朝夕焚頌，祝聖人壽，願天下安。鶴髮童顔，精健不少衰。復慮興建本末，不能昭晰於後，走書幣京師，求記於秋澗翁。予宦遊大梁者屢矣，故國遺跡亦嘗周覽，今雖衰老，忍無一言載名其間？謹按祀典，陽氣升而天神降，地道肅而人鬼出，自邦國遠於臣庶家，祭秩切近者，社禝五祀而已，城隍神初未載也。世説秦功臣馮尚，見夢於漢高帝曰：奉天帝命，與王知領城隍陰事。雖儻怳不可致詰，然自漢訖今，遂爲天下通祀。社與五祀雖有常尊，當時用事，莫城隍若也。況汴梁爲六代都會，四方湊集，城池盤礴，衢陌交通，人物號稱繁夥，精英之粹集，晝夜開闔，死生變化，幽明兩間，其有神爲之主司也審矣。夫城隍，地道也，古人求神各以其類，今俾女冠主其祀事，宜矣。《傳》曰：「西子蒙不潔，則人皆掩鼻而過之。雖有惡人，齋戒沐浴，可以事上帝。」言誠潔可以感神明也。如景禮、妙明、妙元、妙真等咸出於詩禮名家，薰膏鼎族，清修道行，敬恭神祇，致廟貌完固，闔郡瞻仰。雖其誠篤致然，亦由神明有以護持者哉！而推源本自，不忘劉侯經始之勤，是可書。大德三年十二月吉日記。

《〔同治〕廣東通志》卷二一四陳大震《重建波羅廟記》 古者，帝王巡狩方岳，不至四海，以四海在要荒之外，不可得而至也。《周禮》凡將事于四海山川，校人飾黃駒而望祭焉。祭有坎壇，未有祠廟。漢武帝惟登之罘，浮大海，欲求仙耳，不在海也。至隋文帝，始命於近海立祠，以巫一人知灑埽，多植松柏。南海祀於南海鎮，即今之扶胥鎮，距城八十里者也。唐武德、貞觀之制，則嶽鎮海瀆年別一祭，以五郊迎氣之日祭之，各於其所。南海於廣州，祠官以都督刺史望此祠祭之始也。天寶十載，封四海爲王，南海曰廣利，以三月十七日同時備禮，此封爵之始也。惟茲南海神次最貴，元和間刺史孔戣拓舊廟而大之，又得韓愈碑爲之發揚，祠禮之盛，莫盛於此。時至宋康定，加「洪聖」之號。皇祐加「昭順」，紹興加「威顯」，合爲八字。前乎紹興，四海同封而異號。及紹興，疆土乖離，獨南海耳。自天命歸于皇元，至元十三年，乃入職方氏，神始有會同之喜。二十八年，世祖皇帝加以「靈孚」之號，天使奉宣命馳驛萬里至廣城，官吏無不肅格，將致寵光于正祠，聞祠已廢，乃於城西別祠，行禮焉。同知總管府事趙公勝興曰：「自隋唐歷宋，踰七百年，鎮之祠無不修舉。今廢不治，遺神之羞。夫君所以養民，神所以衛民，君之敬神，正以民故。食君之祿，而不以君之所以敬神者事神，可乎？」乃捐俸修之，未備也。二十年，公陞宣慰副使，復修之，苟合矣。已而被命簽都元帥府事，始得展其力，乃於農隙募材鳩工，入執宮功。一木一石之未良，一斧一鑿之未精，必更之，使盡善乃已。大門三間，橫二十二丈。翼以兩廡，從三十二丈。正殿巋然其中，又演兩廡三十二丈，至寢殿崇廣如正殿，明順夫人之所處也。下至輿衛翼從，悉有寧宇。又崇館以爲天使弭節之所，雖祝使庖夫所棲亦皆完好。凡爲屋一百二十五間，歷十餘年而後就。吁！公之勞心殫力而爲是者，何也？或謂：「公初涖職，平海寇，禱于神，神克相之，故契契于是。又以上恩久任獲與斯民相安，民亦知有上命，子來經營，乃克就緒。」大震約居二十年，有田數畝在廟傍，時勞耕者父老誇侈其事，得大震記之。韓碑在前，何敢穢珠玉側，第公之功德踰於孔戣，不書則後人何以稽？故不得辭。復有一於此，初亦不能無惑。張宣公栻嘗云：「川流山峙，是其形也，而人之也何居？氣之流通，可以相接也，而宇之也何居？」遂疑唐以王爵封神者，未然也。及觀《家語》云：「季康子問五帝之名，孔子曰：『天有五行，金木水火土，分時化育，以成萬物，其神謂之五帝。』」然則五行既可爲帝，則四海之爲王，又何慊乎立之祠而設之像？亦靈星之尸之意，幽爲神，明爲人，是或一理，弁冕端委亦其爵秩之當然爾。然乎不然，必有能辨之者。」元大德七年歲次癸卯四月朔旦，承事郎前廣東道儒學提舉陳大震記。

《〔同治〕高安縣志》卷二二姚雲《重建社壇記》 先王建國域民，左祖而右社。定陰受陽，封土崇祀，所以親地道也。社，五土之祇而配以勾龍；稷，五穀之神而配以棄。樹之槐梓栗柏以棲田正。圭用二邸，服有絺冕，所以神地道也。三代之制，郡縣未異名，故縣社無所考，然自大社、王社、侯社之外，見于都鄙邱井之間，若州社置社者，則庶幾秦漢以來所謂縣社者也。春祈秋報，類戎鼓蝕，必集于社，故民之視聽一以服從，上之政化而無奸覦。即世遠義塞，有土者乃闢丈尋之間，浮土甃礫，若野肆于狐虺之囿，命之曰社，號焉而已。天地之和，小沴則老釋之居，汗走雨拜，不愛薌幣，龍鬼大厲，輿服晝遊，巫覡咖訛，詭汰踰僭，吏不敢問。天澤適至，則淫祠叢林，考宮釁鼓，貪天功而不疑，顧后土亡如也，何辜斯人而愚惑至此哉！抑執政化者無以牖民而聚敬耳。瑞之附郭曰高安，故有社，邇之爲政者數遷于縣郭之東西，無定域。祭日至，鹵莽即事，姑取辦治。神弗顧歆，凶瘥薦臻，襲故弗察，諉曰「不急」。今年春，部使者式閭而問禮焉，余復之曰：「國典孰有重于社稷者？而可野肆之邪？滋大不敬。」于是聞者赧而退，而縣之長貳佐史悸汗跌蹶，乃相地于縣之西偏，亢燥而潤厚，縱廣十丈，衡加有半。中立冢土爲三壇四壝，以祀勾龍、棄，旁以風雨神佑之。齋宿有館，位列有庭，繫牲有門，崇嚴有制。環以門廡，守以閽隸。外爲周垣，以尺計者二百五十，而汰工以夫計者六百五十，踰月而畢。食不官費，財不民給，俄丹倏堊，速于晝堵，行人徘徊，觀感未嘗不興起也。寬條適畊耘，不驚風雨，序至地載，神氣之應如此。至是，黨士耆老相率來言，請書之。辭不佞，請益堅，乃叙其本末以爲記。

或謂役于農時，何居？余解之曰：《春秋》凡大役，必日書，時也，禮也。《禮》云：「唯爲社事，單出里；唯爲社田，國人畢作。」釋者謂事重在社。曰單曰畢者，餘夫盡出以從役也。社田猶爾，始社能勿役乎！社非臺囿比也，役非時乎？且夫上之觀風宣化者，不齊民以刑而齊以禮，下之布政者，後事之末而先化之，原皆希闊僅有之美，宜得書以爲勸，未敢以古之守社稷者詳之也。夫古之所謂社稷臣者何如耶！

吴澄《吴文正集》卷三八《江州城隍廟後殿記》 城隍，郡縣之土神也。土神之祭有社，又有城隍，何也？社兼祭五土，而城隍專祭城隍也。夫祀典莫重於天地，然天尊而地親。尊者惟一人得祀，親者人人得祭也。故有天下者祭地於北郊，又祭之於社；有國者祭於社而已。大夫及士、庶人所居之里置社，其祭土神以報地一也。而地有廣狹之不同。王社、大社，天下之土神也；侯社、國社，一國之土神也；里社者，一里之土神。國立社，而家立中霤。中霤者，一家之土神也。蜡以祭四方百物，雖隄水之防、瀦水之庸，咸得與祭。古人於報地之禮周且悉也如是。地之險，山川丘陵，而建邦設都必依險以爲固。或因山與丘陵以爲城，平地則累土築城，以擬山之險；或因川以爲隍，燥地則掘土浚隍，以擬川之險。曰城曰隍，其名肇於古史之造字，其用著於《周易》之繫爻，所由來遠矣。而禮經國典無祭城隍之文，儒者謂社祭山林、川澤丘陵、墳衍原隰，則城隍固在其中。然予竊有疑焉。防與水庸尚於祭社之外有專祭，城隍以扞寇敵，以保人民，其功豈出於防與水庸之下，而獨不專報其功乎？今郡縣各有城隍祠，所謂禮雖先王未之有，可以義起者，其若此類也夫！夫土神當祭於壇墠，而城隍祭於廟。予嘗求其義矣，蓋祭必有配，社以句龍氏，而爵尊、德尊、齒尊之人往往歿而得祭於里社，俗稱土神是也。里人或爲之立廟。城隍之有廟，殆亦以棲配食者之靈。試以祀天之禮喻祭地之禮。祭社神於壇，而配以人，猶南郊之祀天也。祭城隍神於其配食之廟，則猶明堂之祀帝云爾。江州地扼荆、揚之交，面崇巒，背大瀆，其城其隍，山川自然之險、形勢之雄，他郡莫與倫也。城隍配食之人，相傳以爲漢丞相、潁陰侯灌嬰。郡志言高帝六年，侯築湓口城，即今江州地，則侯之配城隍也宜。或謂他郡城隍亦皆侯配食，豈以侯嘗定豫章諸郡而然歟？舊江州城隍廟在郡治東，東北民之祈禱不便。宋宣和壬寅，郡守遷于今所，歲久屋弊。淳祐乙酉，沿江制置使以其屬帥郡民修完之，外門竪景福樓，巍然臨乎通衢。有錢氏者，先世河北人，名安道，紹興初，江淮招討使張浚命之世掌城隍祠。其來孫大通攻陰陽方伎，涉三教緒言，熟諸人情世務，士大夫喜與游。病廟地窄隘，弗可以恢廓，勤力經營。市廟後地數畝，興造寢殿，材鉅工良，視前構有加。修廣穹隆，與外樓稱，翼以兩廡，規制偉甚。家無銖兩斗斛之儲，好善樂施者相與捐資，以就其志。非其誠足以感于神，才足以動乎人，何以能壯麗其神之居，以至于此哉？皇慶壬子創始，延祐己未落成。値予過江州，大通請紀歲月。予嘉其爲人，遂不辭，而叙古今祀典之大概，以俟後之議禮者攷焉。

吴澄《吴文正集》卷三八《崇仁縣社稷壇記》 天子之命諸侯也，畀之以社稷、人民，而使之主其祭、掌其治。秦罷侯建郡縣，郡有守，縣有令，猶古之侯也，故守令膺民人社稷之寄。崇仁，撫之壯縣，士樂而俗醇，民社之官多善於其職。舊社稷壇在縣之東南，往年有人獻議，謂建國之神位右，社稷儻不如禮者，宜變置。前縣尹王侯承郡檄，遷于縣西之巴陵坊。小谿環其前，大川遶其後，羅山、杯山遠聳其右，普安禪寺近映其左。面平疇數百頃，廣衍如棋局。巴山一峰，崒嵂雲表。以其地之吉，故神享而人安。壇壝門垣歲久圮弊，今縣令史侯憮然興懷，而完美之。已捐俸以倡，人助資以繼。東社西稷，北風師、雨師。其壇四，築甃如式。壇側之階，階下之塗，大門一達，旁垣四匝。修禮具齊，塗臒增麗。掄材召匠，撤舊營新。乃斷乃度，乃繩乃斲。作齋廬三間於坎方，爲行禮之位；作次舍三間於艮隅，爲易服之所。日計其役，竹木斧鋸之工凡七百有四十，瓦甓圬鏝之工凡一百有五十，他役稱是。所用諸物，悉以時直布於民。齋廬之崇，上棟常有三尺，下宇尋有五尺；其深倍宇之崇，其廣倍棟之崇而殺。泰定四年八月經始，致和元年七月告成。輪奐有光，觀者咸喜。士民請紀歲月。夫社稷、人民，皆縣令所主掌也，職其職，則有先後焉。孟子曰：「民爲貴，社稷次之。」《春秋傳》亦曰：「先成民，而後致力於神。」侯一清如水，而與物爲春，民視之爲父母。既知所先矣，又能嚴祀社稷，一新其堂構。愛民敬神，允爲兩得，而廉其本也。世之廉吏或暫或僞，侯之廉出於真心，而始終不渝，豈但一邑之所無，蓋舉世之所希也。因士民之請，而特爲之書。侯真定史氏，景讓其名。

《（乾隆）萊州府志》卷一三李誠《修萊州城隍廟記》 禮不必皆出於古，求之於義而稱，揆之於心而安者，皆可舉也。城隍之神，祀典雖未載，然自唐以降，京師郡邑，皆得通祀，所以保民也。神保吾民，民奉其祀，宜矣。世謂神廟食兹土，職分冥司，實專禍福，故疾病死喪，一歸於神，莫不奔走從事以祈福佑，而神亦往往昭其靈異，禱而必應，水旱疾疫，多所賴焉。則吾人之於神也，於義爲當祀，於心爲所安者矣。州之北，古昔有廟，燬於金末，廢没日久。國初時州人邢道剗除故址，創構正殿四楹，繪塑神像，邦人香火知有所歸。越明年丁未，前起祠賢之室，自是厥後，日增歲葺，以次就緒。至元二十九年，道子德進復增葺之，擴其正殿，翼以兩廡，外明中敞，輪奐一新，神像儀衛，嚴肅森列，觀者神竦。又以殿後城基不固，虞有覆隍之患，陶甓一萬有奇，包砌堅完，以爲永久之計。功既竣，來請余文以紀諸石。余謂民神之主也，神民之衛也，古聖王先成民而後致力於神，由是民心以和，而神降之福。福由人興，非自外也。是故孝弟忠信，昭其令德，雖澗芷溪毛，可以成禮，而神必監其誠；貪墨敗類，神人共戾，雖牲牷禮幣雜陳於前，神亦弗之享也。菲才蒙恩，來守兹郡，今四稔矣，幸而風雨時若，五穀豐登，人心惟和，佳氣充溢，無螟蟊疾疫之災，而民業有經，長吏所以得免於罪戾者，伊神之賜，寧不知歸？於是作爲詩歌以洽奉神之禮，俾欺罔者有所儆云。其辭曰：至善有定，幽冥同途。頫仰瞻依，神靈與俱。吾聖人之久禱，不在兹乎。貪而漁，暴而屠，假尺寸之柄，朘其膏血以自腴，寸田不治，蓁荆荒蕪，彘肩巵酒，奉香火於庭隅，以非道而要福，適足以爲神之羞，寧不愧於心歟？蘋蘩藴藻之采，挹行潦於潢汙。潔誠薦奠，神其舍諸。

蒲道源《閑居叢稿》卷一六《東海神廟碑》 延祐元年春三月二十有八日，皇帝御嘉禧殿傳詔，以東海廣德靈會王廟增修告成，其諭翰林文其事而刻諸石。臣道源猥以應奉文字爲職，適當直筆，謹用撰次之。伏惟皇元奄有四海，懷柔百神。列聖以來，於海岳之祀，惟夤惟毖。率以歲之春分，遣使者馳馹賫香，徧詣其祠而禮焉。將發上齋潔臨軒，舉香虔祝而授之。其所以致崇極之意，爲民祈福如此其至也。世祖皇帝至元二十有八年，册加東海廣德王爲廣德靈會王。今皇帝皇慶二年春二月，光禄〔大夫〕、翰林學士承旨臣僧家以故事奉命行香於東海神廟，及令詣登□□所謂海市者。既至，以天子命敬詣祠下，爐煙氤氳，誠意昭格。畢事，仰觀殿宇，有風雨侵剥之患。循視庭際，缺廊廡翼衛之嚴。因慨然曰：「上之敬禮於神也如此，而廟貌淺陋弗稱，置而不言，使臣之罪也。」夏四月還，圖所見海市樓觀、樹林城郭出没變滅之狀以獻，奏請修廟。制允其請，遂命臣某往。洎州守臣某等，以積歲所賜白金，及縣官宿有材木瓴甓修營之。經始於其年之五月，落成於冬之十一月。完舊而增新者，幾四十楹。複殿迴廊，齋廬庖舍，靡不悉具。繚以周垣，邃以重門，扃啓以時。規制整肅，神用妥靈，人愈生敬。可謂盡事神之禮，隆太平之盛典也。竊嘗攷國家定鼎都邑，東漸之地，視南、北、西三方爲近，故京畿凡有水旱，依賴叩禱爲尤切。修廟之年春，以久不雨，恐無麥禾，命集賢大學士臣脱歡、翰林待制臣蔡文淵，奔走揭虔以告，其應如響。于以見上之至誠可以感神，神之靈既可以佑國。繼自今億萬年之福祚，與東海之水浩浩其無極也歟。敢拜手稽首而獻銘曰：

於皇聖元，包括海宇。上帝鑒觀，俾作神主。敷天之下，咸秩無文。矧兹東海，有廟其瀆。其神巍然，儼正王位。弗完厥居，我是用愧。制命使往，暨而守臣。〔考工〕考室，輪奐一新。像設孔安，肸蠁默契。雨暘時若，物無疵癘。惟海有容，衆流歸之。惟聖有作，百禄綏之。於萬斯年，天子是衛。於萬斯年，明祀罔替。

《〔嘉慶〕長興縣志》卷二六孟淳《長興州重修東嶽行宫記》 東嶽行宫者，泰山神之别祠也，自唐封禪始，郡縣咸有之。其在長興五峰之麓者，創建于宋之紹興戊午，迨今二百載矣，圮壞不治，神不顧歆。欽惟皇上嗣服，徧禮百神。知州吕公澍、同知州事馬公鎔，稟令從事，顧瞻祠庭，庳陋頽靡，大懼觖民望，貽神羞，無以稱塞明詔，謀更新之。而土木之費，無從所出，乃捐禄廩，以爲衆倡。於是，前白雲宗僧正明奉前釋教提控僧亨會，暨諸山尊宿，綱紀葺事。而邦人讙趨祠下，莫不稱力而受任，分曹而責成，輸材赴工，百堵俱作。正奠廟堂曰嘉寧之殿，殿前翼爲兩樓，東擬燕寢，西擬後閣。又東建太室，以奉聖母。中殿爲奉祭之所，兩廡列佑神之祠。又南爲正門，外爲櫺星門。藻櫨繪栱，焕焉一新，冕旒黼黻，具嚴像設，山川改觀，神人交讙。既又築庵廟左，以居奉祀者。屋以間計，凡十七。因而葺治者，廿又一；撤而改建者，四十有九。經始於皇慶元年十二月，落成於今年四月。二公囑以記，余以岱宗魯望也，何四方之人奔走薦虔，罔敢或後？公羊氏稱泰山之雲不崇朝而雨天下，其威神德惠之所加被，故記曰：山有金篋玉策，定人壽修短。又唐張説著《封禪贊》云：天孫總神靈之府，則人之生死禍福貴賤貧富，帝實司之，故世之所敬畏而尊事也。厥今遐陬異壤，孰非神游之所。而長興之賢守貳，獨能興壞起廢，仰副上志，荅神庥，爲民福，信可嘉也。用述其事，刻于麗牲之碑，併以諭方來，相繼必葺，俾無壞。若夫任事施材者之名氏，具于碑陰，兹不複云。延祐改元歲在甲寅四月十一日記。

虞集《雍虞先生道園類稿》卷二三《廣州路右文成化廟記》 昔者，君子尚論斯文，必推本於天焉。神明著察，信葑主宰者哉！《天官書》以斗魁戴匡六星爲文昌之宫，徵文治者占焉。或曰：「降靈吾蜀之梓潼者，則其神也。」是以縉紳大夫士，多信禮之，而文昌之祠，遂徧郡邑。皇元延祐中，書詔加封號其祠曰「右文成化」。贊辭具在。而朝廷設進士科以取士，文風大行，人謂神君實主之。位望尊重，光曜烜赫，祀享之秩，有加於前代，有其舉之莫之敢後也。東廣之爲郡服，嶺以南一大都會。臨治海島，近悅遠來。貢賦貨殖，充斥瑰異，比於中州，而文物稱焉。凡山川鬼神之祠，可以宣陰陽，通神人，和上下，絶去滛厲者，載在祀典，有司莫不具備。治平之久，日臻月益，多且盛矣！至正四年春，蜀人承德郎何君震，自中臺數遷佐憲南服，畫諸明決，公論伸焉。會歲大比，州郡將興賢能而上之。君曰：「逖遠之人，將以其業求試有司，遠去會府千數百里，庶有以庇佑其人，而啓發其心者哉！梓潼之神，文士之通祀也，其可以有所興乎！」詢諸故老，得文昌舊祠之基於郡城東北，幾七十年矣。闢榛棘，審面勢，有山隆然於艮隅，清泉左右出，而合流於前，蓋勝地也。君乃率鄉人之佐史者吴益、史超宗規作新廟，同列俞安等歡趨之。各出俸金以爲之資，不約而合。蜀人有留滯其郡者，曰楊清伯、楊達卿，郡人陳思昭，屬以凡役。畫圖於宫，奠基度材，備工傭役，以授事焉。作殿於中，凡三間，像神以居之。其榜曰「文昌」之殿，殿北有重屋五間，曰「嘉慶樓」者，奉神之父母，詒及其子孫而祀之者也。樓之傍屋，屬於東西廊。南行以接於大門，各十五間。門之屋七間，其榜曰「右文成化」之祠，奉詔書也。跨水爲橋，以達於外門，表之曰「七曲行」。祠有官廳，以待齋肅有錫類之所，錫類者，有事於神之父母，則徧賜福於兹焉。而庖湢之舍，又在其東偏云。各極其廣大，而像設之嚴，衣冠之盛，鼎俎牲殺，歲時亨祀，率如蜀祠之禮焉。工不勞民，財不外取。經始於是年某月某日，凡郡之士，出私財買田，以相其成者，則故李忠簡公之孫泰，及某某也。何君以予蜀人，僑江上而老，其史常允恭，嘗從予遊，使具其始末，遣朱德讓嶺外來速文以記之。予聞人材之生，初不繫於地之遠近也。而文運之升降，實繫於天。且斯文之興，豈止進士設科而已。而進士取人，亦豈足以盡天下之才哉？文學之士，須此途以進，庶幾其無苟也。合廣憲所統郡而論之，唐張文憲公九齡，以進士起曲江，爲時大臣。昌黎公刺潮州，命進士趙德爲學者師，而潮士篤於文行。宋余襄公靖，亦曲江人，舉進士，亦爲時大臣。其季年，崔清憲公與之，以進士起增城，以功業德望著，至即家拜相，不爲起，其人品何如哉？國家進士科，于今三十年矣。嶺海之俊秀間出而未暢，豈非有待乎以興舉爲職業者乎？憲府諸君子，神而明之，以贊夫治化有如此者，多士之起於海濱，當自此始。予何不爲之書。

虞集《道園學古録》卷二三《大都城隍廟碑》 世祖聖德神功文武皇帝至元四年，歲在丁卯，以正月丁未之吉，始城大都，立朝廷宗廟社稷官府庫庾，以居兆民，辨方正位，井井有序，以爲子孫萬世帝王之業。七年，太保臣劉秉忠、大都留守臣段貞、侍儀奉御臣和坦伊蘇、禮部侍郎臣趙秉温言：大都城既成，宜有明神主之，請立城隍神廟。上然之，命擇地建廟，如其言。得吉兆於城西南隅，建城隍之廟，設像而祠之，封曰佑聖王，以道士段志祥築宫其旁，世守護之。自内廷至於百官庶人，水旱疾疫之禱，莫不宗禮之。邇來六十有餘年，國家治平，民物繁阜，日盛一日，而神之所依亦厚矣。祀典之載，所謂有其舉之而莫之敢廢者歟！乃天曆二年二月庚子，皇后遣内侍傳旨中政院臣，使言於上曰：城隍神廟，世祖皇帝時所建，有禱必應，烜赫彰著，而廟久敝弗葺，無以答神明之貺，以繼世祖之意。請出内帑寶鈔五萬緡以修。制曰可。命京尹臣賈某董之，太史以諏日弗協，請俟其吉。九月，參知政事臣趙世安等奉勅封神曰護國保寧佑聖王，其配曰護國保寧佑聖王妃。至順二年二月癸亥，以前所賜爲未足用，增賜寶鈔十萬緡，大修治之。平章政事臣阿爾哈雅、工部尚書臣永和爾實奉詔領其事，且命之曰：庀工而有餘資則以賜諸廟中，給恒用。於是工部率其屬以即役，土木瓦石，金碧丹堊，既善既足，百工並作，無敢不虔。未幾而告功。於是有勅史臣集制文刻石以垂示無窮。臣集拜手稽首而言曰：聖上受命自天，纂承大統，武臣著功在盟府。百靈相協，固其宜哉。聖后輔佐聖明之成功，而一神之報亦不敢忘，可以觀德，可以致福，可以示勸於臣矣。於戲盛哉！請系以詩曰：惟皇建國，宅中圖大。臨制萬方，式表無外。列雉四周，壯於天垣。爰立明神，以保固完。司空奉詔，慎擇吉士。作廟坤維，以祝休嘏。相維典則，有社有方。羣黎萬姓，罔敢襘禳。惟神孔邇，有堂有寢。曰豫則康，威怒斯凛。歲時牲牢，旨酒明粢。無有小大，士女畢來。列聖清明，歲行六十。風氣宣通，民物豐殖。相爾檐桷，丹堊弗新。何以妥之？俾佑我人。皇上至仁，思保赤子。聖后念之，命禱靈時。天高日明，風塵不驚。大開明堂，治功告成。有祈有報，伊古之道。出財宫府，撤弊改撓。山藻孔文，既閒既安。度其王封，載加彌尊。神來燕喜，百和萃止。導天之貺，爲帝之祉。室家祚永，福禄萬年。貽及於民，生養弗愆。崇墉巖巖，泰山之固。神永有依，斯皇多祜。

虞集《道園學古録》卷四六《滕州新修東岳廟記》 今天下郡縣，有廟以祠東岳之神者十六七。有司以爲，神於祀典爲貴重，知敬事而已矣。然亦不知地之遠也，其祀蓋有不得通者焉。滕之爲郡，嘗以東魯爲宗國，巖巖之瞻，不遠伊邇，則泰山固其望也。雲氣之所覆，雨澤之所潤，神明之所臨，生物之所用，其及於民者蓋大矣。於是，郡長吏爲其民，有年穀之祈，水旱札瘥之禱，則其致禮於神者不亦可乎。滕城之東，有隆然而起者曰黄山。自唐末五代時，郡嘗爲廟以祠嶽神，久之廟廢。宋大觀間，里人銀青光禄大夫、觀文殿大學士、太子太傅致仕、清河郡開國公張孝純，率其族始作廟於山麓，費錢幾百七十五萬。四年而後成。二百年來，湮廢殆盡。獨其前殿，合樂露臺之址，方廣百尺，堅緻高爽，可以推見當時之盛焉。國朝中統初，滕民方脱於兵戈塗炭之苦，喘息未定，思徼惠於神，以求休戚之福。守臣玉龍脱鱗，奉行詔書，率其人以興廢。乃以市民董琇爲能而任之，經營十餘年，始能成。建大殿五間，有東西廡，有三門，有别殿，有旁殿。規制宏壯，丹堊金碧。與凡肖像繪塑之工，則出於陳吉兩師弟子之手，時號工巧，邑士朱璋嘗記之，而未及刻也。五十餘年，廟日不治，棟桷用摧，堂甓如圮。惟東廡與門垣，略存其故爾。今曹侯來治州事，始下車，禱雨黄山。顧眄蕭條，慨然興嘆。遂與僚佐議新之，曰：「不可使神無所依也。」乃以詔書所以責長官者自任。輟己俸以先之，同官景從，吏民響應，財用不匱。乃求美材，擇善工，諏吉日，命廉且能者以督其成。脩大殿及門瓷露臺，起東西廡十間。周繚以垣，高以仞計。門樹屏，復增廣袤。工足於傭，役不及民。侯親爲餉以勸相，人用加勉。始於天曆己巳之春，成於明年之夏。既成，儒士王淵、杜温用王亨之言，請於官，願刻其事於石，俾前郡學正李德昭來京師，求文以記之。予聞曹侯之治郡也，清慎而樂易。爲政本於教，加意學校之事，勸命闢地三千畝，植棗果十萬餘，儲糧千七百石，以備用。民之來歸者，百餘家。庭無諍人，獄無留繫，民愛信之，終始如一，庶幾循吏之風乎！侯名鐸，字振文，洛陽人。官奉議大夫，政成且還朝，後之來者知其成之不易，尚思葺之，以庇其民人於無窮焉。

《〔嘉慶〕松江府志》卷一七吴暾《松江府城隍廟記》 政治通乎神明，教化移乎風俗，古人所以先成民而後致力于神也。松江瀕海爲郡，當衆水積流之匯，雨則侵其西陲，旱則亢其東境，苟非感通以協二氣之和，存誠以祈百靈之佑，則不足以垂豐穰而安生聚也。至元庚辰，知府楊公來守此土，究心民瘼，厲志官政，剗奸剔蠹，鋤强櫛梗，上下胥和，遠邇丕變。爰相府署，大新堂門，制度改觀。既又念夫明則禮樂，幽則鬼神，土地人民之衆，涖其土者，既有以安其居，則騖而相之，獨無其神乎？乃詣神隍祠，躬致禱禬，以格靈祉。而棟宇庳陋，衢路偪塞，鄰伍湫隘，象設漫漶，大懼非所報效。首揭私帑六千緡，售拓基地，東西延廣一百尺，南北長袤達于通衢，凡一百二十尺。相舊廟不足以起瞻仰，徙爲後寢。購工募材，營建前殿。璇題翬飛，觚稜角峙，周阿焕彩，級陛森嚴。拱以序廡，繚以閈闠，憑附之質，揭妥之具，丹青彩施，金碧動蕩，儼然鑒臨，如神斯在。祀事孔嚴，登降有懌。經始于至正元年三月，以二年正月竣事。是歲水波減縮，歲以大稔，田無浸没，河不遏淤，民用大和，官賦早集，咸謂神之賜，侯之德也。侯名仲，字公正，絳州人。是廟故宋楊令瑾建于淳祐丁未，九十八年矣。今太守爲同姓，乃復改大而重建焉，蓋亦神之有待，數之相符也。

《〔至順〕鎮江志》卷一三俞希魯《壇壝序》 《禮》：凡封國，使封人立其社稷之壝。然諸侯爲百姓立社曰國社，諸侯自爲立社曰侯社。今之州郡，古侯國也。昔共工之霸九州也，其子曰句龍，爲后土，能平九州，故祀以爲社。厲山氏《左傳》作烈山氏。之有天下也，其子曰農，《左傳》作柱。能殖五穀。夏之衰也，周棄繼之，故祀以爲稷。春而祈穀，秋而報功，古之制也。按侯國通祀，《儀禮》載其壇壝之度，社以后土句龍氏配，稷以后稷氏配。社方二丈五尺，高三尺，四出陛。稷在西，如社之制。社以石爲主，其形如鐘，長二尺五寸，廣一尺，剡其上，培其下。稷壇如社壇之制，同一壝，二十五步。風師壇置於社稷之東，雷師在社稷之西南，雨師又在其西，各稍北，壇並卑小於社。雨師、雷師壇同一壝。燎壇於神壇左壝之外，稍高於神壇。四出陛，四門皆一壝，二十五步。陳設之儀，正配每位牲幣之數，牲用羊一、豕一，幣二。《新儀》云：凡幣之長一丈八尺。籩八，在神位前左，重三行。豆三，在神位前右，重三行。俎二，在籩豆外，分左右。槃一，在籩豆間。簠簋各一，在二俎之間。三坫在簠簋之南，設尊二，於壇上西北隅。配位之尊在西，俱南向西上。尊置於坫，加以勺冪。設洗二，各於子陛之西，南向。罍在洗西，加勺，冪篚在洗東北肆，置巾爵。設三獻位於壇西北，祝位二，又於其西，俱道北向東上。又設祝位於稷壇上，東向南上。設初獻飲福位於稷壇上神座之東北，南向。設望瘞位於瘞坎之南，北向東上。開瘞坎各於壇之北壬地，方深取足容物，南出陛。置香爐，合並燭於神座之前，幣置篚，陳於左。祝版置坫，陳於右。行事之禮，祀日質明，諸祀官各服其服。贊禮者引三獻官以下入就位，贊請行事。執事者瘞血，贊唱者曰拜，獻官以下皆再拜。祝詣社壇，升自西陛就位，東向立。侯初獻將詣罍洗，取幣立於神座左。初獻詣罍洗盥帨訖，升自子陛，詣社神座三上香，奠帛再拜。次詣后土神座，如上儀，降，祝詣稷壇，侯初獻詣稷壇罍洗盥爵拭爵訖，升自子陛，詣酒尊所酌酒於爵，詣社神座，祭酒讀祝再拜。次詣配位酒尊所酌酒，詣后土氏神座，祭酒讀祝畢，降。升稷壇，詣稷神及后稷氏神座，皆如社壇之儀。降，復位。次引亞獻詣社壇盥洗帨爵，升自酉陛，詣社神座，祭酒再拜。次詣后土氏神座，如上儀訖，降。詣稷壇盥洗升獻，並如社壇之儀，降，復位。終獻禮如亞獻，畢。初獻再詣稷壇，飲福受胙，降。三獻官俱詣望瘞位焚瘞，出退。風師、雨師、雷師祀禮，並與社稷同。但升煙、燔牲首、望燎與瘞血、望瘞不同耳。莫不畢備。又按通制，春秋二仲月上戊日，祭大社、大稷於西南郊。立春後丑日，祭風師於東北郊。立夏後申日，祭雨師、雷師於西南郊。社稷立壇於西南，度地之宜，方二丈五，高三尺，四出階，三等，築垣爲四門。社在東，稷在西，其石主之長二尺，廣一尺，剡其上，培其下，半壇南栽栗以表之。或又各用其土所宜之木。至大改元，詔告天下，當祀之日，須以本處官齋潔行事。有廢不舉、祀不敬者，從本道肅政廉訪司糾彈，可謂致崇極於大神矣。郡邑壇壝，開列如左，風師、雨師、雷師壇附。

《〔光緒〕浙江通志》卷二二二林昉《黄岩州城隍記》 門行井竈霤社，率有主者于冥冥中。城郭池隍，衛萬民命，崇而祀，禮也。黄巖故有城隍廟於縣治東，吴越特封永寧侯。入宋，賜廟之額曰「顯衛」。端平乙未，辛宰安世斥新焉。又十有一年，當淳祐乙巳，更封廣靈侯。侯之陰功，載在命誥。又七年，而封侯之父曰啓祐侯。然皆不明言其姓某諱某也。皇元一萬邦，上即寶位，改元元貞。考地計籍，壯黄岩之賦，登建爲州。官品吏位，衙宇印章，行刑傳檄，旁而儒學之員，釋老之司，悉大于古。城隍有神，亦宜承詔出百縣上。峻以州稱，而廟獨猥仍其故，非所以嚴體貌、聳觀瞻也。況昔之隆者橈，華者漫，立者腐不支，靈莫于妥，尚望其蒞此土、庇此民乎？於是州人姓某姓某等鳩財僝工，宏創寢廟，次聖父殿，次寮屬左右序，次門樓，中爲永寧閣，大小總一百五十有六楹。高者四十尺，三分寸之百用二，次三十尺，下者不減二十尺，畸咫六。營于大德辛丑之乙卯，建于六月之己巳，落于十月丙寅朔。州之士女大會廟中，焚香酌醴，靡不舉手加額，侈壯觀而祈鴻休。予謂：神聰明正直而壹，決不以廟之故新爲境禍福。猶之官長理曲直，簡刑名，惜時護費，蓋民父母之當然，初豈以其所事之豐菲貳此心。城隍，州主也，水旱疾疫，火盜戈兵，苟可容其力者，自應爲生民地。特吾民之所以事神者，自褒飾廟貌爾始。吴君安國以文來屬，是爲之記。

《〔嘉慶〕松江府志》卷一七陸居仁《重修社壇記》 社五上祀，稷五穀祀，皆主生育。帝高陽以句龍爲社，柱爲稷，而社稷之祀始立。高辛、唐虞、夏因之。商旱，以棄代柱。周因之，以句龍配社，棄配稷，主象位，置壇，土方色，玉、牲、幣、樂、祭服、時日與所宜木，上下有差，而社稷之祀始備。然曰配，則社稷固有神龍，棄特配之之神爾。後漢建武二年，詔郡縣置社稷，太守令長特祠二、八月及臘，歲三祀，而社稷之祀始廣。梁加祀靈星、風伯、雨師之屬，時用春仲、秋仲而無臘祀。周日用甲，隋易以戊，今郡縣得春秋仲月上戊日祀社稷、風雨之屬，實始于漢而備于隋也。華亭爲東南壯縣，生育之功，神實主焉。國朝陞松江府，社稷仍舊無變，置居城西南陬，主象傾攲，壇級圮毁，地削于民，草牧于羊。職郡者遇當祀夜分，一俯伏麗奠而退，禳禱弗至，若無神焉。元統甲戌，鎮陽申侯來守，謁祠下，瞻歎怵忸，力新祠事，取辦于己，不傷財勞民，衙休必躬督焉。未幾，傾者、樹毁者、築削者復，而牧者屏。壇位崇庳，一新如式。東社西稷，雨雷附稷西卻少南，主咸北面，以東爲右，北爲上，遵制典也。環祠爲屋，大小十有七楹，繚以周垣。神門閽舍，幕次庖湢，靡不畢具。東西爲步二十有八，南北四十有七。作于至元二年春正月，夏五落成。府陰陽教授白公實相厥工。有弗祀，祀必神歆；有弗禱，禱必受福。自侯來守，建風壇，飾公館。儒而庠校書院，神而金山祠、武安祠，醫而惠民局，興墜補弊，罔不葺完。社稷則報穀育而禳旱溢者也，關民命尤急。務民義而敬鬼神，惟侯有之，請述其概，庶幾繼治于後者視侯之功爲法。至元丙子八月記。

黄瑞《台州金石録》卷一二周伯琦《台州路重建天妃廟碑》 海之神曰天妃，肇于閩中，顯于宋季，始於其里拯旱溢，弭疾疢，禦寇盜，應禱如響。既聞于時，褒封表異，商于海者，遐邇徼靈，悉如其素。皇元奄有萬方，歲發海漕，遂爲海神而專其禍福，得非功行超邁，則統攝益隆，猶夫國家之待羣臣，積勞立勳，則進之尊官重任者耶！巨舶□移，飄席雲揭，一息千里，緊神是賴。盲風怒濤，危在頃刻，叩首疾籲，神光下燭，劃時静恬，順達所擬，靈異若兹，不可殫紀。是以累錫制□，庸示尊崇，迺有「護國芘民廣濟福惠明著天妃」之號。又詔並海州郡，皆置祠廟，每歲之秋，天子頒匳薌，遣使徧祭，其祝文曰「皇帝敬遣某官某致祭」，其嚴且重若是。台之爲郡，東距海百餘里。郡舊有廟，在城東五里而近。延祐中廟圮，遂爲廢墟，乃徙神像于城南水〔仙〕之樓。至正十二年五月，賊寇台州，登水仙樓，樓忽棟撓，登者多笮死，〔賊遂〕縱火焚掠，樓亦隨燬。守者復奉神像旅寄天寧寺，几筵簡陋，〔過〕者病之。明年四月，江南行臺侍御史資善公、江浙行中書省左丞資善公受詔來台，□□□□提封始寧，編民安業。二公休沐之暇〔過〕天寧，瞻禮神像，愀然不安。乃各捐餐錢若干貫，以倡郡人，而屬監郡孛顔忽都專經營之。又躬即故廟墟地，相方度宜，心計指授，□□□地以拓其旁。於是貲助沓至，木瓦充給，迺堂迺構，不月而成。基廣□□有□，深殺廣四丈。廟宫中峙，檐屋〔前〕覆，縱三楹，横倍之。迴廊伉〔門〕，夷庭崇壇，唐甓脩飭，齋庖具備。門之外隙地爽塏，亭于其東，□于其西。四山聳特，獻奇效秀。江貫其間，清流南帶。脩竹茂樹，重陰複翠。〔季〕秋經始，孟冬訖工。乃以吉日，迎置神像，冠服尊嚴，繪飾炳焕。絡繹瞻仰，且駭且欣。伯琦奉旨代祀，適以是月至台。郡人士咸以爲聖君虔祀典於上，相臣建祠宇於下，相望數千里，敬神之心脗合，豈非千載一時之盛歟！迺以十又一月戊辰，同浙東僉憲篤滿帖穆爾、副都元帥黑的兒，率郡之軍民官屬，具祝致祭。天氣澄朗，薦祼如式。祀禮既竣，登胙于亭，均饗神賜，旅酬雍衎，上下歡洽。遂合辭徵文，刻石廟庭，以示永久。按《禮》曰：「聖王之制祭祀也，禦大菑、捍大患則祀之。」又曰：「有天下者祭百神。」祈報之道，祀典所崇。惟天爲大，而海凝之。惟海爲大，而神司之。尊以天妃，崇莫並焉。其爲禦捍，豈他神比。綸音專使，廟享海城，禮所宜然。台之祠宫，廢而復興，以備歲祀，神有所依，人有所芘，二公之心，可謂忠且厚矣！況兹州城，弊于兵燹，人心皇皇。二公之來，德望所臨，羣醜款伏。屬當惡歲，粒食頗囏，小大嗷嗷。乃發軍需，大振困窮，盡蠲貢税，以蘇民力。植弱起痿，耋稚頌戴。視人猶己，視官猶家，郡之闕政，無一不舉。觀夫廟宫之建，則餘可知已。遂作迎享送神詩遺台人，俾歌以侑祀于廟。侍御公名左荅納實理，字廷獻，敭歷中外，前守温州□□，保城有功。左丞公名帖理帖穆爾，字文彬，往歲執政中書，進賢能，清銓選，有善譽。二公爲時重臣，皆高昌名族。僉憲公字仲彬，蒙古氏，嘗爲南臺御史，僉漢中憲，振厲風紀。副帥公□□傑，西域人，前海道千户，亦以禦捍温州功陞。監郡公字元卿，伯牙吾氏，名進士，嘗監大邑，知鄭州，入爲國史院經歷，僉憲河南□□□。時督工者，天寧寺沙門明孜、郡士李德大也。其詩曰：

奕奕兮新宫，鬱嵯峨兮城之東。睇榑桑兮五色，沓龍駕兮雲中。潔八珍兮羞五齊，敷華几兮罍洗。藹博山兮晨絪緼，闢閶闔兮自我天子。曠浩淼兮户之庭，蕞一隅兮赤城。憺瞬息兮倏至，靈未來兮愁予情。廣莫兮披披，紛珠蓋兮拂虹霓。左天吴兮右冰夷，凌鮫室兮貝闕。神之來兮衆心悦，戛玉兮笙鏞。弦瑶瑟兮歌渢渢，舞應節兮合奏。於皇樂胥兮百福崇，猋迴斡兮羣靈翕從。滄海晏兮纖塵清，罔象伏兮□澄明。汹淵潛兮沛遐征，混鴻化兮穀豐登。彰靈德兮相我太平。翰林直學士、知制誥、同脩國史兼經筵官、新授崇文太監、嘉議大夫、檢校書籍事周伯琦撰并書。

《〔同治〕遂川縣志》卷一六康瑞《重修靈濟廟記》

龍泉勅額祀典，惟龔溪一廟，實爲境内主宰之神。邦人嚴祀，家有其像，里有其祠，水旱疾疫，饑饉兵革，禱輒響應。歲時伏臘，蒸嘗弗替，親若祖禰，神之所以福於其邦者，亦不啻若子孫焉。稽之志乘，蓋四百餘年於此矣，而靈跡益著以遠。環境千里之内，駿奔伏謁，稽顙乞靈。遠而江湖，舟楫風濤之恐，亦靡不號呼祈佑，神靈蓋甚盛也。神姓龔，世居邑之田埨，兄弟七人，皆隱居弗仕，以德義孝友稱於鄉人。唐天祐丁卯，辦上供枋木，兄失足墮水，諸弟迭救，相繼而殁，因葬石龍雙溪之口。見夢於鄉老廖九翁曰：「吾兄弟死而爲神，當血食此土。汝其立廟祀予，予將自致材焉。」已而雷雨大作，潦水暴漲，木奄至墓所。鄉人神之，即其地建祠，今禾蜀鄉羅團之廟，乃靈跡之所由起也。自後顯著靈異者，又二百餘年。當宋紹興年間，叛卒劉十九等爲亂，所過焚戮，獨環廟數十里居民安堵。大將岳公飛領兵討之。岳素欽神德，先詣祠虔禱，即得吉卜，克日殲殄而還。淳熙二年，茶陵賊賴文政入境，率其徒禱祭祠下，卜襲治，不許。比出廟門，昏霧四塞，如見甲兵旗幟遍野成陣，乃成壘自固。夜聞金鼓有聲，因駭懼宵遁。知縣事范德勤，新其祠以報焉。邑進士郭俊等，摭其尤顯異者數事，列狀上陳。部使者考覈如狀，聞於朝，玉音嘉之。開禧元年六月，勅賜「靈濟」廟額，始末俱載水南行祠石碑。國朝至元二十七年，洞氓廣獠據險爲暴，朝委李僉樞督捕。比至，率官僚致祭祈祐，迄用神助，掃蕩窟穴，俘馘無遺。事平，捐己俸倡率，命項振宗新其廟，以彰其庥。歲旱，遠近有禱，神馭所至，甘雨隨之。其餘異跡，亦非筆墨所能盡也。邑境所至有祠，惟羅團、田埨二廟爲盛。蓋羅團，乃神顯跡之地；田埨，則神所家也。四方來謁，於田埨爲近，故祖廟尤盛。廟後，神之先塋在焉。地曰仙鵝形，塋後有池曰仙鵝池，林木蒼鬱，合抱干霄。山水四周縈合迴抱，氣脉之所融會，天鍾其美於是，以儲神靈之源。塋廟相依，萃厥祥祉。其十世孫通甫嘗新是祠，舜甫、逢辰繼之。今振甫大捐錢粟，撤祖廟而重新之。自以田易廟前鄰壤四畝，以廣廟址。伐木輦石，百役具興。比舊基縱横各增六尺，棟增七尺。庭堂靚深，階宇顯敞，門廡翼衛，諸舍整列有序。簷阿翬飛，丹堊明焕，像設器備，端潔如禮。以泰定四年丁卯五月二十二日經始，天曆二年己巳正月落成。縻楮幣五萬五千緡有奇，費皆自振甫。廟成，衆咸請記其事於石。惟山川精靈之氣，挺生賢哲，奮爲明神，宣威揚靈。佐興國家，捍禦災患，功在生民，慶流後裔，演迤而未艾也。神靈無疆之休，與山川相爲不朽，將大布其福澤，以丕承國家寵錫之慶。新廟奕奕，此其兆也。□摭其事，以紀歲月。其龔氏近派，自通甫以來，可詳考者，具於碑陰。

《〔光緒〕永濟縣志》卷一七李好文《重修西海河瀆廟記》 國家秩祀海嶽四瀆，以西海荒遠，望祀於河東之河中，與河瀆爲二廟，合爲一，都宮河中，古曰蒲阪，亦曰雷首。河千里一曲，自龍門而南，抵太華遂折東，廟宅其隈，去府治二里。我元因宋、金之舊基而葺之，每歲春泮，遣使恭詣祠下，具牲牢醴幣致奠，以爲恒式。至元二十八年，詔若曰：「名山大川，國制敕祀。今海瀆在吾封内，民物富康，時惟神休，其封西海爲廣潤靈通王，河瀆爲靈源宏濟王。」至正七年，河瀆再加「神祐」於「宏濟」之上，爲六字。時河決東明之白茅口，浸山東曹、濟諸郡。天子憂之，遣工部尚書彌爾馬合謀、翰林學士楊宗瑞視河，至河中。明年，又遣平章政事韓嘉訥、御史中丞李獻致禱祠下。使還，皆云二廟規制狹小，歲月攸久，黝堊漫漶，非所以懷百神，嚴毖祀也。天子下詔，命中書出楮幣緡二十五萬四千有奇，以大都留守經歷廉坰往敦其事。役始於九年之正月，落成於十一年之十月。於是棟宇軒豁，丹碧爛盱，凡殿廡廊闥佑享神位，總爲楹二百九十有四，外垣以甓，中爲二宮，正南各爲櫺星門一，其制略擬王居。有司請刻石以著其績，詔以臣好文當筆。臣再拜言曰：天地覆載，以生萬物；運而無息，則爲陰陽；用而不匱，則爲五行。功之盛者，是謂水土。水之盛者，是謂四瀆。翕則爲福，蕩則爲菑。河非三瀆比也，故自周以降，迄於宋金，二千年間，縱横逆折，朝谷暮陵，幾遷變矣。有國者御之，補塞障抑，不敢以寧，非神其孰相之？我聖朝奄有萬國，百年以來，雨暘時若，物民豐阜，非神其孰相之？古者祭川，皆先河而後海，所以重本也。是用爵以王封，祭秩有加，與海同列。邇者，行潁失寧，民離其業。意者，精嚴之誠有未足以稱上意歟？櫚宇傾側，風雨剥蝕，有未足以棲神者歟？皇上小心寅畏，子惠黎元，敬恭明神，復慮神居，壞者以完，腐者以新，崇深窈密，以妥以寧。於是神有所依，人有所仰，其利所及，其福所被，億萬斯年庸有既乎！於戲盛哉！謹摭其實，而爲之詩曰：

於廟靈海，周環四極。龐乎莫窮，忽兮莫測。東爲委輸，西迺源發。脈穴瀆盈，氣噓而息。芒芒崑崙，河流是宗。沆瀁曲折，萬里來東。懷襄而疏，填閼而澤。化被膏腴，長我禾麥。雨風霜露，神變翕霍。沛其焦枯，洗厥疾瘼。明明天子，祀主百神。曰西海瀆，咸秩以文。何以妥之？廟寢孔碩。何以奠之？籩豆有奕。既圮而功，亦庳而崇。反宇重檐，丹堊青葱。錫其王封，載尊載隆。牲肥酒香，物備而豐。神其燕饗，福禄攸降。

《〔乾隆〕天津縣志》卷二〇危素《河東大直沽天妃宮碑記》 慶國利民廣濟福惠明著天妃祠，吴僧慶福主之。泰定間，弗戒於火，福言於都漕運萬户府，朝廷發官帑錢，使更作焉。嗣慶福者二人。始，吴僧智本主六年，以至正十一年圓寂，衆請主西廊僧福聚來繼其任。然東廟素卑下，潮汐漸經，棟宇摧壞。會覃懷逯公魯曾以海道萬户督運行海中，所乘舟觸山石，幾覆。乃亟呼天妃，俄火發於桅，若捩其柁，遂得免。請於朝，加神封號。福聚具以修廟告，逯公以文書至户部，監察御史海岱劉公真、工部郎中魯郡白公守忠交章以達中書，發錢八百五十緡，命大都路達魯花赤高昌公，以京府務繁，不遑躬蒞工役，屬同知漷州事脱歡庸責其成。因增築基地，高至八尺有餘，蓋瓦級甎，爲之一新。於是工部郎中槖城魯公銓、員外郎馬邑王公朵羅解皆以接運至中書，斷事官知事張允秉中、張師雲其咸竭力相助。脱歡恪承太府之意，又出俸錢爲之倡，裒衆資增置地基。漕民吴中郁、慶國、徐珍等各施財，即廟前創觀音堂。慶國又塑觀音、阿羅四十餘像，過者竦然爲之敬畏。乃因會稽沙門元復來請，爲之記。福聚之主西廟，能率其師之志，多所興創，至是益竭其心思以治東廟，鐘梵漁鼓之聲蓋朝夕相聞云。鄉使食君之禄，居一官，效一職，舉若福聚之爲庶政，其有不治者乎？迺者加天妃之廟額，天□間所賜也。

宋訥《西隱集》卷五《勅建五顯靈順祠記》 妙萬物而宰元化者，莫大乎神。神之爲神，一陰陽五行之氣，化化生生，默運於亭毒之表。故其功用之大，克塞宇宙，流行四時，澤加於生民，惠施於家國，有不可得而名言者。祠而祀之，所以神其神而報其成也。惟五顯靈順之神，發祥婺源，齊威並靈，丕著一時。土人爲之立祠，雨暘疾癘，隨禱而應，遠近翕然，罔不享慕。考之傳記，五神降精，特顯於唐。稽其時世，或謂在唐貞觀之初，或謂在光啓之際。雖無定論，然其害盈福謙、彰信兆民者，固昭昭乎可憑也。逮至於宋，益顯厥靈。累朝加封，五神同被，曰顯聰，曰顯明，曰顯正，曰顯直，曰顯德，以昭其德也。總而稱之，故謂之五顯。皇上龍興江左，萬靈翊順，建邦啓土，立太平之弘基。爰稽祀典，祇奉明神，若曰：「京畿天下之本，神化之所宜也。非崇高亢爽，無以宅靈暢威。」乃勅工官，相地於欽天山之陽，在祭法宜食於都者，咸得列祠於兹，以致崇報之禮，五顯蓋居其一焉。惟時戊辰十月，徵工度材，審方面勢，夷阻爲平，益卑爲高。厥基既固，棟宇斯立，堂陛門廡，燦然具備。丹堊青碧，焕映林麓，市闤弗入，神居孔嚴。明年己巳，工奏竣事，天衷允協，詔臣訥文於石，以彰厥靈。顧惟淺陋無以對揚明命，謹拜手稽首黽勉而言曰：禮樂刑政，聖人所以爲教也；風雨霜露，天地所以爲教也。聖人之教，脩諸己，達之天下，而本於日用之常，故民無不從；天地之教，顯諸仁，藏諸用，而妙於鬼神之間，故民無不信。欽如茲教，罔不在民。敺袚災疢，收召禎祥，易沴爲和，以豐百穀，以阜兆民，而丕顯聖天子之鴻化，罔不在神。麗牲有碑，用銘茲德，以告來世。辭曰：天覆地載，二氣以凝。五神環運，大化斯成。孰妙其機，伊神之靈。沕沕穆穆，曷求其形？斂此休嘉，以惠我氓。明明天子，克敬克誠。通脩曠典，作廟於京。奕奕靈山，有覺其楹。崇墉迴合，邃宇穆清。神其戾止，肅肅在庭。春秋承祀，黍稷伊馨。以假以享，維民之禎。神用時若，都人以寧。既庶方穀，茀禄是膺。垂睨千古，貞石有銘。

宋訥《西隱集》卷七《陽城縣新建城隍廟碑》　一代興則一代之典立。皇明受天命撫萬方，其懷柔百神者有道焉。越三年，洪武庚戌，詔天下郡縣更修城隍廟，祀立木主，退泥像。郡廟儷郡治之制，縣廟則又與縣治同焉。改舊圖新，遠邇一制，以次第告成于上。陽城，立廟之一縣也。尹李侯芾、簿方侯渭，欽體帝心，恪謹厥事。載觀舊廟基隘不可拓，得隙地於廟前少東，據亢爽而平。乃築基繚垣，委材集工，躬督其役，民亦樂趨焉。前殿後寢，構屋以通，宏敞堅緻，丹碧藻繪。東西有廊，廊後各有別室。別室視殿廊，其制則少卑。重門遠近相望，秩秩馮馮，靡一或陋，爲楹凡五十有四。二月肇基，其落成則十有一月之甲子也。既題主安神座于殿，將勒堅珉，昭示一代祀典，并興建歲月書焉。二侯乃遣人持書，來告予曰：「廟成，宜有文。文惟先生是宜。」予聞侯創之也極其思，落之也劬其躬，雅命曷敢咈乎？伏思之曰：古者祀神，必有其法。今雖不傳，而《通典》所載，歷代宗廟皆木主。漢爲近古，其祀四皓商於，隸刻猶有存者，皆題曰某公神主，其時爲祠版可知。《北史》造泥人銅人者門誅，則泥人固非中土以祀神也。今土木之偶像百神於海內，其狀短長焉，老少焉，豐瘠美惡焉，皆工之巧拙是隨。神之爲德，非聲臭可迹，豈巧拙之工以土以木可以意求耶？昔程叔子非影祭曰：「一髭髮不似，爲祀他人。」良乎言也！聖天子一德格天，山川鬼神亦莫不寧。斷自宸衷，木主祀神，一洗數百年之溺習，新視聽於天下，則神之格思，不可度思，矧可斁思者，豈不盛且美乎？嗚呼！一代之典，卓乎不可尚已。神之享祀是廟也，其密贊陰協，固金湯之勢，爲無窮哉！予即受命，乃拜手奉文，仍賦享神辭：維王命兮肅肅，新廟貌兮穆穆。制有節兮禮有文，將馨德兮去繁縟。神之來兮委蛇，儼風馭兮雲旗。從繽紛兮容與，入新廟兮多儀。歌鐘兮舞鼓，蘭蒸兮桂醑。藉瓊芳兮席瑶華，懿憑依兮木爲主。城其金兮池其湯，擁雲山兮鬱蒼蒼。肅明禋兮妥侑，神欣欣兮樂康。願我民兮錫繁祉，時雨暘兮黍稷薿薿。孚佑兮帝業，報庥兮萬祀。

《永樂大典》卷二三四三陳汝楫《蒼州重修五顯廟記》　蒼梧五顯廟在城之北，厥土燥剛，厥位面陽，冠冕百粤，襟帶三江，蓄山川之鍾靈，宜神物之所都也。神祖廟出徽之婺源，行祠徧天下，皆極山水名勝幽絶之處。人多崇其香火，歷代屢加封焉。有宋寶祐間，本郡重修祠宇，知軍州事吴宗逵爲之大書榜額。繼而廬陵豎道劉明甫來僑于梧，顧瞻神位弗稱，誓謁祖山，命匠雕繪真像。以至元丙子九月回梧，募善信鼎建華光樓，晨夕事奉。郡之風俗獷戾，氓僚雜處。病不投藥，禱之即愈。有疑不決，惟神是卜。甲辰春，拜住德新公以宿衛之裔，歷中書行省之考績，累官來監是郡。每遇旱潦疾疫，禱之無不應焉。連歲瑶寇猖熾，犯茲境土，越商私釁，鼾萌盜掠。禱之，或反踪遁跡，或改圖向善。所以城守不驚，民堵自按者，皆神力有以致之也。神乎神乎！功利兩間，人其舍諸。今戊申之歲，皇帝建國之改元也，命征南將軍中書平章政事兼太子同知詹事院事廖公、副將軍湖江行省參知政事朱公、部指揮耿天麒、鎮撫王茂恢拓邊廣，按兵境上，飛檄來諭。邦人恐甚，惟神是告。拜公偕其僚屬應天時，順人心，歸其符章，老弱之民，簞食壺漿，以迎王師。遂使兵不血刃，官復其職，民復其業者，又皆神力有以致之也。是歲秋，總戎拜侯之志，爰以前攝行知府事同知張按檀不花、判府丑閭知事周元善俱仍其職。前福建行省檢校官卓赤領攝經歷司事，蒞政之暇，躬謁祠下，拜侯曰：「神之福乎郡民者，固非一朝一夕之故，官守賴之。茲墻壁就圮，榱桷間朽，莫支風雨，撤而新之，民力具罷。將若之何？姑葺其朽者圮者，捄加諸華飾，勒神之功於石，以俟後來可乎？」僉謀惟允。於是令所事戒工役，捄之築之，垣牖以密，樓閣閎敞，堂廡幽邃，黝堊丹漆，舉如法故。巍巍之相，枝萼相輝，而神之靈洋洋乎如在其上，如在其左右。以月日其牲牢醴齋而祀之，遵彝典也。徵余書之。余惟神之出處，在人耳目，茲不暇論。人之言曰：「有其誠則有其神，無其誠則無其神。」然神之在天下，人之敬事，急如水火，神之顯通，捷於影響。神之交感之機，微矣哉。世所謂佛中上善，天下正神，良有以也。稽諸祭法，能禦大災則祀之，能捍大患則祀之，神其有也，永茲廟祀以無媿焉。且郡侯之爲政有足稱者，不特此也。凡開天之門，虞帝之祀，宣聖之堂，暨釋老祝聖之所，靈壇仙跡之地，皆究心而修之，可謂知本末矣。至于此，則以其福民之厚而然也。是宜書，並爲詩以記之。其辭曰：飄飄兮揚旌，坎坎兮伐鼓。神洋洋兮如在，靈繽繽兮來下。福我兮斯民，保我兮斯土，億萬斯年兮，輔我明主。時洪武元年冬十一月，前奉訓大夫湖廣等處行中書省左右司員外郎陳汝楫撰。前亞中大夫梧州路達魯花赤兼管内勸農防禦事權知府事拜住立石。

馮俊杰《山西戲曲碑刻輯考》卷四尼養性《創建東嶽速報司神祠記》 東嶽有神通，天下之民祀之。南衡西華中嵩北恒，巋然爲一方之鎮，何獨重於此哉？蓋天地以生物爲心，而五行分佐其事。東嶽則主乎春，而事乎生物者也。然神之所以神者，不出乎福善禍淫，利人澤物而已。莫非神也，而生物之功，東嶽實司之，天之高也，日月五星各躔其次，地之厚也。五嶽四瀆各峙其方，江淮河濟異源而同歸于海。五嶽列峙而莫尊於岱，蓋春爲四時之首，而元爲衆善之長也。此東嶽行祠所以在此有之。澤州西南約一舍餘地，所謂治底里者，有廟在焉。依形勝奠基址，前有東西通道，自道而北升堦數尺入外門，門内而池。池方丈餘，深如其方之數，繚砌以石，既方且平，泉源澄澈，水甘以清。檜柏森森，鳥棲而鳴，魚以時泳，荷以夏榮。以俯以仰，信可以快意於神明。東西有厢各二，池之北左右堦，而升高丈餘入左右二小門，二小門之間有樓焉。南則俯臨于池，悚然而覺其樓之高也；北則仰瞻于祠，恍然而悟其樓之卑也。東西廡各伍楹，依地勢而漸隆其基焉。棟宇深以嚴，邃以廠。由東廡而北，有漢壽亭侯祠，南面神像儼然起人敬仰。又從而西上數級堦，乃東嶽行祠之殿也。陛級肩齊，廉隅整飾，神像巍巍，是敬是式。門楣礎柱莫非石也，上有元豐、大定重建等字焉。群山拱揖。峰巒秀穎。信乎形勝而爲神所遊棲之地也，永樂元春，郡太守張奉直以民事至其里，宿祠下。時蝗旱之餘，餓殍相望，此鄉之民獨有生意，因詢父老以興建之由，及利澤於人物者。咸曰：「廟之始建無從稽考，維神之利澤於此土也厚，故民之奉祀也虔。」旱而乞之雨則雨，蝗而乞之除則除，歲常豐熟，民無夭札癘疫之苦。神之惠澤於吾民者，多矣。殿之西未有所祠者，因問父老所欲奉祀者，爲建置焉。衆咸曰：「速報司，素欲像而祀之，力未暇及。」奉直公曰：「包孝肅公正直人也，生能正君以澤民，歿必能佐神以利物矣，是宜祀之。」於是捐俸金，聚材鳩工，以集事焉。因民心所順而利導之，故不待招呼勸誘駢然而至，不日而成。輪奐以新，丹雘輝煌。是年也，歲事有成，民用和洽，於是知奉直公利民澤物之意厚，故奉神之意誠以虔。始也，一鄉之人事神唯謹，故神之惠及於一鄉。今也，奉直公事神唯謹，則神之惠及於一郡矣。其徼福於神者，莫非爲民也，已何與焉？神之福佑於民也無窮，則奉直公之惠利於人者，亦且無窮矣。福善禍淫之機，神豈昧乎哉！時永樂歲次甲申月旬吉日記

《〔乾隆〕衡州府志》卷三一商輅《嶽廟記》 南嶽衡山，其高與泰、華、嵩、恒相埒。當星紀之次，熒惑之位，實南方巨鎮。自虞舜巡狩，朝諸侯，於此舉望祭之禮，秩視三公。於是，南嶽祠祀著於彝典，歷代因之。至唐封以王爵，宋復易以帝號，瀆禮甚矣。我太祖高皇帝法古爲治，謂神靈莫測，豈國家封號可加。凡嶽鎮海瀆，宜以本名稱之，故於茲山直書曰「南嶽衡山之神」，而妥神之祠，則擬帝居，賜以金盒一，於春秋祀享之日，奉香以奠。歲久祠宇頹毁。正統壬戌，藩臬二司檄衡州、長沙二郡修建，其高弗及舊五尺，忽風雷交作，白晝晦暝，至霽視其柱去基所半里，官民畏慄謝過，復崇制如初。然物不能終壯，久而復圮，勢所必至。前巡撫僉都御史西川王儉、副都御史豫章羅篪累欲修葺，而以邊方弗靖未果。已而知府欒平鄭晃、給事中郡人劉昊相繼請於朝，雖部符報可，未有能任之者。成化庚寅秋，巡撫僉都御史繁昌吴琛行縣，祇謁廟下，顧瞻徘徊，慨然以修建爲己責。於時，參政稷亭寧瑛、僉事雲間郁文博在行承命，率衡州知府黄巖徐孚至廟，計度資費。因叩神從違，乃得吉卜。敬以白於巡撫，遂相與定議，出公帑白金二千五百餘兩，命衡州衛指揮同知王綱往市川江巨木，得四百五十餘章，以爲梁棟之用，餘材悉取諸近地。工則僦江右之善者，力則借倩衡湘諸縣附嶽之民。時總戎李都督震聞之，亦以白金三百兩來助，餘皆知府徐孚從便區畫，弗勞而辦。仍命指揮王綱董其事，而以素諳繕修謹愿僧人智能總匠役。計工價值，驗力給餉，蓋勞者勞之而怠者自警。物無妄費，而工用速成。經始於辛卯春三月，至明年冬十二月訖事。落成之數：正殿九間，高七丈二尺，象七十二峰。後殿五間，東西廊房九十六間。嘉應門三座，中御香亭、御碑亭各一。西廊後神祠一，東廊後宰牲房神庫。次爲正南門，周圍崇垣，四角有樓。外爲櫺星門，飾以丹漆，施以綵繪，深邃崇嚴，宏敞壯麗，山嶽實爲增重。工興之二歲，水旱，以時秔稌充牣，民食用足，咸以爲神功所致。是役也，巡撫倡之，總戎助之，藩臬協贊之，府衛奉行之，人不告勞而功倍於昔，僉謂盛美，不可無述。於是，左布政使杜銘以書來徵文。竊惟國之大事在祀，而五嶽又祀典所先者。方今聖皇御極，事神治民，誠通於天。屢詔有司停不急之務，罷無名之費，而於祀典獨加之意。蓋謂事神治民之本，使祠廟弗葺，何以妥英靈而致民福？茲諸君祇承德意，建此偉績，自是對越無愧，福澤有永。其爲政化之助，豈淺淺哉！敬用述其始末，俾

刻諸頊石，以示永久。而復系以詩曰：巍巍衡嶽，封表自禹。配德離明，奠位南土。秩視三公，祀禮攸舉。彝典昭然，溢號斯去。載經載營，聿新祠宇。深邃崇嚴，度越前古。惟君敬神，惟臣奉主。惟民効勤，惟神錫祜。歲序和平，海隅率附。田穀豐穰，吏民安堵。皇祚萬年，永昌胤祚。於赫神功，厥施茲普。

《明英宗實録》卷一六〇朱祁鎮《重建城隍廟碑》　〔正統十二年十一月〕壬辰，重建城隍廟成，御製碑文曰：朕惟自古國家建立宗廟、社稷、朝市之位，必營城池以爲之固。周公相成王，作洛，築王城于澗、瀍之間，爲周匹休之地，亦所以安輯萬民，臨制四方，而聳朝會之觀於天下。以是知雖文武盛德大功，而其久安長治之圖，不能外乎此也。我國家自祖宗肇建兩京，皆置城池，以永萬億年之定命于天，蓋與成周之意若出於一。朕承大統，夙夜惓惓，惟以繼述爲心。邇以京都城垣猶有未盡治者，乃命撤其故而新之，甃以堅甓，於是四周表裏，確然完固，庶幾天造地設之所成矣。夫成之雖由於人，而主之必資於神。神以主是爲其職，人必因是崇其號。故其神曰城隍，蓋古今所同也。舊有城隍廟在都城西南隅，固陋甚矣。朕念弗稱其所主也，城完之日，令更造焉。中作正堂，後爲神寢。堂之前爲正門，自堂左右至門翼以周廊，如官司之職掌以素名者十二。廊東西中持起如堂者二，名左、右司。正堂以祠城隍之神，而旁以居其輔相者，各以序置。門之外爲重門，東、西置鐘鼓樓，其後各有舍，以棲其守護之人。蓋總爲屋以間計者一百九十，其地以丈計者，深七十一，廣四十一有奇。材出於官之素具，工役於力之常供，一無所預於民，成不浹旬而功倍於累月。孟子所謂「不日成之」，或庶幾焉。又謂「以佚道使民，雖勞不怨」，況無所事於使，而民得其完固之安，則樂可知，而不怨又不足言矣。《中庸》曰：「致中和，天地位焉，萬物育焉。」萬物之育，固本於吾心之中和，非有所待於外。至於善惡是非隱於民，有非人所能知；蓄害疾疫生於下，有非人所能禦，於是始有待於神之力焉。神能公其善惡是非之隱而不爽，恤其菑害疾疫之生而不倦，則爲得其職矣。神得其職，則人之祠之也，雖侈其宮，而位列如官府宰治衆庶，夫豈爲過也哉？自國都以至於天下郡邑，莫不各有其祠，秩視其土之吏，而春秋則就享祀之，示幽明一致也。京都城隍又豈非其神之統歟？其秩視亦可以推矣。廟既落成，乃碑而系之以銘，曰：大明立國修垣墉，臨制四海古所同。保固社稷表無外，壯觀山河那有窮。兩京弘建直南北，萬年洪業肇祖宗。湯池鑿地臨海險，金壁列雉造天雄。自此而內爲朝市，曹司邸第棲臣工。自此而外爲郊郭，閭閻田里居民農。誰其主此辨方位？爰有神奠坤維中。典常職任既顓壹，守護防衛惟嚴恭。羣情真僞隱莫究，鑒察是否須明聰。人心好惡紛難徇，予奪淑慝仗正忠。陰陽表裏實關係，彼此感應宜靈通。資神弼我所未逮，故茲相方爲築宮。阜安民物本朕志，宣達麗澤由神躬。神之可倚信不爽，神之可託心至公。凡民疾疫有禱禬，期副度懸甦瘝痌。捍禦菑患民康豫，調順雨暘臻稔豐。誘彼愚昧趨德善，保我家國躋盛隆。五兵偃戢塵弗起，四境平治績愈崇。惟茲建祠我非過，時乃昭神享當功。崇墉巖巖神所附，安如盤石永如嵩。

《〔康熙〕錦州府志》卷一〇王宗彝《重修北鎮廟記》　舜即位，分冀醫無閭之地爲幽州。於時分州十二，各封一山以爲一州之鎮，醫無閭山即幽州之鎮也。按《書》傳及《職方氏》俱作「無」，後變「無」爲「巫」。考之《廣寧志》云：「山在城西五里，廟在山南。」今驗地里，城西五里無山。又云：「清安寺即今觀音閣，在閭山內，去城十二里。」今閣入山僅二里許，則是山距城十里，與今地里步數正合。而《志》云「五里者」，傳寫之訛也。今廟在山之陽，去山五里四分里之一，距城三里四分里之三。唐開元中封山神爲「廣寧公」，金加封爲王，以閭山密近邦畿。大德間加封「貞德」字，歲祀，與嶽瀆同。元季，值兵燹，止遺正殿三間。我太祖高皇帝洪武二十三年，寢殿之南，建瓦屋三楹，左右司各一間。別於廟東建宰牲亭、神庫、神廚各三間，繚以垣牆，春秋命有司致祭。太宗文皇帝永樂十九年，特勅所司撤其舊而創構前殿五間、中殿三間、後殿七間，殿前又構御香亭五間，以貯朝廷之降香。通爲一臺，高丈餘，週甃白石爲欄。後殿前左右各建殿五間，前殿前東西各建左右司十一間。又建神馬門及外垣，磚甃朱門，通二層。入門以漸而高，就地勢爲之也。歷歲滋久，鴛瓦日脱，椽木漸朽，簷宇傾垂，梁棟攲斜。每遇霪雨，浸及神座。先是，守臣以邊事旁午，不暇及此。成化戊戌，鎮守太監常朗自開原遷此。到任三日，謁廟覩之，惕然不寧，謂前巡撫陳公鉞、總戎緱公謙曰：「吾輩奉命守是，方爲神人所依。今一方山鎮之神，廟壞弗安，則鎮守之臣豈得自安乎？是當急爲修葺也。」二公是之。於是，命官董其事，鳩工市材。凡殿宇及左右司門牆之屬腐朽者撤而易之，傾斜者扶而正之，損者修之葺之，廢者營之補之。又得監鎗監丞洪義、總儲郎中金迪協守，參將崔勝咸加贊襄之力，財用不取所司，工力不勞軍士。經始於是年秋九月，落成於成化癸卯夏四月，廟貌焕然一新。告成之日，太監與總戎請余記其事，以垂於後，用是記之。

馮俊杰《山西戲曲碑刻輯考》卷五李翰《重修正殿廊廡記》　石樓居士與原

神山夙敦道誼雅，因締爲媚，厥雅滋篤。神山邇因修廟事竣，以郭石門所具修廟實録，走徵余文爲記。余惟惛耄弗文，然情弗可辭。按録陽城縣治之南五十里，山曰析城，即《禹貢》所載者。山之巔有池，深昧不涸，人以爲靈。俗傳湯嘗禱雨於此，故昔人立廟其處。厥後凡值旱暵即詣彼，禱之恒應。每歲春，民相率而取厥水，蓄靈也。以此諸鄉邑多建湯廟，爲禱祀所。山之陰三十里曰下交，居者數百家。鄉之北阜，亦有湯廟，並各祠宇五十餘間，乃遼大安二年所建，實宋哲宗元祐元年也，迄今四百七十餘年矣。久而必敝，勢也。原氏世居其鄉，爲大姓，科第縉紳輩出。神山性剛方梗介，風度莊肅，所在人咸畏服，尤好整飾，不苟簡。初明《易》爲邑庠傑士，學富而不偶。貢太學，後官授廬州經府。方其待擢家食日，念曰：「人賴神以庇，神依人以禮，禮假廟以行。廟且頽敝乃爾，果所以爲禮神哉！」由是耿耿不釋。乃協贊族叔宗志、族兄應瑞以修葺之。首建舞樓一所，一高二(底)〔低〕，材飾極其壯麗。外南向出夏三間，皆包以磚。方將次第修葺，無何，而厥叔兄輩相繼捐館，神山且將筮仕，厥事遂寢。洎神山將之官，廟辭，因自許曰：「幸吾獲返，必纘前緒。」越九載致其政而還，抵家未旬月，前日之念即萌。鄉之故事：月朔望相率而祀於廟。神山因祀，乃舉爵長跪而謀諸衆，衆諠然許諾。已而自具酒肴，約會首一十六人，且告之曰：「欲興茲役，厥工匪細，財力之費，我固先之，如難獨濟何？責分爾輩，爾克勝乎？」衆慨然任之。遂定約：分鄉人爲十二甲，作二木牌，書衆名其上，一挨督饋餉，一挨督供役。神山遂即東廊而居，寒暑晝夜，食息咸在是，非有大故不去，身家之務不暇顧，若棄之然。先自出白金十兩以鳩工，經始其事，首及正殿，即湯廟舊直堂三間，今易爲四轉角，出宋斗栱，四面通額梁石柱。舊門窗皆木板爲之者，今易以櫺花亮格十二扇，留後門爲將來建寢室。端其材木瓦石，各壯大精麗，愈於昔數倍，雖云重修，實則創建。時嘉靖丁亥春也。是後連值歲凶，人有餓莩、流離者，神山猶經營不輟。乃及東北黄龍祠三間，佛祠三間；西北關王祠三間，神庫二間；正東白龍祠三間，太尉祠三間，神厨二間；正西牛王祠三間，子孫祠三間，土地祠二間。其東西諸祠之下，舊行廊皆平矮室，今爲重樓各五間。正南左右斗栱門樓二所，皆次第而成。四旁聯壁，繩直矩方，雖各因舊基，然舊皆土壁板瓦，今通繚繞以磚，易之以桶瓦。四面總二百步，用磚十萬有奇；瓦亦稱是。並其中各神像，亦皆補飾完美。其餘棟宇之類，易舊以新，易小以大，易粗樸而爲精緻者，尤不勝紀。又造石獅二，於正殿之階，極其工巧。植檜十有二本於院，植松柏八十本於四外。今年乙未冬厥功成。嗚呼！厥費不貲，厥功不淺，以不一之人心，涣而靡萃，以鄉族之恩義，情而靡法。然而用人之財，而人不以爲費，竭人之力，而人不以爲勞，厥匪艱哉！匪神山有弗克勝者。初，神山爲是役也，時遇收穫，親詣人之家，而募其粟，多寡因貧富。工以力分，用以材致，罔弗曲當。時或用廣而募不繼，役急而來者緩，神山即詣其人長跪，其人必且赧且前，心益感勸。神山□出己有以濟之，躬執勞以率之，晝夜呼號，鳴金以督衆。衆相謂曰：「原公不惟屢出其有，且素不習勞，加之年愈七□，乃能歷履勤苦若是，吾屬可自私其財，自愛其力哉！」故家雖弗贍，農務方收，亦莫不委曲遷就，求以應之，且心悦誠服，唯恐或後，曾無一人作慝者。蓋人之情，雖所以爲神，由神山有以感之也。神山之志，欲有以致人，若神默有以啓其□者。吾意神山切切於此，崇夫禮也；久弗渝，許信之篤也；即廟而居，心之專也；幾歷一紀，志之堅也；勞亦躬執，率之勤也；人樂趨事，德之感也；物議不生，處之公也；連值荒歉，時且艱也；祠宇多而壯麗，功尤大也。夫惟禮以基事，信以成之，專以營之，堅以持之，勤以率之，德以感之，公以處之。以故值時之艱，功雖大，允濟。昔先正云：「覩河洛者，思禹之功。」後之覩祠宇者，安知不如思禹者而思公哉！神山名應軫，字文璧。石門名昌，字順之，邑學士也。其會首原宗周、原應賓、原應學、原朝儀等，與有功。原朝儀獨別植檜二本，事皆得附書。其輸貲供役者不及悉，則載諸碑陰。大明嘉靖十有五年歲次丙申正月吉旦。

張居正《張太岳先生文集》卷一二《敕修東岳廟碑文》 自古帝王建國，肅恭群祀，列在祀典，大祝頌之，士民不得奉。而民間所爲號祝歌舞，其事誕漫，祠官不主也。惟岱宗之神，自繩契以來，秩在祝史，通乎上下。今天下郡國，皆有東岳廟，面京師則廟朝陽門之東。相傳唐宋時已有。國朝正統中，益恢崇之。歲遣太常致祭，熯旱則禱焉。而都人士女，祈祉禳災，亦各自財以祠云。臣嘗讀睿皇帝所製廟碑，大要歸于厚民生，順民欲，明德遠矣。百餘年來，廟寢傾圮，神將弗妥，士女興嗟。聖母慈聖皇太后聞之，曰：「吾甚重祠而敬祀，其一新之，然勿以煩有司。」乃捐膏沐資若干緡，皇上祇順慈意，亦出帑儲若干緡，命司禮監太監馮保，擇内臣廉幹者董其役。工始于萬曆乙亥八月，迄周歲而落成。其殿寢門闥之右，廊廡庖湢之制，大都不易其故。而撓者隆之，毀者完之，堊者藻飾之。又于左右建鯨鼉樓，東爲監齋堂。規模環麗，迥異疇昔，巋然若青都紫極矣。既告成事，上以聖母意，詔臣爲之記。臣聞聖王先成民，而後致力于神，亦有爲民而儌福于神者。故禦災捍患，祭法所載，何可忽諸？且聖人以神道設教，岱居東方，其德曰生，往牒所稱，觸石生雲，膏雨天下，生也；冥運陰騭，赫如雷霆，使人弗罹于天憲，亦生也。君人者，恩則慶雲，威則迅雷，要歸于永底蒸民之生；而愚夫愚婦，刑賞所不及者，神實司其禍福之柄：蓋亦有陰翊皇度者焉，祀之非黷也。不寧惟是，臣仰窺聖母，垂恩儲祉，保護皇躬。將廣建功德，以祈萬年胤祚。雖無文咸秩，矧又祀典所載。而皇上孝奉慈闈，仰答元貺。雖節用之旨時佩，而有其舉之，莫敢廢也。今賴天地之靈，山川之佑，豐膴屢報，四夷咸賓。是禦災捍患，允符祀典，而睿皇帝所稱厚民生、順民欲者，亶在茲矣。臣謹恭紀其事，而系之以辭曰：

瞻彼岱岳，是爲天孫。乘震秉籙，生化之門。位鎮一隅，仁流八極。率土是臨，矧茲京國。京國有廟，肇禋百年。弗繕其故，何以告虔。惟皇祖清，肸蠁征應。乃新神居，聿遵茲命。既拓其基，亦除其□。琳宮中起，繚垣外周。厥宇峩峩，厥靈濯濯。誰謂邦畿，儼彼喬岳。維岳有神，維帝之德。后則基之，神介繁祉。篤我帝后，泰山之維。泰山之久，亦佑下民。自天降康，時雨而雨，時暘而暘。臣拜稽首，勒此貞石，億萬斯年，昭垂罔賴。

王士翹《西關志·故關》卷七王鶚《鵲山神應王廟碑》　臣聞醫之有益于世尚矣，自神農氏嘗百草以救民疾苦，由是本草之學興焉。軒轅氏與岐伯問答至道而後，内經素問出焉，唐虞三代靡不由之。爲人臣，爲人子者，皆通醫術。一有差設則爲不忠不孝，下至列國以醫名世者浸多。蓋奇傑之士遇時平主聖，則坐於廟朝，爲卿爲相以福天下，其或生也不偶材無所施，往往隱于醫流，蠲疴起廢，極贏救劣，獲安全康濟之域，顯晦雖殊，原其用心之仁則一也。考之信史，今鵲山王是也。王姓秦，諱越人，渤海郡人也。少爲舍長，一日舍長桑君知其賢，常傳諸禁方，使勿泄。既而取懷中藥，飲于上池之水，自是外以診脉爲名，而内見病者五臟癥結，煎湯滌垢，其效如神。乃遊四方，隨俗應變，在渤海爲小兒醫，過邯鄲爲帶下醫，爲耳目痺醫。之齊，知桓侯必死，去，不治。過號，太子死，謂爲尸蹷，能復生之。過趙，自稱扁鵲，適簡子病五日不知，人告以秦穆公事，簡子病愈。即中丘之蓬山賜地四萬畝，時往來居之。後同號太子來遊，採藥于是山，因易名蓬鵲山。王夢數有靈應，或入霄寢，或降藥餌，皆能愈人疴疾。漢唐以來，像而祠之者舊矣。五季之末，數經殘圮，周顯德中，安國軍節度使陳思讓爲重脩之。是時碑刻已有王稱，未知封自何代。宋嘉祐初，仁宗不豫，遣使詣廟求醫，使未至而疾瘳，始降璽書賜號神應。神宗熙寧二年，有光禄者知邢州，歲數不登，禱之，即應，命以歲時醫流民庶所獻，不歸公帑，專以奉神。委内丘令張仲孫、龍崗令楊守道董其役，曾不十旬，厥功告畢，重簷密廡，儼然可觀。金明昌元年，内丘令趙寔亦嘗修之，而皆非朝命，一經刧火焚蕩無餘。國朝龍興，百廢具舉。歲癸未，節度副使蘇仲，毅然倡率重葺舊基，以官事牽掣，殿未瓦而止。四方祈禱者，但爲位以祭。今上皇帝之在潛也，知州民久困，自職綏撫，以廟在境内，嘗遣使致祭祠所，使還，乘閒言其廢狀。時上默有崇起之意，及故提點太醫院顔公天翼，乞致仕，遂令主其事而脩焉。凡歲收香火之資，半以脩廟，餘令贍其家。天翼良醫也，徵赴闕庭一十餘載，診治調護宣力爲多。既受命鳩材募工，從事匪懈，無何，志願未遂而遽爾云亡。夫人張氏，子伯禄繼志述事，克成厥終。次伯祥承奉御側，奏乞勒貞石貽後世。制可，以付臣鶚。臣昔兄事天翼，義均同氣，濫膺寵委，謹追録遺事，拜手稽首而爲之銘。銘曰：蓬山蒼蒼，襄水洋洋。彼有人焉非常，儼立祠于其傍。厥初禁方，得之長桑，滌垢煎腸，病常愈於膏肓。邦人不亡，祀事孔彰，披衮而裳，垂旒而王。廟經兵荒，廢爲荆棘瓦礫之場。崇起有時，侍我聖皇。厥初顔尹，寵命是將。志願未畢，遽爾云亡。繼志有人，乃配阿張。二子皆賢，伯禄伯祥。落成之日，歸功廟堂。勒爲豐碑，令聞載揚。王其有靈，降福穰穰。風雨和時，年迄用康。躋斯民于仁壽之域，而衍聖祚于無疆。

《（雍正）山西通志》卷二〇七張四維《重修海神河瀆廟記》　皇明奄甸萬國，徧禮羣望，凡嶽鎮海瀆，咸就其近域，崇建祠宇，令有司歲時修祀，國有大事，特命使臣將祝幣往焉。蓋自郊社而下，祀典莫此爲重。蒲郡介河曲，當禹貢所稱龍門華陰之中，重岡連抱，川靈聚結，故西瀆大河崇於是，而以西海附焉，其廟制閎鉅。正統中，知州事關西張侯廉奉勑修建，歷久漸敝，會嘉靖乙卯之變，一切傾阤，雖頹墉斷木，靡有遺者。有司歲時埽壇，以祭天子，前後凡遣使三，至亦咸祗陳香幣露禱而已，殷禮弗稱，神罔攸宇。至隆慶庚子夏，河水暴發，瀰漫郊郭，奔湊西北二闉，是時淮徐間連歲河決，漕道艱阻，議者咸謂神宇宜以時葺，用祈靈貺。於是巡撫山西副都御史楊公綵，巡按山西御史饒公仁侃、桂公天祥、俞公一貫會檄河東守巡參議馮公叔吉、僉事劉公宗岱，相垣址，議規度，以重修二廟，爲請天子俞焉。其經用所需，即取之三院歲解贖鍰之餘者，而以州帑裨之。經始於隆慶壬申十月，越再歲，萬曆甲戌某月而工竣。二廟並峙，左河右海，廣輪崇庳，無尺寸異。其爲正殿各七楹，殿後爲寢殿，各五楹。殿東西爲風雨雷電祠，凡四座，楹殺寢殿之二，其儀門楹數，準寢殿焉。堦墀内爲井各二，俱覆以亭碑，亭視井亭之數，建儀門外，其外門則以大坊表之，内環以連廊，以楹計，凡二百八十有六，外繚以磚墉，以丈計，凡三百二十有二，以及宰牲有亭，齊宿有所，而制度大備矣。廣廡翼翼，棼橑高舉，邃深軒豁，金碧輝煌，信足以永奠明神，系一方之瞻向已。郡守陳侯以朝屬維爲文紀成，將勒諸堅珉，以徵久遠。余惟名山大川類能興致雲雨，施德博大，故歷代尊命咸秩祀典河初祀朝邑。唐開元中，以西嶽祠華陰緣有司祼將靡逮，遂徙河祀而東。我高皇帝釐正嶽瀆名號，删定禮秩，薦享牲幣，靡有等殺。又常御製祝詞，遣功臣將祀良以嶽瀆之澤，物同則其報禮同也。乙卯之變，嶽瀆廟同圮，迺嶽廟匪久，即復合二郡之力，徵費凡二萬餘金，以速集厥事。河海廟乃委爲瓦礫區者且廿年，陳侯肅承明命，知國之大事在此，既不欲苟且以俟後人，又不欲加賦以滋衆擾，殫心夙夜，惟求以隆國典妥神休是務。於是監司諸公嘉其工繕之鉅，商較財用，慮有不給，謀所以佐厥費者。迺總督宣大王公崇古，則以軍門俸給；巡撫朱公笈，則以各色會稅香課；布政使史公直臣，則以帑積羨銀；分守馮公叔吉，則以罪贖以及官民之義助、河堤之贏積，通計凡九千餘金，蓋費視嶽廟之半，而閎麗幾與埒矣。用省而財不匱，事集而民不擾，神用悅懌，歲以大穰，信可以荅天子尊禮方望、懷保兆庶之深意哉！是用紀其興建始末，稽經費，述規制，俾後之嗣是者，得有考焉。是役也，檄委而監督於上，則平陽府同知王大夫敬。朝夕工所，綜其綱目，則蒲州判官曹君廷相。其奔走於下，則榮河縣典史李于田、倉大使侯汝封，咸効有勞勤云。

郭金臺《石村詩文集》卷上《鼎修城隍廟碑記代》　王制五祀，凡有功德于民者，春秋率以時致祭。自二時外，月朔望，邑侯率其屬，昧爽朱服謹拜揖，惟城隍神例得與先師孔子尊嚴齊壹，無廢儀弛事，尤勤且重焉。潭俗尚鬼佞佛，附城祠剎咸崇隆，鏤飾無吝惜。視城隍廟頹落殘垣蔓棘中，榱棟楹椽屯聚朽蠹，級夷垣剗，衆心迷瞀，神用弗歆。潭宰云麓趙公至，愀然憂之，謀于心，斷于計，而復詢謀士庶曰：「潭居湖南水陸之會，五方雜處，烟火和樂，撫循視長吏。然陰扶默助，風雨以時，年穀豐稔，俾民無夭札瘥癘，賴城隍神實康阜爾人。茲神列爵惟伯，錫號顯佑，聲靈丕著，孚佑弘長。視廟且圮，滋恐恫。」士前致辭曰：「爲吏治民事，神有常經。典祀寢廟，修舉以序。公前年倡建大成殿，興儒學。茲神位號秉命自天，與儒分治，侯率作，吾儕其共勸厥成。」民前稽首曰：「侯早作夜思，爲民祈福利，修緝雉堞，用戒不虞。城完矣，而司城之神寢廟不安，非計也。侯率作，我民其不日子來，具慶且舞，上下一心，遠邇協應，隨分注施，稱心齊等。」其他平值物料器用木幾千頭，磚瓦鐵石若干算，髹治丹堊之用若干緡。又自侯一人清謹捐俸，纖悉備治，程功底績，不華不簡。凡構正殿一，宮正門一，辟左右長廊幾間。殿之陰一閣，列像如舊祀，繚垣周級，備制加整。始自某年月日，迄某年月，功告成。予適假省還朝，客潭館，樂觀盛事，深服侯詳于本計而敦民俗也。夫崇佛事，尚淫祠，狃因緣果報，剌剌不休，止于一身一家者，愚民之事也。服儒服，修儒行，奉先王之道，守大夫之訓，規矩習見習聞，不敢叛離者，士君子之守也。惟侯與神均奉天子簡命，分治幽明。政理，則上下咸馨其德；時和，即彼此共襲其庥。今趙侯夙夜靖恭，集鴻馴雉，繕室廬，厚墻垣，與民登春臺夏屋，神亦獲有寧宇，享豐祀。從此奠湖岳清寧，庶幾陰陽合德，用以答王言，敷帝監，神附城以孔固，而侯附神以流德澤于萬斯年也。潭人士其志予言，爲正祀受福之券。予將勒界史館，以爲良吏課最者勸焉。廟成，爰稽前後助修若干人，分任督工幾人，專任督修幾人，其姓名例得序書碑陰，以垂不朽。

《〔同治〕南昌府志》卷一三常安《改建龍神廟碑記》　雍正五年，皇上軫念蒼生，殫竭睿慮，以龍神散布霖雨，福國佑民，厥功顯著，考諸祀典，凡雲雨風雷嶽鎮海瀆，咸有位於郊壇，而龍神之祀獨無。明文特設大小二像位，俾各省迎奉展祭。其爲小民謀，不啻小人之自爲謀，當何如敬謹將事耶？余於五月忝撫是邦，越日，拜龍神廟。見在大西市，位非南北，殿止二層，官役紛紜雜沓，幾不能容足，而晨昏鼓角放衙之聲，瀆我神聽，心甚恧然。因思幽明本無異理，人所居而風雨飄摇則勿寧，神所憑而煩囂湫隘則勿妥，矧自夏徂秋，荷神之賜，江右數千里之地雨暘不愆，歲登大有，益不可以狎而忽、玩而衰矣。遂與僚屬謀之，咸曰：供奉之地遵近巡撫衙門之語，非固欲狎之褻之也。余曰：不然，近而親之，遠而敬之，一也。余與若苟不弛其親敬之心於春秋朔望之日，神必許我。若不見琳宮梵宇半居山水之間，傑閣崇臺常古形勝之地乎？茲瞻廟貌而不能使人加肅，歷階陛而不能使人展誠，可曰吾享祀豐潔，神必福我乎？聞東湖百花洲上地多閒曠，境屬清幽，盍爲我擇之？咸曰：善，此地左有龍井，右有雷塘，蓋天設爲我龍神之居也。於是鳩工庀材，建廟宇三進，大殿五間，有耳房，有廊廡，丹漆輝煌，雕刻輪奂。南昌守來告曰：卜吉於是月十二日，迎神入祠。余既設奠以安其位，因述改建以垂永久之意，併作《迎神之歌》曰：寒天漠漠雲滿空，三十六鱗鳴颸風。畫絃素管迎道中，雕楹刻礎樂新宫。河伯秉圭來朝宗，江妃玉佩聲丁東。潛蛟起舞懸彩虹，兩階猙獰羅雨工。神歆杯盤發鼓鐘，金爐火熾香融融。春秋祈報跨青驄，百花洲上花葉紅。

湯賦《湯子遺書》卷三《三聖廟碑記》 睢州城東南三十里曰黑龍王廟，不知所自始。相傳昔時黑龍見，因廟祀，雩禱輒應。萬曆中，河水暴溢，有關帝像沿流而至，土人祠于其左。後又立廟，祀真武。三廟鼎峙，而黑龍王廟最久，故名特著。廟旁村徑窈折，茅屋數十家，務農桑，無市販之習。茂樹千章，幽若林麓，從叔父九式公愛之，遂卜築焉。嘗携門人子弟讀書廟中，睹棟宇毁頓，釀貲新之，時順治十四年也。今二十餘載，叔父墓木拱矣，從弟鎬慮無以承先志，礱石請余爲記。余承乏史局，編摩無暇。秋月卧病經旬，懼負夙諾，乃馳書告之曰：叔父卜築于此也，固愛其土風樸厚，勤耕鑿以供賦税也。而其人知讀書重禮義，則叔父之功實多。其新此廟也，所以聚一方之心志，而使之爲善去惡也。夫讀書以明禮義，力田以給公上，而又處乎遐陬僻壤，無紛華市儈之習以誘其心，則必能孝弟睦姻，恭敬信讓，争競不作，鄉里無怨。如此而受多福宜也。昔之盛時，有司常令里民擇寬敞祠宇講鄉約，讀律令。禮法以匡迪之，神明以感動之，故荒村野叟皆有士君子之風。今軍興旁午，不暇修舉墜典。賢士居其鄉者仿而爲之，固令甲之所不禁也。鎬欲承先志，亟亟于斯，是不可以無記。

湯賦《湯子遺書》卷三《重修玉帝廟記》 睢州南城舊有玉帝廟，余童時數數過之。明崇禎乙卯、庚辰間，開州刺史唐節玉先生于此立社，課郡中子弟。余年十四，從諸生後執卷屬文，暇則共二三友人坐東廊，談論古今，薄暮而返。壬午三月，闖寇陷睢城。至秋，黄河南决，廟没于水。節玉先生移刺定州，同人亦各散去。余自河朔歸里，偶過廟地，惟見荒烟寒流，斷碣衰草，輒不禁盛衰之感。順治初，里人醵金，重建殿三楹。周垣未具，畜牧往來無禁。先大夫見之，嘆曰：「廟制不備，何以妥神祇，肅瞻仰乎？况此地昔年文事之盛，結社是中者或至登巍科，入直承明，列郎署，出備牧守者，往往有之，奈何聽其蕪穢也！」乃約諸耆老爲會，鳩工庀材，建門三間，左右廊廡，以及榱楹欞檻之具，靡不森鮮。既成，餘復立社，聚里中俊秀而肄業焉。惟昔睢陽盛時，衣冠文物甲于兩河，弦誦之聲相聞。北城則有若二程書院、孟子在宋書院。然皆在水中央，非扁舟不能至。又南城路遠，故士子多就所近寺廟爲敬業樂群之地。而搢紳先生亦樂獎借後進，嘉與有成。後進循循雅飭，守約束惟謹，無敢有喧嘩自外聲教者。若斯廟社事，尤其最盛者。今天下脱離兵革，士子修復故業。書院之在北城者盡付波濤，讀書會友者悵悵無所歸。今兹廟既興，借此課文講學，庶幾復見昔日之盛乎！余既立文會于此，能文之士來者日衆，喜先大夫之志有成也，于是乎記。

湯賦《湯子遺書》卷三《睢州泰山廟碑記》 睢州東關泰山廟，先祖留守公所建也。其旁白衣庵，爲大司馬袁公所施地。順治丙申，僧覺正于後建大雄殿，僧徒百餘，戒規清嚴。康熙庚戌，居民于舊城得銅佛五尊，鄉耆楊國禎等裝金捐貲迎奉殿内，求予文記之。予謂佛教自漢永平時入中國，初不過白馬一寺。自今千百餘年來，通都大邑，名山幽壑，莫不有寺。其爲像不知其幾千萬億也。世人以建一庵、造一像即獲無量福德，此理之不可信者也。佛經初至中國，止《四十二章》耳。凡人事天地鬼神，不若孝其二親，非《四十二章》之言乎！天地，萬物之本；父母，吾身之本。故孝者天經地義，百行之原也。人能孝則必敬長上，睦鄉里，教子孫守禮法。内不欺心，外不欺人，和平篤實，福不求而自至。否則，本實先剥，而徒建刹造像，口誦般若，以此求福，是適南而北轅也。予嘉鄉耆之好善，因其請，告以是言，亦與人爲善之意云爾。時主庵覺正弟子真清也，苦行爲人所重，能繼師業，并記之。

朱彝尊《曝書亭全集》卷六九《虸蚄廟碑》 天子之大蜡八，其祭坊與水庸之辭曰：「昆蟲毋作。」《詩》曰：「去其螟螣，及其蟊賊，無害我田稺。」故以方以社，報祀於田祖，祈年於天宗。先王之勤農事，可謂備矣。予考之《周官》，凡夭鳥、蟄獸、貍蟲、水神、蠹物爲民厲者，莫不掌之以官。牡鞠、牡橭、象齒、蜃炭、方書、靈鼓，其攻禜之術必詳。顧昆蟲害稼者不及焉，何與？豈其有所未詳者與？非然也。蓋鳥獸庶蠱之妖，世不恒見，則攻禜之術罕傳，不有司之，無以祛民之惑。若昆蟲害稼，農人咸知，所以敺之。農之所不能敺者，官亦不能去也，故特責其事於田畯，致其祈於田祖，爲之秉畀炎火，而害可去。先王治人事神之道，蓋無不宜也。虸蚄廟去汾州府治一十五里。歲丙午八月，予謁神之宇，觀廊廡所樹碑，率鄙俚不文。里有隱君子胡庭者，請予曰：「子盍爲文紀之？」予惟神之名號，未顯于前代，而主民穡事，近乎古之田祖。至虸蚄者，害稼之物，陸璣以爲螟之屬也。神以是名，猶翨氏蟈氏之命其官爾矣。嗚呼！自浮屠道士之説興，先王祀典所載，神示物鬽之號，往往潛爲所變易。世之祈報者，久而不復察焉。往予兒童時，江南飛蝗蔽野，見所禳神，皆出二氏無稽之説。蝗亦卒不去。既心知其非，嘗有慨乎儒者之不能師古，輒爲二氏所惑也。若神之名號，則猶循古之遺，而土人之載牲擊鼓致賽於是者，去祈年方社之祀不遠。微庭之言，固將以是告世之君子，其或不幸而罹凶旱螽蝝之災，則當以此邦之人事神爲法，以無戾先王報祀之義，而不爲浮屠道士之説所惑，庶乎其可已。系之以詩曰：

彼汾之陽，其原膴膴。曰虸曰蚄，癢於而嫁。神司厥職，名用不懲。大田既臧，躅之豆登。農夫之祈，維黍及稌。農夫之報，自陬越涂。我從籥章，載歌《豳》、《雅》。辨神之號，告諸方夏。

朱彝尊《曝書亭全集》卷六九《重修泰安州東嶽廟碑》 禮，山川之祀以望。其既祭也，則以牲玉。庪而縣之於林，沉於水，未有升高祀者。其後易壇壝爲廟，而五嶽皆於山下。恒山祠上曲陽，遠在數百里外，猶不失古望祀之義焉。東嶽廟在泰安州治西北隅，寔嶽之南麓。前三門，門三塗，樓峙其前，神之居在五重。端冕秉圭，一如帝者之儀。議者謂五嶽秩視三公。然《周禮》有兆五帝之文，宰五行，配五色，後蓋分祀五方，而青帝得祀于岱。章服之盛，非僭也。《書》：「歲二月，東巡狩，至于岱宗。」《爾雅·釋山》曰：「河東岱。」應劭曰：岱，始也。宗，長也。萬物之始，陰陽交代，故謂五岳之長。相傳神掌死生之籍，故曰齊度游四方，各登泰山籙。蓋自九皇六十四民以來，秩祀不改。彼嵩、華、恒、霍，特廟祀一方而已，神則祠宇偏天下。生民之奔走威福者，疑神崇標峻極是處。由是山椒嶽頂，各飾神祠，金碧焜煌於松栝之表。至州城之廟，載諸祀典，祈報者或未之過焉。惟朝廷有大典禮，特命使臣祠告，外則州之有司，春秋致祭，一灑掃而已。廟以是久不治。嗚呼！抑知百神受天子職，必祠官祀典所載，乃其所以憑依也與。皇帝踐位之六年，躬攬大政，告于海内名山大川，爰命祕書院學士宛平劉公，修岱宗之祀。使旋，尋奉命撫東土。既至，檄知州事林君修治。于是三司以下，靡不率錢爲助，采大木于江淮，由運河輦于廟。明年竣事，城之雉堞，殿之垣墉，户之棖楅，土者爲臺，木者爲榭，鼓鐘之樓，齊湢之所，宲廇粢㮷，瓴甋罘罳，莫不畢治。穹碑斷碣，踣者復立，鬼物青紅，夾門左右。州之男女，遠方之人，咸來覽觀，小大稽首。爰礲貞石，以書歲月。公授簡彝尊曰：「斯文也，非子不可。」彝尊伏念岱宗爲先王省方之地，觀民設教，於是乎在，有孚顒若，惟神是依，治神人以和上下，建神示以保邦國，觀化之理一也。萬物出乎震，妙萬物者莫如神，天地之盛德仁氣備焉。神之靈爽既妥，百物以諧，四時以序，協乎先王望祀之義，將遐邇之祈報者，不于彼而于此焉，庶無戾于古矣。乃作詩曰：

萬彙之生，孰秉其權。陰陽相代，有化必遷。巖巖喬嶽，善氣所宣。降婁之躔，天柱左海。羣山是宗，莫之與等。惟神司職，克配真宰。陳《書》于虞，攷《禮》于周。魯公三望，紀于《春秋》。百王之祀，豈其崇丘。嗟世之人，不稽祀典。鍵此重扃，巒磴是踐。神房寢地，覆之苔蘚。穆穆天子，既親萬幾。使告于岱，誕及海沂。親臣代祀，叩神之扉。帝有恩言，爰撫青社。小東大東，綏此勞瘴。有淑者旂，有聲者馬。乃巡于野，乃舍于郊。乃諏司牧，爰暨庶寮。浮木于江，斲石于嶅。公來奉符，五宿山麓。新門有伉，四阿重屋。亦有寢宫，陳其牲玉。有蒼者璧，帝睟其容。百靈來會，爾侯爾公。奕奕者廟，神罔時恫。鬱鬱唐槐，丸丸漢柏。樹以豐碑，昭神之德。使山如礪，報祀不忒。

陳鵬年《道榮堂文集》卷五《重修蘇州府城隍廟碑記》 吴郡故有城隍廟，在郡治之西北。維邦人所以奉祀之者甚謹，未圮而修，不勸而助。無他，其臨于民者赫，而人之求之者衆也。歲在戊子，邦人欲改而新之。時糧儲觀察李公玉堂守斯土，威惠兼敷，百度具舉，咸秩無文，以爲此所以鎮撫一方而陰隲之者，尤不可以不重，乃力爲之倡。事方經始，而公輒遷去。是冬，予奉命代公，克竟厥役。門堂殿寢，巍然焕然。既成，而予又去官。衆以不忘奚斯之意，乞序于予。予惟先王以神道設教，故大報答陽，美報答陰。又有從郊祭而廣之者，如六宗大雩是也；有從社祭而廣之者，如山川林谷丘陵表畷防庸之類，皆是也。從天者簡，從地者備，是以郊止王畿，社遍列國。凡附于社者，皆得舉焉。城隍之取義，從地者也，則其附于社也甚明，而其秩于祀也甚當。且記曰：有功德于民則祀之，能捍大患、能禦大災則祀之。夫功德之盛，莫如令此方風雨時、年穀熟，而疵厲夭札不作，則又捍禦之大者。而吴民一切禱之于城隍之神，予嘗目睹其效，而心意其非神不爲功。往者丁亥大旱、戊子大水、己丑又大疫，當斯時也，官吁于庭，民嘆于野，智盡能索，莫可救止。雖圭璧卒殫，靡神不臻，而主此地以庇佑吾民者，系惟城隍之賜。非然者，靡有孑遺之歌，將繼雲漢而作矣，且非獨如此而已也。人情莫不玩明而疑幽，以爲暗昧之中，人不及覺，而神實伺之。一有罪慝，弗克遁逃，何從寬貰，以故屏息悚惕，入廟則敬，出廟則疑，曰：得毋有是糾是殛我者乎？如是，則彰糾之用不在官而在神矣。何則？人心未必有官，人心無不有鬼神也。則崇祀而昭揭之，正所以助流政教之一大機權矣。然則人之斂私財以佽助，飭輪奐而重光之者，其可徒視爲諂瀆之具乎哉？繼自今主斯祀者，宜與社稷而并重。而修除黝堊之責後人，其不可以或慢也已。工起于康熙四十七年六月，訖于五十年某月，凡越三載而後成。棟桷之良，以株計之，則用材木若干有奇；埏植之堅，以數計之，則用瓦甓若干有奇；雕几之美，以衡計之，則用丹漆有奇；總其金，則若干有奇也。監其工者，某官某人；承辦其事者，郡胥嚴迪也。例得附書。其捐助姓氏，另載于碑陰。

于敏中等《日下舊聞考》卷五〇　臣等謹按：都城隍廟，歷代以來敬禮崇飾，本朝雍正四年，乾隆二十八年，屢發帑興修，恢宏鉅麗，視昔有加。庭中有碑亭二，一爲世宗憲皇帝御製碑文，一爲皇上御製詩文碑。正殿前楹扁曰永佑畿甸。聯曰：保障功隆，俎豆千秋修祀典；邦畿地重，靈威萬國仰神明。皆世宗憲皇帝御書。後楹扁曰神依民社。聯曰：靈鞏天垣，和會九州風雨協；報崇國祀，盈寧億禩社方安。後殿扁曰福蔭黄圖。皆皇上御書。

《世宗御製都城隍廟碑文》：國家受天眷命，懷柔百神，祀典所陳，罔不虔肅。況畿甸之内，輦轂之間，陰陽之所和，風雨之所會，人民稠集，庶物蕃滋，以熙以遊，以長以遂，佐予茂育，厥惟神庥。都城舊有廟，祀城隍之神，禮臣以時享薦其内。朕慮廟貌不肅，展敬無由，雍正四年正月，特發帑金命官修飭，是年五月告成。土木之工，丹雘之飾，恢宏鉅麗，視昔有加焉。足以妥侑神明，壯觀都邑。禮臣構亭礱石，請賜文以爲記。朕惟禮有六祈之祭，書有咸秩之文。皆以報賽神功，爲民求福也。方今海内乂安，萬物得所。豐亨豫大，富壽康寧。酒醴牲牷，豐潔咸備。惟神實歆格焉。而感格之道惟在一誠。蓋誠則通，通則格。陟降上下，錫福在人。以致年穀順成，閭閻樂業，繁禧日集，罄無不宜。將朕與百姓咸嘉賴之。今廟貌聿新，用誌歲月。且令祠官之有事於庭者，讀其文皆知設誠於中，致恭於外，齋明蠲潔，克薦馨香，副朕敬事神祇之意云。

《御製重修都城隍廟碑記》：城隍之文，始著《周易》，其麗於秩祀，蓋緣伊耆八蜡之水庸。至春秋傳，鄭祈四鄘，宋用馬四墉，而其説差備。自時厥後，歷代正史未有明文。歐陽修《集古録》采李陽冰《城隍神記》，亦云祀典無之。間考王應麟《困學紀聞》引北齊慕容儼鎮郢城祀城隍祠，則唐以前廟食，故有援據。今天下自縣而州而府而省，莫不立廟，而都城隍廟尤天下所會歸，不與他等。往往以統隸殊制，即封號品數視之。然神之所爲禦災捍患，與國之所以崇德報功，其義等爾。乃聞里閈之甿，禬禳趾錯，詹詹然求神於人，尸祝告語曰：前攝者忠肅于氏，後代者忠愍楊氏也。彼言之近鑿，政與鮑至南《雍州記》以蕭相國廟爲城隍神略同。抑不思于、楊故明藎臣，茲廟創自金元時，果誰氏之司？且幽冀肇域以來，有城即當有神，更誰氏之司耶？比歲嘗勅工官繕堞濬濠，俾崇者芘安居，深者衍潤澤，庶幾先成民而後致力於神。惟斯有以既其實，而不徒爲捧土揭木之故例，矧朕敬承上蒼鴻貺，胥宇迄乎荒外，西陲城郭諸國咸就戎索。其稱爲行國，嚮無金湯保障者，亦已列堡開屯，埤堄連延，塞河環絡，不翅城金牙而隍蒲類矣。夫欲舉留爽逖聽之衆，無一夫不宥以都人士之懷，又何一城一隍之區不可綏以都城隍之神之福哉？而況省府州縣之密邇户闥者哉？神廟自雍正丙午興修，年久陊剥，以今癸未正月集將作，支内府金，撤而新之。由寢堂廡序庖湢以逮繚垣綽楔，式奂式堅，悉協程度。維儀門左右，植笏夾立者，兼備外省城隍肖像，雖詢無典實，尚不詟乎令牧郡守方伯會朝邦畿之指，遂仍而弗改。又以落成嘉平之吉，於古索饗時適符，爰親詣瞻禮，即事製長律紀之，命並鍥於碑，使祠官被以神絃，祇薦時事。

《〔乾隆〕辰州府志》卷四一王世隆《重修伏波祠記》　伏波將軍，辰郡故有祠在壺頭山，蓋昔將軍南征屯兵處也。將軍卒於軍，後人祀之壺頭山，禮也。本朝主簿傅翔，以水潦不時，議改今祠，從民便也。嘉靖丁酉，廟燬於火。戊戌，沅陵縣尹胡侯晟出鏹金百兩修堂，既成旋圮。己亥，郡守吳侯嘉祥始下車，覽觀庭廡，悵然興思，將復修焉。會天子南狩，歲連大祲，侯曰：夫神依人而立者也，故聖王先成民而後致力於神，其道一也。今歲荒民貧，且大功方興，徵役未息，吾率先爲此，其無乃非神意乎？乃與民休息，減賦十之二三，期年而歲大稔。民有以芝草白鼠之祥上者，侯曰：歲豐民安，神之力歟！於是拓地址，庀工鳩材，屬父老董其役，若堂、若廡、若庭、若垣宇，視昔有加，以十月初三日落成。適郡丞蔣侯詔始至，爲相厥終。吳侯乃偕寮佐及卿士大夫樂觀厥成。世隆亦與觴其中，神人胥悦，樂融融也。夫鬼神非人實親，惟德是依。假如野荒民散，刑政頗偏，雖祝史誣詞以薦，神將吐之矣。今侯政成於民，德孚於神，人謀叶從，歲聿滋豐，其興茲役固宜，而況伏波大節載在信史，足以風厲萬世者乎。侯嘗言：辰郡僻在萬山，民無平田沃壤以爲業，歲厄於水旱。而近時議者乃令照江南以田糧起差，辰之田果足與江南比乎？且地近溪洞，羣蠻竄食，浸浸乎將剥膚矣。鄰郡諸宗籓民，校糧賦皆取給而無厭者，更覬覦分封茲地，辰之民有不死且徙者幾希耳。故國初不以封建，百凡征徭皆從寬省，以休息其民，郡雖僻隱，然西南長城也。侯言之誠仁矣，而議者欲以比内地，將人號於神，而神弗享矣。雖事體重大，有司不能專，非聞於朝不可，然辰之民終不能不厚望於侯也。是役也，一切經費用緡錢若千兩，役工若干人，爲日幾何，皆侯節縮公餘，絲髮不擾於民。侯持身儉約，且富文學而嫻吏事，人不能欺，治民有恩，遇士大夫有禮，嘗以地官郎出守姚安，人至今思之，其在辰不替在姚安，蓋良吏也。

《(乾隆)雅州府志》卷一四李應元《重修郡廟記》 州治之左置城隍廟，弘治末，郡侯劉文瓚、別駕吳潤相繼作之，然制未備也。餘三十年來漸欹側漫漶矣。嘉靖己亥秋，柳州陳侯一善謀增拓改觀焉，乃集工出贖金，以蜀府典膳甘濂、羅宗信董其役，以僧惠春募于州，復得米百斛，白金百兩有奇，而侯時省試焉。乃爲正殿，殿之中爲石爐，殿之東、西爲畫廊，畫廊之前爲拜臺，覆以屋。前爲二門，又前爲大門，爲間各三。門之下爲神從，爲馬像；門之外爲木坊；殿之後爲行廊，廊之後便殿三間，仍其舊也。壁皆以磚，地皆以石，垣皆以瓦，祭皆以席，使屋皆有座。丹漆黝堊，金碧胥炳以備矣。蓋癸卯春，八桂胡侯億、嚴陵柴別駕紹齡及侍御關中來公聘至，而工乃竣焉。李應元作而言曰：自有是廟以來，未有是役也，庸可無紀！惟皇祖更公侯伯之封，止稱某府州縣城隍之神，名甚正也。祭不與社同，而專祭者，義甚正也。廟制如公署，體甚正也。牧人者將涖事，先矢于神，法甚正也。表重幽明，我皇祖意也。故知飾公署不知飾神祠也，非正也。知肆于人上，不知已戾于神，非正也。治于人者明弗順于公，幽弗叶于神，非正也。應元因吾郡侯之賢，諸執事之能恭其役，爰附此以諗來者。

《世宗憲皇帝硃批諭旨》卷一七四之十一《硃批李衛奏摺》 浙江總督管巡撫事在任守制臣李衛謹奏，爲敬呈廟工圖式，恭請聖鑒指示欽遵事。

竊照浙屬海寧縣地方，蒙皇上特恩，發帑建造海神廟宇，祈福佑民。臣欽遵籌畫，先將應需專司監督及分派差委各員具摺奏請，荷蒙俞允。部文到日，隨即分行江南、直隸，催令張适、王坦赴工，一面督同司道程元章、朱倫瀚、王斂福、王鈞等，先將一應工料事宜預行備辦間，今春正二月内，張适、王坦俱已先後到杭，隨令赴工，上緊辦理。先於三月初一日吉期祀土，將廟基地面根脚清出，丈量四址，按照地方寬長之處，宅中定位。所有前後殿宇、寢宫、祠壇、樓閣、廊廡、房屋等項，就勢酌擬大槩規模，繪就圖式。誠恐款樣制度未合，謹先進呈御覽，作何改正，恭請聖鑒。欽定到日，即當遵奉而行。惟是工程宏鉅，一切應用木石、磚瓦等料，其圍圓徑寸長短大小，自應悉照廟宇之高下深闊，彼此配合，必有一定成規，方屬妥協。但外省雖有起蓋寺廟，其工程多係逐漸經營，原非預有成竹，止能約畧計算，不諳通盤預估定準，必得經歷大工、熟悉往例之人料估，始無舛錯。前經咨明山東、河南撥發料估人張爾昭、王元清暫行來浙看估。續准山東撫臣岳濬回稱，東省工程未竣，張爾昭不能前來。其王元清，近准河東督臣田文鏡咨送到浙，但伊出京日久，此際未甚諳曉。先又移咨工部，請發料估之人，帶同匠頭前來，亦因有工程事忙，未准撥給。臣思一切物料，雖不能目下即有確實數目，而大槩必於需用者，如等待料估，方往採辦，恐致稽遲。查長杉巨木，産在楚、豫、閩省，併浙江之温、處等處，若至夏月以後，木植精液發露在外，採辦未宜，故於春間已差員齎價分頭前往預爲購求。但其中巨木一項，正殿樑柱所需大料，因近年山東各處修建聖廟工程，併沿海一帶成造戰船桅木，歷年採買既多，餘剩頂號者頗少，已飭承辦各員加意採買。現准江西咨覆，覓無合式之木。隨往湖廣購辦，再俟楚閩覆到另商。

又御碑亭應用之黄琉璃瓦，正殿、大二門、寢宫、天妃閣需用之緑琉璃瓦，以及各項配用物件，臣差人於鄰省徧訪衆窑户，俱不諳曉。即偶有製造，蓋廟者顔色不明，體質亦脆，一經冰霜凍結，外皮捲起難觀。爲此仰懇聖恩，或可飭部於京廠製就，交與浙省回空糧船運官裝帶來浙，所需價值併運通脚費，臣當照數備齊，解交工部兑收還項。再查江浙本色筒瓦，其加料製造者，頗稱堅固，可否將御碑亭、大殿二處用琉璃脊瓦，其餘悉用本色筒瓦，或照南方向來各廟，俱多不用琉璃料物。臣未敢擅專，伏乞聖明指示遵行。至於奉祀神祇，最關鉅典。查海寧縣之尖山，康熙五十九年建立海神廟宇，至六十一年欽奉敕封「運德海潮之神」，雍正三年又蒙皇上欽定江潮諸神，加封吴伍員爲英衛公、唐錢鏐爲誠應武肅王、宋張夏爲静安公、明湯紹恩爲寧江伯，地方官已設位奉祀廟中。又向日有越之上大夫文種、唐昇平將軍胡暹、宋護國弘佑公朱彝、元護國佑民土地明王彭文冀、烏守忠等神，相傳皆有護佑之功，歷來已久，亦皆附祀於廟。今蒙皇上敕建海神廟宇，軫恤民生，保護塘工，似應於正殿專供「運德海潮之神」，再懇恩綸加賜封號，以展誠敬。其英衛公等四神於正殿之左右列坐並祀，其越之文種等五神仍於兩廡配享，以昭妥侑。再南省所稱海洋靈神，惟天妃爲最，歷朝俱有褒崇，康熙十九年曾加封號。閩浙土人稱爲媽祖，在洋遇險祈求，隨聲而應，故海船出入之口岸，莫不建廟奉祀，而閩廣蘇州等處，廟貌輝煌。今奉特旨啓建，大工自必更加壯麗，以肅觀瞻。擬於正殿之東另建天妃閣，西築風雲雷雨壇，之後再用水仙樓以配之。是否有當，恭候睿鑒欽定，以昭祀典。

惟料估大工之人，至今未得，一切難於懸擬定準，懇求聖主暫將工部料估房經承張道宗賞發來浙，不過三四月之期。一俟估定尺寸式樣，即送回部。方敢放心辦理，庶無舛錯。以上各條，原不敢瑣屑瀆陳，因工程甚鉅，必須再三詳慎，以貽萬年之利。而臣等識見淺陋，恐一有未當，無以壯規模而稱完美。是以冒昧具摺請旨，伏乞皇上批示施行。謹奏。

「覽所繪圖式，甚合制度。但據廷臣奏稱，外省祠廟用琉璃瓦者甚少，應照議毋庸製造。其料估工程之人，該部已發往矣。」

汪廷儒《廣陵思古編》卷一九王安國《重建天長西岳廟記》 天長西北界盱、泗岡阜相接，繞縣而南，與江北諸山聯絡，東止于湖。其間平壤，結爲縣治。縣西半里許，地勢尤平曠。當大道北有廟，内奉東岳像。門宇宏敞，有殿有樓。樓後有池，環廟東北，中築土爲洲，竹木森翳，稍具清幽，爲一邑之勝。甲子春，予爲先君卜葬于縣西二十里許，僑寓此廟。住持僧澄宣告予曰：「辛酉秋，四山發蛟，一晝夜水平樓，越三日乃退，廟幸全。樓受水震動，不葺且圮。吾邑小，無大力者任之，將廣而求之衆助。苟事集，不可以無記。敢以丐公。」後二年，予服闋赴京。又六年，澄宣年七十矣，遣其徒寧山走二千餘里，來告曰：「樓今重修，又辟廟地西爲静室，皆落成。幸賜一言爲重。」予惟天之生人不齊，隨其所位置，必皆有盡其爲人者。不耕不織，不販負傭役，而安坐飲食，無毫髮益于人世。或且憑藉權利，恣睢人上，惟其欲之遂，而不計其損于人，以爲生人之大道若是者，惟在吾徒，其于天之生人之意何居也？澄宣則既爲僧矣，一切可以方外自謝。顧乃懇懇汲汲，師若弟積十年之力以葺一樓，辟一室，毋亦居其地，斯不得已于其事。推之閲世生人，閲人成世，何莫非此不得已之一念爲之維係？在緇流且然，矧爲吾徒居局内，而飾私智，占便利，巧于避就者，比比皆是。吾不知其賢愚相去若何矣。廟建自明朝，知縣事蜀人李自藩實爲之經始。住持净海乃澄宣始祖，今廟中猶俎豆不祧，閲二百餘年。而澄宣與其徒寧山乃重新之，予固嘉其不墮世守，亦以表寧山遠來之意也，乃援筆而爲之記。

《〔同治〕上海縣志》卷一〇應寶時《移建社稷壇碑記》 國家明禋肇祀，百神咸秩。定制，地祇之外别祀社稷，各府州縣咸建社稷壇。守土之官，有民人必有社稷，春祈秋報，所以邀嘉貺而迓祥和，俾吾民胥被其澤，典至鉅也。上海社稷壇，舊在西北郊，瀕水沮洳，榛莽翳塞，祭日值風雨，率就他廟望祀，而壇所幾於終歲不一詣，尚得謂成民而致力於神者哉！寶時蒞邑乘，立縣時，壇在西南，址無考。明洪武初移建，厥後知縣鄭君洛書重脩，其記略云：正德十六年上戊，肇祀社稷，越在草莽，弗稱崇奉之意，亟修之，垣宇新，壇亦新。是初制之有壇並有垣宇可見。遂與邑人士謀遷之，以復舊觀。得肇嘉浜北周涇衡春橋東同仁堂公地一區，既卜吉，即籌資鳩工庀材，爲壇北嚮，崇五尺，方廣二丈，四周爲垣，各設門闌陛級，祭獻時登降所由也。拜位則就門階下甬道。壇之南樹神牌，右社左稷，爲一神道。尚右，故右社，而北嚮，禮也。壇西爲神庫三楹，以舊栗主供其中。前庭蔽以牆，值大風雨，則祭諸神庫。庫西爲官廳，皆北嚮。其旁建大門，西嚮。門偏有屋，俾壇夫守之。經始於同治戊辰閏夏，三閲月告成，縻銀一千一百有奇。復築隄砌甃，插棘編籬，植松、柏、梓、桐、榆、柳百餘本，望之鬱鬱葱葱然，雖不敢謂神所憑依於是乎在，然嗣是春秋饗薦，百僚庶司得以聽位執職，齋祓將事，無使隕越於下，庶幾所謂祀神以誠，示民有敬者邪。考舊制，社稷壇專屬府州縣官行禮，乾隆初始詔督撫、司道、提鎮駐劄之地，一體率屬陪祭。寶時觀察斯土，於神之祭實主之，揭虔妥靈，寶時之責也。顧視其蕪穢不治而不爲之所，於心安乎！則亦求余心之所安而已矣。壇成，又欲購旁地數畝歸諸官，取租供歲修費，會寶時遷去，不果，不能無望後賢之成之也。爰綜欽移建之由，厝諸廳壁。

祠廟部

題解

許慎《説文解字》卷七《宀部》 宗，尊祖廟也。从宀从示。

許慎《説文解字》卷一上《示部》 祠，春祭曰祠，品物少多。文詞也。从示，司聲。仲春之月，祠不用犧牲，用圭璧及皮幣。

劉熙《釋名》卷五《釋宫室》 廟，貌也，先祖形貌所在也。

顧野王《玉篇》卷一《示部第三》 祠，似司切。《公羊傳》云：春祭曰祠。祠猶食也。

胡瑗《周易口義》卷八《下經·萃》 廟者，廟貌也。言聚先祖之神，故謂之廟。何則？夫人之生則精神萃之于身；及其死也，魂氣歸于天，形魄歸于地。于此時也，孝子慈孫雖有求見之志而不能見其容貌，雖有虔奉之心而不得爲之奉養，是故聖人觀《萃》之卦，假其萃聚之道，設爲廟祧，以萃祖宗之精神于其間，以奉四時之祭，以盡孝子之心，而施教于天下，使天下之人當此萃聚之時，皆知尊事其祖先也。故萃聚之道，莫大于此。

戴侗《六書故》卷三《示之會意五》 宗，作冬切。祭祖禰之室也。故廟曰宗廟，祧曰宗祧，祊曰宗祊，祏曰宗祏，器曰宗器。主宗廟祭祀曰宗子，曰宗主。職宗廟祭祀者曰宗人，其正曰宗伯。《詩》云「于以奠之，宗室牖下」。周之宗廟在豐，故豐曰宗周。文王之廟在魯，故滕謂魯宗國。晉桓叔始封于曲沃，其廟在焉，故晉人曰曲沃君之宗也。齊崔氏之宗廟在崔，故東郭偃曰：崔宗邑也必在。宗主，宗族之所屬也。别子爲祖，繼别者爲大宗。大宗者，百世不遷，同姓之所共宗也。繼高祖者、繼曾祖者、繼祖者、繼禰者，曰小宗。小宗者五世則遷者也，同族者宗之。宗有主道焉，故宗主之義，無所不通。《書》云「江漢朝宗于海」。海，川之宗也。

綜述

《禮記·祭法》 天下有王，分地建國，置都立邑，設廟祧壇墠而祭之。

《禮記·王制》 天子七廟，三昭三穆，與大祖之廟而七。孔穎達注：此周制。七者，大祖及文王、武王之祧，與親廟四。大祖，后稷。殷則六廟，契及湯與二昭二穆。夏則五廟，無大祖，禹與二昭二穆而已。諸侯五廟，二昭二穆，與大祖之廟而五。孔穎達注：大祖，始封之君。王者之後，不爲始封之君廟。大夫三廟，一昭一穆，與大祖之廟而三。孔穎達注：大祖别子始爵者，《大傳》曰「别子爲祖」，謂此。雖非别子，始爵者亦然。士一廟。孔穎達注：謂諸侯之中士下士，名曰官師者。上士二廟。庶人祭於寢。

《禮記·郊特牲第十一》 諸侯之宫縣，而祭以白牡，擊玉磬、朱干設錫，冕而舞《大武》，乘大路，諸侯之僭禮也。臺門而旅樹，反坫，繡黼丹朱中衣，大夫之僭禮也。故天子微，諸侯僭，大夫强，諸侯脅。於此相貴以等，相覿以貨，相賂以利，而天下之禮亂矣。諸侯不敢祖天子，大夫不敢祖諸侯。而公廟之設於私家，非禮也，由三桓始也。

《禮記·明堂位第十四》 振木鐸於朝，天子之政也。山節、藻棁、複廟、重檐、刮楹、達鄉、反坫、出尊、崇坫、康圭、疏屏，天子之廟飾也。孔穎達注：山節，刻欂盧爲山也。藻棁，畫侏儒柱爲藻文也。複廟，重屋也。重檐，重承壁材也。刮，刮摩也。鄉，牖屬，謂夾户窻也，每室八窻爲四達。反坫，反爵之坫也。出尊，當尊南也。唯兩君爲好，既獻，反爵於其上。禮，君尊于兩楹之間。崇，高也。康，讀爲「亢龍」之「亢」，又爲高坫，亢所受圭，奠于上焉。屏謂之樹，今桴思也，刻之爲雲氣蟲獸，如今闕上爲之矣。

《禮記·禮器第十》 有以高爲貴者。天子之堂九尺，諸侯七尺，大夫五尺，士三尺。天子諸侯臺門，此以高爲貴也。有以下爲貴者。至敬不壇，埽地而祭。天子、諸侯之尊廢禁，大夫、士棜禁。此以下爲貴也。

《周禮·冬官·匠人》 夏后氏世室，堂脩二七，廣四脩一，世室者，宗廟也。魯廟有世室，牲有白牡，此用先王之禮。脩，南北之深也。夏度以步，令堂脩十四步，其廣益以四分脩之一，則堂廣十七步半。孫詒讓疏：「夏后氏世室」者，以下皆記三代明堂制度之異。世室者，即夏之明堂。《史記·五帝本紀》正義引《尚書帝命驗》云：「五府者，夏謂之世室，殷謂之重屋，周謂之明堂，皆祀五帝之所也。」《三輔黄圖》云：「明堂，夏后曰世室。」《隋書·牛弘傳·明堂議》引漢司徒馬宫云：「夏后氏世室，室顯於堂，故命以室。」是漢儒舊説亦以世室爲即明堂。云「堂脩二七，廣四脩一」者，三代明堂之通制，皆四面爲四堂。世室四堂，此其一面脩廣之度。四堂全基正方，鄭注以廣脩之數爲全基之度，則堂爲橢方形，非也。《隋書·宇文愷傳》愷奏《明堂議》云：「《周官·考工記》曰：『夏后氏世室，堂脩二七，博四脩一。』臣愷案：三王之世，夏最爲古，從質尚文，理應漸就寬大，何因夏室乃大殷堂？相形爲論，理恐不爾。《記》云『堂脩七，博四脩』，若夏度以步，則應脩七步。注云『令堂脩十四步』，乃是增益《記》文。殷周二室獨無加字，便是其義類例不同。山東《禮》本輒加『二七』之字，何得殷無加尋之文，周闕增筵之義？研覈其趣，或是不然。讐校古書，並無『二』字，此乃桑間俗儒信情加減。」據愷議，則六朝舊本並作「堂脩七」，無「二」字。黄式三云：「殷度以尋，堂脩七尋，周度以筵，堂脩七筵，則夏度以步，堂脩七步。鄭君以堂脩七步爲隘，注有『令堂脩十四步』之文，假令之辭也。而後人乃依此作『二七』字，宇文愷所規固得其實也。」俞樾亦云：「堂脩二七，『二』字衍文。宇文愷曰『《記》云堂脩七，山東《禮》本輒加二七之字』，則隋時古本並作『堂脩七』，鄭本亦當如是。注云『令堂脩十四步』，此乃鄭君假設。若《記》文本作『堂脩二七』，則是實數，如此何言令乎？學者從鄭義作十四步，遂增《記》文作『二七』，改經從注，貽誤千古。當據宇文愷議訂正。大室之外，四面有堂，其南明堂，其北玄堂，其東青陽，其西總章之堂。凡堂皆脩七步。廣四脩一者，廣二十八步也。堂脩一七，其廣四七，廣之四，脩之一也。是謂廣四脩一。雖然，堂不已廣乎？曰：此兼四旁兩夾而言也。中央爲五室，四面爲堂。東堂之南即南堂之東，南堂之西即西堂之南，西堂之北即北堂之西，北堂之東即東堂之北。是故東西兩面各廣四七，而南北兩面之各脩一七者，即在其中矣。南北兩面各廣四七，而東西兩面之各脩一七者，即在其中矣。《記》文不曰廣四七，而變其文曰廣四脩一，明廣之數兼有脩之數也。於是堂基定而室基亦定，堂基方二十八步，室基方十四步。」案：黄、俞兩家據宇文愷議考定經文，最塙。此經廣脩之說，亦當以俞氏爲允。依其說，則夏世室全基正方一百六十八尺，與周明堂爲亞字形者異也。牛弘議又引馬宫說，謂夏后氏堂廣百四十四尺，以步法六尺除之，則二十四步也。其義牛氏亦謂未詳。今攷馬謂周明堂廣二百十六尺，爲二十四筵，蓋以兩堂三室東西合并計之。是周度以筵，其廣二十四筵，夏度以步，廣亦二十四步，比例相同。若然，馬意世室亦兩堂，堂各七步，中三室合十步，并之爲二十四步，分率及度法與明堂正同。三室所以得有十步者，疑謂隅室各三步，中室則四步。蓋馬釋三四步之義如是，而四三尺之度則不計，似亦謂包於三四步之内，但不審其意云何。又馬謂周堂廣二十四筵，而以十六筵爲兩序間，則世室廣二十四步，亦當以十六步爲兩序間。馬說大意約略如是，於此經義未必密合，然可證馬氏所見本亦作「堂脩七」，故每堂止以七步入算，與明堂每堂九筵七筵同也。又《春秋繁露·三代改制質文篇》云：「主天法商，而王郊宫明堂員；主地法夏，而王郊宫明堂方。主天法質，而王郊宫明堂内員外橢；主地法文，而王郊宫明堂内方外衡。」今攷三代明堂制雖不同，而皆爲方形。董子所說，亦與此經不合。注云「世室者，宗廟也」者，鄭謂此世室即夏宗廟，與殷路寢、周明堂相配也。《玉海·郊祀》引《禮記外傳》云：「夏謂太廟爲世室，不毁之義。」即本鄭義。戴震云：「王者而後有明堂，其制蓋起於古遠，夏曰世室，殷曰重屋，周曰明堂，三代相因，異名同實。明堂在國之陽，祀五帝，聽朔，會同諸侯，大政在焉。世室猶大室也，夏曰世室，舉中以該四方，猶周曰明堂，舉南以該三面也。」孔廣森云：「世室者，明堂之中室，夏以室舉，周以堂稱，異名而同實。故周公作洛，立文武之廟，制如明堂，謂之文世室、武世室。《洛誥》曰『王入太室祼』，太室猶世室也。《春秋》『世室屋壞』，《左氏》經爲『太室』，古者『世』『太』字多通用。」阮元云：「世室，乃明堂五室之中，猶《尚書大傳》所言大室，夏特取此爲名概其餘耳。《匠人》言三代明堂之制，皆郊外明堂也。自室中度以几以下，乃通言城中王宫之制，非專指明堂。鄭注謂世室爲宗廟，殆以魯世室例之耳。其實夏之名世室，非專爲祀祖。」案：戴、阮二說是也。《公羊》文十三年經「世室屋壞」，《左氏》、《穀梁》「世」作「大」。《穀梁傳》云：「大室猶世室也，周曰大廟，魯公曰大室，羣公曰宫。」范注云：「世世有是室，故言世室。」此宗廟之世室，與夏明堂名同而義異。周宗廟與明堂不同制，詳後。云「魯廟有世室，牲有白牡」者，《明堂位》云：「魯君季夏六月，以禘禮祀周公於大廟，牲用白牡。」又云：「魯公之廟，文世室也；武公之廟，武世室也。」即鄭所據也。云「此用先王之禮」者，賈疏云：「世室用此經夏法，白牡用殷法，皆是用先王之禮也。」詒讓案：鄭言此者，證夏宗廟爲世室，魯廟即法夏制爲名也。云「脩，南北之深也」者，《周髀算經》趙爽注云：「從者謂之脩。」《一切經音義》引《韓詩傳》云：「南北曰從。」故此經亦以南北之深爲脩也。云『夏度以步」者，據下有五室三四步之文也。云「令堂脩十四步，其廣益以四分脩之一，則堂廣十七步半」者，賈疏云：「知堂廣十七步半者，以南北爲脩十四步，四分之，取十二步，益三步爲十五步；餘二步，益半步，爲二步半；添前十五步，是十七步半也。」孫星衍云：「六尺爲步，二七十四步，南北得八十四尺也。八十四尺而四分之，其一得二十一尺，以益八十四尺，東西爲百五尺也。」俞樾云：「鄭意五室皆在一堂之上，疑堂脩七步不足以容之，以爲是記人假設之數，使人以七步推算，非是止脩七步；故下注云『令堂脩十四步』，此乃鄭君以意說之，謂設以二七推算，則是十四步也。」案：俞說是也。鄭嫌堂脩七太狹，因疑其當爲二七十四步；而經無文，故爲假令之辭。凡注言「令」者，並是經文不具，而鄭以意補之。若《輪人》「牙圍」，注云「令牙厚一寸三分寸之二」，以經無牙厚之文也。「賢軹」注云「令大小穿金厚一寸」，以經無大小穿金厚之文也。《置輻》注云「令輻廣三寸半」，以經無輻廣之文也。《磬氏》注云「假令磬股廣四寸半」，以經無磬股廣幾寸之文也。此經云堂脩七，不言二七，故鄭補之云「令堂脩十四步」。若如今本云「堂脩二七」，則其爲十四步甚明，何藉爲假令之辭乎？然鄭此說，其誤有三：一則經云廣脩，本爲四堂每面一堂之度，鄭誤以爲四堂五室之通基，遂令一代布政之宫，尺度迫隘，形制不稱；且脩廣異度，四堂不方，尤爲非制。二則横增二七之數，不直據經文，而假設爲說，有乖經義。三則廣四脩一，經文本明，而猥云四分益一，增字成義，說尤牽强。故宇文愷議亦據馬宫言，謂此經廣脩止論堂之一面，三代堂基並方，庰鄭說與古違異。今案：殷周堂皆四出，雖不正方，然世室之制，自當如愷議。俞樾亦云：「如鄭義，則當云『益以四脩一』，其文方明，不得但云『廣四脩一』也。且其數畸零不齊，於義無取，足知其非。」並足正鄭注之誤。

五室，三四步，四三尺，堂上爲五室，象五行也。三四步，室方也。四三尺，以益廣也。木室於東北，火室於東南，金室於西南，水室於西北，其方皆三步，其廣益之以三尺。土室於中央，方四步，其廣益之以四尺。此五室居堂，南北六丈，東西七丈。**孫詒讓疏**：「五室」者，亦三代明堂之通制也。

云「三四步，四三尺」者，鄒漢勛云：「室各方四步，中一室，隅四室，是自東而西，自南而北，皆三室之廣，故言三四步也。五室，東西凡四墉，南北亦四墉，墉厚三尺，故言四三尺也。」黄以周云：「五室，室各四步。四隅室及中室之正堂，其内有三箇四步，故曰三四步，謂三其四步也，凡隅室設窗户，其四面有墉，墉之地各有三尺，四隅室及中室之正堂，其内有四箇三尺，故曰四三尺，謂四其三尺也。」案：鄒、黄説是也。沈夢蘭、俞樾説三四步亦同。蓋五室惟土室在中，四室分居四維，室方四步而墉厚三尺，土室之四墉與四室之四墉廣脩相接，是四墉合三室而占地十四步，後文云牆厚三尺，亦其證也。牛弘《明堂議》引馬宫説，夏堂廣度不以四三尺入算。疑漢人舊説已有以此爲五室之墉者，但以爲包於室廣之内，故於三四步之度無所增益耳。　注云「堂上爲五室，象五行也」者，《三輔黄圖》説明堂同。牛弘議引《尚書帝命驗》云：「帝者承天立五府，赤曰文祖，黄曰神斗，白曰顯紀，黑曰玄矩，蒼曰靈府。」注云：「五府，與周之明堂同矣。」是五室沿五府之制也。《玉藻》孔疏引《五經異義》講學大夫淳于登説周明堂云：「周公祀文王於明堂，以配上帝。上帝，五精之帝，大微之庭中有五帝座星。」案：據《書緯》五府之説，則夏殷以前當已有五帝五神之祭。若然，夏世室五室象五行，亦兼爲合祭五帝五神之宫也。云「三四步室方也」者，謂一室之方。鄭意中太室方四步，旁四室皆方三步，經云三四步，即室方或三步，或四步也。云「四三尺以益廣也」者，謂以四尺益中太室之廣，以三尺益旁四室之廣。經云四三尺，即或益廣以四尺，或益廣以三尺也。依鄭説，則五室並橢方，故賈後疏謂世室室東西廣於南北。今攷定：世室五室亦正方，與周明堂同，鄭、賈説並失之。云「木室於東北，火室於東南，金室於西南，水室於西北」者，明四室分居四維。《玉藻》孔疏引鄭《駁異義》説明堂五室云：「水木用事交於東北，木火用事交於東南，火土用事交於中央，金土用事交於西南，金水用事交於西北。」與此義略同。焦循云：「鄭《易繫辭傳》注云：『天一生水於北，地二生火於南，天三生木於東，地四生金於西，天五生土於中。地六成水於北，與天一並；天七成火於南，與地二並；地八成木於東，與天三並；天九成金於西，與地四並；地十成土於中，與天五並。大衍之數，五十有五，五行各氣並，氣並而減五。』據鄭此義，生數既位於各方，而又有成數與之並，故世室正此有水堂，西北又有水室；正南有火堂，東南又有火室；正東有木堂，東北又有木室；正西有金堂，西南又有金室也。以爻辰之位言之，寅木居東北，巳火居東南，申金居西南，亥水居西北，亦其義也。」黄以周云：「明堂五室法五行生成數，合八卦方位。鄭意一水生於《乾》金，而六成之於《坎》，故《乾》爲水室，《坎》爲水堂，於支爲亥子。三木生於《艮》水，而八成之於《震》，故《艮》爲木室，《震》爲木堂，於支爲寅卯。二火生於《巽》木，而七成之於《離》，故《巽》爲火室，《離》爲火堂，於支爲巳午。四金生於《坤》土，而九成之於《兑》，故《坤》爲金室，《兑》爲金堂，於支爲申酉。其象如此。」案：焦、黄説並依五行生成數以推鄭義，是也。《大戴禮記・盛德篇》引《明堂月令》説明堂九室云「二九四七五三六一八」，則依九疇數爲方位，即漢人之九宫數，宋人以爲《洛書》數者也。依其位推之，則四正之九七，金與火兩易，四維之二四，東南與西南互更，鄭所不據也。又案：凡世室重屋明堂五室，旁四室並隅列，鄭説塙不可易。蓋古人寢室本有東房西室之制，則室固不必皆居正中。況土室已在中央，則四室自宜讓而居隅，彼此乃不相蔽硋，揆之形制，理自無疑。《藝文類聚・禮部》引《三禮圖》説周明堂五室云：「東爲木室，南火，西金，北水，土在其中。」此以四室居四正，與鄭説不合。《魏書・李謐傳・明堂制度論》亦駁鄭説云：「鄭釋五室之位，謂土居中，水火金木，各居四維。然四維之室，既乖其正，施令聽朔，各失厥衷。既依五行，當從其正，用事之交，出何經典。」依《禮圖》及李説，並以四室移居正中，則四室環列中室之外，由四堂而入，必經四室而後可至中室，且中室四面蔽硋，不能納光，其不可信明矣。云「其方皆三步，其廣益之以三尺」者，謂四室方各三步，又各益以三尺，則方三步半也。焦循云：「以算推之，四隅室各廣二丈一尺，深一丈八尺。」云「土室於中央，方四步，其廣益之以四尺」者，土於五行位中央，故土室在中央。鄭意五室以土爲最尊，故方四步，廣又多四尺，較旁四室方多一步，廣多一尺也。焦循云：「中室廣二丈八尺，深二丈四尺。」云「此五室居堂，南北六丈，東西七丈」者，賈疏云：「以其大室居中，四角之室皆於大室外，接四角爲之。大室四步，四角室各三步，則南北三室十步，故六丈；東西三室六丈外加四三尺，又一丈，故七丈也。」案：鄭、賈説以尺益步，取數畸零，亦非經義。

九階，南面三，三面各二。孫詒讓疏：「九階」者，《説文・𠂤部》云：「階，陛也。」此亦明堂三代之通制也。《北史・封軌傳・明堂議》云：「九階法九土。」賈疏云：「按賈、馬諸家皆以爲九等階。鄭不從者，以周殷差之，夏人卑宫室，故一尺之堂爲九等階，於義不可，故爲旁九階也。」案：疏述賈、馬説九階爲九等階，則階數與鄭不同，蓋謂南面亦二階，四面共八階矣。《藝文類聚・禮部》引徐虔《明堂議》云「四門八階」，即用賈、馬説也。依後注，則夏堂崇一尺，爲一等階，於度太卑，恐不足據。竊疑世室重屋之階，當同高三尺，而爲三等。《吕氏春秋・别類篇》云「明堂土階三等」，即據夏殷制言之。賈、馬説亦非，詳後疏。其階之廣，經無文。宇文愷《明堂議》引《周書・明堂》云「階博六尺三寸」，未知是否。牛弘《明堂議》云：「案《考工記》，夏言九階，四旁夾窗，門堂三之二，室三之一。殷周不言者，明一同夏制。」　注云「南面三，三面各二」者，賈疏云：「鄭知南面三階者，見《明堂位》云：『三公中階之前，北面東上；諸侯之位阼階之東，西面北上；諸伯之國西階之西，東面北上。』故知南面三階也。知餘三面各二者，《大射禮》云：『工人士與梓人升自北階。』又《雜記》云：『夫人至入自闈門升自側階。』《奔喪》云『婦人奔喪升自東階』。以此而言，四面有階可知。」孔廣森云：「《管子・君臣》曰：『立三階之上，南面而受要。』《明堂位》曰：『三公中階之前。』知明堂南面正中有階，與廟寢惟賓階、阼階者異也。」俞樾云：「四堂之制如一，何以南面獨多一階？蓋土室户牖南鄉，必由明堂而入，故於南面特設中階。將有事乎土室，則由中階升堂焉。秦制增爲十二階，惡知此意哉！」案：孔、俞説是也。宇文愷議引《禮圖》云：「秦明堂九室十二階。」愷謂其雖不與《禮》合，一月一階，非無理思。」失之。

四旁兩夾窻。窻助户爲明，每室四户八窻。孫詒讓疏：「四旁兩夾窻」者，亦三代明堂之通制也。孔廣森以「四旁兩夾」爲句，云：「四旁各有兩夾，當隅室户牖之外，即所謂左右个也。木室南之前曰明堂左个，東之前曰青陽右个；水室東之前曰青陽左个，北之前曰玄堂右个；金室北之前曰玄堂左个，西之前曰總章右个；火室西之前曰總章左个，南之前曰明堂右个。《盛德》記十二堂，謂此四方各一堂兩个，通之爲十二矣。凡廟寢兩序之外，必有東堂、西堂。明堂之有左右个，猶廟寢之有東西堂。由此言之，明堂之所異者，在四面如一，而自其一面視之，則皆前堂後室，隅室之墉即序也，个即箱也，與《儀禮》廟寢之制固不相遠也。」阮元亦云：「四旁者，四堂之旁也。兩夾者，左右个也。此个與五室不相涉也。个與介同，古經子中每通用。《初學記》引《月令》，『个』即作『介』。个介相同，即是一堂兩旁夾室之義也。《梓人》爲侯，侯有上兩个，下兩个，亦皆具旁夾之形，即廟寢之東西箱、東西夾也。」俞樾云：「《説文》無『个』字。个者，介之變體。《史記・十二諸侯年表》曰『楚介江淮』，《索隱》曰：『介者，夾也。』是夾與介義通。」案：孔、阮讀是也。俞樾、黄以周讀同。此明四堂有八个之義，與《月令》文正相應。孔氏謂兩夾與八个爲一制，通四正堂爲十二堂，其説甚是。鄭以爲記五室八窻之制，非也。旁，阮謂四堂之旁，亦塙。兩夾在隅室之前，即堂兩序之外，故云四旁兩夾。世室全基正方二十八步，中五室爲地方十四步，每面之堂與兩夾亦通廣十四步，夾之外墉與隅室之牆正參相直，與重屋明堂之制同。惟世室四旁兩夾之外，各餘地方七步，以爲堂坫。殷周則四堂外出爲亞字形，夾外墉之外無餘地，制小異耳。江永云：「序外之室，《儀禮》、《顧命》皆言東夾西夾，未有言夾室者。注疏或言夾室者，因《襍記下》釁廟章及《大戴禮・釁廟篇》而誤耳。《襍記》云：『門夾室皆用雞，先門而後夾室。』又云『夾室中室』。此夾室二字本不連，夾與室是二處，室謂堂後之室也。夾又名爲達，《内則》：『天子之閣，左達五，右達五。』閣者，庋食之物也。夾又名爲个，《左》昭四年傳『竪牛置饋于个而退』是也。」戴震云：「《釋名・釋宫室》：『夾室在堂兩頭，故曰夾也。』凡夾室前堂或謂之箱，或謂之个，《左傳》昭四年，杜注云：『个，東西箱。』是箱得通稱个也。古者宫室恒制，前堂後室，有夾，有个，有房，惟南嚮一面。明堂四面闓達，亦前堂後室，有夾有个而無房。房者，行禮之際别男女，婦人在房。明堂非婦人所得至，故無房宜也。」案：夾个之義，當以江氏爲正。凡廟寢之夾，在左右房外，夾堂爲之。明堂則在隅室之外，亦夾堂爲之。夾惟後三面有壁，前一面接東西堂者則無壁，其制似室而非室，故《聘禮》、《公食大夫禮》及《書・顧命》謂之東西夾，此經謂之兩夾，皆不云夾室。《諸侯釁廟禮》之「門夾室」，江氏謂夾與室爲二，而《大戴禮記》盧注則以爲門夾之室，近陳喬樅、黄以周並從其説，二義未知孰是。要東西夾之不全爲室制，則固無疑義。鄭《儀禮》、《禮記》注及《釋名》，並云夾室者，通言之耳。析言之，夾之前無壁者爲東西堂，謂之个，亦謂之箱，《覲禮記》「几俟於東箱」，注云「東箱，東夾之前，相翔待事之處」是也。統言之，則隅室之外，盡於東西堂廉，通謂之夾，亦通謂之个，謂之箱，《月令》鄭注釋左右个並爲堂偏，明是堂序外盡東西堂之通名矣。而高誘注《呂氏春秋・十二紀》及《淮南子・時則訓》之左右个，並釋爲隔，而云某堂某頭室者，此亦沿夾室之稱，故云堂頭室，即指東西堂後言之，與五堂固不相涉也。至明堂本無房，而《呂覽》高注云：「明堂通達四出，各有左右房，謂之个。」李謐《明堂制度論》云：「四面之室，各有夾房，謂之左右个，个者即寢之房也。」今案：个即寢之東西夾，與房迥别。高氏知个在堂兩頭，而誤捉房名。李氏則直以个爲夾四室，似隱據《書・顧命》僞孔傳「東西房即東西夾」之謬説，與古制殊不合。賈思伯《明堂議》又謂四維之室即是左右个，兩堂共一室，四室即是八个，其説亦誤，詳後疏。《隋書・禮儀志》又載梁武帝説，謂左右个别爲小室，在營域之内，明堂之外，説尤謬盭，不足論也。又案：夾内則謂之達，故明堂八个亦謂之八達。張衡《東京賦》云「八達九房」，《續漢書・祭祀志》注引薛綜注，以八達爲八窻，《文選》李注亦同，非也。達字又作闥。蔡邕《明堂月令論》云：「八闥以象八卦，九室以象九州。」八闥九室，猶張賦云「八達九房」矣。

注云「窻，助户爲明」者，《釋名・釋宫室》云：「窻，聰也，於内窺外爲聰明也。」《説文・穴部》云：「窻，通孔也。」《囱部》云：「囱，在牆曰牖，在屋曰囱，重文窗，或从穴。」《片部》云：「牖，穿壁以木爲交窗也。」案：此窻乃囱之叚字，即所謂在牆曰牖，《三輔黄圖》云「八窗即八牖」是也。在屋曰囱，謂於室屋甍宇之上，開窗爲明，亦謂之中霤，與牖義别。云「每室四户八窻」者，胡培翬云：「《爾雅・釋宫》：『户牖之閒謂之扆。』《書・顧命》『牖間南嚮』。古人宫室之制，内爲室，外爲堂，牖户皆在室之南壁，向堂開之，户在東，牖在西。明堂之牖曰窗，則室之四旁皆有之。夾窻又名達鄉，《明堂位》曰『大廟，天子明堂』，又曰『達鄉，天子之廟飾也』。鄭注：『鄉，牖屬，謂夾户窻也，每室八窻爲四達。』孔疏『達，通也，每室四户八窻，皆相對通達，故曰達鄉』是也。明堂每室八牖，其餘廟寢之室止有一牖。」賈疏云：「言四旁者，五室室有四户，四户之旁皆有兩夾窗，則五室二十户、四十窗也。」案：依鄭、賈説，室有四户八窻，則室旁各於正中爲户，左右兩窻夾之，此亦三代明堂之通制也。《大戴禮記・盛德篇》云：「明堂一室，而有四户八牖。」又引《明堂月令》云：「室四户，户二牖。」《續漢書・祭祀志》劉注引桓譚《新論》云：「明堂八窗，法八風；四達，法四時。」《三輔黄圖》云：「八牖者，陰數也，取象八風。四闥者，象四時四方也。」《白虎通義・辟雍篇》及《玉藻》孔疏引《五經異義》淳于登説、《孝經援神契》説明堂並有八窗四闥。達闥字亦通。此四闥即四户，與它書云八達八闥爲八个者不同。明堂堂室深邃，非多爲户牖，不足以通出入而納光明。鄭以「四旁兩夾窻」句，雖與經讀不合，然四户八窻之制，古説並同，不可易也。至《大戴禮記・盛德篇》又云：「明堂三十六户，七十二牖。」《續漢志》注引《新論》云：「明堂三十六户，法三十六雨；七十二牖，法七十二風。」《明堂月令論》云：「三十六户，七十二牖，以四户八牖乘九室之數也。」《三輔黄圖》及《明堂制度論》説並同。此以九室每室四户八牖計之，故有此數，與此經五室二十户四十牖制異。九室之説，義不可通，鄭所不從，詳後。阮元云：「《大戴》九室三十六户七十二牖之説，即《東京賦》之八達九房。此蓋因漢明堂而誤五室爲九室，與《考工》不合也。」白盛，蜃灰也。盛之言成也，以蜃灰堊牆，所以飾成宫室。

孫詒讓疏：「白盛」者，孔廣森讀「窻白盛」爲句，云：「《大戴禮・盛德・明堂月令》云：『室四户，户二牖。赤綴户也，白綴牖也。』白盛即所謂白綴。獨言此者，明其尚潔質。」案：孔據《盛德記》「白綴牖」證此經當以「窻白盛」爲句，塙不可易。阮元、俞樾、黄以周讀並同。窻白盛，亦三代明堂之通制也。白盛自指每室八窻言之。古書説明堂之制，多以五室四堂各從其方色。宇文愷《明堂議》引《黄圖》云：「堂四向五色，法四時五行。」《藝文類聚・禮部》引桓譚

《新論》說明堂亦云：「爲四方堂，各從其色，以倣四方。」蔡邕《明堂月令論》亦云：「四鄉五色者，象五行。」今以青陽玄堂諸名推之，從方色之說，於理可信。世室之制，當亦如之。然則自西方堂室外，不皆白色也。此經白盛之文，自專指窻而言。明四堂五室，涂飾異色，而牖則同爲白色以取明。《大戴》白綴專言牖，其明證也。自鄭注失其句讀，而古制晦矣。注云「蜃灰也」者，賈疏云：「《地官・掌蜃》『掌供白盛之蜃』，則此蜃灰出自掌蜃也。」云「盛之言成也」者，《掌蜃》注義同。云「以蜃灰堊牆，所以飾成宮室」者，《爾雅・釋宮》云：「牆謂之堊。」《釋名・釋宮室》云：「堊，亞也，次也，先泥之，次以白灰飾之。」鄭意世室墉壁並先以泥涂牆，而後加蜃灰，爲三代明堂之通制。然據《爾雅》及《守祧》文，則以堊飾牆，乃廟寢恒制。儻世室四堂五室通爲白牆，經不必特箸其文。此亦足證鄭讀之誤矣。

門堂，三之二，門堂，門側之堂，取數於正堂。令堂如上制，則門堂南北九步二尺，東西十一步四尺。《爾雅》曰：「門側之堂謂之塾。」孫詒讓疏：「門堂三之二」者，亦三代明堂之通制也。凡廟寢制亦略同。門堂者，四門門塾之堂。明堂有四門，每門內外左右共四塾。左塾之左廉與右塾之右廉相距之度，蓋與正堂之廣度正等。三之二者，以正堂之脩三分取二，爲一堂之脩；以正堂之廣三分取二，爲二堂之廣也。依俞氏所定世室正堂之度，取三之二以爲門堂，則每堂脩四步四尺，廣九步二尺，合左右二堂廣十八步四尺也。內塾外塾脩廣之度同。注云「門堂，門側之堂，取數於正堂」者，明此三之二，即承上正堂脩廣之度，三分之，取其二分也。云「令堂如上制」者，即上注謂堂脩十四步，廣十七步半，爲假令之數是也。云「則門堂南北九步二尺，東西十一步四尺」者，賈疏云：「以十四步取十二步，三分之，得八步。二步爲丈二尺，三分之，得八尺。以六尺爲一步，添前爲九步，餘二尺，故云南北九步二尺也。云『東西十一步四尺』者，十七步半，以十五步得十步；餘二半爲丈五尺，三分之，得一丈。以六尺爲一步，餘四尺，添前爲十一步四尺也。」焦循云：「此以夏世室而言也。若殷重屋，則脩二丈七尺有奇，廣四丈八尺也；周明堂，則脩七步，廣九步也。」詒讓案：鄭釋正堂廣脩之根數未合，而所定門堂與正堂差減分率則是也。諦繹其意，蓋以南北九步二尺爲一塾通堂室之脩度，而東西十一步四尺，則二塾堂廣度之合數，分之，每塾堂廣五步五尺也。何以言之？凡塾堂後爲室，則室脩度自減於堂，而堂外無左右房，則室廣卻當與堂廣度等，是室脩減而廣則不減也。故下注以室三之一爲室與門各居一分，蓋猶言塾與門各居一分，合兩塾及門，與正堂之廣正相埒也。《通典・吉禮》說周明堂門堂之制，以每塾各得正堂三之二計之。依其率以釋世室，則當以十一步四尺爲一塾之堂廣。不知室廣即堂廣，今堂廣三之二，而室止居堂廣之半，則其所餘之半復爲何地乎？且合兩塾及門之廣，將增於正堂三分之二，占地太廣，鄭義必不如是矣。引《爾雅》曰「門側之堂謂之塾」者，《釋宮》文。郭注云：「夾門堂也。」《詩・周頌・絲衣》孔疏引《白虎通》云：「所以必有塾何？欲以飾門，因取其名，明臣下當見於君，必熟思其事。」李如圭云：「門之內外，其東西皆有塾，門一而塾四，其外塾南鄉。案：《士虞禮》『陳鼎門外之右，匕俎在西塾之西』，注曰：『塾有西者，是室南鄉。』又案：《士冠禮》『擯者負東塾』，注曰：『東塾，門內東堂。負之，北面。』則內塾北鄉也。」焦循云：「門堂之制，《顧命》云：『先路在左塾之前，次路在右塾之前。』鄭注云：『先路在路門內之西，北面。次路在門內之東，北面。』《士冠禮》云：『筮與席、所卦者，具饌于西塾。』注云：『西塾，門外西堂也。』又『擯者玄端負東塾』，注云：『東塾，門內東堂。』是東西內外皆有塾無疑也。其謂之塾者，《說文》作『壔』云：『射臬也，讀若準。』又云：『垛，堂塾也。』蓋塾爲築土成埒之名，路門車路所出入，不可爲階，兩塾築土高於中央，故謂之塾。《絲衣》詩云『自堂徂基』，箋云：『使士升門堂，視壺濯及籩豆之屬，降往於基，告濯具。』凡四方而高者曰堂，兩塾高謂之堂，中央平地謂之基。往塾視之，至門堂而告也。」案：焦氏攷定門堂之制甚覈。此門堂者，亦謂門塾之堂，與門基異。《周頌・絲衣》云「自堂徂基」，堂即門側之堂，基則門中平地。叚令門中亦得稱堂，則《詩》言「自堂徂基」將爲「自基徂基」，於文不可通矣。偏攷書傳，門中與地平，無堂之名。且合門基與兩塾廣度，當與正堂同，於制乃適稱。儀門堂即是門基，則全基減於正堂三分之一，於制尤爲不稱。以此經及《詩・雅》互相證覈，門堂之爲兩塾，可無疑矣。

室，三之一。兩室與門各居一分。孫詒讓疏：「室三之一」者，亦三代明堂之通制也。室謂門兩塾之室也。張惠言云：「門堂棟當阿，亦五架爲之，則前後各以一架爲室，一架爲堂。」案：張說是也。凡門塾亦前堂後室，與正堂同。三之一者，以正堂之脩三分取一，爲每門室之脩，即門堂之半也。其廣當與門堂同。以一室言之，亦得正堂三之一，於差率仍無悖矣。今以正堂脩七步、廣二十八步計之，門室蓋脩二步二尺，廣亦九步二尺。《通典・吉禮》說周明堂，謂門兩堂各得正堂三之二，室三之一即於門堂三之二中三分減二取一，不取數於正堂。其說必不可通，與鄭注義亦不合，不足據也。又案：門塾唯前堂後室，而無左右房，與正堂小異。又凡門皆內外東西共四塾，塾各有堂室，室後隔以牆，內外不相通也。四塾各自爲堂室，其度並同。注云「兩室與門各居一分」者，謂亦取數於正堂，居三分之一，則門室南北當四步四尺，東西當五步五尺。若在重屋，則南北一丈八尺有奇，東西二丈四尺。在明堂，則南北二丈一尺，東西二丈七尺也。其門脩廣之數亦同。合門與左右二室之度，與正堂東西之廣適等。案：鄭此注，惟所定正堂根數未是，餘則不誤。其以門室與門各居三分之一者，因門室之脩可減於門堂，而廣不可減，故謂室三之一爲與門各居一分，其說自塙。

殷人重屋，堂脩七尋，堂崇三尺，四阿，重屋。重屋者，王宮正堂若大寢也。其脩七尋五丈六尺，放夏周，則其廣九尋七丈二尺也。五室各二尋。崇，高也。四阿若今四注屋。重屋，複笮也。孫詒讓疏：「殷人重屋」者，亦殷之明堂也。《大戴禮記・少閒篇》云：「商履循禮法，發厥明德，順民天心，配天制典慈民，咸合諸侯，作八政命於總章。」盧注云：「總章，重屋之西堂。」據彼則殷已有四堂之名。此舉其總名，故曰重屋。牛弘《明堂議》引馬宮云「殷人重屋，屋顯於堂，故命以屋」是也。《藝文類聚・禮部》引《尸子》云：「殷人曰陽館，周人曰明堂。」《三輔黃圖》說同。蓋所傳之異。云「堂脩七尋」者，亦四堂一面之度也。孔廣森云：「殷人始爲重檐，故以重屋名。八尺曰尋，七尋五十六尺也。不言廣，正方可知。堂基通二十一尋，凡百六十八尺。」案：重屋四堂，廣脩各自正方，當如孔說。蓋四面堂各方七尋，中五室每室方二尋，縱横各三室閒列而爲六尋，加一尋以爲四壁，則室每面壁各厚二尺也。夏世室堂基正方，四堂之角各有餘地以爲坫。殷重屋四堂，蓋爲四出，若亞字形，與周明堂制同，則四角無餘地，與世室不同。通南北兩堂及包中央五室計之，凡二十一尋，東堂至西堂亦然，而四維皆缺隅而不正方，則就四室一面度之，仍止方七尋，故經唯箸堂脩七尋而其制已見也。至夏堂基正方，則可爲一棟而一屋；殷堂四出，則宜爲四棟而重屋。然則經於殷特箸四阿之文，非徒見屋之兩重，亦兼明四出之堂制始於此。假令四出爲周堂所獨，則其形制鉅異，下經不宜絶無殊别之文。儻謂重屋堂基亦通方二十一尋，則是與世室制同，每堂兩角各多出方七尋之地，較之夏堂餘地更多，於義無取，知不然矣。云「四阿重屋」者，重屋謂屋有二重；下爲四阿者，方屋也。其上重者，則圓屋也。圓屋以覆中央之五室，而蓋以茅，方屋以覆外出之四堂而蓋以瓦，此亦殷周之通制。故《大戴禮記・盛德篇》說明堂云：「以茅蓋屋，上圓下方。」《玉藻》孔疏引淳于登說、《三輔黄圖》引《援神契》、《續漢書・祭祀志》劉注引《新論》、《白虎通義・辟雍篇》說，並云上圓下方。《月令論》又有堂方及屋圜徑之度，諸書所謂下方者，兼明堂之基及四阿之屋而言也。上圓者，指上重高屋如圓蓋形，出四阿之上者而言也。若夏世室，無上圓之屋，則屋與堂基皆方，不可以言上圓矣。注云「重屋者，王宫正堂若大寢也」者，鄭謂此重屋即殷王寢，與夏舉宗廟、周舉明堂相配也。《御覽・宫室部》引《新論》云：「商人謂路寢爲重屋，商於虞夏稍文，加以重檐四阿，故取名。」與鄭義同，然其說非也。凡王寢與明堂不同制，詳後疏。云「其脩七尋五丈六尺」者，尋，八尺，以七乘之，得五丈六尺也。云「放夏、周則其廣九尋七丈二尺也」者，謂以周制例之，脩七則廣九，此脩七尋，則廣亦當九尋也。經不言重屋廣度，故鄭據周法補推之。賈疏云：「經言堂脩七尋，則其廣九尋；若周言南北七筵，則東西九筵。是偏放周法，而言放夏者，七九偏據周，夏后氏南北狹、東西長，亦是放之，故得兼言放夏也。」案：重屋之廣無文，當如孔廣森說，亦廣七尋，與脩正等。鄭說失之。云「五室各二尋」者，亦放周制爲釋。五室當亦於四維設之。牛弘《明堂議》云：「其『殷人重屋』之下，本無五室之文。鄭注云『五室』者，亦據夏以知之。」今攷鄭以重屋之廣放周爲九尋，說雖不塙，而以五室爲方二尋，則從横各三室，爲地六尋，外加一尋，與堂方度正相應，其說是也。經本有上下文互見之例。夏殷堂同高三尺，而經於重屋始箸『堂崇三尺』之文，即其例矣。云「崇，高也」者，《總敘》、《旊人》、《梓人》注並同。《大戴禮記・盛德篇・明堂月令》云：「堂高三尺。」《月令論》亦云：「堂高三尺，以應三統。」云「四阿若今四注屋」者，《漢書・司馬相如傳・上林賦》云：「高廊四注。」案：四注屋謂屋四面有霤下注，即所謂殿屋也。《燕禮》云「設洗篚于阼階東南，當東霤」，注云：「當東霤者，人君爲殿屋也。」又《士冠禮》云「設洗直于東榮」，注云：「榮，屋翼也。周制，自卿大夫以下，其室爲夏屋。」蓋鄭意，夏人君之屋，南北兩下，與臣民同，《檀弓》注謂「夏屋如漢之門廡」是也。殷周人君之屋皆四注，則有東西霤，故賈疏謂四阿即四霤。《周書・作雒篇》云：「乃位王宫、太廟、宗宫、考宫、路寢、明堂，咸有四阿反坫。」孔注云：「宫廟四下曰阿。」即本鄭說。焦循云：「鄭注後『門阿』云：『阿，棟也。』注《士昏禮》『當阿』云：『阿，棟也。入堂深，示親親。』又注《鄉射禮記》云：『正中曰棟，次曰楣，前曰庪。』彼記文云：『序則物當棟，堂則物當楣。』此當棟與《昏禮》當阿義同。棟處極高，斷非霤之所能奪。阿既爲棟之定名，則曰四阿者，四棟也，非四霤之謂也。四阿之屋有四霤，兩下之屋亦有四霤也。且以東霤爲四阿之制，是諸侯之屋四阿矣。《明堂位》言複廟重檐爲天子廟制，諸侯不重屋，阿何有四？《左・成二年傳》云：『宋文公卒，始厚葬，椁有四阿。君子謂華元、樂舉於是乎不臣，生則縱其惑，死又益其侈，是棄君于惡也。』宋公爲諸侯，用四阿，而傳譏之，故杜注云『皆王禮』。然則四阿之制，不獨卿大夫無之，即諸侯亦無之。」案：焦說是也。蓋屋之極謂之阿，猶後文門阿之爲門極也。古廟寢屋皆五架，極下正當棟，故鄭二《禮》注亦皆以棟釋阿，以屋極咸覆以甍而承以棟，其義通也。屋霤之溝，必自棟下迤，而注於宇，故《作雒》云「四阿反坫」，坫當爲「坧」之形譌。四阿爲上棟之制，反坧即反宇，爲下宇之制，亦即所謂屋翼。四注主霤言，則是宇而非棟矣。夏世室亦爲四面堂，則亦有四霤；而不得有四阿者，蓋夏制唯於南北之中爲一棟，其東西霤則自楣庪以外衺殺之以注水。是楣庪有四而棟則一，故阿亦不得有四。若殷重屋，則中別爲屋，重屋之外，四面回環各別爲棟，四棟則有四阿。是四阿必四注，而四注之屋不必皆有四阿。鄭此注訓四阿爲四注，則是四霤之通制，不及焦說之精析。焦又謂《燕禮》之東霤乃兩下屋檐之東角，非四阿，亦非四注，尤足正鄭說之誤。《國語・晉語》云：「虢公夢神人立于西阿。」韋注云：「西阿，西榮也。」案：彼西阿，蓋自屋脊下趨檐宇之通稱，猶《士喪禮》所謂前東榮、後西榮，與此經「四阿」、「門阿」義並小異。諸侯以下，屋無四阿，而不妨有西阿，通言不別也。此經四阿者，通四堂而言，面有一堂，堂爲一阿，四面匌帀則四阿，非謂一堂而有四阿也。云「重屋，複笮也」者，賈疏述注復作「復」，明注疏本同，復複古今字。《說文・竹部》云：「笮，迫也，在瓦之下棼上。」《釋名・釋宫室》云：「笮，迮也，編竹相連迫迮也。」《爾雅・釋宫》云：「屋上薄謂之筄。」郭注云：「屋笮也。」姚鼐云：「重屋，複屋也。別設棟以列椽，其棟謂之棼，椽棟既重，軒版垂檐皆重矣。軒版即屋笮，或木或竹，異名。笮在瓦之下，椽之上。檐垂椽端，椽亦謂之橑。《記》言重屋，鄭以複笮釋之，而他書所稱曰重檐，曰重橑，曰重軒，曰重棟，曰重棼，各舉其一爲言爾。」焦循云：「笮之訓有二。《說文》、《釋名》之笮，爲屋上所覆者之名，《爾雅》所謂筄也。《廣雅》云『䆿謂之笮』，此爲欂櫨之名，所謂斗拱者也。鄭以笮解屋，當如《說文》、《釋名》所云。」又云：「《明堂位》云『大廟，天子明堂』，又云『山節藻梲，複廟重檐，天子之廟飾也』，注云：『複廟，重屋也。重擔，重承壁材也。』《春秋》文公十三年：『太室屋壞。』《五行志》云：『前堂曰太廟，中央曰太室，屋，其上重者也。』孔氏《左傳》疏云：『大廟之制，其檐四阿，而下當其室中，又拔出爲重屋。此是大廟當中之室其上屋壞，非大廟全壞也。』重屋重於阿之上，不重於楣庪之上，故阿必用四。於四阿之上，更立以椵，椵上又累以阿。阿之四旁又有檐，與正屋之檐相重，故曰重檐。以蔡邕之說言之，明堂方百四十四尺，屋圜徑二百一十六尺，大廟明堂方六丈，通天屋徑九丈，足爲太室屋證矣。」俞樾云：「古有重屋，有複屋。重屋者，此《記》所說是也。複屋者，於棟之下復爲一棟以列椽，亦稱重橑。徐鍇《說文繫傳》於『橑』篆下引《東方朔傳》『後閣重橑』而釋之曰：『大屋廡下椽，自上峻下，則自其中棟假裝其一旁爲椽，使若合掌然，故曰重橑。』此說複屋之制，至詳盡矣。《說文・木部》：『樓，重屋。』《林部》：『棼，複屋棟也。』《周書・作雒篇》『重亢重郎』，孔晁注曰：『重亢，累棟也。重郎，累屋也。』所謂累棟者，即複屋矣；所謂累屋者，即重屋矣。是古制明分爲二。鄭君此注，殆誤以複屋說重屋乎？」案：姚釋複笮義甚覈，但此經重屋之義，當以焦、俞說爲是。《月令論》說明堂有通天屋，宇文愷《明堂議》引《黃圖》云「通天臺」，又引《禮圖》云「於內室之上起通天之觀」，並即明堂重屋之制。蓋當四堂中脊內五室之上拔起別爲崇高之屋，以其可以納光，故有通天之名，與複屋、複笮不同。重屋通天，得納日光；複屋、複笮止取重絫爲飾，不通天納光也。凡複屋，棟笮等皆於一層屋之上重絫合并爲之，重屋則上下兩層屋，各自爲棟笮等，不相合并，二制迥異。古明堂宗廟蓋皆有重屋，故《漢志》載《左氏》古說，以大室屋爲重屋。《左傳》孔疏謂廟上拔起爲重屋，深得其制；唯謂大廟亦有四阿，則誤沿鄭宗廟明堂同制之說耳。《明堂位》之複廟即複屋，重檐乃是重屋，故《文選》張衡《東京賦》云「複廟重屋」，即用《明堂位》文，而以重檐爲重屋。薛綜注云：「重屋，重棟也。」桓譚《新論》亦云：「商加重檐四阿。」明此經重屋當彼重檐矣。鄭《明堂位》注釋複廟爲重屋者，蓋仍指複笮言之；又釋重檐爲重承壁材，其義難通。賈疏即援彼注「重承壁材」之義，以釋此注之「複笮」，似皆以複屋爲說。《作雒》之「重亢復格」，亦似皆複屋之制，並與此重屋不相蒙也。又古凡室屋之高而上出者，通謂之臺，謂之觀，故《黃圖》及《禮圖》亦以重屋爲臺爲觀。實則臺觀可以登眺，而明堂之重屋不可登眺，與臺觀制復不同。臺觀，後世又謂之樓，故《說文》訓樓爲重屋，此亦非古重屋之制。《史記・封禪書》說公玉帶所上黃帝時《明堂圖》，上有樓從西南入，名曰崑崙，此即誤以重屋爲樓，因之肊造是圖。不知殷重屋與樓別，又不知夏以前明堂并未有重屋，說尤謬妄，不爲典要也。又《詩・大雅・靈臺》孔疏引盧植、穎容說，謂明堂即靈臺，亦與通天臺異，詳後及《春官・敘官》疏。【略】

周人明堂，度九尺之筵，東西九筵，南北七筵，堂崇一筵，五室，凡室二筵。

明堂者，明政教之堂。周度以筵，亦王者相改。周堂高九尺，殷三尺，則夏一尺矣，相參之數。禹卑宮室，謂此一尺之堂與？此三者或舉宗廟，或舉王寢，或舉明堂，互言之，以明其同制。

孫詒讓疏：「周人明堂」者，此記周明堂之制也。牛弘《明堂議》引馬宮說云：「周人明堂，堂大於夏室，故命以堂。」蔡邕《明堂月令論》云：「東曰青陽，南曰明堂，西曰總章，北曰玄堂，中央曰太室。《易》曰：『離也者，明也，南方之卦也。聖人南面而聽天下，嚮明而治。』人君之位，莫正於此，故雖有五名，而主以明堂也。」戴震云：「周人取天時方位以命之。東青陽，南明堂，西總章，北玄堂，而通曰明堂，舉南以該其三也。」云「東西九筵，南北七筵」者，明堂亦四堂，此南堂一面廣脩之度也。餘三堂同。云「五室，凡室二筵」者，五室亦土室居中，四行室居四維，與夏世室同，每室廣脩皆二筵。賈疏云：「夏之世室，其室皆東西廣於南北也。周亦五室，直言凡室二筵，不言東西廣，鄭亦不言東西益廣，或五室皆方二筵，與夏異制也，若然，殷人重屋亦直云堂脩七尋，不言室，如鄭意，以夏周皆有五室十二堂，明殷亦五室十二堂。」詒讓案：世室明堂五室並正方，夏周制本不異，十二堂即兩夾及四正堂之合數，並詳前疏。東西九筵，南北七筵，爲明堂一面之度。故《玉海・郊祀》引《禮記外傳》：「明堂之制，東西九筵，南北七筵。筵長九尺，東西八十一尺，南北六十三尺，故謂之大室。」《孝經緯》說與此經同。自鄭誤以九七之筵爲全堂橢方之度，而古制晦。李謐《明堂制度論》駁之云：「《記》云：『東西九筵，南北七筵，五室凡室二筵。』置五室於斯堂，雖使班、倕構思，王爾營度，則不能令三室不居其南北也。然則三室之間，便居六筵之地，而室壁之外裁有四尺五寸之堂焉。豈有天子布政施令之所，宗祀文王以配上帝之堂，周公負扆以朝諸侯之處，而室户之外僅餘四尺而已哉？假在儉約，爲陋過矣。抑云二筵者，乃室之東西耳，南北則狹焉。曰：若東西二筵，則室户之外爲丈三尺五寸矣。南北户外復如此，則三室之中南北裁各丈二尺耳。《記》云：『四旁兩夾窻。』若爲三尺之户，二尺之窻，窻户之間，裁盈一尺。繩樞甕牖之室，蓽門圭竇之堂，尚不然矣。假令復欲小廣之，則四面之外闊狹不齊，東西既深，南北更淺，屋宇之制，不爲通矣。驗之衆塗，略無算焉。且凡室二筵，丈八地耳，然則户牖之間不踰二尺也。《禮記・明堂》『天子負斧扆南向而立』，鄭注云『設斧於户牖之間』。而鄭氏《禮圖》說扆制曰『縱橫八尺』，以八尺扆置二尺之間，此之叵通，不待智者，較然可見矣。且若二筵之室爲四尺之户，則户之兩頰裁各七尺耳，全以置之，猶自不容，矧復户牖之間哉？又云『堂崇一筵』，便基高九尺，而壁户之外裁四尺五寸，於營制之法，自不相稱。」牛弘議亦云：「依鄭注，每室及堂，止有一丈八尺，四壁之外，四尺有餘。明堂總享之時，五帝各於其室。設青帝之位，須於大室之內，少北西面。太昊從食，坐於其西，近南北面。祖宗配享者，又於青帝之南，稍退西面。丈八之室，神位有三，加以簠簋籩豆，牛羊之俎，四海九州美物咸設，復須席工升歌，出罇反坫，揖讓升降，亦以陋矣。」案：李、牛所論，足證鄭義之疏。宇文愷議亦謂三代堂基並方，庰鄭義與古違異。惟李氏又以夏周文質之異，度堂筵几之殊，并疑經文之謬，則妄也。唐宋以後說明堂者，率沿鄭說。近代諸儒始知九七之筵爲一堂之度，而阮元所釋尤覈，其說云：「東西九筵者，八丈一尺也，約當今尺四丈八尺六寸。南北七筵者，六丈三尺也，約當今尺三丈七尺八寸。此明堂南一堂之丈尺。經不言東西北三堂者，丈尺相同，舉南可概三方也。四方之堂，寬皆九筵。此四堂之背，四角相接，是明堂之北距玄堂之南，青陽之西距總章之東，皆九筵也。以此方九筵之地爲太室及四室，每室止用二筵，丈尺恰可相容。凡言室者，皆廟屋內劃出之名，非建五小屋於露處之地可名爲室也。此五室皆當重屋圓蓋之下，若於太室四角立四大柱，或再倚四堂之背，木室之西之南，火室之西之北，金室之東之北，水室之東之南，立八大柱，則可上載圓屋并遮五室矣。」又云：「重屋，見於《考工記》，上圓下方，見於《大戴記》，皆是古制。此中央九筵之地，假使立大柱出乎四堂背之上，而加以圓蓋之屋，則是上圓之重屋矣。圓蓋須比九筵爲大，乃不霤雨水於五室也。九筵方徑當今尺四丈八尺六寸，約須徑今尺六丈有餘之圓蓋方能蓋之。至於圓屋之下，方屋之上，必可虛之以吸日景而納光也。」陳澧云：「明堂之制，見《月令》曰太廟者四，曰个者八，曰太廟太室者一。見《考工記》曰五室。見《大戴禮・盛德》曰上圓下方。說者大都以四太廟八个五室皆在九筵七筵之内，其制度太狹，廣與袤又不稱。阮以九筵七筵爲一面之度，舉一面以該三面，於是九筵七筵之義始明。室二筵者，其地本方三筵，四壁皆厚半筵，室中方二筵也。《記》云『室中度以几』，鄭注云『室中舉謂四壁之内』，即其義也。《記》不云室中二筵者，猶九筵七筵不必云堂上也。云二筵不云若干几者，與上文九筵七筵連文也。其度則二筵，而度之則以几不以筵耳。築土爲壁，上承重屋，非半筵之厚，不勝其任。且古一尺當今六寸許，二筵僅當今一丈許。若復去四壁，其中太狹，不足行禮，二筵不計四壁明矣。并四壁則方三筵，三室則九筵，與一面之廟个同廣也。堂基爲亞字形，八隅立柱，以承圓屋。《盛德》所云上圓者，圓屋也。下方者，亞形八隅也。」案：阮、陳説是也。明堂東西九筵，廣度不及世室之半，明四堂之角無復餘地，則堂必四出爲亞字形可知。依阮説，四堂各廣九筵，脩七筵，堂内正中爲五室，爲地總方九筵，而堂外四角各缺方九筵之地爲廷。其説塙不可易。以此推之，蓋自南堂廉至北堂廉，共二十五筵，爲尺二百二十五，東西亦如之，即四堂全基之度也。惟五室每室中方二筵，加每室四壁一筵，適盡方九筵之地，則當以陳説爲定解。此經於周制止舉堂室，實則九階、四旁兩夾窻、白盛之制，當與夏世室同；四阿重屋之制，當與殷重屋同。經不具詳者，蒙上文而省也。其四鄉各從方色，每室四户八牖，屋上圓下方，宫外四門之制，參證羣籍，蓋亦當與古同。故《通典・吉禮》約此經及鄭注説之云：「明堂東西長八十一尺，南北六十三尺。其堂高九尺，於一堂之上爲室，每室廣一丈八尺。每室開四門，旁各有窻，九階。外有四門，門之廣二十一尺。門兩旁各築土爲堂，南北四十二尺，東西五十四尺。其堂上各爲一室，南北丈四尺，東西丈八尺。其宫室牆壁以蜃蛤灰飾之。」今攷杜以五室於廣九筵脩七筵一堂之上爲之，及以白盛爲牆壁之通制，並沿鄭説，而所推門階牖户之數則不誤。惟明堂門堂之制，經注並無文，以世室之制推之，當亦取正堂脩七筵，廣九筵，三分減一以爲門堂之度，則每塾堂脩四筵有六尺，廣三筵，兩塾合廣六筵也。又取七筵九筵三分減二以爲門室之廣脩，則每塾室脩二筵有三尺，廣與堂同。依鄭兩室與門各居一分之説推之，則明堂門當廣亦三筵。杜謂每塾堂各得正堂三分之二，則合門與兩塾，其廣倍侈於堂；又以門室取數於門堂三之一，即於三之二中三分取一：其説並不可通。又謂明堂門廣二十一尺，蓋依下文廟門容大扃七个爲説，則合門與兩塾，不得各居一分，與鄭義亦不合。互詳前疏。漢魏以來言明堂者，駁文詭制，不可殫述。《玉藻》、《明堂位》孔疏引《五經異義》云：「明堂制，今《禮》戴説，《禮・盛德記》曰：『明堂自古有之。凡有九室，室有四户八牖，三十六户，七十二牖。以茅蓋屋，上圓下方，所以朝諸侯。其外有水名曰辟廱。』《明堂月令書》説云：『明堂高三丈，東西九仞，南北七筵，上圓下方，四堂十二室，室四户八牖，其宫方三百步，在近郊三十里。』講學大夫淳于登説：『明堂在國之陽，丙巳之地，三里之外，七里之内而祀之，就陽位。上圓下方，八窻四闥。布政之宫，故稱明堂。明堂，盛貌。周公祀文王於明堂，以配上帝。上帝，五精之帝。大微之庭中有五帝座星。』古《周禮》、《孝經》説：『明堂，文王之廟，夏后氏世室，殷人重屋。周人明堂東西九筵，筵九尺，南北七筵，堂崇一筵，五室凡室二筵，蓋之以茅。周公所以祀文王於明堂，以昭事上帝。』謹按：今《禮》古《禮》，各以其義説，無明文以知之。」鄭駁之云：「玄之聞也，《禮》戴所云雖出《盛德記》，及其下，顯與本章異。九室、三十六户、七十二牖，似秦相吕不韋作《春秋》時説者所益，非古制也。四堂十二室，字誤，本書云『九室十二堂』。淳于登之言，取義於《孝經援神契》。《援神契》説宗祀文王於明堂以配上帝曰：『明堂者，上圓下方，八窻四闥，布政之宫，在國之陽。帝者，諦也。象上可承五精之神，五精之神實在太微，於辰爲巳。』是以登云然。今漢立明堂於丙巳，由此爲也。水木用事交於東北，木火用事交於東南，火土用事交於中央，金土用事交於西南，金水用事交於西北。周人明堂五室，帝一室，合於數。」案：《異義》所述古《周禮》説，即本此《記》。惟云「明堂文王之廟」，又云「蓋之以茅」，則《記》無其文，蓋別據《孝經》説，許參合引之，未及析別耳。許所述諸家説與經異者，如此云「東西九筵，南北七筵，堂崇一筵」，而許引《明堂月令》説云「堂高三丈，東西九仞，南北七筵」。考宋本《大戴禮記・盛德篇》引《月令》本作「堂高三尺」，則與後鄭説殷堂之高正同，非周制也。「東西九筵」之文，則《盛德》所引亦與此經正同。孔引《異義》譌「尺」爲「丈」，「筵」爲「仞」，遂成齟齬。此經既特箸度筵之文，明廣脩皆以筵計，《月令》説不當筵仞錯出，其譌審矣。此經云「五室，室有四户八窻」，則有二十户四十牖。而《盛德記》云「九室，三十六户，七十二牖」，又引《明堂月令》云「二九四七五三六一八」，即九室之數位也。《續漢書・祭祀志》劉注引《新論》云：「九室法九州，十二坐法十二月。」《白虎通義・辟雍篇》、《漢書・平帝紀》應劭注並同。《明堂月令論》云：「九室以象九州，十二宫以應辰。」説亦略同。今攷十二堂，即四堂兼兩夾之通數。桓、班云「十二坐」，蔡云「十二宫」，其實一也。已詳前疏。至九室、三十六户、七十二牖之説，則與此經乖剌，鄭庰爲秦制。《御覽・禮部》引《三禮圖》云：「周制五室，秦爲九室。」蓋即本鄭義。《魏書・袁翻傳》：《明堂議》云「明堂五室，三代同焉；配帝象行，義則明矣。及《淮南》、《吕氏》與《月令》同文，雖布政班時，有堂个之别，然推其體例，則無九室之證。明堂九室，著自《戴禮》，探緒求源，罔知所出。而漢氏因之，自欲爲一代之法。張衡《東京賦》云：『乃營三宫，布教班常，複廟重屋，八達九房。』薛綜注云：『房，室也，謂堂後有九室。』堂後九室之制，非巨異乎？裴頠又云：『漢氏作四維之个，不能令各居其辰，就使其像可圖，莫能通其居用之禮，此爲設虚器也甚。』」今案：袁氏亦申鄭義，又謂《月令》無九室之證，九室即漢制之九房，其説甚塙。封軌、牛弘《明堂議》並庰九室爲秦漢之制，謂室以祭天，依行而祭，故不過五，九室爲無用。《魏書》賈思伯議亦謂《孝經援神契》、《五經要義》、《舊禮圖》及徐氏、劉氏之説皆同此記爲五室，庰戴、蔡九室之制爲不可從，與鄭義皆足相申證。然賈氏又以《月令》八个傅會五室，云：「案《月令》亦無九室之文，原其制置，不乖五室。其青陽右个即明堂左个，明堂右个即總章左个，總章右个即玄堂左个，玄堂右个即青陽左个。如此，則室猶是五，而布政十二。」案：賈意蓋謂四隅室即夾室，亦謂之个，一室分屬兩堂，則四室即是八个。與裴頠以九室之隅室爲四維之个説蓋略同。不知四隅室分應四行，與堂旁之个不同，个本非室，不可以配大室爲五。且以四室爲八个，彼此通互，其説巧而難信。李謐亦主五室之説，而謂四室居四中，四面之室各有夾房，謂之左右个，个即寢之房也。則又隱據漢九房之制，與九室名異而實同。不知五室九室之制，《考工》與《大戴記》本異，此經法制詳備，塙爲周典，《盛德》襍摭舊文，不必一代之制。後儒必欲參合兩制爲一，遂至岐迕百出。至賈思伯議謂裴頠有一屋之論，《隋書・禮儀志》載梁武帝制，謂明堂本無室，帝五室九室爲皆不可信，其謬又不足論矣。明堂宫脩廣之度，此經亦無文。《盛德》引《明堂月令》説，云「其宫方三百步」，則與《觀禮》會同之壇同，古制或當如是。明堂所在之地，鄭《駮異義》從淳于登説在丙巳之地，與《盛德》云「在近郊三十里」異。《御覽・禮部》引《孝經援神契》云：「周之明堂在國之陽，三里之外，七里之内，在辰巳者也。」又引《春秋合誠圖》云：「明堂在辰巳者，言在水火之際。辰，木也；巳，火也。木生數三，火成數七，故在三里之外，七里之内。」《白虎通義・辟雍篇》、《三輔黄圖》、《漢書・平帝紀》應劭注，並云在國之陽。《大戴禮記・盛德篇》盧注引《韓詩》説云：「明堂在南方七里之郊。」又《詩・靈臺》孔疏引馬融云：「明堂在南郊，就陽位」。《藝文類聚・禮部》引徐虔《明堂議》，亦云「在國之陽，國門外」。説並與淳于登説同。前「左祖右社」章賈疏引劉向《別録》，則云「左明堂辟雍，右宗廟社稷」，《説苑・脩文篇》亦云「路寢承乎明堂之後」，是謂明堂在宫中。金鶚云：「《玉藻》云『天子聽朔於南門之外』，鄭注以爲在明堂。夫諸侯受朔於天子，天子受朔於天，明堂祭天之所也，是知聽朔於南門外者，必明堂也。淳于登謂在國南丙巳之地，本於《援神契》，其説自確。明堂既在國外，則國中不得有明堂矣。明堂以祀上帝，在國中則褻，故與泰壇同置於郊。《玉藻》言在南門之外，則去國不遠，當在國南三里，南爲陽方，三爲陽數也。」案：金説近是。黄以周謂《大戴》云「近郊三十里」，「十」字疑衍，孫星衍亦據《尸子》「殷曰陽館」，證明堂在國陽，謂夏商已在東南郊，皆足證鄭義。至先秦西漢古書述明堂制度許、鄭所未及者，復多紛互。宇文愷《明堂議》及《藝文類聚・禮部》引《周書》云：「明堂方一百一十二尺，高四尺，階廣六尺三寸，室居中方百尺，室中方六十尺，户高八尺，廣四尺，牖高三尺，門方十六尺。東應門，南庫門，西皋門，北雉門。」案：《周書》説户牖高廣之度，無可質證。堂高四尺，與《觀禮》會同壇高同，而與此經不合。堂方百十二尺，則止十二筵四尺，於一堂之度爲太多，於四堂之度則又太少。且彼室方百尺，内方六十尺，與此經五室之度亦絶不相應。況堂通方百十二尺，而室已占百尺，則堂止得一筵有三尺，兩面分之止六尺，此必不可信者也。明堂有四門，於制無疑，而《周書》取五門之皋、庫、應、雉，分列四面，則與宫寢門制不合。且五門以應門爲正門，明堂以南爲正，故特爲三階。假令取宫門爲名，亦宜以南門爲應門，今乃南庫東應，其不足據明矣。宇文愷議引《黄圖》云：「堂方百四十四尺，法坤之策也，方象地。屋圓楣徑二百一十六尺，法乾之策也，圓象天。室九宫，法九州。太室方六丈，法陰之變數。十二堂法十二月，三十六户法極陰之變數，七十二牖法五行所行日數。八達象八風，法八卦，通天臺徑九尺，法乾以九覆六。高八十一尺，法黄鍾九九之數。二十八柱，象二十八宿。堂高三尺，土階三等，法三統。堂四向五色，法四時五行。殿門去接殿七十二步，法五行所行。門堂長四丈，取太室三之二。垣高無蔽目之照，牖六尺，其外倍之。殿垣方，在水内，法地陰也。水四周於外，象四海，圓法陽也。水闊二十四丈，象二十四氣。水内徑三丈，應《觀禮經》。」《明堂月令論》説略同。今攷上圓下方，爲通天臺及堂四向五色之制，於理可信，詳前。唯堂方十六筵，與此經不合。孫星衍謂百四十四尺，爲即南北七筵、東西九筵之合數。然論方積，則九七之筵廣脩相乘，共五千一百三尺；若論方面，則廣脩不可合并爲方。二書之説，必不能通於此經。至屋圓楣之説，似謂覆四堂之屋亦爲圓屋，則與重屋四阿之文不合。太室方六丈，與《周書》説同，通天臺之徑，此經無文，尤不足論。明堂上圓者，惟最高之重屋爲然。所覆者不出五室九筵之地，必無徑二百十六尺之廣。第二層方屋四面外出，與四堂正相覆，豈能爲圓楣哉！又據世室門堂取數於正堂三分之二，明堂門塾當與彼同。《黄圖》説謂大室方六丈，取三之二，門堂長四丈，率尤不合。其他室屋壇柱度數，皆無可證，今不具論。牛弘、宇文愷議又引馬宫説云：「夏后氏益其堂之廣百四十四尺，周人明堂以爲兩序間，大夏后氏七十二尺。」案：馬説與諸書並不甚合，牛氏亦謂不詳其義。以意推之，百四十四尺加七十二尺，爲二百十六尺，則是二十四筵也。馬意蓋以東西兩堂各九筵爲十八筵，加三室每室二筵，凡六筵，合之適二十四筵。以十六筵爲兩序間，序外左右堂隅各四筵，合之爲七十二尺，即大於夏堂之數。馬説大意蓋如此。依其説，則明堂兩序間廣已幾及倍，全堂之廣復過於此。實不可通，姑著之以備一義。注云「明堂者，明政教之堂」者，《明堂位》云：「明堂也者，明諸侯之尊卑也。」《盛德記》説同。《周書・大匡篇》云：「明堂所以明道。」《五經異義》淳于登説云：「明堂盛貌。」《三輔黄圖》云：「明堂所以正四時，出教化，天子布政之宫也。」《白虎通義・辟雍篇》云：「天子立明堂者，所以通神靈，感天地，正四時，出教化，宗有德，章有道，顯有能，褒有行者也。」《續漢書・禮儀志》劉注引《新論》云：「天稱明，故命曰明堂。」賈疏云：「以其於中聽朔，故以政教言之。《孝經緯援神契》云：『得陽氣明朗謂之明堂，以明堂義大，故所含理廣也。』」案：賈引《孝經緯》，專據南堂言之。《玉燭寶典》引《月令章句》云：『明者，陽也，光也。鄉陽受光，故曰明。』義亦同。鄭通晐四堂，故説與彼異。云「周度以筵，亦王者相改」者，《説文・竹部》云：「筵，竹席也，《周禮》曰：度堂以筵，筵一丈。」案：許説本此經，而長度不合，未詳所據。《公食大夫記》云：「司宫具几與蒲筵，常，加萑席，尋。」注云：「丈六尺曰常。」聶氏《三禮圖》引《舊圖》云：「士蒲筵長七尺，廣三尺三寸。」《文王世子》注云：「席之制，廣三尺三寸三分。」蓋筵席廣度略同，而長度則有或丈六尺、或一丈、或九尺、八尺、七尺之異，故此記特著其度與？賈疏云：「對夏度以步，殷度以尋，是王者相改也。」云「周堂高九尺，殷三尺，則夏一尺矣，相參之數」者，賈疏云：「夏無文，以後代文而漸高，則夏當一尺，故云相參之數。」孫星衍云：「《禮器》稱天子之階九尺，故周制堂崇一筵，高三尺則階三等，凡三尺爲一等歟？九階，賈疏引賈、馬九等階者，蓋言九尺之筵，階凡九等，説亦通。」詒讓案：堂崇九尺，以三尺爲一等，於度似太高。攷《覲禮記》會同之壇，深四尺，鄭注謂一等一尺。以彼例此，則明堂九尺之階，亦當爲九等。前疏引賈、馬九等之階，與世室之九階雖不合，而移以釋明堂，則適相當。故《士冠禮》賈疏亦云「案《匠人》天子之堂九尺，賈、馬以爲傍九等爲階是也。」至古書説明堂者，多云高三尺。《盛德記》云：「堂高三尺。」宇文愷議引《黄圖》云：「堂高三尺，土階三等，法三統。」又引《周書・明堂》云「高四尺」，孫星衍、陳壽祺並謂「四」字蓋「三」字積畫之誤。依鄭此注説，則三尺爲殷制，而夏制一尺，爲尤卑。俞樾云：「堂崇三尺，夏殷同之。《禮器》曰：『天子之堂九尺，諸侯七尺，大夫五尺，士三尺。』是三尺之堂已爲極卑，一尺之堂古無有也。《呂氏春秋·召類篇》曰：『明堂茅茨蒿柱，土階三等。』若有一尺之堂，則當有一等之階。《呂氏》方極言古制之儉，何不言一等而必言三等乎？」案：俞說是也。《呂覽》三等之階，疑亦據夏殷制言之。云「禹卑宮室，謂此一尺之堂與」者，《論語·泰伯篇》云：「禹卑宮室而盡力乎溝洫。」鄭言此者，欲證夏堂一尺，卑於殷周，與《論語》義正合也。云「此三者，或舉宗廟，或舉王寢，或舉明堂，互言之以明其同制」者，賈疏云：「夏舉宗廟，則王寢、明堂亦與宗廟同制也。殷舉王寢，則宗廟、明堂亦與王寢同制也。周舉明堂，則宗廟、王寢亦與明堂制同也。云其同制者，謂當代三者其制同，非謂三代制同也。若然，周人殯於西階之上，王寢與明堂同，則南北七筵，惟有六十三尺；三室居六筵，南北共有一筵，一面惟有四尺半，何得容殯者。案《書傳》云：『周人路寢，南北七雉，東西九雉，室居二雉。』則三室之外，南北各有半雉。雉長三丈，則各有一丈五尺，足容殯矣。若然，云同制者，直制法同，無妨大矣。據周而言，則夏殷王寢亦制同，而大可知也。」案：依鄭、賈義，則宗廟、路寢、明堂三者同制，故《詩·小雅·斯干》箋云：「宗廟及路寢制如明堂，每室四户。」《玉藻》注義亦同。《斯干》孔疏云：「《明堂位》曰：『太廟，天子明堂。』又《月令》說明堂，而季夏云『天子居明堂大廟』。以明堂制與廟同，故以太廟同名其中室，是宗廟制如明堂也。又宗廟象生時之居室，是似路寢矣，故路寢亦制如明堂也。宣王都在鎬京，此考室當是西都宮室。《顧命》說成王崩，陳器物於路寢云：『胤之舞衣，大貝，鼖鼓在西房；兑之戈，和之弓，垂之竹矢，在東房。』若路寢制如明堂，則五室皆在四角與中央，而得左右房者，《鄭志》：『荅趙商云：成王崩之時，在西都。文王遷豐，作靈臺、辟廱而已，其餘猶諸侯制度，故喪禮設衣物之處，寢有夾室與東西房也。周公攝政，致太平，制禮作樂，乃立明堂於王城。』如鄭此言，則西都宗廟路寢依先王制，不似明堂。此言如明堂者，《鄭志》：『荅張逸云：周公制禮土中，《洛誥》「王入太室祼」是也。《顧命》成王崩於鎬京，承先王宮室耳。宣王承亂，未必如周公之制。』以此二荅言之，則鄭意以文王未作明堂，其廟寢如諸侯制度。乃周公制禮，建國土中，以洛邑爲正都，其明堂廟寢天子制度，皆在王城爲之。其鎬京則別都耳，先王之宮室尚新，周公不復改作，故成王之崩，有二房之位，由承先王之室故耳。及厲王之亂，宮室毀壞，先王作者無復可因，宣王別更脩造，自然依天子之法，不復作諸侯之制，故知宣王雖在西都，其宗廟路寢皆制如明堂，不復如諸侯也。若然，明堂周公所制，武王時未有也。《樂記》說武王配乎明堂者，彼注云：『文王之廟爲明堂制。』知者，以武王既伐紂爲天子，文王又已稱王，武王不得以諸侯之制爲父廟，故知爲明堂制也。」江永云：「周路寢之制，略見《顧命》，有堂，有序，有夾，有房，何嘗有五室？有兩階，有二垂，有側階，何嘗有九階？蓋宗廟、路寢宜同制，而明堂則否也。明堂者，朝諸侯、聽朔、祀上帝、配文王之堂，東西南北有四門，堂上中央與四隅有五室，東西階之閒有中階，而東西北堂皆有兩階爲九階，皆與寢廟不同也。」案：江說是也。洪頤煊、金鶚說並同。賈、孔及唐人申鄭說者，率舉《月令》、《明堂位》及《周書·作雒篇》文以爲徵譣。今攷《月令》十二月居四大廟八个，自是王居明堂之禮，鄭注誤以爲大寢，《大史》疏已辯之矣。《明堂位》謂魯大廟如天子明堂者，自謂天子宗廟堂皆南向，其重屋兩夾諸制與明堂南面一堂形制略同耳，非謂宗廟亦具四堂五室也。《春秋》文十三年「大室屋壞」，《漢書·五行志》述《左氏》說，以大室爲大廟中央之室，屋即重屋，蓋亦以魯大廟爲明堂制。然《左傳》實無是說，《公羊》、《穀梁》說則並以大室爲魯公廟。《漢志》所說，蓋西漢《左氏》經師臆定，以傅合《明堂位》之文，實不足據也。《荀子·宥坐篇》云：「子貢觀於魯廟之北堂，九蓋皆繼。」此可證魯廟不爲明堂制，故房後之北堂與正堂異制。否則四堂如一，安得北堂獨爲殊異乎？《作雒篇》云：「乃位五宮、大廟、宗宮、考宮、路寢、明堂，咸有四阿反坫，重亢重郎，常累復格藻棁，設移旅楹，春常畫旅，内階玄階，隄唐山廧，應門庫臺玄閫。」《宋書·禮志》云：「《周書》清廟、明堂、路寢同制，鄭玄注《禮》，義生於斯。」蓋即指此。今審繹《作雒》之文，乃總記廟寢明堂三者殊異之制，非謂每宮各備此衆飾也。否則明堂四面九階，《記》有明文，安得復有内階邪？然則三經之說，皆不足證鄭義。夫明堂爲祭五帝之宮，故有五室之制，隨五時而用之。若宗廟時享，則一歲四舉，本無中央之祭，而虛制五室爲無用矣。路寢之制，《顧命》有明文。鎬京雖周舊都，然大寢内朝所在，必不因陋就簡，鄭荅趙商以爲猶諸侯制，殆曲爲之說，不足憑也。至賈疏引《書傳》說路寢制度，《明堂位》孔疏及《禮書》並引《書多士》傳云：「天子之堂廣九雉，三分其廣，以二爲内，五分其内，以一爲高。東房、西房、北堂各三雉。」與賈所引又小異。所說度既似太侈，又不宜有北堂而無室，疑皆有舛誤。今攷定：廟寢制本不如明堂，則南北無三室，自無不容殯之疑，賈氏所辯，可勿論矣。兩漢諸儒說明堂者，又或以路寢、祖廟、大學、辟廱傅合爲一。《玉藻》疏引《五經異義》云：「古《周禮》、《孝經》說，明堂，文王之廟。《盛德記》云：『或以爲明堂者，文王之廟也。周時德澤洽和，蒿茂大，以爲宮柱，名爲蒿宮也。此天子之路寢也，不齊不居其室。待朝在南宮，揖朝出其南門。』」此既以明堂爲即文王廟，又以爲即路寢，蓋襍采衆說，故自成岐啎，此與蒿宮之說，同不足據。《舊唐書·禮儀志》，顔師古《明堂議》不從《盛德》文王廟之說，而謂明堂即路寢，與《盛德》後說同。《左傳》文二年孔疏云：「《左氏》舊說及賈逵、服虔等，皆以祖廟與明堂爲一。」此以明堂爲即祖廟也。《詩·靈臺》疏引《五經異義》云：「《韓詩》說，辟廱者，天子之學，立明堂於中。」《文選·東京賦》李注引《三輔黃圖》：「馬宮奏曰：明堂、辟雍，其實一也。」牛弘議亦云：「馬宮、王肅以爲明堂、辟廱，太學同處。」又《舊唐志》引漢孔牢等議，說同。此以明堂爲即辟廱也。《詩·靈臺》疏引盧植《禮記注》云：「明堂即太廟也。天子太廟，上可以望氣，故謂之靈臺；中可以序昭穆，故謂之太廟；圜之以水似璧，故謂之辟雍。古法皆同一處，近世殊異，分爲三耳。」又引潁子容《春秋釋例》云：「太廟有八名，其體一也。肅然清靜，謂之清廟；行禘祫，序昭穆，謂之太廟；告朔行政，謂之明堂；行饗射，養國老，謂之辟雍；占雲物，望氛祥，謂之靈臺；其四門之學，謂之太學；其中室，謂之太室；總謂之宮。」《明堂月令論》云：「明堂者，天子太廟，所以崇禮其祖，以配上帝者也。雖有五名，而主以明堂。其正中焉，皆曰太廟。謹承天隨時之令，昭令德宗祀之禮，明前功百辟之勞，起尊老敬長之義，顯教幼誨稚之學。朝諸侯選造士於其中，以明制度。生者乘其能而至，死者論其功而祭。故爲大教之宮，而四學具焉，官司備焉。故言明堂，事之大，義之深也。取其宗祀之清貌，則曰清廟；取其正室之貌，則曰太廟；取其尊崇，則曰太室；取其堂，則曰明堂；取其四門之學，則曰太學；取其四面周水圓如璧，則曰辟雍。異名而同事，其實一也。《春秋》因魯取宋之姦賂，則顯之太廟，以明聖王建清廟明堂之義。經曰：『取部大鼎于宋，納于太廟。』傳曰：『非禮也。君人者，將昭德塞違，故昭令德以示子孫。是以清廟茅屋，昭其儉也。』以周清廟論之，魯太廟皆明堂也。魯禘祀周公於太廟明堂，猶周宗祀文王於清廟明堂也。《禮記・檀弓》曰『王齋禘於清廟明堂』也。《孝經》曰：『宗祀文王於明堂。』《禮記・明堂位》曰：『太廟，天子曰明堂。』又曰：『成王幼弱，周公踐天子位以治天下，朝諸侯於明堂，制禮作樂，頒度量，而天下大服。成王以周公爲有勳勞於天下，命魯公世世禘祀周公於太廟，以天子禮樂，升歌《清廟》，下管《象舞》，所以異魯於天下。』取周清廟之歌，歌於魯太廟，明堂魯之太廟，猶周清廟也，皆所以昭文王、周公之德，以示子孫者也。《禮記・保傅篇》曰：『帝入東學，上親而貴仁；入西學，上賢而貴德；入南學，上齒而貴信；入北學，上貴而尊爵；入太學，承師而問道。』魏文侯《孝經傳》曰：『太學者，中學明堂之位也。』《禮記・昭穆篇》曰：『太學，明堂之東序也，皆在明堂辟雍之內。』《月令記》曰：『明堂者，所以明天氣，統萬物。明堂上通於天，象日辰，故下十二宮象日辰也。水環四周，言王者動作法天地，廣德及四海，方此水也，名曰辟雍。』《王制》曰：『天子出征，執有罪，反舍奠於學，以訊馘告。』《樂記》曰：『武王伐殷，薦俘馘於京太室。』京，鎬京也。太室，辟雍之中明堂太室也。即《王制》所謂『以訊馘告』者也。凡此皆明堂、太室、辟雍、太學事通文合之義也。」又《淮南子・本經訓》高注云：「明堂，王者布政之堂。王者月居其房，告朔朝麻，頒宣其令，謂之明堂；其中可以叙昭穆，謂之太廟；其上可以望氛祥，書雲物，謂之靈臺；其外圜以辟雍。」案：盧、潁、蔡、高之説，傅會廟寢大學，概以爲即明堂，説殊牽合。今攷《盛德記》及《韓詩説》，鄭《駁異義》已糾其非，盧辯《盛德》注亦㡿明堂爲文王廟之謬。《南齊書・禮志》王儉議又引《鄭志》，趙商問云：「説者謂天子廟制如明堂，是爲明堂即文廟耶？」鄭荅曰：「明堂主祭上帝，以文王配耳，猶如郊天以后稷配也。」與《駁異義》説同。牛弘議引《五經通義》云：「靈臺以望氣，明堂以布政，辟廱以養老教學，三者不同。」《靈臺》疏引袁準《正論》云：「明堂、宗廟，太學，禮之大物也。事義不同，各有所爲。而世之論者，合以爲一體，取《詩》《書》放逸之文，經典相似之語而致之，不復考之人情，驗之道理，失之遠矣。且夫茅茨采椽，至質之物，建日月，乘玉輅，以處其中，象箸玉杯，而食於土簋，非其類也。如《禮記》先儒之言，明堂之制，四面東西八丈，南北六丈。禮，天子七廟，左昭右穆，又有祖宗不在數中。以明堂之制言之，昭穆安在？若又區別，非一體也。夫宗廟鬼神之居，祭天而於人鬼之室，非其處也。夫明堂法天之宮，非鬼神常處，故可以祭天，而以其祖配之。配其父於天位可也，事天而就人鬼，則非義也。是故明堂者，大朝諸侯講禮之處；宗廟，享鬼神歲覲之宮；辟廱，大射養孤之處；太學，衆學之居；靈臺，望氣之觀；清廟，訓儉之室，各有所爲，非一體也。古有王居明堂之禮，月令則其事也。天子居其中，學士處其內，君臣同處，死生參並，非其義也。明堂以祭鬼神，故亦謂之廟。明堂太廟者，明堂之內太室，非宗廟之太廟也。潁氏云：『公既視朔，遂登觀臺。以其言「遂」，故謂之同處。』夫遂者，遂事之名，不必同處也。馬融云：『明堂在南郊，就陽位。』而宗廟在國外，非孝子之情也。古文稱明堂陰陽者，所以法天道，順時政，非宗廟之謂也。融云：『告朔行政，謂之明堂。』夫告朔行政，上下同也，未聞諸侯有明堂之稱也。順時行政，有國皆然，未聞諸侯有居明堂者也。齊宣王問孟子：『人皆謂我毁明堂，毁諸，已乎？』孟子曰：『夫明堂者，王者之堂也。王欲行王政，則勿毁之矣。』夫宗廟之設，非獨王者也。若明堂即宗廟，不得曰『夫明堂，王者之宗廟也』。且説諸侯而教毁宗廟，爲人君而疑於可毁與否，雖復淺丈夫，未有是也。孟子，古之賢大夫，而皆子思弟子，去聖不遠，此其一證也。《尸子》曰：『昔武王崩，成王少，周公踐東宮，祀明堂，假爲天子。』明堂在左，故謂之東宮。王者而後有明堂，故曰『祀明堂，假爲天子』。此又其證也。」賈思伯議亦駁蔡説云：「《周禮》營國左祖右社，明堂在國之陽，則非天子太廟明矣。然則《禮記・月令》四堂及太室皆謂之廟者，當以天子暫配享五帝故耳。又《王制》云『周人養國老於東膠』，鄭注云：『東膠即辟雍，在王宮之東。』又《詩・大雅》云：『邕邕在宮，肅肅在廟。』鄭注云：『宮即辟雍宮也，所以助王養老則尚和，助祭則尚敬。』又不在明堂之驗矣。」案：袁、賈二家所論，足正諸説之謬。惟《尸子》説周公踐東宮，似非明堂，袁合爲一，則非也。明堂古制，外環以水，或通稱辟雍。徐養原云：「凡水形如璧，即曰辟雍。明堂自有辟雍，何必大學。」其説是也，然則明堂之辟雍，與大學辟雍絶異。若路寢、宗廟，則皆在王宮之中，與明堂地遠不相涉，其形制固亦絶不同也。凡宗廟、路寢、大學與明堂不同之説，互詳《宮人》、《大史》、《大司樂》疏。

室中度以几，堂上度以筵，宮中度以尋，野度以步，涂度以軌。

周文者，各因物宜爲之數。室中，舉謂四壁之內。

孫詒讓疏：「室中度以几」者，此汎論諸度之法也。几度，詳《司几筵》疏。戴震云：「馬融以爲几長三尺，六之而合二筵歟？」注云「周文者，各因物宜爲之數」者，賈疏云：「對殷已上質，夏度以步，殷度以尋，無異稱也。因物宜者，謂室中坐時馮几；堂上行禮用筵；宮中合院之内無几無筵，故用手之尋也；在野論里數皆以步，故用步；涂有三道，車從中央，故用車之軌，是因物所宜也。」云「室中，舉謂四壁之内」者，謂堂後室四壁之内也。賈疏云：「對宮中是合院之內。依《爾雅》，宮猶室、室猶宮者，是散文宮室通也。」詒讓案：《明堂位》孔疏引《尚書大傳》説路寢制，堂室並度以雉，則與明堂異，此經又不具也。詳《宮人》疏。

廟門容大扃七个，

大扃，牛鼎之扃，長三尺。每扃爲一个，七个二丈一尺。

孫詒讓疏：「廟門容大扃七个」者，以下並記廟寢諸門廣狹之制。廟門者，謂宗廟南向之大門也。都宮之門當亦同。廟在應門內之左，而門度則小於應門。依前注周明堂之門廣三筵，二丈七尺，則廟門減於明堂門六尺也。《説文・鼎部》引《周禮》扃作「鼏」，个作「箇」。段玉裁云：「《説文・鼎部》：『鼏，以木横貫鼎耳而舉之，從鼎冂聲。』此以郊冂之冂爲聲，讀如扃，古熒切。鼏，鼎蓋也，從鼎一聲。此以一下垂之一爲聲，讀如幎，莫狄切。鼏字下引《周禮》『廟門容大鼏七箇』。蓋作鼏作箇者，故書；作扃个者，今書也。今本《説文》有鼏無鼏，而鼏音莫狄切，正誤合二字爲一也。」案：段説分別鼏鼏二字是也。《説文・金部》鉉字注又云：「《易》謂之鉉，《禮》謂之鼏。」王引之謂《説文》「禮謂之鼏」，禮上當有「周」字，亦可與鼏字注互證。

又案：此經所記門制，並止詳廣度不及高度，他書亦無見文。竊謂古者兵車得入國門，乘車又得入宮門、廟門。依《總敘》兵車建兵六等之數，凡二丈四尺；而《輪人》乘車建蓋，凡一丈四尺。若然，國門之高度當在二丈四尺以上，宮廟門高度當在一丈四尺以上與？　注云「大扃，牛鼎之扃，長三尺」者，賈疏謂約《漢禮器制度》。案：扃，鼏之叚字。《士昏禮》、《公食大夫禮》陳鼎皆設扃鼏，注云：「扃，鼎扛，所以舉之者也。」牛鼎者，《聘禮》牢鼎九，實三牲魚腊等，以牛鼎爲首，形制亦最大。《淮南子・詮言訓》云：「函牛之鼎沸，而蠅蚋弗敢入。」許注云：「函牛，受一牛之鼎也。」《爾雅・釋器》云：「鼎，絶大謂之鼐。」牛鼎蓋即所謂鼐矣。《御覽・珍寶部》引阮諶《三禮圖》云：「牛鼎受一斛，天子飾以黄金，錯以白銀，諸侯飾以白金，有鼻目，以銅爲之，三足。」李氏《周易集解》引《九家易》説同。聶崇義云：「牛鼎，三足，如牛，每足上以牛首飾之。扃長三尺，漆丹，兩端各三寸。天子以玉飾兩端，諸侯以黄金飾兩端，亦各三寸，丹飾。」案：聶説扃天子以玉飾，即《易》《鼎》上九所謂玉鉉也。諸侯以金飾，即《鼎》六五所謂金鉉也。云「每扃爲一个，七个二丈一尺」者，以七乘三尺，得二丈一尺也。《特牲饋食禮》注云：「个猶枚也。今俗言物數有云若干個者，此讀然。」《方言》云：「箇，枚也。」案：个者，介之省，經典通借爲箇字，詳《梓人》疏。　闈門容小扃參个，廟中之門曰闈。小扃，膷鼎之扃，長二尺。參个，六尺。　孫詒讓疏：「闈門，容小扃參个」者，闈門爲廟中之小門，故其廣又狹於廟門。宮中小寢門及諸側門制亦當同。　注云「廟中之門曰闈」者，《保氏》注云：「闈，宮中之巷門。」此冢上廟門，故知其爲廟中小門。《襍記》記奔喪云：「夫人至入自闈門。」《士冠禮》云：「降自西階，適東壁，北面見于母。」注云：「適東壁者，出闈門也。時母在闈門之外，婦人入廟由闈門。」焦循云：「兩廟之閒有巷，婦人入廟，由巷入闈門也。不然，太祖廟之闈門外即昭穆廟，立於闈門外，豈立於昭穆廟乎？」案：焦説是也。蓋闈爲小門之通稱，廟側小門旁出，外通於巷，故亦謂之巷門。廟中闈門方位所在，無文。《襍記》孔疏云：「闈門謂東邊之門。」案：孔説蓋據《冠禮》爲説。焦循據《士虞禮》注云「闈門，如今東西掖門」，謂朝廟東西壁有二闈門。金鶚則謂東西北當有三闈門，各居當方之中。今攷《士冠禮》冠者自西階適東壁而出闈門者，以母適在東壁闈門之外，無由決西壁之必無闈門也。孔説與鄭《士虞》注義不合，殆未足馮。竊疑廟外都宮之周垣，當有東西北三闈門。其内前廟後寢，由寢達廟及昭穆二廟夾垣，並當有闈門，寢門出廟北，東西門在廟兩旁，則金説是也。凡天子七廟，諸侯五廟，皆有闈。《左》閔二年傳云：「共仲使卜齮賊公于武闈。」武闈疑即魯武公廟之側門，猶襄十一年傳云「盟諸僖閎」，杜注以爲僖公廟門。闈閎通稱，皆側門也。互詳《保氏》疏。云「小扃，膷鼎之扃，長二尺」者，賈疏云：「亦《漢禮器制度》知之。膷鼎亦牛鼎，但上牛鼎扃長三尺，據正鼎而言；此言膷鼎，據陪鼎三膷臐膮而説也。詒讓案：《聘禮》云：「陪鼎膷臐膮，蓋陪牛羊豕。」鄭《公食大夫禮》注云：「膷臐膮，今時腫也。牛曰膷，羊曰臐，豕曰膮。」蓋牢鼎九，以牛鼎爲首；陪鼎三，以膷鼎爲首。此小扃爲膷鼎之扃，即謂陪鼎之扃也。聶崇義云：「羊鼎之扃長二尺五寸，豕鼎之扃長二尺。」依聶説，則豕鼎扃與膷鼎同。云「參个六尺」者，以三乘二尺，得六尺也。經文例，凡命分字用「參」，紀數字用「三」。此「參个」爲紀數，而作參，下應門同，並與例不合；下章注作「三个」，亦與此注不同。疑經注並當作「三」，今本乃傳寫之誤。　路門不容乘車之五个，路門者，大寢之門。乘車廣六尺六寸，五个三丈三尺。言不容者，是兩門乃容之。兩門乃容之，則此門半之，丈六尺五寸。　孫詒讓疏：「路門不容乘車之五个」者，焦循云：「『乘車廣六尺六寸，五个得三丈三尺爲狹也。』云不容者，視三丈三尺爲狹也。」金鶚云：「記謂不容乘車之五个，則是四个有餘、五个不足之文。若是兩門乃容，當云容乘車五个之半矣。竊意路門廣三丈，蓋四个爲二丈六尺四寸，五个爲三丈三尺，折其一个之中，又足成整數而爲三丈，故曰不容乘車之五个也。天子路寢堂廣二十四丈，若門止一丈六尺五寸，殊爲不稱，可知其必有三丈也。」案：焦、金二説略同，並較鄭爲長。　注云「路門者，大寢之門」者，路寢之大門也。《大僕》云「建路鼓于大寢之門外」，注云：「大寢，路寢也。」是大寢即路寢，故門亦即名路門。天子五門，自外而入，路門爲第五，詳《閽人》疏。云「乘車廣六尺六寸」者，據《輿人》車廣與輪崇同。云「五个，三丈三尺」者，以五乘六尺六寸，得三丈三尺也。云「言不容者，是兩門乃容之」者，鄭意前經並言一門所容之度，此獨言不容，其度未明，故定爲兩門乃容之，明一門不得容也。云「兩門乃容之，則此門半之，丈六尺五寸」者，半三丈三尺，得丈六尺五寸也。焦循云：「廟門容大扃七个，得二丈一尺；應門容二徹參个，得二丈四尺。路門爲人君視朝之地，宜廣于諸門，不應小至一丈六尺，視應門止三之二也。」應門二徹參个。正門謂之應門，謂朝門也。二徹之内八尺，三个二丈四尺。　孫詒讓疏：「應門二徹參个」者，江永云：「此諸門之廣，皆并兩扉言之也。」賈《聘禮》疏云：「直舉應門，則臯、庫、雉亦同。」　注云「正門謂之應門，謂朝門也」者，據《爾雅・釋宫》文。洪頤煊云：「天子諸侯皆以路門外之治朝爲正朝，天子正朝之前有應門，故《爾雅》曰『正門謂之應門』。」云「二徹之内八尺」者，徹即軌也。軌廣八尺，故二徹之間八尺。云「三个二丈四尺」者，以三乘八尺，得二丈四尺也。

《周官義疏》卷四三《考工記之四》　夏后氏世室，堂脩二七，廣四脩一。

正義：鄭氏康成曰：脩南北之深也。夏度以步，令堂脩十四步，其廣益以四分脩之一，則堂廣十七步半。

趙氏溥曰：六尺爲步，十四步則八丈四尺；十七步半則十丈五尺也。

存疑：鄭氏康成曰世室者，宗廟也。魯廟有世室，牲有白牡，此用先王之禮。

案：以下丈五室九階推之，則此世室非廟也。凡宗廟，必前堂後室，中爲室，而東西兩房。堂上兩楹，以爲行禮之節。堂下兩階，以爲升降所由。天子、諸侯以下皆然。考之《覲禮》、《聘禮》、《公食大夫禮》及《書》之《顧命》，足以見其然矣。若五室九階者，則唯明堂耳。然則，此世室者即明堂，與鄭據《明堂位》「魯公之廟文世室、武公之廟武世室」之文，以此爲宗廟記文夸誕，本不足信。然當時有此語者，《周禮》祀上帝於明堂，以文王配之，人或因此以明堂爲文王廟，於是以世室之名被諸明堂，而廟、寢、明堂三者同制之誤，由兹起矣。或云周之明堂，夏謂之世室，故與廟寢制異；不言廟寢者，以其常制故不著也。

五室三四步四三尺。

正義：鄭氏康成曰：堂上爲五室，象五行也。三四步，室方也；四三尺，以益廣也。木室於東北，火室於東南，金室於西南，水室於西北，其方皆三步，其廣益之以三尺。土室於中央，方四步，其廣益之以四尺。此五室居堂，南北六丈，東西七丈。賈疏：中央之室大一尺者，以其在中，號爲大室，故多一尺也。此五室居堂，南北六丈，東西七丈者，以大室居中，四角之室皆於大室外，接四角爲之，大室四步，四角室各三步，則南北三室十步，故六丈；東西三室，中室二丈八尺，兩邊各二丈一尺，故七丈也。

九階。

正義：鄭氏康成曰：南面三，三面各二。賈疏：鄭知南面三階者明堂位，云三公中階之前北面東上諸侯之位，阼階之東西面北上諸伯之國，西階之西東面北上，故知南面三階也，知餘三面各二者。《大射禮》工人士與梓人升自北階。又《雜記》夫人至入自闈門，升自側階。《奔喪記》婦人奔喪升自東階。以此而言，四面有階可知。

存疑：賈氏公彦曰：賈馬諸家皆以爲九等階，以周殷差之，禹卑宫室，當一尺之堂爲九等之階，於義不可，故爲旁九階也。

案：賈馬諸家以爲九等階者，亦以宗廟不合有四面之九階故云爾。然以宗廟論，則不但無九階，并不當有五室。若明堂設爲五室，四面户牖，洞然開明，則四宇無壁，自當各有可升之階矣。疏謂禹卑宫室，此爲一尺之堂，蓋未必然。階必三級以上，然後可以爲行禮升降之節也。殷崇三尺，夏豈遽過之乎？又案：側階，謂東房之北階，以其西房無階，故曰側。婦人奔喪升自東階，即側階也。此不可爲三面階之證。賈氏病亦在牽合廟制耳。明堂之階，四面均布，惟多正中一階，宗廟與寢則阼階，西階直東西序之下，側堦在東房北堂之北，與明堂迥異。明堂九階，乃爲朝諸侯而設。

四旁兩夾窻。

正義：鄭氏康成曰：窻助户爲明，每室四户八窻。賈氏公彦曰：五室，室有四户，四户之旁皆有兩夾窻，則五室二十户、四十窻也。

白盛。

正義：鄭氏康成曰：蜃灰也，盛之言成也。以蜃灰堊牆，所以飾成宫室。賈疏：地官掌蜃，掌共白盛之蜃爾，推地謂之黝墻，謂之堊。堊即以蜃灰堊之也。

案：門窻之外皆壁，白盛所施也。白盛所以耀門窻而益之明也，若寢與廟之室，則鬼神尚幽闇，尊者所居曰奥，或不必盡白之。

門堂三之二。

正義：鄭氏康成曰：門堂，門側之堂，取數於正堂，令堂如上制，則門堂南北九步二尺，東西十一步四尺。《爾雅》：門側之堂謂之塾。

室三之一。

正義：鄭氏康成曰：兩室與門各居一分。賈氏公彦曰：此室即在門堂之上作之也。陳氏祥道曰：此門堂之室也。正堂南北十四步，門堂三分西得其二，爲九步二尺；室三分而得其一，則爲四步四尺矣。正堂東西十七步半，門堂三分而得其二，則爲十一步四尺；室三分而得其一，則爲五步五尺也。朱子曰：門堂通謂門與塾，其廣與脩取數於堂，得其三之二。室三之一者，兩室與門各居一分也。

案：門堂、室之制未詳，姑存注疏諸説，以俟參考。疑門屋東西之廣與正堂同，乃整方而相稱。堂三之二者，謂南北之深，與如正堂脩十四步，則門堂脩九步，三分步之一也。此堂兼室而言者也。中一間爲門，兩旁爲塾，於塾之中分堂與室，則室又得堂三之一焉，如門屋脩九步，三分步之一，則室得三步有奇。堂得六步有奇也。但外塾南鄉，内塾北鄉，各分堂與室，則止得其半數耳。

殷人重屋，堂脩七尋，堂崇三尺，四阿重屋。

正義：鄭氏康成曰：重屋者，王宫正堂，若大寢也。其脩七尋五丈六尺，放夏、周，賈疏：周在殷後，而言放者，猶言約夏周也。則其廣九尋七丈二尺也。五室各二尋。崇，高也。四阿，若今四注屋。賈疏：燕禮設洗當東霤，此四阿四霤者也。重屋，複笮也。賈疏：明堂位復廟重檐。注云：重檐，重承壁材也。複笮亦謂重承壁材。《爾雅》：屋上薄謂之筄。郭注：屋，笮也。案：笮所以承瓦，或編竹，或木爲之。《説文》：在瓦之下、棼之上。棼，複屋棟也。徐注云：複屋，背重梁。

案：殷人重屋，《記》不言五室，則或通論廟制寢制，未可知。鄭亦以五室言之，蓋即夏周而推也。又案：四注屋，四面各增兩檁而覆之。東西亦有霤，故四霤也。此所增之檁則謂之阿，與《左傳·成二年》椁有四阿，蓋倣此屋制。鄭注昏禮，以阿爲當脊之棟。似不類。

周人明堂，度九尺之筵，東西九筵，南北七筵，堂崇一筵。五室凡室二筵。度，戚待洛反，劉植路反。

正義：鄭氏康成曰：明堂者，明政教之堂，周度以筵，亦王者相改。賈疏：夏度以步，殷度以尋，周度以筵，是王者相改。賈氏公彦曰：直言凡室二筵，不言東西廣或五室皆方二筵，與夏異制也。

辨正：朱子曰：《禮經》雖亡闕，然於覲見天子之禮，於燕射聘食見諸侯之禮，餘則見大夫士之禮，宫室名制，不見其有異，特其廣狹降殺，有不可考耳。按《書·顧命》，成王崩於路寢，其陳位也，曰「設斧扆牖間，南嚮」，則户牖間也，西序東嚮，東序西嚮則東西序也。東房西房則左右房也。賓階面、阼階面則兩階前也。左塾之前、右塾之前，則門内之塾也。畢門之内則路寢門也，兩階阸則堂廉也。東堂西堂則東西箱也，東垂西垂則東西堂之宇階上也。側階則北階也。又曰「諸侯出廟門俟」，則與《士喪禮》殯宫曰廟合也。然則鄭氏謂天子廟及路寢如明堂制者，蓋未必然。《明堂位》與《考工》所記明堂之制度，非出於舊典，亦未敢必信也。李氏謐曰：明堂者，所以告月朔、布時令、宗文王、祀五帝者也。故五室者，合於五帝各居一室之義。其室居中者謂之太廟，當太室之東者謂之青陽，當太室之南者謂之明堂，當太室之西者謂之總章，當太室之北者謂之玄堂。鄭注：以宗廟、王寢、明堂互言之，以明其同制。夫《顧命》翼室即路寢也。其下曰東房西房，此路寢有左右房，見於經者也。《喪大記》君夫人卒於路寢，小斂，婦人髽帶麻於房中。鄭注云：房中則西房也。天子、諸侯有左右房。此路寢有左右房，見於注者也，同制之説，還相矛盾。通儒之論，何其然乎！

案：王寢與宗廟同制可也，謂寢廟與明堂同制，則反覆思之而必不可通，蓋誤解《明堂記》太廟天子明堂一句而云然。孔、賈因之，展轉轇轕，愈説愈迷。或云此記所言，三代雖有異名，總之皆爲明堂之制。姑存以俟考訂。

存異：鄭氏康成曰：此三者或舉宗廟，或舉王寢，或舉明堂，互言之，以明其同制。賈疏：其同制者，謂當代三者。其制同，非謂三代制同也。

總論：朱子曰：論明堂之制者非一，某竊意當有九室，如井田之制。東之中爲青陽，太廟東之南爲青陽，右个東之北爲青陽，左个南之中爲明堂。太廟南之東即東之南。爲明堂，左个南之西即西之南。爲明堂，右个西之中爲總章。太廟西之南即南之西。爲總章，左个西之北即北之西。爲總章，右个北之中爲玄堂。太廟北之東即東之北。爲玄堂，右个北之西即西之北。爲玄堂，左个中央爲太廟太室。凡四方之太廟，異方所其左右个，則青陽之右个乃明堂之左个，明堂之右个乃總章之左个，總章之右个乃玄堂之左个，玄堂之右个乃青陽之左个也。但隨其時之方位開門耳。太廟太室則每季十八日天子居焉。古人制事，多用井田遺意，此恐也是。案：朱子隨時之方位開門之説，至當不易。但以九室言，則用《大戴》所記與《考工》異，疑《考工》五室爲是。四方之太廟，當同所而異其方。楊氏復曰：明堂，王者所居，以出教令之堂，非王者之常居也。疏家云明堂在國之南丙巳之地，三里之外、七里之内，雖未可爲據，然其制必森嚴清静。周人祀上帝於明堂，而以文王配之者，此也。

案：明堂，蓋取嚮明而治之義，亦以四宇無壁，户牖洞然，取四匝通明之義。康成所謂中爲太室，而四室各居其隅，所以二十户四十牖，面面皆向空而通明也。康成所謂象五行者，意祀五帝之時其方位，然與五室之隅與隅相接無聞。趙氏溥謂：「室一筵或一步，以通路。」未必然。果爾，則溢於七筵之外矣。中一室爲太廟太室，所謂中央土也。其東向則曰青陽，太廟南向則曰明堂，太廟西向則曰總章，太廟北向則曰玄堂。太廟《月令》四仲皆居太廟，可見是一室。此一室，四時當四室，并中央土爲五室。東南隅之室，東向則曰青陽，右个南向則曰明堂，左个西南隅之室南向則曰明堂，右个西向則曰總章，左个西北隅之室西向則曰總章，右个北向則曰玄堂，左个東北隅之室北向則曰玄堂，右个東向則曰青陽，左个艮者萬物成始成終之地，冬春之交在焉。室於四隅以此。以中爲五而合隅之四，則九室之數賅焉。以中爲四而合隅之八，則十二辰之位備焉。凡所居皆閉其三面而開其一面，故隨所向之方而易其稱也。其室間所空四正之地爲堂，以堂之虚合室之實，又所謂井田之遺意也。

餘論：馬氏端臨曰：黄帝明堂制度，乃漢武帝時濟南人公玉帶所上《楊氏祭禮明堂篇》，以其不經而削之，然所言茅蓋通水，與《大戴》所記略同。又《考工》所記夏世室、殷重屋、周明堂，其制大概由質而趨於文，由狹而趨於廣。以是推之，黄帝無明堂則已，苟有之，則一殿無壁，蓋以茅，正太古儉朴之制，未可以其言之出並於封禪求仙之時，而例黜之也。

《春秋穀梁傳·文公十三年》 自正月不雨，至于秋七月。大室屋壞。大室屋壞者，有壞道也，譏不脩也。大室猶世室也。周公曰大廟，伯禽曰大室，羣公曰宫。禮：宗廟之事，君親割，夫人親舂，敬之至也。爲社稷之主，而先君之廟壞，極稱之，志不敬也。

《逸周書》卷六《明堂解第五十五》 周公攝政君天下，弭亂六年而天下大治。乃會方國諸侯於宗周，大朝諸侯明堂之位。天子之位，負斧扆南面立，率公卿士侍於左右。三公之位，中階之前，北面東上。諸侯之位，阼階之東，西面北上。諸伯之位，西階之西，東面北上。諸子之位，門内之東，北面東上。諸男之位，門内之西，北面東上。九夷之國，東門之外，西面北上。八蠻之國，南門之外，北面東上。六戎之國，西門之外，東面南上。五狄之國，北門之外，南面東上。四塞九□之國，世告至者，應門之外，北面東上。宗周明堂之位也。

明堂，明諸侯之尊卑也，故周公建焉，而明諸侯於明堂之位。

《吕氏春秋》卷二《仲春紀·仲春》　是月也，耕者少舍，乃修闔扇，寢廟必備。無作大事，以妨農功。

《墨子·明鬼下》　且惟昔者虞夏商周，三代之聖王，其始建國營都，日必擇國之正壇，置以爲宗廟。必擇木之脩茂者，立以爲菆位。必擇國之父兄慈孝貞良者，以爲祝宗。必擇六畜之勝腯肥倅毛以爲犧牲。珪璧琮璜，稱財爲度，必擇五穀之芳黄，以爲酒醴粢盛，故酒醴粢盛，與歲上下也。故古聖王治天下也，故必先鬼神而後人者，此也。

《國語·周語上》　古者，先王既有天下，又崇立上帝、明神而敬事之，於是乎有朝日、夕月以教民事君。諸侯春秋受職於王以臨其民，大夫、士日恪位著以儆其官，庶人、工、商各守其業以共其上。猶恐其有墜失也，故爲車服、旗章以旌之，爲贄幣、瑞節以鎮之，爲班爵、貴賤以列之，爲令聞嘉譽以聲之。猶有散、遷、懈慢而著在刑辟，流在裔土，於是乎有蠻、夷之國，有斧鉞、刀墨之民，而況可以淫縱其身乎？

《大戴禮記》卷八《明堂第六十七》　明堂者，古有之也。凡九室，一室而有四户八牖，三十六户，七十二牖。以茅蓋屋，上圓下方。明堂者，所以明諸侯尊卑。外水曰辟雍。南蠻，東夷，北狄，西戎。明堂月令。赤綴户也，白綴牖也。二九四七五三六一八。堂高三尺，東西九筵，南北七筵，上圓上方。九室十二堂，室四户，户二牖，其宫方三百步。在近郊，近郊三十里。或以爲明堂者，文王之廟也。朱草日生一葉，至十五日，生十五葉，十六日一葉落，終而復始也。周時德澤洽和，蒿茂大以爲宫柱，名蒿宫也。此天子之路寢也，不齊不居其屋。待朝在南宫，揖朝出其南門。

朱熹《朱子家禮》卷一《祠堂》　君子將營宫室，先立祠堂於正寢之東。祠堂之制：三間。外爲中門，中門外爲兩階，皆三級，東曰阼階，西曰西階。階下隨地廣狹，以屋覆之，令可容家衆敘立。又爲遺書、衣物、祭器庫及神厨。於其東繚以周垣，別爲外門，常加扃閉。若家貧地狹，則止爲一間，不立厨庫，而東西壁下置立兩櫃，西藏遺書、衣物，東藏祭器，亦可。正寢謂前堂也，地狹則於廳事之東亦可。凡祠堂所在之宅，宗子世守之，不得分析。凡屋之制，不問何向背，但以前爲南，後爲北，左爲東，右爲西。後皆放此。

徐乾學《讀禮通考》卷一二〇《廟制下》　乾學案：古寢廟之制，前爲堂，後爲室，室之左右爲房，此天子至於士庶，無不同者。蓋宫室有一定之式，不以尊卑而有異也。乃鄭康成注《儀禮》，謂天子、諸侯有東西房，大夫士止有東房而無西房。後之儒者莫不從之，而不敢背。夫《儀禮》一書，王侯之禮居其二，士大夫之禮居其八。若果無西房，則一切冠、昏、燕、射、喪、祭諸儀，行於户牖之間者，悉在於西偏而不得在其中間矣。豈古制果如是乎？獨陳用之覺其謬，力言大夫、士皆有西房。其説甚善。朱子雖以西房爲宜有而未敢决言，楊信齋作《儀禮圖》深以陳氏爲是，而立説則尚從其舊。夫《聘禮·賓館》于大夫士明言退負右房，則大夫士之有西房，經固言之矣。經文言之而諸家猶執鄭氏之解是，豈注疏可信而禮經反不可信與？愚今折衷衆論，定爲此圖，雖有戾於注疏之説，竊以爲，古人之制當必如是而後得其正也。敢以質於知禮者焉。又案：夾室之制，先儒多謂在庭之兩旁，東西相向。愚考《尚書·顧命》，明言西夾南向，則非東西相向可知，而謂在庭之兩旁乎？蓋謂之夾者，以夾於正寢之堂而得名也。故今定以東序之左爲東夾，西序之右爲西夾。若夫《爾雅》有東西箱曰廟之文，正指堂上兩旁之夾室言，而非如後世之東西箱房也。

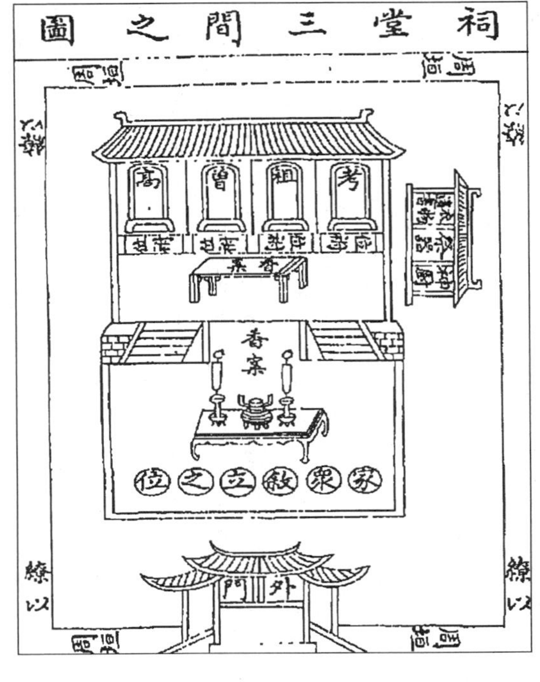

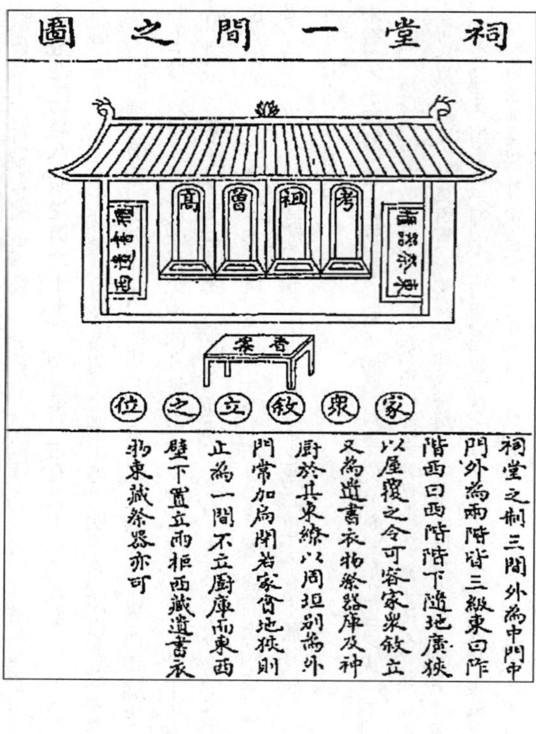
祠堂一間之圖
考
祖
曾
高
香案
家衆敍立之位
祠堂之制三間外爲中門中門外爲兩階皆三級東曰阼階西曰西階階下隨地廣狹以屋覆之令可容家衆敍立又爲遺書衣物祭器庫及神廚於其東繚以周垣別爲外門常加扃閉若家貧地狹則止爲一間不立廚庫而東西壁下置立兩柜西藏遺書衣物東藏祭器亦可

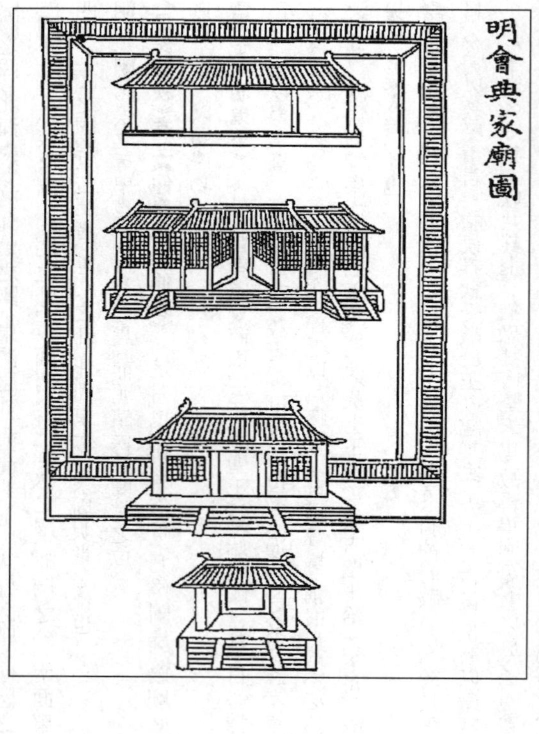
明會典家廟圖

顧起元《說畧》卷二〇《居室》 明堂制。今禮戴說，《禮・盛德記》曰：明堂自古有之，凡有九室，室有四戶八牖，三十六戶七十二牖。以茅蓋屋，上圓下方，所以朝諸侯，其外有水名曰辟廱。明堂月令說云明堂高三丈，東西九仞，南北七筵，上圓下方，四堂十二室，室四戶八牖，宮方三百步，在近郊三十里。講學大夫淳于登說明堂在國之陽，三十里之外，七里之內，丙巳之地，而祀之就陽位。上圓下方，八牕四闥，布政之宮，故稱明堂。明堂，盛貌，周公祀文王於明堂，以配上帝，上帝五精之神，太微之庭中有五帝座星。古周禮孝經說明堂，文王之廟，夏后氏曰世室，殷人曰重屋，周人曰明堂。東西九筵，筵九尺，南北七筵，堂崇一筵。五室，凡室二筵，蓋之以茅。謹按，今禮、古禮各以其義說，說無明文，何以知之？鄭玄駁之云：禮戴所云，雖出《盛德記》，云九室三十六戶七十二牖，似秦相吕不韋作《春秋》時說者，蓋非古制也。四堂十二室，字誤，本書云九室十二堂。淳于登之言，取義於《孝經援神契》說宗祀文王於明堂以配上帝，曰明堂者，上圓下方，八牕四闥，布政之宮，在國之陽。帝者，諦也，象上可承五精之神。五精之神實在太微，於辰爲巳，是以登云然。今漢說立明堂於丙巳，由此爲也。水木用事，交於東北。木火用事，交於東南。火土用事，交於中央。金土用事，交於西南。金水用事，交於西北。周人明堂五室，帝一室，合於數。如鄭此言，是明堂用淳于登之說，禮戴說而明堂辟廱是一。古《周禮》《孝經》說以明堂爲文王廟。又《僖五年》，公既視朔，遂登觀臺。服氏曰：人君入太廟視朔告朔，天子曰靈臺，諸侯曰觀臺，在明堂之中。又《文二年》服氏云：明堂，祖廟，並與鄭說不同者。按，《王制》云：小學在公宮南之左，大學在郊。又云：天子曰辟廱，辟廱是學也，不得與明堂同爲一物。又天子宗廟在雉門之外，《孝經緯》云：明堂在國之陽。又此云聽朔於南門之外，是明堂與祖廟別處，不得爲一也。《孟子》云：齊宣王問曰：人皆謂我毀明堂。孟子對曰：夫明堂者，王者之堂也。王欲行王政，則勿毀之矣。是王者有明堂，諸侯以下皆有廟，又知明堂非廟也。以此故，鄭皆不用，具於鄭駁異義也，云每月就其時之堂而聽朔焉者，月令孟春居青陽左个，仲春居青陽太廟，季春居青陽右个，以下所居各有其處，是每月就其時之堂也。云卒事，反宿路寢，亦如之者。路寢既與明堂同制，故知反居路寢亦如明堂，每月異所，反居路寢，謂視朔之一日也。其餘日，即在燕寢視朝，則恒在路門外也。

孫希旦《禮記集解》卷三一《明堂位第十四》 昔者周公朝諸侯于明堂之位，天子負斧依，南鄉而立。三公，中階之前，北面，東上。諸侯之位，阼階之東，西面，北上。諸伯之國，西階之西，東面，北上。諸子之國，門東，北面，東上。諸男之國，門西，北面，東上。九夷之國，東門之外，西面，北上。八蠻之國，南門之外，北面，東上。六戎之國，西門之外，東面，南上。五狄之國，北門之外，南面，東上。九采之國，應門之外，北面，東上。四塞，世告至。此周公明堂之位也。明堂也者，明諸侯之尊卑也。

大廟，天子明堂。庫門，天子皐門。雉門，天子應門。振木鐸於朝，天子之政也。

山節，藻梲，複廟，重檐，刮楹，達鄉，反坫，出尊，崇坫，康圭，疏屏，天子之廟飾也。

孫希旦《禮記集解》卷四五《祭法第二十三》 天下有王，分地建國，置都立邑，設廟、祧、壇、墠而祭之，乃爲親疏多少之數。是故王立七廟、一壇、一墠：曰考廟，曰王考廟，曰皇考廟，曰顯考廟，曰祖考廟，皆月祭之；遠廟爲祧，有二祧，享嘗乃止。去祧爲壇，去壇爲墠。壇、墠，有禱焉祭之，無禱乃止。去墠曰鬼。諸侯立五廟、一壇、一墠：曰考廟，曰王考廟，曰皇考廟，皆月祭之；顯考廟、祖考廟，享嘗乃止。去祖爲壇，去壇爲墠。壇、墠，有禱焉祭之，無禱乃止。去墠爲鬼。大夫立三廟、二壇：曰考廟，曰王考廟，曰皇考廟，享嘗乃止。顯考、祖考無廟，有禱焉，爲壇祭之。去壇爲鬼。適士二廟、一壇：曰考廟，曰王考廟，享嘗乃止。顯考無廟，有禱焉，爲壇祭之。去壇爲鬼。官師一廟：曰考廟。王考無廟而祭之。去王考爲鬼。庶士、庶人無廟，死曰鬼。

王爲羣姓立社，曰大社；王自爲立社，曰王社。諸侯爲百姓立社，曰國社；諸侯自爲立社，曰侯社。大夫以下，成羣立社，曰置社。

王爲羣姓立七祀：曰司命，曰中霤，曰國門，曰國行，曰泰厲，曰户，曰竈；王自爲立七祀。諸侯爲國立五祀：曰司命，曰中霤，曰國門，曰國行，曰公厲；諸侯自爲立五祀。大夫立三祀：曰族厲，曰門，曰行。適士立二祀：曰門，曰行。庶士、庶人立一祀：或立户，或立竈。

紀事

漢

佚名《三輔黄圖》卷五《明堂》 周明堂。明堂所以正四時，出教化，天子布政之宫也。黄帝曰合宫，堯曰衢室，舜曰總章，夏后曰世室，殷人曰陽館，周人曰明堂。先儒舊説，其制不同。或曰：明堂在國之陽。《大戴禮》云：明堂九室，一室有四户八牖，凡三十六户七十二牖，以茅蓋屋，上圓下方。《援神契》曰：明堂上圓下方，八窻四牖。《考工記》云：明堂五室。稱九室者，取象陽數也。八牖者，陰數也，取象八風。三十六户牖，取六甲之文，六六三十六也。上圓象天，下方法地，八窻即八牖也，四闥者象四時四方也，五室者象五行也。皆無明文，先儒以意釋之耳。《禮記·明堂位》曰：朝諸侯于明堂之位，天子負斧扆南鄉而立。明堂也者，明諸侯之尊卑也。制禮作樂，頒度量而天下服，知明堂是布政之宫也。又《孝經》曰：宗祀文王於明堂，以配上帝。則周有明堂也明矣。

漢明堂在長安西南七里。《漢書》曰：武帝初即位，嚮儒術，以文學爲本，議立明堂於城南，以朝諸侯。應劭注云：漢武帝造明堂，王莽修飾令大。《漢書》：武帝建元元年，議立明堂，遣使者安車蒲輪，束帛加璧，徵魯申公。又《郊祀志》：初，天子封泰山，泰山東北阯古時有明堂，處處險不敞。上欲治明堂奉高帝，未曉其制度。濟南人公玉帶上黄帝時明堂圖，明堂中有一殿，四面無壁，以茅蓋；通水，水圜宫垣；爲複道，上有樓，從西南入，名曰崑崙。天子從之，入以拜祀上帝焉。於是上令奉高作明堂汶上，如帶圖。及是歲修東封，則祀太乙五帝於明堂上坐，合高皇帝祠坐對之，祠后土於下房，以二十太牢。天子從崑崙道入，始拜明堂如郊禮。是歲元豐五年也。本紀元豐二年秋，作明堂于泰山下。五年春三月，至泰山增封。甲子，祠高祖于明堂，以配上帝。太初元年冬十月，行幸泰山。十一月甲子朔旦冬至，祀上帝於明堂。

佚名《三輔黄圖》卷五《宗廟》 宗，尊也；廟，貌也；所以髣髴先人尊貌也。漢立四廟，祖宗廟異處，不序昭穆。太上皇廟在長安西北長安故城中，香室街南，鴻翔府北。《關輔記》曰：在酒池北。

高祖廟在長安西北故城中。《關輔記》曰：秦廟中鍾四枚，皆在漢高祖廟中。《三輔舊事》云：高廟鍾重十二萬斤。《漢書儀》云：高祖廟鍾十枚，各受十石，撞之，聲聞百里。《漢書》：文帝時盜取高廟玉環故事。又云：光武至長安宮闕，以宗廟燒蕩爲墟，乃徙都洛陽。取十廟合於高廟，作十二室。太常卿一人別治長安，主知高廟事。高廟有便殿。凡言便殿、便室、便坐者，皆非正大之處，所以就便安也。

高園於陵上作之，既有正寢，以象平生正殿路寢也；又立便殿於寢側，以象休息閒宴之處也。

孝惠更於渭北建高帝廟，謂之原廟。

惠帝廟，在高帝廟後。

文帝廟，號顧成廟。孝文四年，作顧成廟，在長安城南。文帝自爲廟，制度逼狹，若顧望而成，猶文王靈臺不日成之，故曰顧成也。

景帝廟，號德陽宮。景帝中四年，造德陽宮。蓋帝自作之，諱不言廟，故號爲宮。《故事》云：景帝造德陽宮。

武帝廟，號龍淵。今長安西茂陵東有其處，作銅飛龍，故以冠名。武帝元光四年，河決濮陽，發卒十萬救河決，起龍淵之宮，取此爲名。武帝廟不言宮。

昭帝廟，號徘徊。

宣帝廟，號樂遊。在杜陵西北。神爵三年，宣帝立廟於曲池之北，號樂遊。按：其處則今呼樂遊闕是也，因樂遊苑得名。

元帝廟，號長壽。

成帝廟，號陽池。

太上皇高祖父也。有寢廟園、原廟，昭靈后、高祖母也。武哀王、高祖兄也。昭哀后、高祖嫂也。皆有園。孝惠皇帝有寢廟園，孝文太后、孝昭太后皆有寢園，衛思后、戾太子母。皇祖悼考皆有廟園。宣帝父史皇孫。廟曰奉明。

元成之世，祖宗廟在郡國者六十八，合百六十七所。京師自高祖至宣帝，與太上皇、悼皇考，各自居陵旁立廟，并爲百七十六。又園中各有寢便殿，日祭於寢，月祭於殿，時祭於便殿。寢日四上食，廟歲二十五祠，便殿四歲祠，又月一遊衣冠。四時祭宗廟用大牢，列侯皆獻酎金以助祭。諸侯王及列侯，歲時詣京師侍祠助祭。《漢儀》：諸侯王歲以户口酎黄金於漢廟，皇帝臨受獻金。金不如斤兩，色惡，王削縣，侯免國。注云：因八月嘗酎會諸侯廟中，出金助祭，謂之酎金。酎，正月旦作酒，八月成，三重釀醇酒也，味厚，故以薦宗廟。金，黄金也，不如法者，奪爵。又册封諸王，必於祖廟册命之，示不敢專也。武帝元狩六年夏四月乙巳，立皇子閎爲齊王，旦燕王，胥廣陵王，於廟中册命。漢制，封皇子爲王者，其實古諸侯也。周末諸侯或稱王，而漢天子自以皇帝爲稱，故以王號加之，總名爲諸侯王。

新莽，壞徹城西苑中建章、承光、包陽、大臺、儲元宮，及平樂、當路、陽禄館，凡十餘所，取其材瓦，以起九廟。莽曰：予卜波水之北，郎池之南，惟玉食。予又卜金水之南，明堂之西，亦惟玉食。予將親築於是。遂營長安城南，提封百頃。莽又親舉築三下。九廟：一黄帝，二虞帝，三陳胡王，四齊敬王，五濟北愍王，六濟南悼王，七元成孺王，八陽平頃王，九新都顯王。殿皆重屋。太初祖廟，東西南北各四十丈，高十七丈。餘廟半之。爲銅欂櫨，飾以金銀琱文，窮極百工之巧，帶高增下，功費數百鉅萬，卒徒死者數萬。

《漢書》卷九九下《王莽傳》 望氣爲數者多言有土功象，莽又見四方盜賊多，欲視爲自安能建萬世之基者，乃下書曰：「予受命遭陽九之戹，百六之會，府帑空虛，百姓匱乏，宗廟未修，且祫祭於明堂太廟，夙夜永念，非敢寧息。深惟吉昌莫良於今年，予乃卜波水之北，郎池之南，惟玉食。予又卜金水之南，明堂之西，亦惟玉食。予將（新）〔親〕築焉。」於是遂營長安城南，提封百頃。九月甲申，莽立載行視，親舉築三下。司徒王尋、大司空王邑持節，及侍中常侍執法杜林等數十人將作。崔發、張邯説莽曰：「德盛者文縟，宜崇其制度，宣視海內，且令萬世之後無以復加也。」莽乃博徵天下工匠諸圖畫，以望法度算，及吏民以義入錢穀助作者，駱驛道路。壞徹城西苑中建章、承光、包陽、大臺、儲元宮及平樂、當路、陽禄館，凡十餘所，取其材瓦，以起九廟。是月，大雨六十餘日。令民入米六百斛爲郎，其郎吏增秩賜爵至附城。九廟：一曰黄帝太初祖廟，二曰帝虞始祖昭廟，三曰陳胡王統祖穆廟，四曰齊敬王世祖昭廟，五曰濟北愍王王祖穆廟，凡五廟不墮云；六曰濟南伯王尊禰昭廟，七曰元城孺王尊禰穆廟，八曰陽平頃王戚禰昭廟，九曰新都顯王戚禰穆廟。殿皆重屋。太初祖廟東西南北各四十丈，高十七丈，餘廟半之。爲銅薄櫨，飾以金銀琱文，窮極百工之巧。帶高增下，功費數百鉅萬，卒徒死者萬數。【略】〔地皇〕三年正月，九廟蓋構成，納神主。莽謁見，大駕乘六馬，以五采毛爲龍文衣，著角，長三尺。華蓋車，元戎十乘在前。因賜治廟者司徒、大司空錢各千萬，侍中、中常侍以下皆封。封都匠仇延爲邯淡里附城。

酈道元《水經注》卷二四《汶水》 漢武帝元封元年，封泰山，降坐明堂于山之東北阯。武帝以古處險狹而不顯也，欲治明堂于奉高傍，而未曉其制。濟南人公玉帶上黄帝時《明堂圖》。《圖》中有一殿，四面無壁，以茅蓋之，通水，圜宫垣爲複道，上有樓，從西南入，名曰崑崙。天子從之入，以拜祀上帝焉。于是上令奉高作明堂于汶上，如帶圖也。古引水爲辟雝處，基瀆存焉，世謂此水爲石汶。《山海經》曰：環水出泰山東流注于汶，即此水也。

徐天麟《東漢會要》卷四《禮二·吉禮·宗廟》 光武帝建武二年正月，立高廟于雒陽。四時祫祀，高帝爲太祖，文帝爲太宗，武帝爲世宗，如舊。餘帝四時春以正月，夏以四月，秋以七月，冬以十月及臘，一歲五祀。三年正月，立親廟雒陽，祀父南頓君以上至春陵節侯。時寇賊未夷，方務征伐，祀儀未設。至十九年，盜賊討除，戎事差息，于是五官中郎將張純與太僕朱浮奏言：「禮，爲人後者則爲之子，既事大宗，大宗謂元帝。則降其私親。今禘祫高廟，陳序昭穆，而春陵四世，君臣並列，以卑厠尊，不合禮意。昔高帝以自受命，不由太上，宣帝以孫後祖，不敢私親，故爲父立廟，獨羣臣侍祠。臣愚謂宜除今親廟，以則二帝舊典，願下有司，博采其議。」詔下公卿，大司徒戴涉、大司空竇融議：「宜以宣、元、成、哀、平五帝四世代今親廟，宣、元皇帝尊爲祖、父，可親奉祠，成帝以下，有司行事，別爲南頓君立皇考廟。其祭上至春陵節侯，羣臣奉祠，以明尊尊之敬，親親之恩。」時議有異，不著。上可涉等議，詔曰：「以宗廟處所未定，且祫祭高廟。其成、哀、平且祠祭長安故高廟。其南陽春陵歲時各且因故園廟祭祀。園廟去太守治所遠者，在所令長行太守事侍祠。惟孝宣帝有功德，其上尊號曰中宗。」于是雒陽高廟四時加祭孝宣、孝元，凡五帝。其西廟成、哀、平三帝主，四時祭于故高廟。東廟京兆尹侍祠，冠衣車服如太常祠陵廟之禮。南頓君以上至節侯，皆就園廟。南頓君稱皇考廟，鉅鹿都尉稱皇祖考廟，鬱林太守稱皇曾祖考廟，節侯稱皇高祖考廟，在所郡縣侍祠。《張純傳》及《祭祀志》。

光武皇帝崩，明帝即位，以光武帝撥亂中興，更爲起廟，號曰世祖廟。以元帝于光武爲穆，故雖非宗，不毁也。後遂爲常。《祭祀志》。

明帝永平三年十月，烝祭光武廟，初奏《文始》、《五行》、《武德》之舞。詳見《樂》類。

明帝臨終，遺詔遵儉無起寢廟，藏主于光烈皇后更衣別室。《志》云光武廟更衣。孝章即位，有司奏言：「孝明皇帝聖聖淳茂，功烈光于四海，仁風行于千載。而深執謙謙，無起寢廟，掃地而祭，除日祀之法，省送終之禮，遂藏主于光烈皇后更衣別室。臣以爲更衣在中門之外，處所殊別，宜尊廟曰顯宗，其四時禘祫，于光武之堂，間祀悉還更衣，共進《武德》之舞，如孝文皇帝祫祭高廟故事。」制曰：「可。」《紀》。

章帝臨崩，遺詔無起寢廟，廟如先帝故事。和帝即位，不敢違，上尊號曰肅宗。後帝承尊，皆藏主于世祖廟，積多無別，是後顯宗但爲陵寢之號。永元中，和帝追尊其母梁貴人曰恭懷皇后，陵曰西陵。以竇后配食章帝，恭懷皇后別就陵寢祭之。初，有司奏言：「孝章皇帝崇弘鴻業，德化普洽，垂意黎民，留念稼穡。文加殊俗，武暢方表，界惟人面，無思不服。巍巍蕩蕩，莫與比隆。《周頌》曰：『於穆清廟，肅雍顯相。』請上尊廟曰肅宗，共進《武德》之舞。」制曰：「可。」本紀及《祭祀志》。

和帝崩，廟號穆宗。本紀。

殤帝生三百餘日而崩，鄧太后以尚嬰孩，故不列于廟，就陵寢祭之而已。《祭祀志》。

安帝以清河孝王子即位，建光元年，追尊其祖母宋貴人曰敬隱后，陵曰敬北陵。亦就陵寢祭，太常領如西陵。追尊父清河孝王曰孝德皇，母曰孝德后，清河嗣王奉祭而已。同上。

安帝以讒害大臣，廢太子，及崩，無上宗之奏。後以自建武以來無毁者，故遂常祭，因以其陵寢之號而稱恭宗。《祭祀志》。下同。

順帝即位，追尊其母曰恭愍后，陵曰恭北陵。就陵寢祭，如敬北陵。

順帝崩，有司奏言：「孝順皇帝弘秉聖哲，龍興統業，稽乾則古，欽奉鴻烈。寛裕晏晏，宣恩以極，躬自菲薄，以崇玄默。遺詔貽約，顧念萬國。衣無製新，玩好不飾。塋陵損狹，不起寢廟，遵履前制，敬敕慎終，有始有卒。《孝經》曰：『愛敬盡于事親，而德教加于百姓。』《詩》云：『敬慎威儀，惟民之則。』臣請上尊號曰敬宗廟。天子世世獻奉，藏主祫祭，進武德之舞，如祖宗故事。」露布奏可。《東觀書》。

沖帝、質帝皆小崩，梁太后以殤帝故事，就陵寢祭。凡祠廟訖，三公分祭之。《祭祀志》。

桓帝以河間孝王孫蠡吾侯即位，亦追尊祖考，王國奉祀。《八王傳》。

桓帝崩，上尊號曰威宗，無嗣。靈帝以河間孝王曾孫解瀆侯即位，亦追尊祖考。《祭祀志》。

靈帝時，京都四時所祭高廟五主，世祖廟七主，少帝三陵，追尊后三陵，凡牲用十八太牢，皆有副倅。故高廟三主親毀之後，亦但殷祭之歲奉祠。《決疑要注》曰：「毀廟主藏廟外户之外，西牖之中。有石函，名曰宗祏。函中有笥，以盛主。親盡則廟毀，毀廟之主藏于始祖之廟。一世爲祧，祧猶四時祭之。二世爲壇，三世爲墠，四世爲鬼，祫乃祭之，有禱亦祭之。【略】

初平中，蔡邕等以和帝以下，功德無殊，而有過差，不應爲宗，及餘非宗者追尊三后，皆奏毀之。四時所祭，高廟一祖二宗，及近帝四，凡七帝。

古不墓祭，漢諸陵皆有園寢，承秦所爲也。説者以古宗廟前廟後寢，以象人之居前有朝後有寢也。《月令》「先薦寢廟」，《詩》「寢廟奕奕」，言相通也。廟以藏主，四時祭。寢有衣冠几杖象生之具，以薦新物。秦始出寢，起于墓側，漢因不改，故陵上稱寢殿，起居衣服象生人之具，古寢之意也。《祭祀志》

梁太后臨朝，以殤帝幼崩，廟次宜在順帝下。太常馬訪奏宜如詔書，諫議大夫呂勃以爲應依昭穆之序，先殤帝，後順帝。詔下公卿。大鴻臚周舉議曰：「《春秋》魯閔公無子，庶兄僖公代立，其子文公遂躋僖公于閔上。孔子譏之，《書》曰：『有事于太廟，躋僖公。』《傳》曰：『逆祀也。』及定公正其序，《經》曰『從祀先公』，爲萬世法也。今殤帝在先，于秩爲父，順帝在後，于親爲子，先後之義不可改，昭穆之序不可亂。呂勃議是也。」太后從之，遂下詔曰：「孝殤皇帝雖不永休祚，而即位踰年，君臣禮成。孝安皇帝承襲統業，而前世遂令恭陵在康陵上，先後相踰，失其次序，非所以奉宗廟之重，垂無窮之制。昔定公追正順祀，《春秋》善之。其令恭陵次康陵，憲陵次恭陵，以序親秩，爲萬世法。」《周舉傳》及本紀。

獻帝元初二年，有司奏議宗廟迭毀。左中郎將蔡邕議曰：「漢承秦滅學之後，宗廟之制，不用周禮。每帝即世，輒立一廟，不止于七，不列昭穆，不定迭毀。孝元帝時，丞相匡衡、御史大夫貢禹始建大議，請依典禮。孝文、孝武、孝宣皆以功德茂盛，爲宗不毀。孝宣尊崇孝武，廟稱世宗。中正大臣夏侯勝猶執異議，不應爲宗。至孝成皇帝，議猶不定。太僕王舜、中壘校尉劉歆據經傳義處不可毀，上從其議。古人據正重順，不敢私其君父，如此其至也。後遭王莽之亂，光武皇帝受命中興，廟稱此祖。孝明皇帝政參文、宣，廟稱顯宗。孝章皇帝至孝烝烝，仁恩博大，廟稱肅宗。比方前世，得禮之宜。自此以下，政事多釁，權移臣下，嗣帝殷勤，各欲褒崇至親。而臣下懦弱，莫敢執夏侯之直。今朝廷遵古復禮，以求厥中，誠合事宜。孝元皇帝世在第八，光武皇帝世在第九，故以元帝爲考廟，尊而奉之。孝明尊述，亦不敢毀。孝和以下，穆宗、恭宗、敬宗、威宗之號皆宜省去。五年而再殷祭，祫食于太祖，以遵先典。」議遂施行。《袁紀》及《志》注。

臣天麟按：古者天子七廟，三昭三穆，與太祖之廟而七。其制則外爲都宮，太祖在北，三昭三穆以次而南。周以后稷始封，文、武受命而王，是以三廟不毀，與親廟四而七。非有后稷始封，文、武受命之功者，皆當五廟而迭毀，親親之殺，示有終也。西都草創，禮制缺略，諸帝之廟，各自居陵旁立之，其都宮之制，昭穆之位，不復如古，然猶不失獨專一廟之尊也。郡國之立祖宗廟，京師之立原廟，雖背經違古，然猶幸罷廢于中世之後也。元帝時，貢禹建迭毀之議，韋玄成、匡衡、劉歆等考据明白，本末具在。世祖中興，固望其一正典禮，合先王七廟之制度。考之于史，建武所立親廟四，言者首議其非；永平所立世祖廟，又與高廟異處，無復昭穆之序。明帝臨終，遺詔藏主于光烈皇后更衣別室。章帝而下，莫敢或違，徒務爲抑損之私，而不知禮義之正。末年遂至高廟五主，世祖廟七主，其瀆亂不經，未有如是之甚者。噫！東都儒者如張純、朱浮、曹褒、鄭玄之儔，皆號稱明習典禮，而獨不能復古人七廟之制。魏、晉循之，遂不能革，而先王宗廟之禮始盡廢矣。惜哉！

《〔乾隆〕泰安府志》卷四《古跡志》 周明堂遺址，縣東北五十里。古帝王巡狩、朝諸侯之所。《史記·封禪書》：泰山東北阯，古時有時堂處。是也，旁有谷山寺。其形勝具党懷英《寺碑記》。按：周人明堂度九尺之筵，東西九筵，南北七筵，堂崇一筵。五室，凡室二筵。室中度以几，堂上度以筵，宫中度以尋，野度以步，涂度以軌。廟門容大扃七个，闈門容小扃三个。天子負斧扆南嚮而立。三公，中階之前，北面東上。諸侯之位，阼階之東，西面北上。諸伯之國，西階之西，東面北上。諸子之國，門東，北面東上。諸男之國，門西，北面東上。九夷之國，東門之外，西面北上。八蠻之國，南門之外，北面東上。六戎之國，西門之外，東面南上。五狄之國，北門之外，南面東上。九采之國，應門之外，北面東上。四塞，世告至。此周公明堂之位也。

漢明堂遺址，縣東十里。《水經注》：汶水東南流逕南明堂下。漢武帝元封元年，封泰山，降坐明堂，於山之東北阯。武帝以古處嶮狹而不顯也，欲治明堂於奉高旁，而未曉其制。濟南人公玉帶上黃帝時明堂圖，圖中有一殿，四面無壁，以茅蓋之，通水。圜宫垣爲複道，上有樓，從西南入，名曰崑崙。天子從之入以拜祀上帝焉。於是上令奉高作明堂於汶水，如帶圖也。古引水爲辟雍處，基瀆存焉。

三國

《三國志・魏書》卷一《武帝紀》注　《魏書》曰：長吏受取貪饕，依倚貴勢，歷前相不見舉；聞太祖至，咸皆舉免，小大震怖，姦宄遁逃，竄入他郡。政教大行，一郡清平。初，城陽景王劉章以有功於漢，故其國爲立祠，青州諸郡轉相倣效，濟南尤盛，至六百餘祠。賈人或假二千石輿服導從作倡樂，奢侈日甚，民坐貧窮，歷世長吏無敢禁絶者。太祖到，皆毀壞祠屋，止絶官吏民不得祠祀。及至秉政，遂除姦邪鬼神之事，世之淫祀由此遂絶。

《三國志・魏書》卷二《文帝紀》　〔黄初五年〕十二月，詔曰：「先王制禮，所以昭孝事祖，大則郊社，其次宗廟，三辰五行，名山大川，非此族也，不在祀典。叔世衰亂，崇信巫史，至乃宮殿之内，户牖之閒，無不沃酹，甚矣其惑也。自今，其敢設非祀之祭，巫祝之言，皆以執左道論，著于令典。」是歲穿天淵池。

《三國志・魏書》卷三《明帝紀》　初，洛陽宗廟未成，神主在鄴廟。〔太和三年〕十一月，廟始成，使太常韓暨持節迎高皇帝、太皇帝、武帝、文帝神主于鄴，十二月己丑至，奉安神主于廟。

《三國志・魏書》卷二四《韓暨傳》　〔黄初七年〕時新都洛陽，制度未備，而宗廟主祏音石。皆在鄴都。暨奏請迎鄴四廟神主，建立洛陽廟，四時蒸嘗，親奉粢盛。崇明正禮，廢去淫祀，多所匡正。

錢儀吉《三國會要》卷七《禮一・廟制》　章武元年立宗廟，祫祭高皇帝以下。裴松之曰：「先主雖云出自景帝，而世數悠遠，昭穆難明，既紹漢祚，不知以何帝爲元祖以立親廟。于時英賢作輔，儒生在官，宗廟制度，必有憲章，而載記闕略，良可恨哉！」

按後主出降，北地王諶哭于昭烈之廟，則先主蓋别立廟。譙周《禮祭集志》：「天子之廟，始祖及高曾祖考皆月朔加薦，以象平生朔食也，謂之月祭。二祧之廟無月祭，凡五穀成熟，珍物新成，天子以薦宗廟。其月朔及臘、薦新皆奠無尸，故羣廟皆一朝之間盡畢。」《通考》。又曰：「四時祭告，各于其廟中神位奥西牆下東向，諸侯廟木主在尸之南，爲在尸上也，東向以南爲上。」《通典》。

建安十八年，曹操爲魏公，始建宗廟于鄴。二十一年二月甲午春祠，令曰：「議者以爲祠廟上殿當解履，吾受錫命帶劍不解履，今有事于廟而解履上殿，是尊先公而替王命也。又臨祭就洗，以手擬水而不盥，夫盥以潔爲敬，故吾親受水而盥也。又降神禮訖，下階就幕而立，須奏樂畢，竟若似不衎烈祖遲祭不速訖也，故吾坐俟樂闋送神乃起也。受胙納袖以授侍中，此爲恭敬不終實也。古者親執祭事，故吾親納于袖，終抱而歸也。」《魏書》。文帝受禪，追尊祖嵩曰太皇帝，考曰武皇帝。黄初二年六月，以洛京宗廟未成，乃祠武皇帝于建始殿，親饋奠如家人禮。四年，有司奏立二廟，乃立太皇帝廟，大長秋騰與高祖節合祭，親盡以次毁。特立武皇帝廟，四時享祀，爲魏太祖，百世不毁。明帝太和三年，追尊大長秋爲高皇帝，夫人吴氏曰高皇后。冬十一月，洛京廟成，使太常持節迎高皇帝、太皇帝、武帝、文帝神主于鄴。裴《注》：此無高祖神主，蓋以親盡毁，則惟立親廟祀四室而已。按《唐會要》云：明帝遷處士主置于園邑，歲時令丞奉薦，世近故也。《宋朝事實》載司馬光語略同。景初元年，有司奏定七廟之制，曰：「武皇帝撥亂反正，爲魏太祖，樂用《武始》之舞。文皇帝應天受命，爲魏高祖，樂用《咸熙》之舞。帝制作興治，爲魏烈祖，樂用《章武》之舞；三祖之廟，萬世不毁。其餘四廟，親盡迭毁，如周后稷、文、武廟祧之制。」於太祖廟北爲二祧：左爲文帝，廟號曰「高祖」，昭祧；其右擬明帝，號曰「烈祖」，穆祧。時尚在四親廟，蓋虚定之。宋傅休議：漢初，帝各異廟。自明帝以來，同堂異室，魏晉依之。

廟主。《通典》：或問高堂隆曰：「馮君章句説正廟之主，各藏太室西壁之中；遷廟之主，于太祖太室北壁之中。按《逸禮》藏主似在堂上壁中。」答曰：「章句但言太祖北壁中，不别堂室，愚意以堂上無藏主處，當室中也。」

魏故事：天子爲次殿于廟殿之東北，天子入自北門。摯虞曰：「凡適尊以不顯爲恭，以由隱爲順，設于上位，入自南門，非謙厭之義，宜定新禮如舊。」

太和四年，詔太傅三公以文帝《典論》刻石，立于廟門外。

景初元年，有司奏文昭廟世世享祀，與七廟議並勒金策，藏之金匱。

臨淄侯植欲祭先王于河上，博士鹿優等以爲庶子不得祭宗廟，詔答之。《文帝集》。

尚書訪高皇主遷，宜復諱否？王肅曰：「太祖以上去墠乃不諱，諱三祖以下，盡親如禮。」

孫亮五鳳二年，作太廟。

孫權不立太廟，以父堅嘗爲長沙太守，於臨湘縣立堅廟，依後漢奉南頓故事，令太守奉祠。後又尊堅廟曰始祖。追謚武烈皇帝。又以吴芮冢材爲屋，未之前聞也。於建業，立兄長沙桓王廟。權疾，令太子禱焉。子亮立，明年於宮東立權廟曰太祖廟，既不在宮南，又無昭穆之序。孫皓元興元年追謚父和曰文皇帝，改葬明陵，吴興郡守四時奉祠。有司奏，宜立廟京邑。寶鼎二年營立寢堂，號曰清廟。十二月，以靈輿法駕迎神主于明陵，使丞相奉三牲祭于近郊，皓于金城外露宿，明日望拜于東門外，翌日拜廟薦祭，比七日三祭，倡技晝夜娱樂，有司奏言：祭不欲數，數則黷，宜以禮斷情，然後止。

錢儀吉《三國會要》卷七《禮一・禘祫》 太和元年，立文昭皇后寢廟于鄴。文帝甄后賜死，不入廟，明帝即位追謚，故别立廟。景初元年，立廟京師，有司奏：文昭廟世世享祀，樂舞與祖廟同，依周姜嫄廟禘祫。《通考》引《古今禮要》云：甄后廟及寢依姜嫄廟，四時及禘皆與諸廟同。按《通典》，高堂隆議也。

錢儀吉《三國會要》卷八《禮二・大夫廟祭》 景耀六年春，詔爲諸葛亮立廟於沔陽。《諸葛亮傳》。亮初亡，所在各求爲立廟。朝議以禮秩不聽，百姓遂因時節私祭之於道陌上。言事者或以爲可聽立廟於成都者，後主不從。步兵校尉習隆、中書郎向充「中書郎向充」，《宋禮志》作「中書侍郎向允」。等共上表曰：「臣聞周人懷召伯之德，甘棠爲之不伐；越王思范蠡之功，鑄金以存其像。自漢興以來，小善小德而圖形立廟者多矣。況亮德範遐邇，勳蓋季世，王室之不壞，實斯人是賴，而蒸嘗止於私門，廟像闕而莫立，使百姓巷祭，戎夷野祀，非所以存德念功，述追在昔者也。今若盡順民心，則瀆而無典，建之京師，又逼宗廟，此聖懷所以惟疑也。臣愚以爲宜因近其墓，立之於沔陽，使屬所以時賜祭。凡其故臣欲奉祠者，「屬所」本作「所親屬」，「凡其故臣」本作「凡其故吏」，今俱從《宋禮志》校正。皆限至廟。斷其私祀，以崇正禮。」於是始從之。注引《襄陽記》。

魏晋南北朝

《魏書》卷四一《源子恭傳》 轉爲起部郎。明堂、辟雍並未建就，子恭上書曰：「臣聞辟臺望氣，軌物之德既高；方堂布政，範世之道斯遠。是以書契之重，理冠於造化；推尊之美，事絶於生民。至如郊天饗帝，蓋以對越上靈；宗祀配天，是用酬膺下土。大孝莫之能加，嚴父以兹爲大，乃皇王之休業，有國之盛典。竊惟皇魏居震統極，總宙馭宇，革制土中，垂式無外。自北徂南，同卜維於洛食；定鼎遷民，均氣候於寒暑。高祖所以始基，世宗於是恢構。按功成作樂，治定制禮，乃訪遺文，修廢典，建明堂，立學校，興一代之茂矩，標千載之英規。永平之中，始創維構，基趾草昧，迄無成功。故尚書令、任城王臣澄按故司空臣沖所造明堂樣，并連表詔答、兩京模式，奏求營起。緣期發旨，即加葺繕。侍中、領軍臣叉，總動作官，宣贊授令。自兹厥後，方配兵人，或給一千，或與數百，進退節縮，曾無定準，欲望速了，理在難克。若使專役此功，長得營造，委成責辦，容有就期。但所給之夫，本自寡少，諸處競借，動即千計。雖有繕作之名，終無就功之實。爽塏荒茫，淹積年載，結架崇構，指就無兆。仍令肄冑之禮，掩仰而不進；養老之儀，寂寥而不返。構厦止於尺土，爲山頓於一匱，良可惜歟！愚謂召民經始，必有子來之歌；興造勿亟，將致不日之美。況本兵不多，兼之牽役，廢此與彼，循環無極。便是輟創禮之重，資不急之費，廢經國之功，供寺館之役，求之遠圖，不亦闕矣？今諸寺大作，稍以粗舉，並可徹減，專事經綜，嚴勒工匠，務令克成。使祖宗有薦配之期，蒼生覩禮樂之富。」書奏，從之。除冠軍將軍、中散大夫，又領治書侍御史。

《魏書》卷一〇八之二《禮志二》 〔世宗景明二年〕十一月壬寅，改築圓丘于伊水之陽。

初，世宗永平、延昌中，欲建明堂。而議者或云五室，或云九室，頻屬年饑，遂寢。至是復議之，詔從五室。及元叉執政，遂改營九室。值世亂不成，宗配之禮，迄無所設。

神龜初，靈太后父司徒胡國珍薨，贈太上秦公。時疑其廟制。懌又議曰：「古者七廟，廟堂皆别。光武已來，異室同堂。故先朝《祀堂令》云：『廟皆四栿五架，北廂設坐，東昭西穆。』是以相國構廟，唯制一室，同祭祖考。比來諸王立廟者，自任私造，不依公令，或五或一，參差無準。要須議行新令，然後定其法制。相國之廟，已造一室，實合朝令。宜即依此，展其享祀。」詔依懌議。

天平四年四月，七帝神主既遷於太廟，太社石主將遷於社宮。禮官云應用幣。中書侍郎裴伯茂時爲《祖祀文》，伯茂據故事，太和中遷社宮，高祖用牲不用幣，遂以奏聞。于時議者或引《大戴禮》，遷廟用幣，今遷社宜不殊。伯茂據《尚書・召誥》，應用牲。詔遂從之。

武定六年二月，將營齊獻武王廟，議定室數、形制。兼度支尚書崔昂、司農卿盧元明、祕書監王元景、散騎常侍裴獻伯、國子祭酒李渾、御史中尉陸操、黄門侍郎李騫、中書侍郎陽休之、前南青州刺史鄭伯猷、祕書丞崔劼、國子博士邢峙、國子博士宗惠振、太學博士張毓、太學博士高元壽、國子助教王顯季等議：「案

《禮》，諸侯五廟，太祖及親廟四。今獻武王始封之君，便是太祖，既通親廟，不容立五室。且帝王親廟，亦不過四。今宜四室二間，兩頭各一頰室，夏頭徘徊鵄尾。又案《禮圖》，諸侯止開南門，而《二王後祔祭儀法》，執事列於廟東門之外。既有東門，明非一門。獻武禮數既隆，備物殊等。準據今廟，宜開四門。内院南面開三門，餘面及外院，四面皆一門。其内院牆，四面皆架爲步廊。南出夾門，各置一屋，以置禮器及祭服。内外門牆，並用赭堊。廟東門道南置齋坊；道北置二坊，西爲典祠廨并厨宰，東爲廟長廨并置車輅；其北爲養犧牲之所。」詔從之。

《晉書》卷一九《禮志上》 《王制》，天子七廟，諸侯以下各有等差，禮文詳矣。漢獻帝建安十八年五月，以河北十郡封魏武帝爲魏公。是年七月，始建宗廟于鄴，自以諸侯禮立五廟也。後雖進爵爲王，無所改易。延康元年，文帝繼王位，七月，追尊皇祖爲大王，丁夫人曰大王后。黄初元年十一月受禪，又追尊大王曰大皇帝，皇考武王曰武皇帝。二年六月，以洛京宗廟未成，乃祠武帝於建始殿，親執饋奠，如家人禮。案《禮》將營宫室，宗廟爲先，庶人無廟，故祭於寢，帝者行之，非禮甚矣。

明帝太和三年六月，又追尊高祖大長秋曰高皇，夫人吴氏曰高皇后，並在鄴廟。廟所祠，則文帝之高祖處士、曾祖高皇、祖大皇帝共一廟，考太祖武皇帝特一廟，百世不毁，然則所祠止於親廟四室也。其年十一月，洛京廟成，則以親盡遷處士主置園邑，使行太傅太常韓暨、行太常宗正曹恪持節迎高皇以下神主，共一廟，猶爲四室而已。至景初元年六月，羣公有司始更奏定七廟之制，曰：「大魏三聖相承，以成帝業。武皇帝肇建洪基，撥亂夷險，爲魏太祖。文皇帝繼天革命，應期受禪，爲魏高祖。上集成大命，清定華夏，興制禮樂，宜爲魏烈祖。於太祖廟北爲二祧，其左爲文帝廟，號曰高祖昭祧，其右擬明帝，號曰烈祖穆祧。三祖之廟，萬世不毁。其餘四廟，親盡迭遷，一如周后稷、文武廟祧之禮。」

文帝甄后賜死，故不列廟。明帝即位，有司奏請追謚曰文昭皇后，使司空王朗持節奉策告祠于陵。三公又奏曰：「自古周人歸祖后稷，又特立廟以祀姜嫄。今文昭皇后之於後嗣，聖德至化，豈有量哉！夫以皇家世妃之尊，神靈遷化，而無寢廟以承享祀，非以報顯德，昭孝敬也。稽之古制，宜依周禮，别立寢廟。」奏可。太和元年二月，立廟于鄴。四月，洛邑初營宗廟，掘地得玉璽，方一寸九分，其文曰「天子羡思慈親」。明帝爲之改容，以太牢告廟。至景初元年十二月己未，有司又奏文昭皇后立廟京師，永傳享祀，樂舞與祖廟同，廢鄴廟。

魏元帝咸熙元年，進文帝爵爲王，追命舞陽宣文侯爲宣王，忠武侯爲景王。是年八月，文帝崩，謚曰文王。

武帝泰始元年十二月丙寅，受禪。丁卯，追尊皇祖宣王爲宣皇帝，伯考景王爲景皇帝，考文王爲文皇帝，宣王妃張氏爲宣穆皇后，景王夫人羊氏爲景皇后。二年正月，有司奏置七廟。帝重其役，詔宜權立一廟。於是羣臣議奏：「上古清廟一宫，尊遠神祇。逮至周室，制爲七廟，以辯宗祧。聖旨深弘，遠跡上世，敦崇唐虞，舍七廟之繁華，遵一宫之遠旨。昔舜承堯禪，受終文祖，遂陟帝位，蓋三十載，月正元日，又格于文祖，此則虞氏不改唐廟，因仍舊宫。可依有虞氏故事，即用魏廟。」奏可。於是追祭征西將軍、豫章府君、潁川府君、京兆府君，與宣皇帝、景皇帝、文皇帝爲三昭三穆。是時宣皇未升，太祖虚位，所以祠六世，與景帝爲七廟，其禮則據王肅説也。七月，又詔曰：「主者前奏，就魏舊廟，誠亦有準。然於祇奉神明，情猶未安，宜更營造。」於是改創宗廟。十一月，追尊景帝夫人夏侯氏爲景懷皇后。任茂議以爲夏侯初嬪之時，未有王業。帝不從。太康元年，靈壽公主修麗祔于太廟，周漢未有其準。魏明帝則别立平原主廟，晉又異魏也。六年，因廟陷，當改修創，羣臣又議奏曰：「古者七廟異所，自宜如禮。」詔又曰：「古雖七廟，自近代以來皆一廟七室，於禮無廢，於情爲敍，亦隨時之宜也。其便仍舊。」至十年，乃更改築於宣陽門内，窮極壯麗，然坎位之制猶如初爾。廟成，帝用摯虞議，率百官遷神主于新廟，自征西以下，車服導從皆如帝者之儀。及武帝崩則遷征西，及惠帝崩又遷豫章。而惠帝世愍懷太子、太子二子哀太孫臧、沖太孫尚並祔廟，元帝世，懷帝殤太子又祔廟，號爲陰室四殤。懷帝初，又策謚武帝楊后曰武悼皇后，改葬峻陽陵側，别祠弘訓宫，不列於廟。

元帝既即尊位，上繼武帝，於元爲禰，如漢光武上繼元帝故事也。是時，西京神主，堙滅虜庭，江左建廟，皆更新造。尋以登懷帝之主，又遷潁川，位雖七室，其實五世，蓋從刁協以兄弟爲世數故也。于時百度草創，舊禮未備，毁主權居别室。至太興三年正月乙卯，詔曰：「吾雖上繼世祖，然於懷、愍皇帝皆北面稱臣。今祠太廟，不親執觴酌，而令有司行事，於情禮不安。可依禮更處。」太常恒議：「今聖上繼武皇帝，宜準漢世祖故事，不親執觴爵。」又曰：「今上承繼武帝，而廟之昭穆，四世而已，前太常賀循、博士傅純，並以爲惠、懷及愍，宜别立廟。然臣愚謂廟室當以容主爲限，無拘常數。殷世有二祖三宗，若拘七室，則當祭禰而已。推此論之，宜還復豫章、潁川，全祠七廟之禮。」驃騎長史温嶠議：「凡言兄弟不相入廟，既非禮文，且光武奮劍振起，不策名於孝平，務神其事，以應九世之讖，又古不共廟，故別立焉。今上以策名而言，殊於光武之事，躬奉烝嘗，於經既正，於情又安矣。太常恒欲還二府君，以全七世，嶠謂是宜。」驃騎將軍王導從嶠議。嶠又曰：「其非子者，可直言皇帝敢告某皇帝。又若以一帝爲一世，則不祭禰，反不及庶人。」帝從嶠議，悉施用之。於是乃更定制，還復豫章、潁川于昭穆之位，以同惠帝嗣武故事，而惠、懷、愍三帝自從《春秋》尊尊之義，在廟不替也。

及元帝崩，則豫章復遷。然元帝神位猶在愍帝之下，故有坎室者十也。至明帝崩，而潁川又遷，猶十室也。于時續廣太廟，故三遷主並還西儲，名之曰祧，以準遠廟。成帝咸康七年五月，始作武悼皇后神主，祔于廟，配饗世祖。成帝崩而康帝承統，以兄弟一世，故不遷京兆，始十一室也。

至康帝崩，穆帝立，永和二年七月，有司奏：「十月殷祭，京兆府君當遷祧室。昔征西、豫章、潁川三府君毀主，中興之初權居天府，在廟門之西。咸康中，太常馮懷表續奉還於西儲夾室，謂之爲祧，疑亦非禮。今京兆遷入，是爲四世遠祖，長在太祖之上。昔周室太祖世遠，故遷有所歸。今晉廟宣皇爲主，而四祖居之，是屈祖就孫也；殷祫在上，是代太祖也。」領司徒蔡謨議：「四府君宜改築別室，若未展者，當入就太廟之室。人莫敢卑其祖，文武不先不窋。殷祭之日，征西東面，處宣皇之上。其後遷廟之主，藏於征西之祧，祭薦不絕。」護軍將軍馮懷議：「禮，無廟者爲壇以祭，可立別室藏之，至殷禘則祭于壇也。」輔國將軍譙王司馬無忌等議：「諸儒謂太王、王季遷主，藏於文武之祧。如此，府君遷主宜在宣帝廟中。然今無寢室，宜變通而改築。又殷祫太廟，征西東面。」尚書郎孫綽與無忌議同，曰：「太祖雖位始九五，而道以從暢，替人爵之尊，篤天倫之道，所以成教本而光百代也。」尚書郎徐禪議：「《禮》『去祧爲壇，去壇爲墠』，歲祫則祭之。今四祖遷主，可藏之石室，有禱則祭於壇墠。」又遣《禪》至會稽，訪處士虞喜。喜答曰：「漢世韋玄成等以毀主瘞於園，魏朝議者云應埋兩階之間。且神主本在太廟，若今別室而祭，則不如永藏。又四君無追號之禮，益明應毀而無祭。」是時簡文爲撫軍，與尚書郎劉邵等奏：「四祖同居西祧，藏主石室，禘祫乃祭，如先朝舊儀。」時陳留范宣兄子問此禮，宣答曰：「舜廟所祭，皆是庶人，其後世遠而毀，不居舜上，不序昭穆。今四君號猶依本，非以功德致祀也。若依虞主之瘞，則猶藏子孫之所；若依夏主之埋，則又非本廟之階。宜思其變，則築一室，親未盡則禘祫處宣帝之上，親盡則無緣下就子孫之列。」其後太常劉遐等同蔡謨議。博士張憑議：「或疑陳於太祖者，皆其後之毀主，憑案古義無別前後之文也。禹不先鯀，則遷主居太祖之上，亦何疑也。」於是京兆遷入西儲，同謂之祧，如前三祖遷主之禮，故正室猶十一也。穆帝崩而哀帝、海西並爲兄弟，無所登除。咸安之初，簡文皇帝上繼元皇，世秩登進，於是潁川、京兆二主復還昭穆之位。至簡文崩，潁川又遷。

孝武帝太元十二年五月壬戌，詔曰：「昔建太廟，每事從儉，太祖虛位，明堂未建。郊祀國之大事，而稽古之制闕然，便可詳議。」祠部郎中徐邈議：「圓丘郊祀，經典無二，宣皇帝嘗辯斯義，而檢以聖典。爰及中興，備加研極，以定南北二郊，誠非異學所可輕改也。謂仍舊爲安。武皇帝建廟六世，祖三昭三穆。宣皇帝創基之主，實惟太祖，親則王考。四廟在上，未及遷世，故權虛東向之位也。兄弟相及，義非二世。故當今廟祀，世數未足，而欲太祖正位，則違事七之義矣。又《禮》曰庶子王亦禘祖立廟，蓋謂支胤援立，則親近必復。京兆府君於今六世，宜復立此室，則宣皇未在六世之上，須前世既遷，乃太祖位定耳。京兆遷毀，宜藏主於石室，雖禘祫猶弗及。何者？傳稱毀主升合乎太祖，升者自下之名，不謂可降尊就卑也。太子太孫，陰室四主，儲嗣之重，升祔皇祖，所配之廟，世遠應遷，然後從食之孫，與之俱毀。明堂方圓之制，綱領已舉，不宜闕配帝之祀。且王者以天下爲家，未必一邦，故周平、光武無廢於二京也。明堂所配之神，積疑莫辯。案《易》『殷薦上帝，以配祖考』，祖考同配，則上帝亦爲天，而嚴父之義顯。《周禮》旅上帝者，有故告天，與郊祀常禮同用四圭，故並言之。若上帝是五帝，《經》文何不言祀天旅五帝，祀地旅四望乎？」侍中車胤議同。又曰：「明堂之制，既其難詳，且樂主於和，禮主於敬，故質文不同，音器亦殊。既茅茨廣夏，不一其度，何必守其形範，而不弘本從俗乎？九服咸寧，河朔無塵，然後明堂辟雍可崇而修之。」時朝議多同，於是奉行，一無所改。十六年，始改作太廟殿，正室十四間，東西儲各一間，合十六間，棟高八丈四尺。備法駕遷神主于行廟，征西至京兆四主及太子太孫各用其位之儀服。四主不從帝者之儀，是與太康異也。諸主既入廟，設脯醢之奠。及新廟成，神主還室，又設脯醢之奠。十九年二月，追尊簡文母會稽太妃鄭氏爲簡文皇帝宣太后，立廟太廟道西。及孝武崩，京兆又遷，如穆帝之世四祧故事。

義熙九年四月，將殷祠，詔博議遷毀之禮。大司馬琅邪王德文議：「泰始之初，虛太祖之位，而緣情流遠，上及征西，故世盡則宜毀，而宣帝正太祖之位。又漢光武移十一帝主於洛邑，則毀主不設，理可推矣。宜築別室，以居四府君之主，永藏而弗祀也。」大司農徐廣議：「四府君嘗處廟堂之首，歆率土之祭，若埋之幽壤，於情理未必咸盡。謂可遷藏西儲，以爲遠祧，而禘饗永絶也。」太尉諮議參軍袁豹議：「仍舊無革，殷祠猶及四府君，情理爲允。」時劉裕作輔，意與大司馬議同，須後殷祠行事改制，會安帝崩，未及禘而天禄終焉。

《晉書》卷三《武帝紀》 〔泰始二年〕秋七月辛巳，營太廟，致荆山之木，采華山之石；鑄銅柱十二，塗以黄金，鏤以百物，綴以明珠。

《晉書》卷六二《祖逖傳》 祖逖字士稚，范陽遒人也。【略】先是，華譚、庾闡問術人戴洋，洋曰：「祖豫州九月當死。」初有妖星見於豫州之分，歷陽陳訓又謂人曰：「今年西北大將當死。」逖亦見星，曰：「爲我矣！方平河北，而天欲殺我，此乃不祐國也。」俄卒於雍丘，時年五十六。豫州士女若喪考妣，譙梁百姓爲之立祠。册贈車騎將軍。

《晉書》卷六六《陶侃傳》 陶侃字士行本鄱陽人也。【略】侃輿車出臨津就船，明日，薨于樊谿，時年七十六。成帝下詔曰：「故使持節、侍中、太尉、都督荆江雍梁交廣益寧八州諸軍事、荆江二州刺史、長沙郡公經德蕴哲，謀猷弘遠。作藩于外，八州肅清；勤王于内，皇家以寧。乃者桓文之勳，伯舅是憑。方賴大猷，俾屏予一人。前進位大司馬，禮秩策命，未及加崇。昊天不弔，奄忽薨殂，朕用震悼于厥心。今遣兼鴻臚追贈大司馬，假蜜章，祠以太牢。魂而有靈，嘉兹寵榮。」又策謚曰桓，祠以太牢。侃遺令葬國南二十里，故吏刊石立碑畫像於武昌西。

《晉書》卷七五《范寧傳》 初，寧之出，非帝本意，故所啓多合旨。寧在郡又大設庠序，遣人往交州採磬石，以供學用，改革舊制，不拘常憲。遠近至者千餘人，資給衆費，一出私禄。并取郡四姓子弟，皆充學生，課讀《五經》。又起學臺，功用彌廣。江州刺史王凝之上言曰：「豫章郡居此州之半。太守臣寧入參機省，出宰名郡，而肆其奢濁，所爲狼籍。郡城先有六門，寧悉改作重樓，復更開二門，合前爲八。私立下舍七所。臣伏尋宗廟之設，各有品秩，而寧自置家廟。又下十五縣，皆使左宗廟，右社稷，準之太廟，皆資人力，又奪人居宅，工夫萬計。寧若以古制宜崇，自當列上，而敢專輒，惟在任心。州既聞知，即符從事，制不復聽。而寧嚴威屬縣，惟令速立。願出臣表下太常，議之禮典。」詔曰：「漢宣云：『可與共治天下者，良二千石也。』若范寧果如凝之所表者，豈可復宰郡乎！」以此抵罪。子泰時爲天門太守，棄官稱訴。帝以寧所務惟學，事久不判。會赦，免。

朱銘盤《南朝宋會要・吉禮・明堂》 孝武大明五年四月庚子，詔曰：「詳考姬典，經始明堂，宗祀先靈，式配上帝。」有司奏：「伏尋明堂辟雍，制無定文，經記參差，傳説乖舛。名儒通哲，各事所見，或以爲名異實同，或以爲名實皆異。自漢暨晉，莫之能辨。周書云，清廟明堂路寢同制。鄭玄注《禮》，義生於斯。諸儒又云明堂在國之陽，丙巳之地，三里之内。至於室宇堂个，户牖達向，世代湮緬，難得該詳。晉侍中裴頠，西都碩學，考詳前載，未能制定。以爲尊祖配天，其義明著，廟宇之制，理據未分，直可爲殿，以崇嚴祀。其餘雜碎，一皆除之。參詳鄭玄之注，參有準據；裴頠之奏，竊謂可安。國學之南，地實丙巳，爽塏平暢，足以營建。其牆宇規範，宜擬則太廟，唯十有二間，以應朞數。依漢汶上圖儀，設五帝位，太祖文皇帝對饗。祭皇天上帝，雖爲差降，至於三載恭祀，理不容異。自郊徂宫，亦宜共日。《禮記》郊以特牲，《詩》稱明堂羊牛，吉蠲雖同，質文殊典。且郊有燔柴，堂無禋燎，則鼎俎彝簋，一依廟禮。班行百司，搜材簡工，權置起部尚書，將作大匠，量物商程，剋今秋繕立。」乃依頠議，但作大殿屋雕畫而已，無古三十六户七十二牖之制。六年正月，南郊還，世祖親奉明堂，祠祭五時之帝，以文皇帝配，是用鄭玄議也。官有其注。

五年五月，起明堂於國學南丙巳之地。《南史》本紀。

後廢帝元徽二年十月丁巳，有司奏郊祀明堂，還復同日，間年一修。《禮志》三。

朱銘盤《南朝宋會要・吉禮・宗廟》 武帝初受晉命爲宋王，建宗廟於彭城，依魏、晉故事，立一廟。初祠高祖開封府君、曾祖武原府君、皇祖東安府君、皇考處士府君、武敬臧后，從諸侯五廟之禮也。既即尊位，乃增祠七世右北平府君、六世相國掾府君爲七廟。永初初，追尊皇考處士爲孝穆皇帝，皇妣趙氏爲穆皇后。三年，孝懿蕭皇后崩，又祔廟。高祖崩，神主升廟，猶從昭穆之序，如魏、晉之制，虛太祖之位也。廟殿亦不改構，又如晉初之因魏也。《禮志》三。

朱銘盤《南朝宋會要・吉禮・別廟》 大明二年二月庚寅，有司奏：「皇代殷祭，無事於章后廟。使禮官議正。」博士孫武議：「章太后既屈於上，不列正廟。若迎主入太廟，既不敢配列于正序，又未聞于昭穆之外別立爲位。」博士王燮之議：「魏之文思，晉之宣后，雖並不序於太廟，而猶均禘於姜嫄，其意如此。愚謂章皇太后廟，亦宜殷薦。」太常丞孫緬議：「七廟同宮，始自後漢，禮之祭殤，各祔厥祖。既豫祫，則必異廟而祭。愚謂章廟殷薦，推此可知。」祠部朱膺之同王燮之、孫緬議。詔曰：「章皇太后追尊極號，禮同七廟，豈容獨闕殷薦，隔茲盛祠。閟宮遥祫，既行有周，魏、晉從饗，式範無替。宜述附前典，以宣情敬。」《禮志》四。**【略】**

大明七年正月庚子，有司奏：「故宣貴妃加殊禮，未詳應立廟與不？」太學博士虞龢議：「《曲禮》云：『天子有后，有夫人。』《檀弓》云：『舜葬蒼梧，三妃未之從。』《昏義》云：『后之立六宫，有三夫人。』然則三妃即三夫人也。后之有三妃，猶天子之有三公也。按《周禮》，三公八命，諸侯七命。三公既尊於列國諸侯，三妃亦貴於庶邦夫人。據《春秋傳》，仲子非魯惠元嫡，尚得考彼别宫。今貴妃得秩，天之崇班，理應立此新廟。」左丞徐爰議：「宣貴妃既加殊命，禮絶五宫，考之古典，顯有成據。廟堂克構，宜選將作大匠。」參詳以龢、爰議爲允。詔可。乃立别廟於都下。《禮志》四、《南史·殷淑儀傳》。

朱銘盤《南朝宋會要·吉禮·祀孔子》 文帝元嘉十九年十二月丙申，詔奉聖之胤，速議承襲；及令修廟，四時饗祀，并命蠲近墓五家供灑掃，栽松柏六百株。《南史》本紀。孝武孝建元年十月戊寅，詔開建仲尼廟，制同諸侯之禮，詳擇爽塏，厚給祭秩。同上。

朱銘盤《南朝宋會要·吉禮·王公國廟》 孝武帝孝建元年七月辛酉，有司奏：「東平沖王年稚無後，唯殤服五月，雖臣不殤君，應有主祭，而國是追贈，又無其臣。未詳毀靈立廟，爲當它祔與不？輒下禮官詳議。」太學博士臣徐宏議：「王既無後，追贈無臣，殤服既竟，靈便合毁。《記》曰：『殤與無後者，從祖祔食。』又曰：『士大夫不得祔於諸侯，祔於祖之爲士大夫者。』按諸侯不得祔於天子。沖王則宜祔諸祖之廟爲王者，應祔長沙景王廟。」詔可。《禮志》四。

大明四年，有司奏竟陵王誕曰：「故丞相臨川烈武王臣道規，名德茂親，勳光常策，異禮殊榮，受自先旨者。嗣王臣義慶受任西夏，靈寢暫移，先帝親枉鑾輿，拜辭路左，恩冠終古，事絶常班。誕又以廟居宅前，固請毁换，詔旨不許，怨懟彌極。」《誕傳》。

四年丁巳，有司奏：「安陸國土雖建，而奠酹之所，未及營立，四時薦饗，故祔江夏之廟。宣王所生夫人，當應祠不？」太學博士傅郁議：「應廢祭。」右丞徐爰議：「按《禮》，『慈母妾母不世祭』。鄭玄注：『以其非正，故傳曰子祭孫止。』又云：『爲慈母後者，爲祖庶母可也。』注稱：『緣爲慈母後之義，父妾無子，亦可命己庶子爲之後也。』考尋斯義，父母妾之祭，不必唯子。江夏宣王太子，體自元宰，道戚之胤，遭時不幸，聖上矜悼，降出皇愛，嗣承徽緒，光啓大蕃，屬國爲祖。始王夫人載育明懿，則一國之正，上無所厭，哀敬得申。既未獲祔享江夏，又不從祭安陸，即事求情，愚以爲宜依祖母有爲後之義，謂合列祀于廟。」二議不同，參議以爰議爲允。詔可。《禮志》四。下同。

六年十月丙寅，有司奏：「故晉陵孝王子雲未有嗣，安廟後三日，國臣從權制除釋，朔望周忌，應還臨與不？祭之日，誰爲主？」太常丞庾蔚之議：「既葬三日，國臣從權制除釋。而靈筵猶存，朔望及期忌，諸臣宜還臨哭，變服衣帢，使上卿主祭。王既未有後，又無三年服者，期親服除，而國尚存，便宜立廟，爲國之始祖。服除之日，神主暫祔食祖廟。諸王不得祖天子，宜祔從祖國廟，還居新廟之室，未有嗣之前，四時饗薦，常使上卿主之。」左丞徐爰參議，以蔚之議爲允。詔可。

七年十一月癸未，有司奏：「晉陵國刺：孝王廟依廬陵等國例，一歲五祭。二國以王有衡陽王服，今年内不祠。尋國未有嗣王，三卿主祭。應同有服之例與不？」博士顔僧道議：「《禮記》云：『所祭者亡服則祭。』今晉陵王於衡陽小功，宜依二國同廢。」太常丞庾蔚之議：「緦不祭者，據主爲言也。晉陵雖未有嗣，宜依有嗣致服，依闕祭之限。衡陽爲族伯緦麻，則應祭三月。」兼左丞徐爰議：「嗣王未立，將來承胤未知疏近。豈宜空計服屬，以虧祭敬。」參議以爰議爲允。詔可。

八年正月壬辰，有司奏：「故齊敬王子羽將來立後，未詳便應作主立廟？爲須有後之日？未立廟者，爲於何處祭祀？」游擊將軍徐爰議以爲：「國無後，於制除罷。始封之君，宜存繼嗣。皇子追贈，則爲始祖。臣不殤君，事著則準，豈容虚闕烝嘗，以俟有後。謂宜立廟作主，三卿主祭依舊。」通關博議，以爰議爲允。令便立廟。廟成作主，依晉陵王近例，先暫祔廬陵孝獻王廟。祭竟，神主既還新廟。未立後之前，常使國上卿主祭。

朱銘盤《南朝宋會要·吉禮·雜祠祀》 武帝永初二年四月己卯朔，詔曰：

「淫祠惑民費財，前典所絶，可並下在所除諸房廟。由是蔣子文祠以下，普皆毀絶。孝武孝建初，更修起蔣山祠，所在山川，漸皆修復。明帝立九州廟於雞籠山，大聚羣神。蔣侯宋代稍加爵，位至相國、大都督、中外諸軍事，加殊禮，鍾山王。蘇侯驃騎大將軍。四方諸神，咸加爵秩。《禮志》四。【略】

元嘉中，徐州刺史王懿，威德著於彭城，立佛寺作白狼、童子像於塔中，以河北所遇也。十五年，卒，謚曰桓侯。亦於廟立白狼、童子壇，每祭必祠之。本傳。

朱銘盤《南朝齊會要・吉禮・南北郊明堂》 武帝建元元年七月，有司奏：「若應郊殷之禮，未詳郊在何年？復以何祖配郊？明堂亦應與郊同年而祭不？若應祭者，復有配與無配不？祀者，堂殿職僚毀置云何？」八座丞郎通關博士議。曹郎中裴昭明、儀曹郎中孔逷議：「來年正月宜南郊明堂，竝祭而無配。」殿中郎司馬憲議：「南郊無配，饗祠如舊；明堂無配，宜應廢祀。」右僕射王儉議：「郊配之重，事由王迹，是故杜林議云『漢業特起，不因緣堯，宜以高帝配天』。魏高堂隆議以舜配天。蔣濟云『漢時奏議，謂堯已禪舜，不得爲漢祖，舜亦已禪禹，不得爲魏之祖。今宜以武皇帝配天』。晉、宋因循，即爲前式。又案《禮》及《孝經援神契》竝云『明堂有五室，天子每月於其室聽朔布教，祭五帝之神，配以有功德之君』。《大戴禮記》曰：『明堂者，所以明諸侯尊卑也。』許慎《五經異義》曰：『布政之宫，故稱明堂。明堂，盛貌也。』《周官・匠人職》稱明堂有五室。鄭玄云『周人明堂五室，帝一室也』。初不聞有文王之寢。《鄭志》趙商問云：『説者謂天子廟制如明堂，是爲明堂即文廟邪？』鄭答曰：『明堂主祭上帝，以文王配耳，猶如郊天以后稷配也。』袁孝尼云：『明堂法天之宫，本祭天帝，而以文王配，配其父於天位則可，牽天帝而就人鬼，則非義也。』太元十三年，孫耆之議，稱『郊以祀天，故配之以后稷；明堂以祀帝，故配之以文王。由斯言之，郊爲皇天之位，明堂即上帝之廟』。徐邈謂『配之爲言，必有神主；郊爲天壇，則堂非文廟』。

【略】

建元四年，武帝即位。其秋，有司奏：「尋前代嗣位，或仍前郊年，或別更始。晉、宋以來，未有畫一。今年正月已郊，未審明年應南北二郊祀明堂與不？」依舊通關八座丞郎博士議。尚書令王儉議：「案秦爲諸侯，雜祀諸畤，始皇并天下，未有定祠。漢高受命，因雍四畤而起北畤，始祠五帝，未定郊丘。文帝六年，新垣平議初起渭陽五帝廟。武帝初至雍郊見五畤，後常三歲一郊祠雍。元鼎四年，始立后土祠於汾陰，明年，立太一祠於甘泉，自是以後，二歲一郊，與雍更祠。成帝初即位，丞相匡衡於長安定南北郊。哀、平之際，又復甘泉、汾陰祠。平帝元始五年，王莽奏依匡衡議，還復長安南北二郊。光武建武二年，定郊祀兆於洛陽。魏、晉因循，率由漢典，雖時或參差，而類多間歲。至於嗣位之君，參差不一。宜有定制。檢晉明帝太寧三年南郊，其年九月崩，成帝即位，明年改元即郊；簡文咸安二年南郊，其年七月崩，孝武即位，明年改元亦郊；宋元嘉三十年正月南郊，其年二月崩，孝武嗣位，明年改元亦郊。此則二代明例，差可依放。謂明年正月宜饗祀二郊，虔祭明堂，自茲厥後，依舊間歲。」尚書領國子祭酒張緒等十七人並同儉議。詔「可」。《禮志》上。【略】

明帝建武二年，通直散騎常侍庾曇隆啓：「伏見南郊壇員兆外内，永明中起瓦屋，形製宏壯。檢案經史，無所准據。尋《周禮》，祭天於圜丘，取其因高之義，兆於南郊，就陽位也。故以高敞，貴在上昭天明，旁流氣物。自秦、漢以來，雖郊祀參差，而壇域中間，並無更立宫室。其意何也？政是質誠尊天，不自崇樹，兼事通曠，必務開遠。宋元嘉南郊，至時權作小陳帳以爲退息，泰始薄加修廣，永明初彌漸高麗，往年工匠遂啓立瓦屋。前代帝皇，豈於上天之祀而昧營構，所不爲者，深有情意。《記》稱『掃地而祭，於其質也，器用陶匏，天地之性也』。故『至敬無文』，『以素爲貴』。竊謂郊事宜擬休偃，不俟高大，以明謙恭肅敬之旨。庶或仰允太靈，俯愜羣望。」詔「付外詳」。國子助教徐景嵩議：「伏尋《三禮》，天地兩祀，南北二郊，但明祭取犧牲，器用陶匏，不載人君偃處之儀。今帳瓦之構雖殊，俱非千載成例，宜務因循。」太學博士賀瑒議：「《周禮》『王旅上帝，張氈案，設皇邸』。國有故而祭，亦曰旅。氈案，以氈爲牀於幄中，不聞郊所置宫宇。」兼左丞王摛議，埽地而祭於郊，謂無築室之議。並同曇隆。驍騎將軍虞炎議，以爲「誠慤所施，止在一壇。漢之郊祀，饗帝甘泉，天子自竹宫望拜，息殿去壇場既遠，郊奉禮畢，旋幸於此。瓦殿之與帷宫，謂無簡格。」祠部郎李摛議：「《周禮》『凡祭祀張其旅幕，張尸次』。尸則有幄。仲師云『尸次，祭祀之尸所居更衣帳也』。凡祭之文，既不止於郊祀，立尸之言，理應關於宗廟。古則張幕，今也房省。宗廟旅幕，可變爲棟宇；郊祀氈案，何爲不轉製檐甍？」曇隆議不行。《禮志》上。

朱銘盤《南朝齊會要・吉禮・別廟》 先是，世祖夢太祖曰：「宋氏諸帝嘗在太廟，從我求食。可別爲吾祠。」上乃敕豫章王妃庾氏四時還青溪宫舊宅，處内合堂，奉祠二帝二后，牲牢服章，用家人禮。《禮志》上。

高宗明皇帝，始安貞王道生子也。建武元年十一月乙酉，追尊爲景皇，妃江氏爲懿后，立寢廟於御道西。本紀、《始安貞王傳》。

建武二年五月甲午，寢廟成。《南史》本紀。

朱銘盤《南朝齊會要・吉禮・孔子廟》 七年二月己丑，詔「宣尼誕敷文德，峻極自天，非但洙泗湮淪，至乃饗嘗乏主。今學斆興立，實稟洪規，可改築宗祊，務在爽塏。量給祭秩，禮同諸侯」。本紀。

朱銘盤《南朝齊會要・職官・生祠》 崔祖思叔父景真，平昌太守，有惠政。去任之日，士人思之，爲立祠。

朱銘盤《南朝梁會要・吉禮・告郊廟陵社》 武帝天監七年，禮官司馬筠議：「自今大事，遍告七廟，小事止告一室。」於是議以封禪，南、北郊，祀明堂，巡省四方，御臨戎出征，皇太子加元服，寇賊平蕩，築宮立闕，纂戎戒嚴、解嚴，合十一條，則遍告七廟。講武修宗廟明堂、臨軒封拜公王，四夷款化貢方物，諸公王以愆削封，及詔封王紹襲，合六條，則告一室。帝從之。《隋書・禮儀志二》。

朱銘盤《南朝梁會要・吉禮・宗廟》 中興二年，梁武初爲梁公。曹文思議：「天子受命之日，便祭七廟。諸侯始封，即祭五廟。」祠部郎謝廣等並駮之，遂不施。乃建臺，於東城立四親廟，并妃郗氏而爲五廟。告祠之禮，並用太牢。其年四月，即皇帝位。謝廣又議，以爲初祭是四時常祭，首月既不可移易，宜依前尅日於東廟致齋。帝從之。遂於東城時祭訖，遷神主於太廟。始自皇祖大中府君、皇祖淮陰府君、皇高祖濟陰府君、皇曾祖中從事史府君、皇祖特進府君，并皇考，以爲三昭三穆。凡六廟。追尊皇考爲文皇帝，皇妣爲德皇后，廟號太祖。皇祖特進以上，皆不追尊。擬祖遷於上，而太祖之廟不毀，與六親廟爲七，皆同一堂，共庭而別室。春祀、夏礿、秋嘗、冬烝，并臘，一歲凡五，謂之時祭。三年一禘，五年一祫，謂之殷祭。禘以夏，祫以冬，皆以功臣配。其儀頗同南郊。《隋書・禮儀志》二。

朱銘盤《南朝梁會要・吉禮・詔立祠》 天監六年，任昉出爲新安太守，爲政清省。朞歲，卒於官舍，百姓共立祠堂於城南。本傳。

普通中，蕭昱爲晉陵太守。卒，百姓相率立廟。《昱傳》。

大通三年，豫、南豫二州刺史夏侯亶卒。州民夏侯簡等五百人表請爲亶置祠，詔許之。《亶傳》。

大寶二年，汝南城陷。西魏大將軍楊忠等執邵陵王綸，綸不爲屈，遂害之。百姓憐之，爲立祠廟。《綸傳》。

武帝時，伏暅徵爲東陽太守，在郡清恪，屬縣始新、遂安、海寧，並同時生爲立祠。本傳。

武帝時，何遠歷武昌太守，武昌令、宣城太守、始興内史，所至皆生爲立祠。本《傳》。

張鵬一《晉令輯存》卷二《祠令第八》 守令有政績者，百姓得立生祠，配食縣社。《南陽王模傳》：勑國人爲廣平太守丁邵立生祠。《杜軫傳》：除池陽令，爲雍州十一郡最，百姓生爲立祠，得罪者無怨言。《陸雲傳》：爲浚儀令，去官，百姓追思，圖畫形像，配食縣社。《荀勖傳》：爲安陽令，有遺愛，安陽生爲立祠。《楚王瑋傳》：瑋死，百姓爲立祠。《唐彬傳》：監幽州諸軍事，以事徵付廷尉。事直見釋。百姓追慕彬功德，生爲立碑作頌。

隋

《隋書》卷六《禮儀志一》 大業元年，孟春祀感帝，孟冬祀神州，改以高祖文帝配。其餘並用舊禮。十年，冬至祀圓丘，帝不齋于次。詰朝，備法駕，至便行禮。是日大風，帝獨獻上帝，三公分獻五帝。禮畢，御馬疾驅而歸。

明堂在國之陽。梁初，依宋、齊，其祀之法，猶依齊制。禮有不通者，武帝更與學者議之。舊齊儀，郊祀，帝皆以衮冕。至天監七年，始造大裘，而《明堂儀注》猶云衮服。十年，儀曹郎朱异以爲：「《禮》大裘而冕，祭昊天上帝。五帝亦如之。良由天神高遠，義須誠質，今從汎祭五帝，理不容文。」於是改服大裘。异又以爲：「齊儀初獻樽彝，明堂貴質，不應三獻。又不應象樽。《禮》云：『朝踐用太樽。』鄭云：『太樽，瓦也。』《記》又云：『有虞氏瓦樽。』此皆在廟所用，猶以質素，況在明堂，禮不容象。今請改用瓦樽，庶合文質之衷。」又曰：「宗廟貴文，故庶羞百品，天義尊遠，則須簡約。今《儀注》所薦，與廟不異，即理徵事，如爲未允。請自今明堂肴膳準二郊。但帝之爲名，本主生育，成歲之功，實爲顯著。非如昊天，義絶言象，雖曰同郊，復應微異。若水土之品，蔬果之屬，猶宜以薦，止用梨棗橘栗四種之果，薑蒲葵韭四種之菹，粳稻黍粱四種之米。自此以外，郊所無者，請並從省除。」

初，博士明山賓制《儀注》，明堂祀五帝，行禮先自赤帝始。异又以爲：「明堂既汎祭五帝，不容的有先後，東階而升，宜先春帝。請改從青帝始。」又以爲：「明堂籩豆等器，皆以彫飾。尋郊祀貴質，改用陶匏，宗廟貴文，誠宜彫俎。明堂之禮，既方郊爲文，則不容陶匏，比廟爲質，又不應彫俎。斟酌二途，須存厥衷，請改用純漆。」昇又以「舊儀，明堂祀五帝，先酌鬱鬯，灌地求神，及初獻清酒，次酈終醊。禮畢，太祝取俎上黍肉，當御前以授。請依郊儀，止一獻清酒。且五帝天神，不可求之於地，二郊之祭，並無黍肉之禮。並請停灌及授俎法。」又以爲：「舊明堂皆用太牢。案《記》云『郊用特牲』；又云『天地之牛，角繭栗』。五帝既曰天神，理無三牲之祭。而《毛詩・我將》篇，云祀文王於明堂，有『維羊維牛』之說。良由周監二代，其義貴文，明堂方郊，未爲極質，故特用三牲，止爲一代之制。今斟酌百王，義存通典，蔬果之薦，雖符周禮，而牲牢之用，宜遵夏、殷。請自今明堂止用特牛，既合質文之中，又見貴誠之義。」帝並從之。

先是，帝欲有改作，乃下制旨，而與羣臣切磋其義。制曰：「明堂準《大戴禮》：『九室八牖，三十六户。以茅蓋屋，上圓下方。』鄭玄據《援神契》，亦云『上圓下方』，又云『八窗四達』。明堂之義，本是祭五帝神，九室之數，未見其理。若五堂而言，雖當五帝之數，向南則背叶光紀，向北則背赤熛怒，東向西向，又亦如此，於事殊未可安。且明堂之祭五帝，則是總義，在郊之祭五帝，則是別義。宗祀所配，復應有室，若專配一室，則是義非配五，若皆配五，則便成五位。以理而言，明堂本無有室。」朱异以爲：「《月令》『天子居明堂左个、右个』。聽朔之禮，既在明堂，今若無室，則於義成闕。」制曰：「若如鄭玄之義，聽朔必在明堂，於此則人神混淆，莊敬之道有廢。《春秋》云：『介居二大國之間。』此言明堂左右个者，謂所祀五帝堂之南，又有小室，亦號明堂，分爲三處聽朔。既三處，則有左右之義。在營域之內，明堂之外，則有个名，故曰明堂左右个也。以此而言，聽朔之處，自在五帝堂之外，人神有別，差無相干。」其議是非莫定，初尚未改。十二年，太常丞虞皭復引《周禮》明堂九尺之筵，以爲高下修廣之數，堂崇一筵，故階高九尺。漢家制度，猶遵此禮，故張衡云「度堂以筵」者也。鄭玄以廟寢三制既同，俱應以九尺爲度。制曰：「可。」於是毀宋太極殿，以其材構明堂十二間，基準太廟。以中央六間安六座，悉南向。東來第一青帝，第二赤帝，第三黃帝，第四白帝，第五黑帝。配帝總配享五帝，在阼階東上，西向。大殿後爲小殿五間，以爲五佐室焉。

陳制，明堂殿屋十二間。中央六間，依齊制，安六座。四方帝各依其方，黃帝居坤維，而配饗坐依梁法。武帝時，以德帝配。文帝時，以武帝配。廢帝已後，以文帝配。牲以太牢，粢盛六飯，鉶羹果蔬備薦焉。

後齊採《周官・考工記》爲五室，周採漢《三輔黃圖》爲九室，各存其制，而竟不立。

高祖平陳，收羅杞梓，郊丘宗社，典禮粗備，唯明堂未立。開皇十三年，詔命議之。禮部尚書牛弘、國子祭酒辛彦之等定議，事在《弘傳》。後檢校將作大匠事宇文愷，依《月令》文，造明堂木樣，重檐複廟，五房四達，丈尺規矩，皆有準憑，以獻。高祖異之，命有司於郭内安業里爲規兆。方欲崇建，又命詳定，諸儒爭論，莫之能決。弘等又條經史正文重奏。時非議既多，久而不定，又議罷之。及大業中，愷又造《明堂議》及樣奏之。煬帝下其議，但令於霍山採木，而建都興役，其制遂寢。終隋代，祀五方上帝，止於明堂，恒以季秋在雩壇上而祀。其用幣各於其方。人帝各在天帝之左。太祖武元皇帝在太昊南，西向。五官在庭，亦各依其方。牲用犢十二。皇帝、太尉、司農行三獻禮于青帝及太祖。自餘有司助奠。祀五官於堂下，行一獻禮。有燎。其省牲進熟，如南郊儀。

唐

《舊唐書》卷二二《禮儀志二》 則天臨朝，儒者屢上言請創明堂。則天以高宗遺意，乃與北門學士議其制，不聽羣言。垂拱三年春，毀東都之乾元殿，就其地創之。四年正月五日，明堂成。凡高二百九十四尺，東西南北各三百尺。有三層：下層象四時，各隨方色；中層法十二辰，圓蓋，蓋上盤九龍捧之；上層法二十四氣，亦圓蓋。亭中有巨木十圍，上下通貫，栭、櫨、橕、欂，藉以爲本，亘之以鐵索。蓋爲鸑鷟，黃金飾之，勢若飛翥。刻木爲瓦，夾紵漆之。明堂之下施鐵渠，以爲辟雍之象。號萬象神宫。因改河南縣爲合宫縣。

《新唐書》卷一三《禮樂志三》 高宗時改元總章，分萬年置明堂縣，示欲必立之。而議者益紛然，或以爲五室，或以爲九室，而高宗依兩議，以帟幕爲之，與公卿臨觀，而議益不一。乃下詔率意班其制度。至取象黃琮，上設鴟尾，其言益不經，而明堂亦不能立。

至則天始毀東都乾元殿，以其地立明堂，其制淫侈，無復可觀，皆不足記。其後火焚之，既而又復立。開元五年，復以爲乾元殿而不毀。初，則天以木爲瓦，夾紵漆之。二十五年，玄宗遣將作大匠康謽素毀之。謽素以爲勞人，乃去其上層，易以真瓦。而迄唐之世，季秋大享，皆寓圓丘。【略】

初，唐建東、西二都，而東都無廟。則天皇后僭號稱周，立周七廟于東都以祀武氏，改西京唐太廟爲享德廟。神龍元年，中宗復位，遷武氏廟主于西京，爲崇尊廟，而以東都武氏故廟爲唐太廟，祔光皇帝以下七室而親享焉。由是東西二都皆有廟，歲時並享。其後安禄山陷兩京，宗廟皆焚毀。肅宗即位，西都建廟作主，而東都太廟毁爲軍營，九室神主亡失，至大曆中，始於人間得之，寓于太微宫，不復祔享。自建中至于會昌，議者不一，或以爲：「東西二京宜皆有廟，而舊主當瘞，虚其廟以俟，巡幸則載主而行。」或謂：「宜藏其神主于夾室。」或曰：「周豐、洛有廟者，因遷都乃立廟爾，今東都不因遷而立廟，非也。」又曰：「古者載主以行者，惟新遷一室之主爾，未有載羣廟之主者也。」至武宗時，悉廢羣議，詔有司擇日修東都廟。已而武宗崩，宣宗竟以太微神主祔東都廟焉。

《新唐書》卷一三《禮樂志三》 若諸臣之享其親，廟室、服器之數，視其品。開元十二年著令，一品、二品四廟，三品三廟，五品二廟，嫡士一廟，庶人祭於寢。及定禮，二品以上四廟，三品三廟，三品以上不須爵者亦四廟，四廟有始封爲五廟，四品、五品有兼爵亦三廟，六品以下達于庶人，祭於寢。天寶十載，京官正員四品清望及四品、五品清官，聽立廟，勿限兼爵。雖品及而建廟未逮，亦聽寢祭。

【略】

廟之制，三品以上九架，厦兩旁。三廟者五間，中爲三室，左右厦一間，前後盧之，無重栱、藻井。室皆爲石室一，於西墉三之一近南，距地四尺，容二主。廟垣周之，爲南門、東門，門屋三室，而上間以廟，增建神廚於廟東之少南，齋院於東門之外少北，制勿逾於廟。三品以上有神主，五品以上有几筵。牲以少牢，羊、豕一，六品以下特豚，不以祖禰貴賤，皆子孫之牲。牲闕，代以野獸。五品以上室異牲，六品以下共牲。二品以上室以籩豆十，三品以八，四品、五品以六。五品以上室皆簠二、簋二、甄二、鉶二、俎三、尊二、罍二、勺二、爵六、盤一、坫一、篚一、牙盤胙俎一。祭服，三品以上玄冕，五品以上爵弁，六品以下進賢冠，各以其服。**【略】**

古者廟於大門内，秦出寢於陵側，故王公亦建廟於墓。既廟與居異，則宫中有喪而祭。三年之喪，齊衰、大功皆廢祭；外喪，齊衰以下行之。

王溥《唐會要》卷一一《明堂制度》 貞觀五年，太宗將造明堂，太子中允孔穎達以諸儒立議頗乖故實，上表曰：「伏尋前勑，依禮部尚書盧寬、國子助教劉伯莊等議，以爲從崑崙道上層祭天。又尋後勑，爲左右閣道，登樓設祭。臣謹按六藝羣書，百家諸史，皆基上曰堂，樓上曰觀；未聞重樓之上而有堂名。《孝經》云：『宗祀文王于明堂。』不云明樓、明觀，其義一也。又明堂法天，聖王示儉，或有翦蒿爲柱，葺茅作蓋。雖復古今異制，不可常然，猶依大典，貴在樸素。是以席惟藁秸，器尚陶匏，用繭栗以貴誠，服大裘以訓儉。今若飛樓架道，綺閣淩雲，考古之文，實堪疑慮。按《郊祀志》，漢武明堂之制，四面無壁，上覆以茅，祀五帝于上座，祀后土于下防。臣以上座正爲基上，下防維是基下。既云無四壁，未審伯莊以何知上層祭神，下有五室？見漢武所爲，多用方士之説，違經背正，不可師祖。又盧寬等議曰，上層祭天，下堂布政，欲使人神位别，事不相干。臣以古者敬重大事，與接神相似，是以朝覲祭祀，皆在廟堂，豈有樓上祭祖，樓下視朝？閣道升樓，路便窄隘，乘輦則接神不敬，步陟則勞勤聖躬。侍衛在傍，百司供奉。求之典誥，全無此理。臣非敢固執愚見，欲求己長。伏以國之大典，不可不慎。伏乞以臣愚表，下付羣官詳議焉。」侍中魏徵議曰：「稽諸古訓，參以舊圖，其上圓下方，複廟重屋，百慮一致，異珍齊軌。洎當塗膺籙，未遑斯禮；典午聿興，無所取則。裴頠以諸儒持論，異端蜂起，是非舛互，靡所適從，遂乃以人廢言，止爲一殿。宋、齊即仍其舊，梁、陳遵而不改。雖嚴配有所，祭饗不匱，求之典則，道實未弘。夫孝因心生，禮緣情立。心不可極，故備物以表其誠；情無以盡，故飾宫以廣其敬。宣尼美嘆，意在茲乎！臣等親奉徳音，得參大議，思竭塵露，增崇山海。凡聖人有作，義重隨時，萬物斯覩，事資通變。若據蔡邕之説，則至理失于文繁；若依裴頠所爲，則大體傷于質略。求之情理，未允厥中。今之所議，非無用捨。請爲五室重屋，上圓下方，既體有則象，又事多故實。下室備布政之居，上堂爲祭天之所，人神不雜，禮亦宜之。其高下廣袤之規，几筵尺丈之度，則並隨時立法，因事制宜。自我而作，何必師古，廓千載之疑議，爲百王之懿範。不使泰山之下，惟聞黄帝之法；汶水之上，獨稱漢武之圖。則通乎神明，庶幾可俟，子來經始，成之不日。」至十七年五月，祕書監顔師古議曰：「竊以明堂之制，爰自古昔，求諸簡牘，全文莫覩。肇起黄帝，降及有虞，彌歷夏、殷，迄於周代，各立名號，别創規模。衆説舛駁，互執所見，鉅儒碩學，莫有詳通，裴然成章，不知裁斷。究其指要，實布政之宫也。徒以戰國從横，典籍廢棄；暴秦酷烈，經禮湮亡。今之所存，記傳雜説，用爲準的，理實蕪昧。然《周書》之敍明堂，紀其四面，則有應、庫、雉門，據此一堂，固是王者之常居耳。其青陽、總章、玄堂、太廟及左个、右个，與《月令》四時之次相同，則路寢之義，足爲明證。又文王居明堂之篇，帶以弓韣，祠於高禖。下九門磔禳，以禦疾疫；署梁除道，以利農夫；令國有酒，以合三族。凡此等事，皆合《月令》之文。觀其所爲，皆在路寢者也。又《禮記》云：『昔者周公朝諸侯於明堂之位，天子負斧扆，南嚮而立。』明堂也者，明諸侯之尊卑也。《周官》又云：『周人明堂，度九尺之筵，東西九筵，堂一筵。』據其制度，即太寢也。《尸子》亦曰：『黄帝曰合宫，有虞曰總章，殷曰陽館，周曰明堂。』斯皆路寢之徵，知非別處。《大戴》所説，初有近郊之言，後稱文王之廟，進退無據，自爲矛盾。原夫負扆受朝，常居出入，既在皋庫之内，亦何云於郊野哉？《孝經傳》云『在國之陽』，又無里數。漢武有懷創造，廣集縉紳，言論紛紜，終以不定，乃于汶水之上而宗祀焉，明其不拘遠近，無擇方面。孝成之世，表行城南，雖有其文，厥功靡立。平帝元始四年，大議營起，孔牢等乃以爲明堂、辟雍、大學，一實三名，金褒等又稱經傳無明文，不能分別同異。中興之後，蔡邕作論，復云：『明堂、太廟，一物二名。』鄭玄則曰：『在國之陽，三里之外。』淳于澄又云：『三里之外，七里之内，丙巳之地。』潁容《釋例》亦曰：『明堂太廟，凡有八名，其體一也。』苟立同異，競爲巧説，並出自胷懷，曾無師祖審見。且夫功成作樂，治定制禮，草創從宜，質文遞變。旌旗冠冕，今古不同，律度權衡，前後不一，隨時之義，斷可知矣。假使周公舊章，尤當擇其可否；宣尼彝則，尚或補其闕漏。況乎鄭氏臆説，淳于謏聞，匪異守株，何殊膠柱？愚謂不出墉雉，邇接宫闈，實允事宜，諒無所惑。但當上遵天旨，祇奉德音，作皇代之明堂，永貽範於來葉。區區碎議，皆略而不論也。」又上表曰：「明堂之制，陛下已發德音，久令詳議。但以學者耑固，人人異言，損益不同，是非莫定。臣愚以爲五帝之後，兩漢以前，高下方圓，皆不相襲。惟在陛下，聖情創造，即爲大唐明堂，足以傳於萬代，何必論户牖之多少，疑階庭之廣狹？若恣儒者，互説一端，久無斷決，徒稽盛禮。昔漢武欲草封禪儀，博望諸生，所説不同，莫知孰是。惟御史大夫倪寬勸上自定制度，遂成登封之禮。臣之愚誠，亦望陛下斟酌繁省，自爲節文，不可謙讓，以淹大典。」永徽二年七月二日詔：「朕聞上玄幽贊，處崇高而不言；皇王提象，代神工而理物。是知五精降德，爰應帝者之尊；九室垂文，用紀配天之業。合宫、靈符，創洪規於上代；太室、總章，標茂範於中葉。雖質文殊制，奢儉異時，然其立天中，作人極，布政施教，歸之一揆。今國家四表無虞，人和歲稔，作範垂訓，今也其時。宜令所司，與禮官學士等，考覈故事，詳議得失，務依典禮，造立明堂。庶曠代闕文，獲申於兹日；因心展敬，永垂於後昆。其明堂制度，宜令諸曹尚書，及左右丞侍郎、太常、國子監、秘書官、弘文館學士，同共詳議。」太常博士柳宣依鄭玄議，以明堂之制，當爲五室。前内直丞孔志約獻狀，據《大戴禮》及盧植、蔡邕等議，以爲九室。曹王友趙慈皓、秘書丞薛文思等各進明堂圖樣。諸儒紛争，互有不同。上以九室之議，理有可依，乃令所司詳定明堂形制大小，階基高下，及辟雍門闕等制度，務從典故也。明年六月二十八日，禮官學士詳議制度，久之不定，上乃内出九室樣，更令有司損益之。有司奏言：「内樣：堂基三重，每基階各十二。上基方九雉，八角，高一尺。中基方三百尺，高一筵。下基方三百六十尺，高一丈二尺。上基象黄琮，爲八角，四面安十二階。請從内樣爲定。基高下，仍請准周制高九尺，其方共作司約准二百四十八尺。中基下基，望並不用。又内室，各方三筵，開四闥、八窻，室圓楣徑二百九十一尺。按季秋大饗五帝，各在一室，商量不便，請依兩漢，季秋合饗，總於太室。若四時迎氣之祀，則各於其方之室。其安置九室之制，增損明堂故事，三三相重。太室在中央，方六丈。其四隅之室，謂之左右房，各方二丈四尺。當太室四面，青陽、明堂、總章、玄堂等室，各長六丈，以應太室；闊二丈四尺，以應左右房。室間並通巷，各廣一丈八尺。其九室并巷在堂上，總方一百四十四尺，法坤之策。屋圓楣、楯、檐，或爲未允。請據鄭玄、盧植等説，以前梁爲楣，其徑二百十六尺，法乾之象。圓楣之下，所施圓柱，旁出九宫、四隅，各七尺，法天以七紀。柱外餘基，共作司約准，面別各餘一丈一尺。内室別四闥、八窻，檢與古合，請依爲定。其户仍在外，設而不開，内外有柱三十六，每柱十梁。内有七間，柱根以上至梁，高三丈，梁以上至屋峻起，計高八十一尺。上圓下方，飛檐應規，請依内樣爲定。其蓋屋形制，仍望據《考工記》改爲四阿，并依禮加重檐，准太廟安鴟尾。堂四向五色，請依《周禮》白盛爲便。其四向各隨方色。請施四垣及四門。辟雍，案《大戴禮》及前代説，辟雍多無水廣、内徑之數。蔡邕云：『水廣二十四丈，四周於外。』《三輔黄圖》云『水廣四周』，與蔡邕不異，仍云『水外周堤』。又張衡《東京賦》稱『造舟爲梁』。《禮記・明堂位》、《陰陽録》云：『水左旋以象天。』商量水廣二十四丈，恐傷於闊，今請減爲二十四步，垣外量取周足。仍依故事造舟爲梁，其外周以圓堤，并取陰陽水行左旋之制。殿垣，案《三輔黄圖》，殿垣四周方，在水内，高不蔽日，殿門去殿七十二步。准今行事陳設，猶恐窄小。其方垣四門，去堂步數，請准太廟南門去廟基遠近爲制。仍立四門八觀，依太廟門別各安三門，施玄闔，四角，造三重魏闕。」自後羣儒紛競，各執異議，九室五室，俱有依憑。上令所司於觀德殿前，依兩議張設，親與公卿觀之。謂公卿曰：「明堂之制，自古有之。議者不同，所以未造。今設兩議，公等以何者爲宜？」工部尚書閻立德

奏曰：「兩議不同，俱有典故。九室似闇，五室似明。取捨之宜，斷在聖意。」上亦以五室爲便，以後制度未定而止。【略】

乾封二年二月十二日詔：「郊社嚴配，未安太室，布政施行，猶闕合宮。所以日昃忘食，中宵輟寢，討論墳籍，錯綜羣言，採三代之精微，探九皇之至賾，斟酌前載，製造明堂。宜命有司，及時起作，務從折衷，稱朕意焉。」于是大赦，改元總章，分萬年縣改明堂縣。

總章二年三月九日詔：「上考經籍，制爲明堂，處二儀之中，定三才之本，構兹一宇，臨此萬方。」屬歲飢而止。

光宅元年，梓州人陳子昂上疏曰：「臣伏見天皇大帝，得天地之統，封于泰山，盛德大業，與天比崇矣。然尚未建明堂之宮，遂朝上帝，使萬代鴻業，至今猶闕。陛下若欲調元氣，睦人倫，躋俗仁壽，興風禮讓，捨此道也，于何理哉？願陛下念先帝之休意，恢大唐之鴻基，于國南郊，建立明堂。使宇宙黎元，遐荒夷貊，昆蟲草木，天地鬼神，粲然知陛下方興三王五帝之事也，與天下更始，不其盛哉。昔者黄帝合宮，有虞總章，唐堯衢室，夏后世室，羣聖之所以調元氣理陰陽于此也。臣雖未學，竊聞明堂之制，有天地之則焉，有陰陽之統焉，二十四氣，八風十二月，四時五行，二十八宿，莫不率備。故不順其時月之爲政也，則水旱興，疾疫起，蟲螟爲害，雨雹成災，陰陽不和，元氣以錯。故昔者聖人所以爲政教之大業也。願陛下爲大唐建萬代之業者，意在兹乎！願陛下以臣此章，與三公九卿，賢士大夫，議之于廷。倘事便于今，道不違古。即請陛下徵天下鴻生碩儒，博通古今皇王政治之術者，延問于庭，與之案《周禮・月令》而建之，臣必知天下庶人子來，可不日而成也。乃正月孟春，陛下乘鸞輅，駕蒼龍，載青旂，佩蒼玉，三公九卿，賢士大夫，鴻儒碩老，衣冠之倫，朝于青陽左个。天子負斧扆，憑玉几，南面以聽天下之政。乃令太史守典，奉法司天，日月星辰之行，無失經紀，以初爲常。陛下躬耕藉田，親蠶事，以勸天下之農桑養；三老五更，以教天下之孝悌明；訟恤獄，以息天下之淫刑；除殘去暴，以致天下之仁壽修；文尚德，以止天下之干戈；察孝興廉，以除天下之貪吏。鰥寡孤獨，疲癃羸老，不能自存者，賑恤之；後宮美人，非三妃九嬪八十一御女之數者，出嫁之；珠玉錦繡，雕琢伎巧之飾，非益于治者，悉棄之；巫鬼淫祀，誣惑良人者，悉禁之。天人之際既洽，鬼神之望允塞，然後作雅樂，潔粢盛，宗祀天皇於明堂，以配上帝，使萬國各以其職來祭，豈不休哉！」【略】

垂拱三年，毁乾元殿，就其地創造明堂。令沙門薛懷義充使。四年正月五日畢功。凡高二百九十四尺，東西南北各廣三百尺。凡有三層：下層象四時，各隨方色；中層法十二辰，圓蓋，蓋上盤九龍捧之；上層法二十四氣，亦圓蓋。亭中有巨木十圍，上下通貫，栭、櫨、橕、桅，藉以爲本，亘之以鐵索。蓋爲鸑鷟，黄金飾之，勢若飛翥，刻木爲瓦，夾紵漆之。明堂之下，施鐵渠，以爲辟雍之象。號萬象神宮。因改河南縣爲合宮縣。左史直弘文館劉允濟上《明堂賦》。百官賀明堂成，上表曰：「臣某已下若干人等言，臣聞上帝居高，懸太微之府；先王建國，闢宗祀之堂。不有大聖，誰能經始。伏惟天册金輪聖神皇帝陛下，尊祖揚禰，嚴禋之德再先；統天順時，布政之道尤急。親紆睿思，躬運元謨，故能上合乾象，下符坤策，柱將扶而已立，石未鑿而懸開。丹鷰踶甍，似鳴崗而遠至；蒼虬繞棟，疑出河而欲飛。神光熠燿於向晚，仙樂清泠而方盡。月惟孟夏，時屬正陽，張文物於闕庭，震聲名於寓縣。聖皇戾止，諸侯在列。穆穆焉，顒顒焉，交喜氣於三靈，動歡心于萬類者也。臣等竊窺朝典，既逢嘗麥之辰；旋顧野誠，輕襲獻芹之禮。謹上食若干轝如别項，滋跦鶴鼎，味劣鱻庖，何以延蓂莆之凉，契芝英之壽。無任對懇之至，謹奉表隨進以聞。」

證聖元年正月，詔十七日御端門，賜酺宴十六日，明堂後夜佛堂災，延燒明堂，至明並盡。左拾遺劉承慶諫曰：「明堂宗祀之所，今忽被災，陛下宜輟朝停酺，以答天譴。」天后欲責躬避正殿，納言姚璹進曰：「此實人火，非曰天災。至如成周宣榭火，卜世逾長；漢武建章宮災，盛德彌永。今明堂乃是布政之所，非宗廟之地，陛下將避正殿，於大禮有乖。」從之，乃御端門賜宴。二十二日，以災告廟，下制遣内外文武九品以上，各上封事，極言正諫，無有所諱，于是劉承慶上疏曰：「日者變生人火，損及神宮，驚惕聖心，震動黎庶。臣謹按《左氏傳》曰：『人火曰火，天火曰災。』人火因人而興，故指火體而稱；天火不知所起，直以所災言之。其名雖殊，爲害不别。王者舉措營爲，必關幽顯。幽謂天道，顯謂人事，幽顯迹通，天人理合。今工匠宿藏其火，本無放燎之心；明堂教化之宮，復非延燒之所。孽煨潛扇，倏忽成災，雖則因人，亦關神理。臣愚以爲所營佛舍，既僻在明堂之後，又前逼牲牢之筵，兼以厥搆崇大，功多難畢。立像弘法，本擬利益黎元；傷財役民，却且煩勞家國。承前大風摧木，天誡已顯；今者毒燄冥熾，人孽復彰。聖人動作，必假天人之助，一興功役，二者俱違，厥應昭然，殆將緣此。臣以爲明堂是正陽之位，至尊所居，展禮班常，崇化立政，玉帛朝會，神靈依憑。營之可曰大功，損之實非輕事；既失嚴禋之所，復傷孝治之情。陛下昨降明制，猶申寅畏之旨，羣寮理合兢畏震悚，勉力司存，豈合承恩耽樂，安然餔宴？但以火氣初止，尚多驚懼，餘憂未息，遽以歡事遏之。臣恐憂喜相爭，傷于情理，故傳曰：『可憂而樂，取憂之道。』夫火陽氣，歡樂陽事，火氣方勝，不可復興陽事。臣聞災變之興，至聖不免，聿修其德，來患可禳也。陛下垂制博訪，詳求至理。而左史張鼎以爲『火流王室，彌表大周之祥』，通事舍人逢敏奏稱：『當彌勒成佛道時，有天魔燒宫，七寶臺須臾散壞。』斯實諂妄之邪言，實非君臣之正論。晻昧王化，無益萬機。審其致災之理，詳其降眚之由。無戾天人之心，而興不急之役，則兆民蒙賴，福禄靡窮。」其年三月，又令依舊規制，重造明堂，凡高二百九十四尺，東西南北，廣三百尺，上施寶鳳，俄以火珠代之。明堂之下，圜遶施鐵渠，以爲辟雍之象。至天册萬藏二年三月二日，重造明堂成，號通天宫。四月朔日，又行親享之禮，大赦，改元爲萬歲通天。其年四月三日，鑄銅爲九州鼎成，置于明堂之庭，各依方位列焉。蔡州鼎名永昌，高一丈八尺，受一千二百石。冀州鼎名武興，雍州鼎名長安，兖州鼎名日觀，青州鼎名少陽，徐州鼎名東源，揚州鼎名江都，荆州鼎名江陵，梁州鼎名成都。八州鼎各高一丈四尺，受一千二百石。用銅五十六萬七百一十二斤。鼎上各寫本州山川物産之象，仍令著作郎賈膺福、殿中丞薛昌容、鳳閣主事李元振、司農録事鍾紹京等分題之，尚方署令曹元廓圖畫之。仍令宰相、諸王率南北宿衛兵十餘萬人，并仗内大牛、白象曳之。自玄武門外曳入，天后自製《曳鼎歌》調，令曳者唱和焉。其時又造大儀鐘，斂天下三品金，竟不能成。九鼎初成，制令以黄金千兩塗之。納言姚璹諫曰：「夫鼎者神器，貴在質樸自然，無假别爲浮飾。臣觀其狀，光有五彩輝煥，錯雜其間，豈待金色，方爲炫耀？」從之。開元二年八月十八日，太子賓客薛謙光獻東都九鼎銘。其蔡州銘，武后所製，文曰：「羲、農首出，軒、昊膺期，唐、虞繼踵，湯、禹乘時，天下光宅，海内雍熙，上元降鑒，方建隆基。」紫微令姚崇等奏曰：「聖人啓運，休兆必彰，請宣付史館。」詔從之。【略】

開元五年正月，幸東都，將行大享之禮，太常少卿王忠仁、太常博士馮宗陳貞節等，咸以則天所造明堂，有乖典制，奏曰：「明堂之建，其所從來遠矣！自天垂像，聖人則之。蒿柱茅簷之規，上(方)〔圓〕下(圓)〔方〕之制，考之大數，不踰三七之間，定之方中，必居丙巳之地者，豈非得房心布政之所，當太微上帝之宫乎？按漢武初，議立明堂于長安城南，遭竇太后不好儒術，事乃中廢。孝成之世，又欲立于城南，議其制度，莫之能決。至孝平元始四年，創造南郊，以申嚴配，但取丙巳而已，斯蓋百王不易之道也。高宗天皇大帝議明堂制度，久之不決，因而遂止者，何也？非謂財不足，力不堪也。將以周、孔既遥，禮經且紊，事不師古，或爽天心，難用作程，神不孚祐者也。則天太后總禁闈之政，籍軒臺之威，屬皇室中圮之期，躡和憙從權之制。以爲乾元大殿，承慶小寢，當正陽亭午之地，實先聖聽斷之宫。表順端門，儲精營室，爰從朝享，未始臨御。乃起工徒，挽令摧覆。既毁之後，雷聲隱然，衆庶聞之，或以爲神靈感動之象也。於是增土木之麗，因府庫之饒，南街北闕，建天樞大儀之制，乾元遺址，興重閣層樓之基。煙焰蔽日，梁柱排雲，人斯告勞，天實貽誡。煨燼甫爾，遽加修復。況乎地殊丙巳，未答靈心，跡匪膺期，乃申嚴配。事昧彝典，神不昭假。況兩京上都，萬方取則，而天子闕當陽之位，聽政居便殿之中，職司其憂，豈容沈默。當須審攷曆之計，擇煩省之宜，不便者量事改修，可因者隨而適用，削彼明堂之號，克復乾元之名，則當宁無偏，人識其舊矣。」詔令所司詳議奏聞。刑部尚書王志愔等奏議，咸請改易，依舊造乾元殿。乃下詔改明堂爲乾元殿，每臨御宜依正殿禮。自是，駕在東都，常以元日冬至于乾元殿受朝賀。竟無改易，唯改其門名而已。至十年十月十五日，復題乾元殿爲明堂，而不行饗祀之禮。至二十六年十月二日，詔將作大匠康晉素往東都毁明堂。晉素以毁拆勞人，遂奏請且拆去上層，卑于舊制九十五尺，又去柱心木，平座上置八角樓，樓上有八龍騰身捧火珠，珠又小于舊制，周圍五尺，覆以貞瓦，取其永遠，依舊爲乾元殿。開元二十七年八月，東京改作明堂，訛言官選取小兒，埋于明堂之下，以爲壓勝之法，村邑兒童藏于山谷。上惡之，乃令主客郎中王佶宣慰，久之乃定。先是，貞觀十七年七月，京師訛言官遣棖棖殺人，以祭天狗，遽相驚怖，月餘乃定。又天寶三年二月十七日，有流星如月，墜于東南，有聲。京師訛言，官遣棖棖捕人心肝，以祭天狗，人頗驚恐，遣使安諭之，乃定。

王溥《唐會要》卷一二《廟制度》 武德元年六月六日，立四廟於長安通義里，備法駕，迎宣簡公、懿王、景皇帝、元皇帝神主，祔於太廟，始享四室。貞觀九年，命有司詳議廟制度。諫議大夫朱子奢議曰：「臣等謹按漢丞相韋玄成奏立五廟，諸侯同五。劉子駿議開七祖，邦君降二。鄭司農踵玄成之轍，王子雍揚國師之波，分塗並驅，各相師祖，遂令歷代祧祀，多少參差。《傳》稱『名位不同，禮亦異數』。《易》云『卑高以陳，貴賤位矣』。豈非尊君卑佐，升降無舛，所貴禮者，義在茲乎！若使天子諸侯，俱立五廟，便是賤可以同貴，臣可以濫主，名器無准，冠履同歸，禮亦異數，義將安設？《戴記》又有以多爲貴者，天子七廟，諸侯五廟。

若天子五廟，纔與子男相埒，以多爲貴，何所表乎？愚以爲諸侯立高祖已下，並太祖五廟，一國之貴也。天子立高祖已上，并太祖七廟，四海之尊也。降殺以兩，禮之正焉。伏惟聖祖在天，山陵有日，祔祖嚴配，大事在斯。宜依七廟，用崇大禮。庶前依晉、宋，傍愜人情。」中書侍郎岑文本議曰：「自義乖闕里，學滅秦庭，而宗廟制度，典章散逸，習所傳而競偏説，執所見而起異端。自昔迄今，多歷年代，語其大略，兩家而已。祖鄭玄者則陳四廟之制，述王肅者則引七廟之文，貴賤混而莫辨，是非紛而不定。陛下誠宜定一代之宏規，爲萬世之彝則。臣等奉述睿旨，討論載籍，紀七廟者實多，稱四廟者蓋寡。校其得失，昭然可見。《春秋穀梁傳》及《禮記》《王制》《祭法》《禮器》《孔子家語》並云：『天子七廟，諸侯五廟，大夫三廟，士一廟。』《尚書·咸有一德》曰：『七世之廟，可以觀德。』至于荀卿、孔安國、劉歆、班彪父子、孔晁、虞喜、干寶之徒，商較今古，咸以爲然。故其文曰：『天子三昭三穆，與太祖之廟而七。』是以晉、宋、齊、梁，皆依斯義，立親廟六，豈非有國之茂典，不刊之休烈乎！若使違羣經之明文，從累代之疑議，背子雍之篤論，尊康成之舊學，則天子之禮，下逼于人臣，諸侯之制，上僭于王者，非所謂尊卑有序，名分不同者也。臣等參議，請依晉、宋故事，立親廟六，其祖宗之制，式遵舊典。」制從之。于是增修七廟，始崇祔弘農府君及高祖神主，並舊四室爲六室焉。初，講欲立七廟，以涼武昭王爲始祖，太子左庶子于志寧以爲武昭遠祖，非王業所因，不可爲始祖，竟從之。【略】

神龍元年五月，東都創制太廟。太常博士張齊賢建議曰：「昔荀卿子云：『有天下者事七世，有一國者事五世。』則天子七廟，古今達禮。故《商書》稱『七世之廟，可以觀德』。《祭法》稱『王立七廟，一壇一墠』。《王制》曰：『天子七廟，三昭三穆，與太祖之廟而七。』莫不尊始封之君，謂之太祖。太祖之廟，百世不遷。祫祭之禮，毀廟之主，陳於太祖，未毀廟之主，皆昇合食於太祖之廟。太祖東向，昭南向，穆北向。太祖者，商之玄王、周之后稷也。是太祖之外，更無始祖。商自玄王已後，十有四代，至湯而有天下。周自后稷已後，十有七代，至武王而有天下。其間世數既遠，遷廟親廟，皆出太祖之後，故得合食有序，尊卑不差。其後漢高受命，無始封祖，即以高皇帝爲太祖。太上皇，高帝之父，立廟享祀，不在昭穆合食之列，爲尊於太祖故也。魏武創業，文帝受命，亦即以武帝爲太祖。其高祖、太皇、處士君等並爲屬尊，不在昭穆合食之列。晉宣創業，武帝受命，亦即以宣帝爲太祖。其征西、豫章、潁川、京兆府君等亦以屬尊，不在昭穆合食之列。歷茲已降，至於有隋，宗廟之制，斯理不易。故宇文氏以文皇帝爲太祖，隋氏以武元皇帝爲太祖。國家誕受天命，累聖重光。景皇帝始封唐公，實爲太祖。中間世數既近，列在三昭三穆之內，故皇家太廟，惟有六室。其弘農府君、宣、光二帝，尊於太祖，親盡則遷，不在昭穆合食之數。今皇極再造，孝思匪寧。奉二月二十九日敕：『七室已下，依舊號尊崇。』又奉三月一日敕『既立七廟，須尊崇始祖，速令詳定』者。伏尋禮經，始祖即是太祖，太祖之外，更無始祖。周廟太祖之外，以周文王爲始祖，不合禮經。或又引《白虎通義》云『后稷爲始祖，文王爲太祖，武王爲太宗』，及鄭玄注云：『《詩·雍》序云太祖謂文王以爲説』者。其義不然。何者？彼以王者祖有功，而宗有德，周人祖文王而宗武王，故謂文王爲太祖耳，非祫祭羣主合食之太祖。今之議者，或有欲立涼武昭王爲始祖者，殊爲不可。何者？昔在商、周，稷、契始封，湯、武受命，湯、武之興，祚由稷、卨，故以稷、卨爲太祖，即皇家之景皇帝是也。涼武昭王勳業未廣，後主失國，土宇不傳。景皇始封，實基明德。今乃舍封唐之盛烈，崇西涼之遠構，考之前古，實乖典禮。魏氏不以曹參爲太祖，晉氏不以殷王卬爲太祖，宋氏不以楚元王爲太祖，齊、梁不以蕭何爲太祖，陳、隋不以胡公、楊震爲太祖，則皇家安可以涼武昭王爲太祖乎？漢之東京，大議郊祀，多以周郊后稷，漢當郊堯。制下公卿，議者僉同，帝亦然之。惟杜林正議，獨以爲『周家之興，祚由后稷。漢業特起，功不緣堯。祖宗故事，所宜因循』。竟從林議。又傳稱『欲知天上，事問長人』，以其近之。武德、貞觀之時，主聖臣賢，其去涼武昭王，蓋亦近于今矣。當時不立者，必不可立故也。今既年代寖遠，乃復立之，是非三祖三宗之意。實恐景皇失職而震怒，武昭虛位而不答，非社稷之福也。宗廟事重，禘祫禮崇，先王以之觀德。或者不知其説，既灌而往，孔子不欲觀之。今朝命惟親，宜應慎禮祭神如在，理不可誣。請准加太廟爲七室，享宣皇帝以備七世，其始祖不合別有尊崇。」太常博士劉承慶、尹知章又議曰：「謹按《王制》：『天子七廟，三昭三穆，與太祖而七。』此載籍之明文，古今之通制。皇唐稽考前範，詳采列辟，崇建宗靈，式遵斯典。但以開國之主，受命之君，王迹有淺深，太祖有遠近。昔湯、武受命，祚因稷、卨，太祖代遠，出于昭穆之上，故七廟可全。若夏繼唐、虞，功非由縣；漢除秦、項，力不因堯。及魏、晉經國，周、隋撥亂，皆勛崇近代，祖業非遠，受命始封之主，不離昭穆之親，故肇立宗祊，罕聞全制。夫太祖以功建，昭穆以親崇，有功百世而不遷，親盡七葉而當毀。或以太祖世淺，廟數非備，更於昭穆之上，遠立合遷之君，曲從七廟之文，深乖迭毁之制。皇家千齡啓旦，百葉重光。景皇帝濬德基唐，世數猶近，號雖崇于太祖，親尚列于昭穆，且臨六室之位，未申七代之尊。是知太廟當六，未合有七。故先朝惟有宣、光、景、元、神堯、文武六代親廟。大帝登遐，神主升祔于廟室，以宣皇帝世數當滿，准禮復遷。今止有光皇帝已下六代親廟，非是天子之廟數不當有七，本由太祖有遠近之異，故初建有多少之殊。敬惟三后臨朝，代多儒雅，神祊事重，禮豈虛存，規模可沿，理難變革。宣皇既非始祖，又廟無祖宗之號，親盡既遷，其廟不合重立。若禮終運往，建議復崇，實違《王制》之文，不合先朝之旨。請依貞觀之故事，無改三聖之宏規，光崇六室，無虧古義。」其時有制，令宰臣更加詳定，禮部尚書祝欽明等奏言：「博士三百人，自分兩議：張齊賢以始同太祖，不合更祖昭王；劉承慶以《王制》三昭三穆，亦不合重崇宣帝。臣等商量，請依張齊賢以景皇帝爲太祖，依劉承慶尊崇六室。」從之。其年八月，崇祔光皇帝、太祖景皇帝、世祖元皇帝、高祖神堯皇帝、太宗文武聖皇帝、皇考高宗天皇大帝、皇兄義宗孝敬皇帝于東都之太廟，親行享獻之禮。樂章並用貞觀舊詞。

開元四年七月十八日，太常卿姜皎及禮官太常博士陳貞節、蘇獻等上七廟昭穆議曰：「禮，天子三昭三穆，與太祖爲七，昭穆迭毁，而太祖常存，聖人之大典也。若禮名不正，則奠獻無序矣。謹按中宗孝和皇帝在廟，七室已滿。今睿宗大聖真皇帝是中宗之弟，以六月升遐，甫及仲冬，禮當遷祔。但兄弟入廟，古則有焉，遞遷之禮，昭穆須正。謹按《禮論》，太常賀循議云：『兄弟不相爲後也。故殷之盤庚，不序于陽甲，而上繼于先君；漢之光武，不嗣于孝成，而上承于元帝。』又曰：『晉惠帝無後，懷帝承統，懷帝自繼于世祖，而不繼于惠帝。其晉惠帝當同陽甲，孝成別出爲廟。』又曰：『若兄弟相代，則共是一世，昭穆位同。不可兼毁二廟。』此蓋禮之常例也。《荀卿子》曰『有天下者事七世』，謂從禰已上也。尊者統廣，故恩及遠祖。若旁容兄弟，上毁祖考，此則天子有不得全祀于七世之義也。孝和皇帝有中興之功，而無後嗣，請同殷之陽甲、漢之成帝，出爲別廟，時祭不虧，大祫之辰，合食太祖。奉睿宗神主升祔太廟，上繼高宗，則昭穆永貞，獻祼長序。此萬代之典，敢不颺言。」從之。初，令以儀坤廟爲中宗廟，至八月九日，勅宣于太廟西少府監賜坊，別造中宗廟，隸入太廟署。開元四年十一月十五日，徙中宗神主于四廟；十六日，祔睿宗昭成皇帝主于太廟。

十一年四月，國子祭酒徐堅上表曰：「臣謹按《禮稽命徵》，虞夏五廟，殷六廟，周七廟，諸侯五廟，而魯用天子之禮，並后稷、姜嫄爲七廟。故知五帝殊時，不相沿樂；三王異世，不相襲禮。伏以中宗孝和皇帝受命中興，化民爲德，雖別廟薦享，而聖心未安，將革前規，移入太廟。臣參詳自古廟制，夏、殷、周、漢，各自立廟，不同一處。漢光武以中興崇儉，故七室共堂，而歷代尊行，以爲折衷。今太廟七室，皆有神主，孝和皇帝既須入廟，先有夾室見空，望奉移向此室內，既同太廟，八室祭享是同，在于情理，實爲允愜。」五月一日，遷中宗神主祔于太廟。其年七月二日，詔曰：「朕聞王者乘時以設教，因事以制禮，沿革以從宜爲本，取捨以適會爲先，故損益之道有殊，質文之用斯異。且夫至德之謂孝，所以通于神明；大事之謂祀，所以虔于宗廟。嘗覽古典，爰詢廟制，遠則殷、周事異，近則漢、晉道殊，雖禮文之不同，固嚴敬之無二。況恩以降殺而疏，廟以遷毁而廢，雖式瞻古訓，禮則不違，而永言孝思，情所未足。其祧室宜列爲正室，將使親而不盡，遠而不祧，廟以貌存，宗由尊立。俾四時式薦，不問于毁主；百代靡遷，匪惟于始廟。所謂變以合禮，動而得中，嚴配之典克崇，肅雍之美茲在。太廟宜置九室，令所司擇日啓告移造。」

會昌五年七月，中書門下奏：「孟州汜水縣武牢關，是太宗擒王世充、竇建德之地。關城東峯，有高祖、太宗像，在一堂之內。伏以山河如舊，城壘猶存，威靈皆畏於軒臺，風雲疑還於豐沛，誠宜百代嚴奉，萬邦所瞻。西漢故事，祖宗所嘗行幸，皆令郡國立廟。今緣定覺寺理合毁拆，望取寺中大殿材木，于東峯改造一殿，四面兼置垣墻。伏望號爲昭武廟，以昭聖祖受功之盛。興功日，望令差東都分司郎中一人薦告，至畢功日，別差使展敬。」制「可」。王者大勳，被於率土，宗社之典，敬而不私。郡國立廟，非古也。

六年五月，禮儀使奏：「武宗昭肅皇帝祔廟，并合祧去舊廟等事。伏以自敬宗、文宗、武宗兄弟相及，已歷三朝，昭穆之位，與承前不同。所可疑者，其事有四：一者，兄弟昭穆同位，不相爲後；二者，已祧之主，復入舊廟；三者，廟數有限，無後之主，則宜出置別廟；四者，兄弟既不相爲後，昭爲父道，穆爲子道，則昭穆同班，不合異位。據《春秋》『文公二年，躋僖公』。何休云：『躋，升也，謂西上也。惠公與莊公當同南面西上，隱、桓與閔、僖當同北面西上。』孔穎達亦引斯義釋經。又賀循云：『殷之盤庚，不序陽甲；漢之光武，上繼元帝。』晉元帝、簡文，皆用此義毁之，蓋以昭穆同位，不可兼毁二廟故也。《尚書》云：『七世之廟，可以觀德。』且殷家兄弟相及，有至四帝，不及祖禰，何容更言七世，于理無疑矣。

二者，今已兄弟相及，同爲一代，矯前之失，則合復祔代宗神主於太廟。或疑已祧之主，不宜更入太廟者，按晉代元、明之時，已遷豫章、潁川矣，及簡文即位，乃元帝之子，故復豫章、潁川二神主於廟。又國朝中宗已祔太廟，至開元四年，乃出置別廟，至十年置九廟，而中宗主復祔太廟。則已遷復入，亦可無疑矣。三者，廟有定數，無後之主，出置別廟者。按魏、晉之初主多同廟，蓋取上古清廟一宫，尊遠神祇之義。自後晉武所立之廟，雖云七主，而實六世，蓋景、文同廟故也。又按魯立姜嫄、文王之廟，不計昭穆，以尊尚功德也。晉元帝上繼武帝，而別享惠、懷、愍三帝，時賀循等諸儒議，以爲別立廟，親遠義疎，都邑遷異，於理無嫌也。今以文宗棄世纔六年，武宗甫爾復土，遽移別廟，不齒宗祖，在於有司，非所宜議。四者，添置廟之室。按《禮論》，晉太常賀循云：『廟以容主爲限，無拘常數。』故晉武帝時，廟有七主六代。至元帝、明帝，廟皆十室。及成、康、穆三帝，皆至十一室。自後雖遷故祔新，大抵以七世爲准，而不限室數。伏以江左名儒，通賾覩奥，事有明據，固可施行。今若不行是議，更以迭毁爲制，則當上不及高曾未盡之親，下有忍臣子恩義之道。謹備討古今，參校經史，上請復代宗神主於太廟，以存高曾之親，下以敬宗、文、武三宗同爲一代，於太廟東間添置兩室，定爲九代十一室之制，以全臣子恩敬之義。庶協大順之宜，得變禮之正，折古今之紛互，立羣疑之拘指。俾因心廣孝，永燭於皇明；昭德事神，無虧於聖代。」勅旨：「宗廟事重，實資參詳。宜令尚書省、兩省、御史臺四品已上官，大理卿、京兆尹集議以聞。」尚書左丞鄭涯等奏議曰：「夫禮經垂訓，莫重於嚴配，必參損益之道，則合典禮之文。況有明徵，是資折衷。伏自敬宗、文宗、武宗三朝祔位，皆以兄弟，考於前代，理有顯據。今謹詳禮官所奏，並上稽古文，旁摭史氏，協於通變，允謂得宜。臣等商量，伏請並依禮官所議。」從之。

王溥《唐會要》卷一七《廟災變》 開元五年正月二日，太廟四室崩，上素服避正殿，迎神主于太極殿。初，將幸東都，而太廟崩，召宰臣宋璟、蘇頲問其故，對曰：「今三年之制未畢，誠不可幸。凡災變之發，皆所以明儆誡。陛下宜增崇大道，以答天意，且停幸東都。」上又召姚崇，對曰：「太廟殿本是苻堅時所造，隋文帝創立新都，移宇文廟故殿，改造此廟，歲月滋深，朽蠹而毀。山有朽壤，尚不免崩，木朽而摧，偶與行期相會，不是緣行乃崩。且天子以四海爲家，陛下爲關中不熟，所以爲人行幸。」上曰：「卿言正合朕意。」遂幸東都。右散騎常侍褚無量請脩德，諫曰：「臣聞《尚書·洪範傳》曰：『王者陰盛陽微，則先祖見其變。』昔成湯遇旱，引事自責云：『女謁盛邪！』今太廟毀壞，即是先祖見變，後宫之中，非所幸者，親享之後，簡出少多，以應其變。又竊聞左右近臣妄奏云，國家太廟，其材木本是苻堅時舊殿。按《括地志》云，隋文帝創立新都，移宇文廟故殿改造此廟，原非苻堅及宇文氏所作也。況我國家及隋文帝，貴爲天子，富有四海，豈復遞取苻堅之舊殿以充太廟者乎？此則言僞而辨，殊不足採納。伏願精選舉，用賢良，節奢靡，輕賦稅，繼絶世，慎刑罰，納諫諍，察諂諛。夫如是則人和，人和則氣和，氣和則天地和矣。人天和會，災異自銷。伏願虔奉神心，克謹天誡。」十月七日，伊闕人孫平子上封事曰：「臣竊見今年正月，太廟毀，此乃躋二帝之所致也。臣按《左傳》：『君薨卒哭而祔，祔而作主，特祀于主，烝嘗禘于廟。』今日有違於此也。昔魯文公二年，宗伯弗忌躋僖公于閔公上，後致太室壞，《春秋》異而書之，今日有同於彼也。君子以弗忌爲失禮。又按《五行志》書，僖公雖兄，嘗爲閔公臣，臣居君上，是爲失禮也，故太室壞。且兄臣於弟，猶不可躋之弟上，況弟臣于兄，豈可躋弟于兄上邪？昔莊公三十二年薨，閔公二年吉禘。自薨至禘，尚有二年，《春秋》猶非之失禮，況夏崩冬禘，不亦太速乎？且太廟中央曰太室，尊高象也，魯自是陵夷，將墮周公之祀。臣據此斷之，即太廟毀，亦今日將欲陵夷之象，墮先帝之祀也。斯亦上天祐我唐國，乃降此災，以陛下去年禘孝和于別室，告祭于太廟，未祭孝和，先祭太上皇，此乃與僖、閔事同，先臣後君也。昔躋兄弟上，今令弟先兄祭，過有甚于古也。昔登臣君上，今亦如之，事豈不同邪？昔太室壞，今太廟毀，變量不同邪？若以兄弟同昭，則不合出置別廟。若以臣子一例，則孝和合進爲昭。昔武氏簒國十五餘年，孝和挺劍龍飛，再興唐祚，反正朔服色，咸依貞觀故事，此即須大功於天下也。今禘于別室，是廢先聖之訓，棄中興之功，下君上臣，輕長重幼。昔晉太康五年，宣帝廟地陷，梁折。八年正月，太廟殿陷，改作殿宇，更營新廟，遠致名材，雜以銅柱。自八年九月造，至十年四月乃成。十一月，又梁折毀壞。由此言之，天降災譴，非枯朽也。晉不知過，天下分崩，王室大亂。特望天恩，少垂詳察，速召宰相已下謀議，移孝和入廟，何必苦違禮典，以同魯、晉。」詔下禮官議，太常博士陳貞節、馮宗、蘇獻等議曰：「《王制》『天子七廟，三昭三穆，并太祖而七。』昭穆者，父子之位，則知七世之廟，無兄弟之義矣。殷繼成湯，至于帝乙，父子兄弟，十有二君，其正世止六而已。《易乾鑿度》曰：『殷之帝乙，六世王也。』此則兄弟不數爲世之明據也。又殷人六廟，親廟四，並湯而六。殷世兄弟四人，相次爲君，若以爲世，便當上毀四室，如此則無復祖禰之祭矣。古之廟位，自禰已上，極于太祖，雖數溢迭毁，隨而上遷，三昭三穆，未嘗有闕也。又《禮》『大宗無子，則立支子』。又曰：『爲人後者爲支子。』無兄弟相爲後之文。所以舍至親取遠屬，蓋以兄弟一體，無父子之道。故父子曰繼，兄弟曰及。禮，兄弟不相入廟者，假如兄弟代立，孫姪承統，告享之日，不得稱嗣子嗣孫，則當上列云『伯考、伯祖』，下繫云『姪子、姪孫』，此乃成七廟之位號，不成繼統之義焉，斯又不可之甚也。又殷十二世，惟三祖三宗，明兄弟相及。自别立廟，不必繼之七世。後漢世祖列序七廟，而惠帝不入其數，豈非文帝之嫡兄乎？及文、武代立，子孫克昌，爲漢之大宗。晉景亦晉文之兄，緣景帝絶嗣，不列七廟之數。何以知之？據永興元年告謚，世祖稱景帝爲從祖也。若以晉武越次尊崇其父，而致廟壞，遂及亂亡。何因漢氏遷出惠帝，宗尊文帝，而享世二十有四，歷年四百三十？殷廟何嘗見崩，漢廟未始經折，殷、漢之盛，委而不言，魯、晉之災，引以爲喻，是以《春秋》太室壞者，乃垂明誡，何必閔僖。晉太廟所以毁折者，天誅奢麗，不以遷廟。然天子七廟，諸侯五廟，辨貴賤之差也；父子相繼，億萬人之心也；昭穆列序，重繼統之義也。今孝和皇帝若與聖真皇帝相亞，在廟止成六世，何以辨貴賤乎？裔嗣絶滅，何以宗後世乎？昭穆失序，何以成繼統之義乎？況國家遠遵殷之陽甲，近法漢之成帝，特以孝和實中興之明主，開百世不毁之廟，别立園寢，永以寧神，歲時烝嘗，與國終始，有何不可乎？平子云太廟崩，緣躋聖賢所致，引僖公薨遷居閔公之上，稱爲逆祀，取類當今。然孝和升新寢之後，聖真皇帝方上祔高宗，斯則未嘗一日躋居孝和之上。引兹爲證，豈非誣罔朝廷邪？平子不識忌諱，肆其狂瞽，危言高論，謗訕朝廷，引衰晉之朝，比聖明之世，言僞而辨，禮所不容！」狀入，久不決。上令宰臣召平子與禮官對定可否。博士固執前議，平子口辨所引，咸有經據，獻等又不能屈之。時蘇頲知政事，以獻是從祖之兄，頗黨之，議竟不行，平子上諭不置，遂以平子爲廉州都城縣尉，議者以平子之議是也。

至德二載十一月十五日，新作九廟神主于長安殿安置，上親享之。先是，京師宗廟被焚，上在彭城，原使人陷没于鳳翔，先作神主，及是迎享。初，肅宗將復宫闕，遣左司郎中李巽先行告廟之禮，工部尚書顔真卿謂禮儀使崔器曰：「春秋時，新宫災，魯成公三日哭。今太廟爲盗焚毁，宜築壇于野，皇帝向東哭，然後遣使。」事竟不行。又曰：「告廟祝文稱嗣皇帝，上皇在蜀，稱嗣可乎？」器遽奏改之，中旨歎重宣勞焉。先是，御史大夫嚴郢爲協律郎，知東都太廟。時安禄山陷東都，郢潛奉九廟神主于私第，至至德三載，東都收復，有司備法駕迎神主歸于太廟，以功遷大理司直。廣德初，代宗自陜將還，尚書右丞顔真卿請皇帝先謁五陵廟，然後還宫。宰相元載謂真卿曰：「公所見甚美，其如不合事宜何？」真卿曰：「用舍在相公耳，言者何罪？然朝廷之事，豈堪相公再破除邪！」

建中二年二月，復肅宗神座于寢宫。初，寶應中，西戎犯京師，焚建陵之寢，至是始創復焉。

元和十一年正月，宗正寺奏：「建陵黄堂南面丹景門，去年十一月，被賊斫破門戟四十七竿。」詔曰：「所由闕于周防，敢爾侵犯，各據事狀，宜有科懲。知山門押官決六十，削一任官；彍騎三衛，並決四十；陵令馬敍，罰一季俸料；陵丞李建，罰一月俸；宗正卿李上公，罰一月俸。」大中五年十二月，景陵有賊驚動，斫損神門戟架等。至六年四月，下詔曰：「景陵神門，盗傷法物，其賊既抵極法，官吏等須有懲責。宗正卿及陵令、縣令，已從别勑處分。京兆尹邦畿不能肅清，封部責帥之義，其何以逃，宜罰兩月俸料。」其日，貶宗正卿李文舉爲睦州刺史，陵令吴閱爲岳州司馬，奉先縣令裴讓爲隨州司馬，權知縣事主簿張行之爲邵州司户，陵丞李咸停見任，仍殿三選，所由節級等科責。

光啓元年三月，中書門下奏曰：「伏以前年冬月有震，俄然巡幸，主司宗祝，迫以倉徨移蹕鳳翔，未敢陳奏。今將迴鑾輅，皆舉典章，清廟再營，孝思式備。伏請降勑命，委所司參詳典禮脩奉。」詔從之。又脩奉太廟使宰相鄭延昌奏：「太廟大殿十一室，二十三間，十一架，功績至大，兼宗廟制度有數，難爲損益。今不審依元料，脩奉爲復，更有商量，下禮官詳議。」太常博士殷盈孫議曰：「如依元料，難以速成，況祭藏方虚，須資變禮。竊以至德二載，以新脩太廟未成，其新造神主，權于長安殿安置，便行享告之禮，如同宗廟之儀，以俟廟成，方爲遷祔。今京城除充大内及正衙外，别無殿宇。伏聞先有詔旨，欲以少府監大廳權充太廟。其廳五間，伏緣十一室于五間之中，陳設隘狹，請更接續，建成十一間，以備十一室薦享之所。其三太后廟，即于監内取西南屋三間，以備三室告享之所。」詔從之。

其年十二月，僖宗再幸寶雞。其太廟十一室，并祧廟八室，及孝明太皇太后等别廟三室神主、緣室法物，宗正等官屬奉之，隨駕至鄠縣，爲盗所劫。三年二月，車駕自興元還京，以宫室未備，權駐鳳翔。太常禮院奏皇帝還宫，先謁太廟，今宗廟焚燬，神主失墜，請準例脩奉者。禮官議曰：「按《春秋》『新宫災，三日哭。』《傳》曰：『新宮，宣公廟也。三日哭，禮也。』按《國史》開元五年正月二十日，太廟四室摧毀，時神主皆存，迎奉于太極殿安置，玄宗素服避正殿。寶應元年，肅宗還京師，以宗廟焚毀，於光順門外設次，向廟哭。歷檢故事，不見百官奉慰之儀，然上既素服避殿，百官奉慰，亦合情理。竊循故事，比附參詳，恐須宗正寺具宗廟災毀神主失墜事由申奏，皇帝素服避殿受慰訖，輟朝三日。下詔委少府監，擇日依禮改造列聖神主。」詔從之。

王溥《唐會要》卷一九《孝敬皇帝廟》 開元六年正月二十六日，將作大匠韋湊上疏曰：「臣聞禮祖有功而宗有德，祖宗之廟，百世不毀。故殷太甲曰太宗，太戊曰中宗，武丁曰高宗。周宗文王、武王。漢則文帝爲太宗，武帝爲世宗。其後代有稱宗，皆以方制海內，德澤可宗，列于昭穆，期于不毀。稱宗之義，不亦大乎！況孝敬皇帝位止東宮，未嘗南面，聖道誠冠于儲副，德教不被于寰瀛，立廟稱宗，恐非合禮。況別起寢廟，不入昭穆，稽諸祀典，何義稱宗？以臣庸識，竊謂不可。望更令所司詳議，務合于禮。」于是太常請以本謚孝敬爲廟稱，從之。至七年十月九日，祔孝敬皇帝神主于東都從善里新廟。故來廷縣署。至十八年九月八日，勑緣祫享孝敬神主，當廟自爲享祭。大曆十四年十二月，有司言：「孝敬皇帝尊非正統，且不列于昭穆，今廟廢而主存，請毀之。」遂瘞主于廟。其廟自天寶後祠享久絶。

王溥《唐會要》卷一九《諸太子廟》 開元三年，右拾遺陳貞節以諸太子廟不合守供祀享，上疏曰：「王者祀典，義存德坊，猶且遠廟爲祧，去壇爲墠，親盡則毀，此皆爲繼體之君焉，苟非斯文，並從咸秩。伏見章懷太子等四廟，遠則從祖，近則堂昆，並非有功于民，立事于世，而寢廟相屬，獻祼連時，事不師古，以克永世，臣實疑之。今章懷太子等，乃以陵廟分署官寮，八處修營，四時祭享，物須官給，人必公差，合樂登歌，咸同列帝。夫金奏所以頌功德，登歌所以颺輝光，以感神祇，以和邦國，故《詩》曰『鐘鼓既設，一朝饗之』，錫有功也。若使無功而頌，無德而颺，乃以姑洗爲宮，蕤賓爲羽，聲含六代，或類五郊，奏《咸和》以降神，歌《肅雍》以延祉，是使舞詠非虔，金石乖儀。謹按《周禮》始祖以下，猶稱小廟，未知此廟，厥名維何？臣謂八署司存，員寮且省；四時祭祀，供給咸停。臣又聞磐石維城，既開封建之典；別子爲祖，非無大小之宗。其四陵廟等，應須祭祀者，並令承後子孫，自修其事，崇此正殿，冀合禮經。」上令有司集羣官詳議奏聞，駕部員外郎裴子餘議曰：「謹按前件四廟等，並前皇嫡胤，殞身昭代，聖上哀骨肉之深，錫烝嘗之享，憲章往昔，垂範將來。昔嫄廟列周，戾園居漢，並位非七代，置在一時。斯並前史宏規，後賢令範，固知父子之愛，兄弟之恩，情有所殺，方崇大教。又按《春秋》，狐突適下國，遇太子，使登僕曰：『將以晉畀秦，秦將祀予。』此則太子之言，無後明矣。對曰：『神不歆非類，民不祀非族，君祀無乃殄乎？』此則晉有其祀，立廟必矣。雖史有詳略，而微旨見存。又定公元年，立煬宮，《經》、《傳》更無異説。鄭玄注云：『煬公，伯禽之子，季氏禱而立其宮也。』竊以宮廟同號，建立不殊。季氏陪臣，煬公遠祖，因禱立廟，尚不爲嫌，豈與夫睿聖因心，闡揚至化？惟篤維親之祀，垂永久之法。考之漢儲晉嫡則如彼，言乎周廟魯公又如此，豈可使晉求秦祀？戾匪漢思，所枉者深，所宜者鮮，黷神慢禮，理必不然。且尊以儲后，位絶諸侯，謚號既崇，官吏有典。去羊存朔，非禮所安，徇利忘禮，何以爲國？」太常博士段同泰議曰：「伏據隱太子等皆稟殊恩，式創陵寢，一差蘋藻，驟移檀柘，豈非睦親繼絶，悼往推恩者歟？況漢置戾園，晉修虞祀，《書》稱咸秩，《禮》紀百神，紛綸葳蕤，可略言矣。隱太子等並特降絲綸，別營祠宇，義殊太廟，恩出當時。借如逝者之錫蘋藻，亦猶生者之開茅土，寵章所及，誰謂非宜。且自古帝王，封建子孫，寄以維城之固，咸登列郡之榮，豈必有功于民，立事于世？生者曾無異議，逝者輒此奏停，雖存殁之跡不同，而君臣之恩何別？此則輕重非當，情禮宜均，神道固是難誣，人情孰云其可？又謹按隱太子是皇帝曾伯祖，本服緦麻。章懷是伯父，本服周年。懿德、節愍咸是堂昆，本服大功。親並未盡，廟不合廢。又班彪云：『貢禹毀宗廟，匡衡改郊祀，皆數復紛紜不定者何？禮文缺微，古今異制，各爲一家，未易可編定也。』按匡衡之議，戾太子等以親未盡不毀，斯則遠窺青史，無可廢之文；上固皇枝，有深根之美。一朝廢罷，竊爲不可。臣愚以爲置之則緩族，廢之則收恩，緩族則廟存，收恩則享絶，事關聖慮，奏定爲宜。」禮部尚書鄭惟忠等二十七人議，稱隱太子等四廟，請祠如舊，陵廟既在，官不可削，其府史等各請減半，從之。

開元二十二年七月二十六日勑：「贈太子頃年官爲立廟，并致享祀，雖欲歸厚，而情且未安。烝嘗之時，子孫不及，若專令官祭，是以疎間親，遂此爲常，豈爲敦孝？其諸贈太子有後者，但官置廟，各令子孫自主祭，其署及官悉停。若無後者，宜依舊。」至天寶六載正月十一日赦文：「諸廟之主，禮有遵于合祭，同等則祔，義亦取于旁通。其章懷、節愍、惠文、惠宣等太子，雖官爲立廟，比來子孫自祭，或時物有闕，禮儀不備，宜與隱太子及懿德太子列次諸室，簡擇一寬處，同爲一廟。應緣祭事所須及樂饌，並令官供，每差祭官，宜准常式。仍都置廟令，仍自餘所廢廟官宜停。」按章述《兩京記》，此廟地本是夔、萬等六州，即後爲乾封縣，移于永樂坊。神龍初，遂立爲懿德太子廟，其後諸太子廟，比各別坊，今並移就此廟，號爲七太子廟也。

上元二年二月，禮儀使、太常卿杜鴻漸奏議曰：「讓帝、七太子廟等，停四時享獻，每至禘祫之月，則一祭焉。樂用登歌一部，時獻俎樽之禮，同太廟一室之儀。」

貞元十五年九月，置文敬太子廟于常安坊，祭令各一人，四時獻奠。太子家令爲祭主，牲牢樂饌，所司供備。太常博士一人相禮。至大和四年四月，太常寺奏：「文敬太子廟，准大和元年十一月二十三日敕：停祼獻；從大和二年，四時享獻並停。伏准七太子及靖恭太子例，廟享既絶，神主理合埋瘞。」從之。

元和元年，太常寺奏：「七太子廟，文敬、恭懿太子，兩京皆是旁親。伏詳禮經，無文享祀，官員所設，深恐非宜。其兩京官吏，並請勒停。其屋宇請令宗正寺勾當者。」敕旨依准。其見任官至考滿日停。其日，又敕文敬太子廟，量留令一員，府史一人，三衛二人，餘並停。

寶曆二年二月，太常奏：「追贈文敬太子廟在常安坊，惠昭太子廟在懷真坊，各置官吏，四時置享，禮經無文。況九廟遞遷，族屬彌遠，推恩降殺，祼獻宜停。又贈奉天皇帝廟，贈貞順皇后廟及永崇坊隱太子以下七室，同爲一廟，并贈靖恭太子亦祔在此廟。凡此制置，皆是追崇，或徇一時，且非禮意，日月既久，祀享尋停。其神主望準故事，瘞于廟地，庶情禮終始，不失經訓。請下太常禮院與百官議。」起居郎劉敦儒議曰：「謹按《禮記》云：『殤與無後者，從祖祔食。』又曰『王不祭殤亡』，又曰『有陰厭，有陽厭，陰厭謂嫡殤也』。《注》云：『謂宗子之殤，祭于奥。《爾雅》云，西南隅謂之奥。此明幼殤而死，故祭于祖廟陰闇之處也。陽厭謂祭庶殤也。』《疏》云：『祭于宗子之家，祖廟之内，當室顯露之處，故曰陽厭，所以明嫡庶也。過此以往，則不祭矣。』伏以惠昭太子位登儲闈，業當主鬯，于親則高祖神堯皇帝之宗子，屬則于皇帝爲伯祖父，雖禮文于旁親無服，而骨肉之恩，不移于宗子。若坎室于德宗皇帝廟内西南隅，遷祔神主，以特牲展祭，不舉樂，無折俎，去玄酒，不告禮成，庶合古禮。若准魏、晋故事，即晉愍懷太子、殤太子、哀太孫、沖太孫，皆于祖廟北牗而置陰室，歲時祔享，以至親盡。今伏以國家變三代之典，從東漢之制，九廟既有周殿之隘，一室難修處奥之儀，況別廟陰室，俱爲變禮。依前享獻，于事爲宜，其廟請不廢。禮官或云惠昭太子棄東宫之日，已過殤年，若合祼享，宜同正祭。臣以爲古處于奥，今祭祀于廟，雖不以成人，而別以過殤之禮矣。又或云若以成人，合有主後。臣以爲惠昭太子裔嗣，皆在宫中，若未勝冠，自宜抱奠。又有以同姓爲尸者，今但令宗正官屬主奠，即雅符祀典矣。其文敬太子生非繫本之重，歿有追命之榮，今于皇帝爲曾叔祖，非大功之親，詳禮經爲庶子，而服屬已遠，列于常祀，實爲非經。請依太常所奏。又隱太子以下神主，或累朝嫡嗣，或聖代名藩，今者子孫，皆居列土，因緣食禄，亦謂承家，各令自列廟祧，用伸嚴配。臣伏詳開元中敕諸贈太子有後者，咸令自主其祭。今請復行此制，各使子孫，奉迎神主，歸祔私廟，庶別子爲祖，符列國不祧之尊。其無後之廟，及貞順皇后神主，即請依太常所奏。其贈奉天皇帝、承天皇帝神主，既有常號，禮不可黷，蓋王者不享于下士，諸侯不敢祖天子之義，縱有主後，法不當祭，亦請依太常所奏。」制從之。

開成三年二月，兵部尚書、判太常卿事王起等奏：「准堂帖，天寶初，置七太子廟、異室同堂，國朝故事，足以師法。今欲以懷懿太子神主祔惠昭及悼懷太子廟，宜選太常寺典禮官同議狀者。伏以三代已降，廟制不同，光武爲總立一堂，神主異室，親盡廟毁，昭穆遞遷，此蓋祖宗之廟也。然則太子廟出于近代，或散在他處，別置一室，或尊卑序列，共立一堂。伏准國初太子廟，各在諸坊。天寶六載敕文，章懷、節愍、惠莊、惠宣等太子，宜與隱太子列次，同爲一廟，號七太子廟。應緣祭事，並令官給。又准大曆三年五月，以靖恭太子神主祔七太子廟，加一室。今懷懿太子以姪祔叔，享獻得宜，請于惠昭太子廟添置一室，擇日升祔。」從之。

大中六年十一月，太常博士白宏儒奏：「伏以惠昭太子廟、元和七年立。悼懷太子廟、開成三年，入惠昭太子廟。懷懿太子廟、大和四年立。莊恪太子廟，開成三年立。前件太子四室，共置三廟，每當修飾，至其費用極多；四時奠享，所司未必豐潔。三處行事，人力實謂勞煩。將欲求其便宜，莫若移就一廟。且今太廟九室，尚在一處，太子各置廟宇，禮實非宜。伏以莊恪太子廟，地實高敞，建立又新，只添一間，可容三室，所費益寡，其利實繁，非止即安，可以永逸。請待修理畢，擇日備禮，遷諸太子神主，皆祔莊恪廟中。列位次居，匪失彝倫之敍；祀事同享，無虧長幼之儀。其廢廟瓦木極多，諸廟添修，計亦合足。其廢廟官等，未得資者，望許非時參選。臣官守綿蕝，職忝參詳，事關禮文，合當舉請。」敕：「白宏儒所奏，頗爲得宜，令太常卿集禮官重議聞奏。」于是禮院奏議曰：「伏以列聖祖宗，尚同太廟，追册儲嗣，不合别祠。蓋以年月各殊，寵恩有異；歲時已久，即宜改更。況春秋薦享之時，禮樂牲牢之用，重煩人力，實爲皇居。今據從卑就尊，刱置年月，即合移懷懿太子以下三廟就惠昭太子廟，地既卑下，多有浸濕，非可經久。莊恪太子廟，地居高敞，屋更寬廣，若移同一廟，只要增置廟室，謹詳遷就，誠謂久安，增其便宜，移廟未虧于典故。今列次增室，祔禮尊常，酌中之道可行，申奠之儀不失。臣與官寮等集議，請依宏儒所奏，事誠允當，實舉舊章。」奉勑：「宜依。」

王溥《唐會要》卷一九《百官家廟》 侍中王珪，通貴漸久，而不營私廟，四時烝嘗，猶祭于寢。貞觀六年，坐爲法司所劾，太宗優容之，因爲立廟，以愧其心。廟在永樂坊東北角，貞元八年，修唐安寺，移于寺西。

開元十二年，勑一品許祭四廟，三品許祭三廟，五品許祭二廟，嫡士許祭一廟，庶人祭于寢。

天寶元年四月，太子太師致仕蕭嵩，以私廟逼近曲江，因上表請移就他處。其詞曰：「臣嵩言，昨日大將軍高力士奉口宣，俯令存問，以臣私廟逼近曲江，人物喧雜，非安神之所，許臣移轉，更就幽閒。又憐臣田園，知無手力，擬令將作，與臣營造。伏蒙殊渥，感戴交深。臣叨沐朝榮，獲崇私廟，禮尊祖考，粗奉烝嘗，而地接勝游，城連禁御。伏以神道静謐，久議遷移，豈謂理會事宜？天從人願，聖情下逮，元獎曲成，遂使澤及幽明，慶沾存殁，丘山易負，恩惠難勝。今日已令下手移拆訖，所令官作，豈敢當之！臣爲衰老，自拙將攝，十數日來，加風氣發動，猶尚虚惙，未堪拜伏，不獲詣闕奉謝。」批答云：「卿立廟之時，此地閒僻，令傍江修築，舉國勝遊，與卿同之。須避喧雜，事資改作，遂令官司承已拆除，終須結搆，已有處分，無假致辭。」建中宰臣楊炎不知其事，又買之爲廟。炎既與盧杞、嚴郢有隙，因密奏曰：「此地有王氣，是以玄宗勑蕭嵩拆已成之廟，今炎復興之，必有異圖。」杞後贊其言。上大怒，既竄于崖州，遂殺之。

十載正月十日敕文，天子七廟，諸侯五廟，大夫三廟，士一廟。今三品以上，乃許立廟，永言廣敬，載感于懷。其京官正員四品清望官，及四品五品清官，並許立私廟。

貞元十三年勑：「贈太傅馬燧祔廟，宜令所司供少牢，仍給鹵簿。」

元和二年六月，淄青節度使李師道立私廟，追祔曾祖祖父三代及兄師古神主。詔下太常，議曰：「伏以師古雖是師道親兄，師古身存之日，先未祔廟。今廟因師道而立，即師道便合是百世不遷之宗。謹按《封爵令》，傳襲之制，皆子孫以下相繼，並無兄弟相繼爲後之文。則明師古神主，不合入師道之廟。若師古男自有四品三品官，兼有封爵，准《開元禮》，合待三年喪終，禮祭畢後，别立廟宇，設師古神主座，行祔祭之禮，自承宗祀，庶合禮經。」勑旨依奏。

七年十一月，太子少傅、判太常卿事鄭餘慶建立私廟，將祔四代神主，廟有二夫人，疑于祔配，請禮院詳議定。修撰官太學博士韋公肅議曰：「古者一娶九女，所以于廟無二嫡。自秦、漢以下，不行此禮，遂有再娶之説。前娶後繼，並是正嫡，則偕祔之義，于禮無嫌。謹按晉驃騎大將軍温嶠，相繼有三妻，疑並爲夫人。以問太學博士陳舒，議以妻雖先殁，榮辱並隨夫也。禮祔于祖姑，祖姑有三人，則各祔舅之所生。如其禮意，三人皆夫人也。秦、漢以來，諸侯不復一娶九女，既生娶以正禮，殁不可貶，自後諸儒，咸用舒議。用嫡繼于古則有殊制，于今則無異等。今王公再娶，無非禮聘，所以祔配之議，不得不同。至于卿士之家寢，祭亦二妻，位同几席，豈廟享之禮，而有異乎？是知古者廟無不嫡，防姪娣之争競，今無所施矣。古之繼室，皆媵妾也。今之繼室，並嫡妻也。不宜援古一娶九女之制也，而使子孫祭享不及。或曰：《春秋》聲子不入魯侯之廟，如之何？謹按魯惠公元妃孟子卒，繼室以聲子。聲子之姪娣，非正也，自不合入魯公之廟，明矣。又武公生仲子，則仲子歸于魯，生桓公而惠公薨，立宫而奉之，追成父志，别爲宫也。尋求禮意，則當然矣。未見前例如之何？謹按魯南昌府君廟有荀氏、薛氏，景帝有夏侯氏、羊氏，聖朝睿宗廟有昭成皇后竇氏、肅明皇后劉氏，故太師顔魯公祖廟有夫人殷氏、繼夫人柳氏。其流甚多，不可悉數，略稽禮文，參諸故事，二夫人並祔，于禮爲宜。」

寶曆二年七月十二日，太常禮院奏：「伏奉四月二十八日勑，前同州朝邑縣尉韓約進狀，請祔亡父故金紫光禄大夫、守尚書左僕射、贈太子太保臯神主，祔禮院議定聞奏者。謹按禮經，諸侯二品以上祠四廟，五品以上祠三廟。今據韓臯祖休，先已立先祖廟三室，今子孫見繼，昭穆享祭。臯父滉是衆子，官至二品，身殁後，長子羣官至國子司業，已别立禰廟，祔滉神主入廟。今子孫承襲，自爲一宗。臯是滉次子，官雖一品，身殁無升祔廟文。伏准《禮記》云：『别子爲祖，繼别爲宗。』繼禰者爲小宗，若臯子約官至五品清資郎，合别置禰廟，祔臯神主，自列昭穆，庶合禮經。」勑旨依奏。

會昌五年二月，勑：「自今以後，百寮不得于京城内置廟。如欲于坊内置者，但准古禮于所居處，即不失敬親之禮。」

大中五年四月，武昌軍節度使、檢校户部尚書韋損奏：「臣四代祖湊，開元中于上都立政坊立廟，至建中四年，亡失木主，其廟屋及樹並在。今臣官階至三品，合立私廟，請祔享前件廟。」勑旨：「宜依。」先是，韋損之門吏右司員外郎楊師復以此事問于禮官，太常寺主簿韋儒實對曰：「准何修之《禮問答》云：『始安靖王廟，東城事亂，神主不存，廢祠未久，今欲造木主升祔，于禮如何？答曰：新造木主成，便合奉迎入室，當設酒脯之奠，然後即安也。』又准禮，文武官二品以上祠四廟，五品以上祠三廟。今韋尚書官至三品，自合得立三廟。緣四代祖河東節度使先立私廟，太師已曾祔廟訖，至建中四年失木主，自後子孫位卑，其祠久廢。今韋尚書官位三品，准《祠祭令》，各立三廟，即合祭太師、中丞及使君三神主，便合營造廟宇，以安木主。今河東節度舊廟，木主亡失，廟宇見存。其河東節度是四代神祖，不合更祭，今祔太師以下三神主于其廟，在禮無嫌。」

其年十一月，太常禮院奏：「據中書侍郎、兼吏部尚書，平章事崔龜從奏，臣官准式合立私廟。伏准會昌五年二月一日勑旨，百官並不得京城内置廟，如欲于京城内置廟者，但准古禮，于所居處置，即不失敬親之禮者。伏以武宗時，緣南郊行事，見天門街左右諸坊，有人家私廟，遂令禁斷。且本不欲令御路左右有廟宇，許令私第内置，則近北諸坊，漸逼宮闕，十年之内，悉是人家私廟。今若人家居第寬廣，或鄰里可兼併者，必便置廟，以展孝思。或居處褊狹，隣近無可開廣者，便是終身廢廟享之榮。公私情禮，皆極不便。國朝二百餘年，在私家側近者，不過三數家，今古殊禮，頗爲褻黷。其餘悉在近南遠坊，通行已久。今若緣南路不欲令置私廟，卻令居處建立廟宇，即須種植松柏及白楊樹，近北諸坊，竊恐非便。以臣愚見，天門街左右諸坊，不許置廟。其餘圍外遠坊，本是隙地，并舊是廢廟者，許令建立。則天門街側近，既無私廟，近北諸坊，又免百官占地立廟。并官至三品，盡得升祔祖禰，無乖禮經。中外官寮已至三品者，皆望有此釐革。伏請下太常禮院，重定立廟制度及去處，庶得祀禮可遵，行事無乖。當奉今月一日勑，宜依所奏，下太常禮院詳審制度，分析奏聞。伏以事亡如存，典禮攸重，今百官悉在京師，若不許于京内置廟，則烝嘗之禮，難復躬親，孝思之心，或乖薦奠。若悉令于居處置廟，又緣近北諸坊，便于朝謁，百官第宅，布列坊中，其間雜以居民，棟宇悉皆連接，令廣開則鄰無隙地，廢廟貌則禮闕敬親。若令依會昌五年勑文，盡勒于所居置廟，兼恐十數年間，私廟漸逼于宮牆，齊民必欲于吞併。臣具詳本末，冀便公私。今請夾天門街左右諸坊，不得立私廟，其餘圍外遠坊，任取舊廟，及擇空閒地建立廟宇。應立廟之初，先取禮司詳定，兼請准《開元禮》，二品以上祠四廟，三品祠三廟，三品以上不須爵者。四廟外有始封祖，通祠五廟。三品以上不得過九架，並厦兩頭。其三室廟制，合造五間，其中三間。隔爲三室，兩頭各厦一間虛之，前後亦虛之。每室中西壁三分之一，近南去地四尺，開一埳室，以石爲之，可容兩神主。廟垣合開南門東門，並有門屋。餘並准《開元禮》及《曲臺禮》爲定制。其享獻之禮，除依古禮用少牢特牲饋食外，有設時新及今時熟饌者並聽。仍請永爲定式。」勑旨：「宜依。」

天祐三年十月，兩浙節度使錢鏐請於本鎮立三代私廟，從之。

五代

王溥《五代會要》卷二《廟儀》 梁開平元年夏四月，太祖初受禪，乃立四廟于西京，從近古之制也。

後唐同光二年六月十日，太常禮院奏：「國家興建之初，已於北都置廟，今尅復天下，遷都洛陽，卻復本朝宗廟。按禮無二廟之文，其北都宗廟請廢。」下尚書。王正言等奏議曰：「伏以宮室之制，宗廟爲先。今卜洛居尊，開其御宇，事當師古，神必依人。北都先置宗廟，不宜並設。況每年朝享，禮有常規，時日既同，神何所據。竊聞古道，例亦從權，於神主已修，迎之藏於夾室，若廟宇已崇，虛之以爲常制。昔齊桓公之廟二主，禮無明文，古者師行，亦無遷於廟主。夫天后之崇鞏、洛，禮爲非宜；漢皇之戀豐、滕，事無所法。況本朝故事，禮院具明，洛邑舊都，嵩丘正位，豈宜遠宮闕之居，建祖宗之廟。事非可久，理在從長，其北都宗廟，請准太常禮院申奏，宜從廢停。」從之。

天成元年，中書舍人馬縞奏曰：「伏見漢、晉以來，以諸侯王宗室承襲帝統，除七廟之外，皆別追尊私親。漢光武皇帝立先四代於南陽，其後桓帝已下，亦皆上考前修，追崇先代。乞依兩漢故事，別立親廟。」詔下尚書省集百官定議。禮部尚書蕭頃等議曰：「伏見方册所載，聖概斯存，將達蘋藻之誠，宜新粢梲之制。臣等集議，其追尊位號及建廟都邑，乞依馬縞所奏。」

二年，中書門下又奏：「伏以兩漢以諸侯王入繼帝統，則必易名上謚，廣孝稱皇，載於諸侯故事，孝德皇、孝仁皇、孝元皇是也。伏乞聖慈，俯從人願，許取皇而薦號，兼上謚以尊名，改置園陵，仍增兵衛。」遂詔太常禮院定其儀制。

太常博士王丕等引漢桓帝入嗣，尊其祖河間孝王曰孝穆皇帝、父蠡吾侯曰孝崇皇帝爲例，請付太常卿定謚。刑部侍郎、權判太常卿馬縞復議曰：「依准兩漢故事，以諸侯王宗室入承帝統，亦必追尊父祖，修樹園陵。西漢宣帝、東漢光武孝享之道，故事具存。自安帝入嗣，遂有皇太后令，別崇謚法，追曰某皇，所謂孝德、孝穆之類是也。前代惟孫皓自烏程侯繼嗣，追父和爲文皇帝，事出非常，不堪效順。今據禮院狀，漢安帝已下，若據本紀，又不見有『帝』字。伏以《謚法》『德象天地曰帝』，伏緣禮院以曾奏聞，難將兩漢故事，便述尊名。請召百官集議。」

右僕射李琪等議曰：「伏覩歷代以來，宗廟成制，繼襲無異，沿革或殊。馬縞所奏，誠有經據。乞下制命，令馬縞虔依典册，以述尊名。」

乃下詔曰：「朕聞開國承家，得以制禮作樂，故三皇不相襲，五帝不相沿，隨代創制，於理無爽。矧或情關祖禰，事係烝嘗，且追謚追尊，稱皇與帝，既有減增之字，合陳褒貶之辭。大約二名俱爲尊稱，若三皇之代不可加帝，五帝之代不可言皇。爰自秦朝，便兼其號。至若玄元皇帝，事隔千祀，宗追一源，猶顯册於鴻名，豈須遵于漢典。況朕居九五之位，爲億兆之尊，不可總二名于眇躬，惜一字于先代，苟隨執議，何表孝誠。可委宰臣與百官詳定，集兩班於中書，各陳所見。」

唯李琪等請于祖、禰二室先加「帝」字。宰臣合衆議奏曰：「恭以朝廷之重，宗廟爲先，事係承祧，義符致美。且聖朝追尊之日，即引漢氏舊儀，在漢朝封崇之時，復依何代故事？理關凝滯，未協聖謨，道合變通，方爲民則。且王者功成治定，制禮作樂，正朔服色，尚有改更，尊祖奉先，何妨沿革。若應州必立別廟，即地遠上都。今據開元中追尊皋陶爲德明皇帝，涼武昭王爲興聖皇帝，皆立廟于京都。臣等商量，所議追尊四廟，望依御札，若並加皇帝之號，兼請于洛京立廟。」敕：「宜于應州舊宅立廟，餘依所奏。」

其年八月，太常禮院奏：「莊宗神主以此月十日祔廟，七室之内，合有祧遷。」中書門下奏議，議祧懿祖一室。後下百寮集議，禮部尚書蕭頃等奏議，請從中書所議。從之。

應順元年正月，中書門下奏：「太常以大行山陵畢祔廟。今太廟見享七室：高祖、太宗、懿宗、昭宗、獻祖、太祖、莊宗。大行升祔，禮合祧遷獻祖，請下尚書省集議。」太子太傅盧質等議曰：「臣等以親盡從祧，垂于舊典，疑事無質，素有明文。頃莊宗皇帝再造寰區，復隆宗廟，追三祖于先代，復四室于本朝，式遇祧遷，旋成沿革。及莊宗升祔，以懿祖從祧，蓋非嗣立之君，所以先遷其室。光武滅新之後，始有追尊之儀，比衹在於南陽，元不歸于太廟。引事且疏于故實，臣等須稟于新規。將來升祔先朝，次合祧遷獻祖，即叶隨時之義，又符變體之文。」從之。時議者以懿祖賜姓于懿宗，以支庶繫大宗例，宜以懿祖爲始祖，次昭宗可也，不必祖神堯而宗太宗。若依漢光武，則宜於代州立獻祖而下親廟，其唐廟依舊禮行之可也。而議謚者忘咸通之懿宗，又稱懿祖，父子俱「懿」，於理可乎？將朱耶三世與唐室四廟連敍昭穆，非禮也。議祧者不知受氏于唐懿宗而祧之，今又及獻祖。以禮，始祧昭宗，次祧獻祖可也，而懿祖如唐景皇帝，豈可諶乎！

晉天福二年正月，中書門下奏：「皇帝到京，未立宗廟，望令所司速具制度典禮以聞。」從之。二月，太常博士段顒議曰：「夫宗廟之制，歷代爲難，爰求禮經，以昭故實。謹按《尚書・舜典》曰：『正月上日，受終于文祖。』此是堯之廟也，猶未載其數。又按《郊祀録》，夏立五廟，商立六廟，周立七廟。漢初，立祖宗廟于郡國，共計一百六十七所。後漢光武中興後，別立六廟。魏明帝初立親廟四，後重議，依周法立七廟。晉武受禪，初立六廟，後卻立七廟。宋武帝初立六廟，齊朝亦立六廟。隋文帝初受命，立親廟四，至大業元年，煬帝欲遵周法，議立七廟，次屬傳禪于唐。武德元年六月四日，始立四廟于長安。至貞觀九年，命有司詳議廟制，遂立七廟。至開元十一年後，創立九廟。又按《禮記・喪服小記》曰：『王者禘其祖之所自出，以其祖配之而立四廟。』鄭玄注云：『高祖以下至禰四世，即親廟也。更立始祖爲不遷之廟，共五廟也。』又按《禮記・祭法》及《王制》、《孔子家語》、《春秋穀梁傳》並云：天子七廟，諸侯五廟，大夫三廟，士一廟。此是降殺以兩之義。又按《尚書・咸有一德》曰：『七世之廟，可以觀德。』又按《疑義》云：『天子立七廟，或四廟，蓋有其義也。』如四廟者，從禰至高祖已上親盡，故有四廟之禮。又立七廟者，緣自古聖王，祖有功，宗有德，更封始祖，即于四親廟之外，或祖功宗德，不拘定數，所以有五廟、六廟或七廟，要後代子孫觀其功德。故《尚書》云『七世之廟，可以觀德』矣。又按周捨云：『自江左已來，晉、宋、齊、梁相承，多立七廟。』今顒等參詳，唯立七廟，即通其理。伏緣宗廟事大，不敢執以一理定之，故檢四廟、七廟之文，參酌厥禮，俱得其宜，他所論者，並皆勿取。伏請下三省集百官詳議。」敕從之。

左僕射劉昫等議曰：「臣等今月八日伏奉敕命，于尚書省集議太常博士段顒所議宗廟事。伏以將敷至化，以達萬方，克致平和，必先宗廟。故《禮記・王制》云：『天子七廟，諸侯五廟，大夫三廟。』疏云：『周制之七者，太祖廟及文王、武王之祧與親廟四。太祖，后稷也。殷六廟，契及湯與二昭、二穆。夏則五廟，無太祖，禹與二昭、二穆而已。自夏及周，少不減五，多不過七。』又云：『天子七廟，皆據周也。有其人則七，無其人則五。若諸侯廟制，雖有其人，則不過五。』此天子諸侯七五之異明矣。至于三代已後，魏、晉、宋、齊、隋及唐初，多立六廟或四廟，蓋于建國之始，不盈七廟之數也。今欲請立自高祖已下四親廟。其始祖一廟，未敢輕議，伏候聖裁。」

御史中丞張昭奏議曰：「臣前月中預都省集議宗廟事，伏見議狀，於親廟之外，請別立始祖一廟。近奉中書門下牒，再令百官于都省議定聞奏者。臣讀十四代史書，見二千年故事，觀諸家宗廟，都無始祖之稱，惟殷、周二代以稷、契爲太祖。《禮記》曰：『天子七廟，三昭、三穆，與太祖之廟而七。』鄭玄注云：『此周制也。七者，太祖后稷及文王、武王與四親廟。』又曰：『殷人六廟，契及成湯與二昭、二穆也。夏后氏立五廟，不立太祖，惟禹與二昭、二穆而已。』據《王制》鄭玄所釋，即殷、周以契、稷爲太祖，夏后氏無太祖，亦無追謚之廟。

自殷、周以來，時更十代，皆于親廟之中，以有功者爲太祖，無追崇始祖之例。具引今古，即恐詞繁，事要證明，須陳梗概。漢以高祖父太上皇執嘉無社稷功，不立廟號，高祖自爲高祖。魏以曹公相漢，垂三十年，始封于魏，故爲太祖。晉以宣皇輔魏有功，立爲高祖，以景帝始封于晉，故爲太祖。宋氏先世官閥卑微，雖追崇帝號，劉裕自爲高祖。南齊高帝之父，位至右將軍，生無封爵，不得爲太祖，高帝自爲太祖。梁武帝父順之，左右齊室，封侯，位至領軍、丹陽尹，雖不受封於梁，亦爲太祖。陳武帝父文讚，生無名位，以武帝有功梁室，贈侍中，封義興公，及武帝即位，亦追爲太祖。周閔帝以父泰相西魏，經營王業，始封于周，故爲太祖。隋文帝輔周室有大功，始封于隨，故爲太祖。唐高祖神堯祖父虎爲周八柱國，隋代追封唐公，故爲太祖。唐末梁室朱氏有帝位，亦立四廟，朱氏先世無名位，雖追册四廟，不立太祖，朱公自爲太祖。此則前代追册太祖不出親廟之成例也。

王者祖有功而宗有德，漢、魏之制，非有功德不得立爲祖宗。殷、周受命，以稷、契有大功于唐、虞之際，故追尊爲太祖。自秦、漢之後，其禮不然，雖祖有功，仍須親廟。今亦粗言往例，以取證明。秦稱造父之後，不以造父爲始祖。漢稱唐堯、劉累之後，不以堯、累爲始祖。魏稱曹參之後，不以參爲始祖。晉稱趙將司馬卬之後，不以卬爲始祖。宋稱漢楚元王之後，不以元王爲始祖。齊、梁皆稱蕭何之後，不以蕭何爲始祖。陳稱太丘長陳寔之後，不以寔爲始祖。元魏稱李陵之後，不以陵爲始祖。後周稱神農之後，不以神農爲始祖。隋稱楊震之後，不以震爲始祖。唐稱皋陶、老子之後，不以皋陶、老子爲始祖。唯唐高宗則天武后臨朝，革唐稱周，便立七廟，仍追册周文王昌爲始祖，此蓋當時附麗之徒，不諳故實，武立姬廟，乖越已甚，曲臺之人，到今嗤誚。臣遠觀秦、漢，下至周、隋，禮樂衣冠，聲明文物，未有如唐室之盛。武德議廟之初，英才間出，如溫、魏、顔、虞通今古，封、蕭、薛、杜達禮儀，制度憲章，必有師法。

夫追先王先母之儀，起于周代，據《史記》及禮經云：『武王纘太王、王季、文王之緒，一戎衣而有天下，尊爲天子，宗廟享之。周公成文、武之德，追王太王、王季，祀先公以天子之禮。』又曰：『郊祀后稷以配天。』據此言之，周武雖祀七世，追爲王號者，但四世而已。故自東漢已來，有國之初，多崇四廟，從周制也。況殷因夏禮，漢習秦儀，無勞博訪之文，宜約已成之制。請依隋、唐有國之初，創立四廟，推四世之中名位高者爲太祖，謹議以聞。」敕：「宜令尚書省集百官詳議奏聞。」

左僕射劉昫等再奏議曰：「臣等今月十三日，再于尚書省集百官詳議。夫王者祖武宗文，郊天祀地，故有追崇之典，以申配享之儀。竊詳太常禮院議狀，唯立七廟，即並通其理，其他所論，並皆勿取。七廟者，按《禮記・王制》曰：『天子七廟，三昭、三穆，與太祖之廟而七。』鄭玄注云：『此周制也。』詳其禮經，即是周家七廟之定數。四廟者，謂高、曾、祖、禰四世也。按《周本紀》及《禮記・大傳》皆曰：『武王即位，追王太王、王季、文王，以后稷爲堯稷官，故追尊爲太祖。』此則即周武王初有天下，追尊四廟之明文也。故自漢、魏以降，迄於周、隋，創業之君，追尊不過四世，約周制也。此禮行之已久，事在不疑。今參詳都省前議狀，請立四廟外，別引始祖，取裁未爲定議。續准敕，據御史中丞張昭奏，請創立四廟之外，無別封始祖之文，況國家禮樂刑名，皆依唐典，宗廟之制，須酌舊章。請依唐朝追尊獻祖宣皇帝、懿祖光皇帝、太祖景皇帝、代祖元皇帝故事，追尊四廟爲定。」從之。

七年七月，太常禮院奏：「國朝見享四廟：靖祖、肅祖、睿祖、憲祖。今大行皇帝將行升祔，按《會要》，唐武德元年，立四廟于長安，至貞觀九年，高祖神堯皇帝崩，命有司詳議廟制。議者以高祖神主併舊四室祔廟。今先皇帝神主，請同唐高祖升祔。」從之。

漢天福十二年閏七月，太常博士段顒奏議曰：「伏以宗廟之制，歷代爲難，須按禮經，旁求故實。又緣禮貴隨時，損益不定，今參詳歷代故事，請立高、曾、祖、禰四廟，更上追遠祖光武皇帝爲始祖，百代不遷之廟，居東向之位，共爲五廟，庶符往例，又合禮經。」詔尚書省集議。吏部尚書竇貞固等議曰：「按《禮記·王制》云：『天子七廟，諸侯五廟，大夫三廟。』疏云：『周制之七廟者，太祖及文王、武王之祧與親廟四。太祖，后稷也。』又云：『天子七廟，皆據周也，有其人則七，無其人則五。』至于光武中興，及歷代多立六廟或四廟，蓋建國之始，未盈七廟之數。又按《郊祀録》，王肅云：『德厚者流澤廣，天子可以事六代之義也。』今欲請立高祖已下四親廟。又自古聖王，祖有功，宗有德，即于四廟之外，祖功宗德，不拘定數。今除四親廟外，更請上追高皇帝、光武皇帝，共六廟。」從之。

周廣順元年正月，中書門下奏：「太常禮院議曰：『合立太廟室數，若守文繼體，則魏、晉有七廟之文；若創業開基，則隋、唐有四廟之議。』聖朝體通禮，追謚四廟，伏恐所議未同，請下百官集議。」太子太傅和凝等議曰：「恭以肇啓洪圖，惟新黄屋。左宗廟，右社稷，率由舊章；崇祖禰，辨尊卑，載于前史。雖質文互變，義趣各殊，或觀損益之規，咸繫興隆之始。陛下體元立極，本義祖仁，開變家成國之基，遵奉先思孝之道。據禮官議，立四親廟，允叶前文。」從之。

王溥《五代會要》卷三《廟制度》　後唐天成三年十一月，太常定議：「少帝謚昭宣光烈孝皇帝，廟號景宗。」博士吕朋龜奏：「謹按禮經，臣不誄君，稱天以謚之。是以本朝故事，命太尉率百寮奉謚册告天于圜丘迴，讀于靈前，並在七月之内，謚册入陵。若追尊定謚，命太尉讀謚册于太廟，藏册于本廟。伏以景宗皇帝，頓負沈冤，歲月深遠，園陵已修，不祔於廟，則景宗皇帝親在七廟之外。今聖朝申冤，追尊定謚，重新帝號，須撰禮儀。又《禮》云，君不逾年，不入宗廟。且漢之殤、沖、質，君臣已成，晉之惠、懷、愍，俱負艱難，皆不列廟食，止祀於園寢。臣等竊詳故實，欲請立景宗皇帝廟于園所，命使奉册書寶綬，上謚于廟，便奉大牢祀之。其四時委守令奉薦，請下尚書省集三省官詳議施行。」左散騎常侍蕭希甫等請依禮院所奏。敕：「宜令本州城内選地起廟。」哀帝崩，于曹州立廟。【略】

晉天福四年十一月，太常禮院奏：「議立唐廟，引武德年故事，祀隋三帝。今請立近朝莊宗、明宗、閔帝三廟，庶合前規。」詔曰：「德莫盛於繼絶，禮莫重於敬先。莊宗立興復之功，明宗垂光大之業，逮于閔帝，實繼本枝。然則丕緒洪源，皆尊唐室。繼周者須崇后稷，嗣漢者必奏高皇。將啓嚴祠，當崇茂典，宜立唐高祖，太宗及莊宗、明宗、閔帝五帝之廟。」其月，太常禮院又奏：「唐廟制度，請以至德宫正殿隔爲五室，三分之。南去地四尺，以石爲埳，中容二主。廟之南一屋三門，門戟二十有四，東西一屋一門，門無棨戟。廟中牀鑪盤帳，燭亭香寶，粢盛酒爵，罍洗鐏坫，位席祭服，率如常制。四仲之祭，一羊一豚，如其中祀。幣帛牲牢之類，光禄主之。祠祝之文，不進不署。神廚之具，鴻臚督之。五帝五后，凡十主，未遷者六，未立者四，未謚者三。高祖、太宗與其后暨莊宗、明宗，凡六主，在清化里之寢宫。祭前二日，以殿中繖扇二十，迎置新廟，以行享禮。閔皇帝、莊宗明帝二后及魯國孔夫人神主四座，請修製祔廟及三后請定謚法。」從之。

周廣順元年二月，太常禮院上言：「准敕：『遷漢廟入昇平宫。』其唐、晉兩廟，皆五廟遷移，今漢七廟，未審總移，爲復祇移五廟？敕：『宜准前敕，並移於昇平宫。』其法服神廚、齋院祭器、祭服饌料，皆依中祀例用少牢，光禄等寺給。其讀文太祝及奉禮郎，太常寺差。每仲享以漢宗子爲三獻。」從之。

三年九月，太常禮院言：「准洛京廟室一十五間，中分爲四室，兩頭有夾室，四神門每門屋三間，每門戟二十四，別有齋宫、神廚屋宇。准禮，左宗廟，右社稷，在國城内。請下所司修奉。」從之。

顯德六年七月詔：「以大行皇帝山陵有期，神主將祔太廟，其廟屋宇合添修否？」國子司業兼太常博士聶崇義奏曰：

「奉敕，爲大行皇帝山陵有期，神主祔廟，恐殿室缺少，合重添修。今請廟内相度，若是添修廟殿一間至五間，並須移動諸神門及角樓宫牆仗舍，及當殿正面檐栿堦道，亦須近東省牲立班位，直至齋宫，漸更迫窄。今檢到古今禮文，伏緣太廟東西各有夾室，伏請遷易諸室，安大行皇帝神主，以合禮文者。

一、按唐禮，太廟唯有六室，至開元元年，加至九廟，遂有九室。至大曆十四年十二月十一日，代宗神主將祔太廟，太常奏緣遷祔須加夾室中幍室。又元和三年十月九日重修太廟。先是宗正奏下所司，卜擇起修日聞奏。太常禮院詳定禮料，其合遍告九室，奉移神主，權于廟南門内殿庭少西，設行廟幕殿一十二間，置册床幕屋五間。告前二日，有司陳設畢，告料，准常禮有司供備。其行廟外，令左右金吾差兵守衛如式。今重拆廟殿，續更添脩，不唯重勞，兼恐未便。竊見廟殿見虛東西二夾室，況有未祧遷之主。欲請不拆廟殿，更添間數，即便將夾室安排六室位次。所有動移神主，若准舊禮，于廟庭權設行廟幕殿，即恐雨水猶多，難于陳設。請權于太廟齋宮内奉安神主，至修奉畢日，庶爲宜稱。

一、按《禮記》云：『廟成則于中屋刲羊以釁之，夾室則用雞。』又《大戴禮》及《通典》亦有夾室。察文觀義，乃是備廟之制。況新主祔廟，諸經有遷易之名，考古沿今，庶合通理。

伏請遞遷諸室，奉安大行皇帝神主，以符禮意。」

敕從之。

王溥《五代會要》卷三《武成王廟》 後唐長興二年五月七日，國子博士蔡同文奏：「伏見武成王廟中每上戊釋奠，漢留侯張良配坐，武安君白起等爲十哲。當排祭之時，止于武成王、張良、十哲面前，其范蠡等六十四人，圖形於四壁，面前並無酒醢。自今後乞准本朝舊制例，武成王廟四壁諸英賢畫像面前，請各設一豆、一爵祀享。」中書帖太常禮院檢討禮例，分析申者。禮院檢《郊祀録·釋奠》：「武成王廟，中祀例祭以少牢，其配座十哲，見今行釋奠之禮。伏自喪亂已來，廢四壁英賢之祭。今准帖，爲國子博士蔡同文奏，武成王廟四壁英賢，請各設一豆一爵祀享者。當司今詳《郊祀録》，武成王從祀諸英賢，各籩二，實以栗、黄牛脯；豆二，實以菜菹、鹿醢；簠、簋各一，實以黍、稷；飯、酒爵一。禮文所設，無一豆一爵之儀。」奉敕：「武成王廟四壁英賢，自此每至釋奠，准《郊祀録》，各陳脯、醢諸物以祭。」

王溥《五代會要》卷一六《祠部》 後唐長興二年七月敕：「天下州府，應有載祀典神祠破損者，仰給公使錢添修。」

周顯德二年五月六日敕：「兩京諸州府，每年造僧帳兩本，一本申奏，一本申祠部。逐年四月十五日後，勒諸縣取索管界寺院僧尼數目申州，州司攢帳，委録事參軍本判官點檢，至五月終已前，文帳到京。如出限不到及漏略僧尼、寺舍，申奏處分，其本判官及録事參軍、州縣官典，並等第科斷。今後僧尼籍帳内無名者，並勒還俗。如有身死、還俗、逃亡者，旋申報逐處州縣，次年帳内開脱，其餘巡禮行脚，出入往來，一切取便。」其年，諸州供到僧帳，見存寺院二千六百九十四所，廢寺院凡三萬三十六，見在僧四萬二千四百四十四，尼一萬八千七百五十六。至五年七月敕：「今後僧帳，每三年一造，其程限准元敕施行。」

三年十一月詔：「廢天下淫祠，仍禁擅興祠宇。如有功績灼然，合建置廟貌者，奏聽敕裁。」

宋

李心傳《建炎以來朝野雜記》甲集卷二《郊廟·太祖正東向之位》 國朝自太祖追王四親以來，每遇禘祫，祖宗以昭穆相對，而虛東嚮之位。王介甫用事，以爲僖祖以上，世次不可知，則僖祖之有廟，與后稷宜無以異。當時諸儒韓持國輩辯之，不從。熙寧八年夏，禘於太廟，以尊僖祖，自是無敢復議者。紹興五年八月，董舍人弅爲吏部員外郎，始請正太祖東嚮之位。上命防秋後議之。明年春，王侍郎普爲太常丞，復以爲請。趙元鎮爲相，白行之。下侍從、臺諫、禮官集議。上謂元鎮曰：「太祖開基創業，始受天命，祫享居東嚮之位，合於《禮經》，必無異議。」而諫官趙霈者，乃謂上皇在遠，宗廟之事，未容輕議。事遂止。淳熙末，尤延之尚書爲江西提刑，復建此議。紹熙初，入爲宗伯，遂申言之。詔侍從、臺諫、兩省與禮官同議。其後亦不行。時丘宗卿侍郎在奉常，亦以爲言，而議終格。逮趙子直得政，遂決行之。朱元晦侍講獨言：僖祖，皇家始祖，不當一旦并行祧毁。不從。故昌陵祔廟，踰二百年而後正太祖之位。蓋自紹熙五年冬始而别建一殿，以奉祧主於大殿之西，今謂四祖殿者是也。

李心傳《建炎以來朝野雜記》甲集卷二《郊廟·九朝七廟之制》 太廟自仁宗以來，皆祀七世。崇寧初，蔡京秉政，始取王肅説，謂二祧在七世之外，乃建九廟，奉翼祖、宣祖咸歸本室焉。然王莽已嘗九廟，唐明皇又用之，非始於蔡京也。紹興中，徽宗祔廟，以與哲宗同爲一世，故無所祧，及升祔欽宗，始祧翼祖。高宗與欽宗同爲一世，亦不祧。由是淳熙末，太廟祀九世十二室。及阜陵復土，趙子直爲政，遂祧僖、宣二祖，而祔孝宗。時朱元晦在經筵，獨以九廟爲非，子直不從，元晦議遂格。及光宗祔廟，復不祧，今又祀九世矣。

李心傳《建炎以來朝野雜記》甲集卷二《郊廟·渡江後郊廟宮省》 紹興四年，高宗在平江，將還臨安，始命有司建太廟。十二年，和議成，乃作太社太稷、皇后廟，都亭驛、太學。十三年，築圜丘、景靈宮、高禖壇、祕書省。十五年，作内中神御殿。十六年，廣太廟，建武學。十七年，作玉津園、太一宮、萬壽觀。十八年，築九宮貴神壇。十九年，建太廟齋殿。二十年，作玉牒所。二十二年，作左藏庫南省倉。二十五年，建執政府。二十六年，築兩相第、太醫局。二十七年，建尚書六部、大閱所。凡定都二十年，而郊廟宮省始備焉。

李心傳《建炎以來朝野雜記》甲集卷二《郊廟・京太廟》 京太廟，舊十六楹，其十四楹爲七室，東西二楹爲夾室。康定元年冬，直祕閣趙希言：「請倣古制，每主爲一廟一寢，或未能然，則更立祧廟。」事下禮官。宋子京等言：「晉、宋以來，多同殿異室，祖宗至今行之已久。」遂不從。及哲宗祔廟，七室已滿，僖祖、太祖至神宗。李邦直議：父子曰世，兄弟曰及。乃祔哲宗主於東夾室焉。室既隘，神帳、祭器至不能容，乃皆裁削其制。論者非之，逮崇寧始改。

李心傳《建炎以來朝野雜記》甲集卷二《郊廟・今太廟》 今太廟，紹興四年創。始高宗在揚州，寓祖宗神主於壽寧寺。已酉南渡，太常少卿季陵遣親事官負神主以行，虜人逐之，遂失太祖神主。後朝廷以重賞求之。上自海道還，神主留溫州。久之，江端友爲禮官，請建太廟正殿七楹，分爲十三室。祖宗十一室，二夾室。七年夏，更築太廟於建康，以臨安太廟爲聖祖殿。十二月，復奉神主還臨安。十六年，新祭器將成，而太廟室隘，至不能陳列。巫端明伋請增建太廟。從之。於是從西增六楹，通舊十三楹，每楹爲一室，東西二楹爲夾室。又作西神門、册寶殿、祭器庫。

李心傳《建炎以來朝野雜記》甲集卷二《郊廟・景靈東西宮》 祖宗以來，帝后神御皆寓道、釋之館。神宗元豐中，始倣漢原廟之制，即景靈宮之東西爲六殿，每殿皆有館御，前殿以奉宣祖以下御容，而後殿以奉母后，各揭以美名。徽宗崇寧初，以景靈無隙地，乃於馳道之西立西宮，以神宗爲館御首，哲宗次之，號舊宮爲景靈東宮。建炎改元之二日，即命有司建景靈宮於江寧，帝后異殿，然不克成。渡江後，自聖祖已下神御皆寓溫州天慶宮，以祠部郎官兼知州，若官使相則兼景靈宮使，典奉神御。趙忠簡爲相，議築宮臨安，以奉祖宗神御，而留聖祖於東嘉。後不果。紹興十三年二月，始還於臨安，然但通爲三殿，以奉聖容，無復東都之制矣。或者謂忠簡之議，乃王沂公藏天書之意。

李心傳《建炎以來朝野雜記》甲集卷二《郊廟・郡國祖宗神御》 郡國廟，國朝惟祖宗所嘗幸則有之。建炎初，虜圍西京急，留守孫昭遠遣其將王仔，奉啓運宮神御，間道走揚州，後遷於福州。而永安軍會聖宮、揚州章武殿之御容，則遷於溫州天慶觀。紹興十三年，復奉溫州神御還臨安，奉安於萬壽觀之後殿。惟啓運留福州，以守臣提舉。成都府新繁縣御容殿者，始在崇光寺藥師院。雍熙間，僧道輝畫太祖皇帝御容於佛屋之後壁。熙寧六年，趙清獻爲成都守，請建殿奉安，神宗不許，但令設杖屋、欄楯以扃護之。元豐七年，走馬承受趙選者，更具奏，得旨修建殿宇，創置門鑰，官設監守，朝謁以時。紹興元年，終南山上清太平宮道士訾全真等，復持太宗、真宗御容，自岐下抵宣撫使張忠獻，忠獻即遣使奉安於太祖之側。四年，宣撫副使吳武安玠更自武興送仁宗、英宗、神宗御容至殿奉安。二十七年，楊文安椿爲兵部侍郎，言於朝。有旨別加營繕，始更爲殿門外向，二十九年乃成。時王時亨知府事，請賜宮額及殿名，不報。淳熙中，胡長文入蜀，始議即府之聖壽寺創殿以奉御容，殿宇甚華，供奉之物亦寖備，乃復乞宮額於朝。先是，長文創雄邊軍數千人，列營府治之側。又言石室學宮聚川、陝之士，而每遇科舉，皆得試其鄉，乞爲之別立解額。事未行，議者因謂今蜀已有太學及殿前司，獨欠景靈宮爾。繇是格不下。今春秋以府通判朝謁，用素饌，道士讀祝文，猶如終南山之禮云。

李心傳《建炎以來朝野雜記》甲集卷二《典禮廟・群臣家廟》 羣臣家廟，自慶曆中宋莒公請爲之，後詔執政官許祀四世。然當時大臣獨文潞公嘗建於河南私第，它未見也。大觀四年，詔公補大臣祀五世，且以祭器賜之。紹興十六年，上命有司爲秦益公立家廟。太常請建於私第中門之左，一堂五室，五世祖居中，東二昭，西二穆。堂飾以黝堊。神版長一尺，博四寸五分，厚五寸八分，大書某官、某夫人之神座，貯以帛囊，藏以漆函，用神幄。歲四饗，用孟月柔日行之，具三獻。有司言，時饗用常器、常饌。上倣政和故事，特命制祭器賜之。其後，外戚韋、吳等諸家及將相虞雍公、楊和王、吳信王皆賜祭器，蓋自秦益公始。

吳自牧《夢粱録》卷七《太廟》 太廟在瑞石山，紹興間建。正殿七楹十三室，二車十駕款謁禮，後又幸建康，改爲聖祖殿，復奉神主還杭，仍復奉安於此。禮部太常寺遵典行郊禋禮。前一日，朝饗太廟，仍設七祀板位於殿廡橫階之北，又設配饗文武功臣，自韓王趙普已下二十五位於橫階之南。後部寺奏請增建廟室，後西增六楹，通舊十三楹爲一室，東西二楹爲夾室，及增廊廡作西神門、册寶殿、祭器庫屋，建齋殿及致齋閣子四十有四楹。咸淳間，添置一室，奉理廟神主，通爲一十四室，皆正中。又築二成之臺，爲祠宮升下以奉神主出入之地。四祖廟在諸室之西，奉僖、順、翼、宣四祖神主耳。每遇三年，以孟冬祫饗即廟行禮，次詣諸室，恭行祀典。

吳自牧《夢粱録》卷七《景靈宮》 景靈宮在新莊橋，投北坐西，乃韓蘄王世忠元賜宅基，其子獻於朝，改爲宮。向中興初，高廟鑾輿幸此，四孟朝獻，俱於禁中行禮。紹興年間，羣僚奏景靈宮以奉祖宗衣冠之〔游〕〔所〕，即漢享廟也，今就便殿作朝設位以饗，未副廣孝之意。遂詔臨安府同修内司相度，以蘄王宅基修蓋宮廟。殿門扁曰「思成」，前爲聖祖殿，宣祖至徽宗殿居中，東西廊俱圖配饗功臣像於壁，元天聖后與昭憲太后而下諸后殿居於後。朝家欲再廣殿廡，劉氏餘地其子孫復獻，遂增建前殿五楹，中殿七楹，後殿十七楹。自是齋殿、進膳更衣寢殿，次第俱備焉。咸淳年間，再命帥臣重修各殿，度廟親洒扁目，自聖祖、宣祖、太祖至理廟十六殿，曰天興、天元、宣武、大定、熙文、美成、治隆、大明、重光、承元、瑞慶、皇德、系隆、美明、垂光、章熙之扁；自元天聖后至楊太后十五殿，曰保寧、太始、儷極、煇德、衍慶、繼仁、徽音、坤元、柔儀、順承、纘德、順嗣、徽元、順〔天〕、體德之扁。宮後有□〔堂〕，自東齋殿西，循廡而右，爲大堂三。臨池〔工〕〔上〕，左右爲明明樓，旁有蟠桃亭。堂南爲西齋殿，遇郊禋恭謝，設宴賜花於此。西有流杯堂，跨水堂，梅亭；北爲四并堂，又有橘〔拜〕〔井〕修竹，四時花果亭宇，不能備載。宮南建崇禋館，命道流以奉洒掃，晨香夕燈之職。仍設内侍官，提〔舉〕宮事務，及宮司〔黄成〕〔皇城〕兵侍衛之。按《朝野雜記》：太廟以奉神主，一歲五饗，朔祭而月薦，祈其五饗。命宗室諸王奉禮，朔祭以太常卿行事。景靈宮以奉塑像，歲行四孟饗，主上親祀之。帝后太后忌，宰臣率文武官僚行香，僧道作法事，后妃六宮亦皆繼往。天章閣奉繪像，時節朔望，帝后生忌日，皆徧薦，内臣行禮。内庭欽先孝思殿亦奉神御，主上每日炷香；凡朔望、帝后忌辰節序，皆親行酌獻之禮。太廟之際，以行俎豆禮。景靈宮祭，以奉牙盤禮。天章閣、欽先孝思殿，以奉常饌，行家人之禮。

《宋史》卷九八《禮志一》　大抵累朝典禮，講議最詳。祀禮修於元豐，而成於元祐，至崇寧復有所增損。其存於有司者，惟《元豐郊廟禮文》及《政和五禮新儀》而已。乃若圜丘之罷合祭天地，明堂專以英宗配帝，悉罷從祀羣神。大蜡分四郊，壽星改祀老人，禧祖已祧而復，遂爲始祖。即景靈宮建諸神御殿，以四孟薦享，虚禘祭，去牙槃食，御尊號，罷入閣儀并常朝及正衙横行。此熙寧、元豐變禮之最大者也。

元祐册后，政和冠皇子，元符創景靈西宮，崇寧親祀方澤、作明堂、立九廟、鑄九鼎，祀熒惑，大觀受八寶、大祀皆前期十日而戒。凡此蓋治平以前所未嘗行者。

欽宗即位，嘗詔春秋釋奠改從《元豐儀》，罷《新儀》不用而未暇也。靖康之厄，蕩析無餘。

南渡中興，鋭意修復，高宗嘗謂輔臣曰：「晉武平吴之後，上下不知有禮，旋致禍亂。周禮不秉，其何能國？」孝宗繼志，典章文物，有可稱述。治平日久，經學大明，諸儒如王普、董弅等多以禮名家。當時嘗續編《太常因革禮》矣，淳熙復有編輯之旨。其後朱熹講明詳備，嘗欲取《儀禮》、《周官》、《二戴記》爲本，編次朝廷公卿大夫士民之禮，盡取漢、晉而下及唐諸儒之説，考訂辨正，以爲當代之典，未及成書而没。

理宗四十年間，屢有意乎禮文之事，雖曰崇尚理學，所謂「禮云禮云，玉帛云乎哉」，蓋可三歎。咸淳以降，無足言者。

今因前史之舊，芟其繁亂，彙爲五禮，以備一代之制，使後之觀者有足徵焉。

五禮之序，以吉禮爲首，主邦國神祇祭祀之事。凡祀典皆領於太常。歲之大祀三十：正月上辛祈穀，孟夏雩祀，季秋大享明堂，冬至圜丘祭昊天上帝，正月上辛又祀感生帝，四立及土王日祀五方帝，春分朝日，秋分夕月，東西太一，臘日大蜡祭百神，夏至祭皇地祇，孟冬祭神州地祇，四孟、季冬薦享太廟、后廟，春秋二仲及臘日祭太社、太稷，二仲九宮貴神。中祀九：仲春祭五龍，立春後丑日祀風師，亥日享先農，季春巳日享先蠶，立夏後申日祀雨師，春秋二仲上丁釋奠文宣王、上戊釋奠武成王。小祀九：仲春祀馬祖，仲夏享先牧，仲秋祭馬社，仲冬祭馬步，季夏土王日祀中霤，立秋後辰日祀靈星，秋分享壽星，立冬後亥日祠司中、司命、司人、司禄，孟冬祭司寒。

其諸州奉祀，則五郊迎氣日祭岳、鎮、海、瀆，春秋二仲享先代帝王及周六廟，並如中祀。州縣祭社稷，奠文宣王，祀風雨，並如小祀。凡有大赦，則令諸州祭岳、瀆、名山、大川在境内者，及歷代帝王、忠臣、烈士載祀典者，仍禁近祠廟咸加祭。有不剋定時日者，太卜署預擇一季祠祭之日，謂之「畫日」。凡壇壝、牲器、玉帛、饌具、齋戒之制，皆具《通禮》。後復有高禖、大小酺神之屬，增大祀爲四十二焉。

《宋史》卷一〇一《禮志四》　明堂。宋初，雖有季秋大享之文，然未嘗親祠，命有司攝事而已。真宗始議行之，屬封岱宗，祀汾陰，故亦未遑。皇祐二年三月，仁宗謂輔臣：「今年冬至日，當親祀圜丘，欲以季秋行大享明堂禮。然自漢以來，諸儒各爲論議，駁而不同。夫明堂者，布政之宫，朝諸侯之位，天子之路寢，乃今之大慶殿也。況明道初合祀天地於此，今之親祀，不當因循，尚於郊壇寓祭也。其以大慶殿爲明堂，分五室於內。」仍詔所司詳定儀注以聞。禮院請依《周禮》，設五室於大慶殿。舊禮，明堂五帝位皆爲幔室。今旁帷上幕，宜用青繒朱裏；四户八牖，赤綴户，白綴牖，宜飾以朱白繒。【略】

初，元豐禮官以明堂寓大慶路寢，别請建立以盡嚴奉，而未暇講求。至是，蔡京爲相，始以庫部員外郎姚舜仁《明堂圖議》上，詔依所定營建。明年正月，以彗出西方，罷。大觀元年九月辛亥，大享于明堂，猶寓大慶殿。

政和五年，詔：「宗祀明堂以配上帝，寓於寢殿，禮蓋云闕。崇寧之初，嘗詔建立，去古既遠，歷代之模無足循襲。朕刺經稽古，度以九筵，分其五室，通以八風，上圓下方，參合先王之制。相方視址，于寢之南，僝工鳩材，自我作古，以稱朕昭事上帝率見昭考之心。」既又以言者「明堂基宜正臨丙方近東，以據福德之地」，乃徙秘書省宣德門東，以其地爲明堂。

又詔：「明堂之制，朕取《考工》互見之文，得其制作之本。夏后氏曰世室，堂脩二七，廣四脩一，五室三四步四三尺，九階，四旁兩夾窗。考夏后氏之制，名曰世室，又曰堂者，則世室非廟堂。脩二七，廣四脩一，則度以六尺之步，其堂脩十四步，廣十七步之半。又曰五室三四步四三尺者，四步益四尺，中央土室也，三步益三尺，木、火、金、水四室也。每室四户，户兩夾窗，此夏制也。商人重屋，堂脩七尋，崇三尺，四阿重屋，而又曰堂者，非寢也。度以八尺之尋，其堂脩七尋。又曰四阿重屋，阿者屋之曲也，重者屋之複也，則商人有四隅之阿，四柱複屋，則知下方也。周人明堂，度以九尺之筵。三代之制不相襲，夏曰世室，商曰重屋，周曰明堂，則知皆室也。東西九筵，南北七筵，堂崇一筵，五室，凡室二筵者，九筵則東西長，七筵則南北狹，所以象天，則知上圜也。名不相襲，其制則一，唯步、尋、筵廣狹不同而已。朕益世室之度，兼四阿重屋之制，度以九尺之筵，上圜象天，下方法地，四户以合四序，八窗以應八節，五室以象五行，十二堂以聽十二朔。九階、四阿，每室四户，夾以八窗。享帝嚴父，聽朔布政于一堂之上，於古皆合，其制大備。宜令明堂使司遵圖建立。」

於是內出圖式，宣示于崇政殿，命蔡京爲明堂使，開局興工，日役萬人。京言：「三代之制，脩廣不相襲，夏度以六尺之步，商度以八尺之尋，而周以九尺之筵，世每近，制每廣。今若以二筵爲太室，方一丈八尺，則室中設版位、禮器已不可容，理當增廣。今從周制，以九尺之筵爲度，太室脩四筵，三丈六尺。廣五筵，四丈五尺。共爲九筵。木、火、金、水四室各脩三筵，益四五，三丈一尺五寸。廣四筵，三丈六尺。共七筵，益四尺五寸。十二堂古無脩廣之數，今亦廣以九尺之筵。明堂、玄堂各脩四筵，三丈六尺。廣五筵，四丈五尺。左右箇各脩廣四筵。三丈六尺。青陽、總章各脩廣四筵，三丈六尺。左右箇各脩四筵，三丈六尺。廣三筵，益四五。三丈一尺五寸。四阿各四筵，三丈六尺。堂柱外基各一筵，九尺。堂總脩一十九筵，一十七丈一尺。廣二十一筵。一十八丈九尺。」

蔡攸言：「明堂五門，諸廊結瓦，古無制度，漢、唐或蓋以茅，成蓋以瓦，或以木爲瓦，以夾紵漆之。今酌古之制，適今之宜，蓋以素瓦，而用瑠璃緣裏及頂蓋鴟尾綴飾，上施銅雲龍。其地則隨所向甃以五色之石。欄楯柱端以銅爲文鹿或辟邪象。明堂設飾，雜以五色，而各以其方所尚之色。八窗、八柱則以青、黃、緑相間。堂室柱門欄楯，並塗以朱。堂階爲三級，級崇三尺，共爲一筵。庭樹松、梓、檜，門不設戟，殿角皆垂鈴。」詔以「玄堂」犯祖諱，取「平在朔易」之義，改爲「平朔」，門亦如之。仍改敷祐門曰左敷佑，左承天門曰右敷佑，右承天門曰平秩，更衣大次曰齋明殿。七年四月，明堂成，有司請頒常視朔聽朝。詔：「明堂專以配帝嚴父，餘悉移於大慶、文德殿。」羣臣五表陳請，乃從之。

《宋史》卷一〇四《禮志七》 太清宮。大中祥符六年，亳州父老、道釋、舉人三千三百十六人詣闕，請車駕朝謁太清宮，宰臣帥百官表請。詔以明年春親行朝謁禮。命參知政事丁謂爲奉祀經度制置使、判亳州，翰林學士陳彭年副之，權三司使林特計度糧草。禮儀院言：「按唐太清宮令，奠獻用碧幣，同人靈，故不用玉。今詳太上老君，宜同天神用玉。昨薦獻聖祖大帝用四圭有邸。」詔用蒼璧，太清宮用竹册一副。丁謂言：「太清宮封藏太上老君寶册，請用玉匱各一副，長廣一尺，高如之，檢厚一寸二分，長廣如匱。刻金繩道五，封處深二分，方取容受命寶。石匱三層，各長五尺三寸，闊四尺二寸，下層高二尺，中容玉匱，鑿深尺二寸，長二尺五寸，闊尺三寸，中層高一尺，南北刻金繩道三，相距各五寸，闊一寸，深五分。繫金繩處各深四分，方取容『天下同文』寶，上層爲盝頂蓋。」以王旦爲奉祀大禮使，向敏中爲儀仗使，王欽若爲禮儀使，陳堯叟爲鹵簿使，丁謂爲橋道頓遞使。又以王旦爲天書儀衛使，王欽若同儀衛使，丁謂副之，兵部侍郎趙安仁爲扶侍使，入內副都知張繼能爲扶侍都監。帝朝謁玉清昭應宮，賜亳州真源縣行宮名曰奉元，殿曰迎禧。

政和三年十一月五日，恭上神宗、哲宗徽號于太朝。翌日，祀昊天上帝于圜丘。太師蔡京奏：「天神降格，實爲大慶，乞付史館。」帝出手詔，播告天下。羣臣詣東上閤門拜表稱賀，御製《天真示現記》，尋以天神降日爲天應節，即其地建迎真宮。明年夏至，躬祀方丘，又製《神應記》，略云：「羽衛多士，奉輦武夫，與陪祝官，顧瞻中天，有形有象，若人若鬼，持矛執戟，列於空際，見者駭愕。」仍遣使奏告後廟，詔天下。【略】

又用方士魏漢津之説，備百物之象，鑄鼎九，於中太一宫南爲殿奉安之，各周以垣，上施埤堄，墁如方色，外築垣環之，曰九成宫。中央曰帝鼐，其色黄，祭以土王日，爲大祠，幣用黄，樂用宫架。北方曰寶鼎，其色黑，祭以冬至，幣用皁。東北方曰牡鼎，其色青，祭以立春，幣用皁。東方曰蒼鼎，其色碧，祭以春分，幣用青。東南曰岡鼎，其色緑，祭以立夏，幣用緋。南方曰彤鼎，其色紫，祭以夏至，幣用緋。西南曰阜鼎，其色黑，祭以立秋，幣用白。西方曰晶鼎，其色赤，祭以秋分，幣用白。西北曰魁鼎，其色白，祭以立冬，幣用皁。八鼎皆爲中祠，樂用登歌，享用素饌，復於帝鼐之宫立大角鼎星祠。

崇寧四年八月，奉安九鼎，以蔡京爲定鼎禮儀使。帝幸九成宫酌獻。九月朔，百官稱賀于大慶殿，如大朝會儀。鄭居中言：「亳州太清宫道士王與之進《黄帝崇天祀鼎儀訣》，皆本於天元玉册、九宫太一，合於漢津所授上帝錫夏禹隱文。同修爲《祭鼎儀範》，修成《鼎書》十七卷，《祭鼎儀範》六卷。」先是，詔曰：「九鼎以奠九州，以禦神姦，其用有法，後失其傳。閎王與之所上《祀儀》，推鼎之意，施於有用，蓋非今人所能作。去古綿邈，文字雜糅，可擇其當理合經，修爲定制，班付有司。」至是書成，并以每歲祀鼎常典，付有司行之。

又詔以鑄鼎之地作寶成宫，總屋七十一區，中置殿曰神靈，以祠黄帝；東廡殿曰成功，祀夏后氏；西廡殿曰持盈，祠周成王及周公、召公；後置堂曰昭應，祀唐李良及隱士嘉成侯魏漢津。太常禮部言：「每歲欲於大樂告成崇政殿元進樂日，秋八月二十七日舉祀事，祀黄帝依感生帝、神州地祇爲大祠，幣用黄，樂用宫架，祝文依祀聖祖稱嗣皇帝臣名。其成功、持盈二殿，禮用中祀，幣各用白。昭應堂禮用小祀，並以素饌。」從之。

政和六年，用方士王仔昔議，定鼎閣於天章閣，自九成宫徙九鼎奉安之。又詔改帝鼐爲隆鼐，正南彤鼎爲明鼎，西南阜鼎爲順鼎，正西晶鼎爲蘊鼎，西北魁鼎爲健鼎，正北寶鼎如舊，東北牡鼎爲鯀鼎，正東蒼鼎爲育鼎，東南岡鼎爲潔鼎，鼎閣爲圜象徽調之閣。閣上神像，左周鼎星君，中帝席星君，右大角星君；閣下鼎鼐神像，各守逐鼎布列，亦用仔昔議也。駕詣鼎閣奉安神像，明日復詣閣行香，百僚陪位。其後，又詔九鼎新名乃狂人妄改，皆無依據，宜復舊名，惟圜象徽調閣仍舊。

八年，用方士言，鑄神霄九鼎成，曰太極飛雲洞劫之鼐、蒼壺祀天貯醇酒之鼎、山嶽五神之鼎、精明洞淵之鼎、天地陰陽之鼎、混沌之鼎、浮光洞天之鼎、靈光晃耀煉神之鼎、蒼龜火蛇蟲魚金輪之鼎，奉安於上清寶籙宫神霄殿，與魏漢津所鑄，凡十八鼎焉。

《宋史》卷一〇五《禮志八》 至聖文宣王。唐開元末升爲中祠，設從祀，禮令攝三公行事。朱梁喪亂，從祀遂廢。後唐長興二年，仍復從祀。周顯德二年，别營國子監，置學舍。宋因增脩之，塑先聖、亞聖、十哲像，畫七十二賢及先儒二十一人像于東西廡之木壁，太祖親撰《先聖》、《亞聖贊》，十哲以下命文臣分贊之。建隆中，凡三幸國子監，謁文宣王廟。太宗亦三謁廟。詔繪三禮器物、制度于國學講論堂木壁。又命河南府建國子監文宣王廟，置官講説及賜《九經》書。

真宗大中祥符元年，封泰山，詔以十一月一日幸曲阜，備禮謁文宣王廟。内外設黄麾仗，孔氏宗屬並陪位，帝服鞾袍，行酌獻禮。又幸叔梁紇堂，命官分奠七十二弟子、先儒洎叔梁紇、顔氏。初有司定儀肅揖，帝特展拜，以表嚴師崇儒之意，親製贊，刻石廟中。復幸孔林，以樹擁道，降輿乘馬，至文宣王墓設奠再拜。詔追謚曰玄聖文宣王，祝文進署，祭以太牢，脩飾祠宇，給便近十户奉塋廟。仍追封叔梁紇爲齊國公，顔氏魯國太夫人，伯魚母幵官氏鄆國夫人。【略】

崇寧初，封孔鯉爲泗水侯，孔伋爲沂水侯。詔：「古者，學必祭先師，況都城近郊，大闢黌舍，聚四方之士，多且數千，宜建文宣王廟，以便薦獻。」又詔：「王安石可配享孔子廟，位於鄒國公之次。」國子監丞趙子櫟言：「唐封孔子爲文宣王，其廟像，内出王者衮冕衣之。今乃循五代故制，服上公之服。七十二子皆周人，而衣冠率用漢制，非是。」詔孔子仍舊，七十二子易以周之冕服。又詔辟廱文宣王殿以「大成」爲名。帝幸國子監，謁文宣王殿，皆再拜行酌獻禮，遣官分奠兖國公而下。國子司業蔣静言：「先聖與門人通被冕服，無别。配享、從祀之人，當從所封之爵，服周之服，公之衮冕九章，侯、伯之鷩冕七章。衮，公服也，達於上。鄭氏謂公衮無升龍，誤矣。考《周官》司服所掌，則公之冕與王同；弁師所掌，則公之冕與王異。今既考正配享、從祀之服，亦宜考正先聖之冕服。」於是增文宣王冕爲十有二旒。【略】

政和三年，詔封王安石舒王，配享；安石子雱臨川伯，從祀。《新儀》成，以孟春元日釋菜，仲春、仲秋上丁日釋奠。以兖國公顔回、鄒國公孟軻、舒王王安石配享殿上；琅邪公閔損、東平公冉耕、下邳公冉雍、臨淄公宰予、黎陽公端木賜並西向，彭城公冉求、河内公仲由、丹陽公言偃、河東公卜商、武城侯貧參並東向；東廡，潁川侯顓孫師以下至成都伯揚雄四十九人並西向，西廡，長山侯林放以下至臨川伯王雱四十八人並東向。頒辟雍大成殿名於諸路州學。

《宋史》卷一〇五《禮志八》 先代陵廟及録名臣後。建隆元年，詔：「前代帝王陵寢、忠臣賢士丘壠，或樵采不禁、風雨不芘，宜以郡國置户以守，隳毁者修葺之。」

乾德初，詔：「歷代帝王，國有常享，著于甲令，可舉而行。自五代亂離，百司廢墜，匱神乏祀，闕孰甚焉。按《祠令》，先代帝王，每三年一享，以仲春之月，牲用太牢，祀官以本州長官，有故則上佐行事。官造祭器，送諸陵廟。」又詔：「先代帝王，載在祀典，或廟貌猶在，久廢牲牢，或陵墓雖存，不禁樵采。其太昊、炎帝、黄帝、高辛、唐堯、虞舜、夏禹、成湯、周文王武王、漢高帝光武、唐高祖太宗，各置守陵五户，歲春秋祠以太牢；商中宗太戊高宗武丁、周成王康王、漢文帝宣帝、魏太祖、晉武帝、後周太祖、隋高祖，各置三户，歲一享以太牢；秦始皇帝、漢景帝武帝明帝章帝、魏文帝、後魏孝文帝、唐玄宗憲宗肅宗宣宗、梁太祖、後唐莊宗明宗、晉高祖，各置守陵兩户，三年一祭以太牢；周桓王景王威烈王、漢元帝成帝哀帝平帝和帝殤帝安帝順帝沖帝質帝獻帝、魏明帝高貴鄉公陳留王、晉惠帝懷帝愍帝、西魏文帝、東魏孝静帝、唐高宗中宗睿宗德宗順宗穆宗代宗敬宗文宗武宗懿宗僖宗昭宗、梁少帝、後唐末帝諸陵，常禁樵采。」尋又禁河南府民耕晉、漢廟壖地。凡諸陵有經開發者，有司造兖冕服、常服各一襲，具棺槨以葬，掩坎日，所在長吏致祭。

又詔，前代功臣、烈士，詳其勳業優劣以聞。有司言：「齊孫臏晏嬰、晉程嬰公孫杵臼、燕樂毅、漢曹參陳平韓信周亞夫衛青霍去病霍光、蜀昭烈帝關羽張飛諸葛亮、唐房玄齡長孫無忌魏徵李靖李勣尉遲恭渾瑊段秀實等，皆勳德高邁，爲當時之冠；晉趙簡子、齊孟嘗君、趙趙奢、漢邴吉、唐高士廉唐儉岑文本馬周爲之次；南燕慕容德、唐裴寂、元稹又次之。」詔孫臏等各置守冢三户，趙簡子等各二户，慕容德等禁樵采；其有開毁者，皆具棺槨、朝服以葬，掩坎日致祭，長吏奉行其事。

景德元年，詔：「前代帝王陵寢，名臣賢士、義夫節婦墳壟，並禁樵采，摧毁者官爲脩長；無主者碑碣、石獸之類，敢有壞者論如律。仍每歲首所在舉行此令。」鄭州給唐相裴度守墳三户，賜秦國忠懿王錢俶守墳三户。加謚太公望昭烈武成王，建廟青州，周公旦追封文憲王，建廟兖州，春秋委長吏致祭。

熙寧元年，從知濮州韓鐸請：「堯陵在雷澤縣東穀林山，陵南有堯母慶都靈臺廟，請敕本州春秋致祭，置守陵五户，免其租，奉洒掃。」又以中丞鄧潤甫言，唐諸陵除已定頃畝外，其餘許耕佃爲守陵户，餘並禁止。先是，仁宗嘗録唐張九齡九代孫錫，狄仁傑裔孫國寶，郭子儀孫元亨，長孫無忌孫宏，皆命以官。神宗又録魏徵孫道嚴，段秀實十二世孫旲、八世孫文西，仍復其家。

元祐六年，詔相州商王河亶甲冢、沂州費縣顔真卿墓並載祀典。先是，乾德中，定先代帝王配享儀，下諸州以時薦祭，牲用羊豕，政和議禮局遂爲定制。

紹興元年，命祠禹於越州，及祠越王句踐，以范蠡配。淳熙四年，静江守臣張栻奏所領州有唐帝祠，其山曰堯山；有虞帝祠，其山曰虞山；請著之祀典。十四年，衡州守臣劉清之奏：「史載炎帝陵在長沙茶陵，祖宗時給近陵七户守視，禁其樵牧，宜復建廟，給户如故事。」淳祐八年，湖南安撫大使、知潭州陳韡再言，從之。

初，紹興二年，駕部員外郎李愿奏：「程嬰、公孫杵臼於趙最爲功臣，神宗皇嗣未建，封嬰爲成信侯，杵臼爲忠智侯，命絳州立廟，歲時奉祀，其後皇嗣衆多。今廟宇隔絶，祭亦弗舉，宜於行在所設位望祭。」從之。十一年，中書舍人朱翌言：「謹按晉國屠岸賈之亂，韓厥正言以拒之，而嬰、杵臼皆以死匿其孤，卒立趙武，而趙祀不絶，厥之功也。宜載之祀典，與嬰、杵臼並享春秋之祀，亦足爲忠義無窮之勸。」禮寺亦言：「崇寧間已封厥義成侯，今宜依舊立祚德廟致祭。」十六年，加嬰忠節成信侯，杵臼通勇忠智侯，厥忠定義成侯。後改封嬰彊濟公，杵臼英略公，厥啓侑公，升爲中祀。

《宋史》卷一〇五《禮志八》 諸祠廟。自開寶、皇祐以來，凡天下名在地志，功及生民，宫觀陵廟，名山大川能興雲雨者，並加崇飾，增入祀典。熙寧復詔應祠廟祈禱靈驗，而未有爵號，並以名聞。於是太常博士王古請：「自今諸神祠無爵號者賜廟額，已賜額者加封爵，初封侯，再封公，次封王，生有爵位者從其本封。婦人之神封夫人，再封妃。其封號者初二字，再加四字。如此，則錫命馭神，恩禮有序。欲更增神仙封號，初真人，次真君。」大觀中，尚書省言，神祠加封爵等，未有定制，乃並給告、賜額、降敕。已而詔開封府毀神祠一千三十八區，遷其像入寺觀及本廟，仍禁軍民擅立大小祠。祕書監何志同言：「諸州祠廟多有封爵未正之處，如屈原廟，在歸州者封清烈公，在潭州者封忠潔侯。永康軍李冰廟，已封廣濟王，近乃封靈應公。如此之類，皆未有祀典，致前後差誤。宜加稽考，取一高爵爲定，悉改正之。他皆倣此。」故凡祠廟賜額、封號，多在熙寧、元祐、崇寧、宣和之時。

其新立廟：若何承矩、李允則守雄州，曹瑋帥秦州，李繼和節度鎮戎軍，則以有功一方者也。韓琦在中山，范仲淹在慶州，孫冕在海州，則以政有威惠者也。王承偉築祁州河隄，工部員外郎張夏築錢塘江岸，則以爲人除患者也。封州曹覲、德慶府趙師旦、邕州蘇緘、恩州通判董元亨、指揮使馬遂，則死於亂賊者也。若王韶於熙河，李憲於蘭州，劉滬於水洛城，郭成於懷慶軍，折御卿於嵐州，作坊使王吉於麟州神堂砦，各以功業建廟。寇準死雷州，人憐其忠，而趙普祠中山，韓琦祠相州，則以鄉里，皆載祀典焉。其他州縣嶽瀆、城隍、仙佛、山神、龍神、水泉江河之神及諸小祠，皆由禱祈感應，而封賜之多，不能盡録云。

《宋史》卷一〇六《禮志九》　宗朝之制。建隆元年，有司請立宗廟，詔下其議。兵部尚書張昭等奏：「謹案堯、舜、禹皆立五廟，蓋二昭二穆與其始祖也。有商建國，改立六廟，蓋昭穆之外，祀契與湯也。周立七廟，蓋親廟之外，祀太祖與文王、武王也。漢初立廟，悉不如禮。魏、晉始復七廟之制，江左相承不改。然七廟之室，隋文但立高、曾、祖、禰四廟而已。唐因立親廟，梁氏而下，不易其法。稽古之道，斯爲折衷。伏請追尊高、曾四代，崇建廟室。」於是判太常寺竇儼奏上皇高祖文安府君曰文獻皇帝，廟號僖祖；皇曾祖中丞府君曰惠元皇帝，廟號順祖；皇祖驍衛府君曰簡恭皇帝，廟號翼祖；皇考武清府君曰昭武皇帝，廟號宣祖；皇高祖妣崔氏曰文懿皇后；皇曾祖妣桑氏曰惠明皇后；皇祖妣京兆郡太夫人劉氏曰簡穆皇后。太祖御崇元殿，備禮冊四親廟，奉安神主，行上謚之禮。二年十月，祔明憲皇后杜氏於宣祖室。

太平興國二年，有司言：「唐制，長安太廟，凡九廟，同殿異室。其制：二十一間皆四柱，東西夾室各一，前後面各三階，東西各二側階。本朝太廟四室，室三間。今太祖升祔，共成五室，請依長安之制，東西留夾室外，餘十間分爲五室，室二間。」從之。四月己卯，奉神主祔廟，以孝明皇后王氏配。【略】

乾興元年十月，奉真宗神主祔廟，以章穆皇后郭氏配。康定元年，直秘閣趙希言奏：「太廟自來有寢無廟，因堂爲室，東西十六間，內十四間爲七室，兩首各一夾室。按禮，天子七廟，親廟五、祧廟二。據古則僖、順二祖當遷。國家道觀佛寺，並建別殿，奉安神御，豈若每主爲一廟一寢。或前立一廟，以今十六間爲寢，更立一祧廟，逐室各題廟號。釦寶神御物，宜銷毀之。」同判太常寺宋祁言：「周制有廟有寢，以象人君前有朝後有寢也。廟藏木主，寢藏衣冠。至秦乃出寢於墓側，故陵上更稱寢殿，後世因之。今宗廟無寢，蓋本於兹。鄭康成謂周制立二昭二穆，與太祖、文、武共爲七廟，此一家之説，未足援正。自荀卿、王肅等皆云天子七廟，諸侯五，大夫三，士一，降殺以兩。則國家七世之數，不用康成之説也。僖祖至真宗方及六世，不應便立祧廟。自周、漢每帝各立廟，晉、宋以來多同殿異室，國朝以七室代七廟，相承已久，不可輕改。《周禮：『天府掌祖廟之守藏。』寶物世傳者皆在焉。其神御法物、寶盝、釦床，請別爲庫藏之。」自是室題廟號，而建神御庫焉。

嘉祐年，仁宗將祔廟，脩奉太廟使蔡襄上八室圖，爲十八間。初，禮院請增廟室，孫抃等以爲：「七世之廟，據父子而言，兄弟則昭穆同，不得以世數之。廟有始祖、有太祖、有太宗、有中宗，若以一君爲一世，則小乙之祭不及其父。故晉之廟十一室而六世，唐之廟十一室而九世。國朝太祖之室，太宗稱孝弟，真宗稱孝子，大行稱孝孫。而《禘祫圖》：太祖、太宗同居昭位，南向；真宗居穆位，北向。蓋先朝稽用古禮，著之祀典。大行神主祔廟，請增爲八室，以備天子事七世之禮。」盧士宗、司馬光以爲：「太祖已上之主，雖屬尊於太祖，親盡則遷。故漢元之世，太上廟主瘞於寢園；魏明之世，處士廟主遷於園邑；晉武祔廟，遷征西府君；惠帝祔廟，遷豫章府君。自是以下，大抵過六世則遷。蓋太祖未正東向，故上祀三昭三穆；已正東向，則并昭穆爲七世。唐初祀四世，太宗增祀六世。及太宗祔廟，則遷弘農府君，高宗祔廟，又遷宣帝，皆祀六世，前世成法也。玄宗立九室祀八世，事不經見。若以太祖、太宗爲一世，則大行祔廟，僖祖親盡，當遷夾室，祀三昭三穆，於先王典禮及近世之制，無不符合。」抃等復議曰：「自唐至周，廟制不同，而皆七世。自周以上，所謂太祖，非始受命之主，待始封之君而已。今僖祖雖非始封之君，要爲立廟之祖，方廟數未過七世，遂毁其廟，遷其主，攷之三代，禮未有此。漢、魏及唐一時之議，恐未合先王制禮之意。」乃存僖祖室以備七室。【略】

元豐元年，詳定郊廟禮文所圖上八廟異宫之制，以始祖居中，分昭穆爲左右。自北而南，僖祖爲始祖；翼祖、太祖、太宗、仁宗爲穆，在右；宣祖、真宗、英宗爲昭，在左。皆南面北上。陸佃言：「太祖之廟百世不遷，三昭三穆，親盡則迭毁。如周以后稷爲太祖，王季爲昭，文王爲穆，武王爲昭，成王爲穆，康王爲昭，昭王爲穆，其後穆王入廟，王季親盡而遷，則文王宜居昭位，武王宜居穆位，成王、昭王宜居昭位，康王、穆王宜居穆位，所謂父昭子穆是也。説者以昭常爲昭，穆常爲穆，則尊卑失序。」復圖上八廟昭穆之制，以翼祖、太祖、太宗、仁宗爲昭，在左；宣祖、真宗、英宗爲穆，在右。皆南面北上。

何洵直圖上八廟異宫，引熙寧儀：僖祖正東向之位，順祖、宣祖、真宗、英宗南面爲昭，翼祖、太祖、太宗、仁宗北面爲穆，正得祖宗繼序、德厚流光之本意。又以晉孫毓、唐賈公彦言：始姐居中，三昭在左，南面西上；三穆在右，南面東上，爲兩圖上之。又援《祭法》，言：「翼祖、宣祖在二祧之位，猶同祖禰之廟，皆月祭之，與親廟一等，無親疏遠近之殺。順祖實去祧之主，若有四時祈禱，猶當就壇受祭。請自今二祧神主，殺於親廟，四時之祭，享嘗乃止，不及大烝，不薦新物。去祧神主，有禱則爲壇而祭，庶合典禮。」又請建新廟於始祖之西，略如古方明壇制。有詔，俟廟制成日取旨。

三年，禮文所言：「古者宗廟爲石室以藏主，謂之宗祏。夫婦一體，同几共牢。一室之中，有左主、右主之别，正廟之主，各藏廟室西壁之中；遷廟之主，藏於太祖太室北壁之中，其埳去地六尺一寸。今太廟藏主之室，帝后異處，遷主仍藏西夾室，求之於禮，有所未合。請新廟成，並遵古制。」從之。二月，慈聖光獻皇后祔廟，前二日，告天地、社稷、太廟、皇后廟如故事。至日，奉神主先詣僖祖室，次翼祖室，次宣祖室，次太祖室，次太宗室。次太宗與懿德皇后、明德皇后同一祝，次享元德皇后。慈聖光獻皇后，異饌位，異祝，行祔謁禮。次真宗室，次仁宗室，次英宗室。禮畢，奉神主歸仁宗室。【略】

元符三年，禮部太常寺言：「哲宗升祔，宜如晉成帝故事，於太廟殿增一室，候祔廟日，神主祔第九室。」詔下侍從官議，皆如所言。蔡京議：「以哲宗嗣神宗大統，父子相承，自當爲世。今若不祧遠祖，不以哲宗爲世，則三昭四穆與太祖之廟而八。宜深攷載籍，遷祔如禮。」陸佃、曾肇等議：「國朝自僖祖而下始備七廟，故英宗祔廟，則遷順祖，神宗祔廟，則遷翼祖。今哲宗於神宗，父子也，如禮官議，則廟中當有八世。況唐文宗即位則遷肅宗，以敬宗爲一世，故事不遠。哲宗祔廟，當以神宗爲昭，上遷宣祖，以合古三昭三穆之義。」先是，李清臣爲禮部尚書，首建增室之議，侍郎趙挺之等和之。會清臣爲門下侍郎，論者多從其議，惟京、佃等議異。二議既上，清臣辯説甚力，帝迄從焉。

六月，禮部請用太廟東夾室奉安哲宗神主。太常少卿孫傑言：「先帝神主，錯之夾室，即是不得祔於正廟，與前詔增建一室之議不同。昨用嘉祐故事，專置使脩奉，請以夾室奉安神主，亦與元置使之意相違。請如太常前議，增建一室。」尚書省以廟室未備，行禮有期，權宜升祔，隨即增脩，比之前代設幄行事者，不爲不至。詔依初旨行之，迺祔哲宗神主于夾室。

崇寧二年，祧宣祖與昭憲皇后神主藏西夾室，居翼祖、簡穆皇后石室之次。五年，詔曰：「去古既遠，諸儒之説不同。鄭氏謂：『太祖及文、武不祧之廟與親廟四，爲七。』是不祧之宗，在七廟之内。王氏謂：『非太祖而不毁，不爲常數。』是不祧之宗，在七廟之外。本朝今已五宗，則七廟當祧者，二宗而已。遷毁之禮，近及祖考，殆非先王尊祖之意，宜令有司復議。」禮官言：「先王之制，廟止於七，後王以義起禮，乃有增置九廟者。」禮部尚書徐鐸又言：「唐之獻祖、中宗、代宗與本朝僖祖，皆嘗祧而復。今存宣祖於當祧之際，復翼祖於已祧之後，以備九廟，禮無不稱。」乃命鐸爲脩奉使，增太廟殿爲十室。四年十二月，復翼祖、宣祖廟，行奉安禮，惟不用前期誓戒及亞、終獻之樂舞焉。

高宗建炎二年，奉太廟神主于揚州壽寧寺。三年，幸杭州，奉安于温州。紹興五年，司封郎中林待聘言：「太廟神主，宜在國都。今新邑未奠，當如古行師載主之義，遷之行闕，以彰聚孝。」於是始建太廟于臨安，奉迎安置。

《宋史》卷一〇九《禮志十二》 后廟之制。建隆三年，追册會稽郡夫人賀氏曰孝惠皇后，止就陵所置祠殿奉安神主，薦常饌，不設牙盤祭器。乾德元年，孝明皇后王氏崩，始議置廟及二后先後之次。太常博士和峴請共殿别室，以孝明正位内朝，請居上室；孝惠緣改葬，不造虞主，與孝明同祔，宜居次室。禮院又言：「后廟祀事，一準太廟，亦當立戟。」及太祖祔廟，有司言：「合奉一后配食。按唐睿宗追謚肅明、昭成二后，至睿宗崩，獨昭成以帝母之重升配，肅明止享於儀坤廟。近周世宗正惠、宣懿二后並先崩，正惠無位號，宣懿居正位，遂以配食。今請以孝明皇后配，忌日行香廢務，其孝惠皇后享於别廟。」從之。

太平興國元年，追册越國夫人符氏爲懿德皇后，尹氏爲淑德皇后，並祔后廟。

至道三年，孝章皇后宋氏祔享，有司言：「孝章正位中壼，宜居上室，懿德追崇后號，宜居其次。」詔孝章殿室居懿德下。六月，禮官議：「按太平興國中追册定謚，皆以懿德居上。淳化初，宗正少卿趙安易言，別廟祭享，懿德在淑德之上，未測升降之由。其時敕旨依舊懿德在上。按《江都集禮》，晉景帝即位，夏侯夫人應合追尊。散騎常侍任茂、傅玄等議云：『夏侯夫人初歸景帝，未有王基之道，不及景帝統百揆而亡，后妃之化未著遠邇，追尊無經義可據。』今之所議，正與此同。且淑德配合之初，潛躍之符未兆；懿德輔佐之始，藩邸之位已隆，然未嘗正位中宮，母臨天下。豈可生無尊極之位，没升配享之祟，於人情不安，於典籍無據。唐順宗祔廟後十一年，始以莊憲皇后升配，憲宗祔廟後二十五年，始以懿安皇后升祀。今請虚位，允協舊儀。」再詔尚書省集議及禮官同詳定。上議曰：「淑德皇后生無位號，没始追崇，況在初潛，早已薨謝，懿德皇后享封大國，作配先朝，雖不及臨御之期，且夙彰賢懿之美，若以升祔，當歸懿德。又詳周世宗正惠、宣懿配食故事，當時議以正惠追尊位號，請以宣懿爲配。是時以太后在位，疑宣懿祔廟之後，立忌非便。議者引晉哀帝時何太后在上，尊所生周氏爲太妃，封其子爲琅邪王。及太妃薨，帝奔喪琅邪第，七月而葬。此則奔喪行服，尚不厭降，即忌日廢務，於理無嫌。今禮官引唐順、憲二宗朝享虚位之文，夫既追册二后，即虚室亦爲非便，請奉懿德神主升配。又按議者以周世宗神主祔廟，必若宣懿同祔，即正惠神主請加『太』字。今升祔懿德，請即加淑德『太』字，仍舊別廟。」詔：「以懿德配享，至於『太』者尊極之稱，加于母后，施之宗廟禮所未安。」迺不加『太』字，仍別廟配享。十二月，追尊賢妃李氏爲元德皇太后。有司言：「按《周禮·春官》大司樂之職，『奏《夷則》，歌《仲吕》，以享先妣』，謂姜嫄也。是帝嚳之妃，后稷之母，特立廟曰閟宫。晉簡文宣后以不配食，築室於外，歲時享祭。唐先天元年，始祔昭成、肅明二后于儀坤廟。又玄宗元獻楊后立廟於太廟之西。稽於前文，咸有明據。望令宗正寺於后廟内修奉廟室，爲殿三間，設神門、齋房、神厨以備薦享。」

咸平元年，判太常禮院李宗訥等言：「元德皇太后別建廟室，淑德皇后亦在別廟，同是帝母而無『太』字。按唐穆宗三后，除宣懿升祔，正獻、恭僖二后並立別廟，各有『太』字。又開元初，太常議昭成皇太后，請不除『太』字，云『入廟稱后，義繫於夫，在朝稱太后，義繫於子。如謚册入陵，神主入廟，則當去太字』。按神主入廟之説，蓋爲祔享太廟，以厭降故，不加『太』字，則本朝文懿諸后是也。如別建廟室，不可但稱皇后，則唐正獻、恭僖二太后是也。淑德皇后亦請加『太』字，既加之後，望遷就元德新廟，居第一室，以元德次之，仍遷莊懷又次之。」詔下中書集議兵部尚書張齊賢等奏：「宗廟神靈，務乎安静。況懿德作合之始，逮事舅姑，躬執婦道，祔享之禮，宜從後先，伏請仍舊。又漢因秦制，帝母稱皇太后。檢詳去歲議狀，請加淑德『太』字，而詔不加之者，緣當時元德皇太后未行追册。今册命已畢，望依禮官所言。」三年四月乙卯，祔葬元德皇太后于永熙陵。有司言：「元德神主祔廟，準禮當行祔謁，載稽前典，有未安者。伏以追薦尊稱，奉加『太』字，崇建別廟，以備蒸嘗。況當禘祫之時，不預合食之列，廟享之制與諸后不同。俟神主還京，即祔廟室，薦獻安神，更不行祔謁之禮，每歲五享、禘祫如太廟儀。」【略】

明道二年，判河南府錢惟演請以章獻、章懿二后並祔真宗之室。太常禮院議：「夏、商以來，父昭子穆，皆有配坐，每室一帝一后，禮之正儀。唐開元中，昭成、肅明二后始並祔於睿宗。今惟演引唐武宗母韋太后升祔穆宗，本朝孝明、孝章祔太祖故事。按穆宗惟韋后祔，太祖未嘗以孝章配。伏尋先帝以懿德配享太宗，及明德園陵禮畢，遂得升祔。元德太后自追尊後，凡十七年始克升配。今章穆皇后著位長秋，祔食真宗，斯爲正禮。章獻太后母儀天下，與明德例同，若從古禮，止應祀后廟，若便升祔，似非先帝慎重之意，又況前代無同日並祔之比，惟上裁之。」乃詔有司更議，皆謂：「章穆位崇中壼，與懿德有異，已祔廟室，自協一帝一后之文。章獻輔政十年，章懿誕育帝躬，功德莫與爲比，退就后廟，未厭衆心。按《周官》大司樂職，『奏《夷則》，歌《小吕》，以享先妣』者，姜嫄也，帝嚳之妃，后稷之母，特立廟曰閟宫。宜別立新廟，奉安二太后神主，同殿異室，歲時薦享用太廟儀。別立朝名，自爲樂曲，以崇世享。忌前一日，不御正殿，百官奉慰，著之令甲。」乃作新廟兩廟間，名曰奉慈。【略】

至和元年七月，有司奉詔立温成皇后廟，享祭器數視皇后廟。後以諫官言，改爲祠殿，歲時令宫臣薦以常饌。

治平元年，同判太常寺吕公著言：「按《喪服小記》『慈母不世祭』。章惠太后，仁宗嘗以母稱，故加保慶之號。蓋生有慈保之勤，故没有廟享之報。今於陛下恩有所止，禮雖承祀，其奉慈廟，乞依禮廢罷。」

熙寧二年，命攝太常卿張揆奉章惠太后神主瘞陵園。

元豐六年，詳定所言：「按《禮》，夫婦一體，故昏則同牢、合巹，終則同穴，祭則同几，同祝饌，未嘗有異廟者也。惟周人以姜嫄爲媒神，而帝嚳無廟，又不可下入子孫之廟，乃以別廟而祭，故《魯頌》謂之閟宫，《周禮》謂之先妣，可也。自漢以來，不祔不配者，皆援姜嫄爲比，或以其微，或以其繼而已。蓋其間有天下者，起於側微，而其后不及正位中宫，或以嘗正位矣，有所不幸，則當立繼以奉宗廟，故有『祖姑三人則祔於親者』之説。立繼之禮，其來尚矣。始微終顯，皆嫡也，前娶後繼，皆嫡也。後世乃以姑微後繼置之别廟，不得伸同几之義，則非禮意。恭惟太祖孝惠皇后、太宗淑德皇后、真宗章懷皇后實皆元妃，而孝章則太祖繼后，乃皆祭以别廟，在禮未安，請升祔太廟，增四室，以時配享。」七月，遂自别廟升祔焉。

政和四年，有司言：「政和元年孟冬祫享，奉惠恭神主入太廟，祔于祖姑之下。今歲當祫，而明達皇后神主奉安陵祠，緣在城外。三代之制，未有即陵以爲廟者。今明達皇后追正典册，歲時薦享，並同諸后，宜就惠恭别廟增建殿室，迎奉神主以祔。」又言：「明達神主祔謁日，於英宗室增設宣仁聖烈皇后、明達皇后二位，及徧祭七祀、配享功臣，并别廟祔享惠恭、明達二位。」

紹興七年，惠恭改謚爲顯恭，以上徽宗聖文仁德顯孝之謚故也。十二年五月，禮部侍郎施坰言：「懿節皇后神主，候至卒哭擇日祔廟，合依顯恭皇后禮，於太廟内修建殿室，以爲别廟安奉。」又言：「將來祔廟，其虞主合於本室後瘞埋。緣别係行在祔廟，欲於本室册寶殿收奉，候回京日依别廟故事。」從之。七月，有司行九虞之祭奉安。三十二年，禮部、太常言：「故妃郭氏追册爲皇后，合依懿節皇后祭于别廟。所有廟殿，見安懿節皇后神主，行禮狹隘。乞分爲二室，以西爲上，各置户牖，及擗截本廟齋宫，權安懿節神主，工畢還殿。」王普又請各置祏室。並從之。

乾道三年閏七月，安恭皇后神主祔于别廟，爲三室。

《宋史》卷一〇九《禮志十二》 景靈宫。創於大中祥符五年，聖祖臨降，爲宫以奉之。天聖元年，詔修宫之萬壽殿以奉真宗，署曰奉真。明道二年，又建廣孝殿，奉安章懿皇后。治平元年，又詔就宫之西園建殿，以奉仁宗，署曰孝嚴，奉安御容，親行酌獻，命大臣分詣諸神御代行禮。翼日，太后酌獻，皇后、大長公主以下内外命婦陪位于廷。詔每歲下元朝謁如奉真殿儀，有期以上喪或災異，則命輔臣攝事。名齋殿曰迎釐，宫西門曰廣祐。四年，建英德殿，奉英宗神御。凡七十年間，神御在宫者四，寓寺觀者十有一。

元豐五年，始就宫作十一殿，悉迎在京寺觀神御入内，盡合帝后，奉以時王之禮。十一月，百官班于集英殿廷，帝詣蘂珠、凝華等殿，行告遷廟禮，禮儀使奉神御升綵輿出殿。明日，復行薦享如禮，禮儀使奉神輿行，帝出幄導至宣德門外，親王、使相、宗室正任以上前引，望參官及諸軍都虞候、宗室副率以上陪位，内侍省押班整儀衛以從，奉安神御于十一殿。明日，帝詣宫朝獻，先謁天興殿，以次行禮，並如四孟儀。詔自今朝獻孟春用十一日，孟夏擇日，孟秋用中元日，孟冬用下元日，天子常服行事。薦聖祖殿以素饌，神御殿以膳羞，器服儀物，悉從今制。天興殿門以奉天神不立戟，諸神御門置親事官五百人，立戟二十四。累朝文武執政官、武臣節度使以上並圖形於兩廡。凡執政官除拜，赴宫恭謝。其後南郊先詣宫行薦享禮，並如太廟儀。

元祐元年，太常寺言：「季秋有事于明堂，其朝享景靈宫、親享太廟，當用三年不祭之禮，遣大臣攝事。」禮部言：「景靈宫天興殿，用天地之禮，即非廟享，於典禮無違。」詔明堂前二日朝享景靈宫天興殿。明年，奉安神宗神御于景靈宫，如十一殿奉安之禮。舊制，車駕上元節以十一日詣興國寺、啓聖院，朝謁太祖、太宗、神宗神御，下元節詣景靈宫朝拜天興殿，朝謁真宗、仁宗、英宗神御。至是詔分每歲四孟月拜謁之所，自孟秋始，其不當親獻，則遣官分詣。初詣天興殿、保寧閣、天元殿、太始殿，次詣皇武殿、儷極殿、大定殿、輝德殿，次詣熙文殿、衍慶殿、美成殿，次詣治隆殿、宣光殿，（宣光後改曰顯承，徽宗又改大明殿。）仍自來年孟春爲始。皇太后崩，三省請奉安神御于治隆殿，以遵元祐初詔。復以御史劉極之言，特建原廟，廟成，名神御殿曰徽音，山殿曰寧真。

紹聖二年，奉安神宗神御于顯承殿。元豐中，每歲四孟月，天子徧詣諸殿朝獻。元祐初，議者請以四孟分獻，一歲而徧，至是復用舊儀。詔自今四孟朝獻分二日，先日詣天興殿、保寧閣、天元、太始、皇武、儷極、大定、輝德諸殿，次日詣熙寧、衍慶、美成、繼仁、治隆、徽音、顯承七殿。三年十月，帝詣天興諸殿朝獻。翼日，大雨，詔差已致齋官分獻熙文七殿，自是雨雪用爲例云。

徽宗即位，宰臣請特建景靈西宫，奉安神宗于顯承殿，爲館御之首，昭示萬世尊異之意。建哲宗神御殿於西，以東偏爲齋殿，乃給度僧牒、紫衣牒千道爲營造費，户牖工巧之物並置於荆湖北路。已而右正言陳瓘言五不可，且論蔡京矯誣。不從。

建中靖國元年，詔建欽聖憲肅皇后、欽慈皇后神御殿于大明殿北，名曰柔明。（尋改欽儀，又改坤元。）又名哲宗神御殿曰觀成。（尋改重光。）詔自今景靈宫並分三日朝獻。

崇寧三年，奉安欽成皇后神御坤元殿欽聖憲肅皇后之次，欽慈皇后又次之。政和三年，奉安哲宗神御于重光殿。昭懷皇后神御殿成，詔名正殿曰柔儀，山殿曰靈娭。於是兩宮合爲前殿九，後殿八，山殿十六，閣一，鍾樓一，碑樓四，經閣一，齋殿三，神廚二，道院一，及齋宮廊廡共爲二千三百二十區。

初，東京以來奉先之制，太廟以奉神主，歲五享，宗室諸王行事；朔祭而月薦新，則太常卿行事。景靈宮以奉塑像，歲四孟皇帝親享，帝后大忌則宰相率百官行香，后妃繼之。遇郊祀、明堂大禮，則先期二日，親詣景靈宮行朝享禮。

紹興十三年二月，臣僚言：「竊見元豐五年，神宗始廣景靈宮以奉祖宗衣冠之游，即漢之原廟也。自艱難以來，庶事草創，始建宗廟，而原廟神游猶寄永嘉。乃者權時之宜，四孟薦獻，旋即便朝設位以享，未副廣孝之意。乞命有司擇爽塏之地，倣景靈宮舊規，隨宜建置。俟告成有日，迎還睟容，奉安新廟，庶幾四孟躬行獻禮，用副罔極之恩。」從之。初築三殿，聖祖居前，宣祖至祖宗諸帝居中殿，元天大聖后與祖宗諸后居後。掌宮內侍七人，道士十人，吏卒二百七十六人。上元結燈樓，寒食設鞦韆，七夕設摩睺羅。簾幕歲時一易，歲用酌獻二百四十羊。凡帝后忌辰，用道、釋作法事。十八年，增建道院，初本劉光世賜第，後以韓世忠第增築之。天興殿五楹，中殿七楹，後殿十有七楹，齋殿、進食殿皆備焉。

《宋史》卷一〇九《禮志十二》 神御殿，古原廟也，以奉安先朝之御容。宣祖、昭憲皇后於資福寺慶基殿。太祖神御之殿七：太平興國寺開先殿、景靈宮、應天禪院西院、南京鴻慶宮、永安縣會聖宮、揚州建隆寺章武殿、滁州大慶寺端命殿。太宗神御之殿七：啓聖禪院、壽寧堂、景福殿、鳳翔上清太平宮、并州崇聖寺統平殿及西院、鴻慶宮、會聖宮。真宗神御之殿十有四：景靈宮奉真殿、玉清昭德宮安聖殿、洪福院、壽寧堂、福聖殿、崇先觀永崇殿、萬壽觀延聖殿、澶州信武殿、西京崇福宮保祥殿、華州雲臺觀集真殿及西院、鴻慶宮、會聖宮、鳳翔太平宮。仁宗、英宗、神宗、哲宗四朝劉御於景靈宮、應天院，章獻明肅皇后於慈孝寺彰德殿，章懿皇后於景靈宮廣孝殿，明德、章穆二后於普安院重徽殿，章惠太后於萬壽觀廣慶殿。

景德四年，奉安太祖御容應天禪院，以宰臣向敏中爲奉安聖容禮儀使，權安于文德殿，百官班列，帝行酌獻禮，鹵簿導引，升綵輿進發，帝辭于正陽門外，百官辭于瓊林苑門外。遣官奏告昌陵畢，羣臣稱賀。

皇祐中，以滁州通判王靖請，滁、并、澶三州建殿奉神御，乃宣諭曰：「太祖擒皇甫暉于滁州，是受命之端也，大慶寺殿名曰端命，以奉太祖。太宗取劉繼元于并州，是太平之統也，即崇聖寺殿名曰統平，以奉太宗。真宗歸契丹于澶州，是偃武之信也，即舊寺殿名曰信武，以奉真宗。」既而統平殿災，諫官范鎮言：「并州素無火災，自建神御殿未幾而輒焚，天意若曰祖宗御容非郡國所宜奉安者。近聞下并州復加崇建，是徒事土木，重困民力，非所以答天意也。自并州平七十七年，故城父老不入新城，宜寬其賦輸，緩其徭役，以除其患，使河東之民不忘太宗之德，則陛下孝思，豈特建一神御殿比哉？」先是，睦親、廣親二宅並建神御殿，翰林學士歐陽脩言神御非人臣私家之禮，下兩制、臺諫、禮官議，以爲「漢用《春秋》之義，罷郡國廟。今睦親宅、廣親宅所建神御殿，不合典禮，宜悉罷」。詔以廣親宅置已久，唯罷修睦親宅。

熙寧二年，奉安英宗御容於景靈宮，帝親行酌獻，仍詔歲以十月望朝享，有期以上喪或災異，則命輔臣攝事。知大宗正丞事李德芻言：「禮法諸侯不得祖天子，公廟不設於私家。今宗室邸第並有帝后神御，非所以明尊卑崇正統也，望一切廢罷。」下禮官詳定，請如所奏。詔諸宗室宮院祖宗神御迎藏天章閣。自是，臣庶之家凡有御容，悉取藏禁中。

元豐五年，作景靈宮十一殿，而在京宮觀寺院神御，皆迎入禁中，所存惟萬壽觀延聖、廣愛、寧華三殿而已。【略】

東京神御殿在宮中，舊號欽先孝思殿，建炎二年閏四月，詔迎溫州神御赴闕。先是，神御於溫州開元寺暫行奉安，章聖皇帝與后像皆以金鑄，置外方弗便，因愀然謂宰輔曰：「朕播遷至此，不能以時薦享，祖宗神御越在海隅，念之坐不安席。」故有是命。三年二月，上覽禁中神御薦享禮物，謂宰臣曰：「朕自省閱神御，每位各用羊胃一，須二十五羊。祖宗仁厚，豈欲多害物命，謹以別味代之，在天之靈亦必歆享。」呂頤浩曰：「陛下寅奉宗廟，罔不盡禮，而又仁愛及物，天下幸甚。」

紹興十五年秋，復營建神御殿于崇政殿之東，朔望節序、帝后生辰，皇帝皆親酌獻行香，用家人禮。其殿名：徽宗曰承元，欽宗曰端慶，高宗曰皇德，孝宗曰系隆，光宗曰美明，寧宗曰垂光，理宗曰章熙，度宗曰昭光。

《宋史》卷一〇九《禮志十二》 羣臣家廟，本於周制，適士以上祭於廟，庶士以下祭於寢。唐原周制，崇尚私廟。五季之亂，禮文大壞，士大夫無襲爵，故不建廟，而四時寓祭室屋。慶曆元年，南郊赦書，應中外文武官並許依舊式立家廟。已而宋庠又以爲言，乃下兩制、禮官詳定其制度：「官正一品平章事以上立四廟；樞密使、知樞密院事、參知政事、樞密副使、同知樞密院事、簽書院事，見任、前任同，宣徽使、尚書、節度使、東宮少保以上，皆立三廟；餘官祭於寢。凡得立廟者，許適子襲爵以主祭。其襲爵世降一等，死即不得作主祔廟，別祭於寢。自當立廟者，即祔其主，其子孫承代，不計廟祭、寢祭，並以世數疏數遷祧；始得立廟者不祧，以比始封。有不祧者，通祭四廟、五廟。廟因衆子立而適長子在，則祭以適長子主之；嫡長子死，即不傳其子，而傳立廟者之長。凡立廟，聽於京師或所居州縣；其在京師者，不得於裏城及南郊御路之側。」仍別議襲爵之制，既以有廟者之子孫或官微不可以承祭，而朝廷又難盡推襲爵之恩，事竟不行。

大觀二年，議禮局言：「所有臣庶祭禮，請參酌古今，討論條上，斷自聖衷。」於是議禮局議：「執政以上祭四廟，餘通祭三廟。」「古無祭四世者，又侍從官以至士庶，通祭三世，無等差多寡之别，豈禮意乎？古者天子七世，今太廟已增爲九室，則執政視古諸侯，以事五世，不爲過矣。先王制禮，以齊有萬不同之情，賤者不得僭，貴者不得踰。故事二世者，雖有孝思追遠之心，無得而越，事五世者，亦當跂以及焉。今恐奪人之恩，而使通祭三世，徇流俗之情，非先王制禮等差之義。可文臣執政官、武臣節度使以上祭五世，文武升朝官祭三世，餘祭二世。」「應有私第者，立廟於門内之左，如狹隘，聽於私第之側。力所不及，仍許隨宜。」又詔：「古者寢不踰廟，禮之廢失久矣。士庶堂寢，踰度僭禮，有七楹、九楹者，若一旦使就五世、三世之數，則當徹毁居宇，以應禮制，豈得爲易行？可自今立廟，其間數視所祭世數，寢間數不得踰廟。事二世者，寢聽用三間。」議禮局言：「《禮記・王制》『諸侯五廟，二昭二穆，與太祖之廟而五』。所謂『太』者，蓋始封之祖，不必五世，又非臣下所可通稱。今高祖以上一祖未有名稱，欲乞稱五世祖。其家廟祭器：正一品，每室籩、豆各十有二，簠、簋各四，壺尊、罍、鉶鼎、俎、篚各二，尊、罍加勺、冪各一，爵各一，諸室共用胙俎、罍洗一。從一品籩、豆、簠、簋降殺以兩。正二品籩、豆各八，簠、簋各二。餘皆如正一品之數。」詔禮制局製造，仍取旨以給賜之。

紹興十六年二月癸丑，詔太師、左僕射、魏國公秦檜合建家廟，命臨安守臣營之。太常請建於其私第中門之左，一堂五室，五世祖居中，東二昭，西二穆。堂飾以黝堊。神板長一尺，博四寸五分，厚五寸八分，大書某官某大夫之神坐，貯以帛囊，藏以漆園。歲四享用孟月柔日行之，具三獻。有司言時享用常器常饌，帝倣政和故事，命製祭器賜之。其後，太傅昭慶節度平樂郡王韋淵、太尉保慶節度吴益、少傅寧遠節度楊存中並請建家廟，賜以祭器。

隆興二年四月庚辰，少師、四川宣撫使吴璘請用存中例，從之。

乾道八年九月，詔有司賜少保、武安節度、四川宣撫使虞允文家廟祭器如故事。

淳熙五年七月，户部尚書韓彦古請以賜第進父世忠家廟如存中。十二月，少傅保寧節度衛國公史浩請建家廟，量賜祭器。

嘉泰元年，太傅、永興節度、平原郡王韓侂胄奏：「曾祖琦效忠先朝，奕世侑食，家廟猶闕，請下禮官攷其制建之。」二年，循忠烈王張俊、開禧三年，鄜武僖王劉光世，子孫相繼有請，皆從之。

嘉定十四年八月，詔右丞相史彌遠賜第，遵淳熙故事賜家廟，命臨安守臣營之，禮官討論祭器，並如侂胄之制。彌遠請併生母齊國夫人周氏及祔妻魯國夫人潘氏於生母别廟，皆下有司賜器。

景定三年，詔丞相賈似道賜家廟，命臨安守、漕營度，禮官討論賜祭器，並如儀。

《宋會要輯稿》禮四十之十四 〔紹興元年十一月〕二十四日太常寺言：臨安府申畫到秀安僖王祠堂欞星門一座，戟門、祠堂、後堂各三間，後堂挾屋八間，戟門挾屋八間，歇泊二位各三間，兩廊二十六間，庫屋、巡房、從人屋一十五間，欲照應造作。從之。

金

宇文懋昭《大金國志》卷三三《陵廟制度》 金國不設宗廟，祭祀不修。自平遼後，所用宰執大臣多漢人，往往告以天子之孝在乎尊祖，尊祖之事在乎建宗廟。若七世之（祖）〔廟〕未修，四時之祭未舉，有天下者可不念哉。金主方開悟，遂立太廟。追海陵王徙燕，再起太廟，標名曰衍慶之宮，奉安太祖、太宗、德宗。又其東曰（元）〔原〕廟，奉安玄祖、太聖皇帝楊割。追遵遠祖，起自七代龕福，以下各加尊謚，立廟祭祀。

國初，祖宗止葬于護國林之東，逮海陵徙燕，始令司天臺卜地于燕山之四圍，歲餘，方得良鄉縣西五十里大洪谷曰龍城寺，峯巒秀出，林木隱映，真築陵之處。遂遷祖宗于此，唯熙宗葬于山陰，蓋以刑餘遂不入陵。

國初無祭祀之禮，至海陵徙燕，築陵于西南九十餘里大洪山，及太廟、(元)〔原〕廟告成，始有尊祖之議。時奏議多陳郊祀配天之事，海陵恥效南朝舊制，令更討論之。禮官更進以三年一祫，五年一禘，乃上古之制，禘當取夏四月，祫當取冬十月，海陵從之，詔告天下。遂令太常寺備大樂，具九節儀從，待期往焉。至是月吉日，先一夕，宿于正殿。次日凌晨，令導從之人各服五色畫衣，執旌幢、斧鉞、幡蓋、羽扇，自內城至廟，夾道駢肩而立。徐布九節儀從，奏樂及歌者皆乘馬。(近)〔迨〕御座衣玄纁、服袞冕，執圭，乘玉輅九龍御座至廟。禮畢，易金輅，服遠遊冠，絳紗袍，奏樂而回。逮世宗立，因而行之，至今不廢。

《金史》卷三〇《禮志三・宗廟》 金初無宗廟。天輔七年九月，太祖葬上京宮城之西南，建寧神殿于陵上，以時薦享。自是諸京皆立廟，惟在京師者則曰太廟。天會六年，以宋二帝見太祖廟者，是也。或因遼之故廟，安置御容，亦謂之廟，天眷三年，熙宗幸燕及受尊號，皆親享恭謝，是也。皇統三年，初立太廟；八年，太廟成，則上京之廟也。貞元初，海陵遷燕，乃增廣舊廟，奉遷祖宗神主于新都，三年十一月丁卯，奉安于太廟。正隆中，營建南京宮室，復立宗廟。南渡因之。其廟制，史不載，傳志雜記或可概見，今附之。

汴京之廟，在宮南馳道之東。殿規，一屋四注，限其北爲神室，其前爲通廊。東西二十六楹，爲間二十有五，每間爲一室。廟端各虛一間爲夾室，中二十三間爲十一室。從西三間爲一室，爲始祖廟，祔德帝、安帝、獻祖、昭祖、景祖祧主五，餘皆兩間爲一室。或曰：「惟第二、第三室兩間，餘止一間爲一室，總十有七間。」世祖室祔肅宗，穆宗至祔康宗，餘皆無祔。每室門一、牖一，門在左，牖在右，皆南向。石室之龕於各室之西壁，東向。其始祖之龕六，南向者五、東向者一，其二其三俱二龕，餘皆一室一龕，總十八龕。祭日出主於北墉下，南向。禘祫則並出主，始祖東向，羣主依昭穆南北相向，東西序列。室戶外之通廊，殿階二級，列陛三，前井亭二。外作重垣四繚，南東西皆有門。內垣之隅有樓，南門五闔，餘皆三。中垣之外東北，册寶殿也，太常官一人季視其封緘，謂之點寶。內垣之南曰大次，東南爲神庖。廟門翼兩廡，各二十有五楹，爲齋郎執事之次。西南垣外，則廟署也。神門列戟各二十有四，植以木錡。戟下以板爲掌形，畫二青龍，下垂五色帶長五尺，享前一日則縣戟上，祭畢藏之。

室次。大定十二年，議建閔宗別廟，禮官援晉惠、懷，唐中宗、後唐莊宗升祔故事，若依此典，武靈皇帝無嗣亦合升祔。然中宗之祔，始則爲虛室，終則增至九室。惠、懷之祔乃遷豫章、潁川二廟，莊宗之祔乃祧懿祖一室。今太廟之制，除祧廟外，爲七世十一室，如當升祔武靈，即須別祧一廟。《荀子》曰：「有天下者事七世」，若旁容兄弟，上毀祖考，則天子有不得事七世者矣。伏覩宗廟世次，自睿宗上至始祖，凡七世，別無可祧之廟。《晉史》云：「廟以容主爲限，無拘常數。」東晉與唐皆用此制，遂增至十一室。康帝承統，以兄弟爲一室，故不遷遠廟而祔成帝。唐以敬、文、武三宗同爲一代，於太廟東間增置兩室，定爲九代十一室。今太廟已滿此數，如用不拘常數之説，增至十二室，可也。然廟制已定，復議增展，其事甚重，又與睿宗皇帝祏室昭穆亦恐更改。《春秋》之義不以親親害尊尊，《漢志》云：「父子不並坐，而孫可從王父。」若武靈升祔，太廟增作十二室。依《春秋》尊尊之典，武靈當在十一室，禘祫合食。依孫從王父之典，當在太宗之下，而居昭位，又當稱宗。然前升祔睿宗已在第十一室，累遇祫享，睿宗在穆位，與太宗昭位相對，若更改祏室及昭穆序，非有司所敢輕議，宜取聖裁。十九年四月，禘祔閔宗，遂增展太廟爲十二室。

二十九年，世宗將祔廟，有司言：「太廟十二室，自始祖至熙宗雖係八世，然世宗與熙宗爲兄弟，不相爲後，用晉成帝故事，止係七世，若特升世宗、顯宗即係九世。」於是五月遂祧獻祖、昭祖，陞祔世宗、明德皇后、顯宗于廟。

貞祐二年，宣宗南遷，廟社諸祀並委中都，自抹撚盡忠棄城南奔，時謁之禮盡廢。四年，禮官言：「廟社國之大事，今主上駐蹕陪京，列聖神主已遷于此，宜重修太廟社稷，以奉歲時之祭。按中都廟制，自始祖至章宗凡十二室，而今廟室止十一，若增建恐難卒成。況時方多故，禮宜從變，今擬權祔肅宗主世祖室，始祖以下諸神主于隨室奉安。」

主用栗，依唐制，皇統九年所定也。

祏室，旁及上下皆石，門東向，以木爲闔，髹以朱。室中有褥，奠主訖，帝主居左，覆以黃羅帕，后主居右，覆以紅羅帕。

黼扆以紙，木爲筐，兩足如立屏狀。覆以紅羅三幅，繡金斧五十四，裏以紅絹，覆於屏上，其半無文者垂於其後。置北墉下，南向，前設几筵以坐神主。

五席，各長五尺五寸，闊二尺五寸。莞筵，粉純。以藺爲席，緣以紅羅，以白繡蕙文及雲氣之狀，復以紅絹裏之。每位二。繅席，畫純。以五色絨織青蒲爲之，緣以紅羅，畫藻文及雲氣狀，亦以紅絹裏之。每位二，在莞上。次席，黼純。

以輕筠爲之，亦曰桃枝席，緣以紅綃，繡鐵色斧，裏以紅絹。每位二，在繅席上。虎席二，大者長同，惟闊增一尺。以虎皮爲褥，有緼，以紅羅繡金色斧緣之。又有小虎皮褥，制同三席。時暄則用桃枝次席，時寒則去桃枝加虎皮褥。夏、秋享，則用桃枝次席。二冬，則去桃枝加小虎皮褥於繅席上。臘冬，則又添大虎皮褥二於繅席上，遷小虎皮褥二在大褥之上。

曲几三足，直几二足，各長尺五寸，以丹漆之。帝主前設曲几，後設直几。

《金史》卷三三《禮志六・原廟》　太宗天會二年，立大聖皇帝廟于西京。熙宗天眷二年九月，又以上京慶元宫爲太祖皇帝原廟。皇統七年，有司奏「慶元宫門舊曰景暉，殿曰辰居，似非廟中之名，今宜改殿名曰世德」。是歲，東京御容殿成。世宗大定二年十二月，詔以「會寧府國家興王之地，宜就慶元宫址建正殿九間，仍其舊號，以時薦享」。

海陵天德四年，有司言：「燕京興建太廟，復立原廟。三代以前無原廟制，至漢惠帝始置廟於長安渭北，薦以時果，其後又置於豐、沛，不聞享薦之禮。今兩都告享宜止於燕京所建原廟行事。」於是，名其宫曰衍慶，殿曰聖武，門曰崇聖。

大定二年，以睿宗御容奉遷衍慶宫。

五年，會寧府太祖廟成，有司言宜以御容安置。先是，衍慶宫藏太祖御容十有二：法服一、立容一、戎衣一、佩弓矢一、坐容二、巾服一，舊在會寧府安置；半身容二、春衣容一、巾而衣紅者二，舊在中都御容殿安置，今皆在此。詔以便服容一，遣官奉安，擇日啓行。【略】

十五年二月，有司言東京開覺寺藏睿宗皇帝皁衣展裹真容，勅遷本京祖廟奉祀，仍易袍色。

明年四月，詔依奉安睿宗禮，奉安世祖御容於衍慶宫。前期，有司備香案、酒果、教坊樂。至日質明，親王宰執率百官公服迎引至衍慶宫，凡用甲騎百人、傘二人、扇十二人、香輿八人、綵輿十六人、從者二十四人、執事官二人、弩手控鶴各五十人，贊者二人，禮直官二人，六品以下官三十員公服乘馬前導。奉安訖，百官再拜，禮畢，退立宫門之外，迎駕朝謁。

十六年正月，有司奏：「奉勅議世祖皇帝御容當於何處安置。臣等參詳衍慶宫即漢之原廟，每遇太祖皇帝忌辰，百官朝拜。今世祖皇帝擇地修建殿位，庶可副嚴奉之意。」從之。乃勅於聖武殿東西興建世祖、太宗、睿宗殿位。

既而復欲擇地建太宗殿于歸仁館，有司言：「山陵太祖、太宗、睿宗共一兆域，太廟世祖、太祖、太宗、睿宗亦同堂異室。今於歸仁館興建太宗殿位，似與山陵、太廟之制不同。」詔從前議，止於衍慶宫各建殿七間，閣五間，三門五間。乃定世祖殿曰廣德，閣曰燕昌，太宗殿曰丕承，閣曰光昭，睿宗殿曰天興，閣曰景福。

《金史》卷三三《禮志六・别廟》　大定二年，有司擬奏閔宗無嗣，合别立廟，有司以時祭享，不稱宗，以武靈爲廟號。又奏：「唐立别廟，不必專在太廟垣内。今武靈皇帝既不稱宗，又不與祫享，其廟擬於太廟東墉外隙地建立。」從之。十四年，廟成，以武靈後謚孝成，又謂之孝成廟。【略】大定十九年四月，升祔太廟，其舊廟遂毁。

昭德皇后廟。大定二年，有司援唐典，昭德皇后合立别廟，擬於太廟内垣東北起建，從之。三年十月七日，太廟祫享，升祔睿宗皇帝并昭德皇后，神主同時製造題寫，奉詣殿庭，謁畢祔於祖姑欽仁皇后之左，享祀畢，奉主還本廟。十二月二十一日，臘享，禮官言：「唐禮，别廟薦享皆準太廟一室之儀，伏恐今廟享畢已過質明，請别差官攝祭。」制可。後以殿制小，又於太廟之東别建一位。十二年八月，廟成，正殿三間，東西各空半間，以兩間爲室，從西一間西壁上安置祏室。廟置一便門，與太廟相通。仍以舊殿爲册寶殿，祏室奏毁。

二十六年，勅别建昭德皇后影廟于太廟内。有司言：「宜建殿三間，南面一屋三門，垣周以甓，外垣置靈星門一，神厨及西房各三間。然禮無廟中别建影廟之例，今皇后廟西有隙地，廣三十四步，袤五十四步，可以興建。」制可。仍於正南别創正門，門以坤儀爲名。仍留舊有便門，遇禘祫祔享由之。每歲五享并影廟行禮於正南門出入。又於廟外起齋廊房二十三間。

宣孝太子廟。大定二十五年七月，有司奏：「依唐典，故太子置廟，設官屬奉祀。擬於法物庫東建殿三間，南垣及外垣皆一屋三門，東西垣各一屋一門，門設九戟。齋房、神厨，度地之宜。」又奉旨，太子廟既安神主，宜别建影殿。有司定擬制度，於見建廟稍西中間，限以塼墉，内建影殿三間。南面一屋三門，垣周以甓，無闕角及東西門。外垣正南建三門一，左右翼廊二十間，神厨、齋室各二屋三間。是歲十月，廟成，十一日奉安神主，十四日奉遷畫像。

神主用栗，依唐制諸侯用一尺，刻謚于背。省部遣官於本廟西南隅面北設幄次，監視製造，於行禮前一日製造訖。其日晚，奉神主官奉承以箱，覆以帕，捧詣題神主幄中。次日丑前五刻，題神主官與典儀并禮官詣幄次前，題神主官詣罍洗位，盥手、帨手訖，奉神主官先以香湯奉沐，拭以羅巾。題神主官就褥位，題謚號於背云「宣孝太子神主」，墨書，用光漆模，訖，授奉神主官，承以箱，覆以梅紅羅帕，藉以素羅帕，詣座置於匱，乃下簾帷，侍衛如式。俟典儀俛伏，跪請，備腰輿傘扇詣神位。導引侍衛皆減昭德廟儀。

元

《元史》卷七四《祭祀志三・宗廟上》 其祖宗祭享之禮，割牲、奠馬湩，以蒙古巫祝致辭，蓋國俗也。世祖〔中統〕元年秋七月丁丑，設神位于中書省，用登歌樂，遣必闍赤致祭焉。必闍赤，譯言典書記者。十二月，初命製太廟祭器、法服。二年九月庚申朔，徙中書署，奉遷神主于聖安寺。辛巳，藏于瑞像殿。三年十二月癸亥，即中書省備三獻官，大禮使司徒攝祀事。禮畢，神主復藏瑞像殿。四年三月癸卯，詔建太廟于燕京。十一月丙戌，仍寓祀事中書，以親王合丹、塔察兒、王(盤)〔磐〕、張文謙攝事。

至元元年冬十月，奉安神主于太廟，初定太廟七室之制。皇祖、皇祖妣第一室，皇伯考、伯妣第二室，皇考、皇妣第三室，皇伯考、伯妣第四室，皇伯考、伯妣第五室，皇兄、皇后第六室，皇兄、皇后第七室。凡室以西爲上，以次而東。二年九月，初命滌養犧牲，取大樂工于東平，習禮儀。冬十月己卯，享于太廟，尊皇祖爲太祖。三年秋九月，始作八室神主，設祏室。

冬十月，太廟成。丞相安童、伯顔言：「祖宗世數、尊謚廟號、配享功臣、增祀四世、各廟神主、七祀神位、法服祭器等事，皆宜以時定。」乃命平章政事趙璧等集議，製尊謚廟號，定爲八室。烈祖神元皇帝、皇曾祖妣宣懿皇后第一室，太祖聖武皇帝、皇祖妣光獻皇后第二室，太宗英文皇帝、皇伯妣昭慈皇后第三室，皇伯〔考〕术赤、皇伯妣別土出迷失第四室，皇伯考察合帶、皇伯妣也速倫第五室，皇考睿宗景襄皇帝、皇妣莊聖皇后第六室，定宗簡平皇帝、欽淑皇后第七室，憲宗桓肅皇帝、貞節皇后第八室。十一月戊申，奉安神主于祏室，歲用冬祀，如初禮。

四年二月，初定一歲十二月薦新時物。六年冬，時享畢，十二月，命國師僧薦佛事于太廟七晝夜，始造木質金表牌位十有六，設大榻金椅奉安祏室前，爲太廟薦佛事之始。七年十月癸酉，敕宗廟祝文書以國字。八年，(八)〔九〕月，太廟柱朽。從張易言，告于列室而後修，奉遷栗主金牌位與舊神主于饌幕殿，工畢安奉。自是修廟皆如之。丙子，敕冬享毋用犧牛。

十二年五月，檢討張謙呈：「昔者因修太廟，奉遷金牌位於饌幕殿，設以金椅，其栗主却與舊主牌位各貯箱内，安置金椅下，禮有非宜。今擬合以金牌位遷于八室内，其祏室栗主宜用綵輿遷納，舊主并牌位安置于箱爲宜。」九月丁丑，敕太廟牲復用牛。十月己未，遷金牌位于八室内。太祝兼奉禮郎申屠致遠言：「竊見木主既成，又有金牌位，其日月山神主及中統初中書設祭神主，安奉無所。」博士議曰：「合存祏室栗主，舊置神主牌位，俱可隨時埋瘞，不致神有二歸。」太常少卿以聞，制曰：「其與張仲謙諸老臣議行之。」十三年九月丙申，薦佛事于太廟，命即佛事處便大祭。己亥，享于太廟，加薦羊鹿野豕。是歲，改作金主，太祖主題曰「成吉思皇帝」，睿宗題曰「太上皇也可那顔」，皇后皆題名諱。

十四年八月乙丑，詔建太廟于大都。博士言：「古者廟制率都宫別殿，西漢亦各立廟，東都以中興崇儉，故七室同堂，後世遂不能革。」十五年五月九日，太常卿還自上都，爲議廟制，據博士言同堂異室非禮，以古今廟制畫圖貼説，令博士李天麟齎往上都，分(寺)〔議〕可否以聞。

一曰都宫別殿，七廟、九廟之制。《祭法》曰：「天子立七廟，三昭三穆與太祖之廟而七，諸侯、大夫、上降殺以兩。」晉博士孫毓以謂外爲都宫，内各有寢廟，別有門垣。太祖在北，左昭右穆，以次而南是也。前廟後寢者，以象人君之居，前有朝而後有寢也。廟以藏主，以四時祭；寢有衣冠几杖象生之具，以薦新物。天子太祖百世不遷，宗亦百世不遷，高祖以上，親盡則遞遷。昭常爲昭，穆常爲穆，同爲都宫，則昭常在左，穆常在右，而外有以不失其序。一世自爲一廟，則昭不見穆，穆不見昭，而内有以各全其尊，必祫享而會于太祖之廟，然後序其尊卑之次。蓋父子異宫，祖禰異廟，所以盡事亡如事存之義。然漢儒論七廟、九廟之數，其説有二。韋玄成等以謂周之所以七廟者，以后稷始封，文王、武王受命而王，是以三廟不毁，與親廟四而七也。如劉歆之説，則周自武王克商，以后稷爲太祖，即增立高圉、亞圉二廟於公叔、太王、王季、文王二昭二穆之上，已爲七廟矣。至懿王時始立文世室於三穆之上，至孝王時始立武世室於三昭之上，是爲九廟矣。然先儒多是劉歆之説。

二曰同堂異室之制。後漢明帝遵儉自抑，遺詔無起寢廟，但藏其主於光武廟中更衣別室。其後章帝又復如之，後世遂不敢加。而公私之廟，皆用同堂異室之制。先儒朱熹以謂至使太祖之位，下同孫子，而更僻處於一隅，無以見爲七廟之尊；羣廟之神，則又上厭祖考，不得自爲一廟之主。以人情論之，生居九重，窮極壯麗，而設祭一室，不過尋丈，甚或無地以容鼎俎，而陰損其數，子孫之心，於此宜亦有所不安矣。且如命士以上，其父子婦姑，猶且異處，謹尊卑之序，不相褻瀆。況天子貴爲一人，富有四海，而祖宗神位數世同處一堂，有失人子事亡如事存之意矣。

十六年八月丁酉，以江南所獲玉爵及坫，凡四十九事，納于太廟。十七年十二月甲申，告遷于太廟。癸巳，承旨和禮霍孫，太常卿太出、禿忽思等，以祏室內栗主八位并日月山版位、聖安寺木主俱遷。甲午，和禮霍孫、太常卿撒里蠻率百官奉太祖、睿宗二室金主於新廟安奉，遂大享焉。乙未，毀舊廟。

十八年二月，博士李時衍等議：「歷代廟制，俱各不同。欲尊祖宗，當從都宮別殿之制；欲崇儉約，當從同堂異室之制。」三月十一日，尚書段那海及太常禮官奏曰：「始議七廟，除正殿、寢殿、正門、東西門已建外，東西六廟不須更造，餘依太常寺新圖建之。」遂爲前廟、後寢，廟分七室。二十一年三月丁卯，太廟正殿成，奉安神主。九月，廟室掛鐵網釘鏨籠門告成。【略】

〔元貞〕十一年，武宗即位，追尊皇考爲皇帝，廟號順宗。太祖室居中，睿宗西第一室，世祖西第二室，裕宗西第三室，順宗東第一室，成宗東第二室。追尊先元妃爲皇后，祔成宗室。【略】

延祐七年，仁宗升祔，增置廟室。太常禮儀院下博士檢討歷代典故，移書禮部、中書集議曰：「古者天子祭七代，兄弟同爲一代，廟室皆有神主，增置廟室。」又議：「大行皇帝升祔太廟，七室皆有神主，增室不及。依前代典故，權於廟內止設幄座，面南安奉。今相視得第七室近南對室地位，東西一丈五尺，除設幄座外，餘五尺，不妨行禮。」乃結綵爲殿，置武宗室南，權奉神主。【略】

至治元年正月乙酉，始命於太廟垣西北建大次殿。丙戌，始以四孟月時享，親祀太室。【略】五月，中書省臣言：「以廟制事，集御史臺、翰林院、太常院臣議。謹按前代廟室，多寡不同。晉則兄弟同爲一室，正室增爲十四間，東西各一間。唐九廟，後增爲十一室。宋增室至十八，東西夾室各一間，以藏祧主。今太廟雖分八室，然兄弟爲世，止六世而已。世祖所建前廟後寢，往歲寢殿災。請以今殿爲寢，別作前廟十五間，中三間通爲一室，以奉太祖神主，餘以次爲室，庶幾情文得宜。謹上太常廟制。」制曰：「善，期以來歲營之。」

二年春正月丁丑，始陳鹵簿，親享太廟。三月二十三日，以新作太廟正殿，夏秋二祭權止。秋八月丙辰，太皇太后崩，太常院官奏：「國哀以日易月，旬有二日外，乃舉祀事。有司以十月戊辰，有事于太廟，取聖裁。」制曰：「太廟禮不可廢，迎香去樂可也。」又言：「太廟興工未畢，有妨陳宮縣樂，請止用登歌。」從之。

三年春三月戊申，祔昭獻元聖皇后于順宗室。夏四月六日，上都分省參議速速，以都堂旨，太廟夾室未有制度，再約臺院等官議定。博士議曰：「按《爾雅》曰『室有東西廂曰廟』，《注》『夾室前堂』。同禮曰『西夾南向』，《注》曰『西廂夾室』。此東西夾室之正文也。賈公彥曰，室有東西廂曰廟，其夾皆在序。是則夾者，猶今耳房之類也。然其制度，則未之聞。東晉太廟正室一十六間，東西儲各一間，共十有八。所謂儲者，非夾室與？唐貞觀故事，遷廟之主，藏於夾室西壁，南北三間。又宋哲宗亦嘗於東夾室奉安，後雖增建一室，其夾室仍舊。是唐、宋夾室，與諸室制度無大異也。五帝不相沿樂，三王不相襲禮。今廟制皆不合古，權宜一時。宜取今廟一十五間，南北六間，東西兩頭二間，準唐南北三間之制，壘至棟爲三間，壁以紅泥，以準東西序，南向爲門，如今室户之制，虛前以準廂，所謂夾室前堂也。雖未盡合於古，於今事爲宜。」六月，上都中書省以聞，制若曰「可」。壬申，敕以太廟前殿十有五間，東西二間爲夾室，南向。秋七月辛卯，太廟落成。

俄，國有大故，晉王即皇帝位。十二月戊辰，追尊皇考晉王爲皇帝，廟號顯宗，皇妣晉王妃爲皇后。庚午，盜入太廟，失仁宗及慈聖皇后神主。壬申，重作仁廟二金主。丙午，御史趙成慶言：「太廟失神主，乃古今莫大之變。由太常禮官不恭厥職，宜正其罪，以謝宗廟，以安神靈。」制命中書定罪。泰定元年春正月甲午，奉安仁宗及慈聖皇后二神主。丁丑，御史宋本、趙成慶、李嘉賓言：「太廟失神主，已得旨，命中書定太常失守之罪。中書以爲事在太廟署令，而太常官屬居位如故。昔唐陵廟皆隸宗正。盜斫景陵門戟架，既貶陵令丞，而宗正卿亦皆貶黜。且神門戟架比之太廟神主，孰爲輕重。宜定其罪名，顯示黜罰，以懲不恪。」不報。

先是，博士劉致建議曰：「竊以禮莫大於宗廟。宗廟者天下國家之本，禮樂刑政之所自出也。唐、虞、三代而下，靡不由之。聖元龍興朔陲，積德累功，百有餘年，而宗廟未有一定之制。方聖天子繼統之初，定一代不刊之典，爲萬世法程，正在今日。周制，天子七廟，三昭三穆，昭處於東，穆處於西，所以別父子親疏之序，而使不亂也。聖朝取唐、宋之制，定爲九世，遂以舊廟八室而爲六世，昭穆不分，父子並坐，不合《禮經》。新廟之制，一十五間，東西二間爲夾室，太祖室既居中，則唐、宋之制不可依，惟當以昭穆列之。父爲昭，子爲穆，則睿宗當居太祖之東，爲昭之第一世，世祖居西，爲穆之第一世。裕宗居東，爲昭之第二世。兄弟共爲一世，則成宗、順宗、顯宗三室皆當居西，爲穆之第二世。武宗、仁宗二室皆當居東，爲昭之第三世。〔英宗居西，爲穆之第三世。〕昭之后居左，穆之后居右，西以左爲上，東以右爲上也。苟或如此，則昭穆分明，秩然有序，不違《禮經》，可爲萬世法。若以累朝定制，依室次於新廟遷安，則顯宗躋順宗之上，順宗躋成宗之上。以禮言之，春秋閔公無子，庶兄僖公代立，其子文公遂躋僖公於閔公之上，史稱逆祀。及定公正其序，書曰「從〔事〕〔祀〕先公」。然僖公猶是有位之君，尚不可居故君之上，況未嘗正位者乎。國家雖曰以右爲尊，然古人所尚，或左或右，初無定制。古人右社稷而左宗廟，國家宗廟亦居東方。豈有建宗廟之方位既依《禮經》，而宗廟之昭穆反不應《禮經》乎。且如今朝賀或祭祀，宰相獻官分班而立，居西則尚左，居東則尚右。及行禮就位，則西者復尚右，東者復尚左矣。」

致職居博士，宗廟之事所宜建明，然事大體重，宜從使院移書集議取旨。

四月辛巳，中書省臣言：「〔始〕〔世〕祖皇帝始建太廟。太祖皇帝居中南向，睿宗、世祖、裕宗神主以次祔西室，順宗、成宗、武宗、仁宗以次祔東室。邇者集賢、翰林、太常諸臣言，國朝建太廟遵古制。古尚左，今尊者居右爲少屈，非所以示後世。太祖皇帝居中南向，宜奉睿宗皇帝神主祔左一室，世祖祔右一室，裕宗祔睿宗室之左。顯宗、順宗、成宗兄弟也，以次祔世祖室之右，武宗、仁宗亦兄弟也，以祔裕宗室之左，英宗祔成宗室之右。臣等以其議近是，謹繪室次爲圖以獻，惟陛下裁擇。」從之。五月戊戌，祔顯宗、英宗凡十室。

四年夏四月辛未，盜入太廟，失武宗神位及祭器。壬申，重作武宗金主及祭器。甲午，奉安武宗神主。天曆元年冬十月丁亥，毁顯宗室。重改至元之六年六月，詔毁文宗室。其宗廟之事，本末因革，大概如此。【略】

廟制：至元十七年，新作于大都。前廟後寢。正殿東西七間，南北五間，内分七室。殿陛二成三階，中曰泰階，西曰西階，東曰阼階。寢殿東西五間，南北三間。環以宮城，四隅重屋，號角樓。正南、正東、正西宮門三，門各五門，皆號神門。殿下道直東西神門曰横街，直南門曰通街，甓之。通街兩旁井二，皆覆以亭。宮城外，繚以崇垣。饌幕殿七間，在宮城南門之東，南向。齊班廳五間，在宮城之東南，西向。省饌殿一間，在〔東〕〔宮〕城東門少北，南向。初獻齋室，在宮城之東，東垣門内少北，西向。其南爲亞終獻、司徒、大禮使、助奠、七祀獻官等齋室，皆西向。雅樂庫在宮城西南，東向。法物庫、儀鸞庫在宮城之東北，皆南向。都監局在其東少南，西向。東垣之内，環築牆垣爲别院。内神厨局五間，在北，南向。井在神厨之東北，有亭。酒庫三間，在井亭南，西向。祠祭局三間，對神厨局，北向。院門西向。百官厨五間，在神厨院南，西向。宮城之南，復爲門，與中神門相值，左右連屋六十餘間，東掩齊班廳，西值雅樂庫，爲諸執事齋房。築崇墉以環其外，東西南開櫺星門三，門外馳道，抵齊化門之通衢。

至治元年，詔議增廣廟制。三年，别建大殿一十五間於今廟前，用今廟爲寢殿，中三間通爲一室，餘十間各爲一室，東西兩旁際牆各留一間，以爲夾室。室皆東西横闊二丈，南北入深六間，每間二丈。宮城南展後，鑿新井二于殿南，作亭。東南隅、西南隅角樓，南神門、東西神門，饌幕殿，省饌殿，獻官百執事齋室，中南門，齊班廳，雅樂庫，神厨，祠祭等局，皆南徙。建大次殿三間於宮城之西北，東西櫺星門亦南徙。東西櫺星門之内，鹵簿房四所，通五十間。

神主：至元三年，始命太保劉秉〔中〕〔忠〕考古制爲之。高一尺二寸，上頂圜徑二寸八分，四廂合剡一寸一分。上下四方穿，中央通孔，徑九分，以光漆題尊謚於背上。匱趺底蓋俱方。底自下而上，蓋從上而下。底齊趺，方一尺，厚三寸。皆準元祐古尺圖。主及匱趺皆用栗木，匱趺並用玄漆，設祏室以安奉。帝主用曲几，黄羅帕覆之。后主用直几，紅羅帕覆之。祏室，每室紅錦厚褥一，紫錦薄褥一，黄羅複帳一，龜背紅簾一，緣以黄羅帶飾。六年十二月十八日，國師奉旨造木質金表牌位十有六，亦號神主。設大榻金椅位，置祏室前。帝位於右，后位於左，題號其面，籠以銷金絳紗，其制如櫝。

《元史》卷七六《祭祀志五・古帝王廟》　堯帝廟在平陽。舜帝廟，河東、山東濟南歷山、濮州、湖南道州皆有之。禹廟在河中龍門。至元元年七月，龍門禹廟成，命侍臣持香致敬，有祝文。十二年二月，立伏羲、女媧、舜、湯等廟于河中解州、洪洞、趙城。十五年四月，修會川縣盤古王祠，祀之。二十四年閏二月，敕春秋二仲丙日，祀帝堯廟。致和元年，禮部移太常送博士議，舜、禹之廟合依堯祠故事，每歲春秋仲月上旬卜日，有司蠲潔致祭，官給祭物。至順元年三月，從太常奉禮郎薛元德言，彰德路湯陰縣北故羑里城周文王祠，命有司奉祀如故事。

周公廟在鳳翔府岐山之陽。天曆二年六月，以岐陽廟爲岐陽書院，設學官，春秋釋奠周文憲王如孔子廟儀。凡有司致祭先代聖君名臣，皆有牲無樂。

《元史》卷七六《祭祀志五・名山大川忠臣義士之祠》 凡名山大川、忠臣義士在祀典者，所在有司主之。惟南海女神靈惠夫人，至元中，以護海運有奇應，加封天妃神號，積至十字，廟曰靈慈。直沽、平江、周涇、泉、福、興化等處，皆有廟。皇慶以來，歲遣使齎香遍祭，金幡一合，銀一鋌，付平江官漕司及本府官，用柔毛酒醴，便服行事。祝文云：「維年月日，皇帝特遣某官等，致祭于護國庇民廣濟福惠明著天妃。」

《元史》卷七六《祭祀志五・功臣祠》 功(神)〔臣〕之祠，惟故淮安忠武王立廟于杭，春秋二仲月次戊，祀以少牢，用籩豆簠簋，行酌獻禮。若魏國文正公許衡廟在大名，順德忠獻王哈剌哈孫廟在順德、武昌者，皆歲時致祭。自古帝王而下，祭器不用籩豆簠簋，儀非酌奠者，有司便服行禮，三上香奠酒而已。

《元史》卷七六《祭祀志五・大臣家廟》 大臣家廟，惟至治初右丞相拜住得立五廟，同堂異室，而牲器儀式未聞。

明

《明太祖實録》卷一五 〔甲辰九月甲申〕立劉成廟於長興州。初，張士誠攻長興，守將劉成力戰而死。至是，贈成懷遠大將軍，立廟長興以祀之。

《明太祖實録》卷五九 〔洪武三年十二月甲子〕命建奉先殿。上謂禮部尚書陶凱曰：「事死如事生。朕祖考陟遐已久，不能致其生事之誠，然於追遠之道，豈敢忽忽？」復感歎曰：「養親之樂不足於生前，思親之苦徒切於身後。今歲時致享，則於太廟。至於晨昏謁見，節序告奠，古必有其所，爾考論以聞。」於是凱奏：「宋太廟一歲五享，宮中自有奉先天章閣、欽先孝思殿，奉神御畫像。天子日焚香，時節朔望、帝后生辰皆徧祭，用常饌，行家人禮。古者宗廟之制，前殿後寢。《爾雅》曰：室有東西廂。曰：廟無東西廂，有室曰寢。廟是棲神之處，故在前；寢是藏衣冠之處，故在後。自漢以來，廟在宮城外，已非一日，故宋建欽先孝思殿于宮中崇政之東，以奉神御。今太廟祭祀已有定制，請於乾清宮左別建奉先殿，以奉神御，每日焚香，朔望薦新、節序及生辰皆于此祭祀，用常饌，行家人禮。」上從之。

《明太祖實録》卷六一 〔洪武四年二月己巳〕奉先殿成。殿建于宮門内之東南向，正殿五間，深二丈五尺；前爲軒五間，深一丈二尺五寸。遂命禮部製四代帝后神位、衣冠，并定諸祭儀物及常用祝文。於是，禮部定議：每日朝晡，上及皇太子諸王二朝，皇后率妃嬪日進膳羞。每月朔，薦新，正月用韭薺、生菜、鴨子、雞子；二月水芹、薹菜、蔞蒿、子鵝；三月新茶、笋、鯉魚；四月杏、梅、櫻桃、黄瓜、彘、雉；五月來禽、茄子、桃、李、大麥、小麥、嫩雞；六月蓮子、西瓜、甜瓜、冬瓜；七月梨、棗、菱芡、蒲萄；八月新米、粟、穄、藕、芋、茭白、嫩薑、鱖魚；九月栗子、橙、小紅豆、鯿魚；十月山藥、柑橘、兔；十一月蕎麥、甘蔗、鹿、獐、鴈；十二月菠菜、芥菜、白魚、鯽魚。其品物，太常司官每月奏聞，送光禄寺供薦。獻新則凡遇時新品物，太常官亦每月奏聞，送光禄侍供獻。其常用祝文，正旦曰：「正旦之吉，萬象維新，追念恩德，不勝感慕，謹具牲醴庶品，恭率眷屬，詣廟獻祭。」十月朔則曰：「時維孟冬，氣候初寒。」冬至則曰：「冬至令節，陽氣初生。」上元、清明、端陽、中元、重陽等節則曰：「時維某節，禮嚴常祀。」餘並同前。聖壽日祝曰：「時在季秋，十有八日，實元璋戊辰年初生之辰，荷祖宗積德，陰隲悠久，福垂後世，以致國家興隆。今當此日，謹具牲醴庶品，恭率眷屬，詣廟獻祭。」其仁祖廟正旦、十月朔、冬至、上元、清明、端陽、中元、重陽等節，改：「追念恩德，不勝感慕，爲追念劬勞，昊天罔極。」其聖壽日祝曰：「時在季秋，十有八日，實元璋戊辰年初生之辰，荷修陰隲，福垂于我，以致家國興隆。今當此日，追念劬勞，昊天罔極，謹具牲醴庶品，恭率眷屬，詣廟獻祭。」上皆從之。

《明太祖實録》卷八四 〔洪武六年秋八月〕乙酉，建歷代帝王廟于京師。禮部奏定其制，宜略如宗廟，同堂異室。爲正殿五間，以爲五室，中一室以居三皇，東一室以居五帝，西一室以居夏禹、商湯、周文王，又東一室以居周武王、漢光武、唐太宗，又西一室以居漢高祖、唐高祖、宋太祖、元世祖。從之。

《明太祖實録》卷一八六 〔洪武二十年冬十月戊申〕建歷代忠臣廟成。先是，漢秣陵尉蔣忠烈侯、晉成陽卞忠貞公、南唐劉忠肅王、宋濟陽曹武惠王等，皆歷代崇祀。及元衛忠肅公福壽等，亦嘗立祠以祀。上以其溷處閭巷，祠宇卑陋，弗稱神居，詔徙建於鷄鳴山之陽。至是，廟成。命應天府每歲以四孟月及歲除祭功臣，日致祭，歲以爲常。

《明太宗實録》卷一一一 〔永樂八年十二月甲寅〕建秦愍王享堂。命視晉恭王之制，加高一尺，深廣稱之。乃定爲享堂七間，廣十丈九尺五寸，高二丈九，及深四丈三尺五寸。中門三間，廣四丈五尺八寸，高二丈一尺，深二丈五尺五寸。外門三間，廣四丈一尺九寸，高深視中門。神厨五間，廣六丈七尺五寸，高一丈六尺二寸五分，深二丈一尺五寸。神庫如之。東西廂及宰牲房各三間，廣四丈一尺二寸，高深視神厨。焚帛亭一，方七尺，高一丈一寸。祭器亭一，方八尺，高視焚帛亭。碑亭一，方二丈一尺，高三丈四尺五寸。周圍墻二百九十丈，墻之外爲奉祠等房十有二間。

《明太宗實録》卷一八六 〔永樂十五年三月辛丑〕建洪恩靈濟宫於北京，祀徐知證及其弟知諤。初，其父温事吴楊行密，及温養子徐知誥代楊氏有國，封知證爲江王，知諤爲饒王，嘗帥兵入閩靖羣盗。閩人德之，爲立生祠于閩縣之鰲峯，累著靈應。宋高宗敕賜祠額「靈濟宫」。入國朝，靈應尤著。上聞之，遣人以事禱之，輒應。間有疾或醫藥未效，禱于神，輒奇效。至是，命立廟北京皇城之西，賜名洪恩靈濟宫，加封知證爲九天金闕明道達德大仙顯靈普濟清微洞玄冲虚妙感慈惠護國庇民洪恩真君，知諤爲九天玉闕宣化扶教大仙昭明普濟高明弘静冲湛妙應仁惠輔國佑氏洪恩真君，王爵如故。仍命禮部新鰲峯之廟，春秋致祭，給洒埽五户。

《明英宗實録》卷二五七 〔景泰六年八月壬子〕提督山海等關右副都衛御史李賓奏：洪武初，魏國公徐達守禦永平山海等處，築禦賊長城三十餘里，及喜峯等關口，俱修築堅完，賊至不能進入，百姓賴以安居。宜建祠宇於永平府城内，俾有司春秋祭祀，以慰軍民仰慕之念。帝曰：邊務方殷，軍民艱難，俟豐年舉行之。

《明武宗實録》卷四六 〔正德四年春正月〕甲辰，太監劉瑾請於陝西興平縣馬嵬鎮建義勇武安王廟，賜額「忠義」，令有司歲供祀事。仍乞頒敕防護，立碑鐫祭器房屋之數，以禁侵盗。制可。瑾擅權得志，納賂既多，侈用無度，於京師朝陽門外斥地數百頃，刱建主明宫，土木之費，至以數十鉅萬計。而馬嵬鎮則其家所在，又立此廟，蓋欲侈大鄉閭，以誇示榮寵也。

《明世宗實録》卷二七九 〔嘉靖二十二年十月壬申〕詔群臣會議廟制。初，輔臣翟鑾等及禮工部臣閲舊廟基地形度，自東垣外拓至河溝共入十人有奇。因議以睿宗廟統于都宫，舊廟門展南，與睿廟南垣齊，勢如畫一，中爲廟門。其前爲街西，自廟街門入，轉南行，復由東入廟門往，九入列廟，東入睿廟。又小山殿西垣下有隙地一區，可爲入景神殿西門道，宜東路跨溝爲橋，以通往來；且令河溝如故。議入，久不報。至是，召諭輔臣鑾等廟建規制可，示璧興工，示爲霖令詳具以聞。於是禮部尚書張璧、工部尚書甘爲霖等共議：畫基取中建立太廟、成祖世室，及昭穆群廟，皆稍增拓規制。睿廟去列廟太遠，宜遷之近内，共居一宫，統以河溝爲限，廟街及門可無移動。議上，詔下五府、九卿、翰林、科道議，於是禮部尚書張璧、成國公朱希忠、吏部尚書許讚等議曰：廟建之制，皇上博采廷議，據經考禮，孝思純切，斷自宸衷。復於群廟之外，特進一廟，祇奉睿宗，神明永妥，尊親兩得，偉制崇觀，焕乎大備。惟創制之初，頗爲地勢所拘，未得展拓。今兹一新大典，正宜取裏度則，使無毫髮遺憾，斯成百王之曠典，垂萬世之宏規者也。臣等反覆思惟，務求至當，竟不能出此兩端。蓋由前之議，則奉睿廟統於都宫，展舊廟門街與睿廟齊，雖入廟之路南北迂折，而位置周正，規謨宏敞，似成完制。由後之議，則奉睿宗近内，廟街、廟門俱無南展，則都宫統一，體勢均隆，或可稱皇上尊祖孝親至意。仰惟聖神之見，超越千古；顯揚之孝，度越常情。臣等祇奉明旨，廣集衆思，敢不仰體聖裏，恢張德意，而營規之見止此。惟陛下裁之。得旨諸臣，恭議廟制，語涉兩端，無任事忠誠之意。仍會多官勘酌，務爲一定之見。

《明世宗實録》卷二八一 〔嘉靖二十二年十二月壬申〕工部會議廟制，間座丈尺寬廣俱如舊。惟起土培築寢廟，内分九間，連前間隔如古夾室制，祧廟前改除角道，添置中、左、右三間，并墻一道。東西量移寬廣，北移進七尺，南移出丹墀三丈。詔可。

《大明律》卷一二《禮律二・儀制》 見任官輒自立碑。凡現任官，實無政跡，輒自立碑建祠者，杖一百。若遣人妄稱己善，申請於上者，杖八十。受遣之人，各減一等。

《諸司職掌》下《工部・虞部・採捕》 凡歷代帝王、忠臣、烈士、先聖、先賢、名山嶽鎮神祇，凡有德澤於民者，皆建廟立祠，因時致祭，各有禁約，設官掌管，時常點視，不許軍民於内作踐褻瀆。其有荒蕪山場、蘆蕩去處，如遇官府營造取用竹木、蘆柴等項，須要臨時定奪禁約。設若官無所用，聽民採取。

《諸司職掌》（上）《儀部》

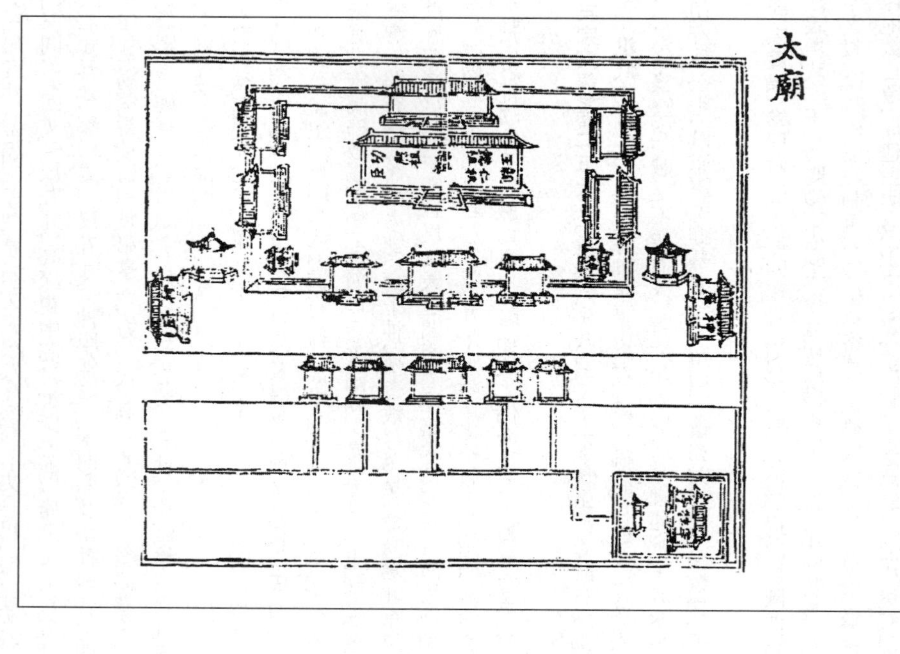

《（弘治）明會典》卷八八《禮部四十七·祠堂制度》　祠堂三間，外爲中門。中門外爲兩階，皆三級，東曰阼階，西曰西階。階下隨地廣狹，以屋覆之，令可容家衆叙立。又爲遺書衣物祭器庫及神厨于其東，繚以周垣，别爲外門，常加扃閉。祠堂之内，以近北一架爲四龕，每龕内置一卓，高祖居西，曾祖次之，祖次之，父次之。神主皆藏于櫝中，置于卓上，南面。龕外各垂小簾，簾外設香卓于堂中，置香爐香合于其上。兩階之間，又設香卓，亦如之。若家貧地狹，則止爲一間，不立厨庫，而東西壁下置立兩櫃，西藏遺書衣物，東藏祭器，亦可。地狹，則于廳事之東亦可。

弘治《明會典》卷八四《禮部四十三》

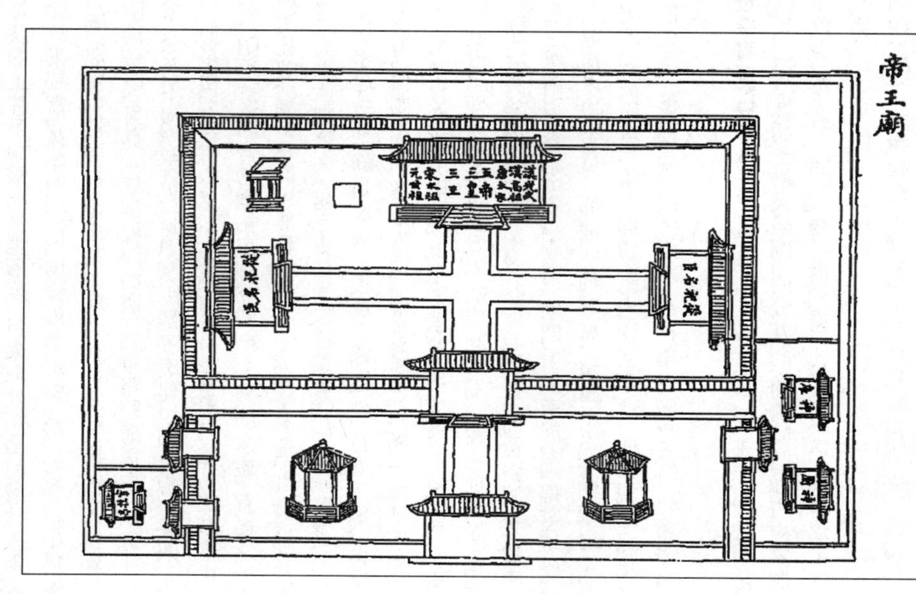

《明史》卷五〇《禮志四・歷代帝王陵廟》 〔洪武〕六年，帝以五帝、三王及漢、唐、宋創業之君，俱宜於京師立廟致祭，遂建歷代帝王廟於欽天山之陽。倣太廟同堂異室之制，爲正殿五室：中一室三皇，東一室五帝，西一室夏禹、商湯、周文王，又東一室周武王、漢光武、唐太宗，又西一室漢高祖、唐高祖、宋太祖、元世祖。每歲春秋仲月上旬甲日致祭。已而以周文王終守臣服，唐高祖由太宗得天下，遂寢其祀，增祀隋高祖。七年令帝王廟皆塑衮冕坐像，惟伏羲、神農未有衣裳之制，不必加冕服。八月，帝躬祀於新廟。已而罷隋高祖之祀。【略】

永樂遷都，帝王廟，遣南京太常寺官行禮。嘉靖九年罷歷代帝王南郊從祀。令建歷代帝王廟於都城西，歲以仲春秋致祭。後并罷南京廟祭。十年春二月，廟未成，躬祭歷代帝王於文華殿，凡五壇，丹陛東西名臣四壇。禮部尚書李時言：「舊儀有賜福胙之文。賜者自上而下之義，惟郊廟社稷宜用。歷代帝王，止宜云答。」詔可。十一年夏，廟成，名曰景德崇聖之殿。殿五室，東西兩廡，殿後祭器庫，前爲景德門。門外神庫、神廚、宰牲亭、鐘樓。街東西二坊，曰景德街。八月壬辰親祭。帝由中門入，迎神、受福胙、送神各兩拜。嗣後歲遣大臣一員行禮，四員分獻。凡子、午、卯、酉祭於陵寢之歲，則停秋祭。二十四年，以禮科陳棐言，罷元世祖陵廟之祀，及從祀木華黎等，復遷唐太宗與宋太祖同室。凡十五帝，從祀名臣三十二人。

《明史》卷五一《禮志五・宗廟之制》 明初作四親廟於宮城東南，各爲一廟。皇高祖居中，皇曾祖東第一，皇祖西第一，皇考東第二，皆南向。每廟中室奉神主。東西兩夾室，旁兩廡。三門，門設二十四戟。外爲都宮。正門之南齋次，其西饌次，俱五間，北向。門之東，神廚五間，西向。其南宰牲池一，南向。【略】

〔洪武〕八年改建太廟。前正殿，後寢殿。殿翼皆有兩廡。寢殿九間，間一室，奉藏神主，爲同堂異室之制。九年十月，新太廟成。中室奉德祖，東一室奉懿祖，西一室奉熙祖，東二室奉仁祖，皆南向。十五年，以孝慈皇后神主祔享太廟，其後皇后祔廟倣此。建文即位，奉太祖主祔廟。正殿神座次熙祖，東向。寢殿神主居西二室，南向。成祖遷都，建廟如南京制。【略】

〔嘉靖〕十三年，南京太廟災。禮部尚書湛若水請權將南京太廟香火并於南京奉先殿，重建太廟，補造列聖神主。帝召尚書言與羣臣集議。言會大學士張孚敬等言：「國有二廟，自漢惠始。神有二主，自齊桓始。周之三都廟，乃遷國立廟，去國載主，非二廟二主也。子孫之身乃祖宗所依，聖子神孫既親奉祀事於此，則祖宗神靈自當陟降於此。今日正當專定廟議，一以此地爲根本。南京原有奉先殿，其朝夕香火，當合併供奉如常。太廟遺址當倣古壇墠遺意，高築牆垣，謹司啓閉，以致尊嚴之意。」從之。

時帝欲改建九廟。夏言因言：「京師宗廟，將復古制，而南京太廟遽災，殆皇天列祖佑啓默相，不可不靈承者。」帝悦，詔春和興工。諸臣議於太廟南，左爲三昭廟，與文祖世室而四，右爲三穆廟。羣廟各深十六丈有奇，而世室殿寢稍崇，縱橫深廣，與羣廟等。列廟總門與太廟戟門相並，列廟後垣與太廟祧廟後牆相並。具圖進。帝以世室尚當隆異，令再議。言等請增拓世室前殿，視羣廟崇四尺有奇，深廣半之；寢殿視羣廟崇二尺有奇，深廣如之。報可。十四年正月諭閣臣：「今擬建文祖廟爲世室，則皇考世廟字當避。」張孚敬言：「世廟著《明倫大典》，頒詔四方，不可改。文世室宜稱太宗廟。其餘羣廟不用宗字，用本廟號，他日遞遷，更牌額可也。」從之。二月盡撤故廟改建之。諸廟各爲都宮，廟各有殿有寢。太祖廟寢後有祧廟，奉祧主藏焉。太廟門殿皆南向，羣廟門東西向，內門殿寢皆南向。十五年十二月，新廟成，更創皇考廟曰睿宗獻皇帝廟。帝乃奉安德、懿、熙、仁四祖神主於祧廟，太祖神主於太廟，百官陪祭如儀。翌日，奉安太宗以下神主，列於羣廟，命九卿正官及武爵重臣，俱詣太宗廟陪祭。文三品以上，武四品以上，分詣羣廟行禮。又擇日親捧太祖神主，文武大臣捧七宗神主，奉安於景神殿。

二十年四月，太廟災，成祖、仁宗主燬，奉安列聖主於景神殿。遣大臣詣長陵、獻陵告題帝后主，亦奉安景神殿。二十二年十月，以舊廟基隘，命相度規制。議三上，不報。久之，乃命復同堂異室之舊，廟制始定。二十四年六月，禮部尚書費寀等以太廟安神，請定位次。帝曰：「既無昭穆，亦無世次，只序倫理。太祖居中，左四序成、宣、憲、睿，右四序仁、英、孝、武，皆南向。」七月，以廟建禮成，百官表賀，詔天下。新廟仍在闕左，正殿九間，前兩廡，南戟門。門左神庫，右神廚。又南爲廟門，門外東南宰牲亭，南神宮監，西廟街門。正殿後爲寢殿，奉安列聖神主，又後爲祧廟，藏祧主，皆南向。

《明史》卷五二《禮志六・奉先殿》 洪武三年，太祖以太廟時享，未足以展孝思，復建奉先殿於宮門內之東。以太廟象外朝，以奉先殿象內朝。正殿五間，南向，深二丈五尺。前軒五間，深半之。

《明史》卷五二《禮志六・王國宗廟》 洪武四年，禮部尚書陶凱等議定，王國宮垣内，左宗廟，右社稷。廟制，殿五間，寢殿如之，門三間。永樂八年建秦愍王享堂，命視晉恭王制，加高一尺。因定享堂七間，廣十丈九尺五寸，高二丈九尺，深四丈三尺五寸。弘治十三年，寧王宸濠奏廟祀禮樂未有定式，乞頒賜遵守。

《明史》卷五二《禮志六・羣臣家廟》 明初未有定制，權倣朱子祠堂之制，奉高曾祖禰四世神主，以四仲之月祭之，加臘月忌日之祭與歲時俗節之薦。其庶人得奉祖父母、父母之祀，已著爲令。至時享於寢之禮，略同品官祠堂之制。堂三間，兩階三級，中外爲兩門。堂設四龕，龕置一桌。高祖居西，以次而東，藏主櫝中。兩壁立櫃，西藏遺書衣物，東藏祭器。旁親無後者，以其班附。庶人無祠堂，以二代神主置居室中間，無櫝。【略】

成化十一年，祭酒周洪謨言：「臣庶祠堂神主，俱自西而東。古無神道尚右之説，惟我太祖廟制，合先王左昭右穆之義。宜令一品至九品，皆立一廟，以高卑廣狹爲殺。神主則高祖居左，曾祖居右，祖居次左，考居次右。」帝下禮臣參酌更定。嘉靖十五年，禮部尚書夏言言：「按三代有五廟、三廟、二廟、一廟之制者，以其有諸侯、卿、大夫上中下之爵也。後世官職既殊，無世封采邑，豈宜過泥於古。至宋儒程頤乃始約之而歸於四世。自公卿以及士庶，莫不皆然。謂五服之制，皆至高祖，則祭亦當如之。今定官自三品以上立五廟，以下皆四廟。爲五廟者，亦如唐制。五間九架，厦旁隔板爲五室，中祔五世祖，旁四室，祔高曾祖禰。爲四廟者，三間五架，中一室祔高曾，左右二室祔祖禰。若當祀始祖，則如朱熹所云臨祭時，作紙牌，祭訖焚之。其三品以上者，至世數窮盡，則以今之得立廟者爲世世奉祀之祖，而不遷焉。四品以下，四世遞遷而已。」從之。

孫承澤《天府廣記》卷九《帝王廟》 帝王廟在阜成門内大市街之西。永樂遷都北京，諸祀畢舉，惟帝王無廟。嘉靖十年，中允廖道南請改大慈恩寺興辟雍以行養老之禮，撤靈濟宫徐知證、知諤二神，改設歷代帝王神位，仍配以歷代名臣。禮部覆言：「今國子監乃祖宗以來臨幸之地，恐不必更葺梵宇舊址，重立辟雍。惟都内喜佛寺係元人淫制，敗壞風俗，相應毀棄；靈濟二神當時已得罪名教，固宜撤去，但所在窄隘，不足以改設帝王寢廟，宜擇地別建。」得旨：「邪鬼淫像可便毀之，帝王廟，工部其相地卜日興工。」於是工部銷毀淫像，會官相擇帝王廟地，因言阜成門内保安寺故址舊爲官地，改置神武後衛，而中官陳林鬻其餘爲私宅，地勢整潔，且通西壇，可贖還而鼎新之。詔可，遣工部侍郎錢如京提督工程。名景德崇聖之殿。東西兩廡，南砌二燎爐，殿後爲祭器庫，前爲景德門，門外東爲神庫、神厨、宰牲亭、鐘樓，又前爲廟街，門東西二坊曰景德。立下馬牌。

洪武元年，祀三皇用太牢，以勾芒、祝融、風后、力牧配。四年，令天下立三皇廟，歲春秋祭，已而祭於陵。是年命禮官參考古帝王在中原安養人民者三十四君，合祀之，擇名臣從祀。六年，上從禮官言，古帝王有父子祖孫合祀非禮，乃別立帝王廟，同堂異室，祀三皇、五帝、禹、湯、文、武、漢高、光武、唐高祖、太宗、宋太祖、元世祖，其守成賢君，令所在有司祭於陵。七年，塑帝王袞冕坐像。上曰：伏羲、神農未有衣裳之制，勿加冕服。二十年，以武成王從祀，去王號。二十一年，禮官擇歷代名臣始終全節者三十五人請從祀。上曰：趙普負太祖，不忠，不可祀。元木華黎，安童祖也，不可祀孫而去祖，宜祀木華黎，罷安童，并伯顔，阿术勿祀。又曰：漢陳平、馮異，宋潘美皆宜祀。又曰：文王雖基周命，終守臣節，唐高祖有天下，本太宗也，可勿祀，祀於陵。增祀隋文帝。是年廟火，改建於欽天山之陽，去隋文帝。又增帝王壇於大祀殿，以孟春從祀天地，惟仲秋祭於廟。嘉靖九年，罷南郊從祀，禮官請如南京廟春祭，上不從。令建廟京師，以歲仲春秋祭，罷南京廟祭。十年春，祀之文華殿。是年廟成，殿中奉安太昊伏羲氏、炎帝神農氏、黄帝軒轅氏，東奉安帝金天氏、帝高陽氏、帝高辛氏、帝陶唐氏、帝有虞氏，西奉安夏禹王、商湯王、周武王，又東奉安漢高祖皇帝、漢光武皇帝，又西奉安唐太宗皇帝、宋太祖皇帝、元世祖皇帝，東廡則風后、皐陶、龍、伯益、傅説、召公奭、召穆公虎、張良、曹參爲一壇，西廡則力牧、夔、伯夷、伊尹、周公旦、太公望、方叔、蕭何、陳平爲一壇，東之次則周勃、馮異、房玄齡、李靖、李晟、潘美、岳飛、許遠爲一壇，西之次則鄧禹、諸葛亮、杜如晦、郭子儀、曹彬、韓世忠、張浚、張巡、木華黎爲一壇，從祀。是年，上親祭。修撰姚淶請罷元世祖并從祀之臣木華黎等，禮官議不可。給事中陳棐復言之，乃罷。凡歲仲春秋太常寺題請遣大臣一員行禮，四員分獻。凡子午卯酉之秋，上傳制遣樂舞生祭於陵。其年罷秋祭。昔人議罷唐高祖而祀太宗爲非者，謂温大雅《大唐創業起居注》：義旗之初，皆由帝旨，大郎二郎尚未軒輊。及入關東討，秦王力雖多，然身係嗣胤，何殊將帥？禁門之舉不無遺議焉。而遽謂功盡彼出，罷父祀子，靈豈無知？至於從祀云者，以臣事君耳，中興諸君未聞俎豆，而其臣儼然，且仲虺列於見知，甘盤稱爲舊學，梁公之伐，遠過西平，淮陰之寃有同武穆，而舍彼取此，義復何居也？

附載：幽州古有虞舜廟，唐德宗貞元十二年八月重修。韋稔撰頌，顔頵楷書，其碑至元時尚在，傳以爲顏真卿書，謂之復廟碑。元人秋澗王惲有大都復虞帝碑記，甚著靈異。

元世祖廟在皇城西金城坊，洪武十年，以世祖有功德於燕土，不可絶其血食，命建廟，有司歲時致祭。正統四年五月，復命順天府重修，至京師帝王廟成，始罷其祭。

三皇廟在太醫院之北，名景惠殿，永樂中建。前爲景咸門，門東爲神庫，西爲神厨，中奉安伏羲、神農、黄帝，皆南向，以勾芒、祝融、風后、力牧氏配，以僦貸季、鬼臾區、天師、岐伯、俞跗、白高、少俞、少師、桐君、太乙雷公、馬師皇、伊尹、神應王扁鵲、倉公淳于意、張機東廡，王叔和、華陀、皇甫謐、巢元方、抱朴子洪、真人孫思邈、藥王韋慈藏、啓玄子王冰、錢乙、朱肱、劉元素、張元素、李杲、朱彦修西廡從祀。歲仲春上甲日甲屬東方木，取生氣。太常寺題請遣禮部堂上官行禮，太醫院堂上官二員分獻，仲秋上甲如之。嘉靖初，復建聖濟殿於内，以祀先醫，春秋祭同三皇，而以太醫官主之。二十一年，以太醫院廟制湫隘弗稱，命展拓今廟，隨從禮官議，增從祀僦貸季等二十八人。隆慶四年，禮部侍郎王希烈言：三皇繼天立極，功在萬世，詎止一醫哉？國家既祀於歷代帝王，以明正統之有自，又祀於文華東室，以遡道統之相承，可謂禮義備具矣。乃又雜之以醫師之流，使共俎豆，不亦瀆而褻乎？又配之以勾芒、祝融、風后、力牧，安取義乎？且公署中止宜有祠，不宜有殿。景惠殿之設於醫院，已非其地矣。而況聖濟殿之所祀者不過先醫，遣祀者不過醫官耳，乃醫院則祀以三皇，遣以部臣，何内外互異而輕重失倫也？臣愚謂宜存其祠宇，裁其瀆祀，俱遣太醫院官，止祀先醫，一如聖濟殿之禮，於名義爲稱，可以遵行。尚書殷士儋覆，從其言。

孫承澤《春明夢餘録》卷一七《太廟》　太廟，在闕之左。永樂十八年建廟京師，如洪武九年改建之制。前正殿。翼以兩廡，後寢殿，九間，間一室。主皆南向，几席諸器備，如生儀。嘉靖十一年，召輔臣李時、翟鑾、禮官夏言，議復古七廟，制未决，會中允廖道南疏請建九廟，上從其議。撤故廟，祖宗各建專廟，合爲都宫，太廟因舊而新之。居中文皇，世皇在太廟東北，居六廟上，昭穆六廟列太廟左右。廟各有殿，殿後有寢，藏主。太廟寢後別有祧寢，藏祧主。太廟門殿皆南向，羣廟門東西向，内門寢殿皆南向。十五年十二月，九廟成。二十年四月，雷火，八廟災。惟睿廟存。因重建太廟，復同堂異室之制。二十四年七月，新廟成，正殿九間。内貯諸帝后冕旒、鳳冠、袍帶，匱而藏之，祭則陳設，祭畢仍藏匱中。東西側間設親王、功臣牌位。前爲兩廡，東西二燎爐：東燎列聖親王祝帛，西燎功臣帛。南爲戟門。設具服小次。門左爲神庫，右爲神厨。又南爲廟門。門外東南爲宰牲亭，南爲神宫監，西爲廟街門。正殿後爲寢殿，九間，奉安列聖神主，皆南面。又後爲祧廟，五間，藏祧主，皆南向。時享於四孟，祫於歲除，仍設衣冠，不出主，如初制。

龍文彬《明會要》卷九《吉禮・宗廟》　吴元年九月甲戌朔，太廟成。四世祖各爲一廟：中德祖，東懿祖，次仁祖，西熙祖，皆南向。每廟：東西有夾室，旁兩廡，三門，門設二十四戟，繚以周垣，如都宫之制。《吾學編》。

洪武元年正月，製太廟祭器。太祖曰：「近世泥古，好用古籩豆之屬，以祭其先。生既不用，死而用之，甚無謂也！其製宗廟器服御，皆如事生之儀。」於是造銀器，以金塗之。酒壺盂盞皆八，朱漆盤、椀二百四十，及樿椸枕簟篋笥幃幔浴室皆具。後又詔：以金塗銀者，俱易以金。

八年七月辛酉，改建太廟。前正殿，後寢殿，殿翼皆有兩廡。寢殿九間，間一室，奉藏神主，爲同堂異室之制。中室奉德祖，東一室奉懿祖，西一室奉熙祖，東二室奉仁祖，皆南向。【略】

永樂十八年，建廟北京，如南京之制。前正殿九間，翼以兩廡。後寢殿九間，間一室，皆南向。《春明夢餘録》。【略】

成化二十三年八月，憲宗將升祔，而九室已備，始奉祧懿祖。熙祖而下，皆以次奉遷。迺奉憲宗神主於寢殿西第四室，南向；正殿神座右第四位，東向。先期告憲宗几筵。祭畢，奉遷懿祖神主衣冠於後殿，牀幔儀物俱暫貯於神庫。《會典》。

弘治十七年三月癸未，定太廟各室一帝一后之制。本紀。

嘉靖五年七月壬午朔，享太廟，遣駙馬崔元代。【略】

十三年六月甲子，南京太廟災。上以南京祖宗根本之地，令禮部擇日，上易服親詣太廟祭告，專遣大臣一人往南京祭告。先是，上欲更營京師太廟，命夏言等相度規制。會南京太廟災，禮部尚書湛若水請：權將南京太廟香火併於奉先殿，重建太廟，補造列聖神主。上召言會廷臣集議。言等言：「國有二廟，自漢惠始；神有二主，自齊桓始。周之三都三廟，乃遷國立廟，去國載主，非二廟二主也。子孫之身乃祖宗所依。聖子神孫既親奉祀事於此，則祖宗神靈自當陟降於此。今日正當專定廟議，一以此地爲根本。南京原有奉先殿，其朝夕香火，當合併供奉如常。太廟遺址當仿古壇墠遺意，高築牆垣，謹司啓閉，以致尊嚴之義。」王圻《續通考》。帝欲改建九廟。夏言又言：「京師宗廟將復古制，而南京太廟遘災。殆皇天列祖啓佑默相，不可不靈承者。」帝悅，詔春和興工。諸臣議：於太廟南，左爲三昭廟，與文祖世室而四；右爲三穆廟。羣廟各深十六丈有奇，而世室殿寢稍崇。具圖進。帝以世室尚當隆異，令再議。言等請增拓殿寢，視羣廟崇廣。報可。

十四年正月，諭閣臣：「今擬建文祖廟爲『世室』，則皇考『世廟』字當避。」張孚敬言：「世廟著《明倫大典》頒詔四方，不可改。文世室宜稱『太宗廟』。其餘羣廟不用『宗』字，用本廟號。他日遞遷，更牌額可也。」從之。二月己亥，作九廟。盡撤故廟更建之。諸廟各爲都宮，廟各有殿有寢。太祖廟寢後有祧廟，奉祧主藏焉。太廟門殿皆南向。羣廟門東西向；內門殿寢皆南向。

十五年十二月辛卯，新廟成。乃奉安德、懿、熙、仁四祖神主於祧廟，太祖神主於太廟，太宗以下神主於羣廟。已上《禮志》。【略】

二十二年十月壬戌，上以舊廟基隘，命相度規制。議三上，不報。久之，乃命復同堂異室之制。諭曰：「太祖肇基之初，首建四親廟。其後更制，特奉殷薦，同乎一堂。當其始事，豈不博采遐觀？卒從同堂異室之規，以示酌古準今之義。暨我成祖定鼎於兹，廟寢之營，率遵其舊。百數十年以祫以享，緝於純嘏，則有由然。夫萃之爲享，其則不遠。曩因廷臣之議，咸稱七廟之文。是用創興，以從周典。乃所司討論不詳，區畫失當。成祖以六世未盡之親，而遽遷世室，不獲奉於三昭。仁宗以穆位有常之主，而移就左宮，遂致紊於班祔。武宗，朕兄也，不得用爲一世；顧居七廟之中，有妨十世之祀。揆之古義，斯爲戾矣。往者回祿之警，天與祖宗實啓朕心。兹當重建之辰，所宜釐正，以圖新制。又我皇考睿宗，廟於都宮之外。朕每事廟中，考廟未備。雖於祫祀同享，而奉主往來，深爲瀆擾。兹禮官會議，欲奉處於孝宗同廟。雖爲兄弟同世之義，然題扁各殊，終未爲安。朕是究是圖，惟遵先制，其永無愆。夫禮非天降，乃起人情。祖考列聖惟聚一堂，斯實時義之順者。兹當建立新廟，仍復舊制。前爲太廟，後爲寢，又後爲祧，以藏遷主。太祖居中，羣廟分爲左右。每時祫祭享，奉太祖正位南向，而奉迎成祖及羣廟及皇考廟神主俱同堂而序祭。祭畢，奉列廟主歸寢。」《春明夢餘録》。【略】

隆慶元年正月，禮部尚書高儀等言：「孝潔皇后，肅皇帝元配也。太廟祔享，惟一帝一后，后惟元配。今孝烈先祔，若奉孝潔同祔，則二后並配，非制。若以孝烈先祔而孝潔遂不祔，舍元配而祔繼后，亦非制。請孝潔祔享，移孝烈於宏孝殿。」從之。《會典》。

六年八月，穆宗將祔廟，敕禮臣議當祧廟室。部議：「宣宗世次尚近，祧之未安。但於寢殿左右各增一室，則尊祖敬宗，並行不悖。」帝命如舊敕行，遂祧宣宗。《禮志》。

龍文彬《明會要》卷九《吉禮・廟議》 洪武元年，命中書省集儒臣議祀典。李善長等言：「周制：天子七廟。而《商書》曰：『七世之廟，可以觀德。』則知天子七廟，自古有之。太祖百世不遷，三昭三穆以世次，比至親盡而遷，此有天下之常禮。若周文王、武王以有功當宗不祧，故皆別立一廟，謂之文世室、武世室，亦百世不遷。漢每帝輒立一廟，不序昭穆。又有郡國廟及寢園廟。光武中興，於洛陽立高廟祀高祖及文、武、宣、元五帝；又於長安故高廟中祀成、哀、平三帝；別立四親廟於南陽春陵，祀父南頓君以上四世。至明帝遺詔：藏主於光烈皇后更衣別室，後帝相承，皆藏於世祖之廟，由是同堂異室之制，至於元莫之改。唐高祖尊高曾祖考，立四廟於長安。太宗議立七廟，虛『太祖』之室。玄宗創制，立九室，祀八世。文宗時，禮官以景帝受封於唐，高祖太宗創業受命，百代不遷，親盡之主，禮合祧遷，而禘祫則合享如常。其後以敬、文、武三宗爲一代，故終唐之世，常爲九世十一室。宋自太祖追尊僖、順、翼、宣四祖，每遇禘則以昭穆相對，而虛東向之位。神宗奉僖祖爲太廟始祖。至徽宗時，增太廟爲十室，而不祧者五宗。崇寧中，取王肅説，謂二祧在七世之外，乃建九廟。高宗南渡，祀九世。至於寧宗，始別建四祖殿，而正太祖東向之位。元世祖建宗廟於燕京，以太祖居中，爲不遷之祖。至泰定中，爲七世十室。今請追尊高曾祖考四代，各爲一廟。」《禮志》。

孝宗即位，憲宗將升祔。時九廟已備。禮部尚書周洪謨言：「國家自德祖以上，莫推世次。德祖視周后稷不可祧，太祖、太宗視周文、武，百世不遷。憲宗升祔，當祧懿祖。宜於太廟寢殿後，別建祧廟，如古夾室之制。歲暮，則奉祧主合享，如古祫祭之禮。」吏部侍郎楊守陳言：「《禮》：『天子七廟，祖功而宗德。』德祖可比商報乙、周亞圉，非契、稷比。議者習見宋儒嘗取王安石説，遂使七廟既有『始祖』，又有『太祖』。太祖既配天，又不得正南向之位，非禮之正。今請並祧德、懿、熙三祖，自仁祖下爲七廟。異時祧盡，則太祖擬契、稷，而祧主藏於後寢，祫祭行於前殿。時享尊太祖，祫祭尊德祖，則功德並崇，恩義亦備。」帝竟從禮官議。同上。

楊守陳疏云：「往者欽蒙敕諭，以憲宗純皇帝將祔太廟，當定九廟祧遷之制，命文武大臣，下逮臣等會議。臣愚無識，以爲當據古禮而定七廟。祧德祖、懿祖、熙祖三廟，以仁祖、太祖、太宗、仁宗、宣宗、英宗、憲宗爲七廟。別爲殿於太廟之後，以奉三廟神主。三歲一祫。以後，仁祖及仁宗以下，親盡而祧，皆祧於三祖之廟。而太祖、太宗皆百世不遷，庶無悖禮。臣議若此。衆議建別殿，以藏祧主，而行祫禮，與臣議同。唯以明詔言九廟，德祖當爲始祖不遷，但請祧懿祖，與臣議異。臣退而思之，竊以爲詔書九廟，容或猶可；若德祖不祧，以爲百世之祖，則有不可。孔子曰：『祖有功，宗有德。』此萬世不易之論也。天子七廟：太祖之廟，百世不遷；餘皆祧毀。此四代帝王之成法也。請詳陳之。唐虞之文祖尚矣。夏之時，顓頊既帝，而鯀無功，故以禹爲始祖。殷之始祖曰契，周之始祖曰稷，皆有大功，故號『太祖』，而郊祀配天，其廟不遷。漢及魏、晉上祖無功，皆以創業之君爲『太祖』。李唐祀四世，謚其高祖曰宣簡公，曾祖曰懿王，祖曰元皇帝，而其考謚景皇帝，有功，實號『太祖』。趙宋亦祀四世，號其高曾祖考爲僖、順、翼、宣四祖，而以藝祖開國，廟號『太祖』。凡號『太祖』者必以配天。此皆據理以定名號，以示當祧與不遷之意矣。故魏、宋之廟，『太祖』以上，親盡皆祧，而『太祖』歷世不遷，時無議者。唐至中宗，即祧宣簡於夾室，玄宗仍復宣簡而謚爲獻祖，并謚懿王爲懿祖。至肅宗，并祧獻、懿。德宗又祧元帝，於是太祖居東第一室矣。然至禘祫之時，則獻祖居尊東向，而太祖在昭穆之列，當時人心猶慊，議者紛然。卒遷獻、懿之祖於興聖廟，不與祫祭，而太祖正東向之位，爲不遷之祖。終唐之世，無復議者。宋至神宗，已祧僖祖於夾室。及王安石用事，仍復僖祖，且定之爲始祖，而居累朝祫祭所虚東向之位，遷順祖於夾室。當時名臣韓維、司馬光、孫固、王介、張師顔者，羣議力争，莫能回也。哲宗既祧翼祖，徽宗又祧宣祖；而僖祖猶居尊位，太祖猶列昭穆，人心亦慊。故高宗以來，如董棻、王晉之倫，屢嘗論列。寧宗乃用趙汝愚、鄭僑、樓鑰、陳傅良諸臣之議，并祧僖、宣二祖，別建四祖殿以奉祧主。時唯一朱熹，争之不勝。於是太祖始居第一室，而祫祭東向之位，終宋世不遷，無復議矣。此則凡號『太祖』而配之者，必居尊位，而百世不遷，然後合乎典禮，協於人心，而無可議也。國初，追帝高曾祖考爲德、懿、熙、仁四祖，亦但以爲四親廟而已，初無祖功之意。故郊祀配天則以仁祖，亦唯取嚴父之義耳。固未嘗以德祖擬商、周之稷、契而輒以配天也。太宗嗣位，乃尊高皇帝爲太祖而遂以配天，仁祖亦不得預；則其意亦以四祖親盡當祧，而太祖有功不遷，當如夏之以禹爲『始祖』，漢以下以創業之君爲『太祖』者也。在禮：『太祖』即始祖。高皇帝即號太祖，復號德祖爲始祖，豈先王之禮祖宗之意哉？且古者一帝一廟，廟皆南向。後世同堂異室，亦皆南向。時享，則諸帝皆南面而各尊。唯祫祭則始祖獨尊，餘則左右分向，皆卑也。我朝時享之禮，則惟德祖南面獨尊，餘皆東西向面卑，已如祫之儀也。今祧懿祖，則以德祖爲始祖，而百世不遷，永居南面之位而常尊，太祖永居西向之位而常卑。後世臣子瞻之，孰無憾悵？必有博聞達禮之儒，昌言正議，而羣臣和之，天子從之，卒祧德祖而尊太祖，然後已耳。唐、宋之事，是明鑑也。若祧德祖，則異日以次祧盡，而太祖可居南面之尊，以稱其名實。此天下人心之同願，雖傳萬世，必無易也。況別殿密邇太廟，而祫祭則德祖猶居南面之位，太祖諸帝皆列左右，不失其尊。非若唐遷獻祖於興聖廟，宋遷僖祖於四祖殿，而遠隔別享，伸孫之尊廢祖之祭也。亦何嫌哉！今之議者，率謂：德祖猶宋之僖祖，王安石嘗議尊僖祖爲始祖，其後朱熹廟議實取之，今尚敢有異議乎？臣以爲不然。安石謂：『僖祖有廟，與稷、契疑無以異。』熹亦謂：『莫若以僖祖爲稷、契，而祭於太廟之初室。』曰『疑』曰『莫若』，則其意豈真以僖祖爲稷、契而合於禮之祖有功者哉？蓋其説以爲：若祧僖祖，不可祔於孫之夾室，又不可別立一廟，故爲是不得已之詞耳！然宋亦卒祧僖祖於別殿，以藝祖爲『太祖』而後已。蓋祖有功之禮，終不可泯也。況時異制殊，尚有執其説之不可行於宋者，而必欲行之於今乎？今太廟既無夾室，若執其説，雖立別廟亦不可也。祧主將安置乎？今既立別殿以奉祧主，無所謂下祔於孫者，德祖之祧，何不可之有？而必强無功者以爲始祖，而始有功之太祖乃不得如夏之禹，漢以下創業之君，何哉？孔子明言：『祖有功，宗有德。』安石但論本統，而不論功德，已戾乎孔子。而朱子有取之者，其説雖若得其要，亦但如前之所云者耳。今議者不察定禮，不從孔子，而猶以朱子爲辭。廟祀不祖有功，而以無功者强擬。上不當祖宗之意，下不愜臣子之願。名與實乖，文與情乖。安可爲典而垂世哉？陛下若姑存近制，則存九廟，祧德祖可矣。雖從今議，而每歲一祫，亦無不可。蓋古禮：四時皆三歲一祫。今四時之外，實多歲暮一祭。故僉議改歲暮時享爲祫，乃禮之從宜而近理者，亦可從也。若務遵古典，則當全用臣議，并祧三祖，但存七廟，三歲而一祫。乃協四代之典，足垂萬世之法也。」時不能用。王圻《續通考》。

文彬按：文懿此疏，詳明曲鬯，《明史》本傳不載其事。《禮志》所載止四五行，與此意同詞異，中有「退而思之」云云，想前疏不行，復爲此疏。其謂「後世臣子必有博聞達禮之儒，昌言正議，卒祧德祖而尊太祖然後已」焉者，至嘉靖十年，而其言果驗。以是徵天理之不容終泯也。《禮志》書「吏部侍郎」，《通考》書「少詹事」，蓋兼官也。

弘治十七年，孝肅周太后崩。先是成化時，預定周太后祔葬祭之議。至是，召輔臣議祔廟禮。劉健等言：「漢以前，一帝一后。祔二后，自唐始；祔三后，自宋始。曩時定議：慈懿太皇太后居左，今大行太皇太后居右，用唐、宋故事。」帝曰：「事當師古，末世不足法。祖宗來，惟一帝一后；今若並祔，是變遷從朕始也。」乃援孝穆紀太后别祭奉慈殿爲言，下廷臣議。英國公張懋等言：「《春秋》『考仲子之宫』，胡安國《傳》云：『孟子入惠公之廟，仲子無祭所。』以此觀之，祖廟無二配。而《周禮》有祀先妣之文，疏云：『姜嫄也。』唐、宋推尊太后，不配食者，皆别立廟祀之，亦得《閟宫》之義。宜倣故事，於奉先殿外建廟奉祀爲宜。」帝然之。將建廟，欽天監奏：年月不宜。廷議：暫祀太皇太后於奉慈殿正中，徙孝穆居左。終明世皆用其制。《三編》。【略】

嘉靖十一年，上欲復七廟制。議未決，會中允廖道南疏請建九廟，上喜，下廷議。禮官上言：「太廟垣外，左右隙地不盈數十丈。若依古制，昭穆六廟在太廟前，以次而南，則今太廟都宫之南至承天門牆不遠，即使盡闢其地爲左昭右穆，猶恐勢不能容。若欲稍減規模，不必别門異寢，又恐禮未必協。況古七廟九廟，制度皆同；今太廟巍然宏壯，而羣廟隤然湫隘，亦恐於義未安。議者欲應太廟兩廡即分羣廟；不惟去尊即卑，不足以稱聖孝；而遷就一時，裁損廟貌，尤非細故。且有廟無寢，神將安棲？諸王功臣，置之何所？議者又欲藏主夾室。夫夾室者，側室也。以藏祧主，可也；以藏親廟未毁之主，情理舛矣。至謂周人廟制約儉，宜倣爲之。夫周廟門大扃七個，闈門小扃三個；則大門實容二丈一尺，小門實容六尺。其制過於今廟，烏在其爲儉約也？今損於太廟、羣廟，可又損於世廟乎？且太宗功業，比隆太祖。憲宗，獻皇父也。又可減於世廟乎？今之廟主，太宗之下凡有七廟，將如古制三昭三穆而止六廟乎？抑如商、周以太宗爲百世不遷之宗而加立七廟乎？即使廟宇既成，皇上冠冕佩玉，執圭服衮，循紆曲之途，徧歷羣廟，而行興俯拜起奠獻之禮。非獨筋力不逮，而日亦不給矣。古者『宗伯代后獻』之文，謂在一廟中，而代后之亞獻，未聞以一人而主一廟之祭者也。且古諸侯多同姓，今陪祀執事者，皆可擬古諸侯乎？皇上仁孝誠敬，可以終歲舉祭，止對越太祖之廟，而不一至羣廟乎？且規制儀文既分爲各廟，不得不降從簡易，欲尊之而反卑，衹見其貶損，未見其隆重矣。大學士丘濬謂：『宜一日間祭一廟，歷十四日而徧。』此蓋無所據而强爲之説耳。夫自東都以來，同堂異室，夫可盡以爲非也。皇上以皇考專厚世廟，而太祖列聖乃不得專廟，以全其尊。然列聖同享太廟，已極尊崇，而皇考專居世廟，猶爲遜避。若廟制大小不倫，行禮親攝或異，則尊卑厚薄之間，不足以稱皇上孝敬之誠。」疏入不允，竟從道南議。《春明夢餘録》。

二十二年十月壬申朔，上欲更新太廟，詔廷臣會議廟制。廷議：孝宗、睿宗同居一廟，同爲昭。帝責諸臣不竭忠任事，寢其議。已而左庶子江汝璧請遷皇考於穆廟，以當將來世祖，與成祖廟並峙。明年四月，贊善郭希顔言：「周建四親廟，我太祖創造之初，因之。今宜立太廟以祀太祖，立世室以祀成祖。成祖世室居左；其右則但立四親廟，祀皇高祖以下，至皇考睿宗；而祧孝宗、武宗。」禮臣力斥其妄。上以希顔所陳，亦臣子之心，然廟制已定，毋庸更議。《實録》。【略】

萬曆二年五月，穆宗將祔廟，敕禮臣議當祧廟室。禮科陸樹德言：「宣宗於穆宗僅五世，請仍祔睿宗於世廟，而宣宗勿祧。」《禮志》。于慎行言：「古七廟之制，三昭三穆，與太祖之廟而七。劉歆、王肅並以高曾祖禰及五世、六世爲三昭三穆。其兄弟相傳，則同堂異室，不可爲一世。國朝成祖既爲世室，與太祖俱百世不遷；則仁宗以下，必實歷六世，而後三昭三穆始備。孝宗與睿宗兄弟，武宗與世宗兄弟，昭穆同，不當各爲一世。世宗升祔，距仁宗止六世，不當祧仁宗。穆宗升祔，當祧仁宗，不當祧宣宗。」《于慎行傳》。並下禮部。部議：「宣宗世次尚近，祧之未安。」引晉、唐、宋故事爲據，其言辨而覈。故晉之廟，十一室而六世；唐之廟，十一室而九世；宋自太祖上追始祖，至徽宗始定爲九世十一室之制，以太祖、太宗同爲一世故也。其後徽宗祔，以與哲宗同一世；高宗祔，以與欽宗同一世；皆無所祧。及光宗升祔，增爲九世十二室。今自宣宗至穆宗凡六世，上合二祖僅八世，準以宋制，可以無祧。但於寢殿左右各增一室，則尊祖敬宗，並行不悖矣。」帝命如舊敕行，遂祧宣宗。《禮志》。

龍文彬《明會要》卷一〇《吉禮·奉先殿》 洪武三年十月，上以歲時致享，則於太廟；至晨昏拜謁，節序告奠，古必有其所，下部考論。尚書陶凱等奏：「古者宗廟之制，前殿後寢。《爾雅》：『室有東西廂曰廟，無廂有室曰寢。』廟是棲身之所，故在前；寢是藏衣冠之處，故在後。今太廟祭祀已有定制，請仿宋建欽先孝思殿於宫中之制，在於乾清宫之左，别建奉先殿，奉四代神位衣冠。每日焚香，朔望薦新，節序及生忌日皆致祭，如家人禮。」從之。《春明夢餘録》。

龍文彬《明會要》卷一〇《吉禮・獻皇帝廟》〔嘉靖〕三年二月，帝諭建室奉先殿側，祀獻帝王。禮部尚書汪俊上疏爭曰：「陛下入承大宗，不得祭小宗，亦猶小宗之不得祭大宗也。昔興獻帝奉藩安陸，則不得祭憲宗。今陛下入繼大統，亦不得祭興獻帝。是皆以禮抑情者也。然興獻帝不得迎養壽安皇太后於藩邸，陛下得迎興國太后於大內，受天下之養，而尊祀興獻帝以天子之禮樂，則人子之情獲自盡矣。乃今聖心無窮，臣等敢不將順。但於正統無嫌，乃爲合禮。」帝嚴旨切責，趣立廟益急。俊曰：「立廟大內，有干正統。臣實愚昧，不敢奉詔。」帝令集廷臣大議。俊等復上議曰：「謹按先朝奉慈别殿，蓋孝宗皇帝爲孝穆皇太后祔葬初畢，神主無薦享之所而設也。當時議者，皆據周制特祀姜嫄而言。至爲本生立廟大内，則從古未聞。惟漢哀帝爲定陶共王立廟京師，師丹以爲不可。哀帝不聽，卒遺後世之譏。陛下有可以爲堯、舜之資，臣不敢導以衰世之事。請於安陸特建獻帝百世不遷之廟。他日襲封興王子孫世世薦享，陛下歲時遣官持節奉祀，亦足伸陛下無窮至情矣。」帝不納，仍命遵前旨再議。俊再疏乞休，允其去。《汪俊傳》。以禮部侍郎吴一鵬代之，趣立廟益急。一鵬復集廷臣上議曰：「前世入繼之君，間有爲本生立廟園陵及京師者，第幾時遣官致祀，尋亦奏罷。然猶見非當時，取議後代。若立廟大内而親享之，從古以來未有也。臣等寧得罪陛下，不欲陛下失禮於天下後世。乞速罷建室之議，立廟安陸。」報曰：「朕起親藩，奉宗祀豈敢違越。但本生皇考寢園遠在安陸，於卿等安乎？命下再四，爾等欺朕沖歲，黨同執違。敗父子之倫，傷君臣之義。往且勿問，其奉先殿西室，可亟修葺，盡朕歲時追遠之情。」遂趣成之，名曰觀德殿。《吴一鵬傳》。

先是，汪俊既罷，大學士蔣冕抗疏極諫曰：「陛下嗣承丕基，固因倫序素定；然非聖母昭聖皇太后懿旨與武宗皇帝遺詔，則將無所受命。今既受命於武宗，自當爲武宗之後。特兄弟之名不容紊，故兄武宗，考孝宗，母昭聖，而於孝廟武廟皆稱『嗣皇帝』，稱『臣』，稱『御名』，以示繼統承嗣之義。今乃欲爲本生父母立廟奉先殿側，臣雖至愚，斷斷知其不可。夫情既偏重於所生，義必不專於所後。將武孝二廟之靈，安所託乎？」不納。《蔣冕傳》。

五月丁丑，命吴一鵬偕京山侯崔元等，迎主安陸。一鵬上言：「歷考前史，並無自寢園迎主入大内者。且安陸爲獻帝啓封之疆，神靈所戀。伏乞俯納羣言，改題神主，奉安故宫，爲百世不遷之廟在。其觀德殿中，宜别設神位香几，以慰孝思。」奏入，不納。一鵬乃行。《吴一鵬傳》。七月，迎主至。甲申，奉安於觀德殿，上尊號曰皇考恭德獻皇帝。《三編》。

四年四月，光禄寺丞何淵請建世室，祀獻皇帝於太廟。帝命禮官集議。戊申，席書等上議：「《王制》：天子七廟，三昭三穆。周以文、武有大功德，乃立世室，與后稷廟皆百世不遷。我太祖立四親廟，德祖居北，後改同堂異室。議祧，則以太祖擬文世室，太宗擬武世室。今獻皇帝以藩王追崇帝號，何淵乃欲比之太祖、太宗，甚無據。」不報。《席書傳》。已而張璁亦言：「漢哀帝追尊定陶共王，立廟京師，比孝元帝，至今非之。今淵請入獻皇帝主於太廟，不知序於武宗之上與？武宗之下與？昔人謂：孝子之心無窮，分則有限。别立禰廟，禮之得爲者也，臣昧死勸陛下爲之；入於太廟，禮之不得爲者也，臣昧死勸陛下勿爲。」《紀事本末》。

帝復令會議。戊午，禮部會羣臣集議，上疏曰：「禮莫嚴於宗廟，分莫大於君臣，故承正統爲天子者，得祔太廟。今獻皇帝分封安陸，稱藩爲臣二十餘年，廟祀安陸又三年矣。當時議尊崇者，其論有二：曰『别立嗣王，使之主祭』者，廷臣之初議也；曰『歲時遣官致祭安陸』者，廷臣之後議也；曰『别祀大内』者，張璁、桂萼等先後之論也。皇上斷自聖衷，建室奉先殿側，朝夕瞻拜，歲時享祀；上不干祖廟，下不拂人心，此誠足爲萬世法矣。今何淵乃欲祔祀太廟，何不經之甚也？考自唐、虞至今五千年，未聞有以藩王祔祭太廟者。萬一爲此，將置主於武宗上，則武宗君也；以臣先君，分不可僭。置武宗下，則獻皇叔也；以叔後姪，神將不安。在廷諸臣，於稱『考』，稱『伯』，異同相半。今祔廟之舉，無一人以爲可者。伏望俯納羣言，毋爲憸人邪説所惑。」疏入，帝責席書畏衆飾奸。書知帝意不可回，遂請於皇城内别立一廟，前後寢如文華殿制，出入不與太廟同門，座位不與太廟相並，祭用次日，廟欲稍遠，庶以成禰廟獨尊之體，避兩廟一統之嫌。詔可。令於太廟左右，相度營建。上親定名曰「世廟」。既而上覽疏内，有「獻皇親盡與孝廟同」之語，復令禮部查議。於是禮官言：「天子九廟，親盡則祧。獻皇與孝宗兄弟，同爲一世。孝宗祧遷，則獻皇亦然。但孝宗神主藏於太祖寢殿之後；獻皇别自一廟，雖無左昭右穆，亦有前殿後寢，請於祧遷之期，藏於夾室，不享時祭。止於歲暮合祭太廟，一出主焉。請於獻廟寢殿後，置一龕室，爲異日藏主地。」報曰：「皇考止生朕一人，入繼大統，别無奉祀適嗣。今既特立一廟，宜世世獻享，同於不遷之祖，以伸朕之孝思。」《實録》。遂度地於環碧舊址，擇日興工。何淵又奏：「神路迂遠未便，宜與廟街同門，直開一路，以達世廟爲當。」下禮部會議。席書等皆言：『若通此街，須毁垣伐木，撤神宫監而後

可，未免有礙。」上不允，命折監北房，但容板輿通行。議始定。《大事記》

五年七月庚子，上以觀德殿迫隘，欲改建於奉先殿左。工部尚書趙璜言：「移觀德殿於奉先殿左，必與奉慈殿對峙。孝肅太皇太后，獻皇之祖母；孝惠皇太后，又聖母也。廟出其左，恐神靈有所不安。」帝復諭大學士費宏。宏乃請敕該部卜日興工。上易殿名曰崇先。同上。【略】

十五年，諭禮部夏言曰：「前以皇考廟比世室之義，名曰世廟。今分建宗廟，惟太宗及世室不遷；而『世』之一字，來世或用加宗號；今加於考廟，又不得『世宗』之稱，徒擁虚名。不如題曰獻皇帝廟，庶別宗稱，且見推尊之意。」《三編》。

龍文彬《明會要》卷一〇《吉禮・功臣廟》 洪武二年正月，上敕中書省臣曰：「諸將相從，捐軀勠力，開拓疆宇。有共事而不覩其成，建功而未食其報。追思功勞，痛切朕懷。其命有司立功臣廟於雞籠山，序其封爵，爲像以祀之。」《五禮通考》。

帝親定功臣位次，以徐達爲首，次常遇春、李文忠、鄧愈、湯和、沐英、胡大海、馮國用、趙德勝、耿再成、華高、丁德興、俞通海、張德勝、吳良、吳禎、曹良臣、康茂才、吳復、茅成、孫興祖凡二十一人，立廟雞鳴山下。死者像祀，生者虚其位。《三編》。

龍文彬《明會要》卷一〇《吉禮・群臣家廟》 洪武六年，詔：定公侯以下家廟禮儀。禮部議奏：「凡公侯品官，别爲祠屋三間於所居之東，以祀高、曾、祖、考，並祔位。如祠堂未備，奉主於中堂。享祭所用器皿，隨官品第，稱家有無。前二日，主祭者聞於上，免朝參。凡祭，四仲之月擇吉日，或春、秋分，冬、夏至，亦可。」從之。王圻《通考》。

成化十一年，祭酒周洪謨言：「臣庶祠堂神主俱自西而東，古無神道尚右之説。惟我太祖廟制，合先王左昭右穆之義。宜令一品至九品皆立一廟，以高卑廣狹爲殺。神主則高祖居左，曾祖居右，祖居次左，考居次右。」帝下禮臣參酌更定。《禮志》。

嘉靖十五年，夏言疏稱：「依宋儒程頤之議，詔令天下臣民：冬至祭始祖，立春祭先祖，但不許立廟以踰分。庶上廣錫類之孝，下無褅祫之嫌。」又禮官疏請：「官自三品以上立五廟，以下皆四廟。爲五廟者，倣唐制，五間九架，兩旁隔板爲五室，中祔五世祖，旁四室祔高、曾、祖、禰。爲四廟者，三間五架，中爲一室祔高，曾，左右二室祔祖、禰。其三品以上，若上無應立廟之祖，不得爲世祀不遷之祖。惟以第五世之祖奉爲五世祖。至世窮數盡，則以今之得立廟者爲世世奉祀之祖，而不遷焉。四品以下，四世遞遷而已。」制可。同上。

龍文彬《明會要》卷一一《吉禮・祀先代帝王》 洪武三年五月，遣使訪歷代帝王陵寢，命各行省具圖以進，凡七十有九。禮官考其功德昭著者，凡三十有六。遣祕書監丞陶誼等往修祀禮，親製祝文遣之。《禮志》。【略】

六年，議定三皇、五帝、三王及漢、唐、宋創業之君，俱於京師立廟，每歲春秋致祭。遂建歷代帝王廟於欽天山之陽，爲正殿五室。中一室三皇，東一室五帝，西一室夏禹、商湯、周文王，又東一室周武王、漢光武、唐太宗，又西一室漢高祖、唐高祖、宋太祖、元世祖。又增祀隋文帝，未幾復罷。王圻《通考》。

龍文彬《明會要》卷一一《吉禮・三皇》 洪武元年三月，用太牢祀三皇。二年，命以句芒、祝融、風后、力牧配。四年，帝以天下郡邑通祀三皇爲瀆。禮臣議：「唐玄宗嘗立三皇五帝廟於京師，至元成宗時，乃立三皇廟於府州縣，春秋通祀，而以醫藥主之，甚非禮也。」帝曰：「三皇繼天立極，開萬世教化之原。汨於醫師可乎？」命天下郡縣毋得褻祀。《禮志》。

嘉靖十五年，建聖濟殿於文華殿後，以祀先醫。《會典》。

二十一年，建景惠殿於太醫院北，中奉三皇及四配，而附歷代醫師於兩廡，凡二十八人。歲仲春、秋上甲日，禮部堂上官行禮，太醫院堂上官二員分獻，用少牢。復建聖濟殿於内，祀先醫，遣太醫院正官行禮。《通典》。

隆慶四年，禮部侍郎王希烈議：「三皇既祀於帝王廟，請罷太醫院廟祭，專遣太醫院官祭先醫。」不允。《春明夢餘録》。

龍文彬《明會要》卷一一《吉禮・先師孔子》 〔洪武〕十五年，太學落成。帝親詣釋奠，詔禮官劉仲質等曰：「孔子道冠百王，功參天地。今天下郡縣並建廟學，而報祀之典止行京師，未徧宇宙，豈非闕典？」乃詔仲質等與儒臣共定釋奠儀，頒之天下，令每歲春秋以上丁日通祀文廟。《大訓記》。【略】

三十年十月乙未，重建國子監先師廟成。本紀。初上以國學孔子廟隘，命工部改作，其制皆上所規畫。大成殿門各六楹，欞星門三楹，東西廡七十六楹，神廚庫皆八楹，宰牲所六楹。

永樂初，建廟於太學之東。已上《禮志》。

十五年九月丁卯，備曲阜孔子廟成，上親製文勒石。《通典》。【略】

〔正統〕三年三月，禁天下祀孔子於釋老宮。孔、顔、孟三氏教授裴侃言：「闕里家廟，宜正父子以敍彝倫。顔子、曾子、子思，子也，配享殿廷；無繇、子晳，伯魚，父也，從祀廊廡。非唯名分不正，抑恐神不自安。况叔梁紇，元已追封啓聖王，創殿於大成殿西；而顔、孟父俱封公。乞追封子晳、伯魚公爵，偕顔、孟父俱配啓聖王殿。」帝命禮部行之，仍讓加伯魚、子晳封號。《禮志》。此止行之家廟，未及國學及府州縣也。【略】

〔弘治〕十二年六月甲辰，曲阜先師廟災，敕有司重建。十七年，廟成，遣大學士李東陽祭告。

正德十六年，詔有司改建孔氏家廟之在衢州者。官給錢董其役，令博士孔承義奉祀。已上《闕里志》。

嘉靖九年十一月癸巳，大學士張璁請更正孔廟祀典，命禮臣會諸臣議，改題孔子神位「至聖先師」，去「王」號及「大成文宣」之稱。改大成殿爲先師廟，大成門爲廟門。其四配稱：復聖顔子、宗聖曾子、述聖子思子、亞聖孟子。十哲以下：凡及門弟子，皆稱「先賢某子」；左丘明以下，皆稱「先儒某子」，不復稱「公」「侯」「伯」。遵太祖首定南京國子監規制，製木爲神主，其塑像即令屏撤。春秋祭祀，遵國初舊制，十籩十豆。天下各學，八籩八豆。樂舞止六佾。凡學，别立一廟，祀叔梁紇，題啓聖公孔氏神位。以顔無繇、曾點、孔鯉、孟孫氏配，俱稱先賢某氏。程珦、朱松、蔡元定從祀，稱先儒某氏。從祀諸賢：申黨即申棖，留棖去黨。公伯寮、秦冉、顔何、荀況、戴聖、劉向、賈逵、馬融、何休、王肅、王弼、杜預、吴澄罷祀。林放、蘧瑗、盧植、鄭衆、鄭康成、服虔、范甯祀於其鄉。后蒼、王通、歐陽修、胡瑗宜增入。詔悉如議行。又以行人薛侃議，進陸九淵從祀。《三編》。

龍文彬《明會要》卷四五《集議·議宗廟》 嘉靖三年，帝欲建室奉先殿側，恭祀獻皇。禮部尚書汪俊上疏争之。帝嚴旨切責，趣立廟益急，令集廷臣大議。俊等復上議云云。帝不納，仍命遵前旨再議。俊遂乞休去。吴一鵬署事，帝趣立廟益亟。一鵬復集廷臣上議云：「臣等寧得罪陛下，不欲陛下失禮於天下後世。」帝不聽，竟葺奉先殿西室爲觀德殿。《實録》。

四年，光禄署丞何淵請建世室，祀獻皇於太廟。下廷臣議。禮部尚書席書等上議無據。張璁特奏，乞賜廷臣罷議。於是廷議别立一廟，而世室之議始寢。同上。

十年四月，帝以禘祫義詢張璁，令與夏言議。言請設虚位以祀。會中允廖道南請禘顓頊，並下其章。禮部會官詳議。諸臣乃請設虚位，如言議。

十一月，中允廖道南請更定廟制云云。上悦，命會議。夏言等請以木爲黄屋，如廟廷之制，依廟數設之。設帷幄於其中，庶得展專奠之敬。不報。

十三年六月，南京太廟災。禮官請重建，帝召夏言與羣臣集議。言等議云云。從之。已上《禮志》。

九月，議建九廟。初，帝欲改同堂異室之制，各立專廟。會南京太廟災，上意欲中止，而夏言復以原議請。於是禮部會羣臣議云云。制曰：「可。」《實録》。

于敏中等《日下舊聞考》卷五九 補三忠祠在上斜街，天啓四年春勅建，以祀沁水張忠烈公銓、襄陵高忠節公邦佐、大同何忠愍公廷樾。三公皆山西人，故額曰山右三忠祠。張公，巡按遼東監察御史；高公，分巡遼海道山東布政司參政；何公，分守遼海道山東按察司副使，皆死王事。張公初贈大理寺卿，後加贈兵部尚書；高、何二公初贈光禄寺卿，後加贈大理卿。左右列陪祀諸公，張公旁六人：經略標下統兵鎮守奉集等處總兵官都督僉事朱公萬良，統兵援遼副總兵官王公詔，協守遼東副總兵管錦州參將事麻公承宗，援遼總兵官都督僉事楊公宗業，協守開原副總兵官麻公巖，援遼正參將贈總兵官彭公振雲。高公座右亦六人：誥贈奉政大夫光禄寺少卿原任陝西鳳翔府扶風縣知縣王公國訓，勅贈光禄寺寺丞原任順天府香河縣知縣任公光裕，統兵援遼遊擊將軍滿公龍鱗，誥贈奉政大夫光禄寺少卿原任順天府大城縣知縣武公維周，勅贈光禄寺寺丞原任直隸順義縣知縣上官公藎，遼東鎮守標下參將管中軍事梁公汝貴。何公座側則有誥贈奉政大夫光禄寺卿前分守開原道山東按察司僉事潘公宗顔，誥贈光禄寺卿原任直隸永平府知府張公鳳奇，皆與何公並列。其左右列者：鎮守遼東總兵官都督同知馬公林，統兵援遼遊擊將軍李公鎮忠，領兵援遼守備劉公興漢，領兵援遼千總劉公起佩，又戚公士榮、楊公其蘊二神位附祀，共二十人。蓋高、張、何三公爲當時勅祀，而後死諸公，其鄉人以皆山西人死王事，故附祀之。祠無碑記可考，列主亦多繁亂。意當時附祀者必立於兩廡，後始遷入堂中故耳。《櫧園雜集》

〔臣等謹按〕山右三忠祠在上斜街，堂三楹，中楹像祀三忠，左右楹木主祀從祀者，左爲舊祀明二十人，右爲新祀本朝六十四人，凡所新祀，先後以時不以爵。其第一行爲員外郎侯佐，參議道劉昇祚，濟南道李時，同知趙瀚，知州李方澂，知縣李還春、曹邦偉、趙家駿、薛佩玉、郭自修、王曰俞，教諭崔珩，訓導王奕葉、張化樞、黄縉，典史陳復新、洪有度，舉人趙居甲，提督竇斌，贈提督總兵官任舉，總兵官張凌霞、李全、穆生輝，副將魏麟，贈總兵官遊擊楊光祖，遊擊杜國慶、竇明運、何道深，都司王廷衡，守備司起龍、晉天忠，把總李克友。第二行爲知縣温光裕，楊泰、段上彩，署知縣高士達，州同李士麟，縣丞徐喆，王牧民、袁養民，教諭周遠祚，賈道醇，貢生李旦，生員張射斗、周于德、蕭熙載、李蓂、張琳，副將郝爾德，參將李允，遊擊劉大受、馬之迅、王弼，贈都司同知傅富，把總高虎、邱登榮，武生李先春、李齊田、秦士鳳、喬謹。第三行爲贈太僕寺少卿王如玉，提督謚壯節馬全，提督謚毅節牛天畀，總兵官張大經，皆山西人。

清

《清世祖實録》卷九 〔順治元年九月己亥〕建堂子於玉河橋東。享殿三間，有圍廊，闊五丈三尺五寸，深三丈三尺，簷柱高一丈二尺六寸。八角亭一座，圍二丈六尺五寸，簷柱一丈七寸。收貯舊饗神房二間，闊一丈七尺，深一丈五尺五寸，簷柱高一丈。殿門一間，闊一丈三尺五寸，深一丈五尺，簷柱高一丈一尺二寸。祭神八角亭一座，圍二丈二尺，簷柱高九尺四寸。大門三間，闊四丈，深二丈，簷柱高一丈八寸。圍牆外神廚房三間，闊三丈五尺，深二丈，簷柱高一丈。

《清德宗實録》卷三八六 〔光緒二十二年二月甲午〕又諭：桂斌奏，查明哲布尊丹巴呼圖克圖廟宇被焚，籌捐情形，請將捐輸銀兩賞助廟工，並請加賞銀兩各摺片。所有蒙古捐輸銀一萬六千九十兩零，即著儘數撥給，並再加賞銀四千兩，由户部籌撥。桂斌務當飭令該呼圖克圖，將廟宇工程覈實經理，毋稍虛糜。

《清會典》卷七一《壇廟》 太廟在闕左，南嚮，朱門丹壁，覆以黄琉璃，衛以崇垣。大門三，左、右門各一。戟門五間，崇基石闌。中三門，前、後均三出陛，中九級，左、右各七級。門内外列戟百有二十。左、右門各三間，均一出陛，各五級。前殿十有一間，重檐，脊四，下沉香柱。正中三間，飾金梁棟，階三成，繚以石闌。正南及左、右凡五出陛，一成四級，二成五級，三成中十有一級，左、右九級。中殿九間，同堂異室，内奉列聖列后神龕，均南嚮。後界朱垣，中三門，左、右各一門。内爲後殿，制如中殿，奉祧廟神龕，均南嚮。前殿兩廡各十有五間，東廡爲配饗公王位，西廡爲配饗功臣位。東廡前、西廡南燎鑪各一。中殿、後殿兩廡各五間，均藏祭器。後殿東廡南燎鑪一。戟門外東、西井亭各一，前跨石梁五。橋南東爲神庫，西爲神廚，各五間。廟門東南爲宰牲亭、井亭。廟垣周二百九十一丈六尺。西南太廟街門五間，西北太廟右門三間，均西嚮。

《清會典》卷四〇

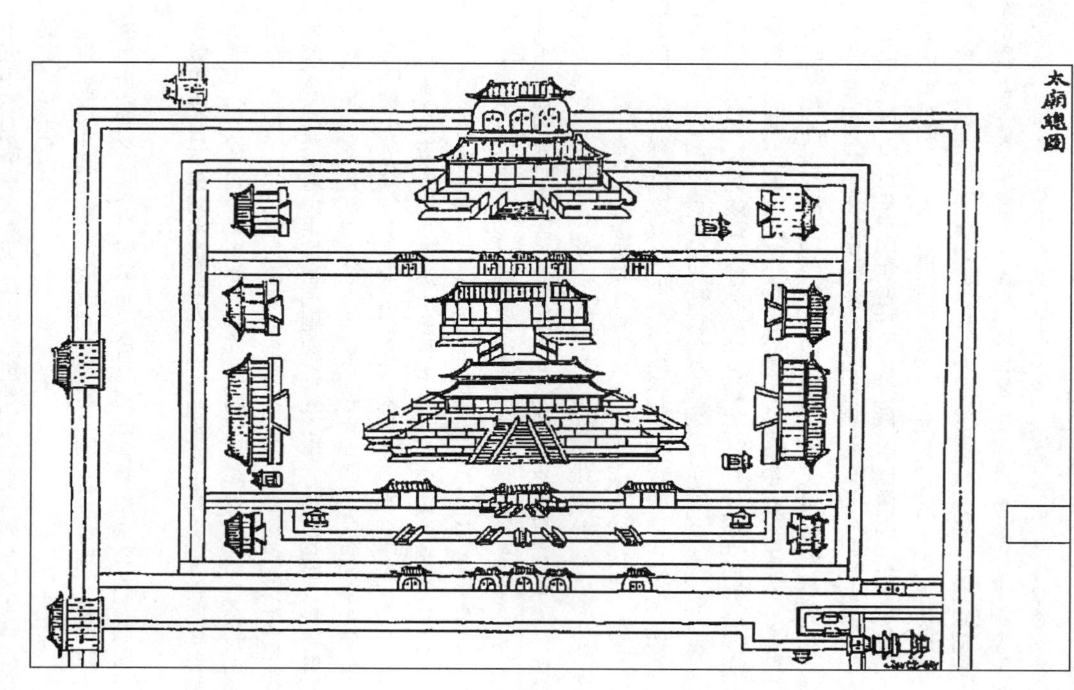

《清會典》卷四五

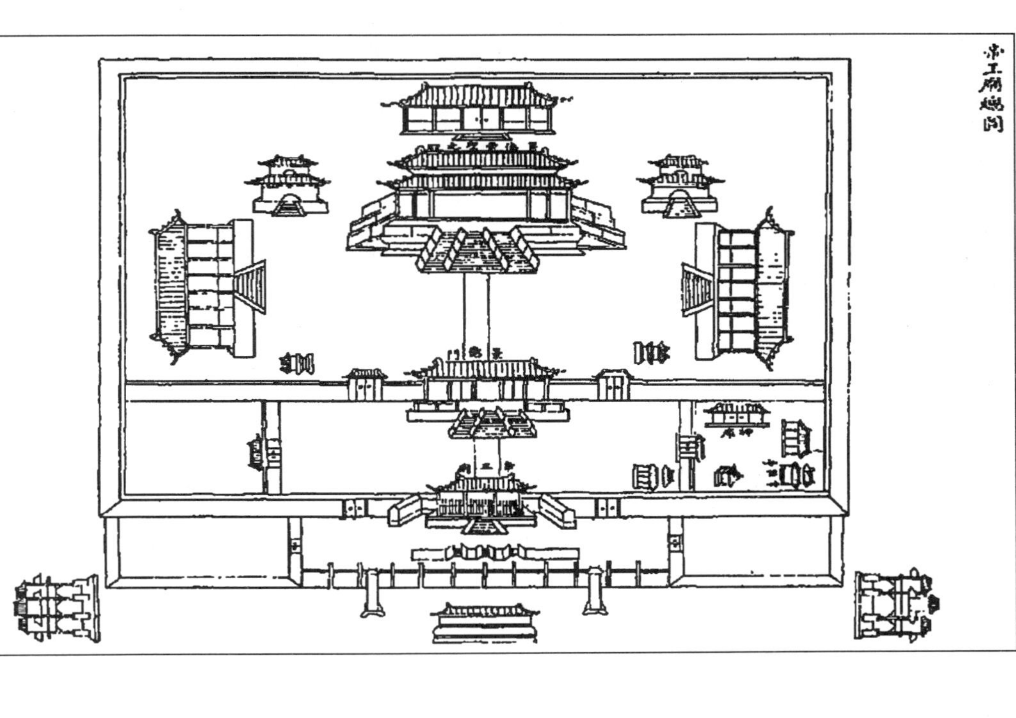

《清會典》卷七一《壇廟》　前代帝王廟在阜城門內，南嚮。廟門三間，左、右門各一，前石梁三。內景德門五間，崇基石闌。前、後三出陛，中十有一級，左、右各九級。左、右各一門。正中景德崇聖殿九間，重簷，崇基石闌。南三出陛，中十有三級，左、右各十有一級；東、西一出陛，各十有二級。兩廡各七間，燎鑪各一，殿東御碑亭一，後祭器庫五間，均南嚮。景德門外，東爲神庫、神廚各三間，宰牲亭、井亭各一；西爲承祭官致齋所，東南鐘樓一。圍垣周百八十六丈三尺八寸。廟門外，東、西下馬牌各一。凡正殿門廡均覆緑琉璃，門楹塗丹，梁棟五采。

《清會典》卷七一《壇廟》　先師廟在安定門內太學左，南嚮。街門三間，西爲持敬門一間，西嚮。大成門五間，崇基石闌。中三門，前、後三出陛。門左、右列戟二十有四，石鼓十，右石鼓音訓碣一。左、右各一門，門內東、西列舍，各十有一間，北嚮。大成殿七間，崇基石闌。三出陛，正面十有二級，東、西各十有七級。兩廡各十有九間，東西嚮。殿東、西列舍各十有一間，南嚮。西廡南燎鑪一，西北瘞坎一，甬道左、右御碑亭八。大成門外，東爲神廚五間，宰牲亭、井亭各一；西爲神庫五間，承祭官致齋所三間，更衣亭一。每科進士題名碑分列左右，外衛崇垣。凡正殿、正門、碑亭皆覆黃色琉璃，餘屋均甋瓦，楹柱、門扉均丹飾，梁棟五采。後爲崇聖祠，正殿五間，東、西廡各三間，燎鑪一。廟門三間，南嚮。圍垣一，重門一，西嚮。正殿、正門均覆緑琉璃，門楹丹雘，兩廡甋瓦，門楹同。廟街門外東、西下馬牌各一。【略】

關帝廟在地安門外，南嚮。繚以周垣，廟門一間，左、右門各一，正門三間，前殿三間。三出陛，各五級。東、西廡各三間。殿西御碑亭一，東廡重燎鑪一，廡北齋室各三間。殿後界牆一，重門三。內後殿五間，東、西廡及燎鑪與前殿同。殿後東爲祭器庫，西爲治牲所，各三間。石梁一，在廟門外。凡正殿、門廡均覆緑琉璃，餘均甋瓦，門楹丹雘，梁棟五采。

昭忠祠在崇文門內，南嚮。圍垣一重，正門五間，三階，左、右門各一。二門三間，左、右御碑亭各一。正殿七間，南嚮。左、右序各七間，東、西樓各五間，樓南兩廡各三間。殿東燎鑪一，西嚮。殿後正屋五間，左、右屋各三間。正屋左、右羣房各五間，左、右屋之旁羣房各三間。均南嚮。東、西燎鑪一，殿東爲祭器庫、宰牲房、治牲所、井亭。正門前石獅二，東、西門各一。凡殿門、正屋均覆緑琉璃，餘均甋瓦，門楹丹雘，梁棟五采。

賢良祠在地安門外，南嚮。繚以周垣，大門、二門各三間，左、右門各一。正殿三間，東、西廡各三間，東廡南燎鑪一。後屋五間，兩廡及燎鑪如前。左、右門各一，東爲治牲所，西爲宰牲房。二門外左、右御碑亭各一。凡正殿、正門均覆緑琉璃，餘均瓪瓦，門楹丹雘，梁棟五采。

雙忠祠在崇文門内，南嚮。圍垣一重，大門三間，左、右門各一，正中御碑亭一。二門一間，正屋三間，東、西廡各三間，東廡南燎鑪一。凡正屋、正門均覆黑琉璃，其餘門楹、梁棟之制與昭忠祠同。

功臣專祠、武壯王祠在廣寧門外，愍僖公祠、宏毅公祠均在安定門外，勤襄公祠在朝陽門外，文襄公祠在德勝門外，愍僖公祠在東安門内。各正屋三間，兩廡各三間，大門三間。均覆以黑琉璃，門楹朱飾，前立碑一，繚以朱垣，繞以朱柵。

兩翼忠孝祠、節孝祠，各大門一間，内立石碑一，二門一間。正屋三間，兩廡各三間。後屋五間，兩廡各三間。大門外各建牌坊一。

《清朝文獻通考》卷一二四《群廟考六》 親王、世子、郡王家廟儀：立廟七間，南嚮。中五間爲堂，左右二間，隔以牆，爲夾室。後堂楣以北分五室，中奉始封之王，世世不祧，高曾祖禰，依世次爲二昭二穆，昭東穆西，親盡則祧。由昭祧者藏主於東夾室，升昭之二位於一室，以二室奉升祔之主。由穆祧者藏主於西夾室，升祔亦如之。庭繚以垣，南爲中門，又南爲廟門。左右各設側門。庭東、西廡各三間，東藏遺衣冠，西藏祭器、樂器。廟重簷丹楹，采桷緑瓦，紅垩壁。階戺三出陛，各七級。門繪五色花草，出陛如之。焚帛鑪在中門之内庭東南隅。封牲房在中門之外，西嚮。歲以四時仲月諏吉，祭其始封祖及高曾祖禰五世。仲春之祭，並出祧，主合食。

貝勒、貝子、宗室公家廟儀：立廟五間，南嚮。中三間爲堂，後楣以北分五室，奉始封祖暨高曾祖禰，兩旁爲夾室，奉始封而下親盡祧主，如前位。廟及大門均緑瓦，紅垩壁，階五級。廟不重檐，門不備采，餘如前制。合食始祖專案，專牲羊一、豕一。東夾室祧主暨二昭專案，共牲羊一、豕一。西夾室祧主暨二穆亦如之。時祭皆專案，二昭同牲，二穆同牲，視親王籩豆各減二，不用樂行禮，皆一跪三叩。餘儀與親王同。時節則薦果盤四、時羞槃四。有事則告，朔望則參。果槃二、庶羞槃二。薦獻儀節，均與親王同。

品官家廟：立家廟于居室之東。一品至三品官，廟五間，中三間爲堂，左右各一間，隔以牆，北爲夾室，南爲房。堂南檐三間，房南檐各一間，階五級。庭東、西廡各三間，東藏遺衣物，西藏祭器。庭繚以垣。南爲中門，又南爲外門，左右各設側門。四品至七品官，廟三間，中爲堂，左右爲夾室，爲房。階三級。東、西廡各一間。餘制與三品以上同。世爵、公、侯、伯、子，視一品。男以下，按品爲差等。八、九品，廟三間，中廣，左右狹，階一級。堂及垣皆一門，庭無廡，以篋分藏遺衣物，祭器陳于東、西房。餘與七品以上同。在籍進士、舉人視七品，恩拔歲副貢生視八品。堂後楣北設四室，奉高曾祖禰四世，皆昭左穆右，妣以嫡配，南嚮。

清·地方祠廟

《（康熙）衢州府志》卷二六《寺觀》 周宣靈王神祠在縣治西朝京門内。神爲杭州新城縣緑川埠人，姓周，諱仲偉，以哭母哀痛而死，植立不仆，有肉軀在廟中。自宋淳熙年間至今，屢著靈應。至元間守臣奏聞，封廣平正烈宣靈王。

《（康熙）福建通志》卷一〇《祠廟》 朱文公祠在郡内紫霞洲。有司春秋致祭，以黄榦、劉爚、蔡沉、真德秀配享。祠後建聚奎門；前爲二坊，東曰景星，西曰喬嶽。明萬曆間，知府許天贈改爲崇正書院，中祀熹，左右祀諸儒。提學王世懋改爲祠，特祀熹，以六門人配享。後燬。國朝康熙四年，提學陸求可重建。

李長者廟在木蘭陂上。先是，莆城南有水，自永春、德化、仙遊會淵壑之流六十有六，東趨入海。宋治平初，長樂錢氏女築陂成而輒壞，錢女憤投水死。縣遣主簿黎軫往視，波猝至，亦隨溺。已而同邑進士林從世復攜數萬緡，相下流，定址於温泉口，而水更湍悍，復決去。熙寧八年，特詔募修陂，於是侯官李長者宏應詔至。宏家居時有異，僧智日常從宏貰酒，宏不責償。一日，謂宏曰：當與子會木蘭山前。既而宏來，僧已先在，乃相與涉水涯，求地脉，插竹定基於錢、林二遺址上下流間。宏遂傾家貲七萬緡，疊石成陂，布石柱三十三，間於溪底，犬牙相入，互相鉤鎖。陂立水中，屹如岡阜，深二丈五尺，廣三十五丈有奇。上障諸溪，下截海潮，即陂之右疏渠導水，障東流而南注者三十餘里，溉南洋田萬有餘頃。邑人德之，卒後立廟祀焉。宋淳祐間，以林從世、黎軫配。景定初，封惠濟侯。明知縣劉玭以其弟金紫大夫李容配。有司春秋致祭。

郭孝子闕祠在郡城北魏塘，宋紹興間，爲進士郭義重立。義重游太學，奔母喪，廬墓，甘露降，白烏馴集。詔於門前安棹楔，左右建土臺，高一丈二尺，方正，下廣上狹，飾以白，而丹其旁角。乾道初，重新門閭，侍講林光朝爲記。元至大間，四世孫廷煒與父道卿俱以孝旌。今並祀，扁曰「三孝祠」，有司春秋致祭。

《（康熙）雲南府志》卷一六《祀典》 馬夫人廟在城北門内，明萬曆初年建。夫人生於晉永嘉二年，避兵於浙江處州府景寧縣仙姑村，生即茹素。夫亡，事姑甚孝。至永嘉末年七月七日，白日飛昇。縣人慕其節孝，立廟祀之。明成祖初，夫人默助靖難之師，勅封護國夫人，首載祀典，祈禱輒驗。州守林喬松祀於家時，值州旱，林公焚檄禱於夫人，甘霖立沛。州人德之，遂捐資立廟，祭祀不絕。至今碑記尚存。

《〔乾隆〕紹興府志》卷三六《祠祀志一·壇廟》 勅封静安公廟，《蕭山縣志》：即護堤侯廟。萬曆志：在縣東北十里之長山，宋時建。神爲張行六五，漕運官也。咸淳間賜額，祈禱甚應。尤有功于海堤。或云神諱夏，宋景祐中工部郎中，受命護堤。二説微不同。觀廟額「護堤」二字，工部説近是。俗謂之長山廟，又云張老相公廟。春秋有司祭，後别建廟於新林浦之北，謂之行宫。今有司各祭於其所。又一廟在山陰三江閘上，稱英濟王廟。不知何代所錫。其他私刱甚多，土人競爲戲劇以賽神，殆無虚夕云。《宋史·河渠志》：景祐中，以潮江石塘積久不治，人患墊溺。工部郎中張夏出使，因置捍江兵士五指揮，專採石修塘，隨損隨治，衆賴以安。邦人爲之立祠，朝廷嘉其功，封寧江侯。省志：雍正三年，浙撫法海疏，稱宋安濟公張夏，實爲浙省保障之神，應請封號。大學士馬齊等覆奏云，查尚書張夏，封寧江侯。該撫疏稱安濟公，其安濟公之號，不知始於何時。但相沿已久，應仍其公爵，錫以封號。奉旨勅封静安公。

《〔乾隆〕福州府志》卷一四《壇廟》 道南祠在光禄坊，祀宋儒楊時，宋寶祐六年建。（時）〔明〕成化元年，督學副使游明重建，並祀羅從彦、李侗、朱子，有司春秋致祭。嘉靖八年，提學金賁亨增祀程顥爲正饗。三十一年，提學朱衡又以程頤同祀。歲久祠圮。四十一年，提學金立敬重修。萬曆八年，廢天下書院，有司改額曰「三山公館」。十三年，巡按御史楊四知題請修復，仍立祀典。後祠宇爲人侵没。三十八年，提學熊尚文查清舊址修葺，復以羅從彦、李侗、朱子栗主配饗。國朝康熙二十四年，敕修。

《〔乾隆〕續修臺灣府志》卷七《典禮·祠祀》 烈女節婦祠在鎮北坊。雍正元年奉旨建。乾隆十六年，邑廩生侯世輝重修。祀烈女紀氏陝娘、節婦余氏預娘、節婦袁氏、孝行張氏、節婦趙氏、節婦郭氏、孝行林氏、節婦陳氏、烈女黄器娘；俱奉旨旌表，有司春秋致祭。另有貞節坊二座：一在禾寮港街；僞時爲謝燦妻鄭宜娘建。一在十字街；康熙六十年，爲陳越琪妻黄器娘建。

《〔乾隆〕衡州府志》卷一七《壇祠》 炎帝廟在縣西三十里炎陵側。宋乾德五年建廟，六年以祝融配食，九年詔移廟就縣，去縣五里。淳熙十三年，仍移陵側。每年春秋致祭炎陵。志載，乾德中遣官致祀，舟覆。奏復立殿縣南，以承大祀。明嘉靖間，乃卜於其右址爲拓而新之。中爲殿，殿外建高閣，寬廣如殿，碑碣錯峙其間。閣下爲陛道，丹墀如制。東西兩廡各三間，周遭垣墻，前列三門。

周文忠祠在儒學左，其地名益相里。宋丞相周必大嘗讀書處也。明弘治中，知府鄧淮建祠祀之。

胡忠簡祠在府城西湖寺左。公諱銓，謫衡州，講學於此。後季子爲提刑，始立祠焉。繼以其地建濂溪書院，移祠於學宫，遂名曰「濂溪祠」，而以胡忠簡聶遜二主配焉。乾隆二十八年仍建祠於舊址。

《〔乾隆〕辰州府志》卷一八《壇廟考》 關帝廟在東郊演武場，明正德十二年建。嘉靖二十六年，分巡道張景賢、知府李淳、沅陵知縣潘璋、指揮馬天祥修，上世隆記。萬曆四十一年，同知劉應卜、通判周美梁、方偕、推官侯加地、衛經歷李錐重修。國朝康熙五十四年，知府遲瑞、副將薛士保重新。雍正五年，奉文春秋二仲月及神誕致祭並祀，其追封曾祖光昭公，祖裕昌公，父成忠公。乾隆九年知府馬惟德，二十四年知府王承猷，先後重修。又有廟一在西郊虎谿口，盧名臣建。康熙四十二年，都司邱嘉漢，守備馬捷重修。一在望城坡，康熙二十二年知府劉應中修，自爲記。其餘建於鄉村者，不勝紀。

伏波將軍廟，祀漢忠成侯馬公援，舊在壺頭山，相傳五代時楚王馬希範建。又有云宋建者。明宣德初，沅陵主簿傅翔作祥。因郡民之請，始建廟於城南對河横坡之上，即今廟也。尋中亭圮，郡人復建，並修治堂室。御史薛瑄記。嘉靖十六年，廟燬。明年，沅陵知縣胡晟出鍰金百兩修其堂，旋圮。九年，知府吴嘉祥更新改建，王世隆記。萬曆十八年，分守道郭棐、知府趙健、知縣常真傑移廟方向，創大觀亭於山頂。棐自爲記。崇禎元年，知縣韓芳新之，至五年始告竣。分守道樊良樞、郡庠張翼乾皆有記。國朝康熙五年，知府鄢翼明捐倡修葺，何明陽記。五十三年，知縣朱爾融重修堂三楹，門一楹，深邃數十丈。肖公像坐其中，修幹白髯，神色偉麗如生。郡中廟貌以此爲最，歲時伏臘，官司父老咸祭於廟下。其建於清浪灘界亭及他鄉里者，在在有之，不能盡悉也。

《〔乾隆〕西安府志》卷六〇《古蹟志下·祠宇》 文武成康祠，賈志：在咸陽縣治北街。按《隋·禮儀志》：高祖既受命，祀文王、武王于豐渭之郭，周公、召公配以太牢而無樂。又《魏·禮志》：延興四年四月，詔東陽王丕祭文、武二廟，坎地埋牲。廟玉露兄埋之，恐盗竊，勅有司收之府藏。又《册府元龜》：唐元和十四年正月，詔以周文王、武王祠宇在咸陽，俾有司精加修飾。又太和二十一年五月，遣使者以太牢祭周文王于豐，武王于鎬。又《揮麈前録》：宋太祖朝，詔修先代帝王祠廟，重定配享功臣。周文王以鬻熊配，武王以召公配，成王以周公、唐叔配，康王以太公、畢公配。諸書所指，未知在今何廟。馬志：縣東及縣西十五里並有文王、成王廟，縣北七里有康王廟。《通志》：縣北五里有武王廟。

老子祠，賈志：在盩厔縣東南三十里。縣志：老子於此説道德五千言，授尹喜。有授經臺，又曰昇天臺，臺上有再生栢。《華陽子録記》：秦始皇好神仙，於尹喜先生樓南作老子廟。晉惠帝元康五年更修。蒔木萬株，連亘七里。給户二百供洒埽。隋金元明，屢有修葺。《通鑑》：高祖武德七年十月丙子，幸樓觀，謁老子祠。縣志：本朝康熙二十年，知縣章泰重修。宋蘇軾《授經臺》詩：劒舞有神通草聖，海山無事化琴工。此臺一覽秦川小，不待傳經意已空。

孟姜女廟，賈志：在同官縣北三里，金山巖下。馬理《姜女傳》：秦始皇時，楚地澧人范喜妻，姓姜氏。歸三日，范赴長城之役。姜女製寒衣往尋范不見，遶城而哭，聲震地，城爲之崩。塵霧中隱見范像，女嚙指出血，滴骸滲入者，知爲夫骨，遂負之歸。至同官界宜君山水灣，置骸西巖石龕下，坐其旁而逝。縣人即遺骸塑雙像祀之。龕中有石隙，祠者致誠則有釵影見示神異焉。縣志：萬曆二十二年修。

《〔嘉慶〕常德府志》卷一二《廟壇》 張大帝廟，縣南一里，祀漢張渤。渤，字伯奇，龍陽人，生而神異，長而奇偉，有功兹土，故縣人祀之。舊志。《三山志》：神姓張，名渤，吳興人，或曰武陵龍陽人。生西漢，來遊，苕霅之間，卒而爲神，顯於廣德州之横山間。《宋稗》：神姓張，名渤，烏程人。役陰兵，導河疏，鑿聖瀆，漢唐以來，廟祀不廢。《明史・禮志》：祠山廣惠張王渤，以二月十八日祭。按《陔餘叢考》，所謂張大帝者，本流俗之稱。《明統志》載其父張秉，武陵人，遇仙女生子渤，爲祠山神。事本荒渺，而《明史・禮志》已載入祀典，故録之。

《〔道光〕永州府志》卷六《秩祀志》 濂溪祠在儒學左。嘉慶十一年，知縣羅守學重修。國朝長沙令甘慶增記：天地所以開闢終始者，道也。道生天地而寄於人，顧道統之傳，或得之親炙口授，或得之典籍聞知。得之口授者不易，得之聞知者尤難。濂溪周子生宋天禧間，後孔孟千數百歲，無所師承，尚友千古，獨得聖賢不傳之學，著《太極圖》、《通書》，窮理氣之根源，闡人物所本始，俾道之在人者，瞭如指掌。上接孔孟之統，下啓程朱之緒，千百世後綿續無窮、不至晦盲否塞者，皆先生之功也。先生產營道，即今道州，距祁僅三百餘里，實爲先生往來過化之地，流風餘韻，至今爲烈。舊有專祠，在儒學左，體制狹隘，訓導龍應義修於雍正八年，歲久傾圮。嘉慶丙寅夏，邑上舍劉普，處士徐鳴鏘暨其子庠生師槐，同庠諸人，謀撤而新之。請於邑令羅君守學，爲之倡捐，闔邑紳耆咸樂解囊集事。遂擴其舊，經始於丙寅冬，越丁卯，歲歉，戊辰春夏穀貴，百物皆昂，工幾不濟。幸是秋大熟，遂復踴躍。計費金錢若干千緡，迄庚午冬告成，而未有以記也。辛未夏，增編纂邑志，設局其間，首事以爲請，不獲，以不文辭諸君，可謂知所先後矣。道之不明，則忽於所當尊，而惑於所不當尊。先生道之所寄也，以新先生祠爲急務，而妥其靈，則明於道之所先，而不爲他岐所惑矣。由是而進焉，觀法所在，如見霽月光風，默體乎二氣五行之藴，潛會夫繼善成性之旨，思所以接，心傳於不墜，當不徒侈棟宇之崇隆、壯觀瞻之巨麗已也。是役也，經營籌畫，捐金外繼復出貲，劉普爲多，徐師槐次之。襄勤其事者，則有庠生唐載颺、譚杰、聶聘侯、唐衛文、鄧澹心、曠中舒，儒士徐元吉。其同時重建之舉，則祠之左爲孝子祠，右爲節孝祠，又左爲守祠者居屋，亦俱蕆事。三祠周遭五十六丈，連墻墉，時祭出入其大門。故類記云。

《〔道光〕廣東通志》卷一四五《建置略二十一・佛山真武廟》 真武廟在佛山，名靈應祠。明黄蕭養亂，神示靈祐，有司歲祀之。郝志。景泰中，奉旨春秋致祭，並祀禦黄蕭養有功義民梁廣、陳靖等二十二人。崇正八年，邑紳李敬問及各姓重修。十四年，邑紳李待問重修。國朝康熙二十四年，士商共捐重修。《南海縣志》。僧鷟《重浚錦香池記》略：佛山真武廟，初名龍翥祠。祠之南有錦香、灌花二池。日久漸湮，惟錦香池尚存。甃以白石，繚以雕欄，爲游覽者臨流環觀之所。一在城北，明税監李鳳建。國朝順治十七年，重修。一在城東東山寺，邑民共建，歲時祭賽甚盛。《番禺縣志》。

《〔道光〕廣東通志》卷一四五《建置略二十一・南越王廟》 南越王廟在南海廟北。《南越志》：趙佗葬於此。其側立廟，號曰靈廟，加謚曰昭襄王。同上。在縣北一里，上有尉佗樓，後併入侯王廟。黄志。今改祀鎮海樓。《番禺縣志》。謹案：《元和郡縣志》：北廟在縣北三里，疑即尉佗之廟也。唐許渾詩：秦漢持兵鹿未窮，自乘黄屋島夷中。南來作尉任囂力，北向稱臣陸賈功。簫鼓尚陳今世廟，旌旗猶鎮昔時宫。粵人未必知虞舜，一曲薰絃萬古風。

《〔道光〕廣東通志》卷一四五《建置略二十一・南園五先生祠》 南園五先生祠在大忠祠左。康熙二十二年，知縣李文浩即南園地建抗風軒，祀明趙侍御介、孫典籍賁、黃待制哲、王給事佐、李長史德。郝志。乾隆二十八年，糧道熊繹祖詳奉督撫，增祀歐大任、黎民表、梁有譽、吳旦、李時行。《番禺縣志》。

《〔道光〕廣東通志》卷一四五《建置略二十一·大忠祠》

大忠祠在文明門外東南隅，舊山川壇左。明嘉靖間，御史吳麟建，祀宋丞相文天祥、樞密使陸秀夫、樞密副使張世傑。春秋二仲上旬，有司致祭。國朝康熙十年，番禺知縣彭襄重建，顏曰「正氣堂」，右曰「臣範堂」，左曰「遠風堂」。謹按：姜一洪《遠風堂記》粵之厓門故有大忠祠，歲久茀不治。戊寅夏，侍御葛公行部至其下，斥俸緡新之。既成，榜其堂曰遠風。又據王士正《廣州游覽小志》，南園五先生祠在大忠祠東，崇正戊寅巡按御史葛徵奇葺三忠祠，並鐫五先生詩於版，久之皆廢。同年彭吏部襄爲番禺令，復新之。是則厓門及廣城大忠祠，葛徵奇皆嘗修之。而遠風堂之名，實彭襄沿徵奇之舊也。乾隆二十三年，知縣彭科復增祀宋樞密使高桂、吏部侍郎權禮部尚書徐宗仁、吏部侍郎趙樵、兵部侍郎茅湘、權工部侍郎馬寶、翰林學士劉鼎孫於東室，更新其祠，顏曰「日星河嶽」。

《〔道光〕廣東通志》卷一四七《建置略二十三·虞帝廟》

虞帝廟，舊在皇岡嶺。唐謝楚碣曰：曲江有虞帝廟，故老言舜作樂於邑東盤石上，故石號韶，而州以韶名。宋嘉定間，提刑廖德明創記，配以皋、稷、契、益。洪武以來屢修。正統二年，知府湛禮重創。黃志。湛禮記：昔在正統丙辰，禮承乏治韶。當遍謁祀典神祠，距城五里許有山曰皇岡，起伏鬱葱，有水曰皇潭，汪洋莫測。韶人指顧曰：此帝舜祠也。山之高，水之深，咸以皇名焉。乃率僚屬披草萊，履危磴，嚴肅衣冠，頓首拜謁。惟是遺址荒蕪，瓦礫墜地，土堦磚級，四維頹垣，上存帝舜、皋陶牌位露處而已。悵然興感，大懼無以虔恭祀事。嘗考郡圖志，舜祠與忠祐侯廟並立，有元之季，廟落爲墟。洪武二年，郡守徐炳文作門廊殿寢，棟宇聿新，聖像凝旒，皋、稷、契、益羣公在配。歷年茲多，上雨傍風，摧敗零落，固其所也。於是具材命工，巧縵陶瓦，經始於正統二年冬十月，明年正月廟成。聖位中尊，配位左右，薦羞以時，籩豆有列。惟帝大聖也，聰明睿智，元德升聞。由仁義行，非行仁義。受言執中，益以三言，心法之所以傳也。愼徽五典，明物察倫，綱常之所以正也。信乎《中庸》「百世以俟聖人而不惑」歟。曲江有祠，父老相傳帝南巡奏樂東嶺盤石上，邑人號其石曰韶石，因之立廟。其說未可知然否也。而新祠之歲月不可以不書，故書之如右。嘉靖九年，知府彭大治遷城東。十七年，知府符錫重修。府志。

《〔道光〕廣東通志》卷一四七《建置略二十三·東坡祠》

東坡祠，即白鶴峯故址，歷代修葺不廢。謹按府志云，元人邢世衡有記，今不傳。舊以陳堯佐配，明知府李叔玉易以唐庚、蘇過。後知府顧遂又以蘇轍同祀。嘉靖丙辰，通判吳晉修。萬曆三年，知府李畿嗣撤蘇轍、唐庚二像。國朝康熙六年，知縣連國柱修。二十三年，惠潮道陳其政重修，祭以春秋二仲望日。同上。楊載鳴記略：惠州故有東坡先生祠，在白鶴峯之上。先生以紹聖初謫惠，又二年而卜築於茲以居。居無何，再徙昌化，留其家以行。惠人以先生之眷眷此邦也，即其居建祠祀焉。峯北臨長江，羣山在瞰，曠林平野逶靡，暎帶煙濤，雲日光影變化，故惠之父老兒童歲時游歌於此。其守吏與其學士大夫之宴息必之乎此，而行部之使、四方之賓客過而謁者，未嘗不極目興懷於此也。蓋惠之爲郡，以先生重，而環城之境，茲峯實當其最勝，宜與先生之風相爲無窮也。嘉靖乙卯冬，載鳴移官來惠，拜瞻於祠。祠屋久且敝，時判郡豐城吳君晉方有意新之，於是相與省度其工。而堂之前，昔爲德有鄰堂者因之，其西偏爲東坡書院。後人益稱馮虛閣、娛江亭者，則更曰思無邪齋，來問所示存舊也。又濬硃池墨沼於榛莽中。越明年夏六月而成。

《〔道光〕廣東通志》卷一四八《建置略二十四·韓公祠》

韓公祠在城東韓山。宋咸平中，能判陳堯佐始建。元祐五年，知州王滌遷城南，蘇軾撰碑。碑文詳《金石略》。軾又有《與潮州王朝請滌》二書，及《與吳子野論韓碑》書，俱不錄。淳熙中，知州丁允元復遷韓山。明代屢有修葺。郭子章《韓祠沿革考》：韓祠有二，一在韓山，一在城南。韓山祠處山麓，溷跡樵蘇。城南祠近市廛，蕭然蓬蓽。予守潮，重葺城南祠以光俎豆。按《三陽志》：韓山書院地在州城南，昌黎廟舊址也。宋淳熙己酉，郡守丁允元以東山爲公登覽地，手植橡木在焉，乃建廟於上，而城南祠遂廢。淳祐癸卯，郡守鄭良臣相舊址創城南書院，中祀韓公，以趙天水配，翼以兩廡，闢齋廬，置田贍士。山長以郡博士爲之，設堂長、司計各一員，齋長四員，齋生以二十員爲額。春秋二祀用次，丁太守偕僚屬以牲幣酒醴獻，工歌東坡祀公詩以侑之。此書院創始規模也。淳祐乙巳，郡守陳圭尤加意書院，春秋課士，講明正學，購《朱子遺集》，廣諸生見聞，增置學田以濟膏火。塑周濂溪、廖槎溪像，并祀其中。以濂溪持節臨潮，槎溪嘗爲郡倅，故併祀焉。路東有亭曰南珠，祀本郡九賢。元至元戊寅，兵燹後，亭院無存。迨二十一年甲申，郡守王用文復建書院，仍構韓廟於其南。至順辛未夏，郡守王元恭新之，左右配以趙公德、陳文惠公堯佐，東西兩廡以前代賢守王滌、李邁、丁允元、廖德明、鄭良臣、林壽公、陳圭從祀。前復刱南珠亭，祀本郡九賢。又志云：忠佑廟即韓文公廟。宋咸平二年，陳文惠公倅潮，闢正室東爲公祠，尋遷於金山。元豐七年，詔封昌黎伯，乃躋從祀。元祐五年，王滌遷於城南五里，蘇文忠公爲記。淳熙己酉，丁允元又遷於韓山之麓。慶元己未，進封公爵。元泰定三年，郡長亞中馬合馬委教授何民先重建。至正甲申，郡守張弼建思韓亭。由此言之，今韓山祠即《三陽志》所謂忠佑廟，城南祠即《三陽志》所謂書院也。自元迄明，韓山祠屢經興廢。永樂十三年知府雷春、訓導鄧祐；宣德丁未僉事顧立，正統己未知府王源，天順壬辰參政劉煒，成化戊子知府陳瑄，成化甲辰御史徐珛，弘治十七年知府葉元玉，嘉靖二十五年知府郭春震，萬曆乙亥副使金淛，計前後重修者二十人。城南祠於永樂甲申年，指揮賴洪重建。天順癸未，參政龔毅市地拓基。萬曆五年，巡道夏道南修後堂，建號舍課士，置田六百畝。至萬曆十一年，祠規廢，子章重理之，清查祠田若干畝，並祠前塘租爲修葺貲。中爲浩然堂，左右齋宿所。前門竪二碑，一爲元總管靈武王那木罕立，刻蘇文忠韓廟碑文，碑陰刊元至正丙午晉安劉嵩重修。一刊吴澄韓祠記，碑陰刊文信國題《雙忠廟·沁園春》詞。門外爲塘。廟中舊有文公趙天水像，子章易以木主。國朝順治十四年知府黄廷獻，康熙十九年知府林杭學，先後重修。乾隆二十二年，知府周碩勳重修。以唐進士趙德、宋知州丁允元、通判陳堯佐、國朝學使惠士奇配，歲以三月二十五日、九月重陽日致祭。府志。

《〔道光〕廣東通志》卷一四九《建置略二十五·包公祠》　包公祠，舊在府治西，儀門左。宋熙寧中，郡守蔣續建。元延祐中，知事宋深道重建。王揆記略：肇慶郡治東曰龍圖包公祠，其來尚矣。公在宋康定初，由殿中丞出守於端，以清心直道爲治本，地方千里不識賊盜，吏無叫囂，水蜑山猺熟化奔走，恩威並著，歲仍太和。歸之日，一硯不持。獨恨方志不能傳公行事，而海隅之民户誦人詠至於今，稱之君子，謂有功於民則祀之。孝肅公之食其土地宜矣。延祐七年，知事宋深道照磨盧世華修敬祠下，顧瞻棟宇，上雨旁風，陊剥不完。相與謀曰：「責其在我。」於是粱桷瓦墁之朽腐漫漶者悉大治之。既訖工，敘其重修歲月，被之金石，并以誄文刻之石以詒久。誄曰：「一麾北歸，一硯不持。越數百載，遺愛在茲。後之來者，景行先哲。包井之泉，清風高潔。」明宣德六年，知府王罃重修。成化元年，知府黄瑜奏入祀典。弘治十七年，總督潘蕃改建西門外。張詡有記。不録。國朝康熙九年，知府史樹駿重修。府志。五十五年，知府宋志益修。志益有記，不録。

《〔道光〕重慶府志》卷二《廟壇》　普澤廟在州城西。宋黄鐸記：普澤廟在州城之西，唐威烈侯、合州刺史兼渝、合、資、瀘等州經畧巡撫使趙侯之祠，今封威濟顯佑。按：軍事推官朱炎舊記：廟剏於唐，至本朝慶曆三年，太守職方員外郎王君昌符從邦人之請，始增大之。洎紹興之初，幾及百年，棟宇頹剥，丹青晦昧。廟吏喻俊文竊議，以爲侯之威靈横被千餘里間，祀典尊崇，若遠若近，奔走奉祀，無或少懈。人至不敢斥稱，舉指相示，則惶恐變色，其敬畏之如此。况吾州乃侯爲令爲守建功之地，斯人嚴奉殊絶懇，至今居處不足以妥靈，責其可辭耶？迺一意勸導鄉之有力者，庀材鳩工，肇自乙卯歲，爲寢廟；又四年己未，跨門爲樓，爲左右兩廡，爲兩官廳。弊者新之，傾者扶之，嚴嚴翼翼，而廟之體復具。中更癸酉涪江之决，州遭巨浸。益撤正廟而高廣之，興修於丙子之歲，越明年落成，廟貌邃嚴，繪事從新。蓋自紹興乙卯實始增修，而斷手於丁丑，凡二十有三年，乃克就緒，亦艱乎爲力哉。俊文死既久，其子起一日謂鐸曰：吾鄉事神，蓋飲食必祀，而廟之興建，則未有知之者。重修之歲月，舊未有記。自是以成，重罹水，凡一再增葺，起亦力焉。盍爲我書之。嗚呼，是固鐸所嘗欲論究而未詳者也。《圖經》載大曆中，侯爲巴川令，資瀘夷寇掠縣境，侯領兵襲之，以功授合州刺史。不云某甲子。史載大曆十四年，異牟尋與吐蕃合衆二十萬入寇，一移茂州，一移文，一侵黎雅。不云有夷出資瀘。欲考其詳而不可得。間聞長者言，州之瑞應山佛祠，有鐘在焉，侯之所爲也。亟往辨其欵識，則侯爲將仕郎守合州巴川縣令兼南界兵馬使，賞紫金魚袋，時大曆十三年歲戊午七月十二日也。因釋然而悟曰：信矣，十三年之秋，侯方在邑，則十四年禦寇成功無疑。當是時，南詔之患烈矣，異牟尋嘯其醜類，三道爲寇，天子至爲之發禁衛及幽州軍以援，東川夷人乘間竊發深入，以撼内郡之邑。非侯之忠義勇畧遏其奔突，心腹之患可勝諱耶？侯既有功於是邦，没而廟食於此，日增月葺，祠宇與威德同盛，亦其理宜也。既以語起，俾刻石廟中爲記。因摹倣前作，爲迎享送神詩，繫之於末。其辭曰：旅芳馨兮湛清酤，吟參差兮坎擊鼓。雲旗兮逶迤，摇翠旌兮容與。巴山壁立兮玉樹青葱，侯之來兮瞬可通。靈連蜷兮致告，祝晏娭兮朱宫。侯睠此方兮既降既享，撫靈輿兮顧而欲上。願侯兮留止，副我民兮瞻望。護回禄以越境兮，使江水其無波，下田宜稻兮原有嘉禾。約束兮不祥，降福兮孔多。精爽兮不逮，雲施兮洊至。椒漿兮丹荔，欲報兮無有窮已。

《〔道光〕夔州府志》卷一八《祠廟》　昭忠祠在瀼東杜公祠後。嘉慶八年，奉節令蔡星奉文建祠三楹，每楹俱設龕座三層，以五十人合立一牌，牌内鐫刻姓名。將陣亡員弁紳士設立正中，按品職大小挨次排列；軍功兵勇義民分設兩旁。各牌座之下，俱安設供棹，以祀平匪陣亡官弁兵丁三百四十二名，六屬紳士軍功鄉勇義民共二千六百六十名。地方官春秋致祭。

《〔光緒〕順寧府志》卷之二〇《祠祀》　關聖宫在舊城較場右。咸豐丁巳，兵燹，燬。光緒八年，紳士重建大殿。十一年，重建兩廂。十三年、十五年，重建大門，修築圍墻。二十八年至三十年，重建後宫罩壁，培修大殿兩廡，租穀一百二十八孔。

《〔道光〕遵義府志》卷一〇《古迹》　聖朝右文重道，天下郡縣，凡先哲之著德立言，有功於名教者，往往即其生長燕遊之地，祠而奉之，所以尊前賢勵後學也。正安之新州場，有務本堂遺址，相傳爲漢尹道真先生講學之處。先生昔從汝南許叔重受經書圖緯，歸而教授於是，南域始知有學。是誠一洗牂柯之陋，允爲百世之師矣。本年四月，郡太守蘆洲趙公纂輯郡志，採先賢遺跡，攷著鴻篇。八月，又奉撫軍賓谷曾公檄，飭各屬以先生木主供奉書院，並於省垣創建專祠，俾黔中後進企先賢而興尚友之思，典甚鉅也。該地前經本州履勘堂址，僅存二丈餘，隘於修建，旋取堂後三楚會館基地與左右各姓墳壠印契核查，俱係歷傳數十餘年，無從清理。今據會館司事等議，讓禹王宮餘地，廣四丈，長五丈五尺，上距圍牆，下距石樁，左右方正，廓充新建堂基，具呈存案。由是卜八月十三日興工重修，爲堂三楹，廣二丈八尺，修一丈二尺，周環以垣，並建門樓。樓外别造屋二，爲守祠居。僅匝月而工畢。十月之吉，謹奉先生木主祠中供祀，其歲時祭田及守祠日食别籌，以垂永久。

《〔同治〕永順府志》卷五《秩祀寺觀》 聖英殿在舊司城。關帝及先主張桓侯像俱係銅鑄。有香火田。原土司彭元錦建。今迎先主桓侯像供於城東門外之廟後。

《〔同治〕南昌府志》卷一三《典祀・祠廟》 萬壽宫在廣潤門内，一名鐵柱宫，晉建，祀旌陽令許遜。宫左有井，與江水相消長，中有鐵柱，旌陽所鑄，以鎮蛟螭之害。唐咸通中，額曰「鐵柱觀」。宋大中祥符二年，賜名景德觀。政和八年，改延真觀，上尊號曰神功妙濟真君。嘉定間，御書額「鐵柱延真之宫」。明初壬寅春，太祖至隆興，幸鐵柱觀。正統元年，按察使石璞奏，許遜、韋丹有功德於民，宜列祀典，詔許，仍祀鐵柱宫，韋祠鐵柱觀西。嘉靖間，賜名妙濟萬壽宫。萬曆二十八年復建。前有勅書亭，後有玉皇閣。尋廢。國朝順治十四年，巡按笪重光倡修。康熙十四年，巡撫董衛國重修。雍正二年復廢，巡撫裴𢕟度重修。自爲記。乾隆四十六年，南昌知縣李洗心倡捐重修。嘉慶八年，江西旱，巡撫秦承恩禱雨靈應，奏請加封。九年，奉旨勅封靈感普濟之神，官爲致祭，祭期以春秋仲月次丁日，祭品用帛一，羊一，豕一，尊一。嗣於道光癸卯甲辰年間，各邑紳士勸捐重修，戊申工竣，宏壯瑰麗倍逾於舊，計費銀二萬數千兩有奇。前巷餘地計造店面二十九間，並大殿兩廊每歲收租若干，爲裕後修理之費。各殿繪有全圖。咸豐二年，粵匪圍城，大吏迎置神像於德勝門敵樓，賊火箭礮子落城中如雨，而不傷一民，又攻城時有反風燒賊之事。既解圍，巡撫張芾奏請加封神號，文宗顯皇帝御書「誠祈應感」匾額頒懸神廟，並准以「萬壽」二字顔宫。同治十年，闔省紳商集貲重修。舊志。《南昌縣志》。

《南昌縣志・跋》：熊明遇《鐵柱宫勅書亭碑畧》云：嘉靖中，賜璽書；萬曆中，亦頒有璽書，久藏羽士私室。會黄岡劉直指宗祥行部斯土，率五十金資他繕治，父老請採石爲碑爲亭，鐫玉皇當甬道中。舊志未詳作亭始末，節録補闕。

《〔同治〕會理州志》卷二《營建志・祀廟》 圜橋三洞，東名宦祠三間，西鄉賢祠三間，節孝祠三間，櫺星門一座，胡東皋建，國朝生員王問仁重修。聖域賢關門二道，照墻一座。國朝康熙四十五年，學正林健行培修正殿四隅，兩廡圍墻。乾隆三十九年，大成殿梁棟摧折，經州人胡嘉謨、劉灝、馬嶽、嚴爾譓、張必焯、馬遇培修。又自嘉慶十八年，經知州劉德銓、德勳、黄嶰谷倡率，闔州士民捐資，武舉馬追、蘇必和等澈底新修，大成殿三間，東西廡各五間，崇聖祠三間，東西走廊各三楹，戟門三楹，東名宦祠三間，西鄉賢祠三間，東西更衣所各一間，櫺星門三楹，東忠義祠三間，西節孝祠三間，泮池一區，圜橋三洞聖域賢關門二座，數仞宫墻一座，至道光辛巳年告竣。

《〔光緒〕蘇州府志》卷三六《壇廟祠宇一》 吴相伍大夫廟在胥口胥山上。盧《志》：吴縣西南四十里。子胥死，吴人於此立祠，俗稱胥王廟。宋元嘉二年，吴令謝珣移廟城中。乾道間，復建故處。明正德間重修。莫旦記。一在洞庭東山楊灣，國朝康熙初建。今皆存。一在盤門内，俗稱南雙廟。宋建中靖國初，知蘇州吴伯舉修。《元和縣志》伯誤作仲。元大德三年，嘗著靈異，回海潮，敕封號爲忠孝感惠顯聖王。至正間，廉訪僉事李仲美《康熙志》「美」作「善」。《吴縣志》作李善。别立廟於胥門上。胥門有伍公祠，其神像作立以望越帥入之狀。明郡守況鍾謁祠，命改坐像，并拓開其堂址。掘地，得一石，鐫有字云：若要子胥坐，須待二兄來。蓋公姓也。見《況太守集》。其後乃立舊廟。明成化十五年燬，巡按御史劉魁、知府劉瑀重建。萬曆四十年，裔孫伍袁萃移胥門内朱家園，即督糧同知廢署改建。祀連尹奢、棠君尚於寢。國朝康熙五十六年，裔孫伍大鈞重修。咸豐十年燬。

《〔光緒〕蘇州府志》卷三六《壇廟祠宇一》 范文正公祠在義宅東。宋咸淳十年，知府潛説友奏建，案：祠内有潛公祠。見姜順蛟《吴縣志》。祀參知政事魏國文正公仲淹。子將作主簿純佑、尚書右僕射許國忠宣公純仁、尚書右丞周國恭獻公純禮、龍圖閣直學士純粹配。元至正間，奏即祠置書院。詳見書院。明嘉靖間，巡按御史温如璋於祠後建三公堂，祀公曾祖徐國公夢齡、祖唐國公贊時、考周國公墉。咸豐十年燬。同治五年，重建門堂。

《〔光緒〕黎平府志》卷二下《壇廟》 苗老丢祠在南關外對門河岸，祀苗民老丢。逆苗香要謀叛，老丢赴報，全家被害。巡道龔學海給以「能知大義」匾額。道光二十四年，下江廳王承淮捐廉建祠，地方官春秋致祭。咸豐年燬。嚴智元《題老丢祠》詩：廟貌依山静，荒庭草木煙。留將高節在，何惜此身捐。大義當年著，明禋此日延。可憐無限憾，末得表遺編。

武侯廟，城南鼓樓坡關帝廟左。舊與關帝同廟，後以正宇三間別爲關帝廟，則武侯祠乃其專祀也。光緒十七年，知府俞渭集紳士議，以文昌宮舊址改建，會典祭日與關帝同。又亮司署左有二侯祠，並祀英惠侯楊再思。龍亨極《二侯祠記》：古人所經過臨涖之區，往往在人，意想間與天地無終極；而俎豆尸祝之者，無異其高曾祖考，夫何爲而然哉。此秉彝好德之心所發於不自知、出於不自禁者也。司治一帶，據輿志爲漢丞相諸葛武鄉侯南征營寨，寨以侯名，其信然耶！又司治在梁，宋時隸誠州，梁楊公再思據誠州稱刺史，有功於民，因建祠於飛山之麓。其孫曰通蘊、通寶，通寶美丰儀，嫺詞令，宋太平興國二年，納款京師，太宗召見以爲賢，仍授誠州刺史。後勅封再思爲英惠侯，改封威遠侯。吾司舊有祠祀通蘊、通寶，而以吾始祖承直郎配享其間。後吾宗官文炳謂祀孫而忘其祖，於禮未協，宜增再思公木主；又以武侯之靈直塞寰區，況吾司爲武鄉侯所經歷之地，而木主缺如，瓣香未致，揆以飲水思源之義，何以安哉？爰取舊祠而新之，並增武鄉侯及威遠侯木主，位北面南。前有一井，約深丈餘，圍之以石，其來既久，汲水者繩牽石損，深至一二寸許。豈南征時遂有此井，而後乃疏鑿培益之，以至於今與？遍考吾鄉，未有若斯井者，亦一異也。

按：吾司形勢，五龍聳於南，錦屏距於北，東、西侍衛者曰人山、鉢山，中流一水，遠出山谷間，而匯諸澗溪，百折以入於江，地之平陽與中州等。鍾斯氣者，宜有天空海闊之思，山立雲行之象，指揮羣衆，鎮壓方隅，卓然自表見於世。如二侯其人者，何數百年來寂寂無人也！豈壞地褊小，不足以產斯人與？然則人皆可以爲堯舜，又何説也？吾輩從祀先賢，非徒肅衣冠，謹趨蹌，循行具文之謂，亦在乎心先賢之心，學先賢之學，事先賢之事焉耳。《書》曰：黍稷非馨，明德惟馨。《詩》曰：高山仰止，景行行止。雖不能至，心嚮往之。嗚呼！人可不自立也哉。

按：諸葛武鄉侯於雍正二年入祀西廡，允宜俎豆千秋矣。豈獨黎平所祠祀？蓋當時南征所至皆捷，其恩信實足柔服人心，故遺跡遺製甚多，如亮寨、諸葛營、諸葛洞、諸葛銅鼓、諸葛錦之類，雖千百世後猶稱道弗衰，則專祠奉祀，不亦宜乎。《唐志》。

武侯廟在城內西門坡卧龍岡，乾隆十三年建。左抱膝亭、鳴琴閣，左爲濟火祠。相傳侯征孟獲，濟火爲鄉導，韋姓，名阿里黑。總督張廣泗《武侯廟碑記》：古州爲黔之東境，悉苗藪也。盤屋盤紆，椒蕃瓜蔓，自昔叛服靡常，漢以迄明，率羈縻之。我朝定鼎以來，明德天威，海隅暨訖，視么麽黑子若豐草長林，烏鴉而獸狉，是覆載之量耳，非意爲包荒也。乃椎髻鉄額之徒，殘忍忮害，動逞凶狡，往往烏合鴟張，刦奪細虜，擾蕩邊徼以弗靖。雍正九年，巡撫張欽承廟謨督師進勦，焚其巢穴而殄厥渠魁。數百千年不通聲教之區，一旦盡入版圖，因得周覽地形，有臺屹然，苗人以諸葛名之，相傳武侯南征，駐兵於此。其事固無可考，然按之志乘，武侯所過輒有遺蹟付諸山靈，如貯甲、銅鼓兩巖以及祭星壇、觀風臺等，故址比比皆是，則此臺爲侯駐兵之處，諒非附會無稽之談。況歷年既久，而苗人不敢一至其處，至輒疾作，謂攖侯之怒而然，必禱祀乃止。則侯之赫濯，猶昭昭人耳目，無怪乎尸而祝之者，徧南服也。兵備副使孫君紹武曩既從事軍營，今復觀察其地，覽斯臺之在望，不禁流連今昔，謂苗氛綏靜，未必非侯之靈默相其間，爰立祠於卧龍岡以祀之。前後堂各三楹，左立亭曰抱膝亭，右建閣曰鳴琴閣，蓋述侯之高致而彪炳勳庸歸於淡定也。門外建祠三間，以祀濟火，蓋報其能向風慕義，佐侯平定南服也。岡名卧龍者，則又因侯之故里，而藉以志高山仰止之思也。他如書屋、庖廚、僧寮、客館，無不畢具。計建祠之費共七百餘金，悉皆官捐，不煩民力。董其事者，古州同知蔡時豫與照磨金鼎也。噫，是祠之建，非特表我侯南征之偉績，亦欲使精夫姎徒覩廟貌之巍峩，而讋其跳梁之志，以徵聖朝之照臨無遠弗届，而攻心一語，且千古如一轍也。是爲記。

藝文

梅鼎祚《隋文紀》卷四牛弘《議修立明堂奏開皇三年，弘拜禮部尚書，勅修撰《五禮》，上議請依古制修立明堂，上以時事草創，竟寢不行》竊謂明堂者，所以通神靈，感天地，出教化，崇有德。《孝經》曰：宗祀文王於明堂，以配上帝。《祭義》云：祀于明堂，教諸侯孝也。黃帝曰合宮，堯曰五府，舜曰總章，布政興治，由來尚矣。《周官·考工記》曰：夏后氏世室，堂修二七，廣四修一。鄭玄注云：修十四步，其廣益以四分修之一，則堂廣十七步半也。殷人重屋，堂修七尋，四阿重屋。鄭云：其修七尋，廣九尋也。周人明堂，度九尺之筵，南北七筵，五室，凡室二筵。鄭云：此三者，或舉宗廟，或舉王寢，或舉明堂，互言之，明其同制也。馬融、王肅、干寶所注，與鄭亦異，今不具出。漢司徒馬宮議云：夏后氏世室，室顯於堂，故命以室。殷人重屋，屋顯於堂，故命以屋。周人明堂，堂大於夏室，故命以堂。夏后氏益其堂之廣百四十四尺，周人明堂，以爲兩序間大夏后氏七十二尺。若據鄭玄之説，則夏室大於周堂，如依馬宮之言，則周堂大於夏室。後王轉文，周大爲是。但宮之所言，未詳其義。此皆去聖久遠，禮文殘缺，先儒解説，家異人殊。鄭注《玉藻》亦云：宗廟路寢，與明堂同制。《王制》曰：寢不踰廟。明大小是同。今依鄭玄注，每室及堂，止有一丈八尺，四壁之外，四尺有餘。若以宗廟論之，祫享之時，周人旅酬六尸，并后稷爲七，先公昭穆二尸，先王昭穆二尸，合十一尸，三十六主，及君北面行事於二丈之堂，愚不及此。若以正寢論之，便須朝宴。據《燕禮》：諸侯宴，則賓及卿大夫脱履升坐。是知天子宴，則三公九卿並須升堂。《燕義》又云：席，小卿次上卿。言皆侍席，止於二筵之間，豈得行禮？若以明堂論之，總享之時，五帝各於其室。設青帝之位，須於太室之内，少北西面。太昊從食，坐於其西，近南北面。祖宗配享者，又於青帝之南，稍退西面。丈八之室，神位有三，加以簠簋籩豆，牛羊之俎，四海九州美物咸設，復須席工升歌，出罇反坫，揖讓升降，亦以隘矣。據兹而説，近是不然。案劉向《别録》及馬宮、蔡邕等所見，當時有《古文明堂禮》、《王居明堂禮》、《明堂圖》、《明堂大圖》、《明堂陰陽》、《太山通義》、《魏文侯孝經傳》等，並説古明堂之事，其書皆亡，莫得而正。今《明堂月令》者，鄭玄云是吕不韋著《春秋》十二紀之首章，禮家鈔合爲記。蔡邕、王肅云周公所作。《周禮》内有《月令第五十三》，即此也。各有證明，文多不載。束皙以爲夏時之書。劉瓛云：不韋鳩集儒者，尋于聖王月令之事而記之。不韋安能獨爲此記？今案：不得全稱《周書》，亦未可即爲秦典，其内雜有虞、夏、殷、周之法，皆聖王仁恕之政也。蔡邕具爲章句，又論之曰：明堂者，所以宗祀其祖，以配上帝也。夏后氏曰世室，殷人曰重屋，周人曰明堂。東曰青陽，南曰明堂，西曰總章，北曰玄堂，内曰太室。聖人南面而聽，向明而治，人君之位莫不正焉。故雖有五名，而主以明堂也。制度之數，各有所依。堂方一百四十四尺，巛之策也；屋圓楣徑二百一十六尺，乾之策也。大廟明堂方六丈，通天屋徑九丈，陰陽九六之變，且圓蓋方覆，九六之道也。八闥以象卦，九室以象州，十二宮以應日辰。三十六户，七十二牖，以四户八牖乘九宮之數也。户皆外設而不閉，示天下以不藏也。通天屋高八十一尺，黄鍾九九之實也。二十八柱布四方，四方七宿之象也。堂高三尺，以應三統，四向五色，各象其行。水闊二十四丈，象二十四氣，於外以象四海，王者之大禮也。觀其模範天地，則象陰陽，必據古文，義不虚出。今若直取《考工》，不參《月令》，青陽、總章之號不得而稱，九月享帝之禮不得而用。漢代二京所建，與此説悉同。建安之後，海内大亂，京邑焚燒，憲章泯絶。魏氏三方未平，無聞興造。晉則侍中裴頠議曰：尊祖配天，其義明著，而廟宇之制，理據未分。宜可直爲一殿，以崇嚴父之祀，其餘雜碎，一皆除之。宋、齊已還，咸率兹禮。此乃世乏通儒，時無思術，前王盛事，於是不行。後魏代都所造，出自李沖，三三相重，合爲九室。簷不覆基，房間通街，穿鑿處多，迄無可取。及遷宅洛陽，更加營構，五九紛競，遂至不成。宗配之事，於焉靡託。今皇猷遐闡，化覃海外，方建大禮，垂之無窮。弘等不以庸虚，謬當議限。今檢明堂必須五室者何？《尚書帝命驗》曰：帝者承天立五府，赤曰文祖，黄曰神升，白曰顯紀，黑曰玄矩，蒼曰靈府。鄭玄注曰：五府與周之明堂同矣。且三代相沿，多有損益，至於五室，確然不變。夫室以祭天，天實有五，若立九室，四無所用。布政視朔，自依其辰。鄭司農云十二月分在青陽等左右之位，不云居室。鄭玄亦言每月於其時之堂而聽政焉。《禮圖》畫个皆在堂偏，是以須爲五室。明堂必須上圓下方者何？《孝經援神契》曰：明堂者，上圓下方，八窻四達，布政之宮。《禮記・盛德篇》曰：明堂四户八牖，上圓下方。《五經異義》稱講學大夫淳于登亦云上圓下方，鄭玄同之。是以須爲圓方。明堂必須重屋者何？案：《考工記》夏言九階，四旁兩夾窻，門堂三之二，室三之一。殷、周不言者，明一同夏制。殷言四阿重屋，周承其後不言屋，制亦盡同可知也。其「殷人重屋」之下，本無五室之文。鄭注云：五室者，亦據夏以知之。明周不云重屋，因殷則有，灼然可見。《禮記・明堂位》曰：太廟，天子明堂。言魯爲周公之故，得用天子禮樂，魯之大廟與周之明堂同。又曰：複廟重檐，刮楹達嚮，天子之廟飾。鄭注：複廟，重屋也。據廟既重屋，明堂亦不疑矣。《春秋》：文公十三年，太室屋壞。《五行志》曰：前堂曰太廟，中央曰太室，屋其上重者也。服虔亦云：太室，太廟太室之上屋也。《周書・作洛篇》曰：乃立太廟、宗宮、路寢、明堂，咸有四阿反坫，重亢重廊。孔晁注曰：重亢累棟，重廊累屋也。依《黄圖》所載，漢之宗廟皆爲重屋。此去古猶近，遺法尚在，是以須爲重屋。明堂必須爲辟廱者何？《禮記・盛德篇》云：明堂者，明諸侯尊卑也。外水曰辟廱。《明堂陰陽録》曰：明堂之制，周圜行水，左旋以象天，内有太室，以象紫宮。此明堂有水之明文也。然馬宮、王肅以爲明堂、辟廱、太學同處，蔡邕、盧植亦以爲明堂、靈臺、辟廱、太學同實異名。邕云：明堂者，取其宗祀之清貌，則謂之清廟；取其正室，則曰太室；取其堂，則曰明堂；取其四門之學，則曰太學；取其周水圜如璧，則曰璧廱。其實一也。其言别者，《五經通義》曰：靈臺以望氣，明堂以布政，辟廱以養老教學。三者不同。袁準、鄭玄亦以爲别。歷代所疑，豈能輒定？今據《郊祀志》云：欲治明堂，未曉其制。濟南人公玉帶上黄帝時《明堂圖》，一殿無壁，蓋之以茅，水圜宮垣，天子從之。以此而言，其來則久。漢中元二年，起明堂、辟廱、靈臺於洛陽，並别處。然明堂亦有璧水，李尤《明堂銘》云流水洋洋是也。以此須有辟廱。夫帝王作事，必師古昔，今造明堂，須以《禮經》爲本。形制依於周法，度數取於《月令》，遺闕之處，參以餘書，庶使該詳沿革之理。其五室九階，上圓下方，四阿重屋，四旁兩門，依《考工記》、《孝經》說。堂方一百四十四尺，屋圓楣徑二百一十六尺，太室方六丈，通天屋徑九丈，八闥二十八柱，堂高三尺，四向五色，依《周書・月令》論。殿垣方在內，水周如外，水內徑三百步，依《太山盛德記》、《覲禮經》。仰觀俯察，皆有則象，足以盡誠上帝，祗配祖宗，弘風布教，作範於後矣。弘等學不稽古，輒申所見，可否之宜，伏聽裁擇。興治，《北史》作興教。二七作七。尋度九尺作廣九尺。時作日。世室作世代。

楊炯《盈川集》卷五《少室山少姨廟碑》 臣聞崑閬，西北之天門也，則五帝處其陽陸，三皇居其正地；太山，東南之日觀也，則秦皇刻其石銘，漢帝探其玉策。故知建都邑，正方位，畫崇墉，刳濬洫，必憑天地之險，然後四海爲家；擁神休，尊明號，協時月，同量衡，必致山川之祠，然後羣神受職。少室山者，山嶽之神秀也。憑河圖而括地，用遁甲而開山。發揮宇宙之精，噴薄陰陽之氣。壁立而千仞，削成而四方。北臨恒碣，猶如聚米；南望荆衡，纔同覆簣。共工觸皇天之八柱，未足擬議；龍伯釣溟海之三山，無階嚮像。考於含神紀，白玉猶存；驗于《山海經》，黃花不落。其名有序，則太室西偏；其位可知，則嵩高佐命。若乃乾坤之所合，雷雨之所交，仰躔七星之野，俯鎮三河之曲。朝市臨於域中，樞機正于天下。六合交會，於是乎有天帝之下都；九州名山，於是乎有靈仙之窟宅。臣謹按：少姨廟者，則《漢書・地理志》嵩高少室之廟也。其神爲婦人像者，則故老相傳云：啓母，塗山之妹也。昔者生於石紐，水土所以致其功；娶於塗山，室家所以成其德。后宗之位，象南宮之一星；外戚之班，比西京之列傳。惟幾不測，其道無方，騁神變而揮霍，降精靈而肸蠁。亦猶蔣侯三妹，青溪之軌迹可循；虞帝二妃，湘水之波瀾未歇。何止祠稱丁婦，廟號滕姑？少女宅於西宮，夫人館於南嶽。山臨白岸，空聞石室之靈；浦對青崖，獨有金臺之異。若斯而已矣。時更魏晉，數歷周隋，四望於是莫脩，八神以之無主。炎涼代序，寧觀俎豆之容；霜露霑衣，非復絃歌之地。國家乘天造之草昧，屬人謀之與能。奄有大寶，遂登神器。天地水火之無象，則女媧氏補之，於是乎甄其四石；東西南北之失位，則神農氏立之，於是乎甄其四海。天皇貴與天乎合德，富與地乎侔資。窮變化之理，盡神明之數。伏羲畫卦，惟觀鳥獸之文；黃帝垂衣，蓋取乾坤之象。利兼於成器，功周于備物。瑶臺美化，闡邦國之風猷；銀牓嘉聲，茂君親之典禮。稱才子者八族，則叔獻季貍；有亂臣者十人，則太顛閎夭。若夫圓丘方澤，所以饗天神地祇；復廟得櫚，所以序文昭武穆。命秩宗之位，分太宰之官，考虞夏之質文，定殷周之損益，其大禮有如此者。高陽有飛龍之樂，始會八風；帝舜有儀鳳之音，初調九奏。后夔典其教，制氏辨其聲，鐘磬芋瑟致其和，尊卑長幼成其序，其廣樂有如此者。太微營室，明堂布政之宮；白獸蒼龍，象魏懸書之法。下應猶草，王言如絲，北辰而拱衆星，南面而朝天下，其爲政有如此者。糾萬人者，施以八刑；詰四方者，戒之三典。畫衣不犯，載酒無冤，免禽獸於網羅，納寰瀛於軌物。其恤刑有如此者。周人之養國老，始闢西膠；漢代之召諸生，初開太學。辟雍所以行其禮，泮宮所以辨其教。童子三尺，羞談覇后之臣；冠者六人，唯述明王之道。其文德有如此者。涼風至，司馬於是乎陳兵；太白高，將軍於是乎宜戰。乘斗柄而誓旅，出星門而杖鉞。莊周稱天子之劒，舉之按之；吕望言聖人之兵，如風如雨。其武功有如此者。稽其殷令，有文犀利劒之効珍；考其周書，有諸白乘黄之騁力。東漸西被，南馳北走。盧敖之窮觀六合，不出于城隍；陶侃之飛入八門，未遊於宮室。其疆理有如此者。察璿璣而孚大運，天迴地游；吹玉律而部人時，陽動陰静。烟雲蕭索而合彩，日月淑清而啓旦。豈直鳳巢阿閣，入軒后之圖書；魚躍中舟，稱武王之事業？其休徵有如此者。然則囊括混沌，發揮生靈，大庭不足使驂乘，驪連不足使扶轂。可以會玉帛，可以答靈祇。行聖人之大孝，既郊祀而宗祀；昭帝王之盛節，亦因天而事天。猶復下聽輿人，旁求故實。以爲唐堯五載，無聞太室之儀；殷帝八遷，未卜王城之地。是用陳圭置臬，建周后之兩都；詔蹕鳴鑾，巡漢王之中嶽。熒惑先列，招摇在上，隱天而動地，欻埜而歕山。旌旗則日月運行，鐘鼓則雷風相薄。道伊闕，據轘轅，怡然肆望，邈乎周覽。壯靈山之雲雨，仍求載祀之經；對閒寢之丘墟，思秩無文之禮。於是降天渙，命司存，因其舊跡，葺其新廟。詳費務，議工徒，下隴蜀之名材，致荆藍之寶玉。易者言乎悦使，民忘其勞；詩者歌乎子來，成之不日。東西轇轕，南北峥嶸。繡桷兮雲楣，光照耀兮奪目；桂棟兮蘭橑，氣氤氳兮襲人。皎日登于綺疏，奔星下于閨闥。珠簾瑁匣，上高閣而三休；金柱銀楹，出長廊而中宿。窮山海之瓌寶，盡人神之壯麗。豈止河庭貝闕，俯瞰馮夷之都；洛水瑶壇，旁臨虙妃之館爾。其巘嶂重複，岡巒左右，青霞起而照天，白霧生而布地。餘基隱嶙，仍知萬歲之亭；古木摧殘，尚辨三花之樹。明公舊祀，棟宇岧嶢；仙女層臺，風烟爛漫。軒轅之訪大塊，先求牧馬之童；太一之徵少君，直下乘龍之使。夫峻極也，天帝因而會昌；大降神也，景福繇其興作。於是乎昭之以明德，聽之以和聲，可以羞澗溪沼沚之毛，可以奠潢汙行潦之水。

聰明正直，惟鬼神而有知；玉帛犧牲，寔陳信而無愧。日之吉，靈之來，蜺爲旌兮翠爲蓋，雷爲車兮電爲策。鼓之以南箕，風翊翊而先路；潤之以西畢，雨冥冥而洒道。其始至也，若海静山空，曈曈曨曨，照白日於扶桑之東；其少進也，若移星轉漢，燦燦爛爛，吐明月於瀛洲之畔。佩珠璣而玓瓅，襲羅縠而飄颻。建晨纓之寶冠，踐遠遊之文履。命儔兮嘯侣，徙倚兮徘徊。羣仙畢集，衆靈咸至，有西華之紫妃，有中黄之素女。華山之上，明星遠燭；陽臺之下，暮雨潛通。或瓊室以飛霞，或銀臺而薦樂。天孫忽降，蹔停支石之機；神女相歡，即起投壺之電。左侍右衛，則甲申之瓊石，乙巳之蘭蕭；妍娼妙妓，則憑悦之清歌，幽靈之鼓瑟。樂章既闋，禮容斯備。迴風兮雲旗，入不言兮出不辭；荷衣兮蕙帶，倏而來兮忽而逝。惟神享德，降百福而無疆；惟嶽配天，視三公而有典。昔者夏后氏之乘四載，仍開宛委之圖；周穆王之御八龍，猶紀弇山之石。况乎上照下漏，天平地成。人主宅中，旁羅於宇縣；山靈顯位，密邇於神州。豈使令德不傳，頌聲無紀？繇是三天降策，有南霍之升儲；八丈鐫銘，有西王之服道。魏國鐘繇之字，惟勒歲年；晉家張載之文，遂承明詔。其詞曰：

上帝有命，皇天無親。樹之元后，以牧烝人。光宅六合，懷柔百神。德成郊祀，禮備宗禋。其一。軒稱配永，崐墟帝出。堯號則天，汾陽詔蹕。覲人設教，協時同律。有感必通，無文咸秩。其二。皇家啓聖，受命於天。上鍊五石，旁疏百川。開階運斗，宅海乘乾。王母益地，周公卜年。其三。天子建德，重規疊矩。聖敬日躋，宗文祖武。範圍三極，和平萬宇。率由舊章，粤若稽古。其四。璇宫夜敞，銀牓朝開。德象陰月，聲符震雷。山河翼戴，星緯鹽梅。能事畢矣，乾元大哉！其五。化定制禮，功成作樂。日月旂常，夏殷正朔。德澤天外，文明地角。氣白星黄，風摇露濁。其六。兩京畿甸，五載巡遊。驅馳太乙，部列蚩尤。將見大隗，爰尋許由。迴鸞躑躅，寓目周流。其七。鬱鬱靈鎮，巘巘積石。直上五千，去天三百。帝休非遠，貝經可覿。石室徘徊，瓊膏滴瀝。其八。山惟地德，神即陰靈。瑶姬逐雨，玉女隨星。陰陽不測，黍稷非馨。倏忽年代，荒蕪廟庭。其九。旁求祀典，載垂天漢。始詔林衡，俄成壯觀。紫柱星錯，丹梁霞焕。似對青溪，如遊白岸。其十。文狸赤豹，霞策雷車。隱隱中道，訇訇太虚。遂停龍駕，永托神居。天迴地止，霧歇雲除。其十一。衆靈睒揚，羣仙容與。衡嶽夫人，海濱游女。洛川解佩，天河弄杼。顧慕招携，繽紛儔侣。同聲同氣，爰笑爰語。其十二。于以採蘋，南澗之濱。于以採藻，于彼行潦。日吉兮辰良，浴蘭湯兮沐芳。揚枹兮拊鼓，奠桂酒兮椒漿。神其萃止，降福穰穰。其十三。

《〔乾隆〕衡州府志》卷之三二韓愈《題耒陽杜工部祠》　何人鑿開混沌殼，二氣由來有清濁。孕其清者爲聖賢，鍾其濁者成愚樸。英豪雖没名猶嘉，不肖虚死如蓬麻。榮華一旦世俗眼，忠孝萬古賢人牙。有唐文物盛復全，名書史册俱才賢。中閒詩筆誰清新，屈指都無四五人。獨有工部稱全美，當日詩人無儗倫。筆追清風洗俗耳，心奪造化無陽春。天光晴射洞庭秋，寒玉萬頃清光流。我常愛慕如饑渴，不見其面生(同)〔閒〕愁。今春偶客耒陽路，凄慘去尋江上墓。召朋特地踏煙蕪，路入溪村數百步。招手借問騎牛兒，牧童指我祠堂處。入門古屋三四間，草茅緣砌生無數。寒竹珊珊摇晚風，野蔓層層纏庭户。升堂再拜心惻然，心欲虔啓不成語。一堆空土煙蕪裏，虚使詩人嘆悲起。怨聲千古寄西風，寒骨一夜沉秋水。當時處處多白酒，牛炙如今家家有。飲酒食炙今如此，何故常人無飽死。子美當日稱才賢，聶侯見待誠非喜。洎乎聖意再搜求，姦臣以此欺天子。捉月走入千丈波，忠諫便沉汨羅底。固知天意有所存，三賢所歸同一水。過客留詩千百人，佳詞繡句虚相美。墳空飫死已傳聞，千古醜聲竟誰洗。明時好古疾恶人，應以我意知終始。

徐鉉《徐公文集》卷一二《舒州新建文宣王廟碑序》　鉉嘗讀文中子所著書，竊覩其建言設教，憲章周孔，有道無位，故德澤不被于生民。然而門人弟子，如房、魏、李、杜輩，皆遭遇真主，佐佑大化，元功盛烈，亦云至矣。猶以爲禮樂不興，未能行文中子之道。嗟乎！使顔、閔之徒遇貞觀之世，舉聖人之業，成天下之務，豈不益大乎！時運不並亨，聖賢不世出，可爲長嘆息已矣！夫太羹玄酒，足以通神明而不能競適口之味；《大咸》、《雲門》足以和風俗而不能高娱耳之聲；五常六藝，足以興國家而不能勝捷給之數；釋菜合樂，足以祈永貞而不能掩福田之説。李斯，荀卿弟子也，而爲焚書之酷；德彝，文皇上宰也，而沮王道之議，况其餘哉！故用兵已來，郊庠鄉塾，委而不修者有年矣。皇唐中興之一紀，天子乃崇學校，養庶老，舉六德，教胄子，旁達郡國，靡然向風。舒州，古諸侯之封也，其地廣，其任重。太傅周公，舊勳碩望，來頒詔條，武以貞師，仁以行政，動必資于前訓，舉必順于人心。前吏部郎鍾君，頃登銓管之司，實參侍從之列，論思典治，必以名教爲先。洎從左宦，來爲佐職，神交主諾，人無間然。始一年而旱暵作，二年而百穀登，三年而上下和。既富而教，爰修廢典。乃嚴社稷，則播殖之功報；乃祀箕畢，則風雨之修時。乃即舋堂，謁先聖，寢廟卑而將圮，衮冕陋而不度。政之大者，烏得已焉？于是庀功庸，宗儀制，堂奧户牖，巍乎大壯，山龍藻火，焕乎有章。重門以深之，周垣以繚之，俎豆升乎筵，干戚由乎序。侁侁衆賢，是配是侑；肅肅燕毛，以衎以樂。閭伍之屬，耇幼之倫，惠澤漸乎肌膚，風教移乎情性。惜其所治者百城耳，推是而往，何所不至哉！鉉也不才，放逐至此，蒙地主之惠，接故人之歡，博我以文，宜無所讓。屬役既具，冠篇將畢，會鍾君召還京師，祖行之夕，視草以送。且曰：敬教勸學，非大君子不能行；計功稱伐，非大手筆不能任。吾友紫微郎韓君，即其人也，託之銘頌，以永清風。

王炎午《吾汶藁》卷三《張縣尉舊祠堂記》 宋端平太學生張公安世，字履道，調衡陽縣尉，世居永新之龍溪，其孫某避亂徙煙溪。公病且革，誡其子聖翁曰：「吾祖考祠于是者，暫也，而龍溪則其初也。我死，魂必從焉。其返葬先塋，而以先廬扁友梅菴永奉舊祠。」聖翁既從先志，其子性源恐來世不究祠菴之義，求余文記之。余惟父子孫之行事雖殊，而孝則一也，遂不辭。周制：官師一廟。官師，古之中下士也。下士，今之縣長、丞、尉當之。衡陽尉，古下士，可廟也，而不廟，時也。《禮》：「索祭于祊，不知神之所在。于彼乎？于此乎？求諸遠者與？」説者曰：「索，求也。祊，廟門也，亦曰待賓客處也。彼，室也。此，堂也。遠者，無定所也。堂之與廟門，相去跬步者也，聖人制禮，猶慮神無定在，使祝求諸室，求諸堂，求諸廟門外，求諸賓客之處，復求諸遠。蓋虚無想像，庶幾萬一之遇。」今張氏望故家百里外，祖考生于彼，没于彼，墳墓于彼，而保其神靈必來此乎？先人臨别之音，他事且不敢負，矧葬祠重事，忍死其父、違其言乎？或議之曰：「一家二祠，主必兩設，禮歟？」余曰：「禮非天子不議。然漢立原廟，原重也，且廟于所嘗幸郡國。至宣帝時，合一百六十七所，諸陵不與焉。漢不必論也。周公，制禮者也，魯公，周公之後也。周公祀文武于洛邑，魯(公)建(公)别廟于許田，非耶？此禮之變而厚者也。朱文公以洛邑祀文武爲得禮之意。漢明帝遺詔無起廟，孝章以後，世世藏主于世祖廟，至積多無别。唐宋禮，令文武官立私廟。此有其禮，有其時，有其財。王珪以祭寢被劾，下至豪門富室，貯聲妓，藏貨賄，列棟列甍，猶以爲隘，誰能爲先人專掃一室者？此禮之變而爲薄者也。禮以義起，觀過知仁。過而薄，行道之人，猶或非之；過而厚，聖人復起，不能禁也。季札葬其子嬴博，而號曰：『骨肉歸于土，命也，而魂氣則無不之也。』是冀其骨嬴博而魂延陵也。温序死節，光武命葬洛，夢于其子曰：『久客思故鄉。』其子棄官，乞骨歸葬。是魂之不能返故鄉者，骨未離乎洛陽也。張氏新祠之合祠者，季札之望也；首丘而從先人者，温序之思也。余方將張之以勵薄俗，而顧有以議其禮與非禮哉！後之繼者之于祠祭爲何如也？其世世守之勿替！祀行于家祠，歲時拜掃，詣菴以祭。」聖翁字某，歷儒選，將仕矣。他時復其家聲，易祠而廟，未可知也。而余因是重有感矣。余四十年前太學諸生也，亦守墳墓而老且死者，于衡陽公有異世同舍之好，而公又南渡後之臣子也。丘塚既無恙，而新祠舊祠入奉出祭如此。彼晉宋穹陵新廟之寄南國者，且不可復識矣，矧東都汴水之舊者哉！余因是重有感矣。

王昶《金石萃編》卷一二四李瑩《大宋新修唐太宗廟碑銘并序》 乾綱裂，地維絶，國風歇，王澤竭。天命聖智，率其雄傑。于是補其裂，紉其絶，續其歇，益其竭。三才區别以更始，萬物陶鈞而焕發。東西南北，張再造之乾坤；春夏秋冬，皎重新之日月。功有如是之大者，臣見之于唐太宗文皇帝者哉。頃以暴隋失圖，蒸民無象，内則鏘金珮玉，縱蛇虺于賢良；外則弭節横戈，恣豺狼于郡縣。顧下民由我而曷訴，指上帝何知而可欺。惟惡乃常，謂善無益。五行四序，錯亂之道疇依；九州八荒，焚溺之災孰救。文皇帝泄彼怒氣，奮爲義聲。迅雷出地，幽蟄以而啓户；應龍御天，陰靄謂之作氣。厚其禮，所以歸多士；虚其懷，所以結群心。黎庶由是樂推，英俊于焉景附。君臣之分斯定，天人之機交發。靈旗南指，泛鷁之徒不迴；神兵西出，剪鶉之郊甫定。然後芟建德，誅世充，降李密，逐薛舉，日不暇給，寔繁有徒。暨乎奸僭平，河洛宅，儒雅集，禮樂興，嚮明洛居，恭默勤政。擇皋、夔、伊、吕之具以調陰陽，求龔、黄、卓、鄧之才以敷教化。于是五刑恤，五教寬，六宗秩，六府完。桀紂威虐之政，不日而革；堯舜清净之理，期年而旋。大如是，孰不謂帝道之煇焯，王業之艱難者焉？既而和氣凝，澆風變。在天成象，景星高而甘露零；任地班形，芝草植而騶虞見。倉廪實而禍亂不作，俎豆修而祭祀不絶。于以傳十八世，垂三百年，享國稱孤，由帝而有。今皇帝以文武迭用寧中外，以刑德交舉綏賢愚，化乎萬邦，歲俯一紀。邇者臨便殿，顧臺臣，乃曰：「功蔽生民，一時而可配天地；迹流信史，萬古而若揭日月者，前代聖王之德歟。豈可使蕪没陵園，湮沉黍稷？苟盛典以弗舉，俾後代以何觀？」于是給豐財、募奇匠。啓舊葬，所以極衣冠之飭；搆新廟，所以正祭祀之期。旋聞列藩，咸訖丕績，揚此能事，屬于盛朝。仍分詞臣，各誌年籥。微臣傴僂承命，怔忪省躬。執簡登朝，言直方慚于任座；揮毫撫石，思遲空類于馬卿。將何無愧之辭，仰紀非常之美？但遵睿旨，因得直書。庶明乎信陵有護冢之恩，止憐列國；

比干有封墓之賜，但念忠臣。將求其倫，曷足稱仵而已哉！謹爲銘曰：

天地既否，雲雷遘屯。平此多難，鍾于大君。大君肇興，大義斯作。雲出山川，奥開河洛。河洛既宅，華夷以康。曾如是者，太宗文皇。文皇未起兮，四維如燬；文皇既位兮，八荒如砥。文皇之迹兮，炳如丹青；文皇之功兮，配于天地。今我后念前王，修盛禮，陵廟載嚴，衣冠式備。仍命鴻筆，克揚能事。非獨以耀豐恩兮煇永世，抑亦使深爲谷兮高爲陵，英烈之聲，不美墜矣。

開寶六年，歲次癸酉，十月辛巳朔，十五日乙未建。

《〔雍正〕山西通志》卷一九四李瑩《新修成湯廟碑銘并序》 天不以大寶鍾于湯，則愆亢之災孰爲恤；湯不以至仁救其弊，則盛明之道孰爲彰？旱者天之數也，仁者湯之行也。數既有時，雖大聖而不可挽；行有于己，雖上天而不可違。則知旱不作，無以施湯之仁；仁不施，無以救時之旱。華夷萬國，嗷嗷咸迫于焦勞，寒暑七年，擾擾終逃于殄絶者，則湯大有造于天下也。是知宣湯之德，袪民之戾，歷古而下，其功不忘。嗚呼！天能覆也而不能載，地能載也而不能覆。苟覆載之一闕，顧人物以何依？此即道在相須，理由共濟者。其如較湯之功，量民之賜，斯所謂全其覆載之惠，廣于天地之能者乎！加之五反求賢，八遷定國，祝其網澤，流于禽獸，把其鉞功，革于淫荒。則比夫禦一時之災，捍一方之患，登吾祀典、忝我國章者，安可同年而語哉！應天廣運聖文神武明道至德仁孝皇帝之有天下也，比女媧之鍊五色以正上玄，賴文命之成四載以寧下土。昔者否運相繼，英風不興，四疆侵割以弗還，六府耗竭而奚有。我后投袂而起，按劍不平。南指荊衡，越重湖而靡煩一葦；西顧巴蜀，闢三峽而何假五丁？并汾暫駕而頓空，交廣長驅而大定。掃蕩之速，開闢無儔。既而武功成，文德備，千官翼以揚職，萬國熙而樂天。端冕凝旒，于以示華夏之無事；豐財利用，于以示富庶之有程。載還淳風，允屬丕運。然後舉墜典，沛豐恩，鑑盛德于前王，啓嚴祠于舊國。尊帝者之制，殫梓人之功，土木所興，奢儉成式。而復備衣冠之數，于以見車服以庸；定牲牢之秩，于以見祭祀不絶。非獨振輝華于萬古，展豐潔于百王，表蒸民之受賜，俾後代以知勸。仍揭貞石，克揚英規。聖人有成，敻古無對。臣也位忝烏府，學謝鴻都。振朝野之宏綱，已非稱職；紀皇王之能事，尤匪當仁。徒奉綸言，强抽秘思。庶使禁其樵採，何勞枯太戊之桑；享以盤盂，不假負阿衡之鼎。謹爲銘曰：

把鉞而麾，天下服其威；負鼎而至，天下知其歸。惟湯之舉，烝民所依。爰歷千古，宛然清輝。剪髪而祀，天下受其賜；解網而祝，天下知其惠。惟湯之理，烝民攸乂。爰歷千古，焯有餘美。湯之舉也既如彼，湯之理也又如此。乃較功庸，實逾天地。今我后舉豐恩，修盛禮。棟宇門闥，于是乎啓。牲牢衮冕，于是乎備。今古遺典，皇王能事。仍勒貞石，俾光來裔。昔如是，今如是。天長地久兮何言哉，有以見表明王而旌聖帝。

王昶《金石萃編》卷一三〇陳彭年《北嶽安天玄聖帝碑銘并序》 臣聞天有成命，所以啓貞期；國有崇名，所以伸大報。是知接丕統，擁元符，蓋明靈之幽贊；考書典，興闕文，乃邦家之欽奉。而况地有命嶽，以奠于坤維；嶽有至神，以毗于乾化。含澤布氣，罔不蕃滋；正位辨方，實分疆域。若乃俯當坎位，仰應辰星，目以茂丘，奠兹朔易，宜乎禮秩之有盛，感應之無垠者也。崇文廣武感天尊道應真佑德上聖欽明仁孝皇帝膺玄曆于上穹，繼僊源于邃古，紹祖武宗文之烈，承天清地寧之基。五營八校之兵，罔興燮伐；三德九事之政，靡不誕敷。咸池濩汜之鄉，出其底定；楛矢没羽之貢，亦既來臻。至道非子雲之可談，盛德豈吉甫之能頌？故宜舉列辟未行之典，祈生民無疆之休。粤以靈文申錫之四年，郯丘飲至之十月，上下之祀，于是交修，小大之神，以之咸序。瞻言巨址，茂顯明威。由是考曠絶之鴻規，成欽崇之縟典。以爲奉徽稱于王爵，未答炳靈；增偉號于帝圖，允昭輔德。爾乃盤根千里，設險兩河。纏次直于虚危，是爲神域；形勢鄰于遼碣，信曰名峰。神卉甘泉，靈蛇瑞璧。禮述并州之鎮，史傳簡子之符。爲皇朝受姓之區，邇先帝觀兵之地。肇隆基命，首冠羣方。疇德聰明，克膺丕律。乃詔曰：「北岳安天王」可增號「北岳安天玄聖帝。」既而治曆之士，涓吉日于惟良；掌故之臣，練鴻儀于有秩。奉常布令，未央會朝，百執交趨，八音在御。采章之色，熠燿于明庭；雲日之祥，焜煌乎昧旦。上被華衮，秉鎮圭，步自青蒲，臨于黼坐。出板詔，命輶軒，以尚書工部侍郎馮起攝太尉、太僕少卿裴莊攝司徒，奉王册衮服于曲陽之祠。上誠明内積，乾鞏外增，緬想威靈，有同覲止。恭册將陞于文陛，即爲之興；瑞節已出于端闈，然後乃罷。于是列藻衛，引清笳，交戟夾于華輈，列纛抗于亘路。六駿之駟，鳴朔吹而蕭蕭；九旗之游，映朝霞而淠淠。自神皐而肅駕，居靈趾而駐麾。耆童聚觀，袂成帷而汗成雨；次舍所歷，車不殆而馬不煩。載協元辰，順揚大禮。先之以嘉薦，是饗而是宜；繼之以祝辭，克誠而克信。奉琢玉之策，上升龍之衣。殿邦之臣，率官聯而侍祀；授命之使，達朝旨而報釐。于是神鑑至勤，天垂元吉。紛紛而降六出，以滋良田；莓莓而收千箱，終成稔歲。致茲上瑞，屬在乃神。復以配磅礴之靈，挺婉嫕之德。中饋之治，取象于犧經；作合之功，齊聲于周雅。增號曰靖明后，思河洲之茂德，四褕狄之美名，所以昭秘祉于咸宜，展徽章于盡善。既而公輸殫藝，仲將效工。增梅梁之規，以成其大壯；題銀牓之字，用示于方來。當景鑠之紹伸，必丕徵之疊見。或發乎方地，爲英爲甘；或麗于增穹，爲慶爲矞。布之輿誦，積于珍圖，足以見天地之心，聳華夷之聽。載念翕闢斯辨，融結云分。麗宵極而著明，是名列緯；峙方隅而定位，乃曰靈山。昭回之輝，既輔于臨鑑；峻極之勢，亦助乎資生。雖高下而殊形，蓋生民而咸仰；雖古今而異制，抑明祀而常修。而況藏疾以昭仁，設險以爲固。出油雲而布澤，稼穡是滋；育珍木而中材，斧斤斯取。龍蛇所宅，瑤琨實繁。植物之依，故無算也；群生之利，良則多焉。所以有邦，聿崇薦享。《虞書》之典，既曰望于；周之詩篇，亦云祈爾。秦之創統，圭璧有加；漢之承平，壇壝載闢。豈獨傳云乎庪，禮謂之薶者哉！矧復膺期運于千齡，爲共主于萬國，欽承乎上帝，丕冒乎蒸民。天下歸仁壽之封，海外同車文之迹。丹書緑圖之瑞，繼乎温洛滎河；五玉兩圭之祠，盛乎泰壇方澤。人之多幸，千倉億度之餘資；史不絶書，景風甘露之嘉瑞。蓋兩儀之所祐，百靈之所扶。故當濬發宸襟，述宣丕祉，疇咨令典，順考珍猷。遵必報之言，協至公之舉。尊名嘉號，升帝籙之會昌；備物多儀，顯國容之豐洽。然則明人之識，默定于羣倫；元后之心，大庇于區宇。靈爽攸執，蓋黔黎之所依；精意以伸，乃肹蠁之來鑑。德之歆也，于以薦神；神其聽之，由夫享德。今皇上以熙盛之德，祇達于克誠；名山以正直之神，茂膺于徽典。人祇吻合，福禄來成。與夫歲奉三祠，聞于往日；邑封百户，著于舊章。此其盛哉，彼奚取也。夫報况受職之應，高岳之鴻靈；祈福庇民之心，昌朝之純懿。期億載之傳信，捨斯文而曷觀？金刻所憑，筆精攸屬。臣顧慚懵學，獲侍凝嚴，雖罄諛才，何伸嘆頌。備副車之問，莫對于德音；刊金石之銘，徒膺于恩詔。既拜手而聞命，乃洗心而屬辭。銘曰：

茫茫后土，實載羣倫。奕奕峻嶽，必有名神。彰厥丕迹，佑此黎民。咸秩之祀，舊史相因。來同之應，多福常臻。猗歟常山，奠茲朔土。其高累千，厥名兼五。嘉卉實生，靈泉攸吐。顯靈儲瑞，聞于往古。饗德依人，輔于明主。巍巍常運，赫赫大君。王猷誕布，帝德升聞。乃成至治，乃受秘文。鴻儀舄奕，嘉應繽紛。浹洽區宇，輝映典墳。順考舊章，肇揚邦禮。言奉帝名，仰疇靈趾。刻字温璧，遣使文陛。載以齋車，翼之緹騎。合吉元日，達誠潔祭。流輝銀牓，增號椒庭。棟梁曲密，黍稷芬馨。顯茲景况，冠于祥經。人神交感，命曆嘉亨。縑緗協美，琬琰刻銘。

何炯《清源文獻》卷一四段全《興化軍文宣王廟碑》 咸平二年冬十月，興化軍作文宣王廟。明年夏四月，廟成，轉運天水公、知軍南陽公、通判京兆公將揭碑于廟，命僊遊段全爲其文。全曰：「稱孔子者，鮮不謂其德過于堯舜，及以天地日月爲之比對也。老生常談，曾不足尚，請紀作廟之所以。」先是，進士方儀以舊廟卑毀，不若諸浮屠、伯陽之祠，實將新而大之，率鄉之人，始搆正殿，塑繪先聖先師暨費侯至郕侯十人、淇陽伯、樊伯等六十一人。工止是而貲已竭。既而儀貢藝京師，因亟伏闕下，表其事，請出公錢以周是廟，以示文教于遠人。上嘉之，以三十萬俞之，命庫帑出之，軍之官其主之。于是材必市奇，工必募良，乃峻斯堂，乃延斯廊，乃崇斯門。由殿之北，辟廊爲室，以秘經籍，以休生徒。復徵彼冠冕、衮珮、几扆、車輅、旂旜、弓矢、戈戟、笙磬、琴瑟、鐘鼓、拊敔、鼎釜、七洗、鉶甄、彝壺之狀，明堂、廟社、壇坎制度，而模于其堂。凡系禮器，若巨與細，皇皇粲粲，罔有遺孑。噫！三代之典，百王之教，奚不觀之，盡在于此。比夫畿甸鄒魯作者，則廟之文不一缺。東南之俗，敏而有智，田畝市井之徒悉能識字畫字。今設廟像，嚴教道之如是，將見其已學者進而爲賢者，未學者化而爲學者，不可窮也。己非風雅，不能申明之，作詩遺樂工，俾落之晨，奏墀下云。

廟制穹窿，儼如帝宮。爰塑爰繪，先聖之容。爰迨四科，列乎其中。若在洙泗，連袂而從。官崇家侈，斯則忘矣。儀也無位，而謀其始。志弗克終，乃祈天子。天子成之，暢我文治。鄉人翼翼，惟學是職。胥率用勤，庶臻于極。身衣不褒，有靦厥後。變閩爲魯，實儀之力。

胡聘之《山右石刻叢編》卷一二劉淳《重修魏孝文皇帝廟碑》 天道化育民物，俾利用厚生，代其乂者，宜稟□順之厥。或悖逆天道，殘害民物，則睿哲之君，應時而出，以救其弊。孰可于茲，即魏孝文皇帝之謂矣。案《後魏帝紀》，文帝名宏，成帝之孫，獻帝之子，本拓跋珪之後也，至文帝改氏姓元。當晉綱失馭，王道陵夷，戎醜亂華，域中版蕩，三秦二趙，四燕五凉，夏、宋、梁、齊，悉爲勍敵。獨魏稟天之粹，據地之雄，寶賢任能，兵强國富。金革高舉，矢石奮飛，河朔束兵，惟揚築壘。馬頭城破，宗祖廟成。定律令以剮民，造明堂而布政。武威爰震，文德聿修，懷惠畏威，邇安遠服。斯蓋道武始以武功平海內，孝文卒以文德來遠人。然而愛敬博施，聲教廣被，巍巍蕩蕩，與天同功。謚曰孝文皇帝，不其盛歟！故當時民立廟于兹，以荷其賜。日月流邁，寒暑蕩遷，風吹雨漂，幾經毀頹。咸通初，已曾革故，蓋簡厥功；乾祐末，重議鼎新，亦非宏壯。綿歷紀運垂五十年，洎咸平辛丑歲，堂宇攲傾，廊廡頹圮，垣墉户牖，缺壞僅存。昭晰之靈，似無憑附。獻奠之志，惰慢或生。住下居民，共相興歎。越有□□□□□既肇厥志，又觀人欲，若非巨力，不克底成。遂請司徒公仁協首之，常公仁謙次之，尹公師訓繼之，以德動衆，若草從風，捨貨施功，豫順兑悦。于是選奇使巽，飭力揆材，登登憑憑，是築是削。基扃既實，階陛復崇，榱桷增新，棟梁易故。正殿中倚，迴廊四周。室有堂□□陳俎豆，門有樹足以肅形儀。塑繪畢矣，端袞備矣，如在之容儼若，恭己之體威如。使積善者陳信無媿□，□惡者面誣多黷禍。大矣哉，非□□刑賞鑑于生存，威福形于既没，其孰能與于兹乎！其地也左攲仙嶠，右枕龍門，浮山翠擁于前，長石藍堆于後。靈祠嶷立，山光與丹雘相鮮；虔禱斯來，水聲并金絲合雜。既嚴廟貌，時祀有歸，永贊皇圖，長存不朽。淳功踈刻燭，學昧編蒲，衆命難辭，强成實録。言之不雅，謹爲詞曰：

東晉失馭，倏爾而亡。後魏應期，勃然而昌。□被河朔，壘築惟楊。孝文繼世，厥道彌光。以孝治國，罔有不臧。以文來遠，率土賓王。民受其賜，設立祠堂。寒暑迭謝，榱桷圮傷。屬有仁者，换易□梁。既宏正殿，復壯迴廊。塑繪真儀，黼藻斯章。儼然如在，忽爾難量。無虧初祀，有備蒸嘗。歆惟明德，黍稷非香。禍淫福善，響應影彰。永爲民鑑，地久天長。

范仲淹《范文正公集》卷一《明堂賦》 臣聞明堂者，天子布政之宫也。在國之陽，于巳之方。廣大乎天地之象，高明乎日月之章。崇百王之大觀，揭三宫之中央。昭壯麗于神州，宣英茂于皇猷。頌金玉之宏度，集人神之丕休。故可祀先王以配上帝，坐天子而朝諸侯者也。粤自蒼牙開極，黄靈耀德，巢穴以革，棟宇以植，徹太古之弊，明大壯之則。風雨攸止，宫室斯美。將復崇高乎富貴之位，統和乎天人之理。乃聖大造，明堂肇起。明以清其居，堂以高而視。壁廓焉而四達，殿巋焉而中峙。禮以潔而儉，故表之以茅；教以清而流，故環之以水。暨二帝之述焉，合五府而祭矣。逮夫夏禮秩秩，奉以世室；商祀穆穆，制以重屋。神禹卑宫，階以一尺之崇；成湯受命，革以三尺之盛。赫赫周堂，制度景彰。七筵兮南北之廣，九筵兮西東之長，堂并包于五室，室辨正于五方。左青陽而右總章，面明堂而背北堂。耽然太室，儼乎中黄。都徽名之在南，取盛德之向陽。或謂厥堂惟一，厥室惟九，闢闔其三十六户，疏達兮七十二牖。亦規上而天覆，復矩下而坤厚。近郊之宫，廣而能受。通天之宇，高而弗偶。八方象其幅員，九陛參其前後。桓桓焉聽政之廟，應辰而周彰；趪趪焉承天之柱，列宿而相望。環林兮葱葱，圓海兮泱泱。既方舟而經梁，復素飾其迴牆。陳位序以有嚴，議法象而必臧。示邦域之景鑠，期人神之樂康。左有辟雍，天子學宫。墳籍浩以明備，文物森其會同。奉三壽以勗天下之孝，設三乏以勸諸侯之風。右有靈臺，庶民子來。若經始于神明，乃占候于昭回。天之道也，惟默默以有象；聖之心也，蓋惕惕于無災。此三雍之大者，故百世以欽哉。若夫約周之禮，稟夏之正，天子升青陽之位，體大德之生，彼相協謀，有司奉行。慶賜必均，曆象必明。布農事于準直，習舞德于和平。止伯益之伐木，禁蚩尤之稱兵。惟倉廩兮賑天之窮，惟幣帛兮禮邦之英。無隱不彰，無潛不亨。蒙蕩蕩之至仁，浸灝灝之醇精。此明堂之春也，萬物爲之榮。又若炎以繼天，羲以永日。始于仲吕之管，復于清宫之律。天子乃登諸明堂，暨夫太室。命盛樂以象德，致大雩以祈實。升高明而有豫，定心氣而無逸。静百官之事，驅五穀之疾。無索于關，無難于門。止北伐之威，以助養于生生；導南風之和，以飾喜于元元。此明堂之夏也，萬物爲之繁。爾乃象正火位，德王金行。羽漸干以南嚮，穀萬斯而西成。天子乃居總章之奥，奏清商之聲。圖有功而專任，詰不義而徂征。脩法制以謹收藏之令，養衰老以惻摇落之情。同我度量，平予權衡。人社以崇，厚兆民報本之志；神倉以秘，示萬邦致孝之誠。此明堂之秋也，天下爲之清。及夫蟲介時分，虎威夕永。詩人發其凉之詠，日官賓可愛之景。天子乃北堂以居，南面而省。錫飲蒸之慶，從祀寒之請。于是戒門閭，備邊境。勞三農于休息，警百辟于恭靖。關市必易，宫室必整。無用之器斯徹，無事之官必省。飭國典以俟來歲之宜，講武經以肅萬邦之屏。此明堂之冬也，天下爲之静。斯乃順其時，與物咸宜，適其變，使民不倦者也。稽夫宗祀之文，大享之辰，上儀乎皇皇，盛節兮彬彬。比于郊也，我則取文之勝；方其廟也，我則取質之純。損益其禮，尊嚴其親。五天之座，暐暐以陳；五常之席，奕奕而倫。惟太室之位，乃上帝之神。作配者先王，從祀者五臣。樽罍離離，玉幣莘莘。牲牢之舉既遵于夏后，蔬果之薦復本于周人。禮無不當，誠無不臻。聖人于是出齋宫而肅肅，被法服而循循。酌一獻以從質，躬百拜而表寅。司儀實相，樂正攸賓。進俎豆之吉蠲，羅簨簴之輪囷。六樂咸在，統美乎列皇；八風相盪，同和乎大鈞。下舞上歌，蹈德詠仁。非常之祭，駿及者萬國；莫大之孝，蟻懷者兆民。于是神醉其德，人樂而極。太史書于策，大夫頌于國。頌曰：明堂崇之，明王祀之。禮以成之，樂以歌之。光天之下，教以化之。若夫元朔會同，羣后對越。穆穆乎舜門之闢，晰晰乎宣燎之發。帝時待旦而久，求衣以先。紆黄組，冠通天，建日月，服乾坤，佩干將，升崑崙。進山嶽之圭，當雲龍之軒。正聖人之大寶，示天下之有尊。巍巍焉負扆而立，濟濟焉辨色而入。太常正其等衰，九賓序其名級。中階之前，三公屹然。應門之外，九采察焉。阼階之東，諸侯以同。西階之西，諸伯以齊。門東北面者子之位，門西東上者男之次。東門之外，則有樂浪、蟠木九夷之國，西面而北上。西門之外，則有蒙汜、大秦六戎之屬，南上而東向。南門之外，則有朱垠、越裳八蠻之族，唯北是望。北門之外，則有葷粥、幽陵五狄之種，唯東是尚。于是兟兟旅進，鏘鏘肆覲。嚮明者蓋取諸《離》，觀光者受之以《晉》。君臣之位定，禮樂之道振。雅韶以奏，文鐸以徇。皆望雲而就日，必歌堯而頌舜。上和而下樂，金聲而玉潤。況乎晨光赫曦，天顏弗違。冕紱兮霞集，玉帛兮川歸。盛乎王庭之聲明，焕乎天家之光輝。若北辰之會衆星，咸粲粲而在共；如太陽之臨多露，普湛湛而將晞。莫不君三揖于上，臣載拜于下。行典禮，揚風雅，訪隽良，議窮寡。人曷幽而覆盆，賢曷惻而遺野。于以盛名器，于以休宗社。署聖法于圓闕，馳神教于方夏。皇哉耀今昔之榮觀，至哉敷億兆之純嘏。故曰，揖讓而治天下者，明堂之謂也。惜乎三代以還，智者間間。諸儒靡協，議者喋喋。而皆膠其增損，忘禮樂之大本；泥于廣狹，廢皇王之大業。使朝廷茫然有逾遠之嘆，惘然有中輟之議。殊不知五帝非沿樂而興，三王豈襲禮而至。爲明堂之進，不必尚其奥；行明堂之義，不必盡其制。適道者與權，忘象者得意。大樂同天地之和，豈匏竹而已矣；大禮同天地之節，豈豆籩之云爾。自漢魏之下，暨隋唐之際，堂或三五之上，道非三五之世，蓋不取其厚而取其薄，不得其大而得其細。享配之文，或然未分；政教之烈，斯焉弗聞。是則帝道不施，胡取乎總期？皇德不隆，胡取乎合宫？故夫明堂之設也，天子居之，曰慎曰思。思之何也？萬微存乎消息。慎之何也？兆靈繫之安危。繇是惟克念以作聖，思堯舜之齊名。懼巍巍之弗逮，乃孜孜于鷄鳴。唯至平之休代，思阜財于吾民。懼四維之有艱，尚瘡痍而百辛。故聖人之寶儉，弗下剥而上侈。思寡費而薄索，民庶幾于格耻。惟下武之太寧，亦省躬于干戈。取諸豫于四方，慨風雲以長歌。惟知人其古難，思濟濟乎賢者。蓋舉一于皋陶，乃連茹于天下。惟好生之至德，思與物而爲春。懼幽陋之靡及，常咨命于仁人。惟及人之一德，始若晦而彌彰。故三五之君子，騰茂實而無疆。惟皇極之大範，思天下而與平。懼萬物之或差，持我心于誠衡。然後見天下齊于無體，和于無聲。厖眉而壽，吾何仁之有；含哺而嬉，吾何力之爲。但淵淵綿綿，無反無偏。浸淳澤以咸若，樂鴻化于自然。此明堂之道也，蓋無得而稱焉。我國家凝粹百靈，薦馨三極，東升煙于岱首，西展琮于汾側。未正天神之府，以讓皇人之德。祖考來格，侯配天之儀；諸侯入朝，思助祭之職。豈上聖之謙而愚臣之惑也。臣請考列辟之明術，塞處士之横議。約其制，復其位。儉不爲其陋，奢不爲其肆。斟酌乎三五，擬議乎簡易。展宗祀之禮，正朝會之義。廣明堂之妙道，極真人之能事。以至聖子神孫，億千萬期，登于斯，念于斯，受天之禧，與天下宜而已乎。

《〔康熙〕常州府志》卷三四范仲淹《景祐重建至聖文宣王廟記》 吾夫子之道也，用則行而天下治，舍則藏而天下亂。得其門者若登其泰山，涉其流者若示諸泗瀆。鑽仰何待，隆汙以時，得者得之，失者失之。譬覆載之仁，無待于報；照臨之明，不求其助。蕩蕩乎惟道爲大，如斯而已者也。若夫衮其服，廟其神，豈吾聖之心哉！蓋後之明王尊道貴德而不敢臣，故奉之以王禮，享之于大學，昭斯文之宗焉，仍命五等，咸得祀之。成均博士范公宗古之守江陰也，謹明命，挺至誠，黥豺狼之兇，禮蒭蕘之善，廢典皆舉，積訴咸辨。清風之下，人則笑歌；陽春之浹，物自鼓舞。居一日，命諸秀前席而言曰：「吾之斯來，職在共理，綱紀之設，胡取廢墜？至若嚴戟署，崇使館，維城之門，維川之梁，百貨之藏，九年之廩，諸寮之局，浮民之宇，刑訊之室，關榷之會，皆增其制度，以取新焉。而富有之家繼請輸緡五百萬爲公材之助，賴斯民之知勸，以濟厥功。惟先師之堂，前制未顯，切于郡獄，黷斯甚矣，豈奉嚴之意也？然重于改作，子大夫謂之何哉？」諸生拜而謝曰：「惟公之言，惟士之望，盍請遷焉？」乃命司禁陳公蒙吉奉成其事，于軍前南隅，藉高明，審面勢，擇工之善，揀材之良，登登丁丁，不月而成。堂焉巍奂，廊焉徘徊，大厦斯清，高門有閎。乃聖乃賢，儼乎其位。阼階以進，依然金石之音；彝器以新，燦乎俎豆之事。既嚴既翼，以享以時。禮樂行乎廟中，風教行乎化下。乃歌乃訟，以樂其成。公又命曰：「二三子服斯文，履斯道，存誠顏閔之際，致化唐虞之上，協吾聖之教也，豈徒廟爲哉！」諸生復拜而謝曰：「請事斯語矣。」命仲淹書之以識其實。景祐三年五月二十日，高平范仲淹記。

宋祁《宋景文集》卷四二《明堂路寢議》 凡明堂路寢，其名雖異，其制一也。昔神農氏祀於明堂，有其蓋而無四方。至黄帝謂明堂爲合宫，唐、虞謂明堂爲五府，夏后氏謂明堂爲世室，商人謂路寢爲重屋，周人謂五府爲明堂。黄帝合宫，義猶唐、虞五府。府，聚也，言五帝之神，聚祭乎此。夏后氏名世室者，取世世不毁也。商人名重屋者，商於虞、夏稍文，加以重檐四阿之制，故取名焉。周人爲明堂者，以其明政教之法常於此堂也。天子布十二月政令，每月就其時之堂而聽朔焉。若閏月，則闔門左扉而施其政，故於文，王在門爲閏，又曰，在國之陽，居離之地，有明義焉，故謂之明堂。夏之世室，深蓋八丈四尺，廣十丈五尺，《匠人》職所謂「廣四脩一」也，基高一尺。夏氏堂上五室，以法五行。木室處東北，火室處東南，金室處西南，水室處西北，每室深丈八尺，廣二丈一尺；土室處中，深二丈四尺，廣二丈八尺。然五室居堂之上，深六丈，廣七丈，又《匠人》職所謂堂上「五室三四步，四三尺」也。有九階，三面二階，南面三階，法陽數也。五室有四户八牕。户法四時，牕法八節。一堂者，法地載五行云。商人曰重屋者，正寢也，正寢則路寢也。其制，堂深五丈六尺，廣七丈二尺。堂上亦爲五室，室方一丈六尺，基高三尺。重屋四阿。四阿者，霤也。周人明堂，如寢廟法。九尺爲筵，東西九筵，南北七筵，基高一筵。上亦五室，室深廣二筵。或曰，宫蓋方三百步，在近郊三十里。或曰，七里之郊。鄭康成曰：「此三者，或舉宗廟，或舉正寢，或舉明堂，互言之，明其同制也。」漢馬宫曰「夏后世室，室顯於堂，故命以室。商人重屋，屋顯於堂，故命以屋。周人明堂，大於夏室，故命以堂。夏氏益其堂之廣百四十四尺，周人明堂以爲兩序間，大夏氏七十二尺」云。漢武帝始以公玉帶所上黄帝時《明堂圖》作之汶上，其圖中一殿，四面無壁，以茅蓋。通水，水環室垣，爲複道。上有樓，從西南入，名曰崑崙。帝始祠太一五帝於上坐。至後漢光武帝，又營明堂，上圓下方，八牕四闥，九室十二坐。室四户，凡三十六；八牖，凡七十二。沿周制也。晉議營明堂，裴頠曰：「尊祖配天，其義明著；廟宇之制，禮據未分。宜可直爲一殿，以崇嚴父之祀。其餘雜碎，一皆除之。」由是宋齊以後，咸率兹禮。故宋作明堂，止爲大殿十二楹，無古户牖，但文飾雕畫而已。梁仍宋制，以中六楹安六天帝，坐悉南向，五人帝位阼階上。堂後爲小殿五楹，爲五佐室焉。唐明皇帝始以東都乾元殿爲明堂，參用周法。開元二十年，以行享祖。臣按，明堂，天子布政之所。因得祀上帝者，蓋以地非褻近，可以交饗人神歟！至三代彌文，故制爲户牖，有所法象，所以尊大而神明之也。要之在講禮事神，布揚法度而已。後之王者，所以班大政，朝群臣，何嘗無其所哉！其謂之宣室，謂之太極，皆明堂比也，沿革稱謂有不同耳。而諸儒限局聞見，抱殘册，争空言，據己是之槩見，抗必信之實論。以爲一事一物不如古制，則爲非禮。推尊上古，殆不可及。然殊不知聖人便世制宜，興至治，安天下，通靈心，雖無明堂，猶無損於有道，嫌於行禮者也。今之大慶，則古之路寢，即明堂也。以之奉天，以之布政，何不可耶？國朝以來，非朝會齋宿，未嘗臨御，故其棟宇閎邃，廷堂華敞，與燕寢自不相連，固非常幸褻近者也。今有請即爲明堂，於禮便甚。

宋祁《宋景文集》卷四二《規蔡邕明堂議》 蔡邕曰：「明堂者，天子太廟，所以崇禮其祖，以配上帝者也。夏曰世室，商曰重屋，周曰明堂，東爲青陽，南爲明堂，西爲總章，北爲玄堂，中爲太室。《易》曰：『離也者，明也，南方之卦也。』聖人南面而聽天下，嚮明而治，人君之位，莫正於此。故雖有五名，而主以明堂也。其正中焉，皆曰太廟，謹承天隨時之令，昭令德宗祀之禮，明前功百辟之勞，起尊老敬長之義，顯教幼誨稚之學。朝諸侯、選造士於其中以度制，生者乘其能而至，死者論其功而祭，故爲大教之宫，而四學具焉。譬如北辰居其所，而衆星拱之，萬象翼之。教之有所由生，作之有所自來，明一統也。故言明堂，事之大、義之深也。取其宗祀之清貌則曰清廟；取其正室之貌則曰太廟；取其尊崇則曰太室；取其堂則曰明堂；取其四門之學則曰太學；取其四面周水，圓如璧，則曰辟雍。異名而同事，其實一也。《春秋》因魯取宋之奸賂，則顯之太廟，以明聖王建清廟明堂之義。經曰『取郜大鼎於宋，納於太廟』，非禮也。君人者將昭德塞違，故昭令德以示子孫，是以清廟茅屋，昭其儉也。夫德儉而有度，升降有數，文物以紀之，聲明以發之。臨照百官，百官於是戒懼而不敢易紀律，所以大明教也。周清廟，魯太廟，皆明堂也。魯禘祀周公於太廟明堂，猶周宗祀文王於清廟明堂也。《禮記·檀弓》曰『王齋，禘於清廟明堂』也。《孝經》曰：『宗祀文王於明堂。』《禮記·明堂位》曰：『太廟，天子明堂。』又曰：『成王幼弱，周公踐天子位以治天下，朝諸侯於明堂，制禮作樂，頒度量，而天下大服。成王以周公爲有勳勞於天下，命魯公世世禘祀周公於太廟，以天子禮樂，升歌清廟，下管象舞，所以異魯於天下。』取周《清廟》之歌歌於魯太廟明堂，魯之廟猶周清廟也，皆所以昭文王、周公之德以示子孫者也。《易傳·太初篇》曰：『天子旦入東學，晝入南學，暮入西學，夕入北學，在中央曰太學，天子之所自學也。』《禮記·保傅》篇曰：『帝入東學，上親而貴仁；入西學，上賢而貴德；入南學，上齒而貴信；入北學，上貴而尊爵；入太學，承師而問道。』與《易傳》同。魏文(帝)〔侯〕《孝經傳》曰：『太學者，中學明堂之位也。』《禮記》古大明堂之禮曰：『膳夫是相禮，日中出南闈，見九侯門子；日昃出西闈，視五國之事；日闇出北闈，視帝節〔猷〕。』《爾雅》曰：『宫中之門謂之闈。』王居明堂之禮，又别陰陽門，南門稱門，西門稱闈，故《周官》有門闈之學，師氏教以三德，守王門，保氏教以六藝，守王闈。然則師氏居東門、南門，保氏居西門、北門也。知掌教國子，與《易傳》、《保傅》王居明堂之禮參相發明，爲四學焉。《文王世子》篇曰：『凡大合樂，必遂養老。』『天子至，乃命有司行事，興秩節，祭先師先聖焉。始之養也，適東序，釋奠於先老，遂設三老位焉。』『春夏學干戈，秋冬學羽籥，皆於東序。』『凡祭與養老、乞言、合語之禮，皆小樂正詔之於東序。』又曰：『大司成論説在東序。』然則詔學皆在東序。東序，東之堂也。學者詔焉，故稱太學。仲(冬)〔夏〕之月，令祀百辟卿士之有德於民者。《禮記·太學志》曰：『禮，士大夫學於聖人，善人祭於明堂，其無位者，祭於太學。』《禮記·昭穆》篇曰：『禮先賢於四學，所以教諸侯之德也。』即以顯行國禮之處也。太學，明堂之東序也，皆在明堂辟雍之内。《月令記》曰：『明堂者，所以明天氣，統萬物。明堂上通於天，象日辰，故下十二宫，象日辰也。』水環四周，言王者動作法天地，廣德及四海。方此水也，名曰辟雍。《王制》曰：『天子出征，執有罪，反釋奠於學，以訊馘告。』《樂記》曰：『武王伐商，爲俘馘於京太室。』《詩·魯頌》云：『矯矯虎臣，在泮獻馘。』京太室，辟雍之中，明堂太室也，與諸侯泮宫俱獻馘焉，即《王制》所謂『以訊馘告』者也。《禮記》曰：『祀乎明堂，所以教諸侯之孝也。食三老五更於太學，所以教諸侯之弟也。』《孝經》曰：『孝悌之至，通於神明，光於四海，無所不通。《詩》云：自西自東，自南自北，無思不服。』言行孝者則曰明堂，行悌者則曰太學，故《孝經》合爲一義，而稱鎬京之詩以明之。凡此，皆明堂、太室、辟雍、太學通合之義也。其制度數(合)〔各〕有所法：堂方百四十四尺，坤之策也。屋圜徑二百一十六尺，乾之策也。太廟明堂方三十六丈，通天屋徑九丈，陰陽九六之變，其圓蓋方，載六九之道也。八(闈)〔闥〕以象八卦，九室以象九州，十二宫以應辰；三十六户、七十二牖，以四户、八牖乘九室之數也。户皆外設而不閉，示天下不藏也。通天屋高八十一尺，黄鍾九九之實也。二十八柱列於四方，七宿之象也。堂高三丈，亦應三統。四鄉五色，以象五行。外廣二十四丈，應一歲二十四氣。四周以水，象四海。王者之大禮也。」晉袁准著論非之曰：「明堂、太廟、太學三者，事義不同，各有所施，而論者合爲一體。取詩書放逸之文，經典相似之語，推而同之，其失遠矣。夫宗廟之中，人所致敬，幽隱清静，鬼神所居，而使衆學處焉，饗射其中，人鬼慢黷，死生交錯，囚俘截耳，創痍流血，以干鬼神，非其理也。又茅茨采椽，至質之物，建日月，乘玉輅，以處其中，非其類也。《禮記》先儒云：明堂四面，東西八丈，南北六丈，與七廟非一體也。夫宗廟，鬼神所居，祭天而於人鬼之室，非其處也。王者五門，宗廟在一門之内，若射在於廟，而張三侯，又辟雍在内，非宗廟之中所能容也。周人立三代之學，非立三代宗廟者也。周養老於東膠，非三老也。《文王世子》養老乞言於東序，又皆於學也。靈臺以望氣，清廟以訓儉，既非一體，安有宗廟之中而以之燕射戲謔乎！明堂在國之陽，而宗廟在左，又宗廟不應在外也。齊宣王問孟子曰：『可毁明堂乎？』若明堂是廟，豈容有此問哉？諸儒言明堂，各未有證，蔡邕等遂言異名以同實。方之北辰居所，取其處中不移，旁運三光，非是一物，而備其體，以悟人意耳。」臣按蔡邕爲漢大儒，當時去聖人未遠，然而以明堂、清廟、辟雍、靈臺合爲一物，不知何據。寧其博見異藝，有所述乎？將以獨識取高當世也？自孔子殁，諸儒蜂奮，或言魯禮，或論周制，或道夏商，家自爲書，決不相通。又緯讖詭異，附經造説，誼無足據，而邕信其所疑，是愚；謂不可行而言，是誣。合誣與愚，邕必有一焉，宜爲後人之嗤詆也。故魏晉而下，邕説不復施行。

宋祁《宋景文集》卷五七《成都府新建漢文公祠堂碑》 蜀之廟食千五百年不絶者，秦李公冰、漢文公翁兩祠而已。冰爲蜀鑿離堆，逐悍水，以溉所及，常無早年。西人德之，因言冰身與水怪鬬，怪不勝死，自是江無暴流，蛟蜃怖藏，人恬以生。故侈大房殿，歲擊羊豕雉魚，伐鼓嘯籥，傾數十州之人，人必侍祠，奔走鼓舞，以娱悦神，祝以傳嘏，而後敢安。公之治蜀，開學校，以《詩》、《書》教人，澡熨故俗，長長少少，親親尊尊，百姓順賴。其後司馬相如、王褒、揚雄以文(書)〔章〕倡，張寬以博聞顯，嚴遵、李仲元以有道稱，何武入爲三公，漢家號令典章，赫然與三代等。蜀有儒自公始，班固言之既詳。初，公爲禮殿，以舍孔子及七十二子之像，殿右廡作石室，舍公像於中。晚漢學焚，有守曰高眹，能興完之，後人又作眹像，進偶公室。歲時長吏率掾屬諸生，奉籩豆饔醪薦之於前。虔跽謹潔，一再奠而退，辭無敢不信焉。冰以功，公以德，功易見，德難知，故祀雖偕而優狹異焉。嘉祐二年，予知益州，往款公祠。至則區位湫偪，埃蝕垢蒙，不稱所聞。大懼禮益懈忽，神弗臨享。其明年乃占學宫之西，改位鳩工，弗亟弗遲。作堂三楹，張左右序及獻廡，大抵若干間。布尋以度堂，累常以度庭，疏牕以快顯，壯闔以嚴閉。采有青丹，陛有級夷。瓦密棟彊，若棘若飛。乃肖公像於宁間，繪相如等於東西壁。本古學之復莫若眹，本今學之盛莫若故樞密直學士蔣公堂，故繪二公於宦漏，皆配祠焉。於是擇日告成於神，揖而升，簠罍果湆脯脩紛羅而有容，可以告虔；趨而降，罍罇巾洗席燎并施而不慁，可以盡儀。相者循循，任者舒舒。禮生於嚴廣，靈妥於闃寂故也。噫！自公之來，蜀之人自視若鄒魯。宋興，名臣鉅公踵相逮於朝。先帝時，巨盜再作亂，弄庫兵，争劍閣。是時蜀豪英無一汙賊者，群頑愁窘，不容喘而滅。非人好忠、家知孝使然耶！所使然者，不自公歟！傳曰：「非此族也，不在祀典。」公在之矣，則是祠之作，願自予而古，無俾壞息云。祠之興，同尚之賢，則轉運使趙忭及提點刑獄使者，凡三人；贊輔之勤，自通判軍州事祝諮以降六人；營董之勞，自兵馬都監毛永保而下二人。咸書象於西厢，列官里於石陰。銘曰：

公二千石兮守大邦，冠峨峨兮紱斯皇。出有瑞節兮車騎羅，石室孔卑兮人謂何。新堂翼〔翼〕兮耽耽，庭廣直兮序巖巖。吏奉承兮不譁，神來徙兮此其家。儼群賢兮并陳，公所教兮如其仁。庖魚挺兮俎肉鮮，神來享兮憺冤延。公教在人兮無有頗，蜀賢不乏兮才日多。俗祥順兮孝慈，公祀百世兮庸可知。

張方平《樂全集》卷三三《唐太尉趙公祠堂記》 唐有天下三百年，其間大盜三發，明皇天寶末，安禄山反范陽，長驅陷兩都，河北、河南、關輔罹其禍。德宗建中末，朱泚乘涇師倉卒之變，以構凶逆，兵不出畿甸，尋敗亡。僖宗乾符初，草寇王仙芝、黄巢、秦宗權相踵作亂，流毒乃遍天下。起曹濮，襄荆漢，破江淮，殘閩嶺，東極海岱，北越河，遂蕩覆京邑，剽岐隴。所至無噍類，城府爲丘墟，榛莽千里，煙火斷絶。糧食既盡，啗人以飽，列巨碓數百，納人臼中，糜肉而食，名爲春磨砦。軍行則鹽屍以從，指鄉聚曰：「尚有人焉，吾衆何患饑也。」惴惴遺黎，靡所寄命。于時惟朱全忠據汴，趙犨兄弟保陳，門之外即爲賊境，汴去賊差遠，全忠兵力足以自固；陳被攻圍，勢孤衆寡，爲犨難矣。初，巢入長安，朝廷除犨陳州刺史，始領事，策巢出關必犯陳，即繕完以待。既而巢果東奔趣項，犨擊擒其愛將孟楷。賊盛怒，志必屠陳以逞，合兵數十萬圍其城，疏塹五周，五道攻迫。犨以饑疲之衆，無日不戰，歷三百日，竟全危城。巢以此師老不振，卒潰滅。論者紀忠烈之事，名多重於死執，功每減於生全。夫忠烈士志義所存，豈有意於死生之際也？幸不幸，存焉爾。肅宗乾元中，陳州刺史尚死於史思明之難，後蒙褒贈，至今廟食於陳。趙公全城保民，享受寵命，顧其功名反出於死事者下。兄弟三節度，皆著勳於王室，并終於僖、昭之世，而唐史不書德。朱全忠之救以解其圍，故事之謹，然未嘗北面於梁，而梁史書之。史官無法，筆削兩失。國朝重修《唐書》，方爲立傳，昶、珝附焉。《梁書》謂珝爲弟，《新書》以珝爲子。犨自有二子：麓、巖。意者珝其弟也。熙寧三年，余守淮陽，州學教授蘇轍爲余言，趙太尉有畫像在開元寺東廡僧院，以聞之不早，尋被代，不及見。七年，復被命領州，往瞻其像，在殿之隅闇壁闔下，晝日不以燭不見也。公殁於龍紀中，距今百九十年，陳人莫知遺像之存於此。適鄰有空院，一堂巋然，嚮明高爽，因命工葺飾，表爲祠堂，繪素鼎新，神氣如在。《禮・祭法》曰：「能捍大患則祀之。」若太尉者，可謂能捍大患，宜列於法祀者矣。故封爲上公，祀爲大神。聖人立教，著在禮典，祠堂既立，爲率僚屬陳饋奠，乃告所司，春秋薦時，事比群祀，以其二弟從。又爲鑱《新書》本傳於石，立於堂之東楹，使陳人知遺育之至於今，公之力也。時大宋熙寧七年歲在甲寅九月十三日記。

徐鉉《徐公文集》卷二八《泗州重修文宣王廟記》 昔我先聖，有周公之才，無文王之時，故憲章其道，以垂萬世，精神冥契，夕則夢之。是知千載日暮，蓋其道同也。自時以降，鴻儒碩生，敷暢微言，佐佑大化。專一之志，通于神明，咸夢宣尼，以著名實，斯文間作，來者不誣。國家彰灼神功，在宥天下。禮樂刑政，舉百王之中；典謨訓誥，用三代之式。文學之士，靡然向風。臨淮徐君名某，字某，弱而好學，壯而有立，行敦乎族黨，名聞于州閭，修辭立誠，躬儒者之業；博施濟衆，秉義士之規。隨計春官，再不中選。會長子宗孟，郡亦舉秀才，君以爲名不可多取，即欲返而求志。無何，夢游淮上，倏有淪胥之厄，衆君子拯之而置于宣聖之堂。儼然逢掖之容，若奉緇帷之會。寤而神聳，益用兢懷。聞者奇之，勉以西上。明年春，冕旒臨御，親較羣才，崇朝之間，父子俱捷。蓋古今未之有也。君歎曰：「天子廣孤平之路，杜請謁之門，先聖知之，是有敦勉。斯實至德感兆，鄙何有焉？」思欲昭答靈心，丕顯玄貺。惟兹泗上，雄視百城，學校之制，我不在後。王業伊始，天下初平，舟車輻凑之都，郵傳旁午之地，邦君丞掾，日不暇給，弦誦之所，窺户闃然。君白于公府，願補闕政。于是出家積，鳩國工，即舊謀新，瞻星揆日。乃建路寢，乃立應門，闢講論之堂，設東西之序。廣袤合度，奢儉中規，像設增嚴，繪素加煥。凡祭器制度，皆圖于垣墉，俾夫觀藝之徒、横經之侶，居今識古，虚往實歸，三代之風，由斯而致也。録事參軍張君濬綱紀之任，夙夜惟寅，嘗與同僚及斯而歎曰：「振舉廢闕，公力未遑，當屬于好事君子，非徐君不能也。」及兹締構，如宿契焉，是知善人之言，罔弗響答。夫聖人之教也，與天地常在，將陰陽並運，恍惚玄應，昧者不知。今徐君服之而成大名，感之而臻介福。咨爾後學，可不勉歟！金石之銘，其無愧已。于時歲次乙酉，雍熙二年秋七月紀。

李覯《直講李先生文集》卷一五《明堂定制圖序》 臣伏以明堂者，古聖王之大務也。所以事上帝，嚴先祖，班時令，合諸侯。朝廷之儀，莫盛於此。然而年世久遠，規模靡見；經傳所出，參差不同。群儒譸張，各信其習，偹墜補闕，何所適從？臣雖顓蒙，嘗竊議於斯矣。臣謹按《周禮・考工記》曰：「周人明堂，度九尺之筵，東西九筵，南北七筵，崇堂一筵，五室，凡室二筵。」《大戴禮・盛德記》曰：「明堂者，自古有之。凡九室，一室有四户八牖，共三十六户七十二牖。」《禮記・月令》：天子正月居青陽左个，二月居青陽太廟，三月居青陽右个，四月居明堂左个，五月居明堂太廟，六月居明堂右个，中央土居太廟太室，七月居總章左个，八月居總章太廟，九月居總章右个，十月居玄堂左个，十一月居玄堂太廟，十二月居玄堂右个。此三書者，皆聖賢之所作述，學者之所傳習。而一事殊制，乖遠如此，注釋之家，亦各未爲精當。《考工記》「五室」，鄭康成解之：木室於東北，火室於東南，金室於西南，水室於西北，土室於中央。故聶崇義《三禮圖》，其爲明堂接太室，四角以爲四室，蓋用此也。且既以五室象五行矣，則木、火、金、水之王，當在東南西北之正，何乃置之四角？而云木室兼水，火室兼木。若必如是，則中央之室復何所兼哉？此說誠未可用也。《盛德記》「九室」，蔡伯喈之徒傳之，接四室之角，又爲四室。聶崇義誤以爲秦人《明堂圖》者是也。按：秦實無明堂，但後儒見《月令》有「天子居明堂」之文，以《月令》是秦相呂不韋所作《春秋》十二紀之首章，疑爲秦之明堂耳。然今觀《月令》，明堂十有三位，無九室之說，蓋崇義誤取《大戴》九室之堂以爲秦制也。又鄭康成亦駁《大戴》云：九室三十六户七十二牖，似秦相呂不韋作《春秋》時所益者，非古制也。噫！康成注《禮記》，既知《月令》是呂不韋所作《春秋》矣，而《月令》豈有九室之文哉？何以輒駁《大戴》九室以爲出於《呂氏春秋》乎？誠舛謬之甚也。然其四室之角復爲四室，未知何所施用？將以象五行，享五帝乎，則五室足以備之矣，安用其餘？將以配十二辰乎，則四隅各兩室重在一方之上，覈其意義，反覆不安，此說亦未可用也。《月令》十三位，本無此總數，但以一大室，四太廟，八左右个，其實十三位。鄭康成注：「青陽左个，則曰太寢，東堂北偏。」云太寢者，欲明明堂與太寢制同。孔穎達《正義》以爲「云東堂者，則知聽朔皆堂，不於五角之室中」，且夫謂之廟與个者，當須各是一位，豈同在一堂，靡所限隔，而可稱爲廟與个也？蓋康成既執明堂爲五室，若於此十三位又爲限隔，則是室數頗多，與己意相違，故曲飾其辭，以爲三位同在一堂，貴不害於五室之文耳。此說固不可用也。至唐李林甫等注《月令》，青陽左个則曰寅上之室，青陽太廟則曰卯上之室，青陽右个則曰辰上之室，明堂左个則曰巳上之室，明堂太廟則曰午上之室，明堂右个則曰未上之室。太廟、太室則曰：太廟，明堂總名；太室，中央室也。總章左个則曰申上之室，總章太廟則曰酉上之室，總章右个則曰戌上之室，玄堂左个則曰亥上之室，玄堂太廟則曰子上之室，玄堂右个則曰丑上之室。觀此言，太室處中央，餘十二位各置其辰之上，誠合於理，然其謂太廟明堂總名，及十三位俱以爲室，則誤矣。明堂之上，既獨以子午卯酉爲太廟，則太廟安得爲明堂總名哉？十三位不俱謂之室，解見於後。又其人但知十三室各在其辰之上，而不謀所以建立之處。且太室既居中矣，若以餘室連太室而爲之，則四面各可置一室，四角缺處又各可置一室，復不能令各在其辰之上，其餘四室更何所安？就欲巧而成之，愈乖於方位矣。或將遠太室而爲，則未見有明文言之者。是此說亦未可用也。後魏時，有李謐者，愍大禮之淪亡，憤先儒之異議，作《明堂制度論》以折衷於世，其指以《月令》爲宗，而采《周禮》、《大戴》之言以參合之。云其室居中者謂之太廟太室，當太室之東者謂之青陽太廟，當太室之南者謂之明堂太廟，當太室之西者謂之總章太廟，當太室之北者謂之玄堂太廟，以是爲合於《周禮》之五室。又云四面之室，各有便房，謂之左右个，共三十六户七十二牖，以是爲合於《大戴》户牖之數。今雖圖象莫存，然按文察之，謐之所言，竊所未諭。且太室四面各爲一室，則四角缺處各方二筵，二筵之地乃爲兩便房，如東南角二筵地，便當爲青陽右个及明堂左个矣，他皆倣此。基址既狹，況地形斜角，不知何以置之，復何以能令各在其辰之上？夫分十二辰之位，當須尺步平均，然後能正也。豈有四面之室既以二筵爲一辰，左右之个乃以二筵爲兩辰哉？舉兹一隅，又知其不足取法也。臣愚竊謂《考工記》、《盛德記》、《月令》三家所指制度誠大同，但立言質略，意義弗顯，訓傳之士泥文太過，因而背馳。李謐之志，稍欲搴而合之矣，柰不得其旨，尤而效之。臣以《月令》之文最爲明著，輒亦取以爲本而通之《周》、《戴》。《月令》雖秦人所作，然皆追述古先聖王之道。其中雖有官名時事不合周法者，蓋呂氏欲以古道行之於時，故稍或損益之，豈可謂皆非古制歟？夫以《白虎通》曰：「明堂上圓下方，八窗四闥。」上圓法天，下方法地，八窗象八風，四闥法四時，九室法九州，十二坐法十二月，三十六户法三十六雨，七十二牖法七十二風。斯言合於事理，因亦取之。臣謹詳《考工記》，是言堂基脩廣，非謂立室之數。東西九筵，南北七筵，是言堂上，非謂室中。若堂室共在九筵七筵之内，則雖如鄭氏五室之制，從東至西亦須三室，已據六筵之地外，東堂止有一筵半，西堂止有一筵半，每筵深一丈三尺五寸。從南至北又三室，據六筵之地外，南北之堂各纔半筵，深四尺五寸，狹隘甚矣，况室數更多，豈可容哉？蓋《記》者上言堂上之修廣，次述室中之丈尺，本非一貫而談也。四堂，東曰青陽，南曰明堂，西曰總章，北曰玄堂。五室，凡室二筵，是言四堂中央，有方十筵之地，自東至西可營五室，自南至北可營五室。十筵中央方二筵之地既爲太室矣，欲連太室而作餘室，則不能令十二位各直其辰，當須於東南西北四面各虚方二筵之地，四角缺處又各虚方二筵之地，周而通之，以爲太廟，而太室正居中。所謂太廟太室者，言此太廟之中有太室也。太廟之外，當子午卯酉四位上，各畫方二筵地，以與太廟相通，不爲室。所謂青陽、明堂、總章、玄堂等，太廟者也。以其當青陽之堂上，故曰青陽太廟，餘三面皆倣此。或問於臣曰：「經所謂太廟太室者，當是青陽等四太廟居四方，而太室在其中央，故云太廟太室也。子何須謂太室四旁虚地爲太廟，而云太室在其中哉？」臣對曰：「太室四旁既不得不有虚地，既有虚地，而經云太廟太室，則太室四旁虚地非太廟而何？且青陽等四太廟去太室猶隔二筵之地，何以得云太室在四太廟中央乎？」又問曰：「子必云四太廟不爲室，而與十太廟相通者，何哉？」臣對曰：「中既有太廟，子午卯酉又各名太廟，而地實相接，則不得不相通也。」當寅申巳亥辰戌丑未八位上，各畫方二筵地以爲室，所謂左个右个者也。八个之室并太室而九，所謂九室也。室四面各有户，户旁夾兩牖，所謂三十六户七十二牖也。青陽、明堂、總章、玄堂四太廟前面，各爲一門出於堂上，門旁夾兩窗，所謂八窗四闥也。以廟之與堂當有所限隔，故各爲一門也，謂之闥者，小門也。以太廟所出，故其制異於群室之户耳。窗牖異者，亦以廟門旁變於室中之制也。四廟九室共十三位，而《白虎通》云十二坐，當是略中央土所居矣。左右之个，其實皆室，但以分處左右，形如夾房，故有个之名也。太廟之内，此謂太室四旁二筵地，非青陽等太廟也。以及太室，其實祀文王配上帝之位也。謂之廟者，義當然矣。土者分王四時，負載萬物，於五行最尊，故天子當其時居太室，用祭天之位，以尊嚴之也。四仲之月，各得一時之中，與餘月有異，故復於子午卯酉之方取二筵地，假太廟之名以聽其朔也。此謂青陽等太廟也。或問於臣曰：「太室四旁各二筵之地，既爲太廟，又已當子午卯酉之正，人君若尊嚴，仲月何不止於此聽朔，而乃復於其外别取二筵地，假太廟之名哉？」臣對曰：「太室四旁各二筵地，雖爲太廟，而當子午卯酉之正，可以聽仲月之朔矣。然若以此二筵地便爲子午卯酉之位，則餘辰又不正矣，與夫連太室而爲室何異哉？秖如以太室東户前二筵地便爲卯位，聽仲春之政，南户前二筵地便爲午位，聽仲夏之政，則辰巳二位須過在東南一角，豈復能當青陽右个、明堂左个之上哉？故宜各於太廟之外，别取二筵地，與左右个并列，而假太廟之名，然後能使十二辰皆正也。」若是，則三家之指曷有異哉？但《周禮》言基而不及室，《大戴》言室而不及廟，稽之《月令》則備矣，然非《白虎通》，亦無以知窗闥之制也。臣又詳鄭説，明堂九階，南面三階，三面各兩階。且每面各三位，而獨南面三階，其餘各兩階，求其義則靡所法象，揣於事則不便升降。今觀聶崇義所謂秦人《明堂圖》者，其制有十二階，似恐古之遺法也。當亦取之。《禮記外傳》曰明堂四面各五門，今按《明堂位》曰：九夷之國，東門之外。八蠻之國，南門之外。六戎之國，西門之外。五狄之國，北門之外。九采之國，應門之外。時天子負斧扆南嚮而立。南門之外者，北面東上，應門之外者，亦北面東上，是南門之外有應門也。既有應門，則不得不有臯、庫、雉門矣。明堂者，四時所居，四面如一，南面既有五門，則餘三面皆有五門矣。鄭康成注《明堂位》則云「正門謂之應門」，孔穎達《正義》曰：「正門謂之應門者，以明堂更無重門，非路門外之應門。」天子宫内有路寢，故應門之内有路門。明堂既無路寢，故無路門及以外諸門，但有應門耳。且既有東南西北門矣，而又有應門，非重門而何歟？觀其本意，當謂變南門之文以爲應門也。又但見王宫有路門，其次乃有應門。今明堂無路門之名，而但有應門，便謂更無重門，而南門即是應門矣。且路寢之前則名路門，其次有應門。明堂非路寢，乃變其内門之名爲東門、南門，而次有應門。夫復何害於義？抑夷蠻戎狄之君，既在四門之外，而外無重門，則是列於郊野道路之間矣。豈朝會之儀而草草若是乎？王宫常常所居，猶設五門以限中外，明堂者，效天法地，尊祖配帝，而止一門以表之，是豈協於事宜也？則四面各五門，斷在不疑矣。臣又詳鄭康成注《考工記》夏后氏世室，則云：世室者，宗廟也。商人重屋，則云：重屋者，王宫正堂，若太寢也。周人明堂，則云：明堂者，明政教之堂也。此三者，或舉宗廟，或舉正寢，或舉明堂，互言之以明其同制。又注《玉藻》曰：天子廟及路寢，皆如明堂制。仍與諸儒抗答，多方援引，固以爲三者同制。後學承之，莫有非者。臣愚竊謂之不然矣。苟路寢有四時之位，則天子自可坐而聽朔，奚用遠赴明堂？若以尊嚴國政，當假祭天之廟以聽之，則事畢而還，復於路寢。居其時之堂，何所爲也？宗廟之祭，堂事室事，一面而足，四方之堂，未聞所施設也。雖世室有五室之説，亦未必如鄭注有四堂也。既曰明堂將以事上帝也，宗廟將以尊先祖也，而以己之正寢與之同制，蓋非尊祖事天之意也。矧鄭之此説，并由胸臆，必謂明堂、宗廟、路寢同爲五室，三代皆然，但脩廣之度，因時而變，周監二代，其爲宗廟，則法脩廣於夏；其爲路寢，則取尋尺於商；其爲明堂，則自爲度筵之制，實皆不改於五室焉。此説既非經見，安用迂闊而談？奚不直謂周家作宗廟則法於夏，路寢則法於商，明堂則自爲之，各求其制，以示於世乎？得非康成見世室有五室，既以五行推之，明堂之文復有五室，求其説而不獲，及重屋之下，都無室數，遂乃巧爲之辭，以謂其制皆同乎？又當見《明堂位》稱「太廟，天子明堂；庫門，天子皋門；雉門，天子應門」，以爲魯行天子之禮，魯之太廟既如明堂，則周之太廟亦如明堂矣。臣謂，若周之太廟制如明堂，魯之太廟又如明堂，則是魯之太廟如周之太廟也。何不曰太廟，天子太廟，而云明堂哉？斯蓋魯行天子禮樂，享帝告朔，當倣於周；然以人臣，不敢立天子政教之堂，故於周公之廟，略擬明堂之制，以備其禮，非周之宗廟如明堂也。或問於臣曰：「路寢制如明堂，雖經無明文，然太史職云：閏月詔王居門終月。先儒皆以爲天子閏月聽朔於明堂門中，還而又處於路寢門也。既閏月聽朔於明堂門中，還而又處於路寢門，則是常月聽朔於明堂之上，還而處於路寢之上，其居位亦當如在明堂中時也。然則，路寢亦如明堂，有四時之位明矣。」臣對曰：「太史職：閏月詔王居門終月，蓋止是朔日詔王居明堂之門，聽一月所當行之事，終盡而返耳，豈復有明文，言還處路寢門哉？蓋鄭氏之徒欲明三者同制，妄生枝葉以言之也。」又況蔡伯喈以爲明堂、太廟、太室、太學、辟廱，雖名別而事同，其爲紕繆，不已甚乎！袁準《正論》駁之詳矣。《大戴》亦云，其外有水，名曰辟廱。於斯則誤也。若其建置之所，則淳于登云：「明堂者，在國之陽，三里之外，七里之内，丙巳之地。」《玉藻》「聽朔於南門之外」，康成之注亦與是相合。夫稱明也，宜在國之陽；事天神也，宜在城門之外。建置之説，兹焉可取。於戲！哲人既往，禮器凋敝，先王大法散在簡策，而言近指遠，學者多迷，專門自用，互相非毀。故自漢興，迄於有唐，布政之宫，屢曾營繕，而規爲鹵莽，莫合聖制。群議交斗，誰將正之？明君賢士，疚心久矣！臣生長草野，涵泳恩澤，仰兹大典，輒所究尋。伏惟國家拓境踰四溟，太平僅百載，德義充溢，禮教興行，封泰山，祀汾陰，耕籍田，郊見上帝，遺文逸美，於是交舉。聖神之衷，殆將經始於斯堂乎？四方有識，注望多矣。臣身雖賤微，亦願此時稍裨萬一，自託不朽。故今敢先以所見制度，具圖以獻。圖凡以九分當九尺之筵，東西之堂共九筵，南北之堂共七筵。中央之地，自東至西凡五室，自南至北凡五室，每室二筵，則取於《周禮・考工記》也。一太室、八左右个，共九室，室有四户、八牖，共三十六户七十二牖，則協於《大戴禮・盛德記》也。九室四廟，共十三位，則本於《禮記・月令》也。四廟之面，各爲一門，門夾兩窗，是爲八窗、四闥，則稽於《白虎通》也。十二階，則采於聶崇義《三禮圖》也。四面各五門，則酌於《明堂位》、《禮記外傳》也。堂之下、門之内，本無脩廣之數，故今但圖五，重門即不計其丈尺。舊説明堂宫方三百步，自可因宜處置也。或問於臣曰：「皋、庫、雉、應門之號，四面皆同，何也？」臣對曰：「四堂者，皆天子所居。所居之面，皆若王朝焉，無東西南北之異也。今但變其内門之名以誌四方，而應門以外諸門不改焉耳。」又問曰：「既云路寢不與明堂同制，而明堂之門乃假王宫諸門之名，何也？」臣對曰：「明堂之上，所以事天尊祖，布政教之所也，故不與王寢同制。門者，限内外，通出入，而舊圖無所法象，但以天子聽政所居，象如王朝，故假宫門之名，亦何害於理？」況取諸書，略無偏棄，異同之論，庶可息焉。古先之模，或在於是，號曰《明堂定制圖》。鴻覆無私，儻垂甄録，施之於用，必有可觀。若夫棟宇之高卑，土木之文飾，至尊所居之服御，上神所享之儀物，此禮官學士之職，非小臣之能盡也。輕議國容，罪當殊死，謹上。

司馬光《司馬公文集》卷六六《陳氏四令祠堂記》 故左諫議大夫、贈太師、中書令、秦國陳公諱有三子：長曰某國文忠公諱，官至樞密使、同平章事、左僕射；次曰鄭國文惠公諱，官至户部侍郎、平章事、太子太師致仕；幼曰某國康肅公諱，官至武寧軍節度使，皆贈太師、尚書令兼中書令。始，秦公爲濟源令，縣西龍潭有延慶佛舍，三子相與爲學其中，既而相繼登進士科。文忠康肅公仍居群士之首，遂接踵爲將相，始大其家。子孫蕃衍，多以才能致美官，棋布中外。故當世稱衣冠之盛者，推陳氏。其後文忠公自樞府出判河陽。文惠公與其子主客郎中某，孫虞部員外郎某，康肅公之子祠部郎中某，前後皆爲京西轉運使。主客君之子某復爲濟源尉。濟源，河陽之屬縣，河陽，京西之屬郡也。四世凡七人莅官，於是故濟源之人被陳氏之政爲多。秦公尤有恩於民，能使其民既去而思之。虞部君嘗行部過濟源，遊龍潭佛舍，見《秦公善政銘》、真宗皇帝賜文忠公詩、主客君題名，皆刻於石。歎曰：「吾家所以能顯大於世，自非曾祖父勤施仁政於民，三祖父力學以取富貴，何從而致之乎？至於今，子孫蒙福禄不絶，豈可不知其所自邪？」乃構堂於佛舍之側，畫四公之像而祠之，集三石刻皆置祠下，且屬光爲之記。光曰：「光之文不足以發揚先君之美，不敢爲。」虞部曰：「不然。某之建是祠堂，非敢自矜奕世之美，蓋欲來者見之，知愛民好學，可以大其家，有以勸也。」光曰：「如君之言，其志遠，其益大矣，光何敢辭？若夫四公之事業，則有國史在，光不敢及也。」熙寧七年五月辛酉，涑水司馬光記。

司馬光《司馬公文集》卷六七《北京韓魏公祠堂記》 没而祠之，禮也。由漢以來，牧守有惠政於民者，民或爲之生祠。雖非先王之制，皆發於人心之去思，亦不可廢也。然年時浸遠，人浸忘之。惟唐狄梁公爲魏州刺史，屬契丹寇河北，梁公省撤戰守之備，撫綏彫弊之民，民安而虜自退，魏人祠之，至今血食。熙寧初，河北水溢，地大震，官寺民居蕩覆者太半。詔以淮南節度使、司徒兼侍中韓魏公爲河北安撫使，判大名府兼北京留守。公既至，愛民如愛子，治民如治家，去其疾忘己之疾，閔其勞忘己之勞。未幾，居者以安，流者以還，飢者以充，乏者以足。群心既和，歲則屢豐。在魏五年，徙判相州。魏人涕泣遮止，數日乃得去。魏人思公而不得見也，相與立祠於熙寧禪院，塐公像而事之。後二年，公薨於相州。魏人聞之，争奔走哭祠下，雲合而雷動，連日乃稍息。自是，每歲公生及違世之日，皆來致祠及作佛事，未嘗少懈。噫！公之德及一方，功施一時者，魏人固知之矣。至於德及海内，功施後世者，亦嘗知之乎？公爲宰相十年，當仁宗之末，英宗之初，朝廷多故，公臨大節，處危疑，苟利國家，知無不爲，若湍水之赴深壑，無所疑憚。或諫曰：「公所爲如是，誠善，萬一蹉跌，豈惟身不自保，恐家無處所，殆非明哲之所尚也。」公歎曰：「此何言也！凡爲人臣者盡力以事君，死生以之，顧事之是非何如耳。至於成敗，天也。豈可豫憂其不成，遂輟不爲哉！」聞者愧服。其忠勇如此，故能光輔三后，大濟艱難。使中外之人餔啜嬉遊自若，曾無驚視傾聽竊語之警，坐置天下於太寧，公之力也。嗚呼！公與狄梁公皆有惠政於魏，故魏人祠之。然其爲遠近所尊慕，年時雖遠而不毁，非有大功於社稷，爲神祇所相祐，能如是乎？況梁公之功顯，天下皆知之。魏公之功隱，天下或未能盡知也。然則，魏公不又賢乎？宜其與梁公之祠并立於魏，享祀無窮。公薨後九年，魏人以狀抵西京，俾光爲記，將刻於石。竊惟梁公二碑乃李邕、馮宿之文，光實何人，敢不自量！顧魏人之美意不可抑，又欲以其所未知者諗之，故不敢辭。時元豐七年六月丙戌，涑水司馬光記。

曾鞏《元豐類稿》卷一八《撫州顔魯公祠堂記》 贈司徒魯郡顔公，諱真卿，事唐爲太子太師，與其從父兄杲卿，皆有大節以死。至今雖小夫婦人，皆知公之爲烈也。初，公以忤楊國忠斥爲平原太守，策安禄山必反，爲之備。禄山既舉兵，公與常山太守杲卿伐其後，賊之不能直窺潼關，以公與杲卿撓其勢也。在肅宗時，數正言，宰相不悦，斥去之。又爲御史唐旻所構，連輒斥。李輔國遷太上皇居西宫，公首率百官請問起居，又輒斥。代宗時，與元載争論是非，載欲有所壅蔽，公極論之，又輒斥。楊炎、盧杞既相德宗，益惡公所爲，連斥之，猶不滿意，李希烈陷汝州，杞即以公使希烈，希烈初慚其言，後卒縊公以死。是時公年七十有七矣。天寶之際，久不見兵，禄山既反，天下莫不震動，公獨以區區平原，遂折其鋒。四方聞之，争奮而起，唐卒以振者，公爲之倡也。當公之開土門，同日歸公者十七郡，得兵二十餘萬。繇此觀之，苟順且誠，天下從之矣。自此至公殁，垂三十年，小人繼續任政，天下日入於弊，大盗繼起，天子輒出避之。唐之在朝臣，多畏怯觀望。能居其間，一忤於世，失所而不自悔者寡矣。至於再三忤於世，失所而不自悔者，蓋未有也。若至於起且仆，以至於七八，遂死而不自悔者，則天下一人而已，若公是也。公之學問文章，往往雜於神仙浮屠之説，不皆合於理，及其奮然自立，能至於此者，蓋天性然也。故公之能處其死，不足以觀公之大。何則？及至於勢窮，義有不得不死，雖中人可勉焉，況公之自信也與。維歷忤大奸，顛跌撼頓，至於七八，而終始不以死生禍福爲秋毫顧慮，非篤於道者不能如此，此足以觀公之大也。夫世之治亂不同，而士之去就亦異，若伯夷之清，伊尹之任，孔子之時，彼各有義。夫既自比於古之任者矣，乃欲睠顧回隱，以市於世，其可乎？故孔子惡鄙夫不可以事君，而多殺身以成仁者。若公，非孔子所謂仁者與？今天子至和三年，尚書都官郎中、知撫州聶君厚載，尚書屯田員外郎、通判撫州林君慥，相與慕公之烈，以公之嘗爲此邦也，遂爲堂而祠之。既成，二君過予之家而告之曰：「願有述。」夫公之赫赫不可蓋者，固不繫於祠之有無。蓋人之嚮往之不足者，非祠則無以致其至也。聞其烈足以感人，況拜其祠而親炙之者歟！今州縣之政，非法令所及者，世不復議。二君獨能追公之節，尊而祠之，以風示當世，爲法令之所不及，是可謂有志者也。

蘇頌《蘇魏公文集》卷一五《立家廟議》 檢會慶曆赦書，文武官并許依舊式創立家廟。謹按《周禮》，諸候五廟：曰考廟，曰王考廟，曰顯考廟，是諸候祭父、祖及曾、高。所以然者，服盡四世，始祖不祧，通爲五世也。大夫三廟，及曾祖也。始封不祧，通爲四世，而高祖止於享嘗也。士二廟，及王考也，皇考則爲壇而祭之。下士止於一廟，其王考則無廟而祭之。唐及本朝廟，二品以上得祭四世，三品以下皆祭三世，六品以下無廟者，皆祭於寢。按《開元禮》及《開寶通禮》皆云：六品以下若有廟者，如五品儀，無廟者祭於寢。今赦恩既許依舊式，即合依禮令之數。又按古者一世一廟，五世則有五廟矣。今之廟制與古不同，皆爲一廟，同堂異室，則一品二品之廟并一堂四室，三品四品五品之廟并一堂三室，乃合禮制。

又《禮記・王制》曰：大夫士「有田則祭，無田則薦」。是有上者乃爲廟祭也。有田則有爵，無土與爵，則子孫無以繼承宗祀。若然，是有廟者止於其身，子孫無爵，祭乃廢也。又《禮》曰：「父爲大夫，子爲士，葬以大夫，祭以士。」今二品之家，立廟者既死，而子孫主祭，如六品以下即祧二主，祔一主。又牲牢、俎豆、器物頓異，在於人情，似未允愜。若乃參合古今之制，依約封爵之令，如官當立廟者，請因遇恩封國公，立廟一堂四室，祭及高祖，量賜田若干頃。尚書、將軍及曾任二府或節度使者，特封郡公，立廟一堂三室，祭及曾祖，賜田若干頃。給諫以上，曾任學士者，特封縣公，廟亦一堂三室，賜田若干頃。其初封官未及二品者，依三品；未及三品者，依五品；其未有廟者，即不得賜田。每田二頃，許置客户若干人，并免州縣科役。其田除租稅外，地利悉入其家，專以奉祭事，不得他用。死則子孫承襲，并世降一等。公降爲侯，侯降爲伯。當襲封者，須長嫡子，無長嫡，則諸子見爲長者同。特改一官若今遺表。外，其餘恩數悉同常制。其田子孫不得典賣，有罪絶者，還没官。此亦稍近古法，可以上副赦恩之意。若以封爵難於遽行，即請考按唐賢寢室祠享儀，不須牲牢、俎豆，止用燕器，祭常食而已。

蘇頌《蘇魏公文集》卷六四《楊子寺聱隅先生祠堂記》 聱隅先生祠堂者，江都縣宰、承議郎羅君適所建也。先生建安黄氏，諱晞，字景微，年少時以有道稱於閩中，泉南陳侯靖、福唐陳侯絳在郡日，争以禮延請，躬率諸生試聽講義。於時士人習尚章句，務爲奇靡。先生獨好古學，不與衆合，嘗倣《論語》、《法言》，著書十篇，其發明聖賢道義之隱微，與古今治理之得失詳矣。自題其篇爲《聱隅子欷歔瑣微論》，其解曰：「聱隅者，拚物之名；欷歔者，兼嘆之聲；瑣微者，述之之謂。」蓋自因言以顯志也。景祐中，先生年四十矣，始隨鄉貢至禮部。又上五十策，求應直言詔科，俱以後時，不得與試。已而嘆曰：「老大不偶若此，豈能復從諸少年校程式於場屋間乎？可以逝矣！然欲閲天下義理，觀未見之書，莫若居京師爲得計。」遂僦舍僻處，而士子競造其門。先生之學無所不通，尤潛心者，《春秋》、《易》也。其説以《左氏》凡例爲得聖人之微，鄭康成象數極天地之蘊。學者校量攻擊，終莫能窮奥突。丞相武寧章公以其鄉人召置門下，權利所處，非所樂也。時我先人方在臺省，早聞其風，下榻以招之，先生欣然相就。既一授館，凡歷五期。某日與之遊，切劘論難，愈久不窮。後十餘年，某復仕朝廷。先生猶居陋巷，晏如也。又著《楊庭新論》十篇，其指陳當世之務，有若言《禮》、《樂》述作之所由，則《太常寺卿論》是矣；言郡國武備之廢置，則《九州刺史論》是矣。餘篇悉然。蓋欲見於行事者也。方是時，公卿大夫交章論薦者數十人。朝廷用丞相韓魏公言，將以爲國子監直講。先生自謝於富丞相曰：「老生豈任仕宦者耶？必不可辭，願得七品閒官還南方足矣。」仁宗皇帝聞而異之，特詔授太學助教致仕，從其志也。嘉祐二年四月，無疾卒於隆和坊僦舍。死之日，囊無餘貲，惟所蓄書數萬卷存焉。一子在遠，不及治命。門人范遷、張粤議以某爲知先生之深者，宜主其後，走僕來告。某即日往哭其尸，爲買棺就殮，且謀寄骨郊寺。翌日，魏公遣使爲幹殯具，又奠之以文。其略曰：「先生之道德不用於朝，宰相之過也。」聞者莫不痛先生之有時無命，而稱魏公之推賢抑己也。未幾，其子某自南方來，挈旅櫬、載遺書以去，過江都，藁殯於楊子寺後圃。既而交游故人共爲復土，就葬其地。其未葬也，川陸之經由者，識與不識，皆過其下，咨嗟留連，或爲歌詩哀辭，或書名屋壁，至於木膚竹簳，題記殆遍。其無位而得民，至誠而感物，近世未有也。羅君涖邑之始，首來奠謁。因覽封鬣，黯然悽愴。且謂大儒不祀，後世何觀。昔汝南先賢，列城圖其像；有吴君子，仲尼表其墓。思人尚德，由古而然。於是即其故墟，規度餘地，增土於上者幾仞，而構堂其旁者幾椽，設像中楹，儼乎惟肖。凡材力之費，悉出俸泉，不勞於人，已日而就。兆域有表，松櫝有序，所以示乎來者，蓋有激於風義。落成之日，遠近來觀且欲記其經始之由，載其始卒之行，刻諸金石，託文舊交。予惟先生之道，生不得亟行於時，死而有名卿巨公周恤其後事。歲月久矣，餘芳邈焉。又有賢令宰爲之封植幽壤，表章令名。則後來之人有踐斯地，登斯堂，挹先生之遺風，知大雅之不改，雖綿禩寖遠，棟宇其頹，又將繼而新之，廟食兹邦，垂範來裔。孰謂先生無後乎？

畢沅《山左金石志》卷一七曹輔《唐魯郡顔文忠公新廟記》 唐魯郡顔文忠公有廟在琅邪之費，距縣治東北五十里，曰諸滿村。室宇卑陋，歲月將圮，祀典弗著，神不顧享。元祐六年，弘農楊君元永爲邑之二年也，建言于州曰：「案《祭法》，能禦大災、能捍大患則祀之，以勞定國、以死勤事則祀之。方魯公守平原，時禄山逆狀未萌，公能迹其端。及反，河朔盡陷，獨平原城守具備，與其從兄首倡大順，河北諸郡倚之以爲金城，可謂能捍大患矣。其後爲姦臣所擠，臨大節挺然不屈，竟殞賊手，可謂以死勤事矣。今廟宇不能芘風雨，願聞諸朝，少加崇葺，俾有司得歲時奉祠。」知軍州事安定梁侯彦深下車未久，起廢更弊，州既以治，睹是舉也而樂之，即具以聞。太常議典禮，以上春官，咸曰宜如請。公之遠祖青徐二州刺史盛始自魯居於琅邪之臨沂孝悌里，故今子孫之在琅邪者衆。其十一世孫安上者言縣，謂廟地僻左荒棘，跨嶺谷，絶河澗者六七而後至，祈自出緡錢，買地祊河之東，以徙置之，庶幾子子孫孫與其邦人奔走承祀弗懈。是年十二月二十四日廟成，楊君以書抵京師曰：「史氏稱顔公英烈，言言如嚴霜烈日，可畏而仰，其信然。今廟碑將立，無文以刻之，懼不足以表忠義，勸來世。夫子其毋辭焉。」余考顔氏葢出於邾武公之後，武公字顔，其子友別封郳，爲小邾子，遂以顔爲氏。孔子之門人達者七十有二，而顔氏有其八，回以殆庶幾，得《復》之初九「不遠復，無祇悔」之義，以爲門人之冠。其後衣冠不絶，間出聞人。然則公之知義明，信道篤，其淵源有自來矣。夫人之於死生之變亦大矣，而君子處之裕然得其所者，蓋有以權其義之輕重而已。若夫義有重於生，則不必幸其生；生有重於義，則不必致其死。故曰非死之難，處死之難。若魯公者，學行内外，充衍宏肆，以發見於事業，非獨一時奮不顧死以取名。故前抗禄山之師，後拒希烈之命，不惑於死生之際，而以明君臣之大義，可謂真知輕重，大丈夫者哉！百世之下聞其風者，雖亂臣逆夫，將消縮摧沮，不復牙孽於其心矣。楊君欲發明公之義烈，以詔後世，不諉于文學之士，而猥以見屬，以余爲知言哉！乃爲其志而繫之以銘。銘曰：

屹屹魯公，剛實積中。學奥問博，涵演擴充。孝友施家，發爲公忠。直道以行，孰顧我躬。讒口貘貐，往齒其鋒。禄山一呼，逆焰熾天。炎于崑岡，沸于百川。杯水輿薪，勢且莫抗。屹屹魯公，忠誠是仗。大義凛然，奮裾首倡。一清士門，數斬僞將。十有七州，同風順嚮。力窮功隳，英聲獨暢。屹屹魯公，不戒于剛。婉變媢嫉，假手虎狼。公在臲卼，得困之義。有嚴分守，卒遂吾志。屹屹魯公，風于百世。太山之祊，魯廟翼翼。孰作新之？守令其職。禋祀苾芬，子孫是食。惟廟暨孫，有圮有息。屹屹魯公，與山無極。

九世孫温，右通直郎、知沂州費縣事楊元永立石。右承議郎、通判沂州軍州兼管内勸農事、雲騎尉，賜緋魚袋常士温，右朝散郎、知沂州軍州兼管内勸農事、上輕車都尉，賜緋魚袋、借紫梁彦深。元祐七年四月二十七日建。

袁説友《成都文類》卷三四家安國《范文正公祠堂記》 公嘗曰：「周漢之興，天下爲福爲壽數百年，當時致君者功可知矣；周漢之衰，天下爲血爲肉數百年，當時致君者罪可知矣。」考公之時，朝廷致君之人，喜功畏罪者尤多。惟公之望，節若南山，貴名之起，揭如日月，亘諸夏之廣，盡九夷之陋，凡有舌者，皆恥不談希文，何耶？好善優於天下而已矣。善人，天地之紀也，政教之本也。其所以優於天下者，能思天下之所不思，能爲天下之所不爲，先天下之憂而憂，後天下之樂而樂也。然知爲可憂，則先王之澤無不備於世矣；知爲可樂，則一夫之生無不獲其所矣。公之憂如是而竟無以解其憂，公之樂如是而竟不得享其樂，豈成功則天歟！公疏上壽儀以正君，諫楊太妃不可稱制以立母儀，述張華事西晉以諷宰相，此天下所不能思也。公參大政，首請天下興學，取士先德行，不專文詞，減任子以除冗官，此天下所不能爲也。上百官圖以任人材，舉縣令、擇郡守以固邦本，保直臣，斥佞人以明國聽，復游散、去冗僭以厚民力，此天下之憂而公先之也。西民禍兵，公以龍圖閣直學士帥延慶。横山靈武，勢如腐槁，朝廷乃以邠州管内觀察使授公。公曰：「漢御史出案二千石。唐御史，節度使以軍禮見。本朝學士、丞、郎，出臨戎閫，節度諸將，望風禀律，皆由朝廷之重也。居内朝近侍之職，有彌縫闕失之道，若貪厚禄，换此外帥，體當承迎朝廷指縱，無復議論廟筭得失矣。況西華之人，知有龍圖老子，不知有太尉也。」竟辭。元昊以書窺伺朝廷，公惡其僭號，斥不爲奏，自答其説，諭以逆順禍福之理。元昊卒伏公言，稱臣請和。此國强民息，天下知其樂也。然則所謂優於天下者舉是耶！於事則顯功也，於善則粗迹也。上臣之善，莫大於禮樂，世有不得其門而入，雖房、杜之美，其如不能何！庠序者，禮樂之門也。得其門，知其文矣；知其文，達其情矣。情文備，則致君挈國之功，言不下帶而禮化行如神矣。吾宋聖治，迨慶曆僅百年，太平之效，以文致實。景德、祥符之風，不減三代，而功成治定，未暇制作，天下之人望禮樂之門，不得而入。公闢其門，使天下由之。雍泮之水，洗天下之心，後進之君子，先進之野人，參軌結轍，可以論述制作者，與時輩出。然考積德之年，天實有所興也。成都學宫，西南觀教之地，二漢以降，非善人之迹不存。近世宏堂列像，迨逾百人，皆所遵德景行。熙寧初，公仲子丞相純仁漕蜀，西南之人始請公像圖之經史閣四廡，諸生歲時謁欵於前。以筵卮未稱，積愧甚久。元祐戊辰，寶文閣直學士李公尹蜀，誠於應物，樂於爲善，凡可以成法者皆欲舉之。客有告曰：「蜀有學自文公始，本朝郡邑有學自范文正公始。天下之爲烈者，先王之所不遺；法施於民者，世主之所必報。不遺之所以顯仁，必報之所以立義，士有惻然之仁，孑然之義，一及於蟲魚草木，雖曠代異古且猶不忘，況赫赫耳目之前，明德輔世，及於士民乎？願正公祠，使天下爲善者勸。」李公樂其請，命工成之於禮殿之東，與石室對峙焉。客喜而歌曰：「岷山之靈，會公之英。千歲之聲，非雷非霆。道德之澤，以保我後生。明哲之誠，禮義之經。百世之廟，如日如星。教化之功，地平而天成。」

王十朋《梅溪先生後集》卷二六《夔州新修諸葛武侯祠堂記》 益與夔皆祠諸葛丞相，並見於杜少陵詩。「錦官城外柏森森」者，益也；「卧龍無首對江濆」者，夔也。夔州永安縣，據三峽上流，水有瞿塘、灩澦，山有赤甲、白鹽，形勢險天下。丞相昔與先主屯兵講武，控扼吴魏，經營中原之所，有八陣圖、永安宫、卧龍山遺迹在焉。祀而廟食，宜矣。然祠在州之南隅，地非爽塏，巷無喬木，堂廡庳陋，丹青黝剥，祀事弗嚴，無異乎蟲蛇穿晝壁，時僅免無首而已。吁，可歎也。前帥紫微舍人張公震嘗立新祠於卧龍，命緇徒奉之，而城中之祠未暇修，豈留以有待耶？乾道改元，某被命自番易夔，時方乞祠力甚。俄一夕，夢觀八陣，豈丞相精誠，默有以告之？十有一月至郡，首謁祠下，誄之以文曰：「丞相忠武，蜀之伊吕。高卧南陽，悲吟《梁甫》。草廬之中，三顧先主。將漢是興，非劉曷與？若臣魚水，蛟龍雲雨。才十曹丕，志少寰宇。假令毋死，師一再舉。吴魏可吞，禮樂宜許。寧使英雄，墮淚今古。將略非長，庸史之語。」因命工葺之，廟貌一新，闢路植木，榜其坊曰「卧龍」。明年二月辛卯告成，帥同僚祀之。嗚呼！公之生也，能使其君委國託孤而不疑；其没也，能使洶湧江流不轉千載之石。然遺像缺落，未嘗一出禍福以驚動之，益足以見其聰明正直，不顯其靈於土木偶以求人之敬畏，殆非柳之羅池比也。今夔之二祠相繼鼎新，郡人四時香火牲牢酒醴之奉有加而不怠，盛德百世之祀益章，可以一洗江濆異代之恥，無愧乎錦官城矣。於是乎書。七月二十七日，永嘉王某記。

周必大《平園續稿》卷一八《泰和縣仰山二王行祠記》 聖人成民切矣，既撫之以仁，又惠之以政，尚慮天降之災，人爲或弗能給，則致力於上下神祇，《周禮》太祝掌六祈是也。至《小祝》復載其目曰：「祈福祥、順豐年、逆時雨、寧風旱、弭災兵、遠罪疾。」凡民之所願欲，尚有出於此者乎？自釋教盛於中國，故又即佛廬而致禱焉。蓋神能變化無方，佛能攝受有情，其爲道雖不同，精誠可格則均。若乃聰明正直、廣大慈悲兼而有之，惟袁州孚惠廟二王爲然。王兄弟皆龍也，自晉永嘉宅仰山之獺潭。至唐會昌三年蓋五百餘載，有僧號小釋迦名惠寂者，來自柳州，卜庵此山。二王欽其道行，施山爲寺而徙廟堵田。今寺以太平興國爲名，其上廟基存焉。治平元年，郡人李觀嘗爲記刻石。神之歸心釋氏固已昭然，而巫祝恃牲牢以爲利，流膏割鮮，神或厭之。迨元祐六年，住山佛印禪師了元卜於神曰：「血祭乎？蔬食乎？」神曰：「蔬食哉！」厥後謁廟者遂以伊蒲塞爲饌。張丞相商英適漕本路，又爲之記。功利及物，逐日以新，自士庶達於郡邑，或繪事於家，或塑像僧舍，或祔享别廟，祈求者不絶。吉州泰和縣進士劉千齡謂非設行祠不足以揭虔妥靈，乃即縣西北五里登科岡背陰面陽創正殿三間。鄉人争附益之，夾以廊廡各十二楹，前爲門三，後爲寢室七；至於崇釋教，祀徐璠，與夫樂樓、享亭，下暨厨庫，罔不具備。始事於慶元丁巳之正月，落成於戊午之十月，嚴翼輪奂，觀者起敬。知縣事卓洵頻歲請禱，曰雨曰暘，其應如響。千齡介予故人曾寅亮謁文記之。惟皇上帝，分命山川之神各主一方，捍災禦患，載於經傳，不可誣矣。然諸侯所祭不過境内，今二王以神龍有截之威，合大雄無邊之力，自袁州徧於江西，自江西放乎嶺表，咸被其賜而祭享之，夫豈泛泛神祠加惠一方者所可比哉？按唐藍谷神名在祀典，而依悟真精舍，詩人美之曰：「若歲有水旱，詔使修蘋蘩。以地清淨故，獻奠無葷羶。」顧借是詩代享神迎送之詞。至於封爵之崇，事實之衆，圖志具在，此不復云。六年十一月五日。

《（乾隆）衡州府志》卷三一 張栻《武侯祠記》 自五霸功利之説興，謀國者不知先王仁義之爲貴，而競於末塗。秦遂以勢力得天下，然亦遂以亡。漢高帝起布衣，一時豪傑翕然從之，而其所以建立基本，卒滅項氏者，乃三老董公仁不以勇、義不以利之説也。相傳四百餘年，而曹氏篡漢，諸葛忠武侯當此時間關百戰左右昭烈父子立國於蜀明討賊之義，不以强弱利害二其心，蓋凜凜乎三代之佐也。侯之言曰：「漢賊不兩立，王業不偏安。」又曰：「臣鞠躬盡瘁，死而後已。至於成敗利鈍，非臣之明所能逆覩。」誦其所言，則侯之心可見矣。雖不幸功業未竟，中道而隕，然其扶皇極，正人心，挽回先王仁義之風，垂之萬世，與日月同其光可也。夫有天地則有三綱，人類之所以别於庶物者，以是故耳。若奪於利害之中，而忘夫天理之正，則雖有天下，不能一朝居此。侯之所以不敢斯須而忘討賊之義，盡其心力，至死不悔者也。方天下雲擾之初，侯獨高卧，昭烈以帝室之胄三顧其廬，而後起從之，則出處之際，固已有大過人者。其治國立綱陳紀而不爲近圖，其用兵正義明律而不爲詭計，凡其所爲，悉本大公。曾無纖毫姑息之意，顧皆非後世所可及。至讀其所上表之辭，則知天下之物欲舉不足以動之，所養者深則所發者大，理固然也。曾子曰：「士不可以不弘毅。」若侯者所謂弘且毅者歟。孟子曰：「富貴不能淫，貧賤不能移，威武不能屈，此之謂大丈夫。」若侯者所謂大丈夫者耶。侯既没，蜀人追思，時節祭於道上。後主用廷臣之議，立廟沔陽，使得申其敬。去今千有餘歲，蜀漢間往往有祠，奉祀不替，侯之澤在人者深矣。衡州石鼓山舊亦有祠。按《蜀志》，昭烈牧荆州時，侯以軍師中郎將駐兵臨烝，以督零陵、桂陽、長沙三郡，調賦以充軍。實今衡陽是也。烝水出縣境，經石鼓山之左，會於湘江，則其廟食於此固宜。考昌黎韓愈及刺史蔣防詩碑，祠之立有自來矣。乾道戊子之歲，湖南路提舉常平萬君成象始以圖志搜訪舊迹，得廢宇於榛莽中，乃率提刑獄鄭君思泰、知衡州趙君徙於高明而一新之。移書俾栻爲記，栻惟侯之名不待祠而顯，而侯之心亦不待記而明，然而仁賢昔時經履之地，山川草木，光采猶存，表而出之，以詔來世，使見聞者竦然知所敬仰思慕。當道術衰微之際，其爲有益，蓋非淺也。惟栻不敏，不足以推本侯胸中所存萬一，是愧且懼焉。

張金吾《金文最》卷三三范褒《重修帝堯廟碑》　帝堯之德，在人何其深且久也。雖百世之下，愚夫愚婦，亦知敬焉。孔子曰：「惟天爲大，惟堯則之。」夫如是，堯亦天也。天之道，動之化之，生之成之，其功德昭著，不可誣也。祀之南郊，迎亨祈報，天亦未嘗不享答焉，則堯於民亦何異乎天哉？古之祭法，有大功德者，皆載在祀典，况堯也，其德蕩蕩，其功巍巍，宜乎爲世祀也。當光宅天下之時，乃命羲和，欽若昊天，以授人時；命羲仲，宅嵎夷，以殷仲春；命羲叔，宅南交，以正仲夏；命和仲，宅昧谷，以殷仲秋；命和叔，宅朔方，以正仲冬。四海運若神之智，萬國被如天之仁。帝皇治定之術，天人交感之道，著若畫一。經制民事，自天地開闢以來，帝堯始正矣。後世君天下者，悉法堯之道而致於治，所以順之則興，背之則亡，故孟子曰：「不以堯之所以治民者治民，賊其民者也。」萬世能遵守其道，涵養百姓，百姓常安，家被其賜，此其所以與天無異也。帝堯在位，凡九十八年而崩，百姓悲哀，如喪考妣。三載，四海遏密八音，何恩化所及之遠也，然則堯之德不可殫紀。昔吴季札聘魯，聞歌唐之詩，乃曰：「思深哉！其有陶唐氏之遺民乎？」由此知遺風在民深且久也。全晉之地，至今勤儉，豈非聖人之化，遂與□誠而不可移也？神山縣東有堯山，柏樹森然，回還十數里，其巔有堯祠在焉。卑陋不蔽風雨，兵入之後，愈見墮摧，甚不稱所以祀堯之意也。縣宰牛公承直，下車之初，被府檄令再完葺。公遂勸率縣民，使量出己財，成茲美事。且舊國舊都，民戴遺澤，未嘗敢忘。公之令下，一境之人，皆翕然而樂從之。不獨新其廟，又比舊增廣甚多，仍於正殿之前，特起舜禹二殿，巍然相對。其後建后妃之殿，大門峙立，長廊翼如，計一百四十七間。又以餘財於廟前之南叢柏中，起亭一所，榜之曰「歲寒亭」。傳曰：「歲寒然後知松柏之後雕也。」是亭之名，蓋取於此。將以遺後官及縣民四時奔走香火之餘，而游息於其上，以此見公之用心爲歲寒也。廟既落成，命余記其事。僕雖荒陋，然與公爲至友，不可固辭。兼嘉公重飾是廟，大合衆心，與夫費四方民力民財修建淫祠者，固有間矣，於是乎欣然書之。大金皇統三年歲次癸亥正月三日。

張金吾《金文最》卷三七李守純《泰安州重修宣聖廟碑大定二十三年》　泰安之爲州也，有岳祠以壯觀其中，有岱宗、徂徠、泮、汶、漕、濟，以環抱其外，實周公之封境、孔子之鄉國、帝王封禪之所也。亡宋開寶五年，徙乾封縣於此。大中祥符元年，改曰奉符。廢齊阜昌之初，改爲軍，曰泰安。本朝開國六十有八年，升之爲州。自其爲縣，以孫明復、石守道二先生山齋之故基建學，以柏林之地課養士，作成之材，故常有焉。魁乎天下者，則耿公昌世；顯於翰林者，則楊公用道，是其尤傑出者也。惜乎歲久，殿宇壞甚，震風凌雨，聖賢像弗克僅庇，黌舍顛漏，學者鮮肯居之。有司者吝出，竟不之葺，亦莫如之何矣。歲在戊戌，岳祠被焚，朝廷命徐公中憲偉來守茲郡，尋蒙宣召指畫岳廟營繕之制。公受訓誡以還，朝夕從事，再期告成。上遣使來視，使者見其廟貌閎麗密壯，甚稱賞之，因詢以岳祠之弊。公乃□陳數事，又言有一於此，爲害尤重。昔者岳祠告修所壞，運司必先視之，禀於兖州，然後行之，故曠日持久而不能有成也。且如宣聖廟，日就傾圮，止請繕於運司，尚三年而不報。況夫岳廟，更當禀於兖州乎？稽滯之弊，從可知矣。使者還奏，得可其請，更其舊弊，所謂宣聖廟，聽以岳廟餘材修之。公遂以規繩授之匠者，大其廟度，柱以石，瓦以琉璃，長廊四回，如拱如揖，聖賢之像，皆仿闕里，而又講有堂，處有齋，以至庖湢亦皆有所。委曲以盡心，期副國家崇儒重道之意。人特見其誠，莫知其所以施設之方，可謂賢且能矣，朝廷可謂能擇人而任使之矣。經始於壬寅三月十有四日，落成於八月初四日，俾守純爲文以紀之。守純以職在主善，不敢以淺陋辭，故叙其實，而復有說焉。夫事之廢興，殆非人力之所能也，天也。是學之壞久矣，諸生所望者，扶顛補漏而已，猶爾齟齬，願莫之遂。今日一新，甲於他郡，始知天意以聖上守成尚文之際，不欲有司草創而修，故使先難其事也。然則事之廢興，豈非天乎？處乎其中，被國家教育之恩者，當如何哉！固不可泥於章句而止也。當以致君澤民爲心，知其所以學者，而務進焉。所以學者何哉？曰道也。道之在人，則爲性；性之妙用，則爲神；散之□應物，則爲五常。如或好仁、好義、好禮、好智、好信，而未造乎道，則其應物也，雖勞心役慮，求合於五帝而處之，然亦不能無蔽，孔子於是有六言六蔽之戒也。若乃造道之深，則居之安；居之安，則資之深；資之深，則取之左右逢其原。故其應物也，不待勞心役慮求合於五常，而自然合矣，孔子於是有「一以貫之」之語也。由此言之，學者之所當以道爲事也。子又曰：「朝聞道，夕死可矣。」豈非欲夫學者之以道爲事耶？猶恐乎未之能入，復示其所以入之之門，曰：「知幾其神乎？君子上交不諂，下交不瀆，其知幾乎？」當是之時，顏子不幸，曾子獨得其傳。曾子傳之子思，子思傳之孟子。其子思之論道，則曰：「天命之謂性，率性之謂道，修道之謂教。」又曰：「至誠之道，可以前知，至誠如神。」孟子之論道則曰：「存其心，養其性，所以事天也。」又曰：「大而化之之謂聖，聖而不可知之之謂神。」夫二子之立言，無少詭於孔子者。蘭陵荀卿反獨非之，謂法先王而不知其統。嗚呼！荀卿胡爲而云爾也？是與二子同門而異户歟？是其學之淺，不足以知其深歟？徐以其所著之書考之，蓋其學之淺，不足以知深也。何則？荀卿有曰：「學者始乎爲士，終乎爲聖人。」觀乎其意，則是以聖爲道之極也。豈知子思、孟子以神爲道之極，而得孔子之所傳者歟？宜乎妄生詆訾而不顧也。守純以謂儒家者流，必欲助吾君明教化，不先造孔子之道，則難矣。必欲造孔子之道，不先踐子思、孟子之言，亦難矣。而荀卿之説，反使天下後世有惑於二子，失其所趨向，故爲辨之，俾學者知其所以學焉。他日或爲朝廷之用，庶幾乎不迷於政矣。癸卯四月二十有六日，李守純謹記。

李俊民《莊靖集》卷一〇《高平縣宣聖廟上梁文》 百世大成之教，將喪於天；二丁釋奠之儀，欲行無地。庶幾見聖，須賴有功。況河東人物之豪，在長平朱紫者半。憫其梁木易壞，仞牆未闕。悉存起廢之心，方屬未遑之際。而乃度材計費，鳩役募工。於時則咸謂之迂，而爲之猶賢乎已。點因言志，必期春暮之風；符欲讀書，奚待秋涼之雨。所望入其門，見宗廟之美；升其堂，聞絲竹之音。今則畚鍤具陳，斧斤告畢。謹差穀旦，爰與虹梁。因採歡謡，式揚善頌。

抛梁東，比屋衣冠似魯中。二十餘年荆棘地，一朝刮目見華風。

抛梁西，水浸城根欲斷時。不見向來挑達子，盡爲市上買書兒。

抛梁南，謾説中牟異政三。何以此開游學路，流爲萬古作名談。

抛梁北，路從闕後無楊墨。琴堂美化及民新，吏事方知有儒術。

抛梁上，吾道隨時有消長。邇來門户争相高，要取人間卿與相。

抛梁下，往日蔬園今學舍。不遇當年董仲舒，誰爲後世修書者。

伏願上梁之後，家家俎豆，處處絃歌。政誇令尹之新，人有君子之行。不獨文翁之郡，學亦能興；抑令子産之鄉，校無敢毁。

李俊民《莊靖集》卷一〇《湯廟上梁文》 禮莫重於祭，神所依者人。享以克誠，思戴商者久矣；放而不祀，肯與葛爲鄰哉。肆堅肅敬之心，爰敞奉安之地。五丁爲之戮力，百鬼爲之駿奔。奕奕而新，巍巍乎大。庸俟斧斤之畢，具修俎豆之容。不日而成，蓋天所佑。今則謹涓穀旦，肇舉虹梁。因採民謡，式揚善頌。

抛梁東，人物熙熙樂土中。了却公田無個事，豚蹄豆酒慶年豐。

抛梁西，人事天時一旦回。佇聽春雷起驚蟄，世間翹首望雲霓。

抛梁南，四面山光滴翠嵐。惟有新城嘉潤地，休功美利與天參。

抛梁北，宅上茫茫咸仰德。慘舒一氣兩儀間，無物不資神妙力。

抛梁上，峻宇凌空雄且壯。春祈秋報有常時，靈貺應人如影響。

抛梁下，吹簫擊鼓農桑社。百靈受職風雨時，萬頃連雲看多稼。

伏願上梁之後，俗化衣冠，人離塗炭。澤被九圍之遠，禮還三代之初。精意感通，慄慄桑林之事；歡聲歌誦，洋洋那首之詩。

李庭《寓庵集》卷七《宣聖廟上梁文》 兒郎偉。我國家誕膺明命，肇造丕基，宣五葉之重光，協千齡之景運。威加方外，澤被區中。冰天、桂海，莫不來臣；日本、月氏，率皆聽命。雖藉武功而定亂，須資文德以守成。若稽古道，敦尚儒風，申勑憲臺，勉勵學校。眷長安之名郡，寔關右之要津。四方衣冠之所往來，八州士民之所觀望。其異端之教，竟金碧以相輝，而聖師之宫，反風雨之不蔽。幸遇某官，允諧衆論，共效誠心。發公廪之餘糧，割己身之清俸。選求良匠，貿易壞材。構大厦以垂成，舉修梁而高架。聊伸善頌，以相歡謡。

兒郎偉。抛梁東，闕里衣冠在眼中。要使秦民知禮義，挽回鄒魯舊家風。

兒郎偉。抛梁西，酆鎬相望路不迷。文武没來千百載，至聖風化在遺黎。

兒郎偉。抛梁南，不須金鼓下湘潭。指日吴儂修職貢，吾君盛德與天參。

兒郎偉。抛梁北，天威不違顏咫尺。年年萬國會衣冠，願比衆星長拱極。

兒郎偉。抛梁上，且喜斯文天未喪。五雲缺處望奎星，今夕光輝長萬丈。

兒郎偉。抛梁下，行看千區廣學舍。養就堂堂將相材，端與皇家衛宗社。

願上梁之後，教化風行，英髦輩出。一一抱淵騫之德，人人懷游夏之才。採百氏之精華，抉六經之藴奥。爲聖賢傳正道，爲邦家建太平。社稷延休，生靈蒙福。

《(雍正)山西通志》卷二〇五王磐《修堯廟記》 平陽府治之南堯帝廟，李唐顯慶三年所建，歲遠漸就傾圮。有靖應真人姜善信，欲更擇爽塏，重建廟貌。請於朝，上嘉其意，賜銀二百錠，仍勑有司下太原木場給官材二千根，皆辭不受，勤力節用，以身道俗，凡閱歲而廟成。爲地七百畝，爲屋四百間，耽耽翼翼，儼然帝王之居，殆與土階三尺，茅茨不翦者易觀矣。經始於至元二年之春，落成於至元五年之八月，詔賜其額曰「光澤之宮」，殿曰「文思之殿」，門曰「賓穆之門」，賜白金二百兩、良田十五頃爲贍宮香火費。仍詔詞臣製碑文以紀其成，翰林直講學士臣磐當屬詞。謹按祀典，諸前代帝王三年一祭，其時以春之仲月，其地以當時所居國邑，祭伏羲於陳州，神農於亳州，少昊於兖州，顓頊於開州，高辛於歸德府，唐堯於平陽府。蓋聖人之心，其於天地萬物雖一視同仁，不以遠近爲親疎，至於父母親戚所居，松楸墳壠所在，則亦不能漠然無情，與陌路同也。是以周公封於魯，而四世反葬於周。孔子去齊，接淅而行，去魯則曰：「遲遲吾行也。」其不以鄉黨同陌路也，昭然矣。由是觀之，因其功德之懋而有祭，而必於其鄉者，聖人制禮緣人情也。因其歲年之遠而有敝，敝而改圖其新者，知者創物從時宜也。善信讀老莊之書，從方外之教，以虛無淡泊爲宗，以因循自然爲用，然而嘉聞仁義之言，樂道堯舜之事。前修禹廟，數載功成，今建堯祠，三年有効，可謂知慮明敏，操守堅固，通方不滯，好謀能成者也。堯，大聖人也，德被羣生，澤流萬世，即欲稱道其美，是猶褒天地之大，譽日月之明，無所容其辭矣。乃述立廟之本末如此。

王惲《秋澗集》卷三七《遺廟記》 金海陵煬王，以天德七載乙亥定議南伐。明年，正隆改元，詔大營汴京，擬混一江左，遷而都焉，故廟社之制，於是乎興。然清廟實前宋之故物也，在景祐間，止屋有七楹，考金之記曰：「正隆四年己卯歲冬十有一月，禮部尚書同修國史王競、銀青榮祿大夫參知政事敬嗣暉、開府儀同三司尚書左丞相上柱國魯國公臣張浩監修。」實金爲之增廣加飾，非創作也。何以明之？覩其梴桷旅楹，大而徑三尺者，比皆腐朽餘幾丈。若曰金朝創始，不及百年，安得如此之朽腐哉？廟直大內之南，馳道之東，殿法吴制，東西列二十五楹，袤四十丈，廣七丈。其神室內，地廣一十步，餘四步爲室前之虛明。廟兩首各限一楹。中以二十三楹，分十有一室，從西以三楹作一室，餘每室以兩楹爲之。龕之數，其西位夾室，六南向者，三北向者，東俱兩龕，自餘率一龕，所向皆東面而已，總十有八龕。殿階作二層，列升道三，前井亭二，東西相向。外作重堧四繚，(而沿)〔面有〕門，角有樓，門南列五闔，餘三而已。其東北中垣之外，即册寶殿也。國制：凡帝后寶册暨郊廟金玉禮器皆在焉，令太常官一員，每季檢視，用印封緘，謂之點寶。禮器者何？爵瓚圭璧是也；玉册者何？先代哀謚是也。其册，帝以寶玉作簡，后以象齒爲之，貰以金書，貫以朱絲，封縢甚秘，世莫之見。南則更衣亭，亭前舊有湖石瓌奇，名曰「瑞芝」。其東南外垣之內，即神庖封取血膋之所，環重垣之內，東西爲廡，各五十楹，旁夾廟門，各廿有五，于以分布齋郎、駿奔、執事之列。正北則闕焉。其西南垣外，即廟署位，前有門以表，循外垣西北，復鑿偏户一，意者備執事出入之便也。予聞之遺老云：舊制祀廟，率以親王上宰攝太尉以享，太祝奉遷宗祏，置地，用色羅上冪，帝以黄，后以絳，所謂至敬無(文)〔壇〕也。茵以皋比，器設陶皿，用血肉以獻，上下之樂畢備。此金朝典秩之大概也。國亡已來，汴之宫室，毀撤掃地，顧惟茲廟以貯儲得巋然獨存。皇朝中統五年夏四月，詔河南前宣撫張子良撤焉，以北浮御河入燕，就爲今之太宫，從堂議也。據正隆己卯至今甲子，以曆考之，適百有六年也。識者異之。且今初建宫於燕，多撤汴材，其木皆以燕用爲誌。今是廟亦復用燕之故址，有數存乎其間爾，自有能辨之者。夫君子將營宫室，宗廟爲先，祖宗胡可以無廟？然一廟之用，有不可勝之費。今也存亡廟而爲新宫，其尊祖息民，可謂恭儉者哉！是廟，宋制也。按《禮經》，天子七廟，太祖之廟居中，三昭、三穆，爲之左右，其七主：曰壇，曰墠，曰考廟，曰王考廟，曰皇考廟，曰顯考廟，曰祖考廟。月一祭之，遠廟爲祧，去祧爲壇，去壇爲墠。壇墠者，有禱焉祭之，無禱則否。此三代不易之制也。逮東漢變而爲一廟，同宇異室耳。李唐自貞觀、開元後，增置九數。後宋因之，亦列九世爲十二室。而金朝以九帝有天下百餘年，上自景太至於宣廟，不審天興奉祀之日，其間升祔祧出，得列於太室者，凡幾廟，何者得祔，何者爲祧邪？故并及之，以俟更考云。至元五年夏六月十一日記。

《(乾隆)韓城縣志》卷一〇王鶚《龍門建極宫記》 臣聞諸先儒，法始乎伏羲，而傳乎堯，堯以是傳之舜，舜以是傳之禹。三聖相承，而守一道。西漢賈捐之乃謂堯舜聖之盛，禹入聖域而不優。蓋以謂堯舜傳之賢、禹傳之子歟？抑堯舜之德、禹以功歟？傳子傳賢，出乎天與，孟軻氏説之詳矣。堯有聖德，舜有明德，而禹稱絶德。堯成盛勛，舜有大功，而禹則萬世永賴，而復克勤克儉，不伐不矜，聞善則拜，見有辜則泣。故柳宗元《塗山銘》曰：「德配於二聖，而唐虞讓功焉；功冠於三代，而商周讓德焉。」由是觀之，則大禹之功德，於堯舜何間焉？祀典曰：「能禦大菑者祀之，能捍大患者祀之。」禹之平水土也，挈天下墊溺之民，而寘諸安平之地，又奚翅禦菑捍患而已哉？歷代綿遠，祀禮没疎，積習成風，漫不加省。有人於此，慨然於廢弛之餘，廣其廟貌，以極崇奉，得不謂之賢乎？今道者姜公，其人也。公名善信，河東趙城人。年十有九，挺身道流。師蓮峰靳貞常，結居王刁涸籍有道價，屬陝右兵亂，士大夫避地者，往往依之。一日，語及禹門神祀因兵而燬，惜無爲經畫者。時公侍側，乃潛有興復之志。師亡，公即抵其所，陋其舊制，而將益之。鳩衆議工，其鴻基鉅址，當疊以大石，而無隙可攻，俄沙其際，沙盡石乃可出，人咸以爲異。公精誠感發，助役者多自負所食，不遠千里，欣欣躍躍，若神使然。肇基丙午，而落成於壬戌。爲殿五楹，其門稱是，兩廡間架，各十有八，寢殿營於其後，别爲道院，殿則有四，方丈雲齋，無一不具。又廣構神祠，凡可以爲國祈禳者，悉有香火之奉。甫西河壖，即看鶴樓之故基，爲起石，各巍然百尺。河山勝概，千里一目，亦天下之偉觀也。上在藩邸，熟聞公名，召而詢之，言多應驗。即位之初，三見徵聘，公奏對平實，中多裨益。陛辭，敕賜宫曰「建極」，殿曰「明德」，閣曰「臨思」，仍命大司農姚樞大書其額，以示歸榮，別遣右相張啓元詔公鶚爲文以記。臣聞命悚然曰：三代而下，世教不明，中材庸士，不爲淫祠、曲祠所惑者幾希。道家者流，作大緣事，以事所事，分内事耳。若夫追崇往聖，不憚勤苦，曠日持久，爲衆人之所不能者，蓋亦寡矣。吾皇眷知，爲賜嘉名，誠盛事也。臣謹奉詔，拜手稽首而爲之銘曰：

維禹之功，庇民無窮。維禹之德，配天無極。世衰道喪，事及淫祠。明德之遠，誰其思之。粵有斯人，是宫作新。爰居爰處，至誠感神。聖皇簡知，嘉名是錫。金石載書，用彰厥蹟。龍山蒼蒼，洪流蕩蕩。神功永賴，國壽其昌。

吴澄《吴文正集》卷三六《廣州路香山縣新遷夫子廟記》 廣爲百粵之地，三代政化之所不及。漢、晉而唐，俗漸漸易，至宋彌文。香山縣最後置，其初東莞縣之香山鎮也。紹興壬申，始陞爲縣，距宋亡百二十年耳，而士風亦然，能與他邑相頡頏。國朝崇文，仍前代之舊，教之所暨，無遠弗届，而教事之隆替，亦繫乎治官之能否焉。盱江左祥職於翰林之國史院十五年，泰定乙丑，勑授承直郎、廣州路香山縣尹。其在院也，傳言而言達，辦事而事集。余覘其才之能官也久矣。及既赴官，余亦歸田。然江廣相去三千里餘，聲迹了不相聞。越四年戊辰，調潮州路經歷，以書來言曰：「祥以非才，濫膺民寄。思治之本，在乎教也。涖官之初，首謁先聖廟。廟直縣治之西，卑濕隘陋，於嚴祀弗稱。謀之同僚，擬更諸爽塏。再至學，俾教官召集郡儒議，咸曰：『縣東有文廟舊基，後枕崇崗，前瞻筆峰；土質燥剛，山勢拱抱。宋末遷于今所，遷之後士風頓衰，今復舊所爲宜。』乃與同僚往視其地，果如衆言。有前直學楊仲玉起而言曰：『倘或遷廟，與前教諭高玄生願獻棟梁柱礎。』已而，郡士各備大小材木以供用，節縮養士餘貲市瓦甓等。泰定丙寅孟秋興役，次年春，先構大成殿，崇三尋有六尺，廣倍其崇，深視其廣殺四之一。仲秋落成。次構儀門，九檁九間，其崇常有二尺，廣十有三尋，深三尋有一尺。季冬落成。惟明倫堂、東西廡未完。祥既去，亦儲木石，屬同僚嗣成之。」至順辛未夏，左尹來過，曰：「祥官潮陽香山縣之舊僚及其教官與邑士營造明倫堂、東西廡已畢。其堂十一檁，中五室，崇常有二尺，廣七尋有七尺，深三尋有一尺。夾室左右各二，其崇殺於堂三尺，其深如堂，其廣五常有一尺。天曆己巳冬構，次年春成。東西廡七檁，各十一室，其崇視堂之夾室，深亦如之，南北之修七常有一尋。至順庚午冬構，今年夏成。祥在潮陽已歷一載之上，謁告二親，來歸靖。惟仕於嶺海間至再，幸免瘝曠。而香山小邑，獲遷廟學于吉地。始謀雖出於祥，而終成其事，實賴邑僚、邑士之力。邑之長那海、邑之貳張仲谷、教諭陳介、湯思義、黎某；邑士之輸材竭心者，楊仲玉、高玄生、陳志、袁珏也，敢蘄先生紀其始末，垂示永久，以無忘僚友、士友成終之勤。」予謂左尹有三善：令之居官者唯私於己，何恤於民；而尹無私於己，有志於民，其善一也。或優於政，不暇於教；而尹既優於政，又及於教，其善二也。官之政教，去官則已；而尹雖已去官，猶不忘在官未竟之事，視官事若家事焉，其善三也。嘗稽郡志，宋紹聖間，廣守章楶以郡學在中城西，近市喧雜，諸生百五十一人合辭請擇地而徙，遂參陰陽家之説，遷學於牙城東南隅。左尹之遷縣學也，由西而東，與二百年前章守之遷郡學時異事同。昔章守自作《遷學記》，期廣俗不變如齊魯。今左尹之屬記於予也，所望於香山之士者，其亦如章守之心乎？然則廟學既遷而新矣，士習之遷而新者宜如之何？曰：貢詔頒行，具有謨訓。爲士者亦惟明經修行焉。廓志破愚，趨義舍利，存理去欲，長善消惡，此明經之效也；能孝能弟，能慈能睦，能忠能信，能耻能讓，此行修之實也。經不明，行不修，而徒綴緝程試之文，眯眩主司之目，以攫科名，苟官禄而已，則豈惟近負聖朝之恩、遠負聖師之教，抑寧不有負於邑宰新廟學以新士習之意哉？

吴澄《吴文正集》卷三八《建康路三皇廟記》 自天開地闢，而萬物生，人與飛走草木、翾狉莽蒼混爲一區。不有大聖者作，君之師之，其何以得生其生，而自異於羽毛鱗介之倫哉？鴻荒以來，載籍莫考。蓋不知幾千萬年，而有伏羲氏、神農氏、黄帝氏，仰觀俯察，畫卦造《易》，寔開人文民用之先。醫藥方伎肇端發源，又在十三卦備物之外。三聖人之有功德於人也，其猶天地歟？夫有功德者必有報。能定九州而祀以爲社，能殖百穀而祀以爲稷，況三聖人與天地同其大者乎？古者旅上帝之禮，以五人帝配，所謂木德、火德、土德之君者，此三聖人也。祀之以配天，其尊不亦重乎？古禮缺廢，唐開元間，三皇與五帝俱列廟祀。皇元新制：路、府、州、縣醫學立三皇廟，視儒學孔子廟等，可謂不忘三聖人之功德也已。建康，大會府也，江南諸道行御史臺在焉。而三皇廟庳陋弗修，將及傾圮。臺臣目之，謂弗稱明時崇古重本之意，以監察御史言命有司修理。惟廟學地隘，弗堪展拓，於城中西北隅得官地十有餘畝，宋時公館舊址也。度之以度，衡之廣八常有二尺，從之深三十有七尋有半。諭有司曰：「廟遷新基，宜得新構，舊木石其一切勿用。」乃市材鳩工，卜日興役。既而御史公、榮禄大夫伯顔自京師至，御史中丞資德趙公簡、治書侍御史奉政公帖木歌帥其屬暨諸監察、諸從事各捐俸錢以助，於是郡邑官吏以及醫家以及士民莫不捐俸捐資，建康所轄一司二州三縣悉來輸力。延祐五年之冬肇創，而六年之秋且完。正殿中峙，前中門，後講堂，以間計各七；中門之左右有塾，以間計各四；外門之楹六，東西兩廡各七間，東西齋舍各九間，若庖、若廩、若便門亦各五間。崇峻宏敞，規制偉然，爲江南諸郡之甲。又得官地若干頃，俾收其歲入，以充廟學春秋祭祀經費。蓋非臺察注意之專、郡邑奉令之虔，莫克臻于兹也。世謂風憲之官惟監臨督察其務，夫孰知天地生民之所本、古今治道之所始，而有此遠大之思者哉？竊嘗論之，聖君賢相之心，欲民得生其生而已。遂民之生者陟之，是以有字牧之寄；賊民之生者黜之，是以有糾治之職。勸農桑，通商賈，俾之衣食餘饒，財貨阜通；勵學校，明教化，俾之由於禮義，免於刑戮。凡爲斯民計者，皆愛之而欲其生也。疾病癘疫，慮其無醫藥也，則惠民有局。猶以爲未也，醫有學，學有官，俾醫流之習業一如儒流，幸其達脉病證治之因，審温涼寒熱之用，而不誤人以致枉夭。仁矣哉，是心也！推究斯民生生之初，而思三聖人之大功大德，爲兩間開物之祖。聖君定其制於上，賢臣承其意於下，殫其崇極以報本者，一以爲民也。若曰壯麗其棟宇，設飾其像貌，以竦人之觀瞻焉爾，則何足以知聖君賢臣之用心與？是役者，其名各書于碑陰。是年歲在己未，七月十有一日甲子記。

吴澄《吴文正集》卷三九《滁州重修孔子廟記》　滁州學正劉默言：「滁學在城東偏，滁水經其南。宋季年，安撫金之才修州城，修官廨，修諸神祠，亦新孔子廟。其時滁邇邊界，日有儆備。於多事之際興百役，不數月俱告成，率苟簡取具。距今才四十年餘，已敗壞不可支。奉訓大夫徐侯守是州，絜己愛人，爲政期年，民懷其惠，士服其善。視廟屋不脩，禮器不中度，與同列議更之。一日謁廟畢，慨然曰：『滁州古名郡，前守多名賢，以文教治民。治民之本，蓋自吾夫子出。天朝崇道興學，以昭化原。今廟貌如是，凡我政人與爾學子安乎？』聞者感奮，輸貲效力以先。市良材，命良工撤其舊而改作，侯親勸率之。經始於癸卯之夏，落成於甲辰之秋。廟四阿崇六仞有二尺，南北五筵，東西五筵有奇，兩廡崇三仞有五寸，東十有七楹，其修十筵，西亦如之。門之崇如廡，深常有四尺，廣五尋有一尺；東、中、西凡六扉，列二十有四戟。東塾之室三，西塾之室三。外三門之楹六。祭器以梓，以陶，古制也。大尊、山尊、著尊、明參之爲壺尊，犧與壺鈞象倍犧之數。爵二十有九，俎五十有四，籩豆以十計，簠簋以三計皆八，罍、洗各二，篚七。爵有坫籩，尊有冪，罍及酌尊有勺，諸用物稱是。此默所職掌，而得免於瘝曠，緊侯之賜。請記其事，俾後有考，期有嗣而修之者也。」澄觀今之莅政者，非昏墨以遂私圖，則苟渝以逭公責，夫孰知治之當務？其知者，不過精謹獄訟簿書間以爲能，夫孰知治之有本哉？徐侯治政可稱，而知士學爲重，知聖道爲尊，知天朝敦教勵俗之意不可不承宣也，可謂知治之本矣。侯之民、滁之士，其亦知學之本乎？記誦以矜其贍，辭章以衒其艷，末也。必也處内處外而有孝慈恭遜、廉耻忠信之行，明於人倫日用之著，通於天道物理之微，審於公私善利之幾；存其仁義禮智之心，檢其血氣筋骸之身；其静也中，其動也和，周於家國天下之務，無施而不當；退則有志有守，進則有猷有爲，庶乎其可也。若夫日講聖師之書而不真知、不實踐，於是數者無一焉，則亦剽竊訓詁、涉獵文義而已爾，與彼記誦詞章之末何以異？而豈侯之所望於滁之士哉？侯名君慶，許人，世有令聞。默，衛人，習《四書》朱氏之説。其傳有自，非以記誦詞章爲學者也。滁下州，不設教授官，而以學正行教授事。

程文海《雪樓集》卷六《大元國學先聖廟碑》　皇慶二年春，皇帝若曰：「我元祚百聖之統，建萬民之極，誕受厥命，作之君師。世祖混一區宇，亟脩文教。成宗建廟學，武宗追尊孔子。所以崇化育材也。朕纂丕圖，監前人成憲，期底于治。可樹碑於廟，詞臣文之。」臣某拜手稽首奉詔言曰：臣聞邃古之初，惟民生厚。風氣漸靡，聖人憂之，越有庠序學校之制，天下之治，胥此焉出？中統二年，以儒臣許衡爲國子祭酒，選朝臣子弟充弟子員。至元四年，作都城，畫地宮城之東爲廟學基。二十四年，備置監學官。元貞元年，詔立先聖廟，久未集。大德三年春，丞相臣哈喇哈遜達爾罕大懽無以祗德意，乃身任之。飭五材，鳩衆工，責成工部郎中臣賈馴。馴心計指授，晨夕匪懈，工師用勸。十年秋，廟成，謀樹國子學。御史臺臣復以爲請。制：「可。」至大元年冬，學成，廟度地頃之半，殿四阿，崇尺六十有五，廣倍之，深視崇之尺加十焉。配享有位，從祀有列。重門脩廊，齋廬庖庫，爲楹四百七十有八。學在廟西，地孫於廟者十之二，中國子監，東西六館，自堂徂門，環列鱗比，通教養之區，爲間百六十有七，制如孔子大成之號，祠以太牢。犨、釋奠、雅樂，江南復户四十，肄之春秋二祀，先期必命大臣攝事。皇帝御極，陞先儒周敦頤、程顥、程頤、司馬光、張載、邵雍、朱熹、張栻、吕祖謙、許衡從祀。廣弟子員爲三百，進庶民子弟之俊秀相觀而善業精行成者，拔舉從政。又詔天下三歲一大比，興賢能。於是崇宇峻陛，陳器服冕，聖師巍然如在其上。教有業，息有居，親師樂友，諸生各安其學，咸曰：「大哉！天子之仁。至哉！相臣之賢、工曹之勤。」其知政治之本源矣。臣竊謂天地至神，非風雨霜露罔成其功。斯道至大，非聖君賢相罔致其化。人性至善，非《詩》、《書》、禮、樂罔就其器。列聖相承，謂天下可以武定，不可以武治。所以尊夫子，建辟雍，復科舉，誠欲人人被服儒行，爲天下國家用耳。然則黎民於變時雍顧不在兹乎？於戲隆哉。臣某謹拜手稽首而獻頌曰：

皇元受命，誕惟作京，以撫萬邦。既訖武功，載脩文教，登其俊良。於穆宣聖，垂範罔極，首尊而彰。曰爾胄子，弗典于學，曷風四方。學以聚之，廩以餼之，日就月將。大德嗣服，乃建孔廟，乃經辟雍。考制程材，審時相宜，遹成厥功。辟雍洋洋，冕服皇皇，羣士景從。聖道既明，涣號既加，我皇御天。執道之中，軌物牖民，翼翼乾乾。帝學益弘，庶政惟和，我化用宣。躋祀儒師，賓興羣材，丕紹厥先。相古盛時，訏謨遠猶，罔不由賢。天錫皇祖，神聖文武，以有萬國。威何不加，令何不行，求何不獲。惟學是務，惟材是育，下民允迪。越厥左右，咸有一德，以匡乃辟。惟帝時憲，惟臣克念，濟濟茂碩。禮明樂備，永作神主，播頌無斁。

《〔乾隆〕河間府志》卷二〇曹元用《董子祠堂記》 漢中大夫董仲舒，邃於《春秋》，其學醇正有原。武帝時對策三篇，切中時弊，致武帝表章六經，罷黜百家，先儒以爲其功不在孟子下。兩相驕主，動必由禮，守正不阿。時公孫弘方以容説位宰相，故終身不得復進。夫孔子殁既久，異端並興，學者愈失其傳。秦漢以來，知道者鮮，惟董子能言正誼而不謀利，明道而不計功，以仁義禮樂正心修身，爲治國平天下之具。論道之大原，及明於天性之説，多得聖人之旨。其言奥衍弘深，沛有餘味。或者乃譏其見道未明，竊以爲過矣。夫以游、夏之言，方諸孔子，猶爲有疵。況董子承秦滅學之後，而能造道如是，詎易得哉？使其游於孔門，可與十哲亞；使居相位，可興三代之治。劉向以爲有王佐之才，管、晏弗及也，真知言哉！按《漢書》：董子，廣川人。廣川屬漢冀州信都郡，今景州蓨縣是也。縣西南鄉有廣川鎮，其别墅曰董家里，有祠在焉，唐宋碑刻猶存。縣北門道右，故有董子祠，不知創於何時。國朝大德初，縣人林士豪嘗加補葺。天曆元年，承務郎、縣尹吕君思誠視事，始拜謁祠下，顧瞻而嘆曰：「祠當通衢，湫隘若此，非所以居董子也。」八月，遷於縣治之東。東有崇臺三丈，傑閣二層，舊爲官僚游憩之所，遂新其敝什，定爲董子祠。更其衣冠，悉遵古制。明年某月落成，聿修祀事。蓨舊無縣學，吕君又築講堂祠下，爲東西兩齋。命教諭劉澂權主董子祠事，朔望先謁孔子廟，次則及焉。又爲孔子像，置之社學，使民知所向慕。吕君字仲實，平定州人。由國子伴讀擢進士第，補同知遼州事。以母憂去官，終喪而有蓨之命。清勤無私，臨事明決，訟十年不絶者，諄諭以理，輒兩已之。子愛其民，事集而民不擾，咸畏威懷惠，境内大治。安陵道士以久旱，持盧師谷中蛇名小青者至，郡僚羅拜以禱。君怒，欲取而殺之，道士泣請得免。後數日乃雨，其不惑於邪如是。余與乃父廉訪君昔聯仕憲臺，今嘉其有子而能官也，故爲作《董子祠堂記》，仍賦享神辭以繼之。其辭曰：

蓨之士，平原膴膴；爰有哲人兮，道傳千古。道傳千古兮，爲紀爲綱；徽猷允塞兮，嘉言孔彰。（人）〔天〕既佑我蓨兮，篤生元哲；不克取而師兮，是曰自絶。層臺兮巍巍，傑閣兮翬飛。神靈兮有托，祀事兮無違。想高風兮如在，期進德兮逾勵，繼自今兮，毋忽毋怠。

《〔道光〕麗水志稿》卷三施栗《麗水縣尹韓公生祠記》 元貞丙申秋九月，麗水縣尹韓公建學成。明年二月既受代，諸生懷其德，繪像奉祠，示不忘也，請余記。謹按：漢史齊祠石相，燕社欒公，皆生以禮事，即其賢行能起人之敬慕，況有功於名教者哉？廟學自昌黎作碑而名天下，後因徙建，屬之麗水。地陋屋庳，蔑以崇典法、隆體貌，間數葺治，率因陋就簡，不能出意經畫。公後昌黎五百載來治兹邑，首以興學爲事。初講堂之北無餘地，求諸鄰得爲丈者，修五廣十有三，獨運新智，貫石累基，其崇如修之數。復捐私帑構巨廈，撤舊而新之。高明伉爽，羣視聳動。仕是邦者，始輟俸鳩費，議作禮殿，而公實庀其役。即舊址拓而大，視故宇增而高。日莅程督，凡木金土石之工，心畫指授，咸聽麾使。磚甓版墼，丹堊黝漆，莫不中度。晨入暮歸，雖寒暑不懈。越三年而殿始成，棟宇崇閎，圖像嚴顯。濟濟穆穆，聖道益尊。且闢門而三，面乎南以挹溪山之秀；爲齊者四，翼乎外以覽風物之美。以至房廡庖廩，百爾具備，公猶以爲未也。又改刱櫺星門，旁挾短垣，中通層級，環四隅爲墻餘百丈。茨懼弗久，悉覆以瓦而加之墁。精神所到，表裏纖鉅，靡一闕道。繇經始以迄於成，壹是公之力。於戲！括學以韓碑增重，今而復有韓令尹出任斯事，造物固有所待而擬斯人也邪！公天資峻明，深與道合。爲政知所先後，於是舉也，盡心力而爲之。規橅氣勢，雄壯軒豁，匪直冠他邑，且邁往昔，厥功可謂大矣。諸生留像而祠之宜也，且求文爲記。余語之曰：像而祠公意且不欲，奚庸記。有復於列者，謂像則存之於目，以固其心之所敬，記則寫其心之所敬，使昭昭乎其常在目也。抑《泮水》一詩，頌僖公能修泮宮，首言「敬慎威儀，維民之則」。至今如見魯侯之像。次言「允文允武」，而獻功獻馘者咸在焉，夫豈專記修泮之事？今公智謀勇略，足以治劇御繁。邑介閩婺，嵒險川悍，鄰寇竄伏其間。公三佐元戎，芻糧械器畢給。且領偏師出奇而勦平之，脅從者悉全活。民犯僞禁，能發姦如神。鄉社警嚴，而盜跡屏息。至若刱廨舍，爲廉使治所，編稽户版，考覈公田，浚溝池以扞城，架浮梁以濟涉。辟除道路，俾輿轡負任者皆履坦。利興害除，罔不竭盡。治邑十年，久諳土俗。賦平役均，獄訟益簡，四境之内晏如。斯民仰事俯育，始知有生之樂。究公所抱，豈止最一邑哉？(公)〔余〕請效泮宮之頌魯，即公之治績，牽聯以書。公名國寶，字君玉，古申人。大德元年八月吉日。

《(嘉慶)湖南通志》卷一八六歐陽玄《濂溪故居祠記》 春陵郡之西，距城可十里，有鄉曰營樂，里曰濂溪，周子故居在焉。左有龍山，其形蜿蜒如龍；右有豸嶺，巖石嶔岈，其狀若豸；中爲平田，有水逶迤田間，澄澈見底，即濂水也。其居舊制有堂三間，門廉稱是。堂塑周子之父諫議大夫像居其中，周子像居其右側，司封郎中壽、徽猷閣待制燾之像以次侍坐，周子之二子也。在宋之代，春秋二仲以次丁日，守令詣祭。聖元崇右濂洛之學，追封周子爲道國公，祀事視昔加豐。而故居湫隘，歲久寖敝，祭畢飲福，守令以下，雜列門廡。延祐七年，邑人熊偉調營道縣主簿，嘗與祭列，進里儒唐道舉而勉之曰：「周子故居，淪没弗稱，祠宇弗嚴。君生其里，可坐視乎？今以繕修之責相屬，君其勿辭。」道舉對曰：「故里乃數歲有司輒一修之，因陋就簡，飾故爲新，補罅爲完而已。吾欲異於是，可乎？」主簿嘉其好義，即白之郡侯，以公檄奬勵之。道舉聚財庀工，伐石陶瓦，除其旁地，斥大舊基，崇臺三間，立爲專祠，以祀周子。列先賢碑刻於其側。後爲重屋，上下皆施雙梁如廳事。上設諫議像，正坐，旁設司封、徽猷像，坐東西相向。下爲與祭官止息之所。未及落成，而道舉即世。後三年，其子應詔復作東西序凡十間，以畢先志。未幾屬邑有警，兵事方殷，作輟者十餘年。至正六年，府判吴濬實來，訪應詔，竟成之。應詔感激，於是繚以周垣，護以堅甓，丹堊彰施，新榜昭揭，規制完美，百倍於前。爲屋大小内外以楹計者，百四十有奇。然後每歲祀事，籩豆有序，班次有位，陟降有儀，徹俎而燕，旅酬有所，僕從别焉，咸有庇賴。乃介士子浚儀趙君嗣隆，奉事狀來請玄記之。惟昔商容，商之賢人也。周武王伐商有天下，過其閭而式之，史書於册。召伯布政南國，聽民訟甘棠之下，南國之人爲詩以相戒曰：「蔽芾甘棠，勿翦勿伐，召伯所茇。」夫商容一代之賢，其所居爲時君之所敬禮，召伯一日之居，其所止爲邦人之所愛護猶且如是。子周子上接孔孟之緒，下開程朱之學，有功斯道，昭被萬世，其故居修營，是固王政之所當先，侯度之所當舉。然贊府熊君謀於其始，通守吴侯濟於厥終，唐氏父子實克繼紹，是究是圖，垂三十年乃底成績，其可無記載乎？大德丁未戊申間，玄從先君子冀國公典教是邦，歲祠屢造故居，蓋嘗目擊而能言者。乃記以授嗣隆，俾歸勒之石，以勸方來云。至正八年九月己酉記。

胡聘之《山右石刻叢編》卷三九歐陽玄《重修大禹廟碑》 盛德必百世祀，有廟則人心萃，所由來尚矣。在昔唐虞之世，洚水横流，民無底居，而天下幾不國矣。大禹出而治之，然後九州以平，五行以順，而民生衣食於彝倫攸叙之中，迨于今幾四千年，所謂盛德之當祀，宜與天地相爲無窮也。安邑，夏后氏之故都，邑之人尤重事禹。後魏分其東爲夏縣，邑之墟故存焉。其中土高爲臺者，十有三仞，而縮其廣輪則五畝。而嬴上有大禹廟四楹，創始歲月莫有紀者，且隘陋弗稱，歲久將傾。泰定甲子初，静海縣達魯花赤瑞著致事家居，爰咨于衆，合謀新之。時主廟事臺可明與邑人薛政寔相其事。於是人心翕然，富者輸財，强者輸力，群材鱗集。五工程能，既底法矣。廟成有日，而瑞著卒，遂中寢。邑士劉思義慨然曰：「大禹功德，不可忘也；瑞著之志，不可以不成也。」廼諗于衆而出己〔資〕，以竟其功。聞者益勸，財力加裕。廼荒度故殿址廣植八楹，殿之北復作四楹，以塗山后配焉。左右翼以邃廡，嚴恤宏敞，信足以萃人心、祀盛德矣。既而思義又卒，其子大有能繼父志，自大禹而下，舉皆像焉。樊君益吉，邑雅士也。至正甲申秋，應江浙行省辟，來武林，迺狀其顛末，徵愚文以記之。昔聞龍門之水，潰薄激越，聲如萬雷，意其疏鑿之初，其功殆與神明侔也。歷代廟祀，固宜在焉。然安邑山川形勢，則太行、王屋、箕山、三門在其東，龍門、壺口在其西，其陽則雷首、汾陰，其陰則平陽、霍岳也。邑大夫人士，歲時則具牲牷、奉粢盛、潔酒醴，登祭于廟，而左右瞻顧，其隨山刊木、跋履險阻，舟車檋梮之載，疏鑿排決之勞，膚胈胼胝，過其門而不入者，可想像而見也。《傳》曰「見河洛而思禹功」，況其故都實水功之所載，而朝覲謳歌，歸于吾君之子之地，其感人思深矣。是允宜爲［廟］食之所在也。雖聖人之德，與天同大，死而爲神，在帝左右，然聖人之心不忘天下，豈無臨視故鄉之時乎！宜瑞著一倡之，而人心之響應者不約而同也。乃爲歌詩九章，補九功之歌，以遺夏人，俾刻于麗牲之石，而歌以侑祀。云：

天地攸産，非水不生，或失其維，物受其殃。以淡以泊，迺清迺平，於皇時功，永言不忘。維昔洪荒，茹毛飲血，燧人氏作，俶載烹飪。洚水既平，民出昏墊，奏艱奏鮮，以灼以焰。維木之生，維民之材，洪水湯湯，或翳或菑。水功告成，乃苞乃條，斧斤時登，民用以優。陰陽之精，山岳之英，迺生［五］金，用冶而成。鼎兮象物，國器以利，荊揚三品，［厥］貢維貴。維土厚德，萬物攸載，九野既平，既宅既蓺。於皇聖功，萬世永賴，天地之德，爰在稼穡。立我烝民，莫匪爾極，勞而不伐，爰暨于稷。洪範治兮，洛書呈兮，皇建極兮，正民之德兮。民有欲兮，亦孔之衆兮，通百貨兮，斯利其用兮。八政之疇，食貨其首，養豐于老，罔匱于少，民生斯厚兮。

蘇天爵《滋溪文稿》卷二《前衛新建三皇廟記》 世祖皇帝既一中夏，休兵息民，以建太平，乃于畿甸之南列置諸營，環拱京都，分立屯田。居者佃作以爲養，出者扈衛以啓行，軍制肅然而有法矣。于是諸營有閱兵之所，劭農之治，庾廩府庫之藏，田廬市井之衆，而儒學醫學亦各設官以司其教焉。前衛屯營在涿州范陽縣之境，建于至元十六年，而醫學之設則肇于後至元二年也。三皇之祠寓于醫學，自國朝始。先是，衛官繪像祀于治所，簡略弗稱。至正改元，副都指揮使濟南張侯元珪分治屯田，語官屬曰：國家詔郡邑立三皇廟，春秋祀享如釋奠宣聖儀，蓋所以崇治典，遂民生也。今吾衛廟貌獨無，非闕典歟？乃卜吉地于宣聖廟之西，凡若干畝，中爲大殿，翼以兩廡，聖像袞服，巍然以臨，十大醫師侑食左右。前爲神門，外爲靈星門，共十有四楹，户牖煇煌，瓴甓堅密，周以崇垣，樹以嘉木，几席帷幙，俎豆巾篚，靡不備具。經始于是歲夏之孟月，落成于秋之仲月。董其役者，千夫長董惟恭、百夫長大都閆姜惠也。明年，侯偕工部侍郎郭孝基求天爵書其事于石。夫以伏羲、神農、黄帝開天立極，德被萬世，有國家者所當崇奉，顧寓于醫家者流，何也？善乎韓愈氏之言曰，古之時，人之害多矣。有聖人者立，然後教之以相生養之道，寒然後爲之衣，飢然後爲之食，爲之醫藥以濟其天，死爲之葬埋，祭祀以長其恩愛。三皇之祠寓于醫者，或本乎是歟？蓋人之生，飲食以養其生，冠服以奉其身。然而風雨寒暑之不時，起居飲食之無節，而疾生矣。矧在軍旅，邊方征戍之勞，道途霜露之苦，而疾之生則尤甚焉。天爵忝官于朝，伏讀列聖之訓，而知祖宗恤養軍士之爲至也。方征江南時，制若曰，軍前士卒有疾，即命良醫治之。爲將帥者，又當擇人侍疾。而幕官一人俾耑司疾，俟其疾愈，方聽從軍，仍具數以聞。驗士卒病死多寡，以治司疾者罪。又曰，遠方戍卒代還者給文檄，如路中遇疾，有司驗其文檄，即給藥餌。不幸死者，官爲給其道里費。命同還者以骸骨歸，仍蠲其家徭役。其著于甲令者則曰，戍卒代還者即給行糧，病者即給藥餌，前途官爲應援，庶俾遠征者皆得生還。又曰，士卒疾者，日食陳米，轉生他疾，當給新米以養其疾。夫國家之于軍士，遠者念之若此，近者可知；疾者養之若此，則于其生者又可知矣。然則張侯之建三皇祠宇，崇尚醫術，其體列聖之心，恤軍士之實，于此益可徵焉。侯讀書好禮，清慎有爲。是役也，其貲用皆侯規畫，一毫無取于人，故樂爲之書。至正二年三月既望記。

《［光緒］武進陽湖合志》卷一四韓璵《重修延陵季子祠記略》 至正元禩秋七月，河東薛侯守毗陵之次年。侯既顯仕於本朝，以孝謹聞。洎典茲郡，愷悌靖謐，恭協同寅，務以禮讓易俗。蒞其譁嚚，煦寒飴饑，得黎甿心，故興舉廢墜，命亦懌從。頖宫以修，輿梁時成，城隍妥靈，神人胥説。歲二月既望，率僚宷謁東郭季子祠，顧瞻廟庭，慨而言曰：「昔李唐梁公狄氏使江南，撤淫祠千七百所，所留者四，季子與焉，迄今血食茲土。其廟寢圮，吾責也。」前歸德等處營田副提舉曹興俊卿感義奮力，陳辭于郡，願新厥宇。乃大庀群工，昕夕弗惰，繇神門、兩廡、殿庭，周匝繚以崇垣，蔭以嘉木，剗垢剔腐，式堅且好，像繪森列，蔚有令儀。旁爲屋若干楹，延玄妙觀羽士胡宗彝以居，俾汛埽燎薰爲遐久計。使凡祀者弱牲薦醥，如躋揖遜之庭，不知閲侮、愎戾之念之爲潛釋也。惟時幕賓奥林善樂等屬余記以落之。

《〔光緒〕續纂句容縣志》卷一七上吴桂發《宋昭靈侯沈襄王祠記》 事物寓於天地之間，廢興各有定數，古今之一理也。予觀蜀鎮北有高山，昭靈侯沈襄王祠寓其上，積有年矣。赫赫威靈，幽明不殄。忠烈元勳，流芳信史。兼奉前朝歷代封謚，名爵粲然，靡所不載，兹不必贅。迨今廟食一方，福佑斯民，坐鎮江面，洋洋如在左右。禱祈必應，有感則通。往來時貴每登其峰，瓣香修敬之際，東瞻鐵甕，西望金陵，兩淮列圖畫之間，直下視長江之險。南山崒嵂，路適容峰。水光山色，亦足以暢叙幽情，未嘗不歷覽焉。昨自至元乙亥，皇元平宋之後，廟貌依然，纖毫無毁。非神力孚佑，何克臻此！今經四十餘年矣，累奉聖朝頒降詔旨，祭祀名山大川、忠臣烈士。及歲時雨暘不調，有司請禱薦獲感。通邑大夫躬親捧檄詣祠，欽遵致祭，節次祝板，明然具存。焄蒿悽愴，若或見之，况昭昭之不可掩如此夫。奈乾旋坤轉，歲月因循，古殿廊廡，宋桷頽圮，風雨凌震，杌隉不堪。祝師坐視而忸怩行之，實惟艱也，况好事者罕遇。歲次甲寅延祐元年，有市居湯公名世英，一旦奮發素志，不憚勤勞，募緣各社信士，率裨錢糧，顧售工匠，涉遠運木搬石，鼎新建造。前殿山門兩廊，共四十餘間。捏塑裝鑾在廟神像三十餘堂，大小計一百五十餘尊。彩畫出入隊仗，前後擁壁，甃砌地面及四圍遮暘，門户、軒牖、几案，雕鏤花樣，器物漆飾裝金，俱各輪奂一新。不期年而廟成，三載而功舉，雖人力之所爲，而神功顯著，自有不期然而然者矣。今焉立石，素非沽譽要功，亦爲衆信成功，姑以紀歲月，延緜香火，永年祭祀云爾。歲次延祐七年三月旦日謹題。

楊奂《還山遺稿》卷上《東遊記》 壬子春三月十六日庚子，東平行臺公宴予東園。是日衣冠畢集，既而請謁闕里。迨丙午，乃命監修官盧龍、韓文獻德華、上谷劉詡子中相其行。丁未，同德華、子中暨攝祀事孔枘器之、梁山張宇子淵、汴人郭敏伯達，出望岳門。幕府諸君若曹南商挺孟卿、范陽盧武賢叔賢、亳社李禎周卿、江陵句龍瀛英孺、信都李簡仲敬、濟陰江紱孝卿、梁園李紱綬卿、華亭段弼輔之，祖於東湖之上。既別，自西而東行六十里，宿汶上縣劉令之客廳。汶言上，古之中都也，先聖之舊治。魯定公九年宰於此縣，署之思聖堂是也，有杜子美《望岳》詩刻。王彦章墳祠在西城外，以斯人而仕於梁時可知也。戊申晨起，器之從間道先往。是日至兖州，會州佐孟謙伯益、教官張鐸振文。振文話嶧山之勝爲甚詳，子美所謂「浮雲連海岱，平野入青徐」，《登南城樓》詩也。徐在南四百里，青在東北七百里，海在東北又不啻千里，岱岳二百餘里。吁！二三千里之遠，今一舉而至，與其終身拘拘儒儒於二百里内者，不亦異乎。己酉，拉振文而東，不四五里過泗水，地頗高敞，南望梟嶧諸峰出没於烟蕪雲樹之表，使人豁然也。又一舍許，達於曲阜。見曳而斷者，其魯城歟？鬱而合者，其孔林歟？不覺喜色津津溢於眉睫也。未幾，器之輩躍馬出迓，入自歸德門。魯門一十有二：正南曰稷，左曰章，右曰雩；正北曰閑，左曰齊，右曰龍；正東曰建春，左曰始明，右曰鹿；正西曰史，右曰麥，歸德其左也。當時天下學者多由是門入，故魯人以此名之。族長德剛又率諸子弟出迓于廟之西，相與却馬鞠躬。趨大中門而東，由廟宅過廟學，自毓粹門之北入。齋廳在金絲堂南，燕申門之北，堂取魯恭王事也。是日私忌，不敢謁。庚戌，鐘鳴班杏壇之下。痛廟貌焚毁，北向鄆國夫人新廟。繪像修謁，而板祝如禮。告先聖文宣王曰：「嗟乎！聖人造物也，七十子造物之一物也，於問答之際見之矣。問仁者七而答之者七，問孝者四而答之者四，問政者九，問君子者三，所以答之者無一似焉。不惟不違其所長，而亦不强其所不能。故大以成其大，小以成其小，造物奚間焉。垂世立教，百王所仰，未有由之而不治，舍之而不亂者也。春秋諸國，孰弱於魯？降千八百年，而知有魯者，吾聖人之力也。吁！生而不見用，没而賴之以聞，何負於魯也？後有國有家者，獨不思之耶？今日何日，匍匐庭下，死無憾矣。羈旅悠悠，禮物弗備，敢薦以誠。」告先師兖國公曰：「夫士君子之學，原於治心。聖門三千徒，孰非學也？曰好之者獨公爲然。無事業見於當時，無文章見於後世。考之傳記，一再問而止；察之日用，一簞瓢而止。綿亘百世之下，自天子達於庶人，無敢擬議者，將從無慾始乎？抑非也，不可得而知也。適謁林廟，獲瞻井里，輒祭以告。」告先師鄒國公曰：「子之於聖人，其猶天而地之，日而月之歟。學出於《詩》、《書》，道兼乎仁義，至於知《易》而不言《易》，知《中庸》而不言《中庸》，此又人之所難能也。湯、武則待子而義，匡章則待子而孝，紛紛楊、墨之徒待子而后黜，其爲功用鴻且著矣，夫豈好辯者哉！奂等去聖人彌遠，欲學無師，而復執志不勇，惟神其相之。」降階，謁齊國公、魯國夫人之故殿。殿西而南向者，尼山毓聖侯也。次西而東向者五賢堂也，謂孟也，荀、楊也，王與韓也。碑孔中丞道輔文。中丞篤於信道者也，於家法無愧矣。遂飲福於齋廳，賓主凡二十有五人，酒三行而起。執事者，族中子弟也，進退揖讓例可觀。信乎遺澤之未涸也，焉知教養之久，明詔之下，人物彬彬，不有經學如安國，政迹如不疑者乎！「杏壇」二字，竹溪党懷英書壇之北。世傳子路捻丁石，蓋石曆也。夫所謂勇於義而已，豈區區若是耶？一有率爾之對，而不免流俗之口，蓋亦慎之。壇南十步許，真宗御贊殿也。七十二賢并諸儒贊，從臣所撰，貞祐火餘物也。手植檜三，而兩株在贊殿之前，一株在壇之南，焚撅無復孑遺。好事者或爲聖像，或爲簪笏，而香氣特異。趙大學秉文、麻徵君九疇有頌有詩，世多傳誦之。次南碑亭二。東亭宋碑一，呂蒙正撰，白崇矩書，太平興國八年十月建；金碑一，党懷英撰，并書篆。西亭皆唐碑也，一碑崔行功撰，孫師範書，碑陰刻武德九年十二月詔，又刻乾封元年二月祭廟文；一碑江夏李邕撰，范陽張庭珪書，開元七年十月建。次南奎文閣，章宗時創，明昌二年八月也，開州刺史高德裔監修。閣之東偏門，刻顧凱之行教、吳道子小影二像。東廡碑六，皆隸書，而魯郡太守張府君碑非也。西廡之碑八，隸書者四，餘皆唐宋碑也。是日宴罷，併出北偏門，由襲封廨署讀姓系碑。又北行，由陋巷觀顏井亭，亭廢矣。北出龍門入孔林，徘徊思堂之上。由輦路而北，夾路石表二，石獸四，石人二，獸作仰號之狀。拜奠先聖墓如初禮。前有壇石，厚三尺許，方如之，其數四十有九，後漢永嘉元年，魯相韓叔節造。東連泗水侯伯魚墓，南連沂水侯子思墓。《世家》云相去十步耳，而密邇若此，疑後人增築之也。然規制甚小，《禮》之所謂「馬鬣而封」者是也。子思之西石壇，居攝元年二月造，有曰上谷府卿者，有曰祝其卿者。先聖墓西北，白兔溝也。一石獸狀甚怪，林廣十餘里，竹木繁茂，未見其比。而楷木以文，爲世所貴，無荆棘，無鳥巢，將吾道終不可蕪没，而鳳鳥有時而至歟。林東三里講堂也，林與堂俱在洙北泗南。按《世家》云，周敬王三十六年，孔子自衛返魯，删《詩》、《書》，定《禮》、《樂》，繫《易》於此。硯臺并在其西，惜去秋爲水漫没矣。辛亥，謁周公廟，廟居孔廟之東。北五里有真宗御贊碑。車輞井在正東，少南水清白而甘，俗呼「漿水井」者是也。廟北雙石梁井，石上綆痕有深指許者。百步許，得勝果寺，魯故宮地也。殿之東北，大井圓徑六十尺。深二丈，水色墨如也。東過顏侍郎墓，林城之趾顏廟也，廟中孤檜高五丈許。由曲阜西復東北行一里，入景靈廢宮觀壽陵，陵避諱而改也。東軒轅葬所，宋時疊石而飾之也。前有白石象，爲火爆烈。壇之石欄窮工極巧，殆神鬼所刻也。讀碑記始知草創於祥符，潤飾於政和，而大定中因之而不毀也。此亦人君治平之久，狃於貪侈之心之所激也。福苟可求，則二帝、三王必先衆而爲之，福可求乎哉！大碑四，諺云「萬人愁」者是也。而二碑廣二十有三尺，闊半之，厚四尺。贔屭高十有三尺，闊如之，厚四尺。龜趺十有八尺。二碑廣二十有四尺，闊半之，厚四尺。贔屭高十有八尺，闊十有六尺，厚四尺。龜趺十有九尺。一在城之外，一在城之内。無文字，意者垂成而金兵至也。陵曰壽陵者，誠何謂耶？入東門飯器之家，復西南馳，觀漢之魯諸陵。大冢四十餘所，石獸四，石人三。人胸臆間篆刻，不克盡識，有曰有漢安樂太守麃君槀冢者，有曰府門之某者。折而北渡雩水，入大明禪院觀逵泉，水中石出，如伏黿怒鼉，寺碑云魯之泉宮也。薄暮歸自稷門，望兩觀穹然。以少正卯奸雄，而七日之頃談笑剔去，則知舜誅四凶使天下翕然服之明矣，孰謂聖人而有兩心哉！後世如操、懿得全首領於牖下，不爲不幸矣。登泮宫臺，臺下之水自西而南，深丈許，而無源。吁！僖公一諸侯，能興學養士如此，三咏《采芹》之章而後下。其西靈光殿基也，破礎斷瓦，觸目悲涼，而王延壽所謂「俯仰顧盼，東西周章」者，今安在哉？壬子，復由縣城東北行十里許，過桃落村，南望修隴，曼延不絕者，周之魯陵也。東南五里，達脊溝村，拜聖考齊國公墓，而林廣四十畝，墓前石刻：「甲辰春二月望，五十一世孫元措立石，溢津高翻書。」溝水在林之東北入於泗。其南防山也，而山之東西峰，五禮云合葬於防是也。林之北，東蒙路也。自西峰而南謁顏子墓，石刻曰：「先師兗國公，大定甲辰三月先聖五十代孫承直郎由阜令襲封兗聖公孔總立石，太原王筠書」。墓前一石，僅二尺許。兩甲士背附而坐，一執斧，一執金吾。正北有小冢，不可考。顏氏子孫二房，在少東上宋村。是日東南行，並戈山而西。由白村歷西魯元，達東魯元，館房氏家，泗州公古具鷄黍以待。古孔氏婿也，問之，不知其爲公孫、公西也。地多虎狼，牧者爲之懼，比曉幸無所苦。癸丑，穿林麓而東，約六里許，達尼山。二峰隱隱在霄漢間，而中峰迥出，昔之所謂穹其頂者是也。廟庭廢雖久，而規模猶見。其西智源溪橋也，端南即大成門，次北大成殿也，其東泗水侯殿，其西沂水侯殿。大成之後，鄆國夫人殿也，其後齋所也。西有齊國、魯國之殿，齊國之東而南向者，毓聖侯殿也。大成之東，齋廳也，兵餘尚存焉。正北中和壑也。廟之西南，觀川亭也。瓦礫中得一斷石，蓋前進士浮陽劉煒《夾蘆辯》也。或曰「夾驢」，劉惡其鄙俚，故辯正之。夾蘆峴在尼山西。由亭之東回旋而下，得坤靈洞，石角戢戢不可入。族長云廟户管用、吉成嘗持火曳絙而入，比三數丈，忽隙間有光，睹一室，口廣兩楹許，中橫石床、石枕，皆天成也，而不可動，今五十年矣。以管與吉幼而瘠，故可入也。所言如此。洞名，劉煒之所刻也。因涉雩水，過顏母山下，觀文德林。以草木障翳，廟與聖井無所見，尋舊路復達魯元。飯已，西南瀕竭下而出，由桑家莊歷峻山二十里，而近達四基山。遇兵士傅正，徐州人，導至鄒國公墓。墓在廟之東北，有泰山孫復碑，孔中丞立石。其西大冢七，正北墓差小，無從考之。南有寺曰亞聖寺，有碑，旁有古墓三。行四五里，過黄注村。又十里，由石經埠正南少西行二十里，達鄒縣，宴彭令之宅。四月甲寅朔，飯後出南門二十五里許，達嶧山。循山之西北，絶澗亂石如屋。既而，遇道者李志端爲之前導，復西北行，游太湖、懸鐘二洞。東南行入燕子岩，僕以病足，與德華岩下坐，待諸君之還。晡時，子中輩踵至。國祥且示嶧山圖蠟紙，按圖指顧，若仙橋之鉅石、七真之西軒、下瞰紀侯之重城、漢相之故冢，一如眼底。如玉女峰、千佛塔，尤號奇絶。所至流泉修竹，雜花名果，殆若屏而，而容縷數哉。逼夕陽下山，迤邐由西北而進，達於縣之南關。報孟氏諸孫迎於道左，即造鄒國公廟。庭奠已，入縣，復宴於舊館。縣父老請見，爲歡飲竟夕。乙卯，出西門北行十里入岡山寺，孟氏諸孫復携酒至。由竹徑渡横橋，休於寺之静室，良久出山。東北行二十五里，達馬鞍山，謁孟母墓。北行十五里，達趙氏莊，飯孔族家。又十里許，達於魯城之南，登郊臺，臺東西五十八步，南北四十步。魯之臺可見者三，是臺與泮宫臺、莊公臺也。不知書「雲物」者何所也，容考之。北涉雩水，由竹徑登浮香亭，亭以梅得名。少北一石穴，茶泉也，亦竹溪書而不名。緬想前輩風度，又有足敬也。丙辰，曲阜官佐至，以私忌不敢飲。丁巳，將訪矍相圃，會功叔遣其子治同諸官佐具酒饌復至，不果。時功叔抱樂正子之疾。戊午，從德剛子中登西南角臺，望射圃。圃在歸德門裏，道側積土隱起草中，或其所也。臺泰和四年七月六日故人夢得之所築也，竊有感于懷。夢得，元措字也。是夕，孔族設祖席於齋廳。己未，辭先聖于杏壇之下。族長德剛率族人別於歸德門外，國祥暨德剛之子立之護至兗州西。嗚呼！讀聖人之書，遊聖人之里，幸之幸者也。然有位者多以事奪，而無位者或苦力不足也。況以豐、鎬之西，望鄒、魯之遠，與南北海之所謂不相及者，何異焉！流離頓挫中有今日之遇，伯達既繪爲圖，且屬僕記之，敢以衰朽辭？勉强應命，將告未知者。是歲四月五日，紫陽楊奐記。

宋訥《西隱集》卷七《勅建歷代帝王廟碑》 兩儀判而人極立，大統建而君道明。粤自上古，神聖繼作，代天理物，以開萬世太平之治。故天地以之而位，四時以之而序，萬物以之而育，大經大本以之而立。盛德相繼，傳至于今。欽惟聖天子受天明命，肇修人紀，以建民極。纘皇帝王之正統，衍億萬年之洪基，稽古定制，作廟京邑，以祀歷代帝王，重一統也。相舊廟地介乎通衢，褻而弗嚴，洪武二十一年秋，始命改作於欽天山陽。越明年己巳夏五月三日，工部尚書臣秦逵奏成功，請文勦石，詔臣訥爲之記。臣忝職胄監，懼不敢辭，謹拜手稽首而言曰：帝王功德，於昭于天，宜有清廟，以宅神展敬。歷世以來，祀典斯闕。三皇五帝祭於肆類，僅見于周。而堯舜禹湯發迹肇基，及所經歷之地，或有祠焉。遣使致祭，後世有之。至於合廟京國，歲修享禮，古未之聞。皇上定鼎江左，治功既成，神人洽和，禮樂明備。凡廟祀之瀆禮不經、諂神非法者，一切去之。正名定統，肇自三皇，繼以五帝。曰三王，曰兩漢，曰唐曰宋曰元，受命代興，或禪或繼。功相比，德相侔，列像于庭。金玉其相，衮冕焜煌，聚精會神，咸宅于兹。每歲春秋二仲諏日誓士，上御宸極，制命大臣齋明承事，籩豆静嘉，粢盛豐潔，告充告碩，神格洋洋，所以推惟本始、式昭曠典者至矣。三年，則命官奉香幣，詣陵寢，具儀物，以時致享。又以昭聖顯靈，而示不忘也。嗚呼！天生民而立之君，所以靖亂也。康濟天下，阜成兆民，而登之仁壽之域者，皆以奉若天道而已。是故前乎三代之官天下者，天也；後乎三代之家天下者，亦天也。皇、帝、王之繼作，漢、唐、宋之迭興，以至于元，皆能混一寰宇，紹正大統，以承天休，而爲民極，右之序之，不亦宜乎？秦、晉及隋，視其功德，不能無愧，故黜而不與。是可見皇上敦名實、重理道，崇德報功，大公至正之心，真足以度越百王，垂憲來世，永永無斁。謹爲之銘曰：

惟皇作極，克配天地，丕昭盛化，以正大位。皇道而皇，帝道而帝，歷夏商周，三王迭繼。熙熙皡皡，同底于治。於赫漢祖，寬而有制，光武奮興，炎靈用熾。唐興晉陽，遂有神器，太宗重光，力行仁義。明明有宋，其德克類，暨于元氏，而亦用乂。豐功茂德，後先輝賁，翼翼新宫，有侐而閟。貌像既嚴，皇靈斯莅，享祀苾芬，儀文孔備。陟降在庭，神之攸暨，祚我皇明，以克永世。

汪克寬《環谷集》卷一《夫子之墻賦》 敏學主人與博古先生遊於尼山之麓、曲阜之墟，造孔林之闕里，瞻玄聖之攸居。梗楠連雲而薈鬱，檜栢參天而扶疏。蹕亭嵯峩而倚空，杏壇甃甓而荒蕪。列横序之層搆，峙鉅殿之中歸。屹崇門之突兀，繚周垣之迴紆。主人喟然而嘆曰：「端木子所謂數仞之墻，其在兹乎？吾子衣蹁躚之逢掖，冠崔嵬之章甫，塗抹丹鉛，摹寫今古。行式淵、騫，言稱求、路。盍爲我抽思逞辭，飭章繪句，鋪張弘麗之規，緣飾高廣之度？極詞人之炫燿，亟援筆而爲賦！」先生曰：「嘻！夫子之墻，豈今之所謂墻哉？粤自二龍繞室，五星降庭。萃大塊之清淑，會元氣之晶英。纘聖神之華胄，集條理之大成。拓天下之廣居，開億代之文明。夫是以覆泰宇以爲幬，立人極而爲柱。存至誠而爲基，凝至道以爲土。文章爲之華飾，德業爲之培累。貫一理以爲楨，崇萬善而爲堵。仁義中正，乃其板載之方；詩書禮樂，乃其畚插之具。不思不勉，初何事於經營？彌高彌堅，又奚煩於削鏤？悠久無疆，乃斯墻鞏固之迹；博厚配地，乃斯墻延袤之數。蓋非有馮馮之聲，俾人得而聞；又非有薨薨之形，俾人得而睹。子輿守約而獨請，復聖瞻前而無方。衛贛及肩之淺室，仲由駐足而升堂。彼州仇之何人，固無惑乎？不足以窺聖域之渺茫。」主人展然而笑曰：「緊尼父之誨人，若太虛之時雨。示後進之表儀，固無行而不與。夫豈强蔽於垣墉，岌岌乎城堞之扞禦。使升高而無階，謾顒顒而延竚？」先生曰：「非也。夫物理之不齊，亶鉅纖之異宜。凡藏蓄之廣博，必高深而難窺。倘其中之狹隘，外卑薄以奚疑？苟處下而睎高，曾何異乎斥鷃笑大鵬於藩籬！」主人於是與客躡高蹤，眺清賞，闢重扃，披宿莽。歷石級而步趨，睇宫庭之峻廣。扣玲瓏之綺疏，拜蒙倛之遺像。覽碑碣之籀文，聆絲竹之絶響。爰從容而詠歸，挹清風之蕭爽。

《〔乾隆〕歸德府志》卷二九張元忠《伊尹墓祠記》 穀熟，昔爲名鎮，乃三亳故墟之一。《外紀》所載「伊尹歿，帝沃丁以禮致葬于亳」，即其地也。世傳伊墓在焉。其墓周圍廣數十畝，岌若重岡，雖經河患，陵谷變遷，未嘗湮没。況金元縣治之碑，其迹不泯。表其南門曰「瞻聖門」，蓋以其墓莫于南故也。先以縣事併入睢陽，惟兹地以巡檢領之。適開封李士良任是職，鎮是土，警捕有方而人民無擾，常以舉廢興墜爲務。初，境內有寧得鄉，帝嚳氏之陵廟在焉。士俗因以地名，目其鄉曰「高辛鄉」。士良以爲上古帝王之名，以爲鄉邑之號，良所未宜，移文有司，復爲寧得鄉。又以伊墓在兹，不爲廟貌，何以瞻仰？于是首捐己俸，採訪未備。倉使趙義、里人卞温鳩工聚材，構祠于墓所。考循禮制，敬設聖儀，俾四方之人有所欽崇，此吾儕勇于爲義者也。夫聖德聖謨載諸經傳，炳若星日，與天地相終始，豈一卷石可述也？雖然，三代以降，數千載之下，不有是舉，曷以聖人所以爲聖人；數千載之下，不有是祠，曷以知聖人之享血食于無窮也？誠可嘉尚。于是乎記。

楊士奇《東里文集》卷二《楊氏祠堂復建記》 士奇一歲而孤，上賴祖考之佑，母夫人之保育教訓，用克成立，然素窶，既壯而仕，積其禄入始稍田廬。蓋先廬悉燬於元季之兵，而故址在邑之學宫之北者，諸父兄以窶而售之人矣。仁宗皇帝臨御，士奇官秩禄賜加厚，始克以五十餘年寢食不忘之心，五倍元售之直，而復故址，乃命稷治居焉。居右故有祠堂，亦燬於兵，遺敝室數楹，則族父之窶者假息其中，歷三世矣。族父之先有故址在邑西，橫民所據已久，力不能復，至是代厚貲內據者爲復之，而使其孫歸治居焉。遂命稷循故復作祠堂。知禮君子營宫室，必先祠堂，士奇之不能，蓋復之於人者，有先後也。吾高祖以前居邑東清溪之上，曾祖始徙學宫之北，居與祠並作焉。作四十年而燬於兵，又二十年而淪於異姓，又五十有餘年而余始克復之。既失而得，既燬而完，雖辛勤積累，而非祖宗仁厚之澤，何以能致哉？祠成，祀四代，歲時行事，悉遵朱氏禮。楊氏繇吉水徙泰和，清德正學，代有紹續，逮吾曾祖發而益弘，有惠及民，有傳在史。祖考以來或仕或處，履道執行，清白之節，靡有間焉。覆被及余，夙夜懔乎荒墜之懼，而今春七十矣，顧吾之子若孫其可一日忽忘先德，而不圖惟敬承之哉？承先之道，仁與義其要也，學以明之，誠以行之，而持不息之功，若是者豈惟無忝祭，將受福焉。蓋明德者格神之道也，父子祖孫本同一氣，幽明相通，不相違也。惠之則神歆而福降，悖之則否，而皆陰鑒潛察於平居日用之際矣，匪直奠薦灌獻之頃也。凡後之有事於斯堂者，不俛思而篤行可乎？故書所以復建祠堂之故，而又書以感格神明之道，以示吾後人。堂不易舊規，經始於宣德八年正月，成於是年八月，明年正月壬午謹記。

于敏中等《日下舊聞考》卷四五楊士奇《重修文丞相祠記》 孟子曰：「我知言，我善養吾浩然之氣。」知言者，盡心知性而有以究極天下之理。浩然之氣即天地之正氣，具於吾身，至大而不可掘撓者。知之至，養之充，而後足以任天下之大事。天下之事莫大於君父。文丞相甫冠，奉廷對，即極口論國家大計。未幾，元兵渡江，又上書乞斬嬖近之主遷幸議者。以一人心安社稷，固已氣蓋天下矣。自是而斷斷焉殫力竭謀，扶顛持危，以興復爲己任。雖險阻艱難，百挫千折，有進而無退。不幸國亡身執，而大義愈明。蓋公志正而才廣，識遠而器閎，浩然之氣以爲之主，而卒之其志弗遂者，蓋以天命去宋也。雖天命去宋，而天理在公，必不可已。故宋亡，其臣之殺身成仁者不少，論者必以公爲稱首。公事具《宋史》，而公鄉人劉岳申摭公所著《日録》、《吟嘯集》、《指南録》、《集杜二百首》及宋禮部郎官鄧光薦所述《督府忠義傳》以作公傳，視史加詳實焉。北京之有公祠，洪武九年，前北平按察副使劉崧始建於教忠坊今順天府學之右，而作塑像焉。永樂六年，太常博士劉履節奉命正祀典，始有春秋之祭於有司，歲以順天府尹行事。宣德四年，府尹李庸始至，謁公祠下，顧瞻祠宇敝陋弗稱，遵用詔旨葺而新之。凡祀神之器靡不備具。又求岳申傳刻石，將使人人皆知世之爲臣者光明震動焜焜烈烈有公也。於戲！忠孝人道之大節，治化所先，而崇禮先賢，表勵後人，尤守令之急務。庸其達爲政之本與！庸字執中，保定唐縣人。寬厚明敏，自太學生授工科給事中，上親擢爲順天府尹。愛人之心，剸繁之才，上下皆稱之。而盡心學校，敬賢尚德，如飾昌平之狄梁公、劉諫議祠而嚴其祀事之類，皆其知本之務，皆可書也。因並書之，以示來者。

于敏中等《日下舊聞考》卷四四商輅《關帝廟碑》 漢壽亭侯廟在都城西北隅，蓋洪武中建。我太宗文皇帝嘉侯功烈，特頒龍鳳黄紵絲旗一面，揭竿竪之，以彰威靈。每歲正旦、冬至及朔望祭祀，香燭等儀具有恒品。列聖相承，崇奉益嚴。第歲日滋久，殿堂門廡浸以頹圮。成化丁酉春二月初吉，皇上申命内官監太監宿政，董衆工，發羣材，重加修葺。朽者更之，腐者易之，圮者正之，缺者補之，漫漶者增飾之。塗以丹漆，傅兹藻繪。於是正殿、兩廊、重門，皆焕然一新。掄木植竿，内製暗花柳黄紵絲旗揭之，并製紵絲大紅織金等袍服，青織金雲幡，被之懸之。添設神桌神龕黄綾帷幔，朱紅竹簾，黄銅香鑪，花瓶燭臺，凡供用之器罔有不備。後嫌於窄隘，復命太監金輔賚内幣白金若干，偕宿政市民居房地展之，并付本廟永奉香火。内植松柏，外列垣墉，規模廣大，觀者起敬。政等以竣事聞。上深嘉悦，命臣輅撰文，勒之穹碑，垂示永久。臣輅頓首受命。謹按：侯姓關氏，諱羽，字雲長，本河東解人。聞涿郡先主聚徒鄉里，匡扶漢室，遂往歸之。時與張飛翼德齊名。先主及二人寢則同牀，恩若兄弟，遂累建奇勳，三分天下，使炎鼎獲存，漢統復續。侯之功居多。侯精忠大義，炳若日星，千載之下，凛然猶有生氣。祠廟之設，遍於天下。然涿郡發迹之地，順天爲涿之會府，都城有廟，揆理尤宜。祭法曰：「聖王之制祭祀也，以勞定國者祀之，以死勤事者祀之。」侯蓋兼之矣。歷代累封王爵，備極褒崇。我皇明重定典禮，忠臣烈士一依當時秩號，此漢壽亭侯之稱所謂有合於先王之制也歟！當天子懷柔百神之日，聿新祠宇，祇薦祀事，所以報大功於異代，祈景貺於方來，無非爲國家爲生民計也。自是以往，陰陽調而風雨時，五穀熟而民人育，國有禎祥，物無疵癘，永濟斯世於雍熙太和之盛，則侯之所以翊贊孚佑我聖明者，其功不亦偉乎！臣輅謹敍述其事而系之以詞曰：桓桓虎臣，生丁漢季。資兼文武，至誠忠義。修髯如戟，雄才卓異。傾心先主，力扶宗社。蹙魏踣吴，所向風靡。漢祚復延，厥功爲最。侯之勳業，著於當代。侯之英靈，昭於永世。洪惟天朝，奄有四海。護國庇民，神功甚大。立廟都城，用伸報祀。肆惟皇上，述事繼志。聿新祠宇，度越前制。惟侯陟降，洋洋如在。佑我皇明，永錫帝系。聖壽萬年，鴻圖億載。福禄自天，有隆無替。成化十三年六月十三日。

李東陽《李東陽集》卷六《重修季子廟記》 常州府季子廟在府治東一里，刑部尚書白公昂嘗讀書其間，慨其敝陋，謂居守道徒曰：「吾他日必修之。」公舉天順丁丑進士，歷官兩京，不暇葺治，每詢諸子弟及鄉之人，聞其益敝，恒慨然于懷。越四十餘年爲弘治戊午，始以屬諸巡按御史曰：「此有司紀典所載。」第公賦方殷，未易旁及，乃會諸官，得羸財若干，簡材治籍，庀物督工，撤其舊構而重新之。堂廡庭戺以次繼作，屹然爲隆，焕然爲華，象設昭布，體器具列，回視昔之頹垣敗宇者異矣。按吴封于延陵，實今之武進縣，縣西七十里暨陽鄉有季子廟，後其地屬於江陰，孔子所書石刻在焉。唐玄宗時，命殷仲容摹刻之。代宗時潤州刺史蕭定，宋徽宗時知常州朱彦，遞傳刻之。國朝洪武間，始建兹廟，其後知府莫愚、知縣朱恕修之，又募舊刻置于庭側。自季子没二千餘年，廟幾興廢幾遷徙，而其名號風節固未泯也。夫稱季子者，謂其執節讓國，不以千乘動其心。聘魯觀樂，而知列國之故；聘齊、鄭、衛、晉而知其政，見其臣而知其所可與者，其明睿通博出于人遠甚，故以孔子之聖，與其合禮，至題辭以表之，非其人之賢宜不得此。議季子者，乃以來聘書名之義，疑其讓國之過，爲賢者累。殆亦來説焉。然《春秋》所書，其隱然者也；《禮》之所載與墓題之所識，其顯然者也。隱然者既未能以盡識，顯然者不據而信之，奚可哉！夫讓，德之美也。苟知讓之爲美德，則于處家必無秦越人相視之患，于群居必無觸蠻氏交戰之耻。兹廟之祀，固廉貪立懦之端，其于世教不爲無助也。秉彝好德，人心所同，况私淑景仰出乎其地者哉！白公壯而用世，老能完名，慕古力學，蓋其素志，而于好德審尚之義，亦有合焉。兹廟之修，若有待于今日，不可以不識也。東陽楚人，雖殊地異境，亦有感乎斯義。因紀成事，告諸來者，俾時修之。且爲楚歌以祀神，其辭曰：

朝弭節兮江東，暮搴芳兮水中。遲公子兮不來，鬱餘懷兮忡忡。蘭堂兮桂宫，襜裀兮數重。公子兮歸來，樂予心兮融融。吴之國兮姬之宗，紛伯仲兮讓侯封。彼美兮公子，纘大伯兮遺風。時震撼兮春撞，斗雄雌兮競衡從。屹砥柱兮不動，見東流兮淙淙。眇千乘兮一毫，亦何心兮鼎鐘。生好古兮若渴，匪斯人兮曷從？神之居兮俗龐，神之錫兮年豐。願千秋兮百世，永報祀兮無終窮。

李東陽《李東陽集》卷六《重建諸葛武侯祠堂記》 君子之用世，必心存乎正，則其猷爲功業，光明俊偉，天下信之，後世知之。苟所存不正，則其所爲雖偶合幸中，而疵纇罅漏，掩匿之不暇，縱使欺于一人，不能逃千萬人之目；誑于一時，不能免千萬世之口。此諸葛武侯之忠，所以通天地，貫金石，歷今古而猶存也。昔侯當漢祚傾危之日，雖在畎畝，扶顛撥亂，而預定乎胸中。顧獻帝之身，方墮于曹賊之手，失國寄命，無復有可爲之勢。而帝胄之賢，無出昭烈右者，故委身而從之。當是時，苟可以存漢，雖萬乘有不暇，顧一劉璋，宜無足恤。璋固擁兵坐視，遣使致敬于賊者也。及魏丕篡立，昭烈顧命，侯益自奮激，佐庸主而不墜其志，累蹶累進，至于斃而後已焉。是其心終始存没無一日而不在漢也，可謂正矣。若泣廖立、死李嚴，屈司馬懿而不敢動者，豈獨其摧强制勝之力耶！亦平生忠義激發而讋伏之耳。彼荀彧者，以溝瀆之經，爲成仁取義之舉。雖幸免于涑水之論，而竟黜于考亭之筆，豈非自失其正，以貽天下後世之議哉？彧不足道也。以張留侯之賢，報韓復漢，世所并稱。然究其心論之，亦不免以術濟正，未若侯之純乎正也。程子謂侯有王佐之心者，其以是夫！故後之學者，當以武侯爲正。南陽府城西五里卧龍岡爲草廬舊址。漢史稱侯躬耕南陽，又曰寓居襄陽隆中。蓋秦南陽郡，即今鄧州，而襄陽實在其界故也。元建祠祀侯，又置書院設山長聚徒講學，給田數百頃。國初祠毁，宣德間知府某某相繼修葺，歲以八月二十一日爲侯忌辰，而致祭焉。成化間，頹圮過半。弘治乙卯，河南參政顧君瑞，分守兹地。乃檄諸屬吏，鳩工市材，復爲堂六楹，中肖侯像，左右廡楹亦如之。其後爲亭，覆以茅，扁曰草廬。廬之後，又爲堂六楹，曰卧龍祠。之左爲堂廡各四楹，曰書院。始事于戊午夏四月，成于秋八月，又歸其故田四頃，以供祀事。先是，顧君夜夢侯訪之，若世所傳畫象者，適草廬結構日也。夫忠義之在天下，人心所同，而君好古勤政，向慕獨至，故形諸寤寐如此。然則學于此者，亦可以監矣。君比以書來請記，東陽亦慕侯深者，故樂爲之役云。

李東陽《李東陽集》卷六《金華府鄉賢祠記》 金華府鄉賢祠，浙江布政參議吴君紀所建也。府舊多賢，宋宗忠簡、梅節愍、潘然成三公祀于學者，東萊呂成公祀于麗澤書院，元以何玉祀于四賢書院，皆燬于火。國朝成化初，按察僉事辛君訪請立正學祠，以祀東萊四賢，而諸賢皆未及祀。吴君稽古問俗，慨其遺闕，乃取舊所傳《敬鄉録》、《賢達傳》及諸史籍，擇其德業文藝之卓然者，分爲五類，合五十二人。相地得廢寺于城南隅，構祠堂一區，名之曰鄉賢祠。經始于弘治丙辰之冬，而成于丁巳之秋。歲春秋帥僚屬生徒修祀事，又志諸賢名姓爵謚事行述作之概，各著義例，以見其所爲祭者，其用心亦勤矣。古者功宗之秩，蓋取人臣之施法定國、禦災捍患者祀于國，而鄉先生則祭于社。夫所爲鄉先生者，不必皆仕于時，用于天下，而其言與行足以範世厲俗，雖謂之法施于民可也。韓子謂句龍棄以功，孔子以德，故遍祀于天下。然則德之及于鄉者，比功于社，各于其鄉祔而祭之，豈禮之所得已者乎！社之祭，固有民者所同；鄉賢之祀，亦視其地之有無而已。無德而祀者，謂之淫；有德而不祀者，謂之闕。淫與闕，皆不可以爲禮。是一鄉之祀，固不容已，而亦奚容以苟乎哉！今所謂大儒者，惟以明道爲尚，而無取乎詞章訓詁之能；所謂名臣，必功德及人，而不徒取乎爵位之顯；所謂忠臣，寧以敢諫比死節，而事之不係安危者不與。至若録孝子而抑過中，録名儒而黜失行，其選不可謂不嚴。東萊已從祀孔庭，固不俟論，若諸賢者雖一鄉之評，而亦天下之公論也。彼生于斯，學于斯，聞其姓名，睹其廟貌，知其非苟祀者，仰慕效法之心，其能已于俎簋尸祝之間哉？故予謂是祠得祭義，而志得史法，一舉而二善備矣。志有前後序，而予以參議君之請爲記。序由志以及祠，記則由祠以及志，故各舉其重云。

李東陽《李東陽集》卷八《蜀山蘇公祠堂記》 常州宜興之荆溪有蜀山，本獨山也。志稱：蘇文忠公與蔣學士之奇同舉進士，買田卜築于兹山之麓，于是易獨爲蜀。按《爾雅》，山獨者皆爲蜀。志又稱：愛其名而居之者，理則然也。公嘗欲作亭，種橘，預名曰「楚頌」，後上表乞居常。及歸自嶺南，卒於州邸，其弟文定公以其喪去葬于潁上，其家亦不復至常。當是時，蓋有所謂東坡書院者，尋輒廢。越七十年，郡守晁子健擇州學旁地建祠祀公。元僧敏機因山爲祠，爲之居守，晁公武、徐一夔皆有記。今常州祠尚存，而蜀山祠廢已久。弘治庚申，縣人沈公暉自南京工部侍郎致仕歸，以告撫、按暨府縣，僉議既協，躬訪遺址，悉爲居民所據，贖而歸之，得地三十餘畝。爲堂六楹，肖公象其中，寢稱之。爲左右二亭，一刻公《楚頌帖》及諸詩詞，一刻興造之碑。東西廡及門各四楹，廳館庖湢諸室爲楹者以十數。其外則甃石爲周垣百二十丈，視州祠深廣略稱，而偉麗過之矣。既乃用表忠觀故事，命道士居之，歲奉祀焉。夫天下之論名臣碩輔者，或原于嶽降，或歸之地靈，文章氣節亦以爲得江山之助固也。及乎遐陬僻壤一丘一壑，或有所憑借，亦足以不朽于世。是所謂人與地者恒相須以顯，而亦不能不相爲重輕。若君子去父母之道，則遲遲其行。越在他國，則觸物感事，懷思顧戀，而不能已，是蓋存乎人而物不與焉。會稽之東山以謝傳名，其在金陵亦築土以象之，天下之爲東山者何限，而非其人莫知名也。公之自蜀入洛，隱然重京師，父子兄弟之名遂擅天下，則公乃天下之人。俗傳三蘇生而眉山之草木皆枯者，妄也。及其流離貶竄，不能歸其鄉，卜居茲山，托名以寄意，潁之山名曰蛾眉者，亦此義耳。後雖其體魄爲潁，而魂氣之無不之者，安知不徘徊眷戀于兹山也耶！且公所謂不待生而存、不隨死而亡者，將流行充塞于天地間，而况其經過寄寓之地哉！公之文章氣節，天下莫不尊之，是雖不得與于天下之祭，揆之鄉先生社祭之義，有過而無不及。獨山之爲蜀也，其社之類乎！然則是祠之設，固耆民俊士衣冠俎豆所宜周旋而傾注焉者也。夫使文章不如公，氣節不如公，則蜀之王萬亦嘗榜鄭邸爲蜀舍，而朱俊民劉跂爲之記銘，然亦不顯。東陽楚人而燕產，嘗因贈太師徐文靖公之約，買田兹鄉，而遽罹家難，竟莫之遂。工部以其迹頗相類，而不知其文之弗稱也，請爲記祠事之成。予于是亦誠有感焉，因用楚語作迎送神辭，其亦《橘頌》之遺意也夫。其辭曰：

橘之樹兮如蓬，鬱青葱兮間玲瓏。彼亭兮在中，信吴邦兮楚風。橘之樹兮如蓋，採芳鮮兮薦甘脆。我公兮來歸，神陟降兮如在。公之樹兮荒萊，公之亭兮但空苔。植我兮構我，望游魂兮歸來。公歸來兮恍不可以見，渺惆悵兮悠哉。荆之土兮如酥，荆之米兮如珠。山有茶兮溪有魚，生不足兮没有餘。公去此兮何居。楚之調兮欷歔，蜀之山兮盤紆。神往復兮無定所，聊爲此兮踟躕。生不爲世所容兮，没將恣其所如。鑿余井而得泉兮，又安窮其所于。彼亭常存兮樹常實，待以薦公兮願少駐乎須臾。

李東陽《李東陽集》卷一二《曾文定公祠堂記》 宋曾文定公子固，居建昌南豐。舊有書院在縣西奉親坊後，因以祀公。寶祐中，郡守楊瑱建祠迎盱門外，參知政事陳宗禮爲記。元元統初，公族孫元翊祠于臨川，虞學士伯生爲記。季世兵毁，無復存者。國朝嘗建先賢祠于南豐縣學，公實與祠，而弗專也。景泰間，訓導汪綸始即河東山麓公舊讀書岩爲亭，名之曰曾岩祠亭。成化壬寅，無錫秦君廷韶來知府事，慨其祠宇卑隘，乃命知縣李昱相地庀物，即岩之東而重建焉。背山爲堂，堂左右鑿石辟地，爲東西廡。前爲門屋，屋之前，疊石爲洞。洞之前，因危石爲階五級，下屬于池。池之上爲橋，以達于衢，其旁則别爲亭。亭右折數步，則書巖故地也。甲辰春，工始告畢，于是命公子孫領祀事，而時謹視之，謂不可以無記，走書京師請予記。夫所重乎立言者，必能明天下之理，載天下之事。理明事盡，則其言可以久而不廢。經傳之學弊而詞章作，其善者亦能述事明理，以翼聖道，裨世治，君子有取焉。其餘蒐瑣叢雜，無所益乎爲言矣。若從衡權謀異端之説，其妨政害道又何論也乎！古之所謂著述者，自六經迄于孟氏。若韓子不免爲詞章之文，而所謂翼道裨治，則有不可掩也。宋盛時，以文章名者數家，予于文定公，獨深有取焉者：蓋其論學，則自持心養性，至于服器動作之間；論治，則自道德風俗之大，極于錢穀獄訟百凡之細，皆合于古帝王之道與治。而凡戰國秦漢以來，權謀術數之所謂學，佛老之所謂教，一切排斥屏黜，使無得以亂其説者，其所自立非獨爲詞章之雄也。且韓子去孟子已數百歲，無師傳授受之緒。其言之立世，固以爲難。公之生，歲又數百，而獨見超詣，去邪歸正，于治有裨，而于道不爲無益，則其言愈難，而其係于天下亦重矣。夫有功于天下，則國祀之；有功于鄉，則有司祀之。孟子而上，無俟論矣。予于廟之祀得韓，鄉之事得歐陽諸公，如公之賢，固天下之所不可缺者，而况其鄉哉！而况其子孫也哉！楊瑱興賢之心，元翊尊祖之義，于今殆兩得之，而無宗禮伯生之文以紀事垂後，予于公，不能無慨于兹祠也。秦君，廉謹士，好古而文，于其所向，可以觀政矣。

李東陽《李東陽集》卷一二《定州韓魏公祠堂記》 定州之有韓魏公祠，舊矣。蓋公帥于慶曆，卒于熙寧，至元豐間，州始建祠于學之西偏，塑公像而神事之。韓康公、吕申公繼帥，每釋奠孔子廟畢，必率僚屬弟子置祝設幣奠諸祠下。後數年，知安喜縣衡規詢公遺事三十條，繪于祠之廡間。公子忠彦繼帥，遂成之。元祐間，從學正吕通等二千人，奏以廟額，載諸祀典，逮于勝國，亦頗因之。歲久祠壞，有司莫能治。成化甲辰，知州裴侯泰改建于孔子廟東，爲堂四楹，高亢疏達，夐出前度，以歲春秋修祀事。學正吴經等遣諸生走京師，請予記。初，公爲帥時，定州兵恃衆作怨，欲噪于城下。公用軍法勒習，誅其尤無良者。士死戰，則賻恤其家。京師遣卒戍保州，道路喧擾，公悉留不遣，以素教者代之行。歲凶，河決，官責堤防材用，司農又出金幣，使民均售。民愈急，公發廪賑之，爲暖舍饘粥，活飢民七百萬。于是訓兵勸稼，置學建師，而定乃大治。當是時，西北多事，始詔魏瀛鎮定，并用儒帥。定之帥，領定、保、深、祁四州，廣信、安肅、順安、永寧四縣，而定實居之。民之德公者尤深，故雖閲代歷世，而君子之澤終不可諠也。然則堂而祠之，以附于禦災捍患、勤事定國之典，亦惡可少哉！噫，才之在天下，何其難也！幹力宣化之能，授之大任，輒撓棟折鼎而不能舉；廟廊經濟之器，而親民社，領錢穀，其于燭照數計之細，或有遺焉。故黄霸在潁川，治行最天下，而名以相損。蔣琬爲廣都不治，諸葛武侯以爲非百里才。魏公治州鎮，德教旁洽，政令畢舉。及佐天子，安社稷，危疑嫌隙，交集乎其前，擔負調斡，不動聲氣，而天下定。《詩》不云乎，「左之左之，君子宜之。右之右之，君子有之。」非公之賢，其孰能與于此？天下之名賢碩輔，必關乎氣運。宋固多賢，程子獨稱公爲間氣，是其靈在天下，固有不隨死而亡者。英廟之配，昭勳之像，特一代之著耳。若其所統之故地，所馭之遺民，感慕尊奉，出乎其心者，公之歆饗昭格，豈能已于茲耶！公嘗知魏州，魏亦有祠，司馬文正公爲記。史稱狄梁公祠記出李邕，馮宿以爲愧。東陽何人，而敢爲公役乎！裴侯勤民事，有惠在州，景仰先哲，實予心之同然者，是不可以不記。

李濂《汴京遺跡志》卷一一 胡謐《包孝肅公祠記》 開封府，故有宋包孝肅公祠，蓋祀其知開封時功也。前後公，知是府者多名人，奚獨祀公？蓋公其尤也。公所歷諸官皆有績，奚獨祀公知府功？蓋開封京府，其功可以該諸績也。惟公之在開封也，剛毅不阿貴戚，宦臣爲之斂手，猶若居御史諫議之所論斥，而且開門聽訟，吏不敢欺，即廣其知天長時斷割牛舌訟之明也。劾毀勢家侵惠民河園樹，即推其轉運河北時請以牧馬地賦民之惠也。自奉儉約，無異布衣。誡子孫不得犯贓罪，即充其知端州時歸不持一硯之操也。與夫知瀛州而請罷回易，在三司而置場和易以免民供上之物，皆由京府以達諸外郡者也。然則公勳歷中外之績舉，于是乎該矣。故京師爲之語曰：「關節不到，有閻羅包老。」人以其笑比黄河清，童稚婦女亦知其名，呼曰「包待制」云。比卒，太常乃併其親老不赴調、親没廬墓之行，謚曰「孝肅」，蓋實法所宜。祀者，此開封所繇以祀公也。而當時知是府者，前公如陳文惠、康肅兄弟，繼尹薛，簡肅威嚴如之；後公如歐陽文忠、吕正獻，濟以寬簡。然皆爲他善所掩。其知是府功，則莫與公者，此開封所以獨祀公也。祠在府治廳事北，創始未詳。歲月歷金元以迄我朝，府列外郡，祀事歲修不廢，祠則屢葺。乃成化癸巳前知府孫侯瑜以址隘，宇將壓，相得府治巽隅隙地，遂徙建焉。工未就緒，而孫侯卒。今知府張侯岫至，亟繕完之。中爲屋三間，左右翼兩廂各三間，前豎門樓，周繚以墉，肖公像其中，黝堊髹漆，焕然一新。張侯手署其扁曰「包孝肅公之祠」。爰率僚佐落之而告慰公神。如禮，每春秋用牲醴致祭，著爲儀。且裒公遺事、奏議，載録以廣傳焉。其尤知慕公者哉！僉謂斯舉不可無記以告將來，張侯屢以爲請，予因述開封所以祀公之意，俾人知公之功，不獨在開封也。

羅欽順《整庵存稿》卷二《胡氏重建祀先堂記》 弘治甲子春三月，吾邑西平胡氏重建祀先堂成。堂四楹，間其廣三尋有半，深僅三尋，崇頗殺之。堂後爲寢室二楹，以奠神主。其廣二尋，深則倍之。堂之前有廊，東西有廡。東廡之南庖廚在焉，西廡之南爲庫，以藏祭器。其良材堅甓之用，梓匠塗墍之工，費凡二百餘金。宏偉高明，加於舊數倍。先是，其族之顯者，鎮江通判學固君患舊堂之蔽且隘，上無以妥祖考之神靈，下無以容子孫之拜起，謀欲改作，首輟俸金五十倡焉。顧其役良大，莫適爲主，乃有賢者曰端威君，慨然身任厥成。遂簡閲族人，均其力之厚薄，自勝冠以上，各以率出金，合之又百五十。端威君乃與一二子弟能者，從事區畫，程督莫不有方，夙夜惟勤，殆忘寢食。役雖大而成之若易易然，協心故也。余忝胡氏甥壻，聞之良喜，蓋素仰其先德之美，於是益徵其慶澤之長。比年侍親里居，端威君乃與通判之弟學榮偕來請記厥成，以垂示久遠，余不得辭也。竊惟古禮之幸存於今，纔百十之一二。其涉於形器者，雖可槩舉，至於精微之深意，知之明而處之當爲難。姑以祭禮言之，如伊川程先生所行，則歲周於遠祖；如晦菴朱先生所定，惟時舉於近代。二先生皆命世之才，禮學之宗，而其所處乃不同如此，有志於禮者，可不審乎？今吾鄉大族，往往皆有祠堂，祭禮之行，各有所受。蓋周及於遠祖者，近代之祭頗略而不專。致隆於近代者，遠祖之祭或廢而不舉。揆諸人情，皆未安也。夫合族以居，昭穆素辨，生同出於一本，心同萃於一堂，則自始祖而下，歲事之修，宜有不容缺者。其自禰而上，以至高祖，則當各隨所繼，而於時祭，每致謹焉。庶幾遠近有倫，恩義兼盡，雖不能盡合於古，亦當無大謬已。然區區之見，未嘗就正於有道，今通判君方致鎮江之事，進階奉訓大夫以歸，其族人又多讀書知禮，幸相與參酌余言，而審處其當，使禮之行而鄉人頌焉。曰胡氏祀先不苟如此，則豈不有以增斯堂輪奂之美，而垂永世之規哉！是爲記。

鄭紀《東園文集》卷六《屏山家廟記》 鄭之受姓，始於周宣王母弟友分封滎陽、徙新鄭、卒謚桓公者，天下諸鄭之祖也。梁陳間，莊、露、淑三公結廬南山，倡道於莆，時號南湖三先生者，莆陽諸鄭之祖也。後淑公徙仙遊之鞏橋，又爲仙遊諸鄭之祖。至秘書郎元瑜公，始遷于西鄉屏山之陽，地名上鄭，至今因之，是祕書公實吾屏山鄭之祖也。入國朝，有三秀公生今贈嘉議大夫南京户部右侍郎清泉居士暨謙齋二人，方在襁褓間，遂以躲户尺籍應天，年三十六而卒，户外田園多爲他人有，所存者僅廳堂一所，露柱交梁，如官廳然。蓋時制所禁者，用是幸免。夫人陳氏孀攜二孤以至成立，故終清泉兄弟之世，未能復舊。宣德正統間，先君子封翰林院檢討累贈嘉議大夫南京户部右侍郎松菴府君，始大恢拓，田業屋宇右於鄉邑，舊之官廳改造爲祠堂，以奉先世神主。松菴幼時，清泉公攜居宅柄別墅。正統末，宅柄居燹，又復屏山。謙齋之子詔賜壽官，直菴處士者，松菴從父弟也。天順間，與其弟質菴稽田作室，相爲頡頏，紀在告中。每談及家庭故事曰：「汝祖清泉居士者，吾伯父也。吾父謙齋先逝，吾方六歲，未有知識，清泉自宅柄恒日一至，耕耘失候，輒欲杖。其儆業垣牆牲畜，無不省閱。視吾兄弟，無異所生。清泉歿，汝父松菴，與吾出入相隨，飲食相呼，户役差遣不相及，視吾父，無異同胞。」言訖，輒流涕。成化初，松菴歿，紀迺與伯兄介軒謀以官廳之祠奉始祖暨應祧有服未盡者之祖，別立家廟於義聚堂之東，堂五間，中祀三秀、清泉、松菴，兩旁各兩間，以待松菴諸子若孫後來之昭穆也。又兩旁，亦各兩間，爲祭器、衣服諸庫。階下深三丈餘，闊十二丈，通覆以屋，爲家衆序立。前爲露臺，兩旁植以荔子樹，臺下爲沼，活水養魚，沼外爲大門，外亦植荔樹。東西翊以兩廡，後爲影堂，肖像先世之神于板壁，横闊盡堂之兩旁。中爲穿亭，亭兩旁爲臺，以植花果。經始於成化丁酉冬十月，落成於又明年己亥十有二月，割田五百畝，以共祀事。弘治丁巳春，介軒之子欽應貢過南都，謂家廟之建幾二十年矣，不有以記其事，曷以垂訓將來？夫人道莫先於孝，孝者何？生事喪祭二者而已，然不能生事而能喪祭，未之有也。蓋人子之身，父母之遺體也。其耳目口鼻四肢百骸，皆父母精神會合之中凝結而成者。喘息呼吸，氣常相通，故古者孝子，於父母之在高堂也，朝甘暮旨，以致其養，兄友弟恭，以樂其志，父母有怒，則下氣怡色，左右承順，務得其懽心而後已。但見父母無有不是，而務盡子職之當爲焉。父母既歿，則朝夕哭奠几筵，食時上食，而極哀痛之心。既葬，而祔於家廟也，則每晨旦望之謁拜，歲時之祭薦，而極追慕之誠。夫父母不得長存，故哀奠以代甘旨；几筵不可長設，故祭薦以代哭奠。唯先有生事之孝，然後可以奉几筵，有哀奠然後可以奉家廟。不然，龕數雖備，主櫝雖設，亦虛文而已。近世人子，孩提之時，良心未喪，猶知父子之恩；及既婚娶之後，異姓相離，甘旨不必言也，争財奪産，兄弟仇敵，必執己之是，而懟父母之非，使父母忿恨不釋。以如是之子而哭奠，而祭薦，其心果在於是乎？以父母之親且如是，况祖宗之遠乎？其父母之在几筵家廟，亦安之乎？故曰：不能生事而能喪祭，未之有也。然則人欲立家廟者，必自高堂之甘旨始，不幸而甘旨有所不逮，則眉蘇氏譜亭記有云：凡在此者，死必赴，冠婚必告；少而孤，老者字之；貧而歸，富者收之。其不然者，族人共誚責也。清泉松菴之遺德，乃吾子孫之所以有今日者，苟能行之，亦父母殁後之甘旨也，因誦之以爲屏山子孫告。

費宏《費宏集》卷八《張氏祀先堂記》　石首張氏祠堂成，大參東軒公請于宫保莆見素公，公顏以「祀先」；復命其子宫諭崇象徵予爲記。張，石首望族也。東軒厥考訥菴府君，卜居與學宫相值，東軒又於其左別築以居。繡山江水襟帶于前，馬鞍、龍蓋諸峯屏峙于後，蓋邑之最勝處也。顧祠宇未建，祀先之禮弗備，東軒謂崇象：「《禮》，營宫室必先宗廟，兹可緩乎？」乃復即其左構屋三楹，以奉四代之主。厥位南面，美輪美奂。每歲時祭享，必用朱氏禮。又買田若干畝，以供俎豆及墓祭之需。有餘以備賑賚，而族人之告急者賴焉。夫祭之爲義大矣，仁人孝子所以致其報本追遠之情，實於是乎在。故古者自天子至於官師，率皆有廟。雖其多寡之數隨分不同，而宗器之藏，神靈之妥，固必有一定之所。蓋以爲子孫者歌斯、哭斯，既有寧居；而吾之所自出，肅然若見其容，愾然若有聞其歎息之聲者，忍使其徬徨無依，棲棲焉類若敖氏之鬼乎？况有祖而後有宗，有宗而後有族。族之分也，漸遠漸疏。且有喜不慶、憂不吊，如途之人者。惟統之以宗，遡其源而上及於祖，水木之念油然而生，自有不能不合焉者矣。在《易》之《萃》與《涣》，聖人皆以王假有廟繫之。蓋聚天下之心而合其離涣之勢，莫大於立廟已，豈可以虛文末務視之耶？然自三代而下，天下之廟已非古制。下逮臣庶，固難乎其責備矣。何則？封建既罷，則國家無世臣。宗廟既廢，則郡邑無世族。士大夫起於委巷，禮不素習。雖欲致其孝享，而寢祭簡陋，未免儕於庶人，亦其勢也。且禮教既墜而難復，習俗既成而難變。唐王珪位至侍中，不立私廟，至爲執法所糾。宋仁宗嘗詔定群臣廟制，公卿中倡而爲之者，獨平章事文潞公一人，餘無聞焉。然則東軒兹舉，可謂能自拔於流俗之中，而有志於古人之禮者矣。豈不誠賢乎哉？予聞張氏世有積德。訥菴起天順庚辰進士，歷刑曹，陟僉蜀臬；讞大獄多所開釋，撫定寇亂，齊民不冤死於兵。東軒繼之，倅鳳陽，均平徭賦，賑恤荒饑；復楚相故所，築溉田之塘，爲惠甚大。其後守南陽，擢副晉臬，乃參其藩之政，所至有遺愛在民。今崇象又方以文學爲天子法從，德器凝重，可遠可大，偉然士林之望，非其世澤之深長，不能然也。兹堂之建，上以聚祖考之精神，下以序子孫之昭穆。既孝且仁，引而勿替。張氏其一鄉之世族，而且爲一代之世臣矣。予喜東軒之崇尚禮教，可以爲縉紳家楷範也，於是乎書。

費宏《費宏集》卷八《吴氏塘塢祠堂記》 吾鉛東吴氏之新祠既成，其彦晟介予從子懋和以記請。既又率其弟昦暨時暨旦，暨其子經、從子績來，致其叔母詹孺人之意。若謂「未亡人無禄，既嫠且孤，且老即死矣。幸祠之成，可以見吾夫地下。然而不得一言以爲不朽托，吾夫與未亡人之目，其將能美瞑乎」？予聞而悲之，曰：「賢哉孺人，不圖於吾邑見之。」進晟昆季，而問其故，乃知兹舉實其叔父常潤翁之志，而孺人則代之以有終也。翁素慕爲善之樂，事其兄常達先生甚恭。教其子杲與兄之次子旭，學皆有成。旭以弘治乙卯領薦書，而杲乃不幸早卒。孺人爲公置妾，竟無出，丐其兄以幼子後之，即旦也。翁嘗喟然語孺人：「後雖以旦而禰之，卜魚菽之供，不可不豫爲之所。況吾聞君子將營宫室以先宗廟，吾父兄蓋嘗有志焉，而皆緣循弗果。吾與汝勉而成之，豈不舉一而兩得乎？」青烏子謂塘塢之上可葬，且負廓近地也。翁乃囑孺人脱簪珥買之，並買緣山之田三十畝，約可給四時之祭。既又相山間之址，規爲堂若干楹，以祠其所謂四親者。而翁及孺人之祔食，亦將在是焉。祠之後則欲建書屋五楹，翼以旁室，以爲晟等子若孫游學藏脩之所。緒未就，而翁病不可作矣，孺人奉翁之命，葬之兹山，而祠及書屋旁室，比皆以次基構，不愆于素。晟等乃遷其高王父文昇、曾王父景諒、王父仕顯、考常達，及翁之主龕于祠内，歲取其田之所入而俎豆焉。翁墓木拱矣，其欲爲之志，至是卒成而無憾，豈非吴氏一大美事哉？昔我文公輯有家之禮，實以祠堂冠諸篇端。蓋祖考之神靈於是乎萃，子孫之愛敬於是乎生，族屬之恩義於是乎篤。所以報本追遠、開業傳世之大本大端，舉於是乎在，故古之君子恒汲汲不敢緩焉。而其建必於宗子之家，其位必於正寢之東，蓋經常不易之禮也。今塘塢之祠稍從權變，以與古殊。然而尊祖、敬宗、穆族之道，則與古一，可謂權而合中、變而不失其正者矣。且翁念父兄，圖繼其志；不以老而忘，不以無後而墜，兼孝與達，異乎流俗。而孺人終之，晟昆季贊之，具是衆美皆有足言者。予故樂道而亟書之，以爲吴之來世告，且以爲流俗勸也。嗚呼，九原可作，翁亦自幸其死而不朽也夫。

費宏《費宏集》卷八《延平李先生祠堂記》 延平先生得伊洛之傳於豫章羅氏，而授之晦菴朱子，其有功於繼往開來爲甚大。晦菴狀先生之行，至以依乎《中庸》，遁世不見知而不悔處之，則其所至允矣爲成德君子，而庶幾優入於聖域矣。蓋道以中庸爲至，自堯舜以來，心相授受，未有能外乎此者。先生之學，則欲默坐澄心，以驗夫喜怒哀樂未發前氣象，而求所謂中者，以涵養其本源。故所見卓然，持守益固，心境融釋，事理貫通。體之於身，施之於家，泛應曲酬，發皆中節。推而極之，雖經綸參贊之功可以馴致，非真得夫道統之傳，未有能與此者也。先生雖超然遠引，不及進用，而憂時論事，感激動人。興隆初，晦菴將趨召命，問所宜言。先生謂「三綱不振，故中國之道衰而夷狄盛。義利不辯，故人心陷溺而主氣孤」。晦菴遂用其首説以對。使當時采而行之，則頽風可拯，人極可立，而宋事不至於日非矣。其本末備具如此，又豈空言無補者哉？論者乃以著述少先生。不知聖賢之學，必切於身心，措諸實用，不在於言語文字之末。況晦菴之探討聖經，發明斯道，幾無餘藴，而往復問辯，得於師説者爲多。天下後世遡淵源而思濬導之德，烏能忘耶？劒浦爲先生邑里，故有書院在九峰之麓。今天子正德十有四年，知府事歐陽侯鐸始至往謁。慨其荒陋，亦既葺而新之。然揭虔妥靈，猶病其未稱也。會釐革淫祠，城内佛老之宫不下十數。其名「大竺堂」者，適與先生之家族隣，侯請于巡按御史沈公文耀，即是爲先生祠。復慮其勞與費之及民也，則稽淫祠所入，付義民王文俊，督配徒併力營之。堂廡門垣既嚴且邃，召先生之後裔庠生昂，授之扃鑰，俾司啓閉而時洒掃焉。頃以成告于沈公，謂麗牲之碑不可無述。而提學副使胡公鐸、分巡副使黄公昭、分守參政宋公冕，僉以爲宜。侯乃偕同知萬君廷彩、推官陳君韶，遣使來徵予記。宏惟先生之賢，夫人知慕之。故識者往往以從祀爲請，況兹生長游歌之地，宜尸祝俎豆之不容緩。然缺焉未備，豈所謂州縣之政非法令所及，則世不復議，其固然乎？今諸公與侯同德一志，汲汲焉舉未備之典，可謂不安於流俗，而知爲政之先務矣。且興革之間，昭示好惡，所以崇正學，闢異教，善民俗，實於是乎在。是即情之發而中乎節者，非知道，其孰能然哉？宏樂其成，懼來者莫知其始作之故也，於是乎書。

費宏《費宏集》卷八《楊公遺愛祠記》 故都憲陽城楊公，諱繼宗，字承芳。以成化己酉來守嘉興，滿九載而去，去且五十年矣，郡人之思如一日。其小民皆曰：「公之德在我，我死，其遺澤在我子孫，我於公固不能忘。世更事遠，則何以使我子若孫知公之德而不忘也？」其君子則曰：「公之報有奉嘗可舉，公之傳有金石可託。其爲不忘，雖百世可也，而況於吾之子若孫乎？」會貴溪徐君來爲郡守，歷三載，百廢具興。范生言等乃以衆志告君，君遂度招提之故址，取民所樂助之貲，庀工從事。間又毁淫祠，取材以佐之。經始於庚辰之三月，越九月而功訖。有前後之堂，有東西之廡，有内外之門。烹有庖，滌有井，儲有庫。繚以周垣，表以華扁。於是乎楊公遺愛之祠，崇深壯麗，足以慰其民之思矣。落之日，老稚手香帛，具牢醴，從君羅拜庭下，且喜且悲，真若慕其考妣。然者公德之入于人心，何爲深且久如此也？衆又以麗牲之石不可虛，徐君乃遺言及鄉進士項錫，以州守戴君經所述狀，來請予記。古稱郡守，吏民之本。本之治亂而末必從之，其所繫不爲不重也。然常病難乎其人。其人不才，則餓豺之貪，乳虎之酷，魚肉其民弗愛焉。而民且讐視之，孰彼愛哉？其人才矣，苟不能以誠與才合，將樹立之志弗勝其浮沉之念，剛大之氣往往爲柔道所牽。苦掣肘或替初心，保名譽或愁冷語。欲竭才盡力，以洽其愛于民也固難，是民之愛之亦烏能久而不忘耶。公之才既傑出，而愛民之心又極其誠。志操之堅定，意氣之豪邁，庶幾於富貴不能淫，威武不能屈者。嘉興之治，守之以至廉，而民不知有一毫之擾；行之以至公，而民不聞有一言之議。雖挾尊怙勢、與公不合者，皆憚公威名，忸怩自失，不能撓其權以鬩其澤。久而士民感化，奸暴革心，訟平賦均，風清弊絶。嘉禾呈瑞，年穀屢登。無遠無近，莫不傳播公之德政，想聞公之風采。上而禁掖，亦知公爲清白吏，而菲萋之謗莫能中焉。非誠，其曷克臻兹哉？夫誠，格鬼神，及豚魚，且將與天地同久。故郡人思公，必欲俎豆尸祝以爲公報。豈公之威靈，能感動其遺黎如此耶？在漢始元中，詔祠卿士百辟有益於民者，蜀郡以文翁，九江以召信臣應。延熹之毀群祀，惟密之卓茂、洛陽之王渙特存而弗絶焉。吏之遺愛，孚于上下固如此。若公者，載諸秩祀，禮亦宜之，且可以勸來者，獨民思之慰云乎哉？予少日即知頌公之賢，既忝從史氏後，嘗以爲公之樹立，視班范所書尤卓卓不可遺也，故因徐君之請而特書其大節，以見郡人思公之故。若公爲政之美，則載述備矣。徐君名盈，字子謙，其風節類公。頃歲奉職入覲，治行爲天下最。郡人惟恐其右擢以行，而不能借留以終其愛也。吾聞諸輿誦云。

費宏《費宏集》卷一九《擬嚴子陵祠堂碑》　嚴之七里灘有嚴先生祠堂，始構者高平范公，公之後屢葺屢圮。我朝維持俗化，載在祀典，比不葺者有年矣。郡守某懼無以竭虔妥靈，請繕之，且言麗牲之碑不可無述。詔許之，以命臣某。嗚呼，節義者君子之大閑也，風俗者國家之元氣也。故世有節義之士，人主能從而崇重之，則天下知所觀感興起，風聲俗化惟正之趍。及其積之既久，則名教所在如川之防，如邑之墉，雖匹夫匹婦知守死而不移。即有亂臣賊子，將逡巡畏抑而不敢發，節義之可重固如此。東漢之興，得先生一人焉，豈非幸哉？蓋兩京自孝宣以來，正人既斥，諛佞成風，至於哀、平，弊也極矣。故莽奸得遂，公盜神物，罔有赧色。其時吏民上書頌德，蟻附蠅集，雖號爲大儒者，亦且甘言獻諛，自取投閣之辱。而清名之士，往往屈受僞官，不以爲耻。獨先生養高晦迹，汙命不至其門，所以自立何如也？及光武之興，鱗攀翼附，争欲效尺寸以垂名竹帛者何限。而先生其故人也，方且變易姓名，隱身不出。及帝思其賢，三聘乃至，未嘗少動，其自立又何如也？或曰：「先生年尊德邵，帝之徵之也不以手書，而以詔旨；其處之也不以師傅，而以諫職。視商、周之待伊、吕者有間，故先生不屈。」是亦知先生之淺者也。夫達人哲士，譬之神龍靈鳳，翺遊雲表，而豈功名寵禄所得而豢養乎？或又曰：「聖人之道，用行舍藏，先生之迹固高矣，然未免於矯也。」是亦非深知先生者也。先生之心，誠見夫天下之俗，波流風靡，其流之弊有不可勝救者，故寧矯無隨，以爲世範。使人主不敢輕視其臣，人臣不肯輕待其身，則君不至驕，臣不至諂，庶幾俗可少回，而治可成矣。幸而光武能遂先生之高，故終漢之世，多直節守義之士。至于桓、靈，衰亦甚矣。然上下之間，或用公義以扶其危，或發私論以救其敗，猶能延數十年之國脉。本先生能首倡節義，而光武能首正風俗之功也。雖然，豈惟漢哉？至于今，聞先生之風者，尚有奮發興起之意。而所謂「懷仁輔義天下悦，阿諛順旨要領絶」，則實萬世爲人臣者之戒，非特爲侯霸發也，此豈不有益後世乎？祠宇之新，實名教攸繫。既叙論其故，復系以詩。詩曰：

墮名廢節，元成以還。國亦何賴，竟以佞傾。東都肇興，憫俗思治。賢哉先生，首倡節義。抑有賢君，克遂其高。萬乘雖尊，輕如鴻毛。手撫其腹，腹乘其足。以崇雅望，以風衰俗。代多介士，守義以終。國衰不絶，伊誰之功？雲臺諸將，上應列宿。徒爲誇詡，其迹已朽。隱隱客星，懸象著明。巖巖釣石，屹峙不傾。七里之瀨，遺迹所止。昉于高平，搆屋以祀。匪榮先生，維教之崇。庶幾有感，以立厥躬。於我有國，載諸祀典。守侯承之，處用不厭。奠此新宫，守侯圖之。天子有詔，詩以銘之。

陳鳳《忠武録》卷四《重修忠武侯祠記》　嘉靖十有五年二月，南陽太守四明屠公諱倬，字文卿，尊奉天命，肇禋祀。以漢丞相諸葛忠武侯基迹隆中，感會魚水，中興炎祚，實維王佐。卧龍有祠，歷世崇尚。廬井依然，一維厥舊。熙朝有尊，厥有恒祀，儒臣撰策，郡守從事，亦孔之厚。自楊公以來，已十餘年不復繕治。墻屋傾凹，丹碧漫漶，日就圮廢，豈所以欽賢承德意！維昔鄉先生没于社則祭，畏壘之民，猶厘俎豆；矧如忠武侯伊、吕之亞，百代一人，而使其祠久舊弗治，不知其可爾！乃飭庀五材，勤兹百堵，繕故爲新，增陋爲美，頹朽悉易，加以宏麗。棟宇侔雲漢，光采照天地。言言炳炳，過者起敬。一年再至，躬進牲帛，以稱朝廷崇古尚賢之意。再愈年，遠遷秩憲司以去。其佐鳳，乃採公言，是用作頌，刻之石，著厥終始，以詔來裔。其辭曰：

當塗興讖，赤銳弗光。桓桓帝胄，奮志騰驤。陽爻既極，乃戰于野。棲棲襄漢，誰與佐者？眷兹南陽，高卧維龍。抱膝長嘯，時乎不逢。泥蟠天飛，感厥三顧。跨有梁、益，承天之序。草廬碩畫，無言弗讎。受遺作輔，志復神州。大厦靡支，玄象示變。惜也未止，志士攸嘆。昭昭明府，出牧此邦。有惠有威，時雨時暘。有嚴閟宫，龍岡之上。往廢斯飭，赫矣宏敞。尊德上賢，明祀敬共。肅肅其敬，穆穆其容。君侯來思，雙旌五馬。從以賓佐，魚魚雅雅。君今去我，風軌則存。思君明惠，望君車塵。龍岡蜿蜒，環以淯水。告成有碑，于千萬祀。

王徵《王徵全集》卷二《建閣崇賢》 廣陵西北，距城不數里而近爲蜀崗，崇嶺蜿蜒。獨據其勝者，則歐陽文忠先生之「平山堂」也。堂名空存，堂實無有，旁有先賢祠數楹，亦狹小不堪。余送先君歸里日偶過其地，慨慕文忠先生之爲人，謁先賢祠，謂必先生祠也，乃止安定胡先生之位存焉，嘆惋久之。蓋謂廣陵勝地，名賢接踵，何千秋香火寥寥若是？徘徊登眺間，見其後廢地一區甚廣闊，中有兩樹，高可五六丈餘，東西并列，蔚然可觀，非數百年不至此。乃銀杏樹也，大且數十圍，私心異之。再北數武，又見大石礎，行行羅列，如位置然。怪而詢之，則曰：「殆古平山堂之遺址歟？」余於是頓起崇賢一念，思欲建一巍閣，上安昊天上帝神位，於其下搜擇歷來廣陵名賢，位置其中，香火之，以見景行之意。顧用物最弘，工力最繁，莫克猝舉。先是，魏璫之祠，幾滿畿甸。鹺商苦搜括，畏迫索，不得已醵金建祠，所費不貲。當建祠時，璫威正赫，璫燄正熾。建之者惟恐少不盛，無以得其歡心。不但各商竭力逢迎，即在揚在位各官，亦咸惴惴臾成之惟謹。足跡不一躡其地者，余與社友來道台耳。及魏璫伏誅，凡已建之祠，悉奉旨變價以聞。揚之祠價蓋不勝變也，又恐變價太多，益以觸聖主之怒。董其事者某君，殊難之，商之於余。余曰：「變價太多，觀聽不雅，委屬不便。第不變價而存之，必不可。變價果多，而不以實報聞，尤不可。與君細商，莫若少變其價而報之，餘者不必顯，其價直亦不必變，第請移之以建此中歷來名賢之祠。蓋逆而順用之，私而公用之，即以聞之君父，諒無傷。又其他磚石、木植拆毀者，移之以修砌四門橋樑，或亦私中之公也，行人應世世知感。其祠地聞七十畝有奇，原屬民地者，仍還之民，不價固宜。或有原屬官買，當變價者，亦不必變。可留十畝作義塚，以葬旅死窮人。再留數十畝作義田，令民租種，歲取其租，以置棺木爲葬具。則商人已捨之財，又總爲商家施德之資，諒諸商亦所情願。且不費之惠，存殁當俱沾君恩於無既也。君其以爲何如？」某君深感余言，果一一如余意報聞，輒得諭旨。某君甚喜，甚感也。於是，余乃移其磚石木植之少壞者，作四門橋樑。橋成，仍各蓋屋其上。不但護橋，且便小民貿易，揚民稱便。又移其大樓五間，遂作「景天閣」於平山堂舊址上。於其前仍創造大樓十一間，隔作三區，中五，左右各三。少前創造大堂，亦十有一間，間分隔如樓制。各作堂階，各作甬道，廂廊。各有二門，凡三所，中皆五，左右皆三。獨大門三座，中則作樓五間，左右各止門房三間耳。除有此現成木料，余仍捐貲約四百餘金，余友來道台約二百金，府寮及州縣義助者約四百金。此外毫不費民財，亦毫不勞民力。所用工匠夫役，俱計日現給餼廩。其中工匠造作如法，夫役勤苦邁衆者，間加賞賜，犒勞有差。董其工者經歷魯夢斗，而書記督催，則本廳書役張偉、李先春也。四月興工，九月報竣。不但成以不日，抑且巍然一巨觀矣。閣之制，高可五丈，東、西九丈有奇。通作五間，前後俱有廊，入深可五丈。北、東、西三面牆壁俱用磚石甃砌，厚可四尺餘。上層北、東、西開六窗，前面俱槅齒細門。中作一閣，用安昊天上帝神位。下層中間乃作祠堂，爰取歷來名宦、鄉賢最著名者，如江都相董公、文正范公、忠獻韓公、文忠歐陽公、清獻趙公、孝肅包公，以及國朝端毅王公，皆名宦。又襄愍曾公及安定胡先生、心齋王先生，皆鄉賢。而信國公丞相文先生，則以曾駐其地而入之者。敬爲木主十一位，奉之祠中，以愜余景行夙念。大門外立十一賢祠坊牌一座，令觀者咸知敬焉。閣名景天，蓋取士希賢，賢希聖，聖希天之意。且因崇賢之舉，而旌余夙昔畏天之一念云爾。當四月肇造之初，堂前地有桃杏諸花樹相礙者，余令移之兩旁空處。至九月落成，咸復開花如春時，遊賞者甚衆。來社友與余同年鄭峚陽賞而異之，咸有詩以記其盛云。

郭金臺《石村詩文集》卷上《玉山關聖廟碑記代》 海内外欽事關夫子，名號磅礴充滿，極天蟠地無不到。而玉山一彈丸邑，若淡然忘之。玉又迎神賽會，環鄉數百里，及闤闠居民各擁一神，争喧哄，而于關聖僅奉尺許像，擁博山爐，歲一巡市中，視與諸神等。求如列邑專祀廣大，無有也。予既擴城東舊廟，建立殿堂筵几，繚垣甃級，雖較所在關廟痺陋甚，然用以洗玉人昏黷之習，而振國家正大之典，不可以無言。漢有天下六百餘年，自高祖起豐沛，世祖興白水，中間聖子神孫推異材，授大將軍，蕩剔中外，功烈冠絶古今，無慮百十輩。然皆乘興運，襲太平遺烈，一鼓動拔起，而易有功。非如公當傾蕩時，大奸移位，群雄割據，獨挈一二兄弟，提三尺與漢家争一坏土也。當是時，曹、孫兩家父子兄弟誠一時雄傑無匹，争欲得公如神龍威虎不可豢。而公視魏吴百萬將如無人，出之入之，排之摧之，詘駡之，無遮攔回互。公非獨勇有餘，才足恃，蓋其膽足以包之，其氣足以勝之耳。韓魏公生平未嘗許人以膽，孟子嘗論配道義塞天地間惟氣。觀公當日函首敵人，鬚眉怒戟，雖頸已斷，骨可寒，而凛凛生氣褫奪諸兒曹，魄如震雷雷電，至今廟貌筵几，凡王公大人以及頑凶市獪無敢袒呼狂譃于美髯公前，豈古今才勇真不公若哉！公之膽正烈，氣正剛，千萬人不可奪，千百世不可磨耳。魯、陸兩生，自分失足，因人一奮螳螂臂，下視吴魏亦偷息[illegible]觚旦暮間，而公固已綿千祀，而延漢曆矣。其爲得失，天壤相距何如也！廟成，予惟朔望謹拜祝，敬率玉民歲時禱祀必以禮。忝爲民牧，凡教民崇忠正名，講《春秋》大義，不可不自帝君始。因爲文勒石，以示玉人。

郭金臺《石村詩文集》卷上《三忠合祠碑記代》 宋張忠文公叔夜、鄭威愍公驤，自宋肇祀，從永豐山詔遷祀于玉、永兩縣之界。又明宣德間，玉令林岱改營于縣西社稷壇之右，崇祀百餘年。其後永豐令鄧顒死鄧茂七之亂，景泰中奉檄合祀顒于忠節祠，始塑三像并祀。丁亥毁。清順治壬辰，威愍公後復建立，易木主三。康熙九年庚戌，予以春祭躬行廟地，疑其痺下就濕，登降失所，告鄭氏子孫整飾之。及秋，垣瓦階級甃治完潔，燦然一新矣。更視堂下磨碑一具，無鏤字。鄭諸生進曰：「願賢大夫係以文。」予謂：「晦菴先生記述王太守疏，詞甚高嚴，可不朽，烏容贅？」諸子弟復請曰：「古所稱説惟及張、鄭事，無鄧永豐顒，且宋詔題廟額稱忠節，實主二公，亦未有及鄧公也。今堂上列三木主，而額記褒贊止兩公，某等鄭氏兒孫，私爲其祖則得矣，于名義未安。」予肅然起應曰：「忠義，天地正氣，其人亦古今間生。常讀青元注《度人經》云：『三界之上，多係四種民。天，賢聖所居，如浩劫交周，此諸天人復生人間。』今張、鄭、鄧三公歷兩朝，同死國難，相距數百載，疑若時遠地異，而其降生符合，則固如一父之子，一姓之臣，道同志得，千載一轍，無氏族名位判别也。況今趨蹌奉祀者，威愍公賢裔耳。吾即回視張、鄧二家，子姓不知何所在，而鄭氏子弟崇祀二公無異于祀乃祖也。吾起三公九幽問之，當必有如廉、藺刎頸之歡，張、許并命之氣，交臂天壤而留笑語于武安、玉溪間者。鄧公能繼兩先生，兩先生必不遺鄧公。人有前後行輩，忠無差等，其死事同，其勅祀同，其佑我玉人除災捍患，無獰龍魃鬼將毋同，將毋同。」或曰：「顒死鄧茂七亂，死事小，較張、鄭身殉國難，孤忠大節，宜有辨。」予曰：「『求生害仁，殺身成仁』，既殺身矣，即名仁。烏有仁而可分大小强弱者乎？」鄭諸子弟聞予言，廣大而有怡于心，用祝史告神，而勒石以貽後人，知所秉受焉。

顧炎武《亭林文集》卷五《楊氏祠堂記》 天下之事，盛衰之形，衆寡之數，不可以一定，而君子則有以待之。所以撫盛而合衆者，中人以上之所能，若夫爲盛於衰，治衆於寡，孑然一身之日，而有萬人百世之規，非大心之君子莫克爲之矣。古之君子，慮先人之德，久而弗昭，於是爲之祠堂以守之，其盛者及於始祖。古之君子，慮宗一人之涣而無統，於是歲合子姓於祠而教之孝；奠爵獻俎，畢而餕食，以教之禮。其子孫之衆，或至於數千百人，此祠堂之所由興，而祭法之所由傳也。常熟楊子常先生，通經之士。於先朝之末，由訓導除都昌知縣，未任，以疾歸，而遭國變，至於今，先生年七十有二矣。先有一子，年二十餘以卒，晚得一子又殤，而其兄子亦中歲夭折。今其族孫之在者，不過二十餘人。其先世自關中來，祖、父並爲農，風尚朴質。高祖以上，不能舉其諱字。自遷常熟以來，復無顯者，及先生始仕宦。今白首老矣，無親子孫。夫人之情，於身且若此，遑恤其後乎？而先生曰：「不然。吾父雖農，在里中頗能言民疾苦，以達於縣吏，而除其菑，當不至於無嗣。以五服之間，得一二十人，以合其歡而教之以孝以禮，豈必其中無能學以大其宗者。以吾之年雖老且獨，而幸有薄田之入，爲先祖父所遺，可以舉先人未行之事而傳之其後人。」於是即祖墓之旁，建屋三楹，爲祠堂，以奉其先人並諸父兄子姓之亡者。其下爲田若干畝，以供歲時之祭。定其儀，秩其品，簡而文，約而不陋。曰：「及吾身存，與諸孫行禮其中，使諸孫之繼我如今日焉，先德其毋墜已。」又於其墓之旁植木開河通水，凡世俗所爲安死利生之法無不備，此非所謂衰而有盛之心，寡而能衆之事者乎？《易》曰：「可大則賢人之業。」《傳》曰：「人定能勝天。」吾以卜楊氏之昌於其後，必也。承先生之命而爲之記。

顧炎武《亭林文集》卷五《華陰王氏宗祠記》 昔者孔子既没，弟子録其遺言以爲《論語》，而獨取有子、曾子之言次於卷首，何哉？夫子所以教人者，無非以立天下之人倫，而孝弟，人倫之本也；慎終追遠，孝弟之實也。甚哉，有子、曾子之言似夫子也。是故有人倫，然後有風俗；有風俗，然後有政事；有政事，然後有國家。先王之於民，其生也，爲之九族之紀，大宗小宗之屬以聯之；其死也，爲之疏衰之服，哭泣殯葬虞附之節以送之；其遠也，爲之廟室之制，禘嘗之禮，鼎俎籩豆之物以薦之。其施之朝廷，用之鄉黨，講之庠序，無非此之爲務也。故民德厚而禮俗成，上下安而暴慝不作。自三代以下，人主之於民，賦斂之而已爾，役使之而已爾。凡所以爲厚生正德之事，一切置之不理，而聽民之所自爲，於是乎教化之權常不在上而在下。兩漢以來，儒者之效亦可得而攷矣。自二戴之傳，二鄭之注，專門之學以禮爲宗，歷三國、兩晉、南北、五季干戈分裂之際而未嘗絶也。至宋程、朱諸子，卓然有見於遺經，而金元之代，有志者多求其説於南方以授學者。及乎有明之初，風俗淳厚，而愛親敬長之道達諸天下。其能以宗法訓其家人，而立廟以祀，或累世同居，稱之爲義門者，亦往往而有。十室之忠信，比肩而接踵。夫其處乎雜亂偏方閏位之日，而守之不變，孰勸帥之而然哉？國亂於上而教明於下。《易》曰：「改邑不改井。」言經常之道，賴君子而存也。嗚呼！至於今日而先王之所以爲教，賢者之所以爲俗，殆澌滅而無餘矣！列在搢紳而家無主祏，非寒食野祭則不復薦其先人；期功之慘，遂不制服，而父母之喪，多留任而不去；同姓通宗而不限於奴僕；女嫁，死而無出，則責償其所遺之財；昏媾異類而脅持其鄉里，利之所在，則不愛其親而愛他人，於是機詐之變日深，而廉恥道盡。其不至於「率獸食人而人相食者幾希矣！」昔春秋之時，弑君三十六，亡國五十二，而秉禮之邦，守道之士不絶於書，未若今之滔滔皆是也。此五帝三王之大去其天下，而乾坤或幾乎息之秋也。又何言政事哉！吾友華陰王君宏撰，鄰華先生之季子，而爲徵華先生後者也。遊婺州，二年而歸，乃作祠堂以奉其始祖，聚其子姓而告之以尊祖敬宗之道。其鄉之老者喟然言曰：不見此禮久矣，爲之兆也，其足以行乎？孟子有言：「惻隱之心，仁之端也。」夫躬行孝弟之道，以感發天下之人心，使之惕然有省，而觀今世之事若無以自容，然後積污之俗可得而新，先王之教可得而興也。王君勉之矣。

湯斌《湯子遺書》卷三《重建信陵君祠記》 開封舊有信陵君祠，在上方寺之右。雲杜李本寧宗伯宦梁時所建也，崇禎壬午没于河。今國家承平三十年，廢典漸次修復，而信陵祠獨缺。永平韓子客遊梁，嘆曰：「茲非魏都耶！夷門之墟猶有侯嬴、朱亥若而人乎？使當時無信陵，則侯嬴、朱亥亦以監門市屠老耳！巖穴不乏人，能識人不恥下交者，世不數見也。」于是偕寺僧即其祠地土中求得雲杜故碑，醵金建祠，以侯朱配仍舊也。韓子又曰：「侯生，猶魏産耳。若毛公、薛公，固生于趙，爲平原所簡賤而羞與爲伍者也，信陵何自而得之？卒賴其言，趣駕救魏，率五國之兵敗秦師，至函谷關而還。信陵之終不失臣節于魏者，二公力也。徒以非魏産而不祀，非闕典歟！」補主列侯朱之次，旌功也。所謂禮以義起者也。工既訖，請于官，春秋致祭。復還石刻《史記·魏公子列傳》，立祠中。過睢陽，請余爲之記。余酌酒與韓子曰：「君燕趙布衣也。未嘗綰綬分符，有修復舊典，表章古烈之任者也。何汲汲爲此？得無悼淪落之難，偶慨知己之莫遇，與信陵曠世而相感乎！」夫信陵豈獨以好客重乎？秦之并六國也，此古今一大變局也。趙與魏爲唇齒，而魏與五國爲藩維。信陵用兵，雖太公、穰苴無以加焉。使當時不以讒廢，則秦不得滅魏。魏不滅，則五國不至折而入于秦。即信陵一旦以老病死，其知人下士如此，必能得如信陵者而託國焉，暴秦之虐不能及于天下矣。其以毀廢也，飲酒近婦人而卒，其亦不忍見天下之遽歸于秦，而求速畢一朝之命乎？李牧死而趙亡，信陵死而魏亡。始皇之肆威于海内，天也。漢高過大梁而以太牢祠之也，其亦有見于此乎？信陵墓在揚州門外，河流變遷，湮没不可問矣。此祠之建，其不可已也。遂爲之記。韓子名鼎業，字子新。博學好古，慷慨多大節。此祠之建，其一端云。

朱彝尊《曝書亭集》卷六七《遊晉祠記》 晉祠者，唐叔虞之祠也。在太原縣西南八里。其曰汾東王，曰興安王者，歷代之封號也。祠南向，其西崇山蔽虧。山下有聖母廟，東向。水從堂下出，經祠前。又西南有泉曰難老，合流分注于溝澮之下，溉田千頃，《山海經》所云「懸瓮之山，晉水出焉」是也。水下流，會于汾，地卑于祠數丈，《詩》言「彼汾沮洳」是也。聖母廟不知所自始，土人遇歲旱，有禱輒應，故廟特巍奕，而唐叔祠反若居其偏者。隋將王威、高君雅因禱雨晉祠，以圖高祖是也。廟南有臺駘祠，子産所云汾神是也。祠之東有唐太宗晉祠之銘。又東五十步，有宋太平興國碑。環祠古木數本，皆千年物，酈道元謂「水側有涼堂，結飛梁于水上，左右雜樹交萌，希見曦景」是也。自智伯決此水以灌晉陽，而宋太祖、太宗卒用其法定北漢，蓋汾水勢與太原平，而晉水高出汾水之上，決汾之水不足以拔城，惟合二水，而後城可灌也。歲在丙午，二月，予游天龍之山，道經祠下，息焉逍遥石橋之上，草香泉洌，灌木森沉，儵魚群游，鳴鳥不已，故鄉山水之勝，若或睹之。蓋予之爲客久矣。自雲中歷太原七百里而遥，黄沙從風，眼眯不辨川谷，桑乾、滹沱，亂水如沸湯，無浮橋、舟楫可渡；馬行深淖，左右不相顧。雁門、勾注，坡陀阨隘，向之所謂山水之勝者，適足以增其憂愁怫鬱、悲憤無聊之思已焉。既至祠下，乃始欣然樂其樂也。由唐叔及今三千年，而臺駘者，金天氏之裔，歷歲更遠。蓋山川清淑之境，匪直游人過而樂之，雖神靈窟宅，亦馮依焉而不去。豈非理有固然者歟！爲之記，不獨志來游之歲月，且以爲後之游者告也。

陳鵬年《道榮堂文集》卷五《朱文公祠記》 吳中向無朱文公專祠，有之，自明郡守朱公勝始。勝公，九世孫也。以正統十二年，創建于清嘉坊雍熙寺橋之西。鼎革以來，鞠爲茂草，而故址不可釐識。迨今上御極之二十有二年，有公裔曄者，請于大中丞趙公，即祥符寺巷廢宇而改建今祠。門堂寢塾，焕然畢具。曄世守其祠，既有年矣。惟是祠基間于民居、僧舍，雖繚垣周遭，廣輪有數，而曄懲前事慮其久而復淹，不無匄奪侵并之漸。適予守斯土，請予一言爲禁，以刻諸麗牲之石。予惟朱子之道如景星之麗天，有目者無不睹；如震雷之出地，有耳者無不聞；如祖禰之在墟廟，有心胸者無不敬也。苟人無耳、目、心胸，則其匄奪侵并也，誠不可知。若猶是人也，則擁護之不暇，而暇有戒心乎？雖然，習俗難悟，愚民難曉。佛、老之宮遍天下，其徒杖錫，持鉢，所至立成。而前哲令德之祀，蔑有問者，亦吾道之不明焉。故也今聖天子崇儒重道，理學昌明。凡先儒之有功于聖道者，既得從祀孔庭，又許各立祠于其鄉，秩爲典祀。若朱子，則尤所知加隆。建安、婺源置兩博士，守闕里焉。今吳之祀公，猶闕里也。公之神如水之在地，無所往而不得其源，豈其神所憑依而敢有覬覦焉者。顧吾以爲聖道不明，則雖孔子之屋壁，且有欲壞之者。人心不死，則柳下季之壟而有厲禁。令使家置一喙以爲公，要諸明神而守之，勢且不給。惟與講明其道，使格物致知誠意正心之學，燦然常存于天下，則且家家俎豆，群奉以爲不祧之祖，而有不能庇其一宇者耶？若有豪猾巨憝，不可化誨者，或肆其憑陵，則有憲府之典在，其誰敢貰之！抑考濂溪、二程、郿伯，俱有祠在吳境，屢廢屢復，皆其子孫爲之。則修除黝堊，亦惟典守者是問。爲之後者，其可以不戒懼乎哉！爰爲之記，俾後人有所鑒觀焉。

陳鵬年《道榮堂文集》卷五《吳復庵先生祠碑記》 明神廟時，江陵當國，以奪情起復，一時沈、艾、鄒、趙諸君子交章殫劾，俱獲譴，構奇禍。維首發之者，爲武進吳復庵先生。當是時，江陵位元輔，事幼冲，內挾震主之威，外樹不世之業。舉朝承望風旨，臺諫且紛紛請留輔政，先生職非諫官，地非言路，止以孤忠憤激，伏闕批鱗。雷馳霆迅，幾致捐軀。竊嘆江陵生平相業，當時事業脞極弊之秋，身膺重任，殫心整頓，不避恩怨，朝野之間肅然改觀。獨病在擅權嗜進，遂罹清議，奪情一事，尤屬不經。先生以君親大節，躬冒斧鉞之誅，直言論斥不啻如唐子方、鄒志完之在宋世。至今讀「植綱常」一疏，千載下凜凜猶有生氣。江陵没後，朝廷追思昔年建言得罪諸臣，先生復起詞垣，乃九死餘生，百折不磨。三仕三黜，竟不及柄用，當世惜之。事久論定。入本朝來，神聖御宇，崇儒重道，當事名公巨卿發潛闡幽，先生以鄉先大夫勝朝直節，宜臻廟祀，蒸嘗邦國，肅奉明禋，且俎豆于賢人君子之列廟食千秋矣！裔孫國學生挺奇，能世其家聲，不忘先業，鳩集宗人，特于其家建祠奉祀。祠成勒石，紀其興建之月日，因來請碑記于余。余薄官江左，于挺奇有一日之雅。每思公之高節閎議在史册，流風餘思在人心，景行前哲，良有素心。且嘉其子姓讀書秉禮，彬彬好學。維兹廟貌翼然修舉，眷念祖德，怳然如高曾衣冠謦咳之在上，將以時展其孝思，俾先世之嘉言懿行奉以不墜，是不可不有以記也。于是乎書。

陳鵬年《道榮堂文集》卷五《相國張文貞公祠堂記》 古之君子，處則爲真儒，出則爲名相。位不同，而道一焉。然而相有二，有救時之相，有輔文之相，救時以才，輔文以學，纔可勉致而學難幸成。故輔文，倍艱于救時也。當其遭逢明盛，聖天子勵精于上，百職司宣力于下，沐浴雅化，歌咏太平。斯時，才無可見，而一二賢相從容密勿，內則小心翼翼，而外不居赫然之名。本其道德，蔚爲經綸，蓋成于學者然也。我皇上御極五十餘年，離照內涵，乾綱獨運，文德布于寰中，豐功揚于海外，厚澤深仁，肌髓淪浹。自唐虞三代以來，未有若斯之盛也。而吾師相國張文貞公躬際其休，自通籍至入相後，凡五十餘載。君臣之間穆穆皇皇，相得益章，故入則調元變化，出則養晦韜光。天下戴聖天子之德，而不知陰食相君之福。譬之天心順正，雨暘時若，萬物德天，而忘風霆雨露之宣贊也。嗚呼，此所謂學與時行者乎！公之殁也，天子追悼不已，褒崇之典，贈恤之恩，亘古未有。及其扶櫬歸里，里之紳士、耆老，下逮販夫、牧豎，靡弗拜迎道左，欷歔泣下，相與謀建祠以祀之。某謂公之功在社稷，澤在生民，天下之歌公、慕公而俎豆公者，寧獨一潤爲然？昔蘇子瞻作《潮州韓昌黎廟碑》云：「公之神在天下者，如水之在地中，無所往而不在也。」而潮人獨信之，深思之至。君蒿悽愴，若或見之。譬之鑿井得泉，而曰水專在是，豈理也哉！雖然，京江，故公梓里也，其神之所栖，較之昌黎之不眷戀于潮，有間矣。且曩者，公丁內艱，廬墓城南，某曾奉函丈焉。今里人咸曰：鶴林寺之西隅，舊有濂溪周夫子祠，故并建于兹。蓋一爲真儒，一爲名相，出處不同，而道則一。使吾鄉人歲時伏臘祭而拜之，于濂溪仰道德之尊，于公仰經綸之盛，均爲不朽，無疑也。爰度地面勢，鳩工庀材，趨事者既踴躍歡欣。時某自庚寅被吏議居潤者三載，兹冬蒙聖明昭雪，亦得操畚插以從。凡閱月而告竣。于其成也，爰拜手而爲之記。

劉大櫆《海峰先生文集》卷九《游晉祠記》　太原之西八里許，有周叔虞祠。祠西爲懸瓮山，山之東麓有聖母廟。其南又有臺駘祠，子産所謂汾神也。有泉自聖母神座之下東出，分左右二道。居人就泉鑿二井，井上爲亭檻以覆之。今左井已湮，泉伏流地中，自井又東，沮洳隱見，可十餘步乃出流爲溪，溪水洄洑繞祠南，初甚微，既遠乃蓋大，溉田殆千頃。水碧色，清泠見底，其下小石羅布，視之如碧玉，游魚依石罅往來甚適。水上有石橋，好事者夾溪流曲折爲室如舟。左右喬木交蔭，老柏數十株，大皆十圍，其中則以亭臺佛屋，彩色相輝映，月出照水尤爲可愛。溪中石大者如馬，如羊，如棋局，可坐。予與二三子攝衣而登，有童子數人咏而至，不知其姓名，與并坐久之。山之半有寺，鑿土爲室，繚曲宏麗，累石級而上，望之，墟烟遠樹，映帶田塍如畫。《山海經》云：「懸瓮之山，晉水出焉。」周成王封弱弟于唐，地在晉水之陽，後遂名國爲晉。既入趙氏，稱晉陽。昔智伯决此水以灌趙城，而宋太祖復因其故智以平北漢。甚哉！水之爲利害也。唐高祖蓋以唐公興，嘗禱于晉祠。既定天下，太宗親爲銘而書之，立石以崇叔虞之德。今其石在祠東，又其東爲宋太平興國之碑。是來也，余兄奉之官徐溝，余偶至其署，因得縱觀焉。念余之去太平興國遠矣，去唐之貞觀益遠矣，溯而上之，以及智伯及叔虞，又上之，至于臺駘金天氏之裔，茫然不知在何代。太原之去吾鄉三千餘里，久立祠下，又茫然不知身之在何境。山川常在，而昔之人皆已泯滅其無存。浮生之飄轉無定，而余之幸游于此，無異鳥迹之在太空。然則士之生于斯世，雖能立振俗之殊勛，赫然驚人，與今日之游一視焉可也，其孰能判憂喜于其間哉！于是爲之記。

《（咸豐）安順府志》卷五〇黄培杰《重修永寧文廟牌記》　永寧之設州也，始於元憲宗時。迄乎有明，州治屢遷，始而打罕，而關嶺，而安南衛，俱以附學安南，故因陋就簡，一切制度典章闕如也。我朝順治十六年，移州治於查城驛。康熙三十八年，巡撫王公諱燕始題設州學，捐俸三百四十金，倡修學宫。時副貢吴君爵者，善相地，上基於城之東北隅，用亥巳向。州牧雷君有成監工營造，州於是始有學校。厥後雍正十年毁。州牧陳君嘉會、劉君世恩、王君遂相繼興修。乾隆二十六年，又毁。州牧郎君昌齡重修，改西向。嘉慶二年，南籠逆苗蔓延，州被困，復毁於兵。十六年，紳士修武謨、羅運昌、郭廷淑等，倡議復建，州牧金君澐勘定舊址，仍用亥巳向。顧以資用不足，迄無成功。道光乙未首夏，余奉命牧是邦，下車謁廟。竊維學校之設，所以明倫，關教化而係人心，爲政之要，莫先乎此。爰進諸紳士而告之曰：永寧爲滇黔孔道，漢苗雜處，向非聖人之教，涵濡漸摩，其何以移易風俗，變而爲聲名文物之邦哉。今者，黌序規模廢壞日久，祭菜之典未昭，采芹之雅不作，安所謂敬教勸學乎？諸君其協志襄事，富者蠲資，貧者效力，購材遴匠，經營作新，俾蚩蚩之民，咸有所觀感而興起焉。是則司牧所厚望也，諸君其毋辭。於是諸紳士咸相勸勉，各出資力以相助，鳩工庀材，百役俱作。中爲大成殿，旁列四配十哲，暨兩廡先賢先儒，各設名位。前爲大成門，後爲啓聖祠，右偏爲明倫堂，學署以及鄉賢、名宦諸祠，齋舍講貫之所，次第修舉。砌墻垣，鑿泮池，華榱藻榦，紊墁覆瓦，丹漆金碧，焜燿鮮明。士民觀瞻，莫不欣説。經始於乙未季夏，迄丙申十月工竣。謹以捐資姓名備書泐石，昭示來許。迺復進弟子員而告之曰：余讀田中丞《山水記》云：山莫大於鷄背關嶺，水莫迅於盤江。夫地靈則人傑，此邦士庶類多聰明而俊秀，非其所禀獨厚歟？顧禀之既厚，而不究之以學問，澤之以詩書，則無以涵養其性情，而歸於純粹。吾人讀聖賢書，當學聖賢之所學。夫聖賢之學，非有難知難能之事也，孝弟忠信，禮義廉耻，以修其身；而求師取友，頌詩讀書，以窮事物之理而已。聖人之教弟子曰：女爲君子儒，無爲小人儒。程子釋其義曰：君子儒爲己，小人儒爲人。夫人孰不樂爲君子哉？顧或昧於天人理欲之辨，工於利害得喪之計，迫於俯仰衣食之資，動於紛華靡麗之念，以至挾册讀書，不求爲經世有用之學，而專務乎詞章訓詁之間，以干禄利，謀温飽，而志趣遂日流汙下而不自知。於虖！此所以道無古今之殊，而學有今古之異也。爲士子者，誠能修身窮理，競勸以古昔聖賢垂世立教之旨，而於君子小人出入之界，辨之明而守之力，嚴於始而要於終，在家克敦孝友，立朝無愧忠良，詎不足爲山川生色也哉？我朝德化覃敷，達軼前代。永寧設學百餘年以來，絃誦彬彬，俎豆莘莘，人文焕然矣。多士生逢其盛，宜何如砥勵廉隅，力敦儒行，以仰副聖天子作育之至意乎。

《（同治）淡水廳志》卷一五朱景英《塹城武廟碑記》　乾隆丙申秋七月，我皇上表章前烈，懷柔百神，典舉褒忠，明禋咸秩。遠惟關帝在當時力扶炎漢，志節凛然，史册所垂，不無遺美。爰頒諭旨，定謚「忠義」。俾補「蜀志」，傳諸永久；正前史之微詞，昭大義於曠代。大哉王言！其所以著神明而起頑懦者，莫盛於此。維時臺灣淡防廳治新建關帝廟，適告成功。蓋廳治移駐斯境，踰二十年所。地處荒遠，一切規制闕如。今司馬王公來蒞，隱然念斯地荒則恒昧於所嚮，遠則宜教以神，遂亟謀建廟，用崇秩祀。竹城地頗閑曠，考卜厥址，倡捐廉俸，疇咨興創，購材鳩工，蠲吉具舉。凡構享殿崇十有七尺，廣三倍而弱，深如廣之數而殺其一。門寢崇廣，以次遞殺。左稍前爲更衣所，後築寮舍，司香火者居之；周繚以垣，全甃皆甓。及夫麗牲之庭、合樂之榭，靡弗賅備。計費金錢八千九百有奇，十閱月而蕆事。自是瞻拜者肅然，過廟者怵然，年穀順成，義回弭戢，信夫忠義之感召爲甚神也。嘗稽帝言曰：「日在天之上，心在身之内，忠之謂也。」莊生有云：「君臣之義，無所逃於天地之間。」是故非義則忠，不足以扶質而立榦。孟子言浩然之氣，極之配義與道，此物此志也。際兹上朔神蹟，仰繹明詔，實徵忠誠義烈，昭垂萬古。然則王公建廟之本意，洵屬立政之大端，詎非凡有土地民人之責者所當效法也哉？

王公名右弼，字萬長，號亮齋，山東濟東縣人。

乾隆四十二年仲春之吉，福建臺灣府北路理番同知武陵朱景英譔。

惲敬《大雲山房文稿二集》卷三《潮州韓文公廟碑文》 潮州韓文公廟有一：其一在城南，宋元祐中知軍州王滌始建，蘇文忠銘之，今城南書院是也；其一淳熙中知軍州丁允元遷城南廟于城西，即忠祐廟也。自前明至本朝，春秋祀事皆行於城西。嘉慶二年，知海陽縣韓君異葺治之，陽湖惲敬爲碑文，郵之潮州，與潮之賢士大夫商公之故，且告後世焉。公以諫迎佛骨貶潮州，去菩提達摩入中國二百八十餘年矣。其時，關東西則有丹霞然、圭峰密，河北則有趙州諗、臨濟玄，江表則有百丈海、潙山祐、藥山儼，嶺外則有靈山巔。其師友幾遍天下，皆以超世之才智、絶人之功力，津梁後起，以合於菩提達摩之傳。而公之生也，與之同時；公之仕也，與之同地。嗚呼，於此而言不惑，不其難歟！且其時，上無孔子之師，下無七十子之友，老、莊之所流別，管、墨之所出入，馬、鄭之所未攻，孔、賈之所未辯。嗚呼，於此而言不惑，不其難歟！是故公之闢佛，闢於極盛之時；宋人之闢佛，闢於既衰之後。宋人之闢佛，以千萬人攻佛之一人；公之闢佛，以一人攻爲佛之千萬人，故不易也。雖然，公之闢佛至矣，而佛之教至今存焉，何也？蓋聖賢之於天下，去其甚而已。禹抑洪水，而水之氾濫仍世有之；周公兼夷狄，驅猛獸，而夷狄、猛獸之侵暴亦仍世有之；孔子成《春秋》，亂臣賊子懼矣，然不避於當時，不絶於後世；孟子距楊、墨，楊、墨息矣，然人或竊其行，家或傳其書。若是者，皆然矣。然而孔子、孟子之功，終天地盡日月不可没者，以人人知其爲亂臣，爲賊子，人人知其爲楊、墨也。今天下三尺童子抱書入塾，即有公闢佛之説據於胸中。甲胄之士、耒耜之夫，行商坐賈，皆習其説。其宦成名立，才行出人，而沉溺教乘者，朋友、子孫、門弟子皆能别擇於其後。愚夫、愚婦膜手梵唄，隨衆經行，其心皆知有孔子之教。是故，公之德揆之孔子、孟子，有大小純雜之殊，公之功揆之孔子、孟子，有平頗公私之異；而得墜緒於前世，收明效於後來，未嘗不如一也。且夫天地之道一而已矣，而人事自二三以及千萬焉。行之於行，見之於言，施之於教，皆人事也。惟聖人與道同，其餘皆有出入多寡。申不害、韓非，一術也，則傳；李悝、商鞅，一術也，則傳；孫武、吴起，一術也，則傳；王詡，一術也，則傳；張魯，鬼道也，而亦傳；寇謙之、杜光庭，鬼道之下也，而亦傳。佛者，如中國百家之一耳，其徒推演師説，下者可以囿凡愚，高者可以超形氣，故其傳較百家愈遠而愈大，屢滅而屢復，蓋將與天地終焉。是故世有孔子之教，則佛之教亦必行，此天道之所以爲大也；世有佛之教，則公闢佛之功亦益見，此人事之所以爲久也。自公斥爲子焉而不父其父，而爲佛者知養其親；自公斥爲臣焉而不君其君，而爲佛者知拜其君，供賦税，應力役，未嘗不事其事。世之儒者知中國之變而爲佛，不知佛之變而爲中國；知士大夫之遁於佛，而不知爲佛者自托於士大夫。人理所同，豈能外哉？自公之後，儒者好爲微言渺論，或由孔子之書失其旨而反墮於偏，或由佛之書得其會而忽反於正，是又在乎善學者焉。失者不得妄附聖人之遺經，得者亦不必諱言佛乘也。嘉慶二十年十月惲敬謹記。

惲敬《大雲山房文稿二集》卷三《瑞安董氏祠堂記》 敬前在浙中登胥山，遇泰順董正揚眉伯，後於江右章江門舟中復遇之，意甚相得也。及居百花洲，眉伯自大庾來，朝夕過從。眉伯以六世祖龍溪先生祠堂記請焉。先生諱應科，明諸生，國變後坐卧一小樓者二十餘年。其時，嘉興徐節之先生以避地來隱縣之天闕山，相去五里許。兩人皆汐社遺老，而不往來，不通書問，至今稱城南兩先生而已。董氏子姓，以高節推龍溪先生爲别祖，爲祠堂祀之，所出皆祔。凡爲門若干楹，堂若干楹，乙丙舍若干楹，如功令祠堂式。昔有明之季，吾鄉鄒衣白先生之麟亦終身坐卧小樓，隱於書畫。而吾宗衷白先生厥初閉户不通賓客，隱於禪。其心皆皭然可白於天下者也。本朝於前明諸死事之臣，與專謚、通謚者三千餘人，皆有官守言責、亡軀湛族者也，而荒遐榛莽之中，引義不屈又多如此，可不謂難能而可貴歟！然非本朝激揚忠義，群有司奉行得其道，諸君子又寧得宴然而爲此歟！是故在下可以觀節，在上可以觀政也。節之先生諱與齡，黄石齋先生主浙江考時所取士也，眉伯言《泰順志》逸其事矣，子孫何如，眉伯至浙中當一訊之。嘉慶二十年三月朔，陽湖惲敬記。

惲敬《大雲山房文稿二集》卷三《陳白沙先生祠堂記》 新會小廬山下有白沙先生祠，即舊宅也。先世居仁會里，至先生始遷小廬山大門之外，有石坊，曰「母節子賢」，次曰「貞節堂」，吴康齋先生爲林太夫人所題也。次爲享堂，次曰「碧玉樓」。「貞節堂」、「碧玉樓」名皆始於先生，其宇則子孫所葺治也。同年李君巽宇宰新會，以修祠未有記，令子弟導敬謁祠，因記之如右。有明以來，言學者人人殊矣，然未有不致慎於五倫者。《虞書》曰：「敬敷五教在寬。」《中庸》曰：「天下之達道五，所以行之者三。」《孟子》曰：「人倫明於上，小民親於下。」聖賢教人如此而已。先生自正統十二年舉於鄉，十三年赴會試，景泰二年亦赴會試，後更十五年，至成化二年始赴會試，此何爲哉？蓋明代宗之立，所以守社稷也，於義本甚正。然英宗歸而錮之南内，則君臣之禮廢，而兄弟之恩絶矣，易太子則父子之道殄矣。至英宗復辟，輔之者幾如行篡焉。於是而君臣、父子、兄弟之倫不可復明，遂成一攘奪之天下。嗚呼，此先生之所以不出也。憲宗則序宜立者也，故先生復出焉。魯定公從亡於乾侯，後昭公薨，季氏扳而立之，與明代宗、英宗不同。故孔子不仕於陽貨執政之時，而仕於季斯悔禍之日。若先生，則非止避徐有貞、石亨也。人倫明而後道學正，故先生爲大儒。李君其以示新會之人，且俾先生之子孫咸喻於此義，亦教訓正俗之要也。嘉慶二十年十一月朔，後學惲敬記。

陶澍《陶澍全集·補遺一·雲臺山新建陶靖節先生祠堂記》 海州雲臺山，古郁州。《水經注》云：「東海朐縣東北海中有大洲，謂之郁洲。」靖節先生《飲酒》詩：「在昔曾遠游，直至東海隅。」即其地也。先生嘗爲鎮軍參軍，有《經曲阿》詩，在庚子之前，當爲隆安三年己亥。其時，孫恩起海上，寇吴會及丹徒、廣陵、郁洲間。劉牢之以鎮北將軍鎮京口，遣參軍劉裕及其子敬宣連擊之。先生同時入幕爲參佐，時事方殷，其往來海上，所必有也。惟自己亥後，先生自都還游斜川，宿途中。據《程氏妹祭文》，則辛丑七月在江陵聞訃，不復至京口，不知東海之游又在何時。然詩中所叙如「道路迥且長，風波阻中途」，非涉歷者不知。則意者牢之夙擅智略，知此山深阻，四面距海，慮賊航海據之。或先事規往，或聞警差探，不必定在舟師同往也。而其後孫恩果竄郁洲，執高雅之，卒爲劉裕大破之于此，賊勢遂衰。是亦未必非先事之籌度也。惟先生從軍，司書檄，本爲貧仕，無意與儕輩争功名，故曰「此行爲饑驅」。然裕非人臣，牢之晚節不終，蓋早已窺見其微，故又曰「恐此非名計，息駕歸閒居」也。昔東坡讀《述史九章》曰：「去之五百年，吾猶見其人也。」讀先生此詩，不可慨然想見其志乎？惜海隅之人，無知先生此游者。惟東坡《和陶》云：「我昔登朐山，出日觀蒼凉。欲濟東海縣，恨無石橋梁。」其有慕于先生之游乎！道光壬辰，余以鹺事來海州，登雲臺，陟金牛、清風二頂，望海作詩，屬而和者數百人。迨甲午，復以奉命巡閲至東海營，歷覽東磊、漁灣、田横、高公諸島，海天萬里，水波不興，令人有脱屣三山之意。已而，入宿城，憩法起，巖壑幽深，争流競秀，野花琪草，蓊于雲際，時鳥發聲出林間，與潺潺懸泉相響應。而山田又甚渥，無水旱憂。其民淳古，或老死不至城市。真「别有天地非人間」者。明年入覲，上詢及海州帶刀佩劍之風，謹對以德教所漸，鷄犬桑麻，海澨清宴。因及巡閲所見雲臺山後一帶景概，天容有晬，謂：「此境與桃花源何異？」歸而述之。海州人士，咸踴躍奮興，咸念聖天子覆幬之恩，光及海表，且以知靖節先生之文備在甲覽，而其遠游賦詩之地，更不可以無紀也。因相度法起寺之左而建祠焉。凡爲屋若干間，并捐資置田若干畝，以爲春秋祭祀及歲修守祠人之餼，斯東海一曠典也。山川草木，皆起榮光，而欣聖化。靖節先生有知，當亦快然于黄農之宛在盛世，而桃源不必求之武陵矣。謹命筆記之，而以末學所爲先生參軍辨者，附録于後云。

陶澍《陶澍全集·補遺二·資江小淹宗祠記》 吾族之著籍資江小淹，自後唐同光元年，桓公裔孫昇，從吉州來遷始，其時猶益陽縣地也。逮宋熙寧五年，析資江鄉入安化置縣，遂爲安化人。計自同光始遷至今歲道光丙申，居此已九百一十四年。而資江鄉之名未改，小淹陶氏之望因之，可謂舊矣。昔唐李肇《國史補》謂：楊震子孫，七百餘年猶住閿鄉故宅，以爲天下一家而已。若吾陶氏之望于資江，視之更久。顧宗祠猶未建，斯缺典也。元以前譜遭兵燹，無可考。當明正德間遜庵公官漢中府同知，曾置宅于伊水之干，邑侯揭陽劉漢題其門曰「大夫第」。後以屬之族，改爲宗祠。然在城西，距此四舍，非初地也。族之人瞻言喬木，每欲于小淹擇地建祠，未果。嘉慶二、三年間，先鄉賢莢江公設帳于益陽之桃花江，始以束脩所餘，擇能者授之，合以族捐，權奇贏于淹市，積子金若干，購子福房裔公地于小淹之上横街，族人歲會于此，蓋始基之矣。今上御極之五年，澍自安徽移撫江蘇。其冬，族議建祠，澍首捐廉俸銀三千兩爲倡，三大房各集千金。惟基地尚缺東北角一隅，澍復以錢一百六十千購邵姓園地益之，幅幀廣袤成方矣。擇吉督匠，爲屋三進，每進各五間。前爲門坊，中層爲大廳。自明及國朝登科入仕籍者，皆匾其上。三進爲龕，以奉始祖及舜卿公以下日榮公、慶源公及四世民望、民彦、民端三公神主。左則五世玘、琥、瑄、璉、琳、瓊六公神主，右爲鄉賢莢江公特主，僉議以報創始之功也。後爲夾室以藏舊主，爲樓以藏祭器等件。兩旁皆有廳房以及客廳，庖厨皆全。制鉅而堅，規模宏整，榜其門曰「陶氏宗祠」，而題其額曰「宫保第」、「太史第」、「尚書府」、「總督府」。經始于道光五年乙酉十月初六日，落成于丙戌之秋，凡兩年而蕆事。其地當資江南岸，坐寅向申兼艮坤三分。倚陰功侖而朝神山，左護石峰，右挹樺香，茱萸江水西從新化蘇溪關入境，包神山而東，滚滚數百里至案前，過灘頭坪，逮小淹而豬平溪之水，自東南笏山麓，穿雲裂石而來，環繞面前爲玉帶，以匯于資江，淵涵渟注爲石門潭，過印心石，徑梅子潭，南納伊溪，北納善溪，以入于益陽境。山環水抱，兩岸石立如城門，而奇峰對峙，若華表然，岌立天外，爲大江之鎖鑰。計自洞庭湖西南角逆流直上五百餘里，至是而千巖競秀，萬壑争流，門户峻開，豁然如泛武陵而入桃花之源也。山川之秀，靈氣所鍾，先人之神，實式憑之。祠成十載而御書題崖，奎光燎于石屋。不肖澍供職兩江，奉旨閱武江西，請假旋里，肅瞻廟貌，因覶縷而補記之。時道光十六年，歲次丙申仲冬月穀旦。太子少保、兵部尚書兼都察院右都御史、總督江南、江西等省，地方提督軍務糧儲、操江兼轄南河事務、管理兩淮鹽政，賞戴花翎、加三級、隨帶加二級、十六世嗣孫澍薰沐頓首謹撰。

《〔道光〕大定府志》卷二〇陳德榮《增修文廟碑記》 黔西，古水西地也，乃安酋故巢，亘古及今未通聲教，封豕長蛇，夜郎自大，爲累朝患。我國家承天應運，四海會同，鑿齒雕題，罔不臣伏，天戈所指，殲滅渠兇，招我版圖，列之爲郡，生養休息，迄今葢甲子一周矣。乙巳冬，余以枝江令特奉簡命來牧兹州，除日視事，新正謁聖，集後進諸生於明倫堂，講晰經義，條暢明辨，旅進旅退，彬彬如也，輾然色喜，洗蠻夷之陋，成鄒魯之風。愈嘆我聖祖仁皇帝，盛德廣運，人道化成；我皇上誕受萬方，離明普照；與夫離任諸大夫，所以休養而漸摩之者，厥功最懋也。特是殿宇僅存，未施丹雘，周無缭垣，芻牧成羣，職斯土者實有責焉。爰與同城諸公暨師生耆老，鳩工庀材，謀所以新之者。興工數月，而先大夫訃音至，苫塊餘生，無復人理，紳士耆老，羣以奪情上請，不孝泣止之曰：余蒞任後，早作夜思，日昃不遑，葢謹遵先大夫教，而不敢自外於聖人之徒也。今父死不奔喪，請君其謂我何？且天下未有不孝於親而能忠於君者，亦未有薄於親而能厚於百姓者。今使於根本剥喪，徒留此不肖之身，腆儀民上，國家將焉用我？君子愛人以德，其勿復言。雖然，學宫成亦先大夫之志也。先大夫蓮窗公言必有物，立不易方，募修武興東垣學宫，俱各焕然傑立。不孝宰枝三年，首以泮宫爲急務，聖域賢關，翬飛鳥革，亦既告成於先大夫矣。今此工雖鉅，未能即成，請先擇易成者成之。其未能即成者，人之好善，誰不如我？後之君子，寧獨無觀感而興起者乎？余行矣。諸生誦其詩，讀其書，入此門，登此堂，當思先聖先賢，立身行道，修己治人之要，勿粗鄙而近利，勿浮夸而好名，躬行實踐，蔚爲國華，他日者南金東箭，貢於明堂，夏瑚商璉，陳之清廟，九萬之程在一振翮，孰謂遐荒僻壤，開闢新疆，不有名世之才、邁種之德，奮天池而作霖雨者哉！余在燕京拭目望之矣。厥功既成，就道有日，紳士耆老請勒石以誌其事。余亦不敢没諸君相與贊助之力也，爰題數語以誌歲月。而余半載設施昭昭在人耳目間，或亦對山川而無愧色云。